2023년판

수사·형사 서류작성 실무

편저 : 김 창 범
감수 : 신 현 덕

수사일반 이론에서 수사서류 작성요령과
작성례, 판례, 서식까지 망라한 수사서류 실무서!

개정 증보판을 내면서

2018년 6월 21일 법무부장관과 행정안전부장관이 발표한 「검·경 수사권 조정 합의문」의 취지에 따라 검찰과 경찰로 하여금 국민의 안전과 인권 수호를 위하여 서로 협력하게 하고, 수사권이 국민을 위해 민주적이고 효율적으로 행사되도록 검·경 수사권의 조정을 위한 형사소송법이 2020년 2월 4일 많은 개정이 있었습니다. 이에 따라서 이에 부수되는 법령들도 모두 개정되어 정비되었습니다.

개정 형사소송법의 사법경찰관에 대한 주요내용은 검사와 사법경찰관은 수사·공소제기 및 공소유지에 관하여 서로 협력하도록 하고, 경무관·총경·경정·경감·경위가 하는 모든 수사에 관하여 검사의 지휘를 받도록 하는 규정 등을 삭제하였으며, 경무관·총경 등은 범죄의 혐의가 있다고 사료하는 때에는 범인, 범죄사실과 증거를 수사하도록 하였습니다.

또 사법경찰관은 범죄를 수사한 때에는 범죄의 혐의가 인정되면 검사에게 사건을 송치하고, 그 밖의 경우에는 그 이유를 명시한 서면과 함께 관계 서류와 증거물을 검사에게 송부하도록 하였습니다. 아울러 사법경찰관은 사건을 검사에게 송치하지 아니한 경우에는 서면으로 고소인·고발인·피해자 또는 그 법정대리인에게 사건을 검사에게 송치하지 아니하는 취지와 그 이유를 통지하도록 하였으며, 사법경찰관으로부터 사건을 검사에게 송치하지 아니하는 취지와 그 이유를 통지받은 사람은 해당 사법경찰관의 소속 관서의 장에게 이의를 신청할 수 있고, 사법경찰관은 이의신청이 있는 때에는 지체 없이 검사에게 사건을 송치하도록 하였습니다.

이 개정 증보판에서는 이와 같이 복잡하고 다양하게 바뀐 검·경 수사권 조정에 의한 개정 법령들을 최대한 반영하여 일선 수사관들이 참고할 만한 내용들을 추가하였습니다. 제1편 제1장의 내용 중 제3절 수사의 실행에서는 검·경 수사권 조정으로 바뀐 점이 무엇인지 일목요연하게 정리하였습니다. 또 최근 대법원 판례를 최대한 많이 관계 법령에 수록하여 일선 수사관들에게 많은 도움이 되리라 생각합니다. 또한 부록에는 형사소송법 중 이번에 검·경 수사권 조정으로 개정된 부분과 관련 법령들을 수록하여 바뀐 내용을 찾아보기 쉽게 하였습니다.

이와 같이 개정된 내용들을 이 책은 제1편에서는 수사 시 꼭 알아야 할 수사이론적인 부분을 다루었고, 제2편에서는 범죄수사서류 작성방식을 사례별로 작성례를 구체적으로 설명하였고, 제3편에서는 범죄사실 작성례를 최근 개정된 형법의 죄명별 및 형사특별법으로 구분하여 관계 법조문과 함께 적용사례·수사사례 및 최근 대법원판례를 곁들여 자세히 설명하였으며, 제4편에서는 범죄수사서식작성법을 해설과 작성사례 들을 누구나 쉽게 이해할 수 있도록 엮었습니다.

이러한 자료들은 대법원의 최신 판결례와 경찰청의 범죄수사규칙·수사사례집·수사실무교재·경찰훈령예규집, 사법연수원의 검찰수사서류작성례, 신종범죄론 및 법제처의 생활법령 등의 자료들을 참고하였으며, 이를 정리, 분석하여 이해하기 쉽게 편집하였습니다,

이 책이 경찰수사 실무에 종사하시는 모든 분들에게 큰 도움이 되리라 믿으며, 아울러 미약한 점은 계속 보완할 예정입니다. 근래 열악한 출판시장임에도 불구하고 흔쾌히 출간에 응해 주신 법문북스 김현호 대표에게 감사를 드립니다.

2023. 3

편저자 드림

목 차

제1편 수사일반

제2편 수사서류작성 방식

제3편 범죄사실 작성례

제4편 수사서식 작성례

부 록 관련 법령

제1편

수사일반

제1장 수사의 절차
제2장 체포와 구속
제3장 압수, 수색, 검증
제4장 장부와 비치서류

제1장 수사의 절차

제1절 내사

1. 의의

내사란 일반적으로 수사 개시 이전의 단계를 말한다. 내사는 범죄첩보 및 진정·탄원과 범죄에 관한 언론·출판물·인터넷 등의 정보, 신고 또는 풍문 중에서 출처·사회적 영향 등을 고려하여 그 진상을 확인할 가치가 있는 사안을 그 대상으로 한다. 내사는 청탁에 의해서는 안 되며, 내사를 빙자하여 막연히 관계인의 출석을 요구하거나 물건을 압수하는 일이 있어서는 안 된다.

2. 종류

2-1. 진정내사

진정, 탄원, 투서 등 서면으로 접수된 신고에 대한 내사를 말한다.

2-2. 신고내사

진정내사를 제외한 112신고, 방문신고 등 서면이 아닌 방법으로 접수된 각종 신고에 대한 내사를 말한다.

2-3. 첩보내사

결찰관이 서면으로 작성한 범죄첩보에 대한 내사를 말한다.

2-4. 비신고내사

진정내사, 신고내사, 첩보내사를 제외한 범죄에 관한 정보, 풍문 등 진상을 확인할 가치가 있는 사안에 대한 내사를 말한다.

3. 내사의 착수

3-1. 진정내사

진정내사는 접수된 서면에 대하여 소속 경찰관서 수사부서의 장의 지휘를 받아 내사를 착수한다.

3-2. 신고내사

신고내사는 접수 즉시 신속히 현장확인 등 조치를 하여야 하가ㅗ, 신고에 의해 작성된 서류에 대하여 소속 경찰관서 수사부서의 장의 지휘를 받아 내사에 착수한다.

3-3. 첩보내사

첩보내사는 해당 범죄첩보의 사본을 첨부하고 내사할 대상 및 내용, 내사가 필요한 이유 등을 기재한 별지 제1호 서식의 내사착수 보고서를 작성하여 소속 경찰관서 수사부서의 장에게 보고하고 지휘를 받아 내사에 착수한다.

3-4. 비신고내사

내사가 필요하다고 판단되는 경우에는 내사할 대상 및 내용, 내사가 필요한 이유 등을 기재한 내사착수보고서에 의하여 소속 경찰관서 수사부서의 장에게 보고하고 지휘를 받아 내사에 착수한다. 수사부서의 장은 수사단서로서 내사할 가치가 있다고 판단한 경우 내사 보고를 받지 않고도 소속 경찰관에게 내사를 지휘할 수 있다. 이 경우 내사착수지휘서에 의하여야 한다.

4. 내사의 진행

내사는 임의적인 방법으로 함을 원칙으로 한다. 내사사건은 무책임하게 이첩하거나 장기간 방치해서는 아니 되며, 내사기간이 3개월을 초과하는 경우 경찰관은 내사상황보고서를 작성하여 소속 경찰관서의 장에게 보고하여야 한다. 내사지휘는 내사지휘권이 있는 자가 명시적인 이유를 근거로 구체적으로 하여야 하고, 내사과정에서 사실 확인을 위한 압수·수색·검증, 통신제한조치, 통신사실 확인자료 제공 등 법원의 통제를 받는 대물적 강제조치를 실시하는 경우 적법절차에 따라 처리하여야 하며, 남용되지 않도록 유의하여야 한다.

5. 내사의 종결

5-1. 수사절차로의 전환

사법경찰관은 내사과정에서 범죄혐의가 있다고 판단될 때에는 내사를 종결하고 범죄인지서를 작성하여 수사를 개시하여야 한다. 이 경우 지체없이 소속 경찰관서장에게 보고하여야 한다. 범죄인지서 작성에 앞서 피의자신문조서를 작성하였거나, 「형사소송법」 제200조의3제1항에 해당하여 긴급체포하였거나, 체포·구속영장을 신청한 경우에는 지체없이 범죄인지서를 작성한 후 통상의 사건송치 절차에 따라 처리하여야 한다.

5-2. 수사절차로 전환하지 않은 경우

5-2-1. 내사종결

혐의없음, 죄가안됨, 공소권없음 등에 해당하여 수사개시의 필요가 없는 경우

5-2-2. 내사중지

피혐의자 또는 참고인 등의 소재불명으로 사유해소시까지 내사를 계속할 수 없는 경우

5-2-3. 내사병합

동일 또는 유사한 내용의 내사사건이거나 경합범으로 다른 사건과 병합처리할 필요가 있는 경우

5-2-4. 내사이첩

관할이 없거나 범죄특성 및 병합처리 등을 고려하여 다른 경찰관서 및 수사기관에서 내사할 필요가 있는 경우

제2절 수사의 개시

1. 의의

사법경찰관은 내사과정에서 범죄혐의가 있다고 판단될 때에는 내사를 종결하고 범죄인지서를 작성하여 수사를 개시하게 되는데, 이 때 각 수사기관에 비치하고 있는 '사건부'라는 장부에 일련번호를 붙여 사건명 · 인적사항 등을 기재하게 되는데 이를 입건한다고 하며, 이와같이 입건이 되어 사건부에 이름이 오르게 되면 그 사람을 형사소송법상 피의자(被疑者)라고 한다.

2. 수사개시의 원인

수사가 개시되는 단서로는 고소(「형사소송법」 제223조), 고발(「형사소송법」 제234조) 및 신고[「범죄수사규칙」(경찰청 훈령 제1035호, 2021. 9. 16. 발령 · 시행) 제48조], 자수(「범죄수사규칙」 제51조) 등이 있다.

3. 수사의 제척, 기피, 회피

3-1. 제척의 원인

경찰관은 다음 경우에 수사직무(조사 등 직접적인 수사 및 수사지휘를 포함한다)의 집행에서 제척된다.

① 경찰관 본인이 피해자인 때

② 경찰관 본인이 피의자나 피해자의 친족이거나 친족관계가 있었던 자인 때

③ 경찰관 본인이 피의자나 피해자의 법정대리인이나 후견감독인인 때

3-2. 기피의 원인과 신청권자

① 피의자, 피해자와 그 변호인은 다음 어느 하나에 해당하는 때에는 경찰관에 대해 기피를 신청할 수 있다. 다만, 변호인은 피의자, 피해자의 명시한 의사에 반하지 아니하는 때에 한하여 기피를 신청할 수 있다.

1. 경찰관이 제척의 원인 사유에 해당되는 때
2. 경찰관이 불공정한 수사를 하였거나 그러한 염려가 있다고 볼 만한 객관적 · 구체적 사정이 있는 때

② 기피 신청은 경찰관서에 접수된 고소 · 고발 · 진정 · 탄원 · 신고 사건에 한하여 신청할 수 있다.

3-3. 기피 신청 방법과 대상

기피 신청을 하려는 사람은 기피신청서를 작성하여 기피 신청 대상 경찰관이 소속된 경찰관서 내 감사부서의 장에게 제출하여야 한다. 이 경우 해당 감사부서의 장은 즉시 기피 신청 대상 경찰관이 소속된 수사부서의 장에게 기피 신청 사실을 통보하여야 한다. 기피 신청을 하려는 사람은 기피 신청을 한 날부터 3일 이내에 기피사유를 서면으로 소명하여야 한다.

3-4. 기피 신청의 처리

① 기피 신청을 접수한 감사부서의 장은 다음 각 호의 어느 하나에 해당하는 경우 해당 신청을 수리하지 않을 수 있다.

1. 대상 사건이 종결된 경우
2. 동일한 사유로 이미 기피 신청이 있었던 경우
3. 범죄수사규칙 제9조 후단 또는 제9조제2항에 위배되어 기피 신청이 이루어진 경우
4. 기피사유에 대한 소명이 없는 경우
5. 기피 신청이 수사의 지연 또는 방해만을 목적으로 하는 것이 명백한경우

② 수사부서장은 범죄수사규칙 제10조제1항 후단에 따라 기피 신청 사실을 통보받은 후 지체 없이 의견서를 작성하여 감사부서의 장에게 제출하여야 한다. 다만, ①에 따라 해당 기피 신청을 수리하지 않는 경우에는 그러하지 아니하다.

③ 수사부서장은 기피 신청이 이유 있다고 인정하는 때에는 기피 신청 사실을 통보받은 날부터 3일(근무일 기준) 이내에 사건 담당 경찰관을 재지정하여 감사부서의 장에게 해당 사실을 통보해야 한다.

④ 수사부서장이 기피 신청을 이유 있다고 인정하지 않는 때에는 감사부서의 장은 기피 신청 접수일부터 7일 이내에 공정수사위원회를 개최하여 기피 신청 수용 여부를 결정하여야 한다.

⑤ 공정수사위원회는 위원장을 포함하여 5명의 위원으로 구성하되, 감사부서의 장을 위원장으로, 수사부서 소속 경찰관 2명과 수사부서 이외의 부서 소속 경찰관 2명을 위원으로 구성한다.

⑥ 공정수사위원회는 재적위원 전원의 출석으로 개의하고 출석위원 과반수의 찬성으로 의결한다.

⑦ 감사부서의 장은 ③에 따른 재지정 사실 또는 ⑥에 따른 의결 결과를 기피신청자에게 통지하여야 한다.

⑧ ⑦의 통지는 서면, 전화, 팩스, 전자우편, 문자메시지 등 신청인이 요청한 방법으로 할 수 있으며, 별도로 요청한 방법이 없는 경우에는 서면 또는 문자메시지로 한다. 이 경우 서면으로 통지할 때에는 기피신청에 대한 결과통지서에 따른다.

⑨ 기피 신청 접수일부터 수용 여부 결정일까지 해당 사건의 수사는 중지된다. 다만, 공소시효 만료, 증거인멸 방지 등 신속한 수사의 필요성이 있는 경우에는 그러하지 아니하다.

3-5. 회피

소속 경찰관서장이 「검사와 사법경찰관의 상호협력과 일반적 수사준칙에 관한 규정」 제11조(검사 또는 사법경찰관리는 피의자나 사건관계인과 친족관계 또는 이에 준하는 관계가 있거나 그 밖에 수사의 공정성을 의심 받을 염려가 있는 사건에 대해서는 소속 기관의 장의 허가를 받아 그 수사를 회피해야 한다.)에 따른 회피 신청을 허가한 때에는 회피신청서를 제출받은 날로부터 3일 이내에 사건 담당 경찰관을 재지정하여야 한다.

제3절 수사의 실행

1. 검사의 수사지휘 폐지

종전 형사소송법 제196조 제1항은 "수사관, 경무관, 총경, 경정, 경감, 경위는 사법경찰관으로서 모든 수사에 관하여 검사의 지휘를 받는다."고 하여 검사에 의한 수사지휘를 규정하였다. 그러나 2020년 2월 4일 형사소송법이 개정됨에 따라 개정된 형사소송법 제197조 제1항에서는 "경무관, 총경, 경정, 경감, 경위는 사법경찰관으로서 범죄의 혐의가 있다고 사료하는 때에는 범인, 범죄사실과 증거를 수사한다."고 하여 사법경찰관에게도 수사권을 인정하였다. 단, 검사와 경찰관은 수사, 공소제기 및 공소유지에 관하여 서로 협력하여야 한다는 협력의무(형소법 제195조 제1항)가 신설되었다.

2. 검사의 보완수사요구, 시정조치요구 등

그러나 개정 형사소송법은 검사의 수사지휘를 폐지하는 대신, 보완수사요구(형소법 제197조의2)와 시정조치요구 등(형소법 제197조의3)를 신설하였다. 만약 사법경찰관이 정당한 이유 없이 보완수사요구에 따르지 않거나 수사과정에서 법령위반, 인권침해, 현저한 수사권 남용이 있는 경우 직무배제 또는 징계 요구가 가능하다.

2-1. 보완수사요구

① 검사는 다음의 경우 사법경찰관에게 보완수사를 요구할 수 있다.

1. 송치사건의 공소제기 여부 결정 또는 공소의 유지에 관하여 필요한경우
2. 사법경찰관이 신청한 영장의 청구 여부 결정에 관하여 필요한 경우. ② 이에 따라 사법경찰관은 검사의 보완수사요구가 있을 때에는 정당한 이유가 없는 한 지체없이 이행하고, 그 결과를 검사에게 통보해야 한다.

② 검찰총장 또는 각급 검찰청 검사장은 사법경찰관이 정당한 이유 없이 ①의 요구에 따르지 아니하는 때에는 권한 있는 사람에게 해당 사법경찰관의 직무배제 또는 징계를 요구할 수 있다.

2-2. 시정조치요구

검사는 사법경찰관리의 수사과정에서 법령위반, 인권침해 또는 현저한 수사권 남용이 의심되는 사실의 신고가 있거나 그러한 사실을 인식하게 된 경우 사법경찰관에게 사건기록 등본의 송부를 요구할 수 있고, 사법경찰관은 지체 없이 송부해야 한다. 검사는 사건기록 등본 검토 후 필요시 사법경찰관에게 시정조치를 요구할 수 있다.

사법경찰관은 시정조치요구가 있는 때에는 정당한 이유가 없는 한 지체없이 이행하고 그 결과를 검사에게 통보해야 한다. 만약 시정조치요구가 정당한 이유 없이 이행되지 않았다고 인정되는 경우 검사는 사법경찰관에게 사건의 송치를 요구할 수 있고, 사법경찰관은 사건을 검사에게 송치하여야 한다.

사법경찰관은 피의자신문 전에 '수사과정에서 법령위반, 인권침해 또는 현저한 수사권 남용이 있으면 검사에게 구제 신청할 수 있음'을 고지해야 한다.

3. 수사 경합 시 수사주체 결정기준

만약 검사와 사법경찰관이 동일한 범죄사실을 수사하게 된 때에 검사는 사법경찰관에게 사건을 송치할 것을 요구할 수 있고, 경찰은 지체없이 사건을 검사에게 송치해야 한다. 다만, 검사가 영장을 청구하기 전에 동일한 범죄사실에 관하여 영장을 신청한 경우에는 사법경찰관이 계속 수사할 수 있다(형소법 제197조의4 참고).

4. 영장심의위원회 신설

① 검사가 사법경찰관이 신청한 영장을 정당한 이유 없이 판사에게 청구하지 아니한 경우 사법경찰관은 그 검사 소속의 지방검찰청 소재

지를 관할하는 고등검찰청에 영장 청구 여부에 대한 심의를 신청할 수 있다.

② ①에 관한 사항을 심의하기 위하여 각 고등검찰청에 영장심의위원회(이하 이 조에서 "심의위원회"라 한다)를 둔다. 심의위원회는 위원장 1명을 포함한 10명 이내의 외부 위원으로 구성하고, 위원은 각 고등검찰청 검사장이 위촉한다. 사법경찰관은 위원회에 출석하여 의견을 개진할 수 있다. 위원회의 구성 및 운영 등 구체적인 사항은 법무부령으로 정한다(형소법 제221조의5 참고).

③ 심의위원회는 형사소송법 제221조의5제1항에 따른 신청에 따라 다음 각 호의 영장 청구 여부에 관한 사항을 심의한다.

1. 체포 · 구속영장
2. 압수 · 수색 · 검증영장
3. 「통신비밀보호법」 제6조 · 제8조에 따른 통신제한조치허가서 및 같은 법 제13조에 따른 통신사실 확인자료제공 요청허가서
4. 그 밖에 사법경찰관이 관련 법률에 따라 신청하고 검사가 법원에 청구하는 강제처분

제4절 수사의 종결

① 사법경찰관은 기소의견인 사건만 검사에게 송치한다. 다만 불기소의견으로 고소인 등에 통지한 사건에서 고소인, 고발인, 피해자 또는 그 법정대리인이 이의신청을 하면 검사에게 사건을 송치한다(형소법 제245조의5, 제245조의7). 이 때 사법경찰관은 불기소의견으로 사건을 송치하지 않는 경우 7일 이내에 서면으로 고소인·고발인·피해자 또는 그 법정대리인(피해자가 사망한 경우에는 그 배우자·직계친족·형제자매를 포함한다)에게 사건을 검사에게 송치하지 아니하는 취지와 그 이유를 통지하여야 한다. (동법 제245조의6).

② 사법경찰관은 모든 사건의 기록 원본과 증거물을 검사에게 송부해야 한다. 이 때 검사는 불송치한 사건의 사건기록 원본과 증거물을 90일 이내에 사법경찰관에게 반환해야 한다(동법 제245조의5). 검사는 사법경찰관의 사건 불송치가 위법·부당한 경우 재수사요청을 할 수 있고, 사법경찰관은 재수사요청이 있는 때에는 재수사하여야 한다(동법 제245조의8).

제2장 체포와 구속

제1절 체포

1. 피의자의 체포

① 입건된 피의자가 죄를 범했다고 의심할 만한 상당한 이유가 있고, 정당한 이유 없이 수사기관의 출석요구에 응하지 않거나 응하지 않을 우려가 있는 때에는 검사는 관할 지방법원 판사에게 청구하여 체포영장을 발부받아 피의자를 체포할 수 있다(형소법 제200조의2제1항).

② 사법경찰관은 검사에게 신청하여 검사의 청구로 관할 지방법원 판사의 체포영장을 발부받아 피의자를 체포할 수 있다(동법 제200조의2제1항).

다만, 다액 50만원이하의 벌금, 구류 또는 과료에 해당하는 사건에 관하여는 피의자가 일정한 주거가 없는 경우 또는 정당한 이유없이 출석요구에 응하지 아니한 경우에 한한다.

2. 긴급체포

① 검사 또는 사법경찰관은 피의자가 사형·무기 또는 장기 3년이상의 징역이나 금고에 해당하는 죄를 범하였다고 의심할 만한 상당한 이유가 있고, 다음 각 호의 어느 하나에 해당하는 사유가 있는 경우에 긴급을 요하여 지방법원판사의 체포영장을 받을 수 없는 때에는 그 사유를 알리고 영장없이 피의자를 체포할 수 있다. 이 경우 긴급을 요한다 함은 피의자를 우연히 발견한 경우 등과 같이 체포영장을 받을 시간적 여유가 없는 때를 말한다.

- 피의자가 증거를 인멸할 염려가 있는 때
- 피의자가 도망하거나 도망할 우려가 있는 때

② 사법경찰관이 ①의 규정에 의하여 피의자를 체포한 경우에는 즉시

검사의 승인을 얻어야 한다.

③ 검사 또는 사법경찰관은 ①의 규정에 의하여 피의자를 체포한 경우에는 즉시 긴급체포서를 작성해야 한다. 이 긴급체포서에는 범죄사실의 요지, 긴급체포의 사유 등을 기재해야 한다.

3. 현행범인의 체포

① 범죄의 실행 중이거나 실행의 즉후인 자를 현행범인이라 한다. 현행범인은 누구든지 영장 없이 체포할 수 있다.

② 다음에 해당하는 자는 현행범인으로 간주한다.

- 범인으로 호창되어 추적되고 있는 때
- 장물이나 범죄에 사용되었다고 인정함에 충분한 흉기 기타의 물건을 소지하고 있는 때
- 신체 또는 의복류에 현저한 증적이 있는 때
- 누구임을 물음에 대하여 도망하려 하는 때

③ 검사 또는 사법경찰관리 아닌 자가 현행범인을 체포한 때에는 즉시 검사 또는 사법경찰관리에게 인도해야 한다. 사법경찰관리가 현행범인의 인도를 받은 때에는 체포자의 성명, 주거, 체포의 사유를 물어야 하고 필요한 때에는 체포자에 대하여 경찰관서에 동행함을 요구할 수 있다.

④ 사법경찰관리는 현행범인을 체포할 때에는 현행범인에게 도망 또는 증거인멸의 우려가 있는 등 당장에 체포하지 않으면 안 될 정도의 급박한 사정이 있는지 또는 체포 외에는 현행범인의 위법행위를 제지할 다른 방법이 없는지 등을 고려해야 한다.

⑤ 사법경찰관리는 현행범인을 체포한 때에는 현행범인체포서를 작성하고, 현행범인을 인도받은 때에는 현행범인인수서를 작성해야 한다.

⑥ 사법경찰관리는 ⑤의 현행범인체포서 또는 현행범인인수서를 작성하는 경우 현행범인에 대해서는 범죄와의 시간적 접착성과 범죄의 명백성이 인정되는 상황을, 준현행범인에 대해서는 범죄와의 관련성이 인정되는 상황을 구체적으로 적어야 한다

제2절 구속

1. 피의자의 구속사유

① 피의자에 대한 수사는 불구속 수사를 원칙으로 한다(형소법 제198조제1항). 그러나 피의자가 죄를 범했다고 의심할 만한 상당한 이유가 있고, 다음 어느 하나에 해당하는 사유가 있는 경우 검사는 관할 지방법원 판사에게 청구하여 구속영장을 발부 받아 피의자를 구속할 수 있다(동법 제201조제1항 및 제70조제1항).
- 피고인이 일정한 주거가 없는 경우
- 피고인이 증거를 인멸할 염려가 있는 경우
- 피고인이 도망하거나 도망할 염려가 있는 경우

② 사법경찰관은 검사에게 신청하여 검사의 청구로 관할 지방법원 판사에게 구속영장을 발부 받아 피의자를 구속할 수 있다(형소법 제201조제1항).

2. 구속영장의 청구

① 사법경찰관은 검사에게 구속영장을 신청하여 검사의 청구로 관할 지방법원 판사로부터 구속영장을 발부 받아 피의자를 구속할 수 있다(형소법 제201조제1항 본문).

② 다만, 다액 50만원 이하의 벌금, 구류 또는 과료에 해당하는 범죄에 대해서는 피의자가 일정한 주거가 없는 경우에만 구속영장을 발부 받을 수 있다(동법 제201조제1항 단서).

③ 검사는 지방법원 판사에게 구속의 필요성을 인정할 수 있는 자료의 제출과 함께 구속영장을 청구하며, 지방법원 판사는 아래와 같이 "구속 전 피의자심문(영장실질심사)" 절차를 마친 후 검사의 청구가 상당하다고 인정될 때에는 구속영장을 발부한다(동법 제201조제2항 및 제4항).

3. 구속 전 피의자신문(영장실질심사)

① 체포된 피의자에 대해 구속영장을 청구 받은 지방법원 판사는 특별한 사정이 없는 한 구속영장이 청구된 날의 다음 날까지 피의자를 심문해야 한다(형소법 제201조의2제1항).

② 체포된 피의자 외의 피의자에 대해 구속영장을 청구 받은 판사는 피의자가 죄를 범했다고 의심할 만한 이유가 있는 경우에는 피의자가 도망하는 등의 사유로 심문할 수 없는 경우를 제외하고 구인을 위한 구속영장을 발부하여 피의자를 구인한 후 심문해야 한다(동법 제201조의2제2항).

4. 피의자에 대한 구속영장의 집행

① 구속영장은 검사의 지휘에 따라 사법경찰관리가 신속·정확하게 집행하고, 구속영장을 집행하는 경우 피의자에게 반드시 이를 제시해야 하며, 신속히 지정된 법원, 그 밖의 장소에 인치해야 한다(형소법 제81조제1항 본문 및 제85조제1항).

② 빠른 집행이 필요한 경우에는 재판장, 수명법관 또는 수탁판사가 그 구속영장의 집행을 지휘할 수 있으며, 사법경찰관리가 이를 즉시 집행한다(동법 제81조제1항 단서).

③ ②의 경우에는 법원사무관등에게 그 집행을 명할 수 있다. 이 경우에 법원사무관등은 그 집행에 관하여 필요한 때에는 사법경찰관리·교도관 또는 법원경위에게 보조를 요구할 수 있으며, 관할구역 외에서도 집행할 수 있다.

④ 교도소 또는 구치소에 있는 피고인에 대하여 발부된 구속영장은 검사의 지휘에 의하여 교도관이 집행한다.

⑤ 검사는 필요에 의하여 관할구역 외에서 구속영장의 집행을 지휘할 수 있고 또는 당해 관할구역의 검사에게 집행지휘를 촉탁할 수 있다. 사법경찰관리는 필요에 의하여 관할구역 외에서 구속영장을 집행할 수 있고 또는 당해 관할구역의 사법경찰관리에게 집행을 촉탁할 수 있다.

5. 피의자에 대한 구속기간

① 사법경찰관의 구속기간

사법경찰관이 피의자를 구속한 때에는 10일 이내에 피의자를 검사에게 인치(引致)해야 하며, 이 기간이 경과하면 피의자를 석방해야 한다(형소법 제202조).

② 검사의 구속기간

검사가 피의자를 구속한 때 또는 사법경찰관으로부터 피의자의 인치를 받은 때에는 10일 이내에 공소를 제기해야 하며, 이 기간이 지나면 피의자를 석방해야 한다(형사소송법 제203조). 다만, 판사의 허가를 받은 경우에는 10일 이내의 범위에서 구속기간을 한 차례 연장할 수 있다(동법 제205조).

6. 피의자 구속 후의 절차

6-1. 구속적부심사(拘束適否審査)

"구속적부심사"란, 피의자에 대한 구속의 적부를 법원이 심사하는 것을 말하며, 구속이 위법·부당하다고 인정되는 경우, 법원은 구속된 피의자의 석방을 명하게 된다.

6-2. 구속적부심사의 청구

① 구속된 피의자 또는 그 변호인, 법정대리인, 배우자, 직계친족, 형제자매나 가족, 동거인 또는 고용주는 관할법원에 피의자의 구속적부심사를 청구할 수 있다(형소법 제214조의2제1항).

② 피의자를 구속한 검사 또는 사법경찰관은 구속된 피의자와 구속적부심사의 청구권자 중 피의자가 지정하는 사람에게 구속적부심사를 청구할 수 있음을 알려야 한다(동법 제214조의2제2항).

6-3. 법원의 결정

① 구속적부심사의 청구를 받은 법원은 청구서가 접수된 때부터 48시

간 이내에 구속된 피의자를 심문하고 수사관계서류와 증거물을 조사하여 그 청구가 이유 없다고 인정되는 경우에는 결정으로 이를 기각하고, 이유 있다고 인정되는 경우에는 결정으로 구속된 피의자의 석방을 명한다(형소법 제214조의2제4항).

② 구속적부심사의 청구 후 피의자에 대해 공소 제기가 있는 경우에도 위의 절차에 따른다(동법 제214조의2제4항).

③ 법원은 구속적부심사의 청구가 다음 중 어느 하나에 해당하는 경우에는 심문 없이 결정으로 청구를 기각할 수 있다(동법 제214조의2제3항).

- 청구권자가 아닌 사람이 청구하거나 동일한 구속영장의 발부에 대해 재청구한 경우
- 공범 또는 공동피의자의 순차청구(順次請求)가 수사방해의 목적임이 명백한 경우

④ 위의 법원 결정에 대해서는 항고할 수 없다(동법 제214조의2제8항).

⑤ 구속된 피의자에게 변호인이 없는 경우에는 법원에서 직권으로 국선변호인을 선정한다(동법 제214조의2제10항).

6-4. 재구속의 제한

① 법원의 구속적부심사 결정에 따라 석방된 피의자가 도망하거나 범죄의 증거를 인멸하는 경우를 제외하고, 동일한 범죄사실에 관해 피의자를 재차 구속할 수 없다(형소법 제214조의3제1항).

② 보증금 납입을 조건으로 석방된 피의자에 대해 다음 중 어느 하나에 해당하는 사유가 있는 경우를 제외하고는 동일한 범죄사실에 대해 피의자를 재차 구속할 수 없다(동법 제214조의3제2항).

- 도망한 경우
- 도망하거나 죄증을 인멸할 염려가 있다고 믿을만한 충분한 이유가 있는 경우
- 출석요구를 받고 정당한 이유 없이 출석하지 않은 경우
- 주거의 제한, 그밖에 법원이 정한 조건을 위반한 경우

6-5. 보증금 납입조건부 석방(기소 전 보석)

① 법원은 다음 중 어느 하나에 해당하는 경우를 제외하고 구속된 피의자(구속적부심사 청구 후 공소 제기된 사람을 포함)에 대해 피의자의 출석을 보증할만한 보증금의 납입을 조건으로 하여 결정으로 피의자의 석방을 명할 수 있다(형소법 제214조의2제5항).

- 죄증을 인멸할 염려가 있다고 믿을만한 충분한 이유가 있는 경우
- 피해자, 해당 사건의 재판에 필요한 사실을 알고 있다고 인정되는 사람 또는 그 친족의 생명·신체나 재산에 해를 가하거나 가할 염려가 있다고 믿을만한 충분한 이유가 있는 경우

② 석방 결정 시 고려사항

법원은 석방을 결정할 때 다음 사항을 고려해야 합니다(동법 제99조 및 제214조의2제7항).

- 범죄의 성질 및 죄상(罪狀)
- 증거의 증명력
- 피의자의 전과·성격·환경 및 자산
- 피해자에 대한 배상 등 범행 후의 정황에 관련된 사항

6-6. 피의자 신문(訊問)

① 진술거부권 및 변호인의 조력을 받을 권리의 고지

검사 또는 사법경찰관은 피의자를 신문하기 전에 다음의 사항을 알려주어야 한다(형소법 제244조의3제1항).

- 일체의 진술을 하지 않거나 개개의 질문에 대해 진술을 하지 않을 수 있다는 것
- 진술을 하지 않더라도 불이익을 받지 않는다는 것
- 진술을 거부할 권리를 포기하고 행한 진술은 법정에서 유죄의 증거로 사용될 수 있다는 것
- 신문을 받을 때에는 변호인을 참여하게 하는 등 변호인의 조력을 받을 수 있다는 것

② 검사 또는 사법경찰관의 피의자 신문

- 검사 또는 사법경찰관은 피의자에 대해 범죄사실과 정상에 관한 필요사항을 신문하며, 피의자에게 이익이 되는 사실을 진술할 기회를 줘야 한다(동법 제242조).
- 검사가 피의자를 신문할 때에는 검찰청수사관 또는 서기관이나 서기를 참여시켜야 하고 사법경찰관이 피의자를 신문할 때에는 사법경찰관리를 참여시켜야 한다(동법 제243조).
- 불구속 피의자가 피의자 신문 시 변호인의 조언과 상담을 원한다면, 위법한 조력의 우려가 있어 이를 제한하는 다른 규정이 있고 그것이 이에 해당하지 않는 이상 수사기관은 피의자의 변호인의 조력을 받겠다는 요구를 거절할 수 없다(헌재 2004. 9. 23, 2000헌마138).
- 피의자의 진술은 피의자 신문조서에 기재되며(형사소송법 제244조제1항), 피의자에게 미리 영상녹화의 사실을 알려주고 영상녹화 할 수 있습니다. 이 경우 조사의 개시부터 종료까지의 전 과정 및 객관적 정황을 영상으로 녹화해야 한다(동법 제244조의2제1항).
- 피의자 신문 시에는 참고인과 대질하거나(형사소송법 제245조), 전문수사자문위원이 참여하여 전문적인 지식에 의한 설명 또는 의견을 제시할 수 있다(동법 제245조의2).

③ 검사의 피의자 신문의 범위

「형사소송법」 제199조, 제200조 및 제242조에 비추어 보면 수사는 수사의 목적을 달성함에 필요한 경우에 한해 상당하다고 인정되는 방법에 따라 이루어져야 하고, 검사는 피의자를 신문하는 경우 범죄사실에 관한 사항으로 범행의 일시, 장소, 수단과 방법, 객체, 결과뿐만 아니라, 그 동기와 공범관계, 범행에 이르게 된 경과 등 범행 전후의 여러 정황도 함께 신문해야 한다(대법원 2007.11.30. 선고 2005다40907 판결)

제3장 압수, 수색, 검증

제1절 영장주의

① 검사는 범죄수사에 필요한 때에는 피의자가 죄를 범하였다고 의심할 만한 정황이 있고 해당 사건과 관계가 있다고 인정할 수 있는 것에 한정하여 지방법원판사에게 청구하여 발부받은 영장에 의하여 압수, 수색 또는 검증을 할 수 있다(형소법 제215조 제1항).

② 사법경찰관이 범죄수사에 필요한 때에는 피의자가 죄를 범하였다고 의심할 만한 정황이 있고 해당 사건과 관계가 있다고 인정할 수 있는 것에 한정하여 검사에게 신청하여 검사의 청구로 지방법원판사가 발부한 영장에 의하여 압수, 수색 또는 검증을 할 수 있다(동법 제215조 제2항).

제2절 예외

압수 · 수색 · 검증을 하기 위해서는 사전에 영장을 발부받아야 함이 원칙이나(법 제215조) 긴급성 등을 고려하여 일정한 경우에 영장주의의 예외를 인정하고 있다.

1. 체포 또는 구속을 위한 피의자수색

1-1. 의의

검사 또는 사법경찰관은 피의자를 체포영장에 의한 체포(형소법 제200조의2), 긴급체포(동법 제200조의3) 또는 현행범인체포(법 제212조)에 의하여 체포하거나 구속영장에 의하여 구속하는 경우(법 제201조)에 필요한 때에는 영장없이 타인의 주거나 타인이 간수하는 가옥, 건조물, 항공기, 선차내에서 피의자를 수색할 수 있다(동법 제216조 제1항 제1호).

1-2. 수색의 주체

체포 또는 구속을 위한 수색은 수사기관인 검사 또는 사법경찰관이 할 수 있다.

1-3. 적용범위

피의자수색은 피의자를 발견하기 위해 하는 것이다. 따라서 피의자를 추적하는 중에 피의자를 따라 타인의 주거나 건조물에 들어가는 것은 체포 또는 구속 자체라고 볼 수 있다. 수색은 체포나 구속 전에 행해져야 하므로, 체포 또는 구속 후에 수색하는 것은 허용되지 않는다. 수색은 그곳에 피의자가 소재한다는 개연성이 있다면 허용된다.

2. 체포현장에서의 압수, 수색, 검증

검사 또는 사법경찰관이 피의자를 체포영장에 의한 체포(형소법 제200조의2), 긴급체포(동법 제200조의3) 또는 현행범인체포(동법 제212조)에 의하여 체포하거나 구속영장에 의하여 구속하는 경우(동법 제201조)에 필요한 때에는 영장없이 체포현장에서 압수·수색·검증을 할 수 있다(동법 제216조 제1항 제2호). 여기서 체포현장이란 피의자에 대한 체포의 현장뿐만 아니라 피의자에 대한 구속의 현장도 포함하는 의미이다. 피의자를 체포 또는 구속하는 경우에 체포현장에서의 증거수집을 위하여 행하는 압수·수색·검증에 대하여 영장주의의 예외를 인정하고 있는 것이다.

3. 피고인 구속현장에서의 압수, 수색, 검증

① 검사 또는 사법경찰관이 피고인에 대한 구속영장을 집행하는 경우에 필요한 때에는 그 집행현장에서 영장없이 압수·수색·검증을 할 수 있다(형소법 제216조 제2항).

② 피고인에 대한 구속영장의 집행은 재판의 집행기관으로서 행하는 것이지만 집행현장에서의 압수·수색·검증은 수사기관의 수사에 속하는 처분이다. 그러므로 수사기관은 그 결과를 법원에 보고하거나 압수물을 제출하여야 하는 것은 아니다.

4. 범죄 장소에서의 압수, 수색, 검증

4-1. 의의

① 범행 중 또는 범행직후의 범죄장소에서 긴급을 요하여 법원판사의 영장을 받을 수 없는 때에는 영장없이 압수·수색 또는 검증을 할 수 있고, 이 경우에는 사후에 지체없이 영장을 받아야 한다(법 제216조 제3항).

② 이 경우는 실제 범인이 이미 도망하였거나 경미한 범죄 등의 이유로 현행범인체포가 이루어지지 않은 상황이라도 범죄현장에 남아있는 증거를 긴급하게 수집할 필요가 있기 때문이다.

4-2. 적용 범위

시간적 범위는 범행 중 또는 범행 직후이어야 한다. 장소적 범위는 범죄장소이고 이는 범죄사실의 전부 또는 일부가 발생한 장소를 말하며, 피의자가 범죄장소에 있음을 요하지는 않는다. 판례는 피의자의 신체 내지 의복류에 주취로 인한 냄새가 강하게 나는 등 범죄의 증적이 현저한 준현행범인으로서의 요건이 갖추어져 있고 교통사고 발생시각으로부터 사회통념상 범행직후라고 볼 수 있는 시간 내라면 피의자의 생명·신체를 구조하기 위하여 사고현장으로부터 곧바로 후송된 병원 응급실 등의 장소도 현행범 상황하의 범죄장소에 준한다고 보고 있다(대법원 2012.11.15.선고 2011도15258 판결).

4-3. 사후 압수, 수색, 검증영장

검사 또는 사법경찰관은 사후에 지체없이 영장을 받아야 한다(형소법 제216조 제3항 후문). 범죄장소에서의 압수·수색·검증과 관련된 사후 영장청구서에는 일반적인 기재사항 이외에 영장없이 압수·수색 또는 검증을 한 일시 및 장소를 추가로 기재하여야 한다(형소규칙 제107조 제1항 제5호).

5. 긴급체포 후의 압수, 수색, 검증

5-1. 의의

검사 또는 사법경찰관은 긴급체포된 자가 소유·소지 또는 보관하는 물건에 대하여 긴급히 압수할 필요가 있는 경우에는 체포한 때로부터 24시간 이내에 한하여 영장없이 압수·수색·검증을 할 수 있다(형소법 제217조 제1항).

5-2. 요건

5-2-1. 대상물

긴급체포 후에 영장없이 압수·수색·검증할 수 있는 대상물은 긴급체포된 피의자가 소유·소지 또는 보관하는 물건이어야 한다. 피의자가 소유하고 있는 것이라면 타인이 소지 또는 보관하고 있는 물건이거나, 타인의 소유라도 피의자가 소지 또는 보관하고 있는 물건은 이에 포함된다. 그리고 소지 또는 보관하는 물건인지 여부는 사실상의 지배여부를 고려하여 판단한다.

5-2-2. 긴급성

영장 없이 압수·수색·검증을 하기 위해서는 긴급한 압수의 필요성이 있어야 한다. 여기서 긴급하다는 것은 영장을 발부받을 시간적 여유가 없는 상황을 의미하므로 만일 긴급성이 없는 경우라면 당연히 사전에 영장을 발부받아 압수·수색·검증을 하여야 한다.

5-2-3. 체포한 때로부터 24시간 이내

긴급체포 후의 영장없는 압수·수색·검증은 체포한 때로부터 24시간 이내에 하여야 한다. 실제로 피의자가 긴급체포가 된 때를 의미하며, 긴급체포에 착수하였으나 실제로 피의자를 체포하지 못한 경우에는 이에 해당되지 않는다.

5-3. 압수의 계속과 사후 압수 · 수색영장

① 긴급체포 후의 압수 · 수색 · 검증을 한 후 압수한 물건을 계속 압수할 필요가 있는 경우에는 지체없이 압수 · 수색영장을 청구하여야 하고, 이 경우에 압수 · 수색영장의 청구는 체포한 때로부터 48시간 이내에 하여야 한다(형소법 제217조 제2항).

② 긴급체포와 관련된 사후의 압수 · 수색영장청구서에는 일반적인 기재사항 이외에 긴급체포한 일시 및 장소, 영장없이 압수 · 수색을 한 일시 및 장소를 추가로 기재하여야 한다(형소규칙 제107조 제1항 제6호).

③ 만일 검사 또는 사법경찰관이 위와 같이 청구한 압수 · 수색영장을 발부받지 못한 때에는 압수한 물건을 즉시 반환하여야 한다(형소법 제217조 제3항). 이에 따라 압수물과 이미 수사기관이 작성한 압수조서는 증거능력이 인정될 여지가 없게 된다.

6. 유류물 또는 임의제출물의 영치

6-1. 의의

법원은 소유자, 소지자 또는 보관자가 임의로 제출한 물건 또는 유류한 물건을 영장없이 압수할 수 있고(형소법 제108조), 검사 또는 사법경찰관은 피의자 기타인의 유류한 물건이나 소유자, 소지자 또는 보관자가 임의로 제출한 물건을 영장없이 압수할 수 있다(동법 제218조).

6-2. 대상물

영치의 대상물은 반드시 증거물 또는 몰수물에 한정되지 않으며, 제출자인 소유자, 소지자 또는 보관자가 반드시 적법한 권리자일 필요는 없다. 따라서 절도범이 자신이 절취한 물건을 수사기관에 임의제출 할 수가 있다.

제4장 장부와 비치서류

제1절 비치장부

아래의 장부와 비치서류 중 형사사법정보시스템에 그 작성·저장·관리 기능이 구현되어 있는 것은 전자적으로 관리할 수 있다. 이 경우 전자장부와 전자비치서류는 종이 장부 및 서류의 개별 항목을 포함하여야 한다.

1. 범죄사건부
2. 압수부
3. 〈삭제〉
4. 체포영장신청부
5. 체포·구속영장집행부
6. 긴급체포원부
7. 현행범인체포원부
8. 구속영장 신청부
9. 압수·수색·검증영장 신청부
10. 체포·구속인 접견·수진·교통·물품차입부
11. 체포·구속인 명부
12. 보석(구속집행정지)자 관찰부
13. 송치사건철
14. 불송치사건 기록철
15. 수사중지사건 기록철
16. 입건 전 조사사건 기록철
17. 관리미제사건 기록철
18. 통계철
19. 검시조서철

20. 통신제한조치 허가신청부
21. 통신제한조치집행대장
22. 긴급통신제한조치대장
23. 긴급통신제한조치통보서발송부
24. 통신제한조치 집행사실 통지부
25. 통신제한조치 집행사실 통지유예 승인신청부
26. 통신사실 확인자료제공 요청허가신청부
27. 긴급 통신사실 확인자료제공 집행대장(사후허가용)
28. 통신사실 확인자료제공 요청집행대장(사전허가용)
29. 통신사실 확인자료 회신대장
30. 통신사실 확인자료제공 요청 집행사실통지부
31. 통신사실 확인자료제공 요청 집행사실통지유예 승인신청부
32. 영상녹화물 관리대장
33. 〈삭제〉
34. 변사사건종결철
35. 긴급 통신사실 확인자료제공 요청대장
36. 특례조치등 신청부
37. 몰수·부대보전 신청부
38. 임시조치 신청부

제2절 편철내용과 방법

1. 범죄사건부

① 경찰관은 범죄사건을 접수하거나 입건, 수사, 「검사와 사법경찰관의 상호협력과 일반적 수사준칙에 관한 규정」 제51조제1항의 결정을 할 때에는 범죄사건부에 접수일시, 접수구분, 수사담당자, 피의자, 조회상황, 죄명, 범죄일시, 장소, 피해정도, 피해자, 체포·구속내용, 석방연월일 및 사유, 결정일자, 결정종류, 압수번호, 수사미결사건철번호, 검사처분, 판결내용, 범죄원표번호, 그 밖의 필요한 사항을 기입하여야 한다.

② 경찰관은 압수물건이 있을 때에는 압수부에 압수연월일, 압수 물건의 품종, 수량, 소유자 및 피압수자의 주거, 성명 등을 기록하고 그 보관자, 취급자, 처분연월일과 요지 등을 기입하여야 한다.

2. 송치사건철

송치사건철에는 검사에게 송치한 사건송치서 기록목록, 의견서의 사본과 사건인계서 사본 등을 편철하여야 한다.

3. 불송치사건 기록철

불송치 사건 기록철에는 불송치 결정한 사건 기록을 편철하여야 한다.

4. 수사중지사건 기록철

수사중지사건 기록철에는 수사중지 결정한 사건 기록을 편철하여야 한다.

5. 입건 전 조사사건 기록철

입건 전 조사사건 기록철에는 범죄를 입건 전 조사한 결과 입건이 필요 없다고 인정되어 완결된 기록을 편철하여야 한다.

6. 관리미제사건 기록철

관리미제사건 기록철에는 관리미제사건으로 등록한 사건의 기록을 편철하여야 한다.

7. 통계철

통계철에는 수사경찰 업무에 관한 각종 통계서류를 편철하여야 한다.

8. 서류철의 색인목록

서류철에는 색인목록을 붙여야 한다. 서류편철 후 그 일부를 빼낼 때에는 색인목록 비고란에 그 연월일과 사유를 기재하고 그 담당 경찰관이 날인하여야 한다.

9. 임의의 장부

수사상 필요하다고 인정할 때에는 범죄수사규칙 제202조 소정 장부서류 이외에 필요한 장부 또는 서류철을 비치할 수 있다.

10. 장부 등의 갱신

수사사무에 관한 장부와 서류철은 매년 이를 갱신하여야 한다. 다만, 필요에 따라서는 계속 사용할 수 있다. 이 단서의 경우에는 그 연도를 구분하기 위하여 간지 등을 삽입하여 분명히 하여야 한다.

제3절 장부 및 서류의 보존기간

보존기간은 사건처리를 완결하거나 최종절차를 마친 다음해 1월 1일부터 기산한다. 보존기간이 경과한 장부와 서류철은 보존문서 기록대장에 주서로 폐기일자를 기입한 후 폐기하여야 한다.

1. 범죄사건부 25년
2. 압수부 25년
3. 〈삭제〉
4. 체포영장신청부 2년
5. 체포·구속영장집행부 2년
6. 긴급체포원부 2년
7. 현행범인체포원부 2년
8. 구속영장 신청부 2년
9. 압수·수색·검증영장 신청부 2년
10. 체포·구속인 접견·수진·교통·물품차입부 2년
11. 체포·구속인 명부 25년
12. 보석(구속집행정지)자 관찰부 2년
13. 송치사건철 25년
14. 불송치사건 기록철 25년
15. 수사중지사건 기록철 25년
16. 입건 전 조사사건 기록철 25년
17. 관리미제사건 기록철 25년
18. 통계철 10년
19. 검시조서철 2년
20. 통신제한조치 허가신청부 3년
21. 통신제한조치집행대장 3년
22. 긴급통신제한조치대장 3년
23. 긴급통신제한조치통보서발송부 3년

24. 통신제한조치 집행사실통지부 3년
25. 통신제한조치 집행사실통지 유예 승인신청부 3년
26. 통신사실 확인자료제공 요청 허가신청부 3년
27. 긴급 통신사실 확인자료제공 집행대장(사후허가용) 3년
28. 통신사실 확인자료제공 요청집행대장(사전허가용) 3년
29. 통신사실 확인자료 회신대장 3년
30. 통신사실 확인자료제공 요청 집행사실통지부 3년
31. 통신사실 확인자료제공 요청 집행사실통지유예 승인신청부 3년
32. 영상녹화물관리대장 25년
33. 〈삭제〉
34. 변사사건종결철 25년
35. 긴급 통신사실 확인자료제공 요청대장 3년
36. 특례조치등 신청부 2년
37. 몰수、부대보전신청부 10년
38. 임시조치 신청부 2년

제2편

수사서류작성 방식

제1장 총설
제2장 범죄사실의 구체적 작성요령
제3장 불기소 의견서 작성 개요

제1장 총설

1. 짧고 간결한 문장으로 작성

범죄사실은 짧고 간결한 여러 개의 문장으로 나누어 작성한다. 종전에는 범죄사실 전체를 한 개의 문장으로 작성하였는데, 이러한 방식은 많은 문법적 오류를 낳을 뿐 아니라 문장의 내용을 쉽게 알아보기 힘들게 하고 명확한 의미 전달을 방해하므로 바람직스럽지 않다.

2. '피의자는 ~ 하였다' 의 형식으로 작성

종전에는 첫머리에 '피의자는 ~자인바' 라는 문구로 시작하고, '~한 것이다' 라는 문구로 끝냈다. 하지만 이러한 상투적인 시작 및 종결문구는 일본어 문투의 잔재로서 어색하고 국어 문법에도 맞지 않으므로, '피의자는 ~ 하였다' 의 형식으로 기재하도록 한다.

또한 종전에는 습관적으로 범죄사실의 첫 머리에 피의자의 직업을 기재하는 경우가 많았으나, 피의자의 직업은 피의자의 인적사항에 따로 표시하면 족하므로 굳이 범죄사실에 중복하여 기재하지 않는다. 다만, 신분범 등과 같이 피의자의 직업이 구성요건요소이거나 범죄사실과 밀접한 관련이 있는 경우에는 예외로 한다.

2-1. 시작문구와 종결문구의 작성례

피의자는 20xx. 10.20. ○○지방법원에서 사기죄로 징역 6월을 선고받아 2018. 4.20. ○○교도소에서 그 형의 집행을 종료하였다. 피의자는 2017. 8.20. 22:00경 .....하였다

2-2. 구성요건 요소인 직업을 기재하는 작성례

피의자는 20xx. 10. 20.경부터 20xx. 11.15.까지 서울 ○○구 ○○동 ○○번지에 있는 ㅁㅁ건설주식회사의 상무이사로서 위 회사의 자금조달 업무에 종사하였다.
피의자는 20xx. 8.20. 10:00경 서울 ○○구 ○○동 ○○번지에 있는 ◇◇은행 ○○지점에서 위 회사의 운영자금을 조달하기 위하여 위 회사 소유인 ○○시 ○동 산○○번지에 있는 임야 20,000평에 관하여 위 은행에 근저당권설정등기를 하여 주고 돈 ○○억원을 대출받았다.
피의자는 위 대출금 ○○억원을 위 회사를 위하여 업무상 보관하던 중 20xx. 4.22. 13:00경 위 회사 사무실에서 그 중 ○○천만원을 자신과 불륜관계를 맺어 온 위 회사 경리사원 ◇◇◇에게 관계 청산을 위한 위자료로마음대로 지급하여 이를 횡령하였다.

3. 현대 국어 어법에 맞는 문장 작성

3-1. 들여쓰기 및 행과 문단의 구분

종전과 같이 '피의자는' 이라 기재한 다음에 이후의 본문 전체를 들여쓰기 하는 것은 현대 국어 문장의 작성 방식에 어긋난다. 들여쓰기는 새로 시작되는 문단의 첫 단어에서만 해야 한다.

글의 내용과 길이를 고려하여 적절히 문단을 나누되, 새로운 문단을 시작하는 때에는 행을 바꾸고 들여쓰기를 한다. 종전과 같이 긴 범죄사실을 단일한 문단으로 작성하거나, 모두사실을 기재한 다음 문장이 끝나지 않았는데도 행을 바꾸어 쓰는 것은 국어의 문장 작성법에 맞지 않는다.

3-1-1. 들여쓰기와 행의 변경 작성례

피의자는 20xx. 10.20. 21:00경부터 같은 날 23:00경까지 서울 ○○구 ○○동 ○○번지에 있는 피해자 ○○○이 운영하는 ◇◇노래방에서 ....하였다.

3-1-2. 문단의 구분 작성례

피의자는 서울 ○○구 ○○동 ○○번지에 있는 ㅁㅁ섬유주식회사의 기숙사에서 생활하고 있는 회사원이다.
피의자는 20xx. 8.20. 10:00경 위 기숙사 ◇◇호실에서 담배를 피우다가 그 담배꽁초를 버리려고 하였으면 담배꽁초의 불을 완전히 꺼 안전한 곳에 버리는 등의 조치를 취하여 화재의 발생을 미리 막아야 할 주의의무가 있었다.
그럼에도 불구하고 피의자는 이를 게을리 한 채 담배꽁초의 불을 빈 담배갑에 2~3회 비벼 뭉개는 정도로 완전히 끄지 아니하고 그 방에 있던 쓰레기통에 버리고 그대로 방을 나갔다.
위와 같은 과실로 그 무렵 위 담배꽁초에 남아 있는 불씨에서 위 쓰레기통안의 휴지 등에 불이 붙게 하고 그 날 00:30경 그 불이 벽과 천정 등을 거쳐 기와지붕 벽돌조 2층 건물 연건평 300㎡ 전체에 번지게 하였다.
그리하여 ○○○ 등 회사원 30명이 거주로 사용하는 위 회사 소유의 기숙사 1채 시가 ○○억원 상당을 모두 태워 이를 소훼하였다.

3-2. 문장의 주어 명기

3-2-1. 문장을 나누고 문장마다 주어를 명시하는 작성례

피의자는 20xx. 8.20. 10:00경 서울 ○○구 ○○동 ○○번지 앞길에서 교통정리를 하고 있는 ◇◇경찰서 소속 순경 ○○○으로부터 교통신호를 위반하여 서울xx바xxxx호 택시를 운행하였다는 이유로 단속되었다.
피의자는 위 경찰관으로부터 운전면허증의 제시를 요구받자 피의자의 차만 단속한다고 불평하면서 오른쪽 주먹으로 위 경찰관의 얼굴을 1회 때리고 오른 발로 옆구리를 2회 걷어차는 등 폭행하여 위 경찰관의 교통단속에 관한 정당한 직무집행을 방해하였다.

4. 일반 국민들이 쉽게 이해할 수 있는 표현 사용

일반인들이 거의 사용하지 않거나 국어 어법상 부적절한 용어나 문구, 그리고 한문 투의 문어체와 일본어 투의 표현 등을 일반 국민들이 쉽게 이해할 수 있는 우리말 표현으로 바꾸어 사용한다.

4-1. 구체적인 용어 및 표현 문구 개선 방안

4-1-1. 법률상 용어는 그대로 사용

법률상 일정한 의미가 부여된 용어이므로 법 개정이전까지는 원칙적으로 그대로 사용한다.

예) 절취, 강취, 횡령, 합동하여, 공동하여, 상습으로, 징역 ○월 등

4-1-2. 관용어의 개선

① 편취한 것이다 → 사람을 기망하여 재물의 교부를 받았다. 또는 재산상 이익을 취득하였다.

② 갈취한 것이다 → 사람을 공갈하여 재물의 교부를 받았다. 또는 재산상 이익을 취득하였다.

4-1-3. 개선 용어

① 부적절한 용어, 문투, 구문

▷ 소재 → ~에 있는

▷ 성명 불상 → 성명을 알 수 없는(모르는)

▷ 박명불상 → 박 아무개

▷ 초순 일자불상경 → 초순경

▷ 상호불상 커피숍 → 상호를 알 수 없는 커피숍

▷ 그 시경 → 그 무렵, 그 때쯤

▷ 금원 → 돈

▷ 동인, 동녀 → 피해자 또는 그, 그녀

▷ 피의자 ○○○, 같은 ○○○ → 피의자 ○○○, 피의자 ○○○

▷ 피해자 ○○○, 같은 ○○○ → 피해자 ○○○, 피해자 ○○○

▷ 각 위조하고 → 각각 위조하고

▷ 반항을 억압한 후 → 반항하지 못하게 한 후

▷ 동인을 외포케 한 후 → 피해자에게 겁을 준 후

▷ 구공판되어 → 구속 기소되어(불구속 기소되어)

▷ 불응하면 → 응하지 않으면

▷ 1매 → 1장

▷ 도금을 걸고 → 돈을 걸고

▷ 구약식되어 → 약식명령이 청구되어

▷ 범죄외 → 사용하지 않음

▷ 상피의자 → 사용하지 않음

▷ (불법) 영득의 의사로 → (자신이) 가질 생각으로

▷ 시계 1개 30만원 상당을 절취하고(품명, 수량, 시가의 순)

→ 시가 30만원 상당의 시계 1개를 절취하고(시가, 품명, 수량의 순)

▷ 귀걸이 1점 등 보석류 5점 시가 합계 200만원 상당을 절취하고

→ 귀걸이 1점 등 시가 합계 200만원 상당의 보석류 5점을 절취하고

▷ ~ 되어 그 뜻을 이루지 못하고 미수에 그친 것이다

→ ~ 되어 미수에 그쳤다

▷ ~ 하는 등으로(등하여) ~하였다

→ ~ 등 또는 등의 행위를 함으로써 ~하였다

② 부적절한 어미 사용

▷ ~인 바, 한 바, 하였던 바 → ~인데, 하니, 하였더니

▷ ~ 하고(범죄사실을 계속 연결시킬 때 사용 어미)

→ 하였고 또는 하였다(시제 일치).

▷ ~ 하였으면 ~ 할 주의의무가 있음에도

→ ~ 하였으므로 또는 '~하였다. 그러므로'

③ 비교적 흔한 조사의 오류

▷ ~한 외 → ~한 외에, 외에도

▷ ~에 불구하고 → ~에도 불구하고

▷ 범죄전력 3회 더 있는 → 범죄전력이 3회 더 있는

▷ ~운전의 → ~가 운전하던

▷ 피해자 ~경영의 → 피해자 ~가 경영하는

▷ 불능케 하고 → 불가능하게 하고

5. 번호와 제목의 적절한 활용

피의자나 죄명이 다수이거나, 범죄사실이 여러 개이고 내용이 복잡한 경우에는 개별 범죄마다 '1. 가. (1) (가)' 등 번호를 기재하고 적절한 제목을 붙임으로써 전체적인 내용을 쉽게 파악할 수 있도록 한다. 범죄사실이 하나이더라도 복잡한 경우에는 번호와 제목을 활용하면 범죄사실을 보다 쉽고 일목요연하게 파악할 수 있을 것이다.

5-1. 피의자가 여러 명이고 죄명이 각 1개인 작성례(피의자의 이름을 제목으로 활용)

1. 피의자 홍길동 피의자는 20xx. 8.20. 10:00경 서울 ○○구 ○○동 ○○번지에 있는 피해자 ◇◇◇ 경영의 시계 노점상에서 ....절취하였다. 2. 피의자 갑을병 피의자는 20xx. 8.20. 10:00경 서울 ○○구 ○○동 ○○번지에 있는 피의자 하숙집에서 ....하여 장물을 취득하였다.

5-2. 피의자는 1명이고, 죄명이 여러 개인 작성례(죄명을 제목으로 활용)

상습사기 가. 피의자는 20xx. 8.20. 10:00경 서울 ○○구 ○○동 ○○번지 ◇◇ 빌딩 지하 1층에 있는 ㅁㅁ카페에서 ......술과 안주 시가 00,000원 상당을 제공받았다. 나. 피의자는 20xx. 8.20. 10:00경 ......시가 00,000원 상당을 제공받았다. 이로써 피의자는 2회에 걸쳐 상습으로 타인을 기망하여 술과 안주를 제공받았다. 2. 상해 피의자는 20xx. 8.20. 10:00경 ....우안검부좌상 등을 가하였다.

5-3. 피의자가 여러 명, 죄명도 여러 개인 작성례(각 항의 행위 주체인 피의자의 이름과 각 항의 죄명을 제목으로 활용)

피의자 홍길동은 .....집행을 종료하였다.

1. 피의자들의 공동범행

가. 폭력행위등처벌에관한법률 위반(공동주거침입)

피의자들은 20xx. 8.20. 10:00경 ......피해자 ○○○의 집에 이르러 잠겨있지 않은 대문을 열고 그 집 마당까지 함께 들어갔다.

이로써 피의자들은 피해자의 주거에 공동하여 침입하였다.

나. 강도상해

피의자들은 20xx. 8.20. 10:00경 위와 같은 장소에서 ....을 절취하였다. 계속하여 다른 물건을 물색하던 중 ....붙잡히게 되었다. 그러자 체포를 면탈할 목적으로 ....하였다.

이로써 피의자들은 공모하여 피해자 ㅁㅁㅁ에게 약 3주간의 치료를 요하는 비골골절 등의 상해를 가하였다.

2. 피의자 갑을병

가. 상습사기

(1) 피의자는 20xx. 8.20. 18:00경 ......술과 안주 시가 00,000원 상당을 제공받았다.

(2) 피의자는 20xx. 4.20. 20:00경 ......술과 안주 시가 00,000원 상당을 제공받았다. 이로써 피의자는 2회에 걸쳐 상습으로 타인을 기망하여 술과 안주를 제공받았다.

나. 상해

피의자는 20xx. 4.20. 10:00경 ....피해자에게 약 2주간 치료를 요하는 우안검부좌상 등을 가하였다.

5-4. 피의자가 여러 명, 죄명도 여러 개이며 모두사실의 범죄전력이 많은 경우의 작성례(범죄전력과 범죄사실을 별개의 제목으로 구분하고, 각 항의 행위 주체인 피의자의 이름과 죄명을 제목으로 활용)

범죄전력

피의자 홍길동은 ....집행을 종료하였다.

피의자 갑을병은 ....가석방기간을 경과하였다.

피의자 홍갑순은 ....약식명령을 각각 받았다.

범죄사실

1. 피의자 홍길동, 피의자 갑을병. 피의자 홍길순의 공동 범행

가. 총포·도검·화약류등단속법 위반

피의자들은 20xx. 4.20. 10:00경 ....전자충격기 1대를 .... 보관하여 이를 소지하였다. 그런데 피의자는 주소지 관할 경찰서장의 전자충격기 소지 허가를 받지 아니하였다.

나. 강도예비

피의자들은 20xx. 8.20. 10:00경 ......피해자 ○○○의 집에 침입하려고 동정을 살피는 등 강도를 예비하였다.

2. 피의자 홍길동, 피의자 갑을병. 피의자 홍길순, 피의자 김갑순의 공동 범행

가. 폭력행위등처벌에관한법률 위반(공동주거침입)

피의자들은 20xx. 10.20. 19:00경 ......피해자 ○○○의 집에 이르러 잠겨있지 않은 대문을 열고 그 집 마당까지 함께 들어갔다. 이로써 피의자들은 피해자의 주거에 공동하여 침입하였다.

나. 강도상해

피의자들은 20xx. 10.20. 20:00경 위와 같은 장소에서 ....을 절취하였다. 계속하여 다른 물건을 물색하던 중 ....붙잡히게 되었다. 그러자 체포를 면탈할 목적으로 ....하였다. 이로써 피의자들은 공모하여 피해자 □□□에게 약 3주간의 치료를 요하는 비골골절 등의 상해를 가하였다.

3. 피의자 홍길순

가. 상습사기

(1) 피의자는 20xx. 8.20. 20:00경 ......술과 안주 시가 00,000

원 상당을 제공받았다.

(2) 피의자는 20xx. 4.20. 23:00경 ......술과 안주 시가 00,000 원 상당을 제공받았다. 이로써 피의자는 2회에 걸쳐 상습으로 타인을 기망하여 술과 안주를 제공받았다.

나. 상해

피의자는 20xx. 4.20. 10:00경 ....피해자에게 약 2주간 치료를 요하는 우안검부좌상 등을 가하였다.

제2장 범죄사실의 구체적 작성요령

1. 문장 구분의 기준

① 문장을 구분하는 기준을 일률적으로 정하기는 곤란하나, 대체적인 기준은 다음과 같다.

1. 주어가 바뀌거나 새로운 서술어가 나와 행위상황이 바뀌는 경우
2. 일시와 장소가 바뀌어 한 문장으로 작성하는 것이 부자연스럽거나 장황하게 되는 경우
3. 긴 수식어구가 잇는 등 하나의 문장으로 작성하면 지나치게 길거나 복잡하게 되는 경우

② 문장을 나눌 때는 '그리고, 그러나, 따라서, 그리하여' 등의 접속사를 적절하게 사용하는 것이 좋다.

1-1. 행위상황이 바뀌는 경우의 작성례

피의자는 20xx. 8.20. 10:00경 서울 ○○구 ○○동 ○○번지에 있는 ○○은행 ◇◇지점 앞길을 운행 중인 00가 0000호 시내버스 안에서 피해자 ◇◇◇가 혼잡한 승객들로 인해 잠시 주의를 소홀히 하고 있는 틈을 타 그에게 접근하였다.
피의자는 피해자의 양복 상의 속으로 오른손을 집어넣어 가지고 있던 면도칼로 그 안주머니를 찢은 후 피해자 소유 현금 100,000원, 주민등록증 1장, ◇◇신용카드 1장이 들어 있는 시가 50,000원 상당의 지갑을 꺼내어 각 절취하였다.

1-2. 주어, 동사가 수회 바뀌는 경우의 작성례

피의자들은 20xx. 10.20. 15:00경 서울 ○○구 ○○동 ○○번지에 있는 피해자 ○○○(60세)의 집에서, 피의자 홍길동은 마당에서 망을 보고, 피의자 갑을병, 피의자 홍길순, 피의자, 김갑동은 잠겨 있지 않은 현관문을 통하여 응접실까지 들어갔다. 피의자 갑을병은 응접실 탁자위에 놓여있던 피해자 ○○○ 소유인 시가 0.000.000원 상당의 롤렉스 금시계 1개를 바지 호주머니에 집어넣어 절취하였다.

피의자 갑을병, 피의자 홍길순, 피의자, 김갑동은 계속하여 다른 물건을 물색하던 중 피해자 ○○○과 그의 아들인 피해자 ◇◇◇(26세)에게 발각되어 도주하였다. 피의자 갑을병, 피의자 홍길순이 그 집 마당에서 피해자들에게 붙잡히게 되자 체포를 면탈할 목적으로, 피의자 갑을병은 양손으로 피해자 ○○○을 밀어 마당에 넘어뜨린 후 오른손 주먹으로 피해자의 얼굴을 힘껏 1회 때리고, 피의자 홍길순은 마당에 있는 철제의자를 집어 들고 피해자 ◇◇◇에게 휘둘렀다.
결국 피의자들은 공모하여 피해자 ○○○에게 약 3주간의 치료를 요하는 비골골절 등의 상해를 가하였다.

1-3. 행위상황이 바뀌고, 의무규정 등 긴 수식어구가 있는 경우 작성례

피의자는 서울지방국세청 ◇◇세무서 조사과 소속 공무원으로서 그 관할구역 내 납세자의 탈세 여부 등을 조사하는 업무를 담당하고 있다.
피의자는 20xx. 9.20. 서울 ○○구 ○○동 ○○번지에 있는 ○○○이 경영하는 ◇◇◇◇라는 주점에서 금전출납부 등 관련 장부와 영수증 등의 대조를 통해 그 주점의 탈세 여부를 조사하였다. 그 결과 위 ○○○이 실제 보다 적게 매출한 것처럼 매출액을 허위 기재하여 부가가치세 등을 포탈한 사실을 발견하였다.
이러한 경우 담당 공무원으로서는 위와 같은 사실을 ◇◇세무서장에게 보고하고 그에 대한 세금을 추징하는 등 적절한 조치를 취했어야 했다.
그럼에도 불구하고, 피의자는 친구인 위 주점 지배인 □□□으로부터 세금포탈 사실을 묵인하여 달라는 취지의 청탁을 받고 위 사실을 보고하지 아니한 채 묵인하고 아무런 조치를 취하지 아니함으로써 정당한 이유 없이 그 직무를 유기하였다.

1-4. 주어, 동사와 행위상황이 바뀌는 경우의 작성례

피의자는 냉장고 1대 외 20점 시가 500만원 상당 물건의 소유자이다.
서울○○지방법원 소속 집행관 □□□는 채권자 ○○○의 집행위임을 받아 위 법원 2017카111호 유체동산압류결정 정본에 의하여 2017.10.30. 서울 ○○구 ○○동 ○○번지에 있는 피의자의 집에서 위 물건들에 압류표시를 부착하였다.
피의자는 2017.11.20. 15:00경 피의자의 집에서 위 물건들에 부착되어 있는 압류표시를 함부로 제거함으로써 그 효용을 해하였다.

1–5. 주어, 일시 및 장소가 바뀌는 경우의 작성례

피의자는 11가1234호 승용차를 운전하는 운전자이다. 위 승용차의 소유자인 ○○○은 20xx. 10.20. 20:00경 서울 ○○구 ○○동 ○○번지에 있는 ◇◇◇호텔 앞길에서 위 승용차를 운전하다가 교통사고를 일으키고 피해자에 대한 구호조치를 취하지 않은 채 도주하였다. 피의자는 ○○○가 위와 같이 벌금 이상의 형에 해당하는 죄를 범한 사실을 알고 있으면서 20xx. 10.22. 14:00경 같은 동네에 있는 ㅁㅁ경찰서 조사과 사무실에서, 위 사건을 수사 중인 위 경찰서 형사과 경장 ○○○에게 피의자가 교통사고를 일으킨 것처럼 허위 신고하여 범인을 도피하게 하였다.

1–6. 주어, 일시 및 장소가 바뀌고 긴 수식어구가 포함된 경우의 작성례

피의자는 20xx. 10.20. 15:00경 서울 ○○구 ○○동 ○○번지에 있는 피의자의 집에서, 홍길동으로 하여금 형사처분을 받게 할 목적으로, 컴퓨터를 이용하여 홍길동에 대한 허위 내용의 고소장을 작성하였다. 그 고소장은 '피고소인 홍길동은 20xx. 1. 초순경 부산 해운대에 있는 ◇◇여관에서 고소인의 처 ○○○와 1회 간통하였으니 처벌하여 달라' 는 내용이었다. 그러나 사실은 홍길동은 피의자의 처 ○○○와 간통한 사실이 없었다. 그럼에도 불구하고, 피의자는 20xx. 1.20. 15:00경 서울 ○○구 ○○동에 있는 ㅁㅁ경찰서 민원실에서 성명을 알 수 없는 경찰관에게 위 고소장을 제출하여 홍길동을 무고하였다.

1–7. 일시 및 장소가 바뀌는 경우의 작성례

피의자는 20xx. 4.20. 23:00경 서울 ○○구 ○○동 ○○번지 앞길에서 피의자가 소유하는 11가1234호 승용차를 운전하고 가다가 마침 그곳에서 택시를 기다리던 피해자 ○○○(여, 23세)에게 행선지를 물어 피해자가 ○○동까지 간다고 하자 그 곳까지 태워다 주겠다고 유인하여 피해자를 그 차에 태워 주행하였다. 피의자는 같은 날 23:20경 서울 ○○구 ○○동에 있는 ㅁㅁ대학교 앞길에 이르러 피해자로부터 내려달라는 요구를 받았음에도 욕정을 일으켜 이를 묵살한 채 같은 날 23:40경 서울 ○○구 ○○동 산○○번지 앞길까지 약

10킬로미터를 그대로 질주하여 피해자로 하여금 차에서 내리지 못하도록 함으로써 약 20분간 피해자를 감금하였다.

1-8. 일시, 행위상황이 바뀌는 경우의 작성례

피의자는 20xx. 4.초순경 유부녀인 피해자 ○○○(여, 36세)과 성교하였던 사실을 이용하여 피해자로부터 돈을 받아 내기로 마음을 먹었다. 피의자는 20xx. 4.20. 2315:00경 서울 ○○구 ○○동에 있는 ◇◇호텔 커피숍에서 피해자에게 '돈 200만원만 빌려 줘라. 돈을 주지 않으면 성교 사실을 남편에게 알려 버리겠다.' 고 겁을 주었다. 피의자는 이와 같이 피해자를 공갈하여 이에 겁을 먹은 피해자로부터 다음 날 14:00경 위 커피숍에서 200만원을 교부받았다.

1-9. 문장 속에 긴 수식어구가 포함된 경우의 작성례

피의자는 20xx. 11.20. 23:00경 서울 ○○구 ○○동에 있는 서울□□지방법원 제111호 법정에서 위 법원 2017고단111호 ○○○에 대한 절도 피의사건의 증인으로 출석하여 선서하였다. 피의자는 위 사건을 심리중인 위 법원 제5단독 판사 ○○○에게 '○○○가 소매치기하는 것을 전혀 본 일이 없다.' 라고 증언하였다. 그러나 사실은 피의자는 20xx. 9.20. 17:00경 ○○○가 위 법원 앞길을 운행 중인 13자1234호 시내버스 안에서 소매치기하는 것을 직접 목격하였다. 그리하여 피의자는 자신의 기억에 반하는 허위의 진술을 하여 위증하였다.

1-10. 문장이 장황하게 계속 이어지는 경우의 작성례

피의자는 50다1234호 택시를 운전하는 업무에 종사하고 있다. 피의자는 20xx. 12.20. 23:00경 위 택시를 운전하여 서울 ○○구 ○○동에 있는 서울□□지방법원 앞 편도 3차로 도로를 지하철 ◇◇역 쪽에서 고속터미널 쪽으로 2차로를 따라 시속 약 60킬로미터로 진행하였다. 당시는 야간인 데다가 비가 내리고 있어 전방 시야가 흐린 상태였고, 그곳 전방에는 신호등이 설치된 횡단보도가 있었다. 이러한 경우 자동차의 운전 업무에 종사하는 사람에게는 속도를 줄이고 전방을 잘 살펴 길을 건너는 사람이 있는지 여부를 확인하는 한편 교통신호에 따라 안전하게 운전하여 사고를 미리 방지하여야 할 업무상 주의의

무가 있다. 그럼에도 불구하고 피의자는 이를 게을리 한 채 신호가 차량 정지신호로 바뀌는 데도 불구하고 계속 같은 속도로 진행하다가 보행자 신호에 따라 횡단보도를 좌측에서 우측으로 횡단하던 피해자 ○○○(여, 26세)를 뒤늦게 발견하였고 이를 피하기 위하여 핸들을 우측으로 조작하면서 급제동하였다. 그러나 미처 피하지 못하고 피의자의 택시 좌측 앞 범퍼로 피해자의 우측 다리를 들이받아 땅에 넘어뜨렸다. 이로써 피의자는 업무상의 과실로 피해자에게 약 6주간의 치료를 요하는 대퇴부골절 등의 상해를 입게 하였다.

2. 두괄식 문장의 예외적 사용

범죄사실을 기재함에 있어서는 우선 피의자의 범죄 행위를 서술한 다음 끝부분에 그 행위를 한마디로 집약하여 표현하는 이른바 미괄식 문장으로 구성하는 것이 원칙이다.

다만, 범죄사실의 경위나 방법이 복잡하거나 장황하여 미괄식으로 작성하게 되면 전체 내용을 쉽게 파악하기 어렵게 되는 경우가 있다. 이럴 때에는 피의자가 저지른 범행의 개요를 간단하게 두괄식으로 기재한 뒤 구체적인 범행내용이나 방법을 기재하는 이른바 두괄식 문장으로 작성할 수 있다.

2-1. 두괄식으로 표현한 작성례

피의자는 20xx. 11.20. 23:00경 서울 ○○구 ○○동에 있는 서울□□지방법원 제221호 법정에서 위 법원 2017고단111호 홍길동에 대한 절도 피의사건의 증인으로 출석하여 선서한 다음 기억에 반하는 진술을 하여 위증하였다. 피의자는 위 사건을 심리중인 위 법원 제3단독 판사 ○○○에게 '○○○은 알지 못하는 사람이다. □□□에게 이 사건 절취물이라는 디지털 카메라 7대를 200만원에 판매한 사실이 있으며, 그 카메라는 내가 고물상을 하면서 정상적으로 수집한 물건이다.'라는 취지로 진술하였다. 그러나 사실은 피의자는 위 홍길동과 초등학교 동창인 친구 사이로 그를 그 이전부터 잘 알고 있었고, 피의자가 □□□에게 디지털 카메라 7대를

판매한 사실이 없으며, 오히려 위 홍길동이 위 ㅁㅁㅁ으로부터 그가 훔친 디지털 카메라 7대를 70만원에 구입한 사실을 잘 알고 있었다.

3. 공범 표현, 부사구 등의 기재 방법

종전에는 '공모하여, 공동하여, 합동하여, 상습으로, 행사할 목적으로' 등의 부사어를 모두 사실에 기재하였다. 그러나 부사어는 그 말이 수식하는 동사나 형용사의 바로 앞에 두는 것이 원칙이므로 구성요건 요소를 나타내는 서술어의 바로 앞이나 근접한 위치에 기재하여야 한다.

3-1. 공동범의 작성례

피의자들은 20xx. 12.20. 14:00경 서울 ○○구 ○○동 ○○에 있는 ◇◇백화점 앞길에서 그 곳을 지나가는 피해자 ○○○(여, 26세)를 희롱하다가 피해자로부터 욕설을 듣자 피의자 홍길동은 손바닥으로 피해자의 뺨을 1회 때리고, 피의자 갑을병은 발로 피해자 엉덩이를 1회 걷어차 그 곳 길바닥에 넘어뜨렸다.

이로써 피의자들은 공동하여 피해자에게 약 3주간의 치료를 요하는 양 슬개부 찰과상 등을 가하였다.

3-2. 합동범의 작성례

피의자들은 20xx. 2.20. 04:00경 서울 ○○구 ○○동 ○○에 있는 피해자 ○○○이 경영하는 삼성전자 ◇◇대리점에서, 피의자 홍길동은 위 대리점 앞길에서 망을 보고, 피의자 갑을병은 위 대리점 철문 자물쇠를 부수고 들어갔다.

피의자 갑을병은 그 곳에서 피해자 소유의 시가 7천 500만원 상당의 삼성 텔레비전 20대, 냉장고 10대 등을 미리 대기시켜 놓은 피의자 홍길동 소유인 23마1234호 타이탄 트럭에 싣고 갔다.

그리하여 피의자들은 합동하여 위 물품울 절취하였다.

3-3. 상습범의 작성례

피의자는 20xx. 7.20. 서울동부지방법원에서 특수절도죄로 징역 1년에 집행유예 2년을 선고받고 같은 날 그 판결이 확정되어 현재 그 유예기간 중에 있다. 그 외에도 20xx. 1.25. 서울지방검찰청에서 특수절도죄로 기소유예 처분을, 20xx. 10.21. 수원지방검찰청에서 특수절도죄로 소년보호 처분을, 20xx. 4.10. 서울지방검찰청에서 특정범죄가중처벌등에관한법률위반(절도)죄로 소년보호처분을 각각 받았다. 피의자들은 20xx. 2.15. 15:00경 서울 ○○구 ○○동 ○○에 있는 ◇◇백화점 앞길에서 그 곳을 지나가던 피해자 ○○○에게 오토바이를 타고 접근하였다. 피의자는 피해자의 어깨에 걸치고 있던 피해자 소유인 현금 100만원이 들어 있는 시가 10만원 상당의 핸드백 1개를 낚아채어 가 상습으로 절취하였다.

3-4. 목적범의 작성례

피의자는 20xx. 12.10. 15:00경 서울 ○○구 ○○동 ○○에 있는 피의자의 집에서, 그 무렵 길에서 주운 ○○○의 주민등록증에 붙어 있는 그의 사진을 면도칼로 떼어내고 그 자리에 피의자의 사진을 붙였다. 이로써 피의자는 행사할 목적으로 공문서인 서울 ○○구청장 명의의 ○○○에 대한 주민등록증 1장을 위조하였다.

3-5. 서술어로 공모관계를 표현한 공범의 작성례

피해자들은 행정자치부에서 시행하는 제100회 9급 국가공무원 채용시험에 함께 응시원서를 제출하여 응시하되, 실력이 좋은 피의자 홍길동이 피의자 갑을병의 답안을 대신 작성하는 방법으로 답안을 바꾸어 제출하기로 공모하였다. 피의자들은 20xx. 6.10. 10:00경부터 같은 날 16:00경까지 사이에 서울 ○○구 ○○동에 있는 ◇◇고등학교에서 실시하는 위 국가공무원 공개경쟁 채용시험 제1차고사장에서 그 시험답안지를 작성하게 되었다. 피의자 홍길동은 자기가 작성한 답안지에 피의자 갑을병의 수험번호(1234번)과 이름을 기재하고, 피의자 갑을병은 자기 답안지에 피의자 홍길동의 수험번호(3156번)과 이름을 기재하여 제출하였다. 이로써 피의자들은 위계로써 위 시험의 공정한 시행을 감독 중인 행정자치부 고시관리과 공무원 ○○○ 등 3명의 정당한 직무집행을 방해하였다.

4. 숫자와 부호의 표기 방법

숫자는 아라비아 숫자를 사용하는 것이 원칙이다. 다만, 높은 단위의 금액 등과 같이 혼돈의 염려가 있는 경우에는 4자리 단위로 한글을 혼용하는 방식도 허용된다.

4-1. 숫자의 기재례(종전 기재방식과 새로이 허용되는 방식)

12,345,600원 → 1,234만 5,600원

12,345,678,900원 → 123억 4,567만 8,900원

12,345,678,901,000원 → 12조 3,456억 7,890만 1,000원

숫자 앞에 관행적으로 부가하는 표현도 큰 의미가 없으면 생략하여도 무방하다. 예를 들면 '금 1,000,000원' 의 '금' 같은 말은 생략하는 것이 좋다.

km, ㎡, ㎠, kg, kℓ, % 등 각종 단위는 부호 그대로 표기하되, 필요한 경우에는 한글로도 표기할 수 있다.

4-2. 각종 단위부호의 기재례(종전 기재방식과 새로이 허용되는 방식)

10킬로미터 → 10km

234제곱미터 → 234㎡

70킬로그램 → 70kg

0.14퍼센트 → 0.14%

5. 일시의 표기 방법

연월일은 원칙적으로 모두 숫자로 표기하다. 종전에 관행적으로 사용하였던 '같은 해' 또는 '동년', '같은 달' 등의 표현은 오히려 불편하고, 혼동의 염려가 있으므로 사용하지 않는다.

다만, 숫자로 표기하는 것보다 시간 전후관계를 더 쉽게 파악할 수 있고 혼동의 여지도 별로 없는 경우에 '같은 날'과 '다음 날'은 사용할 수 있다.

5-1. '같은 해, 같은 날, 다음 날'의 사용례

피의자는 20xx. 4.10. 15:00경 서울 ○○구 ○○동 ○○에 있는 ◇◇부동산중개사무실에서 피의자 소유인 같은 동 30번지에 있는 대지 120평, 건평 60평의 가옥 1채에 대하여 피해자 홍길동과 매매계약을 체결하였다. 피의자와 피해자는 계약 당일 계약금 2,000만원을, 20xx. 5.10. 중도금 1억 3,000만원을, 20xx. 7.10. 위 대지 및 가옥에 대한 소유권이전등기 소요서류와 상환으로 잔금 5,000만원을 주고 받기로 약정하였다. 피의자는 약정에 따라 피해자로부터 계약금 2,000만원을 즉시 건네받고, 20xx. 5.10. 위 부동산중개사무실에서 중도금 1억 3,000만원을 건네받았으므로 잔금기일인 20xx. 7.10. 잔금 수령과 동시에 피해자에게 위 대지 및 가옥에 대한 소유권이전등기절차를 이행하여 주어야 할 의무가 있었다. 피의자는 위와 같은 임무에 위배하여 20xx. 5.20. 13:00경 같은 동 90에 있는 ㅁㅁ부동산중개사무실에서 매수인 갑을병에게 대금 3억원에 위 대지 및 가옥을 매도하고 그 다음 날 같은 동에 있는 ◇◇등기소에서 그에게 위 대지 및 가옥에 대한 소유권이전등기를 마쳐 주었다. 이로써 피의자는 위 부동산 시가 3억원 상당의 재산상 이익을 취득하고 피해자에게는 같은 금액 상당의 손해를 가하였다.

6. 각주의 활용 및 한자병행

전문용어 또는 그 의미가 어려운 용어나, 일반인이 쉽게 찾기 어려운 시행규칙, 기관 내부규정 등은 각주를 활용하여 그 뜻을 설명할 수 있다.

또한 법률용어나 전문용어 또는 다의적으로 해석될 수 있는 용어 중 한자를 병행하여 기재하면 그 뜻을 보다 정확하게 이해할 수 있는 경우에는 예외적으로 한글 표기 뒤 괄호 안에 한자를 병기하는 것도 허용된다.

6-1. 각주와 한자병행을 허용하는 새로운 방식

피의자는 일본에서의 불법체류 전력으로 정상적인 방법으로는 일본국 비자를 발급받을 수 없는 사람의 의뢰를 받아 법원에 개명(改名)허가 신청을 대행하여 주는 속칭 '개명브로커' 이다. 피의자는 전부터 알고 지내던 홍길동과 개명브로커 업무를 하기로 공모하였다. 피의자는 20xx. 4.10.경 서울 ○○구 ○○동 ○○에 있는 ㅁㅁ빌딩 내 위 홍길동이 운영하는 ◇◇비디오 대여점에서, 피의자의 친구 소개로 찾아온 ○○○으로부터 그의 주민등록등본 및 호적등본 등 개명허가 신청에 필요한 서류를 교부받았다. 일본 불법 체류전력이 있는 그는 새로 여권과 비자를 받아 일본으로 재출국할 수 있도록 법원으로부터 개명허가를 받아 달라고 피의자에게 부탁하였다. 피의자는 그 다음 날 위 홍길동의 처 허○○ 명의의 국민은행 예금계좌(계좌번호 1234-123-45678)를 통하여 위 개명허가 착수금 명목으로 위 ○○○으로부터 400만원을 송금받았다. 또한 그 무렵 위 개명허가 신청서류를 서울 서대문구에 있는 상호를 알 수 없는 법무사 사무실 사무장인 일명 장부장에게 교부하여 관할 법원에 제출하게 하였다. 그리하여 피의자는 위 홍길동과 공모하여 변호사가 아니면서 금품을 받고 비송사건(非訟事件)에 관한 대리를 알선하였다.

7. 도표의 본문 삽입

동종, 유사한 항목이 반복되는 경우에는 도표를 활용한다. 이때 도표는 별지로 작성하는 것이 원칙이다. 다만, 항목이 작아 본문에 삽입하는 것이 읽기에 더 쉽고 편리한 경우에는 별지가 아닌 본문의 해당 부분에 표를 삽입해도 무방하다.

7-1. 비교적 작은 도표의 작성례

1. 업무상 횡령 피의자는 .... 피해자 ◇◇약품주식회사 영업사원으로서 위 회사의약품판매 및 수금업무에 종사해 왔다. 피의자는 20xx. 4.10. .... 피해자 회사를 위하여 업무상 보관 중인

수금한 돈을 그 무렵 서울 시내 일원에서 임의로 유흥비 등 사적 용도에 소비하였다.

피의자는 이를 포함하여 그 무렵부터 20xx. 12.10.까지 사이에 다음범죄사실표에 기재된 것과 같이 서울 시내 등지에서 3회에 걸쳐 같은 방법으로 합계 1,100만원을 임의로 소비하여 이를 횡령하였다.

회수	수금일시 · 장소	횡령액	횡령일시 · 장소	횡령방법	비고
1	20xx. 4.10 서울 종로구 이화동 100 ○○약국	2,300,000원	그 무렵 서울 시내 일원	유흥비로 소비	
2	20xx. 5.10 서울 중구 장충동 120 ○○약국	4,000,000원	그 무렵 서울 시내 일원	유흥비로 소비	
3	20xx. 6.10 서울 서대문구 대현동 150 ○○약국	4,700,000원	그 무렵 서울 시내 일원	채권자 ○○○에 대한 채무 변제	
합계		11,000,000원			

2. 배임

피의자는 20xx. 4.10. 15:00경 서울 ○○구 ○○동 ○○에 있는 ◇◇부동산 중개사무소에서 .... 매매계약을 체결하였다.

피의자는 위와 같은 임무에 위배하여 ....에 대한 소유권이전등기를 마쳐 주었다.

이로써 피의자는 위 부동산 시가 5,000만원 상당의 재산상 이익을 취득하고 피해자에게 같은 금액 상당의 손해를 가하였다.

제3장 불기소 의견서 작성 개요

제1절 혐의 없음

종래 고소사건에 대하여 혐의 없음 의견을 제시할 때에는 일반적으로 ① 인정되는 사실 ② 피의자의 변명 ③ 피의자의 변명에 부합하는 증거 ④ 피의자의 변명에 상치되는 고소인의 주장과 이에 부합하는 증거 및 그 증거의 배척사유 ⑤ 맺은 말의 순서로 기재하였다.

그러나 이러한 방식은 고소인의 입장에서 보았을 때 고소인이 주장한 내용과 제시한 증거를 적극적으로 고려하여 수사에 임하기보다는 피의자의 입장에서 피의자의 변명 내지 주장을 우선 고려하여 소극적인 자세로 피의자의 변명에 부합하는 증거를 찾는데 주안을 둔 것 같은 인상을 줄 수 있다.

따라서 이제는 위와 같은 경우 고소인의 주장과 고소인이 제시한 증거를 피의자의 변명 및 부합증거보다 부각시켜 ① 인정되는 사실 ② 고소인의 주장과 이에 부합하는 증거 ③ 피의자의 변명 및 이에 부합하는 증거 ④ 고소인의 주장 배척이유 ⑤ 맺은 말 순서로 기재하도록 한다.

혐의 없음 이유는 설시방법을 달리한다.

1. 증거가 불충분한 경우

1-1. 일부 부인

피의자가 피의사실의 일부에 관하여만 이를 부인하는 때에는 먼저 다툼 없이 인정되는 사실을 기재한 후, 고소인의 주장과 이에 부합하는 증거를 먼저 설시하고, 피의자의 변명내용 및 그에 부합하는 증거와 피의자의 변명에 상치되는 고소인의 주장·증거 및 그 배척이유 등을 순서로 기재한 후 맺은말의 순서로 기재한다.

(작성례)

○ 피의자가 갑으로부터 그가 절취하여 가지고 온 이 사건 금반지 1개를 매입한 사실은 인정된다.(다툼이 없이 인정되는 사실)
○ 고소인은 피의자 갑으로부터 그가 절취하여 가지고 온 이 사건 금반지1개를 장물인 점을 알면서도 매입하였다고 주장한다.(고소인의 주장)
○ 이에 대하여 고소인은 그것이 장물이라는 점을 몰랐다는 취지로 주장한다.(피의자의 변명내용)
○ 본범인 갑도 여자친구 ○○○과 함께 피의자의 점포에 가서 위 금반지가 위 ○○○의 것인데 병원 치료비가 필요해서 급히 파는 것이라고 속였다고 진술하여 피의자의 주장과 같은 취지이다.(피의자의 변명에 부합하는 증거)
○ 이에 어긋나는 고소인의 진술내용은 피의자의 경력에 비추어 위 금반지가 장물인 점을 몰랐을 리 없다는 것이니, 이는 추측에 불과하여 피의자의 주장을 뒤집기에 부족하다.(고소인의 주장 배척이유)
○ 달리 피의사실을 인정할 증거를 발견할 수 없다.
○ 증거불충분하여 혐의 없음 의견임.(맺음말)

1-2. 전부 부인

피의자가 피의사실의 전부에 관하여 부인하는 때에는, 사안에 따라 다르겠지만 위 기재사항 중 다툼 없이 인정되는 사실의 기재를 생략하고 곧바로 고소인의 주장과 그에 부합하는 증거를 설시한 후 피의자의 변명내용밀 그에 부합하는 증거, 피의자의 변명에 상치되는 고소인의 주장·증거 및 그 배척이유 등을 순차로 기재한 후 맺음말의 순서로 기재한다.

(작성례)

○ 고소인은 위 일시·장소에서 술에 취하여 걸어가는데 누군가가 뒤에서 갑자기 뒷머리를 세게 때리므로 쓰러졌다가 곧 일어나 뒤돌아보았더니 평소 안면이 있는 피의자임에 틀림없는 것으로 짐작되는 남자가 뒷모습을 보이며 급히 달아나고 있더라는 취지로 주장한다.(고소인의 주장)

- ㅇ 이에 대하여 피의자는 고소인을 때려서 상해를 가한 사실이 전혀없고, 위 일시에는 위 장소로부터 약 10㎞나 떨어진 ◇◇주점에서 술을 마시고 있었다는 취지로 변명하며 그 범행을 부인한다.(피의자의 변명)
- ㅇ 위 주점 종업원인 참고인 갑의 진술내용도 이와 같다.(피의자의 주장에 부합하는 증거)
- ㅇ 고소인의 주장은 당시 고소인이 술에 취하여 있었던 점, 위의 일시 장소는 야간으로서 가로등이 없는 어두운 골목길인 점, 고소인도 피의자로 짐작되는 남자의 뒷모습을 보았을 뿐 그 얼굴을 확인하지는 못한 점 등에 비추어 그대로 받아들이기는 어려워 피의자의 변명을 뒤집고 그 범행을 인정하는 자료로 삼기에 부족하다,(피의자의 변명에 상치되는 고소인의 주장, 증거 배척이유)
- ㅇ 달리 피의자의 범행을 인정할만한 자료를 발견할 수 없다.
- ㅇ 증거불충분하여 혐의 없음 의견임.(맺음말)

2. 범죄 인정되지 아니하는 경우

2-1. 구성요건 해당성이 없는 경우

피의사실의 사실관계는 모두 인정되지만, 법률상의 이유로 구성요건 해당성이 없거나 사실관계의 인정여부와는 상관없이 피의사실 자체로서 구성요건 해당성 없음이 명백한 경우에는 피의자의 변명 및 그에 합치하는 증거, 피의자의 변명에 상치되는 고소인 의 주장·증거 및 그 배척이유 등을 기재할 여지가 없으므로 이때에는 인정되는 사실, 법률판단, 맺음말의 순서로 기재한다,

(작성례 1)

- ㅇ 피의자가 선서하고 .... 라고 허위진술을 한 사실은 인정된다.
- ㅇ 이는 당사자 본인으로서 진술한 것인지 증인으로서 진술한 것이 아니므로 피의자가 증인으로서 진술한 것임을 전제로 하는 위증죄에 해당하지 않는다.
- ㅇ 범죄가 인정되지 아니하므로 혐의 없음 의견임.

(작성례 2)

○ 피의자들이 그 집에 들어와 수색을 실시하던 경찰관인 ○○○에 대항하여 위 ○○○을 집 밖으로 떠밀어 낸 사실은 인정된다. ○ 위 경찰관의 수색은 영장 없아 실시한 것으로서 적법한 공무집행행위라고 볼 수 없으므로 적법한 공무집행을 전제로 하는 이 사건은 공무집행방해죄가 성립하지 않는다. ○ 범죄가 인정되지 아니하므로 혐의 없음 의견임.

(작성례 3)

○ 피의자가 이 사건 병풍을 손괴한 사실은 인정된다. ○ 병풍은 피의자가 절취한 물건으로 이를 손괴하는 행위는 불가벌적사후행위로서 별도의 죄를 구성하는 것이 아니다. ○ 범죄가 인정되지 아니하므로 혐의 없음 의견임.

2-2. 피의사실이 인정되지 아니하는 경우

피의자의 알리바이가 성립되는 등 피의자가 그 행위자가 아님이 명백한 경우 또는 피의자가 범인이라는 유일한 목격자의 진술이나 유일한 물증이 허위로 판명되어 피의사실이 인정되지 아니할 경우에는 의 증거불충분 판단의 전부 부인 또는 일부 부인의 설시례와 같이 증거와 그에 따른 인정사실을 기재할 필요가 있는 경우도 있다.

(작성례)

○ 피의자는 본건 강도 범행 일시경에는 강도죄로 서울교도소에서 복역중이었다고 변명한다. ○ 피의자가 절본건 범행일 이전인 2016.9.12.부터 범행일 이후인 2017.12.30.까지 강도죄로 위 교도소에 수용 중이었던 사실이 인정되므로(제12쪽의 수용증명서) 피의자는 본건 범행의 행위자가 아님이 명백하다. ○ 범죄가 인정되지 아니하므로 혐의 없음 의견임.

제2절 죄가 안됨

1. 위법성조각사유에 해당하는 경우

정당행위 등 위법성조각사유에 해당하거나 강요된 행위라는 사유로 죄가 안됨의 의견의 경우는 '혐의 없음' 의견을 제시하는 경우에 준하여 기재하는 것이 보통이다.

1-1. 정당방위의 경우

(작성례)

○ 술에 취한 피해자와 그의 일행인 성명불상자가 이유 없이 피의자에게 시비를 걸어 피의자를 앞뒤에서 붙잡아 주먹으로 피의자의 얼굴을 수회 때리므로 이를 피하기 위하여 피의자가 팔꿈치를 뒤에서 붙잡은 피해자의 얼굴을 때려 상해를 가한 사실이 인정된다.(목격자 홍길동의 진술) ○ 피의자의 행위는 피해자의 부당한 폭력에서 벗어 나거나 이를 방위하기 위한 행위로서 정당방위에 해당한다. ○ '죄가 안됨' 의견임.

1-2. 피해자의 승낙에 의한 행위의 경우

(작성례)

○ 피의자가 고소한 ○○○에 대한 제왕절개수술을 함에 있어 고소인의 자궁을 제거한 사실은 인정된다. ○ 고소인은 피의자가 임의로 자궁을 제거하였다고 주장하나, 피의자가 수술하기 전에 고소인에게 자궁에 이상이 있으니 위 수술을 시행하는 기회에 자궁을 제거하여 생명에 지장이 없도록 하는 것이 좋겠다고 권유하였고, 고소인의 승낙을 받은 다음 자궁 제거수술을 한 사실이 인정된다.(간호사 홍길순, 참고인 갑을순의 각 진술). ○ 피의자가 고소인의 자궁을 제거한 행위는 피해자의 승낙에 의한 행위로 처벌할 수 없다. ○ '죄가 안됨' 의견임.

2. 책임조각사유에 해당하는 경우

피의자가 형사미성년자 · 심신상실자라는 사유 또는 형법 제151조 제2항(범인은닉과 친족간의 특례), 제155조 제4항(증거인멸과 친족간의 특례)의 사유로 죄가 안됨 의견을 제시하는 경우에는 그 사유를 인정하는 근거를 간략히 기재한다.

2-1. 형사미성년자인 경우

(작성례)

○ 피의자는 범행 당시 13세의 형사미성년자이다.(제5쪽의 호적등본) ○ '죄가 안됨' 의견임.

2-2. 심신상실의 경우

(작성례)

○ 피의자는 범행 당시 정신분열증으로 인하여 사물을 변별하거나 의사를 결정할 능력이 없었던 상태에 있었다.(제10쪽의 진단서, ○○○의 진술) ○ '죄가 안됨' 의견임.

3. 친족 등의 범인은닉 · 증거인멸의 경우

(작성례 1)

○ 피의자와 ○○○는 부자지간이다.(제10쪽의 호적등본, ○○○의 진술) ○ 이 사건의 피의자가 아들인 ○○○을 위하여 범행한 것이다. ○ '죄가 안됨' 의견임.

(작성례 2)

○ 피의자와 ○○○는 사촌형제간에 있다.(제10쪽의 호적등본) ○ 이 사건은 사촌동생인 피의자가 사촌형인 ○○○을 위하여 범행한 것으로 처벌할 수 없다. ○ '죄가 안됨' 의견임.

제3절 공소권 없음

공소권 없음의 사유는 대개 법률상의 근거에 의한 것이므로 그 근거의 기재 없이 곧바로 해당 사유를 기재하는 것이 보통이나, 구체적 사실에 근거를 두고 있는 때에는 그 근거를 간략하게 기재한다.

1. 확정판결이 있는 경우

1-1. 동일사건에 대하여 판결이 확정된 경우

(작성례 1)

> ㅇ 피의자는 이 사건과 같은 사건에 대하여 이미 2017.3.23. 서울중앙지방법원에서 상해죄로 징역 1년에 집행유예 2년을 선고받아 같은달 30.에 확정되었다.(제20쪽 판결)
> ㅇ '공소권 없음' 의견임.

(작성례 2)

> ㅇ 피의자는 2017.3.23. 서울중앙지방법원에서 이 사건을 포함한 상습도박죄로 징역 1년에 집행유예 2년을 선고받아 같은 달 30.에 확정되었다.(제20쪽 판결)
> ㅇ '공소권 없음' 의견임.

1-2. 동일사건의 일부 또는 포괄일죄의 일부에 대하여 판결이 확정된 경우

(작성례 1)

> ㅇ 피의자가 일으킨 교통사고로 피해자가 뇌좌상을 입고 치료를 받다가 뇌좌상에 따른 뇌부종으로 약 1년만에 사망에 이른 사실은 인정된다.
> ㅇ 피의자는 위와 같은 교통사고로 피해자에게 상해를 입힌 부분에 대하여 2017.5.3. 서울중앙지방법원 2016고약12345호로 벌금 300만원의 약식명령을 받아 같은 달 31. 확정되었으며(제36쪽 약식명령), 확정된 위 약식명령의 효력은 이 사건에도 미친다.
> ㅇ '공소권 없음' 의견임.

(작성례 2)

○ 피의자는 2016.11.4. 서울중앙지방법원에서 특정범죄가중처벌등에 관한법률위반(절도)죄로 징역 2년을 선고받아 같은 달 11.에 확정되었다.(제30쪽 판결) ○ 이 사건과 판결이 확정된 위 사건은 모두 피의자의 동일한 절도습벽에 의하여 범한 1개의 죄로서 포괄일죄의 관계에 있으므로, 위 확정판결의 효력이 이 사건에도 미치게 된다. ○ '공소권 없음' 의견임.

1-3. 동일사건 또는 그 일부에 대하여 보호처분 등이 확정된 경우

(작성례)

○ 이 사건에 대하여 이미 피의자는 2016.10.3. 서울가정법원에서 보호관찰처분을 받아 같은 달 20. 그 보호처분 결정이 확정되었다.(제30쪽 보호처분결정) ○ 보호처분이 확정된 사건에 대하여는 소년법에 의하여 다시 공소를 제기하지 못한다. ○ '공소권 없음' 의견임.

2. 사면이 있는 경우

(작성례)

○ 이 사건은 20xx.xx.xx. 시행된 대통령령 제00000호 일반사면령에의하여 사면되어 처벌할 수 없다. ○ '공소권 없음' 의견임.

3. 공소시효가 완성된 경우

(작성례)

○ 이 사건은 20xx.xx.xx.에 5년의 공소시효가 지났다. ○ '공소권 없음' 의견임.

4. 법령이 개폐되어 처벌규정이 없어진 경우

(작성례)

ㅇ ㅁㅁ법이 20xx.xx.xx. 법률 제00000호로 개정되면서 이 사건에 대한 처벌규정이 폐지되어 처벌할 수 없다. ㅇ '공소권 없음' 의견임.

5. 법령의 규정에 의하여 형이 면제된 경우

(작성례)

ㅇ 피의자와 피해자는 서로 부부간으로 형의 필요적 면제사유에 해당된다.(기록 42쪽 호적등본) ㅇ '공소권 없음' 의견임.

6. 재판권이 없는 경우

(작성례)

ㅇ 이 사건은 한미행정협정 사건으로서, 2016. 3.2. 법무부장관이 이 사건에 대하여 재판권행사 포기결정을 하였다.(제46쪽 재판권행사포기결정) ㅇ '공소권 없음' 의견임.

7. 친고죄 또는 반의사불벌죄의 경우

7-1. 절대적 친고죄의 경우

(작성례 1)

ㅇ 이 사건은 피해자의 고소가 있어야 처벌할 수 있는 죄인데, 피해자의 고소가 없다. ㅇ '공소권 없음' 의견임.

(작성례 2)

ㅇ 이 사건은 고발권자의 고발이 있어야 공소를 제기할 수 있는 죄인데, 고발권자인 ㅇㅇㅇ의 고발이 없다. ㅇ '공소권 없음' 의견임.

(작성례 3)

○ 이 사건은 피해자의 고소가 있어야 처벌할 수 있는 죄인데, 피해자가 고소를 취소하였다.(제56쪽 고소취소장)
○ '공소권 없음' 의견임.

(작성례 4)

○ 이 사건은 피해자의 고소가 있어야 처벌할 수 있는 죄로서, 피해자는 범행을 알게 된 때로부터 6개월이내에 고소를 하여야 한다.
○ 고소인은 2016. 7.5.경 이 사건 사실을 피의자로부터 들어 알게 되었는데(고소인 진술, 제30쪽 녹취서), 그로부터 6개월이 지난 2017. 4.7.에 고소를 제기하였으므로 적법한 고소라고 할 수 없다.
○ '공소권 없음' 의견임.

7-2. 상대적 친고죄의 경우

(작성례 1)

○ 피의자는 피해자와 고종사촌 사이로서 서로 동거하지 아니하는 친족관계에 있다.(제14쪽 호적등본 등)
○ 이 사건은 피해자의 고소가 있어야 처벌할 수 있는 죄인데, 피해자의 고소가 없다.(또는 피해자가 고소를 취소하였다)
○ '공소권 없음' 의견임.

(작성례 2)

○ 피의자와 고소인은 동서지간으로 서로 동거하지 아니하는 친족관계에 있으므로(제14쪽 호적등본 등), 이 사건은 피해자의 고소가 있어야 처벌할 수 있는 죄이고, 피해자는 범행을 알게 된 때로부터 6개월 이내에 고소를 하여야 한다.
○ 피해자는 이 사건 횡령사실을 2016. 7.5.경 피의자로부터 들어 알게 되었는데, 그로부터 6개월이 지난 2017. 4.7.에 고소를 제기하였으므로 적법한 고소라고 할 수 없다.
○ '공소권 없음' 의견임.

7-3. 반의사불벌죄의 경우

(작성례 1)

ㅇ 이 사건은 피해자의 명시한 의사에 반하여 피의자를 처벌할 수 없는 범죄이다.
ㅇ 20xx.xx.xx. 피해자로부터 피의자의 처벌을 바라지 아니하는 의사표시가 있었다(또는 20xx.xx.xx. 피해자가 피의자의 처벌을 원하지 아니하는 의사표시가 있었다).(제42쪽 피해자 진술조서)
ㅇ '공소권 없음' 의견임.

(작성례 2)

ㅇ 이 사건은 수표발행인이 수표를 회수한 경우(또는 수표소지인이 명시한 의사에 반하여) 공소를 제기할 수 없는 범죄이다.
ㅇ 피의자는 20xx.xx.xx. 위 수표를 회수하였다(또는 20xx.xx.xx. 수표소지인인 홍길동으로부터 피의자의 처벌을 원하지 아니하는 의사표시가 있었다).(제42쪽 피해자 사실확인서)
ㅇ '공소권 없음' 의견임.

(작성례 3)

ㅇ 이 사건은 교통사고를 일으킨 자동차가 자동차종합보험에 가입한 경우에는 공소를 제기할 수 없는 범죄이다.
ㅇ 이 사건 승용차가 자동차종합보험에 가입한 사실이 인정된다(제20쪽 자동차종합보험가입증명서)
ㅇ '공소권 없음' 의견임.

8. 피해자가 생존(또는 존속)하지 아니하는 경우

(작성례 1)

ㅇ 피의자는 20xx.xx.xx. 사망하였다.(제10쪽 호적등본) ㅇ '공소권 없음' 의견임.

(작성례 2)

ㅇ 피의자 법인이 20xx.xx.xx. 해산하여 같은 해 xx.xx. 청산종결의 등기를 마쳤다.(제10쪽 등기부등본) ㅇ '공소권 없음' 의견임.

제3편

범죄사실 작성례

제1장 범죄전력 작성례

1. 누범 전과

① 피의자는 20xx.3.23. 서울중앙지방법원에서 상습도박죄로 징역 3년 6월(또는 2년)을 선고받아 20xx.10.23.안양교도소에서 그 형의 집행을 종료하였다.
② 피의자는 20xx.3.23. 서울중앙지방법원에서 절도죄로 징역 1년을 선고받아 20xx.10.23.영등포교도소에서 그 형의 집행을 마쳤다.
③ 피의자는 20xx.3.23. 서울중앙지방법원에서 사기죄로 징역 1년을 선고받은 후20xx.10.23. 특별사면에 의하여 징역6월로 감형되어 20xx.3.23. 안양교도소에서 그 형의 집행을 마쳤다.

2. 집행유예

① 피의자는 20xx.3.23. 서울중앙지방법원에서 강도죄로 징역 3년에 집행유예 5년을 선고받고 그 후 20xx.10.23.위 판결이 확정되어 현재 그 유예기간 중에 있다.
② 피의자는 20xx.3.23. 전주지방법원에서 절도죄로 징역 1년에 집행유예 2년을 선고받고, 그 후 유예기간 중인 20xx.10.23. 서울중앙지방법원에서 절도죄로 징역 1년을 선고받아 20xx.3.23. 그 판결이 확정됨으로써 위 집행유예의 선고가 실효되었으며, 20xx.3.23. 안양교도소에서 위 각 형의 집행을 종료하였다.
③ 피의자는 20xx.3.23. 서울중앙지방법원에서 폭력행위등의처벌에관한법률위반(야간·공동상해)죄로 징역 1년에 집행유예 2년을 선고받아 20xx.10.23. 위 판결이 확정되었으나, 20xx.3.23. 위 집행유예의 선고가 취소되어 20xx.3.23. 안양교도소에서 그 형의 집행을 종료하였다.

3. 가석방

① 피의자는 20xx.3.23. 서울중앙지방법원에서 특수강도죄로 징역 3년을 선고받고 안양교도소에서 그 형의 집행 중에 20xx.10.23. 가석방되어 20xx.10.23. 가석방기간을 경과하였다.
② 피의자는 20xx.3.23. 전주지방법원에서 특수절도죄로 징역 3년을 선

고받고, 20xx.3.23. 위 판결이 확정되어 안양교도소에서 그 형의 집행 중 20xx.3.23. 가석방되어 그 가석방기간(20xx.10.23. 형기종료 예정) 중에 있다.

4. 상습범에 해당하는 전과

① 피의자는 20xx.3.23. 서울중앙지방법원에서 절도죄로 기소유예 처분을 받고 20xx.10.23. 서울지방법원동부지원에서 특수절도죄 등으로 징역 1년에 집행유예 2년을 선고받았다. 그 후 20xx.3.23. 서울중앙지방법원에서 특정범죄가중처벌등에관한법률위반(절도)죄로 징역 3년을 선고받고 20xx.10.23. 안양교도소에서 그 형의 집행을 종료하였다.

② 피의자는 20xx.3.23. 서울동부지방법원에서 특수절도죄로 징역 1년에 집행유예 2년을 선고받고 같은 날 그 판결이 확정되어 현재 그 유예기간 중에 있다. 그 외에도 20xx.10.23. 서울지방검찰청에서 기소유예 처분을, 20xx.10.23.수원지방검찰청에서 특수절도죄로 소년보호 처분을, 20xx.3.23. 전주지방검찰청에서 특정범죄가중처벌등에관한법률위반(절도)죄로 소년보호 처분을 각각 받았다.

(참고) 상습범의 경우 범죄전력이 상습성 인정의 중요한 자료가 되므로 실형은 물론 벌금 · 기소유예 · 보호처분 전력뿐만 아니라 실효된 형도 모두 기재하는 것이 원칙이다. 다만, 피의자에게 수회의 전과가 있고, 이를 일일이 기재하는 것이 번잡한 경우에는 아래와 같이 최근 또는 가장 중요한 전과만을 기재하고 나머지 전과는 간략히 기재하는 것도 무방하다.

③ 피의자는 20xx.3.23. 서울중앙지방법원에서 특정범죄가중처벌등에관한법률위반(절도)죄로 징역 3년을 선고받고 20xx.10.23. 안양교도소에서 그 형의 집행을 종료한 외에 같은 종류의 전과가 5회 더 있다.

④ 피의자는 20xx.3.23. 서울중앙지방법원에서 상습도박죄로 징역 1년에 집행유예 2년을 선고받고 위 판결이 확정되어 현재 그 유예기간 중에 있는 외에 같은 종류의 벌금형 전과가 2회 더 있다.

5. 형법 제37조 후단 경합범

피의자는 20xx.3.23. 춘천지방법원 속초지원에서 도박죄로 징역 1년에 집행유예 2년을 선고받고 20xx.10.23. 위 판결이 확정되었다.

6. 누범 전과와 형법 제37조 후단 경합범이 혼합

피의자는 20xx.3.23. 서울중앙지방법원에서 절도죄로 징역 1년을 선고받고 20xx.10.23. 위 판결이 확정되어 20xx.10.23. 안양교도소에서 그 형의 집행을 종료하였다.

제2장 형법 죄명별 범죄사실 작성례

제1절 공안을 해하는 죄

1. 범죄단체조직죄

제114조(범죄단체 등의 조직)
사형, 무기 또는 장기 4년 이상의 징역에 해당 하는 범죄를 목적으로 하는 단체 또는 집단을 조직하거나 이에 가입 또는 그 구성원으로 활동한 사람은 그 목적한 죄에 정한 형으로 처벌한다. 다만, 형을 감경할 수 있다.
[전문개정 2013.4.5.]

(작성례)

피의자 김○○, 피의자 이○○, 피의자 박○○, 피의자 정○○는 소매치기, 날치기, 들치기 등의 수법으로 절도행각을 해왔다. 그러다가 좀 더 능률적이고 조직적인 치기활동을 할 목적으로 20○○. ○. ○. 21:00경 서울 ○○구 ○○동 ○○번지에 있는 피의자 김○○의 집에 모여 명칭은 "○○단", 피의자 김○○을 "두목", 피의자 이○○은 "부두목", 피의자 박○○, 피의자 정○○을 행동대원으로 정하고(이익금은 어떻게 분배하고 어떠어떠한 행동지침에 따라 … 하기로 한) 절도를 목적으로 하는 범죄단체를 조직하였다.

■ 적용실례

◇ 강도상해 및 폭력행위를 자행한 단체의 경우

피고인들은 수괴, 간부, 가입자가 따로 있는 지휘통솔체제를 갖춘 단체를 구성, 가입한 후에 피고인 ○○○으로부터 단체생활에 쓸 생활비 등을 제공받고, 싸움에 대비하여 수시로 개인·단체훈련을 해왔다. 또한 피고인 ○○○의 사주를 받거나 고향 후배를 괴롭히는 자들을 응징한다는 등의 명목으로 단체구성

뒤 1년 8개월동안 15회에 걸쳐 강도상해 및 폭력행위(상해, 협박 등)를 자행해 왔다.

※ 피고인들은 범행과정에서 생활비 절감 등을 위해 단체생활을 한 것이라고 인정할 수도 있고 위 단체의 명칭이 수사단계에서 붙여진 것이라 하더라도 피고인들의 1년 8개월동안의 행적을 검토하면 이는 결국 폭력을 목적으로 하여 범죄단체를 구성하거나 이에 가입한 죄에 해당한다.

◇ 범죄단체조직의 경우

피고인 ○○○외 3명은 남의 재물을 절취할 때 능률을 더 높이기 위해(절도를 목적으로 하는) 단체를 조직하기로 모의하고, 두목, 행동대원, 장물처분책을 분담하였고 식도, 손전등, 장갑, 나이론줄까지 준비해 두었다.

※ 이는 절도를 목적으로 하여 범죄단체를 조직한 것이라고 볼 수 있어 범죄단체조직의 죄가 성립한다.

● 관련판례 1

◎ 형법 제114조에서 정한 '범죄를 목적으로 하는 단체'의 의미와 '범죄를 목적으로 하는 집단'의 의미와 요건

[1] 형법 제114조에서 정한 '범죄를 목적으로 하는 단체'란 특정 다수인이 일정한 범죄를 수행한다는 공동목적 아래 구성한 계속적인 결합체로서 그 단체를 주도하거나 내부의 질서를 유지하는 최소한의 통솔체계를 갖춘 것을 의미한다.

[2] 형법 제114조에서 정한 '범죄를 목적으로 하는 집단'이란 특정 다수인이 사형, 무기 또는 장기 4년 이상의 범죄를 수행한다는 공동목적 아래 구성원들이 정해진 역할분담에 따라 행동함으로써 범죄를 반복적으로 실행할 수 있는 조직체계를 갖춘 계속적인 결합체를 의미한다. '범죄단체'에서 요구되는 '최소한의 통솔체계'를 갖출 필요는 없지만, 범죄의 계획과 실행을 용이하게 할 정도의 조직적 구조를 갖추어야 한다.(대법원 2020. 8. 20., 선고, 2019도16263, 판결)

● 관련판례 2

◎ 돈을 송금받아 편취할 목적으로 보이스피싱 사기 조직을 구성하고 이에 가담하여 조직원으로 활동함으로써 범죄단체를 조직하거나 이에 가입·활동하였다는 내용으로 기소된 사안

피고인들이 불특정 다수의 피해자들에게 전화하여 금융기관 등을 사칭하면서 신용등급을 올려 낮은 이자로 대출을 해주겠다고 속여 신용관리비용 명목의 돈을 송금받아 편취할 목적으로 보이스피싱 사기 조직을 구성하고 이에 가담하여 조직원으로 활동함으로써 범죄단체를 조직하거나 이에 가입·활동하였다는 내용으로 기소된 사안에서, 위 보이스피싱 조직은 보이스피싱이라는 사기범죄를 목적으로 구성된 다수인의 계속적인 결합체로서 총책을 중심으로 간부급 조직원들과 상담원들, 현금인출책 등으로 구성되어 내부의 위계질서가 유지되고 조직원의 역할 분담이 이루어지는 최소한의 통솔체계를 갖춘 형법상의 범죄단체에 해당하고, 보이스피싱 조직의 업무를 수행한 피고인들에게 범죄단체 가입 및 활동에 대한 고의가 인정되며, 피고인들의 보이스피싱 조직에 의한 사기범죄 행위가 범죄단체 활동에 해당한다.(대법원 2017. 10. 26., 선고, 2017도8600, 판결)

● 관련판례 3

◎ 폭력행위 등 처벌에 관한 법률 제4조에서 말하는 '범죄단체'의 성립에 필요한 단체성의 정도 및 범죄단체활동죄와 집단감금 또는 집단상해행위가 흡수관계인지 여부(소극)

[1] 폭력행위집단은 합법적인 단체와는 달라, 범죄단체의 특성상 단체로서의 계속적인 결집성이 다소 불안정하고 그 통솔체제가 대내외적으로 반드시 명확하지 않은 것처럼 보이더라도 구성원들 간의 관계가 선·후배 혹은 형·아우로 뭉쳐져 그들 특유의 규율에 따른 통솔이 이루어져 단체나 집단으로서의 위력을 발휘하는 경우가 많은 점에 비추어, 폭력행위 등 처벌에 관한 법률 제4조에 정하는 범죄를 목적으로 하는 단체는 위 법률에 정하는 범죄를 한다는 공동의 목적 아래 특정다수인에 의하여 이루어진 계속적인 결합체로서 그 단체를 주도하거나 내부의 질서를 유지하는 최소한의 통솔체계를 갖추면 되는 것이고, 그 범죄단체는 다양한 형태로 성립·존속할 수 있는 것으로서 정형을 요하는 것이 아니다.

[2] 범죄단체 구성원으로서 활동하는 행위와 집단감금 또는 집단상해행위는 각각 별개의 범죄구성요건을 충족하는 독립된 행위라고 보아야 할 것이므로, 집단감금 또는 집단상해 행위가 범죄단체활동에 흡수된다고 보아 양자가 단순일죄의 관계에 해당한다는 상고이유는 받아들이지 아니한다.(대법원 2008.5.29. 선고 2008도1857 판결)

2. 소요죄

제115조(소요)
다중이 집합하여 폭행, 협박 또는 손괴의 행위를 한 자는 1년이상 10년 이하의 징역이나 금고 또는 1천500만원 이하의 벌금에 처한다. 〈개정 1995.12.29.〉

(작성례)

피의자들은 모두 ○○시 ○○동에 있는 ○○상가의 점포에 각각 세를 들어 일용잡화류 등을 도매하는 상인들이다.

피의자들은 20○○. ○. ○. 위 ○○상가 대표 이○○로부터 "다음 달부터 점포임대료를 20% 인상하기로 결정했으니 계약을 갱신하라"는 통고를 받고 같은 날 20:00경 위 상가 상인친목회 회장인 피의자 김○○을 중심으로 그의 점포에 상가 상인 30여명이 모여 경기불황을 이유로 위 이○○의 요구에 불응하기로 결의하였다. 그리고 "임대료 인상 반대투쟁위원회"를 결성하였다.

피의자들은 상가대표에 대항하는 실력행사로서 다음날인 ○. ○.부터 모두 철시하기로 결의하고 그 실행에 들어갔으나 총무간사 박○○을 중심으로 회사측을 두둔하는 상인 10여명이 점포를 열고 영업을 계속하였다. 그러자 피의자들은 그들의 영업을 방해하기 위해 같은 날 10:00경 위 상가 주변에 모여서 서성거리고 있다가 위 박○○ 등이 상가에 출근하자 근처에 있는 나무토막과 돌멩이 등을 점포에 집어던져 유리창을 깨뜨리고 기물을 손괴하였으며 위 박○○ 등 7, 8명을 붙잡아 때리는 등 다중이 집합하여 폭행 또는 손괴의 행위를 하였다.

● 관련판례

◎ 소요죄와 포고령위반죄의 죄수관계

피고인의 행위가 수십명의 군중과 함께 정치적 구호를 외치며 거리를 진행하는등 다중이 집합하여 폭행, 협박, 손괴행위를 한 것이라면 그 행위자체가 포고령 제10호가 금지한 정치목적의 시위를 한 것이라고 보아야 할 것이므로 소요죄와 위 포고령위반죄는 1개의 행위가 동시에 수개의 죄에 해당하는 형법 제40조의 상상적 경합범의 관계에 있다.(대법원 1983. 6. 14. 선고, 83도424, 판결)

3. 공무원자격사칭죄

제118조(공무원자격의 사칭)
공무원의 자격을 사칭하여 그 직권을 행사한 자는 3년 이하의 징역 또는 700만원 이하의 벌금에 처한다. 〈개정 1995.12.29.〉

(작성례 1)

피의자는 부동산 중개소를 경영하고 있다.

피의자는 20○○. ○. ○. 10：00경 서울 강남구 압구정동 111에 있는 피해자 원○○의 집에서 그에게 얼마 전 남대문시장에서 구입하여 가지고 있는 수갑을 내보이며 "강남경찰서에 근무하는 형사인데 당신을 뇌물공여혐의로 조사할 일이 있으니 함께 가자" 고 말하고 그를 강남경찰서 부근에 있는 갑을빌딩 지하다방까지 임의동행 형식으로 데리고 가 경찰관의 자격을 사칭하여 그 직권을 행사하였다.

(작성례 2 – 공문서 위조)

피의자는 20○○.○.○. 13:00경 부산 동래구 온천1동에 있는 금강공원에서 동래 경찰서 소속 순경 홍길동 명의의 경찰공무원 신분증 1장을 습득한 후 행사할 목적으로 위 홍길동의 사진을 떼어내고 마음대로 자신의 사진을 부착한 다음 그 주변 상호불상 문방구에서 코팅하였다.

이로써 피의자는 행사할 목적으로 공문서인 동래 경찰서 소속 순경 홍길동 명의의 경찰공무원 신분증 1장을 위조하였다.

(작성례 3 – 공무원자격 사칭)

피의자는 20○○.○.○. 18:00경 부산 동래구 온천2동에 있는 지하 이발소인 성광이용원에 찾아가서 업주인 피해자 주○○(44세)에게 전항과 같이 위조한 신분증을 내보이며 자신은 업소 단속을 나온 경찰관이라고 하면서 퇴폐영업단속을 하겠다고 말하였다.

피의자는 경찰관이 아님에도 위와 같이 공무원인 경찰관의 자격을 사칭하여 그 직권을 행사하였다.

(작성례 4 – 공갈)

피의자는 같은 때 같은 장소에서 전항과 같은 태도로 위협하여 피해자로 하여금 두려운 생각을 갖게 하였다.

피의자는 이와 같이 피해자를 공갈하여 100,000원을 교부받았다.

■ 적용실례

◇ 경찰관을 사칭하여 도박장에서 금품을 갈취한 경우

전직 순경의 정보원이었던 최○○는 ○○건설주식회사 숙직실에서 도박으로 고스톱을 하고 있던 구○○ 외 4명에게 "○○경찰서 수사과에서 신고를 받고 나왔다"라고 하며 그곳에 있는 화투와 판돈 ○○만원을 압수한다는 명목으로 빼앗고, ○○경찰서까지 동행을 요구하는 등 피해자들을 위협하여 그들로 하여금 두려운 생각을 갖게 하였다. 피의자는 이와 같이 피해자 구○○를 공갈하여 금 ○○만원을 교부받았다.

※ 최○○는 경찰관의 자격을 사칭하고, 압수하고 동행을 요구하는 등, 그 직권을 행사했으므로 공무원자격 사칭죄가 성립하며, 공갈로 위협하여 재물을 갈취한 점에서는 공갈죄가 성립한다.

◇ 공무원을 사칭하며 주거를 침입한 경우

20○○. ○. ○. 18:00경 허○○는 ○○군 ○○면에 있는 김○○의 집에 들어가서 산림과에서 나온 공무원이라 사칭하며, 밖에 베어져 있는 소나무가 당신 것이냐면서 종이와 연필을 들고 성명을 묻는 등 부정임산물을 단속하는 공무원인양 행세하며 퇴거요구에도 불응하였다.

※ 이 경우 허○○에 대해 공무원자격사칭죄와 주거침입죄를 적용할 수 있다.

◇ 군수사관을 사칭하면서 감금한 경우

피의자 김○○는 헌병대 수사관을 사칭하면서 피해자가 지인을 시켜 돈을 가져올 때까지 방 밖으로 나가지 못하게 하고 오후 20:30경부터 다음 날 오전 10:30경까지 감금하였다.

※ 이 경우 공무원자격사칭죄와 함께 그 감금시간이 "야간"이기 때문에 폭력행위등처벌에관한법률위반죄를 적용할 수 있다.

◇ 교통경찰관을 사칭하며 면허증제시를 요구한 경우

피의자 운전자는 상대방 운전자와 경쟁운전을 하다가 시비가 붙자 상대방 운전자에게 운전면허증의 제시를 요구하고, 상대방 운전자가 교통경찰관이냐고 묻자 "그렇다"고 대답하였다.

※ 피의자는 자신이 교통경찰관인 것처럼 행세하면서 상대방 운전자에게 운전면허증의 제시를 요구한 점에서, 그 직권을 행사했다고 할 수 있으므로 공무원자격사칭죄가 성립된다 할 것이다.

◇ 경찰관이라 사칭하고 폭력까지 행사한 경우

피의자는 밤에 길을 가고 있던 피해자 윤○○(여)를 가로막고는 "나 경찰관인데, 아가씨 주민등록증 좀 보여달라"고 말하고 윤○○가 당신이 뭔데 주민등록증을 보자고 하냐고 반문하자 주먹으로 윤○○의 얼굴과 가슴을 여러 차례 때려 약 2주간의 치료를 요하는 상해를 가하였다.

※ 피의자는 경찰관의 자격을 사칭하여 그 직권을 행사하고 폭력까지 행사했으므로 공무원자격사칭죄와 함께 폭력행위등처벌에관한법률위반죄를 적용해야 한다.

◇ 합동수사반원을 사칭하고 채권추심행위를 한 경우

피의자 김○○는 위임받은 채권을 용이하게 추심하기 위해 자신을 합동수사반원이라고 사칭하고 채무자를 협박하였다.

※ 채권추심행위는 합동수사반의 수사업무의 범위에는 속하지 않는 개인적인 일이기 때문에 김○○에 대해 공무원자격사칭죄로 처벌할 수 없다.

◇ 청와대민원비서관을 사칭하며 전화수리를 지시한 경우

피의자 ○○○은 전신전화관서의 관계관에게 청와대 민정비서관임을 사칭하여 전화선로 고장을 수리하라고 말하였다.

※ 청와대비서관은 모든 행정기관의 장을 지휘·감독하는 대통령의 직무를 보좌하는 사람으로, 전화국 업무과장에게 고장난 시외전화선로를 수리하라고 지시하

는 행위는 청와대 비서관의 직권을 행사하는 것이라고 볼 수 없기 때문에 이 경우, 공무원자격사칭죄는 성립하지 않는다.

◇ 국가정보원 직원을 사칭하며 자인서 제출을 요구한 경우

피의자 이○○는 국가정보원 직원이 아니면서 동 직원임을 사칭하고 청와대에 파견된 감사실장인데 사무실에 대통령 사진의 액자가 파손된 채 방치되었다는 사실을 보고받고 나왔으니 자인서를 작성·제출하라고 하였다.

※ 위 행위는 국가정보원 직원의 직권행사에 해당되지 않기 때문에 공무원자격사칭죄는 성립하지 않는다.

◇ 경찰관을 사칭하여

피의자 김○○는 20○○. ○. ○. 16:00경 서울시 ○○구 ○○동에서 ○○경찰서 소속 경사 이○○명의의 경찰공무원 신분증 1매를 습득하여 범행을 목적으로 자신의 사진으로 갈아붙여 집에서 코팅기를 이용하여 코팅하여 신분증을 위조하였다. 그리고 위조한 신분증을 소지한 채 강남구 ○○동 ○○이발소에서 퇴폐 영업을 한다는 사실을 입수하여 20○○. ○. ○. 21:00경 손님을 가장하여 ○○이발소에 들어간 후 주인이 계산을 요구하자 변조된 이○○경사의 신분증을 제시한 후 업소 단속을 나온 경찰관이라고 하면서 단속을 피하려면 알아서 하라고 말하였다. 이로써 피의자는 피해자 조○○를 기망하여 금 500,000원을 교부받았다.

※ 위 행위는 경찰공무원의 직권행사를 하였기 때문에 공무원자격사칭죄와 함께 경찰공무원의 신분증을 위조하였으므로 공문서위조죄도 적용된다.

◇ 경찰관을 사칭하여 수사한다며 임의동행

피의자 김○○는 20○○. ○. ○. 18:00경 서울시 ○○구 ○○동 123번지 소재 고소인 이○○의 집에서 그에게 위조한 경찰관신분증 1매를 제시하여 ○○경찰서 형사인데 자동차를 절취한 혐의가 있어 조사하러 왔다고 경찰관의 행세를 하면서 위 고소인을 같은동 234번지 ○○커피숍까지 임의동행 형식으로 데리고 가는 등 경찰관의 자격을 사칭하여 그 직권을 행사하였다.

● 관련판례

◎ 위임받은 채권을 추심하는 방편으로 합동수사반원임을 사칭하고 협박한 경우 공무원자격사칭죄의 성부(소극)

공무원자격사칭죄가 성립하려면 어떤 직권을 행사할 수 있는 권한을 가진 공무원임을 사칭하고 그 직권을 행사한 사실이 있어야 하는바, 피고인들 이 그들이 위임받은 채권을 용이하게 추심하는 방편으로 합동수사반원임을 사칭하고 협박한 사실이 있다고 하여도 위 채권의 추심행위는 개인적인 업무이지 합동수사반의 수사업무의 범위에는 속하지 아니하므로 이를 공무원자격사칭죄로 처벌할 수 없다(대법원 1981. 9. 8. 선고 81도1955 판결).

제2절 폭발물에 관한 죄

제119조(폭발물사용)

① 폭발물을 사용하여 사람의 생명, 신체 또는 재산을 해하거나 그 밖에 공공의 안전을 문란하게 한 자는 사형, 무기 또는 7년 이상의 징역에 처한다.

② 전쟁, 천재지변 그 밖의 사변에 있어서 제1항의 죄를 지은 자는 사형이나 무기징역에 처한다.

③ 제1항과 제2항의 미수범은 처벌한다.

[전문개정 2020. 12. 8.]

(작성례)

피의자는 서울 ○○구 ○○동 ○○번지에 있는 ○○피혁공업주식회사 공장의 공원으로 근무하였다.

피의자는 20○○. ○. ○. 위 공장의 가죽폐품을 절취하였다는 이유로 해고된 후 앙심을 품고 있던 중, 같은 달 14일에 위 회사 창립기념행사가 있다는 소식을 들었다. 그리하여 같은 해 ○○에서 습득, 보관하고 있던 다이나마이트를 사용하여 해고당한 분풀이를 하려고 마음먹고, 같은 달 14일 10 : 00경 위 다이나마이트 1개를 양복 안쪽 호주머니 속에 숨겨 위 회사 기념식장에 고객으로 가장하고 참석하였다.

피의자는 위 회사 대표이사 정○○이 기념식사를 하고 있는 사이에 숨겨 가지고 간 다이나마이트에 불을 붙인 다음 ○○여명의 축하객이 앉아 있는 연단을 향해 던져서 폭발하게 하여 그 화염과 폭음으로 인하여 그곳에 있던 위 정○○ 외 ○명에게 각각 상해를 가하였다.

● 관련판례

◎ 형법 제119조 폭발물사용죄에서 '폭발물'의 의미 및 어떠한 물건이 폭발물에 해당하는지 판단하는 기준

형법 제119조 제1항에서 규정한 폭발물사용죄는 폭발물을 사용하여 공안을 문란하게 함으로써 성립하는 공공위험범죄로서 개인의 생명, 신체 등과 아울러 공공의 안전과 평온을 보호법익으로 하는 것이고, 법정형이 사형, 무기 또는 7년 이상의 징역으로 범죄의 행위 태양에 해당하는 생명, 신체 또는 재산을 해하는 경우에 성립하는 살인죄, 상해죄, 재물손괴죄 등의 범죄를 비롯한 유사한 다른 범죄에 비하여 매우 무겁게 설정되어 있을 뿐 아니라, 형법은 제172조에서 '폭발성 있는 물건을 파열시켜 사람의 생명, 신체 또는 재산에 대하여 위험을 발생시킨 자'를 처벌하는 폭발성물건파열죄를 별도로 규정하고 있는데 그 법정형은 1년 이상의 유기징역으로 되어 있다. 이와 같은 여러 사정을 종합해 보면, 폭발물사용죄에서 말하는 폭발물이란 폭발작용의 위력이나 파편의 비산 등으로 사람의 생명, 신체, 재산 및 공공의 안전이나 평온에 직접적이고 구체적인 위험을 초래할 수 있는 정도의 강한 파괴력을 가지는 물건을 의미한다. 따라서 어떠한 물건이 형법 제119조에 규정된 폭발물에 해당하는지는 폭발작용 자체의 위력이 공안을 문란하게 할 수 있는 정도로 고도의 폭발성능을 가지고 있는지에 따라 엄격하게 판단하여야 한다. (대법원 2012. 4. 26. 선고 2011도17254 판결)

제3절 공무원의 직무에 관한 죄

1. 직무유기죄

> **제122조(직무유기)**
> 공무원이 정당한 이유없이 그 직무수행을 거부하거나 그 직무를 유기한 때에는 1년 이하의 징역이나 금고 또는 3년 이하의 자격정지에 처한다.

(작성례 1) 탈세사실 보고 누락

피의자는 서울지방 국세청 ○○세무서 조사과에 근무하면서 그 관내 납세자의 탈세여부 등을 조사하는 업무를 담당하고 있다.

피의자는 20○○. ○. ○. 서울 서초구 서초동 123에 있는 "겨울안개"라는 술집에서 금전출납부 등 모든 장부와 영수증 등의 대조로 그 술집 탈세여부를 조사하던 중 실제 매출액보다 적게 매출한 것처럼 허위 가장하여 탈세한 사실을 발견하였다. 이러한 경우 담당공무원으로서는 이러한 사실을 상사에게 보고하여 그에 대한 적절한 조치를 취했어야 했다.

그럼에도 불구하고 평소 가깝게 지내던 위 술집 지배인 김○○으로부터 묵인하여 달라는 취지의 청탁을 받고 정에 못 이겨 위 사실을 상사에게 보고하지 않는 등 아무런 조치를 취하지 않아 정당한 이유없이 직무를 유기하였다.

(작성례 2) 수의사의 도축검사 소홀

피의자는 ○○가축위생시험소 소속 수의사로서 20○○. 2. 10.부터 같은해 12. 31. 까지 가축도축업체인 △△산업에 배치되어 가축을 검사하는 업무를 담당하고 있다.

피의자는 20○○. 3. 10. 경 경기도 ○○시 ○○구 ○○동 123번지에 있는 위 △△산업 도축장의 계류사에서 전날 도축의뢰되어 입사되어 있는 소(牛) 가운데 서울로 반출될 10마리의 배가 볼록하고 오줌을 계속 싸며 몸의 움직임이 둔하고 놀란 눈빛인 데다가 계류사 바닥에 물이 흥건히 젖어있어, 그 날 새벽 무렵 소 계류사의 열쇠를 소지한 다른 성명불상의 직원이 소 계류사의 문을 열고 들어가 소에게 강제 급수를 하였으리라는 것을 알게 되었다. 이러한 경우 가축검사원인 피의자로서는 그 무렵부터 다시 5시간 이상 소들을 계류하여 강제급수한 상태에서 원상태 회복된 것을 확인한 후 도축토록 해야 한다.

그러나 피의자는 이를 묵인한 채 그냥 생체검사를 마친 것으로 간주 그 시경 도축지시를 하여 강제급수되어 중량이 늘어나 있는 상태에서 그대로 도축케 하고 검사필 도장을 찍어 검사증명서를 발급해 주는 등 정당한 이유없이 검사원으로서의 직무를 유기하였다.

(작성례 3) 수재민의 구호양곡배급을 거부한 경우

피의자는 ○○시 ○○구 사회복지과에서 요구호대상자에 대한 구호양곡의 배급 등의 업무를 담당하고 있다.

피의자는 20○○. ○. ○. 위 구청 사회복지과장실에서 사회복지과장 김○○로부터 같은 해 8월에 있는 홍수로 발생한 수재민을 조사하여 구청창고에 보관중인 수재보급품을 9. 31. 까지 모두 배급하라는 명령을 받았다.

그러나 수재민의 정확한 실태조사나 재고현황을 파악하는데 상당한 시간이 필요하다는 이유로 위 명령을 어기고 긴급한 실태조사마저 늦추는 등 정당한 이유 없이 그 직무수행을 거부하였다.

(작성례 4) 지적공사소장의 측량(측량법 저촉여부 확인)

피의자는 지방공무원 기술직 3급으로 대한지적공사 ○○출장소장으로서 민원인들로부터 측량신청을 접수 처리하는 총괄 업무를 담당하고 있다.

20○○. 1. 15. ○○시 ○○구 ○○동에 있는 토지 750평방미터를 이○○이 피해자 김○○에게 매도하여 위 피해자가 같은 달 25. 피의자의 사무실에 경계측량을 신청하였다.

피의자는 같은 달 28. 경계측량을 함에 있어서 지적도와 같은 지역을 측량하여야 함에도 불구하고 다른 지역을 측량하는 등 정당한 이유 없이 그 직무를 유기하였다.

(작성례 5) 경찰관의 습득오토바이 착복

피의자는 ○○경찰서 ○○지구대소속 경찰관이다.

피의자는 20○○. 3. 5.경 ○○동 123번지에서 순찰을 하던 중 김○○로부터 방치되어 있는 오토바이 1대를 치워 달라는 신고를 받았다. 이러한 경우 경찰관인 피의자로서는 습득물처리지침에 따라 오토바이를 처리하여야 할 직무가 있다.

그럼에도 불구하고, △△오토바이 상회를 운영하는 이○○에게 연락을 하여 오토바이를 가져가 보관하도록 함으로써 정당한 이유 없이 그 직무를 유기하였다.

■ 적용실례

◇ 사법경찰관의 직무유기와 증거인멸의 교사범

사법경찰관인 박○○는 밀수품을 보관하던 피의자 "갑" 을 조사함에 있어서 "갑" 이, 그 처남인 "을" 이 밀수품을 갖고 와서 보관하게 되었다고 사실대로 진술했음에도 불구하고 "갑" 을 사주하여 "병" 이라는 가공인물을 내세우고 그로부터 동 물품을 받았다고 허위진술하게 하여 피의자신문조서에도 그와 같이 기재하고 "갑" 의 처에게도 누가 물으면 남편 친구 부탁으로 받아 놓았다고 말하라고 하였다.

※ 이 경우, 박○○에 대해 직무유기죄와 함께 증거인멸의 교사범이 성립한다.

◇ 전매청 직원의 선후책을 강구하지 않은 직무유기

전주 전매청의 현장주임인 이○○는 재료창고에서 글리세린이 절취된 사실을 발견하였으나 자기에게 돌아올 죄책이 두려워 그 사실을 숨기고 아무런 조치도 취하지 않았다.

※ 현장주임으로서 이○○는 사건의 진상을 상관에게 보고하고 원인을 규명하여 상관의 지시에 따라 선후책을 강구해야 할 직무상의 의무를 다하지 않았으므로 직무유기죄가 성립한다.

◇ 몸이 불편하다는 이유로 직무유기한 경우

이○○는 세관감시과 소속공무원으로서 항구에 정박중인 외항선에 있으면서 밀수를 감시, 방지하는 등의 근무명령을 받았음에도 불구하고 감기가 들어 몸이 불편하다는 이유로 위 임무를 도중에 그만두고 집에 들어와 잠을 자버렸다.

※ 몸이 불편하다는 것은 객관적으로 보았을 때 직무포기의 정당한 이유가 될 수 없으므로, 이 경우 직무유기죄가 성립한다.

◇ 동사무소 공무원이 직무절차를 다하지 않은 직무유기

인감증명서발급사무를 담당하는 공무원이 청탁을 받고 인감증명서의 본적, 주소, 주민등록번호, 성명, 생년월일란에 아무런 기재를 않고 인감란의 인영과 신고한 인감과의 상위여부도 확인하지 않은 채 발행일자 및 동장 명의의 고무인과 동장직인 및 계인을 찍어 증명신청인에게 교부하였다.

※ 이 공무원은 마땅히 해야 할 직무절차를 정당한 이유없이 다하지 않았으므로 직무유기죄가 성립한다.

◇ 세무서 공무원이 과세자료 정리사무를 방치한 경우

세무서 소득세과 재산세과에 근무하면서 과세자료처리 및 정리 등의 사무를 담당하던 임○○는 같은 과 근무직원인 박○○의 책상서랍 속에 자기담당구역내에 거주하는 이○○에 대한 양도소득세 과세자료전들이 은닉되어 있는 것을 발견하고 그 자료전의 은닉이 이○○에 대한 양도소득세가 부과되지 않도록 하기 위한 고의적 은닉이라는 사정을 알게 되었다. 그러나 임○○는 박○○에게 위 과세자료를 자료정리표에 등재하여 자기에게 넘겨달라고 촉구만 하고 그대로 방치해 두었다.

※ 이 경우, 임○○는 세무서 공무원으로서 위 박○○으로 하여금 위 자료전을 조속히 정리함으로써 세월을 양성화하여 국가가 적정한 조세 징수권을 행사할 수 있도록 조치할 의무가 있다고 할 것이며, 그 의무는 단순히 논리적·추상적인 의무를 넘어선 구체적인 직무라 할 것이다. 그럼에도 임○○는 의무를 다하지 않고 방치해 두었으므로 직무유기죄가 성립한다 하겠다.

◇ 군인의 위임으로 인한 직무유기

서○○는 소속대 수송관 겸 3종 출납관으로서 소속대 유류수령과 지급 및 그에 따른 결산 등의 업무를 수행할 직무가 있으나 신병치료를 이유로, 상부의 승인 없이 20○○. ○. ○. 초부터 20○○. 2월경까지 3종 출납관 도장과 창고열쇠를 포함한 업무일체를 계원에게 맡겨두고 이에 대한 확인감독조차 하지 않았다.

※ 서○○의 이 행위는 부대관례에 따른 정당한 위임의 정도를 벗어난 직무의 고의적인 유기라 하겠다.

◇ 농지위원의 직무유기

농지위원장인 김○○는 농지법 소정의 농지취득자격증명원의 경유란에 날인해 줄 것을 요청받았으나 이를 거부하였다.

※ 이런 경우, 농지위원장의 위와 같은 직무가 공무원법상의 공무원이 맡는 본래의 직무인가가 중요한 문제가 된다. 직무유기죄에 있어서의 공무원이라 함은 널리 법령에 근거하여 공무에 종사하는 자로서, 그 직무의 내용이 단순히 기계적·육체적인 것에 해당하지 않는 자를 의미하는데, 농지위원은 농지법 등의 관계법령에 의하여 규정된 직무를 담당하는 자이므로, 김○○가 직무수행을 거부했거나 유기한 점이 있는가를 밝혀 판단해야 한다.

◇ 감독자의 감독소홀

○○고등학교 서무담임으로 있는 김○○는 납입금 수납 사무보조원으로 데리고 있던 서○○에 대한 감독을 철저히 하지 않아 동인이 납입금 8천여만원을 횡령하는 것을 미리 방지하지 못하였다.

※ 이 경우, 김○○는 납입금 수납사무 외에 일반 서무사항 등 잡다한 업무를 담당하고 있어 서○○가 작성하는 수입일계표와 납입고지서를 일일이 대조할 수가 없었고, 수입일계표와 징수부의 금액이 같아 동인을 믿고 직무를 태만히 한 것에 불과하다고 하겠다. 또한 고의로 직무를 유기했음을 입증할 자료도 없으므로 직무유기로 기소할 수는 없다할 것이다.

◇ 경찰관이 다른 사건의 수사관계로 입건수사하지 못한 경우

한○○는 수사경찰관으로, 교통사고발생사실을 알게 되었으나 다른 사건의 수사관계로 입건수사하지 못하고 구두로 상사에게 보고하고 운전자를 수사과로 출두하도록 조치를 취했을 뿐이다.

※ 위에서 본 바와 같이 다른 사건의 수사관계로 입건수사하지 못한 것이라면 그에게 직무유기죄의 범의가 있었다고 볼 수 없다.

◇ 면장이 법적절차를 이행하지 않은 경우

충남 ○○시 ○○면의 면장 강○○가 면소유물품의 매매와 면경영공사도급 등의 계약을 체결함에 있어서 경쟁입찰에 의하지 않고 수의계약에 의하였다.

※ 그 직무를 수행함에 있어서 필요로 하는 법적절차를 이행하지 않은 것에 불과한 경우로서 직무유기라고는 할 수 없다.

● 관련판례 1

◎ 지방자치단체의 교육기관 등의 장이 수사기관 등으로부터 교육공무원의 징계사유를 통보받고도 징계요구를 하지 아니하여 주무부장관으로부터 징계요구를 하라는 직무이행명령을 받았으나 그에 대한 이의의 소를 제기한 경우, 징계사유를 통보받은 날로부터 1개월 내에 징계요구를 하지 않았다는 사정만으로 직무를 유기한 것에 해당하는지 여부(원칙적 소극)

지방자치법은 지방자치단체의 장이 법령의 규정에 따라 그 의무에 속하는 국가위임사무 등의 관리와 집행을 명백히 게을리하고 있다고 인정되면 주무부장관이 그 직무의 이행을 명령할 수 있고, 지방자치단체의 장은 그 이행명령에 이의가 있으면 15일 이내에 대법원에 소를 제기할 수 있다고 규정하고 있는데(제170조 제1항, 제3항), 이 규정은 '지방교육자치에 관한 법률' 제3조에 의하여 지방자치단체의 교육과 학예에 관한 사무에도 준용된다. 따라서 지방자치단체의 교육기관 등의 장이 국가위임사무인 교육공무원에 대한 징계사무를 처리함에 있어 주무부장관의 직무이행명령을 받은 경우에도 이의가 있으면 대법원에 소를 제기할 수 있다 할 것이므로, 수사기관 등으로부터 징계사유를 통보받고도 징계요구를 하지 아니하여 주무부장관으로부터 징계요구를 하라는 직무이행명령을 받았다 하더라도 그에 대한 이의의 소를 제기한 경우에는, 수사기관 등으로부터 통보받은 자료 등으로 보아 징계사유에 해당함이 객관적으로 명백한 경우 등 특별한 사정이 없는 한 징계사유를 통보받은 날로부터 1개월 내에 징계요구를 하지 않았다는 것만으로 곧바로 직무를 유기한 것에 해당한다고 볼 수는 없다(대법원 2013. 6. 27. 선고 2011도797 판결).

● 관련판례 2

◎ 직무유기죄에서 '직무를 유기한 때'의 의미 및 교육기관 등의 장이 교육공무원에 대한 징계의결을 집행하지 못할 법률상·사실상의 장애가 없는데도 징계의결서를 통보받은 날로부터 법정 시한이 지나도록 집행을 유보하는 행위가 직무유기죄를 구성하는지 여부(한정 적극)

형법 제122조에서 정하는 직무유기죄에서 '직무를 유기한 때'란 공무원이 법령, 내규 등에 의한 추상적 성실의무를 태만히 하는 일체의 경우에 성립하는 것이 아니라 직장의 무단이탈, 직무의 의식적인 포기 등과 같이 국가의 기능을 저해하고 국민에게 피해를 야기시킬 가능성이 있는 경우를 가리킨다. 그리하여 일단 직무집행의 의사로 자신의 직무를 수행한 경우에는 직무집행의 내용이 위법한 것으로 평가된다는 점만으로 직무유기죄의 성립을 인정할 것은 아니고, 공무원이 태만·분망 또는 착각 등으로 인하여 직무를 성실히 수행하지 아니한 경우나 형식적으로 또는 소홀히 직무를 수행한 탓으로 적절한 직무수행에 이르지 못한 것에 불과한 경우에도 직무유기죄는 성립하지 아니한다.

따라서 교육기관·교육행정기관·지방자치단체 또는 교육연구기관의 장이 징계의결을 집행하지 못할 법률상·사실상의 장애가 없는데도 징계의결서를 통보받은 날로부터 법정 시한이 지나도록 집행을 유보하는 모든 경우에 직무유기죄가 성립하는 것은 아니고, 그러한 유보가 직무에 관한 의식적인 방임이나 포기에 해당한다고 볼 수 있는 경우에 한하여 직무유기죄가 성립한다고 보아야 한다.(대법원 2014. 4. 10. 선고 2013도229 판결)

● 관련판례 3

◎ 경찰공무원이 지명수배 중인 범인을 발견하고도 직무상 의무에 따른 적절한 조치를 취하지 아니하고 오히려 범인을 도피하게 하는 행위를 한 경우, 범인도피죄 외에 직무유기죄가 따로 성립하는지 여부(소극)

가) 경찰공무원이 지명수배 중인 범인을 발견하고도 직무상 의무에 따른 적절한 조치를 취하지 아니하고 오히려 범인을 도피하게 하는 행위를 하였다면, 그 직무위배의 위법상태는 범인도피행위 속에 포함되어 있다고 보아야 할 것이므로, 이와 같은 경우에는 작위범인 범인도피죄만이 성립하고 부작위범인 직무유기죄는 따로 성립하지 아니한다.

한편, 범인도피죄는 범인을 도피하게 함으로써 기수에 이르지만, 범인도피행위가 계속되는 동안에는 범죄행위도 계속되고 행위가 끝날 때 비로소 범죄행위가 종료된다.

나) 이 사건 공소사실 중 2010. 7. 25.자 직무유기의 점의 요지는 '경찰공무원인 피고인 1은 공소외인이 지명수배되어 도피 중임을 잘 알면서 2010. 7. 25. 공소외인을 만나게 되었음에도 공소외인을 체포하지 아니함으로써 정당한 이유 없이 그 직무를 유기하였다'는 것이고, 이 사건 공소사실 중 범인도피의 점은 '경찰공무원인 피고인 1이 피고인 2, 원심공동피고인 3과 공모하여 2010. 3.부터 2010.

10.경까지 지명수배 중인 공소외인을 도피하게 하였다' 는 취지이다. 제1심은 위 범죄사실을 인정하여 범인도피의 점을 유죄로 인정하였고, 원심은 제1심판결을 그대로 유지하였다.

다) 이와 같은 2010. 7. 25.자 직무유기의 공소사실과 제1심과 원심이 유죄로 인정한 범인도피의 범죄사실에 의하면, 경찰공무원으로서 지명수배자 체포에 관한 직무상 의무를 부담하는 피고인 1은 피고인 2, 원심공동피고인 3과 공모하여 2010. 3.부터 2010. 10.까지 지명수배자인 공소외인을 도피하게 하는 행위를 계속하였고, 그러한 범인도피행위가 계속되는 도중인 2010. 7. 25. 공소외인을 만나고서도 그를 체포하지 않았다는 것이다. 피고인 1의 위 범인도피범행과 직무유기행위를 앞서 본 법리에 비추어 살펴보면, 피고인 1의 2010. 7. 25.자 직무유기로 인한 직무위배의 위법상태는 2010. 3.경부터 계속된 범인도피범행에 포함되어 있다고 볼 것이다. 이러한 경우 작위범인 범인도피죄만이 성립하고 부작위범인 직무유기죄는 따로 성립하지 아니한다.

라) 그럼에도 원심은 범인도피죄와 더불어 2010. 7. 25.자 직무유기죄가 성립하고 양죄는 실체적 경합범 관계에 있다고 판단한 제1심판결을 그대로 유지하였다. 이러한 원심판결에는 직무유기죄의 성립에 관한 법리를 오해하여 판결에 영향을 미친 잘못이 있다.(대법원 2017. 3. 15., 선고, 2015도1456, 판결)

2. 직권남용죄

제123조(직권남용)

공무원이 직권을 남용하여 사람으로 하여금 의무없는 일을 하게 하거나 사람의 권리행사를 방해한 때에는 5년 이하의 징역, 10년 이하의 자격정지 또는 1천만원 이하의 벌금에 처한다. 〈개정 1995.12.29.〉

(작성례 1)

피의자는 ○○시 수도국 ○○수도사업소 공무과장직에 있으면서 수도공사의 도급계약 및 감독사무를 담당하고 있다.

피의자는 20○○. ○. ○. ○○시 ○○동 ○○번지에 있는 위 사업소 사무실에서 ○○동 32·33번지 일대 80여세대의 급수를 위한 수도시설공사를 공개 경쟁입찰함에 있어서 자격을 갖춘 업자는 누구나 소정의 절차에 의하여 입찰장소에 참여, 응찰할 권리가 있음에도 불구하고, 피의자의 친구인 정○○로부터 청탁을 받고 그에게 낙찰시킬 목적으로 입찰장소 입구에 같은 과 직원 김○○ 외 2명을 세워 놓고 정○○만을 입찰장소에 들어가게 하였다. 그리고 나머지 입찰에 참여하러 온 시공업자 박○○,

이○○ 등에게는 입찰자격에 하자가 있다는 등의 이유로 입찰장에 들어가지 못하게 함으로써 응찰을 할 수 없게 하여 그들의 권리행사를 방해하여 직권을 남용하였다.

(작성례 2)

피의자는 ○○시 ○○구 ○○동사무소에 근무하고 있는 지방행정서기로서 공무원이다.

피의자는 20○○. ○. ○. 위 사무소에서 동장 이○○로부터 동사무소 주변일대 도로를 청소하라는 지시를 받고 이를 이행하기 위해 미화원을 찾았으나 찾지 못하자 동사무소 마을 방송을 통하여 "급히 전달할 사항이 있으니 동사무소로 빨리 나오시오"라고 하여 김○○외 9인이 동사무소로 모이자 같은날 15:00부터 16:30까지 위 김○○ 등으로 하여금 동사무소 주변도로를 청소하도록 강요하여 청소하게 함으로써 그들로 하여금 의무없는 일을 하게 하여 직권을 남용하였다.

■ 적용실례

◇ 순경이 직권범위를 넘긴 경우

순경이 상사의 명령도 없고 입건되지도 않은 사건에 대해 범죄수사를 빙자하여 서류제출명령서를 발부하고 의무 없는 서류제출을 하게 하였다.

※ 직권남용죄에 해당한다.

◇ 세무서 직원의 개인적 감정으로 인한 과세처분

세무서 직원이 자신의 개인적 감정 때문에 과다한 납세의무를 부담시켰다.

※ 직권남용죄에 해당한다.

◇ 순경의 도청행위

정보관계를 담당한 순경인 최○○는 증거수집을 위하여 정당의 지구당 집행위원회에서 쓸 회의장에 몰래 도청기를 마련해 놓았다가 회의 개최 전에 들켰다.

※ 최○○가 도청기를 설치함으로써 자유롭게 정당활동을 하고 동 회의의 의사를 진행하며, 기타 비밀을 침해당하지 않을 권리를 침해당했다는 것은 인정할 수 있으나, 도청장치를 했다가 들켜 도청을 하지 못했다면 그들의 권리가 침해된 현실적인 사실은 없다고 할 것이므로 직권남용죄의 기수로는 처벌할 수 없다. 또한 본죄는 미수처벌규정이 없으므로 형법 제123조를 적용할 수는 없다고 할 것이다.

● 관련판례 1

◎ 직권남용권리행사방해죄에서 말하는 '직권남용'의 의미 및 직권의 '남용'에 해당하는지 판단하는 기준 / 직권남용권리행사방해죄에서 말하는 '사람으로 하여금 의무 없는 일을 하게 한 때'의 의미

직권남용권리행사방해죄(이하 '직권남용죄'라 한다)는 공무원이 일반적 직무권한에 속하는 사항에 관하여 직권의 행사에 가탁(假託)하여 실질적, 구체적으로 위법·부당한 행위를 한 경우에 성립한다. 여기에서 말하는 '직권남용'이란 공무원이 일반적 직무권한에 속하는 사항에 관하여 그 권한을 위법·부당하게 행사하는 것, 즉 형식적, 외형적으로는 직무집행으로 보이나 그 실질은 정당한 권한 이외의 행위를 하는 경우를 의미한다. 어떠한 직무가 공무원의 일반적 직무권한에 속하는 사항이라고 하기 위해서는 그에 관한 법령상 근거가 필요하다. 법령상 근거는 반드시 명문의 규정만을 요구하는 것이 아니라 명문의 규정이 없더라도 법령과 제도를 종합적, 실질적으로 살펴보아 그것이 해당 공무원의 직무권한에 속한다고 해석되고, 이것이 남용된 경우 상대방으로 하여금 사실상 의무 없는 일을 하게 하거나 권리를 방해하기에 충분한 것이라고 인정되는 경우에는 직권남용죄에서 말하는 일반적 직무권한에 포함된다. 직권의 '남용'에 해당하는지는 구체적인 직무행위의 목적, 그 행위가 당시의 상황에서 필요성이나 상당성이 있는 것이었는지 여부, 직권 행사가 허용되는 법령상의 요건을 충족했는지 등의 여러 요소를 고려하여 결정하여야 한다.

직권남용죄에서 말하는 '사람으로 하여금 의무 없는 일을 하게 한 때'란 공무원이 직권을 남용하여 다른 사람으로 하여금 법령상 의무 없는 일을 하게 한 때를 의미한다. 따라서 공무원이 자신의 직무권한에 속하는 사항에 관하여 실무 담당자로 하여금 그 직무집행을 보조하는 사실행위를 하도록 하더라도 이는 공무원 자신의 직무집행으로 귀결될 뿐이므로 원칙적으로 의무 없는 일을 하게 한 때에 해당한다고 할 수 없다. 그러나 직무집행의 기준과 절차가 법령에 구체적으로 명시되어 있고 실무 담당자에게도 직무집행의 기준을 적용하고 절차에 관여할 고유한 권한과 역할이 부여되어 있다면 실무 담당자로 하여금 그러한 기준과 절차를 위반하여 직무집행을 보조하게 한 경우에는 '의무 없는 일을 하게 한 때'에 해당한다. 공무원의 직무집행을 보조하는 실무 담당자에게 직무집행의 기준을 적용하고 절차에 관여할 고유한 권한과 역할이 부여되어 있는지 여부 및 공무원의 직권남용행위로 인하여 실무 담당자가 한 일이 그러한 기준이나 절차를 위반하여 한 것으로서 법령상 의무 없는 일인지 여부는 관련 법령 등의 내용에 따라 개별적으로 판단하여야 한다.(대법원 2021. 3. 11., 선고, 2020도12583, 판결)

● 관련판례 2

◎ 인사위원회로 하여금 자신이 특정한 후보자들을 승진대상자로 의결하도록 유도하는 행위가 직권남용권리행사방해죄의 구성요건인 '직권의 남용' 및 '의무 없는 일을 하게 한 경우'에 해당하는지 여부(소극)

지방자치단체의 장이 승진후보자명부 방식에 의한 5급 공무원 승진임용 절차에서 인사위원회의 사전심의·의결 결과를 참고하여 승진후보자명부상 후보자들에 대하여 승진임용 여부를 심사하고서 최종적으로 승진대상자를 결정하는 것이 아니라, 미리 승진후보자명부상 후보자들 중에서 승진대상자를 실질적으로 결정한 다음 그 내용을 인사위원회 간사, 서기 등을 통해 인사위원회 위원들에게 '승진대상자 추천' 이라는 명목으로 제시하여 인사위원회로 하여금 자신이 특정한 후보자들을 승진대상자로 의결하도록 유도하는 행위는 인사위원회 사전심의 제도의 취지에 부합하지 않다는 점에서 바람직하지 않다고 볼 수 있지만, 그것만으로는 직권남용권리행사방해죄의 구성요건인 '직권의 남용' 및 '의무 없는 일을 하게 한 경우' 로 볼 수 없다.(대법원 2020. 12. 10., 선고, 2019도17879, 판결)

● 관련판례 3

◎ 직권남용권리행사방해죄에서 말하는 '직권남용'의 의미 및 남용에 해당하는지 판단하는 기준 / 어떠한 직무가 공무원의 일반적 직무권한에 속하는 사항이라고 인정하기 위한 요건

직권남용권리행사방해죄는 공무원이 일반적 직무권한에 속하는 사항에 관하여 직권을 행사하는 모습으로 실질적, 구체적으로 위법·부당한 행위를 한 경우에 성립한다. '직권남용' 이란 공무원이 일반적 직무권한에 속하는 사항에 관하여 그 권한을 위법·부당하게 행사하는 것을 뜻한다. 어떠한 직무가 공무원의 일반적 직무권한에 속하는 사항이라고 하기 위해서는 그에 관한 법령상 근거가 필요하다. 법령상 근거는 반드시 명문의 규정만을 요구하는 것이 아니라 명문의 규정이 없더라도 법령과 제도를 종합적, 실질적으로 살펴보아 그것이 해당 공무원의 직무권한에 속한다고 해석되고, 이것이 남용된 경우 상대방으로 하여금 사실상 의무 없는 일을 하게 하거나 권리를 방해하기에 충분한 것이라고 인정되는 경우에는 직권남용죄에서 말하는 일반적 직무권한에 포함된다.

남용에 해당하는가를 판단하는 기준은 구체적인 공무원의 직무행위가 본래 법령에서 그 직권을 부여한 목적에 따라 이루어졌는지, 직무행위가 행해진 상황에서 볼 때 필요성·상당성이 있는 행위인지, 직권행사가 허용되는 법령상의 요건을 충족했는지 등을 종합하여 판단하여야 한다.(대법원 2020. 2. 13., 선고, 2019도5186, 판결)

● 관련판례 4

◎ 공무원이 직무관련자에게 제3자와 계약을 체결하도록 요구하여 계약 체결을 하게 한 행위가 제3자뇌물수수죄의 구성요건과 직권남용권리행사방해죄의 구성요건에 모두 해당하는 경우, 제3자뇌물수수죄와 직권남용권리행사방해죄가 각각 성립하는지 여부(적극) 및 두 죄의 죄수관계(=상상적 경합범)

공무원이 직무관련자에게 제3자와 계약을 체결하도록 요구하여 계약 체결을 하게 한 행위가 제3자뇌물수수죄의 구성요건과 직권남용권리행사방해죄의 구성요건에 모두 해당하는 경우에는, 제3자뇌물수수죄와 직권남용권리행사방해죄가 각각 성립하되, 이는 사회 관념상 하나의 행위가 수 개의 죄에 해당하는 경우이므로 두 죄는 형법 제40조의 상상적 경합관계에 있다.(대법원 2017. 3. 15. 선고 2016도19659 판결)

● 관련판례 5

◎ 인신구속에 관한 직무를 집행하는 사법경찰관이 체포 당시 상황을 고려하여 경험칙에 비추어 현저하게 합리성을 잃지 않은 채 판단하면 체포 요건이 충족되지 아니함을 알 수 있었는데도, 자신의 재량 범위를 벗어난다는 사실을 인식하고 그와 같은 결과를 용인한 채 사람을 체포하여 권리행사를 방해한 경우, 직권남용체포죄와 직권남용권리행사방해죄가 성립하는지 여부(적극)

현행범인 체포의 요건을 갖추었는지에 관한 검사나 사법경찰관 등의 판단에는 상당한 재량의 여지가 있으나, 체포 당시 상황으로 보아도 요건 충족 여부에 관한 검사나 사법경찰관 등의 판단이 경험칙에 비추어 현저히 합리성을 잃은 경우 그 체포는 위법하다. 그리고 범죄의 고의는 확정적 고의뿐만 아니라 결과 발생에 대한 인식이 있고 이를 용인하는 의사인 이른바 미필적 고의도 포함하므로, 피고인이 인신구속에 관한 직무를 집행하는 사법경찰관으로서 체포 당시 상황을 고려하여 경험칙에 비추어 현저하게 합리성을 잃지 않은 채 판단하면 체포 요건이 충족되지 아니함을 충분히 알 수 있었는데도, 자신의 재량 범위를 벗어난다는 사실을 인식하고 그와 같은 결과를 용인한 채 사람을 체포하여 권리행사를 방해하였다면, 직권남용체포죄와 직권남용권리행사방해죄가 성립한다.(대법원 2017. 3. 9. 선고 2013도16162 판결)

3. 불법체포 · 감금죄

제124조(불법체포, 불법감금)

① 재판, 검찰, 경찰 기타 인신구속에 관한 직무를 행하는 자 또는 이를 보조하는 자가 그 직권을 남용하여 사람을 체포 또는 감금한 때에는 7년 이하의 징역과 10년 이하의 자격정지에 처한다.

② 전항의 미수범은 처벌한다.

(작성례)

피의자는 ○○경찰서 수사과 형사계에서 순경으로 근무하는 경찰공무원이다.

피의자는 20○○. ○. ○. 위 경찰서 ○○순찰지구대에서 그의 친구 이○○로부터 "김○○에게 금 ○○만원을 빌려주었는데 갚지 않으니 이를 좀 받아 달라"는 청탁을 받았다. 피의자는 이것이 단순한 민사상의 채무불이행이라는 사실을 알면서도 이를 승낙하고 범죄수사를 핑계로 위 김○○을 소환하여 위 채무를 왜 갚지 않느냐고 따지고 김○○가 "지금은 돈이 없으니 1개월만 참아 달라"고 하자 피해자에게 "사기죄의 혐의가 있고 도주의 우려가 있으니 구속영장을 신청해야 겠다"고 협박하면서 수갑을 채웠다.

피의자는 20○○. ○. ○. ○시부터 약 2시간을 순찰지구대 대기실에 있게 함으로써 직권을 남용하여 피해자를 체포, 감금하였다.

■ 적용실례

◇ 경찰관의 구속영장 없는 구금행위

수사기관이 피의자를 수사하는 과정에 구속영장 없이 피의자를 함부로 구금하여 피의자의 신체의 자유를 억압하였다.

※ 이는 직권을 남용한 불법 감금에 해당하며 수사의 필요상 피의자를 임의동행한 경우 조사 후 바로 돌려보내지 않고 그의 의사에 반하여 경찰서 조사실이나 보호실 등에 계속 유치함으로써 신체의 자유를 속박하였다면 이는 구금에 해당한다.

● 관련판례 1

◎ 수사기관이 영장주의를 배제하는 위헌적 법령에 따라 영장 없는 체포·구금을 한 경우에도 불법체포·감금의 직무범죄가 인정되는 경우에 준하는 것으로 보아 형사소송법 제420조 제7호의 재심사유가 있다고 보아야 하는지 여부(적극)

형사재판에서의 재심은 유죄의 확정판결에 중대한 하자가 있는 경우 피고인의 이익을 위하여 이를 바로잡기 위한 비상구제절차이다.

형사소송법 제420조 제7호는 재심사유의 하나로서 "원판결, 전심판결 또는 그 판결의 기초된 조사에 관여한 법관, 공소의 제기 또는 그 공소의 기초된 수사에 관여한 검사나 사법경찰관이 그 직무에 관한 죄를 범한 것이 확정판결에 의하여 증명된 때"를 들고 있다. 형법 제124조의 불법체포·감금죄는 위 재심사유가 규정하는 대표적인 직무범죄로서 헌법상 영장주의를 관철하기 위한 것이다. 헌법 제12조 제3항은 영장주의를 천명하고 있는데, 이는 강제처분의 남용으로부터 신체의 자유 등 국민의 기본권을 보장하기 위한 핵심 수단이 된다.

수사기관이 영장주의에 어긋나는 체포·구금을 하여 불법체포·감금의 직무범죄를 범하는 상황은 일반적으로 영장주의에 관한 합헌적 법령을 따르지 아니한 경우에 문제된다. 이와 달리 영장주의를 배제하는 위헌적 법령이 시행되고 있는 동안 수사기관이 그 법령에 따라 영장 없는 체포·구금을 하였다면 법체계상 그러한 행위를 곧바로 직무범죄로 평가하기는 어렵다. 그러나 이러한 경우에도 영장주의를 배제하는 법령 자체가 위헌이라면 결국 헌법상 영장주의에 위반하여 영장 없는 체포·구금을 한 것이고 그로 인한 국민의 기본권 침해 결과는 수사기관이 직무범죄를 저지른 경우와 다르지 않다. 즉, 수사기관이 영장주의를 배제하는 위헌적 법령에 따라 체포·구금을 한 경우 비록 그것이 형식상 존재하는 당시의 법령에 따른 행위라고 하더라도 그 법령 자체가 위헌이라면 결과적으로 그 수사에 기초한 공소제기에 따른 유죄의 확정판결에는 수사기관이 형법 제124조의 불법체포·감금죄를 범한 경우와 마찬가지의 중대한 하자가 있다고 보아야 한다.

만일 이러한 경우를 재심사유로 인정하지 않는다면, 수사기관이 헌법상 영장주의를 위반하여 국민을 체포·구금하였고 그 수사에 기초한 공소제기에 따라 진행된 유죄 확정판결에 형사소송법 제420조 제7호의 재심사유와 동일하게 평가할 수 있는 중대한 하자가 존재함에도 단지 위헌적인 법령이 존재하였다는 이유만으로 그 하자를 바로잡는 것을 거부하는 결과가 된다. 이는 위헌적인 법령을 이유로 국민의 재판받을 권리를 제한하는 것일 뿐만 아니라 확정판결에 중대한 하자가 있는 경우 법적 안정성을 후퇴시키더라도 구체적 정의를 실현하고자 하는 재심제도의 이념에도 반한다. 한편 이러한 수사기관의 행위에 관하여도 당시의 법령에 의하여 불법체포·감금죄가 성립하는 경우에만 형사소송법 제420조 제7호의 재심사유가 인정된다고 해석하는 것은 위헌적 법령으로 인하여 갖출 수 없게 된 요건을 요구하며 재심사유를 부정하는 것이 되어 부당하다. 따라서 위와 같은 재심제도의 목적과 이념, 형사소송법 제420조 제7호의 취지, 영장주의를 배제하는 위헌적 법령에 따른 체포·구금으로 인한 기본권 침해 결과 등 제반 사정을 종합하여 보면, 수사기관이 영장주의를 배제하는 위헌적 법령에 따라 영장 없는 체포·구금을 한 경우에도 불법체포·감금의 직무범죄가 인정되는 경우에 준하는 것으로 보아 형사소송법 제420조 제7호의 재심사유가 있다고 보아야 한다. 위와 같이 유추적용을 통하여 영장주의를 배제하는 위헌적 법령에 따라 영장 없는 체포·구금을 당한 국민에게 사법적 구제수단 중의 하나인 재심의 문을 열어놓는 것이 헌법상 재판받을 권리를 보장하는 헌법합치적 해석이다.(대법원 2018. 5. 2., 자, 2015모3243, 결정)

● 관련판례 2

◎ 인신구속에 관한 직무를 집행하는 사법경찰관이 체포 당시 상황을 고려하여 경험칙에 비추어 현저하게 합리성을 잃지 않은 채 판단하면 체포 요건이 충족되지 아니함을 알 수 있었는데도, 자신의 재량 범위를 벗어난다는 사실을 인식하고 그와 같은 결과를 용인한 채 사람을 체포하여 권리행사를 방해한 경우, 직권남용체포죄와 직권남용권리행사방해죄가 성립하는지 여부(적극)

현행범인 체포의 요건을 갖추었는지에 관한 검사나 사법경찰관 등의 판단에는 상당한 재량의 여지가 있으나, 체포 당시 상황으로 보아도 요건 충족 여부에 관한 검사나 사법경찰관 등의 판단이 경험칙에 비추어 현저히 합리성을 잃은 경우 그 체포는 위법하다. 그리고 범죄의 고의는 확정적 고의뿐만 아니라 결과 발생에 대한 인식이 있고 이를 용인하는 의사인 이른바 미필적 고의도 포함하므로, 피고인이 인신구속에 관한 직무를 집행하는 사법경찰관으로서 체포 당시 상황을 고려하여 경험칙에 비추어 현저하게 합리성을 잃지 않은 채 판단하면 체포 요건이 충족되지 아니함을 충분히 알 수 있었는데도, 자신의 재량 범위를 벗어난다는 사실을 인식하고 그와 같은 결과를 용인한 채 사람을 체포하여 권리행사를 방해하였다면, 직권남용체포죄와 직권남용권리행사방해죄가 성립한다.(대법원 2017. 3. 9. 선고 2013도16162 판결)

● 관련판례 3

◎ 공무집행방해죄에서 '적법한 공무집행'의 의미 및 현행범인이 경찰관의 불법한 체포를 면하려고 반항하는 과정에서 경찰관에게 상해를 가한 경우 '정당방위'의 성립 여부(적극)

형법 제136조가 규정하는 공무집행방해죄는 공무원의 직무집행이 적법한 경우에 한하여 성립하고, 여기서 적법한 공무집행은 그 행위가 공무원의 추상적 권한에 속할 뿐 아니라 구체적 직무집행에 관한 법률상 요건과 방식을 갖춘 경우를 가리킨다. 경찰관이 현행범인 체포 요건을 갖추지 못하였는데도 실력으로 현행범인을 체포하려고 하였다면 적법한 공무집행이라고 할 수 없고, 현행범인 체포행위가 적법한 공무집행을 벗어나 불법인 것으로 볼 수밖에 없다면, 현행범이 체포를 면하려고 반항하는 과정에서 경찰관에게 상해를 가한 것은 불법체포로 인한 신체에 대한 현재의 부당한 침해에서 벗어나기 위한 행위로서 정당방위에 해당하여 위법성이 조각된다. (대법원 2011.5.26. 선고 2011도3682 판결)

4. 폭행 · 가혹행위죄

제125조(폭행, 가혹행위)
재판, 검찰, 경찰 그 밖에 인신구속에 관한 직무를 수행하는 자 또는 이를 보조하는 자가 그 직무를 수행하면서 형사피의자나 그 밖의 사람에 대하여 폭행 또는 가혹행위를 한 경우에는 5년 이하의 징역과 10년 이하의 자격정지에 처한다. [전문개정 2020. 12. 8.]

(작성례 1)

피의자는 ○○경찰서 수사과에 근무하는 경찰공무원이다.

피의자는 20○○. ○. ○. 20 : 00경 ○○군 ○○면에 있는 ○○지구대 안에서 소매치기 혐의로 연행하여 온 ○○시 ○○동 ○○번지에 사는 남○○을 조사함에 있어 그가 계속 범행을 부인한다는 이유로 그를 시멘트 바닥에 넘어뜨리고 발로 그의 무릎부분을 여러 차례 걷어차는 등 폭행을 가하였다.

(작성례 2)

피의자는 ○○검찰청 수사과에 근무하고 있는 수사관이다.

피의자는 20○○. ○. ○. 13:20경 위 검찰청 수사과 사무실에서 변호사법위반 혐의로 연행된 ○○시 ○○동 123 거주 피해자 피의자 김○○이 혐의사실을 부인한다는 이유로 "자백하지 않으면 그만한 고통이 따른다"라고 소리치면서 오른손으로 그의 뺨을 세게 때리는 등 폭행을 가하여 그에게 약 3주간의 치료를 요하는 얼굴 찢긴 상처를 입게 하였다.

■ 적용실례

◇ 교도관이 수형자를 폭행한 경우

○○교도소에서 재소자를 감독하는 교도관 조○○는 이 교도소 ○동 ○호에 구금중인 수형자 ○○명에게 실외운동을 시키기 위해 모두 운동장으로 나오도록 지시했으나, 그 중 몇 명이 지시에 따르지 않자, 옆에 있던 각목을 주워들

고 재소자 유○○의 어깨와 등을 내리쳤다. 또한 유○○가 도망하자 그를 좇아가 붙잡고 주먹으로 얼굴을 여러 차례 때리는 등 치료를 요하는 폭행을 가하였다.

※ 교도소에 구금중인 재소자도 감독보호를 받을 자에 해당하므로 교도관 조○○의 행위는 독직폭행죄를 구성한다 할 것이다.

◇ 경찰관이 범인을 체포한 후 폭행한 경우

경찰관이 현행범을 체포하려고 하다가 동인이 낫을 들고 어깨 부분을 1회 찍자 달아났고, 그 후 주민들이 범인의 낫을 빼앗고 넘어뜨려 놓은 상태에 있을 때 몽둥이로 엉덩이를 여러 차례 때려 2주간의 치료를 요하는 상해를 가하였다.

※ 경찰관의 행위는 불심검문－동행요구－검거－인지 등 현행범을 체포하는 일련의 공무집행 과정에서 행한 행위임에는 틀림없으나, 이미 현행범으로부터 위험한 물건(낫)을 빼앗았고, 달아나지 못하게 한 상태였음에도 불구하고 그 직전에 동인으로부터 공격당한 화풀이로서 몽둥이로 때린 것이라면 이는 적법한 공무집행행위라고 인정할 수 없을 것이다.

● 관련판례

◎ 피고인이 검사 이전 수사기관에서 가혹행위로 인하여 임의성 없는 자백을 한 후 검사 조사단계에서도 임의성 없는 심리상태가 계속되어 자백 강요행위 없이 동일한 내용의 자백을 한 경우, 검사 앞에서의 자백의 임의성 유무(소극)

피고인이 검사 이전 수사기관에서 고문 등 가혹행위로 인하여 임의성 없는 자백을 하고 그 후 검사 조사단계에서도 임의성 없는 심리상태가 계속되어 동일한 내용의 자백을 하였다면, 검사 조사단계에서 고문 등 자백 강요행위가 없었다고 하여도 검사 앞에서의 자백도 임의성 없는 자백이라고 보아야 한다.(대법원 2011. 10. 27. 선고 2009도1603 판결)

5. 피의사실공표죄

> **제126조(피의사실공표)**
> 검찰, 경찰 그 밖에 범죄수사에 관한 직무를 수행하는 자 또는 이를 감독하거나 보조하는 자가 그 직무를 수행하면서 알게 된 피의사실을 공소제기 전에 공표(公表)한 경우에는 3년 이하의 징역 또는 5년 이하의 자격정지에 처한다. [전문개정 2020. 12. 8.]

(작성례)

피의자는 ○○지방경찰청 형사과 형사계에서 순경으로 근무하다 그 직을 그만둔 후 일정한 직업 없이 지내고 있다.

피의자는 위 재직 중 형사계에서 범죄수사에 관한 직무를 취급할 즈음, 20○○. ○. ○. 소위 ○○공사 독직사건을 수사하라는 명령을 받고 같은 달 14일경 그 수사를 마친 다음 상부에 보고하려 하고 있었다. 위 ○○공사의 총재인 육○○가 사회적 저명인사인데다 사건 자체도 거액의 횡령사건이기 때문에 사회적 관심과 이목이 집중되고 있어 모든 언론기관도 취재에 열을 올리고 있었다.

그러던 중, 20○○. ○. ○. 14：00경 ○○신문사 기자 황○○, 이○○ 기자가 피의자를 찾아와 위 사건의 내용을 알려달라고 하자 피의자는 개인적인 공명심에서 사건의 내용을 그들에게 자세히 알려줌으로써 직무를 행하면서 알게 된 피의사실을 공판청구전에 공표하였다.

● 관련판례

◎ 피의사실 공표죄에서 '피의사실'의 의미 및 피의사실을 공표한 것인지 단순한 의견을 표명한 것인지 판단하는 기준

피의사실 공표죄란 검찰, 경찰 기타 범죄수사에 관한 직무를 행하는 자 또는 이를 감독하거나 보조하는 자가 그 직무를 행함에 있어서 알게 된 피의사실을 공판청구 전에 공표함으로써 성립하는 범죄인데, 여기서 '피의사실'이란 수사기관이 혐의를 두고 있는 범죄사실로서 그 내용이 공소사실에 이를 정도로 구체적으로 특정될 필요는 없지만, 그것이 단순한 의견의 표명에 이르는 정도로는 피의사실을 공표한 것이라고 할 수 없다. 이때 그 발언이 피의사실인가 또는 의견인가를 구별함에 있어서는 언어의 통상적 의미와 용법, 문제 된 발언이 사용된 장소와 문맥, 그 발언이 행하여진 사회적 상황과 배경 등 전체적 정황을 종합적으로 고려하여 판단하여야 한다.

원심은, 이미 원고들에 대하여 국가보안법상 간첩 혐의 등으로 수사가 진행 중이라는 사실이 여러 언론에 보도된 상태에서 조선일보 기자가 피고 1을 찾아가게 된 동기와 계기, 당시 국가정보원장직에서 사퇴의사를 밝힌 피고 1이 위 기자와의 인터뷰를 수차 거절하다가 이에 응하기로 하면서 밝힌 입장과 태도, 인터뷰의 전체적 내용과 그 진행 과정에서 이 사건에서 문제 된 발언을 하게 된 경위와 과정 및 그 맥락, 이후 조선일보에 게재된 관련 기사의 전체적인 취지와 내용 및 이 사건 발언 내용의 비중 등 그 판시와 같은 사정들을 종합하여 피고 1의 이 사건 발언이 피의사실의 공표에 해당한다고 볼 수 없다고 판단하였다.

원심판결 이유를 앞서 본 법리와 기록에 비추어 살펴보면, 원심이 피고 1의 이 사건 발언이 피의사실 공표에 해당하지 않는다고 보아 원고들의 피고들에 대한 이 부분 손해배상청구를 배척한 것은 결과적으로 정당하여 수긍이 가고, 거기에 상고이유 주장과 같이 피의사실 공표에 관한 법리를 오해하여 판결 결과에 영향을 미친 잘못 등이 없다.(대법원 2013. 11. 28., 선고, 2009다51271, 판결).

6. 공무상비밀누설죄

제127조(공무상 비밀의 누설)

공무원 또는 공무원이었던 자가 법령에 의한 직무상 비밀을 누설한 때에는 2년 이하의 징역이나 금고 또는 5년 이하의 자격정지에 처한다.

(작성례 1)

피의자는 ○○세무서 조사과 조사계에서 재경서기보로 근무하다가 그 직을 그만둔 후 일정한 직업없이 지내고 있다.

피의자는 위 직에서 일하던 20○○. ○. ○.경 위 조사과 사무실에서 ○○주식회사의 탈세여부를 조사하기 위하여 장부일체를 조사하다가 위 회사가 부채 약 ○○억원을 갚지 못하여 도산상태에 있다는 사실을 알게 되었다. 그리고 같은 달 ○. 8 : 00경 서울 ○○구 ○○동에 있는 "○○정"에서 평소 위 회사와 경쟁관계로 지내던 ○○주식회사 상무 이○○을 만나 이야기하다가 세무조사를 받고 있는 위 ○○주식회사에 대한 이야기가 나오자 "○○주식회사의 장부를 조사하다보니 그 회사는 ○○억원의 부채가 있는데 이를 청산하지 못하여 도산상태에 있더라"는 내용을 그에게 알려줌으로써 법령에 의한 직무상의 비밀을 누설하였다.

(작성례 2)

피의자는 국토해양부 도시계획국 ○○○과 행정사무관으로 근무하였다.

피의자는 위 직에 재직 중 도시계획에 관한 Ⅰ급비밀업무를 취급하고 있을 때인 20○○. 4. 10. 경 위 도시계획국에서 입안한 "도시계획구획정리안"에 관한 내용, 특히 어느 위치에 간선도로가 나게 되는지를 알고 있었다.

피의자는 같은 달 15. 20:00경 ○○시 ○○구 ○○동 123 ○○호텔 커피숍에서 부동산업자인 김○○로부터 어느 곳에 주요간선도로가 나게 되는 것인가를 물었을 때 그 내용이 Ⅰ급비밀에 속하는 내용으로서 누설하여서는 아니됨에도 불구하고 ○○시의 주요도시계획내용을 구체적으로 알려주어 법령에 의한 직무상의 비밀을 누설하였다.

■ 적용실례

◇ 도시계획에 관한 정보 누설

피의자인 김○○는 국토해양부 도시계획국에서 행정사무관으로 근무하다 그 직을 그만둔 후 지금은 쉬고 있다. 김○○는 건설부에서 일할 때 도시계획국에서 입안한 도시계획구획정리안에 관한 내용들을 취급하며 새로 날 간선도로의 위치를 알게 되었다. 그 사실을 알게 된 며칠 뒤, 잘 아는 부동산업자인 황○○가 간선도로에 대해 물어오자 김○○는 업무상 알게 된 도시계획내용을 그에게 자세히 알려 주었다.

※ 김○○가 황○○에게 알려준 내용은 일반에게 누설해서는 안 되는 법령에 의한 직무상의 비밀에 속하는 사항으로서, 김○○의 행위는 분명 공무상비밀누설죄에 해당한다 할 것이다.

● 관련판례 1

◎ 공무상비밀누설죄에서 '법령에 의한 직무상 비밀'의 의미와 보호법익

형법 제127조는 공무원 또는 공무원이었던 자가 법령에 의한 직무상 비밀을 누설하는 것을 구성요건으로 하고, 같은 조에서 '법령에 의한 직무상 비밀' 이란 반드시 법령에 의하여 비밀로 규정되었거나 비밀로 분류 명시된 사항에 한하지 아니하고, 정치, 군사, 외교, 경제, 사회적 필요에 따라 비밀로 된 사항은 물론 정부나 공무소 또는 국민이 객관적, 일반적인 입장에서 외부에 알려지지 않는 것에 상당한 이익이 있는 사항도 포함하나, 실질적으로 그것을 비밀로서 보호할 가치가 있다고 인정할 수 있는 것이어야 하고, 본죄는 비밀 그 자체를 보호하는 것이 아니라 공무원의 비밀엄수의무의 침해에 의하여 위험하게 되는 이익, 즉 비밀 누설에 의하여 위협받는 국가의 기능을 보호하기 위한 것이다. (대법원 2012. 3. 15. 선고 2010도14734 판결)

● 관련판례 2

◎ 제18대 대통령 당선인 甲의 비서실 소속 공무원인 피고인이 당시 甲을 위하여 중국에 파견할 특사단 추천 의원을 정리한 문건을 乙에게 이메일 또는 인편 등으로 전달함으로써 법령에 의한 직무상 비밀을 누설하였다는 내용으로 기소된 사안에서, 위 문건이 직무상 비밀에 해당한다고 한 사례

제18대 대통령 당선인 甲의 비서실 소속 공무원인 피고인이 당시 甲을 위하여 중국에 파견할 특사단 추천 의원을 정리한 문건을 乙에게 이메일 또는 인편 등으로 전달함으로써 법령에 의한 직무상 비밀을 누설하였다는 내용으로 기소된 사안에서, 위 문건이 사전에 외부로 누설될 경우 대통령 당선인의 인사 기능에 장애를 초래할 위험이 있으므로, 종국적인 의사결정이 있기 전까지는 외부에 누설되어서는 아니 되는 비밀로서 보호할 가치가 있는 직무상 비밀에 해당한다고 한 사례.(대법원 2018. 4. 26., 선고, 2018도2624, 판결)

● 관련판례 3

◎ 공무원 등의 직무상 비밀 누설행위와 대향범 관계에 있는 '직무상 비밀을 누설받은 자'에 대하여 공범에 관한 형법총칙 규정이 적용되는지 여부(소극)

2인 이상의 서로 대향된 행위의 존재를 필요로 하는 대향범에 대하여는 공범에 관한 형법총칙 규정이 적용될 수 없다. 형법 제127조는 공무원 또는 공무원이었던 자가 법령에 의한 직무상 비밀을 누설하는 행위만을 처벌하고 있을 뿐 직무상 비밀을 누설받은 상대방을 처벌하는 규정이 없는 점에 비추어, 직무상 비밀을 누설받은 자에 대하여는 공범에 관한 형법총칙 규정이 적용될 수 없다. (대법원 2017. 6. 19., 선고, 2017도4240, 판결)

● 관련판례 4

◎ 공무상비밀누설죄에서 '법령에 의한 직무상 비밀' 및 '누설'의 의미 / 공무상비밀누설죄의 보호법익 / 공무원이 직무상 알게 된 비밀을 그 직무와의 관련성 혹은 필요성에 기하여 해당 직무의 집행과 관련 있는 다른 공무원에게 직무집행의 일환으로 전달한 행위가 비밀의 누설에 해당하는지 여부(원칙적 소극)

형법 제127조는 공무원 또는 공무원이었던 자가 법령에 의한 직무상 비밀을 누설하는 것을 구성요건으로 하고 있다. 여기서 '법령에 의한 직무상 비밀'이란 반드시 법령에 의하여 비밀로 규정되었거나 비밀로 분류 명시된 사항에 한하지 않고, 정치·군사·외교·경제·사회적 필요에 따라 비밀로 된 사항은 물론 정부나 공무소 또는 국민이 객관적·일반적인 입장에서 외부에 알려지지 않는 것에 상당한 이익이 있는 사항도 포함하나, 실질적으로 그것을 비밀로서 보호할 가치가 있다고 인정할 수 있는 것이어야 한다.

그리고 '누설'이란 비밀을 아직 모르는 다른 사람에게 임의로 알려주는 행위를 의미한다. 한편 공무상비밀누설죄는 공무상 비밀 그 자체를 보호하는 것이 아니라 공무원의 비밀엄수의무의 침해에 의하여 위험하게 되는 이익, 즉 비밀누설에 의하여 위협받는 국가의 기능을 보호하기 위한 것이다. 따라서 공무원이 직무상 알게 된 비밀을 그 직무와의 관련성 혹은 필요성에 기하여 해당 직무의 집행과 관련 있는 다른 공무원에게 직무집행의 일환으로 전달한 경우에는, 관련 각 공무원의 지위 및 관계, 직무집행의 목적과 경위, 비밀의 내용과 전달 경위 등 여러 사정에 비추어 비밀을 전달받은 공무원이 이를 그 직무집행과 무관하게 제3자에게 누설할 것으로 예상되는 등 국가기능에 위험이 발생하리라고 볼 만한 특별한 사정이 인정되지 않는 한, 위와 같은 행위가 비밀의 누설에 해당한다고 볼 수 없다. [대법원 2021. 12. 30., 선고, 2021도11924, 판결]

7. 수뢰죄

제129조(수뢰, 사전수뢰)

① 공무원 또는 중재인이 그 직무에 관하여 뇌물을 수수, 요구 또는 약속한 때에는 5년 이하의 징역 또는 10년 이하의 자격정지에 처한다.

② 공무원 또는 중재인이 될 자가 그 담당할 직무에 관하여 청탁을 받고 뇌물을 수수, 요구 또는 약속한 후 공무원 또는 중재인이 된 때에는 3년 이하의 징역 또는 7년 이하의 자격정지에 처한다.

(작성례 1)

1. 피의자 김○○

피의자는 서울 지방국세청 ○○세무서 재산세과에 근무하는 세무주사로서 양도소득세 부과 등 업무를 담당하고 있다.

피의자 김○○은 20○○. ○. ○. 서울 강남구 개포동에 있는 현대아파트 100동 333호 피의자의 집에서 위 이○○으로부터 위 대지 100평의 양도 사실에 관하여 그 양도소득세를 적게 부과하여 달라는 청탁을 받고, 그 사례금 명목의 현금 300만원을 교부받았다.

이로써 피의자는 그 직무에 관하여 뇌물을 수수하였다.

2. 피의자 이○○

피의자는 같은 일시 장소에서 위 김○○에게 위와 같이 청탁하면서 그 사례금 명목으로 현금 300만원을 교부하여 공무원의 직무에 관하여 뇌물을 공여하였다.

(작성례 2)

1. 피의자 김○○

피의자는 20○○. ○. ○.부터 ○○동 소재 인천 ○○세관의 통관지원과장(4급)으로 근무하면서 수출입 물품의 통관을 위한 검사와 보세창고 관리 등의 업무를 담당하고 있다.

피의자는 20○○. ○. ○.경 ○○세관 뒤편에 있는 ○○식당에서 같은 달 7.경 공동피의자 이○○로부터 건외 홍○○이 중국으로부터 수입한 건고추 20만톤 등의 물품을 통관함에 있어서 편의를 제공해 달라는 청탁을 받고, 출고보류중이던 위 물품을 즉시 반출하여 준 것에 대한 사례금 명목으로 액면금 농협발행 10만원권 자기앞수표 50매 합계 500만원을 받았다.
이로써 피의자는 그 직무에 관하여 뇌물을 수수하였다.

2. 피의자 이○○
피의자는 같은 일시, 장소에서 위 김○○에게 위와 같은 편의제공에 대한 사례금 명목으로 금 500만원을 교부하여 공무원의 직무에 관하여 뇌물을 공여하였다.

(작성례 3)

피의자는 20○○. ○. 경부터 20○○. ○.경까지 한국도로공사건설사업소장(처장급)으로 재직하였다. 피의자는 재직기간 중 시공업체들에 대하여 공사시공, 설계변경, 준공검사승인 등 공사일체를 관리감독하는 직무를 수행하여 오던 특정범죄가중처벌등에관한법률에 의하여 공무원으로 의제되는 자이다.
피의자는 20○○. ○.경 경기도 ○○시 ○○동 ○○ 일식집에서 고속도로공사 시공업체인 ○○주식회사 현장소장 건외 최○○으로부터 설계변경, 품질시험 등 원만한 공사감독에 대한 사례명목으로 금 500만원을 교부받아 직무에 관하여 뇌물을 수수하였다.

(작성례 4)

피의자는 20○○. ○.경부터 20○○. ○.경까지 사이에 중앙약사심의위원회 신약분과위원회 독성평가소분과위원, 진단용의약품소분과위원, 대사성의약품소분과위원 등의 지위에 있는 자이다.
피의자는 ○○제약회사 사장 건외 홍○○로부터 "○○제약회사 및 그 모회사등 관계회사의 의약품에 대하여 중앙약사심의위원회 심의시 잘 봐달라."라는 취지의 부탁을 받고 20○○. ○.부터 20○○. ○.까지 총 24회에 걸쳐 합계 2억4천5백만원을 그 직무와 관련하여 뇌물을 수수하였다.

■ 적용실례

◇ 일용잡급직의 금원 수수

○○시청 환경정비 단속반에서 일용잡급직으로 일하는 이○○는 법을 위반하여 세워진 건축물을 적발했으나 그 건물건축주의 부탁으로 이를 묵인해 준다는 조건하에 건축주로부터 돈 10만원을 교부 받았다.

※ 이○○가 속해있는 일용잡급직도 지방공무원법에 의한 공무원에 해당되므로 이 사건에는 뇌물수수죄를 적용하는 것이 맞겠다(일용잡급직에 대한 오해로, 배임수재죄로 의율하는 경우가 있을 수 있다).

◇ 시장 청원경찰이 노점상인들로부터 금품을 받은 경우

○○상가의 청원경찰관인 서○○, 이○○이 상가주변 노점상들이 노점상을 묵인해 달라는 취지로 서○○와 이○○에게 제공한 돈과 향응을 받았다.

※ 청원경찰법 제10조 제2항에 의하면 "청원경찰업무에 종사하는 자는 형법 기타 법령에 의한 벌칙의 적용에 있어서는 공무원으로 본다" 고 되어 있으며, 사건에서 볼 때 청원경찰이 노점상 단속 등의 직무에 관하여 금품을 받은 것이므로 뇌물수수죄로 의율해야 한다.

◇ 10만원 내의 식사 접대

근로청 해외근로국장으로서 해외취업자 국외송출허가 등을 업무내용으로 하고 있던 자가 ○○직업소개소 소장으로부터 접대부 등의 국외송출을 부탁받고 시가 80,000원 상당의 식사 등을 접대 받았다.

※ 이 경우처럼 접대의 규모가 그리 크지 않아도 그 이유만으로는 이를 단순한 사교적 의례로 생각할 수는 없어 뇌물의 범위에 속한다고 봐야 한다.

◇ 학교환경정화위원회 위원이 당구장 허가와 관련하여 금품을 수수한 경우

학교환경정화위원회 위원이면서 구청 환경위생과장직을 맡고 있던 피고인이 당구장 허가사무를 처리하면서 금품을 수수하였다.

※ 이는 직무와 관련하여 증여받은 것이 분명하므로 사회상규에 반하여 뇌물수수혐의로 의율할 수 있겠다.

◇ 재정경제원의 보험과장이 뇌물을 수수한 경우

재정경제원의 보험과장인 김○○는 보험회사의 감독에 관한 실무를 맡고 있던 자로서, ○○보험회사로부터 주식 등을 인수할 수 있도록 노력해준 데 대한 대가로서의 의미와 앞으로도 동 보험회사의 운영과정에서 감독관청의 실무책임자로서 선처를 해주기 바란다는 취지에서 제공하는 금원을 받았다.

※ 그 직무에 관하여 뇌물을 수수한 경우에 해당한다.

◇ 문화체육관광부편수국 공무원이 교과서의 개편과 관련하여 뇌물을 수수한 경우

문광부편수국 공무원인 이○○ 외 2명은 피고인들이 교과서 내용의 검토 및 개편수정작업을 의뢰받고 그에 소요되는 비용을 받았다.

※ 교과서의 내용검토 및 개편수정은 발행자나 저작자의 책임에 속하는 것으로, 피의자들의 직무에 속한다고 할 수 없다. 따라서 이는 직무에 관한 뇌물로서 부정하게 수수한 것이라고 할 수 없다.

◇ 업무결과 얻은 지식과 직무와의 관계

피고인 강○○가 ○○시의 도시과 구획정리계에서 측량기술원으로 오랜기간 환지측량업무에 종사하게 된 결과 얻은 지식과 경험을 바탕으로 체비지에 관한 공개경쟁입찰에서 입찰예정가격이 대략 어느 정도 될 것이라고 추측하고, 그 내용을 이○○에게 알려주었다.

※ 이는 강○○의 직무와 밀접하게 관련된 행위라고 볼 수 없어 이○○에게 받기로 약속한 이익도 뇌물죄에서 말하는 직무에 관련된 대가라고 보기 어렵다.

◇ 권한을 위임받은 자의 지위

광주 81다1234호 화물차에 대하여 매매계약서를 작성하다가 단속권한을 위임받은 자동차 매매업협회 광주광역시 지부 직원에게 적발당하자 이 직원에게 고발당하지 않도록 해달라고 부탁하며 10만원을 전해주려 하였다.

※ 이 경우 위 단속직원은 도로운송차량법의 규정에 따라 광주광역시장으로부터 무허가 영업행위자를 단속하는 권한을 위임받았다고 해도 뇌물죄에서 규정하는 공무원에 준하는 지위를 취득하는 것은 아니기 때문에 공무원 또는 공무원에 준하는 지휘를 전제로 한 뇌물공여의사표시죄의 혐의는 인정할 수 없다. 다만

단속과 고발권한을 가지고 있는 직원에게 고발하지 말아 달라는 부정한 청탁을 하고 금원을 교부하려 한 것이므로 배임중재미수로 의율하는 것이 타당할 것이다.

● 관련판례 1

◎ 공무원이 직접 뇌물을 받지 않고 증뢰자로 하여금 다른 사람에게 뇌물을 공여하도록 한 경우, 형법 제129조 제1항의 뇌물수수죄가 성립하기 위한 요건

형법 제129조 제1항의 뇌물수수죄는 공무원이 직무에 관하여 뇌물을 수수한 때에 적용되는 것으로서, 이와 별도로 형법 제130조에서 공무원이 직무에 관하여 부정한 청탁을 받고 제3자에게 뇌물을 공여하게 한 때에는 제3자뇌물제공죄로 처벌하도록 규정하고 있는 점에 비추어 보면, 공무원이 직접 뇌물을 받지 않고 증뢰자로 하여금 다른 사람에게 뇌물을 공여하도록 한 경우에는 다른 사람이 공무원의 사자(사자) 또는 대리인으로서 뇌물을 받은 경우 등과 같이 사회통념상 다른 사람이 뇌물을 받은 것을 공무원이 직접 받은 것과 같이 평가할 수 있는 관계가 있는 경우에 한하여 형법 제129조 제1항의 뇌물수수죄가 성립한다.(대법원 2016. 6. 23. 선고 2016도3540 판결)

● 관련판례 2

◎ 도시 및 주거환경정비법상 정비사업전문관리업자의 임·직원이 뇌물죄 적용에서 공무원으로 의제되는 시기

도시 및 주거환경정비법 제84조의 문언과 취지를 고려하면, 정비사업전문관리업자의 임·직원이 일정한 자본·기술인력 등의 기준을 갖추어 시·도지사(2006. 12. 28. 법률 제8125호로 개정되기 전에는 건설교통부 장관)에게 등록한 후에는 조합설립추진위원회로부터 정비사업전문관리업자로 선정되기 전이라도 그 직무에 관하여 뇌물을 수수한 때에 형법 제129조 내지 제132조의 적용대상이 되고, 정비사업전문관리업자가 조합설립추진위원회로부터 정비사업에 관한 업무를 대행할 권한을 위임받은 후에야 비로소 그 임·직원이 위 법의 적용대상이 되는 것은 아니다. (대법원 2008. 9. 25. 선고 2008도2590 판결)

● 관련판례 3

◎ 뇌물죄에서 수뢰액이 엄격한 증명의 대상인지 여부(적극) 및 수뢰액을 특정할 수 없는 경우, 가액을 추징할 수 있는지 여부(소극)

뇌물죄에서 수뢰액은 다과에 따라 범죄구성요건이 되므로 엄격한 증명의 대상이 되고, 특정범죄 가중처벌 등에 관한 법률에서 정한 범죄구성요건이 되지 않는 단순 뇌물죄의 경우에도 몰수·추징의 대상이 되는 까닭에 역시 증거에 의하여 인정되어야 하며, 수뢰액을 특정할 수 없는 경우에는 가액을 추징할 수 없다. (대법원 2011.5.26. 선고 2009도2453 판결)

● 관련판례 4

◎ 필요적 공범의 경우 협력자 전부에게 형사책임이 요구되는지 여부(소극) 및 함정에 빠뜨릴 의사로 공무원에게 금품을 공여하여 공무원이 그 금품을 직무와 관련하여 수수한 경우 뇌물수수죄가 성립되는지 여부(적극)

[1] 뇌물공여죄와 뇌물수수죄는 필요적 공범관계에 있다고 할 것이나, 필요적 공범이라는 것은 법률상 범죄의 실행이 다수인의 협력을 필요로 하는 것을 가리키는 것으로서 이러한 범죄의 성립에는 행위의 공동을 필요로 하는 것에 불과하고 반드시 협력자 전부가 책임이 있음을 필요로 하는 것은 아니므로, 오로지 공무원을 함정에 빠뜨릴 의사로 직무와 관련되었다는 형식을 빌려 그 공무원에게 금품을 공여한 경우에도 공무원이 그 금품을 직무와 관련하여 수수한다는 의사를 가지고 받아들이면 뇌물수수죄가 성립한다.

[2] 피고인의 뇌물수수가 공여자들의 함정교사에 의한 것이기는 하나, 뇌물공여자들에게 피고인을 함정에 빠뜨릴 의사만 있었고 뇌물공여의 의사가 전혀 없었다고 보기 어려울 뿐 아니라, 뇌물공여자들의 함정교사라는 사정은 피고인의 책임을 면하게 하는 사유가 될 수 없다(대법원 2008.3.13. 선고 2007도10804 판결).

● 관련판례 5

◎ 뇌물죄에서 뇌물공여자의 특정 방법 및 금품이나 재산상 이익 등이 반드시 공여자와 수뢰자 사이에 직접 수수되어야 하는지 여부(소극)

뇌물죄는 공여자의 출연에 의한 수뢰자의 영득의사의 실현으로서, 공여자의 특정은 직무행위와 관련이 있는 이익의 부담 주체라는 관점에서 파악하여야 할 것이므로, 금품이나 재산상 이익 등이 반드시 공여자와 수뢰자 사이에 직접 수수될 필요는 없다. (대법원 2020. 9. 24., 선고, 2017도12389, 판결).

8. 제3자뇌물공여죄

제130조(제삼자뇌물제공)

공무원 또는 중재인이 그 직무에 관하여 부정한 청탁을 받고 제3자에게 뇌물을 공여하게 하거나 공여를 요구 또는 약속한 때에는 5년 이하의 징역 또는 10년 이하의 자격정지에 처한다.

(작성례)

피의자는 ○○시 ○○국 ○○과 사무관으로서 ○○출장소장으로 근무하면서 식품위생법위반사범을 적발하는 등의 사무를 처리하고 있던 공무원이다.

피의자는 20○○. ○. ○. 서울 ○○구 ○○동에 있는 위 출장소에서 식품위생법위반혐의로 적발된 ○○주식회사 사장 정○○로부터 "식품위생법위반사실을 묵인하여 달라"는 뜻의 부정한 청탁을 받았다. 그리고 부정한 청탁에 대한 사례금 명목으로 위 출장소 직원들의 친목단체이며 피의자가 총무로 있는 "○○회"에 기부하는 형식으로 금 ○○만원을 제공하도록 요구하였다.

피의자는 같은 달 ○. 위 출장소에서 위 정○○로 하여금 위 "○○회"에 위 돈을 기부하게 하여 제3자에게 뇌물을 공여하게 하였다.

■ 적용실례

◇ 친구 장인의 양도소득세 감액을 위해 그에게서 돈을 교부받은 경우

이○○는 자신의 숙부에게 양도소득세 2,000여 만원이 부과될 것이라는 사실을 알고 친구인 김○○에게 위 세금을 적게 낼 수 있는 방법을 물었다. 이에 대해 김○○는 담당세무서 공무원에게 알아보겠다고 약속한 후, 세무서 공무원에게 제공할 사례비가 필요하다며 돈 300만원을 이○○로부터 받아두었다.

※ 이 경우 대검 제정 형법 죄명표에 의하여 "행위에 공할 목적으로 제3자에게 금품을 교부한 자"는 "제3자 뇌물교부"죄에 해당되나, "그 정을 알면서 교부를 받은 자"는 "제3자 뇌물수교부죄"에 해당하여, 이○○에 대해서는 제3자 뇌물교부죄를, 김○○에 대해서는 제3자뇌물수교부죄를 적용한다.

● 관련판례 1

◎ 제3자뇌물수수죄에서 필요한 공소사실의 특정 정도

제3자뇌물수수죄는 공무원 또는 중재인이 직무에 관하여 부정한 청탁을 받고 제3자에게 뇌물을 공여하게 하는 행위를 구성요건으로 하고 있고, 그중 부정한 청탁은 명시적인 의사표시뿐만 아니라 묵시적인 의사표시로도 가능하며 청탁의 대상인 직무행위의 내용도 구체적일 필요가 없다. 이러한 점에 비추어 살펴보면, 제3자뇌물수수죄의 공소사실은 범죄의 일시, 장소를 비롯하여 구성요건사실이 다른 사실과 구별되어 공소사실의 동일성의 범위를 구분할 수 있고, 피고인의 방어권 행사에 지장이 없는 정도로 기재되면 특정이 되었다고 보아야 하고, 그중 부정한 청탁의 내용은 구체적으로 기재되어 있지 않더라도 공무원 또는 중재인의 직무와 제3자에게 제공되는 이익 사이의 대가관계를 인정할 수 있을 정도로 특정되면 충분하다.(대법원 2017. 3. 15. 선고 2016도19659 판결)

● 관련판례 2

◎ 제3자 뇌물공여죄에 있어서 '부정한 청탁'의 의미

형법 제130조의 제3자 뇌물공여죄에 있어서 '부정한 청탁'이라 함은, 그 청탁이 위법하거나 부당한 직무집행을 내용으로 하는 경우는 물론, 비록 청탁의 대상이 된 직무집행 그 자체는 위법·부당한 것이 아니라 하더라도 당해 직무집행을 어떤 대가관계와 연결시켜 그 직무집행에 관한 대가의 교부를 내용으로 하는 청탁이라면 이는 의연 '부정한 청탁'에 해당한다고 보아야 한다. (대법원 2006. 6. 15. 선고 2004도3424 판결)

● 관련판례 3

◎ 형법 제130조 뇌물죄에 있어서의 뇌물성

형법 제130조 뇌물죄에 있어서의 뇌물성은 형법 제129조 뇌물죄에 있어서와 마찬가지로 직무와의 관련성이 있으면 인정되는 것이고, 그 뇌물을 받는 제3자가 뇌물임을 인식할 것을 요하지 아니하며, 그 뇌물을 제3자에게 공여하게 한 동기를 묻지 아니하므로, 어떤 금품이 공무원의 직무행위와 관련하여 교부된 것이라면 그것이 시주의 형식으로 교부되었고 또 불심에서 우러나온 것이라 하더라도 뇌물임을 면할 수 없다. (대법원 2006. 6. 15. 선고 2004도3424 판결)

9. 수뢰후부정처사죄, 부정처사후수뢰죄, 사후수뢰죄

제131조(수뢰후부정처사, 사후수뢰)

① 공무원 또는 중재인이 전2조의 죄를 범하여 부정한 행위를 한 때에는 1년 이상의 유기징역에 처한다.

② 공무원 또는 중재인이 그 직무상 부정한 행위를 한 후 뇌물을 수수, 요구 또는 약속하거나 제삼자에게 이를 공여하게 하거나 공여를 요구 또는 약속한 때에도 전항의 형과 같다.

③ 공무원 또는 중재인이었던 자가 그 재직 중에 청탁을 받고 직무상 부정한 행위를 한 후 뇌물을 수수, 요구 또는 약속한 때에는 5년 이하의 징역 또는 10년 이하의 자격정지에 처한다.

④ 전3항의 경우에는 10년 이하의 자격정지를 병과할 수 있다.

(작성례 1)

피의자는 ○○경찰서 수사과 형사계 ○반장으로서 수사의 직무를 담당하고 있다.

피의자는 20○○. ○. ○. 서울 ○○구 ○○동 ○○번지에서 중고기기 판매점을 경영하는 김○○의 장물취득 사건에 관하여 ○○지방법원 판사 이○○가 발포한 압수 수색영장에 근거, 같은 날 15:00경 동 김○○의 위 가게를 수색하였다. 그 결과 장물인 ○○카메라 ○○개와 ○○손목시계 ○개 중 손목시계만을 압수하고 카메라는 그대로 김○○에게 두었다. 피의자는 그러한 선처에 대한 사례금인 줄 알면서도 위 가게에서 위 김○○로부터 현금 ○○만원을 받았다.

이로써 피의자는 직무상 해야 할 압수조치를 하지 않고, 직무에 관하여 뇌물을 수수하였다.

(작성례 2)

피의자는 ○○구청건설도시국 도시과에서 토지분할, 지목변경, 합병, 지적고시에 따른 도시계획도 지적선의 정리, 토지이용계획확인원 발급 업무를 담당하고 있다.

피의자는 20○○. ○. 초순 11:00경 위 구청민원실에서 건축사 사무실 직원인 공동피의자로부터 같은 구 소재 다세대주택의 부지 경계선이 8m 도시계획선과 90cm 떨어져 평행으로 되어 있어서 위 다세대주택의 건축에 애로가 있으니 위 지번의 토지경계선과 도시계획도로선을 일치시켜 달라는 부탁을 받았다.
그리하여 같은 달 20. 19:00경 위 민원실에서 행사할 목적으로 권한없이 지우개로 위 지번의 토지경계선과 90cm 떨어져 평행으로 그어져 있는 위 도시계획도로선을 지우고 붉은색 먹으로 위 지번의 경계선과 일치되도록 8m 도시계획도로선을 새로 그어 도시계획도를 고쳐 구청의 공도화인 도시계획도를 변조함과 아울러 부정한 행위를 하였다.
그리고 같은 일시경 구청지적서고에서 위와 같이 변조한 도시계획도를 비치함으로써 변조한 공도화를 행사하였다.
결국 피의자는 20○○. ○. 초순경 위 구청민원실에서 위 공동피의자로부터 위 대지 등의 분할에 따라 도시계획도를 신속하게 작성하여 달라는 부탁을 받고 그로부터 금 300만원을 교부받아 공무원이 그 직무에 관하여 뇌물을 수수하였다.

■ 적용실례

◇ 공사의 직원이 공사의 입찰예정가격을 알려준 경우

공사의 입찰업무를 맡고 있는 직원이 특정입찰자에게 그 공사의 입찰예정가격을 미리 알려주고 그 후 1개월여가 지난 후 직원이 자리를 옮기게 되어 그에 따른 전별금 명목으로 돈을 받았다.

※ 당연히 비밀로 해야 할 입찰예정가격을 알린 것은 직무에 위배되는 행위로서 본조 제2항의 부정한 행위에 해당한다할 것이다. 또한 입찰이 끝나고 상당기간이 경과한 후 특정한 명목으로 금원을 받았다 하더라도 이는 직무행위의 부정행위일 것이어서 직무와 관련된 금품의 수수에 해당하므로 사후수뢰죄를 구성한다.

◇ 국립대학교수가 직무상 알게 된 구술시험문제를 누설한 경우

※ 공무상 비밀의 누설과 함께 형법 제131조 제1항의 부정한 행위를 한 때에 해당한다.

● 관련판례 1

◎ 뇌물약속죄에서 뇌물의 약속의 성립 시기 및 뇌물의 목적물인 이익의 가액이 확정되어 있어야 하는지 여부(소극) / 뇌물약속죄 또는 부정처사후 뇌물약속죄를 범한 데 대하여 특정범죄 가중처벌 등에 관한 법률 제2조 제1항 제1호를 적용할 경우, 뇌물의 가액을 인정할 때 유의할 사항

뇌물약속죄에서 뇌물의 약속은 직무와 관련하여 장래에 뇌물을 주고받겠다는 양 당사자의 의사표시가 확정적으로 합치하면 성립하고, 뇌물의 가액이 얼마인지는 문제되지 아니한다. 또한 뇌물의 목적물이 이익인 경우에 그 가액이 확정되어 있지 않아도 뇌물약속죄가 성립하는 데에는 영향이 없다(대법원 2001. 9. 18. 선고 2000도5438 판결 등 참조). 그러나 뇌물약속죄 또는 부정처사후 뇌물약속죄를 범한 데 대하여 「특정범죄 가중처벌 등에 관한 법률」(이하 '특정범죄가중법' 이라고 한다) 제2조 제1항 제1호를 적용할 경우에는, 약속한 뇌물의 가액이 1억 원 이상이라는 것이 범죄구성요건의 일부로 되어 있고 그 가액에 따라 형벌이 가중되어 있으므로, 뇌물의 가액은 산정할 수 있어야 할 뿐 아니라 죄형균형 원칙이나 책임주의 원칙이 훼손되지 않도록 엄격하고 신중하게 인정하여야 한다(대법원 2016. 6. 23. 선고 2016도3753 판결)

● 관련판례 2

◎ 수뢰후부정처사죄를 정한 형법 제131조 제1항의 구성요건 중 '형법 제129조 및 제130조의 죄를 범하여' 의 의미 / 단일하고도 계속된 범의 아래 일정 기간 반복하여 일련의 뇌물수수 행위와 부정한 행위가 행하여졌고 뇌물수수 행위와 부정한 행위 사이에 인과관계가 인정되며 피해법익도 동일한 경우, 최후의 부정한 행위 이후에 저질러진 뇌물수수 행위도 최후의 부정한 행위 이전의 뇌물수수 행위 및 부정한 행위와 함께 수뢰후부정처사죄의 포괄일죄로 처벌하여야 하는지 여부(적극)

수뢰후부정처사죄를 정한 형법 제131조 제1항은 공무원 또는 중재인이 형법 제129조(수뢰, 사전수뢰) 및 제130조(제3자뇌물제공)의 죄를 범하여 부정한 행위를 하는 것을 구성요건으로 하고 있다. 여기에서 '형법 제129조 및 제130조의 죄를 범하여' 란 반드시 뇌물수수 등의 행위가 완료된 이후에 부정한 행위가 이루어져야 함을 의미하는 것은 아니고, 결합범 또는 결과적 가중범 등에서의 기본행위와 마찬가지로 뇌물수수 등의 행위를 하는 중에 부정한 행위를 한 경우도 포함하는 것으로 보아야 한다. 따라서 단일하고도 계속된 범의 아래 일정 기간 반복하여 일련의 뇌물수수 행위와 부정한 행위가 행하여졌고 그 뇌물수수 행위와 부정한 행위 사이에 인과관계가 인정되며 피해법익도 동일하다면, 최후의 부정한 행위 이후에 저질러진 뇌물수수 행위도 최후의 부정한 행위 이전의 뇌물수수 행위 및 부정한 행위와 함께 수뢰후부정처사죄의 포괄일죄로 처벌함이 타당하다. [대법원 2021. 2. 4., 선고, 2020도12103, 판결]

10. 알선수뢰죄

제132조(알선수뢰)
공무원이 그 지위를 이용하여 다른 공무원의 직무에 속한 사항의 알선에 관하여 뇌물을 수수, 요구 또는 약속한 때에는 3년 이하의 징역 또는 7년 이하의 자격정지에 처한다.

(작성례)

피의자는 ○○도 ○○국 국장으로 있는 공무원이다.

피의자는 20○○. ○. ○.경 ○○도 ○○시 ○○동에 있는 피의자의 사무실에서 같은 시 ○○동 일대의 도로시설공사 추진위원장인 신○○로부터 "공사 예상액이 너무 적어 재정경제원의 보조금이 공사하는데 많이 부족하니 특별히 ○○도 보조금 지원을 좀 받을 수 있게 알선하여 달라"는 청탁을 받았다.

피의자는 이를 승낙한 후 같은 달 ○.경 같은 시 ○○동에 있는 "○○정"에서 위 ○○도 기획관리실 토목담당관으로 있는 정○○에게 위 ○○동 도로시설공사에 대해 보조금을 더 지원하여 주도록 알선하였다.

그리고 다음 날 피의자가 위 알선을 한 데 대한 사례의 뜻으로 준다는 사실을 알면서 현금 ○○만원을 받아 뇌물을 수수하였다.

■ 적용실례

◇ 서울시 공무원이 체비지를 불하받도록 약속하고 뇌물을 수수한 경우

서울시 공무원으로 12년을 근무하고 5급 별정직의 직급으로 서울시 부시장의 비서관으로 재직하고 있던 이○○는, 박○○에게 청탁을 받고 시청 관재과소속 공무원에게 부탁하여 체비지를 불하받도록 해 주겠다고 약속하고 그 일에 필요하다며 교제비로 ○○만원을 교부받았다.

※ 이○○는 체비지 불하업무를 취급하는 시청 관재과소속 공무원과의 사이에 직무상 연관관계를 가지고 어떤 영향력을 미칠 수 있는 지위에 있으며, 이를 이용하여 그 공무원의 직무에 속하는 내용을 알선하면서 뇌물을 수수한 것이라고 보는 것이 타당하다.

◇ 교육청 관계자가 학교교장에게 청탁하며 고용원을 취직시켜주고 뇌물 수수한 경우

배○○는 ○○군 교육청 ○○과에서 근무하는 ○○계장으로서 학교 고용원의 임용권한을 가진 ○○초등학교 교장에게 청탁하여 홍○○를 취직시켜주고 그 대가로 홍○○로부터 ○○만원을 받았다.

※ 이 경우 배○○는 자기의 직무에 관하여 뇌물을 수수한 것으로 보기 어렵기 때문에 단순뇌물죄가 아니라 알선뇌물수수로 의율해야 한다.

◇ 서울시 공무원이 거래허가를 알선하고 사례비를 받은 경우

서울시 ○○구청 ○○과 계장으로 있는 조○○는 이전에 지적과에서 지정계장의 자리에 있었다. 이를 알고 있는 이○○가 "전에 조선생이 근무했던 지적과 직원들에게 토지거래계약허가에 대해서 청탁좀 해달라" 며 부탁하자 조○○는 이○○에게 지적과 지정계장을 소개해 주었고, 지정계장이 이○○로부터 뇌물을 받은 후 이○○가 원하는대로 거래허가가 나자 이를 알선해준 조○○는 알선해준 데 대한 사례비로 ○○만원을 받아 챙겼다.

※ 이 경우 이○○와 지정계장의 범죄는 별론으로 하고 조○○는 그 지위를 이용해서 다른 공무원에 대해 사실상의 영향력을 행사하며, 그 직무에 관한 사항을 알선해 주었으므로 이에 대해 알선수수죄를 적용할 수 있다.

● 관련판례 1

◎ 뇌물죄에서 '직무'의 의미 및 공무원이었던 자가 재직 중에 청탁을 받고 직무상 부정한 행위를 한 후 뇌물의 수수 등을 할 당시 이미 공무원의 지위를 떠난 경우, 수뢰죄로 처벌할 수 있는지 여부(소극)

뇌물죄에서 직무란 공무원이 그 지위에 수반하여 공무로서 처리하는 일체의 직무를 말하며, 과거에 담당하였거나 또는 장래 담당할 직무 및 사무분장에 따라 현실적으로 담당하지 않는 직무라고 하더라도 법령상 일반적인 직무권한에 속하는 직무 등 공무원이 그 직위에 따라 공무로 담당할 일체의 직무를 말한다. 다만 형법은 공무원이었던 자가 재직 중에 청탁을 받고 직무상 부정한 행위를 한 후 뇌물을 수수, 요구 또는 약속을 한 때에는 제131조 제3항에서 사후수뢰죄로 처벌하도록 규정하고 있으므로, 뇌물의 수수 등을 할 당시 이미 공무원의 지위를 떠난 경우에는 제129조 제1항의 수뢰죄로는 처벌할 수 없고 사후수뢰죄의 요건에 해당할 경우에 한하여 그 죄로 처벌할 수 있을 뿐이다.(대법원 2013. 11. 28. 선고 2013도10011 판결)

● 관련판례 2

◎ 도시개발법상 도시개발구역의 토지 소유자가 도시개발을 위하여 설립한 조합의 임직원 등이 직무에 관하여 부당한 이익을 얻은 경우, 그러한 이익을 약속, 공여 또는 공여의 의사를 표시한 자에게 형법 제133조 제1항에 의한 뇌물공여죄가 성립하는지 여부(적극)

도시개발법 제84조는 "조합의 임직원, 제20조에 따라 그 업무를 하는 감리원은 형법 제129조부터 제132조까지의 규정에 따른 벌칙을 적용할 때 공무원으로 본다." 고 규정하고 있으므로, 도시개발구역의 토지 소유자가 도시개발을 위하여 설립한 조합(이하 '도시개발조합' 이라 한다)의 임직원 등은 형법 제129조 내지 제132조가 정한 죄의 주체가 된다. 이에 따라 도시개발조합의 임직원 등이 그 직무에 관하여 부당한 이익을 얻었다면 그러한 이익도 형법 제133조 제1항에 규정된 "제129조 내지 제132조에 기재한 뇌물" 에 해당하므로, 그 뇌물을 약속, 공여 또는 공여의 의사를 표시한 자에게는 형법 제133조 제1항에 의한 뇌물공여죄가 성립한다.(대법원 2014. 6. 12. 선고 2014도2393 판결)

● 관련판례 3

◎ 형법 제132조에서 말하는 '다른 공무원의 직무에 속한 사항의 알선에 관하여 뇌물을 수수한다' 는 의미 / 알선뇌물수수죄가 성립하기 위하여 뇌물을 수수할 당시 상대방에게 알선에 의하여 해결을 도모하여야 할 현안이 반드시 존재하여야 하는지 여부(소극) 및 '알선할 사항' 의 특정 정도

형법 제132조에서 말하는 '다른 공무원의 직무에 속한 사항의 알선에 관하여 뇌물을 수수한다' 라고 함은, 다른 공무원의 직무에 속한 사항을 알선한다는 명목으로 뇌물을 수수하는 행위로서 반드시 알선의 상대방인 다른 공무원이나 그 직무의 내용을 구체적으로 특정할 필요까지는 없다. 알선행위는 장래의 것이라도 무방하므로, 뇌물을 수수할 당시 상대방에게 알선에 의하여 해결을 도모하여야 할 현안이 반드시 존재하여야 할 필요는 없지만, 알선뇌물수수죄가 성립하려면 알선할 사항이 다른 공무원의 직무에 속하는 사항으로서 뇌물수수의 명목이 그 사항의 알선에 관련된 것임이 어느 정도는 구체적으로 나타나야 한다. 단지 상대방으로 하여금 뇌물을 수수하는 자에게 잘 보이면 어떤 도움을 받을 수 있다거나 손해를 입을 염려가 없다는 정도의 막연한 기대감을 갖게 하는 정도에 불과하고, 뇌물을 수수하는 자 역시 상대방이 그러한 기대감을 가질 것이라고 짐작하면서 수수하였다는 사정만으로는 알선뇌물수수죄가 성립하지 않는다.(대법원 2017. 12. 22., 선고, 2017도12346, 판결)

11. 증뢰죄

제133조(뇌물공여 등)

① 제129조부터 제132조까지에 기재한 뇌물을 약속, 공여 또는 공여의 의사를 표시한 자는 5년 이하의 징역 또는 2천만원 이하의 벌금에 처한다.

② 제1항의 행위에 제공할 목적으로 제3자에게 금품을 교부한 자 또는 그 사정을 알면서 금품을 교부받은 제3자도 제1항의 형에 처한다.

[전문개정 2020. 12. 8.]

(작성례 1)

피의자는 회사원으로서 01가1234호 NF소나타 승용차를 자가운전하는 사람이다. 피의자는 20○○. ○. ○. 14：00 서울 중구 명동에 있는 ○○백화점 앞길에서 교통정리를 하고 있던 서울 중부경찰서 교통과 교통지도계 소속 경장 김○○으로부터 교통신호를 위반하여 위 차를 운행하였다는 이유로 운전면허증의 제시를 요구받았다. 그러자 그에게 잘 봐달라고 말하면서 현금 20,000원을 그의 호주머니에 넣어주려고 하여 위 경찰관의 직무에 관하여 뇌물공여의 의사표시를 하였다.

(작성례 2)

피의자 이○○은 위 일시장소에서 위와 같이 청탁하면서 그 사례금 명목으로 현금 500만원과 200만원 상당의 향응을 위 홍○○에게 제공하여 그의 직무에 관하여 뇌물을 공여하였다.

■ 적용실례

◇ 경찰관의 아내에게 뇌물을 공여한 경우

이○○가 폭행혐의로 경찰서에서 조사를 받고 있던 중, 그 아내 전○○는 그 조사를 맡은 경찰관이 남○○경찰관이라는 것을 알고, 선처를 부탁할 목적으로 남○○경찰관의 집에 찾아가서 그 아내에게 사정을 얘기한 후 가지고 갔던 현금 ○○만원이 들어있는 과일바구니를 놓고 나왔다.

※ 이는 남○○경찰관의 직무에 대해 뇌물을 공여했다는 혐의를 피할 수 없다.

◇ 음주·무면허운전으로 단속되자 단속경찰관에게 돈을 주려고 한 경우

피의자는 음주무면허 운전행위를 하다가 교통경찰관에게 적발된 후 한번만 봐 달라며 10만원권 자기앞수표 1매를 경찰관에게 주려고 하였으나 경찰관은 이를 거절하였다.

※ 이 경우 뇌물공여죄를 적용할 수도 있는데, 위와 같이 경찰관이 그 자리에서 거절한 경우에는 뇌물공여 의사표시죄로 의율하는 것이 더 나을 것이다.

● 관련판례 1

◎ 뇌물약속죄에서 뇌물의 약속의 성립 시기 및 뇌물의 목적물인 이익의 가액이 확정되어 있어야 하는지 여부(소극) / 뇌물약속죄 또는 부정처사후 뇌물약속죄를 범한 데 대하여 특정범죄 가중처벌 등에 관한 법률 제2조 제1항 제1호를 적용할 경우, 뇌물의 가액을 인정할 때 유의할 사항

뇌물약속죄에서 뇌물의 약속은 직무와 관련하여 장래에 뇌물을 주고받겠다는 양 당사자의 의사표시가 확정적으로 합치하면 성립하고, 뇌물의 가액이 얼마인지는 문제되지 아니한다. 또한 뇌물의 목적물이 이익인 경우에 그 가액이 확정되어 있지 않아도 뇌물약속죄가 성립하는 데에는 영향이 없다(대법원 2001. 9. 18. 선고 2000도5438 판결 등 참조). 그러나 뇌물약속죄 또는 부정처사후 뇌물약속죄를 범한 데 대하여 「특정범죄 가중처벌 등에 관한 법률」(이하 '특정범죄가중법'이라고 한다) 제2조 제1항 제1호를 적용할 경우에는, 약속한 뇌물의 가액이 1억 원 이상이라는 것이 범죄구성요건의 일부로 되어 있고 그 가액에 따라 형벌이 가중되어 있으므로, 뇌물의 가액은 산정할 수 있어야 할 뿐 아니라 죄형균형 원칙이나 책임주의 원칙이 훼손되지 않도록 엄격하고 신중하게 인정하여야 한다(대법원 2016. 6. 23. 선고 2016도3753 판결)

● 관련판례 2

◎ 형법 제133조 제2항에서 말하는 제3자 증뢰물 전달죄의 성립요건

형법 제133조 제2항은 증뢰자가 뇌물에 공할 목적으로 금품을 제3자에게 교부하거나 또는 그 정을 알면서 교부받는 증뢰물 전달행위를 독립한 구성요건으로 하여 이를 같은 조 제1항의 뇌물공여죄와 같은 형으로 처벌하는 규정으로서, 그 중 제3자의 증뢰물 전달죄는 증뢰자나 수뢰자가 아닌 제3자가 증뢰자로부터 수뢰할 사람에게 전달될 금품이라는 정을 알면서 그 금품을 받은 때에 성립한다고 할 것이다(대법원 2008. 3. 14. 선고 2007도10601 판결).

● 관련판례 3

◎ 뇌물을 수수할 때 공여자를 기망한 경우, 뇌물수수죄, 뇌물공여죄가 성립하는지 여부(적극) 및 이때 뇌물을 수수한 공무원의 죄책(=뇌물죄와 사기죄의 상상적 경합범)

뇌물을 수수함에 있어서 공여자를 기망한 점이 있다 하여도 뇌물수수죄, 뇌물공여죄의 성립에는 영향이 없고(대법원 1985. 2. 8. 선고 84도2625 판결 참조), 이 경우 뇌물을 수수한 공무원에 대하여는 한 개의 행위가 뇌물죄와 사기죄의 각 구성요건에 해당하므로 형법 제40조에 의하여 상상적 경합으로 처단하여야 할 것이다(대법원 2015. 10. 29. 선고 2015도12838 판결)

● 관련판례 4

◎ 뇌물죄에서 뇌물공여자의 특정 방법 및 금품이나 재산상 이익 등이 반드시 공여자와 수뢰자 사이에 직접 수수되어야 하는지 여부(소극)

뇌물죄는 공여자의 출연에 의한 수뢰자의 영득의사의 실현으로서, 공여자의 특정은 직무행위와 관련이 있는 이익의 부담 주체라는 관점에서 파악하여야 할 것이므로, 금품이나 재산상 이익 등이 반드시 공여자와 수뢰자 사이에 직접 수수될 필요는 없다. (대법원 2020. 9. 24., 선고, 2017도12389, 판결)

● 관련판례 5

◎ 공무원인 피고인 甲은 피고인 乙로부터 "선물을 할 사람이 있으면 새우젓을 보내 주겠다."라는 말을 듣고 이를 승낙한 뒤 새우젓을 보내고자 하는 사람들의 명단을 피고인 乙에게 보내 주고 피고인 乙로 하여금 위 사람들에게 피고인 甲의 이름을 적어 마치 피고인 甲이 선물을 하는 것처럼 새우젓을 택배로 발송하게 하고 그 대금을 지급하지 않는 방법으로 직무에 관하여 뇌물을 교부받고, 피고인 乙은 피고인 甲에게 뇌물을 공여하였다는 내용으로 기소된 사안에서, 피고인 乙의 새우젓 출연에 의한 피고인 甲의 영득의사가 실현되어 형법 제129조 제1항의 뇌물공여죄 및 뇌물수수죄가 성립하고, 공여자와 수뢰자 사이에 직접 금품이 수수되지 않았다는 사정만으로 이와 달리 볼 수 없다고 한 사례

공무원인 피고인 甲은 피고인 乙로부터 "선물을 할 사람이 있으면 새우젓을 보내 주겠다."라는 말을 듣고 이를 승낙한 뒤 새우젓을 보내고자 하는 329명의 명단을 피고인 乙에게 보내 주고 피고인 乙로 하여금 위 사람들에게 피고인 甲의 이름을 적어 마치 피고인 甲이 선물을 하는 것처럼 총 11,186,000원 상당의 새우젓을 택배로 발송하게 하고 그 대금을 지급하지 않는 방법으로 직무에 관하여 뇌물을 교부받고, 피고인 乙은 피고인 甲에게 뇌물을 공여하였다는 내용으로 기소된 사안에서, 피고인 乙은 도내 어촌계장이고, 피고인 甲은 도청 공무원으로 재직하면서 어민들의 어업지도, 보조금 관련 사업과 어로행위 관련 단속 업무 등을 총괄하고 있던 점, 피고인 乙은 이전에도 같은 방식으로 피고인 甲이 재직 중이던 도청 담당과에 새우젓을 보낼 사람들의 명단을 요청하여 직원으로부터 명단을 받아 피고인 甲의 이름으로 새우젓을 발송한 점 등 여러 사정을 종합하면, 피고인 乙은 피고인 甲이 지정한 사람들에게 피고인 甲의 이름을 발송인으로 기재하여 배송업체를 통하여 배송업무를 대신하여 주었을 뿐이고, 새우젓을 받은 사람들은 새우젓을 보낸 사람을 피고인 乙이 아닌 피고인 甲으로 인식하였으며, 한편 피고인 乙과 피고인 甲 사이에 새우젓 제공에 관한 의사의 합치가 존재하고 위와 같은 제공방법에 관하여 피고인 甲이 양해하였다고 보이므로, 피고인 乙의 새우젓 출연에 의한 피고인 甲의 영득의사가 실현되어 형법 제129조 제1항의 뇌물공여죄 및 뇌물수수죄가 성립하고, 공여자와 수뢰자 사이에 직접 금품이 수수되지 않았다는 사정만으로 이와 달리 볼 수 없다는 이유로, 그럼에도 사회통념상 위 329명이 새우젓을 받은 것을 피고인 甲이 직접 받은 것과 같이 평가할 수 있는 관계라고 인정하기에 부족하다고 보아 피고인들에게 무죄를 선고한 원심판단에 뇌물죄의 성립에 관한 법리오해 등의 위법이 있다고 한 사례.(대법원 2020. 9. 24., 선고, 2017도12389, 판결)

제4절 공무방해에 관한 죄

1. 공무집행방해죄

제136조(공무집행방해)

① 직무를 집행하는 공무원에 대하여 폭행 또는 협박한자는 5년 이하의 징역 또는 1천만원 이하의 벌금에 처한다. 〈개정1995.12.29.〉

② 공무원에 대하여 그 직무상의 행위를 강요 또는 조지하거나 그 직을 사퇴하게 할 목적으로 폭행 또는 협박한 자도 전항의 형과 같다.

(작성례 1)

피의자는 20○○. ○. ○. 20:30경 음주를 기화로 서울 ○○구 ○○○동 ○○○의○○소재 "○○호프"에서 동 호프 주인 피해자 김○○(40세 여)가 탁자를 정리하고 있을 때 그녀의 뒤에서 어깨를 감싸쥐며 "왁" 하고 고함을 질렀다. 이에 놀란 피해자가 왜 이러냐며 나무란다는 이유로 발로 피해자의 다리를 1회 걷어찬 후 "너 한번 맞아 죽어볼래 ○○○야" 등 계속 욕설을 하는 등으로 폭행하였다.

또한 같은 일시, 장소에서 피의자의 전항 기재행위에 대한 신고를 받고 출동한 ○○경찰서 ○○순찰지구대 근무 순경 이○○(28세)등 경찰관 3명이 112 순찰차를 타고 사건현장에 도착하여 피의자를 현행범인으로 체포하려하자 "너희들이 뭐냐" "야 이 ○○○들 죽여버린다"고 욕설을 하면서 상의를 제쳐들고 상처를 내보이며 계속 행패를 부렸다. 그리고 이러한 피의자를 체포하려던 피해자 이○○의 얼굴을 주먹으로 세게 때려 그에게 전치 10일간의 우측 눈확부위 타박상 및 얼굴타박상을 가하였다. 또한 안경을 바닥에 떨어뜨려 시가 100,000원 상당의 재물을 손괴시켜 그 효용을 해하였으며, 순찰지구대로 동행 과정에서도 112순찰차량 내 룸미러(차량내 후사경)를 발로 차서 파손하고, 현행범인 체포를 위한 수사업무 집행을 방해하는 등 약 2시간 동안 경찰관의 정당한 업무를 방해하였다.

※ 강·절도, 폭력, 기타형사범 등 현행범인을 체포하려 할 때, 다중의 위력·흉

기(칼) 또는 위험한 물건을 휴대하고, 공무집행을 방해하면 형법 제144조 제1항 (특수공무집행방해)죄로, 그 공무원에게 상처까지 입혔다면 형법 제144조 제2항(특수공무집행방해치상)으로 의율해야 함에도, 폭력행위등처벌에관한법률 제3조 제2항, 제1항 등으로 적용하는 것은 잘못이다.

(작성례 2)

피의자는 20○○. ○. ○. 14:00경 ○○경찰서 수사과에 근무하는 경장 홍○○가 강도현행범인을 체포할 목적으로 체포영장을 발부받아 ○○동 123 소재 피의자의 집에 가서 현관문을 열고 상체를 기울려 그 안쪽을 살펴보는 등 피의자의 수색에 착수하자, 위 홍○○ 경장에게 갑자기 달려들어 "무슨일이냐? 용무가 있으면 영장을 제시하라" 고 소리치면서 위 홍경장의 멱살을 잡고 박치기를 하는 등 공무를 집행하는 경찰관은 폭행하여 현행범인의 체포를 위한 수사업무를 방해하였다.

(작성례 3)

피의자는 20○○. ○. ○. 15:00경 ○○동에 있는 ○○빌딩 앞 노상에서 운전하는 80노1234 포터1톤화물차를 주차가 금지된 장소에 주차시킨데 대하여 ○○구청 소속 공무원으로서 불법주차단속원인 피해자(여, 27세) 이○○가 위 화물차 운전석 유리에 불법주차 과태료 스티커를 붙였다는 이유로 피해자의 모자를 잡아서 피해자에게 던지고, 피해자를 발로 걸어 넘어지게 하였고, 피해자에게 2주간의 치료를 요하는 왼쪽다리에 멍의 상해를 입힘과 동시에 피해자의 정당한 주차단속 업무를 방해하였다.

(작성례 4)

피의자 홍길동, 피의자 성돌쇠, 피의자 유돌쇠 등은 일정한 직업 없이 ○○동 일대를 떠돌아다니는 자칭 "쪽파" 라는 조직폭력배의 소속원들이다.

피의자 홍길동은 20○○. 6. 25. 00:30경 서울 성북구 ○○동 100번지에 있는 피해자 이남자(남, 00세)가 경영하는 홀짝 포장마차에서 피의자 성돌쇠, 피의자 유돌쇠와 술을 마시던 중 음식이 맛이 없다는 이유로 탁자 1개(시가 50,000만원)를 발로 차서 손괴하고 멱살을 잡아 흔드는 등 폭행하였다.

피의자 홍길동, 피의자 성돌쇠, 피의자 유돌쇠는 공동하여 위 일시장소에 폭력신고를 받고 출동한 ○○지구대 근무 순경 이용감, 경사 박용감이 위 피의자1)에 대하여 폭력사건의 현행범으로 인지하고 체포전 범죄사실의 요지 등 미란다원칙을 고지하고 체포하려 하였다. 그러자 피의자 홍길동은 팔꿈치로 순경 이용감의 가슴을 치고 경사 박용감에게 "눈을 빼버리겠다 나를 구속시키지 못하면 칼로 너의 배를 찔러 죽여 버리겠다. 구속되면 2년 동안 살고 나온 후 찾아가 가족과 함께 죽이겠다"라며 해악을 고지하였다. 또한 피의자 성돌쇠는 오른손으로 순경 이용감의 얼굴을 쳐서 끼고 있던 안경을 손괴하고 피의자 유돌쇠는 피의자 홍길동, 피의자 성돌쇠를 체포하려는 경사 박용감의 몸을 밀치는 등 폭행을 하여 동 경찰관들의 정당한 공무집행을 방해하였다.

(작성례 5)

피의자 홍길동(남, 34세)은 20○○. 1. 1. 00:30경 서울 성북구 ○○동 100번지 앞에서 폭행으로 신고되어 출동한 ○○경찰서 ○○지구대 근무 순경 이용감이 법적인 절차에 의해 피의자를 현행범으로 체포하여 순찰차에 태워 연행하려 할 때 "이 개새끼들 내가 죄인이냐" 고하면서 순경 이용감의 얼굴을 주먹으로 2회 세게 때리는 등 정당하게 공무집행 중인 위 경찰관을 폭행하여 2주간의 치료를 요하는 측 두부 좌상 등 상해를 가하였다. 또한 지구대에 와서도 심한 욕설과 함께 "이용감 너 모가지 짤릴 줄 알어" 라고 협박하며 난동을 피우는 등 약 1시간동안 경찰관의 공무집행을 방해하였다.

(작성례 6)

피의자 홍길동(남, 30세)은 20○○. 1. 1. 23:30경 서울 성북구 ○○동 100번지 앞길에서 종암경찰서 ○○지구대 근무 경사 하용감과 경장 이용감이 박돌쇠를 상해죄의 현행범으로 체포하자, 위 경장 이용감의 팔을 붙들고 "형님 좀 봐주쇼. 내가 데리고 갈테니 이 손 놓으라" 고 하며 강제로 잡은 손을 풀어서 그 즉시 현행범인 박돌쇠가 경찰관을 떠밀고 도망가게 함으로서 정당하게 공무집행중인 경찰관의 피의자 체포를 방해하였다.

(작성례 7)

피의자는 20○○. ○. ○. 15:00경 ○○에 있는 △△단란주점 앞 신호등 있는 횡단보도에 이르러 차량정지선을 무시하고 46거1234호 택시를 운전하여 그대로 진행하였다. 그러다가 ○○경찰서 교통계 경사 이○○로부터 위와 같은 도로교통법위반 사실로 적발되어 운전면허증의 제시를 요구받게 되자 다른 차량은 단속하지 아니하고 피의자 차량만 단속한다고 항의하면서 갑자기 주먹으로 위 이○○의 얼굴을 1회 가격하고 발로 그의 옆구리를 1회 걷어차는 등 폭력을 행사하여 위 이○○의 교통단속에 관한 정당한 직무집행을 방해함과 동시에 그에게 요치 2주간의 얼굴타박상 등을 가하였다.

■ 적용실례

◇ 직무를 행하고 있지는 않고 자리에 앉아 있는 공무원을 폭행한 경우

법원 서무과장이 특별히 사무를 처리하고 있지 않은 상태로 그의 자리에 앉아 있을 때, 이를 폭행하였다.

※ 공무원이 그 직무집행기간 중 어떠한 구체적 사무를 현실적으로 집행하고 있지 않았다 하더라도 그의 자리에 착석하고 있는 이상 감독사무집행중에 있다고 할 것이므로 이러한 경우에도 공무집행방해죄가 성립한다.

● 관련판례 1

◎ 공무집행방해죄에서 '적법한 공무집행'의 의미와 판단 기준

공무집행방해죄는 공무원의 직무집행이 적법한 경우에 성립한다. 여기서 적법한 공무집행이란 그 행위가 공무원의 추상적 권한에 속할 뿐 아니라 구체적으로도 그 권한 내에 있어야 하고 직무행위로서의 중요한 방식을 갖추어야 한다. 추상적인 권한에 속하는 공무원의 어떠한 공무집행이 적법한지 여부는 행위 당시의 구체적 상황에 기하여 객관적·합리적으로 판단하여야 한다. 한편 공무원이 구체적 상황에 비추어 그 인적·물적 능력의 범위 내에서 적절한 조치라는 판단에 따라 직무를 수행한 경우에는, 그러한 직무수행이 객관적 정당성을 상실하여 현저하게 불합리한 것으로 인정되지 않는 한 이를 위법하다고 할 수 없다.(대법원 2021. 9. 16., 선고, 2015도12632, 판결)

● 관련판례 2

◎ 경찰관 직무집행법 제6조에 따른 경찰관의 제지 조치가 적법한 직무집행으로 평가되기 위한 요건 및 경찰관의 제지 조치가 적법한지 판단하는 기준

경찰관 직무집행법은 경찰관이 국민의 자유와 권리를 보호하고 사회공공의 질서를 유지하기 위하여 직무 수행에 필요한 사항을 정하면서 경찰관의 직권은 직무 수행에 필요한 최소한도에서 행사되어야 한다고 정하고 있다(제1조). 경찰관 직무집행법 제2조는 경찰관 직무의 범위로 국민의 생명·신체·재산의 보호(제1호), 범죄의 예방·진압·수사(제2호), 범죄피해자 보호(제2호의2), 공공의 안녕과 질서 유지(제7호)를 포함하고 있다.

경찰관 직무집행법 제6조는 "경찰관은 범죄행위가 목전에 행하여지려고 하고 있다고 인정될 때에는 이를 예방하기 위하여 관계인에게 필요한 경고를 하고, 그 행위로 인하여 사람의 생명·신체에 위해를 끼치거나 재산에 중대한 손해를 끼칠 우려가 있어 긴급한 경우에는 그 행위를 제지할 수 있다."라고 정하고 있다. 위 조항 중 경찰관의 제지에 관한 부분은 범죄 예방을 위한 경찰 행정상 즉시강제, 즉 눈앞의 급박한 경찰상 장해를 제거할 필요가 있고 의무를 명할 시간적 여유가 없거나 의무를 명하는 방법으로는 그 목적을 달성하기 어려운 상황에서 의무불이행을 전제로 하지 않고 경찰이 직접 실력을 행사하여 경찰상 필요한 상태를 실현하는 권력적 사실행위에 관한 근거조항이다. 경찰관 직무집행법 제6조에 따른 경찰관의 제지 조치가 적법한 직무집행으로 평가되기 위해서는, 형사처벌의 대상이 되는 행위가 눈앞에서 막 이루어지려고 하는 것이 객관적으로 인정될 수 있는 상황이고, 그 행위를 당장 제지하지 않으면 곧 인명·신체에 위해를 미치거나 재산에 중대한 손해를 끼칠 우려가 있는 상황이어서, 직접 제지하는 방법 외에는 위와 같은 결과를 막을 수 없는 절박한 사태이어야 한다. 다만 경찰관의 제지 조치가 적법한지는 제지 조치 당시의 구체적 상황을 기초로 판단하여야 하고 사후적으로 순수한 객관적 기준에서 판단할 것은 아니다. (대법원 2018. 12. 13., 선고, 2016도19417, 판결)

● 관련판례 3

◎ 적법성이 결여된 직무행위를 하는 공무원에게 대항하여 폭행이나 협박을 가한 경우, 공무집행방해죄가 성립하는지 여부(소극)

형법 제136조가 정하는 공무집행방해죄는 공무원의 직무집행이 적법한 경우에 한하여 성립하는 것으로, 이러한 적법성이 결여된 직무행위를 하는 공무원에게 대항하여 폭행이나 협박을 가하였다고 하더라도 이를 공무집행방해죄로 다스릴 수는 없다. 이때 적법한 공무집행이라 함은 그 행위가 공무원의 추상적 권한에 속할 뿐 아니라 구체적 직무집행에 관한 법률상 요건과 방식을 갖춘 경우를 가리킨다(대법원 2005. 10. 28. 선고 2004도4731 판결 참조). 그리고 구 공유재산 및 물품 관리법(2010. 2. 4. 법률 제10006호로 개정되기 전의 것, 이하 '공유재산법' 이라 한다) 제83조는 "정당한 사유 없이 공유재산을 점유하거나 이에 시설물을 설치한 때에는 행정대집행법 제3조 내지 제6조의 규정을 준용하여 철거 그 밖의 필요한 조치를 할 수 있다." 라고 정하고 있는데, 위 규정은 대집행에 관한 개별적인 근거 규정을 마련함과 동시에 행정대집행법상의 대집행 요건 및 절차에 관한 일부 규정만을 준용한다는 취지에 그치는 것이고, 그것이 대체적 작위의무에 속하지 아니하여 원칙적으로 대집행의 대상이 될 수 없는 다른 종류의 의무에 대하여서까지 강제집행을 허용하는 취지는 아니다(대법원 2011. 5. 26. 선고 2010도10305 판결)

● 관련판례 4

◎ 사법경찰관리가 벌금형을 받은 이를 노역장 유치의 집행을 위하여 구인하는 경우, 검사로부터 발부받은 형집행장을 상대방에게 제시하여야 하는지 여부(적극)

벌금형에 따르는 노역장 유치는 실질적으로 자유형과 동일하므로, 그 집행에 대하여는 자유형의 집행에 관한 규정이 준용된다(형사소송법 제492조). 구금되지 아니한 당사자에 대하여 형의 집행기관인 검사는 그 형의 집행을 위하여 이를 소환할 수 있으나, 당사자가 소환에 응하지 아니한 때에는 형집행장을 발부하여 이를 구인할 수 있는데(형사소송법 제473조), 이 경우의 형집행장의 집행에 관하여는 형사소송법 제1편 제9장에서 정하는 피고인의 구속에 관한 규정이 준용된다(형사소송법 제475조). 그리하여 사법경찰관리가 벌금형을 받은 이를 그에 따르는 노역장 유치의 집행을 위하여 구인하려면 검사로부터 발부받은 형집행장을 상대방에게 제시하여야 하지만(형사소송법 제85조 제1항), 형집행장을 소지하지 아니한 경우에 급속을 요하는 때에는 상대방에 대하여 형집행 사유와 형집행장이 발부되었음을 고하고 집행할 수 있고(형사소송법 제85조 제3항), 여기서 형집행장의 제시 없이 구인할 수 있는 '급속을 요하는 때' 란 애초 사법경찰관리가 적법하게 발부된 형집행장을 소지할 여유가 없이 형집행의 상대방을 조우한 경우 등을 가리킨다. 이때 사법경찰관리가 벌금 미납으로 인한 노역장 유치의 집행의 상대방에게 형집행 사유와 더불어 벌금 미납으로 인한 지명수배 사실을 고지하였더라도 특별한 사정이 없는 한 그러한 고지를 형집행장이 발부되어 있는 사실도 고지한 것이라거나 형집행장이 발부되어 있는 사실까지도 포함하여 고지한 것이라고 볼 수 없으므로, 이와 같은 사법경찰관리의 직무집행은 적법한 직무집행에 해당한다고 할 수 없다.(대법원 2017. 9. 26., 선고, 2017도9458, 판결)

● 관련판례 5

◎ 경찰관들이 체포를 위한 실력행사에 나아가기 전에 체포영장을 제시하고 미란다 원칙을 고지할 여유가 있었음에도 애초부터 미란다 원칙을 체포 후에 고지할 생각으로 먼저 체포행위에 나선 행위는 적법한 공무집행이라고 보기 어렵다는 등의 이유로 무죄를 선고한 원심판단이 정당하다고 한 사례

경찰관들이 체포영장을 소지하고 메트암페타민(일명 필로폰) 투약 등 혐의로 피고인을 체포하려고 하자, 피고인이 이에 거세게 저항하는 과정에서 경찰관들에게 상해를 가하였다고 하여 공무집행방해 및 상해의 공소사실로 기소된 사안에서, 피고인이 경찰관들과 마주하자마자 도망가려는 태도를 보이거나 먼저 폭력을 행사하며 대항한 바 없는 등 경찰관들이 체포를 위한 실력행사에 나아가기 전에 체포영장을 제시하고 미란다 원칙을 고지할 여유가 있었음에도 애초부터 미란다 원칙을 체포 후에 고지할 생각으로 먼저 체포행위에 나선 행위는 적법한 공무집행이라고 보기 어렵다는 등의 이유로 공소사실에 대하여 무죄를 선고한 원심판단이 정당하다. (대법원 2017. 9. 21., 선고, 2017도10866, 판결)

● 관련판례 6

◎ 공무집행방해죄에서 '적법한 공무집행'의 의미 및 현행범인이 경찰관의 불법한 체포를 면하려고 반항하는 과정에서 경찰관에게 상해를 가한 경우 '정당방위'의 성립 여부(적극)

형법 제136조가 규정하는 공무집행방해죄는 공무원의 직무집행이 적법한 경우에 한하여 성립하고, 여기서 적법한 공무집행은 그 행위가 공무원의 추상적 권한에 속할 뿐 아니라 구체적 직무집행에 관한 법률상 요건과 방식을 갖춘 경우를 가리킨다. 경찰관이 현행범인 체포 요건을 갖추지 못하였는데도 실력으로 현행범인을 체포하려고 하였다면 적법한 공무집행이라고 할 수 없고, 현행범인 체포행위가 적법한 공무집행을 벗어나 불법인 것으로 볼 수밖에 없다면, 현행범이 체포를 면하려고 반항하는 과정에서 경찰관에게 상해를 가한 것은 불법체포로 인한 신체에 대한 현재의 부당한 침해에서 벗어나기 위한 행위로서 정당방위에 해당하여 위법성이 조각된다. (대법원 2011. 5. 26. 선고 2011도3682 판결)

2. 위계에 의한 공무집행방해죄

제137조(위계에 의한 공무집행방해)
위계로써 공무원의 직무집행을 방해한 자는 5년 이하의 징역 또는 1천만원 이하의 벌금에 처한다. 〈개정 1995.12.29.〉

(작성례 1)

피의자 김○○, 피의자 배○○ 공동 범행

피의자 김○○는 20○○년도 ○급 ○○직 국가공무원 채용시험에서 배○○를 합격시키기 위해 김○○이 배○○의 앞자리에 앉아 같이 시험을 보면서 배○○에게 답을 알려 주기로 공모하였다.

20○○. ○. ○. 10 : 00부터 12 : 00사이에 ○○학교에 마련된 제1시험장에서, 수험번호를 앞뒤로 연결되게 받은 피의자 김○○(수험번호 228)와 피의자 배○○(수험번호 229)는 피의자 김○○가 배○○의 앞에 앉아 시험을 보던 중 피의자 김○○가 작성한 답안을 배○○에게 보여주고, 답을 적은 쪽지를 넘겨주는 등의 방법으로 배○○의 답안을 부정으로 작성하게 함으로써 공정한 시험을 위하여 시험감독의 직무를 집행중인 ○○청주사 이○○ 외 2명의 직무집행을 위계로 방해하였다.

(작성례 2)

피의자 김○○, 피의자 이○○ 공동 범행

피의자 김○○는 같은 이○○와 공모하여 20○○. ○. ○. 서울시 ○○구청 교통행정과에서 질병이 있는 노숙자로 하여금 개인택시 운전사인 같은 이○○를 대신하여 의사의 진료를 받게 하였다. 그리고 발급받은 허위진단서를 첨부하여 위 이○○가 1년 이상의 치료를 요하는 질병에 걸려 있음을 이유로 그 개인택시운송사업에 대한 양도·양수 인가신청을 하는 등으로 위계로써 담당 공무원의 개인택시운송사업 양도·양수 인가업무를 방해하였다.

■ 적용실례

◇ 간호보조원 교육과정수료증명서를 허위로 작성하여 시험에 응시한 경우

간호보조원자격시험에 응시하기 위해 그 응시자격을 증명하는 간호보조원 교육과정수료증명서를 허위로 작성, 그것을 제출하여 시험에 응시하였다.

※ 사문서인 위 증명서의 허위작성은 무형위조로서 처벌대상이 되지 않고 이들의 행위가 허위작성 및 교부로 끝났다고 하더라도, 이들이 위 문서의 용도와 그 사용의 결과를 인식하고 있었으며 공소외인들로 하여금 사용하게 할 의도로 작성교부한 것이고 또한 위 문서를 진정한 문서인 것처럼 시험관리당국에 제출하여 응시자격을 인정받아 응시함으로써 그 시험관리의 공무집행을 방해하는 결과가 되었기 때문에 이들은 공무집행방해죄의 죄책을 지게 되고 무형위조의 사후행위로서 처벌의 대상이 될 것이다.

◇ 운전면허시험에 대리로 응시한 경우

피고인이 마치 그의 형인 양 시험감독관을 속이고 원동기장치자전거 운전면허시험에 대리로 응시하였다.

※ 피고인의 행위는 공무집행방해죄를 구성한다.

● 관련판례 1

◎ 위계에 의한 공무집행방해죄에서 '위계'의 의미 및 상대방이 위계에 따라 그릇된 행위나 처분을 하여야만 위 죄가 성립하는지 여부(적극)

위계에 의한 공무집행방해죄에서 위계란 행위자의 행위목적을 이루기 위하여 상대방에게 오인, 착각, 부지를 일으키게 하여 그 오인, 착각, 부지를 이용하는 것을 말하는 것으로 상대방이 이에 따라 그릇된 행위나 처분을 하여야만 이 죄가 성립하는 것이고, 만약 범죄행위가 구체적인 공무집행을 저지하거나 현실적으로 곤란하게 하는 데까지는 이르지 아니하고 미수에 그친 경우에는 위계에 의한 공무집행방해죄로 처벌할 수 없다.(대법원 2021. 4. 29., 선고, 2018도18582, 판결)

● 관련판례 2

◎ 피의자 등이 수사기관에 조작된 허위의 증거를 제출함으로써 수사기관의 수사활

동을 적극적으로 방해한 경우, 위계공무집행방해죄가 성립하는지 여부(적극)

수사기관이 범죄사건을 수사함에 있어서는 피의자 등의 진술 여하에 불구하고 피의자를 확정하고 그 피의사실을 인정할 만한 객관적인 모든 증거를 수집·조사할 권한과 의무가 있다. 한편 피의자는 진술거부권 및 자기에게 유리한 진술을 할 권리와 유리한 증거를 제출할 권리를 가질 뿐이고, 수사기관에 대하여 진실만을 진술하여야 할 의무가 있는 것은 아니다. 따라서 피의자 등이 수사기관에 대하여 허위사실을 진술하거나 피의사실 인정에 필요한 증거를 감추고 허위의 증거를 제출하였더라도, 수사기관이 충분한 수사를 하지 않은 채 이와 같은 허위의 진술과 증거만으로 증거의 수집·조사를 마쳤다면, 이는 수사기관의 불충분한 수사에 의한 것으로서 피의자 등의 위계에 의하여 수사가 방해되었다고 볼 수 없어 위계에 의한 공무집행방해죄가 성립된다고 할 수 없다. 그러나 피의자 등이 적극적으로 허위의 증거를 조작하여 제출하고 그 증거 조작의 결과 수사기관이 그 진위에 관하여 나름대로 충실한 수사를 하더라도 제출된 증거가 허위임을 발견하지 못할 정도에 이르렀다면, 이는 위계에 의하여 수사기관의 수사행위를 적극적으로 방해한 것으로서 위계공무집행방해죄가 성립된다.(대법원 2019. 3. 14., 선고, 2018도18646, 판결)

● 관련판례 3

◎ 신고인이 신고서에 허위사실을 기재하거나 허위의 소명자료를 행정청에 제출한 행위만으로 위계에 의한 공무집행방해죄를 구성하는지 여부(원칙적 소극) / 출원자나 신청인이 제출한 허위의 소명자료 등을 담당 공무원이 충분히 심사하였으나 발견하지 못하여 인허가처분을 하거나 신청을 수리한 경우, 위계에 의한 공무집행방해죄가 성립하는지 여부(적극)

위계에 의한 공무집행방해죄는 상대방의 오인, 착각, 부지를 일으키고 이를 이용하는 위계에 의하여 상대방이 그릇된 행위나 처분을 하게 함으로써 공무원의 구체적이고 현실적인 직무집행을 방해하는 경우에 성립한다. 따라서 행정청에 대한 일방적 통고로 효과가 완성되는 '신고'의 경우에는 신고인이 신고서에 허위사실을 기재하거나 허위의 소명자료를 제출하였더라도, 그것만으로는 담당 공무원의 구체적이고 현실적인 직무집행이 방해받았다고 볼 수 없어 특별한 사정이 없는 한 허위 신고가 위계에 의한 공무집행방해죄를 구성한다고 볼 수 없다. 그러나 행정관청이 출원에 의한 인허가처분 여부를 심사하거나 신청을 받아 일정한 자격요건 등을 갖춘 때에 한하여 그에 대한 수용 여부를 결정하는 등의 업무를 하는 경우에는 위 '신고'의 경우와 달리, 출원자나 신청인이 제출한 허위의 소명자료 등에 대하여 담당 공무원이 나름대로 충분히 심사를 하였으나 이를 발견하지 못하여 인허가처분을 하게 되거나 신청을 수리하게 되었다면, 출원자나 신청인의 위계행위가 원인이 되어 행정관청이 그릇된 행위나 처분에 이르게 된 것이어서 위계에 의한 공무집행방해죄가 성립한다.(대법원 2016. 1. 28. 선고 2015도17297 판결)

● 관련판례 4

◎ 등기신청인이 제출한 허위의 소명자료 등을 등기관이 충분히 심사하였음에도 발견하지 못하여 등기가 마쳐진 경우, 위계에 의한 공무집행방해죄가 성립할 수 있는지 여부(적극) 및 등기관에게 등기신청이 실체법상 권리관계와 일치하는지 심사할 실질적인 심사권한이 없더라도 마찬가지인지 여부(적극)

등기신청은 단순한 '신고'가 아니라 신청에 따른 등기관의 심사 및 처분을 예정하고 있으므로, 등기신청인이 제출한 허위의 소명자료 등에 대하여 등기관이 나름대로 충분히 심사를 하였음에도 이를 발견하지 못하여 등기가 마쳐지게 되었다면 위계에 의한 공무집행방해죄가 성립할 수 있다. 등기관이 등기신청에 대하여 부동산등기법상 등기신청에 필요한 서면이 제출되었는지 및 제출된 서면이 형식적으로 진정한 것인지를 심사할 권한은 갖고 있으나 등기신청이 실체법상의 권리관계와 일치하는지를 심사할 실질적인 심사권한은 없다고 하여 달리 보아야 하는 것은 아니다.(대법원 2016. 1. 28. 선고 2015도17297 판결)

● 관련판례 5

◎ 신고인이 허위사실을 신고서에 기재하거나 허위의 소명자료를 첨부하여 행정청에 제출하는 행위가 형법상 '위계에 의한 공무집행방해죄'를 구성하는지 여부(원칙적 소극)

위계에 의한 공무집행방해죄는 상대방의 오인, 착각, 부지를 일으키고 이를 이용하는 위계에 의하여 상대방으로 하여금 그릇된 행위나 처분을 하게 함으로써 공무원의 구체적이고 현실적인 직무집행을 방해하는 경우에 성립한다(대법원 1997. 2. 28. 선고 96도2825 판결, 대법원 2009. 4. 23. 선고 2007도1554 판결 등 참조). 한편 신고는 사인(사인)이 행정청에 대하여 일정한 사실 또는 관념을 통지함으로써 공법상 법률효과가 발생하는 행위로서 원칙적으로 행정청에 대한 일방적 통고로 그 효과가 완성될 뿐이에 대응하여 신고내용에 따라 법률효과를 부여하는 행정청의 행위나 처분을 예정하고 있지 아니하므로, 신고인이 허위사실을 신고서에 기재하거나 허위의 소명자료를 첨부하여 제출하였다고 하더라도 관계 법령에 별도의 처벌규정이 있어 이를 적용하는 것은 별론으로 하고, 일반적으로 위와 같은 허위 신고가 형법상 위계에 의한 공무집행방해죄를 구성한다고 볼 수 없다. 다만 관계 법령이 비록 신고라는 용어를 사용하고 있더라도 사실상 인허가 등 처분의 신청행위와 다를 바 없다고 평가되는 등의 예외적인 경우에는 위계에 의한 공무집행방해죄가 성립할 여지가 있으나, 이때에도 행정청이 나름대로 충분히 사실관계를 확인하더라도 그 신고내용이 허위이거나 법령의 취지에 맞지 아니함을 발견할 수 없었던 경우가 아니라면 심사를 담당하는 행정청이 신고내용이나 자료의 진실성을 충분히 따져보지 않은 채 경솔하게 이를 믿고 어떠한 행위나 처분에 나아갔다고 하여 이를 신고인의 위계에 의한 결과로 볼 수 없으므로 위계에 의한 공무집행방해죄는 성립하지 아니한다(대법원 2011. 9. 8. 선고 2010도7034 판결)

3. 법정 · 국회회의장모욕죄

제138조(법정 또는 국회회의장모욕)
법원의 재판 또는 국회의 심의를 방해 또는 위협할 목적으로 법정이나 국회회의장 또는 그 부근에서 모욕 또는 소동한 자는 3년 이하의 징역 또는 700만원 이하의 벌금에 처한다. 〈개정 1995.12.29.〉

(작성례 1)

피의자는 ○○일대에서 사람을 상해하고 구속, 기소되어 20○○. ○. ○. ○○지방법원 제○호 법정에서 제○단독 황○○판사의 심리로 재판을 받았다.

피의자는 ○○지방검찰청의 강○○검사가 피의자에 대해 징역 3년을 구형하자 그 구형이 부당하게 무겁다고 생각하여 위 강○○검사를 협박하여 재판을 방해하기 위해, 자리에서 일어나 검사에게 "○○○ 장난치지 마라. 내가 3년이나 썩고 나오면 너는 무사할 줄 아냐"는 등의 폭언을 하면서 피고인석의 의자를 집어던지는 등 재판중인 법정에서 소동하였다.

(작성례 2)

피의자는 ○○조합 이사이다.

피의자는 20○○. ○. ○. 제○○차 임시국회가 열리고 있는 국회의사당 방청석에서 그 회의를 방청하다가 국회의원 박○○의 발언차례가 되어 그가 위 ○○조합의 부정사실을 들춰내면서 그에 대한 특별감사를 실시해야 한다고 발언하는 것을 들었다. 그러자 그의 발언을 막아 국회가 심의를 하지 못하게 하기 위해 "저놈은 우리 조합을 적대시하는 ○○조합에서 사주받아 돈을 처먹고 허위사실을 말하고 있다"라고 일어서서 고함을 지르는 등 개회중인 국회의장에서 모욕하였다.

● 관련판례 1

◎ 법정소동죄 등을 규정한 형법 제138조에서의 '법원의 재판'에 '헌법재판소의 심판'을 포함시키는 해석이 피고인에게 불리한 확장해석이나 유추해석에 해당하는지 여부(소극)

법원의 재판 또는 국회의 심의를 방해 또는 위협할 목적으로 법정이나 국회회의장 또는 그 부근에서 모욕 또는 소동한 자를 처벌하는 형법 제138조(이하 '본조'라고 한다)의 규정은, 법원 혹은 국회라는 국가기관을 보호하기 위한 것이 아니라 법원의 재판기능 및 국회의 심의기능을 보호하기 위하여 마련된 것으로, 제정 당시 그 입법경위를 살펴보면 행정기관의 일상적인 행정업무와 차별화되는 위 각 기능의 중요성 및 신성성에도 불구하고 경찰력 등 자체적 권력집행수단을 갖추지 못한 국가기관의 한계에서 생길 수 있는 재판 및 입법기능에 대한 보호의 흠결을 보완하기 위한 것임을 알 수 있다. 이와 같은 본조의 보호법익 및 입법 취지에 비추어 볼 때 헌법재판소의 헌법재판기능을 본조의 적용대상에서 제외하는 해석이 입법의 의도라고는 보기 어렵다. 본조 제정 당시 헌법재판소가 설치되어 있지 않았고 오히려 당시 헌법재판의 핵심적 부분인 위헌법률심사 기능을 맡은 헌법위원회가 헌법상 법원의 장에 함께 규정되어 있었으며 탄핵심판 기능을 맡은 탄핵재판소 역시 본조의 적용대상인 국회의 장에 함께 규정되어 있었고, 더 나아가 1962년 제3공화국 헌법에서는 위헌법률심사와 정당해산심판 기능이 대법원 관장사항으로 규정되기까지 한 사정도 이를 뒷받침한다. 이는 본조의 적용대상으로 규정한 법원의 '재판기능'에 '헌법재판기능'이 포함된다고 보는 것이 입법 취지나 문언의 통상적인 의미에 보다 충실한 해석임을 나타낸다.

본조의 '법정'의 개념도 재판의 필요에 따라 법원 외의 장소에서 이루어지는 재판의 공간이 이에 해당하는 것과 같이(법원조직법 제56조 제2항) 법원의 사법권 행사에 해당하는 재판작용이 이루어지는 상대적, 기능적 공간 개념을 의미하는 것으로 이해할 수 있으므로, 헌법재판소의 헌법재판이 법정이 아닌 심판정에서 이루어진다는 이유만으로 이에 해당하지 않는다고 볼 수 없다. 오히려 헌법재판소법에서 심판정을 '법정'이라고 부르기도 하고, 다른 절차에 대해서는 자체적으로 규정하고 있으면서도 심판정에서의 심판 및 질서유지에 관해서는 법원조직법의 규정을 준용하는 것은(헌법재판소법 제35조) 법원의 법정에서의 재판작용 수행과 헌법재판소의 심판정에서의 헌법재판작용 수행 사이에는 본질적인 차이가 없음을 나타내는 것으로 볼 수 있다.

결국, 본조에서의 법원의 재판에 헌법재판소의 심판이 포함된다고 보는 해석론은 문언이 가지는 가능한 의미의 범위 안에서 그 입법 취지와 목적 등을 고려하여 문언의 논리적 의미를 분명히 밝히는 체계적 해석에 해당할 뿐, 피고인에게 불리한 확장해석이나 유추해석이 아니라고 볼 수 있다.(대법원 2021. 8. 26., 선고, 2020도12017, 판결)

● 관련판례 2

◎ 갑 정당 당직자인 피고인들 등이 국회 외교통상 상임위원회 회의장 앞 복도에서 출입이 봉쇄된 회의장 출입구를 뚫을 목적으로 회의장 출입문 및 그 안쪽에 쌓여

있던 집기를 손상하거나, 국회 심의를 방해할 목적으로 회의장 내에 물을 분사한 사안에서, 피고인들의 공용물건손상 및 국회회의장소동 행위를 위법성이 조각되는 정당행위나 긴급피난의 요건을 갖춘 행위로 평가하기 어렵다고 한 사례

갑 정당 당직자인 피고인들 등이 국회 외교통상 상임위원회 회의장 앞 복도에서 출입이 봉쇄된 회의장 출입구를 뚫을 목적으로 회의장 출입문 및 그 안쪽에 쌓여있던 책상, 탁자 등 집기를 손상하거나, 국회의 심의를 방해할 목적으로 소방호스를 이용하여 회의장 내에 물을 분사한 사안에서, 피고인들의 위와 같은 행위는 공용물건손상죄 및 국회회의장소동죄의 구성요건에 해당하고, 국민의 대의기관인 국회에서 서로의 의견을 경청하고 진지한 토론과 양보를 통하여 더욱 바람직한 결론을 도출하는 합법적 절차를 외면한 채 곧바로 폭력적 행동으로 나아가 방법이나 수단에 있어서도 상당성의 요건을 갖추지 못하여 이를 위법성이 조각되는 정당행위나 긴급피난의 요건을 갖춘 행위로 평가하기 어렵다고 한 사례.(대법원 2013. 6. 13. 선고 2010도13609 판결)

4. 인권옹호직무방해죄

제139조(인권옹호직무방해)
경찰의 직무를 행하는 자 또는 이를 보조하는 자가 인권옹호에 관한 검사의 직무집행을 방해하거나 그 명령을 준수하지 아니한 때에는 5년 이하의 징역 또는 10년 이하의 자격정지에 처한다.

(작성례)

피의자는 ○○경찰서 수사과 수사계장이다.

피의자는 20○○. ○. ○. 15 : 30경 위 경찰서 수사과에서 유치장 감찰을 나온 ○○지방검찰청 검사 현○○로부터 위 ○○경찰서 보호실에서 구속영장 없이 48시간 이상 불법감금되어 있는 사기피의자 임○○를 즉시 보호조치에서 해제하라는 지시를 받았으나 그 지시에 따르지 않고 임○○를 그대로 감금상태에 둠으로써 인권옹호에 관한 검사의 직무명령을 준수하지 아니하였다.

● 관련판례 1

◎ 형법 제139조에 규정된 '인권옹호에 관한 검사의 명령'의 의미와 요건

형법 제139조의 입법 취지 및 보호법익, 그 적용대상의 특수성 등을 고려하면 여기서 말하는 '인권'은 범죄수사 과정에서 사법경찰관리에 의하여 침해되기 쉬운 인권으로서, 주로 헌법 제12조에 의한 국민의 신체의 자유 등을 그 내용으로 한다. 인권의 내용을 이렇게 볼 때 형법 제139조에 규정된 '인권옹호에 관한 검사의 명령'은 사법경찰관리의 직무수행에 의하여 침해될 수 있는 인신 구속 및 체포와 압수수색 등 강제수사를 둘러싼 피의자, 참고인, 기타 관계인에 대하여 헌법이 보장하는 인권 가운데 주로 그들의 신체적 인권에 대한 침해를 방지하고 이를 위해 필요하고도 밀접 불가분의 관련성 있는 검사의 명령 중 '그에 위반할 경우 사법경찰관리를 형사처벌까지 함으로써 준수되도록 해야 할 정도로 인권옹호를 위해 꼭 필요한 검사의 명령'으로 보아야 하고 나아가 법적 근거를 가진 적법한 명령이어야 한다.(대법원 2010. 10. 28. 선고 2008도11999 판결)

● 관련판례 2

◎ 검사가 긴급체포 등 강제처분의 적법성에 의문을 갖고 대면조사를 위한 피의자 인치를 2회에 걸쳐 명하였으나 이를 이행하지 않은 사법경찰관에게 인권옹호직무명령불준수죄와 직무유기죄를 모두 인정하고 두 죄를 상상적 경합관계로 처리한 원심판단을 수긍한 사례

사법경찰관이 검사에게 긴급체포된 피의자에 대한 긴급체포 승인 건의와 함께 구속영장을 신청한 경우, 검사는 긴급체포의 승인 및 구속영장의 청구가 피의자의 인권에 대한 부당한 침해를 초래하지 않도록 긴급체포의 적법성 여부를 심사하면서 수사서류뿐만 아니라 피의자를 검찰청으로 출석시켜 직접 대면조사할 수 있는 권한을 가진다고 보아야 한다. 따라서 이와 같은 목적과 절차의 일환으로 검사가 구속영장 청구 전에 피의자를 대면조사하기 위하여 사법경찰관리에게 피의자를 검찰청으로 인치할 것을 명하는 것은 적법하고 타당한 수사지휘 활동에 해당하고, 수사지휘를 전달받은 사법경찰관리는 이를 준수할 의무를 부담한다. 다만 체포된 피의자의 구금 장소가 임의적으로 변경되는 점, 법원에 의한 영장실질심사 제도를 도입하고 있는 현행 형사소송법 하에서 체포된 피의자의 신속한 법관 대면권 보장이 지연될 우려가 있는 점 등을 고려하면, 위와 같은 검사의 구속영장 청구 전 피의자 대면조사는 긴급체포의 적법성을 의심할 만한 사유가 기록 기타 객관적 자료에 나타나고 피의자의 대면조사를 통해 그 여부의 판단이 가능할 것으로 보이는 예외적인 경우에 한하여 허용될 뿐, 긴급체포의 합당성이나 구속영장 청구에 필요한 사유를 보강하기 위한 목적으로 실시되어서는 아니 된다. 나아가 검사의 구속영장 청구 전 피의자 대면조사는 강제수사가 아니므로 피의자는 검사의 출석 요구에 응할 의무가 없고, 피의자가 검사의 출석 요구에 동의한 때에 한하여 사법경찰관리는 피의자를 검찰청으로 호송하여야 한다. 그리고 형법 제139조에 규정된 인권옹호직무명령불준수죄와 형법 제122조에 규정된 직무유기죄의 각 구성요건과 보호법익 등을 비교하여 볼 때, 인권옹호직무명령불준수죄가 직무유기죄에 대하여 법조경합 중 특별관계에 있다고 보기는 어렵고 양 죄를 상상적 경합관계로 보아야 한다. (대법원 2010. 10. 28. 선고 2008도11999 판결)

5. 공무상 봉인 등 표시무효죄 · 공무상비밀침해죄

제140조(공무상비밀표시무효)

① 공무원이 그 직무에 관하여 실시한 봉인 또는 압류 기타 강제처분의 표시를 손상 또는 은닉하거나 기타 방법으로 그 효용을 해한 자는 5년 이하의 징역 또는 700만원 이하의 벌금에 처한다. 〈개정 1995.12.29.〉

② 공무원이 그 직무에 관하여 봉함 기타 비밀장치한 문서 또는 도화를 개봉 한 자도 제1항의 형과 같다. 〈개정 1995.12.29.〉

③ 공무원이 그 직무에 관하여 봉함 기타 비밀장치한 문서, 도화 또는 전자기록등 특수매체기록을 기술적 수단을 이용하여 그 내용을 알아낸 자도 제1항의 형과 같다. 〈신설 1995.12.29.〉

(작성례 1)

피의자는 20○○. ○. ○. 14 : 00경 서울 용산구 이태원동 222에 있는 피의자의 집에서 서울중앙지방법원 소속 집행관 박○○가 피의자 소유의 냉장고 1대 등 시가 합계 500만원 상당의 가구 및 가재도구 20점을 압류하고 그 물건에 부착한 압류표시를 자기마음대로 제거함으로써 그 효용을 해하였다.

이 압류표시는 채권자 김○○(123-4567)의 집행위임을 받아 위 법원 20051234호 유체동산압류결정정본에 의하여 압류하였던 것이다.

(작성례 2)

피의자는 0○○. ○. ○. 14:00경 서울 용산구 이태원동 123번지 피의자 집에서 서울중앙지방법원 소속 집행관 이○○이 채권자 김○○(123-4567)의 위임을 받아 공증인가 △△합동법률사무소 작성 2005증4321호 집행력 있는 정본에 의하여 피의자 소유인 프로젝션텔레비전 등 별지와 같이 8점의 동산을 가압류하고 그 뜻을 기재한 표시를 하여 피의자에게 보관시킨 것을, 같은 해 3. 4.경 서울 관악구 신림동 345번지 피의자의 동생 이△△의 집으로 가압류 동산을 옮겨 은닉함으로서 가압류 표시의 효용을 해하였다.

(작성례 3)

피의자는 20○○. ○. ○. △△은행에서 2년을 기한으로 1억원을 대출받아 사용하였으나 이를 변제치 못하였다. 이에 따라 위 은행에서 ○○법원에 경매신청하여, 20○○. ○. ○. 건외 최○○가 이를 낙찰받아 같은 해 ○. ○. 소유권이전과 동시에 위 최○○에게 명도되었으나 이사비용 300만원을 요구하여 이를 받지 못했다는 이유로 위 부동산 입구를 장롱 등을 쌓는 방법으로 막아 강제집행의 효용을 해하였다.

■ 적용실례

◇ 가압류 물건을 은닉한 경우

가압류해 놓은 물건을 임의로 다른 곳으로 옮겨 은닉하였다.

※ 강제집행면탈죄로 의율할 수도 있으나 공무상표시무효죄로 의율하는 것이 타당하다.

◇ 고소인과 합의하여 압류물건을 처분한 경우

전자제품 판매점을 경영하던 성○○는 채권자인 김○○의 고소로 전자제품 점포에 있던 상품들을 모두 압류당했다. 그 후 김○○와 합의한 결과 물건들을 처분하기로 하고, 압류를 해제하지 않은 상태에서 위 압류물건들을 팔아서 처분해 버렸다.

※ 고소인과 합의하에 처분한 것이라는 이유로 무혐의로 할 수는 없다. 원래 공무상표시무효죄는 압류, 가압류, 가처분 등 국가사법작용의 침해를 방지하는 것을 목적으로 하기 때문에 적법한 압류해제절차를 거치지 않은 위 행위는 비록 압류신청인과의 합의에 의한 것이라고 해도 범죄가 성립되는 것이다.

◇ 직접점유자가 간접점유자에게 목적물의 점유를 이전한 경우

직접점유자에 대해 점유이전금지 가처분결정이 집행된 후 그 피신청인인 직접점유자가 목적물의 간접점유자에게 그 점유를 이전하였다.

※ 이 경우에도 역시 가처분표시의 효용을 해한 혐의를 면할 수 없다.

◇ 집행관과 채권자가 알지 못하는 사이에 압류물건을 옮긴 경우

집행관이 물건의 점유를 옮기고 압류표시를 한 다음 피고인 서○○에게 보관을 명했고, 서○○는 그 물건들을 집행관과 채권자가 알지 못하는 사이에 몰래 원래의 장소에서 좀 떨어져 있는 다른 장소로 옮겼다.

※ 이 경우 피고인이 집행을 면탈케 하기 위해 옮긴 것이 아니라 할지라도 객관적으로 볼 때 집행을 현저히 곤란하게 한 경우에 해당하므로 본조 제1항의 "…… 기타 방법으로 그 효용을 해한 자" 에 적용할 수 있다.

● 관련판례 1

◎ 형법 제140조 제1항의 공무상표시무효죄 중 '공무원이 그 직무에 관하여 실시한 압류 기타 강제처분의 표시를 기타 방법으로 그 효용을 해하는 것' 의 의미

형법 제140조 제1항이 정한 공무상표시무효죄 중 '공무원이 그 직무에 관하여 실시한 압류 기타 강제처분의 표시를 기타 방법으로 그 효용을 해하는 것'이란 손상 또는 은닉 이외의 방법으로 그 표시 자체의 효력을 사실상으로 감쇄 또는 멸각시키는 것을 의미하는 것이지, 그 표시의 근거인 처분의 법률상 효력까지 상실케 한다는 의미는 아니다.(대법원 2018. 7. 11., 선고, 2015도5403, 판결)

● 관련판례 2

◎ 형법 제140조 제1항의 공무상표시무효죄의 성립요건 / 집행관이 부작위를 명하는 가처분이 발령되었음을 고시하는 데 그치고 구체적인 집행행위를 하지 아니한 경우, 피신청인이 가처분의 부작위명령을 위반한 것만으로 공무상 표시의 효용을 해하는 행위에 해당하는지 여부(소극)

형법 제140조 제1항의 공무상표시무효죄는 공무원이 그 직무에 관하여 봉인, 동산의 압류, 부동산의 점유 등과 같은 구체적인 강제처분을 실시하였다는 표시를 손상 또는 은닉하거나 기타 방법으로 그 효용을 해함으로써 성립하는 범죄이다. 따라서 집행관이 법원으로부터 피신청인에 대하여 부작위를 명하는 가처분이 발령되었음을 고시하는 데 그치고 나아가 봉인 또는 물건을 자기의 점유로 옮기는 등의 구체적인 집행행위를 하지 아니하였다면, 단순히 피신청인이 가처분의 부작위명령을 위반하였다는 것만으로는 공무상 표시의 효용을 해하는 행위에 해당하지 아니한다.(대법원 2016. 5. 12. 선고 2015도20322 판결)

● 관련판례 3

◎ 집행관이 부작위를 명하는 가처분 발령 사실을 고시하였을 뿐 구체적인 집행행위를 하지 않은 상태에서 가처분의 피신청인이 위 부작위명령을 위반한 경우, 형법 제140조 제1항 공무상표시무효죄가 성립하는지 여부(소극)

형법 제140조 제1항의 공무상표시무효죄는 공무원이 그 직무에 관하여 봉인, 동산의 압류, 부동산의 점유 등과 같은 구체적인 강제처분을 실시하였다는 표시를 손상 또는 은닉하거나 기타 방법으로 그 효용을 해함으로써 성립하는 범죄이다. 따라서 집행관이 법원으로부터 피신청인에 대하여 부작위를 명하는 가처분이 발령되었음을 고시하는 데 그치고 나아가 봉인 또는 물건을 자기의 점유로 옮기는 등의 구체적인 집행행위를 하지 아니하였다면, 단순히 피신청인이 위 가처분의 부작위명령을 위반하였다는 것만으로는 공무상 표시의 효용을 해하는 행위에 해당하지 않는다. (대법원 2010. 9. 30. 선고 2010도3364 판결)

● 관련판례 4

◎ 온천수 사용금지 가처분결정이 있기 전부터 온천이용허가권자인 가처분 채무자로부터 이를 양수하고 임대차계약의 형식을 빌어 온천수를 이용하여 온 제3자가 위 금지명령을 위반하여 계속 온천수를 사용한 행위가 공무상표시무효죄를 구성하지 않는다고 한 사례

온천수 사용금지 가처분결정이 있기 전부터 온천이용허가권자인 가처분 채무자로부터 이를 양수하고 임대차계약의 형식을 빌어 온천수를 이용하여 온 제3자가 위 금지명령을 위반하여 계속 온천수를 사용한 경우, 위 제3자가 위 가처분 사건 당사자 사이의 권리관계 내용을 잘 알고 있었다거나 그가 실질적으로는 가처분 채무자와 같은 당사자 위치에 있었다는 등의 사정이 있다 하여도 위 위반행위가 공무상표시무효죄를 구성하지 않는다. (대법원 2007. 11. 16., 선고, 2007도5539, 판결)

● 관련판례 5

◎ 출입금지가처분의 대상이 된 건조물 등에 가처분 채권자의 승낙을 얻어 출입하는 경우 출입금지가처분 표시의 효용을 해한 것인지 여부(소극)

출입금지가처분은 그 성질상 가처분 채권자의 의사에 반하여 건조물 등에 출입하는 것을 금지하는 것이므로 비록 가처분결정이나 그 결정의 집행으로서 집행관이 실시한 고시에 그러한 취지가 명시되어 있지 않다고 하더라도 가처분 채권자의 승낙을 얻어 그 건조물 등에 출입하는 경우에는 출입금지가처분 표시의 효용을 해한 것이라고 할 수 없다.(대법원 2006. 10. 13., 선고, 2006도4740, 판결)

6. 부동산강제집행효용침해죄

> **제140조의2 (부동산강제집행효용침해)**
> 강제집행으로 명도 또는 인도된 부동산에 침입하거나 기타 방법으로 강제집행의 효용을 해한 자는 5년 이하의 징역 또는 700만원 이하의 벌금에 처한다.
> [본조신설 1995.12.29.]

(작성례)

피의자는 1997. 3. ○○은행에서 2년을 기한으로 1억원을 대출 받아 사용하였다. 그러나 이를 변제하지 못하여 위 은행에서 ○○법원에 경매 신청을 하였고, 2004. 10. 12. ○○○가 이를 낙찰 받아 같은 해 12. 30. 소유권 이전과 동시에 명도받았다. 그러나 피의자는 이사비용 300만원을 요구하며 이를 받지 못했다는 이유로 위 부동산의 입구를 ....한 방법으로 막아 강제집행의 효용을 해하였다.

● 관련판례 1

◎ 부동산강제집행효용침해죄의 구성요건 중 '기타 방법' 및 '강제집행의 효용을 해하는 것' 의 의미

형법 제140조의2의 부동산강제집행효용침해죄는 강제집행으로 명도 또는 인도된 부동산에 침입하거나 기타 방법으로 강제집행의 효용을 해함으로써 성립한다. 여기서 '기타 방법' 이란 강제집행의 효용을 해할 수 있는 수단이나 방법에 해당하는 일체의 방해행위를 말하고, '강제집행의 효용을 해하는 것' 이란 강제집행으로 명도 또는 인도된 부동산을 권리자가 그 용도에 따라 사용·수익하거나 권리행사를 하는 데 지장을 초래하는 일체의 침해행위를 말한다.(대법원 2014. 1. 23. 선고 2013도38 판결)

● 관련판례 2

◎ 형법 제140조의2 소정의 부동산강제집행효용침해죄에 있어 '강제집행으로 명도 또는 인도된 부동산'에 퇴거집행된 부동산이 포함되는지 여부(적극)

형법 제140조의2 부동산강제집행효용침해죄의 입법취지와 체제 및 내용과 구조를 살펴보면, 부동산강제집행효용침해죄의 객체인 강제집행으로 명도 또는 인도된 부동산에는 강제집행으로 퇴거집행된 부동산을 포함한다고 해석된다. (대법원 2003. 5. 13. 선고 2001도3212 판결)

7. 공용서류 등 무효, 공용물파괴죄

제141조(공용서류 등의 무효, 공용물의 파괴)

① 공무소에서 사용하는 서류 기타물건 또는 전자기록 등 특수매체기록을 손상 또는 은닉하거나 기타 방법으로 그 효용을 해한 자는 7년 이하의 징역 또는 1천만원 이하의 벌금에 처한다. 〈개정 1995.12.29.〉

② 공무소에서 사용하는 건조물, 선박, 기차 또는 항공기를 파괴한 자는 1년이상 10년 이하의 징역에 처한다.

(작성례 1)

피의자는 ○○운수에 소속되어 택시운전업무에 종사하는 사람이다.

피의자는 20○○. ○. ○. 19 : 00경 ○○시 ○○동 ○○로에서 "○○33너 ○○○○호" 피의자의 작업택시를 운전하고 가다가 신호를 위반하여 그곳 근무자였던 교통순경 나○○에게 적발되었다. 그리고 ○○경찰서 ○○순찰지구대에 연행되어 신호를 위반하지 않았다며 위 순경과 시비하다가 위 순찰지구대 책상 위에 있던 전화통과 서류함을 집어던져 깨뜨리는 등 공무소에서 사용하는 물건을 손상하여 그 효용을 해하였다.

(작성례 2)

피의자는 2000. 4. 3. 11시경 ○○앞길에서 술에 만취되어 그 곳을 지나가는 대학생 김○○(여, 24세)에게 추태를 부리다가 순찰 중이던 ○○경찰서 ○○지구대 경사 김○○에게 적발되어 위 지구대로 연행되었다. 피의자는 연행된 후에 위 범행에 대하여 추궁당하자 "내가 무엇을 잘못하였는데 나를 붙잡아 조사를 하느냐" 면서 지구대 출입문을 발로 차 유리를 깨뜨리고 문기둥을 넘어뜨려서 공무소에서 사용하는 건조물을 파괴하였다.

■ 적용실례

◇ 방범초소의 물건을 고의로 손괴한 경우

경찰 방범초소에서 소란을 피우다가 고의로 유리창 2장과 전화기 1대를 손괴하였다.

※ 건조물의 유리창을 손괴했으므로 공용건조물파괴죄로 의율할 수도 있으나, 유리창 2장과 전화기 1대는 건조물의 일부일 뿐, 주요부분이 아니기 때문에 공용물건손상으로 의율하는 것이 타당하다.

◇ 경찰관이 사건관련서류를 손괴한 경우

○○경찰서에서 근무하는 경찰관 장○○는 경찰서 근처 주택에서 발생한 절도사건을 수사하던 중 피해자로부터 도둑맞았던 물건과 돈을 돌려받았으니 사건을 무마해 달라는 청탁을 받고, 이미 작성한 피해자에 대한 진술조서 등 사건관련서류를 찢고, 그 상태로 사건을 종결하였다.

※ 경찰관 장○○에 대해서 공용서류손상죄와 직무유기죄를 함께 적용할 수 있다.

◇ 피의자가 피해자 진술조서를 찢고 사건수사를 방해한 경우

경찰서에서 조사를 받던 피의자가 자기에게는 죄가 없다고 하며 경찰관이 작성한 피해자 진술조서를 찢고, 이를 제지하는 경찰관을 신발로 때리며 어깨를 미는 등 사건수사를 방해하였다.

※ 이런 경우를 특수공용서류손상으로 의율한 사례도 있으나, 여기서는 피의자가 피해자 진술조서를 찢은 사실만이 인정되어 단체 또는 다중의 위력을 보이거나 위험한 물건의 휴대를 요하는 특수공용서류손상죄의 구성요건에는 모자람이 있다. 따라서 위 피의자의 행위에 대해서는 공용서류손상죄와 공무집행방해죄를 함께 적용하는 것이 타당하다.

◇ 순찰지구대에서 전화기 등을 손괴한 경우

피의자가 야간에 주점에서 사람들에게 폭행을 가하고, 바로 순찰지구대로 임의동행되어 조사를 받던 중 그곳에 있는 전화기와 꽃병 등을 집어 던져 손괴하였다.

※ 이에 대하여 폭력행위등처벌에관한법률 위반 및 공용물건손상으로 의율할 수 있다.

◇ 공공운동장의 물건을 두들겨 파손한 경우

김○○와 조○○는 서울○○운동장에서 프로야구를 관전하다가 자신들이 응원하던 ○○팀이 패하자 함께 응원하던 이름도 모르는 다른 관중들과 함께 돌과 쇠파이프로 운동장의 유리 등을 두들겨 파손하였다.

※ 서울○○운동장은 시에서 관리하는 공용물이므로 위 행동에 대해서는 공용물건 손상죄를 적용할 수 있다.

● 관련판례 1

◎ 공용전자기록 등 손상죄에서 말하는 '공무소에서 사용하는 서류 기타 전자기록'에 공문서로서의 효력이 생기기 이전의 서류, 정식의 접수 및 결재 절차를 거치지 않은 문서, 결재 상신 과정에서 반려된 문서 등이 포함되는지 여부(적극) 및 미완성의 문서라도 본죄가 성립하는지 여부(적극)

형법 제141조 제1항은 공무소에서 사용하는 서류 기타 물건 또는 전자기록 등 특수매체기록을 손상 또는 은닉하거나 기타 방법으로 그 효용을 해한 자를 처벌하도록 규정하고 있다. '공무소에서 사용하는 서류 기타 전자기록'에는 공문서로서의 효력이 생기기 이전의 서류라거나, 정식의 접수 및 결재 절차를 거치지 않은 문서, 결재 상신 과정에서 반려된 문서 등을 포함하는 것으로, 미완성의 문서라고 하더라도 본죄의 성립에는 영향이 없다.(대법원 2020. 12. 10., 선고, 2015도19296, 판결)

● 관련판례 2

◎ 형법 제141조 제1항에서 정한 '공무소에서 사용하는 서류'의 의미 및 공용서류 은닉죄에서 범의의 내용

형법 제141조 제1항의 '공무소에서 사용하는 서류'란 공무소에서 사용 또는 보관 중인 서류이면 족하고, 그 범의란 피고인에게 공무소에서 사용하는 서류라는 사실과 이를 은닉하는 방법으로 그 효용을 해한다는 사실의 인식이 있음으로써 충분하며 반드시 그에 관한 계획적인 의도나 적극적인 희망이 있어야 하는 것은 아니다.(대법원 2013. 11. 28. 선고 2011도5329 판결)

8. 공무상보관물무효죄

제142조(공무상 보관물의 무효)
공무소로부터 보관명령을 받거나 공무소의 명령으로 타인이 관리하는 자기의 물건을 손상 또는 은닉하거나 기타 방법으로 그 효용을 해한 자는 5년 이하의 징역 또는 700만원 이하의 벌금에 처한다. 〈개정 1995.12.29.〉

(작성례)

피의자는 ○○도 ○○군 ○○면 ○○리 ○○번지에 거주하는 사람이다.
피의자는 20○○. ○. ○. 14:00경 ○○군청 사법경찰직무취급 산림보호주사 김○○로부터 그의 집 뒷산에 있는 산림에 대해 즉시 보관명령을 받았다. 그럼에도 불구하고 피의자는 그 무렵부터 다음 해 ○○. 까지 사이에 위 보관명령을 받은 산림 중에서 ○○평방미터 가량을 땔감으로 소비해버림으로써 공무상 보관물의 효용을 해하였다.

■ 적용실례

◇ 압류당한 물건을 마음대로 사용한 경우

김○○는 그의 굴삭기 1대를 집행관에게 압류당하고, 그의 명령에 의해 박○○가 보관하도록 된 것을 알면서도 박○○가 보관하고 있던 위 굴삭기를 마음대로 끌고 나와 다른 공사장에서 사용하였다.

※ 이 사건 굴삭기에는 특별히 봉인이나 압류 등의 강제처분표시가 되어 있지 않았기 때문에 단순히 공무상 보관물무효죄만 적용된다. 위 표시들이 있었다면 공무상 표시무효죄가 적용될 것이다.

● 관련판례

◎ 채권가압류 명령의 송달이 공무상 보관명령에 해당하는지 여부(소극)

제3채무자는 채무자에 대한 채무의 지급을 하여서는 아니된다는 내용 등의 가압류결정 정본의 송달을 받은 것이 형법 제142조 소정의 공무소로부터 보관명령을 받은 경우에 해당한다고 할 수 없다.(대법원 1983. 7. 12., 선고, 83도1405, 판결)

9. 특수공무방해죄 · 특수공무방해치사상죄

제144조(특수공무방해)

① 단체 또는 다중의 위력을 보이거나 위험한 물건을 휴대하여 제136조, 제138조와 제140조 내지 전조의 죄를 범한 때에는 각조에 정한 형의 2분의 1까지 가중한다.

② 제1항의 죄를 범하여 공무원을 상해에 이르게 한 때에는 3년 이상의 유기징역에 처한다. 사망에 이르게 한 때에는 무기 또는 5년 이상의 징역에 처한다. 〈개정 1995.12.29.〉

(작성례 1)

피의자는 서울 ○○구 ○○동 산○번지에 있는 무허가 건물에 거주하는 사람이다.

피의자는 20○○. ○. ○. 11 : 30경 피의자가 사는 위 건물을 포함해 마을의 무허가 건물들을 철거하러 나온 서울시청 ○○과 직원 오○○와 인부 10여명에 대해, 위 마을주민 이○○, 김○○와 함께 그 철거를 제지하였다.

피의자는 또한 포크레인 1대에 석유를 붓고 해머를 빼앗는 등 작업을 방해하다가 오○○가 이를 말리자 그의 목덜미를 잡아 인부들에게서 50m 가량 떨어진 곳에 끌고 간 다음, 그곳 주민 30여명과 합세하여 그를 협박하고 다중의 위력을 과시하여 약 1시간 가량 위 오○○의 무허가건물 철거작업의 집행을 방해하였다.

(작성례 2)

피의자 김○○는 한국조폐공사의 노동조합 부위원장이다.

피의자는 전국민주노동조합총연맹의 행동지침을 받아 대정부투쟁을 벌이기로 조합원들과 공모하여, 20○○. ○. ○. 20:00경부터 같은 달 ○. 15:00경까지 조합원들로 하여금 파업을 하게 하였다.

피의자는 20○○. ○. ○. 서울 영등포구 소재 여의도공원, 서울 중구에 있는 시민광장 등에서 개최된 민주노총 주최의 '민주노총 공공금융부문 일방적 구조조정 등 반대결의대회' 집회에 참가하게 함으로써 다중의 위력으로 공사의 업무를 방해하였다.

피의자는 쟁의행위는 근로조건의 유지 개선을 위해서만 할 수 있을 뿐이고 공사가 구조조정의 일환으로 시행하려는 ○○조폐창의 ○○조폐창으로의 통폐합 방침은 공사의 경영에 관한 문제로서 쟁의행위의 대상이 되지 아니함에도 불구하고, 조폐창통폐합 방침을 철회시키기 위한 목적으로 파업을 벌이기로 조합원들과 공모하여, 20○○. ○. ○. 09:00경부터 20○○. ○. ○. 12:00경까지 12회에 걸쳐 조합원들로 하여금 파업을 하게 하였다. 또한, 공사 본사 앞 등에서 조폐창통폐합에 반대하는 집회를 개최하여 다중의 위력으로 공사의 업무를 방해하였다.

(작성례 3)

피의자 이○○, 피의자 김○○, 피의자 박○○의 공동 범행

○○군 군수인 피의자 이○○은 같은 군 내무과장인 김○○이 같은 군 부군수인 박○○ 등과 함께 "○○○○한 이유를" 경위로, ○○군의회에서 군수불신임결의안을 채택하려는 군의회 의원들의 직무집행을 군청 직원들을 동원하여 실력으로 저지하기로 공모하였다.

피의자 김○○이 구내방송을 통하여 청사내에 있는 직원 50여명을 동원하여 그들로 하여금 의원들이 본회의장에 들어가려는 것을 계단에서부터 가로막아 입장하지 못하게 하였다. 그리고 의원들이 소회의실로 들어가 의사를 진행하려 하자 다시 직원 30여명으로 하여금 그 곳에 난입, 회의장을 점거하게 하여 의사진행을 못하게 함으로써, 공무원이 공무외의 일로 집단행위를 함과 동시에 다중의 위력으로 ○○군 의회 의원들의 정당한 공무집행을 방해하고 그들이 점유하는 방실은 ○○군의회 소회의실에 침입하였다.

■ 적용실례

◇ 경찰차를 손괴하고 경찰관을 위협한 경우

○○공원에서 30센티미터 가량의 칼을 소지하고 싸움을 벌이던 장○○는 그들

을 체포하기 위해 출동한 경찰차의 타이어 2개를 위 칼로 내리쳐 손괴하고 유리를 깨뜨리는 등 경찰관을 위협, 협박하였다.

※ 특수공무집행방해와 특수공용물건손상의 상상적 경합이 된다.

◇ 공무원에게 상처를 입힌 경우

피의자가 하우스 옆에 지은 불법건축물을 철거하기 위해 면사무소 소속공무원이 나오자 그에게 위험한 물건인 농기기를 휘둘러 이를 제지하려다가 요치 2주의 상처를 입혔다.

※ 이 사건에서 피의자가 사용한 농기구는 사람에게 위험한 것이어서 이러한 위험한 물건을 휴대하고 공무집행을 방해하다가 해당 공무원에게 상해를 입힌 것이라면 형법 제144조, 제136조 제1항에 따라 특수공무집행방해치상죄로 의율해야 할 것이다.

◇ 공무집행중인 경찰관을 구타한 경우

피의자가 야구공만한 크기의 보도블럭 조각으로 공무집행중인 경찰관을 구타하여 공무집행을 방해하고 상처를 입혔다.

※ 이를 폭력행위등처벌에관한법률 위반으로 의율할 수 있겠으나, 피의자가 사용한 위 보도블럭 조각은 위험한 물건이라 할 수 있으므로 형법 제144조 소정의 특수공무집행방해치상죄로 의율하는 것이 타당할 것이다.

◇ 사립학교의 물건을 손괴하고 경찰을 협박한 경우

피의자는 ○○실업고등학교의 1층 유리창 20여개와 2층 유리창 10여개 시가 ○○만원 상당을 손괴하고, 신고를 받아 그를 체포하려 출동한 ○○경찰서 근무 경장 방○○ 등에 대해 허리띠에 매달아 소지하고 있던 길이 약 30cm의 식칼을 휘두르면서 협박하고 동인의 공무집행을 방해하였다.

※ 피의자는 위험한 물건인 식칼을 가지고 공무를 집행중인 공무원을 협박한 것이므로 특수공무집행방해죄가 적용되며, 한편 유리창 손괴에 대해서는 위 ○○실업고등학교는 사립학교로서 공무소의 범주에 들어가지 않기 때문에 재물손괴죄를 적용할 수 있을 것이다.

● 관련판례 1

◎ 옥외집회 또는 시위의 장소에 질서유지를 위한 경찰관 출입이 허용되는 범위(=집회 및 시위의 보호와 공공의 질서유지를 위하여 필요하다고 인정되는 최소한의 범위)

집회 및 시위에 관한 법률(이하 '집시법' 이라 한다) 제19조 제1항은 "경찰관은 집회 또는 시위의 주최자에게 알리고 그 집회 또는 시위의 장소에 정복을 입고 출입할 수 있다. 다만 옥내집회 장소에 출입하는 것은 직무집행을 위하여 긴급한 경우에만 할 수 있다." 라고 규정하고, 같은 조 제2항은 "집회나 시위의 주최자, 질서유지인 또는 장소관리자는 질서를 유지하기 위한 경찰관의 직무집행에 협조하여야 한다." 라고 규정함으로써, 집회 또는 시위의 장소에 질서유지를 위한 경찰관 출입을 허용하고 있다. 집시법 제19조가 옥외집회 또는 시위의 장소에 질서유지를 위한 경찰관 출입 요건으로 주최자에 대한 고지, 정복 착용만을 정하고 있지만, 집회의 자유가 가지는 헌법적 가치와 기능, 집회 및 시위의 권리 보장과 공공의 안녕질서의 조화라는 집시법의 입법목적 등에 비추어 보면, 질서유지선 설정에 관한 규정을 준용하여 옥외집회 또는 시위의 장소에 질서유지를 위한 경찰관 출입 역시 집회 및 시위의 보호와 공공의 질서유지를 위하여 필요한 경우 최소한의 범위로 이루어져야 할 것이다. 따라서 경찰관들이 집시법상 질서유지선에 해당하지 아니한다고 하여 집회 또는 시위의 장소에 출입하거나 그 장소 안에 머무르는 경찰관들의 행위를 곧바로 위법하다고 할 것은 아니고, 집시법 제19조에 의한 출입에 해당하는 경우라면 적법한 공무집행으로 볼 수 있을 것이다(대법원 2019. 1. 10., 선고, 2016도21311, 판결)

● 관련판례 2

◎ 공무집행방해죄에서 '적법한 공무집행' 의 의미 및 그 판단 기준

공무집행방해죄는 공무원의 직무집행이 적법한 경우에 성립하는 것이고, 여기서 적법한 공무집행이란 그 행위가 공무원의 추상적 권한에 속할 뿐 아니라 구체적으로도 그 권한 내에 있어야 하며, 직무행위로서의 요건과 방식을 갖추어야 하고, 공무원의 어떠한 공무집행이 적법한지 여부는 행위 당시의 구체적 상황에 기하여 객관적 · 합리적으로 판단하여야 한다.(대법원 2014. 5. 29. 선고 2013도2285 판결)

● 관련판례 3

◎ 적법성이 결여된 직무행위를 하는 공무원에게 대항하여 폭행이나 협박을 가한 경우, 공무집행방해죄가 성립하는지 여부(소극)

형법 제136조가 정하는 공무집행방해죄는 공무원의 직무집행이 적법한 경우에 한하여 성립하는 것으로, 이러한 적법성이 결여된 직무행위를 하는 공무원에게 대항하여 폭행이나 협박을 가하였더라도 이를 공무집행방해죄로 다스릴 수는 없다. 이때 '적법한 공무집행' 이란 그 행위가 공무원의 추상적 권한에 속할 뿐 아니라 구체적 직무집행에 관한 법률상 요건과 방식을 갖춘 경우를 가리킨다. (대법원 2011. 4. 28. 선고 2007도7514 판결)

● 관련판례 4

◎ 특수공무집행방해치상죄의 구성요건 중 '폭행' 의 의미

형법 제144조 제2항의 특수공무집행방해치상죄는 단체 또는 다중의 위력을 보이거나 위험한 물건을 휴대하여 직무를 집행하는 공무원에 대하여 폭행 또는 협박하여 공무원을 상해에 이르게 함으로써 성립하는 범죄이고, 여기에서의 폭행은 유형력을 행사하는 것을 말한다. (대법원 2010. 12. 23. 선고 2010도7412 판결)

● 관련판례 5

◎ 피고인이 오토바이를 운전하다가 지정차로 위반을 이유로 경찰관 甲에게 단속되었는데, 甲이 검문용 휴대정보단말기에 피고인의 인적 사항을 입력하는 순간 갑자기 오토바이를 앞으로 진행하여 甲을 매단 채 약 10m를 끌고 가다가 도로에 넘어뜨렸다고 하여 특수공무집행방해치상으로 기소된 사안에서, 피고인을 공무집행방해죄로 처벌할 수 없다고 한 사례

피고인이 오토바이를 운전하다가 지정차로 위반을 이유로 경찰관 甲에게 단속되었는데, 甲이 검문용 휴대정보단말기에 피고인의 인적 사항을 입력하는 순간 갑자기 오토바이를 앞으로 진행하여 甲을 매단 채 약 10m를 끌고 가다가 도로에 넘어뜨렸다고 하여 특수공무집행방해치상으로 기소된 사안에서, 도로교통법 제14조 제2항, 제156조 제1호, 제163조 제1항, 제165조 제1항, 같은 법 시행규칙 제16조 제1항의 내용을 종합하면, 甲이 교통단속 업무를 수행할 때 피고인이 지정차로를 위반하여 운전하였더라도 자신의 주민등록번호를 알려주고 신원을 밝힌 후 후속절차를 밟지 않고 그대로 진행하여 단속현장을 떠나려고 한다면 이미 파악한 주민등록번호를 이용하여 차량번호를 확인하고 나중에 차적조회 등을 통하여 인적 사항 등을 파악하여 위 처벌규정에 따라 피고인을 처벌하도록 조치 즉, 통고처분을 하거나, 그와 같은 확인조치에도 불구하고 피고인의 성명이나 주소가 확실하지 아니하다는 등의 경우에는 즉결심판을 청구하는 절차로 나아갈 수 있도록 할 수 있을 뿐이어서, 피고인이 신원을 밝힌 후 범칙금 납부통고서에 서명날인하지 아니한 채 현장을 떠나려고 한다면 거기에서 甲의 단속현장에서의 교통단속 업무는 종료되고 그 이후에는 방해될 정당한 직무 자체가 존재한다고 보기 어려운데도, 甲이 단속현장을 떠나려고 오토바이를 출발시키는 피고인의 팔을 붙잡은 것은 적법한 공무집행 방법이라고 할 수 없으므로, 피고인이 이에 대항하여 팔이 붙잡힌 채 오토바이를 계속 진행하였더라도 공무집행방해죄로 처벌할 수 없다고 한 사례. (서울서부지법 2016. 7. 18., 선고, 2016고합105, 판결 : 항소)

제5절 도주와 범인은닉의 죄

1. 도주죄

제145조(도주, 집합명령위반)
① 법률에 따라 체포되거나 구금된 자가 도주한 경우에는 1년 이하의 징역에 처한다.
② 제1항의 구금된 자가 천재지변이나 사변 그 밖에 법령에 따라 잠시 석방된 상황에서 정당한 이유없이 집합명령에 위반한 경우에도 제1항의 형에 처한다.
[전문개정 2020. 12. 8.]

(작성례 1)

피의자는 ○○지방법원 판사 김○○이 발부한 구속영장에 의해 ××××. ×. ×.부터 서울○○구치소에 구금되어 있는 사기 피의자로서, 같은 달 ×. ○○지방법원에 기소되어 공판계속중인 미결수이다.

피의자는 다음 달인 ○. ○. 10:00경 공판을 위해 ○○구치소 교도관 이○○와 문○○의 감시를 받으며 ○○지방법원 제○호 법정에 가던 중, 위 법원 1층 화장실 옆 복도에서 위 두 교도관의 감시가 허술한 틈을 이용해 화장실로 들어가 그 열려있던 창문을 넘어 법원으로부터 도주하였다.

(작성례 2)

피의자는 20○○. ○. ○. 강도피의자로서 ○○법원 판사 김○○이 발부한 구속영장에 의해 ○○경찰서 유치장에 구금되어 있었다.

피의자는 같은 달 15. 위 피의사건의 신문을 받기 위하여 위 경찰서 수사과에 근무하는 경장 이○○외 1명의 경찰관 계호하에 ○○검찰청 제401호 검사실에 연행되어 위 검찰청 검사 최○○로부터 신문을 받았다. 그 후 같은 날 14:00경 위 검찰청 4층 복도를 돌아 나오는 도중 위 계호 경찰관들이 주의를 소홀히 한 틈을 이용하여 갑자기 복도를 뛰쳐나가 위 검찰청 후문을 통하여 청사 밖으로 도주하였다.

● 관련판례 1

◎ 피고인이 불법체포된 자로서 도주죄의 주체가 될 수 있는지 여부

사법경찰관이 피고인을 수사관서까지 동행한 것이 사실상의 강제연행, 즉 불법 체포에 해당하고, 불법 체포로부터 6시간 상당이 경과한 후에 이루어진 긴급체포 또한 위법하므로 피고인이 불법체포된 자로서 형법 제145조 제1항에 정한 '법률에 의하여 체포 또는 구금된 자'가 아니어서 도주죄의 주체가 될 수 없다(대법원 2006. 7. 6. 선고 2005도6810 판결).

● 관련판례 2

◎ 도주죄의 기수시기 및 도주행위가 기수에 이른 후에 도주죄의 범인의 도피를도 와주는 행위가 도주원조죄에 해당하는지 여부(소극)

도주죄는 즉시범으로서 범인이 간수자의 실력적 지배를 이탈한 상태에 이르렀을 때에 기수가 되어 도주행위가 종료하는 것이고, 도주원조죄는 도주죄에 있어서의 범인의 도주행위를 야기시키거나 이를 용이하게 하는 등 그와 공범관계에 있는 행위를 독립한 구성요건으로 하는 범죄이므로, 도주죄의 범인이 도주행위를 하여 기수에 이르른 이후에 범인의 도피를 도와 주는 행위는 범인도피죄에 해당할 수 있을 뿐 도주원조죄에는 해당하지 아니한다.(대법원 1991. 10. 11. 선고 91도1656 판결)

● 관련판례 3

◎ 도주죄와 공소시효

검사의 상고이유의 요지는 도주죄는 도주상태가 계속되는 것이므로 시효는 도주중에는 언제나 진행되는 것이 아닐 뿐 아니라 본건은 특수도주죄로서 그 형기가 높은 면도 있는데 원심은 이에 대하여 검사에게 공소장변경 요구도 않은 채 3년의 공소시효가 지났다는 이유로 면소판결을 하였음은 부 하다는데 있다.

그러나 본건과 같은 도주죄에 대하여서는 시효가 진행 안된다는 소론은 독자적 견해에 불과하여 채용할 일고의 가치도 없고 공소장 변경은 검사가 자진해서 할 것이지 원심이 그 요구를 않았다 하여 이제 와서 법원을 탓함은 부당하다는 것은 본원이 누차 설시한 바이므로 논지는 모두 이유없다.(대법원 1979. 8. 31., 선고, 79도622, 판결)

2. 특수도주죄

제146조(특수도주)

수용설비 또는 기구를 손괴하거나 사람에게 폭행 또는 협박을 가하거나 2인 이상이 합동하여 전조 제1항의 죄를 범한 자는 7년 이하의 징역에 처한다.

(작성례)

피의자 임○○는 20○○. ○. ○. ○○지방법원에서 강도죄로 징역 2년을 선고받고 항소하여 위 법원 항소 ○부에 사건이 계류 중이다.

피의자 최○○는 같은 해 ○. ○. 절도죄로 기소되어 같은 법원 제○단독 판사 강○○의 심리로 공판계속 중에 있다.

피의자들은 모두 ○○구치소 ○○호 미결수 방에 함께 구금되어 있는 사람들이었다. 피의자들은 구치소에서 도망하기로 공모하여, 20○○. ○. ○. 23 : 30경 위 방 왼편에 있는 화장실 철책을 뜯어내고 밖으로 나와 구치소 이불을 이어 미리 만들어 두었던 줄을 타고 마당으로 내려온 후 별지표시의 구치소 담장을 넘어 도주함으로써 2인 이상이 공모하여 수용설비를 손괴하고 도주하였다(별지 생략).

● 관련판례

◎ 간수자의 실력적 지배를 이탈한 상태에 있는 피의자에게 승용차를 제공하여 도주하도록 한 행위 도주죄의 방조행위로 볼 수 있는지 여부

형법상 방조라 함은 정범의 구성요건 실행행위를 가능하게 하거나 용이하게 하는 행위 또는 정범에 의한 법익침해를 강화하는 행위를 말하는 것으로서 정범의 실행행위 전후에 걸쳐 있을 수 있는 것이나 정범의 실행행위가 이미 종료된 경우에는 방조라는 개념이 있을 수 없다 할 것인바, 유치장에 수감도중 자해행위로 병원에 후송되어 치료를 받던 피의자가 유리창을 깨뜨리고 병원을 탈출한 후 간수자의 추적을 받음이 없이 약 1시간 동안 자신의 승용차를 찾아 시내를 배회하던 중 피고인으로부터 승용차를 제공받아 도주하였다면 당시 위 피의자는 이미 간수자의 실력적 지배를 이탈한 상태이었다 할 것이므로 피고인의 위와 같은 승용차 제공행위는 정범인 위 피의자의 특수도주죄가 종료된 이후에 이루어진 것으로서 그에 대한 방조행위로 볼 수 없다.(서울형사지방법원 1990. 8. 8. 선고 90고단453 판결)

3. 도주원조죄

제147조(도주원조)

법률에 의하여 구금된 자를 탈취하거나 도주하게 한 자는 10년 이하의 징역에 처한다.

(작성례)

피의자는 폭력조직 ○○파의 조직원이다.

피의자는 20○○. ○. ○. 23:00경 서울 ○○구 ○○동에 있는 ○○주점에서, ○○사건으로 ○○경찰서 형사계 소속경찰관 소○○와 같은 김○○에게 위 ○○파의 행동대장 한○○가 체포되는 것을 보고, 그가 위 경찰서에 연행되는 도중에 그를 탈취하기로 계획하였다.

피의자는 같은 조직원 1명과 함께 위 주점을 빠져나와 20미터 가량 떨어진 골목에 숨어 있다가 같은 날 23:30경 위 소○○와 김○○가 위 한○○를 연행하여 골목 앞을 지나갈 때, 뛰어나와 위 두 경찰의 얼굴과 배 등을 주먹으로 치고 발로 차서 그들이 쓰러지자, 위 한○○를 데리고 도주하여 구금된 자를 탈취하였다.

● 관련판례

◎ 도주죄의 기수시기 및 도주행위가 기수에 이른 후에 도주죄의 범인의 도피를도 와주는 행위가 도주원조죄에 해당하는지 여부(소극)

도주죄는 즉시범으로서 범인이 간수자의 실력적 지배를 이탈한 상태에 이르렀을 때에 기수가 되어 도주행위가 종료하는 것이고, 도주원조죄는 도주죄에 있어서의 범인의 도주행위를 야기시키거나 이를 용이하게 하는 등 그와 공범관계에 있는 행위를 독립한 구성요건으로 하는 범죄이므로, 도주죄의 범인이 도주행위를 하여 기수에 이르른 이후에 범인의 도피를 도와 주는 행위는 범인도피죄에 해당할 수 있을 뿐 도주원조죄에는 해당하지 아니한다.(대법원 1991. 10. 11. 선고 91도1656 판결)

4. 간수자의 도주원조죄

제148조(간수자의 도주원조)

법률에 의하여 구금된 자를 간수 또는 호송하는 자가 이를 도주하게 한 때에는 1년 이상 10년 이하의 징역에 처한다.

(작성례)

피의자는 ○○경찰서 형사계에 근무하는 순경이다.

피의자는 위 ○○경찰서 유치장에 구금되어 있는 강도사건 피의자 양○○의 친형 양○○으로부터 위 피의자 양○○에게 도주의 기회를 제공하여 달라는 내용의 간절한 청탁을 받아 이를 승낙하였다.

그 후 20○○. ○. ○. 18 : 50경 ○○지방검찰청에서 신문을 마친 양○○를 호송하는 도중 ○○시 ○○동을 지날 때에 일부러 호송차량을 세우고 동료 순경 김○○을 유도하여 근처 포장마차에 들어가 그 틈을 이용하여 위 양○○으로 하여금 호송차로부터 도주하게 하였다.

● 관련판례

◎ 간수자의 실력적 지배를 이탈한 상태에 있는 피의자에게 승용차를 제공하여 도주하도록 한 행위 도주죄의 방조행위로 볼 수 있는지 여부

형법상 방조라 함은 정범의 구성요건 실행행위를 가능하게 하거나 용이하게 하는 행위 또는 정범에 의한 법익침해를 강화하는 행위를 말하는 것으로서 정범의 실행행위 전후에 걸쳐 있을 수 있는 것이나 정범의 실행행위가 이미 종료된 경우에는 방조라는 개념이 있을 수 없다 할 것인바, 유치장에 수감도중 자해행위로 병원에 후송되어 치료를 받던 피의자가 유리창을 깨뜨리고 병원을 탈출한 후 간수자의 추적을 받음이 없이 약 1시간 동안 자신의 승용차를 찾아 시내를 배회하던 중 피고인으로부터 승용차를 제공받아 도주하였다면 당시 위 피의자는 이미 간수자의 실력적 지배를 이탈한 상태이었다 할 것이므로 피고인의 위와 같은 승용차 제공행위는 정범인 위 피의자의 특수도주죄가 종료된 이후에 이루어진 것으로서 그에 대한 방조행위로 볼 수 없다.(서울형사지방법원 1990. 8. 8. 선고 90고단453 판결)

5. 범인은닉죄

제151조(범인은닉과 친족간의 특례)

① 벌금 이상의 형에 해당하는 죄를 범한자를 은닉 또는 도피하게 한 자는 3년 이하의 징역 또는 500만원 이하의 벌금에 처한다. 〈개정 1995.12.29.〉

② 친족 또는 동거의 가족이 본인을 위하여 전항의 죄를 범한 때에는 처벌하지 아니한다. 〈개정 2005.3.31.〉

(작성례 1)

범인도피의 예(살인사건 피의자에게 도피자금을 대준 경우)

피의자는 친구인 조○○이 20○○. ○. ○. 04:00시경 수원 ○○구 ○○동 62의3 이○○(23세)를 살해한 살인사건 피의자로서 경찰관들이 그를 체포하려고 수색을 하고 있음을 알고 있었다. 그럼에도 위 조○○의 체포를 면하게 할 목적으로 위 같은 날 21:30경 ○○구 ○○동에 있는 ○○커피숍에서 그에게 도피하는데 사용하라는 명목으로 현금 3,000,000원을 건네주어 그를 그곳으로부터 도피하게 하였다.

(작성례 2)

범인은닉의 경우(살인사건 피의자를 자기 집에 숨겨준 경우)

피의자는 김○○가 20○○. ○. ○. 밤에 서울 ○○구 ○○동 987에 있는 ○○모텔에서 발생한 살인사건의 피의자로 구속영장이 발부되어 있음을 알고 있었다. 그럼에도 피의자는 그의 체포를 면하게 하려고, 같은 달 ○○. 06:30경부터 다음날인 ○○ 19:00경까지의 사이에 수원 ○○구 ○○동 123의2에 있는 피의자의 집 다락방에 그를 은닉하였다.

(작성례 3) 범인은닉(1)

피의자는 20○○. 2. 22. 20 : 00경부터 같은 달 25. 20 : 00경까지 사이에 서울 강남구 개포동에 있는 경남아파트 222동 333호 피의자의 집에서 ○○세무서 법인세과에 근무하는 친구 김○○이 그 직무에 관하여 뇌물을 수수한 사실로 도피 중에 있음을 알면서도 그를 피의자의 집에 머무르게 하여 범인을 은닉하였다.

(작성례 4) 범인은닉(2)

피의자는 20○○. 1. 20. 01:00경부터 같은 달 25. 14:00경까지 사이에 ○○시 ○○동 123번지 피의자 집에서 ○○주식회사 ○○과에 근무하고 있는 친구 이○○가 강도사건의 범인으로 수배중이며, 도피중인 사실을 알면서도 그를 피의자의 집에 머무르게 하여 범인을 은닉하였다.

(작성례 5) 범인도피(1)

피의자는 김○○ 소유의 서울 11가2222호 뉴그랜져 승용차 운전업무에 종사하는 사람이다.

피의자는 20○○. 2. 22. 14 : 00경 서울 강남구 삼성동에 있는 강남경찰서 형사과 사무실에서 사실은 위 김○○이 같은 달 21. 23 : 00경 위 승용차를 운전하다가 교통사고를 일으키고 피해자를 구호조치하지 아니한 채 도주한 사실을 알고 있으면서 위 사건을 수사중인 위 경찰서 형사과 경장 민○○에게 피의자가 교통사고를 일으킨 것처럼 허위신고하여 범인을 도피하게 하였다.

(작성례 6) 범인도피(2)

피의자는 20○○. 1. 5. 20:00경 ○○경찰서 교통사고처리계 사무실에서, 도로교통법위반(음주운전) 등으로 현행범 체포된 건외 최○○가 홍○○의 인적사항을 모용하면서 타인행세를 하고 있다는 사실을 알고 있었다.

그럼에도 피의자는 평소 외우고 있던 타인의 주민등록번호 및 허위의 주소 등을 신원보증서에 기재하고 건외 최○○의 신원을 보증하여 같은 날 23:00경 동인이 석방되도록 함으로써 범인을 도피하게 하였다.

■ 적용실례

◇ 범인이 아님에도 범인임을 자처한 경우

이○○가 운전도중 지나가던 사람을 치었으나, 실제로는 조수석에 앉아있던 그의 친구가 범인임을 자처해서, 수사 중 범인의 발견·체포에 지장을 초래하였다.

※ 범인은닉 또는 도피죄에 해당된다.

◇ 범인 아닌 자를 범인으로 가장시켜 수사받게 한 경우

범인(벌금 이상의 형에 해당하는 자)으로 혐의를 받아 수사를 받으러 가면서 범인이 아닌 다른 자로 하여금 범인으로 가장케 하여 수사를 받도록 함으로써, 범인의 발견·체포에 지장을 초래하였다.

※ 범인은닉 또는 도피에 해당된다.

◇ 사제의 범인은닉행위

사제가 죄를 지어 수배중인 범인에게 숨을 곳을 마련해 주고, 다른 나라로 도망할 수 있도록 비행기삯 등을 제공하였다.

※ 성직자라고 해서 초법규적인 존재가 될 수는 없다. 성직자의 직무상 행위에 적법성이 부여되는 것은 그것이 성직자의 행위이기 때문이 아니라 그 직무로 인한 행위에 정당·적법성을 인정하기 때문이다. 따라서 사제가 범인을 고발하지 않는 정도에 그치지 않고 은신처마련, 도피자금제공 등으로 범인의 도피를 적극적으로 도왔다면 이는 사제의 정당한 직무에 속하는 것이라고 할 수 없다.

◇ 돈을 받고 밀입국자를 숨겨준 경우

배를 타고 우리나라에 밀입국한 필리핀인 3명에 대해 미리 계약한 대로 그들에게서 1인당 ○○만원의 대가를 받아 챙기고 그들을 1개월간 자기 집에 숨겨주었다.

※ 이들의 입국은 불법으로, 그 사정을 알면서도 이들을 숨겨주었다면 이는 범인은닉의 죄를 면할 수 없을 것이다.

● 관련판례 1

◎ 범인도피죄에서 '도피하게 하는 행위'의 의미 / 공범을 도피하게 하는 경우에 범인도피죄가 성립할 수 있는지 여부(적극)

형법 제151조가 정한 범인도피죄에서 '도피하게 하는 행위'란 은닉 이외의 방법으로 범인에 대한 수사, 재판, 형의 집행 등 형사사법의 작용을 곤란하게 하거나 불가능하게 하는 일체의 행위를 말한다.

범인도피죄는 타인을 도피하게 하는 경우에 성립할 수 있는데, 여기에서 타인에는 공범도 포함되나 범인 스스로 도피하는 행위는 처벌되지 않는다. 또한 공범 중 1인이 그 범행에 관한 수사절차에서 참고인 또는 피의자로 조사받으면서 자기의 범행을 구성하는 사실관계에 관하여 허위로 진술하고 허위 자료를 제출하는 것은 자신의 범행에 대한 방어권 행사의 범위를 벗어난 것으로 볼 수 없다. 이러한 행위가 다른 공범을 도피하게 하는 결과가 된다고 하더라도 범인도피죄로 처벌할 수 없다. 이때 공범이 이러한 행위를 교사하였더라도 범죄가 될 수 없는 행위를 교사한 것에 불과하여 범인도피교사죄가 성립하지 않는다.(대법원 2018. 8. 1., 선고, 2015도20396, 판결)

● 관련판례 2

◎ 경찰공무원이 지명수배 중인 범인을 발견하고도 직무상 의무에 따른 적절한 조치를 취하지 아니하고 오히려 범인을 도피하게 하는 행위를 한 경우, 범인도피죄 외에 직무유기죄가 따로 성립하는지 여부(소극)

가) 경찰공무원이 지명수배 중인 범인을 발견하고도 직무상 의무에 따른 적절한 조치를 취하지 아니하고 오히려 범인을 도피하게 하는 행위를 하였다면, 그 직무위배의 위법상태는 범인도피행위 속에 포함되어 있다고 보아야 할 것이므로, 이와 같은 경우에는 작위범인 범인도피죄만이 성립하고 부작위범인 직무유기죄는 따로 성립하지 아니한다(대법원 1996. 5. 10. 선고 96도51 판결, 대법원 2006. 10. 19. 선고 2005도3909 전원합의체 판결 등 참조). 한편, 범인도피죄는 범인을 도피하게 함으로써 기수에 이르지만, 범인도피행위가 계속되는 동안에는 범죄행위도 계속되고 행위가 끝날 때 비로소 범죄행위가 종료된다(대법원 1995. 9. 5. 선고 95도577 판결, 대법원 2012. 8. 30. 선고 2012도6027 판결 등 참조).

나) 이 사건 공소사실 중 2010. 7. 25.자 직무유기의 점의 요지는 '경찰공무원인 피고인 1은 공소외인이 지명수배되어 도피 중임을 잘 알면서 2010. 7. 25. 공소외인을 만나게 되었음에도 공소외인을 체포하지 아니함으로써 정당한 이유 없이 그 직무를 유기하였다'는 것이고, 이 사건 공소사실 중 범인도피의 점은 '경찰공무원인 피고인 1이 피고인 2, 원심공동피고인 3과 공모하여 2010. 3.부터 2010. 10.경까지 지명수배 중인 공소외인을 도피하게 하였다'는 취지이다. 제1심은 위 범죄사실을 인정하여 범인도피의 점을 유죄로 인정하였고, 원심은 제1심판결을 그대로 유지하였다.

다) 이와 같은 2010. 7. 25.자 직무유기의 공소사실과 제1심과 원심이 유죄로 인정한 범인도피의 범죄사실에 의하면, 경찰공무원으로서 지명수배자 체포에 관한 직무상 의무를 부담하는 피고인 1은 피고인 2, 원심공동피고인 3과 공모하여 2010. 3.부터 2010. 10.까지 지명수배자인 공소외인을 도피하게 하는 행위를 계속하였고, 그러한 범인도피행위가 계속되는 도중인 2010. 7. 25. 공소외인을 만나고서도 그를 체포하지 않았다는 것이다.

피고인 1의 위 범인도피범행과 직무유기행위를 앞서 본 법리에 비추어 살펴보면, 피고인 1의 2010. 7. 25.자 직무유기로 인한 직무위배의 위법상태는 2010. 3.경부터 계속된 범인도피범행에 포함되어 있다고 볼 것이다. 이러한 경우 작위범인 범인도피죄만이 성립하고 부작위범인 직무유기죄는 따로 성립하지 아니한다.

라) 그럼에도 원심은 범인도피죄와 더불어 2010. 7. 25.자 직무유기죄가 성립하고 양 죄는 실체적 경합범 관계에 있다고 판단한 제1심판결을 그대로 유지하였다. 이러한 원심판결에는 직무유기죄의 성립에 관한 법리를 오해하여 판결에 영향을 미친 잘못이 있다.(대법원 2017. 3. 15., 선고, 2015도1456, 판결)

● 관련판례 3

◎ 형법 제151조 제1항에서 정한 '죄를 범한 자' 가 자신을 위하여 타인으로 하여금 범인도피죄를 범하게 하는 경우, 범인도피교사죄가 성립하는지 여부(적극)

형법 제151조의 범인도피죄는 수사, 재판 및 형의 집행 등에 관한 국권의 행사를 방해하는 행위를 처벌하려는 것이므로 형법 제151조 제1항에서 정한 '죄를 범한 자' 는 범죄의 혐의를 받아 수사대상이 되어 있는 사람이면 그가 진범인지 여부를 묻지 않고 이에 해당한다(대법원 1960. 2. 24. 선고 4292형상555 판결, 대법원 1982. 1. 26. 선고 81도1931 판결, 대법원 2007. 2. 22. 선고 2006도9139 판결 참조). 그리고 형법 제151조 제1항에서 정한 '죄를 범한 자' 가 자신을 위하여 타인으로 하여금 범인도피죄를 범하게 하는 행위는 방어권의 남용으로 범인도피교사죄에 해당한다.(대법원 2014. 3. 27. 선고 2013도152 판결)

● 관련판례 4

◎ 공범자의 범인도피행위 도중에 기왕의 범인도피상태를 이용하여 스스로 범인도피행위를 계속한 경우 범인도피죄의 공동정범이 성립하는지 여부(적극) 및 이때 공범자의 범행을 방조한 종범의 경우에도 동일한 법리가 적용되는지 여부(적극)

범인도피죄는 범인을 도피하게 함으로써 기수에 이르지만, 범인도피행위가 계속되는 동안에는 범죄행위도 계속되고 행위가 끝날 때 비로소 범죄행위가 종료된다. 따라서 공범자의 범인도피행위 도중에 그 범행을 인식하면서 그와 공동의 범의를 가지고 기왕의 범인도피상태를 이용하여 스스로 범인도피행위를 계속한 경우에는 범인도피죄의 공동정범이 성립하고, 이는 공범자의 범행을 방조한 종범의 경우도 마찬가지이다.(대법원 2012. 8. 30. 선고 2012도6027 판결)

제6절 위증과 증거인멸의 죄

1. 위증죄 · 모해위증죄

제152조(위증, 모해위증)

① 법률에 의하여 선서한 증인이 허위의 진술을 한 때에는 5년 이하의 징역 또는 1천만원 이하의 벌금에 처한다. 〈개정 1995.12.29.〉

② 형사사건 또는 징계사건에 관하여 피고인, 피의자 또는 징계혐의자를 모해할 목적으로 전항의 죄를 범한 때에는 10년 이하의 징역에 처한다.

(작성례 1)

피의자는 20○○. ○. ○. 14 : 00경 서울 서초구 서초동에 있는 서울중앙지방법원 제333호 법정에서 위 법원 2005고단444호 김○○에 대한 절도피고사건의 증인으로 출석하여 선서하였다.

피의자는 증언함에 있어 사실은 김○○이 20○○. ○. ○. 19 : 00경 위 법원 앞길을 운행중인 버스 안에서 소매치기하는 것을 직접 목격하였음에도 불구하고, 위 사건을 심리중인 위 법원 제7단독 판사 명판결에게 위 김○○이 소매치기하는 것을 전혀 본 일이 없다고 기억에 반하는 허위의 진술을 하여 위증하였다.

(작성례 2)

피의자는 20○○. ○. ○. 14 : 00경 서울 서초구 서초동에 있는 서울중앙지방법원 제222호 법정에서 위 법원 2005고합111호 원고 김○○ 피고 홍○○ 사이의 대금청구 사건의 원고측 증인으로 출석하여 선서하였다.

피의자는 증언함에 있어 사실은 원고 김○○이 피고 홍○○에게 돈을 빌려 주는 것을 본 사실이 없음에도 불구하고 그 인식에 반하여 "당시 김○○이가 피고 홍○○에게 돈 1억원을 빌려주고 영수증까지 받는 것을 보았다"라고 허위의 사실을 진술하여 위증하였다.

(작성례 3)

피의자는 20○○. ○.경부터 서울시 ○○구 ○○동 소재 △△주식회사 구매담당 과장으로 재직하다가 20○○. ○. ○. 퇴직한 사람이다.

피의자는 20○○. ○. ○. 13:30경 서울중앙지방법원 제123호 법정에서 고소인(원고) 김○○가 위 회사 대표이사 이○○(피고)를 상대로 부품 납품대금 등 1억5천만원 청구소송 사건과 관련사건 2004가합1234호 증인으로 출석하여 선서하고 증언하였다.

피의자는 증언함에 있어 사실은 고소인으로부터 납품을 거부한 이유는 피의자측 회사에서 시기적으로 자동방제기를 생산판매함에 따라 고소인이 납품하기로 한 반자동방제기는 시기적으로 적절하지 않아 판매부진이 주원인이었으며 또한 고소인으로부터 부품납품을 받을 때 사전 샘플을 납품받아 아무 이상이 없었기 때문에 다음 부품을 계속 받았음에도 "날짜는 정확한 기억을 하지 못하지만 납품 받은 것을 거부한 이유는 샘플과 맞지 않는 부분이 있었기 때문이다." 라고 기억에 어긋나는 허위의 진술을 하여 위증하였다.

■ 적용실례

◇ 범행을 목격하고도 그 사실을 부인한 경우

송○○는 안○○가 전철 안에서 승객의 가방을 찢어 소매치기 하는 것을 목격하고 경찰에 신고하여 안○○는 체포되었다. 그러나 이 사건을 다루는 재판에서는 증인으로 출석해 선서하고 "전철 안에서 안○○가 소매치기하는 것을 전혀 본 적이 없습니다" 라고 진술하였다.

※ 이 경우, 송○○는 기억에 반하는 허위의 진술을 한 것이므로 위증죄가 성립한다.

◇ 경험사실이 아닌 것을 경험한 것처럼 진술한 경우

소○○는 사건피고인의 형 이○○가 작성해놓은 진술서를 보고, 법정에서 그 진술서의 내용대로 증언하였다.

※ 위증죄는 자기의 기억에 반한 허위의 진술을 함으로써 성립하는 것이기 때문에

이 경우처럼 자기의 경험사실이 아니라 타인의 진술서 기재사실을 마치 자기가 경험한 것인양 진술했다면, 이는 허위로 진술한 것이므로 위증죄가 인정된다.

◇ 확실하지 않은 사실을 확실한 것처럼 증언한 경우

이○○는 증인으로 출석한 법정 심리에서 피고인을 만난 것이 10시 전이었는지 후였는지 잘 기억나지 않았지만, 그냥 10시 후였다고 확실하게 증언하였다.

※ 이러한 경우에는 기억이 확실하지 못하다는 사실을 밝혀야 함에도, 그러지 않았으므로 위증죄가 성립한다.

◇ 범행을 보지 못했음에도 직접 본 것처럼 허위의 진술을 한 경우

김○○는 동네에서 일어난 폭력사건에 대해 주위 사람들에게서 얘기만 전해들었을 뿐으로, 직접 목격하지는 못했으면서도 위 사건에 대한 재판에 증인으로 출석해서 마치 직접 본 것처럼 증언을 하였다.

※ 이 경우는 경험의 경위에 관하여 기억에 반하는 허위의 진술을 한 것에 해당한다.

◇ 허위의 진술을 한 경우

증인으로 출석한 이○○는 방에서 진행되었던 회의광경을 그집 마당에서 구경했을 뿐 참석한 사실이 없으면서, 그 회의에 직접 참석하였다고 증언하였다.

※ 이것은 기억에 반한 허위의 진술이므로 위증이 된다.

◇ 신문내용을 파악하지 못했으면서 긍정하는 취지의 답변을 한 경우

남○○는 ○○사기사건에 대한 증인으로 법정에 출석해, 변호사가 신문하는 내용에 대해 잘 파악하지 못했지만 무조건 "네" 라고 대답하였다.

※ 신문내용을 파악하지 못했으면서 긍정하는 취지의 답변을 했다면 이는 기억에 반하여 허위진술을 한 것이라 할 수 있다.

◇ 위증의 주체가 고소인인 경우

자신이 고소한 사건의 형사재판에 증인으로 출석하여 선서한 후 허위의 진술을 하였다.

※ 위증죄는 법정에서 선서한 증인이 그 기억에 반하는 허위의 진술을 함으로써 성립하는 것으로, 증언의 주체는 고소인이든 피해자이든, 제3자이든 관계없으

므로 위증자가 고소인이라고 해도 위증죄는 성립하게 된다.

◇ 위증의 효력이 나타나지 않은 경우

살인피고사건의 증인으로서 법정에 출석했던 직장동료 B와 C는, 살해추정시각인 8시부터 9시까지 사이에 A와 함께 있지 않았음에도 불구하고, A의 부탁을 받아 함께 사무실에서 일을 하고 있었다고 증언했는데, 다른 증거들이 맞아떨어져 A는 유죄가 되고 말았다.

※ 먼저 B와 C에 대해 위증죄가 성립하는데는 문제가 없다. 위증의 효과가 없이 A는 유죄가 되어버렸지만, 위증죄는 추상적 위험범이기 때문에 그 효과와는 관계없이 성립한다. 다음으로 A의 죄책을 보면, 형사피고인은 증인적격을 가지고 있지 않기 때문에 위증죄는 범할 수 없다. 하지만 타인에게 위증을 의뢰하는 위증교사죄를 범하는 것은 별문제다. 따라서 B와 C에게는 위증죄가, A에게는 위증교사죄가 성립한다.

● 관련판례 1

◎ 증인이 증언거부권을 고지받지 않은 상태에서 허위진술을 한 경우, 위증죄가 성립하는지 판단하는 기준

증언거부권 제도는 증인에게 증언의무의 이행을 거절할 수 있는 권리를 부여한 것이고, 형사소송법상 증언거부권의 고지 제도는 증인에게 그러한 권리의 존재를 확인시켜 침묵할 것인지 아니면 진술할 것인지에 관하여 심사숙고할 기회를 부여함으로써 침묵할 수 있는 권리를 보장하기 위한 것임을 감안할 때, 재판장이 신문 전에 증인에게 증언거부권을 고지하지 않은 경우에도 당해 사건에서 증언 당시 증인이 처한 구체적인 상황, 증언거부사유의 내용, 증인이 증언거부사유 또는 증언거부권의 존재를 이미 알고 있었는지 여부, 증언거부권을 고지받았더라도 허위진술을 하였을 것이라고 볼 만한 정황이 있는지 등을 전체적·종합적으로 고려하여 증인이 침묵하지 아니하고 진술한 것이 자신의 진정한 의사에 의한 것인지 여부를 기준으로 위증죄의 성립 여부를 판단하여야 한다.(대법원 2012. 12. 13. 선고 2010도10028 판결)

● 관련판례 2

◎ 민사소송법상 재판장에게 증언거부권 고지의무가 인정되는지 여부(소극) 및 민사소송절차에서 적법하게 선서한 증인이 증언거부권을 고지받지 아니한 상태에서

허위진술을 한 경우, 위증죄가 성립하는지 여부(원칙적 적극)

형사소송법은 증언거부권에 관한 규정(제148조, 제149조)과 함께 재판장의 증언거부권 고지의무에 관하여도 규정하고 있는 반면(제160조), 민사소송법은 증언거부권 제도를 두면서도(제314조 내지 제316조) 증언거부권 고지에 관한 규정을 따로 두고 있지 않다. 우리 입법자는 1954. 9. 23. 제정 당시부터 증언거부권 및 그 고지 규정을 둔 형사소송법과는 달리 그 후인 1960. 4. 4. 민사소송법을 제정할 때 증언거부권 제도를 두면서도 그 고지 규정을 두지 아니하였고, 2002. 1. 26. 민사소송법을 전부 개정하면서도 같은 입장을 유지하였다. 이러한 입법 경위 및 규정 내용에 비추어 볼 때, 이는 양 절차에 존재하는 목적·적용원리 등의 차이를 염두에 둔 입법적 선택으로 보인다. 더구나 민사소송법은 형사소송법과 달리, '선서거부권 제도' (제324조), '선서면제 제도' (제323조) 등 증인으로 하여금 위증죄의 위험에서 벗어날 수 있도록 하는 이중의 장치를 마련하고 있어 증언거부권 고지 규정을 두지 아니한 것이 입법의 불비라거나 증언거부권 있는 증인의 침묵할 수 있는 권리를 부당하게 침해하는 입법이라고 볼 수도 없다. 그렇다면 민사소송절차에서 재판장이 증인에게 증언거부권을 고지하지 아니하였다 하여 절차위반의 위법이 있다고 할 수 없고, 따라서 적법한 선서절차를 마쳤는데도 허위진술을 한 증인에 대해서는 달리 특별한 사정이 없는 한 위증죄가 성립한다고 보아야 한다. (대법원 2011. 7. 28. 선고 2009도14928 판결)

● 관련판례 3

◎ 별도의 증인 신청 및 채택 절차를 거쳐 그 증인이 다시 신문을 받는 과정에서 종전 신문절차에서의 진술을 철회·시정한 경우, 이미 종결된 종전 증인신문절차에서 행한 위증죄의 성립에 영향을 미치는지 여부(소극)

증인의 증언은 그 전부를 일체로 관찰·판단하는 것이므로 선서한 증인이 일단 기억에 반하는 허위의 진술을 하였더라도 그 신문이 끝나기 전에 그 진술을 철회·시정한 경우 위증이 되지 아니한다고 할 것이나, 증인이 1회 또는 수회의 기일에 걸쳐 이루어진 1개의 증인신문절차에서 허위의 진술을 하고 그 진술이 철회·시정된 바 없이 그대로 증인신문절차가 종료된 경우 그로써 위증죄는 기수에 달하고, 그 후 별도의 증인 신청 및 채택 절차를 거쳐 그 증인이 다시 신문을 받는 과정에서 종전 신문절차에서의 진술을 철회·시정한다 하더라도 그러한 사정은 형법 제153조가 정한 형의 감면사유에 해당할 수 있을 뿐, 이미 종결된 종전 증인신문절차에서 행한 위증죄의 성립에 어떤 영향을 주는 것은 아니다. 위와 같은 법리는 증인이 별도의 증인신문절차에서 새로이 선서를 한 경우뿐만 아니라 종전 증인신문절차에서 한 선서의 효력이 유지됨을 고지 받고 진술한 경우에도 마찬가지로 적용된다. (대법원 2010. 9. 30. 선고 2010도7525 판결)

2. 허위감정 · 통역 · 번역죄

제154조(허위의 감정, 통역, 번역)

법률에 의하여 선서한 감정인, 통역인 또는 번역인이 허위의 감정, 통역 또는 번역을 한 때에는 전2조의 예에 의한다.

(작성례)

피의자는 20○○. ○. ○. ○○지방법원 제○○호 법정에서 심리한 오○○에 대한 절도피고사건에 있어서, 위 법원 제○단독 판사 김○○ 앞에서 감정인으로서 선서를 하였다.

피의자는 위 오○○을 풀려나게 할 목적으로 범행현장의 유리창에서 채취한 지문과 위 피고인 오○○의 지문이 일치함에도 불구하고 다르다고 감정하여 허위감정을 하였다.

● 관련판례 1

◎ 허위감정-[1]허위감정죄에 있어서 감정내용의 허위성에 대한 인식을 요하는지 여부[2]감정인이 감정사항의 일부를 타인에게 의뢰하여 그 감정 결과를 감정인 명의로 법원에 제출한 경우, 허위감정죄의 성립을 인정한 사례[3]위감정죄의 죄수와 기수시기

[1] 허위감정죄는 고의범이므로, 비록 감정내용이 객관적 사실에 반한다고 하더라도 감정인의 주관적 판단에 반하지 않는 이상 허위의 인식이 없어 허위감정죄로 처벌할 수 없다.

[2] 감정인이 감정사항의 일부를 타인에게 의뢰하여 그 감정 결과를 감정인 명의로 법원에 제출한 경우, 그 타인은 감정인의 업무보조자에 불과하고 감정의견은 감정인 자신의 의견과 판단을 나타내는 것이므로 감정인으로서는 그 감정 결과의 적정성을 당연히 확인하였다고 볼 것인데 제반 사정에 비추어 보면 감정인에게 허위성의 인식이 있었다는 이유로 허위감정죄의 성립을 인정한 사례.

[3] 하나의 소송사건에서 동일한 선서 하에 이루어진 법원의 감정명령에 따라 감정인이 동일한 감정명령사항에 대하여 수차례에 걸쳐 허위의 감정보고서를 제출하는 경우에는 각 감정보고서 제출행위시마다 각기 허위감정죄가 성립한다 할 것이나, 이는 단일한 범의 하에 계속하여 허위의 감정을 한 것으로서 포괄하여 1개의 허위감정죄를 구성한다.**(대법원 2000. 11. 28. 선고 2000도1089 판결)**

● 관련판례 2

◎ 허위감정과 관련하여

피고인은 이 사건 매도증서를 감정함에 있어 현재 우리나라의 문서감정인 대부분이 사용하는 방법인 감정대상물을 잘라내 펩신용액에 침전시킨 후 그 먹문자의 용해와 전사 상태를 시험하는 방법을 사용하였는데 감정결과 이 사건 매도증서에 기재된 먹문자의 해교시간이 그 무렵 작성된 것이 명확한 다른 문서에 기재된 먹문자의 해교시간과 비슷한 것으로 나타났으므로 이 사건 매도증서가 그 작성년도에 작성된 것으로 판단하고, 감정결과를 감정인 공소외 1에게 보고하였으며, 공소외 1이 피고인의 감정결과를 신뢰하여 감정의견서에 동의하므로 공소외 1 명의로 감정서를 작성하였던 것이므로 허위감정을 한 것이 아니다. (서울고등법원 2005. 11. 29. 선고 2005노1909 판결)

3. 증거인멸 · 증거위조 · 증인도피죄

제155조(증거인멸 등과 친족간의 특례)

① 타인의 형사사건 또는 징계사건에 관증거를 인멸, 은닉, 위조 또는 변조하거나 위조 또는 변조한 증거를 사용한 자는 5년 이하의 징역 또는 700만원 이하의 벌금에 처한다. 〈개정 1995.12.29.〉

② 타인의 형사사건 또는 징계사건에 관한 증인을 은닉 또는 도피하게 한 자도 제1항의 형과 같다. 〈개정 1995.12.29.〉

③ 피고인, 피의자 또는 징계혐의자를 모해할 목적으로 전2항의 죄를 범한 자는 10년 이하의 징역에 처한다.

④ 친족 또는 동거의 가족이 본인을 위하여 본조의 죄를 범한 때에는 처벌하지 아니한다. 〈개정 2005.3.31.〉

(작성례 1 – 증거인멸①)

피의자는 서울 서초구청 건축과 주사로 근무하고 있다.

피의자는 직장 동료인 김○○이 서울 서초경찰서 형사계에서 뇌물수수 사건 피의자로 조사를 받고 있는 사실을 알고 그에게 불리한 증거를 없애기로 마음먹었다.

그리하여 20○○. ○. ○. 15：00경 서울 서초구 서초동에 있는 서초구청 건축과 사무실에서 위 김○○의 부탁을 받아 보관중이던 그의 금전출납에 관한 메모수첩 1권을 태워버려 타인의 형사 사건에 관한 증거를 인멸하였다.

(작성례 2 – 증거인멸②)

피의자는 피의자가 속해있는 범죄단체인 ○○파의 두목 이○○가 살인사건의 용의자로 ○○경찰서에 체포되었음을 알고 그를 위하여 불리한 증거를 은닉하기로 하였다.

피의자는 20○○. ○. ○. 03:00경 ○○시 ○○구 ○○동 ○○○번지에 있는 위 이○○의 집에 숨겨놓은 생선용 칼 1자루를 찾아서 같은 구 ○○○동 ○○의 ○○에 있는 피의자의 내연의 처 김○○의 집에 가지고 가서 즉시 그녀의 집 마당에 묻어서 타인의 형사사건에 관한 증거를 은닉하였다.

(작성례 3 – 증거위조)

피의자는 ○○지방법원에서 공판심리가 계속되고 있는 친구 이○○에 대한 사기피고사건에 대하여 그의 내연녀인 김○○의 부탁을 받고 위 이○○에게 유리한 판결을 받게 하기로 마음먹었다.

피의자는 20○○. ○. ○. 13:30경 ○○시 ○○동에 있는 피의자 집에서 그 피고사건에 관하여 위 법원에 제출한 증거서류로서 그로부터 합의금으로 금 1,000만원을 수령한 취지의 허위영수증 1통을 작성하여 바로 같은 날 위 법원에 제출함으로써 타인의 형사사건에 관한 증거를 위조하였다.

(작성례 4 – 증인도피)

피의자는 중개업자인 김○○이 20○○. ○. ○. 이○○를 공갈한 사건으로 ○○경찰서에서 조사받고 있음을 알고 위 이○○의 동생 이△△가 그 사건에 대하여 내용을 잘 알고 있어 그도 곧 참고인으로 조사를 받아야할 것이라는 사실을 알았다.

그럼에도 같은 달 28.경부터 2. 15.까지의 사이에 그로 하여금 그 사실을 모르는 ○○동에 있는 홍○○의 집으로 보내 그곳에 머무르게 함으로써 위 이○○의 형사사건에 관한 증인을 도피하게 하였다.

● 관련판례 1

◎ 증거위조죄에서 말하는 '증거'의 의미 / 증거위조죄에서 말하는 '위조'의 의미

[1] 형법 제155조 제1항의 증거위조죄에서 말하는 '증거'란 타인의 형사사건 또는 징계사건에 관하여 수사기관이나 법원 또는 징계기관이 국가의 형벌권 또는 징계권의 유무를 확인하는 데 관계있다고 인정되는 일체의 자료를 뜻한다. 따라서 범죄 또는 징계사유의 성립 여부에 관한 것뿐만 아니라 형 또는 징계의 경중에 관계있는 정상을 인정하는 데 도움이 될 자료까지도 본조가 규정한 증거에 포함된다.

[2] 형법 제155조 제1항은 타인의 형사사건 또는 징계사건에 관한 증거를 인멸, 은닉, 위조 또는 변조하거나 위조 또는 변조한 증거를 사용한 자를 처벌하고 있고, 여기서의 '위조'란 문서에 관한 죄의 위조 개념과는 달리 새로운 증거의 창조를 의미한다. 그러나 사실의 증명을 위해 작성된 문서가 그 사실에 관한 내용이나 작성명의 등에 아무런 허위가 없다면 '증거위조'에 해당한다고 볼 수 없다. 설령 사

실증명에 관한 문서가 형사사건 또는 징계사건에서 허위의 주장에 관한 증거로 제출되어 그 주장을 뒷받침하게 되더라도 마찬가지이다.(대법원 2021. 1. 28., 선고, 2020도2642, 판결)

● 관련판례 2

◎ 살인죄의 공소사실과 선행사건에서 유죄로 확정된 증거인멸죄 등의 범죄사실 사이에 기본적 사실관계의 동일성이 없다고 한 사례

피고인이 '1997. 4. 3. 21:50경 서울 용산구 이태원동에 있는 햄버거 가게 화장실에서 피해자 갑을 칼로 찔러 을과 공모하여 갑을 살해하였다' 는 내용으로 기소되었는데, 선행사건에서 '1997. 2. 초순부터 1997. 4. 3. 22:00경까지 정당한 이유 없이 범죄에 공용될 우려가 있는 위험한 물건인 휴대용 칼을 소지하였고, 1997. 4. 3. 23:00경 을이 범행 후 햄버거 가게 화장실에 버린 칼을 집어 들고 나와 용산 미8군영 내 하수구에 버려 타인의 형사사건에 관한 증거를 인멸하였다' 는 내용의 범죄사실로 유죄판결을 받아 확정된 사안에서, 살인죄의 공소사실과 선행사건에서 유죄로 확정된 폭력행위 등 처벌에 관한 법률 위반(우범자)죄와 증거인멸죄(이하 '증거인멸죄 등' 이라고 한다)는 범행의 일시, 장소와 행위 태양이 서로 다르고, 살인죄는 폭력행위 등 처벌에 관한 법률 위반(우범자)죄나 증거인멸죄와는 보호법익이 서로 다르며 죄질에서도 현저한 차이가 있으므로, 살인죄의 공소사실과 증거인멸죄 등의 범죄사실 사이에 기본적 사실관계의 동일성이 없다고 한 사례.(대법원 2017. 1. 25. 선고 2016도15526 판결)

● 관련판례 3

◎ 피고인 자신을 위한 증거인멸 행위가 동시에 다른 공범자에 관한 증거를 인멸한 결과가 되는 경우, 증거인멸죄가 성립하는지 여부(소극)

증거인멸죄는 타인의 형사사건 또는 징계사건에 관한 증거를 인멸하는 경우에 성립하는 것으로서, 피고인 자신이 직접 형사처분이나 징계처분을 받게 될 것을 두려워한 나머지 자기의 이익을 위하여 그 증거가 될 자료를 인멸하였다면, 그 행위가 동시에 다른 공범자의 형사사건이나 징계사건에 관한 증거를 인멸한 결과가 된다고 하더라도 이를 증거인멸죄로 다스릴 수 없다(대법원 1995. 9. 29. 선고 94도2608 판결 등 참조). 한편 증거인멸죄에 있어서 타인의 형사사건 또는 징계사건이란 인멸행위 시에 아직 수사 또는 징계절차가 개시되기 전이라도 장차 형사 또는 징계사건이 될 수 있는 것까지를 포함한다.(대법원 2013. 11. 28. 선고 2011도5329 판결)

● 관련판례 4

◎ 참고인이 타인의 형사사건 등에 관하여 제3자와 대화를 하면서 허위로 진술하고 그 진술이 담긴 대화 내용을 녹음한 녹음파일 또는 이를 녹취한 녹취록을 만들어 수사기관 등에 제출하는 행위가 증거위조죄를 구성하는지 여부(적극)

참고인이 타인의 형사사건 등에 관하여 제3자와 대화를 하면서 허위로 진술하고 위와 같은 허위 진술이 담긴 대화 내용을 녹음한 녹음파일 또는 이를 녹취한 녹취록은 참고인의 허위진술 자체 또는 참고인 작성의 허위 사실확인서 등과는 달리 그 진술내용만이 증거자료로 되는 것이 아니고 녹음 당시의 현장음향 및 제3자의 진술 등이 포함되어 있어 그 일체가 증거자료가 된다고 할 것이므로, 이는 증거위조죄에서 말하는 '증거' 에 해당한다. 또한 위와 같이 참고인의 허위 진술이 담긴 대화 내용을 녹음한 녹음파일 또는 이를 녹취한 녹취록을 만들어 내는 행위는 무엇보다도 그 녹음의 자연스러움을 뒷받침하는 현장성이 강하여 단순한 허위진술 또는 허위의 사실확인서 등에 비하여 수사기관 등을 그 증거가치를 판단함에 있어 오도할 위험성을 현저히 증대시킨다고 할 것이므로, 이러한 행위는 허위의 증거를 새로이 작출하는 행위로서 증거위조죄에서 말하는 '위조' 에도 해당한다고 봄이 상당하다. 따라서 참고인이 타인의 형사사건 등에 관하여 제3자와 대화를 하면서 허위로 진술하고 위와 같은 허위 진술이 담긴 대화 내용을 녹음한 녹음파일 또는 이를 녹취한 녹취록을 만들어 수사기관 등에 제출하는 것은, 참고인이 타인의 형사사건 등에 관하여 수사기관에 허위의 진술을 하거나 이와 다를 바 없는 것으로서 허위의 사실확인서나 진술서를 작성하여 수사기관 등에 제출하는 것과는 달리, 증거위조죄를 구성한다.(대법원 2013. 12. 26. 선고 2013도8085 판결)

● 관련판례 5

◎ 사실혼관계에 있는 자가 형법 제151조 제2항 및 제155조 제4항 소정의 '친족'에 해당하는지 여부(소극)

형법 제151조 제2항 및 제155조 제4항은 친족, 호주 또는 동거의 가족이 본인을 위하여 범인도피죄, 증거인멸죄 등을 범한 때에는 처벌하지 아니한다고 규정하고 있는바, 사실혼관계에 있는 자는 민법 소정의 친족이라 할 수 없어 위 조항에서 말하는 친족에 해당하지 않는다. (대법원 2003. 12. 12. 선고 2003도4533 판결)

제7절 무고의 죄

제156조(무고)
타인으로 하여금 형사처분 또는 징계처분을 받게 할 목적으로 공무소 또는 공무원에 대하여 허위의 사실을 신고한 자는 10년 이하의 징역 또는 1천500만원 이하의 벌금에 처한다. 〈개정 1995.12.29.〉

(작성례 1)

피의자는 평소 서울서초경찰서 형사과 근무 순경 강○○에게 원한을 품고, 강○○로 하여금 형사처분 또는 징계처분을 받게 할 마음을 먹었다. 그리하여 20○○. 4. 27. 10 : 00경 서울 서초구 서초동 33에 있는 피의자 집에서 강○○가 직무와 관련하여 수뢰하였다는 소문만 듣고 그 진위를 알아보지도 않고 서울지방경찰청장 앞으로 "강○○는 20○○. 3월 초순경 그 회사 직원이 일으킨 폭행사건을 잘봐 달라는 명목으로 1,000만원을 받아 그 직무에 관하여 수뢰하였다"는 취지의 진정서 1통을 작성하였다.

그리고 이를 같은 날 14 : 00경 피의자의 집 앞에 있는 우체통에 넣어 같은 달 30. 위 경찰청에 도달하게 함으로써 위 강○○를 무고하였다.

(작성례 2)

피의자는 20○○. 1. 5. 경 피해자 김○○로부터 그가 농협에서 2,000만원을 대출받는데 연대보증인이 되어 달라는 부탁을 받고 이를 승낙하여 연대보증인으로 서명날인까지 하여 주었다.

피의자는 위 김○○이 대출원금을 상환하지 아니하여 보증채무를 부담하게 될 상황에 이르자 그 보증채무를 면하고 위 김○○로 하여금 형사처벌을 받게 할 목적으로. 20○○. 5. 15. 09:00경 ○○읍 소재 피의자의 집에서 위 김○○가 피의자의 승낙을 받지 아니하고 연대보증인란에 피의자의 이름을 함부로 기재한 후 도장을 찍어 피의자 명의의 연대보증서 1매를 위조하여 행사하고 금 2,000만원을 대출받았다는 내용의 허위사실을 기재한 고소장을 작성 같은 날 14:00경 ○○경찰서 민원실에 이를 제출하여 위 김○○를 무고하였다.

(작성례 3)

피의자는 20○○. 2. 4. 피해자 김○○로부터 ○○동에 있는 ○○다방을 임차하여 그와 내연의 관계에 있던 피해자 이○○로 하여금 위 다방을 운영하도록 하였다. 그러던 중 같은 달 19. 임대차계약의 임차인을 피의자 명의에서 위 이○○ 명의로 변경하도록 승낙한 사실이 있음에도 불구하고, 김○○을 상대로 임대차보증금반환청구의 소를 제기하였다가 패소하였다.

그러자 김○○와 이○○로 하여금 형사처벌을 받게 할 목적으로, 20○○. 5. 13. ○○동 123번지 ○○식당에서 '김○○와 이○○가 통정하여 20○○. 2. 19. 고소인 모르게 임차인을 이○○로 하는 임대차계약서를 다시 작성하여 고소인의 임대차보증금 3,000만원과 권리금 2,500만원 합계 5,500만원을 편취하였다.' 는 취지의 고소장을 작성한 후 같은 달 14. ○○경찰서 민원실에서 같은 경찰서장 앞으로 이를 제출·접수하게 하여 공무소에 대하여 허위의 사실을 신고하였다.

■ 적용실례

◇ 사실을 확인해 보지도 않은 채 횡령죄로 신고한 경우

○○회의 회원인 장○○는 위 단체의 금전출납장부를 보던 중, 입금기재가 안되어 있는 것을 이상히 여겨, 위 장부를 관리하는 ○○회의 총무인 오○○가 그 돈을 유용한 것이라고 생각하고 달리 확인해 보지도 않은 채 그를 횡령죄로 신고하였다.

※ 무고죄의 성립은 타인으로 하여금 형사 또는 징계처분을 받게 할 목적으로 진실함의 확신없는 사실을 신고함으로써 족하고 신고자가 그 신고사실이 허위라는 것을 확신할 것을 요하지 않으므로 위 장○○의 행위는 무고죄에 해당한다.

◇ 형사처분을 받게 할 목적으로 수사기관에 허위의 사실을 신고한 경우

서○○는 검찰수사기관에 영수증을 제시하면서 그 영수증에 기재된 금액은 관계기관에 대한 청탁금 명목으로 홍○○ 변호사에게 교부한 것이라고 허위의 사실을 말하며 홍○○에 대한 변호사법위반죄의 혐의를 인정하게 한 다음 위 검찰수사기관으로부터 그와 같은 내용으로 진술조서를 받게 되자 홍○○에 대한 처벌을 요구하는 진술을 하였다.

※ 서○○의 위와 같은 진술행위는 수사기관의 요청에 의해 이루어진 범죄의 정보제공이라고는 볼 수 없고 자진하여 타인으로 하여금 형사처분을 받게 할 목적으로 수사기관에 허위의 사실을 신고한 것으로 볼 수 있어 무고죄에 있어서의 신고에 해당한다.

● 관련판례 1

◎ 무고죄의 성립요건 / 신고사실의 진실성을 인정할 수 없다는 소극적 증명만으로 그 신고사실을 허위로 단정하여 무고죄를 인정할 수 있는지 여부(소극)

무고죄는 타인으로 하여금 형사처분이나 징계처분을 받게 할 목적으로 신고한 사실이 객관적인 진실에 반하는 허위사실인 경우에 성립하는 범죄이므로, 신고한 사실이 객관적 진실에 반하는 허위사실이라는 요건은 적극적 증명이 있어야 하고, 신고사실의 진실성을 인정할 수 없다는 소극적 증명만으로 곧 그 신고사실이 객관적 진실에 반하는 허위의 사실이라 단정하여 무고죄의 성립을 인정할 수는 없으며, 신고내용에 일부 객관적 진실에 반하는 내용이 포함되어 있더라도 그것이 범죄의 성부에 영향을 미치는 중요한 부분이 아니고 단지 신고사실의 정황을 과장하는 데 불과하다면 무고죄는 성립하지 않는다.(대법원 2019. 7. 11., 선고, 2018도2614, 판결)

● 관련판례 2

◎ 무고죄의 경우 재판확정 전의 자백을 필요적 감경 또는 면제사유로 정한 형법 제157조, 제153조에서 자백의 범위

형법 제157조, 제153조는 무고죄를 범한 자가 그 신고한 사건의 재판 또는 징계처분이 확정되기 전에 자백 또는 자수한 때에는 그 형을 감경 또는 면제한다고 하여 이러한 재판확정 전의 자백을 필요적 감경 또는 면제사유로 정하고 있다. 위와 같은 자백의 절차에 관해서는 아무런 법령상의 제한이 없으므로 그가 신고한 사건을 다루는 기관에 대한 고백이나 그 사건을 다루는 재판부에 증인으로 다시 출석하여 전에 그가 한 신고가 허위의 사실이었음을 고백하는 것은 물론 무고 사건의 피고인 또는 피의자로서 법원이나 수사기관에서의 신문에 의한 고백 또한 자백의 개념에 포함된다.

형법 제153조에서 정한 '재판이 확정되기 전'에는 피고인의 고소사건 수사 결과 피고인의 무고 혐의가 밝혀져 피고인에 대한 공소가 제기되고 피고소인에 대해서는 불기소결정이 내려져 재판절차가 개시되지 않은 경우도 포함된다.(대법원 2018. 8. 1., 선고, 2018도7293, 판결)

● 관련판례 3

◎ 자기 자신을 무고하기로 제3자와 공모하고 무고행위에 가담한 경우, 무고죄의 공동정범으로 처벌할 수 있는지 여부(소극)

형법 제156조에서 정한 무고죄는 타인으로 하여금 형사처분 또는 징계처분을 받게 할 목적으로 허위의 사실을 신고하는 것을 구성요건으로 하는 범죄이다. 자기 자신으로 하여금 형사처분 또는 징계처분을 받게 할 목적으로 허위의 사실을 신고하는 행위, 즉 자기 자신을 무고하는 행위는 무고죄의 구성요건에 해당하지 않아 무고죄가 성립하지 않는다. 따라서 자기 자신을 무고하기로 제3자와 공모하고 이에 따라 무고행위에 가담하였더라도 이는 자기 자신에게는 무고죄의 구성요건에 해당하지 않아 범죄가 성립할 수 없는 행위를 실현하고자 한 것에 지나지 않아 무고죄의 공동정범으로 처벌할 수 없다.(대법원 2017. 4. 26. 선고 2013도12592 판결)

● 관련판례 4

◎ 무고죄의 구성요건 중 '징계처분' 및 '공무소 또는 공무원'의 의미

형법 제156조는 타인으로 하여금 형사처분 또는 징계처분을 받게 할 목적으로 공무소 또는 공무원에 대하여 허위의 사실을 신고한 자를 처벌하도록 정하고 있다. 여기서 '징계처분' 이란 공법상의 특별권력관계에 기인하여 질서유지를 위하여 과하여지는 제재를 의미하고, 또한 '공무소 또는 공무원' 이란 징계처분에 있어서는 징계권자 또는 징계권의 발동을 촉구하는 직권을 가진 자와 그 감독기관 또는 그 소속 구성원을 말한다. (대법원 2010. 11. 25. 선고 2010도10202 판결)

● 관련판례 5

◎ 형법 제156조에서 정한 '징계처분' 의 의미 / 학교법인 등의 사립학교 교원에 대한 인사권의 행사로서 징계 등 불리한 처분의 성격(=사법적 법률행위) 및 사립학교 교원에 대한 학교법인 등의 징계처분이 형법 제156조의 '징계처분' 에 포함되는지 여부(소극)

형법 제156조는 타인으로 하여금 형사처분 또는 징계처분을 받게 할 목적으로 공무소 또는 공무원에 대하여 허위의 사실을 신고한 자를 처벌하도록 정하고 있다. 여기서 '징계처분' 이란 공법상의 감독관계에서 질서유지를 위하여 과하는 신분적 제재를 말한다.

그런데 사립학교 교원은 학교법인 또는 사립학교경영자가 임면하고(사립학교법 제53조, 제53조의2), 그 임면은 사법상 고용계약에 의하며, 사립학교 교원은 학생을 교육하는 대가로 학교법인 등으로부터 임금을 지급받으므로 학교법인 등과 사립학교 교원의 관계는 원칙적으로 사법상 법률관계에 해당한다. 비록 임면자가 사립학교 교원의 임면에 대하여 관할청에 보고하여야 하고, 관할청은 일정한 경우 임면권자에게 해직 또는 징계를 요구할 수 있는 등(사립학교법 제54조) 학교법인 등에 대하여 국가 등의 지도·감독과 지원 및 규제가 행해지고, 사립학교 교원의 자격, 복무 및 신분을 공무원인 국·공립학교 교원에 준하여 보장하고 있지만, 이 역시 이들 사이의 법률관계가 사법상 법률관계임을 전제로 신분 등을 교육공무원의 그것과 동일하게 보장한다는 취지에 다름 아니다. 따라서 학교법인 등의 사립학교 교원에 대한 인사권의 행사로서 징계 등 불리한 처분은 사법적 법률행위의 성격을 가진다.

한편 형벌법규의 해석은 엄격하여야 하고, 명문의 형벌법규의 의미를 피고인에게 불리한 방향으로 지나치게 확장해석하거나 유추해석하는 것은 죄형법정주의의 원칙에 어긋나는 것으로서 허용되지 않는다. 위와 같은 법리를 종합하여 보면, 사립학교 교원에 대한 학교법인 등의 징계처분은 형법 제156조의 '징계처분'에 포함되지 않는다고 해석함이 옳다.(대법원 2014. 7. 24. 선고 2014도6377 판결)

● 관련판례 6

◎ 무고죄의 성립요건 및 '형사처분을 받게 할 목적'의 인정 범위 / 무고죄의 고의를 판단하는 기준

무고죄는 타인으로 하여금 형사처분이나 징계처분을 받게 할 목적으로 신고한 사실이 객관적 진실에 반하는 허위사실인 경우에 성립한다. 무고죄의 범의는 반드시 확정적 고의일 필요가 없고 미필적 고의로도 충분하므로, 신고자가 허위라고 확신한 사실을 신고한 경우뿐만 아니라 진실하다는 확신 없는 사실을 신고하는 경우에도 그 범의를 인정할 수 있다. 또한 무고죄에서 형사처분을 받게 할 목적은 허위신고를 하면서 다른 사람이 그로 인하여 형사처분을 받게 될 것이라는 인식이 있으면 충분하고 그 결과의 발생을 희망할 필요까지는 없으므로, 신고자가 허위 내용임을 알면서도 신고한 이상 그 목적이 필요한 조사를 해 달라는 데에 있다는 등의 이유로 무고의 범의가 없다고 할 수 없다. 또한 신고자가 알고 있는 객관적인 사실관계에 의하더라도 신고사실이 허위라거나 또는 허위일 가능성이 있다는 인식을 하지 못하였다면 무고의 고의를 부정할 수 있으나, 이는 알고 있는 객관적 사실관계에 의하여 신고사실이 허위라거나 허위일 가능성이 있다는 인식을 하면서도 그 인식을 무시한 채 무조건 자신의 주장이 옳다고 생각하는 경우까지 포함하는 것은 아니다. [대법원 2022. 6. 30., 선고, 2022도3413, 판결]

제8절 신앙에 관한 죄

1. 장례식 등 방해죄

제158조(장례식등의 방해)

장례식, 제사, 예배 또는 설교를 방해한 자는 3년 이하의 징역 또는 500만원 이하의 벌금에 처한다. 〈개정 1995.12.29.〉

(작성례)

피의자는 20○○. ○. ○. 11 : 30경 ○○시 ○○동 ○○번지에 있는 ○○교회에서 그 교회 목사 김○○가 200여명의 교인 앞에서 설교를 하고 있을 때 갑자기 문을 열고 들어와 강대상으로 뛰어올라가 그를 밀치면서 "네가 뭔데 내 마누라를 꼬셔서 빼앗아 가느냐, 이따위 교회 때려 부수면 그만이다"는 등 고함을 지르고 소란을 피워 위 목사 김○○의 설교를 방해하였다.

● 관련판례 1

◎ 장례식방해죄의 성립 요건 및 장례식의 절차와 평온을 저해할 위험이 초래된 방해행위가 있었다는 사실에 대한 증명책임 소재(=검사)

장례식방해죄는 장례식의 평온과 공중의 추모감정을 보호법익으로 하는 이른바 추상적 위험범으로서 범인의 행위로 인하여 장례식이 현실적으로 저지 내지 방해되었다고 하는 결과의 발생까지 요하지 않고 방해행위의 수단과 방법에도 아무런 제한이 없으며 일시적인 행위라 하더라도 무방하나, 적어도 객관적으로 보아 장례식의 평온한 수행에 지장을 줄 만한 행위를 함으로써 장례식의 절차와 평온을 저해할 위험이 초래될 수 있는 정도는 되어야 비로소 방해행위가 있다고 보아 장례식방해죄가 성립한다고 할 것이다.

한편 형사재판에서 공소가 제기된 범죄사실에 대한 입증책임은 검사에게 있는 것이므로, 장례식방해죄에 있어서 장례식의 절차와 평온을 저해할 위험이 초래된 방해행위가 있었음에 대해서도 그 입증책임은 검사에게 있다고 할 것이다.(대법원 2013. 2. 14. 선고 2010도13450 판결)

● 관련판례 2

◎ 소속 교단으로부터 목사면직의 판결을 받은 목사가 일부 신도들과 함께 소속 교단을 탈퇴한 후 아무런 통보나 예고도 없이, 부활절 예배를 준비 중이던 종전 교회 예배당으로 들어와 찬송가를 부르고 종전 교회의 교인들로부터 예배당을 비워달라는 요구를 받았으나 이를 계속 거부한 사안에서, 위 목사와 신도들의 행위는 종전 교회의 교인들의 예배를 방해하는 것으로서 형법 제158조 예배방해죄에서 보호하는 '예배'에 해당한다고 보기는 어렵다고 한 사례

형법 제158조에서 정하고 있는 예배방해죄는 공중의 종교생활의 평온과 종교감정을 그 보호법익으로 하는 것이다.

그런데 원심이 인용한 제1심의 채택 증거들에 의하여 알 수 있는 다음과 같은 사정, 즉 공소외인은 대한예수교장로회 서울동노회 소속 (이름 생략)교회의 담임목사로 있다가 서울동노회 재판국으로부터 목사면직의 판결을 받자 일부 신도들과 함께 대한예수교장로회 교단을 탈퇴한다는 결의를 하고 2000. 12. 1. (이름 생략)교회를 떠난 후 이 사건이 일어난 2003. 4. 20.까지는 (이름 생략)교회 건물에서 예배를 한 적이 없는 점, (이름 생략)교회에서는 2003. 4. 20. 11:00에 부활절 예배가 예정되어 있었는데, 그러한 사정을 잘 아는 공소외인이 그를 따르는 신도들과 함께 아무런 통보나 예고도 없이 갑자기 10:10경에 부활절 예배를 준비 중이던 (이름 생략)교회 예배당으로 들어와서는 찬송가를 부르는 등의 행위를 하기 시작한 점, 공소외인 및 그를 따르는 신도들은 피고인들을 포함한 (이름 생략)교회의 교인들로부터 부활절 예배가 곧 시작되므로 예배당을 비워달라는 요구를 받았음에도 불구하고 이를 계속해서 거부하였고, 이에 결국 피고인들을 포함한 (이름 생략)교회 교인들이 그 판시와 같은 행위에 이르게 된 사실 등을 종합해 보면, 공소외인 및 그를 따르는 신도들의 위와 같은 행위는 (이름 생략)교회 교인들의 예배를 방해하기 위한 행위라고 볼 수밖에 없어 예배방해죄에서 보호하는 '예배'에 해당된다고 보기는 어렵다. (대법원 2008. 2. 28. 선고 2006도4773 판결)

2. 사체 등 오욕죄

제159조(사체 등의 오욕)
시체, 유골 또는 유발(遺髮)을 오욕한 자는 2년 이하의 징역 또는 500만원 이하의 벌금에 처한다. [전문개정 2020. 12. 8.]

(작성례)

피의자는 이웃에 사는 이○○과 금전문제로 마찰이 있었다. 이○○이 질병으로 사망하자 이○○의 부인은 피의자에게 당신 때문에 자신의 남편이 병에 걸려 사망한 것이라고 말했고, 이를 이유로 피의자는 20○○.○.○. 장례를 치르기 위해 ○○장례식장에 안장되어 있는 위 이○○의 사체에 인분을 투기하여 사체를 오욕하였다.

● 관련판례

◎ 사체오욕죄의 성립여부

사체오욕의 점에 관한 상고이유의 주장은 피고인이 피해자가 사망하였다는 점을 몰랐더라도 준강제추행의 고의에는 사체오욕의 고의도 포함되어 있으므로 주거침입 후 준강제추행의 불능미수죄와 사체오욕죄가 모두 성립한다는 취지이다. 그러나 피해자의 사망 사실을 인식하지 못한 피고인이 사체오욕의 고의를 가질 수 없음은 명백하므로, 원심이 같은 이유에서 사체오욕죄는 성립할 수 없다고 하여 무죄라고 판단한 것도 정당하다.(대법원 2013. 7. 11. 선고 2013도5355 판결)

3. 분묘발굴죄

제160조(분묘의 발굴)

분묘를 발굴한 자는 5년 이하의 징역에 처한다.

(작성례 1)

피의자는 오래전부터 ○○도 ○○군 ○○면 ○○리에 사는 김○○가, 자기 소유의 임야에 분묘를 설치했다고 해서 그와 자주 다투어왔다.

그러던 중 피의자는 20○○. ○. ○. 2:30경 위 주소지에 있는 자기 임야 내에서, 철제 지렛대를 사용하여 그곳에 설치되어 있는 위 김○○의 망부 김○○의 분묘 주위의 묘비를 넘어뜨렸다. 그리고 분묘를 발굴하여 안치되어 있는 고인의 유골을 꺼내어 위 김○○의 집에까지 운반함으로써 분묘를 발굴하여 유골을 손괴하였다.

(작성례 2)

피의자는 마을에서 변사사건이 일어나는 등 불상사가 자주 발생하자 이것이 임○○가 그 마을 뒷산에 그의 조부모 유골을 매장한 탓이라고 생각하였다.

피의자는 20○○. ○. ○. 13:30분경 마을회관에 그 마을 사람들 30여명을 모이게 하고 전시분묘의 발굴 여부를 물어보았다. 대다수의 사람들이 발굴에 찬성하자 피의자는 그 동민들과 같이 ○○리 뒷산에 있는 위 임○○의 조부 망 임○○ 및 조모 망 정○○의 묘를 어떻게(구체적 행위 설시) 발굴하고 그 유골을 그 자리에 유기하였다.

● 관련판례 1

◎ 타인 소유의 토지에 분묘를 설치한 경우에 20년간 평온, 공연하게 분묘의 기지를 점유하면 지상권과 유사한 관습상의 물권인 분묘기지권을 시효로 취득한다는 법적 규범이 2000. 1. 12. 법률 제6158호로 전부 개정된 '장사 등에 관한 법률'의 시행일인 2001. 1. 13. 이전에 설치된 분묘에 관하여 현재까지 유지되고 있는지 여부(적극)

형법은 제2편 각칙 제12장 '신앙에 관한 죄'에서 분묘발굴죄(제160조)를 규정하고 있는데, 대법원은 분묘발굴죄의 객체인 분묘는 사람의 사체, 유골, 유발 등을 매장하여 제사나 예배 또는 기념의 대상으로 하는 장소를 말하는 것이고, 그 사자가 누구인지 불명하다고 할지라도 제사·숭경하고 종교적 예의의 대상으로 되어 있고 이를 수호, 봉사하는 자가 있으면 여기에 해당한다고 판시하였다(대법원 1990. 2. 13. 선고 89도2061 판결 등 참조). 이에 따르면 유족들의 수호, 봉사의 대상이 되는 분묘에 대한 침해는 형사법적으로는 범죄행위에 해당한다.

위와 같이 분묘는 자손들이나 토지 소유자 등 제3자가 함부로 훼손할 수 없는 특수성을 가지고 있고, 분묘의 수호, 봉사를 위한 분묘기지권 역시 위와 같은 관념에 기초하고 있다. 이러한 분묘의 속성이나 분묘기지권의 특성 등을 고려하여, 대법원은 분묘기지권에 관하여 소유자나 제3자의 방해를 배제할 수 있는 물권으로서의 효력을 인정하고, 봉분 등 외부에서 분묘의 존재를 인식할 수 있는 형태를 갖추고 있다면 등기 없이 분묘기지권을 취득하며, 분묘기지권의 존속기간도 당사자 사이의 약정이 있는 등 특별한 사정이 없는 한 분묘의 수호와 봉사를 계속하며 그 분묘가 존속하는 동안 계속된다고 해석하였다.(대법원 2017. 1. 19. 선고 2013다17292 전원합의체 판결)

● 관련판례 2

◎ 분묘발굴행위의 위법성이 조각되기 위한 요건

분묘발굴죄는 그 분묘에 대하여 아무런 권한 없는 자나 또는 권한이 있는 자라도 사체에 대한 종교적 양속에 반하여 함부로 이를 발굴하는 경우만을 처벌대상으로 삼는 취지라고 보아야 할 것이므로, 법률상 그 분묘를 수호, 봉사하며 관리하고 처분할 권한이 있는 자 또는 그로부터 정당하게 승낙을 얻은 자가 사체에 대한 종교적, 관습적 양속에 따른 존숭의 예를 갖추어 이를 발굴하는 경우에는 그 행위의 위법성은 조각된다고 할 것이고, 한편 분묘에 대한 봉사, 수호 및 관리, 처분권은 종중이나 그 후손들 모두에게 속하여 있는 것이 아니라 오로지 그 분묘에 관한 호주상속인에게 전속한다.(대법원 2007. 12. 13. 선고 2007도8131 판결)

4. 사체 등 손괴 · 유기 · 은닉 · 영득죄

제161조(사체 등의 영득)
① 시체, 유골, 유발 또는 관 속에 넣어 둔 물건을 손괴(損壞), 유기, 은닉 또는 영득(領得)한 자는 7년 이하의 징역에 처한다.
② 분묘를 발굴하여 제1항의 죄를 지은 자는 10년 이하의 징역에 처한다.
[전문개정 2020. 12. 8.]

(작성례 1)

피의자는 20○○. ○. ○. ○○도 ○○산 중턱에 산장을 개업하였다.

피의자는 20○○. ○. ○. 9 : 00경 위 산장 202호에서 그 전날 산장에 묵으러 왔던 강○○가 죽은 채로 누워있는 것을 발견하고, 자기가 살인혐의를 받아 조사를 받을 것과 그에 따라 산장의 평판이 나빠질 것을 염려하였다.

그리하여 피의자는 같은 날 23 : 00경 몰래 위 강○○의 사체를 산장에서 300미터 가량 떨어진 곳에 운반하여 허가도 받지 않은 채 위 사체를 위 장소에 매장하여 사체를 유기하였다.

(작성례 2)

피의자는 ○○군 ○○면 ○○리 산 ○○번지에 있는 이○○의 가족묘지에 매장된 그의 망처 김○○의 관속에 값나가는 장신구 등 보석이 함께 묻혔다는 소문을 듣고 이를 파헤쳐 부장품을 훔치기로 마음을 먹었다.

피의자는 20○○. ○. ○. 23 : 30경 그 묘역 안에 들어가 삽과 괭이를 사용하여 위 묘를 파헤친 다음 관뚜껑을 열고 그 속에 들어있던 다이아반지 등 시가 약 ○○만원 상당의 장신구를 꺼내 챙김으로써 분묘를 발굴하여 관내에 장치한 물건을 영득하였다.

(작성례 3)

피의자는 유부남인 김○○과 정교하여 임신되어 20○○. 1. 25. 10:00경 ○○동 에 있는 피의자의 집에서 임신 7개월의 사산아(여)를 분만하였다. 그러나 주변의 풍문이 두려워 그 사체를 처치하는데 고민하다가 같은 달 26. 22:00경 그 사산아를 비닐자루에 넣어 다시 모포에 싼 다음 남몰래 이를 ○○동 ○○산에 운반하여 구덩이에 넣음으로써 사체를 유기하였다.

■ 적용실례

◇ 묘를 발굴해 얻은 골동품이라는 사실을 알면서 매매한 경우

A는 B의 가족묘에 死者가 생전에 애용했던 값비싼 골동품이 유골과 함께 매장되어 있다는 것을 알고 묘를 파헤쳐 물건을 꺼낸 후, 이것을 C에게 팔았다. 이 때, C가 그 사정을 알고도 위 물건을 산 것이라면 C의 죄책은?

※ 이 경우 A와 B에게 사체 등의 영득죄가 성립한다는 것은 의문의 여지가 없으며, C에게 있어서도 물건이 묘에서 파낸 것이라는 사실을 알면서도 그것을 구매한 것이므로 위 죄가 성립한다 하겠다.

● 관련판례 1

◎ 피해자의 시신을 심각하게 훼손하여 그 살해방법을 구체적으로 규명할 수 없더라도 간접증거를 상호관련하에 종합적으로 고찰하면 작위에 의한 살인죄를 인정할 수 있다고 한 사례

피고인이 피해자를 살해한 후 피해자의 시신을 과도와 식칼 등으로 80여 조각으로 토막을 내어 살점을 믹서에 갈고 물로 끓이고 화장실 및 인근 야산에 사체를 유기하는 등 사체훼손의 방법이 극히 잔혹하고 엽기적인 점, 피고인이 이 사건 범행을 은폐하기 위하여 치밀하게 행동하였던 점, 이 사건 범행으로 인하여 피해자의 유족들이 엄청난 정신적 충격을 받았을 것임에도 아무런 피해보상도 하지 아니한 점을 비롯하여 피고인의 연령, 성행, 지능과 환경, 피해자에 대한 관계, 이 사건 범행의 동기, 수단과 결과, 범행 후의 정황 등 이 사건에 나타난 모든 양형조건을 고려하여 보면, 상고이유에서 내세우는 여러 사정을 참작하더라도, 피고인에 대하여 무기징역의 형을 선고한 원심의 양형이 현저히 부당한 것으로는 인정되지 아니하므로, 양형부당에 관한 상고이유의 주장도 받아들일 수 없다.(대법원 2008. 3. 27. 선고 2008도507 판결)

● 관련판례 2

◎ 인적이 드문 장소에서 피해자를 살해하고 사체를 방치한 채 도주한 경우, 사체은닉죄의 성부

본조의 사체은닉죄라 함은 사체의 발견을 불가능 또는 심히 곤란하게 하는 것을 구성요건으로 하고 있으나 살인, 강도살인 등의 목적으로 사람을 살해한 자가 그 살해의 목적을 수행함에 있어 사후 사체의 발견이 불가능 또는 심히 곤란하게 하려는 의사로 인적이 드문 장소로 피해자를 유인하거나 실신한 피해자를 끌고 가서 그곳에 살해하고 사체를 그대로 둔 채 도주한 경우에는 비록 결과적으로 사체의 발견이 현저하게 곤란을 받게 되는 사정이 있다 하더라도 별도로 사체은닉죄가 성립하지 아니한다(대법원 1986. 6. 24. 선고 86도891 판결).

● 관련판례 3

◎ 유골의 분리와 유골손괴

형법 제161조에서 사체유골 등의 손괴라함은 사자에 대한 숭경의 감정을 해하는 위법한 물질적 손괴를 말하는 것으로서 사체는 비록 그 근육이 부패하여 자연적으로 분골이된 경우라 할지라도 그 생전의 위치와 순서를 그대로 보존할 것이오 가령 이장하는 경우라 할지라도 그 자연적태세를 변경혼란함이 없이 계골함이 아국고래의 관례이므로 계골함이 없이 그 전체유골에서 일부를 분리함은 손괴를 면치 못한다 함이 타당하다.(대법원 1957. 7. 5. 선고 4290형상148 판결).

5. 변사체검사방해죄

제163조(변사체검시방해)
변사자의 시체 또는 변사(變死)로 의심되는 시체를 은닉하거나 변경하거나 그 밖의 방법으로 검시(檢視)를 방해한 자는 700만원 이하의 벌금에 처한다. [전문개정 2020. 12. 8.]

(작성례)

피의자는, 20○○. ○. ○. 7 : 30경 피의자와 동거생활중이던 하○○(당 ○○세)가 서울 ○○구 ○○동 ○○번지에 있는 피의자의 집 침실에서 수면제를 먹고 죽어있는 것을 발견하였다. 그러나 피의자는 이를 신고하여 소정의 검시를 받지 않고, 위 사체를 같은 날 23 : 00경 ○○도 ○○군 ○○면 ○○리에 있는 공동묘지에 몰래 매장하여 변사자의 검시를 방해하였다.

● 관련판례 1

◎ 범죄로 인하여 사망한 것이 명백한 자의 사체가 형법 제163조 소정의 변사체검시방해죄의 객체가 될 수 있는지 여부(소극)

형법 제163조의 변사자라 함은 부자연한 사망으로서 그 사인이 분명하지 않은 자를 의미하고 그 사인이 명백한 경우는 변사자라 할 수 없으므로 (대법원 1970. 2. 24. 선고 69도2272 판결 참조), 범죄로 인하여 사망한 것이 명백한 자의 사체는 같은 법조 소정의 변사체검시방해죄의 객체가 될 수 없는 것이다.(대법원 2003. 6. 27. 선고 2003도1331 판결)

● 관련판례 2

◎ 변사체검시방해죄의 공모공동정범으로 처단한 사례

한총련 의장인 피고인이 주도한 한총련 중앙상임위원회에서 경찰에 대한 요구조건을 내걸고 그와 같은 요구조건이 받아들여지지 아니하면 변사체검사에 응하지 아니한다는 방침을 결정하였는데, 피고인에 대한 보고를 하지 아니한 채 한총련 산하 남총련 의장 등이 위 방침에 따라 변사체검시방해행위를 한 경우, 피고인에 대하여 변사체검시방해죄의 공모공동정범으로 처단한 사례(대법원 1998. 7. 28. 선고 98도1395 판결)

제9절 방화와 실화의 죄

1. 현주건조물 등 방화죄

제164조(현주건조물 등 방화)

① 불을 놓아 사람이 주거로 사용하거나 사람이 현존하는 건조물, 기차, 전차, 자동차, 선박, 항공기 또는 지하채굴시설을 불태운 자는 무기 또는 3년 이상의 징역에 처한다.

② 제1항의 죄를 지어 사람을 상해에 이르게 한 경우에는 무기 또는 5년 이상의 징역에 처한다. 사망에 이르게 한 경우에는 사형, 무기 또는 7년 이상의 징역에 처한다.

[전문개정 2020. 12. 8.]

(작성례 1) 현주건조물방화(원한관계)①

피의자는 서울 강남구 논현동 222에 있는 피해자 김○○의 집에서 가정부로 일하는 사람이다.

피의자는 20○○. ○. ○. 10:00경 위 김○○의 집에서 그로부터 3일 전 강간을 당한데 원한을 품고 그의 집에 방화하여 복수하려고 마음먹었다.

그리하여 그 거실에 휴지 등을 쌓아놓고 석유를 뿌린 다음 성냥으로 불을 붙여 그 불이 판자벽을 거쳐 벽돌조 기와 2층 건물 전체에 번지게 하여 위 김○○ 등 4명이 현재 주거로 사용하고 있는 그 건물을 모두 태워 이를 소훼하였다.

(작성례 2) 현주건조물방화(화재보험가입 가옥 방화)②

피의자는 자기가 거주하고 있는 가옥이 ○○화재보험회사와 3억원의 화재보험계약이 체결되어 있음을 기화로 이를 방화하여 소실시켜 그 보험금을 수령하기로 마음먹었다.

피의자는 20○○. ○. ○. 23:00경 ○○동 123번지 목조 기와지붕 1층 주택1채(면적 약 60평방미터)의 안방 벽장안에 화장지를 구겨 쌓아 신나를 뿌리고 성냥으로 불을 붙여 그 불이 그 벽장 안으로부터 천장을 태우면서 곧 온 건물을 모두 태워서 이를 소훼하였다.

(작성례 3) 현주건조물방화미수

피의자는 20○○. ○. ○. 21:00경 ○○에 있는 김○○의 집 동쪽 앞길에 이르러 술이 몹시 취하여 잠깐 쉬고 있을 때 호기심이 발동하였다. 피의자는 위 김○○이 주거에 사용하고 있는 목조 기와지붕 단층주택 1채(면적 80평방미터)에 불이 번지리라는 것을 예상하면서도 그 집 동쪽 창 밖에 쳐놓은 갈대발 밑에 주변에 있던 휴지들을 모아 라이타를 이용 불을 붙였다. 그러나 그 발이 타오르자 마침 그곳을 지나가던 이○○가 이를 발견하고 곧 진화하여 그 발의 3분의 1가량만 태웠을 뿐 그 집의 소훼에 이르지 못하고 미수에 그쳤다.

(작성례 4) 방화예비

피의자는 20○○. ○. ○.부터 ○○동에 있는 ○○소년원 123호실에 수용되어 있었는데, 위 소년원에 방화하여 그 혼란을 틈타 도주하기로 하였다.

피의자는 20○○. ○. ○. 22:00경 소지하고 있던 성경책을 찢어 그 방 천장환기통에 집어넣고 점화하면 현재 사람의 주거로 사용하고 있는 위 소년원 건물에 쉽게 번져 탈 수 있도록 장치함으로써 방화의 예비를 하였다.

(작성례 5) 현주건조물방화(음식점에서 싫은 소리를 했다는 이유로 방화)

피의자는 20○○. 10. 10. 16:00경 서울 성북구 ○○동 100번지 먹자식당 안에서 술을 마시고 있을 때 업주인 피해자 나여자(여, 00세)로부터 싫은 소리를 들었다.그러자 그 집에 불이 붙을 것을 알면서도 그 집 실내의 창문 커튼에 성냥으로 불을 질러 기둥에서 천정으로 타올라가게 하였다. 그 건물은 홍길동의 소유이고, 소실된 면적은 위 나여자가 현주하는 목조양철지붕(면적 118.85평방미터)의 식당내 작은방과 기둥 및 천정 일부 등 면적합계 약 9평방미터이다.

(작성례 6) 업무상 실화(전력수용가에 대한 절연측정시험을 소홀히 한 경우)

피의자는 20○○. 10. 10일자로 ○○시 ○○동 소재 ○○전력주식회사 ○○지점 내선계장으로 전임되어 근무하고 있다.

피의자는 평소 각 전력수용가에 대한 절연측정시험을 실시하여 2년간 유효한 안전보안을 기하여야 할 업무상 의무가 있음에도 불구하고, 의무를 해태하여 동 측정시험을 소홀히 하였다.

그리하여 2006. 01. 10. 01:38경 ○○시 ○○동 5가 66번지 홍길동 집 2층에 시설된 집 입구 배선의 합류발호로 동인 소유 목조건물 2층 천정부 등 시가 금300,000원 상당을 소훼케 하였다.

■ 적용실례

◇ 살해후 사체가 있는 주거에 방화한 경우

김○○는 부부싸움을 하다 잘못해서 아내가 죽자, 그 사실을 감추기 위해 아내의 사체를 집 안에 둔채 집에 방화를 하였다.

※ 이 경우 방화의 죄는 당연 성립하겠고, 그 방화로 인하여 사체가 그 형태를 알아볼 수 없을 정도로 심하게 훼손되었다면, 위 방화의 점 외에 사체손괴죄(형법 제161조 제1항)도 성립한다.

◇ 사람의 주거에 방화한 경우

남○○는 신문배달원들이 거주하는 신문보급소 기숙사에 불을 질러, 그 결과 그 곳에서 잠을 자고 있던 이○○, 정○○ 등 2명에게 상해를 입게 하였다.

※ 이는 형법 제164조 후단의 현주건조물방화치상죄에 해당하며, 현주건조물방화죄는 이에 당연히 흡수되게 된다.

◇ 본인의 실수로 불이 났으나, 책임 회피를 위해 방화를 방치한 경우

혼자 사무실에 남아있던 한○○는 자기가 피우고 버린 담배꽁초의 불이 양탄자에 옮겨붙어 타고 있는 것을 발견하고, 그 때는 막 발화하기 시작한 때라 불을 쉽게 끌 수 있었음에도 불구하고 그대로 방치하여 불이 크게 번지자, 자기가 방화한 것을 숨기기 위해 아무런 조치도 취하지 않고 달아나 버렸다.

※ 한○○가 적극적으로 방화를 한 것은 아니지만, 자기의 실수로 시작된 불을 소화할 의무(작위의무)가 있었음에도, 또 그것을 충분히 끌 수 있는 상황(작위의 가능성)에 있었으면서도 그대로 방치해 사무실 전체를 타게 한 것은 방화죄를 구성하기에 충분하다.

● **수사사례**

- 음식점에서 주인이 싫은 소리를 하였다고 가게 커튼에 성냥으로 불을 질러 내부를 전소케 한 경우 현주건조물방화죄 성립
- 화재보험금을 노리고 자신이 거주하는 가옥에 신문지를 쌓아 석유를 뿌린 뒤 라이터로 불을 붙여 방화한 경우 현주건조물방화죄 성립
- 옆방에 세 들어 사는 사람에 불만을 품고 화풀이할 마음으로 피해자가 없는 사이 그 방에 들어가 종이를 쌓아 불을 붙였으나 타오르는 불길로 공포심과 함께 후회스러운 마음이 들어 진화하여 방 내부 일부만 태웠을 경우 현주건조물방화 미수죄 성립
- 변심한 애인을 놀라게 할 목적으로 자기 오토바이를 애인 집 대문앞에 놓고 불을 붙여 애인집 목조 대문을 불태우고, 이로 인하여 그 목조 기와집이 모두 타버린 경우 건조물 연소죄 성립

● 관련판례 1

◎ **피고인이 자신이 거주하는 아파트에 휘발유를 뿌려 불을 지른 다음 2층 비상계단으로 이동하여 위층에 거주하는 甲 등이 대피하기를 기다렸다가 무방비 상태로 대피하는 甲 등을 회칼과 장어칼로 찔러 5명을 살해하는 등 총 22명을 사상에 이르게 하였다고 하여 살인·살인미수 및 현주건조물방화치상죄 등으로 기소된 사안에서, 피고인이 범행 당시 조현병으로 인한 심신미약 상태에 있었다고 보아 형을 감경한 사례**

피고인이 자신이 거주하는 아파트에 휘발유를 뿌려 불을 지른 다음 2층 비상계단으로 이동하여 위층에 거주하는 甲 등이 대피하기를 기다렸다가 무방비 상태로 대피하는 甲 등을 회칼과 장어칼로 찔러 5명을 살해하는 등 총 22명을 사상에 이르게 하였다고 하여 살인·살인미수 및 현주건조물방화치상죄 등으로 기소된 사안이다.

피고인이 약 10년 전 폭력사건의 재판에서 조현병으로 진단되어 심신미약 상태에서 범행한 것으로 판단되었고 이후 치료를 받다가 중단한 점, 범행 동기와 경위 등에 관하여 '다수의 주민들이 패거리를 이루어 자신에게 불이익을 가한다' 는 등의 피고인의 진술은 수사기관, 정신감정 당시의 면담, 법정에 이르기까지 일관될 뿐만 아니라, 위 살인 등 범행 이전에 수차례 위층에서 벌레를 뿌렸다며 항의를 하고 오물을 투척하는 등 소동을 일으킨 점 등의 여러 객관적 정황에 비추어 볼 때, 피고인의 피해망

상, 관계망상 등 조현병적 증상이 각 범행의 동기인 것으로 보이는 점, '피고인의 망상이 범행 동기가 되었다' 는 공통된 내용의 임상심리평가와 정신감정 결과는 피고인이 각 범행 당시 심신미약 상태에 있었음을 뒷받침하는 신빙성 있는 자료로 판단되는 점, 피고인의 피해망상, 관계망상 등이 범행의 동기가 된 이상 피고인이 범행을 준비하여 계획하고 이에 따라 범행을 실행하였다 하더라도 피고인을 심신미약 상태로 판단하는 데 방해가 된다고 볼 수는 없는 점 등에다가 각 범행의 경위, 수단 및 범행 전후 피고인의 태도 등을 종합하면, 피고인은 각 범행 당시 조현병의 정신적 장애를 가지고 있었고 정신적 장애에 기인한 피해망상, 관계망상 등으로 말미암아 사물을 변별하거나 의사를 결정할 능력이 미약한 상태에 있었던 것으로 판단되므로, 피고인에 대하여는 형법상 심신미약에 따른 법률상 감경 조항을 적용함이 타당하다는 이유로 사형을 선고한 원심판결을 파기하고 무기징역을 선고한 사례이다.(부산고법 2020. 6. 24., 선고, (창원)2019노344, 판결 : 상고).

● 관련판례 2

◎ 모텔 방에 투숙하여 담배를 피운 후 재떨이에 담배를 끄게 되었으나 담뱃불이 완전히 꺼졌는지 여부를 확인하지 않은 채 불이 붙기 쉬운 휴지를 재떨이에 버리고 잠을 잔 과실로 담뱃불이 휴지와 침대시트에 옮겨 붙게 함으로써 화재가 발생한 사안에서, 위 화재가 중대한 과실 있는 선행행위로 발생한 이상 화재를 소화할 법률상 의무는 있다 할 것이나, 화재 발생 사실을 안 상태에서 모텔을 빠져나오면서도 모텔 주인이나 다른 투숙객들에게 이를 알리지 아니하였다는 사정만으로는 화재를 용이하게 소화할 수 있었다고 보기 어렵다는 이유로, 부작위에 의한 현주건조물방화치사상죄의 공소사실에 대해 무죄를 선고한 원심의 판단을 수긍한 사례

이 사건 화재는 피고인이 모텔 방에 투숙하여 담배를 피운 후 재떨이에 담배를 끄게 되었으나 담뱃불이 완전히 꺼졌는지 여부를 확인하지 않은 채 불이 붙기 쉬운 휴지를 재떨이에 버리고 잠을 잔 과실로 담뱃불이 휴지와 옆에 있던 침대시트에 옮겨 붙게 함으로써 발생하였고, 이러한 피고인의 과실은 중대한 과실에 해당한다고 전제한 다음, 이와 같이 이 사건 화재가 피고인의 중과실로 발생하였다 하더라도, 이 부분 공소사실과 같이 부작위에 의한 현주건조물방화치사 및 현주건조물방화치상죄가 성립하기 위하여는, 피고인에게 법률상의 소화의무가 인정되는 외에 소화의 가능성 및 용이성이 있었음에도 피고인이 그 소화의무에 위배하여 이미 발생한 화력을 방치함으로써 소훼의 결과를 발생시켜야 하는 것인데, 이 사건 화재가 피고인의 중대한 과실 있는 선행행위로 발생한 이상 피고인에게 이 사건 화재를 소화할 법률상 의무는 있다 할 것이나, 피고인이 이 사건 화재 발생 사실을 안 상태에서 모텔을 빠져나오면서도 모텔 주인이나 다른 투숙객들에게 이를 알리지 아니하였다는 사정만으로는 피고인이 이 사건 화재를 용이하게 소화할 수 있었다고 보기 어렵고, 달리 이를 인정할 만한 증거가 없다는 이유로, 이 부분 공소사실에 대하여 무죄로 판단하였다.

앞서 본 법리에 비추어 기록을 살펴보면, 이러한 원심의 사실인정과 판단은 정당한 것으로 수긍이 되고, 거기에 상고이유의 주장과 같은 채증법칙 위배나 부작위범에 관한 법리오해 등의 위법이 있다고 할 수 없다.(대법원 2010. 1. 14. 선고 2009도12109 판결)

● 관련판례 3

◎ 치료감호 요건으로서 '재범의 위험성' 과는 별도로 부착명령 요건으로서 '살인범죄를 다시 범할 위험성' 이 인정되는지에 대하여 충분히 심리하지 아니한 채 부착명령청구를 받아들인 원심판결에 법리오해 등의 위법이 있다고 한 사례

검사가, 피고인이 우울증에 빠져 자살을 시도하는 과정에서 독서실에 불을 놓아 여러 사람을 살해하려 하였다는 내용으로 기소하면서 살인범죄를 다시 범할 위험성이 있다는 이유로 부착명령을 청구하여 제1심에서 부착명령이 내려지고, 이후 원심에서 치료감호청구가 추가된 사안에서, 피고인의 범행이 내재된 폭력성이나 악성보다는 우울증에 기인한 것으로 보이는 점 등 제반 사정을 종합할 때 치료감호에 의하여 장기간 치료를 마친 후에도 피부착명령청구자가 우울증으로 다시 범죄를 저지를 가능성을 배제할 수 없다는 추상적인 재범 가능성에서 더 나아가 다시 살인범죄를 범할 상당한 개연성이 있다고 단정하기 어려우므로, 원심이 치료감호 요건으로서 재범의 위험성과는 별도로, 치료감호를 통한 치료 경과에도 불구하고 부착명령 요건으로서 살인범죄를 다시 범할 위험성이 인정되는지에 대하여 심리한 후에 부착명령청구를 받아들일 것인지를 판단하였어야 하는데도, 이에 이르지 아니한 채 부착명령청구를 받아들인 원심판결에 부착명령청구 요건으로서 '살인범죄를 다시 범할 위험성' 에 관한 법리오해 또는 심리미진의 위법이 있다고 한 사례.(대법원 2012. 5. 10., 선고, 2012도2289,2012감도5,2012전도51, 판결).

● 관련판례 4

◎ 현주건조물방화죄의 기수시기

피해자의 사체 위에 옷가지 등을 올려놓고 불을 붙인 천조각을 던져서 그 불길이 방안을 태우면서 천정에까지 옮겨 붙었다면 도중에 진화되었다고 하더라도 일단 천정에 옮겨 붙은 때에 이미 현주건조물방화죄의 기수에 이른 것이다(대법원 2007.3.16. 선고 2006도9164 판결).

2. 현주건조물 등 방화치사상죄

제164조(현주건조물 등 방화)

① 불을 놓아 사람이 주거로 사용하거나 사람이 현존하는 건조물, 기차, 전차, 자동차, 선박, 항공기 또는 지하채굴시설을 불태운 자는 무기 또는 3년 이상의 징역에 처한다.

② 제1항의 죄를 지어 사람을 상해에 이르게 한 경우에는 무기 또는 5년 이상의 징역에 처한다. 사망에 이르게 한 경우에는 사형, 무기 또는 7년 이상의 징역에 처한다.

[전문개정 2020. 12. 8.]

(작성례 1) 현주건조물방화(살인)①

피의자는 아내인 이○○의 독단적인 성격과 피의자 부모형제와의 불화 등으로 그와 좋지 아니한 관계에 있었다. 그러던 중 아내 이○○이 김○○와 불륜관계에 있는 것을 눈치 채고, 아내가 출산한 최○○이 피의자의 친자가 아닐지도 모른다고 의심하는 등 아내 이○○에 대한 감정이 매우 악화된 상태에 있었다.

피의자는 20○○. ○. ○. 21:30경부터 같은 날 23:00경까지 사이에 피의자의 집에서 아내 이○○와 다투다가 그 동안 쌓인 감정이 폭발하여 거실 베란다의 거튼 줄을 잘라 그의 목을 졸라 살해하고, 이어 다른 줄로 최○○의 목을 졸라 살해한 다음, 사건 당일 23:30경 안방 장롱안의 옷에 불을 놓아 주거로 사용하는 건조물을 소훼하였다.

(작성례 2) 현주건조물방화(방화치상)②

피의자는 노환을 앓고있는 노모의 부양문제로 처와 부부싸움을 자주 하는 등 가정불화와 최근 직장 승진대상에서 누락되는 등의 문제로 심한 정신적 갈등을 겪어왔다.

피의자는 20○○. ○. ○. 22:30경 ○○동 123번지 피의자의 집에서 위와 같은 사유로 처인 건외 김○○와 심한 부부싸움을 하다가 격분하여 "집을 불태워 버리고 같이 죽어버리겠다." 며 그 곳 창고 뒤에 있던 18ℓ 들이 플라스틱 휘발유통을 들고 나와 처와 자녀 2명이 있는 피의자의 집 주위에 휘발유를 뿌리고, 성냥으로 불을 놓아 사람이 현존하는 건조물을 소훼하려고 하였다.

그러나 불길이 번지지 않는 바람에 그 뜻을 이루지 못한 채 미수에 그치고, 이로 인하여 피의자를 만류하던 옆집 거주 피해자 최○○(남, 43세)로 하여금 약 4주간의 치료를 요하는 경부 및 체부 3도 화상을 입게 하였다.

■ 적용실례

◇ 사람의 주거에 방화한 경우

남○○는 신문배달원들이 거주하는 신문보급소 기숙사에 불을 질러, 그 결과 그 곳에서 잠을 자고 있던 이○○, 정○○ 등 2명에게 상해를 입게 하였다.

※ 이는 형법 제164조 후단의 현주건조물방화치상죄에 해당하며, 현주건조물방화죄는 이에 당연히 흡수되게 된다.

● 관련판례 1

◎ 매개물을 통한 현존건조물방화죄의 실행의 착수시기 및 그 판단 방법

매개물을 통한 점화에 의하여 건조물을 소훼함을 내용으로 하는 형태의 방화죄의 경우에, 범인이 그 매개물에 불을 켜서 붙였거나 또는 범인의 행위로 인하여 매개물에 불이 붙게 됨으로써 연소작용이 계속될 수 있는 상태에 이르렀다면, 그것이 곧바로 진화되는 등의 사정으로 인하여 목적물인 건조물 자체에는 불이 옮겨 붙지 못하였다고 하더라도, 방화죄의 실행의 착수가 있었다고 보아야 할 것이고, 구체적인 사건에 있어서 이러한 실행의 착수가 있었는지 여부는 범행 당시 피고인의 의사 내지 인식, 범행의 방법과 태양, 범행 현장 및 주변의 상황, 매개물의 종류와 성질 등의 제반 사정을 종합적으로 고려하여 판단하여야 한다.(대법원 2002. 3. 26. 선고 2001도6641 판결)

● 관련판례 2

◎ 모텔 방에 투숙하여 담배를 피운 후 재떨이에 담배를 끄게 되었으나 담뱃불이 완전히 꺼졌는지 여부를 확인하지 않은 채 불이 붙기 쉬운 휴지를 재떨이에 버리고 잠을 잔 과실로 담뱃불이 휴지와 침대시트에 옮겨 붙게 함으로써 화재가 발생한 사안에서, 위 화재가 중대한 과실 있는 선행행위로 발생한 이상 화재를 소화할 법률상 의무는 있다 할 것이나, 화재 발생 사실을 안 상태에서 모텔을

빠져나오면서도 모텔 주인이나 다른 투숙객들에게 이를 알리지 아니하였다는 사정만으로는 화재를 용이하게 소화할 수 있었다고 보기 어렵다는 이유로, 부작위에 의한 현주건조물방화치사상죄의 공소사실에 대해 무죄를 선고한 원심의 판단을 수긍한 사례

이 사건 화재는 피고인이 모텔 방에 투숙하여 담배를 피운 후 재떨이에 담배를 끄게 되었으나 담뱃불이 완전히 꺼졌는지 여부를 확인하지 않은 채 불이 붙기 쉬운 휴지를 재떨이에 버리고 잠을 잔 과실로 담뱃불이 휴지와 옆에 있던 침대시트에 옮겨 붙게 함으로써 발생하였고, 이러한 피고인의 과실은 중대한 과실에 해당한다고 전제한 다음, 이와 같이 이 사건 화재가 피고인의 중과실로 발생하였다 하더라도, 이 부분 공소사실과 같이 부작위에 의한 현주건조물방화치사 및 현주건조물방화치상죄가 성립하기 위하여는, 피고인에게 법률상의 소화의무가 인정되는 외에 소화의 가능성 및 용이성이 있었음에도 피고인이 그 소화의무에 위배하여 이미 발생한 화력을 방치함으로써 소훼의 결과를 발생시켜야 하는 것인데, 이 사건 화재가 피고인의 중대한 과실 있는 선행행위로 발생한 이상 피고인에게 이 사건 화재를 소화할 법률상 의무는 있다 할 것이나, 피고인이 이 사건 화재 발생 사실을 안 상태에서 모텔을 빠져나오면서도 모텔 주인이나 다른 투숙객들에게 이를 알리지 아니하였다는 사정만으로는 피고인이 이 사건 화재를 용이하게 소화할 수 있었다고 보기 어렵고, 달리 이를 인정할 만한 증거가 없다는 이유로, 이 부분 공소사실에 대하여 무죄로 판단하였다.

앞서 본 법리에 비추어 기록을 살펴보면, 이러한 원심의 사실인정과 판단은 정당한 것으로 수긍이 되고, 거기에 상고이유의 주장과 같은 채증법칙 위배나 부작위범에 관한 법리오해 등의 위법이 있다고 할 수 없다.(대법원 2010. 1. 14. 선고 2009도12109 판결)

3. 일반건조물 등 방화죄

제166조(일반건조물 등 방화)

① 불을 놓아 제164조와 제165조에 기재한 외의 건조물, 기차, 전차, 자동차, 선박, 항공기 또는 지하채굴시설을 불태운 자는 2년 이상의 유기징역에 처한다.

② 자기 소유인 제1항의 물건을 불태워 공공의 위험을 발생하게 한 자는 7년 이하의 징역 또는 1천만원 이하의 벌금에 처한다.

[전문개정 2020. 12. 8.]

(작성례)

피의자는 ○○주식회사 대리로 근무하고 있다.

피의자는 평소 처 김○○로부터 가정을 돌보지 않고 회사출장을 핑계로 자신의 차로 지방을 다니면서 다른 여자와 불륜관계를 갖는다고 의심을 받고 있었다.

그러던 중, 20○○. ○. ○. 17:30경 서울 ○○구 ○○에 있는 ○○공원 주변도로에서 위 김○○가 재차 이를 추궁하자 피의자 소유의 서울 ○○가 ○○○○호 EF소나타 승용차를 신문지 등 종이를 쌓아놓고 미리 준비해둔 시너를 뿌린 후 1회용 가스 라이터로 불을 붙여 소훼하여 공공의 위험을 발상하게 하였다.

● 관련판례

◎ 방화죄의 객체인 '건조물'의 개념

형법상 방화죄의 객체인 건조물은 토지에 정착되고 벽 또는 기둥과 지붕 또는 천장으로 구성되어 사람이 내부에 기거하거나 출입할 수 있는 공작물을 말하고, 반드시 사람의 주거용이어야 하는 것은 아니라도 사람이 사실상 기거·취침에 사용할 수 있는 정도는 되어야 한다. 원심은, 이 사건 폐가는 지붕과 문짝, 창문이 없고 담장과 일부 벽체가 붕괴된 철거 대상 건물로서 사실상 기거·취침에 사용할 수 없는 상태의 것이므로 형법 제166조의 건조물이 아닌 형법 제167조의 물건에 해당하고, 피고인이 이 사건 폐가의 내부와 외부에 쓰레기를 모아놓고 태워 그 불길이 이 사건 폐가 주변 수목 4~5그루를 태우고 폐가의 벽을 일부 그을리게 하는 정도만으로는 방화죄의 기수에 이르렀다고 보기 어려우며, 일반물건방화죄에 관하여는 미수범의 처벌 규정이 없다는 이유로 제1심의 유죄판결을 파기하고 피고인에게 무죄를 선고하였다.

위 법리에 비추어 기록을 살펴보면, 원심의 위와 같은 사실인정과 판단은 정당하고, 거기에 방화죄에 있어 건조물에 관한 개념을 오해하거나 논리와 경험의 법칙에 반하여 자유심증주의의 한계를 벗어난 잘못이 없다.(대법원 2013. 12. 12. 선고 2013도3950 판결)

● **수사사례**

- 사람이 없는 자신 소유의 창고건물이 보험회사에 화재보험계약이 체결되어 있어 보험금을 타고자 나무토막 등을 쌓아놓아 불을 붙여 창고를 불태운 경우 일반건조물 방화죄 성립
- 사회에 불만을 품고 피해자 집 벽에 놓아둔 쓰레기통에 라이터로 불을 붙여 피해자 가족이 살고 있는 가옥에 불이 붙을 수 있는 위험을 발생케 한 경우 일반물건에의 방화죄 성립
- 동네 담뱃가게에 쳐 놓은 차광텐트에 라이터로 불을 붙여 방화하여 그대로 내버려두었을 경우 사람이 거주하는 그 담뱃가게에 불이 붙을 위험을 발생케 할 경우 일반물건에의 방화죄 성립
- 보육원의 보모 및 회계사 업무를 취급하는 자가 사무감사가 실시될 것이라는 통보를 받았 으나 서류 등이 기재가 제대로 되지 않아 감사를 연기시킬 목적으로 보육원 원장실에 방화 하여 보육원을 불태운 경우 공용건조물 방화죄 성립

4. 진화방해죄

제169조(진화방해)

화재에 있어서 진화용의 시설 또는 물건을 은닉 또는 손괴하거나 기타 방법으로 진화를 방해한 자는 10년 이하의 징역에 처한다.

(작성례)

피의자는 20○○. ○. ○. 19:00경 피의자가 사는 주소지 근처에서 화재가 발생한 것을 알고, 그것을 구경하러 나갔다. 그런데 화재가 발생한 집이 평소 피의자와 앙숙관계에 있는 윤○○의 집이라는 사실을 알고, 진화를 방해하기로 마음먹었다.

그리하여 ○○소방서 소방대원들이 위 소화작업에 사용중인 목면재 호스 위에 무게 약 60kg의 시멘트제 쓰레기통을 넘어뜨려서 그 호스의 송수압력을 저하시킴으로써 진화를 방해하였다.

5. 실화죄

제170조(실화)

① 과실로 제164조 또는 제165조에 기재한 물건 또는 타인 소유인 제166조에 기재한 물건을 불태운 자는 1천500만원 이하의 벌금에 처한다.

② 과실로 자기 소유인 제166조의 물건 또는 제167조에 기재한 물건을 불태워 공공의 위험을 발생하게 한 자도 제1항의 형에 처한다.

[전문개정 2020. 12. 8.]

(작성례 1)

피의자는 ○○도 ○○시 ○○동에 있는 ○○대학교 학생으로 학교 안에 있는 남학생 기숙사 ○○호실에서 같은 학생 홍○○와 함께 살고 있다.

피의자는 20○○. ○. ○. 06：30경 위 ○○호 방에서 담배를 피우다가 담배꽁초의 불을 빈담배갑에 비벼 뭉개는 정도로만 하고 완전히 끄지 않은 채, 그 방에 있던 쓰레기통에 버리고 나가버렸다. 그 과실로 인하여 같은 날 06：40경 그 담배꽁초에 남아있던 불씨가 발화하여 그 방에 번져서 ○○호를 태우고 그 옆방 ○○호까지 태워 위 학교 남학생 기숙사 중 ○○평가량을 소훼하였다.

(작성례 2)

피의자는 서울 구로구 구로동 333에 있는 산흥목재 주식회사의 공원으로서 그곳에 있는 목조스레트 지붕 2층 건물인 그 회사 공원기숙사 104호실에서 생활하고 있다.

피의자는 20○○. ○. ○. 08：00경 위 기숙사 104호실에서 담배를 피우다가 그 담배꽁초를 버리게 되었는바, 이러한 경우 담배꽁초의 불을 완전히 꺼서 쓰레기통에 버리는 등의 조치를 취하여 화재 발생을 미리 막아야 할 주의의무가 있음에도 불구하고 이를 게을리 하여 그 담배꽁초의 불을 빈 담배갑에 비벼 뭉개기만 하고 완전히 끄지 아니한 채 그 방에 있던 쓰레기통에 버리고 나갔다.

이러한 과실로 같은 날 08 : 30경 그 담배꽁초에 남아 있던 불씨에서 발화하여 그 불이 그 건물전체에 번지게 하여 위 회사 공원 55명의 주거로 사용하는 위 회사소유의 공원 기숙사 시가 11억원 상당을 모두 태워 이를 소훼하였다.

■ 적용실례

◇ 실화하여 상해를 입힌 경우

과실로 건물에 불을 내고 그 건물에서 잠을 자던 피해자 2명에게 상해를 입혔다.

※ 독일처럼 실화치사상죄가 없는 현행 형법에서는 실화죄(형법 제170조 제1항)와 과실치상죄(형법 제266조)의 상상적 경합범(형법 제40조)이 된다.

◇ 난로과열로 인한 화재

회사의 야간경비원이 직원 회식에서 술을 마신 후 야간경비를 하면서 석유난로의 심지를 높이 해서 불을 붙여 놓고 난로 옆 소파에서 잠이 들었는데 난로가 과열되어 그 옆 소파에 인화되고 이것이 계속 퍼져 큰 화재가 되었다.

※ 이런 경우 종업원에 대한 일반적 지휘감독자 및 회사대표에게도 일반적인 감독책임을 물을 수는 있겠지만, 화재발생에 대한 직접적인 주의의무 위반의 책임은 위 경비원에게만 물을 수 있다.

● 관련판례 1

◎ 형법 제170조 제2항 소정의 '자기의 소유에 속하는 제166조 또는 제167조에 기재한 물건'의 해석과 죄형법정주의 원칙

형법 제170조 제2항에서 말하는 '자기의 소유에 속하는 제166조 또는 제167조에 기재한 물건'이라 함은 '자기의 소유에 속하는 제166조에 기재한 물건 또는 자기의 소유에 속하든, 타인의 소유에 속하든 불문하고 제167조에 기재한 물건'을 의미하는 것이라고 해석하여야 하며, 제170조 제1항과 제2항의 관계로 보아서도 제166조에 기재한 물건(일반건조물 등) 중 타인의 소유에 속하는 것에 관하여는 제1항에서 규정하고 있기 때문에 제2항에서는 그중 자기의 소유에 속하는 것에 관하여 규정하고, 제167조에 기재한 물건에 관하여는 소유의 귀속을 불문하고 그 대상으로 삼아 규정하고 있는 것이라고 봄이 관련조문을 전체적, 종합적으로 해석하는 방법일 것이고, 이렇게 해석한다고 하더라도 그것이 법규정의 가능한 의미를 벗어나 법형성이나 법창조행위에 이른 것이라고는 할 수 없어 죄형법정주의의 원칙상 금지되는 유추해석이나 확장해석에 해당한다고 볼 수는 없을 것이다(대법원 1994. 12. 20. 자 94모32 전원합의체 결정).

● 관련판례 2

◎ 중국음식점 주인이 주방의 조리대 주변과 환풍구의 인화성 기름찌꺼기 등을 제대로 청소하지 않아 화덕에 남아 있던 불씨가 환풍구를 통하여 건물 전체에 번져 건물이 소훼된 사안에서 실화의 죄책이 인정된다고 한 사례

중국음식점 주인은 주방에서 화덕의 취급을 소홀히 하면 주방조리대 주변과 환풍구 등에 묻어 있던 기름찌꺼기에 불이 붙어 화재가 발생할 수 있다는 사실을 잘 알고 있으므로, 화덕의 불을 완전히 끄고 가스밸브를 잠그는 등 안전조치를 취하여 화재의 발생을 미리 막아야 할 주의의무가 있음에도 불구하고, 이를 게을리 하여 평소에 조리대 주변과 환풍구의 기름찌꺼기 등 불이 쉽게 붙을 수 있는 이물질들을 청소하거나 조리 후 화덕의 불씨 등이 남아 환풍기에 옮겨 붙지는 않았는지 충분히 확인하는 등의 조치를 취하지 아니한 과실로, 그 무렵 화덕에 남아 있던 불씨가 환풍구 기름찌꺼기에 붙게 하고 불길이 환풍구를 따라 올라가 플라스틱 환풍구 연결통로를 통하여 그 건물 전체에 번지게 하여 소훼하였다면 실화의 죄책이 인정된다고 한 사례(서울중앙지법 2004. 9. 23., 선고, 2003고정1496, 판결: 항소).

6. 업무상 실화, 중실화죄

제171조(업무상실화, 중실화)
업무상과실 또는 중대한 과실로 인하여 제170조의 죄를 범한 자는 3년 이하의 금고 또는 2천만원 이하의 벌금에 처한다. 〈개정 1995.12.29.〉

(작성례)

피의자는 20○○. ○. ○. 06:00경 ○○도 ○○시 ○○동에 있는 ○○농장 내 피해자 홍○○ 소유 비닐하우스를 관리하던 중 비닐하우스(약 100평방미터)안에 난로를 피워놓았다. 당시 위 비닐하우스 안에는 볏짚 등이 깔려있었다.

이러한 경우 위 비닐하우스를 관리하는 업무에 종사하고 있는 피의자로서는 위 난로가 과열하여 주위에 있는 볏짚에 불이 옮겨 붙을 것을 예상하여 볏짚을 치운 후에 난로를 피워야할 업무상 주의의무가 있음에도 불구하고 이를 게을리 한 채 위 난로를 피운 과실로 위 난로가 과열하여 난로 옆에 있던 볏짚에 불이 옮아 붙어 피해자 소유 비닐하우스 1채 시가 200만원 상당을 전소하게 하였다.

■ 적용실례

◇ 업무상 실화와 단순실화

허○○는 카페 종업원으로 근무하면서 주방에서 사용하는 알콜램프에 화기가 다 가시지 않은 상태에서, 알코올을 주입하다가 램프에 불이 붙어 화재를 발생하게 하였다.

※ 허○○는 업무로서 위 알콜램프를 취급한 것이므로 업무상실화죄를 적용해야 할 것이다.

◇ 화재 위험이 있는 곳에서 습관적으로 담배를 피우다 인화된 경우

오○○는 직업의 성격상 솔벤트가 가득한 작업장에서 근무를 하는데 습관적으로 담배를 피우기 위해 라이터를 키자 그것이 가스에 인화되어 작업장을 모두 태우고, 함께 일하던 공원 3명은 화상을 입고 말았다.

※ 오○○는 중실화죄 및 중과실치상죄의 상상적 경합범이 된다.

◇ 업무상 부주의로 화재가 발생한 경우

○○회사 구내식당을 경영하는 서○○는 주방에서 우동을 석유버너로 조리하다가 버너에서 유출된 석유가 인화되어 위 식당주방을 소훼하고 말았다.

※ 서○○의 버너사용은 식당경영행위의 일환으로 한 것이어서 업무상 버너를 사용한 것으로 보여지고 버너를 부주의하게 사용함으로써 화재가 발생한 것이므로 이 경우 업무상실화죄를 적용해야 한다.

◇ 업무상 과실로 화재가 발생한 경우

피의자의 지시하에 가마솥 작업을 하던 중 가마 옆 종이상자를 제거하지 않고 작업을 한 과실로 화재가 발생하였다.

※ 위 피의자에 대하여 업무상실화죄를 적용해야 한다.

◇ 인화성이 높은 목조의 취급부주의로 화재가 발생한 경우

공원에서 노숙을 하던 정○○는 날씨가 추워지자 추위를 피할 곳을 찾다가 아직 완공되지 않은 목조건물을 발견하고 그곳에 몰래 들어가 주위에 있던 나무를 모아 모닥불을 피워, 그로 인해 화재가 발생하였다.

※ 비록 바닥은 나무가 아니었다고 해도, 아직 건축중인 목조건물 안에는 대패밥과 나무들이 많은 것에 주의를 기울였어야 했음에도 그 주의의무를 다하지 않는 정○○에 대해서는 단순실화죄에 가중해서 중실화죄를 적용할 수 있을 것이다.

◇ 방에서 자기 의류를 태운 후 완전소화하지 못한 경우

김○○는 잘 아는 박○○로부터 구타당하고 돈을 뺏긴 화풀이로 방안에서, 자기 옷 1벌을 태운 후 이를 완전하게 소화하지 않은 채 외출해 그 불씨가 방안의 카펫트에 인화되어 위 김○○의 집을 태우고, 이로 인해 안방에서 잠을 자던 전○○가 사망하고 말았다.

※ 중실화·중과실치사죄로 의율해야 한다.

◇ 페인트공의 인화물질 취급 잘못으로 화재가 발생한 경우

페인트공인 박○○는 작업중 인화물질을 다루다가 잘못해서 작업장에 불을 내 재물을 소훼하고 함께 일하던 손○○에게 화상(4도)을 입혔다.

※ 업무상 실화와 업무상 과실치상의 상상적 경합이 된다.

● 관련판례 1

◎ 업무상 실화죄에 있어서의 의무의 범위

업무상 실화죄에 있어서의 업무에는 그 직무상 화재의 원인이 된 화기를 직접 취급하는 것에 그치지 않고 화재의 발견 방지 등의 의무가 지워진 경우를 포함한다.(대법원 1983. 5. 10. 선고 82도2279 판결)

● 관련판례 2

◎ 약식명령이 확정된 소방법위반의 범죄사실과 업무상과실치상 · 업무상실화의 공소사실 상호간에 그 기초가 되는 사회적 사실관계가 동일한 것이라고 평가할 수 없다고 한 사례

약식명령이 확정된 소방법위반의 범죄사실과 업무상과실치상 · 업무상실화의 공소사실 모두 인화물질을 매개로 동일 장소 · 일시에서 근접하여 이루어졌다는 점에서는 일부 중복되는 면이 있으나, 각 위반행위의 내용과 태양 및 책임의 근거, 직접적인 보호법익 등이 다를 뿐만 아니라 그 죄질에도 현저한 차이가 있는 이상 이들 행위 상호간에는 그 기초가 되는 사회적 사실관계가 동일한 것이라고 평가할 수 없다고 한 사례.(대법원 2005. 1. 13. 선고 2004도6390 판결)

● 관련판례 3

◎ 유조차운전사가 석유구판점의 위험물취급주임의 지시를 받아 유조차의 석유를 구판점 탱크로 급유하다가 탱크주입구에서 급유호스가 빠지는 바람에 화기에 인화되어 화재가 발생한 경우 운전사의 업무상과실 유무(소극)

소방법 제18조, 같은법 시행규칙 제54조, 소방시설의 설치, 유지및위험물제조소등시설의기준에관한규칙 제279조 제6호에 비추어 보면 유조차의 석유를 구판점의 지하석유탱크에 공급하는 작업은 위험물취급주임의 참여하에 하여야 하고, 작업자는 그의 보완에 관한 지시와 감독하에 일을 하여야 하는 것이며, 그 보안에 관한 책임은 위험물취급주임에게 있는 것이라고 보아야 할 것인바, 유조차의 운전사에게 위험물취급주임의 지시 없이도 석유가 제대로 급유되는지, 어떠한 사유로 인하여 급유장애가 발생하는지 여부를 확인하기 위하여 급유가 끝날 때까지 그와 함께 또는 그와 교대로 급유호스가 주입구에서 빠지려고 할 때는 즉시 대응조치를 할 수 있는 자세를 갖추어야 할 업무상의 주의의무가 있다고 할 수는 없으므로, 유조차운전사가 석유구판점의 위험물취급주임의 지시를 받아 유조차의 석유를 구판점 탱크로 급유하다가 급유호스가 탱크주입구에서 빠지는 바람에 분출된 석유가 화기에 인화되어 화재가 발생한 경우 운전수가 위험물취급주임이 탱크주입구 부분을 이탈하였음을 보고서도유조차 운전석에 앉아 다른 일을 보고 있었다고 하여 운전사에게 화재발생에 대하여 과실이 있다고 책임을 물을 수는 없다. (대법원 1990. 11. 13. 선고 90도2011 판결)

7. 폭발성물건파열치사상죄

제172조(폭발성물건파열)

① 보일러, 고압가스 기타 폭발성있는 물건을 파열시켜 사람의 생명, 신체 또는 재산에 대하여 위험을 발생시킨 자는 1년 이상의 유기징역에 처한다.

② 제1항의 죄를 범하여 사람을 상해에 이르게 한 때에는 무기 또는 3년 이상의 징역에 처한다. 사망에 이르게 한 때에는 무기 또는 5년 이상의 징역에 처한다.

(작성례)

피의자는 김○○는 서울 ○○구 ○○동 123번지 다가구주택의 소유자이고, 피의자 이○○은 20○○. 3.경 위 다가구주택의 2층 201호에 입주하여 거주하다가 20○○. 4. 20.경 이사간 사람이다.

피의자 이○○은 20○○. 4. 20.경 이사를 가면서 외부에 설치된 가스용기로부터 분배되어 실내까지 연결된 가스호스의 끝 부분에 자신의 비용으로 설치하여 사용하던 중간밸브를 떼어가면서 적절한 조치를 취하지 아니하였다.

또한 소유자인 피의자 김○○은 세입자가 이사를 가게 되면 새로 이사오는 세입자가 새로이 설치하지 않아도 되는 가스사용시설과 같은 고정시설에 대한 이상 유무를 점검하지 아니하였다.

이러한 피의자들의 과실이 경합하여 같은 달 21. 위 201호로 이사온 피해자 최○○(남, 35세)가 홍○○가 위 주택에 설치된 가스이용시설을 사용하지 않고 휴대용 연소기를 사용하던 중, 같은 달 30. 23:00경 위 203호로 유입되는 가스를 개별적으로 차단하는 메인밸브가 알 수 없는 원인으로 개방됨으로써 액화석유가스가 위 203호 실내로 유입되었다. 그리고 피해자 최○○가 화장실 전등을 켜는 순간 점화되어 폭발하게 하여 액화석유가스를 파열시켜 사람의 생명, 신체 또는 재산에 대하여 위험을 발생시키고, 이로 인하여 피해자 최○○로 하여금 전신 3도 화상으로 즉시 사망에 이르게 하였으며, 피해자 문○○등 6인으로 하여금 상해를 입게 하였다.

■ 적용실례

◇ 근무태만으로 보일러를 방치해 보일러가 폭발한 경우

A는 보일러 기사로서 B회사에 고용되어 일하고 있는데 오래전부터 급료에 대해 불만을 가지고 있었다. A는 상사에게 월급을 올려달라고 몇 번 부탁했지만 계속 거절당했다. 그러던 중 A는 보일러의 압력을 조절하지 않고, 압력이 높아지는 것을 방치해 보일러가 폭발해 버렸다. 그리고 그 결과 B회사의 건물 지층이 손괴되었다.

※ A는 사람이 현존하고 있는 건물을 손괴한 것이므로 이 조 1항의 죄책을 면할 수 없다.

● 관련판례 1

◎ 폭발물사용죄에서 '폭발물'의 의미 및 어떠한 물건이 폭발물에 해당하는지 판단하는 기준

형법 제119조 제1항에서 규정한 폭발물사용죄는 폭발물을 사용하여 공안을 문란하게 함으로써 성립하는 공공위험범죄로서 개인의 생명, 신체 등과 아울러 공공의 안전과 평온을 보호법익으로 하는 것이고, 법정형이 사형, 무기 또는 7년 이상의 징역으로 범죄의 행위 태양에 해당하는 생명, 신체 또는 재산을 해하는 경우에 성립하는 살인죄, 상해죄, 재물손괴죄 등의 범죄를 비롯한 유사한 다른 범죄에 비하여 매우 무겁게 설정되어 있을 뿐 아니라, 형법은 제172조에서 '폭발성 있는 물건을 파열시켜 사람의 생명, 신체 또는 재산에 대하여 위험을 발생시킨 자'를 처벌하는 폭발성물건파열죄를 별도로 규정하고 있는데 그 법정형은 1년 이상의 유기징역으로 되어 있다. 이와 같은 여러 사정을 종합해 보면, 폭발물사용죄에서 말하는 폭발물이란 폭발작용의 위력이나 파편의 비산 등으로 사람의 생명, 신체, 재산 및 공공의 안전이나 평온에 직접적이고 구체적인 위험을 초래할 수 있는 정도의 강한 파괴력을 가지는 물건을 의미한다. 따라서 어떠한 물건이 형법 제119조에 규정된 폭발물에 해당하는지는 폭발작용 자체의 위력이 공안을 문란하게 할 수 있는 정도로 고도의 폭발성능을 가지고 있는지에 따라 엄격하게 판단하여야 한다. (대법원 2012. 4. 26. 선고 2011도17254 판결)

● 관련판례 2

◎ 임차인이 자신의 비용으로 설치·사용하던 가스설비의 휴즈콕크를 아무런 조치 없이 제거하고 이사를 간 후 가스공급을 개별적으로 차단할 수 있는 주밸브가 열려져 가스가 유입되어 폭발사고가 발생한 경우, 임차인의 과실과 가스폭발사고 사이의 상당인과관계를 인정한 사례

임차인이 자신의 비용으로 설치·사용하던 가스설비의 휴즈콕크를 아무런 조치 없이 제거하고 이사를 간 후 가스공급을 개별적으로 차단할 수 있는 주밸브가 열려져 가스가 유입되어 폭발사고가 발생한 경우, 구 액화석유가스의안전및사업관리법상의 관련 규정 취지와 그 주밸브가 누군가에 의하여 개폐될 가능성을 배제할 수 없다는 점 등에 비추어 그 휴즈콕크를 제거하면서 그 제거부분에 아무런 조치를 하지 않고 방치하면 주밸브가 열리는 경우 유입되는 가스를 막을 아무런 안전장치가 없어 가스 유출로 인한 대형사고의 가능성이 있다는 것은 평균인의 관점에서 객관적으로 볼 때 충분히 예견할 수 있다는 이유로 임차인의 과실과 가스폭발사고 사이의 상당인과관계를 인정한다.(대법원 2001. 6. 1. 선고 99도5086 판결)

8. 미수범 · 예비 · 음모

제175조(예비, 음모)

제164조제1항, 제165조, 제166조제1항, 제172조제1항, 제172조의2제1항, 제173조제1항과 제2항의 죄를 범할 목적으로 예비 또는 음모한 자는 5년 이하의 징역에 처한다. 단 그 목적한 죄의 실행에 이르기 전에 자수한 때에는 형을 감경 또는 면제한다.

(작성례 1)

피의자는 ○○시 ○○동 ○○번지에서 "○○상회"라는 상호를 걸고 식료품 등을 판매해오고 있다.

피의자는 그곳에서 100미터 가량 떨어진 곳에 "○○공판장"이 생겨 손님들이 모두 그곳을 찾는 바람에 장사가 잘 되지 않자, 위 "○○공판장"에 방화를 하기로 마음먹고 20○○. ○. ○. 01:00경 준비해 두었던 휘발유 ○리터를 스피아관 1통에 담아, 위 점포 앞에 운반하여 방화하려고 준비함으로써 방화의 예비를 하였다.

(작성례 2)

피의자는 서울 성북구 ○○동 100번지 공공상점의 점원으로 일하고 있다.

피의자는 상점의 주인 홍길동으로부터 해고당한 것에 화가 나서 그 점포에 방화할 것을 마음먹었다.

피의자는 20○○. 10. 10. 11:50경 위 홍길동 등 8명이 살고 있는 벽돌조 슬레이트 지붕 2층 겸 주택1채(면적 00평방미터)에 방화할 목적으로 같은 동 71번지에 있는 기름주유소에서 휘발유 4리터를 스피아관 1통에 담아가 그 점포의 1층 계단 창고 앞에 운반하여 불을 지르려고 준비함으로서 방화의 예비를 하였다.

■ 적용실례

◇ 불을 붙이려는 순간 제지당하여 불을 붙이지 못한 경우

이○○는 집주인과 말다툼을 하다 홧김에 집에 석유를 붓고, 성냥불을 켜서 붙이려는 순간에 집주인의 완력에 의한 제지로 미처 불을 붙이지 못하였다.

※ 이○○가 성냥불까지 켰다고 해도 방화의 목적물 내지 매개물에 불을 붙이지 않은 이상은 방화죄의 실행에 착수했다고 볼 수 없기 때문에(대법원 1960. 7. 22. 선고 4293형상213 판결), 위 이○○의 행위에 대해서는 현주건조물방화예비죄만을 적용할 수 있을 것이다. 하지만 성냥을 방화의 매개물로 보아 현주건조물방화죄의 실행의 착수를 인정할 여지도 있다.

제10절 일수와 수리에 관한 죄

1. 현주건조물일수치사상죄

제177조(현주건조물 등에의 일수)

① 물을 넘겨 사람이 주거에 사용하거나 사람이 현존하는 건조물, 기차, 전차, 자동차, 선박, 항공기 또는 광갱을 침해한자는 무기 또는 3년 이상의 징역에 처한다.

② 제1항의 죄를 범하여 사람을 상해에 이르게 한 때에는 무기 또는 5년 이상의 징역에 처한다. 사망에 이르게 한 때에는 무기 또는 7년 이상의 징역에 처한다.

[전문개정 1995.12.29.]

(작성례)

피의자는 ㅇㅇ도 ㅇㅇ면 ㅇㅇ리에서 농업에 종사하고 있다.

피의자는 20ㅇㅇ. ㅇ. ㅇ. 위 마을 ㅇㅇ천에 홍수가 났을 때, 피의자 소유의 축사가 침수되는 것을 막기 위하여 같은 날 22:30경 삽과 괭이를 가지고 피의자의 축사에서 약 50m 떨어져 있는 ㅇㅇ천 하류의 제방에 가, 위 도구로 둑을 무너뜨려 물줄기를 다른 방향으로 돌렸다. 이로 인하여 ㅇㅇ천이 넘쳐 그 하류에 있는 김ㅇㅇ 등 ㅇㅇ명이 살고 있는 가옥 ㅇㅇ채를 침해하였다.

2. 방수방해죄

제180조(방수방해)

수재에 있어서 방수용의 시설 또는 물건을 손괴 또는 은닉하거나 기타 방법으로 방수를 방해한 자는 10년 이하의 징역에 처한다.

(작성례)

피의자는 ㅇㅇ지역의 민방위대원이다.

피의자는 20ㅇㅇ. ㅇ. ㅇ.경 집중호우로 인해 ㅇㅇ군 ㅇㅇ면 ㅇㅇ천의 제방 일부가 무너지려 하여 위 ㅇㅇ면의 소방대 및 예비군이 긴급 출동하여 방수활동으로 제방을 보수하기 위해 목재 및 모래가마니 등을 운반하고 있었을 때, 그 기회를 이용하여 피의자와 평소에 자주 다투었던 소방대원 김ㅇㅇ에 대한 분풀이로 위 자재 등의 운반을 방해하기로 마음먹었다.

피의자는 김ㅇㅇ가 자재운반을 위해 지나다니는 같은 면 ㅇㅇ리 앞길에 위 예비군 등이 운반하여 놓은 것처럼 꾸며 직경 약 20센티미터, 길이 약 2.5미터 가량의 육송 원목 8개를 쌓아 놓아 위 자재운반을 할 때 곤란하게 함으로써 방수를 방해하였다.

3. 과실일수죄

제181조(과실일수)
과실로 인하여 제177조 또는 제178조에 기재한 물건을 침해한 자 또는 제179조에 기재한 물건을 침해하여 공공의 위험을 발생하게 한 자는 1천만원 이하의 벌금에 처한다. 〈개정 1995.12.29.〉

(작성례)

피의자는 ○○도 ○○면 ○○리에 있는 ○○저수지의 도수로 및 방수로의 관리와 수량조절 업무에 종사하고 있다.

피의자는 20○○. ○. ○. 21:30경 호우로 물이 갑자기 불어나자 이러한 경우 … 주의의무가 있는바(… 게을리 하여, … 과실로) 저수지의 수량을 조절하기 위하여 열어 두었던 수문을 닫으려고 기계를 조작하였다. 그러던 중 개방스위치를 폐쇄스위치로 잘못 알고 눌러 그 과실로 인하여 물이 방수로의 제방을 넘쳐 하류에 범람하여 같은 면 ○○리의 낮은 지대에 있는 김○○ 외 ○○명이 살고 있는 주택 ○○채를 침해하였다.

■ 적용실례

◇ 제방 개선사업 후 자연재해로 제방이 파손되어 인명피해가 발생한 경우

A시는 태풍으로 인해 홍수가 났을 때 항구주변의 주택이 침수되는 것을 막기 위해 그 시설을 개선하려는 취지에서, 제방의 개선사업을 추진해 왔다. 시는 B회사에 공사를 의뢰했고 B사는 C를 공사관리자로 하여 작업을 진행해 거의 완성단계에 있었다. 그러나 이 개량공사가 끝난 후, 예상할 수도 없었던 큰 태풍이 몰아닥쳐 그 폭풍우에 의해 제방이 파손되고 항구주변은 물론 많은 주택을 침수시켜 사망자와 부상자가 속출하는 피해가 발생했다. 이 경우 C의 형사책임.

※ 위 행위는 과실에 의한 일수이다. 따라서 행위자가 범람의 원인이 되는 행위를 한 때, 그 범람의 객관적인 예견가능성이 있었음에도 그것을 예견하지 못하고 적절한 회피조치를 취하지 않았다는 주의의무위반이 있어야 한다. 이 경우가 태풍 등의 자연재해를 대처하려고 계획하면서, 위와 같은 이상 상태를 생각하지 못해 피해가 발생한 것이긴 하지만, 그것이 예상을 넘은 것일 경우에는 이 죄의 과실행위가 있었다고 인정되지 않는다고 본다. 따라서 C에 대해서는 이 조의 형사책임을 물을 수 없게 된다.

4. 수리방해죄

제184조(수리방해)
둑을 무너뜨리거나 수문을 파괴하거나 그 밖의 방법으로 수리(水利)를 방해한 자는 5년 이하의 징역 또는 700만원 이하의 벌금에 처한다. [전문개정 2020. 12. 8.]

(작성례)

피의자는 ○○도 ○○면 ○○리에 있는 ○○평방미터의 논을 가지고 있으면서 농업에 종사하고 있다.

피의자는 20○○. ○. ○. 05 : 00경 그의 논 가까이 서쪽에 관개용 소류지가 생겨 저수되어 있었다. 그런데 그 구역내에 있는 전답을 가진 위 같은 마을 이○○ 외 ○○명이 모두 그 물을 이용할 수 있는 관습상의 유수사용권이 있음에도 불구하고 앞으로 닥칠지도 모를 가뭄으로 물이 계속 줄어들 것을 걱정하였다. 그래서 피의자의 논으로만 그 물을 흐르게 하려고 위 소류지의 수로를 흙으로 막아 물이 흐르지 못하게 함으로써 위 이○○ 외 ○○명의 수리권을 침해하여 수리를 방해하였다.

■ 적용실례

◇ 종래대로 용수를 확보하기 위해 다른 쪽으로 가는 배수로를 막았을 경우

하천상류의 B마을은, 지금까지 해 왔던 것과는 달리 배수로를 따로 만들어 많은 양을 송수했기 때문에 여름이 되면 하류의 A마을에 흘러드는 물이 적어져 벼를 키우는데 어려움이 생겼다. A마을은 이대로는 벼가 모두 말라죽겠다 싶어 종래대로의 물을 확보하기 위해 B마을에서 만들어 놓은 새 배수로를 막아 B마을로 많은 물이 흘러드는 것을 저지했다.

※ 이 경우 A마을의 행위는 작물의 손해를 막아보려는 것으로, 정당방위라고 볼 수 있겠다. 따라서 그 행위의 위법성은 조각되어 수리방해죄를 구성하지 않게 된다.

◇ 수몰지역에 경작한 뒤 수몰로 농작물을 망치자(소류지를 파헤쳐) 수리를 방해한 경우

이○○는 자기의 밭을 가지고 있었는데, 그 마을에 수리를 위한 소류지가 새로 생기면서 그의 밭이 소류지 수몰구역으로 편입되어 버렸다. 그러나 그의 밭은 높은 지대에 있어 경작을 할 수 있을 것이라고 생각했는데 그 소류지에 물을 가득 채우는 바람에 이○○의 밭이 침수되어 농작물을 망치게 되었다. 이○○는 홧김에 소류지의 일부를 괭이로 파헤쳐 수리를 방해하였다.

※ 이○○의 밭은 이미 수몰구역으로 편입된 것이기 때문에 위 행위를 정당방위 등으로는 볼 수 없겠다. 따라서 이○○는 수리방해의 혐의를 피할 수 없다.

● 관련판례 1

◎ [1] 형법 제184조 수리방해죄에 있어 '수리(수리)'와 '수리를 방해'의 의미 및 수리방해죄의 성립 요건/[2] 원천 내지 자원으로서의 물의 이용이 아니라, 하수나 폐수 등 이용이 끝난 물을 배수로를 통하여 내려보내는 것을 방해하는 경우, 수리방해죄의 성립 여부(한정 소극)/[3] 농촌주택에서 배출되는 생활하수의 배수관(소형 PVC관)을 토사로 막아 하수가 내려가지 못하게 한 경우, 수리방해죄에 해당하지 아니한다고 본 사례

[1] 형법 제184조는 '제방을 결궤(결궤, 무너뜨림)하거나 수문을 파괴하거나 기타 방법으로 수리를 방해'하는 것을 구성요건으로 하여 수리방해죄를 규정하고 있는바 여기서 수리(수리)라 함은, 관개용·목축용·발전이나 수차 등의 동력용·상수도의 원천용 등 널리 물이라는 천연자원을 사람의 생활에 유익하게 사용하는 것을 가리키고(다만, 형법 제185조의 교통방해죄 또는 형법 제195조의 수도불통죄의 경우 등 다른 규정에 의하여 보호되는 형태의 물의 이용은 제외될 것이다), 수리를 방해한다 함은 제방을 무너뜨리거나 수문을 파괴하는 등 위 조문에 예시된 것을 포함하여 저수시설, 유수로(유수로)나 송·인수시설 또는 이들에 부설된 여러 수리용 장치를 손괴·변경하거나 효용을 해침으로써 수리에 지장을 일으키는 행위를 가리키며, 나아가 수리방해죄는 타인의 수리권을 보호법익으로 하므로 수리방해죄가 성립하기 위하여는 법령, 계약 또는 관습 등에 의하여 타인의 권리에 속한다고 인정될 수 있는 물의 이용을 방해하는 것이어야 한다.

[2] 원천 내지 자원으로서의 물의 이용이 아니라, 하수나 폐수 등 이용이 끝난 물을 배수로를 통하여 내려보내는 것은 형법 제184조 소정의 수리에 해당한다고 할 수 없고, 그러한 배수 또는 하수처리를 방해하는 행위는, 특히 그 배수가 수리용의 인수(인수)와 밀접하게 연결되어 있어서 그 배수의 방해가 직접 인수에까지 지장

을 초래한다는 등의 특수한 경우가 아닌 한, 수리방해죄의 대상이 될 수 없다.

[3] 농촌주택에서 배출되는 생활하수의 배수관(소형 PVC관)을 토사로 막아 하수가 내려가지 못하게 한 경우, 수리방해죄에 해당하지 아니한다고 본 사례.(대법원 2001. 6. 26. 선고 2001도404 판결)

● 관련판례 2

◎ 유지의 몽리민들이 계속하여 20년이상 평온 공연하게 유지의 물을 사용하여 소유 농지를 경작한 경우의 동 몽리 농민들의 유지의 저수사용권

가. 몽리민들이 계속하여 20년 이상 평온 공연하게 본건 유지의 물을 사용하여 소유농지를 경작하여 왔다면 그 유지의 물을 사용할 권리가 있다고 할 것이므로 그 권리를 침해하는 행위는 수리방해죄를 구성한다할 것이다.

나. 몽이민들이 1944년경부터 계속하여 20년 이상 평온, 공연하게 본건 유지의 물을 사용하여 소유 농지를 경작하여 왔다면 본법 부칙 제2조, 본조, 본법 제245조 제1항, 제291조, 제292조 등에 의하여 지역권취득기간의 경과로 유지소유자에 대하여 그 저주 관계에 이용할 수 있는 권리를 취득하였다 하여 용수지역권에 관한 등기를 청구할 수 있다.(대법원 1968. 2. 20., 선고, 67도1677, 판결)

제11절 교통방해의 죄

1. 일반교통방해죄

제185조(일반교통방해)

육로, 수로 또는 교량을 손괴 또는 불통하게 하거나 기타 방법으로 교통을 방해한 자는 10년 이하의 징역 또는 1천500만원 이하의 벌금에 처한다. 〈개정 1995.12.29.〉

(작성례 1)

피의자는 20○○. ○. ○. 18：00경 ○○시 ○○구 ○○동 ○○빌딩앞 폭 약 4m의 도로에 차체 길이 약 4.5m의 대형트럭 1대를 비스듬히 주차하고 열쇠를 걸어놓아 둠으로써 육로를 막아 교통을 방해하였다(도로교통법 제148조 제1항, 제5조의 노상시비, 다툼 등으로 차의 통행방해행위와 다툼에 유의).

(작성례 2)

피의자는 20○○. ○. ○. 16:00경 서울 ○○구 ○○동 소재 피의자 경영 ○○포장마차 앞길에서 통행중인 자동차들이 먼지를 내며 지나다닌다는 이유로 생선상자 30개를 가져다가 그 길의 한복판에 쌓아 놓음으로써 일반 차량들이 통행하는 육로의 교통을 방해하였다.

■ 적용실례

◇ 토사채취를 하려다 도로를 손괴한 경우

토사채취 작업을 하는 강○○는 토사채취장에서 자갈을 채취하면서 채취장이 있는 마을 앞 도로를 폭 약 2m , 길이 약 9.5m, 깊이 약 2m에 걸쳐서 굴착하였다.

※ 강○○는 위 도로를 도로로 사용할 수 없도록 굴착하여 차들이 지나다니지 못하도록 했으므로 교통방해죄의 혐의를 면할 수 없다.

● 관련판례 1

◎ 일반교통방해죄가 성립하는지 여부(적극) 및 이때 집회 및 시위의 참가자에게 일반교통방해죄가 성립하기 위한 요건

「집회 및 시위에 관한 법률」(이하 '집시법' 이라고 한다) 제6조 제1항 및 그 입법취지에 비추어 보면, 집시법에 의하여 적법한 신고를 마치고 도로에서 집회나 시위를 하는 경우 도로의 교통이 어느 정도 제한될 수밖에 없다. 그러므로 그 집회 또는 시위가 신고된 범위 내에서 행해졌거나 신고된 내용과 다소 다르게 행해졌어도 신고된 범위를 현저히 일탈하지 않는 경우에는, 그로 인하여 도로의 교통이 방해를 받았다고 하더라도 특별한 사정이 없는 한 형법 제185조의 일반교통방해죄가 성립하지 않는다. 그러나 그 집회 또는 시위가 당초 신고된 범위를 현저히 일탈하거나 집시법 제12조에 의한 조건을 중대하게 위반하여 도로 교통을 방해함으로써 통행을 불가능하게 하거나 현저하게 곤란하게 하는 경우에는 일반교통방해죄가 성립한다(대법원 2008. 11. 13. 선고 2006도755 판결 등 참조).

그런데 당초 신고된 범위를 현저히 일탈하거나 집시법 제12조에 의한 조건을 중대하게 위반하여 도로 교통을 방해함으로써 통행을 불가능하게 하거나 현저하게 곤란하게 하는 집회 및 시위에 참가하였다고 하여, 그러한 참가자 모두에게 당연히 일반교통방해죄가 성립하는 것은 아니다. 실제로 그 참가자가 위와 같이 신고된 범위의 현저한 일탈 또는 조건의 중대한 위반에 가담하여 교통방해를 유발하는 직접적인 행위를 하였거나, 그렇지 아니할 경우에는 그 참가자의 참가 경위나 관여 정도 등에 비추어 그 참가자에게 공모공동정범으로서의 죄책을 물을 수 있는 경우라야 일반교통방해죄가 성립한다(대법원 2016. 11. 10. 선고 2016도4921 판결 등 참조).(대법원 2021. 7. 15., 선고, 2018도11349, 판결)

● 관련판례 2

◎ 형법 제185조의 일반교통방해죄에서 말하는 '육로' 의 의미 및 어떤 도로가 일반 공중의 통행에 공용된 도로에 해당하는 경우, 일반 공중의 자유로운 통행이 형법상 일반교통방해죄에 의해서도 보장되는지 여부(적극)

형법 제185조는 일반교통방해죄에 관하여 "육로, 수로 또는 교량을 손괴 또는 불통하게 하거나 기타 방법으로 교통을 방해한 자를 10년 이하의 징역 또는 1천 500만원 이하의 벌금에 처한다."라고 규정하고 있다. 여기에서 '육로' 란 일반 공중의 통행에 공용된 장소, 즉 특정인에 한하지 않고 불특정 다수인 또는 차마가 자유롭게 통행할 수 있는 공공성을 지닌 장소를 말하며, 공로라고도 불린다. 그 부지의 소유관계나 통행권리관계 또는 통행인의 많고 적음 등은 가리지 않으며, 부지의 소유자라 하더라도 그 도로의 중간에 장애물을 놓아두거나 파헤치는 등의 방법으로 통행을 불가능하게 한 행위는 일반교통방해죄에 해당한다. 따라서 어떤 도로가 일반 공중의 통행에 공용된 도로, 즉 공로에 해당하는 경우에는 일반 공중의 자유로운 통행이 형법상 일반교통방해죄에 의해서도 보장된다고 볼 수 있다.(대법원 2017. 4. 7. 선고 2016도12563 판결)

● 관련판례 3

◎ 형법 제185조의 일반교통방해죄에서 말하는 '육로'의 의미 및 공로에 출입할 수 있는 다른 도로가 있는 상태에서 토지 소유자로부터 일시적인 사용승낙을 받아 통행하거나 토지 소유자가 개인적으로 사용하면서 부수적으로 타인의 통행을 묵인한 장소에 불과한 도로가 육로에 해당하는지 여부(소극)

형법 제185조의 일반교통방해죄는 일반 공중의 교통안전을 보호하는 범죄로서 육로 등을 손괴하거나 장애물로 막는 등의 방법으로 교통을 방해하여 통행을 불가능하게 하거나 현저하게 곤란하게 하는 일체의 행위를 처벌하는 것을 목적으로 한다. 여기에서 '육로'란 일반 공중의 왕래에 제공된 장소, 즉 특정인에 한하지 않고 불특정 다수인 또는 차마가 자유롭게 통행할 수 있는 공공성을 지닌 장소를 말한다. 통행로를 이용하는 사람이 적은 경우에도 위 규정에서 말하는 육로에 해당할 수 있으나, 공로에 출입할 수 있는 다른 도로가 있는 상태에서 토지 소유자로부터 일시적인 사용승낙을 받아 통행하거나 토지 소유자가 개인적으로 사용하면서 부수적으로 타인의 통행을 묵인한 장소에 불과한 도로는 위 규정에서 말하는 육로에 해당하지 않는다.(대법원 2021. 3. 11., 선고, 2020다229239, 판결)

● 관련판례 4

◎ 피고인이 야간옥외집회에 참가하여 교통을 방해하였다는 취지로 공소제기된 사안에서, '집회 및 시위에 관한 법률 위반죄'와 '일반교통방해죄'가 실체적 경합관계에 있다는 전제에서 각 별개의 형을 정한 원심판결에 죄수에 관한 법리오해의 위법이 있다고 한 사례

피고인이 야간옥외집회에 참가하여 교통을 방해하였다는 취지로 공소제기된 사안에서, 집회 및 시위와 그로 인하여 성립하는 일반교통방해는 상상적 경합관계에 있다고 보는 것이 타당하므로, 이와 달리 피고인에 대한 '집회 및 시위에 관한 법률 위반죄'와 '일반교통방해죄'가 실체적 경합관계에 있다는 전제에서 각 별개의 형을 정한 원심판결에 죄수에 관한 법리오해의 위법이 있다고 한 사례.(대법원 2011. 8. 25. 선고 2008도10960 판결)

2. 기차, 선박 등 교통방해죄

제186조(기차, 선박 등의 교통방해)
궤도, 등대 또는 표지를 손괴하거나 기타방법으로 기차, 전차, 자동차, 선박 또는 항공기의 교통을 방해한 자는 1년이상의 유기징역에 처한다.

(작성례)

피의자는 ○○시 ○○청에서 근무했었는데, 피의자의 과실로 ○○청에서 해고되자 해고된 데에 앙심을 품고 교통을 방해하기로 하였다.

피의자는 20○○. ○. ○. 19：00경 ○○시 ○○역 서남쪽 약 1,200m의 상행선 궤도 부근에 있던 무게 약 20kg의 콘크리트 덩어리 2개를 놓아둠으로써 ○○역으로 향해 가던 전동차의 교통을 방해하였다.

● 관련판례 1

◎ 선박매몰죄의 고의가 성립하기 위한 인식의 정도 및 사람의 현존하는 선박에 대해 매몰행위의 실행을 개시하여 선박을 매몰시켰으나 그 결과발생시 사람이 현존하지 않았거나 범인이 선박에 있는 사람을 안전하게 대피시킨 경우, 선박매몰죄의 기수로 볼 것인지 여부

선박매몰죄의 고의가 성립하기 위하여는 행위시에 사람이 현존하는 것이라는 점에 대한 인식과 함께 이를 매몰한다는 결과발생에 대한 인식이 필요하며, 현존하는 사람을 사상에 이르게 한다는 등 공공의 위험에 대한 인식까지는 필요하지 않고, 사람의 현존하는 선박에 대해 매몰행위의 실행을 개시하고 그로 인하여 선박을 매몰시켰다면 매몰의 결과발생시 사람이 현존하지 않았거나 범인이 선박에 있는 사람을 안전하게 대피시켰다고 하더라도 선박매몰죄의 기수로 보아야 할 것이지 이를 미수로 볼 것은 아니다(대법원 2000. 6. 23. 선고 99도4688 판결).

● 관련판례 2

◎ 풍랑 중에 종선에 조업제시한 선단의 책임선의 선장에게 업무상 과실선박매몰죄의 성립을 부정한 사례

피고인이 선단의 책임선인 제1봉림호의 선장으로 조업중이었다 하더라도 피고인으로서는 종선의 선장에게 조업상의 지시만 할 수 있을 뿐 선박의 안전관리는 각 선박의 선장이 책임지도록 되어 있었다면 그 같은 상황 하에서 피고인이 풍랑중에 종선에 조업지시를 하였다는 것만으로는 종선의 풍랑으로 인한 매몰사고와의 사이에 인과관계가 성립할 수 없다고 한 원심의 판단은 타당하다.(대법원 1989. 9. 12. 선고 89도1084 판결)

3. 기차 등 전복죄

제187조(기차 등의 전복 등)

사람의 현존하는 기차, 전차, 자동차, 선박 또는 항공기를 전복, 매몰, 추락 또는 파괴한 자는 무기 또는 3년 이상의 징역에 처한다.

(작성례)

피의자는 20○○. ○. ○. 17 : 00경 발동기선인 ○○호를 조종하여 인천시 앞바다에서 ○○도를 향해 항행하던 소○○가 조종하는 발동기선 ○○호와 추월 경쟁을 하다가 고의로 자기 배의 선수를 위 ○○호의 우현 후부에 충돌시켜 위 배의 선현을 약 6m에 걸쳐 파괴하고 위 배를 침수시켜 항행을 불능케 함으로써 사람이 현존하는 선박을 파괴하였다.

● 관련판례 1

◎ 형법 제187조 선박파괴죄에서 말하는 '파괴'의 의미

형법이 제187조를 교통방해의 죄 중 하나로서 그 법정형을 높게 정하는 한편 미수, 예비·음모까지도 처벌 대상으로 삼고 있는 사정에 덧붙여 '파괴' 외에 다른 구성요건 행위인 전복, 매몰, 추락 행위가 일반적으로 상당한 정도의 손괴를 수반할 것이 당연히 예상되는 사정 등을 고려해 볼 때, 형법 제187조에서 정한 '파괴'란 다른 구성요건 행위인 전복, 매몰, 추락 등과 같은 수준으로 인정할 수 있을 만큼 교통기관으로서의 기능·용법의 전부나 일부를 불가능하게 할 정도의 파손을 의미하고, 그 정도에 이르지 아니하는 단순한 손괴는 포함되지 않는다. (대법원 2009. 4. 23. 선고 2008도11921 판결)

● 관련판례 2

◎ 승객이 탄 헬리콥터의 조종사가 엔진 고장시에 긴급시의 항법으로서 정해진 절차에 따라 운행하지 못한 과실로 위 항공기를 해상에 추락시킨 경우 형법 제187조의 업무상과실항공기추락죄에 해당하는지 여부(적극)

형법 제187조에서 말하는 항공기의 '추락'이라 함은 공중에 떠 있는 항공기를 정상시 또는 긴급시의 정해진 항법에 따라 지표 또는 수면에 착륙 또는 착수시키지 못하고, 그 이외의 상태로 지표 또는 수면에 낙하시키는 것을 말하는 것인바, 헬리콥터에 승객 3명을 태우고 운항하던 조종사가 엔진 고장이 발생한 경우에 위 항공기를 긴급시의 항법으로서 정해진 절차에 따라 운항하지 못한 과실로 말미암아 사람이 현존하는 위 항공기를 안전하게 비상착수시키지 못하고 해상에 추락시켰다면 업무상 과실항공기추락죄에 해당한다. (대법원 1990. 9. 11. 선고 90도1486 판결)

4. 교통방해치사상죄

제188조(교통방해치사상)

제185조 내지 제187조의 죄를 범하여 사람을 상해에 이르게 한 때에는 무기 또는 3년 이상의 징역에 처한다. 사망에 이르게 한 때에는 무기 또는 5년 이상의 징역에 처한다.

● 관련판례

◎ **[1]교통방해치사상죄의 성립 요건 및 교통방해 행위와 사상의 결과 사이에 상당인과관계를 인정할 수 있는 경우/[2]피고인이 고속도로 2차로를 따라 자동차를 운전하다가 1차로를 진행하던 갑의 차량 앞에 급하게 끼어든 후 곧바로 정차하여, 갑의 차량 및 이를 뒤따르던 차량 두 대는 급정차하였으나, 그 뒤를 따라오던 을의 차량이 앞의 차량들을 연쇄적으로 추돌케 하여 을을 사망에 이르게 하고 나머지 차량 운전자 등 피해자들에게 상해를 입힌 사안에서, 피고인에게 일반교통방해치사상죄를 인정한 원심판단이 정당하다고 한 사례**

[1] 형법 제188조에 규정된 교통방해에 의한 치사상죄는 결과적 가중범이므로, 위 죄가 성립하려면 교통방해 행위와 사상(사상)의 결과 사이에 상당인과관계가 있어야 하고 행위 시에 결과의 발생을 예견할 수 있어야 한다. 그리고 교통방해 행위가 피해자의 사상이라는 결과를 발생하게 한 유일하거나 직접적인 원인이 된 경우만이 아니라, 그 행위와 결과 사이에 피해자나 제3자의 과실 등 다른 사실이 개재된 때에도 그와 같은 사실이 통상 예견될 수 있는 것이라면 상당인과관계를 인정할 수 있다.

[2] 피고인이 고속도로 2차로를 따라 자동차를 운전하다가 1차로를 진행하던 갑의 차량 앞에 급하게 끼어든 후 곧바로 정차하여, 갑의 차량 및 이를 뒤따르던 차량 두 대는 연이어 급제동하여 정차하였으나, 그 뒤를 따라오던 을의 차량이 앞의 차량들을 연쇄적으로 추돌케 하여 을을 사망에 이르게 하고 나머지 차량 운전자 등 피해자들에게 상해를 입힌 사안에서, 편도 2차로의 고속도로 1차로 한가운데에 정차한 피고인은 현장의 교통상황이나 일반인의 운전 습관·행태 등에 비추어 고속도로를 주행하는 다른 차량 운전자들이 제한속도 준수나 안전거리 확보 등의 주의의무를 완전하게 다하지 않을 수도 있다는 점을 알았거나 충분히 알 수 있었으므로, 피고인의 정차 행위와 사상의 결과 발생 사이에 상당인과관계가 있고, 사상의 결과 발생에 대한 예견가능성도 인정된다는 이유로, 피고인에게 일반교통방해치사상죄를 인정한 원심판단이 정당하다고 한 사례.(대법원 2014. 7. 24. 선고 2014도6206 판결)

제12절 먹는 물에 관한 죄

1. 먹는 물의 사용방해죄

제192조(먹는 물의 사용방해)

① 일상생활에서 먹는 물로 사용되는 물에 오물을 넣어 먹는 물로 쓰지 못하게 한 자는 1년 이하의 징역 또는 500만원 이하의 벌금에 처한다.

② 제1항의 먹는 물에 독물(毒物)이나 그 밖에 건강을 해하는 물질을 넣은 사람은 10년 이하의 징역에 처한다.

[전문개정 2020. 12. 8.]

(작성례)

피의자는 20○○. ○. ○. 17：00경 ○○ 마을주민 50여명이 먹는 물로 사용하는 공동우물에 평소 주민들로부터 따돌림을 받는데 대한 화풀이로 설사약으로 사용되는 ○○을 100정 정도를 투입하여 먹는 물로 사용하지 못하게 하였다.

■ 적용실례

◇ 많은 양의 음료수에 세제를 투입했으나 거품이 사라졌을 경우

A는 일정지역 사람들이 음료수로서 사용하는 물에 장난으로 가정용 세제를 투입하고 거품을 일으키면서 놀았다. 물의 양이 많았기 때문에 거품은 금새 사라지고 곧 정상으로 되었다.

※ 음용수사용방해죄에서는 오염상태의 시간적인 장단을 묻지 않는다. 따라서 위 경우처럼 세제의 거품이 금방 사라졌다고 해도 이 죄의 죄책을 면할 수는 없다.

2. 수돗물의 사용방해죄

제193조(수돗물의 사용방해)

① 수도(水道)를 통해 공중이 먹는 물로 사용하는 물 또는 그 수원(水原)에 오물을 넣어 먹는 물로 쓰지 못하게 한 자는 1년 이상 10년 이하의 징역에 처한다.

② 제1항의 먹는 물 또는 수원에 독물 그 밖에 건강을 해하는 물질을 넣은 자는 2년 이상의 유기징역에 처한다.

[전문개정 2020. 12. 8.]

(작성례)

피의자는 20○○. ○. ○. 15시경 ○○시 ○○군에 위치한 ○○마을 주민 100여명의 수원에 주민들로부터 따돌림을 받은 것에 대한 분풀이로 인분 500리터를 혼입하였다. 이로써 이를 먹는 물로 사용치 못하게 하였다.

■ 적용실례

◇ 수도저수지에 비료용 오염물을 빠뜨렸을 경우

A는 휴일에 피크닉을 갔다가 돌아오는 길에 수도저수지 옆 농지에 쌓여 있던 비료용 오염물을 장난삼아 발로 차서 위 수도저수지에 빠뜨렸다.

※ 많은 사람이 이용하는 수도저수지에 대해서 이러한 행위를 하면, 그것이 위험한 결과를 가져오지 않았다고 해도 형사책임을 져야 할 것이다.

제13절 아편에 관한 죄

1. 아편 등 제조, 수입, 판매, 판매목적소지죄

제198조(아편 등의 제조 등)

아편, 몰핀 또는 그 화합물을 제조, 수입 또는 판매하거나 판매할 목적으로 소지한 자는 10년 이하의 징역에 처한다.

■ 적용실례

◇ 발각될 것이 겁나 아편을 바다에 버렸을 경우

원양어업을 하는 A는 동료의 권유로 작업을 마치고 돌아오면서 외국인 어부로부터 아편을 받아 귀항한 후, 이 아편을 팔아 돈을 벌려고 했다. 그러나 우리나라 영해에 들어오자 갑자기 발각될 것이 겁나서 아편을 모두 바다에 던져 버렸다.

※ A의 행위는 아직 국내에 아편을 수입한 것이라고 볼 수 없어 처벌의 대상이 되지 않는다.

2. 세관공무원의 아편 등 수입, 수입허용죄

제200조(세관 공무원의 아편 등의 수입)
세관의 공무원이 아편, 몰핀이나 그 화합물 또는 아편흡식기구를 수입하거나 그 수입을 허용한 때에는 1년 이상의 유기징역에 처한다.

■ 적용실례

◇ 아편수입을 세관직원이 허용해주다 발각되었을 경우

세관직원인 김○○의 권유로, 이○○는 아편을 수입해 팔아 돈을 벌기로 했다. 그리고 김○○의 원조 아래 동남아시아에서 구입한 아편을 공항을 거쳐 밀수입하려고 했다. 그런데 공항세관에서, 이○○의 행동을 수상하게 여긴 다른 세관직원에게 발각되어, 둘의 계획은 실패하고 말았다. 이 때 김○○의 행위는 이 죄에 해당될까?

※ 김○○의 수입허용죄의 기수는, 이○○의 수입이 기수가 되었을 때 성립한다. 사례의 경우 이○○의 행위는 수입죄로서 이미 기수가 되었고, 김○○는 허용해준 것과 같이 되어 세관직원인 김○○의 행위는 이 조의 수입허용죄로 처벌되어야 할 것이다.

3. 아편 등 소지죄

제205조(아편 등의 소지)
아편, 몰핀이나 그 화합물 또는 아편흡식기구를 소지한 자는 1년 이하의 징역 또는 500만원 이하의 벌금에 처한다. 〈개정 1995.12.29.〉

■ 적용실례

◇ 장식용으로 아편흡식기를 구입했을 경우

A는 잘 알려진 배우로서, 영화제작을 위해 동남아시아에 갔다가 길에서 예쁘게 장식해서 팔고 있는 아편흡식기를 하나 샀다. 그리고 귀국한 뒤에 자기 집 거실에 장식용으로 놓아두었다.

※ 아편흡식기를 장식용 골동품으로 쓸 생각으로 국내에 반입한 것으로, 판매목적 소지가 아니므로 단순히 아편흡식기구소지에 해당한다.

제14절 통화에 관한 죄

1. 위조, 변조통화 행사 등 죄

제207조(통화의 위조 등)

① 행사할 목적으로 통용하는 대한민국의 화폐, 지폐 또는 은행권을 위조 또는 변조한 자는 무기 또는 2년 이상의 징역에 처한다.

② 행사할 목적으로 내국에서 유통하는 외국의 화폐, 지폐 또는 은행권을 위조 또는 변조한 자는 1년 이상의 유기징역에 처한다.

③ 행사할 목적으로 외국에서 통용하는 외국의 화폐, 지폐 또는 은행권을 위조 또는 변조한 자는 10년 이하의 징역에 처한다.

④ 위조 또는 변조한 전3항 기재의 통화를 행사하거나 행사할 목적으로 수입 또는 수출한 자는 그 위조 또는 변조의 각 죄에 정한 형에 처한다.

(작성례 1)

피의자는 통용하는 한국은행권 5,000원권 10매를 1조의 재료로 하여, 각 오른쪽 끝의 첫번째장은 폭 약 10분의 1로 오려내고, 두번째장은 폭 약 10분의 2, 세번째장은 폭 약 10분의 3, 이런 식으로 차례로 그 폭을 차츰 배로 하여 오려냈다. 그런 다음, 그 첫 번째장 왼쪽 부분에는 그 오른쪽 끝에 좁은 백지를, 두번째장 왼쪽 부분에는 그 오른쪽 끝에서 오려낸 첫번째장 오른쪽 끝을, 세번째장에는 그 오른쪽 끝에서 오려낸 두 번째장의 오른쪽 끝을, 이러한 차례로 똑같은 방법으로 이어 맞추어 뒷면에서 풀칠을 하고 마지막의 열번째장의 오른쪽 부분에는 그 왼쪽에 좁은 백지를 이어 맞추어 뒷면에서 이어 붙였다.

결국 피의자는 위와 같은 방법으로 통용되는 한국은행권을 위조할 것을 마음먹고 행사할 목적으로, 20○○. ○. ○.경 서울 ○○구 ○○동 ○○번지에 있는 피의자 집 2층 3평짜리 방에서 미리 준비한 내국통용의 금액 5천원의 한국은행권과 백지, 판자, 가위, 풀, 면도날 등을 사용하여 전기와 같은 방법으로 내국통용의 한국은행이 발행하는 5천원짜리 은행권 4매를 각 위조하였다.

그리고 피의자는 같은 달 ○. 22:40경 서울 ○○구 ○○동 ○○번지에 있는 ○○담배가게에서 한라산 담배 1갑을 사면서, 위와 같이 위조한 한국은행권 중 1매를 그 정을 모르는 위 가게의 종업원 염○○에게 그 담배 1갑의 대금으로 제시하여 이를 행사하였다.

※ 형법 제207조 제1항 및 특정범죄가중처벌등에관한법률 제10조에 해당할 것이나 형법상 통화위조죄는 특가법 제10조에서 가중처벌 범죄로 수용하므로 사문화되어 그 죄명을 「특정범죄가중처벌등에관한법률위반(통화위조)」로 해야 할 것이다.

(작성례 2)

피의자는 행사할 목적으로 20○○. ○. ○. 경 ○○동 소재 ○○커피숍에서 미합중국 100만달러 지폐6장과 10만달러 지폐 6장 등 합계 660만달러(한화 약 72억5천만원 상당)가 위조지폐라는 정을 알면서도 김○○로부터 교부받아 이를 취득하였다.

■ 적용실례

◇ 위조지폐인지 모르고 사용한 경우

A는 만원권 위조지폐 한장을 B에게 주며 담배를 사오라고 시켰다. 그 때 B는 그것이 위조지폐라는 것을 알지 못했고, A도 B에게 가르쳐주지 않았다.

※ 위조·변조통화라는 것을 상대방에게 알리지 않고 교부한 경우로, 자동판매기에 위조통화를 사용한 행위와 같이 보아 A의 행위는 위조통화의 "행사" 라고 하는 것이 다수설이다.

● 관련판례 1

◎ 행사할 목적으로 내국에서 유통하는 외국의 화폐, 지폐 또는 은행권을 위조 또는 변조하는 행위를 처벌하는 특정범죄 가중처벌 등에 관한 법률 제10조 중 형법 제207조 제2항에 관한 부분이 형법 제207조 제2항과의 관계에서 형벌체계상의 정당성과 균형성을 제대로 갖추지 못하여 헌법의 기본원리나 평등원칙에 어긋나는지 여부(적극)

특정범죄가중법 제10조 중 형법 제207조 제2항에 관한 부분(이하 '이 사건 특정범죄가중법 조항' 이라 한다)은, 형법 제207조 제2항(이하 '이 사건 형법 조항' 이라 한다)의 범죄를 범한 사람, 즉 "행사할 목적으로 내국에서 유통하는 외국의 화폐, 지폐 또는 은행권을 위조 또는 변조한 자" 를 이 사건 형법 조항에서 정한 법정형보다 중하게 처벌한다는 취지이다.그런데 이 사건 특정범죄가중법 조항은 이 사건 형법 조항에서 정한 구성요건 외에 특별한 가중적 구성요건의 표지를 전혀 추가하지 않고 법정형만을 가중함으로써 그 법적용을 오로지 검사의 기소재량에만 맡기고 있어 법적용에 대한 혼란을 낳게 되고 더욱이 그 법정형은 이 사건 형법 조항에서 정한 형과 달리 사형을 추가하고 유기징역형의 하한도 5배나 가중하고 있어 형벌체계상의 정당성과 균형성을 제대로 갖추지 못하였다고 할 수 있으므로, 결국 기소 재량에 의하여 어느 규정이 적용되는지 여부에 따라 심각한 형의 불균형이 초래되어 헌법의 기본원리나 평등원칙에 어긋날 수 있다.(대법원 2015. 2. 16. 선고 2014도14843 판결)

● 관련판례 2

◎ 형법 제207조 통화위조죄 등에서 '행사할 목적' 의 의미 및 자신의 신용력을 증명하기 위하여 타인에게 보일 목적으로 통화를 위조한 경우, 행사할 목적이 인정되는지 여부(소극)

형법 제207조에서 정한 '행사할 목적' 이란 유가증권위조의 경우와 달리 위조·변조한 통화를 진정한 통화로서 유통에 놓겠다는 목적을 말하므로, 자신의 신용력을 증명하기 위하여 타인에게 보일 목적으로 통화를 위조한 경우에는 행사할 목적이 있다고 할 수 없다(대법원 2012. 3. 29. 선고 2011도7704 판결)

● 관련판례 3

◎ 위조된 외국의 화폐, 지폐 또는 은행권이 외국에서 강제통용력이 없고 국내에서 사실상 거래 대가의 지급수단이 되지 않는 경우, 그 화폐 등을 행사한 행위가 위조통화행사죄를 구성하는지 여부(소극) 및 이 경우 위조사문서행사죄 또는 위조사도화행사죄로 의율할 수 있는지 여부(적극)

형법상 통화에 관한 죄는 문서에 관한 죄에 대하여 특별관계에 있으므로 통화에 관한 죄가 성립하는 때에는 문서에 관한 죄는 별도로 성립하지 않는다. 그러나 위조된 외국의 화폐, 지폐 또는 은행권이 강제통용력을 가지지 않는 경우에는 형법 제207조 제3항에서 정한 '외국에서 통용하는 외국의 화폐 등' 에 해당하지 않고, 나아가 그 화폐 등이 국내에서 사실상 거래 대가의 지급수단이 되고 있지 않는 경우에는 형법 제207조 제2항에서 정한 '내국에서 유통하는 외국의 화폐 등' 에도 해당하지 않으므로, 그 화폐 등을 행사하더라도 형법 제207조 제4항에서 정한 위조통화행사죄를 구성하지 않는다고 할 것이고, 따라서 이러한 경우에는 형법 제234조에서 정한 위조사문서행사죄 또는 위조사도화행사죄로 의율할 수 있다고 보아야 한다.(대법원 2013. 12. 12. 선고 2012도2249 판결)

2. 위조통화 취득후 지정행사죄

제208조(위조통화의 취득)
행사할 목적으로 위조 또는 변조한 제207조 기재의 통화를 취득한 자는 5년 이하의 징역 또는 1천500만원 이하의 벌금에 처한다. 〈개정 1995.12.29.〉

(작성례)

피의자는, 20○○. ○. ○.경 부산 ○○구 ○○동 ○○번지에 있는 모 ○○의 집에서 그가 전부터 내국에서 유통하는 외국지폐인 미합중국 발행의 100달러 표시 군표 1장을 습득소지하고 있다가 그것이 위조화폐인 것을 알면서도 그 정을 모르는 위 오○○에게 제시하여 한국은행권 10만원과 교환함으로써 이를 행사하였다.

■ 적용실례

◇ 훔친 화폐가 위조권인 것을 알면서도 사용한 경우

A는, B의 집에서 1만원권 50매를 훔쳤는데 나중에 그것이 위조지폐라는 것을 알았다. 그리고 그것을 알면서도, 그 사정을 모르는 C에게 그 중 20매를 교부하였다. 위조통화취득후의 지정행사죄에 해당하는가?

※ 위조통화를 모르고 취득한 이상 취득의 적법·위법은 문제되지 않으므로 위조통화취득후의 지정행사죄에 해당한다.

● 관련판례

◎ 위조통화임을 알고 있는 자에게 그 위조통화를 교부한 경우, 위조통화행사죄의 성립 여부(적극)

위조통화임을 알고 있는 자에게 그 위조통화를 교부한 경우에 피교부자가 이를 유통시키리라는 것을 예상 내지 인식하면서 교부하였다면, 그 교부행위 자체가 통화에 대한 공공의 신용 또는 거래의 안전을 해할 위험이 있으므로 위조통화행사죄가 성립한다.(대법원 2003. 1. 10. 선고 2002도3340 판결)

제15절 유가증권, 우표와 인지에 관한 죄

1. 유가증권 위조, 변조죄 · 기재의 위조, 변조죄

제214조(유가증권의 위조 등)

① 행사할 목적으로 대한민국 또는 외국의 공채증서 기타 유가증권을 위조 또는 변조한 자는 10년 이하의 징역에 처한다.

② 행사할 목적으로 유가증권의 권리의무에 관한 기재를 위조 또는 변조한 자도 전항의 형과 같다.

(작성례 1)

피의자는 20○○. 6. 30. 10:00경 서울 종로구 인사동 444에 있는 한영전자 종로대리점에서 행사할 목적으로 함부로 소지하고 있던 ○○은행 종로지점의 약속어음 용지에 검정색 볼펜을 사용하여 액면란에 “이백만원정”, 발행일란에 “2009. 5. 30”, 지급기일란에 “2009. 7. 30”, 발행인란에 “김○○”라고 각 기재하였다. 그리고 그 이름 옆에 가짜로 새겨 가지고 있던 그의 인장을 찍어 유가증권인 김○○ 명의의 약속어음 1장을 위조하였다.

피의자는 같은 날 16:00경 서울 동대문구 제기동 455에 있는 동성전자 대리점에서 그 정을 모르는 위 대리점 종업원 심○○에게 위와 같이 위조한 약속어음을 마치 진정하게 발행된 것처럼 교부하여 이를 행사하였다.

(작성례 2)

피의자는 ○○목재라는 상호로 목재상을 운영하는 사람이다.

피의자는 20○○. 1. 5. ○○○동 123 소재 피의자의 집에서 행사할 목적으로 검정색 볼펜을 사용하여 약속어음용지의 “금액란에 금 2,000만원, 지급기일 3. 4. 발행인 김○○의 주소, 성명”을 마음대로 기재하였다. 그리고 다음 발행인 이름 아래 미리 마련한 김○○이라 새긴 둥근 도장을 찍어서 위 김○○ 명의의 약속어음 1매를 위조하였다.

■ 적용실례

◇ 당첨복권을 위조한 경우

구두점을 운영하는 도○○는 많은 부채를 지고 있어, 이의 변제방법에 대해 고민하다 복권을 위조하기로 마음먹었다. 도○○는 그 주 당첨번호가 35조 722421호인 것을 확인하고, 미리 사두었으나 이미 당첨번호가 틀려버린 32조 742431호와 55조174322호의 복권을 꺼내 앞의 복권에서 2, 4, 3의 숫자를 긁어내고, 그 위에 뒤 복권에서 오려낸 3, 4, 2의 숫자를 끼워 넣었다. 이렇게 해서 당첨복권을 위조하였다.

※ 복권도 이 죄의 객체가 되어 유가증권위조죄가 성립한다.

◇ 공중전화카드를 위조해서 다시 사용한 경우

A는 행사할 목적으로 이미 다 사용해버린 공중전화카드의 자기선 부분을 고쳐서 다시 사용할 수 있는 상태로 만들었다.

※ 자기선 부분만 따로 떼어 생각하면 다르겠지만, 전화카드 전체를 놓고 보면 이것은 카드식 공중전화기를 이용할 수 있는 재산상의 권리를 표시해 놓은 것이고, 권리를 행사하기 위해 점유해야 하는 것이다. 따라서 자기선 부분만 따로 생각할 것 없이 전화카드 자체가 유가증권에 해당된다고 본다(선불식 전화카드의 경우를 말한다). 또 전화카드의 작성명의는 한국통신에 있고, A의 행위는 한국통신 명의의 유가증권을 위조(변조가 아님)한 것으로 인정된다.

◇ 카드 금액을 타인에게 정정하도록 했을 경우

이○○는 양복을 사면서 상점점원에게 카드를 제시하고, 그 카드의 금액란을 정정할 권리가 자기에게 있는 것처럼 속여, 상점점원으로 하여금 카드의 금액란을 정정기재하도록 하였다.

※ 유가증권변조죄는 정을 모르는 제3자를 통해 간접정범의 형태로도 범할 수 있다. 따라서 이○○에게는 간접정범에 의한 유가증권변조죄를 적용할 수 있을 것이다.

● 관련판례 1

◎ 주식회사의 대표이사가 대표 자격을 표시하는 방식으로 문서를 작성한 행위가 위조에 해당하는지 판단하는 기준(=작성권한의 유무) 및 대표이사가 허위로 또는 대표권을 남용하여 주식회사 명의의 문서를 작성한 경우, 자격모용사문서작성죄 또는 사문서위조죄에 해당하는지 여부(소극) / 이러한 법리는 대표이사가 대표 자격을 표시하는 방식으로 약속어음 등 유가증권을 작성하는 경우에도 마찬가지로 적용되는지 여부(적극)

주식회사의 대표이사가 그 대표 자격을 표시하는 방식으로 작성한 문서에 표현된 의사 또는 관념이 귀속되는 주체는 대표이사 개인이 아닌 주식회사이므로 그 문서의 명의자는 주식회사라고 보아야 한다. 따라서 위와 같은 문서 작성행위가 위조에 해당하는지는 그 작성자가 주식회사 명의의 문서를 적법하게 작성할 권한이 있는지에 따라 판단하여야 하고, 문서에 대표이사로 표시되어 있는 사람으로부터 그 문서 작성에 관하여 위임 또는 승낙을 받았는지에 따라 판단할 것은 아니다(대법원 2008. 12. 24. 선고 2008도7836 판결 참조).

원래 주식회사의 적법한 대표이사는 회사의 영업에 관하여 재판상 또는 재판외의 모든 행위를 할 권한이 있으므로, 대표이사가 직접 주식회사 명의의 문서를 작성하는 행위는 자격모용사문서작성 또는 위조에 해당하지 않는 것이 원칙이다. 이는 그 문서의 내용이 진실에 반하는 허위이거나 대표권을 남용하여 자기 또는 제3자의 이익을 도모할 목적으로 작성된 경우에도 마찬가지이다(대법원 2010. 5. 13. 선고 2010도1040 판결 참조). 이러한 법리는 주식회사의 대표이사가 대표 자격을 표시하는 방식으로 약속어음 등 유가증권을 작성하는 경우에도 마찬가지로 적용된다.(대법원 2015. 11. 27. 선고 2014도17894 판결)

● 관련판례 2

◎ 사망자의 상속인인 처(처)에게서 사망자의 인장을 교부받아 사망자 생존 시를 발행일자로 한 사자(사자) 명의 유가증권을 위조한 경우, 발행명의인의 승낙이 있었다고 볼 수 있는지 여부(소극)

약속어음과 같이 유통성을 가진 유가증권의 위조는 일반거래의 신용을 해하게 될 위험성이 매우 크다는 점에서 적어도 행사할 목적으로 외형상 일반인으로 하여금 진정하게 작성된 유가증권이라고 오신케 할 수 있을 정도로 작성된 것이라면 그 발행명의인이 가령 실재하지 않은 사자 또는 허무인이라 하더라도 그 위조죄가 성립된다고 해석함이 상당하다. 그리고 사자 명의로 된 약속어음을 작성함에 있어 사망자의 처로부터 사망자의 인장을 교부받아 생존 당시 작성한 것처럼 약속어음의 발행일자를 그 명의자의 생존 중의 일자로 소급하여 작성한 때에는 발행명의인의 승낙이 있었다고 볼 수 없다.(대법원 2011. 7. 14. 선고 2010도1025 판결)

2. 자격모용에 의한 유가증권작성죄

제215조(자격모용에 의한 유가증권의 작성)
행사할 목적으로 타인의 자격을 모용하여 유가증권을 작성하거나 유가증권의 권리 또는 의무에 관한 사항을 기재한 자는 10년 이하의 징역에 처한다.

(작성례)

피의자는 ○○시청에서 지방재무서기로 근무하다 20○○. ○. ○. 해임되었다. 피의자는 20○○. ○. ○. 위 시청 일반회계 출납담당공무원이 아니면서 행사할 목적으로 ○○시 일반회계 출납담당공무원의 자격을 모용하여 "피의자 명의 20○○. ○. ○. ○○시 농업협동조합, 지불금 3,000만 원정의 당좌수표 1매" 를 작성 자격을 모용 유가증권 1매를 작성하였다. 그 무렵 ○○에 거주하고 있는 최○○의 집에서 정을 모르는 그에게 위 어음이 마치 진정하게 성립된 것처럼 속이고 교부하여 이를 행사하였다.

■ 적용실례

◇ 권한없이 대표이사 명의의 유가증권을 작성한 경우

가처분결정(대표이사직무집행정지가처분결정)이 송달되어 일체의 직무집행이 정지됨으로써 대표이사 명의의 유가증권의 권한이 없게 된 대표이사가 그 권한 밖의 일인 대표이사 명의의 유가증권을 작성 행사하였다.

※ 회사 업무의 중단을 막기 위한 긴급한 인수인계 행위로서 한 것이라도 합법적인 권한 행사라고 할 수 없으므로 이는 자격모용유가증권작성 및 자격모용작성유가증권행사죄에 해당한다.

◇ 명의가 변경되었음에도 그 명의를 사용해서 약속어음을 발행한 경우

주식회사 대표이사로 재직하던 서○○은 대표이사가 타인으로 변경되었음에도 불구하고 이전부터 사용해 오던 피고인 명의로 된 위 회사 대표이사의 명판을 이용하여 여전히 피고인을 위 회사의 대표이사로 표시하여 약속어음을 발행 행사하였다.

※ 설사 약속어음을 작성, 행사함에 있어 후임 대표이사의 승낙을 얻었다거나 위

회사의 실질적인 대표이사로서 권한을 행사하는 서○○이 은행과의 당좌계약을 변경하는 데에 시일이 걸려 잠정적으로 전임 대표이사인 그의 명판을 사용한 것이라 하더라도 이는 합법적인 대표이사로서의 권한 행사라 할 수 없다. 따라서 서○○에 대해 이 죄를 적용할 수 있겠다.

● 관련판례 1

◎ 주식회사의 대표이사가 대표 자격을 표시하는 방식으로 문서를 작성한 행위가 위조에 해당하는지 판단하는 기준(=작성권한의 유무) 및 대표이사가 허위로 또는 대표권을 남용하여 주식회사 명의의 문서를 작성한 경우, 자격모용사문서작성죄 또는 사문서위조죄에 해당하는지 여부(소극) / 이러한 법리는 대표이사가 대표 자격을 표시하는 방식으로 약속어음 등 유가증권을 작성하는 경우에도 마찬가지로 적용되는지 여부(적극)

주식회사의 대표이사가 그 대표 자격을 표시하는 방식으로 작성한 문서에 표현된 의사 또는 관념이 귀속되는 주체는 대표이사 개인이 아닌 주식회사이므로 그 문서의 명의자는 주식회사라고 보아야 한다. 따라서 위와 같은 문서 작성행위가 위조에 해당하는지는 그 작성자가 주식회사 명의의 문서를 적법하게 작성할 권한이 있는지에 따라 판단하여야 하고, 문서에 대표이사로 표시되어 있는 사람으로부터 그 문서 작성에 관하여 위임 또는 승낙을 받았는지에 따라 판단할 것은 아니다.

원래 주식회사의 적법한 대표이사는 회사의 영업에 관하여 재판상 또는 재판외의 모든 행위를 할 권한이 있으므로, 대표이사가 직접 주식회사 명의의 문서를 작성하는 행위는 자격모용사문서작성 또는 위조에 해당하지 않는 것이 원칙이다. 이는 그 문서의 내용이 진실에 반하는 허위이거나 대표권을 남용하여 자기 또는 제3자의 이익을 도모할 목적으로 작성된 경우에도 마찬가지이다.

이러한 법리는 주식회사의 대표이사가 대표 자격을 표시하는 방식으로 약속어음 등 유가증권을 작성하는 경우에도 마찬가지로 적용된다.(대법원 2015. 11. 27. 선고 2014도17894 판결)

● 관련판례 2

◎ 위조 유가증권에 대한 유가증권변조죄의 성립 여부

유가증권변조죄에 있어서 변조라 함은 진정으로 성립된 유가증권의 내용에 권한 없는 자가 그 유가증권의 동일성을 해하지 않는 한도에서 변경을 가하는 것을 말하므로, 이미 타인에 의하여 위조된 약속어음의 기재사항을 권한 없이 변경하였다고 하더라도 유가증권변조죄는 성립하지 아니한다. 약속어음의 액면금액을 권한 없이 변경하는 것은 유가증권변조에 해당할 뿐 유가증권위조는 아니므로, 약속어음의 액면금액을 권한 없이 변경하는 행위가 당초의 위조와는 별개의 새로운 유가증권위조로 된다고 할 수 없다(대법원 2006. 1. 26. 선고 2005도4764 판결).

3. 허위유가증권작성죄

제216조(허위유가증권의 작성 등) 행사할 목적으로 허위의 유가증권을 작성하거나 유가증권에 허위사항을 기재한 자는 7년 이하의 징역 또는 3천만원 이하의 벌금에 처한다. <개정 1995.12.29.>

■ 적용실례

◇ 실재하지 않는 회사명의 약속어음을 발행한 경우

구○○는 어음에 실재하지 않는 유령회사의 대표라고 기재하고 자기 명의의 인장을 찍어서 회사명의의 약속어음을 발행하였다.

※ 실재하지 않는 회사명의의 어음을 작성한 이상 허위유가증권작성죄가 성립한다.

● 관련판례 1

◎ 허위작성유가증권행사죄 또는 위조유가증권행사죄에서 유가증권의 의미

허위작성유가증권행사죄 또는 위조유가증권행사죄에 있어서의 유가증권이라 함은 허위작성 또는 위조된 유가증권의 원본을 말하는 것이지 전자복사기 등을 사용하여 기계적으로 복사한 사본은 이에 해당하지 않는다.

원심은, 이 사건 품의서에 첨부되어 제출된, 선하증권 12장의 팩스(모사전송기) 사본은 허위작성유가증권행사죄에 있어서의 유가증권에 해당하지 않는다는 이유로 이 사건 허위작성유가증권행사의 공소사실을 무죄로 인정하였는바, 위와 같은 원심의 조치는 앞서 본 법리에 따른 것으로서 옳고, 거기에 상고이유의 주장과 같은 허위작성유가증권행사죄에 관한 법리오해의 위법이 있다고 할 수 없다.(대법원 2007. 2. 8. 선고 2006도8480 판결)

● 관련판례 2

◎ 자기앞수표의 발행인이 수표의뢰인으로부터 수표자금을 입금받지 아니한 채 자기앞수표를 발행한 경우, 허위유가증권작성죄의 성립 여부(소극)

형법 제216조 전단의 허위유가증권작성죄는 작성권한 있는 자가 자기 명의로 기본적 증권행위를 함에 있어서 유가증권의 효력에 영향을 미칠 기재사항에 관하여 진실에 반하는 내용을 기재하는 경우에 성립하는바, 자기앞수표의 발행인이 수표의뢰인으로부터 수표자금을 입금받지 아니한 채 자기앞수표를 발행하더라도 그 수표의 효력에는 아무런 영향이 없으므로 허위유가증권작성죄가 성립하지 아니한다. (대법원 2005. 10. 27. 선고 2005도4528 판결)

● 관련판례 3

◎ 은행을 통하여 지급이 이루어지는 약속어음의 발행인이 그 발행을 위하여 은행에 신고된 것이 아닌 발행인의 다른 인장을 날인한 경우, 허위유가증권작성죄의 성립 여부(소극)

은행을 통하여 지급이 이루어지는 약속어음의 발행인이 그 발행을 위하여 은행에 신고된 것이 아닌 발행인의 다른 인장을 날인하였다 하더라도 그것이 발행인의 인장인 이상 그 어음의 효력에는 아무런 영향이 없으므로 허위유가증권작성죄가 성립하지 아니한다.(대법원 2000. 5. 30. 선고 2000도883 판결)

● 관련판례 4

◎ 선하증권 기재의 화물을 인수하거나 확인하지도 아니하고 또한 선적할 선편조차 예약하거나 확보하지도 않은 상태에서 수출면장만을 확인한 채 실제로 선적한 사실이 없는 화물을 선적하였다는 내용의 선하증권을 발행였다면 허위유가증권작성죄가 성립한다고 한 사례

선하증권 기재의 화물을 인수하거나 확인하지도 아니하고 또한 선적할 선편조차 예약하거나 확보하지도 않은 상태에서 수출면장만을 확인한 채 실제로 선적한 일이 없는 화물을 선적하였다는 내용의 선하증권을 발행, 교부하였다면 피고인들은 위 선하증권을 작성하면서 진실에 반하는 허위의 기재를 하였음이 명백할 뿐만 아니라 위 선하증권이 허위라는 사실을 인식하였다고 볼 것이고, 피고인들이 진실에 반하는 선하증권을 작성하면서 곧 위 물품이 선적될 것이라고 예상하였다고 하여 위 각 선하증권의 허위성의 인식이 없었다고 할 수 없으며, 화물이 선적되기도 전에 이른바 선선하증권을 발행하는 것이 해운업계의 관례라고 하더라도 이를 가리켜 정상적인 행위라거나 그 목적과 수단의 관계에서 보아 사회적 상당성이 있다고 할 수는 없으므로 피고인들이 위 행위가 죄가 되지 아니한다고 그릇 인식하였다고 하더라도 거기에 정당한 이유가 있는 경우라고 할 수 없으므로 허위유가증권작성죄의 죄책을 면할 수 없다.(대법원 1995. 9. 29. 선고 95도803 판결)

4. 위조 등 유가증권 행사, 수입, 수출죄

제217조(위조유가증권 등의 행사 등)
위조, 변조, 작성 또는 허위기재한 전3조 기재의 유가증권을 행사하거나 행사할 목적으로 수입 또는 수출한 자는 10년 이하의 징역에 처한다.

(작성례 1)

피의자는 20○○. ○. ○.경 ○○시 ○○동 ○○번지에 있는 위 피의자의 집에서, 행사할 목적으로 손○○이 한빛은행 ○○지점과 당좌개설을 하여 거래하는 약속어음(번호 바00306100번) 용지 1매를 습득하여 보관하고 있다가 이 어음 금액란에 "삼백오십만원정", 발행인란에 "손○○"이라고 새겨진 고무인 등을 찍고 발행일자란에 볼펜으로 "20○○. 3. 24."이라고 기재하고 그 이름 옆에 가지고 있던 손○○의 둥근 도장을 찍어서 손○○ 명의의 유가증권 1매를 위조하였다.

피의자는 다음날 16:30경 서울 ○○동 ○○번지에 있는 이건 고소인 김○○(남, 28세)가 근무하는 목재상사에서 위 위조한 약속어음을 그 정을 모르는 위 김○○에게 이를 제시하여 행사하였다.

피의자는 즉석에서 이에 속은 그로부터 동어음 액면 350만원을 교부받아 이를 편취하였다.

(작성례 2)

피의자는 컨테이너 제작 판매업에 종사하고 있다.

피의자는 20○○. ○. ○. 11:00경 ○○에 있는 피의자 경영의 ○○제작 사무실에서 행사할 목적으로 같은 날 건외 이○○로부터 받은 위 이○○ 발행의 20○○. ○. ○. 자 액면 20,000,000원 약속어음 1장의 액면란을 세척제로 지우고 금액란에 "120,000,000" 원이라고 미리 새겨놓은 고무인을 찍고 그 옆에 일부인을 이용하여 "120,000,000" 원이라고 찍어서 유가증권인 위 약속어음 1장을 변조하였다.

피의자는 같은 달 8. 13:00경 피해자 최○○가 경영하는 ○○파이프 대리점에서 위변조한 약속어음이 마치 진정하게 성립된 것처럼 물품대금으로 교부하여 이를 행사하였다.

■ 적용실례

◇ 위조수표에 타인의 인장을 부정하게 사용한 경우

이○○는 장○○의 인장을 보관하고 있음을 기회로 그가 발행한 당좌수표의 이면에 그 정을 모르는 오○○으로 하여금 장○○의 주소, 성명을 기재하도록 시키고 위 장○○의 인장을 압날한 후 이 수표를 교부·행사하였다.

※ 이 사건은 수표의 배서를 위조한 것으로 인장을 부정사용한 점은 위 수표의 위조행위에 흡수된다고 할 것이다. 따라서 간혹 형법 제239조의 인장부정행사로 의율하는 경우도 있으나 이것은 오류이며, 또 위와 같이 배서를 위조한 수표를 교부하여 행사한 사실이 있으므로 위조유가증권행사죄를 인지, 입건해야 한다.

◇ 수표를 위조하여 행사한 경우

박○○는 100만원짜리 수표 1매를 위조해 ○○백화점 귀금속 코너에서 반지를 구입한 뒤 그 수표를 지불했다.

※ 수표는 유가증권이므로 이를 위조하면 유가증권위조가 되지만 특별히 수표에 대해서는 특별법인 부정수표단속법위반(제5조)으로 의율하여야 하며, 이를 행사하였을 경우에는 위 특별법상에는 처벌규정이 없기 때문에 형법의 위조유가증권행사죄로 의율해야 한다.

◇ 타인의 인장을 도용하여 영농자금을 편취한 경우

○○마을 어촌계장인 송○○는 다른 어촌계원들의 인장을 도용하여 약속어음과 어음거래 약정서들을 만들고 이를 수협에 제출하여 영농자금을 편취하였다.

※ 위 행위에 대해 사문서에 관한 죄로만 의율할 수도 있으나, 약속어음은 유가증권임이 명백하므로 유가증권위조, 위조유가증권행사로 입건해야 한다.

◇ 타인의 인감도장을 사용해 약속어음을 작성하고 돈을 차용한 경우

김○○는 박○○의 인감도장을 보관하고 있으면서, 이것을 이용해 동인 명의의 약속어음을 작성해 주고 돈을 차용하였다.

※ 위 행위는 유가증권위조 및 위조유가증권행사로 의율하는 것이 타당하겠다. 이때 인장부정행사에 관한 것은 유가증권위조죄에 흡수된다.

◇ 사전승인 없이 인장을 날인하여 교부한 경우

신○○는 돈 100만원을 빌리면서 그 담보로 약속어음 1매를 발행하고 배서를 자기 형 이름으로 하고(보증인으로) 형의 인장을 승낙없이 날인하여 이를 교부해주었다.

※ 유가증권의 부수적 증권행위인 배서나 보증 등을 위조하는 것은 형법 제214조 제2항의 "행사할 목적으로 유가증권의 권리의무에 관한 기재를 위조 또는 변조한" 것에 해당하므로 위 행위는 유가증권위조, 위조유가증권행사로 의율하는 것이 타당하다. 그러나 착오로 이를 형법 제215조의 "자격모용에 의한 유가증권작성"으로 의율할 수도 있음에 주의한다.

● 관련판례 1

◎ 유가증권위조죄의 공범 사이에서의 위조유가증권 교부행위가 위조유가증권행사죄에 해당하는지 여부(소극)

위조유가증권행사죄의 처벌목적은 유가증권의 유통질서를 보호하는 데 있는 만큼 단순히 문서의 신용성을 보호하고자 하는 위조공·사문서행사죄의 경우와는 달리 교부자가 진정 또는 진실한 유가증권인 것처럼 위조유가증권을 행사하였을 때뿐만 아니라 위조유가증권임을 알고 있는 자에게 교부하였더라도 피교부자가 이를 유통시킬 것임을 인식하고 교부하였다면, 그 교부행위 그 자체가 유가증권의 유통질서를 해할 우려가 있어 처벌의 이유와 필요성이 충분히 있으므로 위조유가증권행사죄가 성립한다고 보아야 할 것이지만, 위조유가증권의 교부자와 피교부자가 서로 유가증권위조를 공모하였거나 위조유가증권을 타에 행사하여 그 이익을 나누어 가질 것을 공모한 공범의 관계에 있다면, 그들 사이의 위조유가증권 교부행위는 그들 이외의 자에게 행사함으로써 범죄를 실현하기 위한 전단계의 행위에 불과한 것으로서 위조유가증권은 아직 범인들의 수중에 있다고 볼 것이지 행사되었다고 볼 수는 없다.(대법원 2010. 12. 9. 선고 2010도12553 판결)

● 관련판례 2

◎ 피고인이 은행에 제출한 위조 선하증권의 사본이 위조유가증권행사죄에서 말하는 유가증권에 해당하지 않는다고 한 원심판단을 수긍한 사례

사문서위조죄는 그 명의자가 진정으로 작성한 문서로 볼 수 있을 정도의 형식과 외관을 갖추어 일반인이 명의자의 진정한 사문서로 오신하기에 충분한 정도이면 성립하는 것이고, 반드시 그 작성명의자의 서명이나 날인이 있어야 하는 것은 아니나, 일반인이 명의자의 진정한 사문서로 오신하기에 충분한 정도인지 여부는 그 문서의 형식과 외관은 물론 그 문서의 작성경위, 종류, 내용 및 일반거래에 있어서 그 문서가 가지는 기능 등 여러 가지 사정을 종합적으로 고려하여 판단하여야 한다. 원심은, 피고인에 대한 공소사실 중 위조유가증권행사의 점에 관한 예비적 공소사실로 원심에서 추가된 위조사문서행사의 점에 대하여, 제1심이 적법하게 채택하여 조사한 증거들을 종합하면, 피고인이 위조한 이 사건 선하증권은 DIMERCO 명의의 진정한 사문서로 보기에 충분한 형식과 외관을 갖추고 있고, 실제로도 피고인이 이를 은행에 증빙자료로 제출하여 수입대금이 지급되도록 한 사실도 인정되므로, 비록 위 선하증권에 작성명의자의 서명 · 날인이 되어 있지 않다고 하더라도, 이를 위조사문서행사죄의 대상인 문서에 해당하는 것으로 보기 충분하다고 판단하여, 위 부분 공소사실을 유죄로 인정하였다.

앞서 본 법리와 기록에 비추어 살펴보면, 원심의 위와 같은 사실인정과 판단은 정당한 것으로 수긍할 수 있고, 거기에 상고이유로 주장하는 바와 같은 위조사문서행사죄에 관한 법리오해나 사실오인 등의 위법이 없다.(대법원 2010. 5. 13. 선고 2008도10678 판결)

● 관련판례 3

◎ 허위작성유가증권행사죄 또는 위조유가증권행사죄에서 유가증권의 의미

허위작성유가증권행사죄 또는 위조유가증권행사죄에 있어서의 유가증권이라 함은 허위작성 또는 위조된 유가증권의 원본을 말하는 것이지 전자복사기 등을 사용하여 기계적으로 복사한 사본은 이에 해당하지 않는다(대법원 1998. 2. 13. 선고 97도2922 판결 등 참조). 원심은, 이 사건 품의서에 첨부되어 제출된, 선하증권 12장의 팩스(모사전송기) 사본은 허위작성유가증권행사죄에 있어서의 유가증권에 해당하지 않는다는 이유로 이 사건 허위작성유가증권행사의 공소사실을 무죄로 인정하였는바, 위와 같은 원심의 조치는 앞서 본 법리에 따른 것으로서 옳고, 거기에 상고이유의 주장과 같은 허위작성유가증권행사죄에 관한 법리오해의 위법이 있다고 할 수 없다.(대법원 2007. 2. 8., 선고, 2006도8480, 판결)

제16절 문서에 관한 죄

1. 공문서 위조, 변조죄

제225조(공문서등의 위조·변조)

행사할 목적으로 공무원 또는 공무소의 문서 또는 도화를 위조 또는 변조한 자는 10년 이하의 징역에 처한다.

(작성례 1)

피의자는 20○○. 4. 4. 12 : 00경 서울 서초구 서초동 123에 있는 피의자의 집 안방에서 행사할 목적으로 멋대로 전날 집앞에서 주워 가지고 이○○의 주민등록증에 붙어 있는 그의 사진을 떼어내고 그 자리에 피의자의 사진을 붙여 서울특별시장 명의의 공문서인 주민등록증 1장을 위조하였다.

피의자는 같은 달 22. 22 : 00경 서울 강남구 역삼동 역삼아파트 앞길에서 그곳에서 일제 검문검색 근무를 하고 있던 서울 서초경찰서 소속 경장 황○○로부터 불심검문을 받으면서 그 정을 모르는 그에게 위와 같이 위조한 주민등록증을 마치 진정하게 성립한 것처럼 제시하여 이를 행사하였다.

(작성례 2)

피의자 김○○는 A주식회사 대표이사이다.

피의자는 20○○. 1. 20. ○○시 종합건설본부에서 발주하는 연구단지 진입도로 확장공사에 위 각 회사가 공동으로 입찰하여 적격심사 1순위자로 선정되었으나, 위 건설본부에서 요구하는 공사실적이 부족하여 최종낙찰에 탈락될 위기에 처하였다.

그러자 관공서 등에서 발급하는 공사실적증명서를 위조하여 위 건설본부에 제출하기로 마음먹고 행사할 목적으로 20○○. 2. 10. △△구청에서, B주식회사가 위 구에서 발주한 공원내 지하주차장 공사의 기본 및 실시설계용역만을 수주하였음에도 불구하고 마치 보수공사 전체를 수주한 것처럼 실적증명서의 사업명을 '공원내 지하주차장 보수공사' 라고 허위 기재하였다.

그리고 그 정을 모르는 위 구청의 담당직원에게 제출하여 동인으로부터 위의 사실을 증명한다는 취지로 위 구청장의 직인을 날인 받아 위 구청장명의의 공사실적증명서 10장을 각 위조하고, 2005. 2. 20.경 ○○시 종합건설본부에서 그 정을 모르는 담당직원에게 위와 같이 변조한 공사실적증명서 10장을 일괄 제출하여 이를 행사하였다.

(작성례 3)

피의자는 20○○. ○. ○. 00:30경 ○○경찰서 ○○지구대에서 폭력행위등처벌에관한법률위반 현행범으로 연행되어 조사를 받던 중 피해자인 김○○의 진술조서가 피의자에게 불리하게 작용할 것이라는 생각하였다.
그래서 지구대 소속 경장 최○○이 책상위에 놓아 둔 위 김○○에 대한 진술조서 1매를 찢어버림으로써 공무소에서 사용하는 서류를 손상하여 그 효용을 해하였다(문서내용의 일부를 함부로 변경하더라도 행사의 목적이 따르지 않을 때에는 손괴가 된다).

■ 적용실례

◇ 신분증에 "청와대 비서실"을 적어넣고 행사한 경우

임○○는 민주평화통일자문위원 신분증의 사진 밑에 기재되어 있던 "대구 서구" 라는 글자를 칼로 긁어 지우고 그 자리에 청와대 비서실이라고 함부로 적어 넣은 뒤 이를 행사하였다.

※ 이 경우, 자문위원신분증이라는 표제는 그대로 두고 "청와대 비서실" 이라는 문구만 추가한 정도의 행위는 기존 문서의 동일성을 해하였다고 보기 어려우므로 공문서변조, 변조공문서행사로 의율하는 것이 상당하겠다.

◇ 미완성 증인신문조서의 등본을 작성한 경우

법원의 서기사무를 보조하고 있는 정○○는 서기의 서명날인만 있고 법관의 서명날인은 없는 미완성 증인신문조서의 등본을 작성하였다.

※ 공문서위조에 해당한다.

◇ 양곡인도서를 임의로 작성한 경우

손○○는 시장으로부터 시의 양곡인도사무를 전결사항으로 위임받아 양곡인도 지령서를 작성할 권한까지 갖게 되었다. 그 후 손○○는 양곡인도서 1통을 임의로 작성하였다.

※ 손○○가 위 권한을 부여받았다 하더라도 양곡인도의 지령을 받지 않고 그 양곡인도서를 작성한 것은 사무위임자 또는 문서작성을 위탁한 사람의 의사에 반하여 위탁의 범위를 넘어선 행위로서 공문서위조죄가 성립한다.

● 수사사례

- 병역수첩 기재란 변경 병역수첩의 현역입영대상자라고 기재되어 있는 부분을 함부로 민방위대상자라고 기재하여 행사한 경우 공문서변조 및 동행사 성립.
- 권한 없어진 후 기재내용 변경 구청 세무과의 지방세무주사보로서 부동산 취득세의 과세 및 징수업무에 종사하면서 과세대장의 작성 권한이 있던 자가 인사이동되어 그 권한이 없어진 후 그 기재내용을 변경 한 경우에 공문서변조죄에 해당.

● 관련판례 1

◎ 금융감독원 집행간부인 금융감독원장 명의의 문서가 공문서인지 여부(적극)

금융위원회의 설치 등에 관한 법률(이하 '금융위원회법' 이라고 한다) 제69조는 금융위원회 위원 또는 증권선물위원회 위원으로서 공무원이 아닌 사람과 금융감독원의 집행간부 및 직원은 형법이나 그 밖의 법률에 따른 벌칙을 적용할 때에는 공무원으로 보고(제1항), 제1항에 따라 공무원으로 보는 직원의 범위는 대통령령으로 정한다(제2항)고 규정하고 있다. 금융위원회법 제29조는 금융감독원의 집행간부로서 금융감독원에 원장 1명, 부원장 4명 이내, 부원장보 9명 이내와 감사 1명을 둔다(제1항)고 규정하고 있다. 금융위원회의 설치 등에 관한 법률 시행령(이하 '금융위원회법 시행령' 이라고 한다) 제23조는 금융위원회법 제69조 제2항에 따라 실(국에 두는 실을 포함한다)、국장급 부서의 장(제1호), 지원 또는 출장소(사무소를 포함한다)의 장(제2호), 금융기관에 대한 검사、경영지도 또는 경영관리업무를 수행하는 직원(제3호), 금융 관계 법령에 의하여 증권시장、파생상품시장의 불공정거래조사업무를 수행하는 직원(제4호), 기타 실、국 외에 두는 부서의 장(제5호)을 형법이나 그 밖의 법률에 따른 벌칙을 적용할 때 공무원으로 보는 금융감독원의 직원이라고 규정하고 있다.

위 규정은 금융위원회법 제37조에서 정한 업무에 종사하는 금융감독원장 등 금융감독원의 집행간부 및 실、국장급 부서의 장 등 금융위원회법 시행령에서 정한 직원에게 공무원과 동일한 책임을 부담시킴과 동시에 그들을 공무원과 동일하게 보호해 주기 위한 필요에서 모든 벌칙의 적용에 있어서 공무원으로 본다고 해석함이 타당하다. 따라서 금융위원회법 제69조 제1항에서 말하는 벌칙에는 금융감독원장 등 금융감독원의 집행간부 및 위 직원들이 지위를 남용하여 범법행위를 한 경우에 적용할 벌칙만이 아니라, 제3자가 금융감독원장 등 금융감독원의 집행간부 및 위 직원들에 대하여 범법행위를 한 경우에 적용할 벌칙과 같이 피해자인 금융감독원장 등 금융감독원의 집행간부 및 위 직원들을 보호하기 위한 벌칙도 포함되는 것으로 풀이하여야 한다.

그렇다면 금융위원회법 제29조, 제69조 제1항에서 정한 금융감독원 집행간부인 금융감독원장 명의의 문서를 위조, 행사한 행위는 사문서위조죄, 위조사문서행사죄에 해당하는 것이 아니라 공문서위조죄, 위조공문서행사죄에 해당한다.(대법원 2021. 3. 11., 선고, 2020도14666, 판결)

● 관련판례 2

◎ 공문서변조죄의 성립 요건 / 공문서변조죄 성립에 필요한 문서의 작성 정도 및 이에 해당하는지 판단하는 기준

공문서변조죄는 권한 없는 자가 공무소 또는 공무원이 이미 작성한 문서내용에 대하여 동일성을 해하지 않을 정도로 변경을 가하여 새로운 증명력을 작출케 함으로써 공공적 신용을 해할 위험성이 있을 때 성립한다. 이때 일반인으로 하여금 공무원 또는 공무소의 권한 내에서 작성된 문서라고 믿을 수 있는 형식과 외관을 구비한 문서를 작성하면 공문서변조죄가 성립하는 것이고, 일반인으로 하여금 공무원 또는 공무소의 권한 내에서 작성된 문서라고 믿게 할 수 있는지 여부는 그 문서의 형식과 외관은 물론 그 문서의 작성경위, 종류, 내용 및 일반거래에 있어서 그 문서가 가지는 기능 등 여러 가지 사정을 종합적으로 고려하여 판단하여야 한다.(대법원 2021. 2. 25., 선고, 2018도19043, 판결)

● 관련판례 3

◎ 공문서위조죄의 객체인 '공문서'의 의미 및 계약 등에 의하여 공무와 관련되는 업무를 일부 대행하는 자가 공문서위조죄의 행위 주체인 '공무원 또는 공무소'가 될 수 있는지 여부(원칙적 소극)

공문서위조죄의 객체인 공문서는 공무원 또는 공무소가 그 직무에 관하여 작성하는 문서로서, 그 행위 주체가 공무원과 공무소가 아닌 경우에는 형법 또는 기타 특별법에 의하여 공무원 등으로 의제되는 경우를 제외하고는 계약 등에 의하여 공무와 관련되는 업무를 일부 대행하는 경우가 있다고 하더라도 공무원 또는 공무소가 될 수 없고, 특히 형벌법규의 구성요건을 법률의 규정도 없이 유추 해석하는 것은 죄형법정주의 원칙에 반한다.(대법원 2016. 3. 24. 선고 2015도15842 판결)

● 관련판례 4

◎ 선박안전기술공단이 선박안전법 제60조 제1항에 따라 해양수산부장관의 선박검사업무 등을 대행하는 경우, 선박검사증서 발급 업무를 수행하는 공단 임직원을 공문서의 작성 주체인 '공무원'으로 볼 수 있는지 여부(소극) 및 공단이 해양수산부장관을 대행하여 이사장 명의로 발급하는 선박검사증서가 공문서위조죄나 허위공문서작성죄에서의 '공문서'에 해당하는지 여부(소극)

선박안전법 제60조 제1항은 "해양수산부장관(2013. 3. 23. 법률개정 전에는 국토해양부장관이었다)은 선박검사 및 선박검사증서의 교부 등에 관한 업무를 선박안전기술공단(이하 '공단'이라 한다)과 협정을 체결하는 방식으로 공단에게 대행하게 할 수 있다."고 규정하고 있다. 이 규정에 따라 공단이 해양수산부장관의 업무를 대행하는 경우에 관하여 선박안전법 제82조는 '제60조 제1항 등의 규정에 따른 대행검사기관의 임원 및 직원은 형법 제129조 내지 제132조의 적용에 있어 공무원으로 본다'고 규정하고 있을 뿐이고, 그 밖에 공단의 임직원을 공문서위조죄나 허위공문서작성죄에서의 공문서 작성 주체인 공무원으로 의제하거나 공단이 발급하는 선박검사증서를 공문서로 의제하는 취지의 명문규정은 없다.

이러한 선박안전법 관련 규정을 앞서 본 법리에 비추어 살펴보면, 공단이 선박안전법 제60조 제1항에 따라 해양수산부장관의 선박검사업무 등을 대행하면서 선박검사증서를 발급하더라도 그 업무를 수행하는 공단 임직원을 공문서의 작성 주체인 공무원으로 볼 수는 없다고 할 것이다. 이 경우에 관하여 선박안전법 제82조가 대행검사기관인 공단의 임직원을 형법 제129조 내지 제132조의 적용에 있어 공무원으로 의제하는 것으로 규정한다고 하여 이들이 공문서위조죄나 허위공문서작성죄에서의 공무원으로도 될 수 있다고 보는 것은 형벌법규를 피고인에게 불리하게 지나치게 확장해석하거나 유추해석하는 것이어서 죄형법정주의 원칙에 반한다. 따라서 공단이 해양수산부장관을 대행하여 이사장 명의로 발급하는 선박검사증서는 공무원 또는 공무소가 작성하는 문서라고 볼 수 없으므로 공문서위조죄나 허위공문서작성죄에서의 공문서에 해당하지 아니한다.(대법원 2016. 1. 14. 선고 2015도9133 판결)

2. 허위공문서작성죄

제227조(허위공문서작성등)
공무원이 행사할 목적으로 그 직무에 관하여 문서 또는 도화를 허위로 작성하거나 변개한 때에는 7년 이하의 징역 또는 2천만원 이하의 벌금에 처한다.

(작성례 1)

피의자는, 20○○. ○. ○. ○○시 지방행정서기보로 임용되어 ○○구 ○○동사무소에 근무하면서 주민등록에 관한 사무를 취급하고 있다.

피의자는 20○○. ○. ○. 14 : 30경 위 같은 동사무소에서 위 같은 동 ○○번지에 거주하다가 다른 곳으로 이사를 가서 지금은 실제로 위 주소에 거주하지 않는 전○○로부터 내가 이사한 새 전입지로는 주민등록 전입신고를 할 수 없는 형편이니 다시 다른 곳으로 이사하여 전입신고를 할 때까지만 이곳의 주민등록이 직권말소되지 않도록 해달라고 하는 부탁을 받았다.

피의자는 이를 승낙하여 같은 날 15 : 30경 위 같은 곳에서 행사할 목적으로, 위 전○○의 주민등록표에 그가 20○○. ○. ○.자로 같은 동 ○○호로 전입한 사실이 없음에도 위 주소지에 전입한 것처럼 함부로 기재하여 공문서인 위 주민등록표를 허위로 작성하고 그 때쯤부터 같은 동사무소에 비치해서 허위작성된 공문서를 행사하였다.

(작성례 2)

피의자는 ○○구청건설도시국 도시과에서 토지분할, 지목변경, 합병, 지적고시에 따른 도시계획도 지적선의 정리, 토지이용계획확인원 발급 업무를 담당하고 있다.

피의자는 20○○. ○. ○. 11:00경 위 구청민원실에서 건축사 사무실 직원인 공동피의자로부터 같은 구 소재 다세대주택의 부지경계선이 10m 도시계획선과 120cm 떨어져 평행으로 되어 있어서 위 다세대주택의 건설에 애로가 있으니 위 지번의 토지경계선과 도시계획도로선을 일치시켜 달라는 부탁을 받고 그로부터 금 500만원 교부받아 공무원이 그 직무에 관하여 뇌물을 수수하였다.

피의자는 같은 달 중순 20:00경 위 민원실에서 행사할 목적으로 권한 없이 지우개로 위 지번의 토지경계선과 120cm 떨어져 평행으로 그어져 있는 위 도시계획도로선을 지우고 붉은색 먹으로 위 지번의 경계선과 일치되도록 10m 도시계획도로선을 새로 그어 도시계획도를 고쳐 구청의 공도화인 도시계획도를 위와 같이 변조하였다.

피의자는 같은 일시경 구청지적서고에서 위와 같이 변조한 도시계획도를 비치함으로써 변조한 공도화를 행사하였다.

피의자는 20○○. ○. ○.경 위 구청민원실에서 위 공동피의자로부터 위 대지 등의 분할에 따라 도시계획도를 신속하게 작성하여 달라는 부탁을 받고 그로부터 금 200만원을 교부받아 공무원이 그 직무에 관하여 뇌물을 수수하였다.

(작성례 3)

피의자는 ○○시청 사회과 위생계에 근무하면서 식품접객업소 단속등의 업무를 담당하였다. 피의자는 20○○. ○. ○. 식품접객업소 일제점검을 하던 중에 청소년에게 술을 파는 김○○ 경영의 ○○주점을 적발하였음에도 불구하고 이를 묵인해 달라는 위 김○○의 부탁을 받았다.

피의자는 20○○. ○. ○. 11:00경 ○○시청 사회과 사무실에서 식품접객업소 점검보고서를 작성함에 있어서 인쇄된 "식품접객업소점검보고서" 용지에 검정색 볼펜을 사용하여 "20○○. ○. ○. 22:00경 ○○소재 김○○ 경영의 ○○주점을 점검한 결과 위법사항을 발견하지 못하였음" 이라고 기재하고 단속공무원란에 행정서기보 최○○라고 쓴 후 그의 도장을 찍음으로써 ○○시청 사회과 위생계 공무원인 최○○명의의 식품접객업소점검보고서 1매를 허위로 작성하였다.

피의자는 그 시간 같은 장소에서 그 정을 모르는 위 ○○시청 사회과장 박○○에게 위 허위작성한 공문서인 식품접객업소점검보고서를 마치 진정하게 작성된 것처럼 제출하여 이를 행사하였다.

■ 적용실례

◇ 우체국장이 타인의 예금통장에 허위로 환불기재를 한 경우

우체국장으로서 우체국 사무를 모두 관장하고 있는 민○○는 국장인, 일부인, 금액인을 관리하고 있으며, 가끔 고객이 맡겨놓는 우편예금통장도 보관하고 있다. 그러던 중 민○○는 이○○가 맡아달라고 내미는 예금통장을 받고, 그곳 환불금란, 일자란, 주무자확인란에 그가 관리하고 있던 금액인, 일부인, 국장인을 차례로 마음대로 찍어, 그 통장에서 금 200만원을 환불한 것처럼 허위기재를 하였다.

※ 위 민○○의 행위는 명백히 공무원의 권한에 입각한 것이고, 위 문제도 공문서로서 그 내용이 일반적으로 사람을 속이기에 충분하므로, 민○○의 행위는 허위공문서작성죄를 구성하기에 충분하다.

◇ 부탁으로 무허가 건물임을 표시하지 않았을 때

부탁을 받고, 가옥세 과세대장에 무허가건물임을 표시하지 않았다.

※ 건설교통부장관과 행정자치부장관의 지시에 의해 가옥세 과세대장에 무허가건물임을 표시하는 것이 관행으로 지켜져 왔음에도 불구하고 일부러 이를 표시하지 않은 것은 가옥세 과세대장의 공신력을 해한 것이므로 허위공문서를 작성한 것으로 보아야 한다.

◇ 토지 실수요자 증명 발급확인서에 동인이 소유자라고 기재 확인인을 받아 행사했을 때

피의자는 행사할 목적으로 20○○. ○. ○. 토지 실수요자 증명 발급확인서 용지에 고○○이 소유자가 아님에도 동인이 소유자라고 기재하여 그 내용이 허위인 정을 모르는 면장의 확인인을 받아 이를 행사하였다.

※ 이에 대해 사문서위조죄로 의율할 수도 있지만 위 증명발급확인서는 작성명의인이 면장인 공문서이기 때문에 일단 허위공문서작성죄로 의율하는 것이 상당하다. 그러나 위의 경우 허위공문서작성죄의 간접정범은 성립되지 않는 것이 판례상 명백하여 범죄혐의없다 할 것이다.

● **수사사례**

- 면직후 확인서 작성 예비군 중대장직을 면직한 후 확인서를 작성한 경우, 공무원 아닌 자가 공무원자격을 모용하여 작성한 문서로서 그 내용의 진부와 관계없이 자격모용공문서작성, 동행사가 성립.

● 관련판례 1

◎ 공문서를 작성하는 과정에서 법령 등을 잘못 적용하거나 적용하여야 할 법령 등을 적용하지 아니한 잘못이 있으나 그 적용의 전제가 된 사실관계에 관하여 거짓된 기재가 없는 경우, 허위공문서작성죄가 성립하는지 여부(소극) 및 그와 같은 잘못이 공무원의 고의에 기한 것이라도 마찬가지인지 여부(적극)

허위공문서작성죄는 공문서에 진실에 반하는 기재를 하는 때에 성립하는 범죄이므로, 공문서를 작성하는 과정에서 법령 등을 잘못 적용하거나 적용하여야 할 법령 등을 적용하지 아니한 잘못이 있더라도 그 적용의 전제가 된 사실관계에 관하여 거짓된 기재가 없다면 허위공문서작성죄가 성립할 수 없고, 이는 그와 같은 잘못이 공무원의 고의에 기한 것이라도 달리 볼 수 없다. 공문서 작성 과정에서 법령 등을 잘못 적용하였다고 하여 반드시 진실에 반하는 기재를 하여 공문서를 작성하게 되는 것은 아니므로, 공문서 작성 과정에서 법령 등의 적용에 잘못이 있다는 것과 기재된 공문서 내용이 허위인지 여부는 구별되어야 한다.(대법원 2021. 9. 16., 선고, 2019도18394, 판결)

● 관련판례 2

◎ 허위공문서작성죄의 객체가 되는 '문서'

허위공문서작성죄의 객체가 되는 문서는 문서상 작성명의인이 명시된 경우뿐 아니라 작성명의인이 명시되어 있지 않더라도 문서의 형식, 내용 등 문서 자체에 의하여 누가 작성하였는지를 추지할 수 있을 정도의 것이면 된다.(대법원 2019. 3. 14., 선고, 2018도18646, 판결)

● 관련판례 3

◎ 구 화물자동차 운수사업법령에 따라 국토해양부장관에게서 '구 화물자동차 운수사업법 제3조 제3항 단서에 따른 허가사항 변경신고'에 관한 업무를 위탁받은 화물자동차운송사업협회의 임원과 직원이 공문서위조죄나 허위공문서작성죄의 주체인 공무원이 될 수 있는지 여부(소극)

공문서위조죄의 객체인 공문서는 공무원 또는 공무소가 그 직무에 관하여 작성하는 문서로서, 그 행위 주체가 공무원과 공무소가 아닌 경우에는 형법 또는 기타 특별법에 의하여 공무원 등으로 의제되는 경우를 제외하고는 계약 등에 의하여 공무와 관련되는 업무를 일부 대행하는 경우가 있다고 하더라도 공무원 또는 공무소가 될 수 없고, 특히 형벌법규의 구성요건을 법률의 규정도 없이 유추 해석하는 것은 죄형법정주의 원칙에 반한다. 화물자동차법 제64조 제1항은 국토해양부장관이 이 법에 따른 권한 일부를 대통령이 정하는 바에 따라 제48조에 따라 설립된 협회 등에 위탁할 수 있도록 규정하고 있고, 화물자동차법 시행령 제15조 제1항 제1호는 '화물자동차법 제3조 제3항 단서에 따른 허가사항 변경신고' 의 사항에 관한 권한을 협회에 위탁한다고 규정하고 있다. 그런데 화물자동차법은 그 권한의 일부를 위탁받은 업무에 종사하는 협회 등의 임원과 직원에 대하여 일반적으로 공무원으로 의제하는 규정을 두고 있지 않다. 다만 화물자동차법 제64조 제2항은 "제1항에 따라 위탁받은 업무에 종사하는 협회 등의 임원과 직원은 형법 제129조부터 제132조까지의 규정에 따른 벌칙을 적용할 때에는 공무원으로 본다." 라고 규정하고 있으나, 이는 협회 등의 임원과 직원에게 형법이 규정하고 있는 뇌물에 관한 죄를 적용할 때에만 공무원으로 의제한다는 의미로 해석된다(대법원 2006. 11. 16. 선고 2006도4549 전원합의체 판결 참조).

이러한 화물자동차법령의 관련 규정들을 앞에서 본 법리에 비추어 살펴보면, 협회의 임원과 직원이 화물자동차법령에 따라 국토해양부장관으로부터 '화물자동차법 제3조 제3항 단서에 따른 허가사항 변경신고' 에 관한 업무를 위탁받았더라도 형법 제225조의 공문서위조죄나 형법 제227조의 허위공문서작성죄의 주체인 공무원이 될 수 없고, 그 공무원이 아닌 협회 이사장이 작성한 대폐차수리통보서는 사문서에 해당한다. (대법원 2016. 3. 24. 선고 2015도15842 판결)

● 관련판례 4

◎ 허위공문서작성죄에서 '직무에 관한 문서' 의 의미 및 구체적인 행위가 공무원의 직무에 속하는지 판단하는 기준

허위공문서작성죄에 있어서 직무에 관한 문서라 함은 공무원이 직무권한 내에서 작성하는 문서를 말하고, 그 문서는 대외적인 것이거나 내부적인 것을 구별하지 아니하며, 그 직무권한이 반드시 법률상 근거가 있음을 필요로 하는 것이 아니고 명령, 내규 또는 관례에 의한 직무집행의 권한으로 작성하는 경우라도 포함되는 것이다(대법원 1995. 4. 14. 선고 94도3401 판결 참조). 그리고 구체적인 행위가 공무원의 직무에 속하는지 여부는 그것이 공무의 일환으로 행하여졌는가 하는 형식적인 측면과 함께 그 공무원이 수행하여야 할 직무와의 관계에서 합리적으로 필요하다고 인정되는 것이라고 할 수 있는가 하는 실질적인 측면을 아울러 고려하여 결정하여야 할 것이다.(대법원 2015. 10. 29. 선고 2015도9010 판결)

3. 공전자기록 위작 · 변작죄

제227조의2(공전자기록위작·변작)
사무처리를 그르치게 할 목적으로 공무원 또는 공무소의 전자기록등 특수매체기록을 위작 또는 변작한 자는 10년 이하의 징역에 처한다.

● 관련판례 1

◎ 형법 제227조의2에서 정한 전자기록의 '위작' 및 '사무처리를 그르치게 할 목적'의 의미

형법 제227조의2는 "사무처리를 그르치게 할 목적으로 공무원 또는 공무소의 전자기록 등 특수매체기록을 위작 또는 변작한 자는 10년 이하의 징역에 처한다."고 규정하고 있는데, 여기에서 정하는 전자기록의 "위작"이란 전자기록에 관한 시스템을 설치·운영하는 주체와의 관계에서 전자기록의 생성에 관여할 권한이 없는 사람이 전자기록을 작출하거나 전자기록의 생성에 필요한 단위 정보의 입력을 하는 경우는 물론이고, 시스템의 설치·운영 주체로부터 각자의 직무 범위에서 개개의 단위 정보의 입력 권한을 부여받은 사람이 그 권한을 남용하여 허위의 정보를 입력함으로써 시스템 설치·운영 주체의 의사에 반하는 전자기록을 생성하는 경우도 포함하는데, 여기서 '허위의 정보'라고 함은 진실에 반하는 내용을 의미하며, "사무처리를 그르치게 할 목적"이란 위작 또는 변작된 전자기록이 사용됨으로써 시스템을 설치·운용하는 주체의 사무처리를 잘못되게 하는 것을 말한다(대법원 2010. 7. 8. 선고 2010도3545 판결, 대법원 2011. 5. 13. 선고 2011도1415 판결 등 참조).(대법원 2013. 11. 28., 선고, 2013도9003, 판결)

● 관련판례 2

◎ 형법 제227조의2(공전자기록위작·변작)에 규정된 '공무원', '공무소', '공무원 또는 공무소의 전자기록'의 의미 / 공무원 또는 공무소가 아닌 행위주체가 계약 등에 의하여 공무와 관련되는 업무를 일부 대행하는 경우, 위 조항의 '공무원 또는 공무소'가 될 수 있는지 여부(원칙적 소극)

형법 제227조의2(공전자기록위작·변작)는 "사무처리를 그르치게 할 목적으로 공무원 또는 공무소의 전자기록 등 특수매체기록을 위작 또는 변작한 자는 10년 이하의 징역에 처한다."라고 규정하고 있다. 여기에서 '공무원'이란 원칙적으로 법령에 의해 공무원의 지위를 가지는 자를 말하고, '공무소'란 공무원이 직무를 행하는 관청 또는 기관을 말하며, '공무원 또는 공무소의 전자기록'은 공무원 또는 공무소가 직무상 작성할 권한을 가지는 전자기록을 말한다. 따라서 그 행위주체가 공무원과 공무소가 아닌 경우에는 형법 또는 특별법에 의하여 공무원 등으로 의제되는 경우를 제외하고는 계약 등에 의하여 공무와 관련되는 업무를 일부 대행하는 경우가 있더라도 공무원 또는 공무소가 될 수 없다. 형벌법규의 구성요건인 공무원 또는 공무소를 법률의 규정도 없이 확장해석하거나 유추해석하는 것은 죄형법정주의 원칙에 반하기 때문이다. [대법원 2020. 3. 12., 선고, 2016도19170, 판결]

4. 공정증서원본 등 부실기재죄

제228조(공정증서원본 등의 부실기재)

① 공무원에 대하여 허위신고를 하여 공정증서원본 또는 이와 동일한 전자기록등 특수매체기록에 부실의 사실을 기재 또는 기록하게 한 자는 5년 이하의 징역 또는 1천만원 이하의 벌금에 처한다. 〈개정 1995.12.29.〉

② 공무원에 대하여 허위신고를 하여 면허증, 허가증, 등록증 또는 여권에 부실의 사실을 기재하게 한 자는 3년 이하의 징역 또는 700만원 이하의 벌금에 처한다. 〈개정 1995.12.29.〉

(작성례 1)

피의자는 ㅇㅇ시 ㅇㅇ동 ㅇㅇ번지에 사는 김ㅇㅇ(ㅇㅇ세)에게 두차례에 걸쳐 청혼한 바 있으나 이를 거절당하자 그녀 몰래 혼인신고를 하기로 계획하였다.

그리하여 행사할 목적으로 피의자의 본적지인 ㅇㅇ구청 ㅇㅇ계에서 20ㅇㅇ. ㅇ. ㅇ. 10 : 00경 위 김ㅇㅇ와 혼인한 것처럼 혼인신고서의 각란을 마음대로 기재한 다음 미리 김ㅇㅇ라고 새겨놓은 도장을 찍어 위 김ㅇㅇ 명의의 혼인신고서 1통을 위조하였다.

그리고 즉시 그곳에서 앞서 발급받아 가지고 있던 그녀의 가족관계증명서를 붙여서 그 정을 모르는 위 ㅇㅇ구청 ㅇㅇ계 직원 이ㅇㅇ에게 위 허위의 혼인신고서를 제출하여 행사하고, 위 직원으로 하여금 가족관계등록부원본에 위 허위의 혼인신고서 내용을 불실기재하게 하고 이를 같은 구청 ㅇㅇ계 내에 비치하게 하여 행사하였다.

(작성례 2)

피의자는 피의자의 부친 김ㅇㅇ 소유의 부동산을 임의로 처분하는데 사용할 목적으로 20ㅇㅇ. ㅇ. ㅇ. 경 ㅇㅇ동 소재 법무사 조ㅇㅇ사무소에서 위 김ㅇㅇ을 대리하여 그 소유의 부동산을 처분할 권한이 있는 것처럼 가장 하였다.

그리하여 그 정을 모르는 위 조ㅇㅇ로 하여금 등기신청에 관한 행위를 위임한다는 취지가 인쇄된 위임장과 매도증서 용지의 "부동산표시란에

○○동 소재 전 2,000평방미터, 등기목적 소유권이전 매도인 ○○시 ○○동 123번지 김○○, 매수인 △△시 △△동 456번지 이○○" 이라고 검정색 볼펜을 기재한 후 피의자가 미리 절취하여 가지고 있던 위 김○○의 인장을 그 이름 옆에 함부로 각 날인하여 권리의무에 관한 사문서인 위 김○○ 명의의 위임장 및 매도증서 각 1통을 위조하였다.

피의자는 같은 달 ○. 11:00경 ○○동에 있는 ○○등기소에서 그 정을 모르는 위 김○○으로 하여금 위와 같이 위조한 위임장, 매도증서를 등기공무원 ○○○에게 제출하게 하여 이를 행사하였다.

피의자는 같은 일시장소에서 위와 같이 허위사실을 신고하여 그 정을 모르는 등기공무원 ○○○으로 하여금 등기부원본에 위 부동산에 대하여 이○○ 앞으로 매매를 원인으로 한 소유권이전등기를 경료하게 함으로써 공정증서원본에 불실의 사실을 기재하게 하고, 이를 즉시 그곳에 비치하게 하여 행사하였다.

■ 적용실례

◇ 사망자 명의로 소유권이전등기를 기재한 경우

부동산등기부에 사망한 사람 명의로 소유권이전등기의 사유를 기재하도록 하였다.

※ 사망한 사람은 권리의무의 주체가 될 수 없고 따라서 사망자 앞으로 소유권이전등기를 하는 것은 실체관계에 부합하는 유효한 등기로 볼 수 없으므로 위 행위는 공정증서원본불실기재죄를 구성한다.

◇ 국유지를 자신의 명의로 이전했을 경우

장○○는 국유지로서 누구에게도 농지분배된 사실이 없는 토지를 부정한 방법으로 김○○이 분배받은 것같이 하여 소유권이전등기를 거친 후 그 부정을 은폐할 목적으로 자기 명의로 등기하였다.

※ 위 등기가 비록 김○○의 의사에 따른 것이라 하더라도 김○○은 이 토지의 소유권자가 아니고 동인 명의의 등기는 원인무효의 등기이며 그러한 정을 알면서 장○○ 명의로 이전등기를 한 것이므로 그의 행위는 본조의 죄에 해당한다.

◇ 위장혼인을 하여 혼인신고한 경우

해외이주의 목적으로 위장혼인을 하고 혼인신고를 하여 그 사실이 가족관계등록부에 기재되었다.

※ 공정증서원본불실기재죄를 구성한다.

◇ 허위의 보증서를 작성하여 제출한 경우

허○○는 허위의 보증서를 작성하여 ○○지방법원 ○○등기소에 제출. 담당공무원으로 하여금 이를 믿게 하고 그 명의로 소유권이전등기를 하게 하였다.

※ 사기죄 외에 공정증서원본불실기재, 불실기재공정증서원본행사죄로도 의율해야 한다.

◇ 남의 주민등록증 사진을 떼어 여권을 발급받은 경우

박○○와 문○○가 공모하여 여○○의 주민등록증에 붙은 그의 사진을 떼어내고 문○○의 사진을 붙여 문○○가 마치 피해자인 것처럼 가장하고 여권을 발급받았다.

※ ① 주민등록증에 붙은 사진을 떼어내고 다른 사람의 사진을 붙이는 것은 중요부분의 변경에 해당되어 공문서위조죄로 의율해야 하고,

② 여권에 불실의 사실을 기재하는 것은 여권불실기재에 해당하고 공정증서원본불실기재로 의율하지 말아야 한다.

◇ 일부를 매수하고 전부를 매수한 것처럼 소유권이전등기를 한 경우

임○○는 대지 200평중 120평만 매수했으면서 전부(200평)를 매수한 것처럼 소유권이전등기를 마치고 등기부에 등재하여 등기소에 비치하도록 하였다.

※ 공정증서원본불실기재죄와 함께 죄를 의율해야 하며, 양죄는 실체적 경합(형법 제37·38조)이 된다.

◇ 건물관계서류를 위조한 경우

피의자가 자기 소유의 건물을 관계서류를 위조하여 피의자 소유명의로 등기를 경료하였다.

※ 위 경우에 대해 사기죄로 의율할 수도 있으나, 등기사무원에게는 부동산의 소유권에 대한 처분권한이 없으므로 기망에 의한 처분행위가 있어야 하는 사기죄의 구성요건에 해당하지 않고 위 행위는 공정증서원본불실기재 불실기재공정증

서원본행사죄와 구성요건에 해당하므로 공정증서원본불실기재죄 및 불실기재공정증서원본행사죄로 의율해야 한다.

● 수사사례

- 등기부에 허위 근저당 설정 등기부에 허위의 근저당을 설정하여 등기부를 비치케 하였다면 공정증서원본부실기재와 불실기재 공정증서원본행사 성립.
- 허위의 보증서 작성 제출 허위의 보증서를 작성하여 등기소에 제출하여 이를 받은 담당공무원이 피의자명의로 소유권이전등 기케 하였다면 사기죄, 공정증서원본불실기재, 동행사죄가 성립.
- 여권허위 발급 여권발급신청서류에 허위사실을 기재하여 허위내용의 상용여권을 발급받은 경우 여권불실 기재가 성립.
- 허위신고 사업자등록증 교부 주민등록증을 위조하여 자신의 신분을 허위로 대고 그 정을 모르는 공무원으로부터 사업자 등록증을 발부받았다면 공정증서원본불실기재죄에 해당.
- 허위혼인신고 피해자 모르게 혼인신고서류를 위조한 다음 일방적으로 혼인신고를 한 경우 사문서위조 및 위조사 문서행사, 공정증서원본불실기재, 불실공정증서원본 행사등에 해당
- 허위사망신고 타인 명의의 인감증명서를 위조하여 이를 사망신고서에 첨부하여 그 정을 모르는 호적계원 에게 제출하여 동인으로 하여금 호적부에 허위의 사실을 기재하여 비치하게 한 경우 사문 서위조, 위조사 문서행사, 공정증서원본불실기재, 불실공정증서원본행사죄 성립

● 관련판례 1

◎ 공정증서원본 불실기재죄 또는 공전자기록 등 불실기재죄에서 '불실의 사실' 의 의미

형법 제228조 제1항이 규정하는 공정증서원본 불실기재죄나 공전자기록 등 불실기재죄는 특별한 신빙성이 인정되는 권리의무에 관한 공문서에 대한 공공의 신용을 보장함을 보호법익으로 하는 범죄로서 공무원에 대하여 진실에 반하는 허위신고를 하여 공정증서원본 또는 이와 동일한 전자기록 등 특수매체기록에 그 증명하는 사항에 관하여 실체관계에 부합하지 아니하는 '불실의 사실' 을 기재 또는 기록하게 함으로써 성립하고, 여기서 '불실의 사실' 이라 함은 권리의무관계에 중요한 의미를 갖는 사항이 객관적인 진실에 반하는 것을 말한다(대법원 2013. 1. 24. 선고 2012도12363 판결 참조). 따라서 피고인 소유의 자동차를 타인에게 명의신탁 하기 위한 것이거나 이른바 권리 이전 과정이 생략된 중간생략의 소유권 이전등록이라도 그러한 소유권 이전등록이 실체적 권리관계에 부합하는 유효한 등록이라면 이를 불실의 사실을 기록하게 하였다고 할 수 없다.(대법원 2020. 11. 5., 선고, 2019도12042, 판결)

● 관련판례 2

◎ 유한회사의 사원이 상법 등 법령에 정한 회사설립의 요건과 절차에 따라 회사설립등기를 함으로써 회사가 성립하였다고 볼 수 있는 경우, 회사설립등기와 그 기재 내용이 공정증서원본 불실기재죄나 공전자기록 등 불실기재죄에서 말하는 '불실의 사실'에 해당하는지 여부(원칙적 소극)

유한회사의 사원이 상법 등 법령에 정한 회사설립의 요건과 절차에 따라 회사설립등기를 함으로써 회사가 성립하였다고 볼 수 있는 경우 회사설립등기와 그 기재 내용은 특별한 사정이 없는 한 공정증서원본 불실기재죄나 공전자기록 등 불실기재죄에서 말하는 불실의 사실에 해당하지 않는다. 유한회사의 사원 등 회사설립에 관여하는 사람이 회사를 설립할 당시 회사를 실제로 운영할 의사 없이 회사를 이용한 범죄 의도나 목적이 있었다거나, 회사로서의 인적·물적 조직 등 영업의 실질을 갖추지 않았다는 이유만으로는 불실의 사실을 법인등기부에 기록하게 한 것으로 볼 수 없다.(대법원 2020. 3. 26., 선고, 2019도7729, 판결)

● 관련판례 3

◎ 등기원인을 가장한 경우 공정증서원본불실기재죄 및 동행사죄 성립 여부(소극)

부동산을 관리보존하는 방법으로 이를 타에 신탁하는 의사로서 그 소유권이전등기를 한 경우에는 그 원인을 매매로 가장하였다 하더라도 이는 공정증서원본불실기재죄에 해당하지 아니하고(대법원 1957. 4. 12. 선고 4290형상32 판결 등 참조), 피고인이 부동산에 관하여 가장매매를 원인으로 소유권이전등기를 경료하였더라도, 그 당사자 사이에는 소유권이전등기를 경료시킬 의사는 있었다고 할 것이므로 공정증서원본불실기재죄 및 동행사죄는 성립하지 않고, 또한 등기의무자와 등기권리자(피고인) 간의 소유권이전등기신청의 합의에 따라 소유권이전등기가 된 이상, 등기의무자 명의의 소유권이전등기가 원인이 무효인 등기로서 피고인이 그 점을 알고 있었다고 하더라도, 특별한 사정이 없는 한 바로 피고인이 등기부에 불실의 사실을 기재하게 하였다고 볼 것은 아니다.(대법원 2011. 7. 14. 선고 2010도1025 판결)

● 관련판례 4

◎ 허위공문서작성죄의 간접정범이 성립하는 경우

허위공문서작성의 주체는 직무상 그 문서를 작성할 권한이 있는 공무원에 한하고 작성권자를 보조하는 직무에 종사하는 공무원은 허위공문서작성죄의 주체가 되지 못한다. 다만 공문서의 작성권한이 있는 공무원의 직무를 보좌하는 사람이 그 직위를 이용하여 행사할 목적으로 허위의 내용이 기재된 문서 초안을 그 정을 모르는 상사에게 제출하여 결재하도록 하는 등의 방법으로 작성권한이 있는 공무원으로 하여금 허위의 공문서를 작성하게 한 경우에는 허위공문서작성죄의 간접정범이 성립한다.(대법원 2011. 5. 13. 선고 2011도1415 판결)

5. 위조, 변조 등 공문서행사죄

제229조(위조등 공문서의 행사)

제225조 내지 제228조의 죄에 의하여 만들어진 문서, 도화, 전자기록등 특수매체기록, 공정증서원본, 면허증, 허가증, 등록증 또는 여권을 행사한 자는 그 각 죄에 정한 형에 처한다.

[전문개정 1995.12.29.]

(작성례 1)

피의자는 행사할 목적으로, 20○○. ○. ○.경 ○○시 ○○동 ○○번지에 있는 피의자의 집에서 20○○. ○. ○.자 ○○시 ○○동장이 발행한 ○○시 ○○동 ○○번지에 사는 공○○의 인감증명서 1통의 발행일자란에 기재되어 있는 "1" 을 펜을 사용하여 "4" 자로 고쳐 써서 위 ○○시 ○○동장의 작성명의인 공문서를 변조하였다.

그리고 그 다음 날 ○○주식회사 사무실에서 신○○으로 하여금 그것이 진정하게 성립된 인감증명서인 것처럼 속여 이를 믿게 하고 그에게 교부하여 행사하였다.

(작성례 2)

피의자는 20○○. ○. ○. 서울시 ○○동 123번지 피의자의 집에서 행사할 목적으로 권한없이 컴퓨터를 이용하여 백지위에 '지방세 세목별과세증명서, 납세자 이○○ 660000-1111111, 과세물건 △△동 123-4, 234-5, ○○/2 정기분 재산세 65,000원 등 계 87,500원, 20○○. ○. ○. 신청인 이○○' 이라는 위지의 내용을 인쇄하였다. 그리고 그 위에 임의로 조각하여 소지하고 있던 '위와 같이 증명합니다. 20○○. ○. ○. ○○시장' 이라는 고무명판과 ○○시장의 직인을 날인하여, 사실증명에 관한 공문서인 ○○시장 명의의 지방세 세목별과세증명서 1부를 위조하였다.

피의자는 같은 날 ○○동에 있는 ○○은행 ○○지점에서 그 정을 모르는 위 지점 최○○에게 위와 같이 위조된 지방세세목별과세증명서를 마치 진정하게 성립된 것처럼 대출용 재산증빙서류로 제출하여 이를 행사하였다.

(작성례 3)

피의자는. 20○○. ○. ○. ○○시 ○○동 123 피의자의 집에서, 행사할 목적으로 권한없이 검정색 볼펜을 사용하여 ○○시장으로부터 발급받은 김○○소유의 ○○시 ○○동 456 소재 임야 10,000평방미터에 대한 토지가격확인원의 평방미터당 토지가격란의 '3,000원'을 '13,000원'으로 고쳐 ○○시장 명의의 공문서인 토지가격확인원 1매를 변조하였다.

피의자는 같은 달 ○.경 ○○동에 있는 ○○새마을금고에서 위 금고 이사장인 최○○에게 위와 같이 변조된 토지가격확인원을 마치 진정하게 성립된 것처럼 대출용 재산증빙서류로 제출하여 이를 행사하였다.

그리하여 이에 속은 위 금고로 하여금 즉석에서 위 임야에 대하여 채권최고금액 금 100,000,000원의 근저당권을 설정하게하고 금 80,000,000원을 대출받아 이를 편취하였다.

(작성례 4)

피의자는 20○○. ○. ○. ○○시 ○○동 123번지 피의자의 집에서, 행사할 목적으로 권한 없이 백지와 복사기를 이용하여 ○○법원 등기과에서 발급받은 등기부등본 갑구(소유권)란의 "3. 소유권이전청구권가등기, 접수 20○○년 ○월 ○일, 제12345호, 원인 20○○년 ○월 ○일 매매계약, 권리자 김○○, 650000-1111111, ○○시 ○○동 345"로된 기재사항을 가리고 복사하였다. 그리고 그 사본을 위 등기부등본 중간에 삽입하여 마치 위 부동산에 대하여 위 김○○ 명의로 소유권이전청구권가등기가 경료되지 않은 것처럼, 권리의무에 관한 공문서인 위 법원등기과 등기공무원 최○○ 명의의 부동산등기부등본 1통을 위조하였다.

피의자는 같은 달 ○.경 △△대출사무실에서 그 정을 모르는 홍○○에게 위와 같이 위조된 등기부등본을 마치 진정하게 성립된 것처럼 대출용 담보서류로 제출하여 이를 행사하고, 이에 속은 위 회사로부터 3,000만원을 교부받아 이를 편취하였다.

■ 적용실례

◇ 불실기재한 등기부를 등기소에 비치하여 행사한 경우

허위등기신청자가 불실의 사실을 기재한 등기부를 등기관이 법원과 등기소에 비치하여 행사하였다.

※ 허위등기신청자가 등기관의 직무상 당연히 할 행위를 이용하여 간접으로 이를 실행한 것으로 보여지고 자기가 직접 그 행위에 관여하지 않았다 하더라도 위 행위로 불실기재의 등기부를 행사한 등기관은 그에 대한 형사상의 책임을 면할 수 없다.

◇ 금원을 받고 허위문서를 작성한 경우

예비군중대장이 예비군훈련에 불참한 예비군으로부터 금원을 교부받고 그 예비군이 훈련에 참석한 것처럼 허위내용의 중대학급편성명부를 작성 행사하였다.

※ 수뢰후부정처사죄와 함께 허위공문서작성 및 허위작성공문서행사죄가 성립하고 이들 죄와 수뢰후부정처사죄는 각각 상상적 경합관계에 있다. 허위공문서작성죄와 허위작성공문서행사죄가 수뢰후부정처사죄와 각각 상상적 경합관계에 있을 때에는 허위공문서작성죄와 죄는 실체적 경합관계에 있다고 할지라도 상상적 경합관계에 있는 수뢰후부정처사죄와 대비하여 가장 중한 죄에 정한 형으로 처단하면 족하고 따로 경합가중을 할 필요가 없다.

● 수사사례

<u>타인 운전면허증 제시</u>

- 주취상태에서 운전하다 단속되자, 타인 명의 운전면허증을 제시할 경우 공문서부정행사죄 성립

<u>주민등록증 변조 부정사용</u>

- 피의자가 자신의 주민등록증번호를 고쳐 경찰관에게 제시하고 이00 명의의 운전면허증을 자신의 것인 양 경찰관에게 제시하여 공문서를 부정사용한 경우 공문서변조, 동행사, 공문 서 부정사용죄 성립

● 관련판례 1

◎ 피고인이 인터넷을 통하여 열람·출력한 등기사항전부증명서 하단의 열람 일시 부분을 수정 테이프로 지우고 복사해 두었다가 이를 타인에게 교부하여 공문서변조 및 변조공문서행사로 기소된 사안

피고인이 인터넷을 통하여 열람·출력한 등기사항전부증명서 하단의 열람 일시 부분을 수정 테이프로 지우고 복사해 두었다가 이를 타인에게 교부하여 공문서변조 및 변조공문서행사로 기소된 사안에서, 등기사항전부증명서의 열람 일시는 등기부상 권리관계의 기준 일시를 나타내는 역할을 하는 것으로서 권리관계나 사실관계의 증명에서 중요한 부분에 해당하고, 열람 일시의 기재가 있어 그 일시를 기준으로 한 부동산의 권리관계를 증명하는 등기사항전부증명서와 열람 일시의 기재가 없어 부동산의 권리관계를 증명하는 기준 시점이 표시되지 않은 등기사항전부증명서 사이에는 증명하는 사실이나 증명력에 분명한 차이가 있는 점, 법률가나 관련 분야의 전문가가 아닌 평균인 수준의 사리분별력을 갖는 일반인의 관점에서 볼 때 그 등기사항전부증명서가 조금만 주의를 기울여 살펴보기만 해도 그 열람 일시가 삭제된 것임을 쉽게 알아볼 수 있을 정도로 공문서로서의 형식과 외관을 갖추지 못했다고 보기 어려운 점을 종합하면, 피고인이 등기사항전부증명서의 열람 일시를 삭제하여 복사한 행위는 등기사항전부증명서가 나타내는 권리·사실관계와 다른 새로운 증명력을 가진 문서를 만든 것에 해당하고 그로 인하여 공공적 신용을 해할 위험성도 발생하였다는 이유로, 이와 달리 본 원심판결에 공문서변조에 관한 법리오해의 잘못이 있다.(대법원 2021. 2. 25., 선고, 2018도19043, 판결).

● 관련판례 2

◎ 피고인과 갑의 행위가 허위공문서작성죄의 간접정범에 해당하는데도 공동정범에 해당한다고 본 원심판단은 잘못이지만, 그러한 잘못은 판결에 영향이 없다고 한 사례

공무원 갑이 허위의 사실을 기재한 자동차운송사업변경(증차)허가신청 검토조서를 작성한 다음 이를 자동차운송사업변경(증차)허가신청 검토보고에 첨부하여 결재를 상신하였고, 담당계장으로서 그와 같은 사정을 알고 있는 중간 결재자인 피고인과 담당과장으로서 그와 같은 사정을 알지 못하는 최종 결재자인 을이 차례로 위 검토보고에 결재를 하여 자동차운송사업 변경허가가 이루어진 사안에서, 위 검토조서 및 검토보고의 각 내용과 형식, 관계 및 작성 목적, 이를 토대로 변경허가가 이루어진 점 등을 종합할 때, 공문서인 위 검토보고의 작성자는 을이라고 보아야 하므로, 위 검토보고의 내용 중 일부에 불과한 위 검토조서의 작성자인 갑은 물론 을의 업무상 보조자이자 중간 결재자인 피고인은 허위공문서작성죄의 주체가 될 수 없는데도 피고인과 갑의 행위가 공동정범에 해당한다고 본 원심판단은 잘못이지만, 이는 허위의 정을 모르는 작성권자 을로 하여금 허위의 공문서를 결재·작성하게 한 경우에 해당하여 그 간접정범에 해당하고, 간접정범은 형법 제34조 제1항, 제31조 제1항에 의하여 죄를 실행한 자와 동일한 형으로 처벌되는 것이므로 그러한 잘못은 판결에 영향을 미친 위법이 되지 못한다고 한 사례. (대법원 2011. 5. 13. 선고 2011도1415 판결)

● 관련판례 3

◎ 전사복사기 등을 사용하여 복사한 문서의 사본을 다시 복사한 문서의 재사본이 문서위조죄 및 동 행사죄의 객체인 문서에 해당하는지 여부(적극) 및 진정한 문서의 사본을 전자복사기를 이용하여 복사하면서 일부 조작을 가하여 그 사본 내용과 전혀 다르게 만드는 행위가 문서위조행위에 해당하는지 여부(적극)

형법 제237조의2에 따라 전자복사기, 모사전송기 기타 이와 유사한 기기를 사용하여 복사한 문서의 사본도 문서원본과 동일한 의미를 가지는 문서로서 이를 다시 복사한 문서의 재사본도 문서위조죄 및 동 행사죄의 객체인 문서에 해당한다 할 것이고, 진정한 문서의 사본을 전자복사기를 이용하여 복사하면서 일부 조작을 가하여 그 사본 내용과 전혀 다르게 만드는 행위는 공공의 신용을 해할 우려가 있는 별개의 문서사본을 창출하는 행위로서 문서위조행위에 해당한다.

타인의 주민등록증사본의 사진란에 피고인의 사진을 붙여 복사하여 행사한 행위가 공문서위조죄 및 동행사죄에 해당한다.(대법원 2000. 9. 5. 선고 2000도2855 판결).

● 관련판례 4

◎ 유한회사의 사원이 상법 등 법령에 정한 회사설립의 요건과 절차에 따라 회사설립등기를 함으로써 회사가 성립하였다고 볼 수 있는 경우, 회사설립등기와 그 기재 내용이 공정증서원본 불실기재죄나 공전자기록 등 불실기재죄에서 말하는 '불실의 사실' 에 해당하는지 여부(원칙적 소극)

유한회사의 사원이 상법 등 법령에 정한 회사설립의 요건과 절차에 따라 회사설립등기를 함으로써 회사가 성립하였다고 볼 수 있는 경우 회사설립등기와 그 기재 내용은 특별한 사정이 없는 한 공정증서원본 불실기재죄나 공전자기록 등 불실기재죄에서 말하는 불실의 사실에 해당하지 않는다. 유한회사의 사원 등 회사설립에 관여하는 사람이 회사를 설립할 당시 회사를 실제로 운영할 의사 없이 회사를 이용한 범죄 의도나 목적이 있었다거나, 회사로서의 인적·물적 조직 등 영업의 실질을 갖추지 않았다는 이유만으로는 불실의 사실을 법인등기부에 기록하게 한 것으로 볼 수 없다.(대법원 2020. 3. 26., 선고, 2019도7729, 판결).

6. 공문서부정행사죄

제230조(공문서 등의 부정행사)
공무원 또는 공무소의 문서 또는 도화를 부정행사한 자는 2년 이하의 징역이나 금고 또는 500만원 이하의 벌금에 처한다. 〈개정 1995.12.29.〉

(작성례)

피의자는 20○○. ○. ○. 22:00경 서울 서초구 반포2동 반포주공2단지 아파트 입구 고가도로 밑 사거리에서 피의자 소유의 21가1234호 NF소나타 승용차 운전중 신호 위반으로 적발되어 서초경찰서 교통과 소속 경장 김○○으로부터 운전면허증 제시를 요구받았다. 그러자 가지고 있던 서울특별시지방경찰청장 발행의 공문서인 피의자의 형 ○○○의 공문서를 부정행사하였다.

■ 적용실례

◇ 타인명의의 주민등록증을 위조해서 자신의 것인양 사용한 경우

이○○는 자기가 장○○인 것처럼 허위신고하여 이○○의 사진과 지문이 찍힌 장○○ 명의의 주민등록증을 발급받고 이를 검문중인 경찰관에게 제시하였다.

※ 주민등록증의 발급목적상 이○○에게 위 주민등록증에 부착된 사진의 인물이 장○○의 신원사항을 가진 사람이라는 허위의 사실을 증명하는 용도로 이를 사용할 수 있는 권한이 없다는 사실을 인식하고 있었다고 할 것이므로 이를 검문경찰관에게 제시하여 이러한 허위사실을 증명하는 용도로 사용한 것은 당연히 공문서부정행사죄를 구성한다는 것이 대법원의 판례이다(82도1297). 그러나 위 주민등록증은 허위내용의 공문서이므로 허위작성공문서행사죄가 성립한다고 보는 것이 타당하다는 비판이 있다.

● 수사사례

<u>타인 운전면허증 제시</u>

- 주취상태에서 운전하다 단속되자, 타인 명의 운전면허증을 제시할 경우 공문서부정행사죄 성립

<u>주민등록증 변조 부정사용</u>

- 피의자가 자신의 주민등록증번호를 고쳐 경찰관에게 제시하고 이00 명의의 운전면허증을 자신의 것인 양 경찰관에게 제시하여 공문서를 부정사용한 경우 공문서변조, 동행사, 공문 서 부정사용죄 성립

● 관련판례 1

◎ 갑선박에 의해 발생한 사고를 마치 을선박에 의해 발생한 것처럼 허위신고를 하면서 그에 대한 검정용 자료로서 을선박의 선박국적증서와 선박검사증서를 제출한 경우, 공문서부정행사죄가 성립하는지 여부(소극)

선박법 제8조 제2항, 제10조, 선박법 시행규칙 제11조 제1항, 제12조, 선박안전법 제8조 제2항, 제17조 제1항, 제2항 등 관계 법령의 규정에 의하면, 선박국적증서는 한국선박으로서 등록하는 때에 선박번호, 국제해사기구에서 부여한 선박식별번호, 호출부호, 선박의 종류, 명칭, 선적항 등을 수록하여 발급하는 문서이고, 선박검사증서는 선박정기검사 등에 합격한 선박에 대하여 항해구역·최대승선인원 및 만재흘수선의 위치 등을 수록하여 발급하는 문서이다. 위 각 문서는 당해 선박이 한국선박임을 증명하고, 법률상 항행할 수 있는 자격이 있음을 증명하기 위하여 선박소유자에게 교부되어 사용되는 것이다. 따라서 어떤 선박이 사고를 낸 것처럼 허위로 사고신고를 하면서 그 선박의 선박국적증서와 선박검사증서를 함께 제출하였다고 하더라도, 선박국적증서와 선박검사증서는 위 선박의 국적과 항행할 수 있는 자격을 증명하기 위한 용도로 사용된 것일 뿐 그 본래의 용도를 벗어나 행사된 것으로 보기는 어려우므로, 이와 같은 행위는 공문서부정행사죄에 해당하지 않는다.(대법원 2009. 2. 26. 선고 2008도10851 판결)

● 관련판례 2

◎ 공무원인 의사가 공무소의 명의로 허위진단서를 작성한 경우의 죄책

형법이 제225조 내지 제230조에서 공문서에 관한 범죄를 규정하고, 이어 제231조 내지 제236조에서 사문서에 관한 범죄를 규정하고 있는 점 등에 비추어 볼 때 형법 제233조 소정의 허위진단서작성죄의 대상은 공무원이 아닌 의사가 사문서로서 진단서를 작성한 경우에 한정되고, 공무원인 의사가 공무소의 명의로 허위진단서를 작성한 경우에는 허위공문서작성죄만이 성립하고 허위진단서작성죄는 별도로 성립하지 않는다. (대법원 2004.4.9. 선고 2003도7762 판결)

● 관련판례 3

◎ 형법 제230조 공문서부정행사죄를 적용함에 있어 범행의 주체, 객체 및 태양을 되도록 엄격하게 해석하여 처벌범위를 합리적인 범위 내로 제한하여야 하는지 여부(적극) / 사용권한자와 용도가 특정되어 있는 공문서를 사용권한 없는 자가 사용한 경우에도 그 공문서 본래의 용도에 따른 사용이 아닌 경우, 공문서부정행사죄가 성립하는지 여부(소극)

형법 제230조의 공문서부정행사죄는 공문서의 사용에 대한 공공의 신용을 보호법익으로 하는 범죄로서 추상적 위험범이다. 형법 제230조는 본죄의 구성요건으로 단지 '공무원 또는 공무소의 문서 또는 도화를 부정행사한 자' 라고만 규정하고 있어, 자칫 처벌범위가 지나치게 확대될 염려가 있으므로 본죄에 관한 범행의 주체, 객체 및 태양을 되도록 엄격하게 해석하여 처벌범위를 합리적인 범위 내로 제한하여야 한다. 사용권한자와 용도가 특정되어 있는 공문서를 사용권한 없는 자가 사용한 경우에도 그 공문서 본래의 용도에 따른 사용이 아닌 경우에는 공문서부정행사죄가 성립되지 아니한다. [대법원 2022.9.29., 선고, 2021도14514, 판결]

7. 사문서 위조 · 변조죄

제231조(사문서등의 위조·변조)
행사할 목적으로 권리·의무 또는 사실증명에 관한 타인의 문서 또는 도화를 위조 또는 변조한 자는 5년 이하의 징역 또는 1천만원 이하의 벌금에 처한다. 〈개정 1995.12.29.〉

(작성례 1)

피의자는 행사할 목적으로 20○○. ○. ○.경 ○○시 ○○구 ○○동사무소에서 피의자가 강○○으로부터 그의 인감증명서를 발급받을 수 있는 권한을 위임받은 것처럼 인감증명서 용지의 뒷면 위임자란에 함부로 "같은 구 ○○동 75의 43 강○○"이라고 기재하고 그 밑에 강○○이라고 새겨진 둥근 도장을 찍어서 그 명의의 위임장 1통을 위조하였다.
그리고 그 위조한 위임장 앞면의 인감증명발급신청서 신청인란에 "같은 구 ○○동 75의 43 강○○"이라고 기입하고 그 밑에도 강○○이라고 새겨진 둥근 도장을 찍어 강○○ 명의의 인감증명서 2통을 신청하는 내용의 발급신청서 1통을 위조하였다.
그리고 즉석에서 그 정을 모르는 위 동사무소 담당직원인 정○○에게 마치 진정하게 성립한 인감증명발급신청서처럼 제출하여 이를 행사하였다.

(작성례 2)

피의자는 행사할 목적으로 20○○. ○. ○. 15:30경 피의자의 아파트 응접실에서 태국교통국장이 건외 홍○○에게 발행한 국제운전면허증에 붙어있던 홍○○의 사진을 떼어내고 그 자리에 피의자의 사진을 붙여 태국 교통국장 명의의 사문서인 국제운전면허증 1장을 위조하였다.

(작성례 3)

피의자는 20○○. ○. ○. ○○동에 있는 △△호텔에서 ○○회사 이사회에서 채권양도 결의를 한 사실이 없었음에도 불구하고 행사할 목적으로 권한없이 위 회사가 지급 받아야할 최○○에 대한 25,000,000원의 채권 등 총 4건 합계 135,000,000원의 채권을 피의자 김○○에게 양도한 것처럼 채권양도양수계약서상의 양도인란에 "○○주식회사 대표이사 송○○, ○○시 ○○구 ○○동 123" 양수인란에 "△△시 △△구 △△동 456 김○○" 금액란에 "135,000,000원" 날짜란에 "20○○. ○. ○."로 각각 기재하였다. 그리고 소지하고 있던 위 회사 대표이사 직인을 날인하여 권리 의무에 관한 사문서인 위 회사 명의의 채권양도양수계약서 1매를 위조하였다.

피의자는 같은 일시 장소에서 임무에 위배하여 위와 같이 위조된 채권양도양수예약서에 따라 위 채권을 김○○에게 양도함으로써 동인으로 하여금 동액 강당의 재산상 이익을 취득하게 하고, 위 회사에 동액 상당의 재산상 손해를 가하였다.

(작성례 4)

피의자는 20○○. ○. ○. ○○동에 있는 ○○금융사무실에서 행사할 목적으로 권한없이, 검정색 볼펜을 사용하여 인쇄된 전세계약서 용지의 부동산표시란에 "○○시 ○○구 ○○동 123번지 대 342㎡, 시멘트벽돌슬래브지붕 및 시멘트기와지붕 2층, 주택 1층 85㎡, 2층 63㎡, 전세금 및 지급방법란에 전세금 1억원, 계약금 5백만원, 잔금 9천5백만원, 전세기간 20○○. ○. ○. ~ 20○○. ○. ○. 작성일자란에 20○○. ○. ○. 전세권설정자란에 김○○, 전세권자란에 홍○○"라고 기재한 후 그 전에 절취하여 소지하고 있던 위 김○○의 인감도장을 동인의 이름 옆에 날인하여 권리의무에 관한 사문서인 동인 명의의 전세계약서 1매를 위조하였다.

피의자는 같은 시간 같은 장소에서 그 정을 모르는 ○○금융사무실 직원인 건외 이○○에게 위와 같이 위조된 전세계약서를 마치 진정하게 성립된 것처럼 교부하여 이를 행사하고, 이에 속은 위 이○○로부터 위 전세계약서를 담보로 5,000만원을 차용금 명목으로 교부받아 이를 편취하였다.

(작성례 5)

피의자는 행사할 목적으로, 20○○. ○. ○. 13:00경 ○○동에 있는 ○○새마을금고 사무실에서, 백지에 검정색 볼펜을 사용하여 "차용증서, 금2천만원정, 위 금액을 정히 차용하며 20○○. ○. ○. 까지 틀림없이 변제할 것을 확약함. 20○○. ○. ○. 채무자 김○○, ○○새마을금고 귀하" 라고 기재한 후 위 김○○의 이름 밑에 피의자가 임의로 소지하고 있던 위 김○○의 인장을 날인하여 권리의무에 관한 사문서인위 김○○ 명의의 차용증서 1매를 위조하였다.

그리고 즉석에서 그 정을 모르는 위 금고의 직원 ○○○에게 위 위조된 차용증서가 마치 진정한 것인 양 교부하여 이를 행사하였다.

(작성례 6)

피의자는 ○○동에 있는 소규모주택 건설을 목적으로 설립된 (주)△△건설의 이사이다.

피의자는 소규모주택단지 입찰 시에 사용하도록 되어 있는 위 회사 인감증명서와 인감도장을 위 목적에 사용한다면서 고소인 김○○으로부터 교부받아 소지하고 있음을 기화로 가. 20○○. ○. ○. ○○소재 건설조합에서, 행사할 목적으로 위 회사 대표이사 김○○으로부터 대출받을 수 있는 권한을 위임받은 것처럼 대출서류를 작성 대출금을 수령함에 있어 차용금신청서에 함부로 "주소 : ○○시 ○○구 ○○동 123번지, 상호 : (주)△△건설 대표이사 김○○, 신청금액 : 3억원, 상환기간 : 20○○. ○. ○. 연대보증인 ○○시 ○○구 ○○동 456번지 김○○, 20○○. ○. ○." 라고 기재하였다.

그리고 김○○의 개인 인감도장을 각각 날인하여 권리의무에 관한 그의 명의의 차용금신청서 1매를 위조하였다.

피의자는 같은 날 ○○동에 있는 건설조합에 위 차용금증서가 마치 진정한 명의의 차용금신청서인양 제출하여 이를 행사하였다.

(작성례 7)

피의자는 신용불량으로 인해 자신 명의로 신용카드를 발급 받을 수 없다. 이에 따라 본인의 형 김○○ 명의로 신용카드를 발급받아 사용하기 위해, 20○○. ○. ○. ○○동 ○○카드○○지점에서 ○○카드회원 가입신청서를 작성함에 있어, "성명 김○○, 주소 ○○시 ○○구 ○○동 123, 직업 ○○산업주식회사, 결제계좌 ○○은행 123-45-6789 등"라고 기재한 다음 신청인 성명란에 김○○라고 날인하였다.

결국 피의자는 행사할 목적으로 허락없이 권리의무에 관한 김○○ 명의의 ○○카드회원가입신청서 1매를 위조하였다.

피의자는 같은 날 즉석에서 위 카드사 직원에게 위 신청서가 마치 진정한 명의의 신청서인양 제출하여 이를 행사하여 같은 해 ○. ○. ○○카드(카드번호 : ○○○○ - ○○○○ - ○○○○ - ○○○○)를 교부받아 이를 소지하고 있었다.

피의자는 같은 해 ○. ○. ○○동에 있는 "○○단란주점"에서 500,000만원 상당의 술값을 지불한 것을 비롯하여 20○○. ○. ○.까지 총 41회에 걸쳐 별지 범죄일람표(1) 내용과 같이 4,356,560원 상당의 금품을 편취하고, 같은 해 ○. ○. ○○동에 있는 ○○은행 현금자동인출기에서 현금 200만원을 인출 한 것을 비롯하여 20○○. ○. ○.까지 총 6회에 걸쳐 별지 범죄일람표(2) 내용과 같이 1,000만원을 절취하였다.

■ 적용실례

◇ 사망자 명의의 문서를 생존당시 작성한 것처럼 위조한 경우

사망자의 명의로 된 문서를 작성함에 있어 사망자의 처로부터 사망자의 인장을 교부받아 생존당시 작성한 것처럼 문서의 작성일자를 그 명의자가 생존했던 때의 일자로 소급하여 작성하였다.

※ 작성명의인의 승낙이 있었다고 볼 수 없으므로 사문서위조죄에 해당한다.

◇ 차용위탁을 받고 차용금액보다 많이 영수증을 작성했을 경우

백○○는 변○○으로부터 금 5천만원의 차용위탁을 받고 백지의 대출신청서 및 영수증에 동인의 날인을 받은 차용금액을 금 1억원으로 기입하여 변○○ 명의의 대출신청서 및 영수증을 작성하였다.

※ 위탁된 권한을 초월하여 위탁자 명의의 문서를 작성하거나 위탁자의 서명날인이 정당하게 작성된 것이라고 하더라도 그 서명날인자의 의사에 반하는 문서를 작성한 경우에는 사문서위조죄가 성립한다. 이 경우 백○○는 위탁자의 의사에 반하는 문서를 작성했으므로 사문서위조죄가 성립한다.

◇ 함부로 예금수불기재를 증감변경한 경우

농업협동조합지소의 직장마을금고 출납원은 보통예금통장의 예금수불기재의 증감변경에 관한 일반적인 권한이 없고 다만 그 권한이 있는 지소장의 승낙이나 위임받은 범위 내에서만 그 기계적 보조자로서 예금수불기재를 증감변경할 수 있음에 불과한데도 그 출납원이 그 위임 범위를 넘어서 함부로 예금수불기재를 증감변경하였다.

※ 사문서변조죄를 구성한다.

◇ 여권발급신청서의 보증인란을 위조한 경우

여권발급신청서의 보증인란에 보증인을 멋대로 기재하고 그 밑에 도장을 새겨 찍었다.

※ 사문서위조, 위조사문서행사죄가 성립한다.

◇ 실존하는 타인명의로 문서를 작성했을 경우

손○○는 실존하는 김○○로 가장하고 이력을 속여 회사에 취직한 후 서약서, 근로계약서 등도 모두 김○○ 명의로 작성하였다.

※ 본명 대신 가명 또는 위명을 사용한 경우에 위조죄가 되지 않는 것은 그 작성 명의자의 인격 자체의 동일성이 그대로 유지되기 때문이다. 그러나 위명자와 본명자의 인격이 상이할 때에는 위조죄가 성립하게 된다. 따라서 위 손○○의 행위는 본명 대신에 가명을 사용한 경우와는 달라서 각각 사문서위조에 해당한다.

◇ 타인 명의의 여권을 위조한 후 합의한 경우

손○○는 김○○ 명의의 여권을 위조하고, 그 후 김○○의 합의를 얻어 내었다.

※ 사문서위조죄나 사기죄가 일단 성립한 후에는 사후에 피해자와 합의하여 승인을 받았다 하더라도 동 범죄의 성립이 취소되는 것은 아니다.

◇ 퇴임후 회원들로부터 날인받은 백지를 사용한 경우

정○○는 분회장 재임당시 회원들로부터 날인받은 백지를 사용하여 퇴임후 회원 등 명의의 결의문과 진정서 등을 작성하여 관계당국에 제출하였다.

※ 이 경우 정○○는 위 회원 등의 의사에 반하여 동인 등 명의의 문서를 위조, 행사했다고 할 것이어서 이 죄 및 죄가 성립한다.

◇ 토지 일부분을 전부인양(이전등기문서에) 날인한 경우

김○○는 노○○의 토지 1,650평중 1,050평만을 매수한 후 그 토지전부에 대하여 이전등기를 받을 생각으로 등기부상 소유명의자인 노○○에게 위 1,050평 부분의 이전등기에 필요하다고 말하여 위 토지전부에 대한 이전등기문서에 날인을 받았다.

※ 날인을 받음으로써 작성명의자의 의사와 다른 내용의 문서를 작성한 것이 되므로 김○○의 행위는 사문서위조에 해당한다.

◇ 문맹자가 증서의 기재사항을 인식하지 못하고 부동산을 이전등기한 경우

문맹자의 의뢰를 받아 그의 의사에 반하여 사문서를 작성하고 그 내용을 모르는 문맹자의 서명날인을 받아 문맹자 소유의 부동산을 이전등기 하였다.

※ 이 경우 처분행위가 없으므로 사기죄는 성립하지 않고 사문서위조, 위조사문서행사, 공정증서원본불실기재, 불실기재공정증서원본행사죄만 성립한다.

◇ 문맹자가 증서의 기재사항을 인식하고 서명한 경우

문맹자의 의뢰를 받아 그의 의사에 반하여 사문서를 작성하고, 서명자(문맹자)가 증서의 기재사항을 인식하고 그것을 작성할 의사로 서명하였다.

※ 비록 다른 사람의 사술에 의하여 착오에 빠져 증서의 기재사항이 진실에 반하는 것이라는 점을 모르고 서명했다고 하더라도, 증서의 성립은 진정한 것이고 작성명의를 도용한 사실이 없으므로 문서위조로는 볼 수 없다. 다만 위와 같이 작성한 문서로 부동산의 소유권을 넘겨간 경우에는 사기죄만 성립한다.

◇ 고소인 명의의 문서를 만들어 행사한 경우

고소인의 승낙도 없이 고소인의 인장으로 고소인 명의의 문서를 만들어 행사한 경우.

※ 이에 대해 형법 제239조 소정 "인장부정사용죄"로 의율할 수도 있지만, 타인의 인장을 부정사용하여 사문서를 작성한 경우에는 인장에 관한 죄는 문서에 관한 죄에 흡수되는 것이므로 사문서위조, 위조사문서행사죄로 의율하는 것이 상당하다.

◇ 직인을 남용 지점장 명의의 확인서를 만든 경우

한전직원이 한전○○지점장의 직인을 남용하여 지점장 명의의 확인서를 만들었다.

※ 이는 인장을 부정사용하여 새로운 문서를 만든 행위이므로 사문서위조죄로 의율해야 한다.

◇ 타인의 인장을 부정사용한 경우

한○○는 같은 마을에 사는 이○○를 처벌받게 하는데 행사할 목적으로 마을정화위원인 김○○ 등 6명에게 면사무소에 제출할 정화위원명단을 작성하는데 필요하니 도장을 달라고 하여 이를 그들의 이름이 쓰여진 백지에 날인한 후 백지 윗부분에 "이○○는 마을에서 말썽만 부리니 처벌해 달라"고 기재하여 위 정화위원들 명의의 탄원서 1통을 위조하고, 이것을 순찰지구대에 제출하였다.

※ 사문서위조 및 위조사문서행사죄로 의율해야 한다. 이 때 사인부정사용 및 부정사용사인행사죄는 이 죄에 흡수된다.

◇ 지사장이 본사장 명의를 도용한 경우

지사장이 본사장 명의의 사원신분증을 발행하였다.

※ 사문서위조, 위조사문서행사의 혐의가 인정된다.

◇ 사립학교장 명의를 도용, 문서를 위조 행사한 경우

사립학교인 수도전기공업고등학교장 명의의 졸업증명서 1매를 위조 행사하였다.

※ 위 고등학교는 사립고등학교이므로 사문서위조, 위조사문서행사로 의율해야 한다. 만일 국립 또는 공립학교라면 공문서위조, 위조공문서행사죄로 의율하는 것이 옳다.

◇ 진정서에 동의 없이 주소, 성명을 적고 날인한 경우

아파트의 같은 동에 사는 주민들이 진정서 문안내용에 관한 협의를 거친 후 그 중 1인에 의하여 작성된 진정서에 연명날인을 받는 과정에서 합의에 참석하지 않은 고소인의 주소, 성명과 날인을 무단히 현출시켜 이를 행사하였다.

※ 사인부정사용 및 부정사용사인행사죄로 의율할 수도 있지만, 사문서위조 및 위조사문서행사죄로 의율하는 것이 옳다.

◇ 농협예금통장에 임의로 예입금액을 변경한 경우

노○○는 채권자로부터 빌린 돈에 대하여 몇차례에 걸쳐 변제독촉을 받고 고심 끝에 초등학교에 다니는 그의 딸의 농협예금통장에 저금이 되어 있는 것처럼 볼펜으로 예입란에 기입하여 채권자에게 보여 주었다.

※ 발행자로서의 농협이 따로 있고 예입란에 임의로 금액을 기재한 이상 그 표시방법이 졸렬하여 쉽사리 변조사실을 알 수 있었다고 하더라도 위 노○○의 행위는 사문서위조죄를 구성한다고 할 것이다.

◇ 부친 몰래 인감을 훔쳐 부동산을 본인 앞으로 증여받은 경우

이○○는 아버지가 사업자금을 원조해 주지 않아 자신의 사업계획이 무산되기에 이르자 아버지 몰래 인감을 빼내 그의 부동산을 자기 앞으로 증여받은 것처럼 인감신청서를 작성하였다. 인감을 몰래 빼낼 당시 그의 어머니가 옆에 있었다.

※ 비록 어머니가 보고 있는 상태에서 아버지 인감을 가지고 갔다 하더라도 전혀 그 용도와 경위를 모르는 어머니의 묵인 하에 가져 간 것이기 때문에 위 인감신청서의 작성은 그 인감에 대하여 정당한 권한있는 자의 권한 외 사용에 해당된다거나 그 인감명의자로 행세하여 사용한 것이라고 할 수 없다. 따라서 이○○의 위 행위는 사문서위조 및 위조사문서행사죄에 해당한다 할 것이다.

● 수사사례

<u>명의자의 허락없는 인감증명서 발급</u>

- 인감증명서를 명의자의 허락없이 발급받아 사용하는 경우에 사문서위조, 위조사문서행사 성립

<u>자기명의 문서에 허위사실기재</u>

- 확인서는 그 작성명의자가 자신으로 허위사실을 기재하였더라도 처벌할 수 없음

<u>허무인 명의의 문서위조</u>

- 실존하지 않은 사람의 명의를 도용한 문서를 작성한 경우 사문서위조죄는 성립하지 않음

여권위조
- 조미국여권은 대한민국 공무원 또는 공무소에서 작성된 문서가 아니므로 이를 위조한 것은 사문서위조죄

● 관련판례 1

◎ 사문서변조죄에서 '변조'의 의미 / 문서의 내용 중 권한 없는 자에 의하여 이미 변조된 부분을 다시 권한 없이 변경한 경우, 사문서변조죄가 성립하는지 여부(소극)

사문서변조죄에서 '변조'는 진정하게 성립된 문서의 내용에 권한 없는 자가 문서의 동일성을 해하지 않는 한도에서 변경을 가하여 새로운 증명력을 작출하는 것을 의미하고, 이와 같이 권한 없는 자에 의해 변조된 부분은 진정하게 성립된 부분이라 할 수 없다. 따라서 문서의 내용 중 권한 없는 자에 의하여 이미 변조된 부분을 다시 권한 없이 변경하였다고 하더라도 사문서변조죄는 성립하지 않는다(대법원 2012. 9. 27. 선고 2010도15206 판결 등 참조).(대법원 2020. 6. 4., 선고, 2020도3809, 판결)

● 관련판례 2

◎ 이사가 이사회 회의록에 서명 대신 서명거부사유를 기재하고 그에 대한 서명을 하였는데 이사회 회의록의 작성권한자인 이사장이 임의로 이를 삭제한 경우, 사문서변조에 해당하는지 여부(원칙적 적극)

이사회 회의록에 관한 이사의 서명권한에는 서명거부사유를 기재하고 그에 대해 서명할 권한이 포함된다. 이사가 이사회 회의록에 서명함에 있어 이사장이나 다른 이사들의 동의를 받을 필요가 없는 이상 서명거부사유를 기재하고 그에 대한 서명을 함에 있어서도 이사장 등의 동의가 필요 없다고 보아야 한다. 따라서 이사가 이사회 회의록에 서명 대신 서명거부사유를 기재하고 그에 대한 서명을 하면, 특별한 사정이 없는 한 그 내용은 이사회 회의록의 일부가 되고, 이사회 회의록의 작성권한자인 이사장이라 하더라도 임의로 이를 삭제한 경우에는 이사회 회의록 내용에 변경을 가하여 새로운 증명력을 가져오게 되므로 사문서변조에 해당한다.(대법원 2018. 9. 13., 선고, 2016도20954, 판결)

● 관련판례 3

◎ 피기망자가 행위자의 기망행위로 인하여 착오에 빠진 결과 내심의 의사와 다른 효과를 발생시키는 내용의 처분문서에 서명 또는 날인함으로써 처분문서의 내용에 따른 재산상 손해가 초래된 경우, 피기망자의 행위가 사기죄에서 말하는 처분행위에 해당하는지 여부(적극) / 이때 피기망자가 처분결과, 즉 문서의 구체적

내용과 법적 효과를 미처 인식하지 못하였으나 처분문서에 서명 또는 날인하는 행위에 관한 인식이 있었던 경우, 피기망자의 처분의사가 인정되는지 여부(적극)

이른바 '서명사취' 사기는 기망행위에 의해 유발된 착오로 인하여 피기망자가 내심의 의사와 다른 처분문서에 서명 또는 날인함으로써 재산상 손해를 초래한 경우이다. 여기서는 행위자의 기망행위 태양 자체가 피기망자가 자신의 처분행위의 의미나 내용을 제대로 인식할 수 없는 상황을 이용하거나 피기망자로 하여금 자신의 행위로 인한 결과를 인식하지 못하게 하는 것을 핵심적인 내용으로 하고, 이로 말미암아 피기망자는 착오에 빠져 처분문서에 대한 자신의 서명 또는 날인행위가 초래하는 결과를 인식하지 못하는 특수성이 있다. 피기망자의 하자 있는 처분행위를 이용하는 것이 사기죄의 본질인데, 서명사취 사안에서는 그 하자가 의사표시 자체의 성립과정에 존재한다.

이러한 서명사취 사안에서 피기망자가 처분문서의 내용을 제대로 인식하지 못하고 처분문서에 서명 또는 날인함으로써 내심의 의사와 처분문서를 통하여 객관적·외부적으로 인식되는 의사가 일치하지 않게 되었더라도, 피기망자의 행위에 의하여 행위자 등이 재물이나 재산상 이익을 취득하는 결과가 초래되었다고 할 수 있는 것은 그러한 재산의 이전을 내용으로 하는 처분문서가 피기망자에 의하여 작성되었다고 볼 수 있기 때문이다. 이처럼 피기망자가 행위자의 기망행위로 인하여 착오에 빠진 결과 내심의 의사와 다른 효과를 발생시키는 내용의 처분문서에 서명 또는 날인함으로써 처분문서의 내용에 따른 재산상 손해가 초래되었다면 그와 같은 처분문서에 서명 또는 날인을 한 피기망자의 행위는 사기죄에서 말하는 처분행위에 해당한다. 아울러 비록 피기망자가 처분결과, 즉 문서의 구체적 내용과 법적 효과를 미처 인식하지 못하였더라도, 어떤 문서에 스스로 서명 또는 날인함으로써 처분문서에 서명 또는 날인하는 행위에 관한 인식이 있었던 이상 피기망자의 처분의사 역시 인정된다.(대법원 2017. 2. 16. 선고 2016도13362 전원합의체 판결)

● 관련판례 4

◎ 주식회사의 지배인이 회사 명의의 문서를 허위 또는 권한을 남용하여 작성한 경우, 사문서위조나 자격모용사문서작성죄가 성립하는지 여부(원칙적 소극) 및 지배인이 회사 내부규정 등에 의하여 제한된 권한 범위를 벗어나 회사 명의의 문서를 작성한 경우, 사문서위조죄가 성립하는지 여부(적극)

[1] 원래 주식회사의 지배인은 회사의 영업에 관하여 재판상 또는 재판 외의 모든 행위를 할 권한이 있으므로, 지배인이 직접 주식회사 명의 문서를 작성하는 행위는 위조나 자격모용사문서작성에 해당하지 않는 것이 원칙이고, 이는 문서의 내용이 진실에 반하는 허위이거나 권한을 남용하여 자기 또는 제3자의 이익을 도모할 목적으로 작성된 경우에도 마찬가지이다. 그러나 회사 내부규정 등에 의하여 각 지배인이 회사를 대리할 수 있는 행위의 종류, 내용, 상대방 등을 한정하여 권한을 제한한 경우에 제한된 권한 범위를 벗어나서 회사 명의의 문서를 작성하였다면, 이는 자기 권한 범위 내에서 권한 행사의 절차와 방식 등을 어긴 경우와 달리 문서위조죄에 해당한다.

[2] 갑 은행의 지배인으로 등기되어 있는 피고인이, 신용이나 담보가 부족한 차주 회사가 저축은행 등 대출기관에서 대출을 받는 데 사용하도록 지급보증의 성질이 있는 갑 은행 명의의 대출채권양수도약정서와 사용인감계를 작성하였다고 하여 사문서위조로 기소된 사안에서, 제반 사정에 비추어 갑 은행의 내부규정은 지급보증 등 여신에 관하여 금액 규모 등에 따라 전결권자를 구분하고 나아가 여신 결재가 이루어진 것을 전제로 인감관리자의 결재를 받아 사용인감계를 작성하도록 하는 등으로 지급보증 등의 의사결정 권한을 상위 결재권자에게 부여하고 있으므로, 위와 같은 문서작성 행위는 제한된 지배인의 대리권한을 넘는 경우에 해당하여 사문서위조죄가 성립한다고 본 원심판단은 정당하다.(대법원 2012.09.27. 선고 2012도7467 판결).

● 관련판례 5

◎ 사문서위조죄의 객체가 되는 문서의 진정한 작성명의자가 누구인지 판단하는 기준

사문서위조죄의 객체가 되는 문서의 진정한 작성명의자가 누구인지는 문서의 표제나 명칭만으로 이를 판단하여서는 아니 되고, 문서의 형식과 외관은 물론 문서의 종류, 내용, 일반 거래에서 그 문서가 가지는 기능 등 제반 사정을 종합적으로 참작하여 판단하여야 한다(대법원 1996. 2. 9. 선고 94도1858 판결, 대법원 2011. 12. 22. 선고 2011도11777 판결 등 참조).(대법원 2016. 10. 13., 선고, 2015도17777, 판결).

● 관련판례 6

◎ 아무런 부담도 지워지지 않은 채 재산을 명의신탁한 신탁자가 수탁자로부터 개별적인 승낙을 받지 않고 수탁자 명의로 신탁재산의 처분에 필요한 서류를 작성한 경우, 사문서위조·동행사죄가 성립하는지 여부(원칙적 소극) 및 신탁재산의 처분 기타 권한행사에 관하여 신탁자의 수탁자 명의사용이 허용되지 않는 경우

신탁자에게 아무런 부담이 지워지지 않은 채 재산이 수탁자에게 명의신탁된 경우에는 특별한 사정이 없는 한 재산의 처분 기타 권한행사에 관해서 수탁자가 자신의 명의사용을 포괄적으로 신탁자에게 허용하였다고 보아야 하므로, 신탁자가 수탁자 명의로 신탁재산의 처분에 필요한 서류를 작성할 때에 수탁자로부터 개별적인 승낙을 받지 않았더라도 사문서위조·동행사죄가 성립하지 않는다. 이에 비하여 수탁자가 명의신탁 받은 사실을 부인하여 신탁자와 수탁자 사이에 신탁재산의 소유권에 관하여 다툼이 있는 경우 또는 수탁자가 명의신탁 받은 사실 자체를 부인하지 않더라도 신탁자의 신탁재산 처분권한을 다투는 경우에는 신탁재산에 관한 처분 기타 권한행사에 관해서 신탁자에게 부여하였던 수탁자 명의사용에 대한 포괄적 허용을 철회한 것으로 볼 수 있어 명의사용이 허용되지 않는다. [대법원 2022. 3. 31., 선고, 2021도17197, 판결]

8. 자격모용에 의한 사문서작성죄

제232조(자격모용에 의한 사문서의 작성)
행사할 목적으로 타인의 자격을 모용하여 권리·의무 또는 사실증명에 관한 문서 또는 도화를 작성한 자는 5년 이하의 징역 또는 1천만원 이하의 벌금에 처한다. 〈개정 1995.12.29.〉

■ 적용실례

◇ 타인(양식계 계장) 명의로 사실 증명에 관한 문서를 작성 행사할 경우

양식계 계장도 아니고 그 직무를 대행하지도 않으면서 양식계 계장 명의의 내수면사용동의신청서 계장란에 자신의 이름을 쓰게 하고 그 옆에 자신의 도장을 날인하여 사실증명에 관한 문서인 내수면사용동의신청서를 작성하여 행사하였다.

※ 자격모용사문서작성, 자격모용작성사문서행사죄를 구성한다.

◇ 의사면허번호를 도용, 진단서를 작성한 경우

이미 인쇄된 진단서 용지에 내용을 기재한 후 그 끝의 "면허번호" 또는 "의면"란에는 "243호"라고 쓰고 그 옆에 이미 인쇄된 "의사" 또는 "의사성명"이라는 문자 옆에는 "○○의원 원장 남○○"로 된 고무인을 찍고 피고인 남○○의 사인을 압날함으로써 외관상 면허번호 243호의 의사 남○○이 발행한 것처럼 진단서를 작성하였다.

※ 위 행위는 의사면허번호 243의 진정한 소지자의 의사자격을 모용하여 위 진단서 등을 작성한 것이라 할 것이고, 의사자격의 면허번호만 표시되어 있다고 해서 구체적인 의사자격이 특정되지 않았다고 할 수는 없으므로 위 행위는 자격모용에 의한 사문서작성죄를 구성한다고 보아야 한다.

● 수사사례

<u>대리인 모용 사문서 작성</u>

- 타인의 대리인인 것처럼 그 자격을 모용하여 사문서를 작성한 경우 자격모용사문서작성죄 성립

<u>위임장사본 작성</u>

- '주임전무대리 장00'이라고 기재하여 장00의 대리인으로 작성한 경우 자

격모용사문서작성죄 성립
허위진단서 등 작성,행사
- 오진에 따른 진단서 작성 의사가 주관적으로 진찰을 소홀히 한다던가 착오를 일으켜 오진한 결과로 객관적으로 진실에 반한 진단서를 작성하였다면 허위진단서 작성죄는 성립하지 않음

● 관련판례 1

◎ 자격모용에 의한 사문서작성죄의 성립요건 / 대표자 또는 대리인의 자격으로 임대차 등 계약을 하는 경우, 위 죄의 성립에 필요한 대표 또는 대리관계의 표시 정도 및 판단 방법

자격모용에 의한 사문서작성죄는 문서위조죄와 마찬가지로 문서의 진정에 대한 공공의 신용을 보호법익으로 하는 것으로, 행사할 목적으로 타인의 자격을 모용하여 작성된 문서가 일반인으로 하여금 명의인의 권한 내에서 작성된 문서라고 믿게 할 수 있는 정도의 형식과 외관을 갖추고 있으면 성립한다.

대표자 또는 대리인의 자격으로 임대차 등 계약을 하는 경우 그 자격을 표시하는 방법에는 특별한 규정이 없다. 피고인 자신을 위한 행위가 아니고 작성명의인을 위하여 법률행위를 한다는 것을 인식할 수 있을 정도의 표시가 있으면 대표 또는 대리관계의 표시로서 충분하다. 일반인이 명의인의 권한 내에서 작성된 문서로 믿게 하기에 충분한 정도인지는 문서의 형식과 외관은 물론 문서의 작성 경위, 종류, 내용과 거래에서 문서가 가지는 기능 등 여러 사정을 종합하여 판단해야 한다.(대법원 2017. 12. 22., 선고, 2017도14560, 판결)

● 관련판례 2

◎ 자격모용사문서작성죄 및 자격모용작성사문서행사죄에서 '거래상 중요한 사실을 증명하는 사실증명에 관한 사문서'의 의미와 이에 해당하는지 판단하는 기준

자격모용사문서작성죄 및 자격모용작성사문서행사죄의 객체인 사문서는 권리·의무 또는 사실증명에 관한 타인의 문서 또는 도화를 가리키고, 권리·의무에 관한 문서라 함은 권리의무의 발생·변경·소멸에 관한 사항이 기재된 것을 말하며, 사실증명에 관한 문서는 권리·의무에 관한 문서 이외의 문서로서 거래상 중요한 사실을 증명하는 문서를 의미한다. 그리고 거래상 중요한 사실을 증명하는 문서는, 법률관계의 발생·존속·변경·소멸의 전후과정을 증명하는 것이 주된 취지인 문서뿐만 아니라 직접적인 법률관계에 단지 간접적으로만 연관된 의사표시 내지 권리·의무의 변동에 사실상으로만 영향을 줄 수 있는 의사표시를 내용으로 하는 문서도 포함될 수 있다고 할 것인데, 이에 해당하는지 여부는 문서의 제목만을 고려할 것이 아니라 문서의 내

용과 더불어 문서 작성자의 의도, 그 문서가 작성된 개관적인 상황, 문서에 적시된 사항과 그 행사가 예정된 상대방과의 관계 등을 종합적으로 고려하여 판단하여야 한다.(대법원 2012. 5. 9. 선고 2010도2690 판결)

● 관련판례 3

◎ 주식회사 대표이사 명의의 문서작성 행위가 위조에 해당하는지 판단하는 기준(=작성권한의 유무)

주식회사의 대표이사가 그 대표자격을 표시하는 방식으로 작성된 문서에 표현된 의사 또는 관념이 귀속되는 주체는 대표이사 개인이 아닌 주식회사이므로 그 문서의 명의자는 주식회사라고 보아야 한다. 따라서 위와 같은 문서 작성행위가 위조에 해당하는지는 그 작성자가 주식회사 명의의 문서를 적법하게 작성할 권한이 있는지에 따라 판단하여야 하고, 문서에 대표이사로 표시되어 있는 사람으로부터 그 문서 작성에 관하여 위임 또는 승낙을 받았는지에 따라 판단할 것은 아니다.

원래 주식회사의 적법한 대표이사는 회사의 영업에 관하여 재판상 또는 재판외의 모든 행위를 할 권한이 있으므로, 대표이사가 직접 주식회사 명의 문서를 작성하는 행위는 자격모용사문서작성 또는 위조에 해당하지 않는 것이 원칙이다. 이는 그 문서의 내용이 진실에 반하는 허위이거나 대표권을 남용하여 자기 또는 제3자의 이익을 도모할 목적으로 작성된 경우에도 마찬가지이다.(대법원 2008. 12. 24. 선고 2008도7836 판결)

9. 허위진단서 등 작성죄

제233조(허위진단서등의 작성)
의사, 한의사, 치과의사 또는 조산사가 진단서, 검안서 또는 생사에 관한 증명서를 허위로 작성한 때에는 3년 이하의 징역이나 금고, 7년 이하의 자격정지 또는 3천만원 이하의 벌금에 처한다. [전문개정 1995.12.29.]

(작성례)

피의자는 ○○시 ○○동 ○○번지에서 내과병원을 운영하고 있는 의사이다. 피의자는 당뇨병으로 위 병원에 입원하고 있던 이○○의 치료를 맡고 있던 중, 가. 20○○. ○. ○. 3 : 10경 이○○가 위 병원에서 사망했음에도 불구하고, 같은 날 그의 사망 후, 그의 내연의 처 양○○로부터 "유산상속을 위해 입적할 사정이 있으니 그이의 사망시간을 같은 날 18시경으로 해서 사망진단서를 작성해 달라"는 부탁을 받고 이를 승낙하였다.

피의자는 그 날 위 병원에서 사망신고서 및 환자인가신청서에 각각 첨부하여 ○○구청에 제출해야 할 위 이○○ 사망에 대한 피의자 작성의 사망진단서 2통에 그가 같은 날 18 : 25경에 사망했다는 내용의 허위기재를 함으로써 허위의 사망진단서 2통을 차례로 작성하였다. 그리고 그곳에서 위 허위사망진단서를 마치 진정으로 작성된 것처럼 가장하고 위 양○○의 자형인 양○○에게 일괄 교부하여 이를 행사하였다.

■ 적용실례

◇ 추측만으로 진단서를 작성한 경우

의학상의 확실한 증거 없이 추측만으로 사인을 간암이라고 해서 진단서를 작성하였다.

※ 피고인에게 허위진단서를 작성한다는 범의가 없었다고 할 수 없으므로 허위진단서작성죄를 적용할 수 있을 것이다.

● 관련판례 1

◎ 허위진단서작성죄의 성립요건

형법 제233조는 의사가 진단서를 허위로 작성한 경우에 처벌하도록 규정하고 있다. 여기서 진단서는 의사가 진찰의 결과에 관한 판단을 표시하여 사람의 건강상태를 증명하기 위하여 작성하는 문서를 말한다.

허위진단서작성죄는 원래 허위의 증명을 금지하려는 것이므로, 진단서의 내용이 실질상 진실에 반하는 기재여야 할 뿐 아니라 그 내용이 허위라는 의사의 주관적 인식이 필요하며, 그러한 인식은 미필적 인식으로도 충분하나, 이에 대하여는 검사가 증명책임을 진다.

그리고 허위진단서 작성에 해당하는 허위의 기재는 사실에 관한 것이건 판단에 관한 것이건 불문하므로, 현재의 진단명과 증상에 관한 기재뿐만 아니라 현재까지의 진찰 결과로서 발생 가능한 합병증과 향후 치료에 대한 소견을 기재한 경우에도 그로써 환자의 건강상태를 나타내고 있는 이상 허위진단서 작성의 대상이 될 수 있다.

진단서에는 의료법 시행규칙 제9조 제1항, 제2항에서 정한 사항을 반드시 기재하여야 하나 그 밖의 사항은 반드시 기재하여야 하는 것이 아니다. 그리고 형사소송법 제471조 제1항 제1호에서 정하고 있는 형집행정지의 요건인 '형의 집행으로 인하여 현저히 건강을 해할 염려가 있는 때' 에 해당하는지에 대한 판단은 검사가 직권으로 하는 것이고, 그러한 판단 과정에 의사가 진단서 등으로 어떠한 의견을 제시하였더라도 검사는 그 의견에 구애받지 아니하며, 검사의 책임하에 규범적으로 형집행정지 여부의 판단이 이루어진다. 그렇지만 이 경우에 의사가 환자의 수형(受刑)생활 또는 수감(收監)생활의 가능 여부에 관하여 기재한 의견이 환자의 건강상태에 기초한 향후 치료 소견의 일부로서 의료적 판단을 기재한 것으로 볼 수 있다면, 이는 환자의 건강상태를 나타내고 있다는 점에서 허위진단서 작성의 대상이 될 수 있다. 따라서 의사가 진단서에 단순히 환자의 수형생활 또는 수감생활의 가능 여부에 대한 의견만 기재한 것이 아니라, 그 판단의 근거로 환자에 대한 진단 결과 또는 향후 치료 의견 등을 함께 제시하였고 그와 결합하여 수형생활 또는 수감생활의 가능 여부에 대하여 판단한 것이라면 그 전체가 환자의 건강상태를 나타내고 있는 의료적 판단에 해당한다. 그리고 그러한 판단에 결합된 진단 결과 또는 향후 치료 의견이 허위라면 수형생활 또는 수감생활의 가능 여부에 대한 판단 부분도 허위라고 할 수 있다. 그러나 그러한 판단에 결합된 진단 결과 내지 향후 치료 의견이 허위가 아니라면, 수형생활 또는 수감생활의 가능 여부에 관한 판단을 허위라고 할 수 있기 위해서는 먼저 환자가 처한 구체적이고 객관적인 수형생활 또는 수감생활의 실체를 확정하고 위 판단에 결합된 진단 결과 내지 향후 치료 의견에 의한 환자의 현재 및 장래 건강상태를 거기에 비추어 보아 환자의 실제 수형생활 또는 수감생활 가능 여부가 위 판단과 다르다는 것이 증명되어야 하고 또한 그에 대한 의사의 인식이 인정될 수 있어야 한다.(대법원 2017. 11. 9., 선고, 2014도15129, 판결)

● 관련판례 2

◎ [1] 허위진단서작성죄의 객체인 '진단서'의 의미와 그 판단 기준 /[2] 의사인 피고인이 환자의 인적사항, 병명, 입원기간 및 그러한 입원사실을 확인하는 내용이 기재된 '입퇴원 확인서'를 허위로 작성하였다고 하여 허위진단서작성으로 기소된 사안에서, 위 '입퇴원 확인서'는 허위진단서작성죄에서 규율하는 진단서로 보기 어려운데도, 이와 달리 보아 유죄를 인정한 원심판결에 법리오해의 위법이 있다고 한 사례

[1] 형법 제233조의 허위진단서작성죄에서 '진단서'란 의사가 진찰의 결과에 관한 판단을 표시하여 사람의 건강상태를 증명하기 위하여 작성하는 문서를 말하고, 위 조항에서 규율하는 진단서에 해당하는지 여부는 서류의 제목, 내용, 작성목적 등을 종합적으로 고려하여 판단하여야 한다.

[2] 의사인 피고인이 환자의 인적사항, 병명, 입원기간 및 그러한 입원사실을 확인하는 내용이 기재된 '입퇴원 확인서'를 허위로 작성하였다고 하여 허위진단서작성으로 기소된 사안에서, 위 '입퇴원 확인서'는 문언의 제목, 내용 등에 비추어 의사의 전문적 지식에 의한 진찰이 없더라도 확인 가능한 환자들의 입원 여부 및 입원기간의 증명이 주된 목적인 서류로서 환자의 건강상태를 증명하기 위한 서류라고 볼 수 없어 허위진단서작성죄에서 규율하는 진단서로 보기 어려운데도, 이와 달리 보아 유죄를 인정한 원심판결에 허위진단서작성죄의 진단서에 관한 법리를 오해한 위법이 있다고 한 사례.(대법원 2013. 12. 12. 선고 2012도3173 판결)

● 관련판례 3

◎ 허위진단서작성죄의 성립요건

형법 제233조의 허위진단서작성죄가 성립하기 위하여는 진단서의 내용이 실질상 진실에 반하는 기재여야 할 뿐 아니라 그 내용이 허위라는 의사의 주관적 인식이 필요하고, 의사가 주관적으로 진찰을 소홀히 한다던가 착오를 일으켜 오진한 결과로 객관적으로 진실에 반한 진단서를 작성하였다면 허위진단서작성에 대한 인식이 있다고 할 수 없으므로 허위진단서작성죄가 성립하지 아니한다.(대법원 2006. 3. 23. 선고 2004도3360 판결)

제17절 인장에 관한 죄

1. 공인 등 위조, 부정사용죄 · 위조공인 등 행사죄

제238조(공인 등의 위조, 부정사용)

① 행사할 목적으로 공무원 또는 공무소의 인장, 서명, 기명 또는 기호를 위조 또는 부정사용한 자는 5년 이하의 징역에 처한다.

② 위조 또는 부정사용한 공무원 또는 공무소의 인장, 서명, 기명 또는 기호를 행사한 자도 전항의 형과 같다.

③ 전 2항의 경우에는 7년 이하의 자격정지를 병과할 수 있다.

(작성례 1)

피의자는 ○○시 ○○동 ○○번지에 있는 주식회사 "○○생선통조림"의 대표이사이다.

피의자는 그 회사에 제조, 판매하는 통조림의 수량을 실제보다 적게 관할세무서에 신고하여 그 출고수량에 따라 부과되는 물품세의 일부를 면하려고 마음먹고, 20○○. ○. ○. 그 정을 모르는 같은 동 ○○번지에 있는 인장업자 서○○에게 의뢰하여 조각한 "물품세납세필"이라는 고무인을 그 회사의 라벨 약 10,000매에 마음대로 찍었다. 이로써 피의자는 행사할 목적으로 공무소의 기호를 위조하였다.

(작성례 2)

피의자는 20○○. ○. ○. 경 ○○동에 있는 김○○이 운용하는 △△인장에서 행사할 목적으로 그 정을 모르는 위 김○○에게 허가증에 찍을 "○○시장인"과 그 시장의 성명인 "최○○"이라는 각 인장의 조각을 맡겨서 다음날 그곳에서 그로 하여금 위 각 인장의 조각을 하게 하여 공인을 위조하였다.

(작성례 3)

피의자는 20○○. ○. ○. 경 ○○동에 있는 ○○자동차정비공장에서 수리하고 있던 뉴그랜저 승용차에서 떼어놓은 ○○가○○○○호 자동차등록번호판 2장을 행사할 목적으로 피의자가 폐차장에서 사놓은 EF 쏘나타승용차에 마치 서울시장으로부터 위 차량에 대하여 교부한 정당한 것처럼 가장하여 붙이고 그때쯤부터 같은 해 ○. ○. 까지 ○○일대를 운행하여 공기호를 부정하게 사용하였다.

(작성례 4)

피의자는 20○○. ○. ○. 10:00경 ○○시 ○○구 ○○동 123번지에 있는 ○○주차장에서, 피의자가 ○○렌트카에서 빌린 ○○허○○○○호 NF쏘나타 승용차의 앞·뒤 번호판을 떼어 내었다. 그리고 이미 절취하여 가지고 있던 △△도△△△△호 SM5승용차의 앞·뒤 번호판을 위 NF쏘나타 승용차에 부착하고 그 날 20:00경 ○○동에 있는 ○○호텔 주차장에 이르기까지 위 NF쏘나타 승용차를 운전하여 운행함으로써 부정사용한 공기호를 행사하였다.

■ 적용실례

◇ 공기호를 부정으로 사용, 운행한 경우

버려진 오토바이를 집에 가져와 그 오토바이의 번호판을 떼어내고 자신의 오토바이 번호판을 마음대로 달아 운행하였다.

※ 위 사건의 행위는 공무소에서 교부한 번호판을 사용한 것이므로 이에 대해 공기호부정사용죄(형법 제238호)를 적용하는 것이 상당하겠고, 봉인을 손상한 점은 위 죄를 범하는 과정에 흡수된다고 보여지므로 특별히 논의할 실익이 없다고 할 것이다.

◇ 공기호부정사용, 부착운행한 경우

피의자가 횡령한 승용차의 번호판을 떼어 내고, 피의자 소유의 승용차 번호판을 부착 운행하였다.

※ 이 경우 봉인된 자동차 등록번호판을 떼어낸 행위에 대해서는 자동차관리법위반죄가 성립되며 이것과는 별도로 위 피의자의 행위는 형법상의 공기호부정사용죄도 구성한다.

◇ 운행정지 당한 버스의 번호판을 변조 사용한 경우

버스운전사가 버스를 운행하던 중 법규위반으로 운행정지처분을 당하자, 이미 폐차된 버스의 번호판을 떼어내 운행정지 당한 버스의 번호판으로 각자 변조하여 사용하였다.

※ 이에 대해 공인위조죄를 적용하는 경우도 있으나 그보다는 자동차관리법 제70조 3호, 제60조의 특별규정이 있으므로 위 법 위반으로 의율하는 것이 더 타당하다.

● 관련판례 1

◎ 행사할 목적으로 자동차등록번호판을 위조한 경우, 공기호위조죄가 성립하는지 여부(적극) 및 이때 '행사할 목적'의 의미

형법 제238조 제1항에 의하면 행사할 목적으로 공기호인 자동차등록번호판을 위조한 경우에 공기호위조죄가 성립하고, 여기서 '행사할 목적'이란 위조한 자동차등록번호판을 마치 진정한 것처럼 그 용법에 따라 사용할 목적을 말한다. 또한 '위조한 자동차등록번호판을 그 용법에 따라 사용할 목적'이란 위조한 자동차등록번호판을 자동차에 부착하여 운행함으로써 일반인으로 하여금 자동차의 동일성에 관한 오인을 불러일으킬 수 있도록 하는 것을 말한다.(대법원 2016. 4. 29. 선고 2015도1413 판결)

● 관련판례 2

◎ 자동차를 절취한 후 자동차등록번호판을 떼어내는 행위가 절도범행의 불가벌적 사후행위에 해당하는지 여부(소극)

피고인들이 절취한 쏘나타 승용차의 번호판을 떼어낸 후 미리 절취하여 소지하고 있던 포텐샤 승용차의 번호판을 임의로 부착하여 운행한 행위에 대하여, 피고인들의 절취행위를 특정범죄 가중처벌 등에 관한 법률 제5조의4 제1항, 형법 제331조 제2항에, 자동차등록번호판을 떼어낸 행위를 자동차관리법 제81조 제1호, 제10조 제2항에, 포텐샤 승용차의 번호판을 쏘나타 승용차에 부착함으로써 부정사용한 행위를 형법 제238조 제1항에, 위와 같이 번호판을 부정사용한 자동차를 운행한 행위를 형법 제238조 제2항, 제1항에 각 의율한 다음 이를 실체적 경합범으로 처리하였는바, 자동차를 절취한 후 자동차등록번호판을 떼어내는 행위는 새로운 법익의 침해로 보아야 하므로 위와 같은 번호판을 떼어내는 행위가 절도범행의 불가벌적 사후행위가 되는 것은 아니어서, 이 점에 관한 상고이유의 주장 역시 받아들일 수 없다.(대법원 2007. 9. 6. 선고 2007도4739 판결)

2. 사인 등 위조, 부정사용죄 · 위조사인 등 행사죄

제239조(사인등의 위조, 부정사용)

① 행사할 목적으로 타인의 인장, 서명, 기명 또는 기호를 위조 또는 부정사용한 자는 3년 이하의 징역에 처한다.

② 위조 또는 부정사용한 타인의 인장, 서명, 기명 또는 기호를 행사한 때에도 전항의 형과 같다.

(작성례)

피의자는 ○○시 ○○동 ○○번지에서 "○○골동품"을 운영하고 있다. 피의자는 20○○. ○. ○. 서울 ○○구 ○○동 ○○번지에 있는 임○○의 집에서 그 정을 모르는 위 임○○에게 서○○의 필적을 모사하여 "역전봉년(歷傳逢年)"이라는 족자 한 폭을 쓰게 하였다. 그리고 글씨가 서○○의 진필인 것처럼 속여 행사할 목적으로 그 족자에 그의 아호인 ○○를 쓴 다음, 그 밑에 이름과 아호를 새긴 2매의 인장을 찍어 그의 낙관을 작성하여 위 서○○의 인장과 서명을 위조하였다.

● 관련판례 1

◎ 타인의 인장을 조각할 당시에 명의자로부터 명시적이거나 묵시적인 승낙 내지 위임을 받은 경우, 인장위조죄가 성립하는지 여부(소극)

형법 제239조 제1항의 사인위조죄는 그 명의인의 의사에 반하여 위법하게 행사할 목적으로 권한 없이 타인의 인장을 위조한 경우에 성립하므로, 타인의 인장을 조각할 당시에 그 명의자로부터 명시적이거나 묵시적인 승낙 내지 위임을 받았다면 인장위조죄가 성립하지 않는다고 할 것이다.(대법원 2014. 9. 26. 선고 2014도9213 판결)

● 관련판례 2

◎ 사인(사인)위조죄의 성립 요건

사인위조죄가 성립하기 위해서는 그 인장이 일반인으로 하여금 특정인의 진정한 인장으로 오신하게 할 정도에 이르러야 할 것이고, 일반인이 특정인의 진정한 인장으로 오신하기에 충분한 정도인지 여부는 그 인장의 형식과 외관, 작성경위 등을 고려하여야 할 뿐만 아니라 그 인장이 현출된 문서 등에 있어서의 인장 현출의 필요성, 그 문서 등의 작성경위, 종류, 내용 및 일반거래에 있어서 그 문서 등이 가지는 기능 등도 함께 고려하여 판단하여야 할 것이다.(대법원 2010. 1. 14. 선고 2009도5929 판결)

● 관련판례 3

◎ 사서명 등 위조죄의 성립 요건 및 일반인이 특정인의 진정한 서명 등으로 오신하기에 충분한 정도인지 판단하는 방법

사서명 등 위조죄가 성립하기 위하여는 그 서명 등이 일반인으로 하여금 특정인의 진정한 서명 등으로 오신하게 할 정도에 이르러야 할 것이고, 일반인이 특정인의 진정한 서명 등으로 오신하기에 충분한 정도인지 여부는 그 서명 등의 형식과 외관, 작성경위 등을 고려하여야 할 뿐만 아니라 그 서명 등이 기재된 문서에 있어서의 서명 등 기재의 필요성, 그 문서의 작성경위, 종류, 내용 및 일반거래에 있어서 그 문서가 가지는 기능 등도 함께 고려하여 판단하여야 할 것이다. 한편 어떤 문서에 권한 없는 자가 타인의 서명 등을 기재하는 경우에는 그 문서가 완성되기 전이라도 일반인으로서는 그 문서에 기재된 타인의 서명 등을 그 명의인의 진정한 서명 등으로 오신할 수도 있으므로, 일단 서명 등이 완성된 이상 문서가 완성되지 아니한 경우에도 서명 등의 위조죄는 성립한다. (대법원 2011. 3. 10. 선고 2011도503 판결)

● 관련판례 4

◎ 사서명위조죄의 성립요건 및 수사서류에 대한 사서명위조·행사죄의 성립시기

사서명위조죄가 성립하기 위해서는 그 서명이 일반인으로 하여금 특정인의 진정한 서명으로 오신하게 할 정도에 이르러야 할 것이고, 일반인이 특정인의 진정한 서명으로 오신하기에 충분한 정도인지 여부는 그 서명의 형식과 외관, 작성경위 등을 고려하여야 할 뿐만 아니라 그 서명이 기재된 문서에 있어서의 서명 기재의 필요성, 그 문서의 작성경위, 종류, 내용 및 일반거래에 있어서 그 문서가 가지는 기능 등도 함께 고려하여 판단하여야 할 것이지만, 한편 어떤 문서에 권한 없는 자가 타인의 서명을 기재하는 경우에는 그 문서가 완성되기 전이라도 일반인으로서는 그 문서에 기재된 타인의 서명을 그 명의인의 진정한 서명으로 오신할 수도 있으므로, 일단 서명이 완성된 이상 문서가 완성되지 아니한 경우에도 서명의 위조죄는 성립할 수 있는 것이다.

그리고 수사기관이 수사대상자의 진술을 기재한 후 진술자로 하여금 그의 면전에서 조서의 말미에 서명 등을 하도록 한 후 그 자리에서 바로 회수하는 수사서류의 경우에는, 그 진술자가 그 문서에 서명을 하는 순간 바로 수사기관이 열람할 수 있는 상태에 놓이게 되는 것이므로, 그 진술자가 마치 타인인 양 행세하며 타인의 서명을 기재한 경우 그 서명을 수사기관이 열람하기 전에 즉시 파기하였다는 등의 특별한 사정이 없는 이상 그 서명 기재와 동시에 위조사서명행사죄가 성립하는 것이며, 그와 같이 위조사서명행사죄가 성립된 직후에 수사기관이 위 서명이 위조된 것임을 알게 되었다고 하더라도 이미 성립한 위조사서명행사죄를 부정할 수 없다 할 것이다.(대법원 2005. 12. 23., 선고, 2005도4478, 판결)

제18절 성풍속에 관한 죄

1. 음행매개죄

제242조(음행매개)
영리의 목적으로 사람을 매개하여 간음하게 한 자는 3년 이하의 징역 또는 1천500만원 이하의 벌금에 처한다. 〈개정 1995.12.29., 2012.12.18.〉

(작성례)

피의자는 서울 ○○구 ○○동 ○○번지에 있는 요정을 경영하고 있다.

피의자는 20○○. ○. ○.경 요정에서 영리를 목적으로 그 요정 종업원 정○○(당○○세)에 대하여 "김○○ 사장님은 단골손님이니까 잘 모셔야 된다. 그렇게 하지 않으면 내일부터 나오지 마라" 라고 음행을 권유하고 이에 응하지 않으면 그녀를 해고시킬 듯한 태도를 보여서 그녀로 하여금 음행하도록 마음먹게 하였다. 그날 밤 23 : 30경 그 요정의 2층 침실에서 위 김○○로 하여금 금 ○○만원을 그 대가로 지급하도록 하고 위 정○○를 상대로 음행하게 하여 음행의 상습없는 그녀를 간음하게 하였다.

※ 본 사항은 성매매알선등행위의처벌에관한법률 제18조 제1항에 의거 10년이하의 징역 또는 1억원이하의 사항에 해당한다.

● 관련판례

◎ 미성년자에 대한 음행매개죄와 그 성립 요건

형법 제242조 소정 미성년자에 대한 음행매개죄의 성립에는 그 미성년자가 음행의 상습이 있거나 그 음행에 자진 동의한 사실은 하등 영향을 미치는 것이 아니다. (대법원 1955. 7. 8. 선고 4288형상37 판결)

2. 음화 등 반포, 판매, 임대, 공연전시죄

제243조(음화반포등)
음란한 문서, 도화, 필름 기타 물건을 반포, 판매 또는 임대하거나 공연히 전시 또는 상영한 자는 1년 이하의 징역 또는 500만원 이하의 벌금에 처한다. [전문개정 1995.12.29.]

(작성례)

피의자는 20○○. ○. ○.경 서울 ○○구 ○○동 ○○번지에 있는 ○○아파트 ○○호 피의자의 집에서 이○○에게 남녀의 성교장면 등을 노골적으로 촬영한 "밤의 ○○" 이라는 제목의 천연색 도색영화 CDROM ○장을 ○만원에 판매하였다.

■ 적용실례

◇ 만화대여점에서 음란만화를 소지한 경우

음란만화를 소지하고 있는 만화대여점을 단속했으나 피의자가 만화임대사실을 자백하지 않았다.

※ 음란한 문서 임대에 관한 증거는 없으므로 임대에 제공할 목적으로 음란만화를 소지하고 있었다는 것만으로 음란한 문서소지죄로 의율하는 것이 상당하다.

◇ 서점에서 음란서적을 판매한 경우

서점을 경영하면서 음란한 내용의 서적을 소지하고 고객들에게 판매하였다.

※ 죄명을 음란한 문서전시로 적용하는 경우가 있으나, 서점에 책을 비치한 것 자체가 전시한 것이라고 볼 수 없을 뿐만 아니라 피의자는 그 책을 하루에 일정량씩 판매하고 있으므로 죄명을 음란한 문서판매로 적용하는 것이 더욱 타당하겠다.

● 관련판례 1

◎ 형법 제243조에서 정한 '음란'의 의미 및 '음란한 물건'으로 평가되기 위한 표현의 정도

형법 제243조에서 규정하고 있는 '음란'이란 사회통념상 일반 보통인의 성욕을 자극하여 성적 흥분을 유발하고 정상적인 성적 수치심을 해하여 성적 도의관념에 반하는 것을 뜻한다. 따라서 어떠한 물건을 음란하다고 평가하려면 그 물건을 전체적으로 관찰하여 볼 때 단순히 저속하다는 느낌을 주는 정도를 넘어 사람의 존엄성과 가치를 심각하게 훼손·왜곡하였다고 평가할 수 있을 정도로 노골적으로 사람의 특정 성적 부위 등을 적나라하게 표현 또는 묘사하는 것이어야 할 것이다.(대법원 2014. 7. 24. 선고 2013도9228 판결)

● 관련판례 2

◎ 형법 제243조에서 정한 '음란'의 의미 및 어떠한 물건의 음란 여부를 판단하는 기준

형법 제243조에서 규정하고 있는 '음란'이란 사회통념상 일반 보통인의 성욕을 자극하여 성적 흥분을 유발하고 정상적인 성적 수치심을 해하여 성적 도의관념에 반하는 것을 의미한다. 따라서 어떠한 물건을 음란하다고 평가하려면 그 물건을 전체적으로 관찰·평가하여 볼 때 단순히 저속하다거나 문란한 느낌을 주는 정도를 넘어 사람의 존엄성과 가치를 심각하게 훼손·왜곡하였다고 평가할 수 있을 정도로 노골적인 방법에 의하여 성적 부위 등을 적나라하게 표현 또는 묘사하는 것이어야 하고, 음란여부를 판단함에 있어서는 행위자의 주관적 의도 등이 아니라 그 사회의 평균인의 입장에서 그 시대의 건전한 사회통념에 따라 객관적이고 규범적으로 평가하여야 한다.(대법원 2014. 6. 12. 선고 2013도6345 판결)

● 관련판례 3

◎ 형법 제243조에서 정한 '음란'의 의미 및 '음란한 물건'으로 평가되기 위한 표현의 정도

형법 제243조에서 규정하고 있는 '음란'이란 사회통념상 일반 보통인의 성욕을 자극하여 성적 흥분을 유발하고 정상적인 성적 수치심을 해하여 성적 도의관념에 반하는 것이어야 한다. 따라서 어떠한 물건을 음란하다고 평가하려면 그 물건을 전체적으로 관찰하여 볼 때 단순히 저속하다는 느낌을 주는 정도를 넘어 사람의 존엄성과 가치를 심각하게 훼손·왜곡하였다고 평가할 수 있을 정도로 노골적으로 사람의 특정 성적 부위 등을 적나라하게 표현 또는 묘사하는 것이어야 할 것이다.(대법원 2014. 5. 29. 선고 2013도15643 판결)

3. 공연음란죄

제245조(공연음란)

공연히 음란한 행위를 한 자는 1년 이하의 징역, 500만원 이하의 벌금, 구류 또는 과료에 처한다. 〈개정 1995.12.29.〉

(작성례)

피의자는 20○○. ○. ○. 23:00경 서울 ○○구 ○○동 ○○번지에 있는 윤○○가 경영하는 "○○단란주점"에서 이○○ 등 50여명의 손님 앞에서 허리부분에는 노랑색 수건 1장을 감고 가슴에 유방을 가리는 헝겊 1장만을 걸쳤을 뿐 벌거벗은 몸을 흔들며 째즈곡에 맞추어 소위 "스트립 댄스"를 추었다. 춤을 추던 도중 그 가슴에 붙은 헝겊마저 떼어 버린 다음 또 다시 허리에 감은 수건을 벗어 던짐으로써 완전히 나체가 되어 음부를 내놓은 채 계속해서 약 2분 동안 그 춤을 추어 공연히 음란한 행위를 하였다.

● 관련판례 1

◎ 형법 제245조 공연음란죄에서의 '음란한 행위'의 의미

형법 제245조 소정의 '음란한 행위'라 함은 일반 보통인의 성욕을 자극하여 성적 흥분을 유발하고 정상적인 성적 수치심을 해하여 성적 도의관념에 반하는 행위를 가리키는 것이고, 그 행위가 반드시 성행위를 묘사하거나 성적인 의도를 표출할 것을 요하는 것은 아니다.

요구르트 제품의 홍보를 위하여 전라의 여성 누드모델들이 일반 관람객과 기자 등 수십명이 있는 자리에서, 알몸에 밀가루를 바르고 무대에 나와 분무기로 요구르트를 몸에 뿌려 밀가루를 벗겨내는 방법으로 알몸을 완전히 드러낸 채 음부 및 유방 등이 노출된 상태에서 무대를 돌며 관람객들을 향하여 요구르트를 던진 행위가 공연음란죄에 해당한다.(대법원 2006. 1. 13. 선고 2005도1264 판결)

● 관련판례 2

◎ 공연음란죄의 음란한 행위의 의미 및 그 주관적 요건

형법 제245조 소정의 '음란한 행위'라 함은 일반 보통인의 성욕을 자극하여 성적 흥분을 유발하고 정상적인 성적 수치심을 해하여 성적 도의관념에 반하는 것을 가리킨다고 할 것이고, 위 죄는 주관적으로 성욕의 흥분 또는 만족 등의 성적인 목적이 있어야 성립하는 것은 아니지만 그 행위의 음란성에 대한 의미의 인식이 있으면 족하다.(대법원 2000. 12. 22. 선고 2000도4372 판결)

제19절 도박과 복표에 관한 죄

1. 도박죄 · 상습도박죄

> **제246조(도박, 상습도박)**
> ① 도박을 한 사람은 1천만원 이하의 벌금에 처한다. 다만, 일시오락 정도에 불과한 경우에는 예외로 한다.
> ② 상습으로 제1항의 죄를 범한 사람은 3년 이하의 징역 또는 2천만원 이하의 벌금에 처한다.
> [전문개정 2013.4.5.]

(작성례 1)

피의자 김○○ 피의자 이○○ 피의자 박○○ 피의자 정○○

피의자 김○○, 피의자 이○○, 피의자 박○○은 20○○. ○. ○. 20 : 00경부터 다음날 14 : 00경까지 서울 서대문구 합정동 22에 있는 피의자 정○○ 경영의 삼미장여관에서 화투 50매를 사용하여 1점에 돈 1,000원짜리 속칭 "고스톱"이라는 도박을 하였다.

피의자 정○○는 같은 일시 장소에서 피의자 김○○ 등 3명이 위와 같이 도박을 한다는 것을 알면서도 그 장소와 화투 등을 제공함으로써 그들의 도박행위를 용이하게 하여 이를 방조하였다.

(작성례 2)

피의자들은 20○○. ○. ○. 20:00경부터 다음 날인 03:00까지 ○○동에 있는 ○○모텔 201호실에서 카드 52매를 사용하여 각 1,000원을 걸고 카드3매를 분배한 후 카드 1매를 추가할 때마다 판돈의 반을 거는 방식(속칭 '하프배팅')으로 일명 '세븐포커'라는 도박을 하였다.

(작성례 3)

피의자는 20○○. ○. ○. 20:00경부터 다음날 03:00경까지 사이에 ○○동 123에 있는 ○○부동산 사무실에서 화투 50매를 사용하여 1회에 10,000원씩 돈을 걸고 모두 ○○○회에 걸쳐 속칭 '도리짓고땡'이라는 도박을 하였다.

(작성례 4)

피의자 홍길동 피의자 유돌쇠 피의자 최돌쇠

피의자들은 함께 20○○. 1. 10. 00:30경부터 같은 날 02:00경까지 서울 성북구 ○○동 100번지 퐁퐁단란주점 안에서 카드 52매로 1회에 1,000원씩 걸고 1시간 30분동안 수십회에 걸쳐 속칭 "훌라" 라는 도박을 하였다.

■ 적용실례

◇ 계원들이 점심식대를 각출코자 화투놀이를 한 경우

가정주부들이 모여 친목계를 치른 후 점심값을 각출하고자 약 1시간 정도 민화투를 쳐서 14,200원을 모았다.

※ 피의자들의 사회적 위치, 화투방법 등으로 보아 일시적 오락에 불과하다 할 것이므로 도박죄는 성립하지 않는다.

● 관련판례 1

◎ 사기도박에서 실행의 착수 시기(=사기도박을 위한 기망행위를 개시한 때) 및 실행의 착수 후에 사기도박을 숨기기 위하여 한 정상적인 도박이 사기죄의 실행행위에 포함되는지 여부(적극)

사기죄는 편취의 의사로 기망행위를 개시한 때에 실행에 착수한 것으로 보아야 하므로, 사기도박에서도 사기적인 방법으로 도금을 편취하려고 하는 자가 상대방에게 도박에 참가할 것을 권유하는 등 기망행위를 개시한 때에 실행의 착수가 있는 것으로 보아야 하고, 그 후에 사기도박을 숨기기 위하여 정상적인 도박을 하였더라도 이는 사기죄의 실행행위에 포함된다(대법원 2011. 1. 13. 선고 2010도9330 판결 참조). 한편 사기죄에서 동일한 피해자에 대하여 수회에 걸쳐 기망행위를 하여 금원을 편취한 경우에 그 범의가 단일하고 범행 방법이 동일하다면 사기죄의 포괄일죄만이 성립한다(대법원 2002. 7. 12. 선고 2002도2029 판결, 대법원 2006. 2. 23. 선고 2005도8645 판결 등 참조). 따라서 피해자의 도박이 피고인들의 기망행위에 의하여 이루어졌다면 그로써 사기죄는 성립하며, 이로 인하여 피고인들이 취득한 재물이나 재산상 이익은 도박 당일 피해자가 잃은 도금 상당액이라 할 것이다.(대법원 2015. 10. 29. 선고 2015도10948 판결)

● 관련판례 2

◎ 도박행위가 공갈죄의 수단이 된 경우, 공갈죄에 흡수되는지 여부(소극)

공갈죄와 도박죄는 그 구성요건과 보호법익을 달리하고 있고, 공갈죄의 성립에 일반적·전형적으로 도박행위를 수반하는 것은 아니며, 도박행위가 공갈죄에 비하여 별도로 고려되지 않을 만큼 경미한 것이라고 할 수도 없으므로, 도박행위가 공갈죄의 수단이 되었다 하여 그 도박행위가 공갈죄에 흡수되어 별도의 범죄를 구성하지 않는다고 할 수 없다.(대법원 2014. 3. 13. 선고 2014도212 판결)

● 관련판례 3

◎ 상습도박죄에서 '상습성'의 의미 및 상습성 유무를 판단하는 기준

상습도박죄에 있어서의 상습성이라 함은 반복하여 도박행위를 하는 습벽으로서 행위자의 속성을 말하는데, 이러한 습벽의 유무를 판단함에 있어서는 도박의 전과나 도박횟수 등이 중요한 판단자료가 되나, 도박전과가 없다 하더라도 도박의 성질과 방법, 도금의 규모, 도박에 가담하게 된 태양 등의 제반 사정을 참작하여 도박의 습벽이 인정되는 경우에는 상습성을 인정할 수 있다(대법원 1995. 7. 11. 선고 95도955 판결, 대법원 2001. 2. 9. 선고 2000도5645 판결 등 참조).(대법원 2017. 4. 13., 선고, 2017도953, 판결)

● 관련판례 4

◎ 사기도박에서 실행의 착수시기(=사기도박을 위한 기망행위를 개시한 때)

사기죄는 편취의 의사로 기망행위를 개시한 때에 실행에 착수한 것으로 보아야 하므로, 사기도박에서도 사기적인 방법으로 도금을 편취하려고 하는 자가 상대방에게 도박에 참가할 것을 권유하는 등 기망행위를 개시한 때에 실행의 착수가 있는 것으로 보아야 한다.(대법원 2011. 1. 13., 선고, 2010도9330, 판결)

2. 도박장소 등 개설죄

제247조(도박장소 등 개설)
영리의 목적으로 도박을 하는 장소나 공간을 개설한 사람은 5년 이하의 징역 또는 3천만원 이하의 벌금에 처한다.
[전문개정 2013.4.5.]

(작성례 1)

피의자는, 20○○. ○. ○. 20：00경부터 다음날 11：30경까지의 사이에 서울 ○○구 ○○동 ○○번지에 있는 피의자의 오피스텔에서 영리의 목적으로 도박장을 개장하려고 마음먹고 카드를 준비하였다. 그리고 손○○ 등 ○명을 오피스텔 안으로 불러들여 돈을 걸고 그 카드를 사용하여 도박을 하게 하고 피의자는 그 곳에서 장소료를 징수하거나 판돈을 빌려주는 고리대금을 함으로써 금 ○○만원 상당의 이익을 취득하여 도박을 개장하였다.

(작성례 2)

피의자 홍여자 피의자 성돌쇠 피의자 김돌쇠 피의자 우돌쇠 피의자 이돌쇠

피의자들은 함께 20○○. 1. 10. 00:30경부터 같은날 02:00까지 서울 성북구 ○○동 100번지 퐁퐁부동산에서 화투 50매로 1회에 3점당 1,000원씩 걸고 수십회에 걸쳐 속칭 “고스톱” 이란 도박을 하였다.

■ 적용실례

◇ 도박하도록 화투와 방을 제공하고 술을 판 경우

도박을 할 수 있도록 화투와 방을 제공하고 술을 팔아 이익을 보았다.

※ 스스로 주재자가 되어 적극적으로 도박장소를 개설하였다는 점이 나타나지 않으면 도박방조죄로 의율한다.

● 관련판례 1

◎ 형법 제247조 도박개장죄의 성립 요건

형법 제247조의 도박개장죄는 영리의 목적으로 스스로 주재자가 되어 그 지배하에 도박장소를 개설함으로써 성립하는 도박죄와는 별개의 독립된 범죄이고, '도박' 이라 함은 참여한 당사자가 재물을 걸고 우연한 승부에 의하여 재물의 득실을 다투는 것을 의미하며, '영리의 목적' 이란 도박개장의 대가로 불법한 재산상의 이익을 얻으려는 의사를 의미하는 것이다.(대법원 2013. 11. 28. 선고 2012도14725 판결)

● 관련판례 2

◎ 수인이 공모하여 도박개장행위로 이익을 얻은 경우, 실질적으로 귀속된 이익이 없는 사람에 대하여도 추징할 수 있는지 여부(소극)

형법 제247조의 도박개장죄에 의하여 생긴 재산은 범죄수익은닉의 규제 및 처벌 등에 관한 법률 제2조 제1호 [별표] 제1호, 제8조 및 제10조에 의하여 추징의 대상이 되고, 이는 부정한 이익을 박탈하여 이를 보유하지 못하게 하는 데 그 목적이 있으므로, 수인이 공모하여 도박개장을 하여 이익을 얻은 경우 실질적으로 귀속된 이익이 없는 피고인에 대하여는 추징을 할 수 없다. (대법원 2007. 10. 12. 선고 2007도6019 판결)

● 관련판례 3

◎ 영리를 목적으로 도박공간을 개설한 행위가 인정되는지 여부(적극)

사설 인터넷 도박사이트를 운영하는 사람이, 먼저 소셜 네트워크 서비스 앱에 오픈채팅방을 개설하여 아동·청소년이용음란 동영상을 게시하고 1:1 대화를 통해 불특정 다수를 위 오픈채팅방 회원으로 가입시킨 다음, 그 오픈채팅방에서 자신이 운영하는 도박사이트를 홍보하면서 회원들이 가입 시 입력한 이름, 전화번호 등을 이용하여 전화를 걸어 위 도박사이트 가입을 승인해주는 등의 방법으로 가입을 유도하고 그 도박사이트를 이용하여 도박을 하게 하였다면, 영리를 목적으로 도박공간을 개설한 행위가 인정됨은 물론, 나아가 영리를 목적으로 아동·청소년이용음란물을 공연히 전시한 행위도 인정된다.(대법원 2020. 9. 24., 선고, 2020도8978, 판결)

3. 복표발매, 중개, 취득죄

제248조(복표의 발매 등)
① 법령에 의하지 아니한 복표를 발매한 사람은 5년이하의 징역 또는 3천만원 이하의 벌금에 처한다.
② 제1항의 복표발매를 중개한 사람은 3년 이하의 징역 또는 2천만원 이하의 벌금에 처한다.
③ 제1항의 복표를 취득한 사람은 1천만원 이하의 벌금에 처한다.
[전문개정 2013.4.5.]

(작성례 1)

○○○은 위 회사의 이사이다.

피의자들은 법령에 의하지 아니한 복표를 발매하여서는 아니됨에도 공모하여, 20○○. ○.경부터 20○○. ○.경까지 사이에 위 회사 사무실에서 복표명을 '○○복권'으로 하고 당첨방법은 복권유효기간인 6주내에 회차와 상관없이 로또복권의 매회 1등당첨번호와 일치하면 1억원을, 2등번호와 일치하면 3,000만원을 지급하는 것으로 정하였다. 그리고 복표를 발행한 후, 복표 1장에 500원씩을 받고 지사와 인터넷을 통하여 구매자를 모집하고 복표 1,265,000장 시가 632,500,000원 상당을 판매하여 무허가로 복표를 발매하였다.

● 관련판례

◎ 형법 제248조가 규정하는 복표의 개념요소 및 판단 기준

형법은 각칙 제23장에서 '도박과 복표에 관한 죄'라는 제목 아래 도박죄와 함께 복표발매죄 등을 규정하고 있는바, 복표도 우연에 의하여 승패가 결정된다는 의미에서 도박에 유사한 측면이 있으므로, 건전한 국민의 근로관념과 사회의 미풍양속을 보호하려는 데에 그 발매 등의 행위를 제한하고 처벌할 이유가 있는 것이고, 여기에다가 사행행위등규제및처벌특례법 제2조 제1항 제1호 (가)목의 규정 취지를 종합하여 보면, 형법 제248조가 규정하는 복표의 개념요소는 ①특정한 표찰일 것, ②그 표찰을 발매하여 다수인으로부터 금품을 모을 것, ③추첨 등의 우연한 방법에 의하여 그 다수인 중 일부 당첨자에게 재산상의 이익을 주고 다른 참가자에게 손실을 줄 것의 세 가지로 파악할 수 있으며, 이 점에서 경제상의 거래에 부수하는 특수한 이익의 급여 내지 가격할인에 불과한 경품권이나 사은권 등과는 그 성질이 다른 것이지만, 어떠한 표찰이 형법 제248조 소정의 복표에 해당하는지 여부는 그 표찰 자체가 갖는 성질에 의하여 결정되어야 하고, 그 기본적인 성질이 위와 같은 개념요소를 갖추고 있다면, 거기에 광고 등 다른 기능이 일부 가미되어 있는 관계로 당첨되지 않은 참가자의 손실을 그 광고주 등 다른 사업주들이 대신 부담한다고 하더라도, 특별한 사정이 없는 한 복표로서의 성질을 상실하지는 않는다. **(대법원 2003. 12. 26. 선고 2003도5433 판결)**

제20절 살인의 죄

1. 살인죄

제250조(살인, 존속살해)

① 사람을 살해한 자는 사형, 무기 또는 5년 이상의 징역에 처한다.

② 자기 또는 배우자의 직계존속을 살해한 자는 사형, 무기 또는 7년 이상의 징역에 처한다. 〈개정 1995.12.29.〉

(작성례 1)

피의자는 20○○. ○. ○. 20:00경 ○○동 ○○아파트 신축현장에서 같은 건축공사장 인부로 일하고 있는 피해자 강○○(남, 45세)과 평소 ○○아파트 신축현장에서 ○○식당을 운영하고 있는 최○○(여, 42세)를 사이에 두고 서로 좋아 하고 있어 잦은 다툼을 하고 있었다. 그러던 중 피해자가 최○○와 잠을 자고 있는 것을 알고 미리 준비한 낚시용 칼(칼날길이 12센티미터)로 "계속 참아왔지만 이번만은 참지 못하겠다. 내가 이 꼴을 보느니 너를 죽여 버리겠다"라고 하면서 피해자의 왼편 가슴과 복부를 각 2회 찔러 왼쪽가슴에 찔린 상처로 인한 심장손상으로 사망에 이르게 함으로써 그를 살해하였다.

(작성례 2)

피의자는 평소에 남편인 피해자와 사이가 좋지 않아 자주 부부싸움을 하여 왔다. 20○○. ○. ○. 01:00경 주거지에서 경영하던 기사식당 내실에서 피해자 김○○와 또다시 부부싸움을 하다가 피해자로부터 모욕적인 말을 듣고 나가려고 하였다. 그런데 피해자가 웃옷을 잡자 순간이에 격분하여 피해자를 칼로 찔러 살해하기로 마음먹고, 출입구 쪽 도마 위에 있던 조리용 칼(칼날길이 23센티미터)을 손에 들고 피해자의 왼쪽 가슴을 3회 깊이 찔러 피해자로 하여금 심장에 찔린 상처로 인하여 사망하게 하였다.

(작성례 3)

피의자는 평소 처인 피해자 양○○(여, 32세)가 독단적인 성격으로 피의자를 무시하고 집안의 금전관리를 도맡아 하면서 가정 일을 마음대로 처리하여 피의자의 부모형제와 심한 불화를 빚어 왔다. 그런데다가 이○○와 불륜관계를 맺어온 것을 눈치 채고 그에 따라 위 피해자 양○○가 출산한 정○○(남, 1세)가 피의자의 친자가 아닐지도 모른다고 의심하게 됨으로써 처에 대한 감정이 극도로 악화되어 있었다.

그러던 중 피의자는 20○○. ○. ○. 21:00경부터 같은 날 23:30경 사이에 피의자가 피해자 양○○, 정○○과 함께 거주하여 오던 ○○동 123 소재 ○○아파트에서 피의자의 누나인 정△△를 피의자가 개업하는 ○○변호사 사무실의 사무장으로 채용하는 문제와 관련하여 양○○과 다투다가 누적된 감정이 폭발하였다. 그래서 아파트 베란다에 설치된 커텐 줄을 잘라서 양○○을 살해하고, 이어 피해자 정○○도 같은 줄을 사용하여 목졸라 살해하였다. 그리고 사망시간을 조작하여 수사에 혼선을 주고자 하는 목적에서 피해자들의 사체를 더운물을 채워놓은 욕조에 집어넣고, 전기 스위치위에 옷을 걸어두고 기름을 부은 후 초를 옷 위에 두어 세 시간 가량이 지난 후 집안에 화재가 일어나게 하여두고, 바로 집을 나가 본인의 자가용승용차(○○도○○○○ 뉴그랜져XG)로 일부러 술을 마신 후 교통사고 낸 후 경찰서에 검거되어 화재 발생시간에 사고가 발생한 것처럼 위장하였다.

(작성례 4)

피의자는 20○○. 10. 10. 15:00경 서울 성북구 ○○동 100번지에 있는 친구 홍길동의 집에서 우돌쇠(남, 00세), 안돌쇠(남, 00세), 윤돌쇠(남, 00세)들로부터 "말버릇이 나쁘다"라는 등의 욕설을 듣게 된 연유로 그들과 다툰 일이 있었다. 이 일로 인해 위 3명과 싸움으로 승부를 겨루기로 하고 같은달 18. 14:30경 서울 성북구 ○○동 산8의 ○○숲속을 그 장소로 하여 그곳에서 맞섰을 때, 위 3명이 피의자를 둘러싼 가운데 윤돌쇠는 피의자 오른편 허벅지를 발로 한번 차고 또 다시

3명이 함께 덤벼들려고 하는 것에 격분하여 피의자는 그들을 살해하려고 결심하기에 이르렀다. 그리하여 길이 약 11센티미터의 휴대용 등산 나이프를 오른손에 거꾸로 쥐고 겨누므로 이에 놀라 도망가려다 그 곳에 넘어진 위 우돌쇠의 왼쪽 배와 가슴을 각각 한 차례씩 찔러서 그에 대하여 심장천통찔은상처, 좌복부찔린상처 등의 상해를 입혀 위 상해로 인하여 잠시 후 그 자리에서 사망에 이르게 하여 그를 살해하였다.

■ 적용실례

◇ 한순간의 화를 못 이기고 살인을 했을 경우

오○○는 서○○와 동거를 하다 지방에 일자리가 생겨 회사기숙사에서 얼마동안 지냈다. 그러다가 오○○와 동거하는 집에 올라와 3일동안 회사를 무단결근하자, 서○○는 회사를 나가지 않는 오○○에게 "너 같은 게으름뱅이와는 살 수 없으니 당장 나가버려라. 나는 돈 없는 놈하고는 살고 싶지도 않다. 꺼져버려라." 라고 폭언을 했고, 오○○는 홧김에 넥타이를 풀어 양 끝을 잡고 뒤돌아 서있던 서○○의 목을 감아 강하게 조여, 서○○는 질식사하고 말았다.

※ 우발적인 살의로 사람을 살해해도 살인죄를 구성하는 데는 영향이 없으므로 오○○의 위 행위는 말할 것도 없이 살인죄에 해당한다.

◇ 품행이 나쁜 아들을 몽둥이로 때려서 죽였을 경우

시골에서 축산업을 하고 있는 피의자는 그의 셋째 아들 임○○의 품행이 나쁘고, 조금만 마음에 들지 않는 일이 있어도 물건을 둘러엎거나, 주먹으로 유리창을 부수거나, 벽을 제 머리로 치는 등 난폭한 행동을 많이 해서 그 문제로 고민이 많았다. 그러던 어느 날 외출했다가 집으로 돌아와보니 집의 축사 부근에서 임○○가 칸막이 목재를 몽둥이로 마구 때려 부러뜨리고 있었다. 피의자가 이를 제지하자, 그는 "왜 그렇게 말이 많아" 하면서 피의자의 멱살을 잡아 리어카 위에 떠밀어서 넘어뜨리고 위 몽둥이를 피의자에게 주면서 "이걸로 날 때려 봐" 하고 고함을 질렀다. 피의자는 갑자기 그를 죽여서 집안의 화근을 없애야겠다는 마음이 생겨 두 손으로 위 몽둥이를 쥐고, 임○○의 머리와 허리께를 두어 번 사정없이 때려서 머리뼈 및 얼굴머리뼈 개방골절, 뇌내출혈(뇌속출혈)을 수반한 뇌멍 등의 상해를 입혔고 조금 뒤에 임○○는 그 자리에서 위 상해로 인해 사망하였다.

※ 살인죄의 범의는 범인이 자기의 행위로 인해 타인이 사망할 가능성 또는 위험있음을 인식하거나 또는 예견하면 충분하고, 그 사망을 목적 또는 희망할 것은 필요로 하지 않을 뿐만 아니라 그 인식 또는 예견은 확정적인 것만이 아니라, 불확정적인 것이라도 소위 미필적 범의가 있었다고 할 수 있다. 따라서 위 행위가 확정적 고의로 인한 것이 아니라 해서 살인죄의 성립에 영향을 미치지는 않을 것이다.

◇ 사람을 살해하려고 동일한 방법으로 수 회기도하다 드디어 살해한 사례

피의자는 자기 몰래 다른 여자와 살림을 차린 남편을 독살하기로 마음먹고 소주병에 농약을 넣어 남편이 마시도록 했으나 다른 사람이 치워버려 살해의 목적을 달성하지 못했다. 그리고 다음날 다시 이를 기도하여 결국 남편을 살해하였다.

※ 이 경우와 같이 동일한 사람을 살해하려고 동일한 방법으로 기도하다 결국 살해의 목적을 달성한 경우에는 살인죄는 당연히 성립하지만 살인미수죄는 살인죄에 흡수되어 별죄를 구성하지 않는다.

● 수사사례

- 죄사람의 시기는 산모가 규칙적인 진통을 수반하면서 태아가 태반으로부터 분리되기 시작한 때부터이며, 종기는 사람의 맥박이 그쳤을 때를 말함
- 남편이 다른 여자와 불륜의 관계에 빠지자 남편이 잠든 사이 주방에 있던 식칼로 가슴등을 찔러 살해한 경우 살인죄 성립
- 친구끼리 술값 등의 문제로 서로 다투다 상대방이 죽인다며 욕설을 하자 그에게 살해당하기 전에 먼저 죽여야겠다고 마음먹고 소지하고 있던 칼로 찔러 살해한 경우 살인죄 성립
- 불량소년끼리 서로 결투를 하다가 칼을 꺼내어 상대방이 도주하자 이를 쫓아가 칼로 찔러 살해한 경우 살인죄 성립
- 교도소 안에서 복역자 끼리 말다툼을 하다 소지하고 있던 날카로운 흉기로 가슴을 찔러 상대방이 도주하자 다시 쫓아가 가슴등을 찔러 상해를 입힌 경우 살인미수죄 성립
- 자신의 처와 간통한 고용주의 집에 칼을 소지하고 찾아가 고용주의 가슴을 칼로 1회 찌른 후 계속하여 팔과 다리등을 찔렀으나 그의 처가 살려달라고 애원하자 중지하여 상해를 가한 경우 살인미수죄 성립

● 관련판례 1

◎ 피고인이 '1997. 4. 3. 21:50경 서울 용산구 이태원동에 있는 햄버거 가게 화장실에서 피해자 갑을 칼로 찔러 을과 공모하여 갑을 살해하였다'는 내용으로 기소된 사안에서, 피고인과 을은 서로 상대방이 갑을 칼로 찔렀고 자신은 우연히 그 장면을 목격하였을 뿐이라고 주장하나, 제반 사정을 종합하면 피고인이 갑을 칼로 찔러 살해하였음이 합리적인 의심을 할 여지가 없을 정도로 증명되었다고 본 원심판단이 정당하다고 한 사례

피고인이 '1997. 4. 3. 21:50경 서울 용산구 이태원동에 있는 햄버거 가게 화장실에서 피해자 갑을 칼로 찔러 을과 공모하여 갑을 살해하였다'는 내용으로 기소된 사안에서, 갑은 피고인과 을만 있던 화장실에서 칼에 찔려 사망하였고, 피고인과 을은 서로 상대방이 갑을 칼로 찔렀고 자신은 우연히 그 장면을 목격하였을 뿐이라고 주장하나, 범행 현장에 남아 있던 혈흔 등에 비추어 을의 주장에는 특별한 모순이 발견되지 않은 반면 피고인의 주장에는 쉽사리 해소하기 힘든 논리적 모순이 발생하는 점, 범행 이후의 정황에 나타난 여러 사정들 역시 피고인이 갑을 칼로 찌르는 것을 목격하였다는 을의 진술의 신빙성을 뒷받침하는 점 등 제반 사정을 종합하면, 피고인이 갑을 칼로 찔러 살해하였음이 합리적인 의심을 할 여지가 없을 정도로 충분히 증명되었다고 본 원심판단이 정당하다고 한 사례.(대법원 2017. 1. 25. 선고 2016도15526 판결)

● 관련판례 2

◎ 채무를 면탈할 의사로 채권자를 살해하였으나 일시적으로 채권자측의 추급을 면한 것에 불과한 경우, 강도살인죄가 성립하는지 여부(소극)

강도살인죄가 성립하려면 먼저 강도죄의 성립이 인정되어야 하고, 강도죄가 성립하려면 불법영득(또는 불법이득)의 의사가 있어야 하며, 형법 제333조 후단 소정의 이른바 강제이득죄의 성립요건인 '재산상 이익의 취득'을 인정하기 위하여서는 재산상 이익이 사실상 피해자에 대하여 불이익하게 범인 또는 제3자 앞으로 이전되었다고 볼 만한 상태가 이루어져야 하는데, 채무의 존재가 명백할 뿐만 아니라 채권자의 상속인이 존재하고 그 상속인에게 채권의 존재를 확인할 방법이 확보되어 있는 경우에는 비록 그 채무를 면탈할 의사로 채권자를 살해하더라도 일시적으로 채권자측의 추급을 면한 것에 불과하여 재산상 이익의 지배가 채권자측으로부터 범인 앞으로 이전되었다고 보기는 어려우므로, 이러한 경우에는 강도살인죄가 성립할 수 없다. (대법원 2010. 9. 30. 선고 2010도7405 판결)

2. 존속살인죄

제250조(살인, 존속살해)

① 사람을 살해한 자는 사형, 무기 또는 5년 이상의 징역에 처한다.

② 자기 또는 배우자의 직계존속을 살해한 자는 사형, 무기 또는 7년 이상의 징역에 처한다. 〈개정 1995.12.29.〉

(작성례)

피의자는 20○○. ○. ○. 14:00경 서울 ○○구 ○○동 ○○번지에 사는 어머니 장○○(당○○세)의 집에 가족들이 없는 틈에 들어가, 장농서랍을 열고 금반지 등을 찾고 있었다. 그러던 중 마침 집에 돌아온 어머니가 피의자를 꾸중하자 이에 화가 나서 그 집의 부엌에 있던 식칼(칼날길이 14센티미터)을 가져와 오른손에 들고 "잔소리하면 찔러 죽일거야" 라고 말하였다. 이에 그녀가 "부모를 죽이는 놈이 다 있느냐, 어디 죽여 봐라" 라고 달려들자 격분하여 갑자기 그녀를 살해하기로 마음먹고 그녀의 왼편 가슴을 한 번 찔러서 그녀로 하여금 잠시 후 그 자리에서 왼쪽 가슴부위 찔린상처로 인한 심장손상으로 실혈하여 사망에 이르게 함으로써 그녀를 살해하였다.

● **수사사례**

- 죄어머니가 자주 꾸중하자 집안에 있던 칼로 어머니의 가슴을 칼로 찔러 살해한 경우 존속 살해죄 성립
- 평소 술주정을 하는 아버지 때문에 가정불화가 심하다고 생각하여 술을 마시고 귀가하는 아버지와 말다툼 도중 쇠파이프로 머리를 내리쳐서 살해한 경우 존속살해죄 성립
- 시어머니와의 불화로 한약에 독극물을 넣어 살해하려다 치사량이 부족하여 신음중인 것을 남편이 발견 치료하므로써 상해를 입힌데 그친 경우 존속살해미수죄 성립

● 관련판례 1

◎ 현주건조물방화치사상죄와 살인죄 및 존속살인죄의 죄수관계

형법 제164조 후단이 규정하는 현주건조물방화치사상죄는 그 전단이 규정하는 죄에

대한 일종의 가중처벌 규정으로서 과실이 있는 경우뿐만 아니라, 고의가 있는 경우에도 포함된다고 볼 것이므로 사람을 살해할 목적으로 현주건조물에 방화하여 사망에 이르게 한 경우에는 현주건조물방화치사죄로 의율하여야 하고 이와 더불어 살인죄와의 상상적경합범으로 의율할 것은 아니며, 다만 존속살인죄와 현주건조물방화치사죄는 상상적경합범 관계에 있으므로, 법정형이 중한 존속살인죄로 의율함이 타당하다. (대법원 1996. 4. 26. 선고 96도485 판결)

● 관련판례 2

◎ 개구멍받이를 친생자로 출생신고하여 양육한, 사실상의 모가 존속인지의 여부

피살자(여)가 그의 문전에 버려진 영아인 피고인을 주어다 기르고 그 부와의 친생자인것 처럼 출생신고를 하였으나 입양요건을 갖추지 아니하였다면 피고인과의 사이에 모자관계가 성립될 리 없으므로, 피고인이 동녀를 살해하였다고 하여도 존속살인죄로 처벌할 수 없다. (대법원 1981. 10. 13. 선고 81도2466 판결)

● 관련판례 3

◎ 거액의 보험금 수령이 예상된다는 금전적 이유만으로 살인 범행의 동기를 인정할 때 유의할 사항 / 금전적 이득이 살인의 범행 동기가 될 수 있는 경우

일반적으로 금전적 이득의 기회가 살인 범행의 중요한 동기가 될 수 있음은 부인할 수 없다. 특히 행위자가 얻을 수 있는 이익이 클수록 더욱 강한 동기로 작용하여 부도덕하고 반사회적인 범죄행위를 감행하는 유인이 될 수 있다는 점은 경험칙상으로도 충분히 수긍이 된다. 그러나 거액의 보험금 수령이 예상된다는 금전적 이유만으로 살해 동기를 인정할 수 있는지는 다른 간접사실들의 증명 정도와 함께 더욱 면밀히 살펴볼 필요가 있다.

한편 금전적 이득만이 살인의 범행 동기가 되는 것은, 범인이 매우 절박한 경제적 곤란이나 궁박 상태에 몰려 있어 살인이라는 극단적 방법을 통해서라도 이를 모면하려고 시도할 정도라거나 범인의 인성이 원래부터 탐욕적이고 인명을 가벼이 여기는 범죄적 악성과 잔혹함이 있는 경우 등이 대부분이다. 그렇지 않은 경우는 증오 등 인간관계의 갈등이나 치정 등 피해자를 살해할 금전 외적인 이유가 있어서 금전적 이득은 오히려 부차적이거나 적어도 금전 외적인 이유가 금전적 이득에 버금갈 정도라고 인정될 만한 사정이 있어야 살인의 동기로서 수긍할 정도가 된다. 더구나 계획적인 범행이고 범행 상대가 배우자 등 가족인 경우에는 범행이 단순히 인륜에 반하는 데에서 나아가 범인 자신의 생활기반인 가족관계와 혈연관계까지 파괴되므로 가정생활의 기반이 무너지는 것을 감내하고라도 살인을 감행할 만큼 강렬한 범행유발 동기가 존재하는 것이 보통이다. [대법원 2017. 5. 30., 선고, 2017도1549, 판결]

3. 영아살인죄

제251조(영아살해)

직계존속이 치욕을 은폐하기 위하거나 양육할 수 없음을 예상하거나 특히 참작할 만한 동기로 인하여 분만중 또는 분만직후의 영아를 살해한 때에는 10년 이하의 징역에 처한다.

(작성례 1)

피의자는 서울 ○○동 ○○번지에 있는 ○○주식회사에서 관리부 부장으로 근무하고 있다.

피의자는 20○○. ○. ○.경부터 같은 부서에서 평사원으로 근무하고 있는 송○○(당○○세)와 은밀히 정교관계를 가진 후 계속해서 불륜관계를 이어오다가 그녀가 임신하고 곧 출산한다는 사실을 알게 되었다.

피의자는 그 사실이 알려지면 위 회사에서 파면 당하게 될 것이고 아내가 있는 가정도 파탄에 이르게 될까 두려워 20○○. ○. ○.경 송○○에 대하여 아이를 낳으면 아이의 얼굴을 눌러 질식시켜 살해할 것을 권고하고, 위 송○○로 하여금 그 권고를 받아들이게 하여 같은 해 ○. ○. 04 : 30경 서울 ○○구 ○○동 ○○번지에 있는 그녀의 집에서 아이를 낳았을 때 곧바로 아이의 코를 손바닥으로 눌러 그 아이가 급성 질식사에 이르게 함으로써 영아살해를 교사하였다.

(작성례 2)

피의자는 서울시 ○○구 ○○동 123번지 소재 △△주식회사의 사무원으로 근무하고 있다.

피의자는 20○○. ○. ○. 22:00경 서울시 ○○구 ○○동 소재 456번지 소재 피의자의 집에서 진통의 기미가 있어 바로 여자아이를 분만하였다. 영아는 피의자와 같이 근무하고 있는 유부남 최○○과 정교하여 임신된 것이었기 때문에 이 분만사실이 알려지면 위 최○○과 같이 파면 당할지도 모르며, 최○○의 아내가 알면 간통죄로 처벌받을 것을 두려워한 나머지 피의자는 그 영아를 살해하기로 마음먹고 즉시 그곳에서 그 영아의 목을 눌러 그 영아가 급성질식사에 이르게 하여 살해하였다.

■ 적용실례

◇ 분만후 아이를 분뇨통에 빠뜨려 사망케 한 경우

수치심을 감추려고 재래식 변소에서 아이를 분만하여 분뇨통에 빠뜨려 사망하게 하였다.

※ 자칫 과실치사로 의율 송치할 수도 있으나 피의자의 당시의 심리상태 및 변소에 분만하는 경우 영아가 분뇨통에 빠져 죽는다는 것은 쉽게 예상할 수 있으므로 피의자는 영아의 사망 결과를 예견하면서 미필적 살해의사로 변소에서 분만을 감행했다고 볼 수 있으므로 피의자의 분만은 영아살해로 의율하는 것이 타당하다.

● 수사사례

- 미혼모가 임신하여 영아를 분만하게 되자 수치심에 분만한 영아의 콧구멍을 눌러 질식시켜 살해한 경우 영아살해죄 성립
- 영아를 분만하여 죽인 뒤, 그 사체를 인근 야산에 몰래 파묻은 경우 영아살해죄 및 사체유기 죄 성립
- 자기와 불륜관계에 있던 여성이 임신하게 되자 이를 은폐할 목적으로 산모에게 영아를 출산 하게 되면 살해하자고 권고하고 산모가 이를 받아들여 출산한 영아를 질식시켜 살해한 경우 영아살해 및 영아살해교사죄 성립

● 관련판례

◎ 분만 중인 태아를 조산원이 질식사에 이르게 한 경우 업무상 과실치사죄의 성부(적극)

태아가 어느 시기에 사람이 되는가에 관하여는 그 출산 과정과 관련하여 여러가지 설이 있는 바이나 사람의 생명과 신체의 안전을 보호법익으로 하고있는 형법상의 해석으로는 규칙적인 진통을 동반하면서 태아가 태반으로부터 이탈되기 시작한 때 다시 말하여 분만이 개시된 때(소위 진통설 또는 분만개시설)가 사람의 시기라고 봄이 타당하다고 여겨지며 이는 형법 제251조(영아살해)에서 분만 중의 태아도 살인죄의 객체가 된다고 규정하고 있는 점을 미루어 보아서도 그 근거를 찾을 수 있다. 그러므로 원심판결이 같은 취지에서 분만 중의 태아를 질식사에 이르게 한 소위를 형법 제268조의 업무상과실치 사죄로 다스린 제1심 판결을 지지하였음은 정당하다.(대법원 1982. 10. 12. 선고 81도2621 판결)

4. 촉탁, 승낙살인죄 · 자살교사, 방조죄

제252조(촉탁, 승낙에 의한 살인 등)
① 사람의 촉탁이나 승낙을 받아 그를 살해한 자는 1년 이상 10년 이하의 징역에 처한다.
② 사람을 교사하거나 방조하여 자살하게 한 자도 제1항의 형에 처한다.
[전문개정 2020. 12. 8.]

(작성례 1)

피의자는 20○○. ○. ○. 09 : 00경부터 ○○시 ○○동에 있는 ○○여관 213호 방에서 유부녀인 피해자 윤○○과 간통한 사실에 대하여 죄의식을 느낀 나머지 동녀에게 동반자살할 것을 제의하여 동녀에게 이를 결심시켰다.

그리하여 집에서 미리 준비해간 농약 1병을 컵 2개에 나누어 그 위에 맥주를 채워 그 중 1컵을 동녀에게 마시게 하였으나 동녀로 하여금 구토증을 일으키게 하는데 그쳐 그 뜻을 이루지 못하고 미수에 그쳤다.

(작성례 2)

피의자는 20○○. ○. ○. 22:00경 귀가하여 보니 말기위암으로 투병중인 김○○이 면도칼로 손의 동맥을 베어 자살을 하려다가 그 뜻을 이루지 못하고 있는 것을 목격하고 병원으로 후송하려 하였다. 그러자 김○○이 "의사를 불러도 낳지 못하는 병에 걸려있으니 제발 나를 죽여서 편히 가게 해 달라"라고 사정하므로 매일 고통받는 것을 애처롭다고 생각하였다. 그래서 그곳에 있던 목도리를 사용하여 김○○의 목을 감고 졸라메어서 즉시 그곳에서 그로 하여금 숨막히게 하여 김○○의 촉탁을 받아 그를 살해하였다.

(작성례 3)

피의자는 20○○. ○. ○. 23:00경 피의자가 평소 가입해 활동하던 '자살에 관해 생각하는 사람들의 모임' 이란 인터넷 까페에서 회원으로 활동하던 김○○(여, 23세), 최○○(남, 21세)로부터 자신들이 사랑하여 함께 하려고 하는데 집안에서 반대가 심하여 죽어서라도 같이 하고 싶어서 약품을 구하고 있는데 구할 수 있겠냐는 연락을 받았다.

그리고 김○○과 최○○이 원하는 대로 약품공급과 뒤처리를 하여주는 조건으로 금 200만원을 받기로 약속하고, 본인이 운영하는 ○○화공약품상에서 극독물인 ○○○○ 300밀리그램을 위 김○○과 최○○가 투숙하고 있는 ○○시 ○○구 ○○동 ○○모텔 304호실에 가져다주었다. 그리고 약속한 금액을 받은 뒤, 김○○과 최○○가 약품을 먹고 숨진 것을 확인한 후 부탁받은 대로 뒷정리를 하여주고 유서를 손에 쥐어준 뒤 방을 빠져나와 자살을 방조하였다.

(작성례 4)

피의자는 20○○. ○. ○. 19:00경 ○○동에 있는 ○○모텔 202호실에서 유부남인 홍○○과 간통한 사실에 대하여 죄의식을 느낀 나머지 그에게 동반자살 할 것을 제의하여 그에게 이를 결심하게 하고 미리 구입하여 가지고 있던 ○○○을 각 30밀리그람씩 나누어 먹기로 하였다. 피의자는 우선 홍○○에게 먼저 먹이고 자신도 먹으려고 하였으나 홍○○가 괴로워하는 모습을 보이자 피의자는 먹지 아니하고 구급차를 불러 홍○○를 치료케 하여 위 홍○○로 하여금 전신경련증을 일으키게 하는데 그쳐 그 뜻을 이루지 못하고 미수에 그쳤다.

■ 적용실례

◇ 자살의 실패로 괴로워하는 형의 부탁을 받고 그를 목 졸라 죽인 경우

지○○는 심장판막증으로 고생하고 있는 형과 자취하고 있는 자로서, 어느 날 퇴근하여 집에 돌아와 보니 그의 형이 면도칼로 목을 베어 자살하려다가 그 아픔에 고통스러워하는 것을 발견했다. 지○○가 깜짝 놀라 그에게 다가가자 그는 "괴롭다. 의사를 불러도 소용없으니까 이대로 나를 죽여다오. 한시라도 빨리 가서 쉬고 싶다" 라고 부탁하므로 이를 승낙하고 그곳에 있던 넥타이로 형의 목을 감고 힘껏 졸라 즉시 형은 질식사하고 말았다.

※ 피해자의 의사에 중대한 하자가 있다거나 범인의 기망이 있었다고 할 수 없고 피해자의 자유스런 진의에 의한 것이기 때문에 촉탁살인으로 보는 것이 타당하겠다.

◇ 불구가 된 큰딸에게 권유하여 자살시킨 경우

이○○는 큰딸이 교통사고로 한쪽 다리를 잃어 마음대로 움직이지도 못하고 더구나 약혼자로부터 버림받아 슬픔으로 하루하루를 보내는 것을 보면서 큰딸의 장래를 염려하여 항상 자기가 죽을 때는 그녀와 같이 죽으리라고 생각했었는데 얼마 후 병원에서 암진단이 내려지자 자기의 생명이 얼마 남지 않았음을 알고 딸에게 함께 자살하자고 권유했다. 그녀가 동반자살의 제의를 받아들이자 미리 준비해 두었던 청산가리 한 봉지를 물에 타서 마시게 하여 큰딸은 죽고 말았다.

※ 위 이○○의 행위에 대해서는 자살교사죄를 적용할 수 있을 것이다.

◇ 사고로 움직이지 못하는 친구의 자살을 도왔을 경우

강○○와 이○○는 새벽에 오토바이를 타고 과속으로 달리며 스릴을 즐기던 중 강○○가 넘어지며 중상을 입게 되었다. 이○○가 강○○를 구조하려고 그에게 다가가자 그는 "눈도 안보이고 팔 다리에도 감각이 없다. 이대로는 살아가고 싶지 않으니 ○○강에 나를 던져 죽게 해달라" 고 부탁하였다. 이○○가 이를 승낙하여 움직이지 못하는 강○○를 안아 ○○강에 던져 죽게 하였다.

※ 위 이○○가 강○○의 부탁을 받아들여 움직이지 못하는 그를 안아 강에 던진 행위는 직접 자살의 실행에 손을 빌려준 것이라고 할 수 있다. 따라서 이 행위는 촉탁살인죄로 의율할 수 있을 것이다.

◇ 동반자살을 기도하다 상대방만 죽게 하고 도망한 경우

유부남인 한○○는 정○○와 불륜관계를 맺어오다가 이를 청산하기 위해 정○○에게 헤어지자고 말했으나 그녀의 사랑이 깊은 것에 감동해서 함께 동반자살을 하기로 했다. 인적이 드문 산속에서 정○○가 "내가 먼저 죽을테니, 그 후에 따라 오라" 고 하자 동반자살의 의지를 잃고, 그 기회를 이용해서 그녀와의 관계를 청산하기로 마음먹고 정○○에게 다량의 수면제를 먹게 한 후 도망하여 정○○는 사망하였다.

※ 통설 · 판례는 정○○의 자살이 자유로운 의사결정에 근거한 것인가, 그렇지 않은가에 중심을 둔다. 만일 기망이 그 결의의 본질적인 요소를 형성하고, 결의에 중대한 하자가 있다면 자살관여죄가 아닌 살인죄가 성립한다. 이에 대해 죽음의 의미를 알고 결의한 이상 죽은 것 자체는 착오가 아니며, 따라 죽으라고 한 사실은 동기의 착오에 지나지 않기 때문에 자살관여죄가 된다는 주장도 있다. 여기서는 통설과 판례에 따라 살인죄를 적용해야 할 것이다.

● 수사사례

- 해심장판막증으로 고생하고 있는 자가 자신의 집에서 면도칼을 이용하여 자살하려 하였으나 그 뜻을 이루지 못하고 찾아온 친구에게 의사도 소용이 없으니 제발 자신을 죽여달라며 애걸하여 너무 안타까워한 나머지 넥타이로 친구의 목을 졸라 살해한 경우 촉탁살해죄 성립
- 양가 집안의 반대로 결혼을 할 수 없게 된 것을 비관하여 함께 죽기로 결심한 뒤, 수면제를 다량 복용하였으나 그뜻을 이루지 못하자 다른 방법으로 자살을 결심하던 중 피해여성이 치마끈으로 자살하겠다며 자신의 목에 치마끈을 감고 당겨달라고 부탁하자 이를 승낙하고 살해한 경우 승낙살해죄 성립

● 관련판례 1

◎ 피고인이 갑 명의의 유서(유서)를 대필하여 주는 방법으로 갑의 자살을 방조하였다는 공소사실로 유죄판결을 받아 확정되었는데, 그 후 재심이 개시된 사안에서, 국립과학수사연구소 감정인 을이 작성한 감정서 중 유서와 피고인의 필적이 동일하다는 부분은 그대로 믿기 어렵고, 나머지 증거만으로는 공소사실이 증명되었다고 볼 수 없다고 한 사례

피고인이 갑 명의의 유서(유서)를 대필하여 주는 방법으로 갑의 자살을 방조하였다는 공소사실로 유죄판결을 받아 확정되었는데, 그 후 재심이 개시된 사안에서, 국립과학수사연구소 감정인 을이 유서와 피고인의 필적이 동일하다고 판단하는 근거로 내세우는 특징들 중 일부는 항상성 있는 특징으로 볼 수 없는 점 등 제반 사정을 종합하면 을이 작성한 감정서 중 유서와 피고인의 필적이 동일하다는 부분은 그대로 믿기 어렵고, 나머지 증거만으로는 공소사실이 합리적 의심의 여지가 없을 정도로 충분히 증명되었다고 볼 수 없다는 이유로 무죄를 선고한 원심판단을 정당하다고 한 사례.(대법원 2015. 5. 14. 선고 2014도2946 판결)

● 관련판례 2

◎ 형법 제252조 제2항의 자살방조죄의 성립 요건

형법 제252조 제2항의 자살방조죄는 자살하려는 사람의 자살행위를 도와주어 용이하게 실행하도록 함으로써 성립되는 것으로서, 이러한 자살방조죄가 성립하기 위해서는 그 방조 상대방의 구체적인 자살의 실행을 원조하여 이를 용이하게 하는 행위의 존재와 그 점에 대한 행위자의 인식이 요구된다(대법원 2010. 4. 29. 선고 2010도2328 판결)

5. 위계, 위력에 의한 살인죄

제253조(위계 등에 의한 촉탁살인 등)
전조의 경우에 위계 또는 위력으로써 촉탁 또는 승낙하게 하거나 자살을 결의하게 한 때에는 제250조의 예에 의한다.

(작성례)

피의자는 20○○. ○. ○.경부터 동네 사람들로부터 피의자의 아내 전○○가 ○○읍 번지미상에 사는 김○○(당○○세)의 "첫사랑이라더라", "둘이 매일 만난다더라"는 등의 불미스러운 소문이 퍼졌다. 피의자는 그러한 말이 들릴 때마다 수치와 분노를 참지 못해 위 전○○를 몹시 때리는 등 싸움이 잦아지고 가정불화가 끊이지 않았다. 그러던 중 20○○. ○. ○. 21:00경 또 다시 말다툼을 하다가 위 전○○가 "정말 아무 일 없다. 당신도 내 마음을 몰라주니 억울해서 못 살겠다"며 자기의 결백함을 주장하자 이에 화가 나서 전○○에 대하여 "그렇다면 별 수 없다. 죽음으로 너의 결백함을 증명해라. 자식들 앞에서 나도 부끄러워 못살겠다. 스스로 죽지 못하겠으면 내가 죽여주마"라는 등 협박하여 전○○에게 자살할 것을 강요하고 그녀로 하여금 그 뜻을 결심하게 하였다.

그리하여 다음날인 ○. 02:00경 그곳에서 자식들에 대하여 "너희 엄마는 억울하게 죽는다. 결코 나쁜 여자가 아니다. 너희 아버지가 강요하여 결백을 증명하려 죽는다"라는 내용의 유서를 쓰고, 그 집 부엌에 들어가 평소 사용하던 세탁용 가성소오다 용액 1컵을 들이마시고 잠시 후 그곳에서 가성소오다 중독으로 인한 장파열로 죽음에 이르게 하여 위력으로써 그녀의 자살을 결의하게 하였다.

● **수사사례**

- 피해자인 아내의 불륜사실을 알고 자식들에게 부끄러운 일이니 스스로 죽으라고 강요하며 자살하지 않으면 자신이 죽인다며 협박후, 아내에게 유서를 쓰게하고 독극물을 마셔 자살케 한 경우 위력에 의한 촉탁살인죄 성립
- 불구가 된 딸의 처지를 안타까워한 나머지 자살을 권유하여 그 뜻을 받아들이게 한 다음 청산가리를 마셔 숨지게 한 경우 자살교사죄 성립

- 애인과 결혼을 약속하였으나 부모가 반대하여 이를 비관중 그녀와 함께 자살하기로 약속 하고 그녀에게 청산가리 한 봉지를 주면서 물에 타 마시기를 권유하여 그녀가 자살을 결심 후 청산가리를 마셔 사망케 한 경우 자살방조죄성립

● 관련판례

◎ 위력자살결의죄로 공소제기된 사건에서 공소장변경 절차를 거치지 아니하고 직권으로 자살교사죄를 유죄로 인정한 원심의 조치를 수긍한 사례

기록에 비추어 살펴보면, 원심이, 피고인에 대하여 공소제기 된 위력자살결의의 범죄사실 중에는 판시 자살교사의 범죄사실이 포함되어 있고, 피고인이 피해자로 하여금 자살을 하도록 한 경위 등에 대한 충분한 심리가 이루어졌으므로 피고인을 위 공소사실에 포함된 자살교사죄로 처벌하더라도 피고인에게 불의의 처벌을 가하거나 그 방어권 행사에 실질적인 불이익을 초래할 염려가 있다고 볼 수 없다는 이유로 공소장변경 절차를 거치지 아니하고 직권으로 피고인에 대하여 공소제기 된 위력자살결의죄와 일죄 관계에 있는 자살교사죄를 유죄로 인정한 조치는 수긍할 수 있고, 거기에 상고이유의 주장과 같은 공소장변경에 관한 법리를 오해한 위법이 없다.(대법원 2005. 9. 28. 선고 2005도5775 판결)

6. 살인예비, 음모죄

제255조(예비, 음모)
제250조와 제253조의 죄를 범할 목적으로 예비 또는 음모한 자는 10년 이하의 징역에 처한다.

(작성례 1)

피의자는 ㅇㅇ교도소에서 복역중이다.

피의자는 같이 복역 중인 홍길동(남, 00세)의 말투를 항상 불쾌하게 여기던 중, 20ㅇㅇ. 10. 10. 10:45경 위 교도소 안 작업장에서 피의자가 홍길동의 작업용 줄판을 무단히 사용한 것 때문에 말다툼이 되자 갑자기 그를 살해하려고 결심하였다. 그리하여 왈칵 그에게 달려들어 가지고 있던 말썽이 난 작업용 줄판으로 그의 얼굴을 찌르고 또다시 머리를 세게 치고 그곳에서 피하려는 그를 쫓아가면서 등과 팔 등을 네 차례에 걸쳐 찔러서 그에 대하여 전치 약 3주일을 요하는 앞머리에 찔린 상처의 상해를 입히는데 그치고 앞에 옆에 있던 같은 복역수들에게 제지당하여 그 살해의 뜻을 이루지 못하고 미수에 그쳤다.

(작성례 2)

피의자는 그의 처 김여자(당00세)가 그의 고용주 홍길동과 간통한 사실 때문에 자기 가정에 파탄된 것에 분개하여 위 홍길동을 만나 보고 경우에 따라서는 신체에 위해를 가할 목적으로 길이 약15센티미터의 칼을 지니고 2006. 10. 10. 22:00경 서울 성북구 ㅇㅇ동 100번지에 있는 홍길동의 집에 찾아 갔다.

피의자는 그와 이야기하던 중 그의 불손한 언동에 격분하여 순간적으로 그를 살해하고 피의자 자신도 자살하여 버리겠다는 마음먹고, 같은 날 23:30경 그 집 안방에서 별안간 가지고 간 칼을 꺼내어 오른손에 들고 홍길동의 오른쪽 가슴을 한번 힘껏 찌르고 또 다시 왼팔, 왼쪽 앞머리 등을 찔렀다. 그러나 이를 말리는 그의 처 김여자가 앞을 가로막고 달려들며 "나를 죽여도 좋으니 이 사람만은 살려 달라" 라고 울며 매달려 이로 인하여 위 홍길동에게 전치 약 2개월을 요하는 우측

허리부위, 왼쪽아래팔, 머리에 벤 상처의 상해만을 입히고 중지함으로 그 살해의 뜻을 이루지 못하고 미수에 그쳤다.

피의자는 위 일시 및 장소에서 위 칼을 든 채 위 홍길동에 대하여 "내 옷에 피가 묻었으니 갈아입을 옷을 내놔라. 그리고 보상금 500만원을 내놓지 않으면 너희들 모두 죽여버리겠다" 라는 등 그를 협박하여 그 반항을 할 수 없도록 하고, 다음 날 02:00경 그곳에서 홍길동 소유의 양복 1벌 외 2점(시가50만원 상당)과 현금 500만원을 그로부터 건네받아 이를 강취하였다.

● 수사사례

- 친구에게 맞은 보복으로 그를 죽이려고 칼을 들고 그의 집으로 찾아간 경우 살인예비죄 성립

● 관련판례

◎ 살인예비죄의 성립 요건

형법 제255조, 제250조의 살인예비죄가 성립하기 위하여는 형법 제255조에서 명문으로 요구하는 살인죄를 범할 목적 외에도 살인의 준비에 관한 고의가 있어야 하며, 나아가 실행의 착수까지에는 이르지 아니하는 살인죄의 실현을 위한 준비행위가 있어야 한다. 여기서의 준비행위는 물적인 것에 한정되지 아니하며 특별한 정형이 있는 것도 아니지만, 단순히 범행의 의사 또는 계획만으로는 그것이 있다고 할 수 없고 객관적으로 보아서 살인죄의 실현에 실질적으로 기여할 수 있는 외적 행위를 필요로 한다(대법원 2009. 10. 29. 선고 2009도7150 판결례).

제21절 상해와 폭행에 관한 죄

1. 상해 · 존속상해죄

제257조(상해, 존속상해)

① 사람의 신체를 상해한 자는 7년 이하의 징역, 10년이하의 자격정지 또는 1천만원 이하의 벌금에 처한다. 〈개정 1995.12.29.〉

② 자기 또는 배우자의 직계존속에 대하여 제1항의 죄를 범한 때에는 10년이하의 징역 또는 1천500만원 이하의 벌금에 처한다. 〈개정 1995.12.29.〉

③ 전 2항의 미수범은 처벌한다.

(작성례 1)

피의자 김○○은 20○○. ○. ○. 17：00경 서울 서초구 잠원동 555에 있는 술집 "르망카페" 앞길에서 길을 걷다가 위 이○○과 어깨를 부딪히자 그에게 "눈 똑바로 뜨고 다녀 임마"라고 소리치면서 주먹으로 그의 얼굴을 2회 세게 때려 그에게 약 2주간의 치료를 요하는 구순부열 찢긴상처 등을 가하였다. 그러자 피의자 이○○은 즉석에서 김○○으로부터 위와 같이 구타당한데 대항하여 주먹으로 그의 가슴을 1회 세게 때리고 멱살을 잡고 그의 다리를 걸어 땅에 넘어뜨려 그에게 약 3주간의 치료를 요하는 마루부위 찢긴 상처 등을 가하였다.

(작성례 2)

피의자는 20○○. ○. ○. 12:30경 ○○동 ○○은행 앞길에서 피해자 박○○(여, 30세)와 피의자가 20○○. ○.경 구입한 컴퓨터의 외상대금 불입영수증 문제로 시비하였다. 그러던 중 위 피해자가 "○○○야" 라고 하였다는 이유로 들고 있던 핸드백으로 위 박○○의 얼굴을 때리고, 머리채를 잡아 흔들며 손톱으로 얼굴을 할퀴어 위 피해자 박○○에게 약3주간의 치료를 요하는 얼굴상처 등의 상해를 가하였다.

(작성례 3)

피의자는 20○○. ○. ○. 20:00경 ○○시 ○○구 ○○동 123번지 피의자의 집에서 시어머니인 홍○○와 말다툼을 하다가 시아버지인 피해자 최△△(70세)이 시어머니의 편을 들어 나무라자 거실에 있던 청소용 나무빗자루(길이 약 50센티미터)를 들고 피해자 최△△의 어깨부분을 때려 약 2주간의 치료를 요하는 왼쪽어깨멍 등의 상해를 입게 하여 배우자의 직계존속을 상해하였다.

■ 적용실례

◇ 상해사실은 인정되지만 진단서가 없는 경우

피의자 진술로 보면, 코피가 났다고 하여 상해사실이 인정되지만 진단서가 없었다.

※ 비출혈이 인정되는 경우에는 진단서가 없어도 "치료일수미상의 비출혈상을 가한 것이다" 라고 적시하고 상해로 의율해야 할 것이다.

◇ 가족관계증명서에 없는 생모에 흉기를 사용한 경우

가족관계등록부에 기재되어 있지 않은 생모에게 흉기를 사용해 상해를 입혔다.

※ 이에 대해 자칫 폭력행위 등 처벌에 관한 법률(제3조 제1항, 주간흉기 폭력) 위반을 적용할 수도 있겠지만 가족관계증명서에 없는 생모도 직계존속이므로 존속상해로 의율하는 것이 타당하다.

◇ 의치를 탈락시키는 경우

길을 가다 상대방과 시비가 붙어 사람을 때려 의치가 부러졌다.

※ 이 경우 의치가 재물인가 신체인가에 따라 적용할 수 있는 죄가 달라진다. 의치를 재물로 본다면 재물손괴죄가 되겠지만, 의치도 신체의 일부이므로 상해로 의율하는 것이 타당하다.

◇ 계모의 존속 포함여부

계모를 때려 상해를 입혔다.

※ 이 경우 계모가 존속에 포함되는가 아닌가에 따라 죄책이 달라진다. 계모를 존속이 아니라고 보면 폭행치상죄로 성립하겠지만, 계모는 법률상 존속에 해당되

므로 존속상해죄로 의율하는 것이 타당하다.

◇ 개가한 생모에 상해를 가한 경우

개가한 생모에 대하여 위험한 물건으로 상해를 가하였다.

※ 생모는 직계존속이므로 위 행위는 존속상해에 해당하고 폭력행위 등 처벌에 관한 법률에는 존속상해죄를 가중처벌하는 조항은 없으므로 결국 존속상해죄로 의율해야 한다.

◇ 어깨가 부딪혔다고 폭행을 가한 경우

윤○○는 길을 가다 맞은편에서 오던 이○○와 어깨를 부딪히자 왜 미냐며 시비를 걸어 주먹으로 이○○의 얼굴을 구타하는 등 폭행을 가하여 그에게 약 5일간의 치료를 요하는 얼굴개갠상처의 상해를 가하였다.

※ 상해죄에 필요한 범의는 사람에 대하여 폭행을 가할 것을 인식하는 것으로써 족하고, 그 폭행으로 인해 상해가 발생할 것을 인식할 필요가 없다. 따라서 위 윤○○의 행위는 명백한 상해가 될 것이다.

● 관련판례 1

◎ 상해죄 및 폭행죄의 상습범에 관한 형법 제264조에서 말하는 '상습'의 의미 및 위 규정에 열거되지 아니한 다른 유형의 범죄까지 고려하여 상습성의 유무를 결정할 수 있는지 여부(소극)

상해죄 및 폭행죄의 상습범에 관한 형법 제264조는 "상습으로 제257조, 제258조, 제258조의2, 제260조 또는 제261조의 죄를 범한 때에는 그 죄에 정한 형의 2분의 1까지 가중한다."라고 규정하고 있다. 형법 제264조에서 말하는 '상습'이란 위 규정에 열거된 상해 내지 폭행행위의 습벽을 말하는 것이므로, 위 규정에 열거되지 아니한 다른 유형의 범죄까지 고려하여 상습성의 유무를 결정하여서는 아니 된다.

위 법리에 비추어 원심이 상습폭행죄의 상습성을 판단함에 있어 피고인의 재물손괴나 주거침입 전과까지 종합하여 판단하는 것에 위법이 없다는 취지로 이유 설시한 부분은 부적절하나, 기록에 의하여 알 수 있는 피고인의 범행전력, 범행수법, 범행횟수 등에 비추어 상습폭행죄의 상습성을 인정한 제1심판결을 그대로 유지한 원심의 결론은 정당한 것으로 수긍할 수 있고, 거기에 상고이유 주장과 같이 논리와 경험의 법칙을 위반하여 자유심증주의의 한계를 벗어나거나 상습성에 관한 법리를 오해하여 판결에 영향을 미친 위법이 없다.(대법원 2018. 4. 24., 선고, 2017도21663, 판결)

● 관련판례 2

◎ 검사가 존속상해 범행을 먼저 기소하고 다시 별개의 폭력행위 등 처벌에 관한 법률 위반(상습존속상해) 범행을 추가로 기소하여 병합심리하는 과정에서 전후에 기소된 각각의 범행이 포괄일죄로 밝혀진 경우, 법원의 판단 방법

검사가 단순일죄라고 하여 존속상해 범행을 먼저 기소하고 다시 포괄일죄인 폭처법 위반(상습존속상해) 범행을 추가로 기소하였는데 이를 병합하여 심리하는 과정에서 전후에 기소된 각각의 범행이 모두 포괄하여 하나의 폭처법 위반(상습존속상해)죄를 구성하는 것으로 밝혀진 경우, 이중기소에 대하여 공소기각판결을 하도록 한 형사소송법 제327조 제3호의 취지는 동일사건에 대하여 피고인으로 하여금 이중처벌의 위험을 받지 아니하게 하고 법원이 2개의 실체판결을 하지 아니하도록 함에 있으므로, 위와 같은 경우 법원이 각각의 범행을 포괄하여 하나의 폭처법 위반(상습존속상해)죄로 인정한다고 하여 이중기소를 금하는 위 법의 취지에 반하는 것이 아닌 점과 법원은 실체적 경합범으로 기소된 범죄사실에 대하여 그 범죄사실을 그대로 인정하면서 다만 죄수에 관한 법률적인 평가만을 달리하여 포괄일죄로 처단하더라도 이는 피고인의 방어에 불이익을 미치는 것이 아니므로 공소장변경 없이도 포괄일죄로 처벌할 수 있는 점에 비추어 보면, 비록 폭처법 위반(상습존속상해)죄의 포괄일죄로 공소장을 변경하는 절차가 없었다거나 추가기소의 공소장의 제출이 포괄일죄를 구성하는 행위로서 먼저 기소된 공소장에 누락된 것을 추가·보충하는 취지의 것이라는 석명절차를 거치지 아니하였다 하더라도, 법원은 전후에 기소된 범죄사실 전부에 대하여 실체판단을 할 수 있고, 추가기소된 부분에 대하여 공소기각판결을 할 필요는 없다고 할 것이다.(대법원 2012. 1. 26. 선고 2011도15356 판결)

● 관련판례 3

◎ 직계존속에 대한 폭행과 상해를 상습으로 범한 경우의 죄책

직계존속인 피해자를 폭행하고, 상해를 가한 것이 존속에 대한 동일한 폭력습벽의 발현에 의한 것으로 인정되는 경우, 그 중 법정형이 더 중한 상습존속상해죄에 나머지 행위들을 포괄시켜 하나의 죄만이 성립한다.(대법원 2003. 2. 28. 선고 2002도7335 판결)

2. 중상해 · 존속중상해죄

제258조(중상해, 존속중상해)

① 사람의 신체를 상해하여 생명에 대한 위험을 발생하게 한 자는 1년 이상 10년 이하의 징역에 처한다.

② 신체의 상해로 인하여 불구 또는 불치나 난치의 질병에 이르게 한 자도 전항의 형과 같다.

③ 자기 또는 배우자의 직계존속에 대하여 전2항의 죄를 범한 때에는 2년 이상 15년 이하의 징역에 처한다. 〈개정 2016.1.6.〉

(작성례)

피의자는 20○○. ○. ○. 11 : 00경 서울 ○○구 ○○동 ○○번지에 있는 건축주 이○○의 건축 공사장에서 위 건축의 도급업자인 피해자 김○○에게 그가 노임을 중간에서 가로채고 지불하지 않는다며 시비를 다투었다.

그러던 중, 피해자가 노임을 지불할 의사도 보이지 않고 그 자리를 피하려고만 하자 옆에 있던 길이 1m 가량의 각목토막으로 뒤돌아 걸어가는 피해자의 뒤에서 머리를 한 번 세게 내리쳐서 피해자로 하여금 뇌멍으로 인한 혼수상태에 빠지게 하여 그의 생명에 대한 위험을 발생하게 하였다.

■ 적용실례

◇ 바람피우는 남편의 성기를 절단한 경우

박○○는 남편이 날마다 다른 여자를 만나며 바람피우는 사실을 알고 남편이 잠든 사이에 남편의 성기를 절단했다.

※ 칼로 남성기를 절단하여 성불구에 이르게 한 것은 중상해에 해당하므로 폭력행위등처벌에관한법률 위반으로 의율할 수 없으며 형법의 중상해로 의율해야 한다.

◇ 조모를 때려 실명에 이르게 한 경우

피의자는 술에 취해 자기 말을 듣지 않는다며 피의자의 아이들을 구타하다가 직계존속인 조모가 이를 만류하자 그녀의 눈을 주먹으로 여러 차례 때려 실명에 이르게 하였다.

※ 실명에 이르게 한 것은 중상해이므로 단순히 존속상해(1년 이상 10년 이하)로 의율할 것이 아니라 존속중상해(2년 이상)로 의율하는 것이 타당하다.

● 관련판례 1

◎ 특수폭행치상의 경우, 형법 제258조의2의 신설에도 불구하고 종전과 같이 형법 제257조 제1항의 예에 의하여 처벌하는 것으로 해석하여야 하는지 여부(적극)

특수폭행치상죄의 해당규정인 형법 제262조, 제261조는 형법 제정 당시부터 존재하였는데, 형법 제258조의2 특수상해죄의 신설 이전에는 형법 제262조의 "전 2조의 죄를 범하여 사람을 사상에 이르게 한 때에는 제257조 내지 제259조의 예에 의한다." 라는 규정 중 '제257조 내지 제259조의 예에 의한다' 의 의미는 형법 제260조(폭행, 존속폭행) 또는 제261조(특수폭행)의 죄를 범하여 상해, 중상해, 사망의 결과가 발생한 경우, 그 결과에 따라 상해의 경우에는 형법 제257조, 중상해의 경우에는 형법 제258조, 사망의 경우에는 형법 제259조의 예에 준하여 처벌하는 것으로 해석·적용되어 왔고, 따라서 특수폭행치상죄의 경우 법정형은 형법 제257조 제1항에 의하여 '7년 이하의 징역, 10년 이하의 자격정지 또는 1천만 원 이하의 벌금' 이었다.

그런데 2016. 1. 6. 형법 개정으로 특수상해죄가 형법 제258조의2로 신설됨에 따라 문언상으로 형법 제262조의 '제257조 내지 제259조의 예에 의한다' 는 규정에 형법 제258조의2가 포함되어 특수폭행치상의 경우 특수상해인 형법 제258조의2 제1항의 예에 의하여 처벌하여야 하는 것으로 해석될 여지가 생기게 되었다. 이러한 해석을 따를 경우 특수폭행치상죄의 법정형이 형법 제258조의2 제1항이 정한 '1년 이상 10년 이하의 징역' 이 되어 종래와 같이 형법 제257조 제1항의 예에 의하는 것보다 상향되는 결과가 발생하게 된다.

그러나 형벌규정 해석에 관한 법리와 폭력행위 등 처벌에 관한 법률의 개정 경과 및 형법 제258조의2의 신설 경위와 내용, 그 목적, 형법 제262조의 연혁, 문언과 체계 등을 고려할 때, 특수폭행치상의 경우 형법 제258조의2의 신설에도 불구하고 종전과 같이 형법 제257조 제1항의 예에 의하여 처벌하는 것으로 해석함이 타당하다. (대법원 2018. 7. 24., 선고, 2018도3443, 판결)

● 관련판례 2

◎ 중상해죄의 성립요건

형법 제258조 제1항, 제2항에서 정하는 중상해는 사람의 신체를 상해하여 생명에 대한 위험을 발생하게 하거나, 신체의 상해로 인하여 불구 또는 불치나 난치의 질병에 이르게 한 경우에 성립한다. (대법원 2005. 12. 9. 선고 2005도7527 판결)

● 관련판례 3

◎ 범칙행위인 인근소란과 공소사실인 중상해행위는 기본적 사실관계가 동일한 것으로 평가할 수 없는데도, 범칙행위에 대한 범칙금 납부의 효력이 공소사실에도 미친다고 보아 면소를 선고한 원심판결에 법리오해의 위법이 있다고 한 사례

피고인이 범칙금의 통고처분을 받게 된 범칙행위인 인근소란과 이 사건 공소사실인 중상해행위는 범행 장소와 일시가 동일하거나 근접하고 모두 피고인과 피해자의 시비에서 발단이 된 것으로 보이는 점에서 일부 중복되는 면이 있다. 그러나 피고인에게 적용된 경범죄처벌법 제1조 제26호(인근소란등)의 범칙행위는 "악기 · 라디오 · 텔레비전 · 전축 · 종 · 확성기 · 전동기 등의 소리를 지나치게 크게 내거나 큰소리로 떠들거나 노래를 불러 이웃을 시끄럽게 한 행위" 인 데 반하여, 이 사건 공소사실인 중상해는 피고인이 피해자의 신체를 상해하여 생명에 대한 위험을 발생하게 하였다는 것이므로 범죄사실의 내용이나 그 행위의 수단 및 태양이 매우 다르다. 또한 인근소란은 불특정인의 평온 내지 사회의 안녕질서를 보호법익으로 하는 데 비하여 중상해는 특정인의 신체의 자유 및 완전성을 보호법익으로 하므로 각 행위에 따른 피해법익이 전혀 다르고, 그 죄질에도 현저한 차이가 있다. 나아가 위 범칙행위의 내용이나 수단 및 태양 등에 비추어 그 행위과정에서나 이로 인한 결과에 통상적으로 이 사건 공소사실인 중상해행위까지 포함된다거나 이를 예상할 수 있다고는 볼 수 없으므로 위 범칙행위와 이 사건 공소사실은 서로 별개의 행위로서 양립할 수 있는 관계에 있다고 할 것이다. 따라서 앞서 본 법리에 비추어 그 사회적인 사실관계와 함께 위와 같은 규범적 요소를 아울러 고려하면, 위 범칙행위와 이 사건 공소사실은 기본적 사실관계가 동일한 것으로 평가할 수 없다고 봄이 상당하다. (대법원 2012. 9. 13. 선고 2011도6911 판결)

3. 특수상해죄

제258조의2(특수상해)

① 단체 또는 다중의 위력을 보이거나 위험한 물건을 휴대하여 제257조제1항 또는 제2항의 죄를 범한 때에는 1년 이상 10년 이하의 징역에 처한다.

② 단체 또는 다중의 위력을 보이거나 위험한 물건을 휴대하여 제258조의 죄를 범한 때에는 2년 이상 20년 이하의 징역에 처한다.

③ 제1항의 미수범은 처벌한다.

[본조신설 2016. 1. 6.]

● 관련판례

◎ 상해죄 및 폭행죄의 상습범에 관한 형법 제264조에서 말하는 '상습'의 의미 및 위 규정에 열거되지 아니한 다른 유형의 범죄까지 고려하여 상습성의 유무를 결정할 수 있는지 여부(소극)

상해죄 및 폭행죄의 상습범에 관한 형법 제264조는 "상습으로 제257조, 제258조, 제258조의2, 제260조 또는 제261조의 죄를 범한 때에는 그 죄에 정한 형의 2분의 1까지 가중한다."라고 규정하고 있다. 형법 제264조에서 말하는 '상습'이란 위 규정에 열거된 상해 내지 폭행행위의 습벽을 말하는 것이므로, 위 규정에 열거되지 아니한 다른 유형의 범죄까지 고려하여 상습성의 유무를 결정하여서는 아니 된다. (대법원 2018. 4. 24., 선고, 2017도21663, 판결)

4. 상해치사죄 · 존속중상해치사죄

제259조(상해치사)

① 사람의 신체를 상해하여 사망에 이르게 한 자는 3년 이상의 유기징역에 처한다. 〈개정 1995.12.29.〉

② 자기 또는 배우자의 직계존속에 대하여 전항의 죄를 범한 때에는 무기 또 는 5년 이상의 징역에 처한다.

(작성례 1)

피의자의 어버지 김○○는 평소 술을 몹시 좋아하고 가정을 돌보지 않았는데 최근에 와서는 더욱 술만 마시고 가족들에게도 난폭하게 대하였다 피의자는 20○○. ○. ○. 22 : 30경 역시 피해자가 술에 몹시 취하여 집에 돌아왔음에도 화가 나는 마음을 참으면서 공손히 맞았으나 피해자 김○○가 "눈을 깔고 있으면 모를 줄 아느냐? 주먹을 휘두르고 싶으면 휘둘러 봐라!" 라고 소리치며 피의자의 얼굴을 주먹으로 가격하였다. 화가 난 피의자는 마침 현관에 있던 우산을 들어 피해자의 얼굴과 머리 등을 여러 차례 때리고 그가 넘어지자 다시 그의 가슴, 배 등을 발로 차는 등 심하게 때려 다음 날 10 : 00경 ○○동 ○○번지에 있는 ○○외과의원에서 배안출혈로 김○○로 하여금 사망에 이르게 하였다.

(작성례 2)

피의자는 20○○. ○. ○. 15:00경 서울시 ○○동 123번지 피해자가 최○○가 운영하는 ○○공업사 앞에서 "왜 맨날 내가 기술을 가르쳐서 쓸만하게 된 기술자를 빼 가느냐" 는 등의 이유로 시비되어 언쟁하였다. 그러면서 피해자 최○○의 머리를 수회구타하고, 주위에 있던 3홉 크기의 깨진 맥주병으로 왼쪽 가슴을 찔러 약 3주간의 치료를 요하는 머리개갠상처를 가하고 그 다음날 ○○동에 있는 ○○종합병원에서 위 상해로 인하여 뇌출혈로 피해자 최○○을 사망에 이르게 하였다.

■ 적용실례

◇ 행패 부린다는 이유로 담장에 끌고 가서 쳐 박고 때린 경우

피의자가 먼저 행패를 부린다는 이유로 피의자가 주먹으로 피해자의 얼굴을 여러번 때리고, 손으로 그의 머리카락을 잡고 그의 머리를 콘크리트 담벽에 2~3회 쳐박고, 계속해서 발로 그의 배를 2~3회 차서 그에게 간장터짐, 머리덮개밑출혈, 거미막밑출혈 등을 입게 하고 간장터짐으로 인한 배안출혈로 사망에 이르게 하였다.

※ 피의자의 행위와 상해의 부위를 보면 피의자에게는 상해에 대한 고의가 있었음이 분명하다.

◇ 기술자를 빼 갔다는 이유로 시비를 하여 의자 등으로 구타하여 사망한 경우

이○○는 경쟁회사의 구○○에 대해 2년동안 가르쳐 놓은 기술자를 빼갔다는 이유로 시비를 걸며 말다툼하다가 의자로 그의 머리를 여러 차례 치고, 약 10센티미터 길이의 재크나이프로 그의 왼쪽 뺨을 긋는 등 그에게 약 10일간의 치료를 요하는 왼쪽볼부위 벤상처와 마루부위멍 등의 상해를 가했다. 그런데 구○○는 위 상해로 인한 뇌내출혈로 사망하고 말았다.

※ 상해치사죄에 있어서는 범인이 상해에 대한 인식이 있음으로써 족하고, 치사에 대한 고의는 필요로 하지 않는다. 따라서 위 이○○의 행위는 상해치사죄를 구성하기에 충분하다.

◇ 만취해 주정하는 아내를 넘어뜨려 사망케 한 경우

이○○는 그의 아내가 술에 만취해 돌아와 술주정을 하자 화를 못이기고 주먹으로 그녀의 얼굴을 몇 번 치고 세게 떠밀어 넘어뜨렸다. 이로 인해 그녀는 이마부위, 안면타박상 등의 상해를 입고 다음 날 아침 외상성 거미막밑 출혈로 인해 사망하고 말았다.

※ 상해치사죄에 있어서는 상해에 대한 인식이 있으면 족하고 치사에 대한 고의는 필요없다. 또 치사의 결과를 예견했을 것을 요하지도 않는다. 따라서 위 이○○에 대해서는 마땅히 상해치사로 의율해야 할 것이다.

● 관련판례 1

◎ 형법 제262조의 규정 중 '제257조 내지 제259조의 예에 의한다'의 의미 / 특수폭행치상의 경우, 형법 제258조의2의 신설에도 불구하고 종전과 같이 형법 제257조 제1항의 예에 의하여 처벌하는 것으로 해석하여야 하는지 여부(적극)

특수폭행치상죄의 해당규정인 형법 제262조, 제261조는 형법 제정 당시부터 존재하였는데, 형법 제258조의2 특수상해죄의 신설 이전에는 형법 제262조의 "전 2조의 죄를 범하여 사람을 사상에 이르게 한 때에는 제257조 내지 제259조의 예에 의한다."라는 규정 중 '제257조 내지 제259조의 예에 의한다'의 의미는 형법 제260조(폭행, 존속폭행) 또는 제261조(특수폭행)의 죄를 범하여 상해, 중상해, 사망의 결과가 발생한 경우, 그 결과에 따라 상해의 경우에는 형법 제257조, 중상해의 경우에는 형법 제258조, 사망의 경우에는 형법 제259조의 예에 준하여 처벌하는 것으로 해석·적용되어 왔고, 따라서 특수폭행치상죄의 경우 법정형은 형법 제257조 제1항에 의하여 '7년 이하의 징역, 10년 이하의 자격정지 또는 1천만 원 이하의 벌금'이었다.

그런데 2016. 1. 6. 형법 개정으로 특수상해죄가 형법 제258조의2로 신설됨에 따라 문언상으로 형법 제262조의 '제257조 내지 제259조의 예에 의한다'는 규정에 형법 제258조의2가 포함되어 특수폭행치상의 경우 특수상해인 형법 제258조의2 제1항의 예에 의하여 처벌하여야 하는 것으로 해석될 여지가 생기게 되었다. 이러한 해석을 따를 경우 특수폭행치상죄의 법정형이 형법 제258조의2 제1항이 정한 '1년 이상 10년 이하의 징역'이 되어 종래와 같이 형법 제257조 제1항의 예에 의하는 것보다 상향되는 결과가 발생하게 된다.

그러나 형벌규정 해석에 관한 법리와 폭력행위 등 처벌에 관한 법률의 개정 경과 및 형법 제258조의2의 신설 경위와 내용, 그 목적, 형법 제262조의 연혁, 문언과 체계 등을 고려할 때, 특수폭행치상의 경우 형법 제258조의2의 신설에도 불구하고 종전과 같이 형법 제257조 제1항의 예에 의하여 처벌하는 것으로 해석함이 타당하다.(대법원 2018. 7. 24., 선고, 2018도3443, 판결)

● 관련판례 2

◎ 결과적 가중범인 상해치사죄의 공동정범 성립에 결과를 공동으로 할 의사가 필요한지 여부(소극) 및 수인이 상해의 범의로 범행 중 한 사람이 중한 상해를 가하여 피해자가 사망에 이르게 된 경우, 나머지 사람들도 상해치사의 죄책을 지는지 여부(원칙적 적극)

결과적 가중범인 상해치사죄의 공동정범은 폭행 기타의 신체침해 행위를 공동으로 할 의사가 있으면 성립되고 결과를 공동으로 할 의사는 필요 없으며, 여러 사람이 상해의 범의로 범행 중 한 사람이 중한 상해를 가하여 피해자가 사망에 이르게 된 경우 나머지 사람들은 사망의 결과를 예견할 수 없는 때가 아닌 한 상해치사의 죄책을 면할 수 없다.(대법원 2013. 4. 26. 선고 2013도1222 판결)

● 관련판례 3

◎ 갑이 두부 손상을 입은 후 병원에서 입원치료를 받다가 합병증으로 사망에 이르게 되어 피고인의 범행과 갑의 사망 사이에 인과관계를 부정할 수 없고, 사망 결과에 대한 예견가능성이 있었는데도, 이와 달리 보아 상해치사의 공소사실을 무죄로 판단한 원심판결에 법리오해의 위법이 있다고 한 사례

원심이 들고 있는 사정에 의하더라도, 피해자와 같은 두부 손상을 입은 환자는 개두술 및 혈종제거술 또는 출혈의 자연적인 흡수 등으로 인하여 출혈 자체가 호전된다 하더라도, 두부 손상에 따른 의식저하로 인하여 기도의 방어기전 및 기관지섬모의 객담배출기능이 저하되고 기도흡인의 가능성이 증가되어 폐렴, 흡인성 폐렴 등의 합병증이 발생할 가능성이 높고, 두부 손상의 후유증으로 기질적 인격장애나 난폭하고 공격적인 성향이 나타날 경우 투여하는 신경안정제 등의 진정효과로 인하여 기침이나 객담배출기능이 저하되어 폐렴, 흡인성 폐렴 등의 합병증이 발생할 가능성도 높은데, 피해자는 이 사건 두개골 골절, 외상성 지주막하 출혈, 외상성 경막하 출혈 등의 상해를 입은 후 병원에서 입원치료를 받다가 합병증인 폐렴으로 인한 패혈증 등으로 사망에 이르게 되었다는 것이므로, 앞서 본 법리에 비추어 볼 때 피고인의 이 사건 범행이 피해자를 사망하게 한 직접적인 원인이 된 것은 아니지만 그 범행으로 인하여 피해자에게 두개골 골절, 외상성 지주막하 출혈, 외상성 경막하 출혈 등의 상해가 발생하였고, 이를 치료하는 과정에서 피해자의 직접사인이 된 합병증인 폐렴, 패혈증이 유발된 이상, 비록 그 직접사인의 유발에 피해자의 기왕의 간경화 등 질환이 영향을 미쳤다고 하더라도, 피고인의 이 사건 범행과 피해자의 사망과의 사이에 인과관계의 존재를 부정할 수는 없다.

그리고 사람을 아스팔트 도로 바닥에 넘어뜨려 머리를 강하게 부딪치게 하는 경우 두개골 골절, 뇌출혈 등으로 인하여 사망에 이르게 할 수 있는데, 피고인이 피해자의 뺨을 1회 때리고 오른손으로 피해자의 목을 쳐 피해자로 하여금 그대로 뒤로 넘어지면서 머리를 땅바닥에 부딪치게 하여 피해자에게 두개골 골절, 외상성 지주막하 출혈, 외상성 경막하 출혈 등의 상해를 가하였다면 사망의 결과에 대한 예견가능성이 있었다고 볼 여지가 충분하다.

그럼에도 불구하고 원심은 그 판시와 같은 이유만으로 피고인이 피해자에게 가한 상해와 피해자의 사망 사이에는 인과관계가 인정되지 아니하고 사망의 결과발생에 대한 예견가능성이 없었다는 이유로 이 사건 상해치사의 공소사실이 범죄사실의 증명이 없는 때에 해당하여 무죄라고 판단하였으니, 이와 같은 원심의 조치에는 상해치사죄에 있어서 인과관계 및 예견가능성에 관한 법리를 오해하여 판결에 영향을 미친 위법이 있다. 이를 지적하는 상고이유의 주장은 이유 있다.(대법원 2012. 3. 15. 선고 2011도17648 판결)

5. 폭행죄 · 존속중폭행죄

제260조(폭행, 존속폭행)

① 사람의 신체에 대하여 폭행을 가한 자는 2년 이하의 징역, 500만원 이하의 벌금, 구류 또는 과료에 처한다. 〈개정 1995.12.29.〉

② 자기 또는 배우자의 직계존속에 대하여 제1항의 죄를 범한 때에는 5년 이하의 징역 또는 700만원 이하의 벌금에 처한다. 〈개정 1995.12.29.〉

③ 제1항 및 제2항의 죄는 피해자의 명시한 의사에 반하여 공소를 제기할 수 없다. 〈개정 1995.12.29.〉

(작성례 1)

피의자는 20○○. ○. ○. 20：30경 ○○역을 발차하여 갈 때 그 전철 ○째 칸에서 담배를 피우던 중 같은 칸에 탄 승객 진○○(남, 당○○세)가 "사람들이 함께 타고 있는 전철 내에서 담배를 피우면 안된다. 상식도 없이 그러지 말고 담배를 꺼라" 라고 주의를 주었다. 그러자 화를 참지 못하고 "네가 무슨 상관이냐. 너나 잘해라" 라고 소리치며 주먹으로 위 진○○의 안면을 여러 차례 때리는 등 폭행을 가하였다.

(작성례 2)

피의자는 20○○. 10. 10. 10:00경 서울 성북구 ○○동 100번지 앞 노상에서 약 8개월간 사귀어온 피해자 김여자(여, 00세)에게 다른 남자와 놀아난다는 이유로 오른손바닥으로 피해자의 왼쪽 빰을 1회 때리고, 오른 발로 대퇴부를 1회 차는 등 폭행하였다.

(작성례 3)

피의자 홍길동은 20○○. 01. 01. 00:30경 서울 성북구 ○○동 100번지 자신의 집 대문 앞에서 자녀 2명과 함께 집 나간 처를 기다리던 중, 그의 처가 피해자인 장모 김여자(여, 00세)와 함께 오는 것을 보았다. 그리고 피해자에게 이야기 좀 하자고 하면서 집안으로 들어가 "딸을 데려 갔으면 같이 살 것이지 왜 데려 왔느냐" 면서 피해자의 왼팔을 물어뜯고 머리채를 잡아 흔들며 주먹으로 가슴을 1회 때리고 이를 제지하던 위 피의자의 왼쪽빰을 1회 때리며 낭심을 잡아당기는 등 폭행하였다.

(작성례 4)

피의자 홍길동은 20○○. 10. 10. 10:00경 서울 성북구 ○○동 100번지 책책서적 앞 노상에서 자판대를 운영하는 피해자 조여자에게 다가가 외상을 안 준다는 이유로 피해자에게 "이년 죽여 버리겠다" 며 자판대를 진열된 물통, 빵, 순대 등을 집어던지고 목을 1회 때리는 등 폭행하였다.

(작성례 5)

피의자 홍길동은 20○○. 10. 10. 00:10경 서울 성북구 ○○동 100번지 술술단란주점에서 술을 마시던 중, 자신이 엎질러 놓은 물컵을 피해자인 동 업소 종업원 박돌쇠(남, 00세)가 치우려고 하자 "넌 뭐야 이 새끼야" 하면서 손으로 얼굴부위를 2회 때리는 등 폭행하였다.

(작성례 6)

피의자 홍길동은 20○○. 10. 10. 00:10경 서울 성북구 ○○동 100번지 술술단란주점에서 종업원인 ○○○에게 "구청직원인데 허가증 가져와" 라고 하였다. ○○○이 신분증을 확인하지 않고 허가증을 보여줄 수 없다고 대답하자 피의자는 분개하여 발로 피해자의 낭심 부분을 1회 걷어차고 머리로 얼굴을 박는 등 폭행하였다.

■ 적용실례

◇ 공동으로 주거에 침입, 폭행한 경우

두 사람이 함께 남의 집에 침입해 폭행을 가하였다.

※ 이에 대해 단순한 주거침입으로 할 것이 아니라 폭력행위등처벌에관한법률위반으로 의율해야 한다.

◇ 인지하지 아니한 생모를 폭행한 경우

아들이 인지하지 않은 생모를 폭행하였다.

※ 혼인외의 출생한 자와 생모간에는 그 생모의 인지나 출생신고가 없어도 자의

출생으로 당연히 법률상의 친족관계가 생기는 것이므로, 이 경우에는 존속폭행으로 의율해야 한다.

● 관련판례 1

◎ 단순폭행, 존속폭행의 범행이 동일한 폭행 습벽의 발현에 의한 것으로 인정되는 경우, 그 죄수(=상습존속폭행죄의 포괄일죄) / 상습존속폭행죄로 처벌되는 경우, 피해자의 명시한 의사에 반하여 공소를 제기할 수 있는지 여부(적극)

폭행죄의 상습성은 폭행 범행을 반복하여 저지르는 습벽을 말하는 것으로서, 동종 전과의 유무와 그 사건 범행의 횟수, 기간, 동기 및 수단과 방법 등을 종합적으로 고려하여 상습성 유무를 결정하여야 하고, 단순폭행, 존속폭행의 범행이 동일한 폭행 습벽의 발현에 의한 것으로 인정되는 경우, 그중 법정형이 더 중한 상습존속폭행죄에 나머지 행위를 포괄하여 하나의 죄만이 성립한다고 봄이 타당하다.

그리고 상습존속폭행죄로 처벌되는 경우에는 형법 제260조 제3항이 적용되지 않으므로, 피해자의 명시한 의사에 반하여도 공소를 제기할 수 있다. (대법원 2018. 4. 24., 선고, 2017도10956, 판결)

● 관련판례 2

◎ 직계존속에 대한 폭행과 상해를 상습으로 범한 경우의 죄책

피고인이 2001. 11. 23.부터 2002. 3. 22.까지 사이에 직계존속인 피해자를 2회 폭행하고, 4회 상해를 가한 것은 존속에 대한 동일한 폭력습벽의 발현에 의한 것으로 인정되므로 그 중 법정형이 더 중한 상습존속상해죄에 나머지 행위들을 포괄시켜 하나의 죄만이 성립한다고 할 것인바, 원심이 피고인의 위 각 행위들에 관한 상습성을 인정하면서도 상습존속폭행죄와 상습존속상해죄가 각각 별도로 성립한다고 보아 이들 2개의 범죄가 형법 제37조 전단의 경합범관계에 있다고 판단한 제1심의 법령적용을 그대로 유지한 점은 잘못이라고 하겠지만, 원심이 그와 같이 죄수평가를 잘못하였다 하더라도 결과적으로 처단형의 범위에는 아무런 차이가 없으므로, 원심의 이러한 잘못이 판결 결과에 영향을 미쳤다고 보기 어렵다 할 것이니(대법원 1979. 2. 13. 선고 78도3090 판결, 2001. 2. 9. 선고 2000도1216 판결, 2002. 5. 10. 선고 2000도5019 판결 등 참조) 이 점을 지적하는 상고이유의 주장도 받아들이지 아니한다. (대법원 2003. 2. 28. 선고 2002도7335 판결)

● 관련판례 3

◎ 상습 존속폭행죄를 규정한 형법 제264조의 죄에는 형법 제260조 제3항은 적용된다고 볼 수 없으므로 이 죄에 대하여는 피해자의 명시한 의사에 반하여 논할 수 있다.

단순 존속폭행의 죄에 적용되는 형법 제260조제3항은 적용될 수 없다고 보아야 될 것이다. 그럼에도 불구하고 원심은 상습존속폭행의 죄에도 형법 제260조제3항이 적용되는 것처럼 오해하고, 피해자 되는 피고인의 부인 공소외인이 본건이 제1심에 계속 중인 1964.3.2 고소를 취소하였으니(기록 제90정참조) 이 사람의 명시한 의사에 반하여 논하지 못한다하여 제대로 된 제1심판결을 파기하고 본건 공소를 기각하고 있다 그렇다면 원심은 상습존속폭행에 관한 법리를 오해한 것이 분명하다. (대법원 1965. 1. 26. 선고 64도687 판결)

● 관련판례 4

◎ 동일한 피해자에 대한 폭행행위가 업무방해죄의 수단이 된 경우, 폭행행위가 이른바 '불가벌적 수반행위' 에 해당하여 업무방해죄에 대하여 흡수관계에 있는지 여부(소극)

업무방해죄와 폭행죄는 구성요건과 보호법익을 달리하고 있고, 업무방해죄의 성립에 일반적·전형적으로 사람에 대한 폭행행위를 수반하는 것은 아니며, 폭행행위가 업무방해죄에 비하여 별도로 고려되지 않을 만큼 경미한 것이라고 할 수도 없으므로, 설령 피해자에 대한 폭행행위가 동일한 피해자에 대한 업무방해죄의 수단이 되었다고 하더라도 그러한 폭행행위가 이른바 '불가벌적 수반행위' 에 해당하여 업무방해죄에 대하여 흡수관계에 있다고 볼 수는 없다.(대법원 2012. 10. 11., 선고, 2012도1895, 판결)

6. 특수폭행죄

第261조(특수폭행)
단체 또는 다중의 위력을 보이거나 위험한 물건을 휴대하여 제260조제1항 또는 제2항의 죄를 범한 때에는 5년 이하의 징역 또는 1천만원 이하의 벌금에 처한다. 〈개정 1995.12.29.〉

(작성례)

피의자 배○○는, 그의 동생 배○○(당○○세)이 20○○. ○. ○. 11:00경 직장의 화물자동차를 운전하여 함께 가던 중 ○○로 ○○거리 교차점에서 최○○(당○○세)가 운전하는 용달차가 갑자기 오른쪽에서 튀어나오자 접촉사고가 날 뻔 했다는 이유로 위 최○○의 차의 백미러를 스패너로 깨뜨리고 그와 말다툼을 한 뒤 일단 그 곳에서 돌아갔다. 그리고 피의자는 같은 날 14:00경 피의자 배○○을 뒤쫓아 온 위 최○○ 외 수명에게 서울 ○○동 ○○번지의 ○○약국 앞길에서 포위당하여 위 최○○ 등으로부터 주먹으로 안면을 수회 구타당하고 머리부위, 등, 가슴부위 등을 발길로 채이는 등 폭행을 당하자 이에 더욱 분하여 이를 복수할 것을 마음먹고 구속기소된 윤○○(당○○세) 외 5명과 공모하여, 같은 달 ○. 22:30경 단도 및 곤봉 등을 준비하여 ○○동 ○○번지 ○○공원 입구에 집합하고, 그시경 위 최○○ 일행들이 오자 행동을 개시하여 싸우던 중 최○○의 가슴부위, 배부위 등 모두 6개소를 찔러 심장찔린상처에 의한 과다출혈로 그대로 그곳에서 즉시 사망하게 하였다.

● 관련판례 1

◎ 폭행죄에서 말하는 '폭행'의 의미와 판단 기준 / 자신의 차를 가로막는 피해자를 부딪칠 듯이 차를 조금씩 전진시키는 것을 반복하는 행위가 '폭행'에 해당하는지 여부(적극)

폭행죄에서 말하는 폭행이란 사람의 신체에 대하여 육체적·정신적으로 고통을 주는 유형력을 행사함을 뜻하는 것으로서 반드시 피해자의 신체에 접촉함을 필요로 하는 것은 아니고, 그 불법성은 행위의 목적과 의도, 행위 당시의 정황, 행위의 태양과 종류, 피해자에게 주는 고통의 유무와 정도 등을 종합하여 판단하여야 한다(대법원 2003. 1. 10. 선고 2000도5716 판결, 대법원 2008. 7. 24. 선고 2008도4126 판결, 대법원 2009. 9. 24. 선고 2009도6800 판결 등 참조). 따라서 자신의 차를 가로막는 피해자를 부딪친 것은 아니라고 하더라도, 피해자를 부딪칠 듯이 차를 조금씩 전진시키는 것을 반복하는 행위 역시 피해자에 대해 위법한 유형력을 행사한 것이라고 보아야 한다.(대법원 2016. 10. 27. 선고 2016도9302 판결)

● 관련판례 2

◎ 형법상 특수폭행치사방조죄의 공소사실에 대하여 특수폭행의 방조사실만 인정된 경우, 법원이 폭력행위등처벌에관한법률 제3조 제2항 위반의 방조로 처벌할 수 있는지 여부(소극)

검사가 특수폭행치사방조죄로 공소를 제기하면서 그에 관한 형법상의 해당 법조의 적용을 청구한 경우에 법원이 심리한 결과 특수폭행의 방조사실만이 인정된다면, 피고인의 방어권 행사를 고려하여 형법상의 특수폭행의 방조로 인정할 수 있을 뿐이고, 그보다 형이 중한 폭력행위등처벌에관한법률 제3조 제2항 위반의 방조로 다스릴 수는 없다.(대법원 1998. 9. 4. 선고 98도2061 판결)

● 관련판례 3

◎ 피고인이 군인 신분에서 폭행, 모욕, 군인등강제추행, 군용물손괴, 특수폭행으로 기소되어 보통군사법원에서 진행된 제1심에서 징역 2년에 집행유예 3년의 유죄 판결을 선고받고 위 판결에 대하여 피고인만이 항소한 경우

피고인이 군인 신분에서 폭행, 모욕, 군인등강제추행, 군용물손괴, 특수폭행으로 기소되어 보통군사법원에서 진행된 제1심에서 징역 2년에 집행유예 3년의 유죄판결을 선고받고 위 판결에 대하여 피고인만이 항소하였는데, 항소심인 고등군사법원은 피고인이 예비역으로 전역하였음을 이유로 군용물손괴 부분을 제외한 나머지 공소사실을 원심으로 이송하면서, 군사법원법에 따라 여전히 신분적 재판권이 인정되는 군용물손괴 부분을 유죄로 인정하여 징역 1년에 집행유예 2년의 유죄판결(이하 '분리된 항소심 판결' 이라 한다)을 선고하였고, 분리된 항소심판결 확정 후 원심이 이송받은 공소사실 전부를 유죄로 인정하여 징역 1년에 집행유예 2년을 선고하면서 40시간의 성폭력 치료강의 수강명령을 병과한 사안에서, 제1심판결과 원심판결 및 분리된 항소심판결을 전체적으로 비교하여 보면, 집행을 유예한 징역형의 합산 형기가 동일하다고 하더라도 원심이 새로 수강명령을 병과한 것은 전체적·실질적으로 볼 때 피고인에게 불이익하게 변경한 것이어서 허용되지 않는다.(대법원 2018. 10. 4., 선고, 2016도15961, 판결)

7. 폭행치사상죄

제262조(폭행치사상)
제260조와 제261조의 죄를 지어 사람을 사망이나 상해에 이르게 한 경우에는 제257조부터 제259조까지의 예에 따른다.
[전문개정 2020. 12. 8.]

(작성례)

피의자 甲, 피의자 乙은 ㅇㅇ시 ㅇㅇ동에 있는 공사장 옆에 있는 ㅇㅇ식당에 들어가서 소주 등을 먹다가, 피해자가 술이 취하여 김ㅇㅇ에게 나이가 몇이냐며 시비를 하자 김ㅇㅇ은 기분이 나빠 그 자리를 떠났다. 이어 피해자와 같이 위 공사장으로 가는 중에 피의자 甲은 "당신 오늘 아저씨한테 잘못했어. 혼좀 나 볼래" 하면서 우측발로 복부 등을 5회정도 차고 피해자가 뒤쪽에 있는 방범초소에 뛰어가서 신고를 한다고 하자 피의자 甲, 피의자 乙은 피해자의 팔을 잡고 끌고 가서 공사장에 이르렀다. 피의자 乙은 "이거 아주 치사한 놈이네, 잘못을 했으면 맞아야지" 하면서 피해자의 다리를 발로 차 넘어뜨리고 피의자 甲은 피해자의 머리를 잡고 수차례 벽돌에 부딪히게 하는 등 폭행을 가하였다.
피의자들은 그로 인하여 피해자 손ㅇㅇ(ㅇㅇ세)에게 뇌출혈을 일으키게 함으로써 20ㅇㅇ.ㅇ.ㅇ. 00：30경 ㅇㅇ시 ㅇㅇ동에서 사망하게 하였다.

● 관련판례 1

◎ 형법 제262조의 규정 중 '제257조 내지 제259조의 예에 의한다'의 의미 / 특수폭행치상의 경우, 형법 제258조의2의 신설에도 불구하고 종전과 같이 형법 제257조 제1항의 예에 의하여 처벌하는 것으로 해석하여야 하는지 여부(적극)

특수폭행치상죄의 해당규정인 형법 제262조, 제261조는 형법 제정 당시부터 존재하였는데, 형법 제258조의2 특수상해죄의 신설 이전에는 형법 제262조의 "전 2조의 죄를 범하여 사람을 사상에 이르게 한 때에는 제257조 내지 제259조의 예에 의한다."라는 규정 중 '제257조 내지 제259조의 예에 의한다'의 의미는 형법 제260조(폭행, 존속폭행) 또는 제261조(특수폭행)의 죄를 범하여 상해, 중상해, 사망의 결과가 발생한 경우, 그 결과에 따라 상해의 경우에는 형법 제257조, 중상해의 경우에는 형법 제258조,

사망의 경우에는 형법 제259조의 예에 준하여 처벌하는 것으로 해석·적용되어 왔고, 따라서 특수폭행치상죄의 경우 법정형은 형법 제257조 제1항에 의하여 '7년 이하의 징역, 10년 이하의 자격정지 또는 1천만 원 이하의 벌금'이었다. 그런데 2016. 1. 6. 형법 개정으로 특수상해죄가 형법 제258조의2로 신설됨에 따라 문언상으로 형법 제262조의 '제257조 내지 제259조의 예에 의한다'는 규정에 형법 제258조의2가 포함되어 특수폭행치상의 경우 특수상해인 형법 제258조의2 제1항의 예에 의하여 처벌하여야 하는 것으로 해석될 여지가 생기게 되었다. 이러한 해석을 따를 경우 특수폭행치상죄의 법정형이 형법 제258조의2 제1항이 정한 '1년 이상 10년 이하의 징역'이 되어 종래와 같이 형법 제257조 제1항의 예에 의하는 것보다 상향되는 결과가 발생하게 된다.

그러나 형벌규정 해석에 관한 법리와 폭력행위 등 처벌에 관한 법률의 개정 경과 및 형법 제258조의2의 신설 경위와 내용, 그 목적, 형법 제262조의 연혁, 문언과 체계 등을 고려할 때, 특수폭행치상의 경우 형법 제258조의2의 신설에도 불구하고 종전과 같이 형법 제257조 제1항의 예에 의하여 처벌하는 것으로 해석함이 타당하다.(대법원 2018. 7. 24., 선고, 2018도3443, 판결)

● 관련판례 2

◎ 폭행과 사망 간에 인과관계는 인정되지만 폭행 당시 피해자의 사망을 예견할 수 없었다는 이유로 폭행치사의 공소사실에 대하여 무죄를 선고한 원심판단을 수긍한 사례

폭행치사죄는 결과적 가중범으로서 폭행과 사망의 결과 사이에 인과관계가 있는 외에 사망의 결과에 대한 예견가능성 즉 과실이 있어야 하고, 이러한 예견가능성의 유무는 폭행의 정도와 피해자의 대응상태 등 구체적 상황을 살펴서 엄격하게 가려야 한다(대법원 1990. 9. 25. 선고 90도1596 판결 등 참조).

원심판결 이유에 의하면 원심은, 비록 피고인의 폭행과 피해자의 사망 간에 인과관계는 인정되지만 판시와 같은 폭행의 부위와 정도, 피고인과 피해자의 관계, 피해자의 건강상태 등 제반 사정을 고려하여 볼 때 피고인이 폭행 당시 피해자가 사망할 것이라고 예견할 수 없었다는 이유로 피고인에 대한 공소사실 중 폭행치사의 점은 범죄의 증명이 없는 경우로서 무죄라고 판단하였는바, 원심이 들고 있는 제반 사정을 위 법리에 비추어 보면 원심의 위와 같은 판단은 옳은 것으로서 수긍할 수 있고, 거기에 상고이유 주장과 같은 폭행치사죄의 성립 내지 예견가능성에 관한 법리를 오해한 위법 등이 없다.(대법원 2010. 5. 27. 선고 2010도2680 판결)

● 관련판례 3

◎ 살인죄의 공소사실에 대하여 공소장변경 없이 폭행치사죄로 처단할 수 있는지 여부(소극)

공소가 제기된 살인죄의 범죄사실에 대하여는 그 증명이 없으나 폭행치사죄의 증명이 있는 경우에도 살인죄의 구성요건이 반드시 폭행치사 사실을 포함한다고 할 수 없고, 따라서 공소장의 변경 없이 폭행치사죄를 인정함은 결국 폭행치사죄에 대한 피고인의 방어권 행사에 불이익을 주는 것이므로, 법원은 위와 같은 경우에 검사의 공소장변경 없이는 이를 폭행치사죄로 처단할 수는 없다.(대법원 2001. 6. 29. 선고 2001도1091 판결)

● 관련판례 4

◎ 폭행치사죄의 유죄판결 이유에서 범죄사실을 '피고인이 불상의 방법으로 피해자를 가격하여 그 충격으로 피해자가 뒤로 넘어지면서 우측 후두부가 도로 바닥에 부딪쳐 사망에 이르렀다'고 기재한 경우, 범죄사실을 명시한 것으로 볼 수 있는지 여부(소극)

유죄판결에는 그 판결 이유에 범죄사실과 증거의 요지, 법령의 적용을 명시하여야 할 것인바, 여기서 범죄사실은 특정한 구성요건에 해당하는 위법하고 유책한 구체적 사실을 말하고, 폭행치사죄는 폭행죄를 범하여 사람을 사망에 이르게 한 죄이므로 이를 유죄로 인정한 판결이유에는 피고인이 폭행의 구체적 사실이 명시되어야 할 것인데, 판결이유에서 범죄사실을 '피고인이 불상의 방법으로 피해자를 가격하여 그 충격으로 피해자가 뒤로 넘어지면서 우측 후두부가 도로 바닥에 부딪쳐 사망에 이르렀다'고 기재한 것만으로는 피고인이 범한 폭행 사실의 구체적 사실을 기재하였다고 할 수 없다.(대법원 1999. 12. 28. 선고 98도4181 판결)

8. 동시범 특례

제263조(동시범)
독립행위가 경합하여 상해의 결과를 발생하게 한 경우에 있어서 원인된 행위가 판명되지 아니한 때에는 공동정범의 예에 의한다.

(작성례)

피의자 황○○은 20○○. ○. ○. 20:00경 ○○시 ○○동 ○○번지 앞길에 있는 공중전화부스에서 전화를 하던 중, 피의자가 연이어 세통째의 전화를 할 때 뒤에서 기다리던 피해자 이○○가 "뒷사람 좀 생각합시다" 라고 말하였다. 그러자 화가 나서 그의 안면을 주먹으로 세번 구타하였고, 피의자 안○○은 때마침 이○○의 옆에 서 있다가 그들의 싸움을 말렸으나 피해자가 듣지 않는다고 하여 위 이○○의 안면을 주먹으로 수회 구타하여 그에게 약 10일간의 치료를 요하는 왼쪽볼부위타박상의 상해를 가하였다. 그러나 위 상해가 누구의 폭행에 의해서 가해졌는지를 알 수 없었다.

■ 적용실례

◇ 상해치사를 폭행치사로 의율한 사례

각자 술을 마시다가 시비가 붙어 피의자가 주먹으로 때리고, 발로 찬 결과 피해자가 뒤통수부위 경질막밑출혈, 얼굴 타박상 등의 상해를 입고 이로 인해 다음날 사망하기에 이르렀다.

※ 이는 피해자가 상해를 입은 부위로 보아 상해치사에 해당되며, 폭행치사로 의율할 수 없다.

◇ 두 사람이 한 사람을 찔러 상해를 입힌 경우

김○○는 유○○와 말다툼으로 시비를 하다가 칼로 유○○의 얼굴과 배를 몇 번 찔렀고, 그 때 마침 그곳을 지나가던 최○○은 정부문제로 원한을 품고 있었던 위 유○○가 얻어맞고 있는 것을 보고 함께 달려들어 등산용 칼로 그의 얼굴과 배 등을 여러번 찔렀다. 결국 약 1개월간의 치료를 요하는 얼굴벤상처의 상해를 입었는데 그것이 위 둘 중 누구의 행위에 의한 것인지 알 수 없었다.

※ 폭행자상호간에 의사의 연락이 없어 공동정범으로써 논할 수 없는 때라고 해도 상해의 경중을 알지 못하거나 그 상해를 입게 한 자를 알지 못한 때에 폭행자 각자로 하여금 그 상해의 결과에 대하여 전부의 책임을 지도록 하고 있다. 따라서 김○○, 최○○ 모두에게 죄책이 돌아간다.

● 관련판례

◎ 형법 제347조 제1항의 사기죄로 기소된 피고인이 형법 제263조, 제310조의 위헌 여부가 당해 사건 재판의 전제가 된다고 주장하면서 위헌법률심판제청신청을 한 사안에서, 위 법률조항들이 모두 당해 형사재판에 적용되는 법률규정에 해당하지 않아 부적법하다는 이유로 위 신청을 각하한 사례

피고인은 형법 제347조 제1항의 사기죄로 기소되었는데, 이 사건 법률조항들 중 형법 제263조는 상해죄와 폭행죄에 관한 특별규정으로서 그 보호법익을 달리하는 사기죄에 적용되는 것이 아니고(강간치상죄에 대하여 형법 제263조를 적용할 수 없다는 대법원 1984. 4. 24. 선고 84도372 판결 참조), 형법 제310조도 형법 제307조 제1항의 사실적시로 인한 명예훼손죄에 한정하여 적용되는 것으로서 사기죄에는 적용되지 아니므로(사람을 비방할 목적이 있어야 하는 형법 제309조 제1항 소정의 출판물에 의한 명예훼손죄에 대하여는 형법 제310조가 적용되지 아니한다는 취지의 대법원 2004. 10. 28. 선고 2004도5258 판결 참조), 결국 이 사건 법률조항들은 모두 이 사건 형사재판에 적용되는 법률에 해당하지 않는다.

이에 관하여 피고인은 제1심 및 항소심법원이 그 판시와 같이 범죄사실을 인정함에 있어서 이 사건 법률조항들을 유추 적용함으로써 피고인에게 입증책임을 부담시켰다는 취지로 주장하지만, 기록에 의하면 위와 같은 피고인의 일방적인 주장을 인정하기 어렵고 오히려 이 사건 사실심 법원들은 검사가 제출한 적극적인 증거 등에 의하여 그 판시 범죄사실을 인정한 것으로 판단되므로, 이와는 다른 견해를 전제로 한 피고인의 독자적인 주장은 더 나아가 살펴볼 필요 없이 이유 없다. 그렇다면 이 사건 법률조항들은 이 사건 재판에 적용되는 법률규정이 아님이 명백하고, 따라서 이 사건 법률조항들의 위헌 여부는 이 사건 재판의 전제가 된다고 할 수 없으므로 이 사건 위헌제청신청은 부적법하다.**(대법원 2006. 5. 26., 자, 2006초기96, 결정)**

제22절 상해와 폭행에 관한 죄

1. 과실치사상죄

第266조(과실치상)

① 과실로 인하여 사람의 신체를 상해에 이르게 한 자는 500만원 이하의 벌금, 구류 또는 과료에 처한다. 〈개정 1995.12.29.〉

② 제1항의 죄는 피해자의 명시한 의사에 반하여 공소를 제기할 수 없다. 〈개정 1995.12.29.〉

(작성례)

피의자는 서울 ○○구 ○○동 ○○번지에 있는 ○○식당에서 일하고 있다. 피의자는 20○○. ○. ○. 16 : 00경 손님이 뜸한 틈을 타 위 식당 앞길에서 같은 종업원 이○○(○○세) 등과 야구공 던지기 놀이를 하였다. 길에서 야구공 던지기를 할 때에는 공이 통행인에게 맞을 위험이 많으므로 위험의 발생을 미리 막아야 할 주의의무가 있다. 그럼에도 불구하고 이를 게을리하여 함부로 야구공을 던진 과실로 피의자가 던진 공이 세게 날아가는 순간 때마침 그 곳을 지나가던 신○○(당○○세)의 머리에 맞아 그녀로 하여금 약 2주일간의 치료를 요하는 뒷머리부분 찢긴 상처 등의 상해를 입혔다.

■ 적용실례

◇ 뛰어가다 부딪쳐 상해를 입힌 경우

박○○는 바쁜 출근길에 막 출발하려는 버스를 잡아타기 위해 마구 뛰다가 앞에서 걸어오던 사람을 피하지 못해 몸을 부딪쳤다. 이로 인해 그 사람은 10일 정도의 상해를 입고 말았다.

※ 이 경우 박○○는 폭행이나 상해를 가하려는 고의가 없이 뛰어가던 관성 때문에 어쩔 수 없이 피해자와 부딪치게 된 것이므로 과실치상으로 보아야 한다.

◇ 제3자와 언쟁하고 있는 것을 말리다가 얼굴을 부딪친 경우

조○○는 마을사람 둘이 말다툼하고 있는 것을 발견하고 말리기 위해 그 중한 사람인 소○○의 허리를 감싸안고 집으로 끌어당겼는데, 그러다 소○○의 얼굴이 시멘트 담장에 부딪쳐 소○○는 전치 10일의 개갠상처를 입게 되었다.

※ 위 조○○는 상해를 가하고자 한 것이 아니라 둘의 싸움을 말리기 위해 허리를 잡아 당겨 떼어 놓으려 한 것뿐임이 인정된다. 따라서 이 행위를 폭행으로 볼 수도 없어 과실치상이나 중과실치상으로 의율하는 것이 상당하겠다.

● 관련판례 1

◎ 업무상과실치상죄에서 말하는 '업무'의 의미와 범위 / 건물 소유자가 안전배려나 안전관리 사무에 계속적으로 종사하거나 그러한 계속적 사무를 담당하는 지위를 가지지 않은 채 단지 건물을 비정기적으로 수리하거나 건물의 일부분을 임대한 행위가 업무상과실치상죄의 '업무'에 해당하는지 여부(소극)

업무상과실치상죄의 '업무'란 사람의 사회생활면에서 하나의 지위로서 계속적으로 종사하는 사무를 말한다. 여기에는 수행하는 직무 자체가 위험성을 갖기 때문에 안전배려를 의무의 내용으로 하는 경우는 물론 사람의 생명·신체의 위험을 방지하는 것을 의무의 내용으로 하는 업무도 포함된다. 그러나 건물 소유자가 안전배려나 안전관리 사무에 계속적으로 종사하거나 그러한 계속적 사무를 담당하는 지위를 가지지 않은 채 단지 건물을 비정기적으로 수리하거나 건물의 일부분을 임대하였다는 사정만으로는 건물 소유자의 위와 같은 행위가 업무상과실치상죄의 '업무'에 해당한다고 보기 어렵다.(대법원 2017. 12. 5., 선고, 2016도16738, 판결)

● 관련판례 2

◎ 업무상과실치상죄에서 말하는 '업무'의 의미 및 건물 소유자의 지위를 업무상과실치상죄의 '업무'로 볼 수 있는지 여부(소극)

업무상과실치상죄에 있어서의 '업무'란 사람의 사회생활면에서 하나의 지위로서 계속적으로 종사하는 사무를 말하고, 여기에는 수행하는 직무 자체가 위험성을 갖기 때문에 안전배려를 의무의 내용으로 하는 경우는 물론 사람의 생명·신체의 위험을 방지하는 것을 의무내용으로 하는 업무도 포함되는데, 안전배려 내지 안전관리 사무에 계속적으로 종사하여 위와 같은 지위로서의 계속성을 가지지 아니한 채 단지 건물의 소유자로서 건물을 비정기적으로 수리하거나 건물의 일부분을 임대하였다는 사정만으로는 업무상과실치상죄에 있어서의 '업무'로 보기 어렵다.(대법원 2009. 5. 28. 선고 2009도1040 판결)

● 관련판례 3

◎ 과실치상죄에서 골프 등 개인 운동경기 참가자의 주의의무

골프와 같은 개인 운동경기에 참가하는 자는 자신의 행동으로 인해 다른 사람이 다칠 수도 있으므로, 경기 규칙을 준수하고 주위를 살펴 상해의 결과가 발생하는 것을 미연에 방지해야 할 주의의무가 있고, 이러한 주의의무는 경기보조원에 대하여도 마찬가지이다. 다만, 운동경기에 참가하는 자가 경기규칙을 준수하는 중에 또는 그 경기의 성격상 당연히 예상되는 정도의 경미한 규칙위반 속에 상해의 결과를 발생시킨 것으로서 사회적 상당성의 범위를 벗어나지 아니하는 행위라면 과실치상죄가 성립하지 않는다고 할 것이지만, 골프경기를 하던 중 골프공을 쳐서 아무도 예상하지 못한 자신의 등 뒤편으로 보내어 등 뒤에 있던 경기보조원(캐디)에게 상해를 입힌 경우에는 주의의무를 현저히 위반한 사회적 상당성의 범위를 벗어난 행위로서 과실치상죄가 성립한다.(대법원 2008. 10. 23. 선고 2008도6940 판결)

● 관련판례 4

◎ 타인의 팔을 잡아당겨 도로를 횡단하게 만든 자는 그 횡단중에 타인이 당한 교통사고에 대하여 과실치사상죄의 죄책을 진다고 한 사례

중앙선에 서서 도로횡단을 중단한 피해자의 팔을 갑자기 잡아끌고 피해자로 하여금 도로를 횡단하게 만든 피고인으로서는 위와 같이 무단횡단을 하는 도중에 지나가는 차량에 충격당하여 피해자가 사망하는 교통사고가 발생할 가능성이 있으므로, 이러한 경우에는 피고인이 피해자의 안전을 위하여 차량의 통행 여부 및 횡단 가능 여부를 확인하여야 할 주의의무가 있다 할 것이므로, 피고인으로서는 위와 같은 주의의무를 다하지 않은 이상 교통사고와 그로 인한 피해자의 사망에 대하여 과실책임을 면할 수 없다고 한 사례.(대법원 2002. 8. 23., 선고, 2002도2800, 판결)

2. 과실치사죄

제267조(과실치사)
과실로 인하여 사람을 사망에 이르게 한 자는 2년 이하의 금고 또는 700만원 이하의 벌금에 처한다. 〈개정 1995.12.29.〉

(작성례)

피의자는 20○○. ○. ○. 22 : 40경 ○○시 ○○구 ○○동 ○○번지에 있는 그의 집 안방에서 생후 2개월 된 영아 박○○(여)를 피의자의 왼편에 눕히고 위 영아에게 젖을 먹이다가 잠을 자게 되었다. 이런 경우 산모로는 영아를 다시 안전하게 눕히고 잠을 청해야 할 주의의무가 있음에도 불구하고 이를 게을리하여 영아에게 젖을 물린 채 깊은 잠을 잔 과실로 다음날 01 : 30경 그곳에서 피의자의 유방에 위 영아의 코와 입이 압박을 받아 숨을 쉴 수 없도록 하여 그 영아로 하여금 질식사에 이르게 하였다.

■ 적용실례

◇ 술취한 사람을 일으키려다 놓쳐 사망케 한 경우

우○○는 술에 취해 담에 기대어 앉아 있는 김○○를 발견하고 일으키려고 하다가 김○○가 술에 취해 있었기 때문에 무거워서 그를 놓치고 말았다. 그런데 김○○는 넘어지며 머리를 벽에 부딪쳐 죽었다.

※ 우○○에게 폭행의 고의가 있었다고 할 수 없으므로, 이 경우 폭행치사로 의율할 것이 아니라 과실치사로 의율해야 한다.

◇ 굴뚝보수공사 1개월 후 새어 나온 가스에 중독되어 사망한 경우

임대인이 연탄아궁이의 외부 굴뚝보수공사를 마친 뒤 송○○는 1개월 동안 아무런 이상없이 그 방을 사용해 왔다. 그런데 어느날 부엌에서 출입문과 환기창을 모두 닫아놓고 연탄아궁이에 연탄불을 피워놓은 채 목욕을 하다가 연탄아궁이에서 새어나온 연탄가스에 중독되어 사망하였다.

※ 비록 임대인이 위 외부 굴뚝보수공사를 함에 있어 연통이음새로 시멘트가 내

부로 흘러 들어가게 해 연통내부의 하단부분을 메우게 한 과실이 있었다 하더라도 송○○의 사망이 위와 같은 과실에 기인한 것이라고는 보기 어렵다.

● 관련판례 1

◎ 건물의 안전에 이상이 있음을 알고 있었다는 이유만으로 임차인에게 '업무상과실치상죄'에 정한 '업무상 주의의무' 위반이 있다고 본 원심판결을 심리미진 등을 이유로 파기한 사례

발화지점으로 지적된 분전반이 건물의 2층 내부 벽면에 매립·설치되어 있고, 건물 3층과 4층에 이르는 전선은 벽체 내부의 통로를 따라 분전반 후면을 거쳐 배선되어 있는 건물의 화재와 관련하여, 분전반이나 전선이 임차인의 지배관리영역에 속하는 것인지 여부, 임차인에게 위 분전반이나 그 내부 전선의 이상으로 인한 화재를 예방하여야 할 주의의무가 있다고 볼 특별한 사정이 있는지 여부, 나아가 그 주의의무가 '업무상'의 주의에 속하는지 여부 등을 심리하지 않은 채, 분전반이나 건물의 3층과 4층에 이르는 전선이 화재원인이고 10여 년간 건물 2층을 임차해 오면서 당해 건물의 안전에 이상이 있음을 알고 있었다는 이유만으로, 임차인에게 '업무상 주의의무' 위반이 있다고 본 원심판결을 심리미진 등을 이유로 파기한 사례.(대법원 2009. 5. 28. 선고 2009도1040 판결)

● 관련판례 2

◎ 타인의 팔을 잡아당겨 도로를 횡단하게 만든 자는 그 횡단중에 타인이 당한 교통사고에 대하여 과실치사상죄의 죄책을 진다고 한 사례

중앙선에 서서 도로횡단을 중단한 피해자의 팔을 갑자기 잡아끌고 피해자로 하여금 도로를 횡단하게 만든 피고인으로서는 위와 같이 무단횡단을 하는 도중에 지나가는 차량에 충격당하여 피해자가 사망하는 교통사고가 발생할 가능성이 있으므로, 이러한 경우에는 피고인이 피해자의 안전을 위하여 차량의 통행 여부 및 횡단 가능 여부를 확인하여야 할 주의의무가 있다 할 것이므로, 피고인으로서는 위와 같은 주의의무를 다하지 않은 이상 교통사고와 그로 인한 피해자의 사망에 대하여 과실책임을 면할 수 없다고 한 사례.(대법원 2002. 8. 23. 선고 2002도2800 판결)

3. 업무상과실 · 중과실치사상죄

> **제268조(업무상과실·중과실 치사상)**
> 업무상과실 또는 중대한 과실로 사람을 사망이나 상해에 이르게 한 자는 5년 이하의 금고 또는 2천만원 이하의 벌금에 처한다.
> [전문개정 2020. 12. 8.]

(작성례 1)

피의자는 ○○택배 소속 화물자동차(서울 80마○○○○) 운전사로 운전업무에 종사하고 있다.

피의자는 20○○. ○. ○. 16 : 20경 ○○시 ○○동 ○○번지 앞 도로를 시속 약 45km로 운행하던 중 전방 약 23m의 제방 밑 도로우측에 같은 동 ○○에 사는 강○○의 독자 강○○(만○세)가 서 있는 것을 보았다. 그 제방 위에는 또 다른 두 어린이가 놀고 있고 그 반대쪽의 길 좌측에도 임○○(만○○세)가 우측을 향해 서 있는 상황을 보았는데, 이러한 경우에는 자동차운전자로서는, 어린아이는 사려가 얕아서 도로 위로 갑자기 달려드는 등 예기치 못한 행동을 하는 일을 예상하여 경적을 울려서 경고함과 아울러 즉시 속도를 감속하여 운행하면서 그 안전을 확인한 뒤에 진행하여야 할 업무상 주의의무가 있다.

그럼에도 불구하고 피의자는 이를 게을리하여 시속을 약 40km로 줄이기만 하고 진행한 과실로 인하여 약 3m까지 접근한 때에 위 강○○가 우측으로부터 좌측으로 달려 들어오는 것을 발견하고 급제동조치를 취하였으나 뜻대로 멈추지 못하여 우측 앞바퀴를 그에게 충돌하게 하여 땅에 넘어뜨린 다음 우측 뒷바퀴로 차깔림하여 그로 하여금 전신으깬 손상으로 인하여 즉시 그 곳에서 사망하게 하였다.

(작성례 2)

피의자는 ○○시 ○○구 ○○동 123번지 ○○대학교병원 내과 인턴으로서 간경화, 식도정맥류 출혈 등으로 치료받던 피해자 김○○(남, 53세)의 주치의인 피의자 홍○○을 보좌하여 피해자의 치료를 맡은 자이다.

피의자는 수혈을 할 때에는 직접 혈액봉지를 확인하여야 할 뿐만 아니라 수형 도중에 부작용이 발생하는 등 만일의 사태에 대비하여야 하고, 간호사에 대하여는 의사의 참여 없이는 수혈을 하지 아니하도록 지도·교육하여야 하며, 자신의 참여하에 간호사로 하여금 수혈을 하게 하더라도 그 환자에게 수혈할 혈액봉지가 맞는지 여부를 확인하여야할 업무상의 주의의무가 있다. 그러나 피의자는 20○○. ○. ○. 12:00경부터 같은 병원 신관병동 503호실에서 피해자에게 신선 냉동혈장 3봉지(320㎖) 및 농축적혈구 1봉지(200㎖)를 수혈하면서, 간호사인 공동피의자 전○○로 하여금 단독으로 수혈을 하도록 내버려두었다. 그리하여 공동피의자 전○○이 같은 날 13:30경 혈액봉지의 라벨을 확인하지 아니하여 간호처치대 위에 놓여있던 건외 김○○에게 수혈할 혈액봉지를 피해자에 대한 혈액봉지로 오인하고서, 혈액형이 O형인 피해자에 대하여 B형 농축적혈구 약 60㎖를 수혈하여, 피해자로 하여금 같은 달 ○. 23:30경 급성용혈성 수혈부작용 등으로 사망에 이르게 하였다.

■ 적용실례

◇ 운전자가 가스배달을 위해 잠시 정차한 때 일어난 사고의 경우

이○○와 안○○는 가스를 배달하는 배달원이다. 이○○가 차를 운전하고 안○○과 함께 가스배달을 가서 차를 일시 정차하기 위해 사이드브레이크를 작동시키지 않고 뒷바퀴에 받침대를 받쳐 놓은 채 가스를 배달하러 들어갔다. 그런데 그 사이에 피의자 안○○이 위 받침대를 빼어내 차가 내리막길을 따라 미끄러져 내려가면서 길가던 사람을 치어 상해를 입히고 말았다.

※ 이 경우 이○○은 그 당시 차를 운전하지 않았지만 위 차를 운전하던 중 배달을 위해 잠시 정차한 때 일어난 사고이므로 이는 차량의 운행의 범위에 속한다 할 것이다. 따라서 교통사고처리특례법 위반으로 의율하는 것이 상당하고, 피의자 안○○은 과실치상으로 의율할 수 있을 것이다.

◇ 업무에 관한 법리를 오해한 사례

피의자들이 함께 가구를 운반하다가 보행자를 보지 못하고 들이받아 상처를 입게 하였다.

※ 업무란 사람의 사회생활면에 있어서의 하나의 지위로서 그들이 계속적으로 종사하는 사무를 말한다. 그런데 이 경우, 피의자들은 일시 전축을 자신의 집으로 운반하던 것이었으므로 이는 업무라 볼 수 없으며, 이에 대해서는 과실치상죄로 의율하는 것이 타당하겠다.

◇ 교통사고처리특례법 위반을 업무상과실치상으로 의율한 사례

트럭운전자가 내리막길에 트럭을 세워둔 채 짐을 내리다가 트럭의 사이드브레이크가 풀리면서 굴러 내려가 차와 사람을 들이받았다.

※ 이에 대해 업무상과실치상죄로 의율할 수도 있겠지만 이 경우, 결국 차의 운전자가 범한 과실치상죄이고(교통사고처리특례법 제3조 제1항) 차의 교통으로 인한 행위로 볼 수 있으므로 교통사고처리특례법 위반죄로 의율하는 것이 좋겠다.

◇ 과실의 업무성의 유무

날마다 오토바이로 출근을 하던 A는, 무면허임에도 불구하고 친구의 자동차를 무단으로 운전해서 회사에 가다가 전방을 살피는 주의의무를 게을리 해서 횡단보도에 있던 사람과 충돌하게 되었다. 그런데 그 때 브레이크를 밟는다는 것이 악셀을 밟아 그 사람은 중상을 입었다.

※ 여기서는 A의 무면허운전행위를 업무로 볼 것인가가 문제된다. 업무성의 요건으로는 반복성과 계속성이 얘기되는데, A가 무면허로 종종 운전을 했다면 업무성이 긍정되며, 업무상과실치상죄가 적용된다. 그러나 그것이 처음이라면 업무성은 부정되고 무면허인 점, 전방주의의무 및 오조작이 고려되어 중과실치상죄가 된다.

● 관련판례 1

◎ 의료사고에서 의사의 과실 유무를 판단하는 기준 및 이때 고려하여야 할 사항

의료사고에서 의사의 과실 유무를 판단할 때에는 같은 업무와 직종에 종사하는 일반적 보통인의 주의 정도를 표준으로 하고, 사고 당시의 일반적인 의학 수준과 의료 환경 및 조건, 의료행위의 특수성 등을 고려하여야 한다(대법원 2015. 12. 10. 선고 2015도8165 판결 참조).

원심은 피고인이 피해자에게 사용한 속박장치가 피해자의 호흡운동을 제한하였다고 보기 어렵고, 피해자에 대한 관찰을 게을리하여 심폐정지 사실을 뒤늦게 발견하였다고 볼 수 없다고 판단하였다. 또한 원심은 피해자에게 이상 징후가 발생한 직후 피고인이 실시한 산소공급, 인공호흡, 심폐소생술 등의 응급처치에 부적절한 면이 있다고 볼 수 없고, 위와 같은 응급처치를 시행하면서 피해자를 인근 병원 응급실로 이송한 피고인에게 당시 기도 확보를 위한 후두경, 암부백, 제세동기 등 응급처치 장비와 약물을 갖추고 있지 못한 것 그 자체만으로 어떠한 과실이 있다고 보기는 어렵다고 판단하였다.

이 사건 사고 당시 피고인과 같이 주로 소아 환자를 치료하는 개원 치과의사의 통상적인 주의 정도와 의료 환경 및 조건 등을 고려하여 기록을 살펴볼 때, 피고인이 피해자에 대한 속박장치를 과도하게 사용하였다거나, 피해자에 대한 관찰 및 응급처치가 부적절하였다고 볼 수 없다. 또한 피고인이 행한 응급처치와 후속조치의 적절성을 고려하지 않은 채 피고인과 같은 개원 치과의원에 호흡정지를 대비한 응급장비 등을 갖추지 못하였다는 이유만으로 피해자에게 발생한 악결과에 관하여 어떠한 과실이 있다고 보기도 어렵다.

따라서 위와 같은 원심의 판단은 정당하고, 거기에 상고이유 주장과 같이 채증법칙을 위반하고 자유심증주의의 한계를 벗어나 사실을 오인하거나 업무상 과실에 관한 법리를 오해한 잘못이 없다.(대법원 2018. 5. 15., 선고, 2016도13089, 판결)

● 관련판례 2

◎ '선박 간의 충돌사고' 나 '조타상의 과실' 로 형법 제268조의 죄를 범한 경우에 한하여 성립하는지 여부(소극)

특정범죄 가중처벌 등에 관한 법률(이하 '특정범죄가중법' 이라 한다) 제1조, 제5조의12 제1호, 제2호, 해사안전법 제2조 제2호, 수난구호법 제18조 제1항 단서의 체계, 내용 및 취지 등을 고려하면, 특정범죄가중법 제5조의12 위반죄는 형법 제268조의 업무상과실치사상죄 및 중과실치사상죄를 기본범죄로 하여 수난구호법 제18조 제1항 단서 위반행위 및 도주행위를 결합하여 가중 처벌하는 일종의 결합범으로서 선박의 교통으로 형법 제268조의 죄를 범한 선박의 선장 또는 승무원이 수난구호법 제18조 제1항 단서에 규정된 의무를 이행하기 이전에 사고현장을 이탈한 때에 성립하고, '선박 간의 충돌사고' 나 '조타상의 과실' 로 형법 제268조의 죄를 범한 경우에 한하여 성립하는 것으로 볼 수 없다.(대법원 2015. 11. 12. 선고 2015도6809 전원합의체 판결)

● 관련판례 3

◎ 의사가 설명의무를 위반한 채 의료행위를 하여 피해자에게 상해가 발생한 경우 업무상 과실로 인한 형사책임을 지기 위한 요건 및 '한의사의 경우' 에도 동일한 법리가 적용되는지 여부(적극)

의사가 설명의무를 위반한 채 의료행위를 하여 피해자에게 상해가 발생하였다고 하더라도, 업무상 과실로 인한 형사책임을 지기 위해서는 피해자의 상해와 의사의 설명의무 위반 내지 승낙취득 과정의 잘못 사이에 상당인과관계가 존재하여야 하고, 이는 한의사의 경우에도 마찬가지이다.(대법원 2011. 4. 14. 선고 2010도10104 판결)

● 관련판례 4

◎ 의료과오사건에서 의사의 과실을 인정하기 위한 요건 및 의사의 과실이 있는지 판단하는 기준 / 의사가 진찰·치료 등의 의료행위를 할 때 요구되는 주의의무의 내용 및 의사에게 진단상 과실이 있는지 판단하는 기준

의료과오사건에서 의사의 과실을 인정하려면 결과 발생을 예견할 수 있고 또 회피할 수 있었는데도 예견하거나 회피하지 못한 점을 인정할 수 있어야 한다. 의사의 과실이 있는지는 같은 업무 또는 분야에 종사하는 평균적인 의사가 보통 갖추어야 할 통상의 주의의무를 기준으로 판단하여야 하고, 사고 당시의 일반적인 의학 수준, 의료환경과 조건, 의료행위의 특수성 등을 고려하여야 한다.

의사가 진찰·치료 등의 의료행위를 할 때는 사람의 생명·신체·건강을 관리하는 업무의 성질에 비추어 환자의 구체적 증상이나 상황에 따라 위험을 방지하기 위하여 요구되는 최선의 조치를 해야 한다. 의사에게 진단상 과실이 있는지를 판단할 때는 의사가 비록 완전무결하게 임상진단을 할 수는 없을지라도 적어도 임상의학 분야에서 실천되고 있는 진단 수준의 범위에서 전문직업인으로서 요구되는 의료상의 윤리, 의학지식과 경험에 기초하여 신중히 환자를 진찰하고 정확히 진단함으로써 위험한 결과 발생을 예견하고 이를 회피하는 데에 필요한 최선의 주의의무를 다하였는지를 따져 보아야 한다. 나아가 의사는 환자에게 적절한 치료를 하거나 그러한 조치를 하기 어려운 사정이 있다면 신속히 전문적인 치료를 할 수 있는 다른 병원으로 전원시키는 등의 조치를 하여야 한다.(대법원 2018. 5. 11., 선고, 2018도2844, 판결)

● 관련판례 4

◎ 횡단보행자용 신호기가 설치되지 않은 횡단보도를 횡단하는 보행자가 있을 경우, 자동차 운전자의 보행자에 대한 주의의무 / 이를 위반하여 형법 제268조의 죄를 범한 때에는 교통사고처리 특례법 제3조 제2항 단서 제6호의 '횡단보도에서의 보행자 보호의무를 위반하여 운전한 경우' 에 해당하여 보험 또는 공제 가입 여부나 처벌에 관한 피해자의 의사를 묻지 않고 교통사고처리 특례법 제3조 제1항에 의한 처벌의 대상이 되는지 여부(적극)

횡단보행자용 신호기가 설치되지 않은 횡단보도를 횡단하는 보행자가 있을 경우에, 모든 차 또는 노면전차(이하 구별하지 않고 '차' 라고만 한다)의 운전자는, 그대로 진행하더라도 보행자의 횡단을 방해하지 않거나 통행에 위험을 초래하지 않을 경우를 제외하고는, 횡단보도에 차가 먼저 진입하였는지 여부와 관계없이 차를 일시정지하는 등의 조치를 취함으로써 보행자의 통행이 방해되지 않도록 할 의무가 있다. 만일 이를 위반하여 형법 제268조의 죄를 범한 때에는 교통사고처리 특례법 제3조 제2항 단서 제6호의 '횡단보도에서의 보행자 보호의무를 위반하여 운전한 경우' 에 해당하여 보험 또는 공제 가입 여부나 처벌에 관한 피해자의 의사를 묻지 않고 같은 법 제3조 제1항에 의한 처벌의 대상이 된다고 보아야 한다. [대법원 2020. 12. 24., 선고, 2020도8675, 판결]

제23절 낙태의 죄

1. 자기낙태죄

제269조(낙태)
① 부녀가 약물 기타 방법으로 낙태한 때에는 1년 이하의 징역 또는 200만원 이하의 벌금에 처한다. 〈개정 1995.12.29.〉

(작성례)

미혼인 피의자는 유부남인 박○○와 정교하여 임신하게 되자 고민을 하다 낙태할 것을 마음먹었다. 피의자는 20○○. ○. ○. 10시경 집에서 자신의 자궁 속에 ○○을 집어넣어 임신 4개월의 태아를 몸 밖으로 배출하여 낙태하였다.

● 관련판례

◎ **[1]교사자의 교사행위에도 불구하고 피교사자가 범행을 승낙하지 아니하거나 피교사자의 범행결의가 교사자의 교사행위에 의하여 생긴 것으로 보기 어려운 경우, 교사자의 죄책 / [2] 피교사자가 범죄의 실행에 착수한 경우 범행결의가 교사자의 교사행위에 의하여 생긴 것인지 판단하는 기준 및 피교사자가 교사자의 교사행위 당시에는 범행을 승낙하지 않았으나 이후 그 교사행위에 의하여 범행을 결의한 것으로 인정되는 경우, 교사범이 성립하는지 여부(적극)**

[1] 교사범이란 정범인 피교사자로 하여금 범죄를 결의하게 하여 그 죄를 범하게 한 때에 성립하므로, 교사자의 교사행위에도 불구하고 피교사자가 범행을 승낙하지 아니하거나 피교사자의 범행결의가 교사자의 교사행위에 의하여 생긴 것으로 보기 어려운 경우에는 이른바 실패한 교사로서 형법 제31조 제3항에 의하여 교사자를 음모 또는 예비에 준하여 처벌할 수 있을 뿐이다.

[2] 피교사자가 범죄의 실행에 착수한 경우 그 범행결의가 교사자의 교사행위에 의하여 생긴 것인지는 교사자와 피교사자의 관계, 교사행위의 내용 및 정도, 피교사자가 범행에 이르게 된 과정, 교사자의 교사행위가 없더라도 피교사자가 범행을 저지를 다른 원인의 존부 등 제반 사정을 종합적으로 고려하여 사건의 전체적 경과를 객관적으로 판단하는 방법에 의하여야 하고, 이러한 판단 방법에 의할 때 피교사자가 교사자의 교사행위 당시에는 일응 범행을 승낙하지 아니한 것으로 보여진다 하더라도 이후 그 교사행위에 의하여 범행을 결의한 것으로 인정되는 이상 교사범의 성립에는 영향이 없다.(대법원 2013. 9. 12. 선고 2012도2744 판결)

2. 동의낙태죄

제269조(낙태)

① 부녀가 약물 기타 방법으로 낙태한 때에는 1년 이하의 징역 또는 200만원 이하의 벌금에 처한다. 〈개정 1995. 12. 29.〉

② 부녀의 촉탁 또는 승낙을 받어 낙태하게 한 자도 제1항의 형과 같다. 〈개정 1995.12.29.〉

③ 제2항의 죄를 범하여 부녀를 상해에 이르게 한때에는 3년 이하의 징역에 처한다. 사망에 이르게 한때에는 7년 이하의 징역에 처한다. 〈개정 1995.12.29.〉

(작성례)

피의자는 김○○(당○○세)와 정교를 계속하여 오다가 그녀가 임신하게 된 사실을 알고 주변의 이목이 두려워 낙태시키기로 마음먹었다. 피의자는 그녀로부터 승낙을 받아서, 20○○. ○. ○. 20:30경 서울 ○○구 ○○동 ○○번지에 있는 김○○의 집에서 위 그녀의 자궁 속에 "훼루모린정제"를 넣는 방법으로 낙태를 시도하여, 다음날 11:30경 그 곳에서 임신 5개월 된 태아를 그녀의 몸 밖으로 배출시켜 낙태하게 하였다.

■ 적용실례

◇ 낙태시술을 하다 생명에 위험이 생겨 의사에게 부탁해서 낙태수술을 마친 경우

임산부인 김○○에게서 낙태를 의뢰받은 송○○는 시술을 하다가 그녀의 생명에 위험이 생기자, 의사 정○○에게 부탁해서 낙태수술을 마저 끝냈다.

※ 이 경우, 김○○에 대해 자기 낙태죄가 성립하는 데는 문제가 없다. 또 의사인 정○○의 낙태행위는 김○○의 생명을 보호하기 위한 긴급피난이기 때문에 낙태죄의 요건을 충족시키지 못하고 위법성을 조각한다. 문제는 송○○의 행위인데, 판례의 입장에 따르면 정범자의 행위가 위법하지 않으면 공범은 성립하지 않기 때문에 정범자인 의사 정○○의 행위가 적법한 이 경우에는 송○○에 대해 교사범의 성립을 인정할 수 없고, 의사 정○○의 적법행위를 이용한 간접정범이라고 할 수 있어 송○○에게는 동의낙태죄가 성립한다.

● 관련판례 1

◎ 피고인이 결혼을 전제로 교제하던 여성 갑의 임신 사실을 알고 수회에 걸쳐 낙태를 권유하였다가 거부당하였는데, 그 후 갑이 피고인에게 알리지 아니한 채 낙태시술을 받은 사안에서, 갑은 피고인의 낙태교사행위로 낙태를 결의·실행하였다는 이유로, 피고인에게 낙태교사죄를 인정한 원심판단을 정당하다고 한 사례

피고인이 결혼을 전제로 교제하던 여성 갑의 임신 사실을 알고 수회에 걸쳐 낙태를 권유하였다가 거부당하자, 갑에게 출산 여부는 알아서 하되 더 이상 결혼을 진행하지 않겠다고 통보하고, 이후에도 아이에 대한 친권을 행사할 의사가 없다고 하면서 낙태할 병원을 물색해 주기도 하였는데, 그 후 갑이 피고인에게 알리지 아니한 채 자신이 알아본 병원에서 낙태시술을 받은 사안에서, 피고인은 갑에게 직접 낙태를 권유할 당시뿐만 아니라 출산 여부는 알아서 하라고 통보한 이후에도 계속 낙태를 교사하였고, 갑은 이로 인하여 낙태를 결의·실행하게 되었다고 보는 것이 타당하며, 갑이 당초 아이를 낳을 것처럼 말한 사실이 있다는 사정만으로 피고인의 낙태교사행위와 갑의 낙태결의 사이에 인과관계가 단절되는 것은 아니라는 이유로, 피고인에게 낙태교사죄를 인정한 원심판단을 정당하다고 한 사례.(대법원 2013. 9. 12. 선고 2012도2744 판결)

● 관련판례 2

◎ [1]낙태시술 결과 태아의 사망 여부가 낙태죄의 성립에 영향이 있는지 여부(소극) /[2]산부인과 의사인 피고인이 약물에 의한 유도분만의 방법으로 낙태시술을 하였으나 태아가 살아서 미숙아 상태로 출생하자 그 미숙아에게 염화칼륨을 주입하여 사망하게 한 사안에서 피고인에게 살해의 범의가 인정된다고 한 원심의 판단을 수긍한 사례

[1] 낙태죄는 태아를 자연분만기에 앞서서 인위적으로 모체 밖으로 배출하거나 모체 안에서 살해함으로써 성립하고, 그 결과 태아가 사망하였는지 여부는 낙태죄의 성립에 영향이 없다.

[2] 산부인과 의사인 피고인이 약물에 의한 유도분만의 방법으로 낙태시술을 하였으나 태아가 살아서 미숙아 상태로 출생하자 그 미숙아에게 염화칼륨을 주입하여 사망하게 한 사안에서, 염화칼륨 주입행위를 낙태를 완성하기 위한 행위에 불과한 것으로 볼 수 없고, 살아서 출생한 미숙아가 정상적으로 생존할 확률이 적다고 하더라도 그 상태에 대한 확인이나 최소한의 의료행위도 없이 적극적으로 염화칼륨을 주입하여 미숙아를 사망에 이르게 하였다면 피고인에게는 미숙아를 살해하려는 범의가 인정된다고 한 원심의 판단을 수긍한 사례.(대법원 2005. 4. 15., 선고, 2003도2780, 판결)

3. 업무상동의낙태죄

제270조(의사 등의 낙태, 부동의 낙태)

① 의사, 한의사, 조산사, 약제사 또는 약 종상이 부녀의 촉탁 또는 승낙을 받어 낙태하게 한 때에는 2년 이하의 징역에 처한다. 〈개정 1995.12.29.〉

④ 전 3항의 경우에는 7년 이하의 자격정지를 병과한다.

(작성례)

피의자는 ○○시 ○○동 ○○번지에서 "○○산부인과"를 경영하고 있는 의사이다.

피의자는 20○○. ○. ○.경 이○○(당○○세)가 위 병원에 찾아가 낙태수술을 하여 달라고 의뢰하자 이를 승낙하였다.

피의자는 그 3일 뒤인 23일 10 : 00경 위 병원 수술실에서 그녀에게 자궁확장기인 "뿌지" 등을 사용하여 낙태수술을 하여 그녀로 하여금 임신 2개월의 태아를 모체 밖으로 배출시켜 낙태하게 하였다.

● 관련판례

◎ 산부인과 의사인 피고인이 자신의 인터넷 홈페이지 상담게시판을 이용하여 낙태 관련 상담을 하면서 불법적인 낙태시술을 약속하고 병원 방문을 권유, 안내한 행위가 구 의료법 제25조 제3항에 정한 '유인'에 해당한다고 볼 수 있다고 한 사례

산부인과 의사인 피고인이 자신이 개설한 인터넷 홈페이지의 상담게시판을 이용하여 낙태 관련 상담을 하면서 합법적인 인공임신중절수술이 허용되는 경우가 아님에도 낙태시술을 해줄 수 있다고 약속하면서 자신의 병원을 방문하도록 권유하고 안내한 행위가 구 의료법(2002. 3. 30. 법률 제6686호로 개정되기 전의 것) 제25조 제3항에 정한 '유인'에 해당한다고 볼 수 있다고 한 사례. (대법원 2005. 4. 15. 선고 2003도2780 판결)

4. 부동의낙태죄

제270조(의사 등의 낙태, 부동의 낙태)

② 부녀의 촉탁 또는 승낙 없이 낙태하게 한 자는 3년 이하의 징역에 처한다.

③ 제1항 또는 제2항의 죄를 범하여 부녀를 상해에 이르게 한때에는 5년 이하의 징역에 처한다. 사망에 이르게 한때에는 10년 이하의 징역에 처한다. 〈개정 1995.12.29.〉

④ 전 3항의 경우에는 7년 이하의 자격정지를 병과한다.

(작성례)

유부남인 피의자는 문○○(당○○세)와 정교관계를 맺어오다가 그녀로부터 임신하였다는 사실을 들어 알게 되자, 주위의 이목이 두렵고, 원가정이 파괴될 것이 분명하다고 생각하였다. 그리하여 고민 끝에 그녀가 알지 못하는 사이에 낙태시키기로 마음먹고, 20○○. ○. ○. 21:00경 ○○시 ○○동 ○○번지에 있는 그녀의 아파트에서 그녀에게 영양제라고 속이고 미리 준비해 온 "수은제" 약 10g을 삼키게 하여 그녀로 하여금 수은중독증을 일으켜 임신 2개월의 태아를 모체 밖으로 배출하게 함으로써 그녀의 촉탁이나 승낙 없이 낙태하게 하였다.

● 관련판례

◎ 낙태시술 결과 태아의 사망 여부가 낙태죄의 성립에 영향이 있는지 여부(소극)

낙태죄는 태아를 자연분만기에 앞서서 인위적으로 모체 밖으로 배출하거나 모체 안에서 살해함으로써 성립하고, 그 결과 태아가 사망하였는지 여부는 낙태죄의 성립에 영향이 없다.(대법원 2005. 4. 15. 선고 2003도2780 판결)

제24절 유기와 학대의 죄

1. 유기죄 · 존속유기죄 · 중유기죄 · 존속중유기죄

제271조(유기, 존속유기)

① 나이가 많거나 어림, 질병 그 밖의 사정으로 도움이 필요한 사람을 법률상 또는 계약상 보호할 의무가 있는 자가 유기한 경우에는 3년 이하의 징역 또는 500만원 이하의 벌금에 처한다.

② 자기 또는 배우자의 직계존속에 대하여 제1항의 죄를 지은 경우에는 10년 이하의 징역 또는 1천500만원 이하의 벌금에 처한다.

③ 제1항의 죄를 지어 사람의 생명에 위험을 발생하게 한 경우에는 7년 이하의 징역에 처한다.

④ 제2항의 죄를 지어 사람의 생명에 위험을 발생하게 한 경우에는 2년 이상의 유기징역에 처한다.

[전문개정 2020. 12. 8.]

(작성례)

피의자는 20○○. ○. ○. 정○○와 결혼하여 ○○시 ○○동 ○○번지에 거주하고 있다.

피의자는 위 정○○의 어머니인 피해자 강○○(당○○세)와 함께 살다가 평소에 그녀가 피의자와 남편인 정○○와의 사이에 끼어들어 이간질하여 가정싸움이 자주 일어나고, 피해자가 20○○. ○.경 쓰러져 반신불수가 되어 치료비도 많이 들어가고 그 뒷바라지가 곤란하게 되자 위 정○○와 피해자를 유기하기로 하였다.

같은 해 ○. ○.경 그녀에게는 치료받으러 병원에 간다고 속이고 정○○의 차에 태워 그날 18 : 30경 ○○시 ○○동 ○○시장 골목에 데리고 가서 그녀를 그곳에 내려둔 채 음식의 제공 등 기타 그녀의 생존에 필요한 보호조치를 하지 않음으로써 존속을 유기하였다.

● 관련판례 1

◎ 유기죄에 관한 형법 제271조 제1항의 '계약상 의무'가 계약에 기한 주된 급부의무가 부조를 제공하는 것인 경우에 한정되는지 여부(소극) 및 '계약상의 부조의무' 유무를 판단하는 기준

유기죄에 관한 형법 제271조 제1항은 그 행위의 주체를 "노유, 질병 기타 사정으로 부조를 요하는 자를 보호할 법률상 또는 계약상 의무 있는 자"라고 정하고 있다. 여기서의 '계약상 의무'는 간호사나 보모와 같이 계약에 기한 주된 급부의무가 부조를 제공하는 것인 경우에 반드시 한정되지 아니하며, 계약의 해석상 계약관계의 목적이 달성될 수 있도록 상대방의 신체 또는 생명에 대하여 주의와 배려를 한다는 부수적 의무의 한 내용으로 상대방을 부조하여야 하는 경우를 배제하는 것은 아니라고 할 것이다. 그러나 그 의무 위반의 효과로서 주로 손해배상책임이 문제되는 민사영역에서와는 달리 유기죄의 경우에는 당사자의 인적 책임에 대한 형사적 제재가 문제된다는 점 등을 고려하여 보면, 단지 위와 같은 부수의무로서의 민사적 부조의무 또는 보호의무가 인정된다고 해서 형법 제271조 소정의 '계약상 의무'가 당연히 긍정된다고는 말할 수 없고, 당해 계약관계의 성질과 내용, 계약당사자 기타 관련자들 사이의 관계 및 그 전개양상, 그들의 경제적·사회적 지위, 부조가 필요하기에 이른 전후의 경위, 필요로 하는 부조의 대체가능성을 포함하여 그 부조의 종류와 내용, 달리 부조를 제공할 사람 또는 설비가 있는지 여부 기타 제반 사정을 고려하여 위 '계약상의 부조의무'의 유무를 신중하게 판단하여야 한다. (대법원 2011. 11. 24. 선고 2011도12302 판결)

● 관련판례 2

◎ 사실혼의 경우에도 유기죄의 성립에 필요한 '법률상 보호의무'의 존재가 인정되는지 여부(적극)

형법 제271조 제1항에서 말하는 법률상 보호의무 가운데는 민법 제826조 제1항에 근거한 부부간의 부양의무도 포함되며, 나아가 법률상 부부는 아니지만 사실혼 관계에 있는 경우에도 위 민법 규정의 취지 및 유기죄의 보호법익에 비추어 위와 같은 법률상 보호의무의 존재를 긍정하여야 하지만, 사실혼에 해당하여 법률혼에 준하는 보호를 받기 위하여는 단순한 동거 또는 간헐적인 정교관계를 맺고 있다는 사정만으로는 부족하고, 그 당사자 사이에 주관적으로 혼인의 의사가 있고 객관적으로도 사회관념상 가족질서적인 면에서 부부공동생활을 인정할 만한 혼인생활의 실체가 존재하여야 한다. (대법원 2008. 2. 14. 선고 2007도3952 판결)

● 관련판례 3

◎ 유기치사죄의 성립 요건 / 유기죄에 관한 형법 제271조 제1항에서 말하는 '법률상 보호의무'에 부부간의 부양의무가 포함되는지 여부(적극)

유기죄를 범하여 사람을 사망에 이르게 하는 유기치사죄가 성립하기 위해서는 먼저 유기죄가 성립하여야 하므로, 행위자가 유기죄에 관한 형법 제271조 제1항이 정하고 있는 것처럼 "노유, 질병 기타 사정으로 인하여 부조를 요하는 자를 보호할 법률상 또는 계약상 의무 있는 자"에 해당하여야 한다. 여기에서 말하는 법률상 보호의무에는 민법 제826조 제1항에 근거한 부부간의 부양의무도 포함된다.

민법 제812조 제1항은 "혼인은 가족관계의 등록 등에 관한 법률에 정한 바에 의하여 신고함으로써 그 효력이 생긴다."라고 정하고 있고, 민법 제826조 제1항 전문은 "부부는 동거하며 서로 부양하고 협조하여야 한다."라고 정하고 있다. 민법 제815조 제1호는 "당사자 간에 혼인의 합의가 없는 때"에는 그 혼인은 무효로 한다고 정하고 있는데, 위 혼인무효 사유는 당사자 사이에 사회관념상 부부라고 인정되는 정신적·육체적 결합을 생기게 할 의사가 없는 경우를 가리킨다. **(대법원 2018. 5. 11., 선고, 2018도4018, 판결)**

● 관련판례 4

◎ 유기죄의 주관적 요건

유기죄에 있어서는 행위자가 요부조자에 대한 보호책임의 발생원인이 된 사실이 존재한다는 것을 인식하고 이에 기한 부조의무를 해태한다는 의식이 있음을 요하는 것이다.

이 사건 공소사실의 요지는 피고인이 성류파크호텔 7층 1713호실에서 피해자 에게 성관계를 요구하다가 같은 피해자가 그 순간을 모면하기 위하여 7층 창문으로 뛰어내린 것을 알았다면 즉시 적절한 구호조치를 하여 피해자를 보호해야 할 법률상 의무가 있음에도 불구하고 그 사실을 숨기고 그대로 방치하여 유기함으로써 그녀의 생명에 대한 위험을 발생케 한 것이라고 함에 있는바, 우선 위 피해자가 위 1713호실에서 뛰어내린 여부를 피고인이 전혀 알지 못하였다면 피고인의 범의를 인정 할 수 없음은 더 말할 필요도 없을 것이다. 그런데 기록에 의하여 원심이 취사한 증거내용을 살펴보면 위 피해자가 뛰어내린 여부를 피고인이 알았다고 인정할 만한 아무런 증거가 없으므로(위 피해자 자신도 1심에서 피고인은 위 피해자가 뛰어내린 사실을 알지 못했을 것이라고 증언하고 있다), 같은 취지로 판단하여 피고인에게 무죄를 선고한 원심판결은 정당하고, 그 증거취사과정에 논지가 주장하는 것과 같은 채증법칙위반의 위법이 없으므로 논지는 이유없다. **(대법원 1988. 8. 9., 선고, 86도225, 판결)**

2. 영아유기죄

제272조(영아유기)

직계존속이 치욕을 은폐하기 위하거나 양육할 수 없음을 예상하거나 특히 참작할 만한 동기로 인하여 영아를 유기한 때에는 2년 이하의 징역 또는 300만원 이하의 벌금에 처한다. 〈개정 1995.12.29.〉

(작성례 1)

피의자는 20○○. ○.경부터 경기도 ○○시 ○○구 123번지 "○○" 룸싸롱의 접대부인 민○○와 불륜관계를 맺어왔다. 그러던 중 ○. ○. 경 둘 사이의 아이(남)가 태어나자 이를 양육하는 것에 치욕을 느껴 위 같은 날, 민○○가 잠든 사이 영아를 수건으로 싸 쓰레기 봉지에 넣은 뒤, "○○" 건물 뒤쪽에 있는 쓰레기통에 버려서 그 영아를 유기하였다.

(작성례 2)

피의자는 이○○과 결혼하여 2년간 동거하여 오던 중 20○○. ○. ○. 경 아내 이○○가 아이를 낳다가 사망하자 피의자가 유아를 혼자서 양육했다. 그러나 아이를 돌봐줄 친지도 없고 경제적으로도 어려워 생활이 극도로 곤란하게 되자 아버지로서 양육할 의무가 있음에도 불구하고 아이를 버리기로 마음먹고, 20○○. ○. ○.19:00경 피의자의 집에서 멀지 않은 ○○시장 골목에 영아를 방치하여 유기하였다.

3. 학대죄 · 존속학대죄

제273조(학대, 존속학대)

① 자기의 보호 또는 감독을 받는 사람을 학대한 자는 2년 이하의 징역 또는 500만원 이하의 벌금에 처한다. 〈개정 1995.12.29.〉

② 자기 또는 배우자의 직계존속에 대하여 전항의 죄를 범한 때에는 5년 이하의 징역 또는 700만원 이하의 벌금에 처한다. 〈개정 1995.12.29.〉

(작성례 1)

피의자는 ○○시 ○○동 ○○번지에 사는 이○○(당○○세)의 처이다.

피의자는 20○○. ○.경부터 20○○. ○.경까지 피의자가 보호하고 있는 그의 시아버지인 박○○(당○○세)가 중풍으로 병석에 누워 있으므로 간병과 치료에 힘쓸 의무가 있었다. 그러나 아무런 조치도 취하지 않을 뿐 아니라 남편인 이○○과의 싸움이 있을 때마다 시아버지의 식사를 고의로 차리지 않은 등 시아버지를 학대하였다.

(작성례 2)

피의자는 남○○의 후처로 들어가 행상을 하면서 근근히 생활을 하는 자이다.

피의자는 20○○. ○. ○.경부터 같은 해 ○. ○.경까지 서울 ○○구 ○○동 ○○번지에 있는 피의자의 집에서 피의자가 보호하고 있는 남○○(당○세)에게 집안 청소를 시키고 날마다 약 500m 가량 떨어져 있는 우물에서 물을 길어 오도록 시키고, 빨래를 하도록 하는 등 심한 노동을 시켰다. 그리고 이에 잘 응하지 아니하면 몹시 때리기까지 하는 등 피해자를 학대하였다.

● 관련판례 1

◎ 형법 제273조 제1항에서 말하는 '학대'의 의미

형법 제273조 제1항에서 말하는 '학대'라 함은 육체적으로 고통을 주거나 정신적으로 차별대우를 하는 행위를 가리키고, 이러한 학대행위는 형법의 규정체제상 학대와 유기의 죄가 같은 장에 위치하고 있는 점 등에 비추어 단순히 상대방의 인격에 대한 반인륜적 침해만으로는 부족하고 적어도 유기에 준할 정도에 이르러야 한다.(대법원 2000. 4. 25. 선고 2000도223 판결)

● 관련판례 2

◎ 아동학대범죄의 공소시효 정지 규정인 아동학대범죄의 처벌 등에 관한 특례법 제34조의 취지 / 같은 법 제34조 제1항은 완성되지 않은 공소시효의 진행을 일정한 요건에서 장래를 향하여 정지시키는 것인지 여부(적극) 및 그 시행일 당시 범죄행위가 종료되었으나 아직 공소시효가 완성되지 않은 아동학대범죄에 대해서도 적용되는지 여부(적극)

아동학대범죄의 처벌 등에 관한 특례법(2014. 1. 28. 제정되어 2014. 9. 29. 시행되었으며, 이하 '아동학대처벌법' 이라 한다)은 아동학대범죄의 처벌에 관한 특례 등을 정함으로써 아동을 보호하여 아동이 건강한 사회 구성원으로 성장하도록 함을 목적으로 다음과 같은 규정을 두고 있다. 제2조 제4호 (타)목은 아동복지법 제71조 제1항 제2호, 제17조 제3호에서 정한 '아동의 신체에 손상을 주거나 신체의 건강 및 발달을 해치는 신체적 학대행위' 를 아동학대범죄의 하나로 정하고 있다. 제34조는 '공소시효의 정지와 효력' 이라는 제목으로 제1항에서 "아동학대범죄의 공소시효는 형사소송법 제252조에도 불구하고 해당 아동학대범죄의 피해아동이 성년에 달한 날부터 진행한다." 라고 정하고, 부칙은 "이 법은 공포 후 8개월이 경과한 날부터 시행한다." 라고 정하고 있다. 아동학대처벌법은 신체적 학대행위를 비롯한 아동학대범죄로부터 피해아동을 보호하기 위한 것으로서, 제34조는 아동학대범죄가 피해아동의 성년에 이르기 전에 공소시효가 완성되어 처벌대상에서 벗어나는 것을 방지하고자 그 진행을 정지시킴으로써 피해를 입은 18세 미만 아동(아동학대처벌법 제2조 제1호, 아동복지법 제3조 제1호)을 실질적으로 보호하려는 데 취지가 있다.

아동학대처벌법은 제34조 제1항의 소급적용에 관하여 명시적인 경과규정을 두고 있지는 않다. 그러나 이 규정의 문언과 취지, 아동학대처벌법의 입법 목적, 공소시효를 정지하는 특례조항의 신설·소급에 관한 법리에 비추어 보면, 이 규정은 완성되지 않은 공소시효의 진행을 일정한 요건에서 장래를 향하여 정지시키는 것으로서, 그 시행일인 2014. 9. 29. 당시 범죄행위가 종료되었으나 아직 공소시효가 완성되지 않은 아동학대범죄에 대해서도 적용된다고 봄이 타당하다.

한편 대법원 2015. 5. 28. 선고 2015도1362, 2015전도19 판결은 공소시효의 배제를 규정한 구 성폭력범죄의 처벌 등에 관한 특례법(2012. 12. 18. 법률 제11556호로 전부 개정되기 전의 것) 제20조 제3항에 대한 것으로, 공소시효의 적용을 영구적으로 배제하는 것이 아니고 공소시효의 진행을 장래에 향하여 정지시키는 데 불과한 아동학대처벌법 제34조 제1항의 위와 같은 해석·적용에 방해가 되지 않는다.(대법원 2021. 2. 25. 선고 2020도3694 판결)

4. 아동혹사죄

제274조(아동혹사)

자기의 보호 또는 감독을 받는 16세 미만의 자를 그 생명 또는 신체에 위험한 업무에 사용할 영업자 또는 그 종업자에게 인도한 자는 5년 이하의 징역에 처한다. 그 인도를 받은 자도 같다.

(작성례)

피의자는 서울 ○○구 ○○동 ○○번지에서 "○○식당"을 경영하는 사람이다.

피의자는 위 식당에서 종업원으로 일하는 이○○(당○○세)가 평소에 일을 게을리 하는 데 불만을 품고 있었다.

그러던 중 20○○. ○. ○. 21 : 00경 위 피의자의 식당에서 같은 구 ○○동 ○○번지에서 "○○목재"를 경영하는 강○○(당○○세)로부터 그 목재소에서 일하던 종업원 한 사람이 갑자기 그만두게 되어 일손이 모자라 걱정이라는 말을 들었다.

피의자는 위 이○○가 나이는 어리지만 힘이 세고 건강해서 목재소에서도 일할 수 있다고 얘기하고, 위 강○○가 "그럼 어디 한번 써 보자"고 하면서 위 이○○를 데리고 갈 뜻을 비추자 이를 승낙하였다.

그리하여 다음날 08 : 00경 강○○로 하여금 이○○를 데리고 가게 함으로써 위험하고 힘든 목재소에서 일을 하도록 16세 미만의 아동을 위 정미소업자 강○○에게 인도하였다.

● 관련판례

◎ 베트남 국적 여성인 피고인이 남편 갑의 의사에 반하여 생후 약 13개월 된 자녀 을을 주거지에서 데리고 나와 약취하고 베트남에 함께 입국함으로써 을을 국외에 이송하였다고 하여 국외이송약취 및 피약취자국외이송으로 기소된 사안에서, 제반 사정을 종합할 때 피고인의 행위를 약취행위로 볼 수 없다는 이유로, 피고인에게 무죄를 인정한 원심판단을 정당하다고 한 사례

베트남 국적 여성인 피고인이 남편 갑의 의사에 반하여 생후 약 13개월 된 아들 을을 주거지에서 데리고 나와 약취하고 이어서 베트남에 함께 입국함으로써 을을 국외에 이송하였다고 하여 국외이송약취 및 피약취자국외이송으로 기소된 사안에서, 제반 사정을 종합할 때 피고인이 을을 데리고 베트남으로 떠난 행위는 어떠한 실력을 행사하여 을을 평온하던 종전의 보호·양육 상태로부터 이탈시킨 것이라기보다 친권자인 母(모)로서 출생 이후 줄곧 맡아왔던 을에 대한 보호·양육을 계속 유지한 행위에 해당하여, 이를 폭행, 협박 또는 불법적인 사실상의 힘을 사용하여 을을 자기 또는 제3자의 지배하에 옮긴 약취행위로 볼 수는 없다는 이유로, 피고인에게 무죄를 인정한 원심판단을 정당하다.(대법원 2013. 6. 20. 선고 2010도14328 전원합의체 판결)

5. 유기치사상죄

제275조(유기등 치사상)

① 제271조 내지 제273조의 죄를 범하여 사람을 상해에 이르게 한 때에는 7년 이하의 징역에 처한다. 사망에 이르게 한 때에는 3년 이상의 유기징역에 처한다.

② 자기 또는 배우자의 직계존속에 대하여 제271조 또는 제273조의 죄를 범하여 상해에 이르게 한 때에는 3년 이상의 유기징역에 처한다. 사망에 이르게 한 때에는 무기 또는 5년이상의 징역에 처한다.

[전문개정 1995.12.29.]

■ 적용실례

◇ 종교상의 문제로 수혈을 거부해 자식이 사망한 경우

이○○가 앓는 전격성간염은 치사율이 높고 위중하긴 하지만, 수혈을 하고 지속적으로 치료하면 얼마간의 회복 가능성이 있었다. 회복을 위해 수혈 외에 다른 방법은 없었기 때문에 의사가 적극 권유했지만, 이○○의 보호자인 어머니 박○○는 종교상의 문제로 수혈을 거부해 결국 이○○는 사망하고 말았다.

※ 피의자의 사망을 가져온 위 수혈거부가 박○○가 믿는 종교상의 교리로 인한 것으로 신앙의 자유권에 기한 권리행사라고는 하지만, 그것이 생명의 존엄성을 해한 이상 정당화 될 수는 없다. 따라서 위 박○○에 대해 유기치사죄를 적용할 수 있겠다.

● 관련판례 1

◎ 피고인은 피해자에게 생명 또는 신체에 대한 위해가 발생하지 아니하도록 필요한 조치를 강구하여야 할 계약상의 부조의무를 부담한다고 판단하여 유기치사죄를 인정한 원심판결을 수긍한 사례

피고인이 자신이 운영하는 주점에 손님으로 와서 수일 동안 식사는 한 끼도 하지 않은 채 계속하여 술을 마시고 만취한 피해자를 주점 내에 그대로 방치하여 저체온증 등으로 사망에 이르게 하였다는 내용으로 예비적으로 기소된 사안에서, 피해자가 피고인의 지배 아래 있는 주점에서 3일 동안 과도하게 술을 마시고 추운 날씨에 난방이 제대로 되지 아니한 주점 내 소파에서 잠을 자면서 정신을 잃은 상태에 있었다면, 피고인은 주점의 운영자로서 피해자의 생명 또는 신체에 대한 위해가 발생하지 아니하도록 피해자를 주점 내실로 옮기거나 인근에 있는 여관에 데려다 주어 쉬게 하거나 피해자의 지인 또는 경찰에 연락하는 등 필요한 조치를 강구하여야 할 계약상의 부조의무를 부담한다고 판단하여 유기치사죄를 인정한 원심판결을 수긍한다.(대법원 2011. 11. 24. 선고 2011도12302 판결)

● 관련판례 2

◎ 동거 또는 내연관계를 맺은 사정만으로는 사실혼관계를 인정할 수 없고, 내연녀가 치사량의 필로폰을 복용하여 부조를 요하는 상태에 있었음을 인식하였다는 점을 인정할 증거가 부족하다는 이유로 유기치사죄의 성립을 부정한 사례

피고인과 망 공소외인이 4년여 동안 동거하기도 하면서 내연관계를 맺어왔다는 사정만으로는 두 사람의 관계를 사실혼 관계라고 보거나 두 사람의 사이에 부부간의 상호 부양의무에 준하는 보호의무를 인정할 수 없을 뿐만 아니라, 판시 사실들과 기록에 따라 인정되는 판시와 같은 사정들에 비추어 피고인이 공소외인이 치사량의 필로폰을 복용하여 부조를 요하는 상태에 있다고 인식하였다는 점에 관하여 합리적인 의심이 생기지 않을 정도로 확신하기에는 부족하다고 판단되므로, 이 사건 유기치사의 공소사실은 범죄의 증명이 없는 경우에 해당한다는 이유로 위 공소사실에 대하여 무죄를 선고하였는바, 원심판결의 이유를 위 법리 및 기록에 비추어 살펴보면 원심의 인정 및 판단은 옳고, 상고이유에서 주장하는 바와 같은 유기치사죄의 주체 및 부조를 요하는 상태의 인식에 관한 법리오해 또는 채증법칙 위반의 위법이 없다. (대법원 2008. 2. 14. 선고 2007도3952 판결)

● 관련판례 3

◎ 유기치사죄의 성립 요건 / 유기죄에 관한 형법 제271조 제1항에서 말하는 '법률상 보호의무'에 부부간의 부양의무가 포함되는지 여부(적극)

유기죄를 범하여 사람을 사망에 이르게 하는 유기치사죄가 성립하기 위해서는 먼저 유기죄가 성립하여야 하므로, 행위자가 유기죄에 관한 형법 제271조 제1항이 정하고 있는 것처럼 "노유, 질병 기타 사정으로 인하여 부조를 요하는 자를 보호할 법률상 또는 계약상 의무 있는 자"에 해당하여야 한다. 여기에서 말하는 법률상 보호의무에는 민법 제826조 제1항에 근거한 부부간의 부양의무도 포함된다.

민법 제812조 제1항은 "혼인은 가족관계의 등록 등에 관한 법률에 정한 바에 의하여 신고함으로써 그 효력이 생긴다."라고 정하고 있고, 민법 제826조 제1항 전문은 "부부는 동거하며 서로 부양하고 협조하여야 한다."라고 정하고 있다. 민법 제815조 제1호는 "당사자 간에 혼인의 합의가 없는 때"에는 그 혼인은 무효로 한다고 정하고 있는데, 위 혼인무효 사유는 당사자 사이에 사회관념상 부부라고 인정되는 정신적·육체적 결합을 생기게 할 의사가 없는 경우를 가리킨다. (대법원 2018. 5. 11., 선고, 2018도4018, 판결)

제25절 체포와 감금의 죄

1. 체포, 감금죄 · 존속체포죄, 존속감금죄

제276조(체포, 감금, 존속체포, 존속감금)

① 사람을 체포 또는 감금한 자는 5년이하의 징역 또는 700만원 이하의 벌금에 처한다. 〈개정 1995.12.29.〉

② 자기 또는 배우자의 직계존속에 대하여 제1항의 죄를 범한 때에는 10년이하의 징역 또는 1천500만원 이하의 벌금에 처한다. 〈개정 1995.12.29.〉

(작성례)

피의자는 20○○. ○. ○. 14 : 00경 피의자의 아버지인 정○○(당○○세)가 만취된 채 집에 들어오자 "노인네가 이제 대낮부터 술주정을 한다"고 하며 그의 두손과 두발을 나일론끈으로 함께 묶어 꼼짝 못하게 하고 14 : 00부터 17 : 00경까지 약 3시간 동안 그를 체포하였다.

■ 적용실례

◇ 자동차에 태워 내리지 못하게하고 질주하여 감금한 경우

최○○는 자기의 부하직원인 서○○를 강간하기로 마음먹고, 그녀에게 집까지 태워다 주겠다고 해서 그녀를 자기 차에 타게 했다. 얼마 후 다른 길로 가고 있다는 것을 안 서○○가 내리겠다고 했지만 이를 무시하고 계속 달렸다.

※ 판례는, 피해자에 대해 위계를 이용해 착오를 일으키는 방법으로도 감금할 수 있다고 한다. 그런데 이 경우 위계는 피해자를 자동차에 태운 수단에 지나지 않기 때문에 자동차를 달리며 그를 내려주지 않은 데에서 감금이 성립한다고 볼 수 있다. 따라서 최○○의 말에 응해서 서○○가 승차한 시점에서는 아무런 죄도 성립하지 않게 된다. 그러나 서○○가 차에서 내리기 위해 차를 세워달라고 요구한 후에도 계속 질주한 행위는, 질주하는 차에서 뛰어내리면 생명이나 신체에 중대한 위험을 초래할 수 있어 그 탈출을 불가능, 혹은 현저히 곤란하게 한 것이므로 최○○의 행위는 감금죄에 포함시킬 수 있겠다.

◇ 감금죄와 협박죄의 관계

이○○는 자기의 집을 경락받은 모○○에게 사람들을 이끌고 몰려가 맥주병을 깨어 협박하면서 그 집을 9,000만원에 자기들에게 다시 매도하라고 하며, 그 내용의 계약서를 작성할 때까지는 집밖으로 나갈 수 없다고 하고 위 모○○를 약 2시간 동안 감금하였다.

※ 협박이 감금의 수단으로 이용되었을 경우에는 감금죄만이 성립되고 협박은 별도의 죄를 구성하지 않는다. 따라서 이 경우도 감금죄만이 성립하게 된다.

● 관련판례 1

◎ 체포죄의 실행의 착수 시기/ 체포죄의 기수 시기 및 체포죄의 미수범이 성립하는 경우

[1] 체포죄는 사람의 신체에 대하여 직접적이고 현실적인 구속을 가하여 신체활동의 자유를 박탈하는 죄로서, 그 실행의 착수 시기는 체포의 고의로 타인의 신체적 활동의 자유를 현실적으로 침해하는 행위를 개시한 때이다.

[2] 체포죄는 계속범으로서 체포의 행위에 확실히 사람의 신체의 자유를 구속한다고 인정할 수 있을 정도의 시간적 계속이 있어야 기수에 이르고, 신체의 자유에 대한 구속이 그와 같은 정도에 이르지 못하고 일시적인 것으로 그친 경우에는 체포죄의 미수범이 성립할 뿐이다.(대법원 2020. 3. 27., 선고, 2016도18713, 판결)

● 관련판례 2

◎ 피고인 갑, 을에게 감금죄의 고의가 있었다거나 이들의 행위가 형법상 감금행위에 해당한다고 단정하기 어렵다고 한 사례

정신건강의학과 전문의인 피고인 갑, 을이 각각 피해자의 아들 피고인 병 등과 공동하여 피해자를 응급이송차량에 강제로 태워 병원으로 데려가 입원시켰다고 하여 폭력행위 등 처벌에 관한 법률 위반(공동감금)으로 기소된 사안에서, 망상장애와 같은 정신질환의 경우 진단적 조사 또는 정확한 진단을 위해 지속적인 관찰이나 특수한 검사가 필요한 때에도 환자의 입원이 고려될 수 있고, 피고인 갑, 을은 보호의무자인 피고인 병의 진술뿐만 아니라 피해자를 직접 대면하여 진찰한 결과를 토대로 피해자에게 피해사고나 망상장애의 의심이 있다고 판단하여 입원이 필요하다는 진단을 한 것이므로, 진단 과정에 정신건강의학과 전문의로서 최선의 주의를 다하지 아니하거나 신중하지 못했던 점이 일부 있었더라도 피해자를 정확히 진단하여 치료할 의사로 입원시켰다고 볼 여지 또한 충분하여 피고인 갑, 을에게 감금죄의 고의가 있었다거나 이들의 행위가 형법상 감금행위에 해당한다고 단정하기 어려움에도 피고인 갑, 을이 피해자를 입원시킨 행위가 감금죄에 해당한다고 판단한 원심판결에 법리오해의 잘못이 있다.(대법원 2015. 10. 29. 선고 2015도8429 판결)

● 관련판례 3

◎ 노동조합 지부장 등 피고인들이 자동차공장 점거파업 과정에서 벌어진 노조원들의 폭행, 체포, 상해 등의 범죄행위들 중 일부에 대하여 구체적으로 모의하거나 이를 직접 분담·실행한 바가 없었더라도, 각 범행에 대한 암묵적인 공모는 물론 그 범행들에 대한 본질적 기여를 통한 기능적 행위지배를 한 자에 해당한다고 보아 폭력행위 등 처벌에 관한 법률 위반 등의 공소사실을 유죄로 인정한 원심판단을 수긍한 사례

노동조합 지부장인 피고인이 자동차공장 점거파업에서 제작·사용한 '다연발 대포' 발사체가 총포와 모양이 아주 비슷하지는 않다는 이유로 총포·도검·화약류 등 단속법 시행령 제13조, [별표 5의2] 제2호의 모의총포에 해당하지 않는다고 한 원심판단은 잘못이지만, 같은 법 위반의 공소사실에 위 제2호 각 목에 규정된 발사되는 물체의 크기, 무게, 운동에너지, 앞부분의 모양, 순간폭발음의 정도, 가연성 불꽃의 유무 등의 구성요건요소가 포함되어 있지 않고 기록상 이를 인정하기에 충분한 증거도 보이지 아니하므로, 위 공소사실을 무죄로 선고한 원심의 결론을 수긍한다.(대법원 2011. 1. 27. 선고 2010도11030 판결)

● 관련판례 4

◎ 체포죄에서 말하는 '체포'의 의미 / 체포죄가 계속범인지 여부(적극) 및 체포죄의 기수 시기와 실행의 착수 시기

형법 제276조 제1항의 체포죄에서 말하는 '체포'는 사람의 신체에 대하여 직접적이고 현실적인 구속을 가하여 신체활동의 자유를 박탈하는 행위를 의미하는 것으로서 수단과 방법을 불문한다. 체포죄는 계속범으로서 체포의 행위에 확실히 사람의 신체의 자유를 구속한다고 인정할 수 있을 정도의 시간적 계속이 있어야 하나, 체포의 고의로써 타인의 신체적 활동의 자유를 현실적으로 침해하는 행위를 개시한 때 체포죄의 실행에 착수하였다고 볼 것이다.(대법원 2018. 2. 28., 선고, 2017도21249, 판결)

2. 중체포, 감금죄 · 존속중체포죄, 존속중감금죄

제277조(중체포, 중감금, 존속중체포, 존속중감금)

① 사람을 체포 또는 감금하여 가혹한 행위를 가한 자는 7년 이하의 징역에 처한다.

② 자기 또는 배우자의 직계존속에 대하여 전항의 죄를 범한 때에는 2년 이상의 유기징역에 처한다.

(작성례)

피의자는 20○○. ○. ○. 19:30경 서울 ○○구 ○○동 ○○번지에 사는 피해자 고○○(당○○세)가 피의자로부터 6개월 전에 빌려간 돈 ○○만원을 그동안 여러 차례에 걸쳐 갚기를 요구했음에도 이를 갚지 못하였다. 그리고 계속해서 변제기일을 연기하자, 그를 밖으로 불러내 ○○구 ○○동 ○○번지에 있는 피의자의 집 지하실로 끌고 들어가 붙잡아 두어 밖으로 나가지 못하게 하고 그 때부터 다음날 00:30경까지 피해자를 그곳에 감금하였다. 그리고 피해자에게 언제 어떻게 그 돈을 갚겠느냐고 독촉하였으나 피해자가 확실한 대답을 하지 아니하자, 바늘로 피해자의 손등과 어깨부분을 찌르면서 폭행을 하여 가혹한 행위를 하였다.

■ 적용실례

◇ 피해자에게 옷을 벗기고 가혹행위를 한 경우

피의자들이 1. 피해자를 감금하고 옷을 벗기는 등 가혹행위를 하고 2. 위험한 물건인 쇠파이프 등으로 피해자의 질내를 쑤셔서 상처를 입히는 등 상해를 가하였다.

※ 위 제1항의 경우에는 중감금죄(형법 제277조 제1항)를, 위 제2항의 경우에는 폭력행위등처벌에관한법률 위반(제3조 제2항)을 적용해야 한다. 형법 제288조의 감금치상의 경우는 감금행위로 인해 상해를 입은 경우를 의미한다.

● 관련판례 1

◎ 아파트 안방에 감금된 피해자가 가혹행위를 피하려고 창문을 통하여 아파트 아래 잔디밭에 뛰어 내리다가 사망한 경우, 중감금행위와 피해자의 사망 사이에 인과관계가 있어 중감금치사죄가 성립된다고 본 사례

피고인이 아파트 안방에서 안방문에 못질을 하여 동거하던 피해자가 술집에 나갈 수 없게 감금하고, 피해자를 때리고 옷을 벗기는 등 가혹한 행위를 하여 피해자가 이를 피하기 위하여 창문을 통해 밖으로 뛰어 내리려 하자 피고인이 이를 제지한 후, 피고인이 거실로 나오는 사이에 갑자기 안방 창문을 통하여 알몸으로 아파트 아래 잔디밭에 뛰어 내리다가 다발성 실질장기파열상 등을 입고 사망한 경우, 피고인의 중감금행위와 피해자의 사망 사이에는 인과관계가 있어 피고인은 중감금치사죄의 죄책을 진다.(대법원 1991. 10. 25. 선고 91도2085 판결)

● 관련판례 2

◎ 감금기간 중에 있었던 폭행을 범죄사실로 하는 약식명령의 기판력이 감금기간 중의 중감금치상 및 강요의 점에도 미친다고 한 사례

남편이 아내의 간통 사실에 관한 자백을 받아내기 위하여 일정 기간 동안 주거지에서 아내를 감금하고 가혹행위를 하여 상해를 가하고, 간통 사실에 관한 자술서를 쓰도록 강요하였다는 공소사실에 대하여, 위 감금기간 중에 있었던 폭행으로 인해 확정된 약식명령이 존재하고, 위 중감금치상 및 강요의 공소사실과 약식명령이 확정된 폭행죄의 범죄사실이 범행일시, 범행장소, 범행동기와 그 상대방이 동일한 점 등을 고려해 볼 때 그 기초가 되는 사회적 사실관계가 기본적인 점에서 동일하여 위 약식명령의 기판력이 위 감금기간 중의 중감금치상 및 강요의 점에도 미친다고 보아 면소를 선고한 사례.(서울중앙지법 2004. 6. 1., 선고, 2003고합1177, 판결: 항소)

3. 특수체포, 감금죄

제278조(특수체포, 특수감금)

단체 또는 다중의 위력을 보이거나 위험한 물건을 휴대하여 전 2조의 죄를 범한 때에는 그 죄에 정한 형의 2분의 1까지 가중한다.

(작성례)

피의자는 주식회사 ○○제작공사의 노동조합 집행요원이다.

피의자는 20○○. ○. ○. 울산 ○○구 ○○동 ○○번지에 있는 ○○전자주식회사 ○○공장에서 일어난 일일 태업을 지원하기 위하여 그 공장 안에서 그 회사의 노동조합원 40여명과 함께 태업제지 등을 경계하고 있었다.

피의자는 그날 14:30경, 마침 그 공장사무실에서 발생한 현금분실사고를 수사하러 그 사무실에 왔던 ○○경찰서 순경 권○○(당○○세)의 모습을 보고, 위 회사에서 태업을 제지하기 위해 경찰관을 부른 것으로 생각하였다.

그래서 위 40여명의 노동조합원과 공동으로 위 순경을 체포하여 그 회사 공장으로 연행하고, 그곳에서 다중의 위력을 보이면서 위 순경의 생명·신체에 대하여 위해를 가하려는 기세로 그 순경을 힐난하고, 강요하여 "상사의 명령으로 노동조합의 태업운동을 탄압하기 위하여 이 공장에 온 것은 잘못한 일입니다"는 뜻의 반성문을 쓰게 하였다. 그리고 데모대원 속으로 끌어들여 스크럼을 짜고 가는 데모대원 속의 진행 속에서 탈출할 수 없게 하고 그 공장에서부터 ○○까지 연행하여 약 3시간동안 그를 감금하고 아울러, 그의 공무집행을 방해하였다.

4. 체포, 감금치사상죄

제281조(체포·감금등의 치사상)

① 제276조 내지 제280조의 죄를 범하여 사람을 상해에 이르게 한 때에는 1년 이상의 유기징역에 처한다. 사망에 이르게 한때에는 3년 이상의 유기징역에 처한다.

② 자기 또는 배우자의 직계존속에 대하여 제276조 내지 제280조의 죄를 범하여 상해에 이르게 한 때에는 2년 이상의 유기징역에 처한다. 사망에 이르게 한 때에는 무기 또는 5년이상의 징역에 처한다.

[전문개정 1995.12.29.]

■ 적용실례

◇ 야간 노상에서 여학생을 차에 태워 감금한 경우

피의자는 밤에 길을 걷고 있던 여학생을 잡아채 대기하고 있던 봉고차에 태우고 내려달라는 애원을 무시하고 그대로 달렸다. 여학생은 위험을 느끼고 달리는 차의 문을 열고 뛰어내렸는데, 그 과정에서 상해를 입고 말았다.

※ 이 경우 폭력행위 등 처벌에 관한 법률 위반으로 의율할 수도 있지만, 폭력행위 등 처벌에 관한 법률 제2조 제1항에는 형법 제276조 제1항(체포, 감금)에 대한 가중처벌조항만을 두고 있을 뿐으로 제281조(감금치상)에 대한 가중처벌조항은 없기 때문에 위 사건에서는 감금치상을 적용하는 것이 타당하겠다.

◇ 택시운전사가 목적지가 아닌 길로 가서 추행, 하차요구에 불응하는 경우

택시운전사인 전○○는 혼자 차를 탄 여자 승객에게 음란한 소리를 하면서 목적지에 가다가 갑자기 방향을 틀어 한적한 길로 방향을 바꾼 다음 차 안의 불을 어둡게 하고 피해자의 치마밑으로 손을 넣었다. 그러자 이에 놀란 피해자가 차비를 내면서 하차를 요구했는데 이에 불응하고 약 200m가량 더 달리다가 피해자가 차문을 열고 뛰어내려 그녀는 상해를 입고 말았다.

※ 이 경우, 피해자의 하차요구를 거절하고 200미터가량 주행한 것은 감금죄에 해당되며 피해자는 탈출하는 과정에서 상처를 입은 것이므로 감금치상죄에 해당된다. 또 이와 함께 강제추행죄도 적용할 수 있을 것이다.

● 관련판례 1

◎ 체포치상죄에서 '상해'의 의미 / 피해자가 입은 상처가 체포치상죄의 상해에 해당하지 아니하는 경우

체포치상죄의 상해는 피해자 신체의 건강상태가 불량하게 변경되고 생활기능에 장애가 초래되는 것을 말한다. 피해자가 입은 상처가 극히 경미하여 굳이 치료할 필요가 없고 치료를 받지 않더라도 일상생활을 하는 데 아무런 지장이 없으며 시일이 경과함에 따라 자연적으로 치유될 수 있는 정도라면, 그로 인하여 피해자의 신체의 건강상태가 불량하게 변경되었다거나 생활기능에 장애가 초래된 것으로 보기 어려워 체포치상죄의 상해에 해당한다고 할 수 없다.(대법원 2020. 3. 27., 선고, 2016도18713, 판결)

● 관련판례 2

◎ 감금 행위와 혈전이 폐동맥을 막아 사망한 결과 사이에 상당인과관계가 있다고 인정한 사례

4일 가량 물조차 제대로 마시지 못하고 잠도 자지 아니하여 거의 탈진 상태에 이른 피해자의 손과 발을 17시간 이상 묶어 두고 좁은 차량 속에서 움직이지 못하게 감금한 행위와 묶인 부위의 혈액 순환에 장애가 발생하여 혈전이 형성되고 그 혈전이 폐동맥을 막아 사망에 이르게 된 결과 사이에는 상당인과관계가 있다고 인정된다.(대법원 2002. 10. 11. 선고 2002도4315 판결)

● 관련판례 3

◎ 승용차로 피해자를 가로막아 승차하게 한 후 피해자의 하차 요구를 무시한 채 당초 목적지가 아닌 다른 장소를 향하여 시속 약 60km 내지 70km의 속도로 진행하여 피해자를 차량에서 내리지 못하게 한 경우, 감금죄에 해당하는지 여부(적극) 및 피해자가 그와 같은 감금상태를 벗어날 목적으로 차량을 빠져 나오려다가 길바닥에 떨어져 상해를 입고 그 결과 사망한 경우, 감금치사죄에 해당하는지 여부(적극)

승용차로 피해자를 가로막아 승차하게 한 후 피해자의 하차 요구를 무시한 채 당초 목적지가 아닌 다른 장소를 향하여 시속 약 60km 내지 70km의 속도로 진행하여 피해자를 차량에서 내리지 못하게 한 행위는 감금죄에 해당하고, 피해자가 그와 같은 감금상태를 벗어날 목적으로 차량을 빠져 나오려다가 길바닥에 떨어져 상해를 입고 그 결과 사망에 이르렀다면 감금행위와 피해자의 사망 사이에는 상당인과관계가 있다고 할 것이므로 감금치사죄에 해당한다.(대법원 2000. 2. 11. 선고 99도5286 판결)

제26절 협박의 죄

1. 협박죄 · 존속협박죄

第283조(협박, 존속협박)

① 사람을 협박한 자는 3년 이하의 징역, 500만원 이하의 벌금, 구류 또는 과료에 처한다. 〈개정 1995.12.29.〉

② 자기 또는 배우자의 직계존속에 대하여 제1항의 죄를 범한 때에는 5년 이하의 징역 또는 700만원 이하의 벌금에 처한다. 〈개정 1995.12.29.〉

③ 제1항 및 제2항의 죄는 피해자의 명시한 의사에 반하여 공소를 제기할 수 없다. 〈개정 1995.12.29.〉

(작성례 1)

피의자는 20○○. ○. ○. 14：20경, 평소 함께 다니던 형이 서울 ○○구 ○○동 ○○번지에 있는 룸살롱 "○○"을 경영하는 피해자의 점포에서 무전취식한 혐의로 체포되었다는 말을 들었다.

피의자는 룸살롱 "○○"에 찾아가 피해자에 대하여 "네가 뭔데 우리 형님한테 콩밥을 먹이냐, 밀고한 걸 곧 후회하게 될 것이다. 형님이 풀려나오면 가만 두지 않겠다"고 떠들면서 위 피해자의 신체 등에 어떻게 위해를 가할지도 모른다는 뜻을 고지하여 그녀를 협박하였다.

(작성례 2)

피의자는 그의 아버지 강○○가 사업자금을 주지 않고 그의 사업계획을 무시하자, 20○○. ○. ○. 18：00경 ○○시 ○○동 ○○번지에 있는 피의자의 집 안방에서 위 강○○에게 "8. 4. 10：00까지 돈 ○○만원을 책상 첫 번째 서랍에 넣어두시오. 만약 서랍에 돈이 없으면 집에 불을 질러 모두 태워 없애버리겠소"라는 내용의 협박장을 썼다.

그리고 이를 위 강○○가 볼 수 있도록 그의 서재 책상 위에 놓아 두어서 그로 하여금 이것을 같은 날인 8. 2. 20：30경 읽게 함으로써 존속을 협박하였다.

(작성례 3)

피의자는 불륜관계 여자를 협박 금원을 갈취하기로 마음먹고 그 대상을 물색하던 중 20○○. ○. ○. 16:00경 ○○시 ○○동 소재 ○○모텔에서 피해자 김○○(여, 40세)가 내연남자의 차량을 타고 나오는 것을 발견 불륜관계로 판단하였다.

그리하여 동 차량을 미행하여 피해자가 집으로 들어가는 것을 확인하고 우편함에서 휴대전화요금청구서 1부를 절취하여 피해자의 휴대전화 번호를 알아낸 후, 공중전화를 이용 10여회에 걸쳐 피해자에게 불륜사실을 폭로하겠다고 협박하여 같은달 ○. 14:30경 ○○시 ○○동 ○○백화점앞에서 500만원을 갈취하였다.

■ 적용실례

◇ 개가한 생모에게 죽이겠다고 협박한 경우

서○○는 자기의 어머니가 개가를 하자 그녀에게 찾아가 칼로 죽이겠다고 말하며 생명이나 신체에 위해를 가할 것처럼 협박을 하였다.

※ 위 서○○의 생모는 개가하며 이미 다른 가족관계등록부에 등록되어 있기 때문에 단순협박죄로 의율할 수도 있겠지만, 비록 다른 가족관계등록부에 등록되어 있더라도 서○○와 그 생모간에는 출산이라는 사실로 인한 법률상의 친족관계가 이미 성립되어 있으므로, 위 서○○의 행위에 대해서는 존속협박죄로 의율하는 것이 타당하겠다.

◇ 술값을 빼앗고, 술병을 깨서 협박한 경우

피의자 두 명이 동료들과 함께 술집에서 나와 막 헤어진 피해자에게 자신들의 술값을 내라고 협박해 4만5천원의 돈을 받아내고, 손에 들고 있던 술병을 깨며 신고하면 죽여 버리겠다고 협박하였다.

※ 이 경우 공갈죄와 협박죄는 경합범이 되지 않으며 공갈죄만 성립한다.

◇ 식도를 들고 생모를 협박한 경우

피의자는 용돈을 주지 않는다는 이유로 3회에 걸쳐 식도를 들고 어머니 정○

○을 협박하고 재물을 손괴하였다.

※ 이에 대해 존속협박과 폭력행위등처벌에관한법률위반죄를 적용하는 수도 있겠지만, 존속을 협박할 때 위험한 물건을 휴대하고 협박한 것은 특수존속협박죄에 해당한다(고소가 취소되더라도 특수협박죄이므로 공소권이 있다).

● 관련판례 1

◎ 협박죄의 기수에 이르기 위하여 상대방이 현실적으로 공포심을 일으킬 것을 요하는지 여부(소극)

협박죄가 성립하려면 고지된 해악의 내용이 행위자와 상대방의 성향, 고지 당시의 주변 상황, 행위자와 상대방 사이의 친숙의 정도 및 지위 등의 상호관계 등 행위 전후의 여러 사정을 종합하여 볼 때에 일반적으로 사람으로 하여금 공포심을 일으키게 하기에 충분한 것이어야 하지만, 상대방이 그에 의하여 현실적으로 공포심을 일으킬 것까지 요구되는 것은 아니며, 그와 같은 정도의 해악을 고지함으로써 상대방이 그 의미를 인식한 이상, 상대방이 현실적으로 공포심을 일으켰는지 여부와 관계없이 그로써 구성요건은 충족되어 협박죄의 기수에 이르는 것으로 해석하여야 한다.(대법원 2011. 1. 27. 선고 2010도14316 판결)

● 관련판례 2

◎ 채권추심회사의 지사장이 자신의 횡령행위에 대한 민·형사상 책임을 모면하기 위하여 회사 본사에 '회사의 내부비리 등을 관계 기관에 고발하겠다'는 취지의 서면을 보내는 한편, 위 회사의 임원에게 전화를 걸어 위 서면의 내용과 같은 취지로 발언한 사안에서, 위 회사의 임원에 대한 협박죄를 인정한 원심의 판단을 수긍한 사례

채권추심 회사의 지사장이 회사로부터 자신의 횡령행위에 대한 민·형사상 책임을 추궁당할 지경에 이르자 이를 모면하기 위하여 회사 본사에 '회사의 내부비리 등을 금융감독원 등 관계 기관에 고발하겠다'는 취지의 서면을 보내는 한편, 위 회사 경영지원본부장이자 상무이사에게 전화를 걸어 자신의 횡령행위를 문제삼지 말라고 요구하면서 위 서면의 내용과 같은 취지로 발언한 사안에서, 위 상무이사에 대한 협박죄를 인정한 원심의 판단을 수긍한다.(대법원 2010. 7. 15. 선고 2010도1017 판결)

2. 특수협박죄

제284조(특수협박)

단체 또는 다중의 위력을 보이거나 위험한 물건을 휴대하여 전조제1항, 제2항의 죄를 범한 때에는 7년 이하의 징역 또는 1천만원 이하의 벌금에 처한다. 〈개정 1995.12.29.〉

(작성례)

피의자는 20○○. ○. ○.경 평소 알고 지내는 노○○으로부터 정○○(당 ○○세)에게 빌려준 돈을 받아 달라고 부탁받고 같은 날 21 : 00경 ○○시 ○○동 ○○번지에 있는 정○○의 집에 찾아가 그를 근처 공원으로 데리고 갔다.

거기에서 그에게 "당신은 왜 노○○에게 빌린 돈을 갚지 않는가. 갚을 생각은 있는가, 갚겠다면 지금부터 돈을 돌려 내일 저녁 6시까지 우리 집으로 가지고 오라" 고 말했다.

그러나 정○○이 아무 말도 하지 않자, 바지의 허리띠 뒤쪽에 가지고 있던 길이 10cm 되는 칼을 꺼내 이리저리 만지작거리면서 "이것을 사용하고 싶지는 않지만 당신이 계속 벙어리 행세를 하면 할 수 없다" 라고 말하여, 정○○가 피의자의 요구에 응하지 아니할 때에는 그의 생명 또는 신체에 대하여, 어떠한 위해를 가할 듯한 태도를 보여서 그를 협박하였다.

● 관련판례 1

◎ 특수협박죄에서 말하는 위험한 물건을 '휴대하여' 및 '협박'의 의미

형법 제284조, 제283조 제1항은 위험한 물건을 휴대하여 사람을 협박한 자를 특수협박죄로 처벌하도록 규정하고 있는바, 여기서 위험한 물건을 '휴대하여'는 범행현장에서 사용하려는 의도 아래 위험한 물건을 소지하거나 몸에 지니는 경우를 가리키고, '협박'은 일반적으로 그 상대방이 된 사람으로 하여금 공포심을 일으키기에 충분한 정도의 해악을 고지하는 것을 말한다(대법원 2012. 8. 17. 선고 2011도10451 판결, 대법원 2015. 8. 19. 선고 2015도7852 판결 등 참조). 원심은 판시와 같은 사정을 들어, 피고인이 미리 준비해 간 위험한 물건인 회칼을 책상 위에 수회 내리치면서 피해자 공소외 1, 공소외 2에게 해악을 고지하였고, 그것이 일반적으로 사람으로 하여금 공포심을 느끼게 하기에 충분한 행위에 해당한다는 이유로 피고인이 특수협박죄를 저질렀다고 판단하였다.

앞서 본 법리와 기록에 비추어 살펴보면, 원심의 위와 같은 판단에 상고이유 주장과 같이 특수협박죄에서 위험한 물건의 휴대와 협박의 정도에 관한 법리를 오해하거나 논리와 경험의 법칙을 위반하여 사실을 오인한 잘못이 없다.(대법원 2017. 3. 30., 선고, 2017도771, 판결)

● 관련판례 2

◎ 법원이 특수협박죄로 공소가 제기된 범죄사실을 공소장변경 없이 상습특수협박죄로 처벌할 수 있는지 여부(원칙적 소극)

상습특수협박죄는 특수협박죄보다 가중하여 처벌하도록 규정되어 있으므로, 특별한 사정이 없는 한 불고불리의 원칙상 법원이 특수협박죄로 공소가 제기된 범죄사실을 공소장변경 없이 상습특수협박죄로 처벌할 수 없다(대법원 2016. 10. 27. 선고 2016도11880 판결)

● 관련판례 3

◎ 폭력행위 등 처벌에 관한 법률 제3조 제1항에 해당하는 범죄에 대하여 형법 제283조 제3항(반의사불벌규정)이 적용되는지 여부(소극)

형법 제283조 제3항은 피해자의 명시한 의사에 반하여 공소를 제기할 수 없는 대상범죄로서 같은 조 제1항 및 제2항에 규정된 형법상 단순협박죄와 존속협박죄만을 규정하고 있을 뿐이므로, 형법 제284조에서 규정하는 단체 또는 다중의 위력을 보이거나 위험한 물건을 휴대한 특수협박죄의 경우에는 형법 제283조 제3항이 적용될 수 없으며, 피고인의 이 사건 협박행위에 적용되는 폭력행위 등 처벌에 관한 법률 제3조 제1항에 있어서도 단체나 다중의 위력으로써 또는 단체나 집단을 가장하여 위력을 보임으로써 위 법률 제2조 제1항에 열거된 죄를 범한 자 또는 흉기 기타 위험한 물건을 휴대하여 그 죄를 범한 자를 가중처벌 하도록 규정하고 있을 뿐 형법 제283조 제3항의 적용에 관하여 아무런 규정을 두고 있지 아니하므로 형법 제283조 제3항이 적용될 여지는 없다고 해석된다 (대법원 1998. 5. 8. 선고 98도631 판결 참조).(대법원 2008. 7. 24., 선고, 2008도4658, 판결)

제27절 약취, 유인 및 인신매매의 죄

1. 미성년자 약취, 유인죄

제287조(미성년자의 약취, 유인)
미성년자를 약취 또는 유인한 사람은 10년 이하의 징역에 처한다.
[전문개정 2013.4.5.]

(작성례 1)

피의자는 20○○. ○. ○. 1 : 30경 서울 ○○구 ○○동 ○○번지에 있는 ○○아파트 단지를 통과하다가 ○○동 앞 놀이터에서 놀고 있던 오○○의 차녀인 오○○(당○○세)를 보고 그가 1년전에 사고로 죽은 피의자의 장녀 박○○의 생전 모습과 비슷하여 위 오○○에게 "아저씨가 맛있는 피자를 사 줄테니 따라오라" 는 말로 그녀가 미성년자임을 알면서도 꾀었다.

그리하여 그녀를 그 때부터 같은 달 ○. 16 : 00경까지 같은 시내 등으로 데리고 다녀 그녀의 부모로부터 이유없이 끌어내 미성년자인 그녀를 유인하였다.

(작성례 2)

피의자는 유흥비를 마련하기 위하여 20○○. ○.경 ○○시의 시장인 김○○의 아들을 유인하여 위 김○○으로부터 그 아들과 서로 바꾸는 조건으로 돈을 받으려고 마음먹었다.

그 후 피의자는 같은 달 ○. 14 : 30경 ○○시 ○○동에 있는 ○○초등학교 부근에서 기다리고 있다가 집에 돌아가려는 위 김○○의 장남 김○○(당○○세)를 불러서 그에게 "아저씨는 시청에서 아빠하고 같이 근무하는 사람인데, 지금 아빠하고 엄마가 급히 여행을 가게 되어서 빨리 너를 데려다 달라고 하신다. 아저씨와 같이 가자" 라고 거짓말을 하였다.

피의자는 이렇게 아직 어려서 사리판단을 잘 하지 못하는 그를 속여 그곳에서 그를 택시에 태워 ○○시 ○○동 ○○번지에 있는 피의자의 집으로 데리고 가서 같은 달 ○.경까지 그 집에 머물게 함으로써 재물을 취득할 목적으로 그를 유인하였다.

■ 적용실례

◇ 보호자가 안보는 틈을 타 아기를 데려간 경우

잠자고 있는 아기를 보호자가 안 보는 틈을 타 안고 갔다.

※ 미성년자 약취죄에 해당한다.

◇ 약취가 아니고 유인에 해당되는 경우

아동보호소에서 보호 양육중인 피해자에게 서울 형이 부유하게 살고 있으니 그곳에 가면 구경도 할 수 있고 학교도 보내주며 아무 걱정 없이 지낼 수 있다고 유혹해 그를 피의자의 집으로 유인해냈다.

※ 폭행 또는 협박의 수단으로 미성년자인 피해자를 현재 보호되고 있는 상태에서 이탈케 한 것이 아니고, 감언으로 동인을 꾀어 낸 것이므로 미성년자 약취가 아니라 미성년자 유인으로 의율하는 것이 타당하다.

◇ 죄명의율을 잘못한 사례

피의자는 골목에 숨어 있다가 피해자(미성년자)가 나타나자 갑자기 뛰어나와 손으로 입을 막고 움직이지 못하게 하여 자기의 실력지배 아래로 옮겨두었다.

※ 이러한 경우는 유혹을 수단으로 한 것이 아니기 때문에 미성년자 약취로 의율해야 한다.

◇ 이혼 후 친권자가 아내인 아이를 데리고 갔다가 다시 데려다 준 경우

주○○는 아내 이○○와 이혼하면서, 아직 어렸던 아이의 친권자를 이○○로 하기로 정했다. 그 후 이○○의 집 근처에서 놀고있는 아이를 우연히 보고 갑자기 자기 집으로 데려가고 싶어 가까이 다가갔다. 아버지인 주○○를 본 아이는 그에게 달려 갔고, 그것을 기회로 주○○는 아이를 데리고 자기 집으로 갔다. 그런데 다음날 생각이 바뀌어 그를 이○○의 집에 다시 데려다 주었다. 주○○의 죄책은?

※ 미성년자 약취·유인죄가 성립한다. 그 아이가 주○○의 아이이긴 하지만 그는 친권자가 아니기 때문에 이○○의 승낙없이 아이를 데려가는 것은 허용되지 않는다. 아이가 그의 집으로 가는 것을 승낙했다고 해도, 이것은 죄의 성립에 영향을 미치지 않는다. 또한 주○○의 행위는 이미 기수에 이르렀기 때문에 중지범도 되지 않는다.

● 관련판례 1

◎ 미성년자약취죄, 국외이송약취죄 등의 구성요건 중 '약취'의 의미와 그 판단 기준 및 미성년자를 보호·감독하는 사람이 해당 미성년자에 대한 약취죄의 주체가 될 수 있는지 여부(한정 적극)와 미성년 자녀의 부모 일방에 대하여 자녀에 대한 약취죄가 성립하기 위한 요건

형법 제287조의 미성년자약취죄, 제288조 제3항 전단[구 형법(2013. 4. 5. 법률 제11731호로 개정되기 전의 것을 말한다. 이하 같다) 제289조 제1항에 해당한다]의 국외이송약취죄 등의 구성요건요소로서 약취란 폭행, 협박 또는 불법적인 사실상의 힘을 수단으로 사용하여 피해자를 그 의사에 반하여 자유로운 생활관계 또는 보호관계로부터 이탈시켜 자기 또는 제3자의 사실상 지배하에 옮기는 행위를 의미하고, 구체적 사건에서 어떤 행위가 약취에 해당하는지 여부는 행위의 목적과 의도, 행위 당시의 정황, 행위의 태양과 종류, 수단과 방법, 피해자의 상태 등 관련 사정을 종합하여 판단하여야 한다. 한편 미성년자를 보호·감독하는 사람이라고 하더라도 다른 보호감독자의 보호·양육권을 침해하거나 자신의 보호·양육권을 남용하여 미성년자 본인의 이익을 침해하는 때에는 미성년자에 대한 약취죄의 주체가 될 수 있는데, 그 경우에도 해당 보호감독자에 대하여 약취죄의 성립을 인정할 수 있으려면 그 행위가 위와 같은 의미의 약취에 해당하여야 한다. 그렇지 아니하고 폭행, 협박 또는 불법적인 사실상의 힘을 사용하여 그 미성년자를 평온하던 종전의 보호·양육 상태로부터 이탈시켰다고 볼 수 없는 행위에 대하여까지 다른 보호감독자의 보호·양육권을 침해하였다는 이유로 미성년자에 대한 약취죄의 성립을 긍정하는 것은 형벌법규의 문언 범위를 벗어나는 해석으로서 죄형법정주의의 원칙에 비추어 허용될 수 없다. 따라서 부모가 이혼하였거나 별거하는 상황에서 미성년의 자녀를 부모의 일방이 평온하게 보호·양육하고 있는데, 상대방 부모가 폭행, 협박 또는 불법적인 사실상의 힘을 행사하여 그 보호·양육 상태를 깨뜨리고 자녀를 탈취하여 자기 또는 제3자의 사실상 지배하에 옮긴 경우, 그와 같은 행위는 특별한 사정이 없는 한 미성년자에 대한 약취죄를 구성한다고 볼 수 있다. 그러나 이와 달리 미성년의 자녀를 부모가 함께 동거하면서 보호·양육하여 오던 중 부모의 일방이 상대방 부모나 그 자녀에게 어떠한 폭행, 협박이나 불법적인 사실상의 힘을 행사함이 없이 그 자녀를 데리고 종전의 거소를 벗어나 다른 곳으로 옮겨 자녀에 대한 보호·양육을 계속하였다면, 그 행위가 보호·양육권의 남용에 해당한다는 등 특별한 사정이 없는 한 설령 이에 관하여 법원의 결정이나 상대방 부모의 동의를 얻지 아니하였다고 하더라도 그러한 행위에 대하여 곧바로 형법상 미성년자에 대한 약취죄의 성립을 인정할 수는 없다.(대법원 2013. 6. 20. 선고 2010도14328 전원합의체 판결)

● 관련판례 2

◎ 미성년자를 약취한 후 강간 목적으로 상해 등을 가하고 나아가 강간 및 살인미수를 범한 경우, 약취한 미성년자에 대한 상해 등으로 인한 특정범죄 가중처벌

등에 관한 법률 위반죄와 미성년자에 대한 강간 및 살인미수행위로 인한 성폭력범죄의 처벌 등에 관한 특례법 위반죄의 죄수 관계(=실체적 경합범)

미성년자인 피해자를 약취한 후에 강간을 목적으로 피해자에게 가혹한 행위 및 상해를 가하고 나아가 그 피해자에 대한 강간 및 살인미수를 범하였다면, 이에 대하여는 약취한 미성년자에 대한 상해 등으로 인한 특정범죄 가중처벌 등에 관한 법률 위반죄 및 미성년자인 피해자에 대한 강간 및 살인미수행위로 인한 성폭력범죄의 처벌 등에 관한 특례법 위반죄가 각 성립하고, 설령 상해의 결과가 피해자에 대한 강간 및 살인미수행위 과정에서 발생한 것이라 하더라도 위 각 죄는 서로 형법 제37조 전단의 실체적 경합범 관계에 있다.(대법원 2014. 2. 27. 선고 2013도12301 판결)

● 관련판례 3

◎ 갑이 을과 공모하여 가출 청소년 병을 유인하고 성매매 홍보용 나체사진을 찍은 후, 자신이 별건으로 체포되어 수감 중인 동안 병이 을의 관리 아래 성매수의 상대방이 된 대가로 받은 돈을 병, 을 및 갑의 처 등이 나누어 사용한 사안에서, 갑은 을과 함께 미성년자유인죄, 구 청소년의 성보호에 관한 법률 위반죄의 책임을 진다고 본 원심판단을 수긍한 사례

갑이 을과 공모하여 가출 청소년 병(여, 16세)에게 낙태수술비를 벌도록 해 주겠다고 유인하였고, 을로 하여금 병의 성매매 홍보용 나체사진을 찍도록 하였으며, 병이 중도에 약속을 어길 경우 민형사상 책임을 진다는 각서를 작성하도록 한 후, 자신이 별건으로 체포되어 구치소에 수감 중인 동안 병이 을의 관리 아래 12회에 걸쳐 불특정 다수 남성의 성매수 행위의 상대방이 된 대가로 받은 돈을 병, 을 및 갑의 처 등이 나누어 사용한 사안에서, 병의 성매매 기간 동안 갑이 수감되어 있었다 하더라도 위 갑은 을과 함께 미성년자유인죄, 구 청소년의 성보호에 관한 법률(2009. 6. 9. 법률 제9765호 아동·청소년의 성보호에 관한 법률로 전부 개정되기 전의 것) 위반죄의 책임을 진다고 한 원심판단을 수긍한 사례.(대법원 2010. 9. 9. 선고 2010도6924 판결)

● 관련판례 4

◎ 미성년자약취죄의 구성요건요소로서 '약취'의 의미 및 약취에 해당하는지 판단하는 기준

형법 제287조의 미성년자약취죄의 구성요건요소로서 약취란 폭행, 협박 또는 불법적인 사실상의 힘을 수단으로 사용하여 피해자를 그 의사에 반하여 자유로운 생활관계 또는 보호관계로부터 이탈시켜 자기 또는 제3자의 사실상 지배하에 옮기는 행위를 의미하고, 구체적 사건에서 어떤 행위가 약취에 해당하는지 여부는 행위의 목적과 의도, 행위 당시의 정황, 행위의 태양과 종류, 수단과 방법, 피해자의 상태 등 관련 사정을 종합하여 판단하여야 한다.(대법원 2021. 9. 9., 선고, 2019도16421, 판결)

● 관련판례 5

◎ 미성년자약취죄의 구성요건 중 '약취'의 의미와 판단 기준

형법 제287조의 미성년자약취죄의 구성요건요소로서 약취란 폭행, 협박 또는 불법적인 사실상의 힘을 수단으로 사용하여 피해자를 그 의사에 반하여 자유로운 생활관계 또는 보호관계로부터 이탈시켜 자기 또는 제3자의 사실상 지배하에 옮기는 행위를 의미하고, 구체적 사건에서 어떤 행위가 약취에 해당하는지 여부는 행위의 목적과 의도, 행위 당시의 정황, 행위의 태양과 종류, 수단과 방법, 피해자의 상태 등 관련 사정을 종합하여 판단하여야 한다(대법원 2009. 7. 9. 선고 2009도3816 판결 등 참조).

한편 미성년자를 보호·감독하는 사람이라고 하더라도 다른 보호감독자의 보호·양육권을 침해하거나 자신의 보호·양육권을 남용하여 미성년자 본인의 이익을 침해하는 때에는 미성년자에 대한 약취죄의 주체가 될 수 있으므로(대법원 2008. 1. 31. 선고 2007도8011 판결 등 참조), 부모가 이혼하였거나 별거하는 상황에서 미성년의 자녀를 부모의 일방이 평온하게 보호·양육하고 있는데, 상대방 부모가 폭행, 협박 또는 불법적인 사실상의 힘을 행사하여 그 보호·양육 상태를 깨뜨리고 자녀를 탈취하여 자기 또는 제3자의 사실상 지배하에 옮긴 경우, 그와 같은 행위는 특별한 사정이 없는 한 미성년자에 대한 약취죄를 구성한다(대법원 2013. 6. 20. 선고 2010도14328 전원합의체 판결).(대법원 2017. 12. 13., 선고, 2015도10032, 판결)

● 관련판례 6

◎ 미성년자약취죄의 구성요건요소로서 '약취'의 의미 및 약취에 해당하는지 판단하는 기준

형법 제287조의 미성년자약취죄의 구성요건요소로서 약취란 폭행, 협박 또는 불법적인 사실상의 힘을 수단으로 사용하여 피해자를 그 의사에 반하여 자유로운 생활관계 또는 보호관계로부터 이탈시켜 자기 또는 제3자의 사실상 지배하에 옮기는 행위를 의미하고, 구체적 사건에서 어떤 행위가 약취에 해당하는지 여부는 행위의 목적과 의도, 행위 당시의 정황, 행위의 태양과 종류, 수단과 방법, 피해자의 상태 등 관련 사정을 종합하여 판단하여야 한다. [대법원 2021. 9. 9., 선고, 2019도16421, 판결]

2. 추행 등 목적 약취, 유인 등의 죄

제288조(추행 등 목적 약취, 유인 등)

① 추행, 간음, 결혼 또는 영리의 목적으로 사람을 약취 또는 유인한 사람은 1년 이상 10년 이하의 징역에 처한다.

② 노동력 착취, 성매매와 성적 착취, 장기적출을 목적으로 사람을 약취 또는 유인한 사람은 2년 이상 15년 이하의 징역에 처한다.

③ 국외에 이송할 목적으로 사람을 약취 또는 유인하거나 약취 또는 유인된 사람을 국외에 이송한 사람도 제2항과 동일한 형으로 처벌한다.

(작성례 1)

피의자는 20○○. ○. ○. 14 : 00경 ○○역 광장을 배회하다가 의자에 혼자 앉아있는 전○○(당○○세)를 보고 그녀를 꾀어서 간음하기로 마음먹고 그녀에게 마치 피의자가 T.V. 예능프로의 프로듀서인 것처럼 꾸민 다음 "나는 ○○프로를 위해 평범한 얼굴을 찾으러 나온 PD인데 이제야 사람을 찾은 것 같다. 탤런트 해 볼 생각 없느냐" 고 하면서 달콤한 말로 그녀를 유혹하였다.

그리하여 다음날 14 : 00에 만나 ○○역 부근의 ○○여관 ○○호실로 데리고 들어가 그녀를 간음함으로써 간음의 목적으로 그녀를 유인하였다.

(작성례 2)

피의자 김○○는 직업소개소를 경영하고 있고, 동 박○○는 주점을 경영하고 있다.

피의자 김○○는 20○○. ○. ○. ○○시 ○○동 ○○번지에 있는 피의자가 경영하는 직업소개소에 아직 학생티를 벗지 못한 이○○(당○○세)와 정○○(당○○세)가 찾아오자 이들을 박○○가 경영하는 ○○동 ○○번지에 있는 술집 "○○○" 에 팔기로 마음먹었다.

피의자는 박○○가 이들을 접대부로 사용할 것이라는 사실을 알면서도 그로부터 현금 ○○만원을 받고 이들을 인도하여 주어 취업에 사용할 목적으로 부녀를 팔았다.

■ 적용실례

◇ 사람을 납치, 돈을 전해받는 과정에서 경찰이 덮쳐 실패한 경우

피의자는 ○○회사의 사장을 납치하고, 그 회사가 간부에 대해 사장을 돌려보내는 조건으로 1억원의 현금 교부를 요구했지만, 그 돈을 전해받는 과정에서 그 현장을 경찰이 덮쳐 돈을 받는 일을 실패하고 말았다. 피의자의 죄책은?

※ 영리 등을 위한 약취·유인죄가 성립한다. 피의자의 금품을 요구한 대상이 가족이나 친족이 아닌 회사의 간부이긴 하지만, 이들도 위 피해자의 신체나 생명에 위험이 가지 않기를 자기 일처럼 희망하는 사람들이기 때문에 범죄의 성립에는 영향을 주지 않는다.

● 관련판례 1

◎ 피고인이 간음 목적으로 미성년자인 피해자를 약취하였다는 내용으로 기소된 사안에서, 고소능력 있는 피해자 본인의 구술에 의한 적법한 고소가 있고, 본인의 고소가 취소되지 아니한 이상 친고죄의 공소제기 요건은 여전히 충족된다는 이유로, 피고인에 대한 간음 목적 약취의 공소사실을 유죄로 인정한 원심판단을 정당하다고 한 사례

피고인이 간음할 목적으로 미성년자인 피해자를 범행 당일 02:30경 주차장으로 끌고 간 다음 같은 날 02:40경 다시 부근의 빌딩 2층으로 끌고 가 약취하였다는 내용으로 기소된 사안에서, 당시 피해자는 11세 남짓한 초등학교 6학년생으로서 피해입은 사실을 이해하고 고소에 따른 사회생활상의 이해관계를 알아차릴 수 있는 사실상의 의사능력이 있었던 것으로 보이고, 경찰에서 일죄의 관계에 있는 범죄사실 중 범행 당일 02:30경의 약취 범행 등을 이유로 피고인을 처벌하여 달라는 의사표시를 분명히 하여 그 의사표시가 피해자 진술조서에 기재되었으므로, 고소능력 있는 피해자 본인이 고소를 하였다고 보아야 하며, 피고인 제출의 합의서에 피해자 성명이 기재되어 있으나 피해자의 날인은 없고, 피해자의 법정대리인인 부(부)의 무인 및 인감증명서가 첨부되어 있을 뿐이어서 피해자 본인의 고소 취소의 의사표시가 여기에 당연히 포함되어 있다고 볼 수 없으므로, 설령 피해자 법정대리인의 고소는 취소되었다고 하더라도 본인의 고소가 취소되지 아니한 이상 친고죄의 공소제기 요건은 여전히 충족된다는 이유로 같은 취지에서 피고인에 대한 간음 목적 약취의 공소사실을 유죄로 인정한 원심판단을 정당하다고 한 사례.(대법원 2011. 6. 24. 선고 2011도4451 판결)

● 관련판례 2

◎ 형법 제288조의 약취행위에서 폭행 · 협박의 정도 및 그 판단 기준

형법 제288조에 규정된 약취행위는 피해자를 그 의사에 반하여 자유로운 생활관계 또는 보호관계로부터 범인이나 제3자의 사실상 지배하에 옮기는 행위를 말하는 것으로서, 폭행 또는 협박을 수단으로 사용하는 경우에 그 폭행 또는 협박의 정도는 상대방을 실력적 지배하에 둘 수 있을 정도이면 족하고 반드시 상대방의 반항을 억압할 정도의 것임을 요하지는 아니하고 (대법원 1991. 8. 13. 선고 91도1184 판결 참조), 뿐만 아니라 약취에는 폭행 또는 협박 이외의 사실상의 힘에 의한 경우도 포함되며, 어떤 행위가 위와 같은 약취행위에 해당하는지 여부는 행위의 목적과 의도, 행위 당시의 정황, 행위의 태양과 종류, 피해자의 의사 등을 종합하여 판단하여야 한다.(대법원 2009. 7. 9. 선고 2009도3816 판결)

● 관련판례 3

◎ 구 특정범죄 가중처벌 등에 관한 법률 제5조의2 제4항의 삭제가 '추행 목적의 유인죄'를 가중처벌하도록 한 종전의 조치가 과중하다는 데서 나온 반성적 조치로서 형법 제1조 제2항에 따라 신법이 적용되는 경우에 해당하는지 여부(적극)

구 특정범죄 가중처벌 등에 관한 법률(2013. 4. 5. 법률 제11731호로 개정되기 전의 것) 제5조의2 제4항은 "형법 제288조 · 제289조 또는 제292조 제1항의 죄를 범한 사람은 무기 또는 5년 이상의 징역에 처한다."고 규정하고, 구 형법(2013. 4. 5. 법률 제11731호로 개정되기 전의 것) 제288조 제1항은 "추행, 간음 또는 영리의 목적으로 사람을 약취 또는 유인한 자는 1년 이상의 유기징역에 처한다."고 규정하였으나, 원심판결 선고 전 시행된 특정범죄 가중처벌 등에 관한 법률(2013. 4. 5. 법률 제11731호로 개정된 것)에는 제5조의2 제4항이 삭제되고, 형법(2013. 4. 5. 법률 제11731호로 개정된 것) 제288조 제1항은 "추행, 간음, 결혼 또는 영리의 목적으로 사람을 약취 또는 유인한 사람은 1년 이상 10년 이하의 징역에 처한다."고 규정하여 추행 목적의 유인죄에 대한 법정형이 변경되었는데, 그 취지는 추행 목적의 유인의 형태와 동기가 다양함에도 불구하고 무기 또는 5년 이상의 징역으로 가중처벌하도록 한 종전의 조치가 과중하다는 데서 나온 반성적 조치라고 보아야 할 것이어서, 이는 형법 제1조 제2항의 '범죄 후 법률의 변경에 의하여 그 행위가 범죄를 구성하지 아니하거나 형이 구법보다 경한 때'에 해당한다.(대법원 2013. 7. 11., 선고, 2013도4862,2013전도101, 판결)

제28절 강간과 추행의 죄

1. 강간죄, 유사강간죄

제297조(강간)

폭행 또는 협박으로 사람을 강간한 자는 3년 이상의 유기징역에 처한다. 〈개정 2012.12.18.〉

제297조의2(유사강간)

폭행 또는 협박으로 사람에 대하여 구강, 항문 등 신체(성기는 제외한다)의 내부에 성기를 넣거나 성기, 항문에 손가락 등 신체(성기는 제외한다)의 일부 또는 도구를 넣는 행위를 한 사람은 2년 이상의 유기징역에 처한다.

[본조신설 2012.12.18.]

(작성례 1)

피의자는 20○○. ○. ○. 23 : 20경 ○○시 ○○동 ○○번지의 골목길에서 집으로 가려고 그 곳을 지나가던 피해자 배○○(당○○세)에게 간음할 목적으로 다가가 갑자기 뒤에서 그녀의 목을 조르고 그 옆 공원의 화장실 뒤로 끌고가 주먹으로 그녀의 얼굴과 배를 때리는 등 폭행하여 반항을 못하게 하였다. 그리고 그 곳에서 그녀를 강제로 간음하여 강간하고, 즉석에서 무서워 떨고 있는 그녀의 지갑에 있던 그녀 소유인 돈 30만원을 강취하였다.

(작성례 2)

피의자 윤○○은 20○○. ○. ○. 17 : 30경 서울 ○○구 ○○동에 있는 피의자 윤○○의 자취방으로 피해자 이○○(당○○세)를 (어떻게) 유인한 다음, 피의자 윤○○은 바닥에 앉아있던 그녀를 넘어뜨리고 얼굴을 때리고 다리를 잡아 누르는 등 폭행을 하여 반항을 억압한 다음 강제로 성교하여 강간하였다.

(작성례 3)

피의자는 20○○. ○. ○. 23:30경 ○○동에 있는 ○○도로상에 주차한 피의자 소유의 ○○가○○○○ NF쏘나타 조수석에서 함께 타고간 ○○동 ○○다방종업원인 피해자 이○○(여, 21세)에게 성관계를 요구하며 옷을 벗으라고 하였다. 그러나 피해자가 이를 거절하자 심한 욕설을 하며 조수석으로 넘어가 의자를 뒤로 젖혀 피해자를 눕히고 피의자의 무릎으로 피해자의 허벅지를 내리눌러 반항을 억압한 다음 상, 하의를 벗기고 간음하였다.

■ 적용실례

◇ 별거중 아내를 폭행, 간음한 경우

공○○는 그의 아내 최○○와 별거중인데, 어느 날 최○○에게 이혼서류문제를 처리하자고 하며 그녀의 집으로 들어와 폭행을 가하고 그녀를 간음했다.

※ 부부는 서로 성교를 요구하고 응하는 관계에 있지만, 이 경우와 같이 실질적으로 혼인관계가 파탄되어 있는 때에는 남편이라도 강간죄를 범한 것이 된다.

◇ 항거불능상태에 있는 자를 강간하고, 재물을 절취한 경우

피해자가 술에 취해 의식불명상태에 있을 때 그녀를 강간하고 가방을 열어 지갑과 시계 등을 절취하였다.

※ 절도범행당시 피해자가 항거불능한 상태에 있었다고 해도 준강간 및 절도죄가 성립한다 할 것이다.

◇ 주거에 침입, 강간한 경우

피해자의 방에 침입하여 강간하였다.

※ 강간이 고소취소되는 경우 주거침입 부분을 따로 입건해두지 않으면 죄질이 나쁜 강간범을 처벌하지 못하는 경우도 발생하기 때문에 주거침입후 강간한 경우는 강간과 함께 주거침입도 의율하는 것이 타당하겠다.

◇ 술에 취해 잠자던 중 이상을 느껴 반항한 경우

술에 취해 자던 중 느낌이 이상해 깨어나 보니 피의자가 피해자의 옷을 벗기고 성기를 삽입하여 간음하고 있었다. 깜짝놀라 피의자를 밀어내며 반항했지만 피의자는 피해자의 뺨을 때리는 등 폭행하고 간음을 계속하였다.

※ 이 경우 준강간으로 의율할 수도 있겠지만 그것은 착오이고, 피해자의 행위를 전체적으로 보면 강간죄를 성립시킨다고 해야 한다.

● 관련판례 1

◎ 주거침입강제추행죄 및 주거침입강간죄 등이 주거침입죄를 범한 후에 사람을 강간하는 등의 행위를 하여야 하는 일종의 신분범인지 여부(적극) 및 그 실행의 착수시기(=주거침입 행위 후 강간죄 등의 실행행위에 나아간 때)

주거침입강제추행죄 및 주거침입강간죄 등은 사람의 주거 등을 침입한 자가 피해자를 간음, 강제추행 등 성폭력을 행사한 경우에 성립하는 것으로서, 주거침입죄를 범한 후에 사람을 강간하는 등의 행위를 하여야 하는 일종의 신분범이고, 선후가 바뀌어 강간죄 등을 범한 자가 그 피해자의 주거에 침입한 경우에는 이에 해당하지 않고 강간죄 등과 주거침입죄 등의 실체적 경합범이 된다. 그 실행의 착수시기는 주거침입 행위 후 강간죄 등의 실행행위에 나아간 때이다.(대법원 2021. 8. 12., 선고, 2020도17796, 판결)

● 관련판례 2

◎ 특정강력범죄의 처벌에 관한 특례법이 2010. 3. 31. 개정되기 전에 단순 강간행위에 의한 강간 등 상해·치상죄가 이루어진 경우, 위 죄가 위와 같이 개정된 같은 법 제2조 제1항 제3호에 규정된 '특정강력범죄'에 해당하는지 여부(소극) 및 위 규정이 2011. 3. 7. 개정되면서 2010. 3. 31. 개정 전과 같은 내용이 되었더라도 여전히 '특정강력범죄'에 해당하지 않는지 여부(적극)

2010. 3. 31. 법률 제10209호로 개정된 특정강력범죄의 처벌에 관한 특례법(이하 '법률 제10209호 특강법' 이라고 한다) 제2조 제1항 제3호는 개정 전과 달리 형법 제301조에 관해서도 '흉기나 그 밖의 위험한 물건을 휴대하거나 2인 이상이 합동하여 범한' 이라는 요건을 갖추어야 '특정강력범죄'에 해당하는 것으로 규정하였고, 이는 개정된 조항의 의미와 취지 등에 비추어 피고인에게 유리하게 법률 개정이 이루어진 것으로서 형법 제1조 제2항에 규정된 '범죄 후 법률의 변경에 의하여 형이 구법보다 경한 때'에 해당한다고 보는 것이 타당하다. 따라서 법률 제10209호 특강법 개정 전에 이루어진 강간 등 상해·치상의 행위가 흉기나 그 밖의 위험한 물건을 휴대하거나 2인 이상이 합동하여 저질러진 경우가 아니라 단순 강간행위에 의하여 저질

러진 경우에는 그 범죄행위에 의하여 상해라는 중한 결과가 발생하였더라도 그 강간 등 상해 · 치상의 죄(형법 제301조의 죄)는 법률 제10209호 특강법 제2조 제1항 제3호에 규정된 '특정강력범죄'에 해당하지 않는다. 한편 법률 제10209호 특강법 제2조 제1항 제3호는 2011. 3. 7. 법률 제10431호로 개정됨으로써 2010. 3. 31. 개정되기 전과 같이 단순 강간행위에 의한 상해 · 치상죄도 '특정강력범죄'의 범위에 포함시켰으나, 범죄행위 시와 재판 시 사이에 여러 차례 법령이 개정되어 형의 변경이 있는 경우에는 이 점에 관한 당사자의 주장이 없더라도 형법 제1조 제2항에 의하여 직권으로 그 전부의 법령을 비교하여 그 중 가장 형이 가벼운 법령을 적용하여야 하므로, 법률 제10209호 특강법 개정 전에 이루어진 단순 강간행위에 의한 상해 · 치상의 죄는 2011. 3. 7.의 개정에도 불구하고 여전히 '특정강력범죄'에 해당하지 않는다. (대법원 2012. 9. 13. 선고 2012도7760 판결)

● 관련판례 3

◎ 강간의 피해자가 배우자 있는 자인 경우, 강간 피해자에게 간통죄가 성립하는지 여부(소극) 및 이때 가해자가 강간죄 외에 상간자로서 간통죄의 죄책을 지는지 여부(소극)

강간의 피해자가 배우자 있는 자인 경우 그 성관계는 피해자의 자의에 의한 것이라고 볼 수 없으므로 강간 피해자에게 따로 간통죄가 성립할 수는 없다. 이 경우 가해자도 강간죄의 죄책을 지는 외에 강간 피해자의 배우자가 상간자라고 하여 고소한 데 따른 간통죄의 죄책을 지지는 아니한다.(대법원 2013. 9. 12. 선고 2013도5893 판결)

● 관련판례 4

◎ '성적 자기결정권'의 의미와 내용 / 위계에 의한 간음죄를 비롯한 강간과 추행의 죄의 보호법익(=소극적인 성적 자기결정권)

성적 자기결정권은 스스로 선택한 인생관 등을 바탕으로 사회공동체 안에서 각자가 독자적으로 성적 관념을 확립하고 이에 따라 사생활의 영역에서 자기 스스로 내린 성적 결정에 따라 자기책임하에 상대방을 선택하고 성관계를 가질 권리로 이해된다. 여기에는 자신이 하고자 하는 성행위를 결정할 권리라는 적극적 측면과 함께 원치 않는 성행위를 거부할 권리라는 소극적 측면이 함께 존재하는데, 위계에 의한 간음죄를 비롯한 강간과 추행의 죄는 소극적 성적 자기결정권을 침해하는 것을 내용으로 한다.(대법원 2020. 10. 29., 선고, 2018도16466, 판결)

2. 강제추행죄

제298조(강제추행)
폭행 또는 협박으로 사람에 대하여 추행을 한 자는 10년 이하의 징역 또는 1천500만원 이하의 벌금에 처한다. 〈개정 1995.12.29.〉

(작성례 1)

피의자는 20○○. ○. ○. 15 : 30경 ○○군 ○○면 ○○리를 지나던 중 ○○산기슭에 있는 밭에서 피해자 이○○(당○○세)가 밭일을 하고 있는 것을 보고 갑자기 그녀에게 달려들어 끌어안고 땅에 넘어뜨렸다. 그리고 그녀의 배 위에 걸터앉아 얼굴을 때리는 등 폭행을 가하고 그녀의 치마를 찢고 손으로 음부와 유방을 만지는 등 강제로 추행하였다.

(작성례 2)

피의자 심○○은 20○○. ○. ○. 11 : 00경 ○○시 ○○동 ○○번지에서 영업을 하다가 늦은 아침을 먹으려고 "○○식당"에 들어갔다. 그런데 그 집 여주인 방○○(당○○세)가 마침 낮잠을 자고 있는 것을 발견하고 그녀에게 다가가 그녀의 손과 유방을 만지고 속옷으로 손을 넣어 손가락으로 음부를 후비는 등 그녀가 반항할 수 없는 상태에서 강제로 추행하였다.

(작성례 3)

피의자는 20○○. ○. ○. 20:00경 서울 ○○동에 있는 ○○단란주점에서 그 주점 종업원 최○○(여, 23세)와 술을 먹다 순간적으로 욕정을 일으켜 그녀를 끌어안고 유방과 음부를 손으로 만져서 그녀를 강제로 추행하였다.

■ 적용실례

◇ 추행하려다 실패한 뒤 피해자가 고소후 취소한 경우

피의자는 강제로 추행하기 위해 피해자의 옷을 잡아당기다가 피해자가 도망가는 바람에 옷만 찢고 추행은 실패하였다. 그런데 처음에 고소를 했던 피해자가 나중에 그 고소를 취소하였다.

※ 강제추행을 하기 위해 피해자의 옷을 잡아당기다가 이를 찢은 경우 재물손괴의 점은 강제추행의 수단으로 보아야 할 것이므로 이를 별도로 강제추행미수와 분리하여 처벌할 수는 없다. 그리고 위 사건에서는 피해자가 강제추행미수에 대한 고소를 취소했으므로 공소권없음으로 송치해야 할 것이다.

◇ 추행을 당해 반항하다 상처를 입은 경우

이○○는 박○○에게 술을 먹여 그녀가 정신을 잃으면 강간하기로 마음먹고, 여러 술집을 데리고 다니다가 그녀가 술에 취하지 않아 계획대로 되지 않자 위 박○○를 도로에 억지로 눕히고 반항하는 고소인의 유방을 만지고 키스를 하였다. 그 과정에서 박○○는 도로에 눕혀져 위와 같은 추행을 당하지 않으려고 반항을 하다가 이○○의 팔꿈치, 손 등에 이마, 목 등이 부딪쳐 상처를 입었다.

※ 이 경우 단순히 강제추행죄로 의율하는 것이 아니라 강제추행치상죄로 의율해야 한다.

◇ 야간에 추행하고 폭행한 경우

피의자는 야간에 피해자의 목을 조이고 젖가슴을 만지다가 피해자가 대항하자 주먹으로 배를 때리는 등 구타하여 상해를 가하였다.

※ 강제로 추행하고 상해를 가한 사안이므로 강제추행치상으로 의율하는 것이 타당하겠다.

● 관련판례 1

◎ 죄가 되지 아니하던 행위를 구성요건 신설로 포괄일죄의 처벌대상으로 삼는 경우, 신설된 포괄일죄 처벌법규가 시행되기 이전의 행위에 대하여 신설된 법규를 적용하여 처벌할 수 있는지 여부(소극) / 구성요건이 신설된 상습강제추행죄가 시행되기 이전의 범행을 상습강제추행죄로 처벌할 수 있는지 여부(소극) 및 이 경우 소추요건은 강제추행죄에 관한 것이 구비되어야 하는지 여부(적극)

포괄일죄에 관한 기존 처벌법규에 대하여 그 표현이나 형량과 관련한 개정을 하는 경우가 아니라 애초에 죄가 되지 아니하던 행위를 구성요건의 신설로 포괄일죄의 처벌

대상으로 삼는 경우에는 신설된 포괄일죄 처벌법규가 시행되기 이전의 행위에 대하여는 신설된 법규를 적용하여 처벌할 수 없다(형법 제1조 제1항). 이는 신설된 처벌법규가 상습범을 처벌하는 구성요건인 경우에도 마찬가지라고 할 것이므로, 구성요건이 신설된 상습강제추행죄가 시행되기 이전의 범행은 상습강제추행죄로는 처벌할 수 없고 행위시법에 기초하여 강제추행죄로 처벌할 수 있을 뿐이며, 이 경우 그 소추요건도 상습강제추행죄에 관한 것이 아니라 강제추행죄에 관한 것이 구비되어야 한다.(대법원 2016. 1. 28. 선고 2015도15669 판결)

● 관련판례 2

◎ 피고인이 피해자 갑(여, 48세)에게 욕설을 하면서 자신의 바지를 벗어 성기를 보여주는 방법으로 강제추행하였다는 내용으로 기소된 사안에서, 제반 사정을 고려할 때 단순히 피고인이 바지를 벗어 자신의 성기를 보여준 것만으로는 폭행 또는 협박으로 '추행'을 하였다고 볼 수 없는데도, 이와 달리 보아 유죄를 인정한 원심판결에 강제추행죄의 추행에 관한 법리오해의 위법이 있다고 한 사례

피고인이 피해자 갑(여, 48세)에게 욕설을 하면서 자신의 바지를 벗어 성기를 보여주는 방법으로 강제추행하였다는 내용으로 기소된 사안에서, 갑의 성별·연령, 행위에 이르게 된 경위, 갑에 대하여 어떠한 신체 접촉도 없었던 점, 행위장소가 사람 및 차량의 왕래가 빈번한 도로로서 공중에게 공개된 곳인 점, 피고인이 한 욕설은 성적인 성질을 가지지 아니하는 것으로서 '추행'과 관련이 없는 점, 갑이 자신의 성적 결정의 자유를 침해당하였다고 볼 만한 사정이 없는 점 등 제반 사정을 고려할 때, 단순히 피고인이 바지를 벗어 자신의 성기를 보여준 것만으로는 폭행 또는 협박으로 '추행'을 하였다고 볼 수 없는데도, 이와 달리 보아 유죄를 인정한 원심판결에 강제추행죄의 추행에 관한 법리오해의 위법이 있다.(대법원 2012. 7. 26. 선고 2011도8805 판결)

● 관련판례 3

◎ 주거침입강제추행죄 및 주거침입강간죄 등이 주거침입죄를 범한 후에 사람을 강간하는 등의 행위를 하여야 하는 일종의 신분범인지 여부(적극)

주거침입강제추행죄 및 주거침입강간죄 등은 사람의 주거 등을 침입한 자가 피해자를 간음, 강제추행 등 성폭력을 행사한 경우에 성립하는 것으로서, 주거침입죄를 범한 후에 사람을 강간하는 등의 행위를 하여야 하는 일종의 신분범이고, 선후가 바뀌어 강간죄 등을 범한 자가 그 피해자의 주거에 침입한 경우에는 이에 해당하지 않고 강간죄 등과 주거침입죄 등의 실체적 경합범이 된다. 그 실행의 착수시기는 주거침입 행위 후 강간죄 등의 실행행위에 나아간 때이다.(대법원 2021. 8. 12., 선고, 2020도17796, 판결)

3. 준강간죄 · 준강제추행죄

제299조(준강간, 준강제추행)
사람의 심신상실 또는 항거불능의 상태를 이용하여 간음 또는 추행을 한 자는 제297조, 제297조의2 및 제298조의 예에 의한다. 〈개정 2012.12.18.〉

(작성례 1)

피의자는 ○○건강관리라는 상호로 소위 기치료를 하는 사람이다.

피의자는 20○○. ○. ○.경 서울 ○○구 ○○동 ○○번지에 있는 김○○의 집에 찾아가서 그의 처 전○○(당○○세)에게 "당신이 임신되지 않는다고 당신 남편이 좀 봐달라고 해서 기치료를 해주려고 왔다"고 거짓말을 하였다. 그리고 그녀에게 피의자가 시키는대로 기(氣)모으는 자세를 취하고 5분 동안 있게 하여 피의자의 말을 믿게 한 다음 그녀로 하여금 옷을 벗고 그 자리에 누워 두 다리를 벌리게 하고 그녀의 음부에 손가락을 넣는 등 강제로 추행하였다.

(작성례 2)

피의자는 20○○. 10. 10. 23:00경 서울 성북구 ○○동 100번지에 있는 홍길동이 경영하는 음식점 명월관 3호실에서 피해자 박여자(여, 00세)와 술을 마시다가 그녀가 술에 취하여 의식불명이 되자 이와 같은 그녀의 항거불능상태를 이용하여 그녀를 간음하였다.

■ 적용실례

◇ 의사가 진찰중 간음한 경우

산부인과 의사가 진찰을 받으러 병원에 온 환자를 진찰대에 눕히고 중간에 커튼을 쳐 자신의 행동을 못보게 한 후 진찰하는 것처럼 그녀의 다리를 벌리게 하고 갑자기 달려들어 간음하였다.

※ 피해자가 심리적으로 항거불능인 상태에 있을 때 간음한 경우로, 준강간죄를 적용해야 한다.

◇ 여인이 깊이 잠든 틈에 남편인 것처럼 간음한 경우

고○○의 집에서 하숙을 하고 있는 남○○는, 고○○가 집에 들어오지 않아 그의 아내가 혼자 잠든 것을 알고 그 방에 들어가 그녀의 옆에 누웠다. 그녀가 눈을 떴다 감으며, 위 남○○를 남편으로 알고 그대로 잠을 자자, 그는 그녀의 잘못된 신뢰를 이용해 그녀를 간음하였다.

※ 이 경우, 피해자의 항거불능상태를 이용해 간음한 것이기 때문에 준강간으로 의율하는 것이 상당하겠다.

◇ 만취로 의식불명인 사람을 간음한 경우

피의자는 그의 자취방에서 피해자와 술을 마시다가 그녀가 술에 취해 의식불명이 되자 욕정을 느껴 그녀를 간음하였다.

※ 피의자가 간음의 의도로 피해자에게 일부러 술을 먹인 것이라면 그가 항거불능의 상태를 야기시킨 것이므로 강간죄가 되겠지만, 이 경우는 피의자가 항거불능의 상태를 야기했다고 볼 수 없어 단순히 항거불능상태에 빠진 피해자를 간음한 것이기 때문에 준강간죄로 의율해야 한다.

◇ 항거불능상태에 있는 자를 강간하고, 재물을 절취한 경우

피의자가 피해자의 방에 들어가, 수면제를 먹고 깊이 잠들어 있는 그녀를 강간한 다음 그 곳에 놓여있는 목걸이와 반지 등을 발견하고 절도범행을 결의, 그것을 절취하였다.

※ 절도범행 당시 피해자가 항거불능 상태에 있었다 해서 강도죄로 의율할 것이 아니라 준강간 및 절도죄로 의율해야 한다.

● 관련판례 1

◎ 의붓아버지와 의붓딸의 관계가 성폭력범죄의 처벌 등에 관한 특례법 제5조 제4항에서 규정한 '4촌 이내의 인척' 으로서 친족관계에 해당하는지 여부(적극)

성폭력범죄의 처벌 등에 관한 특례법(이하 '성폭력처벌법' 이라 한다) 제5조 제3항은 "친족관계인 사람이 사람에 대하여 형법 제299조(준강간, 준강제추행)의 죄를 범한 경우에는 제1항 또는 제2항의 예에 따라 처벌한다." 라고 규정하고 있고, 같은 조 제1항은 "친족관계인 사람이 폭행 또는 협박으로 사람을 강간한 경우에는 7년 이상의 유기징역에 처한다.”라고 규정하고 있으며, 같은 조 제4항은 “제1항부터 제3항까지의 친족의 범위는 4촌 이내의 혈족ㆍ인척과 동거하는 친족으로 한다.”라고 규정하고 있다. 한편 민법 제767조는 “배우자, 혈족 및 인척을 친족으로 한다.”라고 규정하고 있고, 같은 법 제769조는 “혈족의 배우자, 배우자의 혈족, 배우자의 혈족의 배우자를 인척으로 한다.”라고 규정하고 있으며, 같은 법 제771조는 “인척은 배우자의 혈족에 대하여는 배우자의 그 혈족에 대한 촌수에 따르고, 혈족의 배우자에 대하여는 그 혈족에 대한 촌수에 따른다.”라고 규정하고 있다. 따라서 의붓아버지와 의붓딸의 관계는 성폭력처벌법 제5조 제4항이 규정한 4촌 이내의 인척으로서 친족관계에 해당한다.(대법원 2020. 11. 5., 선고, 2020도10806, 판결)

● 관련판례 2

◎ 피고인이 준강제추행 범행으로 벌금형의 약식명령을 발령받고 정식재판을 청구하였는데, 제1심이 약식명령에서 정한 벌금형과 동일한 벌금형을 선고하면서 성폭력 치료프로그램 24시간의 이수명령을 병과하였고 원심이 이를 유지한 사안에서, 이는 전체적·실질적으로 볼 때 피고인에게 불이익하게 변경한 것이므로 허용되지 않는다고 한 사례

피고인이 준강제추행을 범하였다는 것으로서, 피고인에 대하여 벌금 3,000,000원의 약식명령이 발령되자 피고인은 이에 대하여 정식재판을 청구하였고, 제1심은 피고인에 대하여 벌금 3,000,000원에 처하는 판결을 선고하면서 성폭력범죄의 처벌 등에 관한 특례법 제16조 제2항에 의하여 성폭력 치료프로그램 24시간의 이수명령을 병과하였으며, 이에 대하여 피고인이 항소하였으나 원심은 피고인의 항소를 기각하는 판결을 선고하였다. 이를 앞서 본 법리에 비추어 보면, 벌금 3,000,000원의 약식명령에 대하여 피고인만이 정식재판을 청구한 이 사건에서 제1심이 약식명령에서 정한 벌금형과 동일한 벌금형을 선고하면서 새로 이수명령을 병과한 것은 전체적·실질적으로 볼 때 피고인에게 불이익하게 변경한 것이므로 허용되지 않는다.(대법원 2015. 9. 15. 선고 2015도11362 판결)

● 관련판례 3

◎ 성폭력범죄의 처벌 등에 관한 특례법 제4조 제3항, 제1항의 ‘2인 이상이 합동하여 형법 제299조의 죄를 범한 경우’에 해당하기 위한 요건

성폭력범죄의 처벌 등에 관한 특례법 제4조 제3항, 제1항의 ‘2인 이상이 합동하여 형법 제299조의 죄를 범한 경우’에 해당하려면, 피고인들이 공모하여 실행행위를 분담하였음이 인정되어야 하는데, 범죄의 공동가공의사가 암묵리에 서로 상통하고 범의 내용에 대하여 포괄적 또는 개별적인 의사연락이나 인식이 있었다면 공모관계가 성립하고, 시간적으로나 장소적으로 협동관계에 있었다면 실행행위를 분담한 것으로 인정된다(대법원 2016. 6. 9. 선고 2016도4618 판결)

4. 강간상해 · 치상죄, 강간살인 · 치사죄

제301조(강간 등 상해·치상)

제297조, 제297조의2 및 제298조부터 제300조까지의 죄를 범한 자가 사람을 상해하거나 상해에 이르게 한 때에는 무기 또는 5년 이상의 징역에 처한다. 〈개정 2012.12.18.〉

[전문개정 1995.12.29.]

제301조의2(강간등 살인·치사)

제297조, 제297조의2 및 제298조부터 제300조까지의 죄를 범한 자가 사람을 살해한 때에는 사형 또는 무기징역에 처한다. 사망에 이르게 한 때에는 무기 또는 10년 이상의 징역에 처한다. 〈개정 2012. 12. 18.〉

[본조신설 1995. 12. 29.]

(작성례 1)

피의자 이○○은 20○○. ○. ○. 12 : 30쯤 경기도 ○○시 ○○놀이동산에서 알게된 정○○(당○○세)를 강간하기로 하고, 그녀와 함께 놀이기구 등을 타며 즐긴 후 같은 날 16 : 00쯤 드라이브하자고 감언이설을 하였다. 그리하여 자신의 차를 타고 놀이동산을 벗어나 같은 시 ○○동 ○○산에서 내려, 정○○을 데리고 위 산의 입구에서 왼쪽으로 들어가 주위에 아무도 없게 되자 그녀를 밀어눕혀 올라타고 음부와 유방 등을 주무르고 주먹으로 안면을 구타하는 등 폭행을 가하였다. 그러나 그녀의 저항으로 그 목적을 이루지 못하고 그녀에게 전치 10일의 상해를 입혔다.

(작성례 2)

피의자는 20○○. ○. ○. 17 : 20 서울 ○○기차역에서 친구를 배웅하고 돌아 나오던 현○○(당○○세)에게 접근하여 "나는 ○○대학 사진학과에 다니는 학생인데, 졸업작품을 만들기 위해 나왔다. 모델이 되어 달라" 고 거짓말을 하고 작업실로 가자며 그녀를 유인하여 그가 묵고 있는 ○○여관 ○○호실로 데리고 갔다.

피의자는 거기에서 그녀를 밀어 눕히고 그 위에 올라탔고, 그녀가 저항을 하며 소리를 지르자 두 손으로 그녀의 목을 졸라 반항을 하지 못하도록 하고 간음하였고, 그 때 위 폭력에 의하여 그녀를 질식사시켰다.

■ 적용실례

◇ 강간하려다 상해만 입힌 경우

피의자는 밤늦게 집에 들어가다가 골목에서 피해자 혼자 걸어가고 있는 것을 보고 주위를 살핀 뒤 강간하기로 마음먹고 그녀를 덮쳐 마을 작은 공터로 끌고 가 넘어뜨렸으나 그녀의 반항으로 인해 간음하지 못하고, 그 과정에서 피해자에게 상해만을 입히고 말았다.

※ 강간치상죄로 의율할 수 있다. 이 죄는 범죄의 기수와 미수에 영향을 받지 않기 때문에 피의자가 간음의 뜻을 이루지 못했더라도 죄가 성립하는 것이다.

◇ 차례로 강간하여 처녀막파열상을 입었을 경우

피의자 송○○와 김○○는 공원벤치에 앉아있는 조○○에게 접근하여 그녀와 이야기를 나누다 공원 후문쪽에 있는 나무숲으로 유인하여 그녀를 넘어뜨리고 위 송○○가 그녀의 상체를 눌러 반항하지 못하게 하고 김○○가 간음한 후, 당시 같은 방법으로 송○○가 간음하였다. 조○○는 처녀막파열상을 입었다.

※ 처녀막파열도 상해이므로 단순 강간이 아닌 강간치상죄로 의율해야 한다.

◇ 강간 후 피해자가 고소하겠다고 하자 몸싸움으로 옥상에서 떨어져 사망한 경우

피의자는 경비원으로서, 순찰을 하다가 옥상에서 혼자 있는 피해자를 발견하고 갑작스런 욕정을 못이겨 그녀에게 달려들어 밀어 넘어뜨리고 그 위에 타고 앉아 반항하지 못하도록 얼굴을 여러 번 때리고 두 팔을 누른 뒤 강간하였다. 그 직후 그녀가 고소하겠다고 하자 그녀를 협박하며 몸싸움을 하다 피해자가 옥상 밑으로 떨어져 죽고 말았다.

※ 위 행위는 강간행위에 부수한 협박에서 일어난 것이므로 강간치사죄로 의율해야 할 것이다.

◇ 살인할 용의를 가지고 강간하다 사망한 경우

피의자는 피해자를 강간하기로 마음먹고, 소란을 피우면 없애버리면 된다고 생각하며 그녀에게 접근해 그녀를 밀어 넘어뜨리고 올라탔다. 피해자가 크게 소리를 지르자 얼굴을 손으로 눌렀는데, 그 힘에 피해자는 죽고 말았다.

※ 강간치사죄는 결과적 가중범이다. 즉 강간범인이 죽음의 결과를 인식하지 못한 경우라야 이 죄가 성립하는 것이다. 따라서 위의 경우처럼 범인이 살의를 가진 경우에는 강간살인죄로 처리해야 할 것이다.

● 관련판례 1

◎ 강간치상죄를 범하여 징역형의 집행유예를 선고받은 경우, 개인택시운송사업 운전자격을 취소하여야 하는 죄를 범한 경우에 해당하는지 여부(적극)

여객자동차 운수사업법 제87조 제1항 제3호, 제24조 제4항 제2호, 제1호 (가)목, 제3항 제1호 (가)목, 제75조 제2항, 제1항, 여객자동차 운수사업법 시행령 제16조 제1항, 제37조 제2항 제15호의2에 따르면, 국토교통부장관 또는 시·도지사와 그로부터 위임을 받은 시장·군수 또는 구청장은 개인택시운송사업의 운전자격을 취득한 사람이 특정강력범죄의 처벌에 관한 특례법 제2조 제1항 각호에 따른 죄를 범하여 금고 이상의 형의 집행유예를 선고받고 집행유예기간 중에 있는 사람에 해당하게 된 경우 자격을 취소하여야 한다.

특정강력범죄의 처벌에 관한 특례법은 기본적 윤리와 사회질서를 침해하는 특정강력범죄에 대한 처벌과 절차에 관한 특례를 규정하는 법률로서, 제2조 제1항 각호에서 형법, 성폭력범죄의 처벌 등에 관한 특례법, 폭력행위 등 처벌에 관한 법률 등에서 규정한 죄 중 특정강력범죄를 열거하고 있다.

형법 제301조, 제297조에 따른 강간치상죄가 특정강력범죄의 처벌에 관한 특례법 제2조 제1항 제3호에 해당하는 특정강력범죄로 규정되어 있는 이상, 강간치상죄를 범하여 징역형의 집행유예를 선고받은 사람은 개인택시운송사업 운전자격을 취소하여야 하는 죄를 범한 경우에 해당한다.(대법원 2019. 5. 10., 선고, 2018두58769, 판결)

● 관련판례 2

◎ 피고인의 심신장애 여부에 대한 심리미진과 심신장애에 관한 법리오해의 위법이 있다는 이유로 원심판결을 파기한 사례

피고인의 범행 동기나 수법, 범행의 전후 과정에서 보인 태도, 범행 당시 음주정도, 피고인의 성장배경·학력·가정환경·사회경력 등을 통하여 추단되는 피고인의 지능정도와 인성 등에 비추어 볼 때, 피고인이 강간살인 범행을 저지를 당시 자기 통제력이나 판단력, 사리분별력이 저하된 어떤 심신장애의 상태가 있었던 것은 아닌가 하는 의심이 드는데도 전문가에게 피고인의 정신상태를 감정시키는 등의 방법으로 심신장애 여부를 심리하지 아니한 채 선고한 원심판결을 심리미진과 심신장애에 관한 법리오해의 위법이 있다는 이유로 파기한 사례.(대법원 2002. 11. 8. 선고 2002도5109 판결)

● 관련판례 3

◎ 강간살인, 살인범행에 대하여 심신미약 감경만 하고 작량감경을 하지 아니한 채 무기징역형을 선고한 것은 형의 양정이 심히 부당하다고 한 사례

형법 제301조의2 전단의 강간살인죄에는 사형 또는 무기징역형이, 형법 제250조 제1항의 살인죄에는 사형, 무기 또는 5년 이상의 징역형이 각 법정되어 있고, 형법 제55조 제1항 제1호에는 사형을 감경할 때에는 무기 또는 10년 이상의 징역 또는 금고로 하도록 규정되어 있으며 사회보호법 제20조 제1항은 피고사건에 대하여 사형 또는 무기형을 선고할 때에는 감호청구는 양립될 수 없다는 취지를 규정하고 있다.

기록에 드러난 바에 한정하여 보아도, 범행 당시 성년을 겨우 넘기었고, 실형이 선고된 범죄전력이 없으며 중증우울증인 심신미약상태에서 우발적, 충동적으로 4시간 동안에 두사람을 살해한 후 자신도 그 범행의 결과에 놀랐다고 하면서 범행을 자백하여 온 피고인이 자진하여 치료감호 받기를 희망하고 있는 이 사건에서, 위의 양형참작사유들을 앞서 본 법리와 각 규정들의 내용, 제1차 환송판결의 환송취지 등에 비추어 볼 때, 원심이 위의 강간살인죄와 살인죄에 대한 법정형 중 사형을 선택하였으며, 그 형의 법률상 감경에서도 무기형을 선택하였고 작량감경을 하지 아니한 끝에 선고형을 무기징역형으로 정한 데에는 그 형이 심히 부당하다고 볼 현저한 사유가 있다고 하겠다.(대법원 2002. 10. 25. 선고 2002도4298 판결)

● 관련판례 4

◎ 강간치상죄에서 '상해'의 의미 및 판단 기준 / 수면제 등 약물을 투약하여 피해자를 일시적으로 수면 또는 의식불명 상태에 이르게 한 경우, '상해'에 해당하는지 여부(한정 적극)

강간치상죄에서 상해는 피해자의 건강상태가 불량하게 변경되고 생리적 기능이나 생활기능에 장애가 초래되는 것을 말하는 것으로 육체적 기능뿐만 아니라 정신적 기능에 장애가 생기는 경우도 포함된다. 이는 객관적, 일률적으로 판단할 것이 아니라 피해자의 연령, 성별, 체격 등 신체·정신상의 구체적 상태를 기준으로 판단하여야 한다(대법원 2003. 9. 26. 선고 2003도4606 판결, 대법원 2011. 12. 8. 선고 2011도7928 판결 등 참조).

수면제 등 약물을 투약하여 피해자를 일시적으로 수면 또는 의식불명 상태에 이르게 한 경우에 약물로 인하여 피해자의 건강상태가 나쁘게 변경되고 생활기능에 장애가 초래되었다면 이는 상해에 해당한다. 피해자가 자연적으로 의식을 회복하거나 후유증이나 외부적으로 드러난 상처가 없더라도 마찬가지이다. 이때 피해자에게 상해가 발생하였는지는 피해자의 연령, 성별, 체격 등 신체·정신상의 구체적인 상태, 약물의 종류·용량·효과 등 약물의 작용에 영향을 미칠 수 있는 여러 요소에 기초하여 약물 투약으로 피해자에게 발생한 의식장애나 기억장애 등 신체·정신상 변화의 내용이나 정도를 종합적으로 고려하여 판단하여야 한다.(대법원 2017. 7. 11., 선고, 2015도3939, 판결)

5. 미성년자 · 심신미약자 간음, 추행죄

제302조(미성년자 등에 대한 간음)

미성년자 또는 심신미약자에 대하여 위계 또는 위력으로써 간음 또는 추행을 한 자는 5년 이하의 징역에 처한다.

제305조(미성년자에 대한 간음, 추행)

13세 미만의 사람에 대하여 간음 또는 추행을 한 자는 제297조, 제297조의2, 제298조, 제301조 또는 제301조의2의 예에 의한다. 〈개정 1995.12.29., 2012.12.18.〉

(작성례 1)

피의자는 ○○주식회사 ○○공장에서 공장장으로 재직하고 있다.

피의자는 위 회사 위 공장의 공원인 오○○(당○○세)가 20○○. ○. ○. 19 : 00경 위 피의자에게 찾아와 "동생 등록금을 내야 하는데 ○○만원만 빌려달라" 고 간청하자, 이를 쾌히 승낙하고 이를 기회로 그녀를 간음하기로 마음먹었다. 그리고 그녀를 데리고 서울 ○○동 ○○번지에 있는 "○○주점" 에 가서 ○○양주 ○잔을 억지로 마시게 하면서 "앞으로 돈 걱정은 일체 하지 말라. 모두 내가 책임지겠다" 라는 등 거짓말로 그녀를 유혹하여 이를 믿게 한 다음, 같은 날 21 : 30경 술에 취한 그녀를 위 주점 근처의 "○○모텔" ○○호실로 유인하여 미성년자인 그녀를 간음하였다.

(작성례 2)

피의자는 20○○. ○. ○. 01:00경 ○○시 ○○동에 있는 ○○모텔 201호실에서, 정신지체로 심신미약상태인 피해자 최○○에게 남자를 소개해 준다며 동녀를 위장소까지 유인하여 동녀와 1회 성교하여 위계로써 동녀를 간음하게 하였다.

● 관련판례 1

◎ '성적 자기결정권' 의 의미와 내용 / 위계에 의한 간음죄를 비롯한 강간과 추행의 죄의 보호법익(=소극적인 성적 자기결정권)

성적 자기결정권은 스스로 선택한 인생관 등을 바탕으로 사회공동체 안에서 각자가 독자적으로 성적 관념을 확립하고 이에 따라 사생활의 영역에서 자기 스스로 내린 성적 결정에 따라 자기책임하에 상대방을 선택하고 성관계를 가질 권리로 이해된다. 여기에는 자신이 하고자 하는 성행위를 결정할 권리라는 적극적 측면과 함께 원치 않는 성행위를 거부할 권리라는 소극적 측면이 함께 존재하는데, 위계에 의한 간음죄를 비롯한 강간과 추행의 죄는 소극적 성적 자기결정권을 침해하는 것을 내용으로 한다.(대법원 2020. 10. 29., 선고, 2018도16466, 판결)

● 관련판례 2

◎ 성추행 피해 아동이 한 진술의 신빙성 유무를 판단하는 방법 및 지적장애로 인하여 정신연령이나 사회적 연령이 아동에 해당하는 청소년이 한 진술의 신빙성을 판단할 때에도 같은 법리가 적용되는지 여부(적극)

증거로 제출된 성추행 피해 아동의 수사기관에서의 진술에 관한 신빙성을 판단함에 있어서는, 아동의 경우 질문자에 의한 피암시성이 강하고, 상상과 현실을 혼동하거나 기억내용에 대한 출처를 제대로 인식하지 못할 가능성이 있는 점 등을 고려하여, 아동의 나이가 얼마나 어린지, 위 진술이 사건 발생시로부터 얼마나 지난 후에 이루어진 것인지, 사건 발생 후 위 진술이 이루어지기까지의 과정에서 최초로 아동의 피해사실을 청취한 보호자나 수사관들이 편파적인 예단을 가지고 아동에게 사실이 아닌 정보를 주거나 반복적인 신문 등을 통하여 특정한 답변을 유도하는 등으로 아동 기억에 변형을 가져 올 여지는 없었는지, 위 진술 당시 질문자에 의하여 오도될 수 있는 암시적인 질문이 반복된 것은 아닌지, 같이 신문을 받은 또래 아동의 진술에 영향을 받은 것은 아닌지, 면담자로부터 영향을 받지 않은 아동 자신의 진술이 이루어진 것인지, 법정에서는 피해사실에 대하여 어떠한 진술을 하고 있는지 등을 살펴보아야 하며, 또한 위 검찰에서의 진술내용에 있어서도 일관성이 있고 명확한지, 세부내용의 묘사가 풍부한지, 사건·사물·가해자에 대한 특징적인 부분에 관한 묘사가 있는지, 정형화된 사건 이상의 정보를 포함하고 있는지 등도 종합적으로 검토되어야 하는데(대법원 2008. 7. 10. 선고 2006도2520 판결 등 참조), 위와 같은 법리는 지적장애로 인하여 정신연령이나 사회적 연령이 아동에 해당하는 청소년의 수사기관에서의 진술에 관한 신빙성을 판단함에 있어서도 마찬가지로 적용된다.(대법원 2014. 7. 24. 선고 2014도2918 판결)

● 관련판례 3

◎ 아동 · 청소년의 성보호에 관한 법률 제2조 제2호 (다)목의 아동 · 청소년대상 성범죄를 범한 자라고 하기 위해서는 성범죄의 대상이 아동 · 청소년이라는 사실을 인식하여야 하는지 여부(소극)

아동 · 청소년의 성보호에 관한 법률(이하 '법' 이라 한다) 제2조 제2호 (가)목은 '제7조부터 제12조까지의 죄(제8조 제4항의 죄는 제외한다)' 를, 같은 호 (다)목은 '아동 · 청소년에 대한 「형법」 제297조부터 제301조까지, 제301조의2, 제302조, 제303조, 제305조 및 제339조의 죄' 를 각 '아동 · 청소년대상 성범죄' 의 하나로 규정하고 있고, 법 제7조 제1항은 "여자 아동 · 청소년에 대하여 「형법」 제297조의 죄를 범한 자는 5년 이상의 유기징역에 처한다." 고 규정하고 있으며, 법 제7조 제3항은 "아동 · 청소년에 대하여 「형법」 제298조의 죄를 범한 자는 1년 이상의 유기징역 또는 500만 원 이상 2천만 원 이하의 벌금에 처한다." 고 규정하고 있다. 한편 법 제13조 제1항 본문은 "법원은 아동 · 청소년대상 성범죄를 범한 자에 대하여 유죄판결을 선고하면서 300시간의 범위에서 재범예방에 필요한 수강명령 또는 성폭력 치료프로그램의 이수명령(이하 '이수명령' 이라 한다)을 병과하여야 한다." 고 규정하고 있고, 법 제33조 제1항 본문은 "아동 · 청소년대상 성범죄로 유죄판결이 확정된 자 또는 제38조 제1항 제5호에 따라 공개명령이 확정된 자는 신상정보 등록대상자(이하 '등록대상자' 라 한다)가 된다." 고 규정하고 있다. 위와 같이 법 제7조에서 아동 · 청소년에 대한 강간 · 강제추행 등을 가중하여 처벌하는 별도의 규정을 두고 있는 점을 비롯하여 법의 입법 취지 및 경위에 비추어 볼 때, 법 제2조 제2호 (다)목의 아동 · 청소년대상 성범죄를 범한 자라 함은 성범죄의 대상이 아동 · 청소년이라는 사실을 인식하였는지 여부에 관계없이 아동 · 청소년에 대한 형법 제297조부터 제301조까지, 제301조의2, 제302조, 제303조, 제305조 및 제339조의 죄를 범한 자를 의미한다고 할 것이다. (대법원 2011. 12. 8. 선고 2011도8163 판결)

● 관련판례 4

◎ 형법 제32장에 규정된 '강간과 추행의 죄' 의 보호법익인 '성적 자유' , '성적 자기결정권' 의 의미 / 미성년자 등 추행죄에서 말하는 '미성년자' , '심신미약자' 의 의미 / 위 죄에서 말하는 '추행' 의 의미 및 추행에 해당하는지 판단하는 기준 / 위 죄에서 말하는 '위력' 의 의미 및 위력으로써 추행한 것인지 판단하는 기준

형법 제302조는 "미성년자 또는 심신미약자에 대하여 위계 또는 위력으로써 간음 또는 추행을 한 자는 5년 이하의 징역에 처한다." 라고 규정하고 있다. 형법은 제2편 제32장에서 '강간과 추행의 죄' 를 규정하고 있는데, 이 장에 규정된 죄는 모두 개인의 성적 자유 또는 성적 자기결정권을 침해하는 것을 내용으로 한다. 여기에서 '성적 자유' 는 적극적으로 성행위를 할 수 있는 자유가 아니라 소극적으로 원치 않는 성행위를 하지 않을 자유를 말하고, '성적 자기결정권' 은 성행위를 할 것인가 여부, 성행위를 할 때 상대방을 누구로 할 것인가 여부, 성행위의 방법 등을 스스로 결정할 수 있는 권리를 의미한다. 형법 제32장의 죄의 기본적 구성요건은 강간죄(제297조)나 강제추행죄(제298조)인데, 이 죄는 미성년자나 심신미약자와 같이 판단능력이나 대처능력이 일반인에 비하여 낮은 사람은 낮은 정도의 유·무형력의 행사에 의해서도 저항을 제대로 하지 못하고 피해를 입을 가능성이 있기 때문에 범죄의 성립요건을 보다 완화된 형태로 규정한 것이다.

이 죄에서 '미성년자'는 형법 제305조 및 성폭력범죄의 처벌 등에 관한 특례법 제7조 제5항의 관계를 살펴볼 때 '13세 이상 19세 미만의 사람'을 가리키는 것으로 보아야 하고, '심신미약자'란 정신기능의 장애로 인하여 사물을 변별하거나 의사를 결정할 능력이 미약한 사람을 말한다. 그리고 '추행'이란 객관적으로 피해자와 같은 처지에 있는 일반적·평균적인 사람으로 하여금 성적 수치심이나 혐오감을 일으키게 하고 선량한 성적 도덕관념에 반하는 행위로서 구체적인 피해자를 대상으로 하여 피해자의 성적 자유를 침해하는 것을 의미하는데, 이에 해당하는지 여부는 피해자의 의사, 성별, 연령, 행위자와 피해자의 관계, 행위에 이르게 된 경위, 피해자에 대하여 이루어진 구체적 행위태양, 주위의 객관적 상황과 그 시대의 성적 도덕관념 등을 종합적으로 고려하여 판단하여야 한다. 다음으로 '위력'이란 피해자의 성적 자유의사를 제압하기에 충분한 세력으로서 유형적이든 무형적이든 묻지 않으며, 폭행·협박뿐 아니라 행위자의 사회적·경제적·정치적인 지위나 권세를 이용하는 것도 가능하다. 위력으로써 추행한 것인지 여부는 피해자에 대하여 이루어진 구체적인 행위의 경위 및 태양, 행사한 세력의 내용과 정도, 이용한 행위자의 지위나 권세의 종류, 피해자의 연령, 행위자와 피해자의 이전부터의 관계, 피해자에게 주는 위압감 및 성적 자유의사에 대한 침해의 정도, 범행 당시의 정황 등 여러 사정을 종합적으로 고려하여 판단하여야 한다.(대법원 2019. 6. 13., 선고, 2019도3341, 판결)

● 관련판례 5

◎ 형법 제302조 소정의 위계에 의한 심신미약자간음죄에 있어서 '위계'의 의미

형법 제302조 소정의 위계에 의한 심신미약자간음죄에 있어서 위계라 함은 행위자가 간음의 목적으로 상대방에게 오인, 착각, 부지를 일으키고는 상대방의 그러한 심적 상태를 이용하여 간음의 목적을 달성하는 것을 말하는 것이고, 여기에서 오인, 착각, 부지란 간음행위 자체에 대한 오인, 착각, 부지를 말하는 것이지, 간음행위와 불가분적 관련성이 인정되지 않는 다른 조건에 관한 오인, 착각, 부지를 가리키는 것은 아니다.(대법원 2002. 7. 12., 선고, 2002도2029, 판결)

6. 업무상 위력 등에 의한 간음죄

제303조(업무상위력 등에 의한 간음)

① 업무, 고용 기타 관계로 인하여 자기의 보호 또는 감독을 받는 사람에 대하여 위계 또는 위력으로써 간음한 자는 7년 이하의 징역 또는 3천만원 이하의 벌금에 처한다. 〈개정 1995. 12. 29., 2012. 12. 18., 2018. 10. 16.〉

② 법률에 의하여 구금된 사람을 감호하는 자가 그 사람을 간음한 때에는 10년 이하의 징역에 처한다. 〈개정 2012. 12. 18., 2018. 10. 16.〉

(작성례)

피의자는 ㅇㅇ산업 ㅇㅇ공장의 공장장이다.

피의자는 20ㅇㅇ. ㅇ. ㅇ. 21:30경 야근을 마치고 동료 여공들과 함께 귀가하려고 준비중이던 피의자의 감독아래 있는 여공인 피해자 양ㅇㅇ(당ㅇㅇ세)를 불러 근처 약국에 가서 소독약좀 사다 줄 것을 요청하였다. 그리고 그녀가 약을 사가지고 오자 그 공장안에 다른 사람이 없는 기회를 이용하여 그녀를 간음하기로 마음먹고, 그녀를 숙직실로 불러들여 "내 말을 잘 들으면 잔업에서도 빼주고 감독으로 승진시키겠지만 만약 안들으면 내일 당장 해고시켜버리겠다" 고 위계와 협박을 하여 공장장의 위력으로써 그녀를 간음하였다.

● 관련판례 1

◎ 업무상 위력에 의한 간음죄의 피해자가 해고될 것이 두려워 고소를 하지 않는 것이 형사소송법 제230조 제1항 단서 소정의 "고소할 수 없는 불가항력의 사유"에 해당하는지 여부

자기의 피용자인 부녀를 간음하면서 불응하는 경우 해고할 것을 위협하였다 하더라도 이는 업무상 위력에 의한 간음죄의 구성요건일 뿐 그 경우 해고될 것이 두려워 고소를 하지 않은 것이 고소할 수 없는 불가항력적 사유에 해당한다고 할 수 없다.(대법원 1985. 9. 10. 선고 85도1273 판결)

● 관련판례 2

◎ 형법 303조 1항 규정중 기타 관계로 자기의 보호 또는 감독을 받는 부녀 중에는 사실상의 보호 또는 감독을 받는 상황에 있는 부녀도 포함되는지 여부

형법 303조 1항 규정중 기타 관계로 자기의 보호 또는 감독을 받는 부녀라 함은 사실상의 보호 또는 감독을 받는 상황에 있는 부녀인 경우도 이에 포함되는 것으로 보는 것이 우리의 일반사회통념이나 실정 그리고 동 법조를 신설하여 동 법조 규정상황하에 있는 부녀의 애정의 자유가 부당하게 침해되는 것을 보호하려는 법의 정신에 비추어 타당하다.(대법원 1976. 2. 10., 선고, 74도1519, 판결)

● 관련판례 3

◎ 피용자가 다른 피용자를 성추행 또는 간음한 행위에 대하여 사용자책임을 인정할 수 있는 경우

피용자가 다른 피용자를 성추행 또는 간음하는 등 고의적인 가해행위를 한 경우, 그 행위가 피용자의 사무집행 자체는 아니라 하더라도, 피해자로 하여금 성적 굴욕감 또는 혐오감을 느끼게 하는 방법으로 업무를 수행하도록 하는 과정에서 피해자를 성추행하는 등 그 가해행위가 외형상 객관적으로 업무의 수행에 수반되거나 업무수행과 밀접한 관련 아래 이루어지는 경우뿐만 아니라, 피용자가 사용자로부터 채용, 계속고용, 승진, 근무평정과 같은 다른 근로자에 대한 고용조건을 결정할 수 있는 권한을 부여받고 있음을 이용하여 그 업무수행과 시간적, 장소적인 근접성이 인정되는 상황에서 피해자를 성추행하는 등과 같이 외형상 객관적으로 사용자의 사무집행행위와 관련된 것이라고 볼 수 있는 사안에서도 사용자책임이 성립할 수 있다.(대법원 2009. 2. 26. 선고 2008다89712 판결)

7. 미성년자의제강간, 강제추행죄

제305조(미성년자에 대한 간음, 추행)
① 13세 미만의 사람에 대하여 간음 또는 추행을 한 자는 제297조, 제297조의2, 제298조, 제301조 또는 제301조의2의 예에 의한다. 〈개정 1995. 12. 29., 2012. 12. 18., 2020. 5. 19.〉
② 13세 이상 16세 미만의 사람에 대하여 간음 또는 추행을 한 19세 이상의 자는 제297조, 제297조의2, 제298조, 제301조 또는 제301조의2의 예에 의한다. 〈신설 2020. 5. 19.〉

(작성례 1)

피의자는 ○○시 ○○동 ○○번지에 있는 ○○속셈학원 선생이다.

피의자는 20○○. ○. ○. 15 : 40경 위 속셈학원 ○○호 교실에 피해자 유○○(당○○세)가 혼자 있는 것을 보고 갑자기 욕정을 일으켜 그녀의 손목을 잡고 시원한 음료수를 마시자고 하며 자기방으로 유인하였다. 그리고 그녀를 자기 의자에 앉히고 그녀의 팬티를 발목까지 걷어내려 음부를 손가락으로 후비고 피의자의 음경을 꺼내어 그녀의 음부나 복부에 비벼대는 등 강제로 추행하였다.

(작성례 2)

피의자는 20○○. ○. ○. 15 : 00경 술을 먹고 ○○시 ○○동 ○○번지에 있는 평소 알지 못하는 조○○(○○세)의 집에 들어갔다. 그곳에서 그의 딸 조△△(○○세)가 마침 혼자 있는 것을 보고 그녀에게 "나는 네 아빠의 친구다. 너 참 예쁘구나" 라고 거짓말을 하며 그녀를 껴안고 팬티 속에 손을 집어넣어 음부를 문지르는 등 추행을 하고, 다시 강제로 간음하려 하였다. 그러다가 그녀의 할머니 손○○가 집에 들어오는 바람에 그 목적을 이루지 못하고 미수에 그쳤으나 그 때 위 추행 등으로 인하여 그녀에가 약 1주일간의 치료를 요하는 외음부개갠 상처를 입게 하였다.

■ 적용실례

◇ 미성년자를 억압하고 강간한 경우

피의자가 미성년자인 피해자(당12세)를 폭행하여 억압하고 강간하였다.

※ 미성년자를 폭행하거나 협박하여 반항을 억압한 후 강간하는 것은 미성년자 간음죄가 아닌 강간죄를 성립시킨다. 따라서 이 경우 강간죄로 의율해야 한다.

◇ 미성년자를 폭행, 간음한 경우

13세인 여학생을 폭행, 협박으로 간음하였다.

※ 폭행, 협박의 정도가 반항을 억압할 정도이면 강간죄, 그 정도에 이르지 못했으면 미성년자간음죄에 해당된다. 따라서 피해자의 연령, 체격, 행위장소 등 제반사정을 종합하여 판단해야 할 것이다.

◇ 이웃에 사는 12세 여아를 간음한 경우

피의자가 12세 된 여자아이를 유인하여 피의자의 음경을 피해자의 음부에 삽입하였다.

※ 13세 미만의 미성년자를 간음(음경 삽입)한 것이므로 미성년자의제강간으로 의율해야 한다.

◇ 13세 여학생을 간음하려 했으나 미수에 그친 경우

피의자가 13세의 여학생을 유인하여, 말을 듣지 않으면 죽이겠다고 협박하고 팔을 눌러 강제로 간음하려 했으나 피해자가 반항하며 소리를 질러 미수에 그쳤다.

※ 피해자가 미성년자(13세 미만)라도 폭행협박 등의 강제수단으로 간음하면 미성년자의제강간이 아니라 강간으로 의율해야 한다. 따라서 이 경우, 강간미수로 의율해야 한다.

◇ 미성년자를 간음하려다 미수에 그친 경우

산속에서 11세의 피해자를 간음하려고 성기를 삽입하다가 등산객들이 올라오는 바람에 이루지 못하였다.

※ 강간은 성기가 삽입되었을 때 기수가 된다. 이 경우는 성기를 완전히 삽입하지 못해 강간의 기수에 이르지 못했으므로 형법 제305조에 의하여 미수범도 처벌할 수 있다는 대법원 판례(2006도9435)에 의할 때 미성년자의제강간에 대한 미수죄로 의율해야 한다.

◇ 미성년자와 합의하에 성관계를 맺음으로써 상처를 입힌 경우

대학생인 피의자가 평소 자신을 좋아하는 이웃집 여학생(12세)과 합의하여 성교를 하고 그 결과 음부 등에 상처를 입혔다.

※ 합의하여 성교를 했다고 해도 피해자는 미성년자이기 때문에 미성년자의제강간치상으로 의율해야 할 것이다.

◇ 13세 소녀를 추행한 경우

주민등록상으로 13세 3개월된 소녀를 추행하였다.

※ 피해자가 13년 3개월이 되었다면 미성년자의제강제추행이 아니라, 미성년자추행으로 의율해야 한다. 만일 피해자가 13세 미만이라면 미성년자의제강제추행이 될 것이다.

● 관련판례 1

◎ 미성년자의제강간·강제추행죄를 규정한 형법 제305조에 의하여 미수범도 처벌할 수 있는지 여부

미성년자의제강간·강제추행죄를 규정한 형법 제305조가 "13세 미만의 부녀를 간음하거나 13세 미만의 사람에게 추행을 한 자는 제297조, 제298조, 제301조 또는 제301조의2의 예에 의한다"로 되어 있어 강간죄와 강제추행죄의 미수범의 처벌에 관한 형법 제300조를 명시적으로 인용하고 있지 아니하나, 형법 제305조의 입법 취지는 성적으로 미성숙한 13세 미만의 미성년자를 특별히 보호하기 위한 것으로 보이는바 이러한 입법 취지에 비추어 보면 동조에서 규정한 형법 제297조와 제298조의 '예에 의한다'는 의미는 미성년자의제강간·강제추행죄의 처벌에 있어 그 법정형뿐만 아니라 미수범에 관하여도 강간죄와 강제추행죄의 예에 따른다는 취지로 해석되고, 이러한 해석이 형벌법규의 명확성의 원칙에 반하는 것이거나 죄형법정주의에 의하여 금지되는 확장해석이나 유추해석에 해당하는 것으로 볼 수 없다(대법원 2007. 3. 15. 선고 2006도9453 판결).

● 관련판례 2

◎ 피해자가 범행 당시 15세로서 고소능력을 갖추고 있었지만, 실질적인 가해자라고 할 수 있는 계모 등의 보호, 감독하에 있던 동안은 성폭력범죄의 처벌 및 피해자보호 등에 관한 법률 제19조 제1항 단서에서 말하는 '고소할 수 없는 불가항

력의 사유가 있는 때' 에 해당한다고 인정한 사례

미성년자 간음죄와 관련하여 피해자가 범행 당시 15세로서 고소능력을 갖추고 있었고 범행시로부터 고소기간 1년이 도과한 후에 고소가 있었지만, 피해자가 피고인 이외에 실질적인 가해자라고 할 수 있는 계모 등의 보호·감독하에 있던 동안은 성폭력범죄의 처벌 및 피해자보호 등에 관한 법률 제19조 제1항 단서에서 말하는 '고소할 수 없는 불가항력의 사유가 있는 때' 에 해당한다고 인정하여, 피해자가 더 이상의 학대를 견디다 못해 계모 등의 보호·감독하에서 탈출하여 친할머니에게로 도피한 때로부터 고소기간을 기산하여 피해자의 고소를 기간 내의 적법한 고소라고 인정한 사례. (부산지방법원 2008. 4. 25. 선고 2007고합705 판결)

● 관련판례 3

◎ 형법 제32장에 규정된 '강간과 추행의 죄' 의 보호법익인 '성적 자유', '성적 자기결정권' 의 의미 / 미성년자 등 추행죄에서 말하는 '미성년자', '심신미약자' 의 의미 / 위 죄에서 말하는 '추행' 의 의미 및 추행에 해당하는지 판단하는 기준 / 위 죄에서 말하는 '위력' 의 의미 및 위력으로써 추행한 것인지 판단하는 기준

형법 제302조는 "미성년자 또는 심신미약자에 대하여 위계 또는 위력으로써 간음 또는 추행을 한 자는 5년 이하의 징역에 처한다." 라고 규정하고 있다. 형법은 제2편 제32장에서 '강간과 추행의 죄' 를 규정하고 있는데, 이 장에 규정된 죄는 모두 개인의 성적 자유 또는 성적 자기결정권을 침해하는 것을 내용으로 한다. 여기에서 '성적 자유' 는 적극적으로 성행위를 할 수 있는 자유가 아니라 소극적으로 원치 않는 성행위를 하지 않을 자유를 말하고, '성적 자기결정권' 은 성행위를 할 것인가 여부, 성행위를 할 때 상대방을 누구로 할 것인가 여부, 성행위의 방법 등을 스스로 결정할 수 있는 권리를 의미한다. 형법 제32장의 죄의 기본적 구성요건은 강간죄(제297조)나 강제추행죄(제298조)인데, 이 죄는 미성년자나 심신미약자와 같이 판단능력이나 대처능력이 일반인에 비하여 낮은 사람은 낮은 정도의 유·무형력의 행사에 의해서도 저항을 제대로 하지 못하고 피해를 입을 가능성이 있기 때문에 범죄의 성립요건을 보다 완화된 형태로 규정한 것이다.

이 죄에서 '미성년자' 는 형법 제305조 및 성폭력범죄의 처벌 등에 관한 특례법 제7조 제5항의 관계를 살펴볼 때 '13세 이상 19세 미만의 사람' 을 가리키는 것으로 보아야 하고, '심신미약자' 란 정신기능의 장애로 인하여 사물을 변별하거나 의사를 결정할 능력이 미약한 사람을 말한다. 그리고 '추행' 이란 객관적으로 피해자와 같은 처지에 있는 일반적·평균적인 사람으로 하여금 성적 수치심이나 혐오감을 일으키게 하고 선량한 성적 도덕관념에 반하는 행위로서 구체적인 피해자를 대상으로 하여 피해자의 성적 자유를 침해하는 것을 의미하는데, 이에 해당하는지 여부는 피해자의 의사, 성별, 연령, 행위자와 피해자의 관계, 행위에 이르게 된 경위, 피해자에 대하여 이루어진 구체적 행위태양, 주위의 객관적 상황과 그 시대의 성적 도덕관념 등을 종합적으로 고려하여 판단하여야 한다. 다음으로 '위력' 이란 피해자의 성적 자유의사를 제압하기에 충분한 세력으로서 유형적이든 무형적이든 묻지 않으며, 폭행·협박뿐 아니라 행위자의 사회적·경제적·정치적인 지위나 권세를 이용하는 것도 가능하다. 위력으로써 추행한 것인지 여부는 피해자에 대하여 이루어진 구체적인 행위의 경위 및 태양, 행사한 세력의 내용과 정도, 이용한 행위자의 지위나 권세의 종류, 피해자의 연령, 행위자와 피해자의 이전부터의 관계, 피해자에게 주는 위압감 및 성적 자유의사에 대한 침해의 정도, 범행 당시의 정황 등 여러 사정을 종합적으로 고려하여 판단하여야 한다. (대법원 2019. 6. 13., 선고, 2019도3341, 판결)

● 관련판례 4

◎ 성추행 피해 아동이 한 진술의 신빙성 유무를 판단하는 방법

성추행 피해 아동이 수사기관에서 한 진술의 신빙성을 판단할 경우에, 아동은 질문자에 의한 피암시성이 강하고, 상상과 현실을 혼동하거나 기억 내용의 출처를 제대로 인식하지 못할 가능성이 있는 점 등을 고려하여, 아동의 나이가 얼마나 어린지, 그 진술이 사건 발생 시부터 얼마나 지난 후에 이루어진 것인지, 사건 발생 후 그러한 진술이 이루어지기까지의 과정에서 최초로 아동의 피해 사실을 청취한 보호자나 수사관들이 편파적인 예단을 가지고 아동에게 사실이 아닌 정보를 주거나 반복적인 신문 등을 통하여 특정한 답변을 유도하는 등으로 아동 기억에 변형을 가져올 여지는 없었는지, 그 진술 당시 질문자에 의하여 오도될 수 있는 암시적인 질문이 반복된 것은 아닌지, 같이 신문을 받은 또래 아동의 진술에 영향을 받은 것은 아닌지, 면담자로부터 영향을 받지 않은 아동 자신의 진술이 이루어진 것인지, 법정에서는 피해사실에 대하여 어떠한 진술을 하고 있는지 등을 살펴보아야 하며, 또한 수사기관에서의 진술 내용에 대하여도 일관성이 있고 명확한지, 세부 내용의 묘사가 풍부한지, 사건·사물·가해자에 대한 특징적인 부분에 관한 묘사가 있는지, 정형화된 사건 이상의 정보를 포함하고 있는지 등도 종합적으로 검토되어야 한다(대법원 2008. 7. 10. 선고 2006도2520 판결 등 참조). (대법원 2012. 6. 14., 선고, 2012도3893,2012감도14,2012전도83, 판결)

제29절 명예에 관한 죄

1. 명예훼손죄

제307조(명예훼손)

① 공연히 사실을 적시하여 사람의 명예를 훼손한 자는 2년이하의 징역이나 금고 또는 500만원 이하의 벌금에 처한다. 〈개정 1995.12.29.〉

② 공연히 허위의 사실을 적시하여 사람의 명예를 훼손한 자는 5년 이하의 징역, 10년 이하의 자격정지 또는 1천만원 이하의 벌금에 처한다. 〈개정 1995.12.29.〉

(작성례 1)

피의자는 ○○부동산을 경영하고 있다.

피의자는 ○○당의 시의원 후보 이○○를 지지하여 선거운동을 하였다. 피의자는 20○○. ○. ○. ○○시 ○○동 ○○번지에 있는 자신의 부동산에서 같은 시 같은 지역구에서, 시의원으로 출마한 여○○를 낙선시키기 위하여 여러 사람에게 "여○○는 ○○시에서 작은댁을 얻어 살았던 적이 있는 사람이니, 그에게 우리 시를 맡길 수는 없다"라고 말하여 공연히 사실을 적시하여 위 여○○의 명예를 훼손하였다.

(작성례 2)

피의자는 20○○. ○. ○. 21：30경 서울 ○○구 ○○동 ○○번지에 있는 피의자의 집 3층 방에서 그곳으로부터 약 50미터 거리의 길가에 주차되어 있던 승용차가 불타고 있는 것을 발견하고 곧 불을 끄고자 뛰어갔다. 그 때 그곳에서 서성거리고 있던 같은 동네에 사는 오○○를 보고, 그를 의심하여 아무런 확증이 없음에도 같은 달 16일 20：00경 피의자의 집에서 이웃에 사는 남○○, 정○○, 박○○ 등에 대하여 "경찰이 아직도 방화범을 잡지 못하는 것은 다 이유가 있다. 그 범인은 바로 옆 골목에 사는 오○○인데 그가 경찰관들과 친하기 때문에 잡지 않는 것이다"라는 등으로 말하며 공연히 사실을 적시하여 위 오○○의 명예를 훼손하였다.

(작성례 3)

피고인은 20○○. ○. ○. 15:00경 서울 ○○구 ○○동에 있는 ○○빌딩 지하다방에서 사실은 피해자 김○○이 피의자의 자전거를 훔쳐 간 사실이 없음에도 불구하고, 손님 50여명이 듣고 있는 자리에서 김○○에게 "자전거를 훔쳐간 도둑년아, 빨리 자전거를 내 놓아라!" 라고 소리쳐 공연히 허위 사실을 적시하여 피해자의 명예를 훼손하였다.

■ 적용실례

◇ 타인의 말을 그대로 전한 경우

피의자는 고소인에 대해 "이○○는 왕년에 노래방비디오 누드모델이었다더라" 고 말하고 다니다 고소를 당하였다. 그는 "나는 남에게 들은 말을 그대로 전했을 뿐" 이라고 주장했다.

※ 명예훼손죄는 타인의 명예를 훼손할 만한 말을 하면 족하며, 그 내용이 다른 사람으로부터 전해 들은 것이라고 해도 공연히 구체적 사실을 적시한 것이라면 남에게서 전해들은 것이라는 사실이 명예훼손죄의 성립에는 아무런 영향을 미치지 않는다.

◇ 보험금 일부를 착복한다는 사실을 전한 경우

보험회사 사원인 피의자가 같은 회사 사원인 피해자에 대해 "김○○는 보험금을 받아서 모두 회사에 납입해야 하는데도 일부를 회사에 납입하지 않고 착복한다" 는 내용의 사실을 적시하였다.

※ 이런 경우, 자칫 신용훼손으로 의율할 수도 있겠으나 신용훼손은 사람의 재산적 의무 이행에 관하여 그 지급의사, 능력에 대한 사회적 신용도를 해하는 내용의 허위사실을 유포하는 경우에 성립한다 할 것이므로 위 피의자의 행위에 대해서는 명예훼손으로 의율하는 것이 상당하다.

◇ 고소인만 있는 자리에서 허위사실을 말했으나 다른 사람들까지 알게 된 경우

사람이 있는 자리에서 고소인이 다른 남자와 정을 통했다는 허위의 사실을 말했는데 그것이 점점 퍼져 다른 사람들까지 진전하여 알게 되었다.

※ 공연성이란 불특정 또는 다수인이 의식할 수 있는 상태를 의미한다. 따라서 비록 개별적으로 한 사람에 대하여 사실을 유포하였다고 해도 이로부터 불특정 또는 다수인에게 전파될 가능성이 있다면 공연성의 요건을 충족한다고 할 수 있다. 이 경우도 한 사람에게 말한 것이지만 공연성이 있다고 보아 명예훼손죄를 적용할 수 있을 것이다.

● 관련판례 1

◎ 명예훼손죄에서 '사실의 적시'의 의미 및 보고나 진술이 사실인지 의견인지 판단하는 기준

민주주의 국가에서는 여론의 자유로운 형성과 전달을 통하여 다수의견을 집약시켜 민주적 정치질서를 생성·유지시켜 나가야 하므로 표현의 자유, 특히 공적 관심사에 대한 표현의 자유는 중요한 헌법상 권리로서 최대한 보장되어야 한다. 다만 개인의 사적 법익도 보호되어야 하므로, 표현의 자유 보장과 인격권 보호라는 두 법익이 충돌할 때에는 구체적인 경우에 표현의 자유로 얻어지는 가치와 인격권의 보호로 달성되는 가치를 비교형량하여 그 규제의 폭과 방법을 정해야 한다.

명예훼손죄에서 '사실의 적시'란 가치판단이나 평가를 내용으로 하는 '의견표현'에 대치되는 개념으로서 시간적으로나 공간적으로 구체적인 과거 또는 현재의 사실관계에 관한 보고나 진술을 뜻하고, 표현 내용을 증거로 증명할 수 있는 것을 말한다. 보고나 진술이 사실인지 의견인지를 구별할 때에는 언어의 통상적 의미와 용법, 증명가능성, 문제 된 표현이 사용된 문맥, 표현이 이루어진 사회적 상황 등 전체적 정황을 고려하여 판단하여야 한다. 객관적으로 피해자의 사회적 평가를 저하시키는 사실에 관한 발언이 보도, 소문이나 제3자의 말을 인용하는 방법으로 단정적인 표현이 아닌 전문 또는 추측의 형태로 표현되었더라도, 표현 전체의 취지로 보아 사실이 존재할 수 있다는 것을 암시하는 방식으로 이루어진 경우에는 사실을 적시한 것으로 보아야 한다. 그러나 공론의 장에 나선 전면적 공적 인물의 경우에는 비판과 의혹의 제기를 감수해야 하고 그러한 비판과 의혹에 대해서는 해명과 재반박을 통해서 이를 극복해야 하며 공적 관심사에 대한 표현의 자유는 중요한 헌법상 권리로서 최대한 보장되어야 한다. 따라서 공적 인물과 관련된 공적 관심사에 관하여 의혹을 제기하는 형태의 표현행위에 대해서는 일반인에 대한 경우와 달리 암시에 의한 사실의 적시로 평가하는 데 신중해야 한다.(대법원 2021.3.25., 선고, 2016도14995, 판결)

● 관련판례 2

◎ 형법 제307조 제1항에서 말하는 '사실'의 의미 / 형법 제307조 제1항의 명예훼손죄는 적시된 사실이 진실한 사실인 경우이든 허위의 사실인 경우이든 모두

성립할 수 있는지 여부(적극)

형법 제307조 제1항, 제2항, 제310조의 체계와 문언 및 내용에 의하면, 제307조 제1항의 '사실'은 제2항의 '허위의 사실'과 반대되는 '진실한 사실'을 말하는 것이 아니라 가치판단이나 평가를 내용으로 하는 '의견'에 대치되는 개념이다. 따라서 제307조 제1항의 명예훼손죄는 적시된 사실이 진실한 사실인 경우이든 허위의 사실인 경우이든 모두 성립될 수 있고, 특히 적시된 사실이 허위의 사실이라고 하더라도 행위자에게 허위성에 대한 인식이 없는 경우에는 제307조 제2항의 명예훼손죄가 아니라 제307조 제1항의 명예훼손죄가 성립될 수 있다. 제307조 제1항의 법정형이 2년 이하의 징역 등으로 되어 있는 반면 제307조 제2항의 법정형은 5년 이하의 징역 등으로 되어 있는 것은 적시된 사실이 객관적으로 허위일 뿐 아니라 행위자가 그 사실의 허위성에 대한 주관적 인식을 하면서 명예훼손행위를 하였다는 점에서 가벌성이 높다고 본 것이다.(대법원 2017.4.26.선고 2016도18024 판결)

● 관련판례 3

◎ 허위사실 적시에 의한 명예훼손죄에서 '허위의 인식' 등에 관한 증명책임 소재(=검사) 및 적시된 사실이 '허위'인지 판단하는 기준 / 허위사실을 적시한 행위를 형법 제307조 제2항의 명예훼손죄로 처벌할 수 없는 경우

형사재판에서 공소가 제기된 범죄의 구성요건을 이루는 사실은 그것이 주관적 요건이든 객관적 요건이든 입증책임이 검사에게 있으므로, 형법 제307조 제2항의 허위사실 적시에 의한 명예훼손죄로 기소된 사건에서 사람의 사회적 평가를 떨어뜨리는 사실이 적시되었다는 점, 적시된 사실이 객관적으로 진실에 부합하지 아니하여 허위일 뿐만 아니라 적시된 사실이 허위라는 것을 피고인이 인식하고서 이를 적시하였다는 점은 모두 검사가 입증하여야 하고, 이 경우 적시된 사실이 허위의 사실인지 여부를 판단할 때에는 적시된 사실의 내용 전체의 취지를 살펴보아야 하고, 중요한 부분이 객관적 사실과 합치되는 경우에는 세부에 있어서 진실과 약간 차이가 나거나 다소 과장된 표현이 있다고 하더라도 이를 허위의 사실이라고 볼 수 없다.(대법원 2014. 9. 4. 선고 2012도13718 판결)

● 관련판례 4

◎ 허위사실 적시에 의한 명예훼손죄의 성립요건인 '허위의 인식'과 이에 대한 증명책임의 소재(=검사) 및 허위사실 유포 기타 위계에 의한 업무방해죄에도 동일한 법리가 적용되는지 여부(적극)

구 정보통신망 이용촉진 및 정보보호 등에 관한 법률(2007. 12. 21. 법률 제8778호로 개정되기 전의 것) 제61조 제2항의 정보통신망을 통한 허위사실 적시에 의한 명예훼손죄, 형법 제307조 제2항의 허위사실 적시에 의한 명예훼손죄가 성립하려면 그 적시하는 사실이 허위이어야 할 뿐 아니라, 피고인이 그와 같은 사실을 적시할 때에 적시사실이 허위임을 인식하여야 하고, 이러한 허위의 점에 대한 인식 즉 범의에 대한 입증책임은 검사에게 있다. 위와 같은 법리는 허위사실을 적시한 행위가 형법 제314조 제1항의 허위사실 유포 기타 위계에 의한 업무방해죄에 해당하는지 여부를 판단할 때에도 마찬가지이다. (대법원 2010. 10. 28. 선고 2009도4949 판결)

● 관련판례 5

◎ 명예훼손죄의 구성요건인 '공연성'의 의미

명예훼손죄의 구성요건으로서 공연성은 '불특정 또는 다수인이 인식할 수 있는 상태'를 의미하고, 개별적으로 소수의 사람에게 사실을 적시하였더라도 그 상대방이 불특정 또는 다수인에게 적시된 사실을 전파할 가능성이 있는 때에도 공연성이 인정된다. 개별적인 소수에 대한 발언을 불특정 또는 다수인에게 전파될 가능성을 이유로 공연성을 인정하기 위해서는 막연히 전파될 가능성이 있다는 것만으로 부족하고, 고도의 가능성 내지 개연성이 필요하며, 이에 대한 검사의 엄격한 증명을 요한다. 특히 발언 상대방이 직무상 비밀유지의무 또는 이를 처리해야 할 공무원이나 이와 유사한 지위에 있는 경우에는 그러한 관계나 신분으로 인하여 비밀의 보장이 상당히 높은 정도로 기대되는 경우로서 공연성이 부정되고, 공연성을 인정하기 위해서는 그러한 관계나 신분에도 불구하고 불특정 또는 다수인에게 전파될 수 있다고 볼 만한 특별한 사정이 존재하여야 한다 (대법원 2020. 11. 19. 선고 2020도5813 전원합의체 판결 참조). (대법원 2020. 12. 30., 선고, 2015도15619, 판결)

● 관련판례 6

◎ 표현행위가 명예훼손에 해당하는지를 판단할 때 고려하여야 할 사항 및 타인에 대하여 비판적인 의견을 표명하는 것이 불법행위가 되는 경우

명예훼손과 모욕적 표현은 구분해서 다루어야 하고 그 책임의 인정 여부도 달리함으로써 정치적 논쟁이나 의견 표명과 관련하여 표현의 자유를 넓게 보장할 필요가 있다. 표현행위로 인한 명예훼손책임이 인정되려면 사실을 적시함으로써 명예가 훼손되었다는 점이 인정되어야 한다. 명예는 객관적인 사회적 평판을 뜻한다. 누군가를 단순히 '종북'이나 '주사파'라고 하는 등 부정적인 표현으로 지칭했다고 해서 명예훼손이라고 단정할 수 없고, 그러한 표현행위로 말미암아 객관적으로 평판이나 명성이 손상되었다는 점까지 증명되어야 명예훼손책임이 인정된다.

표현행위가 명예훼손에 해당하는지를 판단할 때에는 사용된 표현뿐만 아니라 발언자와 그 상대방이 누구이고 어떤 지위에 있는지도 고려해야 한다. '극우'든 '극좌'든, '보수우익'이든 '종북'이나 '주사파'든 그 표현만을 들어 명예훼손이라고 판단할 수 없고, 그 표현을 한 맥락을 고려하여 명예훼손에 해당하는지를 판단해야 한다. 피해자의 지위를 고려하는 것은 이른바 공인 이론에 반영되어 있다. 공론의 장에 나선 전면적 공적 인물의 경우에는 비판을 감수해야 하고 그러한 비판에 대해서는 해명과 재반박을 통해서 극복해야 한다. 발언자의 지위나 평소 태도도 그 발언으로 상대방의 명예를 훼손했는지 판단할 때 영향을 미칠 수 있다. (대법원 2018. 10. 30., 선고, 2014다61654, 전원합의체 판결)

● 관련판례 7

◎ 명예훼손죄와 모욕죄의 구성요건인 '공연성'의 증명 정도 / 명예훼손죄와 모욕죄에서 전파가능성을 이유로 공연성을 인정하는 경우, 주관적 구성요건요소로서의 고의의 내용 / 발언자의 전파가능성에 대한 인식과 위험을 용인하는 내심의 의사를 인정할 때 고려할 사항 / 공연성의 존부를 판단하는 방법

공연성은 명예훼손죄와 모욕죄의 구성요건으로서, 명예훼손이나 모욕에 해당하는 표현을 특정 소수에게 한 경우 공연성이 부정되는 유력한 사정이 될 수 있으므로, 전파될 가능성에 관해서는 검사의 엄격한 증명이 필요하다.

명예훼손죄와 모욕죄에서 전파가능성을 이유로 공연성을 인정하는 경우에는 적어도 범죄구성요건의 주관적 요소로서 미필적 고의가 필요하므로, 전파가능성에 대한 인식이 있음은 물론 나아가 위험을 용인하는 내심의 의사가 있어야 한다. 친밀하고 사적인 관계뿐만 아니라 공적인 관계에서도 조직 등의 업무와 관련하여 사실의 확인 또는 규명 과정에서 발언하게 된 것이거나, 상대방의 가해에 대하여 대응하는 과정에서 발언하게 된 경우와 수사·소송 등 공적인 절차에서 당사자 사이에 공방을 하던 중 발언하게 된 경우 등이라면 발언자의 전파가능성에 대한 인식과 위험을 용인하는 내심의 의사를 인정하는 것은 신중하여야 한다. 공연성의 존부는 발언자와 상대방 또는 피해자 사이의 관계나 지위, 대화를 하게 된 경위와 상황, 사실적시의 내용, 적시의 방법과 장소 등 행위 당시의 객관적 사정에 관하여 심리한 다음, 그로부터 상대방이 불특정인 또는 다수인에게 전파할 가능성이 있는지를 검토하여 종합적으로 판단해야 한다. [대법원 2022. 7. 28., 선고, 2020도8336, 판결]

● 관련판례 8

◎ 명예훼손죄의 성립요건인 '사실의 적시'의 의미와 판단 기준

명예훼손죄가 성립하려면 사실의 적시가 있어야 하고 적시된 사실은 특정인의 사회적 가치나 평가가 침해될 가능성이 있을 정도로 구체성을 띠어야 한다. 사실의 적시란 가치판단이나 평가를 내용으로 하는 의견표현에 대치되는 개념으로서 시간과 공간적으로 구체적인 과거 또는 현재의 사실관계에 관한 보고나 진술을 뜻하며, 표현내용이 증거에 의한 증명이 가능한 것을 말한다. 판단할 진술이 사실인지 아니면 의견인지를 구별할 때에는 언어의 통상적 의미와 용법, 증명가능성, 문제 된 말이 사용된 문맥, 표현이 이루어진 사회적 상황 등 전체적 정황을 고려하여 판단해야 한다. [대법원 2022. 5. 13., 선고, 2020도15642, 판결]

2. 출판물에 의한 명예훼손죄

제309조(출판물 등에 의한 명예훼손)

① 사람을 비방할 목적으로 신문, 잡지 또는 라디오 기타 출판물에 의하여 제307조제1항의 죄를 범한 자는 3년 이하의 징역이나 금고 또는 700만원 이하의 벌금에 처한다. 〈개정 1995.12.29.〉

② 제1항의 방법으로 제307조제2항의 죄를 범한 자는 7년 이하의 징역, 10년이하의 자격정지 또는 1천500만원 이하의 벌금에 처한다. 〈개정 1995.12.29.〉

(작성례 1)

피의자 김○○는 ○○에 소재하는 월간지 "○○시대"의 발행인 겸 편집인이다. 피의자는 20○○. ○. ○.자 월간지 "○○시대" 제205호의 254면에 평소 감정이 좋지 않은 ○○대학의 교수 박○○를 비방할 목적으로 "어용교수 박○○의 행태를 통해 본 대학교육의 허상"이라는 제목아래 "박교수는……"라는 허위의 기사를 게재한 월간지 약 5,000부를 그 무렵 ○○시내 및 주변지역 독자들에게 보급하여 공연히 허위의 사실을 적시하여 그의 명예를 훼손하였다.

(작성례 2)

피의자 윤○○는 ○○시 ○○동에 있는 월간지 "○○논단"의 발행인 겸 편집인이다.

피의자는 20○○. ○. ○.자 월간지 "○○논단" ○○호의 64면에 평소 감정이 좋지 않은 서울 ○○대학의 교수 노○○(당○○세)를 비방할 목적으로 그의 사진을 싣고 "대학교수도 돈으로 된다?"라는 제목 아래 노○○는 ○○대학 교수채용심사에서 돈 ○○만원을 주고 자리를 샀다는 허위의 기사를 게재한 월간지 약 ○○천부를 그 무렵 그 시내 및 주변지역 독자들에게 보급하여 공연히 허위의 사실을 적시하여 그의 명예를 훼손하였다.

● 관련판례 1

◎ 신문이나 인터넷 매체의 기사가 타인의 명예를 훼손하여 불법행위가 되는지 판단하는 기준 및 언론기관이 수사기관 등에서 조사가 진행 중인 사실에 관하여 보도할 때 부담하는 주의의무의 내용

신문이나 인터넷 매체의 기사가 타인의 명예를 훼손하여 불법행위가 되는지는 일반 독자가 기사를 접하는 통상의 방법을 전제로 기사의 전체적인 취지 및 객관적 내용, 사용된 어휘의 통상적인 의미, 문구의 연결 방법 등을 종합적으로 고려하여 기사가 독자에게 주는 전체적인 인상을 기준으로 판단하여야 한다. 특히 보도의 내용이 수사기관 등에서 조사가 진행 중인 사실에 관한 것일 경우, 일반 독자들로서는 보도된 혐의사실의 진실 여부를 확인할 수 있는 별다른 방도가 없을 뿐 아니라 보도 내용을 그대로 진실로 받아들일 개연성이 있고, 신문보도 및 인터넷이 가지는 광범위하고도 신속한 전파력 등으로 인하여 보도 내용의 진실 여하를 불문하고 보도 자체만으로도 피조사자로 거론된 자 등은 심각한 피해를 입을 수 있다. 그러므로 수사기관 등의 조사사실을 보도하는 언론기관으로서는 보도에 앞서 조사 혐의사실의 진실성을 뒷받침할 적절하고도 충분한 취재를 하여야 하고, 확인되지 아니한 고소인의 일방적 주장을 여과 없이 인용하여 부각시키거나 주변 사정을 무리하게 연결시켜 마치 고소 내용이 진실인 것처럼 보이게 내용 구성을 하는 등으로 기사가 주는 전체적인 인상으로 인하여 일반 독자들이 사실을 오해하는 일이 생기지 않도록 기사 내용이나 표현방법 등에 대하여도 주의를 하여야 하고, 그러한 주의의무를 다하지 않았다면 명예훼손으로 인한 손해배상책임을 져야 한다.(대법원 2016. 5. 27. 선고 2015다33489 판결)

● 관련판례 2

◎ 언론·출판을 통해 사실을 적시함으로써 타인의 명예를 훼손하는 경우, 위법성이 조각되기 위한 요건 및 여기서 적시된 사실이 공공의 이익에 관한 것인지 판단하는 기준

언론·출판을 통해 사실을 적시함으로써 타인의 명예를 훼손하는 경우에도 그것이 진실한 사실로서 오로지 공공의 이익에 관한 때에는 행위에 위법성이 없다. 여기서 적시된 사실이 공공의 이익에 관한 것인지는 적시된 사실의 구체적 내용, 사실의 공표가 이루어진 상대방의 범위, 표현의 방법 등 표현 자체에 관한 제반 사정을 고려함과 동시에 표현에 의하여 훼손되거나 훼손될 수 있는 명예의 침해 정도 등을 비교·고려하여 결정하여야 하고, 나아가 명예훼손을 당한 피해자가 공적 인물인지 일반 사인인지, 공적 인물 중에서도 공직자나 정치인 등과 같이 광범위하게 국민의 관심과 감시의 대상이 되는 인물인지, 단지 특정 시기에 한정된 범위에서 관심을 끌게 된 데 지나지 않는 인물인지, 적시된 사실이 피해자의 공적 활동 분야와 관련된 것이거나 공공성·사회성이 있어 공적 관심사에 해당하고 그와 관련한 공론의 필요성이 있는지, 그리고 공적 관심을 불러일으키게 된 데에 피해자 스스로 어떤 관여가 된 바 있는지 등을 종합적으로 살펴서 결정하여야 한다.(대법원 2016. 5. 27. 선고 2015다33489 판결)

● 관련판례 3

◎ 형법 제309조에 정한 '사람을 비방할 목적'의 의미 및 판단 방법

형법 제309조 제2항의 허위사실적시 출판물에 의한 명예훼손의 공소사실에는 같은 조 제1항 소정의 사실적시 출판물에 의한 명예훼손의 공소사실도 포함되어 있으므로, 피고인이 적시한 사실이 허위사실이 아니거나 피고인에게 적시한 사실이 허위사실이라는 인식이 없다면 법원은 공소장변경절차 없이도 형법 제309조 제1항의 사실적시 출판물에 의한 명예훼손죄로 인정할 수 있다

한편, 형법 제309조 소정의 '사람을 비방할 목적' 이란 가해의 의사 내지 목적을 요하는 것으로서 공공의 이익을 위한 것과는 행위자의 주관적 의도의 방향에 있어 서로 상반되는 관계에 있으므로, 적시한 사실이 공공의 이익에 관한 것인 경우에는 특별한 사정이 없는 한 비방할 목적은 부인될 수밖에 없다 (대법원 2005. 4. 29. 선고 2003도2137 판결 등 참조). 그리고 '적시한 사실이 공공의 이익에 관한 경우' 라 함은 적시된 사실이 객관적으로 볼 때 공공의 이익에 관한 것으로서 행위자도 주관적으로 공공의 이익을 위하여 그 사실을 적시한 것이어야 하는데, 여기에서 공공의 이익이라 함은 널리 국가ㆍ사회 기타 일반 다수인의 이익에 관한 것 뿐 아니라 특정한 사회집단이나 그 구성원 전체의 관심과 이익을 포함한다. 나아가 그 적시한 사실이 공공의 이익에 관한 것인지 여부는 당해 명예훼손적 표현으로 인한 피해자가 공무원 내지 공적 인물과 같은 공인(공인)인지 아니면 사인(사인)에 불과한지, 그 표현이 객관적으로 국민이 알아야 할 공공성ㆍ사회성을 갖춘 공적 관심사안에 관한 것으로 사회의 여론형성 내지 공개토론에 기여하는 것인지 아니면 순수한 사적인 영역에 속하는 것인지, 피해자가 그와 같은 명예훼손적 표현의 위험을 자초한 것인지, 그리고 그 표현에 의하여 훼손되는 명예의 성격과 침해의 정도, 그 표현의 방법과 동기 등의 여러 사정에 비추어 판단하여야 할 것이다(대법원 2008. 11. 13. 선고 2006도7915 판결)

● 관련판례 4

◎ 형법 제309조 제2항에서 정한 '허위사실 적시 출판물에 의한 명예훼손죄' 가 성립하기 위한 요건

형법 제309조 제2항, 제1항이 정한 '허위사실 적시 출판물에 의한 명예훼손죄' 가 성립하려면 피고인이 적시하는 사실이 허위이고 그 사실이 허위임을 인식하여야 하며, 이러한 허위의 인식에 대한 증명책임은 검사에게 있다. 여기에서 사실의 적시는 가치판단이나 평가를 내용으로 하는 의견표현에 대치되는 개념으로서 시간적으로나 공간적으로 구체적인 과거 또는 현재의 사실관계에 관한 보고나 진술을 뜻한다. 적시된 사실의 중요한 부분이 객관적 사실과 합치되는 경우에는 세부적으로 진실과 약간 차이가 나거나 다소 과장된 표현이 있더라도 이를 거짓의 사실이라고 볼 수 없다. 거짓의 사실인지를 판단할 때에는 적시된 사실 내용 전체의 취지를 살펴 객관적 사실과 합치하지 않는 부분이 중요한 부분인지 여부를 결정하여야 한다.(대법원 2018. 11. 29., 선고, 2016도14678, 판결).

3. 명예훼손죄의 위법성 조각

제310조(위법성의 조각)
제307조제1항의 행위가 진실한 사실로서 오로지 공공의 이익에 관한 때에는 처벌하지 아니한다.

● 관련판례 1

◎ 형법 제310조에서 정한 '오로지 공공의 이익에 관한 때'의 의미 및 판단 기준

공연히 사실을 적시하여 사람의 명예를 훼손하는 행위가 진실한 사실로서 오로지 공공의 이익에 관한 때에는 형법 제310조에 따라 처벌할 수 없다. 여기서 '오로지 공공의 이익에 관한 때'라 함은 적시된 사실이 객관적으로 볼 때 공공의 이익에 관한 것으로서 행위자도 주관적으로 공공의 이익을 위하여 그 사실을 적시한 것이어야 한다. 여기의 공공의 이익에 관한 것에는 널리 국가·사회 기타 일반 다수인의 이익에 관한 것뿐만 아니라 특정한 사회집단이나 그 구성원 전체의 관심과 이익에 관한 것도 포함한다. 적시된 사실이 공공의 이익에 관한 것인지 여부는 당해 적시 사실의 내용과 성질, 당해 사실의 공표가 이루어진 상대방의 범위, 그 표현의 방법 등 그 표현 자체에 관한 제반 사정을 감안함과 동시에 그 표현에 의하여 훼손되거나 훼손될 수 있는 명예의 침해 정도 등을 비교·고려하여 결정하여야 하며, 행위자의 주요한 동기 내지 목적이 공공의 이익을 위한 것이라면 부수적으로 다른 사익적 목적이나 동기가 내포되어 있더라도 형법 제310조의 적용을 배제할 수 없다.(대법원 2021. 8. 26., 선고, 2021도6416, 판결).

● 관련판례 2

◎ 형법 제310조에서 정한 '진실한 사실'과 '오로지 공공의 이익에 관한 때'의 의미 및 판단 기준

공연히 사실을 적시하여 사람의 명예를 훼손하는 행위가 진실한 사실로서 오로지 공공의 이익에 관한 때에는 형법 제310조에 따라 처벌할 수 없다. 여기서 '진실한 사실'이란 그 내용 전체의 취지를 살펴볼 때 중요한 부분이 객관적 사실과 합치되는 사실이라는 의미로서 세부에 있어 진실과 약간 차이가 나거나 다소 과장된 표현이 있더라도 무방하다. '오로지 공공의 이익에 관한 때'라 함은 적시된 사실이 객관적으로 볼 때 공공의 이익에 관한 것으로서 행위자도 주관적으로 공공의 이익을 위하여 그 사실을 적시한 것이어야 한다. 여기의 공공의 이익에 관한 것에는 널리 국가·사회 기타 일반 다수인의 이익에 관한 것뿐만 아니라 특정한 사회집단이나 그 구성원 전체의 관심과 이익에 관한 것도 포함한다. 적시된 사실이 공공의 이익에 관한 것인지 여부는 당해 적시 사실의 내용과 성질, 당해 사실의 공표가 이루어진 상대방의 범위, 그 표현의 방법 등 그 표현 자체에 관한 제반 사정을 감안함과 동시에 그 표현에 의하여 훼손되거나 훼손될 수 있는 명예의 침해 정도 등을 비교·고려하여 결정하여야 하며, 행위자의 주요한 동기 내지 목적이 공공의 이익을 위한 것이라면 부수적으로 다른 사익적 목적이나 동기가 내포되어 있더라도 형법 제310조의 적용을 배제할 수 없다(대법원 1997. 4. 11. 선고 97도88 판결, 대법원 1998. 10. 9. 선고 97도158 판결, 대법원 2001. 10. 9. 선고 2001도3594 판결 등 참조). 그리고 형법 제310조의 규정은 인격권으로서의 개인의 명예의 보호와 헌법 제21조에 의한 정당한 표현의 자유의 보장이라는 상충되는 두 법익의 조화를 꾀한 것이므로, 두 법익 간의 조화와 균형을 고려한다면 적시된 사실이 진실한 것이라는 증명이 없더라도 행위자가 진실한 것으로 믿었고 또 그렇게 믿을 만한 상당한 이유가 있는 경우에는 위법성이 없다고 보아야 한다(대법원 2007. 12. 14. 선고 2006도2074 판결 등 참조).

한편 허위사실 적시에 의한 명예훼손죄가 성립하기 위하여는 피고인이 공연히 사실의 적시를 하여야 하고, 그 적시한 사실이 사람의 사회적 평가를 저하시키는 것으로서 허위이어야 하며, 피고인이 그와 같은 사실이 허위라고 인식하였어야 한다. 적시된 사실이 허위의 사실인지 여부를 판단하는 과정에서 적시된 사실의 내용 전체의 취지를 살펴볼 때 중요한 부분이 객관적 사실과 합치되는 경우에는 세부적으로 진실과 약간 차이가 나거나 다소 과장된 표현이 있다 하더라도 이를 허위의 사실이라고 볼 수는 없다(대법원 2000. 2. 25. 선고 99도4757 판결 등 참조). 나아가 형사재판에서 공소가 제기된 범죄의 구성요건을 이루는 사실은 그것이 주관적 요건이든 객관적 요건이든 그 증명책임이 검사에게 있으므로, 허위사실 적시 명예훼손죄로 기소된 사건에서 사람의 사회적 평가를 떨어뜨리는 사실이 적시되었다는 점, 그 적시된 사실이 객관적으로 진실에 부합하지 아니하여 허위일 뿐만 아니라 그 적시된 사실이 허위라는 것을 피고인이 인식하고서 이를 적시하였다는 점은 모두 검사가 증명하여야 한다. 그런데 위 증명책임을 다하였는지 여부를 결정할 때에는, 어느 사실이 적극적으로 존재한다는 것의 증명은 물론, 그 사실의 부존재의 증명이라도 특정 기간과 특정 장소에서의 특정 행위의 부존재에 관한 것이라면 적극적 당사자인 검사가 이를 합리적 의심의 여지가 없이 증명하여야 한다(대법원 2010. 11. 25. 선고 2009도12132 판결 등 참조)..(대법원 2020. 8. 13., 선고, 2019도13404, 판결).

4. 모욕죄

제311조(모욕)

공연히 사람을 모욕한 자는 1년 이하의 징역이나 금고 또는 200만원 이하의 벌금에 처한다. 〈개정 1995.12.29.〉

(작성례 1)

피의자는 20○○. ○. ○. 19:00경 ○○동 ○○번지에 있는 하○○(여, ○○세)가 경영하는 가게에서 평소 피해자가 피의자에게 외상을 해주지 않는다는 이유로 사건외 박○○, 김○○ 등 마을사람 10여명이 있는 가운데 위 하○○에게 “이 돼지같은 년아, 네가 혼자 잔뜩 처먹고 배두드리며 사나 보자” 라고 큰소리로 말하여 공연히 그녀를 모욕하였다.

(작성례 2)

피의자는 ○○상사를 경영하고 있다.

피의자는 20○○. ○. ○. 11:00경 ○○시 ○○동 ○○번지에 있는 ○○주식회사의 회의실에서 열린 그 회사의 채권단회의 석상에서 정○○ 등 ○○명이 모인 앞에서 “이 회사의 김○○ 상무는 허수아비노릇만 하는 바보새끼다. 그런 놈은 당장 사표를 써야 한다” 라고 큰 소리를 질러 공연히 김○○를 모욕하였다.

(작성례 3)

피의자는 20○○. ○. ○. 15:00경 서울 ○○구 ○○동에 있는 ○○고기 식당에서 친구인 김○○ 등 7명과 함께 식사를 하던 중 피해자 이○○과 평소의 금전거래 관계로 말다툼을 하다가 피해자에게 “악질적인 고리대금업자!” 라고 큰소리로 말하여 공연히 피해자를 모욕하였다.

■ 적용실례

◇ 빨갱이라고 다수인 앞에서 말한 경우

피해자에게 다수인이 있는 자리에서 "이 빨갱이 같은 놈아, 이북에나 가서 살아라"라고 말하였다.

※ 이러한 경우 자칫 명예훼손죄로 의율할 수도 있으나, 위 말은 허위사실의 적시라고 보기 어려워 모욕죄로 의율하는 것이 타당하겠다.

◇ 도둑놈의 첩이라고 말한 경우

공연히 피해자에게 "도둑놈의 첩년"이라고 말하였다.

※ 위 말은 구체적인 사실을 적시한 것이 아니라 단순히 사람의 외부적인 명예를 훼손할만한 추상적인 판단을 표시한 경우에 해당하므로 구체적인 사실적시를 구성요건으로 하는 명예훼손죄로 의율할 것이 아니라 모욕죄로 의율하는 것이 타당하다.

◇ 모욕에 대한 고소의 경우

전○○는 우○○에 대해 "우○○는 질이 나쁜 사람이다"라는 내용의 말을 하고 다녔고, 우○○는 이에 대해 전○○를 명예훼손죄로 고소하였다.

※ 이 경우 명예훼손죄를 적용한다면, 위 피의자의 말은 구체적 사실이 아니어서 피의자의 의사를 개진한 것에 불과하므로 범죄혐의없음이 될 것이지만, 주관적인 의사를 개진한 것이라 하더라도 그 내용이 피해자의 사회적 평가를 저하시킬 위험성이 있다면 모욕죄가 성립할 것이다. 따라서 이 경우, 모욕죄로 의율하는 것이 타당할 것이다.

◇ 고소되지 않은 모욕죄를 인지한 경우

피의자가 피해자 경영의 맥주집에서 동인을 구타하고 유리창을 손괴하고 동인에게 욕설을 하여 모욕하였다는 것으로 모두 기소의견으로 송치하였다.

※ 모욕죄는 친고죄이기 때문에 고소가 있어야 하는데 이 경우 피해자의 고소가 없으므로 고소의사 여부를 확인한 후 고소의사가 없다면 모욕죄로 입건할 수 없고, 인지한 이상 공소권이 없는 의견으로 송치해야 한다.

◇ 아내가 불륜을 맺고 있다는 전화를 받았으나, 그 사실이 허위라 신고하지 않은 경우

피해자 윤○○의 남편은 어느날 밤 윤○○가 그 동네의 이○○와 불륜관계를 맺고 있다는 전화를 받았다. 그 사실은 허위였으나, 피해자는 신고하지 않았다.

※ 우선 위 행위는 구체적으로 허위사실을 유포한 것이기 때문에 내용상으로는 모욕죄가 아닌 명예훼손죄로 의율할 수 있겠고, 명예훼손죄는 친고죄가 아니고 반의사불벌죄여서 피해자인 윤○○가 처벌을 원하지 않는다는 의사를 명시하지 않는 한 처벌할 수 있겠다. 그러나 전화상으로 피해자의 남편에게 불륜관계를 이야기한 것은 전파가능성이 희박하기 때문에 공연성이 없어 결국 범죄혐의없다 할 것이다.

● 관련판례 1

◎ 모욕죄의 보호법익(=외부적 명예) 및 '모욕'의 의미 / 어떠한 표현이 모욕죄의 모욕에 해당하는지 판단하는 기준 / 상대방을 불쾌하게 할 수 있는 무례하고 예의에 벗어난 정도의 표현이거나 상대방에 대한 부정적·비판적 의견이나 감정을 나타내면서 경미한 수준의 추상적 표현이나 욕설이 사용된 경우, 모욕죄의 구성요건에 해당하는지 여부(원칙적 소극) / 모욕죄의 구성요건을 해석·적용할 때 고려하여야 할 사항

형법 제311조 모욕죄는 사람의 인격적 가치에 대한 사회적 평가를 의미하는 '외부적 명예'를 보호법익으로 하는 범죄로서, 여기서 '모욕'이란 사실을 적시하지 아니하고 사람의 외부적 명예를 침해할 만한 추상적 판단이나 경멸적 감정을 표현하는 것을 의미한다. 어떠한 표현이 모욕죄의 모욕에 해당하는지는 상대방 개인의 주관적 감정이나 정서상 어떠한 표현을 듣고 기분이 나쁜지 등 명예감정을 침해할 만한 표현인지를 기준으로 판단할 것이 아니라 당사자들의 관계, 해당 표현에 이르게 된 경위, 표현방법, 당시 상황 등 객관적인 제반 사정에 비추어 상대방의 외부적 명예를 침해할 만한 표현인지를 기준으로 엄격하게 판단하여야 한다.

어떠한 표현이 개인의 인격권을 심각하게 침해할 우려가 있는 것이거나 상대방의 인격을 허물어뜨릴 정도로 모멸감을 주는 혐오스러운 욕설이 아니라 상대방을 불쾌하게 할 수 있는 무례하고 예의에 벗어난 정도이거나 상대방에 대한 부정적·비판적 의견이나 감정을 나타내면서 경미한 수준의 추상적 표현이나 욕설이 사용된 경우 등이라면 특별한 사정이 없는 한 외부적 명예를 침해할 만한 표현으로 볼 수 없어 모욕죄의 구성요건에 해당된다고 볼 수 없다.

개인의 인격권으로서의 명예 보호와 민주주의의 근간을 이루는 기본권인 표현의 자유는 모두 헌법상 보장되는 기본권으로 각자의 영역 내에서 조화롭게 보호되어야 한다. 따라서 모욕죄의 구성요건을 해석·적용할 때에도 개인의 인격권과 표현의 자유가 함께 고려되어야 한다. [대법원 2022. 8. 31., 선고, 2019도7370, 판결]

● 관련판례 2

◎ 모욕죄의 보호법익(=외부적 명예) 및 모욕죄에서 말하는 '모욕'의 의미 / 상대방의 인격적 가치에 대한 사회적 평가를 저하시킬 만한 것이 아닌 표현이 다소 무례한 방법으로 표시된 경우, 모욕죄의 구성요건에 해당하는지 여부(소극)

형법 제311조의 모욕죄는 사람의 가치에 대한 사회적 평가를 의미하는 외부적 명예를 보호법익으로 하는 범죄로서, 모욕죄에서 말하는 모욕이란 사실을 적시하지 아니하고 사람의 사회적 평가를 저하시킬 만한 추상적 판단이나 경멸적 감정을 표현하는 것을 의미한다. 따라서 어떠한 표현이 상대방의 인격적 가치에 대한 사회적 평가를 저하시킬 만한 것이 아니라면 설령 그 표현이 다소 무례한 방법으로 표시되었다 하더라도 이를 두고 모욕죄의 구성요건에 해당한다고 볼 수 없다.(대법원 2018. 11. 29., 선고, 2017도2661, 판결)

● 관련판례 3

◎ 국가나 지방자치단체가 명예훼손죄 또는 모욕죄의 피해자가 될 수 있는지 여부(소극)

형법이 명예훼손죄 또는 모욕죄를 처벌함으로써 보호하고자 하는 사람의 가치에 대한 평가인 외부적 명예는 개인적 법익으로서, 국민의 기본권을 보호 내지 실현해야 할 책임과 의무를 지고 있는 공권력의 행사자인 국가나 지방자치단체는 기본권의 수범자일 뿐 기본권의 주체가 아니고, 정책결정이나 업무수행과 관련된 사항은 항상 국민의 광범위한 감시와 비판의 대상이 되어야 하며 이러한 감시와 비판은 그에 대한 표현의 자유가 충분히 보장될 때에 비로소 정상적으로 수행될 수 있으므로, 국가나 지방자치단체는 국민에 대한 관계에서 형벌의 수단을 통해 보호되는 외부적 명예의 주체가 될 수는 없고, 따라서 명예훼손죄나 모욕죄의 피해자가 될 수 없다.(대법원 2016. 12. 27. 선고 2014도15290 판결)

● 관련판례 4

◎ 모욕죄의 보호법익(=외부적 명예) 및 '모욕'의 의미 / 모욕죄가 성립하기 위하여 피해자의 외부적 명예가 현실적으로 침해되거나 구체적·현실적으로 침해될 위험이 발생하여야 하는지 여부(소극)

모욕죄는 공연히 사람을 모욕하는 경우에 성립하는 범죄로서(형법 제311조), 사람의 가치에 대한 사회적 평가를 의미하는 외부적 명예를 보호법익으로 하고, 여기에서 '모욕'이란 사실을 적시하지 아니하고 사람의 사회적 평가를 저하시킬 만한 추상적 판단이나 경멸적 감정을 표현하는 것을 의미한다. 그리고 모욕죄는 피해자의 외부적 명예를 저하시킬 만한 추상적 판단이나 경멸적 감정을 공연히 표시함으로써 성립하므로, 피해자의 외부적 명예가 현실적으로 침해되거나 구체적·현실적으로 침해될 위험이 발생하여야 하는 것도 아니다.(대법원 2016. 10. 13. 선고 2016도9674 판결)

● 관련판례 5

◎ 모욕죄의 보호법익 및 모욕죄에서 말하는 '모욕'의 의미 / 상대방의 인격적 가치에 대한 사회적 평가를 저하시킬 만한 것이 아닌 표현이 다소 무례하고 저속한 방법으로 표시된 경우, 모욕죄의 구성요건에 해당하는지 여부(소극)

형법 제311조의 모욕죄는 사람의 가치에 대한 사회적 평가를 의미하는 외부적 명예를 보호법익으로 하는 범죄로서, 모욕죄에서 말하는 모욕이란 사실을 적시하지 아니하고 사람의 사회적 평가를 저하시킬 만한 추상적 판단이나 경멸적 감정을 표현하는 것을 의미한다(대법원 1987. 5. 12. 선고 87도739 판결, 대법원 2003. 11. 28. 선고 2003도3972 판결 참조). 그런데 언어는 인간의 가장 기본적인 표현수단이고 사람마다 언어습관이 다를 수 있으므로 그 표현이 다소 무례하고 저속하다는 이유로 모두 형법상 모욕죄로 처벌할 수는 없다. 따라서 어떠한 표현이 상대방의 인격적 가치에 대한 사회적 평가를 저하시킬 만한 것이 아니라면 설령 그 표현이 다소 무례하고 저속한 방법으로 표시되었다 하더라도 이를 모욕죄의 구성요건에 해당한다고 볼 수 없다(대법원 2015. 12. 24. 선고 2015도6622 판결)

● 관련판례 6

◎ 모욕죄에서 말하는 '모욕'의 의미 / 상대방의 인격적 가치에 대한 사회적 평가를 저하시킬 만한 것이 아닌 표현이 다소 무례한 방법으로 표시된 경우, 모욕죄 구성요건에 해당하는지 여부(소극)

형법 제311조의 모욕죄는 사람의 가치에 대한 사회적 평가를 의미하는 외부적 명예를 보호법익으로 하는 범죄로서, 모욕죄에서 말하는 모욕이란 사실을 적시하지 아니하고 사람의 사회적 평가를 저하시킬 만한 추상적 판단이나 경멸적 감정을 표현하는 것을 의미한다. 따라서 어떠한 표현이 상대방의 인격적 가치에 대한 사회적 평가를 저하시킬 만한 것이 아니라면 표현이 다소 무례한 방법으로 표시되었다 하더라도 모욕죄의 구성요건에 해당한다고 볼 수 없다.(대법원 2015. 9. 10. 선고 2015도2229 판결)

● 관련판례 7

◎ 집단표시에 의한 모욕이 집단 구성원 개개인에 대한 모욕죄를 구성하는 경우 및

구체적인 판단 기준

모욕죄는 특정한 사람 또는 인격을 보유하는 단체에 대하여 사회적 평가를 저하시킬 만한 경멸적 감정을 표현함으로써 성립하므로 그 피해자는 특정되어야 한다. 그리고 이른바 집단표시에 의한 모욕은, 모욕의 내용이 집단에 속한 특정인에 대한 것이라고는 해석되기 힘들고, 집단표시에 의한 비난이 개별구성원에 이르러서는 비난의 정도가 희석되어 구성원 개개인의 사회적 평가에 영향을 미칠 정도에 이르지 아니한 경우에는 구성원 개개인에 대한 모욕이 성립되지 않는다고 봄이 원칙이고, 비난의 정도가 희석되지 않아 구성원 개개인의 사회적 평가를 저하시킬 만한 것으로 평가될 경우에는 예외적으로 구성원 개개인에 대한 모욕이 성립할 수 있다. 한편 구성원 개개인에 대한 것으로 여겨질 정도로 구성원 수가 적거나 당시의 주위 정황 등으로 보아 집단 내 개별구성원을 지칭하는 것으로 여겨질 수 있는 때에는 집단 내 개별구성원이 피해자로서 특정된다고 보아야 할 것인데, 구체적인 기준으로는 집단의 크기, 집단의 성격과 집단 내에서의 피해자의 지위 등을 들 수 있다.(대법원 2014. 3. 27. 선고 2011도15631 판결)

● 관련판례 8

◎ 모욕죄의 보호법익(=외부적 명예) 및 모욕죄에서 말하는 '모욕'의 의미 / 상대방의 인격적 가치에 대한 사회적 평가를 저하시킬 만한 것이 아닌 표현이 다소 무례한 방법으로 표시된 경우, 모욕죄의 구성요건에 해당하는지 여부(소극)

형법 제311조의 모욕죄는 사람의 가치에 대한 사회적 평가를 의미하는 외부적 명예를 보호법익으로 하는 범죄로서, 모욕죄에서 말하는 모욕이란 사실을 적시하지 아니하고 사람의 사회적 평가를 저하시킬 만한 추상적 판단이나 경멸적 감정을 표현하는 것을 의미한다. 따라서 어떠한 표현이 상대방의 인격적 가치에 대한 사회적 평가를 저하시킬 만한 것이 아니라면 설령 그 표현이 다소 무례한 방법으로 표시되었다 하더라도 이를 두고 모욕죄의 구성요건에 해당한다고 볼 수 없다(대법원 2015. 9. 10. 선고 2015도2229 판결 참조).

기록에 의하면, 피고인이 공소외인이 인터넷 포털 사이트 '○○'의 다른 카페에서 다른 회원을 강제탈퇴시킨 후 보여준 태도에 대하여 불만을 가지고 댓글을 게시하게 된 사실, 피고인이 게시한 댓글 내용은 '선무당이 사람 잡는다, 자승자박, 아전인수, 사필귀정, 자업자득, 자중지란, 공황장애 ㅋ'라고 되어 있는 사실을 알 수 있다.

위 사실관계에 나타난 피고인의 댓글 게시 경위, 댓글의 전체 내용과 표현 방식, 공황장애의 의미(뚜렷한 근거나 이유 없이 갑자기 심한 불안과 공포를 느끼는 공황 발작이 되풀이해서 일어나는 병) 등을 종합하면, 피고인이 댓글로 게시한 '공황장애 ㅋ'라는 표현이 상대방을 불쾌하게 할 수 있는 무례한 표현이기는 하나, 상대방의 인격적 가치에 대한 사회적 평가를 저하시킬 만한 표현에 해당한다고 보기는 어렵다.

그런데도 원심이 그 판시와 같은 이유만으로 이 사건 공소사실을 유죄로 인정한 데에는 모욕죄에 관한 법리를 오해한 잘못이 있다.(대법원 2018. 5. 30., 선고, 2016도20890, 판결)

제30절 업무와 경매에 관한 죄

1. 신용훼손죄

제313조(신용훼손)
허위의 사실을 유포하거나 기타 위계로써 사람의 신용을 훼손한 자는 5년 이하의 징역 또는 1천500만원 이하의 벌금에 처한다. 〈개정 1995.12.29.〉

(작성례 1)

피의자는 서울 ㅇㅇ동 ㅇㅇ번지에서 ㅇㅇ컴퓨터의 컴퓨터판매점을 경영하고 있다. 피의자는 20ㅇㅇ. ㅇ. ㅇ.경 판매점 근처의 같은 지역안에서 ㅇㅇ회사의 컴퓨터를 판매하는 오ㅇㅇ가 연일 사은행사를 진행하여 손님을 끌자 그것을 시기하여 상점 등에서 만나는 사람들에게 "오ㅇㅇ가 저렇게 날마다 행사를 하는 것은 부도를 막기 위한 마지막 발악이다. 오ㅇㅇ는 개인적으로도 여러 곳에 빚투성이고 지금까지 장사도 잘 안돼서, 행사를 한다고 해도 일어서기 힘들 것이다" 라고 하여, 오ㅇㅇ가 많은 부채를 지고 있으며, 그의 판매점이 경제적으로 위기에 빠져 있는 것처럼 허위의 사실을 유포하여 그의 신용을 훼손하였다.

(작성례 2)

피의자는 시사잡지 "주간ㅇㅇ" 의 편집·발행자이다.

피의자는 20ㅇㅇ. ㅇ. ㅇ.경 위 같은 시에 있는 ㅇㅇ조합에 기부금을 얻으려고 갔다가 이를 거절당하자 그 조합의 신용을 떨어뜨려 분을 풀기로 마음먹었다.

그리하여 그 달 24일자 위 "주간ㅇㅇ" ㅇㅇ호 지상에 위 ㅇㅇ조합 경영관리의 부실을 들어 "ㅇㅇ조합의 중진간부 김ㅇㅇ 외 수명이 부정을 일으켜 공금을 횡령해 개인재산을 쌓고 있다는 사실이 판명되어 그 조합원들이 이에 분개하고 있다. 피해액만도 약 ㅇ억원 이상이고 그 조합의 신용도는 하락일로에 있어 금명간 그 업무가 정지될지도 모른다" 라는 내용의 허위사실을 게재하고 그 잡지를 약 ㅇ천부를 인쇄·

발행하여, 그 달 26일경 손○○ 외 약 ○천명에게 발송하여 위계로써 그 조합의 신용을 훼손하였다.

● 관련판례 1

◎ 퀵서비스 운영자인 피고인이 허위사실을 유포하여 손님들로 하여금 불친절하고 배달을 지연시킨 사업체가 경쟁관계에 있는 피해자 운영의 퀵서비스인 것처럼 인식하게 한 사안에서, 위 행위가 신용훼손죄에 해당하지 않는다고 본 원심판단을 수긍한 사례

퀵서비스 운영자인 피고인이 배달업무를 하면서, 손님의 불만이 예상되는 경우에는 평소 경쟁관계에 있는 피해자 운영의 퀵서비스 명의로 된 영수증을 작성·교부함으로써 손님들로 하여금 불친절하고 배달을 지연시킨 사업체가 피해자 운영의 퀵서비스인 것처럼 인식하게 한 사안에서, 퀵서비스의 주된 계약내용이 신속하고 친절한 배달이라 하더라도, 그와 같은 사정만으로 위 행위가 피해자의 경제적 신용, 즉 지급능력이나 지급의사에 대한 사회적 신뢰를 저해하는 행위에 해당한다고 보기는 어렵다는 이유로, 피고인에 대한 신용훼손의 주위적 공소사실을 무죄로 인정한 원심판단을 수긍한 사례.(대법원 2011. 5. 13. 선고 2009도5549 판결)

● 관련판례 2

◎ 형법 제313조의 신용훼손죄에서 '허위사실의 유포' 및 '위계'의 의미와 그 범의

형법 제313조의 신용훼손죄는 허위의 사실을 유포하거나 기타 위계로써 사람의 신용을 저하시킬 염려가 있는 상태를 발생시키는 경우에 성립하는 것으로서, 여기서 '허위사실의 유포'라 함은 객관적으로 보아 진실과 부합하지 않는 과거 또는 현재의 사실을 불특정 또는 다수인에게 전파시키는 것을 말하고, '위계'라 함은 행위자의 행위목적을 달성하기 위하여 상대방에게 오인·착각 또는 부지를 일으키게 하여 이를 이용하는 것을 말한다. 그리고 신용훼손죄에 있어서의 범의는 반드시 확정적인 고의를 요하는 것은 아니고, 허위사실을 유포하거나 기타 위계를 사용한다는 점과 그 결과 다른 사람의 신용을 저하시킬 염려가 있는 상태가 발생한다는 점에 대한 미필적 인식으로도 족하다 할 것이다.(대법원 2006. 12. 7. 선고 2006도3400 판결)

2. 업무방해죄

제314조(업무방해)

① 제313조의 방법 또는 위력으로써 사람의 업무를 방해한자는 5년 이하의 징역 또는 1천 500만원 이하의 벌금에 처한다. 〈개정 1995.12.29.〉

(작성례 1)

피의자는 20○○. ○.경 ○○운수 소속 ○○번 버스를 타면서 요금을 적게 내 위 버스 운전사 남○○에게 망신을 당하자, 이를 복수하기로 마음먹었다.

피의자는 같은 달 ○. ○. 21:00경 서울 ○○동 ○○번지 앞길에서 지키고 서 있다가 위 버스가 승객 ○○여명을 태우고 그곳을 지나가자 위 버스의 앞을 가로막고 서서 정차시킨 다음, 침을 뱉으며 차체를 발로 차고 그 차안에 올라타서 위 남○○의 멱살을 잡아 운전대에서 끌어내려 "잘못했다고 사과하고 꿇어 앉아 빌어라" 라고 말하며 붙들고 시비하여 약 10분동안 위 버스의 운전을 못하게 함으로써 위력을 사용하여 버스운행의 업무를 방해하였다.

(작성례 2)

피의자는 20○○. ○. ○. 20:00경부터 같은 날 22:00경까지 사이에 서울 ○○구 ○○동에 있는 피해자 김○○(여, 43세) 경영의 ○○호프집에서 그곳 여종업원인 최○○(여. 23세)를 피의자의 옆자리에 동석시켜달라고 요구하였으나 들어주지 않는다는 이유로 테이블에 앉아서 큰소리로 떠들며 재떨이를 마루바닥에 던지는 등 소란을 피워 그 호프집에 들어오려던 손님들이 들어오지 못하게 함으로써 위력으로 위 김○○의 일반음식점영업업무를 방해하였다.

(작성례 3)

피의자는 서울시 ○○동 123번지에 있는 ○○아파트의 재건축조합장이다.

피의자가 20○○. ○. ○.자로 사표를 제출하자 위 조합에서는 임원중 연장자가 직무대행을 하도록 되어 있는 정관의 규정에 따라 김○○을 조합장직무대행으로 선출하여 20○○. ○. ○.부터 동인이 조합장

의 업무를 수행하여 왔다
피의자는 20○○. ○. ○. 15:30경 위 조합 사무실에서, 피해자가 20○○. ○. ○.자로 대의원회의를 소집하여 새로운 조합장을 선출하려는 것을 방해하려고, 심부름센터 직원 및 ○○건설회사 직원등 수십여명을 동원하여 위 사무실의 컴퓨터 1대 등 물품 32개와 조합관련서류 25점 등을 다른 사무실로 옮기면서 김○○에게 "네가 직무대리지 조합장이냐 ○○○ 죽여버리겠다." 며 멱살을 잡고 흔들어 위력으로 위 김○○의 조합장직무대행 업무를 방해하였다.

■ 적용실례

◇ 영업집에 복수를 위해 전화를 수차례 걸어 업무를 방해한 경우

이○○는 최○○와 평소 사이가 좋지 않았는데, 얼마 전 말다툼을 하다가 온 동네사람이 보는 앞에서 크게 모욕을 당하고 그에게 복수하기로 결심하고, 최○○가 운영하는 중국음식점을 이용하기로 하였다. 이○○는 위 음식점에 전화를 걸어, 최○○가 전화를 받으면 시종 아무 말도 하지 않고, 그가 전화를 끊으면 다시 전화를 걸어 최○○가 전화를 받을 때까지 기다렸다가 그가 받으면 또 말을 하지 않는 방법으로 한 달동안 천 회 가량 같은 전화를 걸어 최○○의 중국음식점에 걸려오는 전화주문과 그의 영업을 방해하였다.

※ 위 이○○의 행위는, 전화가 걸려오면 그것이 주문전화일 것이라고 생각하는 최○○의 착오를 이용해 전화를 걸었고, 그 목적·양태·회수에 있어서 사회생활상 수용할 수 있는 한계를 넘어서 부당하게 상대방을 곤혹스럽게 하는 정도에 이르러 있다. 그리고 그 행동의 결과로 위 음식점의 경영에 방해를 가져왔기 때문에 이는 위계에 의한 업무방해죄로 의율해야 하겠다.

◇ 노동쟁의를 하며 출입문을 막아 타회사 직원들의 출입을 방해한 경우

근로자들이 노동쟁의를 하며 회사건물의 출입문을 막아, 그 회사 직원과 같은 건물 안에 있는 다른 회사의 직원들이 드나들지 못하게 하고, 건물의 전기를 차단하는 등으로 한 행위를 업무방해로 볼 수 있는가?

※ 위 열거한 행위를 노동쟁의중의 수단으로 볼 것인가 아닌가에 핵심이 있다. 공

장사업장 등 직장에 대한 안전보호시설의 정상유지운영을 방해하는 행위는 정당한 쟁의행위로서 인정되지 않고, 그 행위로 인해 타회사의 업무까지 방해할 수 없는 것이어서 위 행위는 노동쟁의로서 정당화될 수 없겠다. 따라서 업무방해죄로 의율하는 것이 타당할 것이다.

◇ 주점에서 기물 손괴하고 구타한 경우

피의자들이 주점에서 탁자와 의자 등을 부수고 종업원들을 구타하는 등 행패를 부렸다.

※ 이 경우 폭력행위등처벌에관한법률위반죄가 성립하는 것은 물론이며, 자칫 그대로 지나칠 수도 있으나, 위 행위로 주점영업에 방해를 가져왔을 것이기 때문에 업무방해죄를 추가로 의율하는 것이 타당하겠다.

◇ 업무방해를 폭행으로 의율한 사례

음식점에서 음식이 빨리 나오지 않는다는 이유로 큰소리로 욕을 하며 유리컵을 집어던지고 의자 등을 쓰러뜨렸다.

※ 폭행죄 등으로 의율할 수도 있겠으나 그것은 잘못된 것으로, 업무방해죄로 의율하는 것이 타당하겠다.

◇ 임대료를 내지 않아 출입문을 막은 경우

건물주인 임○○는 고○○가 건물의 임대료를 제 때 지급하지 않자, 임대한 건물의 출입문을 막아버렸다.

※ 업무방해죄로 의율할 수 있겠다. 위 사례를 보고 권리행사방해죄를 적용하려는 사람도 있겠지만, 권리행사방해죄는 타인의 점유 또는 권리의 목적이 된 자기 물건을 취거, 은닉, 손괴하여 타인의 권리행사를 방해하는 경우에 성립한다. 그런데 위 행위는 취거, 은닉, 손괴의 어느 행위에도 해당되지 않으므로 결국 업무방해죄로 의율하는 것이 가장 적합할 것이다.

◇ 인분을 다방문 앞에 뿌려 영업을 방해한 경우

피의자는 다방의 여주인이 평소 그에게 불친절하게 대한다는 이유로 인분을 다방입구에 뿌려서 그 결과 다방에 있던 손님들이 차를 먹지 않고 나가고 그 뒤로도 3일간 영업을 하지 못했다.

※ 폭력행위등처벌에관한법률 위반 등의 죄를 우선 떠올리기 쉽지만, 이 건은 다방영업을 방해할 의도하에 인분을 뿌린 행위이므로 업무방해로 의율하는 것이 상당하다.

◇ 업무방해를 재물손괴로 의율한 사례

레스토랑의 원주인인 피의자가, 피해자가 경영하는 레스토랑에서 욕을 하면서 약 20분에 걸쳐 출입문과 탁자 등을 몽둥이로 때려 파손하는 등 소란을 피워 영업을 하지 못하게 하였다.

※ 이를 재물손괴로 의율할 수도 있으나 위 레스토랑은 피해자가 피의자로부터 임차하여 경영하는 것이며 달리 위 손괴된 재물이 피해자의 소유라는 점을 인정할 만한 자료도 없으므로 이에 대해 업무방해죄로 의율하는 것이 상당할 것이다.

◇ 임대료 문제로 점포내 의류를 강제로 점포 뒤로 밀어낸 경우

김○○는 건물주로부터 임차한 악세사리 점포를 박○○에게 1년 기간으로 전대차했으나 박○○의 영업이 저조하여 예상보다 적은 임대료를 받게 되자 박○○에게 점포를 다시 넘겨 달라고 했고 여러 차례에 걸친 독촉에도 불구하고 박○○가 이를 거절하자 점포에 있던 박○○의 물건들을 강제로 점포뒤로 밀어 버리고 그곳에 자신의 악세사리를 진열하고 영업하였다.

※ 우선 권리행사방해죄가 성립할 수 있는지 보면, 권리행사방해죄는 타인의 점유 또는 권리의 목적이 된 자기의 물건을 취거, 은닉 또는 손괴하는 행위가 있어야 하는데 위 사례에서는 점포가 김○○의 소유가 아니고 김○○는 다만 임차인의 지위에 있을 뿐이므로 결국 위 행위는 권리행사방해로 의율할 수 없다. 그러나 강제로 악세사리 판매업을 방해한 행위가 인정되므로 "업무방해"로 의율할 수 있을 것이다.

◇ 급료를 주지 않는다고 멱살을 잡고 흔든 경우

급료를 주지 않는다고 해서 피해자의 멱살을 잡고 흔드는 등 행위를 하였다.

※ 폭행으로 의율해야 하고 업무방해죄로 의율할 수 없다.

● 관련판례 1

◎ 업무방해죄에서 '허위사실의 유포'의 의미 / 유포한 대상이 사실인지 의견인지 판단하는 방법 및 의견표현과 사실 적시가 혼재되어 있는 경우 전체적으로 보아 허위사실을 유포하여 업무를 방해한 것인지 등을 판단해야 하는지 여부(적극)

업무방해죄에서 '허위사실의 유포'란 객관적으로 진실과 부합하지 않는 사실을 유포하는 것으로서 단순한 의견이나 가치판단을 표시하는 것은 이에 해당하지 않는다. 유포한 대상이 사실과 의견 가운데 어느 것에 속하는지 판단할 때는 언어의 통상적 의미와 용법, 증명가능성, 문제 된 말이 사용된 문맥, 당시의 사회적 상황 등 전체적 정황을 고려해서 판단해야 한다. 의견표현과 사실 적시가 혼재되어 있는 경우에는 이를 전체적으로 보아 허위사실을 유포하여 업무를 방해한 것인지 등을 판단해야지, 의견표현과 사실 적시 부분을 분리하여 별개로 범죄의 성립 여부를 판단해서는 안 된다. 반드시 기본적 사실이 거짓이어야 하는 것은 아니고 비록 기본적 사실은 진실이더라도 이에 거짓이 덧붙여져 타인의 업무를 방해할 위험이 있는 경우도 업무방해에 해당한다. 그러나 그 내용 전체의 취지를 살펴볼 때 중요한 부분이 객관적 사실과 합치되고 단지 세부적으로 약간의 차이가 있거나 다소 과장된 표현이 있는 정도에 지나지 않아 타인의 업무를 방해할 위험이 없는 경우는 이에 해당하지 않는다.(대법원 2021. 9. 30., 선고, 2021도6634, 판결)

● 관련판례 2

◎ 소비자불매운동이 위력에 의한 업무방해죄를 구성하는지 판단하는 기준

소비자가 구매력을 무기로 상품이나 용역에 대한 자신들의 선호를 시장에 실질적으로 반영하기 위한 집단적 시도인 소비자불매운동은 본래 '공정한 가격으로 양질의 상품 또는 용역을 적절한 유통구조를 통해 적절한 시기에 안전하게 구입하거나 사용할 소비자의 제반 권익을 증진할 목적'에서 행해지는 소비자보호운동의 일환으로서 헌법 제124조를 통하여 제도로서 보장되나, 그와는 다른 측면에서 일반 시민들이 특정한 사회, 경제적 또는 정치적 대의나 가치를 주장·옹호하거나 이를 진작시키기 위한 수단으로서 소비자불매운동을 선택하는 경우도 있을 수 있고, 이러한 소비자불매운동 역시 반드시 헌법 제124조는 아니더라도 헌법 제21조에 따라 보장되는 정치적 표현의 자유나 헌법 제10조에 내재된 일반적 행동의 자유의 관점 등에서 보호받을 가능성이 있으므로, 단순히 소비자불매운동이 헌법 제124조에 따라 보장되는 소비자보호운동의 요건을 갖추지 못하였다는 이유만으로 이에 대하여 아무런 헌법적 보호도 주어지지 아니한다거나 소비자불매운동에 본질적으로 내재되어 있는 집단행위로서의 성격과 대상 기업에 대한 불이익 또는 피해의 가능성만을 들어 곧바로 형법 제314조 제1항의 업무방해죄에서 말하는 위력의 행사에 해당한다고 단정하여서는 아니 된다. 다만 그 소비자불매운동이 헌법상 보장되는 정치적 표현의 자유나 일반적 행동의 자유 등의 점에서도 전체 법질서상 용인될 수 없을 정도로 사회적 상당성을 갖추지 못한 때에는 그 행위 자체가 위법한 세력의 행사로서 형법 제314조 제1항의 업무방해죄에서 말하는 위력의 개념에 포섭될 수 있고, 그러한 관점에서 어떠한 소비자불매운동이 위력에 의한 업무방해죄를 구성하는지 여부는 해당 소비자불매운동의 목적, 불매운동에 이르게 된 경위, 대상 기업의 선정이유 및 불매운동의 목적과의 연관성, 대상 기업의 사회·경제적 지위와 거기에 비교되는 불매운동의 규모 및 영향력, 불매운동 참여자의 자발성, 불매운동 실행과정에서 다른 폭력행위나 위법행위의 수반 여부, 불매운동의 기간 및 그로 인하여 대상 기업이 입은 불이익이나 피해의 정도, 그에 대한 대상 기업의 반응이나 태도 등 제반 사정을 종합적·실질적으로 고려하여 판단하여야 한다. (대법원 2013. 3. 14. 선고 2010도410 판결)

● 관련판례 3

◎ 형법 제314조 제1항의 업무방해죄 구성요건 중 '위력'의 의미

형법 제314조 제1항의 업무방해죄는 위계 또는 위력으로 사람의 업무를 방해한 경우에 성립하고, 여기에서 '위력'이라 함은 사람의 자유의사를 제압·혼란케 할 만한 일체의 유형·무형의 세력으로서 폭행·협박은 물론 사회적·경제적·정치적 지위와 권세에 의한 압박 등이 포함되며, 그러한 위력은 반드시 업무에 종사 중인 사람에게 직접 가해지는 것이 아니더라도 일정한 물적 상태를 만들어 그 결과 사람으로 하여금 자유롭고 정상적인 업무수행 활동을 불가능하게 하거나 현저히 곤란하게 하는 행위를 포함한다. (대법원 2012. 5. 24. 선고 2011도7943 판결)

● 관련판례 4

◎ 쟁의행위가 업무방해죄에 해당한다는 정을 알면서 제3자가 쟁의행위의 실행을 용이하게 한 경우, 업무방해방조죄가 성립할 수 있는지 여부(적극)

쟁의행위가 업무방해죄에 해당하는 경우 제3자가 그러한 정을 알면서 쟁의행위의 실행을 용이하게 한 경우에는 업무방해방조죄가 성립할 수 있다. 다만 헌법 제33조 제1항이 규정하고 있는 노동3권을 실질적으로 보장하기 위해서는 근로자나 노동조합이 노동3권을 행사할 때 제3자의 조력을 폭넓게 받을 수 있도록 할 필요가 있고, 나아가 근로자나 노동조합에 조력하는 제3자도 헌법 제21조에 따른 표현의 자유나 헌법 제10조에 내재된 일반적 행동의 자유를 가지고 있으므로, 위법한 쟁의행위에 대한 조력행위가 업무방해방조에 해당하는지 판단할 때는 헌법이 보장하는 위와 같은 기본권이 위축되지 않도록 업무방해방조죄의 성립 범위를 신중하게 판단하여야 한다. (대법원 2021. 9. 16., 선고, 2015도12632, 판결)

● 관련판례 5

◎ 위계에 의한 업무방해죄에서 '위계'의 의미

위계에 의한 업무방해죄에서 '위계'란 행위자가 행위목적을 달성하기 위하여 상대방에게 오인·착각 또는 부지를 일으키게 하여 이를 이용하는 것을 말하고, 업무방해죄의 성립에는 업무방해의 결과가 실제로 발생함을 요하지 않고 업무방해의 결과를 초래할 위험이 발생하면 족하며, 업무수행 자체가 아니라 업무의 적정성 내지 공정성이 방해된 경우에도 업무방해죄가 성립한다(대법원 2010. 3. 25. 선고 2009도8506 판결, 대법원 2013. 11. 28. 선고 2013도5117 판결 등 참조). (대법원 2021. 3. 11., 선고, 2016도14415, 판결)

● 관련판례 6

◎ 업무방해죄에서 '위력'의 의미 및 위력에 해당하는지 판단하는 기준

업무방해죄의 '위력'이란 사람의 자유의사를 제압·혼란하게 할 만한 일체의 세력으로, 유형적이든 무형적이든 묻지 아니하고, 현실적으로 피해자의 자유의사가 제압되어야만 하는 것도 아니지만, 범인의 위세, 사람 수, 주위의 상황 등에 비추어 피해자의 자유의사를 제압하기 족한 정도가 되어야 하는 것으로서, 그러한 위력에 해당하는지는 범행의 일시·장소, 범행의 동기, 목적, 인원수, 세력의 태양, 업무의 종류, 피해자의 지위 등 제반 사정을 고려하여 객관적으로 판단하여야 하고, 피해자 등의 의사에 의해 결정되는 것은 아니다. [대법원 2022. 9. 7., 선고, 2021도9055, 판결]

3. 컴퓨터업무방해죄

제314조(업무방해)

② 컴퓨터등 정보처리장치 또는 전자기록등 특수매체기록을 손괴하거나 정보처리장치에 허위의 정보 또는 부정한 명령을 입력하거나 기타 방법으로 정보처리에 장애를 발생하게 하여 사람의 업무를 방해한 자도 제1항의 형과 같다. 〈신설 1995.12.29.〉

(작성례)

피의자는 서울 ○○구 ○○동 123번지 ○○정형외과 재활과에서 근무하고 있는 전공의이다.

피의자는 의약분업후 약사들의 동향을 파악하기 위하여 약사회 사이트를 해킹하기로 마음먹고, 20○○. ○. ○. 22:00경 서울 ○○구 ○○동 456번지 피의자의 주거지에서 한국통신으로 전산망(인터넷)에 연결된 개인용 컴퓨터를 이용 대한약사회 홈페이지(http://www.kpanet.or.kr)에 접속하였다. 그리고 관리자 연락용으로 게시된 전자우편 주소 kpifmagi@kpanet.or.kr을 보고 동 ID의 비밀번호를 알아내기 위하여 이미 인터넷 해킹 사이트에서 다운받아 놓았던 메일크랙(전자우편의 비밀번호를 찾아주는 프로그램)을 실행시켜 부정한 방법으로 "○○○○"라는 비밀번호를 알아냈다.

피의자는 같은 날 23:30경 부당하게 취득한 ID와 비밀번호로 회원들만이 접속할 수 있는 대한약사통신 서버에 부정접속 하였다. 그리고 관리자메뉴를 사용하여, 회원전용게시판에 글을 등록한 회원ID farm119등 200개의 ID와 비밀번호를 알아내어 비밀번호를 변경하는 등 다음날 02:00경까지 총 25회에 걸쳐 위와 같은 방법으로 대한약사통신(주) 회원들의 접속을 방해하고, 전자상거래를 못하도록 관련파일을 삭제하는 방법으로 피해자로 하여금 평균매출 차액 5억3,000만원 상당의 손해를 입히는 등 정상적인 업무를 방해하였다.

● 관련판례 1

◎ 위계에 의한 업무방해죄의 성립요건 및 컴퓨터 등 정보처리장치에 정보를 입력하는 등의 행위가 입력된 정보 등을 바탕으로 업무를 담당하는 사람의 오인, 착각 또는 부지를 일으킬 목적으로 행해진 경우, 그 행위가 업무를 담당하는 사람을

직접적인 대상으로 이루어진 것이 아니라도 '위계'에 해당하는지 여부(적극)

위계에 의한 업무방해죄에서 '위계'란 행위자가 행위목적을 달성하기 위하여 상대방에게 오인, 착각 또는 부지를 일으키게 하여 이를 이용하는 것을 말하고, 업무방해죄의 성립에는 업무방해의 결과가 실제로 발생함을 요하지 않고 업무방해의 결과를 초래할 위험이 발생하면 족하며, 업무수행 자체가 아니라 업무의 적정성 내지 공정성이 방해된 경우에도 업무방해죄가 성립한다고 할 것이다(대법원 2010. 3. 25. 선고 2009도8506 판결 등 참조). 나아가 컴퓨터 등 정보처리장치에 정보를 입력하는 등의 행위가 그 입력된 정보 등을 바탕으로 업무를 담당하는 사람의 오인, 착각 또는 부지를 일으킬 목적으로 행해진 경우에는 그 행위가 업무를 담당하는 사람을 직접적인 대상으로 이루어진 것이 아니라고 하여 위계가 아니라고 할 수는 없다.(대법원 2013. 11. 28. 선고 2013도4178 판결)

● 관련판례 2

◎ 인터넷카페의 운영진인 피고인들이 카페 회원들과 공모하여, 특정 신문들에 광고를 게재하는 광고주들에게 불매운동의 일환으로 지속적·집단적으로 항의전화를 하거나 항의글을 게시하는 등의 방법으로 광고중단을 압박함으로써 위력으로 광고주들 및 신문사들의 업무를 방해하였다는 내용으로 기소된 사안에서, 피고인들의 행위가 광고주들에 대하여는 업무방해죄의 위력에 해당하지만, 신문사들에 대하여는 직접적인 위력의 행사가 있었다고 보기에 부족하다고 본 사례

인터넷카페의 운영진인 피고인들이 카페 회원들과 공모하여, 특정 신문들에 광고를 게재하는 광고주들에게 불매운동의 일환으로 지속적·집단적으로 항의전화를 하거나 광고주들의 홈페이지에 항의글을 게시하는 등의 방법으로 광고중단을 압박함으로써 위력으로 광고주들 및 신문사들의 업무를 방해하였다는 내용으로 기소된 사안에서, 원심이 피고인들이 벌인 불매운동의 목적, 그 조직과정, 대상 기업의 선정경위, 불매운동의 규모 및 영향력, 불매운동의 실행 형태, 불매운동의 기간, 대상 기업인 광고주들이 입은 불이익이나 피해의 정도 등에 비추어 피고인들의 위 행위가 광고주들의 자유의사를 제압할 만한 세력으로서 위력에 해당한다고 본 것은 정당하나, 나아가 피고인들의 행위로 신문사들이 실제 입은 불이익이나 피해의 정도, 그로 인하여 신문사들의 영업활동이나 보도에 관한 자유의사가 제압될 만한 상황에 이르렀는지 등을 구체적으로 심리하여 살펴보지 아니한 채, 신문사들에 대한 직접적인 위력의 행사가 있었다고 보아 유죄를 인정한 원심판결에 업무방해죄의 구성요건인 위력의 대상 등에 관한 법리를 오해하여 심리를 다하지 아니한 잘못이 있다고 한 사례.(대법원 2013. 3. 14. 선고 2010도410 판결)

● 관련판례 3

◎ 형법 제314조 제2항의 컴퓨터 등 장애 업무방해죄 구성요건 중 '컴퓨터 등 정보처리장치', '손괴', '허위의 정보 또는 부정한 명령의 입력', '기타 방법'의 의미

형법 제314조 제2항의 컴퓨터 등 장애에 의한 업무방해죄는, 컴퓨터 등 정보처리장치 또는 전자기록 등 특수매체기록을 손괴하거나 정보처리장치에 허위의 정보 또는 부정한 명령을 입력하거나 기타 방법으로 정보처리장치에 장애를 발생하게 하여 사람의 업무를 방해한 경우에 성립하는데, 여기에서 '컴퓨터 등 정보처리장치'란 자동적으로 계산이나 데이터처리를 할 수 있는 전자장치로서 하드웨어와 소프트웨어를 모두 포함하고 (대법원 2004. 7. 9. 선고 2002도631 판결 참조), '손괴'란 유형력을 행사하여 물리적으로 파괴·멸실시키는 것뿐 아니라 전자기록의 소거나 자력에 의한 교란도 포함하며, '허위의 정보 또는 부정한 명령의 입력'이란 객관적으로 진실에 반하는 내용의 정보를 입력하거나 정보처리장치를 운영하는 본래의 목적과 상이한 명령을 입력하는 것이고, '기타 방법'이란 컴퓨터의 정보처리에 장애를 초래하는 가해수단으로서 컴퓨터의 작동에 직접·간접으로 영향을 미치는 일체의 행위를 말한다.(대법원 2012. 5. 24. 선고 2011도7943 판결)

● 관련판례 4

◎ 형법 제314조 제2항의 '컴퓨터 등 장애 업무방해죄'에서 말하는 '허위의 정보 또는 부정한 명령의 입력', '기타 방법'의 의미 / 위 죄가 성립하기 위하여 정보처리에 장애가 현실적으로 발생하여야 하는지 여부(적극)

형법 제314조 제2항은 '컴퓨터 등 정보처리장치 또는 전자기록 등 특수매체기록을 손괴하거나 정보처리장치에 허위의 정보 또는 부정한 명령을 입력하거나 기타 방법으로 정보처리에 장애를 발생하게 하여 사람의 업무를 방해한 자'를 처벌하도록 정하고 있다. 여기에서 '허위의 정보 또는 부정한 명령의 입력'이란 객관적으로 진실에 반하는 내용의 정보를 입력하거나 정보처리장치를 운영하는 본래의 목적과 상이한 명령을 입력하는 것이고, '기타 방법'이란 컴퓨터의 정보처리에 장애를 초래하는 가해수단으로 컴퓨터의 작동에 직접·간접으로 영향을 미치는 일체의 행위를 말한다. 한편 위 죄가 성립하기 위해서는 위와 같은 가해행위 결과 정보처리장치가 그 사용목적에 부합하는 기능을 하지 못하거나 사용목적과 다른 기능을 하는 등 정보처리에 장애가 현실적으로 발생하여야 한다.

4. 경매, 입찰방해죄

제315조(경매, 입찰의 방해)
위계 또는 위력 기타 방법으로 경매 또는 입찰의 공정을 해한 자는 2년 이하의 징역 또는 700만원 이하의 벌금에 처한다. 〈개정 1995.12.29.〉

(작성례 1)

피의자는 서울 ○○동 ○○번지에서 주식회사 ○○토건을 경영하고 있다.

피의자는 20○○. ○. ○. 위 동이 소속된 구청에서 문화센터로 사용할 구민회관의 신축공사를 위해 경쟁입찰을 한다는 공고를 하자, 위 경쟁입찰 지명업자로 지명을 받은 ○○주식회사의 대표이사 이○○, ○○산업의 대표이사 여○○ 등 두 회사의 대표를 자신의 회사로 오도록 하여 그들에게 "이번 공사는 내가 맡아야 한다. 내가 ○○원을 쓸테니 당신들은 그 이상으로 써 달라. 만일 이번 공사를 내가 따내지 못하면 좋은 일이 없을테니, 알아서 처리해 달라"는 등의 말을 하였다. 그러면서 그들이 이 요구를 받아들이지 않으면 어떠한 위해를 가할지 모른다는 태도를 보여 그들로 하여금 위 피의자의 ○○토건을 위 구청의 공개입찰의 경락자로 한다는 뜻의 담합에 응하게 함으로써 위력을 사용하여 공공의 입찰의 공정을 해하는 행위를 하였다.

(작성례 2)

피의자는 ○○교육청 경리과장이다.

피의자는 20○○. ○. ○. 위 교육청에서 실시한 ○○시 ○○구 ○○동 산12번지 ○○고등학교 증축공사의 입찰에 있어서 그 교육청의 지명입찰자인 건축도급업자 김○○에게 위 교육청 사무실에서 전화로 그 입찰내정 최저한도가격 등을 알려주었다. 그리하여 그로 하여금 서로 짠 내용대로 예정과 같이 입찰하게 하여 다른 10명의 같은 업자보다 우선하여 낙찰자로 결정하게 함으로써 위계를 사용하여 공정한 입찰을 방해하였다.

■ 적용실례

◇ 입찰내정 최저가를 알려줘서 낙찰자로 결정된 경우

교육감의 지위에 있는 서○○는 시청회의실에서 실시하고 있는 ○○고등학교 체육관 건설공사의 입찰에서 응찰하고 있는 친척 서○○에게 전화로 입찰내정 최저가 한도액을 알려주어, 결국 그가 낙찰자로 결정되었다.

※ 위와 같은 공사에서는 내정가에 가장 가까운 사람이 낙찰자로 결정되는 것이어서, 위 서○○의 행위는 명백히 입찰방해죄가 성립하는 것이다.

● 관련판례 1

◎ 건설산업기본법 제95조 제3호에서 정한 '입찰행위'의 의미(=형법상 입찰방해죄의 '입찰'과 동일한 개념) 및 위 규정에서 정한 '다른 건설업자의 입찰행위를 방해한 자'에 입찰에 참가할 가능성이 있는 다른 건설업자의 입찰 참가 여부 결정 등에 영향을 미침으로써 입찰행위를 방해한 자가 포함되는지 여부(적극)

건설산업기본법 제95조는, 건설공사의 입찰에서 다음 각 호의 어느 하나에 해당하는 행위를 한 자는 5년 이하의 징역 또는 5천만 원 이하의 벌금에 처한다고 규정하고, 제3호에서 '위계 또는 위력, 그 밖의 방법으로 다른 건설업자의 입찰행위를 방해한 자'를 들고 있다. 건설공사의 적정한 시공과 건설산업의 건전한 발전을 도모하고자 하는 건설산업기본법의 목적과 위와 같은 처벌규정을 두게 된 입법 취지를 종합하여 볼 때, 이는 같은 조 제1호와 제2호에서 들고 있는 사유 이외에도 건설공사의 입찰에서 입찰의 공정을 해치는 행위를 하는 건설업자들을 특별히 가중 처벌하기 위한 것으로서 형법 제315조 소정의 입찰방해죄의 특별규정이라 할 것이고, 여기서 '입찰행위'를 방해한다고 함은 형법상의 입찰방해죄의 구성요건을 충족함을 의미하는 것이므로 건설산업기본법 제95조 제3호 소정의 '입찰행위'의 개념은 형법상의 입찰방해죄에 있어 '입찰'과 동일한 개념이라고 할 것이다(대법원 2001. 11. 30. 선고 2001도2423 판결, 대법원 2013. 10. 17. 선고 2013도6966 판결 등 참조). 따라서 건설산업기본법 제95조 제3호 소정의 '다른 건설업자의 입찰행위를 방해한 자'에는 입찰에 참가한 다른 건설업자의 입찰행위를 방해한 자뿐만 아니라 입찰에 참가할 가능성이 있는 다른 건설업자의 입찰 참가 여부 결정 등에 영향을 미침으로써 입찰행위를 방해한 자도 포함된다고 보아야 한다. 나아가 형법상의 입찰방해죄와 마찬가지로 건설산업기본법 제95조 제3호 위반죄는 건설공사의 입찰에서 위계 또는 위력, 그 밖의 방법으로 다른 건설업자의 입찰행위를 방해하는 경우에 성립하는 위태범이므로, 다른 건설업자의 입찰행위를 방해할 행위를 하면 그것으로 족하고 현실적으로 다른 건설업자의 입찰행위가 방해되는 결과가 발생할 필요는 없다.(대법원 2015. 12. 24. 선고 2015도13946 판결)

● 관련판례 2

◎ 구 건설산업기본법 제95조 제3호의 규정 취지 및 위 규정에서 정한 '입찰행위'의 의미(=형법상 입찰방해죄의 '입찰'과 동일한 개념)

구 건설산업기본법(2011. 5. 24. 법률 제10719호로 개정되기 전의 것, 이하 같다) 제95조는 건설공사의 입찰에 있어 다음 각 호의 1에 해당하는 행위를 한 자는 5년 이하의 징역 또는 5천만 원 이하의 벌금에 처한다고 규정하고, 제3호에서 "위계 또는 위력 기타의 방법으로 다른 건설업자의 입찰행위를 방해한 자"를 들고 있다. 건설공사의 적정한 시공과 건설산업의 건전한 발전을 도모하고자 하는 구 건설산업기본법의 목적과 위와 같은 처벌규정을 두게 된 입법 취지를 종합하여 볼 때, 이는 같은 조 제1호와 제2호에서 들고 있는 사유 이외에도 건설공사의 입찰에 있어 입찰의 공정을 해치는 행위를 하는 건설업자들을 특별히 가중 처벌하기 위한 것으로서 형법 제315조가 정한 입찰방해죄의 특별규정이라 할 것이고(대법원 2001. 2. 9. 선고 2000도4700 판결 참조), 여기서 '입찰행위'를 방해한다 함은 형법상 입찰방해죄의 구성요건을 충족함을 의미하는 것이므로 구 건설산업기본법 제95조 제3호가 정한 '입찰행위'의 개념은 형법상 입찰방해죄에 있어 '입찰'과 동일한 개념이라 할 것이다(대법원 2013. 10. 17. 선고 2013도6966 판결)

● 관련판례 3

◎ 입찰자들 상호간에 특정업체가 낙찰받기로 하는 담합이 이루어진 상태에서 일부 입찰자가 자신이 낙찰받기 위하여 당초의 합의에 따르지 아니한 채 낙찰받기로 한 특정업체보다 저가로 입찰한 경우, 입찰방해죄가 성립하는지 여부(적극)

입찰자들 상호간에 특정업체가 낙찰받기로 하는 담합이 이루어진 상태에서 그 특정업체를 포함한 다른 입찰자들은 당초의 합의에 따라 입찰에 참가하였으나 일부 입찰자는 자신이 낙찰받기 위하여 당초의 합의에 따르지 아니한 채 오히려 낙찰받기로 한 특정업체보다 저가로 입찰하였다면, 이러한 일부 입찰자의 행위는 위와 같은 담합을 이용하여 낙찰을 받은 것이라는 점에서 적법하고 공정한 경쟁방법을 해한 것이 되고, 따라서 이러한 일부 입찰자의 행위 역시 입찰방해죄에 해당한다.(대법원 2010. 10. 14. 선고 2010도4940 판결)

제31절 비밀침해의 죄

1. 비밀침해죄

제316조(비밀침해)

① 봉함 기타 비밀장치한 사람의 편지, 문서 또는 도화를 개봉한 자는 3년 이하의 징역이나 금고 또는 500만원 이하의 벌금에 처한다.

② 봉함 기타 비밀장치한 사람의 편지, 문서, 도화 또는 전자기록등 특수매체 기록을 기술적 수단을 이용하여 그 내용을 알아낸 자도 제1항의 형과 같다.

(작성례)

피의자는 ㅇㅇ시 ㅇㅇ동 ㅇㅇ번지에서 하숙집을 운영하고 있다.

피의자는 20ㅇㅇ. ㅇ.경 위 집에서 하숙을 하는 김ㅇㅇ 앞으로 우ㅇㅇ로부터 온 봉함된 편지 1통을 받아, 이를 위 김ㅇㅇ에게 전해주려고 가다가 호기심이 생겨 위 편지의 윗부분을 물에 적셔 개봉하여 읽어서, 봉함한 타인의 편지를 개봉한 것이다.

● 관련판례 1

◎ 사생활과 관련된 사항의 공개에 관하여 위법성이 조각되기 위한 요건 및 초상권 또는 사생활의 비밀과 자유를 침해하는 행위의 위법성을 판단할 때 고려하여야 할 요소와 위법성조각에 관한 증명책임의 소재

개인의 사생활과 관련된 사항의 공개가 사생활의 비밀을 침해하는 것이더라도, 사생활과 관련된 사항이 공공의 이해와 관련되어 공중의 정당한 관심의 대상이 되는 사항에 해당하고, 공개가 공공의 이익을 위한 것이며, 표현내용·방법 등이 부당한 것이 아닌 경우에는 위법성이 조각될 수 있다. 초상권이나 사생활의 비밀과 자유를 침해하는 행위를 둘러싸고 서로 다른 두 방향의 이익이 충돌하는 경우에는 구체적 사안에서의 사정을 종합적으로 고려한 이익형량을 통하여 침해행위의 최종적인 위법성이 가려진다. 이러한 이익형량과정에서, 첫째 침해행위의 영역에 속하는 고려요소로는 침해행위로 달성하려는 이익의 내용 및 중대성, 침해행위의 필요성과 효과성, 침해행위의 보충성과 긴급성, 침해방법의 상당성 등이 있고, 둘째 피해이익의 영역에 속하는 고려요소로는 피해법익의 내용과 중대성 및 침해행위로 인하여 피해자가 입는 피해의 정도, 피해이익의 보호가치 등이 있다. 그리고 일단 권리의 보호영역을 침범함으로써 불법행위를 구성한다고 평가된 행위가 위법하지 아니하다는 점은 이를 주장하는 사람이 증명하여야 한다.(대법원 2013. 6. 27. 선고 2012다31628 판결)

● 관련판례 2

◎ 정보통신망 이용촉진 및 정보보호 등에 관한 법률 제49조에서 정한 '정보통신망에 의하여 처리·보관 또는 전송되는 타인의 비밀 누설'의 의미

정보통신망 이용촉진 및 정보보호 등에 관한 법률(이하 '정보통신망법'이라 한다) 제49조에 규정된 '정보통신망에 의하여 처리·보관 또는 전송되는 타인의 비밀 누설'이란 타인의 비밀에 관한 일체의 누설행위를 의미하는 것이 아니라, 정보통신망에 의하여 처리·보관 또는 전송되는 타인의 비밀을 정보통신망에 침입하는 등 부정한 수단 또는 방법으로 취득한 사람이나, 그 비밀이 위와 같은 방법으로 취득된 것을 알고 있는 사람이 그 비밀을 아직 알지 못하는 타인에게 이를 알려주는 행위만을 의미하는 것으로 제한하여 해석함이 타당하다. 이러한 해석이 형벌법규의 해석 법리, 정보통신망법의 입법 목적과 규정 체제, 정보통신망법 제49조의 입법 취지, 비밀 누설행위에 대한 형사법의 전반적 규율 체계와의 균형 및 개인정보 누설행위에 대한 정보통신망법 제28조의2 제1항과의 관계 등 여러 사정에 비추어 정보통신망법 제49조의 본질적 내용에 가장 근접한 체계적·합리적 해석이기 때문이다. (대법원 2012. 12. 13. 선고 2010도10576 판결)

● 관련판례 3

◎ 형법 제316조 1항 비밀침해죄에서 '비밀장치가 되어 있는 문서'의 의미

형법 제316조 제1항의 비밀침해죄는 봉함 기타 비밀장치한 사람의 편지, 문서 또는 도화를 개봉하는 행위를 처벌하는 죄이고, 이때 '봉함 기타 비밀장치가 되어 있는 문서'란 '기타 비밀장치'라는 일반 조항을 사용하여 널리 비밀을 보호하고자 하는 위 규정의 취지에 비추어 볼 때, 반드시 문서 자체에 비밀장치가 되어 있는 것만을 의미하는 것은 아니고, 봉함 이외의 방법으로 외부 포장을 만들어서 그 안의 내용을 알 수 없게 만드는 일체의 장치를 가리키는 것으로, 잠금장치 있는 용기나 서랍 등도 포함한다고 할 것인바, 이 사건과 같이 서랍이 2단으로 되어 있어 그 중 아랫칸의 윗부분이 막혀 있지 않아 윗칸을 밖으로 빼내면 아랫칸의 내용물을 쉽게 볼 수 있는 구조로 되어 있는 서랍이라고 하더라도, 피해자가 아랫칸에 잠금장치를 하였고 통상적으로 서랍의 윗칸을 빼어 잠금장치 된 아랫칸 내용물을 볼 수 있는 구조라거나 그와 같은 방법으로 볼 수 있다는 것을 예상할 수 없어 객관적으로 그 내용물을 쉽게 볼 수 없도록 외부에 의사를 표시하였다면, 형법 제316조 제1항의 규정 취지에 비추어 아랫칸은 윗칸에 잠금장치가 되어 있는지 여부에 관계없이 그 자체로서 형법 제316조 제1항에 규정하고 있는 비밀장치에 해당한다고 할 것이고, 이 사건 기록에 나타난 증거들에 의하면, 봉함 기타 비밀장치의 효과를 제거하여 아랫칸 내용물들을 개봉한다는 피고인의 인식을 충분히 인정할 수 있다는 이유로 이 사건 공소사실을 유죄로 인정한 제1심의 결론을 유지하였는바, 기록에 비추어 보면 원심의 위와 같은 사실인정과 판단은 정당한 것으로 수긍이 가고, 거기에 주장과 같은 채증법칙위반이나 비밀침해죄에 관한 법리오해의 위법이 있다고 할 수 없다.(대법원 2008. 11. 27., 선고, 2008도9071, 판결)

2. 업무상비밀누설죄

제317조(업무상비밀누설)

① 의사, 한의사, 치과의사, 약제사, 약종상, 조산사, 변호사, 변리사, 공인회계사, 공증인, 대서업자나 그 직무상 보조자 또는 차 등의 직에 있던 자가 그 직무처리중 지득한 타인의 비밀을 누설한 때에는 3년 이하의 징역이나 금고, 10년 이하의 자격정지 또는 700만원 이하의 벌금에 처한다.

② 종교의 직에 있는 자 또는 있던 자가 그 직무상 지득한 사람의 비밀을 누설한 때에도 전항의 형과 같다.

(작성례 1)

피의자는 ○○시 ○○동 ○○번지에 "○○한의원"을 개업하고 있는 한의사이다.

피의자는 20○○. ○. ○. 14 : 00경 위 의원을 찾아와 진찰을 받고 약을 지어간 같은 동 ○○번지에 사는 환자 구○○(당○○세)에게 몽유병이 있다는 사실을 알고 다음날 19 : 30경 위 피의자의 집에서 친구인 전○○에게 "학교 선생이라는 구○○가 이제 약을 지어갔는데, 몽유병이더라"라고 말하여 의사로서 그 업무 중에 알게 된 타인의 비밀을 누설하였다.

(작성례 2)

피의자는 ○○천주교 ○○신부이다.

피의자는 20○○. ○. ○. 19:00경 서울시 ○○동 217에 있는 ○○성당에서 그 성당의 신자인 조○○로부터 고백성사를 받을 때 그가 이전에 길에서 현금 ○○만원을 주워가지고 이것으로 방탕한 생활에 소비하면서 임질에 걸린 사실을 알고 같은 해 ○. ○. 12:00경 그 성당에서 위 조○○의 처 한○○에게 이 사실을 말하여 그 직무상 알게 된 타인의 비밀을 누설하였다.

(작성례 3)

피의자는 ○○교회의 목사이다.

피의자는 20○○. ○. ○.경 서울시 ○○구 ○○동 123 ○○교회에서,

그 신자인 이○○로부터 참회를 듣고 그가 이전에 지득한 현금 500만 원을 착복하여 유부녀와 간통하여 즐기는데 사용된 사실을 알았는데, 같은 해 ○. ○. 위 교회에서 위 이○○의 내연의 처 김○○에게 이 사실을 말함으로써 직무상 알게 된 타인의 비밀을 누설하였다.

● 관련판례 1

◎ 병원에서 분실된 진료기록의 일부를 당사자가 증거로 제출하는 것이 업무상비밀누설죄에 해당하는지 여부(소극)

병원에서 분실된 진료기록의 일부를 당사자가 증거로 제출하는 것이 형법 제317조 제1항 소정의 업무상비밀누설죄에 해당된다고 볼 수 없다. (대법원 1992. 5. 22. 선고 91다39320 판결)

● 관련판례 2

◎ 사생활과 관련된 사항의 공개에 관하여 위법성이 조각되기 위한 요건 및 초상권 또는 사생활의 비밀과 자유를 침해하는 행위의 위법성을 판단할 때 고려하여야 할 요소와 위법성조각에 관한 증명책임의 소재

개인의 사생활과 관련된 사항의 공개가 사생활의 비밀을 침해하는 것이더라도, 사생활과 관련된 사항이 공공의 이해와 관련되어 공중의 정당한 관심의 대상이 되는 사항에 해당하고, 공개가 공공의 이익을 위한 것이며, 표현내용·방법 등이 부당한 것이 아닌 경우에는 위법성이 조각될 수 있다. 초상권이나 사생활의 비밀과 자유를 침해하는 행위를 둘러싸고 서로 다른 두 방향의 이익이 충돌하는 경우에는 구체적 사안에서의 사정을 종합적으로 고려한 이익형량을 통하여 침해행위의 최종적인 위법성이 가려진다. 이러한 이익형량과정에서, 첫째 침해행위의 영역에 속하는 고려요소로는 침해행위로 달성하려는 이익의 내용 및 중대성, 침해행위의 필요성과 효과성, 침해행위의 보충성과 긴급성, 침해방법의 상당성 등이 있고, 둘째 피해이익의 영역에 속하는 고려요소로는 피해법익의 내용과 중대성 및 침해행위로 인하여 피해자가 입는 피해의 정도, 피해이익의 보호가치 등이 있다. 그리고 일단 권리의 보호영역을 침범함으로써 불법행위를 구성한다고 평가된 행위가 위법하지 아니하다는 점은 이를 주장하는 사람이 증명하여야 한다. (대법원 2013. 6. 27., 선고, 2012다31628, 판결)

제32절 주거침입의 죄

1. 주거침입죄

제319조(주거침입, 퇴거불응)

① 사람의 주거, 관리하는 건조물, 선박이나 항공기 또는 점유하는 방실에 침입한 자는 3년 이하의 징역 또는 500만원 이하의 벌금에 처한다. 〈개정 1995.12.29.〉

② 전항의 장소에서 퇴거요구를 받고 응하지 아니한 자도 전항의 형과 같다.

(작성례 1)

피의자는 20○○. ○. ○. 15:00경 ○○시 ○○동 ○○번지의 피해자 박○○의 집 앞을 지나다가 그 집 대문이 10cm쯤 열려있는 것을 보고, 그 자리에서 절도를 하기로 마음먹고 주위를 살피며 위 대문을 열고 그 집 거실까지 들어가 그의 주거에 침입하였다.

(작성례 2)

피의자는 20○○. ○. ○. 14:00경 서울 ○○구 ○○동 123에 있는 피해자 박○○의 집에 이르러 재물을 훔칠 생각으로 열린 대문을 통하여 집 안방까지 들어가 그녀의 주거에 침입하였다

■ 적용실례

◇ 가출 후 친구들과 절도를 위해 자기 집에 들어간 경우

신○○는 1주쯤 전에, 집에 있던 돈을 몰래 가지고 가출했는데 그 돈을 다 쓰고 말았다. 그래서 친구 두명과 함께 자기 집에서 다시 돈을 훔치기 위해 밤에 집에 몰래 들어갔다. 자기집에 들어간 신○○에 대해 주거침입죄를 물을 수 있을까?

※ 판례는, 일반적으로 주거자의 승낙이 있으면 주거침입죄의 위법성이 조각되어 죄가 성립하지 않는다고 하고 있다. 그러나 이 경우와 같이 얼마 전까지 가족의 일원이었다고 해도 강도의 목적으로 들어온 자의 침입을 승낙하는 것은 있을 수 없는 일이다. 따라서 위 신○○의 행위는 주거침입죄를 구성한다고 하겠다.

◇ 병원 입원실에 침입한 경우

피의자가 병원의 입원실에 침입하였다.

※ 병원의 입원실은 "사람이 일상생활을 영위하기 위하여 점거하는 장소" 또는 "사람의 기거침식에 사용되는 장소"의 개념인 주거로 볼 수 없지만, 환자가 병치료를 위하여 일시 거주하는 형법 제319조 소정의 점유하는 방실로 볼 수 있으므로 위 병실침입 행위에 대해 방실침입으로 의율할 수 있을 것이다.

◇ 하숙집에 침입, 절도한 경우

방이 8개인 하숙집에서, 하숙생이 주인집 안방에 침입하여 현금과 수표 등을 절취하였다.

※ 이 경우 일단 절도죄와 침입죄는 성립할 것인데 그 죄명을 무엇으로 할지에 대해 생각하면 다음과 같다. 주거란 사람의 침식에 사용되고 있는 장소 또는 일상생활을 영위하기 위해 점유하는 장소이고, 방실이란 건조물내에서 사실상 지배, 관리하는 일구획, 예컨대 빌딩내의 사무소나 여관 및 호텔의 일실같은 것을 말한다. 이렇게 볼 때 아파트나 하숙집에 있어서 주인집 안방은 주거로 보아야 할 것이므로 위 사례의 죄명은 방실침입이 아닌 주거침입으로 해야 할 것이다.

◇ 주거침입죄에 있어서 주거의 개념을 혼동한 사례

소송판결에 의하여 강제집행된 주거에 전 점유자가 무단으로 들어갔다.

※ 판례는 소송판결에 의해 명도 집행된 방실에 전 점유자가 들어간 경우도 주거침입죄로 인정하고 있다. 따라서 이 경우도 주거침입의 기소의견으로 송치해야 한다.

◇ 무단침입이니 나가라고 했으나 듣지 않은 경우

주○○는 심○○가 무단히 자기 집에 들어와 있는 것을 발견하고 나가라고 했지만, 심○○는 이를 듣지 않았다.

※ 이 경우, 주거침입죄와 퇴거불응죄를 생각할 수 있다. 그런데 주거침입죄는 퇴거하거나 주거권자의 승낙이 있을 때까지 불법한 상태가 계속되는 것이므로 이 경우, 퇴거불응죄를 따로 의율할 수는 없다. 따라서 주거침입죄로 의율하는 것이 상당하겠다.

◇ 상습적으로 주거침입, 절도한 경우

피의자가 여관의 남의 방이나 남의 사무실, 집 등을 침입하여 상습적으로 절도를 왔다.

※ 이 경우, 주거침입죄는 상습절도죄에 흡수되어 별죄를 구성하지 않게 된다. 의율은 특정범죄가중처벌등에관한법률위반(제5조의4 참조)으로 하여야 한다(대법원 1984. 12. 26. 선고 84도1573 판결).

◇ 대리시험을 치기로 공모하고, 1인만 시험장에 들어간 경우

김○○와 이○○는 돈을 받고 대리시험을 치기로 공모하고, 김○○가 대리시험을 치기 위해 면허시험장에 들어갔다.

※ 공무집행방해 등의 혐의를 생각하지 않고, 주거침입죄만을 놓고 보면 김○○는 시험장에 직접 침입한 것이므로 건조물침입죄로 의율할 수 있다. 이에 대해 이○○는 직접 침입하지는 않았지만, 건조물침입죄의 공모공동정범이라고 할 것이어서, 이○○에 대해서도 건조물침입죄를 적용하는 것이 상당하겠다.

● 관련판례 1

◎ 강도상해죄의 '강도'에 형법 제334조 제1항 특수강도가 포함되는지 여부(적극) 및 형법 제334조 제1항 특수강도에 의한 강도상해의 경우 별도로 '주거침입죄'가 성립하는지 여부(소극)

형법 제334조 제1항은 "야간에 사람의 주거, 관리하는 건조물, 선박이나 항공기 또는 점유하는 방실에 침입하여 제333조(강도)의 죄를 범한 자는 무기 또는 5년 이상의 징역에 처한다."고 규정하고 있고, 형법 제337조는 "강도가 사람을 상해하거나 상해에 이르게 한 때에는 무기 또는 7년 이상의 징역에 처한다."고 규정하고 있는데, 강도상해죄에 있어서의 강도는 형법 제334조 제1항 특수강도도 포함된다고 보아야 한다. 그런데 형법 제334조 제1항 특수강도죄는 '주거침입'이라는 요건을 포함하고 있으므로 형법 제334조 제1항 특수강도죄가 성립할 경우 '주거침입죄'는 별도로 처벌할 수 없고, 형법 제334조 제1항 특수강도에 의한 강도상해가 성립할 경우에도 별도로 '주거침입죄'를 처벌할 수 없다고 보아야 할 것이다.(대법원 2012. 12. 27. 선고 2012도12777 판결)

● 관련판례 2

◎ '주간에' 사람의 주거 등에 침입하여 '야간에' 타인의 재물을 절취한 행위를 형법 제330조의 야간주거침입절도죄로 처벌할 수 있는지 여부(소극)

형법은 제329조에서 절도죄를 규정하고 곧바로 제330조에서 야간주거침입절도죄를 규정하고 있을 뿐, 야간절도죄에 관하여는 처벌규정을 별도로 두고 있지 아니하다. 이러한 형법 제330조의 규정형식과 그 구성요건의 문언에 비추어 보면, 형법은 야간에 이루어지는 주거침입행위의 위험성에 주목하여 그러한 행위를 수반한 절도를 야간주거침입절도죄로 중하게 처벌하고 있는 것으로 보아야 하고, 따라서 주거침입이 주간에 이루어진 경우에는 야간주거침입절도죄가 성립하지 않는다고 해석하는 것이 타당하다. (대법원 2011. 4. 14. 선고 2011도300 판결)

● 관련판례 3

◎ 외부인이 공동거주자의 일부가 부재중에 주거 내에 현재하는 거주자의 현실적인 승낙을 받아 통상적인 출입방법에 따라 공동주거에 들어갔으나 부재중인 다른 거주자의 추정적 의사에 반하는 경우, 주거침입죄가 성립하는지 여부(소극)

[다수의견] 외부인이 공동거주자의 일부가 부재중에 주거 내에 현재하는 거주자의 현실적인 승낙을 받아 통상적인 출입방법에 따라 공동주거에 들어간 경우라면 그것이 부재중인 다른 거주자의 추정적 의사에 반하는 경우에도 주거침입죄가 성립하지 않는다고 보아야 한다. 구체적인 이유는 다음과 같다.

(가) 주거침입죄의 보호법익은 사적 생활관계에 있어서 사실상 누리고 있는 주거의 평온, 즉 '사실상 주거의 평온'으로서, 주거를 점유할 법적 권한이 없더라도 사실상의 권한이 있는 거주자가 주거에서 누리는 사실적 지배·관리관계가 평온하게 유지되는 상태를 말한다. 외부인이 무단으로 주거에 출입하게 되면 이러한 사실상 주거의 평온이 깨어지는 것이다. 이러한 보호법익은 주거를 점유하는 사실상태를 바탕으로 발생하는 것으로서 사실적 성질을 가진다.

한편 공동주거의 경우에는 여러 사람이 하나의 생활공간에서 거주하는 성질에 비추어 공동거주자 각자는 다른 거주자와의 관계로 인하여 주거에서 누리는 사실상 주거의 평온이라는 법익이 일정 부분 제약될 수밖에 없고, 공동거주자는 공동주거관계를 형성하면서 이러한 사정을 서로 용인하였다고 보아야 한다.

부재중인 일부 공동거주자에 대하여 주거침입죄가 성립하는지를 판단할 때에도 이러한 주거침입죄의 보호법익의 내용과 성질, 공동주거관계의 특성을 고려하여야 한다. 공동거주자 개개인은 각자 사실상 주거의 평온을 누릴 수 있으므로 어느 거주자가 부재중이라고 하더라도 사실상의 평온상태를 해치는 행위태양으로 들어가거나 그 거주자가 독자적으로 사용하는 공간에 들어간 경우에는 그 거주자의 사실상 주거의 평온을 침해하는 결과를 가져올 수 있다. 그러나 공동거주자 중 주거 내에 현재하는 거주자의 현실적인 승낙을 받아 통상적인 출입방법에 따라 들어갔다면, 설령 그것이 부재중인 다른 거주자의 의사에 반하는 것으로 추정된다고 하더라도 주거침입죄의 보호법익인 사실상 주거의 평온을 깨트렸다고 볼 수는 없다. 만일 외부인의 출입에 대하여 공동거주자 중 주거 내에 현재하는 거주자의 승낙을 받아 통상적인 출입방법에 따라 들어갔음에도 불구하고 그것이 부재중인 다른 거주자의 의사에 반하는 것으로 추정된다는 사정만으로 주거침입죄의 성립을 인정하게 되면, 주거침입죄를 의사의 자유를 침해하는 범죄의 일종으로 보는 것이 되어 주거침입죄가 보호하고자 하는 법익의 범위를 넘어서게 되고, '평온의 침해' 내용이 주관화·관념화되며, 출입 당시 현실적으로 존재하지 않는, 부재중인 거주자의 추정적 의사에 따라 주거침입죄의 성립 여부가 좌우되어 범죄 성립 여부가 명확하지 않고 가벌성의 범위가 지나치게 넓어지게 되어 부당한 결과를 가져오게 된다.

(나) 주거침입죄의 구성요건적 행위인 침입은 주거침입죄의 보호법익과의 관계에서 해석하여야 한다. 따라서 침입이란 '거주자가 주거에서 누리는 사실상의 평온상태를 해치는 행위태양으로 주거에 들어가는 것'을 의미하고, 침입에 해당하는지 여부는 출입 당시 객관적·외형적으로 드러난 행위태양을 기준으로 판단함이 원칙이다. 사실상의 평온상태를 해치는 행위태양으로 주거에 들어가는 것이라면 대체로 거주자의 의사에 반하는 것이겠지만, 단순히 주거에 들어가는 행위 자체가 거주자의 의사에 반한다는 거주자의 주관적 사정만으로 바로 침입에 해당한다고 볼 수는 없다. 외부인이 공동거주자 중 주거 내에 현재하는 거주자로부터 현실적인 승낙을 받아 통상적인 출입방법에 따라 주거에 들어간 경우라면, 특별한 사정이 없는 한 사실상의 평온상태를 해치는 행위태양으로 주거에 들어간 것이라고 볼 수 없으므로 주거침입죄에서 규정하고 있는 침입행위에 해당하지 않는다. **(대법원 2021. 9. 9., 선고, 2020도12630, 전원합의체 판결)**

● 관련판례 4

◎ '주거침입강제추행죄 및 주거침입강간죄 등이 주거침입죄를 범한 후에 사람을 강간하는 등의 행위를 하여야 하는 일종의 신분범인지 여부(적극)

주거침입강제추행죄 및 주거침입강간죄 등은 사람의 주거 등을 침입한 자가 피해자를 간음, 강제추행 등 성폭력을 행사한 경우에 성립하는 것으로서, 주거침입죄를 범한 후에 사람을 강간하는 등의 행위를 하여야 하는 일종의 신분범이고, 선후가 바뀌어 강간죄 등을 범한 자가 그 피해자의 주거에 침입한 경우에는 이에 해당하지 않고 강간죄 등과 주거침입죄 등의 실체적 경합범이 된다. 그 실행의 착수시기는 주거침입 행위 후 강간죄 등의 실행행위에 나아간 때이다. **(대법원 2021. 8. 12., 선고, 2020도17796, 판결)**

2. 퇴거불응죄

제319조(주거침입, 퇴거불응)

① 사람의 주거, 관리하는 건조물, 선박이나 항공기 또는 점유하는 방실에 침입한 자는 3년 이하의 징역 또는 500만원이하의 벌금에 처한다. 〈개정 1995.12.29.〉

② 전항의 장소에서 퇴거요구를 받고 응하지 아니한 자도 전항의 형과 같다.

(작성례)

피의자는 20○○.○.○. 13:00경 서울 ○○구 ○○동 123에 있는 피해자 홍○○의 집 마당에서 피해자에게 그 집에 사글세로 살다 약 5개월 전에 이사를 간 오○○의 소재를 알려달라고 요구하다가 피해자로부터 나가 달라는 요구를 받았다. 그러나 피의자는 이에 응하지 아니하고 같은 날 13:30경 피해자의 신고를 받고 출동한 경찰관이 도착할 때까지 집 현관에 버티고 앉아 있어 정당한 이유 없이 피해자의 퇴거요구에 불응하였다.

● 관련판례 1

◎ 외부인이 공동거주자의 일부가 부재중에 주거 내에 현재하는 거주자의 현실적인 승낙을 받아 통상적인 출입방법에 따라 공동주거에 들어갔으나 부재중인 다른 거주자의 추정적 의사에 반하는 경우, 주거침입죄가 성립하는지 여부(소극)

[다수의견] 외부인이 공동거주자의 일부가 부재중에 주거 내에 현재하는 거주자의 현실적인 승낙을 받아 통상적인 출입방법에 따라 공동주거에 들어간 경우라면 그것이 부재중인 다른 거주자의 추정적 의사에 반하는 경우에도 주거침입죄가 성립하지 않는다고 보아야 한다. 구체적인 이유는 다음과 같다.

(가) 주거침입죄의 보호법익은 사적 생활관계에 있어서 사실상 누리고 있는 주거의 평온, 즉 '사실상 주거의 평온'으로서, 주거를 점유할 법적 권한이 없더라도 사실상의 권한이 있는 거주자가 주거에서 누리는 사실적 지배·관리관계가 평온하게 유지되는 상태를 말한다. 외부인이 무단으로 주거에 출입하게 되면 이러한 사실상 주거의 평온이 깨어지는 것이다. 이러한 보호법익은 주거를 점유하는 사실상태를 바탕으로 발생하는 것으로서 사실적 성질을 가진다.

한편 공동주거의 경우에는 여러 사람이 하나의 생활공간에서 거주하는 성질에 비추어 공동거주자 각자는 다른 거주자와의 관계로 인하여 주거에서 누리는 사실상 주거의 평온이라는 법익이 일정 부분 제약될 수밖에 없고, 공동거주자는 공동주거 관계를 형성하면서 이러한 사정을 서로 용인하였다고 보아야 한다.

부재중인 일부 공동거주자에 대하여 주거침입죄가 성립하는지를 판단할 때에도 이러한 주거침입죄의 보호법익의 내용과 성질, 공동주거관계의 특성을 고려하여야 한다. 공동거주자 개개인은 각자 사실상 주거의 평온을 누릴 수 있으므로 어느 거주자가 부재중이라고 하더라도 사실상의 평온상태를 해치는 행위태양으로 들어가거나 그 거주자가 독자적으로 사용하는 공간에 들어간 경우에는 그 거주자의 사실상 주거의 평온을 침해하는 결과를 가져올 수 있다. 그러나 공동거주자 중 주거 내에 현재하는 거주자의 현실적인 승낙을 받아 통상적인 출입방법에 따라 들어갔다면, 설령 그것이 부재중인 다른 거주자의 의사에 반하는 것으로 추정된다고 하더라도 주거침입죄의 보호법익인 사실상 주거의 평온을 깨트렸다고 볼 수는 없다. 만일 외부인의 출입에 대하여 공동거주자 중 주거 내에 현재하는 거주자의 승낙을 받아 통상적인 출입방법에 따라 들어갔음에도 불구하고 그것이 부재중인 다른 거주자의 의사에 반하는 것으로 추정된다는 사정만으로 주거침입죄의 성립을 인정하게 되면, 주거침입죄를 의사의 자유를 침해하는 범죄의 일종으로 보는 것이 되어 주거침입죄가 보호하고자 하는 법익의 범위를 넘어서게 되고, '평온의 침해' 내용이 주관화·관념화되며, 출입 당시 현실적으로 존재하지 않는, 부재중인 거주자의 추정적 의사에 따라 주거침입죄의 성립 여부가 좌우되어 범죄 성립 여부가 명확하지 않고 가벌성의 범위가 지나치게 넓어지게 되어 부당한 결과를 가져오게 된다.

(나) 주거침입죄의 구성요건적 행위인 침입은 주거침입죄의 보호법익과의 관계에서 해석하여야 한다. 따라서 침입이란 '거주자가 주거에서 누리는 사실상의 평온상태를 해치는 행위태양으로 주거에 들어가는 것'을 의미하고, 침입에 해당하는지 여부는 출입 당시 객관적·외형적으로 드러난 행위태양을 기준으로 판단함이 원칙이다. 사실상의 평온상태를 해치는 행위태양으로 주거에 들어가는 것이라면 대체로 거주자의 의사에 반하는 것이겠지만, 단순히 주거에 들어가는 행위 자체가 거주자의 의사에 반한다는 거주자의 주관적 사정만으로 바로 침입에 해당한다고 볼 수는 없다. 외부인이 공동거주자 중 주거 내에 현재하는 거주자로부터 현실적인 승낙을 받아 통상적인 출입방법에 따라 주거에 들어간 경우라면, 특별한 사정이 없는 한 사실상의 평온상태를 해치는 행위태양으로 주거에 들어간 것이라고 볼 수 없으므로 주거침입죄에서 규정하고 있는 침입행위에 해당하지 않는다. **(대법원 2021. 9. 9., 선고, 2020도12630, 전원합의체 판결)**

● 관련판례 2

◎ 퇴거불응죄에서 '건조물'에 '위요지'가 포함되는지 여부(적극) 및 '위요지'의 범위

퇴거불응죄에 있어서 '건조물'이라 함은 단순히 건조물 그 자체만을 말하는 것이 아니고 위요지를 포함하고, '위요지'가 되기 위하여는 건조물에 인접한 그 주변 토지로서 관리자가 외부와의 경계에 문과 담 등을 설치하여 그 토지가 건조물의 이용을 위하여 제공되었다는 것이 명확히 드러나야 할 것인데, 화단의 설치, 수목의 식재 등으로 담장의 설치를 대체하는 경우에도 건조물에 인접한 그 주변 토지가 건물, 화단, 수목 등으로 둘러싸여 건조물의 이용에 제공되었다는 것이 명확히 드러난다면 위요지가 될 수 있다. **(대법원 2010. 3. 11. 선고 2009도12609 판결)**

● 관련판례 3

◎ 건조물침입죄의 보호법익과 성립요건 / 건조물의 거주자나 관리자와의 관계 등으로 평소 건조물에 출입이 허용된 사람이 거주자나 관리자의 명시적 또는 추정적 의사에 반하여 건조물에 들어간 경우, 건조물침입죄가 성립하는지 여부(적극)

건조물침입죄는 건조물의 사실상 평온을 보호법익으로 하고 있으므로 건조물 관리자의 의사에 반하여 건조물에 침입함으로써 성립한다. 건조물의 거주자나 관리자와의 관계 등으로 평소 건조물에 출입이 허용된 사람이라 하더라도 건조물에 들어간 행위가 거주자나 관리자의 명시적 또는 추정적 의사에 반함에도 불구하고 감행된 것이라면 건조물침입죄가 성립한다.(대법원 2021. 1. 14., 선고, 2017도21323, 판결)

● 관련판례 4

◎ 건조물침입죄에서 침입행위의 객체인 '건조물'에 포함되는 '위요지'의 의미

건조물침입죄에서 침입행위의 객체인 '건조물'은 건조물침입죄가 사실상 주거의 평온을 보호법익으로 하는 점에 비추어 엄격한 의미에서의 건조물 그 자체뿐만이 아니라 그에 부속하는 위요지를 포함한다고 할 것이나, 여기서 위요지라고 함은 건조물에 인접한 그 주변의 토지로서 외부와의 경계에 담 등이 설치되어 그 토지가 건조물의 이용에 제공되고 또 외부인이 함부로 출입할 수 없다는 점이 객관적으로 명확하게 드러나야 한다(대법원 2010. 4. 29. 선고 2009도14643 판결 등 참조). 그러나 관리자가 일정한 토지와 외부의 경계에 인적 또는 물적 설비를 갖추고 외부인의 출입을 제한하고 있더라도 그 토지에 인접하여 건조물로서의 요건을 갖춘 구조물이 존재하지 않는다면 이러한 토지는 건조물침입죄의 객체인 위요지에 해당하지 않는다고 봄이 타당하다.(대법원 2017. 12. 22., 선고, 2017도690, 판결)

3. 특수주거침입죄

제320조(특수주거침입)
단체 또는 다중의 위력을 보이거나 위험한 물건을 휴대하여 전조의 죄를 범한 때에는 5년 이하의 징역에 처한다.

(작성례 1)

피의자 甲은 20○○. ○. ○. 11 : 00경 ○○시 ○○동에 있는 ○○중학교 강당에서 연극의 공연을 연습하기 위하여, 그 학교의 관리기관인 같은 시 교육청 교육장의 승인도 받지 않고 그 강당의 옆 창문을 열고 들어가서 그 학교의 건조물에 침입하였다.

(작성례 2)

피의자는 20○○. ○. ○. 11 : 50경 ○○시 ○○동 ○○번지에 있는 ○○주점에서 술을 마시다가, 그 집 종업원 이○○가 폐점시간임을 알리며 나가달라고 요구하자 소지하고 있던 길이 약 14센티의 주머니칼을 꺼내 보였다. 그리고 "나는 내가 가고 싶은 때 간다. 다시 귀찮게 하면 혼날줄 알아라" 라고 말하고 약 3시간 동안 더 그곳에 머물러, 퇴거요구를 받았음에도 위험한 물건을 휴대하고 그 요구에 응하지 않았다.

● 관련판례

◎ 점유권원 없는 자가 점유 중인 건조물에 침입한 경우, 주거침입죄의 성립 여부 (적극)

주거침입죄는 사실상의 주거의 평온을 보호법익으로 하는 것이므로 그 주거자 또는 간수자가 건조물 등에 거주 또는 간수할 권리를 가지고 있는가의 여부는 범죄의 성립을 좌우하는 것이 아니며, 점유할 권리가 없는 자의 점유라고 하더라도 그 주거의 평온은 보호되어야 할 것이므로, 권리자가 그 권리를 실행함에 있어 법에 정하여진 절차에 의하지 아니하고 그 건조물 등에 침입한 경우에는 주거침입죄가 성립한다.(대법원 2007. 7. 27. 선고 2006도3137 판결)

4. 주거, 신체수색죄

제321조(주거·신체 수색)
사람의 신체, 주거, 관리하는 건조물, 자동차, 선박이나 항공기 또는 점유하는 방실을 수색한 자는 3년 이하의 징역에 처한다.

(작성례 1)

피의자는 ○○산업의 대표이다.

피의자는 자신에게 금 ○○만원의 채무를 진 ○○건설 대표 손○○에게 수차례 전화접촉을 시도하다 이에 실패하자 채무를 받아내기 위해 20○○. ○. ○. 21:00경 ○○시 ○○동 ○○번지에 있는 위 손○○의 집으로 찾아갔다. 그러나 그의 처 강○○가 손○○는 지금 집에 없다고 하자 "손○○를 어디에 숨긴 거냐, 오늘은 꼭 만나고 말겠다"는 등이 말을 하면서 그녀의 저지를 물리치고 그 집 안으로 들어가 약 10분동안 그 집안의 방과 다락 등의 문을 열고 뒤지며 그의 주거를 수색하였다.

(작성례 2)

피의자는 ○○학교의 기숙사 ○○호에 주거하고 있다.

피의자는 20○○. ○. ○. 08:30경 위 방의 책상위에 두었던 닌텐도 게임기를 도난당한 것을 발견하고, 이것을 같은 기숙사 강○○의 소행으로 속단하고 위 도난품을 찾기 위하여 같은 날 18:30경 위 강○○의 ○○호 방에 들어가 함부로 방실을 수색하였다.

(작성례 3)

피의자는 사채업자이다.

피의자는 20○○. ○.중순경 자신에게 1,000만원을 빌려간 김○○에게 수차례에 걸쳐 변제를 독촉하였으나 이를 피하면서 만나주지 않아 빌려준 돈을 받기 위해,

20○○. ○. ○. 16:00경 ○○시 ○○구 ○○동 123번지에 살고 있는 위 김○○의 집에 찾아갔다. 그곳에서 김○○의 아들 김△△(만9세)가

혼자 집에 있으면서 아버지가 집에 없다고 하는데도 방안에 숨어있으면서 나오지 않는다면서 그 집 안으로 들어가 약 10분 동안 그 집안의 방과 다락 등의 문을 열고 뒤지며 그의 주거를 수색하였다.

● 관련판례

◎ 주주총회에 참석한 주주가 회사측의 의사에 반하여 회사 사무실을 뒤져 회계장부를 강제로 찾아 열람한 경우, 형법 제20조 소정의 정당행위에 해당하는지 여부(소극)

회사의 정기주주총회에 적법하게 참석한 주주라고 할지라도 주주총회장에서의 질문, 의사진행 발언, 의결권의 행사 등의 주주총회에서의 통상적인 권리행사 범위를 넘어서서 회사의 구체적인 회계장부나 서류철 등을 열람하기 위하여는 별도로 상법 제466조 등에 정해진 바에 따라 회사에 대하여 그 열람을 청구하여야 하고, 만일 회사에서 정당한 이유 없이 이를 거부하는 경우에는 법원에 그 이행을 청구하여 그 결과에 따라 회계장부 등을 열람할 수 있을 뿐 주주총회 장소라고 하여 회사측의 의사에 반하여 회사의 회계장부를 강제로 찾아 열람할 수는 없다고 할 것이며, 설사 회사측이 회사 운영을 부실하게 하여 소수주주들에게 손해를 입게 하였다고 하더라도 위와 같은 사정만으로 주주총회에 참석한 주주가 강제로 사무실을 뒤져 회계장부를 찾아내는 것이 사회통념상 용인되는 정당행위로 되는 것은 아니다.(대법원 2001. 9. 7. 선고 2001도2917 판결)

제33절 권리행사를 방해하는 죄

1. 권리행사방해죄

제323조(권리행사방해)
타인의 점유 또는 권리의 목적이 된 자기의 물건 또는 전자기록등 특수매체기록을 취거, 은닉 또는 손괴하여 타인의 권리행사를 방해한 자는 5년 이하의 징역 또는 700만원 이하의 벌금에 처한다.

(작성례)

피의자는 20○○. ○. ○. 피의자 소유의 서울 33바 ○○○○호 지게차를 차○○에게 임대료 월 ○○만원 ○개월 기한으로 임대차계약을 맺고 동시에 ○개월분의 임대료 ○○만원을 받았다. 그리고 그 지게차 운행권리 일체를 대여하고 위 차○○는 그 차를 다음날부터 서울 ○○동 ○○번지에 있는 자기집 차고에 보관하면서 ○○건설주식회사의 ○○공사장에서 운행하고 있었다. 그러던 중 피의자는 그 트럭의 임대료가 너무 싸다고 생각하여 위 차○○에게 그 임대료의 인상을 요구하였으나 그가 이를 거절하자 같은 해 ○. ○. 06 : 30경 위 차○○의 차고에서 ○○동 ○○번지에 있는 자신의 차고로 옮겨감으로써 차○○의 위 지게차운행의 권리행사를 방해하였다.

■ 적용실례

◇ 타인의 전세들어 사는 피의자 소유집에 침입하여 부엌문, 방문 등을 손괴한 경우

피의자는 자기집에 전세들어 사는 피해자가 계약기간이 끝났는데도 이사를 가지 않자 그 집에 침입하여 부엌문 및 방문짝을 때려 부수고 신을 신은 채로 그 방 안에 들어가 피해자의 가구인 문갑을 손괴하였다.

※ 타인의 점유 또는 권리의 목적이 된 자기물건을 손괴한 행위는 권리행사방해죄에 해당하며, 부엌을 통하여 방안으로 신발을 신고 침입한 행위는 주거침입죄에 해당하므로, 이 경우 재물손괴죄와 권리행사방해, 주거침입죄를 의율해야 할 것이다.

◇ 담보물건을 몰래 가져온 경우

도○○는 임○○에게서 돈을 빌리면서 그 담보로 고가의 전문가용 카메라를 맡겼는데, 마음이 놓이지 않아 임○○ 몰래 그 카메라를 집으로 가져와 버렸다.

※ 도○○의 행위는 타인의 권리의 목적이 된 자기의 물건을 취거한 것이므로 권리행사방해죄로 의율해야 한다. 절도죄가 아님에 유의.

◇ 자동차를 매수 인도받아 잔대금도 지불하지 않고 등록명의 이전도 않은 상태에서 피의자가 임의로 끌고 가 보관, 반환불응한 경우

피의자는 소유하고 있던 트럭을 김○○에게 매도인도했고 고소인은 다시 김○○로부터 위 차를 매수인도받아 등록명의는 피의자 앞으로 한 채 운행하고 있었다. 그런데 위 김○○가 트럭의 잔대금을 지불하지 않고 등록명의도 이전하지 않은 채 자취를 감추자 피의자가 이에 불안을 느끼고 있다가 ○○아파트 주차장에 세워놓은 위 차를 발견하고 김○○에 대한 채권담보로 하기 위해 위 차를 임의로 끌고가 보관하면서 고소인의 반환요구에도 불응하였다.

※ 이에 대해 절도죄로 의율할 수도 있겠으나, 절도죄는 타인의 점유하에 있는 타인 소유의 재물을 불법영득의사로 가져올 때 성립하는 것이다. 그런데 이 경우의 트럭은 피의자 명의로 등록되어 있으나 피의자 소유의 물건이라 할 것이어서 절도죄의 객체가 아니고 불법영득의사도 인정하기 어렵다 할 것이다. 다만 피의자가 고소인의 적법한 위 트럭의 점유운행권을 침해한 것이므로 권리행사방해죄로 의율하는 것이 타당하다.

◇ 가스점포 상호명이 붙은 용기를 임의로 가져온 경우

권○○는 가스점포의 종업원으로서 배달을 나갔다가 이○○의 집 옆에 위 점포의 상호명이 쓰여있는 가스용기가 있는 것을 발견하고, 이를 임의로 가져갔다.

※ 위 가스용기는 점포의 소유이긴 하지만 이○○가 점유하고 있던 것이어서, 위 권○○에게 불법영득의 의사가 없었다고 하더라도 권리행사방해죄를 의율해야 할 것이다.

◇ 타인에게 자동차를 매도·인도하다 손괴한 경우

정○○는 개인택시로 사용하던 자동차를 송○○에게 매도, 인도하였다. 그런데 그 차를 잘못하여 정○○가 손괴하고 말았다.

※ 이 경우, 우선 위 차의 소유, 점유 문제를 알아보아야 할 것이다. 만일 위 차의 잔금지급 및 등록명의 이전이 완전히 끝났다면 위 정○○의 행위는 재물손괴죄로 의율하는 것이 상당하다. 그러나 등록명의가 아직 송○○에게 이전되지 않았다면 위 차의 소유자는 정○○이고, 송○○는 단지 점유하고 있는 자일 뿐이므로 권리행사방해죄로 의율해야 될 것이다.

◇ 명도 요구에 불응하여 의사에 반하여 점포내에 고추를 쌓아 영업을 방해한 경우

방○○는 이○○로부터 그 소유점포를 빌려서 가방 등을 판매하던 중 그 임대기간이 종료하여 이○○가 방○○에게 명도를 요구했으나 그는 이를 거절하고 있었다. 이에 이○○는 위 점포를 김○○에게 매도하고 그 소유권이전등기를 경료하여 주었다. 그 후 김○○는 방○○에게 그 점포를 비워줄 것을 요구하다가 그가 불응하자 위 점포에 자신의 소유 고추 100여 가마를 쌓아 놓는 방법으로 여러차례 영업을 방해하였다.

※ 이 경우, 위 점포의 소유가 어찌되었든 관계없이 그 행위에 있어서 권리행사방해죄의 취거, 은닉, 손괴 어느 행위에도 해당하지 않기 때문에 권리행사방해죄는 성립하지 않으며 업무방해죄가 성립될 뿐이다.

● 관련판례 1

◎ 자기의 소유가 아닌 물건이 권리행사방해죄의 객체가 될 수 있는지 여부(소극) / 권리행사방해죄의 공범으로 기소된 물건의 소유자에게 고의가 없는 등으로 범죄가 성립하지 않는 경우, 물건의 소유자가 아닌 사람이 권리행사방해죄의 공동정범이 될 수 있는지 여부(소극)

형법 제323조의 권리행사방해죄는 타인의 점유 또는 권리의 목적이 된 자기의 물건을 취거, 은닉 또는 손괴하여 타인의 권리행사를 방해함으로써 성립하므로 그 취거, 은닉 또는 손괴한 물건이 자기의 물건이 아니라면 권리행사방해죄가 성립할 수 없다. 물건의 소유자가 아닌 사람은 형법 제33조 본문에 따라 소유자의 권리행사방해 범행에 가담한 경우에 한하여 그의 공범이 될 수 있을 뿐이다. 그러나 권리행사방해죄의 공범으로 기소된 물건의 소유자에게 고의가 없는 등으로 범죄가 성립하지 않는다면 공동정범이 성립할 여지가 없다.(대법원 2017. 5. 30. 선고 2017도4578 판결)

● 관련판례 2

◎ 권리행사방해죄에서 '타인의 점유'의 의미

형법 제323조의 권리행사방해죄에 있어서의 타인의 점유라 함은 권원으로 인한 점유, 즉 정당한 원인에 기하여 물건을 점유하는 것을 의미하지만, 반드시 본권에 기한 점유만을 말하는 것이 아니라 유치권 등에 기한 점유도 여기에 해당한다.(대법원 2011. 5. 13. 선고 2011도2368 판결)

● 관련판례 3

◎ 권리행사방해죄에서 '은닉'의 의미 및 권리행사방해죄가 성립하기 위하여 현실로 권리행사가 방해되었을 것이 필요한지 여부(소극)

형법 제323조의 권리행사방해죄는 타인의 점유 또는 권리의 목적이 된 자기의 물건 또는 전자기록 등 특수매체기록을 취거, 은닉 또는 손괴하여 타인의 권리행사를 방해함으로써 성립한다. 여기서 '은닉'이란 타인의 점유 또는 권리의 목적이 된 자기 물건 등의 소재를 발견하기 불가능하게 하거나 또는 현저히 곤란한 상태에 두는 것을 말하고, 그로 인하여 권리행사가 방해될 우려가 있는 상태에 이르면 권리행사방해죄가 성립하고 현실로 권리행사가 방해되었을 것까지 필요로 하는 것은 아니다.(대법원 2016. 11. 10. 선고 2016도13734 판결)

● 관련판례 4

◎ 피고인이 을을 폭행하여 차량 운행에 관한 권리행사를 방해하였다고 평가하기 어렵다는 이유로, 이와 달리 본 원심판결에 법리오해의 잘못이 있다고 한 사례

피고인이 갑과 공모하여 갑 소유의 차량을 을 소유 주택 대문 바로 앞부분에 주차하는 방법으로 을이 차량을 주택 내부의 주차장에 출입시키지 못하게 함으로써 을의 차량 운행에 관한 권리행사를 방해하였다는 내용으로 기소된 사안에서, 피고인은 을로 하여금 주차장을 이용하지 못하게 할 의도로 갑 차량을 을 주택 대문 앞에 주차하였으나, 주차 당시 피고인과 을 사이에 물리적 접촉이 있거나 피고인이 을에게 어떠한 유형력을 행사했다고 볼만한 사정이 없는 점, 피고인의 행위로 을에게 주택 외부에 있던 을 차량을 주택 내부의 주차장에 출입시키지 못하는 불편이 발생하였으나, 을은 차량을 용법에 따라 정상적으로 사용할 수 있었던 점을 종합하면, 피고인이 을을 폭행하여 차량 운행에 관한 권리행사를 방해하였다고 평가하기 어렵다는 이유로, 이와 달리 본 원심판단에 강요죄에서 폭행과 권리행사방해에 관한 법리오해의 잘못이 있다고 한 사례.(대법원 2021. 11. 25. 선고 2018도1346 판결)

2. 강요죄

제324조(강요)

① 폭행 또는 협박으로 사람의 권리행사를 방해하거나 의무없는 일을 하게 한 자는 5년 이하의 징역 또는 3천만원 이하의 벌금에 처한다. 〈개정 1995.12.29., 2016.1.6.〉

② 단체 또는 다중의 위력을 보이거나 위험한 물건을 휴대하여 제1항의 죄를 범한 자는 10년 이하의 징역 또는 5천만원 이하의 벌금에 처한다. 〈신설 2016.1.6.〉

(작성례)

피의자는 20○○. ○. ○.경 서울 ○○동 ○○번지에 있는 ○○아파트 ○○호를 이○○로부터 양수하여 그곳에 같은 해 ○. ○. 전주인인 위 이○○와 1년의 전세계약을 맺고 거주하고 있던 박○○에 대하여 아파트를 명도해 줄 것을 요구하였다. 그러나 그가 아직 기한이 차지 않아 명도할 수 없다고 불응하자, 같은 해 ○. ○. 19 : 30경 위 아파트에 찾아가 "당장 나가지 않으면 좋지 않을 것이다"라고 하며 위 박○○의 집에 있던 소파와 전화 등 살림을 손괴하고 그의 얼굴 및 복부를 주먹으로 두차례 침으로써, 폭행과 협박으로 의무없는 일을 강요하였다.

● 관련판례 1

◎ 강요죄에서 '폭행'의 의미 및 사람에 대한 간접적인 유형력의 행사를 강요죄의 폭행으로 평가하기 위하여 고려해야 할 사항

강요죄는 폭행 또는 협박으로 사람의 권리행사를 방해하거나 의무 없는 일을 하게 하는 범죄이다(형법 제324조 제1항). 여기에서 폭행은 사람에 대한 직접적인 유형력의 행사뿐만 아니라 간접적인 유형력의 행사도 포함하며, 반드시 사람의 신체에 대한 것에 한정되지 않는다. 사람에 대한 간접적인 유형력의 행사를 강요죄의 폭행으로 평가하기 위해서는 피고인이 유형력을 행사한 의도와 방법, 피고인의 행위와 피해자의 근접성, 유형력이 행사된 객체와 피해자의 관계 등을 종합적으로 고려해야 한다.(대법원 2021. 11. 25., 선고, 2018도1346, 판결)

● 관련판례 2

◎ 강요죄 구성요건 중 '의무 없는 일'의 의미 및 법률상 의무 있는 일을 하게 한 경우 강요죄가 성립하는지 여부(소극)

강요죄는 폭행 또는 협박으로 사람의 권리행사를 방해하거나 의무 없는 일을 하게 하는 것을 말하고, 여기에서 '의무 없는 일'이란 법령, 계약 등에 기하여 발생하는 법률상 의무 없는 일을 말하므로, 법률상 의무 있는 일을 하게 한 경우에는 강요죄가 성립할 여지가 없다.(대법원 2012. 11. 29. 선고 2010도1233 판결)

● 관련판례 3

◎ 강요죄의 수단인 '협박'의 의미 및 그 유무와 정도에 대한 판단 기준

강요죄의 수단인 협박은 일반적으로 사람으로 하여금 공포심을 일으키게 하는 정도의 해악을 고지하는 것으로 그 방법은 통상 언어에 의하는 것이나 경우에 따라서 한마디 말도 없이 거동에 의하여서도 할 수 있는데, 그 행위가 있었는지는 행위의 외형뿐 아니라 그 행위에 이르게 된 경위, 피해자와의 관계 등 주위상황을 종합적으로 고려하여 판단해야 하는 것이며, 강요죄에서 협박당하는 사람으로 하여금 공포심을 일으키게 하는 정도의 해악의 고지인지는 그 행위 당사자 쌍방의 직무, 사회적 지위, 강요된 권리, 의무에 관련된 상호관계 등 관련 사정을 고려하여 판단되어야 할 것이다(대법원 2010. 4. 29. 선고 2007도7064 판결)

● 관련판례 4

◎ 강요죄에서 말하는 '협박'의 의미와 내용

강요죄는 폭행 또는 협박으로 사람의 권리행사를 방해하거나 의무 없는 일을 하게 하는 범죄이다. 여기에서 협박은 객관적으로 사람의 의사결정의 자유를 제한하거나 의사실행의 자유를 방해할 정도로 겁을 먹게 할 만한 해악을 고지하는 것을 말한다. 이와 같은 협박이 인정되기 위해서는 발생 가능한 것으로 생각할 수 있는 정도의 구체적인 해악의 고지가 있어야 한다. 행위자가 직업이나 지위에 기초하여 상대방에게 어떠한 이익 등의 제공을 요구하였을 때 그 요구 행위가 강요죄의 수단으로서 해악의 고지에 해당하는지 여부는 행위자의 지위뿐만 아니라 그 언동의 내용과 경위, 요구 당시의 상황, 행위자와 상대방의 성행·경력·상호관계 등에 비추어 볼 때 상대방으로 하여금 그 요구에 불응하면 어떠한 해악에 이를 것이라는 인식을 갖게 하였다고 볼 수 있는지, 행위자와 상대방이 행위자의 지위에서 상대방에게 줄 수 있는 해악을 인식하거나 합리적으로 예상할 수 있었는지 등을 종합하여 판단해야 한다. 공무원인 행위자가 상대방에게 어떠한 이익 등의 제공을 요구한 경우 위와 같은 해악의 고지로 인정될 수 없다면 직권남용이나 뇌물 요구 등이 될 수는 있어도 협박을 요건으로 하는 강요죄가 성립하기는 어렵다.(대법원 2020. 2. 13., 선고, 2019도5186, 판결)

3. 인질강요죄

제324조의2(인질강요)
사람을 체포·감금·약취 또는 유인하여 이를 인질로 삼아 제3자에 대하여 권리행사를 방해하거나 의무없는 일을 하게 한 자는 3년 이상의 유기징역에 처한다.

(작성례)

피의자는 ○○주식회사의 이사겸 주주이다.

피의자는 20○○. ○. ○. 위 회사의 지분 10%를 소유한 김○○(남, 56세)가 자신을 대표이사로 지지하지 않는 쪽에 지분을 행사하겠다고 얘기하는 것을 듣고, 20○○. ○. ○. 위 피해자의 딸 김△△(여, 24세)를 위 회사 소유의 ○○시 ○○동 123번지에 위치한 ○○리조트에 피해자 몰래 가족사은행사 명목으로 유인하여 감금하였다. 그리고 위 피해자에게 같은날 20:00경 전화를 하여 이번 주주총회에서 나를 지지하면 딸을 무사히 돌려보내주겠다는 전화를 하여 위 피해자 김○○이 20○○. ○. ○.경 위 회사의 주주총회에서 피해자의 의사와 상관없이 피의자를 지지하도록 해서 피해자의 권리행사를 방해하였다.

4. 점유강취죄, 준점유강취죄

제325조(점유강취, 준점유강취)

① 폭행 또는 협박으로 타인의 점유에 속하는 자기의 물건을 강취(强取)한 자는 7년 이하의 징역 또는 10년 이하의 자격정지에 처한다.

② 타인의 점유에 속하는 자기의 물건을 취거(取去)하는 과정에서 그 물건의 탈환에 항거하거나 체포를 면탈하거나 범죄의 흔적을 인멸할 목적으로 폭행 또는 협박한 때에도 제1항의 형에 처한다.

③ 제1항과 제2항의 미수범은 처벌한다.

[전문개정 2020. 12. 8.]

(작성례)

피의자는 20○○. ○. ○.경 집에서 고가의 카메라를 몰래 가지고 나와 민○○에게 돈 ○○만원을 빌리며 이를 담보로 제공하였는데, 이 사실이 집안 식구들에게 탄로나면서, 그의 아버지 정○○(당○○세)가 위 카메라를 찾아오라고 채근하였다. 그러자 같은 해 ○. ○. 18：00경 ○○시 ○○동 ○○번지에 있는 위 민○○의 집에 찾아가, 처음에는 카메라를 돌려 달라고 부탁하고 민○○가 이를 거절하자 "그러면 어쩔 수 없다"며 주먹으로 그의 얼굴을 몇 차례 때려 넘어뜨린 후, 마침 문갑위에 놓여 있던 위 카메라를 강취하였다.

● 관련판례

◎ 중소기업체 사장 등이 고의로 부도를 내고 잠적한 거래업자를 찾아내어 감금한 후 약속어음 등을 강취하고 지불각서 등을 강제로 작성하게 한 행위가 과잉자구행위에 해당한다고 한 사례

중소기업체 사장 등이 고의로 부도를 내고 잠적한 거래업자를 찾아내어 감금한 후 약속어음 등을 강취하고 지불각서 등을 강제로 작성하게 한 행위가, 사기 피해액 상당의 민사상 청구권을 통상의 민사소송절차 등 법정 절차로 보전하기가 사실상 불가능한 경우에 그 청구권의 실행불능 내지 현저한 실행곤란을 피하기 위한 행위로서 상당한 이유가 있으나, 위법성이 조각되는 자구행위의 정도를 초과하였으므로 과잉자구행위에 해당한다고 한 사례.(서울고등법원 2005. 5. 31. 선고 2005노502 판결: 확정)

5. 강제집행면탈죄

제327조(강제집행면탈)

강제집행을 면할 목적으로 재산을 은닉, 손괴, 허위양도 또는 허위의 채무를 부담하여 채권자를 해한 자는 3년 이하의 징역 또는 1천만원이하의 벌금에 처한다. 〈개정 1995.12.29.〉

(작성례)

피의자는 ㅇㅇ산업의 영업상무직이다.

피의자는 양ㅇㅇ로부터 ㅇㅇ만원을 차용한 사실이 있으나 그 변제기일에 채무를 변제하지 않아 그가 강제집행을 하려고 준비에 착수하자, 이것을 면하기 위해 등기명의이전에 의한 부동산의 허위양도를 하기로 마음먹었다.

그리하여 피의자는 ㅇ. ㅇ.경 사촌 유ㅇㅇ에게 부탁하여 강제집행을 당할 우려가 있는 피의자소유명의의 서울 ㅇㅇ동 ㅇㅇ번지에 있는 콘크리트조 2층 주택 1채, 면적 ㅇㅇ평방미터에 관하여 그의 소유명의를 위 유ㅇㅇ에게 이전할 것을 승낙받아 그에게 위 주택을 매도하는 내용의 허위매도증서를 작성하였다.

그리고 같은 해 ㅇ. ㅇ. 그 사실을 모르는 법무사 김ㅇㅇ로 하여금 위 부동산의 매매에 기인한 소유권이전등기신청의 관계서류를 작성, 같은 동 ㅇㅇ번지에 있는 ㅇㅇ지방법원 ㅇㅇ등기소 담당직원에게 제출하게 하고 같은 날 위 등기소 담당공무원으로 하여금 그 내용의 권리를 등기하게 하여 위 부동산을 허위 양도하였다.

■ 적용실례

◇ 돈을 갚지 않아 강제집행을 하려는데 상대방이 물건을 은닉한 경우

문ㅇㅇ는 서ㅇㅇ에게 돈을 빌려주었는데, 그가 이를 갚지 않아 그 집의 살림들에 대해 강제집행을 하려고 하다가 그가 위 살림들을 이ㅇㅇ의 집에 은닉하고 있다는 사실을 알게 되었다. 문ㅇㅇ는 서ㅇㅇ를 강제집행면탈죄로 고소했으나, 서ㅇㅇ는 이에 대해 이ㅇㅇ에게 진 채무를 물건으로라도 변제하기 위해 옮긴 것이라고 주장하고 있다.

※ 서○○의 행위가 그의 말대로 대물변제를 위한 것이었다면 혐의없다고 할 것이며, 반대로 변제할 채무가 없는데도 옮긴 것이라면 강제집행면탈죄가 성립할 것이다. 이를 위해 위 관계자들을 통해 채무유무를 철저히 수사해야 할 것이다.

◇ 간통죄로 고소하려 하자 다른 사람 앞으로 대지를 가등기한 경우

지○○는 아내의 마음이 그를 간통죄로 고소하는 쪽으로 굳어진 것을 확인하고, 간통죄로 구속되면 합의를 하여 고소를 쉽게 취소하게 하여 풀려나기 위해 그 소유의 대지를 형수 앞으로 가등기하였다.

※ 이 경우, 가등기 당시 그의 아내(고소인)에게 현실적이고 구체적인 청구권이 존재하였던 것이 아니고 장차 소송상 위자료를 청구할 것을 예상한 정도이기 때문에 이에 대해 강제집행면탈의 목적이 있다고 보기는 어렵다. 또 가등기 경료만으로는 강제집행이 불능되거나 중지될 수도 없는 것이어서 위 지○○에게 강제집행면탈죄의 혐의는 없다 하겠다.

● 관련판례 1

◎ 강제집행채권자의 채권의 존재가 인정되지 않는 경우 강제집행면탈죄가 성립하는지 여부(소극) 및 상계로 인하여 소멸하게 되는 채권의 경우 상계의 효력 발생 이후 강제집행면탈죄가 성립하는지 여부(소극)

형법 제327조의 강제집행면탈죄는 채권자의 권리보호를 주된 보호법익으로 하므로 강제집행의 기본이 되는 채권자의 권리, 즉 채권의 존재는 강제집행면탈죄의 성립요건이다. 따라서 채권의 존재가 인정되지 않을 때에는 강제집행면탈죄는 성립하지 않는다. 그러므로 강제집행면탈죄를 유죄로 인정하기 위해서는 먼저 채권이 존재하는지에 관하여 심리·판단하여야 하고, 민사절차에서 이미 채권이 존재하지 않는 것으로 판명된 경우에는 다른 특별한 사정이 없는 한 이와 모순·저촉되는 판단을 할 수가 없다고 보아야 한다. 한편 상계의 의사표시가 있는 경우에는 각 채무는 상계할 수 있는 때에 소급하여 대등액에 관하여 소멸한 것으로 보게 된다. 따라서 상계로 인하여 소멸한 것으로 보게 되는 채권에 관하여는 상계의 효력이 발생하는 시점 이후에는 채권의 존재가 인정되지 않으므로 강제집행면탈죄가 성립하지 않는다. (대법원 2012. 8. 30. 선고 2011도2252 판결)

● 관련판례 2

◎ 형법 제327조 강제집행면탈죄의 성립 요건

형법 제327조의 강제집행면탈죄는 위태범으로서 현실적으로 민사소송법에 의한 강제집행 또는 가압류·가처분의 집행을 받을 우려가 있는 객관적인 상태 아래, 즉 채권자가 본안 또는 보전소송을 제기하거나 제기할 태세를 보이고 있는 상태에서 주관적으로 강제집행을 면탈하려는 목적으로 재산을 은닉, 손괴, 허위양도하거나 허위의 채무를 부담하여 채권자를 해할 위험이 있으면 성립하고, 반드시 채권자를 해하는 결과가 야기되거나 행위자가 어떤 이득을 취하여야 범죄가 성립하는 것은 아니다. (대법원 2012. 6. 28. 선고 2012도3999 판결)

● 관련판례 3

◎ 강제집행면탈죄의 성립요건 및 반드시 채권자를 해치는 결과가 야기되거나 행위자가 어떤 이득을 얻어야 범죄가 성립하는지 여부(소극)

강제집행면탈죄는 현실적으로 민사집행법에 의한 강제집행 또는 가압류, 가처분의 집행을 받을 우려가 있는 객관적인 상태, 즉 채권자가 본안 또는 보전소송을 제기하거나 제기할 태세를 보이고 있는 상태에서 주관적으로 강제집행을 면탈하려는 목적으로 재산을 은닉, 손괴, 허위양도하거나 허위의 채무를 부담하여 채권자를 해칠 위험이 있으면 성립한다. 반드시 채권자를 해치는 결과가 야기되거나 행위자가 어떤 이득을 얻어야 범죄가 성립하는 것은 아니다(대법원 2008. 6. 26. 선고 2008도3184 판결 등 참조). 허위의 채무를 부담하는 내용의 채무변제계약 공정증서를 작성하고 이에 터잡아 채권압류 및 추심명령을 받은 경우에는 강제집행면탈죄가 성립한다(대법원 2009. 5. 28. 선고 2009도875 판결 참조). (대법원 2018. 6. 15., 선고, 2016도847, 판결)

제34절 절도와 강도의 죄

1. 절도죄

제329조(절도)
타인의 재물을 절취한 자는 6년 이하의 징역 또는 1천만원 이하의 벌금에 처한다. 〈개정 1995.12.29.〉

(작성례 1)

피의자는 20○○. ○. ○. 14 : 00경 ○○시 ○○구 ○○로 3가에 있는 ○○통합상가 5층 신발매장에서 물건을 사는 척하다가 점원 몰래 피해자 이○○ 소유의 시가 ○○만원 고가신발 약 ○켤레를 자기 가방 속에 넣어 이를 절취하였다.

(작성례 2)

피의자는 20○○. ○. ○. 01 : 00경 유○○가 ○○시 ○○구 ○○동에 있는 김○○의 집에 침입하여 안방 화장대 서랍 속에 있는 지갑에서 현금 ○○만원을 절취할 무렵, 그 정을 알면서도 위 유○○가 김○○의 집 2층에서 그 집에 침입할 수 있도록 사다리를 빌려주어 그의 범행을 쉽게 하도록 도와줌으로써 위 유○○의 절도를 방조하였다.

(작성례 3)

피의자는 20○○. ○. ○. 18 : 00경 직원들이 모두 퇴근하고 없는 틈을 이용하여 ○○시 ○○구 ○○동 ○○번지에 있는 ○○초등학교 안에 침입하여 그 학교 시청각실 안에 있는 이○○ 선생님이 관리하고 있는 시가 ○○만원 상당의 컴퓨터 ○대 외 비디오 ○대를 가지고 감으로써 이를 절취하였다.

(작성례 4)

피의자는 20○○. ○. ○. 11 : 20경 ○○시 ○○동 ○○역 앞에 있는

○○은행 바로바로코너 앞에서 오토바이를 타고 대기하고 있다고 마침 그곳에서 현금을 찾아 나오던 피해자 심○○의 뒤에서부터 오토바이를 타고 가면서 위 현금 ○○만원과 시가 ○○만원 상당화장품 등이 들어 있는 가죽핸드백 1개를 나꿔채서 이를 절취하였다.

(작성례 5)

피의자는 20○○. ○. ○. 19 : 10경 ○○시 ○○동 ○○번지 앞길에서 피해자 함○○가 자기 집 대문 앞에 엔진 열쇠를 꽂아둔 채 차를 세워 두고 잠깐 집안에 들어간 사이에 그곳에서 위 피해자 소유의 시가 ○○만원 상당의 "서울 44라 ○○○○호" 마티즈 승용차 1대를 운전하고 가버려 이를 절취하였다.

(작성례 6-들치기)

피의자는 20○○. 10. 10. 15:30경 서울 성북구 ○○동 100번지 높은 빌딩 지하 12호 상회에서 그 상회 주인인 피해자 홍여자(여, 00세) 소유인 현금 10만원, 주민등록증 및 은행카드 3매가 들어 있는 시가 5만원 상당의 밤색 핸드백 1개 등 도합 15만원 상당을 절취하였다.

(작성례 7-낮털이 강도)

피의자는 20○○. 10. 10. 13:00경 서울 성북구 ○○동 100번지 소재 피해자 홍길동(남, 00세)이 회사에 출근하여 집을 비운사이 그 집 담을 넘어 들어가 안방 화장대 서랍속에서 현금 5만원, 국민은행발행 자기앞수표 액면가 10만원권 50매(500만원), 시가 25만원 상당의 남자용 금반지 5돈 1개 등 도합 530만원 상당을 절취하였다.

(작성례 8-소매치기(가방 따기))

피의자는 20○○. 10. 10. 13:00경 서울 성북구 ○○동 100번지 앞길 ○○대로를 주행중인 333번 시내버스 안에서 승객인 피해자 김여자(여, 00세)가 한눈을 팔 때 그녀가 소지하고 있는 핸드백을 열고 그 속에 들어있는 현금 3만원을 빼내어 이를 절취하였다.

(작성례 9-소매치기(포켓치기))

피의자는 20○○. 10. 10. 13:00경 서울 성북구 ○○동 100번지 앞길 ○○대로를 운행 중인 60번 시내버스 안에서 혼잡함을 기회로 승객인 피해자 홍길동(남, 00세)에게 바싹 붙어 그가 입고 있는 잠바 안주머니를 면도날을 사용하여 절단한 후, 지갑을 꺼내 그 속에든 현금 10만원, 국민은행 자기앞수표 액면가 10만원권 2매(200,000원), 주택은행 BC카드1매와 잡품 4점 등 도합 300,000원 상당을 절취하였다.

(작성례 10-날치기)

피의자는 행인을 상대로 날치기하기로 마음먹고 그 대상을 물색하던 중, 20○○. 10. 10. 13:00경 서울 성북구 ○○동 100번지 골목길에 잠복해 있던 중 마침 그곳을 지나던 피해자 이여자(여, 00세)의 뒤에 달려들어 그녀 소유의 현금 5만원과 화장품 등 잡품 13종이 들어있는 핸드백을 잽싸게 낚아채는 방법으로 이를 절취하였다.

(작성례 11-오토바이 절도)

피의자 홍길동은 오토바이를 절취하기로 마음억고 그 대상을 물색하던 중, 20○○. 10. 10. 13:00경 서울 성북구 ○○동 100번지 노상에서 피해자인 공돌쇠(남, 00세)가 자신의 소유 서울 성북 가0000호 90cc 오토바이 1대를 세워놓고 잠시 자리를 비운 사이, 위 오토바이를 밧데리에 직선 연결하여 시동을 건 후 타고 가는 방법으로 이를 절취하였다.

(작성례 12-취객상대 절도(아리랑 치기))

피의자는 20○○. 10. 10. 13:00경 서울 성북구 ○○동 100번지 앞길에서 때마침 술에 취해 비틀거리며 지나가는 피해자 홍길동(남, 00세)를 발견하고 금품을 절취할 마음이 생겼다. 그래서 그에게 다가서며 "아저씨 약주가 과하셨네요. 댁까지 모셔다 드릴게요" 라고 하면서 그를 부축하는 척하며 잠바 안주머니에서 현금 10,000원과 농협 비씨카드 1개 등 잡품 7종이 들어있는 지갑을 꺼내 이를 절취하였다.

(작성례 13-여관털이)

피의자는 20○○. 10. 10. 13:00경 서울 성북구 ○○동 100번지에 있는 자자여관에 손님으로 가장하여 투숙하다가, 다음날 00:30경 그 여관 203호실의 출입문을 만능키(KEY)로 열고 들어가 그 방 투숙객인 피해자 홍길동(남, 00세)이 잠이든 틈을 이용하여 옷걸이에 있는 양복 주머니에서 현금 45,000원 시가 700,000원 상당의 로렉스 손목시계 1개 등 도합 74,5000원 상당을 절취하였다.

(작성례 14-절도·사기(은행에서 인출한 돈의 일부를 사취하려다 들킴))

피의자는 서울 관악구 ○○동 100번지에 있는 땡땡기획 경리로 일하고 있다.

피의자는 20○○ 10. 10. 13:00경 그 회사 전무 홍길동으로부터 현금 500만원을 인출하여 올 것을 지시받고 그 날 13:30경 같은 동 200번지에 있는 우리은행 신림지점에서 현금 500만원을 인출하여 회사로 가던 중 그 돈의 일부를 가지려고 마음먹었다. 그리하여 일으켜 위 금액 중 2만원을 자신의 핸드백에 감추어 이를 절취하였다.

그리고 그 즉시 위 은행지불 창구로 돌아와 행원 민여자에게 방금 인출한 돈 봉투에서 현금을 꺼내어 놓고 정을 모르는 그녀에게 "방금 찾은 돈인데 2만원이 부족하다"고 기망하여 이에 속은 피해자로부터 그 돈을 사취하려 하였으나 전산처리에 의한 검산과 CCTV 등에 의하여 피의자의 거짓말이 드러나 그 뜻을 이루지 못하고 미수에 그쳤다.

(작성례 15-업무상 장물취득)

피의자는 서울 성북구 ○○동 100번지에 있는 장물 금은방을 운영하고 있다.

피의자는 20○○. 10. 10. 10시 경 금은방에서 이 금반지 3개를 무슨 용도로 팔려고 하는 것인지, 신분에 적합한 소지품인지 알아보는 등 업무상 주의의무가 있음에도 이를 게을리 하고 ○○○으로부터 시가 20만원 상당의 18K 금반지 3개를 1,200,000원에 매입하여 장물을 취득하였다.

■ 적용실례

◇ 융자한 돈을 갚지 못해 자동차를 견인해서 전매한 경우

정씨는 자동차금융업자 오씨로부터 융자금을 받고 그에게 자동차를 넘겼다. 계약내용은, 정씨가 환매기한까지 융자한 금액을 지불하고 환매권을 행사하지 않는 이상, 오씨가 임의로 자동차를 처분할 수 있다는 것이었다. 또 계약 후에 정씨가 차를 보관하고 이용하거나 파는 것도 당연한 전제로 되어있었다. 그런데 정씨가 변제기한까지 융자금을 변제하지 않자 오씨는 정씨가 보관하고 있던 자동차를 견인해 가져와서 전매했다.

※ 위 경우, 오씨 소유가 된 자동차를 정씨가 소유권 자체에 기초하지 않고, "사실상 지배" 하고 있을 뿐이었던 물건이 "타인의 재물" 이 되는가가 문제된다. 이에 대해 판례는 자기의 물건이라도 타인의 점유에 속하는 경우에는 타인의 물건으로 본다고 하므로 오씨의 행위는 절도죄를 성립시킨다고 하겠다.

● **수사사례**

- 하숙생이 그 집안에서 하숙집 주인 가족이 모두 외출하고 없는 사이에 주인방에 들어가 장롱속에 있던 돈을 훔친 경우 절도죄 성립
- 술취한 사람이 비틀거리며 걸어가는 것을 보고 부축하여 주는 척 하면서 그 사람의 지갑을 훔친 경우 절도죄 성립
- 버스나 열차내에서 승객의 주머니를 면도칼로 찢고 그 사람의 현금을 훔친 경우 절도죄 성립(소매치기)
- 서울역 대합실에서 주부가 졸고 있을 때 그 주부의 손가방을 들고 가 훔친 경우 절도죄 성립(들치기)
- 백화점 의류매장에 손님을 가장하여 들어가 물건을 고르는 척 하다가 옷가지를 훔친 경우 절도죄 성립(들치기)
- 귀금속상에 손님을 가장하여 침입, 종업원에게 비취반지를 보여달라고 하여 종업원이 반지를 진열 대위에 올려놓고 다른 손님과 상담하는 사이 가짜반지와 진짜반지를 바꿔치기 하여 훔친 경우 절도 죄 성립(네다바이)

● 관련판례 1

◎ 특정범죄 가중처벌 등에 관한 법률 제5조의4 제5항에서 정한 '징역형'에 형법 제332조 상습절도죄로 처벌받은 전력도 포함되는지 여부(적극)

특정범죄가중법은 형법에 규정된 특정범죄에 대한 가중처벌 등을 규정함으로써 건전한 사회질서의 유지와 국민경제의 발전에 이바지함을 그 목적으로 한다(제1조 참조). 이 사건 처벌규정은 '형법 제329조부터 제331조까지의 죄 또는 그 미수죄로 세 번 이상 징역형을 받은 사람이 다시 이들 죄를 범하여 누범으로 처벌하는 경우에는 2년 이상 20년 이하의 징역에 처한다.'고 규정하고 있는데, 형법 제332조(상습범)는 '상습으로 제329조 내지 제331조의2의 죄를 범한 자는 그 죄에 정한 형의 2분의 1까지 가중한다.'고 규정하고 있는 등 상습절도죄의 구성요건에 '형법 제329조부터 제331조까지의 죄'를 포함하고 있다. 그리고 상습절도죄의 전과를 이 사건 처벌규정에서 정한 '징역형'에 포함하지 않을 경우 단순 절도죄의 전력이 세 번인 자가 절도를 저지른 경우에는 이 사건 조항으로 가중처벌 받는 반면, 세 번의 절도 전력 중 상습절도의 전력이 있는 자가 절도를 저지른 경우에는 단순 절도죄로 처벌받게 되는 데에 그치는 처벌의 불균형이 발생한다. 이러한 특정범죄가중법의 목적, 이 사건 처벌규정과 형법 제332조의 내용, 처벌의 불균형 등에 비추어 보면, 이 사건 처벌규정에서 정한 '징역형'에는 절도의 습벽이 인정되어 형법 제329조부터 제331조까지의 죄 또는 그 미수죄의 형보다 가중 처벌되는 형법 제332조의 상습절도죄로 처벌받은 전력도 포함되는 것으로 해석해야 한다. (대법원 2021. 6. 3., 선고, 2021도1349, 판결)

● 관련판례 2

◎ '주간에' 사람의 주거 등에 침입하여 '야간에' 타인의 재물을 절취한 행위를 형법 제330조의 야간주거침입절도죄로 처벌할 수 있는지 여부(소극)

형법은 제329조에서 절도죄를 규정하고 곧바로 제330조에서 야간주거침입절도죄를 규정하고 있을 뿐, 야간절도죄에 관하여는 처벌규정을 별도로 두고 있지 아니하다. 이러한 형법 제330조의 규정형식과 그 구성요건의 문언에 비추어 보면, 형법은 야간에 이루어지는 주거침입행위의 위험성에 주목하여 그러한 행위를 수반한 절도를 야간주거침입절도죄로 중하게 처벌하고 있는 것으로 보아야 하고, 따라서 주거침입이 주간에 이루어진 경우에는 야간주거침입절도죄가 성립하지 않는다고 해석하는 것이 타당하다. (대법원 2011. 4. 14. 선고 2011도300 판결)

● 관련판례 3

◎ 피고인이 특정범죄 가중처벌 등에 관한 법률 위반(절도)죄로 징역 1년에 집행유예 2년을 선고받고, 그 유예기간 중 같은 죄로 징역 2년을 선고받아 판결이 확정됨으로써 위 집행유예 실효로 형의 집행을 모두 종료하였는데, 그 후 3년 내에 다시 상습절도에 의한 같은 법 위반으로 기소된 사안에서, 피고인에게 같은 법 제5조의4 제6항을 적용한 원심판결에 법리오해의 위법이 있다고 한 사례

피고인이 특정범죄 가중처벌 등에 관한 법률(이하 '특가법' 이라 한다) 위반(절도)죄로 징역 1년에 집행유예 2년을 선고받고, 유예기간 중 같은 죄로 징역 2년을 선고받아 판결이 확정됨으로써 위 집행유예의 선고가 실효되어 형의 집행을 모두 종료하였는데, 그 후 3년 내에 다시 상습절도에 의한 특가법 위반으로 기소된 사안에서, 위 집행유예 판결도 피고인이 '실형을 선고받은 경우' 에 해당한다고 보아, 위 공소사실에 대하여 특가법 제5조의4 제6항을 적용한 원심판결에 법리오해의 위법이 있다. (대법원 2011. 5. 26. 선고 2011도2749 판결)

● 관련판례 4

◎ 형법 제329조부터 제331조까지의 죄를 상습으로 범한 형법 제332조의 상습절도죄가 범죄수익은닉의 규제 및 처벌 등에 관한 법률 제2조 제1호 [별표]에서 정한 '중대범죄' 에 해당하는지 여부(적극)

범죄수익은닉의 규제 및 처벌 등에 관한 법률(이하 '범죄수익은닉규제법' 이라 한다)상 '범죄수익' 이란 '중대범죄에 해당하는 범죄행위에 의하여 생긴 재산[위 법 제2조 제2호 (가)목]' 등을 말하고, '중대범죄' 란 '재산상의 부정한 이익을 취득할 목적으로 범한 죄로서 [별표]에 규정된 죄(위 법 제2조 제1호)' 를 말하며, [별표]에는 형법 제329조부터 제331조까지의 죄가 중대범죄로 규정되어 있다. 형법 제332조는 절도의 습벽이 있는 자가 상습으로 형법 제329조 내지 제331조의2의 죄를 범한 때에 가중처벌한다는 규정에 불과하고, 상습성이 없는 단순 절도 범행으로 취득한 범죄수익에 대해서는 범죄수익은닉규제법이 적용됨에도 절도의 습벽이 있는 자가 상습으로 범한 절도 범행으로 취득한 범죄수익에 대해서는 범죄수익은닉규제법이 적용되지 않는다고 해석하는 것은 현저히 부당한 점에 비추어 보면, 설령 위 [별표]에 형법 제332조가 중대범죄로 규정되어 있지 아니하더라도 형법 제329조부터 제331조까지의 죄를 상습으로 범한 형법 제332조의 상습절도죄는 [별표]에서 정한 중대범죄에 해당한다. (대법원 2017. 7. 18., 선고, 2017도5759, 판결)

2. 야간주거침입절도죄

제330조(야간주거침입절도)
야간에 사람의 주거, 관리하는 건조물, 선박, 항공기 또는 점유하는 방실(房室)에 침입하여 타인의 재물을 절취(竊取)한 자는 10년 이하의 징역에 처한다.
[전문개정 2020. 12. 8.]

(작성례 1)

피의자는 20○○. ○. ○. 00 : 30경 ○○시 ○○동 ○○번지에 있는 피해자 우○○의 집에서 그 가족들이 자고 있는 틈을 이용하여 그 집 담을 넘어 침입한 다음 안방 문갑 속에 넣어둔 위 우○○ 소유의 현금 ○○만원과, 액면 ○○만원짜리 약속어음 ○장이 들어 있는 지갑 1개, 합계 ○○만원 상당을 들고 나와 이를 절취하였다.

(작성례 2)

피의자는 20○○. 10. 10. 23:00경 서울 성북구 ○○동 100번지에 있는 높은빌딩 2층 ○○건축사무실에 창문을 열고 침입하여 그 곳에 있는 홍길동(남, 00세)의 책상서랍 속에서 위 홍길동 소유의 현금 5,000원 일화 2만엔(한화 환산 200,000원), 농협 ○○지점 발행의 예금액 600만원이 들어있는 온라인 예금통장 1권과 홍길동이라고 새겨진 상아인장 1개(시가 50,000원) 등을 절취하였다.

또한 피의자는 같은 날 09:30경 같은 동 농협 ○○동 지점에서 그 예금액을 인출할 목적으로 그 은행 온라인 예금 청구서 금액란에 볼펜으로 "6,000,000원" 을 쓰고 그 통장 뒷장에 적혀 있는 비밀번호 8790 이라는 숫자를 보고, 그대로 쓰고 청구인 란에도 "홍길동" 이라고 쓴 다음, 날인 란에는 위 홍길동의 인장을 제 마음대로 날인하였다. 그리하여 홍길동 명의의 온라인 예금 환불 청구서를 위조하고, 그곳에서 그 은행원 서여자(여, 00세)에게 이것이 마치 진실한 것처럼 제출하여 행사하였다.

이로써 피의자는 그녀를 기망하여 청구금 전액인 액면 6,000,000원 상당의 재물을 교부받았다.

■ 적용실례

◇ 휴가 떠난 집에 야간에 침입, 절도한 경우

이○○는 장○○가 여름휴가를 떠난 사이 그의 집에서 절도하기로 마음먹고 05 : 00에 담을 넘어 집에 들어가 오디오, TV 등을 절취하였다.

※ 이 경우, 05 : 00도 야간이라고 할 수 있기 때문에 야간침입절도죄를 적용할 수 있겠다.

● 수사사례

- 야간에 가족이 잠자는 사이에 담을 넘어 들어가 안방 장롱 서랍 속에 있는 돈과 카메라를 훔친 경우 야간주거침입절도죄 성립
- 신축중인 빈집에 들어가 건축자재를 훔친 경우 야간주거침입절도죄 성립
- 여관에 투숙한 후 다른 사람이 투숙해있는 방에 들어가 양복주머니속에 있는 신용카드와 현금을 훔친 경우 야간주거침입절도죄 성립

● 관련판례 1

◎ 형법 제330조의 야간주거침입절도죄에서 '야간에'의 의미

야간주거침입절도죄에 대하여 정하는 형법 제330조에서 '야간에'라고 함은 일몰 후부터 다음날 일출 전까지를 말한다.(대법원 2015. 8. 27. 선고 2015도5381 판결)

● 관련판례 2

◎ 형법 제332조에 규정된 상습절도죄를 범한 범인이 범행의 수단으로 주간에 주거침입을 한 경우, 주간 주거침입행위가 별개로 주거침입죄를 구성하는지 여부(적극)

형법 제330조에 규정된 야간주거침입절도죄 및 같은 법 제331조 제1항에 규정된 손괴특수절도죄를 제외하고 일반적으로 주거침입은 절도죄의 구성요건이 아니므로 절도범인이 그 범행수단으로 주거침입을 한 경우에 그 주거침입행위는 절도죄에 흡수되지 아니하고 별개로 주거침입죄를 구성하여 절도죄와는 실체적 경합의 관계에 서는 것이 원칙이다(대법원 1984. 12. 26. 선고 84도1573 전원합의체 판결 참조). 또 형법 제332조는 단순절도, 야간주거침입절도와 특수절도 및 자동차 등 불법사용의 죄에 정한 각 형의 2분의 1을 가중하여 처벌하도록 규정하고 있으므로, 위 규정은 주거침입을 구성요건으로 하지 않는 상습단순절도와 주거침입을 구성요건으로 하고 있는 상습야간주거침입절도 또는 상습손괴특수절도에 대한 취급을 달리하여, 주거침입을 구성요건으로 하고 있는

상습야간주거침입절도 또는 상습손괴특수절도를 더 무거운 법정형을 기준으로 가중처벌하고 있다. 따라서 상습으로 단순절도를 범한 범인이 상습적인 절도범행의 수단으로 주간에 주거침입을 한 경우에 그 주간 주거침입행위의 위법성에 대한 평가가 형법 제332조, 제329조의 구성요건적 평가에 포함되어 있다고 볼 수 없다. 그러므로 형법 제332조에 규정된 상습절도죄를 범한 범인이 그 범행의 수단으로 주간에 주거침입을 한 경우 그 주간 주거침입행위는 상습절도죄와 별개로 주거침입죄를 구성한다. 또 형법 제332조에 규정된 상습절도죄를 범한 범인이 그 범행 외에 상습적인 절도의 목적으로 주간에 주거침입을 하였다가 절도에 이르지 아니하고 주거침입에 그친 경우에도 그 주간 주거침입행위는 상습절도죄와 별개로 주거침입죄를 구성한다.(대법원 2015. 10. 15. 선고 2015도9049 판결)

● 관련판례 3

◎ '주간에' 사람의 주거 등에 침입하여 '야간에' 타인의 재물을 절취한 행위를 형법 제330조의 야간주거침입절도죄로 처벌할 수 있는지 여부(소극)

형법은 제329조에서 절도죄를 규정하고 곧바로 제330조에서 야간주거침입절도죄를 규정하고 있을 뿐, 야간절도죄에 관하여는 처벌규정을 별도로 두고 있지 아니하다. 이러한 형법 제330조의 규정형식과 그 구성요건의 문언에 비추어 보면, 형법은 야간에 이루어지는 주거침입행위의 위험성에 주목하여 그러한 행위를 수반한 절도를 야간주거침입절도죄로 중하게 처벌하고 있는 것으로 보아야 하고, 따라서 주거침입이 주간에 이루어진 경우에는 야간주거침입절도죄가 성립하지 않는다고 해석하는 것이 타당하다. (대법원 2011. 4. 14. 선고 2011도300 판결)

● 관련판례 4

◎ 피고인이 특정범죄 가중처벌 등에 관한 법률 위반(절도)죄로 징역 1년에 집행유예 2년을 선고받고, 그 유예기간 중 같은 죄로 징역 2년을 선고받아 판결이 확정됨으로써 위 집행유예 실효로 형의 집행을 모두 종료하였는데, 그 후 3년 내에 다시 상습절도에 의한 같은 법 위반으로 기소된 사안에서, 피고인에게 같은 법 제5조의4 제6항을 적용한 원심판결에 법리오해의 위법이 있다고 한 사례

피고인이 특정범죄 가중처벌 등에 관한 법률(이하 '특가법' 이라 한다) 위반(절도)죄로 징역 1년에 집행유예 2년을 선고받고, 유예기간 중 같은 죄로 징역 2년을 선고받아 판결이 확정됨으로써 위 집행유예의 선고가 실효되어 형의 집행을 모두 종료하였는데, 그 후 3년 내에 다시 상습절도에 의한 특가법 위반으로 기소된 사안에서, 위 집행유예 판결도 피고인이 '실형을 선고받은 경우' 에 해당한다고 보아, 위 공소사실에 대하여 특가법 제5조의4 제6항을 적용한 원심판결에 법리오해의 위법이 있다(대법원 2011. 5. 26. 선고 2011도2749 판결).

3. 특수절도죄

제331조(특수절도)

① 야간에 문이나 담 그 밖의 건조물의 일부를 손괴하고 제330조의 장소에 침입하여 타인의 재물을 절취한 자는 1년 이상 10년 이하의 징역에 처한다.

② 흉기를 휴대하거나 2명 이상이 합동하여 타인의 재물을 절취한 자도 제1항의 형에 처한다.

[전문개정 2020. 12. 8.]

(작성례 1)

피의자 甲, 피의자 乙은 합동하여 20○○. ○. ○. 01:30경 ○○시 ○○동 ○○번지에 있는 이○○가 운영하는 "○○당"에 침입하여(갑과 을의 구체적 행위 설시) 시가 ○○만원 상당의 목걸이 ○점, 반지 ○점, 합계 ○○만원 상당의 금품을 절취하였다.

(작성례 2)

피의자는 20○○. 10. 10. 20:00경 서울 성북구 ○○동 100번지 피해자 홍길동(남, 00세)의 집에 비어 있음을 알고 미리 준비하여 가지고 간 길이 20cm 직경 1cm의 드라이버로 시정된 출입문 자물쇠를 강제로 뜯어 열고 들어가 내실 화장 서랍 속에서 현금 일만원권 22장(220,000)와 가계수표(백지) 12장 등을 절취하였다.

(작성례 3)

피의자들은 20○○. ○. ○. 04:00경 서울 ○○구 ○○동 123에 있는 피해자 이○○가 경영하는 ○○전자 대리점에 이르러, 피의자 박○○는 대리점 앞에서 망을 보고, 피의자 이○○은 절단기로 대리점 철문 자물쇠를 절단하고 들어갔다. 그리고 그 곳에 있는 피해자 소유의 TV 10대, 전자렌지 5대 등 시가 합계 20,000,000원 상당의 물품을 대기시켜 놓은 피의자 박○○ 소유인 서울12가3456호 트럭에 싣고 갔다.

(작성례 4)

피의자 허○○와 피의자 오○○는 20○○. ○. ○. 20:00경 지하철 3호선 열차를 타고 가다가 열차가 서울 ○○구 ○○동 있는 지하철 3호선 ○○역에 정차하였을 때 술이 취하여 좌석에서 졸고 있던 피해자 김○○에게 다가가 피의자 허○○은 전동차에서 신문을 펼쳐 보는 체하며 다른 승객의 시선을 가리고, 피의자 오○○은 피해자의 바지 주머니에서 피해자 소유인 현금 100,000원과 ○○카드 1장, 주민등록증이 들어 있는 시가 70,000원 상당의 지갑 1개를 꺼내어 가 합동하여 피해자의 재물을 절취하였다.

● 수사사례

- 금품을 훔치기 위하여 야간에 커피숍 창문을 뜯어내고 침입하여 커피숍 내에 있는 TV와 녹음기를 훔쳐 도주한 경우 특수절도죄 성립
- 친구지간인 20대 남자 2명이 쌀 상회 창고 자물쇠를 펜치로 절단하고 들어가 그곳에 있던 쌀 10 가마를 화물트럭에 싣고 간 경우 특수절도죄 성립
- 공중전화기를 부수고 그 안에서 통화요금을 훔쳐간 경우 특수절도죄 성립

● 관련판례 1

◎ 형법 제331조 제1항에 정한 '손괴'의 의미

형법 제331조 제1항은 야간에 문호 또는 장벽 기타 건조물의 일부를 손괴하고 형법 제330조의 장소에 침입하여 타인의 재물을 절취한 자는 1년 이상 10년 이하의 징역에 처한다고 규정하고 있다. 형법 제331조 제1항에 정한 '손괴'는 물리적으로 문호 또는 장벽 기타 건조물의 일부를 훼손하여 그 효용을 상실시키는 것을 말한다.(대법원 2015. 10. 29. 선고 2015도7559 판결)

● 관련판례 2

◎ 형법 제332조에 규정된 상습절도죄를 범한 범인이 범행의 수단으로 주간에 주거침입을 한 경우, 주간 주거침입행위가 별개로 주거침입죄를 구성하는지 여부(적극) / 형법 제332조에 규정된 상습절도죄를 범한 범인이 그 범행 외에 상습적인 절도의 목적으로 주간에 주거침입을 하였다가 절도에 이르지 아니하고 주거침입에 그친 경우, 주간 주거침입행위가 별개로 주거침입죄를 구성하는지 여부(적극)

형법 제330조에 규정된 야간주거침입절도죄 및 형법 제331조 제1항에 규정된 특수절

도(야간손괴침입절도)죄를 제외하고 일반적으로 주거침입은 절도죄의 구성요건이 아니므로 절도범인이 범행수단으로 주거침입을 한 경우에 주거침입행위는 절도죄에 흡수되지 아니하고 별개로 주거침입죄를 구성하여 절도죄와는 실체적 경합의 관계에 서는 것이 원칙이다. 또 형법 제332조는 상습으로 단순절도(형법 제329조), 야간주거침입절도(형법 제330조)와 특수절도(형법 제331조) 및 자동차 등 불법사용(형법 제331조의2)의 죄를 범한 자는 그 죄에 정한 각 형의 2분의 1을 가중하여 처벌하도록 규정하고 있으므로, 위 규정은 주거침입을 구성요건으로 하지 않는 상습단순절도와 주거침입을 구성요건으로 하고 있는 상습야간주거침입절도 또는 상습특수절도(야간손괴침입절도)에 대한 취급을 달리하여, 주거침입을 구성요건으로 하고 있는 상습야간주거침입절도 또는 상습특수절도(야간손괴침입절도)를 더 무거운 법정형을 기준으로 가중처벌하고 있다. 따라서 상습으로 단순절도를 범한 범인이 상습적인 절도범행의 수단으로 주간(낮)에 주거침입을 한 경우에 주간 주거침입행위의 위법성에 대한 평가가 형법 제332조, 제329조의 구성요건적 평가에 포함되어 있다고 볼 수 없다. 그러므로 형법 제332조에 규정된 상습절도죄를 범한 범인이 범행의 수단으로 주간에 주거침입을 한 경우 주간 주거침입행위는 상습절도죄와 별개로 주거침입죄를 구성한다. 또 형법 제332조에 규정된 상습절도죄를 범한 범인이 그 범행 외에 상습적인 절도의 목적으로 주간에 주거침입을 하였다가 절도에 이르지 아니하고 주거침입에 그친 경우에도 주간 주거침입행위는 상습절도죄와 별개로 주거침입죄를 구성한다.(대법원 2015. 10. 15. 선고 2015도8169 판결)

● 관련판례 3

◎ 피고인 등이 피해자 甲 등에게 자동차를 매도하겠다고 거짓말하고 자동차를 양도하면서 매매대금을 편취한 다음, 자동차에 미리 부착해 놓은 지피에스(GPS)로 위치를 추적하여 자동차를 절취하였다고 하여 사기 및 특수절도로 기소된 사안에서, 피고인에게 사기죄를 인정한 원심판결에 법리오해의 잘못이 있다고 한 사례

피고인 등이 피해자 甲 등에게 자동차를 매도하겠다고 거짓말하고 자동차를 양도하면서 매매대금을 편취한 다음, 자동차에 미리 부착해 놓은 지피에스(GPS)로 위치를 추적하여 자동차를 절취하였다고 하여 사기 및 특수절도로 기소된 사안에서, 피고인이 甲 등에게 자동차를 인도하고 소유권이전등록에 필요한 일체의 서류를 교부함으로써 甲 등이 언제든지 자동차의 소유권이전등록을 마칠 수 있게 된 이상, 피고인이 자동차를 양도한 후 다시 절취할 의사를 가지고 있었더라도 자동차의 소유권을 이전하여 줄 의사가 없었다고 볼 수 없고, 피고인이 자동차를 매도할 당시 곧바로 다시 절취할 의사를 가지고 있으면서도 이를 숨긴 것을 기망이라고 할 수 없어, 결국 피고인이 자동차를 매도할 당시 기망행위가 없었으므로, 피고인에게 사기죄를 인정한 원심판결에 법리오해의 잘못이 있다고 한 사례.(대법원 2016. 3. 24., 선고, 2015도17452, 판결)

4. 자동차등 불법사용죄

제331조의2(자동차등 불법사용)
권리자의 동의없이 타인의 자동차, 선박, 항공기 또는 원동기장치자전거를 일시 사용한 자는 3년 이하의 징역, 500만원 이하의 벌금, 구류 또는 과료에 처한다.
[본조신설 1995. 12. 29.]

● 관련판례 1

◎ 형법 제331조의2 소정의 자동차등불법사용죄의 적용 요건 및 절도죄에 있어서 불법영득의 의사

형법 제331조의2에서 규정하고 있는 자동차등불법사용죄는 타인의 자동차 등의 교통수단을 불법영득의 의사 없이 일시 사용하는 경우에 적용되는 것으로서 불법영득의사가 인정되는 경우에는 절도죄로 처벌할 수 있을 뿐 본죄로 처벌할 수 없다 할 것이며, 절도죄의 성립에 필요한 불법영득의 의사라 함은 권리자를 배제하고 타인의 물건을 자기의 소유물과 같이 이용, 처분할 의사를 말하고 영구적으로 그 물건의 경제적 이익을 보유할 의사임은 요치 않으며 일시사용의 목적으로 타인의 점유를 침탈한 경우에도 이를 반환할 의사 없이 상당한 장시간 점유하고 있거나 본래의 장소와 다른 곳에 유기하는 경우에는 이를 일시 사용하는 경우라고는 볼 수 없으므로 영득의 의사가 없다고 할 수 없다.(대법원 2002. 9. 6., 선고, 2002도3465, 판결)

● 관련판례 2

◎ 절도습벽의 발현으로 자동차등불법사용의 범행도 함께 저지른 경우, 형법 제331조의2 소정의 자동차등불법사용죄가 특정범죄가중처벌등에관한법률 제5조의4 제1항 소정의 상습절도죄와 포괄일죄의 관계에 있는지 여부(적극)

형법 제331조의2, 제332조 및 특정범죄가중처벌등에관한법률(이하 '특가법'이라 한다) 제5조의4 제1항 등의 규정 취지나 자동차등불법사용죄의 성질에 비추어 보면, 상습으로 절도, 야간주거침입절도, 특수절도 또는 그 미수 등의 범행을 저지른 자가 마찬가지로 절도 습벽의 발현으로 자동차등불법사용의 범행도 함께 저지른 경우에 검사가 형법상의 상습절도죄로 기소하는 때는 물론이고, 자동차등불법사용의 점을 제외한 나머지 범행에 대하여 특가법상의 상습절도 등의 죄로 기소하는 때에도 자동차등불법사용의 위법성에 대한 평가는 특가법상의 상습절도 등 죄의 구성요건적 평가 내지 위법성 평가에 포함되어 있다고 보는 것이 타당하고, 따라서 상습절도 등의 범행을 한 자가 추가로 자동차등불법사용의 범행을 한 경우에 그것이 절도 습벽의 발현이라고 보이는 이상 자동차등불법사용의 범행은 상습절도 등의 죄에 흡수되어 1죄만이 성립하고 이와 별개로 자동차등불법사용죄는 성립하지 않는다고 보아야 하고, 검사가 상습절도 등의 범행을 형법 제332조 대신에 특가법 제5조의4 제1항으로 의율하여 기소하였다 하더라도 그 공소제기의 효력은 동일한 습벽의 발현에 의한 자동차등불법사용의 범행에 대하여도 미친다고 보아야 한다.(대법원 2002. 4. 26., 선고, 2002도429, 판결)

● 관련판례 3

◎ 차량을 반환할 의사로 피해자의 동의 없이 일시 사용한 경우이므로 특수절도죄가 아닌 자동차등불법사용죄를 적용해야 한다고 본 사례

원심 공동피고인은 이 사건 차량을 소유자 몰래 타고 다닌 동기와 경위에 대하여 자기는 삼촌인 공소외인이 경영하는 카센터 종업원으로 근무하고 있었고 피고인과는 동네 친구 사이인데 범행 당일 만나서 밤 늦도록 함께 놀다가 카센터에 가보니 삼촌은 보이지 않고 삼촌의 친구인 유중호가 그의 소유인 경기2토3399호 액센트승용차를 밖에 세워 놓고 카센터 안에 있는 방에서 잠을 자고 있어 피고인에게 삼촌친구가 잠을 자고 있는데 삼촌친구 차를 몰래 타 보자고 하자 피고인이 좋다고 하여 피해자 잠바주머니에서 열쇠를 가지고 나와 피고인으로 하여금 위 차량을 운전하게 하여 차량을 가지고 간 것으로(사법경찰관 작성의 피의자신문조서, 수사기록 22정) 승용차를 운전하고 싶어 하루만 운전하고 돌아다니다가 돌려주려고 한 것이며 돈이 필요하여 승용차를 훔친 것은 아니며(검사 작성의 피의자신문조서, 수사기록 59정) 몰래 타고 다니는 동안 삼촌과 한번 통화하였는데 삼촌이 차를 갖고 돌아오라고 하였는데 빨리 돌아가지 아니하였다고 진술하고(1심 공판기록 33정, 35정) 있고, 피고인도 수사기관에서 조사를 받을 때 원심 공동피고인이 삼촌친구의 차량을 타고 다니자고 말하여 좋다고 찬성을 하여 제가 운전을 할 줄 안다며 운전을 하겠다고 하였으며, 처음에는 몰래 잠깐 타고 제자리에 갔다 놓으려고 훔치게 되었는데 마음이 변하여 계속 타고 다닌 것이고, 돈이 필요하거나 다른 범죄에 사용하려고 자동차를 훔치게 된 것이 아니고 운전하고 싶은 충동에서 훔치게 된 것이라고 진술하고(사법경찰관 작성의 피의자신문조서, 수사기록 33정, 34정, 검사 작성의 피의자신문조서 수사기록 66정) 있고, 피고인은 항소 및 상고이유서에서 위 원심 공동피고인이 차를 빌린 것이라고 하여 차량을 운전하였던 것이라고 주장하고 있는바, 위와 같은 자료에 나타난 피고인, 원심 공동피고인 등과 차량 소유자인 피해자 등과의 관계 내지 이 사건 경위와 피고인 등이 이 사건 차량을 운전하고 며칠간 그들이 거주하는 부천 인근만을 돌아다니다가 불심 검문에 붙들려 차가 피해자에게 가환부된점 등 기록에 나타난 여러 사정에 비추어 본다면 피고인 등은 위 차량을 반환할 의사를 가지고 피해자의 동의 없이 일시 사용한 것이라고 볼 여지가 충분히 있고, 만일 사실이 그러하다면 피고인 등의 위와 같은 행위에 대하여 형법 제331조의2에서 규정하고 있는 자동차등불법사용죄의 죄책을 물을 수 있음은 별론으로 하고, 특수절도죄로 의율, 처벌할 수는 없다 할 것임에도 불구하고, 피고인 등을 특수절도죄로 처벌한 원심판결에는 특수절도죄에 관한 법리오해나 필요한 심리를 다하지 아니한 잘못으로 판결에 영향을 미친 위법이 있다고 보아야 할 것이다.(대법원 1998. 9. 4., 선고, 98도2181, 판결)

5. 상습범

제332조(상습범)
상습으로 제329조 내지 제331조의2의 죄를 범한 자는 그 죄에 정한 형의 2분의 1까지 가중한다. 〈개정 1995.12.29.〉

(작성례)

피의자는, 20○○. ○. ○. ○○지방법원에서 절도죄로 징역 ○월에 집행유예 ○년, 20○○. ○. ○. ○○지방법원에서 절도죄로 징역 ○년, 20○○. ○. ○. ○○지방법원에서 상습절도죄로 징역 ○년의 선고를 받고 20○○. ○. ○. 그 형의 집행을 마쳤다.

피의자는 20○○. ○. ○. 서울 ○○동에 있는 ○○백화점에 손님을 가장하여 들어가 송○○가 경영하는 화장품판매점 점원 김○○가 다른 손님과 얘기하는 틈을 타서 위 송○○의 소유인 향수 ○병, 시가 ○○만원 상당을 훔쳐 달아나 이를 절취하였다.

■ 적용실례

◇ 상습특수절도 전과자가 3년 후 절도죄를 범한 경우

윤○○는 상습특수절도 등 전과 7범으로 최종전과사실은 3년 전에 있었다. 그런데 다시 절도죄를 범하였다.

※ 비록 최종전과사실 후 3년이 지났지만, 절도범행의 전력을 보았을 때 그 상습성을 인정할 수 있을 것이다. 그러나 이 때도 범행동기, 수단 등을 고려해 판단해야 한다.

◇ 상습으로 침입 절도행위를 하는 경우

절도전과 4범으로 상습적으로 시정된 열쇠를 드라이버 등으로 비틀어 빼고 남의 집에 침입하여 절도행위를 해왔다.

※ 시정된 열쇠를 사용해서 시정장치를 열고 들어가는 것은 형법 제331조 제1항의 특수절도라 할 수 없지만 드라이버 등을 사용하여 열쇠를 비틀어 빼고 침입하

는 것은 특수절도라 해야 할 것이다. 또 이 특수절도에는 당연히 방실에 침입하는 것까지 포함되어 있으므로 주거침입은 이에 흡수되어 별죄를 구성하지 않는다. 따라서 위 오○○의 행위는 상습특수절도로만 의율해야 할 것이다.

◇ 상습절도 6년이 지난 후 택시운전을 하다 접촉사고 벌과금을 마련하기 위해 절도한 경우

박○○는 상습절도 등으로 몇차례 실형을 선고받은 일이 있다. 그러나 이것은 이미 6년 전의 일이고 지금은 택시를 운전하고 있다. 그런데 얼마전 자동차 접촉사고가 발생하여 휴업을 하게 되었는데 벌과금을 마련하려고 다시 절도를 하고 말았다.

※ 이와 같이 최종전과사실로부터 장시일이 경과된 후 위와 같은 동기에서 행한 범행은 박○○의 절도의 습성으로 인해 행한 것이라고는 보기 어렵다. 따라서 이 경우 절도의 상습성을 인정할 수는 없겠다.

● 관련판례 1

◎ 형법 제332조에 규정된 상습절도죄를 범한 범인이 범행의 수단으로 주간에 주거침입을 한 경우, 주간 주거침입행위가 별개로 주거침입죄를 구성하는지 여부(적극) / 형법 제332조에 규정된 상습절도죄를 범한 범인이 그 범행 외에 상습적인 절도의 목적으로 주간에 주거침입을 하였다가 절도에 이르지 아니하고 주거침입에 그친 경우, 주간 주거침입행위가 별개로 주거침입죄를 구성하는지 여부(적극)

형법 제330조에 규정된 야간주거침입절도죄 및 형법 제331조 제1항에 규정된 특수절도(야간손괴침입절도)죄를 제외하고 일반적으로 주거침입은 절도죄의 구성요건이 아니므로 절도범인이 범행수단으로 주거침입을 한 경우에 주거침입행위는 절도죄에 흡수되지 아니하고 별개로 주거침입죄를 구성하여 절도죄와는 실체적 경합의 관계에 서는 것이 원칙이다. 또 형법 제332조는 상습으로 단순절도(형법 제329조), 야간주거침입절도(형법 제330조)와 특수절도(형법 제331조) 및 자동차 등 불법사용(형법 제331조의2)의 죄를 범한 자는 그 죄에 정한 각 형의 2분의 1을 가중하여 처벌하도록 규정하고 있으므로, 위 규정은 주거침입을 구성요건으로 하지 않는 상습단순절도와 주거침입을 구성요건으로 하고 있는 상습야간주거침입절도 또는 상습특수절도(야간손괴침입절도)에 대한 취급을 달리하여, 주거침입을 구성요건으로 하고 있는 상습야간주거침입절도 또는 상습특수절도(야간손괴침입절도)를 더 무거운 법정형을 기준으로 가중처벌하고 있다. 따라서 상습으로 단순절도를 범한 범인이 상습적인 절도범행의 수단으로 주간(낮)에 주거침입을 한 경우에 주간 주거침입행위의 위법성에 대한 평가가 형법 제332조, 제329조의 구성요건적 평가에 포함되어 있다고 볼 수 없다. 그러므로 형법 제332조에 규정된 상습절도죄를 범한 범인이 범행의 수단으로 주간에 주거침입을 한 경우 주간 주거침입행위는 상습절도죄와 별개로 주거침입죄를 구성한다. 또 형법 제332조에 규정된 상습절도죄를 범한 범인이 그 범행 외에 상습적인 절도의 목적으로 주간에 주거침입을 하였다가 절도에 이르지 아니하고 주거침입에 그친 경우에도 주간 주거침입행위는 상습절도죄와 별개로 주거침입죄를 구성한다.(대법원 2015. 10. 15. 선고 2015도8169 판결)

● 관련판례 2

◎ 형법 제332조에 규정된 상습절도죄를 범한 범인이 범행의 수단으로 주간에 주거침입을 한 경우, 주간 주거침입행위가 별개로 주거침입죄를 구성하는지 여부(적극) / 형법 제332조에 규정된 상습절도죄를 범한 범인이 그 범행 외에 상습적인 절도의 목적으로 주간에 주거침입을 하였다가 절도에 이르지 아니하고 주거침입에 그친 경우, 주간 주거침입행위가 별개로 주거침입죄를 구성하는지 여부(적극)

형법 제330조에 규정된 야간주거침입절도죄 및 같은 법 제331조 제1항에 규정된 손괴특수절도죄를 제외하고 일반적으로 주거침입은 절도죄의 구성요건이 아니므로 절도범인이 그 범행수단으로 주거침입을 한 경우에 그 주거침입행위는 절도죄에 흡수되지 아니하고 별개로 주거침입죄를 구성하여 절도죄와는 실체적 경합의 관계에 서는 것이 원칙이다(대법원 1984. 12. 26. 선고 84도1573 전원합의체 판결 참조). 또 형법 제332조는 단순절도, 야간주거침입절도와 특수절도 및 자동차 등 불법사용의 죄에 정한 각 형의 2분의 1을 가중하여 처벌하도록 규정하고 있으므로, 위 규정은 주거침입을 구성요건으로 하지 않는 상습단순절도와 주거침입을 구성요건으로 하고 있는 상습야간주거침입절도 또는 상습손괴특수절도에 대한 취급을 달리하여, 주거침입을 구성요건으로 하고 있는 상습야간주거침입절도 또는 상습손괴특수절도를 더 무거운 법정형을 기준으로 가중처벌하고 있다. 따라서 상습으로 단순절도를 범한 범인이 상습적인 절도범행의 수단으로 주간에 주거침입을 한 경우에 그 주간 주거침입행위의 위법성에 대한 평가가 형법 제332조, 제329조의 구성요건적 평가에 포함되어 있다고 볼 수 없다. 그러므로 형법 제332조에 규정된 상습절도죄를 범한 범인이 그 범행의 수단으로 주간에 주거침입을 한 경우 그 주간 주거침입행위는 상습절도죄와 별개로 주거침입죄를 구성한다. 또 형법 제332조에 규정된 상습절도죄를 범한 범인이 그 범행 외에 상습적인 절도의 목적으로 주간에 주거침입을 하였다가 절도에 이르지 아니하고 주거침입에 그친 경우에도 그 주간 주거침입행위는 상습절도죄와 별개로 주거침입죄를 구성한다.(대법원 2015. 10. 15. 선고 2015도9049 판결)

● 관련판례 3

◎ 형법 제329조부터 제331조까지의 죄를 상습으로 범한 형법 제332조의 상습절도죄가 범죄수익은닉의 규제 및 처벌 등에 관한 법률 제2조 제1호 [별표]에서 정한 '중대범죄'에 해당하는지 여부(적극)

범죄수익은닉의 규제 및 처벌 등에 관한 법률(이하 '범죄수익은닉규제법'이라 한다)상 '범죄수익'이란 '중대범죄에 해당하는 범죄행위에 의하여 생긴 재산[위 법 제2조 제2호 (가)목]' 등을 말하고, '중대범죄'란 '재산상의 부정한 이익을 취득할 목적으로 범한 죄로서 [별표]에 규정된 죄(위 법 제2조 제1호)'를 말하며, [별표]에는 형법 제329조부터 제331조까지의 죄가 중대범죄로 규정되어 있다. 형법 제332조는 절도의 습벽이 있는 자가 상습으로 형법 제329조 내지 제331조의2의 죄를 범한 때에 가중처벌한다는 규정에 불과하고, 상습성이 없는 단순 절도 범행으로 취득한 범죄수익에 대해서는 범죄수익은닉규제법이 적용됨에도 절도의 습벽이 있는 자가 상습으로 범한 절도 범행으로 취득한 범죄수익에 대해서는 범죄수익은닉규제법이 적용되지 않는다고 해석하는 것은 현저히 부당한 점에 비추어 보면, 설령 위 [별표]에 형법 제332조가 중대범죄로 규정되어 있지 아니하더라도 형법 제329조부터 제331조까지의 죄를 상습으로 범한 형법 제332조의 상습절도죄는 [별표]에서 정한 중대범죄에 해당한다.(대법원 2017. 7. 18., 선고, 2017도5759, 판결)

● 관련판례 4

◎ 특정범죄 가중처벌 등에 관한 법률 제5조의4 제5항에서 정한 '징역형'에 형법 제332조 상습절도죄로 처벌받은 전력도 포함되는지 여부(적극)

특정범죄가중법은 형법에 규정된 특정범죄에 대한 가중처벌 등을 규정함으로써 건전한 사회질서의 유지와 국민경제의 발전에 이바지함을 그 목적으로 한다(제1조 참조). 이 사건 처벌규정은 '형법 제329조부터 제331조까지의 죄 또는 그 미수죄로 세 번 이상 징역형을 받은 사람이 다시 이들 죄를 범하여 누범으로 처벌하는 경우에는 2년 이상 20년 이하의 징역에 처한다.'고 규정하고 있는데, 형법 제332조(상습범)는 '상습으로 제329조 내지 제331조의2의 죄를 범한 자는 그 죄에 정한 형의 2분의 1까지 가중한다.'고 규정하고 있는 등 상습절도죄의 구성요건에 '형법 제329조부터 제331조까지의 죄'를 포함하고 있다. 그리고 상습절도죄의 전과를 이 사건 처벌규정에서 정한 '징역형'에 포함하지 않을 경우 단순 절도죄의 전력이 세 번인 자가 절도를 저지른 경우에는 이 사건 조항으로 가중처벌 받는 반면, 세 번의 절도 전력 중 상습절도의 전력이 있는 자가 절도를 저지른 경우에는 단순 절도죄로 처벌받게 되는 데에 그치는 처벌의 불균형이 발생한다. 이러한 특정범죄가중법의 목적, 이 사건 처벌규정과 형법 제332조의 내용, 처벌의 불균형 등에 비추어 보면, 이 사건 처벌규정에서 정한 '징역형'에는 절도의 습벽이 인정되어 형법 제329조부터 제331조까지의 죄 또는 그 미수죄의 형보다 가중 처벌되는 형법 제332조의 상습절도죄로 처벌받은 전력도 포함되는 것으로 해석해야 한다.(대법원 2021. 6. 3., 선고, 2021도1349, 판결)

6. 강도죄

> **제333조(강도)**
> 폭행 또는 협박으로 타인의 재물을 강취하거나 기타 재산상의 이익을 취득하거나 제삼자로 하여금 이를 취득하게 한 자는 3년 이상의 유기징역에 처한다.

(작성례 1)

피의자는 20○○. ○. ○. 22 : 00경 서울 중랑구 상봉2동 양지 카바레에서 피해자 마○○(33세, 여)와 춤을 추면서 어울리다가 위 마○○가 잠시 화장실에 간 틈을 타서 그곳 피의자와 피해자의 탁자에 있는 맥주병에 미리 준비하여 가지고 있던 수면제인 아티반이 들어있는 맥주를 따라 그녀에게 전하여 그녀로 하여금 혼수 상태에 빠지게 하였다. 그리하여 같은 날 23 : 00경 위 카바레 근처 동방여관 100호실로 끌고 들어가 그곳에서 그녀가 의식을 잃고 쓰러지자 그녀 소유의 시가 40만원 상당 5돈짜리 금목걸이 1개와 핸드백에 들어있는 현금 35만원 등 합계 75만원 상당을 빼내어 가지고 가 이를 강취하였다.

(작성례 2)

피의자는 20○○. ○. ○. 23:00경 ○○시 ○○구 ○○동 123번지 ○○슈퍼 뒷길에서 혼자 지나가는 피해자 김○○을 불러 세워 갑자기 주먹과 발로 얼굴과 다리 등을 때리면서 돈을 내놓지 않으면 계속 때릴 듯한 태도를 보이는 등 폭행과 협박을 가하였다. 이로서 피해자로 하여금 반항하지 못하게 한 후 피해자로부터 현금 30만원과 손목시계 1점을 빼앗아 감으로써 이를 강취하였다.

(작성례 3)

피의자는 20○○. ○. ○. 22:00경 서울 ○○구 ○○동에 있는 ○○백화점 앞에서 피해자 이○○(45세)가 운전하는 서울12가345호 택시에 승차하였다.

피의자는 같은 날 22:30경 ○○구 ○○동 123 앞 도로에 도착하여 택시요금의 지급을 면할 목적으로 소지하고 있던 노끈으로 피해자의 목을 졸라 순간적으로 실신하게 하여 반항하지 못하게 한 다음 택시에서 내려 도주하여 택시요금 13,000원의 지급을 면함으로써 재산상 이익을 취득하였다.

■ 적용실례

◇ 채무면제를 위해 살인한 경우

A는 B에 대해 많은 채무를 지고 있는데 이것을 갚을 길이 너무나 막막해 그만 B를 살해하였다.

※ 강도죄는 상대방의 반항을 억압하는데 충분한 정도의 폭행, 협박을 가함으로써 성립한다. 상대방으로 하여금 변제청구를 할 수 없는 상태에 빠지게 해서 채무를 면한 경우도 당연히 강도죄가 성립할 것이다. 따라서 강도살인죄로 의율한다.

◇ 피의자를 밀고 차를 강취한 경우

자동차의 문을 열고 있는 B를 A가 밀고 재빨리 차에 올라 그 차를 타고 갔다.

※ 강도죄가 성립하려면 반항을 억압하기에 충분한 폭행이나 협박이 있어야 한다. 그런데, 이 경우 A의 미는 행동만으로는 반항을 억압할만한 폭행이 있었다고 볼 수 없다. 따라서 강도죄가 아닌 절도죄로 의율하는 것이 타당하다.

● 수사사례

- 대낮에 주택에 침입하여 혼자있는 주부에게 상해를 입힐 듯이 말하여 반항할 수 없도록 한 후 금품을 강취하는 경우 강도죄 성립.
- 으슥한 곳에 숨어 있다가 지나가는 행인을 주먹으로 후려쳐 쓰러뜨린 후 가방을 빼앗아 도주한 경우 강도죄 성립
- 손님을 가장하여 택시에 승차한 후 목적지에 도착하여 택시운전사의 멱살을 잡고 반항을 못하게 하여 현금을 빼앗아 도주한 경우 강도죄 성립

● 관련판례 1

◎ 채권자를 폭행·협박하여 채무를 면탈함으로써 성립하는 강도죄에서 불법이득의사의 유무를 판단하는 방법

강도상해죄가 성립하려면 먼저 강도죄의 성립이 인정되어야 하고, 강도죄가 성립하려면 불법영득 또는 불법이득의 의사가 있어야 한다. 채권자를 폭행·협박하여 채무를 면탈함으로써 성립하는 강도죄에서 불법이득의사는 단순 폭력범죄와 구별되는 중요한 구성요건 표지이다. 폭행·협박 당시 피고인에게 채무를 면탈하려는 불법이득의사가 있었는지는 신중하고 면밀하게 심리·판단되어야 한다. 불법이득의사는 마음속에 있는 의사이므로, 피고인과 피해자의 관계, 채무의 종류와 액수, 폭행에 이르게 된 경위, 폭행의 정도와 방법, 폭행 이후의 정황 등 범행 전후의 객관적인 사정을 종합하여 불법이득의사가 있었는지를 판단할 수밖에 없다.(대법원 2021. 6. 30., 선고, 2020도4539, 판결)

● 관련판례 2

◎ 강도죄에서 '폭행, 협박'과 '재물의 탈취'와의 관계 및 강간범인이 폭행, 협박에 의한 반항억압 상태가 계속 중임을 이용하여 재물을 탈취하는 경우 새로운 폭행, 협박을 요하는지 여부(소극)

강도죄는 재물탈취의 방법으로 폭행, 협박을 사용하는 행위를 처벌하는 것이므로 폭행, 협박으로 타인의 재물을 탈취한 이상 피해자가 우연히 재물탈취 사실을 알지 못하였다고 하더라도 강도죄는 성립하고, 폭행, 협박당한 자가 탈취당한 재물의 소유자 또는 점유자일 것을 요하지도 아니하며, 강간범인이 부녀를 강간할 목적으로 폭행, 협박에 의하여 반항을 억업한 후 반항억압 상태가 계속 중임을 이용하여 재물을 탈취하는 경우에는 재물탈취를 위한 새로운 폭행, 협박이 없더라도 강도죄가 성립한다.(대법원 2010. 12. 9. 선고 2010도9630 판결)

● 관련판례 3

◎ 강도를 할 목적에 이르지 않고 준강도할 목적이 있음에 그치는 경우에 강도예비·음모죄가 성립하는지 여부(소극)

강도예비·음모죄가 성립하기 위해서는 예비·음모 행위자에게 미필적으로라도 '강도'를 할 목적이 있음이 인정되어야 하고 그에 이르지 않고 단순히 '준강도'할 목적이 있음에 그치는 경우에는 강도예비·음모죄로 처벌할 수 없다.(대법원 2006. 9. 14. 선고 2004도6432 판결)

● 관련판례 4

◎ 형법 제333조 후단의 강도죄인 강제이득죄에서 말하는 '재산상의 이익'의 의미

형법 제333조 후단의 강도죄, 이른바 강제이득죄에서 말하는 '재산상의 이익'이란 재물 이외의 재산상의 이익을 말하는 것으로서 적극적 이익(재산의 증가)과 소극적 이익(부채의 감소)을 모두 포함한다. 강제이득죄를 처벌하는 취지는 권리의무관계가 외형상으로라도 불법적으로 변동되는 것을 막고자 함에 있고, 강도죄는 항거불능이나 반항을 억압할 정도의 폭행·협박을 그 요건으로 한다. 따라서 법률상 정당하게 그 이행을 청구할 수 있는 것이 아니어도 강도죄에서의 재산상의 이익에 해당할 수 있고, 그 재산상의 이익은 반드시 사법상 유효한 재산상의 이득만을 의미하는 것이 아니며, 외견상 재산상의 이득을 얻을 것이라고 인정할 수 있는 사실관계만 있으면 여기에 해당된다(대법원 1994. 2. 22. 선고 93도428 판결, 대법원 1997. 2. 25. 선고 96도3411 판결 참조).(대법원 2020. 10. 15., 선고, 2020도7218, 판결)

● 관련판례 5

◎ 피고인이 강도의 범의 없이 공범들과 함께 피해자의 반항을 억압함에 충분한 정도로 피해자를 폭행하던 중 공범들이 계속하여 폭행하는 사이에 피해자의 재물을 취거한 경우, 강도죄의 성립 여부(적극) 및 그 과정에서 피해자가 상해를 입은 경우, 강도상해죄의 성립 여부(적극)

형법 제333조의 강도죄는 사람의 반항을 억압함에 충분한 폭행 또는 협박을 사용하여 타인의 재물을 강취하거나 재산상의 이익을 취득함으로써 성립하는 범죄이므로, 피고인이 강도의 범의 없이 공범들과 함께 피해자의 반항을 억압함에 충분한 정도로 피해자를 폭행하던 중 공범들이 피해자를 계속하여 폭행하는 사이에 피해자의 재물을 취거한 경우에는 피고인 및 공범들의 위 폭행에 의한 반항억압의 상태와 재물의 탈취가 시간적으로 극히 밀접하여 전체적·실질적으로 재물 탈취의 범의를 실현한 행위로 평가할 수 있으므로 강도죄의 성립을 인정할 수 있고(대법원 2009. 1. 30. 선고 2008도10308 판결 참조), 그 과정에서 피해자가 상해를 입었다면 강도상해죄가 성립한다고 보아야 한다.(대법원 2013. 12. 12., 선고, 2013도11899, 판결)

7. 특수강도죄

제334조(특수강도)
① 야간에 사람의 주거, 관리하는 건조물, 선박이나 항공기 또는 점유하는 방실에 침입하여 제333조의 죄를 범한 자는 무기 또는 5년이상의 징역에 처한다. 〈개정 1995.12.29.〉
② 흉기를 휴대하거나 2인 이상이 합동하여 전조의 죄를 범한 자도 전항의 형과 같다.

(작성례 1)

피의자 이○○, 피의자 김○○, 피의자 윤○○의 공동범행

피의자들은 금품을 강탈하기로 모의하고 20○○. ○. ○. 01：40경 서울 ○○동 ○○번지에 있는 ○○주식회사의 사무실에 들어가 그곳에서 철야근무 중이던 피해자 조○○(당○○세)에게 피의자 이○○은 미리 가지고 간 길이 20센티미터 가량의 단도를 들이대고 소리지르면 죽여 버리겠다고 말하면서 협박하였다. 피의자 김○○는 주먹으로 그의 얼굴을 세게 때리는 등의 폭행을 하여 조○○가 반항을 전혀 하지 못하게 하고 그 사이 피의자 윤○○은 그의 팔목에서 시가 ○○만원 상당의 손목시계 1개를 빼앗고 다시 그 곳에 놓인 금고를 열어 그가 관리하고 있는 현금 ○○만원을 꺼내어 달아남으로써 이를 강취하였다.

(작성례 2)

피의자는 금품을 강취할 목적으로 20○○. ○. ○. 03：40경 ○○시 ○○동에 있는 오○○의 집 창문으로 그 집안에 들어가서 가지고 간 식칼을 거실에 나와 있던 오○○(당○○세)에게 들이대고 "소리치면 죽여버리겠어"라고 협박했으나 그가 소리치며 소란을 피우는 바람에 그 곳에서 그냥 도주하여 그 뜻을 이루지 못하고 미수에 그쳤다.

(작성례 3)

피의자들은 20○○. ○. ○. 23:00경 서울 ○○구 ○○동 123 앞 길에서 그 곳을 지나던 피해자 이○○(여, 37세)의 앞을 가로막고, 피의자 김○○는 "가진 것을 모두 내 놓아라. 만약 그렇지 않으면 오늘 저 세상으로 보내 버리겠다."라고 말하였다. 그리고 피의자 이○○는 그

옆에서 "이 형은 아주 흉악한 사람이다. 사람 죽이는 것은 일도 아니다. 순순히 말을 듣는 게 좋을 것이다."라고 말하는 등 협박하였다.

피의자들은 합동하여 위와 같이 피해자가 반항하지 못하게 한 후 피해자로부터 피해자 소유인 현금 500,000원을 강취하였다.

■ 적용실례

◇ 야간에 흉기들고 금품강취하려다가 미수로 그친 경우

피의자가 야간에 식칼을 피해자의 목에 들이대고 금품을 강취하려다가 미수에 그쳤다.

※ 식칼을 들고 금품을 강취하려한 것은 흉기를 휴대한 것으로 특수강도미수로 의율해야 한다.

◇ 피의자 2명이 흉기들고 협박, 금품을 강취한 경우

A와 B는 함께 타인의 금품을 빼앗기로 모의한 후 A는 망을 보고 B는 팔로 피해자의 목을 감아쥐고 한 손으로 입을 틀어 막고 소리치면 칼로 찔러 죽인다고 위협한 후 그녀의 발을 걸어 땅바닥에 넘어뜨리고 피해자의 현금 등이 들어있는 지갑 1개를 빼앗았다.

※ 이 경우, 피의자들이 합동하여 피해자를 항거불능상태로 만들고 재물을 강취한 것이므로 특수강도죄로 의율하는 것이 타당하다.

● 수사사례

- 야간에 남의 집에 칼을 들고 침입하여 칼로 협박하여 돈을 빼앗는 경우 특수강도죄 성립
- 2인 이상이 합동하여 회사 경비실에 침입하여 경비원을 칼로 위협하고 사무실 서랍 등을 뒤져 금품을 빼앗은 경우 특수강도죄 성립
- 영업용택시에 손님을 가장하여 승차 후 운전사를 칼로 위협하여 현금을 빼앗고 택시를 빼앗 아도 주한 경우 특수강도죄 성립
- 택시운전사가 택시에 탄 승객을 칼로 위협하고 핸드백 등 금품을 빼앗는 경우 특수강도죄 성립

● 관련판례 1

◎ 강도상해죄의 '강도' 에 형법 제334조 제1항 특수강도가 포함되는지 여부(적극) 및 형법 제334조 제1항 특수강도에 의한 강도상해의 경우 별도로 '주거침입죄' 가 성립하는지 여부(소극)

형법 제334조 제1항은 "야간에 사람의 주거, 관리하는 건조물, 선박이나 항공기 또는 점유하는 방실에 침입하여 제333조(강도)의 죄를 범한 자는 무기 또는 5년 이상의 징역에 처한다." 고 규정하고 있고, 형법 제337조는 "강도가 사람을 상해하거나 상해에 이르게 한 때에는 무기 또는 7년 이상의 징역에 처한다." 고 규정하고 있는데, 강도상해죄에 있어서의 강도는 형법 제334조 제1항 특수강도도 포함된다고 보아야 한다. 그런데 형법 제334조 제1항 특수강도죄는 '주거침입' 이라는 요건을 포함하고 있으므로 형법 제334조 제1항 특수강도죄가 성립할 경우 '주거침입죄' 는 별도로 처벌할 수 없고, 형법 제334조 제1항 특수강도에 의한 강도상해가 성립할 경우에도 별도로 '주거침입죄' 를 처벌할 수 없다고 보아야 할 것이다.(대법원 2012. 12. 27. 선고 2012도12777 판결)

● 관련판례 2

◎ 합동범에 있어서 공모나 모의에 대한 입증의 정도

형법 제334조 제2항 소정의 합동범에 있어서의 공모나 모의는 반드시 사전에 이루어진 것만을 필요로 하는 것이 아니고, 범행현장에서 암묵리에 의사상통하는 것도 포함되나, 이와 같은 공모나 모의는 그 '범죄될 사실'이라 할 것이므로 이를 인정하기 위하여는 엄격한 증명에 의하지 않으면 안 된다.(대법원 2001. 12. 11. 선고 2001도4013 판결)

● 관련판례 3

◎ 강도죄에서 '폭행, 협박' 과 '재물의 탈취' 와의 관계 및 강간범인이 폭행, 협박에 의한 반항억압 상태가 계속 중임을 이용하여 재물을 탈취하는 경우 새로운 폭행, 협박을 요하는지 여부(소극)

강도죄는 재물탈취의 방법으로 폭행, 협박을 사용하는 행위를 처벌하는 것이므로 폭행, 협박으로 타인의 재물을 탈취한 이상 피해자가 우연히 재물탈취 사실을 알지 못하였다고 하더라도 강도죄는 성립하고, 폭행, 협박당한 자가 탈취당한 재물의 소유자 또는 점유자일 것을 요하지도 아니하며, 강간범인이 부녀를 강간할 목적으로 폭행, 협박에 의하여 반항을 억업한 후 반항억압 상태가 계속 중임을 이용하여 재물을 탈취하는 경우에는 재물탈취를 위한 새로운 폭행, 협박이 없더라도 강도죄가 성립한다.(대법원 2010. 12. 9., 선고, 2010도9630, 판결)

8. 준강조죄, 특수준강도죄

제335조(준강도)
절도가 재물의 탈환에 항거하거나 체포를 면탈하거나 범죄의 흔적을 인멸할 목적으로 폭행 또는 협박한 때에는 제333조 및 제334조의 예에 따른다.
[전문개정 2020. 12. 8.]

(작성례 1)

피의자는 20○○. ○. ○. 23：00경 서울 중랑구 중화3동 302 뒷골목에서 혼자 걸어가는 피해자 이○○(55세, 남)을 발견하고 접근하여 피해자의 상의 우측 안주머니에 들어있는 그 소유의 10만원짜리 자기앞수표 2장과 현금 250,000원 합계 450,000원 상당을 꺼내어 도주하려는 순간 피해자에게 발각되어 추격을 당하였다. 그러자 피의자는 체포를 면탈할 목적으로 피해자를 주먹과 발로 여러 차례 때려 그에게 폭행을 가하였다.

(작성례 2)

피의자는 20○○. ○. ○. 01:00경 서울 ○○구 ○○동 123에 있는 피해자 이○○(남, 40세)의 집에 들어가 장롱에서 현금 500,000원이 들어 있는 시가 70,000원 상당의 지갑 1개를 가지고 나오다가 잠에서 깬 피해자에게 마당에서 붙잡혔다. 그러자 피의자는 체포를 면탈할 목적으로 소지한 식칼을 피해자에게 겨누면서 "따라오면 죽여 버린다."라고 협박하였다.

■ 적용실례

◇ 피의자들이 합동하여 날치기한 후 폭행한 경우

피의자들이 합동하여 노상에서 길을 가는 피해자의 손가방을 날치기한 후 체포를 면탈할 목적으로 피해자를 폭행하였다.

※ 사후에 폭행한 것이므로 준강도로 의율해야 한다.

◇ 야간주거침입한 후 체포면탈목적으로 폭행한 경우

피의자가 야간에 주거에 침입하여 절도한 후 체포를 면탈할 목적으로 피해자에게 폭행상해를 입혔다.

※ 자칫 야간주거침입절도 및 폭력행위등처벌에관한법률 위반으로 의율할 수도 있겠지만, 이는 강도상해로 의율하는 것이 상당하다.

◇ 강도목적으로 침입 후 도주하다가 인질을 잡고 경찰관과 대치한 경우

A는 주간에 강도하기 위해 칼을 소지하고 B의 집에 들어가 동정을 살피다가 인기척을 느낀 B가 순찰지구대에 신고하여 경찰관이 출동하자 옥상으로 올라가 숨었다. 그런데 경찰관이 A를 찾지 못하고 철수하는 것을 보고 옥상에서 내려오다가 B에게 들키고 도망하려고 A의 집을 나갔다가 경찰관이 다시 오자 행인인 C를 인질로 붙잡았다. C가 반항하자 A는 C의 손을 찔러 상해를 입히고 그를 끌고 인근 주택에 들어가 수시간 동안 대치하였다.

※ 이 경우, 절도범인이 체포를 면탈할 목적으로 상해를 가한 것으로 해석하여 강도상해죄로 의율할 수도 있으나 그렇지 않다. 이것은 A가 강도 목적으로 주간에 흉기를 휴대하고 담을 넘어 타인의 주거에 침입하여 동정을 살핀 것 뿐으로 아직은 절도의 실행에 착수했다고 볼 수 없다. 따라서 이 건을 준강도라고 볼 수 없어, 강도상해를 의율할 수 없다. 이 건은 주거침입 및 강도예비와 폭력행위등처벌에관한법률 위반(흉기소지, 흉기사용 폭력행사)으로 의율하는 것이 타당할 것이다.

◇ 소매치기 후 붙잡는 행인을 구타한 경우

소매치기를 하고 달아나던 A는 행인이 자기를 붙잡자 주먹으로 얼굴을 여러차례 때려 상해를 입혔다.

※ 강도상해죄로 의율해야 할 것이다.

● 수사사례

- 타인의 주택에 침입하여 장롱속을 뒤져 현금 등을 훔친 후 그 집에서 나오다가 집주인에게 발각되어 붙잡히자 체포를 면할 목적으로 집주인을 주먹으로 때리고 발로 차서 넘어뜨려 반항을 못하게 하고 도주한 경우 준강도죄 성립

● 관련판례 1

◎ 준강도죄의 주체(=절도범인)

형법 제335조는 '절도' 가 재물의 탈환을 항거하거나 체포를 면탈하거나 죄적을 인멸한 목적으로 폭행 또는 협박을 가한 때에 준강도가 성립한다고 규정하고 있으므로, 준강도죄의 주체는 절도범인이고, 절도죄의 객체는 재물이다.(대법원 2014. 5. 16. 선고 2014도2521 판결)

● 관련판례 2

◎ 강도를 할 목적에 이르지 않고 준강도할 목적이 있음에 그치는 경우에 강도예비·음모죄가 성립하는지 여부(소극)

강도예비·음모죄가 성립하기 위해서는 예비·음모 행위자에게 미필적으로라도 '강도' 를 할 목적이 있음이 인정되어야 하고 그에 이르지 않고 단순히 '준강도' 할 목적이 있음에 그치는 경우에는 강도예비·음모죄로 처벌할 수 없다.(대법원 2006. 9. 14., 선고, 2004도6432, 판결)

● 관련판례 3

◎ 준강도죄의 미수·기수의 판단 기준

[다수의견] 형법 제335조에서 절도가 재물의 탈환을 항거하거나 체포를 면탈하거나 죄적을 인멸할 목적으로 폭행 또는 협박을 가한 때에 준강도로서 강도죄의 예에 따라 처벌하는 취지는, 강도죄와 준강도죄의 구성요건인 재물탈취와 폭행·협박 사이에 시간적 순서상 전후의 차이가 있을 뿐 실질적으로 위법성이 같다고 보기 때문인바, 이와 같은 준강도죄의 입법 취지, 강도죄와의 균형 등을 종합적으로 고려해 보면, 준강도죄의 기수 여부는 절도행위의 기수 여부를 기준으로 하여 판단하여야 한다.

[별개의견] 폭행·협박행위를 기준으로 하여 준강도죄의 미수범을 인정하는 외에 절취행위가 미수에 그친 경우에도 이를 준강도죄의 미수범이라고 보아 강도죄의 미수범과 사이의 균형을 유지함이 상당하다.

[반대의견] 강도죄와 준강도죄는 그 취지와 본질을 달리한다고 보아야 하며, 준강도죄의 주체는 절도이고 여기에는 기수는 물론 형법상 처벌규정이 있는 미수도 포함되는 것이지만, 준강도죄의 기수·미수의 구별은 구성요건적 행위인 폭행 또는 협박이 종료되었는가 하는 점에 따라 결정된다고 해석하는 것이 법규정의 문언 및 미수론의 법리에 부합한다.(대법원 2004.11.18.선고 2004도5074 전원합의체 판결)

9. 인질강도죄

제336조(인질강도)
사람을 체포·감금·약취 또는 유인하여 이를 인질로 삼아 재물 또는 재산상의 이익을 취득하거나 제3자로 하여금 이를 취득하게 한 자는 3년 이상의 유기징역에 처한다.

(작성례 1)

피의자는 사람을 유인하여 금품을 빼앗기로 마음먹고 20○○. ○. ○. 19 : 30경 서울 ○○동 ○○번지에 있는 이○○(당○○세)의 집에 찾아가서 그에게 "당신 딸이 자동차사고를 일으켜 딸은 무사하나 부상자를 병원으로 옮기고 있으니 곧 돈을 가지고 ○○병원에 가야 한다"라는 거짓말로 연락하려고 온 것처럼 가장하였다.

그리하여 이○○를 같은 시 ○○동 ○○번지에 있는 ○○병원까지 유인하여 그 병원 안 응급실에 가까이 있는 병원물품 창고에 강제로 떠밀어 넣었다. 그리고 가지고 있던 길이 10센티미터의 칼을 들이대며 "가지고 있는 돈을 다 내놔라, 내놓지 않으면 돌려보내지 않겠다! 살아서 돌아가고 싶으면 있는 돈을 몽땅 내놓고 가라"는 등 협박하면서 그 날 23 : 30까지 3시간 동안 감금하여 그의 반항을 억압하고 그가 가지고 있던 현금 ○○만원을 빼앗아 가지고 갔다.

(작성례 2)

피의자는 아이를 이용해 그 부모들로부터 금품을 강취할 것을 계획하였다. 피의자는 20○○. ○. ○. 15 : 00경 대구시 ○○동 ○○번지에 있는 ○○주유소 사장 왕○○의 집 앞에서 놀고 있는 그의 외아들 왕○○(당○세)에 대하여 "○○초등학교에 축구하러 가자"라고 꾀어서 때마침 그곳을 지나는 성명을 알 수 없는 자가 운전하는 회색캐피탈택시(번호 알 수 없음)에 태웠다.

그리하여 같은 시 ○○동 ○○번지에 있는 피의자의 형 오○○(당○○세) 집에 직행하여 하차시켜서 끌고 들어가 뒷방에 감금한 다음 그 날 17 : 00경 ○○을 데리고 나와 공중전화를 통해 왕○○의 어머니 김○

○(당○○세)에게 전화를 걸어 왕○○의 목소리를 들려 준 다음 “내일 현금 ○○만원을 ○○은행 오○○ 앞으로 입금시켜라. 그것이 확인되면 30분 이내에 왕○○를 당신 집앞까지 데려다 줄 것이다. 만약에 이 사실을 경찰에 신고하여 내가 잡히면 왕○○의 생명은 책임질 수 없다” 라는 협박전화를 걸었다. 그리고 그 다음날 11 : 00경 위 은행에 갔다가 위 왕○○의 모 김○○의 신고를 받고 미리 잠복하고 있던 경찰관에게 체포되어 그 목적을 이루지 못하고 미수에 그쳤다.

● **수사사례**

- 어린이를 유괴하여 어린이 부모에게 석방의 대가로 금품을 요구하거나 금품을 빼앗은 경우 인질강도죄 성립
- 아들이 택시운전사인 것을 알고 그 집에 찾아가 부모에게 아들이 교통사고를 일으켰다고 속여 돈을 준비하도록 한후 부모를 유인하여 창고에 가두어 놓고 가지고 온 돈을 빼앗는 경우 인질강도 죄 성립

● 관련판례 1

◎ 강도가 피해자에게 상해를 입혔으나 재물의 강취에는 이르지 못하고 그 자리에서 항거불능 상태에 빠진 피해자를 간음한 경우의 죄명 및 그 실행행위의 일부인 강도미수 행위가 별개의 범죄를 구성하는지 여부(소극)

강도가 피해자에게 상해를 입혔으나 재물의 강취에는 이르지 못하고 그 자리에서 항거불능 상태에 빠진 피해자를 간음한 경우에는 강도상해죄와 강도강간죄만 성립하고 (대법원 1988. 6. 28. 선고 88도820 판결), 그 실행행위의 일부인 강도미수 행위는 위 각 죄에 흡수되어 별개의 범죄를 구성하지 않는다. 또한, 특정범죄 가중처벌 등에 관한 법률은 제5조의4 제3항에서 강도, 특수강도, 인질강도, 해상강도의 각 죄에 관해서만 상습범 가중처벌을 규정하고 있는 이상 이에 해당하지 않는 강도상해죄와 강도강간죄가 유죄로 인정된다 하여 위 상습범으로 가중처벌할 수는 없고, 별개의 독립한 범죄로 처벌하는 위 각 죄의 일부로서 그에 흡수된 강도미수 행위만을 따로 떼어 강도 등의 상습범에 관한 위 가중처벌 규정을 적용할 수도 없다. (대법원 2010. 4. 29. 선고 2010도1099 판결)

● 관련판례 2

◎ 미성년자와 그 부모의 주거에 침입하여 장소적 이전 없이 미성년자에게 폭행·협박을 가한 것이 형법 제287조의 미성년자약취죄를 구성하는지 여부의 판단 기준

미성년자가 혼자 머무는 주거에 침입하여 그를 감금한 뒤 폭행 또는 협박에 의하여 부모의 출입을 봉쇄하거나, 미성년자와 부모가 거주하는 주거에 침입하여 부모만을 강제로 퇴거시키고 독자적인 생활관계를 형성하기에 이르렀다면 비록 장소적 이전이 없었다 할지라도 형법 제287조의 미성년자약취죄에 해당함이 명백하지만, 강도 범행을 하는 과정에서 혼자 주거에 머무르고 있는 미성년자를 체포·감금하거나 혹은 미성년자와 그의 부모를 함께 체포·감금, 또는 폭행·협박을 가하는 경우, 나아가 주거지에 침입하여 미성년자의 신체에 위해를 가할 것처럼 협박하여 부모로부터 금품을 강취하는 경우와 같이, 일시적으로 부모와의 보호관계가 사실상 침해·배제되었다 할지라도, 그 의도가 미성년자를 기존의 생활관계 및 보호관계로부터 이탈시키는 데 있었던 것이 아니라 단지 금품 강취를 위하여 반항을 제압하는 데 있었다거나 금품 강취를 위하여 고지한 해악의 대상이 그곳에 거주하는 미성년자였던 것에 불과하다면, 특별한 사정이 없는 한 미성년자를 약취한다는 범의를 인정하기 곤란할 뿐 아니라, 보통의 경우 시간적 간격이 짧아 그 주거지를 중심으로 영위되었던 기존의 생활관계로부터 완전히 이탈되었다고 평가하기도 곤란하다. (대법원 2008. 1. 17. 선고 2007도8485 판결)

10. 강도상해, 치상죄

제337조(강도상해, 치상)
강도가 사람을 상해하거나 상해에 이르게 한때에는 무기 또는 7년 이상의 징역에 처한다. 〈개정 1995.12.29.〉

(작성례 1)

피의자는 20○○. ○. ○. 23 : 00경 서울 중랑구 면목3동 444 피해자 박○○의 집에서 담을 넘어 들어가 잠겨있지 않은 현관문을 통하여 안방에 침입하여, 마침 잠을 자려던 피해자의 목에 미리 소지하고 있던 과도를 꺼내 들이대고 돈을 요구하였다. 그러나 그가 반항하므로 과도로 그의 우측 넓적다리를 힘껏 찔러서 그에게 약 3주간의 치료를 요하는 우측 넓적다리 벤상처를 가하고, 장농속에 있던 현금 500,000원을 꺼내 가지고 감으로써 이를 강취하였다.

(작성례 2)

피의자는 20○○. ○. ○. 02:00경 ○○시 ○○동 ○○교회 사택 1층의 작은방으로 들어가 자고 있던 피해자 김○○(남, 45세)의 우측옆구리를 걷어차면서 손으로 목을 조른 다음 다시 안방으로 들어가 목사인 피해자 최○○(남, 53세)의 복부와 오른쪽다리를 걷어차 반항을 억압하였다. 그리고 피해자 최○○소유의 현금 300만원과 피해자 김○○의 현금 100만원과 신용카드(○○카드) 1장을 빼앗고, 이로 인하여 피해자 김○○에게 2주간의 치료를 요하는 우측옆구리멍을 피해자 최○○에게 3주간의 치료를 요하는 오른다리골절상을 가하였다.

■ 적용실례

◇ 강도상해의 법리를 오해한 사례

피의자가 피해자의 가방을 강취하려다가 피해자가 가방을 놓지 않고 반항하면서 땅바닥에 뒹구는 바람에 미수에 그치고 그로 인하여 피해자에게 전치 약 1주의 상해를 입게 하였다.

※ 강도상해죄는 강도가 상해의 고의를 가지고 피해자에게 상해를 가한 경우에,

강도치상죄는 강도가 상해의 고의는 없었으나 강도의 기회에 피해자에게 상해의 결과를 발생하게 한 경우에 성립한다. 이 경우 피해자의 상해는 피의자의 고의에 의한 것이 아니므로 강도치상죄로 의율하는 것이 상당하다.

◇ 강도상해와 강도치상의 차이

피의자가 피해자에게서 금품을 강취하려다 그가 반항하자 주먹으로 얼굴을 때려 넘어뜨렸다.

※ 이 경우 피의자에게는 당연히 상해의 범의가 있었다고 보아야 할 것이므로 이건은 강도상해로 의율하는 것이 타당하다.

◇ 강도상해에서 상해에 대한 고의를 인정할 수 없는 사례

피의자가 재물탈취를 위해 피해자의 집에 들어가 식칼로 피해자를 위협하는 과정에서 피해자가 겁에 질려 이를 피하다가 문에 몸을 부딪쳐 문유리가 깨지고 그 조각에 다리 등을 다쳤다.

※ 피의자에게 상해의 결과에 대한 고의가 있었다고는 할 수 없지만 그의 위협과 상당한 인과관계가 있으므로 강도치상으로 의율해야 한다.

◇ 강도의 기회에 저지른 별개의 범행에 대하여 의율하지 아니한 사례

피의자가 행인을 칼로 찌르고 돈이 든 가방을 강취한 후 다음날 다른 행인을 칼로 협박하여 금품을 강취하고 욕정을 일으켜 피해자를 강간하려다 그녀가 반항하자 칼로 옆구리를 찔러 상해를 가하고 미수에 그쳤다.

※ 이 경우는 위 모든 행위에 기초하여 강도상해, 강도강간 및 성폭력범죄의처벌등법률 위반으로 의율해야 한다.

◇ 강도 모의 후 그 중 2명만 실행한 경우

피의자 4명이 강도를 공모하고 그 중 2명만이 실행행위를 하여 재물을 강취하고 피해자에게 상해를 가하였다.

※ 강도실행행위를 한 경우 강도예비는 별도의 죄를 구성하지 않으므로 실행피의자 2명에 대해서는 일단 강도상해죄가 성립한다. 또한 공모를 하고 실행행위에 나아가지 않은 나머지 2명의 피의자에 대해서도 판례상 공모공동정범이론에 의하여 강도상해로 의율해야 한다.

◇ 강도강간미수와 강도상해의 상상적 경합에 해당되는 사례

피의자는 금품을 절취할 목적으로 피해자의 방에 침입했으나 절취할 금품을 찾다가 발각되었다. 이에 소지하고 있던 과도로 피해자를 협박하고, 갑자기 욕정을 일으켜 강간하려다 피해자가 반항하는 바람에 실패하고 그 과정에서 피해자에게 전치 2주의 상해를 입혔다.

※ 이러한 행위는 강도(이 경우는 준강도에 해당됨)가 강간을 하려다 미수에 그치고 상해를 입힌 경우에 해당되므로 강도강간미수와 강도상해의 상상적 경합범에 해당되고, 준강도와 실체적 경합범으로 의율할 수 없다.

◇ 강도의 기회에 저지른 별개의 범행에 대하여 의율하지 아니한 사례

피의자가 피해자의 집에 침입, 과도로 피해자를 협박하여 금품을 강취하고 피해자를 강간하려다가 그녀의 반항으로 뜻을 이루지 못하였으나 그 과정에서 전치 1주간의 상해를 입게 하였다.

※ 우선 강도가 강간하려 했으므로 강도강간죄가 성립하고, 그 과정에서 상해를 입게 했으므로 강도치상죄가 성립한다. 따라서 강도치상, 강도강간미수의 상상적 경합범으로 의율해야 한다.

● 수사사례

- 심야에 귀가중인 행인의 머리를 쇠파이프로 때려 상처를 입히고 현금, 수표가 들어있는 지갑을 빼앗은 경우 강도상해죄 성립
- 남의 집에 침입하여 장롱속에 있던 금목걸이를 훔친 후 집주인에게 발각되자 집주인을 칼로 찔러 상해를 입힌 경우 강도상해죄 성립
- 영업용택시에 손님을 가장하여 승차한 후 택시운전사를 칼로 위협하고 돈을 내놓으라고 위협했으나 거절한다고 칼로 운전사의 팔뚝을 찌르고 돈을 빼앗은 경우 강도상해죄 성립

● 관련판례 1

◎ 강도상해죄의 성립요건 및 강도범행 이후 피해자의 심리적 저항불능 상태가 해소되지 않은 상태에서 강도범인의 상해행위가 행하여진 경우, 강도상해죄의 성립 여부(적극)

형법 제337조의 강도상해죄는 강도범인이 강도의 기회에 상해행위를 함으로써 성립하므로 강도범행의 실행 중이거나 실행 직후 또는 실행의 범의를 포기한 직후로서 사

회통념상 범죄행위가 완료되지 아니하였다고 볼 수 있는 단계에서 상해가 행하여짐을 요건으로 한다. 그러나 반드시 강도범행의 수단으로 한 폭행에 의하여 상해를 입힐 것을 요하는 것은 아니고 상해행위가 강도가 기수에 이르기 전에 행하여져야만 하는 것은 아니므로, 강도범행 이후에도 피해자를 계속 끌고 다니거나 차량에 태우고 함께 이동하는 등으로 강도범행으로 인한 피해자의 심리적 저항불능 상태가 해소되지 않은 상태에서 강도범인의 상해행위가 있었다면 강취행위와 상해행위 사이에 다소의 시간적·공간적 간격이 있었다는 것만으로는 강도상해죄의 성립에 영향이 없다.(대법원 2014. 9. 26. 선고 2014도9567 판결)

● 관련판례 2

◎ '흉기를 휴대하여 타인의 재물을 절취한' 행위를 특수절도죄로 가중처벌하는 취지 및 형법 제331조 제2항에서 정한 '흉기'의 의미와 판단 기준

형법은 흉기와 위험한 물건을 분명하게 구분하여 규정하고 있는바, 형벌법규는 문언에 따라 엄격하게 해석·적용하여야 하고 피고인에게 불리한 방향으로 지나치게 확장해석하거나 유추해석해서는 아니 된다. 그리고 형법 제331조 제2항에서 '흉기를 휴대하여 타인의 재물을 절취한' 행위를 특수절도죄로 가중하여 처벌하는 것은 흉기의 휴대로 인하여 피해자 등에 대한 위해의 위험이 커진다는 점 등을 고려한 것으로 볼 수 있다. 이에 비추어 위 형법 조항에서 규정한 흉기는 본래 살상용·파괴용으로 만들어진 것이거나 이에 준할 정도의 위험성을 가진 것으로 봄이 상당하고, 그러한 위험성을 가진 물건에 해당하는지 여부는 그 물건의 본래의 용도, 크기와 모양, 개조 여부, 구체적 범행 과정에서 그 물건을 사용한 방법 등 제반 사정에 비추어 사회통념에 따라 객관적으로 판단할 것이다.(대법원 2012. 6. 14. 선고 2012도4175 판결)

11. 강도살인, 치사죄

제338조(강도살인·치사)
강도가 사람을 살해한 때에는 사형 또는 무기징역에 처한다. 사망에 이르게 한 때에는 무기 또는 10년 이상의 징역에 처한다.

(작성례 1)

피의자는 20○○. ○. 말경부터 ○○시 ○○동 ○○번지에서 유○○(당 ○○세)이 경영하는 ○○식당에서 종업원으로 종사하고 있는 사람이다.

피의자는 어머니의 신병 치료비를 마련하려고 궁리하다가 20○○. ○. ○. 22:00경 위 유○○이 카운터에서 그 날의 매상고를 계산하고 있는 것을 보고, 그녀를 살해하고 금품을 강취하기로 결심하고 미리 준비한 청산칼륨 5mg을 사이다에 타서 마시게 하여, 잠시 후 그녀를 사망에 이르게 하고 그녀 소유의 현금 ○○만원을 강취하였다.

(작성례 2)

피의자는 20○○. ○. ○. 04:30경 서울 ○○구 ○○동 ○○번지의 김○○의 집 뒷문을 열고 그 집에 침입하여, 그 집 거실에서 혼자 집을 보고 있는 위 김○○의 아내 정○○(당○○세)에게 길이 15cm의 잭나이프를 들이대고 "떠들면 죽인다. 돈 내놔"라는 등 말하며 그녀를 협박하였다. 그러다가 갑자기 욕정을 일으켜 그녀를 그 자리에 넘어뜨리고 배 위에 올라타서 주먹으로 얼굴을 수회 구타하여 그녀의 반항을 억압한 다음, 강제로 그녀를 간음하였다. 그리고 다시 테이프를 감아 그녀의 손발을 묶은 다음 안방 화장대 위의 핸드백에서 그녀 소유의 현금 ○○만원과 시계 등을 꺼내고 다시 옷장을 뒤지려다가 그녀가 소리를 지르며 도망가려는 것을 보고, 화가 나 거실에 있던 골프채로 그녀의 머리를 세게 쳐 그 자리에서 사망하게 하여 그녀를 살해하였다.

● 수사사례

- 강도가 복면을 하고 남의 집에 침입하여 혼자 있는 주부를 칼로 위협하고 돈을 내놓으라고 하였으나 주부가 사람살려하고 소리를 치자 잡힐 것이 두려워 그 집에 있던 넥타이로 주부를 목졸라 살해한 경우강도살인죄 성립
- 남의 집에 침입하여 집을 보던 노인을 칼로 위협하고 돈을 빼앗은 후 밖으로 나오려고 할 때 노인이 뒤따라 나오는 것을 주먹으로 때리고 도주했으나 노인이 뇌진탕을 일으켜 병원으로 옮겨 치료중 사망케 한 경우강도치사죄 성립

● 관련판례 1

◎ 채무를 면탈할 의사로 채권자를 살해하였으나 일시적으로 채권자측의 추급을 면한 것에 불과한 경우, 강도살인죄가 성립하는지 여부(소극)

강도살인죄가 성립하려면 먼저 강도죄의 성립이 인정되어야 하고, 강도죄가 성립하려면 불법영득(또는 불법이득)의 의사가 있어야 하며, 형법 제333조 후단 소정의 이른바 강제이득죄의 성립요건인 '재산상 이익의 취득' 을 인정하기 위하여서는 재산상 이익이 사실상 피해자에 대하여 불이익하게 범인 또는 제3자 앞으로 이전되었다고 볼 만한 상태가 이루어져야 하는데, 채무의 존재가 명백할 뿐만 아니라 채권자의 상속인이 존재하고 그 상속인에게 채권의 존재를 확인할 방법이 확보되어 있는 경우에는 비록 그 채무를 면탈할 의사로 채권자를 살해하더라도 일시적으로 채권자측의 추급을 면한 것에 불과하여 재산상 이익의 지배가 채권자측으로부터 범인 앞으로 이전되었다고 보기는 어려우므로, 이러한 경우에는 강도살인죄가 성립할 수 없다. (대법원 2010. 9. 30. 선고 2010도7405 판결)

● 관련판례 2

◎ 날치기 수법으로 피해자가 들고 있던 가방을 탈취하면서 강제력을 행사하여 상해를 입힌 사안에서 강도치상죄의 성립을 인정한 사례

날치기 수법으로 피해자가 들고 있던 가방을 탈취하면서 가방을 놓지 않고 버티는 피해자를 5m 가량 끌고 감으로써 피해자의 무릎 등에 상해를 입힌 경우, 반항을 억압하기 위한 목적으로 가해진 강제력으로서 그 반항을 억압할 정도에 해당한다고 보아 강도치상죄의 성립을 인정한 사례.(대법원 2007. 12. 13. 선고 2007도7601 판결)

12. 강도강간죄

제339조(강도강간)
강도가 사람을 강간한 때에는 무기 또는 10년 이상의 징역에 처한다. 〈개정 2012.12.18.〉

(작성례 1)

피해자는 20○○. ○. ○. 12：00경 ○○시 ○○동 ○○번지 조○○의 집에 열려있는 대문을 통해 침입하여, 그 집 작은방에서 집을 보고 있던 가정부 박○○(당○○세)에게 길이 20cm의 식칼을 들이대고 “조용히 하고 시키는 대로 해라. 떠들면 죽인다. 돈을 내놔라” 라는 등 말하며 그녀를 협박하였다. 그러다 갑자기 욕정을 일으켜 그녀를 그 자리에 넘어뜨리고 배위에 올라타서 주먹으로 안면을 수회 구타하여 반항을 제지한 다음, 강제로 그녀를 간음하고 홑이불을 찢어서 그녀의 수족을 묶은 다음 그 방 책상 서랍에 있던 그녀 소유의 현금 ○만원을 강취하고 다시 옆방을 뒤져 현금 ○○만원을 가지고 나가 강도강간을 하였다.

(작성례 2)

피의자들은 공모하여 20○○. ○. ○. 23：50경 ○○시 ○○동 ○○번지 앞길에서 강도할 것을 결의하였다. 피의자들은 다음날 00：20경 그곳을 지나가던 이 건 피해자 박○○(여, ○○세), 윤○○(여, ○○세)를 발견하고 피의자2는 위 박○○을, 피의자3은 위 윤○○을 붙잡아 팔로 목을 감아쥐고 피의자1,4는 피해자들이 도망가지 못하도록 감시하여 그 곳에서 약 500m 거리에 있는 ○○상가 신축공사장으로 끌고가 “돈을 내놓아라. 시키는 대로 하지 않으면 아무도 모르게 없애버리겠다” 면서 항거불능케 하였다. 그리고 피의자1이 박○○와 윤○○의 핸드백을 빼앗고 1,2피의자가 같이 핸드백을 뒤져 그 속에 들어있던 현금 ○○만원을 강취하였다. 그 때 그곳에서 갑자기 욕정을 일으켜 피의자4는 주위에서 망을 보고 피의자1,3은 위 박○○을, 피의자2는 위 윤○○을 넘어뜨리고 주먹으로 수회 때리고 옷을 벗게 한 후 각 강간함으로서 공모하여 강도강간하였다.

■ 적용실례

◇ 납치후 석방의 대가로 돈을 받고도 강간한 경우

피의자가 19세의 피해자를 납치하여 그 석방의 대가로 1000만원을 받고도 강간을 하였다.

※ 강도강간, 인질강도의 죄가 성립하지만 인질강도는 강도강간에 흡수되므로 별개의 죄가 성립하지 않는다.

◇ 금품강취 후 강간하여 상해한 경우

피의자가 금품을 강취한 후 피해자를 강간하여 상해를 가하였다.

※ 강도강간과 강도상해의 상상적 경합관계에 있으므로 강도강간과 강도상해로 의율해야 한다.

● 수사사례

- 여자를 칼로 위협하여 돈과 목걸이를 빼앗은 다음 다시 그녀를 간음한 경우 강도강간죄 성립

● 관련판례 1

◎ 강간의 실행행위 계속 중에 강도행위를 한 경우 '강도강간죄'를 구성하는지 여부(적극) 및 특수강간범이 강간행위 종료 전에 특수강도의 행위를 한 경우 구 성폭력범죄의 처벌 및 피해자보호 등에 관한 법률 제5조 제2항에 정한 '특수강도강간죄'로 의율할 수 있는지 여부(원칙적 적극)

강간범이 강간행위 후에 강도의 범의를 일으켜 그 부녀의 재물을 강취하는 경우에는 강도강간죄가 아니라 강간죄와 강도죄의 경합범이 성립될 수 있을 뿐이지만, 강간행위의 종료 전 즉 그 실행행위의 계속 중에 강도의 행위를 할 경우에는 이때에 바로 강도의 신분을 취득하는 것이므로 이후에 그 자리에서 강간행위를 계속하는 때에는 강도가 부녀를 강간한 때에 해당하여 형법 제339조에 정한 강도강간죄를 구성하고, 구 성폭력범죄의 처벌 및 피해자보호 등에 관한 법률(2010. 4. 15. 법률 제10258호 성폭력범죄의 피해자보호 등에 관한 법률로 개정되기 전의 것) 제5조 제2항은 형법 제334조(특수강도) 등의 죄를 범한 자가 형법 제297조(강간) 등의 죄를 범한 경우에 이를 특수강도강간 등의 죄로 가중하여 처벌하는 것이므로, 다른 특별한 사정이 없는 한 특수강간범이 강간행위 종료 전에 특수강도의 행위를 한 이후에 그 자리에서 강간행위를 계속하는 때에도 특수강도가 부녀를 강간한 때에 해당하여 구 성폭력범죄의 처벌 및 피해자보호 등에 관한 법률 제5조 제2항에 정한 특수강도강간죄로 의율할 수 있다.(대법원 2010.12. 9. 선고 2010도9630 판결)

● 관련판례 2

◎ 강도하기로 모의한 후 피해자 갑남으로부터 금품을 빼앗고 피해자 을녀를 강간한 경우 강도강간죄를 구성한다고 한 사례

피고인이 원심피고인들과 강도하기로 모의를 한 후 판시와 같이 피해자 C로부터 금품을 빼앗고 이어서 피해자 D를 강간하였다면 강도강간죄를 구성하는 것이므로 피고인의 행위에 대하여 형법 제339조를 적용한 것은 정당하고 거기에 강도강간죄의 법리를 오해한 위법이 없다. 내세우는 당원의 판례는 이 사건에 적절한 것이 아니다. (대법원 1991. 11. 12. 선고 91도2241 판결)

● 관련판례 3

◎ 강간의 실행행위의 계속 중에 강도행위를 한 경우 '강도강간죄'를 구성하는지 여부(적극)

강도강간죄는 강도라는 신분을 가진 범인이 강간죄를 범하였을 때 성립하는 범죄이므로, 강간범이 강간행위 후에 강도의 범의를 일으켜 그 부녀의 재물을 강취하는 경우에는 강도강간죄가 아니라 강도죄와 강간죄의 경합범이 성립될 수 있을 뿐이나, 강간범이 강간행위 종료전, 즉 그 실행행위의 계속 중에 강도의 행위를 할 경우에는 이때에 바로 강도의 신분을 취득하는 것이므로 이후에 그 자리에서 강간행위를 계속하는 때에는 강도가 부녀를 강간한 때에 해당하여 「형법」 제339조 소정의 강도강간죄를 구성한다 할 것이고 (대법원 1988. 9. 9. 선고 88도1240 판결 참조), 구「성폭력범죄의 처벌 및 피해자보호 등에 관한 법률」 제5조 제2항은 「형법」 제334조(특수강도) 등의 죄를 범한 자가 「형법」 제297조(강간) 등의 죄를 범한 경우에 이를 특수강도강간 등의 죄로 가중하여 처벌하는 것이므로, 「다른 특별한 사정이 없는 한 특수강간범이 강간행위 종료 전에 특수강도의 행위를 한 이후에 그 자리에서 강간행위를 계속하는 때에도 특수강도가 부녀를 강간한 때에 해당하여 구「성폭력범죄의 처벌 및 피해자보호 등에 관한 법률」 제5조 제2항에 정한 특수강도강간죄로 의율할 수 있다」. (대법원 2010. 7. 15., 선고, 2010도3594, 판결)

13. 해상강도살인, 치사, 강간죄

제340조(해상강도)

① 다중의 위력으로 해상에서 선박을 강취하거나 선박내에 침입하여 타인의 재물을 강취한 자는 무기 또는 7년 이상의 징역에 처한다.

② 제1항의 죄를 범한 자가 사람을 상해하거나 상해에 이르게 한때에는 무기 또는 10년 이상의 징역에 처한다. 〈개정 1995.12.29.〉

③ 제1항의 죄를 범한 자가 사람을 살해 또는 사망에 이르게 하거나 강간한 때에는 사형 또는 무기징역에 처한다. 〈개정 1995.12.29., 2012.12.18.〉

(작성례 1)

피의자들은 20○○. ○. ○. 01:00경 모터보트를 이용하여 ○○항 부두에서 약 ○킬로미터 거리의 해상에 정박중인 ○○해운주식회사 소속 화물선 ○○6호에 접근하여 그 배에 올라탔다. 그리고 당직중인 일등항해사 박○○(당○○세)에게 잭나이프를 들이대고 "죽고 싶지 않으면 찍소리도 내지 마라" 라는 등 그를 협박하고 반항을 하지 못하도록 난간에 묶은 후 그 배에 있던 위 박○○가 관리하는 주식회사 ○○카메라(대표 김○○)의 탁송품인 시가 합계○○만원 상당의 ○○카메라 ○○개들이 ○상자를 모터보트에 옮겨 싣고 운반하여서 이를 강취하였다.

(작성례 2)

피의자 김○○ 피의자 최○○ 는20○○. ○. ○. 18:30경, 인천시 ○○구 ○○동 연안부두에서 잠시 머물고 있는 구○○(당○○세) 소유의 거룻배(8톤급)에 뛰어들어, 그와 그의 장남 구○○(당○○세)에게 소지한 생선요리칼을 들이대며, "허튼짓 하면 죽여서 수장시켜 주겠다" 라는 등 그들을 협박하여 그들의 반항을 억압하였다. 그리고 그 배에 실려 있던 ○○주식회사(대표 장○○)소유의 시가 합계 약 ○○만원 상당의 손목시계 ○○개입 상자 ○개를 강취하였다.

● 수사사례

- 여러명이 보트를 타고 인천항에 정박중인 해상의 화물선에 올라가 당직중인 항해사를 칼로 위협하고 손과 발을 끈으로 묶어놓은 후 돈을 빼앗고 갑판 위에 있던 전자제품 박스를 모터보트에 옮겨 싣고 운반하여 이를 빼앗은 경우 해상강도죄 성립

● 관련판례

◎ 소말리아 해적인 피고인들 등이 공모하여 공해상에서 대한민국 해운회사가 운항 중인 선박을 납치하여 대한민국 국민인 선원 등에게 해상강도 등 범행을 저질렀다는 내용으로 국내법원에 기소된 사안에서, 피고인 갑이 선장 을을 살해할 의도로 을에게 총격을 가하여 미수에 그친 사실을 충분히 인정할 수 있으나, 나머지 피고인들로서는 피고인 갑이 을을 살해하려고 할 것이라는 점까지 예상할 수는 없었다고 본 원심판단을 수긍한 사례

소말리아 해적인 피고인들 등이 공모하여 아라비아해 인근 공해상에서 대한민국 해운회사가 운항 중인 선박 '삼호주얼리호'를 납치하여 대한민국 국민인 선원 등에게 해상강도 등 범행을 저질렀다는 내용으로 국내법원에 기소된 사안에서, 피고인 갑이 선장 을을 살해할 의도로 을에게 총격을 가하여 미수에 그친 사실을 충분히 인정할 수 있다고 본 다음, 이 사건 해적들의 공모내용은 선박 납치, 소말리아로의 운항 강제, 석방대가 요구 등 본래 목적의 달성에 차질이 생기는 상황이 발생한 때에는 인질 등을 살상하여서라도 본래 목적을 달성하려는 것에 있을 뿐, 본래 목적 달성이 무산되고 자신들의 생존 여부도 장담할 수 없는 상황에서 보복하기 위하여 그 원인을 제공한 이를 살해하는 것까지 공모한 것으로는 볼 수 없고, 당시 피고인 갑을 제외한 나머지 해적들은 두목의 지시에 따라 무기를 조타실 밖으로 버리고 조타실 내에서 몸을 숙여 총알을 피하거나 선실로 내려가 피신함으로써 저항을 포기하였고, 이로써 해적행위에 관한 공모관계는 실질적으로 종료하였으므로, 그 이후 자신의 생존을 위하여 피신하여 있던 나머지 피고인들로서는 피고인 갑이 을에게 총격을 가하여 살해하려고 할 것이라는 점까지 예상할 수는 없었다고 본 원심판단을 수긍한 사례.(대법원 2011. 12. 22. 선고 2011도12927 판결)

14. 예비, 음모

제343조(예비, 음모)
강도할 목적으로 예비 또는 음모한 자는 7년 이하의 징역에 처한다.

(작성례 1)

피의자는 평소 지병인 간질병으로 취직이 안 되어 생활이 어렵게 되자 타인의 재물을 강취하려고 20○○. ○. ○. 23 : 00경 서울 중랑구 상봉2동 상봉장여관 앞길에서 같은 해 ○. ○. 같은구 중화3동 태평시장 노점상으로부터 구입한 맥가이버칼(칼날이 약 7cm)을 잠바 왼쪽 속주머니에 넣고 술에 취하여 그곳을 지나가는 행인을 상대로 어슬렁거리면서 범행대상을 물색하여 강도의 예비를 하였다.

(작성례 2)

피의자는 20○○. ○. ○. 11:30경 ○○시 ○○구 ○○동 ○○시장에서 범행에 사용할 목적으로 일식조리용칼(칼날길이 20센티미터), 박스접착용테이프, 스키마스크를 구입하여 소지하고 같은 날 22:00경 △△시 △△구 △△동 123번지 최○○의 집에 이르러 그곳에서 침입하려고 집안 동정을 살피면서 강도를 예비하였다.

● 수사사례

- 주택에 침입하여 주부의 어깨를 붙잡고 반항하지 못하게 한 후 금품을 요구하였으나 피해자가 “사람살려” 라고 구원을 요청하자 옆집에 사는 주민이 달려와 체포된 경우 강도미수죄 성립
- 남의 집에 침입하여 금품을 빼앗을 목적으로 칼을 소지하고 그 집 뒷문 출입구에서 집안의 동정을 살피다가 경찰 순찰차 사이렌 소리에 놀라 도주한 경우 강도예비죄 성립

● 관련판례 1

◎ 강도를 할 목적에 이르지 않고 준강도할 목적이 있음에 그치는 경우에 강도예비·음모죄가 성립하는지 여부(소극)

강도예비·음모죄가 성립하기 위해서는 예비·음모 행위자에게 미필적으로라도 ‘강

도' 를 할 목적이 있음이 인정되어야 하고 그에 이르지 않고 단순히 '준강도' 할 목적이 있음에 그치는 경우에는 강도예비 · 음모죄로 처벌할 수 없다.(대법원 2006. 9. 14. 선고 2004도6432 판결)

● 관련판례 2

◎ 강도상습성의 발현으로 보여지는 강도예비죄가 특정범죄가중처벌등에관한법률 제5조의4 제3항 소정의 상습강도죄와 포괄일죄의 관계에 있는지 여부(적극)

특정범죄가중처벌등에관한법률 제5조의4 제3항에 규정된 상습강도죄를 범한 범인이 그 범행 외에 상습적인 강도의 목적으로 강도예비를 하였다가 강도에 이르지 아니하고 강도예비에 그친 경우에도 그것이 강도상습성의 발현이라고 보여지는 경우에는 강도예비행위는 상습강도죄에 흡수되어 위 법조에 규정된 상습강도죄의 1죄만을 구성하고 이 상습강도죄와 별개로 강도예비죄를 구성하지 않는다고 보아야 한다.(대법원 2002. 11. 26. 선고 2002도5211 판결)

15. 친족상도례

제344조(친족간의 범행)
제328조의 규정은 제329조 내지 제332조의 죄 또는 미수범에 준용한다.

(작성례)

피의자 도○○는 20○○. ○. ○. 23 : 30경 서울 ○○동 ○○번지에 있는 자신의 누이 도△△이 경영하는 ○○의상실에 찾아가 뒷겯에 연결된 창고의 자물쇠를 장도리로 떼어낸 다음 그 안에 들어가 그곳에 있는 피해자 소유의 시가 ○○만원 상당 남녀정장 ○○벌, 을 절취하였다.

■ 적용실례

◇ 동거 삼촌의 지갑을 절취한 경우

동거하는 삼촌의 지갑을 절취하였다.

※ 피해자와 피의자는 숙질간이고 동거하는 동거친족이므로 형법 제344조, 제328조 제1항에 의하여 피해자의 처벌의사 유무에 상관없이 형이 면제되어 공소권이 없다.

◇ 동거녀의 금품을 절취한 경우

사실상 동거중인 여자의 금품을 절취하였다.

※ 내연관계에 있다는 이유로 공소권없음으로 할 수도 있으나, 이 경우는 법률상 혼인관계에 있지 않으므로 친족상도례가 적용되지 않는다. 따라서 공소권없음으로 할 수 없고, 기소의견으로 해야 한다.

● 관련판례 1

◎ 절도범인이 피해물건의 소유자와 점유자 중 어느 한쪽과만 친족관계가 있는 경우, 친족상도례에 관한 규정의 적용 여부(소극)

당사자 사이에 자동차의 소유권을 그 등록명의자 아닌 자가 보유하기로 약정한 경우, 그 약정 당사자 사이의 내부관계에서는 등록명의자 아닌 자가 소유권을 보유하게 된다고 하더라도 제3자에 대한 관계에서는 어디까지나 그 등록명의자가 자동차의 소유자라고 할 것이다(대법원 2007. 1. 11. 선고 2006도4498 판결, 대법원 2012. 4. 26. 선고 2010도11771 판결 등 참조). 한편 형법상 절취란 타인이 점유하고 있는 자기 이외의 자의 소유물을 점유자의 의사에 반하여 그 점유를 배제하고 자기 또는 제3자의 점유로 옮기는 것을 말하고(대법원 2010. 2. 25. 선고 2009도5064 판결 등 참조), 형법 제344조에 의하여 준용되는 형법 제328조 제1항에 정한 친족간의 범행에 관한 규정은 범인과 피해물건의 소유자 및 점유자 쌍방간에 같은 규정에 정한 친족관계가 있는 경우에만 적용되는 것이며, 단지 절도범인과 피해물건의 소유자간에만 친족관계가 있거나 절도범인과 피해물건의 점유자간에만 친족관계가 있는 경우에는 그 적용이 없다고 보아야 한다(대법원 1980. 11. 11. 선고 80도131 판결 참조).(대법원 2014. 9. 25., 선고, 2014도8984, 판결)

● 관련판례 2

◎ 인지의 소급효가 친족상도례 규정에 미치는지 여부(적극)

형법 제344조, 제328조 제1항 소정의 친족간의 범행에 관한 규정이 적용되기 위한 친족관계는 원칙적으로 범행 당시에 존재하여야 하는 것이지만, 부가 혼인 외의 출생자를 인지하는 경우에 있어서는 민법 제860조에 의하여 그 자의 출생시에 소급하여 인지의 효력이 생기는 것이며, 이와 같은 인지의 소급효는 친족상도례에 관한 규정의 적용에도 미친다고 보아야 할 것이므로, 인지가 범행 후에 이루어진 경우라고 하더라도 그 소급효에 따라 형성되는 친족관계를 기초로 하여 친족상도례의 규정이 적용된다.(대법원 1997. 1. 24., 선고, 96도1731, 판결)

제35절 사기와 공갈의 죄

1. 사기죄

제347조(사기)

① 사람을 기망하여 재물의 교부를 받거나 재산상의 이익을 취득한 자는 10년 이하의 징역 또는 2천만원 이하의 벌금에 처한다.

② 전항의 방법으로 제삼자로 하여금 재물의 교부를 받게 하거나 재산상의 이익을 취득하게 한 때에도 전항의 형과 같다.

(작성례 1)

피의자는 20○○. ○. ○. 15 : 00경 서울 강남구 역삼동에 있는 라마다르네상스 호텔커피숍에서 사실은 피해자 서○○을 대망건설 주식회사에 취직시켜줄 의사와 능력이 없었음에도 불구하고 그에게 “대망건설의 인사과장을 잘 알고 있는데 그 과장에게 부탁하여 위 회사사원으로 취직시켜주겠다”고 거짓말하였다. 그리고 이에 속은 그로부터 즉석에서 교제비 명목으로 300만원, 다음날 10 : 00경 같은 장소에서 “일이 잘 되어간다”고 거짓말하여 사례비 명목으로 200만원 합계 500만원을 각 교부받아 이를 편취하였다.

(작성례 2)

피의자는 20○○. ○. ○. ○○시 ○○구 ○○동 123번지에 있는 ○○커피숍에서, 피해자 김○○으로부터 골재를 외상으로 구입하고 그 대금을 결제함에 있어 기일에 지급할 가망도 의사도 없으면서 피의자 명의 “자가○○○○○○○호, 액면금 3,000만원, 지급기일 20○○. ○. ○. 지급지 △△은행 ○○지점” 약속어음 1매를 제시하면서 “은행어음이기 때문에 결제일에 결제되는 것은 걱정하지 말라”라고 하였다. 이로써 피의자는 피해자로 하여금 그 기일에 위 은행에 제시하여 받을 수 있는 것으로 믿게 한 후 지급기일 전인 20○○. ○. ○. 부도처리함에 따라 위 금 3,000만원 상당의 재산상 이득을 편취하였다.

(작성례 3)

피의자는 △△은행을 비롯 여러 은행과 사채가 많아 은행 대출을 받을 경우 이를 변제할 의사와 능력이 없으면서 ,20○○. ○. ○. ○○시 ○○구 ○○동에 있는 ○○은행 ○○지점에서 2,000만원의 대인보증대출을 받으면서 피해자 최○○에게 "○○은행에서 2,000만원 적립식신탁 통장을 담보로 대출을 받으려고 하는데 통장잔액이 조금 모자라 보증인이 필요한데 보증을 서주면 다른데서 돈이 들어오는데로 바로 우선하여 이것부터 변제하겠다."라고 거짓말하여 이를 사실로 믿게 하였다. 그리고 위 ○○은행에서 상환기간 20○○. ○. ○.로 한 2,000만원을 대출을 받으면서 위 피해자를 보증인으로 하여 그 무렵 위 대출금을 교부받고 이를 편취하였다.

(작성례 4)

피의자는 20○○. ○. ○. 자신의 소유 ○○시 ○○구 ○○동 123번지 건물 지하1층 ○○PC방에서, 위 건물은 여러 건의 가압류와 근저당 설정이 되어 있어 위 PC방에 대해 임대차 계약을 할 경우 기간이 만료되어도 임대보증금을 돌려줄 의사와 능력이 없으면서 피해자 이○○에게 "임차기간이 만료하면 틀림없이 임대보증금을 돌려주겠다."고 하여 위 피해자를 기망하였다. 그리고 그렇게 믿은 피고인과 "임대보증금 5,000만원에 월 200만원, 권리금 2,000만원, 임대기간 20○○. ○. ○.부터 20○○. ○. ○.까지(24개월)"로 한 부동산 임대차계약을 체결하고 계약금 명목으로 현장에서 500만원, 20○○. ○. ○. 중도금으로 2,500만원, 20○○. ○. ○. 잔금으로 4,000만원등 총 7,000만원을 교부받아 이를 편취하였다.

(작성례 5)

피의자는 20○○. ○. ○. 서울 ○○구 ○○동 123번지에 있는 ○○은행 ○○지점에서 카드사용대금을 입금할 의사나 능력이 없으면서도 카드 사용대금을 매월 25일 지정된 은행계좌(○○은행, 계좌번호:123-45-6789)로 입금한다는 카드발급신청서를 제출하여 20○○.

○. ○. ○○은행으로부터 ○○은행 ○○신용카드(카드번호:0987-1234-5678-0001)를 교부받아 소지하였다.

피의자는 이 카드로 20○○. ○. ○. 서울 ○○구 ○○동 △△백화점에서 물품구입비로 300,000만원을 사용한 것을 비롯하여 20○○. ○. ○.까지 사이에 현금인출 및 물품구입 등으로 별지 범죄일람표의 내용과 같이 각 가맹점 등에서 총 45회에 걸쳐 23,150,400원 상당을 교부받아 이를 편취하였다.

(작성례 6)

피의자는 20○○. ○. ○. 20:00경 서울 ○○구 ○○동 123번지에 있는 피해자 홍○○가 운영하고 있는 ○○회관에서 술값 등을 지급할 의사나 능력이 없음에도 술과 식사대금을 지급할 것처럼 행세하여 맥주와 식사 등을 주문하여 이에 속은 피해자로부터 즉석에서 맥주3병, 식사 등 금 100,000원 상당을 제공받아 이를 편취하였다.

(작성례 7)

피의자는 20○○. ○. ○.경 ○○시 ○○구 ○○동 123번지에 있는 피해자 박○○이 운영하고 있는 △△유흥주점에서 위 주점 종업원으로 일할 의사가 없음에도 "먼저 일하던 업소에 선불금 1,000만원이 있는데 이 돈을 갚으려고 하니 선불금을 지급하여달라" 고 말하여 다음날 위 유흥주점에서 위 금을 받아 이를 편취하였다.

(작성례 8)

피의자는 20○○. ○. ○.경 피해자 김○○에게 ○○시 ○○구 ○○동 123번지 모텔의 공사를 도급 주더라도 그 대금을 지급할 의사나 능력이 없음에도 불구하고 "공사를 완공하면 1개월 안에 모텔을 담보로 대출을 받거나 매도하여 공사대금 3억5,000만원을 주겠다." 고 거짓말하였다. 그리하여 이에 속은 위 피해자로 하여금 20○○. ○. ○.경 공사를 완공하도록 한 뒤 공사대금을 지급하지 아니함으로써 위 금액 상당의 재산상 이익을 취득하였다.

(작성례 9)

피의자는 20○○. ○.경부터 같은 해 ○.경까지 사이에 피의자 및 피의자가 사용하던 부인 홍○○ 명의의 당좌계정이 부도가 났을 뿐 아니라, 부채로 외상대금 3억원 및 그 외 채무 1억5,000만원 정도가 있었고, 피의자의 재산이 전무하여 사실은 타인으로부터 건어물을 납품받더라도 그 대금을 변제할 의사나 능력이 없으면서도, 20○○. ○. ○.부터 20○○. ○. ○.까지 사이에 피해자 최○○등 35명에게, 건어물대금조로 약속어음을 발행하여 주고 "어음지급기일에 틀림없이 결제해 줄테니 걱정하지 말고 건어물을 납품해 달라" 고 거짓말하여 이에 속은 피해자들로부터 도합 4억4,500만원 상당의 건어물을 납품받아 이를 편취하였다.

(작성례 10)

피의자는 20○○. ○. ○.경 피해자 김○○으로부터 선이자 200만원을 제외한 1,500만원을 대여하면서 피해자 발행의 금 1,500만원으로 된 약속어음을 담보조로 받았다가 변제기일인 20○○. ○. ○. 피해자의 요구로 다시 선이자로 200만원을 받고 위 어음을 반환하는 대신 발행일 20○○. ○. ○. 금액 1,500만원으로 된 피해자 발행의 당좌수표를 선일자로 담보 명목으로 받았다. 그리고 이와는 별도로 위1,500만원의 채권에 대한 담보명목으로 피해자의 부동산 등에 관하여 근저당권설정 및 가압류를 해 두었으나, 그 후 위 수표가 부도나므로 20○○. ○.경부터 위 부동산에 대하여 임의경매를 신청하여 그 배당금으로 변제를 받아오고 있었다. 피의자는 20○○. ○. ○. ○○시 ○○구 ○○동 123번지 ○○법원에서 위 1,500만원이 채권담보조로 피해자 소유의 ○○시 ○○구 ○○동 산45번지 임야 1,000평방미터 등에 이미 설정한 근저당권에 기하여 임의경매신청을 하여 20○○. ○. ○. 800만원을 배당받아 위 1,500만원의 채권일부를 변제받아 그 만큼 채권이 소멸되었음에도 이를 숨기고 피해자에게 대여한 1,500만원을 전혀 변제받지 못하였으므로 위 1,500만원 및 이에 대한 이자의 지급을 청구한다는 취지의 수표금 청구의 소를 제기하였다. 그리하여 이에 기망된 법원으로 하여금 20○○. ○. ○. 피해자가 피의자에 대하여 1,500만원 및 20○○. ○. ○.부터 완제시까지 연 2할5푼의 비율에 의한 금원을 지급하라는 피의자 승소판결을 선고하도록 한 후 위 판결이 20○○. ○. ○. 확정되어, 같은 해 ○. ○. 위 확정판결을 근거로 하여 피해자 소유의 다른 부동산이 경매되어 피해자 명의로 배당된 금액 중 1,000만원을 피의자가 수령하여가 이를 편취하였다.

(작성례 11)

피의자는 20○○. 1. 1. 00:30경부터 같은 날 02:00경까지 서울 성북구 ○○동 100번지 퐁퐁단란주점에서 대금 지불 의사나 능력이 없으면서 업주인 피해자 박여자(여, 00세)에게 "이 집 분위기가 참 좋네. 양주와 과일안주 가져오고 여자를 들여보내 주쇼"라고 말하여 그녀에게 대금의 지급을 받을 수 있는 것처럼 믿게 하여 양주 1병 시가 120,000원과 과일 안주 3접 시가 150,000원 등 도합 270,000원 상당의 음식을 교부받아 먹고 그 대금 지불을 면하여 재산상 이익을 취득하였다.

(작성례 12)

피의자는 20○○. 1. 1. 23:00경부터 같은 날 02:00경까지 서울 성북구 ○○동 100번지 소재 퐁퐁식당에서 주인 홍길동에게 식대지급의 의사나 능력이 없으면서도 음식을 주문하여 피해자로 하여금 그 대금을 받을 수 있는 것처럼 믿게 하고 그곳에서 갈비2대 24,000원 밥1그릇 1,500원 소주 1병 3,000원 등의 음식을 교부받아 먹음으로서 그 대금 도합 28,500원 상당을 면하여 재산상 이익을 취득하였다.

(작성례 13)

피의자는 20○○. 1. 11. 23:30경부터 같은 날 02:00경까지 서울 성북구 ○○동 100번지 높은 빌딩 앞에서 서울 30바 1234 공공택시에 승차하여 택시 운전사 홍길동(남, 55세)에게 택시요금의 지급 의사나 능력이 없음에도 "시흥까지 갑시다. 오늘 돈 많이 벌었소"라고 말하여 여유를 보임으로서 그로 하여금 택시요금을 줄 것 같은 믿음을 주고 같은 날 23:40경까지 주행시킨 후 목적지인 시흥에 도착하자 그대로 도주하여 택시요금 25,000원의 지급을 면하여 재산상 이익을 취득하였다.

(작성례 14)

피의자는 20○○. 1. 1. 23:00 서울 성북구 ○○동 100번지 꿈나라여관에서 그 여관 주인 홍길동(남, 44세)에게 여관비 지급의사나 능력이 없으면서 숙박할 방을 달라고 하여 그 여관 202호실로 정하고 위 홍길동에게 "오늘은 피곤하니 숙박비는 내일 아침에 줄게요"라고 속여 이튿날 숙박요금을 받을 수 있는 것처럼 믿게 하고 다음날 11:00경까지 숙박함으로서 그 대금 25,000원의 지급을 면하여 재산상 이익을 취득하였다.

(작성례 15)

피의자 ○○○는 중국 보이스피싱조직인 ○○의 한국내 현금인출책으로서 20○○. ○. ○. 대한민국에 ○○비자로 입국하여 같은 해 ○. ○.부터 ○. ○.까지 ○개월 동안 동 조직의 ○○○에게서 인출전화를 받으면 본인이 소지하고 있던 ○○은행 통장(111-111-11111)외 ○○개의 계좌의 현금카드를 이용하여 총 ○○건에 걸쳐 ○○○○만원을 출금하여 ○○를 통하여 중국내 조직에게 ○차례 걸쳐 보내는 등의 범죄를 저질렀다.

■ 적용실례

◇ 소위 딱지수표를 담보로 제공하고 금원을 차용한 경우

피의자는 수표용지를 돈을 주고 사와, 이에 적당히 액면을 기재하여 이를 정상적인 수표인 양 거짓말하고 담보로 하여 돈을 차용(형식은 수표를 할인하는 것으로 하고)하였다.

※ 이는 사기죄로 의율해야 한다.

◇ 수회에 걸쳐 금원을 편취한 후 발각된 경우

피의자는 취업을 시켜준다며 피해자 3명으로부터 돈을 받고, 네번째 범행에서 발각되어 이것은 미수에 그쳤다.

※ 위 행위들은 모두 단일한 고의에서 비롯된 것이고 사기가 성립된 이상 네 번째의 미수부분은 포괄적인 관계에 있으므로 사기미수에 대해서는 의율할 수 없다.

◇ 자기채권을 확보하기 위해 현금교환해 주겠다고 속여 채권액보다 액면금액이 많은 약속어음을 교부받고 돌려주지 않은 경우

피의자가 자신의 채권확보를 위하여 채무자인 ○○산업 전무에게 사실은 약속어음을 현금으로 교환해 줄 의사가 전혀 없으면서 이를 현금교환해 주겠다는 취지로 속여 동인으로부터 채권액보다 더 많은 액수의 약속어음 1매를 교부받고 이를 돌려주지 않았다.

※ 이는 상대방을 기망하여 약속어음 1매를 편취한 것으로 사기죄가 성립한다.

◇ 전세입주자라는 신분을 속이고 전전세를 내준 경우

전세입주자가 자신의 신분을 숨기고 마치 집주인인양 거짓말을 하여 전전세를 내주었다.

※ 사기죄가 성립한다.

◇ 경찰 행세를 하며 금품을 교부받은 경우

피의자가 자신을 경찰이라고 속이고 경찰 행세를 하면서 수사비가 필요하다며 금품을 요구, 편취하였다.

※ 이 경우 폭행이나 협박을 하지 않고 단지 수사경찰인 것처럼 행세하면서 수사비조의 돈을 요구하여 이에 속은 피해자로부터 돈을 받은 것이므로 공무원자격사칭, 공갈로는 의율할 수 없고 사기죄로 의율해야 한다.

◇ 가등기와 화해조서의 작성사실을 숨기고 대지를 매도한 경우

피의자가 아파트를 건축 매도함에 있어 대지상에 경료된 가등기와 화해조서 작성사실을 숨기고 매도계약을 체결하고 대금전액을 받았다.

※ 아파트를 매도하여 가등기채권을 변제할 의사였다는 이유가 인정된다고 해도 변제의사 여부를 불문하고 매수자에게 그 사실을 숨기고 계약한 것이라면 사기죄가 성립한다.

◇ 목욕탕에서 주운 물품보관표로 자기 것이 아닌 보관물을 교부받은 경우

조○○는 목욕을 마치고 옷을 입다가 목걸이 1개, 반지 1개에 대한 보관표를 주웠다. 그리고 목욕탕을 나오는 길에 그 곳 계산대에서 위 보관표를 이용하여 자기 소유가 아닌 목걸이와 반지를 교부받았다.

※ 이 경우는 피해자와 피기망자가 다른 경우이지만, 이것은 사기죄의 성립에 영향을 주지 않으므로 조○○의 위 행위는 당연히 사기죄로 의율해야 할 것이다.

◇ 점유이탈물을 습득한 자로부터 그것이 자신의 것인양 속여 점유이탈 물을 교부받은 경우

길거리에서 강아지를 주워 그 주인을 찾고 있는 사람에게, 그것이 마치 자신의 소유인 양 속이고 강아지를 교부받았다.

※ 점유이탈물횡령보다는 재물을 편취한 사기행위로 보는 것이 타당하다.

◇ 카드를 절취, 가명으로 사용한 경우

김○○는 회사 탈의실에서 옷을 갈아입다가 다른과 동료의 주머니에 신용카드가 꽂혀있는 것을 보고 이것을 절취하였다. 퇴근 후 김○○는 의상실에서 옷을 사고 이 카드를 제시하여 마치 자기가 정당한 소지인인 것처럼 실구매자 서명란에 가명으로 서명하였다.

※ 이 경우, 우선은 물론 절도죄가 성립한다. 그리고 절취한 신용카드를 사용하여 물건을 교부받은 행위는 사기죄가 될 것이다. 신용카드를 자신이 정당한 소지인인 것처럼 가장해 물건을 구입한 행위는 절도죄의 불가벌적 사후행위가 될 수 없기 때문이다. 따라서 절도죄와는 별도로 사기죄로도 의율해야 할 것이다.

◇ 동업자를 속여 사업자금보다 많은 돈을 받고 그 차액을 편취한 경우

안○○는 동업을 하기로 한 지○○에게 사업에 필요한 물품매매자금이라며 1,300만원을 받아냈다. 그런데 실제로 물품매매에 필요한 자금은 900만원이었다. 안○○는 위 금액 중 900만원은 사업을 위한 물품매매에 썼지만, 나머지 400만원은 개인의 잡비로 소비하였다.

※ 안○○의 행위는 피해자인 지○○에게 사업자금을 허위로 과대조장하여 금원을 교부받았고, 실제 매매대금과의 차액을 편취한 것으로 요약할 수 있다. 이렇게

보았을 때 위 안○○의 행위는 사기죄로 의율하는 것이 타당하겠다(횡령죄가 아님).

◇ 채권자에게 공사를 맡았다고 속이고 공사 알선비를 받은 경우

고○○는 이○○가 보증을 한다고 하여 A, B에게 물건을 대주었지만 그 대금을 제대로 받지 못해 800만원을 손해보고 있었다. 고○○는 이 돈을 받기 위해서 이○○에게, 내가 이번에 큰 공사는 하나 맡았는데 공사금만 해도 5억원이 된다고 거짓말을 하며, 그 공사를 도급해 줄테니 알선비를 달라고 하여 알선비조로 500만원을 받았다.

※ 고○○에게 채권이 있긴 하지만, 위 행위는 사회통념상 권리행사로서 인정할 수 없는 것이어서 사기죄가 성립한다고 할 수 있다.

◇ 배우자의 예금청구서를 위조하여 예금을 인출한 경우

배우자의 예금청구서를 위조하고 그것을 은행에 제시하여 배우자의 예금구좌에서 예금을 편취하였다.

※ 피해자가 상대방 배우자라고 생각하기 쉽지만, 예금편취부분의 피기망자 및 피해자는 은행직원이 된다. 따라서 사기죄가 성립한다.

◇ 물건을 빌리는 척하고 가져 가 돌려주지 않은 경우

이○○는 송○○가 경영하는 중국음식점에서 종업원을 모집하는 것을 알고 그곳에 찾아가 일을 하겠다고 하면서, 집에 가서 옷을 가져올테니 오토바이를 빌려 달라고 하여 오토바이를 타고 간 다음 돌아오지 않았다.

※ 옷을 사는 척하고 입은 다음 잠깐 화장실에 갔다 오겠다고 하면서 도주한 경우와는 달리 이 경우 오토바이의 점유는 송○○의 하자있는 의사에 의하여 이○○에게 완전히 이전된 것이므로 절도가 아니라 사기죄로 보아야 한다(이에 대해, 옷을 사는 척하고 옷을 입은 다음 화장실에 갔다 오겠다고 하면서 나가 도주한 경우는 절도가 된다).

◇ 보증각서를 위조하여 가압류결정을 받은 경우

피의자가 고소인 명의의 보증각서를 위조하여 이를 가압류신청하면서 행사하여 고소인 소유의 부동산에 관하여 가압류결정을 받았다.

※ 사기죄에 있어서 가압류는 강제집행보전방법에 불과하고 그 기초가 되는 허위의 채권에 기하여 실제로 청구의 의사표시를 한 것으로 볼 수 없다. 그런데 이 경우는 본안 소송을 제기하지 않았으므로 사기죄의 실행에 착수했다고 볼 수 없어 사기미수로 의율할 수 없다.

◇ 병원비를 내지 않고 도주한 경우

사고로 병원에 입원해 치료받은 피의자가 병원비를 낼 수 없는 형편에 있어, 이를 추궁 받지 않기 위해 몰래 도주하였다.

※ 입원치료비의 지급채무의 이행을 면탈받은 것은 아니므로 사기죄가 되지 않는다.

◇ 이종사촌의 금원을 편취한 경우

이종사촌의 금원을 편취하였다.

※ 이종사촌은 직계존속의 형제의 직계비속일 뿐 혈족이 되지 않으므로 민법 제777조에서 규정하는 친족의 범위에 포함되지 않는다. 따라서 친족상도례가 적용될 여지가 없어 공소권없음 의견으로 할 수 없다.

● 수사사례

① 매매, 할부관련사기

<u>훔친 물건을 시가보다 싸게 판매</u>

- 훔친 물건인 줄 알면서도 피해자에게 속이고 시가보다 싼값에 판매하였다면 사기죄 성립.

<u>납품계약이 안될 것을 알면서도 계약금을 수령한 경우</u>

- 피해자에게 납품할 물건을 확보하지도 못한 상태이고 더욱이 납품할 의사도 없으면서도 피해자를 속이고 납품계약에 따른 계약금을 받는 경우는 사기죄 성립

<u>판매대금의 미지급</u>

- 피해자로부터 물건을 먼저 공급받고, 대금은 물건을 판매한 후 지불하기로 계약을 맺었으나 이를 이행하지 않고 판매한 물품대금을 편취하였다면 사기죄 성립

<u>기망(네다바이)에 의한 판매</u>

- 특정물건을 필요로 하는 것처럼 피해자를 속인 후, 다른 공범으로 하여금 시가 1만원에 불과한 물건을 개당 15만원씩 비싼가격에 판매한 경우 사기죄 성립

신분을 기망하고 할부매입

- 차량 할부금을 갚을 능력이 없으면서 자신을 업체 사장이라고 속인 후, 약간의 금액으로 계약체결 한 후, 차량을 인도 받아 사용하면서 차량대금을 지불하지 않은 경우 사기죄 성립

타인명의로 차량구입

- 피해자의 명의로 차량을 할부로 구입한 후, 차량을 마음대로 매매하고 피해자로 하여금 차량 할부금을 대위변제케 하는 경우사기죄성립

② 신용카드 관련사기

절취한 카드사용

- 피의자가 절취한 신용카드를 이용하여 술값을 결제하였다면 절도, 사기, 여신전문금융업법 위반의 경합범에 해당.

타인명의로 카드발급

- 지역광고지에 구인광고를 내어서 이를 보고 찾아 온 자에게 취업에 필요하다고 주민등록증을 맡아 놓은 후 맡겨논 주민등록증을 이용하여 본인 모르게 신용카드를 발급 받아 물품구입, 카드할인에 사용하였다면 사기죄 성립.

타인카드의 무단사용

- 피해자가 신용카드를 통해 지불능력 이상으로 소비하여 대금을 결재하기가 어렵게 되어 신문광고를 보고 찾아간 카드할인업자에게 대납을 요구하자 수수료 10%만 내면 대납해 줄 수 있다고 하여 카드와 이용명세서를 맡겼으나 이를 무단으로 사용하는 경우는 사기죄 성립

타인카드 무단사용

- 피해자가 소지한 신용카드의 재발급 기간이 도래한 것을 알고 신용카드를 자기에게 맡기면 이를 재발급 받아주겠다고 한 후, 그 카드를 임의로 사용하여 물품 등을 구입하면 사기죄 성립

보관중인 카드의 사용

- 신용카드회사 직원이 동료직원에게 전달해 달라고 맡긴 카드를 전달하지 않고 임의로 사용하였을 경우는 사기죄 성립

남편 승낙없이 카드발급받아 사용

- 남편의 승락없이 발급받은 크레디트카드를 사용하여 물품을 구입하였을 경우의 사기의 피해자는 남편이 아닌 물품의 소유자로 친족상도례는 적용의 여지가 없음 사기죄 성립

③ 수표, 어음, 보험, 금융관련사기

위조된 증권으로 대출

- 증권을 위조한 후이를 담보로 은행에서 대출받았다면 은행에 대한 기망행위가 있는 것으로 대출금을 정산할 의사와는 상관없이사기죄 성립.

위조된 서류로 대출

- 위조된 서류와 도장을 이용하여 피해자의 인감, 주민등록증을 동사무소로부터 발급받은 후, 은행 금전소비대차 약정계약서 보증인란에 피해자의 명의를 작성, 이를 은행에 제출하여 대출을 받는 경우 사기죄 성립.

외국화폐이용 사기

- 외국에서 이미 폐지된 화폐를 피해자에게 한화로 30만원의 가치가 있다고 속여 현금으로 교환하는 경우 사기죄 성립

수표위조

- 5백만 원으로 기재된 타인명의의 가계수표를 1천만 원으로 위조하여 현금으로 할인받는 경우는 (부정수표단속법 포함)는 사기죄성립. 약속어음용지이용 사기 문방구 등에서 쉽게 구할 수 있는 개인용 약속어음용지에 타인 명의 의 약속어음을 작성한 후 이를 피해자에게 교부하여 현금할인을 받아 사취하는 경우는 사기죄 성립

④ 차용, 계 관련 사기

어음담보 차용사기

- 자신 또는 타인이 발행한 어음을 담보로 맡기고 차용한 후 변제하지 않는 경우에 있어서 어음담보 가 기망의 수단으로 사용되었을 경우는 사기죄 성립.

고이자로 현혹하여 차용

- 비싼 이자를 지급하겠다고 피해자를 기망하여 차용한 후 이를 변제하지 않았을 경우에 고이자의 지급의사가 애초에 없었고 이를 단순히 기망의 수단으로 사용했다면 사기죄 성립

허위의 계조직

- 계주가 허위로 계를 조직하여 이에 가입한 피해자로부터 계금을 받은 후 계를 파기하는 경우에 있어서 계조직의 의사가 없이 기망의 수단으로 계를 이용했다면 사기죄 성립.

계가 깨진 것을 안 경우

- 계주가 이미 계가 깨어진 사실을 알면서도 이러한 사정을 속인 채 계원들로부터 계금을 계속적으로 사기죄 성립.

계돈 미불입

- 계금을 낼 능력이 없으면서도 계에 가입하여 우선순위를 배정받아 계돈만을 받아 편취하고 그 이후에 계금을 지불하지 않았다면 사기죄가 성립.

⑤ 부동산 관련 사기

미등기상태에서 2중 매매

- 주택조합에서 분양하는 아파트를 조합원이 분양받은 후 아파트의 소유권이전등기가 아직 이루어지지 않은 상태에서 수인에게매매계약체결후 대금을 받으면 사기죄 성립

등기이전후 2중매매

- 피의자가 매수인에게 부동산을 매매하고 소유권이전등기를 완료해 주었음에도 불구하고 이러한 사실을 숨기고 다시 제3자에게매매하는 경우는 사기죄 성립

전세권자가 소유주 행세하는 경우

- 세입자가 자신이 가옥의 소유주인 것처럼 가장하여 제3자에게 전세권을 설정하여 전세금을 편취하였다면 사기죄 성립

기망에 의한 재임대행위

- 2백만원에 임대한 사무실을 천만원에 임대하였다고 속인 후, 7백만원을 받고 다시 전대하였다면 사기죄 성립.

분양사기

- 상가를 분양할 능력과 자력도 없으면서 상가분양공고를 낸 후 이를 믿고 찾아온 피해자에게 상가 분양금을 편취하는 경우 사기죄 성립

재건축사기

- 철거대상지역에서재건축할 아파트의 입주권이 나올 수 없는 무허가 건물임에도 불구하고 피의자가 마치 아파트 입주권이 나오는것처럼 피해자를 기망하여 무허가 건물의 매매대금을 편취하는 경우 사기죄 성립.

재개발 사기

- 피의자는 동사무소 직원과 공모하여 투기목적으로 무허가 판잣집 10여채를 구입한 후 자신이 운영 하는 공장의 종업원들의 명의를 빌려 사례금을 지급하고 그들 명의의 공문서인 소유권확인원을 부 정발급받아 그곳을 재개발하는 건축회사로부터 보상비,이주비, 대토권 (아파트입주권) 등을 받아냈다면 사기죄 성립

⑥ 취업, 알선, 투자, 동업관련 사기

취업사기

- 피의자는 피해자에게 취업을 시켜주겠다고 기망하여 교제비 명목으로 금원을 교부받았다면 사기죄 성립.

취업알선사기

- 용역경비업자가 구청 일용직 노점단속원으로 취업시켜 주겠으니 소개비를 달라고 하여 편취한 경우 사기죄 성립.

<u>취업시 선수금 사기</u>
- 다방, 술집 등에 종업원으로 일하겠다고 업주를 기망하여 미리 월급을 받은 후 취업하지 않는 경우 사기죄 성립.

<u>투자사기</u>
- 피해자에게 자신과 함께 시유지를 불하받아 비싼 값에 되팔 수 있다고기망하여 자금을 투자하게 하여 이를 편취하는 경우사기죄 성립.

<u>주식투자사기</u>
- 피해자에게 특정주식에 투자하면 큰 돈을 벌 수 있다고 기망하여 피해자로부터 투자금을 받은 후 이를 주식투자에 사용하지않고 임의로 처분하였다면 사기죄 성립

<u>대출알선사기</u>
- 자신이 아는 사람을 통해 은행에서 대출해 주겠다고 피해자를 기망하여 이에 따르는 경비와 교재 비 명목으로 금원을 편취하는경우 사기죄 성립

<u>입학빙자사기</u>
- 피의자는 피해자의 아들을 대학에 입학시킬 의사나 능력이 분명히 없음에도 불구하고 마치 가능한 것처럼 피해자를 기망하여금원을 편취하였다면 사기죄 성립.

● 관련판례 1

◎ 기망행위에 의하여 국가적 또는 공공적 법익을 침해한 경우, 형법상 사기죄가 성립하기 위한 요건 / 기망행위에 의하여 조세를 포탈하거나 조세의 환급·공제를 받은 경우, 형법상 사기죄가 성립하는지 여부(소극)

기망행위에 의하여 국가적 또는 공공적 법익을 침해한 경우라도 그와 동시에 형법상 사기죄의 보호법익인 재산권을 침해하는 것과 동일하게 평가할 수 있는 때에는 당해 행정법규에서 사기죄의 특별관계에 해당하는 처벌 규정을 별도로 두고 있지 않는 한 사기죄가 성립할 수 있다. 그런데 기망행위에 의하여 조세를 포탈하거나 조세의 환급·공제를 받은 경우에는 조세범 처벌법에서 이러한 행위를 처벌하는 규정을 별도로 두고 있을 뿐만 아니라, 조세를 강제적으로 징수하는 국가 또는 지방자치단체의 직접적인 권력작용을 사기죄의 보호법익인 재산권과 동일하게 평가할 수 없는 것이므로, 기망행위에 의하여 조세를 포탈하거나 조세의 환급·공제를 받은 경우에는 조세범 처벌법 위반죄가 성립함은 별론으로 하고, 형법상 사기죄는 성립할 수 없다.(대법원 2021. 11. 11., 선고, 2021도7831, 판결)

● 관련판례 2

◎ '비트코인' 이 사기죄의 객체인 재산상 이익에 해당하는지 여부(적극)

비트코인은 경제적인 가치를 디지털로 표상하여 전자적으로 이전, 저장과 거래가 가능하도록 한 가상자산의 일종으로 사기죄의 객체인 재산상 이익에 해당한다.(대법원 2021. 11. 11., 선고, 2021도9855, 판결)

● 관련판례 3

◎ 소송사기를 인정할 때 유의할 사항 / 소송사기가 성립하기 위한 요건

소송사기는 법원을 기망하여 자기에게 유리한 판결을 얻음으로써 상대방의 재물 또는 재산상 이익을 취득하는 것을 내용으로 하는 범죄로서, 이를 처벌하는 것은 필연적으로 누구든지 자기에게 유리한 주장을 하고 소송을 통하여 권리구제를 받을 수 있다는 민사재판제도의 위축을 가져올 수밖에 없으므로, 피고인이 범행을 인정한 경우 외에는 소송상의 주장이 사실과 다름이 객관적으로 명백하거나 피고인이 소송상의 주장이 명백히 허위인 것을 인식하였거나 증거를 조작하려고 한 흔적이 있는 등의 경우 외에는 이를 쉽사리 유죄로 인정하여서는 안 된다. 그리고 소송사기가 성립하기 위하여는 주장하는 채권이 존재하지 않는다는 것만으로는 부족하고 그 주장의 채권이 존재하지 않는 사실을 잘 알면서도 허위의 주장과 증명으로써 법원을 기망한다는 인식을 하고 있어야만 하고, 단순히 사실을 잘못 인식하였다거나 법률적 평가를 잘못하여 존재하지 않는 권리를 존재한다고 믿는 등의 행위로는 사기죄를 구성하지 않는다. [대법원 2022. 5. 26., 선고, 2022도1227, 판결]

● 관련판례 4

◎ 사기죄의 주관적 구성요건인 '편취 범의' 를 판단하는 기준

사기죄의 주관적 구성요건인 편취의 범의는 피고인이 자백하지 않는 이상 범행 전후 피고인의 재력, 환경, 범행의 내용, 거래의 이행과정, 피해자와의 관계 등과 같은 객관적인 사정 등을 종합하여 판단하여야 한다(대법원 2014. 5. 16. 선고 2013도12003 판결)

● 관련판례 5

◎ 피기망자가 처분행위의 의미나 내용을 인식하지 못하였으나 피기망자의 작위 또는 부작위가 직접 재산상 손해를 초래하는 재산적 처분행위로 평가되고, 이러한 작위 또는 부작위를 피기망자가 인식하고 한 경우, 사기죄의 처분행위에 상응하는 처분의사가 인정되는지 여부(적극)

사기죄에서 처분행위는 행위자의 기망행위에 의한 피기망자의 착오와 행위자 등의 재물 또는 재산상 이익의 취득이라는 최종적 결과를 중간에서 매개·연결하는 한편, 착오에 빠진 피해자의 행위를 이용하여 재산을 취득하는 것을 본질적 특성으로 하는 사기죄와 피해자의 행위에 의하지 아니하고 행위자가 탈취의 방법으로 재물을 취득하는 절도죄를 구분하는 역할을 한다. 처분행위가 갖는 이러한 역할과 기능을 고려하면, 피기망자의 의사에 기초한 어떤 행위를 통해 행위자 등이 재물 또는 재산상의 이익을 취득하였다고 평가할 수 있는 경우라면 사기죄에서 말하는 처분행위가 인정된다.

사기죄에서 피기망자의 처분의사는 기망행위로 착오에 빠진 상태에서 형성된 하자 있는 의사이므로 불완전하거나 결함이 있을 수밖에 없다. 처분행위의 법적 의미나 경제적 효과 등에 대한 피기망자의 주관적 인식과 실제로 초래되는 결과가 일치하지 않는 것이 오히려 당연하고, 이 점이 사기죄의 본질적 속성이다. 따라서 처분의사는 착오에 빠진 피기망자가 어떤 행위를 한다는 인식이 있으면 충분하고, 그 행위가 가져오는 결과에 대한 인식까지 필요하다고 볼 것은 아니다.

사기죄의 성립요소로서 기망행위는 널리 거래관계에서 지켜야 할 신의칙에 반하는 행위로서 사람으로 하여금 착오를 일으키게 하는 것을 말하고, 착오는 사실과 일치하지 않는 인식을 의미하는 것으로, 사실에 관한 것이든, 법률관계에 관한 것이든, 법률효과에 관한 것이든 상관없다. 또한 사실과 일치하지 않는 하자 있는 피기망자의 인식은 처분행위의 동기, 의도, 목적에 관한 것이든, 처분행위 자체에 관한 것이든 제한이 없다. 따라서 피기망자가 기망당한 결과 자신의 작위 또는 부작위가 갖는 의미를 제대로 인식하지 못하여 그러한 행위가 초래하는 결과를 인식하지 못하였더라도 그와 같은 착오 상태에서 재산상 손해를 초래하는 행위를 하기에 이르렀다면 피기망자의 처분행위와 그에 상응하는 처분의사가 있다고 보아야 한다.

피해자의 처분행위에 처분의사가 필요하다고 보는 근거는 처분행위를 피해자가 인식하고 한 것이라는 점이 인정될 때 처분행위를 피해자가 한 행위라고 볼 수 있기 때문이다. 다시 말하여 사기죄에서 피해자의 처분의사가 갖는 기능은 피해자의 처분행위가 존재한다는 객관적 측면에 상응하여 이를 주관적 측면에서 확인하는 역할을 하는 것일 뿐이다. 따라서 처분행위라고 평가되는 어떤 행위를 피해자가 인식하고 한 것이라면 피해자의 처분의사가 있다고 할 수 있다. 결국 피해자가 처분행위로 인한 결과까지 인식할 필요가 있는 것은 아니다.

결론적으로 사기죄의 본질과 구조, 처분행위와 그 의사적 요소로서 처분의사의 기능과 역할, 기망행위와 착오의 의미 등에 비추어 보면, 비록 피기망자가 처분행위의 의미나 내용을 인식하지 못하였더라도, 피기망자의 작위 또는 부작위가 직접 재산상 손해를 초래하는 재산적 처분행위로 평가되고, 이러한 작위 또는 부작위를 피기망자가 인식하고 한 것이라면 처분행위에 상응하는 처분의사는 인정된다. 다시 말하면 피기망자가 자신의 작위 또는 부작위에 따른 결과까지 인식하여야 처분의사를 인정할 수 있는 것은 아니다.(대법원 2017. 2. 16. 선고 2016도13362 전원합의체 판결)

● 관련판례 6

◎ 사기죄의 요건으로서 '부작위에 의한 기망' 의 의미 및 이때 법률상 고지의무가 인정되는 범위 / 법률상 고지의무의 근거가 되는 거래의 내용이나 거래관행 등 거래실정에 관한 사실을 주장·증명할 책임의 소재(=검사)

사기죄의 요건으로서의 기망은 널리 재산상의 거래관계에서 서로 지켜야 할 신의와 성실의 의무를 저버리는 모든 적극적 또는 소극적 행위를 말하고, 이러한 소극적 행위로서의 부작위에 의한 기망은 법률상 고지의무 있는 자가 일정한 사실에 관하여 상대방이 착오에 빠져 있음을 알면서도 이를 고지하지 않는 것을 말한다. 여기에서 법률상 고지의무는 법령, 계약, 관습, 조리 등에 의하여 인정되는 것으로서 문제가 되는 구체적인 사례에 즉응하여 거래실정과 신의성실의 원칙에 의하여 결정되어야 한다. 그리고 법률상 고지의무를 인정할 것인지는 법률문제로서 상고심의 심판대상이 되지만 그 근거가 되는 거래의 내용이나 거래관행 등 거래실정에 관한 사실을 주장·증명할 책임은 검사에게 있다.(대법원 2020. 6. 25., 선고, 2018도13696, 판결)

● 관련판례 7

◎ 보험계약자가 고지의무를 위반하여 보험회사와 보험계약을 체결한 경우, 보험금 편취를 위한 고의의 기망행위를 인정하기 위한 요건 및 이때 사기죄의 기수시기(=보험금을 지급받았을 때)

보험계약자가 고지의무를 위반하여 보험회사와 보험계약을 체결한다 하더라도 그 보험금은 보험계약의 체결만으로 지급되는 것이 아니라 보험계약에서 정한 우연한 사고가 발생하여야만 지급되는 것이다. 상법상 고지의무를 위반하여 보험계약을 체결하였다는 사정만으로 보험계약자에게 미필적으로나마 보험금 편취를 위한 고의의 기망행위가 있었다고 단정하여서는 아니 되고, 더 나아가 보험사고가 이미 발생하였음에도 이를 묵비한 채 보험계약을 체결하거나 보험사고 발생의 개연성이 농후함을 인식하면서도 보험계약을 체결하는 경우 또는 보험사고를 임의로 조작하려는 의도를 갖고 보험계약을 체결하는 경우와 같이 그 행위가 '보험사고의 우연성' 과 같은 보험의 본질을 해할 정도에 이르러야 비로소 보험금 편취를 위한 고의의 기망행위를 인정할 수 있다. 피고인이 위와 같은 고의의 기망행위로 보험계약을 체결하고 위 보험사고가 발생하였다는 이유로 보험회사에 보험금을 청구하여 보험금을 지급받았을 때 사기죄는 기수에 이른다.(대법원 2019. 4. 3., 선고, 2014도2754, 판결)

2. 컴퓨터 등 사용사기죄

제347조의2(컴퓨터등 사용사기)

컴퓨터등 정보처리장치에 허위의 정보 또는 부정한 명령을 입력하거나 권한 없이 정보를 입력·변경하여 정보처리를 하게함으로써 재산상의 이익을 취득하거나 제3자로 하여금 취득하게 한 자는 10년 이하의 징역 또는 2천만원 이하의 벌금에 처한다.

[전문개정 2001. 12. 29.]

(작성례 1)

피의자는 20○○. ○. ○. 22:00경 서울 이하 주소를 모르는 곳에서 컴퓨터 등 정보처리장치인 인터넷사이트 피해자 ○○쇼핑몰 주식회사에 김○○ 명의로 접속하여 그의 이름으로 상품을 구입하면서 피의자가 마치 김○○인 것처럼 자신이 부정발급 받은 김○○ 명의의 ○○카드의 카드번호와 비밀번호 등을 입력하고 그 물품대금 200,000원을 지급하도록 부정한 명령을 입력하여 정보처리를 하게 함으로써 그 금액 상당의 재산상 이익을 취득하였다.

(작성례 2)

피의자들은 20○○. ○. ○. 11:00경 서울 ○○구 ○○동 123-45에 있는 피해자 주식회사 ○○은행 ○○지점에서 피의자 이○○는 망을 보고, 피의자 박○○는 현금자동지급기에서 위와 같이 훔친 오○○의 예금통장을 넣고 비밀번호를 누른 후 오○○의 예금계좌에서 피의자 박○○의 ○○은행 계좌로 350만원을 이체시켰다.

이로써 피의자들은 공모하여 컴퓨터 등 정보처리장치에 권한 없이 정보를 입력하여 정보처리를 하게 함으로써 350만원에 해당하는 재산상의 이익을 취득하였다.

● 관련판례 1

◎ 형법 제347조의2의 규정 취지 및 컴퓨터등사용사기죄에서 '정보처리', '재산상 이익 취득'의 의미

형법 제347조의2는 컴퓨터 등 정보처리장치에 허위의 정보 또는 부정한 명령을 입력하거나 권한 없이 정보를 입력·변경하여 정보처리를 하게 함으로써 재산상의 이익을 취득하거나 제3자로 하여금 취득하게 하는 행위를 처벌하고 있다. 이는 재산변동에 관한 사무가 사람의 개입 없이 컴퓨터 등에 의하여 기계적·자동적으로 처리되는 경우가 증가함에 따라 이를 악용하여 불법적인 이익을 취하는 행위도 증가하였으나 이들 새로운 유형의 행위는 사람에 대한 기망행위나 상대방의 처분행위 등을 수반하지 않아 기존 사기죄로는 처벌할 수 없다는 점 등을 고려하여 신설한 규정이다. 여기서 '정보처리'는 사기죄에서 피해자의 처분행위에 상응하므로 입력된 허위의 정보 등에 의하여 계산이나 데이터의 처리가 이루어짐으로써 직접적으로 재산처분의 결과를 초래하여야 하고, 행위자나 제3자의 '재산상 이익 취득'은 사람의 처분행위가 개재됨이 없이 컴퓨터 등에 의한 정보처리 과정에서 이루어져야 한다.(대법원 2014. 3. 13., 선고, 2013도16099, 판결)

● 관련판례 2

◎ 컴퓨터 등 사용사기죄의 구성요건 중 '부정한 명령의 입력'의 의미 및 사무처리시스템의 프로그램 자체에서 발생하는 오류를 적극적으로 이용하여 사무처리의 목적에 비추어 정당하지 아니한 사무처리를 하게 하는 행위가 '부정한 명령의 입력'에 해당하는지 여부(원칙적 적극)

형법 제347조의2는 컴퓨터 등 정보처리장치에 허위의 정보 또는 부정한 명령을 입력하거나 권한 없이 정보를 입력·변경하여 정보처리를 하게 함으로써 재산상의 이익을 취득하거나 제3자로 하여금 취득하게 하는 행위를 처벌하고 있다. 여기서 '부정한 명령의 입력'은 당해 사무처리시스템에 예정되어 있는 사무처리의 목적에 비추어 지시해서는 안 될 명령을 입력하는 것을 의미한다. 따라서 설령 '허위의 정보'를 입력한 경우가 아니라고 하더라도, 당해 사무처리시스템의 프로그램을 구성하는 개개의 명령을 부정하게 변개·삭제하는 행위는 물론 프로그램 자체에서 발생하는 오류를 적극적으로 이용하여 그 사무처리의 목적에 비추어 정당하지 아니한 사무처리를 하게 하는 행위도 특별한 사정이 없는 한 위 '부정한 명령의 입력'에 해당한다고 보아야 한다.(대법원 2013. 11. 14., 선고, 2011도4440, 판결)

● 관련판례 3

◎ 절취한 친족 소유의 예금통장을 현금자동지급기에 넣고 조작하여 예금 잔고를 다른 금융기관의 자기 계좌로 이체하는 방법으로 저지른 컴퓨터등사용사기죄에 있어서의 피해자

컴퓨터 등 정보처리장치를 통하여 이루어지는 금융기관 사이의 전자식 자금이체거래는 금융기관 사이의 환거래관계를 매개로 하여 금융기관 사이나 금융기관을 이용하는 고객 사이에서 현실적인 자금의 수수 없이 지급수령을 실현하는 거래방식인바, 권한 없이 컴퓨터 등 정보처리장치를 이용하여 예금계좌 명의인이 거래하는 금융기관의 계좌 예금 잔고 중 일부를 자신이 거래하는 다른 금융기관에 개설된 그 명의 계좌로 이체한 경우, 예금계좌 명의인의 거래 금융기관에 대한 예금반환 채권은 이러한 행위로 인하여 영향을 받을 이유가 없는 것이므로, 거래 금융기관으로서는 예금계좌 명의인에 대한 예금반환 채무를 여전히 부담하면서도 환거래관계상 다른 금융기관에 대하여 자금이체로 인한 이체자금 상당액 결제채무를 추가 부담하게 됨으로써 이체된 예금 상당액의 채무를 이중으로 지급해야 할 위험에 처하게 된다. 따라서 친척 소유 예금통장을 절취한 자가 그 친척 거래 금융기관에 설치된 현금자동지급기에 예금통장을 넣고 조작하는 방법으로 친척 명의 계좌의 예금 잔고를 자신이 거래하는 다른 금융기관에 개설된 자기 계좌로 이체한 경우, 그 범행으로 인한 피해자는 이체된 예금 상당액의 채무를 이중으로 지급해야 할 위험에 처하게 되는 그 친척 거래 금융기관이라 할 것이고, 거래 약관의 면책 조항이나 채권의 준점유자에 대한 법리 적용 등에 의하여 위와 같은 범행으로 인한 피해가 최종적으로는 예금 명의인인 친척에게 전가될 수 있다고 하여, 자금이체 거래의 직접적인 당사자이자 이중지급 위험의 원칙적인 부담자인 거래 금융기관을 위와 같은 컴퓨터 등 사용사기 범행의 피해자에 해당하지 않는다고 볼 수는 없으므로, 위와 같은 경우에는 친족 사이의 범행을 전제로 하는 친족상도례를 적용할 수 없다.(대법원 2007. 3. 15. 선고 2006도2704 판결).

● 관련판례 4

◎ 예금주인 현금카드 소유자로부터 일정액의 현금을 인출해 오라는 부탁과 함께 현금카드를 건네받아 그 위임받은 금액을 초과한 현금을 인출한 행위가 컴퓨터 등 사용사기죄를 구성하는지 여부(적극)

예금주인 현금카드 소유자로부터 일정한 금액의 현금을 인출해 오라는 부탁을 받으면서 이와 함께 현금카드를 건네받은 것을 기화로 그 위임을 받은 금액을 초과하여 현금을 인출하는 방법으로 그 차액 상당을 위법하게 이득할 의사로 현금자동지급기에 그 초과된 금액이 인출되도록 입력하여 그 초과된 금액의 현금을 인출한 경우에는 그 인출된 현금에 대한 점유를 취득함으로써 이때에 그 인출한 현금 총액 중 인출을 위임받은 금액을 넘는 부분의 비율에 상당하는 재산상 이익을 취득한 것으로 볼 수 있으므로 이러한 행위는 그 차액 상당액에 관하여 형법 제347조의2(컴퓨터등사용사기)에 규정된 '컴퓨터 등 정보처리장치에 권한 없이 정보를 입력하여 정보처리를 하게 함으로써 재산상의 이익을 취득'하는 행위로서 컴퓨터 등 사용사기죄에 해당된다.(대법원 2006. 3. 24. 선고 2005도3516 판결)

3. 준사기죄

제348조(준사기)

① 미성년자의 사리분별력 부족 또는 사람의 심신장애를 이용하여 재물을 교부받거나 재산상 이익을 취득한 자는 10년 이하의 징역 또는 2천만원 이하의 벌금에 처한다.

② 제1항의 방법으로 제3자로 하여금 재물을 교부받게 하거나 재산상 이익을 취득하게 한 경우에도 제1항의 형에 처한다.

[전문개정 2020. 12. 8.]

(작성례 1)

피의자는 이웃에 살면서 친분이 있는 박○○(당○○세)가 20○○. ○. ○.경 그의 아버지(박○○)의 사망으로 인하여 망부의 재산을 상속하며, 그에게는 적당한 감독자나 후견인이 없으며 지능에 분별력이 없다는 것을 알고 그의 재산을 편취할 마음을 먹었다.

피의자는 같은 해 ○. ○. 서울 ○○구 ○○동 ○○번지에 있는 위 박○○의 집에서 그에게 사실은 육영재단에 알선할 의사나 능력이 전연 없으면서도 "이 재산을 네 앞으로 상속하면 상속세가 너무 많이 나오고 또 네가 미성년자여서 매각처분도 할 수 없는데 내가 아는 ○○재단에 기부하면 그곳에서 네가 대학을 나올 때까지 일체의 학비와 생활비를 대주고 유학까지 보내준다"라고 그를 유혹하였다. 그리하여 그로부터 그의 아버지가 생전에 발급받아 놓은 박○○ 명의의 인감증명서 1통과 도장 1개 및 대지 ○○평방미터와 건물 ○○평방미터의 아파트에 대한 위 박○○ 명의의 등기권리증 2통을 건네받아 즉시 같은 번지에 있는 피의자 집에서 행사할 목적으로 망 박○○의 성명을 쓰고 그 이름 밑에 그의 도장을 직어 위 박○○ 명의의 위임장과 위 대지 및 건물의 매매계약서를 각 위조하였다. 그리고 ○. ○. 같은 구 ○○동에 있는 법무사 김○○의 사무소에서 그에게 의뢰하여 ○○등기소에 제출하게 하여서 피의자의 그 소유권이전등기를 마쳐서 위 박○○의 지려천박을 이용하여 재산상 이익을 취득하였다.

(작성례 2)

피의자는 서울 ○○구 ○○동 123번지에 있는 ○○부동산을 운영하고 있다. 피의자는 20○○. ○.경 사고와 판단능력이 극히 낮은 정신지체 장애자인 피해자 최○○을 식당종업원으로 취직시켜 급료를 편취하고자 하였다. 그리하여 사실은 피해자에게 급료를 교부하지 아니하고 피의자가 가로챌 생각이었음에도 불구하고, 피해자에게 "식당의 종업원으로 취직시켜 줄테니 급료를 나에게 맡기면 은행에 저금하여 목돈을 만들어 줄테니 나한테 맡겨라" 고 거짓말을 하였다. 이에 속은 피해자를 20○○. ○. ○. 경부터 20○○. ○. ○. 경까지 사이에 서울 △△구 △△동 456번지에 있는 이○○ 운영의 △△식당에 종업원으로 취직시킨 후 위 피해자가 받을 급료 도합 1,200만원을 위 이○○으로부터 대신 교부받아 이를 편취하였다.

4. 편의시설부정이용죄

제348조의2(편의시설부정이용)

부정한 방법으로 대가를 지급하지 아니하고 자동판매기, 공중전화 기타 유료자동설비를 이용하여 재물 또는 재산상의 이익을 취득한 자는 3년 이하의 징역, 500만원 이하의 벌금, 구류 또는 과료에 처한다.

● 관련판례 1

◎ 타인의 전화카드(한국통신의 후불식 통신카드)를 절취하여 전화통화에 이용한 행위가 형법 제348조의2 소정의 편의시설부정이용의 죄에 해당하는지 여부(소극)

형법 제348조의2에서 규정하는 편의시설부정이용의 죄는 부정한 방법으로 대가를 지급하지 아니하고 자동판매기, 공중전화 기타 유료자동설비를 이용하여 재물 또는 재산상의 이익을 취득하는 행위를 범죄구성요건으로 하고 있는데, 타인의 전화카드(한국통신의 후불식 통신카드)를 절취하여 전화통화에 이용한 경우에는 통신카드서비스 이용계약을 한 피해자가 그 통신요금을 납부할 책임을 부담하게 되므로, 이러한 경우에는 피고인이 '대가를 지급하지 아니하고' 공중전화를 이용한 경우에 해당한다고 볼 수 없어 편의시설부정이용의 죄를 구성하지 않는다.(대법원 2001. 9. 25. 선고 2001도3625 판결)

● 관련판례 2

◎ 타인의 일반전화를 무단 이용하여 전화통화를 한 경우, 사기죄의 성립 여부(소극)

사기죄가 성립하기 위하여는 기망행위와 이에 기한 피해자의 처분행위가 있어야 할 것인바, 타인의 일반전화를 무단으로 이용하여 전화통화를 하는 행위는 전기통신사업자인 한국전기통신공사가 일반전화 가입자인 타인에게 통신을 매개하여 주는 역무를 부당하게 이용하는 것에 불과하여 한국전기통신공사에 대한 기망행위에 해당한다고 볼 수 없을 뿐만 아니라, 이에 따라 제공되는 역무도 일반전화 가입자와 한국전기통신공사 사이에 체결된 서비스이용계약에 따라 제공되는 것으로서 한국전기통신공사가 착오에 빠져 처분행위를 한 것이라고 볼 수 없으므로, 결국 위와 같은 행위는 형법 제347조의 사기죄를 구성하지 아니한다 할 것이고, 이는 형법이 제348조의2를 신설하여 부정한 방법으로 대가를 지급하지 아니하고 공중전화를 이용하여 재산상 이익을 취득한 자를 처벌하는 규정을 별도로 둔 취지에 비추어 보아도 분명하다.(대법원 1999. 6. 25., 선고, 98도3891, 판결)

5. 부당이득죄

제349조(부당이득)
① 사람의 곤궁하고 절박한 상태를 이용하여 현저하게 부당한 이익을 취득한 자는 3년 이하의 징역 또는 1천만원 이하의 벌금에 처한다.
② 제1항의 방법으로 제3자로 하여금 부당한 이익을 취득하게 한 경우에도 제1항의 형에 처한다.
[전문개정 2020. 12. 8.]

(작성례)

피의자는 ○○운수 소속 택시운전자이다.

피의자는 20○○. ○. ○. 04:00경 서울 ○○동 ○○번지 앞길에서 노○○가 그의 딸 노○○를 업고 그와 처 이○○와 함께 위 택시를 정차시키고 "○○병원에 빨리 가주세요"라고 목적지를 말하자, 위 피해자들의 상황이 위급, 궁박한 상태임을 알고 이를 이용하여 요금을 많이 받으려고 새벽 첫 손님으로 환자를 받기는 싫다. 꼭 가려면 5만원을 내라고 요구하였다. 피해자들이 궁박한 상황에서 이를 수락하자 그 조건으로 승차시켜 ○○병원으로 차를 몰아 도착한 후, 미터기에는 5,000원의 요금이 표시되어 있었으나 5만원을 교부받아 정당한 요금보다 45,000원을 더 받아서 현저하게 재산상의 이득을 취득하였다.

● 관련판례 1

◎ 개발사업의 부지 일부의 매매와 관련된 이른바 '알박기' 사건에서 부당이득죄가 성립하기 위한 요건

형법상 부당이득죄에서 궁박이라 함은 '급박한 곤궁'을 의미하고, '현저하게 부당한 이익의 취득'이라 함은 단순히 시가와 이익과의 배율로만 판단해서는 안 되고 구체적·개별적 사안에 있어서 일반인의 사회통념에 따라 결정하여야 한다. 피해자가 궁박한 상태에 있었는지 여부 및 급부와 반대급부 사이에 현저히 부당한 불균형이 존재하는지 여부는 거래당사자의 신분과 상호 간의 관계, 피해자가 처한 상황의 절박성의 정도, 계약의 체결을 둘러싼 협상과정 및 거래를 통한 피해자의 이익, 피해자가 그 거래를 통해 추구하고자 한 목적을 달성하기 위한 다른 적절한 대안의 존재 여부, 피고인에게 피해자와 거래하여야 할 신의칙상 의무가 있는지 여부 등 여러 상황을 종합하여 구체적으로 판단하여야 한다. 특히, 우리 헌법이 규정하고 있는 자유시장경제질서와 여기에서 파생되는 사적 계약자유의 원칙을 고려하여 그 범죄의 성립을 인정함에 있어서는 신중을 요한다.(대법원 2009.1.15. 선고 2008도8577).

● 관련판례 2

◎ 부당이득죄에 있어서 '궁박' 및 '현저하게 부당한 이익의 취득'의 의미와 그 판단 기준

토지매수인인 건설회사가 아파트 건설사업의 순조로운 진행과 막대한 은행융자금 이자의 부담을 피하기 위해 토지소유권을 시급히 확보해야 하는 처지여서 목적 토지에 관하여 명의자인 문중원들과 문중 사이의 소유권 분쟁에 관한 민사소송의 종료시까지 기다릴 여유가 없는 사정을 이용하여, 문중 대표자이자 목적 토지의 공유지분권자인 사람이 자기 지분에 대해 문중 명의 매매계약과 따로 별도의 매매계약을 체결하고 나머지 지분권자들의 3배 이상의 매매대금을 수령한 것은 건설회사의 궁박을 이용하여 현저하게 부당한 이득을 취한 것으로서 부당이득죄가 성립한다고 본 사례(대법원 2007. 12. 28. 선고 2007도6441 판결).

● 관련판례 3

◎ 형법 제349조의 부당이득죄에서 피해자가 궁박한 상태에 있었는지 여부와 현저하게 부당한 이득을 취득하였는지 여부의 판단 기준

형법상 부당이득죄에 있어서 궁박이라 함은 '급박한 곤궁'을 의미하고, '현저하게 부당한 이익의 취득'이라 함은 단순히 시가와 이익과의 배율로만 판단할 것이 아니라 구체적·개별적 사안에 있어서 일반인의 사회통념에 따라 결정하여야 하는 것으로서, 피해자가 궁박한 상태에 있었는지 여부 및 급부와 반대급부 사이에 현저히 부당한 불균형이 존재하는지 여부는 거래당사자의 신분과 상호 간의 관계, 피해자가 처한 상황의 절박성의 정도, 계약의 체결을 둘러싼 협상과정 및 거래를 통한 피해자의 이익, 피해자가 그 거래를 통해 추구하고자 한 목적을 달성하기 위한 다른 적절한 대안의 존재 여부, 피고인에게 피해자와 거래하여야 할 신의칙상 의무가 있는지 여부 등 여러 상황을 종합하여 구체적으로 판단하되, 특히 우리 헌법이 규정하고 있는 자유시장경제질서와 여기에서 파생되는 사적 계약자유의 원칙을 고려하여 그 범죄의 성립을 인정함에 있어서는 신중을 요한다(대법원 2005. 4. 15. 선고 2004도1246 판결, 대법원 2009. 1. 15. 선고 2008도1246 판결 등 참조).(대법원 2010. 5. 27., 선고, 2010도778, 판결).

6. 공갈죄

제350조(공갈)

① 사람을 공갈하여 재물의 교부를 받거나 재산상의 이익을 취득한 자는 10년 이하의 징역 또는 2천만원 이하의 벌금에 처한다.

② 전항의 방법으로 제삼자로 하여금 재물의 교부를 받게 하거나 재산상의 이익을 취득하게 한 때에도 전항의 형과 같다.

(작성례 1)

피의자는 20○○. ○. ○. 17 : 00경 서울 서초구 서초동 222 앞 노상에서 수업을 마치고 귀가중인 피해자 서초중학교 2학년 김○○(당14세)을 불러 세워놓고 오른손바닥으로 그의 뺨을 한 대 때리면서 “가진 돈 다 내놓아라 만일 뒤져서 돈이 나오면 100원에 한 대씩 때리겠다” 고 말하고 이에 불응하면 그에게 어떠한 위해를 가할 것 같은 태도를 보여 이에 겁이 난 그로부터 즉석에서 5,000원을 교부받아 이를 갈취하였다.

(작성례 2)

피의자는 홍○○으로부터 피해자 김○○(당40세)에 대한 채권 2,000만원을 대신 받아 주면 그 사례비로 200만원을 주겠다는 제의를 받고 이를 승낙하였다. 그리고 20○○. ○. ○. 13 : 00경 서울 강남구 역삼동 55에 있는 위 김○○ 경영의 샛별부동산 중개사무실에서 그에게 “당신이 홍○○ 사장에게 갚아야 할 2,000만원을 지금 주지 않으면 신상에 해로울 것이다.” 고 말하고 이에 불응하면 그에게 어떠한 위해를 가할 것 같은 태도를 보여 이에 겁이 난 그로부터 즉석에서 1,000만원과 1,000만원짜리 지불각서 1매를 교부받아 이를 갈취하였다.

(작성례 3)

피의자는 20○○. ○. 중순경 ○○시 ○○동에 있는 ○○캬바레에서 우연히 만나 정교한 유부녀 김○○(40세)로부터 정교사실을 미끼로 금품을 갈취하기로 마음먹었다.

피의자는 같은 해 ○. ○. 13:30경 △△시 △△동에 있는 △△호텔커피숍에서 위 김○○에게 사업자금이 급히 필요해서 그러니 3,000만원만 달라 만일 이에 불응하면 위 정교사실을 사진과 함께 ○○공무원으로 근무하고 있는 그녀의 남편에게 알려버리겠다고 말하는 등 협박하여 이에 겁을 먹은 그녀로부터 다음날 15:00경 위 커피숍에서 3,000만원을 교부받아 이를 갈취하였다.

(작성례 4)

피의자는 타인의 금품을 갈취하기로 마음먹고 그 대상을 물색 중 20○○. 10. 10. 13:00경 서울 성북구 ○○동 100번지 국민은행 앞길에서 때마침 그곳을 지나던 피해자 최남자(남, 16세)가 자신을 째려 봤다고 트집을 잡아 같은 장소로부터 약 70여 미터 떨어진 늘봄공원으로 데리고 갔다.

피의자는 그곳에서 피해자를 벤치에 앉혀 놓고, 그를 둘러싸며 때릴 것 같이 위력을 과시하여 탈출을 못하게 하고, 피해자의 안면부를 3회 때리고 "야 차비좀 주라" 하며 금원을 요구하여 만약 요구에 불응하면 그의 신체에 위해를 가할 것 같은 위세를 보여, 이에 겁을 먹은 피해자로부터 그 즉시 현금 5,000원을 교부받았다.

(작성례 5)

피의자는 서울 성북구 ○○동 100번지 놀자단란주점에서 접대부를 고용하고 있음을 기회로 금품을 갈취하기로 마음먹고 20○○. 10. 10. 14:00경 그곳에 고객으로 가장하여 들어가 양주 1병(시가 170,000원)과 안주(시가 150,000원) 등 도합 320,000원 상당의 음식을 시켜먹었다. 그리고 피해자 김여자(여, 00세)에게 "지금 돈 안 가져왔으니 외상으로 합시다."라고 말하여 피해자가 이를 거절하자 피의자와 작배한 접대부를 지적하면서 "이 집에 접대부를 둘 수 있느냐 지금 당장 112에 신고하겠다"라고 전화기를 들자, 그녀가 수화기를 뺏으며, "그럼 내일 가져오세요" 라고 할 때 "이제 필요없어 그러면 신고 안 할테니 50만원만 주쇼" 라고 돈을 요구하여 만약 이에 불응하면 당국에 신고하여 처벌을 받게 할 것 같은 기세를 보여서, 이에 외포된 피해자가 그 즉시 금 500,000원을 교부하는 등 위 대금 370,000원을 면하여 도합 870,000원 상당을 갈취하였다.

(작성례 6)

피의자는 20○○.1. 1. 14:00경 서울 성북구 ○○동 100번지 동방놀이터 부근에서 학교를 마치고 귀가하는 피해자 김남자를 불러 세워놓고 가지고 있는 돈을 모두 내 놓으라고 이야기하였다. 피의자는 험악한 인상으로 막대기를 들고 피해자들을 향하여 겨누며 "말을 듣지 않으면 이 몽둥이가 가만히 있지 않는다" 라고 말하는 등 피해자가 피의자의 요구에 응하지 않으면 신체에 어떤 위해를 가할 듯한 태도를 보여 겁을 주고, 이에 겁먹은 피해자로부터 현금 43,000원을 교부받아 이를 갈취하였다.

■ 적용실례

◇ 세금포탈을 미끼로 폭행하고 돈을 빼앗은 경우

한 회사가 세금을 포탈하고 있다는 사실을 안 신문기자 김○○는, 이 사실을 이용해서 그 회사사장 박○○로부터 돈을 갈취하기로 계획하고, 이 사실을 원고로 만들어 박○○에게 가지고 가서 5,000만원에 사라고 제의했지만 그는 이에 응하지 않았다. 김○○가 반항을 억압할 정도는 아니지만, 폭행을 가하고 다시 묻자 그의 태도에 겁을 먹은 박○○는 5,000만원을 그에게 주었다.

※ 공갈죄에 있어서 협박도 상대방에게 공포심을 일으킬 정도의 해악의 고지이다. 원고를 사지 않으면 신문지상에 게재한다는 태도를 보인 것도 해악의 고지에 해당한다. 이 경우 폭행을 해서 상대방을 외포시키고는 있지만, 그 폭행은 협박의 내용에 한정되는 공갈죄의 수단으로서의 것이며 반항을 억압할 정도도 아니어서 그대로 공갈죄만이 성립한다고 할 것이다.

◇ 채무를 변제하지 않는 채무자를 협박해서 채무를 받은 경우

채권자 최○○는 변제기한이 도래한 후, 계속 독촉을 함에도 채무의 변제에 응하지 않는 채무자 구○○에 대하여, 협박을 가해 채무를 받아내었다.

※ ① 권리의 범위 내에서 재물, 재산상의 이익을 취득한 경우는 공갈죄가 성립하지 않는다(협박죄의 성립은 별도로 한다).

② 권리의 범위를 넘어 재물·재산상의 이익을 취득한 경우는 그것이 가분하면 초과부분에 대해, 불가분하면 전체에 대해 공갈죄가 성립한다.

③ 정당한 권리를 가진 경우라도, 이것을 행사하는 의사가 없이 권리행사의 명목을 빌려 지나치게 한 경우는 전체에 대해 공갈죄가 성립한다. 이 때 그 정당성 여부는 사회통념상 용인할 수 있는가 여부에 따른다. 이렇게 볼 때 위의 경우에는 협박죄만의 성립을 인정할 수 있겠다.

◇ 범죄에서 폭행과 공갈의 정도

피해자를 때리고 그가 겁에 질려있는 사이에 가방에서 돈을 빼내어 갔다.

※ 이 경우, 폭행은 반항을 억압할 정도로는 보이지 않아 그대로 공갈로 흡수되고 공갈죄만 성립한다.

◇ 정을 통한 후 위협하여 돈을 갈취한 경우

피의자가 낮에 정을 통한 여자를 만나 여러 차례 때리고 위협을 가하여 돈을 갈취하였다.

※ 피의자가 주간에 단순히 피해자에게 겁을 주어 돈을 갈취한 것으로 보이므로 공갈죄로 의율하는 것이 타당하다.

◇ 주인을 협박하여 누적된 외상값을 내지 않은 경우

여러 차례에 걸쳐 술집에서 외상술을 마신 후 외상값이 누적되자 이를 요구하는 주인에게 협박하여 외상값의 지급을 면탈하였다.

※ 피해자 지급포기에 대하여 특정하고 공갈의 1죄로 의율하는 것이 타당하다.

● 관련판례 1

◎ 공갈죄의 수단인 '협박'의 의미 / 협박이 정당한 권리의 실현 수단으로 사용된 경우, 공갈죄의 실행에 착수한 것인지 판단하는 기준

공갈죄의 수단인 협박은 사람의 의사결정의 자유를 제한하거나 의사실행의 자유를 방해할 정도로 겁을 먹게 할 만한 해악을 고지하는 것을 말한다. 고지하는 내용이 위법하지 않은 것인 때에도 해악이 될 수 있고, 해악의 고지는 반드시 명시의 방법에 의할 필요는 없으며 언어나 거동에 의하여 상대방으로 하여금 어떠한 해악에 이르게 할 것이라는 인식을 가지게 하는 것이면 된다. 또한 이러한 해악의 고지가 비록 정당한 권리의 실현 수단으로 사용된 경우라 하여도 그 권리실현의 수단·방법이 사회통념상 허용되는 정도나 범위를 넘는다면 공갈죄의 실행에 착수한 것으로 보아야 한다. 여기서 어떠한 행위가 구체적으로 사회통념상 허용되는 정도나 범위를 넘는지는 그 행위의 주관적인 측면과 객관적인 측면, 즉 추구한 목적과 선택한 수단을 전체적으로 종합하여 판단한다(대법원 1995. 3. 10. 선고 94도2422 판결, 대법원 2017. 7. 11. 선고 2015도18708 판결 등 참조).(대법원 2019. 2. 14., 선고, 2018도19493, 판결)

● 관련판례 2

◎ 강요죄나 공갈죄의 수단인 '협박'의 의미

강요죄나 공갈죄의 수단인 협박은 사람의 의사결정의 자유를 제한하거나 의사실행의 자유를 방해할 정도로 겁을 먹게 할 만한 해악을 고지하는 것을 말하는데, 해악의 고지는 반드시 명시적인 방법이 아니더라도 말이나 행동을 통해서 상대방으로 하여금 어떠한 해악에 이르게 할 것이라는 인식을 갖게 하는 것이면 족하고, 피공갈자 이외의 제3자를 통해서 간접적으로 할 수도 있으며, 행위자가 그의 직업, 지위 등에 기하여 불법한 위세를 이용하여 재물의 교부나 재산상 이익을 요구하고 상대방으로 하여금 그 요구에 응하지 않을 때에는 부당한 불이익을 당할 위험이 있다는 위구심을 일으키게 하는 경우에도 해악의 고지가 된다.(대법원 2013. 4. 11. 선고 2010도13774 판결)

● 관련판례 3

◎ 공갈죄의 대상인 '타인의 재물'인지 판단하는 기준 및 절도범이 절취한 금전이 다른 금전 등과 명백하게 구분되는 예외적인 경우, 절도 피해자에 대한 관계에서 그 금전을 절도범인 타인의 재물이라고 할 수 있는지 여부(소극)

공갈죄의 대상이 되는 재물은 타인의 재물을 의미하므로, 사람을 공갈하여 자기의 재물을 교부받는 경우에는 공갈죄가 성립하지 아니한다. 그리고 타인의 재물인지는 민법, 상법, 기타의 실체법에 의하여 결정되는데, 금전을 도난당한 경우 절도범이 절취한 금전만 소지하고 있는 때 등과 같이 구체적으로 절취된 금전을 특정할 수 있어 객관적으로 다른 금전 등과 구분됨이 명백한 예외적인 경우에는 절도 피해자에 대한 관계에서 그 금전이 절도범인 타인의 재물이라고 할 수 없다.(대법원 2012. 8. 30. 선고 2012도6157 판결)

● 관련판례 4

◎ 재산상 이익의 취득으로 인한 공갈죄의 성립 요건

재산상 이익의 취득으로 인한 공갈죄가 성립하려면 폭행 또는 협박과 같은 공갈행위로 인하여 피공갈자가 재산상 이익을 공여하는 처분행위가 있어야 한다. 물론 그러한 처분행위는 반드시 작위에 한하지 아니하고 부작위로도 족하여서, 피공갈자가 외포심을 일으켜 묵인하고 있는 동안에 공갈자가 직접 재산상의 이익을 탈취한 경우에도 공갈죄가 성립할 수 있다. 그러나 폭행의 상대방이 위와 같은 의미에서의 처분행위를 한 바 없고, 단지 행위자가 법적으로 의무 있는 재산상 이익의 공여를 면하기 위하여 상대방을 폭행하고 현장에서 도주함으로써 상대방이 행위자로부터 원래라면 얻을 수 있었던 재산상 이익의 실현에 장애가 발생한 것에 불과하다면, 그 행위자에게 공갈죄의 죄책을 물을 수 없다.(대법원 2012. 1. 27. 선고 2011도16044 판결)

● 관련판례 5

◎ 공갈죄의 수단으로서의 협박의 의미

공갈죄의 수단으로서 협박은 사람의 의사결정의 자유를 제한하거나 의사실행의 자유를 방해할 정도로 겁을 먹게 할 만한 해악을 고지하는 것을 말하고, 해악의 고지는 반드시 명시의 방법에 의할 것을 요하지 아니하며 언어나 거동에 의하여 상대방으로 하여금 어떠한 해악에 이르게 할 것이라는 인식을 갖게 하는 것이면 족한 것이고, 또한 직접적이 아니더라도 피공갈자 이외의 제3자를 통해서 간접적으로 할 수도 있으며, 행위자가 그의 직업, 지위에 기하여 불법한 위세를 이용하여 재물의 교부를 요구하고 상대방으로 하여금 그 요구에 응하지 아니한 때에는 부당한 불이익을 초래할 위험이 있다는 위구심을 야기하게 하는 경우에도 해악의 고지가 된다.(대법원 2002. 12. 10. 선고 2001도7095 판결)

제36절 횡령과 배임의 죄

1. 횡령죄

제355조(횡령, 배임)

① 타인의 재물을 보관하는 자가 그 재물을 횡령하거나 그 반환을 거부한 때에는 5년 이하의 징역 또는 1천500만원 이하의 벌금에 처한다. 〈개정 1995.12.29.〉

② 타인의 사무를 처리하는 자가 그 임무에 위배하는 행위로써 재산상의 이익을 취득하거나 제삼자로 하여금 이를 취득하게 하여 본인에게 손해를 가한 때에도 전항의 형과 같다.

(작성례 1)

피의자는 경주김씨 해동공파 종중의 종손이다.

피의자는 20○○. ○. ○. 서울 송파구 잠실동에 있는 강남등기소에서 피해자인 위 종중으로부터 그 소유의 서울 서초구 양재동 산33에 있는 임야 50,000평을 명의신탁받아 피의자 명의로 소유권이전등기하여 위 종중을 위하여 보관중이었다. 피의자는 20○○. ○. ○. 14:00경 서울 서초구 서초동에 있는 서초부동산에서 임의로 정○○에게 대금 10억원에 매도하여 다음날 위 강남등기소에서 위 부동산에 관한 소유권이전등기를 위 정○○ 명의로 경료하여 주어 이를 횡령하였다.

(작성례 2)

피의자는 20○○. ○. ○. 경 ○○시 ○○구 ○○동 123번지에 있는 피해자 김○○의 집에서 그로부터 액면 금 3,000만원 약속어음 1매에 대한 할인의뢰를 받고 이를 보관하고 있었다. 그러던 중 같은 달 ○. 경 △△시 △△구 △△동 456번지에서 이○○으로부터 선이자 150만원을 공제하고 2,850만원에 할인하여 피해자를 위해 보관 중 그 무렵 유흥비 등으로 임의 소비하여 이를 횡령하였다.

(작성례 3)

피의자는 서울 ○○동 123번지 141호에서 '금별은별' 이라는 보석가게를 운영하고 있다.

피의자는 20○○. ○. ○. 13:00경 위 가게에 온 이름을 모르는 손님이 1캐럿짜리 황색다이아몬드를 찾았지만 없어서, 위 번지 143호에 있는 피해자 김○○ 운영의 '보석나라' 에서 손님에게 보여준다며 피해자로부터 황색다이아몬드 1.05캐럿짜리 1개 시가 1,500만원 상당을 잠시 빌려 손님에게 보여주고 피해자를 위하여 보관하던 중 같은 달 ○.경 위 피해자의 빌려간 다이아몬드를 돌려달라는 요청을 받고도 아무런 이유 없이 그 반환을 거부하여 이를 횡령하였다.

(작성례 4)

피의자 김○○은 처인 피의자 최○○와 공모하여, 20○○. ○. ○. ○○시 ○○동 111번지 속칭 ○○○골목 피의자 경영의 성매매업소에서, 피해자와 사이에 피해자가 손님을 상대로 성매매행위를 하고 그 대가로 받은 화대를 절반씩 분배하기로 약정하였다. 그리고 그때부터 20○○. ○. ○. 까지 피해자가 피의자의 업소에 찾아온 손님들을 상대로 성매매행위를 하고서 받은 화대 합계 4,650만원을 보관하던 중 그 중 절반인 2,350만원을 피해자에게 반환하지 아니하고 피의자들의 생활비 등으로 임의 소비함으로써 이를 횡령하였다.

■ 적용실례

◇ 부동산의 이중매매

A는 자기소유의 부동산을 B에게 팔았지만, 등기명의가 그대로 있는 것을 이용해서 이를 다시 C에게 팔았고, C가 먼저 이전등기를 하였다.

※ 부동산의 점유자는 A이고, A는 B에 대하여 소유권이전협력의무를 지고 있을 뿐 아니라, 소유권취득을 제3자에 대해 대항할 수 있도록 할 의무를 지고 있기 때문에 A는 당해 부동산을 B의 위탁으로 점유하고 있다고 할 수 있다. 따라서 A가 이것을 C에게 매도하면 횡령죄가 성립되는 것이다. 이 때 제2의 양수인 C가 악의인 때(2중매매를 알고 있을 때)에는 C에 대해서도 횡령죄의 공범을 인정할 수 있다.

◇ 물건의 일부를 횡령한 경우

피의자가 고소인으로부터 컴퓨터를 판매해 달라는 부탁을 받고 보관하던 중, 그 부속품인 CPU를 빼내어 처분하였다.

※ 부속품을 빼내어 처분한 사실만으로도 횡령죄가 성립한다.

◇ 월부 대금을 완불하지 않은 채 물건을 타인에게 매도한 경우

피의자가 피아노 1대를 월부로 구입했으나 그 대금의 지불을 완료하지 않은 상태에서 위 피아노를 타인에게 처분하였다.

※ 일반적으로 월부를 갚을 때까지 소유권이전이 유보되어 있는 것이므로 이 경우, 자기가 보관하는 타인 소유의 재물을 그 소유자의 승낙없이 임의처분한 것으로 횡령죄가 성립한다.

◇ 명의신탁의 경우

명의신탁받은 부동산을 타에 매도하였다.

※ 명의신탁의 경우 수탁자는 수탁받은 물건을 보관하는 위치에 있는 것이므로 특별한 사정이 없는 한 횡령죄로 의율하는 것이 타당하다.

◇ 외판원을 그만둔 후 보관하던 물건을 팔아 임의소비한 경우

정○○는 ○○백과사전을 판매하던 때 책 2질을 집에 보관해 두었다. 그러다 서적 외판원을 그만두게 되었는데, 그 후 이것을 임의로 월부판매하고 그 대금을 수금하여 소비해 버렸다.

※ 정○○가 범행을 할 때에는 외판원 신분이 아니었으므로 위 백과사전의 판매 및 수금업무에 종사하는 신분이 아니어서 단순횡령죄로 의율하는 것이 타당하겠다(업무상 횡령이 아님).

◇ 부동산의 매각가격을 속여 차액을 횡령한 경우

부동산의 매각을 위임받은 피의자가 그 대금을 횡령하기 위해 평당 12만원에 매각하고도 평당 10만원에 매각했다고 속이고 그 차액을 횡령하였다.

※ 이 경우는 전형적인 횡령죄에 해당한다.

◇ 보험금 지급금액을 속이고 차액을 착복한 경우

사고를 당한 피해자에게 보험회사로부터 보험금이 2,000만원이 지급되는데도 피해자에게는 1,000만원만 지급된다고 속이고 피해자의 위임장 및 인감증명을 교부받은 후, 보험회사로부터 보험금 2,000만원을 교부받아 그 중 1,000만원만 피해자에게 지급하고 나머지 1,000만원은 착복하였다.

※ 이 경우 사기죄로 의율할 확률도 많으나 그것은 착오이다. 피의자가 피해자로부터 위임장, 인감증명을 교부받음에 있어 기망행위를 했더라도 위 서류교부와 기망행위간에 인과관계가 있는 것이 아니므로(그 기망행위가 없었더라도 피해자는 수령권을 위임하였을 것이므로) 사기죄로 의율할 수 없으며, 횡령죄로 의율하는 것이 상당하다.

◇ 월부금을 연체하고 물건의 반환을 거부한 경우

김○○는 컴퓨터를 월부구입했으나 월부금을 연체하였고, 그러자 매도인은 이를 이유로 컴퓨터의 반환을 요구하였다. 김○○가 이 요구에 응하지 않았다면 그 죄책은?

※ 물건을 할부구입할 때 소유권유보약정이 있다면 그 약정에 따라 대금완납시까지 소유권은 매도인에게 귀속하는 것이므로 월부금 일부연체를 이유로 매도인이 물건의 반환을 요구하면 이에 응해야 하며 그 반환을 거부하면 당연히 횡령죄가 성립한다.

◇ 보관을 부탁받은 돈을 임의로 소비한 경우

이○○는 도○○로부터 예금을 찾아 관리비 등을 내달라는 부탁을 받고, 예금을 찾아 이를 임의소비해 버렸다.

※ 이 경우, 일시적이나마 피의자가 이를 보관하는 지위에 있으므로 절도죄가 아니라 횡령으로 의율하는 것이 상당하다.

◇ 배달중 사용하던 오토바이를 임의로 매각한 경우

피의자가 피자판매점에서 배달원으로 종사하면서 사용하던 피자배달 오토바이를 가지고 나가 임의로 매각하였다.

※ 이 경우, 음식배달을 위해 피의자가 사용하던 오토바이는 피의자의 점유하에

있다 할 것이고 타인의 점유하에 있는 것이 아니어서 절도죄가 아닌 횡령죄로 의율하는 것이 상당할 것이다.

◇ 부동산 매매대금을 보관하던 중 소비한 경우

부동산 중개인인 피의자가 피해자로부터 부동산의 매도를 위임받고 부동산을 매도한 후 그 대금을 보관하던 중 이를 횡령하였다.

※ 피의자가 그 대금 등을 보관하는 지위는 피의자의 업무상의 지위로 인해 성립한 것이므로 업무상횡령죄로 의율해야 한다.

◇ 보관중인 타인의 통장과 인장으로 예금액을 인출한 경우

피의자는 맹인인 피해자의 길안내를 하면서 그에게서 통장과 도장이 든 가방을 보관해달라는 부탁을 받고 이것을 보관하다가 그의 통장을 이용하여 임의로 예금액을 인출 편취하였다.

※ 보관중인 통장과 도장을 마음대로 사용한 점이 인정되므로 횡령으로 의율해야 한다.

◇ 주점에서 손님이 분실한 지갑을 주워 임의소비한 경우

모○○는 자신이 경영하는 주점에서 손님이 놓고 간 11만원쯤 들어있는 지갑을 습득했지만 이를 반환하지 않은 채 임의로 소비해 버렸다.

※ 이 경우, 손○○는 주점 주인이므로 손님이 분실한 물품을 보관하는 지위에 있게 된다. 따라서 위 손○○의 행위는 절도가 아닌 횡령죄로 의율해야 한다.

◇ 대금을 완납하지 않은 월부구입 제품을 채무변제에 사용한 경우

김○○는 오디오를 월부로 구입하여 아직 대금 중 일부만 지급한 상태에서 그의 마음대로 채권자에게 넘겨줌으로써 채무를 변제하였다.

※ 자신이 점유하는 남의 물건을 채무변제에 사용하는 것도 사적용도에 소비한 것으로 보아 횡령죄를 의율할 수 있을 것이다.

◇ 보증금 일부를 반환하지 않고 써버린 경우

A는 B의 집에 전세들어 살다가 계약기간이 끝나 집을 비웠으나 전세보증금 중

300만원을 아직 반환받지 못했다. B는 새 전세계약자에게서 보증금을 받으면 나머지 300만원을 주기로 했는데, 보증금을 받고도 A에게 잔금을 반환하지 않고 이를 임의 소비해 버렸다.

※ 피의자가 위 방을 임대하고 받은 전세보증금은 B의 소유이고 A의 돈을 보관한 것이 아니므로 B가 이를 임의소비한 것은 횡령죄의 구성요건을 충족하지 않는다.

◇ 약속어음을 빌려서 할인하여 쓰고 변제하지 않은 경우

피의자가 고소인에게 약속어음을 빌려서 이를 할인하여 그 중 200만원은 고소인이 사용하고 나머지 400만원은 1개월 후에 변제하기로 약정한 후 피의자가 사용하다가 이를 변제하지 못하였다. 변제기일을 1개월로 약정했으나 고소인이 그 날짜에 이자를 지불하고 계속 사용해도 좋다고 허락했고 그 후 피의자는 이자만 지불하다가 추진하던 사업이 실패하여 원금과 이자를 지불하지 못한 것이다.

※ 횡령죄란 타인의 재물을 보관하는 자가 그 재물을 불법으로 가로 챈 경우에 성립되는 범죄로, 이 경우 피의자는 단순히 고소인에게서 400만원을 빌려 이를 변제하지 못하는 것일 뿐 피의자가 타인의 재물을 보관하는 지위에 있다고 보기 어렵고 이는 단순히 고소인과 피의자 사이의 민사상의 채권채무에 지나지 않아 결국 횡령의 범죄혐의를 인정할 수 없을 것이다.

● 수사사례

<u>보관물, 대여한 물건, 동업 관련 횡령</u>

- 보관물을 증여한 경우 피해자의 물건을 보관하던 중 이를 제3자에게 무상으로 증여하였어도 횡령죄는 성립
- 동업자에게 분배할 금원의 보관 동업자중 1인이 공동소유인 건물의 월세금을 분배하지 않고 혼자 소비한 경우 횡령 죄 성립
- 공동소유 부동산에 근저당설정 다른 공동소유자의 승락없이 공동소유의 부동산을 담보물로 제공하여 근저당권을 설정하고 금원을 차용하였다면 횡령죄 성립
- 차량대여 피의자가 피해자의 차량을 빌려 쓴 후 반환하지 않았다면 횡령죄가 성립
- 위탁받은 금원 위탁자로부터 특정용도에 사용하라고 위탁받은 금원을 그 용도에 사용하지 않고 임의로 소비하였다면 횡령죄 성립

매매, 중개업 관련 횡령

- 부동산중개업 부동산중개업자가 고소인으로부터 부동산을 구입해 달라는 부탁을 받고 구입비를 받아서 보관 중 매매가 성립되지 않자, 고소인이 구입비를 돌려달라고 요구하였음에도 불구하고 이를 임의로 소비하였다면 횡령죄 성립.
- 매매중개 피해자로부터 물건을 구입해 달라는 부탁을 받고 계약금과 중도금을 받아 계약을 한 후 다시 계약을 파기 하여 돌려 받은 돈을 피해자에게 주지 않은 경우 횡령죄 성립.
- 할부물품횡령 무선전화기를 할부로 구입한 후 할부금이 완납되기 전까지는 그 소유권이 판매자에게 있음에도 불구 하고 이를 임의로 처분하여 소비하였다면 횡령죄 성립.

부동산, 신용카드, 수표 관련 횡령

- 부동산중개업 부동산중개업자가 고소인으로부터 부동산을 구입해 달라는 부탁을 받고 구입비를 받아서 보관 중 매매가 성립되지 않자, 고소인이 구입비를 돌려달라고 요구하였음에도 불구하고 이를 임의로 소비하였다면 횡령죄 성립.
- 매매중개 피해자로부터 물건을 구입해 달라는 부탁을 받고 계약금과 중도금을 받아 계약을 한 후 다시 계약을 파기하여 돌려 받은 돈을 피해자에게 주지 않은 경우 횡령죄 성립.
- 할부물품횡령 무선전화기를 할부로 구입한 후 할부금이 완납되기 전까지는 그 소유권이 판매자에게 있음에도 불구 하고 이를 임의로 처분하여 소비하였다면 횡령죄 성립.
- 부동산 명의 수탁 부동산명의수탁자가 본인의 허락없이 타인에게 근저당 설정을 해주었다면 횡령죄 성립
- 명의신탁된 토지의 보상금 부동산명의수탁자가 해당 토지가 국가에 수용되어 수용보상금이 나온 것을 기화로 이를 임의로 처분하였다면 횡령죄 성립.
- 부동산매각의 위임 피해자로부터 부동산을 매각하여 달라는 부탁을 받고 평당 가격을 원래 받은 가격보다 싸게 판 것 처럼 피해자를 속이고 그 차액을 가졌다면 횡령죄 성립
- 할인의뢰받은 수표횡령 피해자로부터 할인의뢰를 받아 보관하던 가계수표를 임의로 자신의 채무변제에 사용한 경우는 횡령죄 성립

금원관련 횡령(계약금, 보증금, 임대료)

- 보증금 반환 유흥업소 주인이 자신의 영업소에서 일하기를 원하는 악사에게 보증금을 받은 후, 악사가 업소를 그만 둘 때 보증금의 반환을 거절하였다면 횡령죄 성립

기타 횡령

- 목적과 달리 소비 주식회사를 설립하기로 약정하고 받은 돈을 회사에 투자하지 않고 자신의 용도에 따라 임의 소비하였다면 횡령죄 성립
- 현금인출하여 사용 피해자 승락없이 피해자의 은행통장에서 현금을 인출하여 자신의 채무변제를 위해 타인의 예금통장에 무통장입금시킨 경우는 횡령죄 성립
- 우연한 장물취득 자신의 트럭적재함에 우연히 성명불상의 절도범으로 추정되는 자가 두고 간 절도 피해품을 경찰에 신고하지 않은 채 자신이 차지할 의사로 가지고 간 경우에는 횡령죄 성립

● 관련판례 1

◎ 업무상배임죄가 성립하려면 재산상 이익과 손해 사이에 서로 대응하는 관계에 있는 등 일정한 관련성이 인정되어야 하는지 여부(적극)

업무상배임죄는 업무상 타인의 사무를 처리하는 자가 임무에 위배하는 행위를 하고 그러한 임무위배행위로 인하여 재산상의 이익을 취득하거나 제3자로 하여금 이를 취득하게 하여 본인에게 재산상의 손해를 가한 때 성립한다. 여기서 '재산상 이익 취득'과 '재산상 손해 발생'은 대등한 범죄성립요건이고, 이는 서로 대응하여 병렬적으로 규정되어 있다(형법 제356조, 제355조 제2항). 따라서 임무위배행위로 인하여 여러 재산상 이익과 손해가 발생하더라도 재산상 이익과 손해 사이에 서로 대응하는 관계에 있는 등 일정한 관련성이 인정되어야 업무상배임죄가 성립한다.(대법원 2021. 11. 25., 선고, 2016도3452, 판결)

● 관련판례 2

◎ 명의신탁자가 매수한 부동산에 관하여 부동산 실권리자명의 등기에 관한 법률을 위반하여 명의수탁자와 맺은 명의신탁약정에 따라 매도인에게서 바로 명의수탁자 명의로 소유권이전등기를 마친 이른바 중간생략등기형 명의신탁을 한 경우, 명의수탁자가 명의신탁자의 재물을 보관하는 자인지 여부(소극) 및 명의수탁자가 신탁받은 부동산을 임의로 처분하면 명의신탁자에 대한 관계에서 횡령죄가 성립하는지 여부(소극)

형법 제355조 제1항이 정한 횡령죄의 주체는 타인의 재물을 보관하는 자라야 하고, 타인의 재물인지 아닌지는 민법, 상법, 기타의 실체법에 따라 결정하여야 한다. 횡령죄에서 보관이란 위탁관계에 의하여 재물을 점유하는 것을 뜻하므로 횡령죄가 성립하기 위하여는 재물의 보관자와 재물의 소유자(또는 기타의 본권자) 사이에 법률상 또는 사실

상의 위탁신임관계가 존재하여야 한다. 이러한 위탁신임관계는 사용대차 · 임대차 · 위임 등의 계약에 의하여서뿐만 아니라 사무관리 · 관습 · 조리 · 신의칙 등에 의해서도 성립될 수 있으나, 횡령죄의 본질이 신임관계에 기초하여 위탁된 타인의 물건을 위법하게 영득하는 데 있음에 비추어 볼 때 위탁신임관계는 횡령죄로 보호할 만한 가치 있는 신임에 의한 것으로 한정함이 타당하다.(대법원 2016. 5. 19. 선고 2014도6992 전원합의체 판결)

● 관련판례 3

◎ 선행 처분행위로 횡령죄가 기수에 이른 후 이루어진 후행 처분행위가 별도로 횡령죄를 구성하는지 여부 및 타인의 부동산을 보관 중인 자가 그 부동산에 근저당권설정등기를 마침으로써 횡령행위가 기수에 이른 후 같은 부동산에 별개의 근저당권을 설정하거나 해당 부동산을 매각한 행위가 별도로 횡령죄를 구성하는지 여부(원칙적 적극)

[다수의견]

(가) 횡령죄는 다른 사람의 재물에 관한 소유권 등 본권을 보호법익으로 하고 법익침해의 위험이 있으면 침해의 결과가 발생되지 아니하더라도 성립하는 위험범이다. 그리고 일단 특정한 처분행위(이를 '선행 처분행위' 라 한다)로 인하여 법익침해의 위험이 발생함으로써 횡령죄가 기수에 이른 후 종국적인 법익침해의 결과가 발생하기 전에 새로운 처분행위(이를 '후행 처분행위' 라 한다)가 이루어졌을 때, 후행 처분행위가 선행 처분행위에 의하여 발생한 위험을 현실적인 법익침해로 완성하는 수단에 불과하거나 그 과정에서 당연히 예상될 수 있는 것으로서 새로운 위험을 추가하는 것이 아니라면 후행 처분행위에 의해 발생한 위험은 선행 처분행위에 의하여 이미 성립된 횡령죄에 의해 평가된 위험에 포함되는 것이므로 후행 처분행위는 이른바 불가벌적 사후행위에 해당한다. 그러나 후행 처분행위가 이를 넘어서서, 선행 처분행위로 예상할 수 없는 새로운 위험을 추가함으로써 법익침해에 대한 위험을 증가시키거나 선행 처분행위와는 무관한 방법으로 법익침해의 결과를 발생시키는 경우라면, 이는 선행 처분행위에 의하여 이미 성립된 횡령죄에 의해 평가된 위험의 범위를 벗어나는 것이므로 특별한 사정이 없는 한 별도로 횡령죄를 구성한다고 보아야 한다.

(나) 따라서 타인의 부동산을 보관 중인 자가 불법영득의사를 가지고 그 부동산에 근저당권설정등기를 경료함으로써 일단 횡령행위가 기수에 이르렀다 하더라도 그 후 같은 부동산에 별개의 근저당권을 설정하여 새로운 법익침해의 위험을 추가함으로써 법익침해의 위험을 증가시키거나 해당 부동산을 매각함으로써 기존의 근저당권과 관계없이 법익침해의 결과를 발생시켰다면, 이는 당초의 근저당권 실행을 위한 임의경매에 의한 매각 등 그 근저당권으로 인해 당연히 예상될 수 있는 범위를 넘어 새로운 법익침해의 위험을 추가시키거나 법익침해의 결과를 발생시킨 것이므로 특별한 사정이 없는 한 불가벌적 사후행위로 볼 수 없고, 별도로 횡령죄를 구성한다.(대법원 2013. 2. 21. 선고 2010도10500 전원합의체 판결)

● 관련판례 4

◎ 채무자가 채권양도담보계약에 따라 '담보 목적 채권의 담보가치를 유지·보전할 의무' 를 부담하는 경우, 채권자에 대한 관계에서 '타인의 사무를 처리하는 자' 에 해당하는지 여부(소극)

금전채권채무 관계에서 채권자가 채무자의 급부이행에 대한 신뢰를 바탕으로 금전을 대여하고 채무자의 성실한 급부이행에 의해 채권의 만족이라는 이익을 얻게 된다 하더라도, 채권자가 채무자에 대한 신임을 기초로 그의 재산을 보호 또는 관리하는 임무를 부여하였다고 할 수 없고, 금전채무의 이행은 어디까지나 채무자가 자신의 급부의무의 이행으로서 행하는 것이므로 이를 두고 채권자의 사무를 맡아 처리하는 것으로 볼 수 없다. 따라서 금전채권채무의 경우 채무자는 채권자에 대한 관계에서 '타인의 사무를 처리하는 자' 에 해당한다고 할 수 없다.

채무자가 기존 금전채무를 담보하기 위하여 다른 금전채권을 채권자에게 양도하는 경우에도 마찬가지이다. 채권양도담보계약에 따라 채무자가 부담하는 '담보 목적 채권의 담보가치를 유지·보전할 의무' 등은 담보 목적을 달성하기 위한 것에 불과하며, 채권양도담보계약의 체결에도 불구하고 당사자 관계의 전형적·본질적 내용은 여전히 피담보채권인 금전채권의 실현에 있다.

따라서 채무자가 채권양도담보계약에 따라 부담하는 '담보 목적 채권의 담보가치를 유지·보전할 의무' 를 이행하는 것은 채무자 자신의 사무에 해당할 뿐이고, 채무자가 통상의 계약에서의 이익대립관계를 넘어서 채권자와의 신임관계에 기초하여 채권자의 사무를 맡아 처리한다고 볼 수 없으므로, 이 경우 채무자는 채권자에 대한 관계에서 '타인의 사무를 처리하는 자' 에 해당한다고 할 수 없다.(대법원 2021. 7. 15., 선고, 2015도5184, 판결)

● 관련판례 5

◎ 배임죄의 주체인 '타인의 사무를 처리하는 자' 의 의미

배임죄는 타인의 사무를 처리하는 자가 그 임무에 위배하는 행위로써 재산상의 이익을 취득하거나 제3자로 하여금 이를 취득하게 하여 사무의 주체인 타인에게 손해를 가할 때 성립하는 것이므로 그 범죄의 주체는 타인의 사무를 처리하는 지위에 있어야 한다.

여기에서 '타인의 사무를 처리하는 자' 라고 하려면, 타인의 재산관리에 관한 사무의 전부 또는 일부를 타인을 위하여 대행하는 경우와 같이 당사자 관계의 전형적·본질적 내용이 통상의 계약에서의 이익대립관계를 넘어서 그들 사이의 신임관계에 기초하여 타인의 재산을 보호 또는 관리하는 데에 있어야 한다. 이익대립관계에 있는 통상의 계약관계에서 채무자의 성실한 급부이행에 의해 상대방이 계약상 권리의 만족 내지 채권의 실현이라는 이익을 얻게 되는 관계에 있다거나, 계약을 이행함에 있어 상대방을 보호하거나 배려할 부수적인 의무가 있다는 것만으로는 채무자를 타인의 사무를 처리하는 자라고 할 수 없고, 위임 등과 같이 계약의 전형적·본질적인 급부의 내용이 상대방의 재산상 사무를 일정한 권한을 가지고 맡아 처리하는 경우에 해당하여야 한다(대법원 2020. 2. 20. 선고 2019도9756 전원합의체 판결, 대법원 2020. 6. 18. 선고 2019도14340 전원합의체 판결, 대법원 2020. 8. 27. 선고 2019도14770 전원합의체 판결 등 참조).(대법원 2021. 7. 15., 선고, 2020도3514, 판결)

2. 배임죄

제355조(횡령, 배임)

① 타인의 재물을 보관하는 자가 그 재물을 횡령하거나 그 반환을 거부한 때에는 5년 이하의 징역 또는 1천500만원 이하의 벌금에 처한다. 〈개정 1995.12.29.〉

② 타인의 사무를 처리하는 자가 그 임무에 위배하는 행위로써 재산상의 이익을 취득하거나 제삼자로 하여금 이를 취득하게 하여 본인에게 손해를 가한 때에도 전항의 형과 같다.

(작성례 1)

피의자는 20○○. ○. ○. 서울 서초구 서초동 111에 있는 피의자의 집에서 조직한 계금 1,000만원, 구좌 24개인 번호계의 계주이다.

피의자는 20○○. ○. ○. 피의자의 집에서 그 계원들로부터 계불입금 1,000만원을 받았으면 그날 계금을 타기로 지정된 11번 계원 피해자 홍○○에게 계금 1,000만원을 지급할 임무가 있었다. 그러나 그 임무에 위배하여 그 계금을 위 홍○○에게 지급하지 아니한 채, 그 무렵 피의자의 주거지 등지에서 임의로 피의자의 생활비 등에 소비하여 계금 1,000만원 상당의 이익을 취득하고 위 홍○○에게 동액상당의 재산상 손해를 가하였다.

※ 주의할 점 : 낙찰계는 계주에 대해서는 횡령죄로 의율함

(작성례 2)

피의자는 20○○. ○. ○.경 서울 ○○구 ○○동 123번지에 있는 ○○부동산사무소에서 피의자 소유의 같은 동 345번지 소재 대지 80평·건평50편의 주택 1동을 피해자 김○○에게 금 2억5,000만원에 매도하기로 매매계약을 체결하고 즉석에서 계약금으로 금 1,000만원을, 같은 해 ○. ○. 같은 장소에서 중도금으로 5,000만원을 각 수령하였다. 따라서 잔금기일인 같은 해 ○. ○. 잔금수령과 동시에 피해자에게 위 주택의 대지 및 소유권이전등기 절차를 이행하여 주어야 할 임무가 있음에도 불구하고 그 임무에 위배하여 같은 해 ○. ○.경 같은 동 678번지에 있는 △△부동산에서 최○○에게 금 2억7,000만원에 위 주택을 이중으로 매도하고 그 다음날 위 주택의 대지와 건물에 대한 소유권이전등기를

경료하여 줌으로써 위 부동산 시가 6,000만원 상당의 재산상 이익을 취득하고 피해자에게 동액 상당의 재산상 손해를 가하였다.

■ 적용실례

◇ 2중저당의 경우

A는 채권자 B를 위해 자기의 부동산에 저당권을 설정했는데, 아직 등기가 되어 있지 않은 것을 이용해, C에게 다시 새로운 저당권을 설정하고 이에 등기했다.

※ A는 B를 위해 B의 사무를 처리해야 하는 관계에 있으면서도 그 임무에 위반하여 1번저당권을 2번저당권이 되게 함으로써 B에게 재산상의 손해를 입혔기 때문에 당연히 배임죄가 성립한다.

◇ 양도담보의 목적물을 승낙없이 매도한 경우

심○○는 이○○에 대한 채권을 확보하기 위해 이○○가 팔던 옷 20벌을 담보조로 양도받았는데, 그 뒤 이○○가 이 옷들을 심○○의 승낙없이 매도하였다.

※ 채무자는 양도담보권이 침해되지 않도록 담보물건을 선량한 관리자의 주의의무를 가지고 관리할 의무가 있다. 그런데 이 경우는 이에 배임하여 양도담보의 목적이 된 동산을 임의로 처분한 경우이므로 배임죄로 의율할 수 있을 것이다.

◇ 채무담보가 된 부동산을 채무변제 전에 처분한 경우

채무담보조로 매도한 부동산을 채무변제 전에 처분하였다.

※ 채무의 담보조로 부동산을 형식상 매매하였으면 채무를 변제하기까지는 위 부동산을 처분할 수 없음에도 불구하고 이를 처분한 것이므로 채무불이행시 채권자의 위 부동산에 대한 환가권을 침해한 것으로서 배임죄로 의율해야 한다.

◇ 담보권 침해의 경우

고소인에 대한 채무금을 350만원으로 정하여 변제하기로 약정하고 그 담보조로 피보험자 및 보험수익자가 피의자 명의인 ○○생명보험주식회사 발행 4구좌 보험증권 4매를 제공한 후, 위 채무금 중 일부를 변제하고 채무금 잔액 231만원이 남아있는 상태에서 위 회사가 이 보험증권 4매중 3매의 분실계를 내고 동 보험계약을 각 해약하고 해약환급 합계금 4,161,125원을 받아 임의소비하였다.

※ 피의자는 고소인의 담보권을 침해한 것으로서 배임죄가 성립한다.

◇ 예금통장과 인장을 변제수단으로 채권자에게 교부했음에도 예금을 임의 인출하여 소비한 경우

피의자는 피해자로부터 400만원을 차용하고 그 채무의 변제확보방법으로 피해자에게 피의자 명의의 예금통장(400만원 예치)과 도장을 교부하였다. 그런데 이 예금을 인출하여 피해자가 피의자에 대한 채권을 충족하도록 했으면서도 피의자는 이를 카드로 임의로 인출하여 소비해 버렸다.

※ 이 경우, 은행에 예치된 예금은 피의자 명의로 예금된 것이니만큼 피해자가 인출하여 위 변제에 충당하기 전까지는 피의자의 소유이고, 피해자의 소유라고 볼 수 없다. 이는 피의자가 피해자에게 채무의 변제확보 방법으로 제공한 예금을 피해자를 위하여 피의자 명의로 계속 보존관리하는 지위에 있음에도(이 점에서 타인의 사무를 제공하는 자임), 피의자가 임의로 인출하여 담보권을 소멸케 한 것이므로 배임죄로 의율해야 한다.

◇ 담보물을 양도한 경우

A가 그 소유의 기계시설을 B에게 양도담보로 제공한 후 다시 같은 담보물을 C에게 양도담보로 제공하고, 이를 또 D에게 매도하였다.

※ 양도담보로 제공한 물건을 다시 양도담보로 제공하는 2중의 양도담보 제공행위는 배임죄가 성립되지 않지만, 이를 다시 양도한 행위는 배임죄를 구성한다(대판 1987. 5. 12, 86도1117·대판 1983. 3. 8. 82도1829 참조).

◇ 채무담보조로 매도공증한 부동산을 타에 매도 처분한 경우

피의자는 고소인에 대한 채무가 있어 그 담보조로 자신의 소유 아파트를 매도공증해주었으나, 채무변제를 하지 않은 상태에서 위 아파트를 타인에게 임의로 매도해 버렸다. 그런데 위 매도대금은 피의자가 임의로 사용하지 않고 있었다.

※ 이 경우, 매도대금을 피의자가 임의로 사용했는가 아닌가와 상관없이 승낙없이 아파트를 매도한 행위 자체로써 배임죄가 성립할 것이다.

◇ 강제집행을 면탈키 위해 허위채권자에 물건을 양도한 경우

김○○는 ○○기계공업주식회사에서 20척짜리 선반기 10여대를 구입하면서 잔대금을 지불할 때까지 소유권은 그대로 위 ○○기계공업주식회사에 두기로 하고 사용은 김○○가 하기로 했다. 그런데 김○○가 거래하는 은행으로부터 당좌수표가 부도나자 강제집행할 것을 예상하여 이를 면탈할 목적으로 김○○은 아무런 채권·채무관계도 없고 또 위 기계를 매도한 사실도 없는 박○○에게 위 기계를 매도한 것처럼 하여 그에게 보관하게 하고 강제집행을 면탈하였다.

※ 위 김○○에 대하여는 배임으로 의율할 수 있겠으나, 박○○에 대하여는 배임혐의를 인정하기 어려울 것으로 보인다.

◇ 임차한 오토바이를 제 때에 돌려주지 않아 재산상의 손해를 입힌 경우

배○○는 이○○의 오토바이를 1개월간 사용하기로 하고 임차하여 사용하고 계약기간이 만료하였으나 이를 반환하지 않아 이○○가 재산상의 손해를 입게 되었다.

※ 배○○의 오토바이 반환의무는 임대계약에 따른 배○○ 자신의 사무라 할 것이고 타인의 사무를 처리하는 자의 지위에서 부담하는 임무는 아니라 할 것이다. 따라서 이 건은 단순한 채무불이행에 불과하며 결국 범죄혐의 없음으로 해야 할 것이다.

◇ 아파트 시공업자가 공사대금으로 아파트를 주기로 했으나 이를 타에 분양한 경우

서○○는 아파트를 시공하면서 고○○, 최○○에게 각각 창호 및 도배공사를 도급주고 그 공사대금으로 준공아파트를 각각 한 호씩 분양하기로 하였다. 그 후 아파트 준공되자 위 고○○, 최○○와 협의하여 그들에게 분양하기로 했던 위 아파트를 타인에게 분양하고 그 분양금으로 그들의 공사대금을 지불하기로 하고, 서○○가 위 아파트를 타인에게 분양하였다. 그런데 서○○는 그 분양대금을 모두 받았음에도 불구하고 위 공사대금의 일부를 지불하지 않았다.

※ 이 경우, 서○○가 공사대금으로 고소인들에게 분양하기로 했던 아파트를 타인에게 분양하여 고소인들에게 위 공사대금을 지불할 의무를 부담하는 것은 서○○ 자신의 사무이지 고소인 등의 사무라고 볼 수 없다. 다시 말해 타인의 사무를 처리하는 자의 지위에 있지 않은 것이므로 배임죄를 의율할 수 없다.

◇ 임대차 계약이 종료했으나 보증금의 일부를 지급하지 않는 경우

이○○는 2년 전 임○○에게 점포를 임대해주었고, 이제 임대차기간이 만료되어 임대차계약이 종료했다. 그런데 이○○는 가게를 명도 받았으면서도 임○○에게 지급해야 할 임대보증금 일부를 지급하지 않고 있었다.

※ 이 경우, 임대보증금 반환채무는 이○○ 자신의 사무일 뿐 타인의 사무라 볼 수 없으므로 배임죄가 성립한다고 할 수 없다. 배임죄의 성립여부를 조사할 때는 그것이 타인의 사무인지 여부에 관해 반드시 수사해야 한다.

● 수사사례

① 계, 차량관련 배임

<u>계에 있어서의 조건</u>

- 계주가 계원으로부터 계금을 수령하고도 순번이 돌아온 계원에게 계금을 지불하지 않은 경우는 배임죄이다. 그러나 계원에게 일정한 조건이 부여되어 있는 경우, 예컨대 보증인을 세울 것을 합의하 였다면 이러한 조건이 충족되기 전 까지는 계금을 지급하지 않아도 배임죄는 성립하지 않음.

<u>계주의 지급의무</u>

- 일부 계원들이 계금지불능력을 상실하거나 도주하여 계금을 제대로 불입하지 않았기 때문에 계주가 계금지급을 하지 못하였다면 계주는 계금지급의 의무가 없다고 보아 배임죄는 성립하지 않는다. 그러나 이와같은 사실을 알고도 계속 다른 계원들로부터 계금을 수령하였 다면 사기죄가 성립.

<u>차량의 대물변제 계약</u>

- 피해자에게 금원을 차용하면서 자신의 승용차에 대한 매매계약서를 작성해 주고 기일내에 변제하지 못하면 차량을 인도하기로 하였으나 소유권이전임무에 위배하여 차량을 인도하지 않은 경우는 배임죄 성립.

<u>담보차량을 임의로 매각</u>

- 피의자가 피해자에게 금원을 차용하면서 담보로 제공한 차량을 타인에게 매도하였다면 배임 죄 성립.

② 차용등 기타배임

<u>보험영업사원의 임무</u>

- 보험영업사원이 새 보험회사로 직장을 옮기면서 보험가입자에게 통보하지 않고, 기존의 보험을 해 약시키고 자신의 새로운 직장인 보험회사로 보험에 가입하게 한 결과 가입자가 예기치 못한 손해를 감수하였다면 배임죄 성립.

영업권
- 권동업하고 있는 다방의 권리금, 보증금, 허가권 등의 다방영업권 일체를 동업자 모르게 타인에게 양도하여 처분한 경우 배임죄 성립업.

● 관련판례 1

◎ 거래상대방의 대향적 행위의 존재를 필요로 하는 유형의 배임죄에서, 업무상배임죄의 실행으로 이익을 얻게 되는 수익자를 배임죄의 공범으로 볼 수 있는지 여부(원칙적 소극) 및 배임의 실행행위자에 대한 공동정범으로 인정할 수 있는 경우

거래상대방의 대향적 행위의 존재를 필요로 하는 유형의 배임죄에서 거래상대방은 기본적으로 배임행위의 실행행위자와 별개의 이해관계를 가지고 반대편에서 독자적으로 거래에 임한다는 점을 고려하면, 업무상배임죄의 실행으로 이익을 얻게 되는 수익자는 배임죄의 공범이라고 볼 수 없는 것이 원칙이고, 실행행위자의 행위가 피해자 본인에 대한 배임행위에 해당한다는 점을 인식한 상태에서 배임의 의도가 전혀 없었던 실행행위자에게 배임행위를 교사하거나 또는 배임행위의 전 과정에 관여하는 등으로 배임행위에 적극 가담한 경우에 한하여 배임의 실행행위자에 대한 공동정범으로 인정할 수 있다.(대법원 2016. 10. 13. 선고 2014도17211 판결)

● 관련판례 2

◎ 법률상 무효인 계약을 체결한 것만으로는 업무상배임죄 구성요건이 완성되거나 범행이 종료되었다고 볼 수 없는데도, 계약을 체결한 시점에 범행이 종료되었음을 전제로 공소시효가 완성되었다고 보아 면소를 선고한 원심판결에는 법리오해의 위법이 있다고 한 사례

갑 주식회사 대표이사인 피고인이 주주총회 의사록을 허위로 작성하고 이를 근거로 피고인을 비롯한 임직원들과 주식매수선택권부여계약을 체결함으로써 갑 회사에 재산상 손해를 가하였다고 하며 특정경제범죄 가중처벌 등에 관한 법률 위반(배임)으로 기소된 사안에서, 상법과 정관에 위배되어 법률상 무효인 계약을 체결한 것만으로는 업무상배임죄 구성요건이 완성되거나 범행이 종료되었다고 볼 수 없고, 임직원들이 이후 계약에 기초하여 갑 회사에 주식매수선택권을 행사하고, 피고인이 이에 호응하여 주식의 실질가치에 미달하는 금액만을 받고 신주를 발행해 줌으로써 비로소 갑 회사에 현실적 손해가 발생하거나 그러한 실해 발생의 위험이 초래되었다고 볼 수 있으므로, 피고인에 대한 업무상배임죄는 피고인이 의도한 배임행위가 모두 실행된 때로서 최종적으로 주식매수선택권이 행사되고 그에 따라 신주가 발행된 시점에 종료되었다고 보아야 하는데도, 이와 달리 계약을 체결한 시점에 범행이 종료되었음을 전제로 공소시효가 완성되었다고 보아 면소를 선고한 원심판결에는 법리오해의 위법이 있다.(대법원 2011. 11. 24. 선고 2010도11394 판결)

● 관련판례 3

◎ 배임죄에서 '본인에게 손해를 가한 때'의 의미 및 위임받은 사무가 소유권이전등기의무인 경우 배임죄의 성립 요건

배임죄는 타인의 사무를 처리하는 자가 임무에 위배하는 행위로써 재산상 이익을 취득하거나 제3자로 하여금 이를 취득하게 하여 본인에게 손해를 가한 경우에 성립되고, 여기서 '본인에게 손해를 가한 때'란 현실적인 실해를 가한 경우뿐만 아니라 실해 발생의 위험성을 초래한 경우도 포함되며, 위임받은 타인의 사무가 부동산소유권 이전등기의무인 경우에는 임무위배행위로 인하여 매수인이 가지는 소유권이전등기청구권이 이행불능되거나 이행불능에 빠질 위험성이 있으면 배임죄는 성립한다.(대법원 2011. 6. 30. 선고 2011도1651 판결)

● 관련판례 4

◎ 배임적 거래행위의 상대방을 배임행위의 공범으로 인정하기 위한 요건

거래상대방의 대향적 행위의 존재를 필요로 하는 유형의 배임죄에서 거래상대방은 기본적으로 배임행위의 실행행위자와 별개의 이해관계를 가지고 반대편에서 독자적으로 거래에 임한다는 점을 감안할 때, 거래상대방이 배임행위를 교사하거나 배임행위의 전 과정에 관여하는 등 배임행위에 적극 가담함으로써 실행행위자와의 계약이 반사회적 법률행위에 해당하여 무효로 되는 경우 배임죄의 교사범 또는 공동정범이 될 수 있음은 별론으로 하고, 관여 정도가 거기에까지 이르지 아니하여 법질서 전체적인 관점에서 살펴볼 때 사회적 상당성을 갖춘 경우에는 비록 정범의 행위가 배임행위에 해당한다는 점을 알고 거래에 임하였다는 사정이 있어 외견상 방조행위로 평가될 수 있는 행위가 있었다 할지라도 범죄를 구성할 정도의 위법성은 없다고 보는 것이 타당하다.(대법원 2011. 10. 27. 선고 2010도7624 판결)

● 관련판례 5

◎ 업무상배임[역설계 등의 방법으로 입수 가능한 상태에 있는 회사의 정보를 무단으로 반출한 행위가 업무상배임죄에 해당하는지 여부가 문제된 사안]

회사 직원이 경쟁업체 또는 스스로의 이익을 위하여 이용할 의사로 무단으로 자료를 반출한 행위가 업무상배임죄에 해당하기 위하여는, 그 자료가 반드시 영업비밀에 해당할 필요까지는 없다고 하겠지만 적어도 그 자료가 불특정 다수인에게 공개되어 있지 않아 보유자를 통하지 아니하고는 이를 통상 입수할 수 없고 그 보유자가 자료의 취득이나 개발을 위해 상당한 시간, 노력 및 비용을 들인 것으로서, 그 자료의 사용을 통해 경쟁상의 이익을 얻을 수 있는 정도의 영업상 주요한 자산에는 해당하여야 한다. 또한 비밀유지조치를 취하지 아니한 채 판매 등으로 공지된 제품의 경우, 역설계(reverse engineering)를 통한 정보의 획득이 가능하다는 사정만으로 그 정보가 불특정 다수인에게 공개된 것으로 단정할 수 없으나, 상당한 시간과 노력 및 비용을 들이지 않고도 통상적인 역설계 등의 방법으로 쉽게 입수 가능한 상태에 있는 정보라면 보유자를 통하지 아니하고서는 통상 입수할 수 없는 정보에 해당한다고 보기 어려우므로 영업상 주요한 자산에 해당하지 않는다. [대법원 2022. 6. 30., 선고, 2018도4794, 판결]

3. 업무상 횡령죄, 업무상배임죄

제356조(업무상의 횡령과 배임)
업무상의 임무에 위배하여 제355조의 죄를 범한 자는 10년 이하의 징역 또는 3천만원 이하의 벌금에 처한다.

(작성례 1-업무상 횡령)

피의자는 20○○. ○. ○.부터 서울 서초구 서초동 33에 있는 ㅁㅁ약품(주)의 영업사원으로서 위 회사의 약품판매 및 수금업무에 종사하고 있다.

피의자는 20○○. ○. ○. 15 : 00경 서울 종로구 이화동 44에 있는 노○○ 경영의 이화약국에서 약품대금 230만원을 수금하여 위 회사를 위하여 업무상 보관중 그 무렵 서울 서초구 서초동에 있는 룸싸롱 등지에서 마음대로 유흥비 등 개인용도에 소비한 것을 비롯하여 별지 범죄일람표 기재와 같이 그 무렵부터 같은 해 ○. ○.까지 서울시내 등지에서 10회에 걸쳐 합계 3,000만원을 위와 같은 방법으로 전액 임의 소비하여 이를 횡령하였다.

회수	보관일시·장소	피해자	횡령액	횡령일시·장소	횡령방법	비고
1	20○○. ○. ○. 서울 종로구 이화동 이화약국	우수약품 주식회사	230만원	그 무렵 서울 서초구 서초동 부근	유흥비에 소비	
…	………………	…….	……	…………	……..	
10	20○○. ○. ○. 서울 서초구 서초동 서초약국	〃	300만원	같은 날 서울 강남구 역삼동 황홀룸싸롱	유흥비에 소비	

(작성례 2-업무상 배임)

피의자는 20○○. ○. ○.경부터 서울 서초구 서초동에 있는 조흥은행 서초동지점 대리로 근무하면서 대부담당 업무에 종사하고 있다.

피의자는 20○○. ○. ○. 15 : 00경 위 은행지점에서 그 은행 내규상 2,000만원 이상은 무담보 대출이 금지되어 있으므로 2,000만원 이상의 대출을 함에 있어서는 채무자로부터 담보를 제공받아야 할 업무상 임무가 있다. 그럼에도 불구하고 그 임무에 위배하여 피의자의 친구인 김○○의 이익을 위하여 즉석에서 그에게 무담보로 2,000만원을 대출하고 그 회수를 어렵게 하여 그에게 대부금 2,000만원 상당의 재산상 이익을 취득하게 하고 위 은행에 동액 상당의 재산상 손해를 가하였다.

(작성례 3-업무상 횡령)

피의자는 ○○시 ○○구 ○○동 123번지에 있는 ○○자동차운전전문학원 원장으로서 학원을 찾는 자동차운전자 보험료를 징수하여 이를 업무상 관리하는 등 학원의 제반업무를 담당하고 있다.

피의자는 20○○. ○. 중순경 위 장소에 학원을 개원하여 그때부터 20○○. ○.까지 수강생들의 운전연습중 발생할 수 있는 각종 사고에 대비하여 수강생 1인당 운전자보험비 명목으로 30,000원씩을 징수하여 이중 보험료 명목으로 24,000원만 ○○화재 ○○대리점에 불입하는 등 총 125,040,000원만 불입하고, 차액 31,260,000원은 이들 수강생들을 위해 업무상 보관 중 피의자의 개인적인 채무변제에 사용하여 이를 횡령하였다.

■ 적용실례

◇ 동업인이 운영수입금을 임의로 소비한 경우

○○냉면집을 동업으로 운영하던 중 그 운영수입금을 임의로 소비하였다.

※ 이는 피의자의 업무에 관련한 것으로서 업무상 횡령으로 의율해야 할 것이다.

◇ 고용된 운전사가 가해차량 운전사로부터 받은 수리비를 임의처분한 경우

김○○는 정○○ 소유 차량의 운전사로서 이 차량을 운전하다가 교통사고를 당하고, 가해차량의 운전사로부터 자동차 수리비 등으로 금원을 받았다. 그런데 이것을 보관하다가 수리비가 적게 들 것 같고, 욕심이 생겨 이 중 일부를 마음대로 써 버렸다.

※ 이것은 보관의 피의자 업무에 관련된 것으로 업무상 보관에 해당되어, 단순횡령죄가 아닌 업무상횡령죄로 의율해야 한다.

◇ 회사의 물품대금으로 보관중인 약속어음을 개인의 채무담보로 사용한 경우

피의자가 회사에서 물품대금으로 지급하라는 지시를 받고 교부받은 어음을 개인적으로 돈을 차용하면서 그 담보로 제공하였다.

※ 업무상횡령죄가 성립한다.

◇ 보관 부속품을 임의로 반출 매각한 경우

피의자가 수리작업반장으로서 보관하던 부속품을 임의로 반출하여 매각하였다.

※ 이 경우, 피의자의 행위가 업무에 관련되어 있고 그 목적물이 유체물이므로 업무상 횡령으로 의율하는 것이 타당하다.

◇ 이장이 마을사람들의 돈을 임의사용한 경우

이장이자 영농회장인 피의자가 마을사람들로부터 비료 및 농약 외상대금으로 수금한 ㅇㅇ만원을 임의로 자기 딸의 결혼식비용 등으로 사용하였다.

※ 피의자가 농약 및 비료대금의 수금업무를 처리하는 자로서 그 대금을 자신의 개인용도에 소비하여 농업협동조합에 손해를 입힌 것으로 하여 업무상 배임으로 의율할 수도 있겠으나, 이러한 경우에는 피의자는 위 대금을 보관하는 자의 지위에 있다고 할 것이어서 업무상 횡령으로 의율하는 것이 타당하다.

◇ 종업원이 수금한 돈을 가지고 배달 오토바이를 탄 채 달아난 경우

피자를 배달하는 아르바이트 학생이 피자를 배달하고 그에게서 받은 피자값을 주인에게 반납하지 않고, 주인 소유인 배달 오토바이를 탄 채로 나가 돌아오지 않았다.

※ 이 경우 피의자는 종업원으로서 불법영득의 의사로 수금한 음식대금을 가지고 오토바이를 타고 달아난 것으로서 절도죄로 착오하여 의율할 수도 있겠지만, 피의자는 피해자 소유의 음식대금과 오토바이를 보관하는 지위에 있었으므로 업무상 횡령죄로 의율하는 것이 타당할 것이다.

◇ 동업의 이익금을 한 사람이 임의소비한 경우

김장철에 피의자는 피해자와 배추장사 동업을 하기로 하고 그와 같이 배추를 구입해 와 경매에 붙이고, 그 대금을 받아 보관하다가 이를 임의로 소비해 버렸다.

※ 동업관계에 있어서 얻어지는 이익금은 그 동업자들의 합유에 속하는 것이라 할 것이어서 동업자 한 사람이 다른 동업자의 허락없이 이를 임의소비한 경우에는 이것은 다른 사람이 소유하는 물건을 횡령한 것이 되므로, 이 경우에는 횡령죄로 의율해야 할 것이다.

◇ 종업원이 고객의 술값을 받아 반납하지 않고 임의소비한 경우

주점의 종업원이 근무를 하다가 고객이 술을 마신 후 그에게 술값을 지불하고 가자 이것을 보관하다가 주점 주인에게 주지 않고 임의소비하였다.

※ 업무상횡령죄에서 업무란 같은 행위를 반복하는 지위에 따른 사무를 가리킨다. 이 경우 피의자는 단순히 주점종업원으로서 술값을 수금하는 지위에 있지 않으므로 1회 술값을 받아 횡령한 것으로는 업무상횡령이라 할 수 없고 단순횡령죄로 의율해야 한다.

● **수사사례**

- 회사자료의 반환거부 피의자는 회사의 간부로 재직하면서 평소 관리하던 회사의 주요자료나 서적을 자신의 집으로 가져와 보관하다가 회사로부터 반환요구가 있음에도 이를 거절하였다면 업무상 횡령죄 성립.
- 주인 모르게 물건을 제작하여 판매 공장장이 공장주의 허락없이 공장의 자료를 이용하여 제품을 생산, 판매하여 임의로 처분하였다면 업무상 횡령죄 성립
- 수금업무 회사의 현장소장으로써 공사대금의 수금업무를 담당하던 중에 시공업체로부터 받은 공사 대금중 일부를 개인용도로 소비한 경우는 업무상 횡령죄 성립.
- 허위장부기재 동업자가 회계장부에 허위로 타인에게 금원을 지급한 것처럼 기재하고 이를 임의로 소비한 경우 업무상 횡령죄 성립
- 지입차주의 경우 화물차량의 관리를 하는 회사의 대표로써 지입차주로부터 세금납부에 쓰라고 송금받은 금원을 임의로 소비하였다면 업무상 횡령죄 성립
- 2중의 대금청구 회사의 대금정산업무에 종사하는 사람이 이중으로 회사에 대금을 청구하여 그 차액을 착복 하였다면 업무상 횡령죄 성립

<u>상가분양업</u>

- 상가분양업체의 대표로써 피해자에게 점포를 분양하고 대금을 전액 수령한 후에 위의 점포건물을 제3자에게 가등기를 해주었다면 업무상 배임죄 성립.

<u>중고차매매중개업</u>

- 피의자는 중고차량 중개인으로 피해자로부터 할부차량의 매매위임을 받고 이를 제3자에게 매도하면서 할부금 채무승계를 하지 않아 피해자에게 손해를 끼쳤다면 업무상 배임죄 성립.

<u>신용카드해지업무</u>

- 신용카드회사 직원이 신용카드해지를 의뢰하면서 맡긴 고객의 신용카드를 이용하여 현금할 인을 받아 사용하였다면 업무상 배임죄 성립.

부동산중개업

- 업부동산중개업자가 등기이전서류를 매수인에게 이를 전달하지 않고 제3자에게 매매하여 재산상의 이득을 취하는 경우는 업무상 배임죄 성립.

법인에 손해를 가한 경우

- 사회복지법인의 임원으로 국가로부터 받은 보조금을 법인의 목적 이외의 용도로 임의 사용하였다면 업무상배임죄 성립.

● 관련판례 1

◎ 업무상배임죄에서 행위자나 제3자가 취득하는 재산상 이익의 의미 / 임무위배행위로 인하여 본인에게 재산상 손해를 가하였으나 행위자나 제3자가 재산상 이익을 취득한 사실이 없는 경우, 업무상배임죄가 성립하는지 여부(소극)

업무상배임죄에서 본인에게 재산상 손해를 가한다 함은 총체적으로 보아 본인의 재산 상태에 손해를 가하는 경우, 즉 본인의 전체적 재산가치의 감소를 가져오는 것을 말하고, 이와 같은 법리는 타인의 사무를 처리하는 자 내지 제3자가 취득하는 재산상 이익에 대하여도 동일하게 적용되는 것으로 보아야 한다.

또한 업무상배임죄는 본인에게 재산상 손해를 가하는 외에 임무위배행위로 인하여 행위자 스스로 재산상 이익을 취득하거나 제3자로 하여금 재산상 이익을 취득하게 할 것을 요건으로 하므로, 본인에게 손해를 가하였다고 할지라도 행위자 또는 제3자가 재산상 이익을 취득한 사실이 없다면 배임죄가 성립할 수 없다.(대법원 2021. 11. 25., 선고, 2016도3452, 판결)

● 관련판례 2

◎ 피고인의 불법영득의사를 인정한 원심판결에 법리오해의 잘못이 있다고 한 사례

갑 아파트의 입주자대표회의 회장인 피고인이, 일반 관리비와 별도로 입주자대표회의 명의 계좌에 적립·관리되는 특별수선충당금을 아파트 구조진단 견적비 및 시공사인 을 주식회사에 대한 손해배상청구소송의 변호사 선임료로 사용함으로써 아파트 관리규약에 의하여 정하여진 용도 외에 사용하였다고 하여 업무상횡령으로 기소된 사안에서, 특별수선충당금은 갑 아파트의 주요시설 교체 및 보수를 위하여 별도로 적립한 자금으로 원칙적으로 그 범위 내에서 사용하도록 용도가 제한된 자금이나, 당시에는 특별수선충당금의 용도 외 사용이 관리규약에 의해서만 제한되고 있었던 점, 피고인이 구분소유자들 또는 입주민들로부터 포괄적인 동의를 얻어 특별수선충당금을 위탁의 취지에 부합하는 용도에 사용한 것으로 볼 여지가 있는 점 등 제반 사정을 종합하면, 피고인이 특별수선충당금을 위와 같이 지출한 것이 위탁의 취지에 반하여 자기 또는 제3자의 이익을 위하여 자기의 소유인 것처럼 처분하였다고 단정하기 어려우므로, 피고인의 불법영득의사를 인정한 원심판결에 업무상횡령죄의 불법영득의사에 관한 법리오해의 잘못이 있다.(대법원 2017. 2. 15. 선고 2013도14777 판결)

● 관련판례 3

◎ 수개의 업무상횡령 행위를 포괄하여 특정경제범죄 가중처벌 등에 관한 법률 위반(횡령)죄로 의율하기 위해서는 피해자 및 피해자별 피해액에 관한 공소사실의 특정이 필요한지 여부(적극)

수개의 업무상횡령 행위라 하더라도 피해법익이 단일하고, 범죄의 태양이 동일하며, 단일 범의의 발현에 기인하는 일련의 행위로 인정되는 경우는 포괄하여 1개의 범죄라고 할 것이지만, 피해자가 수인인 경우는 피해법익이 단일하다고 할 수 없으므로 포괄일죄의 성립을 인정하기 어렵고, 특정경제범죄 가중처벌 등에 관한 법률 제3조 제1항에서 정한 이득액은 단순일죄의 이득액이나 포괄일죄의 이득액 합산액을 의미하는 것이지 경합범으로 처벌될 수죄의 이득액을 합한 금액을 말한다고 볼 수는 없으므로, 횡령행위를 포괄하여 특정경제범죄 가중처벌 등에 관한 법률 위반(횡령)죄로 의율하려면 원칙적으로 피해자 및 피해자별 피해액에 관한 공소사실의 특정이 필요하다.(대법원 2011. 2. 24. 선고 2010도13801 판결)

● 관련판례 4

◎ 지입차주가 자신이 실질적으로 소유하거나 처분권한을 가지는 자동차에 관하여 지입회사와 지입계약을 체결함으로써 지입회사에 그 자동차의 소유권등록 명의를 신탁하고 운송사업용 자동차로서 등록 및 그 유지 관련 사무의 대행을 위임한 경우, 지입회사 운영자가 지입차주와의 관계에서 '타인의 사무를 처리하는 자'의 지위에 있는지 여부(적극)

이른바 지입제는 자동차운송사업면허 등을 가진 운송사업자와 실질적으로 자동차를 소유하고 있는 차주 간의 계약으로 외부적으로는 자동차를 운송사업자 명의로 등록하여 운송사업자에게 귀속시키고 내부적으로는 각 차주들이 독립된 관리 및 계산으로 영업을 하며 운송사업자에 대하여는 지입료를 지불하는 운송사업형태를 말한다. 따라서 지입차주가 자신이 실질적으로 소유하거나 처분권한을 가지는 자동차에 관하여 지입회사와 지입계약을 체결함으로써 지입회사에 그 자동차의 소유권등록 명의를 신탁하고 운송사업용 자동차로서 등록 및 그 유지 관련 사무의 대행을 위임한 경우에는, 특별한 사정이 없는 한 지입회사 측이 지입차주의 실질적 재산인 지입차량에 관한 재산상 사무를 일정한 권한을 가지고 맡아 처리하는 것으로서 당사자 관계의 전형적·본질적 내용이 통상의 계약에서의 이익대립관계를 넘어서 그들 사이의 신임관계에 기초하여 타인의 재산을 보호 또는 관리하는 데에 있으므로, 지입회사 운영자는 지입차주와의 관계에서 '타인의 사무를 처리하는 자'의 지위에 있다.(대법원 2021. 6. 24., 선고, 2018도14365, 판결)

4. 배임수재죄 · 배임증재죄

제357조(배임수증재)

① 타인의 사무를 처리하는 자가 그 임무에 관하여 부정한 청탁을 받고 재물 또는 재산상의 이익을 취득하거나 제3자로 하여금 이를 취득하게 한 때에는 5년 이하의 징역 또는 1천만원 이하의 벌금에 처한다.

② 제1항의 재물 또는 재산상 이익을 공여한 자는 2년 이하의 징역 또는 500만원 이하의 벌금에 처한다. 〈개정 2020. 12. 8.〉

③ 범인 또는 그 사정을 아는 제3자가 취득한 제1항의 재물은 몰수한다. 그 재물을 몰수하기 불가능하거나 재산상의 이익을 취득한 때에는 그 가액을 추징한다. 〈개정 2016. 5. 29., 2020. 12. 8.〉

[제목개정 2016.5.29.]

(작성례)

피의자 손○○은 주식회사 ○○산업의 무역업무를 담당하는 부장직에 근무하는 사람이다.

피의자는 그 회사가 ○○철광의 의뢰를 받아 미국 ○○상사로부터 고철을 외상으로 수입하는 행위를 대행하고 위 ○○철광을 위하여 위 수입 고철대금의 지불보증을 하는 이른바 D.A. 수입대행계약을 체결함에 있어서 먼저 그 회사 이사회의 결의를 거쳐 재정경제부장관의 승인을 얻어야 한다. 또한 위 ○○철광이 수입고철 판매대금의 회수불능 또는 유용 등으로 인하여 위 미국 ○○상사에게 고철수입 대금을 지급하지 못하는 경우에 그 회사가 위 지불보증으로 인하여 입은 손해를 미리 방지하기 위하여 위 ○○철광으로부터 이에 충분한 담보를 받아 공정성실하게 위 계약을 체결하여야 할 업무상 임무가 있었다. 그럼에도 불구하고 피의자는 20○○. ○. ○. 서울 ○○동 ○○번지에 있는 위 회사 사무실에서 위 ○○철광의 전무이사인 같은 피의자 장○○로부터 위와 같은 담보제공불능의 뜻을 듣고 그 간청을 받아들이면서 이와 같은 임무를 이행하지 아니하고 임의로 위 ○○상사와 고철수입대행계약을 체결하는 청탁을 받아들이는 조건으로 위 장○○로부터 각 ○○만원짜리 ○○은행 ○○지점 발행의 자기앞수표 2매를 교부받아 이를 취득하였다.

그리고 피의자 장○○는, 위 기재사실과 같이 위 피의자 손○○이 그의 업무상 임무위배의점과 부정한 청탁임을 알면서도 이를 묵인하는 조건으로 위 같은 피의자에 대하여 위 기재사실과 같은 금품을 공여하였다.

■ 적용실례

◇ 금품을 받고 절도를 묵인한 경우

회사에 출입하는 차량 검색작업을 맡고 있는 경비원이 근무도중 납품하던 업체직원으로부터 반출증없이 물건을 실어가는 것을 묵인하는 대가로 금품을 교부받았다.

※ 이 경우는 주범이 이미 기수단계에 있는 경우이고, 공모단계에서도 그것이 절취해 가는 것인지, 단지 반출증없이 내가는 것인지 불명확하다. 하지만 부정한 청탁을 받는 것만은 확실하여 결국 배임수증죄로 의율할 수 있겠다.

◇ 업자로부터 부정한 청탁을 받고 사례금을 받은 경우

회사의 관리과장과 경리과장을 맡아 상품의 관리, 판매, 경리업무 등을 하는 김○○, 천○○는 회사의 자금사정이 극도로 악화되자 상품을 구입원가 이하로 덤핑판매하기로 회사대표와 상의하였다. 그 후 상품구입업자로부터 많은 상품을 더 저렴한 가격으로 구입할 수 있도록 해 달라는 부탁을 받고, 사례금 명목으로 금원을 교부받았다.

※ 이 경우 상품의 가격은 구입업자와 피의자 등이 서로 수차례의 상의를 통해 결정한 것이고, 회사자금의 악화로 인해 수표부도를 막기 위해 상품의 덤핑판매는 불가피한 조치였고, 덤핑판매는 회사대표의 지시하에 이루어진 것이었다. 이와 같은 사정을 종합해 볼 때 사례금을 받았다는 사실만으로 김○○, 천○○가 업무에 위배하여 재산상 손해를 가했다고 보기는 어렵고, 다만 업무처리에 있어 신의성실의 원칙에 반하는 부정한 청탁에 의한 것으로 보여질 뿐이므로 결국 업무상 배임의 점은 혐의없다 할 것이고 배임수재가 성립될 것이다.

● **수사사례**

권한 없는 사무

- 무사무실분양회사의 직원으로 사무실 임대차계약을 체결해 달라는 부탁과 함께 사례비를 받았다면 성립.

손해가 없는 경우

- 회사 간부로 자신의 회사가 발주하는 공사의 하청업자를 선정하는 과정에서 부정한 청탁을 받고 파산직전의 건설업자를 지명하였으나 공사가 아무 하자도 없이 준공된 경우에도 배임수재죄는 성립.

재개발조합장의 경우

- 재개발조합장이 건축회사로부터 조합에서 발주하는 아파트건축공사를 우선적으로 도급받을 수 있도록 도와달라는 청탁과 함께 금원을 제공받았다면 배임수증죄 성립.

● 관련판례 1

◎ 배임수재죄에서 '부정한 청탁'의 의미 및 판단 기준 / 보도의 대상이 되는 자가 언론사 소속 기자에게 '유료 기사' 게재를 청탁하는 행위가 배임수재죄의 부정한 청탁에 해당하는지 여부(적극) 및 '유료 기사'의 내용이 객관적 사실과 부합하더라도 마찬가지인지 여부(적극)

배임수재죄에서 '부정한 청탁'은 반드시 업무상 배임의 내용이 되는 정도에 이를 필요는 없고, 사회상규 또는 신의성실의 원칙에 반하는 것을 내용으로 하면 충분하다. '부정한 청탁'에 해당하는지를 판단할 때에는 청탁의 내용 및 이에 관련한 대가의 액수, 형식, 보호법익인 거래의 청렴성 등을 종합적으로 고찰하여야 하고, 그 청탁이 반드시 명시적으로 이루어져야 하는 것은 아니며 묵시적으로 이루어지더라도 무방하다. 그리고 타인의 업무를 처리하는 사람에게 공여한 금품에 부정한 청탁의 대가로서의 성질과 그 외의 행위에 대한 사례로서의 성질이 불가분적으로 결합되어 있는 경우에는 그 전부가 불가분적으로 부정한 청탁의 대가로서의 성질을 갖는 것으로 보아야 한다.

언론의 보도는 공정하고 객관적이어야 하며, 언론은 공적인 관심사에 대하여 공익을 대변하며, 취재·보도·논평 또는 그 밖의 방법으로 민주적 여론형성에 이바지함으로써 그 공적 임무를 수행한다(언론중재 및 피해구제 등에 관한 법률 제4조 제1항, 제3항). 또한 지역신문은 정확하고 공정하게 보도하고 지역사회의 공론의 장으로서 다양한 의견을 수렴할 책무가 있다(지역신문발전지원 특별법 제5조). 그런데 '광고'와 '언론 보도'는 그 내용의 공정성, 객관성 등에 대한 공공의 신뢰에 있어 확연한 차이가 있고, '광고'는 '언론 보도'의 범주에 포함되지 않는다. 신문·인터넷신문의 편집인 및 인터넷뉴스서비스의 기사배열책임자는 독자가 기사와 광고를 혼동하지 아니하도록 명확하게 구분하여 편집하여야 하며(신문 등의 진흥에 관한 법률 제6조 제3항), 신문사 등이 광고주로부터 홍보자료 등을 전달받아 실질은 광고이지만 기사의 형식을 빌린 이른바 '기사형 광고'를 게재하는 경우에는, 독자가 광고임을 전제로 정보의 가치를 합리적으로 판단할 수 있도록 그것이 광고임을 표시하여야 하고, 언론 보도로 오인할 수 있는 형태로 게재하여서는 안 된다. 그러므로 보도의 대상이 되는 자가 언론사 소속 기자에게 소위 '유료 기사' 게재를 청탁하는 행위는 사실상 '광고'를 '언론 보도'인 것처럼 가장하여 달라는 것으로서 언론 보도의 공정성 및 객관성에 대한 공공의 신뢰를 저버리는 것이므로, 배임수재죄의 부정한 청탁에 해당한다. 설령 '유료 기사'의 내용이 객관적 사실과 부합하더라도, 언론 보도를 금전적 거래의 대상으로 삼은 이상 그 자체로 부정한 청탁에 해당한다.(대법원 2021. 9. 30., 선고, 2019도17102, 판결)

● 관련판례 2

◎ 배임수재죄 및 배임증재죄에서 공여 또는 취득하는 재물 또는 재산상 이익은 부정한 청탁에 대한 대가 또는 사례여야 하는지 여부(적극)

배임수재죄 및 배임증재죄에서 공여 또는 취득하는 재물 또는 재산상 이익은 부정한 청탁에 대한 대가 또는 사례여야 한다. 따라서 거래상대방의 대향적 행위의 존재를 필요로 하는 유형의 배임죄에서 거래상대방이 양수대금 등 거래에 따른 계약상 의무를 이행하고 배임행위의 실행행위자가 이를 이행받은 것을 두고 부정한 청탁에 대한 대가로 수수하였다고 쉽게 단정하여서는 아니 된다.(대법원 2016. 10. 13. 선고 2014도17211 판결)

● 관련판례 3

◎ 증재자에게는 '정당한 업무에 속하는 청탁'이 수재자에게 '부정한 청탁'이 될 수 있는지 여부(적극)

형법 제357조 제1항의 배임수재죄와 같은 조 제2항의 배임증재죄는 통상 필요적 공범의 관계에 있기는 하나, 이것은 반드시 수재자와 증재자가 같이 처벌받아야 하는 것을 의미하는 것은 아니고, 증재자에게는 정당한 업무에 속하는 청탁이라도 수재자에게는 부정한 청탁이 될 수도 있다. (대법원 2011. 10. 27. 선고 2010도7624 판결)

● 관련판례 4

◎ 업무상배임죄로 이익을 얻는 수익자 또는 그와 밀접한 관련이 있는 제3자를 배임의 실행행위자와 공동정범으로 인정하기 위한 요건

업무상배임죄로 이익을 얻는 수익자 또는 그와 밀접한 관련이 있는 제3자를 배임의 실행행위자와 공동정범으로 인정하기 위해서는 실행행위자의 행위가 피해자 본인에 대한 배임행위에 해당한다는 것을 알면서도 소극적으로 배임행위에 편승하여 이익을 취득한 것만으로는 부족하고, 실행행위자의 배임행위를 교사하거나 또는 배임행위의 전 과정에 관여하는 등으로 배임행위에 적극 가담할 것이 필요하다.(대법원 2011. 2. 24. 선고 2010도13801 판결)

● 관련판례 5

◎ 구 형법 제357조 제1항 배임수재죄의 성립요건 / 타인의 사무를 처리하는 자가 그 임무에 관하여 부정한 청탁을 받고 자신이 아니라 다른 사람으로 하여금 재물 또는 재산상 이익을 취득하게 한 때에도 위 죄가 성립할 수 있는 경우

구 형법(2016. 5. 29. 법률 제14178호로 개정되기 전의 것) 제357조 제1항의 배임수재죄는 타인의 사무를 처리하는 자가 그 임무에 관하여 부정한 청탁을 받고 재물 또는 재산상 이익을 취득한 때에 성립한다. 배임수재죄의 행위주체가 재물 또는 재산상 이익을 취득하였는지는 증거에 의하여 인정된 사실에 대한 규범적 평가의 문제이다. 타인의 사무를 처리하는 자가 그 임무에 관하여 부정한 청탁을 받고 자신이 아니라 다른 사람으로 하여금 재물 또는 재산상 이익을 취득하게 한 경우에 특별한 사정이 있으면 사회통념상 자신이 받은 것과 같이 평가할 수 있다.

또한 다른 사람이 재물 또는 재산상 이익을 취득한 때에도 그 다른 사람이 부정한 청탁을 받은 자의 사자 또는 대리인으로서 재물 또는 재산상 이익을 취득한 경우나 그 밖에 평소 부정한 청탁을 받은 자가 그 다른 사람의 생활비 등을 부담하고 있었다거나 혹은 그 다른 사람에 대하여 채무를 부담하고 있었다는 등의 사정이 있어 그 다른 사람이 재물 또는 재산상 이익을 받음으로써 부정한 청탁을 받은 자가 그만큼 지출을 면하게 되는 경우 등 사회통념상 그 다른 사람이 재물 또는 재산상 이익을 받은 것을 부정한 청탁을 받은 자가 직접 받은 것과 같이 평가할 수 있는 관계가 있다면 위 죄가 성립할 수 있다. (대법원 2017. 12. 7., 선고, 2017도12129, 판결)

5. 점유이탈물횡령죄

제360조(점유이탈물횡령)
① 유실물, 표류물 또는 타인의 점유를 이탈한 재물을 횡령한 자는 1년 이하의 징역이나 300만원 이하의 벌금 또는 과료에 처한다. 〈개정 1995.12.29.〉
② 매장물을 횡령한 자도 전항의 형과 같다.

(작성례 1)

피해자는 구월주공아파트의 경비원이다.
피의자는 20○○. ○. ○. 15 : 00경 인천 남동구 구월동에 있는 희망백화점 측문 앞길에서 피해자 이○○이 떨어뜨린 현금 10만원이 들어있는 지갑 1개 시가 50,000원 상당을 발견하고 소정의 절차를 취하지 아니한 채 영득의 의사로 가지고 가 이를 횡령하였다.

(작성례 2)

피의자는 20○○. ○. ○. 09:00경 ○○공원 벤치에서 피해자 김○○가 분실한 ○○은행 ○○발행 액면 금 10만원권 자기앞수표 15장을 발견하고 이를 가까운 경찰서 등에 신고하는 등의 필요한 절차를 취하지 아니한 채 영득의 의사로 위 수표를 가지고 감으로써 점유이탈물을 횡령하였다.

■ 적용실례

◇ 손님이 놓고 간 지갑을 반환하지 않은 경우

피의자가 그의 집에 왔던 손님이 흘리고 간 지갑을 발견하고 그 속에 든 돈을 써버렸다.

※ 이 경우 피의자가 피해자의 점유를 배제한 것이 아니고, 이미 피해자의 점유를 떠난 물건을 습득한 것에 불과하므로 절도 아닌 점유이탈물횡령죄로 의율해야 할 것이다.

◇ 잊고 간 카메라를 전당포에 담보로 맡기고 돈을 대부받은 경우

형의 친구가 집에 놀러 왔다가 잊어버리고 놓고 간 카메라를 횡령하여 자기의 것인 것처럼 전당포 주인을 속여, 그 카메라를 담보로 돈을 대부받았다.

※ 이 경우는 점유이탈물횡령 외에 전당포주에 대한 관계에서 새로운 법익을 침해하고 있으므로 사기죄도 함께 성립한다.

◇ 습득한 가계수표로 물건을 구입한 경우

피의자가 가계수표 10만원짜리 1매를 습득하여, 발행일과 발행인을 기재 위조한 후 그것으로 옷 등을 구입하였다.

※ 점유이탈물횡령죄가 당연히 성립하며, 이 외에 부정수표단속법위반, 위조유가증권행사, 사기로도 의율해야 할 것이다.

◇ 장물을 절취한 경우

피의자가 제3의 절도범이 절취하여 보관중이던 피해자 소유의 장물을 다시 절취하였다.

※ 피해자의 점유를 떠난 도난품이어서 점유이탈물로 착오할 수도 있겠지만, 이는 엄연히 절도죄에 해당한다.

◇ 예식장 종업원이 하객이 놓고 간 물건을 나누어 가진 경우

박○○, 송○○ 등은 호텔 청소원으로 근무하던 중 손님이 두고 간 핸드백을 발견하고, 그 안에 들어있던 돈과 시계 등을 나누어 가졌다.

※ 호텔이나 여관 등에서 손님이 놓고 간 물건의 점유는 그 주인에게 귀속한다. 이 경우에도 위 피해품의 점유는 당연히 호텔 주인에게 있는 것으로 보아야 하므로 점유이탈물횡령이 아닌 특수절도로 의율해야 한다.

● 수사사례

- 택시승객의 유실물 택시를 운전하던 중에 손님이 두고내린 지갑을 피해자에게 반환하거나 경찰에 신고하지 않고 영득의 의사로 임의로 사용한 경우 점유이탈물횡령죄 성립.
- 고객이 두고 간 신용카드를 사용한 경우 고객이 물건을 구입하고 두고 간 신용카드를 점원이 보관하던 중에 이를 자신의 것처럼 사용하여 물건을 구입하였다면 점유이탈물횡령죄 성립.
- 잘못 지급된 금원 물건을 1백만원에 매매하면서 피해자의 착오로 더 지급된 10만원을 가졌다면 점유이탈물 횡령죄 성립

● 관련판례 1

◎ 경찰관이 이른바 전화사기죄 범행의 혐의자를 긴급체포하면서 그가 보관하고 있던 다른 사람의 주민등록증, 운전면허증 등을 압수한 사안에서, 이는 구 형사소송법 제217조 1항에서 규정한 해당 범죄사실의 수사에 필요한 범위 내의 압수로서 적법하므로, 이를 위 혐의자의 점유이탈물횡령죄 범행에 대한 증거로 인정한 사례

경찰관이 이른바 전화사기죄 범행의 혐의자를 긴급체포하면서 그가 보관하고 있던 다른 사람의 주민등록증, 운전면허증 등을 압수한 사안에서, 이는 구 형사소송법(2007. 6. 1. 법률 제8496호로 개정되기 전의 것) 제217조 제1항에서 규정한 해당 범죄사실의 수사에 필요한 범위 내의 압수로서 적법하므로, 이를 위 혐의자의 점유이탈물횡령죄 범행에 대한 증거로 인정한 사례. (대법원 2008. 7. 10. 선고 2008도2245 판결)

● 관련판례 2

◎ 착오로 송금되어 입금된 돈을 임의로 인출하여 소비한 행위가 송금인과 피고인 사이에 별다른 거래관계가 없는 경우에도 횡령죄에 해당하는지 여부(적극)

어떤 예금계좌에 돈이 착오로 잘못 송금되어 입금된 경우에는 그 예금주와 송금인 사이에 신의칙상 보관관계가 성립한다고 할 것이므로, 피고인이 송금 절차의 착오로 인하여 피고인 명의의 은행 계좌에 입금된 돈을 임의로 인출하여 소비한 행위는 횡령죄에 해당하고(대법원 1968. 7. 24. 선고 1966도1705 판결, 대법원 2005. 10. 28. 선고 2005도5975 판결, 대법원 2006. 10. 12. 선고 2006도3929 판결 등 참조), 이는 송금인과 피고인 사이에 별다른 거래관계가 없다고 하더라도 마찬가지이다.(대법원 2010. 12. 9. 선고 2010도891 판결)

● 관련판례 3

◎ 승객이 놓고 내린 지하철의 전동차 바닥이나 선반 위에 있던 물건을 가지고 감으로써 성립하는 범죄(=점유이탈물횡령죄)

승객이 놓고 내린 지하철의 전동차 바닥이나 선반 위에 있던 물건을 가지고 간 경우, 지하철의 승무원은 유실물법상 전동차의 관수자로서 승객이 잊고 내린 유실물을 교부받을 권능을 가질 뿐 전동차 안에 있는 승객의 물건을 점유한다고 할 수 없고, 그 유실물을 현실적으로 발견하지 않는 한 이에 대한 점유를 개시하였다고 할 수도 없으므로, 그 사이에 위와 같은 유실물을 발견하고 가져간 행위는 점유이탈물횡령죄에 해당함은 별론으로 하고 절도죄에 해당하지는 않는다(대법원 1999. 11. 26. 선고 99도3963 판결).

제37절 장물에 관한 죄

1. 장물죄

제362조(장물의 취득, 알선 등)

① 장물을 취득, 양도, 운반 또는 보관한 자는 7년 이하의 징역 또는 1천500만원 이하의 벌금에 처한다. 〈개정 1995.12.29.〉

② 전항의 행위를 알선한 자도 전항의 형과 같다.

(작성례 1 – 장물취득)

피의자는 서울 중랑구 면목2동 123에서 황금당이라는 상호로 금은방을 경영하고 있다.

피의자는 20○○. ○. ○. 16：00경 위 황금당에서 김○○으로부터 그가 절취한 이○○ 소유의 금반지 1개 시가 50,000원 상당을 장물인 정을 알면서 대금 10,000원에 매수하여 장물을 취득하였다.

(작성례 2 – 장물보관)

피의자는 서울 중랑구 상봉2동 333에서 서울식당이라는 상호로 음식점을 경영하고 있다.

피의자는 20○○. ○. ○. 14：00경 위 서울식당에서 김○○으로부터 그가 절취한 이○○ 소유 시가 50,000원 상당의 금반지 1개를 장물인 정을 알면서 식사대금 15,000원의 담보로 받아두고 장물을 보관하였다.

(작성례 3 – 장물운반)

피의자는 20○○. ○. ○.경 ○○시 ○○구 ○○동 123번지에 있는 피의자의 집에서 최○○으로부터 그가 절취하여 온 △△전자 42인치 PDP TV 1대(시가 400만원 상당)를 강취한 장물이라는 정을 알면서도 △△시 △△구 △△동 345번지까지 피의자 소유의 ○○로○○○○호 1톤 화물트럭에 이를 싣고 가 장물을 운반하였다.

(작성례 4 – 장물알선)

피의자는 20○○. ○. ○.경 ○○시 ○○구 ○○동 123번지 피의자의 집에서 김○○로부터 그가 절취하여 온 테크노마린 손목시계 20개(시가 4,000만원 상당)을 매각하여 달라는 부탁을 받고 그 장물인 정을 알면서도 이를 승낙한 20○○. ○. ○.경 △△시 △△동 456번지 △△주얼리에 500만원에 매각하여 주어 장물을 알선하였다.

■ 적용실례

◇ 변제조로 가져온 노트북의 절취의심을 하면서도 교부받은 경우

돈을 빌려주고, 그 변제조로 가져온 노트북컴퓨터가 절취한 것이 아닌가 의심하면서도 교부받았다.

※ 장물이라는 인식은 미필적이어도 충분하므로 이 경우, 장물취득죄의 성립을 피할 수 없다.

◇ 절취한 개라는 것을 알면서도 요리해 먹은 경우

상피의자가 가져온 개가 절취한 것이라는 것을 알면서도 요리하여 먹었다.

※ 상피의자가 절취할 때 방조한 것이 아니므로 장물취득으로 의율해야 한다.

◇ 장물의 매각을 의뢰받아 매각과 보관을 한 경우

피의자가 타인으로부터 장물의 매각을 의뢰받고 그 매각대금 중 일부만을 그 타인에게 돌려주기로 하는 약정을 하고 장물을 인도받아 장물 중 일부를 매각하고 일부를 보관중이다.

※ 이 경우 매각부분에 대해서는 장물알선, 보관부분에 대해서는 장물보관으로 의율할 수 있겠고 양자는 포괄1죄의 관계에 있어서 그 죄명은 장물알선으로 하는 것이 상당하다.

◇ 절도와 장물에 관한 범죄

A는 B에게 보석을 훔쳐오면 좋은 값으로 사주겠다고 하며 B를 부추기고, 이에 B는 범의가 일어 C에게서 보석을 훔쳐왔다. A는 B에게서 그 보석을 사고 애

인 D에게 그것을 선물했다. D도 그것이 장물인 것을 알고 있었다.

※ B는 절도죄, A는 절도교사죄와 장물취득죄가 되며, D도 장물인 정을 알고 있으므로 장물양도죄가 성립한다.

◇ 장물을 취득하기 위하여 운반한 경우

피의자가 절도본범인 형의 지시를 받아 집 마당에 숨겨진 장물을 분배하기 위하여 같은 집 이층방까지 약 20미터 정도 운반한 후 분배 취득하였다.

※ 이 경우의 운반행위는 장물취득의 한 과정에 불과하여 이에 흡수되므로 장물취득죄로만 의율하는 것이 타당하다.

◇ 장물인 것을 알면서도 운반하여 보관한 경우

남자친구의 부탁을 받고, 그것이 장물인 것을 알면서도 피의자의 집까지 이것을 운반하여 보관하였다.

※ 피의자는 장물운반과 장물보관의 행위를 모두 했지만, 장물을 운반한 후 계속해서 이를 보관하는 경우는 장물운반이 장물보관의 수단에 불과한 것이 되어 장물운반죄는 장물보관죄에 흡수된다.

◇ 장물의 일부를 알선한 경우

장물의 알선을 위하여 교부받아 보관하던 중 그 일부에 대하여만 알선하였다.

※ 알선을 위하여 교부받은 장물의 일부에 대해서만 알선이 성립했을 때에는 알선과 알선이 성립되지 않은 장물의 보관은 포괄1죄를 구성하므로 장물알선죄로만 의율하는 것이 상당하다.

◇ 절취한 오토바이임을 알면서 타고 간 경우

배○○이 단독으로 오토바이를 절취하고 약 20미터 떨어진 곳에서 정○○가 기다리고 있었는데, 배○○가 절도 후 위 오토바이를 정○○가 있는 곳으로 끌고가 훔쳐온 정을 알리고 그에게 주어 정○○가 타고 갔다.

※ 이 경우 정○○에 대한 특수절도혐의는 인정하기 어렵다 하더라도 장물취득 내지 장물운반혐의가 인정되는 것은 분명하다.

◇ 타인이 절취한 물건을 본인소유 차량으로 운반한 경우

타인이 절취한 고가의 가구를 피의자 소유 화물차량으로 운반하였다.

※ 피의자가 화물차의 운전을 업으로 하고 있어 업무와 관련한 행위로 생각할 수도 있겠으나, 장물죄에 있어서의 업무란 고물상, 전당포, 수리상과 같이 주로 중고품을 취급하는 것을 업무로 하는 경우를 말하므로 이 경우는 단순히 장물운반죄로 의율해야 할 것이다.

◇ 타인이 강취한 수표를 교환해주고 사례금을 받은 경우

한○○와 이○○는 타인이 강취해온 100만원권 자기앞수표 1매를 교환해 달라는 부탁을 받고 은행에 가서 현금으로 교환해주고 그 타인으로부터 사례금으로 30만원씩 교부받았다.

※ 사례금으로 30만원씩을 교부받은 행위는 장물알선의 대가이며, 장물이란 영득죄에 의해 취득한 물건 그 자체를 말하므로 장물을 처분하여 얻어진 돈을 받았다고 하더라도 장물취득죄는 성립하지 않는다. 또한, 자기앞수표는 융통성이 강해 현금과 동일시되는 것으로서 습득한 자기앞수표를 현금과 교환하더라도 사기죄가 성립하지 않으므로 사기죄도 물을 수 없다.

◇ 사정을 알지 못하고 장물을 취득한 경우

피의자의 후배인 상피의자 모○○이 전에 자기 친구에게 돈을 빌려주었으나 그 친구가 외국으로 이민을 가면서 피의자가 빌려준 돈 대신 25인치 칼라텔레비전과 소형 냉장고를 주어서 받은 것이라고 하면서 가져와 돈이 급하니 합쳐서 25만원에 사라고 하였다. 마침 자취를 하려고 준비중이던 피의자는 이것들이 장물이라는 의심은 하지 않았고, 다만 전자제품 대리점을 경영하는 김○○에게 위 텔레비전과 냉장고의 시가를 물어보고 가격이 적당한 것 같아 이를 매수하였다.

※ 이 경우, 피의자의 주장과 상피의자 대리점 주인 김○○의 진술을 철저히 조사하고 종합하여 판단해야 할 것이다. 이 경우는 범죄혐의 없는 것으로 보인다.

● 수사사례

장물취득

- 득절도범이 훔쳐가지고 온 물건을 그것이 훔친 물건이라는 것을 알면서도 산 경우 장물취득죄 성립

- 매매계약 후에 훔친 물건이라는 정을 알고도 건네받은 경우 장물취득죄 성립
- 유실물을 주워서 횡령한 장물을 산 경우 장물취득죄 성립
- 타인에게서 편취(사기)하여 가지고 온 것을 알면서도 수표를 받아 가진 경우 장물취득죄 성립
- 물품대금 등을 수금하여 횡령한 돈이라는 것을 알면서도 현금을 빌려 받은 경우 장물취득죄 성립

<u>장물운반</u>

- 반절도범의 부탁을 받고 그가 다른 곳에서 훔쳐온 물건이라는 것을 알면서도 그 물건을 운반하여 준 경우 장물운반죄 성립
- 영업용 택시운전사가 주행중 골목길에서 박스에 넣은 전자제품인 듯한 물건을 어깨에 메고 뛰어나온 손님의 신호로 정차한 후 그가 이 물건을 택시 뒷좌석에 싣고 "빨리 가자, 쫓기고 있다 "고 말하므로 그것이 혹시 장물이 아닌가 하는 생각을 하면서 가볍게 넘기고 그의 지시에 따라 운전 주행하여 장물을 운반한 경우 장물운반죄 성립

<u>장물보관</u>

- 관횡령한 물건이라는 것을 알면서도 그의 부탁을 받아들여 이를 감춰주어 보관해준 경우 장물 보관죄 성립
- 가져온 물건이 장물일지도 모르겠다고 생각하면서도 가볍게 넘기고 이를 채권의 담보로 잡아둔 경우 장물보관죄 성립

<u>장물알선</u>

- 훔친 물건에 대하여 팔아달라는 부탁을 받고 이를 다른 사람에게 팔아준 경우 장물알선죄 성립

<u>장물양도</u>

- 도장물이라는 것을 모르고 물품을 매입한 후 언론보도 등을 통하여 그 물품이 훔친 것이라는 것을 알고 발각되면 처벌받을 것이라고 생각하고 두려운 나머지 그 사실을 모르는 다른 사람에게 다시 팔아 넘긴 경우 장물양도죄 성립
- 아는 사람으로부터 장물인 사실을 모르고 받은 선물이 그 후 길거리에서 주운 유실물 횡령품임을 알고 두려운 나머지 받은 물건을 다시 아는 사람에게 선물로 준 경우 장물양도죄 성립

● 관련판례 1

◎ 장물죄에서 '장물'의 인식이 미필적 인식으로 충분한지 여부(적극)

장물죄에 있어서 장물의 인식은 확정적 인식임을 요하지 않으며 장물일지도 모른다는 의심을 가지는 정도의 미필적 인식으로서도 충분하다

원심이 유지한 제1심의 채택 증거에 의하면, 피고인은 2004. 12.경 미등록 상태였던 이 사건 수입자동차를 취득한 후, 2005. 3. 29.경 최초 등록이 마쳐진 이 사건 수입자동차가 장물일지도 모른다고 생각하면서도 2005. 5. 28.경 이를 다시 공소외인에게 양도한 사실을 알 수 있는바, 이를 위 법리에 비추어 살펴보면, 원심이 피고인의 선의취득 주장을 배척하고 이 사건 수입자동차에 대한 장물양도죄의 공소사실을 유죄로 인정한 조치는 정당하여 수긍할 수 있고, 위와 같은 원심의 판단에 장물죄에 관한 법리를 오해하는 등의 위법이 있다고 할 수 없다.(대법원 2011. 5. 13. 선고 2009도3552 판결)

● 관련판례 2

◎ 장물죄에서 본범이 되는 범죄행위에 대하여 우리 형법이 적용되지 않는 경우, 그에 관한 법적 평가 기준 및 '장물'에 해당하기 위한 요건

'장물'이라 함은 재산죄인 범죄행위에 의하여 영득된 물건을 말하는 것으로서 절도·강도·사기·공갈·횡령 등 영득죄에 의하여 취득된 물건이어야 한다. 여기에서의 범죄행위는 절도죄 등 본범의 구성요건에 해당하는 위법한 행위일 것을 요한다. 그리고 본범의 행위에 관한 법적 평가는 그 행위에 대하여 우리 형법이 적용되지 아니하는 경우에도 우리 형법을 기준으로 하여야 하고 또한 이로써 충분하므로, 본범의 행위가 우리 형법에 비추어 절도죄 등의 구성요건에 해당하는 위법한 행위라고 인정되는 이상 이에 의하여 영득된 재물은 장물에 해당한다.(대법원 2011. 4. 28. 선고 2010도15350 판결)

● 관련판례 3

◎ 본인 명의의 예금계좌를 양도하는 방법으로 본범의 사기 범행을 용이하게 한 방조범이 본범의 사기행위 결과 그의 예금계좌에 입금된 돈을 인출한 경우, '장물취득죄'가 성립하는지 여부(소극)

장물취득죄에서 '취득'이라 함은 장물의 점유를 이전받음으로써 그 장물에 대하여 사실상 처분권을 획득하는 것을 의미하는데, 이 사건의 경우 본범의 사기행위는 피고인이 예금계좌를 개설하여 본범에게 양도한 방조행위가 가공되어 본범에게 편취금이 귀속되는 과정 없이 피고인이 피해자로부터 피고인의 예금계좌로 돈을 송금받아 취득함으로써 종료되는 것이고, 그 후 피고인이 자신의 예금계좌에서 위 돈을 인출하였다 하더라도 이는 예금명의자로서 은행에 예금반환을 청구한 결과일 뿐 본범으로부터 위 돈에 대한 점유를 이전받아 사실상 처분권을 획득한 것은 아니므로, 피고인의 위와 같은 인출행위를 장물취득죄로 별할 수는 없다.(대법원 2010. 12. 9. 선고 2010도6256 판결)

2. 업무상과실, 중과실장물죄

제364조(업무상과실, 중과실)

업무상과실 또는 중대한 과실로 인하여 제362조의 죄를 범한 자는 1년 이하의 금고 또는 500만원 이하의 벌금에 처한다. 〈개정 1995.12.29.〉

(작성례 1)

피의자는 서울 중랑구 묵1동 123에서 신호사라는 상호로 전파사를 경영하고 있다.

피의자는 20○○. ○. ○. 14 : 00경 위 신호사에서 김○○으로부터 그가 절취한 시가 100,000원 상당의 중고 쏘니카세트 1개를 매수함에 있어서 이러한 경우 고물매매업에 종사하는 자로서는 위 카세트가 혹시 장물일지도 모르므로 위 김○○의 신분, 매각의 동기 등을 확인하고 신분에 맞는 소지인지, 거래시세에 따른 적정가격을 요구하는지 등을 잘 살펴보아야 할 업무상주의의무가 있음에도 불구하고 이를 게을리 한 채 요구가격이 다소 싸다는 점에만 마음을 두어 위 카세트를 대금 20,000원에 매수하여 장물을 취득하였다.

(작성례 2)

피의자는 서울 ○○구 ○○동 123에서 A금은방이라는 상호로 귀금속매매 업무에 종사하고 있다.

피의자는 20○○. ○. ○ 13:00경 위 금은방에서 장○○으로부터 그가 훔쳐 온 피해자 김○○ 소유인 시가 350,000원 상당의 5돈짜리 금목걸이 1개를 매수하였다. 이러한 경우 귀금속 매매 업무에 종사하는 피의자에게는 인적사항 등을 확인하여 기재하고, 금목걸이 취득 경위, 매도의 동기 및 거래시세에 적합한 가격을 요구하는지 등을 잘 살펴 장물 여부를 확인하여야 할 업무상 주의의무가 있었다. 그럼에도 피의자는 이러한 주의를 게을리하여 장물에 대한 판단을 소홀히 한 과실로 위 금목걸이 1개를 대금 250,000원에 매수하여 업무상 과실로 장물을 취득하였다.

● **수사사례**

<u>특정범죄가중처벌등에 관한 법률위반</u>

- 전당포를 경영하고 있는 자가 1개여월 사이 고물상내에서 10여회에 걸쳐 절도범으로부터 그가 다른 곳에서 훔쳐온 물건이라는 점을 알면서도 매수한 경우 상습장물취득죄 성립

<u>업무상과실 장물취득</u>

- 텔레비전 등 전자제품 매매, 수리업에 종사하는 자가 절도범으로부터 중고 텔레비전 3대를 사들이면서 장물인가를 명확히 인식하기 위해 그 출처 등을 묻고 비치한 고물대장에 기장을 하고 구입하게 된 경위와 팔려고 하는 동기 또는 신분에 적합한 소지품인가, 거래시세에 맞는 가격을 요구하는가 등을 알아보는 등 업무상 마땅히 요구되는 주의의무가 있음에도 이를 게을리하여 판단을 소홀히 하고 사는 값이 다소 싸다는 점에만 마음을 두어 함부로 싼값에 위 텔레비전을 산 경우 업무 상과실 장물취득죄 성립

● 관련판례 1

◎ 금은방 운영자가 귀금속류를 매수함에 있어 장물인지 여부의 확인에 관하여 업무상 요구되는 주의의무의 정도

금은방을 운영하는 자가 귀금속류를 매수함에 있어 매도자의 신원확인절차를 거쳤다고 하여도 장물인지의 여부를 의심할 만한 특별한 사정이 있거나, 매수물품의 성질과 종류 및 매도자의 신원 등에 좀 더 세심한 주의를 기울였다면 그 물건이 장물임을 알 수 있었음에도 불구하고 이를 게을리 하여 장물인 정을 모르고 매수하여 취득한 경우에는 업무상과실장물취득죄가 성립한다고 할 것이고, 물건이 장물인지의 여부를 의심할 만한 특별한 사정이 있는지 여부나 그 물건이 장물임을 알 수 있었는지의 여부는 매도자의 인적사항과 신분, 물건의 성질과 종류 및 가격, 매도자와 그 물건의 객관적 관련성, 매도자의 언동 등 일체의 사정을 참작하여 판단하여야 한다.(대법원 2003. 4. 25. 선고 2003도348 판결).

● 관련판례 2

◎ 장물보관 의뢰를 받은 자가 그 정을 알면서 이를 보관하고 있다가 임의 처분한 경우, 장물보관죄 이외에 횡령죄가 성립하는지 여부(소극)

절도 범인으로부터 장물보관 의뢰를 받은 자가 그 정을 알면서 이를 인도받아 보관하고 있다가 임의 처분하였다 하여도 장물보관죄가 성립하는 때에는 이미 그 소유자의 소유물 추구권을 침해하였으므로 그 후의 횡령행위는 불가벌적 사후행위에 불과하여 별도로 횡령죄가 성립하지 않는다.(대법원 2004. 4. 9., 선고, 2003도8219, 판결).

제38절 손괴의 죄

1. 재물손괴죄

> **제366조(재물손괴등)**
> 타인의 재물, 문서 또는 전자기록등 특수매체기록을 손괴 또는 은닉 기타 방법으로 기 효용을 해한 자는 3년이하의 징역 또는 700만원 이하의 벌금에 처한다. 〈개정 1995.12.29.〉
> [제목개정 1995. 2. 29.]

(작성례 1)

피의자는 부동산 임대업에 종사하고 있다.

피의자는 20○○. ○. ○. 10:00경 서울 서초구 서초동 333에 있는 피해자 박○○ 경영의 서초다방에서 그녀에게 밀린 다방 월세금을 달라고 요구하였는데 그녀가 장사가 제대로 되지 아니하여 연기하여 달라는 말을 듣고 이에 화가 난 나머지 그곳 계산대 위에 놓여있는 그녀 소유의 삼성무선전화기 1대 시가 20만원 상당을 바닥에 던져 깨뜨려 그 효용을 해하였다.

(작성례 2)

피의자는 20○○. 6. 25. 15:00경 서울 성북구 ○○동 100번지에 있는 피의자의 집에서 홍길동으로부터 이전에 피의자가 그에게서 차용한 금 100만원의 차용증서 1통(피의자 작성, 홍길동 앞의 것)을 내보이며 위 돈을 갚아 줄 것을 요구 당하자 갑자기 위 홍길동이 가지고 있는 위 차용증서를 빼앗아 찢어버려서 권리 의무에 관한 홍길동 소유의 문서를 손괴하였다.

(작성례 3)

피의자는 서울 성북구 ○○동 100-100호에 있는 홍길동의 집 2층에 전세를 들어 살고 있다.

피의자는 예전부터 이 집 아래층 한칸에 같이 전세들어 사는 남돌쇠가

신흥종교에 열중하여 항상 피의자에게 입교할 것을 끈덕지게 권유함에 대하여 불쾌한 생각이 있었다. 그러던 차에 20○○. 6. 25. 12:00경 위 홍길동의 집 대문에 설치되어 있는 편지함 속에 발신인 ○○포교원 임돌쇠, 수신인 남돌쇠로 된 편지1통이 배달되어 있는 것을 보고 그로 하여금 이를 알지 못하게 하고 볼 수 없도록 하기 위하여 그 편지를 피의자 방의 옷장 서랍속에 감춰 두어서 위 남돌쇠의 문서(서신)를 은닉하였다.

■ 적용실례

◇ 공중전화박스 유리창을 훼손한 경우

공중전화박스의 유리창을 깨뜨린 피의자에 대하여 공익건조물파괴죄로 의율하였다.

※ 파괴와 손괴의 개념은 범행목적물의 중요한 구성부분을 훼손하여 사용 불가능하게 만드느냐 아니면 그보다 가벼운 훼손에 그쳐 건물의 효용을 해하느냐 하는 점에서 구별된다. 이 경우 공중전화박스의 유리창이 파손된 것만으로는 파괴행위에 해당한다고 볼 수 없어 단순재물손괴로 의율하는 것이 상당하다.

◇ 보일러의 물순환을 방해한 경우

피의자가 보일러실의 쇠파이프와 플라스틱 파이프가 연결되는 부분의 볼트를 풀어 방바닥의 배관부분에 물이 순환되는 것을 방해하였다.

※ 재물손괴죄의 손괴는 본래목적에 일시 사용할 수 없게 하는 행위도 포함하므로 이와 같은 경우도 재물손괴죄에 해당한다고 하겠다.

◇ 남편의 내연의 처의 재물을 손괴한 경우

손○○는 남편과 내연관계에 있는 정○○의 집에 찾아가 그 집의 가재도구 등을 던져서 손괴하고 그 효용을 해하였다. 손○○는 그 집의 물건들은 모두 남편이 준 돈으로 산 것이니 정○○의 것이 아니라고 한다.

※ 이 경우, 위 물건들이 손○○의 주장대로 그녀의 남편의 수입으로 산 것이라고 해도 그에 대해 정○○는 정당한 권리를 가지고 있으므로 손○○의 위

행위는 정○○의 권리를 침해한 것이 되어 재물손괴죄로 의율할 수 있겠다.

◇ 차용증서를 태워버린 경우

김○○는 임○○로부터 300만원을 빌리면서 차용증서를 작성해 주었는데, 그 후 돈을 갚겠다고 거짓말하며 그 차용증서를 회수받아 즉석에서 라이타로 태워버렸다.

※ 이 경우 위 차용증서의 명의인은 김○○이지만 그 소유권은 임○○에게 있으므로 문서손괴죄로 의율해야 한다(권리행사방해가 아님).

◇ 습득한 타인의 편지를 전해 주지 않고 소지하고 있는 경우

우연히 습득한 타인의 편지를 전해 주지 않고 자기 가방에 넣어두었다.

※ 문서은닉이 된다.

◇ 피해자의 얼굴을 구타하면서 안경을 손괴한 경우

피의자가 안경을 쓰고 있던 피해자의 얼굴을 주먹으로 때려 상처를 입게 하고 그로 인해 안경을 손괴하였다.

※ 피의자가 전적인 고의로 안경을 손괴한 것은 아니지만 안경을 낀 것을 알고 주먹으로 얼굴을 때린 것은 재물손괴에 관한 미필적 고의가 있다고 할 수 있으므로 재물손괴죄가 성립된다 할 것이다.

◇ 담보목적물인 배추를 손괴한 경우

피의자는 아버지 소유의 밭을 맡아서 배추 등을 경작하고 있었는데, 그 밭과 작물은 모두 고소인에게 담보되어 있는 담보목적물이었다. 그런데 그에 대한 채무를 변제하지 못해 그 밭이 곧 넘어갈 위기에 처하게 되었다. 피의자는 곧 김장철이 되므로 그 때까지만 기다려 달라고 했으나 고소인이 이 부탁을 거절하자 밭에 있던 배추 등을 모두 뽑고, 밭을 갈아엎어 버렸다.

※ 위 작물은 밭과 함께 피고인에게 제공된 담보목적물이므로 담보권자를 위하여 선량한 관리자의 주의의무를 다할 임무가 있음에도 그 임무에 위배하여 한 행위이므로 단순히 손괴죄가 아닌 배임죄로 의율하는 것이 타당할 것이다.

◇ 교통법규를 위반하여 받은 범칙금납부고지서를 찢어버린 경우

교통법규를 위반한 피의자가 범칙금납부고지서를 교부받고 이를 찢어버렸다.

※ 피의자가 찢은 범칙금 납부고지서는 피의자에게 교부된 이상 피의자의 소유라 할 것이어서 문서손괴죄는 성립하지 않는다.

◇ 승용차를 사용하지 못하게 한 경우

아파트 통로에 주차한 것에 앙심을 품고 자신의 승용차를 바짝붙여 4일만 승용차를 사용하지 못하게 하였다.

※ 업무방해가 아니고 재물손괴죄로 의율한다. 구성요건상 효용을 해한 행위가 되는 것은 본래의 용법대로 사용하지 못하도록 만드는 행위는 물론 일시 그것을 이용할 수 없는 상태로 만드는 것도 포함된다.

● 수사사례

① 손괴

재물이나 문서, 차량

- 엘레베이터작동을 정지시킨 경우정당한 이유없이 엘레베이터의 문틈에 돌조각을 집어넣어 작동을 정지시킨 행위는 재물손괴죄.
- 무허가건물에 설치된 전기선의 절단무허가건축물에 설치된 전기선의 절단 자신의 토지 위에 무단건축된무허가 주거용 비닐하우스 천막에 주거자들이 자신의 비용 으로 설치한 전선을 무단으로 잘랐다면 재물손괴죄 성립
- 임의로 타인의 물건을 옮긴 행위 원래 보관된 장소에 있는 무연탄 등을 피해자의 동의없이 임의로 옮겨 무연탄의 재산적가치 효용을 해쳤다면 재물손괴죄 성립.
- 합법적인 무허가 건물의 철거행위 법원으로부터 경락받은 경락인이 해당 부동산의 점유자에게 살림살이 등의 이전을 요구하였으나 이에 응하지 않아 법원 집달관에게 의뢰하여 피해자의 가족을 입회시킨 후에 강제처분 하고, 구청 철거반에 의뢰하여 무허가 건물을 철거하였다면 해당 부동산에 대한 손괴죄는 성립하지 않음
- 주차시비로 차를 발로 차는 행위 야간에 자신의 집 앞에 불법주차된 차량을 발로 차서 차를 찌그러트린 행위는 폭력행위등 처벌에관한 법률상의 손괴죄에 해당.
- 임대기간 만료후의 임대인의 집기손괴 임차인이 임대기간이 만료된 임대인의 사무실에 무단으로 들어가 사무실의 집기등을 꺼내놓아 방치하여

그 집기의 효용을 해쳤다면 재물손괴죄 성립.

② 상해가 수반된 손괴

폭행당시의 안경

- 폭행시 피해자의 안경이 벗겨져 손괴된 경우는 폭행죄와 함께 손괴죄 성립.

싸우다 넘어져 손괴한 경우

- 서로 싸우다가 넘어져 피해자의 재물을 손괴한 경우는 재물손괴에 고의가 없는 이상 재물손괴죄로 의율할 수 없는 민사문제.

③ 야간, 집단, 위험한 물건

야간 재물손괴

- 자신과 결혼을 해주지 않는다는 이유로 야간에 피해자의 집에 야간에 찾아가 술에 취한 채로 유리 창을 부수고 가구등을 손괴하는 경우는 폭처법상의 재물손괴죄에 해당.

행패부리면서 손괴

- 타인의 영업소에 들어가 시비 끝에 물품을 집어던져 손괴하면서 난동을 부린 경우는 재물손괴죄는 물론이고 업무방해죄까지 성립.

경계침범

- 철거한담장을 다시 쌓은 경우 확정판결에 기해 집달관이 피의자 소유 가옥의 담장을 철거하였음에도 불구하고 다시 피해자의 대지를 침범하여 담장을 쌓았다면 토지의 경계를 인식불능케 한 것이므로 경계침범죄 성립.

● 관련판례 1

◎ 재물손괴죄에서 '손괴 또는 은닉 기타 방법으로 그 효용을 해하는 경우'의 의미 / 자동문을 자동으로 작동하지 않고 수동으로만 개폐가 가능하게 하여 자동잠금장치로서 역할을 할 수 없도록 한 경우, 재물손괴죄가 성립하는지 여부(적극)

재물손괴죄는 타인의 재물, 문서 또는 전자기록 등 특수매체기록을 손괴 또는 은닉 기타 방법으로 그 효용을 해한 경우에 성립한다(형법 제366조). 여기에서 손괴 또는 은닉 기타 방법으로 그 효용을 해하는 경우에는 물질적인 파괴행위로 물건 등을 본래의 목적에 사용할 수 없는 상태로 만드는 경우뿐만 아니라 일시적으로 물건 등의 구체적 역할을 할 수 없는 상태로 만들어 효용을 떨어뜨리는 경우도 포함된다. 따라서 자동문을 자동으로 작동하지 않고 수동으로만 개폐가 가능하게 하여 자동잠금장치로서 역할을 할 수 없도록 한 경우에도 재물손괴죄가 성립한다.(대법원 2016. 11. 25. 선고 2016도9219 판결)

● 관련판례 2

◎ 문서손괴죄에서 '문서의 효용을 해한다'는 것의 의미 및 소유자의 의사에 따라 형성된 종래의 이용상태를 변경시켜 종래의 상태에 따른 이용을 일시적으로 불가능하게 하는 경우, 문서손괴죄가 성립하는지 여부(적극) / 어느 문서에 대한 종래의 사용상태가 문서 소유자의 의사에 반하여 또는 그와 무관하게 이루어진 경우, 문서손괴죄가 성립하는지 여부

문서손괴죄는 타인 소유의 문서를 손괴 또는 은닉 기타 방법으로 효용을 해함으로써 성립하고, 문서의 효용을 해한다는 것은 문서를 본래의 사용목적에 제공할 수 없게 하는 상태로 만드는 것은 물론 일시적으로 그것을 이용할 수 없는 상태로 만드는 것도 포함한다. 따라서 소유자의 의사에 따라 어느 장소에 게시 중인 문서를 소유자의 의사에 반하여 떼어내는 것과 같이 소유자의 의사에 따라 형성된 종래의 이용상태를 변경시켜 종래의 상태에 따른 이용을 일시적으로 불가능하게 하는 경우에도 문서손괴죄가 성립할 수 있다. 그러나 문서손괴죄는 문서의 소유자가 문서를 소유하면서 사용하는 것을 보호하려는 것이므로, 어느 문서에 대한 종래의 사용상태가 문서 소유자의 의사에 반하여 또는 문서 소유자의 의사와 무관하게 이루어진 경우에 단순히 종래의 사용상태를 제거하거나 변경시키는 것에 불과하고 손괴, 은닉하는 등으로 새로이 문서 소유자의 문서 사용에 지장을 초래하지 않는 경우에는 문서의 효용, 즉 문서 소유자의 문서에 대한 사용가치를 일시적으로도 해하였다고 할 수 없어서 문서손괴죄가 성립하지 아니한다.(대법원 2015. 11. 27. 선고 2014도13083 판결)

● 관련판례 3

◎ 재물손괴죄의 구성요건 중 '기타 방법' 및 '재물의 효용을 해한다.'의 의미 / 재물의 효용을 해하는 것인지 판단하는 기준

형법 제366조는 "타인의 재물, 문서 또는 전자기록 등 특수매체기록을 손괴 또는 은닉 기타 방법으로 그 효용을 해한 자는 3년 이하의 징역 또는 700만 원 이하의 벌금에 처한다."라고 규정하고 있다. 여기에서 '기타 방법'이란 형법 제366조의 규정 내용 및 형벌법규의 엄격해석 원칙 등에 비추어 손괴 또는 은닉에 준하는 정도의 유형력을 행사하여 재물 등의 효용을 해하는 행위를 의미한다고 봄이 타당하고, '재물의 효용을 해한다.'고 함은 사실상으로나 감정상으로 그 재물을 본래의 사용목적에 제공할 수 없게 하는 상태로 만드는 것을 말하며, 일시적으로 그 재물을 이용할 수 없거나 구체적 역할을 할 수 없는 상태로 만드는 것도 포함한다(대법원 2007. 6. 28. 선고 2007도2590 판결, 대법원 2016. 11. 25. 선고 2016도9219 판결 등 참조).

구체적으로 어떠한 행위가 재물의 효용을 해하는 것인지는, 재물 본래의 용도와 기능, 재물에 가해진 행위와 그 결과가 재물의 본래적 용도와 기능에 미치는 영향, 이용자가 느끼는 불쾌감이나 저항감, 원상회복의 난이도와 거기에 드는 비용, 그 행위의 목적과 시간적 계속성, 행위 당시의 상황 등 제반 사정을 종합하여 사회통념에 따라 판단하여야 한다(앞의 대법원 2007도2590 판결 참조).(대법원 2021. 5. 7., 선고, 2019도13764, 판결)

2. 공익건조물파괴죄

제367조(공익건조물파괴)
공익에 공하는 건조물을 파괴한 자는 10년 이하의 징역 또는 2천만원 이하의 벌금에 처한다. 〈개정 1995.12.29.〉

(작성례)

피의자는 화물자동차 운전사이다.

피의자는 20○○. ○. ○. 05 : 00경 자기가 운전하는 대형화물자동차에 배추를 가득 싣고 서울 ○○동 ○○번지에 있는 ○○종합시장 입구에 도착하여 그 시장 안으로 들어가려고 했으나 그 곳에 설치된 정문의 폭이 좁아 그대로 통과할 수 없자 즉시 자기 차안에서 빠루를 들고 나와 위 문의 기둥을 떠밀어서 이를 넘어뜨려 위 시장소유의 건조물을 파괴하였다.

■ 적용실례

◇ 학교 유리창을 손괴한 경우

공용건조물인 초등학교 교실의 유리창을 손괴하였다.

※ 건조물에 붙어있는 분리가능한 유리창을 손괴한 것이므로 이것만으로는 공익건조물파괴라고 할 수 없어 공용물건손상으로 의율하는 것이 타당하다.

◇ 경찰서 보호실의 공중전화기를 손괴한 경우

경찰서 보호실에 설치된 공중전화기를 손괴하였다.

※ 경찰서 보호실의 공중전화기는 즉결피의자 등 일반인이 사용하는 것으로 형법 제141조 제1항 소정의 공무소에서 사용하는 물건이라고 할 수 없어 재물손괴죄로 의율해야 할 것이고 공용물건손상죄로 의율할 수 없다.

● 수사사례

<u>순찰차를 손괴한 경우</u>

- 경찰서 순찰차를 발로 차서 손괴한 사안은 재물손괴죄가 아닌 공용물건손상죄.

방법초소의 경우

- 방범초소의 유리창을 돌을 던져 깨어버렸다면 재물손괴죄가 아닌 공용물건손상죄.

역 대합실 유리창

- 철도청 소속의 기차역은 공무소에 해당하므로 야간에 기차역 대합실의 유리창을 손상한 경우는 폭력행위등 처벌에 관한 법률 대상이 아니라 공용물건손상죄에 해당.

3. 중손괴죄, 손괴치사상죄

제368조(중손괴)

① 전2조의 죄를 범하여 사람의 생명 또는 신체에 대하여 위험을 발생하게 한 때에는 1년 이상 10년 이하의 징역에 처한다.

② 제366조 또는 제367조의 죄를 범하여 사람을 상해에 이르게 한 때에는 1년 이상의 유기징역에 처한다. 사망에 이르게 한 때에는 3년 이상의 유기징역에 처한다. 〈개정 1995.12.29.〉

(작성례)

피의자는 20○○. ○.경부터 ○○시 ○○동 ○○번지에 있는 우○○ 소유의 주택 중 지하 방2칸과 부엌 1칸을 임차하여 전세로 입주하고 있는 사람이다.

피의자는 전세계약기간이 만료되어 위 우○○가 여러차례 명도를 요구해 왔으나 이에 응하지 않고 있던 중 20○○. ○. ○. 18:00경 위 우○○가 찾아와서 "일주일 내에 방을 비우지 않으면 내가 살림을 들어내겠다." 고 말하여 언쟁이 벌어졌다. 그러던 중 피의자가 흥분한 나머지 그 곳에 있던 의자를 방 문짝에 던져 마침 그 자리에 앉아 있던 위 우○○에게 약 2주간의 치료를 요하는 머리뼈 파열상을 입히고 그 문짝 한 개(시가 20만원 상당)를 파괴하여 위 우○○ 소유의 재물을 손괴하였다.

■ 적용실례

◇ 물건을 부수고 사람을 다치게 한 경우

재떨이를 던져 수족관 등을 손괴하고 그 옆에 있던 사람에게 상해를 입혔다.

※ 위와 같이 재물을 손괴하면서 그 행위로 인하여 피해자에게 상해를 입힌 경우에는 손괴외 상해행위 전부가 형법 제368조 제2항의 재물손괴치상죄에 해당하므로 이것으로 의율해야 하며, 재물손괴죄와 상해죄로 따로 떼어 의율할 수 없다.

◇ 공동하여 구타, 의치 탈구상을 가한 경우

공동으로 사람을 때려서 의치 탈구상을 가하였다.

※ 이 경우, 의치가 물건이긴 하지만 신체의 일부분으로 볼 수 있으므로 의치에 대해서 재물손괴를 의율하기 보다는 폭력행위등처벌에관한법률위반으로 하는 것이 타당할 것이다.

4. 특수손괴죄

제369조(특수손괴)

① 단체 또는 다중의 위력을 보이거나 위험한 물건을 휴대하여 제366조의 죄를 범한 때에는 5년 이하의 징역 또는 1천만원 이하의 벌금에 처한다. 〈개정 1995.12.29.〉

② 제1항의 방법으로 제367조의 죄를 범한 때에는 1년 이상의 유기징역 또는 2천만원 이하의 벌금에 처한다. 〈개정 1995.12.29.〉

(작성례)

피의자는 ○○시 ○○동 ○○번지에서 10년 동안 슈퍼마켓을 경영하고 있다. 피의자는 20○○. ○. ○. 같은 동에 할인매장(대표 문○○)이 문을 열어 피의자 가게의 손님 등 많은 사람들로 그곳이 붐비고 피의자 가게에는 손님이 없자, 이에 화가 나 ○. ○. 11：00경 같은 동에서 슈퍼마켓과 식료품 가게를 경영하는 이○○ 등 4명과 함께 위 할인매장에 찾아가 계산대를 방망이로 쳐 손괴하고 식품진열대 1개를 넘어뜨리는 등 단체로 재물을 손괴하였다.

● 관련판례

◎ 재물손괴죄에서 '재물의 효용을 해한다'는 것의 의미 / 도로 바닥에 낙서를 하는 행위 등이 재물손괴죄에 해당하는지 판단하는 기준

형법 제366조의 재물손괴죄는 타인의 재물을 손괴 또는 은닉하거나 기타의 방법으로 그 효용을 해하는 경우에 성립한다. 여기에서 재물의 효용을 해한다고 함은 사실상으로나 감정상으로 재물을 본래의 사용 목적에 제공할 수 없는 상태로 만드는 것을 말하고, 일시적으로 재물을 이용할 수 없는 상태로 만드는 것도 포함한다.

특히 도로 바닥에 낙서를 하는 행위 등이 도로의 효용을 해하는 것에 해당하는지 여부는, 당해 도로의 용도와 기능, 그 행위가 도로의 안전표지인 노면표시 기능 및 이용자들의 통행과 안전에 미치는 영향, 그 행위가 도로의 미관을 해치는 정도, 도로의 이용자들이 느끼는 불쾌감이나 저항감, 원상회복의 난이도와 거기에 드는 비용, 그 행위의 목적과 시간적 계속성, 행위 당시의 상황 등 제반 사정을 종합하여 사회통념에 따라 판단하여야 한다.(대법원 2020. 3. 27., 선고, 2017도20455, 판결)

5. 경계침범죄

제370조(경계침범)
경계표를 손괴, 이동 또는 제거하거나 기타 방법으로 토지의 경계를 인식 불능하게 한 자는 3년 이하의 징역 또는 500만원 이하의 벌금에 처한다. 〈개정 1995.12.29.〉

(작성례)

피의자는 20○○. ○. ○. 08:00경 자신의 논 옆에 있는 도로경계 표지판 때문에 경운기가 지나갈 수 없자 이를 삽으로 파내어 도로변 약 50m지점으로 무단으로 이동하였다.

■ 적용실례

◇ 담장을 철거, 경계를 침범한 경우

피해자의 담장을 철거하여 경계를 침범하였다.

※ 이 경우, 담장을 철거(손괴)한 것은 토지의 경계를 인식불능케 한 경계침범죄에 흡수되므로 경계침범죄만으로 의율해야 할 것이다.

◇ 높은 담의 절반을 빼어낸 경우

피의자는 자기 집 옆에 있는 경계를 위한 콘크리트 담이 너무 높아 답답함을 느껴 오다가, 콘크리트 6단 담 중 위 3단씩을 빼어내 버렸다.

※ 이 경우, 경계표를 손괴했다고는 해도 남은 부분만에 의해서도 토지의 경계는 여전히 명확하여 경계가 인식불능케 되지 않았으므로 경계침범의 죄를 물을 수는 없다.

◇ 인접한 피해자의 논 한가운데로 배수로를 설치한 경우

인접한 피해자의 논 한가운데로 배수로를 설치하였다.

※ 경계침범죄는 계표를 손괴, 이동, 제거하거나 기타의 방법으로 토지의 경계를 인식불능케 한 경우에 성립된다. 그런데 배수로를 설치한 행위자체로는 토지의 경계를 인식불능케 했다고 볼 수 없으므로 경계침범으로 의율할 수 없다.

● 관련판례 1

◎ 경계침범죄에서 '경계'의 의미 및 법률상의 정당한 경계를 침범하는 행위가 있더라도 토지의 사실상의 경계에 대한 인식불능의 결과가 발생하지 않는 한 경계침범죄가 성립하지 아니하는지 여부(적극)

「형법」 제370조의 경계침범죄는 토지의 경계에 관한 권리관계의 안정을 확보하여 사권을 보호하고 사회질서를 유지하려는 데 그 목적이 있는 것으로서, 단순히 경계표를 손괴, 이동 또는 제거하는 것만으로는 부족하고 위와 같은 행위나 기타 방법으로 토지의 경계를 인식불능하게 함으로써 비로소 성립된다 할 것인데, 여기에서 말하는 경계는 법률상의 정당한 경계인지 여부와는 상관없이 종래부터 경계로서 일반적으로 승인되어 왔거나 이해관계인들의 명시적 또는 묵시적 합의가 존재하는 등 어느 정도 객관적으로 통용되어 오던 사실상의 경계를 의미한다 할 것이므로, 설령 법률상의 정당한 경계를 침범하는 행위가 있었다 하더라도 그로 말미암아 위와 같은 토지의 사실상의 경계에 대한 인식불능의 결과가 발생하지 않는 한 경계침범죄가 성립하지 아니한다 할 것이다.(대법원 2010.9.9. 선고 2008도8973 판결)

● 관련판례 2

◎ 형법 제370조 경계침범죄에서 '경계'의 의미 및 종래 통용되어 오던 사실상의 경계가 법률상 정당한 경계인지 다툼이 있을지라도 여전히 이에 해당하는지 여부(한정 적극)

형법 제370조의 경계침범죄에서 말하는 '경계'는 반드시 법률상의 정당한 경계를 가리키는 것은 아니고, 비록 법률상의 정당한 경계에 부합되지 않는 경계라 하더라도 그것이 종래부터 일반적으로 승인되어 왔거나 이해관계인들의 명시적 또는 묵시적 합의에 의하여 정해진 것으로서 객관적으로 경계로 통용되어 왔다면 이는 본조에서 말하는 경계라 할 것이고 (대법원 1976. 5. 25. 선고 75도2564 판결, 대법원 1986. 12. 9. 선고 86도1492 판결 등 참조), 따라서 그와 같이 종래 통용되어 오던 사실상의 경계가 법률상의 정당한 경계인지 여부에 대하여 다툼이 있다고 하더라도, 그 사실상의 경계가 법률상 정당한 경계가 아니라는 점이 이미 판결로 확정되었다는 등 경계로서의 객관성을 상실하는 것으로 볼 만한 특단의 사정이 없는 한, 여전히 본조에서 말하는 경계에 해당되는 것이라고 보아야 할 것이다(대법원 1992. 12. 8. 선고 92도1682 판결 등 참조). 그리고 이러한 경계를 표시하는 경계표는 반드시 담장 등과 같이 인위적으로 설치된 구조물만을 의미하는 것으로 볼 것은 아니고, 수목이나 유수 등과 같이 종래부터 자연적으로 존재하던 것이라도 경계표지로 승인된 것이면 여기의 경계표에 해당한다고 할 것이다.(대법원 2007. 12. 28. 선고 2007도9181 판결)

제3장 형사특별법 범죄사실 작성례

1. 가정폭력범죄의 처벌 등에 관한 특례법

[시행 2021. 1. 21.] [법률 제17499호, 2020. 10. 20., 일부개정]

제2조 (정의)

이 법에서 사용하는 용어의 정의는 다음과 같다.

3. "가정폭력범죄"란 가정폭력으로서 다음 각 목의 어느 하나에 해당하는 죄를 말한다.
   가. 「형법」 제2편제25장 상해와 폭행의 죄 중 제257조(상해, 존속상해), 제258조(중상해, 존속중상해), 제258조의2(특수상해), 제260조(폭행, 존속폭행)제1항 · 제2항, 제261조(특수폭행) 및 제264조(상습범)의 죄
   나. ~ 카. 생략

형법 제260조(폭행, 존속폭행)

① 사람의 신체에 대하여 폭행을 가한 자는 2년 이하의 징역, 500만원 이하의 벌금, 구류 또는 과료에 처한다.〈개정 1995.12.29.〉

(작성례)

피의자 김비열은 ○○종합병원에 근무하는 의사인데, 피해자 이순진과 20○○. ○. ○. 결혼한 부부지간이다.

피의자는 평소 결혼당시에 병원개업자금을 대주지 않았다는 이유로 가정불화가 잦던 중에 서울시 ○○동 ○○번지 피해자의 집에서 20○○. ○. ○.(○○:○○경)에 상호 말다툼 끝에 격분하여 피해자의 뺨을 수회 때리고 주먹으로 피해자의 배 등을 가격하는 등 폭행하였다.

※ 송치상의 '죄명' 란에는 해당죄명(위의 경우에는 폭행)을 쓰고 '비고' 란에는 가정폭력사건이라고 표시하면 된다.

● 관련판례 1

◎ 남편이 처에게 폭력을 행사하여 처가 남편을 상대로 이혼소송을 제기하고 남편 또한 이혼하려고 한 경우에도 남편에게 가정폭력범죄의 처벌 등에 관한 특례법

에 정한 보호처분을 할 수 있다고 한 사례

원심은, 가정폭력범죄의 처벌 등에 관한 특례법(이하 '특례법' 이라고만 한다)의 관련 규정에 비추어 볼 때, 재항고인의 가정폭력범죄 후 피해자가 재항고인을 상대로 이혼소송을 제기하였고 재항고인 또한, 피해자와 이혼하려고 마음먹었다고 하여 재항고인에게 특례법 소정의 보호처분을 할 수 없는 것이 아니라는 등의 이유로 재항고인에게 80시간의 사회봉사명령을 명한 제1심결정을 그대로 유지하였는바, 관련 법리 및 기록에 의하여 살펴보면, 원심의 조치는 정당하고, 재항고이유의 주장과 같이 특례법의 해석을 잘못한 위법 등이 없다.(대법원 2008. 8. 12. 자 2008어5 결정)

● 관련판례 2

◎ 가정폭력범죄의 처벌 등에 관한 특례법상 사회봉사명령의 법적 성질 및 형벌불소급원칙의 적용 여부(적극)

가정폭력범죄의 처벌 등에 관한 특례법이 정한 보호처분 중의 하나인 사회봉사명령은 가정폭력범죄를 범한 자에 대하여 환경의 조정과 성행의 교정을 목적으로 하는 것으로서 형벌 그 자체가 아니라 보안처분의 성격을 가지는 것이 사실이다. 그러나 한편으로 이는 가정폭력범죄행위에 대하여 형사처벌 대신 부과되는 것으로서, 가정폭력범죄를 범한 자에게 의무적 노동을 부과하고 여가시간을 박탈하여 실질적으로는 신체적 자유를 제한하게 되므로, 이에 대하여는 원칙적으로 형벌불소급의 원칙에 따라 행위시법을 적용함이 상당하다.(대법원 2008. 7. 24. 자 2008어4 결정)

● 관련판례 3

◎ 가정폭력범죄의 처벌 등에 관한 특례법상 검사가 청구한 임시조치를 기각한 결정에 대하여 피해자가 항고할 수 있는지 여부(소극)

가정폭력범죄의 처벌 등에 관한 특례법(이하 '법' 이라 한다) 제8조 제1항에 따라 검사가 청구하는 임시조치에 대하여 법 제39조 위임에 따라 제정된 가정보호심판규칙(이하 '규칙' 이라 한다) 제10조는 가정법원 판사가 임시조치 결정 또는 임시조치 청구를 기각하는 결정을 할 수 있다고 규정한다. 법 제49조 제1항은 법 제8조에 따른 임시조치 결정에 있어서 그 결정에 영향을 미칠 법령위반이 있거나 중대한 사실오인이 있는 경우 또는 그 결정이 현저히 부당한 경우에는 검사, 가정폭력행위자, 법정대리인 또는 보조인은 가정법원 본원합의부에 항고할 수 있다고 규정한다. 한편 가정보호사건을 송치받은 가정법원 판사는 원활한 조사·심리 또는 피해자 보호를 위하여 필요하다고 인정하는 경우에는 결정으로 법 제29조가 정한 임시조치를 할 수 있고, 조사·심리를 거쳐 법 제40조가 정한 보호처분 결정이나 법 제37조가 정한 처분을 하지 아니하는 결정을 할 수 있다. 법 제49조 제1항은 보호처분 결정에 있어서 그 결정에 영향을 미칠 법령위반이 있거나 중대한 사실오인이 있는 경우 또는 그 결정이 현저히 부당한 경우 검사, 가정폭력행위자, 법정대리인 또는 보조인이 가정법원 본원합의부에 항고할 수 있다고 규정하고, 법 제49조 제2항은 처분을 하지 아니하는 결정에 대하여 그 결정이 현저히 부당할 때에는 검사, 피해자 또는 그 법정대리인은 항고할 수 있다고 규정한다.

위와 같은 법, 규칙의 규정을 종합하여 보면, 검사가 청구한 임시조치를 기각한 결정에 대하여 피해자가 항고할 수는 없다. 이 법리에 따르면 규칙 제63조 제3항에 따라 항고법원이 제1심의 임시조치 결정을 파기하고, 검사의 청구를 기각하는 결정을 하는 경우 피해자가 재항고할 수 없다.(대법원 2019. 5. 30.자 2018어21 결정)

● 관련판례 4

◎ 가정폭력범죄의 처벌 등에 관한 특례법 제37조 제1항 제1호의 불처분결정이 확정된 후에 검사가 동일한 범죄사실에 대하여 다시 공소를 제기하였거나 법원이 이에 대하여 유죄판결을 선고한 경우, 이중처벌금지의 원칙 내지 일사부재리의 원칙에 위배되는지 여부(소극)

가정폭력범죄의 처벌 등에 관한 특례법(이하 '가정폭력처벌법' 이라고 한다)에 규정된 가정보호사건의 조사·심리는 검사의 관여 없이 가정법원이 직권으로 진행하는 형사처벌의 특례에 따른 절차로서, 검사는 친고죄에서의 고소 등 공소제기의 요건이 갖추어지지 아니한 경우에도 가정보호사건으로 처리할 수 있고(가정폭력처벌법 제9조), 법원은 보호처분을 받은 가정폭력행위자가 보호처분을 이행하지 아니하거나 집행에 따르지 아니하면 직권으로 또는 청구에 의하여 보호처분을 취소할 수 있는 등(가정폭력처벌법 제46조) 당사자주의와 대심적 구조를 전제로 하는 형사소송절차와는 내용과 성질을 달리하여 형사소송절차와 동일하다고 보기 어려우므로, 가정폭력처벌법에 따른 보호처분의 결정 또는 불처분결정에 확정된 형사판결에 준하는 효력을 인정할 수 없다.

가정폭력처벌법에 따른 보호처분의 결정이 확정된 경우에는 원칙적으로 가정폭력행위자에 대하여 같은 범죄사실로 다시 공소를 제기할 수 없으나(가정폭력처벌법 제16조), 보호처분은 확정판결이 아니고 따라서 기판력도 없으므로, 보호처분을 받은 사건과 동일한 사건에 대하여 다시 공소제기가 되었다면 이에 대해서는 면소판결을 할 것이 아니라 공소제기의 절차가 법률의 규정에 위배하여 무효인 때에 해당한 경우이므로 형사소송법 제327조 제2호의 규정에 의하여 공소기각의 판결을 하여야 한다. 그러나 가정폭력처벌법은 불처분결정에 대해서는 그와 같은 규정을 두고 있지 않을 뿐만 아니라, 가정폭력범죄에 대한 공소시효에 관하여 불처분결정이 확정된 때에는 그때부터 공소시효가 진행된다고 규정하고 있으므로(가정폭력처벌법 제17조 제1항), 가정폭력처벌법은 불처분결정이 확정된 가정폭력범죄라 하더라도 일정한 경우 공소가 제기될 수 있음을 전제로 하고 있다.

따라서 가정폭력처벌법 제37조 제1항 제1호의 불처분결정이 확정된 후에 검사가 동일한 범죄사실에 대하여 다시 공소를 제기하였다거나 법원이 이에 대하여 유죄판결을 선고하였더라도 이중처벌금지의 원칙 내지 일사부재리의 원칙에 위배된다고 할 수 없다.(대법원 2017. 8. 23. 선고 2016도5423 판결)

2. 가축분뇨의 관리 및 이용에 관한 법률

[시행 2022. 4. 14.] [법률 제18027호, 2021. 4. 13., 일부개정]

제2조(정의)

이 법에서 사용하는 용어의 뜻은 다음과 같다.

3. "배출시설"이란 가축의 사육으로 인하여 가축분뇨가 발생하는 시설 및 장소 등으로서 축사·운동장, 그 밖에 환경부령으로 정하는 것을 말한다.

(작성례)

피의자는 가축분뇨의 관리 및 이용에 관한 법률 제50조 제3호, 제11조 제3항에서 정한 신고대상임에도 가축분뇨법 제2조 제3호에서 규정하고 있는 가축분뇨 배출시설물 설치를 하지 않은 채, 20○○. ○. ○.부터 같은 해 ○. ○.까지 사이에 경기도 ○○시 ○○구 ○○동 37번지에 축사를 세우고 돼지와 닭 등을 키우면서 수시로 가축분뇨를 임의처리 하였다.

● 관련판례 1

◎ 구 가축분뇨의 관리 및 이용에 관한 법률 제8조 제1항 본문과 각호가 가축사육의 제한구역 지정기준에 대하여 추상적 · 개방적 개념으로만 규정한 취지

구 가축분뇨의 관리 및 이용에 관한 법률(2014. 3. 24. 법률 제12516호로 개정되기 전의 것, 이하 '가축분뇨법' 이라고 한다) 제8조 제1항 본문과 각호(이하 '위임조항' 이라 한다)는 지역주민의 생활환경보전 또는 상수원 수질보전이라는 목적을 위하여 가축사육 제한구역을 지정할 수 있도록 하면서 지정 대상을 주거밀집지역, 수질환경보전지역, 환경기준 초과지역으로 한정하되, 지정기준으로는 주거밀집지역에 대하여는 '생활환경의 보호가 필요한 지역' , 수질환경보전지역에 대하여는 '상수원보호구역 등에 준하는 수질환경보전이 필요한 지역' 이라고 하여 추상적 · 개방적 개념으로만 규정하고 있다. 가축분뇨법의 입법 목적 등에 비추어 볼 때, 위임조항이 그와 같은 규정 형식을 취한 것은 가축사육 제한구역 지정으로 인한 지역주민의 재산권 제약 등을 고려하여 법률에서 지정기준의 대강과 한계를 설정하되, 구체적인 세부기준은 각 지방자치단체의 실정 등에 맞게 전문적 · 기술적 판단과 정책적 고려에 따라 합리적으로 정하도록 한 것이다.(대법원 2017. 4. 7. 선고 2014두37122 판결)

● 관련판례 2

◎ 구 가축분뇨의 관리 및 이용에 관한 법률 제50조 제8호에서 정한 '제11조 제3항의 규정에 따른 신고를 하지 아니한 자'의 의미 및 배출시설 설치 당시 신고대상이 아니었으나 그 후 법령 개정에 따라 신고대상에 해당하게 된 배출시설을 운영하면서 업무상 과실로 가축분뇨를 공공수역에 유입시킨 자가 위 조항의 적용대상에 포함되는지 여부(소극)

구 가축분뇨의 관리 및 이용에 관한 법률(2014. 3. 24. 법률 제12516호로 개정되기 전의 것, 이하 '구 가축분뇨법'이라 한다) 제50조 제8호(이하 '법률조항'이라 한다)에서 정한 '제11조 제3항의 규정에 따른 신고를 하지 아니한 자'는 문언상 '제11조 제3항의 규정에 의한 신고대상자임에도 신고를 하지 아니한 자'를 의미하는데, '제11조 제3항 규정에 의한 신고대상자'는 '대통령령이 정하는 규모 이상의 배출시설을 설치하고자 하는 자 또는 신고한 사항을 변경하고자 하는 자'를 말한다. 따라서 이미 배출시설을 설치한 경우에, 설치 당시에 '대통령령이 정하는 규모 이상의 배출시설'에 해당하지 아니하여 신고대상이 아니었다면, 그 후 법령 개정에 따라 신고대상에 해당하게 되었더라도 구 가축분뇨법 제11조 제3항에서 정한 신고대상자인 '배출시설을 설치하고자 하는 자'에 해당한다고 볼 수 없다.

이와 같은 법률조항의 내용과 문언적 해석, 신고대상자의 범위 및 죄형법정주의 원칙 등에 비추어 보면, 법률조항은 구 가축분뇨법 제11조 제3항의 신고대상자가 신고를 하지 아니하고 배출시설을 설치한 후 업무상 과실로 가축분뇨를 공공수역에 유입시킨 경우에 적용되며, 배출시설을 설치할 당시에는 신고대상 시설이 아니었는데 그 후 법령 개정에 따라 시설이 신고대상에 해당하게 된 경우에 시설을 운영하면서 업무상 과실로 가축분뇨를 공공수역에 유입시킨 자는 여기에 포함되지 아니한다.(대법원 2016. 6. 23. 선고 2014도7170 판결)

● 관련판례 3

◎ 구 가축분뇨의 관리 및 이용에 관한 법률 제50조 제3호에서 정한 '그 배출시설을 이용하여 가축을 사육한 자'의 의미 및 배출시설 설치 당시 신고대상이 아니었다가 그 후 법령 개정에 따라 신고대상에 해당하게 된 배출시설을 이용하여 가축을 사육한 자가 여기에 포함되는지 여부(소극)

구 가축분뇨의 관리 및 이용에 관한 법률(2014. 3. 24. 법률 제12516호로 개정되기 전의 것, 이하 '법'이라 한다) 제50조 제3호(이하 '법률조항'이라 한다)에서 '그 배출시설'이란 문언상 '법 제11조 제3항의 규정을 위반하여 신고를 하지 아니하고 설치한 배출시설'을 의미하는데, 여기서 배출시설을 설치한 자가 설치 당시에 법 제11조 제3항의 신고대상자가 아니었다면 그 후 법령의 개정에 따라 시설이 신고대상에 해당하게 되었더라도, 위 규정상 신고대상자인 '배출시설을 설치하고자 하는 자' 에 해당한다고 볼 수 없다.

한편 법률조항이 2011. 7. 28. 법률 제10973호로 개정되기 전에는 배출시설을 '설치' 한 자만 처벌하는 것으로 규정하다가, 개정에 의하여 배출시설을 '이용' 하여 가축을 사육한 자도 처벌하도록 규정한 취지는, 신고대상자가 신고를 하지 않고 설치한 배출시설의 '설치자' 와 '이용자' 가 서로 다른 경우에 설치자뿐 아니라 이용자도 처벌함으로써 처벌의 균형을 도모하기 위한 것이다.

위와 같은 법률조항의 내용과 문언적 해석, 신고대상자의 범위, 법 개정 취지 및 죄형법정주의 원칙 등에 비추어 보면, 법률조항의 '그 배출시설을 이용하여 가축을 사육한 자' 는 '법 제11조 제3항의 신고대상자가 신고를 하지 아니하고 설치한 배출시설을 이용하여 가축을 사육한 자' 만을 의미하는 것으로 한정적으로 해석하여야 하고, 그렇다면 배출시설을 설치할 당시에는 신고대상 시설이 아니었지만 그 후 법령의 개정에 따라 시설이 신고대상에 해당하게 된 경우 그 배출시설을 이용하여 가축을 사육한 자는 여기에 포함되지 아니한다.(대법원 2015. 7. 23. 선고 2014도15510 판결)

● 관련판례 4

◎ 가축분뇨를 재활용하기 위하여 액비 생산의 자원화시설을 설치한 재활용신고자가 자신이 설치한 자원화시설이 아닌 다른 자원화시설에서 생산된 액비를 자신이 확보한 액비 살포지에 뿌리는 경우, 위 규정을 위반한 것인지 여부(적극)

가축분뇨의 관리 및 이용에 관한 법률(이하 '가축분뇨법' 이라 한다)은 가축분뇨를 자원화하거나 적정하게 처리하여 환경오염을 방지함으로써 환경과 조화되는 지속 가능한 축산업의 발전과 국민건강의 향상에 이바지함을 목적으로 한다(제1조). 여기에서 '자원화시설' 은 가축분뇨를 퇴비 · 액비 또는 바이오에너지로 만드는 시설을 말하고(제2조 제4호), '액비' 는 가축분뇨를 액체 상태로 발효시켜 만든 비료 성분이 있는 물질로서 농림축산식품부령으로 정하는 기준에 적합한 것을 말한다(제2조 제6호).

가축분뇨법은 액비 살포에 관하여 다음과 같이 규정하고 있다. 액비를 만드는 자원화시설을 설치하는 자는 일정한 기준에 따라 액비를 살포하는 데 필요한 초지, 농경지, 시험림 지정지역, 골프장 등 '액비 살포지' 를 확보하여야 한다(제12조의2 제2항). 액비를 만드는 자원화시설에서 생산된 액비를 해당 자원화시설을 설치한 자가 확보한 액비 살포지 외의 장소에 뿌리거나 환경부령으로 정하는 살포기준을 지키지 않는 행위를 해서는 안 된다(제17조 제1항 제5호). 가축분뇨를 재활용(퇴비 또는 액비로 만드는 것에 한정한다)하거나 재활용을 목적으로 가축분뇨를 수집 · 운반하려는 자로서 관할관청에 신고한 재활용신고자가 가축분뇨법 제17조 제1항 제5호를 위반할 경우에는 처벌을 받는다(제27조 제1항, 제50조 제11호).(대법원 2018. 9. 13., 선고, 2018도11018, 판결)

3. 건설기계관리법

[시행 2022. 8. 4.] [법률 제18822호, 2022. 2. 3., 일부개정]

제6조(등록의 말소)

① 시 · 도지사는 등록된 건설기계가 다음 각 호의 어느 하나에 해당하는 경우에는 그 소유자의 신청이나 시 · 도지사의 직권으로 등록을 말소할 수 있다. 다만, 제1호, 제5호, 제8호(제34조의2제2항에 따라 폐기한 경우로 한정한다) 또는 제12호에 해당하는 경우에는 직권으로 등록을 말소하여야 한다. 〈개정 2018. 9. 18., 2022. 2. 3.〉

1. 거짓이나 그 밖의 부정한 방법으로 등록을 한 경우
2. 건설기계가 천재지변 또는 이에 준하는 사고 등으로 사용할 수 없게 되거나 멸실된 경우
3. 건설기계의 차대(車臺)가 등록 시의 차대와 다른 경우
4. 건설기계가 제12조에 따른 건설기계안전기준에 적합하지 아니하게 된 경우
5. 제13조제5항부터 제7항까지의 규정에 따른 정기검사 명령, 수시검사 명령 또는 정비 명령에 따르지 아니한 경우
6. 건설기계를 수출하는 경우
7. 건설기계를 도난당한 경우
8. 건설기계를 폐기한 경우
9. 제21조에 따라 건설기계해체재활용업을 등록한 자(이하 "건설기계해체재활용업자"라 한다)에게 폐기를 요청한 경우
10. 구조적 제작 결함 등으로 건설기계를 제작자 또는 판매자에게 반품한 경우
11. 건설기계를 교육 · 연구 목적으로 사용하는 경우
12. 제20조의3제1항에 따라 대통령령으로 정하는 내구연한을 초과한 건설기계. 다만, 제20조의3제2항 단서에 따른 정밀진단을 받아 연장된 경우는 그 연장기간을 초과한 건설기계

[전문개정 2017. 8. 9.]

(작성례)

피의자는 20○○. ○. ○. 08 : 00경부터 12 : 00경까지 ○○시 ○○구 ○○동 5거리 지하상가 공사현장에서 같은 해 ○. ○. 폐차를 이유로 등록이 말소된 피의자 소유의 굴삭기(폐차전번호 02—○○○○) 1대를 사용하여 땅을 파는 작업을 함으로써 이를 운행하였다.

● 관련판례 1

◎ 건설기계관리법 및 같은 법 시행령상의 일반건설기계대여업 신고대표자가 연명신고자 소유의 건설기계에 대하여 자동손해배상 보장법 제3조에 정한 운행자책임을 지는지 여부의 판단 방법

자동차손해배상 보장법 제3조 소정의 자기를 위하여 자동차를 운행하는 자란 자동차에 대한 운행을 지배하여 그 이익을 향수하는 책임주체로서의 지위를 가진 자를 의미하고, 건설기계관리법(1993. 6. 11. 법률 제4561호로 전문 개정된 것) 및 같은 법 시행령(1993. 12. 31. 대통령령 제14063호로 전문 개정된 것)상의 일반건설기계대여업 신고대표자가 자동손해배상보장법 제3조 소정의 운행자책임을 지는지 여부는 건설기계관리법 및 같은 법 시행령이 공동운영을 하도록 규정한 취지 및 같은 법 시행령에 따라 대표자와 연명신고자 사이에 체결된 관리계약에서 정해진 사업협동관계 내지 지휘·감독관계 등 실질관계를 따져 사회통념상 대표자가 그 건설기계에 대한 운행을 지배하여 그 이익을 향수하는 책임주체로서의 지위를 가지고 있는지 여부에 따라 결정되어야 한다(대법원 2007. 7. 26. 선고 2006다13339 판결)

● 관련판례 2

◎ 건설기계관리법 및 같은법시행령상의 종합건설기계대여업 또는 단종건설기계대여업 신고대표자가 연명신고자 소유의 건설기계에 대하여 자동차손해배상보장법 제3조 소정의 운행자책임을 지는지 및 그 건설기계의 조종사에 대하여 객관적으로 지휘·감독할 관계에 있는지 여부의 판단 방법

건설기계관리법(1993. 6. 11. 법률 제4561호로 전문 개정된 것) 및 같은법시행령(1993. 12. 31. 대통령령 제14063호로 전문 개정된 것)에 의하여 2인 이상의 법인 또는 개인이 종합건설기계대여업 혹은 단종건설기계대여업을 공동으로 운영할 경우에는 대표자의 명의로 신고서를 제출하고 이에 각 구성원이 연명하여 신고하도록 규정하고 있는바, 이 경우 대표자가 그 건설기계에 대한 운행을 지배하여 그 이익을 향수하는 책임주체로서의 지위를 가지고 있는지 또 그 건설기계의 조종사에 대하여 객관적으로 지휘·감독할 관계에 있는지 여부는 건설기계관리법 및 같은법시행령이 공동운영을 허용한 취지 및 같은법시행령에 따라 대표자와 연명신고자 사이에 체결된 관리계약상의 사업협동관계 내지 지휘·감독관계 등 실질관계를 따져 결정되어야 할 것이다.(대법원 2002. 11. 26. 선고 2000다7301 판결)

제21조(건설기계사업의 등록 등)

① 건설기계사업을 하려는 자(지방자치단체는 제외한다)는 대통령령으로 정하는 바에 따라 사업의 종류별로 특별자치시장·특별자치도지사·시장·군수 또는 자치구의 구청장(이하 "시장·군수·구청장"이라 한다)에게 등록하여야 한다. 〈개정 2012. 2. 22., 2022. 2. 3.〉

제40조 (벌칙)
다음 각 호의 어느 하나에 해당하는 자는 2년 이하의 징역 또는 2천만원 이하의 벌금에 처한다. 〈개정 2011.9.16., 2015.1.6., 2017.8.9.〉
4. 제21조를 위반하여 등록을 하지 아니하고 건설기계사업을 하거나 거짓으로 등록을 한 자

(작성례)

피의자는 ○○시 ○○동 ○○번지에서 ○○자동차공업주식회사라는 상호의 영업소에 열처리시설, 리프트기, 견인차량 각 1대를 갖추고 자동차 정비업을 영위하고 있다.

피의자는 관할관청에 신고하지 아니하고 20○○. ○. ○.경 위 ○○자동차공업주식회사 작업장에서 ○○산업 소유 서울○○다○○○○호 30톤덤프트럭의 운전대 및 라디에타를 교환하여 주고 돈 ○○만원을 받은 것을 시작으로 하여 20○○. ○. ○.까지 한 달 평균 20대의 건설기계를 정비하여 약 1,000만원의 수입을 올리며 건설기계사업을 영위하였다.

제8조(등록의 표식 등)
① 등록된 건설기계에는 국토교통부령으로 정하는 바에 따라 등록번호표를 부착 및 봉인하고, 등록번호를 새겨야 한다. 〈개정 2012.2.22., 2013.3.23.〉

제44조(과태료)
② 다음 각 호의 어느 하나에 해당하는 자에게는 100만원 이하의 과태료를 부과한다. 〈개정 2011.9.16., 2012.2.22., 2014.1.28., 2015.8.11., 2018.9.18., 2022.2.3.〉
2. 제8조제1항을 위반하여 등록번호표를 부착·봉인하지 아니하거나 등록번호를 새기지 아니한 자

(작성례)

피의자는 건설기계인 서울 ○○가○○○○호 15톤 덤프트럭의 소유자이다.

피의자는 20○○. ○.경 건설기계를 등록하고도 그 무렵부터 같은 해 ○. ○.경까지 등록번호표를 부착 봉인하지 아니하고 위 차량을 운행하였다.

제13조(검사 등)

① 건설기계의 소유자는 그 건설기계에 대하여 다음 각 호의 구분에 따라 국토교통부령으로 정하는 바에 따라 국토교통부장관이 실시하는 검사를 받아야 한다. 〈개정 2009.6.9.,2013.3.23., 2022.2.3.〉

2. 정기검사: 건설공사용 건설기계로서 3년의 범위에서 국토교통부령으로 정하는 검사유효기간(이하 "검사유효기간"이라 한다)이 끝난 후에 계속하여 운행하려는 경우에 실시하는 검사와 「대기환경보전법」 제62조 및 「소음 · 진동관리법」 제37조에 따른 운행차의 정기검사
3. 구조변경검사: 제17조에 따라 건설기계의 주요 구조를 변경하거나 개조한 경우 실시하는 검사
4. 수시검사: 성능이 불량하거나 사고가 자주 발생하는 건설기계의 안전성 등을 점검하기 위하여 수시로 실시하는 검사와 건설기계 소유자의 신청을 받아 실시하는 검사

(작성례 1)

피의자는 서울 06—○○○○호 지게차의 소유자이다.

피의자는 20○○. ○. ○.까지 위 건설기계에 대하여 서울시청에서 실시하는 수시검사를 받아야 함에도 불구하고 위 검사를 받지 아니하였다.

(작성례 2)

피의자는 ○○전기주식회사의 건설기계관리자이고, 같은 ○○전기주식회사는 건설기계 대여업 등을 목적으로 설립된 법인이다.

피의자는 법인의 업무에 관하여 20○○. ○. ○.경 서울시 ○○동 ○○번지에 있는 철공소에서 위 법인 소유인 서울○○다○○○○호 23톤 덤프트럭의 적재함을 철판을 이용하여 가로 200cm, 세로 100cm를 높이는 등 주요구조를 변경하고도 정당한 사유 없이 구조변경검사를 받지 아니하였다.

■ 적용실례

◇ 지입 차주가 사망하여 정기검사를 받지 못한 경우

※ 지입 차량의 경우 법률상 회사가 소유자겸 사용자이므로 회사의 차량관리자가 당연히 기일 전에 정기검사를 받아야 함에도 이를 이행하지 않은 것이어서 혐의를 인정할 수 있다.

제26조(건설기계조종사면허)

① 건설기계를 조종하려는 사람은 시장·군수 또는 구청장에게 건설기계조종사면허를 받아야 한다. 다만, 국토교통부령으로 정하는 건설기계를 조종하려는 사람은 「도로교통법」 제80조에 따른 운전면허를 받아야 한다. 〈개정 2012.2.22., 2013.3.23.〉

제41조(벌칙)

다음 각 호의 어느 하나에 해당하는 자는 1년 이하의 징역 또는 1천만원 이하의 벌금에 처한다. 〈개정 2011.9.16., 2012.2.22., 2015.1.6., 2015.8.11., 2018.9.18., 2022.2.3.〉

14. 제26조제1항 본문에 따른 건설기계조종사면허를 받지 아니하고 건설기계를 조종한 자

(작성례)

피의자는 건설기계조종사면허를 받지 아니하고 20○○. ○. ○. 01 : 00경 군포시 ○○동 ○○번지에 있는 ○○섬유공장 신축현장에서 피의자 소유 군포○○—○○○○호 굴삭기로 작업을 함으로써 건설기계를 조종하였다.

● 관련판례 1

◎ 건설기계관리법 및 같은법 시행령상의 종합건설기계대여업 또는 단종건설기계대여업 신고대표자가 연명신고자 소유의 건설기계에 대하여 자동차손해배상보장법 제3조 소정의 운행자책임을 지는지 및 그 건설기계의 조종사에 대하여 객관적으로 지휘·감독할 관계에 있는지 여부의 판단 방법

건설기계관리법(1993. 6. 11. 법률 제4561호로 전문 개정된 것) 및 같은법시행령(1993. 12. 31. 대통령령 제14063호로 전문 개정된 것)에 의하여 2인 이상의 법인 또는 개인이 종합건설기계대여업 혹은 단종건설기계대여업을 공동으로 운영할 경우에는 대표자의 명의로 신고서를 제출하고 이에 각 구성원이 연명하여 신고하도록 규정하고 있는바, 이 경우 대표자가 그 건설기계에 대한 운행을 지배하여 그 이익을 향수하는 책임주체로서의 지위를 가지고 있는지 또 그 건설기계의 조종사에 대하여 객관적으로 지휘·감독할 관계에 있는지 여부는 건설기계관리법 및 같은법시행령이 공동운영을 허용한 취지 및 같은법 시행령에 따라 대표자와 연명신고자 사이에 체결된 관리계약상의 사업협동관계 내지 지휘·감독관계 등 실질관계를 따져 결정되어야 할 것이다. (대법원 2002. 11. 26. 선고 2000다7301 판결)

● 관련판례 2

◎ 건설기계관리법 및 같은법 시행령상의 종합건설기계대여업 또는 단종건설기계대여업 신고대표자가 연명신고자 소유의 건설기계에 대하여 자동차손해배상보장법 제3조 소정의 운행자책임을 지는지 여부의 판단 방법

건설기계관리법(1993. 6. 11. 법률 제4561호로 전문 개정된 것) 및 같은법시행령(1993. 12. 31. 대통령령 제14063호로 전문 개정되어 1999. 3. 12. 대통령령 제16183호로 개정되기 전의 것)상의 종합건설기계대여업 또는 단종건설기계대여업 신고대표자가 자동차손해배상보장법 제3조 소정의 운행자책임을 지는지 여부는 건설기계관리법 및 동법시행령이 공동운영을 하도록 규정한 취지 및 동법시행령에 따라 대표자와 연명신고자 사이에 체결된 관리계약에서 정해진 사업협동관계 내지 지휘·감독관계 등 실질관계를 따져 사회통념상 대표자가 그 건설기계에 대한 운행을 지배하여 그 이익을 향수하는 책임주체로서의 지위를 가지고 있는지 여부에 따라 결정되어야 할 것이다(대법원 2001. 5. 15. 선고 2001다18643 판결)

● 관련판례 3

◎ 건설기계관리법 및 같은법시행령상의 종합건설기계대여업 또는 단종건설기계대여업 신고대표자가 연명신고자 소유의 건설기계에 대하여 자동차손해배상보장법 제3조 소정의 운행자책임을 지는지 여부의 판단 방법

종래 중기관리법에서 허가제로 되어 있던 건설기계대여업이 건설기계관리법 및 같은법시행령에 의하여 신고제로 변경되면서, 건설기계대여업종이 종합건설기계대여업, 단종건설기계대여업 및 개별건설기계대여업으로 나뉘고, 2인 이상의 법인 또는 개인이 종합건설기계대여업 혹은 단종건설기계대여업을 공동으로 운영할 경우에는 대표자의 명의로 신고서를 제출하고 이에 각 구성원이 연명하여 신고하도록 규정하고 있는바, 이러한 경우 그 사업신고 대표자가 자동차손해배상보장법 제3조 소정의 운행자책임을 지는지 여부는 건설기계관리법 및 같은법시행령이 공동운영을 하도록 규정한 취지 및 대표자와 연명신고자 사이에 체결된 관리계약에서 정해진 사업협동관계 내지 지휘·감독관계 등 실질관계를 따져 사회통념상 대표자가 그 건설기계에 대한 운행을 지배하여 그 이익을 향수하는 책임주체로서의 지위를 가지고 있는지 여부에 따라 결정되어야 한다.(대법원 1998. 10. 20. 선고 98다34058 판결)

4. 건설산업기본법

[시행 2022. 8. 4.] [법률 제18823호, 2022. 2. 3., 일부개정]

제41조(건설공사 시공자의 제한)

① 다음 각 호의 어느 하나에 해당하는 건축물의 건축 또는 대수선(大修繕)에 관한 건설공사(제9조제1항 단서에 따른 경미한 건설공사는 제외한다. 이하 이 조에서 같다)는 건설사업자가 하여야 한다. 다만, 다음 각 호 외의 건설공사와 농업용, 축산업용 건축물 등 대통령령으로 정하는 건축물의 건설공사는 건축주가 직접 시공하거나 건설사업자에게 도급하여야 한다. 〈개정 2011.8.4., 2016.2.3., 2017.12.26., 2019.4.30.〉

1. 연면적이 200제곱미터를 초과하는 건축물
2. 연면적이 200제곱미터 이하인 건축물로서 다음 각 목의 어느 하나에 해당 하는 경우
   가. 「건축법」에 따른 공동주택
   나. 「건축법」에 따른 단독주택 중 다중주택, 다가구주택, 공관, 그 밖에 대통령령으로 정하는 경우
   다. 주거용 외의 건축물로서 많은 사람이 이용하는 건축물 중 학교, 병원 등 대통령령으로 정하는 건축물
3. 삭제 〈2017.12.26.〉
4. 삭제 〈2017.12.26.〉

② 많은 사람이 이용하는 시설물로서 다음 각 호의 어느 하나에 해당하는 새로운 시설물을 설치하는 건설공사는 건설사업자가 하여야 한다. 〈개정 2019.4.30.〉

1. 「체육시설의 설치·이용에 관한 법률」에 따른 체육시설 중 대통령령으로 정하는 체육시설
2. 「도시공원 및 녹지 등에 관한 법률」에 따른 도시공원 또는 도시공원에 설치되는 공원시설로서 대통령령으로 정하는 시설물
3. 「자연공원법」에 따른 자연공원에 설치되는 공원시설 중 대통령령으로 정하는 시설물
4. 「관광진흥법」에 따른 유기시설 중 대통령령으로 정하는 시설물

[전문개정 2011.5.24.]

(작성례)

피의자는 연면적 495㎡(주거용 건축물은 661㎡)를 초과하는 건축물의 건축은 일반건설업면허업자만이 시공할 수 있음에도 건설업면허 없이 20○○. ○. ○.경 수원시 ○○동 ○○번지에 있는 ○○다방에서 ○○종합건설주식회사의 직원인 양○○에게 면허대여료로 금 ○○만원을 주고 일반건설업자인 위 ○○종합건설주식회사의 명의를 대여받았다.

그리고 같은 달 ○.경부터 다음 해 ○. ○.까지 피의자가 건축주인 수원시 ○○동 ○○번지에 지하 1층 지상 5층 연면적 831.86㎡의 근린생활시설용 건축물을 위 회사의 상호를 사용하여 시공하였다.

● **관련판례**

◎ **건설산업기본법 제96조 제5호, 제41조 제2항 제1호 위반행위의 주체가 '건설업 등록을 하지 않은 건설공사 시공자'와 같은 업무주에 한정되는지 여부(적극)**

건설산업기본법에서 일정한 체육시설을 설치하는 건설공사는 건설업 등록을 한 건설업자가 하도록 규정하고 있다. 즉, 많은 사람이 이용하는 시설물로서 체육시설의 설치·이용에 관한 법률에 따른 체육시설 중 대통령령으로 정하는 체육시설에 해당하는 새로운 시설물을 설치하는 건설공사는 건설업자가 하여야 한다(건설산업기본법 제41조 제2항 제1호). 건설산업기본법 제96조 제5호는 위와 같은 의무를 강제하기 위하여 '제41조를 위반하여 시공한 자는 3년 이하의 징역 또는 3천만 원 이하의 벌금에 처한다'고 정하고 있다.

건설업자는 이 법 또는 다른 법률에 따라 등록 등을 하고 건설업을 하는 자를 말한다(건설산업기본법 제2조 제7호). 여기에서 '건설업을 한다'는 것은 '건설공사의 시공분야를 수행하는 것을 업으로 한다'는 것을 의미하고, '시공'은 '직접 또는 도급에 의하여 설계에 따라 건설공사를 완성하기 위하여 시행되는 일체의 행위'를 의미한다. 따라서 건설산업기본법 제96조 제5호, 제41조 제2항 제1호 위반행위의 주체는 '건설업 등록을 하지 않은 건설공사 시공자'와 같은 업무주에 한정된다.(대법원 2017. 12. 5., 선고, 2017도11564, 판결)

제95조(벌칙)

건설공사의 입찰에서 다음 각 호의 어느 하나에 해당하는 행위를 한 자는 5년 이하의 징역 또는 2억원 이하의 벌금에 처한다. 〈개정 2016.2.3., 2019.4.30.〉

1. 부당한 이익을 취득하거나 공정한 가격 결정을 방해할 목적으로 입찰자가 서로 공모하여 미리 조작한 가격으로 입찰한 자
2. 다른 건설업자의 견적을 제출한 자
3. 위계 또는 위력, 그 밖의 방법으로 다른 건설업자의 입찰행위를 방해한 자

[전문개정 2011.5.24.]

(작성례)

피의자 최○○는 주식회사 ○○건설의 대표이사이고, 피의자 김○○는 ○○건설주식회사의 전무이사이며, 피의자 서○○는 ○○산업의 대표이사이다.

피의자들은 ○○시에서 ○○구청 건축공사에 대한 경쟁입찰을 실시한다는 사실을 알고는 피의자 최○○는 자신이 경영하는 주식회사 ○○건설이 위 입찰에서 낙찰을 받으면 같은 김○○, 같은 서○○에게 각 1,000만원씩을 주고, 위 김○○, 위 서○○는 위 최○○이 낙찰을 받을 수 있도록 들러리를 서주기로 합의였다.

피의자들은 공모하여 20○○. ○. ○. 16 : 00경 ○○시청 소회의실에서 실시한 위 경쟁입찰에서 피의자 김○○, 피의자 서○○는 사전에 담합한 내용대로 ○○시의 예정가격보다 훨씬 높은 ○○천만원 및 ○○천만원을 각 기재하여 입찰참가신청을 하고 피의자 최○○는 예정가격과 거의 같은 ○○천만원을 기재하여 입찰에 참가하여 위 최○○의 주식회사 ○○건설이 낙찰 받게 함으로써 미리 조작한 가격으로 입찰하였다.

■ 적용실례

◇ 입찰자간에 공모하여 조작한 가격으로 입찰한 경우

※ 이 경우 자칫 입찰방해죄로 의율할 수 있으나, 이는 착오로서 특별법인 건설산업기본법 위반으로 의율해야 한다.

● 관련판례

◎ 건설산업기본법 제95조 제3호에서 정한 '입찰행위'의 의미(=형법상 입찰방해죄의 '입찰'과 동일한 개념) 및 위 규정에서 정한 '다른 건설업자의 입찰행위를 방해한 자'에 입찰에 참가할 가능성이 있는 다른 건설업자의 입찰 참가 여부 결정 등에 영향을 미침으로써 입찰행위를 방해한 자가 포함되는지 여부(적극)

건설산업기본법 제95조는, 건설공사의 입찰에서 다음 각 호의 어느 하나에 해당하는 행위를 한 자는 5년 이하의 징역 또는 5천만 원 이하의 벌금에 처한다고 규정하고, 제3호에서 '위계 또는 위력, 그 밖의 방법으로 다른 건설업자의 입찰행위를 방해한 자'를 들고 있다. 건설공사의 적정한 시공과 건설산업의 건전한 발전을 도모하고자 하는 건설산업기본법의 목적과 위와 같은 처벌규정을 두게 된 입법 취지를 종합하여 볼 때, 이는 같은 조 제1호와 제2호에서 들고 있는 사유 이외에도 건설공사의 입찰에서 입찰의 공정을 해치는 행위를 하는 건설업자들을 특별히 가중 처벌하기 위한 것으로서 형법 제315조 소정의 입찰방해죄의 특별규정이라 할 것이고, 여기서 '입찰행위'를 방해한다고 함은 형법상의 입찰방해죄의 구성요건을 충족함을 의미하는 것이므로 건설산업기본법 제95조 제3호 소정의 '입찰행위'의 개념은 형법상의 입찰방해죄에 있어 '입찰'과 동일한 개념이라고 할 것이다(대법원 2001. 11. 30. 선고 2001도2423 판결, 대법원 2013. 10. 17. 선고 2013도6966 판결 등 참조). 따라서 건설산업기본법 제95조 제3호 소정의 '다른 건설업자의 입찰행위를 방해한 자' 에는 입찰에 참가한 다른 건설업자의 입찰행위를 방해한 자뿐만 아니라 입찰에 참가할 가능성이 있는 다른 건설업자의 입찰 참가 여부 결정 등에 영향을 미침으로써 입찰행위를 방해한 자도 포함된다고 보아야 한다. 나아가 형법상의 입찰방해죄와 마찬가지로 건설산업기본법 제95조 제3호 위반죄는 건설공사의 입찰에서 위계 또는 위력, 그 밖의 방법으로 다른 건설업자의 입찰행위를 방해하는 경우에 성립하는 위태범이므로, 다른 건설업자의 입찰행위를 방해할 행위를 하면 그것으로 족하고 현실적으로 다른 건설업자의 입찰행위가 방해되는 결과가 발생할 필요는 없다.

원심판결 이유를 위 법리와 적법하게 채택된 증거들에 비추어 살펴보면, 비록 원심판결 이유 설시에 일부 적절하지 아니한 부분이 있으나, 피고인 4 주식회사 등 8개사가 이 사건 4대강 살리기 사업공사의 공구를 배분하고 그 공구배분을 실현하기 위하여 입찰절차에서 경쟁사로 하여금 설계도면을 수정하여 제출하게 한 행위가 공구배분행위에 가담하지 않은 다른 건설사들의 입찰 참여를 방해한 것으로 건설산업기본법 제95조 제3호 위반죄를 구성한다는 취지로 판단한 원심의 결론은 정당한 것으로 수긍할 수 있고, 거기에 상고이유 주장과 같이 건설산업기본법 제95조 제3호 위반죄의 구성요건 해당성에 관한 법리를 오해하거나 논리와 경험의 법칙을 위반하여 자유심증주의의 한계를 벗어나는 등으로 판결에 영향을 미친 위법이 없다.(대법원 2015. 12. 24., 선고, 2015도13946, 판결)

제9조(건설업 등록 등)

① 건설업을 하려는 자는 대통령령으로 정하는 업종별로 국토교통부장관에게 등록을 하여야 한다. 다만, 대통령령으로 정하는 경미한 건설공사를 업으로 하려는 경우에는 등록을 하지 아니하고 건설업을 할 수 있다. 〈개정 2013.3.23.〉

제95조의2(벌칙)

다음 각 호의 어느 하나에 해당하는 자는 5년 이하의 징역 또는 5천만원 이하의 벌금에 처한다. 〈개정 2017.3.21., 2019.4.30.〉

1. 제9조제1항에 따른 등록을 하지 아니하거나 부정한 방법으로 등록을 하고 건설업을 한 자

(작성례 1)

피의자는 ㅇㅇ건축이라는 상호로 건설업에 종사하고 있다.

피의자는 건설업 면허 없이 20○○. ○. ○.경부터 같은 해 ○. ○.경까지 사이에 서울시 ○○동 ○○번지에 있는 황○○의 소유 대지에 진입하는 도로를 새로 내는 공사를 금액 ○천만원에 도급받아 시멘트와 철근을 사용하여 옹벽 및 도로공사를 하였다.

(작성례 2)

피의자는 ○○건설이라는 상호로 건설업에 종사하고 있다.

토목건축공사업 일반건설면허를 취득하기 위한 기술적 자격요건으로 토목분야 기술자 4인 이상, 건축분야 기술자 4인 이상을 고용하여야 한다. 그러나 피의자는 20○○. ○. 경 국토교통부에 토목건축공사업 면허를 신청하면서 건설안전기사 2급 자격취득자인 김○○ 등 토목기술자 4명의 면허자격증을 금 2,000만원에 대여받고, 건축기사 1급 자격취득자인 이○○등 건축기술자 5명의 면허자격증을 금 4,000만원에 대여받았다.

이와 같이 피의자는 외관상 자격요건에 맞는 건설기술자를 보유한 것인 양 허위서류를 작성, 제출하는 방법으로 같은 해 ○. ○.경 국토교통부장관으로부터 일반건설업면허를 취득하여 부정한 방법으로 면허를 받아 건설업을 영위하였다.

(작성례 3)

피의자 김○○은 ○○시 ○○구 ○○동 123번지에서 (주)○○건설 대표이사로 건설업자, 같은 이○○은 토목 일을 하고 있는 사람이다.

건설업자는 다른 사람에게 자기의 성명 또는 상호를 사용하여 건설공사를 수급 또는 시공하게 하거나 그 건설업등록증을 대여하여서는 안 된다. 그럼에도 불구하고 피의자는 20○○. ○. ○. 경 ○○시 ○○구청에서 발주한 구립도서관 건설공사를 수급함에 있어 피의자 회사 명의를 같은 이○○에게 5,000만원을 받고 대여하여 이○○로 하여금 피의자 회사 명의로 위 공사를 수급하도록 하였다. 그리고 피의자 이○○은 위와 같이 김○○의 회사 명의를 대여하여 위 공사를 수급하였다.

■ 적용실례

◇ 건설업 면허없이 건축주로부터 수급하여 시공한 경우

건설업면허 없는 피의자가 주거용 건축물 신축공사를 건축주로부터 수급하여 시공하면서 건설업면허 있는 다른 건설회사의 명의를 빌어 착공신고서를 제출한 경우

※ 면허 있는 회사의 명의로 신고를 했더라도 피의자가 직접 건축주와 공사도급계약을 체결하고, 피의자의 책임 하에 시공했다면 건설산업기본법 위반죄가 성립한다.

● 관련판례 1

◎ 행정청이 건설산업기본법 및 구 건설산업기본법 시행령의 규정에 따라 건설업자에 대하여 영업정지 처분을 할 때 건설업자에게 영업정지 기간의 감경에 관한 참작 사유가 있음에도 이를 전혀 고려하지 않거나 감경 사유에 해당하지 않는다고 오인하여 영업정지 기간을 감경하지 아니한 경우, 영업정지 처분이 위법한지 여부(적극)

행정청이 건설산업기본법 및 구 건설산업기본법 시행령(2016. 2. 11. 대통령령 제26979호로 개정되기 전의 것, 이하 '시행령'이라 한다) 규정에 따라 건설업자에 대하여 영업정지 처분을 할 때 건설업자에게 영업정지 기간의 감경에 관한 참작 사유가 존재하는 경우, 행정청이 그 사유까지 고려하고도 영업정지 기간을 감경하지 아니한 채 시행령 제80조 제1항 [별표 6] '2. 개별기준'이 정한 영업정지 기간대로 영업정지 처분을 한 때에는 이를 위법하다고 단정할 수 없으나, 위와 같은 사유가 있음에도 이를 전혀 고려하지 않거나 그 사유에 해당하지 않는다고 오인한 나머지 영업정지 기간을 감경하지 아니하였다면 영업정지 처분은 재량권을 일탈·남용한 위법한 처분이다.(대법원 2016. 8. 29. 선고 2014두45956 판결)

● 관련판례 2

◎ 구 건설산업기본법 제83조에 따라 영업정지처분을 받은 건설업자가 영업정지기간 동안 영위할 수 없는 건설업 영업에 같은 법 제9조 제1항 단서가 정한 경미한 건설공사가 포함되는지 여부(적극)

건설업 등록제도와 영업정지처분을 받은 건설업자의 업무범위 등에 관한 구 건설산업기

본법(2011. 5. 24. 법률 제10719호로 개정되기 전의 것, 이하 같다) 제9조 제1항, 제10조, 제14조 제1항, 제83조, 구 건설산업기본법 시행령(2011. 11. 1. 대통령령 제23282호로 개정되기 전의 것) 제13조 제1항의 규정 형식, 내용 및 취지와 함께 구 건설산업기본법 제9조 제1항 단서가 경미한 건설공사를 업으로 하려는 경우 등록의무를 면제하는 이유는 국민의 건강과 생명, 재산에 미치는 영향이 상대적으로 작은 경미한 건설공사만을 업으로 하는 경우에 관해서까지 법으로 엄격한 자격요건을 규정하여 관리할 필요가 없기 때문일 뿐이고, 경미한 건설공사도 여전히 건설업자의 영업 범위나 대상에 속한다고 볼 수 있는 점 등을 종합하여 보면, 건설업의 영업정지처분을 받은 건설업자는 영업정지기간 동안 구 건설산업기본법 제14조 제1항이 정한 예외적인 사유에 해당하지 아니하는 이상 건설업을 영위할 수 없고, 영업정지처분에 의하여 금지되는 건설업 영업에는 경미한 건설공사도 포함된다.(대법원 2015. 4. 23. 선고 2013두12386 판결)

● 관련판례 3

◎ 건설산업기본법상 '시공'과 '건설업을 한다'는 것의 의미 및 도급받은 건설공사 중 일부 또는 전부를 직접 시공하여 완성한 경우뿐만 아니라 하도급 방식으로 시공하여 완성한 경우에도 건설업을 하였다고 보아야 하는지 여부(적극)

건설산업기본법은 "이 법은 건설공사의 조사, 설계, 시공, 감리, 유지관리, 기술관리 등에 관한 기본적인 사항과 건설업의 등록 및 건설공사의 도급 등에 필요한 사항을 정함으로써 건설공사의 적정한 시공과 건설산업의 건전한 발전을 도모함을 목적으로 한다."라고 하면서(제1조), '건설산업'은 건설공사를 하는 업인 '건설업'과 건설공사에 관한 조사, 설계, 감리, 사업관리, 유지관리 등 건설공사와 관련된 용역을 하는 업인 '건설용역업'을 말한다고 규정하고 있다(제2조 제1호 내지 제3호). 위와 같은 건설산업기본법의 입법 목적과 건설산업 및 건설업과 건설용역업에 관한 정의 규정의 내용 등을 종합하여 보면, '건설업을 한다'는 것은 '건설공사의 시공분야를 수행하는 것을 업으로 한다'는 것을 의미한다고 해석할 수 있다.

한편 건설산업기본법 제9조 제1항 본문은 "건설업을 하려는 자는 대통령령으로 정하는 업종별로 국토교통부장관에게 등록을 하여야 한다."라고 규정하면서, 제96조 제1호에 "제9조 제1항에 따른 등록을 하지 아니하거나 부정한 방법으로 등록을 하고 건설업을 한 자"에 관한 처벌규정을 두고 있는데, 건설공사의 적정한 시공과 건설산업의 건전한 발전을 도모하려는 건설산업기본법의 입법 목적과 무등록업자에 의한 부실시공을 예방하여 국민의 생명과 재산을 보호하고자 하는 건설업 등록제도의 취지 등에 비추어 보면, '시공'이란 '직접 또는 도급에 의하여 설계에 따라 건설공사를 완성하기 위하여 시행되는 일체의 행위'를 의미한다고 해석할 수 있다.

따라서 '건설업을 한다'는 것은 '직접 또는 도급에 의하여 설계에 따라 건설공사를 완성하기 위하여 시행되는 일체의 행위를 수행하는 것을 업으로 한다'는 의미로 해석하여야 하므로, 도급받은 건설공사 중 일부 또는 전부를 직접 시공하여 완성한 경우뿐만 아니라 하도급의 방식으로 시공하여 완성한 경우에도 건설업을 하였다고 보아야 한다.(대법원 2017. 7. 11., 선고, 2017도1539, 판결)

● 관련판례 4

◎ 건설산업기본법 제9조 제1항 본문, 제96조 제1호에 위반하는 수개의 '무등록 건설업 영위 행위'를 포괄일죄로 평가할 수 있는 경우

건설산업기본법 제9조 제1항 본문은 '건설업을 하려는 자는 대통령령으로 정하는 업종별로 국토교통부장관에게 등록을 하여야 한다'고 규정하고, 벌칙 조항인 제96조 제1호에서는 제9조 제1항에 따른 등록을 하지 아니하고 건설업을 한 자를 형벌에 처하도록 규정하고 있는데, 위 규정에 위반하는 무등록 건설업 영위 행위는 범죄의 구성요건의 성질상 동종 행위의 반복이 예상된다 할 것이고, 그와 같이 반복된 수개의 행위가 단일하고 계속된 범의하에 근접한 일시·장소에서 유사한 방법으로 행하여지는 등 밀접한 관계가 있어 전체를 1개의 행위로 평가함이 상당한 경우에는 이들 각 행위를 통틀어 포괄일죄로 처벌하여야 한다.(대법원 2014. 7. 24., 선고, 2013도12937, 판결)

5. 건축법

[시행 2022. 4. 20.] [법률 제18508호, 2021. 10. 19., 일부개정]

제11조(건축허가)

① 건축물을 건축하거나 대수선하려는 자는 특별자치시장·특별자치도지사 또는 시장·군수·구청장의 허가를 받아야 한다. 다만, 21층 이상의 건축물 등 대통령령으로 정하는 용도 및 규모의 건축물을 특별시나 광역시에 건축하려면 특별시장이나 광역시장의 허가를 받아야 한다. 〈개정 2014.1.14.〉

제14조(건축신고)

① 제11조에 해당하는 허가 대상 건축물이라 하더라도 다음 각 호의 어느 하나에 해당하는 경우에는 미리 특별자치시장·특별자치도지사 또는 시장·군수·구청장에게 국토교통부령으로 정하는 바에 따라 신고를 하면 건축허가를 받은 것으로 본다. 〈개정 2009.2.6., 2011.4.14., 2013.3.23., 2014.1.14., 2014.5.28.〉

1. 바닥면적의 합계가 85제곱미터 이내의 증축·개축 또는 재축. 다만, 3층 이상 건축물인 경우에는 증축·개축 또는 재축하려는 부분의 바닥면적의 합계가 건축물 연면적의 10분의 1 이내인 경우로 한정한다.
2. 「국토의 계획 및 이용에 관한 법률」에 따른 관리지역, 농림지역 또는 자연환경보전지역에서 연면적이 200제곱미터 미만이고 3층 미만인 건축물의 건축. 다만, 다음 각 목의 어느 하나에 해당하는 구역에서의 건축은 제외한다.
   가. 지구단위계획구역
   나. 방재지구 등 재해취약지역으로서 대통령령으로 정하는 구역
3. 연면적이 200제곱미터 미만이고 3층 미만인 건축물의 대수선
4. 주요구조부의 해체가 없는 등 대통령령으로 정하는 대수선
5. 그 밖에 소규모 건축물로서 대통령령으로 정하는 건축물의 건축

제19조(용도변경)

① 건축물의 용도변경은 변경하려는 용도의 건축기준에 맞게 하여야 한다.

② 제22조에 따라 사용승인을 받은 건축물의 용도를 변경하려는 자는 다음 각 호의 구분에 따라 국토교통부령으로 정하는 바에 따라 특별자치시장 · 특별자치도지사 또는 시장 · 군수 · 구청장의 허가를 받거나 신고를 하여야 한다. 〈개정 2013. 3. 23., 2014. 1. 14.〉

1. 허가 대상: 제4항 각 호의 어느 하나에 해당하는 시설군(施設群)에 속하는 건축물의 용도를 상위군(제4항 각 호의 번호가 용도변경하려는 건축물이 속하는 시설군보다 작은 시설군을 말한다)에 해당하는 용도로 변경하는 경우
2. 신고 대상: 제4항 각 호의 어느 하나에 해당하는 시설군에 속하는 건축물의 용도를 하위군(제4항 각 호의 번호가 용도변경하려는 건축물이 속하는 시설군보다 큰 시설군을 말

한다)에 해당하는 용도로 변경하는 경우

③ 제4항에 따른 시설군 중 같은 시설군 안에서 용도를 변경하려는 자는 국토교통부령으로 정하는 바에 따라 특별자치시장 · 특별자치도지사 또는 시장 · 군수 · 구청장에게 건축물대장 기재내용의 변경을 신청하여야 한다. 다만, 대통령령으로 정하는 변경의 경우에는 그러하지 아니하다. 〈개정 2013. 3. 23., 2014. 1. 14.〉

④ 시설군은 다음 각 호와 같고 각 시설군에 속하는 건축물의 세부 용도는 대통령령으로 정한다.

1. 자동차 관련 시설군
2. 산업 등의 시설군
3. 전기통신시설군
4. 문화 및 집회시설군
5. 영업시설군
6. 교육 및 복지시설군
7. 근린생활시설군
8. 주거업무시설군
9. 그 밖의 시설군

(작성례 1)

피의자는 ○○시 ○○동 ○번지에 있는 대지 ○○평방미터의 소유자이다. 피의자는 ○○시장의 허가를 받지 않고 20○○. ○. ○.경부터 같은 해 ○. ○.까지 사이에 도시구역 안에 있는 위 대지에 시멘트블럭으로 사방에 벽을 쌓고 경량철골과 천막으로 지붕을 얹어 바닥면적 ○○평방미터의 단층건축물 1동을 신축하였다.

(작성례 2)

피의자는 행정관청의 허가를 받지 아니하고 20○○. ○. ○.경 도시구역 안인 안산시 ○○동 ○○번지에 있는 피의자 소유의 단층주택옥상에 사방을 벽돌로 쌓고 슬라브로 지붕을 덮어 방 1칸 및 부엌 1칸, 합계 약 ○○평을 증축하였다.

(작성례 3)

피의자는 관할관청의 허가를 받지 아니하고 20○○. ○. ○.경 도시구역 안인 경기도 ○○군 ○○면 ○○리에 있는 피의자 소유 110평방미터의 브럭조스레트가 1층주택을 외벽면 4방을 벽돌로 쌓은 다음 브럭을 헐어내는 방법으로 벽돌조의 건물로 개축하였다.

(작성례 4)

피의자는 서울시 ○○구 ○○동 ○○번지에 있는 블록조 슬라브지붕(○○평)의 소유자이다.

피의자는 관할관청의 허가를 받지 않고 20○○. ○. ○.경 도시구역 안에 있는 위 건축물의 블록벽을 벽돌벽으로, 슬라브를 기와지붕으로 각 교체하여 대수선하였다.

(작성례 5)

피의자는 대중음식점을 경영하고 있다. 피의자는 행정관청에 신고하지 않고 20○○. ○. ○.경부터 같은 해 ○. ○.까지 도시구역 안에 있는 경기도 ○○군 ○○면 ○○리에 있는 피의자 소유인 지하 1층, 지상 3층 건물의 1층에 설치된 부설주차장(64㎡)의 내부를 경량철골로 구획하여 그 중 24㎡를 음식점 주방용도로 사용하였다.

(작성례 6)

피의자는 ○○구청장으로부터 건축허가를 받아 미관지구내인 서울시 ○○구 ○○동 ○○번지에 있는 대지(64㎡)에 지하 1층, 지상 3층 연면적 312.5㎡의 상가용 건축물을 건축하고 있다.

피의자는 20○○. ○. ○.경 위 건축물의 남쪽담장(연장길이 8m)을 블록으로 축조하면서 위 담장이 건축선의 수직면을 50cm 넘어서게 축조하였다.

■ 적용실례

◇ 양어장관리사를 건축한 경우

개발제한지역 내에서 쇠파이프로 기둥을 세우고 천막을 덮어 약 12평 정도의

양어장관리사를 건축한 경우

※ 건축물이 다소 허술하긴 해도 건축물의 건축내지 공작물의 설치에 해당되므로 건축법위반으로 의율해야 한다.

◇ 허가 없이 미역선별장을 설치한 경우

허가 없이 앵글과 비닐을 사용하여 미역선별장을 설치한 경우

※ 건축법에서의 건축물이란 토지에 정착하는 공작물로서 기둥, 지붕, 벽 등을 갖춘 것으로 상당기간 이동, 또는 철거함이 없이 주거 기타 용도로 사용되는 공작물을 말한다. 이 경우 건축물은 앵글을 지주로 하여 그 위에 비닐을 덮어씌운 정도로 일시사용의 의도로 만들어진 가건물로 볼 수 있어 일반건축물을 무허가 신축한 것으로 의율할 수 없다.

● 관련판례 1

◎ 건축법령이 건축물을 수선·변경하는 행위 중 일정한 행위를 '대수선'으로 정의하고 규율 대상으로 삼는 취지 / 건축법 시행령에서 말하는 내력벽의 '해체'에 내력벽을 완전히 없애는 경우에 이르지 않더라도 위험상황이 변동될 가능성이 있는 정도로 내력벽의 일부만을 제거하는 경우가 포함되는지 여부(적극)

건축법상 허가 또는 신고 대상행위인 '대수선'이란 건축물의 기둥, 보, 내력벽, 주계단 등의 구조나 외부 형태를 수선·변경하거나 증설하는 것으로서 대통령령으로 정하는 것을 말한다(건축법 제2조 제1항 제9호). 내력벽을 증설 또는 해체하거나 그 벽면적을 30㎡ 이상 수선 또는 변경하는 것으로서 증축·개축 또는 재축에 해당하지 않는 것은 대수선에 포함된다(건축법 시행령 제3조의2 제1호). 여기에서 '내력벽'이란 일반적으로 건축물의 하중을 견디거나 전달하기 위한 벽체를 의미한다.

한편 구 건축법 시행령(2006. 5. 8. 대통령령 제19466호로 개정되기 전의 것) 제3조의2 제1호는 '내력벽의 벽면적을 30㎡ 이상 해체하여 수선 또는 변경하는 것'을 대수선으로 규정하고 있었다. 2006. 5. 8. 대통령령 제19466호로 개정된 건축법 시행령에서 대수선의 정의를 '내력벽을 증설·해체하거나 내력벽의 벽면적을 30㎡ 이상 수선 또는 변경하는 것'으로 개정하여, '내력벽의 증설'을 추가하고 '내력벽의 해체'에 벽면적을 30㎡ 이상으로 제한한 내용을 삭제하였다. 그 후 2008. 10. 29. 대통령령 제21098호로 개정된 건축법 시행령에서 '증설·해체하거나'가 '증설 또는 해체하거나'로 표현만 수정되어 현재에 이르고 있다.

'해체(解體)'란 사전적 의미에서 여러 가지 부속으로 맞추어진 기계 따위를 뜯어서 헤

치거나 구조물 따위를 헐어 무너뜨리는 것을 뜻하는데, 해체 대상물의 일부만을 제거하는 것도 포함될 수 있다. 건축법령이 건축물을 수선 · 변경하는 행위 중 일정한 행위를 대수선으로 정의하고 규율 대상으로 삼는 취지는 건축물의 위험상황이 변동될 수 있는 행위의 범주를 설정하고 구조안전 등을 해치지 않는 경우에 제한적으로 대수선을 허용함으로써 건축물로부터 발생하는 위험을 방지하고자 하는 데 있다. 건축법 시행령은 대수선의 범위를 확대하여 내력벽의 해체에 관해서는 벽면적의 제한을 삭제하고, 내력벽의 해체를 수반하지 않는 수선 · 변경행위도 대수선에 포함시키는 내용으로 개정되었다.

위와 같은 법령의 문언과 목적, 개정의 연혁과 취지 등을 고려하면, 건축법 시행령에서 말하는 내력벽의 '해체' 에는 내력벽을 완전히 없애는 경우는 물론이고 그에 이르지 않더라도 위험상황이 변동될 가능성이 있는 정도로 내력벽의 일부만을 제거하는 경우도 포함된다.(대법원 2016. 12. 15., 선고, 2015도10671, 판결)

● 관련판례 2

◎ 건축허가를 받은 건축물의 양수인이 건축주 명의변경을 위하여 건축관계자 변경신고서에 첨부하여야 하는 구 건축법 시행규칙 제11조 제1항에서 정한 '권리관계의 변경사실을 증명할 수 있는 서류' 의 의미 / 그 서류를 첨부한 경우 구 건축법 시행규칙에 규정된 건축주 명의변경신고의 형식적 요건을 갖춘 것인지 여부(적극) 및 허가권자가 양수인에게 '건축할 대지의 소유 또는 사용에 관한 권리를 증명하는 서류' 의 제출을 요구하거나, 양수인에게 이러한 권리가 없다는 실체적인 이유를 들어 신고 수리를 거부할 수 있는지 여부(소극)

건축에 관한 허가 · 신고 및 변경에 관한 구 건축법(2011. 5. 30. 법률 제10755호로 개정되기 전의 것) 제16조 제1항, 구 건축법 시행령(2012. 12. 12. 대통령령 제24229호로 개정되기 전의 것) 제12조 제1항 제3호, 제4항, 구 건축법 시행규칙(2012. 12. 12. 국토해양부령 제552호로 개정되기 전의 것, 이하 같다) 제11조 제1항 제1호, 제3항의 문언 내용 및 체계 등과 아울러 관련 법리들을 종합하면, 건축허가를 받은 건축물의 양수인이 건축주 명의변경을 위하여 건축관계자 변경신고서에 첨부하여야 하는 구 건축법 시행규칙 제11조 제1항에서 정한 '권리관계의 변경사실을 증명할 수 있는 서류' 란 건축할 대지가 아니라 허가대상 건축물에 관한 권리관계의 변경사실을 증명할 수 있는 서류를 의미하고, 그 서류를 첨부하였다면 이로써 구 건축법 시행규칙에 규정된 건축주 명의변경신고의 형식적 요건을 갖추었으며, 허가권자는 양수인에 대하여 구 건축법 시행규칙 제11조 제1항에서 정한 서류에 포함되지 아니하는 '건축할 대지의 소유 또는 사용에 관한 권리를 증명하는 서류' 의 제출을 요구하거나, 양수인에게 이러한 권리가 없다는 실체적인 이유를 들어 신고의 수리를 거부하여서는 아니 된다.(대법원 2015. 10. 29. 선고 2013두11475 판결)

● 관련판례 3

◎ '대지를 조성하기 위한 옹벽' 이 건축물과 무관하게 미리 축조되거나 건축물이 건축된 이후 별도로 축조되는 경우, 건축물의 허가 또는 신고와 따로 신고를 하여야 하는지 여부(적극) / '대지를 조성하기 위한 옹벽' 이 구 건축법 제23조 제1항에 규정된 건축물에 해당하는지 여부(소극)

구 건축법(2014. 1. 14. 법률 제12246호로 개정되기 전의 것, 이하 '법' 이라고 한다) 제2조 제1항 제2호, 제11조 제5항 제2호, 제23조 제1항, 제83조 제1항, 제106조 제1항, 제107조 제1항, 건축법 시행령 제118조 제1항 제5호, 건축사법 제4조 제1항, 제39조 제2호를 종합하여 볼 때, '대지를 조성하기 위한 옹벽' 이 법 제2조 제1항 제2호에서 규정한 건축물과 함께 축조되는 경우에는 별도로 법 제83조에 따른 신고를 할 필요가 없지만, 건축물과 무관하게 미리 축조되거나 건축물이 건축된 이후 별도로 축조되는 경우에는 건축물의 허가 또는 신고와는 따로 신고를 하여야 한다고 해석되는데, '대지를 조성하기 위한 옹벽' 은 법 제83조 제1항에 따라 신고대상이 되는 공작물에 해당할 뿐 법 제23조 제1항에서 규정된 건축물, 즉 법 제11조 제1항에 따라 건축허가를 받아야 하거나 제14조 제1항에 따라 건축신고를 하여야 하는 법 제2조 제1항 제2호의 건축물에 해당하지는 아니한다.(대법원 2014. 7. 24. 선고 2013도13062 판결)

● 관련판례 4

◎ 용도변경된 건축물을 사용하는 행위도 건축법상의 용도변경행위에 포함되는지 여부(적극) 및 용도변경으로 인한 위법상태의 법적 성격을 판단하는 기준이 되는 법령

건축법상의 용도변경행위에는 유형적인 용도변경행위뿐만 아니라 용도변경된 건축물을 사용하는 행위도 포함된다. 따라서 적법한 용도변경절차를 마치지 아니한 건축물은 원상회복되거나 적법한 용도변경절차를 마치기 전까지는 그 위법상태가 계속되고, 그 위법상태의 법적 성격은 특별한 사정이 없는 한 그 법적 성격 여하가 문제되는 시점 당시에 시행되는 건축법령에 의하여 판단되어야 한다.(대법원 2010. 8. 19. 선고 2010두8072 판결)

● 관련판례 5

◎ 구 건축법상 용도변경신고의 대상은 아니지만 건축물대장 기재사항의 변경을 신청해야 하는 건축물의 용도를 변경하고 그에 관한 건축물대장 기재사항 변경신청을 하지 않은 경우, 그 용도변경이 위법한 것인지 여부(적극)

구 건축법(2005. 11. 8. 법률 제7696호로 개정되기 전의 것) 제14조 제4항은 용도변경신고의 대상이 아닌 건축물의 용도를 변경하고자 하는 자는 시장 · 군수 · 구청장에게 건축물대장의 기재사항의 변경을 신청하여야 한다고 정하고 있다. 따라서 건축물에 관한 어떠한 용도변경이 건축물대장 기재사항 변경신청의 대상이라고 하더라도 그에 관한 건축물대장 기재사항 변경신청이 실제로 이루어지지 아니한 이상 그 용도의 변경이 적법하다고 할 수 없다. (대법원 2010. 8. 19. 선고 2010두8072 판결)

제16조(허가와 신고사항의 변경)

① 건축주가 제11조나 제14조에 따라 허가를 받았거나 신고한 사항을 변경하려면 변경하기 전에 대통령령으로 정하는 바에 따라 허가권자의 허가를 받거나 특별자치시장·특별자치도지사 또는 시장·군수·구청장에게 신고하여야 한다. 다만, 대통령령으로 정하는 경미한 사항의 변경은 그러하지 아니하다. 〈개정 2014.1.14.〉

제55조(건축물의 건폐율)

대지면적에 대한 건축면적(대지에 건축물이 둘 이상 있는 경우에는 이들 건축면적의 합계로 한다)의 비율(이하 "건폐율"이라 한다)의 최대한도는 「국토의 계획 및 이용에 관한 법률」 제77조에 따른 건폐율의 기준에 따른다. 다만, 이 법에서 기준을 완화하거나 강화하여 적용하도록 규정한 경우에는 그에 따른다.

제56조(건축물의 용적률)

대지면적에 대한 연면적(대지에 건축물이 둘 이상 있는 경우에는 이들 연면적의 합계로 한다)의 비율(이하 "용적률"이라 한다)의 최대한도는 「국토의 계획 및 이용에 관한 법률」 제78조에 따른 용적률의 기준에 따른다. 다만, 이 법에서 기준을 완화하거나 강화하여 적용하도록 규정한 경우에는 그에 따른다.

(작성례 1)

피의자는 20○○. ○. ○. ○○구청장의 허가를 받아 생산녹지지역인 서울시 ○○구 ○○동 산○○번지에 있는 대지 100㎡에 바닥면적 60㎡, 지하1층 지상 2층 연면적 180㎡의 주택용 건축물을 건축하면서, 설계변경허가를 받지 않고 20○○. ○. ○.경 위 건축물의 지하층 및 지상 1, 2층을 각 50㎡씩 넓게 건축하였다. 그리고 동시에 건축면적이 110㎡가 되도록 함으로써 위 건축물의 법정 건폐율인 100분의 20을 초과하고 연면적이 330㎡가 되도록 함으로써 법정 용적률인 200%를 초과하여 주택을 건축하였다.

(작성례 2)

피의자는 20○○. ○. ○. ○○구청장의 허가를 받아 안양시 ○○동 ○○번지에 있는 대지 180㎡에 주택용도로 지하 1층 지상 3층 연면적 400㎡의 건축물을 건축하면서, 설계변경허가를 받지 않았다.

피의자는 같은 달 ○.경부터 위 건축물을 건축하면서 허가된 면적이 13㎡인 옥탑을 38㎡로, 2·3층 처마 각 12.2㎡를 발코니로 변경하여 시공하였다.

● 관련판례 1

◎ 건축법 제16조 제3항에 의하여 개발행위허가의 변경이 의제되는 건축허가사항의 변경허가에서도 마찬가지인지 여부(적극)

국토의 계획 및 이용에 관한 법률(이하 '국토계획법' 이라고 한다) 제56조 제1항, 제57조 제1항, 제58조 제1항 제4호, 국토의 계획 및 이용에 관한 법률 시행령(이하 '국토계획법 시행령' 이라고 한다) 제51조 제1항 제1호, 제56조 제1항 [별표 1의2] 제1호 (라)목, 제2호 (가)목, 건축법 제11조 제1항, 제5항 제3호, 제12조 제1항의 규정 체제 및 내용 등을 종합해 보면, 건축물의 건축이 국토계획법상 개발행위에 해당할 경우 그에 대한 건축허가를 하는 허가권자는 건축허가에 배치·저촉되는 관계 법령상 제한 사유의 하나로 국토계획법령의 개발행위허가기준을 확인하여야 하므로, 국토계획법상 건축물의 건축에 관한 개발행위허가가 의제되는 건축허가신청이 국토계획법령이 정한 개발행위허가기준에 부합하지 아니하면 허가권자로서는 이를 거부할 수 있고, 이는 건축법 제16조 제3항에 의하여 개발행위허가의 변경이 의제되는 건축허가사항의 변경허가에서도 마찬가지이다.(대법원 2016. 8. 24., 선고, 2016두35762, 판결)

● 관련판례 2

◎ 건축허가를 받은 건축물의 양수인이 건축주 명의변경을 위하여 건축관계자 변경신고서에 첨부하여야 하는 구 건축법 시행규칙 제11조 제1항에서 정한 '권리관계의 변경사실을 증명할 수 있는 서류' 의 의미

건축에 관한 허가·신고 및 변경에 관한 구 건축법(2011. 5. 30. 법률 제10755호로 개정되기 전의 것) 제16조 제1항, 구 건축법 시행령(2012. 12. 12. 대통령령 제24229호로 개정되기 전의 것) 제12조 제1항 제3호, 제4항, 구 건축법 시행규칙(2012. 12. 12. 국토해양부령 제552호로 개정되기 전의 것, 이하 같다) 제11조 제1항 제1호, 제3항의 문언 내용 및 체계 등과 아울러 관련 법리들을 종합하면, 건축허가를 받은 건축물의 양수인이 건축주 명의변경을 위하여 건축관계자 변경신고서에 첨부하여야 하는 구 건축법 시행규칙 제11조 제1항에서 정한 '권리관계의 변경사실을 증명할 수 있는 서류' 란 건축할 대지가 아니라 허가대상 건축물에 관한 권리관계의 변경사실을 증명할 수 있는 서류를 의미하고, 그 서류를 첨부하였다면 이로써 구 건축법 시행규칙에 규정된 건축주 명의변경신고의 형식적 요건을 갖추었으며, 허가권자는 양수인에 대하여 구 건축법 시행규칙 제11조 제1항에서 정한 서류에 포함되지 아니하는 '건축할 대지의 소유 또는 사용에 관한 권리를 증명하는 서류' 의 제출을 요구하거나, 양수인에게 이러한 권리가 없다는 실체적인 이유를 들어 신고의 수리를 거부하여서는 아니 된다.(대법원 2015. 10. 29., 선고, 2013두11475, 판결)

● 관련판례 3

◎ 건축허가가 용도지역별 건축물의 용도 제한에 적합한지 판단하는 기준 및 건축주가 적법한 용도변경 절차를 거치지 않고 허가받은 용도 이외의 다른 용도로 사용하는 경우 건축허가가 소급해서 위법해지는지 여부(소극)

건축허가가 용도지역별 건축물의 용도 제한에 적합한지는 허가된 건축물의 용도가 국토의 계획 및 이용에 관한 법률과 그 시행령, 건축법 시행령, 도시계획조례 등의 관련 규정에 의하여 허용되는 용도인지 여부에 의하여 정해지는 것이지, 건축주가 나중에 신축한 건축물을 허가받은 용도 이외의 다른 용도로 사용할 의도나 가능성이 있는지 여부에 의하여 좌우되는 것이 아니고, 건축주가 적법한 용도변경 절차를 거치지 않고 허가받은 용도 이외의 다른 용도로 사용하더라도 무단 용도변경이 문제 될 뿐, 건축허가가 소급해서 위법해지는 것은 아니다.(대법원 2014. 11. 27. 선고 2013두16111 판결)

● 관련판례 4

◎ 구 건축법 제29조 제1항에서 정한 건축협의의 취소가 처분에 해당하는지 여부(적극) 및 지방자치단체 등이 건축물 소재지 관할 허가권자인 지방자치단체의 장을 상대로 건축협의취소의 취소를 구할 수 있는지 여부(적극)

구 건축법(2011. 5. 30. 법률 제10755호로 개정되기 전의 것) 제29조 제1항, 제2항, 제11조 제1항 등의 규정 내용에 의하면, 건축협의의 실질은 지방자치단체 등에 대한 건축허가와 다르지 않으므로, 지방자치단체 등이 건축물을 건축하려는 경우 등에는 미리 건축물의 소재지를 관할하는 허가권자인 지방자치단체의 장과 건축협의를 하지 않으면, 지방자치단체라 하더라도 건축물을 건축할 수 없다. 그리고 구 지방자치법 등 관련 법령을 살펴보아도 지방자치단체의 장이 다른 지방자치단체를 상대로 한 건축협의 취소에 관하여 다툼이 있는 경우에 법적 분쟁을 실효적으로 해결할 구제수단을 찾기도 어렵다.

따라서 건축협의 취소는 상대방이 다른 지방자치단체 등 행정주체라 하더라도 '행정청이 행하는 구체적 사실에 관한 법집행으로서의 공권력 행사' (행정소송법 제2조 제1항 제1호)로서 처분에 해당한다고 볼 수 있고, 지방자치단체인 원고가 이를 다툴 실효적 해결 수단이 없는 이상, 원고는 건축물 소재지 관할 허가권자인 지방자치단체의 장을 상대로 항고소송을 통해 건축협의 취소의 취소를 구할 수 있다.(대법원 2014. 2. 27. 선고 2012두22980 판결)

제20조(가설건축물)

① 도시·군계획시설 및 도시·군계획시설예정지에서 가설건축물을 건축하려는 자는 특별자치시장·특별자치도지사 또는 시장·군수·구청장의 허가를 받아야 한다. 〈개정 2011.4.14., 2014.1.14.〉

제21조 (착공신고 등)

① 제11조 · 제14조 또는 제20조제1항에 따라 허가를 받거나 신고를 한 건축물의 공사를 착수하려는 건축주는 국토교통부령으로 정하는 바에 따라 허가권자에게 공사계획을 신고하여야 한다. 〈개정 2013. 3. 23., 2019. 4. 30., 2021. 7. 27.〉

제22조 (건축물의 사용승인)

③ 건축주는 제2항에 따라 사용승인을 받은 후가 아니면 건축물을 사용하거나 사용하게 할 수 없다. 다만, 다음 각 호의 어느 하나에 해당하는 경우에는 그러하지 아니하다.

1. 허가권자가 제2항에 따른 기간 내에 사용승인서를 교부하지 아니한 경우
2. 사용승인서를 교부받기 전에 공사가 완료된 부분이 건폐율, 용적률, 설비, 피난·방화 등 국토교통부령으로 정하는 기준에 적합한 경우로서 기간을 정하여 대통령령으로 정하는 바에 따라 임시로 사용의 승인을 한 경우

(작성례 1)

피의자는 관할관청의 허가를 받지 아니하고 20○○. ○. ○.경 서울시 ○○동 ○○번지에 있는 피의자소유 대지 176㎡상에 쇠파이프로 기둥을 세우고 합판으로 사방의 벽면을 막고, 지붕도 합판으로 대는 방법으로 가로 4m, 세로 2.5m, 높이 1.7m인 가설건축물 1동을 신축하였다.

(작성례 2)

피의자는 20○○. ○. ○.자로 ○○구청장의 허가를 받아 안양시 ○○구 ○○동 ○○번지에 지하 1층 지상 3층 연면적 162.4㎡의 다세대주택을 건축한 건축주이다. 피의자는 관할구청으로부터 사용승인을 받지 않고 20○○. ○. ○.경 위 건축물의 3층에 피의자가 입주하여 사용하고, 같은 해 ○. ○.경 위 건축물의 지하층 왼쪽세대를 김○○에게 월세보증금 500만원에 각 임대하여 사용하게 하였다.

(작성례 3)

피의자 홍○○은 ○○구청장으로부터 건축허가를 받아 ○○시 ○○구 ○○동 ○○번지에 있는 대지 220㎡에 지하 1층 지상 2층 연면적 306㎡인 건축물을 건축하는 건축주이고, 같은 김○○은 위 건축물의 공사를 도급받은 공사시공자이다.

피의자들은 건축공사에 착공하기 전에 ○○구청장에게 공사계획을 신고하여야 함에도 불구하고 20○○. ○. ○.경 위 대지에서 굴삭기와 덤프트럭 등을 동원하여 굴착공사를 하는 등 건축공사를 착공하면서 착공신고를 하지 않았다.

● 관련판례 1

◎ 공사감리자는 감리계약을 체결한 건축주에 대하여 공사시공자가 설계도서대로 시공하는지 여부를 확인하고 그 과정에서 공사시공자가 설계도서대로 시공 자체를 하지 아니한 하자 또는 임의로 설계도서의 내용을 변경하여 시공한 하자를 발견한 경우, 건축주가 그러한 하자로 인하여 손해를 입지 않도록 건축주에게 이를 통지하고 공사시공자에게 시정 또는 재시공을 요청하여야 할 채무를 부담하는지 여부(적극)

구 건축법(2008. 2. 29. 법률 제8852호로 개정되기 전의 것, 이하 같다) 제21조 제7항, 구 건축법 시행령(2008. 2. 29. 대통령령 제20722호로 개정되기 전의 것) 제19조 제6항 제1호에 의하면, 공사감리자가 수행하여야 할 감리업무에는 '공사시공자가 설계도서에 따라 적합하게 시공하는지 여부의 확인' 이 포함되어 있다. 그리고 구 건축법 제21조 제2항은, 공사감리자는 공사시공자가 설계도서대로 공사를 하지 아니하는 경우 이를 건축주에게 통지한 후 공사시공자로 하여금 시정 또는 재시공하도록 요청하여야 한다고 규정하고 있다. 이러한 규정의 내용에 비추어 보면, 공사감리자는 감리계약을 체결한 건축주에 대하여 공사시공자가 설계도서대로 시공하는지 여부를 확인하고 그 과정에서 공사시공자가 설계도서대로 시공 자체를 하지 아니한 하자(이하 '미시공 하자' 라고 한다) 또는 임의로 설계도서의 내용을 변경하여 시공한 하자(이하 '변경시공 하자' 라고 한다)를 발견한 경우 건축주가 그러한 하자로 인하여 손해를 입지 않도록 건축주에게 이를 통지하고 공사시공자에게 시정 또는 재시공을 요청하여야 할 채무를 부담한다. 공사감리자가 위와 같은 감리계약상의 채무를 이행하지 아니하였는지는 당시 일반적인 공사감리자의 기술수준과 경험, 미시공 또는 변경시공 하자의 위치와 내용, 공사의 규모 등에 비추어 그러한 하자의 발견을 기대할 수 있었는지 여부에 따라 판단하여야 한다. 한편 동일한 공사에서 공사감리자의 감리계약에 따른 채무불이행으로 인한 손해배상채무와 공사시공자의 도급계약에 따른 채무불이행으로 인한 손해배상채무는 서로 별개의 원인으로 발생한 독립된 채무이나 동일한 경제적 목적을 가진 채무이므로 서로 중첩되는 부분에 관하여 부진정연대채무의 관계에 있다.(대법원 2017. 12. 28., 선고, 2014다229023, 판결)

● 관련판례 2

◎ 허가대상 건축물의 양수인이 구 건축법 시행규칙에 규정되어 있는 형식적 요건을 갖추어 시장·군수 등 행정관청에 적법하게 건축주의 명의변경을 신고한 경우, 행정관청이 실체적인 이유를 내세워 신고 수리를 거부할 수 있는지 여부

구 건축법(2014. 1. 14. 법률 제12246호로 개정되기 전의 것) 제16조 제1항 본문과 구 건축법 시행령(2012. 12. 12. 대통령령 제24229호로 개정되기 전의 것) 제12조 제1항 제3호, 제4항 및 구 건축법 시행규칙(2012. 12. 12. 국토해양부령 제522호로 개정되기 전의 것, 이하 같다) 제11조 제1항, 제3항의 내용에 비추어 보면, 구 건축법 시행규칙 제11조의 규정은 단순히 행정관청의 사무집행의 편의를 위한 것이 아니라, 허가대상 건축물의 양수인에게 건축주의 명의변경을 신고할 수 있는 공법상의 권리를 인정함과 아울러 행정관청에게는 그 신고를 수리할 의무를 지게 한 것으로 봄이 타당하므로, 허가대상 건축물의 양수인이 구 건축법 시행규칙에 규정되어 있는 형식적 요건을 갖추어 시장·군수 등 행정관청에 적법하게 건축주의 명의변경을 신고한 때에는 행정관청은 그 신고를 수리하여야지 실체적인 이유를 내세워 신고의 수리를 거부할 수는 없다.(대법원 2014. 10. 15. 선고 2014두37658 판결)

● 관련판례 3

◎ 가설건축물에 관하여 민법 제366조의 법정지상권이 성립하는지 여부(원칙적 소극)

민법 제366조의 법정지상권은 저당권 설정 당시 동일인의 소유에 속하던 토지와 건물이 경매로 인하여 양자의 소유자가 다르게 된 때에 건물의 소유자를 위하여 발생하는 것으로서, 법정지상권이 성립하려면 경매절차에서 매수인이 매각대금을 다 낸 때까지 해당 건물이 독립된 부동산으로서 건물의 요건을 갖추고 있어야 한다. 독립된 부동산으로서 건물은 토지에 정착되어 있어야 하는데(민법 제99조 제1항), 가설건축물은 일시 사용을 위해 건축되는 구조물로서 설치 당시부터 일정한 존치기간이 지난 후 철거가 예정되어 있어 일반적으로 토지에 정착되어 있다고 볼 수 없다. 민법상 건물에 대한 법정지상권의 최단 존속기간은 견고한 건물이 30년, 그 밖의 건물이 15년인 데 비하여, 건축법령상 가설건축물의 존치기간은 통상 3년 이내로 정해져 있다. 따라서 가설건축물은 특별한 사정이 없는 한 독립된 부동산으로서 건물의 요건을 갖추지 못하여 법정지상권이 성립하지 않는다.(대법원 2021. 10. 28., 선고, 2020다224821, 판결)

제25조 (건축물의 공사감리)

공사감리자는 국토교통부령으로 정하는 바에 따라 감리일지를 기록·유지하여야 하고, 공사의 공정(工程)이 대통령령으로 정하는 진도에 다다른 경우에는 감리중간보고서를, 공사를 완료한 경우에는 감리완료보고서를 국토교통부령으로 정하는 바에 따라 각각 작성하여 건축주에게 제출하여야 한다. 이 경우 건축주는 감리중간보고서는 제출받은 때, 감리완료보고서는 제22조에 따른 건축물의 사용승인을 신청할 때 허가권자에게 제출하여야 한다. 〈개정 2013.3.23., 2016.2.3., 2020.4.7.〉

제27조 (현장조사·검사 및 확인업무의 대행)

① 허가권자는 이 법에 따른 현장조사·검사 및 확인업무를 대통령령으로 정하는 바에 따라 「건축사법」 제23조에 따라 건축사사무소개설신고를 한 자에게 대행하게 할 수 있다. 〈개정 2014.1.14., 2014.5.28.〉

② 제1항에 따라 업무를 대행하는 자는 현장조사·검사 또는 확인결과를 국토교통부령으로 정하는 바에 따라 허가권자에게 서면으로 보고하여야 한다. 〈개정 2013.3.23.〉

(작성례 1)

피의자는 산본시 ○○동 ○○번지에서 ○○건축사사무소라는 상호로 건축물의 설계 및 감리업무 등을 하는 건축사이다.

피의자는 관할관청의 지정을 받아 같은 시 ○○동 ○○번지에 있는 지하 1층 지상 4층 연면적 1,295.5㎡의 상가건물에 대한 감리업무를 하게 되었으므로 위 건축물이 설계도서와 관계법령에 저촉되는지의 여부와 건축공사가 설계도서대로 시공되었는지의 여부를 성실히 조사하여야 한다. 그럼에도 불구하고 20○○. ○. ○. 위 건축물의 준공조사를 함에 있어서 사실은 위 건축물의 지하층이 설계도서보다 60cm가량 높게 시공된 사실을 발견하고도, 위 조사서를 작성하면서 건축법 등 관계법령에 위배됨이 없이 설계도서대로 시공된 것처럼 기재함으로써 감리업무를 허위로 하였다.

(작성례 2)

피의자 박○○은 건축주, 같은 이○○는 ○○건축사사무실을 경영하는 건축사이다. 피의자 박○○은 일반건설업면허 없이 20○○. ○. ○.경부터 같은 해 ○. ○.경까지 사이에 인천시 ○○동 ○○번지에서 일반건설업면허업체인 ○○종합건설 명의로 지하 1층 지상 3층 연면적 597.8㎡

인 근린생활 및 주택용 건물의 건축공사를 하였다. 피의자 이○○은 같은 해 ○.말경 서울시 ○○동 ○○번지에 있는 위 ○○건축사사무실에서 공사감리중인 위 제1항 기재 건물에 대한 건축공사가 건축주인 위 박○○에 의하여 직접 시공되고 있는 사실을 알면서도 마치 면허업자인 ○○종합건설에 의하여 시공되고 있는 것처럼 공사감리보고서를 작성하여 그 무렵 인천시 ○○구청 건축과 담당공무원에게 이를 제출함으로써 위 건축물공사의 현장 확인 등 업무에 대하여 허위의 보고를 하였다.

● 관련판례 1

◎ 공사감리자는 감리계약을 체결한 건축주에 대하여 공사시공자가 설계도서대로 시공하는지 여부를 확인하고 그 과정에서 공사시공자가 설계도서대로 시공 자체를 하지 아니한 하자 또는 임의로 설계도서의 내용을 변경하여 시공한 하자를 발견한 경우, 건축주가 그러한 하자로 인하여 손해를 입지 않도록 건축주에게 이를 통지하고 공사시공자에게 시정 또는 재시공을 요청하여야 할 채무를 부담하는지 여부(적극)

구 건축법(2008. 2. 29. 법률 제8852호로 개정되기 전의 것, 이하 같다) 제21조 제7항, 구 건축법 시행령(2008. 2. 29. 대통령령 제20722호로 개정되기 전의 것) 제19조 제6항 제1호에 의하면, 공사감리자가 수행하여야 할 감리업무에는 '공사시공자가 설계도서에 따라 적합하게 시공하는지 여부의 확인'이 포함되어 있다. 그리고 구 건축법 제21조 제2항은, 공사감리자는 공사시공자가 설계도서대로 공사를 하지 아니하는 경우 이를 건축주에게 통지한 후 공사시공자로 하여금 시정 또는 재시공하도록 요청하여야 한다고 규정하고 있다. 이러한 규정의 내용에 비추어 보면, 공사감리자는 감리계약을 체결한 건축주에 대하여 공사시공자가 설계도서대로 시공하는지 여부를 확인하고 그 과정에서 공사시공자가 설계도서대로 시공 자체를 하지 아니한 하자(이하 '미시공 하자'라고 한다) 또는 임의로 설계도서의 내용을 변경하여 시공한 하자(이하 '변경시공 하자'라고 한다)를 발견한 경우 건축주가 그러한 하자로 인하여 손해를 입지 않도록 건축주에게 이를 통지하고 공사시공자에게 시정 또는 재시공을 요청하여야 할 채무를 부담한다. 공사감리자가 위와 같은 감리계약상의 채무를 이행하지 아니하였는지는 당시 일반적인 공사감리자의 기술수준과 경험, 미시공 또는 변경시공 하자의 위치와 내용, 공사의 규모 등에 비추어 그러한 하자의 발견을 기대할 수 있었는지 여부에 따라 판단하여야 한다. 한편 동일한 공사에서 공사감리자의 감리계약에 따른 채무불이행으로 인한 손해배상채무와 공사시공자의 도급계약에 따른 채무불이행으로 인한 손해배상채무는 서로 별개의 원인으로 발생한 독립된 채무이나 동일한 경제적 목적을 가진 채무이므로 서로 중첩되는 부분에 관하여 부진정연대채무의 관계에 있다.(대법원 2017. 12. 28., 선고, 2014다229023, 판결)

● 관련판례 2

◎ 구 건축법상 감리보고서에 기재가 요구되는 의견의 범위에 건축물이 설계도서대로 적법하게 시공되었는지를 확인한 내용이 포함되는지 여부(적극) 및 이때 감리보고서 서식에서 각 항목별 보고를 요구하는 부분이나 건물의 배근, 보 등 건물의 안전과 관련된 부분 등의 변경시공에 관하여는 공사감리자의 의견 기재가 요구되는지 여부(적극)

건축법상 공사감리자의 주된 업무는 공사시공자가 건축물을 설계도서에 적합하게 시공하고 있는지 여부를 확인하는 것인 점, 감리보고서는 건축물이 설계도서대로 적합하게 시공되었는지 여부를 조사하는 중간검사제도와 사용검사제도를 대체하여 도입된 점 등에 비추어 감리보고서에 기재가 요구되는 의견의 범위에는 당해 건축물이 설계도서대로 적법하게 시공되었는지를 확인한 내용도 포함된다(대법원 2004. 8. 16. 선고 2004도1341 판결 참조).

다만 건물의 시공 부분이 당초 설계도서대로 되지 않았다고 해서 공사감리자에게 모든 사항에 대하여 보고의무를 부과할 수 없을 것이나, 감리보고서 서식에서 각 항목별 보고를 요구하는 부분이나 건물의 배근, 보 등 건물의 안전과 관련된 부분 등의 변경시공에 관하여는 기재가 요구되고, 건축법 제16조 단서에 따라 허가 또는 신고가 필요치 않은 경미한 사항이라거나 구조상 안전에 문제가 없다는 이유만으로 그 의견을 기재할 필요가 없다고 볼 수 없다.(대법원 2018. 10. 25., 선고, 2017도7377, 판결)

제41조 (토지 굴착 부분에 대한 조치 등)

① 공사시공자는 대지를 조성하거나 건축공사를 하기 위하여 토지를 굴착·절토(切土)·매립(埋立) 또는 성토 등을 하는 경우 그 변경 부분에는 국토교통부령으로 정하는 바에 따라 공사 중 비탈면 붕괴, 토사 유출 등 위험 발생의 방지, 환경 보존, 그 밖에 필요한 조치를 한 후 해당 공사현장에 그 사실을 게시하여야 한다. 〈개정 2013.3.23., 2014.5.28.〉

(작성례)

피의자는 20○○. ○. ○. 피의자명의로 ○○구청장의 허가를 받아 서울시 ○○동 ○○번지에 지하 1층 지상 3층 연면적 457.19㎡인 다세대주택을 건축중이었다.

피의자는 20○○. ○. 중순경 위 대지에 위 건축물을 건축하기 위하여 토지굴착작업을 함에 있어 C.I.P. 공법으로 시공하게 되었으면 철근콘크리트의 양생기간인 28일이 지나기를 기다렸다가 철근콘크리트가 굳은 다음에 시공함으로서 위험발생을 미리 방지하여야 했다. 그러나 피의자는 7일만에 공사를 감행하는 등 위험발생 방지조치를 제대로 취하지 아니한 잘못으로 인근주택의 지반이 내려앉게 하여 위 같은 동 ○○번지에 있는 주택의 담장 4m가 파손되고, 같은 동 ○○번지에 있는 주택의 방실에 연장길이 합계 8m의 균열이 생기게 하는 등 피해를 발생하게 하였다.

● 관련판례

◎ 구 주택건설기준 등에 관한 규정 제9조 제1항이 대지조성사업자에게 적용되는지 여부(원칙적 소극)

구 주택건설촉진법(2003. 5. 29. 법률 제6916호 주택법으로 전부 개정되기 전의 것) 제3조 제5호가 '사업주체' 를 주택건설사업자와 대지조성사업자로 구별하고 있고, 구 주택건설기준 등에 관한 규정(2007. 7. 24. 대통령령 제20189호로 개정되기 전의 것, 이하 '구 주택건설기준' 이라 한다) 제1조, 제3조도 주택건설사업계획의 승인대상인 주택, 부대시설 및 복리시설의 설치기준과 대지조성사업계획의 승인대상인 대지의 조성기준을 구별하고 있는 점, 구 주택건설기준은 주택·부대시설·복리시설의 설치기준에 관하여는 제2장 내지 제5장(제9조 내지 제55조)에서, 대지의 조성기준에 관하여는 제6장(제56조, 제57조)에서 나누어 규정하고 있는데, 공동주택 건설지점의 소음 기준에 관한 제9조 제1항은 제2장에 속해 있고 내용도 소음발생시설로부터 50m 이상 떨어진 곳에 공동주택의 건설지점을 두거나(공동주택을 배치하거나) 방음시설을 설치하여 공동주택을 건설하는 지점의 소음도가 65dB(A) 미만이 되도록 하라는 것이므로, 이는 공동주택을 건설하는 자의 의무를 규정한 것임이 문언상 명백한 점, 2007. 7. 24 대통령령 제20189호로 개정된 주택건설기준 제9조 제1항은 환기설비와 방음창을 갖추어 실내소음도가 45dB(A) 이하인 공동주택을 건설하는 경우에는 위 기준의 적용을 받지 않도록 단서규정을 신설하였는데, 이는 구 주택건설기준 제9조 제1항이 주택건설사업자에 대한 의무를 규정한 조항임을 당연한 전제로 주택건설사업자가 도로에 근접해서도 공동주택을 건설할 수 있게 해주기 위한 것인 점, 대지를 조성하여 주택건설사업자에게 매각하였으나 대지의 어느 부분에 언제 어떠한 형태와 구조로 공동주택이 건설될 것인지를 알 수 없는 대지조성사업자에게 구 주택건설기준 제9조 제1항에 따라 장래 대지 지상에 건설될 수 있는 공동주택의 전 세대에 대해 소음도가 65dB(A) 미만이 되도록 할 소음방지의무를 부담시키는 것은 대지조성사업자에게 과도하고 불합리한 부담을 지우는 점, 한편 구 주택건설기준 제56조 제2항에 의해 준용되는 구 건축법(2008. 3. 21. 법률 제8974호로 전부 개정되기 전의 것) 제30조, 제31조는 대지의 조성 및 토지굴착 시의 의무들을 상세히 규정하고 있는데, 그중 장래 대지 지상에 건설될 건물 또는 거주자에 관한 의무는 포함되어 있지 않은 점 등을 종합하면, 구 주택건설기준 제9조 제1항은 주택건설사업자를 적용대상으로 한 규정으로서 특별한 사정이 없는 한 대지조성사업자에게는 적용되지 않는다.**(대법원 2015. 10. 29., 선고, 2008다47558, 판결)**

제83조(옹벽 등의 공작물에의 준용)

① 대지를 조성하기 위한 옹벽, 굴뚝, 광고탑, 고가수조(高架水槽), 지하 대피호, 그 밖에 이와 유사한 것으로서 대통령령으로 정하는 공작물을 축조하려는 자는 대통령령으로 정하는 바에 따라 특별자치시장·특별자치도지사 또는 시장·군수·구청장에게 신고하여야 한다. 〈개정 2014.1.14.〉

② 삭제 〈2019.4.30.〉

③ 제14조, 제21조제5항, 제29조, 제40조제4항, 제41조, 제47조, 제48조, 제55조, 제58조, 제60조, 제61조, 제79조, 제84조, 제85조, 제87조와 「국토의 계획 및 이용에 관한 법률」 제76조는 대통령령으로 정하는 바에 따라 제1항의 경우에 준용한다. 〈개정 2014.5.28., 2017.4.18., 2019.4.30.〉

제84조(면적·높이 및 층수의 산정)

건축물의 대지면적, 연면적, 바닥면적, 높이, 처마, 천장, 바닥 및 층수의 산정방법은 대통령령으로 정한다.

● 관련판례 1

◎ 형사처벌과 별도로 시정명령 위반에 대하여 이행강제금을 부과하는 건축법 제83조 제1항이 이중처벌에 해당하는지 여부(소극) 및 시정명령 이행시까지 반복하여 이행강제금을 부과·징수할 수 있도록 규정하는 같은 조 제4항이 과잉금지원칙에 반하는지 여부(소극)

법원에서 비송사건절차법에 따라 이행강제금의 재판을 하는 절차는 부과권자인 행정청의 이행강제금 부과처분에 대한 당부를 심판하는 행정소송절차가 아니므로, 행정청이 재항고인에 대하여 무단용도변경의 건축법 위반에 대한 시정명령과 이행강제금 부과처분을 함에 있어 개발제한구역의 지정 및 관리에 관한 특별조치법 제11조(개발제한구역에서의 행위제한)의 위반행위로 잘못 적시하였다고 하더라도, 건축법 제83조 제6항, 제82조 제4항의 규정에 의하여 행정청으로부터 이행강제금의 부과에 대한 당사자의 이의제기 사실을 통보받은 관할법원으로서는 비송사건절차법 제11조의 규정에 의하여 직권에 의한 사실탐지와 증거조사를 통하여 건축법 제83조 제1항의 규정에 의한 이행강제금을 부과하여야 할 사실을 발견한 때에는 직권으로 위 규정을 적용하여 이행강제금을 부과할 수 있다 (대법원 2004. 7. 5.자 2004마460 결정 참조).

원심이 같은 취지에서, 재항고인이 개발제한구역 내에 있는 남양주시 가운동 274-1 지상 동물 및 식물관련시설을 관할관청에 대한 신고 없이 작업장 및 창고로 무단 용도변경하여 사용하여 오다가 남양주시장으로부터 시정명령을 받고도 정해진 기간 내에 이를 이행하지 않은 사실을 인정한 다음 건축법 제83조 제1항, 제69조 제1항에 의하여 재항고인을 이행강제금 1,210만 원에 처한 제1심결정을 유지한 것은 정당하고,

거기에 재항고이유 주장과 같은 재판에 영향을 미친 헌법·법률·명령 또는 규칙의 위반이 있다고 할 수 없다.

그리고 개발제한구역 내의 건축물에 대하여 허가를 받지 않고 한 용도변경행위에 대한 형사처벌과 건축법 제83조 제1항에 의한 시정명령 위반에 대한 이행강제금의 부과는 그 처벌 내지 제재대상이 되는 기본적 사실관계로서의 행위를 달리하며, 또한 그 보호법익과 목적에서도 차이가 있으므로 이중처벌에 해당한다고 할 수 없고, 이행강제금은 위법건축물의 원상회복을 궁극적인 목적으로 하고, 그 궁극적인 목적을 달성하기 위해서는 위법건축물이 존재하는 한 계속하여 부과할 수밖에 없으며, 만약 통산부과횟수나 통산부과상한액의 제한을 두면 위법건축물의 소유자 등에게 위법건축물의 현상을 고착할 수 있는 길을 열어주게 됨으로써 이행강제금의 본래의 취지를 달성할 수 없게 될 수 있으므로, 건축법 제83조 제4항이 "허가권자는 최초의 시정명령이 있은 날을 기준으로 하여 1년에 2회의 범위 안에서 당해 시정명령이 이행될 때까지 반복하여 이행강제금을 부과·징수할 수 있다."고 규정하였다고 하여 과잉금지원칙에 반한다고 할 수도 없다 (헌법재판소 2004. 2. 26. 선고 2001헌바80, 84, 102, 103, 2002헌바26 결정 참조).(대법원 2005. 8. 19., 자, 2005마30, 결정)

● 관련판례 2

◎ 건축법 제47조 제1항을 위반하여 설치된 담장이 '건물에 딸린 시설물'에 해당하는 경우, 같은 법 제79조 제1항에 의한 시정조치의 대상이 되는지 여부(적극) 및 이에 해당하지 아니하는 담장이 시정조치의 대상이 되는 경우

건축법(이하 '법'이라 한다) 제2조 제1항 제2호, 제47조 제1항, 제79조 제1항, 제83조 제1항, 건축법 시행령 제118조 제1항 제5호, 제3항의 내용 및 체계 등을 종합하면, 법 제79조 제1항에서 정한 시정조치의 대상이 되는 '건축물'이란 법 제2조 제1항 제2호가 정의한 건축물만을 의미하므로, 법 제47조 제1항을 위반하여 설치된 담장이라도, 담장이 '토지에 정착하는 공작물 중 지붕과 기둥 또는 벽이 있는 것' (이하 '건물'이라 한다)과 물리적 또는 기능적으로 일체가 되어 독립성을 상실한 것으로서 '건물에 딸린 시설물'에 해당하는 경우에는 건축법 제2조 제1항 제2호가 정한 '건축물'에 해당하므로 법 제79조 제1항에 의한 시정조치의 대상이 되나, 이에 해당하지 아니하는 담장은 법 제83조 제1항에 따라 축조신고 대상이 되는 공작물에 해당하는 경우에만 법 제83조 제3항의 준용규정에 따라 법 제79조 제1항에 의한 시정조치의 대상이 될 수 있다.(대법원 2016. 10. 27. 선고 2016두43640 판결)

6. 건축사법

[시행 2022. 8. 4.] [법률 제18826호, 2022. 2. 3., 일부개정]

제4조(설계 또는 공사감리 등)

① 「건축법」 제23조제1항에 따른 건축물의 건축등을 위한 설계는 제23조제1항 또는 제9항 단서에 따라 신고를 한 건축사 또는 같은 조 제4항에 따라 건축사사무소에 소속된 건축사가 아니면 할 수 없다. 〈개정 2018.12.18.〉

② 「건축법」 제25조제1항에 따라 건축사를 공사감리자로 지정하는 건축물의 건축 등에 대한 공사감리는 제23조제1항 또는 제9항 단서에 따라 신고를 한 건축사 또는 같은 조 제4항에 따라 건축사사무소에 소속된 건축사가 아니면 할 수 없다. 〈개정 2018.12.18.〉

[전문개정 2011.5.30.]

제10조(자격증의 명의 대여 등의 금지)

① 건축사는 다른 사람에게 자기의 성명을 사용하여 제19조에 따른 업무(이하 "건축사업무"라 한다)를 수행하게 하거나 자격증을 빌려주어서는 아니 된다. 〈개정 2019.8.20.〉

② 누구든지 다른 사람의 성명을 사용하여 건축사업무를 수행하거나 다른 사람의 건축사 자격증을 빌려서는 아니 된다. 〈신설 2019.8.20.〉

③ 누구든지 제1항이나 제2항에서 금지된 행위를 알선해서는 아니 된다. 〈신설 2019.8.20.〉

[전문개정 2011.5.30.]

(작성례)

피의자는 윤○○는 건축사이고, 피의자 정○○는 무면허로 건축설계 등을 하는 사람이다.

피의자 정○○는, 20○○. ○. ○.경 ○○시 ○○구 ○○동 ○○번지에 있는 ○○빌딩 4층 약50평의 사무실에 ○○건축사사무소라는 간판을 걸고 설계판 7대, 청사진기 1대, 팩시밀리 1대 및 복사기 1대 등의 사무기기를 갖추고, 종업원 8명을 고용한 다음 위 윤○○에게 월 180만원씩의 대여료를 주고 동인의 건축사면허를 대여 받았다. 그리하여 ○○건설이 20○○. ○. ○.부터 같은 해 ○. ○.까지 사이에 부천시 ○○동 ○○번지에 시공한 지하 1층 지상 4층 연면적 1,600㎡의 근린생활시설용 건물의 건축을 감리하고 위 ○○건설로부터 돈 50만원을 받은 것을 시작으로 20○○. ○. ○.까지 사이에 범죄일람표 기재와 같이 합계 35회에 걸쳐 건축을 감리하였다. 피의자 윤○○는, 위의 기재와 같이 20○○. ○. ○.경부터 20○○. ○. ○.까지 대여료조로 한 달에 180만원씩을 받고, 위 정○○에게 피의자 명의의 건설업면허증을 대여하였다. (범죄일람표 생략)

● 관련판례 1

◎ 건축사법 제20조에서 업무상 성실의무를 부담하고 이를 위반했을 경우 건축주에게 재산상 손해배상책임을 지는 주체로 정한 건축사가, 설계 등 계약의 당사자로서의 건축사에 한정되는지 여부(소극)

'건축사법' 제20조 제1항에 관하여 보면, '건축사법'은 건축사의 자격과 그 업무에 관한 사항을 규정함으로써 건축물의 질적 향상을 도모함을 목적으로 하는 법률로써, 위 법에서 정하는 건축사의 자격규정 및 전문가로서의 건축사의 지위 등에 비추어 '건축사법' 제20조에서 정한 업무상 성실의무 및 그 위반에 따른 건축주의 재산상 손해배상책임의 각 주체로 정한 건축사는 설계 등 계약 당사자로서의 건축사에 한정된다고는 할 수 없을 것이다. (대법원 2009. 4. 9. 선고 2008다72776 판결)

● 관련판례 2

◎ 건축사법 제10조에서 정한 "타인에게 자기의 성명을 사용하여 건축사의 업무를 행하게 하는 행위"의 의미

건축사법의 입법목적이 건축사의 자격과 그 업무에 관한 사항을 규정함으로써 건축물의 질적 향상을 도모하려는 것이라는 점, 이러한 목적을 달성하기 위하여 건축사의 자격에 관하여 엄격한 요건을 정하여 두는 한편, 건축사가 아니면 일정 규모 이상의 건축물의 설계 또는 공사감리의 업무를 행할 수 없다는 것을 그 본질적·핵심적 내용으로 하는 건축사법의 관련 규정의 내용 등에 비추어 보면, 건축사법 제10조가 금지하고 있는 "타인에게 자기의 성명을 사용하여 건축사의 업무를 행하게 하는 행위"에는, 건축사가 타인으로 하여금 자기의 이름을 사용하여 건축사의 업무를 행하도록 적극적으로 권유·지시한 경우뿐만 아니라 타인이 자기의 이름을 사용하여 건축사의 업무를 하는 것을 양해 또는 허락하거나 이를 알고서 묵인한 경우도 포함된다. (대법원 2005. 10. 28. 선고 2005도5044 판결)

7. 게임산업진흥에 관한 법률

[시행 2022. 7. 21.] [법률 제18298호, 2021. 7. 20., 타법개정]

제25조(게임제작업 등의 등록)

① 게임제작업 또는 게임배급업을 영위하고자 하는 자는 문화체육관광부령이 정하는 바에 따라 특별자치시장·특별자치도지사·시장·군수·구청장에게 등록하여야 한다. 다만, 다음 각 호의 어느 하나에 해당하는 경우에는 등록하지 아니하고 이를 할 수 있다. 〈개정 2007.1.19., 2008.2.29., 2018.2.21.〉

1. 국가 또는 지방자치단체가 제작하는 경우
2. 법령에 의하여 설립된 교육기관 또는 연수기관이 자체교육 또는 연수의 목적으로 사용하기 위하여 제작하는 경우
3. 「공공기관의 운영에 관한 법률」 제4조에 따른 공공기관이 그 사업의 홍보에 사용하기 위하여 제작하는 경우
4. 그 밖에 게임기기 자체만으로는 오락을 할 수 없는 기기를 제작하는 경우 등 대통령령이 정하는 경우

(작성례)

피의자 ○○○는 ○○시 ○○구 ○○동 ○○번지에서 ○○게임이라는 상호로 게임배급업을 운영하고 있다.

피의자는 게임제공업을 하는 자 등에게 게임물을 공급하는 게임배급업을 하고자 하는 경우에는 시장(군수·구청장)에게 등록하여야 함에도 불구하고 등록없이 20○○. ○. ○.부터 20○○. ○. ○.까지 위 장소에서 ○○시 ○○구 ○○동 ○○번지 ○○게임장 및 35개의 업소에 ○○○게임을 비롯하여 ○○종의 게임을 총○○○○만원의 금액으로 전화주문을 받고 판매하여 매상을 올리는 등 게임배급업을 영위하였다.

● 관련판례

◎ '등급분류를 받지 않은' 게임물을 관할 관청에 등록하지 않고 공중의 이용에 제공하는 영업을 한 행위를 게임산업진흥에 관한 법률 제45조 제2호 위반죄로 처벌할 수 있는지 여부(소극)

게임산업진흥에 관한 법률 제2조 제6호의2 (가)목은 청소년게임제공업을 ' 제21조의

규정에 따라 등급분류된 게임물 중 전체이용가게임물을 설치하여 공중의 이용에 제공하는 영업' 으로 정의한 다음, 제26조 제2항은 청소년게임제공업을 영위하고자 하는 자로 하여금 문화체육관광부령이 정하는 시설을 갖추어 시장 · 군수 · 구청장 등 관할 관청에 등록하도록 하면서, 이에 위반하여 등록을 하지 아니하고 영업을 한 자를 제45조 제2호에 의하여 처벌하고 있다. 이와 같은 법률조항의 문언 및 체계에 비추어 보면, 등급분류를 받지 아니한 게임물을 공중의 이용에 제공하는 것은 위 법 제2조 제6호의2 (가)목에 규정된 청소년게임제공업에 해당하지 않으므로, 그러한 영업을 관할 관청에 등록하지 않고 하였다고 하더라도 이를 제45조 제2호, 제26조 제2항에 의하여 처벌할 수는 없다. (대법원 2010. 6. 24. 선고 2010도3358 판결)

제26조(게임제공업 등의 허가 등)

① 일반게임제공업을 영위하고자 하는 자는 허가의 기준·절차 등에 관하여 대통령령이 정하는 바에 따라 특별자치시장·특별자치도지사·시장·군수·구청장의 허가를 받아 영업을 할 수 있다. 다만, 「국토의 계획 및 이용에 관한 법률」 제36조제1항제1호가목의 주거지역에 위치하여서는 아니 된다. 〈신설 2007.1.19., 2016.2.3., 2018.2.21.〉

② 청소년게임제공업 또는 인터넷컴퓨터게임시설제공업을 영위하고자 하는 자는 문화체육관광부령이 정하는 시설을 갖추어 특별자치시장 · 특별자치도지사 · 시장 · 군수 · 구청장에게 등록하여야 한다. 다만, 정보통신망을 통하여 게임물을 제공하는 자로서 「전기통신사업법」에 따라 신고 또는 등록을 한 경우에는 이 법에 의하여 등록한 것으로 본다. 〈개정 2007.1.19., 2008.2.29., 2018.2.21., 2018.12.24.〉

(작성례)

피의자 ○○○는 ○○시 ○○구 ○○동 ○○번지에서 ○○게임장이라는 상호로 일반게임제공업을 운영하고 있다.

피의자는 일반게임제공업을 하고자 하는 경우에는 시장(군수·구청장)에게 등록하여야 함에도 불구하고 등록없이 20○○. ○. ○.부터 20○○. ○. ○.까지 위 장소 ○○㎡에서 ○○종의 게임을 총○○대의 게임기를 갖추고 월 ○○○만원 상당의 매상을 올리는 일반게임제공업을 영위하였다.

● 관련판례

◎ 게임산업진흥에 관한 법률 제26조 제2항에서 '청소년게임제공업 등을 영위하고자 하는 자' 의 의미(=영업상 권리의무의 귀속주체) 및 영업활동에 지배적으로

관여하지 아니한 자를 같은 법 제45조 제2호 위반죄의 공동정범으로 처벌할 수 있는지 여부(소극)

게임산업진흥에 관한 법률 제26조 제2항에서 '청소년게임제공업 등을 영위하고자 하는 자' 란 청소년게임제공업 등을 영위함으로 인한 권리의무의 귀속주체가 되는 자(이하 '영업자' 라고 한다)를 의미하므로, 영업활동에 지배적으로 관여하지 아니한 채 단순히 영업자의 직원으로 일하거나 영업을 위하여 보조한 경우, 또는 영업자에게 영업장소 등을 임대하고 사용대가를 받은 경우 등에는 같은 법 제45조 위반에 대한 본질적인 기여를 통한 기능적 행위지배를 인정하기 어려워, 이들을 방조범으로 처벌할 수 있는지는 별론으로 하고 공동정범으로 처벌할 수는 없다.. (대법원 2011. 11. 10., 선고, 2010도11631, 판결)

제28조(게임물 관련사업자의 준수사항)

게임물 관련사업자는 다음 각 호의 사항을 지켜야 한다. 〈개정 2007.1.19., 2008.2.29., 2011.4.5., 2016.2.3.〉

2. 게임물을 이용하여 도박 그 밖의 사행행위를 하게 하거나 이를 하도록 내 버려 두지 아니할 것

2의2. 게임머니의 화폐단위를 한국은행에서 발행되는 화폐단위와 동일하게 하 는 등 게임물의 내용구현과 밀접한 관련이 있는 운영방식 또는 기기·장치 등을 통하여 사행성을 조장하지 아니할 것

3. 경품 등을 제공하여 사행성을 조장하지 아니할 것. 다만, 청소년게임제공업 의 전체이용가 게임물에 대하여 대통령령이 정하는 경품의 종류(완구류 및 문구류 등. 다만, 현금, 상품권 및 유가증권은 제외한다)·지급기준·제공방법 등에 의한 경우에는 그러하지 아니하다.

(작성례)

피의자 ○○○는 ○○시 ○○구 ○○동 ○○번지에서 ○○게임장이라는 상호로 일반게임장을 운영하고 있다.

청소년게임제공업자는 대통령령이 정하여 고시하는 종류외의 경품을 제공하는 행위를 하여서는 아니됨에도 불구하고 피의자는 20○○. ○. ○.부터 20○○. ○. ○.까지 위 게임장에서 ○○게임에서, 대통령령에서 인정하지 않은 ○○○경품을 ○○○외 불상의 손님들에게 경품으로 제공하여 게임물 관련사업자의 준수사항을 위반하여 게임제공업을 영위하였다.

● 관련판례 1

◎ 게임산업진흥에 관한 법률 제28조 제2호, 제44조 제1항 제1호에서 정한 '사행행위'의 의미 / 게임의 결과물로 게임이용자에게 증서 등을 발급·교부하는 것이 게임물을 이용하여 사행행위를 하게 한 것에 해당하기 위한 요건 및 이때 교부된 증서가 사행행위의 요소인 재산상 이익을 지닌 것으로 볼 수 있는 경우

게임산업진흥에 관한 법률(이하 '게임산업법'이라고 한다) 제28조는 게임물 관련 사업자의 준수사항의 하나로 제2호에서 '게임물을 이용하여 도박 그 밖의 사행행위를 하게 하거나 이를 하도록 내버려 두지 아니할 것'을 규정하고 있고, 게임산업법 제44조 제1항 제1호는 제28조 제2호를 위반한 자를 처벌하도록 하고 있다. 위 법규정에서 말하는 사행행위란 우연적 방법으로 득실을 결정하여 행위자에게 재산상 손실 또는 이익을 가져오는 행위를 의미한다.

따라서 게임제공업자가 등급분류를 받아 제공한 게임물이 우연적 방법으로 득실이 결정되는 것이고 게임의 결과물로서 게임이용자에게 제공되는 증서 등이 게임이용자들 사이에서 대가를 수수하고 유통될 수 있는 교환가치가 있는 것이라면, 그러한 게임의 결과물로 위와 같은 증서 등을 발급·교부하는 것은 게임물을 이용하여 사행행위를 하게 한 것에 해당한다. 이때 게임제공업자가 게임의 결과물로서 교부된 증서에 의하여 이를 발급받은 게임이용자의 이름이나 전화번호 등 인적 사항의 일부를 확인하는 것이 가능하더라도 증서를 발급받은 사람 이외에 누구나 증서를 소지하고 있기만 하면 별다른 제약 없이 증서에 저장된 게임의 점수 등에 따라 게임물을 이용하는 등 경제적 이익을 누릴 수 있다면 이는 사행행위의 요소인 재산상 이익을 지닌 것으로 보아야 한다. 그리고 특별한 사정이 없는 한, 이러한 성격의 증서를 발급·교부한 게임제공업자는 그와 같은 발급·교부 행위에 의하여 게임산업법 제28조 제2호의 의무를 위반한다는 점을 충분히 인식하고 있다고 보아야 한다.(대법원 2016. 7. 29. 선고 2015도19075 판결)

● 관련판례 2

◎ 게임물의 내용 구현과 밀접한 관련이 있는 게임물의 운영방식을 등급분류신청서나 그에 첨부된 게임물내용설명서에 기재된 내용과 다르게 변경하여 이용에 제공하는 행위가 게임산업진흥에 관한 법률 제32조 제1항 제2호에서 정한 '등급을 받은 내용과 다른 내용의 게임물을 이용에 제공하는 행위'에 해당하는지 여부(적극)

게임산업진흥에 관한 법률(이하 '게임산업법'이라고 한다) 제21조 제1항, 제5항, 제22조 제2항, 제28조 제2호의2, 제32조 제1항 제2호, 제38조 제8항, 제45조 제4호, 제46조 제6호, 게임산업진흥에 관한 법률 시행규칙 제9조의2 제2항, 제3항의 내용 및 입법 취지 등에 비추어 보면, 게임물 자체의 내용뿐만 아니라 게임물의 내용 구현과 밀접한 관련이 있는 게임물의 운영방식을 등급분류신청서나 그에 첨부된 게임물내용설명서에 기재된 내용과 다르게 변경하여 이용에 제공하는 행위도 게임산업법 제32

조 제1항 제2호에서 정한 '등급을 받은 내용과 다른 내용의 게임물을 이용에 제공하는 행위' 에 해당한다고 보아야 한다.(대법원 2021. 7. 21., 선고, 2021도4785, 판결)

제32조(불법게임물 등의 유통금지 등)

① 누구든지 게임물의 유통질서를 저해하는 다음 각 호의 행위를 하여서는 아니 된다. 다만, 제4호의 경우 「사행행위 등 규제 및 처벌특례법」에 따라 사행행위영업을 하는 자를 제외한다. 〈개정 2007.1.19., 2011.4.5., 2016.12.20., 2018.12.11., 2018.12.24. 2020.12.8 〉

1. 제21조제1항 또는 제21조의10제1항의 규정에 의하여 등급을 받지 아니한 게임물을 유통 또는 이용에 제공하거나 이를 위하여 진열·보관하는 행위
2. 제21조제1항 또는 제21조의10제1항의 규정에 의하여 등급을 받은 내용과 다른 내용의 게임물을 유통 또는 이용에 제공하거나 이를 위하여 진열·보관 하는 행위
3. 등급을 받은 게임물을 제21조제2항 각 호의 등급구분을 위반하여 이용에 제공하는 행위
4. 제22조제2항의 규정에 따라 사행성게임물에 해당되어 등급분류가 거부된 게임물을 유통시키거나 이용에 제공하는 행위 또는 유통·이용제공의 목적으 로 진열·보관하는 행위
5. 제22조제3항제1호의 규정에 의한 등급분류증명서를 매매·증여 또는 대여하 는 행위
6. 제33조제1항 또는 제2항의 규정을 위반하여 등급 및 게임물내용정보 등의 표시사항을 표시하지 아니한 게임물 또는 게임물의 운영에 관한 정보를 표시 하는 장치를 부착하지 아니한 게임물을 유통시키거나 이용에 제공하는 행위
7. 누구든지 게임물의 이용을 통하여 획득한 유·무형의 결과물(점수, 경품, 게 임 내에서 사용되는 가상의 화폐로서 대통령령이 정하는 게임머니 및 대통령 령이 정하는 이와 유사한 것을 말한다)을 환전 또는 환전 알선하거나 재매입 을 업으로 하는 행위
8. 게임물의 정상적인 운영을 방해할 목적으로 게임물 관련사업자가 제공 또 는 승인하지 아니한 컴퓨터프로그램이나 기기 또는 장치를 배포하거나 배포 할 목적으로 제작하는 행위
9. 게임물 관련사업자가 제공 또는 승인하지 아니한 게임물을 제작, 배급, 제 공 또는 알선하는 행위
10. 제9호에 따른 불법행위를 할 목적으로 컴퓨터프로그램이나 기기 또는 장 치를 제작 또는 유통하는 행위
11. 게임물 관련사업자가 승인하지 아니한 방법으로 게임물의 점수·성과 등을 대신 획득하여 주는 용역의 알선 또는 제공을 업으로 함으로써 게임물의 정 상적인 운영을 방해하는 행위

(작성례 1)

피의자 ○○○는 ○○시 ○○구 ○○동 ○○번지에서 ○○게임장이라는 상호로 일반게임장을 운영하는 사람이다. 피의자는 20○○. ○. ○.부터 20○○. ○. ○.까지 위 게임장에서 등급위원회의 등급분류를 받지 않은 '○○게임'을 설치하여 위 게임장을 찾은 신원불상의 손님들에게 위 게임의 이용을 제공하였다.

(작성례 2 – 18세이용가 설치비율위반의 경우)

피의자는 서울 성북구 ○○동 100번지에서 "팡팡게임장"이라는 상호로 일반게임장업을 운영하고 있다.

피의자는 18세 이용가 게임물 설치비율은 대통령령이 정하는 바에 따라 총 게임물수의 100분의 60 이내로 하여야 함에도 불구하고, 2006. 2. 25경부터 같은 해 7. 10일까지 위 업소 게임기 총 36대 중 18세 이용가 게임기 26대를 설치하여 비율이상 설치·운영하였다.

(작성례 3 – 성인 PC방 업주가 등급분류 내용과 다르게 게임제공 및 도박개장의 경우)

피의자 홍길동(남, 00세)은 2006. 6. 6일경부터 같은 달 25. 14 : 45경 현재까지 사업자등록증도 얻지 않은 채, 서울 성북구 ○○동 100-100 높은빌딩 1층에서 "퐁퐁퐁퐁"이라는 상호로 성인PC게임방을 운영해온 자이다.

가. 피의자는 바둑이, 세븐오디 포카 등은 온라인 게임으로 일반PC를 통하여 해당사이트에 회원가입후 로그인하여 유료게임의 경우 게임머니(알) 충전은 충전금액 및 회수에 따라 월 고정 회원제로 운영하고 구매한도가 제한되도록 하며 게임머니(리터)사용은 현금성 상품지급 및 이체(선물하기)등이 불가한 상태로 영상물등급위원회로부터 등급분류를 받았다. 그러나 피의자는 손님들로부터 현금을 받아 게임기에 ID와 비밀번호를 부여하여 게임머니를 무제한으로 충전 및 재충전 시켜주는 등 등급분류 받은 내용과 다르게 게임을 제공하였다.

나. 피의자는 동 업소에 들어온 손님에게 고정사이트를 제공하여 손님

이 원하는 게임방에 들어가 네트워크로 같은 사이트를 이용하는 ○○ PC게임방에 입장한 플레이어들과 바둑이게임을 하도록 하여 특정인에게 재산상 이득을 주거나 손실을 주는 일명 바둑이게임 도박을 하도록 하여 매회당 판돈의 10% 가량을 제공하는 방법으로 도박개장을 하여 약 3,000,000원 가량의 부당이득을 올리는 등 불법게임장업을 하였다.

(작성례 4 – 성인PC방 종업원의 환전행위의 경우)

피의자 홍돌쇠(남, 22세)는 2006. 6. 6일경부터 같은 달 25일 현재까지 서울 성북구 ○○동 100번지 1층에 있는 "퐁퐁퐁퐁PC게임방" 에서 일하는 조건으로 업주인 피의자 홍길동으로부터 월 1,3000,000원을 받기로 하고 고용된 종업원이다. 피의자는 동 업소내 카운터에서 일을 하면서 손님들이 현금을 지불하면 카운터 컴퓨터에 입력하여 사이버머니(1원→1알)로 바꾸어 주고 손님들이 게임을 끝낸 후 사이버머니를 가져오면 수수료 명목으로 10% 공제한 나머지를 현금으로 환전하여 주었다.

(작성례 5 - 성인 PC방에서 커피, 손님안내 종업원의 경우)

피의자 홍돌쇠(남, 22세)는 2006. 6. 6일경부터 같은달 25일 현재까지 서울 성북구 ○○동 100번지 1층 소재 "퐁퐁퐁퐁PC게임방" 에서 일하는 조건으로 업주인 피의자 홍길동으로부터 월 1,500,000원을 받기로 하고 고용된 종업원이다. 피의자는 동 업소에 게임을 하려고 찾아오는 손님들에게 음료수 및 먹거리를 가져다주며 좌석을 안내하는 등의 일을 하며 동 업소의 게임방식이 불법임을 알면서도 종업원으로 일하였다.

(작성례 6 - 성인 PC방에서 도박 손님의 경우)

피의자는 20○○. 6. 25. 17 : 00경부터 같은 날 19 : 00경까지 서울 성북구 ○○동 100번지 1층 소재 "퐁퐁퐁퐁PC게임방" 에 들어가 카운터에서 현금 50,000원을 주고 게임머니 50,000알과 ID및 비밀번호가 기재되어 있는 카드를 받은 후 컴퓨터에 저장되어 있는 고정사이트에 접속하여 동일 사이트를 이용하는 ○○ PC게임방에서 도박을 하는 플레이어들과 약 2시간동안 일명 "바둑이 카드" 도박을 하였다.

● 관련판례 1

◎ 불법적으로 대량 생산한 게임머니 등이 구 게임산업진흥에 관한 법률 시행령 제18조의3 제3호에서 규정한 '게임물의 비정상적인 이용을 통하여 생산·획득한 게임머니 또는 게임아이템 등의 데이터' 및 게임산업진흥에 관한 법률 시행령 제18조의3 제3호 (다)목에서 규정한 '다른 사람의 개인정보로 게임물을 이용하여 생산·획득한 게임머니 또는 게임아이템 등의 데이터'에 포함되는지 여부(적극)

게임산업진흥에 관한 법률(이하 '게임산업진흥법'이라 한다) 제32조 제1항 제7호, 구 게임산업진흥에 관한 법률 시행령(2012. 6. 19. 대통령령 제23863호로 개정되기 전의 것, 이하 '구 시행령'이라 한다) 제18조의3 제1호, 제2호, 제3호, 2012. 6. 19. 대통령령 제23863호로 개정된 게임산업진흥에 관한 법률 시행령 제18조의3 제3호 (가)목, (나)목, (다)목, (라)목과 게임산업진흥법 시행령의 입법 경위, 개정 경위를 종합하여 보면, 게임산업진흥법의 입법 취지와 목적은 권한 없이 타인의 아이디와 유심칩이 삽입된 휴대폰 등을 이용하여 게임물에 접속한 후 소액결제의 방법으로 게임머니 등을 반복적으로 구매함으로써 불법적으로 대량 생산한 게임머니 등도 게임물의 비정상적인 이용을 통하여 생산·획득한 것으로 보아, 이를 환전 또는 환전 알선하거나 재매입을 업으로 하는 경우 처벌대상으로 삼으려던 것임을 알 수 있으므로, 그와 같은 권한 없는 자가 구매한 게임머니 등이 구 시행령 제18조의3 제3호에서 규정한 "게임물의 비정상적인 이용을 통하여 생산·획득한 게임머니 또는 게임아이템 등의 데이터" 및 개정된 게임산업진흥법 시행령 제18조의3 제3호 (다)목에서 규정한 "다른 사람의 개인정보로 게임물을 이용하여 생산·획득한 게임머니 또는 게임아이템 등의 데이터"에 포함된다고 해석하는 것이 그 문언의 통상적인 의미를 벗어나는 것이라고 할 수 없다.(대법원 2014. 11. 13. 선고 2014도8838 판결)

● 관련판례 2

◎ 게임산업진흥에 관한 법률 제32조 제1항 제2호에서 정한 '등급을 받은 내용과 다른 내용의 게임물을 이용에 제공하는 행위'에 게임물 이용자의 게임물 이용을 보조할 뿐 게임물의 내용에 변경을 가져오지 않는 별개의 외장기기를 제공하는 행위가 포함되는지 여부(소극)

게임산업진흥에 관한 법률(이하, '게임산업법' 이라 한다)이 규정하는 등급분류의 대상은 게임물이나 프로그램 소스 자체가 아닌 게임물의 내용, 즉 등급분류신청서나 그에 첨부된 게임물내용설명서의 기재내용이다. 따라서 게임산업법 제32조 제1항 제2호에서 정하는 '등급을 받은 내용과 다른 내용의 게임물을 이용에 제공하는 행위' 에, 등급분류를 신청하면서 제출한 신청서나 그에 첨부된 설명서의 내용을 변경하는 행위는 물론 위 신청서나 설명서에 기재되어 있지 아니한 중요기능을 부가하는 행위는 포함되지만, 게임물 이용자의 게임물 이용을 보조할 뿐 게임물의 내용에 변경을 가져올 여지가 전혀 없는 별개의 외장기기를 제공하는 행위까지 포함된다고 볼 수는 없다.(대법원 2014. 5. 29. 선고 2014도12 판결)

● 관련판례 3

◎ '게임산업진흥에 관한 법률' 제32조 제1항 제7호에서 정한 '환전' 에 '게임결과물을 수령하고 돈을 교부하는 행위' 외에 '게임결과물을 교부하고 돈을 수령하는 행위' 도 포함되는지 여부(적극)

'게임산업진흥에 관한 법률' (이하 '게임산업법' 이라고 한다) 제32조 제1항 제7호는 "누구든지 게임물의 이용을 통하여 획득한 유·무형의 결과물(점수, 경품, 게임 내에서 사용되는 가상의 화폐로서 대통령령이 정하는 게임머니 및 대통령령이 정하는 이와 유사한 것을 말한다)을 환전 또는 환전알선하거나 재매입을 업으로 하는 행위를 하여서는 아니된다" 고 정하고 있다. 여러 사정을 종합하여 보면, 위 조항이 정한 '환전' 에는 '게임결과물을 수령하고 돈을 교부하는 행위' 뿐만 아니라 '게임결과물을 교부하고 돈을 수령하는 행위' 도 포함되는 것으로 해석함이 상당하고, 이를 지나친 확장해석이나 유추해석이라고 할 수 없다. (대법원 2012. 12. 13. 선고 2012도11505 판결)

● 관련판례 4

◎ 피고인들이 PC방에 게임기를 설치하고 무료 모바일 게임물로 등급분류 받은 특정 게임물을 아케이드 게임물로 플랫폼을 변경하여 게임기의 지폐투입구에 현금 1만 원을 투입하면 3분 동안 위 게임물이 작동되게 하는 방식으로 영업함으로써 게임산업진흥에 관한 법률을 위반하였다는 내용으로 기소된 사안

피고인들이 PC방에 게임기 60대를 설치하고 무료 모바일 게임물로 등급분류 받은 특정 게임물을 아케이드 게임물로 플랫폼을 변경하여 게임기의 지폐투입구에 현금 1만원을 투입하면 3분 동안 위 게임물이 작동되게 하는 방식으로 영업함으로써 게임산업진흥에 관한 법률(이하 '게임산업법' 이라고 한다)을 위반하였다는 내용으로 기소된 사안에서, 무료인 모바일 게임이 유료의 아케이드 게임물 형태로 변경됨으로써 잠재적、현실적 게임이용자의 게임 참가가능성, 게임에 참여할 수 있는 횟수、정도 등에 변경이 초래된 점, 위 게임물이 사행성이 강한 슬롯머신(릴회전류)을 모사한 게임물인 점을 고려할 때 게임물의 과금체계를 무료에서 유료로 변경하는 것은 사행성 조장의 정도에서 현격한 차이가 있고, 과금체계 변경은 등급분류에 있어 중요한 의미가 있는 점 등의 여러 사정을 종합하면, 무료 모바일 게임물로 등급분류 받은 게임물을 유료 아케이드 게임물 형태로 제공한 피고인들의 행위는 '게임물의 내용 구현과 밀접한 관련이 있는 게임물의 운영방식을 변경하여 이용에 제공한 행위'로서 게임산업법 제32조 제1항 제2호에서 정한 '등급을 받은 내용과 다른 내용의 게임물을 이용에 제공하는 행위'에 해당한다는 이유로, 이와 달리 보아 공소사실을 무죄로 판단한 원심판결에 게임산업법이 정한 '게임물의 내용' 및 등급분류에 관한 법리오해의 잘못이 있다. (대법원 2021. 7. 21., 선고, 2021도4785, 판결)

● 관련판례 5

◎ 게임산업진흥에 관한 법률 시행령 제18조의3 제3호 (라)목에서 정한 '게임물의 비정상적인 이용'의 의미 및 게임제공업자 내부에서 권한을 부여받아 게임머니 등을 생산·획득하는 경우도 이에 포함되는지 여부(소극)

게임산업진흥에 관한 법률(이하 '게임산업법'이라 한다) 제2조 제1호 본문은 '게임물'을 '컴퓨터프로그램 등 정보처리 기술이나 기계장치를 이용하여 오락을 할 수 있게 하거나 이에 부수하여 여가선용, 학습 및 운동효과 등을 높일 수 있도록 제작된 영상물 또는 그 영상물의 이용을 주된 목적으로 제작된 기기 및 장치'로 정의하고 있고, 같은 조 제6호 본문은 '게임제공업'을 '공중이 게임물을 이용할 수 있도록 이를 제공하는 영업'으로 정의하고 있다. 게임산업법 제32조 제1항 제7호는 '누구든지 게임물의 이용을 통하여 획득한 유·무형의 결과물을 환전 또는 환전 알선하거나 재매입을 업으로 하는 행위를 하여서는 아니 된다.'고 규정하면서, 여기서 '유·무형의 결과물'이란 '점수, 경품, 게임 내에서 사용되는 가상의 화폐로서 대통령령이 정하는 게임머니 및 대통령령이 정하는 이와 유사한 것'으로 정하고 있다. 게임산업진흥에 관한 법률 시행령(이하 '게임산업법 시행령'이라 한다) 제18조의3 제3호 (라)목은 '게임물을 이용하여 업으로 게임머니 또는 게임아이템 등을 생산·획득하는 등 게임물의 비정상적인 이용을 통하여 생산·획득한 게임머니 또는 게임아이템 등의 데이터'를 게임산업법 제32조 제1항 제7호에서 정한 '대통령령이 정하는 게임머니 및 대통령령이 정하는 이와 유사한 것'의 하나로 규정하고 있다.

이러한 게임산업법과 같은 법 시행령의 제반 규정에 비추어 보면, 게임산업법 시행령 제18조의3 제3호 (라)목에서 정한 '게임물의 비정상적인 이용'이란 게임제공업자로부터 게임물을 제공받은 공중이 게임물의 제작 목적인 오락, 여가선용, 학습 및 운동효과 등을 위해 게임물을 이용하는 것이 아니라 주로 게임머니 등을 획득하기 위해 일반적이지 않은 방법으로 게임물을 이용하는 것을 뜻하고, 게임제공업자 내부에서 권한을 부여받아 게임머니 등을 생산·획득하는 경우는 포함되지 않는다. [대법원 2022. 3. 11., 선고, 2018도18872, 판결]

8. 경범죄처벌법

[시행 2017. 10. 24.] [법률 제14908호, 2017. 10. 24., 일부개정]

제3조(경범죄의 종류)

① 다음 각 호의 어느 하나에 해당하는 사람은 10만원 이하의 벌금, 구류 또는 과료(科料)의 형으로 처벌한다. 〈개정 2014.11.19., 2017.7.26., 2017.10.24.〉

11. (쓰레기 등 투기) 담배꽁초, 껌, 휴지, 쓰레기, 죽은 짐승, 그 밖의 더러운 물건이나 못 쓰게 된 물건을 함부로 아무 곳에나 버린 사람
12. (노상방뇨 등) 길, 공원, 그 밖에 여러 사람이 모이거나 다니는 곳에서 함부로 침을 뱉거나 대소변을 보거나 또는 그렇게 하도록 시키거나 개 등 짐승을 끌고 와서 대변을 보게 하고 이를 치우지 아니한 사람

(작성례 1)

피의자는 20○○. ○. ○. 23 : 00쯤 위 피의자의 집에서 쥐약을 먹고 죽은 생후 7개월의 고양이 1마리를 사람들의 왕래가 많은 같은 동 ○○공원 입구 길에 그대로 버려 오물을 방치하였다.

(작성례 2)

피의자는 20○○. ○. ○. 14 : 00쯤 서울역 지하도에서 아들 이○○(당5세)가 소변이 급하다고 하자 그 통로에 소변을 보라고 시켜 사람들이 많이 왕래하는 곳에서 이○○으로 하여금 소변을 보게 하였다.

■ 적용실례

◇ 야간에 으슥한 산길 도로변에 승용차를 주차시킨 상태에서 청춘남녀가 전라의 상태로 카섹스를 하는 경우 단속할 근거 법률은?

※ 카섹스족의 단속을 하기 위해서 우선 형법 제245조 '공연음란', 경범죄처벌법 제3조 제33호 '과다노출' 등을 관련 법규로 떠올리게 된다.

먼저 공연음란 행위로 의율코자 했으나 야간에 은밀한 곳에서 이루어지는 것으로 공연성이 결여되고, 과다노출 행위로 저촉하고자 해도 입법 취지상 카섹스족을 단속코자 함이 아니므로, 이 모두 법 적용이 난해하므로 단속상황에 따라

서 합리적으로 위법 조치해야 할 것이나, 공연성 내지 과다노출에 대한 구증자료 없이는 무죄 받을 가능성이 많으므로 계도함이 원칙이나, 일선에서는 괘씸죄 적용 경범죄처벌법상 '과다노출' 죄를 적용 즉심에 회부하는 실정이다.

● 관련판례 1

◎ 경범죄 처벌법 제3조 제3항 제2호를 적용하여 벌금 30만 원을 선고한 확정된 즉결심판에 대해 비상상고가 된 사안에서, 즉결심판에 관한 절차법 제2조에 따라 벌금 20만 원을 초과하지 않는 범위 내에서 처벌하였어야 함에도, 원심이 즉결심판절차에서 허용되는 범위를 넘는 벌금 30만 원의 즉결심판을 선고한 것은 심판이 법령에 위반한 경우에 해당한다고 한 사례

원심이 2014. 3. 24. 피고인에 대한 경범죄처벌법위반 피고사건에서 경범죄처벌법 제3조 제3항 제2호를 적용하여 피고인을 벌금 30만 원에 처하고 이에 대하여 주문 기재와 같이 환형유치를 한다는 취지의 즉결심판을 선고하였으며, 정식재판 청구기간의 경과로 그 심판이 확정된 사실을 알 수 있다.

그런데 즉결심판에 관한 절차법 제2조는 "지방법원, 지원 또는 시·군법원의 판사는 즉결심판절차에 의하여 피고인에게 20만 원 이하의 벌금, 구류 또는 과료에 처할 수 있다."고 규정하고 있으므로, 원심으로서는 경범죄처벌법 제3조 제3항 제2호에서 정한 형 중 벌금형을 선택할 경우에 위 즉결심판에 관한 절차법 규정에 따라 벌금 20만 원을 초과하지 아니하는 범위 내에서 처벌하였어야 한다.

그럼에도 이와 달리 원심이 즉결심판절차에서 허용되는 범위를 넘는 벌금 30만 원의 즉결심판을 선고한 것은 심판이 법령에 위반한 경우에 해당하므로, 이를 지적하는 비상상고이유 주장은 이유 있다(대법원 2015. 5. 28. 선고 2014오3 판결).

● 관련판례 2

◎ 경범죄처벌법상 범칙금제도의 의의 및 범칙금의 납부에 따라 확정판결에 준하는 효력이 인정되는 범위

경범죄처벌법상 범칙금제도는 형사절차에 앞서 경찰서장 등의 통고처분에 의하여 일정액의 범칙금을 납부하는 기회를 부여하여 범칙금을 납부하는 사람에 대하여는 기소를 하지 아니하고 사건을 간이하고 신속·적정하게 처리하기 위하여 처벌의 특례를 마련해 둔 것이라는 점에서 법원의 재판절차와는 제도적 취지 및 법적 성질에서 차이가 있다. 그리고 범칙금의 납부에 따라 확정판결에 준하는 효력이 인정되는 범위는 범칙금 통고의 이유에 기재된 당해 범칙행위 자체 및 범칙행위와 동일성이 인정되는 범칙행위에 한정된다. 따라서 범칙행위와 같은 시간과 장소에서 이루어진 행위라 하더라도 범칙행위의 동일성을 벗어난 형사범죄행위에 대하여는 범칙금의 납부에 따라 확정판결에 준하는 일사부재리의 효력이 미치지 아니한다.(대법원 2012. 9. 13. 선고 2012도6612 판결)

9. 계량에 관한 법률

[시행 2022. 10. 18.] [법률 제18997호, 2022. 10. 18., 일부개정]

제35조(양도 등의 제한)

누구든지 다음 각 호의 어느 하나에 해당하는 계량기를 양도·대여하거나 양도·대여하기 위한 광고를 하여서는 아니 된다. 다만, 검정증인 또는 검사증인의 표시가 곤란한 계량기로서 질량이 1천밀리그램 이하의 선분동(線分銅)·판상분동(板狀分銅)인 계량기 등 대통령령으로 정하는 경우에는 그러하지 아니하다.

1. 비법정단위가 표시되어 있는 계량기. 다만, 제6조제1항 단서 및 같은 조 제3항에 따라 비법정단위로 표시할 수 있는 계량기는 제외한다.
2. 형식승인을 받지 아니한 계량기
3. 형식승인과 다르게 변조된 계량기
4. 제23조제1항 본문에 따른 검정을 받지 아니한 계량기
5. 제23조제2항에 따른 검정유효기간이 지난 계량기
6. 제24조제2항에 따른 재검정유효기간이 지난 계량기
7. 제29조에 따른 검정증인 또는 제34조에 따른 검사증인을 표시하지 아니하거나 거짓으로 표시한 계량기
8. 제38조에 따른 최대허용오차등을 표시하지 아니하거나 거짓으로 표시한 계량기

(작성례 1)

피의자는 ○○시 ○○동 ○○번지에서 정육점을 경영하고 있다.

피의자는 20○○. ○. 초순경 ○○정육점에서 식육을 거래할 때 계량을 기망할 목적으로 위 정육점에서 사용하는 접시저울 20㎏용량 1개의 스프링을 탄성이 강한 것으로 교체하여 변조한 다음 위 저울을 그 무렵부터 같은 해 ○. ○.경까지 사이에 위 정육점에서 식육판매시 계량용으로 사용하였다.

(작성례 2)

피의자는 서울 ○○나○○○○호 개인택시운전사이다.

피의자는 20○○. ○. ○. ○○상사에서 설치한 택시 요금미터기를 계량을 기망할 목적으로 동월 ○일 △△상사에서 구입한 1㎞당 약 20원씩 더 받도록 변조된 택시 요금미터기로 교체한 후 다음해 ○. ○.경까지 사이에 본인 소유의 택시에 부착하여 손님들이 변조된 택시요금을 지불하게 하였다.

(작성례 3)

피의자는 서울○○바○○○○호 개인택시 운전사이다.

피의자는 20○○. ○. ○. 08 : 00경 서울시 ○○동에 있는 ○○관광호텔에서 위 택시에 성명을 알 수 없는 일본인승객 4명을 태우고 인천국제공항까지 위 택시를 운행하였다. 운행 중 피의자는 관할관청의 검정을 받은 계량기인 위 택시요금 미터기에 설치해 두었던 스위치를 작동하여 요금표시가 보이지 않게 하여 계량을 기망할 목적으로 계량기를 사용하였다.

(작성례 4)

피의자는 ○○시 ○○동 ○○번지에서 ○○농산이라는 상호로 식품제조업에 종사하고 있다. 피의자는 20○○. ○. ○.부터 같은 해 ○. ○. 사이에 피의자의 공장에서 생산되는 간편호박죽의 표시량이 1,000g임에도 그 허용오차인 10g을 초과한 14.2g이 미달되게 계량하여 제조·판매하였다.

(작성례 5)

피의자 홍○○는 정밀도가 표시되지 않은 계량기는 양도할 수 없음에도 불구하고, 20○○. ○. ○. 10 : 30경 ○○시 ○○구 ○○동 ○○번지에 있는 피의자가 경영하는 ○○기계에서 조○○에게 '그램'이 표시되지 않은 큰저울 1개를 판매하여 양도하였다.

(작성례 6)

피의자 조○○은 정밀도가 표시되지 않은 큰저울 1개를 구입한 다음 거래상 계량을 속여서 팔 목적으로, 20○○. ○. ○.경부터 같은 해 ○. ○.까지 사이에 ○○시 ○○동에 있는 ○○전철역 앞 노상 등에서 김○○ 등에게 사용하였다.

10. 고압가스안전관리법

[시행 2021. 12. 16.] [법률 제18269호, 2021. 6. 15., 일부개정]

제4조(고압가스의 제조허가 등

⑤ 저장소를 설치하려는 자 또는 고압가스를 판매하려는 자는 그 저장소나 판매소마다 시장·군수 또는 구청장의 허가를 받아야 한다. 허가받은 사항 중 산업통상자원부령으로 정하는 중요 사항을 변경하려는 경우에도 또한 같다. 〈개정 2008.2.29., 2009.5.21., 2013.3.23., 2018.3.20.〉

(작성례)

피의자는 ㅇㅇ시 ㅇㅇ구 ㅇㅇ동에서 ㅇㅇ냉동이라는 상호로 냉동창고업을 경영하고 있다.

피의자는 관할관청의 허가를 받지 않고 20ㅇㅇ. ㅇ. ㅇ.경 위 ㅇㅇ냉동 건물의 지하층에 냉동고의 가동용으로 사용하기 위하여 고압가스인 암모니아가스 40리터들이 10통을 저장하는 저장소를 설치하였다.

● 관련판례 1

◎ 구 도시계획시설의 결정·구조 및 설치기준에 관한 규칙 제33조 제1항 제1호에 따라 자동차정류장의 부대시설로 설치하려는 자동차용 가스충전소가 구 고압가스 안전관리법 제3조 제1호에 따른 저장소 및 구 고압가스 안전관리법 시행규칙 [별표 5] 제3호에 따른 가스공급설비에도 동시에 해당할 경우, 구 고압가스 안전관리법 등에서 정한 고압가스 제조허가 기준 외에 기반시설인 가스공급설비로서 도시계획시설결정을 얻어야 하는지 여부(적극)

구 국토의 계획 및 이용에 관한 법률(2009. 12. 29. 법률 제9861호로 개정되기 전의 것, 이하 '구 국토계획법' 이라 한다) 제43조, 제64조, 구 국토의 계획 및 이용에 관한 법률 시행령(2010. 6. 28. 대통령령 제22224호로 개정되기 전의 것) 제2조, 구 도시계획시설의 결정·구조 및 설치기준에 관한 규칙(2010. 10. 14. 국토해양부령 제294호로 개정되기 전의 것, 이하 '구 도시계획시설규칙' 이라 한다) 제32조, 제33조, 제70조, 제71조, 제72조, 구 고압가스 안전관리법(2010. 4. 12. 법률 제10248호로 개정되기 전의 것, 이하 '구 고압가스법' 이라 한다) 제3조, 제4조, 구 고압가스 안전관리법 시행령(2010. 7. 12. 대통령령 제22269호로 개정되기 전의 것, 이하 '구 고압가스법 시행령' 이라 한다) 제3조, 구 고압가스 안전관리법 시행규칙(2010. 5. 31. 지식경제부령 제129호로 개정되기 전의 것, 이하 '구 고압가스법 시행규칙' 이라 한다) 제8조, [별표 5]의 각 규정 형식과 내용, 그리고 도시계획시설의 부대시설은 도시계획시설로 정해진 주된 시설의 기능발휘와 이용을 위해 필요한 시설로서 주된 시설에 종속되는 시설을 말하는 점, 구 도시계획시설규칙 제33조 제1항 제1호가 자동차정류장의 부대시설로 규정한 자동차용 가스충전소의 시설 용량에 관하여 아무런 제한을 두고 있지 않는 것은 구 도시계획시설규칙 제70조 제1호에서 도시계획시설결정을 필요로 하는 기반시설인 가스공급설비의 시설 용량 기준에 관하여 따로 정하고 있기 때문으로 보이는 점, 고압가스 제조허가 기준에 관하여 규정하고 있는 구 고압가스법 시행령 제3조 제4항과 기반시설인 가스공급설비의 도시계획시설 결정기준에 관하여 규정하고 있는 구 도시계획시설규칙 제71조의 각 기준의 내용과 규제 목적 및 대상이 달라 서로 대체할 수 있다고 보이지 않는 점, 구 도시계획시설규칙은 제71조와 제72조로 기반시설인 가스공급설비의 도시계획시설 결정기준과 기반시설인 가스공급설비의 구조 및 설치기준에 관하여 별도의 규정을 두고 있는데, 이는 일정한 규모가 넘어 기반시설에 해당하는 가스공급설비에 대하여는 국토의 이용 · 개발과 보전을 위한 계획의 수립 및 집행 등에 필요한 사항을 정하여 공공복리를 증진시키고 국민의 삶의 질을 향상시키는 것을 목적으로 하는 도시계획적 관점에서의 통제도 필요하기 때문으로 보이는 점, 구 도시계획시설규칙 제71조에 따라 전용공업지역 · 일반공업지역 · 준공업지역 · 자연녹지지역 및 계획관리지역에 한하여 설치할 수 있는 기반시설인 가스공급설비도 자동차정류장의 부대시설인 자동차용 가스충전소로 설치될 경우에는 구 도시계획시설규칙 제32조에 따라 준주거지역 · 중심상업지역 · 일반상업지역 · 유통상업지역에서도 설치할 수 있게 되는 것을 감안하면 더욱더 도시계획적 통제가 필요하다고 보이는 점, 구 국토계획법 및 구 도시계획시설규칙에서 정한 기반시설인 가스공급설비에 해당하여 별도의 도시계획시설결정이 필요하더라도 반드시 명시적인 중복결정을 하여야 하는 것은 아니고 기존 자동차정류장에 대한 도시계획시설결정의 내용을 변경하는 방법으로도 가능한 점 등을 종합하여 보면, 구 도시계획시설규칙 제33조 제1항 제1호에 따라 자동차정류장의 부대시설로서 자동차용 가스충전소를 설치하려는 자는 해당 자동차용 가스충전소가 자동차정류장의 부대시설이라 하더라도 구 도시계획시설규칙 제70조 제1호에서 정한 구 고압가스법 제3조 제1호에 따른 저장소(저장능력 30t 이하의 액화가스저장소 및 저장능력 3천㎥ 이하인 압축가스저장소를 제외한다) 및 구 고압가스법 시행규칙 [별표 5] 제3호에 따른 고정식 압축천연가스이동충전차량 충전시설과 같은 가스공급설비에도 동시에 해당할 경우에는 구 고압가스법 등에서 정한 고압가스 제조허가기준 외에 구 도시계획시설규칙 제71조에 따라 기반시설인 가스공급설비의 도시계획시설 결정기준을 충족시킴으로써 도시계획시설결정을 얻어야 한다. (대법원 2014. 8. 28. 선고 2011두17899 판결)

제13조(시설·용기의 안전유지)

① 사업자등은 제4조제6항, 제5조제2항, 제5조의3제2항 또는 제5조의4제2항에 따른 시설기준과 기술기준을 준수하여야 한다. 〈개정 2007.12.21., 2018.3.20., 2020.2.4.〉

② 고압가스제조자가 고압가스를 용기에 충전하려면 산업통상자원부령으로 정하는 바에 따라 미리 용기의 안전을 점검한 후 점검기준에 맞는 용기에 충전하여야 한다.

③ 삭제 〈1999.2.8.〉

④ 고압가스제조자나 고압가스판매자는 산업통상자원부령으로 정하는 바에 따라 용기를 안전하게 유지·관리하여야 한다.

⑤ 고압가스제조자가 용기에 고압가스를 충전하거나, 고압가스판매자가 용기에 충전된 고압가스를 판매하는 때에는 산업통상자원부령으로 정하는 바에 따라 그 충전·판매 기록을 작성·보존하여야 한다.

(작성례 1 - 부정용기 사용)

피의자는 고압가스 판매업의 허가를 받아 ○○시 ○○동 ○○번지에서 ○○가스라는 상호로 LPG 판매업을 경영하고 있다.

피의자는 20○○. ○. ○.경 위 영업소에서 검사를 받지 않은 용기에 고압가스 LPG를 충전하여 같은 동 ○○번지의 임○○ 외 5명에 대하여 판매하여 부정용기를 사용하였다.

(작성례 2 - 위조검인으로 부정생산, 판매)

피의자는 ○○시 ○○동 ○○번지의 ○○공업사 대표로서, L.P.G. 용기를 제조 생산하고 있다.

피의자는 영리를 목적으로 20○○. ○. ○.경 ○○가스안전공사 ○○지부에서 LPG 용기 검사합격품에 찍는 도장과 동일한(검)자의 철각인 1개를 위조, 같은 해 ○. ○.부터 그 다음해 ○. ○.까지 위 공업사에서 생산한 LPG 용기 4,000개(10~50kg들이) 가운데 2,800개만 정상적인 검사를 받고 나머지 1,200개에는 위조 검인을 찍어 LPG 가스용기를 부정 생산하여 판매하였다.

(작성례 3 - 고압가스 차량의 주택가 주차행위)

피의자는 고압가스를 운반하기 위하여 "차량에 고정된 탱크"를 적재한 고압가스차량(○○도○○○○)의 운전자이다.

피의자는 20○○. ○. ○. 13:00경 ○○시 ○○동에서 △△시 △△동으로 운반하기 위해 운행 중 제2종 보호시설인 ○○시 △△동 주택가에 주차하여 고압가스 운반기준을 위반하였다.

■ 적용실례

◇ 가스상회 종업원이 수용가의 가스시설작업 중 부주의로 사람을 다치게 한 경우

※ 가스상회 배달원이 가스시설 중 그의 부주의로 밸브를 열어 놓고 작업한 잘못으로 사람을 상하게 한 사안인 바, 위 배달원에게 업무상 과실치상죄로 의율 송치함은 타당하나 그 고용주를 고압가스안전관리법 위반의 양벌규정에 의율할 수 없고, 행위자가 고압가스안전관리법 위반죄에 해당할 때 비로소 그 고용주에게 양벌규정에 의한 죄책이 따르는 것이다.

제17조(용기등의 검사)

⑤ 제1항이나 제2항에 따라 검사나 재검사를 받아야 할 용기등으로서 검사나 재검사를 받지 아니한 경우에는 이를 양도·임대 또는 사용(가스를 충전하는 행위를 포함한다)하거나 판매할 목적으로 진열하여서는 아니 된다. 〈개정 2015.1.28.〉

(작성례)

피의자는 관할관청으로부터 허가를 받고 ○○시 ○○동 ○○번지에서 ○○가스라는 상호로 LPG가스판매업을 하고 있다.

피의자는 20○○. ○. ○.경 위 판매점에서 검사를 받지 않은 20㎏들이 용기 5통에 LPG가스를 충전하여 판매를 목적으로 이를 진열하였다.

제20조(사용신고 등)

① 수소·산소·액화암모니아·아세틸렌·액화염소·천연가스·압축모노실란·압축디보레인·액화알진, 그 밖에 대통령령으로 정하는 고압가스(이하 "특정고압가스"라 한다)를 사용하려는 자로서 일정규모 이상의 저장능력을 가진 자 등 산업통상자원부령으로 정하는 자는 특정고압가스를 사용하기 전에 미리 시장·군수 또는 구청장에게 신고하여야 한다. 다만, 다음 각 호의 어느 하나에 해당하는 자로서 허가받은 내용이나 등록한 내용에 특정고압가스의 사용에 관한 사항이 포함되어 있으면 특정고압가스 사용의 신고를 한 것으로 본다. 〈개정 2008.2.29., 2009.5.21., 2013.3.23.〉

1. 제4조제1항에 따른 고압가스의 제조허가를 받은 자 또는 고압가스저장자
2. 제5조에 따라 용기등의 제조등록을 한 자
3. 「자동차관리법」 제5조에 따라 자동차등록을 한 자

(작성례)

피의자는 ○○시 ○○동에서 ○○금속이라는 상호로 철공소를 경영하고 있다.

피의자는 관할관청에 신고를 하지 않고 20○○. ○.경부터 다음 해 ○. ○.까지 위 철공소에서 특정고압가스인 고압산소 120압짜리를 한 달 평균 15개씩 사용하였다.

● 관련판례 1

◎ 고압가스 안전관리법 제20조 제1항에 정한 특정고압가스 사용신고 의무자의 의미

고압가스 안전관리법 제20조 제1항은 특정고압가스를 사용하려는 자로서 일정 규모 이상의 저장능력을 가진 자는 특정고압가스를 사용하기 전에 미리 시장·군수 또는 구청장에게 신고하여야 한다고 규정하고 있다. 위 규정의 문언 내용, 입법 목적, 관련 조문 체계 및 형벌법규 엄격해석의 원칙 등에 비추어 보면, 위 규정에 따라 특정고압가스 사용에 관한 신고의무를 부담하는 자는 특정고압가스를 충전·저장하기 위한 설비를 직접 점유·관리하면서 특정고압가스를 직접 사용하려는 자를 말한다.(대법원 2009. 8. 20. 선고 2009도4799 판결)

● 관련판례 2

◎ 건물 신축공사와 관련하여 특정고압가스의 충전·저장 설비를 직접 점유·관리하는 자는 시공사가 아니라 공사를 하도급받은 수급업체이므로, 시공사는 고압가스 안전관리법 제20조 제1항에 정한 신고의무자에 해당하지 않는다고 한 사례

건물 신축공사의 시공사로부터 철골공사 등을 하도급받은 회사들이 개별적으로 고압가스공급업체와 고압가스공급계약을 체결하고 특정고압가스에 대한 사용신고 없이 가스용기 및 용접시설 등을 공사 현장에 반입하여 사용한 사안에서, 특정고압가스의 충전·저장 설비를 직접 점유·관리하는 자는 시공사가 아니라 시공사로부터 공사를 하도급받은 수급업체이므로, 시공사는 고압가스 안전관리법 제20조 제1항에 정한 신고의무자에 해당하지 않는다고 판단한 원심판결을 수긍한 사례. (대법원 2009. 8. 20. 선고 2009도4799 판결)

11. 공연법

[시행 2022. 7. 19.] [법률 제18758호, 2022. 1. 18., 일부개정]

제5조(연소자 유해 공연물 등)

① 누구든지 「청소년 보호법」 제9조의 기준에 따른 연소자 유해 공연물을 연소자에게 관람시킬 수 없다. 〈개정 2011.9.15.〉

② 「청소년 보호법」 제9조에 해당하는 선전물은 공중이 통행하는 장소에 공공연히 설치·부착하거나 배포할 수 없고, 같은 내용으로 관람을 권유하는 등 광고를 할 수 없다. 〈개정 2011.9.15.〉

③ 공연자는 「영화 및 비디오물의 진흥에 관한 법률」에 따른 영상물등급위원회(이하 "위원회"라 한다)에 제1항의 공연물 및 제2항의 선전물의 연소자 유해성 여부에 대하여 확인을 요청할 수 있다.

[전문개정 2011. 5. 25.]

(작성례)

피의자는 ○○시 ○○동 ○○번지에서 ○○극장을 경영하고 있다.

피의자는 20○○. ○. ○. 19 : 00경부터 같은 날 21 : 00까지 위 극장에서 19세 미만자의 관람이 금지된 공연물인 영화 '○○'를 상영하면서 19세 미만자인 사건 외 박○○(남, 16세) 외 3명에게 관람하게 하였다.

제6조(외국인의 국내 공연 추천)

① 국내에서 공연하려는 외국인이나 외국인을 국내에 초청하여 공연하려는 자는 위원회의 추천을 받아야 한다. 추천받은 사항을 변경하려는 때에도 또한 같다.

(작성례)

피의자는 서울시 ○○구 ○○동 123번지에서 ○○나이트클럽을 운영하고 있다.

피의자는 20○○. ○. ○.부터 20○○. ○. ○.까지 약 5개월 동안 위원회의 추천 없는 러시아 무용수 ○○○○○외 3인을 자신이 운영하는 ○○나이트클럽 무대에서 매일저녁 21시부터 약 1시간 가량 씩 러시아 스페셜무대라는 이름하에 공연하게 하였다.

● 관련판례 1

◎ 가. 설치허가를 요하지 않는 소규모 공연장에 대한 행정처분의 가부(적극) 및 그 처분청

나. 충청북도지사로부터 공연법 제12조에 의한 처분권한만을 위임받은 청주시장의, 국산영화상영의무위배를 이유로 한 공연장영업정지처분이 위법하다고 본 사례

가. 공연법 제7조 제1항 단서는 같은법 시행령 제8조 제1항 제3호 소정의 소규모의 공연장을 설치하는 데에 허가를 필요로 하지 아니한다고 규정한 것에 지나지 않으며, 공연장의 설치경영자에 대하여 허가청이 어떠한 행정처분을 할 권한이 주어져 있을 때 만일 이와 같은 행정처분이 허가를 요하지 아니하는 공연장에 대하여도 적용되어야 하는 것이라면 소규모의 공연장에 대하여 허가청이 존재하지 아니한다는 이유만으로 그 행정처분을 할 수 없다고 할 수는 없을 것이고, 이와 같은 경우에는 공연법 제7조 소정의 허가청에 해당하는 관청이 이를 할 수 있다고 보아야 할 것이다.

나. 공연장설치허가청인 충청북도지사가 충청북도 사무의위임조례 제2조에 의하여 청주시장에게 공연법 제12조에 의한 공연장영업정지처분권한을 위임하였을 뿐이고 영화법 제30조에 의한 권한을 위임한 바 없다면 청주시장이 공연장 경영자에 대하여 국산영화 상영의무 위배를 이유로 한 영업정지처분은 권한없는 행정청이 한 행정처분으로서 위법하다고 보아야 할 것이다. (대법원 1990. 4. 24. 선고 89누7627 판결)

● 관련판례 2

◎ 야간에 무도유흥음식점에서 비키니 차림으로 춤을 춘 것이 공연법 제22조, 제9조 소정의 " 풍속을 문란시킬 우려가 있는 행동" 에 해당하는지 여부

야간에 무도유흥음식점에서 한국연예협회에 등록된 무용수가 몸가리개로 타조털로 된 목도리를 걸치고 젖가슴과 치부를 가린 비키니 수영복 차림으로 악단의 음악에 맞추어 율동적으로 몸을 흔들며 춤을 춘 것은 공연법 제22조 제9호 소정의 풍속을 문란시킬 우려가 있는 행동에 해당하지 않는다. (대법원 1985. 2. 26. 선고 84도2970 판결)

12. 공인중개사법

[시행 2021. 12. 30.] [법률 제17799호, 2020. 12. 29., 타법개정]

제7조(자격증 대여 등의 금지)

① 공인중개사는 다른 사람에게 자기의 성명을 사용하여 중개업무를 하게 하거나 자기의 공인중개사자격증을 양도 또는 대여하여서는 아니된다.

② 누구든지 다른 사람의 공인중개사자격증을 양수하거나 대여받아 이를 사용하여서는 아니된다.

(작성례 1)

피의자 김○○는 무허가 부동산중개업자이고, 피의자 반○○는 200○. ○. ○. 서울시장으로부터 부동산중개업허가를 받아 서울시 ○○동 ○○번지에서 ○○공인중개사라는 상호로 부동산중개업을 영위하고 있다.

피의자 김○○는, 200○. ○. ○.경 위 반○○의 부동산사무실에서 피의자 반○○로부터 그 명의의 부동산중개업허가증 및 사무실을 매월 대여료 ○○만원을 주기로 약정하고 대여 받았다.

그 후 같은 해 ○. ○. 윤○○ 소유의 서울시 ○○동 ○○번지 대지 300평을 홍○○에게 대금 ○○만원에 매매하는 중개를 하고 그 수수료로 양쪽 당사자로부터 각 100만원씩을 받은 것을 시작으로 200○. ○. ○.까지 사이에 약 30회에 걸쳐 부동산의 매매 및 임대차를 중개하여 월 평균 ○○만원의 수입을 올리는 부동산중개업을 영위하였다.

그리고 피의자 반○○는, 위와 같이 200○. ○. ○.부터 200○. ○. ○.까지 피의자 명의의 부동산중개업허가증을 피의자 김○○에게 대여하였다.

(작성례 2)

피의자 김○○는 무허가 부동산중개업자이고, 피의자 반○○는 200○. ○. ○. 서울시장으로부터 부동산중개업허가를 받아 서울시 ○○동 ○○번지에서 ○○공인중개사라는 상호로 부동산중개업을 영위하고 있다.

피의자 김○○는, 20○○. ○. ○.경 위 반○○의 부동산사무실에서 피의자 반○○로부터 그 명의의 부동산중개업허가증 및 사무실을 매월 대여료 ○○만원을 주기로 약정하고 대여받았다.

그 후 같은 해 ○. ○. 윤○○ 소유의 서울시 ○○동 ○○번지 대지 300평을 홍○○에게 대금 ○○만원에 매매하는 중개를 하고 그 수수료로 양쪽 당사자로부터 각 100만원씩을 받은 것을 시작으로 20○○. ○. ○.까지 사이에 약 30회에 걸쳐 부동산의 매매 및 임대차를 중개하여 월 평균 ○○만원의 수입을 올리는 부동산중개업을 영위하였다.

그리고 피의자 반○○는, 위와 같이 20○○. ○. ○.부터 20○○. ○. ○.까지 피의자 명의의 부동산중개업허가증을 피의자 김○○에게 대여하였다.

● 관련판례 1

◎ 구 공인중개사의 업무 및 부동산 거래신고에 관한 법률 제7조에서 금지하는 '공인중개사 자격증의 대여'의 의미 및 무자격자가 공인중개사의 업무를 수행하였는지 판단하는 기준

구 공인중개사의 업무 및 부동산 거래신고에 관한 법률(2014. 1. 28. 법률 제12374호로 개정되기 전의 것, 이하 '구 공인중개사법'이라고 한다) 제7조가 금지하는 '공인중개사 자격증의 대여'는 다른 사람이 그 자격증을 이용하여 공인중개사로 행세하면서 공인중개사의 업무를 행하려는 것을 알면서도 그에게 자격증 자체를 빌려주는 것을 말한다. 무자격자가 공인중개사의 업무를 수행하였는지 여부는 외관상 공인중개사가 직접 업무를 수행하는 형식을 취하였는지 여부가 아니라 실질적으로 무자격자가 공인중개사의 명의를 사용하여 업무를 수행하였는지 여부에 따라 판단하여야 한다(대법원 2016. 5. 12. 선고 2015도5506 판결 등 참조). 그리고 구 공인중개사법 제2조 제1호에서 정한 '중개'는 같은 법 제3조의 규정에 의한 중개대상물에 대하여 거래당사자 사이의 매매·교환·임대차 기타 권리의 득실·변경에 관한 행위를 알선하는 것을 말한다. 어떠한 행위가 중개행위에 해당하는지 여부는 거래당사자의 보호에 목적을 둔 법 규정의 취지에 비추어 중개업자의 행위를 객관적으로 보아 사회통념상 거래의 알선·중개를 위한 행위라고 인정되는지 여부에 따라 결정하여야 하고(대법원 2013. 12. 26. 선고 2012다58883 판결 등 참조), 그 중개행위에 의한 권리의 득실·변경에 관한 법률행위가 강행법규에 반한다는 사정만으로 구 공인중개사법에 의한 중개행위에서 제외된다고 할 수 없다.(대법원 2017. 10. 26., 선고, 2017도11528, 판결)

● 관련판례 2

◎ '공인중개사의 업무 및 부동산 거래신고에 관한 법률' 제49조 제1항 제7호에서 금지하는 '중개사무소등록증의 대여'의 의미 및 무자격자가 공인중개사의 업무를 수행하였는지 판단하는 기준

공인중개사법 제49조 제1항 제7호가 금지하고 있는 '중개사무소등록증의 대여'라 함은 다른 사람이 그 등록증을 이용하여 공인중개사로 행세하면서 공인중개사의 업무를 행하려는 것을 알면서도 그에게 자격증 자체를 빌려주는 것을 말한다. 따라서 공인중개사가 무자격자로 하여금 그 공인중개사 명의로 개설등록을 마친 중개사무소의 경영에 관여하거나 자금을 투자하고 그로 인한 이익을 분배받도록 하는 경우라도, 공인중개사 자신이 그 중개사무소에서 공인중개사의 업무인 부동산거래 중개행위를 수행하고 무자격자로 하여금 공인중개사의 업무를 수행하도록 하는 것이 아니라면 이를 가리켜 등록증의 대여를 한 것이라고 말할 수 없다. 한편 무자격자가 공인중개사의 업무를 수행하였는지 여부는 외관상 공인중개사가 직접 업무를 수행하는 형식을 취하였는지 여부에 구애됨이 없이 실질적으로 무자격자가 공인중개사의 명의를 사용하여 업무를 수행하였는지 여부에 따라 판단하여야 한다.(대법원 2012. 11. 15. 선고 2012도4542 판결)

제9조(중개사무소의 개설등록)

① 중개업을 영위하려는 자는 국토교통부령으로 정하는 바에 따라 중개사무소(법인의 경우에는 주된 중개사무소를 말한다)를 두려는 지역을 관할하는 시장(구가 설치되지 아니한 시의 시장과 특별자치도 행정시의 시장을 말한다. 이하 같다) · 군수 또는 구청장(이하 "등록관청"이라 한다)에게 중개사무소의 개설등록을 하여야 한다. 〈개정 2008.2.29., 2008.6.13., 2013.3.23., 2020.6.9.〉

(작성례)

피의자는 관할관청에 등록하지 않고 20○○. ○. ○. 충남 ○○군 ○○면 ○○리 ○○번지에 있는 피의자 경영의 ○○부동산 사무실에서 정○○ 소유의 같은 면 ○○리 ○○번지 주택 1동을 성○○에게 돈 ○○만원에 매매하는 계약을 중개하고 그 자리에서 양당사자로부터 중개수수료 명목으로 각 ○○만원씩을 교부받은 것을 시작으로 하여 20○○. ○. ○.경까지 매월 6건 정도의 부동산매매 및 임대차 등을 중개하는 부동산중개업을 영위하였다.

● 관련판례 1

◎ 중개사무소 개설등록을 하지 않고 중개업을 한 자를 처벌하는 구 공인중개사의 업무 및 부동산 거래신고에 관한 법률 제48조 제1호, 제9조의 취지 / 공인중개사가 아니어서 애초에 중개사무소 개설등록을 할 수 없는 사람이 부동산중개업을 영위하는 경우, 같은 법 제48조 제1호에서 정한 형사처벌의 대상이 되는지 여부(적극)

구 공인중개사의 업무 및 부동산 거래신고에 관한 법률(2014. 1. 28. 법률 제12374호 공인중개사법으로 개정되기 전의 것, 이하 '구 공인중개사법' 이라 한다) 제9조와 구 공인중개사의 업무 및 부동산 거래신고에 관한 법률 시행령(2014. 7. 28. 대통령령 제25522호 공인중개사법 시행령으로 개정되기 전의 것) 제13조는 중개업을 영위하려는 자에게 등록관청에 중개사무소의 개설등록을 할 의무를 부과하면서 공인중개사 또는 대표자가 공인중개사이고, 대표자를 제외한 임원이나 사원(합명회사 또는 합자회사의 무한책임사원을 말한다)의 1/3 이상이 공인중개사인 일정한 법인만이 중개사무소의 개설등록을 할 수 있도록 정하고 있다. 구 공인중개사법 제48조 제1호는 제9조에 따른 중개사무소의 개설등록을 하지 않고 중개업을 한 자를 3년 이하의 징역 또는 2천만 원 이하의 벌금에 처하도록 정하고 있다.

이러한 규정은 공인중개사 업무의 전문성을 높이고 부동산중개업을 건전하게 육성하기 위하여 공인중개사 또는 공인중개사가 대표자로 있는 일정한 요건을 갖춘 법인만이 중개사무소 개설등록을 한 다음 부동산중개업을 할 수 있도록 한 것이다. 따라서 공인중개사가 개설등록을 하지 않은 채 부동산중개업을 하는 경우뿐만 아니라 공인중개사가 아니어서 애초에 중개사무소 개설등록을 할 수 없는 사람이 부동산중개업을 영위하는 경우에도 구 공인중개사법 제48조 제1호에서 정한 형사처벌의 대상이 된다.(대법원 2018. 2. 13., 선고, 2017도18292, 판결)

● 관련판례 2

◎ 공인중개사 자격이 없는 자가 중개사무소 개설등록을 하지 아니한 채 부동산중개업을 하면서 체결한 중개수수료 지급약정의 효력(무효)

구 부동산중개업법(2005. 7. 29. 법률 제7638호 공인중개사의 업무 및 부동산 거래신고에 관한 법률로 전부 개정되기 전의 것)은 부동산중개업을 건전하게 지도·육성하고 부동산중개업무를 적절히 규율함으로써 부동산중개업자의 공신력을 높이고 공정한 부동산거래질서를 확립하여 국민의 재산권 보호에 기여함을 입법 목적으로 하고 있으므로(법 제1조), 공인중개사 자격이 없는 자가 중개사무소 개설등록을 하지 아니한 채 부동산중개업을 하면서 체결한 중개수수료 지급약정의 효력은 이와 같은 입법 목적에 비추어 해석되어야 한다. 그런데 공인중개사 자격이 없는 자가 부동산중개업 관련 법령을 위반하여 중개사무소 개설등록을 하지 아니한 채 부동산중개업을 하면서 체결한 중개수수료 지급약정에 따라 수수료를 받는 행위는 투기적·탈법적 거래를 조장하여 부동산거래질서의 공정성을 해할 우려가 있다. 또한 부동산중개업 관련 법령의 주된 규율대상인 부동산이 그 거래가격이 상대적으로 높은 점에 비추어 전문성을 갖춘 공인중개사가 부동산거래를 중개하는 것은 부동산거래사고를 사전에 예방하고, 만약의 경우 사고가 발생하더라도 보증보험 등에 의한 손해전보를 보장할 수 있는 등 국민 개개인의 재산적 이해관계 및 국민생활의 편의에 미치는 영향이 매우 커서 이에 대한 규제가 강하게 요청된다. 이러한 사정을 종합적으로 고려하여 보면, 공인중개사 자격이 없어 중개사무소 개설등록을 하지 아니한 채 부동산중개업을 한 자에게 형사적 제재를 가하는 것만으로는 부족하고 그가 체결한 중개수수료 지급약정에 의한 경제적 이익이 귀속되는 것을 방지하여야 할 필요가 있고, 따라서 중개사무소 개설등록에 관한 구 부동산중개업법 관련 규정들은 공인중개사 자격이 없는 자가 중개사무소 개설등록을 하지 아니한 채 부동산중개업을 하면서 체결한 중개수수료 지급약정의 효력을 제한하는 이른바 강행법규에 해당한다.(대법원 2010. 12. 23., 선고, 2008다75119, 판결)

제33조(금지행위)

① 개업공인중개사등은 다음 각 호의 행위를 하여서는 아니된다. 〈개정 2014.1.28., 2019. 8. 20., 2020.6.9.〉

3. 사례 · 증여 그 밖의 어떠한 명목으로도 제32조에 따른 보수 또는 실비를 초과하여 금품을 받는 행위 6. 중개의뢰인과 직접 거래를 하거나 거래당사자 쌍방을 대리하는 행위
6. 중개의뢰인과 직접 거래를 하거나 거래당사자 쌍방을 대리하는 행위
7. 탈세 등 관계 법령을 위반할 목적으로 소유권보존등기 또는 이전등기를 하지 아니한 부동산이나 관계 법령의 규정에 의하여 전매 등 권리의 변동이 제한된 부동산의 매매를 중개하는 등 부동산투기를 조장하는 행위

(작성례 1)

피의자는 ○○시 ○○동 ○○번지에서 ○○부동산이라는 상호로 부동산중개업에 종사하고 있다.

피의자는 20○○. ○. ○. 위 사무소에서 매도인인 조○○과 매수인인 하○○간에 ○○시 ○○동 ○○번지의 대지 1,010㎡를 대금 ○○만원에 매매하는 계약을 중개하고 위 하○○로부터 중개수수료로 돈 ○○만원을 받음으로써 법정수수료의 상한을 초과한 금품을 받았다.

(작성례 2)

피의자는 20○○. ○. ○. 인천시장으로부터 부동산중개업허가를 받아 인천시 ○○동 ○○번지에서 ○○부동산중개소라는 상호로 부동산중개

업을 영위하고 있다.

피의자는 20○○. ○. ○.경 위 사무실에서 인천시 ○○동에 있는 ○○아파트 ○○동 ○○호(32평형)를 매도의뢰하는 성○○에게 돈 ○○만원을 주고 피의자 명의로 매수한 다음 같은 해 ○. ○. 위 사무실에서 아파트를 매수하기 위하여 찾아온 임○○으로부터 돈 ○○만원을 받고 되팔아 중개의뢰인과 직접거래를 하였다.

(작성례 3)

피의자 김○○은 서울시 ○○구 ○○동 123번지에서 '○○공인중개사'라는 상호로 부동산 중개업을 하고 있다.

피의자는 20○○. ○. ○.경 위 사무실에서 같은 동 234번지에 있는 답 1,234제곱미터의 소유자 이○○의 부동산을 5억원에 매입하여 20○○. ○. ○. 부동산등기이전을 하지 않고 전매하는 방법으로 서울시 ○○구 ○○동 456번지 거주 최○○에게 6억원에 매매하여 부동산 투기를 조장하였다.

■ 적용실례

◇ 중개거래상의 설명의무 위반의 경우

※ 피의자가 위 매매계약을 중개하면서 매도인의 말을 믿고 고소인에게 그 면적을 27.8평(실제 25.6평)이라고 말하였다는 것인 바, 공인중개사법 제25조 제1항은 거짓된 언행이나 기타의 방법에 의하여 적극적으로 중개의뢰인의 판단을 그르치게 하는 행위를 금지하고 있을 뿐이 건과 같이 과실에 의한 행위를 처벌하고자 하는 규정이 아니므로 범죄혐의 없다.

◇ 식사대접을 받은 경우와 수수료 관계

※ 피의자는 20○○. 9. 7. 서울시 ○○구 ○○동 소재 ○○부동산 중개업소에서 ○○○으로 하여금 동인 소유의 경기도 ○○군 ○○면 ○○리 237번지 소재 답 500평을 대금 10,000,000원에 매도 알선하고 50,000원 상당의 식사를 대접받아 부동산중개업을 한 것이다라는 사안에서, 피의자는 동인의 친척인 김○○의

부동산 매매에 중개를 해주자 김○○이 고맙다는 인사표시로 금 50,000원 상당의 식사를 대접한 것이고, 달리 피의자가 공인중개사법상의 소정의 수수료를 받고 부동산 중개업을 한 것으로 볼만한 증거없으므로 혐의 없다.

◇ 단, 1회의 부동산 중개에 관여한 경우

※ 무허가 부동산중개업에 대한 공인중개사법 위반사건을 수사함에 있어서는 피의자가 부동산 중개를 '업'으로 하였다는 증거자료를 수집하여야 하고, 이 경우 피의자가 어떤 사무실을 갖추고 어떤 방법으로 계속하여 중개행위를 할 의사로 부동산 소개를 하였는지에 대하여 수사의 초첨을 맞추어야 한다.

◇ 중개업자가 자신의 명의로 임대계약을 체결한 경우

※ 피의자의 공인중개법 위반의 점에 대하여 부동산 중개인의 지위에서 자신의 명의로 임대계약을 체결하였으므로 부동산 중개인이 금지규정을 위반하였다고 의율하였으나, 피의자가 기히 동인 명의로 계약을 하여 임차인의 지위에 있던 오락실에 대한 임차권을 고소인에게 전대한 것으로 고소인으로부터 중개의뢰를 받고 해야하는 것이 아니므로(고소인이 중개의뢰인이라는 점을 인정할 증거없음) 혐의없음.

◇ 중개업자가 부동산 투기를 조장한 경우

※ 피의자들에 대한 공인중개사법 위반의 점에 대하여 살피건대 피의자들이 의견서 기재와 같이 매매계약을 체결하여 의견서 기재 토지를 전매하여 부동산 투기를 조장하는 행위를 한 사실은 인정되나, 공인중개사법 제33조의 규정에 의하면 "중개업자 등은 다음 각호의 행위를 하여서는 아니된다"고 되어있고 제7호에 '탈세를 목적으로 소유권 보존등기 또는 이전등기를 하지 아니한 부동산이나 법령의 규정에 의하여 전매 등 권리의 변동이 제한된 부동산의 매매를 중개하는 등 부동산 투기를 조장하는 행위'라고 되어 있으며 같은 법 제48조 제3호에 의하면 제33조 제5호 내지 제7호에 해당하는 자는 "3년 이하의 징역 또는 2천만원 이하의 벌금에 처한다"고 되어 있는 바, 피의자들이 '중개업자 또는 중개보조원'의 어느쪽에도 해당되는 것은 아니므로 구성요건에 해당성이 없고 따라서 결국 이 건은 각 그 범죄혐의 없고, 피의자가 허가없이 수수료를 받고 등기 관계서류를 작성한 부분에 대하여 행정서사법위반으로 의율하였으나 이는 법무사법 위반으로 의율함이 타당하다.

◇ 거래당사자가 일방을 대리하는 행위

※ 쌍방대리금지 위반인 이 건은 부동산중개업자인 피의자 조○○이 매도인인 상 피의자 이○○를 대리하여 고소인 조○○과 이 건 부동산매매계약을 체결한 것인 바, 공인중개사법 제33조 제1호는 중개업자가 의뢰인과 직접 거래하거나 거래당사자 쌍방을 대리하는 행위를 금지하고 있을 뿐 이 건과 같이 거래당사자 일방을 대리하는 행위를 금지하고 있지는 않으므로 범죄혐의 없음.

◇ 단, 1회 아파트를 매매알선하고, 소개료 10만원을 받은 사안

※ 단, 1회 타인의 아파트를 매도하여 주고, 10만원의 사례를 받았다하여도 중개행위를 업으로 하였다고 인정할 수 없으므로 동법 위반으로 처벌할 수 없다.

◇ 의무불이행의 경우

※ 공인중개사법 제51조 제1항 및 제27조의 규제에 의하면 의무불이행행위는 과태료에 처하도록 되어 있어 형사상 처벌할 수 없다.

◇ 무허가 부동산 중개행위

※ 부동산중개법인의 종업원이 중개인, 공인중개사의 자격이 없거나 중개보조원으로 신고되지 아니한 상태에서 부동산중개행위를 하였을 경우에 무허가 부동산중개행위로 의율한다.

◇ 무허가 중개업자가 중개수수료를 초과하여 교부받은 경우

※ 피의자가 공인중개사법에 의한 허가를 받은 중개업자가 아니고 신고 된 중개보조원도 아니며 독자적으로 중개업을 영위하면서 부동산 거래를 중개한 뒤 중개수수료를 초과하여 교부받은 사안으로서 중개수수료를 초과하여 교부받았다고 의율했으나, 중개수수료를 초과하여 받을 수 없는 것은 중개업자이거나 중개보조원의 신분을 요하는데 피의자는 그러한 신분도 없으며 영업소를 소유하지도 아니하므로 이 건은 피의자가 허가 없이 중개업을 영위한 것으로 의율해야 한다.

◇ 미신고의 중개보조원이 미등기부동산의 매매중개를 한 경우

※ 공인중개사 사무실의 신고되지 않은 중개보조원인 피의자가 미등기 부동산의

매매중개를 한 사안인 바, 이를 공인중개사법 제48조 제3호 및 제33조 제7호의 탈세목적의 미등기 부동산 전매중개행위에 의율하였으나, 위 조항은 신고된 중개보조원이나 중개업자임을 요하는 신분범이므로 피의자에게는 적용될 수 없고, 피의자가 허가없이 중개행위를 하였는지 여부를 가려서동법 제48조, 제15조 제2항에 의율한다.

◇ 중개보조원 미신고의 경우

※ 피의자 조○○이 부동산중개소를 경영하면서 동 김○○를 사실상 중개보조원으로 고용하고 있던 중 동 김○○가 조○○의 부재중에 부동산매매계약서를 작성하면서 당국에 신고된 조○○의 인감을 사용하지 아니하고 김○○ 자신의 인장을 사용하였다는 사안인 바, 공인중개사법에서의 처벌대상이 되는 중개보조원은 당국에 신고된 중개보조원만을 의미하고, 이와 같은 중개보조원 미신고의 점에 대하여는 부동산중개업소에 대한 영업정지 처분만 할 수 있을 뿐이어서 본건과 같은 경우에는 범죄혐의를 인정할 수 없다.

◇ 부동산매매 중개수수료 법정수수료 초과 교부받은 경우

※ 상 피의자 김○○ 경영의 ○○부동산 종사원으로 있으면서 본건 외 조○○ 및 같은 이○○간의 부동산 매매를 중개해 주고 동인들로부터 그 법정수수료 금 300,000원을 초과한 합계 금 2,800,000원을 교부받은 사안인 바, 한편 공인중개사법 제33조 제3호에 의하면 중개업자 또는 중개보조원은 같은 법 제32조의 규정에 의한 수수료 또는 실비를 초과하여 금품을 받거나 그 외에 사례, 증여 기타 어떠한 명목으로라도 금품을 받아서는 안 되는 것으로 규정하고 있고, 또한 같은 법 제2조 제6호에 의하면 중개보조원이라 함은 중개업자의 업무를 보조하는 자로서 이 법에 의하여 신고한 자를 말하는 것으로 규정하고 있어 위 신고를 전제로 한 위법의 적용을 받을 여지가 없고, 달리 본건을 인정할 자료도 찾아볼 수 없어 결국 본건은 범죄혐의 없다.

◇ 거래의 주요사실을 고지하지 아니한 경우

※ 피의자들이 공인중개사법 위반으로 구약식 기소되었다는 이유로 공소권없음 의견으로 송치하였는바, 구약식 기소된 사안은 "영업자를 이탈해지 중개하였다"는 것이고 본건은 "거래의 주요사실을 고지하지 아니하였다"는 고소사실이므로 공소권없음이 아니라 더 조사하여 혐의 유무를 밝혀야 할 사안이다.

● 관련판례 1

◎ 개업공인중개사 등이 중개의뢰인과 직접 거래를 하는 행위를 금지하는 공인중개사법 제33조 제6호의 규정 취지 및 법적 성질(=단속규정)

개업공인중개사 등이 중개의뢰인과 직접 거래를 하는 행위를 금지하는 공인중개사법 제33조 제6호의 규정 취지는 개업공인중개사 등이 거래상 알게 된 정보를 자신의 이익을 꾀하는데 이용하여 중개의뢰인의 이익을 해하는 경우가 있으므로 이를 방지하여 중개의뢰인을 보호하고자 함에 있는바, 위 규정에 위반하여 한 거래행위가 사법상의 효력까지도 부인하지 않으면 안 될 정도로 현저히 반사회성, 반도덕성을 지닌 것이라고 할 수 없을 뿐만 아니라 행위의 사법상의 효력을 부인하여야만 비로소 입법 목적을 달성할 수 있다고 볼 수 없고, 위 규정을 효력규정으로 보아 이에 위반한 거래행위를 일률적으로 무효라고 할 경우 중개의뢰인이 직접 거래임을 알면서도 자신의 이익을 위해 한 거래도 단지 직접 거래라는 이유로 효력이 부인되어 거래의 안전을 해칠 우려가 있으므로, 위 규정은 강행규정이 아니라 단속규정이다.(대법원 2017. 2. 3. 선고 2016다259677 판결)

● 관련판례 2

◎ '금전채권' 이 구 공인중개사의 업무 및 부동산 거래신고에 관한 법률 제3조, 같은 법 시행령 제2조에서 정한 중개대상물에 해당하는지 여부(소극) / 구 공인중개사의 업무 및 부동산 거래신고에 관한 법률이 규정하는 중개수수료의 한도액이 금전채권 매매계약의 중개행위에도 적용되는지 여부(소극)

구 공인중개사의 업무 및 부동산 거래신고에 관한 법률(2014. 1. 28. 법률 제12374호로 개정되기 전의 것, 이하 '구 공인중개사법' 이라 한다) 제2조 제1호, 제3조, 같은 법 시행령 제2조의 규정을 종합하면, '금전채권' 은 구 공인중개사법 제3조, 같은 법 시행령 제2조에서 정한 중개대상물이 아니다. 금전채권 매매계약을 중개한 것은 구 공인중개사법이 규율하고 있는 중개행위에 해당하지 않으므로, 구 공인중개사법이 규정하고 있는 중개수수료의 한도액은 금전채권 매매계약의 중개행위에는 적용되지 않는다.(대법원 2019. 7. 11., 선고, 2017도13559, 판결)

13. 공중위생관리법

[시행 2022. 6. 22.] [법률 제18605호, 2021. 12. 21., 일부개정]

제3조(공중위생영업의 신고 및 폐업신고)

① 공중위생영업을 하고자 하는 자는 공중위생영업의 종류별로 보건복지부령이 정하는 시설 및 설비를 갖추고 시장·군수·구청장(자치구의 구청장에 한한다. 이하 같다)에게 신고하여야 한다. 보건복지부령이 정하는 중요사항을 변경하고자 하는 때에도 또한 같다.

제4조(공중위생영업자의 위생관리의무등)

⑦ 제1항 내지 제6항의 규정에 의하여 공중위생영업자가 준수하여야 할 위생관리기준 기타 위생관리서비스의 제공에 관하여 필요한 사항으로서 그 각항에 규정된 사항외의 사항 및 감염병환자 기타 함께 출입시켜서는 아니되는 자의 범위와 목욕장내에 둘 수 있는 종사자의 범위등 건전한 영업질서유지를 위하여 영업자가 준수하여야 할 사항은 보건복지부령으로 정한다.

제7조(이용사 및 미용사의 면허취소등)

① 시장·군수·구청장은 이용사 또는 미용사가 다음 각호의 1에 해당하는 때에는 그 면허를 취소하거나 6월 이내의 기간을 정하여 그 면허의 정지를 명할 수 있다. 다만, 제1호, 제2호, 제4호, 제6호 또는 제7호에 해당하는 경우에는 그 면허를 취소하여야 한다. 〈개정 2005.3.31., 2016.2.3., 2018.12.11.〉

1. 제6조제2항제1호
2. 제6조제2항제2호 내지 제4호에 해당하게 된 때
3. 면허증을 다른 사람에게 대여한 때
4. 「국가기술자격법」에 따라 자격이 취소된 때
5. 「국가기술자격법」에 따라 자격정지처분을 받은 때(「국가기술자격법」에 따른 자격정지처분 기간에 한정한다)
6. 이중으로 면허를 취득한 때(나중에 발급받은 면허를 말한다)
7. 면허정지처분을 받고도 그 정지 기간 중에 업무를 한 때
8. 「성매매알선 등 행위의 처벌에 관한 법률」이나 「풍속영업의 규제에 관한 법률」을 위반하여 관계 행정기관의 장으로부터 그 사실을 통보받은 때

제11조(공중위생영업소의 폐쇄등)

① 시장·군수·구청장은 공중위생영업자가 다음 각 호의 어느 하나에 해당하면 6월 이내의 기간을 정하여 영업의 정지 또는 일부 시설의 사용중지를 명하거나 영업소폐쇄등을 명할 수 있다. 다만, 관광숙박업의 경우에는 해당 관광숙박업의 관할행정기관의 장과 미리 협의하여야 한다. 〈개정 2002.8.26., 2007.5.25., 2011.9.15., 2016.2.3., 2017.12.12., 2018.12.11., 2019.12.3.〉

(작성례 1 - 미신고 숙박영업행위)

피의자는 서울시 ○○구 ○○동 123번지에서 ○○여관이라는 상호로 숙박업을 운영하고 있다.

피의자는 숙박업인 공중위생영업을 하고자 할 때는 ○○구청장에게 신고를 하여야 함에도 불구하고 20○○. ○. ○.경부터 20○○. ○. ○.경까지 위 장소에 신고 없이 지하 1층 지상 5층 객실 60개 규모로 월 3,000만원의 수입을 올리는 숙박업을 영위하였다.

(작성례 2 - 성매매행위 알선)

피의자는 20○○. ○○. ○○.경 서울시 ○○구 ○○동 ○○번지에 있는 피의자 경영의 ○○여관 301호실에서 손님 김◯◯로부터 윤락녀를 불러달라는 부탁을 받고 동 여관에 대기중이던 윤락녀인 박○○(여, 21세)에게 위 김◯◯와 성행위를 하게 하여 윤락행위를 알선하였다(성매매알선 등 행위의 처벌에 관한 법률 제4조·19조).

(작성례 3 - 음란행위 알선)

피의자는 20○○. ○○. ○○. 20:00경 부산 ○○구 ○○동 123번지에 있는 피의자 경영의 ○○이발관에서 손님인 김○○의 성기를 꺼내어 로션을 바른 후 위 아래로 잡아 흔드는 등 음란행위를 알선하였다.(해당법률 : 성매매알선 등 행위의 처벌에 관한 법률 제4조·19조)

(작성례 4 - 미성년 남녀를 혼숙시킨 경우)

피의자는 서울시 ○○구 ○○동 456번지에서 숙박업인 ○○모텔을 경영하고 있다.

피의자는 20○○. ○○. ○○. 21:00경부터 그 다음날 06:00경까지의 사이에 위 여관 304호실에서 같은 시 ○○동 345번지의 미성년자인 이○○(당 ○○세 남)과 친구 박○○(당 ○○세 남)와 같은 시 ○○동 ○○의 15번지의 조○○(당 ○○세 여)을 숙박요금 ○○○원을 받고 혼숙행위를 하게 하였다.

(작성례 5 – 무허가 영업)

피의자는 관할 행정관청의 허가를 받지 않고, 20○○. ○○. ○○.부터 같은 해 ○○. ○○.까지 서울시 ○○동 ○○번지에 있는 건물 지하 1층 약 20평 규모의 점포에서 '○○○이발소' 라는 상호로 이발기계 5대를 설치하고 면도사인 황○○ 등 3인을 고용하여 손님들의 머리를 깎는 등 이발을 해주고 1일 약 ○○○원 상당을 이발요금으로 받아 이용업을 하였다.

(작성례 6 – 영업정지명령을 받았음에도 영업을 한 경우)

피의자는 이용업 허가를 받아 ○○시 ○○동 15번지에 있는 건물 지하 1층에서 약 20평 규모의 '○○이발관' 이라는 상호로 이용업에 종사하고 있다.

피의자는 무자격 이용사 고용으로 적발되어 ○○시장으로부터 20○○. ○○. ○○.부터 같은 해 ○○. ○○.까지 영업정지명령을 받았다. 그러나 영업정지명령에도 불구하고 위 명령에 위반하여 20○○. ○○. ○○.경부터 같은 달 ○○.경까지 위 이발관에서 성명불상의 손님들에게 이발을 해주고 1인당 ○○○원을 이발료로 받아 이용업을 하였다.

(작성례 7 – 영업시간제한을 위반하여 영업한 경우)

피의자는 강원 ○○군 ○○면 ○○리 30번지에 있는 건물 지하 1층 약 20평 규모의 점포에서 '○○이발소' 라는 상호로 이용업에 종사하고 있다.

피의자는 20○○. ○○. ○○. 03:00경 위 점포에서 사건 외 이○○의 머리를 깎은 후 면도사인 같은 김○○으로 하여금 안마를 하도록 하고 금 ○○○원을 이발요금으로 받아 당국의 영업시간 제한에 위반하여 영업을 하였다.

(작성례 8 – 무신고 위생용품 제조업자)

피의자 관할 ○○시장에게 신고하지 않고 20○○. ○○. ○○.경부터 같은 해 ○○. ○○.까지 사이에 ○○시 ○○동 ○○번지에서 약 20평의 공장용건물에 ○○○산업사라는 상호로 내프킨제조기계 3대 등의 영업설비를 갖추고 종업원 8명을 고용하여 음식점에서 쓰이는 위생종이인 내프킨을 하루에 약 100단(시가 ○○○원 상당)을 제조하여 ○○

시 등지의 음식점에 공급하는 위생용품 제조업을 영위하였다(유기장업·위생처리업 및 위생용품제조업에 관하여는 관련 법률의 제정 또는 개정시까지 종전의 공중위생법을 적용한다).

■ 적용실례

◇ 다방 인수 후 행정당국에 신고하지 않은 경우

※ 피의자가 다방을 인수 한 후 행정당국에 신고하지 않았다는 점은 식품위생법 위반으로 의율해야 하고 공중위생관리법 위반으로 의율할 수 없다.

◇ 숙박부 명부기재를 이행치 않은 경우

※ 숙박업자가 숙박자 명부의 기재를 하지 아니한 경우에는 50만원 이하의 과태료에 처하게 되어 있는 바, 과태료는 형의 종류에 해당하지 아니하므로 범죄구성요건 해당성을 결하여 범죄혐의 없음에 유의하여야 한다.

◇ 허가없이 숙박업을 하여 손님을 투숙시킨 경우

※ 본건 사안은 피의자가 당국의 허가를 받지 아니하고 20○○. ○○. ○○.경부터 다음 해 ○○. ○○.까지 사이에 객실 등을 갖춘 다음 숙박료를 받고 고객들을 투숙하게 하여 숙박업을 영위하였다는 것인 바, 공중위생관리법위반죄로 의율하여야 한다.

◇ 피의자가 여관을 경영하면서 여관에 투숙한 손님으로부터 윤락녀를 불러 달라는 부탁을 받고 금 4만원을 받은 후 윤락녀를 불러 윤락행위를 하게 한 경우

※ 성매매알선등행위의처벌에관한법률 제19조 제1항에서는 위 사안의 경우, 3년 이하의 징역 또는 3,000만원 이하의 벌금에 처하도록 규정하고 있으므로 본건의 경우 성매매알선등행위의처벌에관한법률위반으로 의율함이 상당하다.

◇ 강○○은 이용업자이고, 동 최○○은 이용원 면도사인 바, 공모하여 이용원에 밀실 6개를 설치하고서 이익금을 반분하기로 한 후 위 최○○이 손님에게 속칭 써니텐이라는 음란행위를 제공한 경우

※ 위 피의자 강○○과 최○○은 성매매알선등행위의처벌에관한법률 제4조로 의율

한다(강○○는 성매매알선등행위의처벌에관한법률 제19조 제1항, 최○○는 동법 제21조로 처벌).

◇ 대장균 양성반응의 위생용 젓가락을 제조한 경우

※ 이를 처벌하기 위하여는 공중위생법이 정하는 위생용 젓가락의 규격, 기준에 관한 보건복지부장관의 고시가 있어야 할 것이므로 이를 수사하여야 한다.

● 관련판례 1

◎ 숙박업을 하고자 하는 자가 법령이 정하는 시설과 설비를 갖추고 행정청에 신고를 한 경우, 행정청이 수리해야 하는지 여부(원칙적 적극) 및 행정청이 법령이 정한 요건 외의 사유를 들어 수리를 거부할 수 있는 경우 / 이러한 법리는 이미 다른 사람 명의로 숙박업 신고가 되어 있는 시설 등의 전부 또는 일부에서 새로 숙박업을 하려는 자가 신고한 경우에도 마찬가지인지 여부(적극)

숙박업은 손님이 잠을 자고 머물 수 있도록 시설과 설비 등의 서비스를 제공하는 것이다. 공중위생관리법 제2조 제1항 제2호, 제3조 제1항, 제4조 제1항, 제7항, 공중위생관리법 시행규칙 제2조 [별표 1], 제3조의2 제1항 제3호, 제7조 [별표 4]의 문언, 체계와 목적에 비추어 보면, 숙박업을 하고자 하는 자는 위 법령에 정해진 소독이나 조명기준 등이 정해진 객실·접객대·로비시설 등을 다른 용도의 시설 등과 분리되도록 갖춤으로써 그곳에 숙박하고자 하는 손님이나 위생관리 등을 감독하는 행정청으로 하여금 해당 시설의 영업주체를 분명히 인식할 수 있도록 해야 한다.

숙박업을 하고자 하는 자가 법령이 정하는 시설과 설비를 갖추고 행정청에 신고를 하면, 행정청은 공중위생관리법령의 위 규정에 따라 원칙적으로 이를 수리하여야 한다. 행정청이 법령이 정한 요건 이외의 사유를 들어 수리를 거부하는 것은 위 법령의 목적에 비추어 이를 거부해야 할 중대한 공익상의 필요가 있다는 등 특별한 사정이 있는 경우에 한한다.

이러한 법리는 이미 다른 사람 명의로 숙박업 신고가 되어 있는 시설 등의 전부 또는 일부에서 새로 숙박업을 하고자 하는 자가 신고를 한 경우에도 마찬가지이다. 기존에 다른 사람이 숙박업 신고를 한 적이 있더라도 새로 숙박업을 하려는 자가 그 시설 등의 소유권 등 정당한 사용권한을 취득하여 법령에서 정한 요건을 갖추어 신고하였다면, 행정청으로서는 특별한 사정이 없는 한 이를 수리하여야 하고, 단지 해당 시설 등에 관한 기존의 숙박업 신고가 외관상 남아있다는 이유만으로 이를 거부할 수 없다.(대법원 2017. 5. 30. 선고 2017두34087 판결)

● 관련판례 2

◎ 공중위생관리법 제2조 제1항 제5호에서 규정한 '미용업'의 정의 중 '손질'의 의미 및 미용업에 해당하기 위하여 손님의 외모를 아름답게 꾸미기 위한 직·간접적인 신체접촉이 필요한지 여부(적극)

공중위생관리법 제2조 제1항 제1호는 "'공중위생영업'이라 함은 다수인을 대상으로 위생관리서비스를 제공하는 영업으로서 숙박업·목욕장업·이용업·미용업·세탁업·위생관리용역업을 말한다."라고 규정하고, 제2조 제1항 제5호는 "'미용업'이라 함은 손님의 얼굴·머리·피부 등을 손질하여 손님의 외모를 아름답게 꾸미는 영업을 말한다."라고 규정한다. 여기서 '손질'이란 손을 대어 잘 매만지는 일을 의미한다. 따라서 영업이 공중위생관리법상 '미용업'에 해당하기 위하여는 손님의 얼굴, 머리, 피부 등에 손을 대어 매만지는 행위, 즉 손님의 외모를 아름답게 꾸미기 위한 직·간접적인 신체접촉이 필요하다.(대법원 2016. 5. 12. 선고 2015도13698 판결)

● 관련판례 3

◎ 영리의 목적으로 손님이 잠을 자고 머물 수 있는 시설 및 설비 등의 서비스를 계속적·반복적으로 제공하는 행위가 공중위생관리법 제2조 제1항 제2호에서 정한 '숙박업'에 해당하는지 여부(원칙적 적극) 및 같은 시설 등에서 복합유통게임 등을 제공하는 경우 숙박업에서 제외되는지 여부(소극)

공중위생관리법(이하 '법'이라고 한다)의 목적, 법 제2조 제1항 제1호, 제2호, 구 공중위생관리법 시행령(2011. 12. 30. 대통령령 제23451호로 개정되기 전의 것) 제2조 제1항의 내용을 종합하여 보면, 영리의 목적으로 손님이 잠을 자고 머물 수 있는 시설 및 설비 등의 서비스를 계속적·반복적으로 제공하는 행위는 법령이 정한 제외규정에 해당되지 않는 이상 법 제2조 제1항 제2호에서 규정한 숙박업에 해당하고, 같은 시설 등에서 복합유통게임 등을 제공한다고 하여 위 숙박업에서 제외되는 것은 아니다.(대법원 2013. 12. 12. 선고 2013도7947 판결)

● 관련판례 4

◎ 술을 마시고 찜질방에 들어온 갑이 찜질방 직원 몰래 후문으로 나가 술을 더 마시고 들어와 잠을 자다가 사망한 사안에서, 찜질방 직원 및 영업주가 공중위생영업자로서의 업무상 주의의무를 위반하였다고 본 원심판단에 법리오해 및 심리미진의 위법이 있다고 한 사례

술을 마시고 찜질방에 들어온 갑이 찜질방 직원 몰래 후문으로 나가 술을 더 마신 다음 후문으로 다시 들어와 발한실(발한실)에서 잠을 자다가 사망한 사안에서, 갑이 처음 찜질방에 들어갈 당시 술에 만취하여 목욕장의 정상적 이용이 곤란한 상태였다고 단정하기 어렵고, 찜질방 직원 및 영업주에게 손님이 몰래 후문으로 나가 술을 더 마시고 들어올 경우까지 예상하여 직원을 추가로 배치하거나 후문으로 출입하는 모든 자를 통제·관리하여야 할 업무상 주의의무가 있다고 보기 어렵다는 이유로, 위 찜질방 직원 및 영업주가 공중위생영업자로서의 업무상 주의의무를 위반하였다고 본 원심 판단에 법리오해 및 심리미진의 위법이 있다. (대법원 2010. 2. 11. 선고 2009도9807 판결)

● 관련판례 5

◎ 체육시설업자가 체육시설에 딸린 장소에서 체육시설을 이용하는 사람에게 목욕·발한 서비스를 제공하는 것이 공중위생관리법 제3조에서 정한 신고의무를 지는 '목욕장업'에 해당하는지 판단하는 기준

공중위생관리법 제1조, 제2조 제1항 제1호, 제3호 (가)목, (나)목, 제3조 제1항, 제4조 제1항, 제2항, 제20조 제1항 제1호, 공중위생관리법 시행규칙 제2조 [별표 1], 제4조 [별표 2], 제7조 [별표 4]의 문언, 체계와 목적 등에 비추어, 체육시설업자가 체육시설에 딸린 장소에서 체육시설을 이용하는 사람에게 목욕·발한 서비스를 제공하는 것이 공중위생관리법 제3조에서 정한 신고의무를 지는 '목욕장업'에 해당하는지는, 목욕·발한 시설의 내용과 규모, 전체 체육시설에서 목욕·발한 시설이 차지하는 비중, 영업자의 광고·홍보 내역, 해당 서비스를 계속·반복적으로 제공하고 있는지 등을 고려하여 '공중이 이용하는 영업의 위생관리 등에 관한 사항을 규정함으로써 위생수준을 향상시켜 국민의 건강증진에 기여' 하고자 하는 공중위생관리법의 입법 목적과 이를 달성하기 위한 시설기준, 위생관리기준 등에 비추어 종합적으로 판단하여야 한다. (대법원 2017. 7. 11., 선고, 2017도2793, 판결)

● 관련판례 6

◎ 공중위생관리법 제7조에 의한 면허정지처분을 받은 후 같은 위반행위로 다시 적발되지 않고 1년이 경과하여 실제로 가중된 제재처분을 받을 우려가 없는 경우, 면허정지처분에서 정한 정지기간이 경과한 후 그 처분의 취소를 구할 법률상 이익이 있는지 여부(소극)

공중위생관리법 제7조에 의하면, 시장·군수·구청장은 미용사가 "면허증을 다른 사람에게 대여한 때"에는 그 면허를 취소하거나 6월 이내의 기간을 정하여 그 면허의 정지를 명할 수 있고(제1항 제3호), 처분의 세부적인 기준은 그 처분의 사유와 위반의 정도 등을 감안하여 보건복지부령으로 정하도록(제2항) 규정하고 있고, 이에 따라 같은 법 시행규칙 제19조는 " 법 제7조 제2항에 의한 행정처분의 기준은 [별표 7]과 같다" 고, [별표 7]은 "면허증을 다른 사람에게 대여한 때" 에는 위반행위의 차수에 따라 ① 1차위반시에는 면허정지 3월, ② 2차위반시에는 면허정지 6월, ③ 3차위반시에는 면허취소의 처분을 하되(Ⅱ. 개별기준, 4. 미용업의 1. 마.), 위반행위의 차수에 따른 행정처분기준은 최근 1년간 같은 위반행위로 행정처분을 받은 경우에 이를 적용하고, 이때 그 기준적용일은 동일 위반사항에 대한 행정처분일과 그 처분 후의 재적발일을 기준으로 하도록(Ⅰ. 일반기준, 제2항) 각 규정하고 있다. 제재적 행정처분이 그 처분에서 정한 제재기간의 경과로 인하여 그 효과가 소멸되었으나, 부령인 시행규칙의 형식으로 정한 처분기준에서 제재적 행정처분(이하 '선행처분' 이라고 한다)을 받은 것을 가중사유나 전제요건으로 삼아 장래의 제재적 행정처분(이하 '후행처분' 이라고 한다)을 하도록 정하고 있는 경우, 그 규칙이 정한 바에 따라 선행처분을 가중사유 또는 전제요건으로 하는 후행처분을 받을 우려가 현실적으로 존재하는 경우에는, 선행처분을 받은 상대방은 비록 그 처분에서 정한 제재기간이 경과하였다 하더라도 그 처분의 취소소송을 통하여 그러한 불이익을 제거할 권리보호의 필요성이 충분히 인정된다고 할 것이므로, 선행처분의 취소를 구할 법률상 이익이 있다고 보아야 할 것이지만(대법원 2006. 6. 22. 선고 2003두1684 전원합의체 판결, 대법원 2007. 1. 11. 선고 2006두13312 판결 등 참조), 앞에서 살펴본 관계 법령에 의하면 공중위생관리법 제7조에 의한 면허정지처분을 받은 후 같은 위반행위로 재적발됨이 없이 1년이 경과하여 실제로 가중된 제재처분을 받을 우려가 없어졌다면 위 처분에서 정한 정지기간이 경과한 이상 특별한 사정이 없는 한 그 처분의 취소를 구할 법률상 이익이 없다고 할 것이다 (대법원 2008. 2. 29., 선고, 2007두16141, 판결)

14. 공직선거법

[시행 2022. 8. 17.] [법률 제18837호, 2022. 2. 16., 일부개정]

제230조(매수 및 이해유도죄)

① 다음 각 호의 어느 하나에 해당하는 자는 5년 이하의 징역 또는 3천만원 이하의 벌금에 처한다. 〈개정 1997.1.13., 1997.11.14., 2000.2.16., 2004.3.12., 2009.2.12., 2010.1.25., 2011.7.28., 2012.2.29., 2014.1.17., 2014.2.13., 2014.5.14.〉

1. 투표를 하게 하거나 하지 아니하게 하거나 당선되거나 되게 하거나 되지 못하게 할 목적으로 선거인(선거인명부 또는 재외선거인명부등을 작성하기 전에는 그 선거인명부 또는 재외선거인명부등에 오를 자격이 있는 사람을 포함한다. 이하 이 장에서 같다) 또는 다른 정당이나 후보자(예비후보자를 포함한다)의 선거사무장 · 선거연락소장 · 선거사무원 · 회계책임자 · 연설원(제79조제1항 · 제2항에 따라 연설 · 대담을 하는 사람과 제81조제1항 · 제82조제1항 또는 제82조의2제1항 · 제2항에 따라 대담 · 토론을 하는 사람을 포함한다. 이하 이 장에서 같다) 또는 참관인(투표참관인 · 사전투표참관인과 개표참관인을 말한다. 이하 이 장에서 같다) · 선장 · 입회인에게 금전 · 물품 · 차마 · 향응 그 밖에 재산상의 이익이나 공사의 직을 제공하거나 그 제공의 의사를 표시하거나 그 제공을 약속한 자

② 정당 · 후보자(候補者가 되고자 하는 者를 포함한다) 및 그 가족 · 선거사무장 · 선거연락소장 · 선거사무원 · 회계책임자 · 연설원 또는 제114조(政黨 및 候補者의 家族 등의 寄附行爲制限)제2항의 규정에 의한 후보자 또는 그 가족과 관계 있는 회사 등이 제1항 각호의 1에 규정된 행위를 한 때에는 7년 이하의 징역 또는 5천만원 이하의 벌금에 처한다. 〈개정 2014.2.13.〉

(작성례)

피의자 전○○, 같은 민○○은 제○○대 국회의원선거 ○○시 ○선거구에서 ○○○당 후보로 출마한 남○○후보의 각 선거사무원들이다.

피의자들은 위 남○○후보를 당선되게 할 목적으로 선거인들에게 금품을 제공할 것을 결의하고, 공동하여 20○○. ○. ○. 10 : 00경 ○○시 ○○동에 있는 남○○후보의 선거사무실에서 피의자 전○○은 선거운동자금 1,500만원을 준비하여 같은 민○○에게 건네주면서 같은 동에 살고 있는 선거인들에게 나누어주라고 지시하였다. 그리고 위 민○○은 위 지시에 따라 같은 날 21 : 00경 같은 동 ○○번지에 살고 있는 사건 외 서○○(여, 58세)에게 남○○후보의 지지를 호소하면서 돈 10만원을 준 것을 비롯하여 같은 날 23 : 00경까지 별지 범죄일람표 기재와 같이 선거인 23명에게 합계 335만원을 제공하였다(금품을 제공받은 선거인의 범죄사실 및 범죄일람표는 생략).

● 관련판례 1

◎ 장래에 있을 선거에서의 선거운동과 관련하여 금품 기타 이익의 제공, 그 제공의 의사표시 및 약속을 한 경우, 공직선거법 제230조 제1항 제4호, 제135조 제3항 위반죄가 성립하기 위하여 그 당시 반드시 선거운동의 대상인 특정 후보자가 존재하고 있어야 하는지 여부(소극)

공직선거법 제135조 제3항에서 정한 '선거운동과 관련하여'는 '선거운동에 즈음하여, 선거운동에 관한 사항을 동기로 하여' 라는 의미로서 '선거운동을 위하여' 보다 광범위하며, 선거운동의 목적 또는 선거에 영향을 미치게 할 목적이 없었다 하더라도 그 행위 자체가 선거의 자유、공정을 침해할 우려가 높은 행위를 규제할 필요성에서 설정된 것이고, 공직선거법 제230조 제1항 제4호, 제135조 제3항 위반죄는 선거운동과 관련하여 금품 기타 이익의 제공 또는 그 제공의 의사를 표시하거나 그 제공을 약속하는 행위를 처벌대상으로 하는 것으로서, 그 처벌대상은 위 법이 정한 선거운동기간 중의 금품제공 등에 한정되지 않는다. 한편 공직선거법 제135조 제3항은 '누구든지' 선거운동과 관련하여 금품 기타 이익의 제공 또는 그 제공의 의사를 표시하거나 그 제공을 약속하는 것을 금지하고 있을 뿐, 그 주체를 후보자, 후보자가 되고자 하는 자, 후보자를 위하여 선거운동을 하는 자 등으로 제한하고 있지 않다.

위와 같은 공직선거법 관련 법리 및 규정에 비추어 보면, 공직선거법 제230조 제1항 제4호, 제135조 제3항 위반죄는 금품 기타 이익의 제공, 그 제공의 의사표시 및 약속(이하 '이익의 제공 등' 이라고 한다)이 특정 선거에서의 선거운동과 관련되어 있음이 인정되면 충분하다고 할 것이므로, 장래에 있을 선거에서의 선거운동과 관련하여 이익의 제공 등을 할 당시 선거운동의 대상인 후보자가 특정되어 있지 않더라도 장차 특정될 후보자를 위한 선거운동과 관련하여 이익의 제공 등을 한 경우에는 위 공직선거법 제230조 제1항 제4호, 제135조 제3항 위반죄가 성립한다고 보아야 하고, 이익의 제공 등을 할 당시 반드시 특정 후보자가 존재하고 있어야 한다고 볼 수 없다.(대법원 2021. 7. 21., 선고, 2020도16062, 판결)

● 관련판례 2

◎ 구 공직선거법상 기부행위의 상대방이 되는 '당해 선거구 안에 있는 자', '선거구민과 연고가 있는 자'의 의미 / 구 공직선거법 제112조 제1항의 기부행위는 행위 당시 유효하게 존재하는 선거구를 전제로 성립하는지 여부(적극) 및 같은 항에서 규정하는 '당해 선거구'가 국회의원지역구를 가리키는 경우, 그 선거구의 의미

구 공직선거법(2016. 3. 3. 법률 제14073호로 개정되기 전의 것, 이하 같다)은 제112조 제1항에서 "이 법에서 '기부행위'라 함은 당해 선거구 안에 있는 자나 기관·단체·시설 및 선거구민의 모임이나 행사 또는 당해 선거구의 밖에 있더라도 그 선거구민과 연고가 있는 자나 기관·단체·시설에 대하여 금전·물품 기타 재산상 이익의 제공, 이익제공의 의사표시 또는 그 제공을 약속하는 행위를 말한다." 라고 규정한 다음, 후보자 등의 기부행위(제113조), 정당 및 후보자의 가족 등의 기부행위(제114조), 제3자의 기부행위(제115)를 제한하고 있고, 이를 위반하여 기부행위를 한 자를 처벌하는 규정을 두고 있다(제257조 제1항). 여기서 기부행위의 상대방이 되는 '당해 선거구 안에 있는 자' 란 선거구 내에 주소나 거소를 갖는 사람은 물론 선거구 안에 일시적으로 머무르는 사람도 포함되고, '선거구민과 연고가 있는 자' 란 연고를 맺게 된 사유는 불문하지만 당해 선거구민의 가족 · 친지 · 친구 · 직장동료 · 상하급자나 향우회 · 동창회 · 친목회 등 일정한 혈연적 · 인간적 관계를 가지고 있어 그 선거구민의 의사결정에 직접적 또는 간접적으로 어떠한 영향을 미칠 수 있는 가능성이 있는 사람을 말한다.(대법원 2017. 4. 13. 선고 2016도20490 판결)

제237조(선거의 자유방해죄)

① 선거에 관하여 다음 각 호의 어느 하나에 해당하는 자는 10년 이하의 징역 또는 500만원 이상 3천만원 이하의 벌금에 처한다.

1. 선거인·후보자·후보자가 되고자 하는 자·선거사무장·선거연락소장·선거사무원·활동보조인·회계책임자·연설원 또는 당선인을 폭행·협박 또는 유인하거나 불법으로 체포·감금하거나 이 법에 의한 선거운동용 물품을 탈취한 자
2. 집회·연설 또는 교통을 방해하거나 위계·사술 기타 부정한 방법으로 선거의 자유를 방해한 자
3. 업무·고용 기타의 관계로 인하여 자기의 보호·지휘·감독하에 있는 자에게 특정 정당이나 후보자를 지지·추천하거나 반대하도록 강요한 자

⑤ 당내경선과 관련하여 다음 각 호의 어느 하나에 해당하는 자는 5년 이하의 징역 또는 1천만원 이하의 벌금에 처한다. 〈신설 2005. 8. 4.〉

1. 경선후보자(경선후보자가 되고자 하는 자를 포함한다) 또는 후보자로 선출된 자를 폭행 · 협박 또는 유인하거나 체포 · 감금한 자
2. 경선운동 또는 교통을 방해하거나 위계 · 사술 그 밖의 부정한 방법으로 당내경선의 자유를 방해한 자
3. 업무 · 고용 그 밖의 관계로 인하여 자기의 보호 · 지휘 · 감독을 받는 자에게 특정 경선후보자를 지지 · 추천하거나 반대하도록 강요한 자

(작성례)

피의자는 제○대 지방의회의원선거 ○○시 제○선거구에서 출마한 후보자이다.

피의자는 20○○. ○. ○. 20 : 00경 ○○시 ○○동의 ○○각에서 있었던 ○○회 모임에서 피해자 송○○와 둘이 있는 틈을 이용해, 위 피해자가 위 지방의회의원선거의 같은 선거구에서 후보자가 되고자 한다

는 사실을 알고 위 피해자를 입후보하지 못하게 하기 위하여 “출마를 중단하라. 나는 이제 마지막 출마이니 내 처지를 이해하라. 만약 네가 출마하면 너의 뒤를 미행하여 선거법위반행위를 낱낱이 고발함은 물론 모든 방법을 동원하여 당선되지 못하게 하겠다”는 등의 말을 하여 후보자가 되고자 하는 자를 협박하였다.

● 관련판례

◎ 공직선거법 제237조 제5항 제2호에서 정한 ‘위계·사술 그 밖의 부정한 방법으로 당내경선의 자유를 방해’하는 행위 및 ‘당내경선의 자유’의 의미 / 당내경선과 관련하여 선거권이 없어 선거인이라고 할 수 없는 사람을 상대로 그의 투표에 관한 행위를 방해한 경우, 위 규정에서 정한 당내경선의 자유를 방해하는 행위에 해당하는지 여부(원칙적 소극)

공직선거법 제237조 제5항 제2호는 당내경선과 관련하여 ‘경선운동 또는 교통을 방해하거나 위계·사술 그 밖의 부정한 방법으로 당내경선의 자유를 방해한 자’에 대하여 5년 이하의 징역 또는 1천만 원 이하의 벌금에 처한다고 규정하고 있다. 여기에서 ‘위계·사술 그 밖의 부정한 방법으로 당내경선의 자유를 방해’하는 행위는 경선운동 또는 교통을 방해하는 행위에 준하는 것, 즉 경선운동이나 투표에 관한 행위 그 자체를 직접 방해하는 행위를 말하고, ‘당내경선의 자유’는 공직선거 후보자 선출을 위한 당내경선에서의 ‘투표의 자유’와 경선 입후보의 자유를 포함한 ‘경선운동의 자유’를 말한다. 한편 당내경선의 자유 중 ‘투표의 자유’는 선거인이 그의 의사에 따라 후보자에게 투표를 하거나 하지 아니할 자유를 말한다. 따라서 당내경선과 관련하여 선거권이 없어 선거인이라고 할 수 없는 사람을 상대로 그의 투표에 관한 행위를 방해하였더라도 특별한 사정이 없는 한 선거인에 대하여 투표의 자유가 침해되는 결과가 발생할 수는 없으므로, 위 규정에서 정한 당내경선의 자유를 방해하는 행위에 해당한다고 할 수 없다.(대법원 2017. 8. 23., 선고, 2015도15713, 판결)

제243조(투표함 등에 관한 죄)

① 법령에 의하지 아니하고 투표함을 열거나 투표함(빈 投票函을 포함한다)이나 투표함안의 투표지를 취거·파괴·훼손·은닉 또는 탈취한 자는 1년 이상 10년 이하의 징역에 처한다.

② 검사·경찰공무원(司法警察官吏를 포함한다) 또는 군인(軍搜査機關所屬 軍務員을 포함한다)이 제1항에 규정된 행위를 하거나 하게 한 때에는 2년 이상 10년 이하의 징역에 처한다.

(작성례)

피의자는 20○○. ○. ○. 17 : 40경 ○○도 ○○군 ○○면 ○○리 마을회관에 설치된 제○○대 국회의원선거 ○○면 제○투표소에서 같은 날 11 : 30경 이미 투표를 하였음에도 취중에 장난기가 발동하여 다시 투표를 하겠다고 위 투표소를 찾아가서 피우던 담배꽁초를 그 곳에 설치되어 있던 투표함의 투입구에 밀어넣어 그 투표함 안에 있던 기표지 2장의 일부를 태움으로써 투표지를 훼손하였다.

제250조(허위사실공표죄)

① 당선되거나 되게 할 목적으로 연설·방송·신문·통신·잡지·벽보·선전문서 기타의 방법으로 후보자(候補者가 되고자 하는 者를 포함한다. 이하 이 條에서 같다)에게 유리하도록 후보자, 후보자의 배우자 또는 직계존비속이나 형제자매의 출생지·가족관계·신분·직업·경력등·재산·행위·소속단체, 특정인 또는 특정단체로부터의 지지여부 등에 관하여 허위의 사실[학력을 게재하는 경우 제64조제1항의 규정에 의한 방법으로 게재하지 아니한 경우를 포함한다]을 공표하거나 공표하게 한 자와 허위의 사실을 게재한 선전문서를 배포할 목적으로 소지한 자는 5년이하의 징역 또는 3천만원이하의 벌금에 처한다. 〈개정 1995.12.30., 1997.1.13., 1997.11.14., 1998.4.30., 2000.2.16., 2004.3.12., 2010.1.25., 2015.12.24.〉

② 당선되지 못하게 할 목적으로 연설 · 방송 · 신문 · 통신 · 잡지 · 벽보 · 선전문서 기타의 방법으로 후보자에게 불리하도록 후보자, 그의 배우자 또는 직계존 · 비속이나 형제자매에 관하여 허위의 사실을 공표하거나 공표하게 한 자와 허위의 사실을 게재한 선전문서를 배포할 목적으로 소지한 자는 7년 이하의 징역 또는 500만원 이상 3천만원 이하의 벌금에 처한다. 〈개정 1997.1.13.〉

(작성례)

피의자 박○○은 ○○시 시의원선거 ○선거구 ○○당 후보자 박○○의 동생이고, 같은 전○○는 위 박○○후보의 선거사무장이다.

피의자들은 위 선거에서 상대 후보인 이○○를 비방하는 유인물을 제작·배포함으로써 위 한○○후보를 따돌리고 위 박○○후보를 당선시킬 목적으로, 20○○. ○. ○. 18 : 10경 위 같은시 ○○동에 있는 위 박○○의 선거사무실에서 피의자 박○○은 "공명선거 캠페인, 이런 후보자를 뽑지 맙시다. 2,000만원어치 혼수를 해왔다 하여 2,000만원을 돌려주고 며느리를 내쫓는 후보자를 뽑지 맙시다, 주유소를 경영하며 미터기를 조작하여 소비자를 우롱하여 고발당했던 후보자를 뽑지 맙시다" 라는 등의 내용으로 된 선전문서를 ○○시 여성단체 등의 명의를 도용하여 3,000여매를 인쇄하였다.

그리고 피의자 전○○는 이○○ 등 110명을 1인당 일당 3만원씩을 주기로 하고 모집하여 ○○시청 뒤 ○○장여관으로 데리고 가서 유인물의 배포중 경찰이 오면 도망을 하고, 만약 검거되면 각자 모르는 사이인 것처럼 대답하라는 등 유인물의 배포시 행동 지침을 숙지시킨 후 5명씩 3개조를 편성하여 다음달 ○. 04：00경 ○○시 ○○동 ○○전철역 앞과 같은 시 ○○동 ○○백화점 앞에서 위 박○○으로부터 전달받은 이○○후보에 관한 허위사실을 적시한 선전문서 3,000매를 배포케 하여 공표하였다.

● 관련판례 1

◎ [1] 특정 의사 표현에 대한 법적 평가를 할 때 그 전제로서 유의하여야 할 사항 / 다의적으로 해석될 수 있는 발언에 관하여 다른 합리적 해석의 가능성을 배제한 채 공소사실에 부합하는 취지로만 해석할 수 있는지 여부(소극)

[2] 공직선거법 제250조 제2항에서 말하는 '사실'의 공표의 의미 및 어떠한 표현이 사실인가 또는 의견인가를 구별할 때 고려하여야 할 사항 / 형사처벌 여부가 문제 되는 표현이 사실을 드러낸 것인지 아니면 의견이나 추상적 판단을 표명한 것인지 판단하는 기준 / 어떠한 표현이 공표된 사실의 내용 전체의 취지를 살펴볼 때 중요한 부분에서 객관적 사실과 합치되는 경우, 이를 허위사실의 공표라고 볼 수 있는지 여부(소극)

[1] 어떠한 의사 표현이 법률에서 규정한 범죄에 해당한다고 평가하는 것은 그로써 표현의 자유라는 헌법상 기본권의 행사에 부정적인 영향을 줄 위험이 없지 않으므로 특정 의사 표현에 대한 법적 평가를 함에 있어서는 그 전제로서 문제 된 표현의 의미가 합리적으로 파악되고 이해될 수 있도록 세심한 주의를 기울여야 한다. 다의적으로 해석될 수 있는 발언에 관하여 다른 합리적 해석의 가능성을 배제한 채 공소사실에 부합하는 취지로만 해석하는 것은 정치적 표현의 자유와 선거운동의 자유의 헌법적 의의와 중요성을 충분히 반영하지 않은 결과가 되고, '의심스러울 때는 피고인에게 유리하게' 라는 형사법의 기본 원칙에도 반한다.

[2] 공직선거법 제250조 제2항에서 말하는 '사실'의 공표란 가치판단이나 평가를 내용으로 하는 의견 표현에 대치되는 개념으로 시간과 공간적으로 구체적인 과거 또는 현재의 사실관계에 관한 보고 내지 진술을 의미하며 표현 내용이 증거에 의

해 증명이 가능한 것을 말하고, 어떠한 표현이 사실인가 또는 의견인가를 구별함에 있어서는 언어의 통상적 의미와 용법, 증명가능성, 문제 된 말이 사용된 문맥, 표현이 행해진 사회적 정황 등 전체적 정황을 고려하여야 한다.

나아가 형사처벌 여부가 문제 되는 표현이 사실을 드러낸 것인지 아니면 의견이나 추상적 판단을 표명한 것인지를 구별할 때에는 언어의 통상적 의미와 용법, 증명가능성, 문제 된 말이 사용된 문맥과 표현의 전체적인 취지, 표현의 경위와 사회적 맥락 등을 고려하여 판단하되, 헌법상 표현의 자유의 우월적 지위, 형벌법규 해석의 원칙에 비추어 어느 범주에 속한다고 단정하기 어려운 표현인 경우에는 원칙적으로 의견이나 추상적 판단을 표명한 것으로 파악하여야 한다. 또한 어떠한 표현이 공표된 사실의 내용 전체의 취지를 살펴볼 때 중요한 부분에서 객관적 사실과 합치되는 경우에는 세부적으로 진실과 약간 차이가 나거나 다소 과장된 표현이 있더라도 이를 허위사실의 공표라고 볼 수 없다. [대법원 2020. 12. 24., 선고, 2019도12901, 판결]

● 관련판례 2

◎ 공직선거법 제250조 제1항의 허위사실공표죄에서 '학력'의 게재를 엄격하게 규제하는 취지 / 후보자가 국내 정규학력을 게재할 때 중퇴한 학교명을 기재하는 경우에는 수학기간을 함께 기재하여야 하는지 여부(적극) 및 이와 같은 기재방법을 따르지 아니하면 공직선거법 제64조 제1항, 제250조 제1항에 의한 처벌 대상이 되는지 여부(적극)

후보자(후보자가 되고자 하는 자를 포함한다)가 허위의 사실을 공표하는 행위를 처벌하고 있는 공직선거법 제250조 제1항은 학력을 게재하는 경우에는 제64조 제1항에 의한 방법으로 게재하지 아니하면 허위사실의 공표에 해당한다고 보는데, 공직선거법 제64조 제1항은 "학력을 게재하는 경우에는 정규학력과 이에 준하는 외국의 교육과정을 이수한 학력 외에는 게재할 수 없다. 이 경우 정규학력을 게재하는 경우에는 졸업 또는 수료 당시의 학교명(중퇴한 경우에는 수학기간을 함께 기재하여야 한다)을 기재한다."라고 규정하고 있다.

공직선거법에서 학력의 게재를 엄격하게 규제하는 것은 학력은 선거인이 후보자를 선택하는 데 중요한 판단자료로서 선거인이 후보자의 학력에 관하여 오해나 오인을 하여 투표에 관한 공정한 판단이 저해되는 것을 막고자 하는 데 있다. 특히 국내 정규학력 중퇴의 경우 수학기간을 기재하도록 한 것은 졸업 또는 수료한 경우에 비하여 교육의 양이 다를 수밖에 없고, 중퇴의 경우 수학기간도 개인마다 다를 수밖에 없으므로 수학기간을 기재하지 않고 단순히 중퇴 사실을 기재하는 것만으로는 수학기간의 차이에 따른 학력의 차이를 비교할 수 없기 때문이다.

따라서 후보자가 국내 정규학력을 게재함에 있어서 중퇴한 학교명을 기재하는 경우에는 수학기간을 함께 기재하여야 하며, 이와 같은 기재방법을 따르지 아니하면 공직선거법 제64조 제1항, 제250조 제1항에 의한 처벌 대상이 된다.(대법원 2015. 6. 11. 선고 2015도3207 판결)

● 관련판례 3

◎ 공직선거법 제250조 제2항의 허위사실공표죄에서 '허위의 사실'의 의미 및 판단 방법

공직선거법 제250조 제2항에 규정된 허위사실공표죄에서 허위의 사실은 진실에 부합하지 않은 사항으로서 선거인으로 하여금 후보자에 대하여 정확한 판단을 그르치게 할 수 있을 정도로 구체성을 가진 것이면 충분하고, 단순한 가치판단이나 평가를 내용으로 하는 의견표현에 불과한 경우에는 이에 해당하지 않는다. 그런데 어떤 진술이 사실주장인지 또는 의견표현인지를 구별하기 위해서는, 선거의 공정을 보장한다는 입법 취지를 염두에 두고, 언어의 통상적 의미와 용법, 문제 된 말이 사용된 문맥, 증명가능성, 그 표현이 행하여진 사회적 상황 등 전체적 정황을 고려하여 판단하여야 한다.(대법원 2018. 9. 28., 선고, 2018도10447, 판결)

제251조(후보자비방죄)

당선되거나 되게 하거나 되지 못하게 할 목적으로 연설·방송·신문·통신·잡지·벽보·선전문서 기타의 방법으로 공연히 사실을 적시하여 후보자(候補者가 되고자 하는 者를 포함한다), 그의 배우자 또는 직계존·비속이나 형제자매를 비방한 자는 3년 이하의 징역 또는 500만원 이하의 벌금에 처한다. 다만, 진실한 사실로서 공공의 이익에 관한 때에는 처벌하지 아니한다.

(작성례)

피의자는 20○○. ○. ○.경 ○○시 ○○동 ○○번지에 있는 피해자 한○○ 소유의 4층건물중 1층 약 25평을 임차하여 주점을 경영하고 있다.

피의자는 위 한○○이 20○○. ○. 초순경 같은 해 ○. ○. 실시될 제○○대 국회의원선거에 입후보하기로 마음먹고 선거사무실로 사용하기 위하여 임대차기간이 만료되는 같은 해 ○. ○.까지 위 건물의 명도를 요구하자 피의자가 임차보증금으로 지급한 ○○만원과 전임차인에게 권리금으로 지급한 ○○만원을 합한 돈 ○○만원의 반환을 요구하였다,

그러나 위 한○○이 권리금부분에 관한 반환을 거부하자 앙심을 품고 제○○대 국회의원선거의 ○○지구에서 무소속으로 입후보한 위 한○○로 하여금 당선되지 못하게 할 목적으로 20○○. ○. ○. 15：20경 ○○시 ○○동에 있는 합동연설회장인 ○○초등학교 정문 앞길에서 위 한○○이 입장하기에 앞서 박○○ 등 수십명의 선거인들과 악수를 하고 있을 때 갑자기 위 한○○의 앞을 가로막고 상체로 그의 어깨를 밀

치면서 "내 신세 망쳐놓고 알거지로 만든 사람이 무슨 자격으로 국회의원에 출마했느냐, 새끼들하고 어떻게 살란 말이냐. 내 돈 내 놓아라" 고 큰소리로 떠들어 공연히 사실을 적시하여 위 한○○의 명예를 훼손함과 동시에 후보자를 비방하였다.

● 관련판례 1

◎ 공직선거법 제251조 본문에서 정한 '사실의 적시'의 의미와 판단 기준

공직선거법 제251조 본문의 '사실의 적시'란 가치판단이나 평가를 내용으로 하는 의견표현에 대치되는 개념으로서 시간과 공간적으로 구체적인 과거 또는 현재의 사실관계에 관한 보고 내지 진술을 의미하고 그 표현내용이 증거로 입증이 가능한 것을 말하는데, 어느 진술이 사실인가 또는 의견인가를 구별할 때에는 언어의 통상적 의미와 용법, 입증가능성, 문제된 말이 사용된 문맥, 그 표현이 행하여진 사회적 정황 등 전체적 정황을 고려하여 판단하여야 하며, 의견표현과 사실의 적시가 혼재되어 있는 때에는 이를 전체적으로 보아 사실을 적시하여 비방한 것인지 여부를 판단하여야 한다. (대법원 2011. 3. 10. 선고 2011도168 판결)

● 관련판례 2

◎ 공직선거법 제251조 본문에서 정한 '후보자가 되고자 하는 자'의 의미

공직선거법 제251조 본문의 '후보자가 되고자 하는 자'에는 선거에 출마할 예정인 사람으로서, 정당에 공천신청을 하거나 일반 선거권자로부터 후보자추천을 받기 위한 활동을 벌이는 등 입후보의사가 확정적으로 외부에 표출된 사람뿐만 아니라 신분·접촉대상·언행 등에 비추어 선거에 입후보할 의사를 가진 것을 객관적으로 인식할 수 있을 정도에 이른 사람도 포함된다. **(대법원 2011. 3. 10. 선고 2011도168 판결)**

제254조(선거운동기간위반죄)

① 선거일에 투표마감시각전까지 이 법에 규정된 방법을 제외하고 선거운동을 한 자는 3년 이하의 징역 또는 600만원 이하의 벌금에 처한다. 〈개정 2017.2.8.〉

② 선거운동기간 전에 이 법에 규정된 방법을 제외하고 선전시설물·용구 또는 각종 인쇄물, 방송·신문·뉴스통신·잡지, 그 밖의 간행물, 정견발표회·좌담회·토론회·향우회·동창회·반상회, 그 밖의 집회, 정보통신, 선거운동기구나 사조직의 설치, 호별방문, 그 밖의 방법으로 선거운동을 한 자는 2년 이하의 징역 또는 400만원 이하의 벌금에 처한다. 〈개정 2010.1.25.〉

(작성례)

피의자는 제○○대 국회의원선거 ○○○선거구의 후보자이다.

선거운동기간 전에는 선거운동을 할 수 없음에도 불구하고 피의자는 선거운동기간 전인 20○○. ○. ○. ○○시 ○○동 ○○번지에 있는 ○○아파트 ○○동 ○○○호에서 김○○에게 돈 ○○만원을 주면서 피의자의 인물사진과 주요경력을 넣은 연하장 1,000매를 인쇄의뢰하였다. 그리고 같은 달 ○. 위 연하장을 교부받아 그 때부터 그 다음날까지 2일동안 같은 동 ○○아파트 ○○동 ○○○호에 사는 이○○ 등 선거인 650여명에게 이를 우송하여 배포하였다. 또한 20○○. ○. ○. ○○동 ○○번지 앞길에서 성명을 알 수 없는 사람으로부터 넥타이 300개를 ○○만원에 구입하여 피의자의 주요경력을 인쇄한 명함을 위 넥타이의 포장지에 붙여 그 때부터 같은 달 ○.까지 사이에 같은 동 ○○○아파트 ○○동 ○○○호에 사는 김○○ 등 선거인 250여명에게 배포함으로써 선거운동기간 전에 선거운동을 하였다.

● 관련판례 1

◎ 공직선거법상 '사전선거운동'의 의미 및 여기에서 제외되는 '일상적·의례적·사교적인 행위'의 판단 기준

사전선거운동이란 특정 선거에서 선거운동기간 전에 특정한 후보자의 당선을 목적으로 투표를 얻거나 얻게 하기 위하여 필요하고 유리한 모든 행위, 또는 반대로 특정한 후보자의 낙선을 목적으로 필요하고 불리한 모든 행위 중 선거인을 상대로 당선 또는 낙선을 도모하기 위하여 하는 것이라는 목적의사가 객관적으로 인정될 수 있는 능동적·계획적인 행위를 말하며 일상적·의례적·사교적인 행위는 여기에서 제외되고, 일상적·의례적·사교적인 행위인지는 행위자와 상대방의 사회적 지위, 그들의 관계, 행위의 동기, 방법, 내용과 태양 등 여러 사정을 종합하여 사회통념에 비추어 판단하여야 한다.(대법원 2011.7. 14. 선고 2011도3862 판결)

● 관련판례 2

◎ 공직선거법상 '선거운동'의 의미와 범위 및 선거운동에 해당하는지 판단하는 기준

공직선거법상 '선거운동'은 특정 선거에서 특정 후보자의 당선 또는 낙선을 도모한다는 목적의사가 객관적으로 인정될 수 있는 행위를 말한다. 이러한 목적의사는 특정한 선거에 출마할 의사를 밝히면서 그에 대한 지지를 부탁하는 등의 명시적인 방법뿐만 아니라 당시의 사정에 비추어 선거인의 관점에서 특정 선거에서 당선이나 낙선을 도모하려는 목적의사를 쉽게 추단할 수 있을 정도에 이른 경우에도 인정할 수 있다. 위와 같이 목적의사가 있었다고 추단하려면, 단순히 선거와의 관련성을 추측할 수 있다거나 선거에 관한 사항을 동기로 하였다는 사정만으로는 부족하고 특정 선거에서 당락을 도모하는 행위임을 선거인이 명백히 인식할 만한 객관적인 사정에 근거하여야 한다.

특히, 공직선거법이 선거일과의 시간적 간격에 따라 특정한 행위에 대한 규율을 달리하고 있는 점과 문제가 된 행위가 이루어진 시기에 따라 동일한 행위라도 선거인의 관점에서는 선거와의 관련성이 달리 인식될 수 있는 점 등에 비추어, 그러한 목적의사를 가지고 하는 행위인지는 단순히 행위의 명목뿐만 아니라 행위의 시기·장소·방법·모습 등을 종합적으로 관찰하여 판단하여야 한다(대법원 2016. 8. 26. 선고 2015도11812 전원합의체 판결 참조).(대법원 2018. 4. 10., 선고, 2016도21388, 판결)

15. 교통사고처리특례법

[시행 2017. 12. 3.] [법률 제14277호, 2016. 12. 2., 일부개정]

제3조(처벌의 특례)

① 차의 운전자가 교통사고로 인하여 「형법」 제268조의 죄를 범한 경우에는 5년 이하의 금고 또는 2천만원 이하의 벌금에 처한다.

② 차의 교통으로 제1항의 죄 중 업무상과실치상죄 또는 중과실치상죄와 「도로교통법」 제151조의 죄를 범한 운전자에 대하여는 피해자의 명시적인 의사에 반하여 공소를 제기할 수 없다. 다만, 차의 운전자가 제1항의 죄 중 업무상과실치상죄 또는 중과실치상죄를 범하고도 피해자를 구호하는 등 「도로교통법」 제54조제1항에 따른 조치를 하지 아니하고 도주하거나 피해자를 사고 장소로부터 옮겨 유기하고 도주한 경우, 같은 죄를 범하고 「도로교통법」 제44조제2항을 위반하여 음주측정 요구에 따르지 아니한 경우(운전자가 채혈 측정을 요청하거나 동의한 경우는 제외한다)와 다음 각 호의 어느 하나에 해당하는 행위로 인하여 같은 죄를 범한 경우에는 그러하지 아니하다. 〈개정 2016.1.27., 2016.12.2.〉

1. 「도로교통법」 제5조에 따른 신호기가 표시하는 신호 또는 교통정리를 하는 경찰공무원등의 신호를 위반하거나 통행금지 또는 일시정지를 내용으로 하는 안전표지가 표시하는 지시를 위반하여 운전한 경우

(작성례 1)

피의자는 경기○○노○○○○호 2.5톤 화물트럭 운수업에 종사하고 있다. 피의자는 20○○. ○. ○. 15 : 30경 위 차를 운전하여 ○○시 ○○동 ○○번지 앞길을 시속 약 70km로 주행하였는바, 그 곳은 신호등이 설치된 사거리 교차로 상이었으므로 이러한 경우 운전업무에 종사하는 자로서는 신호에 따라 안전하게 진행하여야 할 업무상 주의의무가 있다. 그러나 피의자는 이를 게을리 한 채 정지신호를 무시하고 그대로 직진한 과실로 인하여 마침 진행방향 오른쪽에서 왼쪽으로 직진신호에 따라 진행하던 피해자 김○○이 운전하는 경기○○더○○○○호 1톤 트럭의 앞부분을 피의자 차의 오른쪽 중간부분으로 충격하여 피해자로 하여금 약 8주간의 치료를 요하는 폐좌상 등의 상해를 입게 하였다.

(작성례 2)

피의자는 서울○○사○○○○호 쏘나타 택시의 운전업무에 종사하는 사람이다. 피의자은 20○○. ○. ○ 22:00경 위 택시를 운전하여 서울특별시 서

초구 서초중앙로157에 있는 서울중앙지방법원 앞 편도 3차로의 도로를 교대역 쪽에서 고속버스터미널 쪽으로 2차로를 따라 시속 약 60km로 진행하게 되었다. 당시 야간인데다가 비가 내리고 있어 전방시야가 흐린 상태였고 그곳 전방에는 신호등이 설치된 횡단보도가 있었으므로 이러한 경우 자동차 운전업무에 종사하는 사람에게는 속도를 줄이고 전방을 잘 살펴 길을 건너는 사람이 있는지 여부를 확인하는 한편 교통신호에 따라 안전하게 운전하여 사로를 미리 방지하여야 할 업무상 주의의무가 있다. 그럼에도 불구하고 피의자는 이를 게을리한 채 신호가 차량 정지신호로 바뀌는데도 계속 같은 속도로 진행한 과실로 보행자 신호에 따라 횡단보도를 이용하여 좌측에서 우측으로 길을 건너는 피해자 김○○을 뒤늦게 발견하고 이를 피하기 위하여 핸들을 우측으로 조작하면서 급제동하였으나, 미처 피하지 못하고 피의자가 운전하는 택시 앞범퍼 좌측으로 피해자의 오른 다리를 들이받아 땅에 넘어지게 하였다. 결국 피고인은 위와 같은 업무상 과실로 피해자에게 약 6주간의 치료가 필요한 대퇴부골절 등의 상해를 입게 하였다.

※ 신호등이 설치된 횡단보도에서의 보행자 치상사고로서 제6호의 보행자보호의무 위반사고로도 의율하여야 함

■ 신호위반과 관련된 문제

① 비보호좌회전사고

비보호좌회전표시 있는 교차로에서 직진신호가 작동중일 때, 직진해오는 차량이 없을 경우 좌회전하여도 신호위반이 아니나 직진차량과 충돌하는 등 다른 교통에 방해가 된 때에는 도로교통법상의 신호위반 책임은 물론이고 이로 인한 교통사고 등에 관해서도 특례법 제3조 제2항 단서에 의하여 책임을 진다.

② 전방 정지신호에 우회전하다 발생된 사고

정지신호에 우회전을 허용하고 있으므로 신호위반으로 확대 적용은 불가하다는 주장이 있고, 우회전이 허용되었어도 비보호좌회전 개념과

같이 사고야기되면 신호위반이 적용되야 한다는 주장이 있으나, 현재 법원의 명백한 판례는 없고 신호의 뜻에 사고야기시 신호위반으로 적용된다는 단서조항이 없는 등으로 보아 소극설을 인정하고 있다.

③ 신호등 없는 지선도로에서 나와 신호등 있는 간선도로 진입중 사고

지선도로에서 나오는 차는 진행방향에 신호기가 설치되어 있지 않으므로 신호적용을 하여서는 안 된다.

④ 교차로상에서 우회전중 사고

비보호좌회전 규정과 동일한 구조라는 이유로 신호위반이라는 견해도 있으나, 측면교통을 방해하지 않는 한 우회전을 허용한 취지를 감안하고 또 비보호좌회전 내용에서는 좌회전중 직진차량과 사고발생시에 신호위반의 책임을 묻겠다고 별도로 명시하고 있지만 적색시 우회전의 경우에는 측면교통에 방해되어 사고발생시 신호위반 책임을 묻겠다는 명시내용이 없는 점으로 볼 때 이를 확대적용하여 신호위반으로는 할 수 없다.

⑤ 황색주의의 신호위반 사고

교차로 진입전에 황색주의신호로 변경되었음에도 이를 위반하고 진입·주행하다 사고야기한 경우에는 신호위반으로, 교차로 진입후 거의 빠져 나올 무렵 신호가 바뀌어 사고발생한 경우 어느 차량도 신호위반책임 물을 수 없다.

⑥ 좌회전신호 없는 교차로상의 좌회전중 사고

비보호좌회전표시가 없는 경우에는 차마의 좌회전은 허용되지 않고 따라서 신호위반에 해당한다.

■ 기타 관련 문제

① 좌회전 신호시 유턴 사고

중앙선을 넘어 유턴한 경우에는 중앙선침범으로, 중앙선 없는 곳이면 신호위반으로 의율한다.

② 횡단보도 직전에서의 유턴 사고

좌회전표지 없는 횡단보도직전의 좌회전, 유턴표지만 있는 경우의 좌

회전 모두 신호위반으로 처리한다.

③ 차량신호 없는 곳에서 횡단보도 보행자용 신호위반 사고

일반적으로 횡단보도상에는 보행자신호와 함께 차량신호도 같이 있는 경우가 대부분이나 차량신호가 없거나 고장으로 꺼진 경우 진행하다 사고야기시 신호위반으로 볼 수 없다.

④ 지워진 횡단보도상에서의 신호위반 사고

차량신호가 정지신호인 이상 차량은 당연히 정지해야 할 의무가 있고, 따라서 신호위반으로 의율한다.

⑤ 긴급자동차의 신호위반 사고

긴급자동차라고 하더라도 도로교통법상에 규정된 일체의 의무규정 적용을 배제하는 것은 아니므로 진행방향에 교행하는 차량이나 보행자가 있으면 당연히 정지하여야 하고 따라서 신호위반으로 의율한다.

⑥ 가변차로 신호위반 사고

가변차로 상측에 설치되어 있는 신호등은 엄밀한 의미에서의 신호등이라 할 수 없고 전이되는 차로를 표시하는 표시등에 불과하므로 중앙선 침범사고로 의율한다.

⑦ 신호위반 차량의 급정차로 인한 내부승객 사고

실무상 안전의무불이행으로 가볍게 취급하는 경우가 많은데 이 경우 양자 사이에 인과관계가 있으면 비록 차량과 차량 사이에 직접적인 접촉은 없다 하더라도 신호위반사고의 책임을 물어야 한다.

⑧ 어린이 보호구역내 사고

진입금지 표시판이 설치된 어린이 보호구역에 진입금지 시간중에 진입하다가 교통사고 야기시 신호위반 사고에 해당한다.

■ 적용실례

◇ 신호위반 후 반대차선의 중앙선 침범, 회전하는 차와 충돌한 경우

신호등 있는 횡단보도에서 정지신호를 위반한 채 진행하다가 마침 반대차선에서 중앙선을 침범하여 회전하는 차와 충돌한 경우

※ 각자를 신호위반과 중앙선 침범으로 보아야 한다. 다만 충돌지점과 관련하여 신호위반과 직접적인 인과관계가 있는 범위 내에서 충돌했을 경우에만 신호위반사고로 보아야 한다.

◇ 차량신호 없는 곳에서 보행자용 신호를 위반한 경우

차량신호 없는 곳에서 횡단보도 보행자용 신호를 위반한 경우

※ 횡단보도상에는 보행자 신호와 함께 차량 신호도 같이 있는 경우가 대부분이나 차량신호는 없이 보행자 신호만 있는 경우 또는 차량신호가 고장으로 꺼진 경우가 있다. 이 경우 보행자 신호등의 지시에 반하여 진행하는 것을 신호위반으로 볼 것인가에 대하여 판례는 횡단보행자용 신호기는 차량의 운행용 신호기가 아니므로 신호위반사고로 볼 수 없다고 보고 있다.

◇ 적신호시 우회전하다 신호에 따라 직진하는 차와 충돌한 경우

적신호시 우회전하다가 신호에 따라 측면을 직진하는 차와 충돌한 경우

※ 도로교통법시행규칙 별표 3 신호의 뜻에 의하면 적색등화시 "차마는 정지선이나 횡단보도가 있을 때에는 그 직진 및 교차로 직전에서 정지하여야 한다. 차마는 신호에 따라 직진하는 측면교통을 방해하지 아니한 우회전을 할 수 있다" 고 규정하고 있다. 이 규정은 측면통행을 방해하지 않는 방법으로만 우회전하도록 허용하였음에도 측면통행에 방해되는 방법으로 우회전한 점을 비난하는 것이므로 측면교통을 주의하지 않고 진행하다가 사고를 낸 경우에는 신호위반사고로 보아야 한다.

◇ 긴급자동차가 신호를 위반, 사고를 야기한 경우

긴급자동차가 교차로에서 신호를 위반하여 진행하다가 사고를 야기한 경우

※ 도로교통법 제29조 제2항은 "긴급자동차는 도로교통법 또는 도로교통법에 의한 명령의 규정에 의해 정지하여야 할 경우에 불구하고 정지하지 아니할 수 있다" 고 하여 마치 정지의무가 없는 듯이 규정하고 있으나, 위 규정은 긴급자동차에 대하여 도로교통법에 규정된 일체의 의무 적용을 배제하는 것이 아니어서 진행방향에 교행하는 차량이나 보행하는 사람이 있다면 당연히 정지해야 한다. 따라서 교차로의 상황, 보행자의 위치 등을 고려하여 정지할 의무가 있다고 판단되는 곳을 그대로 진행하여 사고를 야기한 것이라면 신호위반사고로 보아야 할 것이다.

◇ 가변차선에서 적신호를 무시하고 진행하다 사고를 낸 경우

신호등이 설치된 가변 차선에서 적신호를 무시하고 진행하다가 마주 오는 차와 충돌한 경우

※ 이는 실무상 신호위반사고로 의율하는 것이 일반적이다. 다만, 신호기의 지시에 의해 중앙선이 되는 가변 차선을 침범하여 회전하다가 사고를 낸 경우 각 차선에 설치된 신호기가 정전으로 모두 꺼진 때에는 중앙선 침범으로 의율해야 한다.

◇ 시내버스가 신호위반으로 상대방 차와 충돌하려 하자 급정거하여 승객이 다친 경우

시내버스가 교차로에서 신호를 위반하여 진행하다가 교차하는 차를 발견하고 급정거하여 다행히 상대방 차와 충돌하지는 않았으나 급정거하는 바람에 버스 승객이 넘어져 다친 경우

※ 실무상 급정거하게 된 경우에 대한 조사를 소홀히 한 채 안전의무불이행으로 인한 사고로 가볍게 취급하는 사례가 많으나 승객이 다친 사고는 운전자의 신호위반과 직접적인 인과관계가 있으므로 교차로에서 신호를 위반한 점을 충분히 조사하여 운전자에게 신호위반사고의 책임을 물어야 할 것이다.

◇ 신호위반하여 상대방차와의 충돌을 피하려다 차량 또는 보행자를 충격한 경우

교차로에서 신호를 위반하여 진행하는 차량을 발견하고 충돌을 피하기 위하여 핸들을 조작하다가 다른 차량 또는 보행자를 충격한 경우

※ 신호를 위반하여 야기한 차량의 운전자를 가해자로 하여 신호위반의 책임을 물어야 할 것이다. 이 때 사고를 야기한 운전자가 자신의 차는 접촉이 없었다는 이유로 상관없는 일로 치부하고 그냥 가버리는 경우가 있는데 이는 도주차량으로 입건해야 한다.

● 관련판례 1

◎ 도로교통법상 차량이 교차로에 진입하기 전에 '황색의 등화'로 바뀐 경우, 차량은 정지선이나 '교차로의 직전'에 정지하여야 하는지 여부(적극)

도로교통법 시행규칙 제6조 제2항 [별표 2]는 '황색의 등화'의 뜻을 '1. 차마는 정지선이 있거나 횡단보도가 있을 때에는 그 직전이나 교차로의 직전에 정지하여야 하며, 이미 교차로에 차마의 일부라도 진입한 경우에는 신속히 교차로 밖으로 진행하여야 한다'라고 규정하고 있다. 위 규정에 의하면 차량이 교차로에 진입하기 전에 황색의 등화로 바뀐 경우에는 차량은 정지선이나 '교차로의 직전'에 정지하여야 하며, 차량의 운전자가 정지할 것인지 또는 진행할 것인지 여부를 선택할 수 없다. (대법원 2018. 12. 27., 선고, 2018도14262, 판결)

● 관련판례 2

◎ 교통사고처리 특례법 제4조 제1항 본문이 차의 운전자에 대한 공소제기의 조건을 정한 것인지 여부(적극) 및 같은 법 제2조 제2호에서 정한 '교통사고'의 정의 중 '차의 교통'의 의미

교통사고처리 특례법(이하 '특례법'이라 한다) 제1조는 업무상과실 또는 중대한 과실로 교통사고를 일으킨 운전자에 관한 형사처벌 등의 특례를 정함으로써 교통사고로 인한 피해의 신속한 회복을 촉진하고 국민생활의 편익을 증진함을 목적으로 한다고 규정하고 있고, 제4조 제1항 본문은 차의 교통으로 업무상과실치상죄 등을 범하였을 때 교통사고를 일으킨 차가 특례법 제4조 제1항에서 정한 보험 또는 공제에 가입된 경우에는 그 차의 운전자에 대하여 공소를 제기할 수 없다고 규정하고 있다. 따라서 특례법 제4조 제1항 본문은 차의 운전자에 대한 공소제기의 조건을 정한 것이다.

그리고 특례법 제2조 제2호는 '교통사고'란 차의 교통으로 인하여 사람을 사상하거나 물건을 손괴하는 것을 말한다고 규정하고 있는데, 여기서 '차의 교통'은 차량을 운전하는 행위 및 그와 동일하게 평가할 수 있을 정도로 밀접하게 관련된 행위를 모두 포함한다.(대법원 2017. 5. 31. 선고 2016도21034 판결)

● 관련판례 3

◎ 피고인이 자전거를 운전하고 가다가 전방 주시를 게을리한 과실로 피해자 갑을 들이받아 상해를 입게 하여 교통사고처리 특례법 위반으로 기소되었는데, 자전거는 보험에 가입되지 않았으나 피고인이 별도로 배상책임액을 1억 원 내로 하는 내용의 종합보험에 가입한 사안에서, 합의금 등 손해액을 위 보험에 기하여 지급하였다는 이유로 공소를 기각한 원심판결에 같은 법 제4조 제1항, 제2항의

'보험' 등에 관한 법리오해의 잘못이 있다고 한 사례

피고인이 자전거를 운전하고 가다가 전방 주시를 게을리한 과실로 피해자 갑을 들이받아 상해를 입게 하여 교통사고처리 특례법(이하 '특례법' 이라고 한다) 위반으로 기소되었는데, 자전거는 보험에 가입되지 않았으나 피고인이 별도로 '일상생활 중 우연한 사고로 타인의 신체장애 및 재물 손해에 대해 부담하는 법률상 배상책임액을 1억 원 한도 내에서 전액 배상' 하는 내용의 종합보험에 가입한 사안에서, 피고인이 가입한 보험은 보상한도금액이 1억 원에 불과하여 1억 원을 초과하는 손해가 발생한 경우 갑은 위 보험에 의하여 보상을 받을 수 없으므로, 이러한 형태의 보험은 피보험자의 교통사고로 인한 손해배상금의 전액보상을 요건으로 하는 특례법 제4조 제1항, 제2항에서 의미하는 보험 등에 해당한다고 볼 수 없는데도, 피고인과 갑의 합의금 등 손해액을 위 보험에 기하여 지급하였다는 이유만으로 공소를 기각한 원심판결에 특례법 제4조 제1항, 제2항의 '보험' 등에 관한 법리를 오해한 잘못이 있다(대법원 2012. 10. 25. 선고 2011도6273 판결)

● 관련판례 4

◎ 교통사고처리 특례법 제3조 제2항 제1호, 제4조 제1항 제1호에서 보험 또는 공제에 가입한 경우에도 교통사고를 일으킨 차의 운전자에 대하여 공소를 제기할 수 있도록 규정한 '신호기에 의한 신호에 위반하여 운전한 경우' 의 의미

교통사고처리 특례법 제3조 제2항 제1호, 제4조 제1항 제1호의 규정에 의하면, 신호기에 의한 신호에 위반하여 운전한 경우에는 같은 법 제4조 제1항에서 정한 보험 또는 공제에 가입한 경우에도 공소를 제기할 수 있으나, 여기서 '신호기에 의한 신호에 위반하여 운전한 경우' 란 신호위반행위가 교통사고 발생의 직접적인 원인이 된 경우를 말한다. (대법원 2012. 3. 15. 선고 2011도17117 판결)

● 관련판례 5

◎ 교차로 직전의 횡단보도에 따로 차량보조등이 설치되어 있지 아니한 경우, 교차로 차량신호등이 적색이고 횡단보도 보행등이 녹색인 상태에서 횡단보도를 지나 우회전하다가 업무상과실치상의 결과가 발생하면 교통사고처리 특례법 제3조 제1항, 제2항 단서 제1호의 '신호위반' 에 해당하는지 여부(적극)

교차로와 횡단보도가 연접하여 설치되어 있고 차량용 신호기는 교차로에만 설치된 경우에 있어서는, 그 차량용 신호기는 차량에 대하여 교차로의 통행은 물론 교차로 직전의 횡단보도에 대한 통행까지도 아울러 지시하는 것이라고 보아야 할 것이고, 횡단보도의 보행등 측면에 차량보조등이 설치되어 있지 아니하다고 하여 횡단보도에 대한 차량용 신호등이 없는 상태라고는 볼 수 없다. 위와 같은 경우에 그러한 교차로의 차량용 적색등화는 교차로 및 횡단보도 앞에서의 정지의무를 아울러 명하고 있는 것으로 보아야 하므로, 그와 아울러 횡단보도의 보행등이 녹색인 경우에는 모든 차량이 횡단보도 정지선에서 정지하여야 하고, 나아가 우회전하여서는 아니되며, 다만 횡단보도의 보행등이 적색으로 바뀌어 횡단보도로서의 성격을 상실한 때에는 우회전 차량은 횡단보도를 통과하여 신호에 따라 진행하는 다른 차마의 교통을 방해하지 아니하고 우회전할 수 있다. 따라서 교차로의 차량신호등이 적색이고 교차로에 연접한 횡단보도 보행등이 녹색인 경우에 차량 운전자가 위 횡단보도 앞에서 정지하지 아니하고 횡단보도를 지나 우회전하던 중 업무상과실치상의 결과가 발생하면 교통사고처리 특례법 제3조 제1항, 제2항 단서 제1호의 '신호위반'에 해당하고, 이때 위 신호위반 행위가 교통사고 발생의 직접적인 원인이 된 이상 사고장소가 횡단보도를 벗어난 곳이라 하여도 위 신호위반으로 인한 업무상과실치상죄가 성립함에는 지장이 없다.(대법원 2011. 7. 28. 선고 2009도8222 판결)

제3조(처벌의 특례)

② 차의 교통으로 제1항의 죄 중 업무상과실치상죄(業務上過失致傷罪) 또는 중과실치상죄(重過失致傷罪)와 「도로교통법」 제151조의 죄를 범한 운전자에 대하여는 피해자의 명시적인 의사에 반하여 공소(公訴)를 제기할 수 없다. 다만, 차의 운전자가 제1항의 죄 중 업무상과실치상죄 또는 중과실치상죄를 범하고도 피해자를 구호(救護)하는 등 「도로교통법」 제54조제1항에 따른 조치를 하지 아니하고 도주하거나 피해자를 사고 장소로부터 옮겨 유기(遺棄)하고 도주한 경우, 같은 죄를 범하고 「도로교통법」 제44조제2항을 위반하여 음주측정 요구에 따르지 아니한 경우(운전자가 채혈 측정을 요청하거나 동의한 경우는 제외한다)와 다음 각 호의 어느 하나에 해당하는 행위로 인하여 같은 죄를 범한 경우에는 그러하지 아니하다. 〈개정 2016.1.27., 2016.12.2.〉

(작성례 1)

피의자는 경기○○도○○○○호 2.5톤 화물차 운수업에 종사하고 있다.

피의자는 20○○. ○. ○. 18:15경 위 차를 운전하여 경기도 ○○군 ○○면 ○○리 ○○번지 앞길을 시속 약 60km로 주행중 차량번호를 알 수 없는 시외버스를 뒤따라 진행하였는 바, 그 곳은 중앙선이 표시된 곳이었으므로 이러한 경우 운전업무에 종사하는 자로서는 중앙선을 침범하여 앞지르기를 하여서는 안 될 업무상 주의의무가 있다. 그러나 피의자는 이를 무시한 채 중앙선을 침범하여 앞지르기를 하다가 마침 반대방향에서 자전거를 타고 진행해오던 피해자 박○○의 왼쪽 어깨부위를 피의자 차의 왼쪽부분으로 충격하여 위 박○○에게 약 3개월의 치료를 요하는 오른쪽 위팔 골절상을 입게 하였다.

(작성례 2)

당시는 야간이고 그곳은 황색실선의 중앙선이 설치된 곳이므로 운전업무에 종사하는 사람에게는 전방 주시를 철저히 하고 차선을 지켜 안전하게 운전하여야 할 업무상 주의의무가 있었다. 그럼에도 이를 게을리 한 채 앞서 진행하는 차량과 지나치게 근접하여 운행하다가 앞서 진행하는 차량이 제동하는 것을 뒤늦게 발견하고 충돌을 피하기 위해 중앙선을 침범하여 운전한 과실로…….

■ 적용실례

◇ 차가 미끄러지면서 발생한 중앙선침범에 의한 대인사고의 경우

※ 본 건 피의사실 중 중앙선침범에 의한 대인사고의 점에 관하여 살피건대, 교통사고처리특례법 소정의 중앙선침범이라 함은 교통사고의 발생지점이 중앙선을 넘어선 모든 경위를 말하는 것이 아니라 계속적인 중앙선침범운행을 하였거나 부득이한 사유 없이 중앙선을 침범하여 사고를 일으키게 한 경우를 뜻하는 것인 바, 본 건에 있어서는 모든 증거를 종합하건대 피의자는 내리막길인 사고장소에 이르러 도로의 푹 패인 곳에 바퀴가 빠지면서 차가 요동하는 순간 급제동을 하였으나 차가 미끄러지면서 중앙선을 넘어가게 된 사실을 인정할 수 있고, 위 인정사실에 의하면 피의자는 부득이하게 중앙선을 넘어가게 되었다고 할 것이어서 결국 교통사고처리특례법 소정의 중앙선침범이라고 볼 수 없어 위 피의사실을 중앙선침범으로 인한 사고로 의율할 수 없다 할 것이다.

◇ 뒷 차의 충돌로 중앙선을 넘어 반대차선의 차량과 충돌한 경우

뒷 차가 충돌하는 바람에 앞차가 중앙선을 넘어 반대 차선의 차량과 충돌한 경우

※ 우선 앞 차는 자신의 고의나 과실이 없으므로 중앙선을 넘어간 사실에 대하여 형법상의 행위로 평가할 것이 없어 책임이 없다고 할 것이다. 또한 뒷 차도 일반적으로 중앙선 침범을 인정하기는 어렵지만, 앞 차에 대한 충돌로 그 앞차가 중앙선 침범을 상당한 정도로 예견할 수 있음에도 이를 게을리 한 채 충돌한 결과 중앙선 침범이 일어났다면 중앙선 침범 사고로 인정할 수 있을 것이다.

◇ 좌회전 허용지역에서 좌회전하다 중앙선을 침범한 경우

좌회전 허용지역으로 되어 있는 중앙선이 끊어진 부분을 통하여 반대차선으로 들어갈 때 차의 길이 노폭 등의 사정으로 인하여 차의 뒷부분이 부득이 중앙선을 일부 물고 있는 상태에서 사고를 발생하게 한 경우

※ 비록 일부에 중앙선 침범이 있다고 하더라도 끊어진 지점으로 중앙선을 넘어가는 것이 가능함에도 그 지점에 이르기 전에 성급히 좌회전하기 위하여 중앙선을 침범하였다면 이는 중앙선 침범사고에 해당한다.

● 관련판례 1

◎ 황색 실선이나 황색 점선으로 된 중앙선이 설치된 도로의 어느 구역에서 좌회전이나 유턴이 허용되어 중앙선이 백색 점선으로 표시되어 있는 경우, 그 지점에서 안전표지에 따라 좌회전이나 유턴을 하기 위하여 중앙선을 넘어 운행하다가 반대편 차로를 운행하는 차량과 충돌하는 교통사고를 낸 것이 교통사고처리 특례법에서 규정한 중앙선 침범 사고인지 여부(소극)

도로교통법 제2조 제5호 본문은 '중앙선이란 차마의 통행 방향을 명확하게 구분하기 위하여 도로에 황색 실선이나 황색 점선 등의 안전표지로 표시한 선 또는 중앙분리대나 울타리 등으로 설치한 시설물을 말한다' 고 규정하고, 제13조 제3항은 '차마의 운전자는 도로(보도와 차도가 구분된 도로에서는 차도를 말한다)의 중앙(중앙선이 설치되어 있는 경우에는 그 중앙선을 말한다) 우측 부분을 통행하여야 한다' 고 규정하고, 교통사고처리 특례법 제3조 제1항, 제2항 제2호 전단은 '도로교통법 제13조 제3항을 위반하여 중앙선을 침범' 한 교통사고로 인하여 형법 제268조의 죄를 범한 경우는 피해자의 명시한 의사와 상관없이 처벌 대상이 되는 것으로 규정하고 있다.

이와 같이 도로교통법이 도로의 중앙선 내지 중앙의 우측 부분을 통행하도록 하고 중앙선을 침범하여 발생한 교통사고를 처벌 대상으로 한 것은, 각자의 진행방향 차로를 준수하여 서로 반대방향으로 운행하는 차마의 안전한 운행과 원활한 교통을 확보하기 위한 것이므로, 황색 실선이나 황색 점선으로 된 중앙선이 설치된 도로의 어느 구역에서 좌회전이나 유턴이 허용되어 중앙선이 백색 점선으로 표시되어 있는 경우, 그 지점에서 좌회전이나 유턴이 허용되는 신호 상황 등 안전표지에 따라 좌회전이나 유턴을 하기 위하여 중앙선을 넘어 운행하다가 반대편 차로를 운행하는 차량과 충돌하는 교통사고를 내었더라도 이를 교통사고처리 특례법에서 규정한 중앙선 침범 사고라고 할 것은 아니다. (대법원 2017. 1. 25., 선고, 2016도18941, 판결)

● 관련판례 2

◎ 자동차 운전자가 고속도로 또는 자동차전용도로가 아닌 일반도로의 중앙선 우측 차로 내에서 후진하는 행위가 구 교통사고처리 특례법 제3조 제2항 단서 제2호에서 정한 '도로교통법 제13조 제3항의 규정을 위반하여 중앙선을 침범하거나 동법 제62조의 규정을 위반하여 횡단·유턴 또는 후진한 경우'에 포함되는지 여부(소극)

구 교통사고처리 특례법(2010. 1. 25. 법률 제9941호로 개정되기 전의 것, 이하 '교특법'이라 한다) 제3조 제2항 단서 제2호에 의하면, 교통사고로 인하여 업무상과실치상죄 등을 범한 운전자가 "도로교통법 제13조 제3항의 규정을 위반하여 중앙선을 침범하거나 동법 제62조의 규정을 위반하여 횡단·유턴 또는 후진한 경우"에 해당하는 행위로 위 죄를 범한 때에는 피해자의 명시한 의사에 반하여도 공소를 제기할 수 있다. 그런데 구 도로교통법(2011. 6. 8. 법률 제10790호로 개정되기 전의 것) 제62조는 "자동차의 운전자는 차를 운전하여 고속도로등을 횡단하거나 유턴 또는 후진하여서는 아니된다."고 규정하고, 같은 법 제57조에 의하면 위 '고속도로등'은 고속도로 또는 자동차전용도로만을 의미하므로, 일반도로에서 후진하는 행위는 '동법 제62조의 규정을 위반하여 횡단·유턴 또는 후진한 경우'에 포함되지 않는다. 또한 교특법 제3조 제2항 단서 제2호가 고속도로등에서 후진한 경우를 중앙선침범과 별도로 열거하고 있는 취지에 비추어 볼 때, 중앙선의 우측 차로 내에서 후진하는 행위는 같은 호 전단의 '도로교통법 제13조 제3항의 규정을 위반하여 중앙선을 침범한 경우'에 포함되지 않는다고 해석하여야 한다. **(대법원 2012. 3. 15. 선고 2010도3436 판결)**

제3조(처벌의 특례)

② 차의 교통으로 제1항의 죄 중 업무상과실치상죄 또는 중과실치상죄와 「도로교통법」 제151조의 죄를 범한 운전자에 대하여는 피해자의 명시적인 의사에 반하여 공소(公訴)를 제기할 수 없다. 다만, 차의 운전자가 제1항의 죄 중 업무상과실치상죄 또는 중과실치상죄를 범하고도 피해자를 구호하는 등 「도로교통법」 제54조제1항에 따른 조치를 하지 아니하고 도주하거나 피해자를 사고 장소로부터 옮겨 유기하고 도주한 경우, 같은 죄를 범하고 「도로교통법」 제44조제2항을 위반하여 음주측정 요구에 따르지 아니한 경우(운전자가 채혈 측정을 요청하거나 동의한 경우는 제외한다)와 다음 각 호의 어느 하나에 해당하는 행위로 인하여 같은 죄를 범한 경우에는 그러하지 아니하다.

3. 「도로교통법」 제17조제1항 또는 제2항에 따른 제한속도를 시속 20킬로미터 초과하여 운전한 경우

(작성례 1)

피의자는 서울○○아○○○○호 5톤 덤프트럭의 운전업무에 종사하고 있다.

피의자는 20○○. ○. ○. 23 : 30경 위 차를 운전하여 경기도 ○○군

○○면 ○○리 ○○번지 앞길을 진행 중이었는데, 그 때는 밤이므로 전방관찰이 어렵고 그 곳은 제한시속이 60km인 도로이므로 이러한 경우 운전업무를 하는 자는 속도를 줄이고 전방 및 좌우를 잘 살피면서 운전하여야 할 업무상의 주의의무가 있다. 그러나 피의자는 이를 무시한 채 시속 약 98km의 과속으로 운행한 과실로 인하여 마침 도로 오른쪽에서 왼쪽으로 횡단하던 피해자 김○○을 약 15m 전방에서 뒤늦게 발견하고 급제동하였으나 미치지 못하고 위 차의 왼쪽 앞부분으로 위 피해자를 충격하여 위 김○○에게 약 3주의 치료를 요하는 목뼈부위염좌 등의 상해를 입게 하였다.

(작성례 2)

그곳은 황색점선의 중앙선이 설치된 오른쪽으로 구부러진 곳이고 도로공사 중이어서 제한속도가 시속 30km인 도로이므로 운전업무에 종사하는 사람에게는 차선 및 제한속도를 준수하여 안전하게 운전하여야 할 업무상 주의의무가 있었다. 그럼에도 이를 게을리 한 채 제한속도를 시속 49km 초과하여 질주하다가 앞서가는 차량을 발견하고 충돌을 피하기 위하여 중앙선을 침범하여 운전한 과실로…….

※ 이 사건은 속도위반과 중앙선침범의 과실이 경합된 사례

제3조(처벌의 특례)

② 차의 교통으로 제1항의 죄 중 업무상과실치상죄 또는 중과실치상죄와 「도로교통법」 제151조의 죄를 범한 운전자에 대하여는 피해자의 명시적인 의사에 반하여 공소를 제기할 수 없다. 다만, 차의 운전자가 제1항의 죄 중 업무상과실치상죄 또는 중과실치상죄를 범하고도 피해자를 구호하는 등 「도로교통법」 제54조제1항에 따른 조치를 하지 아니하고 도주하거나 피해자를 사고 장소로부터 옮겨 유기하고 도주한 경우, 같은 죄를 범하고 「도로교통법」 제44조제2항을 위반하여 음주측정 요구에 따르지 아니한 경우(운전자가 채혈측정을 요청하거나 동의한 경우는 제외한다)와 다음 각 호의 어느 하나에 해당하는 행위로 인하여 같은 죄를 범한 경우에는 그러하지 아니하다.

4. 「도로교통법」 제21조제1항, 제22조, 제23조에 따른 앞지르기의 방법·금지시기·금지장소 또는 끼어들기의 금지를 위반하거나 같은 법 제60조제2항에 따른 고속도로에서의 앞지르기 방법을 위반하여 운전한 경우

(작성례 1)

피의자는 20○○. ○. ○. 00 : 10경 자신의 서울○○라○○○○호 4륜구동차를 운전하여 ○○시 ○○동 ○○번지 앞 편도 3차선도로의 2차선을 주행하고 있었다. 그 곳은 심하게 구부러진 도로이므로 운전업무에 종사하는 자로서는 앞지르기를 하여서는 아니됨에도 불구하고 이를 무시한 채 앞서 진행하는 피해자 성○○가 운전하는 인천○○고○○○○호 아반떼 승용차를 1차선으로 앞지르기한 과실로 피의자 운전의 차 오른쪽 앞 범퍼부분으로 피해자 운전의 차 왼쪽 뒷부분을 들이받아 그 충격으로 위 차에 타고 있던 피해자 남○○에게 약 3주간의 치료를 요하는 뇌진탕상을 입게 하였다.

(작성례 2)

그곳은 앞지르기 금지구역이므로 운전업무에 종사하는 사람에게는 앞지르기를 하지 말아야 할 업무상 주의의무가 있었다. 그럼에도 이를 게을리한 채 앞지르기를 하기 위하여 그대로 좌측(우측)으로 추월한 과실로…….

● 관련판례

◎ 교차로 진입 직전에 백색실선이 설치되어 있으나 교차로에서의 진로변경을 금지하는 내용의 안전표지가 개별적으로 설치되어 있지 않은 경우, 자동차 운전자가 교차로에서 진로변경을 시도하다가 야기한 교통사고가 교통사고처리 특례법 제3조 제2항 단서 제1호에서 정한 '도로교통법 제5조에 따른 통행금지를 내용으로 하는 안전표지가 표시하는 지시를 위반하여 운전한 경우'에 해당하는지 여부(소극)

교통사고처리 특례법 제3조 제2항 단서 제1호, 구 도로교통법(2013. 5. 22. 법률 제11780호로 개정되기 전의 것) 제14조 제4항, 제22조 제3항 제1호, 제25조, 도로교통법 시행규칙 제8조 제1항 제5호, 제2항 [별표 6]을 종합하여 볼 때, 교차로 진입 직전에 설치된 백색실선을 교차로에서의 진로변경을 금지하는 내용의 안전표지와 동일하게 볼 수 없으므로, 교차로에서의 진로변경을 금지하는 내용의 안전표지가 개별적으로 설치되어 있지 않다면 자동차 운전자가 교차로에서 진로변경을 시도하다가 교통사고를 야기하였다고 하더라도 이를 교통사고처리 특례법 제3조 제2항 단서 제1호에서 정한 '도로교통법 제5조에 따른 통행금지를 내용으로 하는 안전표지가 표시하는 지시를 위반하여 운전한 경우' 에 해당한다고 할 수 없다.(대법원 2015. 11. 12. 선고 2015도3107 판결)

제3조(처벌의 특례)

② 차의 교통으로 제1항의 죄 중 업무상과실치상죄 또는 중과실치상죄와 「도로교통법」 제151조의 죄를 범한 운전자에 대하여는 피해자의 명시적인 의사에 반하여 공소(公訴)를 제기할 수 없다. 다만, 차의 운전자가 제1항의 죄 중 업무상과실치상죄 또는 중과실치상죄를 범하고도 피해자를 구호하는 등 「도로교통법」 제54조제1항에 따른 조치를 하지 아니하고 도주하거나 피해자를 사고 장소로부터 옮겨 유기하고 도주한 경우, 같은 죄를 범하고 「도로교통법」 제44조제2항을 위반하여 음주측정 요구에 따르지 아니한 경우(운전자가 채혈 측정을 요청하거나 동의한 경우는 제외한다)와 다음 각 호의 어느 하나에 해당하는 행위로 인하여 같은 죄를 범한 경우에는 그러하지 아니하다.

5. 「도로교통법」 제24조에 따른 철길건널목 통과방법을 위반하여 운전한 경우
6. 「도로교통법」 제27조제1항에 따른 횡단보도에서의 보행자 보호의무를 위반하여 운전한 경우

(작성례 1)

피의자는 20○○. ○. ○. 20 : 30경 업무로 ○○마○○○○호 마티즈 승용차를 운전하여 ○○시 ○○동 ○○번지 앞 횡단보도상을 ○○쪽에서 ○○쪽으로 편도 1차선을 따라 시속 약40km로 진행하고 있었다. 그곳은 횡단보도가 설치된 지점이고 당시 횡단보도 주변에 보행자들이 있었으므로 자동차 운전업무에 종사하는 자로서는 그 곳 일시정지선에 일단 정지하거나 서행하면서 전방좌우를 세밀히 살펴가며 안전하게 운전하여야 할 업무상의 주의의무가 있다. 그러나 피의자는 이를 게을리 한 채 그대로 진행한 과실로 마침 그 곳 횡단보도를 따라 왼쪽에서 오른쪽으로 도로를 건너가던 피해자 안○○을 뒤늦게 발견하고 급제동조치를 취하였으나 피하지 못하고 위 승용차의 왼쪽 앞범퍼부분으로 피해자를 충격하여 그녀에게 약 8주간의 치료를 요하는 급성뇌경질막하수낭종상 등을 입게 하였다.

※ 보행자가 횡단보도가 아닌 횡단보도표시와 일시정지선 사이의 도로로 횡단하다가 치인 경우, 차량신호기가 있는 경우는 신호위반으로 의율하지만 없는 경우에는 횡단보도사고로 의율할 수 없다.

(작성례 2)

그곳은 전방에 횡단보도가 설치되어 있으므로 이러한 경우 운전업무에 종사하는 사람에게는 속도를 줄이고 전방 및 좌우를 잘 살펴 길을 건너는 사람이 있는지 여부를 확인하고 안전하게 운전하여야 할 업무상 주의의무가 있었다. 그럼에도 이를 게을리한 채 그대로 진행한 과실로…….

● 관련판례 1

◎ 자동차 운전자인 피고인이 정지선과 횡단보도가 없는 사거리 교차로의 신호등이 황색 등화로 바뀐 상태에서 교차로에 진입하였다가 甲이 운전하는 견인차량을 들이받은 과실로 甲에게 상해를 입게 함과 동시에 甲의 차량을 손괴하였다고 하여 교통사고처리 특례법 위반(치상) 및 도로교통법 위반으로 기소된 사안에서, 교차로 진입 전 정지선과 횡단보도가 설치되어 있지 않았더라도 피고인이 황색 등화를 보고서도 교차로 직전에 정지하지 않았다면 신호를 위반한 것이라고 한 사례

자동차 운전자인 피고인이 정지선과 횡단보도가 없는 사거리 교차로의 신호등이 황색 등화로 바뀐 상태에서 교차로에 진입하였다가 甲이 운전하는 견인차량을 들이받은 과실로 甲에게 상해를 입게 함과 동시에 甲의 차량을 손괴하였다고 하여 교통사고처리 특례법 위반(치상) 및 도로교통법 위반으로 기소된 사안에서, 피고인이 교차로를 직진 주행하여 교차로에 진입했다가 피고인 진행방향 오른쪽에서 왼쪽으로 주행하던 甲의 견인차량을 들이받은 점, 피고인은 당시 그곳 전방에 있는 교차로 신호가 황색으로 바뀌었음을 인식하였음에도 정지하지 않은 채 교차로 내에 진입한 점, 당시 교차로의 도로 정비 작업이 마무리되지 않아 정지선과 횡단보도가 설치되지 않았던 점 등을 종합하면, 교차로 진입 전 정지선과 횡단보도가 설치되어 있지 않았더라도 피고인이 황색 등화를 보고서도 교차로 직전에 정지하지 않았다면 신호를 위반한 것이라는 이유로, 이와 달리 보아 공소사실을 모두 무죄로 판단한 원심판결에 도로교통법 시행규칙 제6조 제2항 [별표 2]의 '황색의 등화'에 관한 법리를 오해한 잘못이 있다고 한 사례.(대법원 2018. 12. 27., 선고, 2018도14262, 판결)

● 관련판례 2

◎ 자동차 운전자의 횡단보도에서의 보행자 보호의무의 내용

교통사고처리 특례법 제3조 제2항 본문, 단서 제6호, 제4조 제1항 본문, 단서 제1호, 도로교통법 제27조 제1항의 내용 및 도로교통법 제27조 제1항의 입법 취지가 차를 운전하여 횡단보도를 지나는 운전자의 보행자에 대한 주의의무를 강화하여 횡단보도를 통행하는 보행자의 생명 · 신체의 안전을 두텁게 보호하려는 데 있음을 감안하면, 모든 차의 운전자는 신호기의 지시에 따라 횡단보도를 횡단하는 보행자가 있을 때에는 횡단보도에의 진입 선후를 불문하고 일시정지하는 등의 조치를 취함으로써 보행자의 통행이 방해되지 아니하도록 하여야 한다. 다만 자동차가 횡단보도에 먼저 진입한 경우로서 그대로 진행하더라도 보행자의 횡단을 방해하거나 통행에 아무런 위험을 초래하지 아니할 상황이라면 그대로 진행할 수 있다.(대법원 2017. 3. 15. 선고 2016도17442 판결)

제3조(처벌의 특례)

② 차의 교통으로 제1항의 죄 중 업무상과실치상죄 또는 중과실치상죄와 「도로교통법」 제151조의 죄를 범한 운전자에 대하여는 피해자의 명시적인 의사에 반하여 공소를 제기할 수 없다. 다만, 차의 운전자가 제1항의 죄 중 업무상과실치상죄 또는 중과실치상죄를 범하고도 피해자를 구호하는 등 「도로교통법」 제54조제1항에 따른 조치를 하지 아니하고 도주하거나 피해자를 사고 장소로부터 옮겨 유기하고 도주한 경우, 같은 죄를 범하고 「도로교통법」 제44조제2항을 위반하여 음주측정 요구에 따르지 아니한 경우(운전자가 채혈측정을 요청하거나 동의한 경우는 제외한다)와 다음 각 호의 어느 하나에 해당하는 행위로 인하여 같은 죄를 범한 경우에는 그러하지 아니하다.

7. 「도로교통법」 제43조, 「건설기계관리법」 제26조 또는 「도로교통법」 제96조를 위반하여 운전면허 또는 건설기계조종사면허를 받지 아니하거나 국제운전면허증을 소지하지 아니하고 운전한 경우. 이 경우 운전면허 또는 건설기계조종사면허의 효력이 정지 중이거나 운전의 금지 중인 때에는 운전면허 또는 건설기계조종사면허를 받지 아니하거나 국제운전면허증을 소지하지 아니한 것으로 본다.

(작성례 1)

피의자 홍길동(남. 27세)은 지방경찰청장이 발행하는 자동차 운전면허 없이 20○○. 1. 1. 16 : 35경 서울 성북구 ○○동 100번지 피의자 주거지 앞 노상에서 검거 장소인 강북구 ○○동 100번지 앞 노상까지 약 4킬로미터 가량을 피의자 친구인 소외 서돌쇠 소유인 37나 1234호 엘란트라 승용차량을 무면허 운전하였다.

(작성례 2)

피의자는 자동차운전면허 없이 20○○. ○. ○. 17 : 00경 서울○○마 ○○○○호 포터 화물차를 운전하여 ○○시 ○○동 ○○번지 앞 편도 1차선도로를 ○○쪽에서 ○○쪽으로 시속 약 60km로 진행하고 있었다, 당시 그 곳은 빗길이고 같은 방향으로 앞서가던 번호를 알 수 없는 승용차를 약 50m 뒤에서 따라가게 되었으므로 이러한 경우 운전을 하는 피의자로서는 앞차의 동정을 잘 살펴 사고를 미리 막아야 할 주의의무가 있다. 그러나 피의자는 이를 게을리 한 채 그냥 진행한 과실로 위 승용차가 용두리마을로 진입하기 위하여 서행하는 것을 뒤늦게 발견하고 이를 피하기 위하여 급제동조치를 하였으나 빗길에 미끄러지면서 중앙선을 넘어 피의자 차 적재함 뒷부분으로 반대차선에서 마주오던 피해자 정○○(○○세)이 운전하는 경기○○머○○○○호 1톤 봉고트럭의 운전석 앞부분을 들이받았다. 그 충격으로 위 정○○으로 하여금 약 9주의 치료를 요하는 양측정강뼈코뼈열린분쇄골절 등을, 위 봉고트럭의 조수석에 타고 있던 피해자 오○○(○○세)으로 하여금 약 3주간의 치료를 요하는 우측무릎관절부찢긴상처 등을 각 입게 하고, 위 봉고트럭에 수리비 ○○만원 상당을 들도록 손괴하여 무면허운전사고를 일으켰다.

● 관련판례

◎ 도로교통법 제96조 제1항의 '국내에 입국한 날'의 의미(=출입국관리법에 따라 적법한 입국심사절차를 거쳐 입국한 날) 및 적법한 입국심사절차를 거치지 아니하고 불법으로 입국하였으나 국제운전면허증을 소지하고 있는 경우, 도로교통법 제96조 제1항이 예외적으로 허용하는 국제운전면허증에 의한 운전을 한 경우에 해당하는지 여부(소극)

도로교통법은 제1조에서 "이 법은 도로에서 일어나는 교통상의 모든 위험과 장해를 방지하고 제거하여 안전하고 원활한 교통을 확보함을 목적으로 한다."라고 규정하고, 제80조 제1항 본문에서 "자동차 등을 운전하려는 사람은 지방경찰청장으로부터 운전면허를 받아야 한다."라고 규정하면서, 제85조 제1항에서 "운전면허를 받으려는 사람은 운전면허시험에 합격하여야 한다."라고 규정한 것을 비롯하여 운전면허를 받기 위한 자격, 결격사유, 운전면허시험, 적성검사, 운전면허의 취소 등에 관하여 상세한 규정을 두고 있고, 한편 제96조 제1항에서 외국의 권한 있는 기관에서 1949년 제네바에서 체결된 '도로교통에 관한 협약'이나 1968년 비엔나에서 체결된 '도로교통에 관한 협약' 중 어느 하나에 해당하는 협약에 따른 운전면허증(이하 '국제운전면허증'이라고 한다)을 발급받은 사람은, 제80조 제1항에 따라 지방경찰청장으로부터 운전면허를 받지 않더라도 '국내에 입국한 날부터 1년 동안만' 그 국제운전면허증으로 자동차 등을 운전할 수 있다고 규정하고 있으며, 제152조 제1호에서 제80조에 따른 운전면허(원동기장치자전거면허는 제외한다)를 받지 아니하거나 제96조에 따른 국제운전면허증을 받지 아니하고(운전이 금지된 경우와 유효기간이 지난 경우를 포함한다) 자동차를 운전한 사람을 도로교통법 위반(무면허운전)죄로 처벌하도록 하고 있다.

이러한 도로교통법의 입법 취지와 목적, 운전면허 제도, 무면허운전 처벌규정의 체계와 내용 등을 종합하여 보면, 도로교통법은 교통상의 위험 방지 및 안전 확보 등을 위하여 운전면허시험 등 도로교통법이 정한 절차에 따라 운전면허를 받은 사람에 한하여 국내 도로에서 자동차 등 운전행위를 적법하게 할 수 있도록 허가하여 주고, 그러한 운전면허를 받지 아니하고 운전하는 경우를 무면허운전으로 처벌하는 것을 원칙으로 하되, 다만 1949년 제네바에서 체결된 '도로교통에 관한 협약' 이나 1968년 비엔나에서 체결된 '도로교통에 관한 협약' 을 존중하여 그에 따른 국제운전면허증을 발급받은 사람에 대하여는 별도의 허가 없이 입국한 날부터 1년 동안에 한하여 도로교통법이 정한 절차에 따른 운전면허를 받지 아니하고도 운전을 할 수 있도록 허용하는 예외를 두고 있는 것으로 이해된다. 이와 같이 운전면허가 허가라는 행정행위로서의 성격을 가지는 이상, 도로교통법 제80조 제1항 본문에 따라 운전면허를 받을 수 있는 사람은 내국인 또는 출입국관리법이 정한 적법한 절차에 따라 대한민국에 입국한 외국인이라고 보아야 한다. 따라서 국제운전면허증에 의하여 동일한 법률적 효과를 부여받기 위해서는 마찬가지 전제가 충족되어야 한다. 그런데도 국제운전면허증에 의한 운전의 경우에는 불법으로 입국한 외국인도 도로교통법 제96조 제1항에 의한 법률적 효과를 받을 수 있다고 본다면, 운전면허를 받아야 하는 경우와는 달리 운전행위 허가를 받을 수 없는 사람에게 국내에서의 운전행위를 허용해 주는 결과가 된다.

그리고 불법으로 입국한 사람도 입국한 날부터 1년 동안 국제운전면허증에 의한 운전을 할 수 있는 것으로 해석한다면, 밀입국의 특성상 입국 시기를 객관적으로 특정하기 어려워 사실상 당사자의 주장에 의존할 수밖에 없는 경우가 많아, 적법하게 입국한 사람보다 불법으로 입국한 사람이 더 유리하게 되는 불합리한 결과를 낳게 될 위험도 있다. 그러므로 도로교통법 제96조 제1항의 '국내에 입국한 날' 은 출입국관리법에 따라 적법한 입국심사절차를 거쳐 입국한 날을 의미하고, 그러한 적법한 입국심사절차를 거치지 아니하고 불법으로 입국한 경우에는 국제운전면허증을 소지하고 있는 경우라도 도로교통법 제96조 제1항이 예외적으로 허용하는 국제운전면허증에 의한 운전을 한 경우에 해당한다고 볼 수 없다.(대법원 2017. 10. 31. 선고 2017도9230 판결)

제3조(처벌의 특례)

② 차의 교통으로 제1항의 죄 중 업무상과실치상죄 또는 중과실치상죄와 「도로교통법」 제151조의 죄를 범한 운전자에 대하여는 피해자의 명시적인 의사에 반하여 공소를 제기할 수 없다. 다만, 차의 운전자가 제1항의 죄 중 업무상과실치상죄 또는 중과실치상죄를 범하고도 피해자를 구호하는 등 「도로교통법」 제54조제1항에 따른 조치를 하지 아니하고 도주하거나 피해자를 사고 장소로부터 옮겨 유기하고 도주한 경우, 같은 죄를 범하고 「도로교통법」 제44조제2항을 위반하여 음주측정 요구에 따르지 아니한 경우(운전자가 채혈측정을 요청하거나 동의한 경우는 제외한다)와 다음 각 호의 어느 하나에 해당하는 행위로 인하여 같은 죄를 범한 경우에는 그러하지 아니하다.

8. 「도로교통법」 제44조제1항을 위반하여 술에 취한 상태에서 운전을 하거나 같은 법 제45조를 위반하여 약물의 영향으로 정상적으로 운전하지 못할 우려가 있는 상태에서 운전한 경우

(작성례 1)

피의자 홍길동(남, 28세)은 03 그 1234호 티뷰론 승용차의 운전자이다. 피의자는 20○○. 6. 25. 23 : 00경 혈중알콜농도 0.11퍼센트의 주취상태에서 서울 성북구 돈암동에 있는 상호를 모르는 술집 앞에서 같은 구 길음동 성북우체국앞까지 약 2킬로미터 가량을 음주운전을 하였다.

(작성례 2)

피의자 박돌쇠(남, 33세)는 03더 1234호 에쿠스 승용차를 운전자이다. 피의자는 20○○. 6. 25. 20 : 00경 서울시 성북구 길음동 길음시장앞에서 위 차량을 운전하여 수유리 방면으로 진행하던 중 위 차가 좌우로 비틀거리며 달리는 것을 보고 순찰차를 타고 뒤 쫒아온 종암경찰서 소속 경사 홍실동이 위 차를 정지시키고 입에서 술 냄새가 나는 피의자에 대하여 술에 취하였는지 여부를 측정하려 하였으나 그 측정에 응하지 아니하였다.

(작성례 3)

피의자 박돌쇠(남, 26세)는 일정한 직업이 없는 자이다.

(1) 피의자는 20○○. 6. 25. 15 : 30경 서울 노원구 월계동 번지를 알 수 없는 장소에서부터 성북구 장위동 100번지 높은빌딩 앞 노상까지 약 4킬로미터를 소외 김여자(여, 25세)소유 3 그1234호 스팩트라 승용차량을 혈중 알콜농도 0.11퍼센트에서 음주운전하였다.

(2) 피의자는 차량을 운전하려면 지방경찰청장발행 운전면허를 득하고 운전하여야 함에도 불구하고 운전면허 없이 위 1항과 같은 일시 및 장소에서 위 검거장소까지 약 4킬로미터를 무면허 운전하였다.

(작성례 4)

피의자는 서울○○도○○○○호 NF소나타 승용차를 운전하는 사람이다. 피의자는 20○○. ○. ○. 22 : 40경 혈중알콜농도 0.38%의 술에 취한 상태에서 위 차를 운전하여 ○○시 ○○동 ○○번지 앞길을 ○○쪽에서 ○○쪽으로 편도 2차선도로의 1차선을 따라 시속 약 50km로 진행함에 있어 같은 방향으로 앞서가는 피해자 서○○이 운전하는 서울○○두○○○○호 베르나 승용차의 뒤를 따라가게 되었다. 이러한 경우 자동차를 운전하는 자로서는 앞차의 동정을 잘 살피고 안전거리를 확보하여 사고를 미리 막아야 할 주의의무가 있음에도 이를 게을리 한 채 지나치게 근접운전한 과실로 피해자 차량이 정지신호에 따라 정차하는 것을 뒤늦게 발견하고 급제동하였으나 피의자 차량의 앞범퍼부분으로 피해자 차량의 뒷범퍼부분을 들이받아 위 서○○으로 하여금 약 2주간의 치료를 요하는 뇌진탕상 등을, 피해자 차량에 타고 있던 피해자 최○○에게 약 4내지 6주간의 치료를 요하는 교통사고상을 입혔다.

(작성례 5)

피의자는 서울○○하○○○○호 화물트럭의 운전업무에 종사하는 사람이다. 피의자는 20○○.○○.○○ 00:30경 자동차 운전면허를 받지 아니하고 혈중알콜농도 0.145%의 술에 취한 상태로 위 화물트럭을 운전하고……. 운전업무에 종사하는 사람에게는……. 업무상 주의의무가 있었다. 그럼에도 불구하고 술에 취하여 이를 게을리한 채……. 한 과실로…….

● 관련판례 1

◎ 도로교통법 제148조의2 제1항 제1호의 취지 및 위 조항 중 '제44조 제1항을 2회 이상 위반한 사람'의 의미(=2회 이상 음주운전 금지규정을 위반하여 음주운전을 하였던 사실이 인정되는 사람) / 위 조항을 적용할 때 음주운전 금지규정 위반자의 위반전력 유무와 그 횟수를 심리·판단하는 방법 및 그에 대한 증명책임 소재(=검사)

도로교통법(이하 '법'이라 한다) 제44조 제1항은 술에 취한 상태에서 자동차 등의 운전을 금지하고, 법 제148조의2 제1항 제1호는 '제44조 제1항을 2회 이상 위반한 사람'으로서 다시 같은 조 제1항을 위반하여 술에 취한 상태에서 자동차 등을 운전한 사람을 1년 이상 3년 이하의 징역이나 500만 원 이상 1천만 원 이하의 벌금에 처한다고 정하고 있다.

법 제148조의2 제1항 제1호는 행위주체를 단순히 2회 이상 음주운전 금지규정을 위반한 사람으로 정하고 있고, 이러한 음주운전 금지규정 위반으로 형을 선고받거나 유죄의 확정판결을 받은 경우 등으로 한정하고 있지 않다. 이것은 음주운전 금지규정을 반복적으로 위반하는 사람의 반규범적 속성, 즉 교통법규에 대한 준법정신이나 안전의식의 현저한 부족 등을 양형에 반영하여 반복된 음주운전에 대한 처벌을 강화하고, 음주운전으로 발생할 국민의 생명·신체에 대한 위험을 예방하며 교통질서를 확립하기 위한 것으로 볼 수 있다.

위와 같은 법 제148조의2 제1항 제1호의 문언 내용과 입법 취지 등을 종합하면, 위 조항 중 '제44조 제1항을 2회 이상 위반한 사람'은 문언 그대로 2회 이상 음주운전 금지규정을 위반하여 음주운전을 하였던 사실이 인정되는 사람으로 해석해야 하고, 그에 대한 형의 선고나 유죄의 확정판결 등이 있어야만 하는 것은 아니다. 법 제148조의2 제1항 제1호를 적용할 때 위와 같은 음주운전 금지규정 위반자의 위반전력 유무와 그 횟수는 법원이 관련 증거를 토대로 자유심증에 따라 심리·판단해야 한다. 다만 이는 공소가 제기된 범죄의 구성요건을 이루는 사실이므로, 그 증명책임은 검사에게 있다.(대법원 2018. 11. 15. 선고 2018도11378 판결)

● 관련판례 2

◎ 음주운전에 대한 수사 과정에서 음주운전 혐의가 있는 운전자에 대해 구 도로교통법 제44조 제2항에 따른 호흡측정이 이루어졌으나 호흡측정 결과에 오류가 있다고 인정할 만한 객관적이고 합리적인 사정이 있는 경우, 혈액 채취에 의한 측정 방법으로 다시 음주측정을 하는 것이 허용되는지 여부(한정 적극) 및 이때 혈액 채취에 의한 측정의 적법성이 인정되는 경우

음주운전에 대한 수사 과정에서 음주운전 혐의가 있는 운전자에 대하여 구 도로교통법(2014. 12. 30. 법률 제12917호로 개정되기 전의 것) 제44조 제2항에 따른 호흡측정이 이루어진 경우에는 그에 따라 과학적이고 중립적인 호흡측정 수치가 도출된 이상 다시 음주측정을 할 필요성은 사라졌으므로 운전자의 불복이 없는 한 다시 음주측정을 하는 것은 원칙적으로 허용되지 아니한다. 그러나 운전자의 태도와 외관, 운전 행태 등에서 드러나는 주취 정도, 운전자가 마신 술의 종류와 양, 운전자가 사고를 야기하였다면 경위와 피해 정도, 목격자들의 진술 등 호흡측정 당시의 구체적 상황에 비추어 호흡측정기의 오작동 등으로 인하여 호흡측정 결과에 오류가 있다고 인정할 만한 객관적이고 합리적인 사정이 있는 경우라면 그러한 호흡측정 수치를 얻은 것만으로는 수사의 목적을 달성하였다고 할 수 없어 추가로 음주측정을 할 필요성이 있으므로, 경찰관이 음주운전 혐의를 제대로 밝히기 위하여 운전자의 자발적인 동의를 얻어 혈액 채취에 의한 측정의 방법으로 다시 음주측정을 하는 것을 위법하다고 볼 수는 없다. 이 경우 운전자가 일단 호흡측정에 응한 이상 재차 음주측정에 응할 의무까지 당연히 있다고 할 수는 없으므로, 운전자의 혈액 채취에 대한 동의의 임의성을 담보하기 위하여는 경찰관이 미리 운전자에게 혈액 채취를 거부할 수 있음을 알려주었거나 운전자가 언제든지 자유로이 혈액 채취에 응하지 아니할 수 있었음이 인정되는 등 운전자의 자발적인 의사에 의하여 혈액 채취가 이루어졌다는 것이 객관적인 사정에 의하여 명백한 경우에 한하여 혈액 채취에 의한 측정의 적법성이 인정된다.(대법원 2015. 7. 9. 선고 2014도16051 판결).

제3조(처벌의 특례)

② 차의 교통으로 제1항의 죄 중 업무상과실치상죄 또는 중과실치상죄와 「도로교통법」 제151조의 죄를 범한 운전자에 대하여는 피해자의 명시적인 의사에 반하여 공소를 제기할 수 없다. 다만, 차의 운전자가 제1항의 죄 중 업무상과실치상죄 또는 중과실치상죄를 범하고도 피해자를 구호하는 등 「도로교통법」 제54조제1항에 따른 조치를 하지 아니하고 도주하거나 피해자를 사고 장소로부터 옮겨 유기하고 도주한 경우, 같은 죄를 범하고 「도로교통법」 제44조제2항을 위반하여 음주측정 요구에 따르지 아니한 경우(운전자가 채혈 측정을 요청하거나 동의한 경우는 제외한다)와 다음 각 호의 어느 하나에 해당하는 행위로 인하여 같은 죄를 범한 경우에는 그러하지 아니하다.

9. 「도로교통법」 제13조제1항을 위반하여 보도(步道)가 설치된 도로의 보도를 침범하거나 같은 법 제13조제2항에 따른 보도 횡단방법을 위반하여 운전한 경우
10. 「도로교통법」 제39조제3항에 따른 승객의 추락 방지의무를 위반하여 운전한 경우
11. 「도로교통법」 제12조제3항에 따른 어린이 보호구역에서 같은 조 제1항에 따른 조치를 준수하고 어린이의 안전에 유의하면서 운전하여야 할 의무를 위반하여 어린이의 신체를 상해에 이르게 한 경우

(작성례 1)

피의자는 서울○○노○○○○호 2.5톤 화물트럭의 운전업무에 종사하는 사람이다. 피의자는 20○○. ○. ○. 11 : 30경 위 차를 운전하여 ○○시 ○○동 ○○번지 앞길을 ○○역쪽에서 ○○역쪽으로 운행하던 중, 운전업무에 종사하는 자는 충분한 휴식을 취하는 등 안전운전을 위한 제반조치를 다해야 함에도 24시간동안 계속하여 운전함에 따른 과로로 인하여 졸면서 운전한 과실로 위 도로에 접한 보도를 침범하였다. 그리하여 마침 위 보도상을 보행하던 피해자 김○○을 위 차의 앞 범퍼부분으로 들이받아 쓰러뜨린 충격으로 위 김○○로 하여금 같은 날 14 : 00경 ○○병원 중환자실에서 양측가슴속출혈 및 폐타박상 등으로 사망에 이르게 하였다.

(작성례 2)

피의자는 ○○운수주식회사 소속 시내버스인 경기○○아○○○○호의 운전업무에 종사하고 있다.

피의자는 20○○. ○. ○. 08 : 40경 ○○시 ○○구 ○○동 ○○빌딩 앞 버스정류장에 일시 정차하였다가 위 정류장에서 ○○동쪽으로 출발하던 중, 이러한 경우 운전업무에 종사하는 자는 출발 전에 후사경 등을 잘 살펴 승객이 안전하게 승·하차하였는지 여부를 확인하여야 할 업무상의 주의의무가 있다. 그러나 피의자는 이를 게을리 하여 출입문을 연 채 출발한 과실로 마침 하차중에 있던 피해자 허○○를 차도에 추락케 하여 그 충격으로 위 허○○에게 약 4주간의 치료를 요하는 뇌진탕상 등을 입게 하였다.

(작성례 3)

…에 이르러 건물 지하주차장으로 진입하기 위하여 보도를 횡단하게 되었으므로 운전업무에 종사하는 사람에게는 일시 정지하여 통행하는 보행자가 없는 것을 확인하고 운전하여야 할 업무상 주의의무가 있었다. 그럼에도 이를 게을리 한 채 보도를 침범하여 운전한 과실로…….

(작성례 4)

승객을 하차시키기 위하여 정차하였다가 출발하게 되었으므로 운전업무에 종사하는 사람에게는 승객의 승하차를 확인하고 타고 내리는 문을 확실하게 닫은 후 안전하게 출발함으로써 승객이 버스에서 떨어지는 것을 방지하여야 할 업무상 주의의무가 있었다. 그럼에도 이를 게을리한 채 문이 열린 상태에서 그대로 출발한 과실로…….

(작성례 5)

그곳은 어린이보호구역으로 지정되어 있는 곳이므로 운전업무에 종사하는 사람에게는 필요한 조치를 준수하고 어린이의 안전에 유의하면서 운전해야 할 업무상 주의의무가 있었다. 그럼에도 불구하고 이를 게을리한 채 횡단보도 앞에서 시속 40km의 속도로 진행한 과실로…….

■ 기타 일반 과실유형

① 보행자 등 충돌사고

전방좌우를 잘 살피면서 안전하게 운전하여 사고를 미리 방지하여야 할 업무상 주의의무가 있었다. 그럼에도 불구하고 이를 게을리한 채 전방을 제대로 살피지 아니하고 같은 속도로 그대로 진행한 과실로 마침 좌측에서 우측으로 길을 건너는 피해자를 뒤늦게 발견하고(발견하지 못하고)…….

② 회전시의 사고

좌회전(우회전)하기 전에 전방과 좌우를 잘 살피며 진로가 안전함을 확인한 후 좌회전(우회전)하여야 할 업무상 주의의무가 있었다. 그럼에도 불구하고 이를 게을리한 채 그대로 좌회전(우회전)한 과실로…….

③ 교차로상의 사고

그곳은 교통정리가 행하여지지 않는 교차로이므로 운전업무에 종사하는 사람에게는 속도를 줄이거나 일시 정지하여 교차로에 먼저 진입하여 진행하는 차량 등이 있는지 여부를 확인하고 운전하여야 할 업무상 주의의무가 있었다. 그럼에도 불구하고 이를 게을리한 채 좌회전(우회전, 직진)한 과실로…….

④ 차량 등 추돌·충돌 사고

같은 방향으로 앞서가는 피해자 ○○○가 운전하는 ○○차(오토바이, 자전거)의 뒤를 따라가게 되었으므로 운전업무에 종사하는 사람에게는 그 동정을 잘 살피고 위 자동차(오토바이, 자전거)가 정지(진로 전방으로 진입)할 경우 피할 수 있는 안전거리를 확보하고 진행하여야 할 업무상 주의의무가 있었다. 그럼에도 불구하고 이를 게을리한 채 근접 운전한 과실로.…….

⑤ 앞지르기 · 차선변경시 사고

전방 우측 앞에 정지하고 있는(앞서가는) 자동차를 앞지르게 되었으므로 운전업무에 종사하는 사람에게는 전방과 좌우를 잘 살피고 도로상황에 따라 경음기 등으로 신호를 보내면서 안전한 속도와 방법으로 진행하여야 할 업무상 주의의무가 있었다. 그럼에도 불구하고 이를 게을리한 채 그대로 추월한 과실로…….

⑥ 차내 승객 충격사고

같은 방향으로 앞서가는 차를 뒤따라가게 되었으므로 운전업무에 종사하는 사람에게는 차내 승객의 안전을 위하여 충분한 안전거리를 확보하고 운행하는 등의 업무상 주의의무가 있었다.

⑦ 기타

그곳으로 비포장도로로 도로변의 지반이 약한 곳이므로 자동차를 도로변에 근접시키지 말아야 할 업무상 주의의무가 있었다. 그럼에도 불구하고 이를 게을리한 채 위 자동차를 우측(좌측) 도로변에 지나치게 근접시켜 운전한 과실로…….

● 관련판례 1

◎ '적색등화에 신호에 따라 진행하는 다른 차마의 교통을 방해하지 아니하고 우회전할 수 있다' 는 구 도로교통법 시행규칙 제6조 제2항 [별표 2]의 취지

구 도로교통법 시행규칙(2010. 8. 24. 행정안전부령 제156호로 개정되기 전의 것, 이하 '구 시행규칙' 이라고 한다) 제6조 제2항 [별표 2]의 조문 체계, [별표 2]는 녹색등화에 우회전 또는 비보호좌회전표시가 있는 곳에서 좌회전을 하는 경우에도 다른 교통에 방해가 되지 아니하도록 진행하여야 하나 다만 좌회전을 하는 경우에만 다른 교통에 방해가 된 때에 신호위반책임을 진다고 명시적으로 규정하고 있는 점, 비보호좌회전표시가 있는 곳에서 녹색등화에 좌회전을 하다 다른 교통에 방해가 된 경우 신호위반의 책임을 지우는 대신 안전운전의무위반의 책임만 지우도록 하기 위하여 2010. 8. 24. 행정안전부령 제156호로 구 시행규칙 [별표 2] 중 녹색등화에 관한 규정을 개정하였으나 비보호좌회전표지 · 표시가 있는 곳에서 녹색등화에 좌회전을 하더라도 여전히 반대방면에서 오는 차량 또는 교통에 방해가 되지 아니하도록 하여야 하는 점에다가 우리나라의 교통신호체계에 관한 기본태도나 그 변화 등에 비추어 보면, 적색등화에 신호에 따라 진행하는 다른 차마의 교통을 방해하지 아니하고 우회전할 수 있다는 구 시행규칙 [별표 2]의 취지는 차마는 적색등화에도 원활한 교통소통을 위하여 우회전을 할 수 있되, 신호에 따라 진행하는 다른 차마의 신뢰 및 안전을 보호하기 위하여 다른 차마의 교통을 잘 살펴 방해하지 아니하여야 할 안전운전의무를 부과한 것이고, 다른 차마의 교통을 방해하게 된 경우에 신호위반의 책임까지 지우려는 것은 아니다. (대법원 2011. 7. 28. 선고 2011도3970 판결)

● 관련판례 2

◎ 도로교통법 제48조 위반죄의 성립 요건

운전자의 안전운전의무에 관하여 규정한 도로교통법 제48조 및 그 의무위반행위에 관한 처벌규정인 구 도로교통법(2009. 12. 29. 법률 제9845호로 개정되기 전의 것) 제156조 제1호의 규정 내용과 입법 취지 등을 도로교통법의 목적에 비추어 종합해 보면, 위 법 제48조 위반죄는 운전자가 차의 조향장치 · 제동장치 또는 그 밖의 장치를 정확히 조작하지 아니하거나 도로의 교통상황 또는 차의 구조나 성능에 따르지 아니함으로써 다른 사람에게 위험과 장해를 주는 속도나 방법으로 운전한 경우에 성립하는 것으로서, 구체적인 운전의 속도나 방법을 도로의 교통상황과 차의 각종 장치 · 구조 및 성능 등 당시의 여러 사정에 비추어 객관적으로 볼 때 다른 사람에게 위험과 장해를 초래할 개연성이 높은 운전행위라고 할 수 있어야 그 죄책을 물을 수 있다고 해석된다. (대법원 2010. 11. 25. 선고 2010도7009 판결)

● 관련판례 3

◎ 황색 실선이나 황색 점선으로 된 중앙선이 설치된 도로의 어느 구역에서 좌회전이나 유턴이 허용되어 중앙선이 백색 점선으로 표시되어 있는 경우, 그 지점에서 안전표지에 따라 좌회전이나 유턴을 하기 위하여 중앙선을 넘어 운행하다가 반대편 차로를 운행하는 차량과 충돌하는 교통사고를 낸 것이 교통사고처리 특례법에서 규정한 중앙선 침범 사고인지 여부(소극)

도로교통법 제2조 제5호 본문은 '중앙선이란 차마의 통행 방향을 명확하게 구분하기 위하여 도로에 황색 실선이나 황색 점선 등의 안전표지로 표시한 선 또는 중앙분리대나 울타리 등으로 설치한 시설물을 말한다' 고 규정하고, 제13조 제3항은 '차마의 운전자는 도로(보도와 차도가 구분된 도로에서는 차도를 말한다)의 중앙(중앙선이 설치되어 있는 경우에는 그 중앙선을 말한다) 우측 부분을 통행하여야 한다' 고 규정하고, 교통사고처리 특례법 제3조 제1항, 제2항 제2호 전단은 '도로교통법 제13조 제3항을 위반하여 중앙선을 침범' 한 교통사고로 인하여 형법 제268조의 죄를 범한 경우는 피해자의 명시한 의사와 상관없이 처벌 대상이 되는 것으로 규정하고 있다.

이와 같이 도로교통법이 도로의 중앙선 내지 중앙의 우측 부분을 통행하도록 하고 중앙선을 침범하여 발생한 교통사고를 처벌 대상으로 한 것은, 각자의 진행방향 차로를 준수하여 서로 반대방향으로 운행하는 차마의 안전한 운행과 원활한 교통을 확보하기 위한 것이므로, 황색 실선이나 황색 점선으로 된 중앙선이 설치된 도로의 어느 구역에서 좌회전이나 유턴이 허용되어 중앙선이 백색 점선으로 표시되어 있는 경우, 그 지점에서 좌회전이나 유턴이 허용되는 신호 상황 등 안전표지에 따라 좌회전이나 유턴을 하기 위하여 중앙선을 넘어 운행하다가 반대편 차로를 운행하는 차량과 충돌하는 교통사고를 내었더라도 이를 교통사고처리 특례법에서 규정한 중앙선 침범 사고라고 할 것은 아니다. (대법원 2017. 1. 25., 선고, 2016도18941, 판결)

16. 근로기준법

[시행 2021. 11. 19.] [법률 제18176호, 2021. 5. 18., 일부개정]

제23조(해고 등의 제한)

① 사용자는 근로자에게 정당한 이유 없이 해고, 휴직, 정직, 전직, 감봉, 그 밖의 징벌(懲罰)(이하 "부당해고등"이라 한다)을 하지 못한다.

② 사용자는 근로자가 업무상 부상 또는 질병의 요양을 위하여 휴업한 기간과 그 후 30일 동안 또는 산전(産前)·산후(産後)의 여성이 이 법에 따라 휴업한 기간과 그 후 30일 동안은 해고하지 못한다. 다만, 사용자가 제84조에 따라 일시보상을 하였을 경우 또는 사업을 계속할 수 없게 된 경우에는 그러하지 아니하다.

(작성례)

피의자는 ○○시 ○○동 ○○번지에서 상시근로자 25명을 사용하여 대형 쇼핑몰을 경영하고 있다.

피의자는 20○○. ○. ○. 위 쇼핑몰 지하에서 기계공으로 일하던 근로자 박○○을 정당한 이유 없이 해고한 것을 비롯하여 그 때부터 같은 달 ○.까지 사이에 별지 범죄일람표 기재와 같이 피의자들이 고용한 근로자 5명을 정당한 이유 없이 해고하였다. (목록생략)

● 관련판례 1

◎ 취업규칙이나 단체협약 등의 휴직 근거 규정에 따른 사용자의 휴직명령에 근로기준법 제23조 제1항에서 정한 '정당한 이유'가 있는지 판단하는 기준

근로기준법 제23조 제1항에서 사용자는 근로자에게 정당한 이유 없이 휴직을 명하지 못한다고 제한하고 있는 점에 비추어 보면, 취업규칙이나 단체협약 등이 정한 휴직사유가 발생하였으며, 당해 휴직 근거 규정의 설정 목적과 그 실제 기능, 휴직명령권 발동의 합리성 유무 및 그로 인하여 근로자가 받게 될 신분상·경제상의 불이익 등 구체적인 사정을 모두 참작하여 근로자가 상당한 기간에 걸쳐 근로를 제공할 수 없다거나 근로를 제공하는 것이 매우 부적당하다고 인정되는 경우에만 사용자의 휴직명령에 정당한 이유가 있다고 보아야 한다. [대법원 2022.2.10., 선고, 2020다301155, 판결]

● 관련판례 2

◎ 해고사유 등의 서면통지에 관한 근로기준법 제27조의 규정 취지 및 기간제 근로계약이 종료된 후 사용자가 갱신 거절의 통보를 하는 경우에도 근로기준법 제27조가 적용되는지 여부(소극)

기간을 정하여 근로계약을 체결한 근로자의 경우 기간이 만료됨으로써 근로자로서의 신분관계는 당연히 종료되고 근로계약을 갱신하지 못하면 갱신 거절의 의사표시가 없어도 근로자는 당연 퇴직하는 것이 원칙이다. 다만 근로계약, 취업규칙, 단체협약 등에서 기간이 만료되더라도 일정한 요건이 충족되면 당해 근로계약이 갱신된다는 취지의 규정을 두고 있거나, 근로계약 당사자 사이에 일정한 요건이 충족되면 근로계약이 갱신된다는 신뢰관계가 형성되어 있어 근로자에게 근로계약이 갱신될 수 있으리라는 정당한 기대권이 인정되는 경우에는, 사용자가 합리적인 이유 없이 부당하게 근로계약 갱신을 거절하는 것은 예외적으로 그 효력이 없고, 종전의 근로계약이 갱신된 것과 동일하다고 인정하는 것이다. 그러므로 기간제 근로계약의 종료에 따른 사용자의 갱신 거절은 근로자의 의사와 관계없이 사용자가 일방적으로 근로관계를 종료시키는 해고와는 구별되는 것이고, 근로관계의 지속에 대한 근로자의 신뢰나 기대 역시 동일하다고 평가할 수는 없다.(대법원 2021. 10. 28., 선고, 2021두45114, 판결)

● 관련판례 3

◎ 근로기준법 제24조에서 정한 경영상 이유에 의한 해고의 요건 중 긴박한 경영상의 필요에 인원감축이 객관적으로 보아 합리성이 있는 경우도 포함되는지 여부(적극) 및 긴박한 경영상의 필요가 있는지 판단하는 방법

근로기준법 제24조에서 정한 경영상 이유에 의한 해고의 요건 중 긴박한 경영상의 필요란 반드시 기업의 도산을 회피하기 위한 경우에 한정되지 아니하고, 인원감축이 객관적으로 보아 합리성이 있는 경우도 포함되지만, 긴박한 경영상의 필요가 있는지는 법인의 어느 사업 부문이 다른 사업 부문과 인적·물적·장소적으로 분리·독립되어 있고 재무 및 회계가 분리되어 있으며 경영여건도 서로 달리하는 예외적인 경우가 아니라면 법인의 일부 사업 부문의 수지만을 기준으로 할 것이 아니라 법인 전체의 경영사정을 종합적으로 검토하여 판단하여야 한다. (대법원 2021. 7. 29., 선고, 2016두64876, 판결)

● 관련판례 4

◎ 사용자가 취업규칙에서 정한 해고사유에 해당한다는 이유로 근로자를 해고할 때에도 정당한 이유가 있어야 하는지 여부(적극) / 사용자가 근무성적이나 근무능

력이 불량하여 직무를 수행할 수 없는 경우에 해고할 수 있다고 정한 취업규칙 등에 따라 근로자를 해고한 경우, 해고의 정당성이 인정되기 위한 요건 및 이때 사회통념상 고용관계를 계속할 수 없을 정도인지 판단하는 기준

근로기준법 제23조 제1항은 사용자는 근로자에게 정당한 이유 없이 해고하지 못한다고 하여 해고를 제한하고 있다. 사용자가 취업규칙에서 정한 해고사유에 해당한다는 이유로 근로자를 해고할 때에도 정당한 이유가 있어야 한다. 일반적으로 사용자가 근무성적이나 근무능력이 불량하여 직무를 수행할 수 없는 경우에 해고할 수 있다고 정한 취업규칙 등에 따라 근로자를 해고한 경우, 사용자가 근로자의 근무성적이나 근무능력이 불량하다고 판단한 근거가 되는 평가가 공정하고 객관적인 기준에 따라 이루어진 것이어야 할 뿐 아니라, 근로자의 근무성적이나 근무능력이 다른 근로자에 비하여 상대적으로 낮은 정도를 넘어 상당한 기간 동안 일반적으로 기대되는 최소한에도 미치지 못하고 향후에도 개선될 가능성을 인정하기 어렵다는 등 사회통념상 고용관계를 계속할 수 없을 정도인 경우에 한하여 해고의 정당성이 인정된다. 이때 사회통념상 고용관계를 계속할 수 없을 정도인지는 근로자의 지위와 담당 업무의 내용, 그에 따라 요구되는 성과나 전문성의 정도, 근로자의 근무성적이나 근무능력이 부진한 정도와 기간, 사용자가 교육과 전환배치 등 근무성적이나 근무능력 개선을 위한 기회를 부여하였는지 여부, 개선의 기회가 부여된 이후 근로자의 근무성적이나 근무능력의 개선 여부, 근로자의 태도, 사업장의 여건 등 여러 사정을 종합적으로 고려하여 합리적으로 판단하여야 한다. **(대법원 2021. 2. 25., 선고, 2018다253680, 판결)**

● 관련판례 5

◎ 구 근로기준법 제30조 제2항에서 정한 '해고가 제한되는 휴업기간'에 해당하는지에 관한 판단 기준

구 근로기준법(2007. 4. 11. 법률 제8372호로 전부 개정되기 전의 것, 이하 '구 근로기준법'이라고 한다) 제30조 제2항에 의하면 사용자는 근로자가 업무상 부상 또는 질병의 요양을 위하여 휴업한 기간과 그 후 30일간은 해고할 수 없는데, 이는 근로자가 업무상 재해로 인하여 노동력을 상실하고 있는 기간과 노동력을 회복하기에 상당한 그 후의 30일간은 근로자를 실직의 위협으로부터 절대적으로 보호하고자 함이다. 따라서 근로자가 업무상 부상 등을 입고 치료 중이라 하더라도 휴업하지 아니하고 정상적으로 출근하고 있는 경우 또는 업무상 부상 등으로 휴업하고 있는 경우라도 요양을 위하여 휴업할 필요가 있다고 인정되지 아니하는 경우에는 위 규정에서 정한 해고가 제한되는 휴업기간에 해당하지 아니한다. 여기서 '정상적으로 출근하고 있는 경우'란 단순히 출근하여 근무하고 있다는 것으로는 부족하고 정상적인 노동력으로 근로를 제공하는 경우를 말하는 것이므로, 객관적으로 요양을 위한 휴업이 필요함에도 사용자의 요구 등 다른 사정으로 출근하여 근무하고 있는 것과 같은 경우는 이에 해당하지 아니한다. 이때 요양을 위하여 휴업이 필요한지는 업무상 부상 등의 정도, 부상 등의 치료과정 및 치료방법, 업무의 내용과 강도, 근로자의 용태 등 객관적인 사정을 종합하여 판단하여야 한다. 따라서 해고를 전후하여 근로자에 대하여 산업재해

보상보험법에 의한 요양승인이 내려지고 휴업급여가 지급된 사정은 해고가 구 근로기준법 제30조 제2항에서 정한 휴업기간 중의 해고에 해당하는지를 판단하는 데에 참작할 사유가 될 수는 있지만, 법원은 이에 기속됨이 없이 앞서 든 객관적 사정을 기초로 실질적으로 판단하여 해고 당시 요양을 위하여 휴업을 할 필요가 있는지를 결정하여야 한다. (대법원 2011. 11. 10. 선고 2009다63205 판결)

제36조(금품 청산)

사용자는 근로자가 사망 또는 퇴직한 경우에는 그 지급 사유가 발생한 때부터 14일 이내에 임금, 보상금, 그 밖의 모든 금품을 지급하여야 한다. 다만, 특별한 사정이 있을 경우에는 당사자 사이의 합의에 의하여 기일을 연장할 수 있다. 〈개정 2020. 5. 26.〉

(작성례)

피의자는 ○○시 ○○동 ○○번지에서 상시근로자 30명을 사용하여 대형 ○○상사라는 상호로 의류제조업을 경영하는 사용자이다.

피의자는 근로자가 퇴직한 경우에는 14일 이내에 퇴직금 등 일체의 금품을 지급하여야 함에도 불구하고, 20○○. ○. ○. 퇴직한 근로자 남○○의 퇴직금 ○○만원, 임금 ○○만원, 연장근로수당 ○○만원을 그 지급사유가 발생한 날로부터 14일 이내에 지급하지 아니하였다.

● 관련판례 1

◎ 건설업에서 2차례 이상 도급이 이루어지고 건설업자가 아닌 하수급인이 그가 사용한 근로자에게 임금을 지급하지 못한 경우, 하수급인의 직상 수급인은 자신에게 귀책사유가 있는지 또는 하수급인에게 대금을 지급하였는지와 관계없이 하수급인과 연대하여 하수급인이 사용한 근로자의 임금을 지급할 책임을 부담하는지 여부(적극)

근로기준법 제44조의2, 제109조(이하 '처벌조항' 이라고 한다)는 건설업에서 2차례 이상 도급이 이루어진 경우 건설산업기본법 규정에 따른 건설업자가 아닌 하수급인이 그가 사용한 근로자에게 임금을 지급하지 못할 경우 하수급인의 직상 수급인은 하수급인과 연대하여 하수급인이 사용한 근로자의 임금을 지급할 책임을 지도록 하면서 이를 위반한 직상 수급인을 처벌하도록 규정하고 있다. 이는 직상 수급인이 건설업 등록이 되어 있지 않아 건설공사를 위한 자금력 등이 확인되지 않는 자에게 건설공사를 하도급하는 위법행위를 함으로써 하수급인의 임금지급의무 불이행에 관한 추상적 위험을 야기한 잘못에 대하여, 실제로 하수급인이 임금지급의무를 이행하지 않아 이러한 위험이 현실화되었을 때 그 책임을 묻는 취지이다.

그리고 이에 따라 근로기준법 제44조의2의 적용을 받는 직상 수급인은 근로기준법 제44조의 경우와 달리 자신에게 직접적인 귀책사유가 없더라도 하수급인의 임금 미지급으로 말미암아 위와 같은 책임을 부담하고, 하수급인이 임금지급의무를 이행하는 경우에는 함께 책임을 면하게 된다.

이와 같은 처벌조항의 입법 취지와 문언 등에 비추어 보면, 건설업에서 2차례 이상 도급이 이루어지고 건설업자가 아닌 하수급인이 그가 사용한 근로자에게 임금을 지급하지 못하였다면, 하수급인의 직상 수급인은 자신에게 귀책사유가 있는지 여부 또는 하수급인에게 대금을 지급하였는지 여부와 관계없이 하수급인과 연대하여 하수급인이 사용한 근로자의 임금을 지급할 책임을 부담한다고 봄이 타당하다. (대법원 2019. 10. 31., 선고, 2018도9012, 판결)

● 관련판례 2

◎ 사용자와 근로자가 매월 지급하는 월급이나 매일 지급하는 일당과 함께 퇴직금으로 일정한 금원을 미리 지급하기로 약정한 경우, 그 '퇴직금 분할 약정'의 효력(원칙적 무효) 및 무효인 위 약정에 의하여 이미 지급한 퇴직금 명목의 금원이 부당이득에 해당하는지 여부(적극)

사용자와 근로자가 매월 지급하는 월급이나 매일 지급하는 일당과 함께 퇴직금으로 일정한 금원을 미리 지급하기로 약정(이하 '퇴직금 분할 약정'이라 한다)하였다면, 그 약정은 구 근로기준법(2005. 1. 27. 법률 제7379호로 개정되기 전의 것) 제34조 제3항 전문 소정의 퇴직금 중간정산으로 인정되는 경우가 아닌 한 최종 퇴직 시 발생하는 퇴직금청구권을 근로자가 사전에 포기하는 것으로서 강행법규인 같은 법 제34조에 위배되어 무효이고, 그 결과 퇴직금 분할 약정에 따라 사용자가 근로자에게 퇴직금 명목의 금원을 지급하였다 하더라도 퇴직금 지급으로서의 효력이 없다. 그런데 근로관계의 계속 중에 퇴직금 분할 약정에 의하여 월급이나 일당과는 별도로 실질적으로 퇴직금을 미리 지급하기로 한 경우 이는 어디까지나 위 약정이 유효함을 전제로 한 것인바, 그것이 위와 같은 이유로 퇴직금 지급으로서의 효력이 없다면, 사용자는 본래 퇴직금 명목에 해당하는 금원을 지급할 의무가 있었던 것이 아니므로, 위 약정에 의하여 이미 지급한 퇴직금 명목의 금원은 같은 법 제18조 소정의 '근로의 대가로 지급하는 임금'에 해당한다고 할 수 없다. 이처럼 사용자가 근로자에게 퇴직금 명목의 금원을 실질적으로 지급하였음에도 불구하고 정작 퇴직금 지급으로서의 효력이 인정되지 아니할 뿐만 아니라 같은 법 제18조 소정의 임금 지급으로서의 효력도 인정되지 않는다면, 사용자는 법률상 원인 없이 근로자에게 퇴직금 명목의 금원을 지급함으로써 위 금원 상당의 손해를 입은 반면 근로자는 같은 금액 상당의 이익을 얻은 셈이 되므로, 근로자는 수령한 퇴직금 명목의 금원을 부당이득으로 사용자에게 반환하여야 한다고 보는 것이 공평의 견지에서 합당하다. (대법원 2010. 5. 20. 선고 2007다90760 전원합의체 판결)

제43조(임금 지급)

① 임금은 통화(通貨)로 직접 근로자에게 그 전액을 지급하여야 한다. 다만, 법령 또는 단체협약에 특별한 규정이 있는 경우에는 임금의 일부를 공제하거나 통화 이외의 것으로 지급할 수 있다.

② 임금은 매월 1회 이상 일정한 날짜를 정하여 지급하여야 한다. 다만, 임시로 지급하는 임금, 수당, 그 밖에 이에 준하는 것 또는 대통령령으로 정하는 임금에 대하여는 그러하지 아니하다.

(작성례)

피의자는 ○○시 ○○동 ○○번지에서 상시근로자 15명을 사용하여 ○○정밀이라는 상호로 컴퓨터부품제조업을 경영하는 사용자이다.

피의자는 20○○. ○. ○.부터 같은 해 ○. ○.까지 사이에 소속근로자인 배○○ 외 16명에 대한 연장근로수당 ○○만원, 문○○ 외 6명에 대한 야간근로수당 ○○만원, 이○○ 외 7명에 대한 휴일근로수당 ○○만원 등 별지목록과 같이 합계 ○○만원의 임금을 매월 정기지급일인 30일에 지급하지 아니하였다(별지 목록생략).

■ 적용실례

◇ 내부징계이유로 임금을 지급기일에 지급치 않은 경우

회사소속 운전사가 접촉사고를 내자 경각심을 준다는 이유로, 당일분임금을 정기지급일에 지급하지 않고 그 다음 달에 지급하도록 한 경우

※ 위 회사의 단체협약이나 취업규정을 보아 사고를 낸 경우 일당을 지연지급 할 수 있는 근거가 없다면, 본 건은 임금정기지급일에 임금을 지급하지 않은 것으로 범죄가 성립하며, 내부징계에 의한 지연지급이라는 이유로 무혐의 처리할 수 없다.

● 관련판례 1

◎ 사용자가 선택적 복지제도를 시행하면서 단체협약, 취업규칙 등에 근거하여 근로자들에게 계속적·정기적으로 배정한 복지포인트가 근로기준법에서 정한 임금 및 통상임금에 해당하는지 여부(소극)

사용자가 근로자에게 지급하는 금품이 임금에 해당하려면 먼저 그 금품이 근로의 대

상으로 지급되는 것이어야 하므로 비록 금품이 계속적 · 정기적으로 지급된 것이라 하더라도 그것이 근로의 대상으로 지급된 것으로 볼 수 없다면 임금에 해당한다고 할 수 없다. 여기서 어떤 금품이 근로의 대상으로 지급된 것이냐를 판단함에 있어서는 금품지급의무의 발생이 근로제공과 직접적으로 관련되거나 그것과 밀접하게 관련된 것으로 볼 수 있어야 한다.

사용자가 선택적 복지제도를 시행하면서 직원 전용 온라인 쇼핑사이트에서 물품을 구매하는 방식 등으로 사용할 수 있는 복지포인트를 단체협약, 취업규칙 등에 근거하여 근로자들에게 계속적 · 정기적으로 배정한 경우라고 하더라도, 이러한 복지포인트는 근로기준법에서 말하는 임금에 해당하지 않고, 그 결과 통상임금에도 해당하지 않는다.(대법원 2019. 8. 22., 선고, 2016다48785, 전원합의체 판결)

● 관련판례 2

◎ 근로기준법 제43조, 제109조 제1항의 입법 취지 및 사용자가 어느 임금의 지급기일에 임금 전액을 지급하지 아니한 경우, 위 규정을 위반한 죄가 성립하는지 여부(적극)

근로기준법 제43조에 의하면, 임금은 통화로 직접 근로자에게 그 전액을 지급하여야 하고(제1항), 매월 1회 이상 일정한 날짜를 정하여 지급하여야 한다(제2항). 그리고 근로기준법 제109조 제1항은 근로기준법 제43조를 위반한 행위를 처벌하도록 정하고 있다. 이는 사용자로 하여금 매월 일정하게 정해진 기일에 근로자에게 근로의 대가 전부를 직접 지급하게 강제함으로써 근로자의 생활안정을 도모하려는 데에 입법 취지가 있으므로, 사용자가 어느 임금의 지급기일에 임금 전액을 지급하지 아니한 경우에는 위 각 규정을 위반한 죄가 성립한다.(대법원 2017. 7. 11., 선고, 2013도7896, 판결)

● 관련판례 3

◎ 감시 · 단속적 근로 등과 같이 근로시간의 산정이 어려운 경우가 아님에도 근로시간 수와 상관없이 일정액을 법정수당으로 지급하는 포괄임금제 방식의 임금 지급계약을 체결하는 것이 허용되는지 여부(소극)

감시 · 단속적 근로 등과 같이 근로시간의 산정이 어려운 경우가 아니라면 달리 근로기준법상의 근로시간에 관한 규정을 그대로 적용할 수 없다고 볼 만한 특별한 사정이 없는 한 근로기준법상의 근로시간에 따른 임금지급의 원칙이 적용되어야 할 것이므로, 이러한 경우에도 근로시간 수에 상관없이 일정액을 법정수당으로 지급하는 내용의 포괄임금제 방식의 임금 지급계약을 체결하는 것은 그것이 근로기준법이 정한 근로시간에 관한 규제를 위반하는 이상 허용될 수 없다.(대법원 2010. 5. 13. 선고 2008다6052 판결)

● 관련판례 4

◎ 구 근로기준법 제19조 등에 따라 산정한 평균임금이 특수하고 우연한 사정에 의한 임금액 변동에 따라 통상의 경우보다 현저하게 적거나 많은 경우, 평균임금의 산정 방법

구 근로기준법(2003. 9. 15. 법률 제6974호로 개정되기 전의 것) 제19조와 구 근로기준법 시행령(2003. 12. 11. 대통령령 제18158호로 개정되기 전의 것) 제2조 등이 정한 원칙에 따라 평균임금을 산정하였다고 하더라도, 근로자의 퇴직을 즈음한 일정 기간 특수하고 우연한 사정으로 인하여 임금액 변동이 있었고, 그 때문에 위와 같이 산정된 평균임금이 근로자의 전체 근로기간, 임금액이 변동된 일정 기간의 장단, 임금액 변동의 정도 등을 비롯한 제반 사정을 종합적으로 평가해 볼 때 통상의 경우보다 현저하게 적거나 많게 산정된 것으로 인정되는 예외적인 경우라면, 이를 기초로 퇴직금을 산출하는 것은 근로자의 통상적인 생활임금을 기준으로 퇴직금을 산출하고자 하는 근로기준법의 정신에 비추어 허용될 수 없는 것이므로, 근로자의 통상적인 생활임금을 사실대로 반영할 수 있는 합리적이고 타당한 다른 방법으로 그 평균임금을 따로 산정하여야 한다. 그러나 근로자의 평균임금이 위와 같이 통상의 경우보다 현저하게 적거나 많다고 볼 예외적인 정도까지 이르지 않은 경우에는 구 근로기준법 제19조 등이 정한 원칙에 따라 평균임금을 산정하여야 하고, 다만 그 금액이 통상임금보다 저액일 경우에는 그 통상임금액을 평균임금으로 할 수 있을 뿐이다. (대법원 2009. 5. 28. 선고 2006다17287 판결)

● 관련판례 5

◎ 사용자가 근로자에 대한 임금이나 퇴직금을 지급할 수 없었던 불가피한 사정이 인정되는 경우, 근로기준법이나 근로자퇴직급여 보장법에서 정하는 임금 및 퇴직금 등의 기일 내 지급의무 위반죄의 책임조각사유가 되는지 여부(적극)

기업이 불황이라는 사유만으로 사용자가 근로자에 대한 임금이나 퇴직금을 체불하는 것은 허용되지 아니하지만, 모든 성의와 노력을 다했어도 임금이나 퇴직금의 체불이나 미불을 방지할 수 없었다는 것이 사회통념상 긍정할 정도가 되어 사용자에게 더 이상의 적법행위를 기대할 수 없거나 불가피한 사정이었음이 인정되는 경우에는 그러한 사유는 근로기준법이나 근로자퇴직급여 보장법에서 정하는 임금 및 퇴직금 등의 기일 내 지급의무 위반죄의 책임조각사유로 된다.(대법원 2015. 2. 12., 선고, 2014도12753, 판결)

제94조(규칙의 작성, 변경 절차)

① 사용자는 취업규칙의 작성 또는 변경에 관하여 해당 사업 또는 사업장에 근로자의 과반수로 조직된 노동조합이 있는 경우에는 그 노동조합, 근로자의 과반수로 조직된 노동조합이 없는 경우에는 근로자의 과반수의 의견을

들어야 한다. 다만, 취업규칙을 근로자에게 불리하게 변경하는 경우에는 그 동의를 받아야 한다.
② 사용자는 제93조에 따라 취업규칙을 신고할 때에는 제1항의 의견을 적은 서면을 첨부하여야 한다.

(작성례)

피의자는 경기도 ㅇㅇ군 ㅇㅇ면 ㅇㅇ리 ㅇㅇ번지에서 ㅇㅇ피혁이라는 상호로 상시근로자 20명을 고용하여 가죽제품제조업을 경영하는 사용자이다.

피의자는 20ㅇㅇ. ㅇ. ㅇ. 위 ㅇㅇ피혁공장을 설립한 이후 같은 해 ㅇ. ㅇ.까지 상시근로자 20명을 사용하면서도 관할관청에 취업규칙을 작성하여 신고하지 아니하였다.

● 관련판례 1

◎ 근로기준법 제94조에서 정한 집단적 동의를 받아 근로자에게 불리한 내용으로 취업규칙이 변경된 경우, 변경된 취업규칙의 기준에 따라 그보다 유리한 근로조건을 정한 기존의 개별 근로계약의 내용이 변경되는지 여부(소극) 및 이때 근로자의 개별적 동의가 없는 한 취업규칙보다 유리한 근로계약의 내용이 우선하여 적용되는지 여부(적극)

근로기준법 제97조는 "취업규칙에서 정한 기준에 미달하는 근로조건을 정한 근로계약은 그 부분에 관하여는 무효로 한다. 이 경우 무효로 된 부분은 취업규칙에 정한 기준에 따른다."라고 정하고 있다. 위 규정은, 근로계약에서 정한 근로조건이 취업규칙에서 정한 기준에 미달하는 경우 취업규칙에 최저기준으로서의 강행적·보충적 효력을 부여하여 근로계약 중 취업규칙에 미달하는 부분을 무효로 하고, 이 부분을 취업규칙에서 정한 기준에 따르게 함으로써, 개별적 노사 간의 합의라는 형식을 빌려 근로자로 하여금 취업규칙이 정한 기준에 미달하는 근로조건을 감수하도록 하는 것을 막아 종속적 지위에 있는 근로자를 보호하기 위한 규정이다. 이러한 규정 내용과 입법 취지를 고려하여 근로기준법 제97조를 반대해석하면, 취업규칙에서 정한 기준보다 유리한 근로조건을 정한 개별 근로계약 부분은 유효하고 취업규칙에서 정한 기준에 우선하여 적용된다.

한편 근로기준법 제94조는 "사용자는 취업규칙의 작성 또는 변경에 관하여 해당 사업 또는 사업장에 근로자의 과반수로 조직된 노동조합이 있는 경우에는 노동조합, 근로자의 과반수로 조직된 노동조합이 없는 경우에는 근로자의 과반수의 의견을 들어야 한다. 다만 취업규칙을 근로자에게 불리하게 변경하는 경우에는 그 동의를 받아야 한다."라고 정하고 있다. 위 규정은 사용자가 일방적으로 정하는 취업규칙을 근로자에게 불리하게 변경하려고 할 경우 근로자를 보호하기 위하여 위와 같은 집단적 동의를 받을 것을 요건으로 정한 것이다. 그리고 근로기준법 제4조는 "근로조건은 근로자와 사용자가 동등한 지위에서 자유의사에 따라 결정하여야 한다." 라고 정하고 있다. 위 규정은 사용자가 일방적으로 근로조건을 결정하여서는 아니 되고, 근로조건은 근로관계 당사자 사이에서 자유로운 합의에 따라 정해져야 하는 사항임을 분명히 함으로써 근로자를 보호하고자 하는 것이 주된 취지이다. 이러한 각 규정 내용과 그 취지를 고려하면, 근로기준법 제94조가 정하는 집단적 동의는 취업규칙의 유효한 변경을 위한 요건에 불과하므로, 취업규칙이 집단적 동의를 받아 근로자에게 불리하게 변경된 경우에도 근로기준법 제4조가 정하는 근로조건 자유결정의 원칙은 여전히 지켜져야 한다.

따라서 근로자에게 불리한 내용으로 변경된 취업규칙은 집단적 동의를 받았다고 하더라도 그보다 유리한 근로조건을 정한 기존의 개별 근로계약 부분에 우선하는 효력을 갖는다고 할 수 없다. 이 경우에도 근로계약의 내용은 유효하게 존속하고, 변경된 취업규칙의 기준에 의하여 유리한 근로계약의 내용을 변경할 수 없으며, 근로자의 개별적 동의가 없는 한 취업규칙보다 유리한 근로계약의 내용이 우선하여 적용된다.(대법원 2019. 11. 14., 선고, 2018다200709, 판결)

● 관련판례 2

◎ 취업규칙의 작성 또는 변경이 사회통념상 합리성이 있다고 인정되는 경우, 근로자의 집단적 의사결정 방법에 의한 동의가 없다는 이유만으로 적용을 부정할 수 있는지 여부(소극) 및 취업규칙의 작성 또는 변경에 사회통념상 합리성이 있는지 판단하는 기준

사용자가 일방적으로 새로운 취업규칙의 작성·변경을 통하여 근로자가 가지고 있는 기득의 권리나 이익을 박탈하여 불이익한 근로조건을 부과하는 것은 원칙적으로 허용되지 아니하지만, 해당 취업규칙의 작성 또는 변경이 필요성 및 내용의 양면에서 보아 그에 의하여 근로자가 입게 될 불이익의 정도를 고려하더라도 여전히 당해 조항의 법적 규범성을 시인할 수 있을 정도로 사회통념상 합리성이 있다고 인정되는 경우에는 종전 근로조건 또는 취업규칙의 적용을 받고 있던 근로자의 집단적 의사결정 방법에 의한 동의가 없다는 이유만으로 그의 적용을 부정할 수는 없다. 그리고 취업규칙의 작성 또는 변경에 사회통념상 합리성이 있다고 인정되려면 실질적으로는 근로자에게 불리하지 아니하는 등 근로자를 보호하려는 근로기준법의 입법 취지에 어긋나지 않아야 하므로, 여기에서 말하는 사회통념상 합리성의 유무는 취업규칙의 변경 전후를 비교하여 취업규칙의 변경 내용 자체로 인하여 근로자가 입게 되는 불이익의 정도, 사용자 측의 변경 필요성의 내용과 정도, 변경 후의 취업규칙 내용의 상당성, 대상(代償)조치 등을 포함한 다른 근로조건의 개선상황, 취업규칙 변경에 따라 발생할 경쟁력 강화 등 사용자 측의 이익 증대 또는 손실 감소를 장기적으로 근로자들도 함께 향유할 수 있는지에 관한 해당 기업의 경영행태, 노동조합 등과의 교섭 경위 및 노동조합이나 다른 근로자의 대응, 동종 사항에 관한 국내의 일반적인 상황 등을 종합적으로 고려하여 판단하여야 한다. 다만 취업규칙을 근로자에게 불리하게 변경하는 경우에 동의를 받도록 한 근로기준법 제94조 제1항 단서의 입법 취지를 고려할 때, 변경 전후의 문언을 기준으로 하여 취업규칙이 근로자에게 불이익하게 변경되었음이 명백하다면, 취업규칙의 내용 이외의 사정이나 상황을 근거로 하여 그 변경에 사회통념상 합리성이 있다고 보는 것은, 이를 제한적으로 엄격하게 해석·적용하여야 한다. (대법원 2015. 8. 13., 선고, 2012다43522, 판결)

제108조(벌칙)

근로감독관이 이 법을 위반한 사실을 고의로 묵과하면 3년 이하의 징역 또는 5년 이하의 자격정지에 처한다.

제109조(벌칙)

① 제36조, 제43조, 제44조, 제44조의2, 제46조, 제51조의3, 제52조제2항제2호, 제56조, 제65조, 제72조 또는 제76조의3제6항을 위반한 자는 3년 이하의 징역 또는 3천만원 이하의 벌금에 처한다. 〈개정 2007. 7. 27., 2017. 11. 28., 2019. 1. 15., 2021. 1. 5.〉

② 제36조, 제43조, 제44조, 제44조의2, 제46조, 제51조의3, 제52조제2항제2호 또는 제56조를 위반한 자에 대하여는 피해자의 명시적인 의사와 다르게 공소를 제기할 수 없다. 〈개정 2007. 7. 27., 2021. 1. 5.〉

■ 적용실례

◇ 인사위원회 의결을 거치는 절차를 위반한 경우

※ 해고 사유는 정당하나 인사위원회의 의결을 거치는 절차를 위반한 사안으로서 근로기준법상 해고절차 위반을 처벌할 근거 규정이 없어 범죄 혐의없다.

◇ 피의자경영의 양복점에서 종업원으로 일하던 진정인 허○○이 업무상 오토바이를 운전하다가 교통사고를 당하는 부상을 당하여 치료한데 대한 치료비, 휴업수당, 임금 등을 지급하지 아니하고, 진정인을 채용하면서 근로조건을 명시하지 아니하고, 사업장에 임금대장을 작성하여 필요사항을 기재하지 아니한 것이라고 함에 있는 경우

※ 위 양복점의 당시 근로자수는 재단보조 및 잡역부 1, 2명을 합하여 3명에 지나지 아니하고 위 양복점의 성수기에 일시적으로 재봉일을 도급받아 일을 하고 작업량

에 따라 보수를 받는 사건 외 허○○ 등 3명은 위 양복점 대표인 피의자의 지휘감독하에서 종속되어 있지 않고 독립적인 지위에서 일하고 있으므로 당시 근로자에 포함하지 아니함에도 위 양복점을 동인들을 포함한 6, 7인의 상시근로자를 고용한 사업체로 인정하여 근로기준법 제규정을 적용한 것은 법리오해이다.

◇ 피의자의 대리인이 지방근로위원회에 출석, 허위증언 한 경우

※ 회사대표인 피의자의 대리인이 부당노동행위의 구제신청 사건을 조사 중인 지방노동위원회에 출석하여 허위증언을 하였다는 사안인 바, 근로기준법을 적용하였으나, 노동위원회의 조사활동을 방해하는 행위는 노동위원회법 제23조, 제16조 제1항에 해당하는 것이므로, '노동위원회법위반' 으로 의율하였어야 한다.

◇ 근로자가 전기공사를 하던 중 사망하여 보상치 않은 경우

※ 피의자 도○○가 전기공사를 하던 중 사망한 근로자 조○○에 대한 유족보상을 하지 아니한 사안인 바, 주식회사 ○○건설 이사 김○○, 참고인 김○○, 도○○, 이○○의 각 진술에 의하면 피의자는 위 공사장의 건축주에 불과할 뿐 사망한 조○○의 사용자라 볼 수 없음에도 만연히 기소의견으로 처리함으로써 고용관계에 대한 수사미진 및 법리오해의 잘못이 있다.

◇ 국립병원장인 피의자 김○○가 일용직 근로자들에 대한 휴업근로수당 등을 미지급한 경우

※ 피의자 자신은 ○○대학교 의과대학 교수로 재직중 20○○. ○○. ○○. 동대학 부속병원장으로 겸직 발령을 받아 같은 달 ○○.부터 1년간 병원장 직책을 수행하고 있는데, 위 병원은 국립병원이므로 원장인 자신 역시 국가에 고용된 공무원으로서 이미 편성되어진 국가예산에 따라 인건비를 지출할 수 있을 뿐이며 최근 정식 국가공무원이 아닌 일부 일용잡급직 직원에 대한 야간근로수당 지급문제 등이 논의되어 교육부 등에 이들에 대한 수당지급을 위한 예산배정 요청 등을 하였으나, 아직 이를 위한 국가예산이 책정, 영달되지 아니하여 지급치 못한 것일 분 일부러 이들에 대한 수당지급을 기피한 사실은 전혀 없으며, 생리휴가는 그동안 청구한 사람이 없어 실시치 아니하였으나, 20○○. ○○. ○○.부터는 여성근로자가 생리휴가를 청구할 경우 실시하고 있다는 취지로 변소하는 바, 이○○, 윤○○도 일용직 근로자들에 대한 제수당을 지급하고자 교육부 등에 공문을 발

송하는 등 필요한 조치를 취하였으나 예산확보가 되지 아니하여 지급치 못하였으며, 일용잡급 예산배정 및 예산항목 전용에 대한 재정경제부의 승인도나지 아니하여 일용직 근로자들에 대한 제수당을 지급치 못한 것이라고 진술하고 있고, 일용근로자 휴일수당 및 휴가실시건에 대한 공문내용, ○○년도 초과수입금 사용신청 공문내용들이 이에 부합되며, 생리휴가 미실시 부분에 대하여는 고소인도 그동안 생리휴가 청구사실은 없었음을 자인하고 있으므로 피의자의 신분, 권한, 수당 미지급경위 등 제반정황에 비추어 피의자에 대한 범의를 확정키 어려우며 그밖에 달리 피의사실을 인정할 만한 자료가 없어 범죄혐의 인정하기 어려운 사안이다.

◇ 만 19세 접대부를 주점에 취업시켜 고용한 경우

※ 피의자가 만 19세의 차○○을 피의자 주점에 취업시켜 접대부로 고용한 사안인바, 근로기준법 제51조, 동법시행령 제43조에 의하면 동규정은 18세 미만인 자를 보호하기 위한 규정이므로 그 혐의없다.

◇ 피의자 김○○가 경영하는 회사의 생산계장인 피의자 김○○가 고소인을 폭행하고 임금을 미지급한 경우

※ 피의자 김○○는 근로자에 관한 사항에 대하여 사업주인 피의자 김○○를 위하여 행위하는 자이므로 피의자 김○○도 근로자 폭행의 점에 대한 근로기준법 위반으로 입건하는 것이 타당하다.

◇ 법리를 오해한 사례

※ 피의자 김○○이 근로자 박○○의 임금 25만원을 미청산한 사안인 바, 피의자 경영 사업장은 상시근로자 5인 미만 사업장이므로 근로기준법 제10조 단서 및 동법 시행령 제1조에 따라 범죄 혐의없다 할 것이다.

◇ 경찰관이 근로기준법 위반사건을 입건 수사한 경우

※ 주점에서 18세 미만자를 고용한 경우를 경찰관이 이를 근로기준법위반으로 의율하였으나, 근로기준법 위반사범의 수사는 검사와 근로감독관만이 행하도록 되어 있고, 경찰관에게는 수사권이 없으므로 본건은 조사권이 없는 자가 불법조사를 한 것이다.

◇ 혐의없음에도 기소의견으로 처리한 사례

※ 이 건은 고소인이 ○○산업사 대표 정○○ 외 2명을 상대로 고소한 사안이므로 피고소인 3명을 모두 피의자로 적시 그 혐의 유무 등을 판단하여야 함에도 만연히 위 정○○ 1명만을 피의자로 송치하였을 뿐 아니라 이 건 기록을 검토해 보면, 위 정○○은 고소인이 상피의자 박○○가 싸운 후 2일간 연속 결근하기에 고소인에게 작업준비가 되지 않았으니 오늘(야간근무)은 돌아가고 내일부터는 주간근무를 하도록 하였을 뿐 도인을 정당한 이유없이 해고한 적은 없다고 변명하고 참고인 박○○, 이○○ 등의 진술이 위 변소에 부합하고, 이에 반하는 고소인의 일방적 진술만으로는 피의사실을 확정하기에 부족하며 달리 피의사실을 인정할만한 아무런 자료가 없으므로 결국 그 범죄혐의 없음에 귀착됨에도 불구하고 만연히 위 정○○에 대하여 근로기준법위반(부당해고)으로 의율 기소의견으로 처리한 잘못이 있다.

◇ 혐의없음에도 기소중지의견으로 처리한 사례

※ 당시 근로자 4명인 사업체에서 임금지급사유가 발생한 날로부터 14 일 내에 지급하지 아니하였다고 고소한 사건인 바, 상시근로자 4명인 경우 근로기준법 적용대상이 아니므로 당연히 혐의없는 사안인데도 피의자가 소재불명이라는 이유로 기소중지 의견으로 처리하였다.

◇ 취업규정에 의거 해고한 경우

※ 피의자가 동인을 해고한 것은 동인이 교통사고를 내어 보험비율이 40% 증가되었고, 또 20일 면허정지처분을 받았기에 더 이상 운전기사로 근무시킬 수 없어 취업규정에 의거 해고한 것이므로 정당한 이유가 있다고 보아야 하므로 범죄혐의 없다.

◇ 피의자가 근로조합을 결성한다는 이유로 근로자를 해고한 경우

※ 노동조합법위반과 근로기준법위반으로 의율하였으나 노동조합법은 근로기준법의 특별법일 뿐만 아니라 근로기준법보다 신법이므로 노동조합법 위반으로 의율하였어야 할 것이고, 고소를 취소한 근로자들에 대하여는 노동조합법상 부당노동행위는 반의사불벌죄(동법 제46조의2단서 참조)이므로 그 부분에 대하여는 공소권 없음 의견으로, 노동조합법상 부당 노동행위에 대하여는 양벌규정(동법 제50조)이 적용되므로 대표이사 개인뿐만 아니라 법인에 대하여 입건하여야 한다.

◇ 피의자 오○○가 노동쟁의 수단으로 폭력을 행사한 경우

※ 피의자가 상해죄로 형사 입건되어 처벌받았음에도 본건을 근로기준법위반으로 의율하였으나 양자는 법조경합관계이므로 공소권 없음 의견으로 처리하여야 하고 다시 경합범으로 처벌할 수 없다.

◇ 경찰관이 근로기준법 위반사건을 입건 수사한 경우

※ 주점에서 18세 미만자를 고용한 경우를 경찰관이 이를 근로기준법위반으로 의율하였으나, 근로기준법 위반사범의 수사는 검사와 근로감독관만이 행하도록 되어 있고, 경찰관에게는 수사권이 없으므로 본건은 조사권이 없는 자가 불법조사를 한 것임.

◇ 퇴직금 지급기일의 해석을 잘못한 사례

※ 근로기준법 제109조, 제30조 위반으로 의율하면서 당사자 사이에 퇴직금 지급기일 연장이 합의된 20○○. 10. 23.부터 14일 이내 퇴직금지급을 하지 아니한 것으로 범죄사실 적시하였는바, 동법 제30조 단서에 의한 당사자 간 합의에 의한 지급기일 연장은 동법 시행령 제12조에 의하여 3월을 초과하지 못하는 것이고, 그 연장 합의된 지급기일까지 금품 지급을 하지 아니하면 그 기일 도과로서 동조 위반이 되는 것이고, 그로부터 다시 14일의 유예기간이 경과하여야 하는 것이 아니므로 이 건의 경우는 퇴직일인 20○○. 4. 30.부터 3개월이 되는 같은 해 7. 30.까지 금품정산을 하지 아니하면 근로기준법 제30조 위반의 책임은 성립하는 것이다.

◇ 고정월급제로 고용된 경비원의 각종 수당지급 여부

※ 고정 월급제로 고용된 경비원이 연장 및 야간근로수당, 휴일수당 등을 지급받지 못했다는 사안의 경우에 이를 금품 미정산으로 의율하였으나, 진정인은 주야간 2교대 근무형태와 고정월급제 등의 고용조건을 알면서 취업했고, 진정인의 업무내용이나 근로시간 등은 재직기간동안 별다른 변동이 없었고, 취업 이래 계속하여 고정월급을 지급받았으며 또한 이에 대한 이의를 제기한 바 없음이 인정되는 바, 그렇다면 위 월급 중에는 연장, 야간 및 휴일근로수당 등 제 수당이 포함되어 있었다 할 것이므로 범죄 혐의 없다 할 것이다.

◇ 기숙사 부대시설을 제대로 갖추지 않은 경우

※ 버스 회사의 부설 기숙사를 습윤한 장소에 설치하고, 안내양 기숙사화장실을 제대로 갖추지 않았다 하더라도 이는 근로기준법 제64조, 근로보건관리규정 및 근로안전관리규정 소정의 사용자가 강구해야할 보건 및 안전시설에 해당하지 않으므로 동법 위반으로 의율할 수 없다.

◇ 1년 동안 5회 교통사고를 낸 운전사를 해고한 경우

※ 시내버스 회사에서 1년 동안에 5번 교통사고를 야기한 운전사를 해고한 경우에 위 회사 대표이사를 근로기준법상의 부당 해고로 의율하였으나, 단체협약과 동 회사의 취업규정에 의하면, 교통사고가 빈번할 때나 고의 또는 중대한 과실로 인하여 회사에 재산상 손해를 끼친 경우에는 근로자를 해고할 수 있도록 되어 있고, 1년 동안에 5회나 사고를 낸 경우는 위 해고사유에 해당된다고 보여져, 정당한 이유가 있다 할 것이므로 본건은 범죄혐의 없다 할 것이다.

◇ 고소사실조사를 위한 근로감독관의 출석요구에 불응한 경우

※ 근로기준법 위반 피고소인이 근로감독관으로부터 수차의 출석요구를 받고도 이에 불응한 사안인 바, 이를 근로기준법 위반(제111조 제5호, 제12조)으로 의율하였으나, 동법 제12조의 보고, 출석의무는 근로기준법 시행에 필요한 행정감독의 목적일 경우에만 인정된다 할 것이고, 위 출석 요구는 고소사건 조사를 위한 것임이 명백하므로 범죄 혐의 없는 것이다.

◇ 노임 미지급

※ 합자회사 ○○토건 ○○군 농협청사 사무소장 박○○은,

가. 동 회사에 목수로 고용한 김○○에 대하여 노임지급을 하지 아니하고,

나. 동 ○○토건에서 하도급한 이○○에 대하여 공사비 5,000만원을 지급하지 아니한 것이라는 사실에 대해서도 피의자 박○○에게 사용자로서 노임지급을 하지 아니하였다고 하여 기소의견으로 송치한 사안에서, 참고인 이○○ 및 피의자의 진술을 종합하면, 피의자는 합자회사 ○○농협 건축 공사현장 소장으로 사장 최○○의 지시에 따라 업무를 처리하는 사원의 지위에 있고, 동 근로자들에게 노임을 지급할 책임 사업자 또는 사업 경영자의 위치에 있지 아니하여

다. 피의자 박○○에게 사업자의 책임이 있다고 볼 수 없고,

라. 이○○에게 공사비를 일부 지급치 아니한 사실은 이○○는 동 공사의 벽돌쌓기와 미장에 대한 하도급한 업자이지 근로자가 아니므로 동 이○○가 고용한 자에 대한 임금의 미지급을 동 근로자를 고용하지 아니한 현장소장에게 책임을 지울 수가 없으므로 피의자 박○○는 혐의 없으므로 처리하여야 한다.

◇ 기본임금을 저하시켜 임금지불한 경우

※ 피의자는 ○○여객자동차 주식회사 대표로서 20○○. 6. 1. 경비원의 기본임금을 저하시켜 지불함으로써 20○○. 2. 15.까지 금 ○○○○○원을 체불하였다는 사안에서, 기본급의 저하 사실은 인정되나 이는 진정인이 계속하여 온 연장근로에 대한 수당 ○○○○○원을 새로 지불하면서 기본급 및 근속수당을 ○○○○원에서 ○○○○원으로 인하조정 한 것으로서 진정인이 받은 임금의 합계는 종전 급여에 비하여 ○○○○○원이 증액된 것인 바, 이러한 기본급의 저하가 사회적 신분을 이유로 한 차별대우(근로기준법 제1조 위반)라거나 기본급의 저하부분을 퇴직 후 청산을 받아야 할 권리가 있는 금원이라고 인정키 어려워 혐의없다 할 것이다.

◇ 손해배상채권은 임금과 상계할 수 없다고 본 경우

※ 사용자가 퇴직금 지급시 근로자의 채무불이행으로 인한 손해배상액을 공제하고 잔여액만 지급한 사안인 바, 동 건의 경우 전차금 상쇄규정에 해당하지 않는 것은 사실이나, 이런 경우에는 근로기준법 제36조(임금 전액 지급) 규정해석상 위와 같은 손해배상채권은 임금(퇴직금 등 포함)과 상계할 수 없다고 해석함이 타당하므로 위 공제액은 마땅히 근로자에게 지급되어야 한다. 따라서 당사자간 합의없이 일방적으로 지급되지 않은 것이므로 동법 제30조를 적용함이 타당하다.

◇ 대표이사직은 사임하고 이사로서 경영에 참여한 경우

※ 피의자가 대표이사직은 사임했으나, 이사직으로 경영에 관여했으므로 사용자임에도 불구하고, 이 건 임금체불에 대한 책임이 있다.

◇ 내부징계이유로 임금을 지급기일에 지급치 않은 경우

※ 회사소속 운전사가 20○○. 9. 30. 접촉사고를 내자 본인에게 경각심을 준다는 이유로, 당일분 임금을 정기지급일인 20○○. 10. 10.에 지급하지 않고 그 다

음 달인 같은 해 11. 10. 에 지급토록 한 사인인바, 동사의 단체 협약이나 취업 규정을 보아도 사고를 낸 경우 일당을 지연지급 할 수 있는 근거가 없으므로, 본건은 임금정기 지급일에 임금을 지급하지 아니한 것으로 범죄 성립되는 것이고, 내부징계에 의한 지연지급이라는 이유로 무혐의 처리할 수 없다.

◇ 일일 근로시간 초과(주당 40시간 - 2003. 9. 15.)

※ 피의자가 진정인을 고용하여 1일 16시간의 근로를 시키고도 단체협약상 합의되었다는 이유로 법정 제 수당의 청산의무를 이행치 아니한다는 사안에서, 피의자는 범행을 부인하면서 지금까지 전국 자동차 노동조합 ○○지부(이하 '노조지부' 라 약칭)와 단체협약을 체결하고 그에 기하여 임금을 지급해 왔기에 더 이상은 청산해야 할 임금이 없다는 취지로 변소하고 위 노조지부 사무국장 문○○의 진술 및 ○○년, ○○년도 단체협약서의 각 기재내용을 종합하면 시내버스 운전사의 경우 매일 근무할 수가 없어 시간급으로 급료를 정하기가 어려우므로 편의상 버스회사와 노조간부 사이에 근로자의 임금 최고액에 대하여 합의를 본 뒤 기본급 및 법정 제 수당으로 정리하는 '포괄역산제' 를 채택하고 있는 사실을 인정할 수 있고, 임금표상의 ○○년도 기본금 월 ○○○○○원, ○○년도 기본금 월 ○○○○○원을 기준으로 하여 진정인이 주장하는 1일 16시간 근무에 대한 법정 제 수당을 합산하여도 단체협약상 합의된 최고 급여액에 미치지 못하고 있는 바, 그렇다면 별도로 연장근로수당 등에 대한 청산의무가 발생한다고 볼 수 없으므로 결국 범죄혐의 없다 할 것이다.

● 관련판례 1

◎ 어떠한 임금이 통상임금에 속하는지 판단하는 기준 및 근로기준법상 통상임금에 속하는 임금을 통상임금에서 제외하기로 하는 노사합의의 효력(무효)

어떠한 임금이 통상임금에 속하는지 여부는 그 임금이 소정근로의 대가로 근로자에게 지급되는 금품으로서 정기적 · 일률적 · 고정적으로 지급되는 것인지를 기준으로 객관적인 성질에 따라 판단하여야 하고, 임금의 명칭이나 지급주기의 장단 등 형식적 기준에 의해 정할 것이 아니다. 여기서 소정근로의 대가라 함은 근로자가 소정근로시간에 통상적으로 제공하기로 정한 근로에 관하여 사용자와 근로자가 지급하기로 약정한 금품을 말한다. 근로자가 소정근로시간을 초과하여 근로를 제공하거나 근로계약에서 제공하기로 정한 근로 외의 근로를 특별히 제공함으로써 사용자로부터 추가로 지급받는 임금이나 소정근로시간의 근로와는 관련 없이 지급받는 임금은 소정근로의 대가라

할 수 없으므로 통상임금에 속하지 아니한다. 위와 같이 소정근로의 대가가 무엇인지는 근로자와 사용자가 소정근로시간에 통상적으로 제공하기로 정한 근로자의 근로의 가치를 어떻게 평가하고 그에 대하여 얼마의 금품을 지급하기로 정하였는지를 기준으로 전체적으로 판단하여야 하고, 그 금품이 소정근로시간에 근무한 직후나 그로부터 가까운 시일 내에 지급되지 아니하였다고 하여 그러한 사정만으로 소정근로의 대가가 아니라고 할 수는 없다.(대법원 2013. 12. 18. 선고 2012다89399 전원합의체 판결)

● 관련판례 2

◎ 사용자가 자신의 귀책사유에 해당하는 경영상의 필요에 따라 개별 근로자들에 대하여 대기발령을 한 경우, 근로자들에게 휴업수당을 지급하여야 하는지 여부

근로기준법 제46조 제1항에서 정하는 '휴업'에는 개개의 근로자가 근로계약에 따라 근로를 제공할 의사가 있는데도 그 의사에 반하여 취업이 거부되거나 불가능하게 된 경우도 포함되므로, 이는 '휴직'을 포함하는 광의의 개념인데, 근로기준법 제23조 제1항에서 정하는 '휴직'은 어떤 근로자를 그 직무에 종사하게 하는 것이 불가능하거나 적당하지 아니한 사유가 발생한 때에 그 근로자의 지위를 그대로 두면서 일정한 기간 그 직무에 종사하는 것을 금지시키는 사용자의 처분을 말하는 것이고, '대기발령'은 근로자가 현재의 직위 또는 직무를 장래에 계속 담당하게 되면 업무상 장애 등이 예상되는 경우에 이를 예방하기 위하여 일시적으로 당해 근로자에게 직위를 부여하지 아니함으로써 직무에 종사하지 못하도록 하는 잠정적인 조치를 의미하므로, 대기발령은 근로기준법 제23조 제1항에서 정한 '휴직'에 해당한다고 볼 수 있다. 따라서 사용자가 자신의 귀책사유에 해당하는 경영상의 필요에 따라 개별 근로자들에 대하여 대기발령을 하였다면 이는 근로기준법 제46조 제1항에서 정한 휴업을 실시한 경우에 해당하므로 사용자는 그 근로자들에게 휴업수당을 지급할 의무가 있다.(대법원 2013. 10. 11. 선고 2012다12870 판결)

● 관련판례 3

◎ 직상 수급인의 임금지급 연대책임을 규정하고 있는 근로기준법 제44조의2가 강행규정인지 여부(적극)

근로기준법 제44조의2는 건설업에서 2차례 이상 도급이 이루어진 경우 건설산업기본법 제2조 제7호에 따른 건설업자가 아닌 하수급인이 그가 사용한 근로자에게 임금을 지급하지 못할 경우 하수급인의 직상 수급인은 하수급인과 연대하여 하수급인이 사용한 근로자의 임금을 지급할 책임을 진다고 규정하고 있다. 따라서 건설업자가 아닌 하수급인이 그가 사용한 근로자에게 임금을 지급하지 못하였다면, 하수급인의 직상 수급인은 자신에게 귀책사유가 있는지 여부 또는 하수급인에게 대금을 지급하였는지 여부와 관계없이 하수급인과 연대하여 하수급인이 사용한 근로자의 임금을 지급할 책임을 부담한다.

이는 직상 수급인이 건설업 등록이 되어 있지 않아 건설공사를 위한 자금력 등이 확인되지 않는 자에게 건설공사를 하도급하는 위법행위를 함으로써 하수급인의 임금지급의무 불이행에 관한 추상적 위험을 야기한 잘못에 대하여 실제로 하수급인이 임금지급의무를 이행하지 않아 이러한 위험이 현실화되었을 때 책임을 묻는 취지로서, 건설 하도급 관계에서 발생하는 임금지급방식을 개선하여 건설근로자의 권리를 보장할 수 있도록 하는 데 입법 취지를 두고 있다. 또한 근로기준법 제109조 제1항은 근로기준법 제44조의2를 위반하여 임금지급의무를 불이행한 직상 수급인에 대해 형사처벌을 하도록 정하고 있는바, 이와 같은 입법 취지, 규정 내용과 형식 등을 종합하여 보면 근로기준법 제44조의2는 개인의 의사에 의하여 적용을 배제할 수 없는 강행규정으로 봄이 타당하고 따라서 이를 배제하거나 잠탈하는 약정을 하였더라도 그 약정은 효력이 없다.(대법원 2021. 6. 10., 선고, 2021다217370, 판결)

● 관련판례 4

◎ 근로기준법 제44조의2, 제109조의 취지 / 건설업에서 2차례 이상 도급이 이루어지고 건설업자가 아닌 하수급인이 그가 사용한 근로자에게 임금을 지급하지 못한 경우, 하수급인의 직상 수급인은 자신에게 귀책사유가 있는지 또는 하수급인에게 대금을 지급하였는지와 관계없이 하수급인과 연대하여 하수급인이 사용한 근로자의 임금을 지급할 책임을 부담하는지 여부(적극)

근로기준법 제44조의2, 제109조(이하 '처벌조항' 이라고 한다)는 건설업에서 2차례 이상 도급이 이루어진 경우 건설산업기본법 규정에 따른 건설업자가 아닌 하수급인이 그가 사용한 근로자에게 임금을 지급하지 못할 경우 하수급인의 직상 수급인은 하수급인과 연대하여 하수급인이 사용한 근로자의 임금을 지급할 책임을 지도록 하면서 이를 위반한 직상 수급인을 처벌하도록 규정하고 있다. 이는 직상 수급인이 건설업 등록이 되어 있지 않아 건설공사를 위한 자금력 등이 확인되지 않는 자에게 건설공사를 하도급하는 위법행위를 함으로써 하수급인의 임금지급의무 불이행에 관한 추상적 위험을 야기한 잘못에 대하여, 실제로 하수급인이 임금지급의무를 이행하지 않아 이러한 위험이 현실화되었을 때 그 책임을 묻는 취지이다.

그리고 이에 따라 근로기준법 제44조의2의 적용을 받는 직상 수급인은 근로기준법 제44조의 경우와 달리 자신에게 직접적인 귀책사유가 없더라도 하수급인의 임금 미지급으로 말미암아 위와 같은 책임을 부담하고, 하수급인이 임금지급의무를 이행하는 경우에는 함께 책임을 면하게 된다.

이와 같은 처벌조항의 입법 취지와 문언 등에 비추어 보면, 건설업에서 2차례 이상 도급이 이루어지고 건설업자가 아닌 하수급인이 그가 사용한 근로자에게 임금을 지급하지 못하였다면, 하수급인의 직상 수급인은 자신에게 귀책사유가 있는지 여부 또는 하수급인에게 대금을 지급하였는지 여부와 관계없이 하수급인과 연대하여 하수급인이 사용한 근로자의 임금을 지급할 책임을 부담한다고 봄이 타당하다.(대법원 2019. 10. 31., 선고, 2018도9012, 판결)

17. 금융실명거래 및 비밀보장에 관한 법률

[시행 2021. 12. 30.] [법률 제17799호, 2020. 12. 29., 타법개정]

제4조(금융거래의 비밀보장)

① 금융회사등에 종사하는 자는 명의인(신탁의 경우에는 위탁자 또는 수익자를 말한다)의 서면상의 요구나 동의를 받지 아니하고는 그 금융거래의 내용에 대한 정보 또는 자료(이하 "거래정보등"이라 한다)를 타인에게 제공하거나 누설하여서는 아니 되며, 누구든지 금융회사등에 종사하는 자에게 거래정보등의 제공을 요구하여서는 아니 된다. 다만, 다음 각 호의 어느 하나에 해당하는 경우로서 그 사용 목적에 필요한 최소한의 범위에서 거래정보등을 제공하거나 그 제공을 요구하는 경우에는 그러하지 아니하다. 〈개정 2013.5.28., 2019.11.26., 2020.12.29.〉

(작성례)

피의자 박○○는 가정주부이고 피의자인 남편 이○○은 △△은행 △△지점에 근무하고 있는 은행원이다.

박○○은 20○○년 ○월○일, 남편인 이○○에게 자신의 친구인 김○의 거래은행에 대한 정보를 요구하였다. 남편은 이에 따라 김○의 △△은행 거래 계좌번호를 알아내어 부인인 박○○에게 알려주었다.

● 관련판례 1

◎ 수사기관이 법관의 영장에 의하지 아니하고 금융회사 등으로부터 신용카드 매출전표의 거래명의자에 관한 정보를 획득한 경우, 그와 같이 수집된 증거의 증거능력 유무(원칙적 소극)

수사기관이 범죄 수사를 목적으로 금융실명거래 및 비밀보장에 관한 법률(이하 '금융실명법'이라 한다) 제4조 제1항에 정한 '거래정보 등'을 획득하기 위해서는 법관의 영장이 필요하고, 신용카드에 의하여 물품을 거래할 때 '금융회사 등'이 발행하는 매출전표의 거래명의자에 관한 정보 또한 금융실명법에서 정하는 '거래정보 등'에 해당하므로, 수사기관이 금융회사 등에 그와 같은 정보를 요구하는 경우에도 법관이 발부한 영장에 의하여야 한다. 그럼에도 수사기관이 영장에 의하지 아니하고 매출전표의 거래명의자에 관한 정보를 획득하였다면, 그와 같이 수집된 증거는 원칙적으로 형사소송법 제308조의2에서 정하는 '적법한 절차에 따르지 아니하고 수집한 증거'에 해당하여 유죄의 증거로 삼을 수 없다. (대법원 2013. 3. 28. 선고 2012도13607 판결)

● 관련판례 2

◎ 금융실명거래 및 비밀보장에 관한 법률 시행 이후 예금주 명의의 신탁이 이루어진 다음 출연자가 사망함에 따라 금융기관이 출연자의 공동상속인 전부 또는 일부에게 예금채권을 유효하게 변제한 경우, 예금명의자가 공동상속인 전부 또는 일부를 상대로 예금 상당액의 부당이득반환을 구할 수 있는지 여부(소극)

금융실명거래 및 비밀보장에 관한 법률 시행 이후 예금주 명의의 신탁이 이루어진 다음 출연자가 사망함에 따라 금융기관이 출연자의 공동상속인들 중 전부 또는 일부에게 예금채권을 유효하게 변제하였다면, 변제된 예금은 출연자와 예금명의자의 명의신탁약정상 예금명의자에 대한 관계에서는 출연자의 공동상속인들에게 귀속되었다고 보아야 하므로, 이러한 경우 예금명의자는 예금을 수령한 공동상속인들의 전부 또는 일부를 상대로 예금 상당액의 부당이득반환을 구할 수 없다.(대법원 2012. 2. 23. 선고 2011다86720 판결)

● 관련판례 3

◎ 예금명의자가 아닌 제3자를 예금계약의 당사자로 볼 수 있는 예외적인 경우 및 예금명의자와 제3자 사이에 예금반환청구권의 귀속을 둘러싼 분쟁이 발생한 경우 예금명의자를 예금주로 전제하여 예금거래를 처리한 금융기관의 행위가 적법한지 여부(원칙적 적극)

본인인 예금명의자의 의사에 따라 예금명의자의 실명확인 절차가 이루어지고 예금명의자를 예금주로 하여 예금계약서를 작성하였음에도 예금명의자가 아닌 출연자 등을 예금계약의 당사자라고 볼 수 있으려면, 금융기관과 출연자 등과 사이에서 실명확인 절차를 거쳐 서면으로 이루어진 예금명의자와의 예금계약을 부정하여 예금명의자의 예금반환청구권을 배제하고, 출연자 등과 예금계약을 체결하여 출연자 등에게 예금반환청구권을 귀속시키겠다는 명확한 의사의 합치가 있는 극히 예외적인 경우에 해당하여야 한다. 한편 금융실명제하의 위와 같은 예금주 확정 원칙에 비추어 보면, 금융기관은 예금명의자와 출연자 등 사이에 예금반환청구권의 귀속을 둘러싼 분쟁이 발생한 경우에 그들 사이의 내부적 법률관계를 알았는지에 관계없이 일단 예금명의자를 예금주로 전제하여 예금거래를 처리하면 되고, 이러한 금융기관의 행위는 특별한 사정이 없는 한 적법한 것으로서 보호되어야 할 것이다.(대법원 2013. 9. 26. 선고 2013다2504 판결)

● 관련판례 4

◎ 신용카드 대금채무와 그 발생에 관한 정보나 자료에 해당하는 신용카드 사용내역이나 승인내역이 금융실명거래 및 비밀보장에 관한 법률 제4조 제1항에서 비

밀보장의 대상으로 정한 '금융거래의 내용에 대한 정보 또는 자료'에 해당하는지 여부(적극)

(가) 금융실명거래 및 비밀보장에 관한 법률(이하 '금융실명법'이라고 한다)은 실지명의에 의한 금융거래를 실시하고 그 비밀을 보장하여 금융거래의 정상화를 꾀하고자 제정된 법률이다(금융실명법 제1조). 법원의 제출명령 또는 법관이 발부한 영장 등 금융실명법 제4조 제1항 각호에서 열거한 예외적인 경우가 아닌 이상, 금융회사 등에 종사하는 자는 명의인의 서면상의 요구나 동의를 받지 아니하고는 그 금융거래의 내용에 대한 정보 또는 자료(이하 '거래정보 등'이라고 한다)를 타인에게 제공하거나 누설하여서는 아니 되며, 누구든지 금융회사 등에 종사하는 자에게 거래정보 등의 제공을 요구하여서는 아니 된다(금융실명법 제4조 제1항).
여기서 '거래정보 등'이란 특정인의 금융거래사실과 금융회사 등이 보유하고 있는 금융거래에 관한 기록의 원본·사본 및 그 기록으로부터 알게 된 것으로, 금융거래사실을 포함한 금융거래의 내용이 누구의 것인지를 알 수 없는 것(당해 거래정보 등만으로 그 거래자를 알 수 없더라도 다른 거래정보 등과 용이하게 결합하여 그 거래자를 알 수 있는 것을 제외한다)은 여기에 포함되지 아니한다(금융실명거래 및 비밀보장에 관한 법률 시행령 제6조).
위 '금융거래'란 금융회사 등이 금융자산을 수입·매매·환매·중개·할인·발행·상환·환급·수탁·등록·교환하거나 그 이자·할인액 또는 배당을 지급하는 것과 이를 대행하는 것 또는 그 밖에 금융자산을 대상으로 하는 거래로서 총리령으로 정하는 것을 말한다(금융실명법 제2조 제3호). 위 '금융자산'이란 금융회사 등이 취급하는 예금·적금·부금·계금·예탁금·출자금·신탁재산·주식·채권·수익증권·출자지분·어음·수표·채무증서 등 금전 및 유가증권과 그 밖에 이와 유사한 것으로서 총리령으로 정하는 것을 말한다(금융실명법 제2조 제2호).
한편 신용카드에 의하여 물품을 거래할 때 금융회사 등이 발행하는 매출전표의 거래명의자에 관한 정보도 금융실명법에서 정하는 '거래정보 등'에 해당한다.

(나) 앞서 본 규정에 의하면, 금융실명법 제4조 제1항은 비밀보장의 대상이 되는 '거래정보 등'을 금융거래에 대한 정보 또는 자료가 아니라 금융거래의 '내용'에 대한 정보 또는 자료라고 규정하고 있다. 또한 금융회사 등이 금융자산인 '예금이나 금전을 상환하는 것' 또는 '예금이나 금전을 수입하는 것'은 금융자산에 관한 거래로서 금융실명법 제2조 제3호에서 규정하고 있는 '금융거래'에 해당한다. 그리고 금융거래인 '상환'이나 '수입'이 일어나게 된 원인 중에는 '채무'가 포함된다. 따라서 위와 같은 채무를 발생시킨 행위는 위 금융거래와 밀접한 관련이 있고, 나아가 '상환'이나 '수입'의 내용을 특정하여 그것의 전체적인 모습이나 내용을 파악하는 데 필수적인 요소이므로 위 금융거래의 '내용'에 해당한다고 봄이 타당하다. 결국 위 금융거래의 원인이 되는 채무 및 그 채무 발생에 관한 정보나 자료는 금융거래의 내용에 대한 정보 또는 자료가 된다.

(다) 신용카드거래는 신용카드회원과 신용카드업자 사이에 체결된 신용카드 이용계약, 가맹점과 신용카드업자 사이에 체결된 가맹점계약에 따라, 신용카드회원이 가맹점에서 신용으로 상품을 구매하거나 용역을 제공받고, 신용카드업자가 신용카드회원을 대신하여 가맹점에 대금을 지급하며, 일정 기간이 지난 다음 신용카드업자가

신용카드회원으로부터 그 대금을 회수하는 구조로 이루어진다.
여기서 신용카드업자와 가맹점 사이 및 신용카드업자와 신용카드회원 사이에 예금이나 금전으로 상환이 이루어지거나 예금이나 금전의 수입이 발생하게 되고, 이는 금융실명법에서 정한 '금융거래'에 해당한다. 또한 위와 같은 금융거래인 상환이나 수입의 원인이 되는 채무는 신용카드회원의 가맹점에 대한 대금채무이고, 위 대금채무를 발생시킨 신용카드회원의 신용카드 이용거래는 위 상환이나 수입과 밀접한 관련이 있으며, 그 상환이나 수입의 내용을 특정하여 상환이나 수입의 전체적인 모습이나 내용을 파악하는 데 필수적인 요소이므로, 신용카드 거래내역은 금융거래인 '상환'이나 '수입'의 내용에 해당한다.
그렇다면 결국 신용카드 대금채무와 그 발생에 관한 정보나 자료에 해당하는 신용카드 사용내역(신용카드 사용일자, 가맹점명, 사용금액 등)이나 승인내역(신용카드 거래승인일시, 가맹점명, 승인금액 등)은 금융거래의 내용에 대한 정보 또는 자료에 해당한다.

18. 기부금품의 모집 및 사용에 관한 법률

[시행 2023. 1. 1.] [법률 제18490호, 2021. 10. 19., 일부개정]

제4조(기부금품의 모집등록)

① 1천만원 이상의 금액으로서 대통령령으로 정하는 금액 이상의 기부금품을 모집하려는 자는 다음의 사항을 적은 모집·사용계획서를 작성하여 대통령령으로 정하는 바에 따라 행정안전부장관 또는 특별시장·광역시장·도지사·특별자치도지사(이하 "등록청"이라 한다)에게 등록하여야 한다. 모집·사용계획서의 내용을 변경하려는 경우에도 또한 같다. 〈개정 2008.2.29., 2013.3.23., 2014.11.19., 2017.7.26.〉

1. 모집자의 성명, 주소, 주민등록번호 및 연락처(모집자가 법인 또는 단체인 경우에는 그 명칭, 주된 사무소의 소재지와 대표자의 성명, 주소, 주민등록번호 및 연락처)
2. 모집목적, 모집금품의 종류와 모집목표액, 모집지역, 모집방법, 모집기간, 모집금품의 보관방법 등을 구체적으로 밝힌 모집계획. 이 경우 모집기간은 1년 이내로 하여야 한다.
3. 모집비용의 예정액 명세와 조달방법, 모집금품의 사용방법 및 사용기한 등을 구체적으로 밝힌 모집금품 사용계획
4. 모집사무소를 두는 경우에는 그 소재지
5. 그 밖에 대통령령으로 정하는 기부금품의 모집에 필요한 사항

(작성례)

피의자는 ㅇㅇ시 ㅇㅇ동 ㅇㅇ번지에 'ㅇㅇ환경연구소'라는 상호로 사무실을 차려놓고 환경관계 옥외광고물의 제작·판매업에 종사하고 있다.

피의자는 관할관청의 허가를 받지 아니하고 20ㅇㅇ. ㅇ. ㅇ.경부터 20ㅇㅇ. ㅇ. 중순경까지 사이에 위 사무실에서 전국에 산재한 기업체에 '21C 환경대국으로'라는 내용의 현수막 등 판촉물안내서를 우편으로 발송하면서 위 현수막 1개의 판매가격은 30,000원이며, 추가로 돈 10,000원을 보내주면 그 차액을 모아서 환경운동에 활용한다는 취지와 함께 ㅇㅇ지역 환경파괴에 대한 ㅇㅇ일보 관련기사내용을 우송하는 방법으로 ㅇㅇ주식회사로부터 위 현수막의 판매가격 30,000원외에 10,000원을 기부받는 등 불특정다수의 기업체로부터 기부금 합계 ㅇㅇ만원을 모집하였다.

● 관련판례 1

◎ 구 기부금품모집금지법 제4조 및 구 기부금품모집규제법 제5조의 규정 취지

구 기부금품모집금지법(1995. 12. 30. 법률 제5126호로 전문 개정되기 전의 것) 제4조는 공무원은 여하한 명목의 기부금도 모집할 수 없다고 규정하고 있고, 1995. 12. 30. 전문 개정된 구 기부금품모집규제법 제5조도 국가 또는 지방자치단체 및 그 소속기관과 공무원은 기부금품의 모집을 할 수 없고, 비록 자발적으로 기탁하는 금품이라도 원칙적으로 이를 접수할 수 없다고 규정하고 있는데, 이러한 규정들은 기부행위가 공무원의 직무와 사이에 외관상 대가관계가 없는 것으로 보이더라도 사실상 공권력의 영향력에 의한 것이거나 또는 그러한 의심을 자아내는 경우가 있음을 경계하여 직무 관련 여부를 묻지 아니하고 이를 금지함으로써 공무의 순수성과 염결성이 훼손되지 않도록 함에 그 취지가 있는바, 하물며 직무와 사이에 대가관계가 인정되는 기부행위라면 이는 결코 허용되어서는 아니 된다 할 것이다. (대법원 2010. 1. 28. 선고 2007도9331 판결)

● 관련판례 2

◎ 국가 또는 지방자치단체 등에 대한 기부행위가 공무원의 직무와 외관상 대가관계가 없는 것으로 보이는 경우, 그 허용 여부(소극)

구 기부금품모집금지법(1995. 12. 30. 법률 제5126호 기부금품모집규제법으로 전부 개정되기 전의 것) 제4조는 공무원은 여하한 명목의 기부금도 모집할 수 없다고 규정하고 있고, 1995. 12. 30. 전부 개정된 구 기부금품모집규제법(2006. 3. 24. 법률 제7908호 기부금품의 모집 및 사용에 관한 법률로 개정되기 전의 것) 제5조도 국가 또는 지방자치단체 및 그 소속기관과 공무원은 기부금품의 모집을 할 수 없고, 비록 자발적으로 기탁하는 금품이라도 원칙적으로 이를 접수할 수 없다고 규정하고 있는데, 이러한 규정들은 기부행위가 공무원의 직무와 사이에 외관상 대가관계가 없는 것으로 보이더라도 사실상 공권력의 영향력에 의한 것이거나 또는 그러한 의심을 자아내는 경우가 있음을 경계하여 직무 관련 여부를 묻지 아니하고 이를 금지함으로써 공무의 순수성과 염결성이 훼손되지 않도록 함에 그 취지가 있는바, 하물며 직무와 사이에 대가관계가 인정되는 기부행위라면 이는 결코 허용되어서는 아니 된다. (대법원 2009. 12. 10. 선고 2007다63966 판결)

● 관련판례 3

◎ '기부금품의 모집 및 사용에 관한 법률' 상 관할관청에 등록을 하지 아니하고 기부금품을 모집한 자는 모집기간인 '1년 이내' 에 1천만 원을 초과하여 모집한 경우에만 처벌 대상이 되는지 여부(적극)

기부금품의 모집 및 사용에 관한 법률 제4조 제1항 제2호는, 1천만 원 이상의 기부금품을 모집하려는 자가 관할관청에 등록할 때 작성하여야 하는 모집·사용계획서에 기재할 모집계획의 내용에 관하여, 같은 항 제2호에서 "모집목적, 모집금품의 종류 및 모집목표액, 모집지역, 모집방법, 모집기간, 모집금품의 보관방법 등을 구체적으로 밝힌 모집계획. 이 경우 모집기간은 1년 이내로 하여야 한다" 고 규정하고 있는바, 위 규정 및 위 법 제16조 제1항 제1호, 제4조 제1항, 제2조 제1항 (가)목의 취지를 종합하여 보면, 관할관청에 등록을 하지 아니하고 기부금품을 모집한 자는 모집기간인 1년 이내에 1천만 원을 초과하여 기부금품을 모집한 경우에만 처벌의 대상이 된다.(대법원 2010. 9.30. 선고 2010도5954 판결)

● 관련판례 4

◎ 단체 등의 일정한 모금활동을 구 기부금품의 모집 및 사용에 관한 법률의 적용대상에서 제외하는 취지 및 같은 법 제2조 제1호 단서 각 목에 규정된 사회단체 또는 친목단체에 해당하기 위한 요건

기부금품법 제2조 제1호는 "'기부금품' 이란 환영금품, 축하금품, 찬조금품 등 명칭이 어떠하든 반대급부 없이 취득하는 금전이나 물품을 말한다. 다만 다음 각 목의 어느 하나에 해당하는 것은 제외한다." 고 규정하면서, 그 각 목에서 "가. 법인, 정당, 사회단체, 종친회, 친목단체 등이 정관, 규약 또는 회칙 등에 따라 소속원으로부터 가입금, 일시금, 회비 또는 그 구성원의 공동이익을 위하여 모은 금품, 나. 사찰, 교회, 향교, 그 밖의 종교단체가 그 고유활동에 필요한 경비에 충당하기 위하여 신도로부터 모은 금품, 다. 국가, 지방자치단체, 법인, 정당, 사회단체 또는 친목단체 등이 소속원이나 제3자에게 기부할 목적으로 그 소속원으로부터 모은 금품, 라. 학교기성회, 후원회, 장학회 또는 동창회 등이 학교의 설립이나 유지 등에 필요한 경비에 충당하기 위하여 그 구성원으로부터 모은 금품" 을 열거하고 있다. 이와 같이 단체 등의 일정한 모금활동을 기부금품법의 적용대상에서 제외하는 것은, 단체의 자율성을 보장함과 동시에 단체의 구조적 특성, 모금목적이나 모금대상 등에 비추어 금품의 모집이 무분별하게 이루어지지 않을 것으로 기대되거나 또는 적정한 사용이 담보될 수 있을 것으로 보이기 때문이므로, 위 조항에 규정된 사회단체 또는 친목단체에 해당하기 위해서는 조직·구조·운영에 있어서 그 구성원 개인의 활동으로부터 분리되어 어느 정도 단체 독자의 활동을 영위하고, 단체의 설립목적·조직·운영 및 구성원의 권리·의무 등에 관한 기본적 규칙이 정해져 있어야 하며, 구성원의 가입이나 탈퇴에 의하여 그 동일성을 잃지 아니하여야 할 것이다.

원심은 그 판시와 같은 이유를 들어 안티2MB의 의사 결정 체계, 사회적 활동 내역, 구성원 확정절차 등에 비추어 안티2MB는 정치·사회적 의견을 함께하는 사람들이 모여 일정한 조직체를 이룬 것으로 볼 수 있거나 최소한 친목 도모를 목적으로 한 조직체로서의 실체를 갖추었다고 평가되므로 기부금품법 제2조 제1호 단서 각 목의 '사회단체' 또는 '친목단체'에 해당할 뿐 아니라, 피고인 1, 피고인 2가 정관에 따라 운영위원회의 의결을 거쳐 이 사건 모금을 전개한 것이므로, 이 사건 모금액 중 안티2MB 회원들을 상대로 모금한 부분은 불법적인 기부금품의 모집에 해당되지 아니한다고 전제한 다음, 피고인 1, 피고인 3에 대한 기부금품법 위반의 점 중 '조계사 회칼테러 부상자의 병원비 모금'을 제외한 나머지 부분에 관하여 그 범죄의 증명이 없음을 이유로 무죄를 선고한 제1심판결을 그대로 유지하였다.

앞서 본 법리와 기록에 비추어 살펴보면, 원심의 위와 같은 판단은 정당한 것으로 수긍할 수 있고, 거기에 상고이유 주장과 같이 논리와 경험의 법칙을 위반하여 자유심증주의의 한계를 벗어나거나 기부금품법에서의 '기부금품 모집'에 관한 법리를 오해하는 등의 잘못이 없다.(대법원 2016. 1. 14., 선고, 2013도8118, 판결)

19. 노동조합 및 노동관계조정법

[시행 2021. 7. 6.] [법률 제17864호, 2021. 1. 5., 일부개정]

제38조(노동조합의 지도와 책임)

① 쟁의행위는 그 쟁의행위와 관계없는 자 또는 근로를 제공하고자 하는 자의 출입·조업 기타 정상적인 업무를 방해하는 방법으로 행하여져서는 아니되며 쟁의행위의 참가를 호소하거나 설득하는 행위로서 폭행·협박을 사용하여서는 아니된다.

② 작업시설의 손상이나 원료·제품의 변질 또는 부패를 방지하기 위한 작업은 쟁의행위 기간중에도 정상적으로 수행되어야 한다.

③ 노동조합은 쟁의행위가 적법하게 수행될 수 있도록 지도·관리·통제할 책임이 있다.

(작성례)

피의자는 ㅇㅇ시 ㅇㅇ구 ㅇㅇ가 ㅇㅇ번지에 있는 한국 가나다(주) 노동조합장이다. 쟁의행위는 당해 사업장 이외의 장소에서는 이행할 수 없음에도 피의자는 20ㅇㅇ. ㅇㅇ. ㅇㅇ. 12:30부터 같은 날 16:00까지 사이에 노조원 25명과 동행하여 서울지방노동청 청사 화단 앞에 서서 '직장폐쇄 철회', '사업주각성' 등의 피켓을 지참 침묵시위를 하며 쟁의행위를 하였다.

또한 20ㅇㅇ. ㅇㅇ. ㅇㅇ. 16:30부터 같은 날 19:00까지 노조원 20명과 서울지방노동청 현관 앞 계단에 앉아 위와 같은 형태의 쟁의행위를 하였다. 그리고 직접 근로관계를 맺고 있는 근로자나 당해 노동조합 또는 사용자 기타 법령에 의하여 정당한 권한을 가진 자를 제외하고는 누구든지 쟁의행위에 관하여 관계당사자를 조종·선동·방해하거나 기타 이에 영향을 미칠 목적으로 개입하는 행위를 하여서는 아니됨에도 20ㅇㅇ. ㅇㅇ. ㅇㅇ. 10:00경 ㅇㅇ시 ㅇㅇ구 ㅇㅇ가 ㅇㅇ번지에 있는 ㅇㅇ산업사 노사분규 현장에 들어가려고 할 때, 동사 근로자들이 저지하자 동사업장 앞 노상에 연좌한 서울·경기 노동자 연합회 소속 80명의 앞에 나와 "노동자 단결하여 민주노조 건설하자", "민주노조 탄압중지", "ㅇㅇ산업사 노조 힘내라" 등의 구호와 각종 노래를 선창하면서 동 ㅇㅇ산업사의 분규에 개입하였다.

■ 적용실례

◇ 구 노동조합법상 부당노동행위와 처벌의사 철회

※ 구 노동조합법 제39조의 부당노동행위에 대하여는 동법 제46조의2단서 규정에 의거 피해자의 명시에 반하여 논할 수 없어 이 건은 피해자가 처벌의사를 철회하였으므로 공소권없음 의견으로 처리하여야 하고 혐의없음 의견으로 처리할 수 없다.

◇ 피의자들은 부산컨츄리클럽 근로자로서 20○○. 7. 14. 23:00경 부산컨츄리클럽에서 노동쟁의수단으로 길을 막고 업무를 방해한 경우

※ 노동쟁의조정법은 폭력을 금지하고 있으므로 이는 기소의견으로 처리하여야 한다.

● 관련판례 1

◎ 노동조합 및 노동관계조정법 제46조에서 규정하는 사용자의 직장폐쇄가 정당한 쟁의행위로 인정되기 위한 요건 및 정당한 쟁의행위로 인정되는 경우, 사용자가 직장폐쇄 기간 동안 대상 근로자에 대한 임금지불의무를 면하는지 여부(적극)

노동조합 및 노동관계조정법 제46조에서 규정하는 사용자의 직장폐쇄가 사용자와 근로자의 교섭태도와 교섭과정, 근로자의 쟁의행위의 목적과 방법 및 그로 인하여 사용자가 받는 타격의 정도 등 구체적인 사정에 비추어 근로자의 쟁의행위에 대한 방어수단으로서 상당성이 있으면 사용자의 정당한 쟁의행위로 인정될 수 있고, 그 경우 사용자는 직장폐쇄 기간 동안 대상 근로자에 대한 임금지불의무를 면한다.(대법원 2017. 4. 7. 선고 2013다101425 판결)

● 관련판례 2

◎ 산업별 노동조합의 지회 등이 독자적인 노동조합 또는 노동조합 유사의 독립한 근로자단체로서 법인 아닌 사단에 해당하는 경우, 노동조합 및 노동관계조정법 제16조 제1항 제8호 및 제2항에서 정한 조직형태 변경 결의를 통하여 기업별 노동조합으로 전환할 수 있는지 여부(적극)

노동조합의 설립 및 조직형태의 변경에 관한 노동조합 및 노동관계조정법(이하 '노동조합법' 이라 한다) 제2조 제4호 본문, 제5조, 제10조, 제16조 제1항 제8호, 제2항과 재산상 권리 · 의무나 단체협약의 효력 등의 법률관계를 유지하기 위한 조직형태의 변경 제도의 취지와 아울러 개별적 내지 집단적 단결권의 보장 필요성, 산업별로 구성된 단위노동조합(이하 '산업별 노동조합' 이라 한다)의 지부 · 분회 · 지회 등의 하부조직(이하 '지회 등' 이라 한다)의 독립한 단체성 및 독자적인 노동조합으로서의 실질에 관한 사정 등을 종합하면, 노동조합법 제16조 제1항 제8호 및 제2항은 노동조합법에 의하여 설립된 노동조합을 대상으로 삼고 있어 노동조합의 단순한 내부적인 조직이나 기구에 대하여는 적용되지 아니하지만, 산업별 노동조합의 지회 등이더라도, 실질적으로 하나의 기업 소속 근로자를 조직대상으로 하여 구성되어 독자적인 규약과 집행기관을 가지고 독립한 단체로서 활동하면서 조직이나 조합원에 고유한 사항에 관하여 독자적인 단체교섭 및 단체협약체결 능력이 있어 기업별로 구성된 노동조합(이하 '기업별 노동조합' 이라 한다)에 준하는 실질을 가지고 있는 경우에는, 산업별 연합단체에 속한 기업별 노동조합의 경우와 실질적인 차이가 없으므로, 노동조합법 제16조 1항 8호 및 제2항에서 정한 결의 요건을 갖춘 소속 조합원의 의사 결정을 통하여 산업별 노동조합에 속한 지회 등의 지위에서 벗어나 독립한 기업별 노동조합으로 전환함으로써 조직형태를 변경할 수 있다.

또한 산업별 노동조합의 지회 등이 독자적으로 단체교섭을 진행하고 단체협약을 체결하지는 못하더라도, 법인 아닌 사단의 실질을 가지고 있어 기업별 노동조합과 유사한 근로자단체로서 독립성이 인정되는 경우에, 지회 등은 스스로 고유한 사항에 관하여 산업별 노동조합과 독립하여 의사를 결정할 수 있는 능력을 가지고 있다. 의사 결정 능력을 갖춘 이상, 지회 등은 소속 근로자로 구성된 총회에 의한 자주적 · 민주적인 결의를 거쳐 지회 등의 목적 및 조직을 선택하고 변경할 수 있으며, 나아가 단결권의 행사 차원에서 정관이나 규약 개정 등을 통하여 단체의 목적에 근로조건의 유지 · 개선 기타 근로자의 경제적 · 사회적 지위의 향상을 추가함으로써 노동조합의 실체를 갖추고 활동할 수 있다. 그리고 지회 등이 기업별 노동조합과 유사한 독립한 근로자단체로서의 실체를 유지하면서 산업별 노동조합에 소속된 지회 등의 지위에서 이탈하여 기업별 노동조합으로 전환할 필요성이 있다는 측면에서는, 단체교섭 및 단체협약체결 능력을 갖추고 있어 기업별 노동조합에 준하는 실질을 가지고 있는 산업별 노동조합의 지회 등의 경우와 차이가 없다. 이와 같은 법리와 사정들에 비추어 보면, 기업별 노동조합과 유사한 근로자단체로서 법인 아닌 사단의 실질을 가지고 있는 지회 등의 경우에도 기업별 노동조합에 준하는 실질을 가지고 있는 경우와 마찬가지로 노동조합법 제16조 제1항 8호 및 제2항에서 정한 결의 요건을 갖춘 소속 근로자의 의사 결정을 통하여 종전의 산업별 노동조합의 지회 등이라는 외형에서 벗어나 독립한 기업별 노동조합으로 전환할 수 있다.

결론적으로 산업별 노동조합의 지회 등이더라도, 외형과 달리 독자적인 노동조합 또는 노동조합 유사의 독립한 근로자단체로서 법인 아닌 사단에 해당하는 경우에는, 자주적 · 민주적인 총회의 결의를 통하여 소속을 변경하고 독립한 기업별 노동조합으로 전환할 수 있고, 노동조합 또는 법인 아닌 사단으로서의 실질을 반영한 노동조합법 제16조 제1항 제8호 및 제2항에 관한 해석이 근로자들에게 결사의 자유 및 노동조합 설립의 자유를 보장한 헌법 및 노동조합법의 정신에 부합한다.(대법원 2016. 2. 19. 선고 2012다96120 전원합의체 판결)

● 관련판례 3

◎ 노동조합 및 노동관계조정법이 노동조합의 설립에 관하여 신고주의를 택한 취지 및 같은 법 제2조 제4호에서 정한 노동조합의 실질적 요건을 갖춘 근로자단체가 신고증을 교부받지 아니한 경우, 노동기본권의 향유 주체에게 인정되어야 하는 일반적인 권리를 보장받을 수 있는지 여부(적극)

노동조합 및 노동관계조정법(이하 '노동조합법'이라 한다)이 노동조합의 자유 설립을 원칙으로 하면서도 설립에 관하여 신고주의를 택한 취지는 노동조합의 조직체계에 대한 행정관청의 효율적인 정비·관리를 통하여 노동조합이 자주성과 민주성을 갖춘 조직으로 존속할 수 있도록 보호·육성하려는 데에 있으며, 신고증을 교부받은 노동조합에 한하여 노동기본권의 향유 주체로 인정하려는 것은 아니다.
그러므로 노동조합법 제2조 제4호에서 정한 노동조합의 실질적 요건을 갖춘 근로자단체가 신고증을 교부받지 아니한 경우에도 노동조합법상 부당노동행위의 구제신청 등 일정한 보호의 대상에서 제외될 뿐, 노동기본권의 향유 주체에게 인정되어야 하는 일반적인 권리까지 보장받을 수 없게 되는 것은 아니다.(대법원 2016. 12. 27. 선고 2011두921 판결)

● 관련판례 4

◎ 노동조합 및 노동관계조정법 시행령 제14조의6 제1항에서 교섭대표 자율결정기간의 기산일로 정한 '노동조합 및 노동관계조정법 시행령 제14조의5에 따라 확정된 날'의 의미

노동조합 및 노동관계조정법(이하 '노동조합법'이라 한다) 제29조의2 제1항, 노동조합 및 노동관계조정법 시행령(이하 '시행령'이라 한다) 제14조의5, 제14조의6, 제14조의7, 제14조의8, 제14조의9의 내용과 함께, 교섭대표노동조합을 자율적으로 결정하는 기한(이하 '교섭대표 자율결정기간'이라 한다)은 교섭창구 단일화 절차에 참여한 모든 노동조합이 자율적으로 교섭대표노동조합을 정하는 기간이므로 결정절차 참여의 전제가 되는 교섭을 요구한 노동조합의 명칭과 대표자, 조합원 수, 교섭요구일 등이 기간 진행 전에 모두 특정될 필요가 있는 점, 교섭창구 단일화 절차를 규정하고 있는 노동조합법과 시행령의 각 규정에 비추어 볼 때 교섭대표 자율결정기간의 기산일이 되는 '시행령 제14조의5에 따라 확정 또는 결정된 날'은 시행령 제14조의5에서 정한 교섭요구 노동조합 확정절차가 종료된 날을 의미하는 것으로 해석되는 점 등을 종합하면, 교섭대표 자율결정기간의 기산일이 되는 '시행령 제14조의5에 따라 확정된 날'은 시행령 제14조의5 제1항에 따른 사용자의 공고에 대하여 노동조합이 이의를 신청하지 아니한 경우에는 공고기간이 만료된 날을, 노동조합이 이의를 신청하여 사용자가 수정공고를 한 경우에는 수정공고기간이 만료된 날을 의미한다.(대법원 2016. 2. 18. 선고 2014다11550 판결)

● 관련판례 5

◎ 노동조합원의 찬 · 반투표 절차를 거치지 아니한 쟁의행위의 정당성 유무(소극)

근로자의 쟁의행위가 형법상 정당행위가 되기 위하여는 첫째 그 주체가 단체교섭의 주체로 될 수 있는 자이어야 하고, 둘째 그 목적이 근로조건의 향상을 위한 노사간의 자치적 교섭을 조성하는 데에 있어야 하며, 셋째 사용자가 근로자의 근로조건 개선에 관한 구체적인 요구에 대하여 단체교섭을 거부하였을 때 개시하되 특별한 사정이 없는 한 조합원의 찬성결정 등 법령이 규정한 절차를 거쳐야 하고, 넷째 그 수단과 방법이 사용자의 재산권과 조화를 이루어야 함은 물론 폭력의 행사에 해당되지 아니하여야 한다는 여러 조건을 모두 구비하여야 하는바, 특히 그 절차에 관하여 쟁의행위를 함에 있어 조합원의 직접 · 비밀 · 무기명투표에 의한 찬성결정이라는 절차를 거쳐야 한다는 노동조합및노동관계조정법 제41조 제1항의 규정은 노동조합의 자주적이고 민주적인 운영을 도모함과 아울러 쟁의행위에 참가한 근로자들이 사후에 그 쟁의행위의 정당성 유무와 관련하여 어떠한 불이익을 당하지 않도록 그 개시에 관한 조합의사의 결정에 보다 신중을 기하기 위하여 마련된 규정이므로 위의 절차를 위반한 쟁의행위는 그 절차를 따를 수 없는 객관적인 사정이 인정되지 아니하는 한 정당성이 상실된다. 이와 달리 쟁의행위의 개시에 앞서 노동조합및노동관계조정법 제41조 제1항에 의한 투표절차를 거치지 아니한 경우에도 조합원의 민주적 의사결정이 실질적으로 확보된 때에는 단지 노동조합 내부의 의사형성 과정에 결함이 있는 정도에 불과하다고 하여 쟁의행위의 정당성이 상실되지 않는 것으로 해석한다면 위임에 의한 대리투표, 공개결의나 사후결의, 사실상의 찬성간주 등의 방법이 용인되는 결과, 그와 같은 견해는 위의 관계 규정과 대법원의 판례취지에 반하는 것이 된다. 따라서 견해를 달리하여 노동조합및노동관계조정법 제41조 제1항을 위반하여 조합원의 직접 · 비밀 · 무기명 투표에 의한 과반수의 찬성결정을 거치지 아니하고 쟁의행위에 나아간 경우에도 조합원의 민주적 의사결정이 실질적으로 확보된 경우에는 위와 같은 투표절차를 거치지 아니하였다는 사정만으로 쟁의행위가 정당성을 상실한다고 볼 수 없다는 취지의 대법원 2000. 5. 26. 선고 99도4836 판결은 이와 어긋나는 부분에 한하여 변경하기로 한다.(대법원 2001. 10. 25., 선고, 99도4837, 전원합의체 판결)

20. 대기환경보전법

[시행 2022. 12. 27.] [법률 제19125호, 2022. 12. 27., 일부개정]

제23조(배출시설의 설치 허가 및 신고)

① 배출시설을 설치하려는 자는 대통령령으로 정하는 바에 따라 시·도지사의 허가를 받거나 시·도지사에게 신고하여야 한다. 다만, 시·도가 설치하는 배출시설, 관할 시·도가 다른 둘 이상의 시·군·구가 공동으로 설치하는 배출시설에 대해서는 환경부장관의 허가를 받거나 환경부장관에게 신고하여야 한다. 〈개정 2012.5.23., 2019.1.15.〉

② 제1항에 따라 허가를 받은 자가 허가받은 사항 중 대통령령으로 정하는 중요한 사항을 변경하려면 변경허가를 받아야 하고, 그 밖의 사항을 변경하려면 변경신고를 하여야 한다.

③ 제1항에 따라 신고를 한 자가 신고한 사항을 변경하려면 환경부령으로 정하는 바에 따라 변경신고를 하여야 한다.

(작성례 1)

피의자는 ○○시 ○○동 ○○번지에서 ○○금속이라는 상호로 금속도장업에 종사하고 있다.

피의자는 관할관청에 신고를 하지 않고 20○○. ○. ○.경 위 공장에서 대기오염물질배출시설중 금속제품가공시설인 도장시설 용적 15㎥ 1대 등을 설치하여 그 무렵부터 20○○. ○. ○.경까지 조업하였다.

(작성례 2)

피의자는 ○○시 ○○동 ○○번지에서 ○○섬유산업을 경영하고 있다.

피의자는 관할관청의 변경허가를 받지 않은 채, 20○○. ○. ○. 위 공장에 대기배출시설인 세로 6.5m, 가로 9m, 높이 3m 규모인 용적 7.5마력의 콤프레샤 1기를 추가로 설치하였다.

● 관련판례 1

◎ 건설공사 하도급의 경우, 구 대기환경보전법 제43조 제1항에 의하여 비산먼지 발생 억제 시설을 설치하거나 필요한 조치를 할 의무자(=최초수급인) 및 최초수급인으로부터 도급을 받은 하수급인 등이 같은 법 제92조 제5호의 적용대상에 해당하는지 여부(소극)

구 대기환경보전법(2012. 5. 23. 법률 제11445호로 개정되기 전의 것, 이하 '법' 이라고 한다) 제43조 제1항, 제92조 제5호, 제95조, 구 대기환경보전법 시행령(2015. 7. 20. 대통령령 제26419호로 개정되기 전의 것, 이하 '시행령' 이라고 한다) 제44조 제5호, 구 대기환경보전법 시행규칙(2013. 5. 24. 환경부령 제506호로 개정되기 전의 것, 이하 '시행규칙' 이라고 한다) 제57조, 제58조 제1항, 제4항의 체계와 내용을 종합하여 보면, 법 제43조 제1항에 의하여 비산먼지 발생 사업을 신고할 의무(이하 '신고의무' 라고 한다) 및 비산먼지 발생 억제 시설을 설치하거나 필요한 조치를 할 의무(이하 '시설조치의무' 라고 한다)는 시행령과 시행규칙에서 규정한 사업의 종류 및 대상자에 해당하는 경우에만 인정된다.

그런데 시행령과 시행규칙은, 건설업을 도급에 의하여 시행하는 경우에는 '발주자로부터 최초로 공사를 도급받은 자' (이하 '최초수급인' 이라고 한다)가 비산먼지 발생 사업 신고를 하여야 하고, 신고를 할 때는 시설조치의무의 이행을 위한 사항까지 포함하여 신고하도록 규정하고 있다. 이는 여러 단계의 도급을 거쳐 시행되는 건설공사의 특성을 고려하여, 사업장 내의 비산먼지 배출 공정을 효과적으로 관리·통제하고 책임소재를 명확하게 할 목적으로 하도급에 의하여 공사를 하는 경우에도 비산먼지 배출 신고의무 및 시설조치의무는 최초수급인이 부담하도록 한 것이라고 해석된다. 시행규칙 제58조가 신고의무에 관해서만 의무자가 최초수급인임을 제1항에서 명시하고, 시설조치의무에 관해서는 따로 의무자를 규정하지 않고 단지 제4항에서 시설조치에 관한 기준만을 규정하고 있기는 하지만, 위와 같은 입법 취지로 볼 때 시설조치의무자와 신고의무자를 달리 볼 것은 아니다. 결국 건설공사 하도급의 경우 법 제43조 제1항에 의한 시설조치의무자는 최초수급인인데, 법 제92조 제5호는 법 제43조 제1항의 시설조치의무를 위반한 자를 처벌하는 규정인 이상, 최초수급인으로부터 도급을 받은 하수급인 등은 제43조 제1항의 시설조치의무자가 아니므로 그 적용대상에 해당하지 않는다. 이렇게 해석하는 것이 형벌법규는 엄격하게 해석하여야 한다는 기본 원칙에도 맞다.(대법원 2016. 12. 15. 선고 2014도8908 판결)

● 관련판례 2

◎ 배출시설 설치허가 신청이 구 대기환경보전법 제23조 제5항에서 정한 허가기준에 부합하고 구 대기환경보전법 제23조 제6항, 같은 법 시행령 제12조에서 정한 허가제한사유에 해당하지 않는 경우, 환경부장관은 이를 허가하여야 하는지 여부(원칙적 적극) 및 환경부장관이 허가를 거부할 수 있는 경우

구 대기환경보전법(2011. 7. 21. 법률 제10893호로 개정되기 전의 것, 이하 같다) 제2조 제9호, 제23조 제1항, 제5항, 제6항, 같은 법 시행령(2010. 12. 31. 대통령령 제22601호로 개정되기 전의 것, 이하 같다) 제11조 제1항 제1호, 제12조, 같은 법 시행규칙 제4조, [별표 2]와 같은 배출시설 설치허가와 설치제한에 관한 규정들의 문언과 그 체제·형식에 따르면 환경부장관은 배출시설 설치허가 신청이 구 대기환경보전법 제23조 제5항에서 정한 허가 기준에 부합하고 구 대기환경보전법 제23조 제6항, 같은 법 시행령 제12조에서 정한 허가제한사유에 해당하지 아니하는 한 원칙적으로 허가를 하여야 한다. 다만 배출시설의 설치는 국민건강이나 환경의 보전에 직접적으로 영향을 미치는 행위라는 점과 대기오염으로 인한 국민건강이나 환경에 관한 위해를 예방하고 대기환경을 적정하고 지속가능하게 관리 · 보전하여 모든 국민이 건강하고 쾌적한 환경에서 생활할 수 있게 하려는 구 대기환경보전법의 목적(제1조) 등을 고려하면, 환경부장관은 같은 법 시행령 제12조 각 호에서 정한 사유에 준하는 사유로서 환경 기준의 유지가 곤란하거나 주민의 건강 · 재산, 동식물의 생육에 심각한 위해를 끼칠 우려가 있다고 인정되는 등 중대한 공익상의 필요가 있을 때에는 허가를 거부할 수 있다고 보는 것이 타당하다.(대법원 2013. 5. 9. 선고 2012두22799 판결)

제30조(배출시설 등의 가동개시 신고)

① 사업자는 배출시설이나 방지시설의 설치를 완료하거나 배출시설의 변경(변경신고를 하고 변경을 하는 경우에는 대통령령으로 정하는 규모 이상의 변경만 해당한다)을 완료하여 그 배출시설이나 방지시설을 가동하려면 환경부령으로 정하는 바에 따라 미리 환경부장관 또는 시·도지사에게 가동개시 신고를 하여야 한다. 〈개정 2012.5.23., 2019.1.15.〉

② 제1항에 따라 신고한 배출시설이나 방지시설 중에서 발전소의 질소산화물 감소 시설 등 대통령령으로 정하는 시설인 경우에는 환경부령으로 정하는 기간에는 제33조부터 제35조까지의 규정을 적용하지 아니한다.

(작성례)

피의자는 김○○은 ○○산업의 대표이사로 이 회사의 배출시설 및 방지시설을 운영하는 총괄책임자이고, 피의자 ○○산업은 철사 및 못의 제조·판매업을 목적으로 설립된 법인이다.

배출시설 및 방지시설의 설치허가를 받은 자는 그 설치를 완료한 때로부터 15일 이내에 관할관청에 가동개시신고를 하고 조업하여야 한다.

그러나 피의자 김○○은 20○○. ○. ○. 관할관청의 허가를 받아 ○○시 ○○동 ○○번지에 있는 위 회사에 대기배출시설인 소둔로 3.2㎥ 2기 등을 같은 해 ○. ○.경 설치 완료하고 그 무렵부터 같은 해 ○. ○.경까지 사이에 가동개시신고를 하지 아니한 채 위 배출시설을 사용하여 조업하였다.

피의자 ○○산업은 위 김○○이 위 법인의 업무에 관하여 위 항과 같이 배출시설을 사용하여 조업하였다.

제31조(배출시설과 방지시설의 운영)

① 사업자(제29조제2항에 따른 공동 방지시설의 대표자를 포함한다)는 배출시설과 방지시설을 운영할 때에는 다음 각 호의 행위를 하여서는 아니 된다. 〈개정 2012.2.1., 2015.1.20., 2019.1.15.〉

1. 배출시설을 가동할 때에 방지시설을 가동하지 아니하거나 오염도를 낮추기 위하여 배출시설에서 나오는 오염물질에 공기를 섞어 배출하는 행위. 다만, 화재나 폭발 등의 사고를 예방할 필요가 있어 시·도지사가 인정하는 경우에는 그러하지 아니하다.
2. 방지시설을 거치지 아니하고 오염물질을 배출할 수 있는 공기 조절장치나 가지 배출관 등을 설치하는 행위. 다만, 화재나 폭발 등의 사고를 예방할 필요가 있어 시·도지사가 인정하는 경우에는 그러하지 아니하다.
3. 부식(腐蝕)이나 마모(磨耗)로 인하여 오염물질이 새나가는 배출시설이나 방지시설을 정당한 사유 없이 방치하는 행위
4. 방지시설에 딸린 기계와 기구류의 고장이나 훼손을 정당한 사유 없이 방치하는 행위
5. 그 밖에 배출시설이나 방지시설을 정당한 사유 없이 정상적으로 가동하지 아니하여 배출허용기준을 초과한 오염물질을 배출하는 행위

② 사업자는 조업을 할 때에는 환경부령으로 정하는 바에 따라 그 배출시설과 방지시설의 운영에 관한 상황을 사실대로 기록하여 보존하여야 한다.

(작성례)

피의자 문○○은 ○○주식회사의 전무이사로서 위 회사의 생산·배출시설관리 등의 총괄책임자이고, 같은 ○○주식회사는 축전지 제조·판매업 등을 목적으로 설립된 법인이다.

피의자들은 대기오염물질의 배출업소인 위 회사가 조업할 경우에는 배출오염물질이 각 방지시설에 순차로 거치게 하는 등 대기오염물질의 배출 및 방지시설을 정상적으로 운영하여 배출허용기준치 이하로 배출시켜야 한다.

그러나 피의자 문○○은 20○○. ○. ○.경부터 같은 달 ○.경까지 사이에 경기도 ○○군 ○○면 ○○리 ○○번지에 있는 위 회사에서 배출시설인 반응조를 방비시설중 여과집진 시설에 연결시켜주는 닥트 10개가 파손되었음에도 이를 수리하지 않은 채 조업함으로써 위 반응조에서 발생하는 황산화물을 1분당 20㎥씩 무단방출하여 방지시설을 비정상운영하였다.

피의자 ○○주식회사는 위 문○○이 위 법인의 업무에 관하여 위 항과 같이 방지시설을 비정상 운영하였다.

제40조(환경기술인)

① 사업자는 배출시설과 방지시설의 정상적인 운영 · 관리를 위하여 환경기술인을 임명하여야 한다. 〈개정 2012. 2. 1.〉

(작성례)

피의자는 ○○시 ○○동 ○○번지에 있는 ○○상사를 경영하고 있다.

피의자는 대기오염물질의 1일 배출량이 약 5,000㎥인 위 사업장에 20○○. ○. ○.부터 같은 해 ○. ○.까지 환경기술인을 임명치 아니하고 조업하였다.

제43조(비산먼지의 규제)

① 비산배출되는 먼지(이하 "비산먼지"라 한다)를 발생시키는 사업으로서 대통령령으로 정하는 사업을 하려는 자는 환경부령으로 정하는 바에 따라 특별자치시장·특별자치도지사·시장·군수·구청장(자치구의 구청장을 말한다. 이하 같다)에게 신고하고 비산먼지의 발생을 억제하기 위한 시설을 설치하거나 필요한 조치를 하여야 한다. 이를 변경하려는 경우에도 또한 같다. 〈개정 2012.5.23., 2013.7.16., 2019.1.15.〉

제46조(제작차의 배출허용기준 등)

① 자동차(원동기 및 저공해자동차를 포함한다. 이하 이 조, 제47조부터 제50조까지, 제50조의2, 제50조의3, 제51조부터 제56조까지, 제82조제1항제6호, 제89조제6호·제7호 및 제91조제4호에서 같다)를 제작(수입을 포함한다. 이하 같다)하려는 자(이하 "자동차제작자"라 한다)는 그 자동차(이하 "제작차"라 한다)에서 나오는 오염물질(대통령령으로 정하는 오염물질만 해당한다. 이하 "배출가스"라 한다)이 환경부령으로 정하는 허용기준(이하 "제작차배출허용기준"이라 한다)에 맞도록 제작하여야 한다. 다만, 저공해자동차를 제작하려는 자동차제작자는 환경부령으로 정하는 별도의 허용기준(이하 "저공해자동차배출허용기준"이라 한다)에 맞도록 제작하여야 한다. 〈개정 2008.12.31., 2012.2.1., 2019.4.2.〉

① 자동차(원동기 및 저공해자동차를 포함한다. 이하 이 조, 제47조부터 제50조까지, 제50조의2, 제50조의3, 제51조부터 제56조까지, 제82조제1항제6호, 제89조제6호 · 제7호 및 제91조제4호에서 같다)를 제작(수입을 포함한다. 이하 같다)하려는 자(이하 "자동차제작자"라 한다)는 그 자동차(이하 "제작차"라 한다)에서 나오는 오염물질(대통령령으로 정하는 오염물질만 해당한다. 이하 "배출가스"라 한다)이 환경부령으로 정하는 허용기준(이하

"제작차배출허용기준"이라 한다)에 맞도록 제작하여야 한다. 다만, 저공해자동차 또는 저공해건설기계에 사용될 원동기를 제작하려는 자동차제작자는 환경부령으로 정하는 별도의 허용기준(이하 "저공해자동차등의배출허용기준"이라 한다)에 맞도록 제작하여야 한다. 〈개정 2008.12.31., 2012.2.1., 2019.4.2., 2022.12.27.〉

[시행일: 2023. 6. 28.] 제46조

제48조(제작차에 대한 인증)

① 자동차제작자가 자동차를 제작하려면 미리 환경부장관으로부터 그 자동차의 배출가스가 배출가스보증기간에 제작차배출허용기준(저공해자동차배출허용기준을 포함한다. 이하 같다)에 맞게 유지될 수 있다는 인증을 받아야 한다. 다만, 환경부장관은 대통령령으로 정하는 자동차에는 인증을 면제하거나 생략할 수 있다. 〈개정 2019.4.2.〉

①자동차제작자가 자동차를 제작하려면 미리 환경부장관으로부터 그 자동차의 배출가스가 배출가스보증기간에 제작차배출허용기준(저공해자동차등의배출허용기준을 포함한다. 이하 같다)에 맞게 유지될 수 있다는 인증을 받아야 한다. 다만, 환경부장관은 대통령령으로 정하는 자동차에는 인증을 면제하거나 생략할 수 있다. 〈개정 2019.4.2., 2022.12.27.〉

[시행일: 2023. 6. 28.] 제48조

(작성례 1)

피의자는 ○○시 ○○동 ○○번지에서 "○○블럭"이라는 상호로 콘크리트제조업을 하고 있다.

사업장을 운영할 경우 비산먼지의 발생을 억제하기 위한 시설을 설치하여야 함에도 불구하고 피의자는 20○○. ○. ○.부터 20○○. ○. ○.경까지 위 사업장내에 분체상물질(석분)을 야적하면서 사업장 경계에 방진벽 및 방진망과 방진덮개를 설치하지 않아 비산먼지를 발생하게 하였다.

(작성례 2)

피의자는 서울○○다○○○○ 5톤덤프 트럭의 소유자이다.

피의자는 20○○. ○. ○. ○○시 ○○구 ○○구청 앞에서 자동차배출가스단속반이 실시한 현장단속결과 배출허용기준치를 초과한 매연 3도의 상태로 운행하여 ○○구청장의 개선명령을 20○○. ○. ○.부터 20○○. ○. ○.까지 3회에 걸쳐 받고도 이에 불응하였다.

(작성례 3)

피의자는 ○○시 ○○동에서 일본중고차량수입업을 하고 있다.

피의자는 중고자동차를 수입하고자 하는 자는 환경부장관에세 자동차의 배출가스에 대하여 인증을 받아야 함에도 받지 않고 인증이 생략되는 자동차로 속여 20○○.○.○. ○○소재 피의자 운영의 '○○상사'를 통하여 일본 '○○중고차'로부터 1995년형 ○○자동차외 17대의 차량을 수입한 것을 비롯하여 20○○.○.○.까지 총23차례에 걸쳐 147대의 자동차를 인증을 받지 않고 수입하였다.

● 관련판례 1

◎ 건설공사 하도급의 경우, 구 대기환경보전법 제43조 제1항에 의하여 비산먼지 발생 억제 시설을 설치하거나 필요한 조치를 할 의무자(=최초수급인) 및 최초수급인으로부터 도급을 받은 하수급인 등이 같은 법 제92조 제5호의 적용대상에 해당하는지 여부(소극)

구 대기환경보전법(2012. 5. 23. 법률 제11445호로 개정되기 전의 것, 이하 '법'이라고 한다) 제43조 제1항, 제92조 제5호, 제95조, 구 대기환경보전법 시행령(2015. 7. 20. 대통령령 제26419호로 개정되기 전의 것, 이하 '시행령'이라고 한다) 제44조 제5호, 구 대기환경보전법 시행규칙(2013. 5. 24. 환경부령 제506호로 개정되기 전의 것, 이하 '시행규칙'이라고 한다) 제57조, 제58조 제1항, 제4항의 체계와 내용을 종합하여 보면, 법 제43조 제1항에 의하여 비산먼지 발생 사업을 신고할 의무(이하 '신고의무'라고 한다) 및 비산먼지 발생 억제 시설을 설치하거나 필요한 조치를 할 의무(이하 '시설조치의무'라고 한다)는 시행령과 시행규칙에서 규정한 사업의 종류 및 대상자에 해당하는 경우에만 인정된다.

그런데 시행령과 시행규칙은, 건설업을 도급에 의하여 시행하는 경우에는 '발주자로부터 최초로 공사를 도급받은 자'(이하 '최초수급인'이라고 한다)가 비산먼지 발생 사업 신고를 하여야 하고, 신고를 할 때는 시설조치의무의 이행을 위한 사항까지 포함하여 신고하도록 규정하고 있다. 이는 여러 단계의 도급을 거쳐 시행되는 건설공사의 특성을 고려하여, 사업장 내의 비산먼지 배출 공정을 효과적으로 관리·통제하고 책임 소재를 명확하게 할 목적으로 하도급에 의하여 공사를 하는 경우에도 비산먼지 배출 신고의무 및 시설조치의무는 최초수급인이 부담하도록 한 것이라고 해석된다. 시행규칙 제58조가 신고의무에 관해서만 의무자가 최초수급인임을 제1항에서 명시하고, 시설조치의무에 관해서는 따로 의무자를 규정하지 않고 단지 제4항에서 시설조치에 관한 기준만을 규정하고 있기는 하지만, 위와 같은 입법 취지로 볼 때 시설조치의무자와 신고의무자를 달리 볼 것은 아니다. 결국 건설공사 하도급의 경우 법 제43조 제1항에 의한 시설조치의무자는 최초수급인인데, 법 제92조 제5호는 법 제43조

제1항의 시설조치의무를 위반한 자를 처벌하는 규정인 이상, 최초수급인으로부터 도급을 받은 하수급인 등은 제43조 제1항의 시설조치의무자가 아니므로 그 적용대상에 해당하지 않는다. 이렇게 해석하는 것이 형벌법규는 엄격하게 해석하여야 한다는 기본 원칙에도 맞다. (대법원 2016. 12. 15., 선고, 2014도8908, 판결)

● 관련판례 2

◎ 대기환경보전법 시행규칙 제67조 제1항, 제3항 및 소음·진동관리법 시행규칙 제34조 제1항, 제3항의 해석 / 대기환경보전법 시행규칙 제67조 제1항 및 소음·진동관리법 시행규칙 제34조 제1항에 따른 사항에 변경이 발생하였음에도 변경인증 또는 변경보고나 변경통보절차를 거치지 않아 결과적으로 변경인증을 받지 않은 경우, 대기환경보전법 제91조 제4호, 제95조 내지 소음·진동관리법 제57조 제5호, 제59조에 따른 처벌대상이 되는지 여부(적극)

대기환경보전법은 자동차수입자가 자동차를 수입하려면 미리 환경부장관으로부터 그 자동차의 배출가스가 배출가스보증기간에 제작차배출허용기준에 맞게 유지될 수 있다는 인증을 받아야 하고(제48조 제1항) 인증내용 중 환경부령으로 정하는 중요한 사항을 변경하려면 변경인증을 받아야 한다고 규정하면서(제2항), 변경인증을 받지 않고 자동차를 수입한 자와 그가 속한 법인 등에 관한 처벌규정을 마련하고 있다(제91조 제4호, 제95조). 그에 따라 대기환경보전법 시행규칙 제67조 제1항은 환경부령으로 정하는 중요한 사항을 열거하는 한편 제3항에서 제1항에 따른 사항을 변경하여도 배출가스의 양이 증가하지 않는 경우에는 해당 변경내용을 국립환경과학원장에게 보고하도록 하면서 이 경우 변경인증을 받은 것으로 보고 있다. 소음·진동관리법 제31조 제1항, 제2항, 제57조 제5호, 제59조 및 소음·진동관리법 시행규칙 제34조 제1항, 제3항도 변경보고의무 대신 변경통보의무를 부과하는 외에는 대기환경보전법 및 대기환경보전법 시행규칙과 유사하게 규정하고 있다.

이와 같이 대기환경보전법과 소음·진동관리법의 위임에 따라 대기환경보전법 시행규칙 제67조 제1항 및 소음·진동관리법 시행규칙 제34조 제1항이 변경인증 대상을 특정하여 열거하고 있고, 위 각 조문 제3항도 그 범위를 제한하지 않은 채 위 각 조문 제1항에 따른 사항을 변경하여도 배출가스의 양 또는 소음이 증가하지 않는 경우에는 국립환경과학원장에 대한 보고 또는 통보로써 변경인증을 받은 것으로 본다고만 규정하고 있는 점 등에 비추어 보면, 위 각 조문 제1항에 따른 사항에 변경이 발생할 경우에는 자동차수입자에게 변경인증의무를 부과하되, 배출가스의 양 또는 소음이 증가하지 않으면 위 각 조문 제3항에 따라 변경보고 또는 변경통보절차만 거치도록 함으로써 변경인증의무를 간소화한 것이라고 해석함이 타당하다. 따라서 위 각 조문 제1항에 따른 사항에 변경이 발생하였음에도 변경인증 또는 변경보고나 변경통보절차를 거치지 않아 결과적으로 변경인증을 받지 않은 경우에는 대기환경보전법 제91조 제4호, 제95조 내지 소음·진동관리법 제57조 제5호, 제59조에 따른 처벌대상이 된다고 보아야 한다. (대법원 2019. 9. 9., 선고, 2019도6588, 판결)

● 관련판례 3

◎ 구 대기환경보전법 등에 의한 배출부과금 산정의 기준이 되는 배출허용기준 초과 배출량과 배출부과금의 산정 방법과 기준 및 그 세부적 사항을 대통령에 위임한 것이 포괄위임입법금지 원칙에 위배되는지 여부(소극)

구 대기환경보전법(2007. 4. 27. 법률 제8404호로 전부 개정되기 전의 것) 제16조, 제19조 제1항, 제2항, 같은 법 시행령(2007. 11. 15. 대통령령 제20383호로 전부 개정되기 전의 것) 제13조 제1항, 제14조 제1항, 제17조 제2항 제2호, 제18조 제1항 제2호, 제28조 제1항 제1호, 제2항에 의한 배출부과금 산정의 기준이 되는 배출허용기준 초과 배출량은 사업자가 조업에 제공하기 위하여 실제로 가동하는 배출시설로 인하여 배출되는 오염물질의 양을 위 법령에 정한 방법을 토대로 산정하는 것이므로 법령에 특별한 규정이 없는 한 행정청은 가능한 한 객관적 사실관계에 입각하여 이를 산정하여야 할 것이지만, 사업장에서의 일정 기간에 걸친 오염물질의 실제 배출량은 그 시기(시기)와 종기(종기)는 물론 그 기간 중에도 늘 같을 수는 없는 관계로 정확한 배출량의 측정 및 그에 따른 배출부과금의 산정은 현실적으로 불가능한 반면, 그 위반행위의 적발이 어려우며 오염물질의 초과 배출로 말미암아 일단 훼손된 환경의 원상회복은 쉽지 아니함을 고려할 때 이와 같은 초과 배출량 및 배출부과금의 산정방법과 기준은 법령에서 정하는 일정한 기준에 따라 이루어질 수밖에 없다. 한편, 그 산정방법과 기준은 전문적·과학적인 판단과 탄력적인 규율이 요구되는 영역이므로 하위 법령으로의 위임의 필요성이 인정된다 할 것인바, 이 점에 관한 위 시행령의 각 규정은 위 법 제19조에서 부과대상, 기본배출부과금, 초과배출부과금의 부과요건을 모두 정한 다음 배출기간 등 그 세부적 사항을 대통령령에 위임한 데에 근거한 것이어서 사업자로서는 배출부과금의 산정방법 및 그 기준의 대강을 쉽게 예측할 수 있을 뿐만 아니라 위 시행령 제28조에서 개선명령 이행완료예정일 이전의 조기 이행 등에 따른 배출부과금의 조정절차까지 마련하여 사업자가 불측·부당한 손해를 입지 않을 수 있도록 배려하고 있음에 비추어, 포괄위임입법 금지원칙에 위배된다고 볼 수도 없다. (대법원 2009. 12. 10. 선고 2009두14705 판결)

21. 대부업 등의 등록 및 금융이용자 보호에 관한 법률

[시행 2022. 7. 5.] [법률 제18713호, 2022. 1. 4., 일부개정]

제3조(등록 등)

① 대부업 또는 대부중개업(이하 "대부업등" 이라 한다)을 하려는 자(여신금융기관은 제외한다)는 영업소별로 해당 영업소를 관할하는 특별시장 · 광역시장 · 특별자치시장 · 도지사 또는 특별자치도지사(이하 "시 · 도지사"라 한다)에게 등록하여야 한다. 다만, 여신금융기관과 위탁계약 등을 맺고 대부중개업을 하는 자(그 대부중개업을 하는 자가 법인인 경우 그 법인과 직접 위탁계약 등을 맺고 대부를 받으려는 자를 모집하는 개인을 포함하며, 이하 "대출모집인"이라 한다)는 해당 위탁계약 범위에서는 그러하지 아니하다. 〈개정 2012.12.11.〉

(작성례)

피의자 김○○은 서울시 ○○구 ○○동 123번지에서 '○○금고' 라는 상호로 대부업에 종사하고 있다.

피의자는 금전의 교부 및 금전수수의 중개를 업으로 하는 경우에는 서울시장에게 등록을 하여야 함에도 불구하고 20○○. ○. ○.부터 20○○. ○. ○.까지 위 장소에서 등록을 하지 않고 불특정다수를 상대로 스팸메일을 통한 방법으로 대부업을 영위하였다.

● 관련판례 1

◎ 대부업 등의 등록 및 금융이용자 보호에 관한 법률 제2조 제1호에서 규정한 '금전의 대부' 는 그 개념요소로서 거래의 수단이나 방법 여하를 불문하고 적어도 기간을 두고 장래에 일정한 액수의 금전을 돌려받을 것을 전제로 금전을 교부함으로써 신용을 제공하는 행위를 필수적으로 포함하고 있어야 하는지 여부(적극)

대부업 등의 등록 및 금융이용자 보호에 관한 법률(이하 '대부업법' 이라 한다) 제19조 제1항 제1호는 같은 법 제3조가 규정하는 시 · 도지사에 대한 등록을 하지 아니하고 대부업 등을 한 자를 처벌한다. 대부업법 제2조 제1호는 " '대부업' 이란 금전의 대부(어음할인 · 양도담보, 그 밖에 이와 비슷한 방법을 통한 금전의 교부를 포함한다)를 업으로 하거나, 등록한 대부업자 또는 여신금융기관으로부터 대부계약에 따른 채권을 양도받아 이를 추심하는 것을 업으로 하는 것을 말한다." 라고 규정하고 있다.

대부업법의 관련 규정과 입법 목적, '금전의 대부' 의 사전적인 의미, 대부업법 제2조 제1호가 '금전의 대부' 에 포함되는 것으로 들고 있는 어음할인과 양도담보의 성질과 효력 등에 비추어 보면, 대부업법 제2조 제1호가 규정하는 '금전의 대부' 는 그 개념요소로서 거래의 수단이나 방법 여하를 불문하고 적어도 기간을 두고 장래에 일정한 액수의 금전을 돌려받을 것을 전제로 금전을 교부함으로써 신용을 제공하는 행위를 필수적으로 포함하고 있어야 한다고 보는 것이 타당하다.

따라서 재화 또는 용역을 할인하여 매입하는 거래를 통해 금전을 교부하는 경우, 해당 사안에서 문제 되는 금전 교부에 관한 구체적 거래 관계와 경위, 당사자의 의사, 그 밖에 이와 관련된 구체적·개별적 제반 사정을 종합하여 합리적으로 평가할 때, 금전의 교부에 관해 위와 같은 대부의 개념요소를 인정하기 어려운 경우까지 이를 대부업법상 금전의 대부로 보는 것은, 대부업법 제2조 제1호 등 조항의 문언의 가능한 의미를 벗어나 피고인에게 불리한 방향으로 지나치게 확장해석하거나 유추해석하는 것이 되어 죄형법정주의의 원칙에 위반된다. (대법원 2019. 9. 26., 선고, 2018도7682, 판결)

● 관련판례 2

◎ 월평균 대부금액의 잔액이 5천만 원을 초과하여 '구 대부업의 등록 및 금융이용자 보호에 관한 법률' 제3조 제1항에 의하여 등록하여야 하는 대부업에 해당함에도, 피고인의 무등록 대부업 영위의 공소사실을 무죄로 판단한 원심판단에 위 법 시행령 제2조 제1호에 따른 대부업의 제외 범위에 관한 법리오해 및 심리미진의 위법이 있다고 한 사례

구 대부업법 시행령 제2조 제1호는 '매월말을 기준으로 월평균 대부금액의 잔액이 5천만 원 이하이고 거래상대방이 20인 이하로서, 표시·광고의 공정화에 관한 법률 제2조 제2호의 규정에 의한 광고를 하지 아니하는 자가 대부하는 경우'를 같은 법 소정의 대부업에서 제외되는 것으로 규정하고 있는바, 위 규정에 따라 대부업의 범위에서 제외되려면 매월 말을 기준으로 월평균 대부금액의 잔액이 5천만 원 이하일 것, 그 거래상대방이 20인 이하일 것, 표시·광고의 공정화에 관한 법률 제2조 제2호의 규정에 의한 광고를 하지 아니하는 자가 대부하는 경우일 것 등의 세 가지 요건을 모두 충족하여야만 한다. 그리고 위 시행령 제2조 제1호의 입법취지와 문언 등을 종합해 보면, 위 규정에서 말하는 '매월말을 기준으로 월평균 대부금액의 잔액이 5천만 원 이하인 경우'란 매월 말일을 기준으로 한 해당 월의 평균 대부금액 잔액이 5천만 원 이하인 경우를 의미한다고 해석되므로, 이에 해당하는지 여부는 매월 말일을 기준으로 해당 월에 있어 매일의 대부금액 잔액을 모두 합산한 다음 이를 해당 월의 일수로 나누어 산출한 금액이 5천만 원 이하인지 여부로 판단하여야 한다. (대법원 2010. 4. 29. 선고 2009도6519 판결)

● 관련판례 3

◎ 대부업 등의 등록 및 금융이용자 보호에 관한 법률 제2조 제1호 본문에서 금전의 대부 등을 '업으로' 한다는 것의 의미 및 이에 해당하는지 판단하는 기준

대부업 등의 등록 및 금융이용자 보호에 관한 법률(이하 '대부업법'이라 한다) 제2조 제1호 본문은 "대부업이란 금전의 대부(어음할인·양도담보, 그 밖에 이와 비슷한 방법을 통한 금전의 교부를 포함한다)를 업으로 하거나 제3조에 따라 대부업의 등록을 한 자 또는 여신금융기관으로부터 대부계약에 따른 채권을 양도받아 이를 추심하는 것을 업으로 하는 것을 말한다" 라고 정하고 있다. 여기서 '업으로' 한다는 것은 같은 행위를 계속하여 반복하는 것을 의미하고, 여기에 해당하는지 여부는 단순히 그에 필요한 인적 또는 물적 시설을 구비하였는지 여부와는 관계없이 금전의 대부 또는 중개의 반복·계속성 여부, 영업성의 유무, 그 행위의 목적이나 규모·횟수·기간·태양 등의 여러 사정을 종합적으로 고려하여 사회통념에 따라 판단하여야 한다(대법원 2012. 3. 29. 선고 2011도1985 판결 등 참조). (대법원 2013. 9. 27., 선고, 2013도8449, 판결)

제8조(대부업자의 이자율 제한)

① 대부업자가 개인이나 「중소기업기본법」 제2조제2항에 따른 소기업(小企業)에 해당하는 법인에 대부를 하는 경우 그 이자율은 연 100분의 27.9 이하의 범위에서 대통령령으로 정하는 율을 초과할 수 없다.

② 제1항에 따른 이자율을 산정할 때 사례금, 할인금, 수수료, 공제금, 연체이자, 체당금(替當金) 등 그 명칭이 무엇이든 대부와 관련하여 대부업자가 받는 것은 모두 이자로 본다. 다만, 해당 거래의 체결과 변제에 관한 부대비용으로서 대통령령으로 정한 사항은 그러하지 아니하다.

(작성례)

피의자 김○○는 서울시 ○○구 ○○동 123번지에서 '○○금고'라는 상호로 대부업에 종사하고 있다.

피의자는 20○○. ○. ○. 위 사무실에서 이○○○에게 1개월을 기간으로 1,000만원을 빌려주면서 선이자로 월 50만원을 받아 이자율의 제한을 위반하였다.

● 관련판례 1

◎ 대부업자가 사전에 공제한 선이자가 구 대부업의 등록 및 금융이용자보호에 관한 법률에서 정한 제한이자율을 초과하는지 판단하는 방법 및 그 결과 선이자의 이자율이 제한이자율을 초과하지 않는 경우, 채무자가 변제기에 갚아야 할 대부원금

대부업자가 사전에 공제한 선이자가 구 대부업의 등록 및 금융이용자보호에 관한 법률(2005. 3. 31. 법률 제7428호로 개정되기 전의 것, 이하 '구 대부업법' 이라 한다)에서 정하는 제한이자율을 초과하는지는 그 선이자 공제액을 제외하고 채무자가 실제로 받은 금액을 기초로 하여 대부일부터 변제기까지의 기간에 대한 제한이자율에 따른 이자를 기준으로 그 초과 여부를 판단하여야 한다. 나아가 그와 같은 판단의 결과 선이자의 이자율이 제한이자율을 초과하지 아니하는 경우에는, 제한이자율 초과 부분에 대한 이자계약을 무효로 하는 구 대부업법 제8조 제3항이 적용되지 아니하므로 다른 강행법규 위반의 무효 사유가 없는 한 그 선이자 공제는 당사자가 약정한 이자의 지급으로서 유효하고, 선이자 공제 전의 당사자 사이에서 약정된 대부원금이 채무자가 변제기에 갚아야 할 대부원금이 된다[구 대부업 등의 등록 및 금융이용자 보호에 관한 법률(2009. 1. 21. 법률 제9344호로 개정된 것)은 제8조 제5항을 신설하여 "대부업자가 선이자를 사전에 공제하는 경우에는 그 공제액을 제외하고 채무자가 실제로 받은 금액을 원본으로 하여 제1항에 따른 이자율을 산정한다." 고 규정하였다. 이는 제한이자율 초과 여부의 판단 방법에 관한 앞서 본 법리를 입법화한 것에 불과하고 변제기에 갚아야 하는 대부원금에 대하여 정한 것이 아니므로, 위와 같은 해석에 영향이 없다.(대법원 2013. 5. 9. 선고 2012다56245 판결)

● 관련판례 2

◎ 대부업자가 사전에 공제한 선이자 산정의 대상기간 또는 약정 대부기간이 경과하기 전에 대부원금이 상환된 경우, 선이자가 구 대부업의 등록 및 금융이용자 보호에 관한 법률에서 정한 제한이자율을 초과하는지 판단하는 기준 및 '중도상환수수료' 지급 약정이 있는 경우에도 동일한 법리가 적용되는지 여부(적극)

구 대부업의 등록 및 금융이용자보호에 관한 법률(2009. 1. 21. 법률 제9344호 대부업 등의 등록 및 금융이용자 보호에 관한 법률로 개정되기 전의 것, 이하 '구 대부업법' 이라 한다) 제1조, 제8조 제1항, 제2항, 구 대부업의 등록 및 금융이용자보호에 관한 법률 시행령(2009. 4. 21. 대통령령 제21446호로 개정되기 전의 것, 이하 '구 대부업법 시행령' 이라 한다) 제5조 제3항, 제4항 등에서 정한 구 대부업법의 입법목적과 관련 법령의 규정 내용을 종합하면, 대부업자가 선이자를 사전에 공제한 후 대부하였는데 선이자 산정의 대상기간 또는 약정 대부기간이 도과하기 전 중도에 대부원금이 상환된 경우 대부업자가 사전에 공제한 선이자가 구 대부업법에서 정한 제한이자율을 초과하는지 여부는, 선이자 공제액을 제외하고 채무자가 실제로 받은 금액을 원본으로 하여 대부일부터 실제 변제일까지 기간에 대한 제한이자율 소정의 이자를 기준으로 판단하여야 하고, 이러한 법리는 금융이용자가 약정 변제기 전에 대부금을 변제하는 경우 그로 인한 대부업자의 손해배상 명목으로 중도상환수수료를 지급하기로 하는 약정이 있는 경우에도 마찬가지이다. 결국 구 대부업법이 적용되는 대부에서는, 중도상환수수료를 포함하여 명목이나 명칭에 불구하고 대부업자가 받은 일체의 금원 중 구 대부업법 시행령 제5조 제4항에 열거된 비용을 제외한 금원을 모두 이자로 보아, 그 금액이 실제 대부기간에 대한 제한이자율 소정의 이율을 초과하게 되면 구 대부업법 제8조 제1항을 위반한 죄에 해당하게 된다.(대법원 2012.3.15.선고 2010도11258 판결)

● 관련판례 3

◎ 대부업 등의 등록 및 금융이용자 보호에 관한 법률 제8조 제2항의 취지 및 명목

여하를 불문하고 대부업자와 채무자 사이의 금전대차와 관련된 것으로서 금전대차의 대가로 볼 수 있는 것은 모두 이자로 간주되는지 여부(적극)

대부업 등의 등록 및 금융이용자 보호에 관한 법률(이하 '대부업법' 이라 한다) 제8조 제2항의 취지는 대부업자가 사례금 · 할인금 · 수수료 · 공제금 · 연체이자 · 체당금 등의 명목으로 채무자로부터 돈을 징수하여 위 법을 잠탈하기 위한 수단으로 사용되는 탈법행위를 방지하는 데 있으므로, 명목 여하를 불문하고 대부업자와 채무자 사이의 금전대차와 관련된 것으로서 금전대차의 대가로 볼 수 있는 것은 모두 이자로 간주된다(대법원 2014. 11. 13. 선고 2014다24785 판결 참조). 나아가 대부업자가 채무자로부터 징수한 돈을 나중에 채무자에게 반환하기로 약정하였다 하더라도, 그 반환 조건이나 시기, 대부업자의 의사나 행태 등 제반사정에 비추어 볼 때 그 약정이 대부업법의 제한 이자율을 회피하기 위한 형식적인 것에 불과하고 실제로는 반환의사가 없거나 반환이 사실상 불가능 또는 현저히 곤란한 것으로 인정될 경우에는 그 징수한 돈은 실질적으로 대부업자에게 귀속된 이자로 보아야 한다.(대법원 2015. 7. 23., 선고, 2014도9746, 판결)

● 관련판례 4

◎ 대부업 등의 등록 및 금융이용자 보호에 관한 법률에서 정한 이자율 상한에 관한 규정이 대부계약에 따른 채권이나 채권자의 지위가 양도되거나 신탁되는 경우에도 적용되는지 여부(원칙적 적극)

대부업 등의 등록 및 금융이용자 보호에 관한 법률(이하 '대부업법' 이라 한다)은 대부계약에서 정할 수 있는 약정이자율이나 연체이자율의 상한을 대통령령으로 정하면서 이를 초과하는 부분에 대한 이자계약은 무효로 정하고 있다(대부업법 제8조 제1항, 제3항, 제4항, 제15조 제1항, 제3항, 제5항). 이러한 이자율 상한에 관한 규정은 특별한 사정이 없는 한 대부계약에 따른 채권이나 채권자의 지위가 양도되거나 신탁되는 경우에도 적용된다.(대법원 2022. 6. 30., 선고, 2020다271322, 판결]

※ 채권의 공정한 추심에 관한 법률 (약칭:채권추심법)

[시행 2020. 8. 5.] [법률 제16957호, 2020. 2. 4., 타법개정]

제9조(폭행·협박 등의 금지)

채권추심자는 채권추심과 관련하여 다음 각 호의 어느 하나에 해당하는 행위를 하여서는 아니 된다.

1. 채무자 또는 관계인을 폭행·협박·체포 또는 감금하거나 그에게 위계나 위력을 사용하는 행위
2. 정당한 사유 없이 반복적으로 또는 야간(오후 9시 이후부터 다음 날 오전 8시까지를 말한다. 이하 같다)에 채무자나 관계인을 방문함으로써 공포심이나 불안감을 유발하여 사생활 또는 업무의 평온을 심하게 해치는 행위
3. 정당한 사유 없이 반복적으로 또는 야간에 전화하는 등 말·글·음향·영상 또는 물건을

채무자나 관계인에게 도달하게 함으로써 공포심이나 불안감을 유발하여 사생활 또는 업무의 평온을 심하게 해치는 행위
4. 채무자 외의 사람(제2조제2호에도 불구하고 보증인을 포함한다)에게 채무에 관한 거짓 사실을 알리는 행위
5. 채무자 또는 관계인에게 금전의 차용이나 그 밖의 이와 유사한 방법으로 채무의 변제자금을 마련할 것을 강요함으로써 공포심이나 불안감을 유발하여 사생활 또는 업무의 평온을 심하게 해치는 행위
6. 채무를 변제할 법률상 의무가 없는 채무자 외의 사람에게 채무자를 대신하여 채무를 변제할 것을 요구함으로써 공포심이나 불안감을 유발하여 사생활 또는 업무의 평온을 심하게 해치는 행위
7. 채무자의 직장이나 거주지 등 채무자의 사생활 또는 업무와 관련된 장소에서 다수인이 모여 있는 가운데 채무자 외의 사람에게 채무자의 채무금액, 채무불이행 기간 등 채무에 관한 사항을 공연히 알리는 행위

(작성례)

피의자 김○○는 서울 ○○구 ○○동 123번지 ○○빌딩 201호에서 대부업등록을 하지 않은 무등록 대부업체 ○○상사를 경영중인 사람이다. 피의자는 20○○. ○. ○. 피의자가 운영중인 ○○상사 사무실에서 피해자 이○○를 상대로 금 200만원을 대부하면서 연이자 120%의 이자로 대부하기로 하고 20○○. ○. ○. 피해자 이○○가 이자를 납입하지 않자 배우자 서○○에게 전화를 걸어 대신 갚을 것을 종용하며 "돈을 갚지 않으면 아이가 학교에 다닐 수 없을 것이다."라는 협박을 하였다.

※ 하루에 전화를 10회 이상 하는 경우, 야간(일몰후)에 채무를 종용하는 경우(21:00~08:00까지 가능), 채무자의 관계인에게 전화로 협박하거나 상소리를 하는 경우(녹음해서) 경찰서에 신고대상이 된다.

※ 대부업자 및 여신금융기관은 연락두절 등 채무자의 소재파악이 곤란한 경우 외에는 채권추심을 목적으로 채무자의 관계인에게 채무자의 소재 등을 문의할 수 없으며, 채무자의 소재 등을 문의하는 경우에도 관계인에게 채무사실을 알려서는 안 된다. 또한 대부업자 및 여신금융기관은 대부계약에 따른 채권의 추심을 하는 경우 추심을 하는 자의 소속과 성명을 밝히도록 하여야 한다.

● 관련판례

◎ 현실적인 행위자가 아닌 법령상 책임자로 규정된 자에게 행정법규 위반에 대한 제재조치를 부과할 수 있는지 여부(적극) 및 행정법규 위반자에게 고의나 과실이 없어도 제재조치를 부과할 수 있는지 여부(원칙적 적극) / 이러한 법리가 구 대부업 등의 등록 및 금융이용자 보호에 관한 법률 제13조 제1항이 정하는 대부업자 등의 불법추심행위를 이유로 한 영업정지 처분에도 적용되는지 여부(적극)

구 대부업 등의 등록 및 금융이용자 보호에 관한 법률(2012. 12. 11. 법률 제11544호로 개정되기 전의 것, 이하 '대부업법' 이라 한다) 제13조 제1항은 '대부업자 또는 대부중개업자' 를 '대부업자등' 이라고 지칭한 데 이어 "대부업자등이 다음 각 호의 어느 하나에 해당하면 그 대부업자등에게 대통령령으로 정하는 기준에 따라 1년 이내의 기간을 정하여 그 영업의 전부 또는 일부의 정지를 명할 수 있다." 라고 규정하면서, 그 제1호에서 '채권의 공정한 추심에 관한 법률 제9조를 위반한 경우' 를 영업정지 사유 중 하나로 들고 있다.

구 채권의 공정한 추심에 관한 법률(2014. 5. 20. 법률 제12594호로 개정되기 전의 것, 이하 '채권추심법' 이라 한다) 제9조는 "채권추심자는 채권추심과 관련하여 다음 각 호의 어느 하나에 해당하는 행위를 하여서는 아니 된다." 라고 규정하면서, 제1호에서 "채무자 또는 관계인을 폭행·협박·체포 또는 감금하거나 그에게 위계나 위력을 사용하는 행위" 를 들고 있고, 제2조 제1호는 '채권추심자' 란 대부업법에 따른 대부업자, 대부중개업자, 대부업의 등록을 하지 아니하고 사실상 대부업을 영위하는 자 등과 이들을 위하여 고용, 도급, 위임 등 원인을 불문하고 채권추심을 하는 자를 뜻한다고 규정하고 있다.

한편 행정법규 위반에 대한 제재조치는 행정목적의 달성을 위하여 행정법규 위반이라는 객관적 사실에 착안하여 가하는 제재이므로, 반드시 현실적인 행위자가 아니라도 법령상 책임자로 규정된 자에게 부과되고, 특별한 사정이 없는 한 위반자에게 고의나 과실이 없더라도 부과할 수 있다(대법원 2012. 5. 10. 선고 2012두1297 판결 등 참조). 이러한 법리는 대부업법 제13조 제1항이 정하는 대부업자등의 불법추심행위를 이유로 한 영업정지 처분에도 마찬가지로 적용된다고 보아야 한다.(대법원 2017. 5. 11. 선고 2014두8773 판결)

22. 도로교통법

[시행 2022. 12. 1.] [법률 제18522호, 2021. 11. 30., 타법개정

제43조(무면허운전 등의 금지)
누구든지 제80조에 따라 시 · 도경찰청장으로부터 운전면허를 받지 아니하거나 운전면허의 효력이 정지된 경우에는 자동차등을 운전하여서는 아니 된다. 〈개정 2020.6.9., 2020.12.22., 2021.1.12.〉

(작성례)

피의자는 자동차운전면허 없이 20○○. ○. ○. 01 : 30경 정○○ 소유의 ○○두○○○○호 마티즈승용차를 ○○시 ○○동에 있는 ○○대학 앞길에서부터 같은 시 ○○동에 있는 ○○아파트까지 운전하였다.

■ 적용실례

◇ 운전면허가 당연무효가 아니어서 무면허운전이 아닌 사례

연령미달의 결격자가 자격자인 사촌형 이름으로 운전면허시험에 합격하여 운전면허를 교부받고 운전한 경우

※ 이 경우는 당연무효가 아니고 도로교통법(제78조 제3호)의 면허취소사유에 해당할 뿐이어서 취소되지 않는 한 유효하므로 피의자의 운전행위는 무면허운전에 해당하지 않는다.

◇ 운전면허취소처분이 내려졌으나 아직 통지가 없는 상태에서 운전한 경우, 자동차운전면허를 받은 사람이 정기적성검사를 받지 않아 운전면허취소처분이 내려졌으나 이에 대한 통지가 아직 없는 상태에서 운전을 한 경우

※ 위 경우 운전면허가 취소되려면 정기적성검사기간이 경과되었다는 사실만으로는 부족하고 도로교통법 제93조 제8호에 의한 면허관청의 운전면허 취소처분이 별도로 필요하다. 또 면허관청이 운전면허를 취소했다고 해도 같은 법 시행령 제53조 소정의 적법한 통지 또는 공고가 없으면 그 효력을 발생할 수 없으므로 운전면허취소처분 이후 위적법한 통지 또는 공고가 없는 동안의 자동차운전은 무면허운전이라고 할 수 없다.

● 관련판례 1

◎ 검사가 자동차 운전자인 피고인을 업무상과실치상에 의한 교통사고처리 특례법 위반, 무면허운전 및 업무상과실 재물손괴에 의한 도로교통법 위반, 의무보험 미가입에 의한 자동차손해배상 보장법 위반의 공소사실로 기소하였다가, 제1심 공판기일에서 무면허운전 부분의 공소를 취소하여, 제1심이 이에 대해 공소기각 결정을 한 사안에서, 무면허운전 부분은 심판의 대상에 해당하지 않음에도, 이 부분에 대한 형과 나머지 공소사실에 대한 형 사이에 경합범가중을 하여 피고인에 대한 형을 정한 원심판결에 불고불리 원칙을 위반한 위법이 있다고 한 사례

검사는 "피고인은 (등록번호 1 생략) 에쿠스 승용차(이하 '이 사건 승용차' 라 한다)를 운전하는 자로서 2013. 11. 16. 17:30경 자동차운전면허를 받지 아니하고 책임보험에 가입하지 아니한 이 사건 승용차를 운전하여 인천 남동구 (주소 생략)ㅇㅇ4거리 교차로를 진행하던 중, 차량 정지신호임에도 좌회전한 업무상 과실로 신호에 따라 직진하던 피해자 공소외인(37세) 운전의 (등록번호 2 생략) 오토바이(이하 '피해 오토바이' 라 한다) 앞부분을 이 사건 승용차의 오른쪽 앞부분으로 충격함으로써, 피해자 공소외인에게 약 8주간의 치료를 요하는 좌측 쇄골 골절상 등을 입게 함과 동시에 피해 오토바이를 수리비 약 1,740,000원을 요하는 정도로 손괴하였다." 는 취지의 공소사실을 들어 업무상 과실치상에 의한 「교통사고처리 특례법」 위반, 무면허 운전에 의한 도로교통법위반, 업무상 과실로 인한 재물손괴에 의한 도로교통법위반, 의무보험 미가입에 의한 자동차손해배상보장법위반으로 피고인을 기소한 사실, 검사는 2014. 5. 29. 제1심 제2회 공판기일에서 이 사건 공소사실 중 무면허 운전에 의한 도로교통법위반의 점에 대하여 공소를 취소하였고, 제1심은 이 부분 공소사실에 대하여 공소를 기각한다는 결정을 고지한 사실을 알 수 있다. 따라서 이 사건 공소사실 중 무면허 운전에 의한 도로교통법위반의 점은 검사의 공소취소에 따른 제1심의 공소기각 결정으로 심판의 대상에 해당하지 아니하게 되었다고 할 것이다.
그럼에도 원심은 무면허 운전에 대한 처벌법규인 도로교통법 제152조 제1호, 제43조의 규정을 적용하여 징역형을 선택한 다음, 무면허 운전에 의한 도로교통법위반의 점을 제외한 나머지 공소사실에 대하여 선택한 금고형 및 징역형과 사이에 경합범가중을 하여 피고인에 대한 형을 정하였으니, 이와 같은 원심판결에는 불고불리의 원칙을 위반하여 판결 결과에 영향을 미친 위법이 있다.(대법원 2015. 4. 23. 선고 2015도686 판결)

● 관련판례 2

◎ '운전면허를 받지 아니하고' 라는 법률문언의 통상적 의미에 '운전면허를 받았으나 그 후 운전면허의 효력이 정지된 경우' 가 당연히 포함되는지 여부(소극)

도로교통법 제43조는 무면허운전 등을 금지하면서 "누구든지 제80조의 규정에 의하여 지방경찰청장으로부터 운전면허를 받지 아니하거나 운전면허의 효력이 정지된 경우에는 자동차 등을 운전하여서는 아니된다" 고 정하여, 운전자의 금지사항으로 운전면허를 받지 아니한 경우와 운전면허의 효력이 정지된 경우를 구별하여 대등하게 나열하고 있다. 그렇다면 '운전면허를 받지 아니하고' 라는 법률문언의 통상적인 의미에 '운전면허를 받았으나 그 후 운전면허의 효력이 정지된 경우' 가 당연히 포함된다고는 해석할 수 없다. (대법원 2011. 8. 25. 선고 2011도7725 판결)

● 관련판례 3

◎ 도로교통법 제152조, 제43조를 위반한 무면허운전이 성립하기 위해서는 운전면허를 받지 않고 자동차 등을 운전한 곳이 도로교통법 제2조 제1호에서 정한 '도로' 에 해당해야 하는지 여부(적극) / 특정인이나 그와 관련된 용건이 있는 사람만 사용할 수 있고 자체적으로 관리되는 곳에서 운전면허 없이 자동차 등을 운전한 경우, 무면허운전으로 처벌할 수 있는지 여부(소극)

도로교통법 제43조는 '누구든지 제80조에 따라 지방경찰청장으로부터 운전면허를 받지 않거나 운전면허의 효력이 정지된 경우에는 자동차 등을 운전하여서는 안 된다' 고 정하고, 이를 위반한 경우 처벌하고 있다(도로교통법 제152조 제1호).

도로교통법 제2조 제1호는 '도로' 란 도로법에 따른 도로[(가)목], 유료도로법에 따른 유료도로[(나)목], 농어촌도로 정비법에 따른 농어촌도로[(다)목], 그 밖에 현실적으로 불특정 다수의 사람 또는 차마가 통행할 수 있도록 공개된 장소로서 안전하고 원활한 교통을 확보할 필요가 있는 장소[(라)목]를 말한다고 정하고 있다.

도로교통법 제2조 제26호는 '운전' 이란 도로에서 차마를 그 본래의 사용방법에 따라 사용하는 것(조종을 포함한다)을 말한다고 정하되, 다음 세 경우에는 도로 외의 곳에서 운전한 경우를 포함한다고 정하고 있다. '술에 취한 상태에서의 운전' (도로교통법 제148조의2 제1항, 제44조), '약물(마약, 대마 및 향정신성의약품과 그 밖에 행정안전부령으로 정하는 것을 말한다)로 인하여 정상적으로 운전하지 못할 우려가 있는 상태에서의 운전' (제148조의2 제3항, 제45조), '차의 운전 등 교통으로 인하여 사람을 사상하거나 물건을 손괴하고 사상자를 구호하는 등 필요한 조치나 피해자에게 인적사항(성명 · 전화번호 · 주소 등을 말한다) 제공을 하지 않은 경우(주 · 정차된 차만 손괴한 것이 분명한 경우에 제54조 제1항 제2호에 따라 피해자에게 인적 사항을 제공하지 아니한 사람은 제외한다)' (도로교통법 제148조, 제54조 제1항)가 그것이다.

개정 도로교통법(2017. 10. 24. 법률 제14911호로 개정되어 2018. 4. 25. 시행될 예정이다) 제2조 제26호는 차의 운전 등 교통으로 인하여 주 · 정차된 차만 손괴한 것이 분명한데, 제54조 제1항 제2호에 따라 피해자에게 인적 사항을 제공하지 않은 경우(도로교통법 제156조 제10호)에도 도로 외의 곳에서 한 운전을 운전 개념에 추가하고 있다.

위와 같이 도로교통법 제2조 제26호가 '술이 취한 상태에서의 운전' 등 일정한 경우에 한하여 예외적으로 도로 외의 곳에서 운전한 경우를 운전에 포함한다고 명시하고 있는 반면, 무면허운전에 관해서는 이러한 예외를 정하고 있지 않다. 따라서 도로교통법 제152조, 제43조를 위반한 무면허운전이 성립하기 위해서는 운전면허를 받지 않고 자동차 등을 운전한 곳이 도로교통법 제2조 제1호에서 정한 도로, 즉 '도로법에 따른 도로', '유료도로법에 따른 유료도로', '농어촌도로 정비법에 따른 농어촌도로', '그 밖에 현실적으로 불특정 다수의 사람 또는 차마가 통행할 수 있도록 공개된 장소로서 안전하고 원활한 교통을 확보할 필요가 있는 장소' 중 하나에 해당해야 한다.

위에서 본 도로가 아닌 곳에서 운전면허 없이 운전한 경우에는 무면허운전에 해당하지 않는다. 도로에서 운전하지 않았는데도 무면허운전으로 처벌하는 것은 유추해석이나 확장해석에 해당하여 죄형법정주의에 비추어 허용되지 않는다. 따라서 운전면허 없이 자동차 등을 운전한 곳이 위와 같이 일반교통경찰권이 미치는 공공성이 있는 장소가 아니라 특정인이나 그와 관련된 용건이 있는 사람만 사용할 수 있고 자체적으로 관리되는 곳이라면 도로교통법에서 정한 '도로에서 운전' 한 것이 아니므로 무면허운전으로 처벌할 수 없다. (대법원 2017. 12. 28., 선고, 2017도17762, 판결)

제44조(술에 취한 상태에서의 운전 금지)

① 누구든지 술에 취한 상태에서 자동차등(「건설기계관리법」 제26조제1항 단서에 따른 건설기계 외의 건설기계를 포함한다. 이하 이 조, 제45조, 제47조, 제93조제1항제1호부터 제4호까지 및 제148조의2에서 같다), 노면전차 또는 자전거를 운전하여서는 아니 된다. 〈개정 2018.3.27.〉

② 경찰공무원은 교통의 안전과 위험방지를 위하여 필요하다고 인정하거나 제1항을 위반하여 술에 취한 상태에서 자동차등, 노면전차 또는 자전거를 운전하였다고 인정할 만한 상당한 이유가 있는 경우에는 운전자가 술에 취하였는지를 호흡조사로 측정할 수 있다. 이 경우 운전자는 경찰공무원의 측정에 응하여야 한다. 〈개정 2014.12.30., 2018.3.27.〉

③~④항 생략

⑤ 제2항 및 제3항에 따른 측정의 방법, 절차 등 필요한 사항은 행정안전부령으로 정한다. 〈신설 2023.1.3.〉

[시행일: 2023. 7. 4.] 제44조

(작성례 1)

피의자는 20○○. ○. ○. 22 : 00경 혈중알콜농도 0.08%의 술에 취한 상태에서 서울 관악구 신림8동 333 소재 일번지 단란주점 앞 길에서 서울 서초구 서초동 444 뒷골목까지 약 3킬로미터를 피의자 소유 00가 0000호승용차로 운전하였다.

※ 음주운전에 의한 도로교통법위반의 범죄사실 기재는 '음주상태에서의 운전거리' 를 나타내어야 한다.

(작성례 2)

피의자는 20○○. ○. ○. 22 : 15경 자신의 ○○노○○○○호 NF소나타 승용차 차량을 운전하여 ○○시 ○○동 ○○번지 앞길을 ○○쪽으로 진행하던 중, 위 차가 좌우로 비틀거리며 달리는 것을 보고 순찰차를 타고 뒤쫓아온 ○○경찰서 소속 경장 권○○가 위 차를 정지시키고 입에서 술 냄새가 나는 피의자에 대하여 술에 취하였는지 여부를 측정하려 하였으나 그 측정에 응하지 않았다.

(작성례 3)

피의자는 20○○. ○○. ○○. 20:30경 서울특별시 ○○구 ○○로에 있는 ○○역 사거리부터 같은 날 20:40분경 서울특별시 ○○구 ○○로에 있는 ○○아울렛 앞 도로에 이르기까지 약 1.5km 구간에서 자동차운전면허를 받지 아니하고 혈중알콜농도 0.130%의 술에 취한 상태로 ○○마○○○○호 카니발 승합차를 운전하였다.

(작성례 4)

피의자는 20○○. ○○. ○○.부터 20○○. ○○. ○○.까지 자동차운전면허의 효력이 정지된 상태임에도, 20○○. ○○. ○○.경 15:00경 서울특별시 ○○구 ○○대로에 있는 인근 골목길에서 50m 가량 서울○○다○○○○호 그랜저 엑스지 승용차를 운전하였다.

(작성례 5)

피의자는 20○○. ○○. ○○. 23:19경 서울특별시 ○○구 ○○로, ○○호텔 앞 도로에서, 술을 마신 상태에서 ○○나○○○○호 크레도스 승용차를 운전하던 중 서울강남경찰서 교통과 소속 경장 ○○○으로부터 피의자에게서 술 냄새가 나고 얼굴에 홍조를 띄는 등 술에 취한 상태에서 운전하였다고 인정할 만한 상당한 이유가 있어 약 20분간에 걸쳐 음주측정기에 입김을 불어 넣는 방법으로 음주측정에 응할 것을 요구받았다. 그럼에도 피의자는 음주측정에 입김을 불어 넣는 시늉만 하는 방법으로 이를 회피하여 정당한 사유 없이 경찰공무원의 음주측정요구에 응하지 아니하였다.

(작성례 6)

피의자는 20○○. ○○. ○○.22:15경 자동차운전면허를 받지 아니하고 혈중알콜농도 0.062%의 술에 취한 상태로 충남 ○○시 ○○로에 있는 ○○가든 식당 앞길에서부터 ○○로에 있는 ○○면옥 앞길까지 약 8km의 거리에서 경기○○고○○○○호 포터 화물차를 운전하였다.

● 관련판례 1

◎ 2018. 12. 24. 법률 제16037호로 개정된 도로교통법 제148조의2 제1항에서 정한 '도로교통법 제44조 제1항 또는 제2항을 2회 이상 위반한 사람'에 개정 도로교통법 시행 이전에 구 도로교통법 제44조 제1항 또는 제2항을 위반한 전과가 포함되는지 여부(적극) 및 이와 같은 해석이 형벌불소급의 원칙이나 일사부재리의 원칙에 위배되는지 여부(소극) / 개정 도로교통법 부칙(2018. 12. 24.) 제2조에서 같은 법 제148조의2 제1항에 관한 위반행위의 횟수를 산정하는 기산점을 두지 않은 것을 이유로 그 위반행위에 개정 도로교통법 시행 이후의 음주운전 또는 음주측정 불응 전과만이 포함되는 것이라고 해석할 수 있는지 여부(소극)

도로교통법 제44조는 '술에 취한 상태에서 운전 금지'에 관하여 정하고 있는데, 제1항에서 누구든지 술에 취한 상태에서 자동차 등, 노면전차 또는 자전거를 운전해서는 안 된다고 정하고, 도로교통법(2018. 12. 24. 법률 제16037호로 개정되어 2019. 6. 25. 시행된 것, 이하 '개정 도로교통법'이라 한다) 제148조의2 제1항은 '도로교통법 제44조 제1항 또는 제2항을 2회 이상 위반한 사람(자동차 등 또는 노면전차를 운전한 사람으로 한정한다)'을 2년 이상 5년 이하의 징역이나 1,000만 원 이상 2,000만 원 이하의 벌금에 처하도록 정하고 있다.

위 규정의 문언과 입법 취지에 비추어 '도로교통법 제44조 제1항 또는 제2항을 2회 이상 위반한 사람'에 위와 같이 개정된 도로교통법이 시행된 2019. 6. 25. 이전에 구 도로교통법 제44조 제1항 또는 제2항을 위반한 전과가 포함된다고 보아야 한다. 이와 같이 해석하더라도 형벌불소급의 원칙이나 일사부재리의 원칙에 위배되지 않는다.

개정 도로교통법 부칙 제2조는 도로교통법 제82조 제2항과 제93조 제1항 제2호의 경우 위반행위의 횟수를 산정할 때에는 2001. 6. 30. 이후의 위반행위부터 산정하도록 한 반면, 제148조의2 제1항에 관한 위반행위의 횟수 산정에 대해서는 특별히 정하지 않고 있다. 이처럼 제148조의2 제1항에 관한 위반행위의 횟수를 산정하는 기산점을 두지 않았다고 하더라도 그 위반행위에 개정 도로교통법 시행 이후의 음주운전 또는 음주측정 불응 전과만이 포함되는 것이라고 해석할 수 없다.(대법원 2020. 8. 20., 선고, 2020도7154, 판결)

● 관련판례 2

◎ 음주운전 여부에 대한 조사 과정에서 운전자 본인의 동의를 받지 아니하고 법원의 영장도 없이 한 혈액 채취 조사 결과를 근거로 한 운전면허 정지·취소 처분이 위법한지 여부(원칙적 적극)

음주운전 여부에 관한 조사방법 중 혈액 채취(이하 '채혈'이라고 한다)는 상대방의 신체에 대한 직접적인 침해를 수반하는 방법으로서, 이에 관하여 도로교통법은 호흡조사와 달리 운전자에게 조사에 응할 의무를 부과하는 규정을 두지 아니할 뿐만 아니라, 측정에 앞서 운전자의 동의를 받도록 규정하고 있으므로(제44조 제3항), 운전자의 동의 없이 임의로 채혈조사를 하는 것은 허용되지 아니한다.

그리고 수사기관이 범죄 증거를 수집할 목적으로 운전자의 동의 없이 혈액을 취득·보관하는 행위는 형사소송법상 '감정에 필요한 처분' 또는 '압수'로서 법원의 감정처분허가장이나 압수영장이 있어야 가능하고, 다만 음주운전 중 교통사고를 야기한 후 운전자가 의식불명 상태에 빠져 있는 등으로 호흡조사에 의한 음주측정이 불가능하고 채혈에 대한 동의를 받을 수도 없으며 법원으로부터 감정처분허가장이나 사전 압수영장을 발부받을 시간적 여유도 없는 긴급한 상황이 발생한 경우에는 수사기관은 예외적인 요건하에 음주운전 범죄의 증거 수집을 위하여 운전자의 동의나 사전 영장 없이 혈액을 채취하여 압수할 수 있으나 이 경우에도 형사소송법에 따라 사후에 지체 없이 법원으로부터 압수영장을 받아야 한다.

따라서 음주운전 여부에 대한 조사 과정에서 운전자 본인의 동의를 받지 아니하고 또한 법원의 영장도 없이 채혈조사를 한 결과를 근거로 한 운전면허 정지·취소 처분은 도로교통법 제44조 제3항을 위반한 것으로서 특별한 사정이 없는 한 위법한 처분으로 볼 수밖에 없다.(대법원 2016. 12. 27. 선고 2014두46850 판결)

● 관련판례 3

◎ 피고인이 혈중알코올농도 0.158%의 술에 취한 상태로 자동차를 운전하였다고 하여 도로교통법 위반(음주운전)으로 기소된 사안에서, 제반 사정에 비추어 피고인이 차량을 운전할 당시 적어도 혈중알코올농도 0.1% 이상의 술에 취한 상태에 있었다고 봄이 타당한데도, 이와 달리 보아 무죄를 인정한 원심판결에 음주운전에서 혈중알코올농도의 입증에 관한 법리오해 등 위법이 있다고 한 사례

피고인이 혈중알코올농도 0.158%의 술에 취한 상태로 자동차를 운전하였다고 하여 도로교통법 위반(음주운전)으로 기소된 사안에서, 피고인이 마지막으로 술을 마신 시각이라고 주장하는 때로부터 약 98분이 경과한 시각에 측정한 혈중알코올농도가 처벌기준치인 0.1%를 크게 상회하는 0.158%로 나타난 점, 피고인이 처음으로 음주를 한 시각을 기준으로 하면 1시간 50분 뒤에 운전이 이루어진 것이어서 운전 당시에 혈중알코올농도의 상승기에 있었다고 단정하기 어려운 점 등 제반 사정에 비추어 볼 때, 피고인이 차량을 운전할 당시 적어도 혈중알코올농도 0.1% 이상의 술에 취한 상태에 있었다고 봄이 타당한데도, 이와 달리 보아 무죄를 인정한 원심판결에 음주운전에서 혈중알코올농도의 입증에 관한 법리오해 등 위법이 있다.(대법원 2014. 6. 12. 선고 2014도3360 판결)

● 관련판례 4

◎ 도로교통법 제148조의2 제1항 제1호의 취지 및 위 조항 중 '제44조 제1항을 2회 이상 위반한 사람'의 의미(=2회 이상 음주운전 금지규정을 위반하여 음주운전을 하였던 사실이 인정되는 사람) / 위 조항을 적용할 때 음주운전 금지규정 위반자의 위반전력 유무와 그 횟수를 심리·판단하는 방법 및 그에 대한 증명책임 소재(=검사)

도로교통법(이하 '법'이라 한다) 제44조 제1항은 술에 취한 상태에서 자동차 등의 운전을 금지하고, 법 제148조의2 제1항 제1호는 '제44조 제1항을 2회 이상 위반한 사람'으로서 다시 같은 조 제1항을 위반하여 술에 취한 상태에서 자동차 등을 운전한 사람을 1년 이상 3년 이하의 징역이나 500만 원 이상 1천만 원 이하의 벌금에 처한다고 정하고 있다.

법 제148조의2 제1항 제1호는 행위주체를 단순히 2회 이상 음주운전 금지규정을 위반한 사람으로 정하고 있고, 이러한 음주운전 금지규정 위반으로 형을 선고받거나 유죄의 확정판결을 받은 경우 등으로 한정하고 있지 않다. 이것은 음주운전 금지규정을 반복적으로 위반하는 사람의 반규범적 속성, 즉 교통법규에 대한 준법정신이나 안전의식의 현저한 부족 등을 양형에 반영하여 반복된 음주운전에 대한 처벌을 강화하고, 음주운전으로 발생할 국민의 생명·신체에 대한 위험을 예방하며 교통질서를 확립하기 위한 것으로 볼 수 있다.

위와 같은 법 제148조의2 제1항 제1호의 문언 내용과 입법 취지 등을 종합하면, 위 조항 중 '제44조 제1항을 2회 이상 위반한 사람'은 문언 그대로 2회 이상 음주운전 금지규정을 위반하여 음주운전을 하였던 사실이 인정되는 사람으로 해석해야 하고, 그에 대한 형의 선고나 유죄의 확정판결 등이 있어야만 하는 것은 아니다. 법 제148조의2 제1항 제1호를 적용할 때 위와 같은 음주운전 금지규정 위반자의 위반전력 유무와 그 횟수는 법원이 관련 증거를 토대로 자유심증에 따라 심리·판단해야 한다. 다만 이는 공소가 제기된 범죄의 구성요건을 이루는 사실이므로, 그 증명책임은 검사에게 있다.(대법원 2018. 11. 15., 선고, 2018도11378, 판결)

● 관련판례 5

◎ 음주측정거부 전력이 있는 피고인이 음주측정요구에 불응하였다는 공소사실에 대하여, 원심이 도로교통법 제148조의2 제1항 중 '제44조 제2항을 위반한 사람으로서 다시 같은 조 제2항을 위반한 사람'에 관한 부분('해당 법률조항')을 적용하여 유죄를 선고한 제1심판결을 유지하였는데, 헌법재판소가 구 도로교통법 제148조의2 제1항과 도로교통법 제148조의2 제1항 중 각 '제44조 제1항 또는 제2항을 2회 이상 위반한 사람' 부분과 관련하여 일련의 위헌결정들을 한 사안에서, 원심이 적용한 해당 법률조항은 위헌결정들의 심판대상이 되지는 않았지만 위헌이 선언된 법률조항과 실질적으로 동일하므로, 원심으로서는 해당

법률조항의 위헌 여부 또는 그 적용에 따른 위헌적 결과를 피하기 위한 공소장 변경절차 등의 필요 유무 등에 관하여 심리 · 판단하였어야 한다고 한 사례

음주측정거부 전력이 있는 피고인이 술에 취한 상태로 자동차를 운전하였다고 인정할 만한 상당한 이유가 있어 음주측정을 요구받고도 이에 응하지 않았다는 공소사실에 대하여, 원심이 도로교통법(2020. 6. 9. 법률 제17371호로 개정된 것, 이하 같다) 제148조의2 제1항 중 '제44조 제2항을 위반한 사람으로서 다시 같은 조 제2항을 위반한 사람' 에 관한 부분(이하 '해당 법률조항' 이라 한다)을 적용하여 유죄를 선고한 제1심판결을 유지하였는데, 헌법재판소가 구 도로교통법(2018. 12. 24. 법률 제16037호로 개정되고, 2020. 6. 9. 법률 제17371호로 개정되기 전의 것) 제148조의2 제1항과 도로교통법 제148조의2 제1항 중 각 '제44조 제1항 또는 제2항을 2회 이상 위반한 사람' 부분과 관련하여 일련의 위헌결정들을 한 사안에서, 원심이 적용한 해당 법률조항은 위헌결정들의 심판대상이 되지는 않았지만, 헌법재판소는 위헌결정들을 통해 음주운전 전력과 음주측정거부 전력, 음주운전행위와 음주측정거부행위를 달리 취급하지 않은 채 동일한 논거로 각 심판대상조항의 위헌 여부를 판단하였고, '음주측정거부' 가 가중처벌 요건(전력)이 되는 경우와 가중처벌 대상(범행)이 되는 경우 모두에 대하여 위헌을 선언하였기 때문에, 해당 법률조항도 위헌결정들 이유와 같은 이유에서 책임과 형벌 사이의 비례원칙에 어긋난다고 볼 여지가 있고 위헌이 선언된 법률조항과 실질적으로 동일하며, 피고인에게 음주운전 및 음주측정거부 전력이 있음에도 검사는 그의 음주측정거부 전력만을 음주측정거부행위의 가중요건으로 삼아 공소를 제기하였으므로, 원심으로서는 해당 법률조항의 위헌 여부 또는 그 적용에 따른 위헌적 결과를 피하면서도 피고인 행위의 가벌성과 책임에 합당한 형벌법규를 적용하기 위한 공소장 변경절차 등의 필요 유무 등에 관하여 심리 · 판단하였어야 한다는 이유로, 이를 살펴보지 않은 채 제1심판결을 유지한 원심판결에 결과적으로 판결에 영향을 미친 잘못이 있다고 한 사례. (대법원 2022. 7. 28., 선고, 2022도3929, 판결)

제54조(사고발생 시의 조치)

① 차 또는 노면전차의 운전 등 교통으로 인하여 사람을 사상하거나 물건을 손괴(이하 "교통사고"라 한다)한 경우에는 그 차 또는 노면전차의 운전자나 그 밖의 승무원(이하 "운전자등"이라 한다)은 즉시 정차하여 다음 각 호의 조치를 하여야 한다. 〈개정 2014.1.28., 2016.12.2., 2018.3.27.〉

1. 사상자를 구호하는 등 필요한 조치
2. 피해자에게 인적 사항(성명·전화번호·주소 등을 말한다. 이하 제148조 및 제156조제10호에서 같다) 제공

(작성례)

피의자는 20○○. ○. ○. 21 : 00경 서울시 ○○동 ○○사거리에서 ○○방면으로 편도 2차선도로의 2차선으로 서울○○마○○○○호 티뷰

론승용차를 주행하던 중, 차의 운전자는 전방 및 좌우를 잘 살피고 제동장치 등을 정확히 조작해야 할 업무상의 주의의무가 있음에도 이를 게을리 한 채 운전한 과실로 위 ○○입구에서 직진신호를 기다리고 있던 피해자 김○○가 운전하는 경기○○아○○○○호 1톤 트럭의 뒷부분을 들이받아 위 차량에 수리비 150만원 상당이 들도록 손괴하고도 아무런 조치를 하지 않은 채 그대로 달아났다.

● 관련판례 1

◎ 도로교통법 제2조 제26호에서 말하는 '운전'의 의미 및 교통사고처리 특례법 제2조 제2호에서 정한 '교통사고'의 정의 중 '차의 교통'의 의미

도로교통법 제2조 제26호는 '운전'이란 도로에서 차마를 그 본래의 사용 방법에 따라 사용하는 것을 말한다고 규정하고 있다. 여기서 말하는 운전의 개념은 그 규정의 내용에 비추어 목적적 요소를 포함하는 것이므로 고의의 운전행위만을 의미하고, 자동차 안에 있는 사람의 의지나 관여 없이 자동차가 움직인 경우에는 운전에 해당하지 아니한다(대법원 2004. 4. 23. 선고 2004도1109 판결 등 참조).

한편 「교통사고처리 특례법」은 차의 운전자가 '교통사고'로 인하여 형법 제268조의 죄(업무상과실치상죄)를 범한 경우를 처벌의 특례 적용 대상으로 정하고 있고(제3조 제1항), '교통사고'란 차의 교통으로 인하여 사람을 사상하거나 물건을 손괴하는 것을 말한다고 규정하고 있는데(제2조 제2호), 여기서의 '차의 교통'이란 차량을 운전하는 행위 및 그와 동일하게 평가할 수 있을 정도로 밀접하게 관련된 행위를 포함하는 것으로 해석하여야 한다.

이러한 '운전'과 '차의 교통'의 해석에 관한 법리는 '차의 운전 등 교통으로 인하여' 사람을 사상하거나 물건을 손괴한 경우 운전자 등이 취하여야 할 조치에 관한 의무를 규정한 도로교통법 제54조 제1항에서의 '차의 운전 등 교통'의 해석에 관하여도 마찬가지로 적용된다고 할 것이다.(대법원 2016. 11. 24. 선고 2016도12407 판결)

● 관련판례 2

◎ 특정범죄 가중처벌 등에 관한 법률 제5조의3 제1항에서 정한 '피해자를 구호하는 등 도로교통법 제54조 제1항에 따른 조치를 하지 아니하고 도주한 경우'의 의미 및 이 경우 운전자가 취하여야 할 조치의 내용과 정도

특정범죄 가중처벌 등에 관한 법률(이하 '특가법'이라 한다) 제5조의3 제1항에서 정한 '피해자를 구호하는 등 도로교통법 제54조 제1항에 따른 조치를 하지 아니하고 도주한 경우' 라 함은 사고 운전자가 사고로 인하여 피해자가 사상을 당한 사실을 인식하였음에도 피해자를 구호하는 등 도로교통법 제54조 제1항에 규정된 의무를 이행하기 이전에 사고현장을 이탈하여 사고를 낸 자가 누구인지 확정될 수 없는 상태를 초래하는 경우를 말한다. 그런데 도로교통법 제54조 제1항의 취지는 도로에서 일어나는 교통상의 위험과 장해를 방지·제거하여 안전하고 원활한 교통을 확보하기 위한 것이므로, 이 경우 운전자가 취하여야 할 조치는 사고의 내용과 피해의 정도 등 구체적 상황에 따라 적절히 강구되어야 하고 그 정도는 건전한 양식에 비추어 통상 요구되는 정도의 것으로서, 여기에는 피해자나 경찰관 등 교통사고와 관계있는 사람에게 사고 운전자의 신원을 밝히는 것도 포함된다 할 것이다. 다만 위 특가법 제5조의3 제1항은 자동차와 교통사고의 급증에 상응하는 건전하고 합리적인 교통질서가 확립되지 못한 현실에서 교통사고를 야기한 운전자가 그 사고로 사상을 당한 피해자를 구호하는 등의 조치를 취하지 않고 도주하는 행위에 강한 윤리적 비난가능성이 있음을 감안하여 이를 가중처벌함으로써 교통의 안전이라는 공공의 이익을 보호함과 아울러 교통사고로 사상을 당한 피해자의 생명과 신체의 안전이라는 개인적 법익을 보호하기 위하여 제정된 것이라는 그 입법취지와 보호법익에 비추어 볼 때, 사고 운전자가 피해자를 구호하는 등 도로교통법 제54조 제1항에 정한 의무를 이행하기 전에 도주의 범의로써 사고현장을 이탈한 것인지 여부를 판정함에 있어서는 그 사고의 경위와 내용, 피해자의 상해 부위와 정도, 사고 운전자의 과실 정도, 사고 운전자와 피해자의 나이와 성별, 사고 후의 정황 등을 종합적으로 고려하여 합리적으로 판단하여야 한다.(대법원 2015. 5. 28. 선고 2012도9697 판결)

● 관련판례 3

◎ 도로교통법 제54조 제1항, 제2항에서 정한 교통사고 발생 시의 구호조치의무 및 신고의무는 교통사고를 발생시킨 차량 운전자의 고의·과실 혹은 유책·위법 유무에 관계없이 부과된 의무인지 여부(적극) 및 사고의 발생에 귀책사유가 없는 경우에도 위 의무가 있는지 여부(적극)

도로교통법 제54조 제1항, 제2항이 규정한 교통사고 발생 시의 구호조치의무 및 신고의무는 차의 교통으로 인하여 사람을 사상하거나 물건을 손괴한 때에 운전자 등으로 하여금 교통사고로 인한 사상자를 구호하는 등 필요한 조치를 신속히 취하게 하고, 또 속히 경찰관에게 교통사고의 발생을 알려서 피해자의 구호, 교통질서의 회복 등에 관하여 적절한 조치를 취하게 하기 위한 방법으로 부과된 것이므로, 교통사고의 결과가 피해자의 구호 및 교통질서의 회복을 위한 조치가 필요한 상황인 이상 그 의무는 교통사고를 발생시킨 당해 차량의 운전자에게 그 사고 발생에 있어서 고의·과실 혹은 유책·위법의 유무에 관계없이 부과된 의무라고 해석함이 타당하고, 당해 사고의 발생에 귀책사유가 없는 경우에도 위 의무가 없다 할 수 없다(대법원 2015. 10. 15. 선고 2015도12451 판결)

● 관련판례 4

◎ 도로교통법 제152조, 제43조를 위반한 무면허운전이 성립하기 위해서는 운전면

허를 받지 않고 자동차 등을 운전한 곳이 도로교통법 제2조 제1호에서 정한 '도로'에 해당해야 하는지 여부(적극) / 특정인이나 그와 관련된 용건이 있는 사람만 사용할 수 있고 자체적으로 관리되는 곳에서 운전면허 없이 자동차 등을 운전한 경우, 무면허운전으로 처벌할 수 있는지 여부(소극)

도로교통법 제43조는 '누구든지 제80조에 따라 지방경찰청장으로부터 운전면허를 받지 않거나 운전면허의 효력이 정지된 경우에는 자동차 등을 운전하여서는 안 된다'고 정하고, 이를 위반한 경우 처벌하고 있다(도로교통법 제152조 제1호).

도로교통법 제2조 제1호는 '도로'란 도로법에 따른 도로[(가)목], 유료도로법에 따른 유료도로[(나)목], 농어촌도로 정비법에 따른 농어촌도로[(다)목], 그 밖에 현실적으로 불특정 다수의 사람 또는 차마가 통행할 수 있도록 공개된 장소로서 안전하고 원활한 교통을 확보할 필요가 있는 장소[(라)목]를 말한다고 정하고 있다.

도로교통법 제2조 제26호는 '운전'이란 도로에서 차마를 그 본래의 사용방법에 따라 사용하는 것(조종을 포함한다)을 말한다고 정하되, 다음 세 경우에는 도로 외의 곳에서 운전한 경우를 포함한다고 정하고 있다. '술에 취한 상태에서의 운전'(도로교통법 제148조의2 제1항, 제44조), '약물(마약, 대마 및 향정신성의약품과 그 밖에 행정안전부령으로 정하는 것을 말한다)로 인하여 정상적으로 운전하지 못할 우려가 있는 상태에서의 운전'(제148조의2 제3항, 제45조), '차의 운전 등 교통으로 인하여 사람을 사상하거나 물건을 손괴하고 사상자를 구호하는 등 필요한 조치나 피해자에게 인적 사항(성명·전화번호·주소 등을 말한다) 제공을 하지 않은 경우(주·정차된 차만 손괴한 것이 분명한 경우에 제54조 제1항 제2호에 따라 피해자에게 인적 사항을 제공하지 아니한 사람은 제외한다)'(도로교통법 제148조, 제54조 제1항)가 그것이다.

개정 도로교통법(2017. 10. 24. 법률 제14911호로 개정되어 2018. 4. 25. 시행될 예정이다) 제2조 제26호는 차의 운전 등 교통으로 인하여 주·정차된 차만 손괴한 것이 분명한데, 제54조 제1항 제2호에 따라 피해자에게 인적 사항을 제공하지 않은 경우(도로교통법 제156조 제10호)에도 도로 외의 곳에서 한 운전을 운전 개념에 추가하고 있다.

위와 같이 도로교통법 제2조 제26호가 '술이 취한 상태에서의 운전' 등 일정한 경우에 한하여 예외적으로 도로 외의 곳에서 운전한 경우를 운전에 포함한다고 명시하고 있는 반면, 무면허운전에 관해서는 이러한 예외를 정하고 있지 않다. 따라서 도로교통법 제152조, 제43조를 위반한 무면허운전이 성립하기 위해서는 운전면허를 받지 않고 자동차 등을 운전한 곳이 도로교통법 제2조 제1호에서 정한 도로, 즉 '도로법에 따른 도로', '유료도로법에 따른 유료도로', '농어촌도로 정비법에 따른 농어촌도로', '그 밖에 현실적으로 불특정 다수의 사람 또는 차마가 통행할 수 있도록 공개된 장소로서 안전하고 원활한 교통을 확보할 필요가 있는 장소' 중 하나에 해당해야 한다. 위에서 본 도로가 아닌 곳에서 운전면허 없이 운전한 경우에는 무면허운전에 해당하지 않는다. 도로에서 운전하지 않았는데도 무면허운전으로 처벌하는 것은 유추해석이나 확장해석에 해당하여 죄형법정주의에 비추어 허용되지 않는다. 따라서 운전면허 없이 자동차 등을 운전한 곳이 위와 같이 일반교통경찰권이 미치는 공공성이 있는 장소가 아니라 특정인이나 그와 관련된 용건이 있는 사람만 사용할 수 있고 자체적으로 관리되는 곳이라면 도로교통법에서 정한 '도로에서 운전'한 것이 아니므로 무면허운전으로 처벌할 수 없다.**(대법원 2017. 12. 28., 선고, 2017도17762, 판결)**

23. 도로법

[시행 2022. 12. 11.] [법률 제18940호, 2022. 6. 10., 일부개정]

제61조(도로의 점용 허가)

① 공작물·물건, 그 밖의 시설을 신설·개축·변경 또는 제거하거나 그 밖의 사유로 도로(도로구역을 포함한다. 이하 이 장에서 같다)를 점용하려는 자는 도로관리청의 허가를 받아야 한다. 허가받은 기간을 연장하거나 허가받은 사항을 변경(허가받은 사항 외에 도로 구조나 교통안전에 위험이 되는 물건을 새로 설치하는 행위를 포함한다)하려는 때에도 같다.

(작성례)

피의자는 가구점을 경영하고 있다.

피의자는 당국의 허가를 받지 아니하고 20○○. ○. ○.경부터 같은 달 ○.경까지 ○○시 ○○동 ○○번지에 있는 피의자 경영의 ○○가구점 앞 도로 약 10평 정도에 장롱 등을 적치하여 위 도로를 점용하였다.

● 관련판례 1

◎ 사업시행자가 주택건설사업계획 승인을 받음으로써 도로점용허가가 의제되었는데 관리청이 도로점용료를 부과하지 않은 경우, 사업시행자가 점용료 상당액을 부당이득하였다고 볼 수 있는지 여부(원칙적 소극)

구 주택법(2006. 9. 27. 법률 제8014호로 개정되기 전의 것, 이하 '구 주택법' 이라고 한다) 제17조에서는 사업시행자가 주택건설사업계획 승인을 받은 때 도로법에 의한 도로공사 시행허가 및 도로점용허가를 받은 것으로 본다고 규정하고 있고, 구 도로법(2008. 3. 21. 법률 제8976호로 전부 개정되기 전의 것, 이하 '구 도로법' 이라고 한다) 제40조에서는 관리청으로부터 도로의 점용허가를 받은 자는 도로의 구역 안에서 공작물 · 물건 기타의 시설을 신설 · 개축 · 변경 또는 제거하거나 기타의 목적으로 도로를 점용할 수 있다고 규정하고 있으므로 사업시행자가 주택건설사업계획 승인을 받음으로써 도로점용허가가 의제되는 경우에 그 사업시행자는 허가받은 범위 내에서 도로를 점용할 수 있는 적법한 권원이 있다고 할 것이다.

한편 구 도로법 제43조에서는 관리청은 허가를 받아 도로를 점용하는 자로부터 점용료를 징수할 수 있다고 규정하고 있고, 구 도로법 제44조에서는 허가에 의한 도로의 점용이 일정한 요건에 해당하는 경우에는 점용료를 감면할 수 있다고 규정하고 있는 점 등에 비추어 보면 관리청으로부터 도로의 점용허가를 받았다고 하더라도 관리청이 도로점용에 관하여 점용료를 부과하기 전에는 점용료를 납부할 의무를 부담한다고 볼 수 없고, 항상 관리청으로부터 점용료가 부과되는 것도 아니라고 할 것이다. 따라서 사업시행자가 주택건설사업계획 승인을 받음으로써 도로점용허가가 의제된 경우에 관리청이 도로점용료를 부과하지 않아 그 점용료를 납부할 의무를 부담하지 않게 되었다고 하더라도 특별한 사정이 없는 한 사업시행자가 그 점용료 상당액을 법률상 원인 없이 부당이득 하였다고 볼 수는 없다고 할 것이다.(대법원 2013. 6. 13. 선고 2012다87010 판결)

● 관련판례 2

◎ 구 도로법 제41조 제2항 및 구 도로법 시행령 제42조 제2항의 위임에 따라 국도 이외 도로의 점용료 산정기준을 정한 조례 규정이 구 도로법 시행령 개정에 맞추어 개정되지 않아 도로법 시행령과 불일치하게 된 사안에서, 위 조례 규정은 구 도로법 시행령이 정한 산정기준에 따른 점용료 상한의 범위 내에서 유효하고, 이를 벗어날 경우 그 상한이 적용된다는 취지에서 유효하다고 한 사례

국도가 아닌 도로의 점용료 산정기준에 관하여 대통령령이 정하는 범위에서 지방자치단체의 조례로 정하도록 규정한 구 도로법(2011. 4. 12. 법률 제10580호로 개정되기 전의 것) 제41조 제2항 및 구 도로법 시행령(2012. 11. 27 대통령령 제24205호로 개정되기 전의 것) 제42조 제2항의 위임에 따라 국도 이외 도로의 점용료 산정기준을 정한 구 '서울특별시 양천구 도로점용허가 및 점용료 징수 조례'(2011. 12. 20. 조례 제1016호로 개정되기 전의 것, 이하 '구 양천구 조례' 라 한다) 규정이 구 도로법 시행령이 개정되었음에도 그에 맞추어 개정되지 않은 채 유지되어 구 도로법 시행령과 불일치하게 된 사안에서, 구 도로법 제41조 제2항의 '대통령령으로 정하는 범위에서' 라는 문언상 대통령령에서 정한 '점용료 산정기준' 은 각 지방자치단체 조례가 규정할 수 있는 점용료의 상한을 뜻하는 것이므로, 구 양천구 조례 규정은 구 도로법 시행령이 정한 산정기준에 따른 점용료 상한의 범위 내에서 유효하고, 이를 벗어날 경우 그 상한이 적용된다는 취지에서 유효하다. (대법원 2013. 9. 27. 선고 2012두15234 판결)

● 관련판례 3

◎ 도로법 제38조에 의한 도로점용 허가 및 도로점용 허가 취소가 재량행위인지 여부 (적극)

도로법 제38조에 의한 도로점용 허가는 특정인에게 일정한 내용의 공물사용권을 설정하는 설권행위로서 공물관리자가 신청인의 적격성, 사용목적 및 공익상의 영향 등을 참작하여 허가를 할 것인지의 여부를 결정하는 재량행위라고 할 것이고 (대법원 2002. 10. 25. 선고 2002두5795 판결 등 참조), 공물관리자가 도로점용의 허가조건 내지 취소 사유로 명시한 사항에 관하여 도로 점용자의 위반이 있다는 이유로 도로점용 허가를 취소하는 처분도, 도로 점용자의 위반사항이 도로점용 허가를 취소할 정도에 이른다고 볼 것인지 여부에 관하여 공물관리자가 제반 사정을 고려하여 판단할 재량을 가진다는 점에서 재량행위에 해당한다 할 것이다.(대법원 2010. 12. 23. 선고 2010두21204 판결)

● 관련판례 4

◎ 도로점용허가가 비례 · 형평의 원칙을 위반하였다고 본 원심판단을 수긍한 사례

갑 교회가 지구단위계획구역으로 지정되어 있던 토지 중 일부를 매수한 후 교회 건물을 신축하는 과정에서 을 구(구) 소유 국지도로 지하에 지하주차장 진입 통로를 건설하고 지하공간에 건축되는 예배당 시설 부지의 일부로 사용할 목적으로 을 구청장에게 위 도로 지하 부분에 대한 도로점용허가를 신청하였고, 을 구청장이 위 도로 중 일부 도로 지하 부분을 2010. 4. 9.부터 2019. 12. 31.까지 갑 교회가 점용할 수 있도록 하는 내용의 도로점용허가처분을 하자, 갑 교회가 위 도로 지하 부분을 포함한 신축 교회 건물 지하에 예배당 등의 시설을 설치한 사안에서, 예배당, 성가대실, 방송실과 같은 지하구조물 설치를 통한 지하의 점유는 원상회복이 쉽지 않을 뿐 아니라 유지 · 관리 · 안전에 상당한 위험과 책임이 수반되고, 이러한 형태의 점용을 허가하여 줄 경우 향후 유사한 내용의 도로점용허가신청을 거부하기 어려워져 도로의 지하 부분이 무분별하게 사용되어 공중안전에 대한 위해가 발생할 우려가 있으며, 위 도로 지하 부분이 교회 건물의 일부로 사실상 영구적 · 전속적으로 사용되게 됨으로써 도로 주변의 상황 변화에 탄력적 · 능동적으로 대처할 수 없게 된다는 등의 사정을 들어, 위 도로점용허가가 비례 · 형평의 원칙을 위반하였다고 본 원심판단을 수긍한 사례.(대법원 2019.10.17. 선고 2018두104 판결)

● 관련판례 5

◎ 도로점용허가는 점용목적 달성에 필요한 한도로 제한되어야 하는지 여부(적극)

도로점용허가는 도로의 일부에 대한 특정사용을 허가하는 것으로서 도로의 일반사용을 저해할 가능성이 있으므로 그 범위는 점용목적 달성에 필요한 한도로 제한되어야 한다. 도로관리청이 도로점용허가를 하면서 특별사용의 필요가 없는 부분을 점용장소 및 점용면적에 포함하는 것은 그 재량권 행사의 기초가 되는 사실인정에 잘못이 있는 경우에 해당하므로 그 도로점용허가 중 특별사용의 필요가 없는 부분은 위법하다.

이러한 경우 도로점용허가를 한 도로관리청은 위와 같은 흠이 있다는 이유로 유효하게 성립한 도로점용허가 중 특별사용의 필요가 없는 부분을 직권취소할 수 있음이 원칙이다. 다만 이 경우 행정청이 소급적 직권취소를 하려면 이를 취소하여야 할 공익상 필요와 그 취소로 당사자가 입을 기득권 및 신뢰보호와 법률생활 안정의 침해 등 불이익을 비교 교량한 후 공익상 필요가 당사자의 기득권 침해 등 불이익을 정당화할 수 있을 만큼 강한 경우여야 한다. 이에 따라 도로관리청이 도로점용허가 중 특별사용의 필요가 없는 부분을 소급적으로 직권취소하였다면, 도로관리청은 이미 징수한 점용료 중 취소된 부분의 점용면적에 해당하는 점용료를 반환하여야 한다.(대법원 2019. 1. 17. 선고 2016두56721, 56738 판결)

24. 도시가스사업법

[시행 2022. 2. 3.] [법률 제18814호, 2022. 2. 3., 일부개정]

제3조(사업의 허가)

① 가스도매사업을 하려는 자는 산업통상자원부장관의 허가를 받아야 한다. 허가받은 사항 중 산업통상자원부령으로 정하는 중요 사항을 변경하려는 경우에도 또한 같다. 〈개정 2008.2.29., 2013.3.23.〉

② 일반도시가스사업을 하려는 자는 특별시장·광역시장·특별자치시장·도지사 또는 특별자치도지사(이하 "시·도지사"라 한다)의 허가를 받아야 한다. 허가받은 사항 중 산업통상자원부령으로 정하는 중요 사항을 변경하려는 경우에도 또한 같다. 〈개정 2008.2.29., 2013.3.23., 2013.8.13.〉

(작성례)

피의자 이○○는 서울시 ○○구 ○○동 123번지에서 '○○가스' 라는 상호로 가스도매사업을 하고 있다.

가스도매사업을 하고자 하는 자는 산업자원부장관의 허가를 받아야 함에도 불구하고 피의자는 허가 없이 20○○. ○. ○.경부터 20○○. ○. ○.까지 위 장소에서 김○○에게 천연가스 ○○㎥를 판매하여 가스도매업을 영위하였다.

● 관련판례 1

◎ 도시가스사업법의 특수가스사용시설에 온압보정기를 설치하기 위하여 내관 구멍에 철제 홈을 용접·부착하는 행위가 건설산업법에 의하여 등록한 제1종 가스시설시공업자만이 할 수 있는 '특정가스사용시설의 설치·변경공사'에 해당한다고 한 사례

건설산업기본법 시행령 제7조의 [별표 1] 중 제2종 가스시설시공업의 업무 내용을 규정한 제24호는 제1종 가스시설시공업의 업무 내용 중 하나인 '특정가스사용시설의 설치·변경공사'의 경우에는 이를 제2종 가스시설시공업의 업무 내용에서 제외하고 있는바, 이와 같이 '특정가스사용시설의 설치·변경공사'를 제2종 가스시설시공업의 업무 내용에서 제외한 취지는 가스사용량이 많거나 다중이 이용하는 특정가스사용시설에서 가스누출로 인한 폭발사고가 일어날 경우에 심각한 인명·재산상의 피해 발생이 우려되므로, 제2종 가스시설시공업자 보다 높은 수준의 기술력과 시설·장비 등을 갖춘 제1종 가스시설시공업자만이 특정가스사용시설의 설치·변경공사를 수행할 수 있게 함으로써 그 안전성을 충분히 확보하여 위와 같은 피해발생을 막으려는 데 있는 점에 비추어 보면, '배관에 고정설치되는 가스용품의 설치공사 및 그 부대공사' 가 제2종 가스시설시공업의 업무 내용에 포함되어 있고 그 가스용품의 설치공사에 특정가스사용시설인 배관의 설치 · 변경공사가 필요하다 하더라도, 이러한 배관의 설치 · 변경공사는 제1종 가스시설시공업자만이 하게 되어 있으므로 이를 제2종 가스시설시공업자에게 허용되는 가스용품 설치공사의 부대공사에 해당한다고는 볼 수 없다. 이에 반하는 상고이유의 주장은 받아들일 수 없다. (대법원 2009. 4. 9. 선고 2008도10541 판결)

● 관련판례 2

◎ 시ㆍ도지사의 지역별 가스공급시설의 공사계획 수립 · 공고나 도시가스의 공급조건에 관한 공급규정의 승인에 관한 업무가 기관위임사무에 해당하는지 여부(소극)

도시가스사업법 제3조, 제9조, 제10조, 제11조, 제18조, 제18조의3, 제20조 등 관련규정을 종합하면, 시 · 도지사의 지역별 가스공급시설의 공사계획 수립 · 공고나 도시가스의 요금 및 기타 공급조건에 관한 공급규정의 승인에 관한 사항은 지방자치법 제9조, 제35조 제1항 제11호에 의하여 법령에 의하여 지방자치단체의 사무에 속한 사항으로 조례로 제정할 수 있고, 일정한 경우 지방의회의 의결사항으로 할 수도 있다고 할 것이지 국가사무로 시 · 도지사에게 기관위임된 사무라고 할 것은 아니고, 같은 법 제18조의2, 제18조의4 제1항, 제20조 제3항, 제24조 제1항, 제2항, 제40조, 제40조의3, 제41조 제1항, 같은법시행령 제10조, 제11조, 제12조 등의 규정만으로 시 · 도지사가 가지는 지역별 가스공급시설의 공사계획 수립 · 공고나 도시가스의 요금 및 기타 공급조건에 관한 공급규정의 승인에 관한 업무의 성질이 달라지는 것은 아니다. (대법원 2001. 11. 27., 선고, 2001추57, 판결)

25. 디자인보호법

[시행 2022. 10. 18.] [법률 제18998호, 2022. 10. 18., 일부개정]

제3조(디자인등록을 받을 수 있는 자)

① 디자인을 창작한 사람 또는 그 승계인은 이 법에서 정하는 바에 따라 디자인등록을 받을 수 있는 권리를 가진다. 다만, 특허청 또는 특허심판원 직원은 상속 또는 유증(遺贈)의 경우를 제외하고는 재직 중 디자인등록을 받을 수 없다.

② 2명 이상이 공동으로 디자인을 창작한 경우에는 디자인등록을 받을 수 있는 권리를 공유(共有)한다.

(작성례)

피의자 김○○는 공장을 운영하여 의류와 목도리 등을 생산 판매하고 있다. 피의자는 20○○년 ○월○일부터 20○○년 ○월○일 까지 경기도 ○○시 ○○면 ○○리에 있는 자신의 공장에서 고소인이 디자인등록한 목도리를 5천장 가량 제작하여 경기도 ○○시 소재 ○○할인마트 등지에서 판매하였다.

● 관련판례 1

◎ 디자인등록을 받을 수 있는 권리를 가진 자가 구 디자인보호법 제8조 제1항의 6개월의 기간 이내에 여러 번의 공개행위를 하고 그중 가장 먼저 공지된 디자인에 대해서만 절차에 따라 신규성 상실의 예외 주장을 하였으나 공지된 나머지 디자인들이 가장 먼저 공지된 디자인과 동일성이 인정되는 범위 내에 있는 경우, 공지된 나머지 디자인들에까지 신규성 상실 예외의 효과가 미치는지 여부(적극) 및 이때 동일성이 인정되는 범위 내에 있는 디자인의 의미

구 디자인보호법(2013. 5. 28. 법률 제11848호로 전부 개정되기 전의 것, 이하 같다) 제8조의 문언과 입법 취지에 비추어 보면, 디자인등록을 받을 수 있는 권리를 가진 자가 구 디자인보호법 제8조 제1항의 6개월의 기간 이내에 여러 번의 공개행위를 하고 그중 가장 먼저 공지된 디자인에 대해서만 절차에 따라 신규성 상실의 예외 주장을 하였더라도 공지된 나머지 디자인들이 가장 먼저 공지된 디자인과 동일성이 인정되는 범위 내에 있다면 공지된 나머지 디자인들에까지 신규성 상실 예외의 효과가 미친다. 여기서 동일성이 인정되는 범위 내에 있는 디자인이란 형상, 모양, 색채 또는 이들의 결합이 동일하거나 극히 미세한 차이만 있어 전체적 심미감이 동일한 디자인을 말하고, 전체적 심미감이 유사한 정도에 불과한 경우는 여기에 포함되지 아니한다.(대법원 2017. 1. 12. 선고 2014후1341 판결)

● 관련판례 2

◎ 구 디자인보호법 제5조 제2항의 규정 취지 / 공지형태나 주지형태를 서로 결합하거나 결합된 형태를 변형·변경 또는 전용한 경우, 창작수준을 판단하는 방법

구 디자인보호법(2013. 5. 28. 법률 제11848호로 전부 개정되기 전의 것) 제5조 제2항의 취지는 공지디자인의 형상·모양·색채 또는 이들의 결합(이하 '공지형태' 라고 한다)이나 국내에서 널리 알려진 형상·모양·색채 또는 이들의 결합(이하 '주지형태' 라고 한다)을 거의 그대로 모방 또는 전용하였거나, 이를 부분적으로 변형하였다고 하더라도 전체적으로 볼 때 다른 미감적 가치가 인정되지 않는 상업적·기능적 변형에 불과하거나, 또는 디자인 분야에서 흔한 창작수법이나 표현방법으로 변경·조합하거나 전용하였음에 불과한 디자인 등과 같이 창작수준이 낮은 디자인은 통상의 디자이너가 용이하게 창작할 수 있는 것이어서 디자인등록을 받을 수 없다는 데 있다.

또한 공지형태나 주지형태를 서로 결합하거나 결합된 형태를 변형·변경 또는 전용한 경우에도 창작수준이 낮은 디자인에 해당할 수 있는데, 창작수준을 판단할 때는 공지디자인의 대상 물품이나 주지형태의 알려진 분야, 공지디자인이나 주지형태의 외관적 특징들의 관련성, 해당 디자인 분야의 일반적 경향 등에 비추어 통상의 디자이너가 용이하게 그와 같은 결합에 이를 수 있는지를 함께 살펴보아야 한다.(대법원 2016. 3. 10. 선고 2013후2613 판결)

● 관련판례 3

◎ 등록디자인과 대비되는 디자인이 등록디자인의 출원 전에 디자인이 속하는 분야에서 통상의 지식을 가진 사람이 공지디자인 또는 이들의 결합에 따라 쉽게 실시할 수 있는 것인 경우, 등록디자인의 권리범위에 속하는지 여부(소극)

등록디자인과 대비되는 디자인이 등록디자인의 출원 전에 디자인이 속하는 분야에서 통상의 지식을 가진 사람이 공지디자인 또는 이들의 결합에 따라 쉽게 실시할 수 있는 것인 때에는 등록디자인과 대비할 것도 없이 등록디자인의 권리범위에 속하지 않는다.(대법원 2016. 8. 29. 선고 2016후878 판결)

26. 마약류관리에 관한 법률

[시행 2022. 12. 11.] [법률 제18964호, 2022. 6. 10., 일부개정]

제3조(일반 행위의 금지)

누구든지 다음 각 호의 어느 하나에 해당하는 행위를 하여서는 아니 된다. 〈개정 2013.3.23., 2016.2.3., 2016.12.2., 2018.3.13., 2018.12.11.〉

1. 이 법에 따르지 아니한 마약류의 사용
2. 마약의 원료가 되는 식물을 재배하거나 그 성분을 함유하는 원료·종자·종묘(種苗)를 소지, 소유, 관리, 수출입, 수수, 매매 또는 매매의 알선을 하거나 그 성분을 추출하는 행위. 다만, 대통령령으로 정하는 바에 따라 식품의약품안전처장의 승인을 받은 경우는 제외한다.
3. 헤로인, 그 염류(鹽類) 또는 이를 함유하는 것을 소지, 소유, 관리, 수입, 제조, 매매, 매매의 알선, 수수, 운반, 사용, 투약하거나 투약하기 위하여 제공하는 행위. 다만, 대통령령으로 정하는 바에 따라 식품의약품안전처장의 승인을 받은 경우는 제외한다.
4. 마약 또는 향정신성의약품을 제조할 목적으로 원료물질을 제조, 수출입, 매매, 매매의 알선, 수수, 소지, 소유 또는 사용하는 행위. 다만, 대통령령으로 정하는 바에 따라 식품의약품안전처장의 승인을 받은 경우는 제외한다.
5. 제2조제3호가목의 향정신성의약품 또는 이를 함유하는 향정신성의약품을 소지, 소유, 사용, 관리, 수출입, 제조, 매매, 매매의 알선 또는 수수하는 행위. 다만, 대통령령으로 정하는 바에 따라 식품의약품안전처장의 승인을 받은 경우는 제외한다.

(작성례 1)

피의자는 관할관청의 승인을 받지 않은 채 20○○. ○. 초순경부터 같은 해 ○. ○.경까지 사이에 ○○시 ○○동 ○○번지에 있는 피의자의 집앞 약 2평의 꽃밭에서 마약의 원료가 되는 식물인 앵속(일명 양귀비) 30주를 재배하였다.

(작성례 2)

피의자는 관할관청의 승인을 받지 않고 20○○. ○. 말경부터 같은 해 ○. 중순경까지 사이에 ○○도 ○○군 ○○면 ○○리 ○○번지에 있는 피의자의 집 마당에 앵속 32주를 심어 이를 재배하고, 같은 해 ○. 중순경 같은 곳에서 면도칼로 위 앵속 32주의 앵속곽을 그어 수액이 나오게 하는 방법으로 생아편인 수액 분량미상을 채취함으로써 그 성분을 추출하였다.

(작성례 3)

피의자는 향정신성의약품 취급자가 아니면서도 20○○. ○. 중순경 서울시 ○○동 ○○번지에 있는 피의자가 일하는 ○○주점에서, 그 며칠 전 서울시 ○○동 ○○호텔 화장실에서 이름을 모르는 사람으로부터 돈 ○○만원에 매입한 향정신성의약품인 메스암페타민(속칭 히로뽕) 7g 가량을 역시 이름을 알 수 없는 사람에게 ○○만원에 판매함으로써 향정신성의약품을 매매하였다.

(작성례 4)

피의자는 20○○. ○. ○. 서울중앙지방법원에서 향정신성의약품관리법 위반으로 징역 8월에 집행유예를 선고받아 위 형의 유예기간중에 있는 상태이다.

피의자는 20○○. ○. ○. 23 : 30경 경기도 ○○시 ○○동 ○○번지에 있는 피의자의 집, 피의자의 방에서 조○○로부터 받은 향정신성의약품인 메스암페타민(속칭 히로뽕) 4회 주사분 0.13g을 한꺼번에 증류수에 용해시켜 주사기로 자신의 오른쪽 팔꿈치 정맥 혈관에 주사하여 이를 투약하였다.

● 관련판례 1

◎ 임시향정신성의약품으로 지정·공고된 물질을 수입한 자를 마약류 관리에 관한 법률 제58조 제1항 제3호에 의하여 처벌하기 위한 요건

마약류 관리에 관한 법률(이하 '법' 이라 한다) 제2조 제3호, 제3조 제5호, 제4조 제1항, 제5조 제3항, 제5조의2 제1항, 제2항, 제4항, 제5항, 제41조, 제47조, 제58조 제1항 제1호, 제3호, 제6호, 제7호, 제59조 제1항 제10호, 제60조 제1항 제3호의 규정 체계 및 법리와 아울러 임시마약류 지정 제도의 취지, 임시향정신성의약품과 법 제2조 제3호 (가)목에 해당하는 향정신성의약품 또는 이를 함유하는 향정신성의약품[이하 '(가)목의 향정신성의약품' 이라 한다]의 실질적인 차이 등을 종합적으로 고려하여 보면, 임시향정신성의약품에 대하여 향정신성의약품에 준하여 취급·관리할 필요가 있다고 보아 일반 행위를 금지하는 제3조를 준용하는 데에서 더 나아가, 임시향정신성의약품으로 지정·공고된 물질을 수입한 자에 대하여 (가)목의 향정신성의약품에 대한 제3조 제5호 위반행위와 마찬가지로 보아 법정형이 무기 또는 5년 이상의 징역인 제58조 제1항 제3호 위반죄로 처벌하기 위하여는 임시향정신성의약품이 실질적으로 (가)목의 향정신성의약품에 준하는 물질에 해당하여야 한다고 제한적으로 해석함이 타당하다.
따라서 임시향정신성의약품이라도 (가)목의 향정신성의약품과 마찬가지로 중추신경계에 작용하고 오용하거나 남용할 경우 심한 신체적 또는 정신적 의존성이 있거나 적어도 그럴 우려가 충분하다는 요건을 갖추어야 법 제58조 제1항 제3호가 적용될 수 있으며, 그 요건에 대한 증명이 없는 경우에는 위 규정에 의하여 처벌할 수 없다.(대법원 2016. 8. 30. 선고 2015도13103 판결)

● 관련판례 2

◎ 마약류 투약범죄에서 모발감정결과만을 토대로 마약류 투약기간을 추정하고 유죄로 판단할 때 고려할 사항

마약류 투약사실을 밝히기 위한 모발감정은 검사 조건 등 외부적 요인에 의한 변수가 작용할 수 있고, 그 결과에 터 잡아 투약가능기간을 추정하는 방법은 모발의 성장속도가 일정하다는 것을 전제로 하고 있으나 실제로는 개인에 따라 적지 않은 차이가 있고, 동일인이라도 모발의 채취 부위, 건강상태 등에 따라 편차가 있으며, 채취된 모발에도 성장기, 휴지기, 퇴행기 단계의 모발이 혼재함으로 인해 정확성을 신뢰하기 어려운 문제가 있다. 또한 모발감정결과에 기초한 투약가능기간의 추정은 수십 일에서 수 개월에 걸쳐 있는 경우가 많은데, 마약류 투약범죄의 특성상 그 기간 동안 여러 번의 투약가능성을 부정하기 어려운 점에 비추어 볼 때, 그와 같은 방법으로 추정한 투약가능기간을 공소제기된 범죄의 범행시기로 인정하는 것은, 피고인의 방어권 행사에 현저한 지장을 초래할 수 있고, 매 투약 시마다 별개의 범죄를 구성하는 마약류 투약범죄의 성격상 이중기소 여부나 일사부재리의 효력이 미치는 범위를 판단하는 데에도 곤란한 문제가 생길 수 있다. 그러므로 모발감정결과만을 토대로 마약류 투약기간을 추정하고 유죄로 판단하는 것은 신중하여야 한다.(대법원 2017. 3. 15. 선고 2017도44 판결)

● 관련판례 3

◎ 마약류 매매 여부가 쟁점인 사건에서 매도인으로 지목된 자가 수수사실을 부인하고 이를 뒷받침할 객관적 물증이 없는 경우, 마약류를 매수하였다는 사람의 진술만으로 유죄를 인정하기 위한 요건

마약류 매매 여부가 쟁점이 된 사건에서 매도인으로 지목된 피고인이 수수사실을 부인하고 있고 이를 뒷받침할 금융자료 등 객관적 물증이 없는 경우, 마약류를 매수하였다는 사람의 진술만으로 유죄를 인정하기 위해서는 그 사람의 진술이 증거능력이 있어야 함은 물론 합리적인 의심을 배제할 만한 신빙성이 있어야 한다. 신빙성 유무를 판단할 때에는 진술 내용 자체의 합리성, 객관적 상당성, 전후의 일관성뿐만 아니라 그의 인간됨, 진술로 얻게 되는 이해관계 유무 등을 아울러 살펴보아야 한다. 특히, 그에게 어떤 범죄의 혐의가 있고 그 혐의에 대하여 수사가 개시될 가능성이 있거나 수사가 진행 중인 경우에는, 이를 이용한 협박이나 회유 등의 의심이 있어 그 진술의 증거능력이 부정되는 정도에까지 이르지 않는 경우에도, 그로 인한 궁박한 처지에서 벗어나려는 노력이 진술에 영향을 미칠 수 있는지 여부 등을 살펴보아야 한다. (대법원 2014. 4. 10. 선고 2014도1779 판결)

제4조(마약류취급자가 아닌 자의 마약류 취급 금지)

① 마약류취급자가 아니면 다음 각 호의 어느 하나에 해당하는 행위를 하여서는 아니 된다.

1. 마약 또는 향정신성의약품을 소지, 소유, 사용, 운반, 관리, 수입, 수출, 제조, 조제, 투약, 수수, 매매, 매매의 알선 또는 제공하는 행위
2. 대마를 재배·소지·소유·수수·운반·보관 또는 사용하는 행위
3. 마약 또는 향정신성의약품을 기재한 처방전을 발급하는 행위
4. 한외마약을 제조하는 행위

② 제1항에도 불구하고 다음 각 호의 어느 하나에 해당하는 경우에는 마약류취급자가 아닌 자도 마약류를 취급할 수 있다. 〈개정 2013.3.23., 2018.12.11.〉

1. 이 법에 따라 마약 또는 향정신성의약품을 마약류취급의료업자로부터 투약받아 소지하는 경우
2. 이 법에 따라 마약 또는 향정신성의약품을 마약류소매업자로부터 구입하거나 양수(讓受)하여 소지하는 경우
3. 이 법에 따라 마약류취급자를 위하여 마약류를 운반·보관·소지 또는 관리하는 경우
4. 공무상(公務上) 마약류를 압류·수거 또는 몰수하여 관리하는 경우
5. 제13조에 따라 마약류 취급 자격 상실자 등이 마약류취급자에게 그 마약류를 인계하기 전까지 소지하는 경우
6. 제3조제7호 단서에 따라 의료 목적으로 사용하기 위하여 대마를 운반·보관 또는 소지하는 경우
7. 그 밖에 총리령으로 정하는 바에 따라 식품의약품안전처장의 승인을 받은 경우

(작성례 1)

피의자는 법정의 자격자도 아니며 법정의 제외사유도 없으면서, 20○○. ○. ○. 서울시 ○○동 ○○번지에 있는 피의자의 집 피의자의 방 침대 밑에 페닐아미노푸로핀의 염산을 함유한 각성제 5씨씨 앰플 10본을 소지하였다.

(작성례 2)

피의자는 대마취급자가 아님에도, 20○○. ○. ○.경부터 같은 해 ○. ○.경까지 사이에 ○○시 ○○동 ○○번지에 있는 피의자의 집 마당 약 2평에 대마 10주를 재배하였다.

(작성례 3)

피의자는 대마취급자가 아니면서도, 20○○. ○. ○. 07:30경 ○○도 ○○군 ○○면 ○○리 개울가에서 그 곳에 자생하는 대마 1주에서 대마초잎 400g을 재취하여 이를 소지하였다.

(작성례 4)

피의자는 대마취급자가 아님에도 불구하고 20○○. ○. ○.경 경기도 ○○군 ○○면 ○○리 개울가에서 자생하던 대마초잎 약 100g을 채취한 다음 같은 날 13:00 ○○시 ○○동에 있는 ○○기차역앞 광장에서 피의자 신○○에게 이를 건네주어 대마를 수수하고, 피의자 신○○은, 위 같은 일시 장소에서 위 조○○으로부터 대마 100g을 교부받아 이를 수수하였다.

● 관련판례 1

◎ 피고인이 메트암페타민(일명 필로폰) 투약 혐의로 임의동행 형식으로 경찰서에 간 후 자신의 소변과 모발을 경찰관에게 제출하여 마약류 관리에 관한 법률 위반(향정)으로 기소된 사안

피고인이 메트암페타민(일명 필로폰) 투약 혐의로 임의동행 형식으로 경찰서에 간 후 자신의 소변과 모발을 경찰관에게 제출하여 마약류 관리에 관한 법률 위반(향정)으로 기소된 사안에서, 경찰관은 당시 피고인의 정신 상태, 신체에 있는 주사바늘 자국, 알콜솜 휴대, 전과 등을 근거로 피고인의 마약류 투약 혐의가 상당하다고 판단하여 경찰서로 임의동행을 요구하였고, 동행장소인 경찰서에서 피고인에게 마약류 투약 혐의를 밝힐 수 있는 소변과 모발의 임의제출을 요구하였으므로 피고인에 대한 임의동행은 마약류 투약 혐의에 대한 수사를 위한 것이어서 형사소송법 제199조 제1항에 따른 임의동행에 해당한다는 이유로, 피고인에 대한 임의동행은 경찰관 직무집행법 제3조 제2항에 의한 것인데 같은 조 제6항을 위반하여 불법구금 상태에서 제출된 피고인의 소변과 모발은 위법하게 수집된 증거라고 본 원심판단에 임의동행에 관한 법리를 오해한 잘못이 있다고 한 사례.(대법원 2020. 5. 14., 선고, 2020도398, 판결)

● 관련판례 2

◎ 마약류취급자인 의사가 의료 목적을 위하여 통상적으로 필요한 범위를 넘어서서 의료행위 등을 빙자하여 마약 등을 투약하는 행위가 '업무 외의 목적'을 위하여 마약 등을 투약하는 경우에 해당하는지 여부(적극)

마약류취급자인 의사가 의학적인 판단에 따라 질병에 대한 치료 기타 의료 목적으로 그에 필요한 범위 내에서 마약 또는 향정신성의약품(이하 '마약 등'이라 한다)을 투약하는 것은 허용되지만, 질병에 대한 치료 기타 의료 목적을 위하여 통상적으로 필요한 범위를 넘어서서 의료행위 등을 빙자하여 마약 등을 투약하는 행위는 '업무 외의 목적'을 위하여 마약 등을 투약하는 경우에 해당한다.(대법원 2016. 6. 23. 선고 2014도8514 판결)

● 관련판례 3

◎ 법원이 범죄사실에서 인정되지 아니한 사실에 관하여 마약류 관리에 관한 법률 제67조의 몰수나 추징을 선고할 수 있는지 여부(소극)

마약류 관리에 관한 법률 제67조의 몰수나 추징을 선고하기 위하여는 몰수나 추징의 요건이 공소가 제기된 범죄사실과 관련되어 있어야 하므로, 법원으로서는 범죄사실에서 인정되지 아니한 사실에 관하여는 몰수나 추징을 선고할 수 없다.(대법원 2016. 12. 15. 선고 2016도16170 판결)

● 관련판례 4

◎ 필로폰을 매수하려는 자에게서 필로폰을 구해 달라는 부탁과 함께 대금 명목의 돈을 지급받았으나, 당시 필로폰을 소지 또는 입수한 상태에 있었거나 그것이 가능하였다는 등 매매행위에 근접·밀착한 상태에서 대금을 지급받은 것이 아닌 경우, 필로폰 매매행위의 실행의 착수에 이른 것인지 여부(소극)

필로폰을 매수하려는 자에게서 필로폰을 구해 달라는 부탁과 함께 돈을 지급받았다고 하더라도, 당시 필로폰을 소지 또는 입수한 상태에 있었거나 그것이 가능하였다는 등 매매행위에 근접·밀착한 상태에서 대금을 지급받은 것이 아니라 단순히 필로폰을 구해 달라는 부탁과 함께 대금 명목으로 돈을 지급받은 것에 불과한 경우에는 필로폰 매매행위의 실행의 착수에 이른 것이라고 볼 수 없다.(대법원 2015. 3. 20. 선고 2014도16920 판결)

제8조(허가증 등의 양도 금지와 폐업 등의 신고 등)

① 마약류취급자는 그 허가증 또는 지정서를 타인에게 빌려주거나 양도(讓渡)하여서는 아니 된다.

(작성례)

피의자는 의사 및 마약취급자의 면허를 받은 사람이다. 피의자는 20○○. ○. ○.경 서울시 ○○동 ○○번지에 있는 피의자의 집에서 보건복지가족부장관이 피의자 앞으로 발행한 마약취급자 면허증을 고○○에게 매월 금 20만원의 대여료를 받기로 하고 대여하였다.

> **제43조(업무 보고 등)**
> 식품의약품안전처장, 시·도지사 또는 시장·군수·구청장은 마약류취급자, 마약류취급승인자 및 원료물질취급자에 대하여 그 업무에 관하여 필요한 사항을 보고하게 하거나, 관계 장부·서류나 그 밖의 물건을 제출할 것을 명할 수 있다.

(작성례)

피의자는 농업에 종사하는 사람으로 대마취급자이다.

피의자는 20○○. ○. ○. 경남 ○○군 ○○면 ○○리 ○○번지에 있는 밭 ○○평방미터에 대마초 재배허가를 받고 같은 장소에 대마초 ○○kg을 식재하였고, 위 대마초에 대하여 같은 해 ○. ○.까지 그 재배기간, 채취기일, 섬유생산량을 관할 ○○군수에게 보고하여야 함에도 불구하고 정당한 사유없이 이를 보고하지 않았다.

■ 적용실례

◇ 양귀비 잎을 말아 피운 경우

※ 양귀비 잎은 아편이 아니라 마약법상의 '앵속의 잎' 이므로 본건에 대하여는 마약법 제62조 제2호, 제6조 제1호를 적용해야 함에도 불구하고 형법 제201조 제1항(아편흡식)을 적용할 수 없다.

◇ 의료목적으로 마약취급자가 아닌 자가 마약을 투약한 경우

※ 치료목적으로 마약취급자가 아닌 자가 마약을 투약한 경우에는 마약법 제62조 제1항 제1호, 제36조에 의율하여야 함에도 동법 제60조 제1호, 제4호에 의율할 수 없다.

제61조(벌칙)

① 다음 각 호의 어느 하나에 해당하는 자는 5년 이하의 징역 또는 5천만원 이하의 벌금에 처한다. 〈개정 2016. 2. 3., 2018. 3. 13., 2019. 12. 3., 2021. 8. 17.〉

4. 제3조제10호를 위반하여 다음 각 목의 어느 하나에 해당하는 행위를 한 자

가. 대마 또는 대마초 종자의 껍질을 흡연하거나 섭취한 자

나. 가목의 행위를 할 목적으로 대마, 대마초 종자 또는 대마초 종자의 껍질을 소지하고 있는 자

다. 가목 또는 나목의 행위를 하려 한다는 정을 알면서 대마초 종자나 대마초 종자의 껍질을 매매하거나 매매를 알선한 자

(작성례)

피의자는 대마취급자가 아니면서도 20○○. ○. 중순경 14 : 30 ○○시 ○○동에 있는 폐공장 건물의 뒤쪽 공터 상에 야생하고 있는 대마초 잎 약 100g을 채취하여 이를 소지하고, 같은 달 ○. 11 : 00경 위 같은 시 ○○동 ○○번지에 있는 피의자의 방에서 위 대마를 담배파이프에 넣어 피움으로써 대마를 흡연하고, 같은 달 ○. 11 : 00경 같은 장소에서 위와 같은 방법으로 대마를 흡연하였다.

● 관련판례

◎ 구 마약류 관리에 관한 법률 제5조 제1항, 제61조 제1항 제7호 위반죄가 목적범인지 여부(적극) 및 '업무 외의 목적'이 있는지 판단하는 기준

구 마약류 관리에 관한 법률(2013. 3. 23. 법률 제11690호로 개정되기 전의 것) 제5조 제1항 및 제61조 제1항 제7호에서 '업무 외의 목적을 위하여' 라는 전제 아래 그에 정한 행위를 금지하고 처벌하는 것은 고의 외에 위법요소로서 '업무 외의 목적' 을 범죄성립요건으로 규정한 것으로서, 그러한 목적이 있는지는 위 규정의 입법 목적이 마약 또는 향정신성의약품의 취급·관리를 적정하게 함으로써 오용 또는 남용으로 인한 보건상의 위해를 방지하여 국민보건 향상에 이바지하기 위한 것임을 염두에 두고 사회통념에 비추어 합리적으로 판단하여야 한다.(대법원 2016. 6. 23., 선고, 2014도8514, 판결)

27. 먹는물관리법

[시행 2022. 1. 6.] [법률 제17840호, 2021. 1. 5., 일부개정]

제21조(영업의 허가 등)

① 먹는샘물등의 제조업을 하려는 자는 환경부령으로 정하는 바에 따라 시·도지사의 허가를 받아야 한다. 환경부령으로 정하는 중요한 사항을 변경하려는 때에도 또한 같다.〈개정 2010.3.22.〉

(작성례)

피의자 한○○는 20○○년 ○월부터 20○○년 ○월 까지 경상북도 ○○시 ○○면 ○○리 ○○번지에서 관할관청으로부터 먹는 샘물 제조업에 대한 허가를 받지 않고 자외선 살균소독기 1대, 포장기계 2대를 설치한 후 지하수를 19리터 크기의 플라스틱 생수통에 담아 불특정다수인에게 판매하였다.

● 관련판례 1

◎ 단지 샘물을 용기에 넣거나 그 용기를 소독하는 행위가 구 먹는물관리법 제3조 제3호에서 말하는 '샘물을 먹기에 적합하도록 물리적으로 처리하는 등의 방법으로 제조' 하는 행위에 속하는지 여부(소극)

구 먹는물관리법(2007. 4. 11. 법률 제8368호로 개정되기 전의 것, 이하 '법' 이라 한다)에 의하면 '샘물' 이란 암반대수층 안의 지하수 또는 용천수 등 수질의 안전성을 계속 유지할 수 있는 자연 상태의 깨끗한 물을 먹는 용도로 사용하기 위한 원수를 말하고(제3조 제2호), '먹는샘물' 이라 함은 '샘물을 먹기에 적합하도록 물리적으로 처리하는 등의 방법으로 제조' 한 물을 말하는 것으로서(같은 조 제3호), 법 제16조 제1호, 제2호가 별도로 '먹는샘물 외의 물을 용기에 넣은 것' 또는 ' 제18조 제1항의 규정에 의한 허가를 받지 아니한 먹는샘물을 용기에 넣은 것' 의 판매 등을 금지하고 있는 취지에 비추어 볼 때, 단지 샘물을 용기에 넣거나 그 용기를 소독하는 것만으로는 위 제3조 제3호에서 말하는 '샘물을 먹기에 적합하도록 물리적으로 처리하는 등의 방법으로 제조' 하는 행위에 속하지 않는 것으로 해석된다. (대법원 2008. 9. 25. 선고 2008도4674 판결)

● 관련판례 2

◎ 활성탄소의 수입업자가 수입하여 수처리제 제조업체에 납품한 분말활성탄은 수처리제의 원료에 불과할 뿐이어서 수입신고 의무가 부과되는 먹는 물 관리법 제3조 제4호에서 정한 수처리제에는 해당하지 않는다고 본 사례

활성탄소의 수입업자가 수입한 분말활성탄이 각각의 공정을 거쳐 수처리제를 비롯하여 대기처리용 등 다양한 용도로 사용될 수 있는 점과 위 수입업자가 수처리제 제조업자에게 납품한 분말활성탄이 선별, 배합, 가수 및 분말처리, 재포장 등의 가공절차를 거쳐 수처리제로 만들어지는 점을 고려할 때, 위 수입업자가 수입하여 수처리제 제조업자에 납품한 분말활성탄은 수처리제의 원료에 불과할 뿐이어서 수입신고 의무가 부과되는 먹는 물 관리법 제3조 제4호에서 정한 수처리제에는 해당하지 않는다.
(대법원 2006. 4. 13. 선고 2005도10198 판결)

● 관련판례 3

◎ 먹는샘물 제조업자 등이 따로 둔 판매자 등에게 통상거래가격보다 현저하게 저렴한 가격으로 먹는샘물을 거래한 때에는 제조업자 등의 판매가격이 아닌 판매자 등의 재판매가격을 적용하여 수질개선부담금을 산정하도록 한 구 먹는물관리법시행령 제8조 제1항 단서 제1호의 규정이 모법위반으로 무효인지 여부(소극)

구 먹는물관리법(1997. 8. 28. 법률 제5394호로 개정되기 전의 것) 제28조 제1항은 수질개선부담금의 부과금액을 먹는샘물판매가액을 기초로 산출하도록 규정하고 있을 뿐, 먹는샘물판매가액을 반드시 제조업자 등의 판매가격을 적용하여 산출하여야 한다고 규정하고 있지 아니할 뿐만 아니라, 나아가 같은 조 제2항은 "제1항의 규정에 의한 부담금의 부과대상, 부과금액, 부과·징수의 방법과 절차 기타 필요한 사항은 대통령령으로 정한다."고 규정함으로써 수질개선부담금의 부과에 관한 일정한 사항을 그 시행령에 위임하고 있으므로, 같은법시행령(1998. 1. 22. 대통령령 제15612호로 개정되기 전의 것) 제8조 제1항 단서 제1호가 모법의 위임이 없다거나 그의 위임의 범위를 벗어난 것인지의 여부는 같은 법 제28조 제1항의 규정만으로는 명백하다고 할 수 없으며, 수질개선부담금이 공공의 지하수자원의 보호와 먹는 물의 수질개선이라는 특정한 행정목적의 수행을 위하여 그와 특별하고도 긴밀한 관계에 있는 특정집단인 제조업자·수입업자 등에 대하여 부과되는 것(같은 법 제28조 제1항 참조)임을 고려하여, 그 부과의 공평을 기하고 부당한 부담금 회피행위를 방지하고자 제조업자 등이 따로 둔 판매자나 특정한 거래처에 통상거래가격보다 현저하게 저렴한 가격으로 거래한 때에는 부담금의 부과금액의 산정기준이 되는 먹는샘물판매가액을 그 취지에 맞게 달리 정할 수 있도록 하기 위하여 같은 법 제28조 제2항에서 그에 관한 사항을 시행령으로 정하도록 위임한 것으로 볼 여지가 있는 점, 종전에는 '먹는샘물'은 그 제조·판매가 식품위생법에 의하여 규제되어 왔는데, 그 국내시판을 제한해 온 보건사회부 고시(식품제조업영업허가기준, 1985. 3. 11. 개정된 것)가 당원 1994. 3. 8. 선고 92

누1278 판결에 의하여 위헌 무효로 판단됨으로써 먹는샘물의 제조 · 판매가 사실상 양성화되자, 이에 '먹는 물에 대한 합리적인 수질관리 및 위생관리를 도모함으로써 먹는 물로 인한 국민건강상의 위해를 방지하고, 생활환경의 개선에 이바지함을 목적으로(같은 법 제1조 참조) 구 먹는물관리법이 제정되게 된 사정, 같은 법 제28조 제1항, 제2항과 같은법시행령 제8조 제1항의 법문에 나타나 있는 입법자의 의사, 같은 법 제28조 제1, 2항이 1997. 8. 28.에, 같은법시행령 제8조 내지 제10조가 1998. 1. 22.에, 각기 개정된 과정과 그 내용 등을 종합해 보면, 같은법시행령 제8조 제1항 단서 제1호는 모법의 위임이 있는 것으로 해석할 수도 있으므로 위 규정을 무효라고 선언하여서는 안 된다.(대법원 2001. 8. 24. 선고 2000두2716 판결)

● 관련판례 4

◎ 새로운 지하수 개발에 대하여 행정청으로부터 허가를 받았다는 사유만으로 인근 토지 소유자에 대한 생활용수방해가 정당화되는지 여부(소극)

토지 소유자의 새로운 원천의 개발 및 지하수 이용으로 인하여 기존의 원천에서 나오는 지하수를 이용하고 있던 인근 토지 소유자의 생활용수에 장해가 생긴다면, 그와 같은 생활방해가 사회통념상 일반적으로 수인할 정도를 넘어서지 않는다고 볼 만한 특별한 사정이 없는 한 그 생활방해는 위법하다고 할 것이고, 토지 소유자가 지하수 개발에 대하여 관할 행정청으로부터 먹는물관리법에 의한 허가를 받았다는 사유만으로는 생활방해가 정당화된다고 할 수 없다.(대법원 1998. 4. 28. 선고 97다48913 판결)

28. 물가안정에 관한 법률

[시행 2021. 4. 6.] [법률 제17817호, 2021. 1. 5., 일부개정]

제7조(매점매석 행위의 금지)

사업자는 폭리를 목적으로 물품을 매점(買占)하거나 판매를 기피하는 행위로서 기획재정부장관이 물가의 안정을 해칠 우려가 있다고 인정하여 매점매석 행위로 지정한 행위를 하여서는 아니 된다. [전문개정 2011. 5. 2.]

- 위임 행정규칙 -

- 석유제품 매점매석행위 금지 등에 관한 고시(기획재정부고시 제2022-26호, 2022.12.19., 제정)

(작성례)

피의자는 ○○○○. 여름에 가뭄으로 인하여 고추와 마늘 작황이 흉작이 되었음을 알고 고추를 매점하였다가 김장철에 판매하여 폭리를 취할 목적으로 20○○. ○. ○.쯤 전북 ○○군 ○○면 시장 노변에서 성명불상의 수명으로부터 마른고추 1,000kg과 마늘 150접을 구입한 후 피의자의 위 상회 지하실에 운반하여 가격이 폭등하면 판매하기 위하여 은닉·저장하였다.

■ 적용실례

◇ 폭리를 목적으로 식육점이 돼지고기 판매를 기피하여 고발된 경우

식육점이 폭리를 목적으로 돼지고기의 판매를 기피하여 군수로부터 고발된 경우

※ 물가안정에관한법률 제31조에 의하면 매점매석행위의 처벌은 주무부장관의 고발이 있어야 하고, 법적으로 장관으로부터 시장 · 군수에게 그 권한이 위임된 바도 없으므로 이 경우 실체 판단에 앞서 형식판단을 하여 공소권 없음 의견으로 처리하는 것이 타당하다.

● 관련판례

◎ 구 담배사업법 소정의 등록도매업자 또는 지정소매인이 아닌 자가 담배사재기를 위하여 한국담배인삼공사로부터 담배를 구입키로 하고 지급한 담배구입대금이 불법원인급여에 해당하는지 여부(소극)

부당이득의 반환청구가 금지되는 사유로 민법 제746조가 규정하는 불법원인이라 함은 그 원인되는 행위가 선량한 풍속 기타 사회질서에 위반하는 경우를 말하는 것으로서 법률의 금지에 위반하는 경우라 할지라도 그것이 선량한 풍속 기타 사회질서에 위반하지 않는 경우에는 이에 해당하지 않는다고 할 것인바, 담배사업법은 "담배산업의 건전한 발전을 도모하고 국민경제에 이바지하게 함을 목적"으로 제정된 것으로서, 원료용 잎담배의 생산 및 수매와 제조담배의 제조 및 판매 등에 관한 사항을 규정하고 있기는 하나, 원래 담배사업이 반드시 국가의 독점사업이 되어야 한다거나 담배의 판매를 특정한 자에게만 하여야 하는 것은 아니어서 그 자체에 반윤리적 요소가 있는 것은 아니고, 또한 담배 사재기가 물가안정에 관한법률에 의하여 금지되고 그 위반행위는 처벌되는 것이라고 하여도 이는 국민경제의 정책적 차원에서 일정한 제한을 가하고 위반행위를 처벌하는 것에 불과하므로, 이에 위반하는 행위가 무효라고 하더라도 이것을 선량한 풍속 기타 사회질서에 반하는 행위라고는 할 수 없다. 따라서 구 담배사업법(1999. 12. 31. 법률 제6078호로 개정되기 전의 것) 소정의 등록도매업자 또는 지정소매인이 아닌 자가 담배사재기를 위하여 한국담배인삼공사로부터 담배를 구입키로 하고 지급한 담배구입대금은 불법원인급여에 해당하지 않아 그 반환을 청구할 수 있다고 보아야 한다.(대법원 2001. 5. 29. 선고 2001다1782 판결)

29. 물환경보전법 (종전=수질 및 수생태계 보전에 관한 법률)

[시행 2022. 3. 25.] [법률 제18469호, 2021. 9. 24., 타법개정]

> **제33조(배출시설의 설치 허가 및 신고)**
>
> ① 배출시설을 설치하려는 자는 대통령령으로 정하는 바에 따라 환경부장관의 허가를 받거나 환경부장관에게 신고하여야 한다. 다만, 제9항에 따라 폐수무방류배출시설을 설치하려는 자는 환경부장관의 허가를 받아야 한다. 〈개정 2018.10.16.〉

(작성례)

피의자 김○○, 같은 허○○은 20○○. ○.경부터 경기 ○○군 ○○면 ○○리 ○○번지에서 '○○식품'이라는 상호로 두부제조업을 공동으로 경영하고 있다.

피의자들은 관할관청의 허가를 받지 않고 공모하여 20○○. ○.경부터 20○○. ○. ○.경까지 사이에 위 공장에서 폐수배출시설인 용량 12.49㎥의 침지시설과 동력합계 4.5마력의 압착시설 3기를 설치하여 조업하였다.

● 관련판례 1

◎ 구 수질 및 수생태계 보전에 관한 법률 시행령 제31조 제1항 제1호에 따른 기준 이상으로 배출되는 공장시설 등을 구체적으로 열거한 것이 모법인 국토의 계획 및 이용에 관한 법률의 위임 범위를 일탈하였다고 볼 수 있는지 여부(소극)

국토의 계획 및 이용에 관한 법률(이하 '국토계획법' 이라고 한다)은, 제76조 제1항에서 용도지역에서의 건축물이나 그 밖의 시설의 용도 · 종류 및 규모 등의 제한에 관한 사항을 대통령령으로 정하도록 위임하면서도 제36조 제1항을 통하여 대통령령의 제정자가 준거하여야 할 각 용도지역의 기능과 특성, 그 의미를 규정하고 있다. 계획관리지역에 대해서는 '도시지역으로의 편입이 예상되거나 자연환경을 고려하여 제한적인 이용 · 개발을 하려는 지역으로서 계획적 · 체계적인 개발 · 관리가 필요한 지역' 이라고 규정하고 있는데[제36조 제1항 제2호 (다)목], 국토계획법 자체에서 이미 계획관리지역에서는 광범위한 건축 제한이 이루어질 가능성을 예정하고 있는 것이다.

토지의 사회성 · 공공성을 고려하면 토지재산권에 대하여는 다른 재산권에 비하여 강한 제한과 의무가 부과될 수 있으므로 토지의 이용 · 개발과 보전에 관한 사항에 관해서는 입법자에게 광범위한 입법형성권이 부여되어 있는 점에 비추어 보면, 국토계획법의 위와 같은 입장, 즉 국토의 계획 및 이용에 관한 목표, 그 실행의 원칙적 기준 등을 법률에서 직접 제시하되 구체적인 수단이나 방법의 형성에 관해서는 대통령령의 입법자에게 비교적 광범위한 입법재량을 부여한 것은 정당하다. 따라서 구 국토의 계획 및 이용에 관한 법률 시행령(2018. 1. 16. 대통령령 제28583호로 개정되기 전의 것) 제71조 제1항 제19호 [별표 20]에서 '계획관리지역 안에서 건축할 수 없는 건축물'의 하나로서 특정수질유해물질이 구 수질 및 수생태계 보전에 관한 법률 시행령(2018. 1. 16. 대통령령 제28583호 물환경보전법 시행령으로 대통령령 제명 변경되기 전의 것) 제31조 제1항 제1호에 따른 기준 이상으로 배출되는 공장시설 등을 구체적으로 열거한 것은 모법인 국토계획법이 위와 같이 예정하고 있는 바를 구체화, 명확화한 것이라고 볼 수 있을 뿐, 모법의 위임 범위를 뛰어넘은 것이라고 평가하기는 어렵다.(대법원 2020.4.29., 선고, 2019도3795, 판결)

● 관련판례 2

◎ 구 수질 및 수생태계 보전에 관한 법률 제64조 제2항 제3호가 정한 '고의 또는 중대한 과실로 폐수처리영업을 부실하게 한 경우'에 해당하는지 판단하는 기준 및 구 수질 및 수생태계 보전에 관한 법률 시행규칙 제105조 제1항 [별표 22] 제2호 (사)목 21)의 '폐수처리에 필요하지 아니한 배관을 설치한 경우'에 해당하지 않는다고 하여 당연히 '고의 또는 중대한 과실로 폐수처리영업을 부실하게 한 경우'에 해당하지 않는다고 볼 수 있는지 여부(소극)

구 수질 및 수생태계 보전에 관한 법률(2013. 7. 30. 법률 제11979호로 개정되기 전의 것, 이하 '구 수질수생태계법'이라고 한다) 제64조 제2항 제3호, 제71조, 구 수질 및 수생태계 보전에 관한 법률 시행규칙(2014. 1. 29. 환경부령 제543호로 개정되기 전의 것) 제105조 제1항 [별표 22] 제2호 (사)목 21)(이하 '시행규칙 조항'이라고 한다)의 입법 취지 및 문언 등에 비추어, 구 수질수생태계법 제71조가 환경부령에 위임한 것은 '위 법 또는 위 법에 의한 명령을 위반한 행위에 대한 행정처분의 기준'일 뿐이고, 이는 규정의 문언상 구 수질수생태계법 위반행위에 대한 제재적 처분의 정도와 가중·감경 등에 관한 사항을 의미하는 것이지 처분의 요건까지를 위임한 것으로 볼 수 없다. 따라서 시행규칙 조항은 '고의 또는 중대한 과실로 폐수처리영업을 부실하게 한 경우'에 해당하는 하나의 유형인 '폐수처리에 필요하지 아니한 배관을 설치한 경우'에 대한 처분의 양정에 관한 사항만을 정한 것으로 보아야 한다. 그렇다면 어떠한 행위가 구 수질수생태계법 제64조 제2항 제3호가 정한 '고의 또는 중대한 과실로 폐수처리영업을 부실하게 한 경우'에 해당하는지는 행위자의 의도와 목적, 문제된 행위의 태양 및 이로 인하여 초래된 결과의 정도 등 제반사정을 종합적으로 고려하여 처분 요건을 정한 법률의 규정에 포섭되는지를 기준으로 판단하여야 하고, 시행규칙 조항인 '폐수처리에 필요하지 아니한 배관을 설치한 경우'에 해당하지 아니한다고 하여 당연히 '고의 또는 중대한 과실로 폐수처리영업을 부실하게 한 경우'에 해당하지 않는다고 볼 수는 없다.(대법원 2015. 6. 11. 선고 2015두752 판결)

제38조(배출시설 및 방지시설의 운영)

① 사업자(제33조제1항 단서 또는 같은 조 제2항에 따라 폐수무방류배출시설의 설치허가 또는 변경허가를 받은 사업자는 제외한다) 또는 방지시설을 운영하는 자(제35조제5항에 따른 공동방지시설 운영기구의 대표자를 포함한다. 이하 같다)는 다음 각 호의 어느 하나에 해당하는 행위를 하여서는 아니 된다.

3. 배출시설에서 배출되는 수질오염물질에 공정(工程) 중 배출되지 아니하는 물 또는 공정 중 배출되는 오염되지 아니한 물을 섞어 처리하거나 제32조에 따른 배출허용기준을 초과하는 수질오염물질이 방지시설의 최종 방류구를 통과하기 전에 오염도를 낮추기 위하여 물을 섞어 배출하는 행위. 다만, 환경부장관이 환경부령으로 정하는 바에 따라 희석하여야만 수질오염물질을 처리할 수 있다고 인정하는 경우와 그 밖에 환경부령으로 정하는 경우는 제외한다.
4. 그 밖에 배출시설 및 방지시설을 정당한 사유 없이 정상적으로 가동하지 아니하여 제32조에 따른 배출허용기준을 초과한 수질오염물질을 배출하는 행위

(작성례 1)

피의자는 ○○시 ○○동 ○○번지에서 ○○세차장이라는 상호로 세차업에 종사하고 있다.

피의자는 세차장에서 조업할 경우에는 폐수배출시설에서 배출되는 폐수를 방지시설인 유수분리조, 집수조, 반응조, 여과조, 침전조, 탈수조 등을 순차로 거치게 하고, 화학약품을 투입하여 폐수를 처리하는 등 배출 및 방지시설을 정상운영하여 배출허용기준치 이하로 배출시켜야 함에도 불구하고 20○○. ○. ○.경부터 ○. ○.경까지 사이에 위 세차장에서 위 방지시설을 거치지 아니하고 세차도크에서 하수구로 직접 통하는 비밀배출관을 설치하여 세차폐수를 무단방류하여 부유물질(SS)의 기준치 150피피엠(PPM)을 초과한 264피피엠, 노말핵산추출물질인 광물유지류의 기준치 5피피엠을 초과한 8.2피피엠의 상태인 폐수를 하루에 약 3톤씩 합계 60톤가량을 배출함으로써 방지시설을 정상운영하지 않았다.

(작성례 2)

피의자 정○○는 환경부장관으로부터 공단폐수종말처리구역으로 지정된 ○○시 ○○동에 있는 ○○어묵라는 상호로 연육가공업에 종사하고 있다. 위 업소는 1일 폐수배출량 1,500㎥로서 배출폐수 중 생물화학적 산소요구량 30mg/ℓ, 화학적 산소요구량 40mg/ℓ, 부유물질량 30mg/ℓ를 초과하여서는 아니됨에도 불구하고 정당한 사유 없이 20○○. ○. ○. 08:00경 위 업소 공장에서 배출시설을 통해 일시에 폐수 약 1,800㎥를 배출하여 배출허용기준을 초과한 생물화학적 산소요구량 60mg/ℓ, 화학적 산소요구량 70mg/ℓ, 부유물질량 50mg/ℓ의 오염물질을 배출하였다.

● 관련판례

◎ 수질 및 수생태계 보전에 관한 법률 제48조 제1항에 따라 설치·운영하는 폐수종말처리시설이 구 공익사업을 위한 토지 등의 취득 및 보상에 관한 법률 제78조 제1항, 제4항에 규정된 생활기본시설에 포함되는지 여부(원칙적 소극)

수질수생태계법 제48조 제1항에 의하면, 국가·지방자치단체 등은 수질오염이 악화되어 환경기준을 유지하기 곤란하거나 수질 및 수생태계 보전에 필요하다고 인정되는 지역의 각 사업장에서 배출되는 수질오염물질을 공동으로 처리하여 공공수역에 배출하게 하기 위하여 폐수종말처리시설을 설치·운영할 수 있고, 국가 및 지방자치단체는 산업입지법 제16조 제1항(제5호 및 제6호를 제외한다)의 규정에 따른 사업시행자 등에게 폐수종말처리시설을 설치하거나 운영하게 할 수 있으며, 이 경우 사업자 또는 그 밖에 수질오염의 원인을 직접 야기한 자(이하 '원인자' 라 한다)는 폐수종말처리시설의 설치·운영에 필요한 비용의 전부 또는 일부를 부담하여야 한다. 이에 비추어 보면, 폐수종말처리시설은 원칙적으로 '각 사업장' 에서 배출되는 수질오염물질을 처리하여 배출하기 위하여 설치·운영되는 시설이고, 그 설치·운영에 필요한 비용의 전부 또는 일부도 원인자가 부담하여야 하므로, 구 공익사업을 위한 토지 등의 취득 및 보상에 관한 법률(2007. 10. 17. 법률 제8665로 개정되어 2008. 4. 18.부터 시행되기 전의 것) 제78조 제1항, 제4항에 규정된 생활기본시설에 포함된다고 보기 어렵다고 할 것이다.(대법원 2016. 10. 13. 선고 2014다34812 판결)

제42조(허가의 취소 등)

① 환경부장관은 사업자 또는 방지시설을 운영하는 자가 다음 각 호의 어느 하나에 해당하는 경우에는 배출시설의 설치허가 또는 변경허가를 취소하거나 배출시설의 폐쇄 또는 6개월

> 이내의 조업정지를 명할 수 있다. 다만, 제2호에 해당하는 경우에는 배출시설의 설치허가 또는 변경허가를 취소하거나 그 폐쇄를 명하여야 한다.

(작성례)

피의자는 20○○. ○.경부터 ○○시 ○○동 ○○번지에서 관할관청의 허가를 받지 않은 채 폐수배출시설인 수냉식절단기 7.5마력짜리 2대 및 5마력짜리 1대, 연삭기 3마력짜리 1대를 갖추고 '○○석재' 라는 상호로 석재가공업을 영위하던 중, 20○○. ○. ○. ○○시장으로부터 위 배출시설을 즉시 폐쇄하라는 명령을 받고도 정당한 사유없이 계속하여 조업함으로써 위 명령에 따르지 않았다.

● 관련판례

◎ 관할 시장이 부동산임의경매절차에서 두부류를 제조, 가공하는 공장을 경락받아 소유권을 이전한 갑 주식회사에 종전 사업자가 체납한 폐수종말처리시설 부담금을 부과한 사안에서, 수질 및 수생태계 보전에 관한 법률 제49조의3이 정한 '공장 또는 사업장 등을 양수한 자' 에 경매를 통하여 공장 또는 사업장 등의 소유권을 이전받은 사람은 포함되지 않는다고 본 원심판단을 정당하다고 한 사례

「수질 및 수생태계 보전에 관한 법률」(이하 '수질보전법') 제49조의3은 '종말처리시설 부담금의 징수대상이 되는 공장 또는 사업장 등을 양수한 자는 당사자 간에 특별한 약정이 없는 한 양수 전에 이 법에 따라 양도자에게 발생한 종말처리시설 부담금에 관한 권리·의무를 승계한다' 고 규정하고 있다.

원심은 제1심판결 이유를 인용하여, 경매 절차에서 공장 등을 인수한 자는 공장 등의 전 소유자와 사이에 부담금에 관한 권리·의무의 승계에 관하여 약정을 할 것을 기대하기 어렵다는 등 그 판시와 같은 사정 등을 종합하여 보면, 위 수질보전법 제49조의3의 '공장 또는 사업장 등을 양수한 자' 는 양도인과의 법률행위에 의하여 공장 또는 사업장 등의 소유권을 이전받은 사람을 말하는 것으로 봄이 상당하다는 이유로, 경매 절차에서 이 사건 공장의 소유권을 취득한 원고는 전 소유자의 부담금 납부의무를 승계받아 납부할 의무가 없다고 판단하였다.

관계 법령의 규정과 그 입법 취지, 그리고 수질보전법 제36조 제1항과 제2항이 배출시설 등을 양도·양수한 경우와 경매 절차에 따라 배출시설 등을 인수한 경우를 구분하여 규정하고 있는데, 동일한 법령에서 사용한 용어는 특별한 사정이 없는 한 동일하게 해석·적용하여야 하는 점 등을 원심이 설시한 사정들에 보태어 보면, 수질보전법 제49조의3이 정한 '공장 또는 사업장 등을 양수한 자' 에 경매를 통하여 공장 또는 사업장 등의 소유권을 이전받은 사람은 포함되지 않는다고 본 원심의 판단은 정당하다.

원심판결에는 상고이유로 주장하는 바와 같이 수질보전법 제49조의3이 정한 '양수'의 의미에 관한 법리를 오해하는 등으로 판결에 영향을 미친 위법이 없다.(대법원 2013. 2. 14. 선고 2011두12672 판결)

제47조(환경기술인)

① 사업자는 배출시설과 방지시설의 정상적인 운영·관리를 위하여 대통령령으로 정하는 바에 따라 환경기술인을 임명하여야 한다.

(작성례)

피의자 정○○는 안산시 ○○동에 있는 ○○화학공업주식회사의 대표이사이고, 같은 ○○화학공업주식회사는 인조가죽제조업 등을 목적으로 설립된 법인이다.

위 회사는 1일 폐수배출량이 700㎥인 3종사업장이므로 환경기술인을 임명하여야 함에도, 피의자 정○○는 20○○. ○. ○.부터 20○○. ○. ○.까지 환경기술인을 임명하지 아니하고, 같은 ○○화학공업주식회사는 피의자의 대표자인 위 정○○이 피의자의 업무에 관하여 위와 같이 위반행위를 하였다.

30. 방문판매 등에 관한 법률

[시행 2022. 12. 8.] [법률 제18571호, 2021. 12. 7., 일부개정]

제5조(방문판매업자등의 신고 등)

① 방문판매업자 또는 전화권유판매업자(이하 "방문판매업자등"이라 한다)는 상호, 주소, 전화번호, 전자우편주소(법인인 경우에는 대표자의 성명, 주민등록번호 및 주소를 포함한다), 그 밖에 대통령령으로 정하는 사항을 대통령령으로 정하는 바에 따라 공정거래위원회 또는 특별자치시장·특별자치도지사·시장·군수·구청장(자치구의 구청장을 말한다. 이하 같다)에게 신고하여야 한다. 다만, 다음 각 호의 자는 그러하지 아니하다.

1. 방문판매원 또는 전화권유판매원(이하 "방문판매원등"이라 한다)을 두지 아니하는 소규모 방문판매업자등 대통령령으로 정하는 방문판매업자등
2. 제13조제1항에 따라 등록한 다단계판매업자
3. 제29조제3항에 따라 등록한 후원방문판매업자

(작성례)

피의자 김○○은 서울시 ○○구 ○○동 123번지에 있는 ○○빌딩 2층(60㎡)에 사무실을 임차하여 '△△통신' 이라는 상호로 전화카드를 판매하고 있다.

피의자는 위 전화카드를 판매함에 있어 ○○구청장에게 등록하지 않은 채 전화카드 10매를 기준으로 100만원을 구입하면 회원으로 가입되고, 단계적으로 하위에 회원을 가입시키면 1명당 5만원의 후원수당을 지급하고, 하위에 10명 이상의 회원이 가입되면 월 판매 수익금 3%를, 100명 이상은 5%를 매월 지급하며, 하위 5대 이상의 단계가 이루어지면 4대 모든 회원들의 월수입 10% 상당하는 수당을 지급하겠다는 등 약 10종류의 보너스 수당을 지급한다는 허위 광고를 하였다.

그리고 20○○. ○. ○.경 서울시 ○○구 ○○동 234번지에 있는 고소인 이○○의 사무실에서 위 고소인에게 "사무실만 확보하면 ○○지사장을 지켜주겠으니 회원으로 가입하라" 고 하면서 가입비로 10만원을 받고 다단계 판매원으로 가입시킨 후 하위에 약 30명의 회원을 가입시키도록 하는 방법으로 피의자 하위에 1대 3개 라인의 다단계 판매조직을 만들어 총 3개 라인에 300여명의 다단계 판매원을 모집하여 ○○

ㅇㅇ만원 상당의 가입비를 받아 이를 편취하고, 위와 같은 방법으로 등록을 하지 아니하고 다단계 판매조직을 개설 · 관리 · 운영하였다.

● 관련판례 1

◎ 다단계판매업 등록을 마친 사업자 등이 등록취소 사유가 발생한 이후 등록취소 처분을 받음이 없이 다단계판매조직을 계속 관리 · 운영한 경우, 구 방문판매 등에 관한 법률 제51조 제1항 제1호에 의하여 처벌할 수 있는지 여부(소극)

구 방문판매 등에 관한 법률(2010. 3. 22. 법률 제10171호로 개정되기 전의 것, 이하 '법' 이라고 한다) 제13조 제1항 본문, 제42조 제1항, 제4항 제1호, 제2호, 제3호, 제51조 제1항 제1호, 제2호, 제53조 제1항 제10호, 제11호 및 구 방문판매 등에 관한 법률 시행령(2012. 7. 10. 대통령령 제23947호로 전부 개정되기 전의 것) 제50조 [별표 1]의 내용과 취지에 비추어 보면, 다단계판매업 등록을 마친 사업자 등이 법 제42조 제4항 각 호의 등록취소 사유가 발생한 이후 다단계판매조직을 계속 관리 · 운영하여 왔다고 하더라도, 위 법령에 따른 시정조치명령 · 영업정지명령 등의 단계를 거쳐 최종적으로 등록취소 처분을 받지 않는 한, 이를 등록을 하지 않거나 등록이 취소된 상태에서 다단계판매조직을 관리 · 운용한 것으로 보아 법 제51조 제1항 제1호에 의하여 처벌할 수는 없다.(대법원 2013. 7. 26. 선고 2011도1264 판결)

● 관련판례 2

◎ 구 방문판매 등에 관한 법률에서 정한 '다단계판매' 에 해당하기 위한 요건

구 방문판매 등에 관한 법률(2012. 2. 17. 법률 제11324호로 전부 개정되기 전의 것, 이하 '구 방문판매법' 이라고 한다)은, 제2조 제5호에서 " '다단계판매' 라 함은 판매업자가 특정인에게 다음 각 목의 활동을 하면 일정한 이익(다단계판매에 있어서 다단계판매원이 소비자에게 재화 등을 판매하여 얻는 소매이익과 다단계판매업자가 그 다단계판매원에게 지급하는 후원수당을 말한다. 이하 같다)을 얻을 수 있다고 권유하여 판매원의 가입이 단계적으로 이루어지는 다단계판매조직을 통하여 재화 등을 판매하는 것을 말한다." 라고 하면서, (가)목에서 "당해 판매업자가 공급하는 재화 등을 소비자에게 판매할 것" 을, (나)목에서 "(가)목의 규정에 의한 소비자의 전부 또는 일부를 당해 특정인의 하위판매원으로 가입하도록 하여 그 하위판매원이 당해 특정인의 활동과 같은 활동을 할 것" 을 규정하고, 제2조 제7호에서 " '후원수당' 이라 함은 판매수당 · 알선수수료 · 장려금 · 후원금 등 그 명칭 및 지급형태를 불문하고, 다단계판매업자가 다음 각 목의 사항과 관련하여 다단계판매원에게 지급하는 경제적 이익을 말한다." 라고 하면서 그 경제적 이익이 지급되는 사항의 내용으로 "가. 다단계판매원에게 속하는 하위판매원들에 대한 조직관리 및 교육훈련실적, 나. 다단계판매원 자신의 재화 등의 판매실적이나 그 다단계판매원에게 속하는 하위판매원들의 재화 등의 판매실적"을 규정하고 있다. 한편 구 방문판매법 제2조 제6호는 "'다단계판매자'라 함은 다단계판매를 업으로 하기 위하여 다단계판매조직을 개설 또는 관리·운영하는 자(이하 '다단계판매업자'라고 한다)와 다단계판매조직에 판매원으로 가입한 자(이하 '다단계판매원'이라고 한다)를 말한다."라고 규정하고, 제2조 제10호에서 "'소비자'라 함은 사업자가 제공하는 재화 등을 소비생활을 위하여 사용하거나 이용하는 자 또는 대통령령이 정하는 자를 말한다."라고 규정하면서, 그 위임에 따른 구 방문판매법 시행령(2012. 7. 10. 대통령령 제23947호로 전부 개정되기 전의 것) 제4조에서 "재화 등을 최종적으로 사용하거나 이용하는 자(제1호)"뿐만 아니라 "다단계판매원이 되고자 다단계판매업자로부터 재화 등을 최초로 구매하는 자(제3호)"를 소비자의 범위에 포함시키고 있다.

위 구 방문판매법 및 그 시행령의 규정 내용과 아울러, 위 법률이 제13조에서 다단계판매업자로 하여금 관할 관청에 등록하도록 하고 이에 위반한 경우 제51조에 따라 형사처벌을 받도록 규정하는 등 다단계판매행위를 하였는지 여부를 형사처벌의 전제로 삼고 있으므로 그 관련 조항을 엄격하게 해석할 필요가 있음을 종합하여 보면, 위 법률에 정한 다단계판매에 해당하기 위해서는 해당 판매업자가 공급하는 재화 등을 구매한 구 방문판매법 제2조 제10호, 구 방문판매법 시행령 제4조에 정한 소비자의 전부 또는 일부가 특정 다단계판매원의 하위 다단계판매원으로 가입하여 특정 다단계판매원과 같은 활동을 하여야 하고, 그 다단계판매원은 소매이익과 후원수당을 모두 권유받아야 하며, 위 요건을 갖추지 아니한 경우에는 순차적·단계적으로 판매조직을 확장해 가더라도 구 방문판매법에서 정한 다단계판매에 해당한다고 할 수 없다(대법원 2015. 10. 29. 선고 2015도1925 판결)

● 관련판례 3

◎ 유사수신 금융피라미드회사의 최상위 판매원들이 다단계판매조직을 이용하여 자신들의 각 하위 판매원 등으로부터 투자금 명목으로 금원을 교부받은 행위가, 방문판매 등에 관한 법률 제23조 제2항 위반죄를 구성한다고 한 사례

방문판매 등에 관한 법률 제23조 제2항은 "누구든지 다단계판매조직 또는 이와 유사하게 단계적으로 가입한 자로 구성된 다단계조직을 이용하여 재화 등의 거래 없이 금전거래만을 하거나 재화 등의 거래를 가장하여 사실상 금전거래만을 하는 행위를 하여서는 아니된다."고 규정하고 있어 문언상 '다단계판매조직 등을 이용하여 재화 등의 거래 없이 금전거래만을 행하는 행위'를 금지하고 있음은 명백하다.

원심판결 이유에 의하면, 공소외 1 주식회사의 최상위 판매원인 피고인들이 위 회사의 실제 운영자인 공소외 2 등과 공모하여 다단계판매조직을 이용하여 피고인들의 각 하위 판매원 등으로부터 투자금 명목으로 금원을 교부받았음을 알 수 있는바, 그렇다면 피고인들의 위 행위는 자신들의 하위 판매원 등을 상대로 방문판매 등에 관한 법률 제23조 제2항에서 금지한 재화 등의 거래 없이 금전거래만을 한 경우에 해당한다. (대법원 2010. 5. 27. 선고 2009도14725 판결)

● 관련판례 4

◎ 일시적으로 며칠 동안 반복하여 소비자들에게 상품을 판매한 장소가 방문판매등에관한법률 제4조 제3항에 의하여 방문판매업자가 변경신고의무를 부담하는 영업장소로서 사업장에 해당하는지 여부(적극)

방문판매등에관한법률(이하 '법'이라고 한다) 제4조 제3항, 동시행규칙 제6조에 의하면, 방문판매업자가 신고한 사항 중 사업장의 소재지 등을 변경한 때에는 변경한 날로부터 10일 이내에 방문판매업변경신고서에 변경사항을 증명하는 서류를 첨부하여 시장, 군수 또는 구청장에게 제출하여야 하고, 법 제2조 제1호는 "방문판매"라 함은 상품의 판매업자 또는 용역을 유상으로 제공하는 것을 업으로 하는 자가 방문의 방법으로 그의 영업소·대리점 기타 총리령이 정하는 영업장소(이하 '사업장'이라 한다) 외의 장소에서 소비자에게 권유하여 계약의 청약을 받거나 계약을 체결하여 상품을 판매하거나 용역을 제공하는 것을 말한다고 규정함으로써 방문판매를 정의하면서 사업장을 약칭하고 있으며, 동시행규칙 제2조는 법 제2조 제1호에서 "총리령이 정하는 영업장소"라 함은 (1) 영업소·대리점·지점·출장소 등 명칭여하에 불구하고 고정된 장소에서 계속적으로 영업을 하는 장소, (2) 노점·이동판매시설·임시판매시설 등 상품의 판매 또는 용역의 제공이 반복적으로 이루어지는 장소를 말한다고 정하고 있는바, 위와 같은 법규정의 문언상으로 보더라도 상품의 판매 또는 용역의 제공이 반복적으로 이루어지는 장소인 이상은 비록 고정된 장소가 아니라고 하더라도 상품의 판매가 일시적으로 며칠 동안만 이루어지는 때에도 영업장소로서 사업장에 해당한다.(대법원 2002. 2. 26. 선고 2001도6256 판결)

31. 변호사법

[시행 2021. 1. 5.] [법률 제17828호, 2021. 1. 5., 일부개정]

제109조(벌칙)

다음 각 호의 어느 하나에 해당하는 자는 7년 이하의 징역 또는 5천만원 이하의 벌금에 처한다. 이 경우 벌금과 징역은 병과(倂科)할 수 있다.

1. 변호사가 아니면서 금품·향응 또는 그 밖의 이익을 받거나 받을 것을 약속하고 또는 제3자에게 이를 공여하게 하거나 공여하게 할 것을 약속하고 다음 각 목의 사건에 관하여 감정·대리·중재·화해·청탁·법률상담 또는 법률관계 문서 작성, 그 밖의 법률사무를 취급하거나 이러한 행위를 알선한 자

(작성례)

피의자는 20○○. ○. ○. 14:00경 서울 서초구 서초동에 있는 아담 커피숍에서 피해자 김○○으로부터 그의 아들인 김○○이 강간죄로 구속되어 서울지방검찰청 제333호 검사실에서 수사중이니 수사검사에게 청탁하여 석방되도록 하여 달라는 부탁을 받고, 위 333호 검사는 피의자와 잘 아는 사이이니 틀림없이 석방되도록 하여 주겠다고 말하고 위 김○○으로부터 즉석에서 교제비 명목으로 300만원을 교부받아 공무원이 취급하는 사건에 관하여 청탁한다는 명목으로 돈을 교부받았다.

■ 적용실례

◇ 청탁을 거짓말하여 금원을 받은 경우

당초 수사기관 등에 청탁해 줄 의사가 전혀 없으면서 청탁해 주겠다고 거짓말하고 금원을 받은 경우

※ 이 경우에는 변호사법 위반이 아니라 사기죄가 성립된다. 따라서 그 의사여부에 대하여 철저히 조사해야 한다.

◇ 변호사법 위반의 알선한 경우

피의자 홍○○이 상피의자 이○○를 통하여 유선방송 사업허가를 내어달라는 부탁을 받고 소외 유○○으로부터 청탁명목으로 금 200만원을 받아 이를 그대

로 위 이○○에게 전달한 경우

※ 피의자 홍○○이 위 이○○와 공모하여 공동정범이 인정되지 않는 이상 위 금원을 취득한 바 없으므로 변호사법 위반의 단독정범이 성립되지 않고 다만 위 이○○의 변호사법 위반행위에 알선 또는 중계한 행위로서 그 범행을 용이하게 하여 방조한 것으로 의율하는 것이 타당하다.

◇ 사기죄와 변호사법과의 관계

※ "피해자에게 블록 강도시험필증을 관계기관에 부탁하여 얻어주겠다고 하고 금 ○○○원을 교부 받았다" 라는 사안에 대하여 변호사법 위반 및 사기죄로 의율하였으나 변호사법 위반은 청탁의 명목으로 금품을 수수하는 것으로서 청탁해 줄 의사가 있었을 경우 성립하는 것이고 사기는 그러한 의사없이 청탁을 빙자하여 금원을 수수하는 것이므로 양자의 관계는 한 죄가 성립하면 다른 죄는 성립하는 것이 아님에도 양자를 모두 의율할 수 없음.

◇ 공무원에게 부탁하여 가족관계등록부를 위조케 한 사례로 지불한 경우

※ 피의자가 타인으로부터 그의 가족관계등록부상 연령 정정을 해달라는 부탁을 받고 법원에 정정신청을 내었다가 기각되자 가족관계등록부 담당 공무원인 상피의자에게 부탁하여 가족관계등록부를 임의로 위조케 한 후 그에 대한 사례금조로 금 ○○○원을 주었다면 피의자는 위 가족관계등록부를 임의로 위조케 한 데 대한 공모공동정범이 성립되고 또한 뇌물공여죄가 별도로 성립하므로 변호사법 위반 외에 이 부분도 추가로 입건해야 할 것임.

◇ 가압류 등을 위한 비용을 소비한 사안

※ 피의자가 금품이나 향응 등 이익을 받거나 받기로 약속한 사실이 없고 법무사에게 전달할 비용을 소비한 것이므로 횡령죄에 의율함이 상당하다.

◇ 도로개설사업을 군개발사업으로 책정되도록 하여 달라고 부탁하고 금 50만원을 교부한 사안

※ 피의자 이○○은 뇌물공여로, 동 김○○은 사기로 각 의율하였으나, 본 건 사업은 군수가 직권으로 결정하고 면장은 이에 관여할 수 없고, 단지 면장이 군 실무자들에게 교섭하여 달라는 명목이었으므로, 면장이 그 직무에 관련하여 금품을 받은 것도 아니고 면장이 위 돈을 받은 후 실무자들에게 부탁한 사실도

있어 면장만을 변호사법 위반으로 의율하면 족하고 이장은 뇌물공여에 해당되지 않으므로 이를 뇌물공여로 의율할 수 없다.

◇ 금원을 갹출하고 청탁한 경우

※ 피의자의 아들도 입건되어 있으므로 같이 입건되어 있는 아이들의 부모들과 협의를 한 후 금원을 갹출하여 청탁하려는 것으로, 피의자와 관계없는 타인의 일에 관한 것이 아니므로, 피의자의 행위를 변호사법위반에 해당되는 행위라 할 수 없음.

◇ 채권자인 피의자가 채무자로부터 "상속을 받을 수 있도록 도와 달라"는 부탁을 받고 채무자를 위하여 고소인에게 "빨리 채무자의 상속지분을 분할해 주어라"는 식의 편지(최고서)를 보낸 사안

※ 피의자는 아무런 이득을 본 것도 없고, 위와 같은 편지는 변호사가 아니라도 할 수 있는 것이므로 위 사실만 가지고서는 변호사법 위반이 된다고 볼 수 없다.

● 관련판례 1

◎ 변호사가 자신의 명의로 개설한 법률사무소의 사무직원에게 자신의 명의를 이용하도록 함으로써 변호사법 제109조 제2호 위반행위를 하고, 사무직원이 변호사의 명의를 이용하여 법률사무를 취급함으로써 변호사법 제109조 제1호 위반행위를 하였는지 판단하는 기준

변호사가 자신의 명의로 개설한 법률사무소 사무직원('비변호사'를 뜻한다. 이하 같다)에게 자신의 명의를 이용하도록 함으로써 변호사법 제109조 제2호 위반행위를 하고, 그 사무직원이 변호사의 명의를 이용하여 법률사무를 취급함으로써 변호사법 제109조 제1호 위반행위를 하였는지 판단하기 위하여는, 취급한 법률사건의 최초 수임에서 최종 처리에 이르기까지의 전체적인 과정, 법률사건의 종류와 내용, 법률사무의 성격과 처리에 필요한 법률지식의 수준, 법률상담이나 법률문서 작성 등의 업무처리에 대한 변호사의 관여 여부 및 내용·방법·빈도, 사무실의 개설 과정과 사무실의 운영 방식으로서 직원의 채용·관리 및 사무실의 수입금 관리의 주체·방법, 변호사와 사무직원 사이의 인적 관계, 명의 이용의 대가로 지급된 금원의 유무 등 여러 사정을 종합하여, 그 사무직원이 실질적으로 변호사의 지휘·감독을 받지 않고 자신의 책임과 계산으로 법률사무를 취급한 것으로 평가할 수 있는지를 살펴보아야 한다.(대법원 2015. 1. 15. 선고 2011도14198 판결)

● 관련판례 2

◎ 변호사법 제109조 제1호에서 말하는 '법률상담'에 법적 분쟁에 관련되는 실체

적, 절차적 사항에 관하여 조언 또는 정보를 제공하거나 그 해결에 필요한 법적, 사실적 문제에 관하여 조언, 조력하는 행위가 포함되는지 여부(적극)

변호사법 제3조는 '일반 법률사무' 를 변호사의 직무 중의 하나로 규정하고 있고, 제109조 제1호는 변호사가 아닌 자가 대리나 법률상담 등의 방법으로 법률사무를 취급하는 경우 이를 처벌하도록 규정하고 있다.

이처럼 변호사가 아닌 자가 법률사무의 취급에 관여하는 것을 금지함으로써 변호사제도를 유지하고자 하는 변호사법 제109조 제1호의 규정 취지에 비추어 보면, 위 법조에서 말하는 '법률상담' 에는 법적 분쟁에 관련되는 실체적, 절차적 사항에 관하여 조언 또는 정보를 제공하거나 그 해결에 필요한 법적, 사실적의 문제에 관하여 조언, 조력을 하는 행위가 포함된다.

또한 같은 법조에서 말하는 '법률사무' 는 법률상의 효과를 발생 · 변경 · 소멸시키는 사항의 처리와 법률상의 효과를 보전하거나 명확하게 하는 사항의 처리를 뜻한다고 보아야 한다. 여기에는 부동산 권리관계 또는 부동산등기기록에 등재된 권리관계의 법적 효과에 해당하는 권리의 득실 · 변경이나 충돌 여부, 우열관계 등을 분석하는 이른바 '권리분석업무' 가 포함되고, 경매대상 부동산에 대하여 필요한 자료를 제시하고 그 권리관계나 거래 또는 이용제한 사항 등을 확인 · 설명해 주며 그 경제적 가치에 관하여 정보를 제공하고 조언하는 것을 내용으로 하는 경매대상 부동산에 대한 권리분석도 포함된다.(대법원 2018. 8. 1., 선고, 2016다242716, 242723, 판결)

● 관련판례 3

◎ 변호사가 아닌 사람이 의뢰인으로부터 법률사건을 수임하여 사실상 사건의 처리를 주도하면서 의뢰인을 위하여 사건의 신청 및 수행에 필요한 모든 절차를 실질적으로 대리한 행위를 한 경우, 그중 일부 사무를 처리할 자격이 있었더라도 변호사법 제109조 제1호에서 금지하는 법률사무를 취급하는 행위에 해당하는지 여부(적극)

변호사가 아닌 사람이 의뢰인으로부터 법률사건을 수임하여 사실상 그 사건의 처리를 주도하면서 의뢰인을 위하여 그 사건의 신청 및 수행에 필요한 모든 절차를 실질적으로 대리한 행위를 하였다면, 비록 그중 일부 사무를 처리할 자격이 있었다고 하더라도 위 행위는 그러한 사무 범위를 초과한 것으로서 변호사법 제109조 제1호에서 금지하는 법률사무를 취급하는 행위에 해당한다(대법원 2007. 6. 28. 선고 2006도4356 판결 등 참조).

또한 변호사법 제109조 제1호에서 금지하는 '대리' 에는 본인의 위임을 받아 대리인의 이름으로 법률사건을 처리하는 법률상의 대리뿐만 아니라, 법률적 지식을 이용하는 것이 필요한 행위를 본인을 대신하여 행하거나, 법률적 지식이 없거나 부족한 본인을 위하여 사실상 사건의 처리를 주도하면서 그 외부적인 형식만 본인이 직접 행하는 것처럼 하는 경우도 포함된다(대법원 1999. 12. 24. 선고 99도2193 판결, 대법원 2014. 7. 24. 선고 2013다28728 판결 등 참조).

그리고 범죄사실의 인정은 합리적인 의심이 없는 정도의 증명에 이르러야 하나(형사소송법 제307조 제2항), 사실 인정의 전제로 행하여지는 증거의 취사선택 및 증거의 증명력은 사실심 법원의 자유판단에 속한다(형사소송법 제308조).(대법원 2016. 12. 15., 선고, 2012도9672, 판결)

● 관련판례 4

◎ 비변호사의 법률사무취급을 금지하는 변호사법 제109조 제1호의 입법 취지 및 '기타 일반의 법률사건' 의 의미 / 법률적 지식이 없거나 부족한 보험가입자를 위하여 보험금 청구를 대리하거나 사실상 보험금 청구사건의 처리를 주도하는 것이 '기타 일반의 법률사건' 에 관하여 법률사무를 취급하는 행위로 볼 수 있는지 여부(적극) / 손해사정사가 금품을 받거나 보수를 받기로 하고 교통사고의 피해자 측을 대리 또는 대행하여 보험회사에 보험금을 청구하거나 피해자 측과 가해자가 가입한 자동차보험회사 등과 사이에서 이루어질 손해배상액의 결정에 관하여 중재나 화해를 하도록 주선하거나 편의를 도모하는 등으로 관여하는 것이 손해사정사의 업무범위에 속하는 손해사정에 관하여 필요한 사항인지 여부(소극)

변호사는 기본적 인권의 옹호와 사회정의 실현을 사명으로 하여 널리 법률사무를 행하는 것을 직무로 하므로 변호사법은 변호사의 자격을 엄격히 제한하고 직무의 성실·적정한 수행을 위해 필요한 규율에 따르도록 하는 등 제반의 조치를 강구하고 있는데, 그러한 자격이 없고 규율에 따르지 않는 사람이 처음부터 금품 기타 이익을 얻기 위해 타인의 법률사건에 개입하는 것을 방치하면 당사자 기타 이해관계인의 이익을 해하고 법률생활의 공정·원활한 운용을 방해하며 나아가 법질서를 문란케 할 우려가 있는바, 비변호사의 법률사무취급을 금지하는 변호사법 제109조 제1호는 변호사제도를 유지함으로써 그러한 우려를 불식시키려는 취지의 규정이다. 이러한 입법 취지와 같은 법 제3조에서 일반 법률사무를 변호사의 직무로 규정하고 있는 점을 감안하면, 같은 법 제109조 제1호가 규정한 '기타 일반의 법률사건' 은 법률상의 권리·의무에 관하여 다툼 또는 의문이 있거나 새로운 권리의무관계의 발생에 관한 사건 일반을 말하는 것이므로, 법률적 지식이 없거나 부족한 보험가입자를 위하여 보험금 청구를 대리하거나 사실상 보험금 청구사건의 처리를 주도하는 것은 '기타 일반의 법률사건' 에 관하여 법률사무를 취급하는 행위로 볼 수 있다. 한편 손해사정사는 손해발생 사실의 확인, 보험약관 및 관계 법규 적용의 적정 여부 판단, 손해액 및 보험금의 사정, 위 각 업무와 관련한 서류의 작성·제출의 대행, 위 각 업무의 수행과 관련한 보험회사에 대한 의견의 진술을 그 업무로 하는바(보험업법 제188조), 손해사정사가 그 업무를 수행함에 있어 보험회사에 손해사정보고서를 제출하고 보험회사의 요청에 따라 그 기재 내용에 관하여 근거를 밝히고 타당성 여부에 관한 의견을 개진하는 것이 필요할 경우가 있더라도, 이는 어디까지나 보험사고와 관련한 손해의 조사와 손해액의 사정이라는 본래의 업무와 관련한 것에 한하는 것일 뿐, 여기에서 나아가 금품을 받거나 보수를 받기로 하고 교통사고의 피해자 측을 대리 또는 대행하여 보험회사에 보험금을 청구하거나 피해자 측과 가해자가 가입한 자동차보험회사 등과 사이에서 이루어질 손해배상액의 결정에 관하여 중재나 화해를 하도록 주선하거나 편의를 도모하는 등으로 관여하는 것은 위와 같은 손해사정사의 업무범위에 속하는 손해사정에 관하여 필요한 사항이라고 할 수 없다. (대법원 2022.10.14., 선고, 2021도10046, 판결)

32. 병역법

[시행 2022. 12. 13.] [법률 제19081호, 2022. 12. 13., 일부개정]

제69조(거주지이동 신고 등) ① 병역의무자(현역 및 대체복무요원은 제외한다. 이하 이 조에서 같다)가 거주지를 이동한 경우에는 14일 이내에 「주민등록법」 제16조에 따라 전입신고를 하여야 한다. 〈개정 2019.12.31.〉

(작성례)

피의자는 20○○. ○. ○. 거주지를 서울시 ○○동 ○○번지에서 인천 ○○동 ○○번지로 이동하고도 정당한 사유 없이 14일 이내에 관할구청장에게 전입신고를 하지 않았다.

● 관련판례 1

◎ 1977년 미국에서 대한민국 국적을 가진 부모 사이에서 출생하여 미국 시민권과 대한민국 국적을 동시에 취득한 뒤 1990년경 가족과 미국으로 이주하여 그곳에서 학업을 마치고 취업해 있던 갑이 2009년 입국하였는데, 법무부장관이 병역의무 부과대상자라는 이유로 갑에게 출국정지통지를 하고, 이후 병무청장이 보충역처분을 하고 그에 근거하여 공익근무요원소집통지 및 교육소집통지를 한 사안에서, 병무청장의 각 처분은 입영 등 병역의무 연기자에 대하여 병역의무를 부과한 것으로서 위법하다고 본 원심판단을 정당하다고 한 사례

1977년 미국에서 대한민국 국적을 가진 부모 사이에서 출생하여 미국 시민권과 대한민국 국적을 동시에 취득한 뒤 1990년경 가족과 미국으로 이주하여 그곳에서 중학교·고등학교·대학교를 마치고 미국에 있는 회사에서 근무하고 있던 갑이 2009년 입국하였는데, 법무부장관이 병역의무 부과대상자라는 이유로 갑에게 출국정지통지를 하고, 병무청장이 징병검사통지 후 신체검사를 한 결과 신체등위 판정에 따라 보충역처분을 하고 그에 근거하여 공익근무요원소집통지 및 교육소집통지를 한 사안에서, 갑의 경우 구 병역법(2006. 9. 22. 법률 제7977호로 개정되기 전의 것) 시행 당시 '18세가 되기 전에 외국에서 출생하여 해당 국가 시민권을 얻어 부모와 같이 거주한 경우' 에 해당하고 국외에 계속 거주하고 있기도 하므로, 구 병역법 시행령(2006. 12. 29. 대통령령 제19789호로 개정되기 전의 것) 제149조 제1항 제3호에 따라 35세까지를 허가기간으로 하는 국외여행허가를 받은 것으로 간주되고, 개정된 병역법(2006. 9. 22. 법률 제7977호로 개정되고, 2009. 6. 9. 법률 제9754호로 개정되기 전의 것, 이하 '개정 병역법' 이라 한다) 부칙 제2항에 의하여 개정 병역법상으로도 35세까지를 허가기간으로 하는 국외여행허가를 받은 것으로 간주되며, 병역법 시행령

제128조 제1항 제1호가 "병역법 제70조 제1항 또는 제3항에 따라 국외여행허가 또는 국외여행기간 연장허가를 받은 사람이 국외에 체재 또는 거주하고 있는 경우에는 병역법 제60조 제1항 제1호·제2호 또는 제2항에 따른 징병검사 또는 입영 등이 연기된 것으로 본다."고 규정하고 있으므로, 갑에 대한 보충역처분, 공익근무요원소집 및 교육소집통지처분은 입영 등 병역의무 연기자에 대하여 병역의무를 부과한 것으로서 위법하다고 본 원심판단을 정당하다. (대법원 2012. 2. 23. 선고 2011두22495 판결)

● 관련판례 2

◎ 신상이동통보의무 위반으로 인한 병역법 위반죄의 공소시효가 병역법 제40조에 정한 14일의 기간이 경과한 때부터 진행하는지 여부(소극)

구 병역법(2004. 12. 31. 법률 제7272호로 개정되기 전의 것) 제40조에 의하여 전문연구요원 또는 산업기능요원이 편입 당시 지정업체의 해당 분야에 종사하지 아니한 때에는 14일 이내에 그 사실을 관할 지방병무청장에게 통보하여야 하는 것을 내용으로 하는 신상이동통보의무는, 전문연구요원 등이 편입 당시 지정업체의 해당 분야에 종사하지 아니하는 상태가 계속되는 한 공소시효가 진행되지 않는다. (대법원 2009. 9. 10. 선고 2008도1685 판결)

제85조(통지서 수령 거부 및 전달의무 태만)

제6조에 따라 병역의무부과 통지서를 수령하거나 전달할 의무가 있는 사람이 정당한 사유 없이 그 수령을 거부한 경우 또는 이를 전달하지 아니하거나 전달을 지체한 경우에는 6개월 이하의 징역 또는 100만원 이하의 벌금에 처한다.

[전문개정 2009. 6. 9.]

(작성례)

피의자는 병역의무자인 권○○의 동생이다.

피의자는 20○○. ○. ○. 16:30경 ○○시 ○○동 ○○번지에 있는 피의자의 집에서 위 동사무소에 근무하는 공익근무요원 전○○가 위 권○○에게 송달하기 위하여 가지고온 병력동원훈련통지서에 대하여 정당한 사유없이 그 수령을 거부하였다.

● 관련판례

◎ 현역입영통지서의 송달은 병역의무자의 현실적인 수령행위를 전제로 하는지 여부(적극)

병역의무부과통지서인 현역입영통지서는 그 병역의무자에게 이를 송달함이 원칙이고(

병역법 제6조 제1항 참조), 이러한 송달은 병역의무자의 현실적인 수령행위를 전제로 하고 있다고 보아야 하므로, 병역의무자가 현역입영통지의 내용을 이미 알고 있는 경우에도 여전히 현역입영통지서의 송달은 필요하고 (대법원 1997. 5. 23. 선고 96누5094 판결, 대법원 2004. 4. 9. 선고 2003두13908 판결 등 참조), 다른 법령상의 사유가 없는 한 병역의무자로부터 근거리에 있는 책상 등에 일시 현역입영통지서를 둔 것만으로는 병역의무자의 현실적인 수령행위가 있었다고 단정할 수 없다. (대법원 2009. 6. 25., 선고, 2009도3387, 판결)

제86조(도망·신체손상 등)
병역의무를 기피하거나 감면받을 목적으로 도망가거나 행방을 감춘 경우 또는 신체를 손상하거나 속임수를 쓴 사람은 1년 이상 5년 이하의 징역에 처한다.

(작성례)

피의자는 ㅇㅇ시내 유흥가에서 폭력행위 등을 일삼는 속칭 ㅇㅇ파 소속의 폭력배로서 20ㅇㅇ. ㅇ. ㅇ.자로 현역입영대상자였던 자이다.

피의자는 위 조직의 결속력을 강화하면서 동시에 병역의무를 기피할 목적으로 20ㅇㅇ. ㅇ. 초순경 ㅇㅇ시 ㅇㅇ동에 있는 ㅇㅇ공업사에서 그 곳에 있는 철판절단기를 이용하여 피의자의 오른쪽 인지근위지절을 잘라 신체를 손상하였다.

● 관련판례

◎ 구 병역법상 산업기능요원 편입자격자가 해당 지정업체에서 근무할 의사 없이 병역의무를 기피하거나 감면받을 목적으로 허위내용의 편입신청서를 작성·제출한 경우, 같은 법 제86조 위반죄가 성립하는지 여부(적극)

구 병역법(2005. 5. 31. 법률 제7541호로 개정되기 전의 것) 제86조에 정한 '사위행위' 란 병무행정당국을 기망하여 병역의무를 감면받으려고 시도하는 행위를 가리키므로, 허위의 산업기능요원 편입신청서를 작성·제출한 자가 같은 법에서 요구하는 산업기능요원 편입자격을 갖추고 있다고 하더라도 편입신청서를 제출할 당시 해당 지정업체에서 실제로 근무할 의사가 없었던 이상 같은 법 제86조 위반죄의 성립에 영향이 없다.(대법원 2009. 2. 26., 선고, 2008도1860, 판결)

제87조(병역판정검사의 기피 등)
① 병역판정검사, 재병역판정검사, 입영판정검사, 신체검사 또는 확인신체검사를

받을 사람을 대리(代理)하여 병역판정검사, 재병역판정검사, 입영판정검사, 신체검사 또는 확인신체검사를 받은 사람은 1년 이상 3년 이하의 징역에 처한다. <개정 2013.6.4., 2016.5.29., 2020.12.22.>

② 삭제 <2017.3.21.>

③ 병역판정검사 통지서, 재병역판정검사 통지서, 입영판정검사 통지서, 신체검사 통지서 또는 확인신체검사 통지서를 받은 사람이 정당한 사유 없이 의무이행일에 병역판정검사, 재병역판정검사, 입영판정검사, 신체검사 또는 확인신체검사를 받지 아니하면 6개월 이하의 징역에 처한다. <개정 2013.6.4., 2016.5.29., 2020. 12.22.>

[전문개정 2009. 6. 9.] [제목개정 2016. 5. 29.]

(작성례)

피의자는 20○○. ○. ○. 서울시 ○○동 ○○번지에 있는 피의자의 집에서 위 동사무소에 근무하는 상병 안○○로부터 같은 해 ○. ○.까지 국군통합병원에서 징병검사를 받으라는 ○○구청장 명의의 징병검사통지서를 받고도 정당한 사유 없이 이에 불응하여 위 검사를 받지 아니하였다.

제88조(입영의 기피 등)

① 현역입영 또는 소집 통지서(모집에 의한 입영 통지서를 포함한다)를 받은 사람이 정당한 사유 없이 입영일이나 소집일부터 다음 각 호의 기간이 지나도 입영하지 아니하거나 소집에 응하지 아니한 경우에는 3년 이하의 징역에 처한다. 다만, 제53조제2항에 따라 전시근로소집에 대비한 점검통지서를 받은 사람이 정당한 사유 없이 지정된 일시의 점검에 참석하지 아니한 경우에는 6개월 이하의 징역이나 500만원 이하의 벌금 또는 구류에 처한다. 〈개정 2013.6.4., 2014.5.9., 2016.5.29., 2019.12.31.〉

1. 현역입영은 3일
2. 사회복무요원·대체복무요원 소집은 3일
3. 군사교육소집은 3일
4. 병력동원소집 및 전시근로소집은 2일

② 제1항에 따른 통지서를 받고 입영할 사람 또는 소집될 사람을 대리하여 입영한 사람 또는 소집에 응한 사람은 1년 이상 3년 이하의 징역에 처한다. 다만, 제53조제2항에 따라 전시근로소집에 대비한 점검을 받아야 할 사람을 대리하여 출석한 사람은 1년 이하의 징역에 처한다.

③ 삭제 〈2017.3.21.〉

(작성례)

피의자는 20○○. ○. ○. ○○시 ○○동 ○○번지에 있는 피의자의 집에서 같은 해 ○. ○.자로 충남 논산군에 있는 ○○부대에 입영하라는 ○○지방병무청장 명의의 현역입영통지서를 받고도 입영일로부터 5일이 경과한 같은 달 ○.까지 정당한 사유없이 입영하지 않았다.

● 관련판례 1

◎ 이른바 양심적 병역거부의 의미 / 진정한 양심에 따른 병역거부가 병역법 제88조 제1항의 '정당한 사유'에 해당하는지 여부(적극) / 구체적인 병역법 위반 사건에서 피고인이 주장하는 양심적 병역거부가 '진정한 양심'에 따른 것인지 판단하는 방법 / 정당한 사유가 없다는 사실에 대한 증명책임 소재(=검사) 및 증명 방법

양심에 따른 병역거부, 이른바 양심적 병역거부는 종교적·윤리적·도덕적·철학적 또는 이와 유사한 동기에서 형성된 양심상 결정을 이유로 집총이나 군사훈련을 수반하는 병역의무의 이행을 거부하는 행위를 말한다. 양심적 병역거부자에게 병역의무의 이행을 일률적으로 강제하고 그 불이행에 대하여 형사처벌 등 제재를 하는 것은 양심의 자유를 비롯한 헌법상 기본권 보장체계와 전체 법질서에 비추어 타당하지 않을 뿐만 아니라 소수자에 대한 관용과 포용이라는 자유민주주의 정신에도 위배된다. 따라서 진정한 양심에 따른 병역거부라면, 이는 병역법 제88조 제1항의 '정당한 사유'에 해당한다고 보아야 한다.

구체적인 병역법 위반 사건에서 피고인이 양심적 병역거부를 주장할 경우, 그 양심이 과연 깊고 확고하며 진실한 것인지를 가려내는 일이 무엇보다 중요하다. 인간의 내면에 있는 양심을 직접 객관적으로 증명할 수는 없으므로 사물의 성질상 양심과 관련성이 있는 간접사실 또는 정황사실을 증명하는 방법으로 판단하여야 한다.

예컨대 종교적 신념에 따른 양심적 병역거부 주장에 대해서는 종교의 구체적 교리가 어떠한지, 그 교리가 양심적 병역거부를 명하고 있는지, 실제로 신도들이 양심을 이유로 병역을 거부하고 있는지, 그 종교가 피고인을 정식 신도로 인정하고 있는지, 피고인이 교리 일반을 숙지하고 철저히 따르고 있는지, 피고인이 주장하는 양심적 병역거부가 오로지 또는 주로 그 교리에 따른 것인지, 피고인이 종교를 신봉하게 된 동기와 경위, 만일 피고인이 개종을 한 것이라면 그 경위와 이유, 피고인의 신앙기간과 실제 종교적 활동 등이 주요한 판단요소가 될 것이다. 피고인이 주장하는 양심과 동일한 양심을 가진 사람들이 이미 양심적 병역거부를 이유로 실형으로 복역하는 사례가 반복되었다는 등의 사정은 적극적인 고려요소가 될 수 있다.

그리고 위와 같은 판단 과정에서 피고인의 가정환경, 성장과정, 학교생활, 사회경험 등 전반적인 삶의 모습도 아울러 살펴볼 필요가 있다. 깊고 확고하며 진실한 양심은 그 사람의 삶 전체를 통하여 형성되고, 또한 어떤 형태로든 그 사람의 실제 삶으로 표출되었을 것이기 때문이다.

정당한 사유가 없다는 사실은 범죄구성요건이므로 검사가 증명하여야 한다. 다만 진정한 양심의 부존재를 증명한다는 것은 마치 특정되지 않은 기간과 공간에서 구체화되지 않은 사실의 부존재를 증명하는 것과 유사하다. 위와 같은 불명확한 사실의 부존재를 증명하는 것은 사회통념상 불가능한 반면 그 존재를 주장·증명하는 것이 좀 더 쉬우므로, 이러한 사정은 검사가 증명책임을 다하였는지를 판단할 때 고려하여야 한다. 따라서 양심적 병역거부를 주장하는 피고인은 자신의 병역거부가 그에 따라 행동하지 않고서는 인격적 존재가치가 파멸되고 말 것이라는 절박하고 구체적인 양심에 따른 것이며 그 양심이 깊고 확고하며 진실한 것이라는 사실의 존재를 수긍할 만한 소명자료를 제시하고, 검사는 제시된 자료의 신빙성을 탄핵하는 방법으로 진정한 양심의 부존재를 증명할 수 있다. 이때 병역거부자가 제시하여야 할 소명자료는 적어도 검사가 그에 기초하여 정당한 사유가 없다는 것을 증명하는 것이 가능할 정도로 구체성을 갖추어야 한다(대법원 2018. 11. 1. 선고 2016도10912 전원합의체 판결, 대법원 2020. 7. 9. 선고 2019도17322 판결 참조)..(대법원 2020. 11. 26., 선고, 2018도14411, 판결)

● 관련판례 2

◎ 입영기피에 대한 처벌조항인 병역법 제88조 제1항에서 정한 '정당한 사유'의 의미

입영기피에 대한 처벌조항인 병역법 제88조 제1항의 '정당한 사유'는 원칙적으로 추상적 병역의무의 존재와 그 이행 자체의 긍정을 전제로 하되 다만 병무청장 등의 결정으로 구체화된 병역의무의 불이행을 정당화할 만한 사유, 즉 질병 등 병역의무 불이행자의 책임으로 돌릴 수 없는 사유를 말한다.(대법원 2013. 4. 25. 선고 2012도13318 판결)

● 관련판례 3

◎ 현역병 입영대상자인 피고인이 입영통지서를 받고도 정당한 사유 없이 입영일로부터 3일이 지나도록 입영하지 않았다고 하여 병역법 위반으로 기소된 사안에서, 제반 사정을 종합할 때 피고인은 처음부터 입영할 의사가 없었다고 볼 여지가 있어 병무청 담당직원이 입영기일 연기 등의 구제조치를 취하지 않았다는 사정만으로는 병역의무의 불이행을 정당화할 만한 사유가 있다고 할 수 없는데도, 이와 달리 보아 무죄를 인정한 원심판결에 법리오해 등 잘못이 있다고 한 사례

현역병 입영대상자인 피고인이 지방병무청장 명의의 입영통지서를 받고도 정당한 사유 없이 입영일로부터 3일이 지나도록 입영하지 않았다고 하여 병역법 위반으로 기소된 사안에서, 제반 사정을 종합할 때 피고인은 처음부터 입영할 의사가 없어 병무청 담당직원으로부터 지연입영이 가능하다는 안내를 받았더라도 지연입영도 하지 않았을 것이라고 볼 여지가 있고, 그 같은 경우에는 병무청 담당직원이 입영기일 연기 등의 구제조치를 취하지 않았다는 사정만으로는 병역의무의 불이행을 정당화할 만한 사유가 있다고 할 수 없는데도, 피고인에게 지연입영할 의사가 있었는지 구체적으로 가려보지도 아니한 채 무죄를 인정한 원심판결에 병역법 제88조 제1항에 관한 법리를 오해하고 필요한 심리를 다하지 아니한 잘못이 있다.(대법원 2013. 4. 25. 선고 2012도13318 판결)

● 관련판례 4

◎ 병역법 제88조 제1항 제2호에서 정한 '소집기일부터 3일'이라는 기간을 계산할 때에도 기간 계산에 관한 민법 규정이 적용되는지 여부(적극)

민법 제155조는 "기간의 계산은 법령, 재판상의 처분 또는 법률행위에 다른 정한 바가 없으면 본장의 규정에 의한다."고 규정하고 있으므로, 기간 계산에 있어서는 당해 법령 등에 특별한 정함이 없는 한 민법의 규정에 따라야 한다. 한편 병역법 제88조 제1항 제2호는 '공익근무요원 소집통지서를 받은 사람이 정당한 사유 없이 소집기일부터 3일이 지나도 소집에 응하지 아니한 경우에는 3년 이하의 징역에 처한다'고 규정하고 있으나, 병역법은 기간 계산에 관하여 특별한 규정을 두고 있지 아니하다. 따라서 병역법 제88조 제1항 제2호에서 정한 '소집기일부터 3일'이라는 기간을 계산할 때에도 기간 계산에 관한 민법의 규정이 적용되므로, 민법 제157조에 따라 기간의 초일은 산입하지 아니하고, 민법 제161조에 따라 기간의 말일이 토요일 또는 공휴일에 해당하는 때에는 기간은 그 익일로 만료한다고 보아야 한다. (대법원 2012. 12. 26. 선고 2012도13215 판결)

● 관련판례 5

◎ 이른바 양심적 병역거부의 의미 / 진정한 양심에 따른 병역거부가 병역법 제88조 제1항의 '정당한 사유'에 해당하는지 여부(적극) 및 이때 진정한 양심의 의미와 증명 방법

양심에 따른 병역거부, 이른바 양심적 병역거부는 종교적·윤리적·도덕적·철학적 또는 이와 유사한 동기에서 형성된 양심상 결정을 이유로 집총이나 군사훈련을 수반하는 병역의무의 이행을 거부하는 행위를 말한다. 양심적 병역거부자에게 병역의무의 이행을 일률적으로 강제하고 그 불이행에 대하여 형사처벌 등 제재를 하는 것은 양심의 자유를 비롯한 헌법상 기본권 보장체계와 전체 법질서에 비추어 타당하지 않을 뿐만 아니라 소수자에 대한 관용과 포용이라는 자유민주주의 정신에도 위배된다. 따라서 진정한 양심에 따른 병역거부라면, 이는 병역법 제88조 제1항의 '정당한 사유'에 해당한다.

구체적인 병역법 위반 사건에서 피고인이 양심적 병역거부를 주장할 경우, 그 양심이 과연 깊고 확고하며 진실한 것인지를 가려내는 일이 무엇보다 중요하다. 인간의 내면에 있는 양심을 직접 객관적으로 증명할 수는 없으므로 사물의 성질상 양심과 관련성이 있는 간접사실 또는 정황사실을 증명하는 방법으로 판단하여야 한다.

예컨대 종교적 신념에 따른 양심적 병역거부 주장에 대해서는 종교의 구체적 교리가 어떠한지, 그 교리가 양심적 병역거부를 명하고 있는지, 실제로 신도들이 양심을 이유로 병역을 거부하고 있는지, 그 종교가 피고인을 정식 신도로 인정하고 있는지, 피고인이 교리 일반을 숙지하고 철저히 따르고 있는지, 피고인이 주장하는 양심적 병역거부가 오로지 또는 주로 그 교리에 따른 것인지, 피고인이 종교를 신봉하게 된 동기와 경위, 만일 피고인이 개종을 한 것이라면 그 경위와 이유, 피고인의 신앙기간과 실제 종교적 활동 등이 주요한 판단 요소가 될 것이다. 피고인이 주장하는 양심과 동일한 양심을 가진 사람들이 이미 양심적 병역거부를 이유로 실형으로 복역하는 사례가 반복되었다는 등의 사정은 적극적인 고려요소가 될 수 있다.

그리고 위와 같은 판단 과정에서 피고인의 가정환경, 성장과정, 학교생활, 사회경험 등 전반적인 삶의 모습도 아울러 살펴볼 필요가 있다. 깊고 확고하며 진실한 양심은 그 사람의 삶 전체를 통하여 형성되고, 또한 어떤 형태로든 그 사람의 실제 삶으로 표출되었을 것이기 때문이다.

정당한 사유가 없다는 사실은 범죄구성요건이므로 검사가 증명하여야 한다. 다만 진정한 양심의 부존재를 증명한다는 것은 마치 특정되지 않은 기간과 공간에서 구체화되지 않은 사실의 부존재를 증명하는 것과 유사하다. 위와 같은 불명확한 사실의 부존재를 증명하는 것은 사회통념상 불가능한 반면 그 존재를 주장 · 증명하는 것이 좀 더 쉬우므로, 이러한 사정은 검사가 증명책임을 다하였는지를 판단할 때 고려하여야 한다. 따라서 양심적 병역거부를 주장하는 피고인은 자신의 병역거부가 그에 따라 행동하지 않고서는 인격적 존재가치가 파멸되고 말 것이라는 절박하고 구체적인 양심에 따른 것이며 그 양심이 깊고 확고하며 진실한 것이라는 사실의 존재를 수긍할 만한 소명자료를 제시하고, 검사는 제시된 자료의 신빙성을 탄핵하는 방법으로 진정한 양심의 부존재를 증명할 수 있다. 이때 병역거부자가 제시하여야 할 소명자료는 적어도 검사가 그에 기초하여 정당한 사유가 없다는 것을 증명하는 것이 가능할 정도로 구체성을 갖추어야 한다. (대법원 2020. 7. 9., 선고, 2019도17322, 판결)

제89조의2(사회복무요원 등의 복무이탈)

다음 각 호의 어느 하나에 해당하는 사람은 3년 이하의 징역에 처한다. 〈개정 2010.1.25., 2013.6.4., 2016.1.19., 2016.5.29., 2019.12.31. 2021.4.13.〉

1. 사회복무요원, 예술·체육요원 또는 대체복무요원으로서 정당한 사유 없이 통틀어 8일 이상 복무를 이탈하거나 해당 분야에 복무하지 아니한 사람
2. 공중보건의사 또는 병역판정검사전담의사로서 정당한 사유 없이 통틀어 8일 이상 근무지역을 이탈하거나 해당 분야의 업무에 복무하지 아니한 사람
3. 공익법무관으로서 정당한 사유 없이 통틀어 8일 이상 직장을 이탈하거나 해당 분야의 업무에 복무하지 아니한 사람
4. 공중방역수의사로서 정당한 사유 없이 통틀어 8일 이상 근무기관 또는 근무지역을 이탈하거나 해당 분야의 업무에 복무하지 아니한 사람
5. 전문연구요원 또는 산업기능요원으로서 제40조제2호에 따른 편입 당시 병역지정업체(제39조제3항 단서에 따라 병역지정업체를 옮긴 경우에는 옮긴 후의 병역지정업체를 말한다)의 해당 분야에 복무하지 아니하여 편입이 취소된 사람 또는 같은 조 제3호의 의무복무기간 중 통틀어 8일 이상 무단결근하여 편입이 취소된 사람

(작성례)

피의자 김○○은 서울시 ○○구 ○○구청에 근무하고 있는 공익근무요원이다.

피의자는 20○○. ○. ○.~○.(○일), ○. ○.~○.(○일) 등 정당한 이유없이 통산 8일 이상의 기간동안 복무를 이탈하였다.

● 관련판례 1

◎ 공익근무요원인 피고인이 정당한 사유 없이 복무를 이탈하였다고 하여 구 병역법 위반으로 기소된 사안에서, 피고인의 우울증 등 정신장애는 피고인의 책임으로 돌릴 수 없는 사유로서 같은 법 제89조의2 제1호에 정한 '정당한 사유'에 해당한다고 한 사례

공익근무요원인 피고인이 정당한 사유 없이 13일간 복무를 이탈하였다고 하여 구 병역법(2013. 6. 4. 법률 제11849호로 개정되기 전의 것, 이하 '병역법' 이라고 한다) 위반으로 기소된 사안에서, 피고인은 유년시절부터 부모님이 이혼하는 등의 가정불화를 겪으면서 우울증이 발병한 점, 피고인을 치료하여 온 의사와 치료감호소장은 일치하여 피고인이 심한 우울증세로 정신운동성 저하, 대인관계 저하, 전반적인 무의욕 및 무력감 상태를 보이며 자살 위험이 있고, 공익근무요원으로 계속 복무하는 데 어려움이 있을 것으로 판단하고 있는 점 등의 제반 사정에 비추어 볼 때, 피고인의 위와 같은 정신장애는 피고인의 책임으로 돌릴 수 없는 사유로서 병역법 제89조의2 제1호에 정한 '정당한 사유'에 해당함에도, 이와 달리 보아 피고인에게 유죄를 인정한 원심판결에 위 '정당한 사유'에 관한 법리오해의 위법이 있다(대법원 2014. 6. 26. 선고 2014도5132 판결)

● 관련판례 2

◎ 고용주의 편입 관련 부정행위에 관한 병역법 제92조 제2항 위반죄가 성립하는 경우, 병역법 제92조 제1항 위반죄와 병역법 제84조 제2항 위반죄가 별도로 성립할 수 있는지 여부(적극)

고용주가 전문연구요원 등의 편입과 관련하여 부정한 행위를 한 경우를 처벌하는 병역법 제92조 제2항, 전문연구요원 등으로 의무종사 중인 사람을 당해 지정업체의 해당 분야에 종사하게 하지 않은 경우를 처벌하는 병역법 제92조 제1항, 전문연구요원 등이 편입 당시 지정업체의 해당 분야에 종사하지 않은 때 등에 신상이동통보를 하지 않은 경우를 처벌하는 제84조 제2항의 문리적 해석이나 규정 취지, 보호법익, 행위형태의 내용 등에 비추어 보면, 병역법 제92조 제2항 위반죄가 성립하는 경우에도 병역법 제92조 제1항 위반죄와 병역법 제84조 제2항 위반죄는 별도로 성립할 수 있다.
(대법원 2009. 9. 10. 선고 2008도10148 판결)

● 관련판례 3

◎ 구 병역법 제89조의2 제1호에서 정한 공익근무요원 복무이탈죄의 죄수관계 및 복무이탈행위 중간에 동종의 죄에 관한 확정판결이 있는 경우 일련의 복무이탈 행위가 그 전후로 분리되는지 여부(적극)

구 병역법(2009. 6. 9. 법률 제9754호로 개정되기 전의 것) 제89조의2 제1호에서 정한 범죄는 정당한 사유 없이 계속적 혹은 간헐적으로 행해진 통산 8일 이상의 복무이탈행위 전체가 하나의 범죄를 구성하고, 계속적 혹은 간헐적으로 행해진 통산 8일 이상의 복무이탈행위 중간에 동종의 죄에 관한 확정판결이 있는 경우에는 일련의 복무이탈행위는 그 확정판결 전후로 분리된다.(대법원 2011. 3. 10., 선고, 2010도9317, 판결)

제90조(병력동원훈련소집 등의 기피)

① 다음 각 호의 어느 하나에 해당하는 사람은 1년 이하의 징역 또는 1천만원 이하의 벌금이나 구류에 처한다.

1. 병력동원훈련소집 통지서를 받고 정당한 사유 없이 제50조제3항에 따라 지정된 일시에 입영하지 아니하거나 점검에 참석하지 아니한 사람
2. 예비군대체복무 소집 통지서를 받고 정당한 사유 없이 「대체역의 편입 및 복무 등에 관한 법률」 제26조제3항을 위반하여 지정된 일시에 소집에 응하지 아니한 사람

② 다음 각 호의 어느 하나에 해당하는 사람은 2년 이하의 징역에 처한다.

1. 병력동원훈련소집 통지서를 받고 제50조제3항에 따라 입영하거나 점검을 받아야 할 사람을 대리하여 입영하거나 점검을 받은 사람
2. 예비군대체복무 소집 통지서를 받고 「대체역의 편입 및 복무 등에 관한 법률」 제26조제3항에 따른 소집에 응하여야 할 사람을 대리하여 소집에 응한 사람

[전문개정 2019.12.31.]

(작성례)

피의자는 ㅇㅇ시 ㅇㅇ동 ㅇㅇ번지에서 ㅇㅇ의원을 경영하는 내과전문의이다.

피의자는 병역의무자인 오ㅇㅇ의 현역입영을 연기시킬 목적으로 20ㅇㅇ. ㅇ. ㅇ. 위 의원에서 위 오ㅇㅇ에 대한 진찰 등을 하지 않고 오ㅇㅇ이 위궤양 등으로 약 6개월간의 입원치료를 요한다는 내용의 허위진단서 1통을 발급하였다.

■ 적용실례

◇ 병력동원훈련소집통지를 받고 입영하지 아니한 사안

※ 병역동원훈련소집통지서를 받고 정당한 사유없이 불참한 사안은 병역법 위반이고 향토예비군설치법 위반으로 의율할 수 없다.

◇ 예비군대원이 주거지 이동신고를 미필한 경우

※ 20○○. ○○. ○○.경 향토예비군 대원이 주거지 이동신고를 미필한 것인 바, 이는 향토예비군설치법 위반으로 의율해야 할 것이다.

◇ 제2국민역이 주거지 이동신고를 하지 않은 경우

※ 제2국민역은 병역법상 병역의무자로서 주거지 이동신고를 하지 않은 경우에는 병역법 위반으로 의율해야 하고 향토예비군 대원이 아니라는 이유로 무혐의 의견으로 처리할 수 없다.

◇ 개인적인 사정으로 인해 훈련에 불참한 경우

※ 본 건은 예비군훈련을 받던 중 회사의 중요한 업무관계로 부대장에게 보고하고 훈련을 불참하였다는 사안에서 법령에 규정된 이외의 개인적인 사정으로 훈련에 불참한 것은 정당한 사유라고 보기 어려울뿐만 아니라 본건의 경우 부대장이 증명서를 발급하여 줄 수 없다고 한 점으로 미루어 승낙을 얻었다고 보기도 어려우므로 결국 본 건은 그 혐의가 인정된다 할 것이다.

◇ 훈련일 7일 전에 통지서를 수령하지 못한 경우

※ 병역법시행령 제101조 제2항에 의하면 병력동원훈련소집통지서를 받은 구청장 등은 입영기일 7일 전까지 본인에게 이를 송달하여야 한다고 규정되어 있는 바, 피의자가 20○○. 6. 12.부터 같은 달 16.까지 사이에 병역동원훈련을 받으라는 소집통지서를 같은 달 5. 전달받고도 위 훈련을 받지 아니한 것은 사실이나 훈련일로부터 7일 이전에 통지서를 수령하지 못하였음이 명백하므로 범죄혐의 없음에 귀결된다.

33. 보건범죄 단속에 관한 특별조치법

[시행 2021. 1. 1.] [법률 제17761호, 2020. 12. 29., 타법개정]

제5조(부정의료업자의 처벌)

「의료법」 제27조를 위반하여 영리를 목적으로 다음 각 호의 어느 하나에 해당하는 행위를 한 사람은 무기 또는 2년 이상의 징역에 처한다. 이 경우 100만원 이상 1천만원 이하의 벌금을 병과한다.

1. 의사가 아닌 사람이 의료행위를 업(業)으로 한 행위
2. 치과의사가 아닌 사람이 치과의료행위를 업으로 한 행위
3. 한의사가 아닌 사람이 한방의료행위를 업으로 한 행위

(작성례)

피의자는 한의사가 아님에도 영리를 목적으로 20○○. ○. 중순경 ○○시 ○○동 ○○번지에 있는 피의자의 집에서 발목이 부어 통증을 호소하는 사건외 박○○를 진맥한 후 침을 놓아주고 한약처방전을 작성해 준 대가로 금 5,000원을 받은 것을 비롯하여 같은 해 ○. 중순경까지 같은 장소에서 별지목록 기재와 같이 30명의 환자에게 침을 놓아주고 매회 금 5,000원씩 합계 금 150,000원을 치료비로 교부받아 한방의료행위를 업으로 하였다(별지목록 생략).

■ 적용실례

◇ 무면허업자가 치아를 잘못 뽑아버린 경우

무면허 치과의료업자가 환자의 상한 치아를 뽑아주다가 잘못하여 그 옆의 치아를 뽑아버린 경우

※ 이 경우 무면허 의료행위외 업무상과실치상죄도 성립하므로 보건범죄단속에관한특별조치법 위반외에 업무상과실치상죄로도 의율해야 할 것이다.

◇ 과일장사인 피의자가 업으로 하였다고 보기 어려운 경우

과일장사를 하는 피의자가 평소 자신의 지병인 중풍을 항시 점검하기 위하여 혈압측정기와 영양제를 가지고 다니다가 이전에 내과조수로 일하면서 배운 기술로 환자를 진찰하고 처방한 후 돈을 받은 경우

※ 이 경우 영리를 목적으로 한 것은 인정되지만, 단 1회 의료행위를 한 점에서 이를 업으로 했다고는 볼 수 없어 단순히 무면허 의료행위로 볼 수 있으므로 의료법 위반으로 의율 처리하는 것이 타당하다.

◇ 의료법 위반으로 입건해야 될 경우

※ 보건범죄단속에관한특별조치법 제5조는 비의료인이 영리를 목적으로 의료행위를 업으로 함으로써 성립하는 범죄인 바, 피의자가 업으로 의료행위를 했다고 인정할 만한 아무런 자료가 없는 경우는 의료법 위반죄로 의율한다.

◇ 한의원 종업원으로서 1회의 진료와 2회의 첩약조제행위를 한 경우

※ 피의자의 혐의사실로 1회의 진료 및 첩약조제행위 2회의 첩약조제행위를 적시하였는 바, 보건범죄단속에관한특별조치법 위반죄는 영리성과 계속성을 그 요건으로 하며, 피의자가 한의원 종업원으로서의 종속적 근무형태, 증거에 의해 인정되는 무면허 의료행위가 10여일 간의 단기간에 이루어진 점, 의료행위 장소가 업주의 영업장소인 점에 비추어 무면허 의료행위의 계속성을 인정하기에는 무리가 따르므로 진료행위 및 첩약조제행위는 의료법상의 무면허 한방의료행위로, 첩약혼합판매행위는 약사법상의 무면허 한약혼합판매행위로 의율함이 상당하다.

◇ 의료법 위반으로 잘못 의율한 경우

※ 피의자가 한의사가 아님에도 불구하고 20○○. 8. 중순경부터 같은 달 25.경까지 사이에 김○○ 등에게 1회에 금 20,000원씩을 받고 10여회에 거쳐 침을 놓아준 사안인 바, 위와 같은 경우는 의료법의 특별법인 보건범죄단속에관한특별조치법 제5조로 의율하는 것이 타당하므로 이 건 죄명도 보건범죄단속에관한특별조치법 위반으로 하는 것이 타당하다.

◇ 의약품 제조허가없이 관절염약을 제조 판매한 경우

※ 의약품 제조허가 없이 1년 2개월간 관절염 약 5,800여 만원을 제조판매 한 사안으로서 위 행위를 보건범죄단속에관한특별조치위반 제3조 제1항 제1호 위반죄로 의율하였는 바, 위와 같은 행위는 일정기간에 약 얼마를 제조하였는가에 따라 처벌규정이 다르게 되므로 그 제조한 약의 양 및 소매가 등을 구체적으로 수사하여야 할 것이고, 판매장부가 있으므로 그 판매량 등으로 특정할 수 있으므로 그 구체적인 판매량을 수사한 후 이를 토대로 사실을 인정하여 처리하여야 한다.

◇ 무면허 치과의료업자가 환자의 아픈 치아를 뽑아주다가 잘못하여 그 옆의 치아를 뽑아버린 경우

※ 본 건은 무면허 치과의료업자가 환자의 부탁으로 치아를 뽑으려고 하다가 잘못하여 그 옆의 치아를 뽑아버린 사안으로서 위 행위는 무면허 의료행위 외 업무상과실치상죄도 성립되고 진정취지도 업무상과실치상행위에 대한 것이므로 위 행위를 보건범죄단속에관한특별조치법 위반 외 업무상 과실치상죄까지 의율해야 할 것이다.

◇ 무면허자가 성형수술해 주고 수술비 명목으로 돈을 교부받은 경우

※ 의사면허 없는 피의자가 피해자 3명에게 성형수술을 해주고 수술비 명목으로 돈을 교부받은 경우에는 보건범죄단속에관한특별조치법 위반으로 의율하여야 하고 의료법 위반으로 의율할 수는 없다.

◇ 의사가 아님에도 침을 놓아주고 치료비로 금원을 받은 경우

※ 피의자 조○○이 의사가 아님에도 타인에게 침을 놓아주고 치료비로 금원을 받는 등 영리를 목적으로 의료행위를 하고 피의자 한○○이 사회복지법인 조○○이 이사장이 아님에도 사회복지법인 조○○ 이사장의 명함을 새겨 사회복지법인의 명칭을 사용한 것이라는 사안으로서, 영리를 목적으로 의료행위를 한 것은 보건범죄단속에관한특별조치법 위반으로 의율하여야 하고 의료법 위반으로 의율할 수 없고, 사회복지법인의 명칭을 사용한 부분에 대하여는 사회복지사업법 위반으로 입건처리하여야 한다.

◇ 2회에 걸쳐서 틀니를 해주고 35만원을 받은 사안

※ 2회에 걸쳐 치과의사가 아니면서 틀니를 하여 주고 합계 600,000원을 받았으므로 영리를 목적으로 치료행위를 업으로 한 것으로 보여지는 바, 그렇다면 본건 피의사실에 대해 보건범죄단속에관한특별조치법 제5조 위반으로 의율하여야 하고 단순히 의료법 위반으로 의율할 수는 없다.

● 관련판례 1

◎ 영리를 목적으로 무면허 의료행위를 업으로 하는 자의 여러 개의 무면허 의료행위가 포괄일죄 관계에 있고 그 중 일부 범행이 '의료법 제27조 제1호 위반'으로 기소되어 판결이 확정된 경우, 확정판결의 기판력이 사실심 판결선고 이전에 범한 '보건범죄 단속에 관한 특별조치법 제5조 제1호 위반' 범행에 미치는지 여부(적극)

무면허 의료행위는 그 범죄구성요건의 성질상 동종 범죄의 반복이 예상되는 것이므로, 영리를 목적으로 무면허 의료행위를 업으로 하는 자가 반복적으로 여러 개의 무면허 의료행위를 단일하고 계속된 범의 아래 일정 기간 계속하여 행하고 그 피해법익도 동일한 경우라면 이들 각 행위를 통틀어 포괄일죄로 처단하여야 할 것이다. 한편 포괄일죄의 관계에 있는 범행 일부에 대하여 판결이 확정된 경우에는 사실심 판결선고 시를 기준으로 그 이전에 이루어진 범행에 대하여는 확정판결의 기판력이 미쳐 면소의 판결을 선고하여야 하고, 이러한 법리는 영리를 목적으로 무면허 의료행위를 업으로 하는 자의 여러 개의 무면허 의료행위가 포괄일죄의 관계에 있고 그 중 일부에 대하여 판결이 확정된 경우에도 마찬가지로 적용되며, 그 확정판결의 범죄사실이 '보건범죄 단속에 관한 특별조치법' 제5조 제1호 위반죄가 아니라 단순히 의료법 제27조 제1호 위반죄로 공소제기된 경우라고 하여 달리 볼 것이 아니다.(대법원 2014. 1. 16. 선고 2013도11649 판결)

● 관련판례 2

◎ 피고인들이 공모하여 보험회사와 방문검진 위탁계약을 체결한 후 고용된 간호사들로 하여금 보험가입자들의 주거에 방문하여 의사의 지도·감독 없이 문진, 신체계측 등을 하게 한 뒤 건강검진결과서를 작성하여 보험회사에 통보하는 등 의료행위를 하였다고 하여 구 '보건범죄 단속에 관한 특별조치법' 위반으로 기소된 사안에서, 피고인들의 행위가 의료행위에 해당한다는 이유로, 이와 달리 보아 무죄를 인정한 원심판결에 법리오해의 위법이 있다고 한 사례

피고인들이 공모하여 보험회사와 방문검진 위탁계약을 체결한 후 고용된 간호사들로 하여금 보험가입자들의 주거에 방문하여 의사의 지도·감독 없이 문진, 신체계측, 채뇨, 채혈 등을 하게 한 뒤 이를 바탕으로 건강검진결과서를 작성하여 보험회사에 통보하는 등 업무를 하고 대가를 받는 등 의료행위를 하였다고 하여 구 '보건범죄 단속에 관한 특별조치법'(2011. 4. 12. 법률 제10579호로 개정되기 전의 것. 이하 '구 보건범죄단속법'이라고 한다) 위반으로 기소된 사안에서, 위 건강검진은 피검진자의 신체부위의 이상 유무 내지 건강상태를 의학적으로 확인·판단하기 위하여 행하여지는 것으로서 이를 통하여 질병의 예방 및 조기발견이 가능할 뿐만 아니라 의학적 전문지식을 기초로 하는 경험과 기능을 가진 의사가 행하지 아니하여 결과에 오류가 발생할 경우 이를 신뢰한 피검진자의 보건위생상 위해가 생길 우려가 있으므로 의료행위에 해당하고, 비록 위 건강검진이 보험회사가 피검진자와 보험계약을 체결할지 여부를 결정하기 위한 것이라 하더라도 위와 같은 의료행위로서 성질과 기능이 상실되는 것은 아니므로, 피고인들이 계속적 · 반복적으로 건강검진을 실시한 행위는 영리를 목적으로 구 의료법(2009. 1. 30. 법률 제9386호 개정되기 전의 것) 제27조 제1항에서 금지하는 무면허의료행위를 업으로 한 것으로서 구 보건범죄단속법 제5조 위반에 해당한다는 이유로, 이와 달리 보아 무죄를 인정한 원심판결에 의료행위 등에 관한 법리오해의 위법이 있다.(대법원 2012. 5. 10. 선고 2010도5964 판결)

● 관련판례 3

◎ 피고인이 무허가 의약품을 제조 · 판매하였다고 하여 구 보건범죄 단속에 관한 특별조치법 위반으로 기소된 사안에서, 피고인이 체중감량에 관심이 높은 일반인들의 수요에 응하기 위하여 여러 가지 한약재를 섞어 만든 '비방다이어트한약'은 의약품에 해당하고, 이를 만들어 판매한 행위는 의약품 조제가 아니라 제조 · 판매행위에 해당한다는 이유로, 같은 취지에서 유죄를 인정한 원심판단을 정당하다고 한 사례

피고인은 추출기, 파우치 포장기 등의 각종 설비를 갖추고 추출기에 일정한 양의 마황, 작약, 산조인, 단삼, 지각, 만형자, 황금, 의이인, 감초, 소목, 황기, 백출, 당귀, 계지, 차전자, 복령, 숙지황, 생강을 저울로 달아 넣고 일정한 시간 동안 추출, 수증기 제거, 재추출 등의 작업을 거쳐 파우치 포장기에서 100㎖ 파우치로 자동포장되도록 하는 방법으로 '비방다이어트한약'을 만든 사실, 피고인이 만든 '비방다이어트한약'은 들어가는 위 약재들의 함량에 따라 1단계에서 3단계로 나누어지는 사실, 피고인은 한약사들을 고용하여 그들 명의로 한약국을 개설토록 한 다음, 한약사와 전화상담원이 전화상으로 구매고객의 생활습관, 간질환, 간염, 혈압, 심장질환, 당뇨, 위장질환, 갑상선, 황달, 천식, 알레르기, 변비, 빈혈, 생리주기, 손발 냉온증 등 건강상태를 자세히 상담하게 하여 구매고객으로 하여금 한약사가 구매고객의 건강상태와 체질에 맞는 다이어트용 한약을 지어서 보내준 것이라고 믿게 하였으나, 실제로 한약사들은 피고인이 이미 단계별로 강도를 달리하여 만든 1, 2, 3단계 '비방다이어트한약'을 고객의 건강상태에 따라 복용일수만을 정하여 준 사실, 피고인은 한약사 등이 전화상담 후 이메일로 송부하는 구매고객의 단계별 복용일수를 확인하면 위와 같은 방법으로 미리 만들어놓은 '비방다이어트한약'을 복용방법, 안내서 등을 동봉하여 한약국 명의로 택배 발송하는 방법으로 '비방다이어트한약'을 판매한 사실을 알 수 있다.

이를 앞서 본 법리에 비추어 살펴보면, 이 사건 '비방다이어트한약'은 피고인이 체중감량에 관심이 높은 일반인들의 수요에 응하기 위하여 일정한 작업에 따라 만든 것으로서 약사법 제2조 제4호가 정한 의약품에 해당하고, 피고인이 위와 같은 방법으로 이 사건 '비방다이어트한약'을 만들어 판매한 행위는 약사법 제31조 제1항의 의약품의 제조 · 판매행위에 해당한다고 할 것이다.

같은 취지에서 피고인의 행위가 의약품의 조제가 아니라 의약품의 제조에 해당한다고 본 원심판결은 정당하고, 거기에 상고이유로 주장하는 바와 같이 의약품의 제조나 조제에 관한 법리를 오해하는 등으로 판결에 영향을 미친 위법은 없다.(대법원 2012. 3. 29. 선고 2012도435 판결)

34. 부정경쟁방지 및 영업비밀보호에 관한 법률

[시행 2022. 4. 20.] [법률 제18548호, 2021. 12. 7., 일부개정]

제2조(정의)

이 법에서 사용하는 용어의 뜻은 다음과 같다. 〈개정 2011.12.2., 2013.7.30., 2015.1.28., 2018.4.17., 2019.1.8., 2021.12.7.〉

1. "부정경쟁행위"란 다음 각 목의 어느 하나에 해당하는 행위를 말한다.

가. 국내에 널리 인식된 타인의 성명, 상호, 상표, 상품의 용기·포장, 그 밖에 타인의 상품임을 표시한 표지(標識)와 동일하거나 유사한 것을 사용하거나 이러한 것을 사용한 상품을 판매·반포(頒布) 또는 수입·수출하여 타인의 상품과 혼동하게 하는 행위

나. 국내에 널리 인식된 타인의 성명, 상호, 표장(標章), 그 밖에 타인의 영업임을 표시하는 표지(상품 판매·서비스 제공방법 또는 간판·외관·실내장식 등 영업제공 장소의 전체적인 외관을 포함한다)와 동일하거나 유사한 것을 사용하여 타인의 영업상의 시설 또는 활동과 혼동하게 하는 행위

바. 타인의 상품을 사칭(詐稱)하거나 상품 또는 그 광고에 상품의 품질, 내용, 제조방법, 용도 또는 수량을 오인하게 하는 선전 또는 표지를 하거나 이러한 방법이나 표지로써 상품을 판매·반포 또는 수입·수출하는 행위

자. 타인이 제작한 상품의 형태(형상·모양·색채·광택 또는 이들을 결합한 것을 말하며, 시제품 또는 상품소개서상의 형태를 포함한다. 이하 같다)를 모방한 상품을 양도·대여 또는 이를 위한 전시를 하거나 수입·수출하는 행위. 다만, 다음의 어느 하나에 해당하는 행위는 제외한다.

(1) 상품의 시제품 제작 등 상품의 형태가 갖추어진 날부터 3년이 지난 상품의 형태를 모방한 상품을 양도·대여 또는 이를 위한 전시를 하거나 수입·수출하는 행위

(2) 타인이 제작한 상품과 동종의 상품(동종의 상품이 없는 경우에는 그 상품과 기능 및 효용이 동일하거나 유사한 상품을 말한다)이 통상적으로 가지는 형태를 모방한 상품을 양도·대여 또는 이를 위한 전시를 하거나 수입·수출하는 행위

(작성례 1)

피의자는 서울 ○○동 ○○번지에서 의류판매업을 하고 있다.

피의자는 20○○. ○. ○. 위 피의자가 경영하는 ○○패션에서 국내에 널리 알려진 상표인 1벌에 ○○원짜리 폴로 티셔츠 50매, 필라 티셔츠 50매 등 도합 100매를 각 부착하여 이를 판매 목적으로 진열하여 타인의 상품과 혼동을 일으키게 하여 부정경쟁행위를 하였다.

(작성례 2)

피의자는 20○○. ○. ○.부터 같은 달 ○.까지의 사이에 ○○시 ○○동에 있는 피의자의 영업소에서 이 건 고소인 같은 시 ○○동의 조○○가 ○○정수기라는 상호를 걸고 수입상인 ○○정밀로부터 독일제 정수기를 사들여 '비센' 이라는 품명으로 판매키 위해 동 정수기 선전인쇄물을 제작하여 배포·판매하고 있다는 사실을 알면서 피의자도 똑같은 정수기를 사들여 품명을 '비아트' 로 하고 고소인이 제작한 선전인쇄물을 입수하여 정수기 품명만 '비센' 에서 '비아트' 로 바꾸고 나머지는 고소인이 제작한 선전인쇄물과 똑같이 도용제작, 배포하여 부정경쟁행위를 하였다.

(작성례 3)

피의자는 '○○보세의류판매점' 이라는 상호로 의류판매업에 종사하고 있다.

피의자는 20○○. ○. ○. 서울 ○○시장 의류상가에서 국내에 널리 인식된 ○○주식회사의 등록상표 '○○' 와 유사한 상표가 부착되어 있는 청바지와 청자켓 합계 2,000점을 구입하여 같은 해 ○. ○.경부터 ○. ○.경까지 사이에 위 의류판매점에서 그 중 1,500여점을 판매하여 위 회사 상품과 혼동을 일으키게 함으로써 부정경쟁행위를 하였다.

■ 적용실례

◇ 상표권을 침해한 경우

니나리찌 상표권을 침해한 경우

※ 니나리찌 상표는 단순히 국내에 널리 인식된 주지상표가 아니라 특허청에 등록된 등록상표이므로 이 경우, 부정경쟁방지법 위반으로 의율하기 보다는 상표법 위반으로 의율하는 것이 타당하다.

◇ 유사상표 부착 및 허위의 품질표시를 한 경우

가방 제조업자인 피의자가 ○○주식회사가 의류 등을 지정상품으로 하여 특허

청에 상표등록한 ○○상표와 유사한 상표를 자신이 제조하는 가방에 함부로 부착한 경우

※ 부정경쟁방지법상 상품주체혼동행위는 상품표시간 또는 상품출처간의 혼동행위가 있으면 족하고, 이것은 반드시 동류의 상품간에만 성립하는 것이 아니다. 특히 식별력이 강한 저명상표의 경우는 전혀 관계없는 이종상품에 사용되어도 혼동을 일으킬 수 있으므로 이 경우 상품 주체의 혼동행위가 있는 것으로 보아 부정경쟁방지법 위반으로 의율해야 하고 상표법 위반으로 의율할 수 없다.

◇ 상품에 허위의 품질표시를 하여 판매한 경우

○○패션이라는 상표와 품질표시 1,000매를 인쇄하여 서울 ○○시장에서 매수한 저질품에 위 상표 및 품질표시를 부착판매한 경우

※ 이러한 경우 상표법 위반으로 의율 착오하는 경우가 생길 수 있다.그러나 상표법 위반은 등록된 상표와 유사 내지 동일한 상표를 부착할 때 성립되는 것이다. 이 경우는 등록된 상표가 없고, 다만 ○○패션으로 오인하도록 그 품질 표시를 부착시킨 것이므로 상표법 아닌 부정경쟁방지법 위반으로 의율하는 것이 상당하다.

● 관련판례 1

◎ 구 부정경쟁방지 및 영업비밀보호에 관한 법률 제2조 제1호 (차)목에서 정한 부정경쟁행위에 해당하는지 판단하는 기준

구 부정경쟁방지 및 영업비밀보호에 관한 법률(2018. 4. 17. 법률 제15580호로 개정되기 전의 것, 이하 '부정경쟁방지법' 이라고 한다) 제2조 제1호 (차)목[이하 '(차)목' 이라고 한다]은 2013. 7. 30. 법률 제11963호로 개정된 부정경쟁방지법에서 추가된 부정경쟁행위의 하나로, 종전 부정경쟁방지법의 적용 범위에 포함되지 않았던 새로운 유형의 부정경쟁행위에 관한 규정을 신설한 것이다. 이는 새로이 등장하는 경제적 가치를 지닌 무형의 성과를 보호하고 입법자가 부정경쟁행위의 모든 행위를 규정하지 못한 점을 보완하여 법원이 새로운 유형의 부정경쟁행위를 좀 더 명확하게 판단할 수 있도록 함으로써, 변화하는 거래관념을 적시에 반영하여 부정경쟁행위를 규율하기 위한 보충적 일반조항이다.

(차)목의 보호대상인 '성과 등' 을 판단할 때에는 결과물이 갖게 된 명성이나 경제적 가치, 결과물에 화체된 고객흡인력, 해당 사업 분야에서 결과물이 차지하는 비중과 경쟁력 등을 종합적으로 고려해야 한다. 이러한 성과 등이 '상당한 투자나 노력으로 만들어진 것' 인지는 권리자가 투입한 투자나 노력의 내용과 정도를 그 성과 등이 속한 산업분야의 관행이나 실태에 비추어 구체적·개별적으로 판단하되, 성과 등

을 무단으로 사용함으로써 침해된 경제적 이익이 누구나 자유롭게 이용할 수 있는 이른바 공공영역(公共領域, public domain)에 속하지 않는다고 평가할 수 있어야 한다. 또한 (차)목이 정하는 '공정한 상거래 관행이나 경쟁질서에 반하는 방법으로 자신의 영업을 위하여 무단으로 사용' 한 경우에 해당하기 위해서는 권리자와 침해자가 경쟁관계에 있거나 가까운 장래에 경쟁관계에 놓일 가능성이 있는지, 권리자가 주장하는 성과 등이 포함된 산업분야의 상거래 관행이나 경쟁질서의 내용과 그 내용이 공정한지, 위와 같은 성과 등이 침해자의 상품이나 서비스에 의해 시장에서 대체될 수 있는지, 수요자나 거래자들에게 성과 등이 어느 정도 알려졌는지, 수요자나 거래자들의 혼동가능성이 있는지 등을 종합적으로 고려해야 한다(대법원 2020. 3. 26. 선고 2016다276467 판결, 대법원 2020. 3. 26.자 2019마6525 결정 참조).(대법원 2020. 6. 25., 선고, 2019다282449, 판결)

● 관련판례 2

◎ 부정경쟁방지 및 영업비밀보호에 관한 법률 위반(영업비밀누설등) 여부

원심은, 공사업체들의 매출처별세금계산서합계표상 과세정보와 공사실적 내역(이하 '이 사건 정보' 라 한다)의 내용, 이 사건 정보 제출의 법령상 근거와 정보 제출 목적, 이 사건 정보 생성·취득을 위한 비용이나 노력의 정도, 이 사건 정보의 사용으로 얻는 영업활동에 유용한 경쟁상 이익 여부, 이 사건 정보의 사용처와 사용결과, 이 사건 정보에 대한 피해회사들의 유지·관리 여부, 피해회사들의 사용처 등을 종합하면, 이 사건 정보는 영업비밀로서 구비하여야 하는 독립된 경제적 가치와 비밀관리성 요건을 충족하였다고 보기 어려워 영업비밀에 해당한다고 보기 어렵다고 판단하였다. 원심판결 이유를 기록에 비추어 살펴보면, 원심의 판단은 정당하다. 원심판결에 상고이유 주장과 같이 논리와 경험의 법칙에 반하여 자유심증주의의 한계를 벗어나거나 부정경쟁방지법에서 정한 영업비밀에 관한 법리를 오해한 잘못이 없다.(대법원 2017. 6. 19. 선고 2017도4240 판결)

● 관련판례 3

◎ 상품형태가 부정경쟁방지 및 영업비밀보호에 관한 법률 제2조 제1호 (가)목에 규정된 '국내에 널리 인식된 타인의 상품임을 표시한 표지' 로서 보호받기 위한 요건

어떤 상품의 형태가 출처표시기능을 가지고 나아가 주지성까지 획득하는 경우에는 부정경쟁방지 및 영업비밀보호에 관한 법률 제2조 제1호 (가)목에 규정된 '국내에 널리 인식된 타인의 상품임을 표시한 표지' 에 해당하여 같은 법에 의한 보호를 받을 수 있는데, 이를 위해서는 상품형태가 다른 유사상품과 비교하여 수요자의 감각에 강하게 호소하는 독특한 디자인적 특징을 가지고 있는 등 일반수요자가 일견하여 특정 영업주체의 상품이라는 것을 인식할 수 있는 정도의 식별력을 갖추고 있어야 하며, 나아가 당해 상품형태가 장기간에 걸쳐 특정 영업주체의 상품으로 계속적·독점적·배타적으로 사용되거나 또는 단기간이라도 강력한 선전·광고가 이루어짐으로써 상품형태가 갖는 차별적 특징이 거래자 또는 일반수요자에게 특정 출처의 상품임을 연상시킬 정도로 현저하게 개별화된 정도에 이르러야 한다.
(대법원 2012. 3. 29. 선고 2010다20044 판결)

● 관련판례 4

◎ 부정경쟁방지 및 영업비밀보호에 관한 법률 제2조 제1호 (자)목에 규정된 모방의 대상으로서의 '상품의 형태'의 의미 및 이를 갖추기 위한 요건

부정경쟁방지 및 영업비밀보호에 관한 법률 제2조 제1호 (자)목은 타인이 제작한 상품의 형태를 모방한 상품을 양도·대여하는 등의 행위를 부정경쟁행위의 한 유형으로 규정하고 있다. 이는 타인이 개발한 상품의 형태를 모방하여 실질적으로 동일하다고 볼 수 있을 정도의 상품을 만들어 냄으로써 경쟁상 불공정한 이익을 얻는 것을 막기 위한 것으로서, 여기에 규정된 모방의 대상으로서의 '상품의 형태'는 일반적으로 상품 자체의 형상·모양·색채·광택 또는 이들을 결합한 전체적 외관을 말한다. 그러므로 위 규정에 의한 보호대상인 상품의 형태를 갖추었다고 하려면, 수요자가 상품의 외관 자체로 특정 상품임을 인식할 수 있는 형태적 특이성이 있을 뿐 아니라 정형화된 것이어야 한다. 사회통념으로 볼 때 상품들 사이에 일관된 정형성이 없다면 비록 상품의 형태를 구성하는 아이디어나 착상 또는 특징적 모양이나 기능 등의 동일성이 있더라도 이를 '상품의 형태'를 모방한 부정경쟁행위의 보호대상에 해당한다고 할 수 없다.**(대법원 2016. 10. 27. 선고 2015다240454 판결)**

제18조(벌칙)

① 영업비밀을 외국에서 사용하거나 외국에서 사용될 것임을 알면서도 다음 각 호의 어느 하나에 해당하는 행위를 한 자는 15년 이하의 징역 또는 15억원 이하의 벌금에 처한다. 다만, 벌금형에 처하는 경우 위반행위로 인한 재산상 이득액의 10배에 해당하는 금액이 15억원을 초과하면 그 재산상 이득액의 2배 이상 10배 이하의 벌금에 처한다. 〈개정 2019.1.8.〉

1. 부정한 이익을 얻거나 영업비밀 보유자에 손해를 입힐 목적으로 한 다음 각 목의 어느 하나에 해당하는 행위
   가. 영업비밀을 취득·사용하거나 제3자에게 누설하는 행위
   나. 영업비밀을 지정된 장소 밖으로 무단으로 유출하는 행위
   다. 영업비밀 보유자로부터 영업비밀을 삭제하거나 반환할 것을 요구받고도 이를 계속 보유하는 행위
2. 절취·기망·협박, 그 밖의 부정한 수단으로 영업비밀을 취득하는 행위
3. 제1호 또는 제2호에 해당하는 행위가 개입된 사실을 알면서도 그 영업비밀을 취득하거나 사용(제13조제1항에 따라 허용된 범위에서의 사용은 제외한다)하는 행위

(작성례)

피의자는 20○○. ○. ○.부터 서울 ○○동 ○○번지 소재 ○○모니터의 상무이사로 재직하고 있다.

피의자는 20○○. ○. ○. 21:00경 위 회사 전산실에서 위 기업에 기술상의 영업비밀인 "LCD모니터제작에 관한 기술"을 같은 업종 회사인 대만국 소재 ASIA MONITOR社에 자신이 국내법인 대표이사로 가는 조건과 금 2억원을 받는 조건으로 정당한 이유 없이 알려주어 이를 누설하였다.

● 관련판례 1

◎ 구 부정경쟁방지 및 영업비밀보호에 관한 법률 제2조 제2호에서 말하는 '영업비밀'의 요건 중 '상당한 노력에 의하여 비밀로 유지된다'는 것의 의미 및 이에 해당하는지 판단하는 기준

구 부정경쟁방지 및 영업비밀보호에 관한 법률(2013. 7. 30. 법률 제11963호로 개정되기 전의 것) 제2조 제2호의 '영업비밀'이란 공공연히 알려져 있지 않고 독립된 경제적 가치를 가지는 것으로서, 상당한 노력에 의하여 비밀로 유지된 생산방법, 판매방법 그 밖에 영업활동에 유용한 기술상 또는 경영상의 정보를 말한다. 여기에서 '상당한 노력에 의하여 비밀로 유지된다'는 것은 정보가 비밀이라고 인식될 수 있는 표지를 하거나 고지를 하고, 정보에 접근할 수 있는 대상자나 접근 방법을 제한하거나 정보에 접근한 사람에게 비밀준수의무를 부과하는 등 객관적으로 그 정보가 비밀로 유지·관리되고 있다는 사실이 인식 가능한 상태인 것을 뜻한다. 이러한 유지·관리를 위한 노력이 상당했는지는 영업비밀 보유자의 예방조치의 구체적 내용, 해당 정보에 접근을 허용할 영업상의 필요성, 영업비밀 보유자와 침해자 사이의 신뢰관계와 그 정도, 영업비밀의 경제적 가치, 영업비밀 보유자의 사업 규모와 경제적 능력 등을 종합적으로 고려해야 한다.(대법원 2019. 10. 31., 선고, 2017도13791, 판결)

● 관련판례 2

◎ 상표의 유사 여부를 판단하는 기준과 방법

상표의 유사 여부는 대비되는 상표를 외관, 호칭, 관념의 세 측면에서 객관적·전체적·이격적으로 관찰하여 거래상 오인·혼동의 염려가 있는지에 의하여 판단하여야 하는데, 특히 도형상표들에 있어서는 그 외관이 지배적인 인상을 남긴다 할 것이므로 외관이 동일·유사하여 두 상표를 다 같이 동종상품에 사용하는 경우 일반 수요자로 하여금 상품의 출처에 관하여 오인·혼동을 일으킬 염려가 있다면 두 상표는 유사하다고 보아야 한다. 또한 상표의 유사 여부의 판단은 두 개의 상표 자체를 나란히 놓고 대비하는 것이 아니라 때와 장소를 달리하여 두 개의 상표를 대하는 거래자나 일반 수요자가 상품 출처에 관하여 오인·혼동을 일으킬 우려가 있는지의 관점에서 이루어져야 하고, 두 개의 상표가 그 외관, 호칭, 관념 등에 의하여 거래자나 일반 수요자에게 주는 인상, 기억, 연상 등을 전체적으로 종합할 때 상품의 출처에 관하여 오인·혼동을 일으킬 우려가 있는 경우에는 두 개의 상표는 서로 유사하다.(대법원 2013. 3. 14. 선고 2010도15512 판결)

● 관련판례 3

◎ 구 부정경쟁방지 및 영업비밀보호에 관한 법률 제2조 제2호에서 정한 '영업비밀' 요건의 구체적 의미

구 부정경쟁방지 및 영업비밀보호에 관한 법률(2007. 12. 21. 법률 제8767호로 개정되기 전의 것) 제2조 제2호의 '영업비밀'은 공연히 알려져 있지 아니하고 독립된 경제적 가치를 가지는 것으로서, 상당한 노력에 의하여 비밀로 유지된 생산방법, 판매방법 그 밖에 영업활동에 유용한 기술상 또는 경영상의 정보를 말하는 것인데, 여기서 '공연히 알려져 있지 아니하다'는 것은 정보가 간행물 등의 매체에 실리는 등 불특정 다수인에게 알려져 있지 않기 때문에 보유자를 통하지 아니하고는 정보를 통상 입수할 수 없는 것을 말하고, '독립된 경제적 가치를 가진다'는 것은 정보 보유자가 정보의 사용을 통해 경쟁자에 대하여 경쟁상 이익을 얻을 수 있거나 또는 정보의 취득이나 개발을 위해 상당한 비용이나 노력이 필요하다는 것을 말하며, '상당한 노력에 의하여 비밀로 유지된다'는 것은 정보가 비밀이라고 인식될 수 있는 표시를 하거나 고지를 하고, 정보에 접근할 수 있는 대상자나 접근 방법을 제한하거나 정보에 접근한 자에게 비밀준수의무를 부과하는 등 객관적으로 정보가 비밀로 유지·관리되고 있다는 사실이 인식 가능한 상태인 것을 말한다. (대법원 2011. 7. 14. 선고 2009다12528 판결)

35. 부정수표단속법

[시행 2010. 3. 24.] [법률 제10185호, 2010. 3. 24., 일부개정]

제2조(부정수표 발행인의 형사책임)

① 다음 각 호의 어느 하나에 해당하는 부정수표를 발행하거나 작성한 자는 5년 이하의 징역 또는 수표금액의 10배 이하의 벌금에 처한다.

1. 가공인물의 명의로 발행한 수표
2. 금융기관(우체국을 포함한다. 이하 같다)과의 수표계약 없이 발행하거나 금융기관으로부터 거래정지처분을 받은 후에 발행한 수표
3. 금융기관에 등록된 것과 다른 서명 또는 기명날인으로 발행한 수표

② 수표를 발행하거나 작성한 자가 수표를 발행한 후에 예금부족, 거래정지처분이나 수표계약의 해제 또는 해지로 인하여 제시기일에 지급되지 아니하게 한 경우에도 제1항과 같다.

③ 과실로 제1항과 제2항의 죄를 범한 자는 3년 이하의 금고 또는 수표금액의 5배 이하의 벌금에 처한다.

(작성례 1)

피의자는 20○○. ○. ○.부터 조흥은행 ○○지점과 당좌 거래를 하여 오고 있었다. 피의자는 20○○. ○. ○. 위 은행으로부터 거래정지처분을 받아 수표를 발행할 수 없음에도 불구하고 20○○. ○. ○. 15 : 00경 서울 중랑구 묵2동 333에 있는 피의자 경영의 은성전자 묵동대리점에서 수표번호 5555555호, 액면금 2,000,000원, 발행일 20○○. ○. ○. 지급인 및 지급지 조흥은행 ○○지점으로 되어있는 피의자 명의의 당좌수표 1장을 발행하였다.

(작성례 2)

피의자는 20○○. ○.경부터 농협중앙회 ○○지점과 가계수표계약을 체결하고 동수표를 발행하는 사람이다.

피의자는 20○○. ○. ○. 18 : 00경 서울 ○○동 ○○번지에 있는 최○○의 사무실에서 위 최○○에게 수표번호 아가08218430, 액면 5,000,000원, 발행일 20○○. ○. ○.인 피의자 명의의 가계수표 1매를 발행하면서 금융기관에 등록되지 아니한 인장을 압날하여 위 최○○에게 교부하였다.

(작성례 3)

피의자는 20○○. ○. ○.부터 국민은행 중화지점과 수표계약을 체결하고 수표거래를 하여 오던중(사업부진으로 말미암아 피의자 명의의 당좌수표를 발행하더라도 지급기일까지 예금하여 지급할 능력이 없음에도 불구하고), 20○○. ○. ○. 서울 중랑구 묵1동 123에 있는 피의자 경영의 성광전자 묵동대리점에서 수표번호 나6666666호, 액면금 3,000,000원, 발행일 20○○. ○. ○. 로 된 위 은행의 당좌수표 1장을 발행하여 그 소지인이 지급제시일내에 위 은행에 지급 제시하였으나 예금부족으로 지급되지 않게 하였다.

● 관련판례 1

◎ 수표가 적법하게 정정된 발행일자로부터 기산하여 지급제시기간 내에 지급제시되었으나 예금부족 등을 이유로 지급거절된 경우, 수표 발행인이 부정수표 단속법 제2조 제2항의 책임을 지는지 여부(적극)

부정수표 단속법은 국민의 경제생활의 안정과 유통증권인 수표의 기능을 보장하기 위하여 제정된 것이므로 수표가 유통증권으로서의 기능을 하는 이상 부정수표 단속법의 적용대상이 된다. 따라서 수표상에 기재된 액면금액과 발행일자 등을 지급제시기간 내에 적법하게 정정한 경우는 물론 그 기간이 경과한 후라 하더라도 발행인이 소지인의 양해 아래 적법하게 발행일자를 정정한 경우에는, 정정된 발행일자로부터 기산하여 지급제시기간 내에 지급제시가 되었다면 예금부족이나 무거래 등을 이유로 한 지급거절에 대하여 발행인은 부정수표 단속법 제2조 제2항의 책임을 져야 한다.(대법원 2014. 11. 13. 선고 2011도17120 판결)

● 관련판례 2

◎ 신고사실의 진실성을 인정할 수 없다는 점만으로 허위사실이라고 단정하여 무고죄의 성립을 인정할 수 있는지 여부(소극) 및 부정수표 단속법 제4조 위반죄에 같은 법리가 적용되는지 여부(적극)

무고죄는 타인으로 하여금 형사처분이나 징계처분을 받게 할 목적으로 신고한 사실이 객관적 진실에 반하는 허위사실인 경우에 성립되는 범죄이므로 신고한 사실이 객관적 진실에 반하는 허위사실이라는 점에 관하여는 적극적인 증명이 있어야 하며, 신고사실의 진실성을 인정할 수 없다는 점만으로 곧 그 신고사실이 객관적 진실에 반하는 허위사실이라고 단정하여 무고죄의 성립을 인정할 수는 없고, 이는 수표금액의 지급 또는 거래정지처분을 면할 목적으로 금융기관에 거짓 신고를 하는 경우에 성립하는 부정수표 단속법 제4조 위반죄에서도 마찬가지이다.(대법원 2014. 2. 13. 선고 2011도15767 판결)

● 관련판례 3

◎ 수표를 발행한 후 예금부족 등으로 지급되지 아니하게 하였다는 부정수표단속법 위반 공소사실을 증명하기 위하여 제출되는 수표에 대하여 형사소송법 제310조의2의 전문법칙이 적용되는지 여부(소극) / 이때 수표 원본이 아닌 전자복사기를 사용하여 복사한 사본이 증거로 제출되고 피고인이 이를 증거로 하는 데 부동의한 경우, 위 수표 사본의 증거능력을 인정하기 위한 요건

피고인이 수표를 발행하였으나 예금부족 또는 거래정지처분으로 지급되지 아니하게 하였다는 부정수표단속법위반의 공소사실을 증명하기 위하여 제출되는 수표는 그 서류의 존재 또는 상태 자체가 증거가 되는 것이어서 증거물인 서면에 해당하고 어떠한 사실을 직접 경험한 사람의 진술에 갈음하는 대체물이 아니므로, 증거능력은 증거물의 예에 의하여 판단하여야 하고, 이에 대하여는 형사소송법 제310조의2에서 정한 전문법칙이 적용될 여지가 없다. 이때 수표 원본이 아니라 전자복사기를 사용하여 복사한 사본이 증거로 제출되었고 피고인이 이를 증거로 하는 데 부동의한 경우 위 수표 사본을 증거로 사용하기 위해서는 수표 원본을 법정에 제출할 수 없거나 제출이 곤란한 사정이 있고 수표 원본이 존재하거나 존재하였으며 증거로 제출된 수표 사본이 이를 정확하게 전사한 것이라는 사실이 증명되어야 한다.(대법원 2015. 4. 23., 선고, 2015도2275, 판결)

제5조(위조·변조자의 형사책임)

수표를 위조하거나 변조한 자는 1년 이상의 유기징역과 수표금액의 10배 이하의 벌금에 처한다.

[전문개정 2010. 3. 24.]

(작성례)

피의자는 20○○. ○. ○. ○○시 ○○동 ○○번지 있는 농협 ○○지점에서 같은 해 ○. ○. 사건외 차○○로부터 받아두었던 ○○은행 ○○지점 거래의 수표번호 마가147592호, 액면 2,000,000원, 발행일 20○○. ○. ○.인 위 차○○ 명의의 당좌수표의 발행일자 '3'을 검정색 볼펜을 사용하여 '8'로 고쳐 그 발행일을 20○○. ○. ○.로 고침으로써 위 수표를 변조하였다. 그리고 같은 날 22:30경 위 같은 동 번지를 알 수 없는 ○○주점에서 술값을 계산하면서 그 정을 모르는 위 주점 주인 사건외 이○○에게 마치 진정하게 성립한 것처럼 교부하여 이를 행사하였다.

■ 적용실례

◇ 훔친 가계수표를 수표계약 없이 자기명의로 발행한 경우

※ 훔친 가계수표용지로 수표계약 없이 자기명의의 수표를 발행하여 행사한 경우 부정수표단속법 제5조 위반(위조)과 위조유가증권 행사죄로 의율할 수 없고, 부정수표단속법 제2조 제1항 제2호(수표계약없이 수표발행) 위반으로 의율하여야 할 것이다.

◇ 일자의 기재가 없는 경우

※ 동 수표의 발행일이 20○○. 9.로만 기재되어 있고, 일자의 기재가 없는 경우에는 제시 기일 10일 이내에 제시되었는지를 확인할 수 없어 수표요건을 결한 효력이 없는 수표이므로 부정수표단속법위반의 수표에 해당되지 아니한다.

◇ 수표의 유효한 지급제시기간

※ 20○○. 6. 10. 발행하여 같은 달 29. 지급제시된 수표 2매가 부도된 경우의 기산일은 지급제시기간은 6. 11.로부터 기산하여 6. 29.까지로 6. 29.자 지급제시는 유효한 지급제시라 할 것이어서 동법 위반에 해당된다.

◇ 지급제시기간 말일이 법정 공휴일인 경우

※ 수표의 경우 지급제시기간 말일이 법정휴일인 때에는 이에 이은 제1의 거래일까지 제시기간이 연장되므로 이 건과 같이 제시기일 10일째 되는 날이 법정휴일이어서 그 익일에 지급제시된 경우에는 제시기일 내에 지급 제시된 것이므로 기소의견 송치가 상당함에도 이를 만연히 무혐의 의견으로 처리한 잘못이 있다.

◇ 사원이 대표자의 승낙 없이 당좌수표를 발행한 경우

※ 피의자가 사원으로 있는 회사 대표자의 승낙 없이 대표명의로 당좌수표를 발행한 경우 이는 수표위조, 즉 부정수표단속법 제5조에 해당하고 이를 자격모용유가 증권 작성죄로 의율할 수 없다. 자격모용유가증권작성죄란 일응 명의자에게 자기의 이름이 들어가야 하며, 다만 그 이름 앞의 자격(대표이사, 대리, 상무이사 등)이 없는데도 그것이 있는 양 기재하는 것을 말한다.

◇ 수표의 발행지란에 'ㅇㅇ광역시'라고만 기재된 경우

※ 수표의 발행지 기재는 최소독립 행정구획, 즉 시·읍·면·동 또는 이것에 상당하는 지역을 기재하면 수표요건을 갖추어 적법한 발행지 표시라고 할 수 있다.

◇ 한도금액이 '50만원 이하'라고 명기된 가계수표용지에 65만원으로 기재하여 부도케 한 경우

※ 50만원 이하라고 명기한 것은 은행과 당좌 계약자 사이에만 효력이 있는 것이고, 수표요건을 모두 구비한 이상 부정수표단속법상의 수표로 보아 동법 위반이 성립된다.

◇ 거래은행에 등록된 인장과 다른 인장을 사용한 경우

※ 피의자가 은행에 등록된 도장과 다른 도장으로 수표를 발행한 경우 부정수표단속법 제2조 제1항 제3호의 은행에 등록된 기명날인과 다른 기명날인으로 수표를 발행한 대에 해당하므로 부정수표단속법 제2조 제1항 제3호를 적용하여야 한다.

◇ 타인의 명의로 수표를 발행한 경우

※ 1. 수표발행일이 20ㅇㅇ. 7. 5.이고 그 제시일이 같은 달 20.이면 위 수표의 지급 제시기간은 같은 달 19. 24:00가지이므로 이와 같은 경우 위 수표는 제시기간도과 후의 제시로서 범죄혐의 없고,

2. 타인의 승낙을 받아 인감 등을 교부받고 그 인의 명의로 수표를 발행한 경우에 그 작성자는 부정수표 제2조 제2항 소정 작성혐의로 의율하고, 대여자는 동항 소정 발행 혐의로 의율함이 타당한다.

◇ 실제 작성교부 일시의 명시

※ 부정수표단속법위반죄는 그 보호법익상 당연히 수표 1장마다 각 범죄가 성립한다 할 것이므로 각 수표마다 실제 작성교부 일시가 특정되어야 할 것이고, 수표상 발행일은 추후에 제시기간 경과 후 지급제시한 여부의 판단을 하는 것이어서 반드시 범죄사실에는 실제작성 교부일시가 명시되어야 할 것이다.

◇ 사취계를 제출한 경우

※ 피의자가 발행한 당좌수표가 지급제시되자 그 수표금 지급을 면할 목적으로 수표금액 상

당액을 별단예금 하면서 당좌수표를 사취당하지 않았음에도 사취당하였다는 사고계를 제출한 경우에는 부정수표단속법제4조로 의율하여야 하고 사기죄로 의율할 수 없다.

◇ 수표를 위조하여 행사한 경우

※ 수표의 위조(변조)는 부정수표단속법 위반으로 의율하여야 하고, 위조(변조)된 수표를 행사한 것은 부정수표단속법에 처벌규정이 없으므로 위조(변조) 유가증권 행사로 의율하여야 하므로 피의자들이 가계수표를 위조하여 행사한 경우에는 유가증권위조, 동 행사로 의율할 것이 아니라, 부정수표단속법 위반 및 위조유가증권행사로 의율해야 한다.

● 관련판례 1

◎ 수표의 발행인이 아닌 자가 부정수표 단속법 제4조 위반죄의 주체가 될 수 있는지 여부(소극) 및 간접정범의 형태로 같은 죄를 범할 수 있는지 여부(소극)

「부정수표 단속법」 제4조가 '수표금액의 지급 또는 거래정지처분을 면할 목적' 을 요건으로 하고, 수표금액의 지급책임을 부담하는 자 또는 거래정지처분을 당하는 자는 발행인에 국한되는 점에 비추어 볼 때, 그와 같은 발행인이 아닌 자는 「부정수표 단속법」 제4조 위반죄의 주체가 될 수 없고 거짓 신고의 고의 없는 발행인을 이용하여 간접정범의 형태로 그 죄를 범할 수도 없다. 타인으로부터 명의를 차용하여 수표를 발행하는 경우에도 수표가 지급제시됨으로써 당좌예금계좌에서 수표금액이 지출되거나 거래정지처분을 당하게 되는 자는 결국 수표의 지급인인 은행과 당좌예금계약을 체결한 자인 수표의 발행명의인이 되고, 수표가 지급제시되더라도 수표금액이 지출되거나 거래정지처분을 당하게 되는 자에 해당된다고 볼 수 없는 명의차용인은 「부정수표 단속법」 제4조 위반죄의 주체가 될 수 없다.(대법원 2014. 1. 23. 선고 2013도13804 판결)

● 관련판례 2

◎ 백지수표의 금액란이 부당보충된 경우, 백지수표 발행인에게 부정수표 단속법 위반죄의 죄책을 물을 수 있는지 여부와 그 범위

백지수표의 금액란이 부당보충된 경우 적어도 보충권의 범위 안에서는 백지수표의 발행인이 그 금액을 보충한 것과 다를 바 없으므로 그 발행인에게 부정수표단속법위반죄의 죄책을 물을 수 있으나, 그 보충권의 범위를 넘는 금액에 대하여는 발행인이 그와 같은 금액으로 보충한 것과 동일하게 볼 수 없으므로, 백지수표의 발행인에게 보충권의 범위를 넘는 금액에 대하여까지 부정수표단속법위반죄의 죄책을 물을 수는 없다.(대법원 2014. 1. 23. 선고 2013도12064 판결)

36. 사행행위 등 규제 및 처벌 특례법

[시행 2021. 1. 1.] [법률 제17689호, 2020. 12. 22., 타법개정]

제4조(허가 등)

① 사행행위영업을 하려는 자는 제3조에 따른 시설 등을 갖추어 행정안전부령으로 정하는 바에 따라 시·도경찰청장의 허가를 받아야 한다. 다만, 그 영업의 대상 범위가 둘 이상의 특별시·광역시·도 또는 특별자치도에 걸치는 경우에는 경찰청장의 허가를 받아야 한다. 〈개정 2013.3.23., 2014.11.19., 2017.7.26., 2020.12.22.〉

(작성례)

피의자는 ○○시 ○○동 ○○번지에서 문구점을 경영하고 있다.

피의자는 20○○. ○. ○.경부터 같은 달 ○.까지 위 피의자 경영의 ○○문구점 앞에 가위바위보, 야구게임이라는 사행행위기구를 각 1대씩 설치하고 성명을 알 수 없는 다수의 청소년들을 상대로 100원짜리 주화를 투입케 한 후 버튼을 눌러 그 결과에 따라서 가위바위보는 100원상당의 코인 1개부터 20개까지, 야구게임은 시가 100원상당의 지우개부터 시가 2,000원상당의 조립로보트 1개까지의 경품을 시상하는 방법으로 하루평균 40,000원상당의 수익을 얻는 사행행위영업을 하였다.

● 관련판례 1

◎ 구 사행행위 등 규제 및 처벌 특례법상 사행행위영업의 일종인 '현상업'에 해당하기 위한 요건

구 사행행위 등 규제 및 처벌 특례법(2011. 8. 4. 법률 제11034호로 개정되기 전의 것, 이하 '구 사행행위규제법'이라 한다) 제2조 제1항 제1호는 '사행행위'를 '다수인으로부터 재물 또는 재산상의 이익(이하 '재물 등'이라 한다)을 모아 우연적 방법에 의하여 득실을 결정하여 재산상의 이익 또는 손실을 주는 행위'로 규정하고 있고, 같은 항 제2호는 '사행행위영업'을 '복표발행업, 현상업, 그 밖의 사행행위업'으로 구분하고 있으며, 같은 호 (나)목은 '현상업'을 '특정한 설문 또는 예측에 대하여 그 해답의 제시 또는 적중을 조건으로 응모자로부터 재물 등을 모아 그 설문에 대한 정답자나 적중자의 전부 또는 일부에 대하여 재산상의 이익을 주고 다른 참가자에게 손실을 주는 행위를 하는 영업'으로 규정하고 있다. 따라서 구 사행행위규제법상 현상업은 사행행위영업의 일종으로서, 그 행위는 우연적 방법에 의하여 득실을 결정하여 재산상의 이익 또는 손실을 주는 사행행위에 해당하여야 할 뿐만 아니라, 응모자가 특정한 설문에 대하여 정답을 맞히거나 특정한 예측을 적중시키면 응모자의 전부 또는 일부에게 재산상의 이익을 주고 다른 참가자에게 손실을 주는 행위여야 한다.(대법원 2013. 9. 13. 선고 2011도17909 판결)

● 관련판례 2

◎ 공중위생법에 따른 허가를 받은 자가 사행행위영업을 한 경우 허가취소 등의 행정처분권자

공중위생법에 따른 허가를 받은 자가 기계식 구슬치기 등 사행심 유발의 우려가 있는 기구를 설치, 사용함으로써 사행행위등규제법 제2조 소정의 사행행위영업을 한 것으로 인정되는 경우라 할지라도 동법의 규정에 따른 지방경찰청장의 허가를 별도로 받지 않은 이상 그러한 영업자에 대한 허가의 취소 또는 영업정지 등의 권한은 공중위생법에 규정된 행정처분권자인 시장·군수·구청장 등에게 있다 할 것이지 사행행위등규제법에 규정된 행정처분권자인 지방경찰청장에게 있는 것은 아니다.(대법원 1993. 7. 13., 선고, 93누1855, 판결)

제11조(영업의 방법 및 제한)

① 영업의 방법과 당첨금에 필요한 사항은 대통령령으로 정한다.

② 경찰청장은 공익을 위하여 필요하거나 지나친 사행심 유발의 방지 등 선량한 풍속을 유지하기 위하여 필요하다고 인정하면 대통령령으로 정하는 바에 따라 사행행위영업의 영업시간, 영업소의 관리·운영 또는 그 밖에 영업에 관하여 필요한 제한을 할 수 있다.

제12조(영업자의 준수사항)

영업자(대통령령으로 정하는 종사자를 포함한다)는 다음 각 호의 사항과 제11조에 따른 영업의 방법 및 당첨금에 관하여 대통령령으로 정하는 사항, 영업시간 등의 제한 사항을 지켜야 한다.

1. 영업명의(營業名義)를 다른 사람에게 빌려주지 말 것
2. 법령을 위반하는 사행기구를 설치하거나 사용하지 아니할 것
3. 법령을 위반하여 사행기구를 변조하지 아니할 것
4. 행정자치부령으로 정하는 사행행위영업의 영업소에 청소년(「청소년 보호법」 제2조제1호에 따른 청소년을 말한다. 이하 같다)을 입장시키거나 인터넷 등 정보통신망을 이용하는 사행행위영업에 청소년이 참가하는 것을 허용하지 아니할 것
5. 지나친 사행심을 유발하는 등 선량한 풍속을 해칠 우려가 있는 광고 또는 선전을 하지 아니할 것

(작성례)

피의자는 ○○시 ○○동 ○○번지에 있는 ○○관광호텔휴게실을 경영하고 있다.

피의자는 투전기(일명 '슬롯머신')에는 1회 게임시 100원짜리 주화 1개만을 투입하여야 하고 자동식 투전기의 경우에도 1회에 100원씩을 유기하여야 하며, 그 시상금도 소정의 시상률표에 의하여 최고 돈 100,000원을 초과할 수 없음에도 불구하고, 20○○. ○. ○. 위 휴게실에서 사건외 김○○로부터 돈 30,000원을 받고 그 곳에 설치되어 있는 자동식 투전기의 계기판에 100점을 올려준 다음 1회 유기시에 1점(300원에 해당)씩 줄도록 계산하고 일정한 그림이나 문자의 배열에 따라 당첨되면 최고 돈 300,000원까지 시상하는 방법으로 영업한 것을 비롯하여 그 때부터 같은 해 ○. ○.까지 같은 곳에서 성명을 알 수 없는 손님들을 상대로 그 곳에 설치된 투전기 20대를 이용하여 위와 같은 방법으로 하루 평균 돈 150만원의 수익을 얻는 사행행위영업을 함으로써 영업의 방법 및 당첨금에 관한 제한을 위반하였다.

● 관련판례

◎ 게임장운영업자가 같은 일시, 장소에서 손님에게 같은 게임기를 이용하여 게임하게 하고 그 결과에 따라 상품권을 제공한 경우, 구 게임산업진흥에 관한 법률 위반죄와 사행행위 등 규제 및 처벌특례법 위반죄가 각 성립하고, 이는 상상적 경합관계라고 한 사례

피고인의 위와 같은 게임물을 이용하여 사행행위를 하게 한 행위는 구 게임산업진흥에 관한 법률 제44조 제1항 제1호, 제28조 제2호에, 사행성 유기기구인 경마게임기를 이용하여 사행행위를 업으로 한 행위는 사행행위 등 규제 및 처벌특례법 제30조 제1항 제1호, 제2조 제1항 제2호에 각 위반되는 것인데, 이는 모두 피고인이 같은 일시, 장소에서 같은 게임기를 이용하여 게임의 결과에 대하여 상품권을 제공한 1개의 행위에 의하여 실현된 경우로서 상상적 경합 관계에 있다고 보아야 할 것이다. 같은 취지의 원심판결은 정당하고 거기에 상고이유에서 주장하는 바와 같은 경합범 내지 죄수, 기판력에 관한 법리를 오해한 위법이 없다.(대법원 2008. 7. 24. 선고 2007도9684 판결)

37. 산림자원의 조성 및 관리에 관한 법률

[시행 2021. 6. 10.] [법률 제17420호, 2020. 6. 9., 타법개정]

제19조(채종림등의 지정·관리 등)

⑤ 채종림등에서는 다음 각 호의 행위를 하지 못한다. 다만, 숲 가꾸기를 위한 벌채 및 임산물의 굴취·채취는 채종림등의 지정목적에 어긋나지 아니하는 범위에서 농림축산식품부령으로 정하는 바에 따라 산림청장이나 특별자치시장·특별자치도지사·시장·군수·구청장에게 신고하고 할 수 있다. 〈개정 2008.2.29., 2012.6.1., 2013.3.23., 2017.10.31., 2020.2.18.〉

1. 입목·대나무의 벌채
2. 임산물의 굴취·채취
3. 가축의 방목(放牧)
4. 그 밖에 토지의 형질을 변경하는 행위

(작성례)

피의자는 건설업자로서, 관할관청의 허가를 받지 않고 20○○. ○. 말경 경북 ○○군 ○○면 ○○리 ○○번지의 약 620㎡의 산림을 그 옆의 도로와 연결하는 평지를 만들기 위하여 불도저와 굴삭기를 이용하여 그 곳에 있는 흙을 깎아내어 평탄작업을 함으로써 산림의 형질을 변경하였다.

제36조(입목벌채등의 허가 및 신고 등)

① 산림(제19조에 따른 채종림등과 「산림보호법」 제7조에 따른 산림보호구역은 제외한다. 이하 이 조에서 같다) 안에서 입목의 벌채, 임산물(「산지관리법」 제2조제4호·제5호에 따른 석재 및 토사는 제외한다. 이하 이 조에서 같다)의 굴취·채취(이하 "입목벌채등"이라 한다. 이하 같다)를 하려는 자는 농림축산식품부령으로 정하는 바에 따라 특별자치시장·특별자치도지사·시장·군수·구청장이나 지방산림청장의 허가를 받아야 한다. 허가받은 사항 중 대통령령으로 정하는 중요 사항을 변경하려는 경우에도 또한 같다. 〈개정 2008.2.29., 2009.6.9., 2010.5.31., 2012.6.1., 2013.3.23., 2017.10.31.〉

(작성례)

피의자는 관할관청으로부터 허가를 받지 아니하고 20○○. ○. 말경 경기 ○○군 ○○면 ○○리 산○○번지에 있는 피의자 소유의 임야에서 10년생 오리나무 10그루 및 12년생 낙엽송 10그루를 벌채하였다.

● 관련판례 1

◎ 고의 또는 불법으로 임목이 훼손되었거나 지형이 변경된 후 원상회복이 이루어지지 않아 토지이용계획확인서에 그 사실이 명시된 토지에 대한 개발행위 허가를 제한하도록 한 성남시 도시계획조례 제21조 제1항 제3호 및 그 시행규칙 제2조는 법률의 위임에 따른 것으로서 정당하고 산림자원의 조성 및 관리에 관한 법률에 위배되지 않는다고 한 사례

「산림자원의 조성 및 관리에 관한 법률」(이하 '산림자원법' 이라 한다) 제10조 제1항 및 제2항은 벌채를 하거나 조림지를 훼손한 자로서 벌채지나 훼손지에 조림을 하지 아니한 자, 산불 · 산림병해충 등으로 입목이 말라 죽은 산림의 소유자 또는 산사태 등 산림재해가 발생하였거나 발생할 우려가 있는 산림의 소유자에 대하여 시장 · 군수 · 구청장이 조림을 명할 수 있다고 규정함으로써, 벌채나 조림지 훼손의 경우 그 행위자에게 조림의무를 부과하고 산림자원법 제10조 제2항의 사정에 해당하지 아니하는 이상 산림 소유자에게 그 의무를 부과하고 있지 아니하다.

그런데 이 사건 조례 규정 등에 의하면 임목 등의 훼손행위가 토지 소유자 이외에 제3자에 의하여 이루어지고 원상회복되지 아니하여 토지이용계획확인서에 이 같은 사실이 기재된 경우에도 토지 소유자가 훼손된 임목을 원상회복하지 아니하면 개발행위허가를 받을 수 없게 되어, 개발행위허가를 받고자 하는 토지 소유자도 사실상 조림의무를 부담하는 결과가 된다.

그러나 ① 이 사건 조례 규정 등은 국토계획법상 개발행위허가 기준을 내용으로 함에 반하여, 산림자원법상 조림명령은 산림을 훼손한 자에 대하여 그 원상회복을 명하는 것을 내용으로 하므로 양자는 규율의 목적과 내용을 달리하는 점, ② 이 사건 조례 규정 등은 토지 소유자에게 일반적으로 조림 의무를 부담시키는 것이 아니라 개발행위허가를 받고자 하는 경우에만 토지 소유자에게 이와 같은 사실상 의무를 부담시키는 점, ③ 산림자원법 제6조가 산림 소유자에게 지속가능한 산림경영의 평가기준 및 평가지표에 맞게 산림을 관리하도록 노력할 일반적인 의무를 부과하고 있는 점 등에 비추어 보면, 이 사건 조례규정 등이 산림자원법의 목적 및 효과를 저해한다고 볼 수 없으므로 산림자원법에 위반되지 아니한다.(대법원 2014. 2. 27. 선고 2012두15005 판결)

● 관련판례 2

◎ 임산물인 수목의 굴취에 의한 구 '산림자원의 조성 및 관리에 관한 법률' 제74조 제1항 제3호, 제36조 제1항 위반죄가 성립하기 위해서는 당해 수목이 사회통념상 토지로부터 분리된 상태에 이르러야 하는지 여부(적극)

구 산림자원의 조성 및 관리에 관한 법률(2009. 6. 9. 법률 제9763호로 개정되기 전의 것, 이하 '산림자원법' 이라 한다) 제36조 제1항은 산림 안에서 입목의 벌채, 임산물의 굴취 · 채취(이하 '입목벌채등' 이라 한다)를 하려는 자는 관할관청의 허가를 받아야 한다고 규정하고 있고, 제74조 제1항 제3호는 제36조 제1항을 위반하여 관할관청의 허가 없이 '입목벌채등' 을 한 자를 형사처벌하도록 규정하고 있는데, 여기서 임산물인 수목의 굴취에 의한 산림자원법 제74조 제1항 제3호 위반죄가 성립하기 위해서는 당해 수목이 사회통념상 토지로부터 분리된 상태에 이르러야 한다.(대법원 2012. 5. 10., 선고, 2011도113, 판결)

제73조(벌칙)
① 산림에서 그 산물(조림된 묘목을 포함한다. 이하 이 조에서 같다)을 절취한 자는 5년 이하의 징역 또는 5천만원 이하의 벌금에 처한다. 〈개정 2017.10.31.〉
② 제1항의 미수범은 처벌한다.

(작성례)

피의자는 20○○. ○. ○. 21 : 00경 충남 ○○군 ○○면 산○○번지에 있는 산림에서 피해자 노○○의 소유인 8년생 소나무 20그루(산지시가 ○○만원 상당)를 벌채하여 반출함으로써 이를 절취하였다.

● 관련판례

◎ 피고인이 '분뜨기' 작업을 한 나무들은 뿌리 부분 중 약 1/4이 토지와 분리되지 않은 상태로 남아있어 이를 굴취하였다고 볼 수 없는데도, 이와 달리 보아 유죄를 인정한 원심판결에 법리오해의 위법이 있다고 한 사례

피고인이 관할관청의 허가 없이 소나무 주변의 흙을 파낸 후 이른바 '분뜨기' 작업을 함으로써 수목을 굴취하였다고 하여 구 '산림자원의 조성 및 관리에 관한 법률' (2009. 6. 9. 법률 제9763호로 개정되기 전의 것) 위반으로 기소된 사안에서, 피고인이 '분뜨기' 작업을 한 소나무 9그루는 뿌리 부분 중 약 3/4만이 토지와 분리되었을 뿐 나머지 1/4은 여전히 토지와 분리되지 않은 상태로 남아있어 이를 굴취하였다고 볼 수 없는데도, 이와 달리 보아 유죄를 인정한 원심판결에 법리오해의 위법이 있다.(대법원 2012. 5. 10. 선고 2011도113 판결)

38. 산업집적활성화 및 공장설립에 관한 법률

[시행 2022. 12. 1.] [법률 제18522호, 2021. 11. 30., 타법개정]

제13조(공장설립등의 승인)

① 공장건축면적이 500제곱미터 이상인 공장의 신설·증설 또는 업종변경(이하 "공장설립등"이라 한다)을 하려는 자는 대통령령으로 정하는 바에 따라 시장·군수 또는 구청장의 승인을 받아야 하며, 승인을 받은 사항을 변경하려는 경우에도 또한 같다. 다만, 승인을 받은 사항 중 산업통상자원부령으로 정하는 경미한 사항을 변경하려는 경우에는 시장·군수 또는 구청장에게 신고하여야 한다. 〈개정 2013.3.23.〉

④ 시장·군수 또는 구청장은 제7조의2제3항에 따라 지원센터의 장으로부터 공장설립등에 관한 서류를 송부받은 때에는 서류를 송부받은 날부터 20일(관계 법령에 인·허가 및 승인 사항이 따로 정하여진 경우에는 그 기간) 이내에 승인 여부 또는 승인 처리 지연 사유를 지원센터의 장에게 통보하여야 한다. 이 경우 그 기한 내에 승인 여부 또는 승인 처리 지연 사유를 통보하지 아니한 경우에는 그 기한이 지난 날의 다음날에 승인한 것으로 본다.

(작성례)

피의자는 상자제조 및 판매업 등을 목적으로 설립한 주식회사 ○○의 대표이사이다. 피의자는 관할관청에 공장신설신고를 하지 않고 20○○. ○. ○.경 경기도 ○○군 ○○면 ○○리 ○○번지에 있는 밭 3,833㎡에 철제파이프 및 천막으로 창고 2동 면적합계 1,200㎡와 시멘트블럭벽과 슬라브지붕으로 된 제조시설 및 사무실용도의 건축물 2개동 면적합계 1,302㎡를 각 설치 및 신축하고 위 건축물 안에 골판지 상자의 제조시설인 절단기 및 인쇄기 등의 기계를 배치하여 공장을 신설하였다(법인, 건축법위반 등의 점에 대하여는 별론으로 함).

■ 적용실례

◇ 허가 없이 제한정비지역내에 공장을 신설한 경우

허가 없이 20○○. ○. ○.부터 20○○. ○. ○.까지 제한정비지역 내에 가구공장을 신설한 경우

※ 제한정비지역 내에서의 무허가 공장 신설행위는 그 계속적 영업행위 를 처벌하는 소위 계속범이 아니고 공장의 '신설' 로써 그 행위가 완료되고 그 이후는

그 위법 사태가 계속될 뿐인 상태범으로 보아야 할 것이므로 그 3년의 공소시효는 신설시부터 기산된다. 이 건의 경우는 20○○. ○. ○.경부터 기산되어 20○○. ○. ○. 이미 그 시효가 완성되었으므로 공소권 없음으로 처리해야 한다.

● 관련판례 1

◎ 산업집적활성화 및 공장설립에 관한 법률 제13조 제4항이 적용되기 위해서는 공장설립지원센터가 신청업무를 대행하여 신청서류를 시장 등에게 직접 송부하는 것이 신청서류 자체나 제출 과정 등에서 시장 등에게 분명하게 표시되어야 하는지 여부(적극)

산업집적활성화 및 공장설립에 관한 법률(이하 '산업집적법' 이라 한다) 제7조의2 제1항, 제3항, 제13조 제1항, 제4항, 제5항의 문언·체제·취지와 아울러 산업집적법 제13조 제4항(이하 '승인간주 조항' 이라 한다)이 공장설립지원센터(이하 '지원센터' 라 한다)가 대행하는 공장의 신설·증설 또는 업종 변경(이하 '공장설립 등' 이라 한다)의 승인신청에 대해서 처리 기한 내에 승인 여부에 대한 결정이 없으면 승인된 것으로 간주한다고 규정한 취지는, 지원센터가 대행한 승인신청은 이미 지원센터의 적절한 검토와 보완 등을 거쳤음을 고려하여 시장·군수 또는 구청장(이하 '시장 등' 이라 한다)에게 이를 다른 신청 건보다 신속하게 처리할 것을 강제함으로써 공장의 원활한 설립을 실효적으로 뒷받침하기 위한 것인 점, 지원센터가 공장설립 등의 승인신청 업무를 대행하고 그 신청서류를 시장 등에게 송부한 경우에 한하여 승인간주 조항이 적용되므로, 시장 등이 해당 신청이 지원센터로부터 송부된 것임을 알 수 있어야 이를 승인간주 조항이 정한 처리 기한을 고려하여 처리할 수 있는 점, 신청서류의 접수일은 승인간주 효력 발생일을 결정하는 처리 기간의 기산일이 되기 때문에 지원센터가 송부하는 서류인지가 분명하게 표시되었는지는 원칙적으로 신청시점을 기준으로 엄격하게 판단해야 하는 점 등을 고려하면, 승인간주 조항이 적용되기 위해서는 지원센터가 공장설립 등의 승인신청을 대행했다는 것만으로는 부족하고, 지원센터가 신청업무를 대행하여 신청서류를 시장 등에게 직접 송부하는 것임이 신청서류 자체나 제출 과정 등에서 시장 등에게 분명하게 표시되어야 한다.(대법원 2017. 3. 16. 선고 2016두54084 판결)

● 관련판례 2

◎ 구 하수도법 제61조 제1항, 구 하수도법 시행령 제35조 제1항에 따라 원인자부담금의 부과대상이 되는 '건축물 등' 에 산업집적활성화 및 공장설립에 관한 법률 제2조 제1호에서 정한 공장이 포함되는지 여부(적극)

구 하수도법(2013. 7. 16. 법률 제11915호로 개정되기 전의 것, 이하 같다)은 하수와 분뇨를 적정하게 처리하여 지역사회의 건전한 발전과 공중위생의 향상에 기여하고 공공수역의 수질을 보전하는 것을 입법 목적으로 하고, 원인자부담금은 공공하수도 자체의 설치·관리를 위한 공사 외에 공공하수도 공사의 원인이 되거나 결과적으로 공공하수도 공사를 필요하게 하는 원인 제공자에 대하여 비용을 부담시키고자 하는 데 취지가 있다.

산업집적활성화 및 공장설립에 관한 법률(이하 '산업집적법' 이라 한다) 제2조 제1호는 '공장' 이란 '건축물 또는 공작물, 물품제조공정을 형성하는 기계·장치 등 제조시설과 그 부대시설을 갖추고 대통령령으로 정하는 제조업을 하기 위한 사업장으로서 대통령령으로 정하는 것' 을 말한다고 규정하는데, 구 하수도법 제27조 제1항, 제34조 제1항 본문, 제35조 제1항, 제61조 제1항, 구 하수도법 시행령(2014. 7. 16. 대통령령 제25478호로 개정되기 전의 것, 이하 같다) 제35조 제1항 등의 내용, 형식, 체제, 입법 목적과 취지 등을 종합하면, 구 하수도법 제61조 제1항, 구 하수도법 시행령 제35조 제1항에 따라 원인자부담금의 부과대상이 되는 '건축물 등' 에는 산업집적법 제2조 제1호에서 정한 공장도 포함된다.(대법원 2015. 10. 29. 선고 2015두40712 판결)

● 관련판례 3

◎ 산업단지에서 제조업을 하려는 자가 입주계약 체결에 따라 공장설립 승인을 받은 것으로 의제되는 경우에도 공장건물을 건축하려면 건축법상 건축허가와 국토의 계획 및 이용에 관한 법률상 개발행위허가를 받아야 하는지 여부(적극)

산업집적법에 따르면, 산업단지에서 제조업을 하려는 자가 관리기관과 입주계약을 체결한 때에는 시장·군수 또는 구청장의 공장설립 승인을 받은 것으로 의제된다(제13조 제2항 제2호, 제1항, 제38조 제1항). 그러나 공장설립 승인이 의제된다고 하여 건축법상 건축허가 또는 국토계획법상 개발행위허가를 받은 것으로 의제하는 규정은 없다. 또한 산업집적법상 입주계약은 건축법상 건축허가나 국토계획법상 개발행위허가와는 목적과 취지, 요건과 효과를 달리하는 별개의 제도이다. 따라서 입주계약 체결에 따라 공장설립 승인을 받은 것으로 의제되는 경우에도 그 공장건물을 건축하려면 건축법상 건축허가와 국토계획법상 개발행위허가를 받아야 한다고 보아야 한다.(대법원 2021. 6. 24., 선고, 2021두33883, 판결)

제20조(공장의 신설 등의 제한)

① 「수도권정비계획법」상 과밀억제권역·성장관리권역 및 자연보전권역에서는 공장건축면적 500제곱미터 이상의 공장(지식산업센터를 포함한다. 이하 이 장에서 같다)을 신설(제14조의3에 따른 제조시설설치를 포함한다. 이하 이 조에서 같다)·증설 또는 이전하거나 업종을 변경하는 행위를 하여서는 아니 된다. 다만, 국민경제의 발전과 지역주민의 생활환경 조성 등을 위하여 부득이하다고 인정하여 대통령령으로 정하는 경우에는 그러하지 아니하다. 〈개정 2009.2.6., 2010.4.12., 2013.7.30.〉

(작성례)

피의자는 20○○. ○. ○.경 수도권정비계획법에 의한 개발유도권역인 경기도 ○○군 ○○면 ○○리 ○○번지의 500㎡에 대하여 시멘트블럭 제조업의 공장신설신고를 하고 블록제조공장을 영위하고 있다.

피의자는 관할관청에 승인받지 아니하고 다음 해 ○. 초순경 위와 같이 신설신고한 공장을 '○○화학' 이라는 상호로 합성수지하수관 제조공장으로 업종을 변경하였다.

● 관련판례 1

◎ 공장 시설물이 철거되어 공장을 다시 운영할 수 없는 상태인 경우, 공장등록취소처분의 취소를 구할 법률상 이익이 있는지 여부(원칙적 소극) 및 공장건물이 멸실되었더라도 공장등록취소처분의 취소를 구할 법률상 이익이 있는 경우

위법한 행정처분의 취소를 구하는 소는 위법한 처분에 의하여 발생한 위법상태를 원상으로 회복시키고 그 처분으로 침해되거나 방해받은 권리와 이익을 보호·구제하고자 하는 소송이므로, 그 위법한 처분을 취소한다 하더라도 원상회복이 불가능한 경우에는 그 취소를 구할 이익이 없다(대법원 1994. 10. 25. 선고 94누5403 판결). 따라서 공장 시설물이 어떠한 경위로든 철거되어 복구 등을 통하여 공장을 다시 운영할 수 없는 상태라면 이는 공장등록의 대상이 되지 아니하므로 외형상 공장등록취소행위가 잔존하고 있다고 하여도 그 처분의 취소를 구할 법률상의 이익이 없다 할 것이다. 그러나 위와 같은 경우에도 유효한 공장등록으로 인하여 공장등록에 관한 당해 법률이나 다른 법률에 의하여 보호되는 직접적·구체적 이익이 있다면, 공장건물이 멸실되었다 하더라도 그 공장등록취소처분의 취소를 구할 법률상의 이익이 있다고 할 것이다.(대법원 2016. 5. 12. 선고 2014두12284 판결)

● 관련판례 2

◎ '산업입지의 개발에 관한 통합지침' 이 법규명령의 효력을 가지는지 여부(적극)

산업입지 및 개발에 관한 법률 제40조 제1항, 제3항, 산업입지 및 개발에 관한 법률 시행령 제45조 제1항의 위임에 따라 제정된 '산업입지의 개발에 관한 통합지침' (2008. 1. 4. 건설교통부 고시 제2007-662호, 환경부 고시 제2007-205호)의 내용, 형식 및 취지 등을 종합하면, '산업입지의 개발에 관한 통합지침' 은 위 법령이 위임한 것에 따라 법령의 내용이 될 사항을 구체적으로 정한 것으로서 법령의 위임 한계를 벗어나지 않으므로, 그와 결합하여 대외적으로 구속력이 있는 법규명령의 효력을 가진다. (대법원 2011. 9. 8. 선고 2009두23822 판결)

39. 산지관리법

[시행 2021. 12. 16.] [법률 제18263호, 2021. 6. 15., 일부개정]

제25조(토석채취허가 등)

① 국유림이 아닌 산림의 산지에서 토석을 채취(가공하거나 산지 이외로 반출하는 경우를 포함한다)하려는 자는 대통령령으로 정하는 바에 따라 다음 각 호의 구분에 따라 시·도지사 또는 시장·군수·구청장에게 토석채취허가를 받아야 하며, 허가받은 사항을 변경하려는 경우에도 같다. 다만, 농림축산식품부령으로 정하는 경미한 사항을 변경하려는 경우에는 시·도지사 또는 시장·군수·구청장에게 신고하는 것으로 갈음할 수 있다. 〈개정 2012.2.22., 2013.3.23., 2017.4.18.〉

1. 토석채취 면적이 10만제곱미터 이상인 경우: 시·도지사의 허가
2. 토석채취 면적이 10만제곱미터 미만인 경우: 시장·군수·구청장의 허가

(작성례)

피의자는 산지에서 석재를 굴취·채취할 경우 산림청장의 채석허가를 받아야 함에도 불구하고 허가없이 20○○. ○. ○. ○○도 ○○군 ○○읍 산12번지 산지에서 건축용으로 사용하기 위해 포크레인을 이용하여 석재 약 10톤가량을 허가없이 채취하였다.

● 관련판례

◎ 산지관리법 시행령 제32조 제2항 본문에서 시장·군수·구청장이 토석채취허가 또는 변경허가 신청을 받은 경우에 토석채취의 타당성에 관하여 지방산지관리위원회의 심의를 거치도록 한 취지 / 토석채취허가신청에 대하여 시장·군수·구청장이 지방산지관리위원회 심의를 거치지 않은 채 불허가할 수 있는 경우 및 지방산지관리위원회의 심의를 거쳐야 함에도 거치지 않고 처분을 한 경우, 처분이 위법한지 여부(적극)

산지를 합리적으로 보전하고 이용하여 산림의 다양한 공익기능의 증진을 도모함으로써 국민경제의 건전한 발전과 국토환경의 보전에 이바지하려는 산지관리법의 입법 목적과 산지관리법 시행령 제32조 제2항 단서에서 산지관리위원회의 심의를 거치지 아니하는 경우를 한정적으로 열거하는 형식으로 규정하는 점 등에 비추어 보면, 산지관리법 시행령 제32조 제2항 본문에서 토석채취 허가권자인 시장·군수·구청장(이하 '시장 등'이라 한다)이 토석채취허가 또는 변경허가 신청을 받은 경우에 토석채취의 타당성에 관하여 지방산지관리위원회의 심의를 거치도록 한 취지는, 외부 전문가 등으로 구성된 지방산지관리위원회에서 산림환경보전에 미치는 영향과 주민의 불편 등의 공익과 토석채

취허가로 신청인이 얻게 되는 사익을 비교형량하는 등의 방법으로 토석채취의 타당성을 면밀히 토론 · 심의하여 처분의 근거를 제공하게 함으로써 재량행위의 정당성과 투명성을 확보하고 산지관리행정의 공정성 · 전문성을 도모하려는 데 있다.
다만 산지관리법 제28조 제1항은 시장 등이 토석채취허가(허가받은 사항을 변경하려는 경우에도 같다)를 할 때에는 허가의 신청내용이 일정한 기준에 맞는 경우에만 허가하여야 한다고 규정하면서, 일정한 기준에 관하여는 "1. 토석채취제한지역에 해당되지 아니할 것, 2. 산지의 형태, 임목의 구성, 토석채취면적 및 토석채취방법 등이 대통령령으로 정하는 기준에 맞을 것, 3. 제26조 제1항에 따른 전문조사기관의 평가결과 채석의 경제성이 인정될 것, 4. 토석채취로 인하여 생활환경 등에 영향을 받을 수 있는 인근지역은 재해를 방지하기 위한 시설의 설치 등 대통령령으로 정하는 기준을 충족할 것, 5. 토석채취에 필요한 장비 등을 대통령령으로 정하는 기준에 맞게 갖출 것. 다만, 골재채취법에 따른 골재채취업 등록을 한 자와 제3항 단서에 따라 자연석을 채취하려는 자의 경우에는 그러하지 아니하다." 고 규정하고 있는데, 토석채취허가기준 중에는 신청인이 제출한 자료나 현지조사결과에 따라 기계적 · 획일적인 판단이 가능한 기준이 있어 토석채취허가신청 등이 그러한 기준도 충족하지 못한 경우까지 지방산지관리위원회 심의를 거치도록 하는 것은 비효율적이므로 산지관리법 시행령 제32조 제2항 본문에서 허가권자인 시장 등이 지방산지관리위원회 심의 전에 허가기준 적합 여부를 먼저 심사하여 지방산지관리위원회 심의를 거치지 않아도 되는 경우를 선별함으로써 토석채취허가 업무를 보다 효율적으로 운영하도록 한 것이다.
그렇다면 산지관리법 시행령 제32조 제2항 본문은 토석채취 허가권자인 시장 등이 현지조사를 거쳐 신청인이 제출한 자료를 심사하여 신청이 산지관리법 제28조에 따른 토석채취허가기준에 적합한지를 1차적으로 검토한 결과 허가기준에 적합하지 아니함이 객관적으로 명백한 경우에는 지방산지관리위원회 심의를 거치지 않은 채 불허가할 수 있으나, 그렇지 않은 경우에는 지방산지관리위원회의 심의를 거쳐야 한다고 해석하는 것이 타당하며, 심의를 거치지 아니하고 처분을 한 때에는 법령에 규정된 절차의 흠결로 처분은 위법하다.(대법원 2015. 11. 26. 선고 2013두765 판결)

제28조(토석채취허가의 기준)
① 시 · 도지사 또는 시장 · 군수 · 구청장은 제25조제1항에 따른 토석채취허가를 할 때에는 그 허가의 신청내용이 다음 각 호(토사채취의 경우 제1호와 제2호만 해당한다)의 기준에 맞는 경우에만 허가하여야 한다. 〈개정 2012.2.22., 2017.4.18., 2019.12.3.〉

(작성례)

피의자는 ○○시 ○○동에서 식당업에 종사하고 있다.
피의자는 식당 주변 조경에 사용하기 위해, 20○○. ○. ○. ○○도 ○○군 ○○읍 산12번지 산지에서 인공적으로 절개 또는 파쇄되지 아니한 원형상태의 직선거리 1미터 크기의 자연석 약 2톤가량을 채취하였다.

● 관련판례 1

◎ 산지관리법 시행령 제32조 제2항 본문에서 시장 · 군수 · 구청장이 토석채취허가 또는 변경허가 신청을 받은 경우에 토석채취의 타당성에 관하여 지방산지관리위원회의 심의를 거치도록 한 취지 / 토석채취허가신청에 대하여 시장 · 군수 · 구청장이 지방산지관리위원회 심의를 거치지 않은 채 불허가할 수 있는 경우 및 지방산지관리위원회의 심의를 거쳐야 함에도 거치지 않고 처분을 한 경우, 처분이 위법한지 여부(적극)

산지를 합리적으로 보전하고 이용하여 산림의 다양한 공익기능의 증진을 도모함으로써 국민경제의 건전한 발전과 국토환경의 보전에 이바지하려는 산지관리법의 입법 목적과 산지관리법 시행령 제32조 제2항 단서에서 산지관리위원회의 심의를 거치지 아니하는 경우를 한정적으로 열거하는 형식으로 규정하는 점 등에 비추어 보면, 산지관리법 시행령 제32조 제2항 본문에서 토석채취 허가권자인 시장 · 군수 · 구청장(이하 '시장 등' 이라 한다)이 토석채취허가 또는 변경허가 신청을 받은 경우에 토석채취의 타당성에 관하여 지방산지관리위원회의 심의를 거치도록 한 취지는, 외부 전문가 등으로 구성된 지방산지관리위원회에서 산림환경보전에 미치는 영향과 주민의 불편 등의 공익과 토석채취허가로 신청인이 얻게 되는 사익을 비교형량하는 등의 방법으로 토석채취의 타당성을 면밀히 토론 · 심의하여 처분의 근거를 제공하게 함으로써 재량행위의 정당성과 투명성을 확보하고 산지관리행정의 공정성 · 전문성을 도모하려는 데 있다.

다만 산지관리법 제28조 제1항은 시장 등이 토석채취허가(허가받은 사항을 변경하려는 경우에도 같다)를 할 때에는 허가의 신청내용이 일정한 기준에 맞는 경우에만 허가하여야 한다고 규정하면서, 일정한 기준에 관하여는 "1. 토석채취제한지역에 해당되지 아니할 것, 2. 산지의 형태, 임목의 구성, 토석채취면적 및 토석채취방법 등이 대통령령으로 정하는 기준에 맞을 것, 3. 제26조 제1항에 따른 전문조사기관의 평가결과 채석의 경제성이 인정될 것, 4. 토석채취로 인하여 생활환경 등에 영향을 받을 수 있는 인근지역은 재해를 방지하기 위한 시설의 설치 등 대통령령으로 정하는 기준을 충족할 것, 5. 토석채취에 필요한 장비 등을 대통령령으로 정하는 기준에 맞게 갖출 것. 다만, 골재채취법에 따른 골재채취업 등록을 한 자와 제3항 단서에 따라 자연석을 채취하려는 자의 경우에는 그러하지 아니하다." 고 규정하고 있는데, 토석채취허가기준 중에는 신청인이 제출한 자료나 현지조사결과에 따라 기계적 · 획일적인 판단이 가능한 기준이 있어 토석채취허가신청 등이 그러한 기준도 충족하지 못한 경우까지 지방산지관리위원회 심의를 거치도록 하는 것은 비효율적이므로 산지관리법 시행령 제32조 제2항 본문에서 허가권자인 시장 등이 지방산지관리위원회 심의 전에 허가기준 적합 여부를 먼저 심사하여 지방산지관리위원회 심의를 거치지 않아도 되는 경우를 선별함으로써 토석채취허가 업무를 보다 효율적으로 운영하도록 한 것이다.

그렇다면 산지관리법 시행령 제32조 제2항 본문은 토석채취 허가권자인 시장 등이 현지조사를 거쳐 신청인이 제출한 자료를 심사하여 신청이 산지관리법 제28조에 따른 토석채취허가기준에 적합한지를 1차적으로 검토한 결과 허가기준에 적합하지 아니함이 객관적으로 명백한 경우에는 지방산지관리위원회 심의를 거치지 않은 채 불허가할 수 있으나, 그렇지 않은 경우에는 지방산지관리위원회의 심의를 거쳐야 한다고 해석하는 것이 타당하며, 심의를 거치지 아니하고 처분을 한 때에는 법령에 규정된 절차의 흠결로 처분은 위법하다.(대법원 2015. 11. 26., 선고, 2013두765, 판결)

● 관련판례 2

◎ 중앙행정기관의 장이 요청한 토석채취제한지역 안에서의 토석채취 요청 내용이 타당한지 판단하는 방법

구 산지관리법(2010. 5. 31. 법률 제10331호로 개정되기 전의 것, 이하 같다) 제25조의2 제1항 제2호 또는 제5호, 구 산지관리법 시행령(2009. 11. 26. 대통령령 제21850호로 개정되기 전의 것, 이하 같다) 제32조의2 제2항 제2호, 제4호에 해당하는 '토석채취제한지역'이라 하더라도 산지관리법 제25조의3 제3호, 산지관리법 시행령 제32조의3 제2항 제1호에 의하여 '「공익사업을 위한 토지 등의 취득 및 보상에 관한 법률」 제4조 각호의 어느 하나에 해당하는 사업에 사용하기 위하여 관계 중앙행정기관의 장(정부조직법 제3조에 따른 특별지방행정기관의 장을 포함하며, 국가지원지방도의 건설사업의 경우에는 해당 지방자치단체의 장을 말한다)이 토석채취자, 토석채취구역의 위치·면적, 토석의 종류, 토석채취수량 및 토석채취기간을 명시하여 요청한 것으로서 그 요청이 타당하다고 인정되는 경우'에는 토석채취가 제한되지 않는데, 기록에 의하면 위 공익사업에 해당하는 완도군 도서종합개발사업에 사용하기 위하여 행정안전부장관이 채취자, 채취구역의 위치·면적, 석재의 종류, 채취수량 및 채취기간을 명시하여 피고에게 채석허가를 요청한 사실을 알 수 있으므로 이에 따라 피고는 그 요청 내용이 타당하다고 인정되는 경우에는 채석허가를 할 수 있다. 한편, 그 요청 내용이 타당한지 여부의 판단은 이 사건 사업계획에 나타난 사업의 필요성·내용·규모·방법과 환경에 미치는 영향 등 제반 사정을 종합하여 이루어져야 하는 것이므로 이는 결국 이 사건 처분에 재량권의 일탈·남용이 있는지 여부와 동일한 문제라 할 것이다(대법원 2014. 9. 26. 선고 2011두18687 판결)

40. 상표법

[시행 2022. 10. 18.] [법률 제18999호, 2022. 10. 18., 일부개정]

제230조(침해죄)

상표권 또는 전용사용권의 침해행위를 한 자는 7년 이하의 징역 또는 1억원 이하의 벌금에 처한다.

(작성례)

피의자는 ○○실업이라는 상호로 가방의 제조업에 종사하고 있다.

피의자는 강○○로부터 외국의 유명상표가 위조되어 있는 가방제조용 피혁원단을 공급받아 그 원단으로 가짜 외제지갑을 제조하여 강○○에게 그 지갑을 납품하면 지갑 1개당 ○○원의 수공비를 주겠다는 제의를 받고 이를 승낙하였다.

그리하여 20○○. ○. ○.경부터 다음 해 ○. ○.경까지 사이에 ○○시 ○○동 ○○번지에 있는 위 ○○실업 작업장에서 위 피혁원단으로 대한민국특허청에 가방 등을 지정상품으로 상표등록한 ○○국 ○○사의 상표인 영문자 '에스오'를 비롯하여 ○○국 ○○사의 상표인 영문자 '티엘' 등의 상표와 동일한 상표를 부착한 지정상품과 유사한 상품인 가방 1,200개, ○○가방 3,000개 합계 4,200개의 가짜 외제가방을 제조함으로써 위 각 등록상표와 동일한 상표를 각 지정상품과 유사한 상품에 사용하여 각 상표권을 침해하였다.

■ 적용실례

◇ 타인의 등록상표를 간판에 사용한 경우

타인의 등록상표를 상품 아닌 간판에 사용한 경우

※ 타인의 등록상표를 상품 아닌 간판에 사용한 행위는 상표법 위반에 해당하지 아니한다(상표법 위반은 상표를 지정상품과 동일 또는 유사한 상품에 사용한 경우에만 해당)은 부정경쟁방지법 제11조, 제2조 제2호(타인의 영업임을 표시하는 표지와 동일 또는 유사한 것을 사용하여 타인의 영업장 시설 또는 활동과 혼동을 일으키게 하는 행위)로 의율함이 타당하다.

◇ 위조상표 부착상품을 제조·판매한 경우

등록이 되어있는 위조상표 부착상품을 제조·판매한 경우

※ 부정경쟁방지법 제9조는 상표법 등에 부정경쟁방지법의 처벌규정과 다른 규정이 있는 경우에는 그 법에 의한다고 규정하여 부정경쟁방지법이 상표법 등에 의하여 규제할 수 없는 경우에 보충적으로 적용되는 법임을 나타내고 있는 바, 과연 그렇다면 상표등록이 되어 있는 본건에 있어서는 이를 상표법의 규정에 따라서 처벌하면 족하고 부정경쟁방지법 위반의 점은 그 구성요건에 해당하지 아니한다 할 것이므로 위조상표가 부착된 상품을 제조, 판매한 피의자에 대하여도 이를 부정경쟁방지법 위반이 아닌 상표법 위반으로 의율함이 상당하다.

◇ 등록되지 않은 상품을 도용한 경우

피의자는 'ㅇㅇ산업' 이라는 상호로 플라스틱 육모상자를 생산하는 자인바, 20ㅇㅇ. ㅇ. 중순경부터 20ㅇㅇ. ㅇ. ㅇ.까지 사이에 ㅇㅇ읍 소재 ㅇㅇ산업사 공장에서 이미 'ㅇㅇ물산' 이라는 회사가 회사상호가 적힌 육모상자를 제조하여 각 제품 위에 자체 검사필증을 부착하여 전국에 판매하고 있음에도 불구하고, 위 회사제품의 대외적 신용을 이용할 목적으로 위 회사 상호가 찍힌 육모상자를 제조하고 이와 유사한 자체검사 합격필증을 붙여 이ㅇㅇ외 1명에게 14,500개를 판매하였다.

※ 이 사건은 상표법위반으로 의율하였으나, 'ㅇㅇ물산' 측에 확인한 결과 자체 검사필증은 등록된 상표가 아니며 상호와 마크는 상표등록 출원한 바 있으나 육모상자는 지정상품에 포함되어 있지 않으므로 상표법 소정의 등록상표를 사용한 것이라고 할 수 없으니, 이 경우는 타인의 상품임을 표시한 표지와 유사한 상품을 판매하여 타인의 상품과 혼동을 일으키는 행위로서 부정경쟁방지법 제11조·제2조로 의율, 구약식 처리하였다.

● 관련판례 1

◎ 구 상표법 제7조 제1항 제8호의 입법 취지 및 위 규정이 정하는 기간의 기산일(=상표권 소멸로 종전 상표권자 등이 종전 상표를 독점적으로 사용할 수 없게 되는 날) / 상표권에 관하여 등록취소심결이 확정되고 그 후 추가로 등록무효심결도

확정된 경우, 위 규정이 정하는 '상표권이 소멸한 날' (=등록취소심결 확정일)

구 상표법(2016. 2. 29. 법률 제14033호로 전부 개정되기 전의 것, 이하 같다) 제7조 제1항 제8호는 "상표권이 소멸한 날(상표등록을 무효로 한다는 심결이 있은 경우에는 심결확정일을 말한다)부터 1년을 경과하지 아니한 타인의 등록상표(지리적 표시 등록단체표장을 제외한다)와 동일 또는 유사한 상표로서 그 지정상품과 동일 또는 유사한 상품에 사용하는 상표" 는 상표등록을 받을 수 없다고 규정하고 있다. 이 규정은 어떠한 상표권이 소멸하더라도 그로부터 1년 정도는 종전 상표권자 또는 정당한 사용권자(이하 '종전 상표권자 등' 이라고 한다)가 자기 상품의 출처표시로 등록상표를 사용함으로써 수요자 사이에 남아 있게 된 그 상표에 관한 기억과 신용으로부터 기인한 상품출처의 혼동을 방지하고자 하는 데에 주된 취지가 있다.

이렇듯 상표권 소멸로 종전 상표권자 등의 독점적인 상표 사용권능이 사라진 후 1년의 공백을 두고자 한 입법 취지를 고려하면, 이 규정이 정하는 기간의 기산일은 상표권이 소멸함으로써 종전 상표권자 등이 더 이상 종전 상표를 독점적으로 사용할 수 없게 되는 날로 봄이 타당하다.

따라서 어떠한 상표권에 관하여 등록취소심결이 확정되고 그 후 추가로 등록무효심결도 확정된 경우 이미 등록취소심결 확정일부터 종전 상표권자 등이 더 이상 종전 상표를 독점적으로 사용할 수 없게 되는 이상, 구 상표법 제7조 제1항 제8호가 정하는 기간의 기산일인 '상표권이 소멸한 날' 은 등록취소심결의 확정일로 보아야 한다.(대법원 2017. 3. 16. 선고 2014후1327 판결)

● 관련판례 2

◎ 구 상표법 제73조 제1항 제2호의 취지 / 복수의 유사 상표를 사용하다가 그중 일부만 등록한 상표권자가 미등록의 사용상표를 계속 사용하여 등록상표만 사용한 경우에 비하여 수요자가 상품 출처를 오인·혼동할 우려가 더 커지게 된 경우, 구 상표법 제73조 제1항 제2호에 규정된 등록상표와 유사한 상표의 사용으로 볼 수 있는지 여부(적극) 및 위 조항에서 정한 상표등록 취소사유에 해당하기 위하여 등록상표가 혼동의 대상이 되는 타인의 상표와 유사할 필요가 있는지 여부(소극)

구 상표법(2016. 2. 29. 법률 제14033호로 전부 개정되기 전의 것) 제73조 제1항 제2호는 상표권자가 고의로 지정상품에 등록상표와 유사한 상표를 사용하거나 지정상품과 유사한 상품에 등록상표 또는 이와 유사한 상표를 사용함으로써 수요자로 하여금 상품의 품질의 오인 또는 타인의 업무에 관련된 상품과의 혼동을 생기게 한 경우에 상표등록의 취소를 구할 수 있도록 규정하고 있다. 이는 상표권자가 상표제도의 본래 목적에 반하여 자신의 등록상표를 사용권의 범위를 넘어 부정하게 사용하지 못하도록 규제함으로써 상품 거래의 안전을 도모하고 타인의 상표의 신용이나 명성에 편승하는 행위를 방지하기 위한 것으로서, 수요자의 이익은 물론 다른 상표를 사용하는 사람의 영업상의 신용과 권익도 아울러 보호하려는 데에 취지가 있다.

이와 같은 위 조항의 문언과 취지에 비추어 보면, 복수의 유사 상표를 사용하다가 그 중 일부만 등록한 상표권자가 미등록의 사용상표를 계속 사용하는 경우에도, 그로 인하여 타인의 상표와의 관계에서 등록상표만 사용한 경우에 비하여 수요자가 상품 출처를 오인·혼동할 우려가 더 커지게 되었다면, 이러한 사용도 위 조항에 규정된 등록상표와 유사한 상표의 사용으로 볼 수 있다. 또한 위 조항에서 정한 상표등록 취소사유에 해당하기 위하여 등록상표가 혼동의 대상이 되는 타인의 상표와 반드시 유사할 필요는 없다.(대법원 2016. 8. 18. 선고 2016후663 판결)

● 관련판례 3

◎ 입체적 형상 자체에는 식별력이 없더라도 식별력이 있는 기호·문자·도형 등과 결합하여 상표가 전체적으로 식별력이 있는 경우, 상표법 제6조 제1항 제3호 등에 해당한다는 이유로 상표등록을 거절할 수 있는지 여부(소극)

구 상표법(2014. 6. 11. 법률 제12751호로 개정되기 전의 것) 제67조에 의하면, 상표권자는 자기의 상표권을 고의 또는 과실로 침해한 자에 대하여 통상 받을 수 있는 상표권 사용료 상당액을 손해액으로 주장하여 배상을 청구할 수 있다. 이 규정은 손해에 관한 피해자의 주장·증명책임을 경감해 주고자 하는 것이므로, 상표권자는 권리침해 사실과 통상 받을 수 있는 사용료를 주장·증명하면 되고 손해의 발생 사실을 구체적으로 주장·증명할 필요는 없다. 그러나 위 규정이 상표권의 침해 사실만으로 손해의 발생에 대한 법률상의 추정을 하거나 손해의 발생이 없는 것이 분명한 경우까지 손해배상의무를 인정하려는 취지는 아니므로, 침해자는 상표권자에게 손해의 발생이 있을 수 없다는 점을 주장·증명하여 손해배상책임을 면할 수 있다. 한편 상표권은 특허권 등과 달리 등록되어 있는 상표를 타인이 사용하였다는 것만으로 당연히 통상 받을 수 있는 상표권 사용료 상당액이 손해로 인정되는 것은 아니고, 상표권자가 상표를 영업 등에 실제 사용하고 있었음에도 상표권 침해행위가 있었다는 등 구체적 피해 발생이 전제되어야 인정될 수 있다. 따라서 상표권자가 상표를 등록만 해 두고 실제 사용하지는 않았다는 등 손해 발생을 부정할 수 있는 사정을 침해자가 증명한 경우에는 손해배상책임을 인정할 수 없고, 이러한 법리는 서비스표의 경우에도 동일하게 적용된다.(대법원 2016. 9. 30. 선고 2014다59712 판결)

● 관련판례 4

◎ 상표법 제6조 제1항 제4호의 규정 취지와 현저한 지리적 명칭 등이 다른 식별력 없는 표장과 결합에 의하여 본래의 현저한 지리적 명칭 등을 떠나 새로운 관념을 낳거나 새로운 식별력을 형성하는 경우, 상표법 제6조 제1항 제4호의 적용이 배제되는지 여부(적극) / 출원상표가 상표법 제6조 제1항 각 호의 식별력 요건을

갖추고 있는지에 관한 판단의 기준 시점

상표법 제6조 제1항 제4호는 현저한 지리적 명칭 · 그 약어 또는 지도만으로 된 상표는 등록을 받을 수 없다고 규정하고 있다. 이와 같은 상표는 현저성과 주지성 때문에 상표의 식별력을 인정할 수 없어 어느 특정 개인에게만 독점사용권을 부여하지 않으려는 데 규정의 취지가 있다. 이에 비추어 보면, 상표법 제6조 제1항 제4호의 규정은 현저한 지리적 명칭 등이 다른 식별력 없는 표장과 결합되어 있는 경우에도 적용될 수 있기는 하나, 그러한 결합에 의하여 본래의 현저한 지리적 명칭 등을 떠나 새로운 관념을 낳거나 새로운 식별력을 형성하는 경우에는 위 법조항의 적용이 배제된다.

한편 출원상표가 상표법 제6조 제1항 각 호의 식별력 요건을 갖추고 있는지 여부에 관한 판단의 기준 시점은 원칙적으로 상표에 대하여 등록 여부를 결정하는 결정 시이고, 거절결정에 대한 불복 심판에 의하여 등록 허부가 결정되는 경우에는 심결 시이다.(대법원 2015. 1. 29. 선고 2014후2283 판결)

● 관련판례 5

◎ 수 개의 등록상표에 대하여 상표권 침해행위가 계속하여 이루어진 경우의 죄수(罪數)(=등록상표마다 포괄하여 일죄) / 하나의 유사상표 사용행위로 수 개의 등록상표를 동시에 침해한 경우, 각각의 상표법 위반죄의 죄수관계(=상상적 경합범)

수 개의 등록상표에 대하여 상표법 제230조의 상표권 침해행위가 계속하여 이루어진 경우에는 등록상표마다 포괄하여 1개의 범죄가 성립한다. 그러나 하나의 유사상표 사용행위로 수 개의 등록상표를 동시에 침해하였다면 각각의 상표법 위반죄는 상상적 경합의 관계에 있다. (대법원 2020. 11. 12., 선고, 2019도11688, 판결)

41. 석유 및 석유대체연료 사업법

[시행 2021. 4. 21.] [법률 제17532호, 2020. 10. 20., 일부개정]

제10조(석유판매업의 등록 등)

① 석유판매업을 하려는 자는 산업통상자원부령으로 정하는 바에 따라 특별시장·광역시장·특별자치시장·도지사·특별자치도지사(이하 "시·도지사"라 한다) 또는 시장·군수·구청장(자치구의 구청장을 말한다. 이하 같다)에게 등록하여야 한다. 다만, 부산물인 석유제품을 생산하여 석유판매업을 하려는 자는 산업통상자원부장관에게 등록하여야 한다. 〈개정 2010.6.8., 2013.3.23., 2014.1.21.〉

(작성례)

피의자는 관할관청에 신고를 하지 않고 20○○. ○. ○.부터 20○○. ○. ○.까지 ○○시 ○○동 ○○번지에서 ○○석유라는 상호로 매일 30통 가량의 등유를 18리터들이 1통당 ○○원을 받고 판매함으로써 석유판매업을 영위하였다.

● 관련판례 1

◎ 석유 및 석유대체연료 사업법이 종전 석유정제업자에 대한 제재사유 및 처분절차를 새로운 석유정제업자에게 승계하도록 한 제8조 본문을 두고 그 단서에서 승계인에게 선의에 대한 증명책임을 지운 취지 및 승계인의 종전 처분 또는 위반 사실에 관한 선의를 인정할 때에는 신중하여야 하는지 여부(적극)

「석유 및 석유대체연료 사업법」(이하 '법' 이라고 한다) 제10조 제5항에 의하여 석유판매업자의 지위 승계 및 처분 효과의 승계에 관하여 준용되는 법 제8조는 "제7조에 따라 석유정제업자의 지위가 승계되면 종전의 석유정제업자에 대한 제13조 제1항에 따른 사업정지처분(제14조에 따라 사업정지를 갈음하여 부과하는 과징금부과처분을 포함한다)의 효과는 새로운 석유정제업자에게 승계되며, 처분의 절차가 진행 중일 때에는 새로운 석유정제업자에 대하여 그 절차를 계속 진행할 수 있다. 다만, 새로운 석유정제업자(상속으로 승계받은 자는 제외한다)가 석유정제업을 승계할 때에 그 처분이나 위반의 사실을 알지 못하였음을 증명하는 경우에는 그러하지 아니하다."라고 규정하고 있다(이하 '이 사건 승계조항' 이라고 한다). 이러한 제재사유 및 처분절차의 승계조항을 둔 취지는 제재적 처분 면탈을 위하여 석유정제업자 지위 승계가 악용되는 것을 방지하기 위한 것이고, 승계인에게 위와 같은 선의에 대한 증명책임을 지운 취지 역시 마찬가지로 볼 수 있다. 즉 법 제8조 본문 규정에 의해 사업정지처분의 효과는 새로운 석유정제업자에게 승계되는 것이 원칙이고 단서 규정은 새로운 석유정제업자가 그 선의를 증명한 경우에만 예외적으로 적용될 수 있을 뿐이다. 따라서 승계인의 종전 처분 또는 위반 사실에 관한 선의를 인정함에 있어서는 신중하여야 한다.(대법원 2017. 9. 7., 선고, 2017두41085, 판결)

● 관련판례 2

◎ 석유 및 석유대체연료 사업법에서 정한 '석유판매업' 에서 '판매' 의 의미

석유 및 석유대체연료 사업법(이하 '석유사업법' 이라 한다) 제10조 제1항은 석유판매업을 하려는 자는 시 · 도지사 등에게 등록하도록 규정하는 한편, 제46조 제2호에서 '제10조 제1항에 따른 등록을 하지 아니하고 석유판매업을 한 자' 를 처벌하도록 정하고 있다. 그리고 석유사업법에서 정한 '석유판매업' 이란 석유 '판매' 를 업(업)으로 하는 것을 말하며, 여기서 '판매' 는 실소비자 등에게 석유제품을 유상양도하는 행위를 의미한다.(대법원 2015. 11. 26. 선고 2014도15525 판결)

제29조(가짜석유제품 제조 등의 금지)

① 누구든지 다음 각 호의 가짜석유제품 제조 등의 행위를 하여서는 아니 된다. 〈개정 2011.7.25., 2012.1.26.〉

1. 가짜석유제품을 제조·수입·저장·운송·보관 또는 판매하는 행위
2. 가짜석유제품임을 알면서 사용하거나 제10조 및 제33조에 따라 등록·신고 하지 아니한 자가 판매하는 가짜석유제품을 사용하는 행위
3. 가짜석유제품으로 제조·사용하게 할 목적으로 석유제품·석유화학제품·석유 대체연료 또는 탄소와 수소가 들어 있는 물질을 공급·판매·저장·운송 또는 보관하는 행위

(작성례)

피의자는 경기도 ○○군 ○○면에서 ○○주유소라는 상호로 석유판매업을 영위하고 있다.

피의자는 20○○. ○. ○.경부터 20○○. ○. ○.경까지 사이에 위 주유소에서 휘발유 1,000리터당 석유 60리터와 벤젠 및 톨루엔 등을 혼입한 유사석유제품을 1리터당 990원씩을 받고 약 21,000리터 상당을 불특정다수인에게 판매하였다.

■ 적용실례

◇ 유사석유제품을 매입, 판매하지 않은 경우

유사석유제품을 판매하기 위해 매입하고, 아직 판매는 하지 않은 경우

※ 석유및석유대체연료사업법 제29조의 규정은 유사석유제품을 판매할 목적으로 생산하거나 이를 판매하는 행위를 금하고 있으므로 실제로 판매한 사실이 없는 경우에는 석유사업법 위반에 대해서는 범죄혐의를 물을 수 없다.

◇ 주유소에서 보통휘발유에 등유를 혼합한 소위 유사휘발유를 판매한 경우

피의자가 휘발유 탱크와 등유탱크 사이의 공기파이프를 통하여 위 유류가 혼합된 것을 모르고 등유 섞인 휘발유, 즉 유사휘발유를 판매한 경우

※ 석유및석유대체연료사업법 제29조는 석유제품에 석유화학제품을 혼합하거나 석유화학제품에 다른 석유화학제품을 혼합하는 등 방법으로 제조된 것으로서 유사석유제품을 판매할 목적으로 판매하거나 판매목적인 석유화학제품임을 알고 이를 보관하는 경우 등을 처벌하는 규정이다. 따라서 고의범에 한하여 처벌가능하고 과실범은 처벌할 수 없다. 이 경우 피의자에게 위 사건을 사전에 예방, 발견하지 못한 잘못은 있으나 그것이 고의라고는 할 수 없으므로 범죄혐의가 없다.

● 관련판례 1

◎ 피고인이 유사석유제품을 판매하였다는 석유 및 석유대체연료 사업법 위반죄의 범죄사실로 유죄판결을 받아 확정되었는데, 위와 같은 유사석유제품을 제조하여 판매하고도 그에 관한 부가가치세 등을 신고·납부하지 않고 조세를 포탈하였다는 공소사실로 기소된 사안

피고인이 유사석유제품을 판매하였다는 석유 및 석유대체연료 사업법(이하 '석유사업법' 이라 한다) 위반죄의 범죄사실로 유죄판결을 받아 확정되었는데, 위와 같은 유사석유제품을 제조하여 판매하고도 그에 관한 부가가치세 등을 신고·납부하지 않고 조세를 포탈하였다는 공소사실로 기소된 사안에서, 석유사업법 위반죄의 범죄사실은 내용이나 행위 태양, 피해법익이 조세 포탈행위로 인한 공소사실과 서로 달라 석유사업법 위반죄의 범죄사실과 공소사실 사이에 기본적 사실관계의 동일성을 인정할 수 없다는 이유로, 같은 취지에서 확정판결의 기판력이 공소사실에 미치지 않는다고 본 원심판단이 정당하다고 한 사례. (대법원 2017. 12. 5., 선고, 2013도7649, 판결)

● 관련판례 2

◎ 피고인이 별개의 사건에서 징역형의 집행유예 등을 선고받고 상고하였으나 대법원이 결정으로 상고를 기각하였는데, 그 결정일을 전후하여 피고인이 유사석유제품을 판매 및 보관하였다고 하여 구 석유 및 석유대체연료 사업법 위반으로 기소된 사안에서, 위 상고기각결정이 피고인의 유사석유제품 판매 및 보관 행위 시 이후에 피고인에게 고지되어 그때 위 판결이 확정되었다면 피고인의 범죄는 판결이 확정된 위 죄와 형법 제37조 후단 경합범에 해당함에도, 상고기각결정 등본의 송달 시기 등에 관하여 심리하지 아니한 채 형법 제37조 후단, 제39조 제1항을 적용함이 없이 형을 정한 제1심판결을 유지한 원심판결에 심리미진 또는 법리오해의 위법이 있다고 한 사례

피고인이 별개의 사건에서 징역형의 집행유예 등을 선고받고 상고하였으나 대법원이 형사소송법 제380조 본문에 따라 결정으로 상고를 기각하였는데, 그 결정일을 전후하여 피고인이 유사석유제품을 판매 및 보관하였다고 하여 구 석유 및 석유대체연료 사업법(2011. 7. 25. 법률 제10958호로 개정되기 전의 것) 위반으로 기소된 사안에서, 위 상고기각결정의 등본이 피고인에게 송달되는 등으로 그 결정이 피고인에게 고지된 시기가 피고인의 유사석유제품 판매 및 보관 행위 시 이후이어서 그때 위 판결이 확정되었다면 피고인의 범죄는 '금고 이상의 형에 처한 판결이 확정된 죄'와 '그 판결 확정 전에 범한 죄'의 관계에 있게 되어 형법 제37조 후단에서 정하는 경합범관계에 해당하므로, 그에 대한 형을 정할 때 형법 제39조 제1항에 따라 판결이 확정된 죄를 동시에 판결할 경우와 형평을 고려하여야 함에도, 상고기각결정 등본이 송달된 시기 등에 관하여 심리하지 아니한 채 형법 제37조 후단, 제39조 제1항을 적용함이 없이 형을 정한 제1심판결을 유지한 원심판결에 심리미진 또는 법리오해의 위법이 있다. (대법원 2012.1.27.선고 2011도15914 판결)

제39조(행위의 금지)

① 석유정제업자·석유수출입업자·국제석유거래업자·석유판매업자·석유비축대행업자 또는 석유대체연료 제조업자등은 다음 각 호의 어느 하나에 해당하는 행위를 하여서는 아니 된다. 이 경우 제1호 및 제4호에 따른 영업시설의 종류 및 설치·개조 행위에 대한 구체적인 내용은 대통령령으로 정한다. 〈개정 2012.1.26., 2014.1.21., 2015.1.28., 2017.4.18.〉

1. 제29조제1항제1호에 따른 가짜석유제품 제조 등을 목적으로 영업시설을 설치·개조하거나 그 설치·개조한 영업시설을 양수·임차하여 사용하는 행위

(작성례)

피의자는 관할관청으로부터 석유판매업허가를 받아 ○○시 ○○동 ○○번지에서 ○○석유라는 상호로 석유판매업에 종사하고 있다.

피의자는 20○○. ○. ○.경부터 20○○. ○. ○.경까지 사이에 남○○로부터 등유 20리터를 배달해달라는 주문을 받고 18리터들이 용기에 등유를 배달하여 주면서 20리터의 가격인 ○○원을 받아 ○○원의 부당이익을 얻은 것을 비롯하여 같은 방법으로 하루 평균 등유 30통을 정량에 미달하여 판매함으로써 위 기간 동안 합계 약500만원 상당의 부당이득을 얻었다.

● 관련판례 1

◎ 구 석유 및 석유대체연료 사업법령상 부과금 환급의 대상·규모·방법 등 환급금의 산정기준에 관한 규정을 해석할 때 조세나 부담금에 관한 법률 해석의 법리가 적용되는지 여부(적극) 및 환급금의 산정기준을 정한 구 석유 및 석유대체연료의 수입·판매부과금의 징수, 징수유예 및 환급에 관한 고시(산업자원부 고시)와 구 소요량의 산정 및 관리와 심사(관세청 고시) 규정을 확장해석하거나 유추해석할 수 있는지 여부(원칙적 소극)

석유정제업자·석유수출입업자 또는 석유판매업자(이하 '석유정제업자 등' 이라 한다)로부터 일단 부과금을 징수하였다가 구 석유 및 석유대체연료 사업법(2007. 12. 21. 법률 제8768호로 개정되기 전의 것)과 구 석유 및 석유대체연료 사업법 시행령(2008. 6. 20. 대통령령 제20840호로 개정되기 전의 것)이 정한 바에 따라 부과금 중 일부를 환급함으로써 석유정제업자 등이 최종적으로 부담하게 되는 부과금 액수가 정해지게 되는데, 이러한 석유환급금 부과·환급의 실질에 비추어 보면 환급의 대상·규모·방법 등 환급금의 산정기준에 관한 규정을 해석할 때 조세나 부담금에 관한 법률의 해석에 관한 법리가 적용된다. 따라서 환급금의 산정기준을 정한 구 석유 및 석유대체연료의 수입·판매부과금의 징수, 징수유예 및 환급에 관한 고시(2007. 12. 28. 산업자원부고시 제2007-154호로 개정되기 전의 것) 및 구 소요량의 산정 및 관리와 심사(2008. 11. 3. 관세청고시 제2008-36호로 개정되기 전의 것) 규정도 원칙적으로 문언대로 해석·적용하여야 하고, 합리적 이유 없이 이를 확장해석하거나 유추해석하는 것은 허용되지 아니한다.(대법원 2016. 10. 27. 선고 2014두12017 판결)

● 관련판례 2

◎ 용제생산업체가 산업자원부장관의 용제수급조정명령에 따라 용제수급상황기록부를 작성하여 보고를 하였으나 보고내용 중에 허위 내용이 포함되어 있는 경우, 구 석유 및 석유대체연료 사업법 제46조 제5호, 제21조 제1항에서 정한 '명령위반' 에 해당하는지 여부(소극)

구 석유 및 석유대체연료 사업법(2008. 2. 29. 법률 제8852호로 개정되기 전의 것, 이하 '구 법' 이라 한다) 제21조 제1항은 '산업자원부장관은 국내외 석유사정의 악화로 인하여 석유수급에 중대한 차질이 생기거나 생길 우려가 있는 경우 또는 석유의 유통질서의 문란으로 인하여 국민생활의 안정과 국민경제의 원활한 운용을 해치거나 해칠 우려가 있는 경우에는 석유수급의 안정을 기하기 위하여 석유정제업자 등에게 석유 및 석유화학제품의 유통거래질서의 확립 등에 관한 명령을 할 수 있다' 라고 규정하고 있고, 구 법 제46조 제5호는 '제21조 제1항의 규정에 의한 명령을 위반한 자는 2년 이하의 징역 또는 5천만 원 이하의 벌금에 처한다' 라고 규정하고 있으며, 산업자원부장관이 산업자원부 공고 제2003-59호로 발령한 용제수급조정명령에는 '용제생산업체는 용제수급상황기록부를 작성하여 산업자원부에 보고하여야 한다' 라고 규정하고 있다. 그런데 기록에 의하면 산업자원부장관이 발령한 위 용제수급조정명령은 용제수급상황기록부의 작성과 관련하여 보고주기, 보고기한, 보고방법 등을 규정함과 아울러 용제판매실적이 없는 경우에도 반드시 보고하도록 하고, 거래상황을 사업장에서 검사·확인이 가능하도록 장부 및 관련 서류를 비치·보관하도록 요구하고 있을 뿐 더 나아가 보고의 진실성 여부에 대하여는 어떠한 명시적인 요구도 하고 있지 아니함을 알 수 있다. 한편 구 법 제46조 제5호는 ' 제21조 제1항의 규정에 의한 명령을 위반한 자' 라고만 규정하고 있을 뿐 '산업자원부장관의 명령에 따른 보고를 하지 않거나 허위보고를 한 자' 라고 규정하고 있지 아니하다. 이와 같은 사정들을 앞서 본 법리에 비추어 살펴보면, 용제생산업체가 산업자원부장관의 용제수급조정명령에 따라 용제수급상황기록부를 작성하여 보고를 한 이상 그 보고내용 중에 허위의 내용이 포함되어 있다고 하더라도, 이러한 행위를 들어 구 법 제46조 제5호, 제21조 제1항에서 정한 '명령 위반' 에 해당한다고 해석할 수는 없다고 할 것이다. (대법원 2010. 12. 23. 선고 2008도2182 판결)

● 관련판례 3

◎ 상표제품과 비상표제품을 함께 판매하는 석유판매업자의 비상표제품 판매에 관한 표시의무를 규정한 구 석유사업법 시행령 제32조 제1항 제5호와, 위 규정에 의한 상표제품과 비상표제품의 구체적인 표시기준 및 표시방법을 산업자원부장관의 고시로 정하도록 규정한 같은 조 제3항 및 위 관련 고시의 법적 성질

행정규칙인 고시가 법령의 수권에 의하여 법령을 보충하는 사항을 정하는 경우에는 그 근거 법령규정과 결합하여 대외적으로 구속력이 있는 법규명령으로서의 성질과 효력을 가진다 할 것인데, 비상표제품을 판매하는 주유소임에도 그러한 표시 없이 이를 판매하는 행위는 구 석유사업법(2004. 10. 22. 법률 제7240호 석유 및 석유대체연료 사업법으로 전문 개정되기 전의 것) 제35조 제8호, 제29조 제1항 제7호, 구 석유사업법 시행령(2005. 4. 22. 대통령령 제18796호 석유 및 석유대체연료 사업법 시행령으로 전문 개정되기 전의 것) 제32조 제1항 제5호에 의하여 처벌하도록 하되 다만, 위 시행령 제32조 제3항에서 같은 조 제1항 제5호 소정의 표시의무의 세부 내용이 됨과 아울러 그 이행 여부의 판단 기준이 되는 구체적 표시기준과 표시방법을 산업자원부장관의 고시로 규정하도록 함으로써 위 시행령 제32조 제1항 제5호, 제3항 및 위 관련 고시가 결합하여 구 석유사업법 제35조 제8호, 제29조 제1항 제7호 위반죄의 실질적 구성요건을 이루는 보충규범으로서 작용한다고 해석하여야 할 것이다.(대법원 2006. 4. 27., 선고, 2004도1078, 판결)

42. 선박의 입항 및 출항 등에 관한 법률

[시행 2021. 1. 1.] [법률 제17007호, 2020. 2. 18., 타법개정]

제38조(폐기물의 투기 금지 등)

① 누구든지 무역항의 수상구역등이나 무역항의 수상구역 밖 10킬로미터 이내의 수면에 선박의 안전운항을 해칠 우려가 있는 흙·돌·나무·어구(漁具) 등 폐기물을 버려서는 아니 된다.

② 무역항의 수상구역등이나 무역항의 수상구역 부근에서 석탄·돌·벽돌 등 흩어지기 쉬운 물건을 하역하는 자는 그 물건이 수면에 떨어지는 것을 방지하기 위하여 대통령령으로 정하는 바에 따라 필요한 조치를 하여야 한다.

③ 관리청은 제1항을 위반하여 폐기물을 버리거나 제2항을 위반하여 흩어지기 쉬운 물건을 수면에 떨어뜨린 자에게 그 폐기물 또는 물건을 제거할 것을 명할 수 있다. 〈개정 2020.2.18.〉

(작성례)

피의자는 대한호의 선장이다.

피의자는 20○○. ○. ○ 15 : 00경 인천 ○○구 ○○동에 있는 인천항에서 위 선박을 운항하여 인천항계 밖 5킬로미터 지점에서 위 선박 안에 쌓여있는 낡은 어구, 쓰레기 등 폐기물을 바다에 버림으로써 유해물을 투기하였다.

※ 고의로 버리는 행위를 처벌하므로 개항근처의 공장에서 침전조에 설치된 파이프가 얼었다가 파열되어 화공약품 등이 바다에 유실된 경우는 위 행위로 처벌할 수 없다.

제4조(출입 신고)

① 무역항의 수상구역등에 출입하려는 선박의 선장(이하 이 조에서 "선장"이라 한다)은 대통령령으로 정하는 바에 따라 관리청에게 신고하여야 한다. 다만, 다음 각호의 선박은 출입 신고를 하지 아니할 수 있다.〈개정 2020.2.18.〉

1. 총톤수 5톤 미만의 선박
2. 해양사고구조에 사용되는 선박
3. 「수상레저안전법」 제2조제3호에 따른 수상레저기구 중 국내항 간을 운항하 는 모터보트 및 동력요트

(작성례)

피의자는 ◇◇호 선장이다.

피의자는 개항의 항계 안에 입항 또는 출항하려면 신고를 하여야 함에도 관할관청에 신고하지 아니하고, 20○○. ○. ○ 15 : 00경 인천 ○○구 ○○동에 있는 인천항의 항계 밖으로 위 선박을 운항하여 출항하였다.

1. 입·출항의 신고는 개항의 항계 안(개항은 부산항 등 31개항 : 시행령 제2조)에서 하는 것이므로 개항이 아닌 선착장 등에 입·출항하는 것은 신고를 요하지 않는다.
2. 출항신고는 개항 밖으로 나가는 경우에 한하여 필요하고, 개항 내의 운항인 경우는 출항신고가 필요 없다.
3. 개항(항만법 시행령 제2조) : 경인항, 인천항, 서울항, 평택·당진항, 대산항, 태안항, 보령항, 장항항, 군산항, 목포항, 완도항, 여수항, 광양항, 하동항, 삼천포항, 통영항, 장승포항, 옥포항, 고현항, 마산항, 진해항, 부산항, 울산항, 포항항, 호산항, 삼척항, 동해·묵호항, 옥계항, 속초항, 제주항, 서귀포항

제7조(선박의 계선 신고 등)

① 총톤수 20톤 이상의 선박을 무역항의 수상구역등에 계선하려는 자는 해양수산부령으로 정하는 바에 따라 관리청에 신고하여야 한다.〈개정 2020.2.18.〉

② 관리청은 제1항에 따른 신고를 받은 경우 그 내용을 검토하여 이 법에 적합하면 신고를 수리하여야 한다. 〈신설 2019.1.15., 개정 2020.2.18.〉

③ 제1항에 따라 선박을 계선하려는 자는 관리청이 지정한 장소에 그 선박을 계선하여야 한다. 〈개정 2019.1.15., 2020.2.18.〉

④ 관리청은 계선 중인 선박의 안전을 위하여 필요하다고 인정하는 경우에는 그 선박의 소유자나 임차인에게 안전 유지에 필요한 인원의 선원을 승선시킬 것을 명할 수 있다. 〈개정 2019.1.15., 2020.2.18.〉

(작성례)

피의자는 20○○. ○. ○. 13 : 00경부터 13 : 50경까지 개항장인 인천○항내인 인천시 ○○구에 있는 ○○조선(주) 도크장 옆 해상에 정박 중인 인천선적 바지선 청명1호(250톤)의 좌현선체 외판 가로 4미터×세로5미터 가량 부위의 철판을 보완하는 불꽃을 수반하는 전기용접 작업을 하면서 인천지방해운항만청장으로부터 선박수리 허가를 받지 않았다.

43. 선원법

[시행 2023. 1. 5.] [법률 제18697호, 2022. 1. 4., 일부개정]

제9조(선장의 직접 지휘)

① 선장은 다음 각 호의 어느 하나에 해당하는 때에는 선박의 조종을 직접 지휘하여야 한다. 〈개정 2015. 1. 6.〉

1. 항구를 출입할 때
2. 좁은 수로를 지나갈 때
3. 선박의 충돌·침몰 등 해양사고가 빈발하는 해역을 통과할 때
4. 그 밖에 선박에 위험이 발생할 우려가 있는 때로서 해양수산부령으로 정하는 때

② 선장은 제1항에 해당하는 때를 제외하고는 제60조제3항에 따라 휴식을 취하는 시간에 1등항해사 등 대통령령으로 정하는 직원에게 선박의 조종을 지휘하게 할 수 있다. 〈신설 2015. 1. 6.〉

(작성례)

피의자는 ㅇㅇ선적의 어획물운반선 제ㅇㅇㅇㅇ호(198.73톤)의 선장으로 종사하고 있다.

피의자는 20ㅇㅇ. ㅇ. ㅇ. 16 : 00경 ㅇㅇ시 ㅇㅇ동에 있는 ㅇㅇ항 내에서 어획물하역작업을 마친 다음 위 선박을 이동시킴에 있어 위 선박 주변에 수십 척의 소형선박 등이 정박하고 있어 위 선박에 위험이 생길 염려가 있었음에도 위 선박의 항해사인 사건외 강ㅇㅇ으로 하여금 선박의 조종을 지휘하게 하고 피의자는 위 선박에서 하선함으로써 위 선박의 조종을 직접 지휘하지 않았다.

■ 적용실례

◇ 양벌규정

※ 선원법 제139조 제1호, 제76조 제1항 위반죄의 범죄주체는 선박소유자 뿐만 아니라 그 행위자도 범죄주체가 됨은 같은법 제148조(양벌규정 … 종업원이 선박소유자의 업무에 관하여 … 제139조의 위반행위를 한 때에는 행위자를 처벌하는 외에 선박소유자에 대하여도 각 본조의 벌금형에 처한다)의 규정상 비추어 명백하여 본건 선박의 선장인 피의자 서ㅇㅇ에 관하여도 그 혐의가 인정된다.

◇ 선주가 해기사 면허 없는 자를 선장으로 승선시킨 경우

※ 선주인 피의자 조○○이 해기사 면허없는 상피의자 이○○을 선장으로 승선시킨 사안에 대하여 위 조○○을 양벌규정에 의하여 처벌하는 것으로 범죄사실적시하였으나 이 건과 같은 경우에는 선박직원법 제27조 제2호에 해기사 면허 없는 자를 승선시킨 자를 처벌하는 규정이 있으므로 동 조항으로 의율하였어야 할 것임.

◇ 선박 내 서류 미비치 처벌 규정

※ 항해일지 선박 내 서류 미비치 처벌규정은 제179조 제2항 제6호이다.

● 관련판례 1

◎ 선장은 승객 등 선박공동체가 위험에 직면할 경우 선박공동체 전원의 안전이 종국적으로 확보될 때까지 적극적·지속적으로 구조조치를 취할 법률상 의무가 있는지 여부(적극) 및 선장이나 승무원은 선박 위험 시 조난된 승객이나 다른 승무원을 적극적으로 구조할 의무가 있는지 여부(적극) / 조난사고로 승객이나 다른 승무원들이 스스로 생명에 대한 위협에 대처할 수 없는 급박한 상황에서 선장이나 선원들의 부작위가 작위에 의한 살인행위와 동등한 형법적 가치를 가지는 경우 / 부작위와 사망의 결과 사이에 인과관계가 인정되는 경우

선장의 권한이나 의무, 해원의 상명하복체계 등에 관한 해사안전법 제45조, 구 선원법(2015. 1. 6. 법률 제13000호로 개정되기 전의 것) 제6조, 제10조, 제11조, 제22조, 제23조 제2항, 제3항은 모두 선박의 안전과 선원 관리에 관한 포괄적이고 절대적인 권한을 가진 선장을 수장으로 하는 효율적인 지휘명령체계를 갖추어 항해 중인 선박의 위험을 신속하고 안전하게 극복할 수 있도록 하기 위한 것이므로, 선장은 승객 등 선박공동체의 안전에 대한 총책임자로서 선박공동체가 위험에 직면할 경우 그 사실을 당국에 신고하거나 구조세력의 도움을 요청하는 등의 기본적인 조치뿐만 아니라 위기상황의 태양, 구조세력의 지원 가능성과 규모, 시기 등을 종합적으로 고려하여 실현 가능한 구체적인 구조계획을 신속히 수립하고 선장의 포괄적이고 절대적인 권한을 적절히 행사하여 선박공동체 전원의 안전이 종국적으로 확보될 때까지 적극적·지속적으로 구조조치를 취할 법률상 의무가 있다.

또한 선장이나 승무원은 수난구호법 제18조 제1항 단서에 의하여 조난된 사람에 대한 구조조치의무를 부담하고, 선박의 해상여객운송사업자와 승객 사이의 여객운송계약에 따라 승객의 안전에 대하여 계약상 보호의무를 부담하므로, 모든 승무원은 선박 위험 시 서로 협력하여 조난된 승객이나 다른 승무원을 적극적으로 구조할 의무가 있다.

따라서 선박침몰 등과 같은 조난사고로 승객이나 다른 승무원들이 스스로 생명에 대한 위협에 대처할 수 없는 급박한 상황이 발생한 경우에는 선박의 운항을 지배하고 있는 선장이나 갑판 또는 선내에서 구체적인 구조행위를 지배하고 있는 선원들은 적극적인 구호활동을 통해 보호능력이 없는 승객이나 다른 승무원의 사망 결과를 방지하여야 할 작위의무가 있으므로, 법익침해의 태양과 정도 등에 따라 요구되는 개별적·구체적인 구호의무를 이행함으로써 사망의 결과를 쉽게 방지할 수 있음에도 그에 이르는 사태의 핵심적 경과를 그대로 방관하여 사망의 결과를 초래하였다면, 부작위는 작위에 의한 살인행위와 동등한 형법적 가치를 가지고, 작위의무를 이행하였다면 결과가 발생하지 않았을 것이라는 관계가 인정될 경우에는 작위를 하지 않은 부작위와 사망의 결과 사이에 인과관계가 있다.(대법원 2015. 11. 12. 선고 2015도6809 전원합의체 판결)

● 관련판례 2

◎ 선원이 육상이나 항구에 소재한 자신의 주소·거소와 같은 생활 근거지에서 휴무 중에 재해를 당하여 부상을 입은 경우, 선원법 제85조 제1항에서 정한 '직무상 부상'에 해당하는지 여부(원칙적 소극)

선원이 육상이나 항구에 소재한 자신의 주소·거소와 같은 생활의 근거지에서 휴무 중에 재해를 당하여 부상을 입은 경우에는 임박한 항해를 위한 준비 중에 있었다는 등 특별한 사정이 없는 한 선원법 제85조 제1항에서 정한 '직무상 부상'에 해당한다고 볼 수 없다. 또 선원 갑이 항해를 마친 후 선원 숙소 건물 내에 있는 자신의 방에서 쉬고 있던 중 같은 숙소에 거주하는 사람 부탁으로 건물 옆 컨테이너 위에서 사다리를 잡아주다가 부상을 입은 사안에서, 위 숙소는 갑의 생활 근거지가 되는 거소로 볼 수 있는데, 갑이 당시 숙소에서 항해를 위하여 대기 중에 사고를 당하였다고 인정할 증거가 부족하고, 오히려 숙소에서 휴식을 취하고 있던 중 사고를 당한 것으로 보일 뿐이므로, 갑이 입은 부상은 선원법 제85조 제1항에서 정한 직무상 부상에 해당하지 않는다. (대법원 2011. 5. 26. 선고 2011다14282 판결)

44. 성매매알선 등 행위의 처벌에 관한 법률

[시행 2021. 3. 16.] [법률 제17931호, 2021. 3. 16., 일부개정]

제4조(금지행위)

누구든지 다음 각 호의 어느 하나에 해당하는 행위를 하여서는 아니 된다.

1. 성매매
2. 성매매알선 등 행위
3. 성매매 목적의 인신매매
4. 성을 파는 행위를 하게 할 목적으로 다른 사람을 고용·모집하거나 성매매가 행하여진다는 사실을 알고 직업을 소개·알선하는 행위
5. 제1호, 제2호 및 제4호의 행위 및 그 행위가 행하여지는 업소에 대한 광고 행위

(작성례 1)

피의자는 ㅇㅇ시 ㅇㅇ동에서 성매매업에 종사하고 있다.

피의자는 20ㅇㅇ. ㅇ. 말경부터 같은 해 ㅇ. ㅇ.경까지 사이에 ㅇㅇ시 ㅇㅇ동 ㅇㅇ번지에 있는 피의자의 집에 객실 4개를 갖추어놓고 윤락녀 신ㅇㅇ(23세), 이ㅇㅇ(20세), 채ㅇㅇ(24세) 등으로 하여금 불특정 다수의 남자 손님을 상대로 화대 ㅇㅇ만원을 받고 성교하게 한 다음 화대 중에서 위 신ㅇㅇ로부터 ㅇㅇ만원, 위 이ㅇㅇ로부터 ㅇㅇ만원, 위 채ㅇㅇ로부터 ㅇㅇ만원을 방값명목으로 각 교부받아 영업으로 성매매행위의 장소를 제공하였다.

(작성례 2 – 성매매 행위의 금지위반)

피의자1) 김여자(여, 20세)는 일정한 직업이 없는 사람이고, 같은2) 홍길동(남, 32세)은 회사원이다.

1. 피의자1)은 20ㅇㅇ. 6. 25. 16 : 00경 서울 성북구 ㅇㅇ동 100번지에 있는 꿈나라여관 303호실에서 같은 2) 홍길동으로부터 화대비로 17만원을 받고 1회 성행위를 하여 성매매 행위를 하고,
2. 같은2)는 위 일시 및 장소에서 위와 같이 성매매행위의 상대자가 되었다.

(작성례 3 – 영업으로 성매매 행위의 유인)

피의자는 성북구 ○○동 100번지에서 "장미" 라는 상호로 유흥주점 영업을 하고 있었다.

피의자는 성매매 행위자로부터 보수를 받을 것을 목적으로 20○○. 6. 9.부터 같은 해 6. 25.까지 사이에 "장미"에 성매매 종사자인 이여자(여, 20세), 박여자(여, 22세) 등을 상주시키면서 위 시내에 있는 ○○모텔과 ○○모텔 및 ○○여관 등의 종업원들에게 투숙객들이 성매매 종사자를 찾으면 연락하여 달라면서 전화번호를 알려준 다음 위 모텔 등에서 전화가 걸려오면 위 성매매 종사자들을 그 곳으로 보내어 성명을 알 수 없는 투숙객들과 성교하게 하고, 위 성매매 종사자들이 1회의 성매매행위로 받은 화대중 30%를 숙식비명목으로 받는 등 영업으로 성매매행위를 유인하였다.

(작성례 4 – 영업으로 성매매행위의 장소제공)

피의자는 성매매행위자로부터 보수를 받을 목적으로 20○○. 6. 9일경부터 같은 해 6. 25일까지 사이에 서울 성북구 ○○동 100번지에 있는 피의자 집에 객실 3개를 갖추어 놓고 성매매 종사자인 이여자(여, 20세), 박여자(여, 22세) 등으로 하여금 불특정 다수의 남자 손님을 상대로 화대20만원을 받고 성교하게 한 후, 화대 중에서 위 이여자로부터 10만원, 위 박여자로부터 10만원을 방값 명목으로 각각 교부받아 영업으로 성매매행위의 장소를 제공하였다.

(작성례 5)

피의자는 ○○시 ○○동에서 ○○클럽이라는 상호로 유흥주점을 경영하고 있다.

피의자는 20○○. ○. ○. 위 업소에 손님으로 찾아온 김○○이 술을 마시고 위 업소 종업원인 이○○과 같이 성매매(속칭 2차)를 나가겠다고 하자 이○○가 이를 거부한다는 이유로 위 김○○과 성매매를 나가지 않으면 당장 그만두고 선불금으로 가져간 2,000만원을 반환하라면서 손바닥으로 위 이○○의 뺨을 때리고 협박하여 같은 동 소재 ○○모텔 201호에서 위 김○○과 성교행위를 하게 하였다.

● 관련판례 1

◎ 성매매알선 등 행위의 처벌에 관한 법률 제2조 제1항 제1호에서 규정한 '성매매' 에서 '불특정인을 상대로' 의 의미

성매매알선 등 행위의 처벌에 관한 법률 제2조 제1항 제1호는 '성매매' 를 불특정인을 상대로 금품이나 그 밖의 재산상의 이익을 수수하거나 수수하기로 약속하고 성교행위나 유사 성교행위를 하거나 그 상대방이 되는 것을 말한다고 규정하고 있는데, 여기서 '불특정인을 상대로' 라는 것은 행위 당시에 상대방이 특정되지 않았다는 의미가 아니라, 그 행위의 대가인 금품 기타 재산상의 이익에 주목적을 두고 상대방의 특정성을 중시하지 않는다는 의미라고 보아야 한다.(대법원 2016. 2. 18. 선고 2015도1185 판결)

● 관련판례 2

◎ 성매매알선 등 행위의 처벌에 관한 법률에서 '영업으로 성매매를 알선한다' 는 것의 의미

성매매처벌법 제19조 제1항 제1호에서는 성매매를 알선한 사람의 처벌에 관하여 규정하고 있고, 같은 조 제2항 제1호에서는 영업으로 성매매를 알선한 사람의 가중처벌에 관하여 규정하고 있다. 여기서 영업으로 성매매를 알선한다는 것은 성매매를 주된 목적으로 할 필요까지는 없으나 성매매와 관련이 있는 사업을 경영하면서 그 사업활동으로 또는 그 사업활동에 수반하여 영리를 목적으로 계속적·반복적으로 성매매를 알선하는 것을 의미하고, 성매매 관련 사업을 경영한다는 것은 해당 사업의 경제적 효과가 자신에게 귀속되게 할 목적으로 해당 사업을 관리하고 운영하는 것을 의미한다.(대법원 2015. 9. 10. 선고 2014도12275 판결)

● 관련판례 3

◎ 성매매알선 등 행위의 처벌에 관한 법률 제2조 제1항 제2호 (다)목에서 정한 '성매매에 제공되는 사실을 알면서 자금·토지 또는 건물을 제공하는 행위' 에 행위자가 스스로 '성매매를 알선, 권유, 유인 또는 강요하는 행위' 나 '성매매의 장소를 제공하는 행위' 를 하는 경우가 포함되는지 여부(적극)

범죄수익은닉의 규제 및 처벌 등에 관한 법률(이하 '범죄수익법' 이라 한다) 제8조 제1항은 '범죄수익' 을 몰수할 수 있다고 하면서, 범죄수익법 제2조 제2호 (나)목 1)은 "성매매알선 등 행위의 처벌에 관한 법률(이하 '성매매처벌법' 이라 한다) 제19조 제2항 제1호(성매매알선 등 행위 중 성매매에 제공되는 사실을 알면서 자금·토지 또는 건물을 제공하는 행위만 해당한다)의 죄에 관계된 자금 또는 재산" 을 위 법에서 규정하는 '범죄수익' 의 하나로 규정하고 있는데, 성매매알선 등 행위를 규정한 성매매처벌법 제2조 제1항 제2호 중 (다)목의 "성매매에 제공되는 사실을 알면서 자금 · 토지 또는 건물을 제공하는 행위" 에는 그 행위자가 "성매매를 알선, 권유, 유인 또는 강요하는 행위" [성매매처벌법 제2조 제1항 제2호 (가)목] 또는 "성매매의 장소를 제공하는 행위" [성매매처벌법 제2조 제1항 제2호 (나)목]를 하는 타인에게 자금, 토지 또는 건물을 제공하는 행위뿐만 아니라 스스로 (가)목이나 (나)목의 행위를 하는 경우도 포함된다고 보아야 한다.(대법원 2013. 5. 23. 선고 2012도11586 판결)

● 관련판례 4

◎ 윤락행위를 할 사람을 고용하면서 성매매의 유인 · 권유 · 강요의 수단으로 이용되는 선불금 등 명목으로 제공한 금품이나 그 밖의 재산상 이익 등이 불법원인급여에 해당하는지 여부(적극) 및 성매매의 직접적 대가로서 제공한 경제적 이익 외에 성매매를 전제하고 지급하였거나 성매매와 관련성이 있는 경제적 이익도 불법원인급여에 해당하는지 여부(적극)

성매매알선 등 행위의 처벌에 관한 법률 제10조는 성매매알선 등 행위를 한 사람 또는 성을 파는 행위를 할 사람을 고용한 사람이 그 행위와 관련하여 성을 파는 행위를 하였거나 할 사람에게 가지는 채권은 그 계약의 형식이나 명목에 관계없이 무효로 한다고 규정하고 있고, 부당이득의 반환청구가 금지되는 사유로 민법 제746조가 규정하는 불법원인급여는 그 원인이 되는 행위가 선량한 풍속 기타 사회질서에 반하는 경우를 말하는바, 윤락행위 및 그것을 유인 · 강요하는 행위는 선량한 풍속 기타 사회질서에 반하므로, 윤락행위를 할 사람을 고용하면서 성매매의 유인 · 권유 · 강요의 수단으로 이용되는 선불금 등 명목으로 제공한 금품이나 그 밖의 재산상 이익 등은 불법원인급여에 해당하여 그 반환을 청구할 수 없고, 나아가 성매매의 직접적 대가로서 제공한 경제적 이익뿐만 아니라 성매매를 전제하고 지급하였거나 성매매와 관련성이 있는 경제적 이익이면 모두 불법원인급여에 해당하여 반환을 청구할 수 없다고 보아야 한다.(대법원 2013.6.14. 선고 2011다65174 판결)

● 관련판례 5

◎ 구 '성매매알선 등 행위의 처벌에 관한 법률' 에서 정하고 있는 성매매알선 등 행위가 업무방해죄의 보호대상인 '업무' 에 해당하는지 여부(소극)

구 성매매알선 등 행위의 처벌에 관한 법률(2010. 4. 15. 법률 제10261호로 개정되기 전의 것)은 제2조 제1항 제2호에서 성매매알선 등 행위에 해당하는 행위로 '성매매를 알선 · 권유 · 유인 또는 강요하는 행위' , '성매매의 장소를 제공하는 행위' 등을 규정하고, 제4조 제2호 및 제4호에서 성매매알선행위와 성을 파는 행위를 하게 할 목적으로 타인을 고용 · 모집하는 행위를 금지하고, 이를 위반하여 성매매알선 등 행위를 한 자 및 미수범을 형사처벌하도록 규정하고 있으므로(같은 법 제19조 제1항 제1호, 제2항 제1호, 제23조 등 참조), 성매매알선 등 행위는 법에 의하여 원천적으로 금지된 행위로서 형사처벌의 대상이 되는 중대한 범죄행위일 뿐 아니라 정의관념상 용인될 수 없는 정도로 반사회성을 띠는 경우에 해당하므로, 업무방해죄의 보호대상이 되는 업무라고 볼 수 없다.(대법원 2011. 10. 13., 선고, 2011도7081, 판결)

제21조(벌칙)

① 성매매를 한 사람은 1년 이하의 징역이나 300만원 이하의 벌금·구류 또는 과료(科料)에 처한다.

(작성례 1)

피의자 강○○는 20○○. ○. ○. ○○시 ○○동에 있는 ○○모텔 301호실에서 같은 이○○로부터 화대비로 10만원을 받고 1회 성교행위를 하여 성매매를 하였다.

(작성례 2 - 무자격 안마행위, 성매매)

피의자 1) 홍길동(남, 45세)은 서울 성북구 ○○동 100-11호 높은빌딩 지하1층에서 20○○. 3. 1.경부터 같은 해 5. 15. 16 : 30경 현재까지 "월드" 라는 상호로 남성휴게텔을 운영하는 자이고 같은2), 같은3)은 종업원으로 일하는 자들이다.

피의자 1)은 같은2)를 종업원으로 고용하여 가. 불특정 다수의 손님들을 상대로 팔과 다리, 허리 등을 손으로 주무르거나 잡아 비트는 방법으로 안마를 하게 하여 손님 1명당 그 대금으로 4~5만원을 받아 같은 2)에게 2~3만원을 지급하고 자신이 2만원 가량의 부당이득을 챙기는 등 무자격 안마행위를 하도록 조장하였다.

또한 불특정 다수의 손님들을 상대로 성기를 손으로 잡아 위아래로 흔드는 방법으로 수간하여 유사성교행위를 하게 하여 손님으로부터 8~9만원을 받아 성매매여성에게 5만원을 지급하고 자신이 3~4만원 가량의 부당이득을 챙기는 등 성매매 알선을 하였다.

피의자 2)는 20○○. 4. 16경 같은 해 5. 15 16 : 30경 현재까지 동 업소에서 종업원으로 일하면서 시도지사로부터 전문 안마사 자격증을 취득하지 아니하고 불특정 다수의 손님들을 상대로 손님들의 팔과 다리 등 온몸을 주무르거나 누르고 잡아 비트는 방법으로 무자격 안마행위를 하였다.

■ 적용실례

◇ 성매매행위의 유인, 장소제공의 성립요건

※ 성매매행위의 유인, 장소제공 등 죄는 실제로 성매매행위가 있었음을 전제로 하므로 사실상의 유인 및 장소제공행위가 있었다 할지라도 윤락행위에 이르기 전인 경우에는 동죄로 처벌할 수 없다.

◇ 죄가 안되는 사실을 기소의견 송치한 사례

※ 피의자가 돈을 받고 윤락녀를 소개해 준 일이 있다고 하더라도 실제로 성매매자가 성매매행위를 하지 않았다면 피의자를 처벌할 수가 없다.

◇ 여관종업원으로서 손님의 요청에 따라 상피의자 김○○에게 성매매행위를 알선한 경우

※ 성매매알선등행위의처벌에관한법률 위반 제4조, 제19조 위반으로 의율한다.

● 관련판례 1

◎ 피고인이 갑에게 명의신탁한 토지 및 그 지상 건물에서 갑과 공동하여 영업으로 성매매알선 등 행위를 하였다는 내용의 성매매알선 등 행위의 처벌에 관한 법률 위반 공소사실이 제1심 및 원심에서 각 유죄로 인정된 사안에서, 제반 사정을 고려할 때 토지와 건물을 몰수한 제1심판결을 유지한 원심의 조치가 정당하다고 한 사례

범죄수익법 제8조 제1항은 '범죄수익'을 몰수할 수 있다고 하면서 범죄수익법 제2조 제2호 나목 1)은 "성매매알선 등 행위의 처벌에 관한 법률(이하 '성매매처벌법'이라 한다) 제19조 제2항 제1호(성매매알선 등 행위 중 성매매에 제공되는 사실을 알면서 자금·토지 또는 건물을 제공하는 행위만 해당한다)의 죄에 관계된 자금 또는 재산"을 위 법에서 규정하는 '범죄수익'의 하나로 규정하고 있는바, 성매매알선 등 행위를 규정한 성매매처벌법 제2조 제1항 제2호 중 다목의 "성매매에 제공되는 사실을 알면서 자금·토지 또는 건물을 제공하는 행위"에는 그 행위자가 "성매매를 알선, 권유, 유인 또는 강요하는 행위"(성매매처벌법 제2조 제1항 제2호 가목) 또는 "성매매의 장소를 제공하는 행위"(성매매처벌법 제2조 제1항 제2호 나목)를 하는 타인에게 자금, 토지 또는 건물을 제공하는 행위뿐만 아니라 스스로 가목이나 나목의 행위를 하는 경우도 포함된다고 봄이 상당하다.(대법원 2013. 5. 24. 선고 2012도15805 판결)

● 관련판례 2

◎ 구 '성매매알선 등 행위의 처벌에 관한 법률' 에서 정하고 있는 성매매알선 등 행위가 업무방해죄의 보호대상인 '업무' 에 해당하는지 여부(소극)

구 성매매알선 등 행위의 처벌에 관한 법률(2010. 4. 15. 법률 제10261호로 개정되기 전의 것)은 제2조 제1항 제2호에서 성매매알선 등 행위에 해당하는 행위로 '성매매를 알선·권유·유인 또는 강요하는 행위', '성매매의 장소를 제공하는 행위' 등을 규정하고, 제4조 제2호 및 제4호에서 성매매알선행위와 성을 파는 행위를 하게 할 목적으로 타인을 고용·모집하는 행위를 금지하고, 이를 위반하여 성매매알선 등 행위를 한 자 및 미수범을 형사처벌하도록 규정하고 있으므로(같은 법 제19조 제1항 제1호, 제2항 제1호, 제23조 등 참조), 성매매알선 등 행위는 법에 의하여 원천적으로 금지된 행위로서 형사처벌의 대상이 되는 중대한 범죄행위일 뿐 아니라 정의관념상 용인될 수 없는 정도로 반사회성을 띠는 경우에 해당하므로, 업무방해죄의 보호대상이 되는 업무라고 볼 수 없다. (대법원 2011. 10. 13. 선고 2011도7081 판결)

● 관련판례 3

◎ 성매매알선 등 행위의 처벌에 관한 법률 제2조 제1항 제1호에서 규정한 '성매매' 에서 '불특정인을 상대로' 의 의미

성매매알선 등 행위의 처벌에 관한 법률 제2조 제1항 제1호는 '성매매' 를 불특정인을 상대로 금품이나 그 밖의 재산상의 이익을 수수하거나 수수하기로 약속하고 성교행위나 유사 성교행위를 하거나 그 상대방이 되는 것을 말한다고 규정하고 있는데, 여기서 '불특정인을 상대로' 라는 것은 행위 당시에 상대방이 특정되지 않았다는 의미가 아니라, 그 행위의 대가인 금품 기타 재산상의 이익에 주목적을 두고 상대방의 특정성을 중시하지 않는다는 의미라고 보아야 한다(대법원 2008. 5. 29. 선고 2007도2839 판결 참조).

그리고 형사재판에서 공소가 제기된 범죄사실에 대한 입증책임은 검사에게 있고, 유죄의 인정은 법관으로 하여금 합리적인 의심을 할 여지가 없을 정도로 공소사실이 진실한 것이라는 확신을 가지게 하는 증명력을 가진 증거에 의하여야 하므로, 그러한 증거가 없다면 설령 피고인에게 유죄의 의심이 간다고 하더라도 피고인의 이익으로 판단하여야 한다(대법원 2010. 7. 22. 선고 2009도1151 판결 등 참조). (대법원 2016. 2. 18., 선고, 2015도1185, 판결)

45. 성폭력범죄의 처벌 등에 관한 특례법

[시행 2022. 7. 1.] [법률 제18465호, 2021. 9. 24., 타법개정]

제3조(특수강도강간 등)

① 「형법」 제319조제1항(주거침입), 제330조(야간주거침입절도), 제331조(특수절도) 또는 제342조(미수범. 다만, 제330조 및 제331조의 미수범으로 한정한다)의 죄를 범한 사람이 같은 법 제297조(강간), 제297조의2(유사강간), 제298조(강제추행) 및 제299조(준강간, 준강제추행)의 죄를 범한 경우에는 무기징역 또는 7년 이상의 징역에 처한다. 〈개정 2020.5.19.〉

② 「형법」 제334조(특수강도) 또는 제342조(미수범. 다만, 제334조의 미수범으로 한정한다)의 죄를 범한 사람이 같은 법 제297조(강간), 제297조의2(유사강간), 제298조(강제추행) 및 제299조(준강간, 준강제추행)의 죄를 범한 경우에는 사형, 무기징역 또는 10년 이상의 징역에 처한다.

(작성례 1)

피의자는 20○○. ○. ○. ○○지방법원에서 특정범죄가중처벌등에관한법률위반(절도) 등의 죄로 징역 5년을 선고받는 등 3회의 범죄전과가 있다.

피의자는 여관에 투숙하여 차를 주문하고 그 차배달을 온 종업원을 상대로 금품을 강취하기로 마음먹고 20○○. ○. ○. 14 : 00경 ○○시 ○○동에 있는 ○○장에 투숙한 다음 위 여관에 인접한 ○○다방에 전화를 걸어 차를 주문하였다.

위 다방종업원인 피해자 전○○(여, 23세)이 배달을 오자 그녀와 함께 차를 마시다가 미리 준비한 길이 약 9.5cm의 과도를 꺼내어 그녀의 목에 들이대고 돈을 내라고 협박하여 항거를 불가능하게 한 뒤 그녀의 바지주머니에 들어있던 현금 40,000원을 꺼내어 이를 강취하고, 갑자기 욕정을 일으켜 그녀의 옷을 벗기고 넘어뜨린 다음 강제로 1회 성교하여 그녀를 강간하였다.

(작성례 2)

피의자는 20○○. ○○. ○○. 14:00경 서울특별시 ○○구 ○○로에 있는 피해자 배○○의 집에 이르러, 열려진 대문과 현관문을 통하여 안방까지 침입한 다음 그곳에서 낮잠을 자고 있는 피해자의 가슴에 미리 준비한 흉기인 과도(칼날길이 20cm 가량)를 들이대면서 "소리치면 찔러버리겠다. 값나가는 물건을 내놓아라." 라고 협박하여 반항을 하지 못하게 하였다.

● 관련판례 1

◎ 미성년자를 약취한 후 강간 목적으로 상해 등을 가하고 나아가 강간 및 살인미수를 범한 경우, 약취한 미성년자에 대한 상해 등으로 인한 특정범죄 가중처벌 등에 관한 법률 위반죄와 미성년자에 대한 강간 및 살인미수행위로 인한 성폭력범죄의 처벌 등에 관한 특례법 위반죄의 죄수 관계(=실체적 경합범)

미성년자인 피해자를 약취한 후에 강간을 목적으로 피해자에게 가혹한 행위 및 상해를 가하고 나아가 그 피해자에 대한 강간 및 살인미수를 범하였다면, 이에 대하여는 약취한 미성년자에 대한 상해 등으로 인한 특정범죄 가중처벌 등에 관한 법률 위반죄 및 미성년자인 피해자에 대한 강간 및 살인미수행위로 인한 성폭력범죄의 처벌 등에 관한 특례법 위반죄가 각 성립하고, 설령 상해의 결과가 피해자에 대한 강간 및 살인미수행위 과정에서 발생한 것이라 하더라도 위 각 죄는 서로 형법 제37조 전단의 실체적 경합범 관계에 있다.(대법원 2014. 2. 27. 선고 2013도12301 판결)

● 관련판례 2

◎ 피고인이 갑에게 정신장애가 있음을 알면서 인터넷 쪽지를 이용하여 갑을 피고인의 집으로 유인한 후 성교행위와 제모행위를 함으로써 장애인인 갑을 간음하고 추행하였다고 하여 구 성폭력범죄의 처벌 등에 관한 특례법 위반으로 기소된 사안에서, 피고인의 행위가 위 특례법에서 정한 '장애인에 대한 위계에 의한 간음죄 또는 추행죄' 에 해당하지 않는다고 한 사례

피고인이 갑에게 정신장애가 있음을 알면서 인터넷 쪽지를 이용하여 갑을 피고인의 집으로 유인한 후 성교행위와 제모행위를 함으로써 장애인인 갑을 간음하고 추행하였다고 하여 구 성폭력범죄의 처벌 등에 관한 특례법(2012. 12. 18. 법률 제11556호로 전부 개정되기 전의 것) 위반으로 기소된 사안에서, 피고인이 성교 등의 목적을 가지고 갑을 유인하여 피고인의 집으로 오게 하였더라도, 위 유인행위는 갑을 피고인의 집으로 오게 하기 위한 행위에 불과하고, 갑이 피고인의 집으로 온 것과 성교행위나 제모행위 사이에 불가분적 관련성이 인정되지 아니하여, 갑이 피고인의 유인행위로 간음행위나 추행행위 자체에 대한 착오에 빠졌다거나 이를 알지 못하게 되었다고 할 수 없으므로, 피고인의 행위는 위 특례법에서 정한 장애인에 대한 위계에 의한 간음죄 또는 추행죄에 해당하지 않는다고 한 사례.(대법원 2014. 9. 4. 선고 2014도8423 판결)

● 관련판례 3

◎ 강간의 실행행위 계속 중에 강도행위를 한 경우 '강도강간죄'를 구성하는지 여부(적극) 및 특수강간범이 강간행위 종료 전에 특수강도의 행위를 한 경우 구 성폭력범죄의 처벌 및 피해자보호 등에 관한 법률 제5조 제2항에 정한 '특수강도강간죄'로 의율할 수 있는지 여부(원칙적 적극)

강간범이 강간행위 후에 강도의 범의를 일으켜 그 부녀의 재물을 강취하는 경우에는 강도강간죄가 아니라 강간죄와 강도죄의 경합범이 성립될 수 있을 뿐이지만, 강간행위의 종료 전 즉 그 실행행위의 계속 중에 강도의 행위를 할 경우에는 이때에 바로 강도의 신분을 취득하는 것이므로 이후에 그 자리에서 강간행위를 계속하는 때에는 강도가 부녀를 강간한 때에 해당하여 형법 제339조에 정한 강도강간죄를 구성하고, 구 성폭력범죄의 처벌 및 피해자보호 등에 관한 법률(2010. 4. 15. 법률 제10258호 성폭력범죄의 피해자보호 등에 관한 법률로 개정되기 전의 것) 제5조 제2항은 형법 제334조(특수강도) 등의 죄를 범한 자가 형법 제297조(강간) 등의 죄를 범한 경우에 이를 특수강도강간 등의 죄로 가중하여 처벌하는 것이므로, 다른 특별한 사정이 없는 한 특수강간범이 강간행위 종료 전에 특수강도의 행위를 한 이후에 그 자리에서 강간행위를 계속하는 때에도 특수강도가 부녀를 강간한 때에 해당하여 구 성폭력범죄의 처벌 및 피해자보호 등에 관한 법률 제5조 제2항에 정한 특수강도강간죄로 의율할 수 있다.(대법원 2010. 12.9. 선고 2010도9630 판결)

● 관련판례 4

◎ 피고인이 야간에 갑의 주거에 침입하여 재물을 절취하고 갑의 항거불능 상태를 이용하여 추행하려다가 미수에 그쳤다고 하여 구 성폭력범죄의 처벌 등에 관한 특례법 위반(절도강간등)으로 기소된 사안에서, 피고인이 갑의 주거에 침입할 당시 갑은 이미 사망한 상태였고, 정확한 사망시기도 밝혀지지 않은 사정 등에 비추어, 야간주거침입절도 후 준강제추행 미수의 점을 무죄로 인정한 원심판단은 정당하다고 한 사례

야간주거침입절도 후 준강제추행 미수의 점에 대해서는, 이를 유죄로 보려면 야간주거침입절도죄의 성립이 전제되어야 하는데 이 사건에서 피고인이 피해자의 집에 침입할 당시 피해자는 이미 사망한 상태에 있었으므로 피고인이 가지고 나온 물건들은 피해자가 점유하고 있었다고 볼 수 없다고 하여 무죄라는 취지로 판단하고, 그에 대한 예비적 공소사실인 주거침입 후 준강제추행 미수의 점을 유죄로 인정하고 아울러 함께 공소제기된 점유이탈물횡령의 점을 유죄로 인정하였다. 또한 사체오욕의 점에 관해서도, 피고인이 이 사건 추행행위 당시 피해자가 이미 사망한 상태에 있었다는 사실을 알지 못하였으므로 사체에 대하여 모욕적인 행위를 한다는 인식이 없었으니 사체오욕의 고의가 있었다고 보기 어렵다고 하여 무죄라 할 것이나, 이와 상상적 경합관계에 있는 주거침입 후 준강제추행의 불능미수죄를 유죄로 인정하는 이상 판결 주문에서 따로 무죄를 선고하지 아니한다고 판시하였다.(대법원 2013. 7. 11. 선고 2013도5355 판결)

● 관련판례 5

◎ 피고인이 13세 미만 미성년자인 피해자를 강간하였다고 하여 구 성폭력범죄의 처벌 및 피해자보호 등에 관한 법률 위반으로 기소된 사안에서, 제반 사정에 비추어 피고인이 피해자가 13세 미만인 사실을 미필적으로라도 인식하고 있었다는 것이 증명되었다고 단정할 수 없는데도, 이와 달리 보아 유죄를 인정한 원심판결에 형사재판의 증명책임에 관한 법리를 오해하는 등의 위법이 있다고 한 사례

피고인이 13세 미만 미성년자인 피해자(여, 12세)를 강간하였다고 하여 구 성폭력범죄의 처벌 및 피해자보호 등에 관한 법률(2010. 4. 15. 법률 제10258호 성폭력범죄의 피해자보호 등에 관한 법률로 개정되기 전의 것) 위반으로 기소된 사안에서, 13세 미만의 여자에 대한 강간죄에서 피해자가 13세 미만이라고 하더라도 피고인이 피해자가 13세 미만인 사실을 몰랐다고 범의를 부인하는 경우에는 다른 범죄와 마찬가지로 상당한 관련성이 있는 간접사실 또는 정황사실에 의하여 증명 여부가 판단되어야 하는데, 제반 사정에 비추어 피고인이 범행 당시 이를 미필적으로라도 인식하고 있었다는 것이 합리적 의심의 여지없이 증명되었다고 단정할 수 없는데도, "피해자가 13세 미만의 여자인 이상 그 당시의 객관적인 정황에 비추어 피고인이 피해자가 13세 미만의 여자라는 사실을 인식하였더라면 강간행위로 나아가지 아니하였으리라고 인정할 만한 합리적인 근거를 찾을 수 없다면" 같은 법 제8조의2 제1항에서 정하는 강간죄에 관한 미필적 고의가 인정될 수 있다는 법리에 따라 유죄를 인정한 원심판결에 형사재판의 증명책임에 관한 법리를 오해하는 등의 위법이 있다.(대법원 2012. 8. 30. 선고 2012도7377 판결)

제4조(특수강간 등)

① 흉기나 그 밖의 위험한 물건을 지닌 채 또는 2명 이상이 합동하여 「형법」 제297조(강간)의 죄를 범한 사람은 무기징역 또는 7년 이상의 징역에 처한다. 〈개정 2020.5.19.〉

(작성례)

피의자 김○○은 평소 자주 드나들던 ○○시 ○○동 ○○다방의 여종업원 정○○를 강간하기로 마음먹고, 20○○. ○. ○. 03 : 30경 위 다방에서 위 김○○가 미리 준비한 장도리를 사용하여 출입문 자물쇠를 뜯어내고 들어갔다.

피의자는 그 곳 내실에서 잠자고 있던 위 정○○에게 접근하여 그 녀의 팬티를 벗기면서 잠에서 깨어나 반항하는 그 녀의 입을 손바닥으로 틀어막고 소리 지르면 죽인다고 협박하고 그 녀의 두 다리를 붙잡아 움직이지 못하도록 하여 반항을 억압한 다음 정○○의 질구에 성기를 삽입하여 강간하였다.

● 관련판례 1

◎ 성폭력범죄의 처벌 등에 관한 특례법 제4조 제3항, 제1항의 '2인 이상이 합동하여 형법 제299조의 죄를 범한 경우'에 해당하기 위한 요건

성폭력범죄의 처벌 등에 관한 특례법 제4조 제3항, 제1항의 '2인 이상이 합동하여 형법 제299조의 죄를 범한 경우'에 해당하려면, 피고인들이 공모하여 실행행위를 분담하였음이 인정되어야 하는데, 범죄의 공동가공의사가 암묵리에 서로 상통하고 범의 내용에 대하여 포괄적 또는 개별적인 의사연락이나 인식이 있었다면 공모관계가 성립하고, 시간적으로나 장소적으로 협동관계에 있었다면 실행행위를 분담한 것으로 인정된다(대법원 1996. 7. 12. 선고 95도2655 판결 등 참조).(대법원 2016. 6. 9., 선고, 2016도4618, 판결)

● 관련판례 2

◎ 피고인이 피해자의 주거에 침입하여 강간하려다 미수에 그침과 동시에 자기의 형사사건의 수사 또는 재판과 관련하여 수사단서를 제공하고 진술한 것에 대한 보복 목적으로 그를 폭행하였다는 내용으로 기소된 사안에서, 특정범죄 가중처벌 등에 관한 법률 위반(보복범죄등)죄 및 성폭력범죄의 처벌 등에 관한 특례법 위반(주거침입강간등)죄가 각 성립하고 두 죄가 상상적 경합관계에 있다고 본 원심판단을 수긍한 사례

원심판결 이유에 의하면, 원심은 피고인 겸 피부착명령청구자(이하 '피고인'이라 한다)가 이 사건 강간 범행 과정에서 한 폭행행위는 단순한 폭행이 아니라 보복의 목적을 가지고 한 것으로서 특정범죄 가중처벌 등에 관한 법률 제5조의9 제2항의 구성요건에 해당하는데, 그것이 성폭력범죄의 처벌 등에 관한 특례법 위반(주거침입강간등)죄의 구성요건에 완전히 포섭되지 않는 점, 특정범죄 가중처벌 등에 관한 법률 위반(보복범죄등)죄가 범죄 신고자 등의 보호 외에 국가의 형사사법 기능을 보호법익으로 하는 죄인 데 반하여 강간죄는 개인의 성적 자기결정권을 보호법익으로 하는 죄로서 양(양)죄는 그 보호법익을 달리하는 점 등에 비추어 볼 때, 특정범죄 가중처벌 등에 관한 법률 위반(보복범죄등)죄가 성폭력범죄의 처벌 등에 관한 특례법 위반(주거침입강간등)죄에 흡수되는 법조경합의 관계에 있다고 볼 수 없고 양죄는 상상적 경합관계에 있다고 판단하였다.

관련 법리에 비추어 살펴보면 원심의 위와 같은 판단은 정당한 것으로 수긍할 수 있고, 거기에 상고이유로 주장하는 바와 같이 죄수에 관한 법리를 오해한 위법이 없다. (대법원 2012. 3. 15. 선고 2012도544 판결)

제11조(공중 밀집 장소에서의 추행)

대중교통수단, 공연·집회 장소, 그 밖에 공중(公衆)이 밀집하는 장소에서 사람을 추행한 사람은 3년 이하의 징역 또는 3천만원 이하의 벌금에 처한다. 〈개정 2020.5.19.〉

(작성례)

피의자는 회사원으로서, 20○○. ○. ○. 18 : 30경 서울 시내버스 ○○번의 종점에서 승차한 후 버스가 ○○동 ○○번지의 ○○빌딩을 지날 무렵 퇴근하는 승객들로 버스가 붐비자 옆 좌석에 앉아 있던 피해자 김○○(여, 21세)에게 미소를 지으면서 몸을 밀착시키고 이를 불쾌히 여긴 피해자가 몸을 일으키려 하자 재빨리 피의자의 오른손을 그 녀의 미니스커트 속으로 집어넣어 중지로 음부를 찌르면서 만지는 등으로 그녀를 추행하였다.

● 관련판례 1

◎ '성폭력범죄의 처벌 등에 관한 특례법' 제42조 제1항에 의하여 새로이 공개명령 및 고지명령의 대상이 된 성폭력범죄(같은 법 제11조 내지 제15조에 정한 것)가 '아동·청소년'을 대상으로 이루어진 경우, 같은 법 부칙(2012. 12. 18.) 제4조 제1항이 적용되는지 여부(소극)

'성폭력범죄의 처벌 등에 관한 특례법' (2012. 12. 18. 법률 제11556호로 전부 개정되어 2013. 6. 19. 시행된 것, 이하 '법률 제11556호 성폭력특례법'이라고 한다)은 제42조 제1항에서 과거 공개명령 및 고지명령의 대상이 되는 성폭력범죄가 아니었던 일정한 유형의 범죄(같은 법 제11조 내지 제15조에 정한 것)를 공개명령 및 고지명령의 대상이 되는 성폭력범죄로 새로이 규정하는 한편, 부칙 제4조 제1항으로 "이 법 시행 후 제11조부터 제15조(제14조의 미수범만을 말한다)까지의 개정규정의 범죄로 유죄판결이 확정된 자에 대하여는 제42조부터 제50조까지의 개정규정을 적용한다."고 정하여, 위 각 범죄(이하 신설된 제12조는 제외한다)의 범행 시점이 법률 제11556호 성폭력특례법의 시행 이전이라 하더라도 그 시행 이후 유죄판결을 선고할 때에는 개정된 규정에 따라 공개명령 및 고지명령을 할 수 있는 근거를 두고 있는데, 아동 · 청소년을 상대로 한 위 각 범죄는 그와 별도로 2012. 2. 1. 법률 제11287호로 개정되어 2012. 8. 2. 시행된 '아동 · 청소년의 성보호에 관한 법률'에서 이미 공개명령 및 고지명령의 대상으로 규정하고 있었던 점 등을 고려하면, 이는 위 각 범죄가 아동 · 청소년을 대상으로 이루어진 경우에는 적용되지 않는다고 보아야 한다.(대법원 2014. 3. 27., 선고, 2013도13095, 판결)

● 관련판례 2

◎ '추행'의 의미와 판단 기준 및 강제추행죄의 주관적 구성요건으로 '성욕을 자극 · 흥분 · 만족시키려는 주관적 동기나 목적'이 있어야 하는지 여부(소극)

'추행'이란 객관적으로 일반인에게 성적 수치심이나 혐오감을 일으키게 하고 선량한 성적 도덕관념에 반하는 행위로서 피해자의 성적 자유를 침해하는 것이고, 이에 해당하는지는 피해자의 의사, 성별, 연령, 행위자와 피해자의 이전부터의 관계, 행위에 이르게 된 경위, 구체적 행위태양, 주위의 객관적 상황과 그 시대의 성적 도덕관념 등을 종합적으로 고려하여 신중히 결정되어야 한다. 그리고 강제추행죄의 성립에 필요한 주관적 구성요건으로 성욕을 자극 · 흥분 · 만족시키려는 주관적 동기나 목적이 있어야 하는 것은 아니다.(대법원 2013.9.26.선고 2013도5856 판결)

제13조(통신매체를 이용한 음란행위)

자기 또는 다른 사람의 성적 욕망을 유발하거나 만족시킬 목적으로 전화, 우편, 컴퓨터, 그 밖의 통신매체를 통하여 성적 수치심이나 혐오감을 일으키는 말, 음향, 글, 그림, 영상 또는 물건을 상대방에게 도달하게 한 사람은 2년 이하의 징역 또는 2천만원 이하의 벌금에 처한다. 〈개정 2020.5.19.〉

(작성례)

피의자는 성적욕망을 만족시킬 목적으로 20○○. ○. ○. 17 : 30경 ○○시 ○○동에 있는 ○○아파트 상가앞의 공중전화부스에서 같은 동 ○○빌라 ○동 ○○○호에 거주하는 피해자 이○○(여, 14세)의 집으로 전화를 걸어 피해자가 혼자 있다는 사실을 확인한 다음 "나는 ○○한의원의 한의사인데, 너의 엄마가 나에게 와서 너의 생리가 불규칙하니 검사를 해달라고 하였다"며 피해자를 속이고, 검사를 하겠다면서 "바지를 벗고 질구에 손가락을 넣어 움직이라"고 말하는 등으로 피해자에게 성적 수치심과 혐오감을 일으키는 말을 도달하게 하였다.

● 관련판례 1

◎ 피고인이 2018. 5. 6.경 피해자 甲(女, 10세)에 대하여 저지른 간음유인미수 및 성폭력범죄의 처벌 등에 관한 특례법 위반(통신매체이용음란) 범행과 관련하여 수사기관이 피고인 소유의 휴대전화를 압수하였는데, 위 휴대전화에 대한 디지털정보분석 결과 피고인이 2017. 12.경부터 2018. 4.경까지 사이에 저지른 피해자 乙(女, 12세), 丙(女, 10세), 丁(女, 9세)에 대한 간음유인 및 간음유인미수, 미성년자의제강간, 성폭력범죄의 처벌 등에 관한 특례법 위반(13세미만미성년자강간), 성폭력범죄의 처벌 등에 관한 특례법 위반(통신매체이용음란) 등 범행에 관한 추가 자료들이 획득되어 그 증거능력이 문제 된 사안에서, 추가 자료들로 인하여 밝혀진 피고인의 乙, 丙, 丁에 대한 범행은 압수·수색영장의 범죄사실과 단순히 동종 또는 유사 범행인 것을 넘어서서 구체적·개별적 연관관계가 있는 경우로서 객관적·인적 관련성을 모두 갖추었다고 한 사례

피고인이 2018. 5. 6.경 피해자 甲(女, 10세)에 대하여 저지른 간음유인미수 및 성폭력범죄의 처벌 등에 관한 특례법(이하 '성폭력처벌법' 이라고 한다) 위반(통신매체이용음란) 범행과 관련하여 수사기관이 피고인 소유의 휴대전화를 압수하였는데, 위 휴대전화에 대한 디지털정보분석 결과 피고인이 2017. 12.경부터 2018. 4.경까지 사이에 저지른 피해자 乙(女, 12세), 丙(女, 10세), 丁(女, 9세)에 대한 간음유인 및 간음유인미수, 미성년자의제강간, 성폭력처벌법 위반(13세미만미성년자강간), 성폭력처벌법 위반(통신매체이용음란) 등 범행에 관한 추가 자료들이 획득되어 그 증거능력이 문제 된 사안에서, 위 휴대전화는 피고인이 긴급체포되는 현장에서 적법하게 압수되었고, 형사소송법 제217조 제2항에 의해 발부된 법원의 사후 압수·수색·검증영장(이하 '압수·수색영장' 이라고 한다)에 기하여 압수 상태가 계속 유지되었으며, 압수·수색영장에는 범죄사실란에 甲에 대한 간음유인미수 및 통신매체이용음란의 점만이 명시되었으나, 법원은 계속 압수·수색·검증이 필요한 사유로서 영장 범죄사실에 관한 혐의의 상당성 외에도 추가 여죄수사의 필요성을 포함시킨 점, 압수·수색영장에 기재된 혐의사실은 미성년자인 甲에 대하여 간음행위를 하기 위한 중간 과정 내지 그 수단으로 평가되는 행위에 관한 것이고 나아가 피고인은 형법 제305조의2 등에 따라 상습범으로 처벌될 가능성이 완전히 배제되지 아니한 상태였으므로, 추가 자료들로 밝혀지게 된 乙, 丙, 丁에 대한 범행은 압수·수색영장에 기재된 혐의사실과 기본적 사실관계가 동일한 범행에 직접 관련되어 있는 경우라고 볼 수 있으며, 실제로 2017. 12.경부터 2018. 4.경까지 사이에 저질러진 추가 범행들은, 압수·수색영장에 기재된 혐의사실의 일시인 2018. 5. 7.과 시간적으로 근접할 뿐만 아니라, 피고인이 자신의 성적 욕망을 해소하기 위하여 미성년자인 피해자들을 대상으로 저지른 일련의 성범죄로서 범행 동기, 범행 대상, 범행의 수단과 방법이 공통되는 점, 추가 자료들은 압수·수색영장의 범죄사실 중 간음유인죄의 '간음할 목적' 이나 성폭력처벌법 위반(통신매체이용음란)죄의 '자기 또는 다른 사람의 성적 욕망을 유발하거나 만족시킬 목적' 을 뒷받침하는 간접증거로 사용될 수 있었고, 피고인이 영장 범죄사실과 같은 범행을 저지른 수법 및 준비과정, 계획 등에 관한 정황증거에 해당할 뿐 아니라, 영장 범죄사실 자체에 대한 피고인 진술의 신빙성을 판단할 수 있는 자료로도 사용될 수 있었던 점 등을 종합하면, 추가 자료들로 인하여 밝혀진 피고인의 乙, 丙, 丁에 대한 범행은 압수·수색영장의 범죄사실과 단순히 동종 또는 유사 범행인 것을 넘어서서 이와 구체적·개별적 연관관계가 있는 경우로서 객관적·인적 관련성을 모두 갖추었다는 이유로, 같은 취지에서 추가 자료들은 위법하게 수집된 증거에 해당하지 않으므로 압수·수색영장의 범죄사실뿐 아니라 추가 범행들에 관한 증거로 사용할 수 있다고 본 원심판단이 정당하다고 한 사례.(대법원 2020. 2. 13., 선고, 2019도14341, 2019전도130, 판결)

● 관련판례 2

◎ 성폭력범죄의 처벌 등에 관한 특례법상 등록대상 성범죄에 대해 선고유예 판결이 있는 경우, 판결 확정 즉시 등록대상자로서 신상정보 제출의무를 지는지 여부(적극) 및 선고유예 판결 확정 후 2년이 경과하면 신상정보 제출의무를 면하는지 여부(적극) / 제1심 또는 항소심의 신상정보 제출의무 고지와 관련하여 그 대상, 내용 및 절차 등에 관한 잘못을 다투는 취지의 상고이유가 적법한지 여부(소극)

성폭력범죄의 처벌 등에 관한 특례법(이하 '성폭력 특례법' 이라 한다) 제16조 제2항, 제42조 제1항, 제2항, 제43조 제1항, 제3항, 제4항, 제45조 제1항의 내용 및 형식, 그 취지와 아울러 선고유예 판결의 법적 성격 등에 비추어 보면, 등록대상자의 신상정보 제출의무는 법원이 별도로 부과하는 것이 아니라 등록대상 성범죄로 유죄판결이 확정되면 성폭력 특례법의 규정에 따라 당연히 발생하는 것이고, 위 유죄판결에서 선고유예 판결이 제외된다고 볼 수 없다. 따라서 등록대상 성범죄에 대하여 선고유예 판결이 있는 경우에도 선고유예 판결이 확정됨으로써 곧바로 등록대상자로 되어 신상정보를 제출할 의무를 지게 되며, 다만 선고유예 판결 확정 후 2년이 경과하여 면소된 것으로 간주되면 등록대상자로서 신상정보를 제출할 의무를 면한다고 해석된다.

그리고 이와 같이 등록대상자의 신상정보 제출의무는 법원이 별도로 부과하는 것이 아니므로, 유죄판결을 선고하는 법원이 하는 신상정보 제출의무 등의 고지는 등록대상자에게 신상정보 제출의무가 있음을 알려 주는 것에 의미가 있을 뿐이다. 따라서 설령 법원이 유죄판결을 선고하면서 고지를 누락하거나 고지한 신상정보 제출의무 대상이나 내용 등에 잘못이 있더라도, 그 법원은 적법한 내용으로 수정하여 다시 신상정보 제출의무를 고지할 수 있고, 상급심 법원도 그 사유로 판결을 파기할 필요 없이 적법한 내용의 신상정보 제출의무 등을 새로 고지함으로써 잘못을 바로잡을 수 있으므로, 제1심 또는 원심의 신상정보 제출의무 고지와 관련하여 그 대상, 내용 및 절차 등에 관한 잘못을 다투는 취지의 상고이유는 판결에 영향을 미치지 않는 사항에 관한 것으로서 적법한 상고이유가 되지 못한다.(대법원 2014. 11. 13. 선고 2014도3564 판결)

● 관련판례 3

◎ 성폭력범죄의 처벌 등에 관한 특례법 제13조에서 정한 '통신매체 이용 음란죄'의 보호법익 / 위 죄의 구성요건 중 '자기 또는 다른 사람의 성적 욕망을 유발

하거나 만족시킬 목적' 이 있는지 판단하는 기준 및 '성적 욕망' 에 상대방을 성적으로 비하하거나 조롱하는 등 상대방에게 성적 수치심을 줌으로써 자신의 심리적 만족을 얻고자 하는 욕망이 포함되는지 여부(적극)와 이러한 '성적 욕망' 이 상대방에 대한 분노감과 결합되어 있더라도 마찬가지인지 여부(적극)

성폭력범죄의 처벌 등에 관한 특례법 제13조는 "자기 또는 다른 사람의 성적 욕망을 유발하거나 만족시킬 목적으로 전화, 우편, 컴퓨터, 그 밖의 통신매체를 통하여 '성적 수치심이나 혐오감을 일으키는 말, 음향, 글, 그림, 영상 또는 물건' (이하 '성적 수치심을 일으키는 그림 등' 이라 한다)을 상대방에게 도달하게 한 사람" 을 처벌하고 있다. 성폭력범죄의 처벌 등에 관한 특례법 제13조에서 정한 '통신매체 이용 음란죄' 는 '성적 자기결정권에 반하여 성적 수치심을 일으키는 그림 등을 개인의 의사에 반하여 접하지 않을 권리' 를 보장하기 위한 것으로 성적 자기결정권과 일반적 인격권의 보호, 사회의 건전한 성풍속 확립을 보호법익으로 한다.

'자기 또는 다른 사람의 성적 욕망을 유발하거나 만족시킬 목적' 이 있는지는 피고인과 피해자의 관계, 행위의 동기와 경위, 행위의 수단과 방법, 행위의 내용과 태양, 상대방의 성격과 범위 등 여러 사정을 종합하여 사회통념에 비추어 합리적으로 판단하여야 한다.

'성적 욕망' 에는 성행위나 성관계를 직접적인 목적이나 전제로 하는 욕망뿐만 아니라, 상대방을 성적으로 비하하거나 조롱하는 등 상대방에게 성적 수치심을 줌으로써 자신의 심리적 만족을 얻고자 하는 욕망도 포함된다. 또한 이러한 '성적 욕망' 이 상대방에 대한 분노감과 결합되어 있더라도 달리 볼 것은 아니다.(대법원 2018. 9. 13., 선고, 2018도9775, 판결)

● 관련판례 4

◎ 성폭력범죄의 처벌 등에 관한 특례법 제13조에서 정한 '자기 또는 다른 사람의 성적 욕망을 유발하거나 만족시킬 목적' 이 있는지 판단하는 기준 / 위 규정에서 정한 '성적 수치심이나 혐오감을 일으키는 것' 의 의미 및 성적 수치심 또는 혐오감의 유발 여부를 판단하는 기준

성폭력범죄의 처벌 등에 관한 특례법 제13조는 "자기 또는 다른 사람의 성적 욕망을 유발하거나 만족시킬 목적으로 전화, 우편, 컴퓨터, 그 밖의 통신매체를 통하여 '성적 수치심이나 혐오감을 일으키는 말, 음향, 글, 그림, 영상 또는 물건' 을 상대방에게 도달하게 한 사람"을 처벌한다. '자기 또는 다른 사람의 성적 욕망을 유발하거나 만족시킬 목적' 이 있는지 여부는 피고인과 피해자의 관계, 행위의 동기와 경위, 행위의 수단과 방법, 행위의 내용과 태양, 상대방의 성격과 범위 등 여러 사정을 종합하여 사회통념에 비추어 합리적으로 판단하여야 한다. 또한 '성적 수치심이나 혐오감을 일으키는 것' 은 피해자에게 단순한 부끄러움이나 불쾌감을 넘어 인격적 존재로서의 수치심이나 모욕감을 느끼게 하거나 싫어하고 미워하는 감정을 느끼게 하는 것으로서 사회 평균인의 성적 도의관념에 반하는 것을 의미한다. 이와 같은 성적 수치심 또는 혐오감의 유발 여부는 일반적이고 평균적인 사람들을 기준으로 하여 판단함이 타당하고, 특히 성적 수치심의 경우 피해자와 같은 성별과 연령대의 일반적이고 평균적인 사람들을 기준으로 하여 그 유발 여부를 판단하여야 한다.(대법원 2022.9.29., 선고, 2020도11185, 판결)

제14조(카메라 등을 이용한 촬영)

① 카메라나 그 밖에 이와 유사한 기능을 갖춘 기계장치를 이용하여 성적 욕망 또는 수치심을 유발할 수 있는 사람의 신체를 촬영대상자의 의사에 반하여 촬영한 자는 7년 이하의 징역 또는 5천만원 이하의 벌금에 처한다. 〈개정 2018.12.18., 2020.5.19.〉

(작성례)

피의자는 ○○시 ○○구 ○○동에 있는 ○○독서실에서 3년간 총무를 맡아왔다.

피의자는 20○○. ○. ○.경부터 동 독서실의 여자화장실 둘째칸 천장에 몰래카메라를 설치하여, 근 5개월 동안 화장실 이용자들의 수치심을 유발하는 모습을 촬영하고, 야간에 독서실 안에 있는 피의자의 방에서 동 촬영테이프를 보며 성적 욕망을 만족시켜왔다.

■ 적용사례

◇ 강간수단으로 피해자를 약취한 행위

※ 피해자 이○○을 간음 목적으로 약취한 행위는 피의자들이 피해자를 강간하기 위한 수단으로 행하여진 것이므로 '성폭력범죄의처벌및피해자보호등에관한법률' 죄에 흡수된다고 보아야 할 것이다.

◇ 흉기를 휴대한 강간미수범의 처벌

※ 흉기를 휴대한 강간미수범이 상해를 입힌 경우 성폭력범죄의처벌및피해자보호등에관한법률로는 처벌할 수 없고(1995. 4. 7. 대법원판결) 따라서 이 경우 형법상의 강간치상죄로 의율하여야 한다.

◇ 야간에 혼자 지나가던 피해자를 성폭행, 치상케 한 경우

※ 야간에 혼자서 지나가던 피해자를 추행하고 상해를 입게 한 사안에서 이를 성

폭력범죄의처벌및피해자보호등에관한법률 위반으로 의율하였으나, 동법 제6조 제2항의 경우 흉기 기타 위험한 물건을 휴대하거나 2인 이상이 합동하여 범한 경우를 규정하고 있으므로 본건의 경우 흉기 기타 위험한 물건을 휴대한 것도 아니고 2인 이상이 합동하여 저지른 범행이 아니므로 본건 죄명은 '강제추행치상' 으로 의율하여야 할 것이다.

◇ 3명이 합동하여 피해자를 강제 폭행한 경우

※ 피의자 조○○, 동 김○○, 동 한○○가 합동하여 피해자를 강제추행한 사건인 바, 죄명은 특별법인 성폭력범죄의처벌및피해자보호등에관한법률 위반으로 의율하여야 하고, 일반적인 형법상 강제추행으로 의율하여서는 아니 된다.

● 관련판례 1

◎ 성폭력범죄의 처벌 등에 관한 특례법 위반(카메라등이용촬영)죄에서 규정한 '촬영' 의 의미 / 성폭력범죄의 처벌 등에 관한 특례법 위반(카메라등이용촬영)죄에서 실행의 착수 시기

「성폭력범죄의 처벌 등에 관한 특례법」(이하 '성폭력처벌법' 이라고 한다) 위반(카메라등이용촬영)죄는 카메라 등을 이용하여 성적 욕망 또는 수치심을 유발할 수 있는 타인의 신체를 그 의사에 반하여 촬영함으로써 성립하는 범죄이고, 여기서 '촬영' 이란 카메라나 그 밖에 이와 유사한 기능을 갖춘 기계장치 속에 들어 있는 필름이나 저장장치에 피사체에 대한 영상정보를 입력하는 행위를 의미한다(대법원 2011. 6. 9. 선고 2010도10677 판결 참조). 따라서 범인이 피해자를 촬영하기 위하여 육안 또는 캠코더의 줌 기능을 이용하여 피해자가 있는지 여부를 탐색하다가 피해자를 발견하지 못하고 촬영을 포기한 경우에는 촬영을 위한 준비행위에 불과하여 성폭력처벌법 위반(카메라등이용촬영)죄의 실행에 착수한 것으로 볼 수 없다(대법원 2011. 11. 10. 선고 2011도12415 판결 참조). 이에 반하여 범인이 카메라 기능이 설치된 휴대전화를 피해자의 치마 밑으로 들이밀거나, 피해자가 용변을 보고 있는 화장실 칸 밑 공간 사이로 집어넣는 등 카메라 등 이용 촬영 범행에 밀접한 행위를 개시한 경우에는 성폭력처벌법 위반(카메라등이용촬영)죄의 실행에 착수하였다고 볼 수 있다(대법원 2012. 6. 14. 선고 2012도4449 판결, 대법원 2014. 11. 13. 선고 2014도8385 판결 등 참조).(대법원 2021. 3. 25., 선고, 2021도749, 판결)

● 관련판례 2

◎ [1] 성폭력범죄의 처벌 등에 관한 특례법 제14조 제1항에서 규정한 '다른 사람

의 신체를 촬영하는 행위' 에 다른 사람의 신체 그 자체를 직접 촬영하는 행위만 해당하는지 여부(적극) 및 다른 사람의 신체 이미지가 담긴 영상을 촬영하는 행위도 이에 해당하는지 여부(소극)

[2] 성폭력범죄의 처벌 등에 관한 특례법 제14조 제2항에서 규정한 '촬영물' 에 다른 사람의 신체 그 자체를 직접 촬영한 촬영물만 해당하는지 여부(적극) 및 다른 사람의 신체 이미지가 담긴 영상을 촬영한 촬영물도 이에 해당하는지 여부(소극)

[1] 성폭력범죄의 처벌 등에 관한 특례법 제14조 제1항은 "카메라나 그 밖에 이와 유사한 기능을 갖춘 기계장치를 이용하여 성적 욕망 또는 수치심을 유발할 수 있는 다른 사람의 신체를 그 의사에 반하여 촬영하거나 그 촬영물을 반포·판매·임대·제공 또는 공공연하게 전시·상영한 자는 5년 이하의 징역 또는 1천만 원 이하의 벌금에 처한다." 라고 규정하고 있다. 위 조항이 촬영의 대상을 '다른 사람의 신체' 로 규정하고 있으므로, 다른 사람의 신체 그 자체를 직접 촬영하는 행위만이 위 조항에서 규정하고 있는 '다른 사람의 신체를 촬영하는 행위' 에 해당하고, 다른 사람의 신체 이미지가 담긴 영상을 촬영하는 행위는 이에 해당하지 않는다.

[2] 성폭력범죄의 처벌 등에 관한 특례법(이하 '성폭력처벌법' 이라 한다) 제14조 제2항은 "제1항의 촬영이 촬영 당시에는 촬영대상자의 의사에 반하지 아니하는 경우에도 사후에 그 의사에 반하여 촬영물을 반포·판매·임대·제공 또는 공공연하게 전시·상영한 자는 3년 이하의 징역 또는 500만 원 이하의 벌금에 처한다." 라고 규정하고 있다. 위 제2항은 촬영대상자의 의사에 반하지 아니하여 촬영한 촬영물을 사후에 그 의사에 반하여 반포하는 행위 등을 규율 대상으로 하면서 그 촬영의 대상과 관련해서는 '제1항의 촬영' 이라고 규정하고 있다. 성폭력처벌법 제14조 제1항이 촬영의 대상을 '다른 사람의 신체' 로 규정하고 있으므로, 위 제2항의 촬영물 또한 '다른 사람의 신체' 를 촬영한 촬영물을 의미한다고 해석하여야 하는데, '다른 사람의 신체에 대한 촬영' 의 의미를 해석할 때 위 제1항과 제2항의 경우를 달리 볼 근거가 없다. 따라서 다른 사람의 신체 그 자체를 직접 촬영한 촬영물만이 위 제2항에서 규정하고 있는 촬영물에 해당하고, 다른 사람의 신체 이미지가 담긴 영상을 촬영한 촬영물은 이에 해당하지 아니한다.(대법원 2018. 8. 30., 선고, 2017도3443, 판결)

● 관련판례 3

◎ 성폭력범죄의 처벌 등에 관한 특례법 제14조 제1항 후단의 입법 취지 및 위 조항에서 '타인의 신체를 그 의사에 반하여 촬영한 촬영물' 을 반포·판매·임대 또는 공연히 전시·상영한 자가 반드시 촬영물을 촬영한 자와 동일인이어야 하는지 여부(소극)

성폭력범죄의 처벌 등에 관한 특례법 제14조 제1항 후단의 문언 자체가 "촬영하거나 그 촬영물을 반포·판매·임대 또는 공연히 전시·상영한 자" 라고 함으로써 촬영행위 또는 반포 등 유통행위를 선택적으로 규정하고 있을 뿐 아니라, 위 조항의 입법취지는, 개정 전에는 카메라 등을 이용하여 성적 욕망 또는 수치심을 유발할 수 있는 타인의 신체를 그 의사에 반하여 촬영한 자만을 처벌하였으나, '타인의 신체를 그 의사에 반하여 촬영한 촬영물' (이하 '촬영물' 이라 한다)이 인터넷 등 정보통신망을 통하여 급속도로 광범위하게 유포됨으로써 피해자에게 엄청난 피해와 고통을 초래하는 사회적 문제를 감안하여, 죄책이나 비난 가능성이 촬영행위 못지않게 크다고 할 수 있는 촬영물의 시중 유포 행위를 한 자에 대해서도 촬영자와 동일하게 처벌하기 위한 것인 점을 고려하면, 위 조항에서 촬영물을 반포·판매·임대 또는 공연히 전시·상영한 자는 반드시 촬영물을 촬영한 자와 동일인이어야 하는 것은 아니고, 행위의 대상이 되는 촬영물은 누가 촬영한 것인지를 묻지 아니한다.(대법원 2016. 10. 13. 선고 2016도6172 판결)

● 관련판례 4

◎ '성폭력범죄의 처벌 등에 관한 특례법' 제42조 제1항에 의하여 새로이 공개명령 및 고지명령의 대상이 된 성폭력범죄(같은 법 제11조 내지 제15조에 정한 것)가 '아동·청소년'을 대상으로 이루어진 경우, 같은 법 부칙(2012. 12. 18.) 제4조 제1항이 적용되는지 여부(소극)

'성폭력범죄의 처벌 등에 관한 특례법' (2012. 12. 18. 법률 제11556호로 전부 개정되어 2013. 6. 19. 시행된 것, 이하 '법률 제11556호 성폭력특례법' 이라고 한다)은 제42조 제1항에서 과거 공개명령 및 고지명령의 대상이 되는 성폭력범죄가 아니었던 일정한 유형의 범죄(같은 법 제11조 내지 제15조에 정한 것)를 공개명령 및 고지명령의 대상이 되는 성폭력범죄로 새로이 규정하는 한편, 부칙 제4조 제1항으로 "이 법 시행 후 제11조부터 제15조(제14조의 미수범만을 말한다)까지의 개정규정의 범죄로 유죄판결이 확정된 자에 대하여는 제42조부터 제50조까지의 개정규정을 적용한다." 고 정하여, 위 각 범죄(이하 신설된 제12조는 제외한다)의 범행 시점이 법률 제11556호 성폭력특례법의 시행 이전이라 하더라도 그 시행 이후 유죄판결을 선고할 때에는 개정된 규정에 따라 공개명령 및 고지명령을 할 수 있는 근거를 두고 있는데, 아동·청소년을 상대로 한 위 각 범죄는 그와 별도로 2012. 2. 1. 법률 제11287호로 개정되어 2012. 8. 2. 시행된 '아동·청소년의 성보호에 관한 법률' 에서 이미 공개명령 및 고지명령의 대상으로 규정하고 있었던 점 등을 고려하면, 이는 위 각 범죄가 아동·청소년을 대상으로 이루어진 경우에는 적용되지 않는다고 보아야 한다.(대법원 2014. 3. 27. 선고 2013도13095 판결)

46. 수도법

[시행 2022. 7. 21.] [법률 제18310호, 2021. 7. 20., 타법개정]

제7조(상수원보호구역 지정 등)

④ 제1항과 제2항에 따라 지정 · 공고된 상수원보호구역에서 다음 각 호의 어느 하나에 해당하는 행위를 하려는 자는 관할 특별자치시장 · 특별자치도지사 · 시장 · 군수 · 구청장의 허가를 받아야 한다. 다만, 대통령령으로 정하는 경미한 행위인 경우에는 신고하여야 한다. 〈개정 2010. 5. 25., 2011. 7. 28., 2011. 11. 14.〉

1. 건축물, 그 밖의 공작물의 신축 · 증축 · 개축 · 재축(再築) · 이전 · 용도변경 또는 제거
2. 입목(立木) 및 대나무의 재배 또는 벌채
3. 토지의 굴착 · 성토(盛土), 그 밖에 토지의 형질변경

(작성례)

피의자는 관할관청의 허가를 받지 아니하고 20○○. ○. ○.경 상수원보호구역내인 경기 ○○군 ○○면 ○○리 ○○번지에 있는 피의자 소유의 논에 물을 대기 위하여 남한강의 지류인 ○○천의 하천구역으로부터 위 논에 이르기까지 연장길이 약12미터를 굴삭기를 사용하여 너비 80cm, 깊이 150cm 가량 굴착한 다음 위 굴착된 벽면에 돌과 시멘트로 축대를 설치함으로써 공작물을 신축하였다.

● 관련판례 1

◎ 가축사육의 제한구역 지정기준에 대하여 추상적 · 개방적 개념으로만 규정한 취지

지역주민의 생활환경보전 또는 상수원 수질보전이라는 목적을 위하여 가축사육 제한구역을 지정할 수 있도록 하면서 지정 대상을 주거밀집지역, 수질환경보전지역, 환경기준 초과지역으로 한정하되, 지정기준으로는 주거밀집지역에 대하여는 '생활환경의 보호가 필요한 지역', 수질환경보전지역에 대하여는 '상수원보호구역 등에 준하는 수질환경보전이 필요한 지역'이라고 하여 추상적 · 개방적 개념으로만 규정하고 있다. 가축분뇨법의 입법 목적 등에 비추어 볼 때, 위임조항이 그와 같은 규정 형식을 취한 것은 가축사육 제한구역 지정으로 인한 지역주민의 재산권 제약 등을 고려하여 법률에서 지정기준의 대강과 한계를 설정하되, 구체적인 세부기준은 각 지방자치단체의 실정 등에 맞게 전문적 · 기술적 판단과 정책적 고려에 따라 합리적으로 정하도록 한 것이다.(대법원 2017.4.7. 선고 2014두37122 판결)

● 관련판례 2

◎ 갑 주식회사가 한 공장설립승인신청에 대하여, 천안시장이 공장부지가 상수원보호구역으로부터 상류 800m 지점에 있어서 '산업입지의 개발에 관한 통합지침' 제36조 제1항 제6호에 따라 공장설립이 불허된다는 이유로 불승인처분을 한 사안에서, 처분이 적법하다고 본 원심판단을 수긍한 사례

갑 주식회사가 한 공장설립승인신청에 대하여, 천안시장이 공장부지가 천안 상수원보호구역으로부터 상류 800m 지점에 있어서 '산업입지의 개발에 관한 통합지침' (2008. 1. 4. 건설교통부 고시 제2007-662호, 환경부 고시 제2007-205호, 이하 '통합지침' 이라 한다) 제36조 제1항 제6호에 따라 공장설립이 불허된다는 이유로 불승인처분을 한 사안에서, 통합지침 제36조 제1항 제6호는 법규명령의 효력이 있는 것으로서 공장설립승인 여부를 결정하는 기준을 정한 구 산업집적활성화 및 공장설립에 관한 법률 시행령(2009. 7. 7. 대통령령 제21626호로 개정되기 전의 것) 제19조 제2항에서 정한 '관계 법령' 에 해당하므로, 천안시장이 통합지침에 따라 공장설립승인신청을 불승인한 처분이 적법하다고 본 원심판단을 수긍한 사례. (대법원 2011. 9. 8. 선고 2009두23822 판결)

제33조(위생상의 조치)

① 일반수도사업자는 수도에 관하여 소독 및 수질검사, 그 밖의 위생에 필요한 조치(이하 "소독등위생조치"라 한다)를 하여야 한다.

② 수돗물을 다량으로 사용하는 건축물 또는 시설로서 대통령령으로 정하는 규모 이상의 건축물 또는 시설의 소유자나 관리자(「공동주택관리법」 제2조제1항제1호에 따른 공동주택에 대해서는 같은 법 제64조에 따른 관리사무소장을 건축물이나 시설의 관리자로 본다. 이하 제3항 · 제4항과 제36조제1항에서 같다)는 급수설비(일반수도사업자가 수도시설관리권을 가지는 부분은 제외한다)에 대한 소독등위생조치를 하여야 한다. 이 경우 일반수도사업자는 해당 지방자치단체의 조례로 정하는 바에 따라 수질검사에 필요한 비용의 일부를 지원할 수 있다. 〈개정 2016. 1. 27., 2019. 11. 26.〉

(작성례)

피의자 ○○산업주식회사는 건축물 등의 관리 등을 목적으로 설립된 법인이고, 같은 서○○는 위 회사가 관리하는 ○○시 ○○동 ○○번지에 있는 연면적 4,000㎡ 규모의 ○○빌딩의 관리소장이다.

피의자는 위 빌딩의 저수조는 6월에 1회 이상 청소 및 소독을 실시하고, 그 위생상태를 매월 1회 이상 점검하는 등으로 위생상 필요한 조치를 해야 함에도 불구하고, 이 업무에 관하여 20○○. ○. ○.경부터 20○○. ○. ○.경까지 위 빌딩의 지하 1층에 설치되어 있는 저수용량이 41톤인 지하저수조에 대하여 소독 기타 위생상 필요한 조치를 하지 아니하였다.

● 관련판례

◎ 수도법 시행령 제65조 제5항 제1호, 구 서울특별시 수도시설 이설 등 원인자 및 손괴자부담금 징수조례 제3조 제2항 제3호에서 '수도시설의 손괴 등으로 인하여 새거나 사용할 수 없게 된 수돗물의 요금에 상당하는 금액'을 손괴자부담금으로 규정한 것이 모법의 범위를 벗어나 무효인지 여부(소극)

하위규범의 모법합치적 법률해석의 원칙, 수도시설 손괴자부담금 규정의 입법 취지와 관련 규정의 형식과 내용, 손괴자부담금 부과처분의 재량권에 대한 사법통제 가능성 등을 고려하면, 수도법 시행령 제65조 제5항 제1호, 구 서울특별시 수도시설 이설 등 원인자 및 손괴자부담금 징수조례(2010. 1. 7. 서울특별시조례 제4902호로 개정되기 전의 것) 제3조 제2항 제3호에서 규정하고 있는 '수도시설의 손괴 등으로 인하여 새거나 사용할 수 없게 된 수돗물의 요금에 상당하는 금액'은 구 수도법(2010. 5. 25. 법률 제10317호로 개정되기 전의 것) 제71조 제1항이 규정한 '수도시설의 유지를 위하여 필요한 비용'에 포함된다고 해석할 수 있으므로, 위 시행령이나 조례의 규정이 모법의 범위를 벗어나 무효라고 볼 수 없다.(대법원 2014. 1. 16. 선고 2011두6264 판결)

47. 식품위생법

[시행 2023. 1. 1.] [법률 제18445호, 2021. 8. 17., 타법개정]

제7조(식품 또는 식품첨가물에 관한 기준 및 규격)

① 식품의약품안전처장은 국민 건강을 보호 · 증진하기 위하여 필요하면 판매를 목적으로 하는 식품 또는 식품첨가물에 관한 다음 각 호의 사항을 정하여 고시한다. 〈개정 2013.3.23., 2016.2.3., 2022.6.10.〉

1. 제조 · 가공 · 사용 · 조리 · 보존 방법에 관한 기준
2. 성분에 관한 규격

(작성례)

피의자는 20○○. ○. ○. ○○시장으로부터 식용유지제조업허가를 받아 ○○시 ○○동 ○○번지에서 ○○기름집이라는 상호로 식용유지제조업에 종사하는 사람이다. 피의자는 참기름을 제조함에 있어서는 다른 식용유지를 혼합하여서는 안 됨에도 불구하고, 20○○. ○. ○.경부터 20○○. ○. ○.경까지 위 업소에 볶음솥 2개, 압착기 4대 등을 갖추고 참기름을 제조하면서 남은 깻묵에 콩기름을 혼합하여 가짜 참기름을 제조하고, 이를 같은 시 일원의 식당 등에 판매하여 한달 평균 ○○만원 상당의 수입을 올리는 등 성분과 기준에 적합하지 아니한 식용유지를 제조·판매하였다.

● 관련판례 1

◎ 고춧가루에 별도로 고추씨를 첨가하여 고춧가루를 제조하는 행위가 식품의약품안전처고시인 구 식품의 기준 및 규격(식품공전)에서 정한 제조 · 가공기준을 위반한 행위로서 식품위생법 제7조 제4항 위반죄에 해당하여 이를 판매한 소매가격이 연간 5,000만 원 이상인 경우 구 보건범죄 단속에 관한 특별조치법 제2조 제1항 제2호에 따라 가중처벌되는지 여부(적극) 및 위 행위가 단순히 향신료가공품을 제조한 후 이를 표시하지 않은 행위로서 식품위생법 제10조 제1항 위반죄에 해당하는지 여부(소극)

(1) 구 보건범죄 단속에 관한 특별조치법(2017. 12. 19. 법률 제15252호로 개정되기 전의 것, 이하 '보건범죄단속법' 이라고 한다)은 식품위생법 제7조 제4항을 위반하여 식품을 제조한 사람이 연간 소매가격 5,000만 원 이상 판매한 사람을 무기

또는 3년 이상의 징역에 처하도록 가중처벌하는 규정을 두고 있다(제2조 제1항 제2호). 식품위생법은 식품의약품안전처장이 국민보건을 위하여 판매를 목적으로 하는 식품 또는 식품첨가물에 관한 제조기준 등을 정하여 고시한다고 규정하고 있고(제7조 제1항 제1호), 판매를 목적으로 하는 식품 또는 식품첨가물의 표시기준을 고시한다고 규정하고 있다(제10조 제1항 제1호).

(2) 식품위생법의 위임을 받은 식품의약품안전처고시인 구 식품의 기준 및 규격(2017. 12. 15. 식품의약품안전처고시 제2017-102호로 개정되기 전의 것, 이하 '식품공전' 이라고 한다)은 식품 또는 식품첨가물의 제조 및 표시에 관한 기준을 규정하고 있는데, '제5 식품별 기준 및 규격' 중 21-5에서 고춧가루, 21-6에서 향신료가공품에 관한 제조·가공기준을 규정하고 있다. 한편 식품공전은 향신료가공품에 관한 정의에서 따로 식품별 기준·규격이 정하여진 식품을 제외하고 있는데, 2005. 8. 3. 식품의약품안전청고시 제2005-46호로 개정되면서 고춧가루 제조·가공기준에 "고춧가루에 포함되는 고추씨는 원료 고추에서 생성된 것에 한하여 사용이 가능하고, 별도로 고추씨를 첨가하여 고춧가루 제조에 사용할 수 없다."라는 규정이 추가되었다.

(3) 위 규정의 체계와 내용 및 규정 취지 등을 종합하면, 고춧가루에 별도로 고추씨를 첨가하여 고춧가루를 제조하는 행위는 식품공전에서 정한 제조·가공기준을 위반한 행위로서 식품위생법 제7조 제4항 위반죄에 해당하여 판매한 소매가격이 연간 5,000만 원 이상인 경우에는 보건범죄단속법 제2조 제1항 제2호에 따라 가중처벌된다고 해석하여야 하고, 위 행위가 단순히 향신료가공품을 제조한 후 이를 표시하지 않은 행위로서 식품위생법 제10조 제1항 위반죄에 해당한다고 볼 수 없다.

(4) 원심은 다음과 같은 이유로 피고인 1에 대한 보건범죄단속법 위반(부정식품제조등)의 점을 유죄로 판단하였다. ① 피고인 1이 원료 고추에 별도로 고추씨를 첨가한 행위는 식품공전에서 정한 제조·가공기준을 위반하여 고춧가루를 제조한 행위일 수도 있고, 단순히 향신료가공품을 고춧가루로 표시한 행위일 수도 있다. ② 피고인 1의 행위가 제조행위에 해당하는지 여부는 당해 업체의 영업목적 및 영업내용, 제조시설 및 제조방법, 제품의 외관 및 성상, 제품의 용법, 판매할 때의 제품의 설명 및 선전내용, 일반인의 인식가능성 등 제반 사정을 종합하여 판단하여야 한다. ③ 피고인 1은 고추씨가 포함된 향신료가공품을 제조한 후 고춧가루로 표시하여 판매한 것이 아니라 고춧가루를 제조하는 과정에서 식품공전에서 정한 제조·가공기준을 위반하여 원료 고추에 별도로 고추씨를 첨가한 것으로 인정할 수 있다.

(5) 원심판결 이유를 위 법리와 적법하게 채택한 증거에 비추어 살펴보면, 원심이 피고인 1의 행위가 향신료가공품을 제조한 후 표시기준을 위반한 것으로 볼 여지가 있다고 판단한 것은 그 이유 설시에 일부 부적절한 점이 있으나 피고인 1의 행위를 유죄로 판단한 결론에 있어서는 정당하다. 거기에 보건범죄단속법 제2조 제1항 제2호 적용의 전제가 되는 식품위생법 제7조 제4항, 제1항의 의미와 그 적용범위, 죄형법정주의 원칙에서 파생된 확장해석금지의 원칙과 식품공전의 법적 성격에 관한 법리를 오해하는 등으로 판결에 영향을 미친 잘못이 없다.(대법원 2018. 7. 11., 선고, 2018도6254, 판결)

● 관련판례 2

◎ 식품위생법 제2조 제1호에서 정한 '식품'에 자연식품이 포함되는지 여부(적극) 및 자연으로부터 생산되거나 채취·포획하는 산물이 어느 단계부터 자연식품으로서 식품위생법상 '식품'에 해당하는지 판단하는 기준

식품위생법 제2조 제1호는 식품을 모든 음식물(의약으로 섭취하는 것은 제외한다)이라고 규정하고 있는데, 가공·조리된 식품뿐만 아니라 '자연식품'도 식품에 포함된다. 그런데 자연으로부터 생산되거나 채취·포획하는 산물이 어느 단계부터 자연식품으로서 식품위생법상 '식품'에 해당하는 것인지는, 식품으로 인한 위생상의 위해를 방지하고 국민보건의 증진에 이바지하고자 하는 식품위생법을 비롯한 식품 관련 법령의 문언, 내용과 규정 체계, 식품의 생산·판매·운반 등에 대한 위생 감시 등 식품으로 규율할 필요성과 아울러 우리 사회의 식습관이나 보편적인 음식물 관념 등을 종합적으로 고려하여 판단해야 한다.(대법원 2017. 3. 15. 선고 2015도2477 판결)

● 관련판례 3

◎ 식품위생법 제2조 제1호에서 정한 '식품'에 자연식품이 포함되는지 여부(적극) 및 자연으로부터 생산되는 산물이 어느 단계부터 자연식품으로서 식품위생법상 '식품'에 해당하는지 판단하는 기준 / 식품위생법상 '식품'의 개념이 식품 관련 법령의 개정 및 식품 관련 산업의 발전, 식습관의 변화 등에 따라 달라질 수 있는지 여부(적극)

식품위생법 제2조 제1호는 "'식품'이란 모든 음식물(의약으로 섭취하는 것은 제외한다)을 말한다."라고 규정하고 있고, 위 식품에는 가공 및 조리된 식품뿐 아니라 '자연식품'도 포함된다. 그런데 자연으로부터 생산되는 산물이 어느 단계부터 자연식품으로서 식품위생법상 '식품'에 해당하는 것인지는, 식품으로 인한 위생상의 위해를 방지하고 국민보건의 증진에 이바지하고자 하는 식품위생법의 입법 목적(식품위생법 제1조), 식품위생법 및 그 시행령 등 식품위생법령과 농업·농촌 및 식품산업기본법, 식품산업진흥법, 농수산물 품질관리법 등 관련 법령의 규정 체계, 식품의 생산·판매·운반 등에 대한 위생 감시 등 식품으로 규율할 필요성과 아울러 우리 사회의 식습관이나 보편적인 음식물 관념 등을 종합적으로 고려하여 판단해야 한다. 그리고 이러한 식품위생법상 '식품'의 개념은 식품 관련 법령의 개정 및 식품 관련 산업의 발전, 식습관의 변화 등에 따라 달라질 수 있으므로 과거에는 식품위생법상 '식품'에 해당하지 않는다고 평가되었던 것도 현재에는 식품위생법상 '식품'에 해당할 수 있다.(대법원 2017. 1. 12. 선고 2016도237 판결)

제37조(영업허가 등)

① 제36조제1항 각 호에 따른 영업 중 대통령령으로 정하는 영업을 하려는 자는 대통령령으

> 로 정하는 바에 따라 영업 종류별 또는 영업소별로 식품의약품안전처장 또는 특별자치시장·특별자치도지사·시장·군수·구청장의 허가를 받아야 한다. 허가받은 사항 중 대통령령으로 정하는 중요한 사항을 변경할 때에도 또한 같다.
> ④ 제36조제1항 각 호에 따른 영업 중 대통령령으로 정하는 영업을 하려는 자는 대통령령으로 정하는 바에 따라 영업 종류별 또는 영업소별로 식품의약품안전처장 또는 특별자치시장·특별자치도지사·시장·군수·구청장에게 신고하여야 한다. 신고한 사항 중 대통령령으로 정하는 중요한 사항을 변경하거나 폐업할 때에도 또한 같다.

(작성례 1)

피의자는 관할관청으로 허가를 받지 않고, 20○○. ○. ○.부터 같은 해 ○. ○.까지 사이에 ○○시 ○○동 ○○번지에서 ○○건강원이라는 상호로 약 32㎡의 점포에 솥 8개, 탈수기 1대 및 포장기계 1대 등의 영업설비를 갖추고 불특정다수인을 상대로 흑염소, 개소주 등을 조리·판매하여 한달 평균 ○○만원 상당의 수입을 올리는 식품임가공업을 영위하였다.

(작성례 2 – 무허가 일반음식점)

피의자는 ○○구청장으로부터 일반음식점영업허가를 받지 않고 20○○. 10. 11.부터 같은 해 12. 12.까지 사이에 서울 ○○구 ○○동 1가 115에 약 30평방미터의 점포에서 ○○집이라는 상호로 탁자 4개, 의자 10개, 냉장고 1대 및 조리기구 등을 갖추고 식사를 하러 온 손님들에게 1일 평균 약 10만원 상당의 비빔밥, 설렁탕 등을 조리, 판매하여 일반음식점영업을 하였다.

(작성례 3 – 무허가 단란주점)

피의자는 ○○구청장으로부터 단란주점영업허가를 받지 않고 20○○. 10. 15.경부터 같은 해 12. 13.경까지 사이에 서울 ○○구 ○○동 360-1에 있는 건물 약 396평방미터에서 ○○가라오케라는 상호로 테이블 15개, 의자 60개, 자동반주장치 1대, 자막용 영상장치 4대, 마이크장치 8대 등 영업시설을 갖추고 술을 마시러 온 손님들에게 위 장치의 반주에 맞추어 노래를 부르게 하고 1일 평균 약 100만원 상당의 양주, 맥주 및 안주류를 조리, 판매하여 단란주점영업을 하였다.

(작성례 4 – 무허가 일반음식점)

피의자는 ○○구청장으로부터 유흥주점영업허가를 받지 않고 20○○. 2. 30.경부터 동년 7. 30.까지 서울 ○○구 ○○동 115의 18에 있는 약 90평방미터의 점포에서 ○○○라는 상호로 객실 4개, 탁자 5개, 의자 50개 등의 영업시설을 갖추고 강○○(여, 20세) 등 유흥접객원 3명을 두고 술을 마시러 온 손님들과 함께 술을 마시는 등 유흥을 돋우게 하고 1일 평균 약 100만원 상당의 양주, 맥주 및 안주류를 조리, 판매하여 유흥주점영업을 하였다.

(작성례 5)

피의자는 관할관청으로부터 일반음식점영업허가를 받아 ○○시 ○○동에서 ○○레스토랑이라는 상호로 일반음식점영업을 하고 있다.

피의자는 유흥주점영업허가를 받지 않고 20○○. ○. ○.경부터 20○○. ○. ○.까지 사이에 위 레스토랑에 칸막이방 10개, 탁자 10개, 의자 80석 등의 영업설비를 갖추고 유흥접객원으로 심○○(여, 21세)외 6명을 고용하여 그 곳을 찾아오는 손님들을 상대로 여흥을 돋구며 술시중을 들게 하는 등의 방법으로 술과 안주를 팔아 한달평균 ○○만원의 매상을 올리는 유흥주점영업을 하였다.

● 관련판례 1

◎ 특정 영업소에 관하여 식품접객업 중 일반음식점영업 신고를 마친 사람이 별개의 장소에서 식품제조·가공업을 하려면 해당 장소를 영업소로 하여 식품제조·가공업 등록의무를 이행해야 하는지 여부(적극)

식품위생법은 식품 관련 영업을 하려는 사람은 영업종류별 또는 영업소별로 신고의무 또는 등록의무를 이행하도록 정하고 있다(식품위생법 제37조 제4항, 제5항). 따라서 특정 영업소에 관하여 식품접객업 중 일반음식점영업 신고를 마친 사람이 별개의 장소에서 식품제조·가공업을 하려면 해당 장소를 영업소로 하여 식품제조·가공업 등록의무를 이행해야 한다. 동일인이 별개의 장소에서 식품제조·가공업과 일반음식점영업을 각각 영위하고 있더라도, 그가 자신이 제조·가공한 식품을 보관·운반시설을 이용하여 그 음식점에 제공하는 행위는 별개의 사업자 간의 거래로서 유통과정을 거치는 행위라고 보아야 한다. (대법원 2021. 7. 15., 선고, 2020도13815, 판결)

● 관련판례 2

◎ **[1] 식품위생법상 식품제조·가공업과 식품접객업 중 일반음식점영업의 의미 및 위 각 영업을 구별하는 요소**

[2] 특정 영업소에 관하여 식품접객업 중 일반음식점영업 신고를 마친 사람이 별개의 장소에서 식품제조·가공업을 하려면 해당 장소를 영업소로 하여 식품제조·가공업 등록의무를 이행해야 하는지 여부(적극) / 동일인이 별개의 장소에서 식품제조·가공업과 일반음식점영업을 각각 영위하고 있더라도 자신이 제조·가공한 식품을 보관·운반시설을 이용하여 그 음식점에 제공하는 행위는 별개 사업자 간의 거래로서 유통과정을 거치는 행위인지 여부(적극)

[3] 5곳의 음식점을 직영하는 피고인 甲 주식회사의 대표자인 피고인 乙이 회사 명의로 상가를 임차하여 그곳에 냉장고 등을 설치하고 나물류 4종을 만든 다음 이를 회사가 각 직영하는 음식점에 공급하여 손님에게 주문한 음식의 반찬으로 제공함으로써 무등록 식품제조·가공업을 하였다는 공소사실로 기소된 사안에서, 피고인 乙의 행위는 무등록 식품제조·가공업을 한 것에 해당한다고 한 사례

[1] 식품위생법 제36조 제1항, 식품위생법 시행령 제21조 제1호, 제8호 (나)목, 식품위생법 시행규칙 제36조 [별표 14]를 종합하면, 식품제조·가공업은 최종 소비자의 개별 주문과 상관없이 소비자에게 식품이 제공되는 장소와 구별되는 장소에서 일정한 시설을 갖추어 식품을 만들고, 만들어진 식품을 주로 유통과정을 거쳐 소비자에게 제공하는 형태의 영업을 가리키고, 식품접객업 중 일반음식점영업은 식품을 조리한 그 영업소에서 최종 소비자에게 식품을 직접 제공하여 취식할 수 있게 하는 형태의 영업을 가리킨다. 식품을 만드는 장소와 식품이 소비자에게 제공되는 장소가 동일한지와 식품을 만든 다음 이를 소비자에게 제공하기까지 별도의 유통과정을 거치는지는 위 각 영업을 구별하는 주요한 요소이다.

[2] 식품위생법은 식품 관련 영업을 하려는 사람은 영업종류별 또는 영업소별로 신고의무 또는 등록의무를 이행하도록 정하고 있다(식품위생법 제37조 제4항, 제5항). 따라서 특정 영업소에 관하여 식품접객업 중 일반음식점영업 신고를 마친 사람이 별개의 장소에서 식품제조·가공업을 하려면 해당 장소를 영업소로 하여 식품제조·가공업 등록의무를 이행해야 한다. 동일인이 별개의 장소에서 식품제조·가공업과 일반음식점영업을 각각 영위하고 있더라도, 그가 자신이 제조·가공한 식품을 보관·운반시설을 이용하여 그 음식점에 제공하는 행위는 별개의 사업자 간의 거래로서 유통과정을 거치는 행위라고 보아야 한다.

[3] 5곳의 음식점을 직영하는 피고인 甲 주식회사의 대표자인 피고인 乙이 회사 명의로 상가를 임차하여 그곳에 냉장고 등을 설치하고 시래기 등 나물류 4종을 만든 다음 이를 회사가 각 직영하는 음식점에 공급하여 손님에게 주문한 음식의 반찬으로 제공함으로써 무등록 식품제조·가공업을 하였다는 공소사실로 기소된 사안에서, 피고인 乙이 피고인 甲 회사가 운영하는 식당과 별도의 장소에 일정한 시설을 갖추어 식품을 만든 다음 피고인 甲 회사가 각지에서 직영하는 음식점들에 배송하는 방법으로 일괄 공급함으로써 그 음식점들을 거쳐서 최종 소비자가 취식할 수 있게 한 행위는 무등록 식품제조·가공업을 한 것에 해당한다고 한 사례. [대법원 2021. 7. 15., 선고, 2020도13815, 판결]

제39조(영업 승계)

① 영업자가 영업을 양도하거나 사망한 경우 또는 법인이 합병한 경우에는 그 양수인·상속인 또는 합병 후 존속하는 법인이나 합병에 따라 설립되는 법인은 그 영업자의 지위를 승계한다.

(작성례)

피의자는 20○○. ○. ○.경 서울 ○○구 ○○동 852-1에 있는 일반음식점 ○○집에서 일반음식점영업허가를 받아 위 ○○집을 경영하고 있는 전○○으로부터 그 영업을 양수하여 영업자의 지위를 승계하였으면 1월 이내에 그 사실을 신고하여야 함에도 이를 신고하지 않았다.

● 관련판례 1

◎ 식품위생법 제39조 제1항, 제3항에 의한 영업양도에 따른 지위승계 신고를 행정청이 수리하는 행위의 법률효과 및 양수인이 영업자 지위승계 신고서를 제출할 때 해당 영업장에서 적법하게 영업할 수 있는 요건을 갖추었다는 점에 관한 소명자료를 첨부해야 하는지 여부(적극)

식품위생법 제39조 제1항, 제3항에 의한 영업양도에 따른 지위승계 신고를 행정청이 수리하는 행위는 단순히 양도·양수인 사이에 이미 발생한 사법상의 영업양도의 법률효과에 의하여 양수인이 그 영업을 승계하였다는 사실의 신고를 접수하는 행위에 그치는 것이 아니라, 양도자에 대한 영업허가 등을 취소함과 아울러 양수자에게 적법하게 영업을 할 수 있는 지위를 설정하여 주는 행위로서 영업허가자 등의 변경이라는 법률효과를 발생시키는 행위이다. 따라서 양수인은 영업자 지위승계 신고서에 해당 영업장에서 적법하게 영업을 할 수 있는 요건을 모두 갖추었다는 점을 확인할 수 있는 소명자료를 첨부하여 제출하여야 하며(식품위생법 시행규칙 제48조 참조), 그 요건에는 신고 당시를 기준으로 해당 영업의 종류에 사용할 수 있는 적법한 건축물(점포)의 사용권원을 확보하고 식품위생법 제36조에서 정한 시설기준을 갖추어야 한다는 점도 포함된다.

영업장 면적이 변경되었음에도 그에 관한 신고의무가 이행되지 않은 영업을 양수한 자 역시 그와 같은 신고의무를 이행하지 않은 채 영업을 계속한다면 시정명령 또는 영업정지 등 제재처분의 대상이 될 수 있다.(대법원 2020. 3. 26., 선고, 2019두38830, 판결)

● 관련판례 2

◎ 피고인이 영업시설을 전부 인수하여 영업하면서도 1개월 이내에 영업자 지위 승계신고를 하지 아니하였다고 하며 구 식품위생법 위반으로 기소된 사안에서, 피고인이 영업자가 아닌 자에게서 영업을 양수한 이상 같은 법 제39조 제1항의 영업자의 지위를 승계한 경우에 해당하지 않는다고 한 사례

피고인이 할인마트 점포의 영업시설을 전부 인수하여 영업하면서도 1개월 이내에 영업자 지위 승계신고를 하지 아니하였다고 하며 구 식품위생법(2010. 1. 18. 법률 제9932호로 개정되기 전의 것) 위반으로 기소된 사안에서, 건물주에게서 점포를 임차하여 영업신고를 마치고 영업을 시작한 갑과, 갑을 기망하여 영업양도계약을 체결한 을 사이의 영업양도계약이 그 이행이 완료되기 전에 기망을 이유로 취소되어 소급적으로 효력을 상실하였다고 보아야 하는 점에 비추어 을은 갑에게서 영업을 양수하여 영업자의 지위를 승계한 자라고 할 수 없고, 달리 을이나 을한테서 영업 일체를 양도받아 피고인에게 영업을 양도한 병이 영업신고 등을 하여 영업자의 지위에 있다고 볼 만한 사정도 보이지 아니하므로, 피고인이 영업자가 아닌 병에게서 영업을 양수한 이상 같은 법 제39조 제1항의 영업자의 지위를 승계한 경우에 해당하지 않는다.(대법원 2012. 1. 12. 선고 2011도6561 판결)

제44조(영업자 등의 준수사항)

② 식품접객영업자는 「청소년 보호법」 제2조에 따른 청소년(이하 이 항에서 "청소년"이라 한다)에게 다음 각 호의 어느 하나에 해당하는 행위를 하여서는 아니 된다.

4. 청소년에게 주류(酒類)를 제공하는 행위

(작성례)

피의자는 서울 ○○구 ○○동 464-1에서 ○○○○이라는 상호로 일반음식점영업을 하는 식품접객영업자이다.

피의자는 식품접객업자는 미성년자에 대하여 주류를 제공하지 아니하여야 함에도, 20○○. ○. ○. 21 : 00경 피의자 경영의 위 ○○○○ 음식점에서 미성년자인 강○○(여, 15세)에게 소주 1병을 제공하여 영업자가 지켜야 할 사항을 지키지 아니하였다.

● 관련판례

◎ 청소년보호법 제51조 제8호에 정한 '청소년에게 주류를 판매하는 행위'의 의미 및 그 기수시기

청소년보호법 제51조 제8호 소정의 '청소년에게 주류를 판매하는 행위' 란 청소년에게 주류를 유상으로 제공하는 행위를 말하고, 청소년에게 주류를 제공하였다고 하기 위하여는 청소년이 실제 주류를 마시거나 마실 수 있는 상태에 이르러야 한다. 위 법리에 비추어 원심이 적법하게 확정한 사실들을 살펴보면, 피고인은 2005. 12. 5.부터 안성시 (이하 생략) 7층에서 " (이하 생략) 나이트클럽" 이라는 상호로 유흥주점을 운영하고 있었던 사실, 공소외 1은 1988년생으로서 미성년자인데도, 2006. 2. 17. 00:30경 위 나이트클럽에 혼자 들어가 그곳의 룸 안에서 종업원인공소외 2에게 술과 안주를 주문한 사실, 위공소외 2는공소외 1에게 술값을 선불로 결제해 줄 것을 요구하고, 이에 따라공소외 1로부터 신용카드를 건네받았으나 위 카드는 결제승인이 나지 않은 사실, 그 후공소외 1은공소외 2에게 다른 신용카드를 건네주어 술값을 결제하고는 위 나이트클럽에 있는 모든 러시아 아가씨들을 불러달라고 요구한 사실, 공소외 2는 이러한공소외 1의 행동 등을 수상하게 여기고 피고인에게 이 같은 사정을 말한 사실, 이에 피고인은공소외 2와 함께 술과 안주를 가지고 가공소외 1이 있는 룸 안으로 들어가 위공소외 1에게 신분증을 보여달라고 요구하고, 공소외 1이 신분증을 제시하지 않자 그를 밖으로 데리고 나갔는데, 마침 도착한 경찰관들이 위공소외 1을 절도혐의로 체포한 사실 등을 알 수 있고, 이와 같이 피고인이공소외 1이 있는 룸 안으로 술을 가지고 들어갔다 하더라도, 이와 동시에 피고인이공소외 1에게 신분증 제시를 요구하고공소외 1이 신분증을 제시하지 않자공소외 1로 하여금 술을 마시지 못하게 한 채 밖으로 데리고 나왔다면, 공소외 1이 실제 주류를 마시거나 마실 수 있는 상태에 이르지 않았다고 봄이 상당하고, 피고인이공소외 1로부터 그 술값을 선불로 받았다거나공소외 1의 신분을 확인하려고 한 이유가 청소년 여부를 확인하기 위한 것이 아니었다고 하여 이와 달리 볼 수는 없으므로, 결국 피고인이 청소년인공소외 1에게 주류를 제공하였다고 볼 수 없다.

같은 취지에서, 판시와 같은 이유로 이 부분 청소년에 대한 주류판매의 공소사실을 무죄로 인정한 제1심판결을 그대로 유지한 원심의 조치는 정당하고, 상고이유의 주장과 같이 채증법칙을 위반하거나, 주류판매로 인한 청소년보호법 위반죄의 기수시기에 관한 법리를 오해한 위법 등이 없다.(대법원 2008. 7. 24. 선고 2008도3211 판결)

제75조(허가취소 등)

① 식품의약품안전처장 또는 특별자치시장 · 특별자치도지사 · 시장 · 군수 · 구청장은 영업자가 다음 각 호의 어느 하나에 해당하는 경우에는 대통령령으로 정하는 바에 따라 영업허가 또는 등록을 취소하거나 6개월 이내의 기간을 정하여 그 영업의 전부 또는 일부를 정지하거나 영업소 폐쇄(제37조제4항에 따라 신고한 영업만 해당한다. 이하 이 조에서 같다)를 명할 수 있다. 다만, 식품접객영업자가 제13호(제44조제2항에 관한 부분만 해당한다)를 위반한 경우로서 청소년의 신분증 위조 · 변조 또는 도용으로 식품접객영업자가 청소년인 사실을 알지 못하였거나 폭행 또는 협박으로 청소년임을 확인하지 못한 사정이 인정되는 경우에는 대통령령으로 정하는 바에 따라 해당 행정처분을 면제할 수 있다. 〈개정 2010.2.4., 2011.6.7., 2013.3.23., 2013.7.30., 2014.5.28., 2015.2.3., 2015.5.18., 2016.2.3., 2018.3.13., 2018.12.11., 2019.4.30., 2020.12.29., 2022.6.10.〉

(작성례)

피의자는 서울 ○○구 ○○동 183-23에서 ○○라는 상호로 일반음식점 영업을 하고 있다.

피의자는 ○○구청장으로부터 20○○. 5. 14.부터 같은 해 6. 13.까지 영업의 정지를 명령받고도 20○○. 6. 3.경 피의자 경영의 위 ○○○ 음식점에서 음식을 먹으러 온 김○○ 등 4명에게 설렁탕 등을 조리, 판매하여 영업정지명령에 위반하여 영업을 계속하였다.

■ 적용실례

◇ 농약사용 콩나물의 수사상 유의할 점

※ 성숙된 콩나물(출하된 것이거나 당일 출하할 콩나물)을 수거하여 농약사용 여부의 감정을 의뢰하여야 하고, 감정기관에서 업자와 짜고 허위감 정할 가능성이 있으므로 수거시 같은 양을 2개로 나누어 수거하여 서로 다른 기관에 검사의뢰함이 마땅하며, 통상업자들이 농약사용 사실이 적발되더라도 단속당시에만 농약을 사용하였다고 변명하므로 거래대장들을 수거하여 농약의 구입처를 상대로 사용기간, 사용량 등을 확인하는 작업이 필요하다.

◇ 정육점을 경영하는 피의자가 식육을 배달하면서 냉동차를 사용하지 아니한 경우

※ 동법 제8조 제1항에 따라 보건복지가족부장관이 고시하는 식품용기의 규격 등이 동 기준에 위반한 경우를 처벌하는 규정인데, 식육판매업자가 식육을 배달하면서 냉동차를 사용해야 한다는 보건복지부장관의 고시가 없는 이상 혐의없음.

◇ 신고하지 아니하고 식육판매업을 한 사안

※ 이를 허가사항이라고 보고 식품위생법 제74조, 제2조 제1항으로 의율하였으나, 이 경우는 신고사항이므로 동법 제77조 제1호, 제22조제5항으로 의율하여야 한다.

◇ 대중음식점 영업허가로 접대부고용, 술과 안주 등을 제공하는 유흥음식점 영업을 한 경우

※ 피의자가 대중음식점 영업허가를 받고도 접대부를 고용, 술과 안주 등을 제공

하는 등 유흥음식점 영업을 한 사안인 바, 피의자 대중음식점 영업허가를 받았다고 하여도 사실상 유흥음식점 영업을 하였고, 이에 대한 허가를 받지 아니한 이상 당연히 무허가 유흥음식점 영업행위로 의율 처리하여야 하고, 단순한 업태 위반(허가조건 위반)으로 의율하여서는 안 된다.

◇ 고속도로상의 정류장에서 휴식을 취하고 있는 운전기사들에게 커피를 조리하여 판매한 경우

※ 동인들이 휴식을 취할 수 있는 객석을 갖추지 않고 휴대하고 다니는 봉지에 들어 있는 커피분말을 이용하여 커피를 조리한 다음 가지고 다니면서 개별적으로 운전기사들에게 판매한 것으로서 위와 같은 사실만으로는 식품위생법 소정의 다방영업을 영위하였다고 볼 수 없어 무허가 다방영업에 해당하지 않는다.

◇ 무허가로 3평의 점포에 술과 안주를 판 경우

※ 피의자가 무허가로 약 3평의 점포 내에 의자탁자 등을 설치하고 약 1개월의 기간 동안 고객들에게 맥주와 조리하지 않은 안주를 판매한 사안에서, 식품위생법 제22조 제1항에 의하면 동법 제21조의 규정에 의한 영업 중 대통령령이 정하는 영업을 하고자 하는 자는 허가를 얻어야 한다고 규정하고 있는데, 동법 시행령 제7조 제7호 가목에 의하면 대중음식점이란 유흥종사자를 두지 아니하고 탕밥, 면류 도시락 등을 조리 판매하여야 비로소 대중음식점 영업을 하는 것이라고 해석되는 것은 아니고 영업의 의사로 음식점 설치를 갖추고 간단한 주류를 판매하면 대중음식점영업을 하는 경우에 해당한다.

● 관련판례 1

◎ 수산물가공업 등록을 하고 해당 영업을 하는 경우, 식품제조·가공업 신고를 하여야 하는지 여부(소극)

구 식품위생법(2011. 6. 7. 법률 제10787호로 개정되기 전의 것) 제37조 제4항, 구 식품위생법 시행령(2011. 12. 19. 대통령령 제23380호로 개정되기 전의 것) 제21조 제1호, 제25조 제1항 제1호는 식품을 제조·가공하는 영업, 즉 식품제조·가공업을 하려는 자는 관할관청에 신고하여야 한다고 규정하고 있고, 구 식품위생법 시행령(2012. 7. 19. 대통령령 제23962호로 개정되기 전의 것) 제25조 제2항 제2호는 수산물품질관리법 제19조에 따라 수산물가공업의 등록을 하고 해당 영업을 하는 경우에는 식품제조·가공업 신고를 하지 아니한다고 규정하고 있다. 그 후 수산물품질관리법령이 폐지됨에 따라 수산물가공업에 관하여는 식품산업진흥법령이 규율하게 되었고, 그에 따라 2012. 7. 19. 대통령령 제23962호로 개정된 식품위생법 시행령 제25조 제2항 제2호는 식품산업진흥법 제19조의5에 따라 수산물가공업(냉동·냉장업)의 신고를 하고 해당 영업을 하는 경우에는 식품제조·가공업 신고를 하지 아니한다고 규정하였는데, 2011. 7. 21. 법률 제10889호로 개정되어 2012. 7. 22.부터 시행된 식품산업진흥법의 부칙 제5조는 수산물품질관리법 제19조에 따라 수산물가공업(냉동·냉장업) 등록을 한 자는 식품산업진흥법에 따라 신고한 자로 본다고 규정하였다. 이상의 각 규정을 종합하면, 식품제조·가공업을 하려는 자는 관할관청에 신고하여야 하지만 위 수산물품질관리법 제19조에 따라 수산물가공업 등록을 하고 해당 영업을 하는 경우에는 식품제조·가공업 신고를 하지 않아도 된다.(대법원 2015.1.29. 선고 2014도8448 판결)

● 관련판례 2

◎ 영업자에 의해 판매되는 식품에 실제로 유독· 유해물질이 들어 있지 않거나 그로 인하여 사람의 건강을 해한 결과가 발생하지 않았으나 그러한 염려가 있음이 인정되는 경우, 식품위생법상 처벌대상이 되는지 여부(적극)

영업자에 의해 유독·유해물질이 들어 있는 식품이 시중에 판매되는 경우, 다수의 소비자들이 위험성을 미처 인식하지 못하고 섭취하게 됨으로써 사람의 생명과 신체에 대한 피해가 광범위하고 급속하게 발생할 우려가 있고, 일단 피해가 발생하면 사후적인 구제는 별 효과가 없는 경우가 대부분이다.

식품으로 인하여 생기는 위생상의 위해를 방지하고 식품영양의 질적 향상을 도모하며 식품에 관한 올바른 정보를 제공하여 국민보건의 증진에 이바지함을 목적으로 하여 제정된 식품위생법 제4조 제2호는 위해식품으로 인하여 생기는 위와 같은 피해의 특수성을 고려하여 유독·유해물질이 들어 있거나 묻어 있는 것 외에 그러할 염려가 있는 것에 대해서까지도 판매하는 등의 행위를 금지하고 있으므로, 실제로 유독·유해물질이 들어 있지 않거나 그로 인하여 사람의 건강을 해한 결과가 발생하지 아니하였더라도 그러한 염려가 있음만 인정된다면 식품위생법 제94조 제1호, 제4조 제2호에 의한 처벌대상이 된다.(대법원 2014.4.10. 선고 2013도9171 판결)

● 관련판례 3

◎ 식품위생법 제39조 제1항, 제3항에 의한 영업양도에 따른 지위승계 신고를 행정청이 수리하는 행위의 법률효과 및 양수인이 영업자 지위승계 신고서를 제출할 때 해당 영업장에서 적법하게 영업할 수 있는 요건을 갖추었다는 점에 관한 소명자료를 첨부해야 하는지 여부(적극)

식품위생법 제39조 제1항, 제3항에 의한 영업양도에 따른 지위승계 신고를 행정청이 수리하는 행위는 단순히 양도·양수인 사이에 이미 발생한 사법상의 영업양도의 법률효과에 의하여 양수인이 그 영업을 승계하였다는 사실의 신고를 접수하는 행위에 그치는 것이 아니라, 양도자에 대한 영업허가 등을 취소함과 아울러 양수자에게 적법하게 영업을 할 수 있는 지위를 설정하여 주는 행위로서 영업허가자 등의 변경이라는 법률효과를 발생시키는 행위이다. 따라서 양수인은 영업자 지위승계 신고서에 해당 영업장에서 적법하게 영업을 할 수 있는 요건을 모두 갖추었다는 점을 확인할 수 있는 소명자료를 첨부하여 제출하여야 하며(식품위생법 시행규칙 제48조 참조), 그 요건에는 신고 당시를 기준으로 해당 영업의 종류에 사용할 수 있는 적법한 건축물(점포)의 사용권원을 확보하고 식품위생법 제36조에서 정한 시설기준을 갖추어야 한다는 점도 포함된다.

영업장 면적이 변경되었음에도 그에 관한 신고의무가 이행되지 않은 영업을 양수한 자 역시 그와 같은 신고의무를 이행하지 않은 채 영업을 계속한다면 시정명령 또는 영업정지 등 제재처분의 대상이 될 수 있다.(대법원 2020. 3. 26., 선고, 2019두38830, 판결)

48. 신용정보의 이용 및 보호에 관한 법률

[시행 2021. 12. 30.] [법률 제17799호, 2020. 12. 29., 타법개정]

제33조(개인신용정보의 이용)
① 개인신용정보는 다음 각 호의 어느 하나에 해당하는 경우에만 이용하여야 한다.
1. 해당 신용정보주체가 신청한 금융거래 등 상거래관계의 설정 및 유지 여부 등을 판단하기 위한 목적으로 이용하는 경우
2. 제1호의 목적 외의 다른 목적으로 이용하는 것에 대하여 신용정보주체로부터 동의를 받은 경우
3. 개인이 직접 제공한 개인신용정보(그 개인과의 상거래에서 생긴 신용정보를 포함한다)를 제공받은 목적으로 이용하는 경우(상품과 서비스를 소개하거나 그 구매를 권유할 목적으로 이용하는 경우는 제외한다)
4. 제32조제6항 각 호의 경우
5. 그 밖에 제1호부터 제4호까지의 규정에 준하는 경우로서 대통령령으로 정하는 경우

② 신용정보회사등이 개인의 질병, 상해 또는 그 밖에 이와 유사한 정보를 수집·조사하거나 제3자에게 제공하려면 미리 제32조제1항 각 호의 방식으로 해당 개인의 동의를 받아야 하며, 대통령령으로 정하는 목적으로만 그 정보를 이용하여야 한다.

[전문개정 2020. 2. 4.]

(작성례)

피의자 박○○는 서울시 ○○구 ○○동 ○○번지에 사무실을 차려놓고 대출알선영업을 하는 사람인데, 이름을 알 수 없는 사람으로부터 20○○년 ○월 부터 20○○년 ○월 까지 2회에 걸쳐 약 13,500명의 개인신용정보가 기재된 엑셀파일을 제공받아 대출영업알선을 하는데 이용하였다.

● 관련판례 1

◎ 신용정보제공·이용자가 개정된 신용정보의 이용 및 보호에 관한 법률이 시행되기 전에 개인인 신용정보주체로부터 구 신용정보의 이용 및 보호에 관한 법률 제23조 제1항에 따라 개인신용정보를 신용정보업자 등에게 제공하기 위한 동의를 받아 해당 개인과 금융거래 등 상거래관계를 설정한 경우, 개정 법률이 시행된 이후 그 상거래관계의 유지·관리를 위한 목적으로 해당 신용정보주체에 관

한 개인신용정보를 제공받기 위하여 추가로 개정 법률 제32조 제2항에 따른 동의를 받아야 하는지 여부(소극)

구 신용정보의 이용 및 보호에 관한 법률(2009. 4. 1. 법률 제9617호로 전부 개정되기 전의 것, 이하 '구 신용정보법' 이라고 한다) 제23조 제1항, 개정 신용정보의 이용 및 보호에 관한 법률(2009. 4. 1. 법률 제9617호로 전부 개정되어 2009. 10. 2. 시행된 것, 이하 '개정 신용정보법' 이라고 한다) 제32조 제1항, 제2항, 개정 신용정보법 부칙 제3조의 규정을 종합하면, 신용정보제공·이용자가 개정 신용정보법이 2009. 10. 2. 시행되기 전에 개인인 신용정보주체로부터 구 신용정보법 제23조 제1항에 따라 개인신용정보를 신용정보업자 등에게 제공하기 위한 서면 등의 방식에 의한 동의를 받아 해당 개인과 금융거래 등 상거래관계를 설정하였다면 개정 신용정보법이 시행된 이후에도 그 상거래관계의 유지·관리를 위한 목적으로 해당 신용정보주체에 관한 개인신용정보를 제공받으려는 경우에는 추가로 개정 신용정보법 제32조 제2항에 따른 동의를 받지 않아도 된다.(대법원 2015.5.14. 선고 2015다1178 판결)

● 관련판례 2

◎ 신용정보의 이용 및 보호에 관한 법률 제50조 제2항 제7호, 제40조 제4호에서 처벌하는 '신용정보회사 등이 아니면서 특정인의 사생활 조사 등을 업으로 행위' 의 의미와 판단 기준 및 사생활 조사 등을 업으로 하는 행위와 그 의뢰행위가 대향범 관계에 있는지 여부(소극)

신용정보의 이용 및 보호에 관한 법률은 제50조 제2항 제7호, 제40조 제4호에서 신용정보회사 등이 아니면서 특정인의 소재 및 연락처를 알아내거나 금융거래 등 상거래관계 외의 사생활 등을 조사하는 행위를 업으로 하는 자를 처벌하는 규정을 두고 있는바, 2인 이상의 서로 대향된 행위의 존재를 필요로 하는 대향범에 대하여는 공범에 관한 형법총칙의 규정이 적용될 수 없다고 할 것이나 (대법원 2007. 10. 25. 선고 2007도6712 판결, 대법원 2011. 10. 13. 선고 2011도6287 판결 등 참조), 위와 같이 사생활 조사 등을 업으로 한다는 것은 그러한 행위를 계속하여 반복하는 것을 의미하고, 이에 해당하는지 여부는 사생활 조사 등 행위의 반복·계속성 여부, 영업성의 유무, 그 목적이나 규모, 횟수, 기간, 태양 등의 여러 사정을 종합적으로 고려하여 사회통념에 따라 판단할 것으로 반드시 영리의 목적이 요구되는 것은 아니라 할 것이므로(대법원 1996. 12. 10. 선고 94도2235 판결, 대법원 1999. 6. 11. 선고 98도617 판결, 대법원 2008. 10. 23. 선고 2008도7277 판결 등 참조), 사생활 조사 등을 업으로 하는 행위에 그러한 행위를 의뢰하는 대향된 행위의 존재가 반드시 필요하다거나 의뢰인의 관여행위가 당연히 예상된다고 볼 수 없고, 따라서 사생활 조사 등을 업으로 하는 행위와 그 의뢰행위는 대향범의 관계에 있다고 할 수 없다.(대법원 2012.9.13. 선고 2012도5525 판결)

49. 스토킹범죄의 처벌 등에 관한 법률

[시행 2021. 10. 21.] [법률 제18083호, 2021. 4. 20., 제정]

제2조(정의)

이 법에서 사용하는 용어의 뜻은 다음과 같다.

1. "스토킹행위"란 상대방의 의사에 반(反)하여 정당한 이유 없이 상대방 또는 그의 동거인, 가족에 대하여 다음 각 목의 어느 하나에 해당하는 행위를 하여 상대방에게 불안감 또는 공포심을 일으키는 것을 말한다.
   가. 접근하거나 따라다니거나 진로를 막아서는 행위
   나. 주거, 직장, 학교, 그 밖에 일상적으로 생활하는 장소(이하 "주거등"이라 한다) 또는 그 부근에서 기다리거나 지켜보는 행위
   다. 우편 · 전화 · 팩스 또는 「정보통신망 이용촉진 및 정보보호 등에 관한 법률」 제2조제1항제1호의 정보통신망을 이용하여 물건이나 글 · 말 · 부호 · 음향 · 그림 · 영상 · 화상(이하 "물건등"이라 한다)을 도달하게 하는 행위
   라. 직접 또는 제3자를 통하여 물건등을 도달하게 하거나 주거등 또는 그 부근에 물건등을 두는 행위
   마. 주거등 또는 그 부근에 놓여져 있는 물건등을 훼손하는 행위
2. "스토킹범죄"란 지속적 또는 반복적으로 스토킹행위를 하는 것을 말한다.
3. "피해자"란 스토킹범죄로 직접적인 피해를 입은 사람을 말한다.
4. "피해자등"이란 피해자 및 스토킹행위의 상대방을 말한다.

제3조(스토킹행위 신고 등에 대한 응급조치)

사법경찰관리는 진행 중인 스토킹행위에 대하여 신고를 받은 경우 즉시 현장에 나가 다음 각 호의 조치를 하여야 한다.

1. 스토킹행위의 제지, 향후 스토킹행위의 중단 통보 및 스토킹행위를 지속적 또는 반복적으로 할 경우 처벌 경고
2. 스토킹행위자와 피해자등의 분리 및 범죄수사
3. 피해자등에 대한 긴급응급조치 및 잠정조치 요청의 절차 등 안내
4. 스토킹 피해 관련 상담소 또는 보호시설로의 피해자등 인도(피해자등이 동의한 경우만 해당한다)

50. 아동복지법

[시행 2022. 7. 1.] [법률 제17784호, 2020. 12. 29., 일부개정]

제17조(금지행위)

누구든지 다음 각 호의 어느 하나에 해당하는 행위를 하여서는 아니 된다. 〈개정 2014.1.28., 2021.12.21.〉

1. 아동을 매매하는 행위
2. 아동에게 음란한 행위를 시키거나 이를 매개하는 행위 또는 아동에게 성적 수치심을 주는 성희롱 등의 성적 학대행위
8. 아동에게 구걸을 시키거나 아동을 이용하여 구걸하는 행위

(작성례 1)

피의자는 관할관청의 허가를 받지 않고 20○○. ○. 초순경부터 20○○. ○. ○.경까지 ○○시 ○○동 ○○번지에 있는 방 3개, 주방 1개 등의 영업시설을 갖추고, 종업원 박○○(여, 16세) 외 3명을 접대부로 고용하여 위 업소를 찾는 불특정다수의 고객들을 상대로 술시중을 들게 하면서 1일 평균 약 ○○만원 상당의 술과 안주 등을 조리·판매하는 유흥음식점영업을 하였다.

그리고 20○○. ○. ○. 01 : 00경 위 같은 시 ○○동 ○○번지에 있는 ○○여관에서 위 박○○로 하여금 위 업소의 고객인 성명미상의 남자와 성교를 하게 함으로써 아동에게 음행을 시켰다.

(작성례 2)

피의자는 20○○. ○. ○. 20 : 00경 ○○시 ○○동에 있는 ○○병원 앞길에서 그곳을 지나가던 피해자 박○○(11세)과 성명을 모르는 그의 친구 1명을 옆 골목길로 데리고 들어가 담벽에 위 피해자들을 세워놓고 인상을 쓰면서 "있는 것 다 내놔" 라고 말을 하여 만약 이에 불응하면 폭행을 가할 듯한 태도를 보였다. 그리하여 위 피해자들로 하여금 겁을 먹게 한 뒤 갈취할 목적으로 위 피해자들의 주머니를 뒤졌으나 돈이 없어 그 뜻을 이루지 못하여 미수에 그쳤다.

피의자는 같은 날 20 : 00경부터 22 : 00경까지 위 병원 앞길에서 아

동인 위 박○○에게 구걸하도록 강요하여 그로 하여금 지나가는 행인들에게 구걸을 시켰다.

● 관련판례 1

◎ 아동복지법상 금지되는 '성적 학대행위'의 의미 및 성폭행의 정도에 이르지 아니한 성적 행위로서 성적 도의관념에 어긋나고 아동의 건전한 성적 가치관의 형성 등 완전하고 조화로운 인격발달을 현저하게 저해할 우려가 있는 행위가 이에 포함되는지 여부(적극)

아동복지법 제1조는 "이 법은 아동이 건강하게 출생하여 행복하고 안전하게 자랄 수 있도록 아동의 복지를 보장하는 것을 목적으로 한다."라고 규정하고 있고, 제2조는 "아동은 완전하고 조화로운 인격발달을 위하여 안정된 가정환경에서 행복하게 자라나야 한다(제2항). 아동에 관한 모든 활동에 있어서 아동의 이익이 최우선적으로 고려되어야 한다(제3항)."라고 규정하고 있다. 그리고 제3조 제7호에서는 아동학대를 "보호자를 포함한 성인이 아동의 건강 또는 복지를 해치거나 정상적 발달을 저해할 수 있는 신체적·정신적·성적 폭력이나 가혹행위를 하는 것과 아동의 보호자가 아동을 유기하거나 방임하는 것"이라고 정의하면서, 제17조 제2호에서 "누구든지 아동에게 음란한 행위를 시키거나 이를 매개하는 행위 또는 아동에게 성적 수치심을 주는 성희롱 등의 성적 학대행위를 하여서는 아니 된다."라고 하고 있다.

'아동에게 음란한 행위를 시키는 행위'는 아동복지법 제정 당시부터 금지행위의 유형에 포함되어 있었으나, '성적 학대행위'는 2000. 1. 12. 법률 제6151호로 아동복지법이 전부 개정되면서 처음으로 금지행위의 유형에 포함되었고, 그 문언도 처음에는 "아동에게 성적 수치심을 주는 성희롱, 성폭행 등의 학대행위"였다가 2011. 8. 4. 법률 제11002호로 전부 개정 시 "아동에게 성적 수치심을 주는 성희롱·성폭력 등의 학대행위"로, 2014. 1. 28. 법률 제12361호로 개정 시 "아동에게 성적 수치심을 주는 성희롱 등의 성적 학대행위"로 각 변경됨으로써 현재는 성적 학대행위의 예로 '성폭행'이나 '성폭력'은 삭제되고 '성희롱'만을 규정하고 있다. 그리고 '성적 학대행위'가 위와 같이 금지행위의 유형에 포함된 이후부터 아동복지법이 2014. 1. 28. 법률 제12361호로 개정되기 전까지 아동복지법은 '아동에게 음행을 시키는 행위'와 '성적 학대행위'를 각각 다른 호에서 금지행위로 규정하면서 전자는 10년 이하의 징역 또는 5천만 원 이하의 벌금으로, 후자는 5년 이하의 징역 또는 3천만 원 이하의 벌금으로 처벌하는 등 법정형을 달리하였으나, 아동복지법이 2014. 1. 28. 개정되면서 같은 호에서 같은 법정형(10년 이하의 징역 또는 5천만 원 이하의 벌금)으로 처벌하게 되었다(제17조 제2호, 제71조 제1항 제1호의2 참조).

이러한 아동복지법의 입법목적과 기본이념, '아동에게 음란한 행위를 시키는 행위'와 '성적 학대행위'를 금지하는 규정의 개정 경과 등을 종합하면, 아동복지법상 금지되는 '성적 학대행위'는 아동에게 성적 수치심을 주는 성희롱 등의 행위로서 아동의 건강·복지를 해치거나 정상적 발달을 저해할 수 있는 성적 폭력 또는 가혹행위를 의미하고, 이는 '음란한 행위를 시키는 행위' 와는 별개의 행위로서, 성폭행의 정도에 이르지 아니한 성적 행위도 그것이 성적 도의관념에 어긋나고 아동의 건전한 성적 가치관의 형성 등 완전하고 조화로운 인격발달을 현저하게 저해할 우려가 있는 행위이면 이에 포함된다.(대법원 2017. 6. 15. 선고 2017도3448 판결)

● 관련판례 2

◎ 아동복지법상 아동매매죄는 대가를 받고 아동의 신체를 인계·인수함으로써 성립하는지 여부(적극) 및 아동이 명시적인 반대 의사를 표시하지 아니하거나 동의·승낙의 의사를 표시하였다는 사정이 아동매매죄 성립에 영향을 미치는지 여부(소극)

아동복지법 제17조 제1호의 '아동을 매매하는 행위' 는 '보수나 대가를 받고 아동을 다른 사람에게 넘기거나 넘겨받음으로써 성립하는 범죄' 로서, '아동' 은 같은 법 제3조 제1호에 의하면 18세 미만인 사람을 말한다.

아동은 아직 가치관과 판단능력이 충분히 형성되지 아니하여 자기결정권을 자발적이고 진지하게 행사할 것을 기대하기가 어렵고, 자신을 보호할 신체적·정신적 능력이 부족할 뿐 아니라, 보호자 없이는 사회적·경제적으로 매우 취약한 상태에 있으므로, 이러한 처지에 있는 아동을 마치 물건처럼 대가를 받고 신체를 인계·인수함으로써 아동매매죄가 성립하고, 설령 위와 같은 행위에 대하여 아동이 명시적인 반대 의사를 표시하지 아니하거나 더 나아가 동의·승낙의 의사를 표시하였다 하더라도 이러한 사정은 아동매매죄의 성립에 아무런 영향을 미치지 아니한다.(대법원 2015. 8. 27. 선고 2015도6480 판결)

● 관련판례 3

◎ 아동학대범죄의 공소시효 정지 규정인 아동학대범죄의 처벌 등에 관한 특례법 제34조의 취지 / 같은 법 제34조 제1항은 완성되지 않은 공소시효의 진행을 일정한 요건에서 장래를 향하여 정지시키는 것인지 여부(적극) 및 그 시행일 당시 범죄행위가 종료되었으나 아직 공소시효가 완성되지 않은 아동학대범죄에 대해서도 적용되는지 여부(적극)

아동학대범죄의 처벌 등에 관한 특례법(2014. 1. 28. 제정되어 2014. 9. 29. 시행되었으며, 이하 '아동학대처벌법' 이라 한다)은 아동학대범죄의 처벌에 관한 특례 등을 정함으로써 아동을 보호하여 아동이 건강한 사회 구성원으로 성장하도록 함을 목적으로 다음과 같은 규정을 두고 있다. 제2조 제4호 (타)목은 아동복지법 제71조 제1항 제2호, 제17조 제3호에서 정한 '아동의 신체에 손상을 주거나 신체의 건강 및 발달을 해치는 신체적 학대행위' 를 아동학대범죄의 하나로 정하고 있다. 제34조는 '공소시효의 정지와 효력' 이라는 제목으로 제1항에서 "아동학대범죄의 공소시효는 형사소송법 제252조에도 불구하고 해당 아동학대범죄의 피해아동이 성년에 달한 날부터 진행한다."라고 정하고, 부칙은 "이 법은 공포 후 8개월이 경과한 날부터 시행한다."라고 정하고 있다. 아동학대처벌법은 신체적 학대행위를 비롯한 아동학대범죄로부터 피해아동을 보호하기 위한 것으로서, 제34조는 아동학대범죄가 피해아동의 성년에 이르기 전에 공소시효가 완성되어 처벌대상에서 벗어나는 것을 방지하고자 그 진행을 정지시킴으로써 피해를 입은 18세 미만 아동(아동학대처벌법 제2조 제1호, 아동복지법 제3조 제1호)을 실질적으로 보호하려는 데 취지가 있다.

아동학대처벌법은 제34조 제1항의 소급적용에 관하여 명시적인 경과규정을 두고 있지는 않다. 그러나 이 규정의 문언과 취지, 아동학대처벌법의 입법 목적, 공소시효를 정지하는 특례조항의 신설·소급에 관한 법리에 비추어 보면, 이 규정은 완성되지 않은 공소시효의 진행을 일정한 요건에서 장래를 향하여 정지시키는 것으로서, 그 시행일인 2014. 9. 29. 당시 범죄행위가 종료되었으나 아직 공소시효가 완성되지 않은 아동학대범죄에 대해서도 적용된다고 봄이 타당하다.

한편 대법원 2015. 5. 28. 선고 2015도1362, 2015전도19 판결은 공소시효의 배제를 규정한 구 성폭력범죄의 처벌 등에 관한 특례법(2012. 12. 18. 법률 제11556호로 전부 개정되기 전의 것) 제20조 제3항에 대한 것으로, 공소시효의 적용을 영구적으로 배제하는 것이 아니고 공소시효의 진행을 장래에 향하여 정지시키는 데 불과한 아동학대처벌법 제34조 제1항의 위와 같은 해석·적용에 방해가 되지 않는다.**(대법원 2021. 2. 25., 선고, 2020도3694, 판결)**

● 관련판례 4

◎ 아동·청소년을 타인의 성적 침해 또는 착취행위로부터 보호하고자 하는 이유 / 아동·청소년이 타인의 기망이나 왜곡된 신뢰관계의 이용에 의하여 외관상 성적 결정 또는 동의로 보이는 언동을 한 경우 이를 아동·청소년의 온전한 성적 자기결정권의 행사에 의한 것이라고 평가할 수 있는지 여부(소극)

국가와 사회는 아동·청소년에 대하여 다양한 보호의무를 부담한다. 국가는 청소년의 복지향상을 위한 정책을 실시하고(헌법 제34조 제4항), 초·중등교육을 실시할 의무(교육기본법 제8조)를 부담한다. 사법 영역에서도 마찬가지여서 친권자는 미성년자를 보호하고 양육하여야 하고(민법 제913조), 미성년자가 법정대리인의 동의 없이 한 법률행위는 원칙적으로 그 사유에 제한 없이 취소할 수 있다(민법 제5조). 법원도 아동·청소년이 피해자인 사건에서 아동·청소년이 특별히 보호되어야 할 대상임을 전제로 판단해 왔다. 대법원은 아동복지법상 아동에 대한 성적 학대행위 해당 여부를 판단함에 있어 아동이 명시적인 반대 의사를 표시하지 아니하였더라도 성적 자기결정권을 행사하여 자신을 보호할 능력이 부족한 상황에 기인한 것인지 가려보아야 한다는 취지로 판시하였고, 아동복지법상 아동매매죄에 있어서 설령 아동 자신이 동의하였더라도 유죄가 인정된다고 판시하였다. 아동·청소년이 자신을 대상으로 음란물을 제작하는 데에 동의하였더라도 원칙적으로 아동·청소년의 성보호에 관한 법률상 아동·청소년이용 음란물 제작죄를 구성한다는 판시도 같은 취지이다.

이와 같이 아동·청소년을 보호하고자 하는 이유는, 아동·청소년은 사회적·문화적 제약 등으로 아직 온전한 자기결정권을 행사하기 어려울 뿐만 아니라, 인지적·심리적·관계적 자원의 부족으로 타인의 성적 침해 또는 착취행위로부터 자신을 방어하기 어려운 처지에 있기 때문이다. 또한 아동·청소년은 성적 가치관을 형성하고 성 건강을 완성해 가는 과정에 있으므로 아동·청소년에 대한 성적 침해 또는 착취행위는 아동·청소년이 성과 관련한 정신적·신체적 건강을 추구하고 자율적 인격을 형성·발전시키는 데에 심각하고 지속적인 부정적 영향을 미칠 수 있다. 따라서 아동·청소년이 외관상 성적 결정 또는 동의로 보이는 언동을 하였더라도, 그것이 타인의 기망이나 왜곡된 신뢰관계의 이용에 의한 것이라면, 이를 아동·청소년의 온전한 성적 자기결정권의 행사에 의한 것이라고 평가하기 어렵다.(대법원 2020. 10. 29., 선고, 2018도16466, 판결)

● 관련판례 5

◎ 누구든지 아동복지법 제17조 제2호에서 정한 금지행위를 한 경우에는 같은 법 제71조 제1항에 따라 처벌되는지 여부(적극) 및 성인이 아닌 경우 위 금지행위규정 및 처벌규정의 적용에서 배제되는지 여부(소극)

아동복지법은 제3조 제7호에서 '아동학대'를 '보호자를 포함한 성인이 아동의 건강 또는 복지를 해치거나 정상적 발달을 저해할 수 있는 신체적·정신적·성적 폭력이나 가혹행위를 하는 것과 아동의 보호자가 아동을 유기하거나 방임하는 것'이라고 정의하면서, 제3장 제2절에서 아동학대의 예방 및 방지에 관한 각종 규정을 두고 있다. 한편 아동복지법은 제17조에서 '누구든지 다음 각호의 어느 하나에 해당하는 행위를 하여서는 아니 된다'고 하면서, 제2호로 '아동에게 음란한 행위를 시키거나 이를 매개하는 행위 또는 아동에게 성적 수치심을 주는 성희롱 등의 성적 학대행위'를 금지행위로 규정하고, 제71조 제1항에서 '제17조를 위반한 자를 처벌한다'고 규정하고 있다. 이러한 아동복지법 규정의 각 문언과 조문의 체계 등을 종합하여 보면, 누구든지 제17조 제2호에서 정한 금지행위를 한 경우 제71조 제1항에 따라 처벌되는 것이고, 성인이 아니라고 하여 위 금지행위규정 및 처벌규정의 적용에서 배제된다고 할 수는 없다.(대법원 2020. 10. 15., 선고, 2020도6422, 판결)

51. 액화석유가스의 안전관리 및 사업법

[시행 2022. 2. 3.] [법률 제18818호, 2022. 2. 3., 일부개정]

제30조(공급자의 의무)

① 액화석유가스 충전사업자, 액화석유가스 집단공급사업자 및 액화석유가스 판매사업자(이하 "가스공급자"라 한다)가 액화석유가스를 수요자(액화석유가스 사업자등은 제외한다. 이하 이 조에서 같다)에게 공급할 때에는 그 수요자의 시설에 대하여 안전 점검을 하고, 산업통상자원부령으로 정하는 바에 따라 수요자에게 위해를 예방하는 데에 필요한 사항을 지도하여야 한다.

(작성례)

피의자는 액화석유가스판매사업자이다.

피의자는 20○○. ○. ○. 11 : 30경 ○○시 ○○동 ○○번지에 있는 임○○의 집에서 임○○에게 엘피가스를 공급하면서 위 임○○의 집에 설치되어 있는 액화석유가스의 사용시설에 대한 안전점검을 실시하지 않았다.

■ 적용실례

◇ 가스공급을 전제로 하는 안전점검의무가 없다고 본 경우

가스배달원이 가옥주의 주문을 받고 가스를 배달하러 갔다가 셋집 아주머니로부터 옆방의 이사간 사람의 가스통과 새로 이사온 사람의 가스통을 교환하여 달라는 부탁을 받고 가스통을 교환해 준 후 가스가 누출되어 폭발, 인명 및 재산피해를 입게 한 경우

※ 액화석유가스의안전관리및사업법 제9조 제1항은 가스판매업자가 수요자에게 가스를 공급할 때 그 수요자의 시설에 대하여 안전점검을 실시하도록 규정하고 있다. 한편 이 경우 배달원은 가스 수요자인 가옥주에게 가스를 공급한 것이고, 위 가스통 교환은 피의자의 가옥주에 대한 가스공급과는 아무런 관련없이 한 것이므로, 가스공급을 전제로 하는 동법상의 안전점검 의무는 없다고 보는 것이 상당하다.

● 관련판례

◎ 액화석유가스의 안전관리 및 사업법 시행규칙 제10조 제1항 제1호 [별표 3]에서 액화석유가스 충전 시설기준의 하나로 정한 '사업소의 부지는 그 한 면이 폭 8m 이상의 도로에 접할 것'을 충족하려면 도로의 폭이 지적공부뿐 아니라 실제 현황도 8m 이상이 되어야 하는지 여부(적극)

액화석유가스의 안전관리 및 사업법(이하 '액화가스법'이라 한다) 제4조 제1항은 시·도지사 또는 시장·군수·구청장은 액화석유가스 충전사업, 가스용품 제조사업, 액화석유가스 집단공급사업, 액화석유가스 판매사업의 허가신청을 받으면 다음 각 호의 요건을 모두 갖춘 경우 허가하여야 한다고 규정하면서, 각 호 중 제3호로 '연결도로, 도시계획, 인구 밀집 등을 고려하여 설치가 적정하지 아니하다고 인정되는 지역에 사업 시설을 설치하지 아니할 것'을, 제6호로 '이 법과 그 밖의 다른 법령에 적합할 것'을 규정하고 있다.

한편 액화가스법 제3조 제4항은 "액화석유가스의 충전·집단공급·판매 및 가스용품 제조에 관한 시설기준과 기술기준은 지식경제부령으로 정한다."고 규정하고, 이에 따라 같은 법 시행규칙 제10조 제1항 제1호에서 액화석유가스 충전의 시설기준과 기술기준을 [별표 3]으로 정하면서 시설기준의 하나로 '사업소의 부지는 그 한 면이 폭 8m 이상의 도로에 접할 것'이라고 규정(이하 '이 사건 규정'이라 한다)하고 있다. 이러한 규정의 취지는 액화석유가스 충전·판매 사업소에 대형 가스수송차량이나 유사 시 소방차량 등이 출입할 수 있는 도로의 폭을 확보함으로써 가스충전 사업소 인근의 교통소통을 원활하게 하고 안전을 도모하기 위한 것이라고 할 것이다. 위와 같은 법령의 취지와 내용 등에 비추어 보면, 이 사건 규정이 정한 시설기준을 충족하기 위해서는 지적공부에 도로의 폭이 8m 이상으로 기재되어 있는 것만으로는 부족하고, 도로의 실제 현황도 폭이 8m 이상이 되어야 한다.

따라서 허가관청은 액화석유가스 충전사업소의 부지에 접한 도로의 폭이 지적공부뿐 아니라 실제의 현황에 의하더라도 8m 이상이 되지 아니하여 액화가스법 제3조 제4항에서 정한 시설기준과 기술기준에 적합하지 아니함에 따라 제4조 제1항 제6호의 요건을 갖추지 못하거나, 연결도로, 도시계획, 인구 밀집 등을 고려하여 사업설치가 적정하지 아니한 지역이라고 인정되어 제4조 제1항 제3호의 요건을 갖추지 못하는 경우에는 허가를 하여서는 아니 된다. (대법원 2012. 6. 28. 선고 2010두25091 판결)

제35조(시설의 시공 및 시공기록 등의 보존·제출)

① 액화석유가스의 충전시설, 집단공급시설, 판매시설, 영업소시설, 저장시설 또는 사용시설(이하 "액화석유가스시설"이라 한다)을 시공하려는 자는 「건설산업기본법」 제9조에 따라 가스시설시공업의 등록을 한 자(이하 "가스시설시공업자"라 한다)이어야 한다.

② 산업통상자원부령으로 정하는 규모 이상의 가스공급시설 또는 가스사용시설의 설치공사나 변경공사를 시공·관리하려는 가스시설시공업자는 산업통상자원부령으로 정하는 바에 따라 해당 액화석유가스 배관망공급사업자가 가스공급시설의 공사계획, 가스공급능력 등에 미치

는 영향을 검토할 수 있도록 시공할 내용을 액화석유가스 배관망공급사업자에게 미리 알려주어야 하며, 액화석유가스 배관망공급사업자는 시공할 내용에 대하여 검토한 결과를 그 가스시설시공업자와 액화석유가스를 사용하려는 자에게 알려주어야 한다. 〈신설 2019.8.20.〉

③ 가스시설시공업자는 가스공급시설 또는 가스사용시설의 설치공사나 변경공사를 하는 경우에는 산업통상자원부령으로 정하는 시설별 시설기준과 기술기준에 적합하도록 시공·관리하여야 한다. 〈신설 2019.8.20.〉

④ 가스시설시공업자가 액화석유가스시설을 시공할 때에는 제5조제4항·제6항, 제8조제3항 및 제44조제1항에 따른 시설기준과 기술기준에 맞게 시공하여야 한다. 〈개정 2019.8.20.〉

⑤ 가스시설시공업자는 액화석유가스시설의 설치공사나 변경공사를 완공하면 산업통상자원부령으로 정하는 바에 따라 그 시공기록 · 완공도면(전산보조기억장치에 입력된 경우에는 그 입력된 자료로 할 수 있다. 이하 같다), 그 밖에 필요한 서류(이하 "시공기록 등"이라 한다)를 작성 · 보존하여야 한다. 〈개정 2019. 8. 20.〉

⑥ 가스시설시공업자는 산업통상자원부령으로 정하는 바에 따라 시공기록 등의 사본을 액화석유가스시설의 설치공사나 변경공사를 발주한 자에게 내주고, 완공도면의 사본을 시장 · 군수 · 구청장에게 제출하여야 한다. 〈개정 2019. 8. 20.〉

⑦ 제6항에 따라 시공기록 등의 사본을 받은 가스공급자 및 액화석유가스 저장자는 그 중 완공도면 사본을 산업통상자원부령으로 정하는 바에 따라 보존하여야 한다. 〈개정 2019.8.20.〉

[제목개정 2019. 8. 20.]

(작성례)

피의자는 배관공사업을 영위하고 있다.

피의자는 액화석유가스시설의 설치공사 자격이 없으면서 20○○. ○. 초순경 ○○시 ○○동 ○○번지의 안○○소유의 주택에 취사용으로 사용케 하기 위하여 위 주택의 뒤에 엘피가스통을 설치하고 티자관을 이용하여 위 주택의 주방에 있는 가스렌지에 연결시켜주고 위 안○○로부터 돈 300,000원을 받아 가스사용시설 설치공사를 하였다.

● 관련판례

◎ **갑이 액화석유가스 충전사업을 하고자 관할 시장에게 액화석유가스 충전사업허가 신청을 하였으나 관할 시장이 위 신청 장소가 연면적 1,000㎡ 이상의 공동주택 외면으로부터 200m 이내 지역에 위치하고 있어 고양시 가스사업 등의 허**

가기준에 관한 조례 제6조의 규정에 반한다는 이유로 위 신청을 거부한 사안에서, 위 조례 조항이 위임입법의 한계를 일탈하여 무효라고 볼 수 없다고 본 원심판결을 정당하다고 한 사례

갑이 액화석유가스 충전사업을 하고자 관할 시장에게 액화석유가스 충전사업허가 신청을 하였으나 관할 시장이 위 신청 장소가 연면적 1,000㎡ 이상의 공동주택 외면으로부터 200m 이내 지역에 위치하고 있어 고양시 가스사업 등의 허가기준에 관한 조례 제6조의 규정에 반하여 불가능하다는 이유로 위 신청을 거부한 사안에서, 위 조례에서 액화석유가스 충전사업의 허가 기준으로 정하고 있는 인구밀집건물로부터의 거리제한(이하 '위 거리제한' 이라 한다)은 시설기준·기술수준에 관하여 정한 저장설비 외면으로부터 보호시설까지의 거리(이하 '이격거리' 라 한다)와는 그 규정 근거 및 목적이 다르므로, 위 거리제한이 위 이격거리와 일치되지 않는다고 하더라도 이를 두고 시설기준·기술수준에 관한 구 액화석유가스의 안전관리 및 사업법(2011. 5. 24. 법률 제10711호로 개정되기 전의 것)과 구 액화석유가스의 안전관리 및 사업법 시행규칙(2011. 3. 2. 지식경제부령 제173호로 개정되기 전의 것)에 위배되어 위임의 한계를 일탈한 것이라고 볼 수 없다는 이유로, 위 거리제한을 정한 위 조례 조항이 위임입법의 한계를 일탈한 것으로서 무효라고 볼 수 없다고 본 원심판결을 정당하다 **(대법원 2013. 4. 26. 선고 2012두8205 판결)**

52. 야생생물 보호 및 관리에 관한 법률

[시행 2022. 12. 13.] [법률 제19088호, 2022. 12. 13., 일부개정]

제42조(수렵장 설정 등)
② 누구든지 수렵장 외의 장소에서 수렵을 하여서는 아니 된다.

(작성례)

피의자는 20○○. ○. ○. 14 : 00경 경기 ○○군 ○○면 ○○리 뒷산에서 공기총으로 까마귀 3마리를 사살하여 포획함으로써 지정된 수렵장 밖에서 야생동물을 포획하였다.

● 관련판례

◎ 야생생물 보호 및 관리에 관한 법률 제70조 제3호 및 제10조에 규정되어 있는 '그 밖에 야생동물을 포획할 수 있는 도구'의 의미

야생생물 보호 및 관리에 관한 법률(이하 '야생생물법'이라 한다) 제70조 제3호 및 제10조는 야생생물을 포획할 목적이 있었는지를 불문하고 야생동물을 포획할 수 있는 도구의 제작·판매·소지 또는 보관행위 자체를 일체 금지하고 있고, 도구를 사용하여 야생동물을 포획할 수 있기만 하면 도구의 본래 용법이 어떠하든지 간에 위 규정에 의하여 처벌될 위험이 있으므로 '그 밖에 야생동물을 포획할 수 있는 도구'의 의미를 엄격하게 해석하여야 할 필요가 있는 점, 야생생물법 제69조 제1항 제7호 및 제19조 제3항은 야생생물을 포획하기 위하여 폭발물, 덫, 창애, 올무, 함정, 전류 및 그물을 설치 또는 사용한 행위를 처벌하고 있는데, 덫, 창애, 올무는 야생생물법 제70조 제3호 및 제10조에서 별도로 제작·판매·소지 또는 보관행위까지 금지·처벌하고 있는 반면, 야생생물법 제69조 제1항 제7호 및 제19조 제3항에 함께 규정된 '폭발물, 함정, 전류 및 그물' 등도 야생동물을 포획할 수 있는 도구에 해당할 수 있으나 이에 대하여는 야생생물법 제70조 제3호 및 제10조에서 특별히 언급하고 있지 않은 점, 야생생물법 제70조 제3호 및 제10조의 문언상 '그 밖에 야생동물을 포획할 수 있는 도구'는 '덫, 창애, 올무'와 병렬적으로 규정되어 있으므로 '그 밖에 야생동물을 포획할 수 있는 도구' 사용의 위험성이 덫, 창애, 올무 사용의 위험성에 비견될 만한 것이어야 하는 점 등을 종합하여 보면, 야생생물법 제70조 제3호 및 제10조에 규정되어 있는 '그 밖에 야생동물을 포획할 수 있는 도구'란 도구의 형상, 재질, 구조와 기능 등을 종합하여 볼 때 덫, 창애, 올무와 유사한 방법으로 야생동물을 포획할 용도로 만들어진 도구를 의미한다.(대법원 2016. 10. 27. 선고 2016도5083 판결)

제43조(수렵동물의 지정 등)

② 환경부장관이나 지방자치단체의 장은 수렵장에서 수렵동물의 보호·번식을 위하여 수렵을 제한하려면 수렵동물을 포획할 수 있는 기간(이하 "수렵기간"이라 한다)과 그 수렵장의 수렵동물 종류·수량, 수렵 도구, 수렵 방법 및 수렵인의 수 등을 정하여 고시하여야 한다.

\- 위임행정규칙 -

- 수렵동물의 종류 지정(환경부고시 제2018-238호, 2018.12.21., 일부개정)

(작성례)

피의자는 20○○. ○. ○. 13 : 30경 지정된 수렵장인 강원도 ○○군 ○○면 ○○리에 있는 ○○산에서 산림청장이 지정, 고시한 수렵동물이 아닌 암꿩(까투리) 2마리를 엽총으로 사살하여 포획하였다.

제40조(박제업자의 등록 등)

① 야생동물 박제품의 제조 또는 판매를 업(業)으로 하려는 자는 시장·군수·구청장에게 등록하여야 한다. 등록한 사항 중 환경부령으로 정하는 사항을 변경할 때에도 또한 같다.

② 제1항에 따라 등록을 한 자(이하 "박제업자"라 한다)는 박제품(박제용 야생동물을 포함한다. 이하 같다)의 출처, 종류, 수량 및 거래상대방 등 환경부령으로 정하는 사항을 적은 장부를 갖추어 두어야 한다.

③ 시장·군수·구청장은 박제업자에게 야생동물의 보호·번식을 위하여 박제품의 신고 등 필요한 명령을 할 수 있다.

(작성례 1)

피의자는 야생생물 보호 및 관리에 관한 법률에 위반하여 포획한 조수와 그 가공품은 취득, 보관, 알선 등을 할 수 없음에도 불구하고 20○○. ○. 초순경 ○○시 ○○동 ○○번지에 있는 피의자가 경영하는 ○○표구사에서 사건외 성명을 알 수 없는 자들로부터 불법포획조수인 암꿩 2마리, 청설모 8마리를 취득한 다음 이를 박제로 만들어 보관하였다.

(작성례 2)

피의자는 ○○시 ○○동 ○○번지에 있는 피의자의 주거지에서 조수박제용 톱밥, 찰흙, 포르말린, 철사 등의 영업설비를 갖추고 박제품제조업을 영위하고 있다.

피의자는 관할관청에 등록을 하지 않고, 20○○. ○. ○.경 위 피의자의 주거지에서 지○○의 의뢰를 받아 위 지○○이 가져온 수꿩(장끼) 1마리를 박제품으로 제조해주고 그로부터 돈 ○만원을 받은 것을 비롯하여 그 무렵부터 20○○. ○. ○.까지 사이에 불특정다수인의 의뢰를 받아 조수의 박제품을 제조함으로써 한 달평균 ○○만원의 수익을 얻는 박제품의 제조업을 영위하였다.

53. 약사법

[시행 2022. 12. 11.] [법률 제18970호, 2022. 6. 10., 일부개정]

제23조(의약품 조제)

①약사 및 한약사가 아니면 의약품을 조제할 수 없으며, 약사 및 한약사는 각각 면허 범위에서 의약품을 조제하여야 한다. 다만, 약학을 전공하는 대학의 학생은 보건복지부령으로 정하는 범위에서 의약품을 조제할 수 있다.

(작성례 1)

피의자는 약사면허 없는 사람인데, 그의 딸인 김○○가 ○○약국이라는 상호로 운영하는 약국에서 약을 판매하면서 20○○. ○. ○. ○○시 ○○동 ○○번지에 있는 위 약국에서 이○○로부터 감기몸살기가 있다는 증세를 듣고 1일 3회 복용분으로 ○○ 3정, ○○ 1정, ○○ 15정, ○○ 1정을 혼합하는 방법으로 위 증세에 대한 2일분의 약을 4,000원을 받고 조제하여 준 것을 비롯하여 그 때부터 같은 달 ○.까지 사이에 4회에 걸쳐 감기약의 의약품을 조제하였다.

(작성례 2)

피의자는 ○○제약 주식회사의 대표이사이다.

피의자는 20○○. ○. 중순경부터 같은 해 ○. ○.경까지 사이에 ○○시 ○○동에 있는 위 회사에서 제조하는 피부질환연고를 약국에서 직접 조제한 것으로 가장하여 판매하게 하기 위하여 제조업자의 상호나 약품명 등 아무런 기재가 없는 백색튜브 20g들이 2,000개를 제조하여 거래약국 등지에 1개당 500원 내지 1,000원씩 합계 금 ○○만원에 판매하였다.

■ 적용실례

◇ 인삼 · 감초 · 황기를 먹기 쉽게 분쇄 제환해 주는 경우

※ 인삼·감초·황기 그 자체는 의약품이 아니고, 이것을 고객들의 의뢰에 따라 먹기 용이하게 분쇄, 제환해 주는 행위자체를 의약품 제조라고 할 수 없다.

● 관련판례 1

◎ 교정시설 외부에서 조제된 의약품을 교정시설에 반입하는 과정에서 의사가 자신이 직접 처방·조제한 의약품임을 나타내는 내용과 함께 '환자보관용' 임을 표기한 처방전 형식의 문서를 작성한 경우, 위 문서가 구 의료법 제17조 제1항에서 정한 '증명서' 에 해당하는지 여부(적극)

약사법 제23조 제4항 제3호, 제10호는 의사와 약사 사이의 분업에 따른 예외로서 의사가 조현병 또는 조울증 등으로 자신 또는 타인을 해칠 우려가 있는 정신질환자 또는 교정시설에 수용 중인 자에 대하여 자신이 직접 의약품을 조제할 수 있다고 정하고 있다. 교정시설 외부에서 조제된 의약품을 교정시설에 반입하려면 의사의 처방에 따른 것임을 확인할 수 있는 문서가 요구되는데, 의사가 자신이 직접 처방·조제한 의약품임을 나타내는 내용과 함께 '환자보관용' 임을 표기한 처방전 형식의 문서를 작성한 경우 위 문서는 의사가 직접 처방·조제한 의약품임을 증명하는 문서로서 구 의료법(2009. 1. 30. 법률 제9386호로 개정되어 2016. 5. 29. 법률 제14220호로 개정되기 전의 것) 제17조 제1항에서 정한 '증명서' 에 해당한다. 이러한 증명서는 약사로 하여금 의약품을 조제할 수 있도록 하는 처방전과는 구별된다. (대법원 2017. 12. 22., 선고, 2014도12608, 판결)

● 관련판례 2

◎ 약사법의 규제대상이 되는 '의약품' 의 개념 및 그 판단 기준

약사법의 입법목적과 취지 그리고 의약품을 정의한 약사법 제2조 제4호의 규정내용과 그 취지에 비추어 보면, 약사법에서 말하는 '의약품' 은 대한약전에 실린 것 외에 사람 또는 동물의 질병을 진단·치료·경감·처치 또는 예방할 목적으로 사용하는 것이거나 혹은 사람이나 동물의 구조와 기능에 약리학적 영향을 줄 목적으로 사용하는 것을 모두 포함하는 개념으로서, 반드시 약리작용상 어떠한 효능의 유무와 관계없이 그 성분, 형상(용기, 포장, 의장 등), 명칭, 거기에 표시된 사용목적, 효능, 효과, 용법, 용량, 판매할 때의 선전 또는 설명 등을 종합적으로 판단하여 사회일반인이 볼 때 위 목적에 사용되는 것으로 인식되거나 약효가 있다고 표방된 경우에는 이를 모두 의약품으로 보아 약사법의 규제대상이 된다고 해석하여야 한다. (대법원 2010. 10. 14. 선고 2009도4785 판결)

제26조(처방의 변경·수정)

① 약사 또는 한약사는 처방전을 발행한 의사·치과의사·한의사 또는 수의사의 동의 없이 처방을 변경하거나 수정하여 조제할 수 없다.

(작성례)

피의자는 ○○시 ○○동에서 ○○약국이라는 상호로 의약품을 조제 판매하는 약사이다.

피의자는 처방전을 발행한 의사의 동의 없이 처방을 변경하여 조제할 수 없음에도 불구하고, 20○○. ○. ○. 14:00경 위 약국에서 같은 날 ○○병원 의사 김○○이 발행한 처방전을 소지한 최○○에게 처방의약품인 ○○○(○○mg)를 ○○○(○○mg)으로 변경 조제하였다.

● 관련판례

◎ 의사 등이 처방전에 환자로 기재한 사람이 아닌 제3자를 진찰하고도 환자의 성명 및 주민등록번호를 허위로 기재하여 처방전을 작성·교부한 행위가 의료법 제17조 제1항에 위배되는지 여부(적극)

의사나 치과의사(이하 '의사 등' 이라고 한다)와 약사 사이의 분업 내지 협업을 통한 환자의 치료행위는 의사 등에 의하여 진료를 받은 환자와 약사에 의한 의약품 조제와 복약지도의 상대방이 되는 환자의 동일성을 필수적 전제로 하며, 그 동일성은 의사 등이 최초로 작성한 처방전의 기재를 통하여 담보될 수밖에 없으므로, 의사 등이 의료법 제18조에 따라 작성하는 처방전의 기재사항 중 의료법 시행규칙 제12조 제1항 제1호에서 정한 '환자의 성명 및 주민등록번호' 는 치료행위의 대상을 특정하는 요소로서 중요한 의미를 가진다고 보아야 한다. 따라서 의사 등이

의료법 제17조 제1항에 따라 직접 진찰하여야 할 상대방은 처방전에 환자로 기재된 사람을 가리키고, 만일 의사 등이 처방전에 환자로 기재한 사람이 아닌 제3자를 진찰하고도 환자의 성명 및 주민등록번호를 허위로 기재하여 처방전을 작성·교부하였다면, 그러한 행위는 의료법 제17조 제1항에 위배된다고 보아야 한다.. (대법원 2013. 4. 11., 선고, 2011도14690, 판결)

제31조(제조업 허가 등)

① 의약품 제조를 업(業)으로 하려는 자는 대통령령으로 정하는 시설기준에 따라 필요한 시설을 갖추고 총리령으로 정하는 바에 따라 식품의약품안전처장의 허가를 받아야 한다.

제44조(의약품 판매)

① 약국 개설자(해당 약국에 근무하는 약사 또는 한약사를 포함한다. 제47조, 제48조 및 제50조에서도 같다)가 아니면 의약품을 판매하거나 판매할 목적으로 취득할 수 없다. 다만, 의약품의 품목허가를 받은 자 또는 수입자가 그 제조 또는 수입한 의약품을 이 법에

따라 의약품을 제조 또는 판매할 수 있는 자에게 판매하는 경우와 약학을 전공하는 대학의 학생이 보건복지부령으로 정하는 범위에서 의약품을 판매하는 경우에는 그러하지 아니하다. 〈개정 2007.10.17., 2015.12.29.〉

(작성례)

피의자는 의약품을 제조하고자 하는 자는 의약품 등에 대한 보건복지부장관의 허가를 받아야 하며, 약국개설자가 아니면 의약품을 판매할 수 없음에도 불구하고, 20○○. ○. ○. 충남 ○○군 ○○읍 ○○리에 있는 ○○시장 앞 노상 등지에서 의약품을 판매할 목적으로, 기름을 짜는데 사용하는 용진엑스펠스라는 기계에 살구 씨 등을 넣어 이를 분쇄, 착유하여 그 기름을 박카스 병에 담아 이를 제조하였다.

피의자는 같은 날 14 : 00경부터 다음 날 14 : 00경까지 사이에 위 제조한 약이 만성기관지염질환 등에 잘 듣는 특효약이라고 선전 표방하여 불특정다수인에게 1병당 돈 5,000원씩 받고 일일평균 7 내지 8병을 판매하였다.

● 관련판례 1

◎ 약사법상 의약외품의 제조를 신고사항으로 하고, 품목별로 허가를 받게 하는 등 제조·판매에 관한 엄격한 법적 규제를 하는 취지 / 약사법 제31조 제4항에서 정한 '의약외품의 제조'의 의미 및 의약외품의 포장을 제거하고 재포장한 경우가 의약외품의 제조행위에 해당하는지 판단하는 방법

약사법상 의약외품의 제조를 신고사항으로 하고, 품목별로 허가를 받게 하는 등 제조·판매에 관한 엄격한 법적 규제를 하는 이유는 의약외품의 직·간접적인 약리작용으로 사람 또는 동물 등의 건강에 대한 적극적인 위험을 발생시킬 우려가 있다는 점과 의약외품의 명칭, 제조업자, 제조연월일, 성분 등을 의약외품의 포장 등에 표시하도록 하여 의약외품의 품질, 유효성 및 안전성을 확보함으로써 국민의 보건위생상의 위해를 미연에 방지하기 위함이다.

위와 같은 입법 취지에 비추어 볼 때, 약사법 제31조 제4항의 '의약외품의 제조'란 의약품 이외의 물품으로서 일반의 수요에 응하기 위하여 일정한 작업에 따라 식품의약품안전처장이 지정한 물품을 산출하는 행위라 할 것이다.

의약외품의 포장을 제거하고 재포장한 경우가 의약외품의 제조행위에 해당하는지 여부는 제품의 성분과 외관, 제조시설 및 제조방법, 제품 포장의 표시 내용, 판매할 때의 설명 및 선전내용, 사회 일반인의 인식가능성 등을 고려하되, 재포장 과정에서 원래 제품의 변질가능성이나 제품명, 제조연월일 등 재포장 표시에 의하여 원래 제품과의 동일성이 상실되어 별개의 제품으로 오인할 가능성 등도 함께 참작하여 제조행위에 해당하는지를 판단하여야 한다.(대법원 2018. 6. 15., 선고, 2016도20406, 판결)

● 관련판례 2

◎ 약사법 제50조 제1항이 의약품 판매 장소를 엄격하게 제한하고 있는 취지 및 의약품 판매를 구성하는 일련의 행위 전부 또는 주요 부분이 약국 또는 점포 내에서 이루어지거나 그와 동일하게 볼 수 있는 방법으로 이루어져야 하는지 여부(적극) / 약국 개설자가 동물병원 개설자에게 인체용 의약품을 판매하는 경우에도 약사법 제50조 제1항이 정하는 판매 장소의 제한이 그대로 적용되는지 여부(적극) 및 약국 개설자가 인터넷 또는 인터넷 쇼핑몰을 이용하여 동물병원 개설자에게 의약품을 판매한 경우, 위 규정을 위반한 것인지 여부(원칙적 적극)

약사(약사) 또는 한약사(한약사)가 아니면 약국을 개설하거나 의약품을 조제하는 등 약사에 관한 업무를 할 수 없고, 약국을 개설하고자 하는 자는 대통령령이 정하는 시설기준에 필요한 시설을 갖추어 법령이 정하는 바에 따라 개설등록을 하여야 하며, 원칙적으로 약국 개설자에 한하여 그 약국을 관리하면서 의약품을 판매할 수 있다(약사법 제20조 1항 내지 3항, 제21조 제2항, 제23조 제1항, 제44조 제1항).

여기에서 나아가 약사법 제50조 제1항은 "약국개설자 및 의약품판매업자는 그 약국 또는 점포 이외의 장소에서 의약품을 판매하여서는 아니 된다." 라고 정함으로써 의약품 판매 장소를 엄격하게 제한하고 있다. 이는 약사(약사)의 적정을 기하여 국민보건 향상에 기여함을 목적으로 하는 약사법의 입법 목적(약사법 제1조)을 실현하고, 의약품의 오·남용 방지뿐만 아니라 보관과 유통과정에서 의약품이 변질·오염될 가능성을 차단하기 위한 것이다. 따라서 의약품의 주문, 조제, 인도, 복약지도 등 의약품 판매를 구성하는 일련의 행위 전부 또는 주요 부분이 약국 또는 점포 내에서 이루어지거나 그와 동일하게 볼 수 있는 방법으로 이루어져야 한다.

그런데 약사법령은 약국 개설자에 대해서는 의약품 도매상과는 달리 의약품 유통과정에서 의약품의 안정성을 확보하기 위한 시설기준이나 의약품 유통품질관리기준 등을 규정하고 있지 않다. 또한 약사법은 약국 개설자에게만 동물약국 개설자에 대한 인체용 의약품 판매를 허용하고 있을 뿐이고 의약품 도매상에게는 동물약국 개설자에 대한 인체용 의약품 판매를 허용하지 않고 있다. 그러므로 약국 개설자가 동물병원 개설자에게 인체용 의약품을 판매하는 경우에도 약사법 제50조 제1항이 정하는 판매 장소의 제한은 그대로 적용된다. 약국 개설자가 인터넷 또는 인터넷 쇼핑몰을 이용하여 동물병원 개설자에게 의약품을 판매하였다면 특별한 사정이 없는 한 약국 이외의 장소에서 의약품을 판매한 것으로 볼 수 있어 약사법의 위 규정을 위반하였다고 보아야 한다.(대법원 2017. 4. 26. 선고 2017도3406 판결)

● 관련판례 3

◎ 약사법 제44조, 제45조의 규정 취지 및 약사법 제44조 제2항의 '판매'에 해당하는지 판단하는 기준

약사법 제44조, 제45조의 규정 취지는 의약품 소비자인 개인 또는 의료기관에 대한 판매는 국민보건에 미치는 영향이 커서 판매행위를 국민의 자유에 맡기는 것은 보건위생상 부적당하므로 일반적으로 금지하고, 일정한 자격을 갖춘 약국개설자나 일정한 시설 등을 갖추어 허가를 받은 의약품 도매상 등에게만 일반적 금지를 해제하여 의약품의 판매를 허용하는 데 있으므로, 약사법 제44조 제2항의 '판매'에 해당하는지는 계약당사자 명의 등 거래의 형식에 구애될 것이 아니라 판촉, 주문, 배송 등 의약품 판매에 이르는 일련의 행위의 주요 부분을 실질적으로 지배·장악하고 있는지를 포함하여 거래의 실질에 따라 판단하여야 한다.(대법원 2015. 9. 15. 선고 2014도13656 판결)

● 관련판례 4

◎ '약국 개설자가 아니면 의약품을 판매하거나 판매 목적으로 취득할 수 없다'고 규정한 구 약사법 제44조 제1항의 '판매'에 무상으로 의약품을 양도하는 '수여'를 포함시키는 해석이 죄형법정주의에 위배되는지 여부(소극)

구 약사법(2007. 10. 17. 법률 제8643호로 개정되기 전의 것, 이하 '구 약사법'이라 한다) 제2조 제1호가 약사법에서 사용되는 '약사(약사)'의 개념에 대해 정의하면서 '판매(수여를 포함한다. 이하 같다)'라고 규정함으로써 구 약사법 제44조 제1항을 포함하여 위 정의규정 이하 조항의 '판매'에는 '수여'가 포함됨을 명문으로 밝히고 있는 점, 구 약사법은 약사(약사)에 관한 일들이 원활하게 이루어질 수 있도록 필요한 사항을 규정하여 국민보건 향상에 기여하는 것을 목적으로 하고(제1조), 약사 또는 한약사가 아니면 약국을 개설할 수 없도록 하며(제20조 제1항), 의약품은 국민의 보건과 직결되는 것인 만큼 엄격한 의약품 관리를 통하여 의약품이 남용 내지 오용되는 것을 막고 의약품이 비정상적으로 유통되는 것을 막고자 구 약사법 제44조 제1항에서 약국 개설자가 아니면 의약품을 판매하거나 또는 판매 목적으로 취득할 수 없다고 규정한 것인데, 국내에 있는 불특정 또는 다수인에게 무상으로 의약품을 양도하는 수여의 경우를 처벌대상에서 제외한다면 약사법의 위와 같은 입법목적을 달성하기 어려울 것이고, 따라서 이를 처벌대상에서 제외하려는 것이 입법자의 의도였다고 보기는 어려운 점 등을 종합하면, 결국 국내에 있는 불특정 또는 다수인에게 무상으로 의약품을 양도하는 수여행위도 구 약사법 제44조 제1항의 '판매'에 포함된다고 보는 것이 체계적이고 논리적인 해석이라 할 것이고, 그와 같은 해석이 죄형법정주의에 위배된다고 볼 수 없다. (대법원 2011. 10. 13. 선고 2011도6287 판결)

제68조(과장광고 등의 금지)
① 의약품등의 명칭·제조방법·효능이나 성능에 관하여 거짓광고 또는 과장광고를 하지 못한다.

(작성례)

피의자는 ○○시 ○○동 ○○번지에서 ○○건강사를 경영하고 있다.

피의자는 20○○. ○. 중순경부터 같은 해 ○. ○.경까지 사이에 위 건강사사무실에서 동의보감에 나오는 십전대보탕의 약효와는 전혀 무관한 삼십전대보초를 판매하면서 삼십전대보초가 십전대보탕의 효과가 있는 것처럼 '십전대보탕의 주원료, 동의보감에서는 십전대보탕이라 칭한 삼십전대보초' 라고 인쇄된 광고문 3,000매를 ○○시 일대에 배포하여 과대광고를 하였다.

■ 적용실례

◇ 의료인이 아닌 자가 의료용구가 아닌 자연부황기에 관하여 신경통 등에 필요한 보건기구라는 내용으로 지상광고를 한 사안

※ 의료법 제76조, 제63조로 의율하였으나, 동 규정은 의료인이 과대광고 등을 하는 것을 규제하는 규정이므로 이를 적용할 수 없고, 약사법 제74조 제1항 제1호, 제55조 제2항, 제61조, 제59조를 적용함이 타당하다.

◇ 지렁이를 약이라고 판매한 사안

※ 지렁이는 약사법 소정의 의약품이 아니므로 약국 개설자가 아니면서 의약품을 판매한 행위로 취급하여 약사법으로 의율할 수 없다(식품위생법 위반 적용).

◇ 의료인이 아니면서 일간신문에 의료에 관한 광고를 한 경우

※ 피의자가 의료인이 아님에도 불구하고 의료용구인 쑥뜸기에 관하여 일간신문에 광고하여 의료에 관한 광고를 한 사안에서, 의료용구에 관한 광고로 볼 수 없다는 것이 대법원의 의견(참조 : 1984. 4. 1084도 225호)이므로 당국에 등록하지 아니한 채 의료용구를 판매하였다는 점을 약사법 제76조 제1항, 제42조, 제1항 위반으로 의율함이 상당하다.

◇ 식품점에서의 약품판매행위를 방치한 경우

※ 식품점을 경영하는 피의자가 약국개설허가를 받지 아니하고 가스명수, 광동탕, 쿨탑 등의 약품을 판매한 것인 바, 위 약품은 범죄의 보강증거이며 몰수 대상이므로 마땅히 압수하여야 한다.

● 관련판례

◎ 의사 등의 처방에 따라 조제되는 약제가 구 약사법 제63조 제1항 및 제5항에서 광고를 제한·금지하는 의약품에 해당하는지 여부(소극)

의사나 한의사의 처방에 따라 특정인의 특정 질병을 치료하거나 예방할 목적으로 '조제' 되는 약제는 구 약사법(2007. 4. 11. 법률 제8365호로 전문 개정되기 전의 것) 제63조 제1항 및 제5항이 그 명칭·제조방법·효능이나 성능에 관한 광고를 제한·금지하는 '의약품' 에 해당하지 않는다. 만약 이러한 약제의 조제에 관한 광고를 하였다면 이는 의료인의 진료·처방·투약에 관한 의료광고로서 구 약사법이 아니라 의료법의 규율대상이 된다.(대법원 2007. 11. 15., 선고, 2007도2990, 판결)

54. 여객자동차 운수사업법

[시행 2022. 1. 28.] [법률 제18346호, 2021. 7. 27., 일부개정]

제4조(면허 등)

① 여객자동차운송사업을 경영하려는 자는 사업계획을 작성하여 국토교통부령으로 정하는 바에 따라 국토교통부장관의 면허를 받아야 한다. 다만, 대통령령으로 정하는 여객자동차운송사업을 경영하려는 자는 사업계획을 작성하여 국토교통부령으로 정하는 바에 따라 특별시장·광역시장·특별자치시장·도지사·특별자치도지사(이하 "시·도지사"라 한다)의 면허를 받거나 시·도지사에게 등록하여야 한다.

(작성례)

피의자 이○○는 9인승 승합자동차의 소유자로서 국토해양부장관의 면허를 받지 않고, 20○○. ○. ○.경 ○○시 ○○동에 있는 ○○고등학교 학생의 학부형 정○○ 등과의 사이에 위 봉고차를 이용하여 학생 각 8명을 등하교시켜주기로 계약을 체결하였다. 그리하여 위 같은 달 ○. ○.부터 같은 해 ○. ○.까지 사이에 위 학교 학생 16명을 등하교시켜주고 매달 1인당 ○○원씩의 운송료를 받음으로써 면허 없이 여객자동차 운송사업을 영위하였다.

● 관련판례 1

◎ 여객자동차 운수사업자가 시 · 도지사나 시장 · 군수로부터 지급받은 보조금 중 '거짓이나 부정한 방법으로 지급받은 부분' 과 '정상적으로 지급받은 부분' 을 구분할 수 없고, 보조금이 거짓이나 부정한 방법에 의하여 일체로서 지급된 것이라고 판단할 수 있는 경우, 보조금 전부를 거짓이나 부정한 방법으로 지급받은 것으로 볼 수 있는지 여부(적극)

여객자동차 운수사업법 제4조 제1항, 제50조 제2항 제1호, 제1항 제2호, 여객자동차 운수사업법 시행규칙 제12조 제1항, 경기도 여객자동차 운수사업 관리 조례 제15조, 오산시 여객자동차 운수사업 관리 조례 제18조, 제20조 제1항의 문언에, 침익적 행정행위의 근거가 되는 행정법규는 엄격하게 해석 · 적용하여야 한다는 점 등을 더하여 보면, 시 · 도지사나 시장 · 군수는 여객자동차 운수사업자가 '거짓이나 부정한 방법으로 지급받은 보조금' 에 한하여 이를 반환할 것을 명하여야 하고, '정상적으로 지급받은 보조금' 까지 반환할 것을 명할 수 있는 것은 아니지만, 보조금이 가분적 평가에 의하여 산정 · 결정된 것이 아니어서 보조금 중 '거짓이나 부정한 방법으로 지급받은 부분' 과 '정상적으로 지급받은 부분' 을 구분할 수 없고, 보조금이 거짓이나 부정한 방법에 의하여 일체로서 지급된 것이라고 판단할 수 있는 경우에는 보조금 전부를 거짓이나 부정한 방법으로 지급받은 것으로 보아야 한다.(대법원 2019. 1. 17., 선고, 2017두47137, 판결)

● 관련판례 2

◎ 관할 행정청이 여객자동차운송사업자에 대한 면허 발급 이후 운송사업자의 동의하에 운송사업자가 준수할 의무를 정하고 이를 위반할 경우 감차명령을 할 수 있다는 내용의 면허 조건을 붙일 수 있는지 여부(적극) 및 조건을 위반한 경우 여객자동차 운수사업법 제85조 제1항 제38호에 따라 감차명령을 할 수 있는지 여부(적극) / 이때 감차명령이 항고소송의 대상이 되는 처분에 해당하는지 여부(적극)

여객자동차 운수사업법(이하 '여객자동차법' 이라 한다) 제85조 제1항 제38호에 의하면, 운송사업자에 대한 면허에 붙인 조건을 위반한 경우 감차 등이 따르는 사업계획변경명령(이하 '감차명령' 이라 한다)을 할 수 있는데, 감차명령의 사유가 되는 '면허에 붙인 조건을 위반한 경우' 에서 '조건' 에는 운송사업자가 준수할 일정한 의무를 정하고 이를 위반할 경우 감차명령을 할 수 있다는 내용의 '부관' 도 포함된다. 그리고 부관은 면허 발급 당시에 붙이는 것뿐만 아니라 면허 발급 이후에 붙이는 것도 법률에 명문의 규정이 있거나 변경이 미리 유보되어 있는 경우 또는 상대방의 동의가 있는 경우 등에는 특별한 사정이 없는 한 허용된다. 따라서 관할 행정청은 면허 발급 이후에도 운송사업자의 동의하에 여객자동차운송사업의 질서 확립을 위하여 운송사업자가 준수할 의무를 정하고 이를 위반할 경우 감차명령을 할 수 있다는 내용의 면허 조건을 붙일 수 있고, 운송사업자가 조건을 위반하였다면 여객자동차법 제85조 제1항 제38호에 따라 감차명령을 할 수 있으며, 감차명령은 행정소송법 제2조 제1항 제1호가 정한 처분으로서 항고소송의 대상이 된다.(대법원 2016. 11. 24. 선고 2016두45028 판결)

● 관련판례 3

◎ 여객자동차 운송사업에서 운송할 여객 등에 관한 업무의 범위나 기간을 한정하는 면허의 사업계획변경에 대한 인가처분의 법적 성격

구 여객자동차 운수사업법(2012. 5. 23. 법률 제11447호로 개정되기 전의 것, 이하 '구 법' 이라 한다) 제4조 제1항, 제3항, 제5조, 제10조, 구 여객자동차 운수사업법 시행규칙(2011. 12. 30. 국토해양부령 제425호로 개정되기 전의 것) 제17조, 제32조 등 관계 법령의 규정 내용 및 체계에 의하면, 여객자동차 운송사업에서 운송할 여객 등에 관한 업무의 범위나 기간을 한정하는 면허(이하 '한정면허' 라 한다)의 사업계획변경에 대한 인가 여부는 교통수요, 운송업체의 수송능력, 공급능력 등에 관하여 기술적·전문적인 판단을 요하는 분야로서 이에 관한 행정처분은 운수행정을 통한 공익

실현과 아울러 합목적성을 추구하기 위하여 구체적 타당성에 적합한 기준에 의하여야 하므로 그 범위 내에서는 법령이 특별히 규정한 바가 없으면 행정청의 재량에 속한다. 구 법 제10조 제3항은 '국토해양부장관 또는 시·도지사는 운송사업자가 운송 개시의 기일이나 기간 안에 운송을 시작하지 아니한 경우, 개선명령을 받고 이행하지 아니한 경우 등에는 사업계획의 변경을 제한할 수 있다' 는 규정을 두고 있지만, 이는 그와 같은 제한사유에 해당하는 경우 국토해양부장관 또는 시·도지사에게 사업계획의 변경을 제한할 수 있는 권한이나 재량을 부여한 것으로 보일 뿐, 그와 같은 사유에 해당하지 아니한 사업계획의 변경이라고 하여 반드시 인가하여야 한다는 의미로 볼 수는 없으므로, 구 법 제10조 제3항을 들어 한정면허의 사업계획변경에 대한 인가의 성질을 달리 볼 것은 아니다.(대법원 2014. 4. 30. 선고 2011두14685 판결)

제10조(사업계획의 변경)

① 제4조제1항에 따라 여객자동차운송사업의 면허를 받은 자가 사업계획을 변경하려는 때에는 국토교통부장관 또는 시·도지사의 인가를 받아야 한다. 다만, 국토교통부령으로 정하는 경미한 사항을 변경하려는 때에는 국토교통부장관 또는 시·도지사에게 신고하여야 한다. 〈개정 2013.3.23.〉

(작성례)

피의자 김○○은 ○○시 ○○동 ○○번지에 있는 ○○운수주식회사의 대표이사이고, 같은 ○○운수주식회사는 자동차운수사업 등을 목적으로 설립된 법인이다.

피의자들은 건설교통부장관에게 자동차운송사업계획의 변경신고를 하지 않고 피의자 김○○은 20○○. ○.경부터 20○○. ○.경까지 사이에 출발점이 ○○역이고 도착점이 ○○아파트인 버스노선을 출발점인 ○○역으로부터 시민회관을 경유하여 그 도착점을 ○○○역으로 하는 노선과 ○○○역을 출발점으로 하여 ○○아파트를 도착지점으로 하는 두 개의 노선으로 분리변경하여 버스를 운행하였다.

피의자 ○○운수주식회사는 위 김○○이 피의자의 업무에 관하여 위와 같은 위반행위를 하였다.

● 관련판례

◎ 행정청이 기존업자, 특히 한정면허를 받은 운송사업자가 이미 면허를 받아 운행하고 있는 노선과 중복되는 노선의 신설 등을 신규업자에게 허용하는 처분을 하고자 하는 경우 고려해야 할 사항

구 여객자동차 운수사업법(2017. 3. 21. 법률 제14716호로 개정되기 전의 것, 이하 '여객자동차법' 이라 한다)에 따른 여객자동차 운송사업면허나 운송사업계획 변경인가 여부는 원칙적으로 행정청의 재량에 속하는 것이나, 행정청이 기존업자가 이미 면허를 받아 운행하고 있는 노선과 중복되는 노선의 신설 등을 신규업자에게 허용하는 처분을 하고자 하는 경우에는 그로 인하여 달성하고자 하는 공익적 측면 이외에도 관련 운송사업자들 사이의 이해관계 조정 등 사익적 측면을 아울러 고려하여야 한다. 특히 해당 노선에 대한 기존업자가 한정면허를 받은 운송사업자인 경우에는 한정면허의 내용, 그 경위와 목적, 한정면허 당시와 비교한 사정 변경 여부 등을 함께 고려하여야 한다.(대법원 2018. 9. 13., 선고, 2017두33176, 판결)

제14조(사업의 양도·양수 등)

① 여객자동차운송사업을 양도 · 양수하려는 자는 국토교통부령으로 정하는 바에 따라 국토교통부장관 또는 시 · 도지사에게 신고하여야 한다. 이 경우 국토교통부장관 또는 시 · 도지사는 대통령령으로 정하는 여객자동차운송사업의 질서를 확립하기 위하여 필요하다고 인정할 때에는 국토교통부령으로 정하는 바에 따라 양도 · 양수의 지역적 범위를 한정할 수 있다. 〈개정 2013.3.23., 2014.1.28.〉

(작성례)

피의자 전○○은 ○○관광주식회사의 대표이사, 피의자 ○○관광주식회사는 여객자동차운송사업 등을 목적으로 설립된 법인, 피의자 이○○은 주식회사 ○○고속관광의 대표이사, 피의자 주식회사 ○○고속관광은 전세버스운송사업 등을 목적으로 설립된 법인이다.

피의자 전○○은 관할관청의 인가를 받지 않고 20○○. ○. ○. ○○시 ○○동 ○○번지에 있는 ○○관광주식회사의 사무실에서 같은 주식회사 ○○고속관광의 대표자인 이○○에게 피의자가 경영하던 위 ○○관광주식회사의 여객자동차운송사업을 돈 ○○만원에 매도함으로써 이를 양도하였다.

피의자 ○○관광주식회사는 위 전○○이 피의자의 업무에 관하여 위와 같은 위반행위를 하였다.

피의자 이○○은 관할관청의 인가를 받지 않고 위의 일시장소에서 같은 전○○으로부터 위 ○○관광주식회사의 여객자동차운송사업을 돈 ○○만원에 매수하여 이를 양수하였다.

피의자 주식회사 ○○고속관광은 위 이○○가 법인의 업무에 관하여 위와 같은 위반행위를 하였다.

● 관련판례 1

◎ 여객자동차 운수사업법상의 명의이용행위에 해당하기 위한 요건 및 이에 이르렀는지 판단하는 기준

여객자동차 운수사업법 제12조 제1항 본문의 내용 및 입법 취지에 비추어 볼 때, 여객자동차 운수사업법상의 명의이용행위에 해당하기 위해서는 운송사업자 아닌 자가 운송사업자의 명의를 이용하여 운송사업자를 배제한 채 독립적으로 여객자동차운송사업을 경영하였음이 인정되어야 하고, 운송사업자의 일반적인 지휘·감독 아래 개별 차량을 운행하게 한 것에 불과하다면 명의이용행위에 해당하지 아니한다. 나아가 운송사업자 아닌 자가 운송사업자를 배제한 채 독립적으로 여객자동차운송사업을 경영함으로써 명의이용행위에 이르렀는지를 판단할 때에는 차량의 공제조합 가입명의인 및 관련 운전종사자들과의 근로계약서에 기재된 명의상 고용주가 누구인지 등 외형적 요소에 구애될 것은 아니다. 오히려 외형적 요소보다 운송사업자 아닌 자가 차량을 이용하게 된 경위와 이용에 수반된 약정의 내용이 어떠한지, 운전종사자들에 대한 차량 배차나 운행, 휴무, 교육, 납입할 운송수입금의 액수 등에 관한 지휘·감독권한을 누가 실질적으로 행사하는지, 차량 운행에 따른 손익의 위험을 누가 최종적으로 부담하는지, 운전종사자들에 대한 임금과 4대 보험료나 유류비·수리비 등 차량 운행비용을 누가 실질적으로 부담하는지 등이 중요한 판단 기준이 된다.(대법원 2016. 3. 24. 선고 2015두48235 판결)

● 관련판례 2

◎ 관할 관청이 개인택시운송사업의 양도·양수에 대한 인가를 하는 경우, 양수인에 대하여 양도인이 가지고 있던 면허와 동일한 내용의 면허를 부여하는 처분이 포함되어 있는지 여부(적극)

구 여객자동차 운수사업법(2009. 5. 27. 법률 제9733호로 개정되기 이전의 것, 이하 같다) 제14조 제2항, 구 여객자동차 운수사업법 시행령(2008. 10. 8. 대통령령 제21077호로 전부 개정되기 이전의 것) 제10조는 개인택시운송사업의 양도·양수는 관할 관청의 인가를 받아야 한다고 규정하고 있고, 구 여객자동차 운수사업법 제14조 제4항은 위 인가를 받은 경우 양수인은 양도인의 운송사업자로서의 지위를 승계한다고 규정하고 있으며, 구 여객자동차 운수사업법 시행규칙(2008. 11. 6. 국토해양부령 제66호로 전부 개정되기 이전의 것) 제17조 제9항은 개인택시운송사업 양수인은 일정기간 무사고 운전경력 등 동조 제1항 소정의 개인택시운송사업 면허의 자격요건을 갖추어야 한다고 규정하고 있다. 위 각 규정의 취지에 비추어 보면, 관할 관청이 개인택시운송사업의 양도·양수에 대한 인가를 하였을 경우 거기에는 양도인과 양수인 간의 양도행위를 보충하여 그 법률효과를 완성시키는 의미에서의 인가처분뿐만 아니라 양수인에 대해 양도인이 가지고 있던 면허와 동일한 내용의 면허를 부여하는 처분이 포함되어 있다(대법원 1994. 8. 23. 선고 94누4882 판결 참조). 또한 구 여객자동차 운수사업법 제14조 제4항에 의하면 개인택시운송사업을 양수한 사람은 양도인의 운송사업자로서의 지위를 승계하므로, 관할 관청은 개인택시 운송사업의 양도·양수에 대한 인가를 한 후에도 그 양도·양수 이전에 있었던 양도인에 대한 운송사업면허 취소사유를 들어 양수인의 사업면허를 취소할 수 있다 (대법원 2010. 4. 8. 선고 2009두17018 판결 등 참조).(대법원 2010. 11. 11., 선고, 2009두14934, 판결)

제28조(등록)

① 자동차대여사업을 경영하려는 자는 사업계획을 작성하여 국토교통부령으로 정하는 바에 따라 시·도지사에게 등록하여야 한다. 〈개정 2013.3.23.〉

(작성례)

피의자는 국토해양부장관에게 등록하지 아니하고, 20○○. ○. ○. ○○시 ○○동 ○○번지에 점포를 열고 점포앞 약 ○○평 되는 대지에 소나타승용차 등 승용차(7대)와 봉고차(2대), 콤비(1대) 등 10대의 자동차를 갖추고 고○○에게 3일간 대구○○더○○○○호 소나타승용차 1대를 대여하고 ○○만원을 받는 등으로, 그 때부터 20○○. ○. ○.까지 사이에 한 달 평균 ○○만원의 수익을 올리는 자동차대여업을 영위하였다.

● 관련판례

◎ 전기자동차가 자동차관리법이 정한 '자동차'에 해당하는지 여부(적극)

자동차관리법은 '자동차라 함은 원동기에 의하여 육상에서 이동할 목적으로 제작한 용구 또는 이에 견인되어 육상을 이동할 목적으로 제작한 용구를 말한다. 다만, 대통령령이 정하는 것을 제외한다.' 고 규정하고 있고(제2조 제1호), 같은 법 시행령 제2조는 법 제2조 제1호 단서의 '대통령령이 정하는 것' 으로 '건설기계관리법에 의한 건설기계(제1호)' , '농업기계화 촉진법에 의한 농업기계(제2호)' , '군수품 관리법에 의한 차량(제3호)' , '궤도 또는 공중선에 의하여 운행되는 차량(제4호)' 만을 규정하고 있을 뿐, 자동차에 사용되는 원동기의 동력원에 대하여는 특별한 제한을 두고 있지 않다. 따라서 특별한 사정이 없는 한, 전기공급원으로부터 충전받은 전기에너지를 동력원으로 사용하는 전기자동차도 '원동기에 의하여 육상에서 이동할 목적으로 제작한 용구'로서 자동차관리법이 정한 자동차에 해당한다..(대법원 2009. 8. 20., 선고, 2008도8034, 판결)

제34조(유상운송의 금지 등)

① 자동차대여사업자의 사업용 자동차를 임차한 자는 그 자동차를 유상(有償)으로 운송에 사용하거나 다시 남에게 대여하여서는 아니 되며, 누구든지 이를 알선(斡旋)하여서는 아니 된다.

(작성례)

피의자는 자동차대여사업자의 사업용 자동차를 임차한 자는 그것을 이용해 유상운송을 해서는 안 됨에도 불구하고, 20○○. ○. ○. ○○시에 있는 ○○렌트카에서 1개월을 기간으로 부산○○허○○○○호 승용차를 ○○만원에 대여받고, 이 차량을 이용하여 위 같은 날 20:30경 부산시 ○○동 ○○호텔에서 ○○시 ○○동까지 승객 2명을 운송하고 그 대금으로 ○○만원을 받은 것을 비롯하여 그 때부터 같은 달 ○○까지 사이에 총 83명가량의 승객을 유상으로 운송하여 임차자동차로 운송영업을 하였다.

■ 적용실례

◇ 부탁받아 그 화물을 운송해 준 경우

※ 피의자의 주인인 운수업자 김○○가 운송 주문을 받아 놓았으나 다른 주문받은 화물이 많아 피의자에게 운송을 부탁하자, 거절할 수 없어 그 대신 그 화물을 운송해 준 것으로 구 자동차운수사업법 제57조 제1항 규정의 공동사용에 해당되지 않는다(이 건은 동법 제75조 제3호, 제56조 제1항의 구성요건에 해당됨).

◇ 유상운행 행위에 양벌규정을 잘못 적용한 사례

※ 유상운송행위에 대하여 양벌규정에 따라 본인을 처벌하려면 행위자가 본인의 대리인, 사용인, 기타 종업원의 지위에 있어야 할 것인 바, 이건 자동차는 피의자 한○○의 남편인 피의자 조○○가 자기의 업무로 운전, 사용할 뿐 사용인

등의 지위에서 위 한○○의 업무와 관련하여 유상운송행위를 한 것은 아니므로 양벌규정의 적용대상이 되지 않는다.

◇ 화물자동차를 사용신고 없이 운행한 경우

※ 화물운송에 사용할 자동차를 구입한 피의자가 당국에 사용신고를 하지 아니한 것으로 구 자동차운수사업법 제75조 제1항 제5호, 제56조 제1항을 적용하였으나, 위 처벌규정에 의하면 사용신고 미필행위에 대하여는 과태료를 부과할 수 밖에 없어 형사처벌의 대상이 아니라 할 것이니 범죄혐의 없다.

◇ 자가용화물차의 유상운송의 경우 적용법조

※ 자가용 1톤 트럭 소유자인 피의자가 당국의 허가 없이 월 150만원을 받고 3개월간 유상운송한 사안으로서 구 자동차운수사업법 제72조 제5호, 제58조로 의율하였어야 할 것이나, 동법 제58조, 제72조 제6항으로 의율하였는바, 이는 조문적용 착오 및 처벌규정에 이어 금지규정을 기재토록 하고 있는 행정법규 위반법의 법령질서 원칙에 어긋난 것이다.

◇ 자동차 유상운송한 경우

※ 피의자가 자가용 자동차로 유상운송을 한 것이므로 구 자동차운수사업법 제72조 제5호, 제58조를 적용하여야 하고, 공동사용신고 조항인 제56조를 적용하여서는 안 된다.

◇ 자가용자동차의 미신고 여객운송의 경우

※ 피의자 임○○는 이 건 차량의 자동차 등록원부상의 소유명의만 있을 뿐 그 실제 소유자는 피의자의 자인 임○○이며 당시 운전자인 서○○도 임○○의 지시로 운전한 사안에서, 위 서○○는 위 법조에서 규정한 '피의자의 사용인 또는 종업원' 이라고 할 수 없을 뿐 아니라 이 건 예식장 하객운송 행위가 역시 농부인 '피의자의 업무' 에 관한 행위라고 할 수 없어 결국 피의자 임○○는 범죄혐의 없다.

● 관련판례

◎ 여객자동차 운수사업법 제90조 제1호의 처벌 대상에 '운송료가 실제로 지급되지 않았으나 운송료 지급을 약속하고 여객을 운송한 경우'가 포함되는지 여부(적극) 및 이때 '여객을 운송'한다는 것에 객관적으로 보아 승객과의 운송에 관한 합의에 따라 운송을 시작하였다고 볼 수 있는 단계에 이른 경우가 포함되는지 여부(적극)

여객자동차 운수사업법 제90조 제1호는 같은 법 제4조 제1항에 따른 면허를 받지 아니하고 제2조에서 정한 자동차 이외의 자동차를 사용하여 여객자동차운송사업 형태의 행위를 한 사람을 처벌하고 있고, 여기서 '여객자동차운송사업'은 다른 사람의 수요에 응하여 자동차를 사용하여 유상(유상)으로 여객을 운송하는 사업(같은 법 제2조 제3호)을 말하는데, 위 조항의 입법취지와 내용 등에 비추어 보면, 운송료가 실제로 지급되지 않았다고 하더라도 운송료 지급을 약속하고 여객을 운송한 경우에는 처벌 대상이 되고, 나아가 '여객을 운송'한다는 것에는 여객 운송을 완료한 경우만이 아니라 객관적으로 보아 승객과의 운송에 관한 합의에 따라 운송을 시작하였다고 볼 수 있는 단계에 이른 경우까지도 포함된다.(대법원 2014. 11. 27. 선고 2014도5827 판결)

55. 여권법

[시행 2021. 7. 6.] [법률 제17820호, 2021. 1. 5., 일부개정]

제16조(여권의 부정한 발급·행사 등의 금지)

누구든지 다음 각 호에 해당하는 행위를 하여서는 아니 된다.

1. 여권의 발급이나 재발급을 받기 위하여 제출한 서류에 거짓된 사실을 적거나 그 밖의 부정한 방법으로 여권의 발급·재발급을 받는 행위나 이를 알선하는 행위
2. 다른 사람 명의의 여권을 사용하는 행위
3. 사용하게 할 목적으로 여권을 다른 사람에게 양도·대여하거나 이를 알선하는 행위
4. 사용할 목적으로 다른 사람 명의의 여권을 양도받거나 대여받는 행위
5. 채무이행의 담보로 여권을 제공하거나 제공받는 행위

(작성례 1)

피의자는 미국인을 상대로 면세주류 유흥업소를 경영하고 있다.

피의자는 평소 친분이 있는 미국 육군하사 ○○와 위장 국제결혼하여 미국으로 이민 출국하려면 남편 때문에 결혼관계증빙서류가 있어야 하므로 이를 만들 결심을 하고 평소 알고 지내던 이○○에게 돈 ○○만원을 주고 그의 주민등록부에 자신을 박○○(가명)로 하여 동거인으로 허위 신고하도록 하였다. 그리하여 20○○. ○. ○. ○○시 ○○동사무소로부터 주민등록신고확인서를 발급받아 적법한 절차에 의하여 ○○시 ○○구청에서 20○○. ○. ○. 단독 허위혼인관계를 취득하고, 20○○. ○. ○. 여권 신청서류에 가명 박○○을 기재한 허위 서류를 해외이주 대행업소를 통하여 외교통상부 이주과에 접수케 하여 20○○. ○. ○. 이민 여권을 발급받았다.

(작성례 2)

피의자 민○○은 서울 ○○동 ○○번지에 ○○인력은행을 열고 해외취업안내사업을 하고 있고 있다.

피의자 민○○는 20○○. ○. 초순경 서울 ○○동 상호를 알 수 없는 카페에서 피의자 이○○이 일본에 있는 유흥접객업소의 접대부로 취업하기 위하여 필요하다면서 여권발급신청 등에 필요한 경비로 우선 150

만원을 주고, 여권이 발급된 뒤에 다시 사례비로 850만원을 주겠다고 제의하자 이를 수락하였다. 그리고 즉석에서 돈 150만원을 받고 같은 해 ○. ○.경 노동부 서울남부사무소에서 피의자 이○○를 필리핀에 있는 주식회사 ○○에 사무보조로 인력송출할 것처럼 허위의 재직증명서 및 근로계약서를 첨부하여 신청함으로써 발급받은 인력송출허가서를 같은 달 ○. 외교통상부 여권과의 공무원에게 여권발급신청하면서 첨부하여 같은 달 ○. 위 이○○명의의 여권 1매를 발급받음으로써 여권에 불실의 사실을 기재하게 함과 동시에 부정한 행위로 여권을 발급받았다.

피의자 이○○은 20○○. ○. ○. 인천국제동항에서 위 항과 같이 부정발급받은 여권을 출국사정을 담당하는 출입국관리공무원에게 제시하여 불실기재한 여권을 행사하고, 즉시 대한항공 보잉○○○편으로 필리핀을 경유하여 일본으로 출국하였다.

● 관련판례

◎ 여권발급의 성격 및 해외여행의 자유의 제한 정도

여권의 발급은 헌법이 보장하는 거주·이전의 자유의 내용인 해외여행의 자유를 보장하기 위한 수단적 성격을 갖고 있으며, 해외여행의 자유는 행복을 추구하기 위한 권리이자 이동의 자유로운 보장의 확보를 통하여 의사를 표현할 수 있는 측면에서 인신의 자유 또는 표현의 자유와 밀접한 관련을 가진 기본권이므로 최대한 그 권리가 보장되어야 하고, 따라서 그 권리를 제한하는 것은 최소한에 그쳐야 한다.(대법원 2008. 1. 24. 선고 2007두10846 판결)

56. 여신전문금융업법

[시행 2021. 3. 25.] [법률 제17112호, 2020. 3. 24., 타법개정]

제70조(벌칙)

① 다음 각 호의 어느 하나에 해당하는 자는 7년 이하의 징역 또는 5천만원 이하의 벌금에 처한다.

3. 분실하거나 도난당한 신용카드나 직불카드를 판매하거나 사용한 자

(작성례)

피의자는 20○○. ○. ○. 11 : 40경 ○○시 ○○동에 있는 ○○스포츠센타 지하 샤워장 내에서 피해자 이○○가 벗어놓은 바지주머니에서 피해자 소유의 현금 ○○만원과 비씨카드 1점 등 합계 금 ○○만원 상당을 꺼내어 이를 절취하였다.

그리고 같은 날 오후 시간을 알 수 없는 때에 서울 ○○동에 있는 ○○백화점에서 시가 ○○만원 상당 금반지 1점, 시가 ○○만원 상당 남성정장 2벌 등 시가 합계 금 ○○만원 상당의 물품을 구입하면서 위 이○○ 명의의 비씨카드로 대금을 결제하게 하여 이를 사용하였다.

■ 적용실례

◇ 타인의 신용카드를 절취하여 카드대출을 받은 경우

피의자가 타인의 신용카드를 절취한 뒤 훔친 신용카드를 사용하여 사채업자를 기망하고 카드대출을 받은 경우

※ 이러한 경우는 절도, 여신전문금융업법, 사기로 의율해야 한다.

◇ 강취한 신용카드로 현금인출기에서 현금을 인출한 경우

피의자가 강취한 신용카드를 현금인출기에 집어넣어 현금을 인출한 경우

※ 이러한 경우 여신전문금융업법 위반과 함께 별도로 절도죄가 성립한 다.

◇ 신용카드부정사용죄에 있어 신용카드의 사용의 의미

※ 신용카드부정사용죄의 구성요건적 행위인 신용카드의 사용이라 함은 신용카드

의 소지인이 신용카드의 본래 용도인 대금결재를 위하여 가맹점에 신용카드를 제시하고 매출표에 서명하여 이를 교부하는 일련의 행위를 가리키고 단순히 신용카드를 제시하는 행위만을 가리키는 것은 아니라고 할 것이므로, 위 매출표의 서명 및 교부가 별도로 사문서위조 및 동행사의 죄는 위 신용카드부정사용죄에 흡수되어 신용카드부정사용죄의 1죄만 성립되므로 이를 별도로 사문서위조 및 동행사의 죄로 의율할 수 없다.

◇ 신용카드를 일시 빌려주고 빌린 경우

※ 신용카드를 일시 빌려주고, 빌린 것만으로는 법률상 신용카드의 양도, 양수라고 인정할 수 없다.

◇ 타인명의로 신용카드를 발급받아 사용한 경우

※ 피의자가 타인 명의의 신분관계에 대한 위조서류를 제출하여 피의자를 동인으로 믿은 ㅇㅇ카드회사로부터 신용카드를 발급받아 이를 사용한 사안으로, 이러한 경우 피의자가 직접 신용카드 자체를 위조한 것이라고 할 수 없으므로 사문서 위조, 동행사, 사기로 의율하여야 하며 여신전문금융업법 위반까지 추가하여 의율할 수 없다.

◇ 타인의 신용카드를 절취하여 카드대출을 받은 경우

※ 피의자가 타인의 신용카드를 절취한 뒤 사채업자 사무실에서 훔친 신용카드를 사용하여 사채업자를 기망하고 카드대출을 받은 사안인 바, 이러한 경우에는 죄명은 '가. 절도, 나. 여신전문금융업법위반, 다. 사기'로 의율한다.

◇ 절취한 신용카드로 현금인출기에서 현금을 인출한 경우

※ 피의자가 절취한 신용카드를 현금인출기에 집어넣어 현금을 인출한 사안인 바, 이러한 경우 여신전문금융업법 위반(동법 제70조 제1항 제3호) 이외에 별도로 절도죄가 성립한다.

● 수사사례

1. 신용카드이용 불법할인대출

- 사채업자 본인이나 처, 친동생 등 명의로 유령사업체를 개설한 후 카드가맹점으로 등록하는 등 부실·유령·가공 카드가맹점을 개설하여 매출전표를 발행할 수 있는 자격을 취득.
- 일간 신문, 생활정보지의 광고 등을 통해 현금대출을 받으려는 사람들을 유인.
- 현금대출을 받으려는 카드회원들에게 그들이 대출 받으려는 금액 상당의 물품이나 용역을 실제로 제공한 것처럼 정상판매를 가장한 부실·유령·가공 카드가맹점 명의의 허위 매출전표를 작성한 후 11~20%의 고리 선이자를 공제하고 자금을 빌려줌.

  - 그 외에도 신용카드대금을 갚지 못하는 사람들을 위해 그들의 연체대금을 대신 갚아 주고 그 신용카드를 이용하여 대납해준 금액에 18~20%의 수수료를 포함한 액수의 물품을 판 것처럼 허위의 매출전표를 작성 받는 연체대납업자도 있음.
- 그 후 신용카드회사로부터는 매출전표에 해당하는 금액을 소액의 수수료 공제 후 인출함.

  - 그 외에도 ①카드가맹점 개솔을 하지 아니한 채 허위 매출전표를 작성 받는 방법으로 불법현금대출을 하고 그 매출전표를 가맹점 개설한 다른 사채업자에게 매도하거나, ② 카드회원과 카드가맹점 개설을 한 사채업자간에 현금대출이 이루어지도록 소개하고 소개비만 받는 방법도 등장하고 있음.

2. 물품구입수법

- 사채업자들이 일간신문 등에 "컴퓨터가전대출, 가전매입" 등의 광고를 게재하여 현금대출을 받으려는 신용카드 소지자를 유인.
- 현금대출을 받아야 할 형편에 있으나 연체 또는 사용한도 초과로 인해 신용카드로 현금대출을 받을 수 없는 소지자들이 광고를 보고 찾아오면 백화점이나 전자제품 대리점에서 전자제품 또는 컴퓨터를 구입하여 오도록 한 후 그들이 신용카드, 백화점카드를 이용하여 할부로 구입하여 온 전자제품 또는 컴퓨터를 재 구입 하는 형식을 취하면서 선이자 명목으로 구입대금의 약 35% 내지 45%를 공제한 금액만 지급하여 줌.
- 전자제품 등을 저렴하게 구입한 사채업자들은 그 전자제품 등을 용산전자상가 등의 상인들에게 무자료로 공급하여 다시 현금화함.

  - 이들 상인들은 납세의무자로서 세금계산서를 교부받아야 함에도 세금계산서를 교부받지 아니하고 전자제품을 구입하는 방법을 통해 이들 전자제품 판매시에 부가가치세를 납부하지 않고 탈세할 수 있는 이익이 있음. 그 결과 판매가격을 상대적으로 낮추어 덤핑판매하기도 함.

- 신용카드 소지자 중에는 당초부터 카드대금을 납부할 의사나 능력도 없이 카드를 이용하여 전자제품 등을 마구잡이로 구입한 뒤 구입가격의 50%에 덤핑 처분하여 거액을 편취하는 경우도 많음.

3. 매출전표 불법유통 탈세

(1) 폐업 신고되어 존재하지 않는 타인 명의의 점포를 가맹점(불량 가맹점)으로 등록시키는 등 각종 조직적 방법으로 부실·유령·가공가맹점을 다수 확보하여 매출전표를 다량 발행할 수 있도록 준비.

(가) 명의도용 대상자 모집

허위 구인광고 전단을 만들어 주로 저소득층 주택가에 뿌려, 구직희망 전화가 오면 직장알선에 필요하다며 주민등록등본 등을 우편으로 제출 받는 등 방법으로 수백 건의 서류를 수집하여 적당한 명의대상자를 직접 모집하거나, 알선업자들이 신용카드 발급대행광고를 한 다음 이에 유인된 신용카드 발급의뢰인을 속여 그들로부터 제출 받은 서류 등을 알선업자로부터 건당 150만원 내지 200만원씩에 매입하는 등의 방법으로 명의도용 대상자들의 주민등록등본, 주민등록증 사본 등을 수집함.

(나) 사업자등록증 위조

세무서 직원에게 사례비를 지급하고 세무서 부가세과 단말기를 통해 신규 사업자번호만을 등록시키고 나머지 사항을 공란으로 둔 채 사업자등록증을 출력한 다음, 컴퓨터 프린터를 이용하여 위 사업자등록증에 명의 피도용자들의 인적사항을 기재한 후 세무서장 직인을 압날하거나 위조한 세무서장의 직인을 압날하는 방법으로 명의 피도용자들에 대한 사업자등록증을 위조함.

(다) 영업허가증 위조.

구청장 명의의 기존 영업허가증 사본 1부씩을 구매 허가번호, 업소 및 업종명, 대표자명, 허가일자 등을 지우고 컴퓨터 프린터를 이용, 각 해당란에 기입할 사항을 인쇄하여 그 자리에 오려붙인 다음 이를 다시 복사하는 방법으로 명의 피동용자들에 대한 영업허가증 사본을 위조함.

(라) 신용카드조회기 설치확인서 위조

신용카드조회기 회사인 한국정보통신(주) 대리점 직원에게 사례비(건당 10만원 정도)를 준 후 동 조회기를 설치하지 아니하였음에도 이를 설치한 양 ID번호(신용카드조회기 고유번호)를 부여받고 신용카드조회기 설치 확인서를 허위로 발급 받음.

(마) 통장개설 및 가맹점 가입신청

신용카드 조회기회사 직원들이 명의 피도용자들의 대리인인 양 위임장을 위조하여 그들 명의의 통장을 개설한 후 위조된 가맹점 가입신청서를 신용카드회사에 제출하여 유령가맹점을 개설함.

(바) 유령가맹점 매도

위와 같은 방법으로 다량 개설한 부실 · 유령 · 가공 가맹점 명의를 매출전표 유통업자와 신용카드 대출업자에게 매도함.

(2) 신용카드 매출전표 불법 유통조직은 그 외에도 다음과 같은 방법으로 직접 유령가맹점을 개설하여 범행하기도 함.

(가) 유령 신용카드가맹점 개설

- 매출전표를 자신에게 매도할 유흥업소와 거래를 약속한 다음, 작은 점포를 임차하고, 일정한 직업과 재산이 없는 사람(주로 부녀자, 속칭 바지)에게 200-250만원을 주고 명의를 빌려 그 명의로 세무서에서 사업자등록을 함(유령업소개설. 업종은 주로 세율이 저렴한 단란주점으로 함)
- 정보통신회사로부터 신용카드조회기를 구입하고(비용은 15-70만원, ID번호만 매입할 경우 10-15만원), 신용카드회사와 가맹점계약을 체결함.
- 위와 같이 1개 유령가맹점을 개설하는 데 약 500만원이 소요되는 바, 적절한 명의대여자를 구하지 못할 경우 전항의 유령가맹점 개설업자로부터 유령가맹점을 매입(약 700만원)하여 범행하기도 함.

(나) 유령신용카드가맹점의 신용카드조회기설치

유흥업소에 유령가맹점의 신용카드조회기를 설치해 주거나 유령가맹점의 ID번호를 유흥업소의 신용카드 조회기에 입력하여 탈세할 수 있는 방법을 제공함.

(3) 신용카드매출전표 불법유통업자는 유흥업소들로부터 가맹점이 기재되지 아니한 매출전표에 대해 8~11% 정도의 수수료를 공제하고 나머지 금액만 지급한 뒤 매출전표를 인수함.

- 위 가맹점 공란인 매출전표에 위 부실 · 유령 · 가공가맹점을 적절히 분배 기재하여 허위매출전표를 작성한 후 카드회사에 제시, 일정한 수수료(단란주점 3%, 유흥주점 5%등)를 공제한 금액을 수령함.
  - 결과적으로 매출 전표 작성 금액의 3-8% 정도의 폭리성 마진을 순이익으로 차지함.
  - 서울동부지청 96형제62405호 피의자 2명은 매일 매출전표 500매 액면금 1억원 상당을 사들여 하루평균 500만원씩 1년 10개월 동안 모두 33억원의 순이익을 취하였음.
- 중간유통업자가 있는 경우에는 매출전표 불법유통업자가 중간유통업자에게 유령가맹점의 ID번호를 알려주면 중간유통업자는 이를 유흥업소의 신

용카드조회기에 입력하여 유령가맹점 명의로 신용카드 매출전표를 작성케 한 뒤 그 유흥업소로부터 매출전표를 매출금액의 86-87%에 매입하여 다시 이를 매출전표 불법유통업자에게 매출금액 90%에 양도하고, 불법유통업자는 이를 카드회사에 제시하여 결제를 받음.

(4) **카드가맹점인 유흥업소들은,**

- 신용카드 매출전표 불법유통업자로 하여금 유령신용카드 가맹점의 신용카드 조회기를 설치토록 하거나 자신의 신용카드조회기에 유령가맹점의 ID 번호를 입력토록 한 뒤, 손님이 건내주는 카드를 사용하여 자신의 업소가 아닌 다른 부실·유령·가공가맹점 명의의 매출전표를 발행, 액면금액의 89-92% 가격으로 불법유통조직에 양도함으로써 매출총액을 대폭 줄임.

- 유흥업소에서는 신용카드사용 업소의 상호와 사용대금 납부고지서상의 상호가 서로 다르다는 손님의 항의를 예방하고 나아가 세무당국에의 적발을 피하고자 신용카드 매출전표 불법유통업자로 하여금 자신의 업소명과 같거나 유사한 상호로 유령가맹점을 개설함.(ex, 팔래스호텔 나이트클럽 - 팔래스)

- 또는 가맹점을 공란으로 한 매출전표를 발행하여 매출전표 위조범들에게 판매(매출액의 8-11% 공제)하여 위와 같이 사용하게 함.

- 최근에는 단속에 대비하여 다수의 사채업자들을 상대로 소량씩 분항 양도하거나, 주류 및 안주공급업자들에게 대금 대신 신용카드 매출전표로 지급하는 편법을 활용하기도 함.

- 심지어는 손님 몰래 매출전표를 2장 찍어 그중 한 장을 할인하여 현금으로 바꾸는 방법으로 범행하기도 함.

4. 매출전표 위조 사기

- 세무서장 명의의 사업자등록증을 위조(위조방법은 매출전표위조 탈세사범의 경우와 동일)하여 유령가맹점을 개설하고, 신용카드회사로부터 매출전표 용지를 교부받음.
- 카드회사 직원으로부터 카드회원명단을 입수하여 회원 명의의 신용카드 기재사항을 파악한 뒤 엠보씽(카드제작기계)을 이용하여 그 기재사항과 동일한 카드(매출전표에 사용할 수 있는 돌출문자만 위조하므로 그 자체로는 다른 업소에서 사용할 수 없음)를 만든 다음, 이를 신용카드 매출전표 용지 밑에 놓고 임프린트 기계로 눌러 마치 명의를 도용 당한 회원이 범인들이 개설한 유령가맹점으로부터 물품을 구입한 것 같이 신용카드 매출전표를 위조함.
- 그밖에도 소매치기로부터 그들이 절취한 신용카드를 1매당 20만원씩 주고 구입한 뒤 이를 사용하여 분실신고일자 이전의 날로 소급한 매출전표를 위 유령가맹점 명의로 작성함.

- 유흥업소 종업원 등과 공모하여 그들이 훔친 고객의 신용카드를 이용, 매출 전표를 허위로 작성하여 카드회사에 청구하는 방법도 사용함.
- 아예 특정인의 주민등록증 등 카드발급서류를 전문적으로 대량으로 위조, 그 명의의 신용카드를 발급 받은 후 그 특정인 명의로 사용하기도 함.

• 위와 같이 위조한 매출전표를 신용카드회사에 제출하여 현금을 지급받거나, 평소 안면이 있는 신용카드가맹점 주인에게 양도하고 20% 정도의 수수료를 공제한 대금을 받기도 함.

5. 신용카드 마그네틱 스트라이프 위조 사기

• 사전에 기존 신용카드 회원들의 정보사항을 구해 둠.
• 개인정보를 입력시킬 수 있는 컴퓨터프로그램을 이용하여 위 입수한 신용카드회원의 정보사항을 신용카드 마그네틱 스트라이프에 입력시킨 후, 플라스틱 신용카드 판에 붙여 신용카드를 위조함.
• 위조한 신용카드를 이용, 가맹점으로부터 거액의 물품을 구입하여 편취함.
- 위조된 마그네틱 스트라이프를 이지체크기에 통과시키면 카드회사로부터 곧바로 사용승인을 받는 허점을 이용한 범죄임.

6. 은행현금카드 위조사기

• 범행을 위해 암호판독기, 암호해독용 컴퓨터프로그램을 입수함.
• 타인소유의 진짜 은행현금카드를 입수한 뒤, 암호판독기계에 넣고 암호판독기와 컴퓨터를 연결하여 마그네틱 스트라이프의 암호해독 컴퓨터 프로그램을 작동시킴.
• 그 후 은행현금카드 공카드를 암호판독기에 넣고 이미 판독해 놓은 암호를 입력한 후 복사하여 현금카드를 위조함.
• 진짜 카드 소유자의 비밀번호를 알아내어 거액을 인출함.

7. 첨단장비이용 신용카드 위조 사건

• 암호해독용 컴퓨터 프로그램, '카드판독복제기'를 구입하여 둠.
• 신용카드 현금 대출업을 하는 것처럼 가장하여 카드할인 광고를 낸 후, 돈을 빌리러 오는 카드회원들의 신용카드를 교부받아 몰래 암호해독용 컴퓨터프로그램과 카드판독복제기를 이용해 그 신용카드 자기테이프에 내장된 암호코드를 판독한 후, 잔액조회 등 대출에 필요하다는 빌미로 카드명의인의 비밀번호를 알아냄.
• 인코딩기에 공카드를 넣고 입력프로그램을 작동시켜 위와 같이 알아낸 암호 코드를 공카드의 자기테이프에 입력시키고, 신용카드와 똑같은 크기 · 형태의 플라스틱판에 이를 접착하는 방법으로 신용카드를 위조함.
• 위조한 신용카드를 일본, 홍콩 등 외국으로 가지고 나가 위조한 신용카드

및 미리 알아낸 비밀번호를 이용하여 외국 무인현금지급기에서 현금서비스 명목으로 거액을 인출함.

- - 주로 월말에 1회에, 월초에 1회 재차 현금서비스를 받는 방법으로 현금 인출액수를 늘임.
- 카드 1개로 20,000달러까지 현금서비스를 받을 수 있고 별도로 물품구매도 가능하므로 피해액수가 엄청날 수 있음.
- 카드 명의자는 비밀번호를 유출한 잘못으로 인해 전혀 보호받을 수 없어 결국 피해는 카드 명의자에게 돌아가게 됨.

• 국내에 있는 조직은 신용카드 회원정보를 국내에서 집중 수집하여 이를 외국에 있는 신용카드 전문위조조직에 유출하고, 외국인 공범들은 이를 이용하여 홍콩, 일본 등 외국에서 신용카드를 위조·사용하는 등 국제적 범죄커넥션도 적발된 바 있음.

8. 인터넷 전자상거래를 이용한 불법 할인 대출

(1) 인터넷 경매사이트 이용

• 인터넷 전자상거래가 활성화 됨에 따라 신용카드할인업자들로부터 자금융통을 받으려는 카드소지의 인적사항 및 신용카드정보를 건네 받아 인터넷 경매전문업체인 (주)옥션 사이트에 카드소지인의 개인정보를 이용하여 임의로 ID를 만들고 빌리려는 금액에 해당하는 물품을 경애에 내놓는 것처럼 임의로 등록하고, 역시 임의로 만든 ID를 이용하여 가공의 물품을 낙찰받는 것으로 하여 경매가 이루어진 것처럼 가장함.

• 낙찰대금을 카드소지인의 신용카드 정보를 입력하여 결제함으로써 (주)옥션에서 신용카드회사로부터 카드결제대금을 입금받을 수 있도록 하고, (주)옥션에 미리 신고한 물품등록자의 ID로 등록하여 둔 예금 계좌를 통해 대금을 송금받아 수수료 2-3%를 공제한 금액을 할인의뢰업자에게 송금.

(2) 상품권 거래사이트 자체개설

• 회사를 설립하여 자체적으로 인터넷 상거래로 상품권을 판매하는 인터넷 사이트를 개설한 다음 신용카드할인업자들이 사이트에 접속하여 할인 의뢰한 카드 소지자 명의로 위 사이트에서 상품권을 구매하는 것처럼 주문을 하고, 카드소지자의 신용카드 번호 등을 입력하여 결제를 함.

• 위 사이트와 연결된 신용카드 가맹점인 데이콤 등 결제대행업체를 통하여 카드회사로부터 승인을 받아 그 내역을 데이콤을 통해 카드회사에 송신하고, 카드회사로부터 대금을 지급 받아 수수료 공제 후 할인업자에게 송금함.

9. 무선 신용단말기 이용 250억대 위장 매출전표

- 위장 신용카드가맹점 사업등록자(속칭 '바지사장')는 명의대여 대가로 월 100-200만원 내외의 돈을 받기로 하고 명의대여 알선브로커에게 가맹점 개설에 필요한 인감증명서 등 제반서류를 넘겨줌
- 신용카드단말기 판매대리점은 단말기 판매 수입을 늘리고 매출전표 수수료(1장당 120원~200원) 수입을 얻기 위해 1개 신용카드가맹점(위장가맹점)당 아무런 제한없이 무선 카드단말기를 100여대씩 판매함.
- 위장 가맹점 업주와 알선브로커는 그 가맹점 명의와 무선카드단말기를 조세포탈을 꾀하는 유흥주점에 무차별 대여함.
- 유흥주점은 실제 매출을 누락시켜 조세포탈하기 위하여 위장 가맹점 명의와 카드단말기를 사용하여 손님들에게 결제시킴.
- 이후 위장 가맹점의 바지사장은 자신에게 부과되는 일체의 조세를 납부치 않고 잠적하거나, 무자력을 이유로 세무서로부터 징수불능처분 받음.
- 알선브로커로부터 뇌물받은 세무공무원 김○○은 국세청 전산망을 점검하면서 위장 가맹점의 매출이 과도해지면 이를 분산하거나 줄이라고 주의를 주는 등 알선브로커들에게 정보를 제공하면서 비호하였음.

● 관련판례 1

◎ 피고인이 '기업구매전용카드'를 이용하여 물품판매 또는 용역제공을 가장하여 거래하는 방법으로 자금을 융통하였다고 하여 구 여신전문금융업법 위반으로 기소된 사안에서, 위 카드에 의한 거래를 같은 법 제70조 제2항 제2호 (가)목에서 정한 '신용카드에 의한 거래'로 보기 어렵다고 한 사례

기업구매전용카드란 "구매기업이 구매대금을 지급하기 위하여 여신전문금융업법에 따른 신용카드업자로부터 발급받는 신용카드 또는 직불카드로서 일반적인 신용카드 가맹점에서는 사용할 수 없고, 구매기업·판매기업 및 신용카드업자 간의 계약에 의하여 해당 판매기업에 대한 구매대금의 지급만을 목적으로 발급하는 것을 말한다."라고 규정하여, 기업구매전용카드도 여신전문금융업법에 따른 '신용카드 또는 직불카드'의 일종인 것처럼 규정하고 있다. 그러나 구 여신전문금융업법 시행령(2010. 5. 4. 대통령령 제22151호로 일부 개정되기 전의 것) 제6조의5 제2항 제1호는 신용카드업자가 신용카드회원에 대한 자금의 융통으로 인하여 발생한 채권의 평균잔액이 일정한 한도를 초과하지 않도록 제한하면서도 그 제한금액에서 "조세특례제한법 제7조의2 제3항 제5호에 따른 기업구매전용카드로 물품을 구입하거나 용역을 제공받는 등으로 인하여 발생한 채권은 제외한다."라고 규정하고 있다. 이는 기업구매전용카드가 여신전문금융업법상으로도 일반 신용카드나 직불카드와는 달리 취급되어야 한다는 것을 전제한 것으로 볼 수 있다.(대법원 2013. 7. 26. 선고 2012도4438 판결)

● 관련판례 2

◎ 실제로 신용카드에 의한 물품거래가 있고 그 매출금액대로 매출전표가 작성된 경우, 여신전문금융업법 제70조 제2항 제3호의 처벌대상에 포함되는지 여부(소극)

여신전문금융업법 제70조 제2항 제3호에 의하면, '물품의 판매 또는 용역의 제공 등을 가장하거나 실제 매출금액을 초과하여 신용카드에 의한 거래를 하거나 신용카드에 의한 거래를 대행시키고 자금을 융통하여 준 자 또는 이를 중개·알선한 자'에 대하여 '3년 이하의 징역 또는 2,000만 원 이하의 벌금에 처한다'고 규정하고 있는바, 위 법조에서 규정하는 요건을 충족하기 위하여는 실제로 신용카드거래가 없었음에도 불구하고 신용매출이 있었던 것으로 가장하거나 실제의 매출금액을 초과하여 신용카드에 의한 거래를 할 것을 요하고, 실제로 신용카드에 의한 물품거래가 있었을 뿐 아니라 그 매출금액 그대로 매출전표를 작성한 경우는 위 법조에서 규정하는 처벌대상에 포함되지 아니한다.(대법원 2004. 3. 11. 선고 2003도6606 판결)

● 관련판례 3

◎ 여신전문금융업법 제20조 제1항에 의하여 신용카드업자 외의 자에게 양도가 금지되는 '신용카드에 의한 거래에 의하여 발생한 매출채권'의 의미 및 결제대행업체가 신용카드업자에 대하여 가지는 대행결제대금채권이 이에 해당하는지 여부(소극)

여신전문금융업법 제20조 제1항은 "신용카드에 의한 거래에 의하여 발생한 매출채권은 이를 신용카드업자 외의 자에게 양도하여서는 아니 되며, 신용카드업자 외의 자는 이를 양수하여서는 아니 된다"고 규정하고 있는데, 위 규정의 입법 취지 및 그 문언 등에 비추어 보면, 위 규정에 정한 '신용카드에 의한 거래에 의하여 발생한 매출채권'은 신용카드 이용자가 신용카드 가맹점에서 물건을 구매하거나 용역을 제공받고 신용카드를 사용함에 따라 발생한 신용카드 가맹점의 신용카드 이용자에 대한 채권을 의미하고, 여신전문금융업법상의 결제대행업체가 가맹점계약에 기하여 신용카드업자에 대하여 가지는 대행결제대금채권은 위 규정에 의하여 양도가 금지되는 채권에 해당하지 않는다. (대법원 2008. 1. 17. 선고 2006다56015 판결)

● 관련판례 4

◎ 구 여신전문금융업법 제70조 제2항 제2호 (가)목의 적용 범위 / 신용카드에 의한 결제 대상인 지급원인이 실제로 존재하고 원인 금액 그대로 결제가 이루어졌으나 신용카드를 사용한 실질 목적이 자금의 융통에 있는 경우, 위 규정에 의한

처벌 대상이 되는지 여부(소극)

구 여신전문금융업법(2015. 1. 20. 법률 제13068호로 개정되기 전의 것) 제70조 제2항 제2호 (가)목은 "물품의 판매 또는 용역의 제공 등을 가장하거나 실제 매출금액을 넘겨 신용카드로 거래하거나 이를 대행하게 하는 행위" 를 통하여 자금을 융통하여 준 자 또는 이를 중개·알선한 자를 처벌하도록 규정하고 있다. 그런데 죄형법정주의의 원칙상 형벌법규는 특별한 사정이 없는 한 문언에 따라 엄격하게 해석하여야 하므로, 위 규정은 신용카드로 대가를 지급할 실질 거래가 없음에도 마치 실제 거래가 있었던 것처럼 가장하여 신용카드를 사용하거나 실제의 거래금액을 초과하여 신용카드에 의한 결제를 하게 함으로써 자금을 융통하여 주거나 이를 중개·알선한 경우에 한하여 적용된다. 따라서 신용카드에 의한 결제 대상인 지급원인이 실제로 존재하고 원인 금액 그대로 결제가 이루어진 경우에는 신용카드를 사용한 실질 목적이 자금의 융통에 있더라도 위 규정에 의한 처벌 대상은 되지 않는다. (대법원 2016. 10. 27., 선고, 2015도11504, 판결)

57. 영화 및 비디오물의 진흥에 관한 법률

[시행 2022. 6. 29.] [법률 제18659호, 2021. 12. 28., 일부개정]

제29조(상영등급분류)

⑤ 누구든지 제2항제4호 또는 제5호의 규정에 의한 상영등급에 해당하는 영화의 경우에는 청소년을 입장시켜서는 아니 된다.

(작성례)

피의자는 ○○에서 ○○극장이라는 상호로 영화상영관을 운영하고 있다. 피의자는 청소년 관람불가에 해당하는 영화의 경우에는 청소년을 입장시켜서는 안 됨에도 불구하고 20○○.○.○. 00:00경 위 극장에서 상영 중인 청소년관람불가인 '○○부인' 에 청소년인 ○○○(17세)등 4명을 입장시켰다.

● 관련판례 1

◎ 청소년 관람불가 등급분류기준으로서 '영상표현의 선정성' 에 청소년에게 성적 불쾌감 · 혐오감 등을 유발하는 경우가 포함되는지 여부(적극)

영상표현의 선정성에 관한 청소년 관람불가 기준에는 15세 이상 관람가 기준과 달리 그 문언상 성적 욕구의 자극을 요건으로 하지 않는 점, 영상표현의 선정성에 관하여 세부적인 등급분류기준을 둔 취지는 청소년이 아직 인격적으로 성숙하지 않아 성인보다 상대적으로 성적 자극에 예민하고 성충동을 억제하거나 조절하는 능력이 부족한 점을 고려하여 영상표현을 통해 청소년의 성적 상상이나 호기심을 불필요하게 부추기거나 성에 관하여 그릇된 인식을 갖게 하는 부작용을 미리 방지함으로써 청소년으로 하여금 진정한 인격체로 성장할 수 있도록 하기 위한 것인 점, 구 청소년보호법(2011. 9. 15. 법률 제11048호로 개정되기 전의 것) 제10조 제1항 제1호에서 청소년의 성적 욕구를 자극하는 것 이외에 제5호에서 '기타 청소년의 정신적 건강에 명백히 해를 끼칠 우려가 있는 것' 도 청소년유해매체물로 규정하고 있는 점과 함께 영화등급분류에 관한 영화 및 비디오물의 진흥에 관한 법률 제29조 제2항, 제7항, 영화 및 비디오물의 진흥에 관한 법률 시행령 제10조의2 제1항 [별표 2의2] 제4호 (나)목, 제2항, 구 영화 및 비디오물 등급분류기준(2010. 6. 3. 개정되기 전의 영상물등급위원회규정) 제5조, 제7조 규정의 내용 및 형식, 입법 취지 등을 고려하면, 청소년 관람불가의 등급분류기준으로서 영상표현의 선정성에는 신체 노출, 성적 접촉, 성행위 등이 지나치게 구체적이고 직접적이며 노골적이어서 청소년에게 성적 욕구를 자극하는 경우뿐만 아니라, 청소년에게 성적 불쾌감 · 혐오감 등을 유발하는 경우도 포함된다고 보는 것이 타당하다.(대법원 2013. 11. 14. 선고 2011두11266 판결)

● 관련판례 2

◎ 위성방송수신기 등을 이용하여 숙박업소의 투숙객들에게 제공한 외국의 위성방송 프로그램이 영화 및 비디오물의 진흥에 관한 법률에 의한 등급분류를 받아야 하는 '비디오물' 에 해당한다고 본 원심판단에 법리오해의 위법이 있다고 한 사례

영화 및 비디오물의 진흥에 관한 법률(이하 '영화등진흥법' 이라 한다)은 비공연성, 높은 유통성, 복제용이성 및 접근용이성 등 영화나 음반 등과 다른 '비디오물' 의 특성을 고려하여, 유해한 비디오물의 공개나 유통으로 인한 악영향을 사전에 차단하기 위하여 등급분류제를 규정하고 있는 점, 영화등진흥법 제2조, 제50조 제1항, 같은 법 시행령 제23조 등의 규정은 영화나 방송프로그램이 비디오물과는 다른 형태의 매체물이라는 것을 전제로 하고 있는 점, 영화등진흥법 제65조 및 같은 법 시행령 제27조, 같은 법 시행규칙 제25조 등은 테이프나 디스크 등의 매체에 저장된 상태로 유통되는 영상물과 인터넷 등의 정보통신망을 이용하여 시청에 제공되는 영상물만을 그 대상으로 하고 있는 점, 영상물등급분류제도와 유사한 목적으로 청소년유해매체물을 규정하고 있는 청소년보호법 제7조도 규제의 대상이 되는 매체물을 '비디오물', '음반', '영화', '방송프로그램' 등으로 나누어 규정하고 있는 점, 방송프로그램에 대해서는 방송법이 별도로 등급분류 등에 관한 규정을 두고 있는 점 등의 여러 사정을 종합하면, 전기통신설비를 이용하여 시청에 제공되는 텔레비전방송프로그램은 영화등진흥법 제2조 제12호 소정의 '비디오물' 에 해당하지 아니한다. (대법원 2010. 7. 15. 선고 2009도4545 판결)

58. 옥외광고물 등의 관리와 옥외광고산업 진흥에 관한 법률

[시행 2022. 12. 11.] [법률 제18876호, 2022. 6. 10., 일부개정]

제3조(광고물등의 허가 또는 신고)

① 다음 각 호의 어느 하나에 해당하는 지역·장소 및 물건에 광고물 또는 게시시설(이하 "광고물등"이라 한다) 중 대통령령으로 정하는 광고물등을 표시하거나 설치하려는 자는 대통령령으로 정하는 바에 따라 특별자치시장·특별자치도지사·시장·군수 또는 자치구의 구청장(이하 "시장등"이라 한다)에게 허가를 받거나 신고하여야 한다. 허가 또는 신고사항을 변경하려는 경우에도 또한 같다.

(작성례)

피의자는 서울 ○○동 ○○번지에서 ○○○○라는 상호로 락카페를 경영하는 사람이다.

피의자는 관할관청의 허가를 받지 않고, 20○○. ○. 초순경 위 업소 건물의 앞면에 2층과 3층을 연결하여 전기(네온)를 이용하여 만든 가로 78cm, 세로 4m 상당의 ○○○○라는 글씨를 써 넣은 돌출간판을 설치하였다.

제11조(옥외광고사업의 등록)

① 옥외광고사업을 하려는 자는 대통령령으로 정하는 기술능력과 시설 등을 갖추고 제12조에 따른 교육을 받은 후에 시장등에게 등록하여야 한다. 다만, 등록사항을 변경하려는 경우에는 교육을 받지 아니할 수 있다. 〈개정 2016.1.6.〉

(작성례)

피의자는 관할관청에 등록하지 않고, 20○○. ○.경부터 같은 해 ○. ○.까지 사이에 ○○시 ○○동 ○○번지에 있는 약 12평의 점포에 ○○특수간판이라는 상호를 걸고 간판제작대, 페인트스프레이기 등의 영업시설을 갖추고 종업원 2명을 고용하여 그 곳을 찾는 불특정다수의 손님을 상대로 옥외간판 등을 제작, 설치해주고 한 달 평균 ○○만원의 수익을 얻는 옥외광고업을 영위하였다.

■ 적용실례

◇ 당국의 허가, 신고 없이 전단을 무단 부착, 배포한 경우

※ 피의자가 당국의 허가나 신고 없이 선전물인 전단을 무단부착, 배포한 사안에서, 피의자는 이 건 전단에 대한 허가나 신고를 받지 아니한 것은 사실이나, 이를 신문보급소에 의뢰하여 신문에 끼어 가정집 등에 배포한 것으로 금지된 장소나 금지된 방법으로 이를 별다른 증거자료를 제출하지 못하는 바, 옥외광고물등관리법 소정의 위반은 이러한 사안에 대하여 규제치 아니하므로 이를 무혐의 처리하여야 한다.

◇ 당국에 신고하지 아니하고 광고물을 임의로 부착한 경우

※ 피의자가 당국에 신고하지 아니하고 도로변에 카페 여종업원을 구한다는 내용의 16절지 크기 광고물을 임의로 부착한 사안인 바, 위 광고물은 옥외광고물등관리법상 신고대상에 불과하여 위 법 제18조 제2항 위반으로 의율하여야 한다.

◇ 무단 설치한 간판에 대하여 증거자료를 구비하지 않은 경우

※ 옥외광고물등관리법은 간판을 돌출형간판, 세로형간판, 가로형간판 등으로 세분하여 전자는 허가사항으로 후자는 신고사항으로 규정하고 있으므로 피의자가 무단히 설치한 간판이 어떠한 종류의 것인지를 명시하고 그 증거자료를 구비하여야 적용되어야 할 법규를 특정할 수 있을 것이다.

◇ 신고사항과 허가사항을 잘못 의율한 경우

※ 옥외광고물등관리법에 의한 광고물 등은 동법시행령이 정하는 바에 따라 그 설치를 함에 있어 허가를 요하는 것과 신고로 족한 것이 나뉘어 규정되어 있고, 이를 위반한 경우에 대한 처벌 규정도 허가를 요하는 광고물의 경우는 1년 이하의 징역 또는 1천만원 이하의 벌금에 처하도록 되어 있고(동법 제18조 제1항 제1호), 신고를 요하는 광고물의 경우는 500만원 이하의 벌금에 처하도록 되어 있는 바(동법 제18조 제2항), 옥외광고물등관리법 위반으로 수사하기 위하여서는 문제된 광고물이 어디에 해당하는지를 확인하여 의율하여야 한다.

◇ 불법광고차량(래핑 등)의 중점단속사항

※ ① 허가 또는 신고를 하지 않고 교통수단(자동차관리법상 자동차)에 표시하

는 옥외광고물(제3조 - 사업용자동차는 허가대상, 자가용은 신고대상), ② 차량전면을 광고판으로 꾸민 래핑차량(전면은 광고금지 사항 - ex. 관광버스에 광고의 홍보문양으로 래핑행위), ③ 자동차 외부의 창문 부분을 제외한 차체 측면의 2분의 1 이상 초과한 광고물표시행위(제4조), ④ 광고물에 전기를 사용하거나 발광식 조명을 하는 행위(제4조)가 중점단속사항이다.

● 관련판례

◎ 1990. 9.경 당시 시행되던 구 건축법에 따라 공작물 축조허가를 받아 설치된 광고탑에 대하여 공작물 축조허가 외에 구 광고물 등 관리법 등에 따른 게시시설 설치허가를 별도로 받아야 하는지 여부(소극)

구 광고물 등 관리법(1990. 8. 1. 법률 제4242호 옥외광고물 등 관리법으로 전부 개정되기 전의 것)의 위임에 따른 구 서울특별시 광고물 등 관리법 시행규칙(1981. 1. 10. 서울특별시 규칙 제1885호로 개정되기 전의 것, 이하 '구 서울특별시 광고물법 시행규칙' 이라 한다)이 제정된 1980. 2. 8. 당시에는 구 건축법(1991. 3. 8. 법률 제4364호로 개정되기 전의 것) 및 구 건축법 시행령(1991. 1. 14. 대통령령 제13249호로 개정되기 전의 것) 외에는 안전성과 미관의 측면에서 광고탑의 축조를 규제하는 법령이 존재하지 않았다. 광고물 또는 게시시설이 "다른 법령에 의하여 표시 또는 설치하거나 살포하는 것" 에 해당하는 경우 광고물 또는 게시시설의 허가·신고에 관한 제2조의 규정을 적용하지 않는다고 정한 구 서울특별시 광고물법 시행규칙 제8조 제1호는 높이 4m를 넘는 광고탑에 관하여 공작물의 안전성과 미관의 측면에서 더 규제 강도가 높은 구 건축법령을 적용하고자 한 것으로 보아야 한다. 따라서 높이 4m를 넘는 광고탑에 관한 공작물 축조허가를 규율하는 구 건축법령은 구 서울특별시 광고물법 시행규칙 제8조 제1호에서 정한 '다른 법령' 에 해당한다고 볼 수 있고, 구 건축법령에 따라 공작물 축조허가를 받은 경우에는 그보다 규제 강도가 낮은 구 서울특별시 광고물법 시행규칙 제2조에 따른 게시시설 허가·신고절차를 별도로 거칠 필요가 없다.(대법원 2019. 4. 25. 선고 2018두49642 판결)

59. 외국환거래법

[시행 2021. 9. 16.] [법률 제18244호, 2021. 6. 15., 일부개정]

제8조(외국환업무의 등록 등)

① 외국환업무를 업으로 하려는 자는 대통령령으로 정하는 바에 따라 외국환업무를 하는 데에 충분한 자본·시설 및 전문인력을 갖추어 미리 기획재정부장관에게 등록하여야 한다. 다만, 기획재정부장관이 업무의 내용을 고려하여 등록이 필요하지 아니하다고 인정하여 대통령령으로 정하는 금융회사등은 그러하지 아니하다. 〈개정 2011.4.30.〉

(작성례)

피의자 김○○은 관할관청에 등록하지 않은 채, 20○○. ○.경부터 20○○. ○.경까지 사이에 서울 ○○동 ○○번지에 본사를, 미국 ○○에 지사를 각 차려놓고 미국에서 불법취업하고 있거나 영어를 구사하지 못하여 미화를 국내에 송금할 수 없는 취업자들을 모았다. 그리하여 그들로부터 송금의뢰를 받으면 본사에 연락하여 위 취업자들이 지정하는 국내인에게 한화로 송금액 상당을 지급하고, 송금의뢰받은 외화는 미국에 있는 지사에서 계속 보유하다가 외화를 미국으로 불법송금하려는 자의 의뢰를 받으면 미국지사에서 보유하던 외화를 위 송금의뢰자가 지정하는 자에게 지급하고 각 송금의뢰자로부터 송금액의 ○%를 수수료로 받는 방법으로 680차례에 걸쳐 미화 ○○만달러 상당의 대외지급수단 매매 및 대한민국·외국간의 지급과 이에 부대되는 업무를 취급하여 외국환업무를 영위하였다.

● 관련판례 1

◎ 증권의 '취득행위'가 아닌 취득한 증권의 '처분행위'가 구 외국환거래법상 신고의무 대상인 해외직접투자 또는 자본거래의 개념에 포함되는지 여부(소극)

구 외국환거래법(2016. 3. 2. 법률 제14047호로 개정되기 전의 것, 이하 '구 외국환거래법'이라 한다) 제3조 제1항 제18호에서 외국법령에 따라 설립된 법인이 발행한 증권의 '취득'만을 해외직접투자로 정의하고 있을 뿐 취득한 증권의 '처분'을 해외직접투자의 개념에 포함하지 않고 있고, 같은 항 제19호 (나)목도 증권 또는 이에 관한 권리의 '취득'만을 자본거래로 정의하고 있을 뿐 취득한 증권 또는 이에 관한 권리의 '처분'을 자본거래의 개념에 포함하지 않고 있으며, 그 밖에 자본거래의 개념에 관한 구 외국환거래법의 규정 또는 그 위임에 따른 구 외국환거래법 시행령

(2012. 12. 12. 대통령령 제24225호로 개정되기 전의 것)의 규정을 보더라도 증권의 '취득행위' 가 아닌 취득한 증권의 '처분행위' 가 해외직접투자 또는 자본거래의 개념에 포함된다고 할 수 없다. 이는 이미 취득한 증권을 처분하는 행위도 그 실질이 자본에 관한 거래에 해당하고 그것이 국민경제에 미치는 영향이 증권의 취득행위와 다를 바 없어 이에 대하여도 신고의무를 부과할 현실적인 필요가 있다고 하더라도 달리 볼 수 없다.(대법원 2017. 6. 15. 선고 2016도9991 판결)

● 관련판례 2

◎ '대한민국과 외국 간의 지급·추심 및 수령' 에 직접적으로 필요하고 밀접하게 관련된 부대업무가 외국환거래법 제3조 제1항 제16호 (마)목의 '외국환업무' 에 해당하는지 여부(적극)

외국환거래법 제3조 제1항 제16호 (나)목은 '대한민국과 외국 간의 지급·추심 및 수령' 을, 같은 호 (마)목은 '위 (나)목 등과 유사한 업무로서 대통령령으로 정하는 업무' 를 '외국환업무' 에 해당하는 것으로 규정하고, 외국환거래법 시행령 제6조 제4호는 '외국환거래법 제3조 제1항 제16호 (나)목 등의 업무에 딸린 업무' 가 위 '대통령령이 정하는 업무' 에 해당하는 것으로 규정하고 있다. 따라서 '대한민국과 외국 간의 지급·추심 및 수령' 에 직접적으로 필요하고 밀접하게 관련된 부대업무는 외국환거래법 제3조 제1항 제16호 (마)목의 외국환업무에 해당한다(대법원 2008. 5. 8. 선고 2005도1603 판결 등 참조).

원심은 다음과 같은 이유로 이 사건 공소사실을 유죄로 인정하였다. 즉 피고인 등이 한화 10억 원을 마련하여 운반하는 등 일련의 행위는 '대한민국과 외국 간의 지급·추심 및 수령' 에 직접적으로 필요하고 밀접하게 관련된 부대업무로서 외국환거래법 제3조 제1항 제16호 (마)목의 외국환업무에 해당하는 이상, 이로써 무등록 외국환업무로 인한 외국환거래법위반죄의 기수에 이르렀다. 설령 공소외인이 사실은 위안화를 송금할 의사가 없이 한화를 강취할 의사였고, 실제로 위안화를 지급함이 없이 강취하였다고 하더라도, 이 사건 범죄의 성립에 영향이 없다.

원심판결 이유를 위에서 본 법리와 원심이 유지한 제1심이 적법하게 채택한 증거들에 비추어 살펴보면, 원심의 판단에 상고이유 주장과 같이 논리와 경험의 법칙에 반하여 자유심증주의의 한계를 벗어난 잘못이 없다.(대법원 2017. 4. 26., 선고, 2017도2134, 판결)

● 관련판례 3

◎ 외국환거래법 제8조 제1항 본문 위반에 의한 미등록 외국환업무로 인한 외국환거래법위반죄의 성립요건 및 피고인이 등록된 환전영업자로서의 업무만 수행하였을 뿐이라면서 외국환업무의 범의를 부인하는 경우, 범의의 증명 방법과 판단 기준

외국환거래법 제8조 제1항 본문 위반에 의한 미등록 외국환업무로 인한 외국환거래법위반죄는 적법하게 등록하지 아니하고 대한민국과 외국 간의 지급·추심·수령 업무를 영위하거나, 그 업무에 직접적으로 필요하고 밀접하게 관련된 부대업무를 수행함으로써 성립하는데, 피고인이 등록된 환전영업자로서의 업무만을 수행하였을 뿐이라면서 외국환업무의 범의를 부인하는 경우에는 사물의 성질상 범의와 상당한 관련성이 있는 간접사실 또는 정황사실을 증명하는 방법에 의하여 입증할 수밖에 없고, 무엇이 상당한 관련성이 있는 간접사실에 해당할 것인가는 정상적인 경험칙에 바탕을 두고 치밀한 관찰력이나 분석력에 의하여 사실의 연결상태를 합리적으로 판단하는 방법에 의하여야 한다. 따라서 객관적으로 드러난 피고인의 구체적 업무태양과 통상적인 환전영업자의 업무태양 및 외국환거래법 위반으로 처벌받는 환치기 범행의 일반적인 수법과의 각 비교, 피고인과 관련된 주위 정황 등을 종합적으로 고려하여 피고인의 영업행위를 객관적으로 환전영업자의 정상적인 업무 범위 내의 행위로 평가할 수 있는지 아니면 외국에서 대한민국으로 외국환을 지급·수령하기 위한 목적을 가진 행위의 일환으로 볼 것인지 및 이에 대하여 피고인의 범의가 인정되는지를 판단하여야 한다.(대법원 2016. 8. 29., 선고, 2014도14364, 판결)

제17조(지급수단 등의 수출입 신고)

기획재정부장관은 이 법의 실효성을 확보하기 위하여 필요하다고 인정되어 대통령령으로 정하는 경우에는 지급수단 또는 증권을 수출 또는 수입하려는 거주자나 비거주자로 하여금 그 지급수단 또는 증권을 수출 또는 수입할 때 대통령령으로 정하는 바에 따라 신고하게 할 수 있다.

[전문개정 2009. 1. 30.]

(작성례)

피의자는 ○○시 ○○동 ○○번지에 있는 ○○여행사 지사장이다.

피의자는 20○○. ○. ○.경 위 같은 시 ○○단체 회원 박○○ 외 20명의 일본관광의 여비 외화를 대리환전 해주면서 피의자 회사의 경리사원 김○○를 시켜 1인당 20,000달러까지 바꿀 수 있는 정을 이용하여 20,000달러까지 바꾸지 않는 위 회원 박○○ 외 10명의 이름으로 미화 8,000달러와 일화 20만엔을 피의자 회사의 돈으로 환전하여 이 가운데 미화 8,000달러를 위 같은 해 ○. ○. 위 단체회원의 인솔안내자인 피의자 회사의 직원 이○○를 시켜 일본으로 밀반출하였다.

■ 적용실례

◇ 보강증거 없이 송치한 경우

※ 피의자가 20○○. ○. 초순경 인천광역시 ○○구 ○○동 소재 인천세관 앞길에서, 성명미상 내외국 선원들로부터 미화 2,400불을 매입하였다가 이를 다른 한국인에게 매각하는 등 기획재정부장관의 인가를 받지 아니하고, 환전상 업무를 행한 것이라는 점에 대하여 이를 외국환거래법 위반(무인가 환전상)으로 의율한 사안에서, 위 사실에 대하여는 피의자의 자백이 있을 뿐 보강증거가 전혀 없으므로 범죄의 혐의없음.

◇ 거주자가 장물인 미화 2000불을 취득하고도 이를 한국은행 등에 매각하지 않은 경우

※ 거주자의 대외지급수단 등의 집중의무에 위반한 것을, 외국환거래법 제27조 제1항 제3호, 제6조 제1항 제2호로 의율하여야 한다.

● 관련판례 1

◎ 비거주자인 재외동포가 미화 1만 불을 초과하는 국내재산 내지 대외지급수단을 휴대수출하여 지급하고자 하는 경우, 관할세관의 장에게 신고하여야 할 의무가 있는지 여부(원칙적 적극) 및 예외적으로 신고를 요하지 아니하는 경우

외국환거래법 제17조, 외국환거래법 시행령 제31조 제2항, 외국환거래규정(1999. 3. 31. 재정경제부 고시 제1999-9호로 제정되고, 2010. 8. 20. 기획재정부 고시 제2010-17호로 개정된 것. 이하 같다) 제4-7조 제1항, 제2항, 제4항, 제5-11조 제1항 제2호 (가)목 (2), 제2항, 제6-2조 제1항 제5호 (가)목, 제6-3조 제1항의 문언 및 취지를 종합하여 보면, 비거주자인 재외동포가 미화 1만 불을 초과하는 국내재산 내지 대외지급수단을 휴대수출하여 지급하고자 하는 경우 원칙적으로 관할세관의 장에게 이를 신고하여야 할 의무가 있고, 다만 외국환거래규정 제5-11조가 규정하는 절차에 따라 지정거래외국환은행의 장의 확인이 담긴 외국환신고(확인)필증의 발행·교부가 있는 경우에는 그와 같은 신고를 요하지 아니한다고 해석하여야 한다.(대법원 2013. 10. 11. 선고 2011도13101 판결)

● 관련판례 2

◎ 채권 · 채무를 소멸시키거나 상쇄시키는 결제방법이 '상계 등의 방법'에 의한 것이 아닌 경우, 외국환거래법상 사전신고의무 대상인 결제방법에 해당하는지 여부(소극)

외국환거래법은 제16조 제1호에서 거주자와 비거주자 간의 거래나 행위에 따른 채권 · 채무를 결제할 때 '상계 등의 방법으로 채권 · 채무를 소멸시키거나 상쇄시키는 방법으로 결제하는 경우'에 해당하면 그 방법을 미리 신고하여야 한다고 규정하고, 제29조 제1항 제6호에서 제16조 제1호에 따른 신고의무를 위반한 자를 처벌하도록 규정하고 있다. 이와 같은 규정에 따른 처벌의 대상은 '채권 · 채무를 소멸시키거나 상쇄시키는 결제방법' 중에서 '상계 등의 방법'에 의한 것이므로, 채권 · 채무를 소멸시키거나 상쇄시키는 방법에 해당하더라도 '상계 등의 방법'에 의한 것이 아닌 이상 여기에서 정한 결제방법에 해당한다고 볼 수 없다.(대법원 2014. 8. 28. 선고 2013도9374 판결)

60. 유사수신행위의 규제에 관한 법률

[시행 2010. 2. 4.] [법률 제10045호, 2010. 2. 4., 일부개정]

제2조(정의)

이 법에서 "유사수신행위"란 다른 법령에 따른 인가·허가를 받지 아니하거나 등록·신고 등을 하지 아니하고 불특정 다수인으로부터 자금을 조달하는 것을 업(業)으로 하는 행위로서 다음 각 호의 어느 하나에 해당하는 행위를 말한다.

2. 장래에 원금의 전액 또는 이를 초과하는 금액을 지급할 것을 약정하고 예금·적금·부금·예탁금 등의 명목으로 금전을 받는 행위

[전문개정 2010. 2. 4.]

(작성례 1)

피의자 고○○는 유사수신행위 금융피라미드 업체인 ○○주식회사의 최상위 판매원인 이사 직급의 판매원인데, 20○○년 ○월 부터 20○○년 ○월 에 걸쳐 투자자들에게 유화연료유 제조판매사업 투자금 명목으로 돈을 투자하면 1년 만에 투자원금을 지급하고 그 외에 고율의 이자를 지급한다고 약정하여 투자자들로부터 5회에 걸쳐 약 1억원 가량의 금원을 받았다.

(작성례 2)

피의자 성○○는 서울시 ○○구 ○○동 100번지에서 '○○의료기' 라는 방문판매업체를 운영하는 사람인데, 20○○년 ○월 부터 20○○년 ○월까지 김○○ 등 판매원 ○○명에게 '120만원의 물품을 구입하면 100만포인트를 인정해주고 6개월에서 8개월 이내에 100만포인트의 170%내지 220%인 170만원 내지 220만원을 지급하겠다' 고 약속하여 물품구입대금 명목으로 금원을 지급받았다.

(작성례 3)

누구든지 법령에 따른 인 · 허가를 받지 아니하거나 등록 · 신고 등을 하지 아니하고 불특정 다수인으로부터 장래에 출차금의 전액 또는 이를 초과하는 금액을 지급할 것을 약정하고 출자금을 받는 유사수신행

위를 하여서는 아니 된다.

그럼에도 불구하고, 피의자는 20○○. ○○. ○○. 14:00경 서울특별시 ○○구 ○○로 ○○빌딩 3층에 있는 주식회사 ○○머니 사무실에서, 김○○ 등 그곳에 모인 약 30여명의 참석자들에게 '장래에 매출 출자금의 10%해당하는 수익을 지급할 것이고, 후대 보장한다' 라는 취지로 홍보한 다음 김○○으로부터 같은 날 16:00경 서울 ○○구 ○○로에 있는 ○○은행 ○○동 지점에서 출자금 명목으로 1,000만 원을 주식회사 ○○머니 명의인 ○○은행 계좌(계좌번호 112-○○-○○○○○○)로 송금받았다.

피의자는 그때부터 20○○. ○○. ○○.까지 사이에 별지 범죄일람표 기재와 같이 총 100명으로부터 총 100회에 걸쳐 같은 방법으로 함께 10억 원을 주식회사 ○○머니 명의인 위 ○○은행 계좌로 송금받았다.

이로써 피의자는 다른 법령에 따른 인·허가를 받지 아니하거나 등록·신고 등을 하지 아니하고 유사수신행위를 하였다.

● 관련판례 1

◎ 유사수신행위를 금지하는 '유사수신행위의 규제에 관한 법률' 제3조의 입법취지 및 평소 알고 지내는 사람에게 직접 투자를 권유하여 자금을 조달하는 행위가 유사수신행위에 해당하는 경우와 모집 대상이 특정 직업군 등으로 어느 정도 제한되어 있는 경우 달리 보아야 하는지 여부(소극)

유사수신행위의 규제에 관한 법률 제3조는 유사수신행위를 일반적으로 금지하면서 제2조에서 '장래에 원금의 전액 또는 이를 초과하는 금액을 지급할 것을 약정하고 예금·적금·부금·예탁금 등의 명목으로 금전을 받는 행위(제2호)' 등을 유사수신행위로 규정하고 있다. 이처럼 유사수신행위를 규제하는 입법 취지는 관계 법령에 의한 허가나 인가를 받지 않고 불특정 다수인으로부터 출자금 등의 명목으로 자금을 조달하는 행위를 규제하여 선량한 거래자를 보호하고 건전한 금융질서를 확립하려는 데에 있다. 이러한 입법 취지 등에 비추어 볼 때, 광고를 통하여 투자자를 모집하는 등 전혀 면식이 없는 사람들로부터 자금을 조달하는 경우는 물론, 평소 알고 지내는 사람에게 직접 투자를 권유하여 자금을 조달하는 경우라도 자금조달행위의 구조나 성격상 어느 누구라도 희망을 하면 투자에 참여할 수 있는 기회가 열려 있다고 한다면 이는 불특정 다수인으로부터 자금을 조달하는 행위로서 유사수신행위에 해당한다. 이 경우 모집의 대상이 특정 직업군 등으로 어느 정도 제한되어 있다고 하더라도 달리 볼 것은 아니다.(대법원 2013.11.14. 선고 2013도9769 판결)

● 관련판례 2

◎ 유사수신행위의 규제에 관한 법률 제2조에 규정된 '불특정'의 의미

「유사수신행위의 규제에 관한 법률」 제2조에 규정된 '불특정'이란 자금조달의 상대방의 특정성을 중시하지 아니한다는 의미로서 상대방의 개성 또는 특성이나 상호간의 관계 등을 묻지 아니한다는 뜻으로 이해하여야 한다. 또한 위 법률 제3조의 입법취지 등에 비추어 볼 때, 광고를 통하여 투자자를 모집하는 등 전혀 안면이 없는 사람들로부터 자금을 조달하는 경우뿐만 아니라 평소 알고 지내는 사람에게 직접 투자를 권유하여 자금을 조달하는 경우라도 자금조달을 계획할 당초부터 대상자가 특정되어 있는 것이 아니었다면 이는 불특정 다수인으로부터 자금을 조달하는 행위로서 유사수신행위에 해당한다고 봄이 타당하다(대법원 2006. 5. 26. 선고 2006도1614 판결, 대법원 2013. 2. 28. 선고 2012도4640 판결 등 참조). 그리고 이 경우 자금조달의 대상이 특정 직업군의 사람 등으로 제한되어 있더라도 달리 볼 것은 아니다.(대법원 2013. 11. 14. 선고 2012도6674 판결)

● 관련판례 3

◎ 유사수신행위를 금지하는 유사수신행위의 규제에 관한 법률의 입법 취지 / 상품거래가 매개된 자금을 받는 행위를 같은 법 제3조, 제2조 제1호에서 금지하는 유사수신행위로 볼 수 있는 경우

유사수신행위법 제3조는 '누구든지 유사수신행위를 하여서는 아니 된다.'고 규정하고 있고, 제2조 제1호는 다른 법령에 따른 인허가 등을 받지 않고 불특정 다수인으로부터 자금을 조달하는 것을 업으로 하는 행위로서 '장래에 출자금의 전액 또는 이를 초과하는 금액을 지급할 것을 약정하고 출자금을 받는 행위'를 유사수신행위의 하나로 규정하고 있다. 이와 같이 유사수신행위를 금지하는 입법 취지는 관계 법령에 의한 인허가 등을 받지 않고 불특정 다수인으로부터 출자금, 예금 등의 명목으로 자금을 조달하는 행위를 규제하여 선량한 거래자를 보호하고 건전한 금융질서를 확립하려는 데에 있다. 이러한 유사수신행위법의 입법 취지나 법 규정상 '출자금'이라는 용어의 의미에 비추어 보면, 실질적으로 상품의 거래가 매개된 자금을 받는 행위는 출자금을 받는 행위라고 보기 어렵고 그것이 상품의 거래를 가장하거나 빙자한 것일 뿐 사실상 금전의 거래라고 볼 수 있는 경우에 한하여 유사수신행위법이 금지하는 유사수신행위로 볼 수 있다(대법원 2007. 10. 25. 선고 2007도6241 판결, 대법원 2016. 9. 8. 선고 2015도14373 판결 등 참조).(대법원 2020. 7. 9., 선고, 2018도5519, 판결)

61. 음악산업진흥에 관한 법률

[시행 2021. 3. 23.] [법률 제17717호, 2020. 12. 22., 일부개정]

제16조(음반·음악영상물제작업 등의 신고)

① 음반·음악영상물제작업 또는 음반·음악영상물배급업을 영위하고자 하는 자는 시장·군수·구청장에게 신고하여야 한다. 다만, 다음 각 호의 어느 하나에 해당하는 경우에는 신고하지 아니하고 이를 할 수 있다. 〈개정 2009.3.18., 2018.2.21., 2020.2.18.〉

(작성례 1)

피의자는 관할관청에 신고하지 않고, 20○○. ○. ○. 같은 해 ○. ○. 까지 사이에 ○○시 ○○동 ○○번지에 있는 피의자 경영의 '○○음악사' 점포내에 녹음실 및 그 부수시설을 갖추고 판매의 목적으로 음반물인 '○○베스트앨범 1집' 및 '○○실황'을 각 200개씩 복제하였다.

(작성례 2 – 심의미필물 판매행위 의 경우)

피의자는 서울 성북구 ○○동 100번지에서 "콩나물음반사"라는 상호로 음반 및 비디오물 판매점을 경영하고 있다.

피의자는 20○○. 2. 16.경부터 같은 해 6. 25.경까지 서울 성북구 ○○동 555번지 거주의 무등록 제작업자인 홍길동이 제작한 미풍양속을 크게 해칠 "밤에 피는 장미" 제호의 외설물 비디오테이프를 1개당 5,000원씩 도합 500개를 판매하였다.

(작성례 3 – 외국음반을 복제한 경우)

피의자는 문화체육관광부장관의 허가도 받지 않고 영리의 목적으로 서울 성북구 ○○동 100-100호에 있는 피의자의 자택 지하실에 녹음기구와 부수시설을 갖추고 20○○. 1. 1일경부터 같은 해 6. 25일까지 사이에 외국음반 제목 "say you, say me"를 카세트테이프로 2000개를 복제하여 시중에 배포하였다.

제18조(노래연습장업의 등록)
① 노래연습장업을 영위하고자 하는 자는 문화체육관광부령으로 정하는 노래연습장 시설을 갖추어 시장 · 군수 · 구청장에게 등록하여야 한다. 〈개정 2008.2.29., 2018.2.21., 2020.2.18.〉

(작성례)

피의자는 관할관청의 허가를 받지 않고 ㅇㅇ시 ㅇㅇ동 ㅇㅇ번지의 ㅇㅇ 상가건물 2층에서 ㅇㅇ노래방이라는 상호로 노래연습장을 열어 20ㅇㅇ. ㅇ. ㅇ.부터 20ㅇㅇ. ㅇ. ㅇ.까지 사이에 이름을 알 수 없는 노ㅇㅇ 등을 손님으로 받아 한 달 평균 ㅇㅇ만원의 수익을 얻는 노래연습장업을 영위하였다.

● 관련판례

◎ 학교환경위생정화구역 내에서 등록하지 아니하고 노래연습장을 운영한 행위의 죄수 관계

학교환경위생정화구역 내에서의 단일한 노래연습장의 무등록 영업행위는 구 음반 · 비디오물 및 게임물에 관한 법률(2006. 4. 28. 법률 제7943호 영화 및 비디오물의 진흥에 관한 법률 부칙 제3조로 폐지)과 학교보건법 소정의 각 범죄구성요건에 해당하는 상상적 경합의 관계에 있다. (대법원 2007.6.29., 선고, 2007도3038, 판결)

제22조(노래연습장업자의 준수사항 등)
② 누구든지 영리를 목적으로 노래연습장에서 손님과 함께 술을 마시거나 노래 또는 춤으로 손님의 유흥을 돋우는 접객행위를 하거나 타인에게 그 행위를 알선하여서는 아니 된다.

(작성례 1)

피의자는 20ㅇㅇ. ㅇ. ㅇ. 00:00경 ㅇㅇ시 ㅇㅇ동 ㅇㅇ번지에 있는 ㅇㅇ 노래방 ㅇㅇ호실에서 주인 ㅇㅇㅇ이 전화로 연락하여 소개한 ㅇㅇㅇ를 영리를 목적으로 시간당 ㅇ만원을 받기로 하고 손님 ㅇㅇㅇ와 함께 술을 마시면서 같이 춤과 노래를 부르면서 유흥을 돋구는 접객행위를 하였다.

(작성례 2)

피의자는 서울 성북구 ㅇㅇ동 100번지 "쾅쾅노래방"이라는 상호로 노래연습장을 운영하는 유통관련업자로서, 2006. 6. 25. 01 : 00경 위 업소에서 주류를 판매·제공하여서는 안 됨에도 불구하고 3호실 손님 건외 홍길동 등 3명에게 캔맥주 3병, 오징어 안주 1접시 등 30,000원 상당을 판매·제공하여 유통관련업자의 준수사항을 위반하였다.

● 관련판례

◎ 노래연습장업자가 손님의 부탁으로 노래방도우미를 불러 노래방도우미가 노래방에 도착하였다면,구 음반 · 비디오물 및 게임물에 관한 법률 제32조 제7호에서 금지하고 있는 노래연습장업자의 접대부 알선행위는 기수에 이르렀다고 한 사례

노래연습장업자가 손님의 부탁으로 노래방도우미를 불러 노래방도우미가 노래방에 도착하였다면 구 음반 · 비디오물 및 게임물에 관한 법률(2006. 4. 28. 법률 7943호로 폐지) 제32조 제7호에서 금지하고 있는 노래연습장업자의 접대부 알선행위는 이미 기수에 이르렀고, 그후 노래방도우미가 실제로 손님과 동석하여 여흥을 돋우었는지 여부는 이에 영향을 미치지 않는다고 한 사례. [인천지법 2007.7.6., 선고, 2006고정1486, 판결 : 항소]

62. 의료법

[시행 2021. 12. 30.] [법률 제17787호, 2020. 12. 29., 일부개정]

제19조(정보 누설 금지)

① 의료인이나 의료기관 종사자는 이 법이나 다른 법령에 특별히 규정된 경우 외에는 의료·조산 또는 간호업무나 제17조에 따른 진단서·검안서·증명서 작성·교부 업무, 제18조에 따른 처방전 작성·교부 업무, 제21조에 따른 진료기록 열람·사본 교부 업무, 제22조제2항에 따른 진료기록부등 보존 업무 및 제23조에 따른 전자의무기록 작성·보관·관리 업무를 하면서 알게 된 다른 사람의 정보를 누설하거나 발표하지 못한다.

(작성례)

피의자는 ○○시 ○○동 ○○번지에 있는 ○○내과의원의 원장이다.

피의자는 20○○. ○. ○. 11 : 00경 위 의원에서 같은 달 ○.경 피의자로부터 진료받은 사실이 있는 피해자 차○○이 위 차○○가 근무하던 ○○주식회사를 상대로 해고무효소송을 제기한 사건에 관하여 위 회사의 대표이사인 오○○이 그에게 대한 진단서의 발급을 요청하자 위 소송에 제출되는 자료라는 사실을 알면서도 위 오○○에게 그에 대한 결핵질병진단서 1매를 작성 · 교부함으로써 의료인이 그 업무상 알게 된 차○○의 비밀을 누설하였다.

● 관련판례 1

◎ 의료법 제23조 제3항의 적용 대상이 되는 전자의무기록에 저장된 '개인정보'의 범위

법령 자체에 법령에서 사용하는 용어의 정의나 포섭의 구체적인 범위가 명확히 규정되어 있지 아니한 경우, 그 용어가 사용된 법령 조항의 해석은 그 법령의 전반적인 체계와 취지 · 목적, 당해 조항의 규정 형식과 내용 및 관련 법령을 종합적으로 고려하여 해석하여야 한다. 이러한 법리를 의료법의 개정 연혁, 내용 및 취지, 의료법 제22조 제1항, 제3항, 제23조 제1항, 제3항, 구 의료법(2011. 4. 7. 법률 제10565호로 개정되기 전의 것) 제66조 제1항 제3호, 의료법 시행규칙 제14조 제1항 제1호, 제3호의 규정, 의무기록에 기재된 정보와 사생활의 비밀 및 자유와의 관계 등에 비추어 보면, 의료법 제23조 제3항의 적용 대상이 되는 전자의무기록에 저장된 '개인정보'에는 환자의 이름 · 주소 · 주민등록번호 등과 같은 '개인식별정보' 뿐만 아니라 환자에 대한 진단 · 치료 · 처방 등과 같이 공개로 인하여 개인의 건강과 관련된 내밀한 사항 등이 알려지게 되고, 그 결과 인격적·정신적 내면생활에 지장을 초래하거나 자유로운 사생활을 영위할 수 없게 될 위험성이 있는 의료내용에 관한 정보도 포함된다고 새기는 것이 타당하다.(대법원 2013. 12. 12. 선고 2011도9538 판결)

● 관련판례 2

◎ 의료인의 비밀누설 금지의무를 규정한 구 의료법 제19조에서 정한 '다른 사람'에 생존하는 개인 이외에 이미 사망한 사람도 포함되는지 여부(적극)

구 의료법(2016. 5. 29. 법률 제14220호로 개정되기 전의 것, 이하 '구 의료법'이라 한다) 제19조는 "의료인은 이 법이나 다른 법령에 특별히 규정된 경우 외에는 의료·조산 또는 간호를 하면서 알게 된 다른 사람의 비밀을 누설하거나 발표하지 못한다."라고 정하고, 제88조는 "제19조를 위반한 자"를 3년 이하의 징역이나 1천만원 이하의 벌금에 처하도록 정하고 있다.

의료법은 '모든 국민이 수준 높은 의료 혜택을 받을 수 있도록 국민의료에 필요한 사항을 규정함으로써 국민의 건강을 보호하고 증진'(제1조)하는 것을 목적으로 한다. 이 법은 의료인(제2장)의 자격과 면허(제1절)에 관하여 정하면서 의료인의 의무 중 하나로 비밀누설 금지의무를 정하고 있다. 이는 의학적 전문지식을 기초로 사람의 생명, 신체나 공중위생에 위해를 발생시킬 우려가 있는 의료행위를 하는 의료인에 대하여 법이 정한 엄격한 자격요건과 함께 의료과정에서 알게 된 다른 사람의 비밀을 누설하거나 발표하지 못한다는 법적 의무를 부과한 것이다. 그 취지는 의료인과 환자 사이의 신뢰관계 형성과 함께 이에 대한 국민의 의료인에 대한 신뢰를 높임으로써 수준 높은 의료행위를 통하여 국민의 건강을 보호하고 증진하는 데 있다. 따라서 의료인의 비밀누설 금지의무는 개인의 비밀을 보호하는 것뿐만 아니라 비밀유지에 관한 공중의 신뢰라는 공공의 이익도 보호하고 있다고 보아야 한다. 이러한 관점에서 보면, 의료인과 환자 사이에 형성된 신뢰관계와 이에 기초한 의료인의 비밀누설 금지의무는 환자가 사망한 후에도 그 본질적인 내용이 변한다고 볼 수 없다.

구 의료법 제19조에서 누설을 금지하고 있는 '다른 사람의 비밀'은 당사자의 동의 없이는 원칙적으로 공개되어서는 안 되는 비밀영역으로 보호되어야 한다. 이러한 보호의 필요성은 환자가 나중에 사망하더라도 소멸하지 않는다. 구 의료법 제21조 제1항은 환자가 사망하였는지를 묻지 않고 환자가 아닌 다른 사람에게 환자에 관한 기록을 열람하게 하거나 사본을 내주는 등 내용을 확인할 수 있게 해서는 안 된다고 정하고 있는데, 이 점을 보더라도 환자가 사망했다고 해서 보호 범위에서 제외된다고 볼 수 없다.

헌법 제10조는 인간의 존엄과 가치를 선언하고 있고, 헌법 제17조는 사생활의 비밀과 자유를 보장하고 있다. 따라서 모든 국민은 자신에 관한 정보를 스스로 통제할 수 있는 자기결정권과 사생활이 함부로 공개되지 않고 사적 영역의 평온과 비밀을 요구할 수 있는 권리를 갖는다. 이와 같은 개인의 인격적 이익을 보호할 필요성은 그의 사망으로 없어지는 것이 아니다. 사람의 사망 후에 사적 영역이 무분별하게 폭로되고 그의 생활상이 왜곡된다면 살아있는 동안 인간의 존엄과 가치를 보장하는 것이 무의미해질 수 있다. 사람은 적어도 사망 후에 인격이 중대하게 훼손되거나 자신의 생활상

이 심각하게 왜곡되지 않을 것이라고 신뢰하고 그러한 기대 속에서 살 수 있는 경우에만 인간으로서의 존엄과 가치가 실효성 있게 보장되고 있다고 말할 수 있다.

형벌법규 해석에 관한 일반적인 법리, 의료법의 입법 취지, 구 의료법 제19조의 문언·내용·체계·목적 등에 비추어 보면, 구 의료법 제19조에서 정한 '다른 사람'에는 생존하는 개인 이외에 이미 사망한 사람도 포함된다고 보아야 한다.(대법원 2018. 5. 11., 선고, 2018도2844, 판결)

제27조(무면허 의료행위 등 금지)

① 의료인이 아니면 누구든지 의료행위를 할 수 없으며 의료인도 면허된 것 이외의 의료행위를 할 수 없다. 다만, 다음 각 호의 어느 하나에 해당하는 자는 보건복지부령으로 정하는 범위에서 의료행위를 할 수 있다. 〈개정 2008.2.29., 2009.1.30., 2010.1.18.〉

1. 외국의 의료인 면허를 가진 자로서 일정 기간 국내에 체류하는 자
2. 의과대학, 치과대학, 한의과대학, 의학전문대학원, 치의학전문대학원, 한의학전문대학원, 종합병원 또는 외국 의료원조기관의 의료봉사 또는 연구 및 시범사업을 위하여 의료행위를 하는 자
3. 의학·치과의학·한방의학 또는 간호학을 전공하는 학교의 학생

(작성례)

피의자는 간호조무사로서, 의료인이 아니면서, 20○○. ○. ○. 경기 ○○군 ○○면 ○○리 ○○번지에 있는 지○○ 경영의 ○○신경외과의원 응급실에서 부상자인 반○○의 이마열창부위를 4바늘 봉합한 것을 비롯하여 그 무렵부터 같은 해 ○.말경까지 약 11회에 걸쳐 마취시술, 봉합수술 등의 의료행위를 하였다.

● 관련판례 1

◎ 의사가 간호사에게 의료행위의 실시를 개별적으로 지시하거나 위임한 적이 없음에도 간호사가 그의 주도 아래 전반적인 의료행위의 실시 여부를 결정하고 간호사에 의한 의료행위의 실시과정에도 의사가 지시·관여하지 아니한 경우, 구 의료법 제27조 제1항이 금지하는 무면허의료행위에 해당하는지 여부(적극)

의사가 간호사로 하여금 의료행위에 관여하게 하는 경우에도 그 의료행위는 의사의 책임 아래 이루어지는 것이고 간호사는 그 보조자에 불과하다. 간호사가 '진료의 보조' 를 하는 경우 모든 행위 하나하나마다 항상 의사가 현장에 입회하여 일일이 지도·감독하여야 한다고 할 수는 없고, 경우에 따라서는 의사가 진료의 보조행위 현장

에 입회할 필요 없이 일반적인 지도·감독을 하는 것으로 충분한 경우도 있을 수 있으나, 이는 어디까지나 의사가 그의 주도로 의료행위를 실시하면서 그 의료행위의 성질과 위험성 등을 고려하여 그 중 일부를 간호사로 하여금 보조하도록 지시 내지 위임할 수 있다는 것을 의미하는 것에 그친다. 이와 달리 의사가 간호사에게 의료행위의 실시를 개별적으로 지시하거나 위임한 적이 없음에도 간호사가 그의 주도 아래 전반적인 의료행위의 실시 여부를 결정하고 간호사에 의한 의료행위의 실시과정에도 의사가 지시·관여하지 아니한 경우라면, 이는 구 의료법(2009. 1. 30. 법률 제9386호 개정되기 전의 것) 제27조 제1항이 금지하는 무면허의료행위에 해당한다고 볼 것이다. 그리고 의사가 이러한 방식으로 의료행위가 실시되는 데 간호사와 함께 공모하여 그 공동의사에 의한 기능적 행위지배가 있었다면, 의사도 무면허의료행위의 공동정범으로서의 죄책을 진다. (대법원 2012. 5. 10. 선고 2010도5964 판결)

● 관련판례 2

◎ 의사가 한방 의료행위에 속하는 침술행위를 하는 것이 '면허된 것 이외의 의료행위'를 한 경우에 해당하는지 여부(적극)

한방 의료행위란 '우리 선조들로부터 전통적으로 내려오는 한의학을 기초로 한 질병의 예방이나 치료행위'로서 의료법 관련 규정에 따라 한의사만이 할 수 있고, 이에 속하는 침술행위는 '침을 이용하여 질병을 예방, 완화, 치료하는 한방 의료행위'로서, 의사가 위와 같은 침술행위를 하는 것은 면허된 것 이외의 의료행위를 한 경우에 해당한다.(대법원 2014. 9. 4. 선고 2013도7572 판결)

● 관련판례 3

◎ 의료법 제27조 제3항에서 '소개·알선·유인하는 행위'의 의미 및 의료법 제27조 제3항의 입법 취지 / 의료법 제27조 제3항에서 정한 '영리 목적'의 의미 및 이때 '대가'는 소개·알선·유인행위에 따른 의료행위와 관련하여 의료기관·의료인 측으로부터 취득한 이익을 분배받는 것을 전제하는지 여부(적극) / 손해사정사가 보험금 청구·수령 등 보험처리에 필요한 후유장애 진단서 발급의 편의 등 목적으로 환자에게 특정 의료기관·의료인을 소개·알선·유인하면서 그에 필요한 비용을 대납하여 준 후 그 환자가 수령한 보험금에서 이에 대한 대가를 받은 경우, 의료법 제27조 제3항이 금지하는 행위에 해당하는지 여부(소극)

의료법 제27조 제3항은 국민건강보험법이나 의료급여법에 따른 본인부담금을 면제하거나 할인하는 행위, 금품 등을 제공하거나 불특정 다수인에게 교통편의를 제공하는 행위 등 영리를 목적으로 환자를 의료기관이나 의료인에게 소개·알선·유인하는 행위 및 이를 사주하는 행위를 금지한다. 이 조항의 '소개·알선·유인하는 행위'는 환자와 특정 의료기관·의료인 사이에 치료위임계약의 성립 또는 체결에 관한 중개·유도 또는 편의를 도모하는 행위를 의미하는 것으로, 이러한 행위가 영리적으로 이루어지는 것을 금지·처벌하는 이 조항의 입법 취지는 의료기관 주위에서 환자 유치를 둘러싸고 금품수수 등 비리가 발생하는 것을 방지하며 의료기관 사이의 불합리한 과당경쟁을 방지함에 있다. 이와 같은 의료법 제27조 제3항의 규정·내용·입법 취지와 규율의 대상을 종합하여 보면, 위 조항에서 정한 '영리 목적'은 환자를 특정 의료기관·의료인에게 소개·알선·유인하는 행위에 대한 대가로 그에 따른 재산상 이익을 취득하는 것으로, 이때의 '대가'는 간접적·경제적 이익까지 포함하는 것으로 볼 수 있지만, 적어도 소개·알선·유인행위에 따른 의료행위와 관련하여 의료기관·의료인 측으로부터 취득한 이익을 분배받는 것을 전제한다고 봄이 상당하다. 그러므로 손해사정사가 보험금 청구·수령 등 보험처리에 필요한 후유장애 진단서 발급의 편의 등 목적으로 환자에게 특정 의료기관·의료인을 소개·알선·유인하면서 그에 필요한 비용을 대납하여 준 후 그 환자가 수령한 보험금에서 이에 대한 대가를 받은 경우, 이는 치료행위를 전후하여 이루어지는 진단서 발급 등 널리 의료행위 관련 계약의 성립 또는 체결과 관련한 행위이자 해당 환자에게 비용 대납 등 편의를 제공한 행위에 해당할 수는 있지만, 그와 관련한 금품수수 등은 환자의 소개·알선·유인에 대하여 의료기관·의료인 측이 지급하는 대가가 아니라 환자로부터 의뢰받은 후유장애 진단서 발급 및 이를 이용한 보험처리라는 결과·조건의 성취에 대하여 환자 측이 약정한 대가를 지급한 것에 불과하여, 의료법 제27조 제3항의 구성요건인 '영리 목적'이나 그 입법 취지와도 무관하므로, 위 조항이 금지하는 행위에 해당한다고 볼 수 없다.[대법원 2022. 10. 14., 선고, 2021도10046, 판결]

제33조(개설 등)

① 의료인은 이 법에 따른 의료기관을 개설하지 아니하고는 의료업을 할 수 없으며, 다음 각 호의 어느 하나에 해당하는 경우 외에는 그 의료기관 내에서 의료업을 하여야 한다. 〈개정 2008.2.29., 2010.1.18.〉

1. 「응급의료에 관한 법률」 제2조제1호에 따른 응급환자를 진료하는 경우
2. 환자나 환자 보호자의 요청에 따라 진료하는 경우
3. 국가나 지방자치단체의 장이 공익상 필요하다고 인정하여 요청하는 경우
4. 보건복지부령으로 정하는 바에 따라 가정간호를 하는 경우
5. 그 밖에 이 법 또는 다른 법령으로 특별히 정한 경우나 환자가 있는 현장에서 진료를 하여야 하는 부득이한 사유가 있는 경우

(작성례)

피의자 김○○는 한의원을 경영하는 사람이고, 피의자 한○○은 한의사이다. 피의자 김○○는 한의사가 아니면서 20○○. ○. ○. 경기 ○○군 ○○면 ○○리에 약 30평의 점포를 ○○한의원이라는 상호로 열고 한의사인 피의자 한○○를 고용하여 동인의 명의로 한의원개설신고를 하였다. 그리고 컴퓨터진찰기 1대, 적외선치료기 1대, 한약장, 혈압계 등의 의료시

설을 갖추고 불특정다수의 환자를 상대로 위 한○○로 하여금 진료행위를 하게 하여 한의원을 개설하고, 피의자 한○○은 20○○. ○. ○.부터 20○○. ○. 말경까지 위 김○○이 한의원을 개설하도록 한달에 ○○만원씩의 대여료를 받고 자신명의의 한의사면허증을 대여하였다.

■ 적용실례

◇ 무신고 안마시술소를 개설한 경우

신고를 하지 않고 안마시술소를 개설한 경우

※ 안마사는 의료법 제60조 소정의 의료유사업자라고 할 수 없고, 의료법상 달리 안마사의 안마시술소 개설신고의무를 규정하고 있지 않으므로 안마사 자격을 받은 자의 의료기관개설 신고의무 위반의 점은 범죄혐의 없다 할 것이다.

◇ 미장원에서 눈썹 부위의 문신을 한 경우

※ 피의자는 의사의 자격 없이,

20○○. ○○. ○○. 14:00경 서울시 ○○구 ○○동 123의5 소재 피의자가 경영하는 ○○미용실에서 인지 외 한○○(42세, 여)로부터 금 30,000원을 받고 문신용 침과 문신수정액을 이용하여 동인의 양 눈아래 눈썹 부위에 검정색문신을 하는 등으로 의료행위를 한 것이다.

◇ 조수에게 환자의 치료행위를 시킨 경우

※ 피의자는 인지 외 한○○와 공모하여, 20○○. ○○. ○○.경부터 같은 해 11. 경까지 서울시 ○○구 ○○동 234의5 소재 피의자가 운영하는 ○○병원에서 조수로 일하고 있는 의사가 아닌 김○○로 하여금 조○○ 등 위 병원을 찾는 환자 등을 치료하게 하여 무면허 의료행위를 한 것이다.

● 관련판례 1

◎ 의료인이 의료인 대 의료인의 행위를 벗어나 정보통신기술을 활용하여 원격지에 있는 환자에게 행하는 의료행위가 의료법 제33조 제1항에 위반되는지 여부(원칙적 적극)

의료법 제33조 제1항은 "의료인은 이 법에 따른 의료기관을 개설하지 아니하고는 의료업을 할 수 없으며, 다음 각호의 어느 하나에 해당하는 경우 외에는 그 의료기관 내에서 의료업을 하여야 한다." 라고 규정하고 있다.

의료법이 위와 같이 의료인에 대하여 의료기관 내에서 의료업을 영위하도록 정한 것은, 그렇지 아니할 경우 의료의 질 저하와 적정 진료를 받을 환자의 권리 침해 등으로 인하여 의료질서가 문란하게 되고 국민의 보건위생에 심각한 위험이 초래되므로 이를 사전에 방지하고자 하는 보건의료정책상의 필요에 따른 것이다(대법원 2011. 4. 14. 선고 2010두26315 판결 참조).

아울러 의료법 제34조 제1항은 "의료인은 제33조 제1항에도 불구하고 컴퓨터·화상통신 등 정보통신기술을 활용하여 먼 곳에 있는 의료인에게 의료지식이나 기술을 지원하는 원격의료를 할 수 있다." 라고 규정함으로써 의료법 제33조 제1항의 예외를 인정하면서도 이때 허용되는 의료인의 원격의료행위를 의료인 대 의료인의 행위로 한정하고 있다.

또한 현재의 의료기술 수준 등을 고려할 때 의료인이 전화 등을 통해 원격지에 있는 환자에게 의료행위를 행할 경우, 환자에 근접하여 환자의 상태를 관찰해 가며 행하는 일반적인 의료행위와 반드시 동일한 수준의 의료서비스를 기대하기 어려울 뿐 아니라 환자에 대한 정보 부족 및 의료기관에 설치된 시설 내지 장비의 활용 제약 등으로 말미암아 적정하지 아니한 의료행위가 이루어질 수 있고, 그 결과 국민의 보건위생에 심각한 위험을 초래할 가능성을 배제할 수 없다. 이는 앞서 본 의료법 제33조 제1항의 목적에 반하는 결과로서 원격진료의 전면적인 허용을 뒷받침할 정도로 제반 사회경제적 여건 및 제도가 완비되지 않은 상태라는 점과 더불어 현행 의료법이 원격의료를 제한적으로만 허용하고 있는 주요한 이유이기도 하다.

이와 같은 사정 등을 종합하면, 의료인이 의료인 대 의료인의 행위를 벗어나 정보통신기술을 활용하여 원격지에 있는 환자에게 행하는 의료행위는 특별한 사정이 없는 한 의료법 제33조 제1항에 위반된다고 봄이 타당하다.(대법원 2020. 11. 12., 선고, 2016도309, 판결)

● 관련판례 2

◎ 비의료인과 의료인이 동업 등의 약정을 하여 의료기관을 개설한 행위가 구 의료법에 의하여 금지되는 '비의료인의 의료기관 개설행위'에 해당하는지 판단하는 기준

의료인의 자격이 없는 일반인(이하 '비의료인' 이라 한다)과 의료인이 동업 등의 약정을 하여 의료기관을 개설한 행위가 구 의료법(2011. 4. 7. 법률 제10565호로 개정되기 전의 것, 이하 '의료법' 이라 한다)에 의하여 금지되는 비의료인의 의료기관 개설행위에 해당하는지는 동업관계의 내용과 태양, 실제 의료기관의 개설에 관여한 정도, 의료기관의 운영 형태 등을 종합적으로 고려하여 누가 주도적인 입장에서 의료기관의 개설·운영 업무를 처리해 왔는지를 판단하여야 한다. 이에 따라 형식적으로만 적법한 의료기관의 개설로 가장한 것일 뿐 실질적으로는 비의료인이 주도적으로 의료기관을 개설·운영한 것으로 평가될 수 있는 경우에는 의료법에 위반된다.(대법원 2017. 4. 7. 선고 2017도378 판결)

63. 자동차관리법

[시행 2022. 12. 11.] [법률 제18949호, 2022. 6. 10., 일부개정]

제5조(등록)

자동차(이륜자동차는 제외한다. 이하 이 조부터 제47조의12까지의 규정에서 같다)는 자동차 등록원부(이하 "등록원부"라 한다)에 등록한 후가 아니면 이를 운행할 수 없다. 다만, 제27조 제1항에 따른 임시운행허가를 받아 허가 기간 내에 운행하는 경우에는 그러하지 아니하다. 〈개정 2017.10.24., 2020.2.4.〉

(작성례)

피의자는 20○○. ○. ○. 02 : 20경 정비소와 폐차장에서 수집한 중고 부품 등으로 제작한 가로 1.9m, 세로 5.2m의 디젤엔진차를 관할관청에 등록하지 않고 경기도 ○○군 ○○면 ○○리에 있는 지방도로상을 운행하였다.

● 관련판례 1

◎ 이동식 화장실 트레일러가 피견인자동차로서 자동차관리법에서 정한 '자동차'에 해당하는지 여부(적극) / 자동차등록원부에 등록하지 않은 이동식 화장실 트레일러를 운행한 것이 같은 법 제5조를 위반하여 등록하지 않고 자동차를 운행한 경우에 해당하는지 여부(적극)

자동차관리법 제2조 제1호, 제3조 제1항, 제3항, 자동차관리법 시행령 제2조, 구 자동차관리법 시행규칙(2014. 8. 18. 국토교통부령 제121호로 개정되기 전의 것) 제2조 관련 [별표 1] '2. 유형별 세부기준' 의 문언, 체계와 취지 등을 종합하면, 이동식 화장실 트레일러는 이동식 화장실을 탑재하여 육상을 이동할 목적으로 제작된 것으로서, 특별한 사정이 없는 한 원동기에 의하여 육상에서 이동할 목적으로 제작한 용구에 견인되어 육상을 이동할 목적으로 제작한 용구, 즉 피견인자동차로서 자동차관리법에서 정한 자동차에 해당한다.

자동차에 견인되어 육상에서 이동할 것이 예정되어 있는 이동식 화장실 트레일러 역시 그 구조와 장치, 부품 등이 자동차관리법과 자동차안전기준에 관한 규칙에서 정한 자동차 안전운행에 필요한 성능과 기준에 적합하여야 할 필요성은 다른 피견인자동차와 다를 바 없다. 따라서 자동차등록원부에 등록하지 않은 이동식 화장실 트레일러를 운행한 것은 자동차관리법 제5조를 위반하여 등록하지 않고 자동차를 운행한 경우에 해당한다.(대법원 2017. 3. 15. 선고 2014도15490 판결)

● 관련판례 2

◎ 자동차관리법 제12조 제3항에서 정한 '자동차를 양수한 자'의 의미 / 채권자가 채무자 소유의 자동차를 소유권 이전의 합의 없이 단순히 채권의 담보로 인도받았거나 채권의 변제에 충당하기 위하여 대신 처분할 수 있는 권한만 위임받은 경우, 이에 해당하는지 여부(소극)

자동차관리법 제6조는 "자동차 소유권의 득실변경은 등록을 하여야 그 효력이 생긴다."라고 규정하고 있다. 이는 현대사회에서 자동차의 경제적 효용과 재산적 가치가 크므로 민법상 불완전한 공시방법인 '인도'가 아니라 공적 장부에 의한 체계적인 공시방법인 '등록'에 의하여 소유권 변동을 공시함으로써 자동차 소유권과 이에 관한 거래의 안전을 한층 더 보호하려는 데 취지가 있다. 따라서 자동차관리법이 적용되는 자동차의 소유권을 취득함에는 민법상 공시방법인 '인도'에 의할 수 없고 나아가 이를 전제로 하는 민법 제249조의 선의취득 규정은 적용되지 아니함이 원칙이다.(대법원 2016. 12. 15. 선고 2016다205373 판결)

제10조(자동차등록번호판)

⑤ 누구든지 등록번호판을 가리거나 알아보기 곤란하게 하여서는 아니 되며, 그러한 자동차를 운행하여서도 아니 된다.

(작성례)

피의자 최○○는 서울○○아○○○○호 8톤 카고트럭의 운전업무에 종사하는 사람으로서 ○○운송주식회사의 종업원이고, 피의자 ○○운송주식회사는 화물자동차운송사업 등을 목적으로 설립된 법인으로서 위 차의 소유자이다.

피의자 최○○은 20○○. ○. ○. 09 : 30경 위 차를 운행하여 경기 ○○군 ○○면 ○○리에 있는 ○○특별검문소 앞길을 당진쪽에서 서울쪽으로 운전하면서 위 차의 뒤쪽 등록번호표를 노란 깃발로 가린 채 운행함으로써 등록번호표의 식별을 곤란하게 하고, 피의자 ○○화물주식회사는 피의자의 사용인인 위 최○○이 피의자의 업무에 관하여 위와 같은 위반행위를 하도록 하였다.

● 관련판례

◎ 구 자동차관리법 제10조 제5항, 제82조 위반 여부 판단 기준

구 자동차관리법(2009. 2. 6. 법률 제9449호로 개정되기 전의 것, 이하 같다) 제10조

제5항은 '누구든지 자동차 등록번호판을 가리거나 알아보기 곤란하게 하여서는 아니 되며, 그러한 자동차를 운행하여서도 아니 된다' 고 규정하고 있고, 구 자동차관리법 제82조는 고의로 위 제10조 제5항을 위반한 경우에는 100만 원 이하의 벌금에 처하도록 규정하고 있는데, 위 각 규정이 자동차 등록번호판을 가리거나 알아보기 곤란하게 하는 모든 행위에 무차별적으로 적용된다고 할 수는 없고, 구 자동차관리법이 자동차를 효율적으로 관리하고 자동차의 성능 및 안전을 확보함으로써 공공의 복리를 증진함을 목적으로 하고 있는 점 등에 비추어, 행위가 이루어진 의도, 목적, 내용 및 장소 등을 종합적으로 고려하여 구 자동차관리법 위반 여부를 판단해야 한다. 특히 자동차 등록번호판을 가리는 등의 행위가 자동차의 효율적 관리나 자동차의 성능 및 안전 확보, 교통·범죄의 단속과는 무관하게 사적인 장소에서 이를 저해하거나 회피할 의도 없이 행해진 경우에는 위 각 규정에 따른 처벌 대상이라고 할 수 없다.(대법원 2011. 8. 25., 선고, 2009도2800, 판결)

제13조(말소등록)

① 자동차 소유자(재산관리인 및 상속인을 포함한다. 이하 이 조에서 같다)는 등록된 자동차가 다음 각 호의 어느 하나의 사유에 해당하는 경우에는 대통령령으로 정하는 바에 따라 자동차등록증, 등록번호판 및 봉인을 반납하고 시·도지사에게 말소등록(이하 "말소등록"이라 한다)을 신청하여야 한다. 다만, 제7호 및 제8호의 사유에 해당되는 경우에는 말소등록을 신청할 수 있다. 〈개정 2017.10.24.〉

1. 제53조에 따라 자동차해체재활용업을 등록한 자(이하"자동차해체재활용업자"라 한다)에게 폐차를 요청한 경우

(작성례)

피의자는 대전○○도○○○○호 엑센트승용차를 소유하였던 사람인데, 자동차의 소유자는 자동차가 멸실되거나 해체된 경우에는 15일 이내에 말소등록을 신청하여야 함에도 불구하고, 20○○. ○. ○. ○○시 ○○동에 있는 주식회사 ○○폐차장에서 위 차량을 해체하고도 15일 이내에 말소등록을 신청하지 않았다.

● 관련판례 1

◎ 甲 주식회사가 영업정지처분을 위반하여 화물자동차 운송사업을 영위하였다는 이유로 관할 군수가 구 화물자동차 운수사업법 제19조 제1항 제10호에 따라 화물자동차운송사업 허가취소 처분을 하였다가 이를 근거로 자동차관리법 제13조 제1항 제4호 등에 따라 화물자동차에 관하여 직권 말소등록 처분을 하였는데,

甲 회사가 위 허가취소 처분의 취소를 구하는 소를 제기하면서 취소 처분의 효력을 본안판결 선고 후 15일까지 정지하는 집행정지 결정을 받았다가 본안소송에서 패소판결을 선고받아 판결이 확정됨으로써 집행정지결정이 효력을 상실한 사안에서, 甲 회사의 화물자동차운송사업 허가가 취소되었음을 사유로 삼은 말소등록 처분은 적법하고, 허가취소 처분에 관한 집행정지결정이 고지되었다가 실효되었다고 하여 말소등록 처분이 위법하다고 볼 수 없다고 한 사례

피고(재심피고, 이하 '피고' 라고만 한다)는 원고에 대하여 영업정지처분을 위반하여 화물자동차 운송사업을 영위하였다는 이유로 구 화물자동차 운수사업법(2014. 3. 18. 법률 제12475호로 개정되기 전의 것, 이하 '구 화물차사업법' 이라 한다) 제19조 제1항 제10호에 따라 2014. 4. 11. 화물자동차운송사업 허가취소 처분을 하였다가, 2014. 5. 30. 위 처분을 근거로 자동차관리법 제13조 제1항 제4호, 제3항 제1호에 따라 이 사건 각 화물자동차에 관하여 직권으로 말소등록 처분(이하 '이 사건 처분' 이라 한다)을 하였음을 알 수 있다. 한편 원고가 피고를 상대로 위 허가취소 처분의 취소를 구하는 소를 제기하면서 광주지방법원 2014. 5. 30.자 2014아530호로 위 취소 처분의 효력을 본안판결 선고 후 15일까지 정지하는 집행정지결정을 받았는데, 원고가 위 본안소송에서 2014. 10. 16. 패소판결을 선고받아 그 무렵 판결이 확정됨으로써 집행정지결정이 2014. 11. 1. 그 효력을 상실하였음은 이 법원에 현저하다.

위와 같은 사실관계에 따르면, 원고의 화물자동차운송사업 허가가 취소되었음을 그 사유로 삼은 이 사건 처분은 적법하고, 위 처분 후에 허가취소 처분에 관한 집행정지결정이 고지되었다가 실효되었다는 사정만으로 위 처분이 위법하다고 볼 수는 없다. 이와 결론을 같이 한 원심판결에는 자동차관리법 제13조 제1항 제4호, 제3항 제1호에 관한 법리를 오해하여 판결 결과에 영향을 미친 잘못이 없다.(대법원 2017. 7. 18., 선고, 2015재두1538, 판결)

● 관련판례 2

◎ 갑이 자신 명의로 이전등록된 자동차의 등록을 직권말소한 처분에 대한 취소소송 계속 중에 위 자동차에 관하여 종전과 다른 번호로 을과 공동소유로 신규등록을 한 사안에서, 위 직권말소 처분의 취소를 구할 소의 이익이 있다고 본 원심판단을 정당하다고 한 사례

갑이 자신 명의로 이전등록된 자동차의 등록을 직권말소한 처분에 대한 취소소송 계속 중에 위 자동차에 관하여 종전과 다른 번호로 을과 공동소유로 다시 신규등록을 한 사안에서, 신규등록의 내용이 종전 자동차등록번호와 다른 등록번호를 부여받고 소유자도 갑과 을의 공동소유로 등재되는 등 갑이 주장하는 당초 소유관계와 소유권 변동내용을 반영하지 못한 채 공시하고 있고, 정당하게 이전등록을 마쳤다가 직권말소 처분에 의하여 말소된 을 소유지분에 관하여 다시 이전등록을 마쳐야 하며 이를 위하여 별도로 취득세 및 등록세를 납부하여야 하는 불이익도 입고 있으므로, 위 직권말소 처분의 취소를 구할 소의 이익이 있다고 본 원심판단을 정당하다.(대법원 2013. 5. 9. 선고 2010두28748 판결)

제26조(자동차의 강제 처리)

① 자동차(자동차와 유사한 외관 형태를 갖춘 것을 포함한다. 이하 이 조에서 같다)의 소유자 또는 점유자는 다음 각 호의 어느 하나에 해당하는 행위를 하여서는 아니 된다. 〈개정 2019.8.27.〉

1. 자동차를 일정한 장소에 고정시켜 운행 외의 용도로 사용하는 행위
2. 자동차를 도로에 계속하여 방치하는 행위
3. 정당한 사유 없이 자동차를 타인의 토지에 대통령령으로 정하는 기간 이상 방치하는 행위

(작성례)

피의자는 경기○○도○○○○호 이스타나승합차의 소유자로, 20○○. ○. ○.경부터 20○○. ○. ○.까지 위 차를 ○○시 ○○동 ○○번지 도로상에 계속하여 방치하였다.

● 관련판례 1

◎ 자동차관리법 제26조 제1항 제2호에 규정한 '자동차를 도로에 계속하여 방치하는 행위'의 의미

자동차관리법 제26조 제1항 제2호에 규정한 '자동차를 도로에 계속하여 방치하는 행위'란 특별한 관리행위 없이 자동차를 도로에 계속 주차하여 둠으로써 해당 자동차에 대한 관리를 사실상 포기한 것으로 인정되는 경우를 가리킨다.(대법원 2010. 3. 25. 선고 2010도1656 판결)

● 관련판례 2

◎ 정비공장에 차량의 수리를 의뢰한 사람이 수리가 완료되고 관할 시장의 회수통고를 거쳐 폐차될 때까지 2년 가까이 계속 정비공장에 내버려 둔 경우, 자동차관리법상 '방치행위'에 해당한다고 한 사례

원심판결 이유를 기록에 비추어 살펴보면, 원심이 그 채용 증거들을 종합하여 그 판시와 같은 사실을 인정한 다음, 피고인이 이 사건 화물차를 정비공장에 수리의뢰한 것을 두고 피고인이 위 화물차를 방치한 것으로는 볼 수 없다고 하더라도, 그 후 피고인이 위 화물차의 수리가 완료된 사실을 알았고 정비공장 및 자동차 방치신고를 받은 경주시장으로부터 수차례에 걸쳐 위 화물차를 회수해 갈 것을 통고받았음에도 불구하고, 위 화물차가 폐차될 때까지 무려 1년 11개월이 경과하도록 이를 찾아가지 아니하고 계속 정비공장에 내버려 둔 것은 위 화물차에 대한 관리를 사실상 포기한 것

으로 볼 만한 객관적인 사정이 있는 경우로서 자동차관리법 소정의 '방치행위'에 해당한다고 해석함이 상당하다는 이유에서 피고인의 이 사건 판시 범죄사실을 유죄로 인정한 제1심판결을 그대로 유지한 조치는 정당한 것으로 수긍이 가고, 거기에 상고이유의 주장과 같은 사실오인이나 자동차관리법에 관한 법리오해 등의 위법이 없다. (대법원 2008. 5. 29., 선고, 2008도2501, 판결)

제34조(자동차의 튜닝)

① 자동차소유자가 국토교통부령으로 정하는 항목에 대하여 튜닝을 하려는 경우에는 시장·군수·구청장의 승인을 받아야 한다.

(작성례)

피의자는 관할관청의 승인을 받지 아니하고, 20○○. ○. ○. 서울 ○○동에 있는 ○○카센타에서 자신의 서울○○루○○○○호 2.5톤 화물트럭 자동차의 적재함 난간대를 떼어내고 길이 ○○cm, 높이 ○○cm의 냉동탑을 얹어 고정시킴으로써 자동차의 구조를 변경하였다.

● 관련판례 1

◎ 자동차관리법상 승인이 필요한 '자동차의 튜닝'의 의미

자동차관리법 제2조 제11호는 "자동차의 튜닝"을 "자동차의 구조 · 장치의 일부를 변경하거나 자동차에 부착물을 추가하는 것"으로 정의하고 있고, 제34조 제1항은 자동차소유자가 국토교통부령으로 정하는 항목에 대하여 튜닝을 하려는 경우에는 시장 · 군수 · 구청장의 승인을 받도록 규정하고 있다. 자동차관리법 시행령 제8조 및 같은 법 시행규칙 제55조는 '길이, 높이, 총중량 등 시장 · 군수 · 구청장의 승인이 필요한 구조 · 장치의 변경사항'을 상세하게 규정하고 있다. 자동차관리법 제81조 제19호는 시장 · 군수 · 구청장의 승인을 받지 않고 자동차에 튜닝을 한 자에 대하여 1년 이하의 징역 또는 1,000만 원 이하의 벌금에 처하도록 규정하고 있다.

위와 같은 관련 규정과 그 입법 취지 및 형벌법규의 명확성이나 그 엄격해석을 요구하는 죄형법정주의 원칙에 비추어, 자동차관리법상 승인이 필요한 '자동차의 튜닝'은 '자동차의 안전운행에 필요한 성능과 기준이 설정되어 있는 자동차의 구조 · 장치가 일부 변경되거나 자동차에 부착물을 추가함으로써 그러한 자동차 구조 · 장치의 일부 변경에 이르게 된 경우'를 의미한다고 해석함이 타당하다(대법원 2018. 7. 12. 선고 2017도1589 판결, 헌법재판소 2019. 11. 28. 선고 2017헌가23 전원재판부 결정 등 참조).(대법원 2021. 6. 24., 선고, 2019도110, 판결)

● 관련판례 2

◎ 자동차관리법상 승인이 필요한 '튜닝'에 해당하기 위해서는 피고인의 행위가 부착물을 추가하는 것에 해당하는지와 관계없이 그 행위로 인하여 자동차의 구조·장치가 일부 변경될 것이 필요한지 여부(적극)

자동차관리법 제2조(정의) 제11호는 '자동차의 튜닝'을 "자동차의 구조·장치의 일부를 변경하거나 자동차에 부착물을 추가하는 것"으로 규정하면서 같은 법 시행령 제8조(자동차의 구조 및 장치) 및 시행규칙 제55조(튜닝의 승인대상 및 승인기준)에서 길이, 높이, 총중량 등 승인이 필요한 구조·장치의 변경사항을 상세하게 규정하고 있다. 따라서 자동차관리법상 승인이 필요한 튜닝에 해당하기 위해서는 피고인의 행위가 부착물을 추가하는 것에 해당하는 것인지 여부를 떠나 그 행위로 인하여 자동차의 구조·장치가 일부 변경될 것을 필요로 한다고 할 것이다.(대법원 2018. 7. 12., 선고, 2017도1589, 판결)

제35조(자동차의 무단 해체·조작 금지)

누구든지 다음 각 호의 어느 하나에 해당하는 경우를 제외하고는 국토교통부령으로 정하는 장치를 자동차에서 해체하거나 조작[자동차의 최고속도를 제한하는 장치를 조작(造作)하는 경우에 한정한다]하여서는 아니 된다. 〈개정 2013.3.23., 2014.1.7., 2017.12.26.〉

1. 자동차의 점검·정비 또는 튜닝을 하려는 경우
2. 폐차하는 경우
3. 교육·연구의 목적으로 사용하는 등 국토교통부령으로 정하는 사유에 해당되는 경우

(작성례)

피의자는 20○○. ○.경부터 20○○. ○. ○.경까지 ○○시 ○○구 ○○동 123번지 에 있는 회사에서 자동차 동력 전달장치의 일종으로 해체가 금지되어 있는 자동차 부품인 등속조인트를 가공, 재생하여 판매할 목적으로 폐차된 자동차의 부품인 등속조인트 약 1,231개 시가 금 2,462만원 상당을 분해하여 자동차의 장치를 무단해체하였다.

● 관련판례

◎ 자동차관리법 제35조 소정의 자동차 장치의 해체의 의미

자동차관리법 제35조가 금지하는 행위는 '자동차로부터 일정한 장치를 무단해체하는 행위'이지 '일단 해체된 자동차 장치를 다시 해체(분해)하는 행위'라고 볼 것은 아니라고 할 것이다.

그런데 피고인이 한 행위는 '폐차된 자동차의 부품인 등속조인트를 분해'한 것이라는 것이므로, 피고인의 위와 같은 행위는 자동차관리법 제35조 위반행위자를 처벌하는

자동차관리법 제80조 제3호 위반죄에 해당하지 않는다 할 것이다.

그럼에도 불구하고 원심이 피고인의 위와 같은 행위가 위 자동차관리법 제80조 제3호의 위반죄에 해당한다고 판단하였음은 자동차관리법 제35조 위반죄의 성립에 관한 법리를 오해한 것이라 아니할 수 없다. 이 점을 지적하는 주장 또한 이유 있다.(대법원 1999. 4. 23., 선고, 98도4455, 판결)

제53조(자동차관리사업의 등록 등)

① 자동차관리사업을 하려는 자는 국토교통부령으로 정하는 바에 따라 시장·군수·구청장에게 등록하여야 한다. 등록 사항을 변경하려는 경우에도 또한 같다. 다만, 대통령령으로 정하는 경미한 등록 사항을 변경하는 경우에는 그러하지 아니하다.

(작성례)

피의자는 관할관청에 등록을 하지 않고, 20○○. ○. ○. ○○시 ○○동 ○○번지에 있는 48평 규모의 점포 및 작업장에 ○○카센타라는 상호로 리프트기, 콤프레샤, 용접기 등 각종 장비를 갖추었다.

그리고 정○○ 소유의 서울○○마○○○○호 뉴아반떼 승용차의 밋션을 탈착하여 디스크 및 삼발이 등의 부품을 교환하여 주고 그 수리비로 ○○만원을 받은 것을 비롯하여 그 때부터 20○○. ○. ○.경까지 사이에 한달평균 ○○만원의 수익을 얻는 자동차관리사업을 영위하였다.

● 관련판례 1

◎ 국토해양부장관 또는 시·도지사가 구 자동차관리법상 자동차관리사업자로 구성하는 사업자단체인 조합 또는 협회 설립인가 신청에 대하여 설립인가 여부를 결정할 재량을 가지는지 여부(적극) 및 재량권의 한계

구 자동차관리법(2012. 1. 17. 법률 제11190호로 개정되기 전의 것, 이하 '자동차관리법' 이라고 한다)상 자동차관리사업자로 구성하는 사업자단체인 조합 또는 협회(이하 '조합 등' 이라고 한다) 설립인가 제도의 입법 취지, 조합 등에 대하여 인가권자가 가지는 지도·감독 권한의 범위 등과 아울러 자동차관리법상 조합 등 설립인가에 관하여 구체적인 기준이 정하여져 있지 않은 점에 비추어 보면, 인가권자인 국토해양부장관 또는 시·도지사는 조합 등의 설립인가 신청에 대하여 자동차관리법 제67조 제3항에 정한 설립요건의 충족 여부는 물론, 나아가 조합 등의 사업내용이나 운영계획 등이 자동차관리사업의 건전한 발전과 질서 확립이라는 사업자단체 설립의 공익적 목적에 부합하는지 등을 함께 검토하여 설립인가 여부를 결정할 재량을 가진다. 다만 이러한 재량을 행사할 때 기초가 되는 사실을 오인하였거나 비례·평등의 원칙을 위반하는 등의 사유가 있

다면 이는 재량권의 일탈·남용으로서 위법하다.(대법원 2015. 5. 29. 선고 2013두635 판결)

● 관련판례 2

◎ 자동차정비업 등록을 하지 않은 자도 업으로 할 수 있는 '판금, 도장, 용접이 수반되지 않는 차내설비 및 차체의 점검·정비'의 의미

구 자동차관리법(2009. 2. 6. 법률 제9449호로 개정되기 전의 것, 이하 '법'이라고 한다) 제79조 제3호, 제53조 제1항, 제2조 제6호는 시장·군수·구청장에게 등록하지 않고 자동차정비업을 한 자를 처벌하도록 규정하고 있다. 한편 법 제2조 제8호에서 자동차정비업이라 함은 자동차의 점검·정비와 구조·장치의 변경작업을 업으로 하는 것을 말한다고 하면서 국토해양부령이 정하는 것을 제외하고 있고, 이를 받은 법 시행규칙 제132조 제6호는 국토해양부령이 정하는 것의 하나로 "판금, 도장, 용접이 수반되지 않는 차내설비 및 차체의 점검·정비. 다만, 범퍼·본넷트·문짝·휀다 및 트렁크리드의 교환을 제외한다."를 들고 있다. 이러한 법 규정들에 의하면, 자동차 구조·장치의 변경작업은 물론이고 자동차의 점검·정비도 이를 업으로 하기 위해서는 자동차정비업 등록을 하여야 하는 것이고, 다만 '판금, 도장, 용접이 수반되지 않는 차내설비 및 차체의 점검·정비'는 그 범위에서 제외되어 자동차정비업 등록을 하지 않은 자도 업으로 할 수 있다고 할 것인데, 여기서 '판금, 도장, 용접이 수반되지 않는 차내설비 및 차체의 점검·정비'라 함은, 차내설비 및 차체의 점검·정비 중에서 판금, 도장, 용접의 작업 자체는 물론이고 그것이 수반되는 작업, 즉 그것을 필요로 하거나 전제로 하는 작업도 모두 제외한 나머지를 말한다 할 것이다.(대법원 2010. 4. 29., 선고, 2009도10824, 판결)

제79조(벌칙)

다음 각 호의 어느 하나에 해당하는 자는 3년 이하의 징역 또는 3천만원 이하의 벌금에 처한다. 〈개정 2011.5.24., 2012.12.18., 2013.3.23., 2013.12.30., 2015.1.6., 2015.8.11., 2015.12.29., 2016.1.28., 2017.12.26.〉

16. 제71조제2항을 위반하여 자동차의 주행거리를 변경한 자

(작성례)

피의자는 02보1111 ○○○차량(차대번호 1111)을 소지자로서, 20○○. ○. ○.일 서울 ○○동 중고차 매매센타에 본인의 차량을 매매하려고 문의하였으나, 주행거리가 100,000㎞에 이르기 때문에 ○○○만원 밖에 줄 수 없다고 하자 차량의 주행거리장치 부분을 탈거하여 이를 거꾸로 돌려서 10만킬로미터에 이르던 주행거리를 6만킬로미터로 조작하여 이를 모르는 경기 ○○동 중고자동차매장에 위 차량을 판매하였다.

64. 장사 등에 관한 법률

[시행 2022. 6. 22.] [법률 제18624호, 2021. 12. 21., 일부개정]

제7조(매장 및 화장의 장소) ① 누구든지 제13조 또는 제14조에 따른 묘지 외의 구역에 매장을 하여서는 아니 된다. ② 누구든지 화장시설 외의 시설 또는 장소에서 화장을 하여서는 아니 된다. 다만, 대통령령으로 정하는 경우로서 보건위생상의 위해가 없는 경우에는 그러하지 아니하다.

(작성례)

묘지구역 외에서는 시체를 매장할 수 없음에도 불구하고 피의자는 20○○. ○. ○. 11 : 00경 묘지구역이 아닌 충북 ○○군 ○○읍 ○○리 산○○번지에 있는 사건 외 홍○○ 소유의 임야에 ○○사망한 피의자의 아버지의 시체를 땅에 묻어 이를 매장하였다.

● 관련판례 1

◎ 타인 소유의 토지에 분묘를 설치한 경우에 20년간 평온, 공연하게 분묘의 기지를 점유하면 지상권과 유사한 관습상의 물권인 분묘기지권을 시효로 취득한다는 법적 규범이 2000. 1. 12. 법률 제6158호로 전부 개정된 '장사 등에 관한 법률'의 시행일인 2001. 1. 13. 이전에 설치된 분묘에 관하여 현재까지 유지되고 있는지 여부(적극)

우선 2001. 1. 13.부터 시행된 장사 등에 관한 법률(이하 개정 전후를 불문하고 '장사법'이라 한다)의 시행으로 분묘기지권 또는 그 시효취득에 관한 관습법이 소멸되었다거나 그 내용이 변경되었다는 주장은 받아들이기 어렵다. 2000. 1. 12. 법률 제6158호로 매장 및 묘지 등에 관한 법률을 전부 개정하여 2001. 1. 13.부터 시행된 장사법[이하 '장사법(법률 제6158호)'이라 한다] 부칙 제2조, 2007. 5. 25. 법률 제8489호로 전부 개정되고 2008. 5. 26.부터 시행된 장사법 부칙 제2조 제2항, 2015. 12. 29. 법률 제13660호로 개정되고 같은 날 시행된 장사법 부칙 제2조에 의하면, 분묘의 설치기간을 제한하고 토지 소유자의 승낙 없이 설치된 분묘에 대하여 토지 소유자가 이를 개장하는 경우에 분묘의 연고자는 토지 소유자에 대항할 수 없다는 내용의 규정들은 장사법(법률 제6158호) 시행 후 설치된 분묘에 관하여만 적용한다고 명시하고 있어서, 장사법(법률 제6158호)의 시행 전에 설치된 분묘에 대한 분묘기지권의 존립 근거가 위 법률의 시행으로 상실되었다고 볼 수 없다. 또한 분묘기지권을 둘러싼 전체적인 법질서 체계에 중대한 변화가 생겨 분묘기지권의 시효취득에 관한 종래의 관습법이 헌법을 최상위 규범으로 하는 전체 법질서에 부합하지 아니하거나 정당성과 합리성을 인정할 수 없게 되었다고 보기도 어렵다.

마지막으로 화장률 증가 등과 같이 전통적인 장사방법이나 장묘문화에 대한 사회 구성원들의 의식에 일부 변화가 생겼더라도 여전히 우리 사회에 분묘기지권의 기초가 된 매장문화가 자리 잡고 있고 사설묘지의 설치가 허용되고 있으며, 분묘기지권에 관한 관습에 대하여 사회 구성원들의 법적 구속력에 대한 확신이 소멸하였다거나 그러한 관행이 본질적으로 변경되었다고 인정할 수 없다.(대법원 2017. 1. 19. 선고 2013다17292 전원합의체 판결)

● 관련판례 2

◎ 분묘기지권의 의미 및 분묘기지권이 미치는 범위

'장사 등에 관한 법률' (이하 개정 전후를 불문하고 '장사법' 이라고 한다) 부칙 규정들에 의하면, 토지 소유자의 승낙 없이 설치된 분묘에 대하여 토지 소유자가 이를 개장하는 경우에 분묘의 연고자는 당해 토지 소유자에 대항할 수 없다는 내용의 규정들은 장사법(법률 제6158호) 시행 후 설치된 분묘에 관하여만 적용한다고 명시하고 있으므로, 위 법률 시행 전에 설치된 분묘에 대한 분묘기지권의 존립 근거가 위 법률의 시행으로 상실되었다고 볼 수 없다(대법원 2017. 1. 19. 선고 2013다17292 전원합의체 판결 등 참조). 그리고 분묘기지권은 분묘를 수호하고 봉제사하는 목적을 달성하는 데 필요한 범위 내에서 타인의 토지를 사용할 수 있는 권리를 의미하므로, 분묘기지권은 분묘의 기지 자체뿐만 아니라 분묘의 설치 목적인 분묘의 수호와 제사에 필요한 범위 내에서 분묘 기지 주위의 공지를 포함한 지역에까지 미친다.(대법원 2017. 3. 30. 선고 2016다231358 판결)

● 관련판례 3

◎ 분묘기지권의 존속기간 및 분묘기지권에 기존 분묘 외에 새로운 분묘를 신설할 권능이 포함되는지 여부(소극)

분묘기지권은, 당사자 사이에 그 존속기간에 관한 약정이 있는 등 특별한 사정이 없는 한, 권리자가 분묘의 수호와 봉사를 계속하며 그 분묘가 존속하고 있는 동안 존속하는 것이고(대법원 1982. 1. 26. 선고 81다1220 판결, 대법원 2009. 5. 14. 선고 2009다1092 판결 등 참조), 그 분묘를 다른 곳에 이장하면 그 분묘기지권은 소멸된다(대법원 2007. 6. 28. 선고 2007다16885 판결 등 참조). 그리고 분묘기지권에는 그 효력이 미치는 지역의 범위 내라고 할지라도 기존의 분묘 외에 새로운 분묘를 신설할 권능은 포함되지 아니한다.(대법원 2013. 1. 16. 선고 2011다38592 판결)

제14조(사설묘지의 설치 등)

④ 가족묘지, 종중·문중묘지 또는 법인묘지를 설치·관리하려는 자는 보건복지부령으로 정하는 바에 따라 해당 묘지를 관할하는 시장등의 허가를 받아야 한다. 허가받은 사항 중 대통령령으로 정하는 사항을 변경하려는 경우에도 또한 같다. 〈개정 2019.4.23.〉

(작성례)

피의자는 관할관청으로부터 공원묘지조성승인을 받은 재단법인 ○○공원묘원의 대표자이다.

피의자는 도지사로부터 사설묘지설치허가를 받지 않고, 20○○. ○. ○.경 경기 ○○군 ○○면 ○○리 산○○번지에 있는 김○○ 소유의 임야 2,900㎡를 매수하고 그 무렵 굴삭기 등의 장비로 계단식 묘지를 조성하여 사건 외 임○○의 사체매장용 분묘 등 합계 12기의 분묘용 사설묘지를 설치하였다.

● 관련판례 1

◎ 화장시설 건축제한과 관련하여 장사 등에 관한 법령과 구 국토의 계획 및 이용에 관한 법령이 중첩적으로 적용되는지 여부(적극) / 장사 등에 관한 법령과 다른 법령 또는 법령의 위임에 따른 조례로 장사 등에 관한 법률 제17조, 장사 등에 관한 법률 시행령 제22조 제4항에서 정한 화장시설의 설치제한지역 외 나머지 지역에 대하여 화장시설 설치를 제한하는 규정을 둘 수 있는지 여부(적극)

「장사 등에 관한 법률」(이하 '장사법' 이라고 한다) 제1조는 이 법은 장사(장사)의 방법과 장사시설의 설치 · 조성 및 관리 등에 관한 사항을 정하여 보건위생상의 위해(위해)를 방지하고, 국토의 효율적 이용과 공공복리 증진에 이바지하는 것을 목적으로 한다고 규정하고, 같은 법 제15조는 시 · 도지사 또는 시장 · 군수 · 구청장이 아닌 자가 화장시설(이하 '사설화장시설' 이라고 한다)을 설치 · 관리하려는 경우에는 보건복지부령으로 정하는 바에 따라 그 사설화장시설을 관할하는 시장 · 군수 · 구청장에게 신고하여야 한다고 정하고, 사설화장시설의 면적, 설치장소, 그 밖의 설치기준 등에 관하여 필요한 사항은 대통령령으로 정한다고 규정하고 있다(제4항). 그리고 같은 법 제17조는 각 호의 어느 하나에 해당하는 지역에는 묘지 · 화장시설 · 봉안시설 또는 자연장지를 설치 · 조성할 수 없다고 규정하면서 제4호에서 '그 밖에 대통령령으로 정하는 지역' 을 들고 있고, 그 위임에 따라 「장사 등에 관한 법률 시행령」(이하 '장사법 시행령' 이라고 한다) 제22조 제4항 제11호는 묘지 등의 설치 · 조성이 금지되는 지역으로서 '붕괴 · 침수 등으로 보건위생상 위해를 끼칠 우려가 있는 지역으로서 지방자치단체의 조례로 정하는 지역' 을 들고 있다.(대법원 2015. 1. 29. 선고 2012두11133 판결)

● 관련판례 2

◎ 매장의 대상인 '유골'에 화장한 유골의 골분이 포함되는지 여부(적극) 및 이를 장사의 목적으로 땅에 묻은 경우, 매장과 자연장의 어느 쪽에 해당하는지 판단하는 기준

'장사 등에 관한 법률'(이하 '법'이라 한다) 제2조, 제16조, 제19조, '장사 등에 관한 법률 시행령'(이하 '시행령'이라 한다) 제8조, 제15조 [별표 2], 제21조 제1항 [별표 4] 제1호의 규정으로 볼 때, 종래부터 '유골'을 땅에 묻어 장사하는 것도 장사 방법 중 '매장'에 포함되는 것이었지만, 국토를 잠식하고 자연환경을 훼손하는 문제를 해결하기 위하여 '유골의 골분'을 땅에 묻고 표지 이외에 아무런 시설을 설치하지 않는 경우에는 설치 장소의 제한을 완화하고 설치기간의 제한을 받지 않도록 하는 자연장 제도를 새로운 장사 방법으로 신설하기에 이른 점, 자연장 제도가 도입된 이후에도 법은 시체나 유골을 땅에 묻어 장사하는 것을 '매장'으로 규정한 종전 규정을 유지하면서(법 제2조 제1호), 매장의 대상이 되는 유골에는 화장한 유골도 포함되는 것으로 규정하고 있는 점[시행령 제7조 제1항 (나)목], 묘지에 설치되는 분묘의 형태는 봉분이 있는 것뿐 아니라 평분도 포함되는 점[시행령 제15조 [별표 2]의 제1항 (가)목] 등을 참작하면, 매장의 대상인 유골에는 화장한 유골의 골분도 포함되고, 화장한 유골의 골분을 묻은 경우라도 그것이 자연장으로 인정될 수 없는 경우에는 이를 매장으로 보아 분묘 및 묘지에 관한 규제의 적용 대상이 된다고 보아야 한다. 나아가 화장한 유골의 골분을 장사의 목적으로 땅에 묻은 경우 그것이 매장과 자연장의 어느 쪽에 해당하는지는 골분을 묻는 방법과 그곳에 설치한 시설이 법에서 요구하는 자연장의 주요 요건을 갖추었는지 여부 및 시설의 형태 등을 종합적으로 고려하여 결정하여야 한다. (대법원 2012. 10. 25. 선고 2010도5112 판결)

● 관련판례 3

◎ 납골당설치 신고가 '수리를 요하는 신고'인지 여부(적극) 및 수리행위에 신고필증 교부 등 행위가 필요한지 여부(소극)

구 장사 등에 관한 법률(2007. 5. 25. 법률 제8489호로 전부 개정되기 전의 것, 이하 '구 장사법'이라 한다) 제14조 제1항,

구 장사 등에 관한 법률 시행규칙(2008. 5. 26. 보건복지가족부령 제15호로 전부 개정되기 전의 것) 제7조 제1항 [별지 제7호 서식]을 종합하면, 납골당설치 신고는 이른바 '수리를 요하는 신고'라 할 것이므로, 납골당설치 신고가 구 장사법 관련 규정의 모든 요건에 맞는 신고라 하더라도 신고인은 곧바로 납골당을 설치할 수는 없고, 이에 대한 행정청의 수리처분이 있어야만 신고한 대로 납골당을 설치할 수 있다. 한편 수리란 신고를 유효한 것으로 판단하고 법령에 의하여 처리할 의사로 이를 수령하는 수동적 행위이므로 수리행위에 신고필증 교부 등 행위가 꼭 필요한 것은 아니다. (대법원 2011. 9. 8., 선고, 2009두6766, 판결)

65. 저작권법

[시행 2022. 12. 8.] [법률 제18547호, 2021. 12. 7., 타법개정]

제136조(벌칙)

① 다음 각 호의 어느 하나에 해당하는 자는 5년 이하의 징역 또는 5천만원 이하의 벌금에 처하거나 이를 병과(倂科)할 수 있다. 〈개정 2011.12.2., 2021.5.18.〉

1. 저작재산권, 그 밖에 이 법에 따라 보호되는 재산적 권리(제93조에 따른 권리는 제외한다)를 복제, 공연, 공중송신, 전시, 배포, 대여, 2차적저작물 작성의 방법으로 침해한 자
2. 제129조의3제1항에 따른 법원의 명령을 정당한 이유 없이 위반한 자

(작성례 1)

피의자는 자신이 가입한 www.○○○○.com 사이트에서 미니홈피서비스를 사용하면서 20○○. ○. ○.부터 20○○. ○. ○.경까지 위 미니홈피에서 음악권자의 사용승인을 받지 않고 불특정 다수의 방문자들에게 정혜경 작사, 김진룡 작곡의 "남행열차" 등의 가요를 다운로드하도록 하여 저작자의 저작재산권을 침해하였다.

(작성례 2)

피의자는 20○○. ○. ○.경부터 20○○. ○. ○.경까지 사이에 같은 동 ○○번지에 있는 피의자의 집에서 카세트테이프의 복제시설을 설치해놓고 가수 송○○이 취입한 대중가요 '○○' 외 5종 약 800개를 위 송○○의 허락을 받지 아니하고 임의로 복제하여 판매함으로써 위 송○○의 저작재산권을 침해하였다.

(작성례 3)

피의자는 20○○. ○. ○. 서울 ○○구 ○○동 123번지 소재 ○○출판사에서 '고려사정론' 이라는 책을 출판함에 있어, 피해자 김○○가 ○○○○년경부터 연구하여 저술한 '고려사외전연구, 고려사정사분석, 고려사해독' 등 고려사에 대한 책에서 소개된 '고려의 야사를 실록과 중국역사서와 비교분석한 내용' 등 독창적인 내용을 그의 승낙 없이 그대로 또는 일부 변경시키는 방법으로 피의자의 책에 포함시키고, 약 10,000권

을 배포함으로써 위 김○○의 저작재산권에 관한 권리를 침해하였다.

(작성례 4)

피의자는 ○○대학교 ○○학부 경영학부에 재학생으로, 20○○. ○. ○. 위 대학교 학생회관에 있는 복사실에서 저작권자인 최○○의 허락을 받지 않고 위 최○○이 저작한 '근대시대의 엥겔지수의 분석' 100부를 복사함으로써 위 최○○의 저작재산권을 침해하였다.

● 관련판례 1

◎ 전송의 방법으로 공중송신권을 침해하는 게시물이나 그 게시물이 위치한 웹페이지 등에 연결되는 링크를 한 행위자가, 정범이 공중송신권을 침해한다는 사실을 충분히 인식하면서 그러한 링크를 인터넷 사이트에 영리적·계속적으로 게시하는 등으로 공중의 구성원이 개별적으로 선택한 시간과 장소에서 침해 게시물에 쉽게 접근할 수 있도록 하는 정도의 링크 행위를 한 경우, 공중송신권 침해의 방조범이 성립하는지 여부(적극)

전송의 방법으로 공중송신권을 침해하는 게시물이나 그 게시물이 위치한 웹페이지 등에 연결되는 링크를 한 행위자가, 정범이 공중송신권을 침해한다는 사실을 충분히 인식하면서 그러한 링크를 인터넷 사이트에 영리적·계속적으로 게시하는 등으로 공중의 구성원이 개별적으로 선택한 시간과 장소에서 침해 게시물에 쉽게 접근할 수 있도록 하는 정도의 링크 행위를 한 경우에는, 침해 게시물을 공중의 이용에 제공하는 정범의 범죄를 용이하게 하므로 공중송신권 침해의 방조범이 성립한다. 이러한 링크 행위는 정범의 범죄행위가 종료되기 전 단계에서 침해 게시물을 공중의 이용에 제공하는 정범의 범죄 실현과 밀접한 관련이 있고 그 구성요건적 결과 발생의 기회를 현실적으로 증대함으로써 정범의 실행행위를 용이하게 하고 공중송신권이라는 법익의 침해를 강화·증대하였다고 평가할 수 있다. 링크 행위자에게 방조의 고의와 정범의 고의도 인정할 수 있다.(대법원 2021. 11. 25., 선고, 2021도10903, 판결)

● 관련판례 2

◎ 1995. 12. 6. 법률 제5015호로 개정된 저작권법 부칙 제4조 제3항의 규정 취지 및 위 규정에서 허용하는 회복저작물을 원저작물로 하는 2차적저작물 이용행위의 범위

1995. 12. 6. 법률 제5015호로 개정된 저작권법(이하 '1995년 개정 저작권법' 이라

한다)은 국제적인 기준에 따라 외국인의 저작권을 소급적으로 보호하면서, 부칙 제4조를 통하여 위 법 시행 전의 적법한 이용행위로 제작된 복제물이나 2차적저작물 등을 법 시행 이후에도 일정기간 이용할 수 있게 함으로써 1995년 개정 저작권법으로 소급적으로 저작권법의 보호를 받게 된 외국인의 저작물(이하 '회복저작물' 이라 한다)을 1995년 개정 저작권법 시행 전에 적법하게 이용하여 온 자의 신뢰를 보호하는 한편 그동안 들인 노력과 비용을 회수할 수 있는 기회도 부여하였다. 특히 2차적저작물의 작성자는 단순한 복제와 달리 상당한 투자를 하는 경우가 많으므로, 부칙 제4조 제3항을 통해 회복저작물의 2차적저작물 작성자의 이용행위를 기간의 제한 없이 허용하면서, 저작권의 배타적 허락권의 성격을 보상청구권으로 완화함으로써 회복저작물의 원저작자와 2차적저작물 작성자 사이의 이해관계를 합리적으로 조정하고자 하였다.

1995년 개정 저작권법 부칙 제4조 제3항은 회복저작물을 원저작물로 하는 2차적저작물로서 1995. 1. 1. 전에 작성된 것을 계속 이용하는 행위에 대한 규정으로 새로운 저작물을 창작하는 것을 허용하는 규정으로 보기 어렵고, 위 부칙 제4조 제3항이 허용하는 2차적저작물의 이용행위를 지나치게 넓게 인정하게 되면 회복저작물의 저작자 보호가 형해화되거나 회복저작물 저작자의 2차적저작물 작성권을 침해할 수 있다. 따라서 회복저작물을 원저작물로 하는 2차적저작물과 이를 이용한 저작물이 실질적으로 유사하더라도, 위 2차적저작물을 수정·변경하면서 부가한 새로운 창작성이 양적·질적으로 상당하여 사회통념상 새로운 저작물로 볼 정도에 이르렀다면, 위 부칙 제4조 제3항이 규정하는 2차적저작물의 이용행위에는 포함되지 않는다고 보아야 한다.(대법원 2020. 12. 10., 선고, 2020도6425, 판결)

● 관련판례 3

◎ 저작권법 제105조 제5항에 따라 승인받은 사용료의 요율 또는 금액이 없는 경우, 저작권위탁관리업자의 저작권 침해를 원인으로 한 손해배상청구권 행사가 제한되는지 여부(소극)

저작권법(2016. 3. 22. 법률 제14083호로 개정되기 전의 것) 제105조 제5항은 저작권위탁관리업자의 사용료 징수를 통제하기 위하여 '저작권위탁관리업자가 이용자로부터 받는 사용료의 요율 또는 금액은 저작권위탁관리업자가 문화체육관광부장관의 승인을 얻어 이를 정한다' 고 규정하고 있다.

위 규정의 입법 취지와 문언 내용에 비추어 보면, 위 규정은 저작권위탁관리업자가 저작물 이용자들과 이용계약을 체결하고 계약에 따라 사용료를 지급받는 경우에 적용되는 규정일 뿐, 저작권위탁관리업자가 법원에 저작권 침해를 원인으로 민사소송을 제기하여 손해배상을 청구하는 행위를 제한하는 규정이라고 해석되지 않는다. 따라서 설령 위 규정에 따라 승인받은 사용료의 요율 또는 금액이 없더라도 저작권 침해를 원인으로 한 손해배상청구권을 행사하는 데 아무런 장애가 되지 않는다.(대법원 2016. 8. 24. 선고 2016다204653 판결)

● 관련판례 4

◎ 저작권법 제2조 제28호 (가)목, (나)목에서 정한 '기술적 보호조치'의 의미 및 문제되는 보호조치가 위 (가)목과 (나)목 중 어느 쪽에 해당하는지 판단하는 기준

저작권법 제2조 제28호는 '기술적 보호조치'를 (가)목의 '저작권, 그 밖에 이 법에 따라 보호되는 권리(이하 '저작권 등'이라 한다)의 행사와 관련하여 이 법에 따라 보호되는 저작물 등에 대한 접근을 효과적으로 방지하거나 억제하기 위하여 그 권리자나 권리자의 동의를 받은 자가 적용하는 기술적 조치'와, (나)목의 '저작권 등에 대한 침해행위를 효과적으로 방지하거나 억제하기 위하여 그 권리자나 권리자의 동의를 받은 자가 적용하는 기술적 조치'로 나누어 정의하고 있다.

그중 (가)목의 보호조치는 저작권 등을 구성하는 복제·배포·공연 등 개별 권리에 대한 침해행위 자체를 직접적으로 방지하거나 억제하는 것은 아니지만 저작물이 수록된 매체에 대한 접근 또는 그 매체의 재생·작동 등을 통한 저작물의 내용에 대한 접근 등을 방지하거나 억제함으로써 저작권 등을 보호하는 조치를 의미하고, (나)목의 보호조치는 저작권 등을 구성하는 개별 권리에 대한 침해행위 자체를 직접적으로 방지하거나 억제하는 보호조치를 의미한다. 여기서 문제되는 보호조치가 둘 중 어느 쪽에 해당하는지를 결정함에 있어서는, 저작권은 하나의 단일한 권리가 아니라 복제권, 배포권, 공연권 등 여러 권리들의 집합체로서 이들 권리는 각각 별개의 권리이므로 이 각각의 권리를 기준으로 개별적으로 판단하여야 한다.(대법원 2015. 7. 9. 선고 2015도3352 판결)

● 관련판례 5

◎ 저작권법상 '2차적저작물'이 되기 위해서는 원저작물과 실질적 유사성을 유지하여야 하는지 여부(적극) 및 어문저작물인 원저작물을 요약한 요약물이 원저작물과 실질적인 유사성이 있는지 판단하는 기준

저작권법 제5조 제1항은 '원저작물을 번역·편곡·변형·각색·영상제작 그 밖의 방법으로 작성한 창작물'을 '2차적저작물'이라고 규정하고 있으므로, 2차적저작물이 되기 위해서는 원저작물을 기초로 수정·증감이 가해지되 원저작물과 실질적 유사성을 유지하여야 한다. 따라서 어문저작물인 원저작물을 기초로 하여 이를 요약한 요약물이 원저작물과 실질적인 유사성이 없는 별개의 독립적인 새로운 저작물이 된 경우에는 원저작물 저작권자의 2차적저작물작성권을 침해한 것으로 되지는 아니하는데, 여기서 요약물이 원저작물과 실질적인 유사성이 있는지는, 요약물이 원저작물의 기본으로 되는 개요, 구조, 주된 구성 등을 그대로 유지하고 있는지 여부, 요약물이 원저작물을 이루는 문장들 중 일부만을 선택하여 발췌한 것이거나 발췌한 문장들의 표현을 단순히 단축한 정도에 불과한지 여부, 원저작물과 비교한 요약물의 상대적인 분량, 요약물의 원저작물에 대한 대체가능성 여부 등을 종합적으로 고려하여 판단해야 한다.(대법원 2013. 8. 22. 선고 2011도3599 판결)

● 관련판례 6

◎ 저작권법 제29조 제2항에서 정한 '판매용 음반'의 의미(=시중에 판매할 목적으로 제작된 음반)

저작권법 제29조 제2항은, 청중이나 관중으로부터 당해 공연에 대한 반대급부를 받지 않는 경우 '판매용 음반' 또는 '판매용 영상저작물'을 재생하여 공중에게 공연하는 행위가 저작권법 시행령에서 정한 예외사유에 해당하지 않는 한 공연권 침해를 구성하지 않는다고 규정하고 있다. 그런데 위 규정은, 공연권의 제한에 관한 저작권법 제29조 제1항이 영리를 목적으로 하지 않고 청중이나 관중 또는 제3자로부터 어떤 명목으로든지 반대급부를 받지 않으며 또 실연자에게 통상의 보수를 지급하지 않는 경우에 한하여 공표된 저작물을 공연 또는 방송할 수 있도록 규정하고 있는 것과는 달리, 당해 공연에 대한 반대급부를 받지 않는 경우라면 비영리 목적을 요건으로 하지 않고 있어, 비록 공중이 저작물의 이용을 통해 문화적 혜택을 향수하도록 할 공공의 필요가 있는 경우라도 자칫 저작권자의 정당한 이익을 부당하게 해할 염려가 있으므로, 위 제2항의 규정에 따라 저작물의 자유이용이 허용되는 조건은 엄격하게 해석할 필요가 있다. 한편 저작권법 제29조 제2항이 위와 같이 '판매용 음반'을 재생하여 공중에게 공연하는 행위에 관하여 아무런 보상 없이 저작권자의 공연권을 제한하는 취지의 근저에는 음반의 재생에 의한 공연으로 음반이 시중의 소비자들에게 널리 알려짐으로써 당해 음반의 판매량이 증가하게 되고 그에 따라 음반제작자는 물론 음반의 복제·배포에 필연적으로 수반되는 당해 음반에 수록된 저작물의 이용을 허락할 권능을 가지는 저작권자 또한 간접적인 이익을 얻게 된다는 점도 고려되었을 것이므로, 이러한 규정의 내용과 취지 등에 비추어 보면 위 규정에서 말하는 '판매용 음반'이란 그와 같이 시중에 판매할 목적으로 제작된 음반을 의미하는 것으로 제한하여 해석하여야 한다. (대법원 2012. 5. 10. 선고 2010다87474 판결)

제137조(벌칙)

① 다음 각 호의 어느 하나에 해당하는 자는 1년 이하의 징역 또는 1천만원 이하의 벌금에 처한다.〈개정 2009.4.22., 2011.12.2., 2020.2.4.〉

1. 저작자 아닌 자를 저작자로 하여 실명·이명을 표시하여 저작물을 공표한 자

(작성례)

피의자는 서울 ○○동 ○○번지에서 '○○미디어'라는 상호로 도서출판업을 영위하고 있다.

피의자는 20○○. ○. ○.경 위 ○○미디어에서 저작자가 일본인인 만화책 '○○'를 출판하면서 위 저작자가 아닌 서울 ○○동 ○○번지 거주 홍○○의 실명을 저작자로 표시하여 저작물을 공표하였다.

● 관련판례 1

◎ 구 저작권법상 저작물의 공동저작자가 되기 위한 요건 및 여기서 '공동창작의 의사'의 의미

구 저작권법(2011. 6. 30. 법률 제10807호로 개정되기 전의 것) 제2조는 제1호에서 '저작물'이란 인간의 사상 또는 감정을 표현한 창작물을, 제2호에서 '저작자'란 저작물을 창작한 자를, 제21호에서 '공동저작물'이란 2인 이상이 공동으로 창작한 저작물로서 각자의 이바지한 부분을 분리하여 이용할 수 없는 것을 말한다고 각 규정하고 있다. 위 각 규정의 내용을 종합하여 보면, 2인 이상이 공동창작의 의사를 가지고 창작적인 표현형식 자체에 공동의 기여를 함으로써 각자의 이바지한 부분을 분리하여 이용할 수 없는 단일한 저작물을 창작한 경우 이들은 그 저작물의 공동저작자가 된다. 여기서 공동창작의 의사는 법적으로 공동저작자가 되려는 의사를 뜻하는 것이 아니라, 공동의 창작행위에 의하여 각자의 이바지한 부분을 분리하여 이용할 수 없는 단일한 저작물을 만들어 내려는 의사를 뜻하는 것이라고 보아야 한다.(대법원 2014. 12. 11. 선고 2012도16066 판결)

● 관련판례 2

◎ 친고죄 제외사유를 규정한 저작권법 제140조 단서 제1호에서 '상습적으로'의 의미와 판단 기준 및 같은 법 제141조 양벌규정을 적용할 때 친고죄 해당 여부를 판단하는 기준

저작권법 제140조 본문에서는 저작재산권 침해로 인한 같은 법 제136조 제1항의 죄를 친고죄로 규정하면서, 같은 법 제140조 단서 제1호에서 영리를 위하여 상습적으로 위와 같은 범행을 한 경우에는 고소가 없어도 공소를 제기할 수 있다고 규정하고 있는데, 같은 법 제140조 단서 제1호가 규정한 '상습적으로'라고 함은 반복하여 저작권 침해행위를 하는 습벽으로서 행위자의 속성을 말하고, 이러한 습벽 유무를 판단할 때에는 동종 전과가 중요한 판단자료가 되나 범행의 횟수, 수단과 방법, 동기 등 제반 사정을 참작하여 저작권 침해행위를 하는 습벽이 인정되는 경우에는 상습성을 인정하여야 한다. 한편 같은 법 제141조의 양벌규정을 적용할 때에는 행위자인 법인의 대표자나 법인 또는 개인의 대리인·사용인 그 밖의 종업원의 위와 같은 습벽 유무에 따라 친고죄 해당 여부를 판단하여야 한다. (대법원 2011. 9. 8. 선고 2010도14475 판결)

● 관련판례 3

◎ 저작자 아닌 자를 저작자로 표시하여 저작물을 공표한 이상 저작권법 제137조 제1항 제1호에 따른 범죄가 성립하는지 여부(적극) 및 그러한 공표에 저작자 아닌 자와 실제 저작자의 동의가 있었더라도 마찬가지인지 여부(원칙적 적극) /

실제 저작자가 저작자 아닌 자를 저작자로 표시하여 저작물을 공표하는 범행에 가담한 경우, 위 규정 위반죄의 공범으로 처벌할 수 있는지 여부(적극)

저작권법 제137조 제1항 제1호는 저작자 아닌 자를 저작자로 하여 실명·이명을 표시하여 저작물을 공표한 자를 형사처벌한다고 정하고 있다. 이 규정은 자신의 의사에 반하여 타인의 저작물에 저작자로 표시된 저작자 아닌 자의 인격적 권리나 자신의 의사에 반하여 자신의 저작물에 저작자 아닌 자가 저작자로 표시된 데 따른 실제 저작자의 인격적 권리뿐만 아니라 저작자 명의에 관한 사회 일반의 신뢰도 보호하려는 데 목적이 있다. 이러한 입법 취지 등을 고려하면, 저작자 아닌 자를 저작자로 표시하여 저작물을 공표한 이상 위 규정에 따른 범죄는 성립하고, 사회통념에 비추어 사회 일반의 신뢰가 손상되지 않는다고 인정되는 특별한 사정이 있는 경우가 아닌 한 그러한 공표에 저작자 아닌 자와 실제 저작자의 동의가 있었더라도 달리 볼 것은 아니다. 또한 실제 저작자가 저작자 아닌 자를 저작자로 표시하여 저작물을 공표하는 범행에 가담하였다면 저작권법 제137조 제1항 제1호 위반죄의 공범으로 처벌할 수 있다. (대법원 2021. 7. 15., 선고, 2018도144, 판결)

● 관련판례 4

◎ 2인 이상이 저작물의 작성에 관여한 경우, 저작자가 누구인지 판단하는 기준 및 이는 저작자로 인정되는 자와 공동저작자로 표시할 것을 합의하였더라도 마찬가지인지 여부(적극)

저작권법 제2조 제1호는 저작물을 '인간의 사상 또는 감정을 표현한 창작물'로, 제2호는 저작자를 '저작물을 창작한 자'로, 제21호는 공동저작물을 '2명 이상이 공동으로 창작한 저작물로서 각자의 이바지한 부분을 분리하여 이용할 수 없는 것'으로 각 규정하고 있다. 저작권은 구체적으로 외부에 표현한 창작적인 표현형식만을 보호대상으로 하므로, 2인 이상이 저작물의 작성에 관여한 경우 그중에서 창작적인 표현형식 자체에 기여한 자만이 그 저작물의 저작자가 되고, 창작적인 표현형식에 기여하지 아니한 자는 비록 저작물의 작성 과정에서 아이디어나 소재 또는 필요한 자료를 제공하는 등의 관여를 하였다고 하더라도 그 저작물의 저작자가 되는 것은 아니다. 이는 저작자로 인정되는 자와 공동저작자로 표시할 것을 합의하였다고 하더라도 달리 볼 것이 아니다(대법원 1993. 6. 8. 선고 93다3073, 3080 판결, 대법원 2009. 12. 10. 선고 2007도7181 판결 등 참조).

원심은 판시와 같은 이유로 피고인 2는 이 사건 개정판 교재의 저작자라고 볼 수 없고, 이 사건 교재의 원저작자인 피고인 1은 그 사실을 알면서도 이 사건 개정판 교재에 피고인 2를 공동저작자로 표시하는 것을 승낙하였다고 보아 피고인들에 대한 공소사실을 유죄로 판단하였다. 원심판결 이유를 위 법리와 적법하게 채택된 증거에 비추어 살펴보면, 원심의 판단에 논리와 경험의 법칙을 위반하여 자유심증주의의 한계를 벗어나거나 저작물의 창작성 및 공동저작자에 관한 법리를 오해한 잘못이 없다. (대법원 2021. 7. 8., 선고, 2018도525, 판결)

66. 전자금융거래법

[시행 2020. 12. 10.] [법률 제17354호, 2020. 6. 9., 타법개정]

제6조(접근매체의 선정과 사용 및 관리)

③ 누구든지 접근매체를 사용 및 관리함에 있어서 다른 법률에 특별한 규정이 없는 한 다음 각 호의 행위를 하여서는 아니 된다. 다만, 제18조에 따른 선불전자지급수단이나 전자화폐의 양도 또는 담보제공을 위하여 필요한 경우(제3호의 행위 및 이를 알선·중개하는 행위는 제외한다)에는 그러하지 아니하다. 〈개정 2008.12.31., 2015.1.20., 2016.1.27., 2020.5.19.〉

2. 대가를 수수(授受)·요구 또는 약속하면서 접근매체를 대여받거나 대여하는 행위 또는 보관·전달·유통하는 행위
5. 제1호부터 제4호까지의 행위를 알선·중개·광고하거나 대가를 수수(授受)·요구 또는 약속하면서 권유하는 행위

(작성례 1)

피의자 ㅇㅇㅇ는 보이스피싱범죄를 전문으로 하는 중국 ㅇㅇㅇ조직의 한국내 총책으로서 20ㅇㅇ. ㅇ. ㅇ. ㅇㅇ역앞 노숙자 ㅇㅇㅇ외 ㅇㅇ명에게서 외국인 근로자의 송금용 통장을 구한다고 하면서, 통장 한 개당 ㅇㅇ만원으로 하여 총 ㅇㅇㅇ개의 통장을 넘겨받아 이를 ㅇㅇㅇ조직 인출책인 ㅇㅇㅇ에게 한 개당 ㅇㅇ만원을 받고 넘겨서 전자금융거래법 제49조 제1항을 위반하는 범죄를 저질렀다(보이스피싱 범죄의 경우 형법상 사기죄 및 특가법상의 사기로 의율한다).

(작성례 2)

피의자 ㅇㅇㅇ는 20ㅇㅇ. ㅇ. ㅇ. ㅇㅇ역앞에서 평소 일면식이 있던 ㅇㅇㅇ을 만나 범죄에 사용될 것을 알면서도 ㅇㅇ은행 ㅇㅇ통장(계좌번호 111-111-11111)과 보안카드, 현금카드 등을 금ㅇㅇ만원에 ㅇㅇㅇ에게 넘겼다.

● 관련판례 1

◎ '대가를 약속받고 접근매체를 대여하는 행위'를 구 전자금융거래법 제49조 제4항 제2호, 제6조 제3항 제2호에서 정한 '대가를 받고 접근매체를 대여'함으로 인한 같은 법 위반죄로 처벌하는 것이 허용되는지 여부(소극)

구 전자금융거래법(2015. 1. 20. 법률 제13069호로 개정되기 전의 것, 이하 '구 전자금융거래법' 이라 한다)은 제6조 제3항 제2호에서 '대가를 주고 접근매체를 대여받거나 대가를 받고 접근매체를 대여하는 행위' 를 금지하고, 제49조 제4항 제2호에서 '제6조 제3항 제2호를 위반하여 접근매체를 대여받거나 대여한 자' 를 처벌하고 있었는데, 개정 전자금융거래법(2015. 1. 20. 법률 제13069호로 개정된 것, 이하 '개정 전자금융거래법' 이라 한다)은 제6조 제3항 제2호에서 '대가를 수수·요구 또는 약속하면서 접근매체를 대여받거나 대여하는 행위 또는 보관·전달·유통하는 행위' 를 금지하고, 제49조 제4항 제2호에서 '제6조 제3항 제2호 또는 제3호를 위반하여 접근매체를 대여받거나 대여한 자 또는 보관·전달·유통한 자' 를 처벌하는 것으로 변경하여 규정하고 있다.

위와 같은 구 전자금융거래법 및 개정 전자금융거래법의 각 규정 내용과 취지에 비추어 볼 때, 대가를 약속받고 접근매체를 대여하는 행위를 처벌할 필요성이 있다고 하더라도 그러한 행위를 구 전자금융거래법 제49조 제4항 제2호, 제6조 제3항 제2호에서 정한 '대가를 받고 접근매체를 대여' 함으로 인한 구 전자금융거래법 위반죄로 처벌하는 것은 형벌법규의 확장해석 또는 유추해석으로서 죄형법정주의에 반하여 허용될 수 없다.(대법원 2015. 2. 26. 선고 2015도354 판결)

● 관련판례 2

◎ 전자금융거래법 제9조 제2항 등에서 정한 '이용자의 고의나 중대한 과실' 이 있는지 판단하는 기준

전자금융거래법 제9조, 전자금융거래법 시행령 제8조 등에서 정하는 '고의 또는 중대한 과실' 이 있는지 여부는 접근매체의 위조 등 금융사고가 일어난 구체적인 경위, 그 위조 등 수법의 내용 및 그 수법에 대한 일반인의 인식 정도, 금융거래 이용자의 직업 및 금융거래 이용경력 기타 제반 사정을 고려하여 판단할 것이다.(대법원 2014. 1. 29. 선고 2013다86489 판결)

● 관련판례 3

◎ 접근매체를 통하여 전자금융거래가 이루어진 경우, 전자금융거래를 매개로 이루어진 개별적인 거래가 불법행위에 해당한다는 이유로 접근매체의 명의자에게 과실에 의한 방조 책임을 지우기 위한 요건 및 불법행위를 용이하게 한다는 점에 관한 예견가능성의 판단 방법

접근매체를 통하여 전자금융거래가 이루어진 경우에 그 전자금융거래에 의한 법률효과를 접근매체의 명의자에게 부담시키는 것을 넘어서서 그 전자금융거래를 매개로 이루어진 개별적인 거래가 불법행위에 해당한다는 이유로 접근매체의 명의자에게 과실에 의한 방조 책임을 지우기 위해서는, 접근매체 양도 당시의 구체적인 사정에 기초하여 접근매체를 통하여 이루어지는 개별적인 거래가 불법행위에 해당한다는 점과 그 불법행위에 접근매체를 이용하게 함으로써 그 불법행위를 용이하게 한다는 점에 관하여 예견할 수 있어 접근매체의 양도와 불법행위로 인한 손해 사이에 상당인과관계가 인정되는 경우라야 한다(대법원 2007. 7. 13. 선고 2005다21821 판결 참조). 그리고 이와 같은 예견가능성이 있는지 여부는 접근매체를 양도하게 된 목적 및 경위, 그 양도 목적의 실현 가능성, 양도의 대가나 이익의 존부, 양수인의 신원, 접근매체를 이용한 불법행위의 내용 및 그 불법행위에 대한 접근매체의 기여도, 접근매체 이용 상황에 대한 양도인의 확인 여부 등을 종합적으로 고려하여 판단하여야 한다.(대법원 2014. 12. 24. 선고 2013다98222 판결)

● 관련판례 4

◎ 전자금융거래법 제6조 제3항 제2호에서 정한 '접근매체의 대여' 및 '대가'의 의미 / 전자금융거래법 제6조 제3항 제2호 위반죄가 성립하기 위하여 접근매체를 대여하는 자는 접근매체 대여에 대응하는 경제적 이익을 수수·요구 또는 약속하면서 접근매체를 대여한다는 인식을 가져야 하는지 여부(적극)

전자금융거래법 제6조 제3항 제2호에서 정한 '접근매체의 대여' 란 대가를 수수·요구 또는 약속하면서 일시적으로 다른 사람으로 하여금 접근매체 이용자의 관리·감독 없이 접근매체를 사용해서 전자금융거래를 할 수 있도록 접근매체를 빌려주는 행위를 말하고, 여기에서 '대가' 란 접근매체의 대여에 대응하는 관계에 있는 경제적 이익을 말한다. 이때 접근매체를 대여하는 자는 접근매체 대여에 대응하는 경제적 이익을 수수·요구 또는 약속하면서 접근매체를 대여한다는 인식을 가져야 한다. [대법원 2021. 4. 15., 선고, 2020도16468, 판결]

● 관련판례 5

◎ 전자금융거래법 제6조 제3항 제3호에서 정한 '범죄에 이용할 목적으로 또는 범죄에 이용될 것을 알면서' 에서 말하는 '범죄에 이용' 의 의미

전자금융거래법 제6조 제3항 제3호의 입법 취지와 문언적 의미 등을 종합해 보면, 위 조항에서 정한 '범죄에 이용할 목적으로 또는 범죄에 이용될 것을 알면서' 에서 말하는 '범죄에 이용' 이란 접근매체가 범죄의 실행에 직접 사용되는 경우는 물론, 그 범죄에 통상 수반되거나 밀접한 관련이 있는 행위에 사용되는 등 범죄의 수행에 실질적으로 기여하는 경우도 포함된다.(대법원 2020. 9. 24., 선고, 2020도8594, 판결)

67. 정보통신공사업법

[시행 2022. 7. 12.] [법률 제18737호, 2022. 1. 11., 일부개정]

제14조(공사업의 등록 등)

① 공사업을 경영하려는 자는 대통령령으로 정하는 바에 따라 시·도지사에게 등록하여야 한다. 〈개정 2014.5.28., 2018.12.24.〉

(작성례)

피의자는 ○○시 ○○동 ○○번지에서 ○○전기통신공사라는 상호로 통신기기판매업에 종사하고 있다.

피의자는 위 점포에 전기통신공사설비 일체를 갖추고 종업원 2명을 고용한 다음 관할관청에 등록하지 않고, 20○○. ○. ○. 위 같은 동 ○○번지에 있는 ○○내과의원의 원장인 안○○의 의뢰를 받아 위 병원 사무실에 주식회사 ○○에서 제작한 키폰주장치 1대와 키폰 전화기 4개를 설치하여 주고 그 공사비 등으로 돈 ○○만원을 받은 것을 비롯하여 그 무렵부터 같은 해 ○. ○.까지 한달평균 2건의 키폰설치공사 등을 하여 ○○만원의 수익을 얻는 전기통신설비공사업을 영위하였다.

● 관련판례

◎ 정보통신공사업자가 아파트단지에 방송설비를 설치하거나 유지·보수공사를 한 경우, 구 방송법이 정한 중계유선방송사업행위에 해당하는지 여부(원칙적 소극)

정보통신공사업법 제14조 제1항에 따라 관할 관청에 등록한 정보통신공사업자는 같은 법 제2조 제2호, 구 정보통신공사업법 시행령(2008. 2. 29. 대통령령 제20667호로 전문 개정되기 전의 것) 제2조 제1항 제2호, 제6호, 제2항의 [별표 1]에 의하여 방송설비공사 및 그 공사의 유지·보수공사를 할 수 있으므로, 방송설비의 설치공사나 그 유지·보수공사가 그러한 형식을 빌어 실질적으로는 방송의 중계송신행위를 행하는 업무에 종사한 것으로 평가될 수 있는 정도에 이른 것이 아닌 한, 정보통신공사업자가 방송설비를 설치하거나 유지·보수하는 공사를 한 것을 가지고 구 방송법(2008. 2. 29. 법률 제8867호로 개정되기 전의 것)이 정한 중계유선방송사업을 행한 것이라고 볼 수 없다.(대법원 2008.9.11.선고 2008도1724판결)

68. 정보통신망 이용촉진 및 정보보호 등에 관한 법률

[시행 2022. 12. 11.] [법률 제18871호, 2022. 6. 10., 일부개정]

제42조(청소년유해매체물의 표시)

전기통신사업자의 전기통신역무를 이용하여 일반에게 공개를 목적으로 정보를 제공하는 자(이하 "정보제공자"라 한다) 중 「청소년 보호법」 제2조제2호마목에 따른 매체물로서 같은 법 제2조제3호에 따른 청소년유해매체물을 제공하려는 자는 대통령령으로 정하는 표시방법에 따라 그 정보가 청소년유해매체물임을 표시하여야 한다.

(작성례)

피의자 정○○는 서울 ○○구 ○○동 123번지 △△빌딩 301호 피의자 소유 ○○정보회사를 운영하고 있다.

피의자는 20○○. ○. ○. 미국에서 ○등급을 받은 게임인 ○○○를 수입하여 청소년유해매체물 표시를 하지 않고 ○○고등학교 1학년생인 김○○(16세)의 300여명의 청소년에게 20,000원씩 600여만원의 수익을 올렸다. (대법원 2017.6.19. 선고 2017도4240 판결)

제48조(정보통신망 침해행위 등의 금지)

① 누구든지 정당한 접근권한 없이 또는 허용된 접근권한을 넘어 정보통신망에 침입하여서는 아니 된다.

② 누구든지 정당한 사유 없이 정보통신시스템, 데이터 또는 프로그램 등을 훼손·멸실·변경·위조하거나 그 운용을 방해할 수 있는 프로그램(이하 "악성프로그램"이라 한다)을 전달 또는 유포하여서는 아니 된다.

③ 누구든지 정보통신망의 안정적 운영을 방해할 목적으로 대량의 신호 또는 데이터를 보내거나 부정한 명령을 처리하도록 하는 등의 방법으로 정보통신망에 장애가 발생하게 하여서는 아니 된다.

(작성례)

피의자는 서울 ○○구 ○○동 123번지 ○○정형외과 재활과에서 근무하고 있는 전공의이다.

피의자는 의약분업 후 약사들의 동향을 파악하기 위하여 약사회 사이트를 해킹하기로 마음먹었다. 그리하여 20○○. ○. ○. 22:00경 서울 ○○구

○○동 456번지에 있는 피의자의 주거지에서 한국통신으로 전산망(인터넷)에 연결된 개인용 컴퓨터를 이용 대한약사회 홈페이지(http://www.kpanet.or.kr)에 접속하여 관리자 연락용으로 게시된 전자우편 주소 kpifmagi@kpanet.or.kr을 보고 동 ID의 비밀번호를 알아내기 위하여 이미 인터넷 해킹 사이트에서 다운받아 놓았던 메일크랙(전자우편의 비밀번호를 찾아주는 프로그램)을 실행시켜 부정한 방법으로 "○○○○"라는 비밀번호를 알아냈다.

피의자는 같은 날 23:30경 부당하게 취득한 ID와 비밀번호로 회원들만이 접속할 수 있는 대한약사통신 서버에 부정접속 후 관리자메뉴를 사용하여, 회원전용게시판에 글을 등록한 회원ID farm119등 200개의 ID와 비밀번호를 알아내어 비밀번호를 변경하는 등 다음날 02:00경까지 총 25회에 걸쳐 위와 같은 방법으로 대한약사통신(주) 회원들의 접속을 방해하고, 전자상거래를 못하도록 관련파일을 삭제하는 방법으로 피해자로 하여금 평균매출 차액 5억3,000만원 상당의 손해를 입히는 등 정상적인 업무를 방해하였다.

● **수사사례**

1. 고객정보 대량 유출사건

- 홈페이지 제작 관련 프리랜서로 일하면서 자신이 재택사원으로 근무하였던 웹 마케팅 회사인 (주)○○시스템의 NT서버에 불법 접속하여 증권금융정보 전문제공업체인 (주)A정보 고객정보관리자의 관리소홀로 서버에 저장되어 있던 (주)A정보의 고객 ID, 비밀번호, 주민등록번호, 회원들의 증권사명, 계좌번호, 거래지점, 성향 등 5만여명의 정보가 상세히 저장되어 있는 고객정보 데이터 파일을 자신의 컴퓨터로 다운받아 타인의 비밀을 침해하고, 홈페이지 가입시 추천인이 많은 회원에게 경품을 제공하는 점을 악용하여 경품을 받을 목적으로 (주)F월드 등 5개사에 이중 700여명의 정보를 추천인으로 불법 사용하여 부당이득을 취한 사건이다.

2. 온라인 게임업체 해킹, 게임머니 불법 취득 · 유통 사건

- 해커들과 기업형 게임머니 판매상들이 치밀한 사전 계획 하에 대형 온라인 게임업체를 해킹하여 1,647억 마일리지 포인트(시가 164억원 상당, 게임머니 환산 1,318경)를 불법으로 충전한 후 중개상 등을 통해 처분하여 폭리를 취한 대규모 해킹 사건이다. 이 사건에서는 게임업체로부터 해

킹 ID 152개, 게임머니를 넘겨받은 ID 3,300여개에 대한 자료, 해당 ID의 접속 IP 자료 등 방대한 자료를 넘겨받아 디지털 분석 경험과 기법을 통해 범행조직의 역항분담구조를 파악하여 검거하였다.

3. 휴대폰 스팸메시지 무차별 대량발송 사건

- 060 등 전화정보서비스 회선을 임대받은 다음, 사실은 불특정 일반 여성들이 아닌 피의자가 고용한 여성 상담원들에게만 통화 연결해 주고 있음에도 불특정 다수의 휴대폰 사용자들에게 '우리 한 번 통화할까요. 낯선 여인의 향기를 느끼세요.' 등의 내용으로 폰팅 광고 휴대폰 스팸메시지 약 1,000만통 내지 2,000만통을 발송하고, 인터넷 폰팅사이트 등 3개 사이트에 성명불상 여성의 사진을 마치 폰팅 상대 여성 사진인 것처럼 게재한 후 그 아래에 허위의 성명, 나이, 직업 등을 부기함으로써 마치 이를 접한 사람들로 하여금 전화를 걸면 불특정의 일반 여성들 내지 인터넷상 여성들과 통화를 할 수 있을 뿐만 아니라 교제 내지 성관계에까지 이를 수 있는 것으로 속여 7만여명으로부터 37억원 상당을 편취한 사건이다.
  그 외에도 '카드연체 대답', '휴대폰번호 변경' 등의 스팸 메일을 대량 발송하는 방법으로 불특정 다수의 컴퓨터에 악성 스팸메일 발송 프로그램을 감염시킨 후 주기적으로 중앙 서버를 통한 감염된 컴퓨터를 작동하여 스팸메일을 발송하다가 검거된 사례 등 다수의 사건이 있다.

4. 인터넷 쇼핑몰분양 사기사건

- '벼룩시장', '교차로' 등 생활정보지나 인터넷 구인/구직 사이트 등에 '1 PC 재택부업, 초보자 환영' 등 문구로 마치 누구나 집에서 할 수 있는 손쉬운 부업으로 오인하도록 광고한 후, 이를 보고 전화하는 피해자들에게 '집에서 PC를 통해 쉽게 돈을 벌 수 있는 부업이다. 주문만 받아주면 물류 및 쇼핑 광고는 우리가 책임진다. 인터넷 쇼핑몰을 분양 받으면 하루 1-2시간 관리로 월 수십만원에서 수백만원을 벌 수 있다.'는 등의 감언이설로 속여 서민층 피해자 6,856명으로부터 쇼핑몰 구축대금 명목으로 150만원 내지 200만원을 받아 총 102억원 상당을 편취한 사건이다.
  인터넷 쇼핑몰 분양 사기의 피해자는 주로 대학생, 가정주부, 20대 여성 등 서민층이고, 인터넷 전자상거래의 발달을 틈타 지능적으로 다수 서민을 상대로 물질적 피해와 심적 고통을 주는 전형적인 민생침해 사례인 것이다.

5. 인터넷상 전자상거래 사기사건

- 소위 '하프플라자 인터넷 쇼핑몰' 사건이 대표적이다. 반값 쇼핑몰인 '하프플라자'를 세우고 주문이 밀려들자 배송기일을 늦추면서 그 사이에 누적되는 주문금액을 모은 뒤 가로채어 잠적하였다. 유아용품에서부터

가전제품에 이르기까지 반값에 판매한다는 가격정책 자체가 무너질 수밖에 없는 사업 모델이었으나, 초기 고객확보를 위해 실제 반값에 물건을 배송하자 고객들이 대거 몰려들어 피해가 확대되었다.

그밖에도 네티즌 간 직거래가 활발해 지면서 대포폰, 대포통장 등을 이용하여 대금만 수령한 후 물품을 보내주지 않는 사기사건은 부지기수다. 전자상거래를 할 때는 믿을만한 쇼핑몰에서 거래보증제도 등을 이용하여 거래하는 것이 안전하다.

6. 스파이웨어 대량 배포사건

- 인터넷상 스파이웨어를 배포하여 수백만대의 컴퓨터를 감염시키고, 이들 감염된 컴퓨터에 주기적으로 성인사이트 팝업창을 띄우는 등 방법으로 네티즌들을 성인사이트로 유인하여 그 회원가입비의 최고 50%까지 받아낸 스파이웨어 제작·배포한 사건이다.

  세계적 보안업체들이 '피싱과 스파이웨어가 최대의 보안위협' 이라고 선언했을 만큼 스파이웨어의 위협은 심각하다. 스파이웨어 제작자들이 마음만 먹으면 얼마든지 개인신상정보, 개인금융정보를 유출할 수 있고, 감연된 컴퓨터를 내 손바닥 들여다보듯이 볼 수 있기 때문이다.

7. 첨단기술 유출사건

- 최근 첨단기술의 해외유출시도사건이 빈발하여 국부의 해외유출이라는 차원에서 많은 걱정과 우려를 야기하고 있다. 첨단반도체 제조 기술, TFT-LCD 제조기술 등 우리나라가 선두를 지키고 있는 몇 안 되는 기초분야의 첨단기술들에 대한 영업비밀 유출시도가 많아진 것이다. 이들 첨단기술 유출사건은 수사상 영업비밀 유출 증거를 찾아내어 성공적으로 범인을 검거하는 것도 어렵지만, 재판 과정에서도 피고인들의 영업 비밀성 부인으로 전문지식이 없는 공소유지에 곤란을 겪기도 한다.

  첨단기업들의 근무환경이 내부 인트라넷과 인터넷이 연결된 환경이므로 기술유출은 대개 정보통신망을 통해 이루어지므로 기술유출범죄는 대개 사이버범죄와 밀접한 관련이 있다. 이러한 범죄의 수사에 있어서는 사이버범죄의 수사기법의 대부분이 그대로 적용된다.

  그간 수사 사례로는 반도체 제조공정 등 첨단기술 중국 유출사건(5명 구속, 2명 불구속), 음성인식 및 소음제거 소프트웨어 기술 유출 사건(1명 구속, 2명 불구속) 휴대폰 핵심기술 CIS 지역 유출 기도 사건(2명 구속), 대규모 방산물품 제조 플랜트미얀마 불법 수출 사건(14명 불구속), 위성인터넷 접속용 초고주파 송수신기, 함대함 미사일용 추적 장치 내장 초고주파 통신부품 등 제조 핵심 기술 유출 사건(3명 구속, 4명불구속), 와이브로 핵심기술 해외유출 기도 사건(4명 구속) 등 다수가 있다.

● 관련판례 1

◎ 정보통신망 이용촉진 및 정보보호 등에 관한 법률 제70조의2와 제48조 제2항은 악성프로그램을 전달하거나 유포하는 행위만으로 범죄 성립이 인정되는지 여부(적극) 및 그로 말미암아 정보통신시스템 등의 훼손·멸실·변경·위조 또는 그 운용을 방해하는 결과가 발생할 것을 필요로 하는지 여부(소극) / '악성프로그램'에 해당하는지 판단하는 기준

정보통신망 이용촉진 및 정보보호 등에 관한 법률(이하 '정보통신망법'이라 한다) 제48조 제2항은 "누구든지 정당한 사유 없이 정보통신시스템, 데이터 또는 프로그램 등을 훼손·멸실·변경·위조하거나 그 운용을 방해할 수 있는 프로그램(이하 '악성프로그램'이라 한다)을 전달 또는 유포하여서는 아니 된다."라고 정하고 있고, 같은 법 제70조의2는 "제48조 제2항을 위반하여 악성프로그램을 전달 또는 유포하는 자는 7년 이하의 징역 또는 7천만 원 이하의 벌금에 처한다."라고 정하고 있다. 정보통신망법 제70조의2와 제48조 제2항은 악성프로그램이 정보통신시스템, 데이터 또는 프로그램 등(이하 '정보통신시스템 등'이라 한다)에 미치는 영향을 고려하여 악성프로그램을 전달하거나 유포하는 행위만으로 범죄 성립을 인정하고, 그로 말미암아 정보통신시스템 등의 훼손·멸실·변경·위조 또는 그 운용을 방해하는 결과가 발생할 것을 필요로 하지 않는다. 악성프로그램에 해당하는지는 프로그램 자체를 기준으로 하되, 그 사용용도와 기술적 구성, 작동 방식, 정보통신시스템 등에 미치는 영향, 프로그램의 설치나 작동 등에 대한 운용자의 동의 여부 등을 종합적으로 고려하여 판단하여야 한다.(대법원 2020. 10. 15., 선고, 2019도2862, 판결)

● 관련판례 2

◎ 구 정보통신망 이용촉진 및 정보보호 등에 관한 법률 제49조에 규정된 '정보통신망에 의하여 처리·보관 또는 전송되는 타인의 비밀 누설'에 해당하는 행위의 범위

구 정보통신망 이용촉진 및 정보보호 등에 관한 법률(2016. 3. 22. 법률 제14080호로 개정되기 전의 것, 이하 '정보통신망법'이라 한다)은 제49조에서 "누구든지 정보통신망에 의하여 처리·보관 또는 전송되는 타인의 정보를 훼손하거나 타인의 비밀을 침해·도용 또는 누설하여서는 아니 된다."라고 규정하고, 제71조 제11호에서 '제49조를 위반하여 타인의 정보를 훼손하거나 타인의 비밀을 침해·도용 또는 누설한 자'를 5년 이하의 징역 또는 5천만 원 이하의 벌금에 처하도록 규정하고 있다. 정보통신망법 제49조에 규정된 '정보통신망에 의하여 처리·보관 또는 전송되는 타인의 비밀 누설'이란 타인의 비밀에 관한 일체의 누설행위를 의미하는 것이 아니라, 정보통신망에 의하여 처리·보관 또는 전송되는 타인의 비밀을 정보통신망에 침입하는 등의 부정한 수단 또는 방법으로 취득한 사람이나, 그 비밀이 위와 같은 방법으로 취득된 것임을 알고 있는 사람이 그 비밀을 아직 알지 못하는 타인에게 이를 알려주는 행위만을 의미하는 것으로 제한하여 해석함이 타당하다. 이러한 해석이 형벌법규의 해석 법리, 정보통신망법의 입법 목적과 규정 체제, 정보통신망법 제49조의 입법 취지, 비밀 누설행위에 대한 형사법의 전반적 규율 체계와의 균형과 개인정보 누설행위에 대한 정보통신망법 제28조의2 제1항과의 관계 등 여러 사정에 비추어 정보통신망법 제49조의 본질적 내용에 가장 근접한 체계적·합리적 해석이기 때문이다.(대법원 2017. 6. 19. 선고 2017도4240 판결)

● 관련판례 3

◎ 개인정보 보호법 제17조와 정보통신망 이용촉진 및 정보보호 등에 관한 법률 제24조의2에서 말하는 개인정보의 '제3자 제공'의 의미 및 개인정보 보호법 제26조와 정보통신망 이용촉진 및 정보보호 등에 관한 법률 제25조에서 말하는 개인정보의 '처리위탁'의 의미 / 개인정보 처리위탁에 있어 수탁자가 개인정보 보호법 제17조와 정보통신망 이용촉진 및 정보보호 등에 관한 법률 제24조의2에 정한 '제3자'에 해당하는지 여부(소극) / 어떠한 행위가 개인정보의 제공인지 아니면 처리위탁인지 판단하는 기준

개인정보 보호법 제17조 제1항 제1호, 제26조, 제71조 제1호, 정보통신망 이용촉진 및 정보보호 등에 관한 법률(이하 '정보통신망법'이라고 한다) 제24조의2 제1항, 제25조, 제71조 제3호의 문언 및 취지에 비추어 보면, 개인정보 보호법 제17조와 정보통신망법 제24조의2에서 말하는 개인정보의 '제3자 제공'은 본래의 개인정보 수집·이용 목적의 범위를 넘어 정보를 제공받는 자의 업무처리와 이익을 위하여 개인정보가 이전되는 경우인 반면, 개인정보 보호법 제26조와 정보통신망법 제25조에서 말하는 개인정보의 '처리위탁'은 본래의 개인정보 수집·이용 목적과 관련된 위탁자 본인의 업무 처리와 이익을 위하여 개인정보가 이전되는 경우를 의미한다. 개인정보 처리위탁에 있어 수탁자는 위탁자로부터 위탁사무 처리에 따른 대가를 지급받는 것 외에는 개인정보 처리에 관하여 독자적인 이익을 가지지 않고, 정보제공자의 관리·감독 아래 위탁받은 범위 내에서만 개인정보를 처리하게 되므로, 개인정보 보호법 제17조와 정보통신망법 제24조의2에 정한 '제3자'에 해당하지 않는다.

한편 어떠한 행위가 개인정보의 제공인지 아니면 처리위탁인지는 개인정보의 취득 목적과 방법, 대가 수수 여부, 수탁자에 대한 실질적인 관리·감독 여부, 정보주체 또는 이용자의 개인정보 보호 필요성에 미치는 영향 및 이러한 개인정보를 이용할 필요가 있는 자가 실질적으로 누구인지 등을 종합하여 판단하여야 한다.(대법원 2017. 4. 7. 선고 2016도13263 판결)

● 관련판례 4

◎ 정보통신망 이용촉진 및 정보보호 등에 관한 법률 제70조의2 및 제48조 제2항 위반죄는 악성프로그램을 전달 또는 유포하는 행위만으로 범죄가 성립하는지 여부(적극)

가. 정보통신망법 제48조 제2항은 '누구든지 정당한 사유 없이 정보통신시스템, 데이터 또는 프로그램 등을 훼손·멸실·변경·위조하거나 그 운용을 방해할 수 있는 프로그램(이하 '악성프로그램'이라고 한다)을 전달 또는 유포하여서는 아니 된다.'라고 규정하고 있고, 제70조의2는 '제48조 제2항을 위반하여 악성프로그램을 전달 또는 유포한 자는 7년 이하의 징역 또는 7천만 원 이하의 벌금에 처한다.'라고 규정하고 있다.

나. 정보통신망법 제70조의2 및 제48조 제2항 위반죄는 악성프로그램이 정보통신시스템, 데이터 또는 프로그램 등(이하 '정보통신시스템 등'이라고 한다)에 미치는 영향을 고려하여 악성프로그램을 전달 또는 유포하는 행위만으로 범죄 성립을 인정하고, 그로 인하여 정보통신시스템 등의 훼손·멸실·변경·위조 또는 그 운용을 방해하는 결과가 발생할 것을 요하지 않는다. 이러한 악성프로그램에 해당하는지는 프로그램 자체를 기준으로 하되, 사용용도 및 기술적 구성, 작동 방식, 정보통신시스템 등에 미치는 영향, 프로그램 설치에 대한 운용자의 동의 여부 등을 종합적으로 고려하여 판단하여야 한다(대법원 2019. 12. 12. 선고 2017도16520 판결 참조).(대법원 2020. 4. 9., 선고, 2018도16938, 판결)

제70조(벌칙)

① 사람을 비방할 목적으로 정보통신망을 통하여 공공연하게 사실을 드러내어 다른 사람의 명예를 훼손한 자는 3년 이하의 징역 또는 3천만원 이하의 벌금에 처한다. 〈개정 2014.5.28.〉

② 사람을 비방할 목적으로 정보통신망을 통하여 공공연하게 거짓의 사실을 드러내어 다른 사람의 명예를 훼손한 자는 7년 이하의 징역, 10년 이하의 자격정지 또는 5천만원 이하의 벌금에 처한다.

③ 제1항과 제2항의 죄는 피해자가 구체적으로 밝힌 의사에 반하여 공소를 제기할 수 없다.

[전문개정 2008. 6. 13.]

(작성례)

피의자는 20○○. ○. ○. 서울시 ○○구 ○○동 123번지에 있는 ○○PC방에서 ○○○를 이유로 피해자 이순진을 비방할 목적으로 정보통신망인 법제처 홈페이지(www.moleg.go.kr) 참여광장 열린마당 게시판에 "이순진은 ○○회사에서 공무원 신분을 이용하여 ○○○를 해결해 주는 대가로 금○○○만원을 수수했다"라는 허위의 사실을 적시하여 이순진의 명예를 훼손하였다.

● 관련판례 1

◎ 정보통신망 이용촉진 및 정보보호 등에 관한 법률 제70조 제2항 명예훼손죄의 구성요건 중 비방할 목적이 있는지와 피고인이 드러낸 사실이 거짓인지가 별개의 구성요건인지 여부(적극) 및 드러낸 사실이 거짓인 경우 비방할 목적이 당연히 인정되는지 여부(소극) / 위 규정에서 정한 모든 구성요건에 대한 증명책임의 소재(=검사) / '사람을 비방할 목적'의 의미와 판단 기준 및 '공공의 이익'을 위한 것과의 관계 / 드러낸 사실이 '공공의 이익'에 관한 것인지 판단하는 기준

정보통신망 이용촉진 및 정보보호 등에 관한 법률 제70조 제2항은 "사람을 비방할 목적으로 정보통신망을 통하여 공공연하게 거짓의 사실을 드러내어 다른 사람의 명예를 훼손한 자는 7년 이하의 징역, 10년 이하의 자격정지 또는 5천만 원 이하의 벌금에 처한다."라고 정하고 있다. 이 규정에 따른 범죄가 성립하려면 피고인이 공공연하게 드러낸 사실이 거짓이고 그 사실이 거짓임을 인식하여야 할 뿐만 아니라 사람을 비방할 목적이 있어야 한다. 비방할 목적이 있는지 여부는 피고인이 드러낸 사실이 거짓인지 여부와 별개의 구성요건으로서, 드러낸 사실이 거짓이라고 해서 비방할 목적이 당연히 인정되는 것은 아니다. 그리고 이 규정에서 정한 모든 구성요건에 대한 증명책임은 검사에게 있다.

'사람을 비방할 목적'이란 가해의 의사와 목적을 필요로 하는 것으로서, 사람을 비방할 목적이 있는지는 드러낸 사실의 내용과 성질, 사실의 공표가 이루어진 상대방의 범위, 표현의 방법 등 표현 자체에 관한 여러 사정을 감안함과 동시에 그 표현으로 훼손되는 명예의 침해 정도 등을 비교·형량하여 판단하여야 한다. '비방할 목적'은 공공의 이익을 위한 것과는 행위자의 주관적 의도라는 방향에서 상반되므로, 드러낸 사실이 공공의 이익에 관한 것인 경우에는 특별한 사정이 없는 한 비방할 목적은 부정된다. 여기에서 '드러낸 사실이 공공의 이익에 관한 것인 경우'란 드러낸 사실이 객관적으로 볼 때 공공의 이익에 관한 것으로서 행위자도 주관적으로 공공의 이익을 위하여 그 사실을 드러낸 것이어야 한다. 그 사실이 공공의 이익에 관한 것인지는 명예훼손의 피해자가 공무원 등 공인(公人)인지 아니면 사인(私人)에 불과한지, 그 표현이 객관적으로 공공성·사회성을 갖춘 공적 관심 사안에 관한 것으로 사회의 여론형성이나 공개토론에 기여하는 것인지 아니면 순수한 사적인 영역에 속하는 것인지, 피해자가 명예훼손적 표현의 위험을 자초한 것인지 여부, 그리고 표현으로 훼손되는 명예의 성격과 침해의 정도, 표현의 방법과 동기 등 여러 사정을 고려하여 판단하여야 한다. 행위자의 주요한 동기와 목적이 공공의 이익을 위한 것이라면 부수적으로 다른 사익적 목적이나 동기가 포함되어 있더라도 비방할 목적이 있다고 보기는 어렵다.(대법원 2020. 12. 10., 선고, 2020도11471, 판결)

● 관련판례 2

◎ 개별 정보의 집합체인 웹사이트 자체를 대상으로 삼아 구 정보통신망 이용촉진 및 정보보호 등에 관한 법률 제44조의7 제3항에 따라 취급 거부 등을 명하기 위한 요건

개별 정보의 집합체인 웹사이트(website) 자체를 대상으로 삼아 구 정보통신망 이용촉진 및 정보보호 등에 관한 법률(2013. 3. 23. 법률 제11690호로 개정되기 전의 것, 이하 '구 정보통신망법' 이라 한다) 제44조의7 제3항에 따라 취급 거부 등을 명하기 위하여는, 취급 거부의 대상이 '제1항 제7호 내지 제9호에 해당하는 정보' 로 정해져 있는 점 등에 비추어, 원칙적으로 웹사이트 내에 존재하는 개별 정보 전체가 제1항 제8호의 유통이 금지된 정보에 해당하여야 하나, 웹사이트 내에 존재하는 개별 정보 중 일부가 이에 해당한다 하더라도 해당 웹사이트의 제작 의도, 웹사이트 운영자와 게시물 작성자의 관계, 웹사이트의 체계, 게시물의 내용 및 게시물 중 위법한 정보가 차지하는 비중 등 제반 사정을 고려하여, 전체 웹사이트를 구 정보통신망법 제44조의7 제1항 제8호에 위반하는 정보로 평가할 수 있고 그에 대한 웹호스팅 중단이 불가피한 경우에는 예외적으로 해당 웹사이트에 대한 웹호스팅 중단을 명할 수 있다.(대법원 2015. 3. 26. 선고 2012두26432 판결)

● 관련판례 3

◎ 구 정보통신망 이용촉진 및 정보보호 등에 관한 법률에 따른 정보통신서비스 제공자인 갑 주식회사가 오픈마켓 등 웹사이트의 배너 및 이벤트 광고 팝업창을 통하여 개인정보 수집 항목 및 목적, 보유기간에 대한 안내 없이 '확인' 을 선택하면 동의한 것으로 간주하는 방법으로 명시적인 동의를 받지 않고 이용자 개인정보를 수집하여 보험사 등에 제공하였다는 이유로 방송통신위원회가 갑 회사에 시정조치 등을 한 사안에서, 갑 회사가 이벤트 화면을 통하여 이용자의 개인정보 수집 등을 하면서 위 법률에 따른 개인정보의 수집·제3자 제공에 필요한 이용자의 적법한 동의를 받지 않았다고 본 원심판단이 정당하다고 한 사례

구 정보통신망 이용촉진 및 정보보호 등에 관한 법률(2013. 3. 23. 법률 제11690호로 개정되기 전의 것, 이하 '정보통신망법' 이라 한다)에 따른 정보통신서비스 제공자인 갑 주식회사가 오픈마켓 등 웹사이트의 배너 및 이벤트 광고 팝업창을 통하여 개인정보 수집 항목 및 목적, 보유기간에 대한 안내 없이 '확인' 을 선택하면 동의한 것으로 간주하는 방법으로 명시적인 동의를 받지 않고 이용자 개인정보를 수집하여 보험사 등에 제공하였다는 이유로 방송통신위원회가 갑 회사에 시정조치 등을 한 사안에서, 갑 회사가 이벤트 화면에서 법정 고지사항을 제일 하단에 배치한 것은 법정 고지사항을 미리 명확하게 인지·확인할 수 있게 배치한 것으로 볼 수 없는 점, 이벤트 화면에 스크롤바를 설치한 것만으로는 개인정보 수집·이용 및 제3자 제공에 관한 동의를 구하고 있고 화면 하단에 법정 고지사항이 존재한다는 점을 쉽게 인지하여 확인할 수 있는 형태라고 볼 수 없는 점, 이벤트에 참여하려면 일련의 팝업창이 뜨는데, 팝업창 문구 자체만으로는 수집 · 제공의 대상이 '개인정보' 이고 제공처가 제3자인 보험회사라는 점을 쉽고 명확하게 밝힌 것으로 볼 수 없는데도 이용자가 팝업창에서 '확인' 버튼만 선택하면 개인정보 수집 · 제3자 제공에 동의한 것으로 간주되도록 한 점 등을 종합하면, 갑 회사가 이벤트 화면을 통하여 이용자의 개인정보 수집 등을 하면서 정보통신망법에 따른 개인정보의 수집 · 제3자 제공에 필요한 이용자의 적법한 동의를 받지 않았다고 본 원심판단이 정당하다.(대법원 2016. 6. 28. 선고 2014두2638 판결)

제74조(벌칙)

① 다음 각 호의 어느 하나에 해당하는 자는 1년 이하의 징역 또는 1천만원 이하의 벌금에 처한다.

1. 제8조제4항을 위반하여 비슷한 표시를 한 제품을 표시·판매 또는 판매할 목적으로 진열한 자
2. 제44조의7제1항제1호를 위반하여 음란한 부호·문언·음향·화상 또는 영상을 배포·판매·임대하거나 공공연하게 전시한 자
3. 제44조의7제1항제3호를 위반하여 공포심이나 불안감을 유발하는 부호·문언 음향·화상 또는 영상을 반복적으로 상대방에게 도달하게 한 자
4. 제50조제5항을 위반하여 조치를 한 자
5. 삭제 〈2014.5.28.〉
6. 제50조의8을 위반하여 광고성 정보를 전송한 자
7. 제53조제4항을 위반하여 등록사항의 변경등록 또는 사업의 양도·양수 또는 합병·상속의 신고를 하지 아니한 자

② 제1항제3호의 죄는 피해자가 구체적으로 밝힌 의사에 반하여 공소를 제기할 수 없다.

(작성례 1)

피의자는 20○○. ○. ○.경부터 20○○. ○. ○.경까지 사이에 인터넷 서비스업체인 ○○○상에 개설한 인터넷 신문인 '○○신문' 에, 피의자 이○○이 개설한 각 홈페이지들 및 피의자 최○○가 미국 인터넷 서비스업체 △△△상에 개설하여 수십군데의 음란화상채팅 홈페이지에 바로 연결될 수 있는 링크사이트를 만들었다 그리고 이를 통해 위 이○○, 최○○가 음란화상채팅과 음란동영상을 제공하고 있는 사이트에 바로 접속되도록 하여 위 '○○신문' 에 접속한 불특정 다수의 인터넷 이용자들이 이를 컴퓨터 화면을 통해 볼 수 있도록 함으로써, 전기통신역무를 이용하여 음란한 영상을 공연히 전시하였다.

(작성례 2)

피의자는 20○○. ○. ○. 22:00경 서울 ○○구 ○○동 123번지에 있는 피의자의 집에서 컴퓨터로 문자발송프로그램인 ○○○을 이용하여 피해자 김○○의 정보통신망인 핸드폰(010-111-1111)에 "한번만 더 ○○랑 사귄다고 떠들고 다니면 묻어버리겠다. 밤에 뒤통수 조심하는게 좋을거다"라는 문자메세지를 보내는 것을 비롯하여 20○○. ○. ○.까지 총 23회에 걸쳐 별지 범죄일람표 내용과 같이 위 피해자로 하여금 불안감을 갖게하는 글을 반복적으로 보내 도달하게 하였다.

● 관련판례 1

◎ 전기통신사업자가 정보통신망 이용촉진 및 정보보호 등에 관한 법률 제30조 제2항 제2호, 제4항에 기한 이용자의 이메일 압수·수색 사항의 열람·제공 요구에 응할 의무가 있는지 여부(소극)

통신비밀보호법 제9조의3은 전기통신에 대한 압수·수색 집행사실의 가입자에 대한 통지에 관하여 별도의 규정을 두어 통지의 주체를 수사기관으로 한정하고 통지의 시기도 압수·수색 직후가 아닌 일정 기간 이후로 규정하고 있는데, 이는 전기통신에 대한 압수·수색의 대상이 된 자의 알권리와 수사상 기밀유지의 필요성을 함께 고려한 것으로 보이고, 이러한 입법 목적을 달성하기 위해서는 통신비밀보호법 제9조의3 이외의 다른 법률에 기하여 수사기관 이외의 제3자가 전기통신에 대한 압수·수색 사항을 가입자에게 별도로 통지하는 것은 제한할 필요가 있는 점, 정보통신망 이용촉진 및 정보보호 등에 관한 법률(이하 '정보통신망법' 이라 한다) 제5조는 정보통신망 이용촉진 및 정보보호 등에 관하여 다른 법률에서 특별히 규정된 경우 외에는 이 법으로 정하는 바에 따른다고 규정하고 있어, 다른 법률이 제3자에 대한 개인정보 제공현황의 통지에 관하여 달리 규정하는 경우에는 정보통신망법의 적용이 배제되는데, 전기통신에 대한 압수·수색 집행사실의 통지에 관하여 통지의 주체, 시기, 절차를 별도로 규정한 통신비밀보호법 제9조의3은 정보통신망법 제30조 제2항 제2호, 제4항의 특칙에 해당하는 점, 전기통신에 대한 압수·수색 시 수사기관은 가입자의 전기통신일시, 상대방의 가입자번호, 사용도수 등 통신사실 확인자료에 해당하는 사항 또한 제공받게 되므로 전기통신에 대한 압수·수색은 통신사실 확인자료 제공과 불가분적으로 결합되어 있고, 송·수신이 완료된 전기통신에 대한 압수·수색에 관하여 통신비밀보호법 제11조 제2항이 직접 준용되지는 아니하나, 전기통신사업자가 통신사실 확인자료 제공 사항에 관하여는 비밀준수의무를 부담하면서도 통신사실 확인자료 제공 사항과 불가분적으로 결합된 전기통신에 대한 압수·수색 사항에 대하여는 비밀준수의무를 부담하지 아니한다고 보면 통신사실 확인자료 제공 사항에 관한 비밀준수의 취지가 몰각되므로, 통신사실 확인자료 제공 사항과 마찬가지로 전기통신에 대한 압수·수색 사항에 관하여도 전기통신사업자가 비밀준수의무를 부담한다고 볼 것인 점 등을 종합적으로 고려하면, 전기통신사업자는 정보통신망법 제30조 제2항 제2호, 제4항에 기한 이용자의 이메일 압수·수색 사항의 열람·제공 요구에 응할 의무가 없다.(대법원 2015. 2. 12. 선고 2011다76617 판결)

● 관련판례 2

◎ 갑 주식회사 대표이사인 피고인이, 갑 회사가 운영하는 웹사이트에서 무료프로그램을 다운로드받을 경우 악성프로그램이 숨겨진 특정 프로그램을 필수적으로 컴퓨터 내에 설치하도록 유도하는 방법으로 컴퓨터 사용자들의 정보통신망에 침입하였다고 하여 구 정보통신망 이용촉진 및 정보보호 등에 관한 법률 위반으로 기소된 사안에서, 악성프로그램이 설치됨으로써 피해 컴퓨터 사용자들의 정보통신망에 침입하였다고 보아 유죄를 인정한 원심판단을 수긍한 사례

갑 주식회사 대표이사인 피고인이, 갑 회사가 운영하는 웹사이트에서 무료프로그램을 다운로드받을 경우 'eWeb.exe' 이라는 악성프로그램이 몰래 숨겨진 'ActiveX' 를 필수적으로 컴퓨터 내에 설치하도록 유도하는 방법으로 컴퓨터 사용자들의 정보통신망에 침입하였다고 하여 구 정보통신망 이용촉진 및 정보보호 등에 관한 법률(2008. 6. 13. 법률 제9119호로 개정되기 전의 것) 위반으로 기소된 사안에서, 피해 컴퓨터에 연결된 정보통신망을 이용한 악성프로그램의 피해 컴퓨터 내 설치 경위, 피해 컴퓨터 사용자들이 인식하지 못하는 상태에서 악성프로그램의 실행 및 피해 컴퓨터에 연결된 정보통신망을 이용한 갑 회사 서버 컴퓨터와의 통신, 그 통신에 의한 지시에 따라 피해 컴퓨터와 인터넷 포털사이트 '네이버' 시스템 사이에 연결되는 정보통신망을 이용한 네이버 시스템에 대한 허위 신호 발송 결과 등에 비추어 볼 때, 악성프로그램이 설치됨으로써 피해 컴퓨터 사용자들이 사용하는 정보통신망에 침입하였다고 보아 유죄를 인정한 원심판단을 수긍한 사례.(대법원 2013. 3. 28. 선고 2010도14607 판결)

● 관련판례 3

◎ 정보통신망 이용촉진 및 정보보호 등에 관한 법률 제74조 제1항 제3호, 제44조의7 제1항 제3호에서 처벌하는 '공포심이나 불안감을 유발하는 문언을 반복적으로 상대방에게 도달하게 하는 행위' 에 해당하는지 판단하는 기준 및 '도달하게 한다' 는 것의 의미

정보통신망 이용촉진 및 정보보호 등에 관한 법률 제74조 제1항 제3호, 제44조의7 제1항 제3호는 정보통신망을 통하여 공포심이나 불안감을 유발하는 부호·문언·음향·화상 또는 영상을 반복적으로 상대방에게 도달하게 하는 행위를 처벌하고 있다.

'공포심이나 불안감을 유발하는 문언을 반복적으로 상대방에게 도달하게 하는 행위' 에 해당하는지는 피고인이 상대방에게 보낸 문언의 내용, 표현방법과 그 의미, 피고인과 상대방의 관계, 문언을 보낸 경위와 횟수, 그 전후의 사정, 상대방이 처한 상황 등을 종합적으로 고려해서 판단하여야 한다. '도달하게 한다' 는 것은 '상대방이 공포심이나 불안감을 유발하는 문언 등을 직접 접하는 경우뿐만 아니라 상대방이 객관적으로 이를 인식할 수 있는 상태에 두는 것' 을 의미한다. 따라서 피고인이 상대방의 휴대전화로 공포심이나 불안감을 유발하는 문자메시지를 전송함으로써 상대방이 별다른 제한 없이 문자메시지를 바로 접할 수 있는 상태에 이르렀다면, 그러한 행위는 공포심이나 불안감을 유발하는 문언을 상대방에게 도달하게 한다는 구성요건을 충족한다고 보아야 하고, 상대방이 실제로 문자메시지를 확인하였는지 여부와는 상관없다.(대법원 2018. 11. 15., 선고, 2018도14610, 판결)

● 관련판례 4

◎ 정보통신망 이용촉진 및 정보보호 등에 관한 법률 제44조의7 제1항 제1호에서 규정한 '음란' 의 의미와 요건 및 표현물의 음란 여부를 판단하는 기준과 방법

정보통신망 이용촉진 및 정보보호 등에 관한 법률 제44조의7 제1항 제1호에서 규정하고 있는 '음란' 이란 사회통념상 일반 보통인의 성욕을 자극하여 성적 흥분을 유발하고 정상적인 성적 수치심을 해하여 성적 도의관념에 반하는 것을 말한다. 이는 표현물을 전체적으로 관찰·평가해 볼 때 단순히 저속하다거나 문란한 느낌을 준다는 정도를 넘어서 존중·보호되어야 할 인격을 갖춘 존재인 사람의 존엄성과 가치를 심각하게 훼손·왜곡하였다고 평가할 수 있을 정도로 노골적인 방법에 의하여 성적 부위나 행위를 적나라하게 표현 또는 묘사한 것으로서, 사회통념에 비추어 전적으로 또는 지배적으로 성적 흥미에만 호소하고 하등의 문학적·예술적·사상적·과학적·의학적·교육적 가치를 지니지 아니하는 것을 뜻한다. 표현물의 음란 여부를 판단함에 있어서는 표현물 제작자의 주관적 의도가 아니라 그 사회의 평균인의 입장에서 그 시대의 건전한 사회통념에 따라 객관적이고 규범적으로 평가하여야 한다.(대법원 2019. 1. 10., 선고, 2016도8783, 판결)

69. 주차장법

[시행 2022. 6. 8.] [법률 제18562호, 2021. 12. 7., 일부개정]

제19조의4(부설주차장의 용도변경 금지 등)

① 부설주차장은 주차장 외의 용도로 사용할 수 없다. 다만, 다음 각 호의 어느 하나에 해당하는 경우에는 그러하지 아니하다. 〈개정 2014.3.18.〉

1. 시설물의 내부 또는 그 부지(제19조제4항에 따라 해당 시설물의 부지 인근부설주차장을 설치하는 경우에는 그 인근 부지를 말한다) 안에서 주차장의 위치를 변경하는 경우로서 시장·군수 또는 구청장이 주차장의 이용에 지장이 없다고 인정하는 경우
2. 시설물의 내부에 설치된 주차장을 추후 확보된 인근 부지로 위치를 변경하는 경우로서 시장·군수 또는 구청장이 주차장의 이용에 지장이 없다고 인정하는 경우
3. 그 밖에 대통령령으로 정하는 기준에 해당하는 경우

(작성례)

건축물의 부설주차장은 주차장 외의 용도로 사용할 수 없음에도 불구하고, 피의자는 20○○. ○. ○.경부터 같은 해 ○. ○.경까지 경기 ○○군 ○○면 ○○리 ○○번지에 있는 피의자 소유의 지상 2층 건물의 1층에 설치된 110㎡의 옥외부설주차장중 40㎡를 경량철골로 구획하여 음식점의 주방용도로 사용하였다.

■ 적용실례

◇ 건물내 옥내 주차장을 횟집 주방으로 사용케 한 경우

피의자가 자신의 건물내 옥내 주차장의 일부를 임대하여 횟집 주방으로 사용하게 한 경우

※ 이에 대해 건축물의 용도변경 행위로 보아 건축법 위반으로 의율할 수 있겠지만 이와 같이 건축물 부설주차장을 다른 용도로 사용한 경우에는 동 행위를 처벌하기 위한 특별규정인 주차장법 위반도 함께 의율해야 한다. 따라서 두 법의 상상적 경합관계에 있게 된다.

◇ 주차장법 위반을 건축법 위반으로 의율한 경우

※ 옥내 주차장을 주차장 이외의 용도로 사용하는 사건에 대하여 건축법 위반으로

의율하였는 바, 주차장 용도변경행위에 대하여는 건축법의 특별법이라고 해석되는 주차장법 위반으로 의율함이 상당하다.

◇ 옥외주차장을 용도 변경한 경우 공소시효의 역산

※ 피의자가 옥외주차장을 20○○. 3. 10.부터 현재까지 가게 등으로 용도 변경하였다는 것인 바, 주차장법(제29조 제1항 제2호, 제19조의4제1항)은 공소시효가 3년이므로 송치한 날로부터 역산하여 3년 이내의 기간을 범죄사실에 기재하여야 함에도 공소시효 지난 20○○. 3. 10.부터라고 기재하여서는 아니 된다.

● 관련판례 1

◎ 건축법상 인허가의제 제도의 취지 및 도시계획시설인 주차장에 대한 건축허가신청 시 국토의 계획 및 이용에 관한 법령이 정한 도시계획시설사업에 관한 실시계획인가 요건을 충족해야 하는지 여부(적극) / 도시계획시설로 설치되는 주차전용건축물의 경우, 주차장 외의 용도로 사용되는 부분이 국토의 계획 및 이용에 관한 법령이 정한 '기반시설 자체의 기능발휘와 이용을 위하여 필요한 부대시설 및 편익시설'에 해당해야만 도시계획시설 실시계획인가 요건을 충족하는지 여부(적극)

건축법에서 인허가의제 제도를 둔 취지는, 인허가의제사항과 관련하여 건축허가의 관할 행정청으로 창구를 단일화하고 절차를 간소화하며 비용과 시간을 절감함으로써 국민의 권익을 보호하려는 것이지, 인허가의제사항 관련 법률에 따른 각각의 인허가 요건에 관한 일체의 심사를 배제하려는 것으로 보기는 어려우므로, 도시계획시설인 주차장에 대한 건축허가신청을 받은 행정청으로서는 건축법상 허가 요건뿐 아니라 국토의 계획 및 이용에 관한 법령이 정한 도시계획시설사업에 관한 실시계획인가 요건도 충족하는 경우에 한하여 이를 허가해야 한다.

주차장법 제2조 제11호, 제6조 제1항, 구 주차장법 시행령(2014. 12. 30. 대통령령 제25935호로 개정되기 전의 것) 제1조의2 제1항, 주차장법 시행규칙 제6조 제4항, 제5항, 서울특별시 주차장 설치 및 관리조례 제16조 제1항의 문언, 취지, 체계와 도시계획시설사업에 관한 실시계획의 인가처분이 특정 도시계획시설사업을 구체화하여 현실적으로 실현하기 위한 것인 점 등을 종합하면, 도시계획시설로 설치되는 주차전용건축물은 주차장 외의 용도로 사용되는 부분의 용도 및 면적 등 주차장법 및 관련 조례가 정한 요건을 충족하여야 할 뿐만 아니라, 주차장 외의 용도로 사용되는 부분이 국토의 계획 및 이용에 관한 법령이 정한 '기반시설 자체의 기능발휘와 이용을 위하여 필요한 부대시설 및 편익시설'에도 해당하여야만 도시계획시설 실시계획인가 요건을 충족한다.(대법원 2015. 7. 9. 선고 2015두39590 판결)

● 관련판례 2

◎ 구 주차장법 제19조의4 제1항 단서 및 구 주차장법 시행령 제12조 제1항 제3호가 일정한 경우 주차수요를 유발하는 시설 부설주차장의 용도변경을 허용하면서 그에 관하여 조례에 위임하지 않고 있음에도, 여수시 주차장 조례 제15조 제2항이 당해 시설물이 소멸될 때까지 부설주차장의 용도를 변경할 수 없도록 규정한 사안에서, 위 조례 규정은 법률의 위임 없이 주민의 권리제한에 관한 사항을 정하여 효력이 없다고 본 원심판단을 정당하다고 한 사례

구 주차장법(2010. 3. 22. 법률 제10159호로 개정되기 전의 것, 이하 '법' 이라 한다) 제19조의4 제1항 단서 및 구 주차장법 시행령(2010. 10. 21. 대통령령 제22458호로 개정되기 전의 것, 이하 '시행령' 이라 한다) 제12조 제1항 제3호가 일정한 경우 건축물·골프연습장 기타 주차수요를 유발하는 시설 부설주차장의 용도변경을 허용하면서 그에 관하여 조례에 위임하지 않고 있음에도, 여수시 주차장 조례 제15조 제2항(이하 '이 사건 조례 규정' 이라 한다)이 당해 시설물이 소멸될 때까지 부설주차장의 용도를 변경할 수 없도록 규정한 사안에서, 이 사건 조례 규정이 부설주차장의 용도변경 제한에 관하여 정한 것은 법 제19조 제4항 및 시행령 제7조 제2항에서 위임한 '시설물의 부지 인근의 범위' 와는 무관한 사항이고, 나아가 부설주차장의 용도변경 제한에 관하여는 법 제19조의4 제1항 및 시행령 제12조 제1항에서 지방자치단체의 조례에 위임하지 않고 직접 명확히 규정하고 있으므로, 이 사건 조례 규정은 법률의 위임 없이 주민의 권리제한에 관한 사항을 정하여 효력이 없다고 본 원심판단을 정당하다. (대법원 2012. 11. 22. 선고 2010두22962 전원합의체 판결)

● 관련판례 3

◎ 동일인 소유에 속하던 시설물과 부설주차장 중 부설주차장의 소유권만을 취득한 자가 주차장법 제19조의4 제2항, 제3항 소정의 '부설주차장의 관리책임이 있는 자'의 범위에 포함되는지 여부(적극)

주차장의 설치·정비 및 관리에 관하여 필요한 사항을 정함으로써 자동차교통을 원활하게 하여 공중의 편의를 도모함을 목적으로 하는 주차장법의 입법 목적(제1조)이나 주차장법 제19조의4 제1항과 제2항, 주차장법시행령 제12조 제1항, 제3항에서 부설주차장의 용도를 변경할 수 있는 경우나 본래의 기능을 유지하지 아니하여도 되는 경우를 엄격하게 한정함으로써 기왕에 설치된 주차장 시설을 그대로 유지, 확보하여 주차장으로서의 기능이 제대로 발휘되도록 하려는 관련 규정의 취지 등에 비추어 보면, 부설주차장 본래의 기능을 유지할 의무를 부담하는 주차장법 제19조의4 제2항, 제3항 소정의 '부설주차장의 관리책임이 있는 자'의 범위에는 동일인 소유에 속하던 시설물과 부설주차장 중 부설주차장의 소유권만을 취득한 자도 포함된다. (대법원 2003. 12. 26., 선고, 2003도3771, 판결)

70. 주택법

[시행 2022. 8. 4.] [법률 제18834호, 2022. 2. 3., 일부개정]

제64조(주택의 전매행위 제한 등)

① 사업주체가 건설 · 공급하는 주택[해당 주택의 입주자로 선정된 지위(입주자로 선정되어 그 주택에 입주할 수 있는 권리 · 자격 · 지위 등을 말한다)를 포함한다. 이하 이 조 및 제101조에서 같다]으로서 다음 각 호의 어느 하나에 해당하는 경우에는 10년 이내의 범위에서 대통령령으로 정하는 기간이 지나기 전에는 그 주택을 전매(매매 · 증여나 그 밖에 권리의 변동을 수반하는 모든 행위를 포함하되, 상속의 경우는 제외한다. 이하 같다)하거나 이의 전매를 알선할 수 없다. 이 경우 전매제한기간은 주택의 수급 상황 및 투기 우려 등을 고려하여 대통령령으로 지역별로 달리 정할 수 있다. 〈개정 2017.8.9., 2020.8.18., 2021.4.13.〉

(작성례 1)

누구든지 주택법에 의하여 건설·공급되는 주택을 공급받게 하기 위하여 입주자저축증서 등을 양도해서는 안 됨에도 불구하고, 피의자는 20○○. ○. ○.경 ○○시 ○○구 ○○동 123번지에 있는 피의자의 집에서 피의자 명의로 저축금 500만원이 예치된 입주자저축증서를 국민주택을 공급받으려는 사건외 주○○에게 금 1,000만원을 받고 양도하였다.

(작성례 2)

피의자는 ○○시 ○○구 ○○동 123번지 소재 ○○아파트 10개동 450세대의 입주자대표회의 의장이다.

공동주택을 관리하기 위해서는 주택관리사보 등으로 하여금 관리케 하여야 함에도 불구하고, 피의자는 20○○. ○. ○.부터 20○○. ○. ○.까지 공동주택인 위 아파트를 자격없는 김○○으로 하여금 관리하게 하였다.

● 관련판례 1

◎ 구 주택법에 따라 자치관리로 공동주택의 관리방법을 정한 아파트에서 자치관리기구 및 관리주체인 관리사무소장의 법적 지위(=입주자대표회의의 업무집행기

관) 및 자치관리기구의 대표자 내지 관리주체인 관리사무소장이 구 주택법령 등에서 정한 공동주택 관리업무를 집행하면서 계약을 체결한 경우, 계약에 기한 권리·의무의 귀속주체와 계약의 당사자(=입주자대표회의)

구 주택법(2009. 12. 29. 법률 제9865호로 개정되기 전의 것, 이하 같다) 제2조 제14호 (가)목, 제43조 제4항, 제55조 제1항, 제2항, 구 주택법 시행령(2010. 3. 15. 대통령령 제22075호로 개정되기 전의 것) 제51조 제1항 제4호, 제53조 제1항 [별표 4], 제2항, 제3항, 제4항, 제55조 제1항, 제72조, 구 주택법 시행규칙(2010. 7. 6. 국토해양부령 제260호로 개정되기 전의 것) 제25조, 제32조의 체계 및 내용과 더불어, 자치관리기구의 대표자인 관리사무소장을 비롯한 직원들은 입주자대표회의와 관계에서 피용자의 지위에 있음을 감안할 때 자치관리기구가 일정한 인적 조직과 물적 시설을 갖추고 있다는 것만으로 단체로서의 실체를 갖춘 비법인사단으로 볼 수 없는 점, 구 주택법령과 그에 따른 관리규약에서 관리주체인 관리사무소장으로 하여금 그 명의로 공동주택의 관리업무에 관한 계약을 체결하도록 하는 등 일정 부분 관리업무의 독자성을 부여한 것은, 주택관리사 또는 주택관리사보의 자격을 가진 전문가인 관리사무소장에 의한 업무집행을 통하여 입주자대표회의 내부의 난맥상을 극복하고 공동주택의 적정한 관리를 도모하기 위한 취지일 뿐, 그러한 사정만으로 관리주체인 관리사무소장이라는 지위 자체에 사법상의 권리능력을 인정하기는 어려운 점 등을 종합하면, 구 주택법에 따라 자치관리로 공동주택의 관리방법을 정한 아파트에서 자치관리기구 및 관리주체인 관리사무소장은 비법인사단인 입주자대표회의의 업무집행기관에 해당할 뿐 권리·의무의 귀속주체로 볼 수 없다. 따라서 자치관리기구의 대표자 내지 관리주체인 관리사무소장이 구 주택법령과 그에 따른 관리규약에서 정한 공동주택의 관리업무를 집행하면서 체결한 계약에 기한 권리·의무는 비법인사단인 입주자대표회의에게 귀속되고, 그러한 계약의 당사자는 비법인사단인 입주자대표회의이다.(대법원 2015. 1. 29. 선고 2014다62657 판결)

● 관련판례 2

◎ 구 주택법 제43조 제6항 본문이 입주자대표회의에 대하여 사업주체가 공동주택의 관리와 관련하여 제3자와 체결한 계약에 따른 권리·의무 등을 승계할 의무를 부과하는 규정인지 여부(소극)

구 주택법(2011. 9. 16. 법률 제11061호로 개정되기 전의 것, 이하 같다) 제43조 제6항 본문은 사업주체와 새로운 관리주체 사이에서 관리업무를 사실상 이전하여야 함을 규정하는 것이고, 구 주택법 제2조 제14호가 정하는 관리주체에도 해당하지 아니하는 입주자대표회의에 대하여 사업주체가 공동주택의 관리와 관련하여 제3자와 체결한 계약에 따른 권리·의무 등을 승계할 의무를 부과하는 규정이라고 볼 수 없다.(대법원 2016. 2. 18. 선고 2012다119450 판결)

71. 중대재해 처벌 등에 관한 법률 (약칭: 중대재해처벌법)

[시행 2022. 1. 27.] [법률 제17907호, 2021. 1. 26., 제정]

제2조(정의)

이 법에서 사용하는 용어의 뜻은 다음과 같다.

1. "중대재해"란 "중대산업재해"와 "중대시민재해"를 말한다.
2. "중대산업재해"란 「산업안전보건법」 제2조제1호에 따른 산업재해 중 다음 각 목의 어느 하나에 해당하는 결과를 야기한 재해를 말한다.
   가. 사망자가 1명 이상 발생
   나. 동일한 사고로 6개월 이상 치료가 필요한 부상자가 2명 이상 발생
   다. 동일한 유해요인으로 급성중독 등 대통령령으로 정하는 직업성 질병자가 1년 이내에 3명 이상 발생
3. "중대시민재해"란 특정 원료 또는 제조물, 공중이용시설 또는 공중교통수단의 설계, 제조, 설치, 관리상의 결함을 원인으로 하여 발생한 재해로서 다음 각 목의 어느 하나에 해당하는 결과를 야기한 재해를 말한다. 다만, 중대산업재해에 해당하는 재해는 제외한다.
   가. 사망자가 1명 이상 발생
   나. 동일한 사고로 2개월 이상 치료가 필요한 부상자가 10명 이상 발생
   다. 동일한 원인으로 3개월 이상 치료가 필요한 질병자가 10명 이상 발생
4. "공중이용시설"이란 다음 각 목의 시설 중 시설의 규모나 면적 등을 고려하여 대통령령으로 정하는 시설을 말한다. 다만, 「소상공인 보호 및 지원에 관한 법률」 제2조에 따른 소상공인의 사업 또는 사업장 및 이에 준하는 비영리시설과 「교육시설 등의 안전 및 유지관리 등에 관한 법률」 제2조제1호에 따른 교육시설은 제외한다.
   가. 「실내공기질 관리법」 제3조제1항의 시설(「다중이용업소의 안전관리에 관한 특별법」 제2조제1항제1호에 따른 영업장은 제외한다)
   나. 「시설물의 안전 및 유지관리에 관한 특별법」 제2조제1호의 시설물(공동주택은 제외한다)
   다. 「다중이용업소의 안전관리에 관한 특별법」 제2조제1항제1호에 따른 영업장 중 해당 영업에 사용하는 바닥면적(「건축법」 제84조에 따라 산정한 면적을 말한다)의 합계가 1천제곱미터 이상인 것
   라. 그 밖에 가목부터 다목까지에 준하는 시설로서 재해 발생 시 생명·신체상의 피해가 발생할 우려가 높은 장소
5. "공중교통수단"이란 불특정다수인이 이용하는 다음 각 목의 어느 하나에 해당하는 시설을 말한다.
   가. 「도시철도법」 제2조제2호에 따른 도시철도의 운행에 사용되는 도시철도차량
   나. 「철도산업발전기본법」 제3조제4호에 따른 철도차량 중 동력차·객차(「철도사업법」

제2조제5호에 따른 전용철도에 사용되는 경우는 제외한다)

다. 「여객자동차 운수사업법 시행령」 제3조제1호라목에 따른 노선 여객자동차운송사업에 사용되는 승합자동차

라. 「해운법」 제2조제1호의2의 여객선

마. 「항공사업법」 제2조제7호에 따른 항공운송사업에 사용되는 항공기

6. "제조물"이란 제조되거나 가공된 동산(다른 동산이나 부동산의 일부를 구성하는 경우를 포함한다)을 말한다.

7. "종사자"란 다음 각 목의 어느 하나에 해당하는 자를 말한다.

가. 「근로기준법」상의 근로자

나. 도급, 용역, 위탁 등 계약의 형식에 관계없이 그 사업의 수행을 위하여 대가를 목적으로 노무를 제공하는 자

다. 사업이 여러 차례의 도급에 따라 행하여지는 경우에는 각 단계의 수급인 및 수급인과 가목 또는 나목의 관계가 있는 자

8. "사업주"란 자신의 사업을 영위하는 자, 타인의 노무를 제공받아 사업을 하는 자를 말한다.

9. "경영책임자등"이란 다음 각 목의 어느 하나에 해당하는 자를 말한다.

가. 사업을 대표하고 사업을 총괄하는 권한과 책임이 있는 사람 또는 이에 준하여 안전보건에 관한 업무를 담당하는 사람

나. 중앙행정기관의 장, 지방자치단체의 장, 「지방공기업법」에 따른 지방공기업의 장, 「공공기관의 운영에 관한 법률」 제4조부터 제6조까지의 규정에 따라 지정된 공공기관의 장

제3조(적용범위)

상시 근로자가 5명 미만인 사업 또는 사업장의 사업주(개인사업주에 한정한다. 이하 같다) 또는 경영책임자등에게는 이 장의 규정을 적용하지 아니한다.

제6조(중대산업재해 사업주와 경영책임자등의 처벌)

① 제4조 또는 제5조를 위반하여 제2조제2호가목의 중대산업재해에 이르게 한 사업주 또는 경영책임자등은 1년 이상의 징역 또는 10억원 이하의 벌금에 처한다. 이 경우 징역과 벌금을 병과할 수 있다.

② 제4조 또는 제5조를 위반하여 제2조제2호나목 또는 다목의 중대산업재해에 이르게 한 사업주 또는 경영책임자등은 7년 이하의 징역 또는 1억원 이하의 벌금에 처한다.

③ 제1항 또는 제2항의 죄로 형을 선고받고 그 형이 확정된 후 5년 이내에 다시 제1항 또는 제2항의 죄를 저지른 자는 각 항에서 정한 형의 2분의 1까지 가중한다.

72. 집회 및 시위에 관한 법률

[시행 2021. 1. 1.] [법률 제17689호, 2020. 12. 22., 타법개정]

제6조(옥외집회 및 시위의 신고 등)

①옥외집회나 시위를 주최하려는 자는 그에 관한 다음 각 호의 사항 모두를 적은 신고서를 옥외집회나 시위를 시작하기 720시간 전부터 48시간 전에 관할 경찰서장에게 제출하여야 한다. 다만, 옥외집회 또는 시위 장소가 두 곳 이상의 경찰서의 관할에 속하는 경우에는 관할 시·도경찰청장에게 제출하여야 하고, 두 곳 이상의 시·도경찰청 관할에 속하는 경우에는 주최지를 관할하는 시·도경찰청장에게 제출하여야 한다. 〈개정 2020.12.22.〉

1. 목적
2. 일시(필요한 시간을 포함한다)
3. 장소
4. 주최자(단체인 경우에는 그 대표자를 포함한다), 연락책임자, 질서유지인에 관한 다음 각 목의 사항
   가. 주소
   나. 성명
   다. 직업
   라. 연락처
5. 참가 예정인 단체와 인원
6. 시위의 경우 그 방법(진로와 약도를 포함한다)

(작성례)

피의자는 ○○당 대구 ○○지구당 위원장으로서, 옥외집회를 할 때는 관할경찰서장에게 신고를 해야 함에도 신고를 하지 않았다.

피의자는 20○○. ○. ○. 5 : 30경부터 약 30분 동안 대구시 ○○동에 있는 그 지구당위원장 고○○의 집 앞에서 그가 당을 옮긴 것을 규탄하는 내용의 경고문을 벽에 붙이고, “고○○의 배신행위를 규탄하며 고○○를 우리 당에서 제명 결의한다”는 내용의 결의문을 낭독하는 등 옥외집회를 하였다.

● 관련판례 1

◎ 미신고 옥외집회 또는 시위에 대하여 제20조 제1항 제2호에 기하여 해산을 명하기 위해서는 그 옥외집회 또는 시위로 인하여 타인의 법익이나 공공의 안녕질서에 대한 직접적인 위험이 명백하게 초래되어야 하는지 여부(적극)

집회의 자유가 가지는 헌법적 가치와 기능, 집회에 대한 허가 금지를 선언한 헌법정신, 신고제도의 취지 등을 종합하여 보면, 신고는 행정관청에 집회에 관한 구체적인 정보를 제공함으로써 공공질서의 유지에 협력하도록 하는 데 의의가 있는 것으로 집회의 허가를 구하는 신청으로 변질되어서는 아니 되므로, 신고를 하지 아니하였다는 이유만으로 옥외집회 또는 시위를 헌법의 보호 범위를 벗어나 개최가 허용되지 않는 집회 내지 시위라고 단정할 수 없다. 따라서 집회 및 시위에 관한 법률(이하 '집시법' 이라고 한다) 제20조 제1항 제2호가 미신고 옥외집회 또는 시위를 해산명령의 대상으로 하면서 별도의 해산 요건을 정하고 있지 않더라도, 그 옥외집회 또는 시위로 인하여 타인의 법익이나 공공의 안녕질서에 대한 직접적인 위험이 명백하게 초래된 경우에 한하여 위 조항에 기하여 해산을 명할 수 있고, 이러한 요건을 갖춘 해산명령에 불응하는 경우에만 집시법 제24조 제5호에 의하여 처벌할 수 있다고 보아야 한다. (대법원 2021.11.11., 선고, 2018다288631, 판결)

● 관련판례 2

◎ 집회 및 시위에 관한 법률상 집회의 사전 금지 또는 제한이 허용될 수 있는 경우 및 실제 이루어진 집회가 당초 신고 내용과 달리 타인의 법익이나 공공의 안녕질서에 직접적이고 명백한 위험을 초래하지 않은 경우, 사전에 금지통고된 집회라는 이유만으로 해산을 명하고 이에 불응하였다고 하여 처벌할 수 있는지 여부(소극)

집회 및 시위에 관한 법률(이하 '집시법' 이라 한다) 제8조 제1항, 제3항 제1호는 집회 신고장소가 다른 사람의 주거지역이나 이와 유사한 장소에 해당하기만 하면 무조건 집회를 사전 제한 또는 금지하는 것이 아니라 '집회나 시위로 재산 또는 시설에 심각한 피해가 발생하거나 사생활의 평온을 뚜렷하게 해칠 우려' 가 있고, 그에 더하여 '그 거주자나 관리자가 시설이나 장소의 보호를 요청하는 때' 에 한하여 집회를 제한 또는 금지하도록 하는 등 집회 제한 또는 금지의 요건 및 절차를 한정하여 집회의 자유와 집회 신고장소 주변 지역 주민의 법익을 합리적인 범위 내에서 조정하고 있으므로, 집회의 자유의 본질적 내용을 침해하거나 집회의 허가제를 허용하지 않는 헌법 제21조 제2항에 위배된다고 볼 수 없다. 나아가 집회 금지통고는 관할 경찰서장이 집회신고를 접수한 후 집시법상 집회 사전금지조항에 근거하여 집회 주최자 등에게 해당 집회를 금지한다는 사실을 알리는 행정처분이므로 그 자체를 헌법에 위배되는 제도라고 볼 수 없고, 이를 운용할 때에도 경찰의 자의적 판단에 따라 집회의 자유가 침해되는 것을 방지하기 위하여 집시법 제9조에서 금지통고에 대한 이의신청을 할 수 있다고 규정하고 있으므로, 이를 헌법에 위배된다고 볼 수 없다. (대법원 2011. 10. 13. 선고 2009도13846 판결)

● 관련판례 3

◎ 피고인들을 포함한 근로자 30여 명이 회사 구내 옥외 주차장에서 미신고 집회를 개최하였다고 하여 '집회 및 시위에 관한 법률' 위반으로 기소된 사안에서, 위 집회는 집회 장소, 목적과 규모·방법 등에 비추어 일반적인 사회생활질서의 범위 안에 있어, 피고인들의 행위를 미신고 옥외집회 개최행위로 처벌할 수 없다고 한 사례

피고인들을 포함한 근로자 30여 명이 관할 경찰서장에게 신고하지 아니하고 회사 구내 옥외 주차장에서 5회에 걸쳐 집회를 개최하였다고 하여 집회 및 시위에 관한 법률(이하 '집시법' 이라 한다) 위반으로 기소된 사안에서, 위 집회는 회사 구내에서 업무시간을 피하여 매번 약 40분씩 한정된 시간 동안 개최된 것이고, 집회의 목적도 오로지 노조 활동과 관련하여 회사에 대한 요구사항을 주장하기 위한 것이며, 집회 장소가 회사 안마당 주차장 공간으로서 옥외이기는 하지만 외부인의 출입이 통제·차단되어 그곳에서 위와 같은 목적과 규모 및 방법으로 집회를 개최하더라도 인근 거주자나 일반인의 법익과 충돌하거나 공공의 안녕질서에 해를 끼칠 것으로는 예견되지 아니할 뿐 아니라 일반적인 사회생활질서의 범위 안에 있는 행위로 평가되므로, 피고인들의 행위를 집시법상 미신고 옥외집회 개최행위로 처벌할 수 없다.(대법원 2013. 10. 24. 선고 2012도11518 판결)

● 관련판례 4

◎ '집회 및 시위에 관한 법률' 에 의하여 적법한 신고를 마치고 도로에서 집회나 시위를 하였으나 당초 신고된 범위를 현저히 일탈하거나 같은 법 제12조에 의한 조건을 중대하게 위반하여 도로 교통을 방해함으로써 통행을 불가능하게 하거나 현저하게 곤란하게 하는 경우, 일반교통방해죄가 성립하는지 여부(적극) 및 이때 집회 및 시위의 참가자에게 일반교통방해죄가 성립하기 위한 요건

「집회 및 시위에 관한 법률」(이하 '집시법' 이라고 한다) 제6조 제1항 및 그 입법취지에 비추어 보면, 집시법에 의하여 적법한 신고를 마치고 도로에서 집회나 시위를 하는 경우 도로의 교통이 어느 정도 제한될 수밖에 없다. 그러므로 그 집회 또는 시위가 신고된 범위 내에서 행해졌거나 신고된 내용과 다소 다르게 행해졌어도 신고된 범위를 현저히 일탈하지 않는 경우에는, 그로 인하여 도로의 교통이 방해를 받았다고 하더라도 특별한 사정이 없는 한 형법 제185조의 일반교통방해죄가 성립하지 않는다. 그러나 그 집회 또는 시위가 당초 신고된 범위를 현저히 일탈하거나 집시법 제12조에 의한 조건을 중대하게 위반하여 도로 교통을 방해함으로써 통행을 불가능하게 하거나 현저하게 곤란하게 하는 경우에는 일반교통방해죄가 성립한다(대법원 2008. 11. 13. 선고 2006도755 판결 등 참조).

그런데 당초 신고된 범위를 현저히 일탈하거나 집시법 제12조에 의한 조건을 중대하게 위반하여 도로 교통을 방해함으로써 통행을 불가능하게 하거나 현저하게 곤란하게 하는 집회 및 시위에 참가하였다고 하여, 그러한 참가자 모두에게 당연히 일반교통방해죄가 성립하는 것은 아니다. 실제로 그 참가자가 위와 같이 신고된 범위의 현저한 일탈 또는 조건의 중대한 위반에 가담하여 교통방해를 유발하는 직접적인 행위를 하였거나, 그렇지 아니할 경우에는 그 참가자의 참가 경위나 관여 정도 등에 비추어 그 참가자에게 공모공동정범으로서의 죄책을 물을 수 있는 경우라야 일반교통방해죄가 성립한다(대법원 2016. 11. 10. 선고 2016도4921 판결 등 참조).(대법원 2021. 7. 15., 선고, 2018도11349, 판결)

제10조(옥외집회와 시위의 금지 시간)

누구든지 해가 뜨기 전이나 해가 진 후에는 옥외집회 또는 시위를 하여서는 아니 된다. 다만, 집회의 성격상 부득이하여 주최자가 질서유지인을 두고 미리 신고한 경우에는 관할경찰관서장은 질서 유지를 위한 조건을 붙여 해가 뜨기 전이나 해가 진 후에도 옥외집회를 허용할 수 있다.

[헌법 불합치, 2008헌가25, 2009. 9. 24., 집회 및 시위에 관한 법률(2007. 5. 11. 법률 제8424호로 전부개정된 것) 제10조 중 '옥외집회' 부분 및 제23조 제1호 중 '제10조 본문의 옥외집회' 부분은 헌법에 합치되지 아니한다. 위 조항들은 2010. 6. 30.을 시한으로 입법자가 개정할 때까지 계속 적용된다.]

[한정위헌, 2010헌가2, 2014. 3. 27. 집회 및 시위에 관한 법률(2007. 5. 11. 법률 제8424호로 개정된 것) 제10조 본문 중 '시위'에 관한 부분 및 제23조 제3호 중 '제10조 본문' 가운데 '시위'에 관한 부분은 각 '해가 진 후부터 같은 날 24시까지의 시위'에 적용하는 한 헌법에 위반된다.]

(작성례)

피의자는 ○○시 ○○동 ○○번지에 있는 ○○주식회사의 생산직근로자로서 20○○. ○. ○.부터 위 회사 노동조합의 위원장으로 활동하고 있다.

피의자는 20○○. ○. ○. 위 회사가 근로자인 김○○, 이○○, 박○○ 등을 원근무부서인 품질관리부에서 포장실로 전보하는 인사발령을 하자 이를 노조탄압이라고 주장하면서 이○○, 권○○, 장○○, 김○○, 김○○, 민○○, 이○○, 안○○ 등과 공모하여, 위 같은 날 19 : 30 경부터 같은 달 ○. 05 : 00까지 위 회사의 사장 이○○가 거주하는 서울 ○○동 ○○아파트 ○○○동으로 노조원 10여명을 이끌고 가 위 그 출입구에서 이○○를 지칭하면서 '부당인사 철회, 부당징계 철회' 등의 구호를 외치는 등 일몰시간 이후부터 일출시간 전까지 옥외집회를 주최하였다.

● 관련판례 1

◎ 집회 및 시위에 관한 법률에 따라 신고된 옥외집회 또는 시위와 실제 개최된 옥외집회 또는 시위 사이에 동일성이 인정되는지 판단하는 기준 및 옥외집회 또는 시위를 신고한 주최자가 신고한 범위를 현저히 일탈하는 행위에 이른 경우, 이를 신고 없이 개최된 것으로 보기 위한 요건

집회 및 시위에 관한 법률에 따라 신고된 옥외집회 또는 시위와 실제 개최된 옥외집회 또는 시위 사이에 동일성이 인정되는지는, 신고된 목적, 일시, 장소, 주최자, 참가단체 및 참가인원과 시위방법 등과 실제 개최된 옥외집회 등의 그것을 서로 비교하여 전체적·종합적으로 판단하여야 하고, 옥외집회 또는 시위를 신고한 주최자가 그 주도 아래 행사를 진행하는 과정에서 신고한 목적·일시·장소·방법 등의 범위를 현저히 일탈하는 행위에 이르렀다고 하더라도 그것만으로 그 옥외집회 또는 시위가 신고 없이 개최된 것으로 볼 수는 없고, 처음부터 옥외집회 또는 시위가 신고된 것과 다른 주최자나 참가단체 등의 주도 아래 신고된 것과는 다른 내용으로 진행되거나, 또는 처음에는 신고한 주최자가 주도하여 옥외집회 또는 시위를 진행하였지만 중간에 주최자나 참가단체 등이 교체되고 이들의 주도 아래 신고된 것과는 다른 내용의 옥외집회 또는 시위로 변경됨으로써 이미 이루어진 옥외집회 또는 시위의 신고는 명목상의 구실에 불과하게 된 것으로 볼 수 있는 정도에 이르러야 한다.(대법원 2014. 3. 13. 선고 2012도14137 판결)

● 관련판례 2

◎ 집회 및 시위에 관한 법률상 미신고 옥외집회 또는 시위라는 이유만으로 해산을 명하고 이에 불응하였다고 하여 처벌할 수 있는지 여부(소극)

집회의 자유가 가지는 헌법적 가치와 기능, 집회에 대한 허가 금지를 선언한 헌법정신, 옥외집회 및 시위에 관한 사전신고제의 취지 등을 종합하여 보면, 신고는 행정관청에 집회에 관한 구체적인 정보를 제공함으로써 공공질서의 유지에 협력하도록 하는 데 의의가 있는 것으로 집회의 허가를 구하는 신청으로 변질되어서는 아니 되므로, 신고를 하지 아니하였다는 이유만으로 옥외집회 또는 시위를 헌법의 보호 범위를 벗어나 개최가 허용되지 않는 집회 내지 시위라고 단정할 수 없다. 따라서 집회 및 시위에 관한 법률(이하 '집시법' 이라고 한다) 제20조 제1항 제2호가 미신고 옥외집회 또는 시위를 해산명령 대상으로 하면서 별도의 해산 요건을 정하고 있지 않더라도, 그 옥외집회 또는 시위로 인하여 타인의 법익이나 공공의 안녕질서에 대한 직접적인 위험이 명백하게 초래된 경우에 한하여 위 조항에 기하여 해산을 명할 수 있고, 이러한 요건을 갖춘 해산명령에 불응하는 경우에만 집시법 제24조 제5호에 의하여 처벌할 수 있다고 보아야 한다. (대법원 2012. 4. 19. 선고 2010도6388 전원합의체 판결)

● 관련판례 3

◎ 옥외집회를 개최하겠다고 신고한 후 신고한 장소와 인접한 건물 등에서 옥내집회만을 개최한 경우, 신고범위를 일탈한 행위를 한 데 대한 집회 및 시위에 관한 법률 위반죄로 처벌할 수 있는지 여부(소극)

집회 및 시위에 관한 법률(이하 '집시법' 이라 한다)은 옥외집회나 시위에 대하여는 사전신고를 요구하고 나아가 그 신고범위의 일탈행위를 처벌하고 있지만, 옥내집회에 대하여는 신고하도록 하는 규정 자체를 두지 않고 있다. 따라서 당초 옥외집회를 개최하겠다고 신고하였지만 신고 내용과 달리 아예 옥외집회는 개최하지 아니한 채 신고한 장소와 인접한 건물 등에서 옥내집회만을 개최한 경우에는, 그것이 건조물침입죄 등 다른 범죄를 구성함은 별론으로 하고, 신고한 옥외집회를 개최하는 과정에서 그 신고범위를 일탈한 행위를 한 데 대한 집시법 위반죄로 처벌할 수는 없다.(대법원 2013. 7. 25. 선고 2010도14545 판결)

● 관련판례 4

◎ 집회·시위의 자유의 헌법적 보장 / 옥외집회·시위에 대한 사전신고제를 규정한 집회 및 시위에 관한 법률 제6조 제1항 및 일출시간 전, 24시 이후의 야간 옥외집회·시위를 원칙적으로 제한한 같은 법 제10조의 취지

헌법은 집회의 자유를 언론·출판의 자유와 함께 표현의 자유의 하나로서 국민의 기본권으로 보장하고 있다(제21조 제1항). 집회의 자유는 집회를 통하여 형성된 의사를 집단적으로 표현하고 이를 통하여 불특정 다수의 의사에 영향을 줄 자유, 즉 시위의 자유를 포함한다. 이러한 집회·시위의 자유는 평화적 집회·시위에 한하여 보장된다. 평화적 수단을 이용한 의견 표명은 보호되지만 폭력을 사용하여 의견을 강요하는 것은 허용되지 않는다. 집회와 시위는 다수인에 의한 집단행동을 수반하기 때문에 그 속성상 개인적인 의사표현에 비하여 공공의 안녕질서나 법적 평화와 마찰을 빚을 가능성이 높다. 특히 옥외집회·시위는 옥내집회·시위와 비교하여 다른 사람의 권리나 법익과 충돌할 위험이 크고, 다수인이 도로 등 공공장소를 사용하면서 집단적으로 행동하는 과정에서 교통장애 등 일반인에게 불편을 주거나 공공질서에 위험을 가져올 수 있다.

집회 및 시위에 관한 법률(이하 '집시법' 이라 한다)은 평화적인 집회·시위의 권리를 일반적으로 보장하되(제3조, 제5조), 옥외집회·시위를 주최하려는 자로 하여금 그 목적, 일시(필요한 시간을 포함한다), 장소, 주최자(단체인 경우에는 그 대표자를 포함한다) 등을 기재한 신고서를 옥외집회를 시작하기 720시간 전부터 48시간 전에 관할 경찰서장에게 제출하도록 함으로써(제6조 제1항), 법률로 집회·시위의 자유를 제한하고 있다. 이러한 사전신고는 옥외집회·시위의 개최 전 단계에서 주최자와 제3자, 일반 공중 사이의 이익을 조정하여 상호간의 이익충돌을 사전에 예방하고, 행정관청과 주최자가 서로 정보를 교환하고 협력함으로써 집회·시위가 평화롭게 진행되도록 하며, 옥외집회·시위로 인하여 침해될 수 있는 공공의 안녕질서를 보호하고 그 위험을 최소화하기 위한 것이다.

나아가 집시법은 야간이라는 시간적 특수성을 고려하여 사회의 안녕질서를 유지하고 시민들의 주거와 사생활의 평온을 보호하기 위하여 일출시간 전, 24시 이후 옥외집회 · 시위를 원칙적으로 제한하고 있다(제10조 본문). 다만 집회의 성격상 부득이하여 주최자가 질서유지인을 두고 미리 신고한 경우에는 관할 경찰관서장은 질서 유지를 위한 조건을 붙여 해가 뜨기 전이나 24시 이후에도 옥외집회를 허용할 수 있도록 하고 있다(제10조 단서).(대법원 2017. 12. 22., 선고, 2015도17738, 판결)

제14조(확성기등 사용의 제한)

① 집회 또는 시위의 주최자는 확성기, 북, 징, 꽹과리 등의 기계·기구(이하 이 조에서 "확성기 등"이라 한다)를 사용하여 타인에게 심각한 피해를 주는 소음으로서 대통령령으로 정하는 기준을 위반하는 소음을 발생시켜서는 아니 된다.

② 관할경찰관서장은 집회 또는 시위의 주최자가 제1항에 따른 기준을 초과하는 소음을 발생시켜 타인에게 피해를 주는 경우에는 그 기준 이하의 소음 유지 또는 확성기등의 사용 중지를 명하거나 확성기 등의 일시보관 등 필요한 조치를 할 수 있다.

(작성례)

피의자는 ○○시 ○○동 ○○번지에 있는 ○○운수의 운전기사로서 20○○. ○. ○.부터 위 회사 노동조합의 위원장으로 활동하고 있다.

피의자는 20○○. ○. ○. 위 회사가 근로자인 김○○, 이○○, 박○○ 등을 임의로 해고하는 인사발령을 하자 이를 노조탄압이라고 주장하면서 이○○, 권○○, 장○○, 김○○, 김○○, 민○○, 이○○, 안○○ 등과 공모하여, 위 같은 날 15 : 30경부터 같은 날 ○. 20 : 00까지 위 회사의 사장 이○○가 거주하는 서울 ○○동 ○○아파트 ○○○동으로 노조원 10여명을 이끌고 가 위 그 출입구에서 이○○를 지칭하면서 확성기를 사용하여 기준치를 넘는 80db의 소음으로 '부당인사 철회, 부당징계 철회' 등의 구호를 외치는 등 집회를 하였다. 주민 홍○○의 신고로 출동한 ○○지구대 경장 최○○가 확성기의 사용중지를 명했으나 이를 거부하고 같은 방법으로 계속 확성기를 사용하여 기준치를 넘는 소음을 발생하게 하여 집회하였다.

● 관련판례 1

◎ 집회 및 시위에 관한 법률 제11조 제1호를 위반하여 국회의사당 인근에서 개최된 옥외집회 또는 시위라는 이유로 같은 법 제20조 제1항 제1호에 기하여 해산을 명할 수 있는지 여부(적극) 및 이 해산명령에 불응하는 경우 같은 법 제24조 제5호에 의하여 처벌할 수 있는지 여부(적극)

집회의 자유는 우리 헌법이 보장하는 기본적인 권리이기는 하지만 헌법 제37조 제2항에 의하여 국가의 안전보장, 질서유지 또는 공공복리를 위하여 필요한 경우에는 그 본질적인 내용을 침해하지 아니하는 범위 내에서 법률로써 제한할 수 있다. 이에 따라 집회 및 시위에 관한 법률(이하 '집시법' 이라 한다) 제11조 제1호는 누구든지 국회의사당 경계 지점으로부터 100m 이내의 장소에서는 옥외집회 또는 시위를 하여서는 아니 된다고 규정하고 있다.

국회의사당 인근의 옥외집회 또는 시위를 절대적으로 금지한 집시법 제11조 제1호의 입법목적과 집시법 제20조 제1항 제1호가 제11조를 위반한 집회 또는 시위를 해산명령의 대상으로 하면서 별도의 해산 요건을 정하고 있지 아니한 점 등을 종합하여 보면, 집시법 제11조 제1호를 위반하여 국회의사당 인근에서 개최된 옥외집회 또는 시위에 대하여는 이를 이유로 집시법 제20조 제1항 제1호에 기하여 해산을 명할 수 있고, 이 해산명령에 불응하는 경우 집시법 제24조 제5호에 의하여 처벌할 수 있다.(대법원 2017. 5. 31. 선고 2016도21077 판결)

● 관련판례 2

◎ 집회 및 시위에 관한 법률상 먼저 신고된 집회가 있더라도 뒤에 신고된 집회에 대하여 집회 자체를 금지하는 통고를 할 수 없는 경우 및 이러한 금지통고에 위반한 집회개최행위를 같은 법 위반으로 처벌할 수 있는지 여부(소극)

집회의 신고가 경합할 경우 특별한 사정이 없는 한 관할경찰관서장은 집회 및 시위에 관한 법률(이하 '집시법' 이라 한다) 제8조 제2항의 규정에 의하여 신고 순서에 따라 뒤에 신고된 집회에 대하여 금지통고를 할 수 있지만, 먼저 신고된 집회의 참여예정인원, 집회의 목적, 집회개최장소 및 시간, 집회 신고인이 기존에 신고한 집회 건수와 실제로 집회를 개최한 비율 등 먼저 신고된 집회의 실제 개최 가능성 여부와 양 집회의 상반 또는 방해가능성 등 제반 사정을 확인하여 먼저 신고된 집회가 다른 집회의 개최를 봉쇄하기 위한 허위 또는 가장 집회신고에 해당함이 객관적으로 분명해 보이는 경우에는, 뒤에 신고된 집회에 다른 집회금지 사유가 있는 경우가 아닌 한, 관할경찰관서장이 단지 먼저 신고가 있었다는 이유만으로 뒤에 신고된 집회에 대하여 집회 자체를 금지하는 통고를 하여서는 아니 되고, 설령 이러한 금지통고에 위반하여 집회를 개최하였다고 하더라도 그러한 행위를 집시법상 금지통고에 위반한 집회개최행위에 해당한다고 보아서는 아니 된다.(대법원 2014. 12. 11. 선고 2011도13299 판결)

73. 청소년보호법

[시행 2022. 1. 1.] [법률 제18550호, 2021. 12. 7., 일부개정]

제28조(청소년유해약물등의 판매·대여 등의 금지)

① 누구든지 청소년을 대상으로 청소년유해약물등을 판매 · 대여 · 배포(자동기계장치 · 무인판매장치 · 통신장치를 통하여 판매 · 대여 · 배포하는 경우를 포함한다)하거나 무상으로 제공하여서는 아니 된다. 다만, 교육 · 실험 또는 치료를 위한 경우로서 대통령령으로 정하는 경우는 예외로 한다.

② 누구든지 청소년의 의뢰를 받아 청소년유해약물등을 구입하여 청소년에게 제공하여서는 아니 된다.

③ 누구든지 청소년에게 권유 · 유인 · 강요하여 청소년유해약물등을 구매하게 하여서는 아니 된다. 〈신설 2018.12.11.〉

④ 청소년유해약물등을 판매 · 대여 · 배포하고자 하는 자는 그 상대방의 나이 및 본인 여부를 확인하여야 한다. 〈개정 2018.1.16., 2018.12.11.〉

⑤ 다음 각 호의 어느 하나에 해당하는 자가 청소년유해약물 중 주류나 담배(이하 "주류등"이라 한다)를 판매 · 대여 · 배포하는 경우 그 업소(자동기계장치 · 무인판매장치를 포함한다)에 청소년을 대상으로 주류등의 판매 · 대여 · 배포를 금지하는 내용을 표시하여야 한다. 다만, 청소년 출입 · 고용금지업소는 제외한다. 〈신설 2014.3.24., 2018.12.11., 2020.12.29.〉

1. 「주류 면허 등에 관한 법률」에 따른 주류소매업의 영업자
2. 「담배사업법」에 따른 담배소매업의 영업자
3. 그 밖에 대통령령으로 정하는 업소의 영업자

제29조(청소년 고용 금지 및 출입 제한 등)

① 청소년유해업소의 업주는 청소년을 고용하여서는 아니 된다. 청소년유해업소의 업주가 종업원을 고용하려면 미리 나이를 확인하여야 한다.

(작성례 1 – 티켓다방 청소년고용)

피의자는 성북구 ○○동에서 약속다방이라는 상호로 휴게음식점업을 경영하고 있다. 피의자는 영업장을 벗어나 다류 등을 배달, 판매하게 하면서 소요시간에 따라 대가를 받는 청소년 유해업소인 속칭 티켓다방의 업주로서 청소년을 고용해서는 안 됨에도 불구하고 2006. 5. 20일경부터 같은 해 6. 19일경까지 위 다방에서 청소년인 최처녀(여, 17세)를 매상의 40%를 급여로 지급키로 하고 위 다방 종업원으로 고용하여 영업장을 벗어나 차를 배달, 판매하게 하여 시간비로 1시간에 25,000원씩을 수수하였다.

(작성례 2 – 청소년을 유해업소에 출입시킨 경우)

피의자 신○○은 단란주점을 경영하는 사람인데, 청소년의 유해업소출입을 제한하여야 함에도 불구하고, 20○○. ○. ○. ○시 ○분경 ○○시 ○○동 ○○번지에 있는 피의자가 경영하는 속칭 '테크노바' 에서 청소년인 이○○(17세), 김○○(여, 16세)의 연령을 확인하지 않고 당해 업소에 출입하게 하였다.

(작성례 3 – 청소년 유해업소에의 고용금지 위반의 경우)

피의자는 성북구 ○○동 100번지에서 쾅쾅노래연습장을 경영하는 사람인데 청소년 유해 업소의 업주는 청소년을 고용해서는 아니됨에도 불구하고, 2006. 4. 10일 위 업소에 청소년인 김여자(여, 16세)를 월 80만원의 보수를 주기로 하고 그때부터 같은 해 5. 30일까지 고용하였다.

(작성례 4 – 18세 미만자를 유흥종사자로 고용한 유흥접객업자)

피의자 조○○은 ○○시 ○○동 ○○○의 ○번지에 있는 '○○룸싸롱' 을 그의 처인 신○○의 명의로 허가받아 풍속영업을 영위하는 사람, 피의자 유○○은 위 업소의 지배인인 종사자, 같은 김○○은 위 업소의 유흥접객부들을 관리하는 종사자로 속칭 '마담' 의 지위에 있는 사람으로, 피의자들은 공모하여 20○○. ○. ○.경부터 같은 해 ○. ○.경까지 18세 미만의 미성년자인 한○○(여, 16세), 김○○(여,17세)를 고용하여 위 이○○등으로 하여금 그곳을 찾는 불특정 다수의 손님들의 좌석에 동석하여 술시중을 들게 하는 등 유흥종사자로 일하게 하였다.

(작성례 5 – 청소년에게유해약물을 판매한 경우(술, 담배 제외))

청소년에게 청소년 유해약물을 판매해서는 안 됨에도 불구하고, 피의자는 20○○. ○. ○. ○:○분경 ○○시 ○○동 ○○번지에 있는 ○○시장 내 피의자 경영의 ○○철물점에서 청소년인 ○○중학교 제3학년 김○○(16세)에게 연령을 확인하지 않고 청소년 유해약물인 '○○본드' 5개를 6,500원에 판매하였다.

(작성례 6 – 청소년에게 유해약물인 술, 담배를 판매한 경우)

피의자 박○○은 24시 편의점을 경영하는 사람인데, 청소년에게는 청소년 유해약물을 판매해서는 안 됨에도 불구하고, 20○○. ○. ○. ○:○분경 ○○시 ○○동 ○○번지에 있는 피의자 경영의 ○○24시 편의점에서 청소년인 조○○(17세)에게 연령을 확인하지 않고 청소년 유해약물인 담배 디스 3갑을 6,000원에 판매하였다.

(작성례 7 – 청소년유해매체물의 판매, 대여의 경우)

피의자 조○○는 비디오 판매, 대여업을 하는 사람인데, 청소년의 유해매체물은 청소년을 대상으로 배포, 대여해서는 안 됨에도 불구하고 20○○. ○. ○. ○ : ○분경 ○○시 ○○동 ○○번지에 있는 피의자가 경영하는 '○○비디오' 안에서 청소년인 ○○중학교 제 3학년 한○○(16세)에게 청소년유해표시가 된 매체물인 ○○○이라는 제목의 비디오를 금 1,500원을 받고 대여해 주었다.

(작성례 8 – 청소년유해업소에의 고용금지위반의 경우)

피의자 이○○은 노래연습장을 경영하는 사람인데, 청소년 유해업소의 업주는 청소년을 고용해서는 안 됨에도 불구하고, 20○○. ○. ○. ○:○분경 ○○시 ○○동 ○○번지에 있는 피의자 경영의 ○○노래방에서 ○○고등하교 1학년을 중퇴한 김○○(여, 17세)를 월 70만원의 보수를 주기로 약정하고 그 때부터 같은 해 ○. ○.까지 고용하였다.

(작성례 9 – 단란주점에서 19세 미만자 유흥접객원으로 고용 및 손님과 동석, 작배한 경우)

피의자는 구로구청장으로부터 단란주점 영업허가를 받고 (1998. 8. 2. 허가 제345호) 서울 구로구 구로3동 25의 4 소재 지상 3층 건물의 지하 1층 약 20평에서 '꽃마차 단란주점'이란 상호로 청소년 유해업소인 단란주점을 경영하는 사람이다. 피의자는 청소년 유해업소의 업주는 청소년을 유해업소에 고용해서는 안 됨에도, 20○○. ○. ○. 경부터 같은 달 20. 00:00경까지 피의자 경영의 위 '꽃마차 단란주점'

에서 생활정보지에 게재한 구인광고를 보고 찾아온 청소년인 김○○(17세, 여), 박○○(18세, 여)를 위 단란주점의 접대부로 고용하였다.

(작성례 10 – 청소년 유해매체물 구분, 격리위반)

피의자는 서울 성북구 ○○동 100번지에서 "비디오빅뱅"이라는 상호로 비디오 및 도서 대여업에 종사하는 사람으로서, 청소년유해매체물은 이를 청소년에게 유통이 허용된 매체물과 구분·격리하지 않고서는 판매 또는 대여하기 위하여 전시 또는 진열하여서는 안 됨에도 불구하고 영리를 목적으로 2006. 1. 1일경부터 같은 해 6. 25일경까지 위 업소에서 "19세 미만 대여불가"라는 표시문구(400mm×100mm)를 부착하지 않고 청소년유해매체물인 비디오 및 도서를 전시·진열하였다.

(작성례 11 – 청소년에게 이성혼숙을 하게 한 경우)

피의자는 ○○시 ○○동 123번지에서 "○모텔"이라는 상호로 숙박업에 종사하고 있다.

피의자는 20○○. ○. ○. 23:00경부터 다음날 08:00까지 위 모텔 201호실에 청소년인 건외 김○○(남, 15세), 이○○(여, 15세)를 이성혼숙 하게 하여 청소년유해행위를 하였다.

(작성례 12 – 청소년 종업원에게 다류배달을 시킨 경우 ①)

피의자는 ○○시 ○○동 123번지에서 "○○다방"이라는 상호로 휴게음식점업을 하고 있다.

청소년인 종업원에게 영업소를 벗어나 다류 등을 배달하게 하여 판매하는 행위를 하여서는 안 됨에도 불구하고, 피의자는 20○○. ○. ○. 15:00경 종업원으로 고용한 청소년 김○○(여, 17세)를 같은 동 456번지에 있는 ○○공업사에 커피4잔등 다류를 배달하게 하였다.

(작성례 13 – 청소년 종업원에게 다류배달을 시킨 경우 ②)

피의자는 ○○시 ○○구 ○○동 123번지에서 "○○다방"이라는 상호로 휴게음식점업을 경영하고 있다.

피의자는 영업장을 벗어나 다류 등을 배달·판매하게 하면서 소요시간에 따라 대가를 받는 청소년유해업소인 속칭 티켓다방의 업주로서 청소년을 고용하여서는 안 됨에도 불구하고, 20○○. ○. ○.경부터 20○○. ○. ○.경까지 사이에 위 다방에서 청소년인 김○○(여, 17세)를 매상의 30퍼센트를 급여로 지급하기로 하고 위 다방 종업원으로 고용하여 영업장을 벗어나 차를 배달·판매하게 하여 시간비로 1시간에 25,000원을 수수하였다.

● 관련판례 1

◎ 청소년유해업소인 유흥주점의 업주가 종업원을 고용하는 경우 대상자의 연령을 확인하여야 하는 의무의 내용 및 성을 사는 행위를 알선하는 행위를 업으로 하는 자가 알선영업행위를 위하여 아동·청소년인 종업원을 고용하는 경우에도 같은 법리가 적용되는지 여부(적극)

청소년 보호법의 입법목적 등에 비추어 볼 때, 유흥주점과 같은 청소년유해업소의 업주에게는 청소년 보호를 위하여 청소년을 당해 업소에 고용하여서는 아니 될 매우 엄중한 책임이 부여되어 있으므로, 유흥주점의 업주가 당해 유흥업소에 종업원을 고용하는 경우에는 주민등록증이나 이에 유사한 정도로 연령에 관한 공적 증명력이 있는 증거에 의하여 대상자의 연령을 확인하여야 한다. 만일 대상자가 제시한 주민등록증상의 사진과 실물이 다르다는 의심이 들면 청소년이 자신의 신분과 연령을 감추고 유흥업소 취업을 감행하는 사례가 적지 않은 유흥업계의 취약한 고용실태 등에 비추어 볼 때, 업주로서는 주민등록증상의 사진과 실물을 자세히 대조하거나 주민등록증상의 주소 또는 주민등록번호를 외워보도록 하는 등 추가적인 연령확인조치를 취하여야 하고, 대상자가 신분증을 분실하였다는 사유로 연령 확인에 응하지 아니하는 등 고용대상자의 연령확인이 당장 용이하지 아니한 경우라면 대상자의 연령을 공적 증명에 의하여 확실히 확인할 수 있는 때까지 채용을 보류하거나 거부하여야 할 의무가 있다. 이러한 법리는, 성매매와 성폭력행위의 대상이 된 아동·청소년의 보호·구제를 목적으로 하는 아동·청소년의 성보호에 관한 법률의 입법취지 등에 비추어 볼 때, 성을 사는 행위를 알선하는 행위를 업으로 하는 자가 알선영업행위를 위하여 아동·청소년인 종업원을 고용하는 경우에도 마찬가지로 적용된다고 보아야 한다. 따라서 성을 사는 행위를 알선하는 행위를 업으로 하는 자가 성매매알선을 위한 종업원을 고용하면서 고용대상자에 대하여 아동·청소년의 보호를 위한 위와 같은 연령확인의무의 이행을 다하지 아니한 채 아동·청소년을 고용하였다면, 특별한 사정이 없는 한 적어도 아동·청소년의 성을 사는 행위의 알선에 관한 미필적 고의는 인정된다고 봄이 타당하다.(대법원 2014. 7. 10. 선고 2014도5173 판결)

● 관련판례 2

◎ 청소년 관람불가 등급분류기준으로서 '영상표현의 선정성'에 청소년에게 성적 불쾌감 · 혐오감 등을 유발하는 경우가 포함되는지 여부(적극)

영상표현의 선정성에 관한 청소년 관람불가 기준에는 15세 이상 관람가 기준과 달리 그 문언상 성적 욕구의 자극을 요건으로 하지 않는 점, 영상표현의 선정성에 관하여 세부적인 등급분류기준을 둔 취지는 청소년이 아직 인격적으로 성숙하지 않아 성인보다 상대적으로 성적 자극에 예민하고 성충동을 억제하거나 조절하는 능력이 부족한 점을 고려하여 영상표현을 통해 청소년의 성적 상상이나 호기심을 불필요하게 부추기거나 성에 관하여 그릇된 인식을 갖게 하는 부작용을 미리 방지함으로써 청소년으로 하여금 진정한 인격체로 성장할 수 있도록 하기 위한 것인 점, 구 청소년보호법(2011. 9. 15. 법률 제11048호로 개정되기 전의 것) 제10조 제1항 제1호에서 청소년의 성적 욕구를 자극하는 것 이외에 제5호에서 '기타 청소년의 정신적 건강에 명백히 해를 끼칠 우려가 있는 것'도 청소년유해매체물로 규정하고 있는 점과 함께 영화 등급분류에 관한 영화 및 비디오물의 진흥에 관한 법률 제29조 제2항, 제7항, 영화 및 비디오물의 진흥에 관한 법률 시행령 제10조의2 제1항 [별표 2의2] 제4호 (나)목, 제2항, 구 영화 및 비디오물 등급분류기준(2010. 6. 3. 개정되기 전의 영상물등급위원회규정) 제5조, 제7조 규정의 내용 및 형식, 입법 취지 등을 고려하면, 청소년 관람불가의 등급분류기준으로서 영상표현의 선정성에는 신체 노출, 성적 접촉, 성행위 등이 지나치게 구체적이고 직접적이며 노골적이어서 청소년에게 성적 욕구를 자극하는 경우뿐만 아니라, 청소년에게 성적 불쾌감 · 혐오감 등을 유발하는 경우도 포함된다고 보는 것이 타당하다.(대법원 2013. 11. 14. 선고 2011두11266 판결)

74. 아동 · 청소년의 성보호에 관한 법률

[시행 2022. 1. 13.] [법률 제17893호, 2021. 1. 12., 타법개정]

제7조(아동·청소년에 대한 강간·강제추행 등)

① 폭행 또는 협박으로 아동·청소년을 강간한 사람은 무기징역 또는 5년 이상의 유기징역에 처한다.

(작성례)

피의자는 20○○. ○. ○. 22:00경 ○○시 ○○동 123번지에 있는 ○○공원에서 피의자 소유 ○○가○○○○호 NF소나타 승용차를 주차해 놓고 차안에서 청소년인 피해자 김○○(여, 17세)가 혼자 지나가는 것을 발견하였다.

피의자는 순간적으로 욕정을 일으켜 그녀를 강간하기로 마음먹고, 그녀 뒤에서 갑자기 그녀를 끌어안고 목을 조르며 피의자의 승용차 안으로 끌고 들어가 소리지르면 죽여버리겠다고 말하며 주먹으로 얼굴을 3회 때리는 등 폭행하여 항거불능케 한 후 그녀의 하의를 모두 벗기고 1회 간음하여 그녀를 강간하였다.

● 관련판례 1

◎ 아동 · 청소년의 성보호에 관한 법률 제8조 제1항에서 정한 '사물을 변별할 능력', '의사를 결정할 능력'의 의미 및 위 각 능력이 미약한지 여부의 판단 기준

아동 · 청소년의 성보호에 관한 법률 제8조 제1항에서 말하는 '사물을 변별할 능력'이란 사물의 선악과 시비를 합리적으로 판단하여 정할 수 있는 능력을 의미하고, '의사를 결정할 능력'이란 사물을 변별한 바에 따라 의지를 정하여 자기의 행위를 통제할 수 있는 능력을 의미하는데, 이러한 사물변별능력이나 의사결정능력은 판단능력 또는 의지능력과 관련된 것으로서 사실의 인식능력이나 기억능력과는 반드시 일치하는 것은 아니다. 한편 위 각 능력이 미약한지 여부는 전문가의 의견뿐 아니라 아동 · 청소년의 평소 언행에 관한 제3자의 진술 등 객관적 증거, 공소사실과 관련된 아동 · 청소년의 언행 및 사건의 경위 등 여러 사정을 종합하여 판단할 수 있는데, 이때 해당 연령의 아동 · 청소년이 통상 갖추고 있는 능력에 비하여 어느 정도 낮은 수준으로서 그로 인하여 성적 자기결정권을 행사할 능력이 부족하다고 판단되면 충분하다.(대법원 2015. 3. 20. 선고 2014도17346 판결)

● 관련판례 2

◎ 아동·청소년의 성을 사는 행위를 알선하는 행위를 업으로 하여 아동·청소년의 성보호에 관한 법률 제15조 제1항 제2호의 위반죄가 성립하기 위하여, 알선행위로 아동·청소년의 성을 사는 행위를 한 사람이 행위의 상대방이 아동·청소년임을 인식하여야 하는지 여부(소극)

아동·청소년의 성보호에 관한 법률(이하 '청소년성보호법' 이라고 한다)은 성매매의 대상이 된 아동·청소년을 보호·구제하려는 데 입법 취지가 있고, 청소년성보호법에서 '아동·청소년의 성매매 행위' 가 아닌 '아동·청소년의 성을 사는 행위' 라는 용어를 사용한 것은 아동·청소년은 보호대상에 해당하고 성매매의 주체가 될 수 없어 아동·청소년의 성을 사는 사람을 주체로 표현한 것이다. 그리고 아동·청소년의 성을 사는 행위를 알선하는 행위를 업으로 하는 사람이 알선의 대상이 아동·청소년임을 인식하면서 알선행위를 하였다면, 알선행위로 아동·청소년의 성을 사는 행위를 한 사람이 행위의 상대방이 아동·청소년임을 인식하고 있었는지는 알선행위를 한 사람의 책임에 영향을 미칠 이유가 없다.

따라서 아동·청소년의 성을 사는 행위를 알선하는 행위를 업으로 하여 청소년성보호법 제15조 제1항 제2호의 위반죄가 성립하기 위해서는 알선행위를 업으로 하는 사람이 아동·청소년을 알선의 대상으로 삼아 그 성을 사는 행위를 알선한다는 것을 인식하여야 하지만, 이에 더하여 알선행위로 아동·청소년의 성을 사는 행위를 한 사람이 행위의 상대방이 아동·청소년임을 인식하여야 한다고 볼 수는 없다.(대법원 2016. 2. 18. 선고 2015도15664 판결)

● 관련판례 3

◎ 제작한 영상물이 객관적으로 아동·청소년이 등장하여 성적 행위를 하는 내용을 표현한 영상물에 해당하는 경우, 대상이 된 아동·청소년의 동의하에 촬영하거나 사적인 소지·보관을 1차적 목적으로 제작하더라도 구 아동·청소년의 성보호에 관한 법률 제8조 제1항의 '아동·청소년이용음란물' 을 '제작' 한 것에 해당하는지 여부(적극) / 위와 같은 영상물 제작행위에 위법성이 없다고 볼 수 있는 예외적인 경우 및 판단 기준

구 아동·청소년의 성보호에 관한 법률(2012. 12. 18. 법률 제11572호로 전부 개정되기 전의 것, 이하 '구 아청법' 이라 한다)은 제2조 제5호, 제4호에 '아동·청소년이용음란물' 의 의미에 관한 별도의 규정을 두면서도, 제8조 제1항에서 아동·청소년이용음란물을 제작하는 등의 행위를 처벌하도록 규정하고 있을 뿐 범죄성립의 요건으로 제작 등의 의도나 음란물이 아동·청소년의 의사에 반하여 촬영되었는지 여부 등을 부가하고 있지 아니하다. 여기에다가 아동·청소년을 대상으로 성적 행위를 한 자를 엄중하게 처벌함으로써 성적 학대나 착취로부터 아동·청소년을 보호하는 한편 아동·청소년이 책임 있고 건강한 사회구성원으로 성장할 수 있도록 하려는 구 아청법의 입법 목적과 취지, 정신적으로 미성숙하고 충동적이며 경제적으로도 독립적이지 못한 아동·청소년의 특성, 아동·청소년이용음란물은 직접 피해자인 아동·청소년에게는 치유하기 어려운 정신적 상처를 안겨줄 뿐 아니라, 이를 시청하는 사람들에게까지 성에 대한 왜곡된 인식과 비정상적 가치관을 조장하므로 이를 제작 단계에서부터 원천적으로 차단함으로써 아동·청소년을 성적 대상으로 보는 데서 비롯되는 잠재적 성범죄로부터 아동·청소년을 보호할 필요가 있는 점, 인터넷 등 정보통신매체의 발달로 인하여 음란물이 일단 제작되면 제작 후 사정의 변경에 따라, 또는 제작자의 의도와 관계없이 언제라도 무분별하고 무차별적으로 유통에 제공될 가능성을 배제할 수 없는 점 등을 더하여 보면, 제작한 영상물이 객관적으로 아동·청소년이 등장하여 성적 행위를 하는 내용을 표현한 영상물에 해당하는 한 대상이 된 아동·청소년의 동의하에 촬영한 것이라거나 사적인 소지·보관을 1차적 목적으로 제작한 것이라고 하여 구 아청법 제8조 제1항의 '아동·청소년이용음란물'에 해당하지 아니한다거나 이를 '제작'한 것이 아니라고 할 수 없다.

다만 아동·청소년인 행위자 본인이 사적인 소지를 위하여 자신을 대상으로 '아동·청소년이용음란물'에 해당하는 영상 등을 제작하거나 그 밖에 이에 준하는 경우로서, 영상의 제작행위가 헌법상 보장되는 인격권, 행복추구권 또는 사생활의 자유 등을 이루는 사적인 생활 영역에서 사리분별력 있는 사람의 자기결정권의 정당한 행사에 해당한다고 볼 수 있는 예외적인 경우에는 위법성이 없다고 볼 수 있다. 아동·청소년은 성적 가치관과 판단능력이 충분히 형성되지 아니하여 성적 자기결정권을 행사하고 자신을 보호할 능력이 부족한 경우가 대부분이므로 영상의 제작행위가 이에 해당하는지 여부는 아동·청소년의 나이와 지적·사회적 능력, 제작의 목적과 동기 및 경위, 촬영 과정에서 강제력이나 위계 혹은 대가가 결부되었는지 여부, 아동·청소년의 동의나 관여가 자발적이고 진지하게 이루어졌는지 여부, 아동·청소년과 영상 등에 등장하는 다른 인물과의 관계, 영상 등에 표현된 성적 행위의 내용과 태양 등을 종합적으로 고려하여 신중하게 판단하여야 한다.(대법원 2015. 2. 12. 선고 2014도11501 판결)

● 관련판례 4

◎ 위계와 간음행위 사이 인과관계의 내용 및 이러한 인과관계를 판단할 때 고려해야 할 사정 / 아동·청소년의 성보호에 관한 법률 제7조 제5항이 정한 위력에 의한 간음죄의 경우도 마찬가지인지 여부(적극)

청소년성보호법 제7조 제5항이 정한 위계에 의한 간음죄는 행위자가 간음의 목적으로 피해자에게 오인, 착각, 부지를 일으키고 피해자의 그러한 심적 상태를 이용하여 간음의 목적을 달성하였다면 위계와 간음행위 사이의 인과관계를 인정할 수 있고, 따라서 위계에 의한 간음죄가 성립한다. 왜곡된 성적 결정에 기초하여 성행위를 하였다면 왜곡이 발생한 지점이 성행위 그 자체인지 성행위에 이르게 된 동기인지는 성적 자기결정권에 대한 침해가 발생한 것은 마찬가지라는 점에서 핵심적인 부분이라고 하기 어렵다. 피해자가 오인, 착각, 부지에 빠지게 되는 대상은 간음행위 자체일 수도 있고, 간음행위에 이르게 된 동기이거나 간음행위와 결부된 금전적·비금전적 대가와 같은 요소일 수도 있다. 다만 행위자의 위계적 언동이 존재하였다는 사정만으로 위계에 의한 간음죄가 성립하는 것은 아니므로 위계적 언동의 내용 중에 피해자가 성행위를 결심하게 된 중요한 동기를 이룰 만한 사정이 포함되어 있어 피해자의 자발적인 성적 자기결정권의 행사가 없었다고 평가할 수 있어야 한다. 이와 같은 인과관계를 판단함에 있어서는 피해자의 연령 및 행위자와의 관계, 범행에 이르게 된 경위, 범행 당시와 전후의 상황 등 여러 사정을 종합적으로 고려하여야 한다(대법원 2020. 8. 27. 선고 2015도9436 전원합의체 판결 참조). 청소년성보호법 제7조 제5항이 정한 위력에 의한 간음죄의 경우도 마찬가지로 볼 수 있다(대법원 2019. 6. 13. 선고 2019도3341 판결 등 참조).(대법원 2020. 10. 29., 선고, 2020도4015, 판결)

● 관련판례 5

◎ 아동·청소년을 타인의 성적 침해 또는 착취행위로부터 보호하고자 하는 이유 / 아동·청소년이 타인의 기망이나 왜곡된 신뢰관계의 이용에 의하여 외관상 성적 결정 또는 동의로 보이는 언동을 한 경우 이를 아동·청소년의 온전한 성적 자기결정권의 행사에 의한 것이라고 평가할 수 있는지 여부(소극)

국가와 사회는 아동·청소년에 대하여 다양한 보호의무를 부담한다. 국가는 청소년의 복지향상을 위한 정책을 실시하고(헌법 제34조 제4항), 초·중등교육을 실시할 의무(교육기본법 제8조)를 부담한다. 사법 영역에서도 마찬가지여서 친권자는 미성년자를 보호하고 양육하여야 하고(민법 제913조), 미성년자가 법정대리인의 동의 없이 한 법률행위는 원칙적으로 그 사유에 제한 없이 취소할 수 있다(민법 제5조). 법원도 아동·청소년이 피해자인 사건에서 아동·청소년이 특별히 보호되어야 할 대상임을 전제로 판단해 왔다. 대법원은 아동복지법상 아동에 대한 성적 학대행위 해당 여부를 판단함에 있어 아동이 명시적인 반대 의사를 표시하지 아니하였더라도 성적 자기결정권을 행사하여 자신을 보호할 능력이 부족한 상황에 기인한 것인지 가려보아야 한다는 취지로 판시하였고, 아동복지법상 아동매매죄에 있어서 설령 아동 자신이 동의하였더라도 유죄가 인정된다고 판시하였다. 아동·청소년이 자신을 대상으로 음란물을 제작하는 데에 동의하였더라도 원칙적으로 아동·청소년의 성보호에 관한 법률상 아동·청소년이용 음란물 제작죄를 구성한다는 판시도 같은 취지이다. 이와 같이 아동·청소년을 보호하고자 하는 이유는, 아동·청소년은 사회적·문화적 제약 등으로 아직 온전한 자기결정권을 행사하기 어려울 뿐만 아니라, 인지적·심리적·관계적 자원의 부족으로 타인의 성적 침해 또는 착취행위로부터 자신을 방어하기 어려운 처지에 있기 때문이다. 또한 아동·청소년은 성적 가치관을 형성하고 성 건강을 완성해 가는 과정에 있으므로 아동·청소년에 대한 성적 침해 또는 착취행위는 아동·청소년이 성과 관련한 정신적·신체적 건강을 추구하고 자율적 인격을 형성·발전시키는 데에 심각하고 지속적인 부정적 영향을 미칠 수 있다. 따라서 아동·청소년이 외관상 성적 결정 또는 동의로 보이는 언동을 하였더라도, 그것이 타인의 기망이나 왜곡된 신뢰관계의 이용에 의한 것이라면, 이를 아동·청소년의 온전한 성적 자기결정권의 행사에 의한 것이라고 평가하기 어렵다.(대법원 2020. 10. 29., 선고, 2018도16466, 판결)

75. 채권의 공정한 추심에 관한 법률

[시행 2020. 8. 5.] [법률 제16957호, 2020. 2. 4., 타법개정]

제12조(불공정한 행위의 금지)

채권추심자는 채권추심과 관련하여 다음 각 호의 어느 하나에 해당하는 행위를 하여서는 아니 된다. 〈개정 2014.5.20.〉

1. 혼인, 장례 등 채무자가 채권추심에 응하기 곤란한 사정을 이용하여 채무자 또는 관계인에게 채권추심의 의사를 공개적으로 표시하는 행위
2. 채무자의 연락두절 등 소재파악이 곤란한 경우가 아님에도 채무자의 관계인에게 채무자의 소재, 연락처 또는 소재를 알 수 있는 방법 등을 문의하는 행위
3. 정당한 사유 없이 수화자부담전화료 등 통신비용을 채무자에게 발생하게 하는 행위

3의2. 「채무자 회생 및 파산에 관한 법률」 제593조제1항제4호 또는 제600조제1항제3호에 따라 개인회생채권에 대한 변제를 받거나 변제를 요구하는 일체의 행위가 중지 또는 금지되었음을 알면서 법령으로 정한 절차 외에서 반복적으로 채무변제를 요구하는 행위

4. 「채무자 회생 및 파산에 관한 법률」에 따른 회생절차, 파산절차 또는 개인회생절차에 따라 전부 또는 일부 면책되었음을 알면서 법령으로 정한 절차 외에서 반복적으로 채무변제를 요구하는 행위
5. 엽서에 의한 채무변제 요구 등 채무자 외의 자가 채무사실을 알 수 있게 하는 행위(제9조제7호에 해당하는 행위는 제외한다)

(작성례)

피의자 양○○는 사채업을 하는 자인데, 20○○년 ○월 ○일 김○○에게 ○○○원을 빌려주었다. 그런데 채무자인 김○○이 빌린 돈을 갚지 않자, 20○○년 ○월부터 20○○년 ○월에 걸쳐 돈을 갚지 않으면 남편과 시댁에게 과거의 행적과 사채를 쓴 사실을 알리겠다는 내용의 문자메시지를 채무자인 김○○에게 20여 차례 보냈다.

● 관련판례 1

◎ 채권추심을 위하여 한 독촉 등 권리행사에 필요한 행위가 정당행위로 되기 위한 요건

채권자가 채권추심을 위하여 독촉 등 권리행사에 필요한 행위를 할 수 있기는 하지만, 법률상 허용되는 정당한 절차에 의한 것이어야 하며, 또한 채무자의 자발적 이행을 촉구하기 위해 필요한 범위 안에서 상당한 방법으로 그 권리가 행사되어야 한다. (대법원 2011.5.26. 선고 2011도2412 판결)

● 관련판례 2

◎ 사채업자인 피고인이 채무자 갑에게, 채무를 변제하지 않으면 갑이 숨기고 싶어하는 과거 행적과 사채를 쓴 사실 등을 남편과 시댁에 알리겠다는 등의 문자메시지를 발송한 사안에서, 피고인에게 협박죄를 인정하는 한편 위와 같은 행위가 정당행위에 해당한다는 주장을 배척한 원심판단을 수긍한 사례

사채업자인 피고인은 피해자에게, 채무를 변제하지 않으면 피해자가 숨기고 싶어하는 과거의 행적과 사채를 쓴 사실 등을 남편과 시댁에 알리겠다는 등의 문자메시지를 발송하였다는 것인바, 이는 피해자에게 공포심을 일으키기에 충분하다고 보아야 할 것이고, 그 밖에 피고인이 고지한 해악의 구체적인 내용과 표현방법, 피고인이 피해자에게 위와 같은 해악을 고지하게 된 경위와 동기 등 제반 사정 등을 종합하면, 피고인에게 협박의 고의가 있었음을 충분히 인정할 수 있으며, 피고인이 정당한 절차와 방법을 통해 그 권리를 행사하지 아니하고 피해자에게 위와 같이 해악을 고지한 것이 사회의 관습이나 윤리관념 등 사회통념에 비추어 용인할 수 있는 정도의 것이라고 볼 수는 없다.(대법원 2011.5.26. 선고 2011도2412 판결)

76. 체육시설의 설치 · 이용에 관한 법률

[시행 2022. 11. 4.] [법률 제18860호, 2022. 5. 3., 일부개정]

제20조(체육시설업의 신고)

① 제10조제1항제2호에 따른 체육시설업을 하려는 자는 제11조에 따른 시설을 갖추어 문화체육관광부령으로 정하는 바에 따라 특별자치시장·특별자치도지사·시장·군수 또는 구청장에게 신고하여야 한다. 〈개정 2008.2.29., 2009.3.18., 2016.2.3.〉

제22조(체육시설업자의 준수 사항)

① 체육시설업자는 다음 각 호의 사항을 지켜야 한다. 〈개정 2009.6.9., 2016.2.3., 2022.1.18.〉

1. 「소음 · 진동관리법」 등 개별법의 규정을 초과하는 소음 · 진동으로 지역 주민의 주거 환경을 해치지 아니하도록 할 것
2. 체육시설 업소 안에서 하는 도박이나 그 밖의 사행행위(射倖行爲)를 조장하거나 묵인하지 아니할 것

(작성례 1)

피의자는 ○○체육관이라는 상호로 체육도장업을 경영하고 있다.

피의자는 관할관청에 신고하지 않고, 20○○. ○. ○.경부터 20○○. ○. ○.경까지 사이에 ○○시 ○○동 ○○번지에 있는 위 ○○체육관에서 김○○ 외 20명의 수강생으로부터 수강료명목으로 월 ○○만원씩을 받고 태권도의 이론 및 실기를 가르침으로써 신고없이 체육도장업을 영위하였다.

(작성례 2)

피의자는 ○○시 ○○동 ○○번지에서 ○○당구장이라는 상호로 당구장업을 영위하고 있다.

피의자는 20○○. ○. ○. 13:00경 같은 날 19:30경까지 피의자가 경영하는 위 당구장에서 조○○외 3명이 화투장을 이용하여 한판에 5만원씩을 걸고 속창 '식스볼' 게임이라는 도박을 하도록 조장하였다.

(작성례 3)

피의자는 ○○시 ○○동 ○○번지에서 ○○골프장이라는 상호로 골프장을 경영하고 있다. 피의자는 골프장을 영위하고자 하는 자는 영업을 개시하기 전에 ○○시장에게 등록을 하여야 함에도 불구하고, 20○○. ○. ○.경부터 20○○. ○. ○.경까지 사이에 있는 위 장소에서 체육시설업의 등록없이 건외 김○○외 300명의 회원을 모집하여 회비명목으로 월30만원씩 받고 골프장업을 영위하였다.

● 관련판례 1

◎ 체육시설의 설치 · 이용에 관한 법률 제27조의 규정 취지 및 내용 / 체육시설업자에 대한 회생절차에서 체육시설업자가 발행하는 신주 등을 인수할 제3자를 선정하고 신주 등의 인수대금으로 채무를 변제하는 내용의 회생계획에 입회금 반환채권 등 회원이 가지는 회생채권을 변경하는 사항을 정한 경우, 회생계획이 체육시설의 설치 · 이용에 관한 법률 제27조에 반하는지 여부(소극)

체육시설의 설치 · 이용에 관한 법률(이하 '체육시설법' 이라고 한다) 제27조의 규정 취지가 영업주체의 변동에도 불구하고 사업의 인허가와 관련하여 형성된 공법상의 관리체계를 유지시키고 체육시설업자와 이용관계를 맺은 다수 회원들의 이익을 보호하는 데 있는 점 등에 비추어 보면, 체육시설법 제27조는 제1항 또는 제2항에 해당하는 사유로 체육시설업자의 영업 또는 체육시설업의 시설 기준에 따른 필수시설이 타인에게 이전된 경우, 영업양수인 또는 필수시설의 인수인 등이 체육시설업과 관련하여 형성된 공법상의 권리 · 의무와 함께 체육시설업자와 회원 간에 영업양도 등의 사유가 있기 전에 체결된 사법상의 약정을 승계한다는 내용을 규정한 것이다.

그런데 체육시설업자에 대한 회생절차에서 채무자인 체육시설업자가 발행하는 신주 등을 인수할 제3자를 선정하고 제3자가 지급하는 신주 등의 인수대금으로 채무를 변제하는 내용의 회생계획은 채무자가 체육시설업자의 지위를 그대로 유지하고 체육시설업자의 주주만이 변경되는 것을 정하고 있으므로, 체육시설법 제27조 제1항의 '영업양도에 따라 영업을 양수한 자' 나 체육시설법 제27조 제2항의 '그 밖에 체육시설법 제27조 제2항 제1호부터 제3호까지의 규정에 준하는 절차에 따라 체육시설업의 시설 기준에 따른 필수시설을 인수한 자' 가 있을 수 없고, 이러한 경우 회생계획에 입회금 반환채권이나 시설이용권 등 회원이 가지는 회생채권을 변경하는 사항을 정하였다고 하여 회생계획이 체육시설법 제27조에 반한다고 볼 수 없다.(대법원 2016. 5. 25.자 2014마1427 결정)

● 관련판례 2

◎ 체육시설에 관한 영업의 양도로 영업주체가 변경된 경우, 회원 권익에 관한 약정이 변경된 것으로 볼 수 있는지 여부(소극)

체육시설의 설치 · 이용에 관한 법률 제27조 제1항은 체육시설에 관한 영업의 양도가 있는 경우에는 양도인과 회원 간에 약정한 사항을 포함하여 그 체육시설업의 등록 또는 신고에 따른 권리 · 의무를 양수인이 승계하도록 규정하고 있다. 이는 사업의 인허가와 관련하여 형성된 양도인에 대한 공법상의 관리체계를 영업주체의 변동에도 불구하고 유지시키려는 취지와 함께, 양도인과 이용관계를 맺은 다수 회원들의 이익을 보호하려는 취지에서 둔 특칙으로서, 영업양도로 영업주체가 변경되었더라도 회원 모집 당시의 기존 회원의 권익에 관한 약정은 당연히 양수인에게 그대로 승계될 뿐이므로, 회원 권익에 관한 약정이 변경된 것으로 볼 수 없다.(대법원 2015. 12. 23. 선고 2013다85417 판결)

● 관련판례 3

◎ 체육시설의 설치 · 이용에 관한 법률 제27조에 따라 승계 대상이 되는 '체육시설업자와 회원 간에 약정한 사항'에 입회계약을 체결한 후 계약금만 지급하고 입회금을 완납하지 않은 상태에서 체육시설업의 승계가 이루어지기 전에 입회계약을 해제한 회원들에 대한 계약금반환의무가 포함되는지 여부(적극)

체육시설의 설치 · 이용에 관한 법률(이하 '체육시설법'이라 한다) 제2조 제4호에서는 "회원이란 체육시설업의 시설을 일반이용자보다 우선적으로 이용하거나 유리한 조건으로 이용하기로 체육시설업자와 약정한 자를 말한다."라고 규정하고 있을 뿐, 회원의 자격에 관하여 특별한 제한을 두고 있지 않다. 또 골프장 등 체육시설업자와 이용자가 체결하는 입회계약은 원칙적으로 낙성계약으로서 입회금의 지급을 성립요건으로 하지 아니한다. 한편 체육시설법 제27조는 영업주체의 변동에도 불구하고 사업의 인허가와 관련하여 형성된 공법상의 관리체계를 유지시키고 체육시설업자와 이용관계를 맺은 다수 회원들의 이익을 보호하는 데 취지가 있는 점 등을 고려할 때, 입회계약이 종료되거나 해제 또는 해지로 소멸하였더라도 체육시설업자와 회원 사이에 이루어진 약정이나 원상회복에 따른 권리 · 의무가 남아 있는 이상 그러한 권리 · 의무 역시 승계의 대상이 된다. 이와 같은 여러 사정을 종합하면, 체육시설법 제27조에 따라 승계 대상이 되는 '체육시설업자와 회원 간에 약정한 사항'에는 입회계약을 체결한 후 계약금만 지급하고 입회금을 완납하지 않은 상태에서 체육시설업의 승계가 이루어지기 전에 입회계약을 해제한 회원들에 대한 계약금반환의무도 포함된다.(대법원 2016. 6. 9. 선고 2015다222722 판결)

77. 총포 · 도검 · 화약류 등의 안전관리에 관한 법률

[시행 2021. 1. 1.] [법률 제17689호, 2020. 12. 22., 타법개정]

제11조(모의총포의 제조·판매·소지의 금지)

① 누구든지 총포와 아주 비슷하게 보이는 것으로서 대통령령으로 정하는 것[이하 "모의총포"(模擬銃砲)라 한다]을 제조·판매 또는 소지하여서는 아니 된다. 다만, 수출하기 위한 목적인 경우에는 그러하지 아니하다.

(작성례)

피의자는 ㅇㅇ시 ㅇㅇ동 ㅇㅇ번지에서 ㅇㅇ완구백화점을 운영하고 있다.

피의자는 20ㅇㅇ. ㅇ. ㅇ.경 위 완구점내에 총포와 흡사하게 제작하여 구별하기 어려운 모의총인 오토매그권총 3정, 레밍톤엽총 2정 등을 진열하고, 성명을 알 수 없는 2명에게 오토매그권총 2정을 판매하였다.

● 관련판례 1

◎ 총포 · 도검 · 화약류 등 단속법 제21조 제5항에서 정한 '빌려준다'는 것의 의미 및 같은 법에서 말하는 '소지'의 의미

총포 · 도검 · 화약류 등 단속법(이하 '총포등단속법'이라 한다) 제21조 제5항은 "총포 · 도검 · 분사기 · 전자충격기 · 석궁의 제조업자 · 판매업자, 수출허가 또는 수입허가를 받은 사람이나 소지허가를 받은 사람은 총포 · 도검 · 분사기 · 전자충격기 · 석궁을 다른 사람에게 각각 빌려 주어서는 아니 되며, 또한 다른 사람으로부터 그것을 각각 빌려서도 아니 된다."고 규정하고 있다. 위 규정의 취지와 내용 및 총포등단속법 전체 규정의 체계를 고려하여 볼 때, 여기서 '빌려 준다'는 것은 양도 외에 반환을 예정하고 해당 총포 · 도검 · 분사기 · 전자충격기 · 석궁을 소지하여서는 아니되는 사람으로 하여금 이를 소지하게 하는 행위를 의미한다.

그리고 '총포등단속법'에서 말하는 '소지'란 위 법에 정한 물건의 보관에 관하여 실력지배관계를 가지는 것을 말한다(대법원 1999. 8. 20. 선고 98도1304 판결 참조).
(대법원 2014. 9. 25., 선고, 2014도3507, 판결)

● 관련판례 2

◎ 총포 · 도검 · 화약류 등 단속법 제11조 제1항에서 규정한 '모의총포'의 요건 중 '총포와 아주 비슷하게 보이는 것'의 의미 및 같은 법 시행령 제13조, [별표

5의2] 제2호의 모의총포에 해당하기 위한 요건

총포 · 도검 · 화약류 등 단속법 제11조 제1항은 '총포와 아주 비슷하게 보이는 것'으로서 대통령령이 정하는 요건을 충족하는 물건을 '모의총포'로 규정하고 그 제조 · 판매 · 소지를 금지하고 있는데, 여기서 '총포와 아주 비슷하게 보이는 것'이라 함은 총포와 모양이 유사한 경우뿐만 아니라 총포와 기능이 유사하여 총포와 아주 비슷하다고 여겨지는 경우를 포함하는 개념이므로, 총포와의 모양의 유사성을 요건으로 하는 같은 법 시행령 제13조, [별표 5의2] 제1호의 경우와 달리 이를 요건으로 하지 않는 [별표 5의2] 제2호의 모의총포의 경우에는 같은 호에서 정한 기능 및 구조를 갖추어 전체적으로 총포와의 유사성이 인정되면 이에 해당한다. (대법원 2011. 1. 27. 선고 2010도11030 판결)

제12조(총포·도검·화약류·분사기·전자충격기·석궁의 소지허가)

① 제10조 각 호의 어느 하나에 해당하지 아니하는 자가 총포 · 도검 · 화약류 · 분사기 · 전자충격기 · 석궁을 소지하려는 경우에는 행정안전부령으로 정하는 바에 따라 다음 각 호의 구분에 따라 허가를 받아야 한다. 다만, 제1호 및 제2호의 총포 소지허가를 받으려는 경우에는 신청인의 정신질환 또는 성격장애 등을 확인할 수 있도록 행정안전부령으로 정하는 서류를 허가관청에 제출하여야 한다. 〈개정 2015.7.24., 2017.7.26., 2020.12.22.〉

(작성례)

피의자는 총포소지허가를 받지 않고, 20○○. ○. 초순경 서울 ○○동에 있는 ○○총포사에서 퓨마공기총 1정(제조번호 : ○○○○)을 40만원에 구입하고 사건외 조○○을 통하여 사격선수용 22실탄을 구입한 다음 그 무렵부터 같은 달 ○.경까지 경기 ○○군 ○○면 ○○리 ○○번지에 있는 피의자의 집에 보관하면서 사격을 하는 등 허가 없이 총포를 소지하였다.

● 관련판례

◎ 총포 · 도검 · 화약류 등 단속법령의 해석상 사격용 공기총을 사격경기용이 아닌 수렵이나 유해조수구제용으로 소지하더라도, 소지허가를 받으려면 사격선수확인증을 제출하여야 하는지 여부(적극) 및 사격용 공기총을 사격용 공기총이 아닌 것처럼 가장하여 사격선수확인증을 첨부하지 않고 소지허가를 받은 행위가 거짓이나 그 밖의 옳지 못한 방법으로 총포 소지허가를 받은 경우에 해당하는지 여부(적극)

총포 · 도검 · 화약류 등 단속법(이하 '법' 이라고 한다) 제12조 제1항, 제3항, 총포 · 도검 · 화약류 등 단속법 시행령(이하 '시행령' 이라고 한다) 제14조 제1항 제2호,

구 총포 · 도검 · 화약류 등 단속법 시행규칙(2011. 2. 22. 행정안전부령 제196호로 일부 개정되기 전의 것, 이하 '시행규칙' 이라고 한다) 제21조 제1항을 종합하여 보면, 총포 등의 소지허가의 범위, 즉 어떠한 경우에 소지허가를 받아야 하는 것인지에 대하여는 시행령이 법 제12조 제3항의 수권을 받아 총포 등의 종류 및 용도별로 정하고, 소지허가의 구체적인 요건에 대하여는 시행규칙이 법 제12조 제1항의 수권에 따라 규정한 것이라고 보아야 한다. 그리고 위 시행규칙처럼 행정규칙에서 법령의 수권에 의하여 법령을 보충하는 사항을 정한 경우에는 행정규칙도 근거 법령의 규정과 결합하여 대외적으로 구속력이 있는 법규명령으로서의 성질과 효력을 가진다. 한편 총포의 종류를 정하고 있는 시행령 제3조는 공기총을 엽총용 공기총과 사격용 공기총으로 구분하고 있고, 시행규칙 제21조 제4항 제3호는 총포 등의 소지허가 시 첨부서류의 하나로 '사격선수확인증(사격경기용 총포를 소지하는 경우에 한한다)' 을 규정하고 있으므로, 사격용 공기총에 대한 소지허가를 받기 위해서는 사격선수확인증을 제출하여야 한다고 해석함이 타당하다. 결국 시행령 제14조 제1항 제2호의 규정상 사격용 공기총을 사격경기용이 아닌 수렵이나 유해조수구제용으로 소지하는 것이 가능하다고 하더라도, 그 소지허가를 받으려면 시행규칙이 정한 바에 따라 사격선수확인증을 제출하여야 하므로, 그 자격요건을 갖추지 않았으면서도 마치 그 총기가 사격용 공기총이 아닌 것처럼 가장하여 사격선수확인증을 첨부하지 않고 소지허가 신청을 하여 허가를 받았다면, 이는 거짓이나 그 밖의 옳지 못한 방법으로 총포 소지허가를 받은 경우에 해당한다. (대법원 2012. 4. 26. 선고 2011도17812 판결)

제21조(양도·양수 등의 제한)

① 화약류를 양도하거나 양수하려는 자는 행정안전부령으로 정하는 바에 따라 그 주소지 또는 화약류의 사용장소를 관할하는 경찰서장의 허가를 받아야 한다. 다만, 다음 각 호의 어느 하나에 해당하는 경우에는 그러하지 아니하다. 〈개정 2015.7.24., 2017.7.26.〉

1. 제조업자가 제조할 목적으로 화약류를 양수하거나 제조한 화약류를 양도하는 경우
2. 판매업자가 판매할 목적으로 화약류를 양도하거나 양수하는 경우
3. 화약류의 수출입허가를 받은 자가 그 수출입과 관련하여 화약류를 양도하거나 양수하는 경우
4. 총포의 소지허가를 받은 자가 수렵 또는 사격을 하기 위하여 대통령령으로 정하는 수량 이하의 화약류를 양수하는 경우(제6조제2항 단서에 따라 총포 판매업자로부터 양수하는 경우만 해당한다)
5. 「광업법」에 따라 광물을 채굴하는 자가 그 광물의 채굴을 목적으로 대통령령으로 정하는 수량 이하의 화약류를 양수하는 경우
6. 화약류의 제조업·판매업 또는 화약류 저장소를 양도하거나 양수하는 경우

⑤ 총포·도검·분사기·전자충격기·석궁의 제조업자, 판매업자, 수출입허가를 받은 자 및 소지허가를 받은 자는 총포·도검·분사기·전자충격기·석궁을 다른 자에게 빌려주어서는 아니 되며, 다른 자로부터 그것을 빌려서도 아니 된다.

(작성례 1)

피의자 김○○는 화약류양수허가를 받지 않고 20○○. ○. ○. 12 : 00경 서울 ○○동 ○○번지에 있는 피의자의 집에서 화약류 양도허가를 받지 않은 피의자 홍○○로부터 화약류인 22실탄 100발을 돈 ○○만원에 매수하여 이를 양수하고, 피의자 홍○○는 화약류양도허가를 받지 않고 위와 같은 일시 장소에서 피의자가 1개월 전에 미군인인 최○○로부터 건네받아 보관중이던 화약류인 22실탄 100발을 위 김○○에게 돈 ○○만원에 매도하여 이를 양도하였다.

(작성례 2)

피의자는 관할관청으로부터 총포소지허가를 받아 피의자 소유의 엽총(총기번호 : ○○○○호)을 소지하고 있다.

피의자는 20○○. ○. ○. 10 : 30경 ○○시 ○○동 ○○번지 피의자의 집에서 총포소지허가를 받지 않은 박○○에게 경기 ○○군 일대의 야산에서 사냥을 하도록 피의자 소유의 위 엽총을 빌려주었다.

● 관련판례 1

◎ 총포·도검·화약류 등 단속법 제21조 제5항에서 정한 '빌려준다'는 것의 의미 및 같은 법에서 말하는 '소지'의 의미

총포·도검·화약류 등 단속법(이하 '총포등단속법'이라 한다) 제21조 제5항은 "총포·도검·분사기·전자충격기·석궁의 제조업자·판매업자, 수출허가 또는 수입허가를 받은 사람이나 소지허가를 받은 사람은 총포·도검·분사기·전자충격기·석궁을 다른 사람에게 각각 빌려 주어서는 아니 되며, 또한 다른 사람으로부터 그것을 각각 빌려서도 아니 된다."고 규정하고 있다. 위 규정의 취지와 내용 및 총포등단속법 전체 규정의 체계를 고려하여 볼 때, 여기서 '빌려 준다'는 것은 양도 외에 반환을 예정하고 해당 총포·도검·분사기·전자충격기·석궁을 소지하여서는 아니되는 사람으로 하여금 이를 소지하게 하는 행위를 의미한다.

그리고 '총포등단속법'에서 말하는 '소지'란 위 법에 정한 물건의 보관에 관하여 실력지배관계를 가지는 것을 말한다.(대법원 2014. 9. 25. 선고 2014도3507 판결)

● 관련판례 2

◎ 총포 · 도검 · 화약류 등 단속법 시행령 제23조 제2항에서 정한 '쏘아 올리는 꽃불류의 사용'에 '설치행위'도 포함되는지 여부(적극)

총포 · 도검 · 화약류 등 단속법 제72조 제6호, 제18조 제4항 및 같은 법 시행령 제23조의 입법목적이 꽃불류의 설치 및 사용과정에서의 안전관리상의 주의의무 위반으로 인한 위험과 재해를 방지하고자 하는 것으로, 다른 꽃불류에 비하여 위험성의 정도가 높은 쏘아 올리는 꽃불류의 경우에는 같은 법 시행령 제23조 제1항 각 호에서 정한 기준을 준수하는 것만으로는 위와 같은 입법목적을 달성하기 어렵다고 보아 제2항에서 그 사용을 화약류관리보안책임자의 책임하에 하여야 한다고 별도로 규정하고 있는 것으로 보이는 점 등에 비추어, 위 법 시행령 제23조 제2항에서의 '사용'에는 쏘아 올리는 꽃불류의 '설치행위'도 포함되는 것으로 해석되고, 이러한 해석이 형벌법규의 명확성의 원칙에 반하는 것이거나 죄형법정주의에 의하여 금지되는 확장해석이나 유추해석에 해당하는 것으로 볼 수는 없다. (대법원 2010. 5. 13. 선고 2009도13332 판결)

● 관련판례 3

◎ 구 총포 · 도검 · 화약류 등 단속법 제17조 제2항의 취지 / 위 규정에서 정한 총포 등의 '사용'의 의미 및 탄알 · 가스 등의 격발에 의한 발사에까지 이르지 아니하였으나 그와 밀접한 관련이 있는 행위로서 그로 인하여 인명이나 신체에 위해가 발생할 위험이 초래되는 경우가 '사용'에 해당하는지 여부(적극)

구 총포 · 도검 · 화약류 등 단속법(2015. 1. 6. 법률 제12960호 총포 · 도검 · 화약류 등의 안전관리에 관한 법률로 개정되기 전의 것, 이하 '구 총검단속법'이라고 한다) 제17조 제2항이 총포 · 도검 · 분사기 · 전자충격기 · 석궁(이하 '총포 등'이라고 한다)의 소지허가를 받은 사람에 대하여 허가받은 용도나 그 밖의 정당한 사유가 있는 경우 외의 사용을 금지하는 취지는, 인명살상의 무기로 사용될 수 있는 고도의 위험성을 지닌 총포 등의 사용을 엄격히 규제함으로써 위험과 재해를 미리 방지하고 공공의 안전을 유지하고자 하는 데에 있다(제1조).

위와 같은 구 총검단속법 제17조 제2항의 입법 취지와 내용 등에 비추어 보면, 위 규정에서 정한 총포 등의 '사용'이란 총포 등의 본래의 목적이나 기능에 따른 사용으로서 공공의 안전에 위험과 재해를 일으킬 수 있는 행위를 말하므로, 총포 등의 사용이 본래의 목적이나 기능과는 전혀 상관이 없거나 그 행위로 인하여 인명이나 신체에 위해가 발생할 위험이 없다면 이를 위 규정에서 정한 '사용'이라고 할 수는 없으나, 반드시 탄알 · 가스 등의 격발에 의한 발사에까지 이르지 아니하였더라도 그와 밀접한 관련이 있는 행위로서 그로 인하여 인명이나 신체에 대하여 위해가 발생할 위험이 초래된다면 이는 총포 등의 본래의 목적이나 기능에 따른 사용으로서 위 규정에서 정한 '사용'에 해당한다.(대법원 2016. 5. 24. 선고 2015도10254 판결)

제17조(총포·도검·분사기·전자충격기·석궁의 휴대·운반·사용 및 개조 등의 제한)

④ 제12조 또는 제14조에 따라 총포의 소지허가를 받은 자는 총포의 성능을 변경하기 위하여 그 총포를 임의로 개조하여서는 아니 된다.

(작성례)

피의자는 관할관청으로부터 총포소지 허가를 받아 퓨마공기총 1정(제조번호 : ○○○○호)을 소지하고 있다.

피의자는 20○○. ○. ○.경 ○○시 ○○동 ○○번지에 있는 피의자의 집에서 공기총에 사격선수용 22실탄을 장전하여 쏠 수 있도록 위 공기총의 캐드리지 4개를 개조하였다.

● 관련판례

◎ 총포 · 도검 · 화약류등단속법 소정의 '소지'의 의미

총포 · 도검 · 화약류등단속법에서 말하는 '소지'란 같은 법 소정의 물건의 보관에 관하여 실력지배관계를 갖는 것을 말한다고 할 것이므로, 몸 또는 몸 가까이에 소지하는 것뿐만 아니라 자신의 실력지배관계가 미치는 장소에 보관하는 경우에도 같은 법 소정의 '소지'에 해당한다.(대법원 1999. 8. 20., 선고, 98도1304, 판결)

78. 출입국관리법

[시행 2023. 1. 1.] [법률 제19070호, 2022. 12. 13., 일부개정]

제18조(외국인 고용의 제한)

① 외국인이 대한민국에서 취업하려면 대통령령으로 정하는 바에 따라 취업활동을 할 수 있는 체류자격을 받아야 한다.

③ 누구든지 제1항에 따른 체류자격을 가지지 아니한 사람을 고용하여서는 아니 된다.

(작성례)

피의자는 ○○시 ○○동 123번지에서 "○○플라스틱"이라는 상호로 제조업에 종사하고 있다.

피의자는 20○○. ○. ○.경 위 사업장에서 외국인을 채용하고자 할때는 국내에서 취업활동할 수 있는 체류자격을 취득한 자를 채용하여야 함에도 불구하고 그때부터 20○○. ○. ○.까지 이러한 체류자격을 가지지 않은 중국인 진부(金博, 남, 29세)외 4인을 월 120만원을 주기로 하고 고용하였다.

● 관련판례 1

◎ 출입국관리법 제94조 제9호, 제18조 제3항에서 말하는 '고용'의 의미 / 사용사업주가 근로자파견계약 또는 이에 준하는 계약을 체결하고 파견사업주로부터 그에게 고용된 외국인을 파견받아 자신을 위한 근로에 종사하게 한 경우, 위 규정이 금지하는 '고용'에 해당하는지 여부(소극)

출입국관리법 제18조 제1항, 제3항, 제94조 제9호의 문언, 형벌법규의 해석 법리, 파견근로자 보호 등에 관한 법률의 규율 내용 등에 비추어 보면, 출입국관리법 제94조 제9호, 제18조 제3항의 '고용'의 의미도 취업활동을 할 수 있는 체류자격을 가지지 않은 외국인으로부터 노무를 제공받고 이에 대하여 보수를 지급하는 행위를 말한다고 봄이 타당하다. 따라서 사용사업주가 근로자파견계약 또는 이에 준하는 계약을 체결하고 파견사업주로부터 그에게 고용된 외국인을 파견받아 자신을 위한 근로에 종사하게 하였더라도 이를 출입국관리법 제94조 제9호, 제18조 제3항이 금지하는 고용이라고 볼 수 없다.(대법원 2020. 5. 14., 선고, 2018도3690, 판결)

● 관련판례 2

◎ 주식회사의 종업원이 취업활동을 할 수 있는 체류자격을 가지지 아니한 외국인을 고용한 행위와 관련하여, 대표이사가 종업원의 그와 같은 행위를 알 수 있는 지위에 있었다는 사정만으로 출입국관리법 제94조 제9호에서 정한 '고용한 사람'에 해당하는지 여부(소극)

출입국관리법은 제94조 제9호에서 "제18조 제3항을 위반하여 취업활동을 할 수 있는 체류자격을 가지지 아니한 사람을 고용한 사람"을 처벌하도록 규정하고, 제18조 제3항에서 누구든지 대통령령으로 정하는 바에 따라 취업활동을 할 수 있는 체류자격을 받지 아니한 외국인을 고용하여서는 아니 된다고 규정하고 있다. 출입국관리법이 제94조 제9호의 '고용한 사람'은 외국인 근로자에 관한 사항에 대하여 사업주를 위하여 행위하는 자를 모두 포함한다는 별도의 규정을 두고 있지 아니한 점, 출입국관리법 제99조의3에서 취업활동을 할 수 있는 체류자격을 가지지 아니한 외국인을 고용한 행위의 이익귀속주체인 사업주를 처벌하는 양벌규정을 두고 있지만, 주식회사의 경우 대표이사가 아니라 회사가 위 규정의 적용대상인 점, 죄형법정주의의 원칙상 형벌법규는 특별한 사정이 없는 한 문언에 따라 엄격하게 해석하여야 하는 점, 출입국관리법의 입법 취지와 외국인 근로자의 고용을 제한하는 규정을 두게 된 입법경위 등을 종합하면, 주식회사의 종업원이 취업활동을 할 수 있는 체류자격을 가지지 아니한 외국인을 고용한 행위와 관련하여, 그 대표이사가 종업원의 그와 같은 행위를 알 수 있는 지위에 있었다는 사정만으로 출입국관리법 제94조 제9호에서 정한 '고용한 사람'에 해당한다고 볼 수 없다.(대법원 2017. 6. 29. 선고 2017도3005 판결)

제31조(외국인등록)

① 외국인이 입국한 날부터 90일을 초과하여 대한민국에 체류하려면 대통령령으로 정하는 바에 따라 입국한 날부터 90일 이내에 그의 체류지를 관할하는 지방출입국·외국인관서의 장에게 외국인등록을 하여야 한다. 다만, 다음 각 호의 어느 하나에 해당하는 외국인의 경우에는 그러하지 아니하다. 〈개정 2014.3.18.〉

(작성례)

피의자는 미합중국 국민인데, 대한민국에서 체류하고자 하는 외국인은 입국한 날로부터 90일 이내에 체류지 관할사무소장 또는 출장소장에게 외국인등록을 하여야 함에도 불구하고 20○○. ○. ○. 14 : 00경 비행기편으로 인천공항에 도착하여 대한민국에 입국한 이후 20○○. ○. ○.부터 체류신고 없이 서울 ○○동에 있는 ○○호텔 ○○○호에 주거를 정하고 불법으로 체류하였다.

● 관련판례

◎ 외국인 또는 외국국적동포가 구 출입국관리법이나 재외동포의 출입국과 법적 지위에 관한 법률에 따라 외국인등록이나 체류지 변경신고 또는 국내거소신고나 거소이전신고를 한 경우, 주택임대차보호법 제3조 제1항에서 주택임대차의 대항력 취득 요건으로 규정하고 있는 주민등록과 동일한 법적 효과가 인정되는지 여부(적극)

구 출입국관리법(2014. 3. 18. 법률 제12421호로 개정되기 전의 것, 이하 '출입국관리법' 이라 한다)은, 외국인은 입국한 날부터 90일을 초과하여 대한민국에 체류하는 경우 입국한 날부터 90일 이내에 체류지를 관할하는 지방출입국 · 외국인관서의 장에게 국내체류지 등 외국인등록을 하여야 하고(제31조 제1항, 제32조 제4호), 체류지를 변경한 때에는 14일 이내에 변경신고를 하여야 하며(제36조 제1항), 위와 같은 외국인등록과 체류지 변경신고는 주민등록과 전입신고를 갈음한다고 규정하고 있다(제88조의2 제2항).

또한 재외동포의 출입국과 법적 지위에 관한 법률(이하 '재외동포법' 이라 한다)은, 재외국민이라 함은 대한민국의 국민으로서 외국의 영주권을 취득한 자 또는 영주할 목적으로 외국에 거주하고 있는 자를 의미하고, 외국국적동포라 함은 대한민국의 국적을 보유하였던 자 또는 그 직계비속으로서 외국국적을 취득한 자 중 대통령령이 정하는 자를 의미한다고 하고(제2조), 재외동포체류자격으로 입국한 외국국적동포가 국내에 거소를 정하여 국내거소신고 및 거소이전신고를 하면 출입국관리법에 따른 외국인등록과 체류지 변경신고를 한 것으로 본다고 규정하고 있다(제10조). 이와 같이 출입국관리법이 외국인이 외국인등록과 체류지 변경신고를 하면 주민등록법에 의한 주민등록 및 전입신고를 한 것으로 간주하는 것은, 외국인은 주민등록법에 의한 주민등록을 할 수 없는 대신 외국인등록과 체류지 변경신고를 하면 주민등록을 한 것과 동등한 법적 보호를 해 주고자 하는 데 취지가 있다 할 것이고, 이는 특히 주택임대차보호법에 의하여 주택의 인도와 주민등록을 마친 임차인에게 인정되는 대항력 등의 효과를 부여하는 데에서 직접적인 실효성을 발휘하게 된다.(대법원 2016. 10. 13. 선고 2015다14136 판결)

제36조(체류지 변경의 신고)

① 제31조에 따라 등록을 한 외국인이 체류지를 변경하였을 때에는 대통령령으로 정하는 바에 따라 전입한 날부터 15일 이내에 새로운 체류지의 시 · 군 · 구 또는 읍 · 면 · 동의 장이나 그 체류지를 관할하는 지방출입국 · 외국인관서의 장에게 전입신고를 하여야 한다. 〈개정 2014.3.18., 2016.3.29., 2018.3.20., 2020.6.9.〉

(작성례)

피의자는 미국 국민으로 우리나라에 와서 일정한 체류신고를 마치고 ㅇㅇ시 ㅇㅇ동 ㅇㅇ번지에 거주하여 왔다.

피의자는 그의 체류지를 변경하고자 할 때에는 구 체류지를 퇴거한 날로부터 14일 이내에 구 체류지에는 퇴거신고를, 신 체류지에는 전입신고를 하여야 함에도 불구하고 그와 같은 퇴거·전입신고를 하지 않고 20○○. ○. ○.경 ○○시 ○○동 ○○번지로 함부로 체류지를 변경하였다.

● 관련판례 1

◎ 외국인 또는 외국국적동포가 구 출입국관리법이나 구 재외동포의 출입국과 법적 지위에 관한 법률에 따라 외국인등록이나 체류지변경신고 또는 국내거소신고나 거소이전신고를 한 경우, 주택임대차보호법 제3조 제1항에서 주택임대차의 대항력 취득 요건으로 규정하고 있는 주민등록과 동일한 법적 효과가 인정되는지 여부(적극)

외국인 또는 외국국적동포가 구 출입국관리법(2010. 5. 14. 법률 제10282호로 개정되기 전의 것)이나 구 재외동포의 출입국과 법적 지위에 관한 법률(2008. 3. 14. 법률 제8896호로 개정되기 전의 것)에 따라서 한 외국인등록이나 체류지변경신고 또는 국내거소신고나 거소이전신고에 대하여는, 주택임대차보호법 제3조 제1항에서 주택임대차의 대항력 취득 요건으로 규정하고 있는 주민등록과 동일한 법적 효과가 인정된다. 이는 외국인등록이나 국내거소신고 등이 주민등록과 비교하여 공시기능이 미약하다고 하여 달리 볼 수 없다.(대법원 2016. 10. 13. 선고 2014다218030 판결)

● 관련판례 2

◎ 출입국관리법상 체류자격 변경허가가 설권적 처분의 성격을 가지는지 여부(적극) 및 허가권자가 허가 여부를 결정할 재량을 가지는지 여부(적극) / 이때 재량 행사의 한계

출입국관리법 제10조, 제24조 제1항, 구 출입국관리법 시행령(2014. 10. 28. 대통령령 제25669호로 개정되기 전의 것) 제12조 [별표 1] 제8호, 제26호 (가)목, (라)목, 출입국관리법 시행규칙 제18조의2 [별표 1]의 문언, 내용 및 형식, 체계 등에 비추어 보면, 체류자격 변경허가는 신청인에게 당초의 체류자격과 다른 체류자격에 해당하는 활동을 할 수 있는 권한을 부여하는 일종의 설권적 처분의 성격을 가지므로, 허가권자는 신청인이 관계 법령에서 정한 요건을 충족하였더라도, 신청인의 적격성, 체류목적, 공익상의 영향 등을 참작하여 허가 여부를 결정할 수 있는 재량을 가진다. 다만 재량을 행사할 때 판단의 기초가 된 사실인정에 중대한 오류가 있는 경우 또는 비례 · 평등의 원칙을 위반하거나 사회통념상 현저하게 타당성을 잃는 등의 사유가 있다면 이는 재량권의 일탈 · 남용으로서 위법하다.(대법원 2016. 7. 14. 선고 2015두48846 판결)

79. 통신비밀보호법

[시행 2022. 12. 27.] [법률 제19103호, 2022. 12. 27., 일부개정]

제3조(통신 및 대화비밀의 보호)

① 누구든지 이 법과 형사소송법 또는 군사법원법의 규정에 의하지 아니하고는 우편물의 검열·전기통신의 감청 또는 통신사실확인자료의 제공을 하거나 공개되지 아니한 타인간의 대화를 녹음 또는 청취하지 못한다. 다만, 다음 각호의 경우에는 당해 법률이 정하는 바에 의한다. 〈개정 2000.12.29., 2001.12.29., 2004.1.29., 2005.3.31., 2007.12.21., 2009.11.2.〉

(작성례)

피의자 이○○는 서울시 ○○구 ○○동 ○○번지에서 △△유황오리식당을 운영하고 있다.

피의자는 20○○년 ○월 ○일 자신이 운영하는 △△유황오리식당의 내부 천장에 감시용 CCTV 카메라 3대 및 계산대 위 천장 틈새에 도청마이크 1개를 은닉하여 설치하였다. 그리고 20○○년 ○월○일부터 20○○년 ○월 ○일까지 ○회에 걸쳐 위 식당 내에서 행하여지는 한○○ 및 배○○ 등의 대화에 관하여 위 마이크를 통하여 녹음을 하고 이를 청취하였다.

● 관련판례 1

◎ 통신비밀보호법에서 보호하는 타인 간의 '대화'에 사물에서 발생하는 음향이 포함되는지 여부(소극) 및 사람의 목소리라고 하더라도 상대방에게 의사를 전달하는 말이 아닌 비명소리나 탄식 등이 타인 간의 '대화'에 해당하는지 여부(원칙적 소극)

통신비밀보호법 제1조, 제3조 제1항 본문, 제4조, 제14조 제1항, 제2항의 문언, 내용, 체계와 입법 취지 등에 비추어 보면, 통신비밀보호법에서 보호하는 타인 간의 '대화'는 원칙적으로 현장에 있는 당사자들이 육성으로 말을 주고받는 의사소통행위를 가리킨다. 따라서 사람의 육성이 아닌 사물에서 발생하는 음향은 타인 간의 '대화'에 해당하지 않는다. 또한 사람의 목소리라고 하더라도 상대방에게 의사를 전달하는 말이 아닌 단순한 비명소리나 탄식 등은 타인과 의사소통을 하기 위한 것이 아니라면 특별한 사정이 없는 한 타인 간의 '대화'에 해당한다고 볼 수 없다.

한편 국민의 인간으로서의 존엄과 가치를 보장하는 것은 국가기관의 기본적인 의무에 속하고 이는 형사절차에서도 구현되어야 한다. 위와 같은 소리가 비록 통신비밀보호법에서 말하는 타인 간의 '대화'에는 해당하지 않더라도, 형사절차에서 그러한 증거를 사용할 수 있는지는 개별적인 사안에서 효과적인 형사소추와 형사절차상 진실발견이라는 공익과 개인의 인격적 이익 등의 보호이익을 비교형량하여 결정하여야 한다. 대화에 속하지 않는 사람의 목소리를 녹음하거나 청취하는 행위가 개인의 사생활의 비밀과 자유 또는 인격권을 중대하게 침해하여 사회통념상 허용되는 한도를 벗어난 것이라면, 단지 형사소추에 필요한 증거라는 사정만을 들어 곧바로 형사소송에서 진실발견이라는 공익이 개인의 인격적 이익 등 보호이익보다 우월한 것으로 섣불리 단정해서는 안 된다. 그러나 그러한 한도를 벗어난 것이 아니라면 위와 같은 목소리를 들었다는 진술을 형사절차에서 증거로 사용할 수 있다.(대법원 2017. 3. 15. 선고 2016도19843 판결)

● 관련판례 2

◎ 대화 내용을 녹음한 파일 등 전자매체의 증거능력을 인정하기 위한 요건 / 증거로 제출된 녹음파일의 증거능력을 판단하는 기준

대화 내용을 녹음한 파일 등의 전자매체는 성질상 작성자나 진술자의 서명 혹은 날인이 없을 뿐만 아니라, 녹음자의 의도나 특정한 기술에 의하여 내용이 편집·조작될 위험성이 있음을 고려하여 대화 내용을 녹음한 원본이거나 혹은 원본으로부터 복사한 사본일 경우에는 복사 과정에서 편집되는 등 인위적 개작 없이 원본의 내용 그대로 복사된 사본임이 입증되어야만 하고, 그러한 입증이 없는 경우에는 쉽게 그 증거능력을 인정할 수 없다. 그리고 증거로 제출된 녹음파일이 대화 내용을 녹음한 원본이거나 혹은 복사 과정에서 편집되는 등 인위적 개작 없이 원본 내용을 그대로 복사한 사본이라는 점은 녹음파일의 생성과 전달 및 보관 등의 절차에 관여한 사람의 증언이나 진술, 원본이나 사본 파일 생성 직후의 해쉬(Hash)값과의 비교, 녹음파일에 대한 검증·감정 결과 등 제반 사정을 종합하여 판단할 수 있다.(대법원 2015. 1. 22. 선고 2014도10978 전원합의체 판결)

● 관련판례 3

◎ 통신비밀보호법에 규정된 통신제한조치 중 '전기통신의 감청'의 의미 및 이미 수신이 완료된 전기통신에 관하여 남아 있는 기록이나 내용을 열어보는 등의 행위가 이에 포함되는지 여부(소극)

통신비밀보호법에 규정된 '통신제한조치'는 '우편물의 검열 또는 전기통신의 감청'을 말하는 것으로(제3조 제2항), 여기서 '전기통신'은 전화·전자우편·모사전송 등과 같이 유선·무선·광선 및 기타의 전자적 방식에 의하여 모든 종류의 음향·문언·부호 또는 영상을 송신하거나 수신하는 것을 말하고(제2조 제3호), '감청'은 전기통신에 대하여 당사자의 동의 없이 전자장치·기계장치 등을 사용하여 통신의 음향·문언·부호·영상을 청취·공독하여 그 내용을 지득 또는 채록하거나 전기통신의 송·수신을 방해하는 것을 말한다고 규정되어 있다(제2조 제7호). 따라서 '전기통신의 감청'은 '감청'의 개념 규정에 비추어 전기통신이 이루어지고 있는 상황에서 실시간으로 전기통신의 내용을 지득·채록하는 경우와 통신의 송·수신을 직접적으로 방해하는 경우를 의미하는 것이지, 이미 수신이 완료된 전기통신에 관하여 남아 있는 기록이나 내용을 열어보는 등의 행위는 포함하지 않는다.(대법원 2016. 10. 13. 선고 2016도8137 판결)

● 관련판례 4

◎ 3인 간의 대화에서 그중 한 사람이 그 대화를 녹음 또는 청취하는 행위 및 그 내용을 공개하거나 누설하는 행위가 통신비밀보호법 제16조 제1항에 해당하는지 여부(소극)

통신비밀보호법 제3조 제1항은 법률이 정하는 경우를 제외하고는 공개되지 아니한 타인 간의 대화를 녹음 또는 청취하지 못하도록 정하고 있고, 제16조 제1항은 제3조의 규정에 위반하여 공개되지 아니한 타인 간의 대화를 녹음 또는 청취한 자(제1호)와 제1호에 의하여 지득한 대화의 내용을 공개하거나 누설한 자(제2호)를 처벌하고 있다. 이와 같이 공개되지 아니한 타인 간의 대화를 녹음 또는 청취하지 못하도록 한 것은, 대화에 원래부터 참여하지 않는 제3자가 그 대화를 하는 타인들 간의 발언을 녹음 또는 청취해서는 아니 된다는 취지이다. 따라서 3인 간의 대화에서 그중 한 사람이 그 대화를 녹음 또는 청취하는 경우에 다른 두 사람의 발언은 그 녹음자 또는 청취자에 대한 관계에서 통신비밀보호법 제3조 제1항에서 정한 '타인 간의 대화' 라고 할 수 없으므로, 이러한 녹음 또는 청취하는 행위 및 그 내용을 공개하거나 누설하는 행위가 통신비밀보호법 제16조 제1항에 해당한다고 볼 수 없다(대법원 2014. 5. 16. 선고 2013도16404 판결)

● 관련판례 5

◎ 통신비밀보호법상 '전기통신의 감청' 의 의미 및 전화통화 당사자의 일방이 상대방 모르게 통화 내용을 녹음하는 행위가 이에 해당하는지 여부(소극) / 제3자가 전화통화 당사자 중 일방만의 동의를 받고 통화 내용을 녹음한 행위가 '전기통신의 감청' 에 해당하는지 여부(적극) 및 이러한 불법감청에 의하여 녹음된 전화통화 내용의 증거능력 유무(소극)

통신비밀보호법 제2조 제7호는 "감청" 이라 함은 전기통신에 대하여 당사자의 동의 없이 전자장치·기계장치 등을 사용하여 통신의 음향·문언·부호·영상을 청취·공독하여 그 내용을 지득 또는 채록하거나 전기통신의 송·수신을 방해하는 것을 말한다고 규정하고 있다. 같은 법 제3조 제1항은 누구든지 이 법과 형사소송법 또는 군사법원법의 규정에 의하지 아니하고는 전기통신의 감청을 하지 못한다고 규정하고, 제4조는 제3조의 규정에 위반하여 불법감청에 의하여 지득 또는 채록된 전기통신의 내용은 재판 또는 징계절차에서 증거로 사용할 수 없다고 규정하고 있다. 이에 따르면 전기통신의 감청은 제3자가 전기통신의 당사자인 송신인과 수신인의 동의를 받지 아니하고 전기통신 내용을 녹음하는 등의 행위를 하는 것만을 말한다고 해석함이 타당하므로, 전기통신에 해당하는 전화통화 당사자의 일방이 상대방 모르게 통화 내용을 녹음하는 것은 여기의 감청에 해당하지 않는다. 그러나 제3자의 경우는 설령 전화통화 당사자 일방의 동의를 받고 그 통화 내용을 녹음하였다 하더라도 그 상대방의 동의가 없었던 이상, 이는 여기의 감청에 해당하여 통신비밀보호법 제3조 제1항 위반이 되고, 이와 같이 제3조 제1항을 위반한 불법감청에 의하여 녹음된 전화통화의 내용은 제4조에 의하여 증거능력이 없다. 그리고 사생활 및 통신의 불가침을 국민의 기본권의 하나로 선언하고 있는 헌법규정과 통신비밀의 보호와 통신의 자유 신장을 목적으로 제정된 통신비밀보호법의 취지에 비추어 볼 때 피고인이나 변호인이 이를 증거로 함에 동의하였다고 하더라도 달리 볼 것은 아니다(대법원 2002. 10. 8. 선고 2002도123 판결, 대법원 2010. 10. 14. 선고 2010도9016 판결 등 참조).(대법원 2019. 3. 14., 선고, 2015도1900, 판결)

● 관련판례 6

◎ 전기통신의 감청의 의미 / 제3자가 당사자 일방의 동의를 받고 통신의 음향·영상을 청취하거나 녹음하였다 하더라도 상대방의 동의가 없었던 경우, 통신비밀보호법 제3조 제1항 위반에 해당하는지 여부(적극)

전기통신의 감청은 제3자가 전기통신의 당사자인 송신인과 수신인의 동의를 받지 아니하고 통신비밀보호법 제2조 제7호 소정의 각 행위를 하는 것만을 말한다고 풀이함이 상당하다고 할 것이므로, 전기통신의 당사자의 일방이 상대방 모르게 통신의 음향·영상 등을 청취하거나 녹음하는 것은 여기의 감청에 해당하지 아니하지만, 제3자의 경우는 설령 당사자 일방의 동의를 받고 그 통신의 음향·영상을 청취하거나 녹음하였다 하더라도 그 상대방의 동의가 없었던 이상, 사생활 및 통신의 불가침을 국민의 기본권의 하나로 선언하고 있는 헌법규정과 통신비밀의 보호와 통신의 자유 신장을 목적으로 제정된 통신비밀보호법의 취지에 비추어 이는 통신비밀보호법 제3조 제1항 위반이 된다. [대법원 2022. 10. 27., 선고, 2022도9877, 판결]

80. 특정경제범죄 가중처벌 등에 관한 법률

제3조(특정재산범죄의 가중처벌)

① 「형법」 제347조(사기), 제347조의2(컴퓨터등 사용사기), 제350조(공갈), 제350조의2(특수공갈), 제351조(제347조, 제347조의2, 제350조 및 제350조의2의 상습범만 해당한다), 제355조(횡령 · 배임) 또는 제356조(업무상의 횡령과 배임)의 죄를 범한 사람은 그 범죄행위로 인하여 취득하거나 제3자로 하여금 취득하게 한 재물 또는 재산상 이익의 가액(이하 이 조에서 "이득액"이라 한다)이 5억원 이상일 때에는 다음 각 호의 구분에 따라 가중처벌한다. 〈개정 2016.1.6., 2017.12.19.〉

1. 이득액이 50억원 이상일 때: 무기 또는 5년 이상의 징역
2. 이득액이 5억원 이상 50억원 미만일 때: 3년 이상의 유기징역

② 제1항의 경우 이득액 이하에 상당하는 벌금을 병과(倂科)할 수 있다.

[전문개정 2012. 2. 10.]

(작성례)

피의자는 전국택시공제조합 ○○시 지부 총무과장으로 재직하면서 위 지부 일반사무 및 경리자금의 관리, 출납업무를 전담하고 있다.

피의자는 20○○. ○. ○.부터 20○○. ○. ○.까지 사이에 대구 ○○동 ○○번지에 있는 위 공제조합 사무실에서 동 지부 ○○은행 통장 예금액중 공제 소요금 명목으로 10억원을 인출하여 그 중 4억원을 정상 지출하고 나머지 6억원으로 서울 ○○동 ○○번지에 피의자 명의로 주택을 구입하는 등으로 소비하여 횡령하였다.

● 관련판례 1

◎ 피고인 등이 토지의 소유자이자 매도인인 피해자 갑 등에게 토지거래허가 등에 필요한 서류라고 속여 근저당권설정계약서 등에 서명 · 날인하게 하고 인감증명서를 교부받은 다음, 이를 이용하여 갑 등의 소유 토지에 피고인을 채무자로 한 근저당권을 을 등에게 설정하여 주고 돈을 차용하는 방법으로 재산상 이익을 취득하였다고 하여 특정경제범죄 가중처벌 등에 관한 법률 위반(사기) 및 사기로 기소된 사안에서, 갑 등의 행위는 사기죄에서 말하는 처분행위에 해당하고 갑 등의 처분의사가 인정됨에도, 갑 등에게 그 소유 토지들에 근저당권 등을 설정하여 줄 의사가 없었다는 이유만으로 갑 등의 처분행위가 없다고 본 원심판결에

법리오해의 잘못이 있다고 한 사례

피고인 등이 토지의 소유자이자 매도인인 피해자 갑 등에게 토지거래허가 등에 필요한 서류라고 속여 근저당권설정계약서 등에 서명·날인하게 하고 인감증명서를 교부받은 다음, 이를 이용하여 갑 등의 소유 토지에 피고인을 채무자로 한 근저당권을 을 등에게 설정하여 주고 돈을 차용하는 방법으로 재산상 이익을 취득하였다고 하여 특정경제범죄 가중처벌 등에 관한 법률 위반(사기) 및 사기로 기소된 사안에서, 갑 등은 피고인 등의 기망행위로 착오에 빠진 결과 토지거래허가 등에 필요한 서류로 잘못 알고 처분문서인 근저당권설정계약서 등에 서명 또는 날인함으로써 재산상 손해를 초래하는 행위를 하였으므로 갑 등의 행위는 사기죄에서 말하는 처분행위에 해당하고, 갑 등이 비록 자신들이 서명 또는 날인하는 문서의 정확한 내용과 문서의 작성행위가 어떤 결과를 초래하는지를 미처 인식하지 못하였더라도 토지거래허가 등에 관한 서류로 알고 그와 다른 근저당권설정계약에 관한 내용이 기재되어 있는 문서에 스스로 서명 또는 날인함으로써 그 문서에 서명 또는 날인하는 행위에 관한 인식이 있었던 이상 처분의사도 인정됨에도, 갑 등에게 그 소유 토지들에 근저당권 등을 설정하여 줄 의사가 없었다는 이유만으로 갑 등의 처분행위가 없다고 보아 공소사실을 무죄로 판단한 원심판결에 사기죄의 처분행위에 관한 법리오해의 잘못이 있다. (대법원 2017. 2. 16. 선고 2016도13362 전원합의체 판결)

● 관련판례 2

◎ 재산상 이익의 가액(이득액)을 기준으로 가중 처벌하는 특정경제범죄 가중처벌 등에 관한 법률 제3조의 적용을 전제로 취득한 이득액을 산정할 때 유의하여야 할 사항 / 업무상배임으로 취득한 재산상 이익이 있더라도 가액을 구체적으로 산정할 수 없는 경우, 같은 법 제3조를 적용할 수 있는지 여부(소극)

형법 제355조 제2항의 배임죄는 타인의 사무를 처리하는 자가 임무에 위배하는 행위로써 재산상의 이익을 취득하거나 제3자로 하여금 이를 취득하게 하여 본인에게 손해를 가함으로써 성립하고, 형법 제356조의 업무상배임죄는 업무상의 임무에 위배하여 제355조 제2항의 죄를 범한 때에 성립하는데, 취득한 재산상 이익의 가액이 얼마인지는 범죄 성립에 영향을 미치지 아니한다. 반면 배임 또는 업무상배임으로 인한 특정경제범죄 가중처벌 등에 관한 법률(이하 '특정경제범죄법' 이라 한다) 제3조 위반죄는 취득한 재산상 이익의 가액(이하 '이득액' 이라 한다)이 5억 원 이상 또는 50억 원 이상이라는 것이 범죄구성요건의 일부로 되어 있고 이득액에 따라 형벌도 매우 가중되어 있으므로, 특정경제범죄법 제3조를 적용할 때에는 취득한 이득액을 엄격하고 신중하게 산정함으로써, 범죄와 형벌 사이에 적정한 균형이 이루어져야 한다는 죄형균형 원칙이나, 형벌은 책임에 기초하고 책임에 비례하여야 한다는 책임주의 원칙이 훼손되지 않도록 유의하여야 한다. 따라서 업무상배임으로 취득한 재산상 이익이 있더라도 가액을 구체적으로 산정할 수 없는 경우에는, 재산상 이익의 가액을 기준으로 가중 처벌하는 특정경제범죄법 제3조를 적용할 수 없다.(대법원 2015. 9. 10. 선고 2014도12619 판결)

● 관련판례 3

◎ 임기 만료 당시 이사 정원에 결원이 생기거나 후임 대표이사가 선임되지 아니하여 퇴임이사 또는 퇴임대표이사의 지위에 있던 사람이 특정경제범죄 가중처벌 등에 관한 법률 제3조 제1항에 따라 가중처벌되는 특정재산범죄로 유죄판결을 받아 판결이 확정된 경우, 유죄판결된 범죄행위와 밀접한 관련이 있는 기업체의 퇴임이사 또는 퇴임대표이사로서의 권리의무를 상실하는지 여부(적극)

법률 또는 정관에 정한 이사의 원수를 결한 경우에는 임기의 만료 또는 사임으로 인하여 퇴임한 이사(이하 '퇴임이사' 라 한다)는 새로 선임된 이사가 취임할 때까지 이사의 권리의무가 있고, 이는 대표이사의 경우에도 동일하며(이하 '퇴임대표이사' 라 한다), 필요하다고 인정할 때에는 법원은 이사, 감사 기타의 이해관계인의 청구에 의하여 일시 이사 또는 대표이사의 직무를 행할 자를 선임할 수 있다(상법 제386조, 제389조 제3항). 이는 이사 정원에 결원이 발생한 경우 새로운 이사를 선임할 때까지 업무집행의 공백을 방지하여 회사 운영이 계속되도록 하기 위함이다.

특정경제범죄 가중처벌 등에 관한 법률(이하 '특정경제범죄법' 이라 한다) 제14조 제1항에 의하면, 이득액 5억 원 이상의 사기, 횡령 등 특정경제범죄법 제3조에 의하여 가중처벌되는 특정재산범죄로 유죄판결을 받은 사람은 법무부장관의 승인을 받은 경우가 아닌 한 유죄판결이 확정된 때부터 특정경제범죄법 제14조 제1항 각호의 기간 동안 유죄판결된 범죄행위와 밀접한 관련이 있는 기업체에 취업할 수 없다. 이는 유죄판결된 범죄사실과 밀접하게 관련된 기업체에 대한 취업을 제한함으로써 중요 경제범죄의 재발을 방지하고 이를 통하여 건전한 경제질서를 확립하며 나아가 국민경제 발전에 이바지하고자 하는 데 그 취지가 있다.

이러한 특정경제범죄법 제14조 제1항의 규정 내용과 입법 취지 및 상법 제386조, 제389조 제3항의 입법 취지를 종합하여 보면, 임기 만료 당시 이사 정원에 결원이 생기거나 후임 대표이사가 선임되지 아니하여 퇴임이사 또는 퇴임대표이사의 지위에 있던 중 특정재산범죄로 유죄판결이 확정된 사람은 유죄판결된 범죄행위와 밀접한 관련이 있는 기업체의 퇴임이사 또는 퇴임대표이사로서의 권리의무를 상실한다고 보아야 한다.[대법원 2022. 11. 10., 선고, 2021다271282, 판결]

제5조(수재 등의 죄)

① 금융회사등의 임직원이 그 직무에 관하여 금품이나 그 밖의 이익을 수수(收受), 요구 또는 약속하였을 때에는 5년 이하의 징역 또는 10년 이하의 자격정지에 처한다.

제7조(알선수재의 죄)

금융회사등의 임직원의 직무에 속하는 사항의 알선에 관하여 금품이나 그 밖의 이익을 수수, 요구 또는 약속한 사람 또는 제3자에게 이를 공여하게 하거나 공여하게 할 것을 요구 또는 약속한 사람은 5년 이하의 징역 또는 5천만원 이하의 벌금에 처한다.

제8조(사금융 알선 등의 죄)

금융회사등의 임직원이 그 지위를 이용하여 자기의 이익 또는 소속 금융회사등 외의 제3자의 이익을 위하여 자기의 계산으로 또는 소속 금융회사등 외의 제3자의 계산으로 금전의 대부, 채무의 보증 또는 인수를 하거나 이를 알선하였을 때에는 7년 이하의 징역 또는 7천만원 이하의 벌금에 처한다.

제11조(무인가 단기금융업의 가중처벌)

① 「자본시장과 금융투자업에 관한 법률」 제444조제22호(단기금융업무만 해당한다)의 죄를 범한 사람은 그 영업으로 인하여 취득한 이자, 할인 및 수입료 또는 그 밖의 수수료의 금액(이하 이 조에서 "수수료액"이라 한다)이 연 1억원 이상일 때에는 다음 각 호의 구분에 따라 가중처벌한다.

(작성례 1)

피의자는 ○○시 ○○동 123번지에서 ○○투자라는 상호로 사채업에 종사하고 있다.

피의자는 전국 일간지인 ○○신문 등에 "가계수표 개설알선, 어음할인"이라는 취지의 광고를 게재하여 정상적인 방법으로 가계수표의 발급이 어려운 사업자들로부터 가계, 당좌개설이나 약속어음의 할인 등을 의뢰받아 그 할인 및 알선의 대가로 일정한 수수료를 받기로 마음먹었다.

피의자는 20○○. ○. ○.경 위 사무실에서 위 신문광고를 받고 찾아온 김○○로부터 가계수표발급을 의뢰받고 동인으로부터 주민등록증과 도장을 건네받아 동인 명의로 ○○은행○○동 지점에 예금통장을 개설하고 그 통장에 일정금원을 입출금하여 가계수표 개설요건에 맞는 것으로 거래실적을 작출하는 방법으로 가계수표의 발급을 알선하여 주고 그 수수료 명목으로 동인으로부터 금 300만원을 받은 것을 비롯하여 별지 범죄일람표 기재와 같이 위와 같은 방법으로 위 은행 등으로부터 가계수표발급을 알선하여 주고 그 수수료 명목으로 금 1억8,500만원을 받음으로써, 금융기관의 직원의 직무에 속한 사항의 알선에 관하여 금품을 수수하였다.

(작성례 2)

피의자는 ○○시 ○○동 123번지에 있는 ○○상호신용금고의 대표이사이던 김○○으로부터 예금유치부탁을 받은 사채중개인 홍○○가 피의자에게 위 금고에 예금을 하면 정해진 이자 외에 따로 사채금리를 보전해주는 이른바 '차금수수료'를 받을 수 있으니 사채를 조달하여 위 금고에 예금을 하여 달라는 제의를 하자 이에 응하였다. 그리하여 20○○. ○. ○. 위 금고에 15억5,000만원을 6개월간 예금하고 위 홍○○의 지시를 받은 위 금고직원 이○○으로부터 위 금고의 약관 등에서 정한 이자 외에 별도로 차금수수료 명목으로 1억2,000만원을 교부받은 것을 비롯하여 총 5회에 걸쳐 합계 63억7,300만원을 위 금고에 예금하고 같은 방법으로 차금수수료 명목으로 합계 8억5,000만원을 교부받음으로써 저축에 관하여 법령 또는 약관 기타 이에 준하는 금융기관의 규정에 정해진 외의 금품을 수수하였다.

(작성례 3)

피의자는 ○○은행○○지점의 대출계 과장으로 재직중이다.

피의자는 20○○. ○. ○.경 위 지점에서 위 지점과 계속 거래를 해오고 있었고 여신한도가 초과되어 더 이상 정상적인 대출을 받을 수 없던 피의자 최○○로부터 은행대출형식으로 자금을 융통해주면 월5부의 이자를 주겠다는 요청을 받고 즉석에서 2억원을, 그 무렵 피의자의 주거지에서 추가로 사업자금 명목으로 1억원을 각 대부해 준 다음, 20○○. ○. ○. 위 지점에서 3억원에 대한 2개월간의 이자 3,000만원 상당을 수령하여 금융기관의 임직원이 지위를 이용 자기의 이익을 위하여 자기의 계산으로 금전을 대부하였다.

(작성례 4)

피의자는 서울 ○○구 ○○동 123번지에서 "○○금융"이라는 상호로 금융업을 하고 있다.

피의자는 금융업을 하고자 하는 자는 금융감독위원회의 인가를 받아야 함에도 불구하고, 20○○. ○. ○.부터 20○○. ○. ○.까지 만기가 6개월 이내인 약속어음 3,200장 액면 합계 2,280,000,000원 상당을 금 2,052,000,000원에 할인하여 매입한 다음 2,167,900,000원에 매도하는 방법으로 어음을 할인·매매하여 그 기간 동안 순이익금 115,900,000원의 수입을 올리는 무인가 단기금융업을 영위하였다.

■ 적용실례

◇ 공모하여 회사돈 6억상당 횡령한 경우

※ (주)○○운수 경리계장인 김○○이 이○○와 공모하여 회사돈 5억 9,000만원을 20○○. 2. 초순경부터 20○○. 10. 27. 경까지 수회에 걸쳐 1회에 50만원내지 200만원씩을 횡령한 사안에 대하여 김○○은 업무상 횡령죄로, 이○○는 횡령죄로 의율할 수 없고, 회사 직원이 아닌 강○○ 역시 신분자에 가공하였으므로 업무상 횡령으로 의율했어야 했고, 그 금액이 억대를 초과하므로 특정경제범죄가중처벌등에관한법률 위반으로 의율한다.

◇ 협박하여 금 10억원을 갈취한 경우

※ 피의자는 본인이 ○○수산(주) 대표이사직에서 퇴출되자 이에 불만을 품고 고소인을 협박하여 금 10억원을 갈취하고, 고소인이 피의자에게 명의신탁하여 둔 부동산 시가 930,000,000원 상당의 반환을 거부하여 이를 횡령한 것으로써 그 죄명을 공갈·횡령으로 하였으나 , 위 횡령·공갈로 인한 피의자의 이득액이 5억원을 초과하므로 그 죄명을 특정경제범죄가중처벌등에관한법률 위반(횡령·공갈)으로 기재함이 마땅함.

◇ 5억원 이상 편취한 행위가 상습사기가 되는 경우의 죄명

※ 피의자가 공소외인 등과 공모하여 상습으로 피해자 이○○으로부터 동 3억원, 피해자 문○○으로부터 2억원 합계 금 5억원을 편취한 사안을 수십 회의 동종 전과실기 비추어 상습사기가 성립된다면 위 상습사기 범행으로 인하여 취득한 재물의 가액이 5억원 이상이므로 특정경제범죄가중처벌등에관한법률 제3조 제1항 제2호의 법규정에 따라 '특정경제범죄가중처벌등에관한법률 위반(사기)' 라고 기재함이 옳다.

● 관련판례 1

◎ 피고인이 갑으로부터 수표를 현금으로 교환해 주면 대가를 주겠다는 제안을 받고 위 수표가 을 등이 사기범행을 통해 취득한 범죄수익 등이라는 사실을 잘 알면서도 교부받아 그 일부를 현금으로 교환한 후 병, 정과 공모하여 아직 교환되지 못한 수표 및 교환된 현금을 임의로 사용하여 횡령하였다고 하여 특정경제범죄 가중처벌 등에 관한 법률 위반으로 기소된 사안에서, 피고인이 갑으로부터 범죄수익 등의 은닉범행 등을 위해 교부받은 수표는 불법의 원인으로 급여한 물건에 해당하여 소유권이 피고인에게 귀속되므로 횡령죄가 성립하지 않는다고 한 사례

피고인이 갑으로부터 액면금 합계 19억 2,370만 원인 수표들(이하 '수표' 라고 한다)을 현금으로 교환해 주면 대가를 주겠다는 제안을 받고 수표가 을 등이 불법 금융다단계 유사수신행위에 의한 사기범행을 통해 취득한 범죄수익이거나 이러한 범죄수익에서 유래한 재산(이하 합쳐서 '범죄수익 등' 이라고 한다)이라는 사실을 잘 알면서도 교부받아 그 일부를 14억 원에서 15억 원가량의 현금으로 교환한 후 병, 정과 공모하여 아직 교환되지 못한 수표 및 교환된 현금을 임의로 사용하여 횡령하였다고 하여 특정경제범죄 가중처벌 등에 관한 법률 위반으로 기소된 사안에서, 피고인이 갑으로부터 수표를 교부받은 원인행위는 이를 현금으로 교환해 주고 대가를 지급받기로 하는 계약으로서, 범죄수익은닉의 규제 및 처벌 등에 관한 법률(이하 '범죄수익은닉규제법' 이라고 한다) 제3조 제1항 제3호에 의하여 형사처벌되는 행위, 즉 거기에서 정한 범죄수익 등에 해당하는 수표를 현금으로 교환하여 그 특정, 추적 또는 발견을 현저히 곤란하게 하는 은닉행위를 법률행위의 내용 및 목적으로 하는 것이므로 선량한 풍속 기타 사회질서에 위반되고, 범죄수익은닉규제법에 의하여 직접 처벌되는 행위를 내용으로 하는 위 계약은 그 자체로 반사회성이 현저하며, 형벌법규에서 금지하고 있는 자금세탁행위를 목적으로 교부된 범죄수익 등을 특정범죄를 범한 자가 다시 반환받을 수 있도록 한다면, 범죄자로서는 교부의 목적을 달성하지 못하더라도 언제든지 범죄수익을 회수할 수 있게 되어 자금세탁행위가 조장될 수 있으므로, 범죄수익의 은닉이나 가장, 수수 등의 행위를 억지하고자 하는 범죄수익은닉규제법의 입법 목적에도 배치되므로, 결국 피고인이 갑으로부터 범죄수익 등의 은닉범행 등을 위해 교부받은 수표는 불법의 원인으로 급여한 물건에 해당하여 소유권이 피고인에게 귀속되고, 따라서 피고인이 그중 교환하지 못한 수표와 이미 교환한 현금을 임의로 소비하였더라도 횡령죄가 성립하지 않는다.(대법원 2017. 4. 26. 선고 2016도18035 판결)

● 관련판례 2

◎ 특정범죄 가중처벌 등에 관한 법률 및 특정경제범죄 가중처벌 등에 관한 법률상 알선수재죄에서 공무원이나 금융기관 임직원의 직무에 속한 사항에 관한 알

선의 대가를 형식적으로 체결한 고용계약에 터잡아 급여의 형식으로 지급한 경우, 알선수재액과 필요적 몰수·추징액(=원천징수된 근로소득세 등을 제외하고 알선수재자가 실제 지급받은 금액)

특정범죄 가중처벌 등에 관한 법률(이하 '특가법' 이라 한다) 제3조, 제13조 및 특정경제범죄 가중처벌 등에 관한 법률(이하 '특경법' 이라 한다) 제7조, 제10조 제2항, 제3항의 내용과 입법 취지를 종합하면, 알선의뢰인이 알선수재자에게 공무원이나 금융기관 임직원의 직무에 속한 사항에 관한 알선의 대가를 형식적으로 체결한 고용계약에 터잡아 급여의 형식으로 지급한 경우에, 알선수재자가 수수한 알선수재액은 명목상 급여액이 아니라 원천징수된 근로소득세 등을 제외하고 알선수재자가 실제 지급받은 금액으로 보아야 하고, 또한 위 금액만을 특가법 제13조에서 정한 '제3조의 죄를 범하여 범인이 취득한 해당 재산' 또는 특경법 제10조 제2항에서 정한 '제7조의 경우 범인이 받은 금품이나 그 밖의 이익' 으로서 몰수·추징하여야 한다. (대법원 2012. 6. 14. 선고 2012도534 판결)

● 관련판례 3

◎ 피고인들이 특정경제범죄 가중처벌 등에 관한 법률 위반(배임)으로 기소된 사안에서, 원심이 공소사실과 다른 내용으로 '피고인들의 임무' 를 인정하였더라도 기본적 사실의 동일성 범위를 벗어나 새로운 임무를 인정하였다거나 이로 인해 피고인들의 방어권 행사에 실질적 불이익이 초래되었다고 볼 수 없다고 한 사례

피고인들이 담보권 실행을 위한 경매절차가 진행 중인 호텔을 피해자 측에 매도하면서 소유권 확보방안으로 이에 관한 '최선순위 근저당권과 소유권이전청구권 가등기를 이전하여 주기로 한 약정' 에 따라 중도금까지 수령하였는데도, 가등기를 임의로 다른 회사들에 이전하였다고 하여 특정경제범죄 가중처벌 등에 관한 법률 위반(배임)으로 기소된 사안에서, 원심이 공소사실과 달리 피고인들이 '가등기에 의한 본등기를 경료하고 근저당권을 양수하여 이를 말소한 후 낙찰자 동의 없이 경매절차를 취소시킴으로써 정상적으로 호텔에 관하여 아무 부담 없는 소유권을 취득할 수 있도록 협력할 임무' 를 위반하였다고 인정하였더라도, 기본적 사실의 동일성 범위를 벗어나 공소사실에 없는 새로운 임무를 인정하였다거나 이로 인해 피고인들의 방어권 행사에 실질적 불이익이 초래되었다고 할 수 없다는 이유로, 공소장변경 없이 공소사실과 다른 범죄사실을 인정한 원심판단에 불고불리 원칙에 위배하거나 공소장변경에 관한 법리오해 등의 위법이 없다(대법원 2011. 6. 30. 선고 2011도1651 판결)

● 관련판례 4

◎ 종합금융회사에관한법률 제7조 제1항 제1호의 위임에 따라 금융감독위원회가 정하는 '기간'의 법적 성질(=법규명령) 및 금융감독위원회가 위 기간을 정하지 않거나 정하였더라도 일반에게 고시·공고하지 않은 경우, 무인가로 단기금융업무를 영위한 행위를 처벌할 수 있는지 여부(소극)

종합금융회사에관한법률 제28조 제1항 제1호의2는 같은 법 제3조의2 제1항의 규정에 의한 인가를 받지 아니하고 '단기금융업무'를 영위한 자를 3년 이하의 징역 또는 2천만 원 이하의 벌금에 처한다고 규정하고 있고, 한편 같은 법 제2조 제1호의2, 제7조 제1항 제1호, 제8호는 여기의 '단기금융업무'를 '1년의 범위 내에서 금융감독위원회가 정하는 기간 내에 만기가 도래하는 어음 및 대통령령이 정하는 채무증서의 발행·할인·매매·중개·인수 및 보증 등의 업무 및 이에 부대하는 업무로서 금융감독위원회가 정하는 업무'에 한하는 것으로 규정함으로써 얼마 이내에 만기가 도래하는 어음을 단기금융업무의 대상으로 할 것인지에 관하여 구체적인 범위를 정하는 권한을 금융감독위원회에 위임하고 있는바, 같은 법의 위임에 의하여 금융감독위원회가 하는 위 기간의 정함은 단기금융업무의 범위에 관한 같은 법의 규정 내용을 실질적으로 보충하는 기능을 지니면서 그와 결합하여 대외적으로 구속력을 가지는 법규명령의 성질을 가지는 것으로서 이는 공고문서의 형태로 일반에게 고시 또는 공고되어야 비로소 효력이 생기는 것이므로, 금융감독위원회가 이를 정하지 아니하였거나 정하였다고 하더라도 일반에게 고시 또는 공고하지 아니하였다면 어음 등의 발행·할인·매매·중개·인수 및 보증 등의 업무를 한 사람을 인가 없이 단기금융업무를 영위하였다는 사유로 형사처벌할 수는 없다.(대법원 2000. 4. 21., 선고, 99도5355, 판결)

81. 특정범죄 가중처벌 등에 관한 법률

[시행 2022. 12. 27.] [법률 제19104호, 2022. 12. 27., 일부개정]

제2조(뇌물죄의 가중처벌)

① 「형법」 제129조·제130조 또는 제132조에 규정된 죄를 범한 사람은 그 수수(收受)·요구 또는 약속한 뇌물의 가액(價額)(이하 이 조에서 "수뢰액"이라 한다)에 따라 다음 각 호와 같이 가중처벌한다.

제5조의3(도주차량 운전자의 가중처벌)

① 「도로교통법」 제2조에 규정된 자동차·원동기장치자전거의 교통으로 인하여 「형법」 제268조의 죄를 범한 해당 차량의 운전자(이하 "사고운전자"라 한다)가 피해자를 구호(救護)하는 등 「도로교통법」 제54조제1항에 따른 조치를 하지 아니하고 도주한 경우에는 다음 각 호의 구분에 따라 가중처벌한다.

제6조(「관세법」 위반행위의 가중처벌)

① 「관세법」 제269조제1항에 규정된 죄를 범한 사람은 다음 각 호의 구분에 따라 가중처벌한다.

제8조(조세 포탈의 가중처벌)

① 「조세범 처벌법」 제3조제1항, 제4조 및 제5조, 「지방세기본법」 제102조제1항에 규정된 죄를 범한 사람은 다음 각 호의 구분에 따라 가중처벌한다.

(작성례 1 - 교통사고 후 도주)

피의자는 20○○. ○. ○. 23 : 00경 업무로서 서울 43구5555호 에쿠스 승용차를 운전하여 서울 강남구 도곡동 67 앞길을 서초동 방면에서 개포동 방면으로 시속 약 60km로 주행중 전방에 자전거를 탄 피해자 김○○(40세, 남)이 비틀거리며 진행하고 있는 것을 발견하였다. 이러한 경우 운전업무에 종사하는 자로서는 위 김○○의 동태를 잘 살피고 경음기 등으로 신호를 보내면서 안전한 속도와 방법으로 진행하여 교통사고를 미리 방지하여야 할 업무상 주의의무가 있다. 그러나 피의자는 이를 게을리 한 채 그대로 진행한 과실로 위 김○○이 도로 중앙부근으로 진입하여 오는 것을 뒤늦게 발견하고 급제동 조치를 취하였으나 피하지 못하고 위 승용차 앞 범퍼부분으로 위 자전거 뒷부분을 들이받아 피해자 김○○을 땅에 넘어지게 하여 그에게 약 6주간의 치료를 요하는 머리뼈골절상을 입게 하고도, 즉시 정차하여 그를 구호하는 등의 조치를 취하지 아니하고 도주하였다.

(작성례 2 – 위험운전치상)

피의자는 20○○. ○○. ○○. 21:00경 서울특별시 서초구 ○○로에 있는 ○○아파트 2동 앞 단지 내 도로를 혈중알콜농도 0.203%의 술에 취한 상태에서 ○○모 ○○○○호 모닝 승용차를 운전하고 2동 지하주차장 출입구 방향에서 3동 방향으로 시속 약 30km로 진행하게 되었다.

그곳은 사람의 왕래가 많은 아파트 단지 내이므로 이러한 경우 자동차 운전업무에 종사하는 사람에게는 전방을 잘 살피면서 보행자가 나타나는 경우 재동장치를 제대로 조작하여 사고를 미리 방지하여야 할 업무상 주의의무가 있었다.

그럼에도 불구하고 피의자는 이를 게을리한 채 술에 취하여 제동장치를 제대로 조작하지 못한 과실로 우측에서 걸어 나오는 피해자 이○○(여, 35)의 외쪽 다리를 위 승용차의 앞 범퍼 우측에서 들이받아 바닥에 넘어지게 하였다.

결국 피의자는 음주의 영향으로 정상적인 운전이 곤란한 상태에서 위 승용차를 운전하여 피해자 이○○에게 약 6주간의 치료가 필요한 좌측 경골골절 등의 상해를 입게 하였다.

(작성례 3 – 도주치상)

피의자는 ○○구○○○○호 그랜저 승용차의 운전업무에 종사하는 사람이다.

피의자는 20○○. ○○. ○○. 01:00경 위 승용차를 운전하여 서울특별시 강남구 ○○로 ○○빌딩 앞 도로를 ○○중앙로 방향에서 ○○로 방향으로 시속 약 60km로 진행하게 되었다. 그때 피의자는 전방에 자전거를 탄 피해자 김○○(39세)가 비틀거리며 진행하고 있는 것을 발견하였으므로 이러한 경우 자동차 운전업무에 종사하는 사람에게는 피해자의 동정을 잘 살피고 경음기 등으로 신호를 보내면서 안전하게 운전하여 사고를 미리 방지하여야 할 업무상 주의의무가 있었다.

그럼에도 불구하고 피의자는 이를 게을리한 채 그대로 진행하다가 피해자가 도로 중앙 부근으로 진입하여 오는 것을 뒤늦게 발견하고 그때서야 충돌을 피하기 위해 급제동조치를 위하였으나 미처 피하지 못하고 위 승용차 앞범퍼로 위 자전거 뒷바퀴를 들이받아 피해자를 땅에 넘어지게 하였다.

결국 피의자는 위와 같은 업무상 과실로 피해자에게 약 6주간의 치료가 필요한 두개골골절 등의 상해를 입게 하고도 곧 정차하여 피해자를 구호하는 등 필요한 조치를 취하지 아니하고 그대로 도주하였다.

(작성례 4 – 도주치상)

피의자는 ○○모○○○○호 오피러스 승용차의 운전업무에 종사하는 사람이다.

피의자는 20○○. ○○. ○○. 21:00경 위 승용차를 운전하여 서울 서초구 ○○로에 있는 ○○빌딩 앞 편도 2차로 도로를 반포역 방향에서 압구정역 방향으로 1차로를 따라 시속 약 50km로 진행하게 되었다.

당시 피의자는 같은 방향으로 앞서가는 피해자 김○○(43세)이 운전하는 ○○도 ○○○○호 에쿠스 승용차의 뒤를 따라가게 되었으므로, 이러한 경우 자동차 운전업무에 종사하는 사람에게는 그 동정을 잘 살피고 승용차가 정지할 경우 피할 수 있는 안전거리를 확보하고 진행하여야 할 업무상 주의의무가 있었다.

그럼에도 불구하고 피의자는 이를 게을리한 채 에쿠스 승용차에 지나치게 근접하여 운전한 과실로 무단횡단하는 사람을 발견하고 급정차하는 에쿠스 승용차 뒷범퍼를 피고인이 운전하는 승용차의 앞범퍼로 들이받았다.

결국 피의자는 위와 같은 업무상 과실로 피해자에게 약 3주간의 치료가 필요한 경추부염좌 등 상해를, 피해자가 운전하는 승용차 조수석에 타고 있던 피해자 이○○(여 43세)에게 약 3주간의 치료가 필요한 안면부좌상 등을 각각 입게 함과 동시에 뒷범퍼 교환 등 수리비 3,000,000원이 들 정도로 에쿠스 승용차를 손괴하고도 곧 정차하여 피해자를 구호하는 등 필요한 조치를 취하지 아니하고 도주하였다.

(작성례 5 – 상습절도)

가. 피의자는 20○○. ○. ○. 23 : 00경 서울 중랑구 상봉1동 123에 있는 피해자 박○○의 집에 열려진 대문으로 침입하여 그 집 안방 장롱 서랍 속에 놓여 있던 그 소유의 현금 30만원을 가지고 나옴으로써 이를 절취하였다.

나. 피의자는 같은 달 22. 23 : 00경 서울 중랑구 중화동 123에 있는 피해자 이○○의 집에 열려진 대문으로 함께 침입하여 안방으로 들어가 그곳 문갑속에 놓여 있던 위 이○○ 소유의 현금 50만원, 시가 10만원 상당 상아도장 1개 등 60만원 상당을 가지고 나와 이를 절취하였다.

(작성례 6 – 관세법 위반)

피의자 김○○은 SD공업주식회사 구로공장 원료계장으로 근무하는 사람이고, 피의자 SD공업주식회사는 스레이트제조 등을 업으로 하는 법인체이다.

피의자 김○○은, 세관장의 면허를 받지 아니하고, 20○○. ○. ○. 09 : 00경부터 같은 날 11 : 00경까지 사이에 서울 구로구 구로동 296의 3에 있는 위 회사 보세장치장에서 그 곳에 장치되어 있는 석면(6「D」24) 2천포 시가 금 9천만원(물품원가 3천만원) 상당을 그 장치장 밖으로 정당한 이유 없이 반출하여 이를 수입하였다.

피의자 SD공업주식회사는, 피의자의 직원인 같은 피의자 김○○이 피의자의 업무에 관하여 위의 기재와 같이 면허없이 석면 2천포의 수입행위를 하였다.

(작성례 7 – 조세포탈죄)

피의자 한○○은 20○○. ○. ○.경부터 20○○. ○. ○.까지 ○○시 ○○구 ○○동 있는 ○○운수(주)의 경리부장과 경리담당사무로 같은 조○○은 20○○. ○. ○.경부터 20○○. ○. ○.까지 위 회사의 대표이사로 각 재직하던 자이다.

피의자들은 위 회사에 부과되는 법인세 등을 포탈하기로 공모하고 20○○. ○. ○.경 위 회사 사무실에서 위 회사의 20○○회계년도의 운수 수입금액이 돈 8,562,501,425원임에도 운수수입장 등 증빙서류를 2중으로 작성하는 방법으로 일부수입에 대한 기장을 누락시켜 돈 7,126,215,425원으로 축소계산된 대출장 및 재무제표 등 세무관계장부를 위 회사의 이사회 및 정기주주총회에서 각 승인받았다 그리고 같은 날 30. ○○세무소 법인세과에 위 회계연도의 법인세 과세표준을 신고함에 있어 위 매출금액에 대한 소득금액 돈 1,386,286,000원을 누락케하여 별지 신고누락과세표준액 및 세액계산표의 게재와 같이 20○○년도 세목별 과세표준을 누락한 채 그대로 정부의 결정을 거쳐 위 각 세목의 납부기한을 경과하게 함으로써 사기 기타 부정한 행위로써 국세 및 법인세 000,000,000원과 교육세 000,000,000,원 등 합계 000,000,000원을 포탈하였다.

(작성례 8 - 뇌물수수)

피의자는 20○○. ○.경부터 20○○. ○.경까지 사이에 중앙약사심의위원회 신약분과 위원회 독성평가소분과위원, 진단용의약품소분과위원등의 지위에 있다.

피의자는 김○○로부터 "○○제약회사에 대한 의약품 심의시 잘봐달라."는 취지의 부탁을 받고 20○○. ○. ○.경부터 20○○. ○. ○.까지 총 4회에 걸쳐 합계 금 1억2,000만원을 그 직무와 관련하여 뇌물을 수수하였다.

(작성례 9 - 알선수뢰)

피의자는 ○○구청 ○○과장으로 재직중이다.

피의자는 20○○. ○. ○.경 ○○동에 있는 상호를 모르는 단란주점에서 피의자와 평소 친분이 있는 ○○구청장에게 청탁하여 ○○구에서 매각추진중이던 ○○동 123번지 주차장부지 1,000평을 이○○가 수의계약으로 매입할 수 있도록 해 달라는 부탁과 함께 이○○이 제공하는 3,000만원을 교부받아 공무원의 직무에 속한 사항의 알선에 관하여 금품을 수수하였다.

■ 적용실례

◇ 뇌물수수

※ 공무원인 이 사건 피고인들이 20○○. 2. 9.부터 20○○. 11. 27.까지 사이에 전후 17회에 걸쳐 정기적으로 동일한 납품업자로부터 신속한 검수, 검수과정에서의 함량미달 등 하자를 눈감아 달라는 청탁 명목으로 계속하여 금원을 교부받아 그 직무에 관하여 뇌물을 수수한 것이라면, 이는 피고인들이 직무에 관하여 뇌물을 수수한다는 단일의 범의 아래 계속하여 일정기간 동종행위를 반복한 것이 분명하므로, 뇌물수수의 포괄일죄로 보아 특가법에 의하여 의율하여야 한다.

◇ 도주의 경우

※ 운전자가 교통사고 당시 자기의 승용차(서울○○ 가 ○○○○)에 피해자가 충격되어 땅바닥에 넘어졌다가 일어난 것을 본 이상 피해자가 이 충격으로 인하여 상해를 입을 수도 있을 것이라는 예견을 할 수 있었다고 할 것이므로, 이러한 경우 피해자가 상해를 입었는지 여부를 확인한 후 피해자를 구호할지 여부에 대한 조치를 취하여야 함에도 불구하고 이러한 조치를 취함이 없이 피해자가 걸어가는 것을 보고는 그대로 위 승용차(서울○○ 가 ○○○○)를 운행해 가 버렸다면 이는 특가법 제5조의3 제1항 소정의 도주의 경우에 해당한다.

◇ 도주 부정 사례

※ 자동차운전자가 교통사고 당시 눈이 내려 노면이 미끄러웠으므로 운행속력 때문에 즉시 정차할 수 없었고, 또한 도로공사 중이어서 사고현장에서 정차할 마땅한 장소가 없어 사고지점에서 약100미터 내지 150미터쯤 전진하여 정차한 뒤 사고현장 쪽으로 50미터 정도 되돌아오다가 뒤쫓아 온 공소외인과 마주쳐서 동인과 같이 사고현장에 이르러 피해자를 차에 싣고 병원으로 가 응급조치를 취하였다면 도주하였다고 볼 수 없다.

◇ 절취한 수표를 주대로 지불한 경우

※ 피의자가 절취한 자기앞수표를 자신의 소유인 것처럼 가장하고 주점에서 주대로 지불하여 동액 상당의 재산상 이익을 편취하였다는 것인바, 그렇다면 비록 절취한 것이기는 하나 현금과 동일하게 취급되는 자기앞수표를 주대로 지불한 이상 위 행위는 절도 범행의 불가불적 사후 행위에 불과하다 할 것이므로 범죄혐의 없다 할 것이다.

◇ 피의자가 4회에 걸쳐 백미를 절취한 것이 상습절도가 되는지 여부

※ 피의자가 공범과 함께 4회에 걸쳐 백미 등을 절취한 것이라는 바, 피의자는 17세의 소년이며 피의자에게는 동종전과가 있으나 1회에 불과하고(20○○년도 소년부 송치), 본건 절도도 피의자 아버지의 집, 숙모의 집 등에서 백미 등을 절취한 것으로 위와 같은 사실에 비추어 보면 본 건 절취범행을 피의자의 절도습벽의 발현으로 보기에는 부족함

◇ 단시간 내에 3회에 걸쳐 절취한 경우

※ 단시간 내에 3회에 걸쳐 예금통장·승용차·카메라 등을 절취한 것이고, 한편 피의자는 20○○. 2. 3. 절도죄로 각 처벌받은 전력이 있다고 하여도 범행동기, 수법, 경력, 최종 출소 후의 행적 등을 종합하여 절도습벽의 발현이라고 인정할 수 있어야 상습성을 인정할 수 있으므로 피의자신문조서에 이를 보다 철저하게 수사함이 요구된다.

◇ 본 건의 피의자가 그 범행의 수단으로 주거침입

※ 상습절도죄를 범한 본건 피의자가 그 범행의 수단으로 주거침입을 한경우에 주거침입 행위는 상습절도 등 죄에 흡수되어 특정범죄가중처벌등에관한법률 제5조의4 제1항에 규정된 상습절도죄의 일죄만이 성립하고 따로 주거침입죄를 구성하는 것은 아님에 유의할 것이다.

● 관련판례 1

◎ 특정범죄 가중처벌 등에 관한 법률 제5조의4 제1항 또는 제2항에서 정한 형을 선고받았으나 형의 실효 등에 관한 법률 제7조 제1항에 따라 그 형이 실효된 경우, 특정범죄 가중처벌 등에 관한 법률 제5조의4 제6항에서 정한 '실형을 선고받은 경우'에 해당하는지 여부(소극)

형의 실효 등에 관한 법률 제7조 제1항은 수형인이 자격정지 이상의 형을 받음이 없이 형의 집행을 종료하거나 그 집행이 면제된 날부터 같은 항 각 호에서 정한 기간이 경과한 때에는 그 형은 실효된다고 규정하고 있고, 같은 항 제2호에서 3년 이하의 징역·금고형의 경우는 그 기간을 5년으로 정하고 있다. 위 규정에 따라 형이 실효된 경우에는 형의 선고에 의한 법적 효과가 장래에 향하여 소멸되므로 특정범죄 가중처벌 등에 관한 법률(이하 '특가법'이라고 한다) 제5조의4 제1항 또는 제2항에서 정

한 형을 선고받았다고 하더라도 형의 실효 등에 관한 법률 제7조 제1항에 따라 그 형이 실효된 때에는 특가법 제5조의4 제6항에서 정한 "실형을 선고받은 경우"에 해당한다고 볼 수 없다.(대법원 2015. 1. 29. 선고 2014도13805 판결)

● 관련판례 2

◎ 특정범죄 가중처벌 등에 관한 법률 제5조의12 위반죄는 선박의 교통으로 인하여 형법 제268조의 죄를 범한 선박의 선장 또는 승무원이 수난구호법 제18조 제1항 단서에 규정된 의무를 이행하기 이전에 사고현장을 이탈한 때에 성립하는지 여부(적극) 및 위 죄는 '선박 간의 충돌사고'나 '조타상의 과실'로 형법 제268조의 죄를 범한 경우에 한하여 성립하는지 여부(소극) / 수난구호법 제18조 제1항 단서에 따라 사고를 낸 선장 또는 승무원이 취하여야 할 조치의 정도 및 그러한 조치를 취하기 전에 도주의 범의로써 사고현장을 이탈한 것인지 판단하는 기준

특정범죄 가중처벌 등에 관한 법률(이하 '특정범죄가중법'이라 한다) 제1조, 제5조의12 제1호, 제2호, 해사안전법 제2조 제2호, 수난구호법 제18조 제1항 단서의 체계, 내용 및 취지 등을 고려하면, 특정범죄가중법 제5조의12 위반죄는 형법 제268조의 업무상과실치사상죄 및 중과실치사상죄를 기본범죄로 하여 수난구호법 제18조 제1항 단서 위반행위 및 도주행위를 결합하여 가중 처벌하는 일종의 결합범으로서 선박의 교통으로 형법 제268조의 죄를 범한 선박의 선장 또는 승무원이 수난구호법 제18조 제1항 단서에 규정된 의무를 이행하기 이전에 사고현장을 이탈한 때에 성립하고, '선박 간의 충돌사고'나 '조타상의 과실'로 형법 제268조의 죄를 범한 경우에 한하여 성립하는 것으로 볼 수 없다.

한편 수난구호법 제18조 제1항 단서에 따라 사고를 낸 선장 또는 승무원이 취하여야 할 조치는 사고의 내용과 피해의 정도 등 구체적 상황에 따라 건전한 양식에 비추어 통상 요구되는 정도로 적절히 강구되어야 하고, 그러한 조치를 취하기 전에 도주의 범의로써 사고현장을 이탈한 것인지를 판정할 때에는 사고의 경위와 내용, 피해자의 생명·신체에 대한 위험의 양상과 정도, 선장 또는 승무원의 과실 정도, 사고 후의 정황 등을 종합적으로 고려하여야 한다.(대법원 2015. 11. 12. 선고 2015도6809 전원합의체 판결)

● 관련판례 3

◎ 조세범 처벌법 제10조 제3항의 각 위반행위에 대하여 특정범죄 가중처벌 등에 관한 법률 제8조의2 제1항 위반의 포괄일죄가 성립하는 경우

특정범죄 가중처벌 등에 관한 법률 제8조의2 제1항(이하 '법률조항'이라 한다)은 영리의 목적과 세금계산서 및 계산서에 기재된 공급가액이나 매출처별세금계산서합계표·매입처별세금계산서합계표에 기재된 공급가액 또는 매출·매입금액(이하 '공급가액등' 이라 한다)의 합계액이 일정액 이상이라는 가중사유를 구성요건화하여 조세범 처벌법 제10조 제3항 위반과 합쳐서 하나의 범죄유형으로 정하고 공급가액등의 합계액에 따라 구분하여 법정형을 정하고 있음에 비추어 보면, 조세범 처벌법 제10조 제3항의 각 위반행위가 영리를 목적으로 단일하고 계속된 범의 아래 일정기간 계속하여 행하고 행위들 사이에 시간적 · 연관성이 있으며 범행의 방법 간에도 동일성이 인정되는 등 하나의 법률조항 위반행위로 평가될 수 있고, 그 행위들에 해당하는 문서에 기재된 공급가액을 모두 합산한 금액이 법률조항에 정한 금액에 해당하면, 그 행위들에 대하여 포괄하여 법률조항 위반의 1죄가 성립될 수 있다.(대법원 2015. 6. 23. 선고 2015도2207 판결)

● 관련판례 4

◎ 특정범죄 가중처벌 등에 관한 법률 제8조의2 제1항에서 정한 '영리의 목적' 의 의미 및 거짓으로 기재한 매입처별 세금계산서합계표를 제출하여 부당하게 부가가치세를 환급 · 공제받으려는 목적이 이에 해당하는지 여부(적극)

특정범죄 가중처벌 등에 관한 법률 제8조의2 제1항에서 정하고 있는 '영리의 목적' 이란 널리 경제적인 이익을 취득할 목적을 말하는 것으로서, 거짓으로 기재한 매입처별 세금계산서합계표를 제출하여 부당하게 부가가치세를 환급 · 공제받으려는 목적은 여기에 해당한다.(대법원 2014. 9. 24. 선고 2013도5758 판결)

82. 폭력행위 등 처벌에 관한 법률

[시행 2016. 1. 6.] [법률 제13718호, 2016. 1. 6., 일부개정]

제3조(집단적 폭행 등)

④ 이 법(「형법」 각 해당 조항 및 각 해당 조항의 상습범, 특수범, 상습특수범, 각 해당 조항의 상습범의 미수범, 특수범의 미수범, 상습특수범의 미수범을 포함한다)을 위반하여 2회 이상 징역형을 받은 사람이 다시 다음 각 호의 죄를 범하여 누범으로 처벌할 경우에는 다음 각 호의 구분에 따라 가중처벌한다. 〈개정 2014.12.30., 2016.1.6.〉

1. 「형법」 제261조(특수폭행)(제260조제1항의 죄를 범한 경우에 한정한다), 제284조(특수협박)(제283조제1항의 죄를 범한 경우에 한정한다), 제320조(특수주거침입) 또는 제369조제1항(특수손괴)의 죄: 1년 이상 12년 이하의 징역
2. 「형법」 제261조(특수폭행)(제260조제2항의 죄를 범한 경우에 한정한다), 제278조(특수체포, 특수감금)(제276조제1항의 죄를 범한 경우에 한정한다), 제284조(특수협박)(제283조제2항의 죄를 범한 경우에 한정한다) 또는 제324조제2항(강요)의 죄: 2년 이상 20년 이하의 징역
3. 「형법」 제258조의2제1항(특수상해), 제278조(특수체포, 특수감금)(제276조제2항의 죄를 범한 경우에 한정한다) 또는 제350조의2(특수공갈)의 죄: 3년 이상 25년 이하의 징역

(작성례 1)

피의자는 20○○. ○. ○. 23 : 00경 ○○시 ○○동에 있는 ○○지방법원 앞길에서 피해자 김○○이 피의자를 상대로 위 법원에 대여금반환청구소송을 제기한 사건의 변론을 마치고 나오는 길에 위 피해자가 법정에서 거짓말을 하였다는 이유로 시비를 걸어 다투다가 피해자의 멱살을 잡아 흔들고 얼굴을 주먹으로 2대 때리는 등으로 그를 폭행하였다.

(작성례 2)

피의자들은 공동하여 20○○. ○. ○. 23 : 40경 서울 ○○동 ○○번지 골목을 술에 취해 지나가던 중 그 곳에 세워둔 피해자 윤○○소유의 서울○○가○○○○호 EF소나타 승용차가 통행에 방해가 된다는 이유로 피의자 이○○은 위 차의 오른쪽 후사경을 손으로 잡아떼고, 피의자 강○○는 위 차의 오른쪽 휀다부분을 발로 차서 수리비 ○○만원 상당이 들도록 위 차를 손괴하여 그 효용을 해하였다.

(작성례 3)

피의자들은 공동하여 20○○. 12. 1. 00:00경 서울 ○○구 ○○동 ○○아파트 1동 1001호 피해자 김○○의 주거지에서, 피의자들이 위 피해자가 시공한 서울 ○○구 ○○동 123 소재 2층 주택건축공사에 인부로 일하였으나, 위 피해자가 약정한 기일까지 노임을 해결해주지 않아 이를 항의하기 위하여 위 장소에 가서 잠긴 출입문을 발로 차 열고 그 안으로 들어가 위 피해자의 주거에 침입하였다.

(작성례 4)

피의자는 20○○. 12. 1. 00:00경 서울 ○○구 ○○동 1234에 있는 피해자 이○○의 집에서, 평소 위 피해자를 짝사랑한 나머지 동인과 한번만 대화를 나누고 싶다는 이유로 열려진 대문을 통하여 그 안으로 들어가 피해자를 불렀으나 피해자가 피의자에게 위 장소로부터 나가줄 것을 요구하였음에도 2시간 동안 이에 응하지 아니하고 계속 위 장소에 남아 있어 피해자의 주거로부터의 퇴거에 불응하였다.

(작성례 5)

피의자들은 공동하여, 20○○. 12. 1. 15:30경 서울 ○○구 ○○동 ○○아파트 1단지 놀이터 부근의 공터에서 학교를 마치고 귀가하는 피해자 김○○(12), 같은 박○○(12), 같은 이○○(12) 등을 불러 세워 놓고 피의자 홍○○, 같은 박○○는 위 피해자들에게 가지고 있는 돈을 모두 내놓으라고 이야기하고 피의자 이○○은 그 주위에 서서 무서운 인상을 보이며 가세하고 피의자 김○○은 주위 도로가에서 누가 오는지 망을 보았다.

피의자 이○○는 그곳에 있는 막대기를 들고 피해자들을 향하여 겨누며 말을 듣지 않으면 이 몽둥이가 가만히 있지 않는다고 말하는 등 하여 위 피해자들이 피의자들의 요구에 응하지 아니하면 그 신체에 어떤 위해를 가할 듯한 태도를 보여 겁을 주고 이에 겁먹은 피해자 김○○으로부터 현금5,000원을, 같은 박○○으로부터 손목시계 1개 시가 40,000원 상당을, 같은 이○○으로부터 현금 10,000원과 손목시계 1

개 시가 50,000원 상당 등 합계 금 105,000원 상당의 금품을 교부받아 이를 갈취하였다.

(작성례 6)

피의자는 피해자 이○○(35세)가 같은 회사에 근무하는 경리사원과 불륜 관계를 맺어 왔고 그 위자료를 지급하기 위하여 공금을 유용한 사실을 알게 된 것을 이용하여 피해자를 공갈하여 재물을 받아내기로 모의하였다.

피의자들은 20○○. ○○. ○○. 10:00경 서울특별시 강남구 ○○로에 있는 약속다방에서, 피해자를 그곳으로 불러낸 다음, 피의자 김○○은 피해자에게 "나는 교도소에서 나온 지 며칠 안 되는 사람인데 당신이 회사 경리사원과 불륜의 관계를 맺고 있는 사실과 거액의 회사 돈을 유용하여 그녀에게 위자료를 준 사실을 알고 있다. 10,000,000원을 주지 않으면 이를 폭로하겠다." 라고 말하고, 피고인 최상호는 옆에 앉아 "만약 사실이 폭로되면 신상에 여러 가지로 좋지 않으니 10,000,000원을 주고 해결하는 것이 좋다." 라고 말하여 피해자에게 겁을 주었다.

피의자들은 이에 겁을 먹은 피해자로부터 20○○.○○. ○○. 11:00경 위 약속다방에서 현금 10,000,000원을 받았다.

● 관련판례 1

◎ 형의 실효 등에 관한 법률에 따라 형이 실효된 경우, 그 전과를 폭력행위 등 처벌에 관한 법률 제2조 제3항의 '징역형을 받은 경우' 라고 할 수 있는지 여부(소극)

폭력행위 등 처벌에 관한 법률(이하 '폭력행위처벌법' 이라 한다) 제2조 제3항은 "이 법(형법 각 해당 조항 및 각 해당 조항의 상습범, 특수범, 상습특수범, 각 해당 조항의 상습범의 미수범, 특수범의 미수범, 상습특수범의 미수범을 포함한다)을 위반하여 2회 이상 징역형을 받은 사람이 다시 제2항 각 호에 규정된 죄를 범하여 누범으로 처벌할 경우에는 다음 각 호의 구분에 따라 가중처벌한다." 라고 규정하고 있다. 그런데 형의 실효 등에 관한 법률에 따라 형이 실효된 경우에는 형의 선고에 의한 법적 효과가 장래를 향하여 소멸하므로 형이 실효된 후에는 그 전과를 폭력행위처벌법 제2조 제3항에서 말하는 '징역형을 받은 경우' 라고 할 수 없다.(대법원 2016. 6. 23. 선고 2016도5032 판결)

● 관련판례 2

◎ **형법 제257조 제1항의 가중적 구성요건을 규정하고 있던 구 폭력행위 등 처벌에 관한 법률 제3조 제1항을 삭제하는 대신 같은 구성요건을 형법 제258조의2 제1항에 신설하면서 법정형을 구 폭력행위 등 처벌에 관한 법률 제3조 제1항보다 낮게 규정한 것이 종전의 형벌규정이 과중하다는 데에서 나온 반성적 조치로서 형법 제1조 제2항의 '범죄 후 법률의 변경에 의하여 형이 구법보다 경한 때'에 해당하는지 여부(적극)**

구 폭력행위 등 처벌에 관한 법률(2016. 1. 6. 법률 제13718호로 개정되기 전의 것, 이하 '구 폭력행위처벌법'이라 한다)은 제3조 제1항에서 "단체나 다중의 위력으로써 또는 단체나 집단을 가장하여 위력을 보임으로써 제2조 제1항 각 호에 규정된 죄를 범한 사람 또는 흉기나 그 밖의 위험한 물건을 휴대하여 그 죄를 범한 사람은 제2조 제1항 각 호의 예에 따라 처벌한다."라고 규정하고, 제2조 제1항에서 "상습적으로 다음 각 호의 죄를 범한 사람은 다음의 구분에 따라 처벌한다."라고 규정하면서 제3호에서 형법 제257조 제1항(상해), 형법 제257조 제2항(존속상해)에 대하여 3년 이상의 유기징역에 처하도록 규정하였다. 그런데 2016. 1. 6. 법률 제13718호로 개정·시행된 폭력행위 등 처벌에 관한 법률에는 제3조 제1항이 삭제되고, 같은 날 법률 제13719호로 개정·시행된 형법에는 제258조의2(특수상해)가 신설되어 제1항에서 "단체 또는 다중의 위력을 보이거나 위험한 물건을 휴대하여 제257조 제1항 또는 제2항의 죄를 범한 때에는 1년 이상 10년 이하의 징역에 처한다."라고 규정하였다.

이와 같이 형법 제257조 제1항의 가중적 구성요건을 규정하고 있던 구 폭력행위처벌법 제3조 제1항을 삭제하는 대신에 같은 구성요건을 형법 제258조의2 제1항에 신설하면서 법정형을 구 폭력행위처벌법 제3조 제1항보다 낮게 규정한 것은, 가중적 구성요건의 표지가 가지는 일반적인 위험성을 고려하더라도 개별 범죄의 범행경위, 구체적인 행위태양과 법익침해의 정도 등이 매우 다양함에도 일률적으로 3년 이상의 유기징역으로 가중 처벌하도록 한 종전의 형벌규정이 과중하다는 데에서 나온 반성적 조치라고 보아야 하므로, 이는 형법 제1조 제2항의 '범죄 후 법률의 변경에 의하여 형이 구법보다 경한 때'에 해당한다.(대법원 2016. 1. 28. 선고 2015도17907 판결)

● 관련판례 3

◎ **폭력행위 등 처벌에 관한 법률 제4조 제1항의 입법 취지 및 위 조항에서 말하는 '범죄단체 구성원으로서의 활동'의 의미 / 범죄단체를 구성하거나 이에 가입한 자가 더 나아가 구성원으로 활동하는 경우, '범죄단체의 구성이나 가입'과 '범죄단체 구성원으로서의 활동' 사이의 죄수관계(=포괄일죄)**

폭력행위 등 처벌에 관한 법률 제4조 제1항은 그 법에 규정된 범죄행위를 목적으로 하는 단체를 구성하거나 이에 가입하는 행위 또는 구성원으로 활동하는 행위를 처벌하도록 정하고 있는데, 이는 구체적인 범죄행위의 실행 여부를 불문하고 범죄행위에 대한 예비·음모의 성격이 있는 범죄단체의 생성 및 존속 자체를 막으려는 데 입법 취지가 있다. 또한 위 조항에서 말하는 범죄단체 구성원으로서의 활동이란 범죄단체의 내부 규율 및 통솔 체계에 따른 조직적·집단적 의사 결정에 기초하여 행하는 범죄단체의 존속·유지를 지향하는 적극적인 행위를 일컫는다.

그런데 범죄단체의 구성이나 가입은 범죄행위의 실행 여부와 관계없이 범죄단체 구성원으로서의 활동을 예정하는 것이고, 범죄단체 구성원으로서의 활동은 범죄단체의 구성이나 가입을 당연히 전제로 하는 것이므로, 양자는 모두 범죄단체의 생성 및 존속·유지를 도모하는, 범죄행위에 대한 일련의 예비·음모 과정에 해당한다는 점에서 범의의 단일성과 계속성을 인정할 수 있을 뿐만 아니라 피해법익도 다르지 않다. 따라서 범죄단체를 구성하거나 이에 가입한 자가 더 나아가 구성원으로 활동하는 경우, 이는 포괄일죄의 관계에 있다.(대법원 2015. 9. 10. 선고 2015도7081 판결)

● 관련판례 4

◎ 국회의원인 피고인이 한미 자유무역협정 비준동의안의 국회 본회의 심리를 막기 위하여 의장석 앞 발언대 뒤에서 CS최루분말 비산형 최루탄 1개를 터뜨리고 최루탄 몸체에 남아있는 최루분말을 국회부의장 갑에게 뿌려 갑과 국회의원 등을 폭행하였다는 내용으로 기소된 사안에서, 위 최루탄과 최루분말이 폭력행위 등 처벌에 관한 법률 제3조 제1항의 '위험한 물건'에 해당한다고 본 원심판단을 수긍한 사례

국회의원인 피고인이 한미 자유무역협정 비준동의안의 국회 본회의 심리를 막기 위하여 의장석 앞 발언대 뒤에서 CS최루분말 비산형 최루탄(제조모델 SY-44) 1개를 터뜨리고 최루탄 몸체에 남아있는 최루분말을 국회부의장 갑에게 뿌려 갑과 국회의원 등을 폭행하였다는 내용으로 기소된 사안에서, 위 최루탄과 최루분말은 사회통념에 비추어 상대방이나 제3자로 하여금 생명 또는 신체에 위험을 느낄 수 있도록 하기에 충분한 물건으로서 폭력행위 등 처벌에 관한 법률 제3조 제1항의 '위험한 물건'에 해당한다고 본 원심판단을 수긍한 사례.(대법원 2014. 6. 12. 선고 2014도1894 판결)

제7조(우범자)

정당한 이유 없이 이 법에 규정된 범죄에 공용(供用)될 우려가 있는 흉기나 그 밖의 위험한 물건을 휴대하거나 제공 또는 알선한 사람은 3년 이하의 징역 또는 300만원 이하의 벌금에 처한다.

(작성례 1)

피의자는 20○○. ○. ○. 21 : 00경 서울 ○○동에 있는 ○○중학교 부근 도로에서 술에 취한 채 피의자의 집에 있던 위험한 물건인 과도(칼날길이 15cm)를 점퍼의 안주머니에 넣고 위 장소를 배회하여 폭력행위에 공용될 우려가 있는 위험한 물건인 과도를 소지하였다.

● 관련판례 1

◎ 피고인이 '1997. 4. 3. 21:50경 서울 용산구 이태원동에 있는 햄버거 가게 화장실에서 피해자 갑을 칼로 찔러 을과 공모하여 갑을 살해하였다' 는 내용으로 기소되었는데, 선행사건에서 '1997. 2. 초순부터 1997. 4. 3. 22:00경까지 정당한 이유 없이 범죄에 공용될 우려가 있는 위험한 물건인 휴대용 칼을 소지하였고, 1997. 4. 3. 23:00경 을이 범행 후 햄버거 가게 화장실에 버린 칼을 집어 들고 나와 용산 미8군영 내 하수구에 버려 타인의 형사사건에 관한 증거를 인멸하였다' 는 내용의 범죄사실로 유죄판결을 받아 확정된 사안에서, 살인죄의 공소사실과 선행사건에서 유죄로 확정된 증거인멸죄 등의 범죄사실 사이에 기본적 사실관계의 동일성이 없다고 한 사례

피고인이 '1997. 4. 3. 21:50경 서울 용산구 이태원동에 있는 햄버거 가게 화장실에서 피해자 갑을 칼로 찔러 을과 공모하여 갑을 살해하였다' 는 내용으로 기소되었는데, 선행사건에서 '1997. 2. 초순부터 1997. 4. 3. 22:00경까지 정당한 이유 없이 범죄에 공용될 우려가 있는 위험한 물건인 휴대용 칼을 소지하였고, 1997. 4. 3. 23:00경 을이 범행 후 햄버거 가게 화장실에 버린 칼을 집어 들고 나와 용산 미8군영 내 하수구에 버려 타인의 형사사건에 관한 증거를 인멸하였다' 는 내용의 범죄사실로 유죄판결을 받아 확정된 사안에서, 살인죄의 공소사실과 선행사건에서 유죄로 확정된 폭력행위 등 처벌에 관한 법률 위반(우범자)죄와 증거인멸죄(이하 '증거인멸죄 등' 이라고 한다)는 범행의 일시, 장소와 행위 태양이 서로 다르고, 살인죄는 폭력행위 등 처벌에 관한 법률 위반(우범자)죄나 증거인멸죄와는 보호법익이 서로 다르며 죄질에서도 현저한 차이가 있으므로, 살인죄의 공소사실과 증거인멸죄 등의 범죄사실 사이에 기본적 사실관계의 동일성이 없다.(대법원 2017. 1. 25. 선고 2016도15526 판결)

● 관련판례 2

◎ 폭력행위 등 처벌에 관한 법률 제4조에서 정한 '범죄를 목적으로 한 단체' 의 의미 및 범죄단체의 구성 또는 가입에 단체의 명칭·강령, 단체 결성식 등 특별한 절차의 존재를 요하는지 여부(소극)

폭력행위집단은 합법적인 단체와는 달라 범죄단체의 특성상 단체로서의 계속적인 결집성이 다소 불안정하고 그 통솔체제가 대내외적으로 반드시 명확하지 않은 것처럼 보이더라도 구성원들 간의 관계가 선·후배 혹은 형, 아우로 뭉쳐져 그들 특유의 규율에 따른 통솔이 이루어져 단체나 집단으로서의 위력을 발휘하는 경우가 많은 점에 비추어 볼 때, 폭력행위 등 처벌에 관한 법률 제4조에서 규정하는 '범죄를 목적으로 한 단체' 는 위 법률에서 규정한 범죄를 한다는 공동의 목적 아래 특정 다수인에 의하여 구성된 계속적인 결합체로서 그 단체를 주도하거나 내부의 질서를 유지하는 최소한의 통솔체계를 갖추면 된다. 나아가 이러한 범죄단체는 다양한 형태로 성립·존속할 수 있는 것으로서 정형을 요하는 것이 아니므로, 그 구성 또는 가입에 관하여 반드시 단체의 명칭이나 강령이 명확하게 존재하고 단체 결성식이나 가입식과 같은 특별한 절차가 있어야만 하는 것이 아니다.

이러한 범죄단체의 구성은 단체를 새로이 조직, 창설하는 것을 의미하므로, 기존의 범죄단체를 이용하여 새로운 범죄단체를 구성하였다고 하려면, 기존의 범죄단체가 이미 해체 내지 와해된 상태에 있어 그 조직을 재건하거나, 기존의 범죄단체에서 분리되어 나와 별도의 범죄단체를 구성하거나, 현재 활동 중인 범죄단체가 다른 범죄단체를 흡수하거나 그와 통합함으로써, 그 조직이 완전히 변경되어 기존의 범죄단체와 동일성이 없는 별개의 단체로 인정될 수 있어야 한다.(대법원 2014. 2. 13. 선고 2013도12804 판결)

81. 풍속영업의 규제에 관한 법률

[시행 2021. 1. 1.] [법률 제17689호, 2020. 12. 22., 타법개정]

제3조(준수 사항)

풍속영업을 하는 자(허가나 인가를 받지 아니하거나 등록이나 신고를 하지 아니하고 풍속영업을 하는 자를 포함한다. 이하 "풍속영업자"라 한다) 및 대통령령으로 정하는 종사자는 풍속영업을 하는 장소(이하 "풍속영업소"라 한다)에서 다음 각 호의 행위를 하여서는 아니 된다.

1. 「성매매알선 등 행위의 처벌에 관한 법률」 제2조제1항제2호에 따른 성매매알선등행위
2. 음란행위를 하게 하거나 이를 알선 또는 제공하는 행위
3. 음란한 문서·도화(圖畵)·영화·음반·비디오물, 그 밖의 음란한 물건에 대한 다음 각 목의 행위
   가. 반포(頒布)·판매·대여하거나 이를 하게 하는 행위
   나. 관람·열람하게 하는 행위
   다. 반포·판매·대여·관람·열람의 목적으로 진열하거나 보관하는 행위
4. 도박이나 그 밖의 사행(射倖)행위를 하게 하는 행위

[전문개정 2010. 7. 23.]

(작성례 1)

피의자는 ○○시 ○○동 ○○번지에 있는 풍속영업소인 ○○모텔의 종업원이다.

피의자는 20○○. ○. ○. 위 모텔에서 피의자가 데리고 온 성매매녀 정○○(26세)으로 하여금 그 곳을 찾은 투숙객 이○○과 성매매행위를 하게 하고 그녀가 화대조로 받은 돈 ○만원 중 ○만원을 알선대가로 받는 등 같은 해 ○.경부터 그 때까지 약 32회에 걸쳐 정○○로 하여금 불특정다수의 투숙객들과 성매매행위를 하게하고 그 때마다 돈 ○만원 내지 ○만원을 받는 방법으로 성매매행위를 알선하였다.

(작성례 2)

피의자는 ○○시 ○○동 ○○번지에 있는 ○○장여관을 경영하고 있다.

피의자는 20○○. ○. ○. 23 : 30경 위 여관 ○○○호 객실에 투숙한 피의자 박○○ 외 4명이 고스톱을 할테니 화투 한 목을 달라고 말하면서 만일 단속이 나오면 전화기를 이용하여 신호를 넣어달라고 부탁하고 팁으로 돈 ○만원을 주자 위 박○○ 등이 도박을 한다는 사실을 알면서도 위 박○○ 등에게 화투를 제공하는 등으로 협력함으로써 위 박○○ 등이 1점당 2천원짜리의 속칭 '고스톱'이라는 도박을 하게 하였다.

(작성례 3)

피의자는 성인용전자유기장을 경영하고 있다.

피의자는 20○○. ○. ○. 16 : 00경 ○○시 ○○동 ○○번지에 있는 피의자 경영의 ○○휴게실에 설치한 속칭 '꽃놀이' 20대 등 전자유기기구 30대를 이용하여 그 곳을 찾은 사건외 서○○로부터 돈 ○만원을 받고 코인버튼을 이용하여 위 꽃놀이화면에 1,920점을 입력해준 다음 서○○가 위 유기기구를 조작하여 취득한 최종점수 500점당 10,000원씩을 시상하는 방법으로 사행행위를 하게 하는 등 그 때부터 20○○. ○. ○.까지 불특정다수인을 상대로 위와 같은 사행행위를 하게 하였다.

● 관련판례 1

◎ 풍속영업의 규제에 관한 법률 제3조 제2호에서 정한 음란행위 '알선' 및 '음란행위'의 의미 / 풍속영업을 하는 자의 행위가 '음란행위의 알선'에 해당하는지 판단하는 기준

풍속영업의 규제에 관한 법률(이하 '풍속영업규제법'이라고 한다) 제3조 제2호는 풍속영업을 하는 자에 대하여 '음란행위를 알선하는 행위'를 금지하고 있다. 여기에서 음란행위를 '알선'하였다고 함은 풍속영업을 하는 자가 음란행위를 하려는 당사자 사이에 서서 이를 중개하거나 편의를 도모하는 것을 의미한다. 따라서 음란행위의 '알선'이 되기 위하여 반드시 그 알선에 의하여 음란행위를 하려는 당사자가 실제로 음란행위를 하여야만 하는 것은 아니고, 음란행위를 하려는 당사자들의 의사를 연결하여 더 이상 알선자의 개입이 없더라도 당사자 사이에 음란행위에 이를 수 있을 정도의 주선행위만 있으면 족하다.

한편 풍속영업규제법 제3조 제2호에서 규정하고 있는 '음란행위'란 성욕을 자극하거나 흥분 또는 만족시키는 행위로서 일반인의 정상적인 성적 수치심을 해치고 선량한 성적 도의관념에 반하는 것을 의미한다.

따라서 풍속영업을 하는 자의 행위가 '음란행위의 알선'에 해당하는지 여부는 당해 풍속영업의 종류, 허가받은 영업의 형태, 이용자의 연령 제한이나 장소의 공개 여부, 신체노출 등의 경우 그 시간과 장소, 노출 부위와 방법 및 정도, 그 동기와 경위 등을 종합적으로 고려하여, 사회 평균인의 입장에서 성욕을 자극하여 성적 흥분을 유발하고 정상적인 성적 수치심을 해하였다고 평가될 수 있는 행위, 즉 '음란행위'를 앞서의 법리에서 제시한 바와 같이 '알선'하였다고 볼 수 있는지를 기준으로 판단하여야 한다.(대법원 2020. 4. 29., 선고, 2017도16995, 판결)

● 관련판례 2

◎ 구 풍속영업의 규제에 관한 법률 제3조 제1호의2에서 정한 '음란행위'의 의미 및 풍속영업소에서 이루어진 행위가 형사처벌 대상인 음란행위에 해당하는지 판단하는 기준

구 풍속영업의 규제에 관한 법률(2010. 7. 23. 법률 제10377호로 개정되기 전의 것) 제3조 제1호의2에서 규정하고 있는 '음란행위'란 성욕을 자극하거나 흥분 또는 만족시키는 행위로서 일반인의 정상적인 성적 수치심을 해치고 선량한 성적 도의관념에 반하는 것을 의미하는바, '음란'이라는 개념이 사회와 시대적 변화에 따라 변동하는 상대적이고도 유동적인 것이며, 음란성에 관한 논의는 자연스럽게 형성·발전되어 온 사회 일반의 성적 도덕관념이나 윤리관념 및 문화적 사조와 직결되고 아울러 개인의 사생활이나 행복추구권 및 다양성과도 깊이 연관되는 문제로서 국가형벌권이 지나치게 적극적으로 개입하기에 적절한 분야가 아니라는 점 등에 비추어 볼 때, 풍속영업을 영위하는 장소에서 이루어진 행위가 형사처벌의 대상이 되는 '음란행위'에 해당하는지 여부는 당해 풍속영업의 종류, 허가받은 영업의 형태, 이용자의 연령 제한이나 장소의 공개 여부, 신체노출로 인한 음란행위에서는 그 시간과 장소, 노출 부위와 방법 및 정도, 그 동기와 경위 등을 종합적으로 고려하여, 그것이 단순히 일반인에게 부끄러운 느낌이나 불쾌감을 준다는 정도를 넘어서서 사회적으로 유해한 영향을 끼칠 위험성이 있다고 평가할 수 있을 정도로 노골적인 방법에 의하여 성적 부위를 노출하거나 성적 행위를 표현한 것으로서, 사회 평균인의 입장에서 성욕을 자극하여 성적 흥분을 유발하고 정상적인 성적 수치심을 해하였다고 평가될 수 있는지를 기준으로 판단하여야 한다.(대법원 2011. 9. 8. 선고 2010도10171 판결)

● 관련판례 3

◎ 숙박업소에서 위성방송수신장치를 이용하여 수신한 외국의 음란한 위성방송프로그램을 투숙객 등에게 제공한 행위가, 구 풍속영업의 규제에 관한 법률 제3조 제2호에 규정한 '음란한 물건'을 관람하게 하는 행위에 해당하는지 여부(적극)

텔레비전방송프로그램은 사물의 순간적 영상과 그에 따르는 음성·음향 등을 기계나 전자장치로 재생하여 송신할 수 있게 제작된 방송내용물로서, 영화 또는 비디오물과는 저장이나 전달의 방식이 다른 별개의 매체물이므로, 그 방송프로그램이 기억·저장되어 있는 테이프 또는 디스크 등의 유형물은 풍속영업의 규제에 관한 법률(이하 '풍속법'이라 한다) 제3조 제2호에서 규정하는 '기타 물건'에 해당한다. 한편 전기통신설비에 의하여 송신되는 방송프로그램은 그 전달 과정에서 신호의 변환이나 증폭 등의 단계를 거치더라도 그 내용을 이루는 영상이나 음성·음향 등이 그대로 텔레비전 등의 장치를 통하여 재현되는 것이므로, 방송 시청자가 관람하는 대상은 유형물에 고정된 방송프로그램 그 자체라고 할 수 있다. 따라서 풍속영업소인 숙박업소에서 음란한 외국의 위성방송프로그램을 수신하여 투숙객 등으로 하여금 시청하게 하는 행위는, 풍속법 제3조 제2호에 규정된 '음란한 물건'을 관람하게 하는 행위에 해당한다.

이러한 법리에 비추어 보면, 피고인 1이 원심 판시와 같이 풍속영업소인 숙박업소의 업주들과 공모하여 위성방송수신기 등을 이용하여 일본의 음란한 위성방송프로그램을 수신하여 숙박업소의 손님들로 하여금 시청하게 한 행위는 풍속법 제3조 제2호에 위반된다.

원심의 이 부분 판단은 그 이유 설시에 다소 미흡한 점이 있으나, 피고인 1이 관람에 제공한 객체가 위 법률 소정의 음란한 물건에 해당한다고 인정한 조치는 그 결론에 있어 정당한 것으로 수긍할 수 있고, 거기에 피고인들이 상고이유로 주장하는 바와 같은 음란한 물건의 개념 등에 관한 법리오해의 위법이 없다. (대법원 2010. 7. 15. 선고 2008도11679 판결)

84. 학원의 설립 · 운영 및 과외교습에 관한 법률

[시행 2022. 2. 18.] [법률 제18425호, 2021. 8. 17., 타법개정]

제6조(학원 설립·운영의 등록)

① 학원을 설립 · 운영하려는 자는 제8조에 따른 시설과 설비를 갖추어 대통령령으로 정하는 바에 따라 설립자의 인적사항, 교습과정, 강사명단, 교습비등, 시설 · 설비 등을 학원설립 · 운영등록신청서에 기재하여 교육감에게 등록하여야 한다. 등록한 사항 중 교습과정, 강사명단, 교습비등, 그 밖에 대통령령으로 정하는 사항을 변경하려는 경우에도 또한 같다. 〈개정 2011.7.25.〉

(작성례)

피의자 김○○은 관할관청에 등록을 하지 않고, 20○○. ○. ○.부터 같은 해 ○. ○.까지 사이에 ○○시 ○○동 ○○번지에 있는 ○○빌딩 3층에 '○○보습학원'라는 상호로 강의시설과 개인교습을 위한 시설을 갖춘 다음 임○○등 보습교사 5명을 고용하여 ○○초등학교 5학년생인 박○○ 등 50명에게 예습 및 복습을 도와주고 한달에 한 사람당 수강료로 15만원씩을 받는 보습학원을 설립·운영하였다.

● 관련판례 1

◎ 국제표준무도를 교습하는 학원을 설립 · 운영하려는 사람이 학원의 설립 · 운영 및 과외교습에 관한 법률상 학교교과교습학원으로 등록하려고 할 때, 관할 행정청이 위 법률에 따른 등록 요건을 갖춘 학원의 등록 수리를 거부할 수 있는지 여부(소극)

'무용' 이나 '댄스스포츠' 를 교습하는 학원이 학원의 설립 · 운영 및 과외교습에 관한 법률(이하 '학원법' 이라 한다)에서 규율하는 학원에 해당함은 분명하다. 초 · 중등교육법 제23조에 따른 학교교육과정에 포함되어 있는 '무용' 이나 '댄스스포츠' 를 교습하는 학원은 학원법상 학교교과교습학원으로서 예능 분야 내 예능 계열에서 무용을 교습하는 학원에 해당한다. 학교교과교습학원 외에 평생교육이나 직업교육을 목적으로 '무용' 이나 '댄스스포츠' 를 교습하는 학원은 학원법상 기예 분야 내 기예 계열의 평생직업교육학원에 해당한다.

학원의 설립 · 운영 및 과외교습에 관한 법률 시행령 제3조의3 제1항 [별표 2] 학원의 종류별 교습과정 중 평생직업교육학원의 교습과정에 속하는 댄스에 관하여 '체육시설의 설치 · 이용에 관한 법률에 따른 무도학원업 제외' 라는 단서 규정은 그 규정의 체계와 위치를 고려하면, 댄스를 교습하는 평생직업교육학원의 범위만을 제한하고 있을 뿐이고 무용을 교습하는 학교교과교습학원의 범위는 제한하지 않고 있다고 볼 수 있다. 따라서 국제표준무도를 교습하는 학원을 설립·운영하려는 자가 학원법상 학교교과교습학원으로 등록하려고 할 때에, 관할 행정청은 그 학원이 학원법에 따른 학교교과교습학원의 등록 요건을 갖춘 이상 등록의 수리를 거부할 수 없다고 보아야 한다.(대법원 2018. 6. 28., 선고, 2013두15774, 판결)

● 관련판례 2

◎ 학원의 설립·운영 및 과외교습에 관한 법률상 등록 대상이 되는 '학원'의 의미 / 유아나 장애인을 대상으로 교습하는 학원을 제외한 같은 법상 학원에 해당하는 경우, 2011. 7. 25. 개정된 같은 법이 시행된 후에는 초·중등교육법 제2조에 따른 학교의 학생을 대상으로 지식·기술(기능을 포함한다)·예능을 교습하기만 하면 학교교육과정을 교습하지 아니하더라도 학원의 설립·운영 및 과외교습에 관한 법률상 등록 대상이 되는지 여부(적극)

학원의 설립·운영 및 과외교습에 관한 법률(2011. 7. 25. 법률 제10916호로 개정된 것, 이하 '학원법'이라 한다) 제2조 제1호, 제6조, 학원의 설립·운영 및 과외교습에 관한 법률 시행령(2011. 10. 25. 대통령령 제23250호로 개정된 것, 이하 '학원법 시행령'이라 한다) 제3조의3 제1항, 제2항, 제5조 제2항 제3호, 제3항 제3호의 규정 내용에 따르면, 학원법의 등록 대상이 되는 학원은 학원법 시행령 [별표 2]에 정하여진 교습과정 내지 그와 유사하거나 그에 포함된 교습과정을 가르치거나 위 교습과목의 학습장소로 제공된 시설만을 의미하는 것으로 제한하여 해석함이 타당하다.

위 법리와 2011. 7. 25. 개정된 학원법 제2조의2 제1항 제1호, 2011. 10. 25. 개정된 학원법 시행령 [별표 2] 등 규정의 개정 경과 및 내용·취지에 따라 살펴보면, 유아나 장애인을 대상으로 교습하는 학원을 제외한 학원법 소정의 학원, 즉 '30일 이상의 교습과정에 따라 지식·기술(기능을 포함한다, 이하 같다)·예능을 교습하거나 학습장소로 제공되는 시설'이라는 조건을 충족하는 경우, 2011. 7. 25. 학원법이 개정되기 전에는 초·중등교육법 제23조에 따른 학교교육과정을 교습하여야만 '학교교과교습학원'의 범주에 포함되어 학원법상 등록의 대상이 되었으나, 2011. 7. 25. 개정된 학원법이 시행된 후에는 초·중등교육법 제2조에 따른 학교의 학생을 대상으로 지식·기술·예능을 교습하기만 하면 학교교육과정을 교습하지 아니하더라도 '기타분야 기타계열'의 '학교교과교습학원'에 포함되어 학원법상 등록의 대상이 되었다고 보아야 한다.(대법원 2017. 2. 9. 선고 2014도13280 판결)

● 관련판례 3

◎ 유아를 대상으로 교습하는 학원의 교습과정이 실용외국어, 음악, 미술, 무용, 독서실 등 어느 한 가지로 분류되지 않으나 지식·기술·예능을 교습하는 것인 경우, 구 학원의 설립·운영 및 과외교습에 관한 법률에서 정한 '학원'에 해당하는지 여부(적극)

구 학원의 설립·운영 및 과외교습에 관한 법률(2011. 7. 25. 법률 제10916호로 개정되기 전의 것, 이하 '학원법'이라고 한다) 제2조 제1호, 제2조의2, 구 학원의 설립 · 운영 및 과외교습에 관한 법률 시행령(2011. 10. 25. 대통령령 제23250호로 개정되기 전의 것) 제3조의2 제1항 [별표 1], 유아교육법 제2조 제1호의 내용을 종합하면, 유아교육법 제2조 제1호에 따른 유아를 대상으로 교습하는 학원은 그 교습과정을 실용외국어, 음악, 미술, 무용, 독서실 등 어느 한 가지로 분류할 수 없다 하더라도 그 밖의 교습과정으로 지식 · 기술 · 예능을 교습하는 것이라면 학원법이 정하는 학교교과교습학원 중 기타 분야 기타 계열의 학원에 해당한다고 봄이 타당하다.(대법원 2013. 12. 26. 선고 2011도9013 판결)

제3조(교원의 과외교습 제한)

「초·중등교육법」 제2조, 「고등교육법」 제2조, 그 밖의 법률에 따라 설립된 학교에 소속된 교원(「고등교육법」 제14조제2항에 따른 강사는 제외한다)은 과외교습을 하여서는 아니 된다. 〈개정 2012.1.26.〉

[전문개정 2007.12.21.]

(작성례)

피의자는 서울 ○○동에 있는 ○○고등학교 수학담당 교사이다.

피의자는 현직교사의 과외교습행위가 금지되어 있음에도 불구하고 20○○. ○. ○.경부터 20○○. ○. ○.경까지 사이에 서울 ○○동 ○○번지 박○○의 집 2층방에서 위 ○○고등학교 2학년에 재학중인 위 박○○의 아들 박○○에게 매일 21 : 00경부터 22 : 00경까지 1시간씩 매월 금 ○○만원의 보수를 받고 수학과목의 과외교습을 하였다.

제14조(교습소 설립·운영의 신고 등)

① 교습소를 설립·운영하려는 자는 대통령령으로 정하는 바에 따라 신고자 및 교습자의 인적사항, 교습소의 명칭 및 위치, 교습과목, 교습비등을 교습소설립·운영신고서에 기재하여 교육감에게 신고하여야 한다. 신고한 사항 중 교습자의 인적사항, 교습소의 명칭 및 위치, 교습과목, 교습비등, 그 밖에 대통령령으로 정하는 사항을 변경하려는 경우에도 또한 같다. 〈개정 2011.7.25.〉

(작성례)

피의자 김○○은 관할관청에 등록을 하지 않고, 20○○. ○. ○.부터 같은 해 ○. ○.까지 사이에 ○○시 ○○동 ○○번지에 있는 ○○빌딩 지하 1층에 '○○사교댄스'라는 상호로 조명시설과 플로아 등 춤교습을 위한 시설을 갖춘 다음 임○○ 등 불특정다수인을 상대로 지루박, 부르스 등의 춤을 가르쳐주고 한 달에 한 사람당 교습료로 6만원씩을 받는 사교춤교습학원을 설립·운영하였다.

● 관련판례

◎ 구 학원의 설립 · 운영 및 과외교습에 관한 법률에서 정한 '교습소'의 학습자에 초등학교 취학 전의 유아가 포함되는지 여부(소극)

구 학원의 설립 · 운영 및 과외교습에 관한 법률(2011. 7. 25. 법률 제10916호로 개정되기 전의 것, 이하 '구 학원법'이라 한다)은 제2조 제2호에서 '교습소'란 제4호에 따른 과외교습을 하는 시설로서 학원이 아닌 시설을 말한다고 규정하고, 같은 조 제4호에서 '과외교습'이란 초등학교 · 중학교 · 고등학교 또는 이에 준하는 학교의 학생이나 학교 입학 또는 학력 인정에 관한 검정을 위한 시험 준비생에게 지식 · 기술 · 예능을 교습하는 행위를 말한다고 규정하고 있다. 이러한 법령의 내용에 의하면, 구 학원법에서 정하는 '과외교습'의 대상자에는 초등학교 취학 전의 유아가 제외됨이 분명하므로, '과외교습'을 전제로 하고 있는 '교습소'의 학습자에는 초등학교 취학 전의 유아가 포함되지 아니한다.(대법원 2013. 12. 26. 선고 2012도1268 판결)

85. 화학물질관리법

[시행 2022. 2. 18.] [법률 제18420호, 2021. 8. 17., 일부개정]

제22조(환각물질의 흡입 등의 금지)

① 누구든지 흥분·환각 또는 마취의 작용을 일으키는 화학물질로서 대통령령으로 정하는 물질(이하 "환각물질"이라 한다)을 섭취 또는 흡입하거나 이러한 목적으로 소지하여서는 아니 된다.

② 누구든지 환각물질을 섭취하거나 흡입하려는 사람에게 그 사실을 알면서도 이를 판매하거나 제공하여서는 아니 된다. 〈개정 2020.5.26.〉

(작성례 1)

피의자 김○○은 20○○. ○. ○. 14 : 30경 ○○시 ○○동 ○○번지에 있는 피의자 임○○의 자취방에서 환각물질인 톨루엔이 함유된 공업용 본드를 비닐봉지에 짜 넣은 다음 그 입구에 코를 대고 번갈아가며 본드를 들이마시는 방법으로 약 20분동안 이를 흡입하였다.

(작성례 2)

피의자 이○○는 도료 및 안료제조판매업을 목적으로 하는 ○○화학공업주식회사의 이사이다.

피의자 이○○는 20○○. ○. 하순경부터 같은 해 ○. ○.경까지 사이에 ○○시 ○○동 ○○번지에 있는 위 회사에서 유독물인 '키실렌' 약 3톤을 저장탱크에 보관하면서 유독물에 관한 표시를 하지 않았다.

● 관련판례 1

◎ 유해화학물질 관리법상 '취급제한물질'을 금지된 특정용도 이외 용도로 제조·수입 등을 하는 영업을 하려는 경우, 같은 법 제34조 제1항 본문에서 정한 환경부장관의 허가를 받아야 하는지 여부(적극)

유해화학물질 관리법 제34조 제1항이 정한 취급제한물질영업의 허가와 관련하여, 유해화학물질 관리법은 특정용도로의 제조·수입 등이 금지되는 취급제한물질의 경우 금지하고 있는 특정용도로의 제조·수입 등의 영업 자체가 허용될 수 없는 것이어서 이는 허가의 여지가 없는 것으로 하고, 금지하고 있는 특정용도 이외 용도로의 제조·수입 등의 영업만이 허가를 통하여 허용되는 것으로 정하고 있다고 봄이 상당하다. 따라서 취급제한물질을 금지된 특정용도 이외 용도로 제조·수입 등을 하는 영업을 하려는 이는 유해화학물질 관리법 제34조 제1항 본문이 정한 환경부장관의 허가를 받아야 한다.(대법원 2013. 9. 12. 선고 2012도15043 판결)

● 관련판례 2

◎ 피고인에게 유해화학물질 관리법 위반(환각물질흡입)죄 등으로 징역 1년 6월, 몰수, 치료감호를 선고한 제1심판결의 피고사건에 대하여 검사만이 양형부당을 이유로 항소하였는데, 원심이 제1심판결 중 피고사건을 파기하고 징역 2년 및 몰수를 선고하면서 치료감호청구사건에 대하여 아무런 판단을 하지 않은 사안에서, 항소의 이익이 없다고 할 수 없는 치료감호청구사건에 대한 판단 및 선고를 누락한 원심판결에 치료감호법 제14조 제2항이 규정한 상소의제에 관한 법리 등을 오해한 위법이 있다고 한 사례

피고인에게 유해화학물질 관리법 위반(환각물질흡입)죄 등으로 징역 1년 6월, 몰수, 치료감호를 선고한 제1심판결에 대하여 검사만이 양형부당을 이유로 항소하였는데, 원심이 제1심판결 중 피고사건을 파기하고 징역 2년 및 몰수를 선고하면서 치료감호청구사건에 대하여 아무런 판단을 하지 않은 사안에서, 제1심에서 피고사건에 대한 유죄판결과 함께 치료감호청구를 인용하는 판결이 선고되었고, 비록 검사만이 제1심판결의 피고사건에 대하여만 양형부당을 이유로 항소하였더라도, 검사는 피고인에게 불이익한 상소만이 아니라 피고인의 이익을 위한 상소도 가능하므로 위 치료감호사건에 대한 항소의 이익이 없다고 할 수 없고, 이 경우 원심으로서는 치료감호법 제14조 제2항에 의하여 치료감호청구사건의 판결에 대하여도 항소가 있는 것으로 보아 피고사건의 판결과 동시에 치료감호청구사건의 판결을 선고하였어야 하는데도, 치료감호청구사건에 대한 판단 및 선고를 누락한 원심판결에 치료감호법 제14조 제2항이 규정한 상소의제에 관한 법리 등을 오해한 위법이 있다고 한 사례. (대법원 2011. 8. 25. 선고 2011도6705 판결)

86. 환경범죄 등의 단속 및 가중처벌에 관한 법률

[시행 2022. 6. 16.] [법률 제18284호, 2021. 6. 15., 타법개정]

제3조(오염물질 불법배출의 가중처벌)

① 오염물질을 불법배출함으로써 사람의 생명이나 신체에 위해를 끼치거나 상수원을 오염시킴으로써 먹는 물의 사용에 위험을 끼친 자는 3년 이상 15년 이하의 유기징역에 처한다. 〈개정 2015.2.3.〉

(작성례 1 – 허가없이 소음을 배출한 경우)

피의자는 관계당국에 배출시설 설치허가 없이, 20○○. ○. ○.부터 같은 해 ○. ○.까지 사이에 서울시 ○○구 ○○동 632번지에서 ○○금속이란 상호로 공장면적 48.5평 프레스 동력 20마력 등 프레스 5대와 절단기 콤푸레샤 시설을 갖추고 자동차 부품인 도아 구랏지를 생산하면서 소음을 배출하였다.

(작성례 2 – 세차장 오염 배출시설을 갖추지 못한 경우)

피의자는 서울시 ○○구 ○○동 32번지에서 ○○세차장을 경영하면서 오염배출 시설 설치허가를 득하여 조업을 하여야 함에도, 20○○. ○. ○.경부터 같은 해 ○. ○. 까지 사이에 허가를 얻지 않고 종업원 2명을 두고 1대당 세차비 15,000원 내지 18,000원을 받고 영업을 하였다.

(작성례 3 – 허가없이 폐수를 방출한 경우)

피의자는 ○○산업공업사를 경영하고 있다.

대기 및 폐수배출시설을 설치하고자 하는 자는 환경부장관의 허가를 받아야 함에도 불구하고 피의자는 당국의 허가없이, 20○○. ○. ○.경부터 같은 해 ○. ○.경까지 서울 ○○구 ○○ 1가 ○○번지 위 공업사에서 폐수 배출시설인 사진 제판시설(나염기 1세트), 소음배출시설인 압축기 20마력짜리 1대 등 폐수배출시설을 갖추고 오염물질인 폐수를 1일 2푸대를 방류하는 등 동 시설을 가동하였다.

■ 적용실례

◇ 산업폐기물을 무단 방기한 경우

※ 피의자 조○○은 ○○금속공업사를 운영하는 사람이고, 동 한○○는 위 공업사 생산과장으로서 동 한○○가 위 회사업무를 수행하던 중 허가 없이 배출시설을 설치하고, 작업과정에서 파생된 산업폐기물을 무단 방기한 사안인 바, 위 조○○이 실제 운영을 하지 않고 위 한○○ 등에게 운영을 위임하였다는 이유로 혐의 없음으로 처리하였으나, 동인도 사용자로서 양벌규정으로 의율 처리한다.

◇ 조업정지 명령으로 고발한 경우

※ 피의자가 20○○. 2. 3.부터 무허가 배출시설을 설치하여 조업하다가, 같은 해 6. 8. 적발되어 고발조치 및 조업정지 명령을 받았으나, 계속 조업하여 다시 같은 해 7. 2. 조업정지명령위반으로 고발되어 합하여 벌금 100만원으로 약식명령되어 같은 7. 31. 확정되었음에도, 계속 조업하여 다시 같은 해 8. 8. 무허가 배출시설 설치로 고발 조치된 경우로서, 환경보전법위반(무허가 배출시설 설치, 조업정지 명령위반)으로 의율하였으나, 조업정지명령 위반의 점은 이미 처벌받은 것으로 다시 처벌하려면 다시 조업정지명령이 있고, 피의자가 그에 대한 위반이 있어야 하는 바, 피의자는 두 번째 조업정지명령에 대하여 위반사항이 없고, 행정관서에서도 그 점에 대하여는 고발하지 않았으므로 혐의 없음으로 처리한다.

● 관련판례 1

◎ 환경관련 법령이 규정하고 있는 오염물질 등의 배출 여부 등을 심리하지 아니한 채 폐목재 방치로 인한 폐기물관리법위반의 공소사실을 유죄로 인정한 원심의 조치를 위법하다고 한 사례

환경정책기본법은 제3조 제4호에서 '환경오염'이라 함은 사업 활동 기타 사람의 활동에 따라 발생하는 대기오염, 수질오염, 토양오염, 해양오염, 방사능오염, 소음·진동, 악취, 일조방해 등으로서 사람의 건강이나 환경에 피해를 주는 상태를 말한다고 규정하는 한편, 제10조에서 정부는 국민의 건강을 보호하고 쾌적한 환경을 조성하기 위하여 환경기준을 설정하여야 하고 그 환경기준은 대통령령으로 정한다고 규정하고 있고, 그 위임을 받은 법 시행령은 [별표 1] '환경기준'에서 대기, 소음, 수질의 항목별 기준을 규정하고 있으며, 대기환경보전법, 수질환경보전법, 토양환경보전법, 해양오염방지법 및 각 시행규칙 등에서는 대기, 수질, 토양, 해양 등의 오염물질을 구체적으로 규정하고 있으므로, 폐기물을 그 보관·처리 등의 기준 및 방법에 위반하여 보관·처리함으로써 주변 환경을 오염시켰다고 인정하여 폐기물관리법 제61조 제1호 위반행위로 처벌하기 위하여는, 폐기물의 보관·처리 등 기준 및 방법에 위반한 보관·처리행위로 인하여 위와 같은 환경관련 법령이 규정하고 있는 오염물질이 배출되거나 그로 인하여 사람의 건강이나 환경에 피해를 주는 정도에 이르러야 할 것이고, 이에 이르지 못한 경우라면 폐기물관리법 제63조 제1항 제1호에 의하여 과태료에 처할 수 있을 뿐 제61조 제1호에 의하여 처벌할 수는 없다고 보아야 한다. (대법원 2005. 12. 8. 선고 2004도4150 판결)

● 관련판례 2

◎ 어민 갑 등이 수도권매립지관리공사를 상대로 수질오염으로 인한 손해배상을 구한 사안에서, 감정인의 감정 결과 등에 의하면 갑 등이 조업하는 어장에 발생한 피해는 공사가 배출한 침출처리수에 포함된 오염물질이 해양생물에 작용함으로써 발생하였다는 상당한 개연성이 인정되므로 공사의 오염물질 배출과 어장의 피해 사이에 인과관계가 일응 증명되었고, 인과관계를 부정하기 위한 반증도 인정되지 않으며, 그 손해는 수인한도를 넘는 것이어서 위법성이 인정된다고 한 사례

김포시 및 강화군 부근 해역에서 조업하던 어민 갑 등이 수도권매립지관리공사를 상대로 수질오염으로 인한 손해배상을 구한 사안에서, 감정인의 감정 결과 등에 의하면 공사가 운영하는 수도권매립지로부터 해양생물에 악영향을 미칠 수 있는 유해한 오염물질이 포함된 침출처리수가 배출되었고, 오염물질 중 일정 비율이 갑 등이 조업하는 어장 중 일부 해역에 도달하였으며, 그 후 어장 수질이 악화되고 해양생태계가 파괴되어 어획량이 감소하는 등의 피해가 발생한 사실이 증명되었다고 보이므로, 갑 등이 조업하는 어장에 발생한 피해는 공사가 배출한 침출처리수에 포함된 오염물질이 해양생물에 작용함으로써 발생하였다는 상당한 개연성이 있다고 할 것이어서 공사의 오염물질 배출과 어장에 발생한 해양생태계 악화 및 어획량 감소의 피해 사이에 인과관계가 일응 증명되었고, 공사가 인과관계를 부정하기 위해서는 반증으로 공사가 배출한 침출처리수에 어장 피해를 발생시킨 원인물질이 들어있지 않거나 원인물질이 들어있더라도 안전농도 범위 내에 속한다는 사실을 증명하거나 간접반증으로 어장에 발생한 피해는 공사가 배출한 침출처리수가 아닌 다른 원인이 전적으로 작용하여 발생한 것을 증명하여야 할 것인데 원심이 인정한 사정만으로는 인과관계를 부정할 수 없고, 나아가 공사가 배출한 오염물질로 인하여 갑 등이 입은 손해는 수인한도를 넘는 것이어서 위법성이 인정된다. (대법원 2012. 1. 12. 선고 2009다84608 판결)

제4편

수 사 서 식

서 식 목 록

서식 번호	서 식 명	범죄수사 규칙조항
1	기피신청서	10①
2	기피신청에 대한 의견서	11②
3	기피신청에 대한 결과통지서	11⑧
4	수사지휘서	25
5	수사지휘서(관서간)	25
6	수사지휘에 대한 이의제기서	30
7	수사지휘에 대한 이의제기서(상급관서용)	31
8	사건발생、검거보고서	23
9	입건전조사착수보고서	44
10	입건전조사지휘서	44
11	범죄신고 접수대장	47
12	공무원 등 범죄 수사개시 통보서	46
13	공무원 등 범죄 수사결과 통보서	46
14	피해신고서	47
15	변사자조사결과보고서	57①
16	검시필증	59①
17	사망통지서	60①
18	우편조서	62③
19	심야조사 요청서	
20	피의자신문조서(통역조서)	40
21	피의자신문조서(제 회 통역조서)	40
22	진술조서(가명)	176①
23	접견신청서	80②
24	감정의뢰서	173①
25	영상녹화물 관리대장	85④
26	촉탁서	87
27	회답서	87

서식번호	서 식 명	범죄수사규칙조항
28	지명수배자 체포영장철 목록	91
29	지명수배자 구속영장철 목록	91
30	지명수배자 체포영장 발부대장	91
31	지명수배자 구속영장 발부대장	91
32	지명수배 · 지명통보자 전산입력 요구서	92①
33	지명수배 및 통보대장	93①
34	지명수배 · 지명통보자 죄종별 현황	96①
35	지명수배자 검거보고서	98③
36	중요지명피의자 종합 공개수배 보고서	101①
37	중요지명피의자 종합 공개수배서	101②
38	지명통보사실 통지서	106①
39	지명통보자 소재발견 보고	106①
40	장물수배서원부	109④
41	장물수배서배부부	109④
42	지명수배지명통보자 발견 통보대장	111②
43	체포영장신청부	114①
44	체포、구속영장집행원부	114②
45	긴급체포원부	115②
46	현행범인체포원부	116②117②
47	피의자 체포보고서	118
48	구속영장신청부	119④
49	체포 · 구속영장등본교부대장	127
50	접견 등 금지결정처리부	131
51	체포 · 구속인접견부	131④
52	체포 · 구속인교통부	131④
53	물품차입부	131④
54	체포 · 구속인수진부	131④
55	임치증명서	132

서식번호	서 식 명	범죄수사 규칙조항
56	임치 및 급식상황표	132
57	압수 · 수색 · 검증영장신청부	134
58	〈삭 제〉	
59	〈삭 제〉	
60	소유권포기서	139①142③
61	물건제출요청서	142①
62	임의제출서	142②
63	통신제한조치 허가신청서(사전)	154①
64	통신제한조치 허가신청서(사후)	155②
65	통신제한조치 기간연장 신청서	151②
66	통신제한조치 기간연장 통지	154②
67	긴급검열 · 감청서	156②
68	긴급통신제한조치 승인요청	155①
69	긴급통신제한조치 지휘요청	155③
70	긴급통신제한조치 대장	155④
71	긴급통신제한조치 통보서	155⑤
72	긴급통신제한조치 통보서 발송부	
73	통신제한조치 허가신청부	154③
74	통신제한조치 집행위탁의뢰서	156①
75	통신제한조치 집행조서	156④
76	통신제한조치 집행결과 보고	164
77	통신제한조치 집행중지 통지	156⑥
78	통신제한조치 허가서 반환서	156⑤
79	통신제한조치 집행사실 통지서	157①
80	통신제한조치 집행사실 통지부	157①
81	통신제한조치 집행사실 통지유예 승인 신청서	157②
82	통신제한조치 집행사실 통지유예승인 신청부	157③
83	통신제한조치 집행사실 통지보고	

서식번호	서 식 명	범죄수사 규칙조항
84	통신제한조치 집행대장	156③
85	통신사실확인자료 제공요청 허가신청서(사전)	158①
86	통신사실확인자료 제공요청 허가신청서(사후)	159②
87	통신사실확인자료 제공요청 허가신청부	158②
88	통신사실확인자료 제공요청 집행대장(사후허가용)	159③
89	통신사실확인자료 제공요청 집행대장(사전허가용)	160①
90	통신사실확인자료 제공요청	160①
91	통신사실확인자료 제공요청 집행조서	160②
92	통신사실확인자료 제공요청 집행결과 보고	164
93	통신사실확인자료 제공요청 중지 통지	160④
94	통신사실확인자료 회신대장	160⑤
95	통신사실확인자료 제공요청 집행사실 통지유예 승인신청	161②
96	통신사실확인자료 제공요청 집행사실 통지유예 승인신청부	161③
97	통신사실확인자료 제공요청 기간연장 신청	
98	통신사실확인자료 제공요청 허가서 반환서	160③
99	통신사실확인자료 제공요청 집행사실 통지	161①
100	통신사실확인자료 제공요청 집행사실 통지부	161①
101	통신사실확인자료 제공요청 집행사실 통지보고	
102	통신사실확인자료 제공요청 집행사건 처리결과 통보부(내사종결시)	
103	긴급통신사실확인자료 제공요청서	159①
104	〈삭 제〉	
105	통신자료제공요청	163
106	송、수신이 완료된 전기통신에 대한 압수、수색、검증 집행사실 통지	162
107	송수신이 완료된 전기통신에 대한 압수수색검증 집행사실 통지부	162
108	현장감식결과보고서	169②
109	범죄신고자 등 신원관리카드	176②

서식 번호	서 식 명	범죄수사 규칙조항
110	범죄신고자등신원관리카드 작성대장	176
111	범죄신고자등 인적사항 미기재 사유보고서	176②
112	가명조서등 불작성 사유 확인서	176⑤
113	참고인 권리 안내서	
114	수사관계서류 등 제출	126②
115	임시조치신청서(가정폭력)	189①
116	응급조치보고서(가정폭력)	187②
117	가정환경조사서	188
118	영사기관 통보요청확인서	215②
119	임시조치신청서(아동학대, 사전)	200①
120	임시조치신청서(아동학대, 사후)	199①
121	임시조치신청부	183③199②
122	임시조치통보서(가정폭력)	189④
123	임시조치통보서(아동학대)	200④
124	가정폭력 위험성 조사표	190①
125	긴급임시조치결정서(가정폭력)	190②
126	긴급임시조치결정서(아동학대)	198②
127	긴급임시조치 확인 및 통보서(가정폭력)	
128	긴급임시조치 통보서(아동학대)	198③
129	응급조치결과보고서(아동학대)	197③
130	아동학대 현장조사 체크리스트	197③
131	임시조치 미신청 사유통지(아동학대)	200③
132	임시조치 이행상황 통보(아동학대)	200⑤
133	보호처분 이행상황 통보(아동학대)	203②
134	피해아동보호사실통보(아동학대)	197②
135	긴급임시조치 신청서(아동학대)	198①
136	긴급임시조치 취소결정서(아동학대)	199③
137	임시조치신청요청처리결과통보(아동학대)	200③

서식번호	서 식 명	범죄수사규칙조항
138	의무위반사실 통보(아동학대)	205
139	아동학대범죄현장 동행 요청서	196
140	임시조치 신청 요청서(아동학대)	200②
141	입국 · 상륙절차 특례 신청서	219①
142	체류 부적당 통보 신청서	219①
143	세관절차 특례 신청서	219①
144	특례조치 등 신청부	219②
145	몰수 · 부대보전 신청부	200
146	추징보전 신청부	221
147	보석자、형집행정지자 관찰부	224
148	압수부	231
149	체포、구속인명부	231
150	범죄사건부	232
151	범법자 출입국 규제 검토의견 회신 요청	
152	정식재판청구서	225①
153	정식재판청구서(경찰서장)	225②
154	정식재판청구승인요청	225②
155	즉결심판사건기록송부	225③
156	수사결과보고	
157	수사기일 연장 건의서	227
158	피해자 등 통지관리표	
159	불송치 편철서	234
160	수사중지 편철서	
161	진술녹음 고지、동의 확인서(한국어)	
162	진술녹음 고지、동의 확인서(중국어)	
163	진술녹음 고지、동의 확인서(영어)	
164	진술녹음 고지、동의 확인서(러시아어)	
165	진술녹음 고지、동의 확인서(베트남어)	

서식 번호	서 식 명	범죄수사 규칙조항
166	진술녹음 고지、동의 확인서(태국어)	
167	구금장소변경통지	
168	심사의견서(종결시, 검사 요청 등 사건 발송 시)	
169	분석보고서(검사 요청 등 사건 접수 시)	
170	분석보고서(처분 불일치 사건)	
171	분석보고서(무죄사건)	
172	심사의견서(영장신청)	
173	분석보고서(불청구、기각)	
174	수사보고서	
175	피의자신문조서(간이교통)	
176	피의자신문조서(간이폭력)	
177	피의자신문조서(간이절도)	
178	피의자신문조서(간이예비군)	
179	피의자신문조서(간이도박)	
180	진술조서(간이교통)	
181	진술조서(간이폭력)	
182	진술조서(간이절도)	
183	진술서(간이공통)	
184	진술서(간이교통)	
185	진술서(간이폭력)	
186	진술서(간이절도)	
187	송치 결정서(간이)	
188	관리미제사건 등록 보고	
189	관리미제사건 등록	
190	관리미제사건 등록 통지서	
191	응급조치 보고	
192	긴급응급조치 결정서	
193	긴급응급조치확인서	
194	피해자 등 권리 안내서	
195	긴급응급조치 사후 승인 신청	
196	긴급응급조치 취소·종류변경 신청서(행위자용)	
197	긴급응급조치 취소·변경 신청서(피해자용)	
198	긴급응급조치 종류변경 신청서	

서식 번호	서 식 명	범죄수사 규칙조항
199	잠정조치 신청	
200	잠정조치통보서	
201	신분비공개수사 승인신청	
202	신분비공개수사 승인서	
203	신분비공개수사 결과보고	
204	신분위장수사 허가신청(사전)	
205	신분위장수사 허가신청(사후)	
206	신분위장수사 기간연장신청	
207	신분위장수사 집행보고	

수사서식파일

■ **범죄수사규칙 [별지 제1호서식]**

기피 신청

신청인	성 명		사건관련 신분	
	주민등록번호	-	전화번호	- -
	주 소			

아래 사건의 대상수사관에 대하여 신청인은 다음과 같은 사유로 기피신청하니, 필요한 조치를 취하여 주시기 바랍니다.

사 건 번 호	-			
대상수사관	소 속		성명	

기 피 신 청 이 유

◈ **아래의 사유 중 해당사항을 체크하여 주시기 바랍니다.**

□ 수사관이 다음에 해당됨
　△ 사건의 피해자임 △ 피의자·피해자와 친족이거나 친족관계에 있었음
　△ 피의자·피해자의 법정대리인 또는 후견감독인임
□ 청탁전화 수신, 피의자·피해자와 공무 외 접촉하여 공정성을 해하였음
□ 모욕적 언행, 욕설, 가혹행위 등 인권을 침해함
□ 조사과정 변호인 참여 등 신청인의 방어권을 보장받지 못함
□ 사건접수 후 30일 이상 아무런 수사 진행사항이 없음
□ 기타 불공평한 수사를 할 염려가 있다고 볼만한 객관적·구체적 사정이 있음

◈ **위에서 체크한 해당사항에 대한 구체적인 사유를 기재하여 주시기 바랍니다.**

※ 근거자료가 있는 경우에는 이 신청서와 함께 제출하여 주시기 바랍니다.

결과통지방법	□ 서면	□ 전화	□ 문자메시지	□ 기타(전자우편, 팩스 등)

. . .

신청인 (서명)

소속관서장 귀하

210㎜ × 297㎜(백상지 80g/㎡)

■ **범죄수사규칙 [별지 제2호서식]**

기피신청에 대한 의견

<table>
<tr><td rowspan="2">담 당
수 사 관</td><td>소 속</td><td>계 급 성 명</td><td>사 건 번 호</td></tr>
<tr><td></td><td></td><td>-</td></tr>
<tr><td>기피신청
사 유</td><td colspan="3"></td></tr>
<tr><td>수 사 관
의 견</td><td colspan="3"></td></tr>
<tr><td>팀 장
검토결과</td><td colspan="3"><기피 신청 수용여부>
□ 수 용 □ 불수용
ㄴ 재지정 수사관 ○○팀 경○ ○ ○ ○
<판단근거>

※ 구체적으로 기재</td></tr>
<tr><td>작 성 자
확 인</td><td colspan="3"></td></tr>
</table>

210㎜ × 297㎜(백상지 80g/㎡)

■ **범죄수사규칙 [별지 제3호서식]**

소 속 관 서

제 0000-000000 호 0000.00.00.

수 신 :

제 목 : 기피 신청에 대한 결과 통지

귀하의 기피 신청에 대한 결과를 다음과 같이 알려드립니다.

신 청 인	성 명		주민등록번호	
	주 소			
사건번호				
결정내용	1. 수 용 (선택) : 교체 수사관 00팀 00 000 (☏ : 전화번호) 2. 불 수 용 (선택) :			
결정사유				
참고사항	○ 수사결과에 이의가 있는 경우, 「수사이의제도」 활용 가능 - 접수방법 등은 0000시·도경찰청 '수사심의계'로 문의 (☎ 02-000-0000)			

소 속 관 서 장

210㎜ × 297㎜(백상지 80g/㎡)

■ **범죄수사규칙 [별지 제4호서식]**

수 사 지 휘 서

제 0000-000000 호 20 . . .

접수번호	*접수번호*	사건번호	*0000-000000*
피 의 자	*피의자 등 O명*		
사건담당자	소속 : *소속부서* 계급 : *계급* 성명 : *성명*		

< 지 휘 내 용 >

소속관서

사법경찰관 ○○○

210㎜ × 297㎜(백상지 80g/㎡)

■ 범죄수사규칙 [별지 제5호서식]

수 사 지 휘 서

제 0000-000000 호 20 . . .

접수번호	*접수번호*	사건번호	*0000-000000*
피 의 자	*피의자 등 O명*		
담당경찰관서	소속 : *소속부서* 계급 : *계급* 성명 : *성명*		

< 지 휘 내 용 >

상급경찰관서장(직인)

직위 계급 O O O

210㎜ × 297㎜(백상지 80g/㎡)

■ **범죄수사규칙 [별지 제6호서식]**

소속관서

제 0000-000000 호 20 . . .

수 신 :

참 조 :

제 목 : 경찰관서 내 수사지휘에 대한 이의제기

범죄수사규칙 제30조에 따라 다음과 같이 이의제기합니다.

접 수 일 자		접 수 번 호	0000-00000	사 건 번 호	0000-00000
피 의 자					
죄 명					
사 건 개 요					
이의제기할 수사지휘 내용					
이의제기 내용 및 사유					
첨 부 사 항					

소속관서

사법경찰관(리) 계급

210㎜ × 297㎜(백상지 80g/㎡)

■ **범죄수사규칙 [별지 제7호서식]**

소속관서

제 0000-000000 호 20 . . .

수 신 :

참 조 :

제 목 : 상급경찰관서장의 수사지휘에 대한 이의제기

범죄수사규칙 제31조에 따라 다음과 같이 이의제기합니다.

접 수 일 자		접 수 번 호	0000-00000	사 건 번 호	0000-00000
피 의 자					
죄 명					
사 건 개 요					
이의제기할 수사지휘 내용					
이의제기 내용 및 사유					
첨 부 사 항					

소속관서

사법경찰관 계급

210㎜ × 297㎜(백상지 80g/㎡)

■ 범죄수사규칙 [별지 제8호서식]

소 속 관 서

제 0000-000000 호 0000.00.00.

수 신 :

제 목 : 사건발생ㆍ검거보고

다음과 같이 발생ㆍ검거하였기에 보고합니다.

1. 발생 일시ㆍ장소

2. 검거 일시ㆍ장소

3. 관련자 인적사항

:

:

:

:

4. 신고자 인적사항

:

:

:

:

5. 피해 · 회수 금품

6. 사건개요

7. 죄 명

8. 발생 · 검거 경위

9. 조 치

10. 담당 · 검거자 :

11. 기타 참고사항

■ **범죄수사규칙 [별지 제9호서식]**

소 속 관 서

제 0000-000000 호 0000.00.00.

수 신 :

제 목 : 입건 전 조사 착수 보고

다음 사람에 대하여 입건 전 조사하고자 하니 지휘하여 주시기 바랍니다.

1. 입건 전 조사대상자

:

:

:

2. 입건 전 조사할 사항

3. 입건 전 조사가 필요한 이유

보고자 :

....

< 지 휘 사 항 >

지휘사항

0000.00.00.

지휘자 :

210㎜ × 297㎜(백상지 80g/㎡)

■ 범죄수사규칙 [별지 제10호서식]

소 속 관 서

제 0000-000000 호 0000.00.00.

수 신 :

제 목 : 입건 전 조사지휘

다음과 같이 입건 전 조사를 지휘합니다.

1. 입건 전 조사대상자

:

:

:

2. 입건 전 조사할 사항

3. 입건 전 조사가 필요한 이유

4. 입건 전 조사 방식

5. 기타 주의사항 등

210㎜ × 297㎜(백상지 80g/㎡)

■ 범죄수사규칙 [별지 제11호서식]

범죄신고 접수대장

연번	접수일자	신고인 성명	신 고 내 용	신고인 연락처	신고 접수자	취급자

210㎜ × 297㎜(백상지 80g/㎡)

■ **범죄수사규칙 [별지 제12호서식]**

소속관서

제 0000-000000 호 0000.00.00.

수 신 :

제 목 : 공무원 등 범죄 수사개시 통보

아래 직원에 대하여 다음과 같이 수사를 개시하였으므로 국가공무원법 제83조제3항(지방공무원법 제73조제3항, 사립학교법 제66조의3제1항, 공공기관의 운영에 관한 법률 제53조의2)에 의거 통보합니다.

피의자	성 명	피의자		주민등록번호	주민등록번호
	주 거	주거			
	소속(직위)	소속(직위)			
사건번호		사건번호	수사개시일자	0000.00. 00.	신 병
죄 명		죄명			

< 피의사실요지 >

비 고	이 사건과 관련 행정조치를 취한 사실이 있으면 참고로 통보하여 주시기 바랍니다.

소속관서

사법경찰관 계급

210㎜ × 297㎜(백상지 80g/㎡)

■ **범죄수사규칙 [별지 제13호서식]**

소 속 관 서

제 0000-000000 호 0000.00.00.

수 신 : 수신처

제 목 : 공무원 등 범죄 수사결과 통보

아래 사항에 대하여 다음과 같이 처리하였으므로 국가공무원법 제83조 제3항(지방공무원법 제73조제3항, 사립학교법 제66조의3제1항, 공공기관의 운영에 관한 법률 제53조의2)에 의거 통보합니다.

<table>
<tr><td colspan="2">사 건 번 호</td><td></td></tr>
<tr><td colspan="2">죄 명</td><td></td></tr>
<tr><td rowspan="3">피의자</td><td>소속(직위)</td><td></td></tr>
<tr><td>주민등록번호</td><td></td></tr>
<tr><td>성 명</td><td></td></tr>
<tr><td rowspan="2">처리상황</td><td>연 월 일</td><td></td></tr>
<tr><td>내 용</td><td></td></tr>
</table>

< 피의사실요지 >

비 고	이 사건과 관련 행정조치를 취한 사실이 있으면 참고로 통보하여 주시기 바랍니다.

소 속 관 서

사법경찰관 계급

210㎜ × 297㎜(백상지 80g/㎡)

■ 범죄수사규칙 [별지 제14호서식]

피 해 신 고 서

다음과 같이 범죄피해를 당하였으므로 신고합니다.

20 . . .

신고인 주거

피해자와의 관계 : 성명 : ㊞ (전화)

소속관서장 귀하

피해자 인적사항	주 거 : 성 명 : 주민등록번호 : (만 세) 직 업 : 연락처 : (휴대폰)				
피해 연월일시	20 . . .경부터 20 . . .경까지 사이				
피해장소					
피해상황 (범행)					
피해 금품	금품	수량	시가	특징	소유자
범인의 주거, 성명 또는 인상, 착의, 특정 등					
참고사항 (유류물품, 기타)					
피해자 보호사항 통지		통지 방법	구두, 우편, 전화, FAX, E-mail, 기타 (해당 연락처 :)		
원함 ( )	원하지 않음 ( )				

※ 원하는 통지방법중 하나를 선택 표시하고, 해당 연락처를 기재하세요.

210㎜ × 297㎜(백상지 80g/㎡)

■ **범죄수사규칙 [별지 제15호서식]**

변사자조사결과보고서

결재	담 당	팀 장	과 장

제 0000-0000 호

접수번호	0000-0000	관할경찰서		사건담당	
변사자	성 명		생년월일	0000.00.00(00세, 남/여)	
	직 업		국적		
	주소지				
발생일시	0000.00.00.00:00 ~ 0000.00.00.00:00				
발생장소					
조사일시	시 작	0000.00.00.00:00	종 료	0000.00.00.00:00	
조사장소					
사건개요					
조사내용					
현장상황					
의 견					

20 . . .

소속관서

검시조사관 ○○○○○ ○ ○ ○ ㊞

210㎜ × 297㎜(백상지 80g/㎡)

변사자손상도

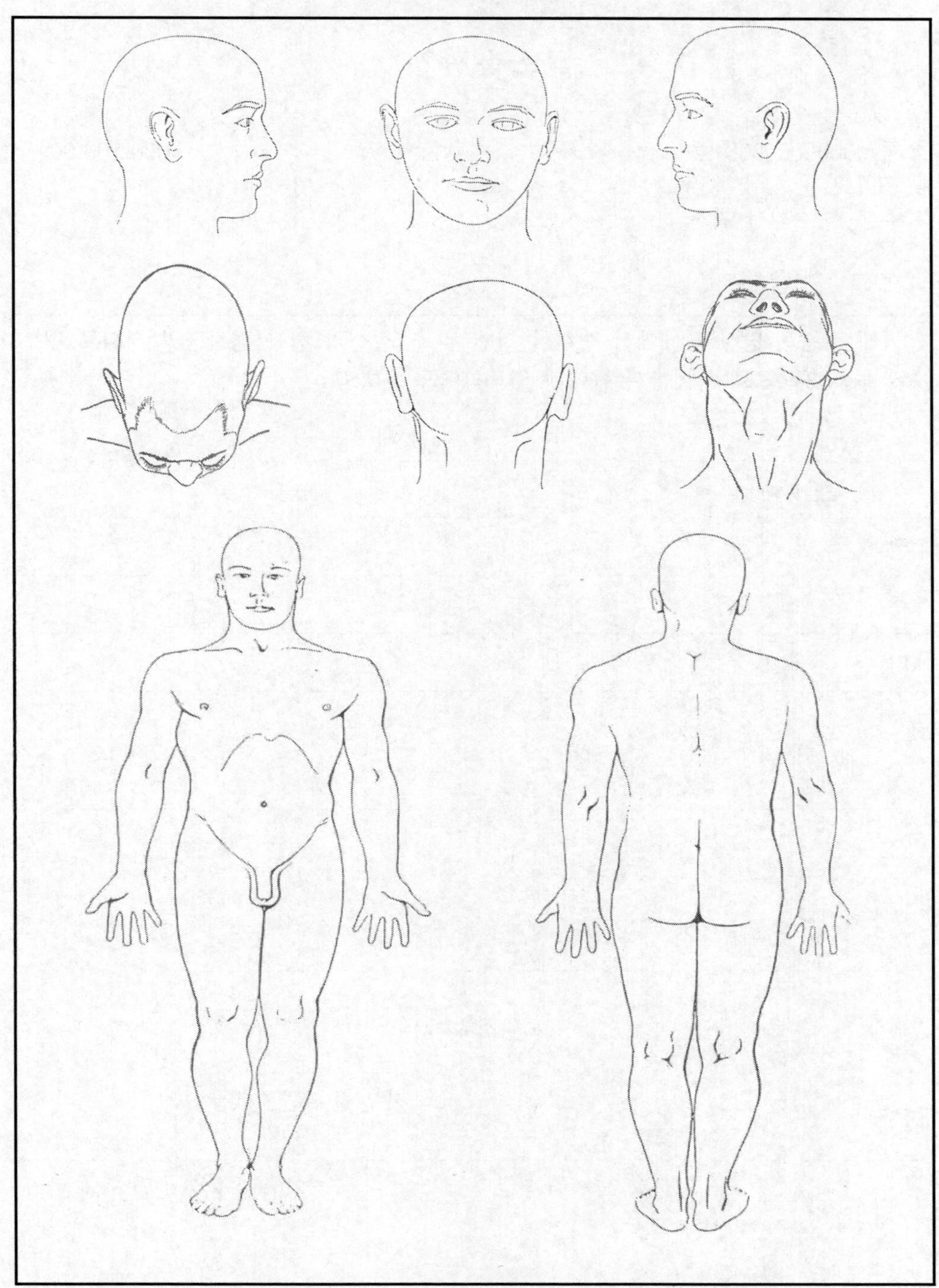

■ **범죄수사규칙 [별지 제16호서식]**

소속관서

제 0000-000000 호 0000.00.00.

수 신 : 수신자 귀하

제 목 : 검시필증

아래 사람은 당서 관내에서 변사한 자인 바, 검찰청명 검사 검사명의 지휘로 검시를 마쳤으므로 사체를 유족에게 인도하여도 무방함

성 명	
주민등록번호	
직 업	
주 소	
비 고	

소속관서

사법경찰관 계급

210㎜ × 297㎜(백상지 80g/㎡)

■ **범죄수사규칙 [별지 제17호서식]**

소속관서

제 0000-000000 호 20 . . .

수 신 :

제 목 : 사망통지

사망자의 등록기준지가 분명하지 아니한(사망자를 인식할 수 없는) 시체를 검시하였으므로 「가족관계의 등록 등에 관한 법률」 제90조 제1항의 규정에 의하여 별지 검시조서를 첨부 통보합니다.

첨부 : 검시조서 OO통

소속관서
사법경찰관 ○○

210㎜ × 297㎜(백상지 80g/㎡)

■ **범죄수사규칙 [별지 제18호서식]**

<table>
<tr><td>

우 편 조 서

</td></tr>
<tr><td>

성 명 : ( ) 주민등록번호 : -
직 업 : 직 장 :
전화번호 : 자택 직장 휴대전화
주 거 :
등록기준지 :

피의자 *피의자외 O명*에 대한 *죄명* 사건에 관하여 귀하의 편의를 위하여 우편으로 조사하고자 하오니 아래 "문"란의 내용을 잘 읽으시고 "답"란에 진실하게 사실대로 기입하여 주시기 바라며, 끝장에 서명 또는 기명날인(또는 무인)하신 다음 송부하여 주시기 바랍니다.

</td></tr>
</table>

문 :

답 :

문 :

답 :

문 :

답 :

문 :

답 :

문 :

답 :

문 :

답 :

문 :

답 :

※ 진술하고자 하는 내용을 기재하기에 용지가 부족하면 A4용지(본 진술조서 용지규격)에 추가로 기재한 후 간인하고 동봉하여 송부하여 주시기 바랍니다.

20 . . .

위 진술인 ㉤

210㎜ × 297㎜(백상지 80g/㎡)

■ 범죄수사규칙 [별지 제19호서식]

심야조사 요청

요 청 인	성 명	
	생년월일	
	주 소	
요청일시	년 월 일 :	
요청이유		

요청인은 위와 같은 이유로 요청인 본인의 자유로운 의사에 의하여 심야조사를 실시할 것을 요청합니다.

0000.00.00.

요청인 (서명)

210㎜ × 297㎜(백상지 80g/㎡)

■ 범죄수사규칙 [별지 제20호서식]

피의자신문조서 (통역)
피 의 자 : 피의자성명 위의 사람에 대한 죄명 피의사건에 관하여 0000.00.00. 조사장소에서 사법경찰관/리 계급 성명은 사법경찰관/리 ○○ ○○○을 참여하게 하고, 아래와 같이 피의자임에 틀림없음을 확인하다.

문 : 피의자의 성명, 주민등록번호, 직업, 주거, 등록기준지 등을 말하십시오.

답 : 성명은 피의자성명(한자성명)

외국인등록번호는 외국인등록번호

직업은 직업

주거는 주거

등록기준지는 등록기준지

직장주소는

연락처는 자택전화 자택전화 휴대전화 휴대전화

직장전화 직장전화 전자우편(e-mail) 전자우편

입니다.

사법경찰관은 피의사건의 요지를 설명하고 사법경찰관의 신문에 대하여 형사소송법 제244조의3의 규정에 의하여 진술을 거부할 수 있는 권리 및 변호인의 참여 등 조력을 받을 권리가 있음을 피의자에게 알려주고 이를 행사할 것인지 그 의사를 확인하다.

210㎜ × 297㎜(백상지 80g/㎡)

진술거부권 및 변호인 조력권 고지 등 확인

1. 귀하는 일체의 진술을 하지 아니하거나 개개의 질문에 대하여 진술을 하지 아니할 수 있습니다.
1. 귀하가 진술을 하지 아니하더라도 불이익을 받지 아니합니다.
1. 귀하가 진술을 거부할 권리를 포기하고 행한 진술은 법정에서 유죄의 증거로 사용될 수 있습니다.
1. 귀하가 신문을 받을 때에는 변호인을 참여하게 하는 등 변호인의 조력을 받을 수 있습니다.

문 : 피의자는 위와 같은 권리들이 있음을 고지받았는가요

답 :

문 : 피의자는 진술거부권을 행사할 것인가요

답 :

문 : 피의자는 변호인의 조력을 받을 권리를 행사할 것인가요

답 :

이에 사법경찰관은 피의사실에 관하여 다음과 같이 피의자를 신문하다.

210mm × 297mm(백상지 80g/㎡)

위의 조서를 통역인을 통하여 진술자에게 열람하게 하였던 바(읽어준 바) 진술한 대로 오기나 증감.변경할 것이 전혀 없다고 말하므로 통역인과 같이 간인한 후 서명(기명날인)하게 하다.

통 역 인 ㊞

진 술 자 ㊞

0000.00.00.

사법경찰관/리 직위 성명 ㊞

사법경찰관/리 직위 성명 ㊞

210㎜ × 297㎜(백상지 80g/㎡)

수사 과정 확인서

구　　분	내　　용
1. 조사 장소 도착시각	
2. 조사 시작시각 및 종료시각	□ 시작시각 : 0000.00.00. 00:00 □ 종료시각 :
3. 조서열람 시작시각 및 종료시각	□ 시작시각 : □ 종료시각 :
4. 기타 조사과정 진행경과 확인에 필요한 사항	
5. 조사과정 기재사항에 대한 이의제기나 의견진술 여부 및 그 내용	

0000.00.00.

사법경찰관/리　직위 성명은 조사대상자성명을 조사한 후, 위와 같은 사항에 대해 조사대상자성명으로부터 확인받음

확 인 자 :　　　　㊞

사법경찰관/리 :　　　　㊞

210㎜ × 297㎜(백상지 80g/㎡)

■ **범죄수사규칙 [별지 제21호서식]**

피의자신문조서 (제0회, 통역)

피 의 자 :

위의 사람에 대한 죄명 피의사건에 관하여 0000.00.00. 00:00 조사장소에서 사법경찰관/리 계급 성명은 사법경찰관/리 ○○ ○○○을 참여하게 한 후, 피의자에 대하여 다시 아래의 권리들이 있음을 알려주고 이를 행사할 것인지 그 의사를 확인하다.

1. 귀하는 일체의 진술을 하지 아니하거나 개개의 질문에 대하여 진술을 하지 아니할 수 있습니다.
1. 귀하가 진술을 하지 아니하더라도 불이익을 받지 아니합니다.
1. 귀하가 진술을 거부할 권리를 포기하고 행한 진술은 법정에서 유죄의 증거로 사용될 수 있습니다.
1. 귀하가 신문을 받을 때에는 변호인을 참여하게 하는 등 변호인의 조력을 받을 수 있습니다.

문 : 피의자는 위와 같은 권리들이 있음을 고지받았는가요

답 :

문 : 피의자는 진술거부권을 행사할 것인가요

답 :

문 : 피의자는 변호인의 조력을 받을 권리를 행사할 것인가요

답 :

이에 사법경찰관은 피의사실에 관하여 다음과 같이 피의자를 신문하다.

210㎜ × 297㎜(백상지 80g/㎡)

위의 조서를 통역인을 통하여 진술자에게 열람하게 하였던 바(읽어준 바) 진술한 대로 오기나 증감.변경할 것이 없다고 말하므로 통역인과 같이 간인한 후 서명(기명날인)하게 하다.

통 역 인 ㉤

진 술 자 ㉤

0000.00.00.

사법경찰관/리 직위 성명 ㉤

사법경찰관/리 직위 성명 ㉤

210㎜ × 297㎜(백상지 80g/㎡)

수사 과정 확인서

구 분	내 용
1. 조사 장소 도착시각	
2. 조사 시작시각 및 종료시각	□ 시작시각 : 0000.00.00. 00:00 □ 종료시각 :
3. 조서열람 시작시각 및 종료시각	□ 시작시각 : □ 종료시각 :
4. 기타 조사과정 진행경과 확인에 필요한 사항	
5. 조사과정 기재사항에 대한 이의제기나 의견진술 여부 및 그 내용	

0000.00.00.

사법경찰관/리 직위 성명은 조사대상자성명을 조사한 후, 위와 같은 사항에 대해 조사대상자성명으로부터 확인받음

확 인 자 : 조사대상자성명 ㊞

사법경찰관/리 : 직위 성명 ㊞

210㎜ × 297㎜(백상지 80g/㎡)

■ **범죄수사규칙 [별지 제22호서식]**

진 술 조 서

성　　　명 : 대상자성명(한자성명)

주민등록번호 : 주민등록번호

직　　　업 : 직업(직장명)

주　　　거 : 주거

등록기준지 : 등록기준지

직 장 주 소 :

연　락　처 : 자택전화 자택전화　휴대전화 휴대전화
직장전화 직장전화　전자우편(e-mail) 전자우편

위의 사람은 피(혐)의자성명에 대한 죄명 피의사건에 관하여　　년　　월　　일 소속관서에 임의 출석하여 다음과 같이 진술하다.

1. 피의자와의 관계

저는 피(혐)의자 피(혐)의자성명과(와) ○○○ 관계에 있습니다.(저는 피(혐)의자 피(혐)의자성명과(와) 아무런 관계가 없습니다.)

1. 인적사항의 생략

위 사람은 (00법 제00조의 규정에 따라 / 범죄신고 등과 관련하여 보복의 우려가 있어) 인적사항의 전부 또는 일부를 기재하지 아니한다.

210㎜ × 297㎜(백상지 80g/㎡)

위의 조서를 진술자에게 열람하게 하였던 바 진술한 대로 오기나 증감·변경할 것이 없다고 말하므로 서명(기명날인)하게 하다.

진 술 자

0000.00.00.

사법경찰관/리 계급

210㎜ × 297㎜(백상지 80g/㎡)

수사 과정 확인서

<table>
<tr><th>구 분</th><th>내 용</th></tr>
<tr><td>1. 조사 장소 도착시각</td><td></td></tr>
<tr><td>2. 조사 시작시각 및 종료시각</td><td>□ 시작시각 : 0000.00.00. 00:00
□ 종료시각 :</td></tr>
<tr><td>3. 조서열람 시작시각 및 종료시각</td><td>□ 시작시각 :
□ 종료시각 :</td></tr>
<tr><td>4. 기타 조사과정 진행경과 확인에 필요한 사항</td><td></td></tr>
<tr><td>5. 조사과정 기재사항에 대한 이의제기나 의견진술 여부 및 그 내용</td><td></td></tr>
<tr><td colspan="2">0000.00.00.

사법경찰관/리 직위 성명은 조사대상자성명을 조사한 후, 위와 같은 사항에 대해 조사대상자성명으로부터 확인받음

확 인 자

사법경찰관/리</td></tr>
</table>

210㎜ × 297㎜(백상지 80g/㎡)

■ 범죄수사규칙 [별지 제23호서식]

접 견 신 청 서

<table>
<tr><td colspan="2">일시</td><td colspan="4">20 년 월 일 :</td></tr>
<tr><td colspan="2">피의자(유치인)</td><td>성명</td><td></td><td>생년월일</td><td></td></tr>
<tr><td rowspan="8">신
청
인</td><td rowspan="4">변호인
이외의 자</td><td>성명</td><td></td><td>주민번호</td><td></td></tr>
<tr><td>유치인과의
관계</td><td></td><td>직업</td><td></td></tr>
<tr><td>연령</td><td></td><td>전화번호</td><td></td></tr>
<tr><td>주소</td><td colspan="3"></td></tr>
<tr><td rowspan="3">변호인</td><td>성명</td><td></td><td>전화번호</td><td></td></tr>
<tr><td>변 호 사
등록번호</td><td></td><td>선임여부</td><td>□ 선 임
□ 비선임</td></tr>
<tr><td>소속
법률사무소</td><td colspan="3"></td></tr>
</table>

※ 1. 변호인은 접견신청서와 함께 변호사 신분증을 제시해 주시기 바랍니다.
  2. 비선임 변호사인 경우에는 선임여부 항목에 비선임 체크(☑)를 하시기 바랍니다.

[접견(면회) 시 유의사항]

□ 피의자를 접견(면회)할 때에는 다음과 같은 물품의 휴대 및 제공이 금지됩니다.

① 마약·총기·도검·폭발물·흉기·독극물, 그 밖에 범죄의 도구로 이용될 우려가 있는 물품

② 무인비행장치, 전자·통신기기, 그 밖에 도주나 다른 사람과의 연락에 이용될 우려가 있는 물품

③ 주류·담배·화기·현금·수표, 그 밖에 시설의 안전 또는 질서를 해칠 우려가 있는 물품

④ 음란물, 사행행위에 사용되는 물품, 그 밖에 유치인의 교화 또는 건전한 사회복귀를 해칠 우려가 있는 물품

□ 유치인에게 전달할 목적으로 주류·담배·현금·수표를 허가 없이 유치장에 반입하거나 유치인과 수수 또는 교환하는 행위는 「형의 집행 및 수용자의 처우에 관한 법률」에 따라 처벌받을 수 있습니다.

□ 휴대폰, 사진기 등을 몰래 반입하여 유치인 또는 유치장 시설을 촬영하거나 접견(면회) 내용을 녹음할 수 없습니다.

□ 접견(면회) 중 질서유지 및 안전확보에 적극 협조해 주시기 바랍니다.

□ 위 사항을 준수하지 않거나 유치장의 안전 또는 질서를 위태롭게 하는 때에는 접견(면회)이 중지될 수 있습니다.

□ 접견(면회)인의 개인정보는 「형의 집행 및 수용자의 처우에 관한 법률 시행령」에 근거하여 유치행정 업무를 위해 수집·활용됩니다.

본인은 접견 시 유의사항 열람하였고 이를 위반할 경우 접견(면회)가 중지될 수 있음을 근무 경찰관에게 고지받았음을 확인합니다.

20 . . . 위 확인자 (인)

210㎜ × 297㎜(백상지 80g/㎡)

■ **범죄수사규칙 [별지 제24호서식]**

소속관서

제 0000-00000 호 0000.00.00.

수 신 :

제 목 : 감정의뢰

다음 사항을 의뢰하오니 조속히 감정하여 주시기 바랍니다.

사건번호	
대상자	
죄명	
감정대상(종류, 품명) 및 구분번호	
감정의뢰 사항	
채취년월일	
채취장소	
채취방법	
관련사건개요	
관련피의자 성명, 주소	
사건담당자 계급, 성명	

소속관서

사법경찰관 계급

210㎜ × 297㎜(백상지 80g/㎡)

■ **범죄수사규칙 [별지 제25호서식]**

영 상 녹 화 물 관 리 대 장

순번	접수일자	사건번호	죄 명	영상녹화대상자			인수자	인계자	송치일자	비고
				피의자	참고인	피해자				

210㎜ × 297㎜(백상지 80g/㎡)

■ 범죄수사규칙 [별지 제26호서식]

소속관서

제 0000-000000 호 0000.00.00.

수 신 :

제 목 : 촉탁(대상자)

다음 사항을 촉탁하오니 조속히 조사하여 주시기 바랍니다.

사 건 번 호			접수번호	
죄 명				
촉 탁 대 상 자	성 명		주민등록번호	
촉 탁 사 항				
촉 탁 내 용				
사 건 담 당 자				
비 고				

소속관서

사법경찰관 계급

210㎜ × 297㎜(백상지 80g/㎡)

■ **범죄수사규칙 [별지 제27호서식]**

소 속 관 서

제 0000-000000 호 　　　　　　　　　　　　　　0000.00.00.

수 신 :

제 목 : 회답(대상자)

OO경찰서 제 0000-000000 호 (0000.00.00.)에 의한 촉탁에 대하여 다음과 같이 회답합니다.

회 답 내 용
소 속 관 서 사법경찰관(리) 계급

210㎜ × 297㎜(백상지 80g/㎡)

■ 범죄수사규칙 [별지 제28호서식]

지명수배자 체포영장철 목록

진행 번호	피의자	사건 번호	담당 사법 경찰 관리	죄명	영장 발부일	영장 유효 기간	공소 시효 만료 일자	영장 신청부 진행 번호	기소 중지 명부 진행 번호	영장 반환 일자	비고

210㎜ × 297㎜(백상지 80g/㎡)

■ 범죄수사규칙 [별지 제29호서식]

지명수배자 구속영장철 목록

진행 번호	피의자	사건 번호	담당 사법 경찰 관리	죄명	영장 발부일	영장 유효 기간	공소 시효 만료 일자	영장 신청부 진행 번호	기소 중지 명부 진행 번호	영장 반환 일자	비고

210㎜ × 297㎜(백상지 80g/㎡)

■ 범죄수사규칙 [별지 제30호서식]

지명수배자 체포영장 발부대장

진행 번호	피의자	사건 번호	담당 사법 경찰 관리	죄명	영장 발부일	영장 유효 기간	공소 시효 만료 일자	영장 신청부 진행 번호	기소 중지 명부 진행 번호	영장 반환 일자	비고

210㎜ × 297㎜(백상지 80g/㎡)

■ 범죄수사규칙 [별지 제31호서식]

지명수배자 구속영장 발부대장

진행번호	피의자	사건번호	담당사법경찰관리	죄명	영장발부일	영장유효기간	공소시효만료일자	영장신청부진행번호	기소중지명부진행번호	영장반환일자	비고

210mm × 297mm(백상지 80g/㎡)

■ 범죄수사규칙 [별지 제32호서식]

일련번호 (제　　호)

○ 내국인 수배
○ 외국인 · 교포 수배

지문 번호					

지명수배 、 지명통보자 전산입력 요구서

수배관서 : 청 서
수배번호 : 년 호
사건번호 : 년 호
즉심구분 :

주민조회		전과조회		수배조회	
했음	안했음	했음	안했음	했음	안했음

성명	주민번호 (생년월일)	성별	죄 명	수배년월일	범죄일자	공소시효 만료일	수배종별 (해당란 ○표)	인상·방언 신체특징	공범 성명	공범 연령
		남					A지명수배자, B지명수배자 C지명통보자			
		여								

영문성명		여권번호	연령	피부색	머리카락	신 장	체 격	활동지	언 어	국 적
First										
Middle										
Last										

영장구분 (해당란 ○표)	발부일자	유효기간	영장번호	공소시효정지자 / 무적자	범행장소			
1. 구속 2. 체포 3. 긴급체포 4. 형집행장 5. 구인장	년 월 일	년 월 일			피 해 자		피해정도	

개 요	해제사유 < 해당란 ○ 표 >									
	01				02	03	04	05	06	07
	검거				자수	공소시효만료	오류입력	죄안됨	공소권무	혐의무
	일자	관서	계급	성명						
					08	09	10	11	12	
					기소유예	구약식	구공판	수배종별변경	기타 (각하 등)	

210㎜ × 297㎜(백상지 80g/㎡)

회 차	영장 발부일자	유 효 기 간	영 장 번 호	영 장 종 류	사 진

※ 영장구분 중 4. 형집행장과 5. 구인장은 B지명수배자만해당함	※ 참 고	구분 \ 담당		작 성 자 (사건담당자)	수배 담당자	책 임 자
		수 배	일자	년 월 일	년 월 일	년 월 일
			소속			
			계급			
			성명			
		해 제	일자	년 월 일	년 월 일	년 월 일
			소속			
			계급			
			성명			

210㎜ × 297㎜(백상지 80g/㎡)

■ 범죄수사규칙 [별지 제33호서식]

지명수배 및 통보대장

사건송치			수배번호				피의자				죄명	공소시효만료일자	연고지 수사상황		수배해제		
청자	일자	번호	일자	번호	공조		성명	연령	성별	주민등록번호			등록기준지 또는 주소	회보내용	사유	일자	번호
					일자	번호											

210㎜ × 297㎜(백상지 80g/㎡)

■ **범죄수사규칙 [별지 제34호서식]**

지명수배.지명통보자 죄종별 현황

경찰청
월분

구분 \ 죄종별			계	살인	강도	강간	방화	절도	폭력	사기 횡령	기타 형법	부정 수표	향군법	기 타 특별법	마약 사범
발 생		월계													
		누계													
해제	계	월계													
		누계													
	검 거	월계													
		누계													
	공소시효 만 료	월계													
		누계													
현 황															

210㎜ × 297㎜(백상지 80g/㎡)

지명수배자 죄종별 현황

경찰청
월분

구분 \ 죄종별			계	살인	강도	강간	방화	절도	폭력	사기 횡령	기타 형법	부정 수표	향군법	기 타 특별법	마약 사범
발 생		월계													
		누계													
해제	계	월계													
		누계													
	검 거	월계													
		누계													
	공소시효 만 료	월계													
		누계													
현 황															

210㎜ × 297㎜(백상지 80g/㎡)

지명통보자 죄종별 현황

경찰청
월분

구분 \ 죄종별			계	살인	강도	강간	방화	절도	폭력	사기 횡령	기타 형법	부정 수표	향군법	기 타 특별법	마약 사범
발 생		월계													
		누계													
해제	계	월계													
		누계													
	검 거	월계													
		누계													
	공소시효 만 료	월계													
		누계													
현 황															

210㎜ × 297㎜(백상지 80g/㎡)

■ 범죄수사규칙 [별지 제35호서식]

소속관서

제 0000-000000 호 0000.00.00.

수 신 :

참 조 :

제 목 : 지명수배자 검거 보고

아래와 같이 지명수배자를 검거하였기에 보고합니다.

1. 검거 일시.장소

2. 인적사항

성 명 : 주민등록번호 :

주 소 :

주 거 :

3. 수배내용

수배관서	수배일자	수배번호	사건번호	죄 명	종별 (ABC)

4. 검거경위

5. 검 거 자

210㎜ × 297㎜(백상지 80g/㎡)

■ **범죄수사규칙 [별지 제36호서식]**

중요지명피의자 종합 공개수배 보고서

<table>
<tr><td colspan="2" rowspan="5">사진</td><td>죄 명</td><td colspan="5"></td></tr>
<tr><td>발생일시</td><td colspan="5"></td></tr>
<tr><td>발생장소</td><td colspan="5"></td></tr>
<tr><td>등록기준지</td><td colspan="5"></td></tr>
<tr><td>주 소</td><td colspan="5"></td></tr>
<tr><td>성 명</td><td colspan="2"></td><td colspan="2">주민등록번호(연령)</td><td colspan="3"></td></tr>
<tr><td>인상특징</td><td colspan="7">신장 : 체격 : 방언 : 기타 :</td></tr>
<tr><td>범죄사실</td><td colspan="7"></td></tr>
<tr><td>종합공개
수배
대상자로
지명하게
된 사 유</td><td colspan="7"></td></tr>
<tr><td>피의자로
판단한
인적
물적증거</td><td colspan="7"></td></tr>
<tr><td rowspan="2">지명수배</td><td>경찰서</td><td></td><td>년월일</td><td></td><td>번호</td><td colspan="2"></td></tr>
<tr><td>영장구분</td><td colspan="2">체포, 구속</td><td>영장유효기간</td><td colspan="3"></td></tr>
</table>

210㎜ × 297㎜(백상지 80g/㎡)

■ 범죄수사규칙 [별지 제37호서식]

중요지명피의자 종합 공개수배

죄 명	죄 명	죄 명
사 진	사 진	사 진
성명 년	성명 년	성명 년
등록지 주 소 인상특징	등록지 주 소 인상특징	등록지 주 소 인상특징

죄 명	죄 명	죄 명
사 진	사 진	사 진
성명 년	성명 년	성명 년
등록지 주소 인상특징	등록지 주소 인상특징	등록지 주소 인상특징

210㎜ × 297㎜(백상지 80g/㎡)

■ **범죄수사규칙 [별지 제38호서식]**

소속관서

제 0000-000000 호 0000.00.00.

수 신 :

제 목 : 지명통보자 소재발견 보고

귀청(서)에서 지명통보한 피의자 OOO를 다음과 같이 발견하였으므로 보고(통보)합니다.

피의자	성 명		주민등록번호	
	직 업		전 화	
	주 거			
죄 명				
사건번호		0000-000000	수 배 번 호	
수배일자		0000. 00. 00.	수 배 관 서	
발견일시. 장소. 경위				

소속관서

사법경찰관/리 계급

210㎜ × 297㎜(백상지 80g/㎡)

■ **범죄수사규칙 [별지 제39호서식]**

소 속 관 서

제 0000-000000 호 0000.00.00.

수 신 :

제 목 : 지명통보자 소재발견 보고

귀청(서)에서 지명통보한 피의자 OOO를 다음과 같이 발견하였으므로 보고(통보)합니다.

피의자	성 명		주민등록번호	
	직 업		전 화	
	주 거			
죄 명				
사건번호		0000-000000	수배번호	
수배일자		0000. 00. 00.	수배관서	
발견일시. 장소. 경위				

소속관서

사법경찰관/리 계급

210㎜ × 297㎜(백상지 80g/㎡)

■ 범죄수사규칙 [별지 제40호서식]

장물수배서 원부

일련번호	발부월일	품명	수량	규격및 종 별	특 징 및 기타표시	도난분실 년 월 일	발부범위 및 매 수	발견신고 사 항

210㎜ × 297㎜(백상지 80g/㎡)

■ **범죄수사규칙 [별지 제41호서식]**

장물수배서 배부부

업종별	옥호 또는 성명	월일	제호	월일	제호	월일	제호	월일	제호	월일	제호
		수령인		수령인		수령인		수령인		수령인	

210㎜ × 297㎜(백상지 80g/㎡)

■ **범죄수사규칙 [별지 제42호서식]**

지명수배 · 지명통보자 발견 통보대장

동일성명 발견자 명부 일련번호	조회						대조결과				회보			수배 · 통보관서 통보(수신자)		취급자	확인자	비고
	관 서	년월일	번호	죄 명	성 명	생년월일	수배·통보관서	년월일	번호	죄 명	년월일	번호	발송편	소 속	계급 성명			

210mm × 297mm(백상지 80g/㎡)

■ 범죄수사규칙 [별지 제43호서식]

체포영장신청부

진행번호			
사건번호		년 제 호	년 제 호
신청일시		. . . 시 분	. . . 시 분
신청자 관직 및 성명			
피의자	성명		
	주민등록번호		
	직업		
	주거		
죄명			
검사불청구		. . . 시 분	. . . 시 분
판사기각		. . . 시 분	. . . 시 분
발부		. . . 시 분	. . . 시 분
재신청	신청	. . . 시 분	. . . 시 분
	검사불청구	. . . 시 분	. . . 시 분
	판사기각	. . . 시 분	. . . 시 분
	발부	. . . 시 분	. . . 시 분
유효기간		. . .	. . .
집행	일시	. . . 시 분	. . . 시 분
	장소		
	처리결과		
구속영장신청	신청부번호		
	발부연월일	. . .	. . .
석방	연월일	. . .	. . .
	사유		
반환		. . .	. . .
비고			

210㎜ × 297㎜(백상지 80g/㎡)

년 제 호	년 제 호	년 제 호
. . . 시 분	. . . 시 분	. . . 시 분
. . . 시 분	. . . 시 분	. . . 시 분
. . . 시 분	. . . 시 분	. . . 시 분
. . . 시 분	. . . 시 분	. . . 시 분
. . . 시 분	. . . 시 분	. . . 시 분
. . . 시 분	. . . 시 분	. . . 시 분
. . . 시 분	. . . 시 분	. . . 시 분
. . . 시 분	. . . 시 분	. . . 시 분
. . .	. . . 시 분	. . .
. . . 시 분	. . . 시 분	. . . 시 분
. . .	. . .	. . .
. . .	. . .	. . .
. . .	. . .	. . .

210mm × 297mm(백상지 80g/㎡)

■ **범죄수사규칙 [별지 제44호서식]**

체포.구속영장집행원부

진행번호	영장번호	구분	피의자	죄 명	집행지휘 또는 촉탁		영장유효기간	처 리			비고
					연 월 일	관 서		집 행	집행불능	반환일자	
					. . .		. . .	. . . 시 분		. . .	

※ 구분란에는 "체포영장" 또는 "구속영장"임을 특정하여 기재함.

210㎜ × 297㎜(백상지 80g/㎡)

■ 범죄수사규칙 [별지 제45호서식]

긴 급 체 포 원 부

<table>
<tr><td colspan="3">진 행 번 호</td><td></td><td></td></tr>
<tr><td colspan="3">사 건 번 호</td><td>년제 호</td><td>년제 호</td></tr>
<tr><td rowspan="4">피의자</td><td colspan="2">성 명</td><td></td><td></td></tr>
<tr><td colspan="2">주민등록번호</td><td></td><td></td></tr>
<tr><td colspan="2">직 업</td><td></td><td></td></tr>
<tr><td colspan="2">주 거</td><td></td><td></td></tr>
<tr><td colspan="3">죄 명</td><td></td><td></td></tr>
<tr><td colspan="3">긴급체포서 작성 년 월 일</td><td>. . .</td><td>. . .</td></tr>
<tr><td rowspan="9">긴급체포</td><td colspan="2">체포한 일시</td><td>. . . 시 분</td><td>. . . 시 분</td></tr>
<tr><td colspan="2">체포한 장소</td><td></td><td></td></tr>
<tr><td colspan="2">체포자의 관직 및 성 명</td><td></td><td></td></tr>
<tr><td colspan="2">인치한 일시</td><td>. . . 시 분</td><td>. . . 시 분</td></tr>
<tr><td colspan="2">인치한 장소</td><td></td><td></td></tr>
<tr><td colspan="2">구금한 일시</td><td>. . . 시 분</td><td>. . . 시 분</td></tr>
<tr><td colspan="2">구금한 장소</td><td></td><td></td></tr>
<tr><td rowspan="2">검사 지휘</td><td>승 인</td><td>. . . 시 분</td><td>. . . 시 분</td></tr>
<tr><td>불승인</td><td>. . . 시 분</td><td>. . . 시 분</td></tr>
<tr><td rowspan="2">석방</td><td colspan="2">일 시</td><td>. . .</td><td>. . .</td></tr>
<tr><td colspan="2">사 유</td><td></td><td></td></tr>
<tr><td rowspan="2">구속영장신청</td><td colspan="2">신청부번호</td><td></td><td></td></tr>
<tr><td colspan="2">발부연월일</td><td>. . .</td><td>. . .</td></tr>
<tr><td colspan="3">비 고</td><td></td><td></td></tr>
</table>

210㎜ × 297㎜(백상지 80g/㎡)

년 제 호	년 제 호	년 제 호
. . .	. . .	. . .
. . . 시 분	. . . 시 분	. . . 시 분
. . . 시 분	. . . 시 분	. . . 시 분
. . . 시 분	. . . 시 분	. . . 시 분
. . . 시 분	. . . 시 분	. . . 시 분
. . . 시 분	. . . 시 분	. . . 시 분
. . .	. . .	. . .
. . .	. . .	. . .

210㎜ × 297㎜(백상지 80g/㎡)

■ **범죄수사규칙 [별지 제46호서식]**

현행범인체포원부

<table>
<tr><td colspan="3">진 행 번 호</td><td></td><td></td></tr>
<tr><td colspan="3">사 건 번 호</td><td>년 제 호</td><td>년 제 호</td></tr>
<tr><td rowspan="4">피의자</td><td colspan="2">성 명</td><td></td><td></td></tr>
<tr><td colspan="2">주 민 등 록 번 호</td><td></td><td></td></tr>
<tr><td colspan="2">직 업</td><td></td><td></td></tr>
<tr><td colspan="2">주 거</td><td></td><td></td></tr>
<tr><td colspan="3">죄 명</td><td></td><td></td></tr>
<tr><td colspan="3">현행범인체포서 또는 현행범인 인 수 서 작 성 일</td><td>. . .</td><td>. . .</td></tr>
<tr><td rowspan="13">현행범인 체포 및 인수</td><td colspan="2">체 포 한 일 시</td><td>. . . 시 분</td><td>. . . 시 분</td></tr>
<tr><td colspan="2">체 포 한 장 소</td><td></td><td></td></tr>
<tr><td rowspan="3">체포자</td><td>성 명</td><td></td><td></td></tr>
<tr><td>주민등록번호</td><td></td><td></td></tr>
<tr><td>주거 또는 관직</td><td></td><td></td></tr>
<tr><td colspan="2">인 수 한 일 시</td><td>. . . 시 분</td><td>. . . 시 분</td></tr>
<tr><td colspan="2">인 수 한 장 소</td><td></td><td></td></tr>
<tr><td rowspan="2">인수한 자</td><td>관 직</td><td></td><td></td></tr>
<tr><td>성 명</td><td></td><td></td></tr>
<tr><td colspan="2">인 치 한 일 시</td><td>. . . 시 분</td><td>. . . 시 분</td></tr>
<tr><td colspan="2">인 치 한 장 소</td><td></td><td></td></tr>
<tr><td colspan="2">구 금 한 일 시</td><td>. . . 시 분</td><td>. . . 시 분</td></tr>
<tr><td colspan="2">구 금 한 장 소</td><td></td><td></td></tr>
<tr><td rowspan="2">석방</td><td colspan="2">일 시</td><td>. . . 시 분</td><td>. . . 시 분</td></tr>
<tr><td colspan="2">사 유</td><td></td><td></td></tr>
<tr><td colspan="2" rowspan="2">구속영장 신 청</td><td>신 청 부 번 호</td><td></td><td></td></tr>
<tr><td>발 부 연 월 일</td><td>. . .</td><td>. . .</td></tr>
<tr><td colspan="3">비 고</td><td></td><td></td></tr>
</table>

210㎜ × 297㎜(백상지 80g/㎡)

년 제 호	년 제 호	년 제 호
. . .	. . .	. . .
. . . 시 분	. . . 시 분	. . . 시 분
. . . 시 분	. . . 시 분	. . . 시 분
. . . 시 분	. . . 시 분	. . . 시 분
. . . 시 분	. . . 시 분	. . . 시 분
. . . 시 분	. . . 시 분	. . . 시 분
. . .	. . .	. . .

210㎜ × 297㎜(백상지 80g/㎡)

■ **범죄수사규칙 [별지 제47호서식]**

소속관서

제 0000-000000 호 0000.00.00.

수 신 :

참 조 :

제 목 : 피의자체포보고

피의자 OOO외 O명에 대한 죄명 사건에 관하여 다음과 같이 체포하였기에 보고합니다.

1. 체포일시 및 장소

   일 시 :

   장 소 :

2. 피의자 인적사항

   :

   :

   :

3. 범죄사실

4. 체포경위

5. 증거자료의 유무

6. 조 치

210㎜ × 297㎜(백상지 80g/㎡)

■ 범죄수사규칙 [별지 제48호서식]

구속영장신청부

구분				
진행번호				
사건번호			년 제 호	년 제 호
신청일시			. . . 시 분	. . . 시 분
신청자 관직 및 성명				
피의자	성명			
	주민등록번호			
	직업			
	주거			
죄명				
체포일시 및 유형			. . . 시 분 체포.긴급체포.현행범인체포 (진행번호)	. . . 시 분 체포.긴급체포.현행범인체포 (진행번호)
영장신청 및 발부	검사불청구		. . . 시 분	. . . 시 분
	판사기각		. . . 시 분	. . . 시 분
	발부		. . . 시 분	. . . 시 분
	재신청	신청	. . . 시 분	. . . 시 분
		검사불청구	. . . 시 분	. . . 시 분
		판사기각	. . . 시 분	. . . 시 분
		발부	. . . 시 분	. . . 시 분
	피의자 심문	일련번호		
		검사 또는 판사명		
		접수일시	. . . 시 분	. . . 시 분
		접수자 관직성명		
		구인일시	. . . 시 분	. . . 시 분
유효기간			. . .	. . .
석방	연월일		. . .	. . .
	사유			
반환			. . .	. . .
비고				

210㎜ × 297㎜(백상지 80g/㎡)

년 제 호	년 제 호	년 제 호
. . . 시 분	. . . 시 분	. . . 시 분
. . . 시 분 체포.긴급체포.현행범인체포 (진행번호)	. . . 시 분 체포.긴급체포.현행범인체포 (진행번호)	. . . 시 분 체포.긴급체포.현행범인체포 (진행번호)
. . . 시 분	. . . 시 분	. . . 시 분
. . . 시 분	. . . 시 분	. . . 시 분
. . . 시 분	. . . 시 분	. . . 시 분
. . . 시 분	. . . 시 분	. . . 시 분
. . . 시 분	. . . 시 분	. . . 시 분
. . . 시 분	. . . 시 분	. . . 시 분
. . . 시 분	. . . 시 분	. . . 시 분
. . . 시 분	. . . 시 분	. . . 시 분
. . . 시 분	. . . 시 분	. . . 시 분
. . .	. . .	. . .
. . .	. . .	. . .
. . .	. . .	. . .

210㎜ × 297㎜(백상지 80g/㎡)

■ 범죄수사규칙 [별지 제49호서식]

체포·구속영장 등본 등 교부대장

구분			
진행번호			
사건번호		년 제 호	년 제 호
청구인	성명		
	주민등록번호		
	주거		
	피의자와의 관계		
피의자			
죄명			
체포.구속 일자		. . .	. . .
접수연월일		. . .	. . .
교부허가		. . .	. . .
교부불허가		. . .	. . .
수령연월일		. . .	. . .
청구인의 서명 또는 날인			
비고			

210㎜ × 297㎜(백상지 80g/㎡)

년 제 호	년 제 호	년 제 호
. . .	. . .	. . .
. 년 제 .	. 년 제 .	. 년 제 .
. . .	. . .	. . .
. . .	. . .	. . .
. 년 제 .	. 년 제 .	. 년 제 .

210㎜ × 297㎜(백상지 80g/㎡)

■ **범죄수사규칙 [별지 제50호서식]**

접견 등 금지결정처리부

진행번호	결정일자	사법경찰관	죄 명	피의자	결정이유	금지내용	취소일자	취소사유	비 고
	. . .						. . .		
	. . .						. . .		
	. . .						. . .		
	. . .						. . .		
	. . .						. . .		
	. . .						. . .		
	. . .						. . .		
	. . .						. . .		
	. . .						. . .		
	. . .						. . .		
	. . .						. . .		
	. . .						. . .		
	. . .						. . .		
	. . .						. . .		

※ 사법경찰관란에는 접견 등 금지결정을 한 사법경찰관의 관직 및 성명을 기재함.

※ 비고란에는 체포와 구속을 구분하여 체포영장 또는 구속영장의 청구번호를 기재함.

210㎜ × 297㎜(백상지 80g/㎡)

■ **범죄수사규칙 [별지 제51호서식]**

체포·구속인 접견부

유치인성명					
접견 신청자	주 거				
	성 명				
유치인과의 관계					
접 견 일 시		년 월 일	년 월 일	년 월 일	년 월 일
담화의 요지					
비 고					
입 회 관					

210㎜ × 297㎜(백상지 80g/㎡)

년 월 일	년 월 일	년 월 일	년 월 일	년 월 일

210㎜ × 297㎜(백상지 80g/㎡)

■ **범죄수사규칙 [별지 제52호서식]**

체포·구속인 교통부

유치인성명					
접견 신청자	주거				
	성명				
유치인과의 관계					
수발의 구별					
교통일시		년 월 일	년 월 일	년 월 일	년 월 일
서신내용의 요지					
비고					
취급자					

210㎜ × 297㎜(백상지 80g/㎡)

년 월 일	년 월 일	년 월 일	년 월 일	년 월 일

210㎜ × 297㎜(백상지 80g/㎡)

■ 범죄수사규칙 [별지 제53호서식]

물 품 차 입 부

<table>
<tr><td colspan="2">유 치 인 성 명</td><td></td><td></td><td></td><td></td></tr>
<tr><td rowspan="2">차 입
자</td><td>주 거</td><td></td><td></td><td></td><td></td></tr>
<tr><td>성 명</td><td></td><td></td><td></td><td></td></tr>
<tr><td colspan="2">유치인과의 관계</td><td></td><td></td><td></td><td></td></tr>
<tr><td colspan="2">구 별</td><td></td><td></td><td></td><td></td></tr>
<tr><td colspan="2">연 월 일</td><td>년 월 일 시</td><td>년 월 일 시</td><td>년 월 일 시</td><td>년 월 일 시</td></tr>
<tr><td colspan="2">물 품 및 수 량</td><td></td><td></td><td></td><td></td></tr>
<tr><td colspan="2">비 고</td><td></td><td></td><td></td><td></td></tr>
<tr><td colspan="2">취 급 자</td><td></td><td></td><td></td><td></td></tr>
</table>

210㎜ × 297㎜(백상지 80g/㎡)

■ 범죄수사규칙 [별지 제54호서식]

체포·구속인 수진부

유치인성명				
진단의사의 성명				
수진의 원인				
수 진 일 시	년 월 일	년 월 일	년 월 일	년 월 일
진단의 결과				
비 고				
입 회 관				

210㎜ × 297㎜(백상지 80g/㎡)

년 월 일	년 월 일	년 월 일	년 월 일	년 월 일

210㎜ × 297㎜(백상지 80g/㎡)

■ **범죄수사규칙 [별지 제55호서식]**

소속관서

제 0000-000000 호 0000.00.00.

수 신 :

제 목 : 임치증명

다음과 같이 임치하였음을 증명합니다.

연번	물 건	수량	비 고

소속관서

사법경찰관(리) 계급

210㎜ × 297㎜(백상지 80g/㎡)

■ **범죄수사규칙 [별지 제56호서식]**

임치 및 급식 상황표

임 치 물						
임 치 물 품						
임치금품의 처리 상황						
급식상황	일 자	1	2	3	4	5
	아 침					
	점 심					
	저 녁					
	일 자	6	7	8	9	10
	아 침					
	점 심					
	저 녁					
	일 자	11	12	13	14	15
	아 침					
	점 심					
	저 녁					
	일 자	16	17	18	19	20
	아 침					
	점 심					
	저 녁					
	일 자	21	22	23	24	25
	아 침					
	점 심					
	저 녁					
	일 자	26	27	28	29	30
	아 침					
	점 심					
	저 녁					
비 고						31

210㎜ × 297㎜(백상지 80g/㎡)

■ 범죄수사규칙 [별지 제57호서식]

압수·수색·검증영장신청부

진 행 번 호			
사 건 번 호		년 제 호	년 제 호
신 청 연 월 일			
신청자 관직 및 성명			
피의자	성 명		
	주민등록번호		
	직 업		
	주 거		
죄 명			
검 사 불 청 구		. . .	. . .
판 사 기 각		. . .	. . .
발 부		. . .	. . .
유 효 기 간		. . .	. . .
집행	일 시	. . .	. . .
	장 소		
	처 리 결 과		
비 고			

210㎜ × 297㎜(백상지 80g/㎡)

년 제 호	년 제 호	년 제 호
. . .	. . .	. . .
. . .	. . .	. . .
. . .	. . .	. . .
. . .	. . .	. . .
. . .	. . .	. . .

210㎜ × 297㎜(백상지 80g/㎡)

■ **범죄수사규칙 [별지 제60호서식]**

소유권 포기서

【 소유권 포기인 】

성 명		주민등록번호	
직 업		연 락 처	
주 거			

다음 물건에 대한 소유권을 포기합니다.

0000.00.00

포 기 인 : ㉐

피 의 자					
죄 명					
압수번호		접수번호		사건번호	

연번	품 종	수 량	비 고

소속관서장 귀하

210㎜ × 297㎜(백상지 80g/㎡)

■ **범죄수사규칙 [별지 제61호서식]**

소속관서

제 0000-000000 호 0000.00.00.

수 신 :

제 목 : 물건제출요청

아래 물건은 에 대한 사건에 관하여 압수할 필요가 있으니 20 . . . 안으로 제출하여 주시기 바랍니다.

연번	품 종	수 량	비 고

소속관서

사법경찰관 계급

210㎜ × 297㎜(백상지 80g/㎡)

■ 범죄수사규칙 [별지 제62호서식]

임 의 제 출

[제 출 자]

성 명		주민등록번호	
직 업		연 락 처	
주 거			

다음 물건을 임의로 제출합니다. 사건처리 후에는 처분의견란 기재와 같이 처분해 주시기 바랍니다.

0000.00.00

제 출 자 : 제 출 자 ㊞

[제출물건]

연번	품 종	수량	제출자의 처분의견 (반환의사 유무)	비 고

소속관서장 귀하

210㎜ × 297㎜(백상지 80g/㎡)

■ **범죄수사규칙 [별지 제63호서식]**

소속관서

제 0000-00000 호 0000.00.00.

수 신 :

제 목 : 통신제한조치 허가신청(사전)

다음 피의자에 대한 　　피의사건에 관하여 아래와 같은 내용의 통신제한조치를 할 수 있는 허가서의 청구를 신청합니다.

<table>
<tr><td rowspan="3">피
의
자</td><td>성 명</td><td></td><td>주민등록번호</td><td></td></tr>
<tr><td>직 업</td><td colspan="3"></td></tr>
<tr><td>주 거</td><td colspan="3"></td></tr>
<tr><td colspan="2">통신제한조치의
종류 및 방법</td><td colspan="3"></td></tr>
<tr><td colspan="2">통신제한조치의
대상과 범위</td><td colspan="3"></td></tr>
<tr><td colspan="2">통신제한조치의
기간 및 집행장소</td><td colspan="3">1. 기간 :
2. 집행장소 :</td></tr>
<tr><td colspan="2">혐의사실의 요지
및 신청 이유</td><td colspan="3"></td></tr>
<tr><td colspan="2">둘이상을신청하는경우
신청취지및이유</td><td colspan="3"></td></tr>
<tr><td colspan="2">재신청의취지및이유</td><td colspan="3"></td></tr>
<tr><td colspan="2">비 고</td><td colspan="3"></td></tr>
</table>

소속관서

사법경찰관 계급

210㎜ × 297㎜(백상지 80g/㎡)

■ **범죄수사규칙 [별지 제64호서식]**

소속관서

제 0000-000000 호　　　　0000.00.00.

수 신 :

제 목 : 통신제한조치 허가신청(사후)

다음 피의자에 대한 　　 피의사건에 관하여 아래와 같이 긴급통신제한조치를 실시하였으므로 통신제한조치를 계속할 수 있는 허가서의 청구를 신청합니다.

피의자	성 명		주민등록번호	
	직 업			
	주 거			

긴급통신제한조치의 사유와 내용		통신제한조치의 사유와 내용	
통신제한조치를 필요로 하는 사유와 허가를 받을 수 없었던 긴급한 사유		통신제한조치를 계속 필요로하는 사유	
긴급통신제한조치의 종류 및 방법		통신제한조치의 종류 및 방법	
긴급통신제한조치의 대상과 범위		통신제한조치의 대상과 범위	
긴급통신제한조치의 일시와 집행장소		통신제한조치의 기간	
긴급통신제한조치 집행자의 관직、성명		통신제한조치의 집행장소	
둘이상을신청하는경우 신청취지 및 이유			
재신청의취지및이유			
비 고			

소속관서

사법경찰관 계급

210㎜ × 297㎜(백상지 80g/㎡)

■ **범죄수사규칙 [별지 제65호서식]**

소속관서

제 0000-00000 호 . . .

수 신 :

제 목 : 통신제한조치 기간연장 신청

아래와 같이 통신제한조치 기간연장을 청구하여 주시기 바랍니다.

성　　명	
주민등록번호	
주　　거	
직　　업	
사 건 번 호	
허가서 번호	
통신제한 허가기간	. . . 부터 . . . 까지 일
연장할 기간	. . . 부터 . . . 까지 일
기간연장이 필요한 이유 및 소명자료	

소속관서

사법경찰관 계급

210㎜ × 297㎜(백상지 80g/㎡)

■ **범죄수사규칙 [별지 제66호서식]**

소속관서

제 0000-000000 호 0000.00.00.

수 신 :

제 목 : 통신제한조치 기간연장 통지

아래와 같이 통신제한조치 기간을 연장하였음을 통지합니다.

인적 사항	성 명	
	주민등록번호	
통신제한조치의 기간		부터 까지 일
연 장 한 기 간		부터 까지 일

붙 임 : 통신제한조치연장결정문 사본 1통

소속관서

사법경찰관 계급

210㎜ × 297㎜(백상지 80g/㎡)

■ 범죄수사규칙 [별지 제67호서식] (※작성례)

긴급검열·감청

제 0000-000000 호 | 0000.00.00.

<table>
<tr><td rowspan="3">인적
사항</td><td>성 명</td><td>홍길동</td><td>주민등록번호</td><td>123456-1067890</td></tr>
<tr><td>직 업</td><td colspan="3">무 직</td></tr>
<tr><td>주 거</td><td colspan="3">○○시 ○○○구 ○○동 ○○로 ○○</td></tr>
</table>

위 사람에 대한 　　피의사건에 관하여 통신비밀보호법 제8조 제1항에 따라 아래와 같이 긴급통신제한조치를 실시함

<table>
<tr><td>긴급통신제한조치의
종 류 및 방 법</td><td>종류 : 전기통신 감청
방법 : 대상 전화를 전화국에서 연결하여 자동 녹음</td></tr>
<tr><td>긴급통신제한조치의
대 상 과 범 위</td><td>통신제한조치 대상자 홍길동의 집에 설치된 전화번호 02-0000-0000의 유신전화</td></tr>
<tr><td rowspan="2">긴급통신제한조치의
기간 및 집행장소</td><td>1. 기간 : 2022 . ○. ○. ~ 2023. ○. ○.</td></tr>
<tr><td>2. 집행장소 : ○○경찰서 형사과 강력1팀 사무실</td></tr>
<tr><td>범죄사실의요지및
긴급통신제한조치의
목 적</td><td>별지와 같음</td></tr>
</table>

소속관서

사법경찰관 계급

210㎜ × 297㎜(백상지 80g/㎡)

■ **범죄수사규칙 [별지 제68호서식]**

소속관서

제 0000-000000 호　　　　　　　　　　　　　　　　　　0000.00.00.

수 신 :

제 목 : 긴급통신제한조치 승인요청

다음 사람에 대한 　　피의사건에 관하여 아래와 같은 긴급통신제한조치를 하였으므로 승인을 요청합니다.

인적사항	성 명		주민등록번호	
	직 업			
	주 거			
긴급통신제한조치의 종 류 및 방 법				
긴급통신제한조치의 대 상 과 범 위				
긴급통신제한조치의 기간및집행장소	1. 기간 :			
	2. 집행장소 :			
긴급통신제한조치한 사 유	1. 혐의사실의 요지 :			
	2. 소명자료 :			
사전지휘를받지못한 사 유				

소속관서

사법경찰관 계급

210㎜ × 297㎜(백상지 80g/㎡)

■ **범죄수사규칙 [별지 제69호서식]**

소속관서

제 0000-000000 호 0000.00.00.

수 신 :

제 목 : 긴급통신제한조치 지휘요청

다음 사람에 대한 피의사건에 관하여 아래와 같이 긴급통신제한조치를 실시하려 하니 지휘를 요청합니다.

인적사항	성 명		주민등록번호	
	직 업			
	주 거			
긴급통신제한조치의 종 류 및 방 법				
긴급통신제한조치의 대 상 과 범 위				
긴급통신제한조치의 기간및집행장소	1. 기간 :			
	2. 집행장소 :			
혐의사실의 요지 및 신 청 이 유	1. 혐의사실의 요지 :			
	2. 소명자료 :			
긴급통신제한조치를 필요로 하는 사유				

소속관서

사법경찰관 계급

210㎜ × 297㎜(백상지 80g/㎡)

■ **범죄수사규칙 [별지 제70호서식]**

긴급통신제한조치 대장

집행번호	사건번호	성명	긴급통신제한조치			집행위탁		집행일시	사후신청 또는 통보서 발송여부
			대상	종류.방법	기간.장소	연월일	관서		

210㎜ × 297㎜(백상지 80g/㎡)

■ 범죄수사규칙 [별지 제71호서식] (※작성례)

소 속 관 서

제 0000-00000 호 . . .

수 신 :

제 목 : 긴급통신제한조치 통보

아래 사람에 대한 제 0000-000000 호 ○○○○○○○○○○ 피의사건에 관하여 긴급통신제한조치를 실시하였으나 단시간 내에 종료되어 법원의 허가를 받을 필요가 없는 경우에 해당되므로 긴급통신제한조치통보서를 작성하여 제출합니다.

<table>
<tr><td rowspan="3">인적 사항</td><td>성 명</td><td>홍길동</td><td>주민등록번호</td><td>123456-1067890</td></tr>
<tr><td>직 업</td><td colspan="3">무 직</td></tr>
<tr><td>주 거</td><td colspan="3">○○시 ○○○구 ○○동 ○○로 ○○</td></tr>
<tr><td colspan="2">긴급통신제한조치의 종류 및 방법</td><td colspan="3">종류 : 전기통신 감청
방법 : 대상 전화를 전화국에서 연결하여 자동 녹음</td></tr>
<tr><td colspan="2">긴급통신제한조치의 대 상과 범위</td><td colspan="3">통신제한조치 대상자 홍길동의 집에 설치된 전화번호 02-0000-0000의 유신전화</td></tr>
<tr><td colspan="2">긴급통신제한조치의 기간 및 집행 장소</td><td colspan="3">1. 기간 : 2022 . ○. ○. ~ 2023. ○. ○.
2. 집행장소 : ○○경찰서 형사과 강력1팀 사무실</td></tr>
<tr><td colspan="2">긴급통신제한조치 집행자의 관직·성 명</td><td colspan="3">형사과 당직팀장 경위 ○○○</td></tr>
<tr><td colspan="2">긴급통신제한조치의 목적</td><td colspan="3">강간사건의 피의자 홍길동의 동선을 파악 체포하고자</td></tr>
<tr><td colspan="2">긴급통신제한조치 후 법원에 허가청구를 하지 못한 사유</td><td colspan="3">2018. ○. ○○. 09:00경 집행에 착수하였으나 같은 날 11:00경 피의자 긴급체포</td></tr>
</table>

소 속 관 서

사법경찰관 계급

210㎜ × 297㎜(백상지 80g/㎡)

■ 범죄수사규칙 [별지 제72호서식]

긴급통신제한조치통보서 발송부

연번	사건번호	긴급통신제한조치		통보서 작성자		통 보 서 송부일자
		대상자	기 간	직급	성명	

210㎜ × 297㎜(백상지 80g/㎡)

■ **범죄수사규칙 [별지 제73호서식]**

통신제한조치허가신청부

<table>
<tr><td colspan="2">진 행 번 호</td><td colspan="2"></td><td colspan="2"></td></tr>
<tr><td colspan="2">사 건 번 호</td><td colspan="2"></td><td colspan="2"></td></tr>
<tr><td colspan="2">성 명
주 민 등 록 번 호
주 거
직 업</td><td colspan="2"></td><td colspan="2"></td></tr>
<tr><td colspan="2">죄 명</td><td colspan="2"></td><td colspan="2"></td></tr>
<tr><td colspan="2">종 류 · 방 법</td><td colspan="2"></td><td colspan="2"></td></tr>
<tr><td colspan="2">처 분 대 상범 위</td><td colspan="2"></td><td colspan="2"></td></tr>
<tr><td colspan="2">긴급통신제한조치일자</td><td colspan="2"></td><td colspan="2"></td></tr>
<tr><td colspan="2">허가기간. 집행장소</td><td colspan="2"></td><td colspan="2"></td></tr>
<tr><td colspan="2">연 장 기 간</td><td colspan="2">부터 까지</td><td colspan="2">부터 까지</td></tr>
<tr><td rowspan="9">허가신청및발부</td><td>구 분</td><td>허가신청</td><td>연장신청</td><td>허가신청</td><td>연장신청</td></tr>
<tr><td>신 청</td><td></td><td></td><td></td><td></td></tr>
<tr><td>발 부</td><td></td><td></td><td></td><td></td></tr>
<tr><td>기 각</td><td></td><td></td><td></td><td></td></tr>
<tr><td>재 신 청</td><td></td><td></td><td></td><td></td></tr>
<tr><td>발 부</td><td></td><td></td><td></td><td></td></tr>
<tr><td>기 각</td><td></td><td></td><td></td><td></td></tr>
<tr><td>수 령 년 월 일</td><td></td><td></td><td></td><td></td></tr>
<tr><td>수령자직성명, 날인</td><td></td><td></td><td></td><td></td></tr>
<tr><td colspan="2">검 찰 반 환 연 월 일</td><td colspan="2"></td><td colspan="2"></td></tr>
<tr><td colspan="2">비 고</td><td colspan="2"></td><td colspan="2"></td></tr>
</table>

210㎜ × 297㎜(백상지 80g/㎡)

<table>
<tr><td colspan="2"></td><td colspan="2"></td><td colspan="2"></td></tr>
<tr><td colspan="2"></td><td colspan="2"></td><td colspan="2"></td></tr>
<tr><td colspan="2"></td><td colspan="2"></td><td colspan="2"></td></tr>
<tr><td colspan="2"></td><td colspan="2"></td><td colspan="2"></td></tr>
<tr><td colspan="2"></td><td colspan="2"></td><td colspan="2"></td></tr>
<tr><td colspan="2"></td><td colspan="2"></td><td colspan="2"></td></tr>
<tr><td colspan="2"></td><td colspan="2"></td><td colspan="2"></td></tr>
<tr><td colspan="2"></td><td colspan="2"></td><td colspan="2"></td></tr>
<tr><td colspan="2">부터 까지</td><td colspan="2">부터 까지</td><td colspan="2">부터 까지</td></tr>
<tr><td>허가신청</td><td>연장신청</td><td>허가신청</td><td>연장신청</td><td>허가신청</td><td>연장신청</td></tr>
<tr><td></td><td></td><td></td><td></td><td></td><td></td></tr>
<tr><td></td><td></td><td></td><td></td><td></td><td></td></tr>
<tr><td></td><td></td><td></td><td></td><td></td><td></td></tr>
<tr><td></td><td></td><td></td><td></td><td></td><td></td></tr>
<tr><td></td><td></td><td></td><td></td><td></td><td></td></tr>
<tr><td></td><td></td><td></td><td></td><td></td><td></td></tr>
<tr><td></td><td></td><td></td><td></td><td></td><td></td></tr>
<tr><td></td><td></td><td></td><td></td><td></td><td></td></tr>
<tr><td colspan="2"></td><td colspan="2"></td><td colspan="2"></td></tr>
<tr><td colspan="2"></td><td colspan="2"></td><td colspan="2"></td></tr>
</table>

210㎜ × 297㎜(백상지 80g/㎡)

■ **범죄수사규칙 [별지 제74호서식]**

소속관서

제 0000-000000 호 0000.00.00.

수 신 :

제 목 : 통신제한조치 집행위탁 의뢰

아래와 같이 통신제한조치의 집행을 위탁합니다.

인적사항	성 명	
	주민등록번호	
	직 업	
	주 거	
통신제한조치의 종 류		
통신제한조치의 대상과 범위		
통신제한조치의 기 간		
비 고		

붙 임 : 통신제한조치허가(승인)서 사본 1통

소속관서

사법경찰관 계급

210㎜ × 297㎜(백상지 80g/㎡)

■ **범죄수사규칙 [별지 제75호서식]**

통신제한조치 집행조서

피의자 에 대한 피의사건에 관하여 통신제한조치를 집행하고 이 조서를 작성함

1. 통신제한조치의 종류

2. 통신제한조치의 대상과 범위

3. 통신제한조치의 기간

4. 집행위탁 여부

5. 집행경위

6. 통신제한조치로 취득한 결과의 요지

0000.00.00

소 속 관 서

사법경찰관 ㊞

사법경찰관/리 ㊞

210㎜ × 297㎜(백상지 80g/㎡)

■ **범죄수사규칙 [별지 제76호서식]**

소속관서

제 0000-000000 호　　　　0000.00.00.

수 신 :

제 목 : 통신제한조치 집행결과 보고

아래 사람에 대한 　　 피의사건에 관하여 아래와 같이 통신제한조치를 집행하고 그 　　 한 결과를 다음과 같이 보고합니다.

인적사항	성 명		주민등록번호	
	직 업			
	주 거			
통신제한조치의 종류				
통신제한조치의 대상과 범위				
통신제한조치의 기간				
피의/내사사실				

< 처 리 내 용 >

소속관서

사법경찰관 계급

210㎜ × 297㎜(백상지 80g/㎡)

■ **범죄수사규칙 [별지 제77호서식]**

소속관서

제 0000-000000 호 0000.00.00.

수 신 :

제 목 : 통신제한조치 집행중지 통지

아래 사람에 대한 통신제한조치의 집행이 필요없게 되어 통지하니 집행을 중지하여 주시기 바랍니다.

인적사항	성 명	
	주민등록번호	
통신제한조치허가법원		
통신제한조치의 종류		
통신제한조치허가년월일		
통신제한조치허가서 번호		
비 고		

소속관서

사법경찰관 계급

210㎜ × 297㎜(백상지 80g/㎡)

■ **범죄수사규칙 [별지 제78호서식]**

소속관서

제 0000-000000 호 0000.00.00.

수 신 :

제 목 : 통신제한조치 허가서 반환

별지 허가서를 다음의 이유로 반환합니다.

<table>
<tr><td colspan="2">허가서 종 별</td><td></td></tr>
<tr><td colspan="2">허가서 발부일</td><td></td></tr>
<tr><td colspan="2">허가서 번 호</td><td></td></tr>
<tr><td rowspan="3">대상자</td><td>성 명</td><td></td></tr>
<tr><td>주민등록번호</td><td></td></tr>
<tr><td>주 거</td><td></td></tr>
<tr><td colspan="2">죄 명</td><td></td></tr>
<tr><td colspan="2">집행불능의 사유</td><td></td></tr>
</table>

첨 부 : 허가서

소속관서

사법경찰관 계급

210㎜ × 297㎜(백상지 80g/㎡)

■ **범죄수사규칙 [별지 제79호서식]**

소속관서

제 0000-000000 호 　　　　　　　　　　　　　　　　　　　　　　　　0000.00.00.

수 신 :

제 목 : 통신제한조치 집행사실 통지

당서 사건번호 제 　　　　　　　　　호 사건과 관련하여 아래와 같은 내용의 통신제한조치를 집행하였으므로 통신비밀보호법 제9조의2 제2항에 따라 이를 통지합니다.

허 가 서 번 호	
통신제한조치 집행기관	
전기통신의가입자 (우편물검열의 대상자)	
통신제한조치의 대상과 범위	
통신제한조치의 종류와 기간	

소속관서

사법경찰관 계급

사건담당자

210㎜ × 297㎜(백상지 80g/㎡)

■ **범죄수사규칙 [별지 제80호서식]**

통신제한조치 집행사실 통지부

연번	통신제한조치		통신제한조치 집행사건				통지 일자	비고
	허가서 번 호	통 지 대상자	집행자의 관직.성명	사건 번호	처리일자 및 처 리 결 과	처리결과를 통보받은 일자		

210㎜ × 297㎜(백상지 80g/㎡)

■ **범죄수사규칙 [별지 제81호서식]**

소속관서

제 0000-000000 호 0000.00.00.

수 신 :

제 목 : 통신제한조치 집행사실 통지유예 승인요청

피의자 에 대한 사건에 관하여 아래와 같이 실시한 통신제한조치 집행사실의 통지 유예에 대한 승인을 요청합니다.

인적사항	성 명		주민등록번호	
	직 업			
	주 거			
통신제한조치의 종류및방법				
통신제한조치의 대상과범위				
통신제한조치의 기간및집행장소				
통신제한조치의 목적				
통신제한조치를 집행한 사건의 처리일자 및 결과				
처리결과를 통보받은 일자				
통지를 유예하고자 하는 사유				

소속관서

사법경찰관 계급

210㎜ × 297㎜(백상지 80g/㎡)

■ **범죄수사규칙 [별지 제82호서식]**

통신제한조치집행사실통지유예승인신청부

연번	신청 일자	신청자 관직·성명	통신제한조치		통신제한조치 집행사건			승인 일자	유예사유 해소후 통지일자
			허가서 번 호	통 지 대상자	사건 번호	처리일자 및 처리결과	통보받은 일 자		

210㎜ × 297㎜(백상지 80g/㎡)

■ **범죄수사규칙 [별지 제83호서식]**

소속관서

제 0000-000000 호 0000.00.00.

수 신 :

제 목 : 통신제한조치 집행사실 통지보고

피의자 에 대한 사건에 관하여 통신제한조치 집행사실의 통지를 유예하였으나 그 사유가 해소되어 통신제한조치 집행사실을 통지하였기에 보고합니다.

인적사항	성 명		주민등록번호	
	직 업			
	주 거			
사 건 번 호				
통지유예 승인일자				
통 지 일 자				

붙임 : 통신제한조치 집행사실통지서 사본 1부.

소속관서

사법경찰관 계급

210㎜ × 297㎜(백상지 80g/㎡)

■ **범죄수사규칙 [별지 제84호서식]**

통신제한조치 집행대장

집행 번호	허가서 번 호	성 명	통신제한조치				집행위탁		집행일시	비고
			목 적	대 상	종 류	기 간	연월일	관 서		

210㎜ × 297㎜(백상지 80g/㎡)

■ **범죄수사규칙 [별지 제85호서식]**

소속관서

제 0000-000000 호 0000.00.00.

수 신 :

제 목 : 통신사실확인자료 제공요청 허가신청(사전)

피의사건과 관련하여, 다음 사람에 대하여 아래와 같은 내용의 통신사실확인자료 제공을 요청할 수 있는 허가서의 청구를 신청합니다.

인적사항	성 명		주민등록번호	
	직 업			
	주 거			
전기통신사업자				
요 청 사 유				
해당가입자와의 연 관 성				
필요한 자료의 범위				
재신청의 취지 및 이유				
비 고				

소속관서

사법경찰관 계급

210㎜ × 297㎜(백상지 80g/㎡)

■ **범죄수사규칙 [별지 제86호서식]**

소속관서

제 0000-000000 호 0000.00.00.
수 신 :
제 목 : 통신사실확인자료 제공요청 허가신청(사후)

피의사건과 관련하여, 다음 사람에 대하여 아래와 같은 내용의 긴급통신사실확인자료 제공을 요청하였으므로 이에 대한 허가서의 청구를 신청합니다.

인적사항	성 명		주민등록번호	
	직 업			
	주 거			
전기통신사업자				
요 청 사 유				
해당가입자와의 연 관 성				
필요한 자료의 범위				
미리 허가를 받지못한 사유				
집행일시. 장소 집행자의관직. 성명				
재신청의 취지 및 이유				
비 고				

소속관서

사법경찰관 계급

210㎜ × 297㎜(백상지 80g/㎡)

■ 범죄수사규칙 [별지 제87호서식]

통신사실확인자료제공요청 허가신청부

진 행 번 호							
사 건 번 호							
신청자 관직, 성명							
대상자	성 명 주민등록번호 주 거 직 업						
종 류							
죄 명							
대상 및 범위							
긴급으로 자료를 제공받은 일시							
연 장 기 간		부터	까지	부터	까지	부터	까지
신청 및 발부 일시	구 분	허 가	기간연장 (안보목적)	허 가	기간연장 (안보목적)	허 가	기간연장 (안보목적)
	신 청						
	발 부						
	검사불청구						
	판사기각						
	기 각						
	재 신 청						
	발 부						
	검사불청구						
	판사기각						
	기 각						
수령 및 반환	수령연월일						
	수령자의 관직 성명. 날인						
	검찰반환연월일						
통 지							
비 고							

210㎜ × 297㎜(백상지 80g/㎡)

■ **범죄수사규칙 [별지 제88호서식]**

긴급통신사실확인자료 제공요청대장

집행번호	사건번호	성 명	긴급통신사실확인자료제공요청			집 행 일 시	사후청구 또는 통보서 발송여부
			대 상	종 류	범 위		

210㎜ × 297㎜(백상지 80g/㎡)

■ **범죄수사규칙 [별지 제89호서식]**

통신사실확인자료 제공요청 집행대장(사전허가용)

집행 번호	허가서 번 호	성 명	통신사실확인자료제공요청집행			집행일시	비고
			대 상	종 류	범위		

210㎜ × 297㎜(백상지 80g/㎡)

■ **범죄수사규칙 [별지 제90호서식]**

소속관서

제 0000-000000 호 0000.00.00.

수 신 :

제 목 : 통신사실확인자료 제공요청

다음 사람에 대하여 아래와 같이 통신사실확인자료 제공을 요청하니 협조하여 주시기 바랍니다.

성 명	
주민등록번호	
주 거	
직 업	
요 청 사 유	
해당 가입자와의 연 관 성	
필요한 자료의 범위	
회신받을 연락처	

붙임 : 허가서 1부

소속관서

사법경찰관 계급

210㎜ × 297㎜(백상지 80g/㎡)

■ **범죄수사규칙 [별지 제91호서식]**

통신사실확인자료 제공요청 집행조서

에 대한 피의사건에 관하여 통신사실확인자료 제공요청의 집행을 하고 이 조서를 작성함.

1. 허가서 번호

2. 집행기관

3. 전기통신가입자

4. 통신사실확인자료제공요청 대상과 종류

5. 통신사실확인자료제공요청으로 취득한 결과의 요지

0000.00.00

소 속 관 서

사법경찰관 ㊞

사법경찰관/리 ㊞

210㎜ × 297㎜(백상지 80g/㎡)

■ **범죄수사규칙 [별지 제92호서식]**

소속관서

제 0000-000000 호 0000.00.00.

수 신 :

제 목 : 통신사실확인자료 제공요청 집행결과 보고

피의사건 관련, 다음 사람에 대하여 아래와 같이 통신사실확인자료 제공요청을 집행하고 그 한 결과를 다음과 같이 보고합니다.

인적사항	성 명		주민등록번호	
	직 업			
	주 거			
통신사실확인자료 제공요청의 종류				
통신사실확인자료 제공요청의대상과범위				
피의/내사 사실 요 지				

< 처 리 내 용 >

소속관서

사법경찰관 계급

210mm × 297mm(백상지 80g/㎡)

■ **범죄수사규칙 [별지 제93호서식]**

소속관서

제 0000-000000 호　　　　　　　　　　　　　　　　　　0000.00.00.

수 신 :

제 목 : 통신사실확인자료 제공요청 중지통지

다음 사람에 대하여 아래에 같이 요청한 통신사실확인자료는 그 제공이 필요없게 되어 통지하니 조치하여 주시기 바랍니다.

인적 사항	성 명	
	주민등록번호	
통신사실확인자료 제공요청 허가법원		
통신사실확인자료 제공요청의 종류		
통신사실확인자료 제공요청 허가 연월일		
통신사실확인자료 제공요청 허가서 번호		

< 요청중지사유 >

소속관서

사법경찰관 계급

210㎜ × 297㎜(백상지 80g/㎡)

■ 범죄수사규칙 [별지 제94호서식]

통신사실 확인자료 회신대장

연번	요청일자	요청자	대상자	제공받은 자료의 범위	회신일자	비 고 (자료폐기등)

210㎜ × 297㎜(백상지 80g/㎡)

■ 범죄수사규칙 [별지 제95호서식]

소속관서

제 0000-000000 호 0000.00.00.

수 신 :

제 목 : 통신사실확인자료 제공요청 집행사실 통지유예 승인요청

피의자 에 대한 피의사건 관련, 다음 사람에 대하여 통신사실확인자료제공요청의 집행사실에 관한 통지 유예에 대한 승인을 요청합니다.

인적사항	성 명		주민등록번호	
	직 업			
	주 거			
사건번호				
통신사실확인자료제공요청의 종류 및 자료의 범위				
통신사실확인자료제공요청을 집행한 사건의 처리일자 및 결과				
처리결과를 통보받은 일자				
통지를 유예하고자 하는 사유				

소속관서

사법경찰관 계급

210㎜ × 297㎜(백상지 80g/㎡)

■ **범죄수사규칙 [별지 제96호서식]**

통신사실확인자료 제공요청 집행사실 통지유예 승인신청부

연번	신청일자	신청자의 관직.성명	통신사실확인자료제공요청		통신사실확인자료제공요청집행사건			승인일자	유예사유 해소후 통지일자
			허가서 번호	통지 대상자	사건 번호	처리일자 및 처리결과	통보받은 일자		

210㎜ × 297㎜(백상지 80g/㎡)

■ 범죄수사규칙 [별지 제97호서식]

소속관서

제 0000-000000 호 0000.00.00.

수 신 :

제 목 : 통신사실확인자료 제공요청 기간연장 신청

아래와 같이 통신사실확인자료 제공요청에 대한 기간연장의 청구를 신청합니다

인적사항	성 명	
	주민등록번호	
	주 거	
	직 업	
허 가 받 은 대상 및 범위		
연장할 기간		
기간연장이 필요한 이유 및 소명자료		

소속관서

사법경찰관 계급

210㎜ × 297㎜(백상지 80g/㎡)

■ **범죄수사규칙 [별지 제98호서식]**

소 속 관 서

제 0000-000000 호 0000.00.00.

수 신 :

제 목 : 통신사실확인자료제공 요청 허가서 반환

별지 허가서를 다음의 이유로 반환합니다.

허가서 종 별		
허가서 발부일		
허가서 번 호		
대상자	성 명	
	주민등록번호	
	주 거	
죄 명		
집행불능의 사유		

첨 부 : 허가서

소속관서

사법경찰관 계급

210㎜ × 297㎜(백상지 80g/㎡)

■ **범죄수사규칙 [별지 제99호서식]**

소속관서

제 0000-000000 호 0000.00.00.

수 신 :

제 목 : 통신사실확인자료 제공요청 집행사실 통지

당서 제 호 사건과 관련하여 아래와 같이 통신사실확인자료 제공요청을 집행하였으므로 「통신비밀보호법」 제13조의3 제1항에 따라 이를 통지합니다.

허 가 서 번 호	
통신사실확인자료 제공요청집행기관	
전기통신가입자	
통신사실확인자료 제공요청의 대상과 종류	
통신사실확인자료 제공요청의 범위	
사 건 담 당 자	

소속관서

사법경찰관 계급

210㎜ × 297㎜(백상지 80g/㎡)

■ 범죄수사규칙 [별지 제100호서식]

통신사실확인자료 제공요청 집행사실 통지부

연번	통신사실확인자료제공요청		통신사실확인자료제공요청 집행사건				통지일자	비고 (반송등)
	허가서 번 호	통 지 대상자	집행자의 관직.성명	사건 번호	처리일자 및 처리결과	처리결과를 통보받은 일자		

210㎜ × 297㎜(백상지 80g/㎡)

■ **범죄수사규칙 [별지 제101호서식]**

소 속 관 서

제 0000-000000 호 0000.00.00.

수 신 :

제 목 : 통신사실확인자료 제공요청 집행사실 통지 보고

피의자 에 대한 피의사건 관련, 다음 사람에 대하여 통신사실확인자료 제공요청을 집행한 사실에 관한 통지를 유예하였으나 그 사유가 해소되어 통신사실확인자료 제공요청 집행사실을 통지하였기에 보고합니다.

인적사항	성 명		주민등록번호	
	직 업			
	주 거			
사 건 번 호				
통지유예 승인일자				
통 지 일 자				

붙임 : 통신사실확인자료제공요청 집행사실 통지서 사본 1부

소 속 관 서

사법경찰관 계급

210㎜ × 297㎜(백상지 80g/㎡)

■ 범죄수사규칙 [별지 제102호서식]

통신사실확인자료 제공요청 집행사건 처리결과 통보부(입건 전 조사종결시)

연 번	통신사실확인자료제공요청		통신사실확인자료제공요청집행사건					통 보 일 자
	허가서 번 호	통 지 대상자	사건번호	입건 전 조사종결 일자	집행관서 (통보대상)			
					소 속	직 급	성 명	

210mm × 297mm(백상지 80g/㎡)

■ **범죄수사규칙 [별지 제103호서식]**

소속관서

제 0000-000000 호 0000.00.00.

수 신 :

제 목 : 긴급통신사실확인자료 제공요청

다음 사람에 대하여 「통신비밀보호법」 제13조제2항 단서에 따라 아래와 같이 긴급으로 통신사실확인자료 제공을 요청하니 협조하여 주시기 바랍니다.

성 명	
주민등록번호	
직 업	
주 거	
요 청 사 유	
해당 가입자와의 연 관 성	
필요한 자료의 범위	
미리 허가를 받지 못한 사 유	
회신받을 연락처	

소속관서

사법경찰관 계급

210㎜ × 297㎜(백상지 80g/㎡)

■ **범죄수사규칙 [별지 제105호서식]**

소속관서

제 0000-000000 호 0000.00.00.

수 신 :

제 목 : 통신자료 제공요청

다음과 같이 통신자료제공을 요청하니 협조하여 주시기 바랍니다.

<table>
<tr><td>접 수 번 호</td><td colspan="2"></td></tr>
<tr><td>대 상 자</td><td colspan="2"></td></tr>
<tr><td>요 청 사 유</td><td colspan="2"></td></tr>
<tr><td>가 입 자 와 의
연 관 성</td><td colspan="2"></td></tr>
<tr><td>의 뢰 사 항
(필요한 자료의범위)</td><td colspan="2"></td></tr>
<tr><td>의 뢰 자</td><td colspan="2"></td></tr>
<tr><td rowspan="2">회 신 정 보</td><td>전 화 :</td><td>FAX :</td></tr>
<tr><td colspan="2">기타(e-mail) :</td></tr>
</table>

■ **범죄수사규칙 [별지 제106호서식]**

소속관서

제 0000-000000 호 0000.00.00.

수 신 :

제 목 : 송.수신이 완료된 전기통신에 대한 압수.수색.검증 집행사실 통지

당서 제 호 사건과 관련하여 아래와 같이 송.수신이 완료된 전기통신에 대하여 압수.수색.검증을 집행하였으므로 「통신비밀보호법」 제9조의3 제2항에 따라 이를 통지합니다.

압수. 수색. 검증영장번호	
압수. 수색. 검증집행기관	
전기통신가입자	
압수. 수색. 검증 집행의 대상과 종류	
압수. 수색. 검증 집행대상의 범위	

소속관서

사법경찰관 계급

210㎜ × 297㎜(백상지 80g/㎡)

■ **범죄수사규칙 [별지 제107호서식]**

송·수신이 완료된 전기통신에 대한 압수.수색.검증 집행사실 통지부

연번	압수·수색·검증 영장 신청		압수·수색·검증영장 집행사건				통지일	비고 (반송등)
	영 장 번 호	통 지 대상자	집행자의 관직.성명	사건 번호	처리일자 및 처리결과	처리결과를 통보받은 날		

210㎜ × 297㎜(백상지 80g/㎡)

■ 범죄수사규칙 [별지 제108호서식]

현장감식결과보고서

결재	담당	팀장	계장

제 *0000-000000* 호

범죄유형		KICS접수번호		사건담당	
발생일시	~				
발생장소					
감식일시	시작	종료		기상상태	
사건개요					
현장상황					
감식사항					

채증물 처리현황	지문	
	족적	
	DNA	
	미세증거	
	CCTV	
	기타	
참고사항		
감정결과	지문	
	족적	
	DNA	
	미세증거	
	CCTV	
	기타	

현장감식 실시자	소 속	직급	성명

0000. 00. 00.

소속관서

사법경찰관 계급

사법경찰관/리 계급

210㎜ × 297㎜(백상지 80g/㎡)

채증물현황

연번	채취일시	채증물	수량	기법.장비	장소.부위	보관장소
1	0000.00.00					
2						
3						
4						
5						
6						
7						

210㎜ × 297㎜(백상지 80g/㎡)

■ 범죄수사규칙 [별지 제109호서식]

<table>
<tr><td colspan="6">범죄신고자 등 신원관리카드</td></tr>
<tr><td>관 리 번 호</td><td colspan="5"></td></tr>
<tr><td>사 건 번 호</td><td colspan="5"></td></tr>
<tr><td>법 원 사 건 번 호</td><td colspan="5"></td></tr>
<tr><td>피의자(피고인)성명</td><td colspan="3"></td><td>주임검사</td><td></td></tr>
<tr><td rowspan="6">범죄신고자등
인 적 사 항</td><td>성 명</td><td colspan="2"></td><td>가 명</td><td></td></tr>
<tr><td>주민등록번호</td><td colspan="2"></td><td>직 업</td><td></td></tr>
<tr><td>등 록 기 준 지</td><td colspan="2"></td><td rowspan="2">전화번호</td><td rowspan="2"></td></tr>
<tr><td>주 소</td><td colspan="2"></td></tr>
<tr><td rowspan="2">본 인 서 명</td><td>본 명</td><td></td><td rowspan="2">신 분</td><td rowspan="2"></td></tr>
<tr><td>가 명</td><td></td></tr>
<tr><td>작 성 원 인</td><td colspan="5"></td></tr>
<tr><td>최초작성일자</td><td colspan="2"></td><td>최 초 작 성 자</td><td colspan="2">(서명 또는 날인)</td></tr>
<tr><td>신원관리카드
접 수 일 자</td><td colspan="2"></td><td>사 건 종 국
결 정 일 자</td><td colspan="2"></td></tr>
</table>

<table>
<tr><td rowspan="2">보좌인</td><td>성 명</td><td rowspan="2">주소
(전화번호)</td><td rowspan="2">직업</td><td rowspan="2">피보좌
인과의
관 계</td><td rowspan="2">직권
신청</td><td>신 청
일 자</td><td>사법경찰관의
허가신청일자</td><td rowspan="2">지정
일자</td><td rowspan="2">지정자</td><td rowspan="2">비고</td></tr>
<tr><td>주민등록
번 호</td><td>신청인</td><td>검 사 의
허 가 일 자</td></tr>
<tr><td rowspan="2">1</td><td></td><td rowspan="2"></td><td rowspan="2"></td><td rowspan="2"></td><td rowspan="2"></td><td></td><td></td><td rowspan="2"></td><td rowspan="2"></td><td rowspan="2"></td></tr>
<tr><td></td><td></td><td></td></tr>
<tr><td rowspan="2">2</td><td></td><td rowspan="2"></td><td rowspan="2"></td><td rowspan="2"></td><td rowspan="2"></td><td></td><td></td><td rowspan="2"></td><td rowspan="2"></td><td rowspan="2"></td></tr>
<tr><td></td><td></td><td></td></tr>
</table>

<table>
<tr><td rowspan="2">변 호 인</td><td>선임기간</td><td></td><td>성 명</td><td></td></tr>
<tr><td>선임기간</td><td></td><td>성 명</td><td></td></tr>
</table>

<table>
<tr><td rowspan="2">신변안전
조 치</td><td>피의자(피고인)
와 의 관 계</td><td rowspan="2">종류</td><td>신청(지시.
요청)일자</td><td rowspan="2">조치기관</td><td rowspan="2">조치일자</td><td rowspan="2">조치사항</td></tr>
<tr><td>신 청 인 과 의
관 계</td><td>신청(지시.
요청)자</td></tr>
<tr><td rowspan="2">1</td><td></td><td rowspan="2"></td><td></td><td rowspan="2"></td><td rowspan="2"></td><td rowspan="2"></td></tr>
<tr><td></td><td></td></tr>
<tr><td rowspan="2">2</td><td></td><td rowspan="2"></td><td></td><td rowspan="2"></td><td rowspan="2"></td><td rowspan="2"></td></tr>
<tr><td></td><td></td></tr>
<tr><td rowspan="2">3</td><td></td><td rowspan="2"></td><td></td><td rowspan="2"></td><td rowspan="2"></td><td rowspan="2"></td></tr>
<tr><td></td><td></td></tr>
</table>

<table>
<tr><td rowspan="7">구 조 금
지 급</td><td rowspan="3">신청인</td><td>성 명(가 명)</td><td></td><td>범죄신고자등
과 의 관 계</td><td></td></tr>
<tr><td>주민등록번호</td><td></td><td>직 업</td><td></td></tr>
<tr><td>주 소</td><td></td><td>전 화 번 호</td><td></td></tr>
<tr><td rowspan="2">결정</td><td>결정위원회</td><td></td><td>결 정 일 자</td><td></td></tr>
<tr><td>결 정 내 용</td><td></td><td>결정통지일자</td><td></td></tr>
<tr><td rowspan="2">지급</td><td>청 구 일 자</td><td></td><td>청 구 금 액</td><td></td></tr>
<tr><td>지 급 일 자</td><td></td><td>지 급 금 액</td><td></td></tr>
</table>

210㎜ × 297㎜(백상지 80g/㎡)

■ 범죄수사규칙 [별지 제110호서식]

범죄신고자등신원관리카드 작성대장

(카드별 기재)

연번	사건번호	죄 명	범죄신고자 등 (가 명)	인계일자 (송치일)	인수자 (서명)

210㎜ × 297㎜(백상지 80g/㎡)

■ **범죄수사규칙 [별지 제111호서식]**

소속관서

제 0000-00000 호 　　　　　　　　　　　　　　　　　　　　0000.00.00.

수 신 :

제 목 : 범죄신고자등 인적사항 미기재사유보고서

특정범죄신고자등보호법 제7조제2항의 규정에 의하여 아래와 같이 범죄신고자등의 인적사항의 전부 또는 일부를 조서 등에 기재하지 아니하였으므로 이를 보고합니다.

사 건 번 호				
신원관리카드 관 리 번 호				
대 상 자 인 적 사 항	성 명(가명)		신 분	
	신변안전조치 해 당 여 부		피의자와의관계	
미기재 원인	대상자 ○○○(법정대리인 ○○○)의 신청, 직권			
서 류 명 및 미 기 재 내 용				
미기재 사유				

0000.00.00

소속관서

부서 계급 ㊞

210㎜ × 297㎜(백상지 80g/㎡)

■ **범죄수사규칙 [별지 제112호서식]**

가명조서 등 불작성사유 확인서

년 월 일 특정범죄신고자등보호법 제7조 제6항의 규정에 의한 가명조서 등 작성신청이 있었으나, 아래와 같은 사유로 작성하지 아니하였습니다.

사 건 번 호	
죄 명	
가명조서 등 작성신청자	
불 작 성 사 유	

0000.00.00

소속관서

부서 계급 ㊞

210㎜ × 297㎜(백상지 80g/㎡)

■ **범죄수사규칙 [별지 제113호서식]**

참고인 권리 안내서

□ 귀하의 **담당수사관**은 (소속1) (소속2) (계급) (성명) 수사관입니다.
(전화 : (전화번호), 팩스 : (팩스번호))

□ **권리보호를 위한 각종 제도**

、 참고인진술 시 변호인을 참여하게 할 수 있습니다. ※ 변호인 조력을 위한 기관 및 제도 - 대한법률구조공단 : 국번없이 132, www.klac.or.kr
<메모장 제공> 수사관이 제공하는 메모장에 자신의 진술과 조사 주요내용 등을 메모할 수 있습니다.
<신변보호요청 등> 지구대(파출소), 수사부서로 신청 특정범죄의 신고, 증언 등과 관련하여 보복을 당할 우려가 있다면 특정범죄신고자 등 보호법에 따라 수사기관에 신변안전조치를 요청하거나 진술조서 등 서류에 인적사항을 기재하지 않도록 요청할 수 있습니다. 또한 보좌인을 지정받거나 구조금 등 보호를 요청할 수 있습니다.
<참고인여비 지급> 담당수사관에게 요청 수사기관으로부터 출석을 요구받고 출석한 참고인에게는 소정의 참고인여비를 지급 하고 있습니다.
<수사심의신청제도> 국번없이 182 수사에 이의 및 불만이 있는 경우, 시·도경찰청 민원실 방문·우편접수, 사이버경찰청 '수사심의신청' 코너를 이용하여 신청이 가능합니다. **<국가인권위원회>** 국번없이 1331, www.humanrights.go.kr **<국민권익위원회>** 국번없이 110, www.epeople.go.kr

210㎜ × 297㎜(백상지 80g/㎡)

■ **범죄수사규칙 [별지 제114호서식]**

소속관서

제 0000-00000 호 0000.00.00.

수 신 :

제 목 : 수사관계서류 등 제출

으로부터 다음 사람에 대한 동원 제 호 사건의 심문기일 지정통지가 있으므로 동사건 심리에 필요한 수사관계서류와 증거물을 제출합니다.

피체포·구속자	성 명	
	주민등록번호	
	직 업	
	주 거	
체포. 구속 일자		
지정된 심문기일		

첨부 1. 사건기록 1권

2. 증거물(있음/없음)

소속관서

사법경찰관 계급

210㎜ × 297㎜(백상지 80g/㎡)

■ **범죄수사규칙 [별지 제115호서식]**

소속관서

제 0000-00000 호　　　　　　　　　　0000.00.00.

수 신 :

제 목 : 임시조치 신청

다음 사람에 대하여 아래와 같은 임시조치를 신청합니다.

☐ 1. 피해자 또는 가정구성원의 주거 또는 점유하는 방실로부터 퇴거 등 격리

☐ 2. 피해자 또는 가정구성원의 주거, 직장 등에서 100미터 이내의 접근금지

☐ 3. 피해자 또는 가정구성원에 대한 「전기통신기본법」 제2조 제1호의 전기통신을 이용한 접근금지

☐ 4. 경찰관서 유치장 또는 구치소에의 유치

행위자	성명	
	주민등록번호	
	직업	
	주거	
변호인		
피해자	성명	
	주거	
	직업	
범죄사실 및 임시조치를 필요로 하는 사유		
비고		

소속관서

사법경찰관 계급

210㎜ × 297㎜(백상지 80g/㎡)

■ **범죄수사규칙 [별지 제116호서식]**

소속관서

제 0000-00000 호 0000.00.00.
수 신 :
참 조 :
제 목 : 응급조치보고

행위자	성 명	( )
	주민등록번호	(세)
	직 업	
	주 거	
	피해자와의 관계	
	가정 상황	성명 : 행위자와의 관계 : 주거 :
죄 명		
범죄사실요지		별지와 같음
피 해 자		
신 고 자		

위 사람에 대한 피의사건에 관하여 신고를 받고 즉시 현장에 임하여 다음과 같은 응급조치를 취하였음을 보고합니다.

☐ 폭력행위의 제지, 행위자.피해자의 분리 및 범죄수사
☐ 피해자를 가정폭력관련상담소 또는 보호시설에 인도(피해자가 동의함)
☐ 피해자를 의료기관에 인도하여 긴급치료를 받게 함
☐ 폭력행위의 재발시 사법경찰관이 검사에게 다음과 같은 임시조치를 신청할 수 있음을 행위자에게 통보
- 피해자 또는 가정구성원의 주거 또는 점유하는 방실로부터 퇴거 등 격리
- 피해자의 주거, 직장 등에서 100미터 이내의 접근금지
- 제1호 또는 제2호의 임시조치 위반시 경찰관서 유치장 또는 구치소에의 유치

소속관서

사법경찰관 계급

210mm × 297mm(백상지 80g/㎡)

■ **범죄수사규칙 [별지 제117호서식]**

가정환경조사서

제 0000-00000 호　　　　　　　　　　　　　　　　　　　　0000.00.00.

조 사 자	

1. 인적사항

사건번호		죄 명			
성 명		주민등록번호	888888-8888888	직업	
주 소					
전화번호	(자 택) (핸드폰)		학 력		

2. 가족상황

관계	성 명	연령	성별	학 력	직 업	기 타

3. 혼인상황 및 생활환경

혼 인 상 황	
생계비조달방법	
주 거 환 경	

4. 가정폭력상황

최 초 갈 등 발 생 원 인		
본건 범행 전 가정불화 및 폭력 횟수		
가정불화 해결을 위한 노력 유무		
본 건 범 죄 의 원 인 및 동 기		
행위자 심 신 상 태	음주상황	
	약물복용여부	
	성격문제	
	정신장애유무	
범 죄 후 정 황		

5. 재범의 위험성 및 가정유지 의사 유무

가 정 유 지 의 사 유 무	
임시조치 결정시 기거할 장소 유무	
상 담 소 상 담 희 망 여 부	
기 타 참 고 사 항	
재범위험성	

6. 조사자 의견

210㎜ × 297㎜(백상지 80g/㎡)

■ **범죄수사규칙 [별지 제118호서식]**

領事機關 通報要請確認書

0000.00.00

Confirmation of Request for Notification to the Consulate

被逮捕者 姓名 피의자 성명	擔當警察官 所屬, 階級, 姓名 소속관서 ○○과 ○○팀 계급 성명 印

당신은 귀국에서 파견된 영사관원에게 체포된 사실을 통보·요구할 권리 및 대한민국의 법령 내에서 위 영사관원에 편지를 보낼 권리를 가지고 있습니다.

You have the rights to demand us to notify an official in the consulate dispatched by your government that you are arrested and to send a letter to the official pursuant to relevant laws of Republic of Korea.

당신이 원하는 항목의 (　)에 ∨표를 한 후, 끝으로 공란에 국명을 기입하고 서명해 주십시오.

Choose one between the following alternatives and mark it with ∨ in the parenthesis.

Finally write your nationality(country of origin) and sign underneath.

나는 자국 영사관원에 대한 통보를 요청합니다.

I request you to notify an official in the consulate of my country that I am arrested. (　　)

나는 통보를 요청하지 않습니다.

I do not request you to notify. (　　)

(　　) 국　명 Nationality(Country of Origin)	(　　) 피체포자 서명 Signature

※ 注意 : 국명확인은 여권 또는 외국인 등록 증명서에 의할 것

通　報　書

0000.00.00

본직은 다음과 같이 상기의 외국인을 체포한 것을 영사관에 통보하였음

(1) 통보일시 : 0000.00.00. 00:00

(2) 통보대상 영사기관 :

소속관서 ○○과 ○○팀 계급 성명

※ 송치서류에 복사본을 편철할 것

210㎜ × 297㎜(백상지 80g/㎡)

■ **범죄수사규칙 [별지 제119호서식]**

소속관서

제 0000-000000 호 0000.00.00.

수 신 :

제 목 : 임시조치 신청(사전)

다음 사람에 대한 피의사건에 관하여 「아동학대범죄의 처벌 등에 관한 특례법」 제14조제1항에 따라 임시조치의 청구를 신청하니 아래와 같은 임시조치를 청구하여 주시기 바랍니다.

<table>
<tr><td rowspan="5">아동학대
행 위 자</td><td>성 명</td><td colspan="3"></td></tr>
<tr><td>주민등록번호</td><td colspan="3"></td></tr>
<tr><td>직 업</td><td></td><td>피해아동등
과의 관계</td><td></td></tr>
<tr><td>주 거</td><td colspan="3"></td></tr>
<tr><td>보 조 인</td><td colspan="3"></td></tr>
<tr><td rowspan="3">피해아동등</td><td>성 명</td><td colspan="3"></td></tr>
<tr><td>법정대리인 또는
담당 아동학대
전담공무원</td><td colspan="3"></td></tr>
<tr><td>변 호 사</td><td colspan="3"></td></tr>
<tr><td rowspan="7">임시조치의
내 용
(중복신청
가 능)</td><td>[□]</td><td colspan="3">피해아동등 또는 가정구성원의 주거로부터 퇴거 등 격리(제1호)</td></tr>
<tr><td>[□]</td><td colspan="3">피해아동등 또는 가정구성원의 주거, 학교 또는 보호시설 등에서 100미터 이내의 접근 금지(제2호)
기준지: [ ]주거 [ ]학교·학원 [ ]보호시설
[ ]병원[ ]그 밖의 장소( )</td></tr>
<tr><td>[□]</td><td colspan="3">피해아동등 또는 가정구성원에 대한 「전기통신기본법」 제2조제1호의 전기통신을 이용한 접근 금지(제3호)</td></tr>
<tr><td>[□]</td><td colspan="3">친권 또는 후견인 권한 행사의 제한 또는 정지(제4호)</td></tr>
<tr><td>[□]</td><td colspan="3">아동보호전문기관 등에의 상담 및 교육 위탁(제5호)</td></tr>
<tr><td>[□]</td><td colspan="3">의료기관이나 그 밖의 요양시설에의 위탁(제6호)</td></tr>
<tr><td>[□]</td><td colspan="3">경찰관서의 유치장 또는 구치소에의 유치(제7호)</td></tr>
<tr><td colspan="2">범죄사실의 요지 및
임시조치가 필요한 사유</td><td colspan="3"></td></tr>
</table>

소속관서

사법경찰관(보호관찰관) 계급

210㎜ × 297㎜(백상지 80g/㎡)

■ **범죄수사규칙 [별지 제120호서식]**

소 속 관 서

제 0000-000000 호 0000.00.00.
수 신 :
제 목 : 임시조치 신청(사후)

다음 사람에 대한 피의사건에 관하여 응급조치(긴급임시조치) 후 「아동학대범죄의 처벌 등에 관한 특례법」 제15조제1항에 따른 임시조치의 청구를 신청하니 아래와 같은 임시조치를 조속히 청구하여 주시기 바랍니다.

<table>
<tr><td rowspan="5">아동학대
행 위 자</td><td>성 명</td><td colspan="3"></td></tr>
<tr><td>주민등록번호</td><td colspan="3"></td></tr>
<tr><td>직 업</td><td></td><td>피해아동등
과의 관계</td><td></td></tr>
<tr><td>주 거</td><td colspan="3"></td></tr>
<tr><td>보 조 인</td><td colspan="3"></td></tr>
<tr><td rowspan="2">피해아동등</td><td>성 명</td><td colspan="3"></td></tr>
<tr><td>법정대리인 또는
담당 아동학대
전담공무원</td><td colspan="3"></td></tr>
<tr><td rowspan="7">임시조치의
내 용
(중복신청
가 능)</td><td>[□]</td><td colspan="3">피해아동등 또는 가정구성원의 주거로부터 퇴거 등 격리(제1호)</td></tr>
<tr><td>[□]</td><td colspan="3">피해아동등 또는 가정구성원의 주거, 학교 또는 보호시설 등에서 100미터 이내의 접근 금지(제2호)
기준지: [ ]주거 [ ]학교·학원 [ ]보호시설
[ ]병원[ ]그 밖의 장소( )</td></tr>
<tr><td>[□]</td><td colspan="3">피해아동등 또는 가정구성원에 대한「전기통신기본법」 제2조제1호의 전기통신을 이용한 접근 금지(제3호)</td></tr>
<tr><td>[□]</td><td colspan="3">친권 또는 후견인 권한 행사의 제한 또는 정지(제4호)</td></tr>
<tr><td>[□]</td><td colspan="3">아동보호전문기관 등에의 상담 및 교육 위탁(제5호)</td></tr>
<tr><td>[□]</td><td colspan="3">의료기관이나 그 밖의 요양시설에의 위탁(제6호)</td></tr>
<tr><td>[□]</td><td colspan="3">경찰관서의 유치장 또는 구치소에의 유치(제7호)</td></tr>
<tr><td rowspan="2">응급조치
긴급임시조치</td><td>일 시</td><td colspan="3"></td></tr>
<tr><td>내 용</td><td colspan="3"></td></tr>
<tr><td colspan="2">범죄사실의 요지 및
임시조치가 필요한 사유</td><td colspan="3"></td></tr>
</table>

소 속 관 서

사법경찰관 계급

210㎜ × 297㎜(백상지 80g/㎡)

■ **범죄수사규칙 [별지 제121호서식]**

임시조치신청부

<table>
<tr><td colspan="3">진 행 번 호</td><td></td><td></td></tr>
<tr><td colspan="3">사 건 번 호</td><td>년 제 호</td><td>년 제 호</td></tr>
<tr><td colspan="3">신 청 일 시</td><td></td><td></td></tr>
<tr><td colspan="3">신청자 관직 및 성명</td><td></td><td></td></tr>
<tr><td rowspan="4">행위자</td><td colspan="2">성 명</td><td></td><td></td></tr>
<tr><td colspan="2">주민등록번호</td><td></td><td></td></tr>
<tr><td colspan="2">직 업</td><td></td><td></td></tr>
<tr><td colspan="2">주 거</td><td></td><td></td></tr>
<tr><td colspan="3">죄 명</td><td></td><td></td></tr>
<tr><td rowspan="7">임시조치</td><td colspan="2">검 사 불 청 구</td><td></td><td></td></tr>
<tr><td colspan="2">판 사 기 각</td><td></td><td></td></tr>
<tr><td colspan="2">발 부</td><td></td><td></td></tr>
<tr><td rowspan="4">재신청</td><td>신 청</td><td></td><td></td></tr>
<tr><td>검사불청구</td><td></td><td></td></tr>
<tr><td>판 사 기 각</td><td></td><td></td></tr>
<tr><td>발 부</td><td></td><td></td></tr>
<tr><td colspan="3">임 시 조 치</td><td></td><td></td></tr>
<tr><td rowspan="4">항고</td><td colspan="2">항 고 제 기 일</td><td></td><td></td></tr>
<tr><td colspan="2">등 본 송 부 일</td><td></td><td></td></tr>
<tr><td colspan="2">결 정 일</td><td></td><td></td></tr>
<tr><td colspan="2">결 정 내 용</td><td></td><td></td></tr>
<tr><td rowspan="3">재항고</td><td colspan="2">재 항 고 제 기 일</td><td></td><td></td></tr>
<tr><td colspan="2">결 정 일</td><td></td><td></td></tr>
<tr><td colspan="2">결 정 내 용</td><td></td><td></td></tr>
<tr><td colspan="3">비 고</td><td></td><td></td></tr>
</table>

210㎜ × 297㎜(백상지 80g/㎡)

■ 범죄수사규칙 [별지 제122호서식]

임시조치 통보서 (가정폭력)

0000. 00. 00.

1. 행 위 자

성 명 : 000 (00세, 성별)

주 거 :

2. 피 해 자

성 명 : 000 (세, 성별)

주 거 :

직 장 :

3. 임시조치 통보일시· 장소 및 방법

일시· 장소: 0000. 00. 00.(요일) 00:00, 장소

방 법 : 0000 (예시 : 대상자 대면하여 통보, 전화상 통보 등)

4. 임시조치 결정내용 및 기간 (0000. 00. 00 ~ 0000. 00. 00, 00법원)

[ ] 1호. 피해자 또는 가정구성원의 주거 또는 점유하는 방실로부터의 퇴거 등 격리

[ ] 2호. 피해자 또는 가정구성원의 주거, 직장 등에서 100미터 이내의 접근금지

[ ] 3호. 피해자 또는 가정구성원에 대한 「전기통신기본법」제2조제1호의 전기통신을 이용한 접근금지

※ 전기통신 : 유선·무선·광선 및 기타의 전자적 방식에 의하여 부호·문헌·음향 또는 영상 송·수신

[ ] 4호. 의료기관이나 그 밖의 요양소에의 위탁

[ ] 5호. 국가경찰관서의 유치장 또는 구치소에의 유치

5. 담 당 자

소 속 : 00경찰서 00과 00계

성 명 : 계급 000

※ 정당한 사유 없이 임시조치를 이행하지 않거나 위반할 경우, 가정폭력특례법 제8조 제2항에 의거하여 임시조치 5호(유치장·구치소 유치) 신청 또는 제65조 제4호에 의거하여 500만원 이하의 과태료가 부과됨을 함께 통보

※ 적의한 방법으로 임시조치 대상자에게 통보하고, 통보서는 수사기록에 편철

210㎜ × 297㎜(백상지 80g/㎡)

■ **범죄수사규칙 [별지 제123호서식]**

임시조치통보서

<table>
<tr><td rowspan="4">대 상 자</td><td>성 명</td><td colspan="3"></td></tr>
<tr><td>주민등록번호</td><td colspan="3"></td></tr>
<tr><td>직 업</td><td></td><td>피해아동등과의 관계</td><td></td></tr>
<tr><td>주 거</td><td colspan="3"></td></tr>
<tr><td rowspan="3">피해아동등</td><td>성 명</td><td colspan="3"></td></tr>
<tr><td>생년월일</td><td colspan="3"></td></tr>
<tr><td>주 거</td><td colspan="3"></td></tr>
<tr><td rowspan="7">조치내용</td><td>[□]</td><td colspan="3">피해아동등 또는 가정구성원의 주거로부터 퇴거 등 격리(1호)</td></tr>
<tr><td>[□]</td><td colspan="3">피해아동등 또는 가정구성원의 주거, 학교 또는 보호시설 등에서
100미터 이내의 접근 금지(2호)
기준지: [ ]주거 [ ]학교·학원 [ ]보호시설 [ ] 병원
[ ]그 밖의 장소( )</td></tr>
<tr><td>[□]</td><td colspan="3">피해아동등 또는 가정구성원에 대한 「전기통신기본법」 제2조제1호의 전기통신을 이용한 접근 금지(3호)</td></tr>
<tr><td>[□]</td><td colspan="3">친권 또는 후견인 권한 행사의 제한 또는 정지(4호)</td></tr>
<tr><td>[□]</td><td colspan="3">아동보호전문기관 등에의 상담 및 교육 위탁(5호)</td></tr>
<tr><td>[□]</td><td colspan="3">의료기관이나 그 밖의 요양시설에의 위탁(6호)</td></tr>
<tr><td>[□]</td><td colspan="3">경찰관서의 유치장 또는 구치소에의 유치(7호)</td></tr>
<tr><td rowspan="2">통보일시 및 장 소</td><td>일 시</td><td colspan="3"></td></tr>
<tr><td>장 소</td><td colspan="3"></td></tr>
<tr><td rowspan="2">통보방법</td><td>[□]</td><td colspan="3">대면통보</td></tr>
<tr><td>[□]</td><td colspan="3">전화통보(전화번호 :)</td></tr>
</table>

년 월 일

소속관서

사법경찰관(리) 계급

210㎜ × 297㎜(백상지 80g/㎡)

■ **범죄수사규칙 [별지 제124호서식]**

가정폭력 위험성 조사표

조사 전 유의사항

1. 가해자와 피해자를 **장소적으로 분리한 상태**에서 조사표를 작성해 주십시오.
2. 조사표 작성의 목적은 **"피해자의 안전과 보호"**라는 점을 설명하고, **주취상태·진술거부 등으로 조사가 어려운 경우**는 확인 가능한 사안만 기록하여 주십시오
3. 조사표는 가·피해자의 진술과 현장상황을 토대로 작성해 주시고, 조사 결과가 사건 처리와 긴급임시조치의 근거가 될 수 있음을 안내해 주십시오.
4. 조사표의 각 문항은 피해자 진술, 육안 관찰, PDA 上 신고이력·재발우려가정 정보 등을 통해 확인 및 기록하여 주시고, 필요한 경우 문서·사진·동영상 등으로 증거를 확보 해 주시기 바랍니다.
5. 아동학대 정황*이 발견되는 경우 「아동학대 체크리스트」를 활용, 세심하게 점검해 주세요.

   *만 18세 미만 아동에 대한 폭행(눈에 띄는 상처·멍 등)·유기·방임 등
6. 경청하는 자세로, **개방형 질문을 활용**하여 주세요.

   "신고한 내용에 대해 구체적으로 모두 진술해주세요. 어떤 피해를 입으셨나요?"

※ 관련근거: 「가정폭력방지법」 제9조의4 '현장출입조사', 「가정폭력처벌법」 제5조 '응급조치'

Ⅰ. 기본정보 **신고일시 :** **사건번호 :** **쌍방** □

피해자	성명	성별:	연락처:
	국적: 한국 □ 기타: ( )		생년월일:
가해자	성명	성별:	연락처:
	국적: 한국 □ 기타: ( )		생년월일:
주소지: 신고지 동일 □ *직접입력(상세주소):			관계:
			아동 유무: 있음□ 없음□

Ⅱ. 사건처리 참고기준

범죄 유형	해당함
1. **상해**(타박상, 골절, 혈흔, 응급실 내원 등)	□
2. **특수폭행·협박**(흉기사용)	□
3. **상습폭행·협박**(2회 이상 폭행·협박)	□
4. **손괴**(물건 파손)	□
5. **보호처분·피해자보호명령**(격리·접근금지) **위반** ※ 「가정폭력처벌법」 제63조 위반죄 해당	□
6. **일반폭행·협박**(존속폭행·협박 포함)	□
7. **긴급임시조치·임시조치**(격리·접근금지) **위반**	□

※ 범죄 유형에 따른 조치 기준
▵1~5번 → 체포·임의동행·발생보고 ▵6번 → 발생보고(형사처벌뿐 아니라 가해자 성행교정을 위한 보호처분[가정보호사건]이 가능함을 안내했음에도 명시적으로 사건 접수를 원치 않는 경우에만 현장종결) ▵7번 → 퇴거 조치 후 위반자 통보서 작성하여 여청수사팀 송부

Ⅲ. 긴급임시조치 결정문항

※ 1개만 해당할 경우에도 긴급임시조치 적극 실시

조사 방법	조사 내용	해당함
경찰관 확인·판단	1. 피해자에게 치료가 필요한 정도의 **뚜렷한 외상(상해)이 확인**되거나 가해자가 흉기 등 **위험한 물건을 소지(특수폭행·협박)한 것이 확인**됨	□
	2. 가해자가 **출입문 개방에 협조하지 않고**, 피해자를 대면한 결과 가정폭력 **범죄 피해가 확인됨**	□
	3. **파편, 집기류의 심각한 파손** 등 주변 잔여물을 볼 때 가정폭력 **범죄가 의심되고 위험성이 있다고 판단됨**	□

Ⅳ. 긴급임시조 치 평가 기준 ※ 총점 5점 이상인 경우 긴급임시조치 적극 실시

구분	유형	조사 내용	예	아니오	확인안됨
경찰관 확인·판단	경찰에 대한 저항	1. 가해자가 현장에 출동한 경찰관을 상대로 비협조적인 태도를 보임	□	□	□
	정당성 주장	2. 가해자가 가정폭력 행위를 피해자의 탓으로 돌리며 어쩔 수 없는 행위였다고 주장함	□	□	□
피해자 대상 질문	신고전력	3. 이전에도 가정폭력으로 신고한 적이 있나요?	□	□	□
	일반적 폭력성	4. 가해자가 가족구성원들을 포함한 다른 사람들과 자주 다투거나, 폭력적인 성향을 보이나요?	□	□	□
	알코올 등 약물사용	5. 가해자가 일주일에 술을 주 3회 이상 마시거나 기타 약물*을 과다하게 사용하나요? * 향정신성 의약품(마약, 수면제 등), 불법 약물(본드, 가스 등)	□	□	□
	자살암시	6. 가해자가 선생님 탓을 하며 죽겠다고 말하거나 죽으려고 시도한 적 있나요?	□	□	□
	지배 성향	7. 가해자가 선생님께서 다른 사람을 만나지 못하도록 하거나 일거수 일투족을 보고하게 하나요?	□	□	□
	가해자에 대한 공포	8. 가해자의 손에 죽을 수도 있겠다고 느낀 적이 있나요?	□	□	□
	피해자 건강	9. 가해자와의 문제로 몸이나 마음에 불편한 곳이 있나요?	□	□	□
총 점			(		)점

※ 가정폭력 현장조사와 응급조치가 마무리되면 '가정폭력 피해자 권리 및 지원 안내서'를 피해자에게 문자로 전송하거나 직접 전달하고 그 내용을 안내해 주십시오.
※ 조사표상 제시된 사건처리·긴급임시조치 기준대로 처리하기 어려운 경우 그 사유를 종결내용에 상세히 기록해 주십시오.(기록된 내용은 사후 콜백 시 참고자료로 활용됩니다)

조사자 성명·계급		소속	

210㎜ × 297㎜(백상지 80g/㎡)

■ **범죄수사규칙 [별지 제125호서식]**

긴급임시조치 결정

제 0000-000000 호 0000. 00. 00.

행위자	성 명		주민등록번호	
	직 업			
	주 거			
변 호 인				

위 사람에 대한 ○○○○ 피의사건에 관하여 「가정폭력범죄의 처벌 등에 관한 특례법」 제8조의2 제1항에 따라 다음과 같이 긴급임시조치를 결정함

[□] 피해자 또는 가정구성원의 주거 또는 점유하는 방실로부터의 퇴거 등 격리
[□] 피해자 또는 가정구성원의 주거, 직장 등에서 100미터 이내의 접근금지
[□] 피해자 또는 가정구성원에 대한 「전기통신기본법」 제2조제1호의 전기통신을 이용한 접근금지

피해자	성 명	
	주 거	
	직 장	
긴급임시조치 결정근거		□ 피해자 □ 피해자의 법정대리인 □ 사법경찰관 직권
긴급임시조치 일시 및 장소		일시 :
		장소 :
범죄사실의 요지 및 긴급임시조치를 필요로 하는 사유		

소속관서

사법경찰관 계급

210㎜ × 297㎜(백상지 80g/㎡)

■ **범죄수사규칙 [별지 제126호서식]**

긴급임시조치결정서

제 0000-000000 호 0000.00.00.

다음 사람에 대한 피의사건에 관하여 「아동학대범죄의 처벌 등에 관한 특례법」 제13조제1항에 따라 아래와 같이 긴급임시조치를 결정합니다.

아동학대 행위자	성 명			
	주민등록번호			
	직 업		피해아동등과의 관계	
	주 거			
피해아동등	성 명			
	법정대리인 또는 담당 아동학대 전담공무원			
긴급임시조치 내 용	[□]	피해아동등 또는 가정구성원의 주거로부터 퇴거 등 격리(제1호)		
	[□]	피해아동등 또는 가정구성원의 주거, 학교 또는 보호시설 등에서 100미터 이내의 접근 금지(제2호) 기준지: [ ]주거 [ ]학교·학원 [ ]보호시설 [ ]병원 [ ]그 밖의 장소( )		
	[□]	피해아동등 또는 가정구성원에 대한 「전기통신기본법」 제2조제1호의 전기통신을 이용한 접근 금지(제3호)		
긴급임시조치 일시 및 장소	일 시			
	장 소			
범죄사실의 요지 및 긴급임시조치가 필요한 사유				
긴급임시조치 고 지	[□]	본인은 위 일시 및 장소에서 위와 같이 긴급임시조치 결정을 고지받았음을 확인합니다. (서명 또는 인)		
	[□]	긴급임시조치 결정을 고지하였으나 서명 또는 기명날인을 거부함 거부사유 :		

년 월 일

소속관서

사법경찰관 계급

210mm × 297mm(백상지 80g/㎡)

■ **범죄수사규칙 [별지 제127호서식]**

<table>
<tr><td colspan="5">긴급임시조치 확인서(가정폭력)</td></tr>
<tr><td rowspan="2">행위자</td><td>성 명</td><td></td><td>주민등록번호</td><td></td></tr>
<tr><td>주 거</td><td colspan="3"></td></tr>
<tr><td colspan="5">본인은 경 에서 아래 항목의
긴급임시조치 결정에 대해 고지받았음을 확인합니다.

[□] 피해자 또는 가정구성원의 주거 또는 점유하는 방실로부터의 퇴거 등 격리
[□] 피해자 또는 가정구성원의 주거, 직장 등에서 100미터 이내의 접근금지
[□] 피해자 또는 가정구성원에 대한 「전기통신기본법」 제2조제1호의 전기통신을 이용한 접근금지(전화, 이메일, SNS 등을 이용한 접근금지)

위 확인인 (인)
위 대상자에 대해 긴급임시조치 결정을 하면서, 위 결정 내용을 고지하였음.
(고지한 내용을 확인하였으나 정당한 이유없이 서명 또는 기명날인을 거부함)
사법경찰관(리) (인)
※ 아래 긴급임시조치 통보서는 잘라서 대상자에게 교부하여 주시기 바랍니다.
-------------------------------------- (자르는 선)

긴급임시조치 통보서(가정폭력)
[□] 피해자 또는 가정구성원의 주거 또는 점유하는 방실로부터의 퇴거 등 격리
[□] 피해자 또는 가정구성원의 주거, 직장 등에서 100미터 이내의 접근금지
[□] 피해자 또는 가정구성원에 대한 「전기통신기본법」 제2조제1호의 전기통신을 이용한 접근금지(전화, 이메일, SNS 등을 이용한 접근금지)
※ 경찰의 긴급임시조치 결정사항 위반시 300만원 이하의 과태료가 부과될 수 있습니다. 긴급임시조치 결정시 지체없이 법원에 임시조치가 청구되며, 법원의 임시조치 결정사항 위반시 500만원 이하의 과태료가 부과되거나 경찰관서 유치장 또는 구치소에 유치될 수 있습니다.

사법경찰관(리) (인)</td></tr>
</table>

210㎜ × 297㎜(백상지 80g/㎡)

■ **범죄수사규칙 [별지 제128호서식]**

긴급임시조치통보서

「아동학대범죄의 처벌 등에 관한 특례법」 제13조제1항에 따라 결정된 긴급임시조치를 다음과 같이 통보합니다.

긴급임시조치 대 상 자	성 명			
	주민등록번호			
	직 업		피해아동등 과의 관계	
	주 거			
피해아동등	성 명			
	생 년 월 일			
	주 거			
긴급임시조치 내 용	[□]	피해아동등 또는 가정구성원의 주거로부터 퇴거 등 격리(제1호)		
	[□]	피해아동등 또는 가정구성원의 주거, 학교 또는 보호시설 등에서 100미터 이내의 접근 금지(제2호) 기준지: [ ]주거 [ ]학교·학원 [ ]보호시설 [ ]병원 [ ]그 밖의 장소( )		
	[□]	피해아동등 또는 가정구성원에 대한 「전기통신기본법」 제2조제1호의 전기통신을 이용한 접근 금지(제3호)		
긴급임시조치 통 보 일시및장소	일 시			
	장 소			
긴급임시조치 고 지	[□]	본인은 위 일시 및 장소에서 위와 같이 긴급임시조치 결정을 통보받았음을 확인합니다. (서명 또는 인)		
	[□]	긴급임시조치 결정을 통보하였으나 서명 또는 기명날인을 거부함 거부사유 :		

년 월 일

소 속 관 서

사법경찰관 계급

210mm × 297mm(백상지 80g/㎡)

■ **범죄수사규칙 [별지 제129호서식]**

소속관서

제 0000-000000 호 0000.00.00.

수 신 :

제 목 : 응급조치 결과보고

「아동학대범죄의 처벌 등에 관한 특례법」 제12조제4항에 따라 신고를 받고 즉시 현장에 출동하여 아래와 같이 응급조치를 하였음을 보고합니다.

<table>
<tr><td rowspan="5">아동학대
행위자</td><td>성 명</td><td colspan="3"></td></tr>
<tr><td>주민등록번호</td><td colspan="3"></td></tr>
<tr><td>직 업</td><td></td><td>피해아동과의관계</td><td></td></tr>
<tr><td>주 거</td><td colspan="3"></td></tr>
<tr><td>다른가정
구성원</td><td colspan="3">성명 : 행위자와의 관계 :
주거 :</td></tr>
<tr><td rowspan="2">피해아동</td><td>성 명</td><td colspan="3"></td></tr>
<tr><td>법정대리인 또는
아동보호전문기관
담당상담원</td><td colspan="3"></td></tr>
<tr><td rowspan="2">응급조치
일시및장소</td><td>일 시</td><td colspan="3"></td></tr>
<tr><td>장 소</td><td colspan="3"></td></tr>
<tr><td rowspan="4">응급조치의
내 용</td><td>[□]</td><td colspan="3">아동학대범죄 행위의 제지(제1호)</td></tr>
<tr><td>[□]</td><td colspan="3">아동학대행위자를 피해아동으로부터 격리(제2호)</td></tr>
<tr><td>[□]</td><td colspan="3">피해아동을 아동학대 관련 보호시설로 인도(제3호)</td></tr>
<tr><td>[□]</td><td colspan="3">긴급치료가 필요한 피해아동을 의료기관으로 인도(제4호)</td></tr>
<tr><td rowspan="2">응급조치자</td><td>성 명</td><td></td><td>소 속</td><td></td></tr>
<tr><td>전화번호</td><td></td><td>직 급</td><td></td></tr>
<tr><td colspan="2">피해사실의 요지 및
응급조치가 필요한 사유</td><td colspan="3"></td></tr>
</table>

소속관서

사법경찰관 계급

210mm × 297mm(백상지 80g/㎡)

■ **범죄수사규칙 [별지 제130호서식]**

아동학대 현장조사 체크리스트

아동학대 현장조사 체크리스트	팀장		대장	

피해아동	이름	주민등록번호
	성별	[ ]남 [ ]여 / 연령: 만 세(개월)
	거주지	교육기관명
	외상유무	[ ]있음 [ ]없음 / 외상정도: [ ]중상 [ ]경상
	치료경력	[ ]있음 [ ]없음 / 치료내용
	표정	[ ]어두움 [ ]밝음 [ ]무표정 [ ]기타
	의복	[ ]더러움 [ ]평범함 [ ]깨끗함 [ ]미착용
	행동	[ ]자연스러움 [ ]약간 자연스러움 [ ]부자연스러움 [ ]숨거나 회피함
	장애여부	[ ]지적장애 [ ]신체장애 [ ]지적+신체장애 [ ]기타
학대의심자	이름	주민등록번호
	거주지	연락처
	직업	[ ]관리직 [ ]전문직 [ ]기술직 [ ]사무직 [ ]서비스직 [ ]노무직 [ ]공무원 [ ]무직
	아동과의 관계	[ ]친부 [ ]친모 [ ]계부 [ ]계모 [ ]양부 [ ]양모 [ ]친인척 [ ]대리양육자 [ ]기타
가정환경	청소상태	[ ]깨끗함 [ ]보통 [ ]더러움
	거주상태	[ ]자택 [ ]전세 [ ]보증금+월세 [ ]월세 [ ]영구임대 [ ]기타
	가족유형	[ ]친부모 [ ]한부모 [ ]미혼부모 [ ]재혼가정 [ ]친인척 보호 [ ]사실혼 가정 [ ]위탁가정 [ ]입양가정 [ ]시설보호 [ ]소년소녀가장 [ ]기타 [ ]파악안됨
	가족관계	이름 / 생년월일 / 직업(학교) / 동거여부 / 연락처 / / / [ ]동거 [ ]비동거 / / / / [ ]동거 [ ]비동거 / / / / [ ]동거 [ ]비동거 /
학대의심내용	[ ]신체학대	[ ]세게 흔듬 [ ] 묶음 [ ]아동 던짐 [ ]조름·비틈 [ ]꼬집거나 뭄 [ ]벽에 부딪힘 [ ]물건던짐 [ ]흉기로 찌름 [ ]화상 [ ]기타
	[ ]정서학대	[ ]소리 지름 [ ]무시나 모욕 [ ]무관심 [ ]언어폭력 [ ]가정폭력 노출 [ ]집밖으로 쫓음 [ ]비현실 강요 [ ]수면 금지 [ ]공포분위기 [ ]기타
	[ ]성학대	[ ]신체관찰 [ ]성관계 노출 [ ]성기노출 [ ]자위노출 [ ]신체추행 [ ]구강추행 [ ]성기추행 [ ]구강성교 [ ]성기삽입 [ ]음란물노출 [ ]성매매 [ ]기타
	[ ]방임(유기)	[ ] 물리적방임 [ ] 의료적방임 [ ] 교육적방임 [ ]가출 후 찾지 않음 [ ]출생 신고안함 [ ]유기 [ ]기타
조치결과		현장종결 : [ ] 혐의없음 [ ] 오인신고 [ ] 중복신고 [ ] 재신고 [ ] 허위신고 [ ] 기타 응급조치 : [ ] 범죄행위 제지 [ ] 학대행위자 격리 [ ] 보호시설 인도 [ ] 의료기관인도 긴급임시조치 : [ ] 퇴거 등 격리 [ ] 100미터 이내 접근금지 [ ] 전기통신이용 접근금지 아동보호전문기관 통보여부 : [ ] 통보 [ ] 미통보 참고사항 :

신고접수번호 : 작 성 일 시 : 년 월 일 시 분

경찰서 지구대(파출소) 계급 성명 (인)

계급 성명 (인)

210㎜ × 297㎜(백상지 80g/㎡)

■ **범죄수사규칙 [별지 제131호서식]**

소 속 관 서

제 0000-000000 호 0000.00.00.
수 신 :
제 목 : 임시조치 미신청 사유 통지

「아동학대범죄의 처벌 등에 관한 특례법」 제14조제3항에 따라 임시조치를 신청하지 아니하는 사유를 다음과 같이 통지합니다.

<table>
<tr><td rowspan="2">요 청 인</td><td>성 명</td><td colspan="3"></td></tr>
<tr><td>자 격</td><td colspan="3">[ ]피해아동등 [ ]법정대리인 [ ]변호사 [ ]아동보호전문기관장[ ]시·도지사, 시장·군수·구청장</td></tr>
<tr><td rowspan="2">아 동 학 대
행 위 자</td><td>성 명</td><td></td><td>피해아동과의 관 계</td><td></td></tr>
<tr><td>주민등록번호</td><td colspan="3"></td></tr>
<tr><td rowspan="2">피해아동등</td><td>성 명</td><td colspan="3"></td></tr>
<tr><td>법정대리인 또는 담당 아동학대 전담공무원</td><td colspan="3"></td></tr>
<tr><td>신청 요청
내 용</td><td colspan="4"></td></tr>
<tr><td>임 시 조 치
미신청 사유</td><td colspan="4"></td></tr>
</table>

소 속 관 서

사법경찰관 계급

210㎜ × 297㎜(백상지 80g/㎡)

■ **범죄수사규칙 [별지 제132호서식]**

임시조치 이행상황 통보서

(00-0000-0000)

제 0000-000000 호 0000.00.00.

수 신 :

제 목 : 임시조치 이행상황 통보

다음 사람에 대하여 아래와 같이 「아동학대범죄의 처벌 등에 관한 특례법」 제21조제2항에 따른 임시조치 이행상황을 통보합니다.

아동학대 행위자	성 명		피해아동 등 과의 관계	
	주민등록번호	- (세)		
피해아동등	성 명			
임시조치 사건번호 및 결정일자	사건번호			
	결정일자			
임시조치 결정 내용	[ ]	피해아동등 또는 가정구성원의 주거로부터 퇴거 등 격리(법 제19조제1항제1호)		
	[ ]	피해아동등 또는 가정구성원의 주거, 학교 또는 보호시설 등에서 100미터 이내의 접근 금지(법 제19조제1항제2호) 기준지: [ ]주거 [ ]학교ㆍ학원 [ ]보호시설 [ ]병원 [ ]그 밖의 장소( )		
	[ ]	피해아동등 또는 가정구성원에 대한 「전기통신기본법」 제2조제1호의 전기통신을 이용한 접근 금지(법 제19조제1항제3호)		
	[ ]	친권 또는 후견인 권한 행사의 제한 또는 정지(법 제19조제1항제4호)		
	[ ]	아동보호전문기관 등에의 상담 및 교육 위탁(법 제19조제1항제5호)		
	[ ]	의료기관이나 그 밖의 요양시설에의 위탁(법 제19조제1항제6호)		
	[ ]	경찰관서의 유치장 또는 구치소에의 유치(법 제19조제1항제7호)		
이행상황				

소 속 관 서

사법경찰관/리 계급 (서명 또는 인)

210mm×297mm(백상지 80g/㎡)

■ **범죄수사규칙 [별지 제133호서식]**

보호처분 이행상황 통보서

(00-0000-0000)

제 0000-000000 호 0000.00.00.

수 신 :

제 목 : 임시조치 이행상황 통보

다음 사람에 대하여 아래와 같이 「아동학대범죄의 처벌 등에 관한 특례법」 제38조제2항에 따른 보호처분 이행상황을 통보합니다.

<table>
<tr><td rowspan="2">아동학대
행위자</td><td>성 명</td><td></td><td>피해아동등과의
관계</td><td></td></tr>
<tr><td>주민등록번호</td><td colspan="3">- (세)</td></tr>
<tr><td>피해아동등</td><td>성 명</td><td colspan="3"></td></tr>
<tr><td rowspan="4">법원의
보호처분
결정 내용</td><td>사건번호</td><td colspan="3"></td></tr>
<tr><td>결정일자</td><td colspan="3"></td></tr>
<tr><td>보호처분의 종류</td><td colspan="3"></td></tr>
<tr><td>보호처분의 기간</td><td colspan="3"></td></tr>
<tr><td>이행상황</td><td colspan="4"></td></tr>
</table>

소속관서

사법경찰관/리 계급 (서명 또는 인)

210mm×297mm(백상지 80g/㎡)

■ **범죄수사규칙 [별지 제134호서식]**

소속관서

제 0000-000000 호 0000.00.00.

수 신 :

제 목 : 피해아동 보호사실 통보

「아동학대범죄의 처벌 등에 관한 특례법」 제12조제2항에 따라 아동학대행위자로부터 피해아동을 분리 · 인도하여 아래 시설에서 보호하고 있음을 통보합니다.

피해아동 1	성 명		생년월일(나이)	(세)
	전 화 번 호			
보호시설 또 는 의료시설	명 칭			
	주 소			
	담당직원(직급)		전 화 번 호	
피해아동 2	성 명		생년월일(나이)	
	전 화 번 호			
보호시설 또 는 의료시설	명 칭			
	주 소			
	담당직원(직급)		전 화 번 호	
피해아동 3	성 명		생년월일(나이)	
	전 화 번 호			
보호시설 또 는 의료시설	명 칭			
	주 소			
	담당직원(직급)		전 화 번 호	
통 보 인 인적사항	성 명		소 속	
	전 화 번 호		직 급	

소속관서

사법경찰관 계급

210㎜ × 297㎜(백상지 80g/㎡)

■ **범죄수사규칙 [별지 제135호서식]**

긴급임시조치 신청서

※ [ ]에는 해당되는 곳에 √표를 합니다.

<table>
<tr><td colspan="2">접수번호</td><td>접수일자</td><td>처리기간 즉시</td></tr>
<tr><td rowspan="5">신청인</td><td colspan="3">성 명</td></tr>
<tr><td colspan="3">자 격
[ ]피해아동등 [ ]피해아동의 법정대리인 [ ]변호사
[ ]시·도지사, 시장·군수·구청장 [ ]아동보호전문기관장</td></tr>
<tr><td colspan="3">주 소</td></tr>
<tr><td>전화번호</td><td colspan="2">팩스번호</td></tr>
<tr><td rowspan="4">아동학대
행위자</td><td colspan="3">성 명</td></tr>
<tr><td colspan="3">주민등록번호 (세)</td></tr>
<tr><td>피해아동등과의 관계</td><td colspan="2">전화번호</td></tr>
<tr><td colspan="3">주 거</td></tr>
<tr><td rowspan="3">피해아동등</td><td>성 명</td><td colspan="2">성 별</td></tr>
<tr><td>생년월일(나이)</td><td colspan="2">전화번호</td></tr>
<tr><td colspan="3">법정대리인 또는 담당 아동학대전담공무원</td></tr>
<tr><td rowspan="3">긴급임시조치
의 내용
(중복신청
가능)</td><td>[ ]</td><td colspan="2">피해아동등 또는 가정구성원의 주거로부터 퇴거 등 격리(법 제19조제1항제1호)</td></tr>
<tr><td>[ ]</td><td colspan="2">피해아동등 또는 가정구성원의 주거, 학교 또는 보호시설 등에서 100미터 이내의 접근 금지(법 제19조제1항제2호)
기준지: [ ]주거 [ ]학교·학원 [ ]보호시설 [ ]병원
[ ]그 밖의 장소( )</td></tr>
<tr><td>[ ]</td><td colspan="2">피해아동등 또는 가정구성원에 대한 「전기통신기본법」 제2조제1호의 전기통신을 이용한 접근 금지(법 제19조제1항제3호)</td></tr>
<tr><td colspan="2">범죄사실의 요지 및
긴급임시조치가 필요한 사유</td><td colspan="2">별지와 같음</td></tr>
</table>

「아동학대범죄의 처벌 등에 관한 특례법」 제13조제1항에 따라 아동학대행위자에 대한 긴급임시조치를 신청합니다.

년 월 일

신청인 (서명 또는 인)

○ ○ **경찰서장** 귀하

210mm×297mm[백상지 80g/㎡(재활용품)]

■ **범죄수사규칙 [별지 제136호서식]**

긴급임시조치 취소결정서

제 0000-000000 호 0000.00.00.

다음 사람에 대한 피의사건에 관하여 「아동학대범죄의 처벌 등에 관한 특례법」 제15조제3항에 따라 아래와 같이 긴급임시조치를 취소합니다.

<table>
<tr><td rowspan="4">아동학대
행위자</td><td>성 명</td><td colspan="3"></td></tr>
<tr><td>주민등록번호</td><td colspan="3"></td></tr>
<tr><td>직 업</td><td></td><td>피해아동등
과의 관계</td><td></td></tr>
<tr><td>주 거</td><td colspan="3"></td></tr>
<tr><td rowspan="2">피해아동등</td><td>성 명</td><td colspan="3"></td></tr>
<tr><td>법정대리인 또는
담당 아동학대
전담공무원</td><td colspan="3"></td></tr>
<tr><td rowspan="3">긴급임시조치
내 용</td><td>[□]</td><td colspan="3">피해아동등 또는 가정구성원의 주거로부터 퇴거 등 격리(제1호)</td></tr>
<tr><td>[□]</td><td colspan="3">피해아동등 또는 가정구성원의 주거, 학교 또는 보호시설 등에서 100미터 이내의 접근 금지(제2호)
기준지: [ ]주거 [ ]학교·학원 [ ]보호시설 [ ]병원
[ ]그 밖의 장소( )</td></tr>
<tr><td>[□]</td><td colspan="3">피해아동등 또는 가정구성원에 대한 「전기통신기본법」 제2조제1호의 전기통신을 이용한 접근 금지(제3호)</td></tr>
<tr><td rowspan="2">긴급임시조치취소
일시 및 장소</td><td>일 시</td><td colspan="3"></td></tr>
<tr><td>장 소</td><td colspan="3"></td></tr>
<tr><td rowspan="2">긴급임시조치 고지</td><td>[□]</td><td colspan="3">검사가 임시조치를 청구하지 아니한 경우</td></tr>
<tr><td>[□]</td><td colspan="3">법원이 임시조치의 결정을 하지 아니한 경우</td></tr>
<tr><td rowspan="2">긴급임시조치취소
고지</td><td>[□]</td><td colspan="3">본인은 위 일시 및 장소에서 위와 같이 긴급임시조치 취소 결정을 고지받았음을 확인합니다.
(서명 또는 인)</td></tr>
<tr><td>[□]</td><td colspan="3">긴급임시조치 취소 결정을 고지하였으나 서명 또는 기명날인을 거부함
거부사유 :</td></tr>
</table>

년 월 일

소속관서

사법경찰관 계급

210㎜ × 297㎜(백상지 80g/㎡)

■ **범죄수사규칙 [별지 제137호서식]**

소속관서

우편번호/ 주소 /전화번호 /전송

제 0000-000000 호 0000.00.00.

수 신 :

제 목 : 임시조치 신청 요청 처리 결과 통보

「아동학대범죄의 처벌 등에 관한 특례법」 제14조제2항에 따른 아동학대행위자에 대한 임시조치 신청 요청의 처리 결과를 아래와 같이 통보합니다.

<table>
<tr><td rowspan="2">요 청 인</td><td>성 명</td><td colspan="3"></td></tr>
<tr><td>자 격</td><td colspan="3">[ ]피해아동등 [ ]법정대리인 [ ]변호사 [ ]아동보호전문기관장[ ]시·도지사, 시장·군수·구청장</td></tr>
<tr><td rowspan="2">아동학대
행 위 자</td><td>성 명</td><td></td><td>피해아동등
과의 관계</td><td></td></tr>
<tr><td>주민등록번호</td><td colspan="3"></td></tr>
<tr><td rowspan="2">피해아동등</td><td>성 명</td><td colspan="3"></td></tr>
<tr><td>법정대리인 또는 담당 아동학대 전담공무원</td><td colspan="3"></td></tr>
<tr><td>요청내용</td><td colspan="4"></td></tr>
<tr><td>처리결과</td><td>[□]</td><td>임시조치 신청</td><td>[□]</td><td>신청하지 않음</td></tr>
<tr><td rowspan="7">임시조치의
내 용
(중복신청 가능)</td><td>[□]</td><td colspan="3">피해아동등 또는 가정구성원의 주거로부터 퇴거 등 격리(제1호)</td></tr>
<tr><td>[□]</td><td colspan="3">피해아동등 또는 가정구성원의 주거, 학교 또는 보호시설 등에서 100미터 이내의 접근 금지(제2호)
기준지: [ ]주거 [ ]학교·학원 [ ]보호시설 [ ]병원
[ ]그 밖의 장소( )</td></tr>
<tr><td>[□]</td><td colspan="3">피해아동등 또는 가정구성원에 대한 「전기통신기본법」 제2조제1호의 전기통신을 이용한 접근 금지(제3호)</td></tr>
<tr><td>[□]</td><td colspan="3">친권 또는 후견인 권한 행사의 제한 또는 정지(제4호)</td></tr>
<tr><td>[□]</td><td colspan="3">아동보호전문기관 등에의 상담 및 교육 위탁(제5호)</td></tr>
<tr><td>[□]</td><td colspan="3">의료기관이나 그 밖의 요양시설에의 위탁(제6호)</td></tr>
<tr><td>[□]</td><td colspan="3">경찰관서의 유치장 또는 구치소에의 유치(제7호)</td></tr>
<tr><td>신청하지
않은 이유</td><td colspan="4"></td></tr>
</table>

소속관서

사법경찰관 계급

210㎜ × 297㎜(백상지 80g/㎡)

■ **범죄수사규칙 [별지 제138호서식]**

소속관서

제 0000-000000 호 0000.00.00.

수 신 :

제 목 : 의무위반사실 통보

다음 사람에 대하여 아래와 같이 「아동학대범죄의 처벌 등에 관한 특례법」 제63조제1항에 따른 의무위반사실을 통보하니, 과태료를 부과하여 주시기 바랍니다.

<table>
<tr><td rowspan="3">의무위반자</td><td>성 명</td><td colspan="3"></td></tr>
<tr><td>주민등록번호</td><td colspan="3"></td></tr>
<tr><td>주 소</td><td colspan="3"></td></tr>
<tr><td rowspan="3">의무위반사실</td><td>일 시</td><td colspan="3"></td></tr>
<tr><td>장 소</td><td colspan="3"></td></tr>
<tr><td>내 용</td><td colspan="3"></td></tr>
<tr><td rowspan="4">적용법조</td><td>[□]</td><td colspan="3">정당한 사유 없이 제10조제2항에 따른 신고를 하지 아니한 사람(제63조제1항제2호)</td></tr>
<tr><td>[□]</td><td colspan="3">정당한 사유 없이 제13조제1항에 따른 긴급임시조치를 이행하지 아니한 사람(제63조제1항제4호)</td></tr>
<tr><td>[□]</td><td colspan="3">정당한 사유 없이 법 제11조제5항을 위반하여 사법경찰관리, 아동학대전담공무원 또는 아동보호전문기관의 직원이 수행하는 현장조사를 거부한 사람(법 제63조제1항제3호)</td></tr>
<tr><td>[□]</td><td colspan="3">정당한 사유 없이 제36조제1항제4호부터 제8호까지의 보호처분이 확정된 후 이를 이행하지 아니하거나 집행에 따르지 아니한 사람(제63조제1항제5호)
[ ]사회봉사·수강명령(제36조제1항제4호)
[ ]보호관찰(제36조제1항제5호)
[ ]감호위탁(제36조제1항제6호)
[ ]치료위탁(제36조제1항제7호)
[ ]상담위탁(제36조제1항제8호)</td></tr>
<tr><td rowspan="2">통보인 인적사항</td><td>성 명</td><td></td><td>소 속</td><td></td></tr>
<tr><td>전화번호</td><td></td><td>직 급</td><td></td></tr>
</table>

소속관서

사법경찰관 계급

210㎜ × 297㎜(백상지 80g/㎡)

■ **범죄수사규칙 [별지 제139호서식]**

소속관서

제 0000-000000 호 0000.00.00.

수 신 :

제 목 : 아동학대범죄현장 동행 요청

「아동학대범죄의 처벌 등에 관한 특례법」 제11조제1항에 따라 아동학대범죄의 현장에 동행하여 줄 것을 요청합니다.

아동학대범죄 신고사항	신고시각			
	신고요지			
	범죄발생지			
동행요청인	성 명		소 속	
	전화번호		직 급	
특이사항				

소속관서

사법경찰관 계급

210㎜ × 297㎜(백상지 80g/㎡)

■ 범죄수사규칙 [별지 제140호서식]

임시조치 신청 요청서

※ [ ]에는 해당되는 곳에 √표를 합니다.

접수번호	접수일자	처리기간 즉시

요청인	성 명	
	자 격 [ ]피해아동등 [ ]법정대리인 [ ]변호사 [ ]시ㆍ도지사, 시장ㆍ군수ㆍ구청장 [ ]아동보호전문기관장	
	주 소	
	전화번호	팩스번호
아동학대 행위자	성 명	
	주민등록번호	(세)
	피해아동등과의 관계	전화번호
	주 거	
피해아동등	성 명(성별)	생년월일(나이)
	법정대리인 또는 담당 아동학대전담공무원	전화번호

구분	선택	내용
임시조치의 내용 (중복요청 가능)	[ ]	피해아동등 또는 가정구성원의 주거로부터 퇴거 등 격리(법 제19조제1항제1호)
	[ ]	피해아동등 또는 가정구성원의 주거, 학교 또는 보호시설 등에서 100미터 이내의 접근 금지(법 제19조제1항제2호) 기준지: [ ]주거 [ ]학교ㆍ학원 [ ]보호시설 [ ]병원 [ ]그 밖의 장소( )
	[ ]	피해아동등 또는 가정구성원에 대한 「전기통신기본법」 제2조제1호의 전기통신을 이용한 접근 금지(법 제19조제1항제3호)
	[ ]	친권 또는 후견인 권한 행사의 제한 또는 정지(법 제19조제1항제4호)
	[ ]	아동보호전문기관 등에의 상담 및 교육 위탁(법 제19조제1항제5호)
	[ ]	의료기관이나 그 밖의 요양시설에의 위탁(법 제19조제1항제6호)
	[ ]	경찰관서의 유치장 또는 구치소에의 유치(법 제19조제1항제7호)
범죄사실의 요지 및 임시조치가 필요한 사유	별지와 같음	

「아동학대범죄의 처벌 등에 관한 특례법」 제14조제2항에 따라 아동학대행위자에 대한 [ ]임시조치의 신청(사법경찰관)을 요청합니다.

년 월 일

요청인 (서명 또는 인)

○ ○ **경찰서장** 귀하

210㎜×297㎜[백상지 80g/㎡(재활용품)]

■ **범죄수사규칙 [별지 제141호서식]**

소속관서

제 0000-000000 호 0000.00.00.

수 신 :

제 목 : 입국·상룩절차 특례신청

마약류범죄수사와 관련하여, 아래 외국인을 입국.상륙시킬 필요가 있으므로, 「마약류 불법거래 방지에 관한 특례법」 제3조 제5항 규정에 따라, 출입국관리 공무원에게 입국.상륙 절차 특례의 요청을 신청합니다.

대상자	성 명			
	생 년 월 일		성별	
	국 적			
마약류의 분산 방지 및 도주방지를 위한 감시체제의 상황				
비 고				

소속관서

사법경찰관 계급

210㎜ × 297㎜(백상지 80g/㎡)

■ **범죄수사규칙 [별지 제142호서식]**

소 속 관 서

제 0000-000000 호 0000.00.00.

수 신 :

제 목 : 체류 부적당통보신청

마약류범죄수사와 관련하여, 아래 외국인을 계속 대한민국에 체류하게하는 것이 적당하지 아니하므로, 「마약류 불법거래 방지에 관한 특례법」 제3조 제5항 규정에 따른 통보를 신청합니다.

대상자	성 명			
	생년월일		성별	
	국 적			
입국(상륙) 허가일자				
비 고				

소 속 관 서

사법경찰관 계급

210mm × 297mm(백상지 80g/㎡)

■ **범죄수사규칙 [별지 제143호서식]**

소속관서

제 0000-000000 호 0000.00.00.

수 신 :

제 목 : 세관 절차 특례 신청

마약류범죄수사와 관련하여, 아래 마약류가 외국으로 반출될 / 우리나라로 반입될 필요가 있으므로, 「마약류 불법거래 방지에 관한 특례법」 제4조에 따른 세관절차의 특례조치의 요청을 신청합니다.

마약류의 특정	
마약류의 분산 방지를 위한 감시체제의 상황	
비 고	

소속관서

사법경찰관 계급

210㎜ × 297㎜(백상지 80g/㎡)

■ **범죄수사규칙 [별지 제144호서식]**

<table>
<tr><td colspan="5">특례조치 등 신청부(0000-000000)</td><td colspan="3"></td></tr>
<tr><td colspan="5">입국·상륙 등 요청·통보 관련</td><td colspan="3">세 관 요 청 관 련</td></tr>
<tr><td rowspan="3">대상자</td><td>성 명</td><td colspan="3"></td><td colspan="2" rowspan="3">마 약 류</td><td rowspan="3"></td></tr>
<tr><td>생년월일</td><td>. . .
(세)</td><td>성 별</td><td>남.여</td></tr>
<tr><td>국 적</td><td colspan="3"></td></tr>
<tr><td rowspan="4">요청관련</td><td rowspan="2">사법경찰관
신 청</td><td>신 청 일</td><td colspan="2">. . .</td><td rowspan="2">사법경찰관
신 청</td><td>신 청 일</td><td>. . .</td></tr>
<tr><td>기 각 일</td><td colspan="2">. . .</td><td>기 각 일</td><td>. . .</td></tr>
<tr><td rowspan="2">사법경찰관
재 신 청</td><td>신 청 일</td><td colspan="2">. . .</td><td rowspan="2">사법경찰관
재 신 청</td><td>신 청 일</td><td>. . .</td></tr>
<tr><td>기 각 일</td><td colspan="2">. . .</td><td>기 각 일</td><td>. . .</td></tr>
<tr><td rowspan="4">통보관련</td><td rowspan="2">사법경찰관
신 청</td><td>신 청 일</td><td colspan="2">. . .</td><td colspan="2" rowspan="5">비 고</td><td rowspan="5"></td></tr>
<tr><td>기 각 일</td><td colspan="2">. . .</td></tr>
<tr><td rowspan="2">검사통보</td><td>통 보 일</td><td colspan="2">. . .</td></tr>
<tr><td>처리결과</td><td colspan="2">. . .</td></tr>
<tr><td colspan="2">비 고</td><td colspan="3"></td></tr>
</table>

210㎜ × 297㎜(백상지 80g/㎡)

■ 범죄수사규칙 [별지 제145호서식]

몰수 · 부대보전 신청부

진행번호		제 호	제 호
성명			
죄명			
사건번호		년 형 제 호	년 형 제 호
사건명			
검사			
신청관서			
처분을 금지하는 재산·권리			
몰수보전사건의표시			
사법경찰관 신청	신청일	. . .	. . .
	불청구일	. . .	. . .
검사청구	청구일	. . .	. . .
	결정일	. . .	. . .
	요지		
사법경찰관 재신청	신청일	. . .	. . .
	불청구일	. . .	. . .
검사재청구	청구일	. . .	. . .
	결정일	. . .	. . .
	요지		
결정문수령일		. . .	. . .
수령자의직급·성명·날인			
항고	제기일		
	결정일		
	요지		
재항고	제기일		
	결정일		
	요지		
종국연월일		. . .	. . .
몰수·부대 보전부 번호		몰수 년 제 호 부대	몰수 년 제 호 부대
비고			

210㎜ × 297㎜(백상지 80g/㎡)

■ **범죄수사규칙 [별지 제146호서식]**

추징보전 신청부

사 건 번 호			
송 치 번 호			
성 명			
죄 명			
신 청 관 서			
처분을 금지하는 재산			
추 징 보 전 액			
취소된 추징보전액			
잔여 추징보전액			
추징보전사건의표시			
사법경찰관 신청	신 청 일	. . .	. . .
	검사불청구일	. . .	. . .
검사청구	청 구 일	. . .	. . .
	법원결정일	. . .	. . .
	요 지		
사법경찰관재신청	신 청 일	. . .	. . .
	검사불청구일	. . .	. . .
검사재청구	청 구 일	. . .	. . .
	법원결정일	. . .	. . .
	요 지		
사법경찰관(전부·일부)취소신청	신 청 일	. . .	. . .
	검사불청구일	. . .	. . .
검사(전부·일부)취소청구	청 구 일	. . .	. . .
	법원결정일	. . .	. . .
	요 지		
결정문수령일		. . .	. . .
수령자의직급. 성명. 날인			
항 고	제 기 일		
	결 정 일		
	요 지		
재항고	제 기 일		
	결 정 일		
	요 지		
종 국 연 월 일		. . .	. . .
비 고			

210㎜ × 297㎜(백상지 80g/㎡)

■ **범죄수사규칙 [별지 제147호서식]**

보 석 자 형집행정지자 관찰부	
등 록 기 준 지	
주 거	
직 업	
성 명 . 연 령	
주 민 등 록 번 호	
죄명 및 소속법원	
출소한 교도소 또는 대 용 감 방	
관찰이유 및 통지받은 일 자	보석, 형집행정지, 20 년 월 일
법원에서 부가한 제 한 및 조 건	

210㎜ × 297㎜(백상지 80g/㎡)

관 찰 상 황

년 월 일	관 찰 상 황	관 찰 자	확 인 자

210㎜ × 297㎜(백상지 80g/㎡)

■ **범죄수사규칙 [별지 제148호서식]**

압 수 부

번 호		범죄사건부 번 호	압 수 연월일	압수물건		소유자의 주거 성명	피압수자의 주거 성명	보관자 확 인	취급자 확 인	처 분		비고
압수부	압수물			품종	수량					연월일	요지	

210㎜ × 297㎜(백상지 80g/㎡)

■ 범죄수사규칙 [별지 제149호서식]

체포·구속인명부

제 호

<table>
<tr><td rowspan="2">체포
·
구속</td><td colspan="8">취급자 팀장 과장 서장</td></tr>
<tr><td>연 월 일
및 유형</td><td colspan="7">년 월 일 : 체포영장
년 월 일 : 긴급체포
년 월 일 : 현행범인체포(인수)
년 월 일 : 구속영장
년 월 일 : 즉결심판선고에 의함</td></tr>
<tr><td rowspan="3">석
방</td><td colspan="8">취급자 팀장 과장 서장</td></tr>
<tr><td>연 월 일 시</td><td colspan="7">년 월 일 시 분</td></tr>
<tr><td>사 유</td><td colspan="7"></td></tr>
<tr><td colspan="2">죄명 및 형명, 형기</td><td colspan="7"></td></tr>
<tr><td rowspan="5">인
상</td><td>키</td><td></td><td>몸 집</td><td></td><td>머리털</td><td></td><td>눈 썹</td><td></td></tr>
<tr><td>수 염</td><td></td><td>이 마</td><td></td><td>귀</td><td></td><td>눈</td><td></td></tr>
<tr><td>입</td><td></td><td>이</td><td></td><td>코</td><td></td><td>용 모</td><td></td></tr>
<tr><td>얼 굴</td><td></td><td>얼굴색</td><td></td><td></td><td></td><td></td><td></td></tr>
<tr><td>기타특징</td><td></td><td></td><td></td><td></td><td></td><td></td><td></td></tr>
<tr><td colspan="2">착 의</td><td colspan="7"></td></tr>
<tr><td rowspan="3">체포·구속된
자의
인적사항</td><td>성 명</td><td colspan="2"></td><td colspan="2">주민등록번호</td><td colspan="3"></td></tr>
<tr><td>주 거</td><td colspan="7"></td></tr>
<tr><td>등록기준지</td><td colspan="7"></td></tr>
<tr><td colspan="2">범죄경력, 죄명, 범수</td><td colspan="7"></td></tr>
<tr><td colspan="2">공 범 관 계 자 성 명</td><td colspan="7"></td></tr>
<tr><td colspan="2">가 족 관 계</td><td colspan="7"></td></tr>
</table>

210mm × 297mm(백상지 80g/㎡)

■ 범죄수사규칙 [별지 제150호서식]

범 죄 사 건 부

사 건 번 호		년 범죄 제 호	년 범죄 제 호
수 리		. . . :	. . . :
구 분		고소.고발.자수.신고. 현행범.기타	고소.고발.자수.신고. 현행범.기타
수 사 담 당 자			
피의자	성명 및 성별 주민등록번호 (또는생년월일) 직 업 주 거	(남.여)	(남.여)
조 회		컴퓨터.지문.사진.수법. 지명 기타	컴퓨터.지문.사진.수법. 지명 기타
죄명	수 리		
	결 정		
범죄	일 시	. . . :	. . . :
	장 소		
피 해 정 도			
피 해 자			
체포.구속	체 포 영 장		
	긴 급 체 포		
	현행범인체포		
	구 속 영 장		
	인 치 구 금	경찰서 유치장	경찰서 유치장
석방일시 및 사유			
결정	년 월 일	. . .	. . .
	종 류		
압 수 번 호		압 제 호	압 제 호
수사미결사건철번호		제 호	제 호
검사처분	년 월 일	. . .	. . .
	요 지		
판결	년 월 일	. . .	. . .
	요 지		
비 고			
범죄원표	발생사건표	. . . 제 호	. . . 제 호
	검거사건표	. . . 제 호	. . . 제 호
	피 의 자 표	. . . 제 호	. . . 제 호

210㎜ × 297㎜(백상지 80g/㎡)

년 범죄 제 호	년 범죄 제 호	년 범죄 제 호
. . . :	. . . :	. . . :
고소.고발.자수.신고. 현행범.기타	고소.고발.자수.신고. 현행범.기타	고소.고발.자수.신고. 현행범.기타
(남.여)	(남.여)	(남.여)
컴퓨터.지문.사진.수법. 지명 기타	컴퓨터.지문.사진.수법. 지명 기타	컴퓨터.지문.사진.수법. 지명 기타
. . . :	. . . :	. . . :
경찰서 유치장	경찰서 유치장	경찰서 유치장
. . .	. . .	. . .
제 호	제 호	제 호
압 제 호	압 제 호	압 제 호
제 호	제 호	제 호
. . .	. . .	. . .
. . .	. . .	. . .
. . . 제 호	. . . 제 호	. . . 제 호
. . . 제 호	. . . 제 호	. . . 제 호
. . . 제 호	. . . 제 호	. . . 제 호

210㎜ × 297㎜(백상지 80g/㎡)

■ **범죄수사규칙 [별지 제151호서식]**

소속관서

제 0000-000000 호 0000.00.00.

수 신 :

제 목 : 범법자 출입국 규제 검토의견 회신 요청

다음 사람의 에 필요한 검토의견 회신을 요청합니다.

<table>
<tr><td colspan="2">사 건 번 호</td><td colspan="4"></td></tr>
<tr><td rowspan="5">인적사항</td><td>성 명</td><td colspan="4"></td></tr>
<tr><td>주 거</td><td colspan="4"></td></tr>
<tr><td>등록기준지</td><td colspan="4"></td></tr>
<tr><td>직 업</td><td colspan="2"></td><td>성별</td><td></td></tr>
<tr><td>여권번호</td><td></td><td>주민등록번호</td><td colspan="2"></td></tr>
<tr><td colspan="2">죄 명</td><td colspan="4"></td></tr>
<tr><td colspan="2">범 죄 사 실</td><td colspan="4"></td></tr>
<tr><td colspan="2">사 유</td><td colspan="4"></td></tr>
<tr><td colspan="2">기 간</td><td colspan="4"></td></tr>
<tr><td colspan="2">비 고</td><td colspan="4"></td></tr>
</table>

소속관서

사법경찰관 계급

210㎜ × 297㎜(백상지 80g/㎡)

■ **범죄수사규칙 [별지 제152호서식]**

정 식 재 판 청 구

<table>
<tr><td colspan="2">사 건 번 호</td><td colspan="3"></td></tr>
<tr><td rowspan="3">피
고
인</td><td>성 명</td><td></td><td>주민등록번호</td><td></td></tr>
<tr><td>전화번호</td><td colspan="3"></td></tr>
<tr><td>주 거</td><td colspan="3"></td></tr>
<tr><td colspan="2">죄 명</td><td colspan="3"></td></tr>
<tr><td colspan="2">선 고 년 월 일</td><td colspan="3"></td></tr>
<tr><td colspan="2">즉결심판주문</td><td colspan="3"></td></tr>
<tr><td colspan="2">비 고</td><td colspan="3"></td></tr>
</table>

위 피고사건의 즉결심판에 대하여 불복이므로 정식재판을 청구합니다.

0000.00.00

위 청구인 ㉑

소속관서장 귀하

210㎜ × 297㎜(백상지 80g/㎡)

■ **범죄수사규칙 [별지 제153호서식]**

소속관서

제 0000-000000 호　　　　0000.00.00.

수 신 :

제 목 : 정식재판청구(경찰서장)

다음 피고사건의 즉결심판에 불복이므로 정식재판을 청구합니다.

사건번호				
피고인	성 명		주민등록번호	
	주 거			
죄 명				
선고연월일				
즉결심판주문				
비 고				

소속관서장

210㎜ × 297㎜(백상지 80g/㎡)

■ **범죄수사규칙 [별지 제154호서식]**

검 사 승 인		
가	부	비고

소속관서

제 0000-000000 호 0000.00.00.

수 신 :

제 목 : 정식재판청구승인요청

다음 피고인에 대한 즉결심판에 불복하므로 정식재판청구를 하려 하니 이에 대한 승인을 요청합니다.

피고인	성 명	
	주민등록번호	
	직 업	
	주 거	
죄 명		
선고연월일		
즉결심판주문		
정식재판청구사유	범죄사실	
	증거자료	
	불복이유	

소속관서

사법경찰관 계급

210㎜ × 297㎜(백상지 80g/㎡)

■ **범죄수사규칙 [별지 제155호서식]**

소속관서

제 0000-000000 호 0000.00.00.

수 신 :

제 목 : 즉결심판사건기록송부

다음 즉결심판 사건기록을 송부합니다.

피 고 인	성 명	주민등록번호	지문원지 작성번호	
죄 명				
송 부 사 유				
기 록 권 수	권			
증 거 물				
비 고				수리전산입력

소속관서장

210mm × 297mm(백상지 80g/㎡)

■ **범죄수사규칙 [별지 제156호서식]**

소 속 관 서

제 0000-000000 호 0000.00.00.

수 신 :

참 조 :

제 목 : 수사결과보고

피의사건에 관하여 다음과 같이 수사하였기에 결과 보고합니다.

Ⅰ. 피의자 인적사항

:

:

:

Ⅱ. 범죄경력자료 및 수사경력자료

Ⅲ. 범죄사실

Ⅳ. 적용법조

Ⅴ. 증거관계

Ⅵ. 수사결과 및 의견

Ⅶ. 수사참여경찰관

210㎜ × 297㎜(백상지 80g/㎡)

■ **범죄수사규칙 [별지 제157호서식]**

소속관서

제 0000-000000 호 0000.00.00.

수 신 :

참 조 :

제 목 : 수사기일연장건의서

피의자 에 대한 사건에 관하여 다음과 같이 **수사기일 연장을 건의**합니다.

Ⅰ. 피의자 인적사항

:

:

:

Ⅱ. 범죄경력자료 및 수사경력자료

Ⅲ. 범죄사실

Ⅳ. 적용법조

Ⅴ. **수사기일 연장건의 사유**

Ⅵ. 향후수사계획

경 로	지휘 및 의견	구분	결 재	일시

■ **범죄수사규칙 [별지 제158호서식]**

피해자 등 통지관리표

□ 사건정보

접수번호		사건번호	
피(혐)의자		피 해 자	
죄 명			

□ 통지대상 :

◎ 기본사항	
대상자와의 관계	
통지희망여부	원 함 ☑ 원하지 않음 □
통지 방법	구두☑ 우편□ 전화□ FAX□ E-mail□ SMS□ 기타□
수신처 또는 연락처	

◎ 통지현황

연번	일시	대상자	방법	주 요 내 용

□ 통지대상 :

◎ 기본사항	
대상자와의 관계	
통지희망여부	원 함 ☑ 원하지 않음 □
통지 방법	구두☑ 우편□ 전화□ FAX□ E-mail□ SMS□ 기타□
수신처 또는 연락처	

◎ 통지현황

연번	일시	구분	대상자	방법	주 요 내 용

210㎜ × 297㎜(백상지 80g/㎡)

■ **범죄수사규칙 [별지 제159호서식]**

소 속 관 서

제 0000-000000 호 0000.00.00.

제 목 : 불송치 편철

<table>
<tr><td>사건번호</td><td colspan="7"></td></tr>
<tr><td rowspan="6">피 의 자</td><td colspan="3">성 명</td><td>성별</td><td>연령</td><td>지문원지
작성번호</td><td>피의자
원표번호</td></tr>
<tr><td colspan="3"></td><td></td><td></td><td></td><td></td></tr>
<tr><td colspan="3"></td><td></td><td></td><td></td><td></td></tr>
<tr><td colspan="3"></td><td></td><td></td><td></td><td></td></tr>
<tr><td colspan="3"></td><td></td><td></td><td></td><td></td></tr>
<tr><td colspan="3"></td><td></td><td></td><td></td><td></td></tr>
<tr><td>죄 명</td><td colspan="7"></td></tr>
<tr><td>결정주문</td><td colspan="7"></td></tr>
<tr><td>결정일시</td><td colspan="7">0000. 00. 00.</td></tr>
<tr><td>결 정 자</td><td colspan="7"></td></tr>
<tr><td>팀 장</td><td colspan="7"></td></tr>
<tr><td>정수사관</td><td colspan="7"></td></tr>
<tr><td rowspan="2">공소시효</td><td>장기</td><td>0000. 00. 00.</td><td rowspan="2" colspan="2">기 록 보 존 기 한</td><td rowspan="2" colspan="3">0000. 00. 00.</td></tr>
<tr><td>단기</td><td>0000. 00. 00.</td></tr>
<tr><td>비 고</td><td colspan="7"></td></tr>
</table>

210㎜ × 297㎜(백상지 80g/㎡)

■ **범죄수사규칙 [별지 제160호서식]**

소속관서

제 0000-000000 호 0000.00.00.

제 목 : 수사중지 편철

<table>
<tr><td>사건번호</td><td colspan="8"></td></tr>
<tr><td rowspan="6">피 의 자</td><td colspan="4">성 명</td><td>성별</td><td>연령</td><td>지문원지
작성번호</td><td>피의자
원표번호</td></tr>
<tr><td colspan="4"></td><td></td><td></td><td></td><td></td></tr>
<tr><td colspan="4"></td><td></td><td></td><td></td><td></td></tr>
<tr><td colspan="4"></td><td></td><td></td><td></td><td></td></tr>
<tr><td colspan="4"></td><td></td><td></td><td></td><td></td></tr>
<tr><td colspan="4"></td><td></td><td></td><td></td><td></td></tr>
<tr><td>죄 명</td><td colspan="8"></td></tr>
<tr><td>결정주문</td><td colspan="8"></td></tr>
<tr><td>결정일시</td><td colspan="8">0000. 00. 00.</td></tr>
<tr><td>결 정 자</td><td colspan="8"></td></tr>
<tr><td>팀 장</td><td colspan="8"></td></tr>
<tr><td>정수사관</td><td colspan="8"></td></tr>
<tr><td rowspan="2">공소시효</td><td>장기</td><td>0000. 00. 00.</td><td rowspan="2" colspan="3">기록보존기한</td><td rowspan="2" colspan="3">0000. 00. 00.</td></tr>
<tr><td>단기</td><td>0000. 00. 00.</td></tr>
<tr><td>비 고</td><td colspan="8"></td></tr>
</table>

210㎜ × 297㎜(백상지 80g/㎡)

■ 범죄수사규칙 [별지 제161호서식]

진술녹음 고지·동의 확인서

KICS 접수번호			
성 명		생년월일	

〈 경찰은 조사과정을 객관적이고 투명하게 함으로써 사건관계인의 인권을 보호하기 위하여 진술녹음제도를 시행하고 있습니다. 아래 내용을 잘 읽어보시고 귀하가 동의하신 경우에만 진술녹음이 진행됩니다.〉

※ 다만, 진술녹음에 동의하더라도 진술녹음실 부족·장비 고장 등 부득이한 사유가 있는 경우, 진술녹음이 진행되지 않을 수 있습니다.

○ 동의 후 진술녹음을 하던 중 녹음 중단을 요청할 수 있고 동의하지 않아 진술녹음 없이 조사하던 중 진술녹음을 요청할 수도 있습니다.

○ 진술녹음은 조서작성 시작부터 사건관계인이 조서에 간인과 기명날인 또는 서명을 마쳐 조서를 완성할 때까지 진행합니다.

○ 진술녹음파일은 조사과정 중 인권침해 여부 확인, 본인이 진술한 대로 조서에 기재되었는지 여부 확인, 진술자의 기억을 환기하기 위한 용도로만 사용되며, 검찰에 송치되지 않습니다.

※ 다만, 법원 · 수사기관에서 다른 법률에 근거하여 진술녹음파일을 요청하는 경우 제공할 수 있음

○ 진술녹음파일의 청취는 조서를 열람하는 과정 또는 조서에 간인과 기명날인 또는 서명을 마쳐 조서를 완성한 직후에 가능하며, 이후에는 정보공개청구절차에 따라 녹음파일을 청취하시거나 녹취록 작성*을 통해 진술 내용을 확인하실 수 있습니다.

* 녹취 비용은 본인이 부담하며 진술녹음파일(복제본·사본 포함)은 제공하지 않음

※ 진술녹음파일의 청취·녹취와 별개로 정보공개청구절차를 통해 조서 사본 제공도 가능

○ 진술녹음파일은 사건관계인의 개인정보보호 등을 위해 녹음한 날로부터 3년간 보관 후 일괄 폐기합니다.

※ 다만, 3년 경과 이전에 진술녹음파일에 대한 정보공개청구 · 열람 · 복사 · 법원 또는 수사기관의 요청 등이 접수된 경우에는 당해 청구절차에 따른 조치가 완료된 이후 폐기합니다.

○ 모든 사건관계인은 진술녹음을 동의하지 않을 수 있습니다.

■ 본인의 자유로운 의사에 따라 진술녹음에 동의하십니까?

동의 ( )   부동의 ( )

20 . . .   성명   ㊞

210㎜ × 297㎜(백상지 80g/㎡)

■ 범죄수사규칙 [별지 제162호서식]

陈述录音告知及同意确认书

KICS受理编号			
姓名		出生日期	

<为使调查过程更具客观性和透明性，为保护被调查者的人权，警察实施陈述录音制度。请仔细阅读以下内容，陈述录音仅在您同意的情况下实施。>

※ 不过，即使同意陈述录音也可能因陈述录音室不足或设备故障等的原因无法进行陈述录音。

○ 即使已同意，也可以在进行陈述录音的过程中请求中断录音。即使不同意，在无陈述录音的情况下进行调查时，也可以提出进行陈述录音的请求。

○ 陈述录音从拟写调查记录时开始，直到被调查者在调查记录上盖骑缝章、签字盖章或签名，完成调查记录拟写时为止。

○ 陈述录音文件仅用于确认调查过程中是否侵害人权、调查记录中所记载的内容是否和本人陈述的内容一致，以及唤起陈述者的记忆，不会移交至检察厅。

※ 但是，法院或侦查机关以其他法律为依据，请求提供陈述录音文件时将予以提供

○ 听取陈述录音文件可在阅览调查记录的过程中或在调查记录上盖骑缝章、签字盖章或签名，完成调查记录拟写后进行。之后，可根据信息公开请求步骤，通过听取录音文件或制作录音记录*确认陈述内容。

* 制作录音记录费用由本人承担(只能雇佣速记师制作)，不予以提供陈述录音文件（包括复制本和副本）

※ 除听取陈述录音文件、录音外，通过信息公开请求步骤，也可提供调查记录副本

○ 为保护被调查者的个人信息，陈述录音文件之日起保管三年，之后将全部销毁。

※ 但是，在三年到期前，若收到关于陈述录音文件的信息公开请求、阅览、复制、法院或侦查机关的请求时，可根据相应请求步骤采取措施，待执行完成后予以销毁。

○ 所有被调查者都有权不同意进行陈述录音。

■ 根据本人的自由意愿，同意进行陈述录音吗？

同意 (   )   不同意 (   )

20 .   .   .   姓名   (印)

210㎜ × 297㎜(백상지 80g/㎡)

■ 범죄수사규칙 [별지 제163호서식]

Statement Recording Notice and Consent Form

KICS Receipt No.			
Name		Date of Birth	

<The statement recording process is enacted by the police to protect the human rights of the subjects of investigation through objective and transparent investigation procedures. Carefully read the following information, and your statements will be recorded only if you agree to the contents of the form.>

※ However, the statement recording may not be conducted due to inevitable reasons such as the lack of room used for statement recording or the failure in equipment, even though the subject of the investigation has agreed to record one's statements.

○ Even though the recording has started by the consent of the subject of investigation, the subject may request the inspector to stop recording one's statements. Similarly, the subject may request to be recorded during an investigation, even though the subject has refused to do so in the beginning.

○ The recording of statement shall begin when the subject of the investigation starts filling out the report, and shall end when the report is completed by the subject's stamp or sign on the report with the date.

○ The recorded file shall solely be used for confirmation on matters related to the violation of human rights, matters related to the verification of the report in accordance with one's statement, and for recollection of the subject's memory on the topic of the investigation. The file will not be sent to the prosecution.

※ However, if the recorded file is requested by the court or investigation agency, the file may be transmitted.

○ The recorded file is accessible during the process of reviewing the report or immediately after completing the report by stamping or signing the report with the date. From that time on, the contents of the statement is accessible through transcribing or listening to the recorded files in compliance with the Information Disclosure Request Procedure.

* The costs for transcription will be paid for by the subject(s), and the file of statement recording (including duplicates and copies) will not be provided.

※ A copy of the report can be provided through the Information Disclosure Request Procedure apart from listening and/or recording the file of statement recording.

○ The recorded file will be discarded after three years since it was created, in order to protect personal information of the subjects of the investigation.

※ However, in case the file of the statement recording is requested by the court or investigation agency, or is requested for viewing or copying by the Information Disclosure Request before the three-year expiration, the file will be discarded after all the measures has been taken according to the request procedure.

○ All subjects of the investigation may refuse statement recording.

■ **Do you agree to the statement recording out of your own volition?**

I agree ( ) **I disagree ( )**

20 . . . Name (Signature)

210㎜ × 297㎜(백상지 80g/㎡)

■ 범죄수사규칙 [별지 제164호서식]

Уведомление и подтверждение согласия на звукозапись показаний

Номер приема по системе KICS			
ФИО		Дата рождения	

〈Полиция пользуется системой звукозаписи показаний для защиты прав человека у допрашиваемых, что делает процесс расследования объективным и прозрачным. Пожалуйста, внимательно прочитайте следующее. Звукозапись показаний будет производиться только после получения Вашего огласия.>

※ Однако несмотря на наличие разрешения на ведение звукозаписи (договорённость о ведении звукозаписи), звукозапись может не производится в случае нехватки подходящих для этого помещений или неисправностей звукозаписывающего оборудования.

○ Соглашившись на запись допроса, Вы в любой момент можете инициировать её прекращение. В случае, если вы отказались от звукозаписи и расследование идет без звукозаписи показаний, вы также можете попросить сделать звукозапись.

○ Звукозапись показаний продолжается с начала подготовки протокола допроса и до его завершения с соответствующим печатью или подписью допрашиваемого.

○ Файл звукозаписи показаний используется только для того, чтобы проверить, были ли допущены нарушения прав человека в ходе расследования, верно ли все указано в протоколе, как было сказано допрашиваемым, и чтобы указать допрашиваемому на сказанное им ранее. При этом файл не отправляется в прокуратуру.

※ Однако файл может быть предоствлен в случае прямого запроса следственных органов или сюда на соответствующем юридическом основании.

○ Прослушивание файла звукозаписи показаний возможно во время чтения готового протокола или после заверенного печатью или подписью допрашиваемого. Позже вы можете прослушать записанный файл согласно порядку раскрытия информации или можете проверить содержание показаний, сделав письменную расшифровку звукозаписи*.

* Письменная расшифровка звукозаписи производится на средства обратившейся стороны, а сам файл(как и его копии и дубликаты) не предоставляется.

※ Отдельно от прослушивания файла звукозаписи показаний и его расшифровки, копия протокола допроса может быть предоставлена в соответствии с порядком раскрытия информации.

○ Записанные файлы будут удалены через 3 года, начиная с даты записи, в целях защиты конфиденциальности допрашиваемых.

※ Однако, если в отношении записанного файла до истечения трехлетнего срока будет принят к рассмотрению запрос о раскрытии информации, прослушивании, копировании, или другой запрос из суда или следственных органов, то после завершения действий в соответствии с запросом файл будет подлежать уничтожению.

○ Любой допрашиваемый может выразить свое несогласие со звукозаписью своих показаний.

Даете ли вы добровольное согласие на звукозапись ваших показаний?

Согласен ( ) **Не согласен ( )**

20 . . . ФИО (Подпись)

210㎜ × 297㎜(백상지 80g/㎡)

■ 범죄수사규칙 [별지 제165호서식]

THÔNG BÁO GHI ÂM VÀ XÁC NHẬN ĐỒNG Ý GHI ÂM LỜI KHAI			
Số tiếp nhận của KICS			
Họ tên		**Ngày tháng năm sinh**	

<Cõ quan cảnh sát đang thực hiện chế độ ghi âm lời khai để giúp quá trình điều tra trở nên khách quan và minh bạch, đồng thời giúp bảo vệ nhân quyền của đối tượng điều tra. Việc ghi âm lời khai chỉ được được thực hiện khi bạn đã đọc kỹ và đồng ý với những nội dung dưới đây.>

※ Tuy nhiên, ngay cả khi bạn đồng ý ghi âm lời khai nhưng có lý do bất khả kháng như thiếu phòng ghi âm lời khai, thiết bị ghi âm bị hỏng thì việc ghi âm lời khai có thể không tiến hành được.

○ Sau khi đồng ý, bạn vẫn có thể yêu cầu dừng việc ghi âm trong khi đang ghi âm lời khai hoặc sau khi không đồng ý, bạn vẫn có thể yêu cầu ghi âm lời khai trong khi đang điều tra mà không ghi âm.

○ Việc ghi âm lời khai được thực hiện kể từ khi bắt đầu viết biên bản điều tra cho đến khi đối tượng điều tra hoàn thành xong biên bản điều tra bằng cách đóng dấu giáp lai và ghi tên đóng dấu hoặc ký tên vào biên bản điều tra.

○ File ghi âm lời khai chỉ được sử dụng với mục đích kiểm tra xem có sự vi phạm nhân quyền trong quá trình điều tra hay không, kiểm tra xem lời khai của bản thân có được ghi đúng trong biên bản điều tra hay không, đồng thời để khơi gợi lại trí nhớ của người khai và file ghi âm lời khai sẽ không được gửi đến cơ quan kiểm sát.

※ Tuy nhiên, file ghi âm lời khai có thể được cung cấp trong trường hợp tòa án hoặc cõ quan điều tra yêu cầu dựa trên các quy định pháp luật khác.

○ Có thể nghe lại File ghi âm lời khai trong quá trình đọc biên bản điều tra, ngay sau khi đóng dấu giáp lai và ghi tên đóng dấu hoặc ký tên vào biên bản điều tra để hoàn thành biên bản điều tra, sau đó, bạn có thể nghe file ghi âm theo thủ tục yêu cầu công khai thông tin hoặc có thể kiểm tra lại nội dung đã khai thông qua việc lập* bản ghi chép nội dung ghi âm.

* Chi phí ghi âm sẽ do bản thân chi trả và không được cung cấp file ghi âm lời khai (bao gồm cả bản sao và bản phục chế)

※ Có thể cung cấp một bản sao của biên bản điều tra thông qua quy trình yêu cầu công khai thông tin, điều này tách biệt với việc nghe và ghi lại file ghi âm lời khai.

○ File ghi âm lời khai sẽ được lưu giữ trong 3 năm kể từ ngày ghi âm với mục đích bảo vệ quyền riêng tý của đối tượng điều tra, sau đó sẽ được hủy bỏ đồng loạt.

※ Tuy nhiên, trýớc khi hết thời hạn 3 năm, nếu có yêu cầu công khai thông tin, đọc, sao chép, yêu cầu của tòa án hoặc cõ quan điều tra về file ghi âm lời khai, thì sau khi hoàn thành các biện pháp xử lý theo thủ tục yêu cầu liên quan, file ghi âm lời khai mới được hủy bỏ.

○ Tất cả các đối tượng điều tra đều có quyền không đồng ý với việc ghi âm lời khai.

■ **Bạn có đồng ý ghi âm lại lời khai theo quyết định của bản thân hay không?**

Đồng ý (　　　)　　　**Không đồng ý (　　　)**

Ngày　　tháng　　năm　　Họ tên:　　　(Ký tên)

210㎜ × 297㎜(백상지 80g/㎡)

■ 범죄수사규칙 [별지 제166호서식]

ประกาศการบนทึกคำให้การ หนงสือยินยอม

KICS เลขทีใบเสร็จ			
ชือ		วนเกิด	

<จ้าหน้าทีตำรวจได้นำกระบวนการการบนทึกคำให้การมาใช้เพือปกป้องสิทธิมนุษยชนของผู้ถูกสอบสวนโดยผ่านก
บวนการการสอบสวนทีเป็นกลางและโปร่งใส โปรดอ่านข้อมูลต่อไปนีอย่างรอบคอบ การบนทึกคำให้การจะเริมดำเ
นินการต่อเมือคุณได้ยอมรบกบเนือหาในหนงสือยินยอมนีแล้วเท่านน้

※ เว้นแต่ ในกรณีทีห้องบนทึกคำให้การไม่เพียงพอ อุปกรณ์บนทึกคำให้การต่างๆพงเสียหายอืนๆ
อาจจะทำให้ไม่สามารถบนทึกคำให้การได้ ถึงแม้ว่าผู้ถูกสอบสวนจะยินยอมให้บนทึกคำให้การแล้วก็ตาม

○ หลงจากทีผู้ถูกสอบสวนยินยอมแล้วในระหว่างทีกำลงบนทึกคำให้การอยู่ผู้ถูกสอบสวนสามารถขอร้องให้หยุ
บนทึก คำให้การได้ และถ้าไม่ยินยอมตงแต่แรกในระหว่างทีกำลงถูกสอบสวนอยู่โดนไม่มีการบนทึกผู้ถูกสอ
บสวนสามารถขอร้องให้บนทึกคำให้การได้เช่นกน

○ การบนทึกคำให้การควรดำเนินการต่อในขณะเริมต้นเมือผู้ถูกสอบสวนกรอกรายงานจนถึงเวลาทีรายงานเสร็จ
ามด้วยการประทบตราหรือลงนามโดยผู้ถูกสอบสวนในรายงานพร้อมวนที

○ ไฟล์บนทึกคำให้การจะนำมาใช้เพือการยืนยนในเรืองของการฝ่าฝืนสิทธิมนุษยชนและใช้เพือยืนยนหรือพิสูจน์ร
ายงานตามคำให้การของบุคคลและเพือการระลึกความจำของผู้ถูกสอบสวนทีเกียวข้องกบเรืองทีได้รบการสอ
สวนเท่านน ไฟล์บนทึกคำให้การนีจะไม่ถูกส่งไปเพือฟ้องร้อง

※ เว้นแต่ ในกรณีทีศาลหรือหน่วยงานสอบสวนได้มีการร้องขอไฟล์บนทึกนนอาจได้รบการส่งต่อไปยงผู้ร้องข
ได้

○ ไฟล์บนทึกคำให้การต้องเปิดใช้การได้ในช่วงขนตอนของการเปิดรายงานหรือทนทีหลงจากได้มีการกรอกราย
นเสร็จสินสมบูรณ์โดยการลงตราประทบหรือลงนามพร้อมกบวนทีและตงแต่เวลานนเป็นต้นไปไฟล์บนทึกนีอ
าจจะได้รบการรบฟงตามกระบวนการร้องขอการเปิดเผยข้อมูลและเนือหาของคำให้การอาจได้รบการยืนยน
านการร่างรายงานการบนทึก*

* ค่าใช้จ่ายในการบนทึกจะได้รบการชำระโดยผู้ถูกสอบสวนส่วนไฟล์บนทึกคำให้การนน (รวมถึงทีทำซ้ำ
และสำเนา) จะไม่สามารถมอบให้ได้

※ สำเนาของรายงานอาจจะได้รบการส่งมอบผ่านกระบวนการร้องขอการเปิดเผยข้อมูลโดยแยกเป็นอีกหนึงกร
บวน
การเพือการฟงและ/หรือการบนทึกของไฟล์บนทึกคำให้การ

○ ไฟล์คำให้การจะถูกแก็บไว้เป็นเวลา3ปีและหลงจากนนจะโดนทำลายทิงใน3ปีเพือเป็นการปกป้องข้อมูลส่วนบุ
คลของผู้ถูกสอบสวน

※ หากในกรณีทีคำร้องขอไฟล์บนทึกคำให้การได้รบการอนุมติโดยคำร้องขอการเปิดเผยข้อมูลทงเพือการฟ
หรือเพือ
การทำสำเนาก็ดี หรือได้รบการอนุมติโดยศาลหรือหน่วยงานสอบสวนในช่วงเวลา3ปีนก่อนวนหมดอายุ ไ
ฟล์นนจะถูกทำลายทิงไปหลงเสร็จสินการดำเนินมาตรการตามกระบวนการร้องขอ

○ ผู้ถูกสอบสวนทุกคนอาจจะปฏิเสธทีจะทำการบนทึกคำให้การได้

■ คุณยอมรบในการบนทึกคำให้การตามความสมครใจของคุณหรือไม่

ฉนยอมรบ (　　　) **ฉนไม่ยอมรบ (　　　)**

20　.　.　.　ชือ　(เซ็นชือ/ตรา)

210㎜ × 297㎜(백상지 80g/㎡)

■ 범죄수사규칙 [별지 제167호서식]

소속관서

제 0000-000000 호 0000.00.00.

수 신 :

제 목 : 구금 장소 변경 통지

1. 피의자

성 명 :

주민등록번호 :

주 거 :

2. 위 사람은 피의사건으로 되어 에 하였습니다.

3. 을 이유로 아래와 같이 피의자에 대한 구금 장소를 변경하여 알려 드립니다.

▹ 구금 장소 변경 일시 :

▹ 변경 후 구금 장소 :

담 당 자		소속 및 연락처	

소속관서

사법경찰관 계급

210㎜ × 297㎜(백상지 80g/㎡)

■ 범죄수사규칙 [별지 제168호서식]

<table>
<tr><th colspan="5">심사 의견서 (사건 종결 시, 검사 요청 등 사건 발송 시)</th></tr>
<tr><td rowspan="4">사건정보</td><td>사건번호</td><td colspan="4">사 건 담 당</td></tr>
<tr><td></td><td>담당부서</td><td></td><td>담당자</td><td></td></tr>
<tr><td>죄명</td><td colspan="4"></td></tr>
<tr><td>의견</td><td colspan="4"></td></tr>
<tr><td>사건
개요</td><td colspan="5">○
-
※</td></tr>
<tr><td rowspan="3">점검·분석
결과</td><td colspan="5">○
-
※</td></tr>
<tr><td>의견</td><td colspan="2">□ 의견대로 처리</td><td colspan="2">□ 보완 후 처리</td><td>□ 보완 후 재심사</td></tr>
<tr><td colspan="3"></td><td>수사심사관</td><td colspan="2">경감 (인)</td></tr>
<tr><td>참고사항</td><td colspan="5"></td></tr>
</table>

210㎜ × 297㎜(백상지 80g/㎡)

■ 범죄수사규칙 [별지 제169호서식]

<table>
<tr><th colspan="6">분석 보고서 (검사 요청 등 사건 접수 시)</th></tr>
<tr><td rowspan="3">사건정보</td><td>사건번호</td><td>죄 명</td><td colspan="3">사건담당</td></tr>
<tr><td rowspan="2"></td><td rowspan="2"></td><td>팀 장</td><td colspan="2"></td></tr>
<tr><td>담당자</td><td colspan="2"></td></tr>
<tr><td>사건개요</td><td colspan="5">○
-
※</td></tr>
<tr><td rowspan="2">경찰의견</td><td colspan="5">○</td></tr>
<tr><td colspan="5">○</td></tr>
<tr><td>검사
요구·요청
사항</td><td colspan="5">○
-
※</td></tr>
<tr><td rowspan="2">점검·분석
결과</td><td colspan="5">○
-
※</td></tr>
<tr><td colspan="2"></td><td>수사심사관</td><td>경감</td><td>(인)</td></tr>
</table>

210㎜ × 297㎜(백상지 80g/㎡)

■ 범죄수사규칙 [별지 제170호서식]

<table>
<tr><th colspan="6">분석 보고서 (처분 불일치 사건)</th></tr>
<tr><td rowspan="3">사건정보</td><td>사건번호</td><td>죄 명</td><td colspan="3">사건담당</td></tr>
<tr><td rowspan="2"></td><td rowspan="2"></td><td>팀 장</td><td colspan="2"></td></tr>
<tr><td>담당자</td><td colspan="2"></td></tr>
<tr><td>사건개요</td><td colspan="5"></td></tr>
<tr><td rowspan="2">경찰의견</td><td colspan="5">○</td></tr>
<tr><td colspan="5">○</td></tr>
<tr><td rowspan="2">검찰처분</td><td colspan="5">○</td></tr>
<tr><td colspan="5">○</td></tr>
<tr><td>수사팀
의견</td><td colspan="5">○ 경찰 판단:
○ 검찰 판단:
○ 수사팀 의견:</td></tr>
<tr><td rowspan="2">점검·분석
결과</td><td colspan="5">○
-
※</td></tr>
<tr><td colspan="2"></td><td>수사팀장</td><td>경감</td><td>(인)</td></tr>
</table>

210㎜ × 297㎜(백상지 80g/㎡)

■ 범죄수사규칙 [별지 제171호서식]

<table>
<tr><th colspan="5">분석 보고서 (무죄 사건)</th></tr>
<tr><td rowspan="3">사건정보</td><td>사건번호</td><td>죄 명</td><td colspan="2">사건담당</td></tr>
<tr><td rowspan="2"></td><td rowspan="2"></td><td>팀 장</td><td></td></tr>
<tr><td>담당자</td><td></td></tr>
<tr><td>사건개요</td><td colspan="4"></td></tr>
<tr><td rowspan="2">경찰의견</td><td colspan="4">○</td></tr>
<tr><td colspan="4">○</td></tr>
<tr><td rowspan="2">법원판단</td><td colspan="4">○</td></tr>
<tr><td colspan="4">○</td></tr>
<tr><td>판시사항</td><td colspan="4">○ 경찰 판단:
○ 법원 판단:
○ 수사팀 의견:</td></tr>
<tr><td rowspan="2">점검·분석 결과</td><td colspan="4">○
-
※</td></tr>
<tr><td colspan="2"></td><td>수사팀장</td><td>경감 (인)</td></tr>
</table>

210㎜ × 297㎜(백상지 80g/㎡)

■ 범죄수사규칙 [별지 제172호서식]

<table>
<tr><td colspan="6">심사 의견서 (영장 신청)</td></tr>
<tr><td rowspan="4">사건정보</td><td colspan="2">사건번호</td><td colspan="3">사 건 담 당</td></tr>
<tr><td colspan="2"></td><td>담당부서</td><td></td><td>담당자 </td></tr>
<tr><td>죄명</td><td colspan="4"></td></tr>
<tr><td>영장
종류</td><td colspan="4">□ 구속영장(사전·사후) □ 체포영장 □ 압수수색영장</td></tr>
<tr><td>사건
개요
및
신청사유</td><td colspan="5">○
-
※</td></tr>
<tr><td rowspan="4">검토
의견</td><td colspan="5">○
-
※
<별지 사용시 간인 하시기 바랍니다></td></tr>
<tr><td rowspan="2">의견</td><td colspan="2">□ 의견대로 신청</td><td colspan="2">□ 보완 후 신청</td></tr>
<tr><td colspan="2">□ 보완 후 재심사</td><td colspan="2">□ 불신청</td></tr>
<tr><td colspan="2"></td><td>영장심사관</td><td colspan="2">경감 (인)</td></tr>
<tr><td>참고사항</td><td colspan="5"></td></tr>
</table>

210㎜ × 297㎜(백상지 80g/㎡)

■ 범죄수사규칙 [별지 제173호서식]

<table>
<tr><th colspan="7">분석 보고서 (불청구·기각)</th></tr>
<tr><td rowspan="4">사건정보</td><td>사건번호</td><td colspan="2">영장종류</td><td colspan="2">영장심사관 검토의견</td><td>신청결과</td></tr>
<tr><td></td><td colspan="2"></td><td colspan="2"></td><td></td></tr>
<tr><td colspan="2">죄 명</td><td colspan="3">피의자</td><td>피해자</td></tr>
<tr><td colspan="2"></td><td colspan="3"></td><td></td></tr>
<tr><td>사건개요
및
신청사유</td><td colspan="6">○
-
※</td></tr>
<tr><td>불청구
또는 기각
사유
(요지)</td><td colspan="6">○
-
※</td></tr>
<tr><td rowspan="2">분석
결과</td><td colspan="6">○
-
※</td></tr>
<tr><td colspan="3"></td><td colspan="2">수사심사관</td><td>경감 (인)</td></tr>
</table>

210㎜ × 297㎜(백상지 80g/㎡)

<별지>

210mm × 297mm(백상지 80g/㎡)

■ **범죄수사규칙 [별지 제174호서식]**

소 속 관 서

제 0000-000000 호 0000.00.00.

수 신 :

참 조 :

제 목 : 수사보고 (   )

피의자 에 대한 사건에 관하여 아래와 같이 수사하였기에 보고 합니다.

- 아 래 -

210mm × 297mm(백상지 80g/㎡)

■ **범죄수사규칙 [별지 제175호서식]**

피의자신문조서 (간이교통)

피 의 자 : 피의자성명

위의 사람에 대한 죄명 피의사건에 관하여 0000.00.00. 00:00 조사장소(소속관서+부서)에서 사법경찰관/리 계급 성명은 사법경찰관/리 ○○ ○○○을 참여하게 하고, 아래와 같이 피의자임에 틀림없음을 확인하다.

문 : 피의자의 성명, 주민등록번호, 직업, 주거, 등록기준지 등을 말하십시오.

답 : 성명은

주민등록번호는

직업은

주거는

등록기준지는

직장주소는

연락처는 자택전화 휴대전화

직장전화 전자우편(e-mail)

입니다.

사법경찰관은 피의사건의 요지를 설명하고 사법경찰관의 신문에 대하여 「형사소송법」 제244조의3에 따라 진술을 거부할 수 있는 권리 및 변호인의 참여 등 조력을 받을 권리가 있음을 피의자에게 알려주고 이를 행사할 것인지 그 의사를 확인하다.

210㎜ × 297㎜(백상지 80g/㎡)

진술거부권 및 변호인 조력권 고지 등 확인

1. 귀하는 일체의 진술을 하지 아니하거나 개개의 질문에 대하여 진술을 하지 아니할 수 있습니다.
1. 귀하가 진술을 하지 아니하더라도 불이익을 받지 아니합니다.
1. 귀하가 진술을 거부할 권리를 포기하고 행한 진술은 법정에서 유죄의 증거로 사용될 수 있습니다.
1. 귀하가 신문을 받을 때에는 변호인을 참여하게 하는 등 변호인의 조력을 받을 수 있습니다.

문 : 피의자는 위와 같은 권리들이 있음을 고지받았는가요

답 :

문 : 피의자는 진술거부권을 행사할 것인가요

답 :

문 : 피의자는 변호인의 조력을 받을 권리를 행사할 것인가요

답 :

이에 사법경찰관은 피의사실에 관하여 다음과 같이 피의자를 신문하다.

210㎜ × 297㎜(백상지 80g/㎡)

사고차량소유자 (소속) 번호, 차종	
면허종류 및 취득시기	
사 고 일 시	
사 고 장 소	
사고차량의상태 (고 장 유 무)	
사 고 경 위	

210㎜ × 297㎜(백상지 80g/㎡)

피의자가 잘못했다고 생 각 하 는 점	
피해자 및 피해상황	
사고 후의 조치 (구호, 신고)	
검증조서 또는 실황 조사서에 대한 의견	
피해증거(진단서, 견적서)에 대한 의견	
합 의 여 부	
가 입 보 험 종 류	
기타 유리한 자료	

210㎜ × 297㎜(백상지 80g/㎡)

■ 범죄수사규칙 [별지 제176호서식]

피의자신문조서 (간이폭력)

피 의 자 : 피의자성명

위의 사람에 대한 죄명 피의사건에 관하여 0000.00.00. 00:00 조사장소(소속관서+부서)에서 사법경찰관/리 계급 성명은 사법경찰관/리 ○○ ○○○을 참여하게 하고, 아래와 같이 피의자임에 틀림없음을 확인하다.

문 : 피의자의 성명, 주민등록번호, 직업, 주거, 등록기준지 등을 말하십시오.

답 : 성명은

주민등록번호는

직업은

주거는

등록기준지는

직장주소는

연락처는 자택전화 휴대전화

직장전화 전자우편(e-mail)

입니다.

사법경찰관은 피의사건의 요지를 설명하고 사법경찰관의 신문에 대하여 형사소송법 제244조의3의 규정에 의하여 진술을 거부할 수 있는 권리 및 변호인의 참여 등 조력을 받을 권리가 있음을 피의자에게 알려주고 이를 행사할 것인지 그 의사를 확인하다.

210㎜ × 297㎜(백상지 80g/㎡)

진술거부권 및 변호인 조력권 고지 등 확인

1. 귀하는 일체의 진술을 하지 아니하거나 개개의 질문에 대하여 진술을 하지 아니할 수 있습니다.
1. 귀하가 진술을 하지 아니하더라도 불이익을 받지 아니합니다.
1. 귀하가 진술을 거부할 권리를 포기하고 행한 진술은 법정에서 유죄의 증거로 사용될 수 있습니다.
1. 귀하가 신문을 받을 때에는 변호인을 참여하게 하는 등 변호인의 조력을 받을 수 있습니다.

문 : 피의자는 위와 같은 권리들이 있음을 고지받았는가요

답 :

문 : 피의자는 진술거부권을 행사할 것인가요

답 :

문 : 피의자는 변호인의 조력을 받을 권리를 행사할 것인가요

답 :

이에 사법경찰관은 피의사실에 관하여 다음과 같이 피의자를 신문하다.

210㎜ × 297㎜(백상지 80g/㎡)

범 행 일 시	
범 행 장 소	
공범및모의경위	
피 해 자	
범행동기, 경위 및 수단·방법	

210㎜ × 297㎜(백상지 80g/㎡)

피해부위 및 정도	
진단서 등 증거에 대 한 의 견	
범행 후의 조치 (합의 여부 등)	
기타 유리한 자료	

문 :

답 :

문 :

답 :

210㎜ × 297㎜(백상지 80g/㎡)

■ **범죄수사규칙 [별지 제177호서식]**

피의자신문조서 (간이절도)

피 의 자 : 피의자성명 위의 사람에 대한 죄명 피의사건에 관하여 0000.00.00. 00:00 조사장소(소속관서+부서)에서 사법경찰관/리 계급 성명은 사법경찰관/리 ○○ ○○○을 참여하게 하고, 아래와 같이 피의자임에 틀림없음을 확인하다.

문 : 피의자의 성명, 주민등록번호, 직업, 주거, 등록기준지 등을 말하십시오.

답 : 성명은

주민등록번호는

직업은

주거는

등록기준지는

직장주소는

연락처는 자택전화 휴대전화

직장전화 전자우편(e-mail)

입니다.

사법경찰관은 피의사건의 요지를 설명하고 사법경찰관의 신문에 대하여 「형사소송법」 제244조의3의 규정에 의하여 진술을 거부할 수 있는 권리 및 변호인의 참여 등 조력을 받을 권리가 있음을 피의자에게 알려주고 이를 행사할 것인지 그 의사를 확인하다.

210㎜ × 297㎜(백상지 80g/㎡)

진술거부권 및 변호인 조력권 고지 등 확인

1. 귀하는 일체의 진술을 하지 아니하거나 개개의 질문에 대하여 진술을 하지 아니할 수 있습니다.

1. 귀하가 진술을 하지 아니하더라도 불이익을 받지 아니합니다.

1. 귀하가 진술을 거부할 권리를 포기하고 행한 진술은 법정에서 유죄의 증거로 사용될 수 있습니다.

1. 귀하가 신문을 받을 때에는 변호인을 참여하게 하는 등 변호인의 조력을 받을 수 있습니다.

문 : 피의자는 위와 같은 권리들이 있음을 고지받았는가요

답 :

문 : 피의자는 진술거부권을 행사할 것인가요

답 :

문 : 피의자는 변호인의 조력을 받을 권리를 행사할 것인가요

답 :

이에 사법경찰관은 피의사실에 관하여 다음과 같이 피의자를 신문하다.

210㎜ × 297㎜(백상지 80g/㎡)

범 행 일 시	
범 행 장 소	
공 범	
절 취 품	
피 해 자	
범행동기, 경위 및 수단·방법	

210㎜ × 297㎜(백상지 80g/㎡)

<table>
<tr><td>장물소지보관여부</td><td>(압수절차)</td></tr>
<tr><td>장물처분경위 및 방법</td><td></td></tr>
<tr><td>피해자와의관계</td><td></td></tr>
<tr><td>검거된경위</td><td></td></tr>
<tr><td>기타유리한자료</td><td></td></tr>
</table>

문 :

답 :

문 :

답 :

■ **범죄수사규칙 [별지 제178호서식]**

피의자신문조서 (간이예비군)

피 의 자 : 피의자성명

위의 사람에 대한 죄명 피의사건에 관하여 0000.00.00. 00:00 조사장소(소속관서+부서)에서 사법경찰관/리 계급 성명은 사법경찰관/리 ○○ ○○○을 참여하게 하고, 아래와 같이 피의자임에 틀림없음을 확인하다.

문 : 피의자의 성명, 주민등록번호, 직업, 주거, 등록기준지 등을 말하십시오.

답 : 성명은

주민등록번호는

직업은

주거는

등록기준지는

직장주소는

연락처는 자택전화 휴대전화

직장전화 전자우편(e-mail)

입니다.

사법경찰관은 피의사건의 요지를 설명하고 사법경찰관의 신문에 대하여 「형사소송법」 제244조의3의 규정에 의하여 진술을 거부할 수 있는 권리 및 변호인의 참여 등 조력을 받을 권리가 있음을 피의자에게 알려주고 이를 행사할 것인지 그 의사를 확인하다.

210㎜ × 297㎜(백상지 80g/㎡)

진술거부권 및 변호인 조력권 고지 등 확인

1. 귀하는 일체의 진술을 하지 아니하거나 개개의 질문에 대하여 진술을 하지 아니할 수 있습니다.

1. 귀하가 진술을 하지 아니하더라도 불이익을 받지 아니합니다.

1. 귀하가 진술을 거부할 권리를 포기하고 행한 진술은 법정에서 유죄의 증거로 사용될 수 있습니다.

1. 귀하가 신문을 받을 때에는 변호인을 참여하게 하는 등 변호인의 조력을 받을 수 있습니다.

문 : 피의자는 위와 같은 권리들이 있음을 고지받았는가요

답 :

문 : 피의자는 진술거부권을 행사할 것인가요

답 :

문 : 피의자는 변호인의 조력을 받을 권리를 행사할 것인가요

답 :

이에 사법경찰관은 피의사실에 관하여 다음과 같이 피의자를 신문하다.

210㎜ × 297㎜(백상지 80g/㎡)

소속예비군부대		
역종. 계급. 직책		
훈련 불참	일 시	
	장 소	
	훈련종류	
소집 통지서	피의자에게 전달된 과정	
	발행부대장	
불 참 이 유		
증거(통지서수령증)에 대한 의견		
정당한 사유 유무 (보류, 연기원서 제출 등)		
기타유리한자료		

문 :

답 :

문 :

답 :

210㎜ × 297㎜(백상지 80g/㎡)

■ **범죄수사규칙 [별지 제179호서식]**

피의자신문조서 (간이도박)

피 의 자 : 피의자성명 위의 사람에 대한 죄명 피의사건에 관하여 0000.00.00. 00:00 조사장소(소속관서+부서)에서 사법경찰관/리 계급 성명은 사법경찰관/리 ○○ ○○○을 참여하게 하고, 아래와 같이 피의자임에 틀림없음을 확인하다.

문 : 피의자의 성명, 주민등록번호, 직업, 주거, 등록기준지 등을 말하십시오.

답 : 성명은

주민등록번호는

직업은

주거는

등록기준지는

직장주소는

연락처는 자택전화 휴대전화

직장전화 전자우편(e-mail)

입니다.

사법경찰관은 피의사건의 요지를 설명하고 사법경찰관의 신문에 대하여 「형사소송법」 제244조의3의 규정에 의하여 진술을 거부할 수 있는 권리 및 변호인의 참여 등 조력을 받을 권리가 있음을 피의자에게 알려주고 이를 행사할 것인지 그 의사를 확인하다.

210㎜ × 297㎜(백상지 80g/㎡)

진술거부권 및 변호인 조력권 고지 등 확인

1. 귀하는 일체의 진술을 하지 아니하거나 개개의 질문에 대하여 진술을 하지 아니할 수 있습니다.
1. 귀하가 진술을 하지 아니하더라도 불이익을 받지 아니합니다.
1. 귀하가 진술을 거부할 권리를 포기하고 행한 진술은 법정에서 유죄의 증거로 사용될 수 있습니다.
1. 귀하가 신문을 받을 때에는 변호인을 참여하게 하는 등 변호인의 조력을 받을 수 있습니다.

문 : 피의자는 위와 같은 권리들이 있음을 고지받았는가요

답 :

문 : 피의자는 진술거부권을 행사할 것인가요

답 :

문 : 피의자는 변호인의 조력을 받을 권리를 행사할 것인가요

답 :

이에 사법경찰관은 피의사실에 관하여 다음과 같이 피의자를 신문하다.

210㎜ × 297㎜(백상지 80g/㎡)

범 행 일 시	
범 행 장 소	
공 범	
범행동기, 경위 및 수단·방법	

210㎜ × 297㎜(백상지 80g/㎡)

장소제공자 및 그에 대한 대가	
승 패 역 수	
도박용으로 소지했던 금품 및 물건	(압수절차)
기타유리한자료	

문 :

답 :

문 :

답 :

210㎜ × 297㎜(백상지 80g/㎡)

■ **범죄수사규칙 [별지 제180호서식]**

진 술 조 서 (간이교통)

<table>
<tr><td>성 명</td><td colspan="3">대상자(한자성명) 이명 :</td><td>성 별</td><td>남 · 여</td></tr>
<tr><td>연 령</td><td colspan="2">연령세(0000.00.00.생)</td><td>주민등록번호</td><td colspan="2">주민등록번호</td></tr>
<tr><td>등록기준지</td><td colspan="5">등록기준지</td></tr>
<tr><td>주 거</td><td colspan="5">주거</td></tr>
<tr><td>자택전화</td><td></td><td>직장전화</td><td colspan="3"></td></tr>
<tr><td>휴대전화</td><td></td><td>전자우편
(e-mail)</td><td colspan="3"></td></tr>
<tr><td>직 업</td><td></td><td>직 장</td><td colspan="3"></td></tr>
<tr><td colspan="6">위의 사람은 000외 0명에 대한 죄명 피의사건의 피해자로서 0000.00.00. 조사장소(소속관서+부서)에서 임의로 아래와 같이 진술함.</td></tr>
<tr><td>피해일시</td><td colspan="5"></td></tr>
<tr><td>피해장소</td><td colspan="5"></td></tr>
<tr><td>가해차량</td><td colspan="5">(소유자) (차량번호) (차종)</td></tr>
<tr><td>피(혐)의자</td><td colspan="5"></td></tr>
<tr><td>피해경위</td><td colspan="5"></td></tr>
</table>

210㎜ × 297㎜(백상지 80g/㎡)

피 해 내 용	
제 출 할 증 거	
피(혐)의자의 과실에 대 한 의 견	
진 술 인 의 과 실	
사 고 후 피(혐)의자의 조치	
피(혐)의자와 합의 여부 (교 섭 상 황)	
피(혐)의자의 처벌에 대 한 의 견	

위의 진술내용을 더욱 명백히 하기 위하여 아래와 같이 문답함.

문 :

답 :

210㎜ × 297㎜(백상지 80g/㎡)

■ **범죄수사규칙 [별지 제181호서식]**

진 술 조 서 (간이폭력)

성 명	( ) 이명 :			성 별	
연 령	세(생)		주민등록번호		
등록기준지					
주 거					
자택전화		직장전화			
휴대전화		전자우편 (e-mail)			
직 업		직 장			
위의 사람은 000외 0명에 대한 죄명 피의사건의 피해자로서 0000.00.00. 조사장소(소속관서+부서)에서 임의로 아래와 같이 진술함.					
피해일시					
피해장소					
피(혐)의자					
피해경위					

210㎜ × 297㎜(백상지 80g/㎡)

피해내용 및 정도	
피 해 후 의 조 치	
제 출 할 증 거	
압수증거물확인	
피 (혐) 의 자 와 의 관 계	
합의여부 또는 교 섭 상 황	
피(혐)의자의 처벌에 대 한 의 견	
위의 진술내용을 더욱 명백히 하기 위하여 아래와 같이 문답함.	

문 :

답 :

문 :

답 :

210㎜ × 297㎜(백상지 80g/㎡)

■ 범죄수사규칙 [별지 제182호서식]

진 술 조 서 (간이절도)

<table>
<tr><td>성 명</td><td colspan="2">( ) 이명 :</td><td>성 별</td><td></td></tr>
<tr><td>연 령</td><td>세(생)</td><td>주민등록번호</td><td colspan="2"></td></tr>
<tr><td>등록기준지</td><td colspan="4"></td></tr>
<tr><td>주 거</td><td colspan="4"></td></tr>
<tr><td>자택전화</td><td></td><td>직장전화</td><td colspan="2"></td></tr>
<tr><td>휴대전화</td><td></td><td>전자우편
(e-mail)</td><td colspan="2"></td></tr>
<tr><td>직 업</td><td></td><td>직 장</td><td colspan="2"></td></tr>
<tr><td colspan="5">위의 사람은 000외 0명에 대한 죄명 피의사건의 피해자로서 0000.00.00. 조사장소(소속관서+부서)에서 임의로 아래와 같이 진술함.</td></tr>
<tr><td>도난일시</td><td colspan="4"></td></tr>
<tr><td>도난장소</td><td colspan="4"></td></tr>
<tr><td>피(혐)의자</td><td colspan="4"></td></tr>
<tr><td>도난품의 소유자, 점유자, 종류, 수량, 시가</td><td colspan="4"></td></tr>
<tr><td>도난경위</td><td colspan="4"></td></tr>
</table>

210㎜ × 297㎜(백상지 80g/㎡)

도난후의 조치	
제 출 할 증 거	
압 수 증 거 물 확 인	
도난품의 회수, 가격변상 여부	
피 (혐) 의 자 와 의 관 계	
피(혐)의자의 처벌에 대 한 의 견	
위의 진술내용을 더욱 명백히 하기 위하여 아래와 같이 문답함.	

문 :

답 :

문 :

답 :

210㎜ × 297㎜(백상지 80g/㎡)

■ 범죄수사규칙 [별지 제183호서식]

진 술 서 (간이공통) (※ 작성례)

<table>
<tr><td>성 명</td><td colspan="3">이 을 동 ( ) 이 명 :</td><td>성 별</td><td>남</td></tr>
<tr><td>연 령</td><td colspan="2">만 62세(생)</td><td>주민등록번호</td><td colspan="2">601203-1234567</td></tr>
<tr><td>등록기준지</td><td colspan="5">대전 중구 대종로 000</td></tr>
<tr><td>주 거</td><td colspan="5">서울특별시 광진구 아차산로 000, 100동 0000호</td></tr>
<tr><td>자택전화</td><td>02-120-1300</td><td>직장전화</td><td colspan="3">없음</td></tr>
<tr><td>휴대전화</td><td>010-1234-3450</td><td>전자우편
(e-mail)</td><td colspan="3">없음</td></tr>
<tr><td>직 업</td><td>없음</td><td>직 장</td><td colspan="3">없음</td></tr>
<tr><td colspan="6">위의 사람은 죄명 사건의 (피의자, 피해자, 목격자, 참고인)으로서 다음과 같이 임의로 자필진술서를 작성 제출함.</td></tr>
<tr><td colspan="6">저는 피의자 홍길동이 피해자 김갑녀를 상대로 돈 1,000만 원을 빌려 달라며 사기를 칠 때 현장에서 이를 지켜보았기 때문에 그 전후 사정을 잘 알고 있습니다. 당시 피의자 홍길동은 진행하던 사업이 부진하여 자금 사정이 매우 좋지 않았고, 저에게 며칠 내로 부도가 날 거라는 말을 한 사실도 있습니다.

(중략)

이상 진술한 내용은 전부 사실이며, 이 진술서는 자필로 제가 직접 작성하였습니다.

20 . . .
작성자 이 을 동 ㊞</td></tr>
</table>

210㎜ × 297㎜(백상지 80g/㎡)

■ 범죄수사규칙 [별지 제184호서식]

진 술 서 (간이교통)

성 명	( ) 이명 :		성 별	
연 령	만 세(생)	주민등록번호		
등록기준지				
주 거				
자택전화		직장전화		
휴대전화		전자우편 (e-mail)		
직 업		직 장		
위의 사람은 아래와 같이 교통사고의 피해를 당한 사실이 있어 이에 관하여 임의로 자필진술서를 작성 제출함.				
피해일시				
피해장소				
가해차량				
피 의 자	(소유자)	(차량번호)	(차종)	
피해경위				

210㎜ × 297㎜(백상지 80g/㎡)

피 해 내 용	
제 출 할 증 거	
피의자의 과실에 대한 의견	
진술인의 과실	
사고 후 피의자의 조 치	
합의 여부 또는 교 섭 상 황	
피의자의 처벌에 대한 의견	
기타 참고될 진술	

20 . . .

작성자 ㊞

210㎜ × 297㎜(백상지 80g/㎡)

■ 범죄수사규칙 [별지 제185호서식]

진 술 서 (간이폭력)

<table>
<tr><td>성 명</td><td colspan="3">( ) 이 명 :</td><td>성 별</td><td></td></tr>
<tr><td>연 령</td><td colspan="2">만 세 (생)</td><td>주민등록번호</td><td colspan="2"></td></tr>
<tr><td>등록기준지</td><td colspan="5"></td></tr>
<tr><td>주 거</td><td colspan="5"></td></tr>
<tr><td>자택전화</td><td></td><td>직장전화</td><td colspan="3"></td></tr>
<tr><td>휴대전화</td><td></td><td>전자우편
(e-mail)</td><td colspan="3"></td></tr>
<tr><td>직 업</td><td></td><td>직 장</td><td colspan="3"></td></tr>
<tr><td colspan="6">위의 사람은 아래와 같이 상해(폭행)을 당한 사실이 있어 이에 관하여 임의로 자필 진술서를 작성 제출함.</td></tr>
<tr><td>피해일시</td><td colspan="5"></td></tr>
<tr><td>피해장소</td><td colspan="5"></td></tr>
<tr><td>피 의 자</td><td colspan="5"></td></tr>
<tr><td>피해경위</td><td colspan="5"></td></tr>
</table>

210㎜ × 297㎜(백상지 80g/㎡)

피 해 내 용	
피해후의 조치	
제출할 증거물 또는 증인	
압수증거물 확인	
피의자와의 관계	
합 의 여 부	
피의자의 처벌에 대한 의견	
기타 참고될 진술	

20 . . .

작성자 ㊞

210㎜ × 297㎜(백상지 80g/㎡)

■ **범죄수사규칙 [별지 제186호서식]**

진 술 서 (간이절도)

<table>
<tr><td>성 명</td><td colspan="3">(　　　　) 이 명 :</td><td>성 별</td><td></td></tr>
<tr><td>연 령</td><td colspan="2">만 세(　　　　생)</td><td>주민등록번호</td><td colspan="2"></td></tr>
<tr><td>등록기준지</td><td colspan="5"></td></tr>
<tr><td>주 거</td><td colspan="5"></td></tr>
<tr><td>자택전화</td><td></td><td>직장전화</td><td colspan="3"></td></tr>
<tr><td>휴대전화</td><td></td><td>전자우편
(e-mail)</td><td colspan="3"></td></tr>
<tr><td>직 업</td><td></td><td>직 장</td><td colspan="3"></td></tr>
<tr><td colspan="6">위의 사람은 아래와 같이 도난당한 사실이 있어 이에 관하여 임의로 자필진술서를 작성 제출함.</td></tr>
<tr><td>도난일시</td><td colspan="5"></td></tr>
<tr><td>도난장소</td><td colspan="5"></td></tr>
<tr><td>피 의 자</td><td colspan="5"></td></tr>
<tr><td>도난품의 소유자, 점유자, 종류, 수 량 , 시 가</td><td colspan="5"></td></tr>
<tr><td>피해경위</td><td colspan="5"></td></tr>
</table>

210㎜ × 297㎜(백상지 80g/㎡)

도난후의 조치	
제 출 할 증 거	
압수증거물 확인	
도난품의 회수, 가격변상 여부	
피의자와의 관계	
피의자의 처벌에 대 한 의 견	
기타 참고될 진술	
20 . . . 작성자 ㊞	

210㎜ × 297㎜(백상지 80g/㎡)

■ **범죄수사규칙 [별지 제187호서식]**

소속관서

0000.00.00.

수 신 : *검찰청의 장* 발 신 : 소속관서

제 목 : 송치 결정서(간이) 사법경찰관 계급

사건번호	0000-00000호, 0000-00000호
피 의 자	: : : :
죄 명	
범죄사실	
적용법조	
범죄경력자료 및 수사경력자료	
송치 결정 이유	

210㎜ × 297㎜(백상지 80g/㎡)

■ 범죄수사규칙 [별지 제188호서식]

소속관서

제 0000-00000 호 0000. 00. 00.

수 신 :

참 조 :

제 목 : 관리미제사건 등록 보고

절도 사건에 관하여 다음과 같이 관리미제사건으로 등록하고자 합니다.

1. 피의자 인적사항

   불상 (특이사항 :)

2. 범죄사실

   절도

3. 적용법조

   절도

4. 증거관계

5. 수사사항 및 관리미제사건 등록 사유

6. 수사참여경찰관

210mm × 297mm(백상지 80g/㎡)

■ **범죄수사규칙 [별지 제189호서식]**

소속관서

제 0000 - 호 0000. 00. 00.

제 목 : 관리미제사건 등록 | 공소시효 : 0000. 00. 00.

	성 명	성별	특 이 사 항
대 상 자			
	불상	불상	

죄 명	가.

	접 수 일	접수번호	사건번호	발생원표	수사단서	피 해 자
대상사건						

책임수사팀장	부서 계급 성명 전화번호
정수사관	부서 계급 성명 전화번호
부수사관	부서 계급 성명 전화번호
비 고	영장종류 및 번호

소속관서

사법경찰관 경감

210㎜ × 297㎜(백상지 80g/㎡)

■ **범죄수사규칙 [별지 제190호서식]**

소속관서

제 0000-00000 호 0000.00.00.

수 신 : 귀하

제 목 : 관리미제사건 등록 통지서

귀하와 관련된 사건의 관리미제사건 등록을 다음과 같이 알려드립니다.

접수일시		사건번호	
관리미제사건 등록이유			
담당팀장	○○과 ○○팀 경○ ○○○		☎ 02-0000-0000

※ 범죄피해자 권리 보호를 위한 각종 제도

○ 범죄피해자 구조 신청제도(범죄피해자 보호법)
- 관할지방검찰청 범죄피해자지원센터에 신청

○ 의사상자예우 등에 관한 제도(의사상자 등 예우 및 지원에 관한 법률)
- 보건복지부 및 관할 지방자치단체 사회복지과에 신청

○ 범죄행위의 피해에 대한 손해배상명령(소송촉진 등에 관한 특례법)
- 각급법원에 신청, 형사재판과정에서 민사손해배상까지 청구 가능

○ 가정폭력·성폭력 피해자 보호 및 구조
- 여성 긴급전화(국번없이 1366), 아동보호 전문기관(1577-1391) 등

○ 무보험 차량 교통사고 뺑소니 피해자 구조제도(자동차손해배상 보장법)
- 동부화재, 삼성화재 등 자동차 보험회사에 청구

○ 국민건강보험제도를 이용한 피해자 구조제도
- 국민건강보험공단 급여관리실, 지역별 공단지부에 문의

○ 법률구조공단의 법률구조제도(국번없이 132 또는 공단 지부·출장소)
- 범죄피해자에 대한 무료법률구조(손해배상청구, 배상명령신청 소송대리 등)

○ 국민권익위원회의 고충민원 접수제도
- 국민신문고 www.epeople.go.kr, 정부민원안내콜센터 국번없이 110

○ 국가인권위원회의 진정 접수제도
- www.humanrights.go.kr, 국번없이 1331

○ 범죄피해자지원센터(국번없이 1577-1295)
- 피해자나 가족, 유족등에 대한 전화상담 및 면접상담 등

○ 수사 심의신청 제도(경찰민원콜센터 국번없이 182)
- 수사과정 및 결과에 이의가 있는 경우, 관할 지방경찰청 「수사심의계」에 심의신청

* 고소인·고발인은 형사사법포털(www.kics.go.kr)을 통해 온라인으로 사건진행상황을 조회하실 수 있습니다.

※ 관리미제사건

○ 수사를 진행하였으나 피의자를 특정할 단서를 확보하지 못해 추가 단서 등 확보 시 까지 수사자료로 활용하기 위해 관리하는 사건을 말합니다.

소 속 관 서 장

■ **범죄수사규칙 [별지 제191호서식]**

소 속 관 서

제 *0000-000000* 호 *0000.00.00.*

수 신 :

제 목 : 응급조치 보고

행위자	성 명	
	주민등록번호	
	직 업	
	주 소	
	피해자와의 관계	
죄 명		
행위사실요지		별지와 같음
피 해 자		
신 고 자		

위 사람에 대한 스토킹행위에 관하여 신고를 받고 즉시 현장에 임하여 다음과 같은 응급조치를 취하였음을 보고합니다.

☐ 스토킹행위의 제지, 스토킹행위자와 피해자 등의 분리

☐ 범죄수사

☐ 스토킹 피해 관련 상담소 또는 보호시설로의 피해자 등 인도(피해자 등이 동의함)

☐ 스토킹행위의 중단 통보 및 스토킹행위를 지속적 또는 반복적으로 할 경우 처벌 경고

☐ 스토킹행위 재발시 사법경찰관이 직권으로 긴급응급조치를 신청할 수 있음을 행위자에게 통보

- 스토킹행위의 상대방이나 그 주거등으로부터 100미터 이내 접근금지
- 스토킹행위의 상대방에 대한 「전기통신기본법」 제2조 제1호의 전기통신을 이용한 접근금지
- 긴급응급조치를 이행하지 아니한 경우 1천만원 이하의 과태료 부과

비 고	

사법경찰관

■ **범죄수사규칙 [별지 제192호서식]**

긴급응급조치 결정서

제 0000-000000 호 0000.00.00

<table>
<tr><td rowspan="3">행위자</td><td>성 명</td><td>( )</td><td>주민등록번호</td><td>(00세)</td></tr>
<tr><td>직 업</td><td colspan="3"></td></tr>
<tr><td>주 소</td><td colspan="3"></td></tr>
<tr><td colspan="2">변 호 인</td><td colspan="3"></td></tr>
<tr><td colspan="5">위 사람에 대한 「스토킹범죄의 처벌 등에 관한 특례법」 제4조 제1항에 따라 다음과 같이 긴급응급조치를 결정함

[□] 스토킹행위의 상대방이나 그 주거 등으로부터 100미터 이내의 접근금지
[□] 스토킹행위의 상대방에 대한「전기통신기본법」제2조 1호의 전기통신을 이용한 접근 금지</td></tr>
<tr><td rowspan="3">상대방</td><td>성 명</td><td colspan="3"></td></tr>
<tr><td>주 소</td><td colspan="3"></td></tr>
<tr><td>직장(소재지)</td><td colspan="3"></td></tr>
<tr><td colspan="2">긴급응급조치 결정근거</td><td colspan="3">☐ 상대방 ☐ 상대방의 법정대리인 ☐ 사법경찰관 직권</td></tr>
<tr><td colspan="2" rowspan="2">긴급응급조치 기간 및 장소</td><td colspan="3">기간 : *0000.00.00.~0000.00.00.*</td></tr>
<tr><td colspan="3">장소 :</td></tr>
<tr><td colspan="2">스토킹행위의 요지
및
긴급응급조치를
필요로 하는 사유</td><td colspan="3"></td></tr>
</table>

사법경찰관

■ **범죄수사규칙 [별지 제193호서식]**

긴급응급조치 확인서

대상자	성 명	( )	주 민 등 록 번 호	(세)
	주 소			

본인은 *0000.00.00 00:00경 긴급응급조치 결정장소*에서 아래 항목의 긴급임시조치 내용 및 불복방법에 대해 고지받았음을 확인합니다.

< 긴급응급조치 내용 >

[□] 스토킹행위의 상대방이나 그 주거 등으로부터 100미터 이내의 접근금지

[□] 스토킹행위의 상대방에 대한「전기통신기본법」제2조 1호의 전기통신을 이용한 접근 금지

긴급응급조치의 기간 : *0000.00.00. ~ 0000.00.00. (00일간 또는 1개월간)*

< 불복방법 >

이 결정에 불복이 있으면 결정을 고지받은 날부터 7일 이내에 항고장을 제출하거나 사법경찰관에게 취소 또는 종류의 변경을 신청할 수 있습니다.

0000. 00. 00.

위 확인인 (인)

위 대상자에 대해 긴급응급조치 결정을 하면서, 위 결정 내용을 고지하였음.
(고지한 내용을 확인하였으나 정당한 이유없이 서명 또는 기명날인을 거부함)

소속관서 사법경찰관(리) (인)

※ 아래 긴급응급조치 통보서를 자른 후 긴급응급조치 관련 유의사항을 첨부하여 대상자에게 교부하여 주시기 바랍니다.

-- (자르는 선)

긴급응급조치 통보서

< 긴급응급조치 내용 >

[□] 스토킹행위의 상대방이나 그 주거 등으로부터 100미터 이내의 접근금지

[□] 스토킹행위의 상대방에 대한「전기통신기본법」제2조 1호의 전기통신을 이용한 접근 금지

긴급응급조치의 기간 : *0000.00.00. ~ 0000.00.00. (00일간 또는 1개월간)*

< 불복방법 >

이 결정에 불복이 있으면 결정을 고지받은 날부터 7일 이내에 항고장을 제출하거나 사법경찰관에게 취소 또는 종류의 변경을 신청할 수 있습니다.

※ 경찰의 긴급응급조치 결정내용을 위반한 경우 1천만원 이하 과태료에 처해질 수 있습니다.

0000. 00. 00.

소속관서 사법경찰관(리) (인)

긴급응급조치 관련 유의사항

※ 긴급응급조치 통보서와 함께 교부하여 주시기 바랍니다.

□ **사법경찰관의 긴급응급조치 결정내용을 위반한 경우**

- 「스토킹범죄의 처벌 등에 관한 법률」제21조제1항에 의하여 1천만원 이하의 과태료가 부과될 수 있습니다.
- 아울러, 스토킹행위를 또 다시 반복하여 스토킹범죄로 간주될 경우 같은 법 제18조제1항에 의거하여 3년 이하 징역 또는 3천만원 이하 벌금으로 처벌될 수 있습니다.
- 나아가 흉기나 그 밖의 위험한 물건을 휴대하거나 이용하여 스토킹행위를 반복한 경우 같은 법 제18조제2항에 따라 5년 이하의 징역 또는 5천만원 이하의 벌금으로 처벌될 수 있음에 주의하시기 바랍니다.

□ **위반 예시**

- 100미터 이내 접근금지 관련

▸ 피해자 등이 현재 위치하고 있는 곳 반경 100미터 이내에 접근한 경우
▸ 피해자 등의 주거, 직장, 학교 등 일상적으로 생활하는 장소로부터 100미터 이내에 접근한 경우
▸ 피해자 등이 주거, 직장, 학교 등 일상적으로 생활하는 장소에 현재하지 아니하더라도 그 장소 100미터 이내에 접근한 경우

- 정보통신망 이용 접근금지 관련

▸ 피해자가 사용하는 휴대전화로 전화를 거는 경우
▸ 피해자가 사용하는 휴대전화로 문자메시지를 보낸 경우
▸ 피해자 주거, 직장, 학교 등 일상적으로 생활하는 장소에서 사용하는 전화로 연락을하거나 문자메시지를 보내는 경우
▸ 피해자가 사용하는 이메일에 글·말·부호·음향·그림·영상·화상 등을 발송한 경우

- 위 예시 이외에도 피해자 등에게 접근했다고 인정할 만한 자료와 증거 등을 통해 위반행위가 적발된 경우

■ 범죄수사규칙 [별지 제194호서식]

〈 피해자 등 권리 안내서 〉

경찰의 신변보호제도

○ **<대상>** 스토킹 신고 등과 관련하여 보복을 당할 우려가 있는 피해자·신고자 및 그 친족, 반복적으로 생명·신체에 대한 위해를 입었거나 입을 구체적인 우려가 있는 사람

○ **<내용>** 피해자의 위험성 및 여건 등을 고려하여 맞춤형 신변보호 실시

○ **<신변보호 조치유형>**

① **(보호시설 연계 및 임시숙소 제공)** 주거지 거주가 곤란하거나 보복범죄 우려가 있는 등 신변보호가 필요한 피해자를 대상으로 숙소 제공

② **(신변경호)** 위험발생이 명백·중대한 경우 △근접·밀착경호 △경찰관서 출석·귀가 시 동행 등 신변경호 수준과 기간을 정하여 실시

④ **(주거지 순찰 강화)** 피해자 주거지 및 주변에 대한 맞춤형 순찰 실시

⑤ **(112 긴급신변보호대상자 등록)** 112신고통합시스템에 스토킹·데이트폭력 피해자 및 피해우려자의 연락처(가족 포함 최대 3개) 등록, 긴급신고체계 구축 및 신속 출동

⑥ **(위치추적장치 대여)** 위험방지를 위해 비상연락체계를 갖출 필요가 있는 경우 위치추적장치(스마트워치)를 피해자에게 대여, 부착된 긴급버튼을 누르면 112신고 연결

⑦ **(CCTV 설치)** 위급 시 피해자가 주거지 CCTV 화면 및 비상음을 송출, 경찰 긴급출동

⑧ **(신원정보 변경)** 피해자의 이름, 전화번호, 차량번호 등 신원정보 변경을 적극 지원

⑨ **(사후 모니터링)** 피해 재발 우려 정도에 따라 등급 구분, 사후 모니터링(데이트폭력)

지원 제도 및 기관

① **여성긴급전화** 1366센터(☎1366)를 통해 24시간 언제든지 상담 및 각 지역의 쉼터.정부기관.병원.법률기관으로 연계받을 수 있습니다.

② **한국여성의전화**(02-2263-6465, 6464)를 통해 의료·법률상담을 지원받을 수 있습니다.
※ 상담시간 : 평일 오전 10시~오후 5시(점심시간 오후 1시~2시)

③ **다누리 콜센터**(☎1577-1366)를 통해 이주여성은 24시간 통역 및 상담지원, 쉼터 입소 및 의료、법률지원 등을 제공받을 수 있습니다.

④ **대한변협법률구조재단**(☎02-3476-6515)을 통해 법률구조가 필요한 부분에 대하여 무료 법률상담이나 변호를 받을 수 있습니다.

담당 경찰관

(현장출동) 소속 : ○○경찰서 ○○지구대 ○팀 성명 : 경○ 홍길동
(사건담당) 소속 : ○○경찰서 ○○과 ○○팀 성명 : 경○ 홍길동(☎ 02-3150-0000)
※ 자세한 문의는 경찰서 스토킹 담당 경찰관(☎ 02-3150-0000) 또는 여성청소년과(☎ 02-3150-0000)로 연락주시기 바랍니다.

이런 경우는 신고해 주세요

★ 피해 유형의 예시

- ▸ 스토킹행위자(이하 '스토커')가 주거지나 회사 등 내가 있는 위치와 장소 인근에 나타난 경우
- ▸ 스토커가 이메일, 휴대전화, 집이나 회사의 전화기로 연락을 해온 경우
- ▸ 내가 자주 다니는 장소에 스토커가 다녀갔다는 얘기를 전해들은 경우 등

■ **범죄수사규칙 [별지 제195호서식]**

제 호

수 신 : *○○검찰청 검사장*

제 목 : 긴급응급조치 사후 승인 신청

다음 사람에 대하여 아래와 같은 긴급응급조치 사후 승인의 청구를 신청합니다.

□ 1. 스토킹행위의 상대방이나 그 주거등으로부터 100미터 이내의 접근금지

□ 2. 스토킹행위의 상대방에 대한 「전기통신기본법」 제2조제1호의 전기통신을 이용한 접근금지

행위자	성 명	
	주민등록번호	
	직 업	
	주 소	
변 호 인		
상대방	성 명	
	주 소	
	직장(소재지)	
스토킹행위의 요지 긴급응급조치를 필요로 하는 사유		
긴급응급조치 기간		*0000. 00. 00. ~ 0000. 00. 00.* ※ 최장 1개월
비 고		

사법경찰관

■ 범죄수사규칙 [별지 제196호서식]

긴급응급조치 취소· 종류변경 신청서(행위자용)

1. 신 청 인

성 명 : 000 (00세, 성별)

주 소 :

2. 긴급응급조치 결정내용 및 기간 ()

[ ] 1호. 피해자나 그 주거등으로부터 100미터 이내의 접근금지

[ ] 2호. 피해자에 대한 「전기통신기본법」제2조제1호의 전기통신을 이용한 접근금지

3. 신청 내용

[ ] 가. 긴급응급조치 취소

- 취소 사유 :

[ ] 나. 긴급응급조치 종류 변경

- [ ] 1호. 피해자나 그 주거등으로부터 100미터 이내의 접근금지
- [ ] 2호. 피해자에 대한 「전기통신기본법」제2조제1호의 전기통신을 이용한 접근금지
- 변경 사유 :

4. 담 당 자

소 속 :

성 명 :

■ 범죄수사규칙 [별지 제197호서식]

긴급응급조치 취소·변경 신청서(피해자용)

1. 신 청 인

성 명 : 000 (00세, 성별)

주 소 :

2. 긴급응급조치 대상자

성 명 : 000 (00세, 성별)

주 소 :

3. 긴급응급조치 결정내용 및 기간 ()

[ ] 1호. 피해자나 그 주거등으로부터 100미터 이내의 접근금지

[ ] 2호. 피해자에 대한 「전기통신기본법」제2조제1호의 전기통신을 이용한 접근금지

4. 신청 내용

[ ] 가. 긴급응급조치 취소

- 취소 사유 :

[ ] 나. 긴급응급조치 변경

- [ ] 1호. 피해자나 그 주거등으로부터 100미터 이내의 접근금지

다. 긴급응급조치 변경 사유

- [ ] 주소지 또는 실거주지 이전 (기타:)

5. 담 당 자

소 속 :

성 명 :

■ **범죄수사규칙 [별지 제198호서식]**

제 호

수 신 :

제 목 : 긴급응급조치 종류변경 신청서

다음 사람에 대하여 아래와 같은 긴급응급조치의 종류변경을 신청합니다.

☐ 1. 피해자나 그 주거등으로부터 100미터 이내의 접근 금지

☐ 2. 피해자에 대한 「전기통신기본법」 제2조제1호의 전기통신을 이용한 접근 금지

행위자	성 명	
	주민등록번호	
	직 업	
	주 소	
변 호 인		
피해자	성 명	
	주 소	
	직장(소재지)	
스토킹행위의요지 및 긴급응급 조치의 종류변경을 필요로 하는 사유		
비 고		

사법경찰관

■ **범죄수사규칙 [별지 제199호서식]**

소 속 관 서

제 *0000-000000* 호 *0000. 00. 00.*

수 신 :

제 목 : 잠정조치 신청

다음 사람에 대하여 아래와 같은 잠정조치를 신청합니다.

□ 1. 피해자에 대한 스토킹범죄 중단에 관한 서면경고

□ 2. 피해자나 그 주거등으로부터 100미터 이내의 접근 금지

□ 3. 피해자에 대한 「전기통신기본법」 제2조제1호의 전기통신을 이용한 접근 금지

□ 4. 국가경찰관서의 유치장 또는 구치소에의 유치

행위자	성 명	
	주민등록번호	
	직 업	
	주 소	
변 호 인		
피해자	성 명	
	주 소	
	직장(소재지)	
범죄사실 및 잠정조치를 필요로 하는 사유		
비 고		

사법경찰관

■ 범죄수사규칙 [별지 제200호서식]

잠정조치 통보서

1. 행 위 자

성 명 : 000 (00세, 성별)

주 거 :

2. 피 해 자

성 명 : 000 (세, 성별)

주 거 :

직장(소재지) :

3. 잠정조치 통보일시·장소, 방법 및 불복방법 고지

일시·장소 : *0000. 00. 00.(요일) 00:00, 장소*

방 법 : *0000 (예시 : 대상자 대면하여 통보, 전화상 통보 등)*

4. 잠정조치 결정내용 및 기간 (*0000.00.00 ~ 0000.00.00, 00법원*)

[ ] 1호. 피해자에 대한 스토킹범죄 중단에 관한 서면 경고

[ ] 2호. 피해자나 그 주거등으로부터 100미터 이내의 접근금지

[ ] 3호. 피해자에 대한 「전기통신기본법」제2조제1호의 전기통신을 이용한 접근금지

[ ] 4호. 국가경찰관서의 유치장 또는 구치소에의 유치

5. 담 당 자 ※ 담당자는 불송치결정이 있을 경우 잠정조치가 실효됨을 안내·설명

소 속 :

성 명 :

■ **범죄수사규칙 [별지 제201호서식]**

소속관서

제 호 0000.00.00.
수 신 : 상급경찰관서 수사부서장
참 조 :
제 목 : 신분비공개수사 승인신청

다음 사람에 대한 피(혐)의사건에 관하여 「아동·청소년의 성보호에 관한 법률」 제25조의3제1항에 따라 아래와 같이 신분비공개수사 승인을 신청합니다.

접수일자		접수번호		사건번호	
피(혐)의자		주민등록번호			
신분비공개수사의 필요성	[ ] 혐의사실의 확인 [ ] 증거의 수집 [ ] 범인의 검거 [ ] 기타 ( )				
신분비공개수사의 방법					
신분비공개수사의 대상과 범위					
신분비공개수사의 기간 및 장소	1. 기간 : 2. 장소 :				
혐의사실의 요지 및 신청이유					
비고					

소속관서

사법경찰관리 *계급* *성명*

■ 범죄수사규칙 [별지 제202호서식]

신분비공개수사 승인서

<table>
<tr><td>승인번호</td><td colspan="2"></td><td>신청일자</td><td colspan="2"></td></tr>
<tr><td>접수일자</td><td></td><td>접수번호</td><td></td><td>사건번호</td><td></td></tr>
<tr><td>피(혐)의자</td><td colspan="2"></td><td>주민등록번호</td><td colspan="2"></td></tr>
<tr><td>신분비공개수사의 필요성</td><td colspan="5">[ ] 혐의사실의 확인 [ ] 증거의 수집
[ ] 범인의 검거 [ ] 기타 ( )</td></tr>
<tr><td>신분비공개수사의 방법</td><td colspan="5"></td></tr>
<tr><td>신분비공개수사의 대상과 범위</td><td colspan="5"></td></tr>
<tr><td>신분비공개수사의 기간 및 장소</td><td colspan="5">1. 기간 :
2. 장소 :</td></tr>
<tr><td>혐의사실의 요지 및 신청이유</td><td colspan="5"></td></tr>
<tr><td>비고</td><td colspan="5"></td></tr>
<tr><td colspan="6">위 피(혐)의사건에 관하여 「아동·청소년의 성보호에 관한 법률」제25조의2제1항의 신분비공개수사를 개시할 필요성이 있으므로 신분비공개수사를 승인합니다.

상급경찰관서 수사부서 계급 성명</td></tr>
<tr><td>처리자의 소속 관서, 관직</td><td colspan="2"></td><td>처리자 서명날인</td><td colspan="2"></td></tr>
</table>

■ **범죄수사규칙 [별지 제203호서식]**

소속관서

제 0000-000000 호 0000.00.00.

수 신 : 소속부서장

제 목 : 신분비공개수사 결과보고

다음 사람에 대한 피(혐)의사건에 관하여 신분비공개수사의 결과를 보고합니다.

피(혐)의자		주민등록번호	
죄 명			
신분비공개수사의 필요성과 방법			
신분비공개수사의 대상과 범위			
신분비공개수사의 기간 및 장소			
집행수사관 및 집행경위			

< 신분비공개수사로 확인한 결과의 요지 >

소속관서

사법경찰관리 *계급* *성명*

■ **범죄수사규칙 [별지 제204호서식]**

소 속 관 서

제 호 0000.00.00.

수 신 : 관할검찰청 검사장

제 목 : 신분위장수사 허가신청(사전)

다음 사람에 대한 피(혐)의사건에 관하여 「아동·청소년의 성보호에 관한 법률」제25조의3제3항 및 제4항에 따라 아래와 같이 신분위장수사 허가를 신청합니다.

<table>
<tr><td rowspan="3">피
(혐)
의
자</td><td>성 명</td><td></td><td>주민등록번호</td><td colspan="2"></td></tr>
<tr><td>직 업</td><td colspan="4"></td></tr>
<tr><td>주 거</td><td colspan="4"></td></tr>
<tr><td colspan="2">신분위장수사를 할 사람의 직급·성명</td><td>성 명</td><td></td><td>소속관서·직급</td><td></td></tr>
<tr><td colspan="2">신분위장수사의 종류·목적·방법</td><td colspan="4"></td></tr>
<tr><td colspan="2">신분위장수사의 대상과 범위</td><td colspan="4"></td></tr>
<tr><td colspan="2">신분위장수사의 기간 및 장소</td><td colspan="4"></td></tr>
<tr><td colspan="2">혐의사실의 요지 및 신청이유</td><td colspan="4"></td></tr>
<tr><td colspan="2">비 고</td><td colspan="4"></td></tr>
</table>

소 속 관 서

사법경찰관리 *계급* *성명*

■ **범죄수사규칙 [별지 제205호서식]**

소속관서

제 0000-00000 호 0000.00.00.

수 신 : 관할검찰청 검사장

제 목 : 신분위장수사 허가신청(사후)

다음 사람에 대한 피(혐)의사건에 관하여 긴급신분위장수사를 실시하였으므로 「아동·청소년의 성보호에 관한 법률」제25조의4제2항 및 제25조의3제3항에 따라 아래와 같이 신분위장수사 허가를 신청합니다.

피(혐)의자	성 명		주민등록번호	
	직 업			
	주 거			

긴급신분위장수사의 사유와 내용		신분위장수사의 사유와 내용	
혐의사실의 요지 및 신분위장수사를 필요로 하는 사유와 허가를 받을 수 없었던 긴급한 사유		혐의사실의 요지 및 신분위장수사를 계속 필요로 하는 사유	
긴급신분위장수사의 종류·목적·방법		신분위장수사의 종류·목적·방법	
긴급신분위장수사의 대상과 범위		신분위장수사의 대상과 범위	
긴급신분위장수사의 일시와 장소		신분위장수사의 기간 및 장소	
긴급신분위장수사를 한 사람의 직급·성명		신분위장수사를 할 사람의 직급·성명	
비 고			

소속관서

사법경찰관리 *계급* *성명*

■ **범죄수사규칙 [별지 제206호서식]**

소속관서

제 0000-000000 호 0000.00.00.

수 신 : 관할검찰청 검사장

제 목 : 신분위장수사 기간연장신청

다음 사람에 대한 피(혐)의사건에 관하여 「아동·청소년의 성보호에 관한 법률」제25조의3제8항에 따라 아래와 같이 기간연장을 신청합니다.

성 명				
주민등록번호				
직 업				
주 거				
사 건 번 호				
허 가 서 번 호				
신분위장수사를 할 사람의 직급· 성명	성 명		소속관서·직급	
신분위장수사 허 가 기 간				
연 장 할 기 간				
기간연장이 필요한 이유 및 소명자료				
비 고				

소속관서

사법경찰관리 *계급* *성명*

■ **범죄수사규칙 [별지 제207호서식]**

소속관서

제 0000-000000 호 0000.00.00.

수 신 : 소속부서장

제 목 : 신분위장수사 집행보고

다음 사람에 대한 피(혐)의사건에 관하여 신분위장수사의 결과를 보고합니다.

피(혐)의자	성 명		주민등록번호	
	직 업			
	주 거			
신분위장수사의 목적과 종류				
신분위장수사의 대상과 범위				
신분위장수사의 기간 및 장소				
집행수사관 및 집행경위				

< 신분위장수사로 확인한 결과의 요지 >

소속관서

사법경찰관리 *계급* *성명*

부록

관 련 법 령

- 범죄수사규칙
- 경찰수사규칙
- 과학수사기본규칙
- 검사와 사법경찰관의 상호협력과 일반적 수사준칙에 관한 규정
- 지문 및 수사자료표 등에 관한 규칙
- 성폭력범죄의 수사 및 피해자 보호에 관한 규칙
- 검 · 경 수사권 조정 법률(형사소송법-초)
- 특별사법경찰관리에 대한 검사의 수사지휘 및 특별사법경찰관리의 수사준칙에 관한 규칙

범죄수사규칙

[시행 2022. 6. 20.] [경찰청훈령 제1057호, 2022. 6. 20., 일부개정]

제1편 총칙

제1조(목적) 이 규칙은 경찰공무원이 범죄를 수사할 때에 지켜야 할 방법과 절차 그 밖에 수사에 관하여 필요한 사항을 정함으로써 수사사무의 적정한 운영을 기함을 목적으로 한다.

제2조(적용범위) 경찰관의 수사에 관하여 다른 규칙에 특별한 규정이 있는 경우를 제외하고는 이 규칙이 정하는 바에 따른다.

제3조(특별사법경찰관리 직무범위 사건을 직접 수사하는 경우) 경찰관은 특별사법경찰관리의 직무범위에 속하는 범죄를 먼저 알게 되어 직접 수사하고자 할 때에는 경찰관이 소속된 경찰관서의 장(이하 "소속 경찰관서장"이라 한다)의 지휘를 받아 수사하여야 한다. 이 경우 해당 특별사법경찰관리와 긴밀히 협조하여야 한다.

제4조(이송하는 경우) 경찰관은 특별사법경찰관리에게 사건을 이송하고자 할 때에는 필요한 조치를 한 후 관련 수사자료와 함께 신속하게 이송하여야 한다.

제5조(사건을 이송받았을 경우) ① 경찰관은 특별사법경찰관리의 직무범위에 해당하는 범죄를 이송받아 수사할 수 있으며, 수사를 종결한 때에는 그 결과를 특별사법경찰관리에게 통보하여야 한다.

② 제1항의 경우에 있어서 필요한 때에는 해당 특별사법경찰관리에게 증거물의 인도 그 밖의 수사를 위한 협력을 요구하여야 한다.

제6조(수사가 경합하는 경우) 경찰관은 특별사법경찰관리가 행하는 수사와 경합할 때에는 경찰관이 소속된 경찰관서 수사부서의 장(이하 "소속 수사부서장"이라 한다)의 지휘를 받아 해당 특별사법경찰관리와 그 수사에 관하여 필요한 사항을 협의하여야 한다.

제2편 수사에 관한 사항

제1장 통칙

제1절 수사의 기본원칙

제7조(사건의 관할) ① 사건의 수사는 범죄지, 피의자의 주소·거소 또는 현재지를 관할하는 경찰관서가 담당한다.

② 사건관할을 달리하는 수개의 사건이 관련된 때에는 1개의 사건에 관하여 관할이 있는 경찰관서는 다른 사건까지 병합하여 수사를 할 수 있다.

③ 그밖에 관할에 대한 세부 사항은 「사건의 관할 및 관할사건수사에 관한 규

칙」에 따른다.

제8조(제척) 경찰관은 다음 각 호의 어느 하나에 해당하는 경우 수사직무(조사 등 직접적인 수사 및 수사지휘를 포함한다)의 집행에서 제척된다.

1. 경찰관 본인이 피해자인 때
2. 경찰관 본인이 피의자 또는 피해자의 친족이거나 친족이었던 사람인 때
3. 경찰관 본인이 피의자 또는 피해자의 법정대리인이거나 후견감독인인 때

제9조(기피 원인과 신청권자) ① 피의자, 피해자와 그 변호인은 다음 각 호의 어느 하나에 해당하는 때에는 경찰관에 대해 기피를 신청할 수 있다. 다만, 변호인은 피의자, 피해자의 명시한 의사에 반하지 아니하는 때에 한하여 기피를 신청할 수 있다.

1. 경찰관이 제8조 각 호의 어느 하나에 해당되는 때
2. 경찰관이 불공정한 수사를 하였거나 그러한 염려가 있다고 볼만한 객관적·구체적 사정이 있는 때

② 기피 신청은 경찰관서에 접수된 고소·고발·진정·탄원·신고 사건에 한하여 신청할 수 있다.

제10조(기피 신청 방법과 대상) ① 제9조에 따라 기피 신청을 하려는 사람은 별지 제1호서식의 기피신청서를 작성하여 기피 신청 대상 경찰관이 소속된 경찰관서 내 감사부서의 장(이하 "감사부서의 장"이라 한다)에게 제출하여야 한다. 이 경우 해당 감사부서의 장은 소속 수사부서장에게 지체없이 기피 신청 사실을 구두로 전달하고, 3일 이내에 공문으로도 통보하여야 한다.

② 제1항의 기피 신청을 하려는 사람은 기피 신청을 한 날부터 3일 이내에 기피 사유를 서면으로 소명하여야 한다.

제11조(기피 신청의 처리) ① 기피 신청을 접수한 감사부서의 장은 다음 각 호의 어느 하나에 해당하는 경우 해당 신청을 수리하지 않을 수 있다.

1. 대상 사건이 종결된 경우
2. 동일한 사건에 대해 이미 기피 신청하였던 경우. 다만, 기존과 다른 사유로 기피 신청하는 것을 소명할 경우에는 추가로 한 차례만 기피 신청할 수 있다.
3. 기피사유에 대한 소명이 없는 경우
4. 제9조 후단 또는 제9조제2항에 위배되어 기피 신청이 이루어진 경우
5. 기피 신청이 수사의 지연 또는 방해만을 목적으로 하는 것이 명백한 경우

② 소속 수사부서장은 제10조제1항 후단에 따라 기피 신청 사실을 통보받은 후 지체 없이 별지 제2호서식의 의견서를 작성하여 감사부서의 장에게 제출하여야 한다. 다만, 제1항에 따라 해당 기피 신청을 수리하지 않는 경우에는 그러하지 아니하다.

③ 소속 수사부서장은 기피 신청이 이유 있다고 인정하는 때에는 기피 신청 사실을 통보받은 날부터 3일(근무일 기준) 이내에 사건 담당 경찰관을 재지정

하여 감사부서의 장에게 해당 사실을 통보해야 한다.

④ 소속 수사부서장이 기피 신청을 이유 있다고 인정하지 않는 때에는 감사부서의 장은 기피 신청 접수일부터 7일(공휴일과 토요일은 산입하지 않는다) 이내에 공정수사위원회를 개최하여 기피 신청 수용 여부를 결정하여야 한다. 다만, 부득이한 경우 7일의 범위에서 한 차례만 위원회 개최를 연기할 수 있다.

⑤ 공정수사위원회는 위원장을 포함하여 5명의 위원으로 구성하되, 감사부서의 장을 위원장으로, 수사부서 소속 경찰관 2명과 수사부서 이외의 부서 소속 경찰관 2명을 위원으로 구성한다.

⑥ 공정수사위원회는 재적위원 전원의 출석으로 개의하고 출석위원 과반수의 찬성으로 의결한다.

⑦ 감사부서의 장은 제3항에 따른 재지정 사실 또는 제6항에 따른 의결 결과를 기피신청자에게 통지하여야 한다.

⑧ 제7항의 통지는 서면, 전화, 팩스, 전자우편, 문자메시지 등 신청인이 요청한 방법으로 할 수 있으며, 별도로 요청한 방법이 없는 경우에는 서면 또는 문자메시지로 한다. 이 경우 서면으로 통지할 때에는 별지 제3호서식의 기피신청에 대한 결과통지서에 따른다.

⑨ 기피 신청이 접수되어 수사부서에 공문으로 통보된 시점부터 수용 여부가 결정된 시점까지 해당 사건의 수사는 중지된다. 다만, 공소시효 만료, 증거인멸 방지 등 신속한 수사의 필요성이 있는 경우에는 그러하지 아니하다.

제12조(회피) 소속 경찰관서장이 「검사와 사법경찰관의 상호협력과 일반적 수사준칙에 관한 규정」(이하 "「수사준칙」"이라 한다) 제11조에 따른 회피 신청을 허가한 때에는 회피신청서를 제출받은 날로부터 3일 이내에 사건 담당 경찰관을 재지정하여야 한다.

제13조(수사 진행상황의 통지) ① 경찰관은 「경찰수사규칙」 제11조제1항의 통지대상자가 사망 또는 의사능력이 없거나 미성년자인 경우에는 법정대리인、배우자、직계친족、형제자매 또는 가족(이하 "법정대리인등"이라 한다)에게 통지하여야 하며, 통지대상자가 미성년자인 경우에는 본인에게도 통지하여야 한다.

② 제1항에도 불구하고 미성년자인 피해자의 가해자 또는 피의자가 법정대리인등인 경우에는 법정대리인등에게 통지하지 않는다. 다만, 필요한 경우 미성년자의 동의를 얻어 그와 신뢰관계 있는 사람에게 통지할 수 있다.

제14조(사건의 단위) 「형사소송법」 제11조의 관련사건 또는 다음 각 호에 해당하는 범죄사건은 1건으로 처리한다. 다만, 분리수사를 하는 경우에는 그러하지 아니하다.

1. 판사가 청구기각 결정을 한 즉결심판 청구 사건
2. 피고인으로부터 정식재판 청구가 있는 즉결심판 청구 사건

제15조 〈삭제〉

제2절 수사의 조직

제16조(수사의 조직적 운영) 경찰관이 수사를 할 때에는 경찰관 상호 간의 긴밀한 협력과 적정한 통제를 도모하고, 수사담당부서 이외의 다른 수사부서나 그밖에 관계있는 다른 경찰관서와 유기적으로 긴밀히 연락하여, 경찰의 조직적 기능을 최고도로 발휘할 수 있도록 유의하여야 한다.

제17조(경찰청장) ① 「국가경찰과 자치경찰의 조직 및 운영에 관한 법률」 (이하 '경찰법' 이라 한다) 제14조제6항 단서와 「국가경찰과 자치경찰의 조직 및 운영에 관한 법률 제14조제10항에 따른 긴급하고 중요한 사건의 범위 등에 관한 규정」 제2조에 따라 개별 사건의 수사에 대해 경찰청장이 구체적으로 지휘·감독할 수 있는 사항은 제26조제1항과 같다.

② 경찰청장은 경찰법 제14조제3항의 사무를 수행하거나 경찰법 제14조제6항 단서의 사건에 해당하는지를 판단하기 위해 필요한 경우 사건 수사에 대한 보고를 받을 수 있다.

제17조의2(국가수사본부장) 국가수사본부장은 「형사소송법」에 따른 경찰의 수사에 관하여 각 시·도경찰청장과 경찰서장 및 수사부서 소속 공무원을 지휘·감독하며, 다음 각 호의 사항을 제외한 일반적인 사건수사에 대한 지휘는 시·도경찰청장에게 위임할 수 있다.

1. 수사관할이 수 개의 시·도경찰청에 속하는 사건
2. 고위공직자 또는 경찰관이 연루된 비위 사건으로 해당 관서에서 수사하게 되면 수사의 공정성이 의심받을 우려가 있는 경우
3. 국가수사본부장이 수사본부 또는 특별수사본부를 설치하여 지정하는 사건
4. 그 밖에 사회적 이목이 집중되거나, 파장이 큰 사건으로 국가수사본부장이 특별히 지정하는 사건

제18조(시·도경찰청장) 시·도경찰청장은 체계적인 수사 인력·장비·시설·예산 운영 및 지도 등을 통해 합리적이고 공정한 수사를 위하여 그 책임을 다하여야 한다.

제19조(경찰서장) 경찰서장은 해당 경찰서 관할 내의 수사에 대하여 지휘·감독하며, 합리적이고 공정한 수사를 위하여 그 책임을 다하여야 한다.

제20조(수사간부) 수사를 담당하는 경찰관서의 수사간부는 소속 경찰관서장을 보좌하고 그 명에 의하여 수사의 지휘·감독을 하여야 한다.

제21조(수사경찰관 등) ① 경찰관은 소속 상관의 명을 받아 범죄의 수사에 종사한다.

② 경찰관 이외의 수사관계 직원이 경찰관을 도와 직무를 행하는 경우에는 이 규칙이 정하는 바에 따라야 한다.

제22조(사건의 지휘와 수사보고 요구) ① 경찰관서장과 수사간부(이하 "수사지휘권자"라 한다)는 소속 경찰관이 담당하는 사건의 수사진행 사항에 대하여 명시적인

이유를 근거로 구체적으로 지휘를 하여야 하며, 필요한 경우 수사진행에 관하여 소속 경찰관에게 수사보고를 요구할 수 있다.

② 제1항의 요구를 받은 경찰관은 이에 따라야 한다.

제23조(수사에 관한 보고) ① 경찰관은 범죄와 관계가 있다고 인정되는 사항과 수사상 참고가 될 만한 사항을 인지한 때에는 신속히 소속 상관에게 보고하여야 한다.

② 경찰서장은 관할구역 내에서 별표1의 보고 및 수사지휘 대상 중요사건에 규정된 중요사건이 발생 또는 접수되거나 범인을 검거하였을 때에는 별표2의 보고 절차 및 방법에 따라 시·도경찰청장에게 신속히 보고하여야 한다.

제24조(수사지휘) ① 제23조제2항의 보고를 받은 시·도경찰청장은 사건의 경중, 중요도 등을 종합적으로 검토하여 다른 경찰관서에서 수사를 진행하는 것이 적합하다고 판단되는 경우 시·도경찰청 또는 다른 경찰서에서 수사할 것을 명할 수 있다.

② 시·도경찰청장은 경찰서에서 수사 중인 사건을 지휘할 필요성이 있다고 인정될 때에는 구체적 수사지휘를 할 수 있다.

제25조(수사지휘의 방식) ① 시·도경찰청장이 경찰서장에게 사건에 대한 구체적 지휘를 할 때에는 형사사법정보시스템 또는 모사전송 등을 통해 별지 제5호서식의 수사지휘서(관서간)를 작성하여 송부하여야 하며, 수사지휘권자가 경찰관서 내에서 사건에 대한 구체적 지휘를 할 때에는 형사사법정보시스템을 통해 별지 제4호서식의 수사지휘서를 작성하여 송부하거나 수사서류의 결재 수사지휘란에 기재하는 방식으로 하여야 한다.

② 제1항에도 불구하고 다음 각 호의 경우에는 구두나 전화 등 간편한 방식으로 지휘할 수 있으며, 사후에 신속하게 형사사법정보시스템 또는 모사전송 등을 이용하여 지휘내용을 제1항의 수사지휘서로 송부하여야 한다.

1. 천재지변, 긴급한 상황 또는 전산장애가 발생한 경우
2. 이미 수사지휘한 내용을 보완하는 경우
3. 수사 현장에서 지휘하는 경우

③ 수사지휘를 받은 경찰관이 제1항 또는 제2항의 지휘내용을 송부받지 못한 경우에는 수사지휘권자에게 형사사법정보시스템 또는 모사전송 등을 이용하여 지휘내용을 송부해 줄 것을 요청할 수 있다.

④ 제3항의 요청을 받은 수사지휘권자는 신속하게 지휘내용을 형사사법정보시스템 또는 모사전송 등을 이용하여 서면으로 송부하여야 한다.

⑤ 경찰관은 제1항, 제2항 또는 제4항에 따라 송부된 수사지휘서를 사건기록에 편철하여야 하며, 형사사법정보시스템 또는 모사전송 등을 이용한 서면지휘를 받지 못한 경우에는 관련 사항을 수사보고서로 작성하여야 한다.

제26조(수사지휘의 내용) ① 수사지휘권자는 다음 각 호의 사항에 대해 구체적으로 지휘하여야 한다.

1. 범죄인지에 관한 사항

2. 체포·구속에 관한 사항
3. 영장에 의한 압수·수색·검증에 관한 사항
4. 법원 허가에 의한 통신수사에 관한 사항
5. 「수사준칙」 제51조제1항 각 호의 결정에 관한 사항
6. 사건 이송 등 책임수사관서 변경에 관한 사항
7. 수사지휘권자와 경찰관 간 수사에 관하여 이견이 있어 지휘를 요청받은 사항
8. 그 밖에 수사에 관하여 지휘가 필요하다고 인정되는 사항

② 시·도경찰청장이 경찰서장에 대해 수사지휘하는 경우에는 제1항에서 정한 사항 외에 다음 각 호의 사항에 대해서도 구체적으로 지휘하여야 한다.
1. 제36조의 수사본부 설치 및 해산
2. 제24조제1항에 관한 사항
3. 수사방침의 수립 또는 변경
4. 공보책임자 지정 등 언론대응에 관한 사항

③ 경찰관서 내 수사지휘의 위임과 수사서류 전결에 관한 사항은 별도로 정한다.

제27조(경찰서장의 수사지휘 건의) ① 경찰서장은 사건수사를 함에 있어서 시·도경찰청장의 지휘가 필요한 때에는 시·도경찰청장에게 수사지휘를 하여 줄 것을 건의할 수 있다.

② 제1항의 수사지휘건의를 받은 시·도경찰청장은 지휘가 필요하다고 판단하는 때에는 신속하게 지휘한다.

제28조(지휘계통의 준수) ① 시·도경찰청장이 소속 경찰서장을 지휘하는 경우에는 지휘계통을 준수하여 제20조의 수사간부를 통하거나, 직접 경찰서장에게 지휘하여야 한다.

② 경찰관서장이 관서 내에서 수사지휘를 하는 경우에도 지휘계통을 준수하여야 한다.

제29조(준용규정) 국가수사본부장의 수사지휘에 관하여는 제22조부터 제28조까지를 준용한다.

제30조(경찰관서 내 이의제기) ① 경찰관은 구체적 수사와 관련된 소속 수사부서장의 지휘·감독의 적법성 또는 정당성에 이견이 있는 경우에는 해당 상관에게 별지 제6호서식의 수사지휘에 대한 이의제기서를 작성하여 이의를 제기할 수 있다.

② 제1항의 이의제기를 받은 상관은 신속하게 이의제기에 대해 검토한 후 그 사유를 적시하여 별지 제4호서식의 수사지휘서에 따라 재지휘를 하여야 한다.

③ 경찰서 소속 경찰관은 제2항의 재지휘에 대해 이견이 있는 경우에는 경찰서장에게 별지 제6호서식의 수사지휘에 대한 이의제기서를 작성하여 다시 이의를 제기할 수 있고, 경찰서장은 이의제기에 대해 신속하게 판단한 후 그 사유를 적시하여 별지 제4호서식의 수사지휘서에 따라 지휘하여야 한다.

④ 제3항에 따른 경찰서장의 지휘에 따르는 것이 위법하다고 판단하는 해당 경찰관은 시·도경찰청장에게 별지 제6호서식의 수사지휘에 대한 이의제기서를

작성하여 다시 이의를 제기할 수 있다.

⑤ 제4항의 이의제기를 받은 시·도경찰청장은 신속하게 시·도경찰청 경찰수사 심의위원회의 의견을 들어 판단한 후 그 사유를 적시하여 별지 제5호서식의 수사지휘서(관서간)에 따라 지휘하여야 한다.

⑥ 시·도경찰청 소속 경찰관은 제2항의 재지휘에 대해 이견이 있는 경우에는 시·도경찰청장에게 별지 제6호서식의 수사지휘에 대한 이의제기서를 작성하여 다시 이의를 제기할 수 있고, 시·도경찰청장은 이의제기에 대해 신속하게 판단한 후 그 사유를 적시하여 별지 제4호서식의 수사지휘서에 따라 지휘하여야 한다.

⑦ 제6항에 따른 시·도경찰청장의 지휘에 따르는 것이 위법하다고 판단하는 해당 경찰관은 국가수사본부장에게 별지 제6호서식의 수사지휘에 대한 이의제기서를 작성하여 다시 이의를 제기할 수 있다.

⑧ 제7항의 이의제기를 받은 국가수사본부장은 신속하게 국가수사본부 경찰수사 심의위원회의 의견을 들어 판단한 후 그 사유를 적시하여 별지 제5호서식의 수사지휘서(관서간)에 따라 지휘하여야 한다.

⑨ 국가수사본부 소속 경찰관은 제2항의 재수사지휘에 대해 이견이 있는 경우에는 소속 국장에게 별지 제6호서식의 수사지휘에 대한 이의제기서를 작성하여 다시 이의를 제기할 수 있고, 소속 국장은 이의제기에 대해 신속하게 판단한 후 그 사유를 적시하여 별지 제4호서식의 수사지휘서에 따라 수사지휘하여야 한다.

⑩ 제9항에 따른 소속 국장의 지휘에 따르는 것이 위법하다고 판단하는 해당 경찰관은 국가수사본부장에게 별지 제6호서식의 수사지휘에 대한 이의제기서를 작성하여 다시 이의를 제기할 수 있다.

⑪ 제10항의 이의제기를 받은 국가수사본부장은 신속하게 국가수사본부 경찰수사 심의위원회의 의견을 들어 판단한 후 그 사유를 적시하여 별지 제5호서식의 수사지휘서(관서간)에 따라 지휘하여야 한다.

⑫ 시·도경찰청 경찰수사 심의위원회와 국가수사본부 경찰수사 심의위원회의 설치 및 운영에 관한 사항은 별도로 정한다.

제31조(상급경찰관서장에 대한 이의제기) ① 경찰서장은 시·도경찰청장의 구체적 수사와 관련된 지휘·감독의 적법성 또는 정당성에 이견이 있는 경우에는 직권 또는 소속 경찰관의 이의제기 신청을 받아 시·도경찰청장에게 별지 제7호서식의 수사지휘에 대한 이의제기서(상급관서용)에 따라 이의를 제기할 수 있다. 이 때 소속 경찰관의 이의제기 신청에 대한 처리 절차에 대하여는 제30조제1항부터 제3항까지를 준용한다.

② 시·도경찰청장은 제1항에 따른 경찰서장의 이의제기에 대하여 신속하게 시·도경찰청 경찰수사 심의위원회의 의견을 들어 판단한 후 그 사유를 적시하여 별지 제5호서식의 수사지휘서(관서간)에 따라 지휘하여야 한다.

③ 시·도경찰청장은 국가수사본부장의 구체적 수사와 관련된 지휘·감독의 적법성 또는 정당성에 이견이 있는 경우에는 직권 또는 소속 경찰관의 이의제

기 신청을 받아 국가수사본부장에게 상급경찰관서장의 수사지휘에 대한 이의제기서에 따라 이의를 제기할 수 있다. 이때 소속 경찰관의 이의제기 신청에 대한 처리 절차에 대하여는 제30조제1항, 제2항 및 제6항을 준용한다.

④ 국가수사본부장은 제1항에 따른 시·도경찰청장의 이의제기에 대하여 신속하게 국가수사본부 경찰수사 심의위원회의 의견을 들어 판단한 후 그 사유를 적시하여 별지 제5호서식의 수사지휘서(관서간)에 따라 지휘하여야 한다.

제32조(긴급한 경우의 지휘) ① 시·도경찰청장과 국가수사본부장은 각각 제30조제5항·제8항·제11항, 제31조제2항·제4항에 따라 지휘함에 있어서 긴급한 사유가 있는 경우에 한하여 시·도경찰청 경찰수사 심의위원회와 국가수사본부 경찰수사 심의위원회의 의견을 듣지 않고 지휘할 수 있다.

② 제1항에 따라 지휘한 시·도경찰청장과 국가수사본부장은 각각 신속하게 시·도경찰청 경찰수사 심의위원회와 국가수사본부 경찰수사 심의위원회에 다음 각 호의 사항을 설명하여야 한다.

1. 해당 이의제기 내용
2. 시·도경찰청 경찰수사 심의위원회 또는 국가수사본부 경찰수사 심의위원회의 의견을 듣지 않고 지휘한 사유 및 지휘내용

제33조(이의제기에 대한 지휘와 수명) 제30조 및 제31조에 따라 이의제기를 한 경찰관, 경찰서장, 시·도경찰청장은 각각 제30조제5항·제8항·제11항, 제31조제2항·제4항, 제32조에 따른 시·도경찰청장과 국가수사본부장의 지휘를 따라야 한다.

제34조(이의제기 목록제출) 경찰서장과 시·도경찰청장은 각각 해당 경찰서 및 시·도경찰청 내에서 발생한 이의제기사건 목록을 분기별로 상급 경찰관서장에게 제출하여야 한다.

제35조(불이익 금지 등) ① 제30조 및 제31조에 따라 이의제기를 하는 경찰관, 경찰서장, 시·도경찰청장은 정확한 사실에 기초하여 신속하고 성실하게 자신의 의견을 표시하여야 한다.

② 이의제기를 한 경찰관, 경찰서장, 시·도경찰청장은 그 이의제기를 이유로 인사상, 직무상 불이익한 조치를 받아서는 아니 된다.

제36조(수사본부) ① 국가수사본부장 또는 시·도경찰청장은 살인 등 중요사건이 발생하여 종합적인 수사가 필요하다고 인정할 때에는 수사본부를 설치할 수 있다.

② 국가수사본부장은 제1항에도 불구하고 경찰고위직의 내부비리사건, 사회적 관심이 집중되고 공정성이 특별하게 중시되는 사건 등에 대하여는 그 직무에 관하여 국가수사본부장 등 상급자의 지휘·감독을 받지 않고 독자적 수사가 가능한 "특별수사본부"를 설치·운용할 수 있다.

③ 국가수사본부장 또는 시·도경찰청장은 국가기관간 공조수사가 필요한 경우에 관계기관과 "합동수사본부"를 설치·운용할 수 있다.

④ 제1항부터 제3항까지에 따른 수사본부의 설치절차와 운영방법은 별도 규칙으로 정한다.

제3절 수사서류

제37조(수사서류의 작성) ① 경찰관이 범죄수사에 사용하는 문서와 장부는 「경찰수사규칙」 별지 제1호서식부터 제126호서식까지와 이 규칙의 별표 3 및 별지 제1호서식부터 제209호서식까지에 따라 작성한다.

② 경찰관이 수사서류를 작성할 때에는 다음 각 호의 사항에 주의하여야 한다.

1. 일상용어로 평이한 문구를 사용
2. 복잡한 사항은 항목을 나누어 적음
3. 사투리, 약어, 은어 등을 사용하는 경우에는 그대로 적은 다음에 괄호를 하고 적당한 설명을 붙임
4. 외국어 또는 학술용어에는 그 다음에 괄호를 하고 간단한 설명을 붙임
5. 지명, 인명의 경우 읽기 어렵거나 특이한 칭호가 있을 때에는 그 다음에 괄호를 하고 음을 적음

제38조(형사사법정보시스템의 이용) 경찰관은 「형사사법절차 전자화 촉진법」 제2조제1호에서 정한 형사사법업무와 관련된 문서를 작성할 경우 형사사법정보시스템을 이용하여야 하며, 작성한 문서는 형사사법정보시스템에 저장·보관하여야 한다. 다만, 형사사법정보시스템을 이용하는 것이 곤란한 다음 각 호의 문서의 경우에는 예외로 한다.

1. 피의자, 피해자, 참고인 등 사건관계인이 직접 작성하는 문서
2. 형사사법정보시스템에 작성 기능이 구현되어 있지 아니한 문서
3. 형사사법정보시스템을 이용할 수 없는 경우에 불가피하게 작성해야 하는 문서

제39조(기명날인 또는 서명 등) ① 수사서류에는 작성연월일, 경찰관의 소속 관서와 계급을 적고 기명날인 또는 서명하여야 한다.

② 날인은 문자 등 형태를 알아볼 수 있도록 하여야 한다.

③ 수사서류에는 매장마다 간인한다. 다만, 전자문서 출력물의 간인은 면수 및 총면수를 표시하는 방법으로 한다.

④ 수사서류의 여백이나 공백에는 사선을 긋고 날인한다.

⑤ 피의자신문조서와 진술조서는 진술자로 하여금 간인한 후 기명날인 또는 서명하게 한다. 다만, 진술자가 기명날인 또는 서명을 할 수 없거나 이를 거부할 경우, 그 사유를 조서말미에 적어야 한다.

⑥ 인장이 없으면 날인 대신 무인하게 할 수 있다.

제40조(통역과 번역의 경우의 조치) ① 경찰관은 수사상 필요에 의하여 통역인을 위촉하여 그 협조를 얻어서 조사하였을 때에는 피의자신문조서나 진술조서에 그 사실과 통역을 통하여 열람하게 하거나 읽어주었다는 사실을 적고 통역인의 기명날인 또는 서명을 받아야 한다.

② 경찰관은 수사상 필요에 의하여 번역인에게 피의자 그 밖의 관계자가 제출한

서면 그 밖의 수사자료인 서면을 번역하게 하였을 때에는 그 번역문을 기재한 서면에 번역한 사실을 적고 번역인의 기명날인을 받아야 한다.

제41조(서류의 대서) 경찰관은 진술자의 문맹 등 부득이한 이유로 서류를 대신 작성하였을 경우에는 대신 작성한 내용이 본인의 의사와 다름이 없는가를 확인한 후 그 확인한 사실과 대신 작성한 이유를 적고 본인과 함께 기명날인 또는 서명하여야 한다.

제42조(문자의 삽입 · 삭제) ① 경찰관은 수사서류를 작성할 때에는 임의로 문자를 고쳐서는 아니 되며, 다음 각 호와 같이 고친 내용을 알 수 있도록 하여야 한다.

1. 문자를 삭제할 때에는 삭제할 문자에 두 줄의 선을 긋고 날인하며 그 왼쪽 여백에 "몇자 삭제"라고 적되 삭제한 부분을 해독할 수 있도록 자체를 존치하여야 함
2. 문자를 삽입할 때에는 행의 상부에 삽입할 문자를 기입하고 그 부분에 날인하여야 하며 그 왼쪽 여백에 "몇자 추가"라고 적음
3. 1행 중에 두 곳 이상 문자를 삭제 또는 삽입하였을 때에는 각 자수를 합하여 "몇자 삭제" 또는 "몇자 추가"라고 기재
4. 여백에 기재할 때에는 기재한 곳에 날인하고 "몇자 추가"라고 적음

② 피의자신문조서와 진술조서의 경우 문자를 삽입 또는 삭제하였을 때에는 "몇자 추가" 또는 "몇자 삭제"라고 적고 그 곳에 진술자로 하여금 날인 또는 무인하게 하여야 한다.

제43조(서류의 접수) 경찰관은 수사서류를 접수하였을 때에는 즉시 여백 또는 그 밖의 적당한 곳에 접수연월일을 기입하고 특히 필요하다고 인정되는 서류에 대하여는 접수 시각을 기입해 두어야 한다.

제2장 수사의 개시

제44조(수사의 개시) 경찰관은 수사를 개시할 때에는 범죄의 경중과 정상, 범인의 성격, 사건의 파급성과 모방성, 수사의 완급 등 제반 사정을 고려하여 수사의 시기 또는 방법을 신중하게 결정하여야 한다.

제45조(경찰 훈방) ① 경찰관은 죄질이 매우 경미하고, 피해 회복 및 피해자의 처벌의사 등을 종합적으로 고려하여 훈방할 수 있다.

② 제1항의 훈방을 위해 필요한 경우 경찰청장이 정하는 위원회의 조정 · 심의 · 의결을 거칠 수 있다.

③ 경찰관은 훈방할 때에는 공정하고 투명하게 하여야 하고 반드시 그 이유와 근거를 기록에 남겨야 한다.

제46조(공무원등에 대한 수사 개시 등의 통보) ① 경찰관은 공무원 및 공공기관의 임직원 등(이하 "공무원등"이라 한다)에 대하여 수사를 시작한 때와 이를 마친 때에는 다음 각 호의 규정에 따라 공무원등의 소속기관의 장 등에게 수사 개시

사실 및 그 결과를 통보해야 한다.

1. 「국가공무원법」 제83조제3항
2. 「지방공무원법」 제73조제3항
3. 「사립학교법」 제66조의3제1항
4. 「공공기관의 운영에 관한 법률」 제53조의2
5. 「지방공기업법」 제80조의2
6. 「지방자치단체 출자·출연 기관의 운영에 관한 법률」 제34조의2
7. 「과학기술분야 정부출연연구기관 등의 설립·운영 및 육성에 관한 법률」 제35조의2
8. 「국가연구개발혁신법」 제37조
9. 「국가정보원직원법」 제23조제3항
10. 「군인사법」 제59조의3제1항
11. 「부정청탁 및 금품등 수수의 금지에 관한 법률 시행령」 제37조
12. 그 밖에 소속 기관의 장 등에게 수사 개시 등을 통보하도록 규정하고 있는 법령

② 경찰관이 제1항에 따라 통보하는 경우에는 다음 각 호의 서식을 작성하여 통보해야 한다.

1. 소속 공무원등에 대하여 수사를 개시한 경우: 별지 제12호서식의 공무원등 범죄 수사 개시 통보서
2. 소속 공무원등에 대하여 「수사준칙」 제51조제1항제2호부터 제5호까지의 결정을 한 경우: 별지 제13호서식의 공무원등 범죄 수사 결과 통보서

제47조(피해신고의 접수 및 처리) ① 경찰관은 범죄로 인한 피해신고가 있는 경우에는 관할 여부를 불문하고 이를 접수하여야 한다.

② 경찰관은 제1항의 피해신고 중 범죄에 의한 것이 아님이 명백한 경우 피해자 구호 등 필요한 조치를 행한 후 범죄인지는 하지 않는다.

③ 경찰관은 제1항의 신고가 구술에 의한 것일 때에는 신고자에게 별지 제14호서식의 피해신고서 또는 진술서를 작성하게 할 수 있다. 이 경우 신고자가 피해신고서 또는 진술서에 그 내용을 충분히 기재하지 않았거나 기재할 수 없을 때에는 진술조서를 작성하여야 한다.

제48조(신고사건 인계) 경찰관은 접수된 피해신고가 제7조 및 「경찰수사규칙」 제15조에 따라 계속 수사가 어려운 경우에는 필요한 조치를 완료한 후 지체 없이 책임수사가 가능한 경찰관서로 인계하여야 한다.

제49조(고소·고발의 수리) 경찰관은 고소·고발은 관할 여부를 불문하고 접수하여야 한다. 다만, 제7조에 규정된 관할권이 없어 계속 수사가 어려운 경우에는 「경찰수사규칙」 제96조에 따라 책임수사가 가능한 관서로 이송하여야 한다.

제50조(고소·고발의 반려) 경찰관은 접수한 고소·고발이 다음 각 호의 어느 하나에 해당하는 경우 고소인 또는 고발인의 동의를 받아 이를 수리하지 않고 반

려할 수 있다.

1. 고소ㆍ고발 사실이 범죄를 구성하지 않을 경우
2. 공소시효가 완성된 사건인 경우
3. 동일한 사안에 대하여 이미 법원의 판결이나 수사기관의 결정(경찰의 불송치 결정 또는 검사의 불기소 결정)이 있었던 사실을 발견한 경우에 새로운 증거 등이 없어 다시 수사하여도 동일하게 결정될 것이 명백하다고 판단되는 경우
4. 피의자가 사망하였거나 피의자인 법인이 존속하지 않게 되었음에도 고소ㆍ고발된 사건인 경우
5. 반의사불벌죄의 경우, 처벌을 희망하지 않는 의사표시가 있거나 처벌을 희망하는 의사가 철회되었음에도 고소ㆍ고발된 사건인 경우
6. 「형사소송법」 제223조 및 제225조에 따라 고소 권한이 없는 사람이 고소한 사건인 경우. 다만, 고발로 수리할 수 있는 사건은 제외한다.
7. 「형사소송법」 제224조, 제232조, 제235조에 의한 고소 제한규정에 위반하여 고소ㆍ고발된 사건인 경우. 이때 「형사소송법」 제232조는 친고죄 및 반의사불벌죄에 한한다.

제51조(자수사건의 수사) 경찰관은 자수사건을 수사할 때에는 자수인이 해당 범죄사실의 범인으로서 이미 발각되어 있었던 것인지 여부와 진범인이나 자기의 다른 범죄를 숨기기 위해서 해당 사건만을 자수하는 것인지 여부를 주의하여야 한다.

제52조(고소 취소에 따른 조치) 경찰관은 친고죄에 해당하는 사건을 송치한 후 고소인으로부터 그 고소의 취소를 수리하였을 때에는 즉시 필요한 서류를 작성하여 검사에게 송부하여야 한다.

제53조(고소 · 고발사건 수사 시 주의사항) ① 경찰관은 고소ㆍ고발을 수리하였을 때에는 즉시 수사에 착수하여야 한다.

② 경찰관은 고소사건을 수사할 때에는 고소권의 유무, 자기 또는 배우자의 직계존속에 대한 고소 여부, 친고죄에 있어서는 「형사소송법」 제230조 소정의 고소기간의 경과여부, 피해자의 명시한 의사에 반하여 죄를 논할 수 없는 사건에 있어서는 처벌을 희망하는가의 여부를 각각 조사하여야 한다.

③ 경찰관은 고발사건을 수사할 때에는 자기 또는 배우자의 직계존속에 대한 고발인지 여부, 고발이 소송조건인 범죄에 있어서는 고발권자의 고발이 있는지 여부 등을 조사하여야 한다.

④ 경찰관은 고소ㆍ고발에 따라 범죄를 수사할 때에는 다음 각 호의 사항에 주의하여야 한다.

1. 무고, 비방을 목적으로 하는 허위 또는 현저하게 과장된 사실의 유무
2. 해당 사건의 범죄사실 이외의 범죄 유무

제54조(친고죄의 긴급수사착수) 경찰관은 친고죄에 해당하는 범죄가 있음을 인지한 경우에 즉시 수사를 하지 않으면 향후 증거수집 등이 현저히 곤란하게 될 우려

가 있다고 인정될 때에는 고소권자의 고소가 제출되기 전에도 수사할 수 있다. 다만, 고소권자의 명시한 의사에 반하여 수사할 수 없다.

제55조(범칙사건의 통지 등) ① 경찰관은 「관세법」, 「조세범처벌법」 등에 따른 범칙사건을 인지하였을 때에는 해당 사건의 관할관서에 통지하여야 한다.

② 경찰관은 세무공무원 등이 현장조사, 수색, 압수를 위한 협조를 요구할 때에는 필요한 지원을 할 수 있다.

제56조(변사사건 발생보고) 경찰관은 변사자 또는 변사로 의심되는 시체를 발견하거나 시체가 있다는 신고를 받았을 때에는 즉시 소속 경찰관서장에게 보고하여야 한다.

제57조(변사자의 검시) ① 「경찰수사규칙」 제27조제1항에 따라 검시에 참여한 검시조사관은 별지 제15호서식의 변사자조사결과보고서를 작성하여야 한다.

② 경찰관은 「형사소송법」 제222조제1항 및 제3항에 따라 검시를 한 때에는 의사의 검안서, 촬영한 사진 등을 검시조서에 첨부하여야 하며, 변사자의 가족, 친족, 이웃사람, 관계자 등의 진술조서를 작성한 때에는 그 조서도 첨부하여야 한다.

③ 경찰관은 검시를 한 경우에 범죄로 인한 사망이라 인식한 때에는 신속하게 수사를 개시하고 소속 경찰관서장에게 보고하여야 한다.

제58조(검시의 요령과 주의사항 등) ① 경찰관은 검시할 때에는 다음 각 호의 사항을 면밀히 조사하여야 한다.

1. 변사자의 등록기준지 또는 국적, 주거, 직업, 성명, 연령과 성별
2. 변사장소 주위의 지형과 사물의 상황
3. 변사체의 위치, 자세, 인상, 치아, 전신의 형상, 상처, 문신 그 밖의 특징
4. 사망의 추정연월일
5. 사인(특히 범죄행위에 기인 여부)
6. 흉기 그 밖의 범죄행위에 사용되었다고 의심되는 물건
7. 발견일시와 발견자
8. 의사의 검안과 관계인의 진술
9. 소지금품 및 유류품
10. 착의 및 휴대품
11. 참여인
12. 중독사의 의심이 있을 때에는 증상, 독물의 종류와 중독에 이른 경우

② 경찰관은 변사자에 관하여 검시, 검증, 해부, 조사 등을 하였을 때에는 특히 인상·전신의 형상·착의 그 밖의 특징있는 소지품의 촬영, 지문의 채취 등을 하여 향후의 수사 또는 신원조사에 지장을 초래하지 않도록 하여야 한다.

제59조(시체의 인도) ① 「경찰수사규칙」 제31조제1항에 따라 시체를 인도하였을 때에는 인수자에게 별지 제16호서식의 검시필증을 교부해야 한다.

② 변사체는 후일을 위하여 매장함을 원칙으로 한다.

제60조(「가족관계의 등록 등에 관한 법률」에 의한 통보) ① 경찰관은 변사체의 검시를 한 경우에 사망자의 등록기준지가 분명하지 않거나 사망자를 인식할 수 없을 때에는 「가족관계의 등록 등에 관한 법률」 제90조제1항에 따라 지체 없이 사망지역의 시·구·읍·면의 장에게 검시조서를 첨부하여 별지 제17호서식의 사망통지서를 송부하여야 한다.

② 경찰관은 제1항에 따라 통보한 사망자가 등록이 되어 있음이 판명되었거나 사망자의 신원을 알 수 있게 된 때에는 「가족관계의 등록 등에 관한 법률」 제90조제2항에 따라 지체 없이 그 취지를 사망지역의 시·구·읍·면의 장에게 통보하여야 한다.

제3장 임의수사

제1절 출석요구와 조사 등

제61조(출석요구) 경찰관은 「형사소송법」 제200조 및 같은 법 제221조의 출석요구에 따라 출석한 피의자 또는 사건관계인에 대하여 지체 없이 진술을 들어야 하며 피의자 또는 사건관계인이 장시간 기다리게 하는 일이 없도록 하여야 한다.

제62조(수사관서 이외의 장소에서의 조사) ① 경찰관은 조사를 할 때에는 경찰관서 사무실 또는 조사실에서 하여야 하며 부득이한 사유로 그 이외의 장소에서 하는 경우에는 소속 경찰관서장의 사전 승인을 받아야 한다.

② 경찰관은 치료 등 건강상의 이유로 출석이 현저히 곤란한 피의자 또는 사건관계인을 경찰관서 이외의 장소에서 조사하는 경우에는 피조사자의 건강상태를 충분히 고려하여야 하며, 수사에 중대한 지장이 없으면 가족, 의사, 그 밖의 적당한 사람을 참여시켜야 한다.

③ 경찰관은 피의자신문 이외의 경우 피조사자가 경찰관서로부터 멀리 떨어져 거주하거나 그 밖의 사유로 출석조사가 곤란한 경우에는 별지 제18호서식의 우편조서를 작성하여 우편, 팩스, 전자우편 등의 방법으로 조사할 수 있다.

제63조(임의성의 확보) ① 경찰관은 조사를 할 때에는 고문, 폭행, 협박, 신체구속의 부당한 장기화 그 밖에 진술의 임의성에 관하여 의심받을 만한 방법을 취하여서는 아니 된다.

② 경찰관은 조사를 할 때에는 희망하는 진술을 상대자에게 시사하는 등의 방법으로 진술을 유도하거나 진술의 대가로 이익을 제공할 것을 약속하거나 그 밖에 진술의 진실성을 잃게 할 염려가 있는 방법을 취하여서는 아니 된다.

제64조(조사 시 진술거부권 등의 고지) 「형사소송법」 제244조의3에 따른 진술거부권의 고지는 조사를 상당 시간 중단하거나 회차를 달리하거나 담당 경찰관이 교체된 경우에도 다시 하여야 한다.

제65조 〈삭제〉

제66조(대질조사 시 유의사항) 경찰관은 대질신문을 하는 경우에는 사건의 특성 및 그 시기와 방법에 주의하여 한쪽이 다른 한쪽으로부터 위압을 받는 등 다른 피해가 발생하지 않도록 하여야 한다.

제67조(공범자의 조사) 경찰관은 공범자에 대한 조사를 할 때에는 분리조사를 통해 범행은폐 등 통모를 방지하여야 하며, 필요시에는 대질신문 등을 할 수 있다.

제68조(증거의 제시) 경찰관은 조사과정에서 피의자에게 증거를 제시할 필요가 있는 때에는 적절한 시기와 방법을 고려하여야 하며, 그 당시의 피의자의 진술이나 정황 등을 조서에 적어야 한다.

제69조(직접진술의 확보) ① 경찰관은 사실을 명백히 하기 위하여 피의자 이외의 관계자를 조사할 필요가 있을 때에는 되도록 그 사실을 직접 경험한 사람의 진술을 들어야 한다.

② 경찰관은 사건 수사에 있어 중요한 사항에 속한 것으로서 타인의 진술을 내용으로 하는 진술을 들었을 때에는 그 사실을 직접 경험한 사람의 진술을 듣도록 노력하여야 한다.

제70조(진술자의 사망 등에 대비하는 조치) 경찰관은 피의자 아닌 사람을 조사하는 경우에 있어서 그 사람이 사망, 정신 또는 신체상 장애 등의 사유로 인하여 공판준비 또는 공판기일에 진술하지 못하게 될 염려가 있고, 그 진술이 범죄의 증명에 없어서는 안 될 것으로 인정할 경우에는 수사에 지장이 없는 한 피의자, 변호인 그 밖의 적당한 사람을 참여하게 하거나 검사에게 증인신문 청구를 신청하는 등 필요한 조치를 취하여야 한다.

제71조(피의자에 대한 조사사항) 경찰관은 피의자를 신문하는 경우에는 다음 각 호의 사항에 유의하여 「경찰수사규칙」 제39조제1항의 피의자신문조서를 작성하여야 한다. 이 경우, 사건의 성격과 유형을 고려하였을 때, 범죄 사실 및 정상과 관련이 없는 불필요한 질문은 지양하여야 한다.

1. 성명, 연령, 생년월일, 주민등록번호, 등록기준지, 주거, 직업, 출생지, 피의자가 법인 또는 단체인 경우에는 명칭, 상호, 소재지, 대표자의 성명 및 주거, 설립목적, 기구
2. 구(舊)성명, 개명, 이명, 위명, 통칭 또는 별명
3. 전과의 유무(만약 있다면 그 죄명, 형명, 형기, 벌금 또는 과료의 금액, 형의 집행유예 선고의 유무, 범죄사실의 개요, 재판한 법원의 명칭과 연월일, 출소한 연월일 및 교도소명)
4. 형의 집행정지, 가석방, 사면에 의한 형의 감면이나 형의 소멸의 유무
5. 기소유예 또는 선고유예 등 처분을 받은 사실의 유무(만약 있다면 범죄사실의 개요, 처분한 검찰청 또는 법원의 명칭과 처분연월일)
6. 소년보호 처분을 받은 사실의 유무(만약 있다면 그 처분의 내용, 처분을 한 법원명과 처분연월일)

7. 현재 다른 경찰관서 그 밖의 수사기관에서 수사 중인 사건의 유무(만약 있다면 그 죄명, 범죄사실의 개요와 해당 수사기관의 명칭)
8. 현재 재판 진행 중인 사건의 유무(만약 있다면 그 죄명, 범죄사실의 개요, 기소 연월일과 해당 법원의 명칭)
9. 병역관계
10. 훈장, 기장, 포장, 연금의 유무
11. 자수 또는 자복하였을 때에는 그 동기와 경위
12. 피의자의 환경, 교육, 경력, 가족상황, 재산과 생활정도, 종교관계
13. 범죄의 동기와 원인, 목적, 성질, 일시장소, 방법, 범인의 상황, 결과, 범행 후의 행동
14. 피해자를 범죄대상으로 선정하게 된 동기
15. 피의자와 피해자의 친족관계 등으로 인한 죄의 성부, 형의 경중이 있는 사건에 대하여는 그 사항
16. 범인은닉죄, 증거인멸죄와 장물에 관한 죄의 피의자에 대하여는 본범과 친족 또는 동거 가족관계의 유무
17. 미성년자나 피성년후견인 또는 피한정후견인인 때에는 그 친권자 또는 후견인의 유무(만약 있다면 그 성명과 주거)
18. 피의자의 처벌로 인하여 그 가정에 미치는 영향
19. 피의자의 이익이 될 만한 사항
20. 제1호부터 제19호까지의 각 사항을 증명할 만한 자료
21. 피의자가 외국인인 경우에는 제216조 각 호의 사항

제72조(피의자 아닌 사람에 대한 조사사항) 경찰관은 피의자 아닌 사람을 조사하는 경우에는 특별한 사정이 없는 한 다음 각 호의 사항에 유의하여 「경찰수사규칙」 제39조제2항의 진술조서를 작성하여야 한다.

1. 피해자의 피해상황
2. 범죄로 인하여 피해자 및 사회에 미치는 영향
3. 피해회복의 여부
4. 처벌희망의 여부
5. 피의자와의 관계
6. 그 밖의 수사상 필요한 사항

제73조(피의자신문조서 등 작성 시 주의사항) ① 경찰관은 피의자신문조서와 진술조서를 작성할 때에는 다음 각 호의 사항에 주의하여야 한다.

1. 형식에 흐르지 말고 추측이나 과장을 배제하며 범의 착수의 방법, 실행행위의 태양, 미수·기수의 구별, 공모사실 등 범죄 구성요건에 관한 사항에 대하여는 특히 명확히 기재할 것
2. 필요할 때에는 진술자의 진술 태도 등을 기입하여 진술의 내용뿐 아니라 진술 당시의 상황을 명백히 알 수 있도록 할 것

② 경찰관은 조사가 진행 중인 동안에는 수갑·포승 등을 해제하여야 한다. 다

만, 자살, 자해, 도주, 폭행의 우려가 현저한 사람으로서 담당경찰관 및 유치인 보호주무자가 수갑·포승 등 사용이 반드시 필요하다고 인정한 사람에 대하여는 예외로 한다.

제74조(진술서 등 접수) ① 경찰관은 피의자와 그 밖의 관계자로부터 수기, 자술서, 경위서 등의 서류를 제출받는 경우에도 필요한 때에는 피의자신문조서 또는 진술조서를 작성하여야 한다.

② 경찰관은 「경찰수사규칙」 제39조제3항에 따라 진술인이 진술서로 작성하여 제출하게 하는 경우에는 되도록 진술인이 자필로 작성하도록 하고 경찰관이 대신 쓰지 않도록 하여야 한다.

제75조(수사과정의 기록) 경찰관은 조사과정에서 수갑·포승 등을 사용한 경우, 그 사유와 사용 시간을 기록하여야 한다.

제76조(피의자의 진술에 따른 실황조사) 경찰관은 피의자의 진술에 의하여 흉기, 장물 그 밖의 증거자료를 발견하였을 경우에 증명력 확보를 위하여 필요할 때에는 실황조사를 하여 그 발견의 상황을 실황조사서에 정확히 작성해야 한다.

제77조(실황조사 기재) ① 경찰관은 피의자, 피해자, 참고인 등의 진술을 실황조사서에 작성할 필요가 있는 경우에는 「형사소송법」 제199조 및 제244조에 따라야 한다.

② 경찰관은 제1항의 경우에 피의자의 진술에 관하여는 미리 피의자에게 제64조에 따른 진술거부권 등을 고지하고 이를 조서에 명백히 작성하여야 한다.

제2절 변호인 접견·참여

제78조(변호인의 선임) ① 경찰관은 변호인의 선임에 관하여 특정의 변호인을 시사하거나 추천하여서는 아니 된다.

② 경찰관은 피의자가 조사 중 변호인 선임 의사를 밝히거나 피의자신문 과정에서의 변호인 참여를 요청하는 경우 즉시 조사를 중단하고, 변호인 선임 또는 변호인의 신문과정 참여를 보장하여야 한다.

제79조 〈삭제〉

제80조(변호인 등의 접견신청절차) ① 유치장 입감 피의자(조사 등의 이유로 일시 출감 중인 경우를 포함한다. 이하 같다.)에 대한 변호인 등의 접견신청은 유치장 관리부서에서 처리한다.

② 제1항의 신청을 받은 유치장관리부서의 경찰관은 다음 각 호의 사항을 확인하고, 즉시 「피의자 유치 및 호송규칙」 제4조제2항의 유치인보호주무자에게 보고하여야 한다.

1. 변호사 신분증
2. 별지 제23호서식의 접견신청서

③ 경찰관은 변호인 등이 변호사 신분증을 소지하지 아니한 경우 지방변호사협

회 회원명부와 주민등록증을 대조하는 등 그 밖의 방법으로 변호사 신분을 확인할 수 있고, 신분을 확인할 수 없는 경우에는 일반 접견절차에 따라 접견하도록 안내하여야 한다.

④ 유치인보호주무자는 변호인 접견신청 보고를 받은 경우 즉시 접견장소와 담당경찰관을 지정하는 등 필요한 조치를 하여야 한다.

제81조(접견 장소 및 관찰) ① 변호인 등의 접견은 경찰관서 내 지정된 장소에서 이루어져야 한다.

② 별도의 지정된 접견실이 설치되어 있지 않은 경우에는 경찰관서 내 조사실 등 적정한 공간을 이용할 수 있다.

③ 체포·구속된 피의자와 변호인 등과의 접견에는 경찰관이 참여하지 못하며 그 내용을 청취 또는 녹취하지 못한다. 다만 보이는 거리에서 체포·구속된 피의자를 관찰할 수 있다.

④ 경찰관은 「형의 집행 및 수용자의 처우에 관한 법률」 제92조의 금지물품이 수수되지 않도록 관찰하며 이러한 물품의 수수행위를 발견한 때에는 이를 제지하고 유치인보호주무자에게 보고하여야 한다.

제82조(피의자 신병이 경찰관서 내에 있는 경우의 접견) ① 체포·구속된 피의자 중 유치장에 입감되지 않은 상태로 신병이 경찰관서에 있는 피의자에 대한 변호인 등의 접견신청은 피의자 수사를 담당하는 수사팀에서 접수하여 조치하여야 한다.

② 제1항에 따른 접견 신청의 접수처리는 제80조와 제81조를 준용한다.

제83조(피의자 신병이 경찰관서 내에 있지 않는 경우의 접견) ① 현행범인 체포 등 체포·구속된 피의자의 신병이 경찰관서 내에 있지 않는 경우 변호인 등의 접견신청에 대하여는 신청 당시 현장에서 피의자 신병을 관리하는 부서(이하 "현장담당부서"라고 한다)에서 담당하여 안내하여야 한다.

② 접견신청을 받은 현장담당부서 경찰관은 피의자와 변호인 등의 접견이 이루어질 경찰관서와 예상접견시각을 고지하고 접견이 이루어질 경찰관서의 담당수사팀 또는 유치장관리부서에 통보하여야 한다. 이 경우 접견은 신속하게 이루어져야 하며, 제1항의 접견신청을 받은 때로부터 6시간을 초과해서는 아니 된다.

③ 현장담당부서의 경찰관으로부터 피의자 신병 인수와 함께 변호인 등의 접견신청사실을 통보받은 유치장관리부서 또는 담당수사팀의 경찰관은 제80조부터 제82조까지에 따라 접수하여 조치하여야 한다.

제84조(접견 시간 및 횟수) ① 유치장 입감 피의자와 변호인 등 간의 접견 시간 및 횟수에 관하여는 「피의자 유치 및 호송규칙」에 따른다.

② 유치장에 입감되지 않은 체포·구속 피의자에 대해서는 제1항의 시간 외에도 접견을 실시할 수 있다.

제3절 영상녹화

제85조(영상녹화물의 제작 · 보관) ① 경찰관은 「경찰수사규칙」 제44조에 따라 영상녹화물을 제작할 때에는 영상녹화물 표면에 사건번호, 죄명, 진술자 성명 등 사건정보를 기재하여야 한다.
② 경찰관은 제1항에 따라 제작한 영상녹화물 중 하나는 수사기록에 편철하고 나머지 하나는 보관한다.
③ 경찰관은 피조사자의 기명날인 또는 서명을 받을 수 없는 경우에는 기명날인 또는 서명란에 그 취지를 기재하고 직접 기명날인 또는 서명한다.
④ 경찰관은 영상녹화물을 생성한 후 별지 제25호서식에 따른 영상녹화물 관리대장에 등록하여야 한다.

제86조(봉인 전 재생 · 시청) 경찰관은 원본을 봉인하기 전에 진술자 또는 변호인이 녹화물의 시청을 요구하는 때에는 영상녹화물을 재생하여 시청하게 하여야 한다. 이 경우 진술자 또는 변호인이 녹화된 내용에 대하여 이의를 진술하는 때에는 그 취지를 기재한 서면을 사건기록에 편철하여야 한다.

제4절 수배

제87조(수사의 협력) 경찰관은 수사에 필요하다고 인정할 때에는 피의자의 체포·출석요구·조사, 장물 등 증거물의 수배, 압수·수색·검증, 참고인의 출석요구·조사 등 그 밖의 필요한 조치(이하 "수사등"이라 한다)에 대한 협력을 다른 경찰관에게 요청할 수 있다.

제88조(사건수배 등) 경찰관은 범죄수사와 관련하여 사건의 용의자와 수사자료 그 밖의 참고사항에 관하여 다른 경찰관 및 경찰관서에 통보를 요구(이하 "사건수배"라 한다)하거나 긴급배치 등 긴급한 조치를 의뢰할 수 있다.

제89조(지명수배 · 지명통보 관리 및 감독 부서) ① 국가수사본부는 수사심사정책담당관이 관리·감독한다.
② 시·도경찰청 및 경찰서는 수사과에서 관리·감독한다.
③ 시·도경찰청 및 경찰서 수사과장은 수배관리자를 지정하고 관리·감독한다.

제90조(수배관리자의 임무) 수배관리자의 임무는 다음 각 호와 같다.
1. 사건담당자로부터 의뢰가 있는 자에 대한 지명수배 또는 지명통보의 실시
2. 지명수배·지명통보자에 대한 전산 입력 및 지명수배자료 관리

제91조(지명수배) 경찰관은 「경찰수사규칙」 제45조에 따라 지명수배를 한 경우에는 체포영장 또는 구속영장의 유효기간에 유의하여야 하며, 유효기간 경과 후에도 계속 수배할 필요가 있는 때에는 유효기간 만료 전에 체포영장 또는 구속영장을 재발부 받아야 한다.

제92조(사건담당자의 지명수배 · 지명통보 의뢰) ① 사건담당자는 「경찰수사규칙」

제45조에 따른 지명수배 또는 같은 규칙 제47조에 따른 지명통보를 할 때에는 별지 제32호서식의 지명수배ㆍ지명통보자 전산입력 요구서를 작성 또는 전산입력 하여 수배관리자에게 지명수배 또는 지명통보를 의뢰하여야 한다.

② 지명수배ㆍ지명통보를 의뢰할 때에는 다음 각 호의 사항을 정확히 파악하여야 한다.

1. 성명, 주민등록번호(생년월일), 성별과 주소
2. 인상, 신체특징 및 피의자의 사진, 방언, 공범
3. 범죄일자, 죄명, 죄명코드, 공소시효 만료일
4. 수배관서, 수배번호, 사건번호, 수배일자, 수배종별 구분
5. 수배종별이 지명수배자인 경우 영장명칭, 영장발부일자, 영장유효기간, 영장번호 또는 긴급체포 대상 유무
6. 범행 장소, 피해자, 피해정도, 범죄사실 개요
7. 주민조회, 전과조회, 수배조회 결과
8. 작성자(사건담당자) 계급, 성명, 작성일시

③ 외국인을 지명수배 또는 지명통보 의뢰할 때에는 영문 성명, 여권번호, 외국인등록번호, 연령, 피부색, 머리카락, 신장, 체격, 활동지, 언어, 국적 등을 추가로 파악하여야 한다.

④ 사건담당자는 지명수배ㆍ지명통보의 사유를 명확히 하기 위해 지명수배ㆍ지명통보 의뢰 전 다음 각 호의 사항을 수사한 후, 수사보고서로 작성하여 수사기록에 편철하여야 한다.

1. 연고지 거주 여부
2. 가족, 형제자매, 동거인과의 연락 여부
3. 국외 출국 여부
4. 교도소 등 교정기관 수감 여부
5. 경찰관서 유치장 수감 여부

⑤ 제4항 제1호의 "연고지"란 다음 각 호와 같다.

1. 최종 거주지
2. 주소지
3. 등록기준지
4. 사건 관계자 진술 등 수사 과정에서 파악된 배회처

제93조(지명수배ㆍ지명통보 실시) ① 수배관리자는 제92조에 따라 의뢰받은 지명수배ㆍ지명통보자를 별지 제33호서식의 지명수배 및 통보대장에 등재하고, 전산입력하여 전국 수배를 해야 한다.

② 별지 제32호서식의 지명수배ㆍ지명통보자 전산입력요구서는 작성관서에서 작성 내용과 입력사항 및 관련 영장 등을 확인 검토한 후 연도별, 번호순으로 보관하여야 한다.

제94조(지명수배ㆍ지명통보의 책임) 지명수배와 지명통보를 신속하고 정확하게 하여 인권침해 등을 방지하고, 수사의 적정성을 기하기 위하여 다음 각 호와 같이 한다.

1. 지명수배·지명통보자 전산입력 요구서 작성, 지명수배·지명통보의 실시 및 해제서 작성과 의뢰에 대한 책임은 담당 수사팀장으로 한다.
2. 지명수배·지명통보의 실시 및 해제 사항 또는 수배사건 담당자 변경, 전산입력 등 관리책임은 수배관리자로 한다.
3. 제1호 및 제2호의 최종 승인은 수배관리자가 처리한다.

제95조(지명수배·지명통보 통계) 국가수사본부장은 지명수배·지명통보의 발생, 검거 현황 등을 별지 제34호서식의 지명수배·지명통보자 죄종별 현황에 따라 전산 집계한다.

제96조(장부와 비치서류의 전자화) ① 다음 각 호의 장부와 비치서류 중 형사사법정보시스템에 그 작성·저장·관리 기능이 구현되어 있는 것은 전자적으로 관리할 수 있다.

1. 지명수배·지명통보자 전산입력요구서
2. 지명수배·지명통보자 죄종별 현황
3. 지명수배·지명통보자 발견 통보대장

② 제1항 각 호의 전자장부와 전자 비치서류는 종이 장부와 서류의 개별 항목을 포함하여야 한다.

제97조(지명수배·지명통보 변경) ① 수배 또는 통보 경찰관서에서는 지명수배·지명통보자의 인적사항 등에 대한 변경사항을 확인하였을 경우에는 기존 작성된 지명수배·지명통보자 전산입력 요구서에 변경사항을 작성하고 지명수배·지명통보 내용을 변경하여야 한다.

② 수배관리자는 영장 유효기간이 경과된 지명수배자에 대해서는 영장이 재발부될 때까지 지명통보자로 변경한다.

제98조(지명수배된 사람 발견 시 조치) ① 경찰관은 「경찰수사규칙」 제46조제1항에 따라 지명수배자를 체포 또는 구속하고, 지명수배한 경찰관서(이하 "수배관서"라 한다)에 인계하여야 한다.

② 도서지역에서 지명수배자가 발견된 경우에는 지명수배자 등이 발견된 관할 경찰관서(이하 "발견관서"라 한다)의 경찰관은 지명수배자의 소재를 계속 확인하고, 수배관서와 협조하여 검거 시기를 정함으로써 검거 후 구속영장청구 시한(체포한 때부터 48시간)이 경과되지 않도록 하여야 한다.

③ 지명수배자를 검거한 경찰관은 구속영장 청구에 대비하여 피의자가 도망 또는 증거를 인멸할 염려에 대한 소명자료 확보를 위하여 필요하다고 판단되는 경우에는 체포의 과정과 상황 등을 별지 제35호서식의 지명수배자 검거보고서에 작성하고 이를 수배관서에 인계하여 수사기록에 편철하도록 하여야 한다.

④ 검거된 지명수배자를 인수한 수배관서의 경찰관은 24시간 내에 「형사소송법」 제200조의6 또는 제209조에서 준용하는 법 제87조 및 「수사준칙」 제33조제1항에 따라 체포 또는 구속의 통지를 하여야 한다. 다만, 지명수배자를 수배관서가 위치하는 특별시, 광역시, 도 이외의 지역에서 지명수배자를

검거한 경우에는 지명수배자를 검거한 경찰관서(이하 "검거관서"라 한다)에서 통지를 하여야 한다.

제99조(지명수배자의 인수 · 호송 등) ① 경찰관서장은 검거된 지명수배자에 대한 신속한 조사와 호송을 위하여 미리 출장조사 체계 및 자체 호송계획을 수립하여야 한다.

② 수배관서의 경찰관은 다음 각 호의 어느 하나에 해당하는 경우를 제외하고는 검거관서로부터 검거된 지명수배자를 인수하여야 한다. 다만, 수배관서와 검거관서 간에 서로 합의한 때에는 이에 따른다.

1. 수배대상 범죄의 죄종 및 죄질과 비교하여 동등하거나 그 이상에 해당하는 다른 범죄를 검거관서의 관할구역 내에서 범한 경우
2. 검거관서에서 지명수배자와 관련된 범죄로 이미 정범이나 공동정범인 피의자의 일부를 검거하고 있는 경우
3. 지명수배자가 단일 사건으로 수배되고 불구속 수사대상자로서 검거관서로 출장하여 조사한 후 신속히 석방함이 타당한 경우

③ 경찰관은 검거한 지명수배자에 대하여 지명수배가 여러 건인 경우에는 다음 각호의 수배관서 순위에 따라 검거된 지명수배자를 인계받아 조사하여야 한다.

1. 공소시효 만료 3개월 이내이거나 공범에 대한 수사 또는 재판이 진행 중인 수배관서
2. 법정형이 중한 죄명으로 지명수배한 수배관서
3. 검거관서와 동일한 지방검찰청 또는 지청의 관할구역에 있는 수배관서
4. 검거관서와 거리 또는 교통상 가장 인접한 수배관서

제100조(재지명수배의 제한) 긴급체포한 지명수배자를 석방한 경우에는 영장을 발부받지 않고 동일한 범죄사실에 관하여 다시 지명수배하지 못한다.

제101조(중요지명피의자 종합 공개수배) ① 시ㆍ도경찰청장은 지명수배를 한 후, 6월이 경과하여도 검거하지 못한 사람들 중 다음 각 호에 해당하는 중요지명피의자를 매년 5월과 11월 연 2회 선정하여 국가수사본부장에게 별지 제36호서식의 중요지명피의자 종합 공개수배 보고서에 따라 보고하여야 한다.

1. 강력범(살인, 강도, 성폭력, 마약, 방화, 폭력, 절도범을 말한다)
2. 다액ㆍ다수피해 경제사범, 부정부패 사범
3. 그밖에 신속한 검거를 위해 전국적 공개수배가 필요하다고 판단되는 자

② 국가수사본부장은 공개수배 위원회를 개최하여 제1항의 중요지명피의자 종합 공개수배 대상자를 선정하고, 매년 6월과 12월 중요지명피의자 종합 공개수배 전단을 별지 제37호서식의 중요지명피의자 종합 공개수배에 따라 작성하여 게시하는 방법으로 공개수배 한다.

③ 경찰서장은 제2항의 중요지명피의자 종합 공개수배 전단을 다음 각 호에 따라 게시ㆍ관리하여야 한다.

1. 관할 내 다중의 눈에 잘 띄는 장소, 수배자의 은신 또는 이용·출현 예상 장소 등을 선별하여 게시한다.
2. 관할 내 교도소·구치소 등 교정시설, 읍·면사무소·주민센터 등 관공서, 병무관서, 군 부대 등에 게시한다.
3. 검거 등 사유로 종합 공개수배를 해제한 경우 즉시 검거표시 한다.
4. 신규 종합 공개수배 전단을 게시할 때에는 전회 게시 전단을 회수하여 폐기한다.

④ 중요지명피의자 종합 공개수배 전단은 언론매체·정보통신망 등에 게시할 수 있다.

제102조(긴급 공개수배) ① 경찰관서의 장은 법정형이 사형·무기 또는 장기 3년 이상 징역이나 금고에 해당하는 죄를 범하였다고 의심할만한 상당한 이유가 있고, 범죄의 상습성, 사회적 관심, 공익에 대한 위험 등을 고려할 때 신속한 검거가 필요한 자에 대해 긴급 공개수배 할 수 있다.

② 긴급 공개수배는 사진·현상·전단 등의 방법으로 할 수 있으며, 언론매체·정보통신망 등을 이용할 수 있다.

③ 검거 등 긴급 공개수배의 필요성이 소멸한 때에는 긴급 공개수배 해제의 사유를 고지하고 관련 게시물·방영물을 회수, 삭제하여야 한다.

제103조(언론매체·정보통신망 등을 이용한 공개수배) ① 언론매체·정보통신망 등을 이용한 공개수배는 제104조에 따른 공개수배 위원회의 심의를 거쳐야 한다. 단, 공개수배 위원회를 개최할 시간적 여유가 없는 긴급한 경우에는 사후 심의할 수 있으며, 이 경우 지체 없이 위원회를 개최하여야 한다.

② 언론매체·정보통신망 등을 이용한 공개수배는 퍼 나르기, 무단 복제 등 방지를 위한 기술적·제도적 보안 조치된 수단을 이용하여야 하며, 방영물·게시물의 삭제 등 관리 감독이 가능한 장치를 마련해야 한다.

③ 검거, 공소시효 만료 등 공개수배의 필요성이 소멸한 때에는 공개수배 해제의 사유를 고지하고 관련 게시물·방영물 등을 회수, 삭제하여야 한다.

제104조(공개수배 위원회) ① 국가수사본부는 중요지명피의자 종합 공개수배, 긴급 공개수배 등 공개수배에 관한 사항을 심의하기 위하여 공개수배위원회를 둘 수 있다.

② 제1항에 따라 공개수배 위원회를 두는 경우 위원장은 수사심사정책담당관으로 하고, 위원회는 위원장 1명을 포함하여 7명 이상 11명 이내로 성별을 고려하여 구성한다. 이 경우, 외부전문가를 포함하여야 한다.

③ 「공직선거법」에 따라 실시하는 선거에 후보자(예비후보자 포함)로 등록한 사람, 같은 법에 따른 선거사무관계자 및 선거에 의하여 취임한 공무원, 「정당법」에 따른 정당의 당원은 위원이 될 수 없다.

④ 위원이 제3항에 해당하게 된 때에는 당연 해촉된다.

⑤ 국가수사본부 공개수배 위원회 정기회의는 매년 5월, 11월 연 2회 개최하며 제102조제1항에 해당하는 등 필요한 경우 임시회의를 개최할 수 있다.

⑥ 국가수사본부 공개수배 위원회 회의는 위원 5명 이상의 출석과 출석위원 과반수 찬성으로 의결한다.
⑦ 경찰관서의 장은 관할 내 공개수배에 관한 사항의 심의를 위해 필요한 경우 국가수사본부 공개수배 위원회 관련 규정을 준용하여 공개수배 위원회를 운영할 수 있다.

제105조(공개수배 시 유의사항) ① 공개수배를 할 때에는 그 죄증이 명백하고 공익상의 필요성이 현저한 경우에만 실시하여야 한다.
② 제1항의 공개수배를 하는 경우 제101조부터 제104조까지에서 정한 요건과 절차를 준수하여야 하며, 객관적이고 정확한 자료를 바탕으로 필요 최소한의 사항만 공개하여야 한다.
③ 공개수배의 필요성이 소멸된 경우에는 즉시 공개수배를 해제하여야 한다.

제106조(지명통보된 사람 발견 시 조치) ① 경찰관은 지명통보된 사람(이하 "지명통보자"라 한다)을 발견한 때에는 「경찰수사규칙」 제48조에 따라 지명통보자에게 지명통보된 사실 등을 고지한 뒤 별지 제38호서식의 지명통보사실 통지서를 교부하고, 별지 제39호서식의 지명통보자 소재발견 보고서를 작성한 후 「경찰수사규칙」 제96조에 따라 사건이송서와 함께 통보관서에 인계하여야 한다. 다만, 지명통보된 사실 등을 고지받은 지명통보자가 지명통보사실통지서를 교부받기 거부하는 경우에는 그 취지를 지명통보자 소재발견 보고서에 기재하여야 한다.
② 제1항의 경우 여러 건의 지명통보가 된 사람을 발견하였을 때에는 각 건마다 별지 제38호서식의 지명통보사실 통지서를 작성하여 교부하고 별지 제39호서식의 지명통보자 소재발견 보고서를 작성하여야 한다.
③ 별지 제39호서식의 지명통보자 소재발견 보고서를 송부받은 통보관서의 사건담당 경찰관은 즉시 지명통보된 피의자에게 피의자가 출석하기로 확인한 일자에 출석하거나 사건이송신청서를 제출하라는 취지의 출석요구서를 발송하여야 한다.
④ 경찰관은 지명통보된 피의자가 정당한 이유없이 약속한 일자에 출석하지 않거나 출석요구에 응하지 아니하는 때에는 지명수배 절차를 진행할 수 있다. 이 경우 체포영장청구기록에 지명통보자 소재발견보고서, 지명통보사실 통지서, 출석요구서 사본 등 지명통보된 피의자가 본인이 약속한 일자에 정당한 이유없이 출석하지 않았다는 취지의 증명자료를 첨부하여야 한다.

제107조(지명통보자에 대한 특칙) 제106조에도 불구하고 행정기관 고발사건 중 법정형이 2년 이하의 징역에 해당하는 범죄로 수사중지된 자를 발견한 발견관서의 경찰관은 통보관서로부터 수사중지결정서를 팩스 등의 방법으로 송부받아 피의자를 조사한 후 조사서류만 통보관서로 보낼 수 있다. 다만, 피의자가 상습적인 법규위반자 또는 전과자이거나 위반사실을 부인하는 경우에는 그러하지 아니 하다.

제108조(장물수배) ① 장물수배란 수사중인 사건의 장물에 관하여 다른 경찰관서에 그 발견을 요청하는 수배를 말한다.

② 경찰관은 장물수배를 할 때에는 발견해야 할 장물의 명칭, 모양, 상표, 품질, 품종 그 밖의 특징 등을 명백히 하여야 하며 사진, 도면, 동일한 견본ㆍ조각을 첨부하는 등 필요한 조치를 하여야 한다.
③ 「범죄수법 공조자료 관리규칙」 제10조의 피해통보표에 전산입력한 피해품은 장물수배로 본다.

제109조(장물수배서) ① 경찰서장은 범죄수사상 필요하다고 인정할 때에는 장물과 관련있는 영업주에 대하여 장물수배서를 발급할 수 있으며, 장물수배서는 다음의 3종으로 구분한다.

1. 특별 중요 장물수배서(수사본부를 설치하고 수사하고 있는 사건에 관하여 발하는 경우의 장물수배서를 말한다)
2. 중요 장물수배서(수사본부를 설치하고 수사하고 있는 사건 이외의 중요한 사건에 관하여 발하는 경우의 장물수배서를 말한다)
3. 보통 장물수배서(그 밖의 사건에 관하여 발하는 경우의 장물수배서를 말한다)

② 특별 중요 장물수배서는 홍색, 중요 장물수배서는 청색, 보통장물수배서는 백색에 의하여 각각 그 구별을 하여야 한다.
③ 장물수배서를 발급할 때에는 제108조제2항을 준용한다.
④ 경찰서장은 장물수배서를 발부하거나 배부하였을 때 별지 제40호서식의 장물수배서 원부와 별지 제41호서식의 장물수배서 배부부에 따라 각각 그 상황을 명확히 작성하여야 한다.

제110조(수배 등의 해제) ① 제108조에 규정한 수배 또는 통보에 관계된 사건에 대하여는 「경찰수사규칙」 제49조를 준용한다.
② 경찰관은 제1항의 경우 이외에는 제87조에 따라 수사 등의 요청을 한 경우 또는 장물수배서를 발행한 경우에도 그 필요성이 없다고 인정할 때에는 제1항에 준하여 필요한 절차를 밟아야 한다.

제111조(지명수배ㆍ지명통보 여부 조회) ① 피의자를 검거하는 경우 지명수배ㆍ지명통보자 여부를 조회하여야 한다.
② 신병이 확보되지 않은 사람을 수배 조회하여 지명수배ㆍ지명통보자를 발견하였을 경우 직접 검거하기 곤란한 때는 거주지 관할 경찰관서 또는 수배관서에 즉시 발견통보를 하고 별지 제42호서식의 지명수배ㆍ지명통보자 발견 통보대장에 적어야 한다.
③ 피의자를 입건하거나 사건을 송치하기 전에는 반드시 지명수배ㆍ지명통보자 여부를 조회해야 한다.

제112조(참고사항 통보) ① 경찰관서장은 다른 경찰관서에 관련된 범죄사건에 대하여 그 피의자, 증거물 그 밖의 수사상 참고가 될 사항을 발견하였을 때에는 지체없이 적당한 조치를 취하는 동시에 그 취지를 해당 경찰관서에 통보하여야 한다.
② 경찰관서장은 제1항의 통보 외에 중요사건, 타에 파급될 염려가 있는 사건 그 밖의 범죄의 수사나 예방에 참고가 될 사건에 관하여는 관계 경찰관서에 통

보하여야 한다.

제113조(유치장의 이용) 경찰관은 피의자의 호송 그 밖의 수사상 필요한 때에는 다른 경찰관서에 의뢰하여 그 경찰관서의 유치장 등을 사용할 수 있다.

제4장 강제수사

제1절 체포 · 구속

제114조(영장에 의한 체포) ① 경찰관은 「형사소송법」 제200조의2제1항 및 「경찰수사규칙」 제50조에 따라 체포영장을 신청할 때에는 별지 제43호서식의 체포영장신청부에 필요한 사항을 적어야 한다.

② 경찰관은 체포영장에 따라 피의자를 체포한 경우에는 별지 제44호서식의 체포、구속영장 집행원부에 그 내용을 적어야 한다.

제115조(긴급체포) ① 「형사소송법」 제200조의3제1항의 "긴급을 요"한다고 함은 피의자를 우연히 발견한 경우 등과 같이 체포영장을 받을 시간적 여유가 없는 때를 말하며 피의자의 연령, 경력, 범죄성향이나 범죄의 경중, 태양, 그 밖에 제반사항을 고려하여 인권침해가 없도록 하여야 한다.

② 「형사소송법」 제200조의3제1항에 따라 긴급체포를 하였을 때에는 같은 법 제200조의3제3항에 따라 즉시 긴급체포서를 작성하고, 별지 제45호서식의 긴급체포원부에 적어야 한다.

③ 긴급체포한 피의자를 석방한 때에는 긴급체포원부에 석방일시 및 석방사유를 적어야 한다.

제116조(현행범인의체포) ① 경찰관은 「경찰수사규칙」 제52조제2항에 따라 현행범인인수서를 작성할 때에는 체포자로부터 성명, 주민등록번호(외국인인 경우에는 외국인등록번호, 해당 번호들이 없거나 이를 알 수 없는 경우에는 생년월일 및 성별, 이하 "주민등록번호등"이라 한다), 주거, 직업, 체포일시、장소 및 체포의 사유를 청취하여 적어야 한다.

② 경찰관은 현행범인을 체포하거나 인도받은 경우에는 별지 제46호서식의 현행범인체포원부에 필요한 사항을 적어야 한다.

③ 경찰관은 다른 경찰관서의 관할구역 내에서 현행범인을 체포하였을 때에는 체포지를 관할하는 경찰관서에 인도하는 것을 원칙으로 한다.

제117조(현행범인의 조사 및 석방) ① 경찰관은 「수사준칙」 제28조제1항에 따라 현행범인을 석방할 때에는 소속 수사부서장의 지휘를 받아야 한다.

② 경찰관은 제1항에 따라 체포한 현행범인을 석방하는 때에는 별지 제46호서식의 현행범인 체포원부에 석방일시 및 석방사유를 적어야 한다.

제118조(체포보고서) 경찰관은 피의자를 영장에 의한 체포, 긴급체포, 현행범인으로 체포하였을 때에는 별지 제47호서식의 피의자 체포보고서를 작성하여 소속관

서장에게 보고하여야 한다.

제119조(구속영장 신청) 경찰관은 「형사소송법」 제201조제1항 및 「수사준칙」 제29조제1항에 따라 구속영장을 신청할 때에는 범죄의 중대성, 재범의 위험성, 피해자 및 중요 참고인 등에 대한 위해 우려, 피의자의 연령, 건강상태 그 밖의 제반사항 등을 고려하여야 한다.

② 경찰관은 「형사소송법」 제200조의2제5항 및 「수사준칙」 제29조제2항에 따라 체포한 피의자에 대해 구속영장을 신청할 때에는 구속영장 신청서에 제1항의 사유를 인정할 수 있는 자료를 첨부해야 하며, 긴급체포 후 구속영장을 신청할 때에는 「형사소송법」 제200조의3제1항의 사유를 인정할 수 있는 자료도 함께 첨부해야 한다.

③ 경찰관은 「형사소송법」 제200조의2제5항(같은 법 제213조의2에서 준용하는 경우를 포함한다) 및 「형사소송법」 제200조의4제1항에 따라 체포한 피의자를 구속하고자 할 때에는 체포한 때부터 48시간 내에 구속영장을 신청하되 검사의 영장청구에 필요한 시한을 고려하여야 한다.

④ 경찰관은 구속영장을 신청하였을 때에는 별지 제48호서식의 구속영장신청부에 필요한 사항을 적어야 한다.

제120조(체포 · 구속영장의 반환) 경찰관은 「수사준칙」 제35조제1항 및 제3항에 따라 해당 영장을 검사에게 반환하고자 할 때에는 신속히 소속 수사부서의 장에게 그 취지를 보고하여 지휘를 받아야 하고, 영장을 반환할 때에는 영장 사본을 사건기록에 편철해야 한다.

제121조(체포 · 구속영장의 기재사항 변경) 경찰관은 체포ㆍ구속영장의 발부를 받은 후 그 체포ㆍ구속영장을 집행하기 전에 인치ㆍ구금할 장소 그 밖에 기재사항의 변경을 필요로 하는 이유가 생겼을 때에는 검사를 거쳐 해당 체포ㆍ구속영장을 발부한 판사 또는 그 소속법원의 다른 판사에게 서면으로 체포ㆍ구속영장의 기재사항 변경을 신청하여야 한다.

제122조(체포 · 구속영장의 재신청) 경찰관은 「형사소송법」 제200조의2제4항 및 「수사준칙」 제31조에 따라 동일한 범죄사실로 다시 체포ㆍ구속영장을 신청할 때에는 다음 각 호의 사유에 해당하는 경우 그 취지를 체포ㆍ구속영장 신청서에 적어야 한다.

1. 체포ㆍ구속영장의 유효기간이 경과된 경우
2. 체포ㆍ구속영장을 신청하였으나 그 발부를 받지 못한 경우
3. 체포ㆍ구속되었다가 석방된 경우

제123조(영장에 의하지 않은 체포 시 권리고지) 「수사준칙」 제32조는 경찰관이 「형사소송법」 제200조의3에 따라 피의자를 긴급체포하거나 같은 법 제212조에 따라 현행범을 체포한 경우에 준용한다.

제124조(소년에 대한 동행영장의 집행) 「수사준칙」 제35조와 「경찰수사규칙」

제55조 및 제58조는 「소년법」 제16조제2항에 따라 소년부 판사가 경찰관에게 동행영장을 집행하게 한 경우에 준용한다. 이 경우에는 그 규정 중 "검사"를 "소년부 판사"로 한다.

제125조(체포 · 구속 시의 주의사항) ① 경찰관은 피의자를 체포ㆍ구속할 때에는 필요한 한도를 넘어서 실력을 행사하는 일이 없도록 하고 그 시간ㆍ방법을 고려하여야 한다.

② 경찰관은 다수의 피의자를 동시에 체포ㆍ구속할 때에는 각각의 피의자별로 피의사실, 증거방법, 체포ㆍ구속 시의 상황, 인상, 체격 그 밖의 특징 등을 명확히 구분하여 체포ㆍ구속, 압수ㆍ수색 또는 검증 그 밖의 처분에 관한 서류의 작성, 조사, 증명에 지장이 생기지 않도록 하여야 한다.

③ 경찰관은 피의자를 체포ㆍ구속할 때에는 피의자의 건강상태를 조사하고 체포ㆍ구속으로 인하여 현저하게 건강을 해할 염려가 있다고 인정할 때에는 그 사유를 소속 경찰관서장에게 보고하여야 한다.

④ 경찰관은 피의자가 도주, 자살 또는 폭행 등을 할 염려가 있을 때에는 수갑ㆍ포승 등 경찰장구를 사용할 수 있다.

제126조(체포 · 구속적부심사) ① 경찰관은 체포ㆍ구속적부심사 심문기일과 장소를 통보받은 경우에는 「형사소송규칙」 제104조제2항에 따라 위 심문기일까지 수사관계서류와 증거물을 검사를 거쳐 법원에 제출하여야 하고, 위 심문기일에 피의자를 법원에 출석시켜야 한다.

② 경찰관은 제1항에 따라 수사관계서류 및 증거물을 제출하는 경우에는 별지 제114호서식의 수사관계서류 등 제출서에 소정의 사항을 작성하고, 「형사소송법」 제214조의2제5항 각 호의 사유가 있거나 같은 조 제6항에 따른 석방조건을 부가할 필요가 있는 경우 및 같은 조 제11항에 따른 공범의 분리심문이나 그 밖의 수사상의 비밀보호를 위한 조치가 필요한 때에는 그 뜻을 적은 서면을 수사관계서류 등 제출서에 첨부한다.

③ 경찰관은 법원이 석방결정을 한 경우에는 피의자를 즉시 석방하여야 하고, 보증금의 납입을 조건으로 석방결정을 한 경우에는 보증금 납입증명서를 제출받은 후 석방하여야 한다.

제127조(체포 · 구속영장 등본의 교부) 경찰관은 「수사준칙」 제34조에 따라 체포ㆍ구속영장 등본을 교부한 때에는 별지 제49호서식의 체포ㆍ구속영장등본교부대장에 교부사항을 적어야 한다.

제128조(체포 · 구속장소 감찰) 경찰관은 「형사소송법」 제198조의2제2항의 경우 소속 경찰관서장에게 보고한 후 즉시 피의자를 석방하거나 사건을 송치하여야 한다.

제129조(범죄경력 조회 등) 경찰관은 피의자를 체포ㆍ구속한 때에는 지문 채취, 사진 촬영 등 감식자료를 작성하고, 범죄경력 조회(수사경력자료를 포함한다), 여죄 조회, 지명수배ㆍ통보 유무 조회 등 수사와 관련된 경찰전산시스템의 조회를 하여야 한다.

제130조(변호인 선임의뢰의 통지) 경찰관은 「형사소송법」 제200조의6 및 제209조에서 준용하는 같은 법 제90조제2항에 따라 체포·구속된 피의자가 변호인 선임을 의뢰한 경우에는 해당 변호인 또는 가족 등에게 그 취지를 통지하여야 하며 그 사실을 적은 서면을 해당 사건기록에 편철하여야 한다.

제131조(피의자와의 접견 등) ① 경찰관은 변호인 또는 변호인이 되려는 사람으로부터 체포·구속된 피의자와의 접견, 서류 또는 물건의 수수, 의사의 진료(이하 "접견등"이라 한다) 신청이 있을 때에는 정당한 사유가 없는 한 응하여야 한다.

② 경찰관은 변호인 아닌 사람으로부터 제1항의 신청이 있을 때에는 면밀히 검토하여 피의자가 도망 또는 죄증을 인멸할 염려가 없고 유치장의 보안상 지장이 없다고 판단되는 경우에는 제1항에 준하여 처리한다.

③ 경찰관은 「형사소송법」 제200조의6 및 제209조에서 준용하는 같은 법 제89조에 따라 체포·구속된 피의자로부터 타인과의 접견등의 신청이 있을 때에는 도망 또는 죄증을 인멸할 염려가 있거나 유치장의 보안상 지장이 있다고 판단되는 경우를 제외하고 응하여야 한다.

④ 경찰관은 체포·구속된 피의자와의 접견 등의 신청에 응하였을 때에는 별지 제51호서식의 체포·구속인접견부, 별지 제52호서식의 체포·구속인교통부, 별지 제53호서식의 물품차입부 또는 별지 제54호서식의 체포·구속인수진부에 그 상황을 상세히 적어야 한다.

⑤ 그 밖에 피의자 접견 등과 관련된 사항은 「피의자 유치 및 호송규칙」에 따른다.

제132조(체포·구속된 피의자의 처우) 경찰관서장은 체포·구속된 피의자에게 공평하고 상당한 방법으로 급식, 위생, 의료 등을 제공하여야 한다.

제133조(피의자의 도주 등) 경찰관은 구금 중에 있는 피의자가 도주 또는 사망하거나 그 밖에 이상이 발생하였을 때에는 즉시 소속 경찰관서장에게 보고하고, 경찰관서장은 상급 경찰관서장에게 보고한다.

제2절 압수·수색·검증

제134조(압수·수색 또는 검증영장의 신청) 경찰관은 「형사소송법」 제215조제2항에 따라 압수·수색·검증영장을 신청할 때에는 별지 제57호서식의 압수·수색·검증영장신청부에 신청의 절차, 발부 후의 상황 등을 명확히 적어야 한다.

제135조(자료의 제출) ① 경찰관은 피의자 아닌 자의 신체, 물건, 주거 그 밖의 장소에 대하여 압수·수색영장을 신청할 때에는 압수할 물건이 있다는 개연성을 소명할 수 있는 자료를 기록에 첨부하여야 한다.

② 경찰관은 우편물 또는 전신에 관한 것으로서 체신관서 그 밖의 자가 소지 또는 보관하는 물건(피의자가 발송한 것이나 피의자에 대하여 발송된 것을 제외한다)에 대한 압수·수색영장을 신청할 때에는 그 물건과 해당 사건의 관련성을 인정할 수 있는 자료를 기록에 첨부하여야 한다.

제136조(압수 · 수색 또는 검증영장의 제시) 경찰관은 부득이한 사유로 피압수자에게 「형사소송법」 제219조에서 준용하는 같은 법 제118조에 따라 영장을 제시할 수 없을 때에는 참여인에게 이를 제시하여야 한다.

제137조(제3자의 참여) ① 경찰관은 「형사소송법」 제123조제1항 및 제2항 이외의 장소에서 압수·수색 또는 검증영장을 집행하는 경우에도 되도록 제3자를 참여하게 하여야 한다.

② 제1항의 경우에 제3자를 참여시킬 수 없을 때에는 다른 경찰관을 참여하게 하고 압수·수색 또는 검증을 하여야 한다.

제138조(압수 · 수색 또는 검증 중지 시의 조치) 경찰관은 압수·수색 또는 검증에 착수한 후 이를 일시 중지하는 경우에는 그 장소를 폐쇄하거나 관리자를 선정하여 사후의 압수·수색 또는 검증을 계속하는 데에 지장이 없도록 하여야 한다.

제139조(소유권 포기서) 경찰관은 압수물의 소유자가 그 물건의 소유권을 포기한다는 의사표시를 하였을 때에는 별지 제60호서식의 소유권포기서를 제출받아야 한다.

제140조(수색조서) ① 경찰관은 수색영장을 집행함에 있어서 처분을 받는 사람에게 수색영장을 제시하지 못하였거나 참여인을 참여시킬 수 없었을 때에는 수색조서에 그 취지와 이유를 명백히 적어야 한다.

② 경찰관은 주거주 또는 관리자가 임의로 승낙하는 등 피처분자의 동의를 얻어 영장 없이 수색하는 경우에도 수색조서에 그 취지와 이유를 명백히 적어야 한다.

제141조(압수에 긴급을 요하는 경우) 경찰관은 범죄에 관계가 있다고 인정되는 물건을 발견한 경우에 있어서 그 물건이 소유자, 소지자 또는 보관자로부터 임의의 제출을 받을 가망이 없다고 인정한 때에는 즉시 그 물건에 대한 압수영장의 발부를 신청하는 동시에 은닉·멸실·산일 등의 방지를 위한 적절한 조치를 하여야 한다.

제142조(임의 제출물의 압수 등) ① 경찰관은 소유자, 소지자 또는 보관자(이하 "소유자등"이라 한다)에게 임의제출을 요구할 필요가 있을 때에는 별지 제61호서식의 물건제출요청서를 발부할 수 있다.

② 경찰관은 소유자등이 임의 제출한 물건을 압수할 때에는 제출자에게 임의제출의 취지 및 이유를 적은 별지 제62호서식의 임의제출서를 받아야 하고, 「경찰수사규칙」 제64조제1항의 압수조서와 같은 조 제2항의 압수목록교부서를 작성하여야 한다. 이 경우 제출자에게 압수목록교부서를 교부하여야 한다.

③ 경찰관은 임의 제출한 물건을 압수한 경우에 소유자등이 그 물건의 소유권을 포기한다는 의사표시를 하였을 때에는 제2항의 임의제출서에 그 취지를 작성하게 하거나 별지 제60호서식의 소유권포기서를 제출하게 하여야 한다.

제143조(유류물의 압수) ① 경찰관은 유류물을 압수할 때에는 거주자, 관리자 또는 이에 준하는 사람의 참여를 얻어서 행하여야 한다. 다만, 대상자가 참여하지

아니한다는 의사를 명시하는 등 참여할 사람이 없는 경우에는 예외로 한다.

② 제1항의 압수에 관하여는 압수조서 등에 그 물건이 발견된 상황 등을 명확히 기록하고 압수목록을 작성하여야 한다.

제144조(압수 · 수색 또는 검증 시 주의사항) ① 경찰관은 압수 · 수색 또는 검증을 할 때에는 부득이한 사유가 있는 경우 이외에는 건조물, 기구 등을 파괴하거나 서류 그 밖의 물건을 흩어지지 않게 하여야 하고, 이를 종료하였을 때에는 원상회복하여야 한다.

② 경찰관은 압수를 할 때에는 지문 등 수사자료가 손괴되지 않도록 주의하는 동시에 그 물건을 되도록 원상태로 보존하기 위한 적당한 조치를 하여 멸실, 파손, 변질, 변형, 혼합 또는 산일되지 않도록 주의하여야 한다.

제145조(압수물의 보관 등) ① 경찰관은 압수물을 보관할 때에는 「경찰수사규칙」 제67조제1항에 따라 압수물에 사건명, 피의자의 성명 및 압수목록에 적은 순위 · 번호를 기입한 표찰을 붙여 견고한 상자 또는 보관에 적합한 창고 등에 보관하여야 한다.

② 경찰관은 압수금품 중 현금, 귀금속 등 중요금품과 유치인으로부터 제출받은 임치 금품은 별도로 지정된 보관담당자로 하여금 금고에 보관하게 하여야 한다.

③ 경찰관은 압수물이 유가증권일 때에는 원형보존 필요 여부를 판단하고, 그 취지를 수사보고서에 작성하여 수사기록에 편철하여야 한다.

제146조(압수물의 폐기) 「경찰수사규칙」 제68조제1항에 따른 폐기는 재생이 불가능한 방식으로 하여야 하며, 다른 법령에서 폐기에 관하여 별도의 규정을 두고 있는 경우는 그에 따라야 한다.

제147조(폐기, 대가보관 시 주의사항) 경찰관은 압수물에 관하여 폐기 또는 대가보관의 처분을 할 때에는 다음 사항에 주의하여야 한다.

1. 폐기처분을 할 때에는 사전에 반드시 사진을 촬영해 둘 것
2. 그 물건의 상황을 사진, 도면, 모사도 또는 기록 등의 방법에 따라 명백히 할 것
3. 특히 필요가 있다고 인정될 때에는 해당 압수물의 성질과 상태, 가격 등을 감정해둘 것. 이 경우에는 재감정할 경우를 고려하여 그 물건의 일부를 보존해 둘 것
4. 위험발생, 멸실, 파손 또는 부패의 염려가 있거나 보관하기 어려운 물건이라는 등 폐기 또는 대가보관의 처분을 하여야 할 상당한 이유를 명백히 할 것

제148조(압수물 처분 시 압수목록에의 기재) 경찰관은 압수물의 폐기, 대가보관, 환부 또는 가환부의 처분을 하였을 때에는 그 물건에 해당한 압수목록의 비고란에 그 요지를 적어야 한다.

제149조(영장에 의한 금융거래정보 요구 시 주의사항) ① 경찰관은 「금융실명거래 및 비밀보장에 관한 법률」 제4조제1항제1호에 따라 금융거래의 내용에 대한 정보 또는 자료(이하 "거래정보등"이라 한다)를 제공받을 때에는 압수 · 수색 · 검증

영장(금융계좌 추적용)을 발부받아 해당 금융기관에 금융거래정보 등을 요구하여야 한다.

② 제1항에 따라 거래정보 등을 제공받은 경찰관은 「금융실명거래 및 비밀보장에 관한 법률」 제4조제4항에 따라 범죄수사목적 외의 용도로 이를 이용하거나 타인에게 제공 또는 누설하여서는 아니 된다.

③ 경찰관은 금융기관이 '거래정보 등을 제공하였다는 사실'을 거래명의자에게 통보하는 것이 「금융실명거래 및 비밀보장에 관한 법률」 제4조의2제2항 각 호에 해당하는 경우에는 해당 금융기관에 대하여 명의자에게 통보하는 것을 유예하도록 신청하여야 한다.

제150조(시체 검증 등) 경찰관은 「형사소송법」 제219조에서 준용하는 같은 법 제141조제4항에 따라 시체의 해부, 분묘의 발굴 등을 하는 때에는 수사상 필요하다고 인정되는 시체의 착의, 부착물, 분묘 내의 매장물 등은 유족으로부터 임의제출을 받거나 압수·수색 또는 검증영장을 발부받아 압수하여야 한다.

제151조(신체검사 시 주의사항) ① 경찰관은 「형사소송법」 제219조에서 준용하는 같은 법 제141조제1항에 따라 신체검사를 하는 경우 필요하다고 인정할 때에는 의사 그 밖의 전문적 지식을 가진 자의 조력을 얻어서 하여야 한다.

② 경찰관은 부상자의 부상부위를 신체검사 할 때에는 그 상황을 촬영 등의 방법에 의하여 명확히 기록하고 되도록 단시간에 끝내도록 하여야 한다.

제3절 통신수사

제152조(통신비밀보호의 원칙) 경찰관은 통신수사를 할 때에는 통신 및 대화의 비밀을 침해하지 않도록 필요 최소한도로 실시하여야 한다.

제153조(남용방지) ① 경찰관은 통신제한조치 허가신청을 할 때에는 「통신비밀보호법」 제5조, 제6조에서 규정한 대상범죄, 신청방법, 관할법원, 허가요건 등을 충분히 검토하여 남용되지 않도록 하여야 한다.

② 경찰관은 통신사실 확인자료 제공요청 허가신청을 할 때에는 요청사유, 해당 가입자와의 연관성, 필요한 자료의 범위 등을 명확히 하여 남용되지 않도록 하여야 한다.

제154조(범죄수사목적 통신제한조치 허가신청 등) ① 경찰관은 「통신비밀보호법」 제6조제2항 및 제4항에 따라 검사에게 통신제한조치 허가를 신청하는 경우에는 별지 제63호서식의 통신제한조치 허가신청서(사전)에 따른다.

② 경찰관이 「통신비밀보호법」 제6조제7항에 따라 검사에게 통신제한조치 기간연장을 신청하는 경우에는 별지 제65호서식의 통신제한조치 기간연장 신청서에 따른다.

③ 경찰관은 제1항에 따라 통신제한조치 허가를 신청한 경우에는 별지 제73호서식의 통신제한조치 허가신청부에 필요한 사항을 적어야 한다.

제155조(긴급통신제한조치 등) ① 경찰관이 「통신비밀보호법」 제8조제1항에 따라 긴급통신제한조치를 하는 경우에는 별지 제67호서식의 긴급검열·감청서에 따른다.

② 경찰관이 「통신비밀보호법」 제8조제2항에 따라 긴급통신제한조치를 하고 검사에게 사후 통신제한조치 허가를 신청하는 경우에는 별지 제64호서식의 통신제한조치 허가신청서(사후)에 따른다.

③ 경찰관이 「통신비밀보호법」 제8조제3항에 따라 검사의 지휘를 받아야 할 때는 별지 제69호서식의 긴급통신제한조치 지휘요청서, 검사의 승인을 얻어야 할 때는 별지 제68호서식의 긴급통신제한조치 승인요청서에 따른다.

④ 경찰관은 제1항에 따른 긴급통신제한조치를 한 경우에는 별지 제70호서식의 긴급통신제한조치 대장에 소정의 사항을 적어야 한다.

⑤ 경찰관은 「통신비밀보호법」 제8조제5항에 따라 긴급통신제한조치가 단시간 내에 종료되어 법원의 허가를 받을 필요가 없는 경우에는 지체 없이 별지 제71호서식의 긴급통신제한조치 통보서를 작성하여 관할 지방검찰청 검사장에게 제출하여야 한다.

제156조(통신제한조치의 집행 등) ① 경찰관은 「통신비밀보호법」 제9조제1항에 따라 통신제한조치 집행위탁을 하는 경우에는 별지 제74호서식의 통신제한조치 집행위탁의뢰서에 따른다. 이 경우 통신제한조치 집행위탁의뢰서의 비고란에는 녹취교부까지 포함하는지 또는 청취만 위탁하는지 등 구체적인 업무위탁의 범위를 기재할 수 있다.

② 경찰관은 집행위탁한 통신제한조치의 통신제한조치 허가기간을 연장한 경우에는 별지 제66호서식의 통신제한조치 기간연장통지서로 수탁기관에 통지한다.

③ 경찰관은 「통신비밀보호법」 제9조제1항에 따라 통신제한조치를 집행하는 경우 또는 통신제한조치의 집행을 위탁하는 경우에는 별지 제84호서식의 통신제한조치 집행대장에 소정의 사항을 적어야 한다.

④ 통신제한조치를 집행한 경찰관은 별지 제75호서식의 통신제한조치 집행조서를 작성하여야 한다.

⑤ 경찰관은 통신제한조치의 집행이 불가능하거나 필요 없게 된 때에는 별지 제78호서식의 통신제한조치 허가서 반환서를 작성하여 검사에게 「통신비밀보호법」 제9조제2항의 통신제한조치 허가서를 반환하여야 한다.

⑥ 경찰관이 통신제한조치의 집행이 필요없게 되어 통신제한조치를 중지하고자 하는 경우에는 별지 제77호서식의 통신제한조치 집행중지 통지서를 수탁기관에 통지한다.

제157조(통신제한조치의 집행에 관한 통지절차 등) ① 경찰관은 「통신비밀보호법」 제9조의2제2항 또는 제6항에 따라 우편물 검열의 대상자 또는 감청의 대상이 된 전기통신의 가입자에게 통신제한조치를 집행한 사실과 집행기관 및 그 기간 등을 통지하는 경우에는 별지 제79호서식의 통신제한조치 집행사실 통지서에 따른

다. 이 경우 경찰관은 별지 제80호서식의 통신제한조치 집행사실 통지부에 소정의 사항을 적어야 한다.

② 경찰관은 「통신비밀보호법」 제9조의2제5항 및 같은 법 시행령 제19조제1항에 따라 통신제한조치 집행사실의 통지유예에 관한 관할 지방검찰청 검사장의 승인을 얻고자 하는 경우에는 별지 제81호서식의 통신제한조치 집행사실 통지유예 승인신청서에 따른다.

③ 경찰관은 제2항에 따른 승인신청을 하거나 관할 지방검찰청 검사장의 승인을 얻은 때에는 별지 제82호서식의 통신제한조치 집행사실 통지유예 승인신청부에 해당 사항을 적어야 한다.

제158조(범죄수사목적 통신사실 확인자료 제공요청 허가신청) ① 경찰관은 「통신비밀보호법」 제13조제3항 및 같은 조 제9항에서 준용하는 같은 법 제6조제2항에 따라 검사에게 통신사실 확인자료 제공요청허가를 신청하는 경우에는 별지 제85호서식의 통신사실 확인자료 제공요청 허가신청서(사전)에 따른다.

② 경찰관은 제1항에 따라 허가를 신청한 경우에는 별지 제87호서식의 통신사실 확인자료 제공요청 허가신청부에 해당 사항을 적어야 한다.

제159조(긴급 통신사실 확인자료 제공요청 허가신청 등) ① 경찰관은 「통신비밀보호법」 제13조제3항 단서 및 같은 조 제9항에서 준용하는 같은 법 제6조제2항에 따라 전기통신사업자에게 긴급 통신사실 확인자료 제공을 요청하는 경우에는 별지 제103호서식의 긴급 통신사실 확인자료 제공요청서에 따른다.

② 경찰관은 제1항에 따라 긴급 통신사실 확인자료 제공을 요청하고, 사후에 검사에게 통신사실 확인자료 제공요청 허가를 신청하는 경우에는 별지 제86호서식의 통신사실 확인자료 제공요청 허가신청서(사후)에 따른다.

③ 경찰관은 제1항에 따라 긴급 통신사실 확인자료 제공을 요청한 경우에는 별지 제88호서식의 통신사실 확인자료 제공요청 집행대장(사후허가용)에 해당 사항을 적어야 한다.

제160조(통신사실 확인자료제공 요청 등) ① 경찰관은 「통신비밀보호법」 제13조제1항에 따라 전기통신사업자에게 통신사실 확인자료 제공을 요청하는 경우에는 별지 제90호서식의 통신사실 확인자료 제공요청서에 따르고, 별지 제89호서식의 통신사실 확인자료 제공요청 집행대장(사전허가용)에 해당 사항을 적어야 한다.

② 통신사실 확인자료 제공을 요청한 경찰관은 별지 제91호서식의 통신사실 확인자료 제공요청 집행조서를 작성하여야 한다.

③ 경찰관은 통신사실 확인자료 제공을 요청하는 것이 불가능하거나 필요없게 된 때에는 별지 제98호서식의 통신사실 확인자료 제공요청 허가서 반환서를 작성하여 검사에게 통신사실 확인자료 제공요청 허가서를 반환하여야 한다.

④ 경찰관은 통신사실 확인자료 제공요청이 필요 없게 된 경우에는 별지 제93호서식의 통신사실 확인자료 제공요청 중지 통지서를 해당 전기통신사업자에게 통지하여야 한다.

⑤ 경찰관은 제1항에 따라 전기통신사업자로부터 통신사실 확인자료를 제공받은 때에는 별지 제94호서식의 통신사실 확인자료 회신대장에 해당 사항을 적어야 한다.

제161조(통신사실 확인자료 제공요청에 관한 통지절차 등) ① 경찰관은 「통신비밀보호법」 제13조의3제1항에 따라 통신사실 확인자료 제공의 대상이 된 당사자에게 통신사실 확인자료를 제공받은 사실과 제공요청기관 및 그 기간 등을 통지하는 경우에는 별지 제99호서식의 통신사실 확인자료 제공요청 집행사실 통지서에 따른다. 이 경우 경찰관은 별지 제100호서식의 통신사실 확인자료 제공요청 집행사실 통지부에 해당 사항을 적어야 한다.

② 경찰관은 「통신비밀보호법」 제13조의3제2항·제3항 및 「통신비밀보호법 시행령」 제37조제3항에서 준용하는 같은 법 시행령 제19조제1항에 따라 통신사실 확인자료 제공요청 집행사실의 통지유예에 관한 관할 지방검찰청 검사장의 승인을 얻고자 하는 경우에는 별지 제95호서식의 통신사실 확인자료 제공요청 집행사실 통지유예 승인신청서에 따른다.

③ 경찰관은 제2항에 따른 승인신청을 하거나 관할 지방검찰청 검사장의 승인을 얻은 때에는 별지 제96호서식의 통신사실 확인자료 제공요청 집행사실 통지유예 승인신청부에 해당 사항을 적어야 한다.

제162조(압수·수색 또는 검증의 집행에 관한 통지절차 등) 경찰관은 「통신비밀보호법」 제9조의3제2항에 따라 수사대상이 된 가입자에게 송·수신이 완료된 전기통신에 대한 압수·수색 또는 검증의 집행사실을 통지하는 경우에는 별지 제106호서식의 송·수신이 완료된 전기통신에 대한 압수·수색·검증 집행사실 통지서에 따른다. 이 경우 경찰관은 별지 제107호서식의 송·수신이 완료된 전기통신에 대한 압수·수색·검증 집행사실 통지부에 해당 사항을 적어야 한다.

제163조(통신자료 제공요청) ① 경찰관은 「전기통신사업법」 제83조제3항에 따라 전기통신사업자에게 통신자료 제공을 요청하는 경우에는 별지 제105호서식의 통신자료 제공요청서에 따른다.

② 제1항에 따른 통신자료 제공요청서에는 경찰서장 및 시·도경찰청·국가수사본부장 과장 이상 결재권자의 직책, 직급, 성명을 명기하여야 한다.

제164조(집행결과보고) 경찰관은 「통신비밀보호법 시행령」 제18조제2항 또는 제37조제3항에 따라 검사에게 보고할 때에는 별지 제76호서식의 통신제한조치 집행결과 보고 또는 별지 제92호서식의 통신사실 확인자료 제공요청 집행결과 보고에 따른다.

제165조(통신수사 종결 후 조치) 다른 관서에서 통신수사를 집행한 사건을 이송받아 입건 전 조사한 후 입건 전 조사 종결한 경우는 입건 전 조사 종결한 관서에서 통신제한조치 또는 통신사실 확인자료 제공요청 허가서를 청구한 검찰청에 집행결과를 보고한 후 허가서를 신청한 관서로 사건처리결과를 통보하고, 통보를 받은 관서는 담당자를 지정하여 통지하도록 하여야 한다.

제4절 증거

제166조(현장조사) 경찰관은 범죄현장을 직접 관찰(이하 "현장조사"라 한다)할 필요가 있는 범죄를 인지하였을 때에는 신속히 그 현장에 가서 필요한 수사를 하여야 한다.

제167조(부상자의 구호 등) ① 경찰관은 현장조사 시 부상자가 있을 때에는 지체 없이 구호조치를 하여야 한다.

② 경찰관은 제1항의 경우에 빈사상태의 중상자가 있을 때에는 응급 구호조치를 하는 동시에 가능한 경우에 한하여 그 사람으로부터 범인의 성명, 범행의 원인, 피해자의 주거, 성명, 연령, 목격자 등을 청취해 두어야 하고, 그 중상자가 사망하였을 때에는 그 시각을 기록해 두어야 한다.

제168조(현장보존) ① 경찰관은 범죄가 실행된 지점뿐만 아니라 현장보존의 범위를 충분히 정하여 수사자료를 발견하기 위해 노력하여야 한다.

② 경찰관은 보존하여야 할 현장의 범위를 정하였을 때에는 지체 없이 출입금지 표시 등 적절한 조치를 하여 함부로 출입하는 자가 없도록 하여야 한다. 이 때 현장에 출입한 사람이 있을 경우 그들의 성명, 주거 등 인적사항을 기록하여야 하며, 현장 또는 그 근처에서 배회하는 등 수상한 사람이 있을 때에는 그들의 성명, 주거 등을 파악하여 기록하도록 노력한다.

③ 경찰관은 현장을 보존할 때에는 되도록 현장을 범행 당시의 상황 그대로 보존하여야 한다.

④ 경찰관은 부상자의 구호, 증거물의 변질·분산·분실 방지 등을 위해 특히 부득이한 사정이 있는 경우를 제외하고는 함부로 현장에 들어가서는 아니된다.

⑤ 경찰관은 현장에서 발견된 수사자료 중 햇빛, 열, 비, 바람 등에 의하여 변질, 변형 또는 멸실할 우려가 있는 것에 대하여는 덮개로 가리는 등 적당한 방법으로 그 원상을 보존하도록 노력하여야 한다.

⑥ 경찰관은 부상자의 구호 그 밖의 부득이한 이유로 현장을 변경할 필요가 있는 경우 등 수사자료를 원상태로 보존할 수 없을 때에는 사진, 도면, 기록 그 밖의 적당한 방법으로 그 원상을 보존하도록 노력하여야 한다.

제169조(현장에서의 수사사항) ① 경찰관은 현장에서 수사를 할 때는 현장 감식 그 밖의 과학적이고 합리적인 방법에 의하여 다음 각 호의 사항을 명백히 하도록 노력하여 범행의 과정을 전반적으로 파악하여야 한다.

1. 일시 관계
   가. 범행의 일시와 이를 추정할 수 있는 사항
   나. 발견의 일시와 상황
   다. 범행당시의 기상 상황
   라. 특수일 관계(시일, 명절, 축제일 등)
   마. 그 밖의 일시에 관하여 참고가 될 사항

2. 장소 관계
   가. 현장으로 통하는 도로와 상황
   나. 가옥 그 밖의 현장근처에 있는 물건과 그 상황
   다. 현장 방실의 위치와 그 상황
   라. 현장에 있는 기구 그 밖의 물품의 상황
   마. 지문, 족적, DNA시료 그 밖의 흔적, 유류품의 위치와 상황
   바. 그 밖의 장소에 관하여 참고가 될 사항
3. 피해자 관계
   가. 범인과의 응대 그 밖의 피해 전의 상황
   나. 피해 당시의 저항자세 등의 상황
   다. 상해의 부위와 정도, 피해 금품의 종류, 수량, 가액 등 피해의 정도
   라. 시체의 위치, 창상, 유혈 그 밖의 상황
   마. 그 밖의 피해자에 관하여 참고가 될 사항
4. 피의자 관계
   가. 현장 침입 및 도주 경로
   나. 피의자의 수와 성별
   다. 범죄의 수단, 방법 그 밖의 범죄 실행의 상황
   라. 피의자의 범행동기, 피해자와의 면식 여부, 현장에 대한 지식 유무를 추정할 수 있는 상황
   마. 피의자의 인상·풍채 등 신체적 특징, 말투·습벽 등 언어적 특징, 그 밖의 특이한 언동
   바. 흉기의 종류, 형상과 가해의 방법 그 밖의 가해의 상황
   사. 그 밖의 피의자에 관하여 참고가 될 사항

② 제1항의 현장감식을 하였을 경우에는 별지 제108호서식의 현장감식결과보고서를 작성하여야 한다.

제170조(감식자료 송부) ① 경찰관은 감식을 하기 위하여 수사자료를 송부할 때에는 변형, 변질, 오손, 침습, 멸실, 산일, 혼합 등의 사례가 없도록 주의하여야 한다.

② 제1항의 경우에 우송을 할 때에는 그 포장, 용기 등에 세심한 주의를 기울여야 한다.

③ 중요하거나 긴급한 증거물 등은 경찰관이 직접 지참하여 송부하여야 한다.

④ 감식자료를 인수·인계할 때에는 그 연월일과 인수·인계인의 성명을 명확히 해두어야 한다.

제171조(재감식을 위한 고려) 경찰관은 혈액, 정액, 타액, 대소변, 장기, 모발, 약품, 음식물, 폭발물 그 밖에 분말, 액체 등을 감식할 때에는 되도록 필요 최소한의 양만을 사용하고 잔량을 보존하여 재감식에 대비하여야 한다.

제172조(증거물의 보존) ① 경찰관은 지문, 족적, 혈흔 그 밖에 멸실할 염려가 있는 증거물은 특히 그 보존에 유의하고 검증조서 또는 다른 조서에 그 성질 형상

을 상세히 적거나 사진을 촬영하여야 한다.

② 경찰관은 시체해부 또는 증거물의 파괴 그 밖의 원상의 변경을 요하는 검증을 하거나 감정을 위촉할 때에는 제1항에 준하여 변경 전의 형상을 알 수 있도록 유의하여야 한다.

③ 경찰관은 제1항 및 제2항의 경우 또는 유류물 그 밖의 자료를 발견하였을 때에는 증거물의 위치를 알 수 있도록 원근법으로 사진을 촬영하되 가까이 촬영할 때에는 되도록 증거물 옆에 자를 놓고 촬영하여야 한다.

④ 경찰관은 제3항의 경우 증명력의 보전을 위하여 필요하다고 인정되는 참여인을 함께 촬영하거나 자료 발견 연월일시와 장소를 기재한 서면에 참여인의 서명을 요구하여 이를 함께 촬영하고, 참여인이 없는 경우에는 비디오 촬영 등으로 현장상황과 자료수집과정을 녹화하여야 한다.

제173조(감정의 위촉 등) ① 경찰관은 「형사소송법」 제221조제2항에 따라 수사에 필요하여 국립과학수사연구원 등에게 감정을 의뢰하는 경우에는 별지 제24호 서식의 감정의뢰서에 따른다.

② 경찰관은 제1항 이외의 감정기관이나 적당한 학식·경험이 있는 사람에게 감정을 위촉하는 경우에는 「경찰수사규칙」 제42조의 감정위촉서에 따르며, 이 경우 감정인에게 예단이나 편견을 생기게 할 만한 사항을 적어서는 아니 된다.

③ 경찰관은 감정을 위촉하는 경우에는 감정인에게 감정의 일시, 장소, 경과와 결과를 관계자가 용이하게 이해할 수 있도록 간단명료하게 기재한 감정서를 제출하도록 요구하여야 한다.

④ 경찰관은 감정인이 여러 사람인 때에는 공동의 감정서를 제출하도록 요구할 수 있다.

⑤ 경찰관은 감정서의 내용이 불명확하거나 누락된 부분이 있을 때에는 이를 보충하는 서면의 제출을 요구하여 감정서에 첨부하여야 한다.

제174조(감정유치 및 감정처분허가신청) 경찰관은 「경찰수사규칙」 제73조제2항의 신청에 따라 판사로부터 감정처분허가장을 발부받은 경우 감정인에게 이를 교부하여야 한다.

제5장 시정조치요구

제175조(징계요구에 대한 처리) 경찰관서장은 「형사소송법」 제197조의3제7항 또는 같은 법 제197조의2제3항에 따라 검찰총장 또는 각급 검찰청 검사장으로부터 소속 경찰관에 대한 징계 요구를 통보받은 때에는 징계 요구 여부를 신중히 검토하여야 한다.

제6장 범죄피해자 보호

제176조(피해자 인적사항의 기재 생략) ① 경찰관은 조서나 그 밖의 서류(이하 "조

서등"이라 한다)를 작성할 때 「경찰수사규칙」 제79조제1항의 피해자가 보복을 당할 우려가 있는 경우에는 별지 제22호서식의 진술조서(가명)에 그 취지를 조서 등에 기재하고 피해자의 성명·연령·주소·직업 등 신원을 알 수 있는 사항(이하 "인적사항"이라 한다)을 기재하지 않을 수 있다. 이때 피해자로 하여금 조서 등에 서명은 가명으로, 간인 및 날인은 무인으로 하게 하여야 한다.

② 제1항의 경우 경찰관은 별지 제111호서식의 범죄신고자등 인적사항 미기재사유 보고서를 작성하여 검사에게 통보하고, 조서등에 기재하지 아니한 인적사항을 별지 제109호서식의 신원관리카드에 등재하여야 한다.

③ 피해자는 진술서 등을 작성할 때 경찰관의 승인을 받아 인적사항의 전부 또는 일부를 기재하지 아니할 수 있다. 이 경우 제1항 및 제2항을 준용한다.

④ 「특정범죄신고자 등 보호법」 등 법률에서 인적사항을 기재하지 아니할 수 있도록 규정한 경우에는 피해자나 그 법정대리인은 경찰관에게 제1항에 따른 조치를 하도록 신청할 수 있다. 이 경우 경찰관은 특별한 사유가 없으면 그 조치를 하여야 한다.

⑤ 경찰관은 제4항에 따른 피해자 등의 신청에도 불구하고 이를 불허한 경우에는 별지 제112호서식의 가명조서등 불작성사유 확인서를 작성하여 기록에 편철하여야 한다.

제177조(피해자의 비밀누설금지) 경찰관은 성명, 연령, 주거지, 직업, 용모 등 피해자임을 미루어 알 수 있는 사실을 제3자에게 제공하거나 누설하여서는 아니된다. 다만, 피해자가 동의한 경우에는 그러하지 아니하다.

제178조(피해자 동행 시 유의사항) 경찰관은 피해자를 경찰관서 등으로 동행할 때 가해자 또는 피의자 등과 분리하여 동행하여야 한다. 다만, 위해나 보복의 우려가 없을 것으로 판단되는 등 특별한 사정이 있는 경우에는 그러하지 아니하다.

제179조(피해자 조사 시 주의사항) ① 경찰관은 피해자를 조사할 때에는 피해자의 상황을 고려하여 조사에 적합한 장소를 이용할 수 있다. 이 경우 조사 후 지체없이 소속 수사부서장에게 보고하여야 한다.

② 경찰관은 살인·강도·강간 등 강력범죄 피해자가 신원 노출에 대한 우려 등의 사유로 경찰관서에 출석하여 조사받는 것이 어려운 경우에는 특별한 사정이 없는 한 피해자를 방문하여 조사하는 등 필요한 지원을 하여야 한다.

③ 경찰관은 강력범죄 피해자 등 정신적 충격이 심각할 것으로 추정되는 피해자에 대해서는 피해자의 심리상태를 확인한 후 경찰 피해자심리전문요원이나 외부 전문기관의 심리상담을 받도록 하여야 한다.

제180조(여성폭력 피해자의 2차 피해 방지) 경찰관은 「여성폭력방지기본법」 제3조제3호에 따른 2차 피해 방지를 위하여 다음 각 호의 행위가 발생하지 않도록 유의하여야 한다.

1. 다른 경찰관서 관할이거나 피의자 특정 곤란, 증거 부족 등의 사유로 사건을 반려하는 행위

2. 피해자를 비난하거나 합리적인 이유 없이 피해 사실을 축소 또는 부정하는 행위
3. 가해자에 동조하거나 피해자에게 가해자와 합의할 것을 종용하는 행위
4. 가해자와 피해자를 분리하지 않아 서로 대면하게 하는 행위(다만, 대질조사를 하는 경우는 제외한다)
5. 그 밖의 위 각 호의 행위에 준하는 행위

제181조 〈삭제〉

제182조 〈삭제〉

제183조(준용규정) 「경찰수사규칙」 제80조, 제81조 및 이 규칙 제176조는 범죄신고자 및 참고인으로서 범죄수사와 관련하여 보복을 당할 우려가 있는 경우에도 준용한다.

제7장 특칙

제1절 성폭력사건에 관한 특칙

제184조(장애인에 대한 특칙) ① 경찰관은 성폭력 피해자가 신체적 또는 정신적 장애 등으로 사물을 변별하거나 의사를 결정할 능력이 미약한 때에는 본인이나 법정대리인 등에게 보조인을 선정하도록 권유하고, 선정된 보조인을 신뢰관계에 있는 사람으로 동석하게 할 수 있다.

② 경찰관은 성폭력 피해자가 언어장애인, 청각장애인 또는 시각장애인인 때에는 본인 또는 법정대리인 등의 의견을 참작하여 수화 또는 문자 통역 등의 방법을 활용하여 조사한다.

③ 경찰관은 성폭력 피해자가 정신지체인인 때에는 면담을 통하여 진술능력 등을 확인하고, 피해자가 자신의 의사를 제대로 전달하지 못하여 수사에 지장을 초래한다고 판단되는 경우에 한하여 제1항의 보조인 또는 신뢰관계에 있는 사람으로 하여금 피해자의 의사를 전달하도록 할 수 있다.

제185조(증거보전의 특례) 성폭력 피해자나 그 법정대리인이 「성폭력처벌법」 제41조에 따라 증거보전의 청구를 요청한 경우 경찰관은 그 요청이 상당한 이유가 있다고 인정하는 때에는 관할 지방검찰청 또는 지청의 검사에게 증거보전 청구를 신청할 수 있다.

제2절 아동·청소년 대상 디지털 성범죄에 대한 위장수사 특칙

제185조의2(신분비공개수사) ① 경찰관은 「청소년성보호법」 제25조의3제1항에 따라 바로 위 상급경찰관서 수사부서의 장(위 경찰관이 경찰청 내 수사부서의 소속인 경우 당해 수사부서의 장을 말한다)에게 신분비공개수사 승인을 신청하는 경우에는 별지 제201호서식의 신분비공개수사 승인신청서에 따른다.

② 제1항의 신청을 받은 상급경찰관서 수사부서의 장은 승인시 별지 제202호서식의 신분비공개수사 승인서, 불승인시 별지 제4호서식의 수사지휘서 또는 별지 제5호서식의 수사지휘서(관서간)에 따라 지휘한다.

③ 사법경찰관리는 신분비공개수사를 종료하려는 경우 별지 제203호서식의 신분비공개수사 결과보고서를 작성한다.

제185조의3(신분위장수사) ① 경찰관은 「청소년성보호법」 제25조의3제3항 및 제4항에 따라 신분위장수사 허가를 신청하는 경우에는 별지 제204호서식의 신분위장수사 허가신청서에 따른다.

② 경찰관은 「청소년성보호법」 제25조의4제2항에 따라 긴급신분위장수사 허가를 신청하는 경우에는 별지 제205호서식의 긴급신분위장수사 허가신청서에 따른다.

③ 경찰관은 「청소년성보호법」 제25조의3제8항에 따라 신분위장수사 기간연장을 신청하는 경우에는 별지 제206호서식의 기간연장신청서에 따른다.

④ 경찰관은 신분위장수사를 종료하는 경우에는 별지 제207호서식의 신분위장수사 집행보고서를 작성한다.

제3절 가정폭력사건에 관한 특칙

제186조(가정폭력범죄 수사 시 유의사항) ① 경찰관은 가정폭력 범죄를 수사함에 있어서는 보호처분 또는 형사처분의 심리를 위한 특별자료를 제공할 것을 염두에 두어야 하며, 가정폭력 피해자와 가족구성원의 인권보호를 우선하는 자세로 임하여야 한다.

② 경찰관은 가정폭력범죄 피해자 조사 시 피해자의 연령, 심리상태 또는 후유장애의 유무 등을 신중하게 고려하여 가급적 진술녹화실 등 별실에서 조사하여 심리적 안정을 취할 수 있는 분위기를 조성하고, 피해자의 조사과정에서 피해자의 인격이나 명예가 손상되거나 개인의 비밀이 침해되지 않도록 주의하여야 한다.

③ 가정폭력 피해자에 대한 조사는 수사상 필요한 최소한도로 실시하여야 한다.

제187조(응급조치) ① 경찰관은 가정폭력범죄 신고현장에서 「가정폭력범죄의 처벌 등에 관한 특례법」(이하 "「가정폭력처벌법」"이라 한다) 제5조에 따른 응급조치를 취하되, 폭력행위 제지 시 가족 구성원과의 불필요한 마찰이나 오해의 소지가 없도록 유의한다.

② 제1항의 응급조치를 취한 경찰관은 가정폭력 행위자의 성명, 주소, 생년월일, 직업, 피해자와의 관계, 범죄사실의 요지, 가정상황, 피해자와 신고자의 성명, 응급조치의 내용 등을 상세히 적은 별지 제116호서식의 응급조치보고서를 작성하여 사건기록에 편철하여야 한다.

제188조(환경조사서의 작성) 경찰관은 가정폭력범죄를 수사함에 있어서는 범죄의 원인 및 동기와 행위자의 성격ㆍ행상ㆍ경력ㆍ교육정도ㆍ가정상황 그 밖의 환경

등을 상세히 조사하여 별지 제117호서식의 가정환경조사서를 작성하여야 한다.

제189조(임시조치) ① 경찰관은 「가정폭력처벌법」 제8조에 따라 가정폭력범죄가 재발할 우려가 있다고 인정하는 때에는 별지 제115호서식의 임시조치 신청서(사전)에 따라 관할 지방검찰청 또는 지청의 검사에게 같은 법 제29조제1항제1호부터 제3호까지의 임시조치를 법원에 청구할 것을 신청할 수 있다.

② 경찰관은 제1항의 신청에 의해 결정된 임시조치를 위반하여 가정폭력범죄가 재발될 우려가 있다고 인정하는 때에는 관할 지방검찰청 또는 지청의 검사에게 「가정폭력처벌법」 제29조제1항제5호의 경찰관서 유치장 또는 구치소에 유치하는 임시조치를 법원에 청구할 것을 신청할 수 있다.

③ 경찰관은 임시조치 신청을 한 때에는 별지 제121호서식의 임시조치신청부에 소정의 사항을 적어야 한다.

④ 경찰관은 「가정폭력처벌법」 제29조의2제1항에 따라 임시조치의 결정을 집행할 때에는 그 일시 및 방법을 별지 제122호서식의 임시조치통보서에 적어 사건기록에 편철하여야 한다.

⑤ 경찰관은 임시조치 결정에 대하여 항고가 제기되어 법원으로부터 수사기록등본의 제출을 요구받은 경우 항고심 재판에 필요한 범위 내의 수사기록등본을 관할 검찰청으로 송부하여야 한다.

⑥ 경찰관은 「가정폭력처벌법」 제8조제3항에 따른 요청을 받고도 임시조치를 신청하지 않는 경우에는 별지 제115의3호서식의 임시조치 미신청 사유 통지서를 작성하여 관할 지방검찰청 또는 지청의 검사에게 통지하여야 한다.

제190조(긴급임시조치) ① 경찰관은 「가정폭력처벌법」 제8조2제1항에 따른 긴급임시조치를 할 때 가정폭력 재범 위험성을 판단하는 경우 별지 제124호서식의 가정폭력 위험성 조사표를 활용하여야 한다.

② 경찰관은 「가정폭력처벌법」 제8조의2제2항의 경우 별지 제125호서식의 긴급임시조치결정서에 따른다.

③ 긴급임시조치한 경우에는 가정폭력 행위자에게 긴급임시조치의 내용 등을 알려주고, 별지 제127호서식의 긴급임시조치 확인 및 통보서 상단의 긴급임시조치 확인서를 받아야 한다. 다만, 행위자가 확인서에 기명날인 또는 서명하기를 거부하는 때에는 경찰관이 확인서 끝부분에 그 사유를 적고 기명날인 또는 서명하여야 한다.

④ 경찰관은 제3항에 따라 별지 제127호서식 상단의 긴급임시조치 확인서를 작성한 때에는 행위자에게 별지 제127호서식 하단의 긴급임시조치 통보서를 교부하여야 한다. 다만, 통보서를 교부하지 못하는 경우 구두 등 적절한 방법으로 통지하여야 한다.

제191조(긴급임시조치와 임시조치) ① 경찰관이 「가정폭력처벌법」 제8조의3제1항에 따른 임시조치를 신청하는 경우에는 별지 제115의2호서식의 임시조치신청서(사후)를 작성하고, 긴급임시조치결정서, 긴급임시조치확인서, 가정폭력 위험성

조사표를 첨부하여 관할 지방검찰청 또는 지청의 검사에게 같은 법 제29조제1항 제1호부터 제3호까지의 임시조치를 법원에 청구할 것을 신청한다.
② 경찰관이 「가정폭력처벌법」 제8조의3제2항에 따라 긴급임시조치를 취소한 경우 가정폭력 피해자 및 행위자에게 구두 등 적절한 방법으로 통지를 하여야 한다.

제192조(가정폭력사건 송치) ① 경찰관은 가정폭력범죄를 수사하여 사건을 검사에게 송치하여야 한다. 이 경우 「수사준칙」 제51조제1항제3호의 각 목에 해당하는 사건인 경우에는 「경찰수사규칙」 별지 제114호서식의 송치 결정서에 그 내용을 적어야 한다.
② 경찰관은 가정폭력사건 송치 시 사건송치서 죄명란에는 해당 죄명을 적고 비고란에 '가정폭력사건'이라고 표시한다.
③ 경찰관은 「가정폭력처벌법」 제7조 단서에 따라 의견을 제시할 때에는 사건의 성질·동기 및 결과, 행위자의 성행 등을 고려하여야 한다.

제193조(동행영장의 집행) ① 경찰관은 「가정폭력처벌법」 제27조제1항에 따른 법원의 요청이 있는 경우 동행영장을 집행하여야 한다.
② 경찰관은 동행영장을 집행하는 때에는 피동행자에게 동행영장을 제시하고 신속히 지정된 장소로 동행하여야 한다.
③ 경찰관은 동행영장을 소지하지 않은 경우 급속을 요하는 때에는 피동행자에게 범죄사실과 동행영장이 발부되었음을 고지하고 집행할 수 있다. 이 경우에는 집행을 완료한 후 신속히 동행영장을 제시하여야 한다.
④ 경찰관은 동행영장을 집행한 때에는 동행영장에 집행일시와 장소를, 집행할 수 없는 때에는 그 사유를 각각 적고 기명날인 또는 서명하여야 한다.

제194조(보호처분결정의 집행) 경찰관은 「가정폭력처벌법」 제43조제1항에 따른 법원의 요청이 있는 경우에는 보호처분의 결정을 집행하여야 한다.

제4절 스토킹사건에 관한 특칙

제194조의2(응급조치) ① 경찰관은 스토킹행위의 신고현장에서 「스토킹범죄의 처벌 등에 관한 법률」(이하 "스토킹처벌법"이라 한다) 제3조에 따른 응급조치를 취하되 응급조치 시 불필요한 마찰이나 오해의 소지가 없도록 유의한다
② 제1항의 스토킹 행위에 대한 응급조치를 취한 경찰관은 스토킹 행위자의 성명, 주소, 주민등록번호, 직업, 피해자와의 관계, 스토킹행위 사실의 요지, 피해자와 신고자의 성명, 응급조치의 내용 등을 상세히 적은 별지 제191호서식의 응급조치 보고서를 작성하여야 한다.

제194조의3(긴급응급조치) ① 경찰관은 「스토킹처벌법」 제4조제2항에 따라 긴급응급조치를 하였을 경우 별지 제192호서식의 긴급응급조치 결정서를 작성하여야 한다.
② 긴급응급조치한 경우에는 스토킹 행위자에게 긴급응급조치의 내용 등을 알려주고, 별지 제193호서식의 긴급응급조치 확인서 및 통보서 상단의 긴급응급

조치 확인서를 작성하여야 한다. 다만 행위자가 위 확인서에 기명날인 또는 서명하기를 거부하는 때에는 경찰관이 확인서 끝부분에 그 사유를 적고 기명날인 또는 서명하여야 한다.

③ 경찰관은 제2항에 따라 위 별지 제193호서식 상단의 긴급응급조치 확인서를 작성한 때에는 스토킹 행위자에게 별지 제193호서식 하단의 긴급응급조치 통보서를 교부하여야 한다. 다만, 통보서를 교부하지 못하는 경우 구두 등 적절한 방법으로 통지하여야 한다.

④ 경찰관은 제1항에 따라 긴급응급조치를 한 때에는 스토킹행위의 상대방이나 그 법정대리인에게 긴급응급조치결정서 사본 및 별지 제194호서식의 피해자등 권리 안내서를 교부하는 등의 방법으로 이를 통지하여야 한다. 다만, 안내서를 교부하지 못하는 경우 구두 등 적절한 방법으로 통지하여야 한다.

제194조의4(긴급응급조치의 승인 신청) 경찰관이 「스토킹처벌법」 제5조 제1항에 따른 긴급응급조치에 대한 승인을 신청하는 경우 별지 제195호서식의 긴급응급조치 사후승인신청서에 따른다.

제194조의5(긴급응급조치의 변경 등) ① 「스토킹처벌법」 제7조제1항에 따른 긴급응급조치의 취소 또는 그 종류의 변경 신청은 별지 제196호서식의 긴급응급조치 취소、종류변경 신청서에 의한다.

② 「스토킹처벌법」 제7조제2항에 따른 긴급응급조치의 변경 신청 및 같은 법 제7조제3항에 따른 긴급응급조치의 취소 신청은 별지 제197호서식의 긴급응급조치 취소、변경 신청서에 의한다.

③ 경찰관이 「스토킹처벌법」 제7조제4항에 따라 긴급응급조치 종류의 변경을 신청하려는 경우 별지 제198호서식의 긴급응급조치 종류변경 신청서에 의한다.

④ 경찰관이 「스토킹처벌법」 제7조제4항에 따라 긴급응급조치를 취소하려는 경우에는 별지 제198의2호서식의 긴급응급조치 취소 결정서에 따른다.

제194조의6(잠정조치) ① 경찰관은 「스토킹처벌법」 제8조에 따라 스토킹범죄가 재발될 우려가 있다고 인정하는 때에는 별지 제199호서식의 잠정조치 신청서에 따라 관할 지방검찰청 또는 지청의 검사에게 같은 법 제9조제1항제1호부터 제4호까지의 잠정조치를 법원에 청구할 것을 신청할 수 있다.

② 경찰관은「스토킹처벌법」제10조제1항에 따라 잠정조치의 결정을 집행할 때에는 그 일시 및 방법을 별지 제200호서식의 잠정조치통보서에 적어 사건기록에 편철하여야 한다.

③ 경찰관은 잠정조치 결정에 대하여 항고가 제기되어 법원으로부터 수사기록등본의 제출을 요구받은 경우 항고심 재판에 필요한 범위 내의 수사기록등본을 관할 검찰청으로 송부하여야 한다.

④ 경찰관은 「스토킹처벌법」 제8조제3항에 따른 신청 요청을 받고도 잠정조치를 신청하지 않는 경우에는 별지 제199의2호서식의 잠정조치 미신청 사유 통지서를 작성하여 관할 지방검찰청 또는 지청의 검사에게 통지하여야 한다.

제5절 아동보호사건에 관한 특칙

제195조(피해아동 조사 시 유의사항) ① 경찰관은 「아동학대범죄의 처벌 등에 관한 특례법」(이하"「아동학대처벌법」"이라 한다) 제2조에 따른 아동학대범죄를 수사함에 있어 피해아동의 안전을 최우선으로 고려하고 조사과정에서 사생활의 비밀이 침해되거나 인격·명예가 손상되지 않도록 피해아동의 인권보호에 최선을 다해야 한다.

② 경찰관은 피해아동의 연령·성별·심리상태에 맞는 조사방법을 사용하고 조사 일시·장소 및 동석자 필요성 여부를 결정하여야 한다.

③ 피해아동 조사는 수사상 필요한 최소한도로 실시하여야 한다.

④ 경찰관은 피해아동에 대한 조사와 학대행위자에 대한 신문을 반드시 분리하여 실시하고, 대질신문은 불가피한 경우 예외적으로만 실시하되 대질 방법 등에 대하여는 피해아동과 그 법정대리인 및 아동학대범죄 전문가의 의견을 최대한 존중하여야 한다.

⑤ 피해아동 조사 시에는 「성폭력범죄의 수사 및 피해자 보호에 관한 규칙」 제21조, 제22조 및 제28조를 준용한다. 이 경우 "성폭력범죄의 피해자"는 "피해아동"으로 본다.

제196조(현장출동) ① 「아동학대처벌법」 제11조제1항 후단에 따른 동행 요청은 별지 제139호서식의 아동학대범죄현장 동행 요청서에 따른다. 다만, 긴급한 경우에는 구두로 요청할 수 있다.

② 제1항 단서에 따라 구두로 요청한 경우에는 지체 없이 별지 제139호서식의 아동학대범죄현장 동행 요청서를 송부해야 한다.

제197조(응급조치) ① 경찰관은 아동학대범죄 신고를 접수한 즉시 현장에 출동하여 피해아동의 보호를 위하여 필요한 경우 「아동학대처벌법」 제12조제1항 각 호의 응급조치를 하여야 한다.

② 경찰관이 「아동학대처벌법」 제12조제2항에 따라 피해아동등을 보호하고 있는 사실을 통보할 때에는 별지 제134호서식의 피해아동등 보호사실 통보서에 따른다.

③ 경찰관은 제1항에 따라 응급조치를 한 경우에는 즉시 별지 제129호서식의 응급조치결과보고서와 별지 제130호서식의 아동학대 현장조사 체크리스트를 작성하여 사건기록에 편철하여야 한다.

제198조(긴급임시조치) ① 피해아동등, 그 법정대리인, 변호사, 시·도지사, 시장·군수·구청장 또는 아동보호전문기관의 장이 「아동학대처벌법」 제13조제1항에 따라 긴급임시조치를 신청할 때에는 별지 제135호서식의 긴급임시조치 신청서에 따른다.

② 경찰관은 「아동학대처벌법」 제13조제2항에 따른 긴급임시조치를 한 경우에는 별지 제126호서식의 긴급임시조치결정서를 작성하여야 한다.

③ 경찰관이 제2항의 긴급임시조치를 한 경우에는 아동학대 행위자에게 긴급임시조치의 내용 등을 알려주고, 별지 제128호서식의 긴급임시조치통보서를 작성하여 교부하여야 한다. 다만, 아동학대행위자가 통보서 교부를 거부하는 때에는 경찰관이 통보일시 및 장소란에 그 사유를 적고 기명날인 또는 서명하여 편철하여야 한다.

제199조(응급조치 · 긴급임시조치 후 임시조치) ① 경찰관이 「아동학대처벌법」 제15조제1항에 따라 검사에게 임시조치를 신청할 때에는 별지 제120호서식의 임시조치 신청서(사후)에 따른다.

② 경찰관이 제1항에 따라 임시조치를 신청하였을 때에는 별지 제121호서식의 임시조치신청부에 소정의 사항을 적어야 한다.

③ 경찰관이 「아동학대처벌법」 제15조제3항에 따라 긴급임시조치를 취소한 때에는 별지 제136호서식의 긴급임시조치 취소결정서를 작성한 후 사건기록에 편철하여야 한다.

④ 경찰관이 「아동학대처벌법」 제13조제1항에 따라 긴급임시조치를 하거나 이 조 제3항에 따라 긴급임시조치를 취소한 때에는 긴급임시조치를 신청한 사람에게 그 처리 결과를 알려주어야 한다. 이 경우 처리 결과의 통보는 서면, 전화, 전자우편, 팩스, 휴대전화 문자전송, 그 밖에 적당한 방법으로 할 수 있다.

제200조(임시조치) ① 경찰관은 「아동학대처벌법」 제14조제1항에 따라 검사에게 임시조치를 신청할 때에는 별지 제119호서식의 임시조치 신청서(사전)에 따른다.

② 피해아동등, 그 법정대리인, 변호사, 시·도지사, 시장·군수·구청장 또는 아동보호전문기관의 장이 「아동학대처벌법」 제14조제2항에 따라 임시조치의 신청을 요청할 때에는 별지 제140호서식의 임시조치 신청 요청서에 따른다.

③ 경찰관은 제2항의 경우에 임시조치의 신청을 요청한 사람에게 별지 제137호서식의 임시조치 신청 요청 처리 결과 통보서에 따라 그 처리 결과를 알려주어야 한다. 이 경우 임시조치의 신청 요청을 받은 경찰관이 임시조치를 신청하지 않은 경우에는 검사와 임시조치의 신청을 요청한 사람에게 별지 제131호서식의 임시조치 미신청 사유 통지서에 따라 그 사유를 통지해야 한다.

④ 아동학대사건의 임시조치 신청에는 제189조제4항부터 제5항까지의 규정을 준용한다. 이때 임시조치통보서는 별지 제123호서식에 따른다.

⑤ 「아동학대처벌법」 제21조제2항에 따라 임시조치 집행을 담당하는 경찰관이 임시조치 이행상황을 통보할 때에는 별지 제132호서식의 임시조치 이행상황 통보서에 따른다.

제201조(아동학대행위자에 대한 조사) 경찰관은 아동학대행위자를 신문하는 경우 「아동학대처벌법」에 따른 임시조치·보호처분·보호명령·임시보호명령 등의 처분을 받은 사실의 유무와, 그러한 처분을 받은 사실이 있다면 그 처분의 내용, 처분을 한 법원 및 처분일자를 확인하여야 한다.

제202조(아동보호사건 송치) ① 경찰관은 아동학대범죄를 신속히 수사하여「아동학대처벌법」 제24조의 규정에 따라 사건을 검사에게 송치하여야 한다. 이때「수사준칙」 제51조제1항제3호의 각목에 해당하는 사건인 경우에는 「경찰수사규칙」 별지 제115호서식의 송치 결정서에 그 내용을 적어야 한다.

② 아동보호사건 송치 시 사건송치서 죄명란에는 해당 죄명을 적고 비고란에 '아동보호사건' 이라고 표시한다.

③ 경찰관은 아동학대사건 송치 시 사건의 성질·동기 및 결과, 아동학대행위자와 피해아동과의 관계, 아동학대행위자의 성행 및 개선 가능성 등을 고려하여 「아동학대처벌법」의 아동보호사건으로 처리함이 상당한지 여부에 관한 의견을 제시할 수 있다.

제203조(보호처분결정의 집행) ① 경찰관은 「아동학대처벌법」 제38조제1항에 따른 법원의 요청이 있는 경우에는 보호처분의 결정을 집행하여야 한다.

② 「아동학대처벌법」 제38조제2항에 따라 보호처분의 집행을 담당하는 경찰관이 시·도지사 등에게 보호처분 이행상황을 통보할 때에는 별지 제133호서식의 보호처분 이행상황 통보서에 따른다.

제204조(증거보전의 특례) 아동보호사건에서 증거보전의 특례에 관하여는 제185조를 준용한다. 이 경우 "성폭력 피해자"는 "피해아동등"으로 본다.

제205조(의무위반사실의 통보) 경찰관은 「아동학대처벌법」 제63조제1항제2호부터 제5호까지에 따른 의무위반사실을 알게 된 때에는 그 사실을 별지 제138호서식의 의무위반사실 통보서에 따라 관계 행정기관의 장에게 통보할 수 있다.

제6절 외국인 등 관련범죄에 관한 특칙

제206조(준거규정) 외국인관련범죄 또는 우리나라 국민의 국외범, 대·공사관에 관한 범죄 그 외 외국에 관한 범죄(이하 "외국인 등 관련범죄"라 한다)의 수사에 관하여 조약, 협정 그 밖의 특별한 규정이 있을 때에는 그에 따르고, 특별한 규정이 없을 때에는 본 절의 규정에 의하는 외에 일반적인 수사절차를 따른다.

제207조(국제법의 준수) 경찰관은 외국인 등 관련범죄의 수사를 함에 있어서는 국제법과 국제조약에 위배되는 일이 없도록 유의하여야 한다.

제208조(외국인 등 관련범죄 수사의 착수) 경찰관은 외국인 등 관련 범죄 중 중요한 범죄에 관하여는 미리 국가수사본부장에게 보고하여 그 지시를 받아 수사에 착수하여야 한다. 다만, 급속을 요하는 경우에는 필요한 처분을 한 후 신속히 국가수사본부장의 지시를 받아야 한다.

제209조(대·공사 등에 관한 특칙) ① 경찰관은 외국인 등 관련범죄를 수사함에 있어서는 다음 각 호의 어느 하나에 해당하는 사람의 외교 특권을 침해하는 일이 없도록 주의하여야 한다.

1. 외교관 또는 외교관의 가족

2. 그 밖의 외교의 특권을 가진 사람

② 경찰관은 제1항에 규정된 사람의 사용인을 체포하거나 조사할 필요가 있다고 인정될 때에는 현행범인의 체포 그 밖의 긴급 부득이한 경우를 제외하고는 미리 국가수사본부장에게 보고하여 그 지시를 받아야 한다.

③ 경찰관은 피의자가 외교 특권을 가진 사람인지 여부가 의심스러운 경우에는 신속히 국가수사본부장에게 보고하여 그 지시를 받아야 한다.

제210조(대 · 공사관 등에의 출입) ① 경찰관은 대､공사관과 대､공사나 대､공사 관원의 사택 별장 혹은 그 숙박하는 장소에 관하여는 해당 대､공사나 대､공사 관원의 청구가 있을 경우 이외에는 출입해서는 아니 된다. 다만, 중대한 범죄를 범한 자를 추적 중 그 사람이 위 장소에 들어간 경우에 지체할 수 없을 때에는 대､공사, 대､공사관원 또는 이를 대리할 권한을 가진 사람의 사전 동의를 얻어 수색하여야 한다.

② 경찰관이 제1항에 따라 수색을 행할 때에는 지체 없이 국가수사본부장에게 보고하여 그 지시를 받아야 한다.

제211조(외국군함에의 출입) ① 경찰관은 외국군함에 관하여는 해당 군함의 함장의 청구가 있는 경우 외에는 이에 출입해서는 아니 된다.

② 경찰관은 중대한 범죄를 범한 사람이 도주하여 대한민국의 영해에 있는 외국 군함으로 들어갔을 때에는 신속히 국가수사본부장에게 보고하여 그 지시를 받아야 한다. 다만, 급속을 요할 때에는 해당 군함의 함장에게 범죄자의 임의의 인도를 요구할 수 있다.

제212조(외국군함의 승무원에 대한 특칙) 경찰관은 외국군함에 속하는 군인이나 군속이 그 군함을 떠나 대한민국의 영해 또는 영토 내에서 죄를 범한 경우에는 신속히 국가수사본부장에게 보고하여 그 지시를 받아야 한다. 다만, 현행범 그 밖의 급속을 요하는 때에는 체포 그 밖의 수사상 필요한 조치를 한 후 신속히 국가수사본부장에게 보고하여 그 지시를 받아야 한다.

제213조(영사 등에 관한 특칙) ① 경찰관은 임명국의 국적을 가진 대한민국 주재의 총영사, 영사 또는 부영사에 대한 사건에 관하여 구속 또는 조사할 필요가 있다고 인정될 때에는 미리 국가수사본부장에게 보고하여 그 지시를 받아야 한다.

② 경찰관은 총영사, 영사 또는 부영사의 사무소는 해당 영사의 청구나 동의가 있는 경우 외에는 이에 출입해서는 아니 된다.

③ 경찰관은 총영사, 영사 또는 부영사의 사택이나 명예영사의 사무소 혹은 사택에서 수사할 필요가 있다고 인정될 때에는 미리 국가수사본부장에게 보고하여 그 지시를 받아야 한다.

④ 경찰관은 총영사, 영사 또는 부영사나 명예영사의 사무소 안에 있는 기록문서에 관하여는 이를 열람하거나 압수하여서는 아니 된다.

제214조(외국 선박 내의 범죄) 경찰관은 대한민국의 영해에 있는 외국 선박내에서 발생한 범죄로서 다음 각호의 어느 하나에 해당하는 경우에는 수사를 하여야 한다.

1. 대한민국 육상이나 항내의 안전을 해할 때
2. 승무원 이외의 사람이나 대한민국의 국민에 관계가 있을 때
3. 중대한 범죄가 행하여졌을 때

第215條(외국인에 대한 조사) ① 경찰관은 외국인의 조사와 체포、구속에 있어서는 언어, 풍속과 습관의 특성을 고려하여야 한다.

② 경찰관은 「경찰수사규칙」 제91조제2항에 따라 고지한 경우 피의자로부터 별지 제118호서식의 영사기관통보요청확인서를 작성하여야 한다.

③ 경찰관은 「경찰수사규칙」 제91조제3항에도 불구하고, 별도 외국과의 조약에 따라 피의자 의사와 관계없이 해당 영사기관에 통보하게 되어 있는 경우에는 반드시 이를 통보하여야 한다.

④ 「경찰수사규칙」 제91조제3항부터 제4항까지 및 이 조 제2항부터 제3항까지의 서류는 수사기록에 편철하여야 한다.

第216條(외국인 피의자에 대한 조사사항) 경찰관은 피의자가 외국인인 경우에는 제71조에 열거한 사항 외에 다음 각 호의 사항에 유의하여 피의자신문조서를 작성하여야 한다.

1. 국적, 출생지와 본국에 있어서의 주거
2. 여권 또는 외국인등록 증명서 그 밖의 신분을 증명할 수 있는 증서의 유무
3. 외국에 있어서의 전과의 유무
4. 대한민국에 입국한 시기 체류기간 체류자격과 목적
5. 국내 입、출국 경력
6. 가족의 유무와 그 주거

第217條(통역인의 참여) ① 경찰관은 외국인인 피의자 및 그 밖의 관계자가 한국어에 능통하지 않는 경우에는 통역인으로 하여금 통역하게 하여 한국어로 피의자신문조서나 진술조서를 작성하여야 하며 특히 필요한 때에는 외국어의 진술서를 작성하게 하거나 외국어의 진술서를 제출하게 하여야 한다.

② 경찰관은 외국인이 구술로써 고소、고발이나 자수를 하려 하는 경우에 한국어에 능통하지 않을 때의 고소、고발 또는 자수인 진술조서는 제1항의 규정에 준하여 작성하여야 한다.

第218條(번역문의 첨부) 경찰관은 다음 각 호의 경우 번역문을 첨부하여야 한다.

1. 외국인에 대하여 구속영장 그 밖의 영장을 집행하는 경우
2. 외국인으로부터 압수한 물건에 관하여 압수목록교부서를 교부하는 경우

제7절 마약류범죄 관련 특칙

第219條(마약류범죄수사 입국·상륙절차 특례 등의 신청) ① 경찰관이 「마약류 불법거래 방지에 관한 특례법」 제3조제5항 또는 제4조제3항에 따라 검사에게 입국、상륙절차의 특례, 체류부적당 통보, 반출、반입 특례 등을 신청할 때에는 별지 제141호서식부터 별지 제143호서식까지의 입국、상륙절차 특례 신청서, 체류

부적당통보신청서, 세관절차특례신청서 등을 제출하여야 한다.

② 경찰관이 제1항에 따라 신청하였을 때에는 별지 제144호서식의 특례조치 등 신청부에 필요한 사항을 적어야 한다.

제8절 보전절차에 관한 특칙

제220조(몰수 · 부대보전 신청) 경찰관이 「마약류 불법거래 방지에 관한 특례법」 제34조제1항, 「공무원범죄에 관한 몰수 특례법」 제24조제1항 또는 「불법정치자금 등의 몰수에 관한 특례법」 제23조제1항에 따라 몰수、부대보전을 신청하였을 때에는 별지 제145호서식에 따른 몰수、부대보전 신청부를 작성하고, 필요한 사항을 적어야 한다.

제221조(추징보전의 신청 등) 경찰관이 「마약류 불법거래 방지에 관한 특례법」 제53조제1항 또는 같은 법 제53조제4항 및 제57조에 따라 추징보전 또는 추징보전명령의 취소를 신청하였을 때에는 별지 제146호서식의 추징보전 신청부를 작성하고, 필요한 사항을 적어야 한다.

제9절 보석자 등의 관찰

제222조(보석자 등의 관찰) ① 경찰서장은 「형집행정지자관찰규정」 제2조제1항에 따라 검사로부터 그 관할구역 내에 거주하는 형집행정지자에 대한 관찰을 요청받은 경우에는 매월 1회 이상 형집행정지사유 존속 여부를 관찰하여 통보하여야 한다.

② 경찰서장은 형사소송규칙 제55조의3에 따라 법원으로부터 「형사소송법」 제98조제3호의 보석조건으로 석방된 피고인의 주거 제한 준수 여부에 대한 조사를 요구받은 때에는 당해 사건을 수사한 경찰관 그 밖의 적당한 경찰관을 지정하여 주거지의 현주 여부 등을 관찰하여 회보하여야 한다.

제223조(관찰상의 주의) 경찰관은 보석 피고인, 구속집행정지자, 형집행정지자에 대한 관찰은 적절한 방법으로 행하여야 하며, 피관찰자 또는 그 가족의 명예나 신용을 부당하게 훼손하지 아니하도록 주의하여야 한다.

제224조(관찰부) 경찰관은 제222조 및 「경찰수사규칙」 제6조에 따라 관찰하였을 때에는 별지 제147호서식의 보석자、형집행정지자 관찰부에 그 관찰상황을 명백하게 적어두어야 한다.

제10절 즉결심판에 관한 특칙

제225조(정식재판의 청구) ① 피고인이 「즉결심판에 관한 절차법」(이하 "「즉결심판법」"이라 한다) 제14조제1항에 따라 정식재판청구서를 경찰서장에게 제출하는 때에는 별지 제152호서식의 정식재판청구서에 따른다.

② 경찰서장이 「즉결심판법」 제14조제2항에 따라 검사의 승인을 얻을 때는 별

지 제154호서식의 정식재판청구 승인 요청서에, 판사에게 정식재판청구서를 제출할 때는 별지 제153호서식의 정식재판청구서(경찰서장)에 따른다.

③ 경찰서장이 「즉결심판법」 제14조제3항에 따라 관할 지방검찰청 또는 지청의 장에게 사건기록과 증거물 등을 송부할 때는 별지 제155호서식의 즉결심판사건기록송부서에 따른다.

제3편 수사종결 등에 관한 사항

제1장 통칙

제226조(수사자료표의 작성) ① 경찰관은 「형의 실효 등에 관한 법률」 제5조제1항에 따라 다음 각호를 제외한 피의자에 대한 수사자료표를 작성하여야 한다.

1. 즉결심판 대상자
2. 고소 또는 고발로 수리한 사건 중 「수사준칙」 제51조제1항제3호의 각 목에 해당하는 사건의 피의자

② 제1항의 경우 전자수사자료표시스템을 이용하여 전자문서로 작성한다. 다만, 입원, 교도소 수감 등 불가피한 사유로 피의자가 경찰관서에 출석하여 조사받을 수 없는 경우에는 종이 수사자료표를 작성하여 입력한다.

③ 그 밖의 수사자료표 작성과 관련된 세부적인 사항은 「지문 및 수사자료표 등에 관한 규칙」에 따른다.

제227조(장기사건 수사종결) 경찰관은 「경찰수사규칙」 제95조에 따라 장기사건을 연장하려는 때에는 별지 제157호서식의 수사기일 연장 건의서를 작성하여 상급 수사부서장에게 제출하여야 한다.

제227조의2(관리미제사건) ① 수사를 진행하였으나 피의자를 특정할 수 없어 종결할 수 없는 사건은 추가 단서 확보 시까지 "관리미제사건"으로 별도 등록하여 관리할 수 있다. 이 경우 경찰관은 관리미제사건으로 등록한 후에도 피의자 특정이 가능한 추가 단서 확보를 위해 노력하여야 한다.

② 경찰관은 관리미제사건을 등록하고자 하는 경우에는 별지 제188호서식의 관리미제사건 등록 보고서에 따라 소속 수사부서의 장에게 보고하여 승인을 받아야 하며, 별지 제189호서식의 관리미제사건 등록서에 따라 관리하여야 한다.

③ 시·도 경찰청장은 소속 경찰관서를 대상으로 연 1회 이상 관리미제사건 등록 및 관리의 적정성을 점검하여야 한다.

④ 경찰관은 관리미제사건으로 등록한 날로부터 7일 이내에 피해자 또는 그 법정대리인(피해자가 사망한 경우에는 그 배우자·직계친족·형제자매를 포함한다. 이하 본조에서 "피해자등"이라 한다)에게 수사 진행상황을 통지한다. 다만, 피해자등의 연락처를 모르거나 소재가 확인되지 않으면 연락처나 소재를 알게 된 날부터 7일 이내에 수사진행상황을 통지한다.

⑤ 제4항에 따른 통지는 서면, 전화, 팩스, 전자우편, 문자메시지 등 피해자등이

요청한 방법으로 할 수 있으며, 피해자등이 별도로 요청한 방법이 없는 경우에는 서면 또는 문자메시지로 통지한다. 이 경우 서면으로 하는 통지는 별지 제190호서식의 관리미제사건 등록 통지서에 따른다.

⑥ 경찰관은 수사 진행상황을 서면으로 통지한 경우에는 그 사본을, 그 밖의 방법으로 통지한 경우에는 그 취지를 적은 서면을 사건기록에 편철하여야 한다.

⑦ 제4항과 제5항의 통지의 경우에 「범죄피해자 보호법 시행령」을 준수하여야 한다.

제227조의3(고소 · 고발 연장 승인) 경찰관은 「경찰수사규칙」 제24조제2항에 따라 3개월 이내 수사를 완료하지 못하여 수사기간을 연장하는 경우에는 3개월마다 별지 제157호의2서식의 수사기일 연장 건의서(고소、고발)를 작성하여 소속 수사부서장의 승인을 받아야 한다.

제228조(수사서류의 사본) 경찰관은 처리한 사건 중 중요도나 특이성 그 밖의 보존의 필요가 있다고 판단되는 사건에 대하여는 해당 사건의 수사서류의 사본을 작성하여 이를 보존할 수 있다. 다만, 사용 목적을 달성하였거나 그 목적 달성을 위한 기간 경과 시 즉시 이를 폐기해야 한다.

제2장 수사종결

제229조(송치 서류) ① 「경찰수사규칙」 제103조제2항제5호의 그 밖의 서류는 접수 또는 작성순서에 따라 편철하고 같은 조 같은 항 제4호와 제5호의 서류는 각 장마다 면수를 기입하고 같은 조 같은 항 제2호부터 제4호까지의 서류에는 송치명의인으로 간인하여야 한다.

② 「경찰수사규칙」 제103조제2항제4호의 서류에는 각 장마다 면수를 기입하되, 1장으로 이루어진 때에는 1로 표시하고, 2장 이상으로 이루어진 때에는 1-1, 1-2, 1-3의 방법으로 하여야 한다.

③ 경찰관은 「수사준칙」 제58조에 따라 사건을 송치할 때에는 소속 경찰관서장인 사법경찰관의 명의로 하여야 한다. 다만, 소속 경찰관서장이 사법경찰관이 아닌 경우에는 수사주무과장인 사법경찰관 명의로 하여야 한다.

④ 통신제한조치를 집행한 사건의 송치 시에는 사건송치서 증거품 란에 "통신제한조치"라고 표기하고 통신제한조치 집행으로 취득한 물건은 압수물에 준하여 송부하여야 한다.

⑤ 경찰관이 다음 각 호의 어느 하나에 해당하는 귀중품을 송치할 때에는 감정서 1부를 첨부하여야 한다.

1. 통화、외국환 및 유가증권에 준하는 증서
2. 귀금속류 및 귀금속제품
3. 문화재 및 고가예술품
4. 그 밖에 검사 또는 법원이 특수압수물로 분류지정하거나 고가품 또는 중요한 물건으로서 특수압수물로 인정하는 물건

⑥ 사건송치 전 수사진행 단계에서 구속영장, 압수·수색·검증영장, 통신제한조치 허가를 신청 등을 하는 경우 영장등 신청 서류 등에 관하여는 「경찰수사규칙」 제103조제2항 및 이 조 제1항부터 제3항까지를 준용한다.

제230조(불송치 서류 등) ① 고소·고발 수리하여 수사한 사건이 다음 각 호의 어느 하나에 해당하는 경우에는 범죄·수사경력 회보서를 첨부하지 아니할 수 있다.

1. 혐의없음
2. 공소권없음
3. 죄가안됨
4. 각하
5. 수사중지(참고인중지)

② 「경찰수사규칙」 제109조제2항제5호의 그 밖의 서류는 접수 또는 작성순서에 따라 편철하고 같은 조 같은 항 제4호와 제5호의 서류는 각 장마다 면수를 기입하고 같은 조 같은 항 제2호부터 제4호까지의 서류에는 송부명의인으로 간인하여야 한다.

③ 「경찰수사규칙」 제109조제2항제4호의 서류에는 각 장마다 면수를 기입하되, 1장으로 이루어진 때에는 1로 표시하고, 2장 이상으로 이루어진 때에는 1-1, 1-2, 1-3의 방법으로 하여야 한다.

④ 경찰관은 「경찰수사규칙」 제108조에 따라 불송치 결정한 사건을 송부할 때에는 소속 경찰관서장인 사법경찰관의 명의로 하여야 한다. 다만, 소속 경찰관서장이 사법경찰관이 아닌 경우에는 수사주무과장인 사법경찰관 명의로 하여야 한다.

⑤ 통신제한조치를 집행한 사건의 송부 시에는 불송치 기록 송부서 증거품 란에 "통신제한조치"라고 표기하고 통신제한조치 집행으로 취득한 물건은 압수물에 준하여 송부하여야 한다.

제3장 장부와 비치서류

제231조(장부와 비치서류) ① 경찰관서에는 다음의 장부와 서류를 갖추어 두어야 한다.

1. 범죄사건부
2. 압수부
3. 〈삭제〉
4. 체포영장신청부
5. 체포·구속영장집행부
6. 긴급체포원부
7. 현행범인체포원부
8. 구속영장 신청부
9. 압수·수색·검증영장 신청부
10. 체포·구속인 접견·수진·교통·물품차입부

23. 긴급통신제한조치통보서발송부
24. 통신제한조치 집행사실 통지부
25. 통신제한조치 집행사실 통지유예 승인신청부
26. 통신사실 확인자료제공 요청허가 신청부
27. 긴급 통신사실 확인자료제공 집행대장(사후허가용)
28. 통신사실 확인자료제공 요청집행대장(사전허가용)
29. 통신사실 확인자료 회신대장

11. 체포、구속인 명부
12. 보석(구속집행정지)자 관찰부
13. 〈삭제〉
14. 〈삭제〉
15. 〈삭제〉
16. 〈삭제〉
17. 〈삭제〉
18. 〈삭제〉
19. 〈삭제〉
20. 통신제한조치 허가신청부
21. 통신제한조치집행대장
22. 긴급통신제한조치대장
30. 통신사실 확인자료제공 요청 집행 사실통지부
31. 통신사실 확인자료제공 요청 집행 사실통지유예 승인신청부
32. 영상녹화물 관리대장
33. 〈삭제〉
34. 〈삭제〉
35. 긴급 통신사실 확인자료제공 요청 대장
36. 특례조치등 신청부
37. 몰수、부대보전 신청부
38. 임시조치 신청부

② 제1항 각 호의 장부와 비치서류 중 형사사법정보시스템에 그 작성、저장、관리 기능이 구현되어 있는 것은 전자적으로 관리할 수 있다.

③ 제2항의 경우 전자장부와 전자비치서류는 종이 장부 및 서류의 개별 항목을 포함하여야 한다.

제232조(범죄 사건부) ① 경찰관은 범죄사건을 접수하거나 입건, 수사, 「수사준칙」 제51조제1항의 결정을 할 때에는 범죄사건부에 접수일시, 접수구분, 수사담당자, 피의자, 조회상황, 죄명, 범죄일시, 장소, 피해정도, 피해자, 체포、구속내용, 석방연월일 및 사유, 결정일자, 결정종류, 압수번호, 수사미결사건철번호, 검사처분, 판결내용, 범죄원표번호, 그 밖의 필요한 사항을 기입하여야 한다.

② 경찰관은 압수물건이 있을 때에는 압수부에 압수연월일, 압수 물건의 품종, 수량, 소유자 및 피압수자의 주거, 성명 등을 기록하고 그 보관자, 취급자, 처분연월일과 요지 등을 기입하여야 한다.

제233조 〈삭제〉

제234조 〈삭제〉

제235조 〈삭제〉

제236조 〈삭제〉

제237조 〈삭제〉

제238조 〈삭제〉

제239조(서류철의 색인목록) ① 서류철에는 색인목록을 붙여야 한다.

② 서류편철 후 그 일부를 빼낼 때에는 색인목록 비고란에 그 연월일과 사유를 적고 그 담당 경찰관이 날인하여야 한다.

제240조(임의의 장부) 수사상 필요하다고 인정할 때에는 제231조제1항 각 호에 따른 장부와 서류철 이외에 필요한 장부 또는 서류철을 비치할 수 있다.

제241조(장부 등의 갱신) ① 수사사무에 관한 장부와 서류철은 매년 이를 갱신하여야 한다. 다만, 필요에 따라서는 계속 사용할 수 있다.

② 제1항의 단서의 경우에는 그 연도를 구분하기 위하여 간지 등을 삽입하여 분명히 하여야 한다.

제242조(장부 및 서류의 보존기간) 장부 및 서류는 다음의 기간 이를 보존하여야 한다.

1. 범죄사건부 25년
2. 압수부 25년
3. 〈삭제〉
4. 체포영장신청부 2년
5. 체포、구속영장집행부 2년
6. 긴급체포원부 2년
7. 현행범인체포원부 2년
8. 구속영장 신청부 2년
9. 압수、수색、검증영장 신청부 2년
10. 체포、구속인 접견、수진、교통、물품차입부 2년
11. 체포、구속인 명부 25년
12. 보석(구속집행정지)자 관찰부 2년
13. 〈삭제〉
14. 〈삭제〉
15. 〈삭제〉
16. 〈삭제〉
17. 〈삭제〉
18. 〈삭제〉
19. 〈삭제〉
20. 통신제한조치 허가신청부 3년
21. 통신제한조치집행대장 3년
22. 긴급통신제한조치대장 3년
23. 긴급통신제한조치통보서발송부 3년
24. 통신제한조치 집행사실통지부 3년
25. 통신제한조치 집행사실통지 유예 승인신청부 3년
26. 통신사실 확인자료제공 요청 허가 신청부 3년
27. 긴급 통신사실 확인자료제공 집행 대장(사후허가용) 3년
28. 통신사실 확인자료제공 요청집행 대장(사전허가용) 3년
29. 통신사실 확인자료 회신대장 3년
30. 통신사실 확인자료제공 요청 집행 사실통지부 3년
31. 통신사실 확인자료제공 요청 집행 사실통지유예 승인신청부 3년
32. 영상녹화물관리대장 25년
33. 〈삭제〉
34. 〈삭제〉
35. 긴급 통신사실 확인자료제공 요청 대장 3년
36. 특례조치등 신청부 2년
37. 몰수、부대보전신청부 10년
38. 임시조치 신청부 2년

제243조(보존기간의 기산 등) ① 보존기간은 사건처리를 완결하거나 최종절차를 마친 다음해 1월 1일부터 기산한다.

② 보존기간이 경과한 장부와 서류철은 보존문서 기록대장에 주서로 폐기일자를 기입한 후 폐기하여야 한다.

제4장 사건기록의 관리

제244조(사건기록) "사건기록"이란 다음 각 호의 서류 등을 말한다.

1. 수사 및 입건 전 조사에 관한 문서와 기록, 그 밖의 관계 서류 또는 물건

(도면·사진·디스크·테이프·필름·슬라이드·영상녹화물·전자기록 등의 특수매체기록을 포함한다)

2. 「경찰수사규칙」 제110조제2항에 따른 기록 및 관계 서류의 등본

제245조(보존기간) ① 다음 각 호의 결정을 한 사건기록은 공소시효가 완성될 때까지 보존한다. 다만, 별표4에 해당하는 사건기록의 경우에는 예외로 한다.

1. 경찰수사규칙 제108조제1항에 따른 불송치 결정
2. 경찰수사규칙 제19조제2항제2호 및 제3호에 따른 입건 전 조사 종결 또는 중지 결정
3. 경찰수사규칙 제98조제1항에 따른 수사중지 결정. 다만, 피의자가 특정되지 않은 수사중지 사건기록의 보존기간은 제2항을 따른다.

② 제227조의2제1항에 따른 관리미제 등록 사건기록은 25년간 보존한다. 다만, 공소시효 정지·연장 등의 사유로 공소시효 기간이 25년을 초과하거나 별표4에 따라 보존기간이 준영구에 해당하는 죄의 사건기록은 준영구로 보존한다.

③ 공소시효의 기간이 3년 미만인 죄에 대한 사건기록은 3년간 보존한다.

④ 「경찰 수사사건 심의 등에 관한 규칙」 제3조 또는 제4조에 따라 처리된 수사심의신청 사건기록의 보존기간은 심의신청의 대상 사건기록의 보존기간을 따른다.

⑤ 하나의 사건이 수개의 죄에 해당하는 경우에는 공소시효가 가장 늦게 완성되는 죄의 공소시효를 따른다.

⑥ 경찰청장은 국내외적으로 중대하거나 경찰업무에 특히 참고가 될 사건에 관한 사건기록에 대해 직권 또는 시·도경찰청장의 요청을 받아 준영구 등 별도의 보존기간을 정할 수 있다.

제246조(범행일자의 산정) 범행일자가 불명확한 사건기록의 보존기간 기산일은 다음 각 호에 따른다.

1. 범행일자가 불명확한 경우에는 범행월의 말일
2. 범행월이 불명확하고 사건에 대한 결정 또는 등록을 한 날이 범행 발생 연도와 같은 경우 및 범행연도가 불명확한 경우에는 사건에 대한 결정 또는 등록을 한 날
3. 범행월이 불명확하고 사건에 대한 결정 또는 등록을 한 날이 범행이 발생한 다음 연도인 경우에는 범행이 발생한 연도의 말일

제247조(보존기간 만료시의 조치) ① 사건기록관리 담당직원은 보존기간이 만료된 사건기록에 대해서는 「공공기록물 관리에 관한 법률 시행령」 제43조에 따라 해당 기록물관리 전문요원의 심사 및 기록물평가심의회의 심의를 거쳐 경찰청장 또는 소속 시·도경찰청장의 허가를 받아 보존기간 재책정, 보류, 폐기 조치를 한다.

② 제1항에 따른 폐기 등 조치를 하는 경우에는 미리 공소시효의 완성, 압수물 처리 등 각종 처리의 완결 여부를 확인하여야 한다.

제248조(입건 전 조사한 변사 사건 기록 관리의 특칙) 입건 전 조사한 변사 사건기록은 다른 사건기록과 별도로 보관ㆍ관리하여야 한다.

제249조(유효기간) 이 규칙은 「훈령ㆍ예규 등의 발령 및 관리에 관한 규정」에 따라 이 규칙을 발령한 후의 법령이나 현실 여건의 변화 등을 검토하여야 하는 2023년 12월 31일까지 효력을 가진다.

부칙

〈제1035호, 2021. 9. 16.〉

이 규칙은 발령한 날부터 시행한다.

〈제1035호, 2021.09.16.〉

이 규칙은 발령한 날부터 시행한다.

〈제1056호, 2022.05.03〉

제1조(시행일) 이 규칙은 발령한 날부터 시행한다.

제2조(사건기록의 적용례) 제244조부터 제247조까지의 개정규정은 2021년 1월 1일 이후 결정한 사건기록의 경우부터 적용한다.

〈제1057호, 2022.06.20.〉

이 규칙은 공포한 날부터 시행한다.

[별표1] 보고 및 수사지휘 대상 중요사건

분류	세부 내용
1. 범죄의 주체	장、차관, 국회의원 및 지방의회의원, 자치단체장, 시·도 교육감, 4급 이상 공무원, 주요기업의 대표 및 임원, 금융기관 대표 및 임원, 유명 연예인·운동선수 등 기타 이에 준하는 저명인사의 범죄
	외교사절, 수행원 기타 이에 준하는 외국 저명인사의 범죄 및 외국 군대의 군인·군속의 범죄, 주한 미합중국 군대의 구성원、외국인 군무원 및 가족이나 초청계약자의 범죄
	법관, 검사 또는 변호사의 범죄
	경찰관 범죄(단 교통사고처리특례법 제3조 제2항 본문 및 제4조 제1항 본문에 정한 교통사고사건 중 경상의 인피사고 또는 물피사고에 관한 것으로 분쟁이 발생할 우려가 없다고 인정되는 사건은 제외)
	정부, 공공기관, 대기업, 주요 협회, 주요 포털、이동통신사、온라인게임사 등 사이버 관련 주요 법인의 범죄
2. 범죄의 대상	장、차관, 국회의원 및 지방의회의원, 자치단체장, 시·도 교육감, 4급 이상 공무원, 주요기업의 대표 및 임원, 금융기관 대표 및 임원, 유명 연예인·운동선수 등 기타 이에 준하는 저명인사에 대한 범죄
	외국의 원수, 외교사절, 수행원 기타 이에 준하는 외국 저명인사에 대한 범죄 및 외국군대의 군인·군속, 주한 미합중국 군대의 구성원、외국인군무원 및 가족이나 초청계약자에 대한 범죄 중 사회적 이목이 집중되거나 사회적 반향이 크다고 인정되는 중요사건
	경찰관, 교도관, 법관, 검사 등 법집행 공무원에 대한 범죄 중 사회적 이목이 집중되거나 사회적 반향이 크다고 인정되는 중요사건
	대규모 국책사업·공익사업을 방해하거나, 공공시설을 파괴 또는 그 기능을 방해하는 범죄 중 사회적 이목이 집중되거나 사회적 반향이 크다고 인정되는 중요사건
	정부, 공공기관, 대기업, 주요 협회, 주요 포털、이동통신사、온라인게임사 등 사이버 관련 주요 법인 등에서 운영하는 주요 시스템을 공격한 사건
3. 수사의 태양	수사본부 또는 수사전담팀 편성이 필요한 사건
	범죄수사를 위해 통신비밀보호법에 의한 '감청'이 필요한 사건 중 보안유지가 필요하고 사회적 이목이 집중되거나 사회적 반향이 크다고 인정되는 중요사건
	다른 경찰관서(시·도경찰청·경찰서) 및 타 기관(검찰·국방부·국세청·국정원 등)과 공조수사 또는 합동수사가 필요한 사건 중 사회적 이목이 집중되거나 사회적 반향이 크다고 인정되는 중요사건
	집중(통합)수사 등 국가수사본부에서 수사지시(지휘)한 사이버 사건

분류	세부 내용
4. 범죄의 종류 및 정도	내란, 외환 또는 국교에 관한 사건
	화재사건 중 다음에 열거한 사건 ① 현주건조물방화(다만, 피의자를 현행범으로 검거하였거나 수단·방법이 명확하여 입증상 문제가 없다고 인정되는 사건은 제외) ② 연쇄방화(원인불명의 화재를 포함) 및 관공서, 학교, 주요 문화재 기타 중요시설에서의 실화사건(다만, 원인이 명확하고 입증상 문제가 없다고 인정되는 사건은 제외)
	통화위조·동행사사건 중 범죄수법이 특이하거나 사회적 이목이 집중되거나 사회적 반향이 크다고 인정되는 중요사건
	공문서위조·변조·동행사사건 및 유가증권 위조·변조·동행사사건 중 사회의 존립에 위험을 발생시켜 현저하게 신용질서를 해칠 우려가 있는 사건
	집단 또는 범행수법이 특이하거나 연속적으로 발생한 강간 또는 강제추행 사건
	증·수뢰사건 중 특정범죄 가중처벌 등에 관한 법률위반이 적용되는 사안으로 사회적 이목이 집중되거나 사회적 반향이 크다고 인정되는 중요사건
	살인 및 강도사건(경찰관이 피의자를 현행범으로 검거한 경우에는 '5. 기타 시·도경찰청장이 지정한 사건' 에 해당할 시 보고)
	불특정 또는 다수인을 대상으로 흉기를 사용하거나, 범행수법이 특이하거나 잔인한 상해, 상해치사 사건
	과실치사상 사건(교통사고사건은 제외한다) 중 사망자 1인 이상 또는 사상자 5인 이상의 사건
	약취·유인, 체포·감금사건 중 피해자의 생명에 위험이 미칠 우려가 있는 사건
	인신매매사건
	절도사건 중 다음에 열거한 사건 ① 피해액이 1천만원 상당 이상인 사건 ② 조직적인 절도사건 중 피의자 또는 범죄 건수가 다수인 사건 ③ 신종 또는 특이한 수법으로 분석 및 정보공유가 필요한 사건
	피해액 5억원 이상 또는 범행 수법이 특이한 사기, 공갈, 횡령·배임 사건
	치사를 수반한 결과적 가중범

분류	세부 내용
4. 범죄의 종류 및 정도	특별법 위반의 죄 중 중요하고 사회적 이목이 집중되거나 사회적 반향이 크다고 인정되는 중요사건
	선거관계범죄 중 사회적 이목이 집중되거나 사회적 반향이 크다고 인정되는 중요사건
	금융 관련범죄, 증권거래 관련범죄, 기업경영 관련범죄, 기타 국민경제에 중대한 영향을 미치고 시장경제질서를 해칠 우려가 있는 범죄
	폭력단체 관련범죄
	약물에 관한 범죄
	총기를 사용한 살인·강도·절도·폭력사건, 총기 불법 유통사건
	환경 관련 범죄 중 조직적, 계획적 또는 광역적으로 행해졌고, 사회적 이목이 집중되거나 사회적 반향이 크다고 인정되는 중요사건
	위험물 관련범죄 중 위험물의 성질 등에 비추어 공공의 위험성이 높은 사건
	풍속관련 범죄 중 조직적 또는 계획적으로 행해졌고, 정치인, 유명 연예인 등 사회 저명인사가 연루되었거나, 사회적 이목이 집중되거나 사회적 반향이 크다고 인정되는 중요사건
	실종·아동학대·소년범죄 중 범행수법이 특이하고 잔인하거나, 사회적 이목이 집중되거나 사회적 반향이 크다고 인정되는 중요사건
	교통사고사건 중 다음에 열거한 사건 ① 사망뺑소니사건 중 사회적 이목이 집중되거나 사회적 반향이 크다고 인정되는 중요사건 ② 인피사고 중 사망자 3인 이상 또는 사상자 20인 이상으로 사회적 이목이 집중되거나 사회적 반향이 크다고 인정되는 중요사건 ③ 범행수법이 특이한 사건 또는 사회적 이목이 집중되거나 사회적 반향이 크다고 인정되는 중요사건
	공안범죄 중 다음에 열거한 사건 ① 국가보안법위반의 죄 ② 군형법중 반란·이적의죄·군사기밀누설죄 및 암호부정사용죄 ③ 군사기밀보호법위반의 죄 ④ 국제테러리즘에 관한 사건 ⑤ 안보관련 범죄 중 사회적 이목이 집중되거나 사회적 반향이 크다고 인정되는 중요사건

<table>
<tr><th>분류</th><th>세부 내용</th></tr>
<tr><td rowspan="6">4.범죄의 종류 및 정도</td><td>해킹、디도스、악성프로그램 관련 범죄 중 다음에 열거한 사건
① 주요 정부기관、공기업、민간업체에 대한 정보통신망 침해사건
② 정보통신망을 침해하여 5천만원 이상 부당이득을 취득한 피의자 검거
③ 악성프로그램을 유포하여 국내 50대 이상 서버、PC를 감염시킨 피의자 검거
④ 신종 해킹 사건</td></tr>
<tr><td>다중피해 사이버사기 범죄 중 피해자 100명 이상 또는 피해액 1억원 이상인 사건</td></tr>
<tr><td>피해자 50명 이상 또는 피해액 2천만원 이상이거나 범행수법이 특이한 피싱、파밍、스미싱 등 사이버금융범죄</td></tr>
<tr><td>개인정보 침해범죄 중 다음에 열거한 사건
① 100만명 이상 개인정보를 불법 수집、이용、제공한 피의자 검거
② 부정하게 취득한 10만명 이상의 개인정보를 이용하여 2천만원 이상의 부당이득을 취득한 피의자 검거</td></tr>
<tr><td>사이버성폭력 범죄 중 다음에 열거한 사건
① 다크웹, 텔레그램 등 SNS、웹하드、불법사이트 등을 이용한 운영자급 주범 검거
② 성착취물 등 제작、유통하여 3천만원 이상 부당이득을 취득한 피의자 검거</td></tr>
<tr><td>기타 사이버범죄 중 다음에 열거한 중요 사건
① 사이버도박 - 총 매출액(입금액 기준) 1천억원 이상 도박 사이트 운영자 검거
② 사이버저작권 침해 - 1억원 이상의 부당이득을 취득한 피의자 검거
③ 몸캠피싱 - 피해자 10명 이상 또는 피해액 1억원 이상
④ 사이버선거 - 모든 사이버선거 사건
⑤ 국제공조 수사를 통해 주요 사이버범죄 피의자를 검거한 사건
⑥ 사이버범죄 관련 지명수배、통보 10건 이상 수배자 검거 사건</td></tr>
<tr><td colspan="2">5. 기타 시 · 도경찰청장이 지정한 아래의 사건
① 범인검거, 피해자 보호 등 수사를 위해 타관서와의 공조, 시、도경찰청 직접수사부서의 투입 등 지원이 필요한 사건
② 시、도경찰청장의 지휘가 필요한 사회적 이목이 집중되거나 사회적 반향이 크다고 인정되는 중요사건</td></tr>
</table>

[별표2]

보고 절차 및 방법

보고 절차	◦ 지구대장·파출소장은 경찰서장에게 보고, 경찰서장이 시·도경찰청장에게 보고, 시·도경찰청장은 국가수사본부장에게 보고(**국가수사본부 조치가 필요한 사항은 국가수사본부까지 보고하고, 시·도경찰청에서 조치해야할 사항은 시·도경찰청에 보고**) ◦ 단, 필요시 경찰서장은 시·도경찰청장과 국가수사본부장에게 동시보고
보고 시점	◦ 사건 발생 또는 검거시 ◦ 필요성이 있는 경우 첩보입수·수사(내사) 착수시, 압수수색·체포·구속영장신청, 수사종결 등 중요수사 진행사항 발생시에도 보고
보고 종류	◦ 사건발생시는 발생보고 ◦ 피의자검거시는 검거보고 ◦ 첩보입수, 수사(내사) 착수시, 수사종결시, 중요수사진행사항 발생시는 수사사항보고
보고 방법	◦ 형사사법정보시스템 또는 팩시밀리로 보고 ◦ 긴급시에는 일단 유·무선 전화를 사용하여 보고한 후, 형사사법정보시스템 또는 팩시밀리로 보고

[별표4]

사건기록 보존기간의 특칙(제245조 제1항 관련)

보존 기간	대상기록물
준영구	1. 공소시효의 적용이 배제되는 죄의 사건기록 2. 사람을 사망에 이르게 한 죄의 사건기록 3. 「형법 제2편제1장 · 제2장의 죄의 사건기록 4. 「국가보안법」 위반의 죄의 사건기록 5. 「특정범죄 가중처벌 등에 관한 법률」 제2조의 죄의 사건기록 6. 「국제상거래에 있어서 외국공무원에 대한 뇌물방지법」 제3조제1항의 죄의 사건기록
25년	1. 변사, 화재, 안전사고 사건기록 2. 대상자를 발견하지 못한 실종 사건기록(입건한 경우 포함) 3. 「문화재보호법」 제90조, 제92조의 죄 및 「매장문화재 보호 및 조사에 관한 법률」 제31조의 죄의 사건기록
3년	1. 입건 전 조사 사건 중 공람종결 결정한 사건기록 2. 죄명이 특정되지 않는 사건기록

[별지1]

[불송치 결정종류]

[피의사실의 요지와 불송치 이유]

※ 불송치 결정 종류 안내

ˎ 혐의없음 결정은 증거 부족 또는 법률상 범죄가 성립되지 않아 처벌할 수 없다는 결정입니다. ˎ 죄가안됨 결정은 피의자가 14세 미만이거나 심신상실자의 범행 또는 정당방위 등에 해당되어 처벌할 수 없는 경우에 하는 결정입니다. ˎ 공소권없음 결정은 처벌할 수 있는 시효가 경과되었거나 친고죄에 있어서 고소를 취소한 경우 등 법률에 정한 처벌요건을 갖추지 못하여 처벌할 수 없다는 결정입니다. ˎ 각하 결정은 위 세 결정의 사유에 해당함이 명백하거나, 고소인 또는 고발인으로부터 고소·고발 사실에 대한 진술을 청취할 수 없는 경우 또는 사안이 경미하여 수사의 필요성이 인정되지 않는 경우 등에 하는 결정입니다.

경찰수사규칙

[시행 2022. 1. 4.] [행정안전부령 제305호, 2022. 1. 4., 일부개정]

제1편 총칙

제1조(목적) 이 규칙은 경찰공무원(해양경찰청 소속 경찰공무원은 제외한다)인 사법경찰관리가 「형사소송법」 및 「검사와 사법경찰관의 상호협력과 일반적 수사준칙에 관한 규정」 등 수사 관계 법령에 따라 수사를 하는 데 필요한 사항을 규정함을 목적으로 한다.

제2조(인권 보호 및 적법절차의 준수) ① 사법경찰관리는 수사를 할 때에는 합리적 이유 없이 피의자와 그 밖의 피해자·참고인 등(이하 "사건관계인"이라 한다)의 성별, 종교, 나이, 장애, 사회적 신분, 출신지역, 인종, 국적, 외모 등 신체조건, 병력(病歷), 혼인 여부, 정치적 의견 및 성적(性的) 지향 등을 이유로 차별해서는 안 된다.

② 사법경찰관리는 「형사소송법」(이하 "법"이라 한다) 및 「검사와 사법경찰관의 상호협력과 일반적 수사준칙에 관한 규정」(이하 "수사준칙"이라 한다) 등 관계 법령을 준수하고 적법한 절차와 방식에 따라 수사해야 한다.

제2편 협력

제3조(협력의 방식 등) ① 사법경찰관리는 수사준칙 제6조에 따라 검사가 수사, 공소제기 및 공소유지와 관련하여 협력의 요청·요구·신청 등(이하 "협력요청등"이라 한다)을 하는 경우에는 상호 존중을 바탕으로 적극 협조해야 한다.

② 사법경찰관리는 검사에게 협력요청등을 하는 경우에는 「형사사법절차 전자화 촉진법」 제2조제4호에 따른 형사사법정보시스템(이하 "형사사법정보시스템"이라 한다) 또는 서면으로 해야 한다.

③ 천재지변 또는 긴급한 상황이 발생하거나 수사 현장에서 협력요청등을 하는 경우 등 제2항의 방식으로 협력요청등을 하는 것이 불가능하거나 현저히 곤란한 경우에는 구두(口頭)나 전화 등 간편한 방식으로 협력요청등을 할 수 있다.

④ 사법경찰관리는 신속한 수사가 필요한 경우에는 적정한 기간을 정하여 검사에게 협력요청등을 할 수 있다.

⑤ 사법경찰관리는 검사로부터 기간이 정해진 협력요청등을 받은 경우에는 그 기간 내에 이행하도록 노력해야 한다. 다만, 그 기간 내에 이행하기 곤란하거나 이행하지 못하는 경우에는 추가로 필요한 기간을 검사와 협의할 수 있다.

제4조(중요사건 협력절차) ① 사법경찰관리는 수사준칙 제7조에 따라 검사에게 중요사건에 대한 의견의 제시·교환을 요청하는 경우에는 별지 제1호서식의 의견요청서에 따른다.

② 사법경찰관리는 수사준칙 제7조에 따라 검사로부터 중요사건에 대한 의견 제시·교환 요청을 받아 의견을 제시·교환하는 경우에는 별지 제2호서식의 의견서에 따른다.

제5조(소재수사에 관한 협력) ① 사법경찰관리는 수사준칙 제55조제1항에 따라 소재불명(所在不明)인 피의자나 참고인을 발견하여 통보하는 경우에는 별지 제3호서식 또는 별지 제4호서식의 소재불명자 발견 통보서에 따른다.

② 사법경찰관리는 수사준칙 제55조제2항에 따른 검사의 소재수사 요청에 협력하여 소재 확인을 한 경우에는 별지 제5호서식의 소재수사 결과 통보서를 작성하여 검사에게 통보해야 한다.

제6조(시찰조회 요청에 관한 협력) ① 사법경찰관리는 사법경찰관리가 수사 중인 사건에 대하여 검사로부터 「검찰사건사무규칙」에 따른 시찰조회를 요청받은 경우에는 협력해야 한다.

② 사법경찰관리는 사법경찰관리가 수사 중인 사건이 아닌 사건에 대하여 검사로부터 시찰조회를 요청받은 경우에는 사건의 내용, 시찰조회 요청 사유 및 직무 수행 지장 여부 등을 종합적으로 검토하여 협력 여부를 결정할 수 있다.

제7조(검사와의 협의 등) ① 사법경찰관리는 수사준칙 제8조제1항에 따라 검사와의 협의를 요청하려는 경우에는 별지 제6호서식의 협의요청서에 요청 사항과 그 사유를 적어 검사에게 통보해야 한다.

② 사법경찰관리는 수사준칙 제8조제1항제1호, 제2호, 제4호 또는 제6호의 경우 제1항에 따른 해당 검사와의 협의에도 불구하고 이견이 해소되지 않으면 이를 즉시 소속된 경찰관서의 장(이하 "소속경찰관서장"이라 한다)에게 보고해야 한다.

③ 제2항의 보고를 받은 소속경찰관서장은 수사준칙 제8조제2항에 따른 협의가 필요하다고 판단하면 별지 제7호서식의 협의요청서에 요청 사항과 그 사유를 적어 제2항에 따른 해당 검사가 소속된 검찰청의 장에게 통보해야 한다.

④ 사법경찰관리 또는 소속경찰관서장은 제1항 또는 제3항에 따라 검사 또는 검찰청의 장과 협의한 사항이 있으면 그 협의사항을 성실하게 이행하도록 노력해야 한다.

제8조(사법경찰관리의 상호협력) ① 사법경찰관리는 수사에 필요한 경우에는 다른 사법경찰관리에게 피의자의 체포·출석요구·조사·호송, 압수·수색·검증, 참고인의 출석요구·조사 등 그 밖에 필요한 조치에 대한 협력을 요청할 수 있다. 이 경우 요청을 받은 사법경찰관리는 정당한 이유가 없으면 이에 적극 협조해야 한다.

② 사법경찰관리는 수사에 필요한 경우에는 법 제245조의10에 따른 특별사법경찰관리와 긴밀히 협력해야 한다. 이 경우 협력의 구체적인 내용·범위 및 방법 등은 상호 협의하여 정한다.

제3편 수사

제1장 통칙

제9조(접수 전 점검 및 조치) ① 사건기록담당직원은 법 및 관련 법령에 따라 검사로부터 요구·요청 등을 받거나 사건 기록과 증거물을 반환받은 때에는 관계 서류 등이 법령에 따라 작성·편철됐는지 및 검사가 법령에 따라 필요한 행위를 했는지를 점검해야 한다.

② 사건기록담당직원은 제1항에 따른 점검 결과 관계 서류 등이 법 및 관련 법령에 따라 작성·편철되지 않거나, 검사가 법 및 관련 법령에 따라 필요한 행위를 하지 않은 경우에는 검사에게 그 보완을 요구하는 등 필요한 조치를 할 수 있다.

③ 사건기록담당직원은 제1항에 따라 요구·요청 등을 받거나 사건 기록과 증거물을 반환받아 이를 접수한 경우에는 접수대장에 접수일시, 검사 또는 검찰청 직원의 성명 등을 기재하고, 검사 또는 검찰청 직원이 제시하는 접수기록부 등에 접수일시와 접수자의 직급 및 서명을 기재한다.

제10조(회피) 사법경찰관리는 수사준칙 제11조에 따라 수사를 회피하려는 경우에는 별지 제8호서식의 회피신청서를 소속경찰관서장에게 제출해야 한다.

제11조(수사 진행상황의 통지) ① 사법경찰관은 다음 각 호의 어느 하나에 해당하는 날부터 7일 이내에 고소인·고발인·피해자 또는 그 법정대리인(피해자가 사망한 경우에는 그 배우자·직계친족·형제자매를 포함한다. 이하 "고소인등"이라 한다)에게 수사 진행상황을 통지해야 한다. 다만, 고소인등의 연락처를 모르거나 소재가 확인되지 않으면 연락처나 소재를 알게 된 날부터 7일 이내에 수사 진행상황을 통지해야 한다.

1. 신고·고소·고발·진정·탄원에 따라 수사를 개시한 날
2. 제1호에 따른 수사를 개시한 날부터 매 1개월이 지난 날

② 제1항에 따른 통지는 서면, 전화, 팩스, 전자우편, 문자메시지 등 고소인등이 요청한 방법으로 할 수 있으며, 고소인등이 별도로 요청한 방법이 없는 경우에는 서면 또는 문자메시지로 통지한다. 이 경우 서면으로 하는 통지는 별지 제9호서식의 수사 진행상황 통지서에 따른다.

③ 사법경찰관은 수사 진행상황을 서면으로 통지한 경우에는 그 사본을, 그 밖의 방법으로 통지한 경우에는 그 취지를 적은 서면을 사건기록에 편철해야 한다.

④ 사법경찰관은 제1항에도 불구하고 다음 각 호의 어느 하나에 해당하는 경우에는 수사 진행상황을 통지하지 않을 수 있다. 이 경우 그 사실을 수사보고서로 작성하여 사건기록에 편철해야 한다.

1. 고소인등이 통지를 원하지 않는 경우
2. 고소인등에게 통지해야 하는 수사 진행상황을 사전에 고지한 경우

3. 사건관계인의 명예나 권리를 부당하게 침해하는 경우
4. 사건관계인에 대한 보복범죄나 2차 피해가 우려되는 경우

제12조(변호인의 피의자신문 참여) ① 사법경찰관리는 법 제243조의2제1항에 따라 피의자 또는 그 변호인ㆍ법정대리인ㆍ배우자ㆍ직계친족ㆍ형제자매의 신청이 있는 경우 변호인의 참여로 인하여 신문이 방해되거나, 수사기밀이 누설되는 등 정당한 사유가 있는 경우를 제외하고는 피의자에 대한 신문에 변호인을 참여하게 해야 한다.

② 제1항의 변호인의 피의자신문 참여 신청을 받은 사법경찰관리는 신청인으로부터 변호인의 피의자신문 참여 전에 다음 각 호의 서면을 제출받아야 한다.
1. 변호인 선임서
2. 별지 제10호서식의 변호인 참여 신청서

제13조(신문 중 변호인 참여 제한) ① 사법경찰관리는 변호인의 참여로 증거를 인멸ㆍ은닉ㆍ조작할 위험이 구체적으로 드러나거나, 신문 방해, 수사기밀 누설 등 수사에 현저한 지장을 초래하는 경우에는 피의자신문 중이라도 변호인의 참여를 제한할 수 있다. 이 경우 피의자와 변호인에게 변호인의 참여를 제한하는 처분에 대해 법 제417조에 따른 준항고를 제기할 수 있다는 사실을 고지해야 한다.

② 제1항에 따라 변호인 참여를 제한하는 경우 사법경찰관리는 피의자 또는 변호인에게 그 사유를 설명하고 의견을 진술할 기회와 다른 변호인을 참여시킬 기회를 주어야 한다.

③ 제1항에 따라 변호인의 참여를 제한한 후 그 사유가 해소된 때에는 변호인을 신문에 참여하게 해야 한다.

제14조(사건관계인에 대한 적용) 사건관계인에 대한 조사ㆍ면담 시 변호인의 참여에 관하여는 제12조 및 제13조를 준용한다.

제15조(직무 관할) 사법경찰관리는 소속된 경찰관서의 관할구역에서 직무를 수행한다. 다만, 다음 각 호의 어느 하나에 해당하는 경우에는 관할구역이 아닌 곳에서도 그 직무를 수행할 수 있다.
1. 관할구역의 사건과 관련성이 있는 사실을 발견하기 위한 경우
2. 관할구역이 불분명한 경우
3. 긴급을 요하는 등 수사에 필요한 경우

제16조(사건의 단위) 법 제11조에 따른 관련사건은 1건으로 처리한다. 다만, 분리수사를 하는 경우에는 그렇지 않다.

제17조(심사관) ① 경찰청장은 수사의 책임성과 완결성 확보를 위하여 경찰관서에 경찰청장이 정하는 자격을 갖춘 심사관을 둘 수 있다.

② 제1항에 따른 심사관은 강제수사의 적법성ㆍ타당성 심사, 불송치 사건 및 수사 전반에 대한 점검 등의 업무를 수행한다.

제2장 수사의 개시

제18조(수사의 개시) ① 사법경찰관은 법 제197조제1항에 따라 구체적인 사실에 근거를 둔 범죄의 혐의를 인식한 때에는 수사를 개시한다.

② 사법경찰관은 제1항에 따라 수사를 개시할 때에는 지체 없이 별지 제11호서식의 범죄인지서를 작성하여 사건기록에 편철해야 한다.

제19조(입건 전 조사) ① 사법경찰관은 수사준칙 제16조제3항에 따른 입건 전에 범죄를 의심할 만한 정황이 있어 수사 개시 여부를 결정하기 위한 사실관계의 확인 등 필요한 조사(이하 "입건전조사"라 한다)에 착수하기 위해서는 해당 사법경찰관이 소속된 경찰관서의 수사 부서의 장(이하 "소속수사부서장"이라 한다)의 지휘를 받아야 한다. 〈개정 2022. 1. 4.〉

② 사법경찰관은 입건전조사한 사건을 다음 각 호의 구분에 따라 처리해야 한다. 〈개정 2022. 1. 4.〉

1. 입건: 범죄의 혐의가 있어 수사를 개시하는 경우
2. 입건전조사 종결(혐의없음, 죄가안됨 또는 공소권없음): 제108조제1항제1호부터 제3호까지의 규정에 따른 사유가 있는 경우
3. 입건전조사 중지: 피혐의자 또는 참고인 등의 소재불명으로 입건전조사를 계속할 수 없는 경우
4. 이송: 관할이 없거나 범죄특성 및 병합처리 등을 고려하여 다른 경찰관서 또는 기관(해당 기관과 협의된 경우로 한정한다)에서 입건전조사할 필요가 있는 경우
5. 공람 후 종결: 진정ㆍ탄원ㆍ투서 등 서면으로 접수된 신고가 다음 각 목의 어느 하나에 해당하는 경우
   가. 같은 내용으로 3회 이상 반복하여 접수되고 2회 이상 그 처리 결과를 통지한 신고와 같은 내용인 경우
   나. 무기명 또는 가명으로 접수된 경우
   다. 단순한 풍문이나 인신공격적인 내용인 경우
   라. 완결된 사건 또는 재판에 불복하는 내용인 경우
   마. 민사소송 또는 행정소송에 관한 사항인 경우

제20조(불입건 결정 통지) ① 사법경찰관은 수사준칙 제16조제4항에 따라 피혐의자(제19조제2항제2호에 따라 입건전조사 종결한 경우만 해당한다)와 진정인ㆍ탄원인ㆍ피해자 또는 그 법정대리인(피해자가 사망한 경우에는 그 배우자ㆍ직계친족ㆍ형제자매를 포함한다. 이하 "진정인등"이라 한다)에게 입건하지 않는 결정을 통지하는 경우에는 그 결정을 한 날부터 7일 이내에 통지해야 한다. 다만, 피혐의자나 진정인등의 연락처를 모르거나 소재가 확인되지 않으면 연락처나 소재를 알게 된 날부터 7일 이내에 통지해야 한다. 〈개정 2022. 1. 4.〉

② 제1항에 따른 통지는 서면, 전화, 팩스, 전자우편, 문자메시지 등 피혐의자

또는 진정인등이 요청한 방법으로 할 수 있으며, 별도로 요청한 방법이 없는 경우에는 서면 또는 문자메시지로 한다. 이 경우 서면으로 하는 통지는 별지 제12호서식 또는 별지 제13호서식의 불입건 결정 통지서에 따른다.

③ 사법경찰관은 서면으로 통지한 경우에는 그 사본을, 그 밖의 방법으로 통지한 경우에는 그 취지를 적은 서면을 사건기록에 편철해야 한다.

④ 사법경찰관은 제1항에도 불구하고 통지로 인해 보복범죄 또는 2차 피해 등이 우려되는 다음 각 호의 경우에는 불입건 결정을 통지하지 않을 수 있다. 이 경우 그 사실을 입건전조사 보고서로 작성하여 사건기록에 편철해야 한다. 〈개정 2022. 1. 4.〉

1. 혐의 내용 및 동기, 진정인 또는 피해자와의 관계 등에 비추어 통지로 인해 진정인 또는 피해자의 생명·신체·명예 등에 위해(危害) 또는 불이익이 우려되는 경우
2. 사안의 경중 및 경위, 진정인 또는 피해자의 의사, 피진정인·피혐의자와의 관계, 분쟁의 종국적 해결에 미치는 영향 등을 고려하여 통지하지 않는 것이 타당하다고 인정되는 경우

제21조(고소·고발의 수리) ① 사법경찰관리는 진정인·탄원인 등 민원인이 제출하는 서류가 고소·고발의 요건을 갖추었다고 판단하는 경우 이를 고소·고발로 수리한다.

② 사법경찰관리는 고소장 또는 고발장의 명칭으로 제출된 서류가 다음 각 호의 어느 하나에 해당하는 경우에는 이를 진정(陳情)으로 처리할 수 있다.

1. 고소인 또는 고발인의 진술이나 고소장 또는 고발장에 따른 내용이 불분명하거나 구체적 사실이 적시되어 있지 않은 경우
2. 피고소인 또는 피고발인에 대한 처벌을 희망하는 의사표시가 없거나 처벌을 희망하는 의사표시가 취소된 경우

제22조(고소인·고발인 진술조서 등) ① 사법경찰관리는 구술로 제출된 고소·고발을 수리한 경우에는 진술조서를 작성해야 한다.

② 사법경찰관리는 서면으로 제출된 고소·고발을 수리했으나 추가 진술이 필요하다고 판단하는 경우 고소인·고발인으로부터 보충 서면을 제출받거나 추가로 진술을 들어야 한다.

③ 자수하는 경우 진술조서의 작성 및 추가 진술에 관하여는 제1항 및 제2항을 준용한다.

제23조(고소의 대리 등) ① 사법경찰관리는 법 제236조에 따라 대리인으로부터 고소를 수리하는 경우에는 고소인 본인의 위임장을 제출받아야 한다.

② 사법경찰관리는 법 제225조부터 제228조까지의 규정에 따른 고소권자로부터 고소를 수리하는 경우에는 그 자격을 증명하는 서면을 제출받아야 한다.

③ 사법경찰관리는 제2항에 따른 고소권자의 대리인으로부터 고소를 수리하는 경우에는 제1항 및 제2항에 따른 위임장 및 자격을 증명하는 서면을 함께 제

출받아야 한다.

④ 고소의 취소에 관하여는 제1항부터 제3항까지의 규정을 준용한다.

第24조(고소 · 고발사건의 수사기간) ① 사법경찰관리는 고소·고발을 수리한 날부터 3개월 이내에 수사를 마쳐야 한다.

② 사법경찰관리는 제1항의 기간 내에 수사를 완료하지 못한 경우에는 그 이유를 소속수사부서장에게 보고하고 수사기간 연장을 승인받아야 한다.

第25조(고소 · 고발 취소 등에 따른 조치) ① 사법경찰관리는 고소·고발의 취소가 있을 때에는 그 취지를 명확하게 확인해야 한다.

② 피해자의 명시한 의사에 반하여 공소를 제기할 수 없는 범죄에 대해 처벌을 희망하는 의사표시의 철회가 있을 때에도 제1항과 같다.

第26조(변사사건 발생사실 통보) ① 사법경찰관은 수사준칙 제17조제1항에 따라 변사사건 발생사실을 검사에게 통보하는 경우에는 별지 제14호서식의 변사사건 발생 통보서 또는 별지 제15호서식의 교통사고 변사사건 발생 통보서에 따른다.

② 사법경찰관은 긴급한 상황 등 제1항의 방식으로 통보하는 것이 불가능하거나 현저히 곤란한 경우에는 구두·전화·팩스·전자우편 등 간편한 방식으로 통보할 수 있다. 이 경우 사후에 지체 없이 서면으로 변사사건 발생사실을 통보해야 한다.

第27조(변사자의 검시 · 검증) ① 사법경찰관은 법 제222조제1항 및 제3항에 따라 검시를 하는 경우에는 의사를 참여시켜야 하며, 그 의사로 하여금 검안서를 작성하게 해야 한다. 이 경우 사법경찰관은 검시 조사관을 참여시킬 수 있다.

② 사법경찰관은 법 제222조에 따른 검시 또는 검증 결과 사망의 원인이 범죄로 인한 것으로 판단하는 경우에는 신속하게 수사를 개시해야 한다.

第28조(검시 · 검증조서 등) ① 수사준칙 제17조제3항에 따른 검시조서는 별지 제16호서식에 따르고, 검증조서는 별지 제17호서식에 따른다.

② 사법경찰관은 수사준칙 제17조제3항에 따라 검사에게 제1항의 검시조서 또는 검증조서를 송부하는 경우에는 의사의 검안서, 감정서 및 촬영한 사진 등 관련 자료를 첨부해야 한다.

③ 사법경찰관은 수사준칙 제17조제4항에 따라 검시를 한 사건에 대해 검사와 의견을 제시·교환하는 경우에는 별지 제18호서식의 변사사건 처리 등에 관한 의견서에 따른다.

第29조(검시의 주의사항) 사법경찰관리는 검시할 때에는 다음 각 호의 사항에 주의해야 한다.

1. 검시에 착수하기 전에 변사자의 위치, 상태 등이 변하지 않도록 현장을 보존하고, 변사자 발견 당시 변사자의 주변 환경을 조사할 것
2. 변사자의 소지품이나 그 밖에 변사자가 남겨 놓은 물건이 수사에 필요하다고 인정되는 경우에는 이를 보존하는 데 유의할 것

3. 검시하는 경우에는 잠재지문 및 변사자의 지문 채취에 유의할 것
4. 자살자나 자살로 의심되는 사체를 검시하는 경우에는 교사자(敎唆者) 또는 방조자의 유무와 유서가 있는 경우 그 진위를 조사할 것
5. 등록된 지문이 확인되지 않거나 부패 등으로 신원확인이 곤란한 경우에는 디엔에이(DNA) 감정을 의뢰하고, 입양자로 확인된 경우에는 입양기관 탐문 등 신원확인을 위한 보강 조사를 할 것
6. 신속하게 절차를 진행하여 유족의 장례 절차에 불필요하게 지장을 초래하지 않도록 할 것

제30조(검시와 참여자) 사법경찰관리는 검시에 특별한 지장이 없다고 인정하면 변사자의 가족ㆍ친족, 이웃사람ㆍ친구, 시ㆍ군ㆍ구ㆍ읍ㆍ면ㆍ동의 공무원이나 그 밖에 필요하다고 인정하는 사람을 검시에 참여시켜야 한다.

제31조(사체의 인도) ① 사법경찰관은 변사자에 대한 검시 또는 검증이 종료된 때에는 사체를 소지품 등과 함께 신속히 유족 등에게 인도한다. 다만, 사체를 인수할 사람이 없거나 변사자의 신원이 판명되지 않은 경우에는 사체가 현존하는 지역의 특별자치시장ㆍ특별자치도지사ㆍ시장ㆍ군수 또는 자치구의 구청장에게 인도해야 한다.

② 제1항 본문에서 검시 또는 검증이 종료된 때는 다음 각 호의 구분에 따른 때를 말한다.

1. 검시가 종료된 때: 다음 각 목의 어느 하나에 해당하는 때
   가. 수사준칙 제17조제2항에 따라 검사가 사법경찰관에게 검시조서를 송부한 때
   나. 수사준칙 제17조제3항에 따라 사법경찰관이 검사에게 검시조서를 송부한 이후 검사가 의견을 제시한 때
2. 검증이 종료된 때: 부검이 종료된 때

③ 사법경찰관은 제1항에 따라 사체를 인도한 경우에는 인수자로부터 별지 제19호서식의 사체 및 소지품 인수서를 받아야 한다.

제32조(검사 이송 사건의 처리) 사법경찰관은 수사준칙 제18조에 따라 검사로부터 사건을 이송받은 경우에는 지체 없이 접수하여 처리한다.

제33조(고위공직자범죄등 인지 통보) 사법경찰관은 「고위공직자범죄수사처 설치 및 운영에 관한 법률」 제24조제2항에 따라 고위공직자범죄등 인지 사실을 통보하는 경우에는 별지 제20호서식의 고위공직자범죄등 인지통보서에 따른다.

제3장 임의수사

제1절 출석요구와 조사 등

제34조(출석요구) 수사준칙 제19조제3항 본문 또는 같은 조 제6항에 따라 피의자

또는 피의자 외의 사람에게 출석요구를 하려는 경우에는 별지 제21호서식 또는 별지 제22호서식의 출석요구서에 따른다.

제35조(수사상 임의동행) 사법경찰관리는 수사준칙 제20조에 따른 임의동행 고지를 하고 임의동행한 경우에는 별지 제23호서식의 임의동행 동의서를 작성하여 사건기록에 편철하거나 별도로 보관해야 한다.

제36조(심야조사 제한) ① 사법경찰관은 수사준칙 제21조제2항제4호에 따라 심야조사를 하려는 경우에는 심야조사의 내용 및 심야조사가 필요한 사유를 소속 경찰관서에서 인권보호 업무를 담당하는 부서의 장에게 보고하고 허가를 받아야 한다.

② 사법경찰관은 제1항에 따라 허가를 받은 경우 수사보고서를 작성하여 사건기록에 편철해야 한다.

제37조(장시간 조사 제한) 사법경찰관리는 피의자나 사건관계인으로부터 수사준칙 제22조제1항제1호에 따라 조서 열람을 위한 조사 연장을 요청받은 경우에는 별지 제24호서식의 조사연장 요청서를 제출받아야 한다.

제38조(신뢰관계인 동석) ① 수사준칙 제24조제2항에 따른 동석신청서는 별지 제25호서식 또는 별지 제26호서식에 따른다.

② 사법경찰관은 피의자, 피해자 또는 그 법정대리인이 제1항의 동석신청서를 작성할 시간적 여유가 없는 경우 등에는 이를 제출받지 않고 조서 또는 수사보고서에 그 취지를 기재하는 것으로 동석신청서 작성을 갈음할 수 있으며, 조사의 긴급성 또는 동석의 필요성 등이 현저한 경우에는 예외적으로 동석 조사 이후에 신뢰관계인과 피의자와의 관계를 소명할 자료를 제출받아 기록에 편철할 수 있다.

③ 사법경찰관은 동석 신청이 없더라도 동석이 필요하다고 인정되면 피의자 또는 피해자와의 신뢰관계 유무를 확인한 후 직권으로 신뢰관계에 있는 사람을 동석하게 할 수 있다. 이 경우 그 관계 및 취지를 조서나 수사보고서에 적어야 한다.

④ 사법경찰관은 신뢰관계인의 동석으로 인하여 신문이 방해되거나, 수사기밀이 누설되는 등 정당한 사유가 있는 경우에는 동석을 거부할 수 있으며, 신뢰관계인이 피의자신문 또는 피해자 조사를 방해하거나 그 진술의 내용에 부당한 영향을 미칠 수 있는 행위를 하는 등 수사에 현저한 지장을 초래하는 경우에는 피의자신문 또는 피해자 조사 중에도 동석을 제한할 수 있다.

⑤ 피해자 이외의 사건관계인 조사에 관하여는 제1항부터 제4항까지의 규정을 준용한다.

제39조(조서와 진술서) ① 사법경찰관리가 법 제244조제1항에 따라 피의자의 진술을 조서에 적는 경우에는 별지 제27호서식 또는 별지 제28호서식의 피의자신문조서에 따른다.

② 사법경찰관리가 피의자가 아닌 사람의 진술을 조서에 적는 경우에는 별지 제

29호서식 또는 별지 제30호서식의 진술조서에 따른다.

③ 사법경찰관리는 피의자 또는 피의자가 아닌 사람의 진술을 듣는 경우 진술사항이 복잡하거나 진술인이 서면진술을 원하면 진술서를 작성하여 제출하게 할 수 있다.

④ 피의자신문조서와 진술조서에는 진술자로 하여금 간인(間印)한 후 기명날인 또는 서명하게 한다.

제40조(수사과정의 기록) 사법경찰관리는 수사준칙 제26조제1항에 따라 조사 과정의 진행경과를 별도의 서면에 기록하는 경우에는 별지 제31호서식 또는 별지 제32호서식의 수사 과정 확인서에 따른다.

제41조(실황조사) ① 사법경찰관리는 범죄의 현장 또는 그 밖의 장소에서 피의사실을 확인하거나 증거물의 증명력을 확보하기 위해 필요한 경우 실황조사를 할 수 있다.

② 사법경찰관리는 실황조사를 하는 경우에는 거주자, 관리자 그 밖의 관계자 등을 참여하게 할 수 있다.

③ 사법경찰관리는 실황조사를 한 경우에는 별지 제33호서식의 실황조사서에 조사 내용을 상세하게 적고, 현장도면이나 사진이 있으면 이를 실황조사서에 첨부해야 한다.

제42조(감정의 위촉) 사법경찰관은 법 제221조제2항에 따라 감정을 위촉하는 경우에는 별지 제34호서식의 감정위촉서에 따른다. 법 제221조의4에 따라 감정에 필요한 허가장을 발부받아 위촉하는 경우에도 또한 같다.

제2절 영상녹화

제43조(영상녹화) ① 사법경찰관리는 법 제221조제1항 또는 제244조의2제1항에 따라 피의자 또는 피의자가 아닌 사람을 영상녹화하는 경우 그 조사의 시작부터 조서에 기명날인 또는 서명을 마치는 시점까지의 모든 과정을 영상녹화해야 한다. 다만, 조사 도중 영상녹화의 필요성이 발생한 때에는 그 시점에서 진행 중인 조사를 중단하고, 중단한 조사를 다시 시작하는 때부터 조서에 기명날인 또는 서명을 마치는 시점까지의 모든 과정을 영상녹화해야 한다.

② 사법경찰관리는 제1항에도 불구하고 조사를 마친 후 조서 정리에 오랜 시간이 필요한 경우에는 조서 정리과정을 영상녹화하지 않고, 조서 열람 시부터 영상녹화를 다시 시작할 수 있다.

③ 제1항 및 제2항에 따른 영상녹화는 조사실 전체를 확인할 수 있고 조사받는 사람의 얼굴과 음성을 식별할 수 있도록 해야 한다.

④ 사법경찰관리는 피의자에 대한 조사 과정을 영상녹화하는 경우 다음 각 호의 사항을 고지해야 한다.

1. 조사자 및 법 제243조에 따른 참여자의 성명과 직책
2. 영상녹화 사실 및 장소, 시작 및 종료 시각

3. 법 제244조의3에 따른 진술거부권 등
4. 조사를 중단·재개하는 경우 중단 이유와 중단 시각, 중단 후 재개하는 시각

⑤ 사법경찰관리는 피의자가 아닌 사람의 조사 과정을 영상녹화하는 경우에는 별지 제35호서식의 영상녹화 동의서로 영상녹화 동의 여부를 확인하고, 제4항제1호, 제2호 및 제4호의 사항을 고지해야 한다. 다만, 피혐의자에 대해서는 제4항제1호부터 제4호까지의 규정에 따른 사항을 고지해야 한다.

제44조(영상녹화물의 제작 및 보관) ① 사법경찰관리는 조사 시 영상녹화를 한 경우에는 영상녹화용 컴퓨터에 저장된 영상녹화 파일을 이용하여 영상녹화물(CD, DVD 등을 말한다. 이하 같다) 2개를 제작한 후, 피조사자 또는 변호인 앞에서 지체 없이 제작된 영상녹화물을 봉인하고 피조사자로 하여금 기명날인 또는 서명하게 해야 한다.

② 사법경찰관리는 제1항에 따라 영상녹화물을 제작한 후 영상녹화용 컴퓨터에 저장되어 있는 영상녹화 파일을 데이터베이스 서버에 전송하여 보관할 수 있다.

③ 사법경찰관리는 손상 또는 분실 등으로 제1항의 영상녹화물을 사용할 수 없는 경우에는 데이터베이스 서버에 보관되어 있는 영상녹화 파일을 이용하여 다시 영상녹화물을 제작할 수 있다.

제3절 수배

제45조(지명수배) ① 사법경찰관리는 다음 각 호의 어느 하나에 해당하는 사람의 소재를 알 수 없을 때에는 지명수배를 할 수 있다.

1. 법정형이 사형, 무기 또는 장기 3년 이상의 징역이나 금고에 해당하는 죄를 범했다고 의심할 만한 상당한 이유가 있어 체포영장 또는 구속영장이 발부된 사람
2. 제47조에 따른 지명통보의 대상인 사람 중 지명수배를 할 필요가 있어 체포영장 또는 구속영장이 발부된 사람

② 제1항에도 불구하고 법 제200조의3제1항에 따른 긴급체포를 하지 않으면 수사에 현저한 지장을 초래하는 경우에는 영장을 발부받지 않고 지명수배할 수 있다. 이 경우 지명수배 후 신속히 체포영장을 발부받아야 하며, 체포영장을 발부받지 못한 때에는 즉시 지명수배를 해제해야 한다.

제46조(지명수배자 발견 시 조치) ① 사법경찰관리는 제45조제1항에 따라 지명수배된 사람(이하 "지명수배자"라 한다)을 발견한 때에는 체포영장 또는 구속영장을 제시하고, 수사준칙 제32조제1항에 따라 권리 등을 고지한 후 체포 또는 구속하며 별지 제36호서식의 권리 고지 확인서를 받아야 한다. 다만, 체포영장 또는 구속영장을 소지하지 않은 경우 긴급하게 필요하면 지명수배자에게 영장이 발부되었음을 고지한 후 체포 또는 구속할 수 있으며 사후에 지체 없이 그 영장을 제시해야 한다.

② 사법경찰관은 제45조제2항에 따라 영장을 발부받지 않고 지명수배한 경우에

는 지명수배자에게 긴급체포한다는 사실과 수사준칙 제32조제1항에 따른 권리 등을 고지한 후 긴급체포해야 한다. 이 경우 지명수배자로부터 별지 제36호서식의 권리 고지 확인서를 받고 제51조제1항에 따른 긴급체포서를 작성해야 한다.

제47조(지명통보) 사법경찰관리는 다음 각 호의 어느 하나에 해당하는 사람의 소재를 알 수 없을 때에는 지명통보를 할 수 있다.

1. 법정형이 장기 3년 미만의 징역 또는 금고, 벌금에 해당하는 죄를 범했다고 의심할 만한 상당한 이유가 있고, 출석요구에 응하지 않은 사람
2. 법정형이 장기 3년 이상의 징역이나 금고에 해당하는 죄를 범했다고 의심되더라도 사안이 경미하고, 출석요구에 응하지 않은 사람

제48조(지명통보자 발견 시 조치) 사법경찰관리는 제47조에 따라 지명통보된 사람(이하 "지명통보자"라 한다)을 발견한 때에는 지명통보자에게 지명통보된 사실, 범죄사실의 요지 및 지명통보한 경찰관서(이하 이 조 및 제49조에서 "통보관서"라 한다)를 고지하고, 발견된 날부터 1개월 이내에 통보관서에 출석해야 한다는 내용과 정당한 사유 없이 출석하지 않을 경우 지명수배되어 체포될 수 있다는 내용을 통지해야 한다.

제49조(지명수배 · 지명통보 해제) 사법경찰관리는 다음 각 호의 어느 하나에 해당하는 경우에는 즉시 지명수배 또는 지명통보를 해제해야 한다.

1. 지명수배자를 검거한 경우
2. 지명통보자가 통보관서에 출석하여 조사에 응한 경우
3. 공소시효의 완성, 친고죄에서 고소의 취소, 피의자의 사망 등 공소권이 소멸된 경우
4. 지명수배됐으나 체포영장 또는 구속영장의 유효기간이 지난 후 체포영장 또는 구속영장이 재발부되지 않은 경우
5. 그 밖에 지명수배 또는 지명통보의 필요성이 없어진 경우

제4장 강제수사

제1절 체포 · 구속

제50조(체포영장의 신청) 사법경찰관은 법 제200조의2제1항에 따라 체포영장을 신청하는 경우에는 별지 제37호서식의 체포영장 신청서에 따른다. 이 경우 현재 수사 중인 다른 범죄사실에 관하여 그 피의자에 대해 발부된 유효한 체포영장이 있는지를 확인해야 하며 해당사항이 있는 경우에는 그 사실을 체포영장 신청서에 적어야 한다.

제51조(긴급체포) ① 법 제200조의3제3항에 따른 긴급체포서는 별지 제38호서식에 따른다.

② 수사준칙 제27조제2항 본문에 따른 긴급체포 승인요청서는 별지 제39호서식

에 따른다.

③ 사법경찰관은 수사준칙 제27조제4항 후단에 따라 긴급체포된 피의자의 석방일시와 사유 등을 검사에게 통보하는 경우에는 별지 제40호서식의 석방 통보서에 따른다.

제52조(현행범인 체포 및 인수) ① 사법경찰관리는 법 제212조에 따라 현행범인을 체포할 때에는 현행범인에게 도망 또는 증거인멸의 우려가 있는 등 당장에 체포하지 않으면 안 될 정도의 급박한 사정이 있는지 또는 체포 외에는 현행범인의 위법행위를 제지할 다른 방법이 없는지 등을 고려해야 한다.

② 사법경찰관리는 법 제212조에 따라 현행범인을 체포한 때에는 별지 제41호서식의 현행범인체포서를 작성하고, 법 제213조에 따라 현행범인을 인도받은 때에는 별지 제42호서식의 현행범인인수서를 작성해야 한다.

③ 사법경찰관리는 제2항의 현행범인체포서 또는 현행범인인수서를 작성하는 경우 현행범인에 대해서는 범죄와의 시간적 접착성과 범죄의 명백성이 인정되는 상황을, 준현행범인에 대해서는 범죄와의 관련성이 인정되는 상황을 구체적으로 적어야 한다.

제53조(현행범인 석방) ① 수사준칙 제28조제2항 전단에 따른 피의자 석방서는 별지 제43호서식에 따른다.

② 사법경찰관은 수사준칙 제28조제2항 후단에 따라 검사에게 현행범인의 석방사실을 통보하는 경우에는 별지 제44호서식의 석방 통보서에 따른다.

제54조(구속영장의 신청) 수사준칙 제29조에 따른 구속영장 신청서는 별지 제45호서식부터 별지 제48호서식까지에 따른다.

제55조(체포 · 구속영장의 집행) ① 사법경찰관리는 체포영장 또는 구속영장을 집행할 때에는 신속하고 정확하게 해야 한다.

② 체포영장 또는 구속영장의 집행은 검사가 서명 또는 날인하여 교부한 영장이나 검사가 영장의 집행에 관한 사항을 적어 교부한 서면에 따른다.

③ 수사준칙 제32조제3항에 따른 권리 고지 확인서는 별지 제36호서식에 따른다. 다만, 피의자가 권리 고지 확인서에 기명날인 또는 서명하기를 거부하는 경우에는 피의자를 체포ㆍ구속하는 사법경찰관리가 확인서 끝부분에 그 사유를 적고 기명날인 또는 서명해야 한다.

제56조(호송) ① 사법경찰관리는 체포ㆍ구속한 피의자를 호송할 때에는 피의자의 도망ㆍ자살ㆍ신변안전ㆍ증거인멸 등에 주의해야 한다.

② 사법경찰관리는 체포ㆍ구속한 피의자를 호송할 때 필요한 경우에는 가장 근접한 경찰관서에 피의자를 임시로 유치할 수 있다.

제57조(체포 · 구속 통지 등) 사법경찰관은 수사준칙 제33조제1항(같은 조 제3항에서 준용되는 경우를 포함한다)에 따라 체포ㆍ구속의 통지를 하는 경우에는 별지 제49호서식의 체포ㆍ긴급체포ㆍ현행범인체포ㆍ구속 통지서에 따른다.

제58조(체포 · 구속영장의 반환) 수사준칙 제35조제2항에 따른 영장반환서는 별지 제50호서식에 따른다.

제59조(피의자 접견 등 금지) ① 사법경찰관은 법 제200조의6 및 제209조에서 준용하는 법 제91조 또는 「형의 집행 및 수용자의 처우에 관한 법률」 제87조에서 준용하는 같은 법 제41조에 따라 체포 또는 구속된 피의자와 법 제34조에서 규정한 사람이 아닌 사람과의 접견 등을 금지하려는 경우에는 별지 제51호서식의 피의자 접견 등 금지 결정서에 따른다.

② 사법경찰관은 제1항의 결정을 취소하는 것이 타당하다고 인정되어 피의자 접견 등의 금지를 취소하는 경우에는 별지 제52호서식의 피의자 접견 등 금지 취소 결정서에 따른다.

③ 제1항의 피의자 접견 등 금지 결정은 사법경찰관의 사건 송치와 동시에 그 효력을 상실한다.

제60조(피의자 석방 및 통보) ① 수사준칙 제36조제1항에 따른 피의자 석방서는 별지 제53호서식 또는 별지 제54호서식에 따른다.

② 사법경찰관은 검사에게 수사준칙 제36조제2항제1호에 따라 석방사실을 통보하는 경우에는 별지 제55호서식의 석방 통보서에 따르고, 같은 항 제2호에 따라 석방사실을 보고하는 경우에는 별지 제56호서식의 석방 보고서에 따른다.

제61조(구속의 취소) ① 사법경찰관은 법 제209조에서 준용하는 법 제93조에 따라 구속을 취소하여 피의자를 석방하는 경우에는 별지 제57호서식의 구속취소 결정서에 따른다. 다만, 법 제245조의5제1호에 따라 검사에게 송치해야 하는 사건인 경우에는 사전에 별지 제58호서식의 구속취소 동의 요청서에 따라 검사의 동의를 받아야 한다.

② 제1항에 따라 구속을 취소한 사법경찰관은 지체 없이 별지 제59호서식의 석방 통보서를 작성하여 검사에게 석방사실을 통보하고, 그 통보서 사본을 사건기록에 편철해야 한다.

제62조(구속의 집행정지) ① 사법경찰관은 법 제209조에서 준용하는 법 제101조제1항에 따라 구속의 집행을 정지하는 경우에는 별지 제60호서식의 구속집행정지 결정서에 따른다.

② 제1항에 따라 구속의 집행을 정지한 사법경찰관은 지체 없이 별지 제61호서식의 구속집행정지 통보서를 작성하여 검사에게 그 사실을 통보하고, 그 통보서 사본을 사건기록에 편철해야 한다.

③ 사법경찰관은 법 제209조에서 준용하는 법 제102조제2항에 따라 구속집행정지 결정을 취소하는 경우에는 별지 제62호서식의 구속집행정지 취소 결정서에 따른다.

제2절 압수 · 수색 · 검증

제63조(압수 · 수색 또는 검증영장의 신청 등) ① 사법경찰관은 수사준칙 제37조에 따라 압수、수색 또는 검증영장을 신청하는 경우에는 별지 제63호서식부터 별지 제65호서식까지의 압수、수색、검증영장 신청서에 따른다. 이 경우 압수、수색 또는 검증의 필요성 및 해당 사건과의 관련성을 인정할 수 있는 자료를 신청서에 첨부해야 한다.

② 압수、수색 또는 검증영장의 집행 및 반환에 관하여는 제55조제1항、제2항 및 제58조를 준용한다.

제64조(압수조서 등) ① 수사준칙 제40조 본문에 따른 압수조서는 별지 제66호서식에 따르고, 압수목록은 별지 제67호서식에 따른다.

② 법 제219조에서 준용하는 법 제129조에 따라 압수목록을 교부하는 경우에는 별지 제68호서식의 압수목록 교부서에 따른다. 이 경우 수사준칙 제41조제1항에 따른 전자정보에 대한 압수목록 교부서는 전자파일의 형태로 복사해 주거나 전자우편으로 전송하는 등의 방식으로 교부할 수 있다.

③ 수사준칙 제42조제2항 후단에 따른 삭제、폐기、반환 확인서는 별지 제69호서식에 따른다. 다만, 제2항에 따른 압수목록 교부서에 삭제、폐기 또는 반환했다는 내용을 포함시켜 교부하는 경우에는 삭제、폐기、반환 확인서를 교부하지 않을 수 있다.

제65조(수색조서 및 수색증명서) ① 사법경찰관은 법 제215조에 따라 수색을 한 경우에는 수색의 상황과 결과를 명백히 한 별지 제70호서식의 수색조서를 작성해야 한다.

② 법 제219조에서 준용하는 법 제128조에 따라 증거물 또는 몰수할 물건이 없다는 취지의 증명서를 교부하는 경우에는 별지 제71호서식의 수색증명서에 따른다.

제66조(압수물의 환부 및 가환부) ① 사법경찰관은 법 제218조의2제1항 및 제4항에 따라 압수물에 대해 그 소유자, 소지자, 보관자 또는 제출인(이하 이 조에서 "소유자등"이라 한다)으로부터 환부 또는 가환부의 청구를 받거나 법 제219조에서 준용하는 법 제134조에 따라 압수장물을 피해자에게 환부하려는 경우에는 별지 제72호서식의 압수물 처분 지휘요청서를 작성하여 검사에게 제출해야 한다.

② 사법경찰관은 제1항에 따른 압수물의 환부 또는 가환부의 청구를 받은 경우 소유자등으로부터 별지 제73호서식의 압수물 환부、가환부 청구서를 제출받아 별지 제72호서식의 압수물 처분 지휘요청서에 첨부한다.

③ 사법경찰관은 압수물을 환부 또는 가환부한 경우에는 피해자 및 소유자등으로부터 별지 제74호서식의 압수물 환부、가환부 영수증을 받아야 한다.

제67조(압수물 보관) ① 사법경찰관은 압수물에 사건명, 피의자의 성명, 제64조제1항의 압수목록에 적힌 순위、번호를 기입한 표찰을 붙여야 한다.

② 사법경찰관은 법 제219조에서 준용하는 법 제130조제1항에 따라 압수물을 다른 사람에게 보관하게 하려는 경우에는 별지 제75호서식의 압수물 처분 지휘요청서를 작성하여 검사에게 제출해야 한다.
③ 사법경찰관은 제2항에 따라 압수물을 다른 사람에게 보관하게 하는 경우 적절한 보관인을 선정하여 성실하게 보관하게 하고 보관인으로부터 별지 제76호서식의 압수물 보관 서약서를 받아야 한다.

제68조(압수물 폐기) ① 사법경찰관은 법 제219조에서 준용하는 법 제130조제2항 및 제3항에 따라 압수물을 폐기하려는 경우에는 별지 제77호서식의 압수물 처분 지휘요청서를 작성하여 검사에게 제출해야 한다.
② 사법경찰관은 제1항에 따라 압수물을 폐기하는 경우에는 별지 제78호서식의 압수물 폐기 조서를 작성하고 사진을 촬영하여 사건기록에 편철해야 한다.
③ 사법경찰관은 법 제219조에서 준용하는 법 제130조제3항에 따라 압수물을 폐기하는 경우에는 소유자 등 권한 있는 사람으로부터 별지 제79호서식의 압수물 폐기 동의서를 제출받거나 진술조서 등에 그 취지를 적어야 한다.

제69조(압수물 대가보관) ① 사법경찰관은 법 제219조에서 준용하는 법 제132조에 따라 압수물을 매각하여 대가를 보관하려는 경우에는 별지 제80호서식의 압수물 처분 지휘요청서를 작성하여 검사에게 제출해야 한다.
② 사법경찰관은 제1항에 따라 대가보관의 처분을 했을 때에는 별지 제81호서식의 압수물 대가보관 조서를 작성한다.

제70조(검증조서) 수사준칙 제43조에 따른 검증조서는 별지 제17호서식에 따른다.

제3절 그 밖의 강제수사 등

제71조(증거보전 신청) 사법경찰관은 미리 증거를 보전하지 않으면 그 증거를 사용하기 곤란한 경우에는 별지 제82호서식의 증거보전 신청서를 작성하여 검사에게 법 제184조제1항에 따른 증거보전의 청구를 신청할 수 있다.

제72조(증인신문 신청) 사법경찰관은 범죄의 수사에 없어서는 안 되는 사실을 안다고 명백히 인정되는 사람이 출석 또는 진술을 거부하는 경우에는 별지 제83호서식의 증인신문 신청서를 작성하여 검사에게 법 제221조의2제1항에 따른 증인신문의 청구를 신청할 수 있다.

제73조(감정유치 및 감정처분허가 신청) ① 사법경찰관은 법 제221조제2항의 감정을 위하여 법 제172조제3항에 따른 유치가 필요한 경우에는 별지 제84호서식의 감정유치장 신청서를 작성하여 검사에게 제출해야 한다.
② 사법경찰관은 법 제221조의4제1항에 따라 법 제173조제1항에 따른 처분을 위한 허가가 필요한 경우에는 별지 제85호서식의 감정처분허가장 신청서를 작성하여 검사에게 제출해야 한다.

제74조(영장심의위원회) 사법경찰관은 법 제221조의5제1항에 따라 영장 청구 여부

에 대한 심의를 신청하는 경우에는 「영장심의위원회 규칙」 제13조에 따라 관할 고등검찰청에 심의신청을 해야 한다.

제5장 시정조치요구

제75조(시정조치요구의 이행) ① 사법경찰관은 수사준칙 제45조제2항에 따라 사건기록 등본을 검사에게 송부하는 경우에는 별지 제86호서식의 사건기록 등본 송부서를 작성하여 사건기록 등본에 편철해야 한다.

② 사법경찰관은 제1항에 따라 사건기록 등본을 송부하는 경우에는 해당 사건기록 전체의 등본을 송부한다. 다만, 등본송부 요구의 사유가 사건기록의 일부와 관련된 경우에는 사전에 검사와 합의하고 해당 부분에 대해서만 등본을 송부할 수 있다.

③ 사법경찰관은 필요하다고 인정하는 경우 제1항에 따라 사건기록 등본을 송부하면서 의견을 함께 제출할 수 있다.

④ 사법경찰관은 수사준칙 제45조제4항에 따라 검사에게 시정조치 이행 결과를 통보하는 경우 별지 제87호서식의 시정조치 결과 통보서에 따른다. 다만, 법률상·사실상 시정이 불가능한 경우 등 정당한 이유가 있어 시정조치요구를 이행하지 않은 경우에는 그 내용과 사유를 시정조치 결과 통보서에 구체적으로 적어 통보해야 한다.

제76조(징계요구 처리 결과 등 통보) 소속경찰관서장은 수사준칙 제46조제2항에 따라 징계요구의 처리 결과와 그 이유를 통보하는 경우에는 별지 제88호서식의 징계요구 처리결과 통보서에 따른다.

제77조(구제신청 고지의 확인) 수사준칙 제47조에 따른 고지 확인서는 별지 제89호서식에 따른다.

제6장 수사의 경합

제78조(수사의 경합 시 기록 열람) ① 사법경찰관은 수사준칙 제48조제1항에 따라 검사에게 사건기록의 열람을 요청하는 경우에는 별지 제90호서식의 사건기록 열람요청서에 따른다.

② 사법경찰관은 검사로부터 수사준칙 제48조제1항에 따른 사건기록의 열람을 요청하는 서면을 받은 경우에는 그 요청 서면을 검토하여 열람 허용 여부 및 범위를 신속하게 결정한다.

③ 사법경찰관이 검사에게 열람을 허용할 수 있는 사건기록의 범위는 다음 각 호와 같다. 다만, 예외적으로 그 외 사건기록의 열람을 허용할 필요가 있는 경우에는 달리 정할 수 있다.

1. 범죄인지서
2. 영장신청서
3. 고소장, 고발장

④ 사법경찰관은 별지 제91호서식의 열람허가서에 열람을 허용하는 사건기록의 범위를 기재하여 제2항의 사건기록 중 열람을 허용한 사건기록 등본과 함께 사건기록담당직원에게 인계한다.

⑤ 사건기록담당직원은 검사에게 기록을 열람하게 하고, 관리대장에 열람 일시, 열람 검사의 성명 등을 기재한다.

제7장 피해자 보호

제79조(피해자 보호의 원칙) ① 사법경찰관리는 피해자[타인의 범죄행위로 피해를 당한 사람과 그 배우자(사실상의 혼인관계를 포함한다), 직계친족 및 형제자매를 말한다. 이하 이 장에서 같다]의 심정을 이해하고 그 인격을 존중하며 피해자가 범죄피해 상황에서 조속히 회복하여 인간의 존엄성을 보장받을 수 있도록 노력해야 한다.

② 사법경찰관리는 피해자의 명예와 사생활의 평온을 보호하고 해당 사건과 관련하여 각종 법적 절차에 참여할 권리를 보장해야 한다.

제80조(신변보호) ① 수사준칙 제15조제2항에 따른 신변보호에 필요한 조치의 유형은 다음 각 호와 같다.

1. 피해자 보호시설 등 특정시설에서의 보호
2. 신변경호 및 수사기관 또는 법원 출석ㆍ귀가 시 동행
3. 임시숙소 제공
4. 주거지 순찰 강화, 폐쇄회로텔레비전의 설치 등 주거에 대한 보호
5. 그 밖에 비상연락망 구축 등 신변안전에 필요하다고 인정되는 조치

② 범죄신고자 등 참고인으로서 범죄수사와 관련하여 보복을 당할 우려가 있는 경우에 관하여는 제1항을 준용한다.

제81조(피해자에 대한 정보 제공) 사법경찰관리는 피해자를 조사하는 경우 다음 각 호의 정보를 피해자에게 제공해야 한다. 다만, 피해자에 대한 조사를 하지 않는 경우에는 수사준칙 제51조제1항에 따른 결정(이송 결정은 제외한다)을 하기 전까지 정보를 제공해야 한다.

1. 신변보호 신청권, 신뢰관계인 동석권 등 형사절차상 피해자의 권리
2. 범죄피해자구조금, 심리상담ㆍ치료 지원 등 피해자 지원제도 및 지원단체에 관한 정보
3. 그 밖에 피해자의 권리보호 및 복지증진을 위하여 필요하다고 인정되는 정보

제82조(회복적 대화) ① 사법경찰관리는 피해자가 입은 피해의 실질적인 회복 등을 위하여 필요하다고 인정하면 피해자 또는 가해자의 신청과 그 상대방의 동의에 따라 서로 대화할 수 있는 기회를 제공할 수 있다.

② 제1항에 따라 대화 기회를 제공하는 경우 사법경찰관리는 피해자와 가해자 간 대화가 원활하게 진행될 수 있도록 전문가에게 회복적 대화 진행을 의뢰할 수 있다.

제83조(범죄피해의 평가) 사법경찰관리는 피해자의 피해정도를 파악하고 보호、지원의 필요성을 판단하기 위해 범죄피해평가를 실시할 수 있으며, 일정한 자격을 갖춘 단체 또는 개인에게 이를 의뢰할 수 있다.

제8장 수사서류 및 형사사법정보시스템

제84조(문서의 서식) 이 규칙에서 정한 서식 외에 단순하고 정형적인 사건의 수사 등에 사용하는 서식은 경찰청장이 정한다.

제85조(장부와 비치서류) ① 사법경찰관은 수사에 필요한 장부와 서류철을 갖추어 두고 보존기간을 정하여 관리해야 한다.

② 제1항의 장부와 서류철은 형사사법정보시스템을 통해 전자적으로 작성、저장、관리、보존할 수 있다. 이 경우 전자 장부와 서류철은 종이 장부와 서류철의 개별 항목을 포함해야 한다.

제86조(범죄통계원표) 사법경찰관리는 범죄를 수사한 경우에는 형사사법정보시스템을 이용하여 사건마다 범죄통계원표를 작성한다.

제87조(수사서류 열람 · 복사) ① 수사준칙 제69조(같은 영 제16조제6항에서 준용하는 경우를 포함한다)에 따른 수사서류 열람、복사 신청은 해당 수사서류를 보유、관리하는 경찰관서의 장에게 해야 한다.

② 제1항의 신청을 받은 경찰관서의 장은 신청을 받은 날부터 10일 이내에 다음 각 호의 어느 하나에 해당하는 결정을 해야 한다.

1. 공개 결정: 신청한 서류 내용 전부의 열람、복사를 허용
2. 부분공개 결정: 신청한 서류 내용 중 일부의 열람、복사를 허용
3. 비공개 결정: 신청한 서류 내용의 열람、복사를 불허용

③ 경찰관서의 장은 제2항에도 불구하고 피의자 및 사건관계인, 그 변호인이 조사 당일 본인의 진술이 기재된 조서에 대해 열람、복사를 신청하는 경우에는 공개 여부에 대해 지체 없이 검토한 후 제공 여부를 결정해야 한다.

④ 경찰관서의 장은 해당 관서에서 보유、관리하지 않는 수사서류에 대해 열람、복사 신청을 접수한 경우에는 그 신청을 해당 수사서류를 보유、관리하는 기관으로 이송하거나 신청인에게 부존재 통지를 해야 한다.

⑤ 경찰관서의 장은 제2항제1호 또는 제2호에 따라 수사서류를 제공하는 경우에는 사건관계인의 개인정보가 공개되지 않도록 비실명처리 등 보호조치를 해야 한다.

⑥ 제1항부터 제5항까지에서 규정한 사항 외에 수사서류 열람、복사에 필요한 세부 사항은 경찰청장이 따로 정한다.

제9장 특칙

제1절 전자약식사건

제88조(전자약식절차) ① 사법경찰관리는 「약식절차 등에서의 전자문서 이용 등에 관한 법률」(이하 "약식전자문서법" 이라 한다) 제3조에따른 같은 법의 적용 대상 사건을 수사하는 경우에는 피의자를 신문하기 전에 전자문서 등을 이용하여 처리되는 약식절차(이하 이 조에서 "전자약식절차" 라 한다)에 관하여 안내하고 동의 여부를 확인해야 한다. 이 경우 피의자가 동의하면 별지 제92호서식의 전자약식절차 동의서를 형사사법정보시스템을 통해 전자문서로 작성해야 한다.

② 사법경찰관리는 제1항에도 불구하고 약식전자문서법 제3조제3항제2호에 해당하여 전자약식절차에 따르는 것이 적절하지 않은 경우에는 그 취지를 적은 수사보고서를 작성하여 사건기록에 편철해야 한다.

제2절 소년 · 장애인 · 외국인 등 사건

제89조(소년에 대한 조사) ① 사법경찰관리는 소년을 조사하는 경우에는 행위의 동기, 그 소년의 성품과 행실, 경력, 가정 상황, 교우관계, 그 밖의 환경 등을 상세히 조사하여 그 결과를 서면으로 적어야 한다.

② 사법경찰관리는 소년에 대한 출석요구나 조사를 하는 경우에는 지체 없이 그 소년의 보호자 또는 보호자를 대신하여 소년을 보호할 수 있는 사람에게 연락해야 한다. 다만, 연락하는 것이 그 소년의 복리상 부적당하다고 인정되는 경우에는 그렇지 않다.

③ 사법경찰관리는 소년인 피의자에 대해서는 가급적 구속을 피하고, 부득이하게 체포ㆍ구속 또는 임의동행하는 경우에는 그 시기와 방법에 특히 주의해야 한다.

④ 사법경찰관리는 소년인 피의자가 체포ㆍ구속된 경우에는 다른 사건보다 우선하여 그 사건을 조사하는 등 신속한 수사를 위해 노력해야 한다.

제90조(장애인에 대한 조사) 사법경찰관리는 청각장애인 및 언어장애인이나 그 밖에 의사소통이 어려운 장애인을 조사하는 경우에는 직권으로 또는 장애인 본인, 보호자, 법정대리인 등의 신청에 따라 수화ㆍ문자통역을 제공하거나 의사소통을 도울 수 있는 사람을 참여시켜야 한다.

제91조(외국인에 대한 조사) ① 사법경찰관리는 외국인을 조사하는 경우에는 조사를 받는 외국인이 이해할 수 있는 언어로 통역해 주어야 한다.

② 사법경찰관리는 외국인을 체포ㆍ구속하는 경우 국내 법령을 위반하지 않는 범위에서 영사관원과 자유롭게 접견ㆍ교통할 수 있고, 체포ㆍ구속된 사실을 영사기관에 통보해 줄 것을 요청할 수 있다는 사실을 알려야 한다.

③ 사법경찰관리는 체포ㆍ구속된 외국인이 제2항에 따른 통보를 요청하는 경우에는 별지 제93호서식의 영사기관 체포ㆍ구속 통보서를 작성하여 지체 없이

해당 영사기관에 체포·구속 사실을 통보해야 한다.

④ 사법경찰관리는 외국인 변사사건이 발생한 경우에는 제94호서식의 영사기관 사망 통보서를 작성하여 지체 없이 해당 영사기관에 통보해야 한다.

제92조(한미행정협정사건의 통보) ① 사법경찰관은 주한 미합중국 군대의 구성원·외국인군무원 및 그 가족이나 초청계약자의 범죄 관련 사건을 인지하거나 고소·고발 등을 수리한 때에는 7일 이내에 별지 제95호서식의 한미행정협정사건 통보서를 검사에게 통보해야 한다.

② 사법경찰관은 주한 미합중국 군당국으로부터 공무증명서를 제출받은 경우 지체 없이 공무증명서의 사본을 검사에게 송부해야 한다.

③ 사법경찰관은 검사로부터 주한 미합중국 군당국의 재판권포기 요청 사실을 통보받은 날부터 14일 이내에 검사에게 사건을 송치 또는 송부해야 한다. 다만, 검사의 동의를 받아 그 기간을 연장할 수 있다.

제3절 보전절차

제93조(몰수·부대보전 신청) 사법경찰관은 관계 법령에 따라 검사에게 몰수·부대보전을 신청하는 경우에는 별지 제96호서식의 몰수·부대보전 신청서에 따른다.

제94조(추징보전의 신청) ① 사법경찰관은 관계 법령에 따라 검사에게 추징보전을 신청하는 경우에는 별지 제97호서식의 추징보전 신청서에 따른다.

② 사법경찰관은 검사에게 추징보전명령의 취소를 신청하는 경우에는 별지 제98호서식의 추징보전명령 취소 신청서에 따른다.

제4편 수사종결 등

제1장 통칙

제95조(장기사건 수사종결) ① 사법경찰관리는 범죄 인지 후 1년이 지난 사건에 대해서는 수사준칙 제51조제1항에 따른 결정을 해야 한다. 다만, 다수의 사건관계인 조사, 관련 자료 추가확보·분석, 외부 전문기관 감정의 장기화, 범인 미검거 등으로 계속하여 수사가 필요한 경우에는 해당 사법경찰관리가 소속된 바로 위 상급경찰관서 수사 부서의 장의 승인을 받아 연장할 수 있다.

② 사법경찰관리는 제1항 단서에 따른 승인을 받으려면 수사기간 연장의 필요성을 소명해야 한다.

제96조(사건 이송) ① 사법경찰관은 사건이 다음 각 호의 어느 하나에 해당하는 경우에는 해당 사건을 다른 경찰관서 또는 기관에 이송해야 한다.

1. 사건의 관할이 없거나 다른 기관의 소관 사항에 관한 것인 경우
2. 법령에서 다른 기관으로 사건을 이송하도록 의무를 부여한 경우

② 사법경찰관은 사건이 다음 각 호의 어느 하나에 해당하는 경우에는 해당 사

건을 다른 경찰관서 또는 기관(해당 기관과 협의된 경우로 한정한다)에 이송할 수 있다.

1. 다른 사건과 병합하여 처리할 필요가 있는 등 다른 경찰관서 또는 기관에서 수사하는 것이 적절하다고 판단하는 경우
2. 해당 경찰관서에서 수사하는 것이 부적당한 경우

③ 사법경찰관은 제1항 또는 제2항에 따라 사건을 이송하는 경우에는 별지 제99호서식의 사건이송서를 사건기록에 편철하고 관계 서류와 증거물을 다른 경찰관서 또는 기관에 송부해야 한다.

제97조(수사 결과의 통지) ① 사법경찰관은 수사준칙 제53조에 따라 피의자와 고소인등에게 수사 결과를 통지하는 경우에는 사건을 송치하거나 사건기록을 송부한 날부터 7일 이내에 해야 한다. 다만, 피의자나 고소인등의 연락처를 모르거나 소재가 확인되지 않는 경우에는 연락처나 소재를 안 날부터 7일 이내에 통지를 해야 한다.

② 제1항의 통지(법 제245조의6에 따른 고소인등에 대한 불송치 통지는 제외한다)는 서면, 전화, 팩스, 전자우편, 문자메시지 등 피의자나 고소인등이 요청한 방법으로 할 수 있으며, 별도로 요청한 방법이 없는 경우에는 서면으로 한다. 이 경우 서면으로 하는 통지는 별지 제100호서식부터 별지 제102호서식까지의 수사결과 통지서에 따른다.

③ 법 제245조의6에 따른 고소인등에 대한 불송치 통지는 별지 제103호서식의 수사결과 통지서에 따른다.

④ 사법경찰관은 서면으로 통지한 경우에는 그 사본을, 그 외의 방법으로 통지한 경우에는 그 취지를 적은 서면을 사건기록에 편철해야 한다.

⑤ 수사준칙 제53조제2항에 따른 고소인등의 통지 요구는 별지 제104호서식의 불송치 통지요구서에 따른다.

⑥ 사법경찰관은 고소인, 고발인 또는 피의자가 불송치 결정에 관한 사실증명을 청구한 경우에는 지체 없이 별지 제105호서식 또는 별지 제106호서식의 불송치 결정 증명서를 발급해야 한다.

⑦ 사법경찰관은 고소인등에게 수사중지 결정의 통지를 하는 경우에는 수사준칙 제54조제3항에 따라 검사에게 신고할 수 있다는 내용을 통지서에 기재해야 한다.

제2장 수사중지

제98조(수사중지 결정) ① 사법경찰관은 다음 각 호의 구분에 해당하는 경우에는 그 사유가 해소될 때까지 수사준칙 제51조제1항제4호에 따른 수사중지 결정을 할 수 있다.

1. 피의자중지: 다음 각 목의 어느 하나에 해당하는 경우
   가. 피의자가 소재불명인 경우
   나. 2개월 이상 해외체류, 중병 등의 사유로 상당한 기간 동안 피의자나 참

고인에 대한 조사가 불가능하여 수사를 종결할 수 없는 경우

다. 의료사고·교통사고·특허침해 등 사건의 수사 종결을 위해 전문가의 감정이 필요하나 그 감정에 상당한 시일이 소요되는 경우

라. 다른 기관의 결정이나 법원의 재판 결과가 수사의 종결을 위해 필요하나 그 결정이나 재판에 상당한 시일이 소요되는 경우

마. 수사의 종결을 위해 필요한 중요 증거자료가 외국에 소재하고 있어 이를 확보하는 데 상당한 시일이 소요되는 경우

2. 참고인중지: 참고인·고소인·고발인·피해자 또는 같은 사건 피의자의 소재불명으로 수사를 종결할 수 없는 경우

② 사법경찰관은 제1항에 따라 수사중지의 결정을 하는 경우에는 별지 제107호서식의 수사중지 결정서를 작성하여 사건기록에 편철해야 한다.

③ 사법경찰관은 수사준칙 제51조제4항에 따라 검사에게 사건기록을 송부하는 경우에는 별지 제108호서식의 수사중지 사건기록 송부서를 사건기록에 편철해야 한다.

④ 사법경찰관리는 제1항제1호나목 또는 다목의 사유로 수사중지 결정을 한 경우에는 매월 1회 이상 해당 수사중지 사유가 해소되었는지를 확인해야 한다.

제99조(소재수사 등) ① 사법경찰관은 소재불명의 사유로 수사중지를 하려는 경우에는 별지 제109호서식의 소재수사 보고서를 작성하여 사건기록에 편철해야 한다.

② 사법경찰관리는 소재불명의 사유로 수사중지된 사건의 경우 매 분기 1회 이상 소재수사를 하는 등 수사중지 사유 해소를 위해 노력해야 한다.

제100조(수사중지 시 지명수배·지명통보) 사법경찰관은 피의자의 소재불명을 이유로 수사중지 결정을 하려는 경우에는 지명수배 또는 지명통보를 해야 한다.

제101조(수사중지 결정에 대한 이의제기 절차) ① 수사준칙 제54조제1항에 따라 이의제기를 하려는 사람은 수사중지 결정을 통지받은 날부터 30일 이내에 해당 사법경찰관이 소속된 바로 위 상급경찰관서의 장(이하 "소속상급경찰관서장"이라 한다)에게 별지 제110호서식의 수사중지 결정 이의제기서를 제출해야 한다.

② 제1항에 따른 이의제기서는 해당 사법경찰관이 소속된 경찰관서에 제출할 수 있다. 이 경우 이의제기서를 제출받은 경찰관서의 장은 이를 지체 없이 소속상급경찰관서장에게 송부해야 한다.

③ 소속상급경찰관서장은 제1항 또는 제2항에 따라 이의제기서를 제출받거나 송부받은 날부터 30일 이내에 다음 각 호의 구분에 따른 결정을 하고 해당 사법경찰관의 소속수사부서장에게 이를 통보해야 한다.

1. 이의제기가 이유 있는 경우: 수용

가. 사건 재개 지시. 이 경우 담당 사법경찰관리의 교체를 함께 지시할 수 있다.

나. 상급경찰관서 이송 지시

2. 이의제기가 이유 없는 경우: 불수용

④ 제3항제1호에 따른 결정을 통보받은 소속수사부서장은 지체 없이 이를 이행하고 소속상급경찰관서장에게 이행 결과를 보고해야 한다.
⑤ 소속상급경찰관서장은 제3항의 결정을 한 날부터 7일 이내에 별지 제111호서식의 수사중지사건 이의처리결과 통지서에 처리 결과와 그 이유를 적어 이의를 제기한 사람에게 통지해야 한다.
⑥ 사법경찰관은 제1항부터 제4항까지의 규정에 따른 절차의 진행 중에 수사준칙 제51조제4항 후단에 따라 검사의 시정조치요구를 받은 경우에는 지체 없이 소속상급경찰관서장에게 보고해야 한다.

제102조(수사중지사건 수사재개) ① 사법경찰관은 수사중지된 사건의 피의자를 발견하는 등 수사중지 사유가 해소된 때에는 별지 제112호서식의 수사중지사건 수사재개서를 작성하여 사건기록에 편철하고 즉시 수사를 진행해야 한다.
② 사법경찰관은 수사준칙 제51조제5항 전단에 따라 피의자 등의 소재 발견 및 수사 재개 사실을 검사에게 통보하는 경우에는 별지 제113호서식의 피의자 등 소재발견 통보서에 따른다.

제3장 사건송치와 보완수사

제103조(송치 서류) ① 수사준칙 제58조제1항에 따른 송치 결정서는 별지 제114호서식에 따르고, 압수물 총목록은 별지 제115호서식에 따르며, 기록목록은 별지 제116호서식에 따른다.
② 송치 서류는 다음 순서에 따라 편철한다.
1. 별지 제117호서식의 사건송치서
2. 압수물 총목록
3. 법 제198조제3항에 따라 작성된 서류 또는 물건 전부를 적은 기록목록
4. 송치 결정서
5. 그 밖의 서류

③ 수사준칙 제58조에 따라 사건을 송치하는 경우에는 소속경찰관서장 또는 소속수사부서장의 명의로 한다.
④ 제1항의 송치 결정서는 사법경찰관이 작성해야 한다.

제104조(추가송부) 수사준칙 제58조제3항에 따른 추가송부서는 별지 제118호서식에 따른다.

제105조(보완수사요구의 결과 통보 등) ① 사법경찰관은 법 제197조의2제2항에 따라 보완수사 이행 결과를 통보하는 경우에는 별지 제119호서식의 보완수사 결과 통보서에 따른다. 다만, 수사준칙 제59조에 따른 보완수사요구의 대상이 아니거나 그 범위를 벗어난 경우 등 정당한 이유가 있어 보완수사를 이행하지 않은 경우에는 그 내용과 사유를 보완수사 결과 통보서에 적어 검사에게 통보해야 한다.
② 사법경찰관은 법 제197조의2제1항제1호에 따른 보완수사요구 결과를 통보하면서 새로운 증거물, 서류 및 그 밖의 자료를 검사에게 송부하는 경우에는

수사준칙 제58조제3항에 따른다.

③ 사법경찰관은 법 제197조의2제1항제2호에 따른 보완수사요구를 이행한 경우에는 다음 각 호의 구분에 따라 처리한다.

1. 기존의 영장 신청을 유지하는 경우: 제1항의 보완수사 결과 통보서를 작성하여 관계 서류와 증거물과 함께 검사에게 송부
2. 기존의 영장 신청을 철회하는 경우: 제1항의 보완수사 결과 통보서에 그 내용과 이유를 적어 검사에게 통보

④ 사법경찰관은 수사준칙 제60조제4항에 따라 사건을 불송치하거나 수사중지하는 경우에는 기존 송치 결정을 취소해야 한다.

제106조(직무배제 또는 징계 요구의 처리 등) ① 소속경찰관서장은 수사준칙 제61조제2항에 따라 직무배제를 하는 경우 지체 없이 사건 담당 사법경찰관리를 교체해야 한다.

② 소속경찰관서장은 수사준칙 제61조제3항에 따라 직무배제 또는 징계 요구의 처리 결과와 그 이유를 통보하는 경우에는 별지 제120호서식의 직무배제요구 처리결과 통보서 또는 별지 제88호서식의 징계요구 처리결과 통보서에 따른다.

제107조(법원송치) ① 경찰서장은 「소년법」 제4조제2항에 따라 소년 보호사건을 법원에 송치하는 경우에는 별지 제121호서식의 소년 보호사건 송치서를 작성하여 사건기록에 편철하고 관계 서류와 증거물을 관할 가정법원 소년부 또는 지방법원 소년부에 송부해야 한다.

② 제1항의 송치 서류에 관하여는 제103조를 준용한다.

제4장 사건 불송치와 재수사

제108조(불송치 결정) ① 불송치 결정의 주문(主文)은 다음과 같이 한다.

1. 혐의없음
   가. 혐의없음(범죄인정안됨): 피의사실이 범죄를 구성하지 않거나 범죄가 인정되지 않는 경우
   나. 혐의없음(증거불충분): 피의사실을 인정할 만한 충분한 증거가 없는 경우
2. 죄가안됨: 피의사실이 범죄구성요건에 해당하나 법률상 범죄의 성립을 조각하는 사유가 있어 범죄를 구성하지 않는 경우(수사준칙 제51조제3항제1호는 제외한다)
3. 공소권없음
   가. 형을 면제한다고 법률에서 규정한 경우
   나. 판결이나 이에 준하는 법원의 재판·명령이 확정된 경우
   다. 통고처분이 이행된 경우
   라. 사면이 있는 경우
   마. 공소시효가 완성된 경우
   바. 범죄 후 법령의 개정·폐지로 형이 폐지된 경우

사. 「소년법」, 「가정폭력범죄의 처벌 등에 관한 특례법」, 「성매매알선 등 행위의 처벌에 관한 법률」 또는 「아동학대범죄의 처벌 등에 관한 특례법」에 따른 보호처분이 확정된 경우(보호처분이 취소되어 검찰에 송치된 경우는 제외한다)

아. 동일사건에 대하여 재판이 진행 중인 경우(수사준칙 제51조제3항제2호는 제외한다)

자. 피의자에 대하여 재판권이 없는 경우

차. 친고죄에서 고소가 없거나 고소가 무효 또는 취소된 경우

카. 공무원의 고발이 있어야 공소를 제기할 수 있는 죄에서 고발이 없거나 고발이 무효 또는 취소된 경우

타. 반의사불벌죄(피해자의 명시한 의사에 반하여 공소를 제기할 수 없는 범죄를 말한다)에서 처벌을 희망하지 않는 의사표시가 있거나 처벌을 희망하는 의사표시가 철회된 경우, 「부정수표 단속법」에 따른 수표회수, 「교통사고처리 특례법」에 따른 보험가입 등 법률에서 정한 처벌을 희망하지 않는 의사표시에 준하는 사실이 있는 경우

파. 동일사건에 대하여 공소가 취소되고 다른 중요한 증거가 발견되지 않은 경우

. 피의자가 사망하거나 피의자인 법인이 존속하지 않게 된 경우

4. 각하: 고소·고발로 수리한 사건에서 다음 각 목의 어느 하나에 해당하는 사유가 있는 경우

가. 고소인 또는 고발인의 진술이나 고소장 또는 고발장에 따라 제1호부터 제3호까지의 규정에 따른 사유에 해당함이 명백하여 더 이상 수사를 진행할 필요가 없다고 판단되는 경우

나. 동일사건에 대하여 사법경찰관의 불송치 또는 검사의 불기소가 있었던 사실을 발견한 경우에 새로운 증거 등이 없어 다시 수사해도 동일하게 결정될 것이 명백하다고 판단되는 경우

다. 고소인·고발인이 출석요구에 응하지 않거나 소재불명이 되어 고소인·고발인에 대한 진술을 청취할 수 없고, 제출된 증거 및 관련자 등의 진술에 의해서도 수사를 진행할 필요성이 없다고 판단되는 경우

라. 고발이 진위 여부가 불분명한 언론 보도나 인터넷 등 정보통신망의 게시물, 익명의 제보, 고발 내용과 직접적인 관련이 없는 제3자로부터의 전문(傳聞)이나 풍문 또는 고발인의 추측만을 근거로 한 경우 등으로서 수사를 개시할 만한 구체적인 사유나 정황이 충분하지 않은 경우

② 사법경찰관은 압수물의 환부 또는 가환부를 받을 사람이 없는 등 특별한 사유가 있는 경우를 제외하고는 제1항에 따른 결정을 하기 전에 압수물 처분을 완료하도록 노력해야 한다. 수사준칙 제64조제1항제2호에 따라 재수사 결과를 처리하는 경우에도 또한 같다.

제109조(불송치 서류) ① 수사준칙 제62조제1항에 따른 불송치 결정서는 별지 제122호서식에 따르고, 압수물 총목록은 별지 제115호서식에 따르며, 기록목록은

별지 제116호서식에 따른다.

② 불송치 서류는 다음 순서에 따라 편철한다.

1. 별지 제123호서식의 불송치 사건기록 송부서
2. 압수물 총목록
3. 법 제198조제3항에 따라 작성된 서류 또는 물건 전부를 적은 기록목록
4. 불송치 결정서
5. 그 밖의 서류

③ 불송치 사건기록 송부서 명의인 및 불송치 결정서 작성인에 관하여는 제103조제3항 및 제4항을 준용한다.

제110조(일부 결정 시 조치 등) ① 하나의 사건에 수사준칙 제51조제1항제2호부터 제4호까지의 규정에 따른 검찰송치, 불송치 및 수사중지 결정이 병존하는 병존사건의 경우 사법경찰관은 기록을 분리하여 송치 및 송부하도록 노력해야 한다.

② 제1항에도 불구하고 기록을 분리할 수 없는 경우에 사법경찰관은 관계 서류와 증거물을 원본과 다름이 없음을 인증하여 등사 보관하고 송치 결정서, 불송치 결정서 및 수사중지 결정서를 작성하여 그 결정서별로 압수물 총목록과 기록목록 등을 첨부한 후 각 별책으로 편철하여 관계 서류와 증거물 원본과 함께 검사에게 송치 및 송부한다.

③ 검사가 제2항에 따라 송치 및 송부된 사건을 공소제기(수사준칙 제52조제1항제7호에 따른 이송 중 타 기관 이송 및 같은 항 제8호부터 제11호까지의 규정에 따른 사건송치 결정을 포함한다)한 이후, 사법경찰관이 고소인등의 이의신청에 따라 사건을 송치하거나 수사중지 사건을 재개수사하여 송치 또는 송부할 때에는 추가된 새로운 증거물, 관계 서류와 함께 제2항의 관계 서류와 증거물 등본 중 관련 부분을 검사에게 송부해야 한다. 다만, 고소인등의 이의신청이나 수사중지 사건의 재개에 따라 불송치하거나 수사중지 결정한 부분을 모두 송치 또는 송부하는 경우에는 등본 전체를 검사에게 송부해야 한다.

제111조(혐의없음 결정 시의 유의사항) 사법경찰관은 고소 또는 고발 사건에 관하여 제108조제1항제1호의 혐의없음 결정을 하는 경우에는 고소인 또는 고발인의 무고혐의의 유무를 판단해야 한다.

제112조(재수사 결과의 처리) ① 사법경찰관은 수사준칙 제64조제1항제1호에 따라 사건을 송치하는 경우에는 기존 불송치 결정을 취소해야 한다.

② 사법경찰관은 수사준칙 제64조제2항 단서에 따라 사건을 송치하는 경우에는 기존 불송치 결정을 변경해야 한다.

③ 수사준칙 제64조제1항제2호에 따른 재수사 결과서는 별지 제124호서식에 따른다.

제113조(고소인등의 이의신청) ① 법 제245조의7제1항에 따른 이의신청은 별지 제125호서식의 불송치 결정 이의신청서에 따른다.

② 사법경찰관은 제1항의 이의신청이 있는 경우 지체 없이 수사준칙 제58조제1

항에 따라 사건을 송치한다. 이 경우 관계 서류와 증거물을 검사가 보관하는 경우(제110조제3항을 적용받는 경우는 제외한다)에는 관계 서류 및 증거물을 송부하지 않고 사건송치서 및 송치 결정서만으로 사건을 송치한다.

③ 사법경찰관은 법 제245조의7제2항에 따라 신청인에게 통지하는 경우에는 서면, 전화, 팩스, 전자우편, 문자메시지 등 신청인이 요청한 방법으로 통지할 수 있으며, 별도로 요청한 방법이 없는 경우에는 서면 또는 문자메시지로 한다. 이 경우 서면으로 하는 통지는 별지 제126호서식의 이의신청에 따른 사건송치 통지서에 따른다.

④ 사법경찰관은 법 제245조의7제2항에 따라 사건을 송치하는 경우에는 기존 불송치 결정을 변경해야 한다.

부칙

〈제305호, 2022. 1. 4.〉

이 영은 공포한 날부터 시행한다.

과학수사기본규칙

[시행 2021. 9. 16.] [경찰청훈령 제1303호, 2021. 9. 16., 일괄개정]

제1장 총칙

제1조(목적) 이 규칙은 과학수사 업무의 원칙과 증거물의 수집 · 채취, 관리 · 보관, 감정 등 과학수사의 절차와 방법에 관한 사항을 규정함으로써 사건의 실체적 진실 발견과 국민의 인권 보호에 기여함을 목적으로 한다.

제2조(적용 범위) 경찰의 과학수사 업무에 대하여 다른 규칙에 특별한 규정이 있는 경우를 제외하고는 이 규칙이 정하는 바에 따른다.

제3조(용어의 정의) 이 규칙에서 사용하는 용어의 정의는 다음과 같다.

1. "과학수사"란, 과학적으로 검증된 지식 · 기술 · 기법 · 장비 · 시설 등을 활용하여 객관적 증거를 확보하기 위한 수사활동을 말한다.
2. "과학수사관"이란 경찰청 및 소속기관(이하 "경찰기관"이라 한다)의 과학수사 부서에 소속되어 현장감식, 감정, 과학수사 시스템의 관리 · 운영 등의 직무를 담당하는 사람을 말한다.
3. "현장감식"이란 사건과 관련된 현장에 임하여 현장상황의 관찰, 증거물의 수집 · 채취 등을 통해 범행 당시의 현장을 재구성하는 활동을 말한다.
4. "증거물의 수집"이란 증거물의 추가적인 분석이나 감정을 위하여 원상의 변경 없이 현장에서 증거물을 수거하는 것을 말한다.
5. "증거물의 채취"란 현장이나 그 밖의 장소에서 원상의 증거물 등으로부터 지문을 현출하거나, 미세증거물 · 디엔에이 감식 시료 등을 전이하는 것을 말한다.
6. "과학적범죄분석시스템(SCAS:Scientific Crime Analysis System)이란 현장감식 및 증거물 수집 · 채취에 관한 정보, 증거물 감정 정보, 범죄분석을 위한 과학수사 데이터 등을 관리하는 전산시스템을 말한다.
7. "지문자동검색시스템(AFIS:Automated Fingerprint Identification System)이란 주민등록증 발급신청서 · 외국인의 생체정보 · 수사자료표의 지문을 원본 그대로 암호화하여 데이터베이스에 저장하고, 채취한 지문과의 동일성 검색에 활용하는 전산시스템을 말한다.

제4조(인권보호) 과학수사관은 직무를 수행함에 있어 「경찰관 인권행동강령」에 따라 인권을 존중하고 적법절차를 준수하여야 한다.

제5조(과학수사 기본원칙) ① 과학수사를 통해 확보한 증거물은 수집 · 채취 단계부터 감정, 송치 또는 수사종결 시까지 업무처리자 변동 등 모든 단계의 이력이 연속적으로 관리함으로써 증거물의 연계성을 확보하여야 한다.

② 과학수사관은 어떠한 경우에도 편견과 예단 없이 중립적이고 객관적으로 업무를 수행하여야 한다.

③ 과학수사관은 과학적 근거를 바탕으로 업무를 수행하여 그 절차와 결과의 신뢰성과 타당성을 확보하여야 한다.

제6조(직무의 제한) 과학수사관의 제척 · 기피 · 회피에 관한 사항은 「범죄수사규칙」 제8조부터 제12조까지의 규정에 따른다.

제7조(법정 증언) ① 과학수사관은 담당한 사건과 관련하여 법원으로부터 증인으로 출석을 요구받은 경우에는 소속 부서의 장에게 보고하고 관련 자료 및 예상 질의답변을 준비하여야 한다.

② 과학수사관은 법원에 증인으로 출석하여 증언을 할 때에는 기억에 기초하여 진실되고 정확하게 하여야 한다.

제8조(자료제공 협조) 감정 결과를 회신 · 통보한 부서의 장이 사건의 결과 또는 관련 통계 등 자료의 제공을 요청한 경우, 사건담당 부서 또는 사건 관련 통계를 관리하는 부서의 장은 이에 협조하여야 한다.

제9조(전문가 자문) ① 경찰청장 또는 시·도경찰청장(이하 "경찰청장등"이라 한다)은 다음 각 호의 사항에 대한 전문적인 의견을 청취하기 위하여 과학수사와 관련한 분야별 외부 전문가를 자문위원으로 위촉할 수 있다.

1. 전문적인 지식 또는 과학적인 방법을 활용하여 범죄 수사와 관련한 사실관계를 분명하게 하기 위해 필요한 경우
2. 과학수사 관련 법령의 제 · 개정, 정책의 수립 · 시행, 장비의 개발 · 개선, 교육 · 훈련 등과 관련하여 전문성 강화를 위해 필요한 경우

② 자문위원은 다음 각 호에 해당하는 행위를 하여서는 아니 된다.

1. 수사에 부당하게 관여하는 행위
2. 직무수행 중 알게 된 기밀을 누설하는 행위
3. 직무와 관련하여 금품이나 향응을 수수하는 행위

③ 경찰청장등은 자문위원이 다음 각 호에 해당하는 경우 해촉할 수 있다.

1. 제2항 각 호에 해당한 때
2. 부득이한 사유로 직무를 수행할 수 없게 되거나 공정한 직무집행이 어렵다고 인정되는 상당한 이유가 있을 때

④ 경찰청장등은 자문위원에 대하여 수당과 여비 그 밖의 활동에 필요한 경비를 지급할 수 있다.

⑤ 경찰청장등은 과학수사 자문위원의 임기·구성·회의 등 필요한 세부사항을 정할 수 있다.

제2장 현장감식

제1절 현장감식의 원칙

제10조(현장감식의 절차) ① 현장감식은 다음 각 호의 순서에 따라 실시하는 것을 원칙으로 한다.

1. 현장 임장 및 보존
2. 현장 관찰 및 기록
3. 증거물 수집 · 채취
4. 변사 사건의 경우 변사자 검시
5. 「범죄수사규칙」 별지 제108호서식의 현장감식결과보고서(이하 "현장감식결과보고서"라 한다) 작성

② 현장감식에 관하여 이 규칙에서 정하지 않은 세부사항은 「경찰청 과학수사 표준업무 처리지침」에 따른다.

제2절 현장 임장 및 보존

제11조(현장 임장) ① 과학수사관은 다음 각 호의 경우 지체 없이 현장에 임장하여야 한다.

1. 「수사본부 설치 및 운영 규칙」 제2조에 따른 수사본부 설치대상이 되는 중요사건의 범위에 해당되는 사건
2. 경찰기관에서 과학수사관의 현장 임장을 요청하는 사건
3. 그 밖에 과학수사관이 임장할 필요가 있다고 인정되는 사건

② 과학수사관이 현장에 임장할 경우 소속 상관에게 사전에 보고하여야 한다.

③ 현장임장은 2인 이상을 원칙으로 한다. 다만, 현장 및 근무인원 상황 등을 이유로 부득이한 경우에는 그러하지 아니하다.

제12조(범죄피해자 등의 보호 · 구호) ① 초동 조치를 취한 경찰관(이하 " 초동 경찰관 "이라고 한다) 및 과학수사관은 현장에서 부상자의 구호가 필요한 때에는 이를 우선하여야 하며, 이 경우 현장 훼손을 최소화하여야 한다.

② 과학수사관은 현장에서 신고자 또는 범죄피해자의 개인정보 등의 노출이 최소화되도록 노력하여야 한다.

제13조(현장상황 설명 및 확인) ① 초동 경찰관은 현장에 임장한 과학수사관에게 최초 현장 상황과 현장에 출입한 사람의 성명 · 연락처 · 소속 · 출입 일시 등 현장에 대한 종합적인 상황을 설명하여야 한다.

② 과학수사관은 현장이 변경되었거나 훼손된 부분이 있을 경우 초동경찰관, 피해자, 최초 발견자, 신고자, 구조대원 등 관계자(이하 "초동 경찰관등"이라 한다)에게 질문하여 전후사정을 확인하여야 한다.

제14조(현장보존 시 준수사항) 초동 경찰관 및 과학수사관은 현장이 훼손되지 않도록 다음 각 호의 사항을 준수하여야 한다.

1. 경찰통제선 안으로 출입할 필요가 없는 사람의 출입을 통제한다.
2. 현장 접근 시 보호장구 등을 착용하고, 통행판 등을 이용하여 현장에 진입한다.
3. 현장 또는 주변에 물건을 버리거나 내부 시설물을 사용하지 않는다.
4. 현장에서 증거물을 수집 · 채취할 경우 사전에 현장 사진 및 동영상을 촬영한다.
5. 그 밖에 수사 과정에서 현장을 변경 · 훼손할 수 있는 행위를 최소화한다.

제3절 현장 관찰 및 기록

제15조(현장 관찰) 과학수사관은 사건과 관련된 증거물을 수집 · 채취하기 위하여 「범죄수사규칙」 제169조제1항 각 호의 사항을 고려하여 현장을 관찰하고, 필요한 경우 초동 경찰관등으로부터 진술을 청취할 수 있다.

제16조(현장기록) ① 과학수사관은 시간 순서에 따른 현장 조치에 관하여 다음 각 호의 사항을 현장감식의 기재, 상황도 · 평면도 작성, 사진 및 동영상 촬영 등의 방법으로 현장에서 기록하여야 한다.

1. 현장 도착 시각 및 기상 상태
2. 현장 및 주변의 상황
3. 증거물 수집 · 채취 진행 경과
4. 현장감식 종료 시각
5. 그 밖에 특이사항

② 제1항의 기록은 과학적범죄분석시스템(SCAS)에 입력하여야 한다.

제4절 증거물 수집 · 채취

제17조(수집·채취 대상) 과학수사관은 다음 각 호의 증거물을 수집 · 채취하여야 한다.

1. 지문, 혈액, 타액, 정액, 모발 등 생물학적 증거물
2. 유리, 페인트 조각, 토양, 고무, 섬유 등 미세증거물
3. 족적, 윤적, 공구흔 등 물리학적 증거물
4. 시체의 현상 · 손상 등 법의학적 증거물
5. 그 밖에 범죄수사에 필요하다고 인정되는 증거물

제18조(증거물 수집·채취 방법) ① 과학수사관은 증거의 특성 및 현장상황에 맞는 최적의 방법으로 증거물을 수집 · 채취하여 그 원형을 최대한 유지하여야 한다. 이 경우 수집 · 채취 전후의 상황을 사진 또는 동영상 촬영하는 등 증거물의 동일성 및 진정성을 입증할 수 있는 조치를 하여야 한다.

② 과학수사관은 제1항에 따라 증거물을 수집 · 채취할 경우 증거물이 오염 · 훼손되지 않고 무결성이 유지될 수 있도록 다음 각 호의 사항을 준수하여야 한다.

1. 증거물 수집 · 채취 시 과학수사관을 제외한 현장출입자의 증거물 접촉을 제한한다.
2. 수집 · 채취한 증거물의 특성에 맞는 용구에 포장한다.
3. 포장한 증거물을 봉인하고 증거물의 종류, 수집 · 채취 일시 및 장소, 수집자 · 채취자 등을 기록한다.
4. 증거 간 교차 오염을 방지하기 위해 각별히 주의한다.

제5절 변사자 검시

제19조(변사자 검시) ① 변사 현장에 임장한 과학수사관은 변사자의 신원확인을

위하여 지문을 채취하여야 한다. 다만, 부패 등으로 지문 채취가 곤란한 경우에는 디엔에이감식시료, 치아, 유골 등을 채취하여 국립과학수사연구원 등 공인시험기관에 감정을 의뢰하여야 한다.

② 과학수사관은 검시 과정에서 변사자의 명예가 훼손되지 않도록 유의하여야 한다.

③ 검시조사관(檢視調査官)은 생물학·해부학·병리학 등 전문 지식을 바탕으로 변사자 및 그 주변 환경을 종합적으로 조사하여 범죄 관련 여부를 판단하는 사람으로서 변사자를 조사한 후 「범죄수사규칙」 별지 제15호서식의 변사자조사결과보고서(이하 "변사자조사결과보고서"라 한다)를 작성하여야 한다.

④ 검시조사관은 제3항의 변사자조사결과보고서를 과학적범죄분석시스템(SCAS)에 입력하여 사건 담당 경찰관이 열람할 수 있도록 하여야 한다.

제6절 현장감식결과보고서 작성

제20조(현장감식결과보고서의 작성 및 입력) ① 과학수사관은 현장감식 실시 후 현장감식결과보고서를 작성하여야 한다.

② 과학수사관은 제1항의 현장감식결과보고서를 과학적범죄분석시스템(SCAS)에 입력하여 사건 담당 경찰관이 열람할 수 있도록 하여야 한다.

제7절 특수 현장감식

제21조(화재감식) ① 과학수사관은 화재현장에 남아있는 증거를 기초로 발화부위 및 원인, 확산 원인 및 과정 등을 규명하기 위하여 화재감식을 실시할 수 있다.

② 과학수사관은 화재감식을 위해 화재 현장에 남아있는 기구 및 시설 등에 대하여 분해검사 및 관련 실험을 실시할 수 있다. 이에 대한 전문 지식과 경험이 필요한 경우 국립과학수사연구원 등 관련 전문기관에 감정을 의뢰하거나 자문을 요청할 수 있다.

③ 과학수사관은 화재감식을 실시하였을 경우 별지 제1호서식의 화재감식 결과서를 작성하여야 한다.

④ 과학수사관은 제3항의 화재감식 결과서를 과학적범죄분석시스템(SCAS)에 입력하여 사건 담당 경찰관이 열람할 수 있도록 하여야 한다.

제22조(혈흔형태분석) ① 과학수사관은 현장에 남아있는 혈흔의 위치·모양·방향성 등을 기초로 사건 발생 당시 관련자들의 행위를 재구성하기 위하여 혈흔형태분석을 실시할 수 있다.

② 과학수사관은 현장에서 직접 혈흔형태분석을 할 수 없을 경우에는 향후의 혈흔형태분석에 대비하여 현장의 혈흔을 사진 촬영한 후 과학적범죄분석시스템(SCAS)에 입력 및 관리하여야 한다.

③ 과학수사관은 혈흔형태분석을 실시하였을 경우 별지 제2호서식의 혈흔형태분석 결과서를 작성하여야 한다.

④ 과학수사관은 제3항의 혈흔형태분석 결과서를 과학적범죄분석시스템(SCAS)에 입력하여 사건 담당 경찰관이 열람할 수 있도록 하여야 한다.

제23조(체취증거견 운용) ① 과학수사관은 용의자 등의 추적, 실종자·변사자 수색 등을 위하여 전문 훈련을 받고 지정된 체취증거견을 운용할 수 있다.

② 과학수사관은 체취증거견을 운용하였을 경우 별지 제3호서식의 체취증거견 운용 결과서를 작성하여야 한다.

③ 과학수사관은 제2항의 체취증거견 운용 결과서를 과학적범죄분석시스템(SCAS)에 입력하여 사건 담당 경찰관이 열람할 수 있도록 하여야 한다.

제24조(수중 과학수사) ① 과학수사관은 수면 또는 수중에 있는 증거물의 보존·관찰·촬영·수집·채취 등을 위하여 수중 과학수사활동을 할 수 있다.

② 과학수사관은 수중 과학수사활동을 실시하였을 경우 별지 제4호서식의 수중 감식 결과서를 작성하여야 한다.

③ 과학수사관은 제2항의 수중감식 결과서를 과학적범죄분석시스템(SCAS)에 입력하여 사건 담당 경찰관이 열람할 수 있도록 하여야 한다.

제3장 증거물 관리 및 보관

제25조(증거물 관리) ① 과학수사관은 증거물의 수집·채취부터 송치 또는 수사종결 시까지 오염, 멸실 또는 인위적 조작 등 흠결이 없도록 유의하여 증거의 객관적 가치가 훼손되지 않도록 하여야 한다.

② 증거물의 이동, 변경, 소모, 폐기 등이 수반되는 감정을 할 때에는 사전에 사진·동영상 촬영 등의 조치를 취하여 그 원형을 알 수 있도록 하여야 한다.

③ 증거물의 감정 등을 위하여 증거물을 이송하는 경우 직접 운반하여야 한다. 다만, 직접 운반이 현저히 곤란한 경우 증거물이 오염·훼손되지 않고 운반이력이 확인될 수 있는 방법을 이용할 수 있다.

제26조(증거물 보관) ① 제17조의 증거물 중 다음 각 호의 어느 하나에 해당하는 증거물은 통합 증거물 보관실에 보관하여야 한다.

1. 수사·입건 전 조사 중인 사건의 증거물
2. 입건 전 조사 편철·관리미제사건 등록 또는 불기소 결정된 사건 중 공소시효가 만료되지 않은 사건과 관련한 증거물
3. 그 밖에 계속 보관이 필요하다고 판단되는 증거물

② 제1항에 따라 보관 중인 증거물의 입·출고, 폐기, 반환 등의 내역은 과학적범죄분석시스템(SCAS)을 통해 관리하여야 한다.

③ 증거물의 입·출고 및 폐기 절차 등 구체적 이용 방법은 「통합 증거물 관리지침」에 따른다.

제27조(증거물 감식·감정실) 수집·채취한 증거물에 대한 감식·감정을 목적으로 경찰관서에 설치하는 과학수사팀 증거물 감식·감정실(이하 "증거물 감식·감정실"이라 한다) 표준모델은 별표1과 같다.

제4장 과학수사 감정

제28조(과학수사 감정의 활용) ① 과학수사관은 현장감식을 통하여 수집 · 채취한 증거 또는 사건 수사에 활용하기 위하여 감정을 의뢰받은 자료 등 감정이 필요한 경우 직접 감정을 실시하거나 다른 기관에 감정을 의뢰할 수 있다.

② 감정을 수행하는 과학수사관(이하 "감정관" 이라 한다)은 분야별 전문교육을 이수하는 등 업무수행에 필요한 자격을 갖추어야 하며, 경찰청 범죄분석담당관(이하 "범죄분석담당관" 이라 한다)은 해당 분야에 일정한 전문성이 인정되는 사람에 대하여 전문 자격을 인증할 수 있다.

③ 감정 시에는 적정 온도 · 습도, 소음 · 진동 최소화, 녹음 · 녹화시설 등 감정에 적합한 환경을 갖추어야 한다.

④ 과학수사 감정에 관하여 이 규칙에서 정하지 않은 세부사항은 「경찰청 과학수사 표준업무 처리지침」에 따른다.

제29조(감정의 이송) ① 감정의뢰를 접수한 부서에서는 해당 시 · 도경찰청에서 감정을 수행할 경우 공정성과 신뢰성에 의혹이 제기될 우려가 있는 때에는 범죄분석담당관에게 다른 시 · 도경찰청으로의 이송을 건의할 수 있다.

② 제1항의 건의를 받은 범죄분석담당관은 이송의 타당성과 필요성이 인정될 경우 이송을 보낼 다른 시 · 도경찰청 과학수사과장(과학수사과가 없는 시 · 도경찰청의 경우 형사과장으로 한다. 이하 같다)과 협의하여 이송 여부를 결정하여야 한다.

제30조(교차검증) 수사 결과에 결정적인 영향을 미치는 중요 증거 등에 대한 감정을 실시한 경우는 감정 오류를 방지하기 위하여 다른 감정관이 그 감정결과를 검증할 수 있다.

제31조(재감정) ① 범죄분석담당관 또는 감정을 수행한 시 · 도경찰청 과학수사과장(이하 "범죄분석담당관등" 이라 한다)은 다음 각 호의 경우 동일 증거물에 대하여 재감정할 수 있다.

1. 이의제기 등으로 인해 감정결과의 신뢰성에 대한 추가 입증이 필요하다고 판단되는 경우
2. 감정에 필요한 추가 자료 확보, 감정기법의 개발 등으로 재감정이 필요하다고 인정되는 경우

② 범죄분석담당관등은 제1항제1호의 경우는 재감정 심의위원회를 구성하여 재감정 실시 여부와 재감정 방식에 대하여 결정한다.

③ 재감정 심의위원회는 위원장을 포함하여 4명 이상 6명 이내의 위원과 간사 1명으로 구성하며, 위원은 다음 각 호에 따라 2명 이상 4명 이내의 외부위원과, 2명의 내부위원으로 지정한다.

1. 위원장 : 범죄분석담당관등
2. 내부위원 : 과학수사관리관 또는 수사 부서 소속 과장, 계장 및 관련 분야

실무 전문가
3. 외부위원 : 경찰기관 소속 공무원이 아닌 사람으로 과학수사 또는 감정 관련 전문 지식이나 경험이 있는 전문가나 공무원, 관련 분야 대학교수 또는 공인연구기관의 연구관
4. 간사 : 해당 감정 업무 담당 계장

④ 범죄분석담당관등은 제1항제2호의 경우는 내부위원(4인 이상)으로 자체 심의를 거쳐 재감정 실시 여부와 재감정 방식을 결정할 수 있다.

⑤ 재감정을 실시할 경우 최초 감정에 참여했던 감정관은 재감정에서 배제한다.

제32조(지문 감정) ① 지문감정을 담당하는 감정관(이하 "지문 감정관"이라 한다)은 지문의 문형, 특징, 그 밖에 지문에 나타난 정보를 분석하고, 지문자동검색시스템(AFIS) 등을 활용하여 대조 대상 지문과 비교·확인 후 동일 여부를 판정할 수 있다.

② 지문 감정관은 지문감정을 실시하였을 경우 별지 제5호서식의 지문 감정서를 작성하여 사건 담당자에게 회신하여야 한다.

제33조(족·윤적 감정) ① 족·윤적 감정을 담당하는 감정관(이하 "·윤적 감정관"이라 한다)은 신발·타이어 자국의 문양, 특징, 그 밖에 자국에 나타난 정보를 분석한 후 대조 대상 신발·타이어 자국과 비교·확인하여 동일 여부를 판정할 수 있다.

② 족·윤적 감정관은 족·윤적 감정을 실시하였을 경우 별지 제6호서식의 족·윤적 감정서를 작성하여 사건 담당자에게 회신하여야 한다.

제34조(범죄분석) ① 범죄분석을 담당하는 감정관(이하 "범죄분석관"이라 한다)은 다음 각 호의 어느 하나에 해당하는 경우 범죄분석을 실시할 수 있다.
1. 살인·강도·강간·방화 등 강력사건, 장기미제사건, 연쇄사건 등의 피의자가 특정되지 않거나 검거되지 않은 경우
2. 검거된 피의자 또는 사건 관계인 진술의 신빙성을 판단하기 곤란하거나, 사건을 판단하기 위해 추가진술 확보가 필요한 경우
3. 범행동기, 심리상태 등에 대한 종합적인 분석을 필요로 하는 경우
4. 정신질환 또는 이상(異常)동기와 관련된 범죄라고 판단되는 경우
5. 그 밖에 새로운 유형의 범죄에 대한 탐지·대응 등을 위해 범죄분석이 필요하다고 판단되는 경우

② 범죄분석은 용의자군 분석, 범죄행동 분석, 지리적 분석, 진술 분석, 심리부검, 수사면담, 심리평가, 통계 분석 등을 포함한다.

③ 2개 시·도경찰청 이상의 합동 분석이 필요한 경우 경찰청에 광역권 범죄분석팀 편성을 요청하여 한시적으로 운영할 수 있다.

④ 범죄분석을 위한 면담은 피면담자가 동의하는 경우에 한하여 실시할 수 있으며, 이 경우 별지 제7호서식의 면담 및 심리검사 동의서를 피면담자로부터 제출받아야 한다.

⑤ 범죄분석관은 범죄분석을 위한 면담을 실시하기 전에 피면담자에게 변호인의 조력을 받을 수 있음을 고지하고, 피면담자가 이를 요청하는 경우 변호인의 조력을 받도록 하여야 한다. 다만, 변호인이 면담을 방해하거나 수사기밀을 누설하는 등 정당한 사유가 있는 경우에는 변호인의 참여를 제한할 수 있다.
⑥ 범죄분석관은 제5항 단서에 따라 변호인의 참여를 제한하는 경우 피면담자와 변호인에게 변호인의 참여를 제한하는 처분에 대해 형사소송법 제417조에 따른 준항고를 제기할 수 있다는 사실을 고지하여야 한다.
⑦ 범죄분석관은 범죄분석을 완료한 경우 별지 제8호서식의 범죄분석 결과서를 작성하여야 한다.
⑧ 범죄분석관은 제5항의 범죄분석 결과서를 과학적범죄분석시스템(SCAS)에 입력하여 사건 담당 경찰관이 열람할 수 있도록 하여야 한다.

제35조(영상분석) ① 영상분석을 담당하는 감정관(이하 "영상분석관"이라 한다)은 사건과 관련된 CCTV, 블랙박스, CD, USB메모리, 휴대전화 등의 영상 자료물에서 범죄의 단서 또는 증거의 수집을 위해 필요한 정보를 제공하기 위하여 영상분석을 실시할 수 있다.
② 영상분석관은 영상분석을 실시하였을 경우 별지 제9호서식의 영상분석 결과서를 작성하여 사건 담당자에게 회신하여야 한다.

제36조(폴리그래프 검사) ① 폴리그래프 검사를 담당하는 감정관(이하 "폴리그래프 검사관"이라 한다)은 피검사자의 심리상태에 따른 호흡, 혈압, 맥박, 피부전기반응 등 생체 현상을 측정·분석하여 진술의 진위 여부 등을 판단하는 폴리그래프 검사를 실시할 수 있다.
② 폴리그래프 검사관은 다음 각 호의 어느 하나를 위하여 폴리그래프 검사를 실시할 수 있다.
1. 진술의 진위 확인
2. 사건의 단서 및 증거 수집
3. 상반되는 진술의 비교 확인
③ 폴리그래프 검사는 피검사자가 동의하는 경우에 한하여 실시할 수 있으며, 이 경우 별지 제10호서식의 폴리그래프 검사 동의서를 피검사자로부터 제출받아야 한다.
④ 폴리그래프 검사관은 검사를 실시하기 전에 피검사자에게 변호인의 조력을 받을 수 있음을 고지하고, 피검사자가 이를 요청하는 경우 변호인의 조력을 받도록 하여야 한다. 다만, 다음 각 호의 경우는 검사의 신뢰성과 독립성 보장을 위하여 변호인의 참여를 제한할 수 있다.
1. 생리반응을 측정하는 단계
2. 변호인이 검사를 방해하거나 수사기밀을 누설하는 등 정당한 사유가 있는 경우
⑤ 폴리그래프 검사관은 제4항 단서에 따라 변호인의 참여를 제한하는 경우 제34조제6항에 따른다.

⑥ 폴리그래프 검사관은 검사를 실시하였을 경우 별지 제11호서식의 폴리그래프 검사 결과서를 작성하여 사건 담당자에게 회신하여야 한다.

제37조(법최면 검사) ① 법최면 검사를 담당하는 감정관(이하 "법최면 검사관"이라 한다)은 최면 기법을 활용하여 사건 관련자의 기억을 되살리고 범죄의 단서 또는 증거를 수집하는 법최면 검사를 실시할 수 있다.

② 법최면 검사는 피검사자가 동의하는 경우에 한하여 실시할 수 있으며, 이 경우 별지 제12호서식의 법최면 검사 동의서를 피검사자로부터 제출받아야 한다.

③ 법최면 검사관은 검사를 실시하기 전에 피검사자에게 변호인의 조력을 받을 수 있음을 고지하고, 피검사자가 이를 요청하는 경우 변호인의 조력을 받도록 하여야 한다. 다만, 다음 각 호의 경우는 검사의 신뢰성과 독립성 보장을 위하여 변호인의 참여를 제한할 수 있다.

1. 최면 실시 단계
2. 변호인이 검사를 방해하거나 수사기밀을 누설하는 등 정당한 사유가 있는 경우

④ 법최면 검사관은 제3항 단서에 따라 변호인의 참여를 제한하는 경우 제34조 제6항에 따른다.

⑤ 법최면 검사관은 검사를 실시하였을 경우 별지 제13호서식의 법최면 검사 결과서를 작성하여 사건 담당자에게 회신하여야 한다.

제38조(몽타주 작성) ① 몽타주 작성을 담당하는 감정관(이하 "몽타주 작성관"이라 한다)은 관련자 진술, 사진 등을 바탕으로 눈, 코, 입 등 각 부위별 자료를 조합하여 대상자의 모습과 유사하게 얼굴 이미지를 작성할 수 있다.

② 몽타주 작성관은 목격자의 진술을 바탕으로 몽타주를 작성하는 경우 목격자에게 복수의 몽타주를 제시하여야 하며, 목격자의 진술 내지 묘사를 몽타주 작성 결과서에 기재하여야 한다.

③ 몽타주 작성관은 몽타주 작성 시 목격자의 기억을 돕기 위해 제37조의 법최면을 병행하여 실시할 수 있다.

④ 몽타주 작성관은 몽타주를 작성하였을 경우 별지 제14호서식의 몽타주 작성 결과서를 작성하여 사건 담당자에게 회신하여야 한다.

제39조(그 밖의 과학수사 감정) 경찰기관은 수사를 위하여 필요할 경우 다음 각 호의 증거에 대하여 국립과학수사연구원 등 전문기관·단체에 감정을 의뢰할 수 있다. 다만 필요한 경우에는 직접 감정을 실시할 수 있다.

1. 디엔에이 감식시료
2. 미세증거물
3. 음성분석 자료
4. 법곤충학 시료
5. 법보행분석 자료
6. 수사를 위한 그 밖의 증거자료

제5장 보 칙

제40조(세부 운영지침) 다음 각 호의 사항은 경찰청장이 별도로 정한다.

1. 과학수사 전산시스템 이용과 관련하여 본 규칙에 정하지 않은 사항
2. 이 규칙 시행을 위하여 필요한 세부 사항

제41조(유효기간) 이 규칙은 「훈령 · 예규 등의 발령 및 관리에 관한 규정」(대통령훈령 제394호)에 따라 이 규칙을 발령한 후의 법령이나 현실 여건의 변화 등을 검토하여야 하는 2023년 8월 31일까지 효력을 가진다.

부 칙

〈제996호, 2020. 12. 31.〉

제1조(시행일) 이 규칙은 2021년 1월 1일부터 시행한다.

제2조 ~ 제3조 생략

〈제1003호, 2021. 1. 1.〉

이 규칙은 발령한 날부터 시행한다.

검사와 사법경찰관의 상호협력과 일반적 수사준칙에 관한 규정

[시행 2021. 1. 1.] [대통령령 제31089호, 2020. 10. 7., 제정]

제1장 총칙

제1조(목적) 이 영은 「형사소송법」 제195조에 따라 검사와 사법경찰관의 상호협력과 일반적 수사준칙에 관한 사항을 규정함으로써 수사과정에서 국민의 인권을 보호하고, 수사절차의 투명성과 수사의 효율성을 보장함을 목적으로 한다.

제2조(적용 범위) 검사와 사법경찰관의 협력관계, 일반적인 수사의 절차와 방법에 관하여 다른 법령에 특별한 규정이 있는 경우를 제외하고는 이 영이 정하는 바에 따른다.

제3조(수사의 기본원칙) ① 검사와 사법경찰관은 모든 수사과정에서 헌법과 법률에 따라 보장되는 피의자와 그 밖의 피해자·참고인 등(이하 "사건관계인"이라 한다)의 권리를 보호하고, 적법한 절차에 따라야 한다.

② 검사와 사법경찰관은 예단(豫斷)이나 편견 없이 신속하게 수사해야 하고, 주어진 권한을 자의적으로 행사하거나 남용해서는 안 된다.

③ 검사와 사법경찰관은 수사를 할 때 다음 각 호의 사항에 유의하여 실체적 진실을 발견해야 한다.

1. 물적 증거를 기본으로 하여 객관적이고 신빙성 있는 증거를 발견하고 수집하기 위해 노력할 것
2. 과학수사 기법과 관련 지식·기술 및 자료를 충분히 활용하여 합리적으로 수사할 것
3. 수사과정에서 선입견을 갖지 말고, 근거 없는 추측을 배제하며, 사건관계인의 진술을 과신하지 않도록 주의할 것

④ 검사와 사법경찰관은 다른 사건의 수사를 통해 확보된 증거 또는 자료를 내세워 관련이 없는 사건에 대한 자백이나 진술을 강요해서는 안 된다.

제4조(불이익 금지) 검사와 사법경찰관은 피의자나 사건관계인이 인권침해 신고나 그 밖에 인권 구제를 위한 신고, 진정, 고소, 고발 등의 행위를 하였다는 이유로 부당한 대우를 하거나 불이익을 주어서는 안 된다.

제5조(형사사건의 공개금지 등) ① 검사와 사법경찰관은 공소제기 전의 형사사건에 관한 내용을 공개해서는 안 된다.

② 검사와 사법경찰관은 수사의 전(全) 과정에서 피의자와 사건관계인의 사생활의 비밀을 보호하고 그들의 명예나 신용이 훼손되지 않도록 노력해야 한다.

③ 제1항에도 불구하고 법무부장관, 경찰청장 또는 해양경찰청장은 무죄추정의 원칙과 국민의 알권리 등을 종합적으로 고려하여 형사사건 공개에 관한 준칙을 정할 수 있다.

제2장 협력

제6조(상호협력의 원칙) ① 검사와 사법경찰관은 상호 존중해야 하며, 수사, 공소제기 및 공소유지와 관련하여 협력해야 한다.

② 검사와 사법경찰관은 수사와 공소제기 및 공소유지를 위해 필요한 경우 수사·기소·재판 관련 자료를 서로 요청할 수 있다.

③ 검사와 사법경찰관의 협의는 신속히 이루어져야 하며, 협의의 지연 등으로 수사 또는 관련 절차가 지연되어서는 안 된다.

제7조(중요사건 협력절차) 검사와 사법경찰관은 공소시효가 임박한 사건이나 내란, 외환, 선거, 테러, 대형참사, 연쇄살인 관련 사건, 주한 미합중국 군대의 구성원·외국인군무원 및 그 가족이나 초청계약자의 범죄 관련 사건 등 많은 피해자가 발생하거나 국가적·사회적 피해가 큰 중요한 사건(이하 "중요사건"이라 한다)의 경우에는 송치 전에 수사할 사항, 증거수집의 대상, 법령의 적용 등에 관하여 상호 의견을 제시·교환할 것을 요청할 수 있다.

제8조(검사와 사법경찰관의 협의) ① 검사와 사법경찰관은 수사와 사건의 송치, 송부 등에 관한 이견의 조정이나 협력 등이 필요한 경우 서로 협의를 요청할 수 있다. 다만, 다음 각 호의 어느 하나에 해당하는 경우에는 상대방의 협의 요청에 응해야 한다.

1. 중요사건에 관하여 상호 의견을 제시·교환하는 것에 대해 이견이 있거나, 제시·교환한 의견의 내용에 대해 이견이 있는 경우
2. 「형사소송법」(이하 "법"이라 한다) 제197조의2제2항 및 제3항에 따른 정당한 이유의 유무에 대해 이견이 있는 경우
3. 법 제197조의3제4항 및 제5항에 따른 정당한 이유의 유무에 대해 이견이 있는 경우
4. 법 제197조의4제2항 단서에 따라 사법경찰관이 계속 수사할 수 있는지 여부나 사법경찰관이 계속 수사할 수 있는 경우 수사를 계속할 주체 또는 사건의 이송 여부 등에 대해 이견이 있는 경우
5. 법 제222조에 따라 변사자 검시를 하는 경우에 수사의 착수 여부나 수사할 사항 등에 대해 이견의 조정이나 협의가 필요한 경우
6. 법 제245조의8제2항에 따른 재수사의 결과에 대해 이견이 있는 경우
7. 법 제316조제1항에 따라 사법경찰관이 조사자로서 공판준비 또는 공판기일에서 진술하게 된 경우

② 제1항제1호, 제2호, 제4호 또는 제6호의 경우 해당 검사와 사법경찰관의 협의에도 불구하고 이견이 해소되지 않는 경우에는 해당 검사가 소속된 검찰청의 장과 해당 사법경찰관이 소속된 경찰관서(지방해양경찰관서를 포함한다. 이하 같다)의 장의 협의에 따른다.

제9조(수사기관협의회) ① 대검찰청, 경찰청 및 해양경찰청 간에 수사에 관한 제도

개선 방안 등을 논의하고, 수사기관 간 협조가 필요한 사항에 대해 서로 의견을 협의·조정하기 위해 수사기관협의회를 둔다.

② 수사기관협의회는 다음 각 호의 사항에 대해 협의·조정한다.
1. 국민의 인권보호, 수사의 신속성·효율성 등을 위한 제도 개선 및 정책 제안
2. 국가적 재난 상황 등 관련 기관 간 긴밀한 협조가 필요한 업무를 공동으로 수행하기 위해 필요한 사항
3. 그 밖에 제1항의 어느 한 기관이 수사기관협의회의 협의 또는 조정이 필요하다고 요구한 사항

③ 수사기관협의회는 반기마다 정기적으로 개최하되, 제1항의 어느 한 기관이 요청하면 수시로 개최할 수 있다.

④ 제1항의 각 기관은 수사기관협의회에서 협의·조정된 사항의 세부 추진계획을 수립·시행해야 한다.

⑤ 제1항부터 제4항까지의 규정에서 정한 사항 외에 수사기관협의회의 운영 등에 필요한 사항은 수사기관협의회에서 정한다.

제3장 수사

제1절 통칙

제10조(임의수사 우선의 원칙과 강제수사 시 유의사항) ① 검사와 사법경찰관은 수사를 할 때 수사 대상자의 자유로운 의사에 따른 임의수사를 원칙으로 해야 하고, 강제수사는 법률에서 정한 바에 따라 필요한 경우에만 최소한의 범위에서 하되, 수사 대상자의 권익 침해의 정도가 더 적은 절차와 방법을 선택해야 한다.

② 검사와 사법경찰관은 피의자를 체포·구속하는 과정에서 피의자 및 현장에 있는 가족 등 지인들의 인격과 명예를 침해하지 않도록 유의해야 한다.

③ 검사와 사법경찰관은 압수·수색 과정에서 사생활의 비밀, 주거의 평온을 최대한 보장하고, 피의자 및 현장에 있는 가족 등 지인들의 인격과 명예를 침해하지 않도록 유의해야 한다.

제11조(회피) 검사 또는 사법경찰관리는 피의자나 사건관계인과 친족관계 또는 이에 준하는 관계가 있거나 그 밖에 수사의 공정성을 의심 받을 염려가 있는 사건에 대해서는 소속 기관의 장의 허가를 받아 그 수사를 회피해야 한다.

제12조(수사 진행상황의 통지) ① 검사 또는 사법경찰관은 수사에 대한 진행상황을 사건관계인에게 적절히 통지하도록 노력해야 한다.

② 제1항에 따른 통지의 구체적인 방법·절차 등은 법무부장관, 경찰청장 또는 해양경찰청장이 정한다.

제13조(변호인의 피의자신문 참여 · 조력) ① 검사 또는 사법경찰관은 피의자신문에 참여한 변호인이 피의자의 옆자리 등 실질적인 조력을 할 수 있는 위치에 앉도록 해야 하고, 정당한 사유가 없으면 피의자에 대한 법적인 조언·상담을 보장해

야 하며, 법적인 조언·상담을 위한 변호인의 메모를 허용해야 한다.
② 검사 또는 사법경찰관은 피의자에 대한 신문이 아닌 단순 면담 등이라는 이유로 변호인의 참여·조력을 제한해서는 안 된다.
③ 제1항 및 제2항은 검사 또는 사법경찰관의 사건관계인에 대한 조사·면담 등의 경우에도 적용한다.

제14조(변호인의 의견진술) ① 피의자신문에 참여한 변호인은 검사 또는 사법경찰관의 신문 후 조서를 열람하고 의견을 진술할 수 있다. 이 경우 변호인은 별도의 서면으로 의견을 제출할 수 있으며, 검사 또는 사법경찰관은 해당 서면을 사건기록에 편철한다.
② 피의자신문에 참여한 변호인은 신문 중이라도 검사 또는 사법경찰관의 승인을 받아 의견을 진술할 수 있다. 이 경우 검사 또는 사법경찰관은 정당한 사유가 있는 경우를 제외하고는 변호인의 의견진술 요청을 승인해야 한다.
③ 피의자신문에 참여한 변호인은 제2항에도 불구하고 부당한 신문방법에 대해서는 검사 또는 사법경찰관의 승인 없이 이의를 제기할 수 있다.
④ 검사 또는 사법경찰관은 제1항부터 제3항까지의 규정에 따른 의견진술 또는 이의제기가 있는 경우 해당 내용을 조서에 적어야 한다.

제15조(피해자 보호) ① 검사 또는 사법경찰관은 피해자의 명예와 사생활의 평온을 보호하기 위해 「범죄피해자 보호법」 등 피해자 보호 관련 법령의 규정을 준수해야 한다.
② 검사 또는 사법경찰관은 피의자의 범죄수법, 범행 동기, 피해자와의 관계, 언동 및 그 밖의 상황으로 보아 피해자가 피의자 또는 그 밖의 사람으로부터 생명·신체에 위해를 입거나 입을 염려가 있다고 인정되는 경우에는 직권 또는 피해자의 신청에 따라 신변보호에 필요한 조치를 강구해야 한다.

제2절 수사의 개시

제16조(수사의 개시) ① 검사 또는 사법경찰관이 다음 각 호의 어느 하나에 해당하는 행위에 착수한 때에는 수사를 개시한 것으로 본다. 이 경우 검사 또는 사법경찰관은 해당 사건을 즉시 입건해야 한다.
1. 피혐의자의 수사기관 출석조사
2. 피의자신문조서의 작성
3. 긴급체포
4. 체포·구속영장의 청구 또는 신청
5. 사람의 신체, 주거, 관리하는 건조물, 자동차, 선박, 항공기 또는 점유하는 방실에 대한 압수·수색 또는 검증영장(부검을 위한 검증영장은 제외한다)의 청구 또는 신청

② 검사 또는 사법경찰관은 수사 중인 사건의 범죄 혐의를 밝히기 위한 목적으로 관련 없는 사건의 수사를 개시하거나 수사기간을 부당하게 연장해서는 안 된다.

③ 검사 또는 사법경찰관은 입건 전에 범죄를 의심할 만한 정황이 있어 수사 개시 여부를 결정하기 위한 사실관계의 확인 등 필요한 조사를 할 때에는 적법절차를 준수하고 사건관계인의 인권을 존중하며, 조사가 부당하게 장기화되지 않도록 신속하게 진행해야 한다.

④ 검사 또는 사법경찰관은 제3항에 따른 조사 결과 입건하지 않는 결정을 한 때에는 피해자에 대한 보복범죄나 2차 피해가 우려되는 경우 등을 제외하고는 피혐의자 및 사건관계인에게 통지해야 한다.

⑤ 제4항에 따른 통지의 구체적인 방법 및 절차 등은 법무부장관, 경찰청장 또는 해양경찰청장이 정한다.

⑥ 제3항에 따른 조사와 관련한 서류 등의 열람 및 복사에 관하여는 제69조제1항, 제3항, 제5항(같은 조 제1항 및 제3항을 준용하는 부분으로 한정한다. 이하 이 항에서 같다) 및 제6항(같은 조 제1항, 제3항 및 제5항에 따른 신청을 받은 경우로 한정한다)을 준용한다.

제17조(변사자의 검시 등) ① 사법경찰관은 변사자 또는 변사한 것으로 의심되는 사체가 있으면 변사사건 발생사실을 검사에게 통보해야 한다.

② 검사는 법 제222조제1항에 따라 검시를 했을 경우에는 검시조서를, 검증영장이나 같은 조 제2항에 따라 검증을 했을 경우에는 검증조서를 각각 작성하여 사법경찰관에게 송부해야 한다.

③ 사법경찰관은 법 제222조제1항 및 제3항에 따라 검시를 했을 경우에는 검시조서를, 검증영장이나 같은 조 제2항 및 제3항에 따라 검증을 했을 경우에는 검증조서를 각각 작성하여 검사에게 송부해야 한다.

④ 검사와 사법경찰관은 법 제222조에 따라 변사자의 검시를 한 사건에 대해 사건 종결 전에 수사할 사항 등에 관하여 상호 의견을 제시·교환해야 한다.

제18조(검사의 사건 이송 등) ① 검사는 다음 각 호의 어느 하나에 해당하는 때에는 사건을 검찰청 외의 수사기관에 이송해야 한다.

1. 「검찰청법」 제4조제1항제1호 각 목에 해당되지 않는 범죄에 대한 고소·고발·진정 등이 접수된 때
2. 「검사의 수사개시 범죄 범위에 관한 규정」 제2조 각 호의 범죄에 해당하는 사건 수사 중 범죄 혐의 사실이 「검찰청법」 제4조제1항제1호 각 목의 범죄에 해당되지 않는다고 판단되는 때. 다만 구속영장이나 사람의 신체, 주거, 관리하는 건조물, 자동차, 선박, 항공기 또는 점유하는 방실에 대하여 압수·수색 또는 검증영장이 발부된 경우는 제외한다.

② 검사는 다음 각 호의 어느 하나에 해당하는 때에는 사건을 검찰청 외의 수사기관에 이송할 수 있다.

1. 법 제197조의4제2항 단서에 따라 사법경찰관이 범죄사실을 계속 수사할 수 있게 된 때
2. 그 밖에 다른 수사기관에서 수사하는 것이 적절하다고 판단되는 때

③ 검사는 제1항 또는 제2항에 따라 사건을 이송하는 경우에는 관계 서류와 증

거물을 해당 수사기관에 함께 송부해야 한다.

제3절 임의수사

제19조(출석요구) ① 검사 또는 사법경찰관은 피의자에게 출석요구를 할 때에는 다음 각 호의 사항을 유의해야 한다.

1. 출석요구를 하기 전에 우편·전자우편·전화를 통한 진술 등 출석을 대체할 수 있는 방법의 선택 가능성을 고려할 것
2. 출석요구의 방법, 출석의 일시·장소 등을 정할 때에는 피의자의 명예 또는 사생활의 비밀이 침해되지 않도록 주의할 것
3. 출석요구를 할 때에는 피의자의 생업에 지장을 주지 않도록 충분한 시간적 여유를 두도록 하고, 피의자가 출석 일시의 연기를 요청하는 경우 특별한 사정이 없으면 출석 일시를 조정할 것
4. 불필요하게 여러 차례 출석요구를 하지 않을 것

② 검사 또는 사법경찰관은 피의자에게 출석요구를 하려는 경우 피의자와 조사의 일시·장소에 관하여 협의해야 한다. 이 경우 변호인이 있는 경우에는 변호인과도 협의해야 한다.

③ 검사 또는 사법경찰관은 피의자에게 출석요구를 하려는 경우 피의사실의 요지 등 출석요구의 취지를 구체적으로 적은 출석요구서를 발송해야 한다. 다만, 신속한 출석요구가 필요한 경우 등 부득이한 사정이 있는 경우에는 전화, 문자메시지, 그 밖의 상당한 방법으로 출석요구를 할 수 있다.

④ 검사 또는 사법경찰관은 제3항 본문에 따른 방법으로 출석요구를 했을 때에는 출석요구서의 사본을, 같은 항 단서에 따른 방법으로 출석요구를 했을 때에는 그 취지를 적은 수사보고서를 각각 사건기록에 편철한다.

⑤ 검사 또는 사법경찰관은 피의자가 치료 등 수사관서에 출석하여 조사를 받는 것이 현저히 곤란한 사정이 있는 경우에는 수사관서 외의 장소에서 조사할 수 있다.

⑥ 제1항부터 제5항까지의 규정은 피의자 외의 사람에 대한 출석요구의 경우에도 적용한다.

제20조(수사상 임의동행 시의 고지) 검사 또는 사법경찰관은 임의동행을 요구하는 경우 상대방에게 동행을 거부할 수 있다는 것과 동행하는 경우에도 언제든지 자유롭게 동행 과정에서 이탈하거나 동행 장소에서 퇴거할 수 있다는 것을 알려야 한다.

제21조(심야조사 제한) ① 검사 또는 사법경찰관은 조사, 신문, 면담 등 그 명칭을 불문하고 피의자나 사건관계인에 대해 오후 9시부터 오전 6시까지 사이에 조사(이하 "심야조사"라 한다)를 해서는 안 된다. 다만, 이미 작성된 조서의 열람을 위한 절차는 자정 이전까지 진행할 수 있다.

② 제1항에도 불구하고 다음 각 호의 어느 하나에 해당하는 경우에는 심야조사를 할 수 있다. 이 경우 심야조사의 사유를 조서에 명확하게 적어야 한다.

1. 피의자를 체포한 후 48시간 이내에 구속영장의 청구 또는 신청 여부를 판단하기 위해 불가피한 경우
2. 공소시효가 임박한 경우
3. 피의자나 사건관계인이 출국, 입원, 원거리 거주, 직업상 사유 등 재출석이 곤란한 구체적인 사유를 들어 심야조사를 요청한 경우(변호인이 심야조사에 동의하지 않는다는 의사를 명시한 경우는 제외한다)로서 해당 요청에 상당한 이유가 있다고 인정되는 경우
4. 그 밖에 사건의 성질 등을 고려할 때 심야조사가 불가피하다고 판단되는 경우 등 법무부장관, 경찰청장 또는 해양경찰청장이 정하는 경우로서 검사 또는 사법경찰관의 소속 기관의 장이 지정하는 인권보호 책임자의 허가 등을 받은 경우

제22조(장시간 조사 제한) ① 검사 또는 사법경찰관은 조사, 신문, 면담 등 그 명칭을 불문하고 피의자나 사건관계인을 조사하는 경우에는 대기시간, 휴식시간, 식사시간 등 모든 시간을 합산한 조사시간(이하 "총조사시간"이라 한다)이 12시간을 초과하지 않도록 해야 한다. 다만, 다음 각 호의 어느 하나에 해당하는 경우에는 예외로 한다.

1. 피의자나 사건관계인의 서면 요청에 따라 조서를 열람하는 경우
2. 제21조제2항 각 호의 어느 하나에 해당하는 경우

② 검사 또는 사법경찰관은 특별한 사정이 없으면 총조사시간 중 식사시간, 휴식시간 및 조서의 열람시간 등을 제외한 실제 조사시간이 8시간을 초과하지 않도록 해야 한다.

③ 검사 또는 사법경찰관은 피의자나 사건관계인에 대한 조사를 마친 때부터 8시간이 지나기 전에는 다시 조사할 수 없다. 다만, 제1항제2호에 해당하는 경우에는 예외로 한다.

제23조(휴식시간 부여) ① 검사 또는 사법경찰관은 조사에 상당한 시간이 소요되는 경우에는 특별한 사정이 없으면 피의자 또는 사건관계인에게 조사 도중에 최소한 2시간마다 10분 이상의 휴식시간을 주어야 한다.

② 검사 또는 사법경찰관은 조사 도중 피의자, 사건관계인 또는 그 변호인으로부터 휴식시간의 부여를 요청받았을 때에는 그때까지 조사에 소요된 시간, 피의자 또는 사건관계인의 건강상태 등을 고려해 적정하다고 판단될 경우 휴식시간을 주어야 한다.

③ 검사 또는 사법경찰관은 조사 중인 피의자 또는 사건관계인의 건강상태에 이상 징후가 발견되면 의사의 진료를 받게 하거나 휴식하게 하는 등 필요한 조치를 해야 한다.

제24조(신뢰관계인의 동석) ① 법 제244조의5에 따라 피의자와 동석할 수 있는 신뢰관계에 있는 사람과 법 제221조제3항에서 준용하는 법 제163조의2에 따라 피해자와 동석할 수 있는 신뢰관계에 있는 사람은 피의자 또는 피해자의 직계친족,

형제자매, 배우자, 가족, 동거인, 보호·교육시설의 보호·교육담당자 등 피의자 또는 피해자의 심리적 안정과 원활한 의사소통에 도움을 줄 수 있는 사람으로 한다.

② 피의자, 피해자 또는 그 법정대리인이 제1항에 따른 신뢰관계에 있는 사람의 동석을 신청한 경우 검사 또는 사법경찰관은 그 관계를 적은 동석신청서를 제출받거나 조서 또는 수사보고서에 그 관계를 적어야 한다.

제25조(자료 · 의견의 제출기회 보장) ① 검사 또는 사법경찰관은 조사과정에서 피의자, 사건관계인 또는 그 변호인이 사실관계 등의 확인을 위해 자료를 제출하는 경우 그 자료를 수사기록에 편철한다.

② 검사 또는 사법경찰관은 조사를 종결하기 전에 피의자, 사건관계인 또는 그 변호인에게 자료 또는 의견을 제출할 의사가 있는지를 확인하고, 자료 또는 의견을 제출받은 경우에는 해당 자료 및 의견을 수사기록에 편철한다.

제26조(수사과정의 기록) ① 검사 또는 사법경찰관은 법 제244조의4에 따라 조사(신문, 면담 등 명칭을 불문한다. 이하 이 조에서 같다) 과정의 진행경과를 다음 각 호의 구분에 따른 방법으로 기록해야 한다.

1. 조서를 작성하는 경우: 조서에 기록(별도의 서면에 기록한 후 조서의 끝부분에 편철하는 것을 포함한다)
2. 조서를 작성하지 않는 경우: 별도의 서면에 기록한 후 수사기록에 편철

② 제1항에 따라 조사과정의 진행경과를 기록할 때에는 다음 각 호의 구분에 따른 사항을 구체적으로 적어야 한다.

1. 조서를 작성하는 경우에는 다음 각 목의 사항
   가. 조사 대상자가 조사장소에 도착한 시각
   나. 조사의 시작 및 종료 시각
   다. 조사 대상자가 조사장소에 도착한 시각과 조사를 시작한 시각에 상당한 시간적 차이가 있는 경우에는 그 이유
   라. 조사가 중단되었다가 재개된 경우에는 그 이유와 중단 시각 및 재개 시각
2. 조서를 작성하지 않는 경우에는 다음 각 목의 사항
   가. 조사 대상자가 조사장소에 도착한 시각
   나. 조사 대상자가 조사장소를 떠난 시각
   다. 조서를 작성하지 않는 이유
   라. 조사 외에 실시한 활동
   마. 변호인 참여 여부

제4절 강제수사

제27조(긴급체포) ① 사법경찰관은 법 제200조의3제2항에 따라 긴급체포 후 12시간 내에 검사에게 긴급체포의 승인을 요청해야 한다. 다만, 제51조제1항제4호가목 또는 제52조제1항제3호에 따라 수사중지 결정 또는 기소중지 결정이 된 피의

자를 소속 경찰관서가 위치하는 특별시·광역시·특별자치시·도 또는 특별자치도 외의 지역이나 「연안관리법」 제2조제2호나목의 바다에서 긴급체포한 경우에는 긴급체포 후 24시간 이내에 긴급체포의 승인을 요청해야 한다.

② 제1항에 따라 긴급체포의 승인을 요청할 때에는 범죄사실의 요지, 긴급체포의 일시·장소, 긴급체포의 사유, 체포를 계속해야 하는 사유 등을 적은 긴급체포 승인요청서로 요청해야 한다. 다만, 긴급한 경우에는 「형사사법절차 전자화 촉진법」 제2조제4호에 따른 형사사법정보시스템(이하 "형사사법정보시스템"이라 한다) 또는 팩스를 이용하여 긴급체포의 승인을 요청할 수 있다.

③ 검사는 사법경찰관의 긴급체포 승인 요청이 이유 있다고 인정하는 경우에는 지체 없이 긴급체포 승인서를 사법경찰관에게 송부해야 한다.

④ 검사는 사법경찰관의 긴급체포 승인 요청이 이유 없다고 인정하는 경우에는 지체 없이 사법경찰관에게 불승인 통보를 해야 한다. 이 경우 사법경찰관은 긴급체포된 피의자를 즉시 석방하고 그 석방 일시와 사유 등을 검사에게 통보해야 한다.

제28조(현행범인 조사 및 석방) ① 검사 또는 사법경찰관은 법 제212조 또는 제213조에 따라 현행범인을 체포하거나 체포된 현행범인을 인수했을 때에는 조사가 현저히 곤란하다고 인정되는 경우가 아니면 지체 없이 조사해야 하며, 조사 결과 계속 구금할 필요가 없다고 인정할 때에는 현행범인을 즉시 석방해야 한다.

② 검사 또는 사법경찰관은 제1항에 따라 현행범인을 석방했을 때에는 석방 일시와 사유 등을 적은 피의자 석방서를 작성해 사건기록에 편철한다. 이 경우 사법경찰관은 석방 후 지체 없이 검사에게 석방 사실을 통보해야 한다.

제29조(구속영장의 청구 · 신청) ① 검사 또는 사법경찰관은 구속영장을 청구하거나 신청하는 경우 법 제209조에서 준용하는 법 제70조제2항의 필요적 고려사항이 있을 때에는 구속영장 청구서 또는 신청서에 그 내용을 적어야 한다.

② 검사 또는 사법경찰관은 체포한 피의자에 대해 구속영장을 청구하거나 신청할 때에는 구속영장 청구서 또는 신청서에 체포영장, 긴급체포서, 현행범인 체포서 또는 현행범인 인수서를 첨부해야 한다.

제30조(구속 전 피의자 심문) 사법경찰관은 법 제201조의2제3항 및 같은 조 제10항에서 준용하는 법 제81조제1항에 따라 판사가 통지한 피의자 심문 기일과 장소에 체포된 피의자를 출석시켜야 한다.

제31조(체포 · 구속영장의 재청구 · 재신청) 검사 또는 사법경찰관은 동일한 범죄사실로 다시 체포·구속영장을 청구하거나 신청하는 경우(체포·구속영장의 청구 또는 신청이 기각된 후 다시 체포·구속영장을 청구하거나 신청하는 경우와 이미 발부받은 체포·구속영장과 동일한 범죄사실로 다시 체포·구속영장을 청구하거나 신청하는 경우를 말한다)에는 그 취지를 체포·구속영장 청구서 또는 신청서에 적어야 한다.

제32조(체포 · 구속영장 집행 시의 권리 고지) ① 검사 또는 사법경찰관은 피의자를

체포하거나 구속할 때에는 법 제200조의5(법 제209조에서 준용하는 경우를 포함한다)에 따라 피의자에게 피의사실의 요지, 체포·구속의 이유와 변호인을 선임할 수 있음을 말하고, 변명할 기회를 주어야 하며, 진술거부권을 알려주어야 한다.

② 제1항에 따라 피의자에게 알려주어야 하는 진술거부권의 내용은 법 제244조의3제1항제1호부터 제3호까지의 사항으로 한다.

③ 검사와 사법경찰관이 제1항에 따라 피의자에게 그 권리를 알려준 경우에는 피의자로부터 권리 고지 확인서를 받아 사건기록에 편철한다.

제33조(체포 · 구속 등의 통지) ① 검사 또는 사법경찰관은 피의자를 체포하거나 구속하였을 때에는 법 제200조의6 또는 제209조에서 준용하는 법 제87조에 따라 변호인이 있으면 변호인에게, 변호인이 없으면 법 제30조제2항에 따른 사람 중 피의자가 지정한 사람에게 24시간 이내에 서면으로 사건명, 체포·구속의 일시·장소, 범죄사실의 요지, 체포·구속의 이유와 변호인을 선임할 수 있음을 통지해야 한다.

② 검사 또는 사법경찰관은 제1항에 따른 통지를 하였을 때에는 그 통지서 사본을 사건기록에 편철한다. 다만, 변호인 및 법 제30조제2항에 따른 사람이 없어서 체포·구속의 통지를 할 수 없을 때에는 그 취지를 수사보고서에 적어 사건기록에 편철한다.

③ 제1항 및 제2항은 법 제214조의2제2항에 따라 검사 또는 사법경찰관이 같은 조 제1항에 따른 자 중에서 피의자가 지정한 자에게 체포 또는 구속의 적부심사를 청구할 수 있음을 통지하는 경우에도 준용한다.

제34조(체포 · 구속영장 등본의 교부) 검사 또는 사법경찰관은 법 제214조의2제1항에 따른 자가 체포·구속영장 등본의 교부를 청구하면 그 등본을 교부해야 한다.

제35조(체포 · 구속영장의 반환) ① 검사 또는 사법경찰관은 체포·구속영장의 유효기간 내에 영장의 집행에 착수하지 못했거나, 그 밖의 사유로 영장의 집행이 불가능하거나 불필요하게 되었을 때에는 즉시 해당 영장을 법원에 반환해야 한다. 이 경우 체포·구속영장이 여러 통 발부된 경우에는 모두 반환해야 한다.

② 검사 또는 사법경찰관은 제1항에 따라 체포·구속영장을 반환하는 경우에는 반환사유 등을 적은 영장반환서에 해당 영장을 첨부하여 반환하고, 그 사본을 사건기록에 편철한다.

③ 제1항에 따라 사법경찰관이 체포·구속영장을 반환하는 경우에는 그 영장을 청구한 검사에게 반환하고, 검사는 사법경찰관이 반환한 영장을 법원에 반환한다.

제36조(피의자의 석방) ① 검사 또는 사법경찰관은 법 제200조의2제5항 또는 제200조의4제2항에 따라 구속영장을 청구하거나 신청하지 않고 체포 또는 긴급체포한 피의자를 석방하려는 때에는 다음 각 호의 구분에 따른 사항을 적은 피의자 석방서를 작성해야 한다.

1. 체포한 피의자를 석방하려는 때: 체포 일시ㆍ장소, 체포 사유, 석방 일시ㆍ장소, 석방 사유 등
2. 긴급체포한 피의자를 석방하려는 때: 법 제200조의4제4항 각 호의 사항

② 사법경찰관은 제1항에 따라 피의자를 석방한 경우 다음 각 호의 구분에 따라 처리한다.

1. 체포한 피의자를 석방한 때: 지체 없이 검사에게 석방사실을 통보하고, 그 통보서 사본을 사건기록에 편철한다.
2. 긴급체포한 피의자를 석방한 때: 법 제200조의4제6항에 따라 즉시 검사에게 석방 사실을 보고하고, 그 보고서 사본을 사건기록에 편철한다.

제37조(압수 · 수색 또는 검증영장의 청구 · 신청) 검사 또는 사법경찰관은 압수ㆍ수색 또는 검증영장을 청구하거나 신청할 때에는 압수ㆍ수색 또는 검증의 범위를 범죄 혐의의 소명에 필요한 최소한으로 정해야 하고, 수색 또는 검증할 장소ㆍ신체ㆍ물건 및 압수할 물건 등을 구체적으로 특정해야 한다.

제38조(압수 · 수색 또는 검증영장의 제시) ① 검사 또는 사법경찰관은 법 제219조에서 준용하는 법 제118조에 따라 영장을 제시할 때에는 피압수자에게 법관이 발부한 영장에 따른 압수ㆍ수색 또는 검증이라는 사실과 영장에 기재된 범죄사실 및 수색 또는 검증할 장소ㆍ신체ㆍ물건, 압수할 물건 등을 명확히 알리고, 피압수자가 해당 영장을 열람할 수 있도록 해야 한다.

② 압수ㆍ수색 또는 검증의 처분을 받는 자가 여럿인 경우에는 모두에게 개별적으로 영장을 제시해야 한다.

제39조(압수 · 수색 또는 검증영장의 재청구 · 재신청 등) 압수ㆍ수색 또는 검증영장의 재청구ㆍ재신청(압수ㆍ수색 또는 검증영장의 청구 또는 신청이 기각된 후 다시 압수ㆍ수색 또는 검증영장을 청구하거나 신청하는 경우와 이미 발부받은 압수ㆍ수색 또는 검증영장과 동일한 범죄사실로 다시 압수ㆍ수색 또는 검증영장을 청구하거나 신청하는 경우를 말한다)과 반환에 관해서는 제31조 및 제35조를 준용한다.

제40조(압수조서와 압수목록) 검사 또는 사법경찰관은 증거물 또는 몰수할 물건을 압수했을 때에는 압수의 일시ㆍ장소, 압수 경위 등을 적은 압수조서와 압수물건의 품종ㆍ수량 등을 적은 압수목록을 작성해야 한다. 다만, 피의자신문조서, 진술조서, 검증조서에 압수의 취지를 적은 경우에는 그렇지 않다.

제41조(전자정보의 압수 · 수색 또는 검증 방법) ① 검사 또는 사법경찰관은 법 제219조에서 준용하는 법 제106조제3항에 따라 컴퓨터용디스크 및 그 밖에 이와 비슷한 정보저장매체(이하 이 항에서 "정보저장매체등"이라 한다)에 기억된 정보(이하 "전자정보"라 한다)를 압수하는 경우에는 해당 정보저장매체등의 소재지에서 수색 또는 검증한 후 범죄사실과 관련된 전자정보의 범위를 정하여 출력하거나 복제하는 방법으로 한다.

② 제1항에도 불구하고 제1항에 따른 압수 방법의 실행이 불가능하거나 그 방법

으로는 압수의 목적을 달성하는 것이 현저히 곤란한 경우에는 압수·수색 또는 검증 현장에서 정보저장매체등에 들어 있는 전자정보 전부를 복제하여 그 복제본을 정보저장매체등의 소재지 외의 장소로 반출할 수 있다.
③ 제1항 및 제2항에도 불구하고 제1항 및 제2항에 따른 압수 방법의 실행이 불가능하거나 그 방법으로는 압수의 목적을 달성하는 것이 현저히 곤란한 경우에는 피압수자 또는 법 제123조에 따라 압수·수색영장을 집행할 때 참여하게 해야 하는 사람(이하 "피압수자등"이라 한다)이 참여한 상태에서 정보저장매체등의 원본을 봉인(封印)하여 정보저장매체등의 소재지 외의 장소로 반출할 수 있다.

제42조(전자정보의 압수·수색 또는 검증 시 유의사항) ① 검사 또는 사법경찰관은 전자정보의 탐색·복제·출력을 완료한 경우에는 지체 없이 피압수자등에게 압수한 전자정보의 목록을 교부해야 한다.
② 검사 또는 사법경찰관은 제1항의 목록에 포함되지 않은 전자정보가 있는 경우에는 해당 전자정보를 지체 없이 삭제 또는 폐기하거나 반환해야 한다. 이 경우 삭제·폐기 또는 반환확인서를 작성하여 피압수자등에게 교부해야 한다.
③ 검사 또는 사법경찰관은 전자정보의 복제본을 취득하거나 전자정보를 복제할 때에는 해시값(파일의 고유값으로서 일종의 전자지문을 말한다)을 확인하거나 압수·수색 또는 검증의 과정을 촬영하는 등 전자적 증거의 동일성과 무결성(無缺性)을 보장할 수 있는 적절한 방법과 조치를 취해야 한다.
④ 검사 또는 사법경찰관은 압수·수색 또는 검증의 전 과정에 걸쳐 피압수자등이나 변호인의 참여권을 보장해야 하며, 피압수자등과 변호인이 참여를 거부하는 경우에는 신뢰성과 전문성을 담보할 수 있는 상당한 방법으로 압수·수색 또는 검증을 해야 한다.
⑤ 검사 또는 사법경찰관은 제4항에 따라 참여한 피압수자등이나 변호인이 압수 대상 전자정보와 사건의 관련성에 관하여 의견을 제시한 때에는 이를 조서에 적어야 한다.

제43조(검증조서) 검사 또는 사법경찰관은 검증을 한 경우에는 검증의 일시·장소, 검증 경위 등을 적은 검증조서를 작성해야 한다.

제44조(영장심의위원회) 법 제221조의5에 따른 영장심의위원회의 위원은 해당 업무에 전문성을 가진 중립적 외부 인사 중에서 위촉해야 하며, 영장심의위원회의 운영은 독립성·객관성·공정성이 보장되어야 한다.

제5절 시정조치요구

제45조(시정조치 요구의 방법 및 절차 등) ① 검사는 법 제197조의3제1항에 따라 사법경찰관에게 사건기록 등본의 송부를 요구할 때에는 그 내용과 이유를 구체적으로 적은 서면으로 해야 한다.
② 사법경찰관은 제1항에 따른 요구를 받은 날부터 7일 이내에 사건기록 등본을

검사에게 송부해야 한다.

③ 검사는 제2항에 따라 사건기록 등본을 송부받은 날부터 30일(사안의 경중 등을 고려하여 10일의 범위에서 한 차례 연장할 수 있다) 이내에 법 제197조의3제3항에 따른 시정조치 요구 여부를 결정하여 사법경찰관에게 통보해야 한다. 이 경우 시정조치 요구의 통보는 그 내용과 이유를 구체적으로 적은 서면으로 해야 한다.

④ 사법경찰관은 제3항에 따라 시정조치 요구를 통보받은 경우 정당한 이유가 있는 경우를 제외하고는 지체 없이 시정조치를 이행하고, 그 이행 결과를 서면에 구체적으로 적어 검사에게 통보해야 한다.

⑤ 검사는 법 제197조의3제5항에 따라 사법경찰관에게 사건송치를 요구하는 경우에는 그 내용과 이유를 구체적으로 적은 서면으로 해야 한다.

⑥ 사법경찰관은 제5항에 따라 서면으로 사건송치를 요구받은 날부터 7일 이내에 사건을 검사에게 송치해야 한다. 이 경우 관계 서류와 증거물을 함께 송부해야 한다.

⑦ 제5항 및 제6항에도 불구하고 검사는 공소시효 만료일의 임박 등 특별한 사유가 있을 때에는 제5항에 따른 서면에 그 사유를 명시하고 별도의 송치기한을 정하여 사법경찰관에게 통지할 수 있다. 이 경우 사법경찰관은 정당한 이유가 있는 경우를 제외하고는 통지받은 송치기한까지 사건을 검사에게 송치해야 한다.

제46조(징계요구의 방법 등) ① 검찰총장 또는 각급 검찰청 검사장은 법 제197조의3제7항에 따라 사법경찰관리의 징계를 요구할 때에는 서면에 그 사유를 구체적으로 적고 이를 증명할 수 있는 관계 자료를 첨부하여 해당 사법경찰관리가 소속된 경찰관서의 장(이하 "경찰관서장"이라 한다)에게 통보해야 한다.

② 경찰관서장은 제1항에 따른 징계요구에 대한 처리 결과와 그 이유를 징계를 요구한 검찰총장 또는 각급 검찰청 검사장에게 통보해야 한다.

제47조(구제신청 고지의 확인) 사법경찰관은 법 제197조의3제8항에 따라 검사에게 구제를 신청할 수 있음을 피의자에게 알려준 경우에는 피의자로부터 고지 확인서를 받아 사건기록에 편철한다. 다만, 피의자가 고지 확인서에 기명날인 또는 서명하는 것을 거부하는 경우에는 사법경찰관이 고지 확인서 끝부분에 그 사유를 적고 기명날인 또는 서명해야 한다.

제6절 수사의 경합

제48조(동일한 범죄사실 여부의 판단 등) ① 검사와 사법경찰관은 법 제197조의4에 따른 수사의 경합과 관련하여 동일한 범죄사실 여부나 영장(「통신비밀보호법」 제6조 및 제8조에 따른 통신제한조치허가서 및 같은 법 제13조에 따른 통신사실 확인자료제공 요청 허가서를 포함한다. 이하 이 조에서 같다) 청구·신청의 시간적 선후관계 등을 판단하기 위해 필요한 경우에는 그 필요한 범위에서 사건기록

의 상호 열람을 요청할 수 있다.
② 제1항에 따른 영장 청구·신청의 시간적 선후관계는 검사의 영장청구서와 사법경찰관의 영장신청서가 각각 법원과 검찰청에 접수된 시점을 기준으로 판단한다.
③ 검사는 제2항에 따른 사법경찰관의 영장신청서의 접수를 거부하거나 지연해서는 안 된다.

제49조(수사경합에 따른 사건송치) ① 검사는 법 제197조의4제1항에 따라 사법경찰관에게 사건송치를 요구할 때에는 그 내용과 이유를 구체적으로 적은 서면으로 해야 한다.
② 사법경찰관은 제1항에 따른 요구를 받은 날부터 7일 이내에 사건을 검사에게 송치해야 한다. 이 경우 관계 서류와 증거물을 함께 송부해야 한다.

제50조(중복수사의 방지) 검사는 법 제197조의4제2항 단서에 따라 사법경찰관이 범죄사실을 계속 수사할 수 있게 된 경우에는 정당한 사유가 있는 경우를 제외하고는 그와 동일한 범죄사실에 대한 사건을 이송하는 등 중복수사를 피하기 위해 노력해야 한다.

제4장 사건송치와 수사종결

제1절 통칙

제51조(사법경찰관의 결정) ① 사법경찰관은 사건을 수사한 경우에는 다음 각 호의 구분에 따라 결정해야 한다.

1. 법원송치
2. 검찰송치
3. 불송치
   가. 혐의없음
      1) 범죄인정안됨
      2) 증거불충분
   나. 죄가안됨
   다. 공소권없음
   라. 각하
4. 수사중지
   가. 피의자중지
   나. 참고인중지
5. 이송

② 사법경찰관은 하나의 사건 중 피의자가 여러 사람이거나 피의사실이 여러 개인 경우로서 분리하여 결정할 필요가 있는 경우 그중 일부에 대해 제1항 각 호의 결정을 할 수 있다.

③ 사법경찰관은 제1항제3호나목 또는 다목에 해당하는 사건이 다음 각 호의 어느 하나에 해당하는 경우에는 해당 사건을 검사에게 이송한다.

1. 「형법」 제10조제1항에 따라 벌할 수 없는 경우
2. 기소되어 사실심 계속 중인 사건과 포괄일죄를 구성하는 관계에 있는 경우

④ 사법경찰관은 제1항제4호에 따른 수사중지 결정을 한 경우 7일 이내에 사건기록을 검사에게 송부해야 한다. 이 경우 검사는 사건기록을 송부받은 날부터 30일 이내에 반환해야 하며, 그 기간 내에 법 제197조의3에 따라 시정조치요구를 할 수 있다.

⑤ 사법경찰관은 제4항 전단에 따라 검사에게 사건기록을 송부한 후 피의자 등의 소재를 발견한 경우에는 소재 발견 및 수사 재개 사실을 검사에게 통보해야 한다. 이 경우 통보를 받은 검사는 지체 없이 사법경찰관에게 사건기록을 반환해야 한다.

第52조(검사의 결정) ① 검사는 사법경찰관으로부터 사건을 송치받거나 직접 수사한 경우에는 다음 각 호의 구분에 따라 결정해야 한다.

1. 공소제기
2. 불기소
   가. 기소유예
   나. 혐의없음
      1) 범죄인정안됨
      2) 증거불충분
   다. 죄가안됨
   라. 공소권없음
   마. 각하
3. 기소중지
4. 참고인중지
5. 보완수사요구
6. 공소보류
7. 이송
8. 소년보호사건 송치
9. 가정보호사건 송치
10. 성매매보호사건 송치
11. 아동보호사건 송치

② 검사는 하나의 사건 중 피의자가 여러 사람이거나 피의사실이 여러 개인 경우로서 분리하여 결정할 필요가 있는 경우 그중 일부에 대해 제1항 각 호의 결정을 할 수 있다.

第53조(수사 결과의 통지) ① 검사 또는 사법경찰관은 제51조 또는 제52조에 따른 결정을 한 경우에는 그 내용을 고소인、고발인、피해자 또는 그 법정대리인(피해자가 사망한 경우에는 그 배우자、직계친족、형제자매를 포함한다. 이하 “고소

인등"이라 한다)과 피의자에게 통지해야 한다. 다만, 제51조제1항제4호가목에 따른 피의자중지 결정 또는 제52조제1항제3호에 따른 기소중지 결정을 한 경우에는 고소인등에게만 통지한다.

② 고소인등은 법 제245조의6에 따른 통지를 받지 못한 경우 사법경찰관에게 불송치 통지서로 통지해 줄 것을 요구할 수 있다.

③ 제1항에 따른 통지의 구체적인 방법·절차 등은 법무부장관, 경찰청장 또는 해양경찰청장이 정한다.

제54조(수사중지 결정에 대한 이의제기 등) ① 제53조에 따라 사법경찰관으로부터 제51조제1항제4호에 따른 수사중지 결정의 통지를 받은 사람은 해당 사법경찰관이 소속된 바로 위 상급경찰관서의 장에게 이의를 제기할 수 있다.

② 제1항에 따른 이의제기의 절차·방법 및 처리 등에 관하여 필요한 사항은 경찰청장 또는 해양경찰청장이 정한다.

③ 제1항에 따른 통지를 받은 사람은 해당 수사중지 결정이 법령위반, 인권침해 또는 현저한 수사권 남용이라고 의심되는 경우 검사에게 법 제197조의3제1항에 따른 신고를 할 수 있다.

④ 사법경찰관은 제53조에 따라 고소인등에게 제51조제1항제4호에 따른 수사중지 결정의 통지를 할 때에는 제3항에 따라 신고할 수 있다는 사실을 함께 고지해야 한다.

제55조(소재수사에 관한 협력 등) ① 검사와 사법경찰관은 소재불명(所在不明)인 피의자나 참고인을 발견한 때에는 해당 사실을 통보하는 등 서로 협력해야 한다.

② 검사는 법 제245조의5제1호 또는 법 제245조의7제2항에 따라 송치된 사건의 피의자나 참고인의 소재 확인이 필요하다고 판단하는 경우 피의자나 참고인의 주소지 또는 거소지 등을 관할하는 경찰관서의 사법경찰관에게 소재수사를 요청할 수 있다. 이 경우 요청을 받은 사법경찰관은 이에 협력해야 한다.

③ 검사 또는 사법경찰관은 제51조제1항제4호 또는 제52조제1항제3호·제4호에 따라 수사중지 또는 기소중지·참고인중지된 사건의 피의자 또는 참고인을 발견하는 등 수사중지 결정 또는 기소중지·참고인중지 결정의 사유가 해소된 경우에는 즉시 수사를 진행해야 한다.

제56조(사건기록의 등본) ① 검사 또는 사법경찰관은 사건 관계 서류와 증거물을 분리하여 송부하거나 반환할 필요가 있으나 해당 서류와 증거물의 분리가 불가능하거나 현저히 곤란한 경우에는 그 서류와 증거물을 등사하여 송부하거나 반환할 수 있다.

② 검사 또는 사법경찰관은 제45조제1항, 이 조 제1항 등에 따라 사건기록 등본을 송부받은 경우 이를 다른 목적으로 사용할 수 없으며, 다른 법령에 특별한 규정이 있는 경우를 제외하고는 그 사용 목적을 위한 기간이 경과한 때에 즉시 이를 반환하거나 폐기해야 한다.

제57조(송치사건 관련 자료 제공) 검사는 사법경찰관이 송치한 사건에 대해 검사의

공소장, 불기소결정서, 송치결정서 및 법원의 판결문을 제공할 것을 요청하는 경우 이를 사법경찰관에게 지체 없이 제공해야 한다.

제2절 사건송치와 보완수사요구

제58조(사법경찰관의 사건송치) ① 사법경찰관은 관계 법령에 따라 검사에게 사건을 송치할 때에는 송치의 이유와 범위를 적은 송치 결정서와 압수물 총목록, 기록목록, 범죄경력 조회 회보서, 수사경력 조회 회보서 등 관계 서류와 증거물을 함께 송부해야 한다.

② 사법경찰관은 피의자 또는 참고인에 대한 조사과정을 영상녹화한 경우에는 해당 영상녹화물을 봉인한 후 검사에게 사건을 송치할 때 봉인된 영상녹화물의 종류와 개수를 표시하여 사건기록과 함께 송부해야 한다.

③ 사법경찰관은 사건을 송치한 후에 새로운 증거물, 서류 및 그 밖의 자료를 추가로 송부할 때에는 이전에 송치한 사건명, 송치 연월일, 피의자의 성명과 추가로 송부하는 서류 및 증거물 등을 적은 추가송부서를 첨부해야 한다.

제59조(보완수사요구의 대상과 범위) ① 검사는 법 제245조의5제1호에 따라 사법경찰관으로부터 송치받은 사건에 대해 보완수사가 필요하다고 인정하는 경우에는 특별히 직접 보완수사를 할 필요가 있다고 인정되는 경우를 제외하고는 사법경찰관에게 보완수사를 요구하는 것을 원칙으로 한다.

② 검사는 법 제197조의2제1항제1호에 따라 사법경찰관에게 송치사건 및 관련사건(법 제11조에 따른 관련사건 및 법 제208조제2항에 따라 간주되는 동일한 범죄사실에 관한 사건을 말한다. 다만, 법 제11조제1호의 경우에는 수사기록에 명백히 현출(現出)되어 있는 사건으로 한정한다)에 대해 다음 각 호의 사항에 관한 보완수사를 요구할 수 있다.

1. 범인에 관한 사항
2. 증거 또는 범죄사실 증명에 관한 사항
3. 소송조건 또는 처벌조건에 관한 사항
4. 양형 자료에 관한 사항
5. 죄명 및 범죄사실의 구성에 관한 사항
6. 그 밖에 송치받은 사건의 공소제기 여부를 결정하는 데 필요하거나 공소유지와 관련해 필요한 사항

③ 검사는 사법경찰관이 신청한 영장(「통신비밀보호법」 제6조 및 제8조에 따른 통신제한조치허가서 및 같은 법 제13조에 따른 통신사실 확인자료 제공 요청 허가서를 포함한다. 이하 이 항에서 같다)의 청구 여부를 결정하기 위해 필요한 경우 법 제197조의2제1항제2호에 따라 사법경찰관에게 보완수사를 요구할 수 있다. 이 경우 보완수사를 요구할 수 있는 범위는 다음 각 호와 같다.

1. 범인에 관한 사항
2. 증거 또는 범죄사실 소명에 관한 사항
3. 소송조건 또는 처벌조건에 관한 사항

4. 해당 영장이 필요한 사유에 관한 사항
5. 죄명 및 범죄사실의 구성에 관한 사항
6. 법 제11조(법 제11조제1호의 경우는 수사기록에 명백히 현출되어 있는 사건으로 한정한다)와 관련된 사항
7. 그 밖에 사법경찰관이 신청한 영장의 청구 여부를 결정하기 위해 필요한 사항

제60조(보완수사요구의 방법과 절차) ① 검사는 법 제197조의2제1항에 따라 보완수사를 요구할 때에는 그 이유와 내용 등을 구체적으로 적은 서면과 관계 서류 및 증거물을 사법경찰관에게 함께 송부해야 한다. 다만, 보완수사 대상의 성질, 사안의 긴급성 등을 고려하여 관계 서류와 증거물을 송부할 필요가 없거나 송부하는 것이 적절하지 않다고 판단하는 경우에는 해당 관계 서류와 증거물을 송부하지 않을 수 있다.

② 보완수사를 요구받은 사법경찰관은 제1항 단서에 따라 송부받지 못한 관계 서류와 증거물이 보완수사를 위해 필요하다고 판단하면 해당 서류와 증거물을 대출하거나 그 전부 또는 일부를 등사할 수 있다.

③ 사법경찰관은 법 제197조의2제2항에 따라 보완수사를 이행한 경우에는 그 이행 결과를 검사에게 서면으로 통보해야 하며, 제1항 본문에 따라 관계 서류와 증거물을 송부받은 경우에는 그 서류와 증거물을 함께 반환해야 한다. 다만, 관계 서류와 증거물을 반환할 필요가 없는 경우에는 보완수사의 이행 결과만을 검사에게 통보할 수 있다.

④ 사법경찰관은 법 제197조의2제1항제1호에 따라 보완수사를 이행한 결과 법 제245조의5제1호에 해당하지 않는다고 판단한 경우에는 제51조제1항제3호에 따라 사건을 불송치하거나 같은 항 제4호에 따라 수사중지할 수 있다.

제61조(직무배제 또는 징계 요구의 방법과 절차) ① 검찰총장 또는 각급 검찰청 검사장은 법 제197조의2제3항에 따라 사법경찰관의 직무배제 또는 징계를 요구할 때에는 그 이유를 구체적으로 적은 서면에 이를 증명할 수 있는 관계 자료를 첨부하여 해당 사법경찰관이 소속된 경찰관서장에게 통보해야 한다.

② 제1항의 직무배제 요구를 통보받은 경찰관서장은 정당한 이유가 있는 경우를 제외하고는 그 요구를 받은 날부터 20일 이내에 해당 사법경찰관을 직무에서 배제해야 한다.

③ 경찰관서장은 제1항에 따른 요구의 처리 결과와 그 이유를 직무배제 또는 징계를 요구한 검찰총장 또는 각급 검찰청 검사장에게 통보해야 한다.

제3절 사건불송치와 재수사요청

제62조(사법경찰관의 사건불송치) ① 사법경찰관은 법 제245조의5제2호 및 이 영 제51조제1항제3호에 따라 불송치 결정을 하는 경우 불송치의 이유를 적은 불송치 결정서와 함께 압수물 총목록, 기록목록 등 관계 서류와 증거물을 검사에게

송부해야 한다.

② 제1항의 경우 영상녹화물의 송부 및 새로운 증거물 등의 추가 송부에 관하여는 제58조제2항 및 제3항을 준용한다.

제63조(재수사요청의 절차 등) ① 검사는 법 제245조의8에 따라 사법경찰관에게 재수사를 요청하려는 경우에는 법 제245조의5제2호에 따라 관계 서류와 증거물을 송부받은 날부터 90일 이내에 해야 한다. 다만, 다음 각 호의 어느 하나에 해당하는 경우에는 관계 서류와 증거물을 송부받은 날부터 90일이 지난 후에도 재수사를 요청할 수 있다.

1. 불송치 결정에 영향을 줄 수 있는 명백히 새로운 증거 또는 사실이 발견된 경우
2. 증거 등의 허위, 위조 또는 변조를 인정할 만한 상당한 정황이 있는 경우

② 검사는 제1항에 따라 재수사를 요청할 때에는 그 내용과 이유를 구체적으로 적은 서면으로 해야 한다. 이 경우 법 제245조의5제2호에 따라 송부받은 관계 서류와 증거물을 사법경찰관에게 반환해야 한다.

③ 검사는 법 제245조의8에 따라 재수사를 요청한 경우 그 사실을 고소인등에게 통지해야 한다.

제64조(재수사 결과의 처리) ① 사법경찰관은 법 제245조의8제2항에 따라 재수사를 한 경우 다음 각 호의 구분에 따라 처리한다.

1. 범죄의 혐의가 있다고 인정되는 경우: 법 제245조의5제1호에 따라 검사에게 사건을 송치하고 관계 서류와 증거물을 송부
2. 기존의 불송치 결정을 유지하는 경우: 재수사 결과서에 그 내용과 이유를 구체적으로 적어 검사에게 통보

② 검사는 사법경찰관이 제1항제2호에 따라 재수사 결과를 통보한 사건에 대해서 다시 재수사를 요청을 하거나 송치 요구를 할 수 없다. 다만, 사법경찰관의 재수사에도 불구하고 관련 법리에 위반되거나 송부받은 관계 서류 및 증거물과 재수사결과만으로도 공소제기를 할 수 있을 정도로 명백히 채증법칙에 위반되거나 공소시효 또는 형사소추의 요건을 판단하는 데 오류가 있어 사건을 송치하지 않은 위법 또는 부당이 시정되지 않은 경우에는 재수사 결과를 통보받은 날부터 30일 이내에 법 제197조의3에 따라 사건송치를 요구할 수 있다.

제65조(재수사 중의 이의신청) 사법경찰관은 법 제245조의8제2항에 따라 재수사 중인 사건에 대해 법 제245조의7제1항에 따른 이의신청이 있는 경우에는 재수사를 중단해야 하며, 같은 조 제2항에 따라 해당 사건을 지체 없이 검사에게 송치하고 관계 서류와 증거물을 송부해야 한다.

제5장 보칙

제66조(재정신청 접수에 따른 절차) ① 사법경찰관이 수사 중인 사건이 법 제260조제2항제3호에 해당하여 같은 조 제3항에 따라 지방검찰청 검사장 또는 지청장

에게 재정신청서가 제출된 경우 해당 지방검찰청 또는 지청 소속 검사는 즉시 사법경찰관에게 그 사실을 통보해야 한다.

② 사법경찰관은 제1항의 통보를 받으면 즉시 검사에게 해당 사건을 송치하고 관계 서류와 증거물을 송부해야 한다.

③ 검사는 제1항에 따른 재정신청에 대해 법원이 법 제262조제2항제1호에 따라 기각하는 결정을 한 경우에는 해당 결정서를 사법경찰관에게 송부해야 한다. 이 경우 제2항에 따라 송치받은 사건을 사법경찰관에게 이송해야 한다.

제67조(형사사법정보시스템의 이용) 검사 또는 사법경찰관은 「형사사법절차 전자화 촉진법」 제2조제1호에 따른 형사사법업무와 관련된 문서를 작성할 때에는 형사사법정보시스템을 이용해야 하며, 그에 따라 작성한 문서는 형사사법정보시스템에 저장·보관해야 한다. 다만, 다음 각 호의 어느 하나에 해당하는 문서로서 형사사법정보시스템을 이용하는 것이 곤란한 경우는 그렇지 않다.

1. 피의자나 사건관계인이 직접 작성한 문서
2. 형사사법정보시스템에 작성 기능이 구현되어 있지 않은 문서
3. 형사사법정보시스템을 이용할 수 없는 시간 또는 장소에서 불가피하게 작성해야 하거나 형사사법정보시스템의 장애 또는 전산망 오류 등으로 형사사법정보시스템을 이용할 수 없는 상황에서 불가피하게 작성해야 하는 문서

제68조(사건 통지 시 주의사항 등) 검사 또는 사법경찰관은 제12조에 따라 수사 진행상황을 통지하거나 제53조에 따라 수사 결과를 통지할 때에는 해당 사건의 피의자 또는 사건관계인의 명예나 권리 등이 부당하게 침해되지 않도록 주의해야 한다.

제69조(수사서류 등의 열람·복사) ① 피의자, 사건관계인 또는 그 변호인은 검사 또는 사법경찰관이 수사 중인 사건에 관한 본인의 진술이 기재된 부분 및 본인이 제출한 서류의 전부 또는 일부에 대해 열람·복사를 신청할 수 있다.

② 피의자, 사건관계인 또는 그 변호인은 검사가 불기소 결정을 하거나 사법경찰관이 불송치 결정을 한 사건에 관한 기록의 전부 또는 일부에 대해 열람·복사를 신청할 수 있다.

③ 피의자 또는 그 변호인은 필요한 사유를 소명하고 고소장, 고발장, 이의신청서, 항고장, 재항고장(이하 "고소장등"이라 한다)의 열람·복사를 신청할 수 있다. 이 경우 열람·복사의 범위는 피의자에 대한 혐의사실 부분으로 한정하고, 그 밖에 사건관계인에 관한 사실이나 개인정보, 증거방법 또는 고소장등에 첨부된 서류 등은 제외한다.

④ 체포·구속된 피의자 또는 그 변호인은 현행범인체포서, 긴급체포서, 체포영장, 구속영장의 열람·복사를 신청할 수 있다.

⑤ 피의자 또는 사건관계인의 법정대리인, 배우자, 직계친족, 형제자매로서 피의자 또는 사건관계인의 위임장 및 신분관계를 증명하는 문서를 제출한 사람도 제1항부터 제4항까지의 규정에 따라 열람·복사를 신청할 수 있다.

⑥ 검사 또는 사법경찰관은 제1항부터 제5항까지의 규정에 따른 신청을 받은 경

우에는 해당 서류의 공개로 사건관계인의 개인정보나 영업비밀이 침해될 우려가 있거나 범인의 증거인멸·도주를 용이하게 할 우려가 있는 경우 등 정당한 사유가 있는 경우를 제외하고는 열람·복사를 허용해야 한다.

제70조(영의 해석 및 개정) ① 이 영을 해석하거나 개정하는 경우에는 법무부장관은 행정안전부장관과 협의하여 결정해야 한다.

② 제1항에 따른 해석 및 개정에 관한 법무부장관의 자문에 응하기 위해 법무부에 외부전문가로 구성된 자문위원회를 둔다.

제71조(민감정보 및 고유식별정보 등의 처리) 검사 또는 사법경찰관리는 범죄 수사 업무를 수행하기 위해 불가피한 경우 「개인정보 보호법」 제23조에 따른 민감정보, 같은 법 시행령 제19조에 따른 주민등록번호, 여권번호, 운전면허의 면허번호 또는 외국인등록번호나 그 밖의 개인정보가 포함된 자료를 처리할 수 있다.

부칙

〈제31089호, 2020. 10. 7.〉

제1조(시행일) 이 영은 2021년 1월 1일부터 시행한다.

제2조(다른 법령의 폐지) 「검사의 사법경찰관리에 대한 수사지휘 및 사법경찰관리의 수사준칙에 관한 규정」은 폐지한다.

제3조(일반적 적용례) 이 영은 이 영 시행 당시 수사 중이거나 법원에 계속 중인 사건에 대해서도 적용한다. 다만, 이 영 시행 전에 부칙 제2조에 따라 폐지되는 「검사의 사법경찰관리에 대한 수사지휘 및 사법경찰관리의 수사준칙에 관한 규정」에 따라 한 행위의 효력에는 영향을 미치지 않는다.

지문 및 수사자료표 등에 관한 규칙

[시행 2022. 10. 12.] [경찰청훈령 제1065호, 2022. 10. 12., 타법개정]

제 1 장 총 칙

제1조(목적) 이 규칙은 「형의 실효 등에 관한 법률」(이하 "법"이라 한다) 제5조의2에 따른 수사자료표의 보존、관리, 지문의 채취와 분류, 지문에 의한 신원확인 등을 체계적이고 효율적으로 하기 위하여 필요한 사항을 규정함을 목적으로 한다.

제2조(정의) 이 규칙에서 사용하는 용어의 정의는 다음 각 호와 같다.

1. "지문"이라 함은 손가락 끝마디의 안쪽에 피부가 융기(隆起)한 선 또는 점(이하 "융선"이라 한다)으로 형성된 무늬를 말한다.
2. "지문자동검색시스템(AFIS: Automated Fingerprint Identification System)"이란 주민등록증발급신청서、외국인의 생체정보、수사자료표의 지문을 원본 그대로 암호화하여 데이터베이스에 저장하고, 채취한 지문과의 동일성 검색에 활용하는 전산시스템을 말한다.
3. "전자수사자료표시스템(E-CRIS: Electronic Criminal Record Identification System)"이란 피의자의 지문으로 신원을 확인하고 수사자료표를 전자문서로 작성해 암호화하여 데이터베이스에 저장、관리하는 전산시스템을 말한다.
4. "범죄경력관리시스템(CRIMS: Criminal Records Information Management System)"이란 작성된 수사자료표를 범죄、수사경력으로 구분、암호화하여 데이터베이스에 저장해 범죄、수사경력 조회、회보、관리에 활용하는 전산시스템을 말한다.
5. "현장지문"이라 함은 범죄현장에서 채취한 지문을 말한다.
6. "준현장지문"이라 함은 범죄현장 이외의 장소에서 채취된 지문을 말한다.

제2장 수사자료표의 작성 · 관리

제3조(수사자료표의 관리) ① 경찰청 범죄분석담당관은 수사자료표를 범죄경력자료와 수사경력자료로 구분하여 보존、관리하여야 한다.

② 경찰청 범죄분석담당관은 정확한 수사자료표 관리를 위해 업무처리 중 발견되는 오류자료를 신속하게 정정하는 등 필요한 조치를 하여야 한다.

제4조(수사자료표의 작성시 신원확인) 수사자료표 작성자는 피의자의 지문으로 신원을 확인한다. 다만, 지문으로 신원을 확인할 수 없는 경우 가족관계증명서, 주민등록증, 운전면허증, 여권 등 신원확인에 필요한 제반자료로 확인하여야 한다.

제5조(수사자료표의 작성방법) ① 수사자료표는 전자수사자료표시스템을 이용하여 전자문서로 작성한다. 다만, 입원, 교도소 수감 등 불가피한 사유로 피의자가 경

찰관서에 출석하여 조사받을 수 없는 경우에는 종이 수사자료표를 작성하여 입력한다.

② 피의자의 신원이 확인된 경우에는 별지 제1호서식의 수사자료표를 작성한다. 다만, 다음 각 호의 어느 하나에 해당하는 경우에는 별지 제2호서식의 수사자료표를 작성한다.

1. 주민등록증 미발급자 등 지문자료가 없어 신원이 확인되지 않는 경우
2. 전자수사자료표시스템으로 동일인 여부가 판명되지 않은 경우
3. 주민조회시 별표1에 의한 지문분류번호가 없는 경우(00000-00000 포함)
4. 손가락의 손상ㆍ절단 등으로 지문분류번호를 정정할 필요가 있는 경우

③ 제1항 및 제2항의 규정에도 불구하고 다음 각 호의 피의자에 대해서는 지문을 채취하지 않고 제4조의 단서에 의한 신원확인 후 수사자료표를 작성할 수 있다.

1. 90일을 초과하여 외국에 체류하는 사람
2. 강제출국된 외국인
3. 기타 전염병 등의 사유로 인해 지문채취가 불가능하다고 인정되는 사람

④ 주민등록번호(외국인등록번호)가 확인되지 않는 피의자의 수사자료표 주민등록번호(외국인등록번호) 항목은 다음 각 호에 따라 입력한다.

1. 내국인 1900년대 출생자중 남자는 '생년월일-1000000', 여자는 '생년월일-2000000'
2. 내국인 2000년대 출생자중 남자는 '생년월일-3000000', 여자는 '생년월일-4000000'
3. 외국인 1900년대 출생자중 남자는 '생년월일-5000000', 여자는 '생년월일-6000000'
4. 외국인 2000년대 출생자중 남자는 '생년월일-7000000', 여자는 '생년월일-8000000'

⑤ 수사자료표 작성자는 작성 후 신속히 소속 팀(계)장의 승인을 받아야 한다.

제6조(수사자료표의 확인 및 조치) 경찰청 범죄분석담당관은 신원이 확인되지 않은 상태로 전송된 수사자료표에 대하여 신원을 확인하여 그 결과를 작성관서의 장에게 통보하여야 한다.

제7조(정정할 사항의 조치) 제6조의 통보를 받은 관서의 장은 다음 각 호에 따라 조치하여야 한다. 다만, 사건이 검찰청에 송치된 이후에 통보를 받은 경우에는 확인된 피의자 인적사항 정정에 관한 사항을 검찰청에 추송하여야 한다.

1. 피의자에 대한 출석요구 등을 통하여 본인 여부 재확인
2. 타인의 인적사항으로 입력된 피의자 원표, 수사기록, 각종 대장 등 관련 서류의 정정
3. 개별 법령에 의거하여 진행된 행정조치 또는 기관통보에 대한 정정 및 보완

제8조(처분결과 등 정리) 경찰청 범죄분석담당관은 경찰청, 검찰청 등 수사기관의

장으로부터 송부받은 사건의 입건현황과 처분 또는 선고현황 등을 범죄경력관리시스템에 자동 입력되도록 한다. 다만, 다음 각 호에 해당하는 경우에는 필요한 사항을 확인하여 입력한다.

1. 범죄경력관리시스템에 자동입력되지 않은 처분 결과 등이 있는 경우
2. 다른 수사기관의 장으로부터 처분결과 등을 서면으로 통보받은 경우
3. 본인이 수사자료표 기록내용이 사실과 다르다고 이의제기를 한 경우
4. 기타 수사자료표 처분사항에 관한 정리가 필요한 경우

제3장 수사자료표의 조회 및 회보 등

제9조(관리책임자의 지정 등) ① 범죄경력관리시스템 및 전자수사자료표시스템의 관리책임자는 시스템이 설치된 부서의 장으로 한다.

② 제1항의 관리책임자는 수사자료표 내용이 불법 유출되거나 법령에 정하여진 목적 외의 용도로 활용되지 않도록 수시로 관리 및 점검을 하여야 한다.

제10조(범죄경력 · 수사경력 조회에 대한 승인) ① 사건 담당경찰관이 「형사사법절차 전자화 촉진법」 제2조제4호에 따른 형사사법정보시스템을 이용하여 범죄、수사경력 자료를 조회하는 경우에는 소속 계(팀)장의 승인을 받아야 한다.

② 종합조회처리실 등에 범죄、수사경력 자료의 조회를 의뢰할 필요가 있는 경우 의뢰자는 소속 부서의 장(일과 후 상황관리관 또는 상황관리관의 업무를 수행하는 자)의 승인을 받아 「경찰 폴넷 운영규칙」 별지 제4호서식의 폴조회 의뢰서(이하 "의뢰서"라 한다)를 제출하여야 한다. 다만, 범죄수사 등 목적으로 긴급을 요하여 조회 의뢰에 대한 사전 승인을 받을 수 없을 때에는 의뢰서에 그 사유를 기재한 후 의뢰하고, 사후에 소속부서의 장의 승인을 받아야 한다.

③ 제2항에 따른 조회 의뢰를 받은 종합조회처리실 등의 근무자는 소속 부서의 장의 승인을 받아 조회、회보하여야 한다.

제11조(범죄경력 · 수사경력 조회 및 회보 방법) ① 경찰관서의 장은 범죄、수사경력 자료에 대하여 대상자 본인으로부터 조회 및 회보 신청을 받거나 법령에 따라 조회 및 회보 요청을 받은 경우 다음 각 호에 따라 회보하여야 한다.

1. 법 제6조제1항제1호부터 제3호까지에 해당하는 경우 별지 제3호서식의 범죄、수사경력 조회 요청서 또는 전자문서시스템으로 요청하고, 그 요청을 받은 경찰관서의 장은 범죄경력관리시스템을 이용하여 별지 제5호서식의 범죄、수사경력 회보서 또는 전자문서시스템으로 회보한다.
2. 법 제6조제1항제4호에 해당하는 경우 별지 제4호서식의 범죄、수사경력 조회 신청서로 신청하고, 그 신청을 받은 경찰관서의 장은 조회를 신청한 사람으로부터 신분증을 교부받아 사본하여 신원을 확인한 후 범죄경력관리시스템을 이용하여 별지 제5호서식의 범죄、수사경력 회보서로 회보하거나 이를 열람하게 한다.

3. 법 제6조제1항제5호부터 제10호까지에 해당하는 경우 별지 제3호서식의 범죄·수사경력 조회 요청서를 작성하여 경찰관서에 제출하거나 전자문서시스템 또는 행정정보공동이용센터를 이용하여 요청하고, 그 요청을 받은 경찰관서의 장은 범죄경력관리시스템을 이용하여 별지 제5호 서식의 범죄·수사경력 회보서로 회보하거나 전자문서시스템 또는 행정정보공동이용센터를 통해 회보한다.
4. 「공직선거법」 제49조제10항 및 제60조의2제8항의 규정에 따라 후보자가 되고자 하는 사람(예비후보자 포함) 또는 정당은 별지 제6호서식의 공직후보자 범죄경력 신청서로 신청하고, 그 신청을 받은 경찰관서의 장은 조회를 신청한 사람으로부터 신분증을 교부받아 사본하여 신원을 확인한 후 범죄경력관리시스템을 이용하여 별지 제7호서식의 공직후보자 범죄경력 회보서로 회보한다.

② 제1항제2호의 경우 신청인이 질병, 입원, 해외체류 등의 부득이한 사정으로 본인이 직접 신청할 수 없을 경우에는 다음 각 호의 서류를 첨부하여 대리인이 신청할 수 있다.
1. 별지 제4호 서식의 범죄·수사경력 조회 신청서
2. 별지 제8호 서식의 위임장
3. 본인 및 대리인의 신분증 또는 그 사본
4. 부득이한 사정을 증명할 수 있는 서류(진단서, 입원확인서, 출입국에 관한 사실증명서, 수용증명서 등을 말한다)

③ 제1항에도 불구하고 개별 법령에서 범죄·수사경력 조회의 의뢰 및 그 회보 방법을 규정한 경우에는 그에 따른다.

④ 경찰관서의 장은 제1항에 따라 수사경력을 조회할 때 처분결과가 확인되지 않는(수사중, 재판중 포함) 경우에는 경찰청 범죄분석담당관에게 처분결과의 확인을 요청하고, 범죄분석담당관은 이를 확인하여 범죄경력관리시스템에 입력하고, 경찰관서의 장은 수정된 사항을 출력하여 회보한다.

제12조(특이사항 작성) 수사자료표를 작성하는 경찰관은 채취한 피의자의 지문 상태가 양호하지 않은 경우에는 수사자료표 특이사항에 해당 내용을 기재한다.

제13조(수사자료표의 보관 등) ① 경찰청 범죄분석담당관은 수사자료표를 접수된 날짜순으로 보관한다.

② 경찰청 범죄분석담당관은 수사자료표가 다음 각 호의 어느 하나에 해당하는 경우에는 정정 등 필요한 조치를 하여야 한다.
1. 중복 작성된 경우
2. 경찰관이 기소의견으로 송치한 고소·고발 사건에 대하여 불기소처분 결과와 함께 삭제하도록 통보받은 경우

③ 경찰청 범죄분석담당관은 법 제8조의2에 따라 수사경력자료를 삭제하는 경우 삭제한 사람의 소속·성명, 삭제일시 등 삭제에 관한 사항을 삭제한 날부터 5년간 전산으로 보관하여야 한다.

제4장 지문의 채취 · 분류 등

제14조(지문 채취방법) ① 수사자료표, 별지 제9호서식의 지문 신원확인조회서를 작성함에 있어 지문채취는 지문의 융선과 삼각도가 완전히 현출되도록 채취하여야 한다.

② 별지 제1호서식의 수사자료표 지문란에는 오른손 첫째 손가락의 지문을 채취하되 손가락의 절단、손상 등의 사유로 지문을 채취할 수 없는 경우에는 다음 각 호에 정한 순서에 의하여 지문을 채취한다.

1. 왼손 첫째 손가락
2. 오른손 둘째、셋째、넷째、다섯째 손가락
3. 왼손 둘째、셋째、넷째、다섯째 손가락

③ 제1항에 따른 지문채취를 할 때에는 「경찰관 인권행동강령」에 따라 국민주권과 인권을 존중하고 적법절차를 준수하여야 한다.

제15조(자료전산화) 경찰청 범죄분석담당관은 수사자료표의 지문자료는 전자수사자료표시스템에, 주민등록증발급신청서 등의 지문자료는 지문자동검색시스템에 입력하여 디지털 이미지로 관리한다.

제16조(지문의 분류) 지문분류에 사용되는 용어, 융선, 문형 및 분류방법은 별표1과 같다.

제5장 지문의 감정 의뢰 및 회보

제17조(현장지문 등의 감정 의뢰 및 회보) ① 경찰관서의 장은 채취한 현장지문 또는 준현장지문 등에 대한 감정이 필요한 경우 감정물을 첨부하여 경찰청장 또는 시、도경찰청장에게 별지 제10호서식의 감정의뢰서에 따라 감정을 의뢰할 수 있다.

② 경찰청장과 시、도경찰청장은 제1항에 따라 의뢰받은 지문을 주민등록증발급신청서, 지문자동검색시스템, 전자수사자료표시스템 등에 입력된 지문자료와 대조하여 그 결과를 별지 제11호서식의 감정서에 따라 회보한다.

제18조(신원확인 조회 의뢰 및 회보) ① 경찰관서의 장은 신원확인이 필요하다고 인정되는 경우 별지 제9호서식의 지문 신원확인조회서를 작성하여 경찰청장 또는 시、도경찰청장에게 조회를 의뢰할 수 있다. 다만, 신원확인이 필요한 대상자가 피의자인 경우에는 별지 제9호서식을 수사자료표로 대신할 수 있다.

② 신원확인을 의뢰받은 경찰청장 또는 시、도경찰청장은 주민등록증발급신청서, 지문자동검색시스템, 전자수사자료표시스템 등의 지문자료와 의뢰받은 대상자의 지문을 대조하여 그 결과를 회보한다.

제19조(유효기간) 이 훈령은 「훈령、예규 등의 발령 및 관리에 관한 규정」에 따라 이 훈령을 발령한 후의 법령이나 현실 여건의 변화 등을 검토하여야 하는 2024년 6월 30일까지 효력을 가진다.

부 칙

〈제214호,2021.1.1.〉

이 규칙은 발령한 날부터 시행한다. 다만 제16조 중 "해양경찰청(수사과장) 또는 지방해양경찰청장(수사정보과장)에게"를 "해양경찰청장 또는 지방해양경찰청장에게"로, 제17조 중 "해양경찰청장 또는 지방해양경찰청장(수사정보과장)"을 "해양경찰청장 또는 지방해양경찰청장"으로, 제18조 중 "해양경찰청장(수사과장) 또는 지방해양경찰청장(수사정보과장)에게"를 "해양경찰청장 또는 지방해양경찰청장에게"로, 제19조 중 "해양경찰청장(수사과장) 또는 지방해양경찰청장(수사정보과장)"을 "해양경찰청장 또는 지방해양경찰청장"으로의 개정규정은 수사권 조정의 결과를 반영한 「해양경찰청과 그 소속기관 직제」 및 「해양경찰청과 그 소속기관 직제 시행규칙」의 시행일부터 시행하고 시행 전까지 종전 규정을 따른다.

〈제1021호, 2021.06.28.〉

이 규칙은 발령한 날부터 시행한다.

〈제1065호, 2022.10.12〉

제1조(시행일) 이 규칙은 발령한 날부터 시행한다.

제2조(다른 규칙의 개정) ① 생략

② (경찰청) 지문 및 수사자료표 등에 관한 규칙 일부를 다음과 같이 개정한다.

제10조 중 "「경찰 정보통신 운영규칙」 별지 제8호서식의 온라인조회"를 "「경찰 폴넷 운영규칙」 별지 제4호서식의 폴조회"로 한다.

③ 및 ④ 생략

[별표1] 지문의 분류

1. 지문의 종류

지문의 종류	설 명	형 태
(1) 궁상문 (弓狀紋)	가. 궁상문의 정의 활(弓)모양의 궁상선으로 형성된 지문을 말한다.	궁상선
	나. 궁상문의 종류	
	① 보통궁상문 평탄하게 흐른 활모양의 궁상선으로 형성된 지문을 말한다.	보통궁상문
	② 돌기궁상문 돌기한 활모양의 궁상선으로 형성된 지문을 말한다.	돌기궁상문
(2) 제상문 (蹄狀紋)	가. 제상문의 정의 말(馬) 발굽(蹄) 모양의 제상선으로 형성되고 융선이 흐르는 반대측에 삼각도가 1개 있는 지문을 말한다.	제상선
	나. 제상문의 종류	
	① 갑종제상문 좌수의 지문을 찍었을 때 삼각도가 좌측에 형성되어 있거나 우수의 지문을 찍었을 때 삼각도가 우측에 형성되어 있는 지문을 말한다.	갑종제상문 좌수 우수
	② 을종제상문 좌수의 지문을 찍었을 때 삼각도가 우측에 형성되어 있거나 우수의 지문을 찍었을 때 삼각도가 좌측에 형성되어 있는 지문을 말한다.	을종제상문 좌수 우수

<table>
<tr><th>지문의 종류</th><th>설 명</th><th>형 태</th></tr>
<tr><td rowspan="7">(3) 와상문
(渦狀紋)</td><td>가. 와상문의 정의
와상선, 환상선, 이중제상선, 제상선 기타 융선이 독립 또는 혼재되어 있는 2개 이상의 삼각도가 있는 지문을 말한다. 단, 유태제형(有胎蹄形) 와상문은 삼각도가 1개이다.</td><td> 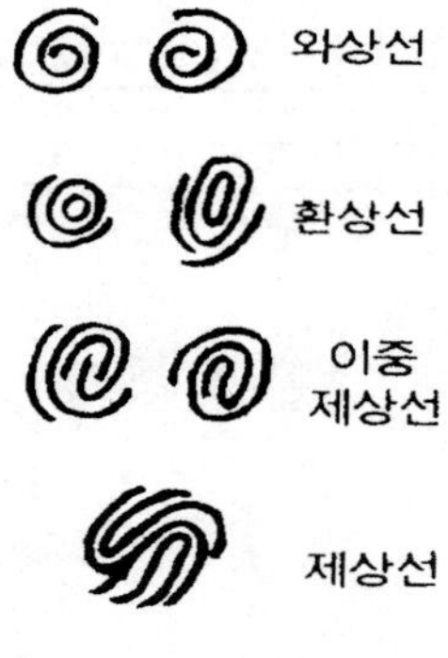와상선
환상선
이중 제상선
제상선</td></tr>
<tr><td>나. 와상문의 종류</td><td></td></tr>
<tr><td>① 순와상문
와상문의 중심부 융선이 와상선으로 형성된 지문을 말한다.</td><td>순와상문 </td></tr>
<tr><td>② 환상문
와상문의 중심 부융선이 환상선으로 형성된 지문을 말한다.</td><td>환상문 </td></tr>
<tr><td>③ 이중제형 와상문
와상문의 중심부를 형성한 1개 또는 2개의 융선이 이중으로 제상선을 형성한 지문을 말한다.</td><td>이중제형와상문 </td></tr>
<tr><td>④ 유태제형(有胎蹄形) 와상문
제상문 중심부에 거꾸로 형성된 제상선이 있거나 거꾸로 형성된 호상선이 2개이상 있는 지문을 말한다.</td><td>유태제형와상문 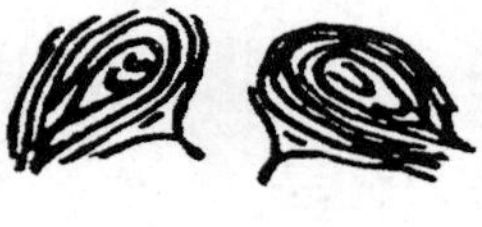</td></tr>
<tr><td>⑤ 혼합문
2개이상의 문형이 혼합하여 1개의 문형을 형성한 지문을 말한다.</td><td>혼합문 </td></tr>
</table>

지문의 종류	설 명	형 태
(4) 변태문 (變態紋)	변태문이란 궁상문, 제상문, 와상문에 속하지 않아 정상적으로 분류번호를 부여할 수 없는 지문을 말한다.	변태문 

2. 지문융선의 종류

융선의 종류	설 명	형 태
⑴궁상선 (弓狀線)	활(弓)모양의 곡선으로 이뤄진 지문을 말하며 삼각도는 형성되지 않는다. 완만한 경사를 이루며 흐르는 선을 보통궁상선이라 하고 급격한 경사를 이루며 흐르는 선을 돌기궁상선이라 한다.	 보통궁상선 돌기궁상선
⑵제상선 (蹄狀線)	좌측 또는 우측으로부터 흐르기 시작하여 말발굽형태를 이루면서 시작한 방향으로 되돌아가는 융선을 말한다.	 좌측 우측
⑶중핵 제상선 (中核 蹄狀線)	여러 개의 제상선중에서 가장 중심부에 있는 제상선을 말하며 제상선의 가상반원에 다른 융선이 교차하거나 외측으로부터 접촉되어 있을 때는 그 다음 제상선이 중핵제상선이 된다.	 중핵제상선
	중핵제상선의 가상 반원내에 2개 이상의 융선이 동일한 모양으로 같이 있을 때에는 내단 지정의 예에 따른다.	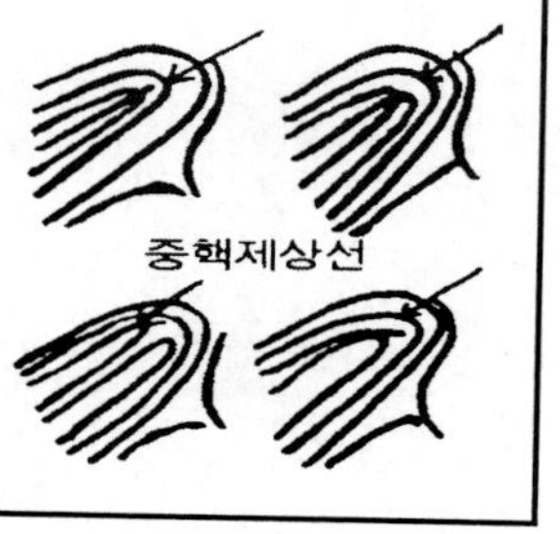 중핵제상선

융선의 종류	설 명	형 태
⑷가상반원(假想半圓)과 가상반원선(假想半圓線)	제상선의 상부에 가상원을 그린 후 그 원을 2등분하는 직선을 그었을 때 상부를 가상반원이라 하고 그 선을 가상반원선이라 한다. 단 가상반원선에 이르지 못한 제상선은 제상선으로 볼 수 없다.	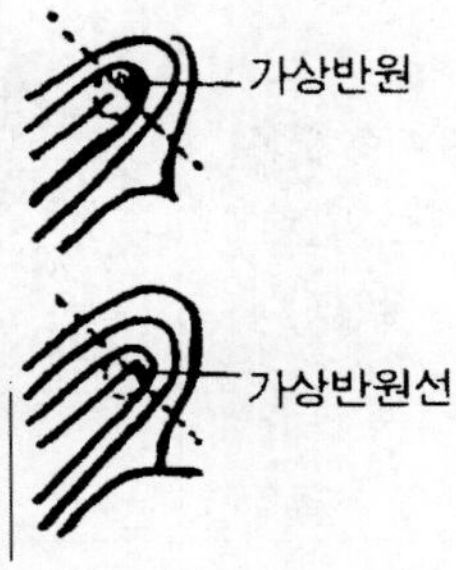 가상반원 가상반원선
⑸가상정점(假想頂點)	삼각도 또는 기준각을 형성한 2개의 융선이 접합할 때는 접합점, 병행할 때는 가상의 삼각도 꼭지점을 말한다.	 가상정점
⑹ 가상직선과 가상수직선	제상문의 내단과 외단간의 융선수 또는 와상문의 추적선 종점과 우측표준점간의 융선수를 계산하기 위하여 임시로 그은 선을 말한다.	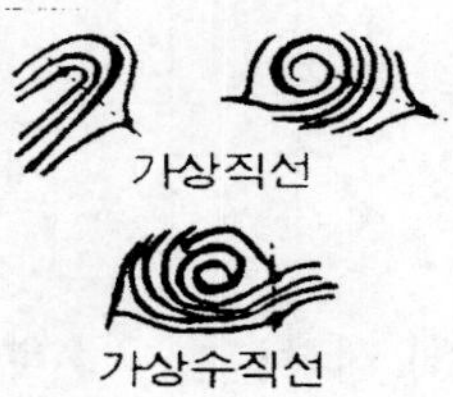 가상직선 가상수직선
⑺ 와상선(渦狀線)	와상문의 중심부 융선이 좌측 또는 우측으로 흐르기 시작하여 1회이상 회전, 원 또는 타원형을 이루는 선을 말한다.	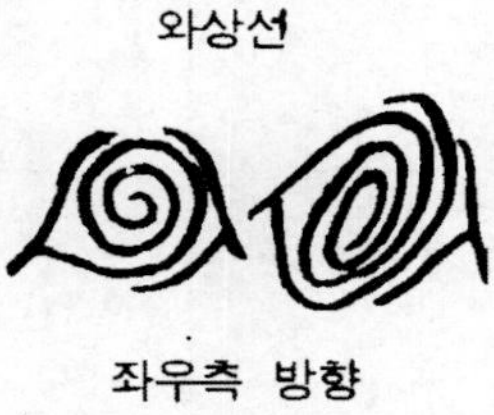 와상선 좌우측 방향
⑻ 환상선(環狀線)	와상문의 중심부 융선이 원 또는 타원형을 이룬 선을 말한다.	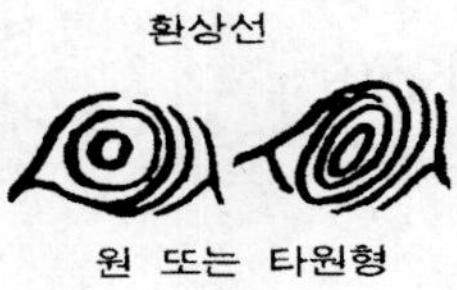 환상선 원 또는 타원형

융선의 종류	설 명	형 태
⑼이중제상선(二重蹄狀線)	와상문 중심부의 융선 1개 또는 2개가 이중으로 제상선을 형성하고 융선이 흐르기 시작한 원기점 방향으로 되돌아가거나 반대 방향으로 흐르는 융선을 말한다.	원기점방향 반대방향
⑽삼각도(三角島)	2개의 융선이 외측에서 접합하거나 병행하면서 형성된 삼각형 모양을 말한다. ○제상문은 융선이 흐르는 반대측(좌측 또는 우측)에 1개 형성된다. ○와상문은 중심부 좌우측에 2개이상 형성되어 있다. 단, 유태제형와상문은 1개이다.	삼각도
⑾ 접합선(接合線)	2개 이상의 융선이 어느 1점에서 만나 1개의 선으로 된 것을 말한다.	접합점 접합선
⑿ 병행선(竝行線)과 개재선(介在線)	다른 2개의 융선이 삼각형 모양을 형성하면서 접합하지 않고 병행되는 선을 병행선이라 하고 가상정점 부근의 병행선 사이에 있는 융선을 개재선이라 한다.	병행선 개재선

융선의 종류	설 명	형 태
⒀분기선 (分岐線)	1개의 융선이 2개이상의 융선으로 분기된 선을 말한다.	 분기점 분기선
⒁간선 (幹線)과 지선(支線)	분기선중 굵은 선을 간선이라 하고 가는 선을 지선이라 하며 와상문을 분류할 때 추적선의 종점을 지정하게 되는 선이다.	 간선 지선
⒂추적선 (追跡線)	좌측기준각 하변을 형성한 융선이 우측기준각의 내측 또는 외측에 이르기까지 추적되는 선을 말한다. ○추적선이 중단되었을 때는 아래 융선을 추적한다. ○추적선이 분기되었을 때는 간선을 추적하고 간선과 지선이 불분명할 때는 아래 융선을 추적한다. ○추적선의 융선 굵기만큼 단절된 것은 그대로 추적한다.	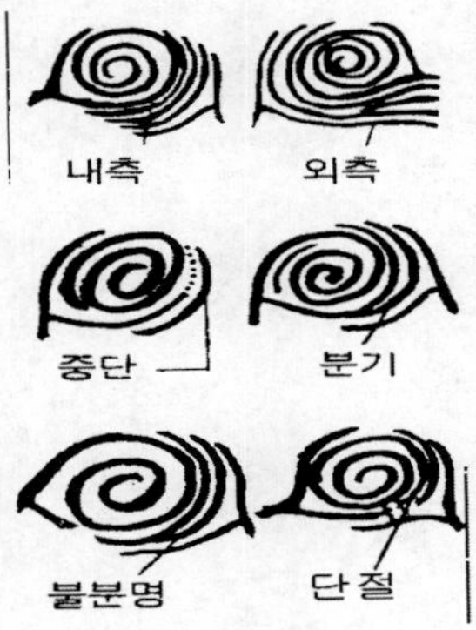 내측 외측 중단 분기 불분명 단절
⒃기준각 (基準角)	2개 이상의 삼각도를 가진 와상문에서 중앙으로부터 가장 먼 곳에 있는 좌우측의 삼각도를 말한다.	 중앙에서 먼 좌우측 삼각도
⒄봉상선 (棒狀線)	봉(棒)의 모양으로 형성된 융선을 말하며 일반적으로 중핵제상선의 가상반원선내에 형성된 경우를 지칭한다.	 봉상선
⒅도형선 (島形線)	1개의 융선이 분기되었다가 다시 접합되어 원 또는 타원형의 섬 모양을 이룬 융선을 말한다.	 타원형 원

⒆점(點)과 단선(短線)	폭과 길이가 동일한 융선을 점이라 하며 일반적으로 길이가 2㎜정도의 짧은 융선을 단선이라 한다.	 점 단선
⒇호상선(弧狀線)과 조상선(釣狀線)	반원에 미치지 못하는 짧은 곡선을 이룬 융선을 호상선이라 하고 봉상선의 끝이 낚시 모양의 융선을 조상선이라 한다. 일반적으로 중핵제상선의 가상반원선내에 형성된 경우를 말한다.	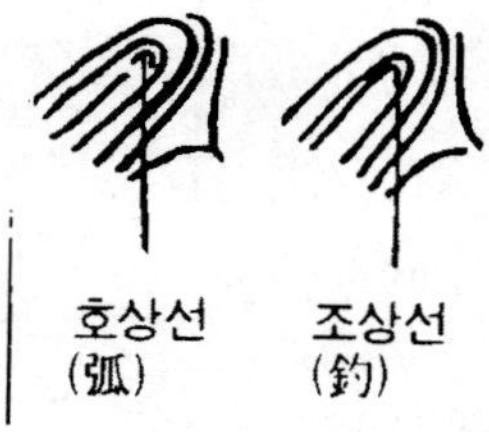 호상선(弧) 조상선(釣)

3. 제상문 분류법상의 기준점

제상문을 분류할 때, 융선수를 계산하기 위한 기준점으로 내단과 외단을 정한다.

(1) 내단(內端)

종 류	설 명	형 태
정 의	중핵제상선의 가상반원선내에 있는 융선을 말하며 을종제상문 분류상 필요한 기준점을 말한다.	
	○ 내단 지정의 "예" - 내단이 되는 점, 단선, 호상선, 조상선, 봉상선등의 융선이 중핵제상선의 가상반원선에 도달하거나 가상반원선 안에 2개 이상 있을 때에는 가장 높은 것으로 하고	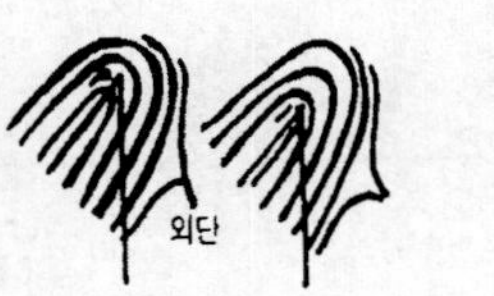 외단 가장높은것
	- 높이가 같은 융선이 2개일 때에는 외단에서 먼 것으로 하며	 외단 외단에서 먼것
	- 3개 이상일 때에는 홀수인 경우는 중앙의 것으로, 짝수인 경우는 중앙의 2개중 외단에서 먼 것을 내단으로 정한다.	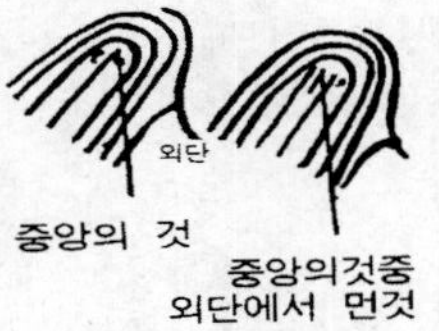 외단 중앙의 것 중앙의것중 외단에서 먼것
	○ 내단이 되는 융선의 모양이 각기 다르거나 같은 모양의 융선들이 혼재되어 있는 경우에도 위의 예에 준한다.	
가.제상 내단	중핵제상선의 가상반원내에 내단이 되는 다른 융선이 없을 때에는 외단에서 먼 가상반원선의 교차점을 내단으로 정한다.	 제상내단

종 류	설 명	형 태
나.봉상내단	중핵제상선의 가상반원선 내에 도달한 봉상선이 있는 경우, 그 봉상선의 끝부분을 내단으로 정한다.	봉상내단
다. 점내단	중핵제상선의 가상반원선내에 점이 있는 경우, 그 점을 내단으로 정한다.	점내단
라. 단선내단	중핵제상선의 가상반원선내에 단선이 있는 경우, 그 단선의 외단에서 먼 쪽이나 높은 쪽의 끝부분을 내단으로 정한다.	단선내단
마. 호상내단	중핵제상선의 가상반원선 내에 호상선이 있는 경우, 외단에서 먼 쪽의 끝부분을 내단으로 정한다.	호상내단
바. 조상내단	중핵제상선의 가상반원선 내에 조상선이 있는 경우, 그 조상선의 끝부분을 내단으로 정한다.	조상내단
사. 교차내단	중핵제상선의 가상반원선내에서 2개 이상의 제상선이 교차하였을 때 교차점을 내단으로 하고 수개의 교차점이 존재할 경우에는 봉상내단의 예에 따른다.	교차내단

종 류	설 명	형 태
아.복합내단	중핵제상선의 가상반원선내에 모양이 같거나 다른 2개이상의 내단이 될 수 있는 융선이 있을 경우에는 내단 지정의 "예"에 따른다.	 내단 복합내단

(2) 외단(外端)

종 류	설 명	형 태
정 의	제상선이 흐르는 반대측에 형성된 삼각도의 모양에 따라 을종제상문의 분류상 필요한 기준점을 말한다.	
가.접합외단	삼각도의 외측을 흐르는 2개의 융선이 접합하였을 때 그 접합점을 외단으로 한다.	 접합외단
나.병행외단	삼각도의 외측을 흐르는 2개의 융선이 병행선을 이룬 경우 가상정점으로부터 내단을 향하여 가상직선을 그어 처음 만나는 교차점을 외단으로 한다.	 가상정점 병행외단
다.개재외단	병행외단의 병행선사이에 개재선이 있을 때에는 가상 정점으로부터 병행선과 가상직선을 그었을 경우 개재선과의 교차점을 외단으로 한다.	 개재외단 개재외단

4. 와상문 분류법상의 기준점

(1) 추적선의 종점(終點)

종 류	설 명	형 태
정 의	○ **추적선의 기점** 좌측기준각(삼각도)에서 추적선이 시작되는 점을 기점이라 한다. 좌측기준각이 접합시는 접합점을 기점으로 하고 병행할 때는 병행되기 시작한 하변의 1점을 추적선의 기점으로 한다. ○ **추적선의 종점** 우측기준각(삼각도)에서 추적선을 향하여 가상의 직선 또는 수직선을 그었을 때 그 선과 추적선이 교차되는 점을 추적선의 종점이라고 한다.	 추적선의 기점
가. 추적선이 우측기준각에 닿았을 경우	추적선이 우측기준각(삼각도)에 닿았을 때는 그 기준점을 종점으로 정한다.	 추적선의 종점
나. 추적선이 우측기준각의 내측으로 흐른 경우	추적선이 우측기준각의 내측으로 흐를 때에는 우측기준각을 2등분하는 가상의 직선을 그어 추적선과 교차되는 점을 종점으로 정한다.	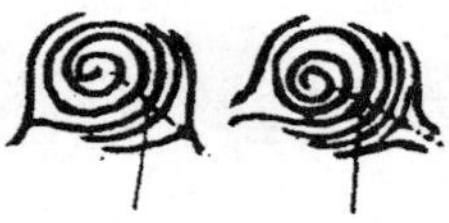 추적선의 종점(내측)
다. 추적선이 우측기준각의 외측으로 흐른 경우	추적선이 우측기준각의 외측으로 흐를 때에는 우측 기준각의 접합점 또는 가상의 정점으로부터 추적선을 향하여 수직선을 그어 추적선과 교차되는 점을 종점으로 정한다.	 추적선의 종점(외측)

(2) 기준점

종 류	설 명	형 태
정 의	와상문의 분류상 필요한 기준이 되는 점을 말하며 우측기준각(삼각도)에서 기준점을 정한다.	
가.접합기준점	우측삼각도를 형성하는 2개의 융선이 접합하였을 때는 그 접합점을 접합기준점으로 한다.	 접합기준점
나.병행기준점	우측삼각도를 형성하는 2개의 융선이 병행할 때에는 가상정점에서 추적선을 향하여 우측기준각을 2등분한 가상의 직선 또는 수직선을 그어 최초로 교차되는 점을 병행기준점으로 한다.	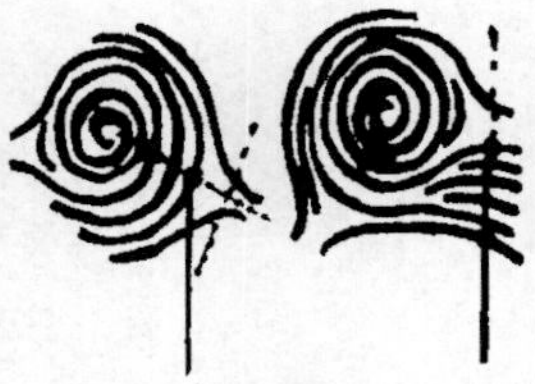 병행기준점
다.개재기준점	병행선사이에 개재선이 있을 때에는 가상정점에서 추적선을 향하여 가상의 직선 또는 수직선을 그어 개재선과 교차되는 점을 기준점으로 정한다. ○홀수일 때에는 중앙의 개재선으로, 짝수일 때는 중앙 2개의 개재선 사이에 가상의 직선 또는 수직선을 그어 최초로 교차되는 점을 기준점으로 한다.	 개재기준점

5. 지문의 분류번호 및 융선수 계산방법

지문의 종류	설 명	분류방법
(1)궁상문	보통궁상문과 돌기궁상분의 분류번호는 "1"로 부여한다.	"1"  (문형의 모양만으로 분류)
(2)제상문	**가. 갑종제상문의 분류** 갑종제상문은 삼각도가 좌수는 좌측에, 우수는 우측에 형성되어 있는 지문을 말하며 분류번호는 "2"로 부여한다.	"2"  좌수 우수 (좌 · 우수의 삼각도 위치만으로 분류)
	나. 을종제상문의 분류 을종제상문은 갑종제상문의 반대측에 삼각도가 형성된 지문을 말하며 내단과 외단 사이의 가상직선에 닿는 융선수를 계산하여 분류한다. ○내단과 외단은 융선수 계산에서 제외하고 내단과 외단사이의 융선수가 - 7개이하 ·················· "3" - 8~11개 ·················· "4" - 12~14개·················· "5" - 15개이상 ·················· "6" 으로 분류번호를 부여한다.	 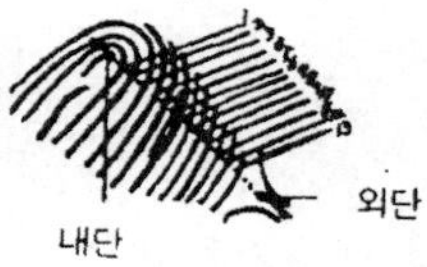 "3"  내단 외단 "4" 내단 외단 "5" 내단 외단 "6" 내단 외단 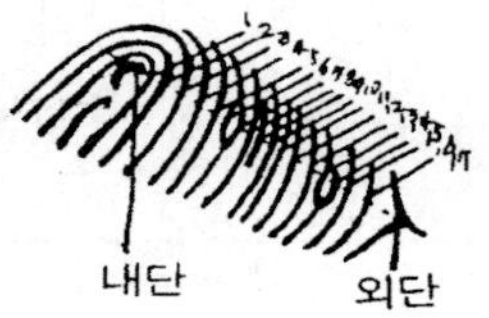

지문의 종류	설 명	분류방법
(3) 와상문	와상문은 우측기준점과 추적선의 종점간의 가상의 직선 또는 수직선에 닿는 융선수를 계산하여 분류하되 우측기준점과 추적선의 종점은 융선수에서 제외한다. ○추적선의 종점과 기준점사이의 융선수가 - 추적선이 우측기준각의 내측으로 흐르고 4개이상 ………… "7" - 추적선이 우측기준각의 내측 또는 외측으로 흐르고 3개이하 …"8" - 추적선이 우측기준각의 외측으로 흐르고 4개이상 …………"9"	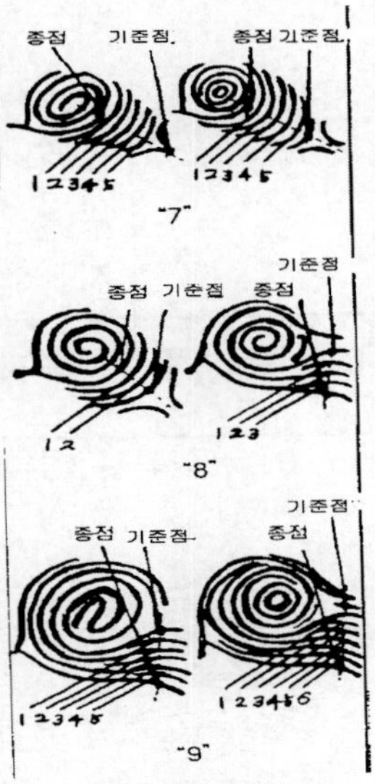 종점 기준점 종점 기준점 12345 12345 "7" 종점 기준점 종점 기준점 12 123 "8" 종점 기준점 종점 기준점 12345 123456 "9"
(4) 변태문	어느 문형에도 속하지 않아 정상적으로 분류할 수 없는 지문으로서 분류번호는 9에다 .을 찍어 "9̇"로 부여한다. 단, 전산상에는 9로 표기할 수 있다	
(5) 기 타	가. 손가락 끝마디 절단시 분류 손가락 끝마디가 절단되어 지문을 채취할 수 없는 경우를 말하며 분류번호는 "0"으로 부여한다.	 절 단
	나. 손상지문의 분류 지문이 손상되어 궁상문, 제상문, 와상문으로 분류를 할 수 없을 때는 0에다 .을 찍어 "θ"로 부여한다. 단, 전산상에는 0로 표기할 수 있다	
	다. 육손가락인 경우의 분류 간지(幹指)로 분류하고 간지로 분류할 수 없을 때에는 지지(支指)로 분류하되 지지도 분류할 수 없을 때는 변태문으로 분류한다.	 지지 간지

지문의 종류	설 명	분류방법
	라. 제상문의 외단 또는 와상문의 기준각이 불분명할 때는 추정하여 분류번호를 부여한다. 마. 분류가 어려운 평면날인된 외국인 지문자료는 0번으로 분류할 수 있다.	분류번호 추정

6. 지문의 문형 및 기준점, 내.외단 지정예시

(1) 궁상문 지정의 예

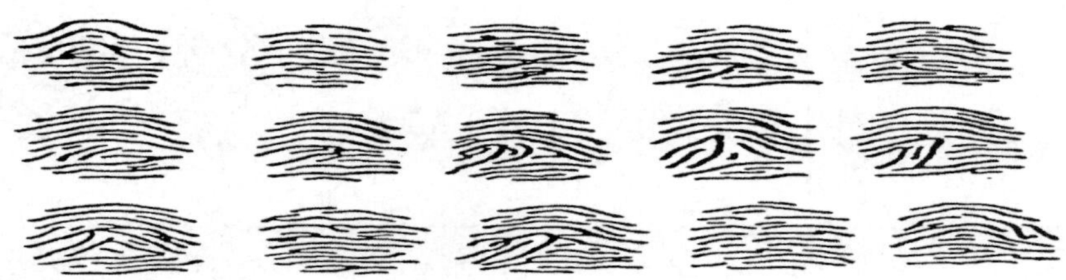

(2) 제상문 지정의 예

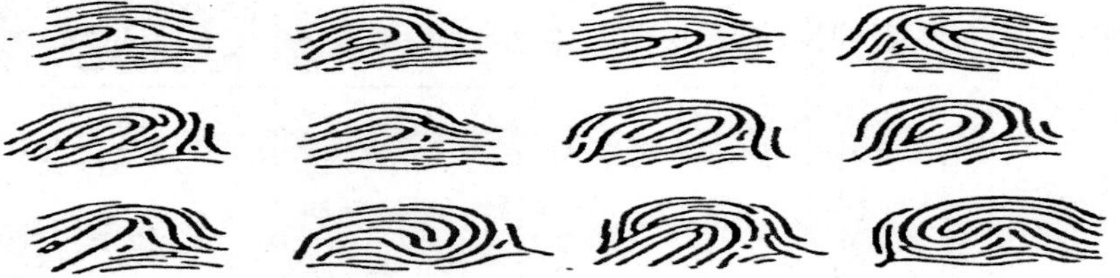

(3) 와상문 지정의 예

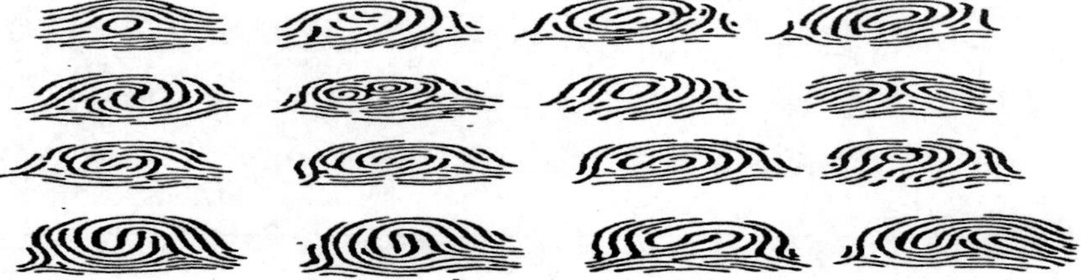

(4) 변태문 지정의 예

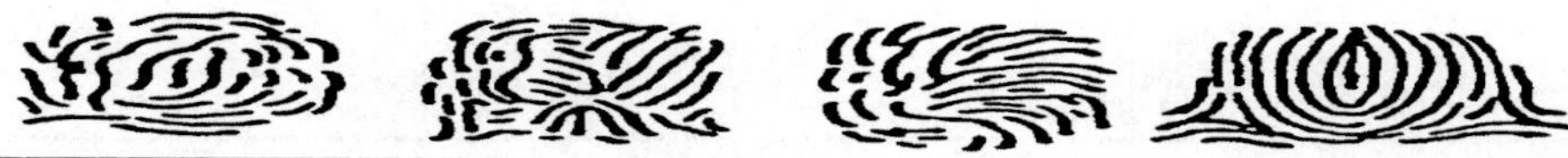

⑸ 내단(제상문 분류기준점)

가. 제상(蹄狀) 내단

나. 점 내단

다. 단선(短線) 내단

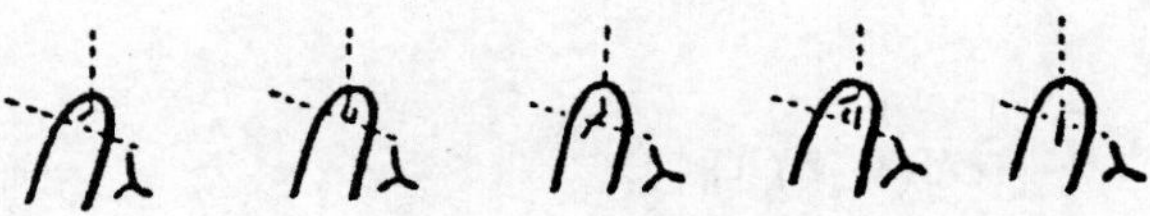

라. 호상(弧狀) 내단

마. 조상(鉤狀) 내단

바. 봉상(棒狀) 내단

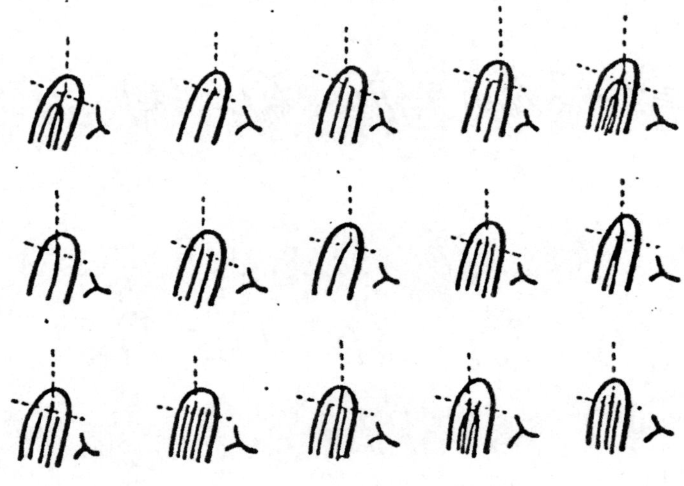

사. 교차(交叉) 내단

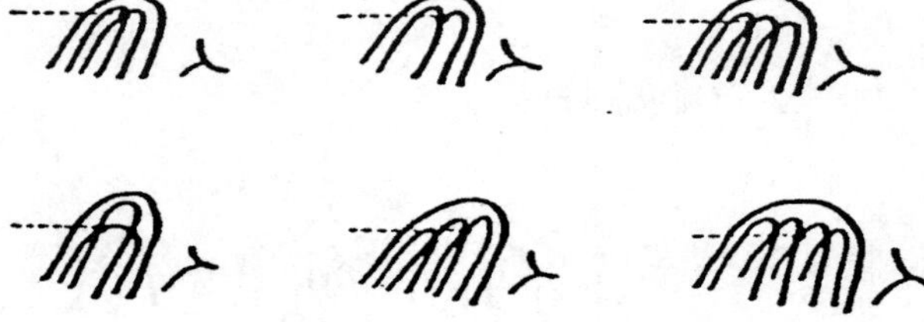

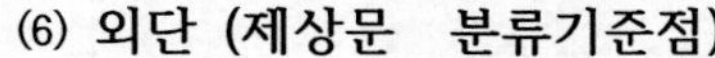

(6) 외단 (제상문 분류기준점)

(7) 종점 (와상문 분류기준점)

(8) 우측기준점(와상문 분류기준점)

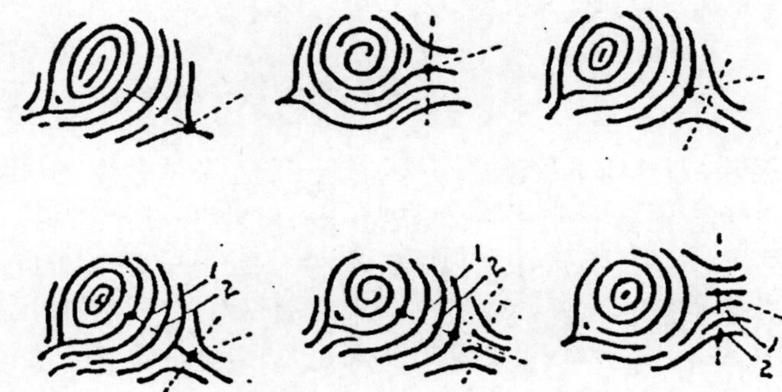

성폭력범죄의 수사 및 피해자 보호에 관한 규칙

[시행 2021. 1. 1.] [경찰청훈령 제996호, 2020. 12. 31., 타법개정.]

제1장 총 칙

제1조(목적) 이 규칙은 성폭력범죄 수사의 전문성을 제고하고 피해자 보호를 강화하는 것을 목적으로 한다.

제2조(정의) 이 규칙에서 사용하는 용어의 정의는 다음과 같다.
1. "성폭력범죄"란 「성폭력범죄의 처벌 등에 관한 특례법」 제2조의 성폭력범죄를 말한다.
2. "아동·청소년대상 성폭력범죄"란 「아동·청소년의 성보호에 관한 법률」 제2조제3호의 아동·청소년대상 성폭력범죄를 말한다.
3. "피해아동·청소년"이란 「아동·청소년의 성보호에 관한 법률」 제2조제6호의 피해아동·청소년을 말한다.
4. "범죄신고자등"이란 「특정범죄신고자 등 보호법」 제2조제3호의 범죄신고자등을 말한다.
5. "피해자등"이란 성폭력범죄의 피해자와 그 법정대리인을 말한다.
6. "통합지원센터"란 「성폭력방지 및 피해자보호 등에 관한 법률」 제18조의 통합지원센터를 말한다.
7. "성폭력 전담의료기관"이란 「성폭력방지 및 피해자보호 등에 관한 법률」 제27조제1항의 전담의료기관을 말한다.

제3조(적용범위) 성폭력범죄의 수사에 관하여 다른 법령에 특별한 규정이 있는 경우를 제외하고는 이 규칙이 정하는 바에 따른다.

제4조(다른 규칙과의 관계) 성폭력범죄의 수사에 관하여 이 규칙으로 정하고 있지 않은 사항에 대해서는 범죄수사규칙을 준용한다.

제2장 전담수사제

제5조(전담수사부서의 운영) ① 경찰서장은 성폭력범죄 전담수사부서에서 성폭력범죄의 수사를 전담하게 한다. 다만, 성폭력범죄 전담수사부서가 설치되지 않은 경우 다른 수사부서에서 성폭력범죄의 수사를 담당하게 한다.

② 지방경찰청장은 제1항의 규정에도 불구하고 피해자가 13세 미만이거나 신체적인 또는 정신적인 장애로 사물을 변별하거나 의사를 결정할 능력이 미약한 경우에는 특별한 사정이 없는 한 지방경찰청에 설치된 성폭력범죄 전담수사부서에서 성폭력범죄의 수사를 담당하게 한다.

제6조(전담조사관의 지정) ① 지방경찰청장 및 경찰서장은 소속 경찰공무원 중에서

성폭력범죄 전담조사관을 지정하여 성폭력범죄 피해자의 조사를 전담하게 한다.

② 지방경찰청장 및 경찰서장은 특별한 사정이 없는 한 수사경과자 중에서 제7조제1항의 성폭력수사 전문화 교육을 이수한 사람에 한해서 성폭력범죄 전담조사관을 지정하되, 1인 이상을 여성경찰관으로 지정하여야 한다.

③ 성폭력범죄 전담수사부서가 설치되지 않은 경찰서의 경찰서장은 수사를 담당하는 부서에 근무하는 경찰관 중에서 성폭력범죄 전담조사관을 지정한다.

제7조(교육) ① 경찰수사연수원장은 성폭력범죄의 수사에 필요한 수사기법과 피해자 보호를 위한 수사방법 및 절차 등에 관한 성폭력수사 전문화 교육과정을 운영한다.

② 지방경찰청장 및 경찰서장은 제1항에서 규정한 교육을 이수하지 않은 사람을 성폭력범죄 전담조사관으로 지정한 경우에는 지정한 날부터 6개월 이내에 교육을 이수하도록 한다.

③ 지방경찰청장은 해당 지방경찰청 및 경찰서 소속 성폭력범죄 전담조사관을 대상으로, 경찰서장은 해당 경찰서 소속 경찰관을 대상으로 매년 1회 이상 성폭력범죄의 수사 및 피해자 보호에 관하여 교육한다.

④ 성폭력범죄 전담조사관은 제6조에 의하여 지정된 날부터 1개월 이내에 경찰청에서 운영하는 사이버교육 중 성폭력 수사 교육을 이수하여야 한다.

제8조(피해자 보호지원관의 운영) ① 지방경찰청장 및 경찰서장은 소속 지방경찰청 및 경찰서에 근무하는 성폭력범죄 전담조사관 중에서 1인을 피해자 보호지원관으로 지정한다.

② 피해자 보호지원관은 수사과정 및 수사종결 후의 피해자 보호 · 지원 업무와 소속 지방경찰청 · 경찰서에 근무하는 경찰관을 대상으로 하는 피해자 보호에 관한 교육 업무를 담당한다.

③ 지방경찰청장 및 경찰서장은 원활한 피해자 보호 · 지원을 위하여 사건담당 경찰관으로 하여금 피해자 보호지원관을 도와 피해자 보호 · 지원업무를 수행하도록 하여야 한다.

제3장 현장 조치

제9조(현장 임장) 성폭력범죄 전담조사관은 특별한 사정이 없는 한 성폭력 사건이 발생한 경우 지체없이 현장에 임장한다.

제10조(현장출동 시 유의사항) ① 경찰관은 피해자의 성폭력 피해사실이 제3자에게 알려지지 않도록 출동 시 신속성을 저해하지 않는 범위에서 경광등을 소등하거나 인근에서 하차하여 도보로 이동하는 등 피해자 보호를 위하여 노력하여야 한다.

② 경찰관은 현장에서 성폭력범죄 피의자를 검거한 경우에는 즉시 피해자와 분리조치하고, 경찰관서로 동행할 때에도 분리하여 이동한다.

③ 경찰관은 친족에 의한 아동성폭력 사건의 피의자를 체포할 경우에는 특별한 사정이 없는 한 피해자와 분리조치 후 체포하여야 한다.

④ 경찰관은 용의자를 신속히 검거하기 위하여 제11조의 조치에 지장이 없는 범위에서 피해자로부터 간이진술을 청취하거나 피해자와 동행하여 현장 주변을 수색할 수 있다. 이 경우 경찰관은 반드시 피해자의 명시적 동의를 받아야 한다.

제11조(피해자 후송) ① 경찰관은 피해자의 치료가 필요한 경우에는 즉시 피해자를 가까운 통합지원센터 또는 성폭력 전담의료기관으로 후송한다. 다만, 피해자가 원하지 않는 경우에는 그러하지 아니하다.

② 경찰관은 성폭력범죄의 피해자가 13세 미만이거나 신체적인 또는 정신적인 장애로 사물을 변별하거나 의사를 결정할 능력이 미약한 경우에는 통합지원센터나 성폭력 전담의료기관과 연계하여 치료, 상담 및 조사를 병행한다. 다만, 피해자가 원하지 않는 경우에는 그러하지 아니하다.

③ 제1항 및 제2항에도 불구하고 통합지원센터나 성폭력 전담의료기관의 거리가 멀어 신속한 치료가 어려운 경우에는 가까운 의료기관과 연계할 수 있다.

제12조(신변안전조치) ① 지방경찰청장 및 경찰서장은 성폭력범죄의 피해자·신고자 및 그 친족 또는 동거인, 그 밖의 밀접한 인적 관계에 있는 사람이 보복을 당할 우려가 있는 경우에는 소속 경찰관으로 하여금 안전을 위하여 필요한 조치를 하도록 하여야 한다.

② 경찰관은 성폭력범죄의 수사·조사 및 상담 과정에서 성폭력범죄의 피해자·신고자 및 그 친족 또는 동거인, 그 밖의 사람이 보복을 당할 우려가 있는 경우에는 신변안전에 필요한 조치를 하거나 대상자의 주거지 또는 현재지를 관할하는 경찰서의 경찰서장에게 신변안전조치를 요청하여야 한다. 다만, 대상자가 원하지 않는 경우에는 그러하지 아니하다.

③ 신변안전조치의 종류는 다음 각 호의 어느 하나와 같다.

1. 일정기간 동안의 특정시설에서의 보호
2. 일정기간 동안의 신변경호
3. 참고인 또는 증인으로 출석·귀가 시 동행
4. 대상자의 주거·직장에 대한 주기적 순찰
5. 비상연락망 구축 등 그 밖의 신변안전에 필요하다고 인정되는 조치

제13조(피해아동·청소년의 보호) ① 경찰관은 아동·청소년대상 성폭력범죄를 저지른 자가 피해아동·청소년과 「가정폭력범죄의 처벌 등에 관한 특례법」 제2조제2호의 가정구성원인 관계이면서 피해아동·청소년을 보호할 필요가 있는 때에는 피해아동·청소년 또는 그 법정대리인의 신청에 의하거나 직권으로 성폭력범죄를 저지른 자에 대하여 같은 법 제29조제1항제1호부터 제3호의 임시조치를 검사에게 신청할 수 있다.

② 경찰관은 성폭력범죄를 저지른 자가 제1항의 임시조치를 위반하여 다시 성폭력범죄를 저지를 우려가 있다고 인정하는 경우에는 「가정폭력범죄의 처벌 등에 관한 특례법」 제29조제1항제5호의 임시조치를 검사에게 신청할 수 있다.

제14조(권리고지) ① 경찰관은 성폭력범죄의 피해자등과 상담하거나 피해자를 조

사할 때 국선변호인 선임, 피해자와 신뢰관계에 있는 자(이하 '신뢰관계자' 라 한다)의 동석, 진술조력인 참여, 신분 · 사생활 비밀보장, 신변안전조치 및 상담 · 법률 · 의료지원에 관한 사항을 피해자등에게 고지하여야 한다.

② 경찰관은 제1항의 내용을 고지할 때 피해자등의 인지능력 · 생활환경 · 심리상태 등을 감안하여 구체적인 내용을 설명하여 피해자등이 권리 · 지원내용을 충분히 이해할 수 있도록 하여야 한다.

제15조(인적사항의 공개 금지) 경찰관은 성폭력 사건의 피해자나 범죄신고자등의 성명, 나이, 주소, 직업, 용모 등에 의하여 그가 피해자나 범죄신고자등임을 미루어 알 수 있는 정도의 사실이나 사진 등 또는 사생활에 관한 비밀을 공개하거나 제3자에게 누설하여서는 아니 된다.

제16조(증거수집) 경찰관은 피해자의 신체에서 증거를 채취할 때에는 반드시 피해자의 명시적인 동의를 받아야 하며, 특별한 사정이 없는 한 의사 또는 간호사의 도움을 받아 증거를 수집하여야 한다.

제4장 조 사

제17조(조사의 준비) ① 경찰관은 피해자를 조사하기 전에 피해자의 연령, 인지능력, 가족관계 및 생활환경 등을 확인하여야 한다.

② 경찰관은 제1항과 같이 확인한 결과를 토대로 피해자의 의견, 건강 및 심리상태 등을 충분히 고려하여 조사의 시기 · 장소 및 방법 을 결정하여야 한다.

③ 경찰관은 조사의 시기 · 장소 및 방법을 결정할 때 제27조의 전문가 및 제28조의 진술조력인의 의견을 들을 수 있다.

제18조(조사 시 유의사항) ① 지방경찰청장 및 경찰서장은 특별한 사정이 없는 한 성폭력 피해여성을 여성 성폭력범죄 전담조사관이 조사하도록 하여야 한다. 다만, 피해자가 원하는 경우에는 신뢰관계자, 진술조력인 또는 다른 경찰관으로 하여금 입회하게 하고 별지 제1호 서식에 의해 서면으로 동의를 받아 남성 성폭력범죄 전담조사관으로 하여금 조사하게 할 수 있다.

② 경찰관은 성폭력 피해자를 조사할 때에는 제17조의 준비를 거쳐 1회에 수사상 필요한 모든 내용을 조사하는 등 조사 횟수를 최소화하기 위하여 노력하여야 한다.

③ 경찰관은 피해자의 입장을 최대한 존중하여 가급적 피해자가 원하는 시간에 진술녹화실 등 평온하고 공개되지 않은 장소에서 조사하고, 공개된 장소에서의 조사로 인하여 신분이 노출되지 않도록 유의하여야 한다.

④ 경찰관은 성폭력 피해자에 대한 조사와 피의자에 대한 신문을 분리하여 실시하고, 대질신문은 반드시 필요한 경우에만 예외적으로 실시하되, 시기 · 장소 및 방법에 관하여 피해자의 의사를 최대한 존중하여야 한다.

⑤ 경찰관은 피해자로 하여금 가해자를 확인하게 할 때는 반드시 범인식별실 또는 진술녹화실을 활용하여 피해자와 가해자가 대면하지 않도록 하고, 동시에

다수의 사람 중에서 가해자를 확인하도록 하여야 한다.

제19조(변호사 선임의 특례) ① 경찰관은 성폭력범죄의 피해자등에게 변호사를 선임할 수 있고 국선변호사 선정을 요청할 수 있음을 고지하여야 한다.

② 경찰관은 피해자등이 국선변호사 선정을 요청한 때에는 검사에게 통보하여야 한다.

③ 경찰관은 성폭력범죄의 피해자가 변호사를 선임하거나 검사가 국선변호사를 선정한 경우 변호사가 조사과정에 참여하게 하여야 한다.

④ 경찰관은 조사 중에 변호사가 의견 진술을 요청할 경우, 조사를 방해하는 등의 특별한 사정이 없는 한 승인하여야 한다.

제20조(인적사항의 기재 생략) ① 경찰관은 성폭력 사건처리와 관련하여 조서나 그 밖의 서류를 작성할 때 피해자 또는 범죄신고자등의 신원이 알려질 수 있는 사항에 대해서는 그 전부 또는 일부를 기재하지 아니할 수 있고, 이 때 범죄신고자등 신원관리카드에 인적사항을 등재한다.

② 제1항에 따라 인적사항을 기재하지 않을 때에는 피해자, 범죄신고자등의 서명은 가명(假名)으로, 간인(間印) 및 날인(捺印)은 무인(拇印)으로 하게 하여야 한다.

제21조(신뢰관계자의 동석) ① 경찰관은 피해자를 조사할 때 신뢰관계자를 동석하게 할 수 있다. 이 경우 신뢰관계자로부터 신뢰관계자 동석 확인서 및 피해자와의 관계를 소명할 서류를 제출받아 이를 기록에 편철한다.

② 경찰관은 아동·청소년대상 성폭력범죄의 피해자나 법정대리인이 신청하는 경우와 「성폭력범죄의 처벌 등에 관한 특례법」 제3조부터 제8조, 같은 법 제10조 및 제15조(같은 법 제9조의 미수범은 제외한다)의 범죄의 피해자를 조사하는 경우에는 수사에 지장을 줄 우려가 있는 부득이한 경우가 아니면 신뢰관계자를 동석하게 하여야 한다.

③ 경찰관은 피해자가 19세 미만이거나 신체적인 또는 정신적인 장애가 있는 경우에 피해자의 동의를 받아 성폭력 상담을 지원하는 상담소의 상담원 등을 신뢰관계자로 동석하게 할 수 있다.

④ 제1항부터 제3항에 해당하는 경우 경찰관은 신뢰관계자라도 피해자에게 불리한 영향을 미칠 우려가 현저하거나 피해자가 원하지 아니하는 경우에는 동석하게 하여서는 아니 된다.

제22조(영상물의 촬영·보존) ① 경찰관은 성폭력범죄의 피해자를 조사할 때에는 진술내용과 조사과정을 영상물 녹화장치로 촬영·보존할 수 있다. 다만, 피해자가 19세 미만이거나 신체적인 또는 정신적인 장애로 사물을 변별하거나 의사를 결정할 능력이 미약한 경우에는 반드시 촬영·보존하여야 한다.

② 경찰관은 영상녹화를 할 때에는 피해자등에게 영상녹화의 취지 등을 설명하고 동의 여부를 확인하여야 하며, 피해자등이 녹화를 원하지 않는 의사를 표시한 때에는 촬영을 하여서는 아니 된다. 다만, 가해자가 친권자 중 일방인

경우에는 그러하지 아니하다.

제23조(영상녹화의 방법) 경찰관은 영상물을 녹화할 때에는 조사의 시작부터 조서에 기명날인 또는 서명을 마치는 시점까지의 모든 과정을 영상녹화하고, 녹화완료 시 그 원본을 피해자 또는 변호사 앞에서 봉인하고 피해자로 하여금 기명날인 또는 서명하게 하여야 한다.

제24조(영상녹화 시 유의사항) 경찰관은 피해자등의 진술을 녹화하는 경우에 다음 각 호의 사항에 유의하여야 한다.

1. 피해자의 신원에 관한 사항은 녹화 전에 서면으로 작성하고 녹화 시 진술하지 않게 하여 영상물에 포함되지 않도록 한다.
2. 신뢰관계자 또는 진술조력인이 동석하여 녹화를 할 때에는, 신뢰관계자 또는 진술조력인이 조사실을 이탈할 경우 녹화를 일시적으로 중단하고 조사실로 돌아온 후 녹화를 재개한다.
3. 피해자등이 신청하는 경우 영상물 촬영과정에서 작성한 조서의 사본을 발급하거나 영상물을 재생하여 시청하게 하고, 그 내용에 대하여 이의를 진술하는 때에는 그 취지를 기재한 서면을 첨부한다.

제25조(속기사의 참여) ① 경찰관은 영상녹화를 하는 경우에는 속기사로 하여금 영상물에 대한 속기록을 작성하도록 할 수 있다. 다만, 피해자등이 이를 원하지 아니할 때에는 그러하지 아니하다.

② 경찰관은 속기사가 영상녹화에 참여할 때에는 속기사로 하여금 진술녹화실 외부에서 속기록을 작성하도록 한다. 다만, 속기사가 영상녹화에 참여하지 않은 경우에는 피해자등의 명시적 동의를 받아 속기사로 하여금 영상물에 대한 속기록을 작성하도록 할 수 있다.

제26조(속기록의 작성) ① 속기록에 사용하는 문서는 별지 제2호 서식 및 제3호 서식과 같다.

② 경찰관은 진술자에게 열람하게 하거나 읽어 들려주는 방법으로 진술자로 하여금 속기록을 확인하게 하고, 진술자가 속기록에 대하여 이의가 없을 때에는 진술자로 하여금 속기록 말미에 기명날인 또는 서명하게 한다. 다만, 진술자가 기명날인 또는 서명할 수 없거나 이를 거부하는 경우에는 그 취지를 기재한 서면을 첨부한다.

③ 경찰관은 속기록에 작성년월일과 계급을 기재하고 기명날인 또는 서명하고, 속기사로 하여금 속기록에 간인한 후 기명날인 또는 서명하게 한다.

제27조(전문가의 의견 조회) ① 경찰관은 정신건강의학과 의사, 심리학자, 사회복지학자 그 밖의 관련 전문가 중 경찰청장이 지정한 전문가로부터 행위자 또는 피해자의 정신·심리상태에 대한 진단소견 및 피해자의 진술내용에 관한 의견을 조회할 수 있다. 다만, 피해자가 13세 미만이거나 신체적인 또는 정신적인 장애로 사물을 변별하거나 의사를 결정할 능력이 미약한 경우에는 반드시 전문가로부터 의견을 조회하여야 한다.

② 경찰관은 피해자가 신체적인 또는 정신적인 장애로 사물을 변별하거나 의사를 결정할 능력이 미약한지 여부가 명확하지 않은 경우에는 전문가로부터 사물을 변별하거나 의사를 결정할 능력이 있는지 여부에 대한 의견을 조회하여야 한다.

제28조(진술조력인의 참여) ① 경찰관은 성폭력범죄의 피해자가 13세 미만이거나 신체적인 또는 정신적인 장애로 의사소통이나 의사표현에 어려움이 있는 경우 직권이나 피해자등 또는 변호사의 신청에 따라 진술조력인이 조사과정에 참여하게 할 수 있다. 다만, 피해자등이 이를 원하지 않을 때는 그러하지 아니하다.
② 경찰관은 제1항의 피해자를 조사하기 전에 피해자등 또는 변호사에게 진술조력인에 의한 의사소통 중개나 보조를 신청할 수 있음을 고지하여야 한다.
③ 경찰관은 피의자 또는 피해자의 친족이거나 친족이었던 사람, 법정대리인, 대리인 또는 변호사를 진술조력인으로 선정해서는 아니 된다.
④ 경찰관은「성폭력범죄의 처벌 등에 관한 특례법 시행규칙」제13조제1항제1호·제2호에 해당할 때에는 해당 사건의 진술조력인 선정을 취소하여야 하고, 같은항 제3호부터 제6호에 해당할 때에는 취소할 수 있다.
⑤ 경찰관은 진술조력인이 조사에 참여한 경우에는 진술조서에 그 취지를 기재하고, 진술조력인으로 하여금 진술조서 및 영상녹화물에 기명날인 또는 서명을 하도록 하여야 한다.

부 칙

〈제996호, 2020. 12. 31.〉

제1조(시행일) 이 규칙은 2021년 1월 1일부터 시행한다.

제2조 생략

제3조 (다른 규칙의 개정) ① 및 ② 생략
③ 「성폭력범죄의 수사 및 피해자 보호에 관한 규칙」 일부를 다음과 같이 개정한다.
제8조제2항 중 "송치"를 "수사종결"로 한다.
④부터 ⑱까지 생략

[별지 제1호서식]

피해자 조사 동의서

조사일시			
조사장소			
피해자	성명 :	(연령)	
입회인	성명 :	(연령)	
담당경찰관	소속:	계급:	성명 :

위 피해자 본인은 위 일시, 장소에서 담당 경찰관으로부터 여성경찰관에게 직접 조사를 받거나 여성경찰관의 입회하에 조사를 받을 수 있음을 고지 받았음에도 불구하고, 스스로 여성경찰관의 조사나 입회를 거부하고 남성경찰관으로부터 조사받기를 원했음을 확인합니다.

20 . .

위 본인 성명 (인)

[별지 제2호서식]

00 원스톱지원센터
속 기 록

사건번호	
일시	
장소	
속기내용	피해자 000 진술 내용
총면수	00면
비고	

「성폭력범죄의 처벌 등에 관한 특례법」 제30조에 따라 피해자의 진술 내용과 조사과정을 촬영한 영상물에 대해 작성한 속기록(동시/사후)을 붙임과 같이 제출합니다.

20 . . .

속기사 000 (인)

[별지 제3호서식]

위의 속기록을 진술자에게 열람하게 하였던 바(읽어준 바) 진술한 대로 오기나 증감·변경할 것이 전혀 없다고 말하므로 서명(기명날인)하게 하다.

진 술 자 (인)

. . .

사법경찰관(리) ○○ ○○○ (인)

속기사 ○○○ (인)

검 · 경 수사권 조정 법률

형사소송법(초)

[시행 2022. 9. 10.] [법률 제18862호, 2022. 5. 9., 일부개정]

제2편 제1심

제1장 수사

제195조(검사와 사법경찰관의 관계 등) ① 검사와 사법경찰관은 수사, 공소제기 및 공소유지에 관하여 서로 협력하여야 한다.

② 제1항에 따른 수사를 위하여 준수하여야 하는 일반적 수사준칙에 관한 사항은 대통령령으로 정한다.

[본조신설 2020. 2. 4.]

[종전 제195조는 제196조로 이동 〈2020. 2. 4.〉]

제196조(검사의 수사) 검사는 범죄의 혐의가 있다고 사료하는 때에는 범인, 범죄사실과 증거를 수사한다.

② 검사는 제197조의3제6항, 제198조의2제2항 및 제245조의7제2항에 따라 사법경찰관으로부터 송치받은 사건에 관하여는 해당 사건과 동일성을 해치지 아니하는 범위 내에서 수사할 수 있다.

[전문개정 2020. 2. 4.]

[제195조에서 이동, 종전 제196조는 제197조로 이동 〈2020. 2. 4.〉]

제197조(사법경찰관리) ① 경무관, 총경, 경정, 경감, 경위는 사법경찰관으로서 범죄의 혐의가 있다고 사료하는 때에는 범인, 범죄사실과 증거를 수사한다. 〈개정 2020. 2. 4.〉

② 경사, 경장, 순경은 사법경찰리로서 수사의 보조를 하여야 한다. 〈개정 2020. 2. 4.〉

③ 삭제 〈2020. 2. 4.〉

④ 삭제 〈2020. 2. 4.〉

⑤ 삭제 〈2020. 2. 4.〉

⑥ 삭제 〈2020. 2. 4.〉

[전문개정 2011. 7. 18.]

[제196조에서 이동, 종전 제197조는 삭제 〈2020. 2. 4.〉]

제197조의2(보완수사요구) ① 검사는 다음 각 호의 어느 하나에 해당하는 경우에 사법경찰관에게 보완수사를 요구할 수 있다.

1. 송치사건의 공소제기 여부 결정 또는 공소의 유지에 관하여 필요한 경우
2. 사법경찰관이 신청한 영장의 청구 여부 결정에 관하여 필요한 경우

② 사법경찰관은 제1항의 요구가 있는 때에는 정당한 이유가 없는 한 지체 없이 이를 이행하고, 그 결과를 검사에게 통보하여야 한다.
③ 검찰총장 또는 각급 검찰청 검사장은 사법경찰관이 정당한 이유 없이 제1항의 요구에 따르지 아니하는 때에는 권한 있는 사람에게 해당 사법경찰관의 직무배제 또는 징계를 요구할 수 있고, 그 징계 절차는 「공무원 징계령」 또는 「경찰공무원 징계령」에 따른다.
[본조신설 2020. 2. 4.]

제197조의3(시정조치요구 등) ① 검사는 사법경찰관리의 수사과정에서 법령위반, 인권침해 또는 현저한 수사권 남용이 의심되는 사실의 신고가 있거나 그러한 사실을 인식하게 된 경우에는 사법경찰관에게 사건기록 등본의 송부를 요구할 수 있다.
② 제1항의 송부 요구를 받은 사법경찰관은 지체 없이 검사에게 사건기록 등본을 송부하여야 한다.
③ 제2항의 송부를 받은 검사는 필요하다고 인정되는 경우에는 사법경찰관에게 시정조치를 요구할 수 있다.
④ 사법경찰관은 제3항의 시정조치 요구가 있는 때에는 정당한 이유가 없으면 지체 없이 이를 이행하고, 그 결과를 검사에게 통보하여야 한다.
⑤ 제4항의 통보를 받은 검사는 제3항에 따른 시정조치 요구가 정당한 이유 없이 이행되지 않았다고 인정되는 경우에는 사법경찰관에게 사건을 송치할 것을 요구할 수 있다.
⑥ 제5항의 송치 요구를 받은 사법경찰관은 검사에게 사건을 송치하여야 한다.
⑦ 검찰총장 또는 각급 검찰청 검사장은 사법경찰관리의 수사과정에서 법령위반, 인권침해 또는 현저한 수사권 남용이 있었던 때에는 권한 있는 사람에게 해당 사법경찰관리의 징계를 요구할 수 있고, 그 징계 절차는 「공무원 징계령」 또는 「경찰공무원 징계령」에 따른다.
⑧ 사법경찰관은 피의자를 신문하기 전에 수사과정에서 법령위반, 인권침해 또는 현저한 수사권 남용이 있는 경우 검사에게 구제를 신청할 수 있음을 피의자에게 알려주어야 한다.
[본조신설 2020. 2. 4.]

제197조의4(수사의 경합) ① 검사는 사법경찰관과 동일한 범죄사실을 수사하게 된 때에는 사법경찰관에게 사건을 송치할 것을 요구할 수 있다.
② 제1항의 요구를 받은 사법경찰관은 지체 없이 검사에게 사건을 송치하여야 한다. 다만, 검사가 영장을 청구하기 전에 동일한 범죄사실에 관하여 사법경찰관이 영장을 신청한 경우에는 해당 영장에 기재된 범죄사실을 계속 수사할 수 있다.
[본조신설 2020. 2. 4.]

제198조(준수사항) ① 피의자에 대한 수사는 불구속 상태에서 함을 원칙으로 한다.

② 검사·사법경찰관리와 그 밖에 직무상 수사에 관계있는 자는 피의자 또는 다른 사람의 인권을 존중하고 수사과정에서 취득한 비밀을 엄수하며 수사에 방해되는 일이 없도록 하여야 한다.
③ 검사·사법경찰관리와 그 밖에 직무상 수사에 관계있는 자는 수사과정에서 수사와 관련하여 작성하거나 취득한 서류 또는 물건에 대한 목록을 빠짐 없이 작성하여야 한다. 〈신설 2011. 7. 18.〉
④ 수사기관은 수사 중인 사건의 범죄 혐의를 밝히기 위한 목적으로 합리적인 근거 없이 별개의 사건을 부당하게 수사하여서는 아니 되고, 다른 사건의 수사를 통하여 확보된 증거 또는 자료를 내세워 관련 없는 사건에 대한 자백이나 진술을 강요하여서도 아니 된다.
[전문개정 2007. 6. 1.]

제198조의2(검사의 체포·구속장소감찰) ① 지방검찰청 검사장 또는 지청장은 불법체포·구속의 유무를 조사하기 위하여 검사로 하여금 매월 1회 이상 관하수사관서의 피의자의 체포·구속장소를 감찰하게 하여야 한다. 감찰하는 검사는 체포 또는 구속된 자를 심문하고 관련서류를 조사하여야 한다. 〈개정 1995. 12. 29.〉
② 검사는 적법한 절차에 의하지 아니하고 체포 또는 구속된 것이라고 의심할 만한 상당한 이유가 있는 경우에는 즉시 체포 또는 구속된 자를 석방하거나 사건을 검찰에 송치할 것을 명하여야 한다. 〈개정 1995. 12. 29.〉
[본조신설 1961. 9. 1.]
[제목개정 1995. 12. 29.]

제199조(수사와 필요한 조사) ① 수사에 관하여는 그 목적을 달성하기 위하여 필요한 조사를 할 수 있다. 다만, 강제처분은 이 법률에 특별한 규정이 있는 경우에 한하며, 필요한 최소한도의 범위 안에서만 하여야 한다. 〈개정 1995. 12. 29.〉
② 수사에 관하여는 공무소 기타 공사단체에 조회하여 필요한 사항의 보고를 요구할 수 있다.

제200조(피의자의 출석요구) 검사 또는 사법경찰관은 수사에 필요한 때에는 피의자의 출석을 요구하여 진술을 들을 수 있다.
[전문개정 2007. 6. 1.]

제200조의2(영장에 의한 체포) ① 피의자가 죄를 범하였다고 의심할 만한 상당한 이유가 있고, 정당한 이유없이 제200조의 규정에 의한 출석요구에 응하지 아니하거나 응하지 아니할 우려가 있는 때에는 검사는 관할 지방법원판사에게 청구하여 체포영장을 발부받아 피의자를 체포할 수 있고, 사법경찰관은 검사에게 신청하여 검사의 청구로 관할지방법원판사의 체포영장을 발부받아 피의자를 체포할 수 있다. 다만, 다액 50만원이하의 벌금, 구류 또는 과료에 해당하는 사건에 관하여는 피의자가 일정한 주거가 없는 경우 또는 정당한 이유없이 제200조의 규정에 의한 출석요구에 응하지 아니한 경우에 한한다.
② 제1항의 청구를 받은 지방법원판사는 상당하다고 인정할 때에는 체포영장을

발부한다. 다만, 명백히 체포의 필요가 인정되지 아니하는 경우에는 그러하지 아니하다.

③ 제1항의 청구를 받은 지방법원판사가 체포영장을 발부하지 아니할 때에는 청구서에 그 취지 및 이유를 기재하고 서명날인하여 청구한 검사에게 교부한다.

④ 검사가 제1항의 청구를 함에 있어서 동일한 범죄사실에 관하여 그 피의자에 대하여 전에 체포영장을 청구하였거나 발부받은 사실이 있는 때에는 다시 체포영장을 청구하는 취지 및 이유를 기재하여야 한다.

⑤ 체포한 피의자를 구속하고자 할 때에는 체포한 때부터 48시간이내에 제201조의 규정에 의하여 구속영장을 청구하여야 하고, 그 기간내에 구속영장을 청구하지 아니하는 때에는 피의자를 즉시 석방하여야 한다.

[본조신설 1995. 12. 29.]

[제목개정 2007. 6. 1.]

제200조의3(긴급체포) ① 검사 또는 사법경찰관은 피의자가 사형·무기 또는 장기 3년이상의 징역이나 금고에 해당하는 죄를 범하였다고 의심할 만한 상당한 이유가 있고, 다음 각 호의 어느 하나에 해당하는 사유가 있는 경우에 긴급을 요하여 지방법원판사의 체포영장을 받을 수 없는 때에는 그 사유를 알리고 영장없이 피의자를 체포할 수 있다. 이 경우 긴급을 요한다 함은 피의자를 우연히 발견한 경우등과 같이 체포영장을 받을 시간적 여유가 없는 때를 말한다. 〈개정 2007. 6. 1.〉

1. 피의자가 증거를 인멸할 염려가 있는 때
2. 피의자가 도망하거나 도망할 우려가 있는 때

② 사법경찰관이 제1항의 규정에 의하여 피의자를 체포한 경우에는 즉시 검사의 승인을 얻어야 한다.

③ 검사 또는 사법경찰관은 제1항의 규정에 의하여 피의자를 체포한 경우에는 즉시 긴급체포서를 작성하여야 한다.

④ 제3항의 규정에 의한 긴급체포서에는 범죄사실의 요지, 긴급체포의 사유등을 기재하여야 한다.

[본조신설 1995. 12. 29.]

제200조의4(긴급체포와 영장청구기간) ① 검사 또는 사법경찰관이 제200조의3의 규정에 의하여 피의자를 체포한 경우 피의자를 구속하고자 할 때에는 지체 없이 검사는 관할지방법원판사에게 구속영장을 청구하여야 하고, 사법경찰관은 검사에게 신청하여 검사의 청구로 관할지방법원판사에게 구속영장을 청구하여야 한다. 이 경우 구속영장은 피의자를 체포한 때부터 48시간 이내에 청구하여야 하며, 제200조의3제3항에 따른 긴급체포서를 첨부하여야 한다. 〈개정 2007. 6. 1.〉

② 제1항의 규정에 의하여 구속영장을 청구하지 아니하거나 발부받지 못한 때에는 피의자를 즉시 석방하여야 한다.

③ 제2항의 규정에 의하여 석방된 자는 영장없이는 동일한 범죄사실에 관하여 체포하지 못한다.

④ 검사는 제1항에 따른 구속영장을 청구하지 아니하고 피의자를 석방한 경우에는 석방한 날부터 30일 이내에 서면으로 다음 각 호의 사항을 법원에 통지하여야 한다. 이 경우 긴급체포서의 사본을 첨부하여야 한다. 〈신설 2007. 6. 1.〉

1. 긴급체포 후 석방된 자의 인적사항
2. 긴급체포의 일시ㆍ장소와 긴급체포하게 된 구체적 이유
3. 석방의 일시ㆍ장소 및 사유
4. 긴급체포 및 석방한 검사 또는 사법경찰관의 성명

⑤ 긴급체포 후 석방된 자 또는 그 변호인ㆍ법정대리인ㆍ배우자ㆍ직계친족ㆍ형제자매는 통지서 및 관련 서류를 열람하거나 등사할 수 있다. 〈신설 2007. 6. 1.〉

⑥ 사법경찰관은 긴급체포한 피의자에 대하여 구속영장을 신청하지 아니하고 석방한 경우에는 즉시 검사에게 보고하여야 한다. 〈신설 2007. 6. 1.〉

[본조신설 1995. 12. 29.]

제200조의5(체포와 피의사실 등의 고지) 검사 또는 사법경찰관은 피의자를 체포하는 경우에는 피의사실의 요지, 체포의 이유와 변호인을 선임할 수 있음을 말하고 변명할 기회를 주어야 한다.
[본조신설 2007. 6. 1.]
[종전 제200조의5는 제200조의6으로 이동 〈2007. 6. 1.〉]

제200조의6(준용규정) 제75조, 제81조제1항 본문 및 제3항, 제82조, 제83조, 제85조제1항ㆍ제3항 및 제4항, 제86조, 제87조, 제89조부터 제91조까지, 제93조, 제101조제4항 및 제102조제2항 단서의 규정은 검사 또는 사법경찰관이 피의자를 체포하는 경우에 이를 준용한다. 이 경우 "구속"은 이를 "체포"로, "구속영장"은 이를 "체포영장"으로 본다. 〈개정 2007. 6. 1.〉
[본조신설 1995. 12. 29.]
[제200조의5에서 이동 〈2007. 6. 1.〉]

제201조(구속) ① 피의자가 죄를 범하였다고 의심할 만한 상당한 이유가 있고 제70조제1항 각 호의 1에 해당하는 사유가 있을 때에는 검사는 관할지방법원판사에게 청구하여 구속영장을 받아 피의자를 구속할 수 있고 사법경찰관은 검사에게 신청하여 검사의 청구로 관할지방법원판사의 구속영장을 받아 피의자를 구속할 수 있다. 다만, 다액 50만원이하의 벌금, 구류 또는 과료에 해당하는 범죄에 관하여는 피의자가 일정한 주거가 없는 경우에 한한다. 〈개정 1980. 12. 18., 1995. 12. 29.〉

② 구속영장의 청구에는 구속의 필요를 인정할 수 있는 자료를 제출하여야 한다. 〈개정 1980. 12. 18.〉

③ 제1항의 청구를 받은 지방법원판사는 신속히 구속영장의 발부여부를 결정하여야 한다. 〈신설 1995. 12. 29.〉

④ 제1항의 청구를 받은 지방법원판사는 상당하다고 인정할 때에는 구속영장을

발부한다. 이를 발부하지 아니할 때에는 청구서에 그 취지 및 이유를 기재하고 서명날인하여 청구한 검사에게 교부한다. 〈개정 1980. 12. 18.〉

⑤ 검사가 제1항의 청구를 함에 있어서 동일한 범죄사실에 관하여 그 피의자에 대하여 전에 구속영장을 청구하거나 발부받은 사실이 있을 때에는 다시 구속영장을 청구하는 취지 및 이유를 기재하여야 한다. 〈개정 1980. 12. 18.〉

[전문개정 1973. 1. 25.]

제201조의2(구속영장 청구와 피의자 심문) ① 제200조의2ㆍ제200조의3 또는 제212조에 따라 체포된 피의자에 대하여 구속영장을 청구받은 판사는 지체 없이 피의자를 심문하여야 한다. 이 경우 특별한 사정이 없는 한 구속영장이 청구된 날의 다음날까지 심문하여야 한다.

② 제1항 외의 피의자에 대하여 구속영장을 청구받은 판사는 피의자가 죄를 범하였다고 의심할 만한 이유가 있는 경우에 구인을 위한 구속영장을 발부하여 피의자를 구인한 후 심문하여야 한다. 다만, 피의자가 도망하는 등의 사유로 심문할 수 없는 경우에는 그러하지 아니하다.

③ 판사는 제1항의 경우에는 즉시, 제2항의 경우에는 피의자를 인치한 후 즉시 검사, 피의자 및 변호인에게 심문기일과 장소를 통지하여야 한다. 이 경우 검사는 피의자가 체포되어 있는 때에는 심문기일에 피의자를 출석시켜야 한다.

④ 검사와 변호인은 제3항에 따른 심문기일에 출석하여 의견을 진술할 수 있다.

⑤ 판사는 제1항 또는 제2항에 따라 심문하는 때에는 공범의 분리심문이나 그 밖에 수사상의 비밀보호를 위하여 필요한 조치를 하여야 한다.

⑥ 제1항 또는 제2항에 따라 피의자를 심문하는 경우 법원사무관등은 심문의 요지 등을 조서로 작성하여야 한다.

⑦ 피의자심문을 하는 경우 법원이 구속영장청구서ㆍ수사 관계 서류 및 증거물을 접수한 날부터 구속영장을 발부하여 검찰청에 반환한 날까지의 기간은 제202조 및 제203조의 적용에 있어서 그 구속기간에 이를 산입하지 아니한다.

⑧ 심문할 피의자에게 변호인이 없는 때에는 지방법원판사는 직권으로 변호인을 선정하여야 한다. 이 경우 변호인의 선정은 피의자에 대한 구속영장 청구가 기각되어 효력이 소멸한 경우를 제외하고는 제1심까지 효력이 있다.

⑨ 법원은 변호인의 사정이나 그 밖의 사유로 변호인 선정결정이 취소되어 변호인이 없게 된 때에는 직권으로 변호인을 다시 선정할 수 있다.

⑩ 제71조, 제71조의2, 제75조, 제81조부터 제83조까지, 제85조제1항ㆍ제3항ㆍ제4항, 제86조, 제87조제1항, 제89조부터 제91조까지 및 제200조의5는 제2항에 따라 구인을 하는 경우에 준용하고, 제48조, 제51조, 제53조, 제56조의2 및 제276조의2는 피의자에 대한 심문의 경우에 준용한다.

[전문개정 2007. 6. 1.]

제202조(사법경찰관의 구속기간) 사법경찰관이 피의자를 구속한 때에는 10일 이내에 피의자를 검사에게 인치하지 아니하면 석방하여야 한다.

제203조(검사의 구속기간) 검사가 피의자를 구속한 때 또는 사법경찰관으로부터 피의자의 인치를 받은 때에는 10일 이내에 공소를 제기하지 아니하면 석방하여야 한다.

제203조의2(구속기간에의 산입) 피의자가 제200조의2ㆍ제200조의3ㆍ제201조의2제2항 또는 제212조의 규정에 의하여 체포 또는 구인된 경우에는 제202조 또는 제203조의 구속기간은 피의자를 체포 또는 구인한 날부터 기산한다. 〈개정 1997. 12. 13., 2007. 6. 1.〉
[본조신설 1995. 12. 29.]

제204조(영장발부와 법원에 대한 통지) 체포영장 또는 구속영장의 발부를 받은 후 피의자를 체포 또는 구속하지 아니하거나 체포 또는 구속한 피의자를 석방한 때에는 지체없이 검사는 영장을 발부한 법원에 그 사유를 서면으로 통지하여야 한다. 〈개정 1995. 12. 29.〉

제205조(구속기간의 연장) ① 지방법원판사는 검사의 신청에 의하여 수사를 계속함에 상당한 이유가 있다고 인정한 때에는 10일을 초과하지 아니하는 한도에서 제203조의 구속기간의 연장을 1차에 한하여 허가할 수 있다.
② 전항의 신청에는 구속기간의 연장의 필요를 인정할 수 있는 자료를 제출하여야 한다.

제206조 삭제 〈1995. 12. 29.〉

제207조 삭제 〈1995. 12. 29.〉

제208조(재구속의 제한) ① 검사 또는 사법경찰관에 의하여 구속되었다가 석방된 자는 다른 중요한 증거를 발견한 경우를 제외하고는 동일한 범죄사실에 관하여 재차 구속하지 못한다.
② 전항의 경우에는 1개의 목적을 위하여 동시 또는 수단결과의 관계에서 행하여진 행위는 동일한 범죄사실로 간주한다.
[전문개정 1973. 1. 25.]

제209조(준용규정) 제70조제2항, 제71조, 제75조, 제81조제1항 본문ㆍ제3항, 제82조, 제83조, 제85조부터 제87조까지, 제89조부터 제91조까지, 제93조, 제101조제1항, 제102조제2항 본문(보석의 취소에 관한 부분은 제외한다) 및 제200조의5는 검사 또는 사법경찰관의 피의자 구속에 관하여 준용한다. 〈개정 2007. 12. 21.〉

[전문개정 2007. 6. 1.]

제210조(사법경찰관리의 관할구역 외의 수사) 사법경찰관리가 관할구역 외에서 수사하거나 관할구역 외의 사법경찰관리의 촉탁을 받아 수사할 때에는 관할지방검찰청 검사장 또는 지청장에게 보고하여야 한다. 다만, 제200조의3, 제212조, 제214조, 제216조와 제217조의 규정에 의한 수사를 하는 경우에 긴급을 요할 때에는 사후에 보고할 수 있다. 〈개정 1961. 9. 1., 1995. 12. 29.〉

제211조(현행범인과 준현행범인) ① 범죄를 실행하고 있거나 실행하고 난 직후의 사람을 현행범인이라 한다.

② 다음 각 호의 어느 하나에 해당하는 사람은 현행범인으로 본다.

1. 범인으로 불리며 추적되고 있을 때
2. 장물이나 범죄에 사용되었다고 인정하기에 충분한 흉기나 그 밖의 물건을 소지하고 있을 때
3. 신체나 의복류에 증거가 될 만한 뚜렷한 흔적이 있을 때
4. 누구냐고 묻자 도망하려고 할 때

[전문개정 2020. 12. 8.]

제212조(현행범인의 체포) 현행범인은 누구든지 영장없이 체포할 수 있다.

제212조의2 삭제 〈1987. 11. 28.〉

제213조(체포된 현행범인의 인도) ① 검사 또는 사법경찰관리 아닌 자가 현행범인을 체포한 때에는 즉시 검사 또는 사법경찰관리에게 인도하여야 한다.

② 사법경찰관리가 현행범인의 인도를 받은 때에는 체포자의 성명, 주거, 체포의 사유를 물어야 하고 필요한 때에는 체포자에 대하여 경찰관서에 동행함을 요구할 수 있다.

③ 삭제 〈1987. 11. 28.〉

제213조의2(준용규정) 제87조, 제89조, 제90조, 제200조의2제5항 및 제200조의5의 규정은 검사 또는 사법경찰관리가 현행범인을 체포하거나 현행범인을 인도받은 경우에 이를 준용한다. 〈개정 1995. 12. 29., 2007. 6. 1.〉

[본조신설 1987. 11. 28.]

제214조(경미사건과 현행범인의 체포) 다액 50만원이하의 벌금, 구류 또는 과료에 해당하는 죄의 현행범인에 대하여는 범인의 주거가 분명하지 아니한 때에 한하여 제212조 내지 제213조의 규정을 적용한다. 〈개정 1973. 1. 25., 1980. 12. 18., 1995. 12. 29.〉

제214조의2(체포와 구속의 적부심사) ① 체포되거나 구속된 피의자 또는 그 변호인, 법정대리인, 배우자, 직계친족, 형제자매나 가족, 동거인 또는 고용주는 관할법원에 체포 또는 구속의 적부심사(適否審査)를 청구할 수 있다. 〈개정 2020. 12. 8.〉

② 피의자를 체포하거나 구속한 검사 또는 사법경찰관은 체포되거나 구속된 피의자와 제1항에 규정된 사람 중에서 피의자가 지정하는 사람에게 제1항에 따른 적부심사를 청구할 수 있음을 알려야 한다. 〈신설 2007. 6. 1., 2020. 12. 8.〉

③ 법원은 제1항에 따른 청구가 다음 각 호의 어느 하나에 해당하는 때에는 제4항에 따른 심문 없이 결정으로 청구를 기각할 수 있다. 〈개정 1987. 11. 28., 1995. 12. 29., 2007. 6. 1., 2020. 12. 8.〉

1. 청구권자 아닌 사람이 청구하거나 동일한 체포영장 또는 구속영장의 발부

에 대하여 재청구한 때
2. 공범이나 공동피의자의 순차청구(順次請求)가 수사 방해를 목적으로 하고 있음이 명백한 때

④ 제1항의 청구를 받은 법원은 청구서가 접수된 때부터 48시간 이내에 체포되거나 구속된 피의자를 심문하고 수사 관계 서류와 증거물을 조사하여 그 청구가 이유 없다고 인정한 경우에는 결정으로 기각하고, 이유 있다고 인정한 경우에는 결정으로 체포되거나 구속된 피의자의 석방을 명하여야 한다. 심사청구 후 피의자에 대하여 공소제기가 있는 경우에도 또한 같다. 〈개정 2020. 12. 8.〉

⑤ 법원은 구속된 피의자(심사청구 후 공소제기된 사람을 포함한다)에 대하여 피의자의 출석을 보증할 만한 보증금의 납입을 조건으로 하여 결정으로 제4항의 석방을 명할 수 있다. 다만, 다음 각 호에 해당하는 경우에는 그러하지 아니하다. 〈개정 2020. 12. 8.〉
1. 범죄의 증거를 인멸할 염려가 있다고 믿을 만한 충분한 이유가 있는 때
2. 피해자, 당해 사건의 재판에 필요한 사실을 알고 있다고 인정되는 사람 또는 그 친족의 생명·신체나 재산에 해를 가하거나 가할 염려가 있다고 믿을 만한 충분한 이유가 있는 때

⑥ 제5항의 석방 결정을 하는 경우에는 주거의 제한, 법원 또는 검사가 지정하는 일시·장소에 출석할 의무, 그 밖의 적당한 조건을 부가할 수 있다. 〈개정 2020. 12. 8.〉

⑦ 제5항에 따라 보증금 납입을 조건으로 석방을 하는 경우에는 제99조와 제100조를 준용한다. 〈개정 2020. 12. 8.〉

⑧ 제3항과 제4항의 결정에 대해서는 항고할 수 없다. 〈개정 2020. 12. 8.〉

⑨ 검사·변호인·청구인은 제4항의 심문기일에 출석하여 의견을 진술할 수 있다. 〈개정 2020. 12. 8.〉

⑩ 체포되거나 구속된 피의자에게 변호인이 없는 때에는 제33조를 준용한다. 〈개정 2020. 12. 8.〉

⑪ 법원은 제4항의 심문을 하는 경우 공범의 분리심문이나 그 밖에 수사상의 비밀보호를 위한 적절한 조치를 하여야 한다. 〈개정 2007. 6. 1., 2020. 12. 8.〉

⑫ 체포영장이나 구속영장을 발부한 법관은 제4항부터 제6항까지의 심문·조사·결정에 관여할 수 없다. 다만, 체포영장이나 구속영장을 발부한 법관 외에는 심문·조사·결정을 할 판사가 없는 경우에는 그러하지 아니하다. 〈개정 2020. 12. 8.〉

⑬ 법원이 수사 관계 서류와 증거물을 접수한 때부터 결정 후 검찰청에 반환된 때까지의 기간은 제200조의2제5항(제213조의2에 따라 준용되는 경우를 포함한다) 및 제200조의4제1항을 적용할 때에는 그 제한기간에 산입하지 아니하고, 제202조·제203조 및 제205조를 적용할 때에는 그 구속기간에 산입하지 아니한다. 〈개정 2007. 6. 1., 2020. 12. 8.〉

⑭ 제4항에 따라 피의자를 심문하는 경우에는 제201조의2제6항을 준용한다. 〈개정 2020. 12. 8.〉
[본조신설 1980. 12. 18.]
[제목개정 2020. 12. 8.]

제214조의3(재체포 및 재구속의 제한) ① 제214조의2제4항에 따른 체포 또는 구속적부심사결정에 의하여 석방된 피의자가 도망하거나 범죄의 증거를 인멸하는 경우를 제외하고는 동일한 범죄사실로 재차 체포하거나 구속할 수 없다. 〈개정 2020. 12. 8.〉

② 제214조의2제5항에 따라 석방된 피의자에게 다음 각 호의 어느 하나에 해당하는 사유가 있는 경우를 제외하고는 동일한 범죄사실로 재차 체포하거나 구속할 수 없다. 〈신설 1995. 12. 29., 2007. 6. 1., 2020. 12. 8.〉

1. 도망한 때
2. 도망하거나 범죄의 증거를 인멸할 염려가 있다고 믿을 만한 충분한 이유가 있는 때
3. 출석요구를 받고 정당한 이유없이 출석하지 아니한 때
4. 주거의 제한이나 그 밖에 법원이 정한 조건을 위반한 때

[본조신설 1980. 12. 18.]
[제목개정 2020. 12. 8.]

제214조의4(보증금의 몰수) ① 법원은 다음 각 호의 1의 경우에 직권 또는 검사의 청구에 의하여 결정으로 제214조의2제5항에 따라 납입된 보증금의 전부 또는 일부를 몰수할 수 있다. 〈개정 2007. 6. 1.〉

1. 제214조의2제5항에 따라 석방된 자를 제214조의3제2항에 열거된 사유로 재차 구속할 때
2. 공소가 제기된 후 법원이 제214조의2제5항에 따라 석방된 자를 동일한 범죄사실에 관하여 재차 구속할 때

② 법원은 제214조의2제5항에 따라 석방된 자가 동일한 범죄사실에 관하여 형의 선고를 받고 그 판결이 확정된 후, 집행하기 위한 소환을 받고 정당한 이유없이 출석하지 아니하거나 도망한 때에는 직권 또는 검사의 청구에 의하여 결정으로 보증금의 전부 또는 일부를 몰수하여야 한다. 〈개정 2007. 6. 1.〉
[본조신설 1995. 12. 29.]

제215조(압수, 수색, 검증) ① 검사는 범죄수사에 필요한 때에는 피의자가 죄를 범하였다고 의심할 만한 정황이 있고 해당 사건과 관계가 있다고 인정할 수 있는 것에 한정하여 지방법원판사에게 청구하여 발부받은 영장에 의하여 압수, 수색 또는 검증을 할 수 있다.

② 사법경찰관이 범죄수사에 필요한 때에는 피의자가 죄를 범하였다고 의심할 만한 정황이 있고 해당 사건과 관계가 있다고 인정할 수 있는 것에 한정하여 검사에게 신청하여 검사의 청구로 지방법원판사가 발부한 영장에 의하여 압

수, 수색 또는 검증을 할 수 있다.
[전문개정 2011. 7. 18.]

제216조(영장에 의하지 아니한 강제처분) ① 검사 또는 사법경찰관은 제200조의2、제200조의3、제201조 또는 제212조의 규정에 의하여 피의자를 체포 또는 구속하는 경우에 필요한 때에는 영장없이 다음 처분을 할 수 있다. 〈개정 1995. 12. 29., 2019. 12. 31.〉

1. 타인의 주거나 타인이 간수하는 가옥, 건조물, 항공기, 선차 내에서의 피의자수색. 다만, 제200조의2 또는 제201조에 따라 피의자를 체포 또는 구속하는 경우의 피의자 수색은 미리 수색영장을 발부받기 어려운 긴급한 사정이 있는 때에 한정한다.
2. 체포현장에서의 압수, 수색, 검증

② 전항 제2호의 규정은 검사 또는 사법경찰관이 피고인에 대한 구속영장의 집행의 경우에 준용한다.

③ 범행 중 또는 범행직후의 범죄 장소에서 긴급을 요하여 법원판사의 영장을 받을 수 없는 때에는 영장없이 압수, 수색 또는 검증을 할 수 있다. 이 경우에는 사후에 지체없이 영장을 받아야 한다. 〈신설 1961. 9. 1.〉

[2019. 12. 31. 법률 제16850호에 의하여 2018. 4. 26. 헌법재판소에서 헌법불합치 결정된 이 조를 개정함.]

제217조(영장에 의하지 아니하는 강제처분) ① 검사 또는 사법경찰관은 제200조의3에 따라 체포된 자가 소유、소지 또는 보관하는 물건에 대하여 긴급히 압수할 필요가 있는 경우에는 체포한 때부터 24시간 이내에 한하여 영장 없이 압수、수색 또는 검증을 할 수 있다.

② 검사 또는 사법경찰관은 제1항 또는 제216조제1항제2호에 따라 압수한 물건을 계속 압수할 필요가 있는 경우에는 지체 없이 압수수색영장을 청구하여야 한다. 이 경우 압수수색영장의 청구는 체포한 때부터 48시간 이내에 하여야 한다.

③ 검사 또는 사법경찰관은 제2항에 따라 청구한 압수수색영장을 발부받지 못한 때에는 압수한 물건을 즉시 반환하여야 한다.

[전문개정 2007. 6. 1.]

제218조(영장에 의하지 아니한 압수) 검사, 사법경찰관은 피의자 기타인의 유류한 물건이나 소유자, 소지자 또는 보관자가 임의로 제출한 물건을 영장없이 압수할 수 있다.

제218조의2(압수물의 환부, 가환부) ① 검사는 사본을 확보한 경우 등 압수를 계속할 필요가 없다고 인정되는 압수물 및 증거에 사용할 압수물에 대하여 공소제기 전이라도 소유자, 소지자, 보관자 또는 제출인의 청구가 있는 때에는 환부 또는 가환부하여야 한다.

② 제1항의 청구에 대하여 검사가 이를 거부하는 경우에는 신청인은 해당 검사

의 소속 검찰청에 대응한 법원에 압수물의 환부 또는 가환부 결정을 청구할 수 있다.

③ 제2항의 청구에 대하여 법원이 환부 또는 가환부를 결정하면 검사는 신청인에게 압수물을 환부 또는 가환부하여야 한다.

④ 사법경찰관의 환부 또는 가환부 처분에 관하여는 제1항부터 제3항까지의 규정을 준용한다. 이 경우 사법경찰관은 검사의 지휘를 받아야 한다.

[본조신설 2011. 7. 18.]

제219조(준용규정) 제106조, 제107조, 제109조 내지 제112조, 제114조, 제115조제1항 본문, 제2항, 제118조부터 제132조까지, 제134조, 제135조, 제140조, 제141조, 제333조제2항, 제486조의 규정은 검사 또는 사법경찰관의 본장의 규정에 의한 압수, 수색 또는 검증에 준용한다. 단, 사법경찰관이 제130조, 제132조 및 제134조에 따른 처분을 함에는 검사의 지휘를 받아야 한다. 〈개정 1980. 12. 18., 2007. 6. 1., 2011. 7. 18.〉

제220조(요급처분) 제216조의 규정에 의한 처분을 하는 경우에 급속을 요하는 때에는 제123조제2항, 제125조의 규정에 의함을 요하지 아니한다.

제221조(제3자의 출석요구 등) ① 검사 또는 사법경찰관은 수사에 필요한 때에는 피의자가 아닌 자의 출석을 요구하여 진술을 들을 수 있다. 이 경우 그의 동의를 받아 영상녹화할 수 있다.

② 검사 또는 사법경찰관은 수사에 필요한 때에는 감정·통역 또는 번역을 위촉할 수 있다.

③ 제163조의2제1항부터 제3항까지는 검사 또는 사법경찰관이 범죄로 인한 피해자를 조사하는 경우에 준용한다.

[전문개정 2007. 6. 1.]

제221조의2(증인신문의 청구) ① 범죄의 수사에 없어서는 아니될 사실을 안다고 명백히 인정되는 자가 전조의 규정에 의한 출석 또는 진술을 거부한 경우에는 검사는 제1회 공판기일 전에 한하여 판사에게 그에 대한 증인신문을 청구할 수 있다.

② 삭제 〈2007. 6. 1.〉

③ 제1항의 청구를 함에는 서면으로 그 사유를 소명하여야 한다. 〈개정 2007. 6. 1.〉

④ 제1항의 청구를 받은 판사는 증인신문에 관하여 법원 또는 재판장과 동일한 권한이 있다. 〈개정 2007. 6. 1.〉

⑤ 판사는 제1항의 청구에 따라 증인신문기일을 정한 때에는 피고인·피의자 또는 변호인에게 이를 통지하여 증인신문에 참여할 수 있도록 하여야 한다. 〈개정 2007. 6. 1.〉

⑥ 판사는 제1항의 청구에 의한 증인신문을 한 때에는 지체없이 이에 관한 서류를 검사에게 송부하여야 한다. 〈개정 2007. 6. 1.〉

[본조신설 1973. 1. 25.]

[94헌바1 1996. 12. 26. 헌법재판소 위헌결정 이전인 1995. 12. 29. 법률 제5054호로 이 조 제5항이 개정되었으나 위 결정으로 이 조 제2항이 무효로 되었으므로 제5항 중 제2항에 관한 부분은 자동 효력 상실]

제221조의3(감정의 위촉과 감정유치의 청구) ① 검사는 제221조의 규정에 의하여 감정을 위촉하는 경우에 제172조제3항의 유치처분이 필요할 때에는 판사에게 이를 청구하여야 한다. 〈개정 1980. 12. 18.〉

② 판사는 제1항의 청구가 상당하다고 인정할 때에는 유치처분을 하여야 한다. 제172조 및 제172조의2의 규정은 이 경우에 준용한다. 〈개정 1980. 12. 18.〉

[본조신설 1973. 1. 25.]

제221조의4(감정에 필요한 처분, 허가장) ① 제221조의 규정에 의하여 감정의 위촉을 받은 자는 판사의 허가를 얻어 제173조제1항에 규정된 처분을 할 수 있다.

② 제1항의 허가의 청구는 검사가 하여야 한다. 〈개정 1980. 12. 18.〉

③ 판사는 제2항의 청구가 상당하다고 인정할 때에는 허가장을 발부하여야 한다. 〈개정 1980. 12. 18.〉

④ 제173조제2항, 제3항 및 제5항의 규정은 제3항의 허가장에 준용한다. 〈개정 1980. 12. 18.〉

[본조신설 1973. 1. 25.]

제221조의5(사법경찰관이 신청한 영장의 청구 여부에 대한 심의) ① 검사가 사법경찰관이 신청한 영장을 정당한 이유 없이 판사에게 청구하지 아니한 경우 사법경찰관은 그 검사 소속의 지방검찰청 소재지를 관할하는 고등검찰청에 영장 청구 여부에 대한 심의를 신청할 수 있다.
② 제1항에 관한 사항을 심의하기 위하여 각 고등검찰청에 영장심의위원회(이하 이 조에서 "심의위원회"라 한다)를 둔다.
③ 심의위원회는 위원장 1명을 포함한 10명 이내의 외부 위원으로 구성하고, 위원은 각 고등검찰청 검사장이 위촉한다.
④ 사법경찰관은 심의위원회에 출석하여 의견을 개진할 수 있다.
⑤ 심의위원회의 구성 및 운영 등 그 밖에 필요한 사항은 법무부령으로 정한다.
[본조신설 2020. 2. 4.]

제222조(변사자의 검시) ① 변사자 또는 변사의 의심있는 사체가 있는 때에는 그 소재지를 관할하는 지방검찰청 검사가 검시하여야 한다.
② 전항의 검시로 범죄의 혐의를 인정하고 긴급을 요할 때에는 영장없이 검증할 수 있다. 〈신설 1961. 9. 1.〉
③ 검사는 사법경찰관에게 전2항의 처분을 명할 수 있다. 〈신설 1961. 9. 1.〉

제223조(고소권자) 범죄로 인한 피해자는 고소할 수 있다.

제224조(고소의 제한) 자기 또는 배우자의 직계존속을 고소하지 못한다.

제225조(비피해자인 고소권자) ① 피해자의 법정대리인은 독립하여 고소할 수 있다.
② 피해자가 사망한 때에는 그 배우자, 직계친족 또는 형제자매는 고소할 수 있다. 단, 피해자의 명시한 의사에 반하지 못한다.

제226조(동전) 피해자의 법정대리인이 피의자이거나 법정대리인의 친족이 피의자인 때에는 피해자의 친족은 독립하여 고소할 수 있다.

제227조(동전) 사자의 명예를 훼손한 범죄에 대하여는 그 친족 또는 자손은 고소할 수 있다.

제228조(고소권자의 지정) 친고죄에 대하여 고소할 자가 없는 경우에 이해관계인의 신청이 있으면 검사는 10일 이내에 고소할 수 있는 자를 지정하여야 한다.

제229조(배우자의 고소) ① 「형법」 제241조의 경우에는 혼인이 해소되거나 이혼소송을 제기한 후가 아니면 고소할 수 없다. 〈개정 2007. 6. 1.〉
② 전항의 경우에 다시 혼인을 하거나 이혼소송을 취하한 때에는 고소는 취소된 것으로 간주한다.

제230조(고소기간) ① 친고죄에 대하여는 범인을 알게 된 날로부터 6월을 경과하면 고소하지 못한다. 단, 고소할 수 없는 불가항력의 사유가 있는 때에는 그 사유가 없어진 날로부터 기산한다.
② 삭제 〈2013. 4. 5.〉

제231조(수인의 고소권자) 고소할 수 있는 자가 수인인 경우에는 1인의 기간의 해태는 타인의 고소에 영향이 없다.

제232조(고소의 취소) ① 고소는 제1심 판결선고 전까지 취소할 수 있다.
② 고소를 취소한 자는 다시 고소할 수 없다.
③ 피해자의 명시한 의사에 반하여 공소를 제기할 수 없는 사건에서 처벌을 원하는 의사표시를 철회한 경우에도 제1항과 제2항을 준용한다.
[전문개정 2020. 12. 8.]

제233조(고소의 불가분) 친고죄의 공범 중 그 1인 또는 수인에 대한 고소 또는 그 취소는 다른 공범자에 대하여도 효력이 있다.

제234조(고발) ① 누구든지 범죄가 있다고 사료하는 때에는 고발할 수 있다.
② 공무원은 그 직무를 행함에 있어 범죄가 있다고 사료하는 때에는 고발하여야 한다.

제235조(고발의 제한) 제224조의 규정은 고발에 준용한다.

제236조(대리고소) 고소 또는 그 취소는 대리인으로 하여금하게 할 수 있다. **제237조(고소, 고발의 방식)** ① 고소 또는 고발은 서면 또는 구술로써 검사 또는 사법경찰관에게 하여야 한다.

② 검사 또는 사법경찰관이 구술에 의한 고소 또는 고발을 받은 때에는 조서를 작성하여야 한다.

제238조(고소, 고발과 사법경찰관의 조치) 사법경찰관이 고소 또는 고발을 받은 때에는 신속히 조사하여 관계서류와 증거물을 검사에게 송부하여야 한다.

제239조(준용규정) 전2조의 규정은 고소 또는 고발의 취소에 관하여 준용한다.

제240조(자수와 준용규정) 제237조와 제238조의 규정은 자수에 대하여 준용한다.

제241조(피의자신문) 검사 또는 사법경찰관이 피의자를 신문함에는 먼저 그 성명, 연령, 등록기준지, 주거와 직업을 물어 피의자임에 틀림없음을 확인하여야 한다. 〈개정 2007. 5. 17.〉

제242조(피의자신문사항) 검사 또는 사법경찰관은 피의자에 대하여 범죄사실과 정상에 관한 필요사항을 신문하여야 하며 그 이익되는 사실을 진술할 기회를 주어야 한다.

제243조(피의자신문과 참여자) 검사가 피의자를 신문함에는 검찰청수사관 또는 서기관이나 서기를 참여하게 하여야 하고 사법경찰관이 피의자를 신문함에는 사법경찰관리를 참여하게 하여야 한다. 〈개정 2007. 6. 1., 2007. 12. 21.〉

제243조의2(변호인의 참여 등) ① 검사 또는 사법경찰관은 피의자 또는 그 변호인·법정대리인·배우자·직계친족·형제자매의 신청에 따라 변호인을 피의자와 접견하게 하거나 정당한 사유가 없는 한 피의자에 대한 신문에 참여하게 하여야 한다.

② 신문에 참여하고자 하는 변호인이 2인 이상인 때에는 피의자가 신문에 참여할 변호인 1인을 지정한다. 지정이 없는 경우에는 검사 또는 사법경찰관이 이를 지정할 수 있다.

③ 신문에 참여한 변호인은 신문 후 의견을 진술할 수 있다. 다만, 신문 중이라도 부당한 신문방법에 대하여 이의를 제기할 수 있고, 검사 또는 사법경찰관의 승인을 얻어 의견을 진술할 수 있다.

④ 제3항에 따른 변호인의 의견이 기재된 피의자신문조서는 변호인에게 열람하게 한 후 변호인으로 하여금 그 조서에 기명날인 또는 서명하게 하여야 한다.

⑤ 검사 또는 사법경찰관은 변호인의 신문참여 및 그 제한에 관한 사항을 피의자신문조서에 기재하여야 한다.

[본조신설 2007. 6. 1.]

제244조(피의자신문조서의 작성) ① 피의자의 진술은 조서에 기재하여야 한다.

② 제1항의 조서는 피의자에게 열람하게 하거나 읽어 들려주어야 하며, 진술한 대로 기재되지 아니하였거나 사실과 다른 부분의 유무를 물어 피의자가 증감 또는 변경의 청구 등 이의를 제기하거나 의견을 진술한 때에는 이를 조서에 추가로 기재하여야 한다. 이 경우 피의자가 이의를 제기하였던 부분은 읽을

수 있도록 남겨두어야 한다. 〈개정 2007. 6. 1.〉

③ 피의자가 조서에 대하여 이의나 의견이 없음을 진술한 때에는 피의자로 하여금 그 취지를 자필로 기재하게 하고 조서에 간인한 후 기명날인 또는 서명하게 한다. 〈개정 2007. 6. 1.〉

제244조의2(피의자진술의 영상녹화) ① 피의자의 진술은 영상녹화할 수 있다. 이 경우 미리 영상녹화사실을 알려주어야 하며, 조사의 개시부터 종료까지의 전 과정 및 객관적 정황을 영상녹화하여야 한다.

② 제1항에 따른 영상녹화가 완료된 때에는 피의자 또는 변호인 앞에서 지체 없이 그 원본을 봉인하고 피의자로 하여금 기명날인 또는 서명하게 하여야 한다.

③ 제2항의 경우에 피의자 또는 변호인의 요구가 있는 때에는 영상녹화물을 재생하여 시청하게 하여야 한다. 이 경우 그 내용에 대하여 이의를 진술하는 때에는 그 취지를 기재한 서면을 첨부하여야 한다.

[본조신설 2007. 6. 1.]

제244조의3(진술거부권 등의 고지) ① 검사 또는 사법경찰관은 피의자를 신문하기 전에 다음 각 호의 사항을 알려주어야 한다.

1. 일체의 진술을 하지 아니하거나 개개의 질문에 대하여 진술을 하지 아니할 수 있다는 것
2. 진술을 하지 아니하더라도 불이익을 받지 아니한다는 것
3. 진술을 거부할 권리를 포기하고 행한 진술은 법정에서 유죄의 증거로 사용될 수 있다는 것
4. 신문을 받을 때에는 변호인을 참여하게 하는 등 변호인의 조력을 받을 수 있다는 것

② 검사 또는 사법경찰관은 제1항에 따라 알려 준 때에는 피의자가 진술을 거부할 권리와 변호인의 조력을 받을 권리를 행사할 것인지의 여부를 질문하고, 이에 대한 피의자의 답변을 조서에 기재하여야 한다. 이 경우 피의자의 답변은 피의자로 하여금 자필로 기재하게 하거나 검사 또는 사법경찰관이 피의자의 답변을 기재한 부분에 기명날인 또는 서명하게 하여야 한다.

[본조신설 2007. 6. 1.]

제244조의4(수사과정의 기록) ① 검사 또는 사법경찰관은 피의자가 조사장소에 도착한 시각, 조사를 시작하고 마친 시각, 그 밖에 조사과정의 진행경과를 확인하기 위하여 필요한 사항을 피의자신문조서에 기록하거나 별도의 서면에 기록한 후 수사기록에 편철하여야 한다.

② 제244조제2항 및 제3항은 제1항의 조서 또는 서면에 관하여 준용한다.

③ 제1항 및 제2항은 피의자가 아닌 자를 조사하는 경우에 준용한다.

[본조신설 2007. 6. 1.]

제244조의5(장애인 등 특별히 보호를 요하는 자에 대한 특칙) 검사 또는 사법경찰관은 피의자를 신문하는 경우 다음 각 호의 어느 하나에 해당하는 때에는 직권 또

는 피의자ㆍ법정대리인의 신청에 따라 피의자와 신뢰관계에 있는 자를 동석하게 할 수 있다.

1. 피의자가 신체적 또는 정신적 장애로 사물을 변별하거나 의사를 결정ㆍ전달할 능력이 미약한 때
2. 피의자의 연령ㆍ성별ㆍ국적 등의 사정을 고려하여 그 심리적 안정의 도모와 원활한 의사소통을 위하여 필요한 경우

[본조신설 2007. 6. 1.]

제245조(참고인과의 대질) 검사 또는 사법경찰관이 사실을 발견함에 필요한 때에는 피의자와 다른 피의자 또는 피의자 아닌 자와 대질하게 할 수 있다.

제245조의2(전문수사자문위원의 참여) ① 검사는 공소제기 여부와 관련된 사실관계를 분명하게 하기 위하여 필요한 경우에는 직권이나 피의자 또는 변호인의 신청에 의하여 전문수사자문위원을 지정하여 수사절차에 참여하게 하고 자문을 들을 수 있다.

② 전문수사자문위원은 전문적인 지식에 의한 설명 또는 의견을 기재한 서면을 제출하거나 전문적인 지식에 의하여 설명이나 의견을 진술할 수 있다.

③ 검사는 제2항에 따라 전문수사자문위원이 제출한 서면이나 전문수사자문위원의 설명 또는 의견의 진술에 관하여 피의자 또는 변호인에게 구술 또는 서면에 의한 의견진술의 기회를 주어야 한다.

[본조신설 2007. 12. 21.]

제245조의3(전문수사자문위원 지정 등) ① 제245조의2제1항에 따라 전문수사자문위원을 수사절차에 참여시키는 경우 검사는 각 사건마다 1인 이상의 전문수사자문위원을 지정한다.

② 검사는 상당하다고 인정하는 때에는 전문수사자문위원의 지정을 취소할 수 있다.

③ 피의자 또는 변호인은 검사의 전문수사자문위원 지정에 대하여 관할 고등검찰청검사장에게 이의를 제기할 수 있다.

④ 전문수사자문위원에게는 수당을 지급하고, 필요한 경우에는 그 밖의 여비, 일당 및 숙박료를 지급할 수 있다.

⑤ 전문수사자문위원의 지정 및 지정취소, 이의제기 절차 및 방법, 수당지급, 그 밖에 필요한 사항은 법무부령으로 정한다.

[본조신설 2007. 12. 21.]

제245조의4(준용규정) 제279조의7 및 제279조의8은 검사의 전문수사자문위원에게 준용한다.

[본조신설 2007. 12. 21.]

제245조의5(사법경찰관의 사건송치 등) 사법경찰관은 고소ㆍ고발 사건을 포함하여 범죄를 수사한 때에는 다음 각 호의 구분에 따른다.

1. 범죄의 혐의가 있다고 인정되는 경우에는 지체 없이 검사에게 사건을 송치

하고, 관계 서류와 증거물을 검사에게 송부하여야 한다.
2. 그 밖의 경우에는 그 이유를 명시한 서면과 함께 관계 서류와 증거물을 지체없이 검사에게 송부하여야 한다. 이 경우 검사는 송부받은 날부터 90일 이내에 사법경찰관에게 반환하여야 한다.

[본조신설 2020. 2. 4.]

제245조의6(고소인 등에 대한 송부통지) 사법경찰관은 제245조의5제2호의 경우에는 그 송부한 날부터 7일 이내에 서면으로 고소인、고발인、피해자 또는 그 법정대리인(피해자가 사망한 경우에는 그 배우자、직계친족、형제자매를 포함한다)에게 사건을 검사에게 송치하지 아니하는 취지와 그 이유를 통지하여야 한다.

[본조신설 2020. 2. 4.]

제245조의7(고소인 등의 이의신청) ① 제245조의6의 통지를 받은 사람(고발인을 제외한다)은 해당 사법경찰관의 소속 관서의 장에게 이의를 신청할 수 있다.

② 사법경찰관은 제1항의 신청이 있는 때에는 지체 없이 검사에게 사건을 송치하고 관계 서류와 증거물을 송부하여야 하며, 처리결과와 그 이유를 제1항의 신청인에게 통지하여야 한다.

[본조신설 2020. 2. 4.]

제245조의8(재수사요청 등) ① 검사는 제245조의5제2호의 경우에 사법경찰관이 사건을 송치하지 아니한 것이 위법 또는 부당한 때에는 그 이유를 문서로 명시하여 사법경찰관에게 재수사를 요청할 수 있다.

② 사법경찰관은 제1항의 요청이 있는 때에는 사건을 재수사하여야 한다.

[본조신설 2020. 2. 4.]

제245조의9(검찰청 직원) ① 검찰청 직원으로서 사법경찰관리의 직무를 행하는 자와 그 직무의 범위는 법률로 정한다.

② 사법경찰관의 직무를 행하는 검찰청 직원은 검사의 지휘를 받아 수사하여야 한다.

③ 사법경찰리의 직무를 행하는 검찰청 직원은 검사 또는 사법경찰관의 직무를 행하는 검찰청 직원의 수사를 보조하여야 한다.

④ 사법경찰관리의 직무를 행하는 검찰청 직원에 대하여는 제197조의2부터 제197조의4까지, 제221조의5, 제245조의5부터 제245조의8까지의 규정을 적용하지 아니한다.

[본조신설 2020. 2. 4.]

제245조의10(특별사법경찰관리) ① 삼림, 해사, 전매, 세무, 군수사기관, 그 밖에 특별한 사항에 관하여 사법경찰관리의 직무를 행할 특별사법경찰관리와 그 직무의 범위는 법률로 정한다.

② 특별사법경찰관은 모든 수사에 관하여 검사의 지휘를 받는다.

③ 특별사법경찰관은 범죄의 혐의가 있다고 인식하는 때에는 범인, 범죄사실과 증거에 관하여 수사를 개시、진행하여야 한다.

④ 특별사법경찰관리는 검사의 지휘가 있는 때에는 이에 따라야 한다. 검사의 지휘에 관한 구체적 사항은 법무부령으로 정한다.
⑤ 특별사법경찰관은 범죄를 수사한 때에는 지체 없이 검사에게 사건을 송치하고, 관계 서류와 증거물을 송부하여야 한다.
⑥ 특별사법경찰관리에 대하여는 제197조의2부터 제197조의4까지, 제221조의5, 제245조의5부터 제245조의8까지의 규정을 적용하지 아니한다.
[본조신설 2020. 2. 4.]

부 칙

〈법률 제18398호, 2021. 8. 17.〉

제1조(시행일) 이 법은 공포 후 3개월이 경과한 날부터 시행한다. 다만, 법률 제17572호 형사소송법 일부개정법률 제165조의2의 개정규정은 2021년 12월 9일부터 시행한다.

제2조(계속사건에 대한 경과조치) 이 법은 이 법 시행 당시 법원에 계속 중인 사건에 대하여도 적용한다.

〈법률 제18598호, 2021. 12. 21.〉

이 법은 공포한 날부터 시행한다.

〈법률 제18799호, 2022. 2. 3.〉

이 법은 공포한 날부터 시행한다.

〈법률 제18862호, 2022. 5. 9.〉

제1조(시행일) 이 법은 공포 후 4개월이 경과한 날부터 시행한다.

제2조(이의신청에 관한 적용례) 제245조의7의 개정규정은 이 법 시행 후 해당 개정규정에 따른 이의신청을 하는 경우부터 적용한다.

특별사법경찰관리에 대한 검사의 수사지휘 및 특별사법경찰관리의 수사준칙에 관한 규칙

[시행 2021. 2. 3.] [법무부령 제1000호, 2021. 2. 3., 일부개정]

제1장 총칙

제1조(목적) 이 규칙은 「형사소송법」 제245조의10제4항에 따른 검사의 수사지휘에 관한 구체적인 사항과 「사법경찰관리의 직무를 행할 자와 그 직무범위에 관한 법률」에 따라 사법경찰관리의 직무를 행하는 자의 범죄수사에 관한 집무상의 준칙을 규정함으로써 수사과정에서 국민의 인권을 보호하고, 수사절차의 투명성과 수사의 효율성을 보장함을 목적으로 한다.

제2조(특별사법경찰관리의 직무) ① 「사법경찰관리의 직무를 행할 자와 그 직무범위에 관한 법률」(이하 "사법경찰직무법"이라 한다)에 따라 사법경찰관의 직무를 행하는 자(이하 "특별사법경찰관"이라 한다)는 사법경찰직무법에 따른 직무의 범위에서 범인과 범죄사실을 수사하고 그에 관한 증거를 수집하는 것을 그 직무로 한다.

② 법에 따라 사법경찰리의 직무를 행하는 자(이하 "특별사법경찰리"라 한다)는 특별사법경찰관의 수사를 보조하는 것을 그 직무로 한다.

③ 특별사법경찰관 및 특별사법경찰리(이하 "특별사법경찰관리"라 한다)는 범죄를 수사하거나 그 수사를 보조하는 경우에는 검사의 지휘를 받아야 한다.

제3조(수사의 기본원칙) ① 특별사법경찰관리는 모든 수사과정에서 헌법과 법률에 따라 보장되는 피의자와 그 밖의 피해자、참고인 등(이하 "사건관계인"이라 한다)의 권리를 보호하고, 적법한 절차에 따라야 한다.

② 특별사법경찰관리는 예단(豫斷)이나 편견 없이 신속하게 수사해야 하고, 주어진 권한을 자의적으로 행사하거나 남용해서는 안 된다.

③ 특별사법경찰관리는 다른 사건의 수사를 통해 확보된 증거 또는 자료를 내세워 관련이 없는 사건에 대한 자백이나 진술을 강요해서는 안 된다.

제4조(불이익 금지 및 기밀엄수) 특별사법경찰관리는 피의자나 사건관계인이 인권침해 신고나 그 밖에 인권 구제를 위한 신고, 진정, 고소, 고발 등의 행위를 했다는 이유로 부당한 대우를 하거나 불이익을 주어서는 안 된다.

제5조(수사사건의 공개금지 등) ① 특별사법경찰관리는 범죄를 수사할 때에는 기밀을 엄수해야 하며, 수사의 모든 과정에서 피의자와 사건관계인의 사생활의 비밀을 보호하고 그들의 명예나 신용이 훼손되지 않도록 노력해야 한다.

② 특별사법경찰관리는 수사 관련 사항, 피의자와 사건관계인의 개인정보, 그 밖에 직무상 알게 된 사실을 누설(구체적 사건의 수사와 관련하여 수사권한이나 수사지휘 권한이 없는 상급자에게 누설하는 것을 포함한다)해서는 안 된다.

제2장 수사

제1절 통칙

제6조(관할) ① 특별사법경찰관리는 법령에 따라 정해진 관할구역에서 직무를 수행한다. 다만, 관할구역의 사건과 관련성이 있는 사실을 발견하기 위해 필요한 때에는 관할구역 밖에서도 그 직무를 수행할 수 있다.

② 특별사법경찰관리는 관할구역 밖에서 수사하려는 경우에는 관할 지방검찰청 검사장 또는 지청장에게 미리 보고해야 한다. 다만, 「형사소송법」(이하 "법"이라 한다) 제200조의3, 제212조, 제214조, 제216조 및 제217조에 따른 수사를 하는 경우로서 긴급을 요구하여 미리 보고할 시간적 여유가 없을 때에는 사후에 보고할 수 있다.

제7조(임의수사 우선의 원칙과 강제수사 시 유의사항) ① 특별사법경찰관리는 수사를 할 때 수사 대상자의 자유로운 의사에 따른 임의수사를 원칙으로 해야 하고, 강제수사는 법률에서 정한 바에 따라 필요한 경우에만 최소한의 범위에서 하되, 수사 대상자의 권익 침해의 정도가 더 적은 절차와 방법을 선택해야 한다.

② 특별사법경찰관리는 피의자를 체포·구속하는 과정에서 피의자 및 현장에 있는 가족 등 지인들의 인격과 명예를 침해하지 않도록 유의해야 한다.

③ 특별사법경찰관리는 압수·수색 과정에서 사생활의 비밀, 주거의 평온을 최대한 보장하고, 피의자 및 현장에 있는 가족 등 지인들의 인격과 명예를 침해하지 않도록 유의해야 한다.

제8조(회피) 특별사법경찰관리는 피의자나 사건관계인과 친족관계 또는 이에 준하는 관계가 있거나 그 밖에 수사의 공정성을 의심 받을 염려가 있는 사건에 대해서는 소속 기관의 장의 허가를 받아 그 수사를 회피해야 한다.

제9조(수사 진행상황의 통지) 특별사법경찰관리는 수사의 진행상황을 사건관계인에게 적절히 통지하도록 노력해야 한다.

제10조(변호인의 피의자신문 등 참여) ① 특별사법경찰관은 법 제243조의2제1항에 따라 피의자 또는 그 변호인·법정대리인·배우자·직계친족·형제자매의 신청이 있는 경우에는 변호인의 참여로 인하여 신문이 방해되거나, 수사기밀이 누설되는 등 정당한 사유가 있는 경우를 제외하고는 피의자에 대한 신문에 변호인을 참여하게 해야 한다.

② 피의자 또는 그 변호인·법정대리인·배우자·직계친족·형제자매가 법 제243조의2제1항에 따른 피의자에 대한 신문의 변호인 참여를 신청하는 경우에는 별지 제1호서식의 변호인·변호사 참여신청서 또는 구술로 할 수 있다.

③ 특별사법경찰관은 변호인의 참여로 증거를 인멸·은닉·조작할 위험이 구체적으로 드러나거나, 신문 방해, 수사기밀 누설 등 수사에 현저한 지장을 초래하는 경우에는 피의자신문 중이라도 변호인의 참여를 제한할 수 있다. 이

경우 특별사법경찰관은 피의자와 변호인에게 변호인 참여를 제한하는 처분에 대해 법 제417조에 따른 준항고를 제기할 수 있다는 사실을 고지하고, 피의자에게 다른 변호인을 참여시킬 기회를 주어야 한다.

④ 특별사법경찰관은 피의자신문에 참여한 변호인이 피의자의 옆자리 등 실질적인 조력을 할 수 있는 위치에 앉도록 해야 하고, 정당한 사유가 없으면 피의자에 대한 법적인 조언·상담을 보장해야 하며, 법적인 조언·상담을 위한 변호인의 메모를 허용해야 한다.

⑤ 특별사법경찰관은 피의자에 대한 신문이 아닌 단순 면담 등이라는 이유로 변호인의 참여·조력을 제한해서는 안 된다.

⑥ 제1항부터 제5항까지의 규정은 특별사법경찰관의 사건관계인에 대한 조사·면담 등의 경우에도 적용한다.

⑦ 특별사법경찰관은 변호인이 여럿 있을 때에는 법 제32조의2에 따른 대표변호인의 지정, 지정의 철회 또는 변경을 별지 제2호서식의 대표변호인 지정 등 건의서로 검사에게 건의할 수 있다.

제11조(변호인의 의견진술) ① 피의자신문에 참여한 변호인은 신문 후 조서를 열람하고 의견을 진술할 수 있다. 이 경우 변호인은 별도의 서면으로 의견을 제출할 수 있으며, 특별사법경찰관은 해당 서면을 사건기록에 편철한다.

② 피의자신문에 참여한 변호인은 신문 중이라도 특별사법경찰관의 승인을 받아 의견을 진술할 수 있다. 이 경우 특별사법경찰관은 정당한 사유가 있는 경우를 제외하고는 변호인의 의견진술 요청을 승인해야 한다.

③ 피의자신문에 참여한 변호인은 제2항에도 불구하고 부당한 신문방법에 대해서는 특별사법경찰관의 승인 없이 이의를 제기할 수 있다.

④ 특별사법경찰관은 제1항부터 제3항까지의 규정에 따른 의견진술 또는 이의제기가 있는 경우 해당 내용을 조서에 적어야 한다.

제12조(피해자 보호) ① 특별사법경찰관리는 피해자의 명예와 사생활의 평온을 보호하기 위해 「범죄피해자 보호법」 등 피해자 보호 관련 법령의 규정을 준수해야 한다.

② 특별사법경찰관리는 피의자의 범죄수법, 범행 동기, 피해자와의 관계, 언동 및 그 밖의 상황으로 보아 피해자가 피의자 또는 그 밖의 사람으로부터 생명·신체에 위해를 입거나 입을 염려가 있다고 인정되는 경우에는 직권 또는 피해자의 신청에 따라 신변보호에 필요한 조치를 강구해야 한다.

제13조(수사의 협조) 특별사법경찰관리는 직무를 수행하면서 다른 사법경찰관리와 서로 성실하게 협조해야 한다.

제14조(사건의 단위) 다음 각 호의 어느 하나에 해당하는 범죄사건은 1건으로 처리한다.

1. 법 제11조에 따른 관련사건. 이 경우 이미 검찰청 또는 이에 상응하는 관서에 송치하거나 이송한 후에 수리한 사건도 포함한다.

2. 불기소처분을 한 사건과 그 처분을 한 후 검사의 지휘에 따라 다시 수사를 개시한 사건
3. 1건으로 함께 수사하도록 검사의 수사지휘를 받은 사건
4. 다른 기관이나 다른 관서로부터 1건으로 이송된 사건

제15조(사법경찰관리 지명서 휴대의무) 사법경찰직무법 제5조에 따라 지명된 특별사법경찰관리는 압수수색·조사 등 수사업무를 수행할 때에는 사법경찰관리로 지명된 사람임을 증명하는 서류를 항상 지니고 있어야 한다.

제16조(합동단속반의 설치·운영 등) ① 지방검찰청 검사장이나 지청장은 범죄의 태양(態樣), 범죄가 미치는 사회적 영향 등을 고려하여 특정 범죄(사법경찰직무법 제8조 및 제9조에 따른 사법경찰관리의 직무범위에 속하는 범죄는 제외한다)를 중점적으로 단속할 필요가 있거나 특정사범에 대한 일반사법경찰관리와 특별사법경찰관리의 중복단속을 피하기 위해 필요한 때에는 관계 행정기관의 장과 협의하여 합동단속반을 설치·운영할 수 있다.

② 지방검찰청 검사장 또는 지청장은 합동단속이나 실태조사 또는 특별사법경찰관리의 전문지식과 인권의식 함양 등을 위해 필요한 때에는 특별사법경찰관리가 소속된 행정기관의 장에게 특별사법경찰관리의 파견, 특별사법경찰관리의 직무를 소관으로 하는 부서에서의 일정기간 근무, 수사실무나 수사 관계 법률 또는 인권에 관한 교육의 수강 등 필요한 사항의 협조를 요청할 수 있다.

제2절 수사의 개시

제17조(내사) ① 특별사법경찰관은 직무범위에 속하는 범죄에 관한 신문·방송이나 그 밖의 보도매체의 기사, 익명의 신고 또는 풍문이 있는 경우에는 특히 출처에 주의하여 진상을 내사하고, 내사 결과 범죄의 혐의가 있다고 인정할 때에는 즉시 수사를 개시해야 한다.

② 특별사법경찰관은 내사 결과 범죄의 혐의가 없다고 인정될 때에는 즉시 내사를 종결해야 한다.

③ 특별사법경찰관은 익명이나 가공인물의 이름으로 이루어진 진정·탄원 및 투서의 내용을 정확히 판단하여 수사 단서로서 가치가 없다고 인정할 때에는 내사하지 않을 수 있다.

④ 특별사법경찰관은 진정·탄원 및 투서의 내용이 소관으로 하는 형벌법규에 저촉되지 않는 것이 명백하다고 인정할 때에는 진정인·탄원인 및 투서인에게 그 뜻을 통지하고 내사하지 않을 수 있다.

제18조(범죄인지서) ① 특별사법경찰관이 수사를 개시한 경우에는 별지 제3호서식의 범죄인지서를 작성해야 한다.

② 제1항에 따른 범죄인지서에는 피의자의 성명·주민등록번호·직업·주거·범죄경력, 수사경력, 죄명, 범죄사실 및 적용될 법조문을 적어야 하며, 범죄사실에는 범죄의 일시·장소·방법 등을 명시하고 특히 수사의 단서와 범죄사

실을 인지하게 된 경위를 구체적으로 적어야 한다.

제19조(수사의 개시) ① 특별사법경찰관이 다음 각 호의 어느 하나에 해당하는 행위에 착수한 때에는 수사를 개시한 것으로 본다. 이 경우 특별사법경찰관은 해당 사건을 즉시 입건해야 한다.

1. 피혐의자의 수사기관 출석조사
2. 피의자신문조서의 작성
3. 긴급체포
4. 체포·구속영장의 신청
5. 사람의 신체, 주거, 관리하는 건조물, 자동차, 선박, 항공기 또는 점유하는 방실에 대한 압수·수색 또는 검증영장(부검을 위한 검증영장은 제외한다)의 신청

② 특별사법경찰관은 수사 중인 사건의 범죄 혐의를 밝히기 위한 목적으로 관련 없는 사건의 수사를 개시하거나 수사기간을 부당하게 연장해서는 안 된다.

③ 특별사법경찰관은 입건 전에 범죄를 의심할 만한 정황이 있어 수사 개시 여부를 결정하기 위한 사실관계의 확인 등 필요한 조사를 할 때에는 적법절차를 준수하고 사건관계인의 인권을 존중하며, 조사가 부당하게 장기화되지 않도록 신속하게 진행해야 한다.

④ 특별사법경찰관은 제3항에 따른 조사 결과 입건하지 않는 결정을 한 때에는 피해자에 대한 보복범죄나 2차 피해가 우려되는 경우 등을 제외하고는 피혐의자 및 사건관계인에게 통지해야 한다.

제20조(사건기록의 관리) ① 특별사법경찰관리는 다음 각 호의 어느 하나에 해당하는 행위를 한 후 제18조에 따른 범죄인지서를 작성하지 않은 사건에 대해서는 매 분기마다 해당 사건의 목록과 요지를 검사에게 제출해야 한다.

1. 압수·수색·검증(법에 따른 사람의 신체, 주거, 관리하는 건조물, 자동차, 선박, 항공기 또는 점유하는 방실에 대한 압수·수색·검증은 제외한다) 영장, 「통신비밀보호법」 제6조 및 제8조에 따른 통신제한조치허가서 및 같은 법 제13조에 따른 통신사실 확인자료제공요청 허가서 등 법원으로부터 법 및 다른 법률에 따라 발부받은 영장 또는 허가서에 의한 대물적(對物的) 강제처분의 집행
2. 현행범인의 체포 또는 인수

② 검사는 제1항 각 호의 행위가 다음 각 호의 어느 하나에 해당하는 경우에는 구체적 사건을 특정하여 특별사법경찰관리에게 관계 서류와 증거물을 제출할 것을 서면으로 지시할 수 있다. 이 경우 특별사법경찰관리는 그 지시에 따라야 한다.

1. 사건관계인이 검사에게 이의를 제기한 경우
2. 검사가 사건관계인의 인권이 침해되었다고 인정할 만한 현저한 이유가 있다고 판단하는 경우

제21조(변사자의 검시) ① 특별사법경찰관은 변사자 또는 변사한 것으로 의심되는 시체가 있으면 변사사건 발생사실을 즉시 관할 지방검찰청 또는 지청의 검사에게 보고하고 지휘를 받아야 한다.

② 특별사법경찰관이 검사의 명령으로 법 제222조제1항 및 제3항에 따라 검시를 했을 때에는 별지 제4호서식의 검시조서를 작성해야 한다.

제22조(검시할 때의 주의사항) ① 특별사법경찰관리는 검시에 착수하기 전에 변사자의 위치ㆍ상태 등이 변하지 않도록 현장을 보존해야 한다.

② 특별사법경찰관리는 변사자의 소지품이나 그 밖에 변사자가 남겨 놓은 물건이 수사에 필요하다고 인정될 때에는 이를 주의하여 보존해야 한다.

③ 특별사법경찰관리는 검시를 할 때에는 잠재지문과 변사자의 지문을 주의하여 채취하고, 의사로 하여금 사체검안서를 작성하게 해야 한다.

제23조(검시의 참여) 특별사법경찰관은 검시에 특별한 지장이 없다고 인정할 때에는 변사자의 가족ㆍ친족ㆍ이웃사람ㆍ친구, 공무원 또는 그 밖에 필요하다고 인정하는 사람을 검시에 참여시켜야 한다.

제24조(자살자의 검시) 특별사법경찰관은 자살한 사람을 검시할 때에는 자살을 교사하거나 방조한 사람이 있는지를 조사해야 하며, 유서가 있을 때에는 그 진위 여부를 조사해야 한다.

제3절 수사사무의 보고

제25조(수사개시 보고) 특별사법경찰관은 사법경찰직무법 제6조에서 부여한 직무범위에서 다음 각 호의 어느 하나에 해당하는 범죄에 대하여 수사를 개시했을 때에는 즉시 관할 지방검찰청 검사장 또는 지청장에게 별지 제5호서식의 수사개시 보고서로 보고해야 한다.

1. 내란의 죄(「형법」 제2편제1장에 따른 죄 및 다른 법률에 따라 가중처벌되는 죄를 말한다)
2. 외환의 죄(「형법」 제2편제2장에 따른 죄 및 다른 법률에 따라 가중처벌되는 죄를 말한다)
3. 공안(公安)을 해하는 죄(「형법」 제2편제5장에 따른 죄 및 다른 법률에 따라 가중처벌되는 죄를 말한다)
4. 폭발물과 방화 및 실화에 관한 죄(「형법」 제2편제6장 및 제13장에 따른 죄 및 다른 법률에 따라 가중처벌되는 죄를 말한다)
5. 살인의 죄(「형법」 제2편제24장에 따른 죄 및 다른 법률에 따라 가중처벌되는 죄를 말한다)
6. 상해치사ㆍ폭행치사죄(「형법」 제259조 및 제262조에 따른 죄 및 다른 법률에 따라 가중처벌되는 죄를 말한다)
7. 공무원의 직무에 관한 죄 및 공무방해에 관한 죄(「형법」 제2편제7장ㆍ제8장에 따른 죄 및 다른 법률에 따라 가중처벌되는 죄를 말한다)

8. 「국가보안법」 제3조부터 제12조까지의 규정에 따른 범죄
9. 「군형법」 제2편제1장에 따른 반란의 죄, 같은 법 제81조에 따른 암호부정사용죄, 「군사기밀보호법」 제10조, 제11조, 제11조의2, 제12조, 제13조, 제13조의2, 제14조부터 제18조까지의 규정에 따른 범죄 및 「군용물 등 범죄에 관한 특별조치법」 제3조ㆍ제4조에 따른 범죄
10. 다음 각 목의 어느 하나에 해당하는 범죄 중 피해규모, 광역성, 연쇄성, 범죄 태양 등에 비추어 사회적 이목을 끌만한 중대한 범죄
 가. 「관세법」 위반범죄
 나. 「자본시장과 금융투자업에 관한 법률」 위반범죄
 다. 「철도법」 위반범죄
 라. 「출입국관리법」 위반범죄
 마. 「특허법」, 「부정경쟁방지 및 영업비밀보호에 관한 법률」 및 「디자인보호법」 위반범죄
 바. 「근로기준법」 위반범죄 및 같은 법 제102조제5항의 노동 관계 법령 위반범죄
11. 지방검찰청 검사장 또는 지청장이 특별히 지휘한 사항

제26조(직무범위 외의 범죄발생에 대한 보고) 특별사법경찰관은 그 직무범위에 속하지 않는 범죄나 이에 대한 증거자료를 발견한 경우에도 다음 각 호의 어느 하나에 해당할 때에는 발견한 범죄사실이나 증거자료를 검사의 지휘를 받아 수사기관에 통보해야 한다.
 1. 해당 범죄가 진행 중에 있는 등 시급한 조치가 필요한 때
 2. 해당 범죄의 법정형에 징역형이 포함되어 있을 때

제27조(범죄통계원표 등) ① 특별사법경찰관은 사건마다 범죄통계원표(발생사건표, 검거사건표 및 피의자표를 말한다)를 작성하여 검찰총장이나 관할 지방검찰청 검사장 또는 지청장에게 제출해야 한다.
② 특별사법경찰관은 사건을 인지할 때에는 피의자의 지문을 채취하여 별지 제6호서식의 수사자료표 송부서에 따라 지문대조조회를 해야 한다.
③ 특별사법경찰관이 고소ㆍ고발을 받은 사건을 직접 수사할 때에는 피의자의 지문을 채취하여 별지 제6호서식의 수사자료표 송부서에 따라 지문대조조회를 해야 한다. 다만, 고소ㆍ고발을 받은 사건이 다음 각 호의 어느 하나에 해당하는 경우로서 피의자가 「지문을 채취할 형사피의자의 범위에 관한 규칙」 제2조제2항제1호ㆍ제2호 또는 제4호의 어느 하나에 해당하지 않는 경우에는 피의자에 대한 지문채취 및 지문대조조회를 하지 않을 수 있다.
 1. 혐의없음
 2. 공소권없음
 3. 죄가안됨
 4. 각하
 5. 참고인중지

제4절 수사지휘

제28조(수사지휘의 원칙) 검사는 특별사법경찰관을 존중하고, 법률에 따라 특별사법경찰관의 모든 수사를 적정하게 지휘한다.

제29조(수사지휘 일반) ① 검찰총장, 지방검찰청 검사장 또는 지청장은 국민의 인권을 보호하고 수사절차의 투명성과 수사의 효율성을 보장하기 위해 특별사법경찰관리에게 필요한 일반적 수사준칙 또는 지침을 마련하여 시행할 수 있다.

② 지방검찰청 검사장 또는 지청장이 제1항에 따라 일반적 수사지휘를 하거나 세부 지침 등을 마련하여 시행하는 경우에는 법무부장관과 검찰총장에게 일반적 수사지휘 또는 세부 지침 등의 내용을 보고해야 한다.

제30조(수사지휘 건의) ① 특별사법경찰관은 사건을 수사할 때 검사의 지휘가 필요하면 검사에게 별지 제7호서식의 수사지휘 건의서로 건의하여 구체적 지휘를 받아 수사할 수 있다. 다만, 범법자 출입국 규제 요청과 관련하여 지휘건의를 하는 경우에는 별지 제8호서식의 범법자 출입국 규제 요청 지휘 건의서에 따른다.

② 특별사법경찰관은 사건 수사와 관련하여 일반사법경찰관리 또는 다른 기관의 특별사법경찰관리와 업무권한의 충돌이나 분쟁이 생겨 기관 간의 업무 조정이 필요한 경우에도 별지 제7호서식의 수사지휘 건의서로 건의하여 구체적 지휘를 받아 수사할 수 있다.

제31조(수사지휘의 방식) ① 검사는 특별사법경찰관리에게 사건에 대한 구체적 지휘를 할 때에는 서면 또는 「형사사법절차 전자화 촉진법」에 따른 형사사법정보시스템(이하 "형사사법정보시스템"이라 한다)을 이용하여 지휘해야 한다. 다만, 천재지변, 긴급한 상황, 이미 수사지휘한 내용을 보완하거나 지휘 내용이 명확한 경우, 수사 현장에서 지휘하는 경우 등 서면 또는 형사사법정보시스템에 의한 지휘가 불가능하거나 필요 없다고 인정되는 경우에는 구두나 전화 등 간편한 방식으로 지휘할 수 있다.

② 특별사법경찰관은 검사가 제1항 단서에 따라 간편한 방식으로 지휘하였을 때에는 서면 또는 형사사법정보시스템을 이용하여 지휘해 줄 것을 요청할 수 있다.

③ 검사는 수사지휘를 위해 필요할 때에는 특별사법경찰관리에게 모든 관계 서류와 증거물을 송부할 것을 지시할 수 있다.

④ 검사는 사건이 복잡하여 설명이 필요한 경우 특별사법경찰관에게 대면하여 설명할 것을 요구할 수 있고, 특별사법경찰관은 수사 중인 사건에 관하여 필요할 때에는 검사에게 대면하여 보고할 수 있다.

제32조(수사지휘에 대한 재지휘 건의) ① 특별사법경찰관은 다음 각 호의 어느 하나에 해당하는 경우에는 해당 검사에게 의견을 밝히고 재지휘를 건의할 수 있다.

1. 구체적 사건과 관련된 검사의 수사지휘의 적법성 또는 정당성에 이견이 있는 경우

2. 구체적 사건과 관련된 검사의 수사지휘 내용이 명확하지 않아 이행하기 어려운 경우

② 검사는 제1항에 따른 재지휘 건의를 받은 때에는 재지휘 여부를 결정하고, 필요한 조치를 해야 한다.

제33조(신속한 수사지휘) 검사는 특별사법경찰관으로부터 제30조에 따른 수사지휘 건의나 제32조에 따른 재지휘 건의를 받은 경우에는 지체 없이 지휘해야 한다. 다만, 사안이 복잡하거나 장기간 검토해야 할 특별한 사정이 있을 때에는 그렇지 아니하다.

제34조(수사지휘 기한 준수) ① 특별사법경찰관은 검사가 기한을 지정하였을 때에는 그 기한 내에 지휘 사항을 이행해야 한다.

② 특별사법경찰관이 검사가 지휘한 기한 내에 지휘 사항을 이행하지 못하였을 때에는 그 사유를 소명하여 검사에게 별지 제9호서식의 수사기일 연장지휘 건의서로 수사기일 연장지휘를 건의해야 한다.

제35조(중요범죄의 입건 등) ① 특별사법경찰관은 다음 각 호의 어느 하나에 해당하는 범죄에 대하여 수사를 개시했을 때에는 검사에게 지휘를 건의하고 입건 여부에 대한 검사의 의견에 따라야 한다.

1. 내란의 죄(「형법」 제2편제1장에 따른 죄 및 다른 법률에 따라 가중처벌되는 죄를 말한다)
2. 외환의 죄(「형법」 제2편제2장에 따른 죄 및 다른 법률에 따라 가중처벌되는 죄를 말한다)
3. 공안을 해하는 죄(「형법」 제2편제5장에 따른 죄 및 다른 법률에 따라 가중처벌되는 죄를 말한다)
4. 「국가보안법」 제3조부터 제12조까지의 규정에 따른 범죄
5. 「군사기밀보호법」 제10조, 제11조, 제11조의2, 제12조, 제13조, 제13조의2 및 제14조부터 제18조까지의 규정에 따른 범죄

② 특별사법경찰관은 제1항 각 호 외의 범죄에 대해서도 사안의 중대성 등을 고려하여 필요한 경우 검사에게 입건 여부에 대한 지휘를 받을 수 있다.

③ 특별사법경찰관은 제20조제2항에 따라 관계 서류와 증거물을 제출한 사건을 입건하거나 사건을 종결하려면 미리 검사의 지휘를 받아야 한다.

제5절 임의수사

제36조(출석요구) ① 특별사법경찰관은 피의자에게 출석요구를 할 때에는 다음 각 호의 사항을 유의해야 한다.

1. 출석요구를 하기 전에 우편·전자우편·전화를 통한 진술 등 출석을 대체할 수 있는 방법의 선택 가능성을 고려할 것
2. 출석요구의 방법, 출석의 일시·장소 등을 정할 때에는 피의자의 명예 또는 사생활의 비밀이 침해되지 않도록 주의할 것

3. 출석요구를 할 때에는 피의자의 생업에 지장을 주지 않도록 충분한 시간적 여유를 두도록 하고, 피의자가 출석 일시의 연기를 요청하는 경우 특별한 사정이 없으면 출석 일시를 조정할 것
4. 불필요하게 여러 차례 출석요구를 하지 않을 것

② 특별사법경찰관은 피의자에게 출석요구를 하려는 경우 피의자와 조사의 일시·장소에 관하여 협의해야 한다. 이 경우 변호인이 있는 경우에는 변호인과도 협의해야 한다.

③ 특별사법경찰관은 피의자에게 출석요구를 하려는 경우 피의사실의 요지 등 출석요구의 취지를 구체적으로 적은 별지 제10호서식의 출석요구서를 발송해야 한다. 다만, 신속한 출석요구가 필요한 경우 등 부득이한 사정이 있는 경우에는 전화, 문자메시지, 그 밖의 상당한 방법으로 출석요구를 할 수 있다.

④ 특별사법경찰관은 제3항 본문에 따른 방법으로 출석요구를 했을 때에는 출석요구서의 사본을, 같은 항 단서에 따른 방법으로 출석요구를 했을 때에는 그 취지를 적은 수사보고서를 각각 사건기록에 편철한다.

⑤ 특별사법경찰관은 피의자가 치료 등 수사관서에 출석하여 조사를 받는 것이 현저히 곤란한 사정이 있는 경우에는 수사관서 외의 장소에서 조사할 수 있다.

⑥ 제1항부터 제5항까지의 규정은 피의자가 아닌 사람에 대한 출석요구의 경우에도 적용한다. 이 경우 피의자가 아닌 사람에 대한 출석요구는 별지 제11호서식의 참고인 출석요구서에 따른다.

⑦ 특별사법경찰관은 제3항 또는 제6항에 따라 피의자 또는 피의자가 아닌 사람에게 출석요구를 한 경우에는 별지 제12호서식의 출석요구통지부에 해당 사항을 적어야 한다.

제37조(수사상 임의동행 시의 고지) 특별사법경찰관은 임의동행을 요구하는 경우 상대방에게 동행을 거부할 수 있다는 것과 동행하는 경우에도 언제든지 자유롭게 동행 과정에서 이탈하거나 동행 장소에서 퇴거할 수 있다는 것을 알려야 한다.

제38조(심야조사 제한) ① 특별사법경찰관은 조사, 신문, 면담 등 그 명칭을 불문하고 피의자나 사건관계인에 대해 오후 9시부터 오전 6시까지 사이에 조사(이하 "심야조사"라 한다)를 해서는 안 된다. 다만, 이미 작성된 조서의 열람을 위한 절차는 자정 이전까지 진행할 수 있다.

② 제1항에도 불구하고 다음 각 호의 어느 하나에 해당하는 경우에는 심야조사를 할 수 있다. 이 경우 심야조사의 사유를 조서에 명확하게 적어야 한다.
1. 피의자를 체포한 후 48시간 이내에 구속영장의 청구 또는 신청 여부를 판단하기 위해 불가피한 경우
2. 공소시효가 임박한 경우
3. 피의자나 사건관계인이 출국, 입원, 원거리 거주, 직업상 사유 등 재출석이 곤란한 구체적인 사유를 들어 심야조사를 요청한 경우(변호인이 심야조사에 동의하지 않는다는 의사를 명시한 경우는 제외한다)로서 해당 요청에 상당한 이유가 있다고 인정되는 경우

제39조(장시간 조사 제한) ① 특별사법경찰관은 조사, 신문, 면담 등 그 명칭을 불문하고 피의자나 사건관계인을 조사하는 경우에는 대기시간, 휴식시간, 식사시간 등 모든 시간을 합산한 조사시간(이하 "총조사시간"이라 한다)이 12시간을 초과하지 않도록 해야 한다. 다만, 다음 각 호의 어느 하나에 해당하는 경우에는 예외로 한다.

1. 피의자나 사건관계인의 서면 요청에 따라 조서를 열람하는 경우
2. 제38조제2항 각 호의 어느 하나에 해당하는 경우

② 특별사법경찰관은 특별한 사정이 없으면 총조사시간 중 식사시간, 휴식시간 및 조서의 열람시간 등을 제외한 실제 조사시간이 8시간을 초과하지 않도록 해야 한다.

③ 특별사법경찰관은 피의자나 사건관계인에 대한 조사를 마친 때부터 8시간이 지나기 전에는 다시 조사할 수 없다. 다만, 제1항제2호에 해당하는 경우에는 예외로 한다.

제40조(휴식시간 부여) ① 특별사법경찰관은 조사에 상당한 시간이 소요되는 경우에는 특별한 사정이 없으면 피의자 또는 사건관계인에게 조사 도중에 최소한 2시간마다 10분 이상의 휴식시간을 주어야 한다.

② 특별사법경찰관은 조사 도중 피의자, 사건관계인 또는 그 변호인으로부터 휴식시간의 부여를 요청받았을 때에는 그때까지 조사에 소요된 시간, 피의자 또는 사건관계인의 건강상태 등을 고려해 적정하다고 판단될 경우 휴식시간을 주어야 한다.

③ 특별사법경찰관은 조사 중인 피의자 또는 사건관계인의 건강상태에 이상 징후가 발견되면 의사의 진료를 받게 하거나 휴식하게 하는 등 필요한 조치를 해야 한다.

제41조(신뢰관계인의 동석) ① 법 제244조의5에 따라 피의자와 동석할 수 있는 신뢰관계에 있는 사람과 법 제221조제3항에서 준용하는 법 제163조의2에 따라 피의자 또는 피해자와 동석할 수 있는 신뢰관계에 있는 사람은 피의자 또는 피해자의 직계친족, 형제자매, 배우자, 가족, 동거인, 보호·교육시설의 보호·교육담당자 등 피의자 또는 피해자의 심리적 안정과 원활한 의사소통에 도움을 줄 수 있는 사람으로 한다.

② 피의자, 피해자 또는 그 법정대리인이 제1항에 따른 신뢰관계에 있는 사람(이하 "신뢰관계인"이라 한다)의 동석을 신청한 경우 특별사법경찰관은 그 관계를 포함하는 별지 제13호서식 또는 별지 제14호서식의 동석신청서를 제출받거나 조서 또는 수사보고서에 그 관계를 적어야 한다.

③ 제2항의 경우 특별사법경찰관은 신뢰관계인으로 동석할 사람과 피의자 또는 피해자와의 관계를 소명할 수 있는 자료를 제출받아 기록에 편철한다. 다만, 조사의 긴급성 또는 동석의 필요성 등이 현저한 경우에는 예외적으로 동석 조사 이후에 해당 자료를 제출받아 기록에 편철할 수 있다.

④ 특별사법경찰관은 신뢰관계인의 동석으로 인하여 신문이 방해되거나, 수사기밀이 누설되는 등 정당한 사유가 있는 경우에는 동석을 거부할 수 있으며, 신뢰관계인이 피의자신문 또는 피해자 조사를 방해하거나 그 진술의 내용에 부당한 영향을 미칠 수 있는 행위를 하는 등 수사에 현저한 지장을 초래하는 경우에는 피의자신문 또는 피해자 조사 중에도 동석을 제한할 수 있다.

제42조(자료 · 의견의 제출기회 보장) ① 특별사법경찰관은 피의자 또는 사건관계인을 조사하기에 앞서 조사 대상자에게 조사의 경위 및 이유를 설명해야 하고, 유리한 자료를 제출할 기회를 주거나, 조사 대상자로부터 피의사실에 대한 의견 및 조사 요구 사항 등을 들을 수 있다.

② 특별사법경찰관은 조사과정에서 피의자, 사건관계인 또는 그 변호인이 사실관계 등의 확인을 위해 자료를 제출하는 경우 그 자료를 수사기록에 편철한다.

③ 특별사법경찰관은 조사를 종결하기 전에 피의자, 사건관계인 또는 그 변호인에게 자료 또는 의견을 제출할 의사가 있는지를 확인하고, 자료 또는 의견을 제출받은 경우에는 해당 자료 및 의견을 수사기록에 편철한다.

제43조(수사과정의 기록) ① 특별사법경찰관은 법 제244조의4에 따라 조사(신문, 면담 등 명칭을 불문한다. 이하 이 조에서 같다) 과정의 진행경과를 다음 각 호의 구분에 따른 방법으로 기록해야 한다.

1. 조서를 작성하는 경우: 조서에 기록(별지 제15호서식의 수사 과정 확인서에 기록한 후 조서의 끝부분에 편철하는 것을 포함한다)
2. 조서를 작성하지 않는 경우: 별지 제16호서식의 수사 과정 확인서에 기록한 후 수사기록에 편철

② 제1항에 따라 조사과정의 진행경과를 기록할 때에는 다음 각 호의 구분에 따른 사항을 구체적으로 적어야 한다.

1. 조서를 작성하는 경우에는 다음 각 목의 사항
   가. 조사 대상자가 조사장소에 도착한 시각
   나. 조사의 시작 및 종료 시각
   다. 조사 대상자가 조사장소에 도착한 시각과 조사를 시작한 시각에 상당한 시간적 차이가 있는 경우에는 그 이유
   라. 조사가 중단되었다가 재개된 경우에는 그 이유와 중단 시각 및 재개 시각
2. 조서를 작성하지 않는 경우에는 다음 각 목의 사항
   가. 조사 대상자가 조사장소에 도착한 시각
   나. 조사 대상자가 조사장소를 떠난 시각
   다. 조서를 작성하지 않는 이유
   라. 조사 외에 실시한 활동
   마. 변호인 참여 여부

제44조(피의자에 대한 조사사항) 특별사법경찰관리는 피의자를 조사할 때에는 다음 각 호의 사항을 유의해야 한다.

1. 피의자의 성명ㆍ연령ㆍ주민등록번호ㆍ등록기준지ㆍ주거 및 직업
2. 피의자가 법인 또는 단체인 경우에는 그 명칭ㆍ설립목적ㆍ소재지 및 기구와 대표자의 성명 및 주거
3. 피의자가 외국인인 경우에는 국적ㆍ주거ㆍ출생지ㆍ입국연월일ㆍ입국목적 및 외국인등록번호
4. 피의자의 전과 유무와 기소유예ㆍ선고유예 등을 받은 사실의 유무
5. 피의자가 자수하거나 자복한 때에는 그 동기와 경위
6. 피의자의 훈장ㆍ기장ㆍ포장 및 연금의 유무
7. 피의자의 병역관계
8. 피의자의 환경ㆍ교육ㆍ경력ㆍ가족상황ㆍ재산 정도 및 생활수준
9. 범죄의 동기ㆍ원인ㆍ성질ㆍ일시ㆍ장소ㆍ방법 및 결과
10. 피해자의 주거ㆍ직업ㆍ성명 및 연령
11. 피의자와 피해자가 친족관계이거나 그 밖의 특수한 관계인 경우에는 죄가 성립하는지의 여부 및 형의 가중 또는 감경에 관한 사항
12. 피의자의 처벌로 그 가정에 미치는 영향
13. 범죄로 피해자와 사회에 미치는 영향
14. 피해의 상태 및 손해액, 피해 회복의 여부와 피해자의 처벌 희망 여부
15. 피의자에게 이익이 될 만한 사항
16. 제1호부터 제15호까지의 규정에 따른 사항을 증명할 수 있는 사항

제45조(조서와 진술서) ① 특별사법경찰관이 피의자를 신문하고 조서를 작성하는 경우에는 별지 제17호서식 및 별지 제18호서식(피의자를 추가로 신문하는 경우로 한정한다)의 피의자신문조서에 따른다.

② 특별사법경찰관이 피의자가 아닌 사람의 진술을 듣고 조서를 작성하는 경우에는 별지 제19호서식 및 별지 제20호서식(피의자가 아닌 사람의 진술을 추가로 듣는 경우로 한정한다)의 진술조서에 따른다.

③ 제1항의 피의자신문조서 및 제2항의 진술조서는 진술을 한 피의자 또는 피의자가 아닌 사람(이하 "진술인"이라 한다)에게 열람하게 하거나 읽어 들려주어야 하며, 진술한 대로 기재되지 않았거나 사실과 다른 부분이 있는지를 물어 진술인이 기재 내용의 증감 또는 변경을 청구하는 등 이의를 제기하거나 의견을 진술했을 때에는 이를 조서에 추가로 적어야 한다. 이 경우 진술인이 이의를 제기하였던 부분은 읽을 수 있도록 남겨두어야 한다.

④ 진술인이 조서에 대하여 이의나 의견이 없음을 진술한 때에는 진술인으로 하여금 그 취지를 별지 제21호서식 또는 제22호서식(진술인이 외국인인 경우로 한정한다)에 따라 자필로 기재하게 한 후 조서에 편철하고, 간인(間印)을 한 후 기명날인 또는 서명하게 해야 한다.

⑤ 법 제243조의2제4항에 따라 변호인의 의견을 기재한 피의자신문조서는 변호인에게 열람하게 한 후 변호인이 그 조서에 기명날인 또는 서명하게 해야 한다.

⑥ 특별사법경찰관은 변호인의 신문참여 및 그 제한에 관한 사항을 피의자신문

조서에 적어야 한다.

⑦ 특별사법경찰관은 피의자 또는 피의자가 아닌 사람의 진술을 들어야 하는 경우에 다음 각 호의 어느 하나에 해당할 때에는 피의자 또는 피의자가 아닌 사람에게 별지 제23호서식에 따라 진술서를 작성하도록 할 수 있다.
1. 피의자 또는 피의자가 아닌 사람이 서면 진술을 원할 때
2. 진술 사항이 복잡하고 피의자 또는 피의자가 아닌 사람이 서면 진술에 동의할 때
3. 그 밖에 서면 진술을 하도록 하는 것이 상당하다고 인정되는 때

⑧ 특별사법경찰관은 제7항의 경우 피의자 또는 피의자가 아닌 사람이 자필로 진술서를 작성하도록 해야 하고, 특별사법경찰관리가 대신 진술서를 작성해서는 안 된다.

제46조(진술거부권 등의 고지 확인) 특별사법경찰관은 피의자신문조서 작성을 갈음하여 피의자에게 진술서를 작성하도록 하는 경우 등 피의자신문조서를 작성하지 않은 경우에는 법 제244조의3에 따라 진술거부권 등을 고지한 사실과 진술거부권 등의 고지에 대한 피의자의 답변에 대하여 피의자로부터 별지 제24호서식의 진술거부권 및 변호인 조력권 고지 등 확인서를 제출받아 기록에 편철해야 한다.

제47조(사건관계인의 조사) ① 특별사법경찰관은 사건관계인이 출석한 경우 지체 없이 조사하고, 부득이한 사유로 조사의 시작이 늦어지거나 조사를 하지 못할 경우에는 그 사유를 설명해야 한다.

② 특별사법경찰관은 조사 과정을 녹음 또는 녹화하거나 같은 날 여러 명에 대해 출석요구하는 경우에는 시차를 두고 출석을 요구하는 등 불필요한 출석요구나 장시간 대기를 방지해야 한다.

③ 특별사법경찰관은 피의자와 사건관계인의 대질조사는 불가피한 사정이 있고 사건관계인이 동의한 경우에만 할 수 있다.

④ 특별사법경찰관은 사건관계인을 조사할 때에는 폭언 또는 강압적이거나 모멸감을 주거나 공정성을 의심받을 수 있는 언행을 해서는 안 되고, 사생활에 대한 조사는 수사상 반드시 필요한 경우만 할 수 있다.

제48조(조서 및 자료의 편철) 특별사법경찰관은 조서, 수사보고서 등 수사관계 서류를 작성하거나 해당 사건에 관한 자료를 접수했을 때에는 작성 또는 접수 순서에 따라 사건기록에 편철하고, 이를 기록목록에 적어야 하며, 사건기록에는 매장마다 장수를 적어야 한다. 다만, 범죄사실과 직접 관련이 없거나 중복하여 작성 또는 접수된 자료는 별도의 기록으로 분리하여 편철할 수 있다.

제49조(영상녹화) ① 특별사법경찰관은 피의자 또는 참고인에 대한 조서를 작성할 때에는 필요한 경우 그 조사과정을 영상녹화할 수 있다.

② 특별사법경찰관은 조사과정을 영상녹화하는 경우 해당 조사의 시작부터 피조사자가 조서에 기명날인 또는 서명을 마치는 시점까지의 전 과정을 영상녹화해야 하며, 조사를 시작한 후에 영상녹화를 할 필요가 있게 된 경우에는 그 시점

에서 진행 중인 조사를 종료하고, 그 다음 조사의 시작부터 조서에 피조사자가 서명날인 또는 서명을 마치는 시점까지의 전 과정을 영상녹화해야 한다.

③ 제2항에도 불구하고 특별사법경찰관은 조사를 마친 후 조서 정리에 장시간을 요하는 경우에는 조서정리과정을 영상녹화하지 않고, 조서 열람 시부터 영상녹화를 재개할 수 있다.

④ 특별사법경찰관은 피의자에 대한 조사과정을 영상녹화하는 경우 피의자에게 다음 각 호의 사항을 고지해야 한다.

1. 조사자 및 법 제243조에 따른 참여자(이하 "참여자"라 한다)의 성명과 직책
2. 영상녹화 사실 및 장소, 시작 및 종료 시각
3. 법 제244조의3에 따른 진술거부권 등
4. 조사를 중단·재개하는 경우 중단 이유와 중단 시각 및 중단 후 재개하는 시각

⑤ 특별사법경찰관은 참고인에 대한 조사과정을 영상녹화하는 경우 별지 제25호서식의 영상녹화 동의서에 따라 영상녹화에 대한 동의 여부를 확인하고, 제4항제1호, 제2호 및 제4호의 사항을 고지해야 한다.

⑥ 특별사법경찰관은 영상녹화를 할 때에는 조사실 전체를 확인할 수 있도록 하고, 피조사자의 얼굴과 음성을 식별할 수 있도록 해야 한다.

⑦ 특별사법경찰관은 피의자에 대한 조사과정을 영상녹화하는 경우 법 제243조에 따라 참여자를 참여하게 해야 한다. 이 경우, 참여자는 반드시 조사실에 동석해야 한다.

제50조(영상녹화물의 제작 등) ① 특별사법경찰관은 영상녹화를 실시한 경우 영상녹화용 컴퓨터에 저장된 영상녹화파일을 이용하여 영상녹화물(CD, DVD 등) 1개를 제작하고, 피조사자의 기명날인 또는 서명을 받아 피조사자 또는 변호인의 면전에서 봉인하여 수사기록에 편철한다.

② 특별사법경찰관은 영상녹화물을 제작한 후 영상녹화용 컴퓨터에 저장되어 있는 영상녹화파일을 데이터베이스 서버에 전송하여 보관할 수 있다.

③ 특별사법경찰관은 제1항의 영상녹화물이 손상 또는 분실 등으로 인하여 사용될 수 없게 된 경우에는 데이터베이스 서버에 저장되어 있는 영상녹화파일을 이용하여 다시 영상녹화물을 제작할 수 있다.

제51조(임상조사) 특별사법경찰관리는 치료중인 피의자나 참고인을 상대로 임상신문(臨床訊問)을 하려는 경우에는 상대방의 건강상태를 충분히 고려해야 하며, 수사에 중대한 지장이 없는 한 가족이나 의사, 간호사 또는 해당 의료기관의 관리자를 참여시켜야 한다.

제52조(실황조사) ① 특별사법경찰관은 수사상 필요하다고 인정되는 경우에는 범죄현장이나 그 밖의 장소에 가서 실황을 조사해야 한다.

② 특별사법경찰관은 제1항의 조사를 하였을 때에는 별지 제26호서식에 따라 실황조사서를 작성해야 한다.

제53조(수사관계사항의 조회) 특별사법경찰관은 법 제199조제2항에 따라 공무소 기타 공사단체에 필요한 사항의 보고를 요구하는 경우에는 별지 제27호서식의 수사사항조회서에 따른다.

제6절 강제수사

제54조(영장의 집행) ① 특별사법경찰관리는 영장, 감정유치장, 허가장, 허가서 및 요청서 등(이하 "영장등"이라 한다)을 신속하고 정확하게 집행해야 한다.

② 특별사법경찰관리가 영장등을 집행할 때에는 피의자나 사건관계인의 신체와 명예를 보전(保全)하는데 유의해야 한다.

③ 영장은 검사의 서명、날인 또는 집행지휘서에 따라 집행한다.

④ 특별사법경찰관리는 법 제81조제1항 단서에 따라 재판장、수명법관 또는 수탁판사가 구속영장의 집행을 지휘할 때에는 즉시 구속영장을 집행해야 한다.

⑤ 특별사법경찰관은 피의자를 체포하거나 구속할 때에는 법 제200조의5(법 제209조에서 준용하는 경우를 포함한다)에 따라 피의자에게 피의사실의 요지, 체포、구속의 이유와 변호인을 선임할 수 있음을 말하고, 변명할 기회를 주어야 하며, 진술거부권을 알려주어야 한다.

⑥ 제5항에 따라 피의자에게 알려주어야 하는 진술거부권의 내용은 법 제244조의3제1항제1호부터 제3호까지의 사항으로 한다.

⑦ 특별사법경찰관은 제5항에 따라 피의자에게 진술거부권 등의 권리를 알려준 경우에는 피의자로부터 별지 제28호서식의 권리 고지 확인서를 받아 사건기록에 편철해야 한다. 다만, 피의자가 확인서에 기명날인 또는 서명하기를 거부할 때에는 별지 제28호서식의 권리 고지 확인서의 끝부분에 그 사유를 기재하고 기명날인 또는 서명해야 한다.

⑧ 특별사법경찰관리는 영장을 집행할 때에는 법 제89조 및 제90조를 준수해야 한다.

⑨ 특별사법경찰관은 제1항에 따라 체포、구속영장을 집행한 때에는 별지 제29호서식의 체포、구속영장 집행원부에 해당 사항을 기재해야 한다.

제55조(체포영장의 신청) ① 특별사법경찰관은 법 제200조의2에 따라 검사에게 체포영장을 신청하려는 경우에는 별지 제30호서식의 체포영장신청서로 신청해야 한다.

② 특별사법경찰관은 제1항에 따라 체포영창을 신청하는 경우에는 해당 사항을 별지 제31호서식의 체포영장신청부에 기재해야 한다.

제56조(영장의 재신청) 특별사법경찰관은 다음 각 호의 어느 하나에 해당하는 경우 동일한 범죄사실로 다시 영장등의 발부를 신청할 때에는 그 취지를 검사에게 보고하고, 영장등의 신청서에 적어야 한다.

1. 영장을 신청하였으나 발부받지 못한 경우
2. 영장을 신청하여 이미 발부받았으나 다시 영장을 신청하는 경우

第57조(긴급체포) ① 특별사법경찰관이 법 제200조의3제1항에 따라 긴급체포를 하는 경우에는 피의자의 연령·경력·범죄성향, 범죄의 경중·양상, 그 밖의 여러 사정을 고려하여 인권의 침해가 없도록 신중을 기해야 한다.
② 특별사법경찰관이 피의자를 긴급체포한 때에는 즉시 별지 제32호서식의 긴급체포서를 작성하고 별지 제33호서식의 긴급체포원부에 그 내용을 적어야 한다.
③ 특별사법경찰관은 긴급체포 후 12시간 이내에 관할 지방검찰청 또는 지청의 검사에게 긴급체포를 승인하여 줄 것을 건의해야 한다. 다만, 기소중지된 피의자를 해당 기관 또는 관서가 위치하는 특별시·광역시·특별자치시·도 또는 특별자치도 외의 지역이나 「연안관리법」 제2조제2호나목의 바다에서 긴급체포한 때에는 긴급체포 후 24시간 내에 긴급체포에 대한 승인건의를 할 수 있다.
④ 특별사법경찰관이 제3항에 따라 긴급체포에 대한 승인을 건의할 때에는 범죄사실의 요지, 긴급체포의 일시·장소, 긴급체포의 사유, 체포를 계속해야 하는 사유 등을 포함하는 별지 제34호서식의 긴급체포승인건의서에 따른다. 다만, 긴급한 경우에는 형사사법정보시스템 또는 팩스를 이용하여 긴급체포에 대한 승인건의를 할 수 있다.
⑤ 특별사법경찰관은 긴급체포한 피의자를 석방했을 때에는 별지 제33호서식의 긴급체포원부에 석방일시와 석방사유를 적어야 한다.
⑥ 특별사법경찰관이 피의자를 긴급체포하는 경우의 진술거부권 등 권리 고지에 관하여는 제54조제5항부터 제8항까지의 규정을 준용한다.

第58조(현행범인의 체포) ① 특별사법경찰관리가 현행범인을 체포한 때에는 체포의 경위를 상세히 적은 별지 제35호서식의 현행범인체포서를 작성해야 한다.
② 특별사법경찰관리가 현행범인을 인도받은 경우에는 현행범인을 체포한 사람으로부터 그의 성명·주민등록번호·직업·주거, 체포의 일시·장소·사유를 듣고 별지 제36호서식의 현행범인인수서를 작성해야 한다.
③ 특별사법경찰관리가 현행범인을 체포하거나 현행범인을 인도받는 경우에는 특히 인권의 침해가 없도록 신중을 기해야 한다.
④ 특별사법경찰관이 현행범인을 체포하거나 인수하는 경우의 진술거부권 등 권리 고지에 관하여는 제54조제5항부터 제8항까지의 규정을 준용한다.

第59조(현행범인의 조사와 석방) ① 특별사법경찰관리는 현행범인을 체포하거나 체포된 현행범인을 인수한 경우에는 조사가 현저히 곤란하다고 인정되는 경우가 아니면 지체 없이 조사하고, 계속 체포하거나 구금할 필요가 없다고 인정될 때에는 즉시 석방해야 한다.
② 특별사법경찰관은 제1항에 따라 현행범인을 석방했을 때에는 지체 없이 검사에게 보고하고, 석방일시와 석방사유를 기재한 별지 제37호서식의 피의자 석방보고서를 작성하여 수사기록에 편철해야 한다.
③ 체포한 현행범인을 석방할 때에는 별지 제38호서식의 현행범인체포원부에 석방일시와 석방사유를 적어야 한다.

제60조(구속영장의 신청 등) ① 특별사법경찰관이 검사에게 구속영장을 신청하는 경우에는 다음 각 호의 구분에 따른 신청서와 서류를 제출해야 한다.

1. 법 제200조의2에 따른 체포영장으로 체포한 피의자에 대하여 구속영장을 신청하는 경우: 별지 제39호서식의 구속영장신청서 및 체포영장
2. 법 제200조의3에 따라 긴급체포한 피의자에 대하여 구속영장을 신청하는 경우: 별지 제40호서식의 구속영장신청서 및 제57조제2항의 긴급체포서
3. 법 제201조에 따라 구속영장을 신청하는 경우: 별지 제41호서식의 구속영장신청서
4. 법 제212조에 따라 현행범인으로 체포한 피의자에 대하여 구속영장을 신청하는 경우: 별지 제42호서식의 구속영장신청서, 제58조제1항의 현행범인체포서 및 같은 조 제2항의 현행범인인수서

② 특별사법경찰관은 피의자에 대하여 구속영장을 신청할 때 법 제209조에서 준용하는 법 제70조제2항의 필요적 고려사항이 있는 경우에는 제1항 각 호의 구속영장신청서에 이를 기재한다.

③ 특별사법경찰관은 검사로부터 법 제201조의2제3항 전단에 따른 심문기일과 장소를 통지받은 때에는 검사의 지휘를 받아 지정된 기일과 장소에 체포된 피의자를 출석시켜야 한다.

④ 특별사법경찰관은 제1항에 따라 구속영장을 신청한 경우에는 별지 제43호서식의 구속영장신청부에 해당 사항을 기재해야 한다.

제61조(체포 · 구속의 통지 등) ① 특별사법경찰관은 법 제200조의6 또는 제209조에서 준용하는 법 제87조에 따라 체포、구속의 통지를 하는 경우에는 별지 제44호서식의 체포、구속 통지서에 따른다.

② 특별사법경찰관은 제1항에 따른 통지를 하는 경우에는 각 호의 구분에 따른 사람에게 체포、구속한 때부터 늦어도 24시간 내에 서면으로 사건명, 체포、구속의 일시、장소, 범죄사실의 요지, 체포、구속의 이유와 변호인을 선임할 수 있음을 통지해야 한다.

1. 변호인이 있는 경우: 변호인
2. 변호인이 없는 경우: 법 제30조제2항에서 규정한 사람 중 피의자가 지정한 사람

③ 특별사법경찰관은 제2항제2호의 경우에 법 제30조제2항에서 규정한 사람이 없어 체포、구속의 통지를 할 수 없는 경우에는 그 취지를 수사보고서에 적어 수사기록에 편철해야 한다.

④ 특별사법경찰관은 긴급을 요할 때에는 전화、모사전송 또는 이에 상응하는 방법으로 체포、구속의 통지를 할 수 있다. 이 경우 체포、구속한 때부터 늦어도 24시간 내에 다시 서면으로 체포、구속의 통지를 해야 한다.

⑤ 제1항에 따른 체포、구속의 통지서 사본은 수사기록에 편철해야 한다.

⑥ 법 제214조의2제2항에 따라 법 제214조의2제1항에서 규정한 사람 중에서 피의자가 지정한 사람에게 적부심사를 청구할 수 있음을 통지하는 경우에도 제1항부터 제3항까지의 규정을 준용한다.

第62조(체포 · 구속영장등본의 교부) ① 특별사법경찰관은 법 제214조의2제1항에서 규정한 사람이 체포、구속영장의 등본을 교부하여 줄 것을 청구하는 경우에는 그 등본을 교부해야 한다.

② 특별사법경찰관은 제1항에 따라 체포、구속영장 등본을 교부했을 때에는 별지 제45호서식의 체포、구속영장등본교부대장을 작성해야 한다.

第63조(피의자의 접견 등) ① 특별사법경찰관리는 변호인 또는 변호인이 되려는 사람이 체포、구속된 피의자와의 접견, 서류、물건의 수수(授受) 또는 의사에 의한 피의자의 진료를 요청할 때에는 친절하게 응해야 한다.

② 특별사법경찰관리는 변호인 또는 변호인이 되려는 사람이 아닌 사람이 체포、구속된 피의자와의 접견, 서류、물건의 수수 또는 의사에 의한 피의자의 진료를 요청하는 경우 법 제200조의6에서 준용하는 법 제91조에 따라 피의자 접견 등을 금지하는 결정이 없는 때에는 제1항에 준하여 처리해야 한다.

③ 제1항에 따른 접견 등은 접촉차단시설이 없는 장소에서 하도록 해야 하며, 제2항에 따른 접견 등은 접견 장소 부족, 접견시설의 질서 유지, 접견 사무의 장애 등 특별한 사유가 없으면 유치장 외의 방실에서 하도록 해야 한다.

④ 특별사법경찰관리는 제1항 및 제2항에 따른 접견 등의 신청을 받아 접견 등을 하도록 했을 때에는 다음 각 호의 구분에 따른 서류를 작성해야 한다.

1. 접견: 별지 제46호서식의 체포、구속인 접견부
2. 교통: 별지 제47호서식의 체포、구속인 교통부
3. 진료: 별지 제48호서식의 체포、구속인 진료부

第64조(피의자 유치 시 유의사항) ① 특별사법경찰관은 피의자를 유치할 때에 위험물 또는 휴대금품을 보관하는 경우에는 유치인에게 별지 제49호서식의 임치증명서를 교부해야 한다.

② 특별사법경찰관은 피의자를 유치한 경우에는 별지 제50호서식의 임치 및 급식상황표에 임치금품의 처리현황, 급식상황 등을 기재해야 한다.

③ 특별사법경찰관은 유치인에게 자기 용도를 위한 차입물품을 사용하는 것을 허가하는 경우에는 별지 제51호서식의 물품차입부에 해당 사항을 기재해야 한다.

第65조(구금된 피의자의 처우) 특별사법경찰관리는 구금된 피의자에 대해서는 구금생활에 필요한 의류、침구, 그 밖의 생활용품과 식량 등을 지급해야 하며, 위생、의료 등에 있어서 상당한 처우를 해야 한다.

第66조(구금과 건강상태) 특별사법경찰관은 피의자를 구금할 때에는 그의 건강상태를 조사하고 체포、구속으로 인하여 현저하게 건강을 해칠 염려가 있다고 인정할 때에는 그 사유를 검사에게 보고해야 한다.

第67조(피의자의 석방) ① 특별사법경찰관은 법 제200조의2 또는 제212조에 따라 체포한 피의자나 법 제200조의3에 따라 긴급체포한 피의자 또는 구속한 피의자를 석방할 때에는 미리 검사의 지휘를 받아야 한다.

② 특별사법경찰관은 제1항에 따른 검사의 석방지휘가 있을 때에는 즉시 체포 또는 긴급체포한 피의자나 구속한 피의자를 석방해야 한다.
③ 특별사법경찰관은 피의자를 석방했을 때에는 그 사실을 다음 각 호의 구분에 따른 서식에 따라 검사에게 지체 없이 보고해야 하며, 석방일시와 석방사유를 기재한 서면을 작성하여 수사기록에 편철해야 한다.
1. 긴급체포한 피의자를 석방했을 때: 별지 제52호서식의 피긴급체포자 석방 보고서
2. 현행범인으로 체포한 피의자 또는 구속한 피의자를 석방했을 때: 별지 제37호서식의 피의자 석방보고서
④ 특별사법경찰관은 제1항에 따라 석방을 건의하는 경우에는 별지 제53호서식의 피의자 석방 건의서로 한다. 다만, 긴급을 요하는 경우에는 전화, 팩스, 전자우편, 그 밖의 상당한 방법으로 석방을 건의할 수 있다.

제68조(체포 · 구속장소 감찰 관련 조치) ① 특별사법경찰관은 법 제198조의2에 따른 검사의 체포ㆍ구속장소 감찰과 관련하여 별지 제54호서식의 체포ㆍ구속인명부를 작성하여 관리해야 한다.
② 특별사법경찰관은 검사가 법 제198조의2에 따라 체포ㆍ구속장소를 감찰한 후 체포 또는 구속된 피의자의 석방을 명하거나 사건을 송치할 것을 명한 때에는 즉시 피의자를 석방하거나 사건을 송치하고, 피의자석방명령서 또는 사건송치명령서를 수사기록에 편철해야 한다.

제69조(피의자의 도주 등) 특별사법경찰관은 체포하거나 구속한 피의자가 도주 또는 사망하거나, 그 밖의 이상이 발생한 때에는 즉시 관할 지방검찰청 또는 지청의 검사에게 보고해야 한다.

제70조(압수 · 수색 또는 검증영장의 신청) ① 특별사법경찰관은 압수ㆍ수색 또는 검증영장을 신청하는 경우 압수ㆍ수색 또는 검증의 범위를 범죄 혐의의 소명에 필요한 최소한으로 정해야 하고, 수색 또는 검증할 장소ㆍ신체ㆍ물건 및 압수할 물건 등을 구체적으로 특정해야 한다.
② 특별사법경찰관은 검사에게 압수ㆍ수색 또는 검증영장을 신청할 때에는 다음 각 호의 구분에 따른 신청서를 검사에게 제출해야 한다.
1. 압수ㆍ수색ㆍ검증영장신청(일반용): 별지 제55호서식
2. 압수ㆍ수색ㆍ검증영장신청(금융계좌 추적용): 별지 제56호서식의 신청서
3. 압수ㆍ수색ㆍ검증영장신청(사후): 별지 제57호서식의 신청서
③ 특별사법경찰관은 제2항에 따라 압수ㆍ수색 또는 검증영장을 신청했을 때에는 별지 제58호서식의 압수ㆍ수색ㆍ검증영장 신청부를 작성해야 한다.

제71조(압수 · 수색 또는 검증영장의 제시) ① 특별사법경찰관은 법 제219조에서 준용하는 법 제118조에 따라 영장을 제시할 때에는 피압수자에게 법관이 발부한 영장에 따른 압수ㆍ수색 또는 검증이라는 사실과 영장에 기재된 범죄사실 및 수색 또는 검증할 장소ㆍ신체ㆍ물건, 압수할 물건 등을 명확히 알리고, 피압수자가

해당 영장을 열람할 수 있도록 해야 한다.

② 압수、수색 또는 검증의 처분을 받는 자가 여럿인 경우에는 모두에게 개별적으로 영장을 제시해야 한다.

제72조(전자정보의 압수 · 수색 또는 검증 방법) ① 특별사법경찰관은 법 제219조에서 준용하는 법 제106조제3항에 따라 컴퓨터용 디스크 및 그 밖에 이와 비슷한 정보저장매체(이하 이 항에서 "정보저장매체등"이라 한다)에 기억된 정보(이하 "전자정보"라 한다)를 압수하는 경우에는 해당 정보저장매체등의 소재지에서 수색 또는 검증한 후 범죄사실과 관련된 전자정보의 범위를 정하여 출력하거나 복제하는 방법으로 한다.

② 제1항에도 불구하고 제1항에 따른 압수 방법의 실행이 불가능하거나 그 방법으로는 압수의 목적을 달성하는 것이 현저히 곤란한 경우에는 압수、수색 또는 검증 현장에서 정보저장매체등에 들어 있는 전자정보 전부를 복제하여 그 복제본을 정보저장매체등의 소재지 외의 장소로 반출할 수 있다.

③ 제1항 및 제2항에도 불구하고 제1항 및 제2항에 따른 압수 방법의 실행이 불가능하거나 그 방법으로는 압수의 목적을 달성하는 것이 현저히 곤란한 경우에는 피압수자 또는 법 제123조에 따라 압수、수색영장을 집행할 때 참여하게 해야 하는 사람(이하 "피압수자등"이라 한다)이 참여한 상태에서 정보저장매체등의 원본을 봉인(封印)하여 정보저장매체등의 소재지 외의 장소로 반출할 수 있다.

제73조(전자정보의 압수 · 수색 또는 검증 시 유의사항) ① 특별사법경찰관은 전자정보의 탐색、복제、출력을 완료한 경우에는 지체 없이 피압수자등에게 압수한 전자정보의 목록을 교부해야 한다.

② 특별사법경찰관은 제1항의 목록에 포함되지 않은 전자정보가 있는 경우에는 해당 전자정보를 지체 없이 삭제 또는 폐기하거나 반환해야 한다. 이 경우 별지 제59호서식의 전자정보 삭제、폐기 또는 반환확인서를 작성하여 피압수자등에게 교부해야 한다.

③ 특별사법경찰관은 전자정보의 복제본을 취득하거나 전자정보를 복제할 때에는 해시값(파일의 고유값으로서 일종의 전자지문을 말한다)을 확인하거나 압수、수색 또는 검증의 과정을 촬영하는 등 전자적 증거의 동일성과 무결성(無缺性)을 보장할 수 있는 적절한 방법과 조치를 취해야 한다.

④ 특별사법경찰관은 압수、수색 또는 검증의 전 과정에 걸쳐 피압수자등이나 변호인의 참여권을 보장해야 하며, 피압수자등과 변호인이 참여를 거부하는 경우에는 신뢰성과 전문성을 담보할 수 있는 상당한 방법으로 압수、수색 또는 검증을 해야 한다.

⑤ 특별사법경찰관은 제4항에 따라 참여한 피압수자등이나 변호인이 압수 대상 전자정보와 사건의 관련성에 관하여 의견을 제시한 때에는 이를 조서에 적어야 한다.

⑥ 제72조제2항 또는 제3항에 따라 전자정보 전부를 복제하여 그 복제본을 반출

하거나 정보저장매체등 원본을 반출하는 경우에는 피압수자등에게 전자정보의 탐색·복제·출력 절차에 참여할 수 있음을 고지한 후 다음 각 호의 구분에 따른 확인서를 작성하여 피압수자등의 서명을 받아야 한다. 다만, 서명을 받기 어려운 사정이 있는 경우에는 그 사유를 해당 확인서에 기재하고 기록에 편철한다.

1. 제72조제2항에 따라 복제본을 반출하는 경우: 별지 제60호서식의 정보저장매체 복제 등 참관여부 확인서
2. 제72조제3항에 따라 원본을 반출하는 경우: 별지 제61호서식의 정보저장매체 제출 등 참관여부 확인서

제74조(압수조서의 작성) ① 특별사법경찰관은 증거물이나 몰수할 물건을 압수한 경우에는 별지 제62호서식의 압수조서와 별지 제63호서식의 압수목록을 작성해야 한다.

② 압수조서에는 압수의 일시·장소, 압수의 경위 등을, 압수목록에는 압수물건의 품종·수량 등을 각각 구체적으로 적어야 한다.

③ 제1항에도 불구하고 피의자신문조서·진술조서·검증조서 또는 실황조사서에 압수의 취지를 기재하여 압수조서의 작성을 갈음할 수 있다.

④ 특별사법경찰관이 법 제218조에 따라 유류(遺留)한 물건 또는 임의로 제출하는 물건을 압수하여 압수조서와 압수목록을 작성하는 경우에는 제1항 및 제2항을 준용한다.

제75조(증거물 등의 보전) ① 특별사법경찰관리는 멸실할 우려가 있는 증거물은 특히 보전에 유의해야 하며, 검증조서 또는 다른 조서에 그 성질과 형상을 상세히 기재하거나 촬영해야 한다.

② 특별사법경찰관은 증거물이 훼손되거나 형상이 변경될 우려가 있는 검증이나 감정을 위촉할 때에는 검증조서 또는 다른 조서에 그 성질과 형상을 상세히 기재하거나 촬영하는 등 변경 전의 형상을 알 수 있도록 특히 유의해야 한다.

제76조(수색조서의 작성 등) ① 특별사법경찰관리가 수색을 한 경우에는 수색의 일시·장소, 참여인 등을 포함하여 별지 제64호서식의 수색조서를 작성해야 한다.

② 특별사법경찰관리는 수색을 한 결과 증거물 또는 몰수할 물건이 없을 때에는 그 처분을 받는 자에게 그 취지를 기재한 별지 제65호서식의 수색결과 증명서를 교부해야 한다.

제77조(검증조서의 작성) 특별사법경찰관리가 검증을 한 경우에는 검증의 일시·장소, 검증 경위 등을 포함하여 별지 제66호서식의 검증조서를 작성해야 한다.

제78조(압수물의 보관 · 폐기 · 환부 및 가환부) ① 특별사법경찰관은 법 제218조의2 제4항에서 준용하는 같은 조 제1항부터 제3항까지에 따른 압수물의 환부 또는 가환부 처분을 하거나 법 제219조에서 준용하는 법 제130조, 제132조 및 제134조에 따라 압수물의 보관, 폐기, 대가보관 또는 피해자환부의 처분을 하려는 경우에는 그 처분유형과 처분사유를 기재한 다음 각 호의 구분에 따른 지휘건의서

를 검사에게 제출하여 압수물의 처분에 대한 검사의 지휘를 받아야 한다.

1. 압수물의 환부 또는 가환부: 별지 제67호서식의 압수물환부(가환부) 지휘건의서
2. 압수물의 대가보관: 별지 제68호서식의 압수물 대가보관 지휘건의서
3. 압수물의 폐기: 별지 제69호서식의 압수물 폐기 지휘건의서

② 특별사법경찰관이 법 제130조제1항에 따라 압수물을 다른 사람에게 보관하게 하는 경우에는 압수물에 사건명, 피의자의 성명, 압수목록에 기재한 순위·번호를 표시하고, 보관자로부터 별지 제70호서식의 압수물 보관 서약서를 받아 사건기록에 첨부해야 한다.

③ 특별사법경찰관은 압수물이 유가증권인 경우에는 지체 없이 별지 제71호서식의 유가증권 원형보존 등 지휘건의서를 검사에게 제출하여 원형보존 또는 환전보관 여부에 관한 검사의 지휘를 받아야 한다.

④ 특별사법경찰관은 법 제130조제2항 또는 제3항에 따라 압수물을 폐기하는 경우에는 별지 제72호서식의 폐기조서를 작성하고 압수물 사진 및 압수물 폐기에 관한 증빙자료를 수사기록에 첨부해야 한다.

⑤ 특별사법경찰관이 법 제133조에 따라 압수물을 환부·가환부하거나 법 제134조에 따라 압수장물을 피해자환부하는 경우에는 피해자, 피의자 또는 변호인에게 지체 없이 통지를 한 후 신속히 환부해야 한다.

제79조(범죄수사 목적 통신제한조치 허가신청 등) ① 특별사법경찰관이 「통신비밀보호법」 제6조제2항에 따라 검사에게 통신제한조치에 대한 허가를 신청하는 경우에는 별지 제73호서식의 통신제한조치허가 신청서에 따르고, 같은 조 제7항 단서에 따라 통신제한조치기간의 연장허가 청구를 신청하는 경우에는 별지 제74호서식의 통신제한조치기간 연장허가 신청서에 따른다.

② 특별사법경찰관은 제1항에 따라 검사가 통신제한조치에 대한 허가를 신청하거나 통신제한조치의 연장 청구를 신청하는 경우에는 별지 제75호서식의 통신제한조치허가 신청부에 해당 사항을 기재한다.

③ 특별사법경찰관은 「통신비밀보호법」 제8조제3항 본문에 따라 긴급통신제한조치에 대하여 검사에게 지휘를 건의하는 경우에는 별지 제76호서식의 긴급통신제한조치 지휘건의서에 따르고, 같은 항 단서에 따라 검사에게 승인을 건의하는 경우에는 별지 제77호서식의 긴급통신제한조치 승인건의서에 따른다.

④ 특별사법경찰관은 「통신비밀보호법」 제8조제1항에 따라 긴급통신제한조치를 하는 경우에는 별지 제78호서식의 긴급검열(감청)서에 따른다. 이 경우 특별사법경찰관은 별지 제79호서식의 긴급통신제한조치대장을 작성하여 소속기관에 비치해야 한다.

⑤ 특별사법경찰관이 「통신비밀보호법」 제8조제2항에 따라 긴급통신제한조치를 한 후에 검사에게 허가청구를 신청하는 경우에는 별지 제80호서식의 통신제한조치허가 신청서(사후)에 따른다.

⑥ 특별사법경찰관이 「통신비밀보호법」 제8조제5항에 따라 긴급통신제한조치를 한 후에 법원의 허가를 받을 필요가 없어 긴급통신제한조치 사실을 법원에 통보하는 경우에는 별지 제81호서식의 긴급통신제한조치통보서에 따른다. 이 경우 특별사법경찰관은 별지 제82호서식의 긴급통신제한조치 통보서 발송부를 작성하여 소속기관에 비치해야 한다.

제80조(통신제한조치의 집행 등) ① 특별사법경찰관이 「통신비밀보호법」 제9조제1항 후단에 따라 통신제한조치 집행을 위탁하는 경우에는 별지 제83호서식의 통신제한조치 집행위탁 의뢰서에 따른다.

② 특별사법경찰관이 집행위탁한 통신제한조치의 허가기간이 연장된 경우에는 별지 제84호서식의 통신제한조치 기간연장 통지서로 수탁기관에 통지한다.

③ 특별사법경찰관은 제1항 및 제2항에 따라 통신제한조치 집행을 위탁하거나 통신제한조치의 허가기간 연장을 통지한 경우에는 별지 제85호서식의 통신제한조치 집행위탁허가 신청부에 해당 사항을 기재해야 한다.

④ 통신제한조치를 집행한 특별사법경찰관은 별지 제86호서식의 통신제한조치 집행조서를 작성해야 한다.

⑤ 특별사법경찰관은 통신제한조치를 집행한 후 수사 또는 내사한 사건을 종결하는 경우 그 결과를 별지 제87호서식의 통신제한조치 집행결과 보고서에 따라 검사에게 보고해야 한다.

⑥ 다른 관서에서 통신제한조치를 집행한 사건을 이송받아 내사한 후 내사를 종결하는 경우 내사를 종결한 관서는 허가서를 청구한 검찰청에 집행결과를 검사에게 보고한 후 허가서를 신청한 관서에 사건처리결과를 통보해야 한다.

⑦ 특별사법경찰관은 통신제한조치의 집행이 필요 없게 되어 통신제한조치를 중단하려는 경우에는 별지 제88호서식의 통신제한조치 집행중지통지서에 따라 이를 수탁기관에 통지한다.

제81조(통신제한조치로 취득한 자료의 관리) ① 특별사법경찰관은 「통신비밀보호법」에 따른 통신제한조치 집행으로 취득한 자료를 같은 법 제6조 및 제8조에 따른 통신제한조치허가서, 별지 제86호서식의 통신제한조치 집행조서 및 같은 법 제12조의2제4항에 따라 법원이 발부한 승인서와 함께 봉인한 후 통신제한조치 허가번호 및 보존기간을 표기하여 별도로 보관하고, 수사담당자 외의 사람이 열람할 수 없도록 해야 한다.

② 특별사법경찰관은 통신제한조치를 집행하고 제18조에 따른 범죄인지서를 작성하지 않았을 때에는 그 집행으로 취득한 자료 등은 보존기간이 지난 후 검사의 지휘를 받아 즉시 폐기해야 한다.

제82조(통신제한조치 집행에 관한 통지 등) ① 특별사법경찰관이 「통신비밀보호법」 제9조의2제2항에 따라 통신제한조치를 집행한 사실 등을 통지하는 경우에는 별지 제89호서식의 통신제한조치 집행사실 통지서에 따른다. 이 경우 특별사법경찰관은 별지 제90호서식의 통신제한조치 집행사실 통지부에 해당 사항을 기

재해야 한다.

② 특별사법경찰관은 「통신비밀보호법」 제9조의2제5항에 따라 통지유예에 대한 관할 지방검찰청 검사장의 승인을 신청하는 경우에는 별지 제91호서식의 통신제한조치 집행사실 통지유예 승인신청서에 따른다. 이 경우 특별사법경찰관은 별지 제92호서식의 통신제한조치 집행사실통지 유예승인신청부에 해당 사항을 기재해야 한다.

③ 특별사법경찰관은 「통신비밀보호법」 제9조의2제6항에 따라 통지유예의 사유가 해소된 날부터 30일 이내에 유예했던 통지를 한 경우에는 그 사실을 별지 제93호서식의 통신제한조치 집행사실 통지보고서에 따라 관할 지방검찰청 검사장에게 보고해야 한다.

제83조(송 · 수신이 완료된 전기통신에 대한 압수 · 수색 · 검증 집행사실 통지) 특별사법경찰관이 「통신비밀보호법」 제9조의3제2항에 따라 수사대상이 된 가입자에게 송、수신이 완료된 전기통신에 대한 압수、수색、검증의 집행사실을 통지하는 경우에는 별지 제94호서식의 송、수신이 완료된 전기통신에 대한 압수、수색、검증 집행사실 통지서에 따른다. 이 경우 특별사법경찰관은 별지 제95호서식의 송、수신이 완료된 전기통신에 대한 압수、수색、검증 집행사실 통지부에 해당 사항을 기재해야 한다.

제84조(범죄수사를 위한 전기통신 보관 등의 승인청구 신청 등) 특별사법경찰관이 「통신비밀보호법」 제12조의2제2항에 따라 전기통신 보관 등의 승인 청구를 신청하는 경우에는 별지 제96호서식의 전기통신 보관 등 승인신청서에 따른다. 이 경우 특별사법경찰관은 별지 제97호서식의 전기통신 보관 등 승인신청부에 해당 사항을 기재해야 한다.

제85조(통신사실 확인자료제공 요청 등) ① 특별사법경찰관이 「통신비밀보호법」 제13조제1항에 따라 통신사실 확인자료제공을 요청하는 경우에는 별지 제98호서식의 통신사실 확인자료제공 요청서에 따르고, 별지 제99호서식의 통신사실 확인자료제공 요청 집행대장에 해당 사항을 기재해야 한다.

② 제1항에 따라 통신사실 확인자료제공을 요청한 특별사법경찰관은 별지 제100호서식의 통신사실 확인자료제공 요청 집행조서를 작성해야 한다.

③ 특별사법경찰관은 제1항에 따라 전기통신사업자로부터 통신사실 확인자료를 제공받은 경우에는 이를 별지 제101호서식의 통신사실 확인자료 회신대장에 기재해야 한다.

④ 특별사법경찰관은 통신사실 확인자료제공 요청이 필요없게 된 경우에는 별지 제102호서식의 통신사실 확인자료제공 요청중지통지서로 해당 전기통신사업자에게 이를 통지해야 한다.

⑤ 특별사법경찰관은 통신사실 확인자료제공을 요청한 후 수사 또는 내사한 사건을 종결하는 경우 그 결과를 별지 제103호서식의 통신사실 확인자료제공 요청 집행결과보고서에 따라 검사에게 보고해야 한다.

⑥ 다른 관서에서 통신사실 확인자료제공을 요청한 사건을 이송받아 내사한 후 내사를 종결하는 경우 내사를 종결한 관서는 허가서를 청구한 검찰청에 집행결과를 검사에게 보고한 후 허가서를 신청한 관서에 사건처리결과를 통보해야 한다.

제86조(통신사실 확인자료제공 요청 허가신청 등) ① 특별사법경찰관이 「통신비밀보호법」 제13조제3항 본문에 따른 통신사실 확인자료제공 요청허가를 검사에게 신청하는 경우에는 별지 제104호서식의 통신사실 확인자료제공 요청허가 신청서에 따른다.

② 특별사법경찰관은 제1항 및 제87조제2항에 따라 통신사실 확인자료제공 요청허가를 신청하는 경우에는 별지 제105호서식의 통신사실 확인자료제공 요청허가 신청부에 해당 사항을 기재해야 한다.

제87조(긴급 통신사실 확인자료제공 요청 등) ① 특별사법경찰관이 「통신비밀보호법」 제13조제3항 단서에 따라 긴급 통신사실 확인자료제공을 요청하는 경우에는 별지 제106호서식의 긴급 통신사실 확인자료제공 요청서에 따른다. 이 경우 특별사법경찰관은 별지 제107호서식의 긴급 통신사실 확인자료제공 요청대장에 해당 사항을 기재해야 한다.

② 특별사법경찰관이 「통신비밀보호법」 제13조제3항 단서에 따라 통신사실 확인자료제공 요청허가를 검사에게 신청하는 경우에는 별지 제108호서식의 통신사실 확인자료제공 요청허가 신청서(사후)에 따른다.

제88조(통신사실 확인자료제공에 관한 통지 등) ① 특별사법경찰관이 「통신비밀보호법」 제13조의3제1항에 따라 통신사실 확인자료제공의 대상이 된 당사자에게 통지를 하는 경우에는 별지 제109호서식의 통신사실 확인자료제공 요청 집행사실 통지서에 따른다. 이 경우 특별사법경찰관은 별지 제110호서식의 통신사실 확인자료제공 요청 집행사실 통지부에 해당 사항을 기재해야 한다.

② 특별사법경찰관은 「통신비밀보호법」 제13조의3제3항에 따라 통지유예에 대하여 관할 지방검찰청 검사장의 승인을 신청하는 경우에는 별지 제111호서식의 통신사실 확인자료제공 요청 집행사실 통지유예 승인신청서에 따른다. 이 경우 특별사법경찰관은 별지 제112호서식의 통신사실 확인자료제공 요청 집행사실 통지유예 승인신청부에 해당 사항을 기재해야 한다.

③ 특별사법경찰관은 「통신비밀보호법」 제13조의3제4항에 따라 통지유예의 사유가 해소된 날부터 30일 이내에 유예했던 통지를 한 경우에는 그 사실을 별지 제113호서식의 통신제한조치 집행사실 통지 보고서에 따라 관할 지방검찰청 검사장에게 보고해야 한다.

제89조(감정유치장 신청 등) ① 특별사법경찰관리가 검사에게 법 제221조의3제1항에 따른 감정유치의 청구를 신청하는 경우에는 별지 제114호서식의 감정유치장 신청서에 따른다.

② 특별사법경찰관리가 검사에게 법 제221조의4제1항 및 제2항에 따른 감정처분허가의 청구를 신청하는 경우에는 별지 제115호서식의 감정처분허가장 신청

서에 따른다.

③ 특별사법경찰관리가 법 제221조제2항에 따라 감정을 위촉하는 경우에는 별지 제116호서식의 감정위촉서에 따른다.

④ 특별사법경찰관리가 법 제221조의4제3항에 따라 발부된 감정처분허가장에 따라 감정을 위촉하는 경우에는 별지 제117호서식의 감정위촉서에 따른다.

제90조(영장 등의 반환) ① 특별사법경찰관은 체포ㆍ구속영장의 유효기간 내에 영장의 집행에 착수하지 못했거나, 그 밖의 사유로 영장의 집행이 불가능하거나 불필요하게 되었을 때에는 즉시 해당 영장을 법원에 반환해야 한다. 이 경우 체포ㆍ구속영장이 여러 통 발부된 경우에는 모두 반환해야 한다.

② 특별사법경찰관은 제1항에 따라 체포ㆍ구속영장을 반환하는 경우에는 별지 제118호서식의 영장반환 보고서에 발행통수와 집행불능 등 영장반환 사유를 적어 검사에게 제출하고, 그 사본을 사건기록에 편철한다.

제91조(증거보전의 신청) 특별사법경찰관은 미리 증거를 보전하지 않으면 그 증거를 사용하기 곤란한 사정이 있을 때에는 그 사유를 소명하여 별지 제119호서식의 증거보전신청서로 검사에게 증거보전의 청구를 신청해야 한다.

제92조(증인신문의 신청) 특별사법경찰관리가 검사에게 법제221조의2에 따른 증인신문 청구를 신청하는 경우에는 별지 제120호서식의 증인신문 신청서에 따른다.

제7절 고소 · 고발 사건

제93조(고소사건 등에 대한 주의사항) 특별사법경찰관은 고소사건의 경우에는 고소한 사람에게 고소권이 있는지 여부를, 친고죄의 경우에는 법 제230조에 따른 고소기간을 지났는지 여부를, 피해자의 명시한 의사에 반하여 죄를 논할 수 없는 사건의 경우에는 처벌을 희망하는지 여부를 각각 조사해야 한다.

제94조(고소의 대리) 특별사법경찰관은 법 제236조에 따라 대리인이 고소를 하거나 고소를 취소하려는 경우에는 고소권자의 위임장을 제출받아야 한다.

제95조(고소사건의 수사기간) ① 특별사법경찰관이 고소나 고발에 의하여 범죄를 수사하는 경우에는 고소나 고발이 있은 날부터 2개월 이내에 수사를 완료해야 한다.

② 제1항에 따른 기간에 수사를 완료하지 못한 경우에는 관할 지방검찰청 또는 지청의 검사의 지휘를 받아야 한다.

제96조(고소 등의 취소) ① 특별사법경찰관은 다음 각 호의 어느 하나에 해당하는 경우에는 그 사유를 명백히 조사해야 한다.

1. 고소인이 그 고소를 취소한 경우
2. 고발인이 그 고발을 취소한 경우
3. 피해자의 명시한 의사에 반하여 죄를 논할 수 없는 사건의 피해자가 처벌을 희망하는 의사표시를 철회한 경우

제8절 소년 · 장애인 · 외국인 등 사건에 관한 특칙

제97조(소년사건수사의 기본원칙) 소년사건을 수사하는 경우에는 보호처분 또는 형사처분에 대한 특별한 심리자료를 제공하기 위한 것이라는 점에 유의해야 하며, 소년의 건전한 성장을 도모하는 자세로 수사해야 한다.

제98조(소년의 특성 고려) 소년사건을 수사하는 경우에는 소년의 특성에 비추어 되도록 다른 사람의 관심을 끌지 않는 조용한 장소에서 온정과 이해를 가지고 부드러운 말투로 조사해야 하며, 그 소년의 심정을 충분히 배려해야 한다.

제99조(범죄의 원인 등과 환경조사) ① 소년사건을 수사할 때에는 범죄의 원인 및 동기와 그 소년의 성격, 경력, 교육 정도, 가정상황, 교우관계, 그 밖의 환경 등을 상세히 조사하여 별지 제121호서식의 소년환경 조사서를 작성해야 한다.

② 소년의 심신에 이상이 있다고 인정되는 때에는 지체 없이 의사의 진단을 받도록 해야 한다.

제100조(구속에 관한 주의) 소년을 구속하는 것은 되도록 피해야 하며, 소년을 구속 또는 동행하는 경우에도 그 시기와 방법에 관하여 특히 주의를 해야 한다.

제101조(보도상의 주의) 소년의 주거、성명、연령、직업、용모 등에 의하여 본인을 알 수 있는 정도의 사실이나 사진이 보도되지 않도록 특히 주의해야 한다.

제102조(장애인에 대한 조사) ① 특별사법경찰관은 청각 및 언어장애인이나 그 밖에 의사소통이 어려운 장애인을 조사하는 경우에는 수화、문자통역을 제공하거나 의사소통을 도울 수 있는 사람을 참여시켜야 한다.

② 특별사법경찰관은 장애인인 피의자에게 대한법률구조공단의 법률구조 신청에 대하여 안내해야 한다.

제103조(외국인에 대한 통역) 특별사법경찰관은 외국인을 조사하는 경우에는 당사자가 이해할 수 있는 언어로 통역해 주어야 한다.

제104조(외국 영사관원과의 접견 · 통신) ① 특별사법경찰관은 외국인을 체포、구속하는 경우에는 우리나라 주재 본국 영사관원과 자유롭게 접견、통신할 수 있고, 체포、구속된 사실을 영사기관에 통지하여 줄 것을 요청할 수 있다는 사실을 알려야 한다.

② 특별사법경찰관은 체포、구속된 외국인이 제1항에 따른 통지를 요청할 경우에는 지체 없이 해당 영사기관에 체포、구속된 사실을 통지해야 한다.

제9절 수사서류

제105조(수사서류의 작성) 특별사법경찰관리는 수사서류를 작성할 때에는 내용의 정확성과 진술의 임의성을 확보하기 위해 특히 다음 사항을 유의해야 한다.

1. 일상용어로 된 쉬운 문구를 사용할 것

2. 복잡한 사항은 항목을 나누어 기술할 것
3. 사투리·약어·은어 등은 그 다음에 괄호를 하고 간단한 설명을 붙일 것
4. 외국어 또는 학술용어는 그 다음에 괄호를 하고 간단한 설명을 붙일 것
5. 지명·인명 등을 혼동할 우려가 있거나 그 밖에 특히 필요하다고 인정될 때에는 그 다음에 괄호를 하고 한자·로마자 등을 기입하거나 설명을 붙일 것
6. 각 서류마다 작성 연월일을 기재하고, 조서 또는 진술서에 첨부하는 서류인 경우 진술인으로 하여금 간인하고 기명날인 또는 서명하도록 할 것

第106条(외국어로 된 서면) 특별사법경찰관은 외국어로 작성된 서류에는 번역문을 첨부해야 한다.

제10절 범죄수익의 몰수·부대보전·추징보전 등

第107条(범죄수익 몰수·부대보전·추징보전 신청) ① 특별사법경찰관이 「마약류 불법거래 방지에 관한 특례법」(이하 "마약거래방지법"이라 한다) 제34조제1항 및 제53조제1항(「범죄수익은닉의 규제 및 처벌 등에 관한 법률」 제12조에서 준용하는 경우를 포함한다)에 따라 검사에게 몰수·부대보전 또는 추징보전을 신청할 때에는 별지 제122호서식의 몰수·부대보전 신청서 또는 별지 제123호서식의 추징보전 신청서를 제출해야 한다.

② 특별사법경찰관이 제1항에 따라 몰수·부대보전 또는 추징보전을 신청했을 때에는 별지 제124호서식의 몰수·부대보전 신청부 또는 별지 제125호서식의 추징보전 신청부를 작성하고, 필요한 사항을 적어야 한다.

③ 특별사법경찰관은 마약거래방지법 제53조제3항(「범죄수익은닉의 규제 및 처벌 등에 관한 법률」 제12조에서 준용하는 경우를 포함한다. 이하 이 조에서 같다)에 따라 검사가 추징보전과 관련한 신청, 보완·수정, 취소 등의 요구를 한 경우에는 검사의 요구에 따른 조치를 취한 다음 지체 없이 그 결과를 검사에게 보고해야 한다.

④ 특별사법경찰관은 마약거래방지법 제53조제3항에 따른 검사의 요구에 따라 추징보전명령 취소신청을 하려는 경우에는 별지 제126호서식에 따라 추징보전명령 취소신청서를 제출해야 한다.

⑤ 특별사법경찰관은 제4항에 따라 취소신청을 하였을 때에는 별지 제127호서식의 추징보전 취소신청부를 작성하고, 필요한 사항을 적어야 한다.

第108条(마약류범죄 수사 관련 입국·상륙 절차 특례 등의 신청) ① 특별사법경찰관은 마약거래방지법 제3조제5항에 따른 입국·상륙 허가의 요청 또는 체류 부적당 통보를 검사에게 신청할 때에는 별지 제128호서식의 입국·상륙허가요청 신청서 또는 별지 제129호서식의 체류부적당통보 신청서를 제출해야 한다.

② 특별사법경찰관은 마약거래방지법 제4조제3항에 따라 세관 절차 특례에 대한 요청을 검사에게 신청하는 경우에는 별지 제130호서식의 세관절차 특례요청 신청서를 제출해야 한다.

③ 특별사법경찰관은 제1항 및 제2항에 따라 신청을 하였을 때에는 별지 제131호서식의 특례조치 등 신청부를 작성해야 한다.

제3장 사건송치 등

제109조(사건송치) ① 특별사법경찰관이 수사를 종결한 때에는 관할 지방검찰청 검사장 또는 지청장에게 사건을 송치해야 한다.

② 특별사법경찰관은 제1항에 따라 사건을 송치하는 경우에는 다음 각 호의 구분에 따른 명의로 해야 한다.

1. 소속관서의 장이 특별사법경찰관인 경우: 소속관서의 장의 명의
2. 소속관서의 장이 특별사법경찰관이 아닌 경우: 수사 주무과장인 특별사법경찰관의 명의
3. 소속관서의 장 및 수사 주무과장이 특별사법경찰관이 아닌 경우: 수사를 담당한 특별사법경찰관의 명의

제110조(송치 전 지휘 등) ① 특별사법경찰관은 다음 각 호의 어느 하나에 해당하는 사건에 대해서는 사건을 송치하기 전에 검사의 구체적 지휘를 받아야 한다.

1. 제35조에 따라 입건 지휘를 받은 사건
2. 사건관계인의 이의 제기 등의 사유로 사건관계인의 인권 보호, 수사의 투명성을 위해 사건을 송치하기 전에 지휘가 필요하다고 인정하는 사건
3. 사건을 송치한 후 검사의 보완수사 지휘에 따라 지휘내용을 이행한 사건 및 검사가 접수하여 특별사법경찰관에게 수사할 것을 지휘한 사건
4. 그 밖에 사회적 중요성이나 사건을 통일적으로 처리할 필요성 등을 고려하여 관할 지방검찰청 검사장 또는 지청장이 지정하는 사건

② 특별사법경찰관은 「출입국관리법」 위반범죄, 「관세법」 위반범죄 및 「조세범 처벌법」 위반범죄 등 관계 행정기관의 장의 고발을 공소제기 요건으로 하는 범죄를 수사하는 경우에는 송치 등 사건을 종결하는 처분을 하기 전에 해당 사건의 증거 판단, 소추요건, 법령의 해석·적용 등에 관하여 검사의 지휘를 받아야 한다. 다만, 관계 행정기관의 장이 법무부장관이나 검찰총장, 관할 지방검찰청 검사장 또는 지청장과 미리 협의하여 정한 처리기준에 따라 처리할 때에는 검사의 지휘를 받지 않고 사건을 종결하는 처분을 할 수 있다.

③ 검사는 제1항 및 제2항 본문에 따른 지휘 건의가 있을 때에는 7일 이내에 의견을 제시해야 한다. 다만, 사안이 복잡하거나 장시간의 검토를 필요로 하는 등의 특별한 사정이 있을 때에는 14일 이내에 의견을 제시할 수 있다.

④ 제1항 및 제2항 본문에 따른 검사의 지휘를 받은 특별사법경찰관은 사건송치서 등 수사기록 표지의 비고란에 지휘검사의 성명 및 지휘일자를 기재하고, 수사기록에 수사지휘서 또는 수사지휘내용을 기재한 수사보고서를 편철해야 한다.

제111조(송치서류) ① 특별사법경찰관은 사건을 송치할 때에는 수사기록에 제4항 각 호의 서류를 첨부해야 한다. 다만, 「형의 실효 등에 관한 법률」 제5조제1항

제2호에 해당하는 경우로서 「지문을 채취할 형사피의자의 범위에 관한 규칙」 제2조제2항제1호、제2호 또는 제4호에 해당하지 않는 피의자에 대하여 다음 각 호의 어느 하나에 해당하는 의견으로 송치할 때에는 범죄경력、수사경력 조회 결과를 첨부하지 않을 수 있다.

1. 혐의없음
2. 공소권없음
3. 죄가안됨
4. 각하
5. 참고인중지

② 사건을 송치하기 전에 범죄경력、수사경력 조회 결과를 받지 못한 경우에는 사건송치서에 그 사유를 기재하고, 송치 후에 범죄경력 또는 수사경력을 발견한 때에는 즉시 주임검사에게 보고해야 한다.

③ 특별사법경찰관은 사건을 기소중지 의견으로 송치하는 경우에는 소재불명 피의자의 지명수배、통보 내용, 사진, 별지 제132호서식의 인상서 등 관련 자료를 첨부해야 한다.

④ 송치서류는 다음 각 호의 순서에 따라 편철한다.

1. 별지 제133호서식의 사건송치서
2. 별지 제134호서식의 압수물 총목록
3. 별지 제135호서식의 기록 목록
4. 별지 제136호서식의 의견서
5. 그 밖에 범죄경력、수사경력 조회 결과 등 필요한 서류

⑤ 사건을 송치하는 특별사법경찰관은 제4항제2호부터 제4호까지의 규정에 따른 서류에 직접 간인을 해야 한다.

⑥ 제4항제4호의 서류에는 각 장마다 면수를 기입하되, 1장으로 이루어진 경우에는 1로 표시하고, 2장 이상으로 이루어진 경우에는 1-1, 1-2, 1-3 등으로 표시해야 한다.

⑦ 제4항제5호의 서류는 접수하거나 작성한 순서에 따라 편철한다. 이 경우 순서대로 각 장마다 2부터 시작하여 2, 3, 4 등으로 면수를 표시해야 한다. 〈개정 2021. 2. 3.〉

⑧ 특별사법경찰관은 「검찰압수물사무규칙」 제2조에 따른 특수압수물을 송부하는 경우에는 수사기록에 감정서 원본을 편철하여 사본 2부와 함께 제출해야 한다. 다만, 통화、외국환 및 유가증권과 이에 준하는 증서를 송부하는 경우에는 감정서를 첨부하지 않을 수 있다.

⑨ 수사담당 특별사법경찰관은 통신제한조치를 집행한 사건을 송치하는 경우에는 수사기록 표지의 증거품 관련 난에 "통신제한조치"라고 표기하고, 통신제한조치집행으로 취득한 물건을 직접 「검찰압수물사무규칙」에 따른 압수물 송부의 방법으로 송부해야 한다.

⑩ 제4항、제5항 및 제7항은 사건송치 전에 영장등을 신청하거나 신병지휘건의

등을 하는 경우에 영장등의 신청서류 및 신병지휘건의서류 등의 편철, 간인 및 면수 표시 방법에 관하여도 적용한다.

제112조(영상녹화물의 송부) ① 특별사법경찰관은 영상녹화를 실시한 경우 사건송치 시 봉인된 영상녹화물을 기록과 함께 송부해야 한다.

② 특별사법경찰관은 영상녹화물을 송부하는 경우에는 송치서 표지의 비고란에 영상녹화물의 종류와 개수를 표시해야 한다.

제113조(의견서 작성) 특별사법경찰관은 의견서를 작성하는 경우에는 별지 제136호서식에 따라 직접 작성해야 한다.

제114조(참고인 등의 소재수사) ① 특별사법경찰관이 참고인중지의견으로 사건을 송치할 때에는 별지 제137호서식의 참고인 등 소재수사 지휘부를 작성하여 별도로 편철하여 관리하고, 그 사본 1부를 수사기록에 편철해야 한다.

② 특별사법경찰관리는 분기마다 1회 이상 참고인 등에 대한 소재수사를 행해야 한다. 다만, 검사가 특별사법경찰관의 송치의견과 다른 결정을 한 경우에는 참고인 등 소재수사 지휘부에 그 취지를 기재하고 소재수사를 하지 않을 수 있다.

제115조(추가 송부) 특별사법경찰관은 사건송치 후에 서류 또는 물건을 추가로 송부하는 경우에는 별지 제138호서식의 추가 송부서를 첨부해야 한다.

제116조(송치 후의 수사 등) ① 특별사법경찰관리는 사건을 송치한 후에 해당 사건을 계속 수사하려는 경우에는 미리 주임검사의 지휘를 받아야 한다.

② 특별사법경찰관리는 사건을 송치한 후에 해당 사건의 피의자가 저지른 다른 범죄의 혐의를 발견한 경우에는 즉시 주임검사에게 보고하고 지휘를 받아야 한다.

제117조(기소중지 · 참고인중지 처분된 자에 대한 수사) ① 특별사법경찰관은 다음 각 호의 어느 하나에 해당하는 경우에는 즉시 수사에 착수하고 관할 지방검찰청 또는 지청의 검사에게 그 사실을 보고해야 한다.

1. 검사가 소재불명(所在不明)으로 기소중지된 피의자를 발견한 경우
2. 특정 증거가 불분명하여 기소중지된 후 그 증거를 발견한 경우
3. 소재불명으로 참고인중지된 후 그 참고인을 발견한 경우

② 사법경찰관은 제1항에 따른 보고를 하는 경우에는 다음 각 호의 서식에 따른다.

1. 제1항제1호 및 제2호의 경우: 별지 제139호서식의 기소중지자 소재발견 보고서
2. 제1항제3호의 경우: 별지 제140호서식의 참고인 등 소재발견 보고서

③ 특별사법경찰관은 기소중지된 피의자가 다른 기관에서 검거된 경우에는 즉시 그 피의자에 대한 체포영장의 집행ㆍ호송 등 필요한 조치를 취해야 한다.

④ 특별사법경찰관은 참고인중지의 경우 그 참고인이 교도소, 구치소 등에 구금되어 있는 것을 확인했을 때에는 즉시 검사의 지휘를 받아 출장조사, 공조수

사 촉탁 등 필요한 조치를 해야 한다.

⑤ 특별사법경찰관은 제1항에 따라 수사에 착수한 경우에는 별지 제141호서식의 피의자 등 소재발견처리부에 이를 적어야 한다.

제118조(수사촉탁) ① 특별사법경찰관이 수사촉탁을 하는 경우에는 촉탁사항을 구체적으로 기재한 별지 제142호서식의 촉탁서에 수사진행 상황을 알 수 있는 수사기록 원본 또는 사본의 전부나 일부를 첨부하여 발송한다.

② 수탁관서는 촉탁사항에 대한 수사를 완료한 후 별지 제143호서식의 회답서를 작성하여 관계 서류 전부와 함께 신속히 송부해야 한다.

제119조(행정고발사건의 수사기관) 특별사법경찰관리가 소속된 행정기관의 장이 고발한 사건은 해당 기관의 특별사법경찰관이 검사의 지휘를 받아 수사함을 원칙으로 한다. 다만, 검사가 직접 또는 다른 기관에서 수사함이 상당하다고 판단한 경우에는 해당 기관의 특별사법경찰관이 수사하지 않는다.

제120조(범죄사건부 등) ① 특별사법경찰관은 범죄사건을 접수하거나 입건·수사 또는 송치하는 경우에는 별지 제144호서식의 범죄사건부에 접수일시, 접수구분, 수사담당자, 피의자, 죄명, 범죄일시, 장소, 피해정도, 피해자 등을 기재해야 한다.

② 특별사법경찰관은 압수물건이 있는 경우에는 별지 제145호서식의 압수부에 압수연월일, 압수 물건의 품종, 수량 등을 기재해야 한다.

제121조(증언 준비) 특별사법경찰관리는 그 직무와 관련한 형사재판에서 증언하는 경우에는 공판에 관여하는 검사와 면담하는 등 사전에 필요한 준비를 해야 한다.

제4장 장부와 비치서류

제122조(장부와 비치서류) ① 특별사법경찰사무를 처리하는 행정기관은 다음 각 호의 장부와 서류를 비치해야 한다. 다만, 제22호부터 제35호까지의 규정에 따른 장부와 서류를 비치해야 하는 기관은 「통신비밀보호법」 제5조에 따른 범죄의 수사를 직무로 하는 기관으로 한정한다.

1. 수사관계예규철
2. 수사종결사건(송치사건)철
3. 내사종결사건철
4. 변사사건종결철
5. 수사미제사건기록철
6. 통계철
7. 처분결과통지서철
8. 검시조서철
9. 잡서류철
10. 별지 제12호서식의 출석요구통지부

27. 별지 제92호서식의 통신제한조치 집행사실 통지유예 승인신청부
28. 별지 제95호서식의 전기통신에 대한 압수·수색·검증 집행사실 통지부
29. 별지 제97호서식의 전기통신 보관 등 승인신청부
30. 별지 제99호서식의 통신사실 확인자료제공 요청집행대장
31. 별지 제101호서식의 통신사실 확인자료 회신대장

11. 별지 제29호서식의 체포·구속영장 집행원부
12. 별지 제31호서식의 체포영장신청부
13. 별지 제33호서식의 긴급체포원부
14. 별지 제38호서식의 현행범인체포원부
15. 별지 제43호서식의 구속영장신청부
16. 별지 제46호서식의 체포·구속인 접견부
17. 별지 제47호서식의 체포·구속인 교통부
18. 별지 제48호서식의 체포·구속인 진료부
19. 별지 제51호서식의 물품차입부
20. 별지 제54호서식의 체포·구속인명부 21. 별지 제58호서식의 압수·수색·검증영장 신청부
22. 별지 제75호서식의 통신제한조치허가 신청부
23. 별지 제79호서식의 긴급통신제한조치대장
24. 별지 제82호서식의 긴급통신제한조치 통보서 발송부
25. 별지 제85호서식의 통신제한조치 집행위탁허가 신청부
26. 별지 제90호서식의 통신제한조치 집행사실 통지부
32. 별지 제105호서식의 통신사실 확인자료제공 요청허가 신청부
33. 별지 제107호서식의 긴급 통신사실 확인자료제공 요청대장
34. 별지 제110호서식의 통신사실 확인자료제공 요청 집행사실 통지부
35. 별지 제112호서식의 통신사실 확인자료제공 요청 집행사실 통지유예 승인 신청부
36. 별지 제124호서식의 몰수·부대보전 신청부
37. 별지 제125호서식의 추징보전 신청부
38. 별지 제127호서식의 추징보전명령 취소신청부
39. 별지 제131호서식의 특례조치 등 신청부
40. 별지 제141호서식의 피의자 등 소재 발견처리부
41. 별지 제144호서식의 범죄사건부
42. 별지 제145호서식의 압수부

② 특별사법경찰관은 미리 제1항제20호의 체포·구속인명부 및 같은 항 제41호의 범죄사건부의 매 장마다 관할 지방검찰청 검사장 또는 지청장의 간인을 받아야 한다.

제123조(장부와 비치서류의 전자화) ① 특별사법경찰사무를 처리하는 행정기관이 형사사법정보시스템 또는 형사사법정보시스템에 준하는 시스템(「형사사법절차 전자화 촉진법」에 따른 형사사법정보시스템에 준하여 같은 법 제2조에 따른 형사사법정보를 작성, 취득, 저장, 저장 및 관리하는 데 이용할 수 있도록 구현된 것으로서 시스템의 각 기능 및 운영 상황 등에 대해 검찰총장이나 관할 지방검찰청 검사장 또는 지청장의 점검을 받은 시스템을 말한다)을 갖춘 경우에는 제122조제1항제41호의 범죄사건부를 전자적으로 관리할 수 있다. 이 경우 전자적으로 관리하는 범죄사건부에 대해서는 같은 조 제2항을 적용하지 않는다.
② 제1항 전단에 따라 전자적으로 관리하는 범죄사건부는 별지 제144호서식의 개별 항목을 포함해야 한다.

제124조(수사관계예규철) 제122조제1항제1호의 수사관계예규철에는 검찰청이나 그 밖의 감독관청이 발령한 훈령·통첩·지령 등 관계 서류를 편철해야 한다.

제125조(수사종결사건철) 제122조제1항제2호의 수사종결사건(송치사건)철에는 검사에게 송치한 사건송치서, 기록목록 및 의견서의 사본을 편철해야 한다.

제126조(내사종결사건철) 제122조제1항제3호의 내사종결사건철에는 범죄를 내사한 결과 입건의 필요가 없다고 인정되어 완결된 기록을 편철해야 한다.

제127조(수사미제사건기록철) 제122조제1항제5호의 수사미제사건기록철에는 장차 검거할 가망이 없는 피해신고 사건 등의 기록을 편철해야 한다.

제128조(통계철) 제122조제1항제6호의 통계철에는 특별사법경찰업무에 관한 각종 통계서류를 편철해야 한다.

제129조(처분결과통지서철) 제122조제1항제7호의 처분결과통지서철에는 검사의 기소、불기소(기소유예, 혐의없음, 공소권없음, 죄가안됨, 각하)、기소중지、참고인중지、이송 등 결정과 각급 심의 재판결과에 관한 통지서를 편철해야 한다.

제130조(잡서류철) 제122조제1항제9호의 잡서류철에는 같은 항 제1호부터 제8호까지의 규정에 따른 서류철에 편철되지 않는 모든 서류를 편철해야 한다.

제131조(서류철의 색인목록) ① 서류철에는 색인목록을 붙여야 한다.

② 서류를 철한 후 일부를 빼낼 때에는 그 색인목록의 비고란에 그 연월일과 사유를 기재하고 담당 특별사법경찰관이 날인해야 한다.

제132조(임의장부 등) 특별사법경찰관은 필요하다고 인정할 때에는 제122조제1항 각 호의 장부와 서류 외에 필요한 장부나 서류철을 비치할 수 있다.

제133조(장부 등의 갱신) ① 특별사법경찰사무에 관한 장부와 서류철은 해마다 갱신해야 한다.

② 제1항에도 불구하고 계속 사용할 필요가 있는 경우에는 해마다 갱신하지 않고 사용할 수 있다. 이 경우 연도 구분을 명백히 표시해야 한다.

제134조(장부와 서류의 보존기간) 제122조제1항 각 호의 장부와 서류는 다음 각 호의 구분에 따른 기간 동안 보존해야 한다.

1. 제122조제1항제1호: 영구
2. 제122조제1항제2호부터 제5호까지, 제20호 및 제40호부터 제42호까지: 25년
3. 제122조제1항제6호: 5년
4. 제122조제1항제22호부터 제39호까지: 3년
5. 제122조제1항제7호부터 제19호까지 및 제21호: 2년

제135조(보존기간의 기산 등) ① 제134조에 따른 보존기간은 사건처리를 완결하거나 최종절차를 마친 다음 해 1월 1일부터 기산한다.

② 보존기간이 경과한 장부와 서류철은 폐기목록을 작성한 후 폐기해야 한다.

③ 제3항에 따라 장부와 서류철을 폐기하는 경우에는 「공공기록물 관리에 관한 법률 시행령」 제43조에 따라 해당 기관 기록물관리 전문요원의 심사 및 기록물평가심의회의 심의 절차를 거쳐야 한다.

부 칙

〈제1000호, 2021. 2. 3.〉

이 규칙은 공포한 날부터 시행한다.

▣ 편 저　김창범 ▣

□경희대 법정대학 법률학과 졸업
□서울지방경찰청 근무
□광주지방검찰청 사건과 근무

□저서 : 수사서류작성 실례집
□저서 : 진정서·탄원서·내용증명·고소장 사례실무
□저서 : 수사해법과 형벌사례 연구
□저서 : 바뀐형벌법

▣ 감 수　신현덕 ▣

□충청북도 경찰국 수사과
□치안본부 수사지도과
□서울지방경찰청 형사과(경감)
□경찰대학 부설 수사보안연구소 강사
□경찰종합학교 강사
□서울지방경찰청 수사직무학교 강사
□서울지방경찰청 수사부범죄수사연구관

(2023년판) 수사·형사 서류작성 실무

2023년 3월 05일 개정(37판) 인쇄
2023년 3월 10일 개정(37판) 발행

1986년 1월 05일 초판 발행

편　저 김창범
감　수 신현덕
발행인 김현호
발행처 법률미디어
공급처 법문북스

주소 서울 구로구 경인로 54길4(구로동 636-62)
전화 02)2636-2911~2, 팩스 02)2636-3012
홈페이지 www.lawb.co.kr

등록일자 1979년 8월 27일
등록번호 제5-22호

ISBN 978-89-5755-270-4 (93360)

정가 180,000원

이 도서의 국립중앙도서관 출판예정도서목록(CIP)은 서지정보유통지원시스템 홈페이지(http://seoji.nl.go.kr)와 국가자료종합목록 구축시스템(http://kolis-net.nl.go.kr)에서 이용하실 수 있습니다. (CIP제어번호 : CIP2020014223)